ALAN BULLOCK

Hitler und Stalin

W0045007

Das 20. Jahrhundert, ein Jahrhundert voller Schrecken ohnegleichen, ist die Epoche vor allem zweier gewesen, die eine kurze Zeit willens schienen, die Welt unter sich aufzuteilen: Hitler und Stalin. Nach dem Sieg über Frankreich beherrschte der eine (bis auf die kleine Insel England) ganz Europa, und der andere war unumschränkter Herr der Gegenwelt zwischen Moskau und Wladiwostok. Die Sache der Freiheit schien endgültig verloren zu sein. Ein Jahr später begann das tödliche Ringen zwischen zwei Figuren, die uns im nachhinein als Monster erscheinen und deren Zweikampf Abermillionen Tote hinterlassen hat. Ihre Erbschaft: ein einziges Gräberfeld.

Alan Bullock sieht in ihnen denn auch »parallele Leben«. Nicht nur zeitweise Verbündete und endlich tödliche Gegner seien sie gewesen, sondern Propheten und Erfüller weltlicher Heilslehren, die allen Ernstes glaubten, daß sie die Geschichte zu einem Ende brächten. Stalin sah hinter der kommunistischen Weltbefreiung ein irdisches Paradies, Hitler glaubte, den »Weltbazillus« ausrotten zu können.

Ohne Zweifel waren Hitler und Stalin von apokalyptischen Visionen getrieben, und das Merkwürdige ist, daß Millionen Begeisterter diesen Vollstreckern des Bösen zujubelten.

Autor

Alan Bullock, 1914 in Bradford geboren, ist der Gründer von St. Catherine's College in Oxford und war Vizekanzler der Oxforder Universität. Berühmt wurde er durch seine bereits 1952 erschienene Hitler-Biographie »Hitler: A study in tyranny«, von der bis heute weltweit über drei Millionen Exemplare verkauft wurden.

ALAN
BULLOCK

Hitler
und Stalin

Parallele Leben

Aus dem Englischen übertragen
von Helmut Ettinger (Kapitel 8, 12, 14 und 19)
und Karl Heinz Siber (alle anderen Kapitel
einschließlich des Vorworts und des Anhangs)

GOLDMANN

Originaltitel: Hitler und Stalin. Parallel Lives
Originalverlag: Harper Collins Publishers, London

Für meine Frau Nibby,
unsere Kinder und Enkelkinder

Umwelthinweis:
Alle bedruckten Materialien dieses Taschenbuches
sind chlorfrei und umweltfreundlich

Der Goldmann Verlag
ist ein Unternehmen der Verlagsgruppe Bertelsmann

Vollständige Taschenbuchausgabe März 1998
Wilhelm Goldmann Verlag, München
© der deutschsprachigen Ausgabe 1991
Wolf Jobst Siedler Verlag GmbH, Berlin
Umschlaggestaltung: Design Team, München
Umschlagfoto: SV Bilderdienst
Druck: Presse-Druck Augsburg
Verlagsnummer: 12757
KF · Herstellung: Sebastian Strohmaier
Made in Germany
ISBN 3-442-12757-2

1 3 5 7 9 10 8 6 4 2

Inhalt

Vorbemerkung 7

1. Herkunft
   Stalin 1879–1899; Hitler 1889–1908 11

2. Frühe Erfahrungen
   Stalin 1899–1917; Hitler 1908–1918 35

3. Oktoberrevolution, Novemberputsch
   Stalin 1917–1918; Hitler 1918–1923 79

4. Der Generalsekretär
   Stalin 1918–1924 137

5. Der Führer
   Hitler 1924–1930 189

6. Lenins Nachfolger
   Stalin 1924–1929 241

7. Hitler auf dem Weg zur Macht
   Hitler 1930–1933 295

8. Stalins Revolution
   Stalin 1928–1934 349

9. Hitlers Revolution
   Hitler 1933–1934 409

10. Stalin und Hitler im Vergleich
    Ende 1934 463

11. Der Führerstaat
    Hitler 1934–1938 563

12. Terror als revolutionäres Prinzip
    Stalin 1934–1939 615

13. Die Zerstörung der Ordnung von 1918
    Hitler und Stalin 1934–1938   685

14. Der Hitler-Stalin-Pakt
    Hitler und Stalin 1938–1939   747

15. Hitlers Krieg
    Hitler und Stalin 1939–1941   829

16. Hitlers neue Ordnung
    Hitler und Stalin 1939–1942   909

17. Stalins Krieg
    Hitler und Stalin 1943–1944   1023

18. Hitlers Untergang
    Hitler und Stalin 1944–1945   1103

19. Stalins neue Ordnung
    Stalin 1945–1953   1163

20. Epilog und Ausblick:
    Hitler und Stalin –
    ihr Platz in der Geschichte
    und ihre Hinterlassenschaft   1249

Anhang:

Anmerkungen   1271

Bibliographie   1307

Register   1311

Bildverzeichnis   1337

Danksagung   1339

Vorbemerkung

Seit dem Beginn des Zweiten Weltkriegs habe ich mich vor allem mit der europäischen Geschichte der ersten Hälfte unseres Jahrhunderts beschäftigt. Dabei haben mich immer besonders solche Themen interessiert, bei denen ich, Dokumente und Zeugenaussagen heranziehend, meine Erfahrungen als Zeitgenosse, als Beobachter meiner Epoche mit der historischen Forschung vereinen konnte. Von dieser Möglichkeit habe ich erstmals bei meinem Buch *Hitler* Gebrauch machen können, und zwar dank der Erbeutung der deutschen Archive und dank der Nürnberger Prozesse. Niemals zuvor ist ja Historikern eine solche Fülle von Material in die Hände gefallen, und dies gleich nach dem Abschluß der geschichtlichen Ereignisse. Ähnlich war es bei meiner Studie über die britische Außenpolitik in der kritischsten Phase des Kalten Krieges[1]; denn es handelte sich um eine Zeit, an die ich mich einerseits gut erinnerte und für deren Erforschung ich andererseits Zugang zu den bis dahin unveröffentlichten Akten des britischen Kabinetts und des Foreign Office erhielt.

Beide Bücher wiesen mir die Richtung zu einem Thema, mit dem ich mich erstmals kurz nach Kriegsende befaßt hatte, damals in Gestalt einer vergleichenden Studie über die bolschewistische und die nationalsozialistische Revolution, und wenn daraus sonst auch nicht viel resultiert haben mag, so hatte es doch mein fortdauerndes Interesse an der Sowjetunion und dem nationalsozialistischen Deutschland zur Folge. In den siebziger Jahren begann dann eine regelmäßige Zusammenarbeit mit jenem Programm internationaler Seminare, die das Aspen-Institut in Berlin veranstaltet. Und jedesmal, wenn ich in die ehemalige deutsche Reichshauptstadt flog, die nun mitten im sowjetischen Machtbereich lag, mußte ich daran denken, was für eine ironische Umkehrung der Hitlerschen Vision von einem Nazi-Großreich in Osteuropa der Krieg am Ende gebracht hatte: An die Stelle der Träume Hitlers war eine Wirklichkeit getreten, in der ganz Osteuropa und ein Teil Deutschlands vom sowjetischen Reich umfaßt wurden.

Ich begann, die jüngste Geschichte Europas in größeren Zusammenhängen zu durchdenken. Dabei folgte ich nicht der den britischen und amerikanischen Historikern so vertrauten Verbindung Berlins mit dem Westen, sondern untersuchte seine Verbindung mit dem Osten oder die Achse Deutschland-Rußland, die gewöhnlich weit weniger Aufmerksamkeit erhielt. Ich ging auf die Suche nach einem Bezugsrahmen, in den sich nicht nur diese internationale Dimension einfügen ließ, sondern auch der Vergleich zwischen den beiden dort beheimateten revolutionären Machtsystemen, dem stalinistischen und dem nationalsozialistischen: Beide scheinen zugleich in unversöhnlichem Gegensatz zu stehen und viele Dinge gemein zu haben. Beide hatten, jedes auf seine Art, die bestehende Ordnung in Europa ideologisch und politisch herausgefordert. Ihr gleichzeitiges Erscheinen auf der Bühne der Geschichte, ihre gemeinsamen Beziehungen und Wechselwirkungen verkörpern, so scheint mir, das bemerkenswerteste und neuartigste Phänomen in der ersten Hälfte des 20. Jahrhunderts, ein Phänomen, dessen Nachwirkungen noch weit in dessen zweite Hälfte hineinstrahlen.

Als ich einmal so weit war, fiel es mir nicht mehr schwer, den gesuchten Bezugsrahmen in einer vergleichenden Studie Hitlers und Stalins zu finden. Alle wesentlichen Bestandteile des Themas kamen dort zusammen: Revolution, Diktatur, Ideologie, Diplomatie und Krieg. Viele Historiker, die über einen dieser beiden Männer geschrieben hatten, waren auf bestimmte Ähnlichkeiten und Gegensätze zwischen ihnen eingegangen, doch noch nie hatte meines Wissens jemand versucht, ihren Lebensweg in einer parallelen Darstellung nachzuzeichnen und in synchroner Betrachtungsweise vom Anfang bis zum Ende zu verfolgen.

Natürlich ist mir bekannt, daß in den achtziger Jahren in Deutschland einige Bemühungen zum Beweis der These unternommen worden sind, daß die unter Stalin begangenen unmenschlichen Verbrechen die Schrecklichkeit der Nazi-Verbrechen relativierten. Dazu siehe das zwanzigste Kapitel. Die Mehrheit der deutschen Historiker hat den Versuch, die beiden Regime in polemischer Absicht und auf höchst einseitige Weise zu vergleichen, scharf kritisiert. Gleichwohl sah ich dadurch den guten Sinn meines Vorhabens keineswegs in Frage gestellt. Im Gegenteil: Von einem Historiker, der weder Deutscher noch Russe ist und keine politischen Zwecke verfolgt, sollten Hitler und Stalin einem umfassenden Vergleich unterzogen werden.

Ich bin mir ferner bewußt, daß in der politologischen Diskussion der fünfziger und sechziger Jahre der Vergleich zwischen dem nationalsozialistischen Deutschland, Sowjetrußland und dem faschistischen Italien als Grundlage für die Erarbeitung eines systemübergreifenden Totalitarismus-Begriffs diente.[2] Dabei war jedoch das Interesse leitend, die Ähnlichkeiten zwischen diesen Regimen zu isolieren, um daraus ein Modell des totalitären Staats zu gewinnen. Ohne auf die kritischen Einwände einzugehen, durch die der Begriff des Totalitarismus inzwischen außer Gebrauch gekommen ist[3], möchte ich betonen, daß mein Interesse niemals einem allgemeingültigen Modell galt, sondern dem Vergleich zweier bestimmter geschichtlicher Regime in einem begrenzten Zeitraum, und zwar unter Betonung der Unterschiede oder Gegensätze ebenso wie der Ähnlichkeiten. Ich habe nicht die Absicht zu zeigen, daß die beiden Regime sich als Unterarten einer allgemeinen Gattung definieren lassen, sondern ich möchte mit den Mitteln des Vergleichs gerade die unverwechselbare, individuelle Wesensart des einen wie des anderen beleuchten. So ist auch der Untertitel von den

»parallelen Leben« zu verstehen, den ich in Anlehnung an Plutarch gewählt habe: Parallele Lebensläufe berühren oder schneiden einander ebensowenig wie parallele Linien.

Nachdem der allgemeine Rahmen des Buches gefunden war, blieb die Frage nach der Struktur zu klären. Man hätte verschiedene Themenkreise nacheinander behandeln können – Hitler und Stalin im Verhältnis zu ihren Parteien, Hitler und Stalin und der Polizeistaat, Hitler und Stalin als Feldherren. Das hätte fraglos den Vorzug größerer Kürze gehabt, doch ebenso gewiß wäre es auf Kosten der chronologischen Dimension gegangen, in der nach meiner Überzeugung ein wesentliches Element der Darstellung liegt.

Ich hatte mit dem Schreiben bereits begonnen, als ich durch die außerordentlichen Ereignisse der Jahre 1989/90 in dieser Auffassung bestärkt wurde. Während ich, wie Millionen andere, vor dem Fernsehschirm saß und miterlebte, was in Osteuropa, Deutschland und der Sowjetunion geschah, überkam mich das Gefühl, als entrolle sich vor meinem inneren Auge auch die Geschichte der vierziger und dreißiger Jahre bis zurück zur russischen Revolution von 1917, über die ich tagsüber schrieb. Ich gewann den Eindruck, daß nicht nur bei jungen Leuten, sondern bei der Mehrheit all derer, die noch keine fünfzig waren und für die die erste Hälfte unseres Jahrhunderts in geschichtlicher Hinsicht fast so ferne Vergangenheit ist wie die Französische Revolution, die aktuellen Ereignisse den lebhaften Wunsch auslösten, mehr über diese Zeit zu erfahren: Es ist ja die Wechselbeziehung zwischen Gegenwart und Vergangenheit, die der Geschichte ihre Faszination verleiht. Auch die Entwicklungen, an deren Rekonstruktion ich gerade arbeitete, würden dadurch plötzlich mit neuer Bedeutung versehen. Ich habe bei der Niederschrift des Buches deshalb durchaus an ein breites Publikum, gerade auch an die jüngeren Generationen gedacht; denn ich bin der Überzeugung, daß man als Historiker, so wichtig das Spezialistentum im Forschungsprozeß ist, seine Ergebnisse nicht nur den Fachkollegen, sondern einer breiteren Öffentlichkeit zugänglich machen muß.

Man erinnert sich an Hitler und Stalin nicht ihres Privatlebens wegen, sondern aufgrund der öffentlichen Rollen, die sie spielten. Ich gehe zwar auf ihre persönlichen Eigenheiten ein, bediene mich auch psychologischer Einsichten, wo es für das Verständnis hilfreich erscheint, aber das vorliegende Buch ist doch im wesentlichen eine politische Biographie, eingefügt in das geschichtliche Umfeld, in welchem die beiden Männer lebten und handelten.

Eine Geschichte zu erzählen, die sich gleichsam auf zwei Bahnen bewegt, und die Entwicklung beider Männer einigermaßen synchron im Auge zu behalten, darin liegen etliche Probleme. Es gibt Abschnitte in diesen Lebensläufen, wo sich die Möglichkeit bietet, die Fäden sozusagen zu verzwirnen und innerhalb eines Kapitels alternierend über beide Männer zu schreiben. Ich habe dies in bezug auf ihre früheren Jahre sowie in den Kapiteln über ihre »gemeinsame« Außenpolitik und über den Krieg getan. Doch aufgrund ihrer ganz unterschiedlichen, auch zeitlich verschobenen Lebensläufe – Stalin war zehn Jahre älter als Hitler – erschien es über weite Strecken zweckmäßiger, ihre Wege getrennt in wechselnden Kapiteln nachzuzeichnen. Als eine Art Ausgleich habe ich die chronologische Darstellung etwa in der Mitte des Buches, nämlich beim Jahr 1934, unterbrochen und ein analytisches Kapitel eingefügt, in dem ich die Laufbahnen systematisch zu vergleichen suche.

Ein anderes Problem stellte sich gegen Ende des Buches. Stalin war nicht nur zehn Jahre älter als Hitler, er überlebte ihn auch um acht Jahre. So mußte ich die Darstellung über den Tod Hitlers im April 1945 hinaus fortsetzen, was nichts anderes hieß, als daß ich auch Nachkriegsentwicklungen zu beschreiben hatte, an denen dieser keinen Anteil mehr besaß. Ich war und bin freilich überzeugt, daß Hitler gleichsam als böser Geist über allen Diskussionen und Entscheidungen der Nachkriegsära schwebte, da er ja neben Stalin am meisten zur Entstehung all jener Tatsachen und Konstellationen beigetragen hat, die jeden Versuch eines friedlichen Einvernehmens lange Zeit zum Scheitern verurteilt haben.

Ich entschloß mich deshalb, die Geschichte bis zum Tod Stalins im März 1953 weiterzuerzählen, der, wie ich glaube, erst den wirklichen Schlußpunkt unter die Stalin-Hitler-Ära setzte. Es kam hinzu, daß sich aus der Analyse der Schlußphase der Stalinschen Herrschaft Einsichten ergeben, die rückwirkend auch noch einmal Licht auf die sowjetischen Entwicklungen der dreißiger Jahre und der Kriegszeit werfen. Am Ende des Buches schließlich steht ein kurzes Kapitel, in dem ich mir ein gewisses Privileg des Alters erlaube: Selber ein Zeitzeuge der Hitler-Stalin-Ära, blicke ich von der soeben angebrochenen Schlußdekade dieses Jahrhunderts auf die Epoche zurück.

1. Kapitel

Herkunft

Stalin 1879–1899
Hitler 1889–1908

Die europäische Geschichte des 20. Jahrhunderts erzählt vor allem von den Taten zweier Männer: Hitler und Stalin. Nichts kann die Spur auslöschen, die sie hinterlassen haben. Wer waren Sie? Woher kamen sie?

Fast zehn Jahre trennten die Zeitpunkte ihrer Geburt. Stalin wurde am 21. Dezember 1879 im georgischen Gori geboren, Hitler am 20. April 1889 im österreichischen Braunau am Inn. Dieser Altersunterschied ist ein Faktum, das man nicht außer acht lassen darf, wenn man die einzelnen Stadien ihrer Laufbahn miteinander vergleicht, zumal die Diskrepanz sich am Ende noch vergrößerte: Hitler war bei seinem Tod 1945 sechsundfünfzig Jahre alt; Stalin starb 1953 mit dreiundsiebzig Jahren.

Fast zweieinhalbtausend Kilometer trennen das zwischen Schwarzem Meer und Kaukasus, zwischen Europa und Asien gelegene Georgien vom oberösterreichischen Innviertel im Herzen Mitteleuropas, zwischen Donau und Alpen. Noch weiter lagen die historische Entwicklung sowie die gesellschaftliche Wirklichkeit der beiden Regionen auseinander. Gleichwohl gab es Gemeinsamkeiten im Herkommen beider Männer.

Weder Hitler noch Stalin stammten aus der traditionellen Oberschicht, und es ist schwer vorstellbar, daß in der Welt, in die sie hineingeboren wurden, einer von ihnen nach oben gekommen wäre. Die Chance für eine Karriere bestand erst unter den Bedingungen der neuen Ordnung, die sich nach dem Zusammenbruch der alten Monarchien in Europa nach dem Ersten Weltkrieg bildete – im Gefolge zunächst der militärischen Niederlage des zaristischen Rußland, dann der Kapitulation der Mittelmächte und schließlich der nachfolgenden Revolutionen. Die Ansichten und Überzeugungen beider Männer stammten jedoch aus der Welt, in der sie heranwuchsen, und blieben davon geprägt. Sowohl der Marxismus Stalins als auch die aus Elementen des Sozialdarwinismus und der Rassenlehre zusammengesetzte Ideologie Hitlers waren Denkmuster des 19. Jahrhunderts, die den Höhepunkt ihres Einflusses in Europa um die Jahrhundertwende erreichten. Dasselbe galt für ihren Kunstgeschmack: Auf den Gebieten der Literatur und Musik, der bildenden Kunst und der Architektur zeigten beide nicht die geringste Sympathie für jene Experimente der Moderne, die zu ihren Lebzeiten sowohl in Rußland als auch in Mitteleuropa die künstlerische Entwicklung beherrschten; dabei maßten beide sich später auf allen diesen Gebieten eine Art unfehlbare Schiedsrichterrolle an.

Beide Männer wurden an der Peripherie des Landes geboren, zu dessen Herrscher sie sich aufschwingen sollten; wie Alexander, der Makedonier, und Napoleon, der Korse, waren sie Außenseiter. Hitler war zwar ein Deutscher, wurde aber als Bürger des habsburgischen Kaiserreichs geboren, eines Vielvölkerstaats, in dem Deutsche seit Jahrhunderten eine bestimmende Rolle spielten. Nachdem freilich Bismarck 1871 ein preußisch dominiertes deutsches Kaiserreich geschaffen hatte, von dem die deutschsprachigen Österreicher ausgeschlossen blieben, sahen letztere sich innerhalb des Habsburgerreichs zunehmend mit Gleichberechtigungsforderungen der Tschechen und anderer »Untertanenvölker« konfrontiert und gezwungen, ihre bedrohte Vormachtstellung zu verteidigen. Diese Entwicklung hatte tiefgreifende Auswirkungen auf das Denken Hitlers. Er wurde zu einem fanatischen Deutschnationalen; aber anstatt sich von dem kraftvollen, selbstbewußten Vorwärtsdrang des von Berlin aus regierten neuen Deutschen Reiches anstecken zu lassen, machte er sich die angstbetonte, pessimistische Haltung einer in ihrem eigenen Staat zur Minderheit geschrumpften Volksgruppe zu eigen, bei der sich der Stolz auf eine große Vergangenheit mit einem wachsenden Gefühl der Bedrohung durch andere, an sich unterlegene, aber an Zahl und Einfluß gewinnende Volksgruppen mischte – slawische Völker, polnische und russische Juden, vereint in einem »Rassenbabylon«, dessen habsburgische Herrscher die heilige Sache des Deutschtums verraten hatten.

1938 machte Hitler die Bismarcksche Unterlassungssünde wett und sorgte mit dem Anschluß Österreichs für die Rückkehr seines »teuren Heimatlandes« in den Schoß des Deutschen Reiches. Allein, auch die großen Erfolge, die Hitler in diesen Jahren bei der Wiederherstellung eines großdeutschen Reiches feierte, vermochten seine Prägung durch die österreichische Herkunft nicht zu tilgen: seine grundlegende Überzeugung, ein bedrohtes und belagertes arisches Deutschtum gegen eine anschwellende Flut der Barbarei und der rassischen Verunreinigung verteidigen zu müssen.

Auch bei Stalin spielte die Prägung durch die Herkunft eine große Rolle, wenn auch die Wirkungszusammenhänge anderer Art waren. Ein Aspekt war das Wiederauftauchen von Bekannten aus seinen georgischen Anfängen in späterer Zeit, Leuten wie Ordschonikidse oder Berija, mit denen ihn eine durch die komplexen Eigenarten und Fehden der georgischen Politik bestimmte Beziehung verband. Viel wichtiger war jedoch eine Entscheidung Stalins, deren einschneidende Bedeutung nur mit seinem Entschluß, Revolutionär zu werden, verglichen werden kann: seine georgischen Ursprünge zu verleugnen und sich – schon damals ganz Realist – nicht mit den georgischen Opfern des russischen Kolonialismus, sondern mit den russischen Eroberern zu identifizieren.

Das ließ ihn, wie Lenin später – zu spät – erkannte, zu einem großrussischen Chauvinisten werden, der sich zwar den Sturz des Zarenregimes, nicht aber die Zerschlagung des russischen Reiches auf die Fahnen schrieb. Wie andere Konvertiten konnte Stalin sich niemals sicher sein, endgültig als Russe akzeptiert zu werden, und nie vergaß er, daß sein georgischer Akzent die gebürtigen Russen immer wieder an seine Herkunft erinnerte.

Von Lenin nicht zuletzt aus diesem Grund zum Volkskommissar für Nationalitätenfragen ernannt, trat er den nach nationaler Selbständigkeit strebenden nichtrussischen Völkern, kaum daß der Bürgerkrieg vorüber war, mit bezeichnender Härte gegenüber. 1920/21 machte er der Unabhängigkeit ein Ende, die Georgien und andere kaukasische Staaten für kurze Zeit genossen hatten; sie wurden wieder dem russischen Reich einverleibt. Sein Wüten in der Ukraine bei der Kollektivierung der Landwirtschaft wird eines der schwärzesten Kapitel der sowjetischen Geschichte bleiben. Der Grad, zu dem Stalin sich mit Rußlands imperialer Vergangenheit identifizierte, lieferte den Grundton für eines der Leitmotive des Großen Vaterländischen Krieges, an dessen Ende er seinen Ehrgeiz darein setzte, alle Gebiete zurückzuerobern, die das russische Reich in den Kriegen von 1904/5 und 1914/18 eingebüßt hatte. Er dehnte die Grenzen sogar noch aus und herrschte schließlich über ein größeres Reich als jeder seiner zaristischen Vorgänger.

All dies lag in unvorstellbarer Ferne, als Stalin 1879 geboren wurde. Georgien war damals eine mehr schlecht als recht ans europäische Rußland assimilierte Provinz. Geographisch zu Transkaukasien, klimatisch zu den Subtropen gehörig, lag es an einer der historischen Festlandsrouten zwischen Mittelasien und Europa. Georgien war Bestandteil der Welt des klassischen Altertums gewesen, das legendäre Kolchis, Land des Goldenen Vlieses, Heimat der Prometheus-Legende, kolonisiert zuerst von den Griechen, dann der römischen Provinz Armenien zugeschlagen. Ethnisch war es von jeher ein Flickenteppich: Strabo zählte in der Kaukasusregion siebzig Völkerschaften mit ebenso vielen verschiedenen Sprachen. Die Georgier selber bestanden aus einem Dutzend Volksgruppen, bewahrten sich aber dessen ungeachtet zweitausend Jahre lang ihre ethnische Identität und ihre völlige sprachliche Eigenständigkeit. Im 12. Jahrhundert erreichte Georgien als kleines, aber reiches und unabhängiges Königreich einen glanzvollen Höhepunkt seiner Entwicklung, an den es später nie wieder anzuknüpfen vermochte. In der Folge sah es sich von den Mongolen überrannt, von Türken und Persern überwältigt und endlich, in den Jahren nach 1800, von den Russen erobert und annektiert. Noch lange Zeit hielten sich in den Bergen bewaffnete Widerstandskämpfer, und erst in den sechziger Jahren des 19. Jahrhunderts hatten die Russen diese Provinz endgültig militärisch befriedet.

Inzwischen war Georgien freilich trotz der Fülle seiner natürlichen Reichtümer und des ehrwürdigen Alters seiner Zivilisation zu bitterster Armut herabgesunken. Drei Viertel der Bevölkerung konnten nicht lesen und schreiben. Es gab keine Industrie, und nirgendwo war man vor Straßenräubern sicher.

In Stalins Inlandspaß fand sich eine Eintragung, die einen der Schlüssel zum Verständnis seiner politischen Karriere liefert: »Josif Dschugaschwili,

Bauer aus dem Kreis Gori im Gouvernement Tiflis«. Tatsächlich stammte er mütter- wie väterlicherseits von bäuerlichen Vorfahren ab. Seine Eltern waren als Leibeigene geboren worden und beinahe Analphabeten. Erst 1864 war ihre Leibeigenschaft aufgehoben worden, woraufhin sein Vater in die Kleinstadt Gori gezogen war, um dort das erlernte Schuhmacherhandwerk auszuüben; in Gori traf und heiratete er Jekaterina Geladse.

Nach zwei Fehlgeburten war Josif ihr erstes überlebendes Kind. Mit fünf wäre er beinahe an Pocken gestorben; ein pockennarbiges Gesicht blieb als Erinnerung an die Krankheit zurück. Bei einem im Kindesalter erlittenen Unfall wurde sein linker Arm verletzt und blieb verkrüppelt. Die Familie lebte in einem Backsteinhäuschen, das aus einem einzigen Wohnraum mit einer Mansardenkammer darüber und einem Keller darunter bestand. Es wurde später in ein sozialistisches Heiligtum verwandelt und von einem neoklassizistischen Tempel mit vier Marmorsäulen überbaut. Stalins Vater war ein rauhbeiniger, gewalttätiger Mann, ein Trinker, der Frau und Kind schlug und kaum den Lebensunterhalt verdiente. Stalins Jugendfreund Iremaschwili, der ihm sowohl in der Schule in Gori als auch im Seminar von Tiflis am nächsten stand, schrieb in seinen Memoiren: »Die ungerechten und schweren Prügel, die der Knabe bezog, machten ihn so hart und herzlos, wie sein Vater es war. Da er überzeugt war, daß jeder, dem irgend jemand Gehorsam schuldete, seinem Vater gleichen müsse, entwickelte er bald eine tiefe Abneigung gegenüber allen, die ihm übergeordnet waren. Von klein auf wurde die Verwirklichung seiner Rachegelüste zu dem Lebensziel, dem er alles andere unterordnete.«[1]

Andere Quellen bestätigen sowohl die väterlichen Prügel als auch die Reaktion des Knaben darauf: daß die Mißhandlungen durch den Vater Wut und Rachsucht in ihm weckten, er aber daran nicht zerbrach. Einen Ausgleich fand er in der liebevollen Zuneigung und Förderung, die ihm von seiten der Mutter zuteil wurde. Die rothaarige Jekaterina, eine willensstarke und hingebungsvolle Frau, ließ sich von ihrem Mann nicht einschüchtern und brachte sich selbst und ihren Sohn Josif allein durch, als der Vater ins 65 Kilometer entfernte Tiflis zog, um eine Stelle in einer Schuhfabrik anzunehmen. Eines Tages zog sie als Wirtschafterin ins Haus eines orthodoxen Priesters, Vater Tscharkwiani, mit dessen Hilfe sie ihren Sohn in der kirchlichen Schule unterbringen konnte. Als Josif zehn war, setzte sein Vater durch, daß er zu ihm nach Tiflis zog, um in der Schuhfabrik den Schuhmacherberuf zu lernen. Doch Jekaterina hatte sich in den Kopf gesetzt, daß ihr Sohn Priester werden müsse, und schaffte es schließlich, ihn zurückzuholen und weiter auf die Schule zu schicken.

Um die Pläne für ihren Sohn verwirklichen zu können, mußte Jekaterina die Mittel aufbringen, mit denen nicht nur der Besuch der Kirchenschule, zu der Bauernkinder erst seit kurzem zugelassen waren, sondern auch das Studium am russisch-orthodoxen Priesterseminar in Tiflis finanziert werden konnten. Durch persönliche Opfer und mit Hilfe von Stipendien

Beide Gewaltherrscher begannen als Außenseiter – Außenseiter in beiderlei Hinsicht des Wortes. Stalin kam aus dem erst wenige Jahrzehnte zuvor für Rußland gewonnenen Georgien, wo er in dem kleinen Dorf Gori geboren war. Hitler stammte aus dem Waldviertel im Grenzgebiet des Deutschen Reiches. In Braunau wurde er geboren, in Leonding und Linz ging er zur Schule.

Vielleicht ist es kein völliger Zufall, daß beide, Stalin wie Hitler, auf ihren Schulphotos den mittleren Platz der letzten Reihe einnehmen. Darin mag sich eine Art kindlicher Führungsanspruch ausdrücken. Aber während die Haltung des jugendlichen Stalins eher gelöst erscheint, meint man auf dem Klassenphoto Hitlers Züge frühen Verkrampftseins zu erkennen. Er präsentiert sich, wie selbstverständlich, in der Mitte der Pyramide, sonderbar herrisch wirkend, und im Gestus der verschränkten Arme Abstand zu den Klassenkameraden wahrend.

schaffte sie es, Josif den Schul- und Seminarbesuch bis zum neunzehnten Lebensjahr zu ermöglichen. Viele Jahre später, als er schon zum mächtigsten Mann der Sowjetunion aufgestiegen war, sagte sie ihm ins Gesicht, es wäre ihr dennoch lieber, wenn er Priester geworden wäre – eine Äußerung, die ihn amüsierte.

Stalin wurde auch Mitglied des Kirchenchors, wo seine Stimme Aufmerksamkeit erregte. Sein Schulabschlußzeugnis war so gut, daß er eine schriftliche Sonderbelobigung bekam, und bei der Aufnahmeprüfung für das Priesterseminar gelang es ihm, sich ein Stipendium für die Internatskosten zu sichern. Die Ausschließlichkeit und Energie, mit der seine Mutter all ihre Hoffnungen und Ambitionen auf den Erfolg ihres Sohnes setzte, gingen nicht spurlos an ihm vorüber. Das Verhältnis zum Vater ließ Stalin hart und herzlos werden und hinterließ in ihm eine tiefe Abneigung gegen jedwede Autorität. Von seiner Mutter übernahm er die Zuversicht, daß er

das Zeug dazu hatte, Großes und Bedeutendes zu leisten. Die Verbindung dieser beiden prägenden Einflüsse sollte sich als entscheidend für die Entwicklung seiner Persönlichkeit erweisen.

Zwei weitere Aspekte seiner Persönlichkeitsentwicklung müssen noch erwähnt werden: Während Stalin die Kirchenschule in Gori besuchte, setzte die zaristische Regierung im Rahmen ihrer Russifizierungspolitik durch, daß Georgisch als Unterrichtssprache abgeschafft und abrupt durch Russisch ersetzt wurde, das bisher als Fremdsprache gelehrt worden war. Dies führte zu einer Reihe von Zusammenstößen mit den russischen Beamten, die vor Ort für die Durchsetzung des Beschlusses zuständig waren; Stalin war einer der Wortführer der georgischen Rebellen. Wegen des Wechsels der Sprache brauchte er sechs Jahre, um das eigentlich nur vierjährige Studium abzuschließen. Außerdem weckte der Sprachenkonflikt in ihm ein leidenschaftliches Interesse an georgischer Literatur, das er mit Hilfe der von einem einheimischen Buchhändler betriebenen Leihbücherei befriedigte.

Eines der Bücher, die er verschlang, war Alexander Kasbegis Sammlung romantischer Erzählungen über den heldenhaften Widerstand der kaukasischen Bergvölker gegen die russischen Eroberer Georgiens. Eine dieser Erzählungen, die auf einer tatsächlichen Begebenheit aus dem Jahr 1840 beruhte, machte einen bleibenden Eindruck auf Stalin. Wahrscheinlich hatte ihn schon ihr Titel, *Der Vatermord*, neugierig gemacht. Ihr Held war Koba, ein kaukasischer Robin Hood, der gegen die Kosaken kämpft, für die Rechte der Bauern eintritt und seine von verräterischen Dorfbewohnern ans Messer gelieferten Freunde rächt. Von da an bis zu der Zeit, da er den Kampfnamen Stalin zu benutzen begann – zwanzig Jahre später –, bestand der junge Dschugaschwili darauf, Koba genannt zu werden. »Koba«, schreibt Iremaschwili, »war zu seinem Gott geworden, seinem Lebensinhalt. Er wollte ein zweiter Koba werden, ein ebenso berühmter Kämpfer und Held; die Gestalt Kobas sollte in ihm ihre Wiedergeburt erleben.«[2]

Auch Hitlers Familie kam vom Land, aus dem Waldviertel, dem niederösterreichischen Hügelland zwischen der Donau und der Grenze zu Böhmen; der Name Hitler, der womöglich tschechischen Ursprungs ist, tauchte in dieser Gegend erstmals im 15. Jahrhundert und in der Folge in unterschiedlichen Schreibweisen auf. Hitlers Vorfahren waren Bauern, aber keine Leibeigenen, sondern selbständige Kleinlandwirte oder Dorfhandwerker. Der erste, der aus der Enge der Verhältnisse ausbrach und in gewisser Weise Karriere machte, war Adolfs Vater Alois, der es zum Beamten in der Zollverwaltung des Habsburgerreichs brachte.

Anders als Stalin mußte Hitler in seinen frühen Jahren weder Armut noch Entbehrung kennenlernen. Im Gegensatz zu dem Eindruck, den er in *Mein Kampf* vermittelt, ist die Familie nicht arm gewesen; auch er selbst ist

Der zwölfjährige Josif Dschugaschwili (vorn), der sich später in der Zeit der Illegalität den Namen »Stalin«, der »Stählerne«, zulegte, wirkt als normaler Junge, weder zum Positiven noch zum Negativen hin auffallend.

nie schlecht behandelt worden. Sein Vater durchlief alle regulären Beförderungsstufen und erreichte den höchsten für einen Beamten mit seiner Ausbildung möglichen Dienstgrad. Er hatte ein sicheres Einkommen, gepaart mit dem Sozialprestige eines kaiserlich-königlichen Beamten, und ließ, als er starb, eine wohlversorgte Familie zurück.

Hitler kam auf die Welt, als sein Vater gerade in Braunau am Inn Dienst tat, an der Grenze zwischen Österreich und Bayern. Da Alois Hitler in der Folge noch mehrmals versetzt wurde, besuchte Adolf drei verschiedene Volksschulen. Wie Stalin sang er in einem Chor mit, dem des Benediktinerklosters Lambach, und war tief beeindruckt von der Pracht und Feierlichkeit der Gottesdienste.

Alois Hitler war autoritär und selbstsüchtig, nahm kaum Rücksicht auf die Gefühle seiner erheblich jüngeren Frau und zeigte wenig Verständnis für seine Kinder. Ähnliches hätte sich freilich wohl über die meisten beruflich ehrgeizigen Männer seines Standes und seiner Zeit sagen lassen. Wichtiger als alles andere waren ihm seine Bienen, und er freute sich auf den Tag, an dem er sich in ein kleines eigenes Landhäuschen zurückziehen und sich der Imkerei würde widmen können, ein Lebenstraum, den er 1899 schließlich auch verwirklichte – in Leonding unweit von Linz.

Adolf Hitlers Mutter war 22 Jahre jünger als sein Vater, der ein Vetter zweiten Grades von ihr war. Sie war seine Geliebte gewesen und zu dem Zeitpunkt, als seine zweite Frau starb, von ihm schwanger. Glücklich machen konnte Alois Hitler seine dritte Frau ebensowenig wie die ersten beiden, aber Klara machte das Beste aus ihrer Ehe, und auch wenn sie mit der Zeit eine traurige und enttäuschte Ehefrau wurde, war sie doch stolz auf ihr ordentliches Zuhause und erwarb sich die Zuneigung sowohl ihrer Kinder als auch ihrer Stiefkinder. Adolf stand bis zum Alter von fünf Jahren, als ein jüngerer Bruder geboren wurde, im Zentrum der mütterlichen Aufmerksamkeit, doch fehlen überzeugende Belege dafür, daß er danach in besonderem Maß unter Eifersucht gelitten hätte; tatsächlich folgte auf die Geburt des Bruders das glücklichste Jahr seiner Kindheit, das er in Passau verbrachte.

Der kleine Adolf war kein schlechter Schüler, auch wenn sich bei ihm bereits früh Anzeichen von Eigensinn und Abneigung gegen regelmäßige, disziplinierte Arbeit zeigten. Als der Zehnjährige in die Linzer Realschule überwechselte, kam es zum Desaster: Das einzige Unterrichtsfach, in dem er passable Noten erreichte, war Zeichnen. Hitler versuchte später, sein Versagen in der Schule als Ausdruck des Aufbegehrens gegen den Vater hinzustellen, der ihn habe zwingen wollen, Beamter zu werden, während er selbst sich zum Künstler berufen gefühlt habe. Die Darstellung, die er in *Mein Kampf* gab, ist als schlecht gestrickte Legende entlarvt worden; außerdem änderte sich auch nach dem Tod seines Vaters nichts an Hitlers Verhalten. Obwohl mittlerweile fast vierzehn Jahre alt, drückte sich Adolf weiterhin vor allem, was nach Arbeit roch, um seinen beiden Lieblingsbeschäftigun-

Alois Hitler, der Vater, am Ende Zollbeamter des k.u.k.-Staates, hatte durchaus eine kleinbürgerliche Karriere gemacht, während Hitler später aus Gründen der Selbststilisierung stets davon sprach, daß er aus ärmsten Kreisen gekommen sei und alles sich selber verdanke. In Wirklichkeit lebte er jahrelang als kleinstädtischer Bohèmien von der Pension der 1907 verstorbenen Mutter.

gen frönen zu können: dem Herumtollen im Freien bei Kriegs- und Jagdspielen und dem Lesen von Karl-May-Büchern. Dieser Lektüre gab er sich auch noch als Reichskanzler hin – er las alle Bände noch einmal und machte in seinen Tischgesprächen aus seiner Begeisterung für Karl May keinen Hehl. Als er die Linzer Realschule verlassen mußte, schickte ihn seine Mutter ihn probeweise auf ein Internat in Steyr, aber alles blieb beim alten; auch seine neuen Lehrer bescheinigten ihm Faulheit, Eigensinn und Respektlosigkeit.

Eine Lungenentzündung, an der Hitler im Sommer 1905 erkrankte, half ihm, seine Mutter davon zu überzeugen, daß es besser für ihn wäre, die Schule zu verlassen und sich um die Aufnahme in die Wiener Kunstakademie zu bemühen. Mit immer neuen Ausreden drückte er sich jedoch zwei Jahre lang vor der Aufnahmeprüfung und genoß zwischen Herbst 1905 und Herbst 1907 seine Freiheit. Von der Mutter über Wasser gehalten, beschäftigte er sich mit Zeichnen und Malen, kleidete sich in der Art eines jungen Müßiggängers, hoffte, mit seinem schwarzen Stöckchen mit Elfenbeinknauf für einen Universitätsstudenten gehalten zu werden, und malte sich in ausschweifenden Tagträumen aus, wie er später einmal mit seinen Taten die Welt verändern würde.

In dieser Zeit, zwischen seinem sechzehnten und seinem achtzehnten Lebensjahr, nahm Hitlers Selbstverständnis Gestalt an. Er sah sich – ähnlich wie Stalin in der Gestalt Kobas – als heroischen Rebell, freilich mit einer Besonderheit, der er sein ganzes Leben lang treu bleiben sollte: Er betrachtete sich als künstlerisches Genie und beklagte später häufig den Verlust, den die Welt dadurch erlitten habe, daß er aus Pflichtbewußtsein gezwungen gewesen sei, die politische Laufbahn einzuschlagen.

Neben Hitlers Mutter und seiner Schwester war es vor allem der zwei Jahre jüngere August Kubizek, sein einziger Freund, der als Publikum für Hitlers endlose Phantastereien herhalten mußte. Auf welchem Gebiet Hitler sein Genie zum Ausdruck bringen würde, blieb unklar – ob als Maler, als Architekt (er zeichnete Pläne für eine völlige Neugestaltung der Stadt Linz), als Musiker oder Schriftsteller –, fest stand nur, daß er es als Künstler tun würde; so verbrämte er scheinbar rational seine Unfähigkeit zu disziplinierter und geduldiger Arbeit.

Die beiden Freunde nahmen jede Gelegenheit wahr, in Linz die Oper und das Theater zu besuchen. Hitler verehrte Richard Wagner, dessen Musikdramen ihn in seinen Bann schlugen. Später stilisierte er sich gern zu einem Mann, der keine Vorläufer gehabt habe außer einem einzigen: Wagner. Viel ist in die Tatsache hineingedeutet worden, daß Wagner Antisemit war, aber was Hitler an ihm vor allem faszinierte, waren das Pathos und der spektakuläre szenische Charakter der Wagnerschen Opern, die zu besuchen er nie müde wurde und die zum Vorbild für das Pathos und den spektakulären szenischen Charakter seiner späteren Auftritte als Politiker wurden. Ein noch größerer Einfluß ging von der Persönlichkeit Wagners selber und von der romantischen Vorstellung vom Künstlergenie aus, zu deren Ausformung Wagner maßgeblich beigetragen und die er auch in die Praxis umgesetzt hatte, indem er gegen alle erdenklichen Widerstände und Hindernisse seine Walhalla der deutschen Kunst in Bayreuth errichtet hatte. Wie Stalin sich zunächst mit dem literarischen Helden Koba und später mit Lenin identifizierte, tat Hitler es mit Wagner. Und wann immer er Inspiration suchte, Wagner ließ ihn nie im Stich. In Augenblicken des Selbstzweifels brauchte er nur in die Zauberwelt der Wagnerschen Musik einzutauchen oder sich auf dessen geniales Wirken zu besinnen, und sogleich war sein Selbstvertrauen wieder hergestellt.

Im August 1939, kurz vor Kriegsbeginn, lud Hitler Kubizek nach Bayreuth ein. Dem Jugendfreund aus Linz fiel dabei ein, daß Hitler einst nach einer Vorstellung des *Rienzi* so aufgewühlt gewesen war, daß er Kubizek auf den Gipfel des nahen Freinbergs geschleppt und ihn mit einem visionären Redeschwall verblüfft hatte, der unter anderem die Prophezeiung enthielt, er werde einst das deutsche Volk retten, wie Rienzi die Römer gerettet hatte. Hocherfreut über diese Geschichte, erzählte Hitler sie Winifred Wagner weiter, der englischen Schwiegertochter des Komponisten, die zu seinen frühesten Bewunderern gehörte, und erklärte feierlich: »In jener Stunde begann es.«[3]

Klara Hitler versuchte mehrmals, ihren Sohn dazu zu veranlassen, sich ernsthafte Gedanken über seine Zukunft zu machen; unter anderem spendierte sie ihm einen vierwöchigen Aufenthalt in Wien. Irgendwann räumte sie ihm das Recht ein, über sein väterliches Erbteil sowie über die Rente, auf die er als Beamtensohn Anspruch hatte, zu verfügen und nach Wien überzusiedeln, um an der Kunstakademie Malerei zu studieren. Das Hauptmotiv für dieses Zugeständnis war, daß bei ihr Brustkrebs diagnostiziert worden war und sie unbedingt vor ihrem Tod die Weichen für Adolfs Zukunft gestellt sehen wollte. Er traf rechtzeitig in Wien ein, um sich im Oktober 1907 der Aufnahmeprüfung zu unterziehen; allein, die von ihm eingereichten Zeichnungen fanden keine Gnade, und er fiel durch. »Ich war vom Erfolge so überzeugt, daß die mir verkündete Ablehnung mich wie ein Blitz aus heiterem Himmel traf.«[4] Die Welt seiner Tagträumereien brach zusammen, und er war darüber so perplex, daß er um ein Gespräch mit dem Akademiedirektor nachsuchte, der ihm taktvoll andeutete, seine Begabung liege wohl eher im Bereich der Architektur als in dem der Malerei.

Hitler redete sich schnell ein, daß der Direktor recht hatte: »In wenigen Tagen wußte ich nun auch selber, daß ich einst Baumeister werden würde.«[5] Doch fehlte ihm für die Zulassung zu einem Architekturstudium das notwendige Schulabgangszeugnis. Wenn Hitler wirklich gewollt hätte, so hätte er dies zweifellos ohne Schwierigkeiten nachholen können. Aber er machte sich nicht einmal die Mühe, herauszufinden, was er dafür hätte tun müssen. Ohne seiner Mutter etwas zu sagen, blieb er in Wien, als ob nichts geschehen wäre, und ging seinen »Studien« nach, wie er es großspurig nannte, eine Neuauflage des fieberhaften, aber ziellosen Aktionismus, den er zuvor in Linz entfaltet hatte.

Einen zweiten und noch schwereren Schlag versetzte ihm die Nachricht, daß seine Mutter im Sterben lag. Wie Stalin verdankte auch Hitler seiner Mutter eine Menge. Freud hat einmal geschrieben, ein Mann, der als Kind »der unbestrittene Liebling seiner Mutter gewesen« sei, bewahre sich »lebenslang das Selbstgefühl eines Eroberers, jene selbstbewußte Erfolgsorientiertheit, die oft zu wirklichem Erfolg führt«.[6] Dies war bei Stalin vielleicht, bei Hitler mit Sicherheit so. Der Unterschied war, daß Stalin die Opfer, die seine Mutter für ihn gebracht hatte, kaum würdigte, sie nach dem

Beginn seiner Revolutionärslaufbahn nur noch wenige Male sah und 1936 nicht einmal zu ihrem Begräbnis erschien, worüber sich die Öffentlichkeit in Georgien schockiert zeigte. Hitler dagegen reiste, wie Kubizek berichtet, kaum daß er von der Krankheit der Mutter erfahren hatte, nach Linz zurück und widmete sich ganz ihrer Pflege. Ihr Tod versetzte dem schon ob seines Versagens zerknirschten Möchtegern-Studenten einen schweren Schock.

Dieser Schock brachte ihn indes nicht dazu, der Wahrheit ins Gesicht zu sehen. Die wohlmeinenden Ratschläge seiner Verwandten, sich nach einer Stellung umzusehen, ignorierte er und ließ sie in dem Glauben, er studiere an der Akademie. Sobald die Formalitäten um das von der Mutter hinterlassene Erbe und seine Rente erledigt waren, kehrte er nach Wien und in die Geborgenheit seiner Traumwelt zurück. Um seine Illusionen noch zu verschönern, bearbeitete er Kubizek und dessen Eltern so lange, bis sein Freund mit ihm nach Wien gehen durfte.

Hier teilten sie gemeinsam ein Zimmer, in das sie einen Konzertflügel (für Kubizek zum Üben), zwei Betten und einen Tisch zwängten, und verwirklichten so ihren Traum, Kunststudenten in Wien zu werden. Kubizek hatte keine Probleme, die Aufnahmeprüfung zum Konservatorium zu bestehen, und ging daraufhin jeden Morgen früh aus dem Haus, während Hitler weiterschlief. Es dauerte einige Zeit, bis Kubizek neugierig genug wurde, um seinen Freund nach dessen Stundenplan zu fragen; die Reaktion war ein wütender Ausfall Hitlers gegen die unfähigen Leute, die ihm die Aufnahme verweigert hatten. Er erklärte jedoch im selben Atemzug, er sei entschlossen, es ihnen allen zu zeigen, indem er sich autodidaktisch zum Architekten ausbilden werde.

Diese »Ausbildung« bestand darin, daß er durch die Straßen Wiens flanierte, die aus dem 19. Jahrhundert stammenden Monumentalgebäude an der Ringstraße betrachtete, zahllose Skizzen ihrer Fassaden strichelte und sich ihre Maße und die Details ihrer Ausführung einprägte. Er gab mehr, als er sich leisten konnte, für Opernkarten aus. und sparte das Geld bei den Ausgaben für Essen wieder ein. In Linz hatte er sich leidenschaftlich in eine junge Frau namens Stefanie verliebt, ohne sie aber je angesprochen zu haben. Jetzt in Wien erzählte er Kubizek eine Menge über Liebe und Frauen, konnte aber offenbar seine Schüchternheit nie weit genug überwinden, um sich einer Frau zu nähern. Er hatte sexuelle Phantasien, wie die meisten jungen Männer, aber nichts deutet darauf hin, daß es zu irgendwelchen sexuellen Beziehungen kam. Kubizek waren die abrupten Stimmungsumschwünge seines Freundes nicht ganz geheuer, bei dem sich Phasen der Euphorie, in denen er feurige Reden hielt, mit Perioden der Niedergeschlagenheit abwechselten, in denen er an nichts und niemandem ein gutes Haar ließ. Im Vergleich zu den gemeinsamen Zeiten in Linz erlebte Kubizek in Wien einen »vollkommen unausgeglichenen« Hitler.

Kubizek kehrte im Juli 1908 nach Abschluß seines ersten Studienjahrs am Konservatorium nach Linz zurück. Es wurde vereinbart, daß er im fol-

Die georgische Hütte, in der Stalin seine Kindheit verbracht hat, zeigt, daß dieser Revolutionär wirklich von ganz unten kam und mit dem aristokratischen Rußland St. Petersburgs so wenig zu tun hatte wie mit dem bürgerlichen Moskaus. Als Hitler am 20. April 1889 geboren wurde, war sein Vater schon nach Braunau am Inn versetzt worden. Sein heute noch bestehendes Geburtshaus macht deutlich, wie gediegen die kleinstädtischbürgerlichen Verhältnisse waren, in denen der spätere Führer des Großdeutschen Reiches aufwuchs: Hitler war ein Deklassierter aus eigenem Verschulden. Er zeigte sich unfähig und unwillig, sich in dieser Sphäre einzurichten.

genden Semester wieder dasselbe Zimmer mit Hitler teilen würde, und im Verlauf des Sommers erhielt er von seinem Freund auch mehrere Postkarten. Als er jedoch im November wieder in Wien eintraf, war Hitler spurlos verschwunden.

Ohne Kubizek oder irgend jemandem sonst etwas davon zu sagen, hatte er im Oktober einen zweiten Versuch unternommen, in die Kunstakademie zu kommen; dieses Mal war er jedoch noch nicht einmal zur Aufnahmeprüfung zugelassen worden. Diese Niederlage, die das Ende seines »Künstler«-Alibis bedeutete, empfand er als so vernichtend, daß er niemandem, der ihn näher kannte, mehr unter die Augen treten wollte. Er brach alle Verbindungen zu seiner Familie und seinem Freund Kubizek ab und tauchte in der Anonymität der Großstadt unter.

Es konnte nicht ausbleiben, daß Psychologen und Psychiater sich im Nachhinein für Hitler interessierten; mehrere einschlägige Abhandlungen untersuchten insbesondere seine Beziehung zu einer überfürsorglichen Mutter und einem dominierenden Vater, eine in der deutschsprachigen Welt der Jahrhundertwende ziemlich häufige Konstellation, in der Freud einen Nährboden für den Ödipus-Komplex sah.[7] Die meisten Historiker halten jedoch von psychologischen »Erklärungen« des Phänomens Hitler nicht allzuviel, und zwar aus zwei Gründen: Zum einen zwingt der Mangel

an verläßlichen Daten und Zeugnissen die Psychologen, sich weitgehend auf Spekulationen und Analogieschlüsse zu stützen. Zum zweiten muß man, selbst wenn man unterstellt, daß es hilfreich sein könnte, Hitler (oder auch Stalin) gewisser psychopathischer, schizophrener oder paranoider Persönlichkeitszüge und der entsprechenden Wahnvorstellungen zu überführen, die Frage stellen, wie denn der Unterschied zu erklären ist zwischen den schwerwiegenden Beeinträchtigungen der Lebenstüchtigkeit, die solche Störungen normalerweise zur Folge haben, und dem außerordentlichen Erfolg, mit dem Hitler (und Stalin) ihre Wahnvorstellungen in schreckenerregende Realität verwandelten.

Angesichts des heutigen Forschungsstands erscheint es mir am klügsten, jedem Deutungsansatz, der den Anspruch erhebt, eine vollständige Analyse der Persönlichkeit Hitlers oder Stalins zu liefern, mit Skepsis zu begegnen, sich hingegen einzelner Einsichten, die von psychologischen Studien zutage gefördert werden, zu bedienen. Zwei Beispiele sollen deutlich machen, was gemeint ist.

Das erste ist die von Erik Erikson beschriebene »Identitätskrise der Jünglingsjahre«, die er bei Hitler in der Zeit zwischen seiner ersten Abweisung durch die Kunstakademie im September 1907 – Hitler war damals achtzehn Jahre alt – und seinem zweiten gescheiterten Anlauf im Oktober 1908 ansiedelt; in diese Zeit fiel auch das erschütternde Erlebnis des Todes seiner Mutter. Erikson geht davon aus, daß sich bei einem Jugendlichen, dem es nicht gelingt, die Krise der Jünglingsjahre zu meistern und eine Ich-Identität aufzubauen, schwerwiegende psychische Schäden einstellen. Dieser Fall sei, so argumentiert Erikson, bei Hitler eingetreten; er sei »der ungebrochene Jüngling« geblieben, der sich für »eine Laufbahn abseits bürgerlichen Glücks, wirtschaftlicher Sicherheit und inneren Seelenfriedens« entschieden habe.[8]

Das zweite Beispiel ist Erich Fromms These, die Ursache für den Konflikt zwischen Hitler und seinem Vater sei nicht, wie von Hitler behauptet, seine Weigerung gewesen, dem väterlichen Wunsch entsprechend eine Beamtenlaufbahn einzuschlagen, aber auch nicht das von den Freudianern geltend gemachte ödipale Buhlen um die Liebe seiner Mutter. Fromm deutet statt dessen Hitlers Versagen auf der Realschule als Folge eines zunehmenden Rückzugs in eine Phantasiewelt und den Streit mit dem Vater als Ausdruck und Folge seiner Abwehrreaktion gegen das ihn störende Bemühen des Vaters, ihm ein Stück Realitätssinn beizubringen und ihn zu einer vernünftigen Zukunftsplanung zu bewegen. Die Liebe, mit der seine Mutter Klara ihn bis zu seinem fünften Lebensjahr umhegt hatte, bestärkte ihn in dem Gefühl, einzigartig zu sein – eine Parallele zu Stalin. Fromm kommt zu dem Schluß, daß beide Männer, bei allen sonstigen Unterschieden ihrer Persönlichkeit, klassische Ausprägungen des narzißtischen Typus gewesen seien.[9]

Freud gebrauchte den Begriff »Narzißmus« ursprünglich in bezug auf eine Phase der frühkindlichen Entwicklung; mittlerweile hat sich das Konzept aber auch als tragfähig zur Beschreibung einer Persönlichkeitsstörung erwiesen, die auftritt, wenn die Entwicklung normaler Beziehungen zu Dingen und Personen der Außenwelt mißlingt. Eine narzißtische Persönlichkeit nimmt nur sich selbst, ihre Bedürfnisse, Gefühle und Gedanken als eigentlich real wahr, bezieht alles, was andere tun oder lassen, auf sich selbst und hat für Personen und Dinge, die außerhalb ihres egozentrischen Horizonts liegen, keinen Blick und kein Interesse.

Nach Ansicht Fromms kann man bei politischen Führern unbesehen ein gewisses Maß an Narzißmus als »Berufskrankheit« voraussetzen, wobei die Intensität in direktem Verhältnis zum Sendungsbewußtsein des Betreffenden und zu seinem Anspruch auf Unfehlbarkeit und unumschränkte, konkurrenzlose Macht stehe. Wenn derartige Macht- und Unfehlbarkeitsansprüche ein Ausmaß erreichen wie bei Hitler oder Stalin in der Phase ihres politischen Zenits, wird der Betreffende jede Kritik, jede Herausforderung als gefährliche Bedrohung des Bildes empfinden, das er selbst von sich – und das die Öffentlichkeit von ihm – hat, und wird alles tun, um diese Bedrohung zu beseitigen.[10]

Bis heute haben sich Psychologen viel weniger für Stalin als für Hitler interessiert. Einer der Gründe ist, daß über Stalin sehr viel weniger Material vorliegt. Während im besiegten Deutschland nach Kriegsende etliche Dokumente beschlagnahmt und zahllose Zeugen verhört wurden, fand etwas Vergleichbares in der Sowjetunion nie statt. Ein noch wichtigerer Faktor dürfte jedoch der auffällige Kontrast in Stil und Temperament der beiden Männer sein. Hier der auftrumpfende Hitler, dessen überzogene und pathetische Rhetorik viele Menschen lange zögern ließ, ihn ernst zu nehmen, dort der stets reservierte Stalin, der seinen Aufstieg zur Macht nicht direkt seiner Persönlichkeit verdankte, sondern eher dem Geschick, mit dem er diese zu tarnen verstand, und der, ähnlich wie Hitler, lange Zeit unterschätzt wurde, aber aus dem umgekehrten Grund: weil viele nicht erkannten, wie ehrgeizig und rücksichtslos er in Wirklichkeit war. Um so interessanter klingt die These, es habe jenseits aller Gegensätze bei beiden Männern eine narzißtische Fixierung vorgelegen.

Man kann dem eine weitere Einsicht hinzufügen, die Stalins amerikanischer Biograph Robert Tucker aus den Schriften Karen Horneys über die Neurose entlehnt hat. Die Mißhandlung des Knaben Josif durch seinen Vater, und insbesondere die Prügel, die er ihm – und vor seinen Augen auch der Mutter – verabreichte, erzeugten, so vermutet Tucker, jene angstvolle Grundbefindlichkeit, jenes Gefühl des Alleinseins in einer feindlichen Welt, das als Nährboden für die Entwicklung einer neurotischen Persönlichkeit dienen kann. Ein Mensch, der in seiner Kindheit eine solche Angstdisposition erworben hat, tendiert auf der Suche nach Kompensation und innerem Halt naturgemäß dazu, sich ein idealisiertes Bild von sich selbst zu schaffen und dieses dann zu seiner wahren Identität zu erklären. »Von diesem Zeitpunkt an investiert er seine Energien in das fortlaufend verstärkte Bemühen, dem eigenen Idealbild in der Praxis gerecht zu werden und es von anderen bestätigt zu bekommen.« Zu dieser Erklärungs paßt im Falle Stalins die Identifizierung mit Koba, dem kaukasischen Robin Hood, dessen Namen er sich zulegte, und später mit Lenin, dem Revolutionshelden, nach dessen Vorbild er seine eigene Rolle als Revolutionär gestaltete, bis hin zu seinem Kampfnamen Stalin – »Mann aus Stahl« –, den er bewußt nach dem Beispiel seines Kampfgefährten wählte.[11]

Die Jünglingsjahre waren für Stalin eine ebenso stürmische Zeit wie für Hitler. 1894 verließ er Gori und reihte sich in die Studentenschaft des russisch-orthodoxen Priesterseminars in Tiflis ein, die etwa sechshundert Köpfe zählte. Die zaristische Regierung hatte die Gründung einer Universität in Kaukasien untersagt, aus Sorge, diese könne sich zu einem Zentrum der nationalistischen und radikalen Agitation entwickeln. Das Priesterseminar von Tiflis fungierte als Universitätsersatz; viele der jungen Männer, die hier studierten, hatten nicht die Absicht, Priester zu werden. Die repressive Atmosphäre in diesem Mittelding zwischen einem Kloster und einer Kaserne erwies sich im übrigen als dem Gedeihen subversiver Ideen ebenso zuträglich, wie es die freiere Atmosphäre einer Universität gewesen wäre.

Der vierzehnjährige Stalin war körperlich nicht besonders stark, dafür psychisch um so unbeugsamer. (Er hörte bei einer Körperlänge von 1,63 Metern auf zu wachsen). Dennoch war er in der Lage, sich durchzusetzen und zeigte im Umgang mit seinen Kommilitonen und mit den Lehrern keinen Mangel an Selbstvertrauen.

Stalin besuchte das Seminar bis kurz vor seinem zwanzigsten Geburtstag, von 1894 bis 1899; dann jedoch ging er unvermittelt ab, und zwar, wie Hitler, ohne das übliche Abschlußzeugnis. Nicht, daß er ein Versager gewesen wäre; vielmehr blieb vom Unterrichtspensum, das neben Altkirchenslawisch und scholastischer Theologie auch Latein und Griechisch sowie russische Literatur und Geschichte umfaßte, einiges bei ihm hängen. Ein Nutzen, den Stalin aus seinem Studium zog, war die Entwicklung eines phänomenalen Gedächtnisses, das ihm in seiner späteren Karriere keine geringen Dienste leisten sollte. Der Umstand, daß es eine kirchliche Ausbildung war, trug mit dazu bei, die Denkmuster eines Mannes zu formen, der für seinen Dogmatismus und seinen Hang, in absoluten Schwarzweiß-Kategorien zu urteilen, berühmt werden sollte. Wenn man seine Reden und Schriften liest, fällt sofort deren katechismusartiger Aufbau ins Auge, der Gebrauch von Frage und Antwort, die Reduktion komplexer Fragen auf eine Handvoll einfacher Formeln, das Zitieren autoritativer Texte zur Untermauerung der eigenen Argumente. Auch in den stilistischen Merkmalen seiner russischen Reden und Schriften haben einige seiner Biographen den kirchlichen Einfluß bemerkt: »Deklamatorisch, voller Wiederholungen und liturgischer Anklänge«, schreibt einer von ihnen.[12]

Die Seminaristen mußten in Tiflis nicht nur zweimal täglich beten, sondern darüber hinaus an Sonntagen und kirchlichen Feiertagen Gottesdienste durchstehen (im wahrsten Sinn des Wortes), die drei oder vier Stunden dauerten. Kein Wunder, daß hieraus heftige Aversionen gegen die Religion erwuchsen, was wiederum die Mönche veranlaßte, den Zöglingen nachzuspionieren, sie zu belauschen, ihre Kleidungsstücke und Spinde zu durchsuchen und sie beim Rektor anzuschwärzen. Jeder Verstoß gegen den Regelkodex – wie etwa die Benutzung einer der weltlichen Leihbüchereien in der Stadt – wurde mit Zellenarrest geahndet. Als Reaktion gegen die offizielle Russifizierungspolitik wurde das Seminar zu einer Hochburg des georgischen Nationalismus. Ein Student, der 1886 wegen seiner antirussischen Einstellung vom Seminar verwiesen worden war, hatte daraufhin den Rektor umgebracht, und nur wenige Monate bevor Stalin sein Studium begann, hatte ein Generalstreik sämtlicher georgischen Schüler und Studenten zur vorübergehenden polizeilichen Schließung des Seminars und zur Relegierung von 87 Studenten geführt.

Diejenigen, die Stalin in Gori als lebhaften und offenherzigen Burschen kennengelernt hatten, bemerkten ein oder zwei Jahre nach Beginn seines Seminarstudiums eine deutliche Änderung seines Verhaltens: Er wirkte jetzt in sich gekehrt und verschlossen, zog es vor, allein loszuziehen oder ein Buch zu lesen, und zeigte sich bei geringsten Anlässen beleidigt, selbst wenn nichts dergleichen beabsichtigt war.

Stalin lernte, seine Gefühle zu verbergen, und brachte es darin zu einer solchen Meisterschaft, daß es ihm zur zweiten Natur wurde. Doch unterschwellig kultivierte er seinen Haß auf »die Obrigkeiten«, nicht so sehr im Grundsätzlichen als vielmehr im konkreten Fall, wenn andere Macht über ihn ausübten. Seine tiefe Abneigung galt gleichermaßen denen, die Autorität ausübten – seien es zaristische Beamte oder Mönche –, wie denen, die dumm genug waren, sich ihr zu unterwerfen. Die fünf Jahre am Seminar waren für ihn nicht nur ein Überlebenstraining, sondern gaben ihm auch Gelegenheit, von innen die Funktionsweise einer geschlossenen Gesellschaft zu beobachten, die mit den Mitteln der systematischen Überwachung, Denunzierung und Angsterzeugung Konformität erzwang – eine Lektion, die er nicht vergaß.

Seine Tochter Swetlana schrieb nach seinem Tod: »[Die Priesterausbildung in Tiflis] war der einzige systematische Unterricht, den mein Vater je genossen hat. Ich bin davon überzeugt, daß das Seminar, wo er insgesamt mehr als zehn Jahre verbrachte, große Bedeutung für seine Charakterbildung und für sein ganzes Leben gehabt hat. Die angeborenen Eigenschaften wurden dadurch gefördert und gestärkt. Religiöses Gefühl hatte er nie besessen. Die endlosen Gebete und die erzwungene religiöse Disziplin konnten bei dem jungen Menschen, der nie auch nur einen Augenblick an das Geistige, an Gott geglaubt hatte, nur das entgegengesetzte Resultat zeigen... Aus seiner Seminarerfahrung glaubte er zu wissen, daß die Menschen intolerant und roh waren, ihre ›Herde‹ betrogen, um sie dadurch fest in der Hand zu haben, daß sie intrigierten, logen und dazu noch viele andere Schwächen und sehr wenige Tugenden besaßen.«[13]

Eine Spielart des Rebellierens, der Stalin sich verschrieb, war die Lektüre möglichst vieler verpönter Bücher, die er sich in einer Leihbücherei in der

Die Aufnahme Katharina Dschugaschwilis stammt vermutlich aus den frühen zwanziger Jahren, als Stalin schon seine Macht als Generalsekretär der Partei und unbestrittener erster Mann ins Auge faßte. Die Bäuerin aus dem alten Rußland ist ganz offenkundig herausgeputzt als Mutter eines Führers der Revolution. Den politischen Aktivitäten ihres Sohnes zeitlebens fernstehend, sagte sie zu ihm noch im hohen Alter, sie hätte es doch lieber gesehen, wenn er am Priesterseminar geblieben wäre.

Stadt besorgte und ins Seminar einschmuggelte. Er machte sich auf diese Weise nicht nur mit westlicher Literatur (in russischer Übersetzung) und mit den russischen Klassikern – die ebenfalls verboten waren – vertraut, sondern lernte auch naturwissenschaftliche und radikale politische Schriften kennen; so las er vermutlich Darwin, Comte und Marx sowie die Schriften Plechanows, des ersten russischen Marxisten.

Stalin fand die verschwommen romantischen Ideale des georgischen Nationalismus bald unbefriedigend und organisierte einen sozialistischen Studienkreis, dem neben anderen Kommilitonen auch Iremaschwili angehörte; wie dieser später berichtete, legte Stalin alsbald eine gewisse Unduldsamkeit gegen jedes Gruppenmitglied, das nicht seiner Meinung war, an den Tag. Die marxistische Lehre von der Unvermeidlichkeit des Klassenkampfes und vom notwendigen Umsturz einer ungerechten und korrupten gesellschaftlichen Ordnung übte eine spontane Anziehungskraft auf ihn aus; ebenso wie an seinen Intellekt appellierte sie an seine Psyche – die mächtigen und destruktiven Haßgefühle und Rachegelüste, die sich später als so dominierende Züge seines Wesens erweisen sollten. In der marxistischen Ideologie fand Stalin somit ein Ventil für Bestrebungen und Fähigkeiten, die ansonsten unerfüllt geblieben wären. Das Evangelium des Klassenkampfes legitimierte, wie Robert Tucker geschrieben hat, seinen Haß auf Obrigkeiten – »es erklärte seine Feinde zu Feinden der Geschichte«.[14]

Ungeachtet des repressiven Charakters des zaristischen Regimes gab es in Rußland eine revolutionäre Tradition, die bis zum fehlgeschlagenen Aufstand der Dekabristen im Jahr 1825 zurückreichte. Lenin stellte sich sehr bewußt in diese Tradition und bezeichnete die Bolschewisten 1912 einmal als die vierte Generation der russischen Revolutionäre. Die früheren Verschwörerzirkel hatten sich allerdings auf die eher populistischen Ideen von einem russischen Sonderweg zum Sozialismus berufen, wie Alexander Herzen und Nikolaj Tschernyschewskij sie in den fünfziger und sechziger Jahren des 19. Jahrhunderts formuliert hatten, eines Sozialismus, der sich unter Umgehung der im Westen eingetretenen kapitalistischen Entwicklung – in einem Land mit fast ausschließlich bäuerlicher Bevölkerung – unmittelbar auf die traditionelle russische Dorfgemeinschaft mit ihrer primitiven Form der Selbstverwaltung stützen sollte. Erst nachdem *Semlja i Wolja* (»Land und Freiheit«), die erste revolutionäre Partei Rußlands, nach dem Attentat auf Zar Alexander II. im Jahr 1881 zerfallen war, faßten marxistische Ideen in den Reihen der russischen Intelligenz Fuß, und die Entwicklung der russischen Industrie und die Entstehung einer Industriearbeiterschaft lieferten ihnen den Resonanzboden. Eine Gruppe von jungen Georgiern, fast durchweg Absolventen des Tifliser Priesterseminars, hatte während eines Gaststudiums am Warschauer Veterinärmedizinischen Institut diese Ideen kennengelernt und nach ihrer Rückkehr begonnen, sie in Georgien zu propagieren. Sie gründeten die erste marxistisch-sozialdemokratische Gruppierung in Georgien, die sich den Namen *Messame Dassy* (»Dritte Gruppe«) gab.[15]

Die Anziehungskraft des Marxismus beruhte darauf, daß er eine vermeintlich wissenschaftliche Grundlage für den Glauben an eine künftige Revolution bot, vorausgesetzt, man wandte das für Westeuropa entwickelte Denkmodell auf Rußland an: daß die kapitalistische Entwicklung (unausweichlich, wie Marx meinte) über die Phase der bürgerlich-kapitalistischen

Demokratie mit ihren unauflöslichen inneren Widersprüchen in den Klassenkampf und schließlich in die soziale Revolution münden werde. *Wie* das marxistische Schema in Rußland mit seiner überwiegend bäuerlichen Bevölkerung funktionieren sollte, darüber wurde immer wieder erbittert gestritten; zugleich lieferte jedoch die rasante Entwicklung der russischen Industrie in den 25 Jahren vor dem Ersten Weltkrieg einen fruchtbaren Nährboden für sozialistische Propaganda, indem sie eine Arbeiterklasse und ähnliche Formen der Ausbeutung entstehen ließ, wie die frühkapitalistische Entwicklung sie in Westeuropa gezeitigt hatte.

Einer der Brennpunkte dieser Entwicklung war der Kaukasus; die Ausbeutung der Erdölvorkommen bei Baku am Kaspischen Meer zog den Aufbau industrieller Strukturen nach sich, eine Pipeline nach Batum am Schwarzen Meer, Raffinerien und Hafenanlagen in Batum, die Transkaukasische Eisenbahn. Die Aktivisten von *Messame Dassy* nahmen Verbindung zu den Eisenbahnarbeitern in Tiflis auf, unter denen es etliche gab, die wegen ihrer sozialistischen Gesinnung aus Rußland nach Kaukasien verbannt worden waren. Man hielt Versammlungen ab, die natürlich im geheimen stattfinden mußten, und bei einer von diesen, im Hause eines Tifliser Bahnarbeiters, begegneten Stalin und Iremaschwili zum ersten Mal einem Revolutionär, dem die Flucht aus der Verbannung gelungen war; fasziniert lauschten sie seinen Berichten über das harte Los der nach Sibirien verbannten politischen Gefangenen.

Noch als Seminarstudent fand Stalin Zugang zu *Messame Dassy* und erhielt die Chance, sich zu bewähren, indem er einem aus Bahnarbeitern bestehenden Arbeitskreis die marxistische Lehre nahezubringen versuchte. Ein Mitglied der Gruppe, ein gewisser Lado Kezchoweli, beeindruckte ihn zutiefst. Drei Jahre älter als Stalin, hatte Lado dieselbe Schule in Gori besucht und war von ihr, wie Stalin, ans Seminar in Tiflis übergewechselt. Er war einer der Rädelsführer des Schülerstreiks gewesen, der zur Schließung des Seminars geführt hatte; nach seinem Hinauswurf hatte er in Kiew weiterstudiert und war dann heimlich nach Tiflis zurückgekehrt, um sich als »Berufsrevolutionär« der Untergrundtätigkeit zu widmen. Über seinen jüngeren Bruder Vano, der noch am Seminar studierte, nahm Stalin Verbindung zu ihm auf, und in der Folge war er ein häufiger Gast in der Wohnung der Kezchowelis, wo er Lesestoff fand und oft stundenlang mit Lado diskutierte, für den er eine an Vergötterung grenzende Bewunderung entwickelte. Besonders beeindruckte ihn Lados praktisches Handeln: Er hatte eine Zeitlang in einer Tifliser Druckerei gearbeitet, um das Druckerhandwerk zu erlernen, und anschließend den ersten marxistischen Untergrundverlag in Transkaukasien gegründet, der sich in russischen Revolutionärskreisen bald einen legendären Ruf erwarb, weil er effiziente Arbeit mit Tollkühnheit verband. Versteckt in einem Haus in Baku, das einem Moslem gehörte, der ausgerechnet Ali-Baba hieß, lieferte der Verlag über eine Million Exemplare illegaler Druckschriften aus (darunter Lenins Zeitung

Iskra), ehe die Polizei ihn nach fünfjähriger Suche entdeckte. Kezchoweli selber wurde 1902 verhaftet und in seiner Zelle von einem Wärter erschossen, nachdem er aus dem Zellenfenster gebrüllt hatte: »Nieder mit der Selbstherrschaft! Es lebe die Freiheit! Es lebe der Sozialismus!«

Für Stalin blieb Kezchoweli noch für viele Jahre das Idealbild des revolutionären Kämpfers schlechthin, und sein Einfluß beschleunigte zweifellos Stalins Abgang vom Seminar. Zu Beginn seines fünften Studienjahrs hatte die Seminarleitung Stalin bereits als unbelehrbaren Unruhestifter ausgemacht, und im Mai 1899 verwies sie ihn mit der Begründung des Seminars, er sei »aus unbekannten Gründen« der Jahresabschlußprüfung ferngeblieben. Iremaschwili, der gleichzeitig mit Stalin das Studium aufgenommen hatte, schrieb später, sein Kommilitone sei mit »einem grimmigen und bitteren Haß gegen die Schulverwaltung, die Bourgeoisie und gegen alles andere im Land, was den Zarismus verkörperte«, vom Seminar abgegangen.[16]

Was immer der Auslöser für den Bruch war, er war endgültig. Stalin brach die Brücken hinter sich ab. Der Marxismus lieferte ihm ein festgefügtes philosophisches Ideengerüst, das in vollkommener Weise sein Bedürfnis nach einem Ersatz für das dogmatisch-theologische Ideensystem befriedigte, das ihm beigebracht worden war, das er aber nicht akzeptieren konnte. Zwischen beiden bestand eine Kontinuität, deren hervorstechende Merkmale die Unantastbarkeit der orthodoxen Lehre, der jeden Zweifel ausschließende Wahrheitsanspruch, die Intoleranz gegenüber abweichenden Auffassungen und die Verfolgung von Abtrünnigen waren. Stalin hatte sich mithin als Zwanzigjähriger bereits fest für eine Weltanschauung und einen Beruf entschieden: Er würde das Leben eines Agitators führen, eines Missionars, dessen Ziel die revolutionäre Umwälzung der bestehenden Ordnung war.

Hitler brauchte etliche Jahre länger als Stalin, um eine vergleichbar feste Orientierung zu finden. Stalin legte mit dem Entschluß, den er 1899, in seinem zwanzigsten Lebensjahr, im vollen Bewußtsein der Konsequenzen faßte, seinen weiteren Lebensweg fest. Bei Hitler war dies ganz anders. Zwar ließ auch er in seinem zwanzigsten Jahr, nach seinem zweiten gescheiterten Anlauf zum Kunststudium im Herbst 1908, jeden Gedanken an eine berufliche Ausbildung fahren, aber in seinem Fall sollten erst die Erfahrungen der nachfolgenden Jahre die Entscheidung über die weitere Lebensgestaltung herbeiführen, eine Entscheidung, die endgültig erst nach Ende des Weltkriegs fiel, in den Jahren 1918/19, als Hitler in seinem dreißigsten Lebensjahr stand.

Zwischen 1899 und 1917, also zwischen seinem zwanzigsten und achtunddreißigsten Lebensjahr, führte Stalin das Leben eines revolutionären Agitators, stets in Gefahr, verhaftet zu werden, und in der Tat auch häufig zu Gefängnisstrafen oder längerer Verbannung verurteilt. Es war eine schwere, undankbare Arbeit, aber er wußte, was er wollte, sammelte Erfahrungen und konnte das Gefühl haben, die geschichtliche Entwicklung – die Niederlage Rußlands im Krieg gegen Japan, die Revolution von 1905, der Kriegsausbruch 1914, die Februarrevolution von 1917 – liefere die Bestätigung für die Richtigkeit der von ihm vertretenen marxistischen Positionen und der von Lenin bestimmten Parteilinie. Trotz aller psychologischen Probleme – von denen er die meisten selbst heraufbeschwor –, wurde er in seiner geistigen Orientierung niemals schwankend. Schließlich lieferten die Machtergreifung der Bolschewisten in der Oktoberrevolution und sein eigener Aufstieg zu einem der Führer der Revolutionsregierung die, wie es schien, endgültige Bestätigung dafür, daß er alles richtig gemacht hatte.

Werfen wir zum Vergleich einen Blick auf die Entwicklung Hitlers in den Jahren von 1908 bis 1919, zwischen seinem zwanzigsten und dreißigsten Lebensjahr. Die ersten sechs Jahre verbrachte er in Wien, mit kurzen Aufenthalten in München. Doch wußte er noch immer nicht, welchem Ziel er sein Leben widmen wollte; seine Existenz beschränkte sich aufs Überleben: Als ein Stückchen Treibholz schwamm er unter vielen im trüben Wasser der Großstadt. Dann aber, zwischen 1914 und 1918, fand er endlich, was er wollte. Er fand es im Soldatenleben, im Krieg, im »Fronterlebnis«, in der gefühlsmäßigen Identifizierung mit dem deutschen Nationalismus – nur um dann den Schock der deutschen Niederlage erleben zu müssen, den Zusammenbruch des deutschen Heeres, gefolgt von einer Revolution, die seine heiligsten Überzeugungen in Frage stellte. Aus purer Verzweiflung wandte Hitler sich der Politik zu; der unbekannte Kriegsveteran fing an, in fanatischen Predigten von der Wiedergutmachung der deutschen Niederlage und von der Bestrafung der »Novemberverbrecher« zu reden, die dem kämpfenden Heer den Dolch in den Rücken gestoßen hätten.

Es liegt auf der Hand, daß dies die Jahre waren, in denen zwischen der Entwicklung Hitlers und der Stalins die geringsten Gemeinsamkeiten bestanden; gleichwohl waren es Jahre von so großer Bedeutung für ihre Zukunft, daß man sie nicht *en passant* abhandeln kann. Da sie nicht zu direkten Vergleichen einladen, ist es ratsam, sie separat und nacheinander darzustellen. Die beiden getrennten Fäden der Geschichte laufen dann am Ende des Ersten Weltkriegs wieder zusammen, als Hitler sich, wie Stalin lange vor ihm, der politischen Laufbahn verschreibt.

2. Kapitel

Frühe Erfahrungen

Stalin 1899–1917
Hitler 1908–1918

Als Hitler im November 1908 in der Anonymität der Großstadt unter-
tauchte, war von seinem Erbteil noch ein wenig übrig, und indem er sich in
billigeren Behausungen einquartierte, konnte er sich damit noch ein Jahr
lang über Wasser halten. Er hatte niemanden mehr, mit dem er reden
konnte, zog sich mehr und mehr in sich selbst zurück und verbrachte viel
Zeit lesend in seinem Zimmer oder in öffentlichen Bibliotheken.

Im Herbst 1909 ging ihm jedoch das Geld aus; er zog aus seinem möblierten Zimmer aus, ohne seine Miete zu bezahlen. Als es kälter wurde, stellte
er sich vor der Armenküche eines Klosters nach einem Teller Suppe an und
fand schließlich einen Platz in einem von einem Wohltätigkeitsverein
unterhaltenen Obdachlosenasyl. Zur Jahreswende 1909/10 langte er am
Tiefpunkt seiner Existenz an: hungernd, heimatlos, nicht einmal im Besitz
eines Mantels, körperlich geschwächt und ohne Perspektive. Zum Scheitern seines Traums, Künstler zu werden, gesellte sich jetzt noch das demüti-
gende Erlebnis, daß er, der verwöhnte und hochnäsige junge Mann aus bürgerlichen Verhältnissen, auf das Niveau eines Stadtstreichers herabgesunken war.

Aus dieser jammervollen Lage rettete ihn Anfang 1910 ein gewisser Reinhold Hanisch, auch ein Obdachloser, der aber die Kunst des Überlebens in
der Gosse wesentlich besser beherrschte als Hitler. Wenn Hitler wirklich
malen könne, wie er behaupte, könnten sie doch Partner werden, meinte
Hanisch – er, Hanisch, könne vermarkten, was Hitler zustande bringe, und
die Einnahmen würden sie sich teilen. Hitler ließ sich überreden, und die
beiden Partner verbrachten die folgenden drei Jahre von 1910 bis 1913 in
dem erst kurz zuvor errichteten und gut geführten Männerwohnheim in der
Meldemannstraße, das zwar ebenfalls eine Wohlfahrtseinrichtung war, aber
doch um einige Klassen besser als das Obdachlosenasyl. Eine kleine Erbschaft von seiner Tante kam Hitler ebenso zugute wie die Tatsache, daß er
jetzt lernte, für seinen Lebensunterhalt zu arbeiten: Er malte Wiener Stadtansichten, hauptsächlich die Fassaden bekannter Gebäude. Er zeichnete in
der Regel nach Fotografien und entwickelte genügend Kunstfertigkeit, um
auch später, nachdem er sich mit Hanisch verkracht hatte, an Souvenir-
händler, Bilderrahmer und andere Kleinabnehmer verkaufen zu können.

Hitler blieb im Männerheim wohnen, weil er dort nicht nur weit bessere
Lebensbedingungen fand, sondern auch den psychischen Rückhalt, dessen
er bedurfte. Er gehörte zum kleinen Stamm der Dauerbewohner des
Heims, die eine herausgehobene Stellung innehatten (zum Beispiel Vorrechte bei der Benutzung des Lesezimmers, in dem Hitler zeichnete), die
sich selbst gern »die Intellektuellen« nannten und sich scharf von den wech-

selnden Hausgästen abgrenzten, denen sie mit Herablassung gegenübertraten. Die Lesezimmer-Gruppe bescherte Hitler das Minimum an zwischenmenschlichem Kontakt, das auch ein Einzelgänger wie er brauchte, beließ ihm aber zugleich die Aura der Unnahbarkeit, mit der er sich umgab, und mutete ihm nicht zu, tiefere menschliche Bindungen einzugehen. Noch etwas anderes, das er brauchte, lieferte ihm die Gruppe: Zuhörer. Wie Karl Honisch, der dem Kreis 1913 angehörte, sich später erinnerte, pflegte Hitler still zu arbeiten, bis etwas zu einem politischen oder gesellschaftlichen Thema gesagt wurde, das ihn ärgerte. Er konnte sich dann unvermittelt in einen anderen Menschen verwandeln, aufspringen und sich in eine furiose Philippika hineinsteigern, die ebenso abrupt endete, wie sie begonnen hatte – mit einer resignativen Handbewegung setzte er sich wieder und zeichnete weiter.[1]

Hitler selber hat über diese Jahre in dem Buch *Mein Kampf* berichtet, das er über ein Jahrzehnt nach seinem Weggang aus Wien schrieb, zu einem Zeitpunkt (nach seinem mißratenen Putschversuch vom November 1923), als es ihm darauf ankam, seine Leser mit den schweren Prüfungen, die er durchgemacht haben wollte, zu beeindrucken und zu betonen, wie unerschütterlich er an den damals erworbenen Anschauungen festgehalten hatte.

Wenn er mittellos war und hungerte, so galt dies, wie er selbst einräumt, nur für eine kurze Zeitspanne, bis zu seinem Einzug ins Männerwohnheim, und auch vorher schon waren seine Nöte größtenteils selbst verschuldet. Er hatte sich geweigert, sich ernsthaft um den Einstieg in eine Berufslaufbahn oder um einen Broterwerb zu bemühen, solange er noch genug Geld zum Leben hatte. Am meisten litt er unter der Verletzung seiner Selbstachtung, der kränkenden Erfahrung, daß der große Künstler oder Schriftsteller, als den er sich selbst sah – der bedeutende »Was-auch-immer«, der in die Geschichte eingehen würde –, jetzt auf das Existenzniveau des von ihm so verachteten Bodensatzes der Gesellschaft herabgesunken war.

In psychologischer Hinsicht sind diese Wiener Jahre aus zwei Gründen von Bedeutung. Zum einen gab Hitler trotz aller Rückschläge sein narzißtisches Bild von sich selbst nicht auf. Während er, von außen besehen, nicht mehr erreicht hatte, als sich am Rande der Gesellschaft eher schlecht als recht über Wasser zu halten, und weniger denn je wußte, wie er den Glauben an seine eigene Bestimmung in die Tat umsetzen sollte, beweist doch der Umstand, daß er diesen Glauben über einen Zeitraum von sechs langen Jahren aufrechterhielt, eine innere Willenskraft, die sich später als eine der Voraussetzungen für seinen politischen Erfolg erweisen sollte. Die Frustrationen und Demütigungen, die er weiterhin einstecken mußte, nährten gleichzeitig seine Verbitterung und seinen Wunsch, es einer Welt, die ihn verschmähte, heimzuzahlen; hieraus bezog er, als seine Chance schließlich kam, einen zusätzlichen Energieschub für seinen ohnehin ausgeprägten Durchsetzungswillen.

Die zweite wichtige Entwicklung, die Hitler in seiner Wiener Zeit durchmachte, war der allmähliche Übergang zu dem Versuch, sein persönliches Scheitern nicht so sehr als individuelles Problem zu sehen, sondern es aus den gesellschaftlichen Spannungen und Konflikten, die er in seiner Umwelt wahrnahm, zu erklären. Bei der Niederschrift seines Buches Mitte der zwanziger Jahre überzeichnete er das Maß, in dem seine Weltanschauung bereits festgelegt war, als er 1913 aus Wien wegzog, ganz so, als hätten die Kriegserfahrungen der Jahre 1914 bis 1918 und seine Reaktion auf die deutsche Niederlage und die sich daran anschließende Periode der Unruhe keine prägende Wirkung mehr gehabt. Trotzdem gibt es keinen Grund, seine Aussage zu bezweifeln, daß es die Wiener Erfahrungen waren, unter deren Eindruck sich sein »Weltbild« und seine »Weltanschauung« bildeten.

In welcher Weise diese Erfahrungen prägend auf ihn wirkten, dafür lieferte er in *Mein Kampf* anschauliche Beispiele: »Die Umgebung meiner Jugend setzte sich zusammen aus den Kreisen kleinen Bürgertums, also aus einer Welt, die zu dem reinen Handarbeiter nur sehr wenig Beziehungen besitzt ... Der Grund dieser, sagen wir, fast Feindschaft liegt in der Furcht einer Gesellschaftsgruppe, die sich erst ganz kurze Zeit aus dem Niveau der Handarbeiter herausgehoben hat, wieder zurückzusinken in den alten, wenig geachteten Stand, oder wenigstens noch zu ihm gerechnet zu werden. Dazu kommt noch bei vielen die widerliche Erinnerung an das kulturelle Elend dieser unteren Klassen, die häufige Roheit des Umgangs untereinander, wobei die eigene, auch noch so geringe Stellung im gesellschaftlichen Leben jede Berührung mit dieser überwundenen Kultur- und Lebensstufe zu einer unerträglichen Belastung werden läßt ... Dieser häufig sehr herbe Kampf [des Emporkömmlings um eine höhere Lebensstellung] läßt das Mitleid absterben. Das eigene schmerzliche Ringen um das Dasein tötet die Empfindung für das Elend der Zurückgebliebenen.«[2]

Durch seinen eigenen demütigenden Abstieg im Wien der Vorkriegsjahre war Hitler in der Lage, sich in die vielen Deutschen hineinzuversetzen, die in den wirtschaftlich schwierigen Jahren nach dem Weltkrieg von der Angst vor sozialer Deklassierung geplagt wurden.

Hitler kam schon als überzeugter deutscher Nationalist in Wien an. Was er dort sah, bestärkte ihn in seiner abwehrend-aggressiven Haltung gegenüber den anderen Volksgruppen im Habsburgerreich, deren Zahl viermal höher war als die der deutschsprachigen Österreicher. Nach der Umwandlung des Reichs in die österreichisch-ungarische Doppelmonarchie im Jahr 1867 sahen die Deutsch-Österreicher ihre traditionelle Vorherrschaft durch das wachsende National- und Selbstbewußtsein der sie majorisierenden slawischen Völker, namentlich der Tschechen, zunehmend bedroht. Die Bemühungen der Regierung, Zugeständnisse an die Gleichberechtigungsforderungen der Tschechen und anderer Volksgruppen (beispielsweise hinsichtlich des Gebrauches der Muttersprache) zu machen, waren in Hitlers Augen nicht nur zum Scheitern verurteilt, sondern auch ein Akt nationalen

Verrats, waren es doch stets die Deutschen, die Konzessionen machen mußten.

Die beiden neuen Gefahren, auf die Hitler seinem eigenen Zeugnis nach in Wien erstmals aufmerksam wurde, waren »der Marxismus und das Judentum«. Die rasante Bevölkerungszunahme in Wien – mit einer Wachstumsrate von 259 Prozent zwischen 1860 und 1900 lag Wien weit vor London und Paris und wurde nur noch von Berlin übertroffen – bot jedem, der in der österreichischen Hauptstadt lebte, mehr als genug Gelegenheit, beides kennenzulernen; dies galt in besonderem Maß für jemanden, der in der untersten Etage der sozialen Pyramide hauste.

Bedrückende Verhältnisse – Armut, Wohnungsnot, Übervölkerung, niedrige Löhne, Arbeitslosigkeit – wurden durch den raschen Zustrom von Neubürgern nur noch schlimmer gemacht. Von den 1,675 Millionen Einwohnern im Jahr 1900 waren nur 46 Prozent gebürtige Wiener. Die große Mehrheit der Zugezogenen, darunter besonders viele Tschechen, waren in der Hoffnung auf Arbeit und Brot gekommen und drängten in die bereits übervölkerten Arbeiterviertel hinein, die Hitler bestens vertraut waren.

»Ich weiß nicht, was mich nun zu dieser Zeit am meisten entsetzte: das wirtschaftliche Elend meiner damaligen Mitgefährten, die sittliche und moralische Roheit oder der Tiefstand ihrer geistigen Kultur.«[3] Hitlers Erschütterung beruhte nicht auf Mitgefühl. Zu seinem Schrecken mußte er feststellen, daß nicht nur die tschechischen, sondern auch die deutschen Arbeiter jegliche Ehrfurcht vor den Dingen, die ihm heilig waren, vermissen ließen: »Man lehnte da alles ab: die Nation, als eine Erfindung der ›kapitalistischen‹ – wie oft mußte ich nur allein dieses Wort hören – Klassen; das Vaterland, als Instrument der Bourgeoisie zur Ausbeutung der Arbeiterschaft; die Autorität des Gesetzes, als Mittel zur Unterdrückung des Proletariats; die Schule, als Institut zur Züchtung des Sklavenmaterials, aber auch der Sklavenhalter; die Religion, als Mittel der Verblödung des zur Ausbeutung bestimmten Volkes; die Moral, als Zeichen dummer Schafsgeduld usw. Es gab da aber rein gar nichts, was so nicht in den Kot einer entsetzlichen Tiefe gezogen wurde.«[4]

Stalin hätte keine prägnantere Zusammenfassung wesentlicher Grundaussagen des Marxismus liefern können. Für ihn war der Marxismus eine Offenbarung lange geahnter Wahrheiten gewesen. Auf Hitler hatte er genau die gegenteilige Wirkung. Als er erstmals deutsche Arbeiter diese Dogmen verkünden hörte, stellte er sich »eine qualvolle Frage«: »Sind dies noch Menschen, wert, einem großen Volke anzugehören?«[5]

Die »unruhige Beklommenheit«, in die Hitler danach tagelang versank, wurde noch verschlimmert durch den Anblick einer Massendemonstration von Wiener Arbeitern; die Teilnehmerzahl war so groß, daß der Vorbeimarsch des Demonstrationszuges fast zwei Stunden dauerte, was ihn zutiefst beeindruckte. Die Erlösung aus seiner tiefen Niedergeschlagenheit, das »Wiederfinden zu meinem Volke«, gelang ihm schließlich, indem er sich einredete, daß diese Arbeiter Opfer der skrupellosen sozialdemokrati-schen Parteiführer sein mußten, die sich die Not der Massen zunutze mach-ten, um diese mit einer raffiniert manipulierenden Propaganda zu entnatio-nalisieren und sie den anderen Klassen der Gesellschaft zu entfremden.

Hitler meinte, herausgefunden zu haben, weshalb die Sozialdemokraten dem Kampf um die Erhaltung des Deutschtums in Österreich ablehnend gegenüberstanden, weshalb sie für einen Kompromiß mit ihren slawischen »Genossen« eintraten und behaupteten, das Verbindende, das sich aus der gemeinsamen Zugehörigkeit zu einer unterdrückten Klasse ergebe, sei wichtiger als das Trennende, das aus der Zugehörigkeit zu verschiedenen Nationalitäten resultiere. Zu Hitlers leidenschaftlichem Nationalismus gesellte sich somit ein ebenso leidenschaftlicher Haß auf den Marxismus.

Nun fehlte noch das dritte Element seiner Weltanschauung, »die Juden-frage«. 1857 hatten in Wien 6 217 Juden gelebt, ein Bevölkerungsanteil von nicht einmal zwei Prozent; 1910 war ihre Zahl auf 175 318, ihr Anteil auf 8,6 Prozent angestiegen. Damit waren zwar immer noch über neunzig Prozent der zwei Millionen Einwohner Wiens Nichtjuden, aber aus zwei Gründen wurde den Juden mehr Aufmerksamkeit zuteil als anderen Minderheiten. Erstens waren die Juden im Bereich höherer Schul- und Hochschulbildung sowie in einigen besonders prestigeträchtigen Berufssparten – Justiz, Poli-tik, Medizin, Journalismus, Bankwesen, Kunst und Unterhaltung – weit stärker vertreten, als es ihrem allgemeinen Bevölkerungsanteil entsprach. Zweitens drängten sich am anderen Ende der sozialen Leiter die ärmeren und ärmsten Juden in einem oder zwei Stadtbezirken zusammen: in der Innenstadt und in der Leopoldstadt, dem alten Judengetto, wo der jüdische Einwohneranteil bei einem Drittel lag. Viele dieser armen Juden waren Einwanderer aus Osteuropa, die vor allem durch ihr ungewöhnliches Äuße-res auffielen.

Nach Hitlers Darstellung in *Mein Kampf,* die alle Merkmale einer kon-struierten Geschichte hat, war es die Begegnung mit einem Juden, einer »Erscheinung in langem Kaftan mit schwarzen Locken«, die ihm die Augen für den fremdartigen Charakter »des Juden« öffnete. Im weiteren Verlauf schildert Hitler, wie er mit einem Mal erkannte, daß Juden auch in der Füh-rung der Sozialdemokratie vertreten waren: »Indem ich den Juden als Füh-rer der Sozialdemokratie erkannte, begann es mir wie Schuppen von den Augen zu fallen. Ein langer innerer Seelenkampf fand damit seinen Abschluß... Nun aber erst lernte ich den Verführer unseres Volkes ganz kennen.«[6]

In *Mein Kampf* betont Hitler mehr als einmal, wieviel er in seinen Wiener Jahren gelesen und wie gründlich er theoretische Fragen studiert habe. An anderer Stelle schreibt er allerdings über seine Lesegewohnheiten: »Frei-lich verstehe ich unter ›lesen‹ vielleicht etwas anderes als der große Durch-schnitt unserer sogenannten ›Intelligenz‹. Ich kenne Menschen, die unend-lich viel ›lesen‹,... und die ich doch nicht als ›belesen‹ bezeichnen möchte... Es fehlt ihnen die Kunst, im Buche das für sie Wertvolle vom Wertlosen zu sondern, das eine dann im Kopfe zu behalten für immer, das andere, wenn möglich, gar nicht zu sehen, auf jeden Fall aber nicht als zwecklosen Ballast mitzuschleppen... Der Inhalt des jeweilig Gelesenen [soll] nicht in der Reihenfolge des Buches oder gar der Bücherfolge dem Gedächtnis zur Aufbewahrung übergeben [werden], sondern als Mosaiksteinchen in dem allgemeinen Weltbilde seinen Platz an der ihm zukommenden Stelle [erhalten] und so eben [mithelfen], dieses Bild im Kopfe des Lesers zu formen.«[7]

Deshalb ist es so schwierig, die Bücher zu benennen, die Hitler gelesen hat. Er besaß überhaupt keine Empfänglichkeit für Literatur, kein Interesse an Büchern um ihrer selbst willen, sondern betrachtete sie nur als Steinbruch, aus dem er Bauelemente für sein in den Grundzügen schon feststehendes Weltbild gewinnen konnte. Es scheint, daß ein großer Teil seiner Lektüre aus popularisierender Sekundärliteratur bestand. Darin fand er zahlreiche Zitate aus Originalwerken, die er sich einprägte und später so zitierte, als habe er das Werk gelesen, aus dem sie stammten. Er hatte ein bemerkenswert gutes Gedächtnis, insbesondere für Fakten und Zahlen, für die Maße und Proportionen von Bauwerken oder auch die technischen Daten von Waffen, und er nutzte dies Wissen, um Fachleute zu verblüffen und das unkritische Publikum zu beeindrucken. Die meisten Historiker haben inzwischen eingesehen, daß es ein Fehler wäre, Hitlers geistige Potenz und die Kohärenz des Denksystems, das er sich aus seinem Bücherwissen und seinem Fundus von Erfahrungen zusammenbaute, zu unterschätzen.[8] Doch alles, was er je gesagt und geschrieben hat, zeigt, daß seinem Denken die Menschlichkeit ebenso fehlte wie die Fähigkeit zu kritischer Bewertung, zu objektiver und vernünftiger Prüfung bei der Aufnahme von Wissen, Fähigkeiten, die gemeinhin als Wesensattribute wirklicher Bildung gelten, die Hitler jedoch erklärtermaßen verachtete.

Wie bei seinem »Studium« der Sozialdemokratie und des Marxismus will Hitler auch sein Wissen über die Juden durch Bücherlektüre vertieft haben. Wir finden in diesem Fall sogar seinen ausdrücklichen Hinweis darauf, daß es sich bei diesen »Büchern« um antisemitische Blättchen handelte, die er für ein paar Groschen kaufte, sowie um Zeitschriften wie *Ostara*. Herausgegeben wurde das letztgenannte Heft, dessen graphisches Markenzeichen ein Hakenkreuz war, von einem ehemaligen Mönch, der sich Lanz von Liebenfels nannte; gewidmet war es der »praktischen Anwendung der anthropologischen Forschung zum Zwecke der Bewahrung der europäischen Herrenrassen vor der Vernichtung durch die Aufrechterhaltung der Rassenreinheit«. Solche Publikationen waren charakteristisch für eine Wiener Subkultur jener Zeit, sie bedienten sich oft pornographischer Mittel und einer rückhaltlos gewalttätigen und obszönen Sprache. Die Passagen in *Mein Kampf*, in denen Hitler sich über die Juden ausläßt, stehen in dieser Tradition, was zum Beispiel an seinem Herumreiten auf sexuellen Dingen wie der »Schändung deutschen Blutes« deutlich wird: »der alptraumhaften Vision der Verführung von Hunderttausenden deutscher Mädchen durch widerliche krummbeinige jüdische Bastarde«.

»Seit ich mich mit dieser Frage zu beschäftigen begonnen hatte, auf den Juden erst einmal aufmerksam wurde, erschien mir Wien in einem anderen Licht als vorher... Gab es denn da einen Unrat, eine Schamlosigkeit in irgendeiner Form, vor allem des kulturellen Lebens, an der nicht wenigstens ein Jude beteiligt gewesen wäre? Sowie man nur vorsichtig in eine solche Geschwulst hineinschnitt, fand man, wie die Made im faulenden Leibe, oft ganz geblendet vom plötzlichen Lichte, ein Jüdlein.«[9] »Der Jude« war überall, verantwortlich für alles, was Hitler verabscheute und fürchtete: die Moderne in bildender Kunst und Musik, die Organisation eines modernen Sklavenhandels mit Mädchen (ein Lieblingsthema der antisemitischen Literatur), Pornographie und Prostitution, die kritische Haltung der Presse zum Nationalismus.

Nach Hitlers eigenen Angaben brauchte er beträchtliche Zeit, um die Bedeutung der »Judenfrage« zu erfassen. Der entscheidende Schritt sei dabei die Entdeckung gewesen, daß die Juden nicht, wie er bis dahin geglaubt habe, Deutsche mit einer anderen Religion waren, sondern eine Rasse für sich. Nichts deutet darauf hin, daß Hitler zu diesem Zeitpunkt, als er knapp über zwanzig war, irgendeine klare Vorstellung davon hatte, wie die Judenfrage »gelöst« werden könnte, oder daß er gar an die Möglichkeit dachte, die Juden auszurotten. Der Begriff der Rasse sollte jedoch zum Schlüsselelement schlechthin seines Geschichtsbildes und seiner Ideologie werden. Dieser rassistische Ansatz korrespondiert eng mit einer weiteren, im ausgehenden 19. Jahrhundert sehr populär gewordenen Lehre, die ebenfalls zu einer Säule seiner Weltanschauung wurde: dem Sozialdarwinismus, dem Glauben daran, daß alles Lebendige in einem ewigen Kampf ums Dasein steht, in dem nur der Tüchtigste überleben kann. Hitler stellte dem Glauben der Sozialisten an die Gleichheit aller Menschen das »aristokratische Prinzip der Natur« entgegen, die naturgegebene Ungleichheit der Menschen, sowohl der Individuen als auch der Rassen. Der Kreis schloß sich mit der Feststellung, daß die Lehre des Marxismus von einem Juden, Karl Marx, erfunden worden sei und daß die jüdischen Führer der Sozialdemokratischen Partei sich ihrer bedienten, um die Massen gegen den Staat, gegen das deutsche Volk und gegen die arische Herrenrasse aufzuwiegeln.

Hitler zog aus seinen Wiener Erfahrungen noch weitere Schlüsse. Einer davon war die Erkenntnis, wie leicht die Massen sich von einer geschickten Propaganda manipulieren ließen. Ein anderer betraf die angebliche Nutzlosigkeit parlamentarischer Körperschaften (gelegentlich besuchte Hitler die lauten Debatten des österreichischen Reichsrats), die seiner Überzeugung nach die Führungsgabe, die Initiative und die Verantwortlichkeit des einzelnen abtöteten. Das Scheitern der nationalistischen Alldeutschen Bewegung Schönerers, deren Programm ihm zusagte, hing seiner Überzeugung

Sind Sie blond? Dann
drohen Ihnen Gefahren!
Lesen Sie daher die „Ostara", Bücherei
der Blonden und Mannesrechtler!

Nr. 73

Die Blonden als Musik-Schöpfer
von J. Lanz-Liebenfels

Inhalt: Ursprung und Wertung der Musik, ihre sexuelle
Wurzel, insbulierte Musiker, Rassenphrenologie und musikalische
Befähigung, die südlich sentimentalen Mittelländer, die re-
alistisch-futuristischen mongolischen Lärmmacher, die Blonden
als Erfinder der Musikinstrumente, Entwicklung der Harfe
aus dem Bogen, die altarischen Saiten- und Blasinstru-
mente, die arische Musik im Altertum, die Germanen Ambrosius, Alfun, Hucbald und Guido als Förderer der mittelalterlichen Musik. Die Blonden als Erfinder der Notenschrift
und Mehrstimmigkeit, die melodischen und harmonischen My-
sterien der mittelalterlichen Musik, die Trümmer einer versunkenen Musikwelt, die Niederländer, die Dunkelrassen als
geistige Diebe und Verfallsmusiker, Rassenanthropologie der
bedeutendsten alten und neuesten Musiker, Notenbeispiele alter
Musik. Harmonisierung des Adventhymnus von St. Ambrosius.

Verlag der „Ostara", Mödling/Wien, 1913
Auslieferung für den Buchhandel durch
Friedrich Schalk in Wien.

Die Rassenlehren des 19. Jahrhunderts fanden schnell ihren Weg in die Trivialkultur der Heftchen und Traktate. Hitler lernte sie vor allem durch die »Ostara«-Hefte des ehemaligen Mönches Adolf Lanz alias Jörg Lanz von Liebenfels kennen, der mit scheinbar wissenschaftlicher Akribie Beweise für sein paranoides Wahnsystem zusammentrug. Die jüdische Weltverschwörung, die Hitler und Himmler später allerorten zu entdecken glaubten, war schon Thema der »Ostara«-Hefte.

nach damit zusammen, daß sie sich zu einer parlamentarischen Partei entwickelt hatte. Er hielt dem den Erfolg jener Gruppen entgegen, die ihre Macht auf den Aufbau außerparlamentarischer Massenorganisationen stützten, wie die Sozialdemokratische Partei oder auch die Christlich-Soziale Partei des berühmten Wiener Bürgermeisters Karl Lueger. Lueger war der politische Führer, den Hitler am meisten bewunderte. Wie er in *Mein Kampf* bemerkte, habe Lueger das Hauptgewicht seiner politischen Tätigkeit auf die Gewinnung von Schichten gelegt, deren Dasein bedroht war: kleine Ladeninhaber und Geschäftsleute, Handwerker und Kleingewerbetreibende, niedere Beamte und kommunale Angestellte, die angesichts der wirtschaftlichen und gesellschaftlichen Umwälzungen ihren Lebensstandard und ihre Stellung gefährdet sahen.

Es gab im Österreich der Vorkriegszeit noch eine andere, von Hitler mit keinem Wort erwähnte Partei: die äußerst nationalistische Deutsche Arbeiterpartei (DAP), die 1904 in Böhmen gegründet worden war und der österreichischen Sozialdemokratie vorwarf, sie wolle die geschulten (deutschen)

Facharbeiter in Lohnniveau und Lebensstandard auf die Stufe der ungelernten (slawischen) Arbeiter herabdrücken. Im Sprachgebrauch der DAP figurierten die Tschechen als »Halbmenschen«. Die Partei führte einen aggressiven Feldzug für eine Ausweitung des deutschen »Lebensraums«, und als das Habsburgerreich 1918 in Stücke brach, forderte sie die Eingliederung der deutsch besiedelten Teile Böhmens und Mährens in das Deutsche Reich. Während der Gründungsphase seiner Partei in München nach dem Krieg nahm Hitler Verbindung zur österreichischen DAP in Wien auf und machte sie später zum österreichischen Ableger seiner eigenen Nationalsozialistischen Deutschen Arbeiterpartei. Deren auf »Rasse« und »Lebensraum« beruhendes Programm ging, ebenso wie die in den dreißiger Jahren verwirklichte Forderung nach der Angliederung Böhmens und Mährens an Deutschland, auf Vorstellungen zurück, die im Österreich der Vorkriegszeit entstanden waren.[10]

Bevor er Österreich verließ, hatte Hitler eine ganze Reihe von Beobachtungen und Einsichten gesammelt, die er später in praktische Politik umsetzte. Seine Erfahrungen in Wien hatten ihn in seinem fanatischen Deutschnationalismus bestärkt, und sie hatten ihm die Augen für die drei Gruppen geöffnet, die seiner Überzeugung nach den geschichtlichen Fortbestand des deutschen Herrenvolks bedrohten – die rassisch minderwertigen Slawen, die Marxisten und die Juden. Er hatte freilich noch keine Vorstellungen davon, wie sein Beitrag zum Kampf gegen diese Bedrohung aussehen könnte, als er im Mai 1913, mit 24 Jahren, Österreich verließ und ins benachbarte Deutschland übersiedelte.

Im gleichen Alter, in dem Hitler aus Wien nach München umzog, wußte Stalin nicht nur bereits, was er wollte, sondern hatte seine Lehrzeit als Revolutionär auch schon begonnen.

Rußland war zu Beginn des 20. Jahrhunderts das größte und rückständigste Land unter den Großmächten. Die Volkszählung von 1897 erbrachte eine Bevölkerungszahl von 129 Millionen, doch die Landwirtschaft – die Lebensgrundlage einer neunzig Millionen Menschen zählenden Landbevölkerung –, war schlecht organisiert und erbrachte Hektarerträge, die deutlich unter denen anderer europäischer Länder lagen. Die allermeisten Russen waren arm, hatten nichts gelernt, blieben ihr Leben lang Analphabeten. Sogar im europäischen Teil des russischen Reiches konnten zwei Drittel aller Männer und fast neunzig Prozent aller Frauen nicht lesen; im gesamten Reich gab es nur 104 000 Personen mit einer Hochschulausbildung und etwas mehr als eine Million Menschen, die eine weiterführende Schule besucht hatten.

Rußland hatte eine äußerst unausgewogene Sozialstruktur: Abgesehen von einer Oberschicht, der weniger als zwei Millionen Menschen angehörten, einer noch kleineren Mittelschicht aus Bildungsbürgern und Geschäftsleuten sowie einer der Gesellschaft entfremdeten Intelligenz, lebte der Rest der Bevölkerung, gleichgültig ob in der Stadt oder auf dem Land, in Armut oder zumindest nahe der Armutsgrenze. Das Regime war autokratisch, repressiv und kannte keine gewählte Volksvertretung; es unterwarf die öffentliche Meinung einer willkürlichen Zensur und überzog die Polen, Ukrainer, Juden, Tataren, Armenier und die anderen dem russischen Reich einverleibten Völkerschaften mit einer Politik der zwangsweisen Russifizierung.

Auf lange Sicht lag die Hoffnung auf eine bessere Zukunft in der Industrialisierung, die jedoch kurzfristig die Verwundbarkeit des zaristischen Herrschaftssystems erhöhte. Tatsächlich verzeichnete die russische Industrie – Eisenbahnen, Maschinenbau, Kohle, Eisen und Stahl, Erdöl und Erzbergbau (im Kaukasus), Textilherstellung – zwischen 1880 und 1914 rapide Wachstumsraten. Dies ging jedoch auf Kosten der Landwirtschaft, die an einer niedrigen Investitionsrate, an ländlicher Überbevölkerung, einer überholten Dreifelderwirtschaft unter der Regie der Dorfgemeinschaft sowie unter den indirekten Steuern litt, die die Bauern und die arme Landbevölkerung am stärksten belasteten. Die anhaltende Rückständigkeit der russischen Landwirtschaft drohte den industriellen Fortschritt zu entwerten, und der schwelende Unmut der Bauern war eine der Hauptursachen für die revolutionäre Explosion, die sich 1905 im Gefolge der russischen Niederlage gegen Japan ereignete.[11]

Zugleich erzeugte das industrielle Wachstum selbst einen potentiellen Unruheherd in Gestalt einer Arbeiterklasse, die um die Jahrhundertwende bereits drei Millionen Menschen zählte. Diese konzentrierten sich um eine kleine Zahl riesiger Fabriken, wurden äußerst schlecht bezahlt, mußten in beengten und armseligen Wohnungen hausen und durften sich nicht gewerkschaftlich organisieren. Es war ein Proletariat wie aus dem marxistischen Lehrbuch, eine Klasse, auf die der Satz, sie habe »nichts zu verlieren als ihre Ketten«, tatsächlich zutraf. Die Revolutionen von 1905 und 1917 sollten zeigen, wie wirksam diese Arbeitermassen ins politische Geschehen eingreifen konnten, wenn die Gelegenheit günstig war.

In den achtziger und neunziger Jahren des 19. Jahrhunderts nahmen etliche russische Intellektuelle, die zum Marxismus konvertiert waren, Kontakt mit Arbeitergruppen auf, die sich in St. Petersburg und anderen industriellen Zentren zu bilden begannen, und sich ebenfalls als Marxisten oder Sozialdemokraten bezeichneten. Ihre Hauptaktivität war, neben Diskussion und Propaganda, die Förderung und Organisation von Streiks, an denen sich trotz des gesetzlichen Streikverbots in den letzten fünf Jahren des Jahrhunderts fast eine Viertelmillion Arbeiter beteiligten und mit deren Hilfe eine Verkürzung des Arbeitstages durchgesetzt werden konnte. Ob die Arbeiterorganisationen sich mit solchen wirtschaftlichen Forderungen begnügen (»Ökonomismus«) oder aber darüber hinaus auch ins politische Geschehen eingreifen sollten, war eine heftig umstrittene Frage in der Untergrundliteratur dieser Bewegung, zu der auch russische Intellektuelle, die in der Schweiz oder in der sibirischen Verbannung lebten, Beiträge leisteten.

Einer dieser verbannten Intellektuellen war Wladimir Iljitsch Uljanow, von Ende 1901 an besser unter seinem Pseudonym Lenin bekannt. Er wurde 1870 in Simbirsk an der Wolga als Sohn eines Schulinspektors geboren. Die Uljanows waren eine glückliche Familie, was jedoch nicht verhinderte, daß die beiden Brüder Lenins ebenso wie seine beiden Schwestern hin und wieder wegen subversiver Tätigkeiten verhaftet wurden. Sein älterer Bruder Alexander wurde 1887 hingerichtet, weil er an einer Verschwörung zur Ermordung des Zaren teilgenommen hatte, ein Vorfall, der den damals siebzehnjährigen Lenin zutiefst erschütterte.

Der hoch gebildete und mit einem scharfen Verstand ausgestattete Lenin übersiedelte 1893 nach St. Petersburg und trat in eine Anwaltskanzlei ein, verbrachte jedoch wesentlich mehr Zeit in sozialistischen Debattierzirkeln als im Gerichtssaal. Seine marxistischen Sporen verdiente er sich durch seine scharfe Kritik an den »Volkstümlern« und »Ökonomisten« in der russischen Linken. 1895 wurde er jedoch wegen seiner Rolle in der Streikbewegung verhaftet und später in die Verbannung geschickt. Im Jahr 1900 kehrte er mit dem Plan zurück, eine Zeitung zu gründen, die zum einigenden Kristallisationszentrum für alle im Untergrund tätigen Gruppen des russischen Reiches werden sollte. Die erste Ausgabe der *Iskra* (»Der Funke«) wurde im Dezember 1900 in Leipzig gedruckt und nach Rußland hineingeschmuggelt.

Ein erster Anlauf zur Gründung einer russischen sozialdemokratischen Arbeiterpartei war auf einem kleinen illegalen Kongreß 1898 in Minsk unternommen worden. Dieser Kongreß wird zwar immer wieder als Geburtsstunde der russischen Sozialdemokratie bezeichnet, aber im Grunde blieb er ergebnis- und folgenlos. Erst nachdem es mit Hilfe der *Iskra* gelungen war, die vielen örtlichen Untergrundgruppen in Rußland miteinander zu vernetzen, beschloß Lenin, einen zweiten Anlauf zu nehmen; als Vorspiel dazu veröffentlichte er 1902 seinen Aufsatz *Was tun?*, eines der berühmtesten revolutionären Manifeste aller Zeiten. Er entwikkelte darin seine Konzeption einer zentralisierten, disziplinierten Partei, eines Kaders von Berufsrevolutionären, die als »Avantgarde des Proletariats« fungieren und die Voraussetzungen für den Umsturz des zaristischen Regimes durch die Arbeiterklasse schaffen sollte. Ein Jahr später, im Sommer 1903, organisierte die *Iskra*-Gruppe einen Kongreß (in der Literatur stets als der Zweite Parteitag bezeichnet), der in Brüssel und nach einer Unterbrechung in London zusammentrat und auf dem die Sozialdemokratische Arbeiterpartei Rußlands gegründet wurde.

Nachdem er zum ersten Mal die *Iskra* gelesen hatte, wurde Stalin sogleich zum *Iskrovets*, zum »*Iskra*-Mann«, und machte sich die Argumente und Thesen Lenins zu eigen. Nach seinem Abgang vom Priesterseminar 1899 verbrachte er die nächsten zehn Jahre als sozialdemokratischer Agitator und Organisator im Kaukasus, mit Unterbrechungen freilich, denn hin und wieder wanderte er ins Gefängnis oder in die sibirische Verbannung. Weil er von der Hand in den Mund lebte, war er stets darauf angewiesen, daß Genossen und Sympathisanten ihn unterstützten, ihm ein Bett und ein Versteck besorgten. Er konzentrierte seine Aktivitäten auf die Arbeiter der drei kaukasischen Städte, in denen sich eine Industriearbeiterschaft zu bilden begann: Tiflis mit seiner Eisenbahnindustrie, Baku mit seinen Ölquellen – es waren 1904 die ergiebigsten der Welt – und Batum mit seinen Ölraffinerien und seinem Hafen.

Es gab in Kaukasien einen harten Kern russischer Fabrikarbeiter, die wegen ihrer sozialistischen Einstellung dorthin verbannt worden waren und jetzt unter anderem in den Tifliser Eisenbahnwerkstätten und im Kraftwerk von Baku arbeiteten. Zu den Ölfeldern zog es auch Arbeiter armenischer, türkischer, persischer, tatarischer sowie natürlich auch solche russischer Herkunft, und in Batum arbeiteten zahlreiche georgische Bauernsöhne. Stalin mußte lernen, die marxistische Botschaft in sehr einfachen Worten zu verkünden und die Arbeiter davon zu überzeugen, daß sie durch gemeinsame Widerstandsaktionen tatsächlich ihre Lage verbessern konnten. Er half ihnen bei der Organisierung und Durchführung von Streiks und Straßendemonstrationen und mußte außerdem lernen, Aufrufe und Flugblätter zu verfassen und sie im Untergrund drucken zu lassen.

Stalin gehörte zu den Anführern der Arbeiterdemonstrationen in Tiflis am 1. Mai 1901, bei denen zweitausend Arbeiter sich Straßenkämpfe mit der Polizei lieferten. Auch am Streik der Ölarbeiter von Batum 1902, in dessen Verlauf russische Truppen das Feuer eröffneten und fünfzehn Personen töteten, war er beteiligt. Ein lebendiges Bild vom Stalin jener Jahre hat, wenn auch von einem feindseligen Standpunkt aus, seine damalige junge Parteigenossin F.Chunjanis überliefert, die ihre erste Begegnung mit ihm so schildert: »Ich traf Koba in einem kleinen Zimmer an. Er war klein, mager und wirkte ein wenig armesünderhaft, so daß ich mich an einen kleinen Dieb erinnert fühlte, der auf sein Urteil wartet. Er trug einen dunkelblauen Bauernkittel, eine eng sitzende Jacke und eine schwarze türkische Mütze... Er behandelte mich mit Mißtrauen. Nach längerer Befragung übergab er mir einen Stapel illegaler Schriften... Er begleitete mich mit unverändert argwöhnischem, mißtrauischem Gehabe zur Tür.«

Über Stalins Verhalten bei Sitzungen des örtlichen Parteikomitees schreibt dieselbe Autorin: »Zur verabredeten Uhrzeit war Koba wieder einmal nicht da. Er kam immer zu spät, nie sehr viel, dafür aber regelmäßig... Wenn er kam, änderte sich die Atmosphäre. Nicht so sehr zum Geschäftsmäßigen als zum Angespannten. Koba kam gewöhnlich mit einem Buch unter seinem verwachsenen linken Arm herein und setzte sich irgendwo an die Seite oder in eine Ecke. Er hörte schweigend zu, bis alle gesprochen hatten. Er sprach immer als letzter. Dabei ließ er sich Zeit, verglich die verschiedenen Ansichten, wog alle Argumente ab... und brachte seinen eigenen Standpunkt dann mit großer Endgültigkeit vor, als sei die Diskussion damit abgeschlossen. So entstand der Eindruck, daß alles, was er sagte, von besonderem Gewicht sei.«[12]

Nach dem Streik in Batum wurde Stalin zum ersten Mal verhaftet und nach einem Gefängnisaufenthalt in die sibirische Verbannung geschickt. Eine vielsagende Reminiszenz Stalins an die Zeit in seinem Verbannungsort Wologda hat Chruschtschow in seinen Erinnerungen festgehalten:»Stalin sagte: ›Bei meiner ersten Verbannung waren unter den Kriminellen einige nette Kerle. Ich war meistens mit den Kriminellen zusammen. Ich weiß noch, wie wir vor den Kneipen der Stadt Halt machten. Wenn einer von uns noch ein oder zwei Rubel hatte, dann reichten wir unser Geld durchs Fenster, bestellten irgend etwas und vertranken noch die letzte Kopeke, die wir besaßen. Mal bezahlte ich, am nächsten Tag ein anderer, und so ging es reihum. Diese Kriminellen waren nette, natürliche, handfeste Burschen. Aber unter den politischen Häftlingen gab es eine Menge Lumpen. Einmal veranstalteten sie sogar ein Ehrengericht und verhörten mich, weil ich mit den Kriminellen trank, was in ihren Augen ein Vergehen war.‹«[13]

Beim zweiten Versuch gelang Stalin die Flucht aus Wologda. Er kehrte nach Kaukasien zurück, gerade rechtzeitig, um zu erfahren, daß auf dem Kongreß in Brüssel und London endlich eine allrussische Sozialdemokratische Arbeiterpartei gegründet worden war – und sich sogleich in zwei Fraktionen gespalten hatte. Der Auslöser für diese Spaltung war ein Streit um die Voraussetzungen für die Mitgliedschaft in der Partei gewesen. Lenin wollte, daß Parteimitglied nur sein konnte, wer aktiv in irgendeiner der Parteigliederungen mitarbeitete; Lew Martow, einer seiner engsten Mitarbeiter bei der *Iskra*, schlug dagegen eine weniger strenge Regelung vor – er wollte alle aufgenommen wissen,»die unter der Kontrolle einer Parteiorganisation mitarbeiten«. Es schien nicht gerade ein weltbewegender Gegensatz zu sein, zumal Lenin betonte, er denke keineswegs daran, die Parteimitgliedschaft auf Berufsrevolutionäre zu beschränken. Trotzdem sah sich Lenin am Ende überstimmt.

Ursache für die Spaltung war wohl, daß Lenin sich hinter den Kulissen nicht nur darum bemühte, sicherzustellen, daß die *Iskra* die Aktivitäten der Partei steuerte, sondern auch, daß er selber weiterhin die Zeitung kontrollierte. An dieser Frage schieden sich die Geister innerhalb der *Iskra*-Gruppe selbst, wobei zum Teil auch persönliche Beziehungen und Rivalitäten innerhalb der kleinen, abgeschlossenen Welt des politischen Emigrantentums eine Rolle spielten (an dem Kongreß nahmen insgesamt nur etwas mehr als fünfzig Delegierte teil), ebenso wie der Argwohn der von Lenin als »Weichlinge« bezeichneten Delegierten, Lenin werde, wenn man ihn gewähren lasse, die Partei just zu jener straff geführten, disziplinierten Kaderorganisation machen, als die er sie in *Was tun?* konzipiert hatte.

Im weiteren Verlauf des Kongresses führte die Abreise einer Reihe nicht zur *Iskra*-Gruppe gehörender Delegierter, die für den Vorschlag Martows gestimmt hatten, dazu, daß die vormalige Mehrheit in die Minderzahl geriet. Lenin zögerte nicht, sich der Mehrheit (russisch *bolschinstwo*, davon abgeleitet *bolschewiki*), über die er nunmehr verfügte, zu bedienen, um sich die Kontrolle über die Redaktion der *Iskra* und über das Zentralkomitee der Partei zu sichern und seine in die Minderheit (russisch *menschinstwo*, davon abgeleitet *menschewiki*) geratenen Widersacher um Martow auszubooten.

Lenins Sieg erwies sich jedoch als kurzlebig; schon ein Jahr später waren sowohl die *Iskra* als auch das Zentralkomitee seiner Kontrolle entglitten. Es wurden besonders während der Revolution von 1905 große Anstrengungen unternommen, die Gegensätze zwischen den beiden Fraktionen auszugleichen, und erst 1912 führte Lenin den endgültigen Bruch mit den Menschewisten herbei. Die grundlegende Streitfrage jedoch, an der alle Einigungsversuche scheiterten, stand seit 1903 unverändert im Raum: Beide Gruppen glaubten an die Marxsche Lehre von der gesetzmäßigen historischen Entwicklung und waren überzeugt, daß Rußland als notwendige Vorstufe zu einer sozialistischen Umwälzung das Stadium des Kapitalismus durchlaufen müsse. Sie konnten sich freilich nicht darüber einig werden, was hieraus folgte. Die Menschewisten waren der Auffassung, es werde angesichts der wirtschaftlichen Rückständigkeit Rußlands noch viel Zeit vergehen, bis eine sozialistische Revolution stattfinden könne, weshalb die unmittelbare Aufgabe darin bestehe, für eine bürgerlich-liberale Revolution zu arbeiten. Diese werde das autokratische Zarenregime hinwegfegen und den Weg zu einer ungehinderten kapitalistischen Entwicklung ebnen. Die bürgerlich-kapitalistische Demokratie werde dann einerseits ihre historische Aufgabe der Industrialisierung des Landes übernehmen und andererseits durch Verfassungsreformen die Voraussetzungen dafür schaffen, daß eine Massenpartei der Arbeiterklasse nach Art der deutschen Sozialdemokratie entstehen und sich legal politisch betätigen könne.

Lenin war nicht bereit, darauf zu warten, daß die Zwangsläufigkeit historischer Prozesse die sozialistische Revolution, um die alle seine Gedanken kreisten, herbeiführen würde. In den Augen der Menschewisten machte er sich damit antimarxistischer Ketzerei schuldig, indem er auf subjektive Faktoren wie den »revolutionären Willen« vertraute, anstatt sich von den von Marx konstatierten objektiven Faktoren leiten zu lassen, den Gesetzen der gesellschaftlichen Entwicklung, die keine künstliche Beschleunigung zuließen.

Die Antwort Lenins lautete, er sei selbstverständlich nicht der Ansicht, Revolutionen ließen sich nach Gutdünken planen oder hervorrufen. Man könne und müsse sich jedoch auf sie vorbereiten, so daß die Partei, wenn die Zeit reif sei, die sich bietenden Gelegenheiten beim Schopf packen könne. Seiner Überzeugung nach würde eine noch so mächtige Arbeiterbewegung aus sich heraus niemals mehr als ein gewerkschaftliches Selbstverständnis entwickeln, die Einsicht in die Notwendigkeit solidarischen Handelns, um dem Kapital Zugeständnisse abzuringen. Dies lief seiner Ansicht nach darauf hinaus, daß man das bürgerliche System akzeptierte. Die Aufgabe einer sozialdemokratischen Partei, wie sie Lenin vorschwebte, bestand darin, das Klassenbewußtsein der Arbeiter zu fördern, um so die Bereitschaft zur Revolution zu wecken, die allein sie von Ausbeutung und Ungerechtigkeit befreien würde. Zur Lösung dieser Aufgabe bedürfe es aber einer Partei ganz anderer Art, als die Menschewisten sie sich vorstellten. Ihr harter Kern müsse aus Berufsrevolutionären bestehen, die mit der Arbeiterbewegung zusammenarbeiteten, ohne jedoch von ihr abhängig zu sein. Dank ihrer Kenntnis der marxistischen Theorie würden diese Revolutionäre in der Lage sein, den Arbeitern zu einem immer besseren Verständnis ihres wirklichen Klasseninteresses und ihrer historischen Aufgabe zu verhelfen, die darin bestand – mit einem klar vorgezeichneten Ergebnis –, als Werkzeug der geschichtlichen Notwendigkeit zu fungieren.

Lenin war und blieb ein kompromißloser Gegner des von den Menschewisten vertretenen Plans, mit den bürgerlichen Konstitutionalisten zusammenzuarbeiten, um die zaristische Autokratie zu beseitigen und liberale Reformen durchzusetzen. Er trat statt dessen für eine Zusammenarbeit mit den Bauern ein, in deren unerfüllten Forderungen nach »Land und Freiheit« und in deren unerschrockenem Vorgehen während der Revolution von 1905, als sie sich gewaltsam Land angeeignet hatten, er ein bedeutsames revolutionäres Potential sah.

Lenin selbst verglich seine Auseinandersetzungen mit den Menschewisten mit dem Konflikt zwischen Jakobinern und Girondisten während der Französischen Revolution. In der Tat offenbarten sich darin bestimmte grundlegende Auffassungs- und Mentalitätsgegensätze, die in der Geschichte der radikalen und sozialistischen Bewegungen Europas in den letzten zweihundert Jahren immer wieder zutage getreten sind: Gegensätze zwischen »Militanten« und »Revisionisten«, »Revolutionären« und »Reformern«, »Kommunisten« und »Sozialdemokraten«. Die Namen wechselten, die dahinterstehenden Auffassungen blieben.

Stalin war ein geborener Bolschewist. Als er den Aufsatz las, den Lenin zur Rechtfertigung seiner Haltung auf dem Londoner Kongreß verfaßt hatte, *Ein Schritt vorwärts, zwei Schritte zurück* (1904), empfand er die darin entwickelte Konzeption einer revolutionären Partei geradezu als die Vollendung der Marxschen Lehre vom Klassenkampf, als das geeignete Werkzeug zur Umsetzung ökonomischer und gesellschaftspolitischer Einsichten in die revolutionäre Praxis. Nach seinen Erfahrungen mit der Arbeiterklasse hegte er keine Illusionen mehr über die »Spontaneität« der sozialistischen Bewußtseinsbildung im Proletariat. Daß Lenin dies erkannt hatte und als Konsequenz daraus die organisatorischen Momente in den Vordergrund rückte, sagte Stalin sofort zu.

In einem Artikel für die Untergrundpresse vom 1. Januar 1905 erklärte Stalin unter der Überschrift »Die Klasse der Proletarier und die Partei der

Proletarier«: »Die Partei der *kämpfenden* Proletarier kann nicht eine zufällige Ansammlung von Einzelpersonen sein – sie muß eine straffe, zentralisierte Organisation sein ... Bis heute glich unsere Partei einer gastfreundlichen patriarchalischen Familie, die jeden Wohlgesinnten in ihrer Mitte willkommen hieß. Jetzt aber, da unsere Partei sich in eine zentralisierte *Organisation* verwandelt hat, hat sie ihre patriarchalische Erscheinung abgestreift und ähnelt nunmehr einer *Festung*, deren Tore nur dem Würdigen offenstehen.«[14] Die Partei mußte nun auch verlangen, daß in ihren Reihen völlige Einigkeit nicht nur hinsichtlich des Programms, sondern auch über Taktik und Organisation herrschte.

Die Vorstellungen Lenins sagten Stalin nicht nur wegen ihrer Radikalität zu – beide Männer zählten hinsichtlich ihres Naturells zu den aktiven linken Hardlinern –, sondern auch wegen der zentralen Rolle, die sie dem Berufsrevolutionär zuschrieben, der, stets auf der Hut vor der Polizei, ein gleichsam vogelfreies Leben führte und den Lenin als »Avantgarde des Proletariats«, als eigentlichen Motor der revolutionären Entwicklung betrachtete. Diese Anerkennung bot einen mehr als befriedigenden Ausgleich für die erniedrigende Behandlung, die Stalin und andere Parteigenossen mit ähnlichem Lebenslauf von denen erfuhren, die sich der Intelligenz zugehörig fühlten.

Die Geschichte der revolutionären Bewegung war in Rußland seit ihren Anfängen im 19. Jahrhundert untrennbar mit der *Intelligenzia* verbunden.[15] Der Begriff selbst stammt aus dem Russischen; ein vergessener Romancier namens Baborykin prägte ihn in den fünfziger Jahren des 19. Jahrhunderts, und Turgenjew machte ihn durch seine Romane populär, vor allem durch die berühmte Figur des Nihilisten Basarow im 1862 erschienenen *Väter und Söhne*. Intelligenzia bezeichnete sowohl eine gesellschaftliche Gruppe als auch einen Bewußtseinszustand; das verbindende Element war der Haß auf die zaristische Autokratie und die Sehnsucht nach einer neuen, von Gerechtigkeit und Gleichheit geprägten Ordnung. Populismus, Anarchismus und Marxismus lieferten, jeweils in mehreren Spielarten, die notwendigen ideologischen Orientierungshilfen und Rationalisierungen für all diejenigen, in deren Leben utopische, universalistische und schöngeistige Ideen und Debatten eine viel größere Rolle spielten als die Wirklichkeit. Eine der berühmtesten Episoden in der russischen Geschichte des 19. Jahrhunderts war der »Gang zum Volke« Hunderter junger Leute aus dem Bildungsbürgertum; die *Narodniki* (nach dem russischen Wort für »Volk«) zogen in den Jahren zwischen 1872 und 1874 als Prediger einer besseren Welt von Dorf zu Dorf, doch zu ihrer Enttäuschung wurden sie von den bäuerlichen Massen, denen sie zu einem höheren politischen Bewußtsein und zu einer besseren Zukunft verhelfen wollten, davongejagt. Aufsehen erregten auch der Attentatsversuch einer idealistischen jungen Frau namens Vera Sasulitsch auf den russischen Polizeigeneral Trepow im Jahr 1878 – das auserkorene Opfer wie die Attentäterin überlebten den Vorfall;

Die Berufsrevolutionäre, die sich seit dem Beginn des Jahrhunderts um Lenin sammelten, blieben immer typische Intellektuelle, die das Bürgertum haßten, selbst wo sie ihm angehörten. Nur Stalin, der Bauernsohn aus Georgien, und Kalinin, Bauernsohn mit dörflicher Bildung, bildeten eine Ausnahme. Und von Trotzki über Radek bis zu Sinowjew war nahezu die Hälfte von ihnen jüdischer Herkunft, was nicht wenig zum Verschwörungswahn der nationalsozialistischen Rasse-Ideologie beigetragen hat. Verband die frühe Gefolgschaft Hitlers vor allem dreierlei: der Haß auf die bolschewistische Revolution, der Antisemitismus und das Fronterlebnis, so waren die Männer um Lenin alle der

Sasulitsch wurde später Mitglied der *Iskra*-Redaktion – und die Ermordung des Zaren im Jahr 1881.

Die meisten führenden Köpfe der beiden Fraktionen, in die sich die russische Sozialdemokratie spaltete, verstanden sich als Erben dieser revolutionären Tradition Rußlands. Für Stalin galt dies jedoch nicht, und das ist ein Umstand, der uns einen der Schlüssel zum Verständnis seiner Persönlichkeit und seiner Karriere liefert. Seine Eltern waren als Leibeigene geboren, er selbst war in Armut aufgewachsen, und seine grundlegenden Lektionen in revolutionärer Politik lernte er »an der Basis«, innerhalb des russischen Reiches, und nicht als emigrierter Intellektueller im Ausland. Hierin unterschied er sich deutlich von Männern wie Lenin, Plechanow, Trotzki oder Bucharin, die durchweg Bürgersöhne waren, eine bessere Bildung genossen hatten, westliche Sprachen beherrschten und auch die Welt außerhalb Rußlands kannten; lebten doch die meisten von ihnen für lange Zeit im ausländischen Exil, wo sie natürlich auch mit dem westeuropäischen Sozialismus in Berührung kamen.

Die kapitalistische Ausbeutung und die anderen gesellschaftlichen Mißstände, die sie anprangerten, kannten diese Männer kaum aus eigener

Doktrin des Marxismus gläubig ergeben, und die Unfehlbarkeit der Lehre war einer der wenigen Glaubenssätze, die bei allen Flügelkämpfen nie bezweifelt wurden. Die Anhängerschaft Hitlers bewährte sich in Saalschlachten, die Lenins in philosophierenden Debatten. Die Nationalsozialisten waren nicht eigentlich Bürger, strebten jedoch nach bürgerlicher Anerkennung; die Bolschewiken waren bürgerlicher Herkunft, aber sie bekämpften die Welt, die sie großwerden ließ. Von links nach rechts: Leo Trotzki, Michail Kalinin, Karl Radek, Grigorij Sinowjew. Seite 54: Lew Kamenew und Lasar Kaganowitsch.

Erfahrung, sondern viel eher aus gesellschaftsgeschichtlichen und ökonomischen Analysen. So schrieb beispielsweise Trotzki im Rückblick: »Der stumpfsinnige Empirismus, das Anbeten des mitunter nur eingebildeten oder nur falsch verstandenen Faktums waren mir verhaßt. Ich suchte für die Fakten Gesetze … Aber auf allen Gebieten, ohne Ausnahme, konnte ich mich nur dann frei bewegen und handeln, wenn ich den Faden des Ganzen in der Hand hielt. Der sozialrevolutionäre Radikalismus, der die geistige Achse meines ganzen Lebens werden sollte, ist gerade aus dieser intellektuellen Feindschaft gegen kleinliche Zielsetzungen gegen den Empirismus, gegen alles geistig Ungeformte und theoretisch Verfahrene erwachsen.«[16]

Vergleichen wir dies mit der ganz anders akzentuierten Rückschau Stalins: »Ich wurde Marxist wegen meiner sozialen Stellung. Mein Vater war Arbeiter in einer Schuhfabrik, und auch meine Mutter war Arbeiterin … vor allem aber auch durch die harte Unduldsamkeit und durch die jesuitische Disziplin, … die im Seminar so erbarmungslos auf mir lasteten.«[17]

Die persönlichen Kontakte vieler führender Sozialdemokraten mit dem Proletariat beschränkte sich auf eine Elite der Arbeiterklasse, die bereits mit dem Sozialismus sympathisierte. Die Masse der rückständigen, dump-

fen und mißtrauischen Landbevölkerung, die den idealistischen *Narodniki*
bei ihrem »Gang zum Volke« in den 1870er und 1880er Jahren eine so
schmerzliche Abfuhr erteilt hatte, kannten sie nur aus Beschreibungen in
Büchern. Im Gegensatz dazu verfügte der junge Agitator Stalin, wie Isaac
Deutscher in seiner Biographie gezeigt hat, über »ein ganz außergewöhnli-
ches, beinahe instinktives Einfühlungsvermögen für dieses rückständige
Element im Leben und in der Politik Rußlands... Mit skeptischem Mißtrauen begegnete er nicht nur der Ausbeuterklasse, den adeligen Grundbe-
sitzern, den Kapitalisten, den Mönchen und den zaristischen Gendarmen,
sondern auch den Ausgebeuteten selbst, also den Arbeitern und Bauern,
deren Sache er zu der seinen gemacht hatte. In seinem Sozialismus fand
sich keine Spur verdrängten Schuldgefühls. Sicherlich empfand er eine
gewisse Sympathie für die Klasse, in die er hineingeboren war. Aber sein
Haß gegen die Besitzenden und gegen die herrschende Klasse muß sehr viel
stärker gewesen sein. Der Klassenhaß, den die Revolutionäre aus der Oberschicht empfanden und predigten, war eine Art sekundärer Emotion, die
sich in ihnen regte und die sie mit theoretisch erarbeiteten Überzeugungen
weiterentwickelten. Bei [Stalin] war der Klassenhaß nicht sekundärer
Natur, für ihn war dieser Haß alles. Die sozialistischen Theorien
sprachen ihn an, weil sie ihm eine rationale und moralische Rechtfertigung für sein
eigenes Gefühlsleben gaben. Sentimentalitäten jeder Art waren ihm fremd.
Sein Sozialismus war kalt, klar und rauh.«[18]
   In den Beziehungen Stalins zu den anderen Führern der Sozialdemokratie (Lenin stets ausgenommen) zeigt sich, wie tief ihn die Unterlegenheit

gekränkt haben muß, die er ihnen gegenüber in gesellschaftlicher und intellektueller Hinsicht empfand, und wie gut er sich jeden Seitenhieb, jede herablassende Geste von ihrer Seite merkte. Andererseits lernte er auch, es auszunützen, daß sie ihn unterschätzten. Nachdem Trotzki ihn als einen »Ausbund grauer und farbloser Mittelmäßigkeit« bezeichnet hatte, war es Stalin, der von diesem taktischen Fehler seines Widersachers profitierte, und Trotzki, der dafür bezahlte – zunächst, indem er nicht Lenins Nachfolger wurde, später mit seinem Leben.

Was Stalin außerdem zum Vorteil gereichte, war seine Erfahrung als Organisator, eine Referenz, die kaum einer der anderen bolschewistischen oder menschewistischen Führer jener Jahre aufzuweisen hatte und die ihn in Lenins Augen wertvoll machte. Ein wichtiger Bestandteil dieser Erfahrung waren die periodischen Unterbrechungen durch Inhaftierung, Verurteilung, Verbannung und Flucht. Alles in allem wurde Stalin siebenmal eingesperrt und entkam fünfmal seinen Bewachern; von den neun Jahren zwischen März 1908 und März 1917 verbrachte er nur eineinhalb auf freiem Fuß. Es gehörte zur revolutionären Tradition Rußlands, daß Gefängnis und Verbannung vielen politisch Verfolgten als »Universität« dienten – hier hatten sie Muße zum Lesen, konnten sich ein solides Grundwissen aneignen (oft in direktem Kontakt mit erfahrenen Lehrern) und in den zahlreichen von der Häftlingsgemeinschaft organisierten Debatten ihre Ansichten austauschen. Auch Stalin nutzte diese Gelegenheiten nach Kräften, um seine Bildungslücken wettzumachen, insbesondere was die Kenntnis der marxistischen Schriften betraf. Die meisten, die ihn als Gefangenen erlebten, erinnern sich seiner als eines Mannes, der sich selbst eine straffe Arbeitsdisziplin auferlegte, immer ein Buch in der Hand hatte und als eifriger Debattenredner hervortrat, wobei sein Auftreten als selbstbewußt, scharfzüngig und polemisch geschildert wird.

Der Kaukasus, in dem Stalin seine Lehrzeit absolvierte, war eine Hochburg der Menschewisten, woraus sich zum Teil das Mißtrauen und die Abneigung erklären, die viele Sozialdemokraten aus dieser Region Stalin lange Zeit entgegenbrachten. Daneben waren es aber auch seine rauhbeinige Art und seine grobe Sprache, mit denen er sich Feinde machte.

Arsenidse, ein Menschewist aus Georgien, der lange genug lebte, um seine Memoiren veröffentlichen zu können, behauptet, daß Stalin 1905 in einer Rede vor georgischen Arbeitern in Batum erklärt habe: »Lenin ist außer sich, daß Gott ihm solche Genossen wie die Menschewisten geschickt hat! Wer sind denn diese Leute überhaupt? Martow, Dan und Axelrod sind beschnittene Juden. Und dieses alte Weib, Vera Sasulitsch! Versucht nur mal, mit denen zusammen etwas zu machen. Mit denen kann man sich nicht streiten, mit denen kann man nicht feiern. Feiglinge und Krämerseelen!«[19]

Selbst wenn man die Ressentiments in Rechnung stellt, die in die späteren Stalin-Darstellungen vieler Menschewisten (und auch in Trotzkis Stalin-Biographie) eingeflossen sind, bleiben genügend Anhaltspunkte übrig, die darauf hindeuten, daß Stalin sich schon 1905 den Ruf eines schwierigen Genossen eingehandelt hatte, eines ehrgeizigen Intriganten, der seine Mitkämpfer gegeneinander auszuspielen versuchte, der niemandem sein Vertrauen schenkte, dem selbst nicht zu trauen war, der nie eine Kränkung vergaß und es nie verzieh, wenn jemand ihn in einer Diskussion schlecht aussehen ließ oder ihm auch nur widersprach.

An seinen organisatorischen Fähigkeiten bestand kein Zweifel; und während er als Marxist auch nicht annähernd die Originalität eines Lenin besaß, so war er doch ein erfolgreicher Debattenredner, der seine Klassiker gut genug kannte, um seine Argumente jederzeit mit Zitaten von Marx, Engels, Plechanow oder Lenin untermauern zu können. Er legte jedoch bei Auseinandersetzungen so viel Grobheit und Sarkasmus an den Tag, daß er damit selbst in einer Zeit und in einer Gegend, wo es allgemein üblich war, mit harten Bandagen zu kämpfen, oft verletzend wirkte.

Stalin schuf sich in seinen kaukasischen Jahren sowohl bleibende Anhänger als auch bleibende Feinde, wobei jedoch auch letztere ihn als Führer akzeptierten. Wie Hitler war auch Stalin ein Einzelgänger, wenngleich auf ganz andere Art – kalt und berechnend, während Hitler leicht erregbar und unausgeglichen war. Doch wie Hitler legte Stalin Wert auf Distanz und vermittelte den Eindruck, zu normalen menschlichen Beziehungen unfähig zu sein. Im Juni 1906 heiratete er jedoch Jekaterina, die Tochter des Bahnangestellten Semjon Swanidse, der sich in der Illegalität politisch betätigte. Jekaterinas Bruder Alexander war mit Stalin zur Schule gegangen. 1938 ließ Stalin ihn umbringen, zusammen mit anderen Bekannten aus seiner Jugend.

Jekaterina interessierte sich nicht für Politik, sondern füllte die Rolle einer traditionellen georgischen Ehefrau aus. Wie seine Mutter, so betete auch sie, daß Stalin seine revolutionären Ambitionen aufgeben und einen Hausstand gründen möge. Um der Mutter seiner Braut einen Gefallen zu tun, willigte Stalin sogar ein, sich von einem Kommilitonen aus dem Priesterseminar kirchlich trauen zu lassen, bevor das junge Paar eine gemeinsame Wohnung in Tiflis bezog. Stalin versuchte dort, sich als marxistischer Theoretiker zu profilieren, indem er eine Artikelserie über *Anarchismus oder Sozialismus?* verfaßte, die in den Jahren 1906/7 in Fortsetzungen in der georgischen Untergrundpresse erschien. Seine Frau gebar einen Sohn namens Jakow, starb aber nur ein halbes Jahr später, am 22. Oktober 1907, an Typhus, so daß der Junge von ihrer Schwester großgezogen wurde.[20] Stalins Kommilitone Iremaschwili zeigte sich überrascht, daß sie ein orthodoxes Begräbnis erhielt und daß Stalin, der sich viel auf seine Selbstbeherrschung einbildete, sogar seine Trauer offen zeigte. Er fügte die Bemerkung hinzu, das armselige Heim, in dem Stalin mit seiner Frau und seinem Kind hauste, sei der einzige Ort gewesen, an dem dieser rastlose Geist jemals Liebe erfahren habe.[21]

Während Bolschewisten und Menschewisten noch darüber diskutierten, wie in Rußland eine Revolution herbeigeführt werden könne, flammte Anfang 1905 bei den nichtrussischen Völkern des Zarenreichs eine spontane Welle von Streiks, Bauernaufständen und Rebellionen auf, die sich rasch über das ganze Riesenland ausbreitete und schnell revolutionäre Formen annahm. Die Niederlage im Krieg gegen Japan von 1904/5 hatte die Autorität der Regierung untergraben, unmittelbar bevor sich die zunehmende Unzufriedenheit der Arbeiter wie der Bauern über ihre wirtschaftliche Lage und ihre Rechtlosigkeit offenbarte. Als sich vor dem Winterpalast in St. Petersburg eine große Menschenmenge unter Führung eines Priesters zu einer friedlichen und geordneten Demonstration einfand, um dem Zaren eine Bittschrift zu überreichen, gerieten die Verantwortlichen in Panik und befahlen den Truppen, das Feuer zu eröffnen. Hundert Demonstranten fanden den Tod, Hunderte wurden verwundet. Dieser Vorfall fügte dem überkommenen Bild des Zaren als »Vater seines Volkes« irreparablen Schaden zu und war der Auslöser für die gewalttätigen Auseinandersetzungen, die sich anschlossen.

Die Industriearbeiterschaft spielte bei diesen Ereignissen eine herausragende Rolle. In St. Petersburg wurde spontan ein Arbeiterrat (*Sowjet*) gewählt, der unter seinem selbstbewußt auftrumpfenden Vorsitzenden, dem sechsundzwanzigjährigen Trotzki, für kurze Zeit der zaristischen Regierung die Macht im Staate streitig machte und die Bevölkerung aufrief, keine Steuern mehr zu bezahlen. Ähnliche Arbeiterräte schossen auch in anderen Städten aus dem Boden. Beeindruckt von so viel Widerstand, lenkte die Regierung ein und versprach, zum ersten Mal in der russischen Geschichte eine Verfassung zu verabschieden und eine Volksvertretung, die *duma*, wählen zu lassen. Als im Dezember der Aufstand in Moskau zusammenbrach, hatte die Revolution ihren Höhepunkt überschritten, selbst wenn hier und da die Unruhen noch bis ins Jahr 1907 hinein fortdauerten. Erst im Juni 1907 fühlte sich der neue Premierminister Stolypin stark genug, die zweite Duma aufzulösen und mehr als fünfzig ihrer Abgeordneten, allesamt Sozialdemokraten, verhaften zu lassen.

Die Ereignisse des Jahres 1905 waren für die Sozialdemokraten überraschend gekommen, und weder den führenden Bolschewisten noch den führenden Menschewisten gelang es, die Lage unter Kontrolle zu bringen und die Ereignisse in eine Revolution zu verwandeln. Einzig Trotzki, der sich zu dieser Zeit von keiner der beiden Seiten vereinnahmen ließ, zeigte sich der Situation gewachsen und spielte, ähnlich wie später im Jahr 1917, eine bravouröse Rolle. Lenin tauchte erst zehn Monate nach Beginn der Unruhen in Rußland auf und verabschiedete sich wieder, ohne jemals die Chancen erfaßt zu haben, die die Lage bot, oder jene Entschlußkraft zu zeigen, die ihn 1917 zu einem so bemerkenswerten Führer werden ließ.

Obwohl die zaristische Regierung 1907 ihre Autorität wiederherstellte und der Duma keine wirklichen Machtbefugnisse zugestand, fühlte sie sich doch nicht stark genug, sie ganz abzuschaffen. Es folgte eine Periode halb-konstitutioneller Politik, während der politische Parteien sich organisieren und betätigen konnten – Parteien wie die liberal gesinnten Konstitutionellen Demokraten (bekannt als »Kadetten«), die die tonangebende Oppositionspartei waren, oder auf Basis ethnischer Zugehörigkeit organisierte Parteien wie die der Polen, die nationale Sonderinteressen vertraten; sogar die sozialdemokratischen Parteien konnten in einer Art Grauzone zwischen Legalität und Untergrund operieren.

Obwohl die Frage, ob man in der Duma mitarbeiten solle, in beiden Fraktionen der Sozialdemokratischen Partei umstritten war, gehörten der zweiten Duma immerhin 65 sozialdemokratische Abgeordnete (mit parlamentarischer Immunität) an, die sich individuell für eine parlamentarische Mitarbeit entschieden hatten, und selbst als die Regierung das Wahlrecht zugunsten der rechten Parteien änderte, zogen in die dritte und die vierte Duma (1907 bis 1917) sozialdemokratische Abgeordnete ein. Vertreten waren in der Duma auch die mit den Sozialdemokraten rivalisierenden Sozialisten-Revolutionäre (SR), eine Vereinigung populistischer Gruppierungen, die sich kurz nach der Jahrhundertwende in bewußter Rückbesinnung auf die Bewegung *Semlja i Wolja* (»Land und Freiheit«) formiert und mit ihrer Forderung, Grund und Boden zu verstaatlichen, zwischen 1905 und 1907 bei den aufständischen Bauern großen Anklang gefunden hatte. Der linke Flügel der SR ließ eine andere Tradition russischer Revolutionäre wiederaufleben: die Ermordung prominenter Vertreter des Staates, den »individuellen Terror«. Zu den Erfolgen, die sie mit dieser Strategie verbuchen konnten, gehörte das Attentat auf den zaristischen Innenminister Plehwe im Jahr 1904.

Stalins Aktionsradius beschränkte sich zwischen 1905 und 1907 auf den Kaukasus, wo sich einige der gewalttätigsten Exzesse der Revolution ereigneten. Er spielte dabei eine aktive, aber keineswegs herausragende Rolle, denn damals beherrschten die Menschewisten das Geschehen in der Region. In den Reihen der Bolschewisten dagegen tobten heftigste Bruderkämpfe, und Stalin geriet wegen seiner Beteiligung an »Expropriationen« wieder einmal in die Schußlinie der Kritik. Es handelte sich dabei um bewaffnete Raubüberfälle auf Banken und Postkutschen durch Kampfgruppen der Partei. Lenin stützte sich bei der Finanzierung seiner Partei in starkem Maß auf solche Aktionen, während die Menschewisten sie lauthals anprangerten. Das größte Aufsehen erregte ein Überfall auf die Tifliser Staatsbank im Juni 1907, zu dessen Hintermännern angeblich auch Stalin gehörte. Die georgischen Menschewisten, die ihn offen als Feind behandelten und ihn auch beschuldigten, ein Polizeispitzel zu sein, forderten, ihn wegen seiner Beteiligung an den »Expropriationen« aus der Partei auszuschließen, und obwohl es nicht dazu kam, hielt Stalin es für ratsam, sein Betätigungsfeld von Tiflis nach Baku zu verlegen.

In dieser Zeit gelang es Stalin zum ersten Mal, als Delegierter für einen

Parteikongreß gewählt zu werden. Auf der Tagesordnung des Stockholmer Kongresses von 1906 stand eigentlich die Aussöhnung der Fraktionen innerhalb der Sozialdemokratischen Arbeiterpartei Rußlands, aber dann trennte man sich zerstrittener denn je, wobei sich die Menschewisten im neu gewählten Vorstand sieben von zehn Sitzen sicherten.

Stalin ergriff mehrmals das Wort, um für Positionen Lenins einzutreten, aber in einer Frage, die sich später als höchst bedeutungsvoll erweisen sollte, steuerte er einen eigenen Kurs: Es war die Frage, was nach der Enteignung der Grundherren mit dem Grund und Boden geschehen solle. Lenin wollte ihn verstaatlichen, also der Verfügungsgewalt der Zentralregierung unterstellen; die Menschewisten wollten das Land den jeweiligen Gemeindeverwaltungen übereignen. Stalin, der die bäuerliche Mentalität besser kannte als alle bolschewistischen und menschewistischen Führer, wischte beide Vorstellungen als unrealistisch beiseite. »Die Bauern sehen in ihren Träumen das Land der Großgrundbesitzer als ihr persönliches Eigentum.« Stalin spürte instinktiv, daß es nicht so sehr darauf ankam, wie die Lösung des Bodenproblems in das theoretische Konzept der Revolution passen würde – über das man ohnehin uneins war –, sondern wie man die Bauern zufriedenstellen konnte. Das war nur durch die Aufteilung des Landes unter ihnen möglich. Stalin fand eine Mehrheit für seine Auffassung, die von Lenin als Ausdruck eines engstirnigen Realismus kritisiert wurde – was Lenin aber 1917 nicht hindern sollte, just diesen Kurs einzuschlagen, da die Bauern nur so für die Machtergreifung der Bolschewisten gewonnen werden konnten.

Das wichtigste Ergebnis des Parteitags war für Stalin, daß er die Bekanntschaft Lenins gemacht und ihn in Aktion erlebt hatte. Lenin war damals Mitte dreißig, nicht viel größer als Stalin, untersetzt, mit einer Stirn, die dank einer fortgeschrittenen Halbglatze noch höher wirkte, als sie von Natur aus war, und einem rötlichen Spitzbart. Stalin wunderte sich anfänglich über Lenins ungezwungenes Auftreten; ganz auf seine Arbeit konzentriert, machte er keine Anstalten, seine Person in den Vordergrund zu stellen. Er verzichtete auf jede Rhetorik und verließ sich ganz auf die Überzeugungskraft seiner Argumente. Die Tatsache, daß er mit den meisten anderen marxistischen Emigranten im Streit lag, tat dem Selbstbewußtsein, mit dem er auftrat, keinen Abbruch. Stalin, der auf der Suche nach einem Vorbild war, hatte in Lenin jemanden gefunden, der Autorität ausstrahlte.

Nach Lenins Tod 1924 rief Stalin in einer Feierstunde an der Militärakademie des Kreml seine erste Begegnung mit dem Verstorbenen in Erinnerung: »Wenn ich ihn mit den übrigen Führern unserer Partei verglich, schien es mir immer, daß Lenin seine Kampfgefährten – Plechanow, Martow, Axelrod und andere – um einen ganzen Kopf überragt, daß Lenin im Vergleich zu ihnen nicht einfach einer der Führer, sondern ein Führer von höherem Typus ist, ein Bergadler, der keine Furcht im Kampfe kennt und kühn die Partei vorwärtsführt auf den unerforschten Wegen der russischen revolutionären Bewegung.«[22]

Man mag einwenden, dies seien pathetische Worte unter dem Eindruck von Lenins Tod gewesen, aber dieselbe Wendung – »ein wahrer Bergadler« – findet sich, ebenso wie der Vergleich mit Plechanow, Axelrod und anderen, in einem Brief Stalins aus dem Jahr 1904. Noch etwas anderes läßt die Wortwahl erahnen: Es waren nicht bloß politische Vernunftgründe und Überzeugungen, die Stalin zur revolutionären Bewegung gebracht hatten, sondern auch das erregende Gefühl, sich einer Sache zu verschreiben, die ihm die Chance bot, eine heroische Rolle zu spielen. War bisher »Koba« der Held gewesen, mit dem er sich identifiziert hatte, so trat an dessen Stelle nun Lenin, und die typisch kaukasische Ausdrucksweise – »ein Bergadler« – geht unmittelbar auf die Koba-Legende zurück. Auch wenn Stalin sich hütete, seinen Ehrgeiz offen zu zeigen, seine Bewunderung für Lenin nährte seinen narzißtischen Wunsch, sich selbst als Lenins rechte Hand zu sehen, und später das Verlangen, sein Nachfolger zu werden.

Es ist nicht schwer zu erkennen, weshalb Stalin sich zu Lenin hingezogen fühlte; was aber fand Lenin an diesem ungehobelten, oft schwierigen Parteinovizen aus der Provinz? Lenin hatte ein oder zwei Artikel, die Stalin zur Rechtfertigung bolschewistischer Standpunkte geschrieben hatte, mit Interesse gelesen, war aber von Stalins Beiträgen zu den drei Parteitagen, an denen er teilgenommen hatte, nicht besonders beeindruckt gewesen. Als der Menschewistenführer Martow sich mit der Begründung, niemand wisse, wer diese Männer seien, gegen die Nominierung von Stalin und drei anderen als Delegierte für den Londoner Kongreß wandte, erwiderte Lenin: »Ganz richtig, auch wir kennen sie nicht.« Keine fünf Jahre später – eine Zeit, die Stalin mehr als zur Hälfte im Gefängnis oder in der Verbannung zubrachte – holte Lenin jedoch eben diesen Unbekannten ins Zentralkomitee der Bolschewistischen Partei (nach der endgültigen Trennung von den Menschewisten) und betraute ihn mit einer Reihe wichtiger Aufgaben. Wie kam es zu diesem überraschenden Aufstieg?

Obwohl er selber ein typischer Intellektueller war, hielt Lenin wenig von Intellektuellen. Ihnen mangelte es an jener Kombination aus fanatischer Überzeugung und praktischem Sinn, aus Konsequenz im Festhalten eines Zieles und Flexibilität bei der Wahl der Wege dorthin, was ihn, Lenin, zum revolutionären Führer par excellence machte. Sie waren schwankend in ihren Überzeugungen und stets bereit, Lenins Grundsätze in Frage zu stellen. Wenn es darum ging, Leute zu finden, bei denen man sich darauf verlassen konnte, daß sie sich seiner Führung unterordnen und ihre Arbeit machen würden, konnte Lenin mit »Praktikern« wie Stalin weit mehr anfangen. Dieser Einschätzung sollte Stalin in den nächsten fünf Jahren alle Ehre machen.

Die Revolution von 1905 war eine spontane Erhebung gewesen, und sie war, wie Lenin es bei spontanen Volksaufständen nicht anders erwartete, fehlgeschlagen. Die Jahre von 1907 bis 1912 waren eine Periode der Reaktion, während der Lenin und und die übrigen Köpfe der russischen Sozialdemokratie sich wieder ins westliche Exil zurückzogen und die Zahl der Parteimitglieder im russischen Reich wieder drastisch zurückging, nachdem sie im Zuge der Revolution von 1905 immens angewachsen war. In St. Petersburg beispielsweise waren von den achttausend Parteimitgliedern des Jahres 1907 noch dreihundert übrig, als Stalin 1909 in der Hauptstadt Station machte. Dagegen war Baku, wo Stalin sich im Herbst 1907 als Mitglied des bolschewistischen Stadtkomitees etablierte, der letzte Ort im ganzen Reich, an dem die sozialdemokratische Untergrundbewegung nach wie vor Erfolge verzeichnen konnte, obgleich sie sich auch hier auf dem Rückzug befand. Die sich rasant entwickelnde Erdölindustrie mit ihren zahllosen schlecht bezahlten Arbeitern bot ein dankbares Feld für die linke Agitation, allerdings nur, solange deren Initiatoren und Wortführer die explosive Mischung der Volksgruppen und Religionen davon überzeugen konnten, zusammenzuarbeiten.

Die Wahl zur Duma – der dritten Duma mittlerweile – fand in zwei Etappen und nach einem stark eingeschränkten Wahlrecht statt. In jedem Wahlkreis wurden – nach Klassen getrennt – Delegierte gewählt, die dann ihrerseits den Abgeordneten für ihren Bezirk wählten. In Baku schaffte es das bolschewistische Komitee, daß als Delegierte der Arbeiter ausschließlich Mitglieder der eigenen Partei gewählt wurden, keine Menschewisten oder Sozialisten-Revolutionäre. Stalin verfaßte die »Instruktion der Bakuer Arbeiter für ihren Abgeordneten«, die richtungweisend für die künftige parlamentarische Taktik der Bolschewisten werden sollte. Er orientierte sich dabei an Lenins Linie, daß die Duma als ein Forum behandelt werden sollte, in dem, solange das zaristische System bestand, keine sinnvollen Reformen in die Wege geleitet, sondern lediglich revolutionäre Agitation betrieben werden könne.

Nach der Wahl stürzten sich Stalin und die anderen Mitglieder der Bakuer Gruppe in den Arbeitskampf; sie brachten die Ölarbeiter von Baku dazu, sich in einer einzigen Gewerkschaft zusammenzuschließen, und zwangen die Arbeitgeber, diese als die einzige Vertretung der »50 000 Bakuer Arbeiter« für Verhandlungen anzuerkennen. Während Menschewisten und Sozialisten-Revolutionäre zum Boykott der Verhandlungen aufriefen, hielt die bolschewistische Gruppe sie monatelang in Gang. Jeder Punkt des schließlich geschlossenen »Rahmentarifvertrags« wurde in kontroverser Debatte ausgehandelt, die Arbeiter hin und wieder zum Streik aufgerufen, wenn Druck nötig erschien, und die Versammlungen als ein weiteres Forum für die Propagierung der Parteiziele genutzt. Nirgendwo sonst im russischen Reich geschah etwas Ähnliches, und Lenin erklärte anerkennend: »Das sind unsere letzten Mohikaner des politischen Massenstreiks.«

Stalin bediente sich inzwischen sowohl beim Schreiben als auch beim

Reden des Russischen anstelle des Georgischen, ein weiterer Schritt auf seinem Weg zur Übernahme einer russischen Identität, und Abzüge der Artikel, die er für das legal erscheinende Mitteilungsblatt der bolschewistischen Gewerkschaft sowie für den illegalen *Bakinskij Proletarij* verfaßte (in dessen Redaktion er saß), gingen regelmäßig an Lenin. Dieser war, auch wenn die Beiträge Stalins wenig Originelles enthielten, doch von der Mischung aus handfestem Pragmatismus und unwandelbarer Treue zur bolschewistischen Linie beeindruckt. Selbst als Stalin und andere Mitglieder des Komitees inhaftiert wurden, erschienen in ihren Blättern weiterhin regelmäßige Kommentare und Handlungsanweisungen für die Arbeiter, die sie aus dem Gefängnis schmuggelten. Stalin schrieb später: »Zwei Jahre revolutionärer Arbeit unter den Arbeitern der Erdölindustrie stählten mich als Kämpfer und einen der Leiter der praktischen Arbeit am Ort. [Hier] erfuhr ich zum ersten Mal, was es heißt, große Arbeitermassen zu führen. Dort, in Baku, erhielt ich somit meine zweite revolutionäre Feuertaufe.«[23]

Nach eineinhalb Jahren Gefängnis und Verbannung konnte Stalin fliehen, und im Juli 1909 tauchte er inkognito in Baku auf. Mittlerweile war auch in der »Festung Baku« die revolutionäre Flut verebbt, und auch in der Parteikasse herrschte Ebbe – der *Bakinskij Proletarij* war seit einem Jahr nicht mehr erschienen. Die erste Ausgabe, deren Erscheinen Stalin nach seiner Rückkehr bewerkstelligte, enthielt einen Artikel, in dem er die Krise der Partei in unverblümten Worten analysierte: »Die Partei hat keine Wurzeln in der Masse der Arbeiter. Petersburg weiß nicht, was im Kaukasus geschieht, der Kaukasus weiß nicht, was im Ural geschieht usw.... Streng gesprochen, gibt es faktisch jene einheitliche, ein gemeinsames Leben führende Partei schon nicht mehr, von der wir in den Jahren 1905, 1906 und 1907 mit Stolz gesprochen haben.«[24] Daran könnten auch die von den Emigranten getragenen Auslandsorgane der Partei nichts ändern, die »der russischen Wirklichkeit fernstehen«. Er verlangte nicht die Verlegung der Parteiführung nach Rußland, rief aber das Zentralkomitee auf, eine landesweit erscheinende Parteizeitung in russischer Sprache herauszubringen, die als Kristallisationspunkt für die zersplitterten Teile der Partei dienen und sie zusammenbinden könnte.

In dieselbe Ausgabe ließ er eine Resolution des Bakuer Parteikomitees einrücken, in der Lenin der Vorwurf gemacht wurde, er vergeude seine Zeit (und schüre Unfrieden in der bolschewistischen Fraktion), indem er sich in eine philosophische Kontroverse über die Revision des dialektischen Materialismus verbeiße.[25] Während Stalin in diesem Fall Lenin kritisierte, zeigten seine »Briefe aus dem Kaukasus«, die er Ende 1909 für den *Sozialdemokrat* schrieb, eine von einer gemischten Redaktion aus Bolschewisten und Menschewisten in Paris und Genf herausgegebene Zeitschrift, daß er ansonsten nach wie vor ein treuer Gefolgsmann der politischen und taktischen Linie Lenins war. Das Anliegen seiner Kritik war, Lenin an die wirklich wichtigen Aufgaben zu erinnern: Vorkehrungen für die nächste Phase des revolutionären Kampfes zu treffen, der seiner Überzeugung nach kurz bevorstand.

Im März 1909 wurde Stalin jedoch erneut verhaftet, gerade als er an der Vorbereitung eines Generalstreiks in der Erdölindustrie arbeitete. Als er im Sommer 1911 wieder auf freien Fuß kam, kehrte er nicht nach Baku oder Kaukasien zurück, die er nur noch wenige Male bei kurzen Besuchen wiedersehen sollte. Doch die beiden Jahre, die er zwischen 1907 und 1909 mit Unterbrechungen dort verbracht hatte, legten den Grundstein zu seinem Aufstieg in die Führungsspitze der Partei.

Während Stalin zur Untätigkeit verdammt war, beschloß Lenin gegen Ende des Jahres 1911, die Bemühungen um eine vordergründige Einheit mit den anderen Elementen innerhalb der russischen Sozialdemokratie zu beenden, einen klaren Bruch mit den Menschewisten und den seine Führungsrolle in Frage stellenden bolschewistischen Genossen zu vollziehen und den Namen und die Autorität der Partei für seine Gruppe allein zu reklamieren. Er lud diejenigen, denen er vertrauen zu können glaubte, für den Januar 1912 zu einer Tagung in Prag ein, auf der er eine Liste mit den Namen von Kandidaten für ein neu zu wählendes Zentralkomitee vorlegte. Auf der Liste stand auch der Name Stalins, der nicht zugegen war und nicht gewählt wurde. Lenin setzte sich jedoch mit seinem Begehren durch, Stalin nachträglich in das ZK zu kooptieren.

Lenin brach die Beziehungen zu den übrigen emigrierten Intellektuellen ab, unter anderen zu Männern wie Trotzki, Kamenew und Bucharin, die später mit ihm zusammen eine tragende Rolle bei der Gründung der Sowjetunion spielen sollten, ebenso zu den führenden Menschewisten Martow und Dan. Bei sich behielt er lediglich Sinowjew, der, als Sohn eines jüdischen Milchbauern geboren, jetzt Ende zwanzig war und als Büroangestellter und Lehrer gearbeitet hatte, bevor er in der Emigration zu Lenin gestoßen war. Er machte sich so nützlich, daß er bald Lenins wichtigster Mitarbeiter wurde. Die übrigen Mitglieder seines Zentralkomitees rekrutierte Lenin aus den »Praktikern« des russischen Untergrunds. Zwei ehemalige Mitglieder des Bakuer Komitees waren darunter: Stalin und dessen georgischer Landsmann Ordschonikidse, den Lenin 1911 zum Besuch einer Parteischule in Longjumeau bei Paris angeregt und anschließend nach Rußland geschickt hatte mit dem Auftrag, dort ein Organisationskomitee auf die Beine zu stellen. Auch er sollte später eine bedeutende Rolle spielen: Er stieg in der Zeit der forcierten Industrialisierung der Sowjetunion unter Stalin zum Volkskommissar für die Schwerindustrie auf. Später kam es zum Bruch mit Stalin, und 1937 wurde er gezwungen, sich zu erschießen.

1912 stellte Ordschonikidse mit Stalin und einem weiteren ehemaligen Mitglied des Bakuer Komitees drei Viertel der vierköpfigen Belegschaft des Büros, das die Aktivitäten der Partei in Rußland lenken sollte. Stalin hatte die Einrichtung eines derartigen Büros bereits in einem aus der Verbannung geschriebenen Brief gefordert, von dem er wußte, daß Lenin ihn zu Gesicht bekommen werde. Er hatte dabei sorgsam jeden Anschein einer Kritik an Lenin vermieden, die seine Chancen auf die Berufung in ein solches Büro hätte mindern können, und hatte seine Unterstützung für Lenin in eine ganz andere Sprache gekleidet, als die Intellektuellen sie normalerweise benutzten: »Lenin ist ein Mann mit dem scharfen Instinkt des russischen Bauern. Er weiß sehr genau, wo die Krebse im Winter stecken.«[26]

Stalins sowjetische Hagiographen haben später seine Berufung ins Parteibüro so dargestellt, als habe Lenin ihn dadurch, nach dem Bruch mit den Menschewisten, zu seinem ersten Stellvertreter befördert. Dem war ganz und gar nicht so. Die Parteiführung war zahlenmäßig stark geschrumpft, und bei den Mitgliedern herrschte große Fluktuation. Stalin war in den fünf Jahren zwischen 1912 und der Oktoberrevolution nur ein Jahr lang aktiv; die restlichen vier Jahre verbrachte er, von allem abgeschnitten, in Sibirien.

Stalins »Beförderung«, wenn es denn eine war, änderte an seiner Stellung und seinem Ansehen in der Partei nichts Grundlegendes, aber sie gab ihm doch erstmals Gelegenheit, wenn auch nur für kurze Zeit, zu zeigen, was er konnte, und sich bei den übrigen Mitgliedern des Führungszirkels bekannt zu machen. Kaum drang die Nachricht zu ihm, da hielt ihn nichts mehr in seinem Verbannungsort; er entfloh. Er wußte, wenn er seine Stellung behalten wollte, mußte er schnell zeigen, daß er den Erwartungen Lenins gerecht werden konnte. Er bewerkstelligte zwei Dinge (zwischen denen wieder einmal ein fünfmonatiger Gefängnisaufenthalt lag): Er brachte die erste Ausgabe der *Prawda* heraus, der von ihm selbst vor Jahren angeregten Parteizeitung in russischer Sprache; und er organisierte die Wahl bolschewistischer Deputierter in die Vierte Duma.

Von den dreizehn gewählten Sozialdemokraten gehörten sechs der bolschewistischen, sieben der menschewistischen Fraktion an. Lenin berief für den Januar 1913 eine gemeinsame Konferenz der bolschewistischen Deputierten und des Zentralkomitees in Krakau ein, der nicht weit von der russischen Grenze entfernten Hauptstadt des österreichischen Teils von Polen. Er wollte die bisherige enge Zusammenarbeit der Deputierten beider Fraktionen in der Duma aufkündigen. Bei den proletarischen Wahlmännern war freilich der Wunsch nach Einheit der Partei stark ausgeprägt, und so mußte Lenin sich zähneknirschend damit abfinden, daß die Konfrontation mit den Menschewisten vorerst nicht stattfand. Auch wenn es Lenin mißfallen haben dürfte, daß Stalin ihm in dieser Frage nicht ohne weiteres gefolgt war, beeindruckte ihn, was er im Gespräch mit dem Georgier zu hören bekam, besonders dessen Einsicht in die komplizierten Beziehungen zwischen den kaukasischen Völkerschaften. Hier war ein Mann, der aufgrund seiner praktischen Erfahrung in der Lage sein mochte (unter Lenins Anleitung), einen Aufsatz über die wichtige Frage der sozialdemokratischen Nationalitätenpolitik im russischen Reich zu schreiben, unter Berücksichtigung nicht nur der kaukasischen Völker, sondern auch der Polen, Ukrainer, Juden, Letten und all der anderen sowie ihrer jeweiligen nationalen Bestrebungen. Lenin schlug Stalin vor, eine Reise nach Wien zu unternehmen und sich mit dem Programm vertraut zu machen, das die österreichischen Sozialisten im Hinblick auf die nationalen Konflikte im Habsburgerreich ausgearbeitet hatten – dem Programm, das mehr als alles andere dazu beigetragen hatte, Hitlers Haß auf die Führer der österreichischen Sozialdemokratie zu schüren.

Lenins Vorschlag bedeutete eine Auszeichnung für Stalin; er erhielt damit erstmals die Chance, einen Beitrag zur innerparteilichen Theoriediskussion zu leisten, sich also in einem Bereich zu betätigen, der eigentlich die anerkannte Domäne der Intellektuellen war – und das unter der Anleitung von Lenin selbst.

So reiste Stalin im Januar und Februar 1913 für vier Wochen nach Wien. Es war sein längster Aufenthalt außerhalb Rußlands überhaupt; seine nächste Auslandsreise führte ihn dreißig Jahre später, 1943, nach Teheran, zum Treffen mit Churchill und Roosevelt. Im Winter 1913 lebte Hitler noch in der österreichischen Hauptstadt, und es könnte sein, daß die beiden sich in der Menge begegnet sind. Zwei Männer, die er später vernichten sollte, traf Stalin damals auf jeden Fall: Bucharin und Trotzki; ersterer half dem Neuankömmling, der kaum Deutsch konnte, sich zurechtzufinden, letzterer hatte sich gerade in eine seiner wütenden Kontroversen mit Lenin gestürzt und geruhte kaum, von dessen unbeholfenem neuen Schützling Notiz zu nehmen, von dem ihm, wie er später schrieb, nur das »feindselige Blitzen« in den »gelben Augen« in Erinnerung blieb.

Lenin war begeistert über das Material, das Stalin in Wien zusammentrug, vor allem aber darüber, daß er das von den Austromarxisten verfochtene Konzept der »national-kulturellen Autonomie« verwarf. Die maßgebliche Kapazität für die nationale Frage in den Reihen der österreichischen Sozialdemokratie war Otto Bauer. Angesichts der zunehmenden Vermischung der im Habsburgerreich zusammenlebenden Völkerschaften, der Existenz gemischtsprachiger Gebiete und der anhaltenden Migration in die Städte kam Bauer ganz davon ab, die Zugehörigkeit zu einer Volksgruppe geographisch zu definieren; er ersetzte die geographische Zuordnung durch das »personale Prinzip«. Es besagte, daß jeder Bürger, ganz gleich wo er lebte, über seine Volkszugehörigkeit selbst entscheiden solle. Jede Volksgruppe solle das Recht haben, eigene Organisationen und Institutionen zur Pflege und Entwicklung ihrer Kultur aufzubauen. Nationale Selbstverwaltungskörperschaften sollten die Grundlage des Staates und seiner Autorität sein.

In Stalins Augen hätte eine solche Konzeption, übertragen auf die Politik einer revolutionären Regierung im russischen Reich, zu unlösbaren Problemen geführt. Es sei, so schrieb er, nicht die Aufgabe der Sozialdemokratie, »die nationalen Merkmale der Volksgruppen zu erhalten und zu entwikkeln«, wie es die österreichische Partei als eines ihrer Ziele formuliert hatte, sondern das Proletariat für den Klassenkampf zu organisieren. Die richtige

Lösung für das Nationalitätenproblem im russischen Reich bestehe darin, den nationalen Minderheiten in den einzelnen Regionen zwar das Recht auf den Gebrauch ihrer Muttersprache und auf eigene Schulen für ihre Kinder einzuräumen, die Arbeiter aller Nationalitäten aber in einer einzigen, völkerübergreifenden Partei zu organisieren, nicht als Angehörige unterschiedlicher Völkerschaften, sondern ein und derselben Klasse zugehörig. Lenin schrieb an Kamenew: »Der Artikel ist *sehr gut*« und bezeichnete den Autor im Gespräch mit Maxim Gorki enthusiastisch als »einen wunderbaren Georgier«.

Mit wieviel oder wie wenig Leninscher Mithilfe auch immer der Artikel seine endgültige Gestalt erhielt, er erschien, von einem gewissen K. (also Koba) Stalin gezeichnet, in drei Fortsetzungen unter dem Titel *Die nationale Frage und die Sozialdemokratie* in der Zeitschrift *Prosweschtschenie* (»Die Aufklärung«). Stalin bedeutete so viel wie »Mann aus Stahl« und erwies sich als ein Kampfname, der haften bleiben sollte. Der Aufsatz brachte seinem Autor nicht nur einen Zugewinn an innerparteilichem Prestige (sowie auch an Selbstbewußtsein), hatte er sich doch als würdig erwiesen, im führenden theoretischen Organ der Partei zu publizieren, sondern bescherte ihm auch den Ruf, *der* Fachmann der Partei für dieses Thema zu sein – Grundlage für seine Berufung in die bolschewistische Regierung als Volkskommissar für Nationalitätenfragen fünf Jahre später.

Eine Woche nach seiner Rückkehr nach St. Petersburg wurde Stalin erneut verhaftet. Ein Genosse aus dem Zentralkomitee der eigenen Partei hatte ihn denunziert: Roman Malinowsky, bolschewistischer Deputierter für Moskau und seit langem Spitzel der zaristischen Geheimpolizei, der *Ochrana*, die er mit Informationen über die Tätigkeit der Partei belieferte, was Lenin nicht daran hinderte, nach wie vor große Stücke auf ihn zu halten. Stalin wurde zu vier Jahren Verbannung in einer der entlegensten Strafkolonien im nördlichen Sibirien verurteilt, der Region Jenisseisk-Turuchansk. Dort lebten auf einem Gebiet von der Größe Schottlands 12 000 Menschen in winzigen, oft Hunderte von Kilometern voneinander entfernten Ansiedlungen. Im Winter fiel die Temperatur hier nördlich des Polarkreises unter minus vierzig Grad Celsius, und die arktische Winternacht war lang. Aber auch die Sommer waren, mit Mitternachtssonne und Stechmückenplage, alles andere als angenehm. Auf dem gefrorenen Boden wuchs nichts Eßbares, und die Eingeborenen lebten von Jagd und Fischfang. Eine Flucht war praktisch ausgeschlossen; selbst ein Schlittengespann brauchte sechs Wochen bis nach Krasnojarsk, der nächstgelegenen Station der Transsibirischen Eisenbahn. Daß die Langeweile, Einsamkeit und Kargheit dieser Gegend viele Verbannte körperlich und geistig zerrüttete, ist kein Wunder.

Stalin indes war stark genug, um zu überleben. Am Leben der übrigen Verbannten – 350 waren es insgesamt – nahm er kaum teil. Jakow Swerdlow, ein bolschewistischer Genosse, mit dem er für kurze Zeit eine Hütte teilte,

Während das Leben des jungen Hitler sich Station für Station, Jahr für Jahr verfolgen läßt, verliert sich Stalins Spur immer wieder im illegalen Kampf der Vorkriegsjahre. Am Vorabend der Revolution wird sie in Sibirien greifbar. Hitler war zeitlebens Außenseiter und wollte es sein; Stalin dagegen gab sich immer als Kamerad unter Kameraden. Auf Unscheinbarkeit legte er auch in seinen Titeln und Ämtern Wert, indem er immer hinter dem größeren Lenin zurückstand, und so hat man ihn lange unterschätzt. Selbst seine engsten Gefährten brauchten Jahre, bis sie seinen bedingungslosen Herrschwillen erkannten; da war es zu spät.
Auf dem Photo: Stalin zur Zeit seiner sibirischen Verbannung (oberste Reihe, dritter von links).

schrieb nach seinem Auszug an seine Frau: »Es stellte sich heraus, daß der Genosse, mit dem ich dort wohnte, in persönlicher Beziehung unmöglich war. Wir mußten davon Abstand nehmen, uns zu sehen und miteinander zu sprechen.«[27] Stalin zeigte sich wenig kontaktfreudig und hielt sich abseits; am liebsten verbrachte er seine Zeit mit Angeln, Fallenstellen, Lesen und Pfeiferauchen.

Die Familie Allilujew, die er im Kaukasus kennengelernt hatte und in die er später einheiraten sollte, ließ ihm hin und wieder ein Paket zukommen; ein Dankschreiben hierfür gehört zu den wenigen Zeugnissen für menschliche Regungen aus diesen düsteren und stillen Jahren. Er bat sie, ihm einige Ansichtskarten mit Landschaften zu schicken. »Die Natur ist in dieser verfluchten Gegend öde und häßlich; im Sommer der Fluß, im Winter der Schnee ... Das ist alles, was es an Landschaft hier um uns herum gibt. Daher habe ich eine idiotische Sehnsucht nach dem Anblick von Landschaften, und sei es nur auf Papier.«[28]

Daß er just in dem Moment aus der politischen Aktivität gerissen wurde, als er begonnen hatte, eng mit Lenin zusammenzuarbeiten, muß besonders bitter für ihn gewesen sein. Hier in der arktischen Abgeschiedenheit, wo die wenigen Briefe und Zeitungen, die er erhielt, erst nach Wochen oder gar Monaten eintrafen, war es für ihn sehr schwierig zu erfahren, was sich in der Welt abspielte.

Der Ausbruch des Ersten Weltkriegs stürzte die europäische Sozialdemokratie in Verwirrung und sprengte die Sozialistische Internationale. Lenin wollte nichts mit Sozialisten zu tun haben, die für den Krieg waren, ebensowenig aber mit denen, die den Pazifismus predigten. Seine Forderung lautete, den Krieg mit der Revolution zu beantworten und »den imperialistischen Krieg in einen Bürgerkrieg« zu verwandeln; dabei nahm er bewußt den Vorwurf des Defätismus in Kauf. Die Niederlage des Zarismus würde das Vorspiel zur Revolution sein – genauso kaum es dann ja auch.

Es heißt, Stalin sei in den Besitz eines Exemplars der Leninschen »Kriegsthesen« gelangt und habe sie bei einer Versammlung von Verbannten verlesen. Im Juli 1915 unternahm er eine lange Reise, um bei einem Treffen mit anderen verbannten Bolschewistenführern über Lenins Haltung zum Krieg und die Art und Weise, wie die bolschewistischen Duma-Abgeordneten diese unterstützen sollten, zu diskutieren. Aber er schrieb in diesen vier Jahren so gut wie nichts und scheint wenig oder gar kein Interesse an Grundsatzdiskussionen gehabt zu haben, solange er weitab vom Schauplatz des Geschehens weilte. 1916 wurde er zur Musterung nach Krasnojarsk befohlen und wegen seines seit der Kindheit verkrüppelten linken Arms als untauglich für den Kriegsdienst eingestuft. Die Sache war für ihn ein Glücksfall: Die Behörden schickten ihn aus Krasnojarsk nicht in den arktischen Norden zurück, sondern ließen ihn den Rest seiner Verbannungsstrafe im nahe gelegenen Atschinsk verbüßen, das an der Transsibirischen Eisenbahn lag und von wo es mit dem Schnellzug nur vier Reisetage bis Petrograd (so hieß St. Petersburg seit 1914) waren. Als 1917 die Februarrevolution ausbrach, der Zar abdankte und eine provisorische Regierung gebildet wurde, schickte Stalin zusammen mit anderen politischen Häftlingen per Telegramm »brüderliche Grüße« an Lenin; anschließend brachen sie in die Hauptstadt auf, in der sie am 12. März eintrafen. Zurück im Zentrum des Geschehens, machten Stalin und der ebenfalls aus der Verbannung zurückgekehrte Kamenew sogleich ihre Ansprüche auf die Leitung der *Prawda* sowie der bolschewistischen Partei geltend und führten beide, bis Lenin drei Wochen später aus der Schweiz kam.

Sowohl für Stalin als auch für Hitler war der Krieg von großer Bedeutung, weil er ihnen politische Chancen eröffnete, die sich ihnen andernfalls wohl nicht geboten hätten. Sein Einfluß auf die persönliche Entwicklung beider Männer war jedoch höchst unterschiedlich. Die vier Jahre, die Stalin in der sibirischen Öde zubrachte, waren äußerlich ereignislos und leer. Ihre Bedeutung liegt in den Auswirkungen, die sie auf seine innere Entwicklung gehabt haben müssen. Ein Leidensgenosse in der Verbannung, Iwanow, schrieb, schockiert über die Weigerung Stalins, sich mit Swerdlow auszusöhnen: »Dschugaschwili blieb genauso stolz wie immer, genauso in sich selbst, seine eigenen Gedanken und Pläne, versunken.«[29] Aus der Verbannung kehrte ein noch härterer und gefühlskälterer Stalin zurück, dem das Mißtrauen bereits zur zweiten Natur geworden war; andererseits zeugte die Art und Weise, wie er diese Verbannung überstanden hatte, von einer bemerkenswerten Selbstgenügsamkeit und einer erstaunlichen Fähigkeit, seinen persönlichen Ehrgeiz vorübergehend ruhen zu lassen, ihn sich jedoch zugleich zu bewahren. Für Hitler dagegen war der Krieg, wie er später bekennen sollte, »das größte Erlebnis überhaupt«.[30]

Im Juni 1913 zog Hitler, während Stalin auf dem Weg nach Sibirien war, von Wien nach München. Die Behauptung, er habe dies getan, um dem Militärdienst zu entgehen, scheint jeder Grundlage zu entbehren, machte

Der junge Hitler, arbeitslos und arbeitsscheu, verdiente sich sein Auskommen durch fleißig-belanglose Ansichtskarten-Malerei, wie dieses Bild des Münchner Standesamtes im Alten Rathaus beweist. Die Zaghaftigkeit der Pinselstriche macht deutlich, weshalb er als wenig begabt galt und von der Akademie abgewiesen wurde. Wenige Jahre später entwirft er mit herrischem Zugriff das Zentrum des Reiches, das er einst zu gründen gedenkt.

er doch aus seinen Umzugsplänen kein Geheimnis; seinen Freunden im Männerheim erzählte er, er werde sich um die Aufnahme in die Münchner Kunstakademie bewerben. In *Mein Kampf* schrieb er über die »innere Liebe, die mich zu dieser Stadt mehr als zu einem anderen mir bekannten Orte fast schon von der ersten Stunde meines Aufenthalts erfaßte. Eine deutsche Stadt!! Welch ein Unterschied gegen Wien ... dieses Rassenbabylon«.[31]

Hitler meldete sich ordnungsgemäß bei der Münchner Polizei als »Maler und Schriftsteller« an, unternahm aber nichts, um auf die Akademie zu kommen. Auch daß München zu dieser Zeit die lebendigste Stadt Deutschlands war, in der eine große Zahl von Künstlern, Intellektuellen, Schriftstellern und anderen »Freigeistern« zusammengeströmt war, die gegen die muffigen Konventionen der deutschen Gesellschaft und ihrer staatlichen Institutionen aufbegehrten, machte er sich nicht zunutze. Die Stadt, und namentlich ihr nördlicher Vorort Schwabing, gehörte zu den Brennpunkten der künstlerischen und kulturellen Moderne und zog wie ein Magnet radikale und experimentelle Vertreter nicht nur aller erdenklichen Kunst- und Geistesrichtungen an, sondern auch aller politischen Glaubensbekenntnisse von ganz rechts bis ganz links. Doch der verkannte Künstler Hitler hielt sich abseits von diesem brodelnden Kulturleben, an dem jeder teilnehmen konnte. Er führte ein noch isolierteres Leben als in Wien, sprach mit kaum jemandem außerhalb der Familie, bei der er Unterschlupf gefunden hatte, und lebte weiterhin davon, in seinem steifen akademischen Stil Stadtansichten zu zeichnen und zu verkaufen. Seine Freizeit verbrachte er lesend in Bibliotheken oder auf seinem Zimmer, und hin und wieder ließ er sich in Cafés zu wütenden Streitgesprächen hinreißen.

Seiner eigenen Darstellung zufolge beschäftigte er sich in dieser Zeit gründlicher mit dem Marxismus, »jener zerstörerischen Lehre«, und dessen Beziehungen zum Judentum. Der Gleichmut, mit dem man in Deutschland die von diesen beiden Kräften ausgehenden Gefahren betrachtete, verdroß ihn mehr und mehr. Ebenso großes Unbehagen bereiteten ihm auch die deutsche Bündnistreue zum Habsburgerreich und die Tatsache, daß die Deutschen nicht begriffen, daß dieses Reich kein deutscher Staat mehr war und im Kriegsfall zu einem verhängnisvollen Klotz am deutschen Bein werden konnte. Aus diesen hochtrabenden Überlegungen sah er sich unversehens auf den Boden der Tatsachen zurückgeholt, als er unter dem Vorwurf, sich dem österreichischen Militärdienst entzogen zu haben, festgenommen wurde und die Auflage erhielt, sich umgehend zur Wehrerfassung nach Linz zu begeben. Vor dem österreichischen Generalkonsul in München erschien daraufhin ein eingeschüchteter junger Mann, der unter Hinweis auf seine Mittellosigkeit und Rechtsunkenntnis um Nachsicht ersuchte und einen so bemitleidenswerten Eindruck hinterließ, daß man ihm schließlich erlaubte, sich statt in Linz in Salzburg zu melden, wo die Musterungsbehörde befand, Adolf Hitler sei »zum Waffen- und Hilfsdienst untauglich, zu schwach. Waffenunfähig«.

Sechs Monate später indes, nach dem Attentat auf den Erzherzog Ferdinand in Sarajewo, nahm Hitler begeistert die Nachricht auf, daß Deutschland und Österreich gemeinsam in den Krieg gegen Serbien und Rußland ziehen würden. Eine berühmt gewordene Fotografie (aufgenommen von Heinrich Hoffmann, der später sein offizieller Fotograf werden sollte) zeigt Hitler mitten in einer Menschenmenge, die sich auf dem Münchner Odeonsplatz versammelt hatte, um die Kriegserklärung zu bejubeln.

Die ersten Tage im August 1914 bescherten den Deutschen ein nie zuvor gekanntes nationales Zusammengehörigkeitsgefühl, das diejenigen, die diese Zeit miterlebten, nie vergaßen, eine überbordende patriotische Euphorie, die der Kaiser auf den Begriff brachte, als er der vor seinem Palast in Berlin versammelten Menge zurief, er kenne keine Parteien oder Konfessionen mehr, sondern »nur noch Deutsche«. Hitler tauchte nicht nur in diese allgemeine Stimmung ein, sondern empfand nach Jahren des Scheiterns und des Mißerfolgs den Kriegsausbruch auch als ganz persönliches Befreiungserlebnis. »Mir selber kamen die damaligen Stunden wie eine

Ein Zufall hat ein Bild des fünfundzwanzigjährigen, noch immer berufs- und wohnungslosen Hitler erhalten, der in der begeisterten Menge am Tag des Kriegsausbruchs vor der Feldherrnhalle in München namenlos unter Namenlosen steht. Das Erlebnis scheint für Hitler wie eine Erlösung aus den Wirren der ziellosen Jahre gewesen zu sein; die Ausschnittvergrößerung macht deutlich, wie begeistert er war, erstmals in seinem Leben eine Art Heimat gefunden zu haben.

Erlösung aus den ärgerlichen Empfindungen der Jugend vor«, schrieb er später. Er sei, so fügte er hinzu, vor Begeisterung »in die Knie gesunken« und habe »dem Himmel aus übervollem Herzen [gedankt], daß er mir das Glück geschenkt, in dieser Zeit leben zu dürfen«.[32]

Er meldete sich sogleich freiwillig zum Militär und war außer sich vor Freude, als er beim deutschen Heer für tauglich befunden wurde. Nach zweimonatiger Ausbildung wurde das 16. Bayerische Reserve-Infanterieregiment, dem er zugeteilt worden war, an die Westfront verlegt. Es traf dort ein, als die erste Schlacht von Ypern auf ihrem Höhepunkt war. Das war im Oktober 1914, und Hitler sollte danach volle zwei Jahre an oder in der Nähe der Front zubringen. Erst nach seiner Verwundung im Oktober 1916 kehrte er nach Deutschland zurück, und erst im Oktober 1917 ließ er sich dazu bewegen, seinen ersten Heimaturlaub zu nehmen.

Es steht außer Zweifel, daß Hitler ein guter Soldat war; insgesamt nahm er zwischen 1914 und 1918 an rund 35 Kampfhandlungen teil. Er diente als Meldegänger, wenn andere Kommunikationsmittel ausfielen, was häufig der Fall war. Es war ein gefährliches Dasein, aber eines, das ihm zusagte, weil er sich dabei auf eigene Faust durchschlagen und bewähren mußte. Er wurde verwundet und entging etliche Male nur knapp dem Tod, so daß ihm in der Belobigung, die ihm das Eiserne Kreuz Erster Klasse einbrachte, ausdrücklich vorbildliche Tapferkeit und kühles Blut in Kampfsituationen bescheinigt wurden.

Bei den meisten Soldaten erlosch die anfängliche Kriegsbegeisterung unter dem Eindruck ihrer schrecklichen Erlebnisse an der Front; nicht so bei Hitler. Er blieb Patriot durch und durch, klagte nie über Entbehrungen und Gefahren, blieb ein Muster an Pflichtbewußtsein und brachte seine Kameraden in Rage, indem er das Soldatendasein in den höchsten Tönen pries. »Da war dieser weiße Rabe unter uns, der nicht mitmachen wollte, wenn wir den Krieg verfluchten.«[33] Er war nicht unbeliebt und galt als guter Kamerad, sonderte sich jedoch stets ab, nahm keinen Urlaub, zeigte kein Interesse an Frauen, rauchte und trank nicht. Alle Erinnerungen an den Weltkriegssoldaten Hitler enthalten Hinweise darauf, daß er etwas von einem Sonderling hatte.

Es scheint daher paradox, daß Hitler später Loblieder auf die Kameradschaft unter den Frontsoldaten sang. Tatsächlich fand er aber dort, wie Joachim Fest hervorgehoben hat, »genau jene Art menschlicher Beziehung, die seinem Wesen entsprach. Sein ganzes Leben hindurch zeigte er sich nicht imstande, enge persönliche Freundschaften zu knüpfen. Im Krieg, in Quartieren und Mannschaftsunterkünften fand ... er wiederum die Lebensform des Männerheims ... Hier wie dort war der soziale Rahmen seiner Menschenscheu und Misanthropie sowie seinem reduzierten Verlangen nach Fühlung angemessen.«[34] Dazu kam das Gefühl, Teil eines viel größeren Ganzen zu sein – des Heeres, der Nation –, das die individuelle Existenz in sich aufsog und klein und unbedeutend erscheinen ließ, ihr aber zugleich Richtung und Bedeutung verlieh.

Hitler (auf dem Bild rechts) blieb die Jahre des Krieges über unauffällig, auch wenn er, für einen einfachen Soldaten damals ungewöhnlich, mit dem Eisernen Kreuz für seine Tapferkeit ausgezeichnet wurde.

In Wien hatte Hitler Einblick in die Ängste derer erhalten, denen das Los der sozialen Deklassierung drohte. Der Krieg hielt eine neue Erkenntnis für ihn bereit: daß der einzelne sich mit seinem Volk identifizieren und sich notfalls für dieses opfern müsse, ein Gedanke, den er zu einem grundlegenden Bestandteil seiner politischen Botschaft machte. Durch den Krieg von dem ziellosen, einsamen Leben erlöst, das er in Wien und München geführt hatte, unterwarf er sich freudig der Disziplin des Soldatendaseins, genoß die Sicherheit, die die Zugehörigkeit zu einer sein ganzes Leben regelnden Organisation bot, und widmete sich voll und ganz der Aufgabe, die Feinde Deutschlands zu vernichten.

Der Krieg ließ die Fantasiewelt seiner Jugend Wirklichkeit werden, und es erfüllte ihn mit Stolz und Freude, in die Rolle eines Helden schlüpfen zu können, der bereit war, »für mein Volk ... jederzeit zu sterben«. »Ich hatte einst als Junge und junger Mensch«, schrieb er in *Mein Kampf*, »so oft den Wunsch gehabt, doch wenigstens einmal auch durch Taten bezeugen zu können, daß mir die nationale Begeisterung kein leerer Wahn sei ... So quoll mir, wie Millionen anderen, denn auch das Herz über vor stolzem Glück ... So, wie wohl für jeden Deutschen, begann nun auch für mich die unvergeßlichste und größte Zeit meines irdischen Lebens.«[35] Dies »Fronterlebnis«, eine einzigartige Erfahrung, die er mit den anderen »Frontkämpfern« teilte, sollte eine wichtige Rolle bei der Gründung der nationalsozialistischen Partei spielen.

Der Krieg bot ihm noch etwas anderes: die praktische Bestätigung für seinen schon früher lauthals verkündeten Glauben an Kampf, Gewalt und Recht des Stärkeren als Naturgesetze des menschlichen Lebens. Daß er an der Front tagtäglich mit Tod und Zerstörung in ihren häßlichsten Formen konfrontiert wurde, erfüllte ihn nicht etwa mit Ekel, sondern bereitete ihm, abgesehen davon, daß es ihn in seinen Überzeugungen bestärkte, eine tiefe Befriedigung. Bei allem, was er über den Krieg schrieb und sagte, in *Mein Kampf*, in seinen Reden und Tischgesprächen, brachte er niemals jenen Abscheu zum Ausdruck, den die meisten Frontsoldaten angesichts der sinnlosen Opferung von Millionen von Menschenleben, der Zerstörung von jeglicher Art menschlicher Zivilisation und der Verwüstung ganzer Landstriche empfanden. Hitler war stolz darauf, daß diese Erfahrung nicht nur seinen Körper, sondern auch seinen Willen gestärkt hatte, daß er nicht schwach geworden, daß aus dem »grünen« jungen Mann ein durch nichts mehr zu erschütternder, durch keine Regung des Mitleids mehr zu erweichender Veteran geworden war. »Der Krieg ist für den Mann, was die Kindsgeburt für eine Frau ist«, behauptete er und offenbarte damit nichts anderes als seine Unfähigkeit, zwischen Tod und Leben zu unterscheiden. Dieser Defekt seiner Persönlichkeit allerdings übte wie unzählige Bilder und Beschwörungen des Hasses, der Gewalt und der Zerstörung in seinen Reden zeigen, eine größere Anziehungskraft aus, als die meisten Menschen lange Zeit eingestehen wollten. Seine Weigerung, Urlaub zu beantragen,

Auffällig in seiner Unauffälligkeit ist Hitler (rechts) auf allen erhaltenen Photos, die ihn während des Ersten Weltkrieges zeigen. Wie nicht dazugehörend, steht er meist abseits. Sonderbar verquält, auch sektiererisch wirkt sein Gesichtsausdruck im Kreise der Kameraden.

die Tatsache, daß er ständig versicherte, die Weltkriegsjahre seien die glücklichste Zeit und das bewegendste Erlebnis seines Lebens gewesen, sind die ersten eindeutigen Indizien für jene Faszination, die für Hitler von Tod und Vernichtung ausging, die im Zweiten Weltkrieg zu seinem treibenden Motiv wurde und sich insbesondere nach dem Überfall auf die Sowjetunion immer ungehemmter entfaltete.

Ein anderes Leben als das an der Front konnte Hitler jetzt nicht mehr ertragen. Als der Krieg in sein zweites und dann in sein drittes Jahr ging, traten an die Stelle der Begeisterung und des patriotischen Zusammengehörigkeitsgefühls, die dem Kampf anfänglich so viel Glanz verliehen hatten, zunehmend Enttäuschung und Überdruß; Klagen über Versorgungsmängel wurden laut, der Schwarzmarkt blühte auf, gesellschaftliche und politische Gegensätze traten wieder zutage. Als Hitler sich im Winter 1916/17 in München von seiner Verwundung erholte, erregte er sich über Schieber und Spekulanten, Wehrunwillige und Drückeberger und brandmarkte sie als Verräter. Er erkannte München nicht wieder und fand die Stimmung in seinem Reservebataillon verabscheuungswürdig. Er bat um die Erlaubnis zur Rückkehr an die Front – das Regiment sei sein Zuhause, erklärte er. Man erfüllte ihm den Wunsch, und im gleichen Monat, in dem Stalin die

Rückkehr nach Petrograd gelang, im März 1917, traf Hitler wieder in Flandern ein, überglücklich, daß er die deutsche Frühjahrsoffensive miterleben würde. Die Kämpfe, die in der Folgezeit im Gebiet von Arras und in der dritten Schlacht von Ypern entbrannten, forderten einen hohen Blutzoll von Hitlers Regiment. Die Überlebenden wurden im August zur Erholung ins Elsaß verlegt und verlebten bis zum Jahresende eine ziemlich ruhige Zeit.

Das Jahr 1917 brachte für die deutsche Seite zwei bedeutsame militärische Fortschritte: den Zusammenbruch Rußlands und den Durchbruch der Österreicher an der Italienfront. Der Winter 1917/18 stellte die Moral aller Kriegsteilnehmer jedoch auf eine schwere Probe: In Deutschland brachte er Hunger und einen Aufruf zum Generalstreik, dem im Januar in Berlin 400 000 Arbeiter Folge leisteten. Hitler war außer sich über diesen »Dolchstoß«. Seine Stimmung besserte sich jedoch wieder, als die russische Revolutionsregierung im März 1918 endlich in die von Deutschland diktierten Friedensbedingungen einwilligte. Jetzt, da der Krieg im Osten vorüber war, konzentrierte die deutsche Oberste Heeresleitung alle ihre Kräfte darauf, eine militärische Entscheidung im Westen herbeizuführen. Keine drei Wochen nach Unterzeichnung des Abkommens von Brest-Litowsk, am 21. März 1918, führte Ludendorff in Frankreich eine Serie von Angriffsschlägen, unter denen die britischen und französischen Truppen zurückwichen, so daß die Spitze der deutschen Armee nur noch knapp siebzig Kilometer vor Paris stand.

Hitlers Regiment war an der viermonatigen deutschen Offensive in allen ihren Phasen beteiligt: an der Somme, an der Aisne und an der Marne. Nie war er von größerem Kampfesmut beseelt gewesen. Im Sommer hegte er keinen Zweifel mehr daran, daß der Sieg für Deutschland greifbar nahe sei. Die deutsche Armee war jedoch am Ende ihrer Kräfte. Ludendorff schrieb später über den britischen Gegenangriff, der am 8. August bei Amiens den Durchbruch durch die deutschen Linien brachte, dies sei »der schwarze Tag des deutschen Heeres« gewesen. Doch die militärische Wendung, die sich im Verlauf des August und September vollzog, wurde dem deutschen Volk ebenso verschwiegen wie die Tatsache, daß die Oberste Heeresleitung selber es war, die um einen Waffenstillstand bat. Auch den deutschen Soldaten wurde dies verschwiegen; sie wurden zwar zurückgedrängt, bewältigten den Rückzug aber diszipliniert und standen noch außerhalb der Grenzen des Deutschen Reichs, als der Krieg zu Ende ging. Erst am 2. Oktober wurden die Führer der Reichstagsparteien darüber informiert, daß Deutschland nicht vor dem Sieg stand, sondern vor der Niederlage.

Für die meisten Deutschen kam diese schockierende Wende zu plötzlich, als daß sie sie hätten begreifen können. Erst recht galt dies für Hitler, dem dieser Krieg so viel bedeutete: Erregung, Befriedigung, Erlösung. Nach Jahren des Scheiterns und der Enttäuschung hatte er als deutscher Soldat endlich so etwas wie einen Daseinszweck und eine Identität gefunden. Jetzt

Aus den Allerweltsgesichtern der frühen Jugend sind einige Jahre später durch den politischen Kampf und die Erfahrung der Front geprägte Gesichter geworden. Stalin 1911 im Alter von 32 Jahren; Hitler 1918 im Lazarett in Pasewalk nach seiner Gasvergiftung, damals 29 Jahre alt.

mußte er erleben, wie, scheinbar über Nacht, seine ganze Welt zerfiel, und mit ihr alles, woran er glaubte.

Mitte Oktober wurde er Opfer eines britischen Gasangriffs. Kurzzeitig erblindet, lag er in einem Lazarett in Pasewalk, als die Nachricht von der Meuterei der deutschen Hochseeflotte eintraf, gefolgt wenig später von Meldungen über allerorten sich bildende Arbeiter- und Soldatenräte, dem Übergang zum offenen Aufstand. Schließlich erfuhr Hitler am 10. November, daß der Kaiser abgedankt habe, die Republik ausgerufen worden sei und die neue Regierung am folgenden Tag die Waffenstillstandsbedingungen der Ententemächte akzeptieren werde.

Hitler behauptete später, damals im Lazarett von Pasewalk habe er »beschlossen, Politiker zu werden« und alles zu tun, um die deutsche Niederlage wettzumachen. In Wirklichkeit lebte er noch fast ein ganzes Jahr unschlüssig vor sich hin, ohne klare Vorstellungen über seine Zukunft, ehe er sich ins politische Leben begab und dort ein Ventil für die Energie fand, die so lange in ihm geschlummert hatte. Aber es stimmt, daß der Schock der deutschen Niederlage und der sich anschließenden Revolution das ausschlaggebende Motiv seiner Entscheidung war und auch im weiteren Verlauf seiner Karriere den bleibenden Hintergrund seines Handelns bildete.

3. Kapitel

Oktoberrevolution, Novemberputsch

Stalin 1917–1918
Hitler 1918–1923

Der Aufstand im Februar 1917 traf die russischen Revolutionäre ebenso unvorbereitet wie der im Jahre 1905.[1] Trotzki war nur wenige Wochen zuvor, enttäuscht über die Entwicklungen in Europa, nach Amerika übergesiedelt, und Lenin hatte im Januar in Zürich einer Gruppe junger Sozialisten erklärt: »Wir von der älteren Generation werden die entscheidenden Schlachten der kommenden Revolution vielleicht nicht mehr erleben.« Der Februar 1917 brachte erneut einen spontanen Protest der Massen, die der Verlust von fast zwei Millionen Menschen in einem erfolglosen Krieg sowie Hunger und der Zusammenbruch der gesellschaftlichen Ordnung zur Verzweiflung getrieben hatten. Die treibende Kraft hinter dieser Revolte war das russische Volk, waren meuternde Soldaten, die die Beendigung des Krieges forderten, Fabrikarbeiter, die Brot und bessere Arbeitsbedingungen verlangten, und Bauern, die Land forderten. Wie 1905 entlud sich der aufgestaute Unmut auch diesmal nicht durch eine revolutionäre Verschwörung, sondern wegen des Befehls, das Feuer auf Demonstranten in Petrograd zu eröffnen, den die Soldaten dieses Mal mit Meuterei beantworteten. Die Meuterei breitete sich rasch über die gesamte Petrograder Garnison aus, und die Regierung schaffte es nicht, die Lage wieder unter Kontrolle zu bringen.

In dieser unübersichtlichen Situation rissen vorübergehend zwei selbsternannte Machtinstanzen die Verantwortung an sich. Die eine war der Petrograder Sowjet, nach dem Vorbild des Rates von 1905, dem dieses Mal aber neben Abgeordneten der Arbeiter auch Soldatenvertreter angehörten; sein Exekutivkomitee schickte sich an, die Lebensmittelversorgung zu organisieren und eine Arbeitermiliz aufzustellen, die die Polizei ersetzen sollte. Die zweite Instanz war ein von der Duma eingesetzter Provisorischer Ausschuß. Das Zarenregime, das dreihundert Jahre lang bestanden hatte, wurde nicht gestürzt, sondern brach von einem Tag auf den anderen in sich zusammen. Der Zar dankte ab, ohne daß sich ein Nachfolger für ihn finden ließ, und so entstand ein politisches Vakuum, das dem russischen Volk erstmals in seiner Geschichte politische Freiheit bescherte; eine Freiheit, die durch die unsichere und geteilte Autorität des Provisorischen Ausschusses und des Petrograder Sowjets nur unwesentlich eingeschränkt wurde.

Die beiden Organe einigten sich rasch darauf, eine provisorische Regierung einzusetzen, mit einem Programm, das neben einer sofortigen Amnestie demokratische Freiheitsrechte wie Rede- und Versammlungsfreiheit sowie die allgemeine und direkte Wahl einer konstituierenden Versammlung versprach. Alle sozialistischen Parteien, die Sozialisten-Revolutionäre (SR) ebenso wie die Menschewisten und die Bolschewisten, lehnten eine

Beteiligung an der Regierung ab. Sie glaubten, so ihre Handlungsfreiheit behalten und die Regierung zur Verwirklichung ihrer demokratischen Programmpunkte und zur Aufnahme von Friedensverhandlungen zwingen zu können.

In der Praxis bedeutete dies, daß die Provisorische Regierung ihre Anordnungen nur so weit durchsetzen konnte, wie der Sowjet es zuließ, da die Arbeiter- und Soldatenvertreter die wirklichen Machtinstrumente kontrollierten: die Truppen, die Eisenbahnen und die Telegraphenverbindungen. Dazu kam, daß der Petrograder Sowjet sich nicht scheute, eigene Verordnungen zu erlassen. Am selben Tag, an dem er der Einsetzung der Provisorischen Regierung zustimmte, erließ er ohne Rücksprache seinen Befehl Nr.1, der gewählten Soldatenausschüssen in den Petrograder Kasernen die Befugnis zusprach, Waffen zu verteilen und traditionelle Formen militärischer Disziplin abzuschaffen. Dieses Beispiel machte, ob beabsichtigt oder nicht, schnell in der gesamten Armee Schule und war wesentlich mitverantwortlich für die Auflösungserscheinungen innerhalb der gegen die Deutschen kämpfenden russischen Streitkräfte.

Die revolutionären Parteien waren ebenso gespalten wie überrascht; gespalten in ihrer Haltung gegenüber der Provisorischen Regierung und gegenüber den Sowjets, die überall im Lande aus dem Boden schossen, gegenüber Friedensverhandlungen und gegenüber dem Gedanken, eine Vereinigung aller radikalen Kräfte herbeizuführen. Diese Unschlüssigkeit an der Spitze, das Fehlen jeder wirklichen Autorität angesichts anarchischer Verhältnisse im Lande, und der Fortgang des Krieges waren Faktoren, die bis in den Herbst hinein wirksam blieben.

Anders als in den im nachhinein verbreiteten Legenden, spielten die Bolschewisten in der revolutionären Entwicklung bis zum August 1917 nur eine Nebenrolle. Am Vorabend der Februarereignisse hatte ihre Partei weniger als 25 000 Mitglieder, und wenn diese Zahl auch bald anstieg, war die Anhängerschaft, auf die die Bolschewisten sich stützen konnten, doch weitaus geringer als die ihrer Rivalen, der Menschewisten und der Sozialisten-Revolutionäre, die in den Sowjets den Ton angaben. Allerdings hatte sich die Position der Bolschewisten gegenüber dem Jahr 1905, in dem sie eine ähnlich untergeordnete Rolle gespielt hatten, in einem Punkt verändert: Lenin war überzeugt, daß er dieses Mal einen Weg finden könne, die revolutionäre Energie zu kanalisieren und zu verhindern, daß der revolutionäre Schwung im Sande verlief.

Weder Lenin und die Bolschewisten noch die anderen sozialistischen Parteien »machten« die Revolution; die Sehnsucht der Bauern nach Grundbesitz ging ebensowenig auf ihr Konto wie die Erbitterung der Arbeiter über die Ausbeutung oder die Kriegsmüdigkeit der Streitkräfte und des Volkes. Doch während die anderen Parteien es versäumten, entschieden auf diese die Masse der Bevölkerung bewegenden Fragen zu antworten, stellte Lenin seine Begabung unter Beweis, die richtigen Parolen – Frieden,

Land, Brot, Arbeiterherrschaft – zu finden, um »Unmut katalytisch in revolutionäre Energie umzuwandeln«.[2]

Noch saß Lenin freilich im Ausland fest, in erzwungener Untätigkeit und von Rußland durch den Krieg an der Ostfront getrennt. Erst nachdem die Deutschen – in der Hoffnung, den russischen Kampfeswillen untergraben zu können –, sich bereit gefunden hatten, Lenin und anderen Revolutionären die Durchreise ins neutrale Schweden zu gestatten, konnte der Bolschewistenführer nach Petrograd zurückkehren, wo er am 3. April auf dem Finnländischen Bahnhof eintraf. Die Thesen, die er bei seiner Ankunft verkündete, schockierten seine eigenen Anhänger ebenso wie die anderen Parteien; allein, sechs Monate später sollten sie sich als die geeigneten Instrumente erweisen, um eine revolutionäre Situation in eine Revolution zu verwandeln.

Stalin war, aus Sibirien kommend, drei Wochen vor Lenin in Petrograd eingetroffen und hatte sich bei der Familie Allilujew einquartiert. Sergej Allilujew hatte sich nach seiner Rückkehr aus dem Kaukasus mit Frau und Tochter im Petrograder Stadtteil Wyborg niedergelassen. Ihr Haus wurde während der Revolution zu Stalins Stützpunkt, und einige Tage lang diente es auch Lenin als Versteck.

Stalin spielte 1917 weder einen so herausragenden Part, wie spätere offizielle Darstellungen ihm zuschrieben, noch einen so unbedeutenden, wie Trotzki und seine anderen Feinde behaupteten. Mit ihm zusammen waren zwei weitere führende Parteiaktivisten, Matwej Muranow und Lew Kamenew, aus Sibirien zurückgekehrt, und alle drei hatten sogleich Sitz und Stimme im russischen Büro des Zentralkomitees der Bolschewistischen Partei beansprucht, hatten die redaktionelle Leitung der *Prawda* übernommen und dafür gesorgt, daß sie als bolschewistische Vertreter ins Exekutivkomitee des Petrograder Sowjets kamen.

Lew Kamenew, der vierunddreißigjährige Sohn eines Eisenbahningenieurs, hatte kurz an der Moskauer Universität studiert, ehe er sich auf Dauer der revolutionären Tätigkeit verschrieb. Er hatte die letzten drei Jahre in sibirischer Verbannung verbracht und begründete kurz nach seiner Rückkehr nach Moskau eine Partnerschaft mit Sinowjew, die anhielt, bis Stalin beide Ende der zwanziger Jahre aus der Partei ausschließen ließ; 1936 fielen sie dann den Stalinschen Säuberungen in den Reihen der alten Bolschewisten zum Opfer. Kamenew hatte in der Kriegsfrage bereits eine Gegenposition zu Lenin bezogen, verurteilte dessen »revolutionären Defätismus« und trat für die Verteidigung Rußlands ein. In der kurzen Übergangszeit vor Lenins Rückkehr im April 1917 profilierte er sich als Befürworter einer Zusammenarbeit mit der Provisorischen Regierung und der Wiedervereinigung mit den Menschewisten in einer gemeinsamen Partei.

Stalin hatte in diesen Fragen, wie es scheint, keine dezidierte eigene Meinung; in den Beiträgen, die er für die *Prawda* verfaßte, und in zwei Reden, die er auf der Allrussischen Konferenz der Bolschewiki zwischen dem 27. März und dem 4. April in Petrograd hielt, schloß er sich in der Frage der Wiedervereinigung dem Kurs Kamenews an. Lenins an die *Prawda* gerichtete *Briefe aus der Ferne* machten deutlich, daß zwischen seinem Standpunkt und dem ihren eine tiefe Kluft bestand. Doch Stalin ignorierte den Gegensatz und führte in der Folge einen einstimmigen Beschluß des Parteitags herbei, in Vorverhandlungen mit den Menschewisten einzutreten; er selbst wurde zum Mitglied des vierköpfigen Ausschusses benannt, der die Verhandlungen führen sollte.

Lenin verlor keine Zeit, seine ablehnende Haltung deutlich zu machen. Noch bevor er aus dem in den Finnländischen Bahnhof einrollenden Zug ausstieg, attackierte er den versöhnlichen Kurs Kamenews und Stalins: »Was soll das, was ihr in der *Prawda* schreibt? Wir haben mehrere Ausgaben gesehen und wirklich auf euch geflucht.«[3]

Die zehn »Aprilthesen«, die er dem Parteitag kurz vor dessen Abschluß präsentierte, erteilten jeglichem Gedanken an eine Wiedervereinigung mit den Menschewisten oder an eine Unterstützung der Provisorischen Regierung eine Absage. Lenin verwarf die herkömmliche marxistische Auffassung, derzufolge zwischen der bürgerlich-demokratischen und der proletarisch-sozialistischen Revolution eine lange Zeitspanne vergehen müsse, und behauptete, es könne und müsse einen sofortigen Übergang in die sozialistische Phase geben. Er lehnte jede Unterstützung des Krieges ab und forderte die Errichtung nicht einer parlamentarischen Republik, sondern einer »Republik der Sowjets der Arbeiter-, Landarbeiter- und Bauerndeputierten im ganzen Lande, ... Abschaffung der Polizei, der Armee, der Beamtenschaft, Wählbarkeit und jederzeitige Absetzbarkeit aller Beamten, ... Beschlagnahme der gesamten Ländereien der Gutsbesitzer, Nationalisierung des gesamten Bodens im Lande; die Verfügungsgewalt über den Boden steht den örtlichen Sowjets der Landarbeiter- und Bauerndeputierten zu, ... sofortige Verschmelzung aller Banken des Landes zu einer Nationalbank und ... Kontrolle über die Nationalbank durch den Sowjet der Arbeiterdeputierten, ... Änderung des Parteiprogramms, ... Änderung des Namens der Partei, Erneuerung der Internationale«.[4]

Lenins mutige Absage an alle Versuche, die Ereignisse oder seine Pläne in ein vorgefertigtes marxistisches Schema zu pressen, schockierte seine Anhänger und vertiefte die Spaltung innerhalb der Partei. Die Mehrheit der bolschewistischen Wortführer wandte sich zunächst gegen ihn und einige, wie Kamenew und Sinowjew, blieben auch noch bis zum Beginn der Oktoberrevolution und sogar darüber hinaus bei ihrer Opposition. Aber Lenins Argumente fanden Anklang beim einfachen Parteivolk, bei den Fabrikarbeitern und Soldaten. Es gefiel ihnen nicht, wenn die Intellektuellen sich an theoretischen Fragen festbissen, während Lenins klare, zielbewußte Linie, deren Perspektive die Machtergreifung zum frühestmöglichen Zeitpunkt war, ihnen einleuchtete. Lenin glaubte nicht, daß die Bolschewisten sofort nach der Macht greifen könnten; erst einmal würden sie versuchen müssen, sich eine Mehrheit in den Sowjets zu sichern. Dies müsse jedoch stets mit Blick auf das eine überragende Ziel geschehen und in der steten Bereitschaft, jede sich bietende Gelegenheit zu nutzen.

Genau wie viele andere empfand Stalin die Aprilthesen als zu radikal, als daß er sie sofort hätte unterschreiben oder auch nur verstehen können. Auf einer Besprechung im russischen Büro der Bolschewisten am 6. April nahm er gegen sie Stellung, und als sie in der *Prawda* abgedruckt wurden (deren Redakteur Stalin noch war), geschah dies mit einer redaktionellen Vorbemerkung, die besagte, es handle sich um die persönliche Auffassung Lenins, nicht um die der Partei. Aber als am 24. April die Siebente Parteikonferenz der Bolschewisten begann, hatte Stalin sich zur Position Lenins bekehrt. (Die Abfolge von Parteitagen und Kongressen aller Art, die 1917 in Petrograd stattfanden, reflektierte – und verstärkte – die Verworrenheit der politischen Lage. Die Bolschewisten veranstalteten in diesem Jahr einen Parteitag und drei Parteikonferenzen. Diese sind nicht zu verwechseln mit der Allrussischen Konferenz der Sowjets und den drei allrussischen Sowjetkongressen, auf denen neben den Bolschewisten auch die Menschewisten und die SR vertreten waren, und natürlich auch nicht mit der von der Provisorischen Regierung einberufenen Konstituierenden Versammlung.) Stalin teilte in dieser Zeit ein Büro mit Lenin und arbeitete bei der Herausgabe der *Prawda* eng mit ihm zusammen; die Bereitschaft, mit der er die Ansichten des Älteren aufnahm und sich zu eigen machte, führte dazu, daß sich das Vertrauensverhältnis zwischen den beiden Männern, das sich 1912 erstmals gebildet hatte, wieder einstellte.

Lenin demonstrierte dies im Verlauf des Parteitages, dessen 150 Teilnehmer eine Partei mit inzwischen 80 000 Mitgliedern repräsentierten, indem er Stalin mit der Aufgabe betraute, diejenigen seiner Positionen zu verteidigen, gegen die die heftigste Opposition zu gewärtigen war – seine Aprilthesen und seine Haltung in der Nationalitätenfrage. Als Gegenleistung machte Lenin sich persönlich für die Wahl Stalins ins Zentralkomitee und seine Aufnahme in dessen vierköpfiges Leitungsgremium stark.

Lenin fügte sich eine Mannschaft zusammen und konnte dafür sorgen, daß Stalin einen Platz in ihr fand. Die Qualitäten, die er an ihm schätzte, hatte er benannt, als er Stalin dem Parteitag empfohlen hatte – »ein guter Arbeiter auf jedem verantwortlichen Posten«. Kein politischer Kopf, kein Intellektueller mit der Fähigkeit, die Massen aufzurühren, wie Trotzki sie besaß, oder mit den Führungsqualitäten eines Lenin, aber ein Mann, dem man eine Aufgabe anvertrauen und dem man ihre Bewältigung zutrauen konnte – nach wie vor ein rauher Bursche, ohne viel Erfahrung, aber mit der Bereitschaft zu lernen – von Lenin jedenfalls, und das war alles, was diesen interessierte –, und außerdem mit Machtinstinkt.

Die Aufträge, die Stalin im Mai und Juni erhielt, zeugen davon: wenige Reden oder *Prawda*-Arikel, keine Teilnahme an den langwierigen Verhandlungen, in denen Lenin Trotzki und seine Gruppe zum Eintritt in die Partei bewegte, aber dafür wertvolle Arbeit hinter den Kulissen, wo Stalin, in einer Zeit andauernder Spannungen und Verwirrung, mit organisatorischen Dingen und Verhandlungen zwischen den unterschiedlichen Oppositionsgruppen alle Hände voll zu tun hatte. Zu seinen wichtigsten Aufgaben gehörte die Organisation von Soldaten- und Arbeiterdemonstrationen gegen die Fortsetzung des Krieges.

Der Krieg war nach wie vor ein beherrschendes Thema. Die Liberalen in der Duma, die die Provisorische Regierung dominierten, versicherten den Verbündeten, man werde den Krieg weiterführen. Im Mai 1917 wurde die Regierung durch den Eintritt mehrerer Menschewisten gestärkt, während der Sozialrevolutionär Kerenski Kriegsminister wurde und durch Frontbesuche versuchte, dieselbe patriotische Begeisterung zu entfesseln, die einst die Armeen der Französischen Revolution beseelt hatte. Doch die Demoralisierung der Truppen war schon zu weit fortgeschritten, um sich noch rückgängig machen zu lassen. Für die Bauern, die die Mehrheit der einfachen Soldaten stellten, war die Revolution gleichbedeutend mit Grund und Boden, und die wenigsten von ihnen wollten das Risiko eingehen, bei der Umverteilung zu spät oder zu kurz zu kommen. Mehr als eine Million Soldaten war schon desertiert, und die Zahl nahm ständig weiter zu. Die Deutschen, die ihre Chance rasch erkannten, untersagten alle Angriffe an der Ostfront und förderten Verbrüderungsszenen.

Im Gegensatz zur Zögerlichkeit und Zerstrittenheit der anderen Parteien traten die Bolschewisten jetzt, voll auf die Linie Lenins einschwenkend, klipp und klar für den Vorrang der Revolution vor dem Krieg ein. Eine von Stalin organisierte Demonstration brachte am 18. Juni Hunderttausende auf die Straße, und eine überwältigende Zahl von Fahnen verkündete bolschewistische Parolen. Das war ein Triumph für die Partei, deren politische Rivalen Lenin denn auch umgehend beschuldigten, er plane einen Staatsstreich.

Stalin hatte eine hochwirksame Beziehung zu den bolschewistischen Militärorganisationen (MO) aufgebaut, deren gleichzeitig in der Hauptstadt stattfindende Allrussische Konferenz – in Gestalt von über hundert erfahrenen und tatkräftigen Agitatoren – einen wichtigen Beitrag zu dem Erfolg der Partei bei der Juni-Demonstration leistete. Im Anschluß daran wurde der Druck innerhalb der MO immer größer, die Provisorische Regierung zu stürzen und die Übergabe der Staatsmacht an die Räte zu fordern. Dies fand großen Anklang bei den Soldaten, die im Falle einer Fortsetzung des Krieges mit ihrer Rückversetzung an die Front rechnen mußten, und auch ein bewaffnetes Kontingent der militanten Matrosen von Kronstadt machte sich für diese Lösung stark. Lenin gelangte jedoch nach einigem Zögern zu dem Schluß, daß bei einem Putschversuch zu diesem Zeitpunkt das Risiko des Scheiterns zu groß sei, und forderte am 4. Juli zum Rückzug auf, gerade als die Provisorische Regierung mit Unterstützung der Menschewisten und der SR im Exekutivkomitee des Petrograder Sowjets Truppen zusammenzog, um die Gefahr eines bolschewistisch geführten Aufstandes zu bannen. Die Bolschewisten waren zu diesem Zeitpunkt fast vollständig isoliert, und Lenin schwebte in ernster Gefahr.

Stalin war mitten im Getümmel; er nützte seine Kontakte zu den bolschewistischen Soldaten und Matrosen auf der einen und zu den Führern des Sowjet auf der anderen Seite, um Blutvergießen zu verhüten und den Schaden zu begrenzen, der der Partei aus der verlorenen Kraftprobe erwuchs. Er vermochte Lenin einen persönlichen Dienst zu erweisen, indem er das Exekutivkomitee des Sowjet dazu brachte, sich von einer Pressekampagne der Provisorischen Regierung gegen Lenin zu distanzieren, deren Mittelpunkt die Behauptung bildete, der Bolschewistenführer habe Geld vom deutschen Generalstab angenommen und sich dafür als deutscher Agent verdingt, eine Unterstellung, die angesichts der Tatsache, daß die deutschen Militärs ihm die Reise nach Petrograd ermöglicht hatten, durchaus nicht unplausibel klang. Als die Provisorische Regierung einen Haftbefehl gegen Lenin ausstellte, war es wieder Stalin, der ihm aus der Klemme half, indem er ihm zunächst Unterschlupf im Haus der Allilujews verschaffte und ihn dann ins sichere Finnland schmuggelte. Nichts trug mehr dazu bei, Lenins Vertrauen zu Stalin und seinen praktischen Fähigkeiten zu festigen, als die treuen Dienste, die ihm dieser in einer Krise erwies, die ihn politisch den Kopf hätte kosten können.

Die Ereignisse des Hochsommers waren ein schlimmer Dämpfer für die Hoffnungen der Bolschewisten: Lenin und Sinowjew mußten untertauchen, Kamenew und Trotzki fanden sich im Gefängnis wieder; nur Stalin und Swerdlow waren noch da, um die Partei zusammenzuhalten. Lenin erklärte freilich bereits am 10. Juli in seinem Artikel über *Die Lehren der Revolution*, die von der Provisorischen Regierung ergriffenen und vom Sowjet gebilligten feindseligen Maßnahmen hätten die Fronten geklärt und deutlich gemacht, welchen Kurs die Bolschewisten jetzt einschlagen müßten. Jede Aussicht auf eine friedliche Entwicklung sei dahin; Rußland sei nunmehr unter die Diktatur einer konterrevolutionären Bourgeoisie gefallen, die sich der Unterstützung der menschewistischen und sozialrevolutionären Sowjetmehrheit erfreue, welche »die Revolution verraten« habe. Die Bolschewisten müßten die Parole »alle Macht den Sowjets« fallenlassen und sich statt dessen auf den bewaffneten Aufstand an der Spitze der Arbeiter und der armen Bauern vorbereiten. Wieder brauchte Stalin einige Zeit, bis er sich mit dieser neuen Wendung im Denken Lenins angefreundet hatte. Erst gegen Ende des Sechsten Parteitages der Bolschewisten, der zwischen dem 26. Juli und dem 3. August stattfand und bei dem Stalin sowohl das Eröffnungs- als auch das Schlußreferat hielt, schwenkte er unzweideutig auf den neuen Kurs Lenins ein und gewann auch den Parteitag dafür. Die bolschewistische Partei hatte ihre Mitgliederzahl zu diesem Zeitpunkt auf 240 000 verdreifacht.

Eine offenkundig nicht gestellte Zufallsaufnahme aus den Tagen nach der Revolution, um 1918, zeigt Stalin (ganz rechts), Lunatscharski (Mitte) und Trotzki (links), damals Oberbefehlshaber der Roten Armee, wie sie augenscheinlich den Vorbeizug revolutionärer Einheiten abnehmen. Welten liegen zwischen diesen Revolutionären und ihren bayerischen Gegenspielern, die sozusagen mit Genehmigung der Obrigkeit putschen.

Im Verlauf des August und des September trat Stalin jedoch in den Hintergrund zurück. Er tat sich schwer, die Bedeutung des Konflikts zwischen Kerenski, dem im Juli zum Chef der umgebildeten Provisorischen Regierung avancierten jungen Anwalt, und General Kornilow zu begreifen, den Kerenski zum Oberbefehlshaber der russischen Streitkräfte gemacht hatte. Konservative Elemente hatten Kornilow eingeredet, er müsse etwas unternehmen, um der Revolution ein Ende zu setzen und die Ordnung wiederherzustellen. Sein Versuch, dies zu tun, endete in einem Fiasko, als die Truppen, die er nach Petrograd in Marsch gesetzt hatte, desertierten, bevor sie die Hauptstadt erreichten. Der Vorgang führte jedoch dazu, daß die Menschewisten sich aus der Provisorischen Regierung zurückzogen und die Regierungskoalition zerbrach; zugleich schwenkte die Arbeiterklasse unter dem Eindruck der sichtbar gewordenen Gefahr einer Konterrevolution auf die Forderung nach einer rein sozialistischen Regierung um. Lenin erkannte sogleich, daß dieser Umschwung in der politischen Konstellation den Bolschewisten die Chance eröffnete, die Macht an sich zu reißen, und am 10. Oktober war auch Stalin bereit, zusammen mit der Mehrheit des Zentralkomitees für einen bewaffneten Aufstand zu stimmen. Zu seiner

Enttäuschung oder: seinem Mißvergnügen wurde jedoch die Rolle, die er in den nun folgenden geschichtsträchtigen Oktobertagen spielte, vom kometenhaften Aufstieg Leo Trotzkis überschattet.

Schon in jungen Jahren hatte Lew Bronstein, Sohn eines selbständigen russisch-jüdischen Bauern, der sich in der ukrainischen Steppe niedergelassen hatte, an der Schule in Odessa Beweise seiner geistigen Brillanz und seiner literarischen und sprachlichen Fähigkeiten geliefert. Wie so viele russische Revolutionäre wandte er sich als Student der politischen Untergrundtätigkeit zu und wurde zu Gefängnis und Verbannung verurteilt, noch bevor er zwanzig Jahre alt war. Er legte sich das Pseudonym *Trotzki* zu, als er sich mit gefälschtem Paß ins Ausland absetzte und sich Lenins *Iskra*-Gruppe anschloß. Mit seinem Auftreten als Vorsitzender des Petersburger Sowjets im Jahr 1905 begründete er seinen Ruhm als revolutionärer Agitator. In den folgenden Jahren blieb er eine zwar gefeierte, aber auch isolierte Gestalt in der russischen Emigrantengemeinde, ein Mann, der seinen eigenen Kurs steuerte, sich mit Lenin ebenso gern anlegte wie mit den Menschewisten und der im Schreiben dieselbe Meisterschaft entwickelte wie zuvor im Reden.

Im August 1917 brachte Lenin Trotzki dazu, in die bolschewistische Partei einzutreten, und bald stellte der neue Parteigenosse unter Beweis, daß seine geistigen Gaben sich mit einem ähnlich ausgeprägten Organisationstalent paarten: Er machte das Revolutionäre Militärkomitee des Petrograder Sowjet, in dem er selbst den Ton angab, zur Befehlszentrale für die Aufstandsvorbereitungen. Stalin hatte jede Gelegenheit, sich daran zu beteiligen, verkannte aber die Bedeutung des Militärkomitees, kam am Morgen des 24. Oktober nicht zur Sitzung des Zentralkomitees, bei der die letzten Befehle für den Aufstand ausgegeben wurden, und stand abseits, als am Tag darauf die Entscheidung fiel.

Erstaunlicherweise war die Oktoberrevolution in weniger als 48 Stunden und fast ohne Blutvergießen beendet. Unter den Bataillonen, auf die die Bolschewisten sich stützen konnten, waren die etwa 20 000 Mann starken proletarischen Roten Garden sowie die Matrosen aus Kronstadt und von der Ostseeflotte die zuverlässigsten. Die Petrograder Garnison war der große Unsicherheitsfaktor; daß Trotzki es schaffte, diese Soldaten durch sein persönliches Charisma für sich zu gewinnen, machte die Hoffnungen Kerenskis und der Provisorischen Regierung zunichte, den Aufstand niederzuschlagen.

Nachdem Lenin der Revolution die Richtung vorgeschrieben hatte, verzichtete er darauf, sich an den Vorgängen selbst stärker zu beteiligen. Erst im letzten Augenblick verließ er sein Versteck, und am Abend des 24. Oktober, kurz vor Mitternacht, tauchte er in Verkleidung im Hauptquartier Trotzkis im Smolny-Institut auf. Um zwei Uhr nachts zog Trotzki seine Uhr aus der Tasche und sagte: »Es hat angefangen«, worauf Lenin fast ungläubig entgegnete: »Gleich nach den Verfolgungen und der Illegalität zur

Macht... das ist zuviel!« Um drei Uhr am frühen Morgen des 26. Oktober konnte Kamenew vor dem Zweiten Allrussischen Sowjetkongreß die Besetzung des Winterpalasts und die Verhaftung der Mitglieder der Provisorischen Regierung bekanntgeben.

Trotzki schrieb später, ihm sei dieser Schlußakt der Revolution »zu kurz, zu trocken« vorgekommen, in keinem rechten Verhältnis zur »geschichtlichen Tragweite der Ereignisse« stehend. Nichts zu wünschen übrig ließ freilich die Begeisterung, mit der Lenin begrüßt wurde, als er vor dem neu gewählten Allrussischen Sowjetkongreß, in dem zum ersten Mal die Bolschewisten über die Mehrheit verfügten, auftrat und die neue Regierung vorstellte. Die Menschewisten und ein Teil der SR-Vertreter verließen aus Protest gegen den bolschewistischen Staatsstreich die Versammlung, und Trotzki rief ihnen nach: »Eure Rolle ist ausgespielt, schert euch dorthin, wohin ihr von nun an gehört: auf den Kehrichthaufen der Geschichte.« Die verbleibenden Sowjetdelegierten verabschiedeten darauf innerhalb einer einzigen Sitzung Dekrete, die die Entschlossenheit der Bolschewisten bekräftigten, sofort einen Waffenstillstand herbeizuführen, bald Frieden zu schließen und alle Großgrundbesitzer (einschließlich der Kirche) entschädigungslos zu enteignen, um das Land den Bauern zur Neuverteilung zu geben – Friede und Land waren die beiden Parolen, von denen das neue Regime sich ein Höchstmaß an Unterstützung versprechen konnte.

Aus drei Gründen bergen die Ereignisse von 1917 den Schlüssel zum Verständnis der weiteren psychologischen Entwicklung Stalins. Erstens wurde die Tatsache, daß er nicht die erträumte Führungsrolle zu spielen vermochte, für ihn zu einem tiefen Trauma. Er unternahm, sobald er von Ende 1929 an die Möglichkeit dazu hatte, außergewöhnliche Anstrengungen, um dieses Trauma zu heilen: Er ließ Akten und Aufzeichnungen verschwinden oder verändern, Memoirenliteratur unterdrücken oder zensieren; Journalisten, Historiker, bildende Künstler und Filmregisseure sahen sich gezwungen, in Stalins Auftrag eine »revidierte« Fassung der zentralen Vorgänge in der Geburtsstunde der Sowjetunion zu erstellen.

Ein Beispiel mag genügen: An jenem 3. April waren die bereits in Petrograd weilenden bolschewistischen Führer Lenin entgegengefahren, der sie wütend begrüßte; Stalin war offenbar nicht dabei, jedenfalls fiel niemandem seine Anwesenheit auf. In Stalins offizieller Biographie, veröffentlicht 1940, liest sich die Geschichte folgendermaßen: »Am 3. April fuhr Stalin nach Belo Ostrow, um Lenin zu begrüßen. Es war eine große Freude für die beiden Führer der Revolution, die beiden Führer des Bolschewismus, sich nach ihrer langen Trennung wiederzusehen. Sie standen beide im Begriff, sich in den Kampf um die Diktatur der Arbeiterklasse zu stürzen, um den Kampf des revolutionären russischen Volkes anzuführen. Auf der Weiterfahrt nach Petrograd informierte Stalin Lenin über den Stand der Dinge in der Partei und über den Fortschritt der Revolution.«[5]

Leo Trotzki, der in der Revolution zweifellos eine tragende Rolle gespielt hatte, übertroffen nur noch von Lenin, und der die entscheidende Figur bei der eigentlichen Machtergreifung gewesen war, wurde im nachhinein aus den Geschichtsbüchern entfernt und durch die Figur Stalins ersetzt. Lenin blieb der große, aus dem Ausland heimgekehrte Führer der Revolution; Stalin wurde nun mit ihm auf die gleiche Stufe gehoben, als der Bolschewistenführer, der im Lande geblieben war und den zurückkehrenden Lenin in Empfang genommen hatte.

Diese Geschichtsklitterungen wären keinesfalls ohne ausdrücklichen Auftrag Stalins vorgenommen worden, auch wenn dieser, Bescheidenheit vorschützend, den Eindruck erweckte, er habe nichts damit zu tun. Ihr Zweck bestand darin, den Stalin-Kult zu fördern, der für sein Regime ebenso unentbehrlich war wie der »Hitler-Mythos« für das Dritte Reich. Dies allein wäre jedoch eine zu einfache Erklärung; die »Beweise« dafür, daß er 1917 eine ebenso führende Rolle gespielt hatte wie Lenin, waren nicht nur notwendige Voraussetzung für sein fast religiös überhöhtes Image, er brauchte sie auch zur Aufrechterhaltung seines Bildes von sich selbst. Die Legenden um seine Person resultierten deshalb ebensosehr aus psychologischen wie aus politischen Notwendigkeiten. Diejenigen, die den engsten Umgang mit Stalin hatten, mußten feststellen, daß jeder, der es wagte, seine Version in Frage zu stellen, oder es auch nur unterließ, sich ausdrücklich zu ihr zu bekennen, mit seinem Leben spielte. Bei der Durchsicht der Namen derer, die den Säuberungen der dreißiger Jahre zum Opfer fielen, stößt man auf erstaunlich viele, die als Teilnehmer der Ereignisse von 1917 die Dinge nicht nur anders in Erinnerung, sondern in manchen Fällen in ihrer Version auch schon publiziert hatten.

Eine zweite Konsequenz des Stalinschen »Versagens« von 1917 war ebenfalls psychologischer Natur: das Bedürfnis, die Revolution Lenins durch eine gleichwertige »eigene« Revolution zu ergänzen, für die es daneben sicher auch politische und wirtschaftliche Gründe geben mochte. Dieses Bestreben mündete in die noch drastischere Umwälzung der Jahre von 1929 bis 1933, in denen die Industrialisierung Rußlands und die Kollektivierung der Landwirtschaft mit aller Gewalt durchgesetzt wurden – die »Dritte Revolution«, ohne die, wie Stalin argumentierte, die Revolutionen von 1905 und 1917 Stückwerk geblieben wären.

Diese beiden Aspekte weisen in die Zukunft. Der dritte Grund, der das Jahr 1917 für Stalin zu einem wichtigen Einschnitt machte, zeitigt in den folgenden Jahren bis 1921 unmittelbare Wirkung: Dabei geht es nicht um den Beitrag, den Stalin zur Revolution leistete, denn der fiel nicht weiter ins Gewicht, sondern um den entscheidenden Einfluß der Revolution auf seine Entwicklung. Nach vier ereignislosen Jahren in der Verbannung erhielt er unvermittelt die Chance, geballte Erfahrungen im Zentrum eines der großen Ereignisse der Revolutionsgeschichte zu sammeln, und eng mit einem herausragenden – viele würden sagen, dem bedeutendsten – Revolutionsführer der Neuzeit zusammenzuarbeiten.

Stalins Lernfähigkeit war einer der Vorzüge, die er gegenüber Trotzki aufzuweisen hatte. Sie zeigte sich beispielsweise darin, daß er die beiden tollkühnen politischen Kursänderungen Lenins im April und Juli 1917, auf die er zunächst jeweils mit Unverständnis reagiert hatte, nach einiger Zeit doch begriff und nachvollzog. Lenin schätzte diese Fähigkeit und konnte sie gebrauchen. Dies genügte, um Stalin einen Sitz im Rat der Volkskommissare zu sichern, dem Kabinett der neuen Regierung, und Lenin berief ihn sogar in den inneren Kabinettszirkel, der aus drei Bolschewisten (der dritte war Trotzki) und zwei linken Sozialrevolutionären bestand. Das hatte eine persönlich enge Zusammenarbeit mit Lenin zur Folge, und wie sich schon in den Monaten von April bis Juli gezeigt hatte, war dies die Konstellation, in der Stalin am bereitwilligsten lernte.

Als Bewunderer Lenins, der er zweifelsohne war, muß er sich gefragt haben, worin die besonderen Führungsqualitäten seines Idols bestanden. Es waren nicht seine Intelligenz und die Kraft seiner Argumente, denen er die unangefochtene Vorherrschaft innerhalb der Partei verdankte; noch weniger ein unfehlbares Urteil oder untrügliche prognostische Fähigkeiten – Lenin lag mit seinen Voraussagen häufig genug daneben. So hatte er beispielsweise den Ausbruch der Revolution von 1917 in Rußland nicht vorhergesehen, und seine Hoffnungen auf eine europaweite Revolution, die er als notwendig für das Überleben der russischen Revolution ansah, erwiesen sich als gründlich verfehlt. Auch erkannte er nie, welche Konsequenzen für Rußland und den Sozialismus die Methoden zeitigen mußten, die er zur Durchführung seiner Revolution benutzte. Nein, die Qualitäten, die Stalin an Lenin am meisten beeindruckten, waren seine Fähigkeit zur Konzentration auf ein vorgefaßtes Ziel, sein Vermögen, eine sich bietende Gelegenheit zu erkennen und am Schopf zu packen und dann alles, einschließlich der eigenen Fehler, zum eigenen Vorteil zu wenden; schließlich seine unerschütterliche Gewißheit, im Recht zu sein, eine Gewißheit, aus der ein unbedingter Wille zum Erfolg entstand, die Entschlossenheit, sich von niemandem kleinkriegen zu lassen.

Nach der Ankunft Lenins in Petrograd Anfang April 1917 waren es seine Klarheit im Denken, seine Beharrlichkeit und sein unbedingtes Engagement gewesen, die im Gegensatz zur allgemeinen Verwirrung und dem Meinungsstreit standen, womit er die Partei auf seine Linie gebracht und sie in die Lage versetzt hatte, gegen alle Widerstände die Macht an sich zu reißen. Auf der anderen Seite hatte Lenin sich kaum die Zeit genommen, im voraus darüber nachzudenken, wie ein so rückständiges Land wie Rußland den Übergang vom Kapitalismus zum Sozialismus bewerkstelligen sollte. Er machte sich Napoleons Ausspruch zu eigen: »On s'engage – et puis on voit!« Als er am Morgen nach dem Staatsstreich vor den Sowjetkongreß trat, erklärte er: »Wir werden jetzt mit dem Aufbau der sozialistischen Ordnung beginnen«, – als gehe es nur noch darum, Pläne zu machen und Dekrete zu verabschieden.

Die Macht zu ergreifen war relativ leicht gewesen, der schwierige Teil begann erst, als die Bolschewisten mit der ihnen zugefallenen Regierungsverantwortung umgehen mußten: angesichts eines verlorenen Kriegs, andauernder sozialer Unruhe, einer praktisch zusammengebrochenen Volkswirtschaft und eines drohenden Bürgerkriegs. Lenin setzte dieselben Prioritäten wie vor der Revolution; mußte damals alles dem Ziel der Machtergreifung untergeordnet werden, so galt es jetzt, die Macht um jeden Preis zu verteidigen. »Die Frage der Macht ist die grundlegende Frage jeder Revolution« – oder um den berühmtesten aller Aussprüche Lenins zu zitieren: »Kto Kogo?« (»Wer wen?«).

Marx hatte für die Phase des Übergangs vom Kapitalismus zum Sozialismus eine Diktatur des Proletariats vorausgesagt, doch sah sein Modell diesen Übergang erst in der Endphase eines längeren Industrialisierungsprozesses vor, in dessen Verlauf das Proletariat sich zur zahlenmäßig stärksten gesellschaftlichen Gruppe entwickelt haben würde. In Rußland hatte die Industrialisierung erst gegen Ende des 19. Jahrhunderts eingesetzt, und das Industrieproletariat stellte eine kleine Minderheit dar, während die überwältigende Bevölkerungsmehrheit nach wie vor aus Bauern bestand, deren Interessen ganz anders gelagert waren. Diktatur des Proletariats bedeutete in Rußland somit nicht Herrschaft der Mehrheit, wie Marx es verstanden hatte, sondern Diktatur einer Minderheit, die der Mehrheit ihren Willen aufzwang.

Vor dieser Schlußfolgerung schreckte Lenin nicht zurück. Seiner Überzeugung nach mußte die Partei weiterhin, wie sie es schon während der Revolution getan hatte, *im Namen des Proletariats* handeln. Die Mehrheit der Parteiführung, darunter Stalin und Trotzki, schloß sich dieser Position an und forderte eine ausschließlich bolschewistische Regierung; als man sich dann widerstrebend dazu herbeiließ, die linken Sozialrevolutionäre als Juniorpartner zu akzeptieren, tat man es unter der Bedingung, daß die Bolschewisten im Kabinett in der Mehrheit bleiben und in der Lage sein würden, ihr Programm durchzusetzen. Eine Minderheit jedoch, der Sinowjew, Kamenew und Rykow angehörten, war eher bereit, sich aus dem Rat der Volkskommissare zurückzuziehen, als sich der Auffassung Lenins zu unterwerfen; ihrer Überzeugung nach war es notwendig, eine Regierung zu bilden, die sämtliche in den Sowjets vertretenen Parteien repräsentierte . Sie sprachen sich dafür aus, neben Bolschewisten und linken Sozialrevolutionären auch Menschewisten und rechte Sozialrevolutionäre zu berücksichtigen, da eine rein bolschewistische Regierung sich nur durch politischen Terror würde halten können, was zum Verrat an der Revolution führen und sie zugrunde richten würde.

Ihre Einwände wurden abgewiesen; Lenin erklärte, eine solche breite Koalition würde nur zu faulen Kompromissen führen und sei gleichbedeutend mit dem Verzicht auf die Macht. Die Abtrünnigen ließen sich zum Verbleib in der Regierung überreden, aber derselbe Gegensatz trat erneut zutage, als die Partei darüber entscheiden mußte, ob die Wahl einer Konstituierenden Versammlung zugelassen werden sollte. Generationen russischer Revolutionäre hatten ihre Hoffnungen auf eine solche vom ganzen Volk gewählte Versammlung gesetzt und in der von ihr zu schaffenden Verfassung den Schlüssel zum Beginn eines neuen Zeitalters für Rußland gesehen; die Provisorische Regierung hatte noch vor ihrem Sturz die Wahl der Konstituierenden Versammlung für den November angesetzt.

Lenin dachte nicht daran, die Macht, die seine Partei soeben errungen hatte, an eine von ihren politischen Gegnern beherrschte Versammlung abzutreten, doch eine Mehrheit der bolschewistischen Führer vertrat die Ansicht, es sei politisch unklug, die Wahl, wie Lenin es wünschte, abzusagen oder zu verschieben. Wie Lenin vorausgesehen hatte, erhielten die Bolschewisten bei der Wahl nur ein Viertel der Stimmen und konnten, als die Konstituante am 5. Januar 1918 zusammentrat, nicht verhindern, daß die Mehrheit die Dekrete widerrief, die der Zweite Sowjetkongreß unmittelbar nach der Oktoberrevolution verabschiedet hatte, und statt dessen auf

Noch gibt es heftige Auseinandersetzungen im Zentralkomitee der Bolschewiken. So haben Sinowjew und Kamenew dem Beschluß zu einem bewaffneten Aufstand am 23. Oktober 1917 heftig widersprochen. Lenin setzte seine Taktik erst nach stundenlangen Sitzungen durch, auf denen Trotzki und Stalin seine Partei ergriffen zu haben scheinen. An Szenen dieser Art dachten die später liquidierten Altrevolutionäre wie Bucharin und Rykow voller Revolutionsromantik zurück.
Das Gemälde des russischen Künstlers Lupow soll zeitgenössisch sein, obwohl merkwürdig ist, welcher Platz Stalin hier schon zugewiesen wird.

Antrag der rechten SR deren Programm an Stelle des bolschewistischen auf die Tagesordnung setzte. Lenin verlor keine Zeit. Die Bolschewisten verließen, gefolgt von den linken SR, die Sitzung. Danach verhinderten die Roten Garden jedes weitere Zusammentreten der Konstituierenden Versammlung, und das von den Bolschewisten beherrschte Zentralexekutivkomitee der Sowjets erklärte sie per Dekret für aufgelöst.

Als Lenins Argumente für diese Lösung von einigen seiner eigenen Gefolgsleute in Frage gestellt wurden, hielt er ihnen die Warnung entgegen: »Jeder direkte oder indirekte Versuch, die Frage der Konstituierenden Versammlung vom normalen juristischen Standpunkt aus, im Rahmen der gewöhnlichen bürgerlichen Demokratie, unter Außerachtlassung des Klassenkampfes und des Bürgerkrieges zu betrachten, wäre Verrat an der Sache des Proletariats und Übergang zum Standpunkt der Bourgeoisie.«[6]

Kurz danach sorgte der Dritte Sowjetkongreß für die gewünschte Legitimation, indem er sich zum höchsten Organ im Lande erklärte und die Auflösung der Konstituierenden Versammlung durch die Regierung nachträglich billigte. Die Aufgabe, eine Verfassung auszuarbeiten, wurde einem Ausschuß übertragen, von dessen fünfzehn Mitgliedern zwölf Bolschewisten waren. Stalin wurde in diesen Ausschuß entsandt, um sicherzustellen, daß trotz der zu erwartenden Empfehlung, die höchste gesetzgebende Gewalt formell dem Sowjetkongreß und seinem Zentralexekutivkomitee zu übertragen, die bolschewistische Partei die unangefochtene Kontrolle über beide Körperschaften sowie über die eigentliche Regierung, den Rat der Volkskommissare, behalten würde. Die Parole »Alle Macht den Sowjets« wurde beibehalten und zum Verfassungsgrundsatz erhoben, aber daß dies lediglich eine Fiktion war, sprach Sinowjew auf dem Achten Parteitag im März 1919 unverhohlen aus: »Alle grundlegenden Fragen der Außen- und Innenpolitik müssen vom Zentralkomitee unserer eigenen Partei entschieden werden.«

Lange vorher hatte das neue Regime bereits Maßnahmen ergriffen, um mit jeder Infragestellung seiner Autorität fertig werden zu können. Schon am 7. Dezember hatte der Rat der Volkskommissare angesichts eines drohenden Streiks im öffentlichen Dienst mit voller Billigung Lenins die Schaffung einer sogenannten Außerordentlichen Kommission (kurz *Tscheka* genannt) gutgeheißen, an deren Spitze man den Polen Feliks Dzierzynski stellte und deren Aufgabe darin bestand, gegen konterrevolutionäre Kräfte und Saboteure vorzugehen. Vor den anderen Kommissaren erklärte Dzierzynski zu den Gefahren, die dem Regime von innen drohten: »Wir müssen an die Front – die gefährlichste und grausamste aller Fronten – entschlossene, harte, überzeugte Genossen entsenden, die bereit sind, alles zum Schutz der Revolution zu tun. Denkt nicht, daß ich nach Formen revolutionärer Gerechtigkeit strebe; was wir jetzt brauchen, ist nicht Gerechtigkeit, sondern Krieg – von Angesicht zu Angesicht, ein Krieg bis zum bitteren Ende. Leben oder Tod!«[7]

Dzierzynski übertrieb nicht: Die Gefahren waren real genug. Die Tscheka, die erste politische Polizeitruppe der Sowjetunion, war in der Tat unabdingbar. Das war der Preis, den die Bolschewisten dafür zahlen mußten, daß sie der Geschichte »auf die Sprünge geholfen« hatten, und Lenin schreckte vor diesem Preis nicht zurück. Kurz vor der Revolution, im September 1917, hatte er geschrieben: »Eine Revolution, eine wirkliche ›Volksrevolution‹, um mit Marx zu sprechen, ist der unglaublich komplizierte Vorgang des Absterbens der alten und der Geburt der neuen gesellschaftlichen Ordnung, [die Umwälzung] der Lebensweise von Dutzenden Millionen Menschen. Die Revolution ist heftigster, wütendster, verzweifeltster Klassenkampf und Bürgerkrieg. Keine einzige große Revolution in der Geschichte hat stattgefunden ohne einen Bürgerkrieg.«[8]

Im vierzigjährigen Dzierzynski, der bereits elf Jahre im Gefängnis oder in der Verbannung verbracht hatte, fand Lenin den Mann, den er brauchte, einen ebenso unbestechlichen und der Sache ergebenen Revolutionär, wie er selber es war, einen Mann, der bereit war, die Rolle eines Fouquier-Tinville der bolschewistischen Revolution zu spielen und Tausende von Gegnern der bolschewistischen Revolution zu liquidieren, genau wie jener als öffentlicher Ankläger des Robespierreschen Revolutionstribunals in den 1790er Jahren Tausende der Guillotine überantwortet hatte. Man schätzt, daß die Tscheka während der fünf Jahre bis zu Lenins Tod Anfang 1924 mindestens 200 000 Menschen umbrachte – gegenüber 14 000 Hinrichtungen, mit denen sich das Zarenregime in den letzten fünfzig Jahren seines Bestehens mit belastet hatte.[9]

Die unmittelbarste Gefahr drohte im Winter 1917/18 freilich nicht von den Feinden im Innern, sondern von einem äußeren Gegner, der deutschen Armee. Lenin war bei all seinen politischen Überlegungen immer davon ausgegangen, daß die Revolution in Rußland den Anstoß zu einer weltweiten oder mindestens europaweiten Revolution geben würde. Ohne eine solche Kettenreaktion räumte er der russischen Revolution keine Überlebenschance ein. Die Friedensverhandlungen mit den Deutschen begannen im Dezember 1917 in Brest-Litowsk, und Trotzki funktionierte den Verhandlungstisch zu einer Bühne um, von der aus er an die Völker der kriegführenden Staaten appellierte, sich gegen ihre Regierungen zu erheben. Allein, weder in Deutschland noch im übrigen Europa stellte sich die erwartete Revolution ein, und die von den Deutschen vorgelegten Friedensbedingungen verlangten von Rußland die Abtretung des russischen Teils von Polen, der baltischen Staaten und eines Teils der Ukraine. Diplomatische Konventionen souverän mißachtend, warf Trotzki sich in die Rolle eines Volkstribunen und trumpfte darin so glanzvoll auf, daß die verblüfften Unterhändler der Mittelmächte oft nicht mehr ein noch aus wußten. Als Trotzki dann aber, nach über zwei Monaten Hinhaltetaktik, seinen Auftritt mit der Ankündigung zu krönen versuchte, Rußland werde sich aus dem Krieg zurückziehen, ohne die deutschen Forderungen zu akzeptieren, bestand die Antwort der deutschen Armee darin, ihren Vormarsch auf Petrograd wiederaufzunehmen. Der Versuch Trotzkis, auf Zeit zu spielen, bis eine Revolution in Mitteleuropa die Sowjetunion von der deutschen Bedrohung befreien würde, war gescheitert.

Eine heftig entzweite bolschewistische Führung hatte zwei Monate lang über den richtigen Weg debattiert. Die Mehrheit, mit Bucharin als Wortführer, forderte, unterstützt von den linken SR, einen »revolutionären Krieg gegen den deutschen Imperialismus«. Den deutschen Forderungen nachzugeben, würde bedeuten, daß man alle Gebiete, die Rußland seit dem 16. Jahrhundert dazugewonnen hatte, aufgeben müßte. Trotzki trat für »weder Krieg noch Frieden« ein, wogegen sich Stalin mit dem Argument wandte, dies sei überhaupt keine Politik und könne allenfalls in einer Märchenwelt, nicht aber in der Realität funktionieren. Lenin vertrat als einziger den Standpunkt, daß man keine andere Wahl habe, als zu den deutschen Bedingungen zu unterschreiben.

Stalin, dessen intellektuellen Fähigkeiten die Diskussion zu überfordern schien, sagte wenig und tat sich schwer, sich eine Meinung zu bilden. »Vielleicht brauchen wir den Vertrag nicht zu unterschreiben?« fragte er, worauf Lenin erwiderte: »Ihn nicht unterschreiben, heißt das Sowjetregime zum Tod innerhalb von drei Wochen zu verurteilen. Ich zögere nicht im geringsten. Ich suche nicht nach einer ›revolutionären Phrase‹.«

Wieder einmal war es Lenins Bestimmtheit, die die Unschlüssigen überzeugte. Stalin hielt denen, die von Verrat an der Revolution sprachen, entgegen: »Es gibt keine revolutionäre Bewegung im Westen; es gibt nicht die Tatsache einer revolutionären Bewegung, nur die Möglichkeit; und wir können uns nicht auf die bloße Möglichkeit verlassen.«[10] Bei keinem anderen Thema freilich schlug Lenin so viel Widerspruch entgegen, ein Vorgang, der sich auf dem nachfolgenden Parteitag wiederholte.

Dem deutschen Vormarsch leisteten die russischen Truppen keinen Widerstand mehr, sondern kapitulierten in Scharen. Binnen Tagen würden die Deutschen die Hauptstadt erreichen. Erst jetzt, da der Fortbestand des Sowjetregimes bedroht schien, rangen sich sechs weitere der fünfzehn Mitglieder des Zentralkomitees der Partei zu Lenins Standpunkt durch, daß man Raum preisgeben müsse, um Zeit zu gewinnen, und daß man im übrigen hoffen müsse, alles, was man jetzt aufgab, eines Tages zurückerobern zu können. Vier (darunter Bucharin) stimmten dagegen, vier (darunter Trotzki) enthielten sich. Wieder einmal war der Erhalt der Macht der entscheidende Gesichtspunkt, hinter dem alles andere zurückzustehen hatte. Lenin drohte außerdem damit, sofort zurückzutreten, wenn sein Antrag nicht angenommen werde.

Die aufreibende Debatte über den Friedensvertrag, der schließlich am 3. März 1918 (neuer Zeitrechnung) in Brest-Litowsk unterzeichnet wurde, war ein Erlebnis, das keiner von denen, die daran teilgenommen hatten, je vergessen sollte, am allerwenigsten Stalin, der sich lebhaft daran erinnern mußte, als er sich zwanzig Jahre später erneut mit einer deutschen Bedrohung konfrontiert sah. Ein Blick auf die Karte zeigt, welch riesiges Gebiet die Deutschen den geschlagenen Russen wegnahmen. Die Sowjetunion sollte nicht weniger als ein Drittel ihrer Bevölkerung verlieren. Wirtschaftlich betrachtet, bedeutete der Gebietsverlust, daß Rußland 32 Prozent seines landwirtschaftlich nutzbaren Bodens, 27 Prozent seiner Eisenbahnen, 54 Prozent seiner Industrie und 89 Prozent seiner Kohlegruben verlor. Das waren weit härtere Bedingungen, als Deutschland sie im Vertrag von Versailles akzeptieren mußte, den die Deutschen als beispiellos ungerecht brandmarkten.

Eine unmittelbare Folge des Friedensvertrages war der Umzug der Regierung nach Moskau, außer Reichweite der deutschen Truppen, die nur noch 130 Kilometer von Petrograd entfernt standen. Eine weitere Folge war eine doppelte Spaltung innerhalb der Regierungskoalition. In der Partei Lenins (die sich inzwischen in Kommunistische Partei umbenannt hatte) kam es zu einem Aufstand des linken Flügels unter Führung Bucharins, den es empörte, wie rasch die Ideale des revolutionären Sozialismus im Namen der Zweckmäßigkeit über Bord geworfen worden waren. Gleichzeitig schieden die linken Sozialrevolutionäre aus der Regierung aus, Lenin als einen Verräter beschimpfend, der Rußland an die Deutschen verkauft habe.

Die Bucharin-Fronde wurde schwächer, nachdem die weiteren Debatten sowohl auf dem Siebenten Parteitag als auch auf dem Vierten Sowjetkongreß gezeigt hatten, daß die überwältigende Mehrheit der Partei hinter Lenin stand. Die Opposition der linken SR nahm jedoch an Stärke zu und kulminierte am 6. Juli 1918 in einem gescheiterten Versuch, in Moskau und Petrograd Aufstände zu organisieren, sowie in der Ermordung des deutschen Botschafters, Graf Mirbach. Der Regierung stand nur eine Handvoll zuverlässiger Truppen zur Verfügung, und ihre Lage war so prekär, daß, als der befehlshabende Offizier Vazetis in den Kreml gerufen wurde, Lenins erste Frage an ihn lautete: »Genosse, können wir uns bis morgen halten?«

Die Strafmaßnahmen gegen die linken Sozialrevolutionäre fielen dieses Mal noch relativ mild aus, aber als Ende August Semjon Urizki, ein Mitglied des Zentralkomitees der KP, ermordet und Lenin bei einem Attentat schwer verwundet wurde, startete die Regierung eine offizielle Unterdrückungskampagne gegen alle der Opposition Verdächtigen; dabei wurde zu Mitteln wie Geiselnahme, Massenverhaftungen und standrechtlicher Erschießung gegriffen. Bis November summierte sich die Gesamtzahl der Hinrichtungen allein im Raum Petrograd auf 1 300.[11] Die Situation wurde noch ernster durch einen voll entbrannten Bürgerkrieg, in den das Land hineingetaumelt war und in den in der Folge auch die Ententemächte noch militärisch eingriffen.

Im Gegensatz zu Hitler verdankte Stalin seinen Aufstieg zur Macht einer Machtergreifung inmitten einer echten Revolution. Aber Stalin war nicht

Die Szenen gleichen einander: Kahle Räume, dürftige Möblierung, adrettes Gehabe, das nichts Revolutionäres zu erkennen gibt. Aber während vergleichbare Aufnahmen des Kreises um Hitler in Münchner Hinterzimmern eine Hierarchie und streng gegliederte Ordnung demonstrieren – Führer, Kassenwart und Schriftführer –, präsentiert sich die Versammlung des Rates der Volkskommissare während der Revolutionswochen vergleichsweise ungeordnet. Lenin wird zwar, wie selbstverständlich, die Mitte eingeräumt; aber die übrigen Männer der ersten Stunde nehmen eher zufällig ihre Plätze ein. Auffallend nur, daß Stalin, damals Kommissar für Nationalitätenfragen, direkt hinter Lenin steht.

der Motor dieser Revolution, ebensowenig wie er der Schöpfer der Partei war, die diese Revolution durchführte. Die entscheidende Figur in beiden Fällen war Lenin. Stalin litt unter einem Handicap, das für Hitler nicht existierte: Er hatte einen Vorläufer, dessen Leistung jeden Nachfolger in den Schatten stellen mußte. Wie Stalin mit diesem Problem fertig wurde, gehört zu den interessantesten Aspekten seiner Karriere. In den Jahren 1918 und 1919 lautete die vordringliche Frage jedoch: Wie konnten die Bolschewisten, selbst mit Lenin an der Spitze, die einmal errungene Macht verteidigen?

Lenins Antwort lautete: mit Hilfe einer Revolution in Deutschland, mit der die Bolschewisten sich verbünden und mit der zusammen sie ganz Europa revolutionieren würden. Worauf Lenin hoffte, davor hatte das übrige Europa Angst. Der Anfangssatz des Kommunistischen Manifests – »Ein Gespenst geht um in Europa, das Gespenst des Kommunismus« – war 1848 eine Übertreibung gewesen, aber er traf die Lage in Europa zwischen 1918 und 1923. Darin besteht die Verbindung zwischen den Ereignissen, die Stalin und die anderen bolschewistischen Führer in Rußland an die Macht katapultierten, und der Situation in Deutschland, die Hitler die Chance eröffnete, sich ins politische Leben zu stürzen. Hitler hatte gehofft, die russische Revolution werde das Tor zu einem deutschen Sieg aufstoßen; statt dessen hatte es nun den Anschein, als könne die deutsche Niederlage der Startschuß zu einer deutschen Revolution werden.

Dieser Eindruck wurde dadurch verstärkt, daß die Militärdiktatur, die in Deutschland seit Kriegsbeginn de facto geherrscht hatte, plötzlich zusammenbrach, der Kaiser abdankte und die deutsche Republik ausgerufen wurde. Das *Berliner Tageblatt* erklärte am 10. November, »die größte aller Revolutionen« habe auf den Straßen Berlins triumphiert, wo begeisterte Menschenmengen das Hissen der roten Fahne auf dem kaiserlichen Schloß bejubelt hatten.

In ganz Deutschland sprossen Arbeiter- und Soldatenräte aus dem Boden, in Berlin etablierte sich ein von Abgesandten dieser Räte gewählter Vollzugsrat. Dieser betrachtete sich als Pendant zum Exekutivkomitee des Petrograder Sowjets und machte dem sechsköpfigen Rat der Volksbeauftragten (wie die provisorische deutsche Regierung sich, ebenfalls nach russischem Vorbild, nannte) die Macht streitig. Im Rat der Volksbeauftragten waren die beiden sozialistischen Parteien vertreten, die Mehrheits-SPD und die radikalere Unabhängige Sozialdemokratie (USPD), die sich im April 1917 von der SPD abgespalten hatte, weil sie die weitere Gewährung von Kriegskrediten für unvereinbar mit den Grundsätzen des Sozialismus erachtete.

Die Wahrscheinlichkeit, daß sich aus dem Sturz der deutschen Monarchie eine die Machtverhältnisse innerhalb der deutschen Gesellschaft wirklich umwälzende Revolution entwickeln würde, war, wie wir rückblickend erkennen können, relativ gering. Wenn die deutsche Arbeiterbewegung und die Mehrheitssozialdemokraten sich von russischen Vorbildern inspirieren ließen, dann von der Februar-, nicht von der Oktoberrevolution. Nur eine Minderheit innerhalb der deutschen Linken vertrat einen radikalen Kurs, wie die Bolschewisten ihn verfolgten, und selbst in diesem Kreis waren nicht alle bereit, nach dem Vorbild Lenins alles den Notwendigkeiten der Machtergreifung unterzuordnen. Die Mehrheitssozialdemokraten wollten den Krieg beenden und eine auf ein Programm sozialer Reformen festgelegte parlamentarische Demokratie errichten. Das letzte, was sie sich wünschten, war eine deutsche Version jener revolutionären Wirren, die Rußland in den Bürgerkrieg geführt hatten.

Dennoch kam es zwischen Januar 1919 und April 1920 in Berlin und in anderen industriellen Ballungsräumen Deutschlands zu einer ganzen Reihe von Streiks und Demonstrationen, die häufig in Kämpfe ausarteten. Ihren Höhepunkt erreichten diese Konflikte bei bürgerkriegsähnlichen Zusammenstößen im Frühjahr 1920 im Ruhrgebiet, als ein 50 000 Mann starkes bewaffnetes Arbeiterheer Armee und Freikorps-Verbände zunächst in die Flucht schlug und erst nach schweren Verlusten unterlag. Diese spontanen Aufstände waren Ausdruck der weit verbreiteten sozialen Unruhe, doch fand der Protest keine Führer, die in der Lage gewesen wären, die allgemeine Unzufriedenheit in eine wirksame politische Kraft zu verwandeln. Eine der interessantesten hypothetischen Fragen der Geschichte lautet, was wohl passiert wäre, wenn Lenin in Deutschland geboren worden wäre, dem führenden Industrieland Europas mit der mächtigsten Arbeiterbewegung, statt in Rußland, dem rückständigsten und für eine Revolution des marxistischen Typs am wenigsten geeigneten Land.

Die Führer der Mehrheitssozialdemokratie sahen in diesen Erhebungen das Werk von Extremisten, denen es darum ging, die von ihnen erstrebte republikanische Ordnung zu sabotieren. Um den radikalen Kräften nicht nachzugeben, waren sie bereit, die Führung der Reichswehr um Hilfe zu bitten und zuzulassen, daß neben regulären Truppen auch Freikorps in den Kampf gegen die revolutionäre Arbeiterschaft eingriffen. Diese irregulären Freiwilligenverbände, die aus Offizieren, Unteroffizieren und einfachen Soldaten des alten kaiserlichen Heeres bestanden und enge Verbindungen zur Reichswehr unterhielten, spielten eine wichtige Rolle bei der Wiederherstellung der Ordnung und bei der Entmachtung der Arbeiter- und Soldatenräte, ebenso wie zuvor schon beim Kampf gegen polnische und russische Patrioten in den baltischen Staaten und in den deutsch-polnischen Grenzregionen. Die Freikorps-Leute, die Hitlers autoritäre Mentalität und die nationalistische Leidenschaft des »Frontkämpfers« teilten, erwiesen sich in der Folge als fruchtbares Reservoir für die Rekrutierungsbemühungen der NSDAP und anderer extremistischer Organisationen.

Den mit den Mehrheitssozialisten rivalisierenden Linken von USPD und KPD fehlte es an Führerfiguren, die imstande gewesen wären, die Massen für das Programm eines revolutionären Sozialismus zu begeistern, und so blieb die revolutionäre Bewegung in Deutschland gespalten und ohne klare Ziele. Abgesehen von der spontanen Forderung der Bergleute im Ruhrgebiet nach Verstaatlichung der Zechen, was eher eine syndikalistische Antwort auf ihre unmittelbaren materiellen Nöte war als ein erster Schritt auf dem Weg zu einer sozialistischen Wirtschaft, waren die Motive derer, die in den Streik traten und den Kampf aufnahmen, Haß auf die kapitalistischen Ausbeuter und das Militär sowie Erbitterung über eine sozialdemokratisch geführte Regierung, die gleichwohl bereit war, Truppen gegen die Arbeiterschaft einzusetzen. Nach der »Befriedung« des Ruhrgebiets im April 1920 verebbte die Welle der Streiks und Demonstrationen. Die radikale Linke war geschlagen, die deutsche Arbeiterklasse in zwei verfeindete Lager gespalten.

Für diejenigen, die die marxistische Auffassung teilten, daß eine Revolution, die nicht, wie die russische Oktoberrevolution von 1917, zu einer dauerhaften Veränderung des Verhältnisses zwischen den Klassen führe, diesen Namen nicht verdiene, waren die Umwälzungen in Deutschland zwischen 1918 und 1920 gar keine Revolution, sondern bestenfalls, wie auch schon die deutsche Revolution von 1848/49, ein mißglückter Anlauf dazu. Um eine Wendung aufzugreifen, die A.J.P. Taylor zur Charakterisierung jener früheren Revolution gebraucht hat: Auch 1918/20 erreichte Deutschland einen Wendepunkt seiner Geschichte – und fuhr geradeaus weiter.

So erscheint es aus heutiger Sicht, aber so erschien es den Zeitgenossen damals keineswegs. Die Furcht, daß die Revolution sich ausbreiten könnte, war in der europäischen Politik nach dem Ersten Weltkrieg weit verbreitet angesichts der Zustände, zu denen die Revolution in Rußland geführt hatte. Sogar ein Land wie Großbritannien blieb von dieser Furcht nicht verschont, obwohl es keinen Krieg verloren hatte und nichts Schlimmeres erlebte als eine Reihe von Streiks. Viel akuter war die Angst freilich in Mitteleuropa, wo auf Krieg und Niederlage einschneidende Grenzveränderungen, Jahre fremder Besatzung, Inflation, weiterschwelende Unruhen und innere Kämpfe folgten. Die sowjetische Propaganda wies auf eine für die nächste Zukunft zu erwartende Revolution in Deutschland als wichtige Etappe auf dem Weg zur Weltrevolution hin, und als in Ungarn und Bayern im Frühjahr 1919 Räterepubliken ausgerufen wurden und die Rote Armee im Sommer 1920 in Polen einmarschierte, gab dies den vielfach geäußerten Befürchtungen neue Nahrung. Deutschland erlebte in der Folge noch mehrere kommunistische Aufstandsversuche: 1921 und 1923 in Sachsen und Thüringen, im Oktober 1923 in Hamburg.

Die Tatsache, daß alle diese Versuche einer kommunistischen Machtübernahme fehlschlugen oder relativ leicht niedergeworfen werden konnten und daß es den Polen gelang, die Rote Armee wieder aus ihrem Land zu vertreiben, vermochte den Eindruck nicht zu verwischen, daß Deutschland zwischen 1918 und 1923 nur knapp um eine kommunistische Revolution herumgekommen war. Die in der KPD organisierten deutschen Kommunisten taten überdies alles, um diesen Eindruck aufrechtzuerhalten: Wenn die Arbeiterbewegung, so argumentierten sie, nicht von der Mehrheits-SPD gespalten und »verraten« worden wäre, hätte die Revolution gesiegt – und sie werde beim nächsten Mal gewiß siegen, wenn die Arbeiter sich einmütig um die Fahne der KPD scharten.

Diesen Mythos von der nur knapp gescheiterten marxistischen Revolution, die beim nächsten Anlauf gelingen mochte, zu pflegen, lag ebenso im Interesse der radikalen Rechten wie der radikalen Linken, und spielte eine entscheidende Rolle beim Aufstieg faschistischer Parteien in ganz Europa. In Deutschland sorgten zwei weitere Entwicklungen für zusätzlichen Auftrieb bei den Rechtsextremen.

Erstens das Ausmaß, in dem sich die provisorische Regierung der jungen deutschen Republik gezwungen sah, sich auf das deutsche Offizierskorps und die Beamten der ehemals kaiserlichen Verwaltung und Justiz zu stützen, um die drohende Revolutionsgefahr zu bannen und das von der Niederlage gebeutelte Land zusammenzuhalten. Das eröffnete denen, die schon im Kaiserreich zur Elite der Gesellschaft gehört hatten – Offiziere,

Beamte, Richter, Bildungs- und Besitzbürger –, die Chance, einen Großteil ihrer angestammten Privilegien in die neue Ordnung hinüberzuretten.

Zweitens der Umstand, daß die Angehörigen dieser ehemals herrschenden Schicht keineswegs bereit waren, sich mit dem republikanischen Regime zu versöhnen, das doch sein Bestes tat, den Deutschen ein Schicksal wie Rußland zu ersparen. Sie nutzten den ihnen verbliebenen beträchtlichen Einfluß vielmehr, um den republikanischen Kräften die Schuld an der deutschen Niederlage zuzuschieben und ihnen vorzuwerfen, daß sie die von den Siegermächten diktierten »karthagischen« Friedensbedingungen akzeptiert und an die Stelle einer starken, autoritären Herrschaft, wie die Deutschen sie gewohnt waren, eine »schwache« demokratische Regierung gesetzt hatten, die angeblich der Unordnung und Rebellion Vorschub leistete. Dies alles war eine dreiste Verdrehung der geschichtlichen Wahrheit, aber die Urheber dieser Verdrehung konnten so die Verantwortung für die Niederlage auf das parlamentarische Regime abwälzen und einer empörten öffentlichen Meinung einen Sündenbock für die nationale Demütigung präsentieren.

Bei den Wahlen zur Verfassunggebenden Nationalversammlung im Januar 1919 errangen die drei Parteien, die für die parlamentarische Demokratie einstanden (und sei es nur, weil sie darin das denkbar beste Bollwerk gegen die Herrschaftsansprüche der Arbeiter- und Soldatenräte sahen) – die SPD, das katholische Zentrum und die liberale DDP –, zusammen noch 76 Prozent aller Stimmen. Die von dieser Versammlung erarbeitete Verfassung (nach dem Tagungsort als die Weimarer Verfassung bekannt geworden) bescherte Deutschland erstmals in seiner Geschichte ein wahrhaft demokratisches parlamentarisches Regierungssystem, die Weimarer Republik. Schon bei der nächsten Wahl, der zum ersten Reichstag im Juni 1920, sah sich der Mehrheitsblock von 76 Prozent auf einen Anteil von nur noch 47 Prozent reduziert. Hatten die das neue demokratische Regime tragenden Parteien 1919 noch neunzehn Millionen Stimmen auf sich vereinigt, so waren es 1920 nur mehr elf Millionen, und im Reichstag sahen die »Systemparteien« sich einer zweifachen Opposition gegenüber – einer antirepublikanischen Front auf der rechten Seite, die ihre Stimmenanzahl gegenüber 1919 nahezu verdoppelt hatte (von 5,6 auf über 9 Millionen), und einer radikalen Linken, die sich von knapp über 2 Millionen auf 5,3 Millionen Stimmen verbessert hatte.

Somit fanden sich nur zehn Monate nach der Verkündung der demokratischen Verfassung deren Schöpfer und Stützen in der Minderheit wieder, und es sollte ihnen nicht gelingen, je wieder eine Mehrheit zu erringen. Als Folge davon geriet die Weimarer Republik in die Defensive und schaffte es nie, eine stabile demokratische Regierung zu etablieren. Die durchschnittliche Amtszeit der zwanzig Koalitionsregierungen zwischen 1920 und 1930 lag bei achteinhalb Monaten, und nach dem Sturz der langlebigsten unter ihnen, der großen Koalition, die zwischen 1928 und 1930 regierte, folgte eine

Joachim Fest hat als erster darauf hingewiesen, welche zwielichtige Rolle der eigentlich schon demobilisierte Hitler während der Herrschaft der Münchner Räterepublik gespielt hat. Hitler (auf dem Photo in der hinteren Reihe, zweiter von rechts) scheint auch während dieser unruhigen Tage als Obergefreiter bei der Bahnhofskommandantur am Münchner Hauptbahnhof gehorsam der Revolution gedient zu haben. Nach dem Einmarsch der Freikorps und der Regierungstruppen trat er jedoch als Belastungszeuge gegen seine Kameraden auf, die sich auf die Seite der »Roten« geschlagen hatten.

mehrjährige Phase, in der die Weimarer Verfassung praktisch außer Kraft gesetzt war und die Republik am Parlament vorbei durch Präsidialkabinette regiert wurde.

Die radikalen linken Oppositionsparteien, die Unabhängigen Sozialdemokraten und die Kommunisten, wurden immer wieder für die größte Gefahr der deutschen Demokratie gehalten; in Wirklichkeit jedoch ging die eigentliche Bedrohung von rechts aus. Der gemeinsame Nenner aller rechten Gruppierungen und Parteien waren der Nationalismus und der Wunsch, die »Schmach« von 1918 zu tilgen, die Kränkung, die der deutsche Nationalstolz erlitten hatte, namentlich der Stolz auf die Armee, die nach Überzeugung vieler Deutscher unbesiegt geblieben war.

Vor der Niederlage von 1918 war der Nationalismus in der deutschen Gesellschaft eher ein einigender als ein trennender Faktor gewesen. Eine seiner Funktionen bestand darin, vorhandene innere Spannungen nach außen umzuleiten, in eine aggressive Außen- und Militärpolitik. Dieses Phänomen ließ sich auch in anderen Ländern beobachten, beispielsweise in Großbritannien, aber nirgendwo erreichte es solche Ausmaße wie in Deutschland, das nach einer bei den Deutschen selbst höchst beliebten Vorstellung ein »Nachzügler« auf der Bühne der Großmächte war, der sein verspätetes Auftreten durch besonders energisches Pochen auf seine »Rechte« wettmachen mußte. In den Jahren nach dem Ersten Weltkrieg wirkte dieser deutsche Nationalismus genau umgekehrt: Die nationalistischen Parteien der Rechten kehrten ihre Aggressivität nach innen, gegen die Republik, gegen das Regime der »Novemberverbrecher«, die ihr Land verraten und seine Demütigung feige in Kauf genommen hätten. Der Patriotismus war jetzt zur Erkennungsparole derer geworden, die sich gegen das Regime verschworen hatten, während er bis 1918 das Bindemittel zwischen den das Regime stützenden Kräften gewesen war.

Tempo und Ausmaß des wirtschaftlichen und gesellschaftlichen Wandels in Deutschland zwischen der Gründerzeit und dem Kriegsausbruch 1914 hatten ernsthafte Interessenkonflikte und soziale Spannungen heraufbeschworen. Diese waren in den Kriegsjahren vorübergehend in den Hintergrund getreten, hatten sich aber vor Kriegsende wieder bemerkbar gemacht und erhielten durch den Zusammenbruch der nationalistischen Hoffnungen und durch die Ängste vor der Revolution zusätzliche Nahrung. Die deutsche Gesellschaft durchlebte zwischen 1919 und 1923 eine Krise, die sie bis in die Grundfesten erschütterte. Besonders betroffen davon war der Mittelstand

Der Mittelstand zerfiel in Deutschland zu Beginn des 20. Jahrhunderts in zwei Gruppen: die obere Mittelschicht, die man zunehmend mit der alten Oberschicht gleichsetzte, bestehend aus der Elite der Akademiker, den wohlhabenden Unternehmern, den hohen Funktionsträgern in Verwaltung und Militär, sowie den eigentlichen Mittelstand. Dieser bestand seinerseits wiederum aus zwei Gruppen, dem alten Mittelstand mit selbständigen Geschäftsleuten, Kleinunternehmern und Kaufleuten, kleinen und mittleren Landwirten sowie dem neuen Mittelstand, dem Heer der Angestellten, der kleinen und mittleren Beamten (Lehrer eingeschlossen), die sich trotz ihrer Lohnabhängigkeit durch ein ausgeprägtes Standesbewußtsein auszeichneten.

In den 25 Jahren vor 1914 war der Mittelstand (häufig als »Verlierer im Modernisierungsprozeß« bezeichnet) zunehmend unter Druck geraten, wirtschaftlich von oben durch die dynamischere Großindustrie, sozial von unten durch die organisierte Arbeiterschaft. Diese Entwicklung hatte schon vor dem Krieg die rechtsradikalen – militanten, antisemitischen, nationalistischen – Strömungen in den politisch aktiven Teilen des Mittelstands gestärkt. Im Nachkriegs-Deutschland mit seiner politischen Instabilität, den gewaltsamen Auseinandersetzungen und den Auswüchsen der Inflation fühlte der Mittelstand sich zusätzlich bedroht, weil vertraute Orientierungspunkte und akzeptierte Werte weggespült wurden und die eigene Zukunft immer unsicherer zu werden schien.

Der Nationalismus der älteren Generation verband sich typischerweise mit dem Wunsch nach Wiederherstellung der Monarchie. Bei der jüngeren Generation dagegen hatte schon vor dem Krieg eine geistige Radikalisierung eingesetzt, eine grenzüberschreitende Revolution des Denkens, zu der neben deutschen auch französische und italienische Autoren ihren Beitrag leisteten und aus deren Ideenvorrat sich die faschistischen Bewegungen der Nachkriegszeit bedienen sollten. Tocqueville hatte nach dem Erscheinen des *Essai sur l'inégalité des races humaines* Mitte der fünfziger Jahre des 19. Jahrhunderts in einem Brief an dessen Autor, den Comte de Gobineau, den französischen Propheten des Rassismus, mit gewohnter Scharfsichtigkeit geschrieben: »Ich glaube, Ihrem Buch ist es bestimmt, vom Ausland, insbesondere von Deutschland her, nach Frankreich zurückzukehren. In Europa besitzen allein die Deutschen das besondere Talent, sich für etwas zu ereifern, das sie als abstrakte Wahrheit aufgreifen, ohne die praktischen Folgerungen zu erwägen.«[12]

Gemeint waren damit solche »Wahrheiten« wie die Lehre von der Ungleichwertigkeit der Rassen, der Antisemitismus und der Sozialdarwinismus. Ein neues Lebensgefühl, das um die Jahrhundertwende populär wurde, richtete ein modernes Heldenideal auf und pries das »gefährliche Leben« im Kontrast zu den bürgerlichen Werten des Materialismus und Konservatismus; es betonte gegenüber dem Intellekt das Gefühl und die Intuition, pflegte einen gegen den aufgeklärten Glauben an die Rationalität gerichteten Kult des Irrationalen, setzte die Tat gegen die Vernunft.

Der Krieg brachte einen neuen Höhepunkt dieser geistigen Strömung, dieser bewußten Distanzierung vom westlichen Menschen- und Weltbild, dieses mit der Ablehnung westlicher Werte einhergehenden deutschen Nationalismus: Seine Protagonisten setzten dem Begriff der Zivilisation den der Kultur entgegen, dem Universalismus der Aufklärung den »völkischen« Glauben an die Einzigartigkeit der deutschen Kultur. »Kultur« und »Volk« (mit dem dazugehörigen Adjektiv »völkisch«) waren Schlüsselbegriffe in der Ideologie der deutschen Rechten, Begriffe mit einer weitreichenden weltanschaulichen Aura. Nach Oswald Spengler, dessen Werk *Der Untergang des Abendlandes* in den Nachkriegsjahren herauskam und eine ungeheure Wirkung entfaltete, besitzt eine Kultur im Gegensatz zur Zivilisation eine Seele; für Spengler bezeichnete der aus dem Französischen stammende Begriff der Zivilisation den »künstlichsten und äußerlichsten Zustand, den die Menschheit zu erreichen vermag«. Beim Gebrauch des Wortes Kultur schwang für Deutsche stets auch die Überzeugung von der Überlegenheit der deutschen Kultur mit, die angeblich eine Gefühlsintensität und einen Idealismus verkörperte, wie es ihn in anderen europäischen Kulturen nicht gab.

Hierzu gehörte auch die Vorstellung, daß Begriffe wie »Volk« und »völkisch« für die Deutschen eine viel breitere und tiefere Bedeutung besaßen als für andere Völker, die sich damit begnügten, sich als »Nation« zu definieren. Diese Begriffe standen für die Einheit einer Gruppe von Menschen, zusammengehalten durch eine gemeinsame rassische Identität, die der Born ihrer Einzigartigkeit und ihres schöpferischen Genies war. Wenn es ein Wort gab, das Hitler ständig im Mund führte, dann war es der Ausdruck »Volk«. Seiner Überzeugung nach war das Volk organisch dem Boden des Vaterlandes verwachsen, und die »Volksgemeinschaft« war der Organismus, der die einzelnen »Volksgenossen« vor Gefühlen der Entfremdung bewahrte. In politische Begriffe übersetzt, glorifizierte die völkische Ideologie den Krieg und die »Erneuerung aus der Zerstörung heraus«, in bewußtem Gegensatz zu »linken« Werten wie Internationalismus und Pazifismus. Sie stellte äußere nationale Machtentfaltung und nationale Einheit über die Freiheit des einzelnen, den autoritären Staat und den Elitegedanken über die parlamentarische Demokratie und das Gleichheitsdenken.

Die Katastrophe von 1918 brachte diese Anschauungen nicht ins Wanken, sondern gab ihnen Auftrieb. Für die »Frontkämpfer«, die sich schwer genug taten, sich an die Banalität eines Daseins im Frieden zu gewöhnen, war es unerträglich, daß der Krieg mit der Niederlage Deutschlands und dem Triumph der Westmächte geendet hatte. Sie waren bereit, jedem Gehör zu schenken, der zu enthüllen versprach, durch welchen und wessen Verrat diese Schmach über Deutschland hereingebrochen war, der ihnen in Gestalt von Juden und Marxisten Sündenböcke lieferte und ihnen die Hoffnung auf Rache eröffnete.

Der Mann, der diese Rolle übernehmen sollte, wurde Ende November 1918 aus dem Lazarett entlassen und bekam auf dem Rückweg nach München ein Land zu sehen, das er nicht wiedererkannte. Ebenso schockierend wie die deutsche Niederlage war es für ihn, erleben zu müssen, daß diejenigen, die er am meisten verachtete – Sozialdemokraten, Bolschewisten und Juden (die Hitler alle in denselben Topf warf) –, sich anscheinend zu den neuen Herren Deutschlands aufgeschwungen hatten. In München hatten die Wittelsbacher angesichts eines Arbeiter- und Soldatenaufstandes unter Führung des idealistischen jüdischen Linkssozialisten Kurt Eisner nach tausendjähriger Herrschaft abgedankt, und die erste bayerische Republik war ausgerufen worden. Hitler, der weder Arbeit noch Wohnung hatte, wohin er hätte zurückkehren können, klammerte sich an seine Uniform und meldete sich in der Münchner Kaserne seines Regiments. Er mußte jedoch feststellen, daß die Gebäude verdreckt waren, daß sich jede militärische Disziplin verflüchtigt und ein Soldatenrat etabliert hatte.

Er fand einen Zufluchtsort, indem er sich zum Wachdienst in einem Kriegsgefangenenlager bei Traunstein meldete, und kehrte erst im März 1919 nach München zurück. Dort hatte sich die Lage zugespitzt, nachdem Eisner von einem rechtskonservativen Offizier, Graf Arco-Valley, ermordet worden war. Der Gründungskongreß der Kommunistischen Internationale in Moskau, an dem Abordnungen aus neunzehn Ländern teilnahmen, rief die Arbeiter aller Nationen auf, einmütig die Sowjetunion, das Vaterland der Werktätigen, zu unterstützen. In Ungarn errichtete der Kommunist Bela Kun eine Räterepublik; Kun war Jude, und unter den insgesamt 32 von

ihm ernannten Volkskommissaren waren laut deutschen Presseberichten
25 Juden. In München wurde im April 1919 die gemäßigte sozialdemokratische Regierung der Republik Bayern, die seit der Ermordung Eisners
amtierte, durch einen kommunistischen Putsch in die Flucht geschlagen;
die Putschisten riefen eine Räterepublik aus, deren Führung drei russische
Emigranten übernahmen, unter denen wiederum zwei Juden waren. Bei
der Maiparade auf dem Roten Platz erklärte Lenin: »Die befreite Arbeiterklasse feiert ihren Ehrentag nicht nur in Sowjetrußland, sondern auch in
Sowjet-Ungarn und Sowjet-Bayern.« Er jubelte zu früh: In München wie in
Budapest wurde die Räterepublik mit Waffengewalt zerschlagen.

Hitler erlebte sowohl die kommunistische Machtübernahme in München aus nächster Nähe mit als auch die Gegenoffensive von Reichswehr-
und Freikorps-Verbänden, die das Räteregime beseitigten und in der Folge
eine Reihe von Massakern anrichteten. Hunderte kamen dabei um. Erst als
alles vorüber war, trat Hitler wieder in Erscheinung, als Zeuge vor einer
Militärkommission, die nach Mitgliedern und Sympathisanten des Räte-
gimes suchte. Das Bezirks-Militärkommando verpflichtete ihn zur Teilnahme an einem von »national gesinnten Professoren« der Universität
München durchgeführten »Umerziehungskurs«.

Einer dieser Professoren, der Historiker Karl Alexander von Müller, fand
eines Tages, als er den Hörsaal verlassen wollte, seinen Weg von einer Men-
schengruppe blockiert, die »festgebannt um einen Mann in ihrer Mitte
[stand], der mit einer seltsam gutturalen Stimme unaufhaltsam und mit
wachsender Leidenschaft auf sie einsprach. Ich hatte das sonderbare
Gefühl, als ob ihre Erregung sein Werk wäre und zugleich wieder ihm selbst
die Stimme gäbe. Ich sah ein bleiches, mageres Gesicht unter einer unsol-
datisch hereinhängenden Haarsträhne, mit kurzgeschnittenem Schnurrbart und auffällig großen, hellblauen, fanatisch kalt aufglänzenden
Augen.«[13]

Hitler, der nach wie vor seinen Wehrsold bezog, kam nun in ein sogenanntes Aufklärungskommando im Kriegsheimkehrerlager Lechfeld. Hier
begann er, seine Rede- und Überzeugungsgabe zu schulen. In dieser Phase
entstand seine erste erhalten gebliebene Äußerung zu einer Frage, die bald
zu seiner absoluten Domäne werden sollte. Es handelt sich um einen vom
16. September 1919 datierten Aufsatz über die »Gefahr, die das Judentum
für unser Volk heute bildet«, den er nach einer Aufforderung seines vorgesetzten Offiziers, eines Hauptmanns Mayr, verfaßte. Hitler traf in dieser
Abhandlung eine signifikante Unterscheidung: »Der Antisemitismus aus
rein gefühlsmäßigen Gründen wird seinen letzten Ausdruck finden in der
Form von Progromen [sic!]. Der Antisemitismus der Vernunft jedoch muß
führen zur planmäßigen gesetzlichen Bekämpfung und Beseitigung der
Vorrechte des Juden, die er nur zum Unterschied der anderen zwischen uns
lebenden Fremden besitzt (Fremdengesetzgebung). Sein letztes Ziel aber
muß unverrückbar die Entfernung der Juden überhaupt sein. Zu beidem ist

nur fähig eine Regierung von nationaler Kraft und niemals eine Regierung nationaler Ohnmacht.«[14]

Das politische Testament, das Hitler Ende April 1945 unmittelbar vor seinem Selbstmord im Bunker der Reichskanzlei diktierte, zeigt, daß sich seine Ansichten nie geändert haben. Im Schlußabsatz kehrt er zu seinem frühesten Anliegen zurück: »Vor allem verpflichte ich die Führung der Nation und die Gefolgschaft zur peinlichen Einhaltung der Rassegesetze und zum unbarmherzigen Widerstand gegen den Weltvergifter aller Völker, das internationale Judentum.«[15]

Das Münchner Gruppenkommando betraute den »Vertrauensmann« Hitler auch noch mit einer anderen Aufgabe: die verwirrende Vielzahl rechtsradikaler Gruppen auszuforschen, die in Bayern wucherten. In dieser Funktion suchte er am 12. September 1919 eine dieser Gruppierungen auf, die Deutsche Arbeiterpartei, deren Gründer ein Schlosser des Münchner Reichsbahn-Ausbesserungswerks namens Anton Drexler und der Sportjournalist Karl Harrer waren. Ein anderer Besucher forderte im Verlauf der Diskussion, Bayern solle sich vom Reich lossagen und sich Österreich anschließen. Das war zuviel für Hitler; er meldete sich zu Wort und überschüttete den Mann mit zorniger Kritik. Drexler war von Hitlers Redegewandtheit beeindruckt und bat ihn, doch wiederzukommen; beim Abschied drückte er ihm eine selbstverfaßte Broschüre mit dem Titel *Mein politisches Erwachen* in die Hand.

Hitler äußerte sich in seinem Bericht zurückhaltend: Die Deutsche Arbeiterpartei wisse nicht, wie eine breitere Gefolgschaft zu gewinnen sei, und habe diesbezüglich auch keine großen Ambitionen. Hitler freilich mußte, wenn er in die Politik einsteigen wollte, irgendwo anfangen. Keine der bestehenden Parteien war nach seinem Geschmack, keine würde einem unbekannten Neuling ein großes Forum bieten. Hier jedoch war eine Organisation vorhanden, klein und obskur genug, um etwas anderes aus ihr zu machen, eine Partei, die, anders als die bestehenden Rechtsparteien, imstande sein würde, die Massen so zu fesseln, wie es in Wien Lueger, aber auch seine Widersacher, die Sozialdemokraten, fertiggebracht hatten.

Nach einem zweiten Besuch, der dieses Mal einer Ausschußsitzung galt, und zwei Tagen des Zögerns (wie es typischerweise allen wichtigen Entschlüssen Hitlers voranging) willigte er schließlich ein, Mitglied der Deutschen Arbeiterpartei zu werden und zugleich im Parteivorstand die Verantwortung für Mitgliederwerbung und Propaganda zu übernehmen. Sofort ging er daran, Einladungen zu einer öffentlichen Versammlung zu verschicken. Als diese am 16. Oktober 1919 vor etwas mehr als hundert Zuhörern stattfand, elektrisierte er die Anwesenden mit seinem leidenschaftlichen Plädoyer so sehr, daß bei der anschließenden Sammlung 300 Mark zusammenkamen. »Ich sprach dreißig Minuten, und was ich früher, ohne es irgendwie zu wissen, einfach innerlich gefühlt hatte, wurde nun durch die Wirklichkeit bewiesen: Ich konnte reden!«[16] Es war, das sollte sich noch zeigen, eine denkwürdige Entdeckung.

Der Weg vom unbekannten und unscheinbaren Gefreiten zwischen den Fronten der Revolution zum Kopf einer rechten Splittergruppe ist kurz gewesen; schon 1920 tritt Hitler an führender Stelle im Kreis jener Gruppierungen auf, die sich als Antwort auf die kurzlebige Räterepublik Levins und Levinés überall in Bayern bilden. Auf dem Photo steht er (zweiter von links) schon in der ersten Reihe, obwohl er nichts ist als ein demobilisierter Soldat der nicht mehr existierenden kaiserlichen Armee.

Die Versammlung im Oktober 1919 war Hitler noch nicht groß genug gewesen, um zeigen zu können, wozu er fähig war. Die große Chance kam am 24. Februar 1920, als sich im Festsaal des Hofbräuhauses fast zweitausend Zuhörer drängten. Hitler war nicht als Hauptredner des Abends angekündigt. Als er sprach, handelte er sich lautstarke Zwischenrufe und Störmanöver ein, und es kam zu handgreiflichen Auseinandersetzungen im Saal. Aber er schaffte es, sich in dem Tohuwabohu Gehör zu verschaffen. Es gelang ihm, Zustimmung zur Änderung des Parteinamens in Nationalsozialistische Deutsche Arbeiterpartei zu gewinnen, auch ließ er es sich nicht nehmen, die 25 Punkte eines »unveränderlichen« Programms vorzustellen und das Publikum jeweils vor die Wahl »Ja oder Nein« zu stellen.

Hitler stilisierte diese Versammlung im nachhinein zu einem Triumph, eine Einschätzung, die von zeitgenössischen Presseberichten nicht bestätigt wird. Gleichwohl ist wahr, daß sie ein für ihn selbst entscheidendes Erlebnis war. Denn in diesem Augenblick rechtfertigte der Erfolg seinen Entschluß, »Politiker zu werden«. Von nun an entwickelte er sein Talent, Menschenmengen zu begeistern und emotional aufzuputschen, weiter und machte es zur Grundlage seiner Karriere. Es war nicht sein einziges Talent, aber doch jenes, in dem kein anderer deutscher Politiker ihm gleichkam und durch das er sich deutlich von Stalin unterschied, der diese Begabung nie besaß.

Bald nach seiner Rede im Hofbräuhaus, am 1. April 1920, wurde Hitler aus den Streitkräften entlassen, zu denen er allerdings wichtige Verbindungen aufrechterhielt. Wie Stalin zwanzig Jahre vor ihm, wurde er hauptberuflicher Agitator, bestritt seinen Lebensunterhalt recht und schlecht von finanziellen Zuwendungen, die ihm Ernst Röhm zukommen ließ, und lebte in einem kärglich möblierten Zimmer. Doch im Unterschied zu Stalin konnte er legal und offen agieren und sich auf Protektion von höherer Stelle verlassen. Ansonsten verfolgte er dasselbe Ziel, das Stalin in den Jahren nach 1900 verfolgt hatte: die Massen zu mobilisieren. Während aber letzterer dies im Hinblick auf eine kommunistische Revolution getan hatte, schwebte Hitler, wenn auch erst in vagen Umrissen, eine nationale Erneuerung vor, an deren Anfang der Sturz des herrschenden Regimes stehen mußte.

»Denn führen heißt«, schrieb Hitler, »Massen bewegen können.« Nur Hohn und Spott hatte er für jene konservativen Nationalisten übrig, die wegen ihres Klassendünkels von der Mehrheit des Volkes abgeschnitten blieben; ebenso geringschätzig äußerte er sich über jene rechten völkischen Gruppierungen, die sich in ihren Überzeugungen sonnten und nur mit Gleichgesinnten sprachen oder stritten. Hitlers Ziel war es, ein nationalistisches Gegenstück zur sozialdemokratischen Massenbewegung zu schaffen, die in Wien so großen Eindruck auf ihn gemacht hatte.

Es ist wichtig, sich zu vergegenwärtigen, daß hier von einer Zeit die Rede ist, als Fernsehen, Tonbandgeräte und Videokassetten noch nicht erfunden waren und der Rundfunk und das Kino noch in den Kinderschuhen steckten. Hätte Hitler das Fernsehen zur Verfügung gehabt – oder den Hörfunk, der ihm erst nach seiner Machtergreifung offenstand –, er hätte zweifellos den größtmöglichen Gebrauch davon gemacht. Kein anderer Politiker konnte sich für technische Neuentwicklungen je so begeistern, war so gut über sie informiert wie Hitler. Dies läßt sich nicht nur anhand seines Wirkens im Zweiten Weltkrieg zeigen, sondern auch an seiner Automobilleidenschaft und seiner konsequent praktizierten Idee, das Flugzeug zu benutzen, um das Bild seiner Person und seiner Partei für die Öffentlichkeit zu formen. Der Schwerpunkt seiner Aktivitäten lag in diesen frühen Jahren jedoch auf der öffentlichen Massenkundgebung: zunächst eine pro Woche, meistens in München, gelegentlich auch in einer benachbarten Stadt, wobei Hitler nicht nur als Hauptredner, sondern auch als Organisator fungierte. Dies erwies sich als die beste Methode, Aufmerksamkeit zu erregen und neue Anhänger zu gewinnen.

Viele Zeitzeugen haben den Volksredner Hitler geschildert, seine hypnotische Wirkung auf seine Zuhörer beschrieben. Verglichen mit seinen Auftritten in den dreißiger Jahren, mit der aufwendigen Inszenierung der späteren Reden und dem in jahrelanger Praxis gewachsenen Selbstvertrauen des Redners, waren Hitlers frühe Darbietungen hausbacken. Aber einige Grundelemente, die seinen späteren Erfolg ausmachten, waren von Anfang an vorhanden. Wie er in *Mein Kampf* wiederholt erklärte, war sein Ziel nicht, die Zuhörer argumentativ zu überzeugen, sondern an ihre Gefühle zu appellieren: »Die Psyche der breiten Masse ist nicht empfänglich für alles Halbe und Schwache. Gleich dem Weibe, dessen seelisches Empfinden weniger durch Gründe abstrakter Vernunft bestimmt wird, als durch solche einer undefinierbaren, gefühlsmäßigen Sehnsucht nach ergänzender Kraft, und das sich deshalb lieber dem Starken beugt, als den Schwächling beherrscht, liebt auch die Masse mehr den Herrscher als den Bittenden und fühlt sich im Inneren mehr befriedigt durch eine Lehre, die keine andere neben sich duldet, als durch die Genehmigung liberaler Freiheit; sie weiß mit ihr auch meist nur wenig anzufangen und fühlt sich sogar leicht verlassen... So sieht sie nur die rücksichtslose Kraft und Brutalität ihrer zielbewußten Äußerungen, der sie sich endlich immer beugt.«[17]

Um diese Wirkung zu erzielen, bemühte Hitler sich, sein Publikum von der Aufrichtigkeit und Kraft seiner eigenen Gefühle zu überzeugen. »Die Menschen glauben«, hatte Nietzsche geschrieben, »an die Wahrheit einer Sache, an die sie andere inbrünstig glauben sehen.«[18] Hitler erweckte oft den Eindruck, von seinen eigenen Worten so mitgerissen zu werden, daß er die Kontrolle über sich verlor, aber er beherrschte bald die dem Redner wie dem Schauspieler eigene Kunst, just an der Schwelle zur Inkohärenz innezuhalten, und ebenso lernte er, seine Reden abwechslungsreich zu gestalten, indem er seine Stimme zurücknahm, sarkastische Passagen einflocht oder von scharfen Anklagen gegen die »Verbrecher«, die Deutschland verraten hatten, auf trotzig-optimistische Verheißungen der künftigen Wiedergeburt eines starken deutschen Reichs umschaltete.

Er beging nicht den Fehler, in seinen oft mehr als zwei Stunden dauernden Reden den Zuhörern ausschließlich Polemik zuzumuten. Er verstand es auch, sie mit seiner Mimik zum Lachen zu bringen und sie durch schlagfertige Antworten auf Zwischenrufe für sich einzunehmen. Stunden verbrachte er damit, vor dem Spiegel seine Gestik und Mimik einzustudieren und musterte aufmerksam die Schnappschüsse, die sein Fotograf Heinrich Hoffmann bei diesen Auftritten machte, alles in dem Bestreben, die effektivsten rhetorischen Mittel zu kultivieren und den Rest über Bord zu werfen.

In *Mein Kampf* betont Hitler mehr als einmal, eine Propaganda, die erfolgreich sein wolle, müsse Vereinfachung mit Wiederholung verbinden. Sie müsse sich auf »einige wenige Punkte« beschränken und diese beständig wiederholen. Die erhaltenen Manuskripte seiner frühen Reden zeigen, wieviel Sorgfalt er darauf verwandte, die Abfolge seiner Themen zu planen und die schlagendsten Formulierungen zu finden. Ebenso achtete er darauf, die Versammlungen zur richtigen Zeit am richtigen Ort abzuhalten. »Es gibt Räume«, schrieb er, »die auch kalt lassen aus Gründen, die man nur schwer erkennt, die jeder Erzeugung von Stimmung irgendwie heftigsten Widerstand entgegensetzen... In allen diesen Fällen handelt es sich um Beeinträchtigungen der Willensfreiheit des Menschen... Morgens und selbst tagsüber scheinen die willensmäßigen Kräfte der Menschen sich noch in höchster Energie gegen den Versuch der Aufzwingung eines fremden Willens und einer fremden Meinung zu sträuben. Abends dagegen unterliegen sie leichter der beherrschenden Kraft eines stärkeren Wollens.«[19]

Hitler achtete außerdem sehr genau auf die Reaktionen seiner Zuhörer. Er machte sie gleichsam zur Kontrollinstanz seiner Vorbereitungen: »Der Redner [erhält] aus der Menge heraus, vor welcher er spricht, eine dauernde Korrektur seines Vortrages...Er wird sich von der breiten Masse immer so tragen lassen, daß ihm daraus gefühlsmäßig gerade die Worte flüssig werden, die er braucht, um seinen jeweiligen Zuhörern zu Herzen zu sprechen. Irrt er sich aber noch so leise, so hat er die lebendige Korrektur stets vor sich.«[20]

Hier liegt die Erklärung dafür, daß Hitler oft Zeit brauchte, um sich »warm zu reden«, die Stimmung seiner Zuhörerschaft zu ertasten und herauszufinden, an welcher Stelle sie am besten zu packen war. So schwer es Hitler fiel, Beziehungen zu Einzelpersonen aufzubauen, so außerordentlich war sein Gespür für große Zuhörermassen.

Doch so spontan seine Ausbrüche wirkten, so ungehemmt die Wortströme aus seinem Munde zu fließen schienen, diejenigen, die ihn gut kannten, waren überzeugt, daß er sich von dem Enthusiasmus, den er verbreitete, nie selbst fortreißen ließ, sondern daß er sehr genau wußte, was er sagte und was er damit bewirken wollte. Was Hitler so gefährlich machte, war diese Kombination von Fanatismus und Berechnung.

Um zu erreichen, daß die bayerischen Politiker (sie vor allem) und die bayerische Öffentlichkeit ihn ernst nahmen, mußte Hitler sich in ihr Bewußtsein drängen, sich einen Namen machen. »Ganz gleich, ob sie über uns lachen oder schimpfen«, schrieb er in *Mein Kampf*, »ob sie uns als Hanswurste oder als Verbrecher hinstellen; die Hauptsache ist, daß sie uns erwähnen, daß sie sich immer wieder mit uns beschäftigen.«[21] Eine große Hilfe in seinem Bemühen um Publizität war es, daß im Dezember 1920 einige seiner Münchner Gönner das Geld zum Kauf einer vor dem Bankrott stehenden Zeitung bereitstellten, des *Völkischen Beobachter* (VB), der zum Sprachrohr der Partei wurde.

Für Hitler verkörperte die deutsche Niederlage einen Verrat an allem und die Revolution einen Angriff auf alles, woran er glaubte. Gleichzeitig boten diese beiden Katastrophen ihm aber die Chance, all das, was an persönlicher Verbitterung und Haß in ihm steckte und in seinem Scheitern in den Jahren vor 1914 wurzelte, zu generalisieren, es ins Politische zu wenden und bei Zuhörern, die seine Gefühle teilten, Resonanz zu finden. Er sah das deutsche Volk jetzt mehr als je zuvor von Feinden im Innern bedroht, von

Hitlers Taktik im Kampf um die Erringung der Macht galt immer beidem: den breiten Massen ebenso wie den Honoratioren, dem Establishment. Bei dem »Deutschen Tag« im September 1923 in Nürnberg wird dies auf fast lachhafte Weise greifbar: der Niemand unter Geheimräten und ordensgeschmückten Offizieren a. D.

Sozialisten, Kommunisten und Juden, die Hand in Hand mit den äußeren Feinden Deutschlands arbeiteten, den Franzosen und ihren Verbündeten, die den Deutschen den Vertrag von Versailles aufgezwungen hatten und sie durch Reparationen ausbluten lassen wollten, und den Bolschewisten, die ihnen mit dem rotem Terror drohten. In Bayern war es noch leichter als anderswo, die Schuld für das alles der Regierung in Berlin zuzuschieben, den »Novemberverbrechern«, die es verdient hatten, aus dem Amt gejagt zu werden.

Damals fanden Verschwörungstheorien überall in Europa offene Ohren. Außerordentliche Aufmerksamkeit wurde im Deutschland der zwanziger Jahre den *Protokollen der Weisen von Zion* zuteil, einer angeblich authentischen Anweisung für die »jüdische Weltverschwörung«, die vermeintlich die Vernichtung der christlichen Kultur und die Errichtung eines jüdischen Weltstaates plante und die Vorgehensweise dafür in einer Reihe von Geheimbesprechungen 1897 in Basel – zur Zeit des ersten zionistischen Kongresses – aufgestellt hatte. In Wahrheit waren die »Protokolle« eine Fälschung aus der Werkstatt der zaristischen Geheimpolizei, erstmals 1903 in Umlauf gesetzt.[22] In viele Sprachen übertragen, avancierten sie zu einem Klassiker der antisemitischen Propaganda und waren eine Fundgrube für Hitler, in dessen Reden der Antisemitismus in den frühen Jahren, weit mehr als von 1929 an, ein zentrales Thema war. Er versäumte es indes nie, seine Anklagen und Ausfälle mit bewegenden Appellen an den Nationalstolz zu verbinden und eine nationale Erneuerung zu fordern, wodurch er seinen Zuhörern jenes Maß an Hoffnung und Zuversicht mitgab, nach dem sie dürsteten, so daß sie seine Veranstaltungen nicht niedergeschlagen, sondern euphorisch verließen.

Um die Hitlerschen Massenkundgebungen herum entwickelte sich mit der Zeit ein inszeniertes Ritual, das schließlich in den außerordentlich spektakulären Darbietungen auf den Nürnberger Parteitagen der dreißiger Jahre gipfelte. Veranstalungen dieser Größenordnung waren nur unter staatlicher Regie und unter den Vorzeichen einer Diktatur möglich, aber Hitler setzte deren Grundelemente schon in den frühen zwanziger Jahren zusammen, als sie noch ein absolutes Novum waren.

Zu diesen Elementen gehörten Riesenplakate und überdimensionale Parteifahnen, für die Hitler bewußt die Farbe Rot wählte, um die Linke zu provozieren; ferner das Hakenkreuz-Emblem, der Hitlergruß, die Massenparaden nach militärischem Vorbild, die feierliche Weihe der Parteifahnen und Standarten. Er verbrachte in der bayerischen Staatsbibliothek in München viele Stunden damit, alte Kunstzeitschriften und Wappenbestände auf der Suche nach einer Adlergrafik durchzusehen, wie er sie sich für den offiziellen Parteistempel vorstellte; in seinem ersten Rundschreiben als Parteivorsitzender, das am 17. September 1921 verschickt wurde, war fast ausschließlich von Parteisymbolen die Rede, die er bis ins Detail beschrieb. Die Parteigenossen waren gehalten, immer ihr Parteiabzeichen zu tragen.[23] Bei Kundgebungen wurde vor Beginn der Ansprachen die Stimmung mit Marschmusik und patriotischen Gesängen aufgeheizt, und ausgewählte Parteiformationen marschierten im Gleichschritt ein und senkten zum Gruß ihre Fahnen, alles als Vorspiel zur verspäteten Ankunft des »Führers«.

Wer durch Zwischenrufe oder als Störer auffiel, wurde von Schlägertrupps, die Hitler größtenteils aus ehemaligen Freikorpsangehörigen und Frontkämpfern rekrutierte oder die ihm das Münchner Gruppenkommando der Reichswehr zur Verfügung stellte, verprügelt und hinausgeworfen. Hitler begrüßte gewalttätige Auseinandersetzungen; er fühlte sich stark genug, sie zu meistern, und wußte, daß sie Schaulustige anzogen. Im Gespräch mit Hermann Rauschning bemerkte er später: »Haben Sie nicht überall die Erfahrung gemacht nach Saalschlachten, daß sich die Verprügelten am ersten als neue Mitglieder bei der Partei meldeten?«[24]

Im Jahr nach jener Kundgebung im Hofbräuhaus hielt die Partei in München über vierzig weitere Großveranstaltungen und in den umliegenden Städten noch einmal fast ebenso viele ab. Meist war Hitler der Hauptredner. Jetzt, da er zu seiner Berufung gefunden hatte, legte er eine erstaunliche Energie an den Tag. Oft kamen zu seinen Auftritten zwei- oder dreitausend Zuhörer. Einmal, im Februar 1921, drängten sich im Rund des Zirkus Krone in München 6 500 Menschen, die in Jubelstürme ausbrachen, als Hitler über das Thema »Zukunft oder Untergang« sprach und die alliierten Reparationsforderungen zurückwies.

Die resolute Art, mit der Hitler die Führung der NSDAP an sich gerissen hatte, die radikale Richtung, in die er sie trieb, und der zweifelhafte Ruf, den sie sich inzwischen erworben hatte, waren ganz und gar nicht nach dem Geschmack der ursprünglichen Mitglieder der Deutschen Arbeiterpartei, aus der die NSDAP hervorgegangen war. Ihre Unzufriedenheit brach sich im Juli 1921 Bahn, als sie in Abwesenheit Hitlers in Fusionsgespräche mit Dr. Dickel eintraten, dem Führer einer anderen völkischen Gruppierung, der Deutschsozialistischen Partei.

Als Hitler davon erfuhr, erklärte er sofort seinen Rücktritt. Da aber allen, auch seinen Kritikern, klar war, daß die NSDAP ohne ihn keine Zukunft haben würde, brach die Opposition in sich zusammen. Hitler ergriff die Gelegenheit, um seine Stellung unangreifbar zu machen. Er forderte und erhielt »das Amt eines ersten Vorsitzenden mit diktatorischen Vollmachten«. Außerdem gelang es ihm, seinen früheren Regimentskameraden und Feldwebel Max Amann als Generalsekretär und einen anderen Vertrauten, Franz Xaver Schwarz, als Parteikassierer an seine Seite zu holen und das Personal der Geschäftsstelle aufzustocken. München sollte für immer Sitz der Bewegung bleiben, ein Zusammengehen mit anderen Gruppierungen wurde kategorisch ausgeschlossen. Akzeptabel war allenfalls das bedingungslose Aufgehen anderer Organisationen in der NSDAP, doch sollten Verhandlungen hierüber ausschließlich seine Sache sein.

Hitler sicherte sich mit seinem Coup die formelle Anerkennung seiner dominierenden Stellung und untermauerte diesen Zustand mit der Einführung des »Führerprinzips« als grundlegendes Organisationsprinzip seiner Partei. Einmal durchgesetzt, verlieh das Führerprinzip Hitler nicht nur das Recht, einsame Entscheidungen zu treffen, sondern ersetzte auch die im öffentlichen Dienst und beim Militär üblichen hierarchischen Befehlsstrukturen samt dazugehörigen strengen Verfahrens- und Verantwortungsregeln durch das Konzept einer unbedingten, personenbezogen Loyalität zum Führer. Die gesamte NS-Bewegung (und später auch der NS-Staat als Ganzer) gehorchte diesem Prinzip. Eine Folge davon war die Einteilung des Reichsgebiets in Gaue, deren Führer, die Gauleiter, ein beträchtliches Maß an Freiheit für eigene Entscheidungen und Initiativen besaßen, freilich nur, solange ihre Loyalität zu Hitler außer Zweifel stand und dieser ihre Entscheidungen nicht korrigierte. Die Folge davon war, daß ein Geflecht persönlicher Beziehungen immer mehr zur eigentlichen Funktionsbasis der Bewegung wurde: Auf jeder Ebene der Machthierarchie bildeten sich Interessengruppen, wurden Leute aus der eigenen Clique protegiert und Rivalen ausgebootet, ein Abbild der Vorgänge an der Spitze der Partei. Dies war keineswegs eine zufällige oder ungewollte Entwicklung, sondern die Antwort Hitlers auf die beiden politischen Institutionen, die er am meisten verabscheute: die Bürokratie als die Herrschaft der Beamten und die Demokratie als die Herrschaft der Gremien.[25]

Der andere für die Bewegung typische Begriff, komplementär zum Führerprinzip, war »Kampf«, das Motto, das Hitler für sein Buch wählte und das er später auch zur Charakterisierung der gesamten Aufbauphase seiner Bewegung bis 1933 als »Kampfzeit« benutzen sollte. Hitler nutzte die Handlungsfreiheit, die er sich durch die Etablierung des Führerprinzips erkämpft hatte, um auch das Konzept des »Kampfes« in institutionelle Formen zu gießen; dies geschah im Sommer 1921 durch die Gründung der SA. Hatte diese Abkürzung ursprünglich für Sportabteilung gestanden, so wurde sie jetzt zu »Sturmabteilung« umdefiniert. Aus ihr erwuchs der paramilitärische Arm der Bewegung, im Volksmund später auch die Braunhemden genannt.

Kurz zuvor hatte die republikanische Regierung in Berlin die Auflösung etlicher paramilitärischer Kampfgruppen verfügt; davon betroffen waren unter anderem die bayerische Einwohnerwehr und einige der berüchtigtsten Freikorps, das Korps Oberland, das Korps Epp und die Brigade Ehrhardt. Viele Mitglieder dieser Söldnertruppen, die im Zivilleben keine Perspektive für sich sahen und lieber weiter Soldat spielen wollten, taten sich mit jüngeren Männern aus dem nationalsozialistischen Fußvolk zusammen, denen die Kriegsteilnahme versagt geblieben war, um gemeinsam die »Speerspitze« der Bewegung zu schmieden und im politischen Kampf einen Ersatz für das »Fronterlebnis« zu finden. Hitler schrieb zur Doppelfunktion der »Sturmabteilung« in der ersten Ausgabe der Zeitschrift *Der SA-Mann*, sie sei »nicht nur ein Instrument zum Schutz der Bewegung, sondern ... vor allem eine Schule für den kommenden Freiheitskampf an der inneren Front«.

Gerade die Betonung des eher politischen als militärischen Charakters der SA unterschied diese Truppe von den übrigen paramilitärischen Formationen der Rechten, die sich entweder nach 1923 auflösten oder zu Veteranenverbänden wie dem Stahlhelm wurden. Ihre Feuertaufe erlebte die SA in einer Saalschlacht am 4. November 1921 im Hofbräuhaus. Hitler sah sich an diesem Abend einem großen Pulk linker Arbeiter aus Münchner Fabriken gegenüber, die gekommen waren, um die Veranstaltung zu sprengen. Er hatte nur fünfzig SA-Männer als Saalschutz zur Verfügung. In dem Tumult, der ausbrach, nachdem Hitler einige Zeit gesprochen hatte, holte

Die eigentliche Bürgerkriegsarmee der Partei war die SA, die von unscheinbaren Anfängen als »Sturmabteilung« zu einer Millionenarmee mit zuletzt 2,5 Millionen Mitgliedern heranwuchs und deren Kampflied »Die Fahne hoch« nach 1933 zur zweiten Nationalhymne wurde. Aber nach der Exekution ihrer Führerschaft im Gefolge des 30. Juni 1934 wurde sie als Parteiarmee entmachtet, und ihre bis dahin unscheinbare Unterabteilung, die SS, entwickelte sich zum eigentlichen Machtinstrument Hitlers. Die beiden Führer der SA, Franz Pfeffer von Salomon und Ernst Röhm, hatten ihre Formung noch in der kaiserlichen Armee erhalten.

sich die kleine SA-Truppe blutige Köpfe, behielt aber schließlich doch die Oberhand, und Hitler behauptete danach, die Straßen von München gehörten nunmehr seiner Bewegung.

Ein Jahr später, im Oktober 1922, dem Monat, als Mussolini auf Rom marschierte, nahm Hitler eine Anleihe bei den italienischen Faschisten, der großer publizistischer Erfolg vergönnt war: Begleitet von 800 SA-Männern (einschließlich Fahnenschmuck und Blaskapelle) fuhr er mit dem Zug nach Coburg, um an einem dort stattfindenden »Deutschen Tag« teilzunehmen. Durch eine feindselige Menschenmenge, die in der SPD-Hochburg auf sie wartete, bahnten sich die braunen Marschkolonnen ihren Weg durch die Stadt, die sie nach einer Straßenschlacht als Sieger verließen. Später wurde für die Kämpfer von Coburg, das sich zu einer Hochburg der Bewegung entwickelte, eine eigene Medaille geprägt. Organisierte Gewalt war für die politische Praxis der Nationalsozialisten ein konstitutives Element und keineswegs nur eine zufällige Begleiterscheinung. Die SA bekam viele Aufgaben zugewiesen, von denen die meisten jedoch etwas mit Gewaltanwendung oder, nicht weniger wichtig, mit ihrer Androhung zu tun hatten. Gewalt wurde immer zu politischen, nie zu militärischen Zwecken eingesetzt. Der Feind war die Linke, die herausgefordert, geschlagen und von der Straße gejagt werden sollte, und zwar möglichst dort, wo sie sich besonders stark fühlte.

Hitler scheute sich nicht, zuzugeben, daß er eine Menge von der Linken gelernt hatte. Aber er lehnte es ab, einen Unterschied zwischen Sozialdemokraten und Kommunisten zu machen, er setzte sie als Marxisten in eins und übersah daher offensichtlich eine höchst bedeutsame Gemeinsamkeit zwischen der NSDAP und den Kommunisten, die die Sozialdemokraten nicht teilten. In den Augen sowohl der Nationalsozialisten als auch der Kommunisten war die Masse ein Reservoir, das man mobilisieren und steuern mußte, nicht eine Klientel, deren politische Vertretung es zu übernehmen galt.

Lenin erklärte 1921 auf dem Zehnten Parteitag der russischen Bolschewisten: »Der Marxismus lehrt . . ., daß nur die politische Partei der Arbeiterklasse, d.h. die Kommunistische Partei, imstande ist, eine solche Avantgarde des Proletariats und der gesamten werktätigen Masse zusammenzufassen, zu erziehen und zu organisieren, die allein fähig ist, den unvermeidlichen kleinbürgerlichen Schwankungen dieser Masse . . . zu widerstehen.« Hitler schrieb 1924 in *Mein Kampf*: »Das politische Verständnis der breiten Masse ist längst nicht weit genug entwickelt, als daß sie von sich aus zu einer eindeutigen allgemeinen politischen Anschauung gelangen könnte.«[26] Um die Massen zu mobilisieren, bedurfte es einer Partei mit einem harten Kern engagierter Mitglieder, die Massenveranstaltungen organisierten, sich an Demonstrationen, Versammlungen und Straßenkämpfen beteiligten und ihr Leben ganz in den Dienst der Partei stellten. Darin unterscheiden sich die nationalsozialistische und die kommunistische Bewegung von allen anderen Parteien.

Hitler war klug genug zu erkennen, daß solche von der Partei erhobenen »Besitzansprüche« nicht abschreckend wirkten, sondern diejenigen, die sich ihnen unterwarfen, psychisch an die Partei ketteten. Die Bindung, die sich bei diesen Personen entwickelte, war ebensosehr religiös wie politisch, »die Glaubenstreue einer Kirche, kombiniert mit der Disziplin einer Armee«.[27] Viele von denen, die sich in den zwanziger Jahren der NS-Bewegung anschlossen, taten dies wegen der emotionalen Befriedigung, die ihnen die Zugehörigkeit zu einer Gemeinschaft Gleichgesinnter, ihrem Staat gleichermaßen entfremdeter Menschen verschaffte, Menschen, die einerseits die demokratischen, pluralistischen Werte der Weimarer Republik ablehnten, diese aber gleichzeitig ausnutzten, um Pläne für den Sturz dieser Republik zu schmieden. Im Vorgriff darauf versuchten sie, in ihrem eigenen Mikrokosmos ein Modell jener ganz anderen, der Welt des Frontkämpfers nachempfundenen Gesellschaft zu verwirklichen, die sie an die Stelle der Republik zu setzen gedachten.

Die örtlichen Parteigliederungen erfreuten sich zunächst einmal eines beträchtlichen Grades von Selbständigkeit, wenn sie auch ständig unter dem Druck der Forderung standen, in ihrem Bereich das allgemeine Prinzip der NSDAP umzusetzen, demzufolge alle Befehlsgewalt bei dem Mann an der Spitze lag und die von ihm ausgegebenen Befehle in strenger Disziplin weitergegeben und befolgt werden mußten. Schon in diesem frühen Stadium nahm Hitler eine allseits akzeptierte Ausnahmestellung ein. Hieraus erwuchs bis Ende der zwanziger Jahre der Hitler-Mythos zu voller Blüte, der Mythos von dem Führer und Erretter, den die »Vorsehung« geschickt habe, »um das deutsche Volk aus seinem Elend zu neuer Größe zu führen«, der Mythos vom charismatischen, nur sich selbst verantwortlichen Führer, die Identifizierung der Bewegung mit der Person Adolf Hitlers, die nahtlose Übereinstimmung ihrer Ideologie mit seiner Weltanschauung, die personalisierte Beziehung zwischen Hitler und seinen Gauleitern, die so oft mit dem Feudalverhältnis zwischen einem *dux* und seinen Vasallen verglichen worden ist.

Bis 1930 war die NSDAP eine Randerscheinung, eine von vielen kleinen, kaum beachteten Parteien. Wer aber trat dieser Partei in jenen frühen Jahren bei – und warum? Ihre Mitgliederzahl wuchs von rund 1 100 im Juni 1920 über 6 000 Anfang 1922 auf rund 20 000 Anfang 1923, nachdem Julius Streicher, Führer der in Nürnberg bestehenden »Deutschen Werkgemeinschaft«, sich Hitler unterstellt und der NSDAP angeschlossen hatte. Das Krisenjahr 1923 brachte einen weiteren großen Zuwachs, und vor dem Novemberputsch zählte die Partei 55 000 Mitglieder. Diese Zahl muß jedoch an den sechzig Millionen Einwohnern gemessen werden, die Deutschland damals hatte.

Die Unterlagen für die Zeit zwischen 1919 und 1923 sind lückenhaft, doch haben sorgfältige Forschungen Erkenntnisse über das Mitgliederprofil zutage gefördert, die einen Vergleich mit der sozialen Zusammensetzung der Gesamtbevölkerung zulassen.[28]

Anders als bei allen anderen deutschen Parteien mit Ausnahme des katholischen Zentrums, kamen die Mitglieder der NSDAP schon zu diesem frühen Zeitpunkt aus allen Schichten der Bevölkerung. Die Arbeiterschaft war zwar insgesamt unterrepräsentiert, aber einzelne Untergruppen, wie die Facharbeiter und insbesondere die unselbständigen Handwerker, waren überdurchschnittlich vertreten.

Überrepräsentiert war in der NSDAP auch der alte Mittelstand, der außerdem eine der wichtigsten Stützen der Partei darstellte, namentlich im Süden. Landwirte traten bis 1923 allerdings nicht in nennenswerter Zahl in die Partei ein. Was den neuen Mittelstand betraf, so entsprach der Mitgliederanteil der Angestellten fast genau deren Anteil an der Gesamtbevölkerung, während die kleinen Beamten – einschließlich der Lehrer – überrepräsentiert waren. So auch die Oberschicht, bei freilich vergleichsweise kleinen absoluten Zahlen (ihr Anteil an der Gesamtbevölkerung lag unter drei Prozent). Die einzige unterrepräsentierte Subgruppe der Oberschicht waren die höheren Beamten.

Das vorherrschende »Sozialkolorit« innerhalb der Partei war das der unteren Mittelschicht, in die die Facharbeiter aufzusteigen trachteten: vulgär, auf derbe Männlichkeit und hohen Bierkonsum erpicht, chauvinistisch, fremdenfeindlich, autoritär, antisemitisch, anti-intellektuell, antiemanzipatorisch und antimodernistisch. Das Programm der NSDAP, das Hitler und Anton Drexler schon Anfang 1920 formuliert und für unveränderlich erklärt hatten, spiegelte ihr Bemühen wider, jedem etwas zu bieten – außer den Juden.

Für die Nationalisten hielt Hitler die Verheißung einer revisionistischen und expansionistischen Außenpolitik bereit; der Vertrag von Versailles sollte aufgekündigt und alle Menschen deutscher Zunge in einem großdeutschen Reich vereinigt werden. Den »Völkischen« gefiel die Forderung, die Juden als Ausländer zu behandeln, ihnen den Zugang zum öffentlichen Dienst zu verwehren und sie bei kritischer Ernährungslage abzuschieben. Den Arbeitern willkommen war das Versprechen, kein Einkommen zuzulassen, das nicht aus eigener Arbeit kam, Kriegsgewinne einzuziehen und bei Großunternehmen eine Gewinnbeteiligung der Arbeitnehmer durchzusetzen. Die Mittelschicht umwarb man mit der Forderung, die großen Kaufhäuser zu verstaatlichen und sie an mittelständische Kaufmannsgemeinschaften zu verpachten, dazu die »Zinsknechtschaft« abzuschaffen und eine großzügige staatliche Vorsorge für die Kranken und die Alten einzuführen.

Zwar traten auch weiterhin einzelne »verirrte« Arbeiter in die Partei ein, doch enthielt deren Programm, so sehr Hitler auch über die Mobilisierung der breiten Arbeitermassen schwadronieren mochte, wenig, was den klassenbewußten Gefolgsleuten der organisierten Arbeiterbewegung hätte imponieren können. Hitler war niemals besonders an den antikapitalistischen Programmpunkten seiner Partei interessiert und unternahm nach seiner Machtergreifung keinen Versuch, sie in die Praxis umzusetzen. Aber er wußte sehr wohl, daß sein nationaler, kleinbürgerlicher »Sozialismus« eine große Anziehungskraft auf viele Angehörige der Mittelschicht ausübte, und deshalb wurden die »sozialistischen« Forderungen nie aus dem Programm entfernt.

Überhaupt nahm Hitler das Parteiprogramm nicht allzu ernst; die meisten Punkte wurden nie in die Tat umgesetzt. Er beharrte darauf, das Programm für unveränderlich zu erklären, um Grundsatzdiskussionen über die Ziele der Partei – eine Krankheit der von ihm so verachteten parlamentarischen Parteien – bei der NSDAP gar nicht erst aufkommen zu lassen. Sein Instinkt täuschte ihn nicht. Die Menschen kamen zu seinen Veranstaltungen nicht wegen des Inhalts seiner Reden, sondern weil er die Gabe besaß, die Gemeinplätze der nationalistischen und rechtskonservativen Propaganda mit einer Überzeugungskraft und Leidenschaft zu präsentieren wie keiner seiner Rivalen.

Schon früh hatte Hitler einige von denen um sich geschart, die an seiner Seite bleiben und es im Dritten Reich zu Amt und Würden bringen sollten. Es waren Männer mit unterschiedlichster Vergangenheit. Zwei waren ehemalige Luftwaffenpiloten: Rudolf Heß und Hermann Göring. Heß war der Sohn eines deutschen Kaufmanns, in Alexandria geboren und sieben Jahre jünger als Hitler. Ernst und verschlossen, begriffsstutzig und vollkommen humorlos, entwickelte der Münchner Student gegenüber Hitler eine hündische Folgsamkeit. Er wurde sein Sekretär. Göring war im Weltkrieg der letzte Kommandeur des berühmten Jagdgeschwaders Richthofen gewesen und Träger des höchsten deutschen Tapferkeitsordens, des Pour le mérite. Vom Naturell her ein Draufgänger und Schwadroneur, war Göring mit einer finanziell unabhängigen schwedischen Baronesse verheiratet und frönte einem guten Leben, das er mit einigen Studienversuchen an der Universität garnierte. Hitler machte ihn zum Befehlshaber der SA; der erste von zahlreichen Posten, die eine Karriere markierten, in deren Verlauf Göring in den dreißiger Jahren schließlich zum zweitmächtigsten Mann in Deutschland aufstieg.

Gottfried Feder und Dietrich Eckart hatten schon vor Hitler der Deutschen Arbeiterpartei angehört. Beide waren gebildete Männer und in München keine Unbekannten. Feder war Ingenieur und hatte gewisse unorthodoxe Ideen zur Reform der Wirtschaft und zur Abschaffung der »Zinsknechtschaft«, die er mit der Beharrlichkeit eines Sektierers verfocht. Eine Zeitlang machte er großen Eindruck auf Hitler, verlor aber, wie auch andere radikale Wirtschaftsreformer, seinen Einfluß im selben Maß, wie Hitler der Macht näher kam. Feder mußte sich nach 1933 mit dem Amt eines Staatssekretärs im Wirtschaftsministerium begnügen, aus dem Schacht ihn Ende 1934 entließ.

Eckart war der Mann, von dem Hitler in der Frühzeit der Bewegung am meisten lernte. Der schillernde Bohémien war fast zwanzig Jahre älter als Hitler. Nicht unpopulär als Autor und Übersetzer von Ibsens *Peer Gynt*, war er zuletzt als Verleger einer skurrilen Zeitschrift namens *Auf Gut Deutsch* hervorgetreten, in der er seine nationalistischen, antidemokratischen und antiklerikalen Anschauungen ausbreitete. Der Rassist, der ein Faible für die nordische Sagenwelt hatte und zu antijüdischen Ausfällen neigte, war selbst noch in betrunkenem Zustand ein guter Redner und kannte in München Gott und die Welt. Er lieh Hitler Bücher, verbesserte seinen Rede- und Schreibstil und kündigte ihn gleichzeitig als den kommenden Erretter Deutschlands an. Eckart öffnete Hitler viele Türen, half ihm, die Gelder für den Kauf des *Völkischen Beobachter* aufzutreiben, und machte ihn mit dem Obersalzberg vertraut, einem Aussichtsberg bei Berchtesgaden, auf dem Hitler später residierte. Eckart starb schon Jahre vor der Machtergreifung, und Hitler stattete ihm auf der Schlußseite von *Mein Kampf* seinen Dank ab.

Die Bechsteins, ebenso wohlhabende wie berühmte Klavierbauer, waren eine der Familien, in die Eckart seinen Schützling einführte. Hélène Bech-

In den Jahren vor dem Putschversuch drängt Hitler sich auf jede nur denkbare Weise in die etablierte Welt. Bei einem Aufmarsch rechter vaterländischer Verbände im Frühjahr 1923 zeigt er sich demonstrativ mit einer russischen Großfürstin aus dem Hause Roma-now. Das Merkwürdige ist, daß der Ruf des rechten Revolutionärs auch über die Grenzen der bayerischen Provinz hinaus schon so gefestigt ist, daß deutsche Exzellenzen und russische Hoheiten den Nobody im Trenchcoat ernstnehmen.

stein schloß Hitler in ihr Herz und veranstaltete eigens Empfänge, damit ihre Bekannten den neuen Propheten kennenlernen konnten. Dasselbe tat die Familie Bruckmann, der in München ein bekannter Kunstverlag gehörte. Mit ihr schloß Hitler eine lebenslange Freundschaft. Er, der sich auf dem gesellschaftlichen Parkett noch immer nicht wohl fühlte, war klug genug, aus seinem linkischen Auftreten das Beste zu machen. Er legte bewußt ein übertrieben exzentrisches Gebaren an den Tag, kam spät und ging früh. Er begrüßte seine Gastgeberin im österreichischen Stil mit Hand-kuß und überreichte ihr einen Rosenstrauß. Ungeübt im Smalltalk, saß er schweigend da, bis irgendeine Bemerkung ihn »aufweckte« und er dann, wie früher im Männerwohnheim, mit einem feurigen Wortschwall antwor-tete. Manchmal dauerten seine mit peitschender Stimme vorgetragenen Predigten eine halbe Stunde; dann endeten sie so unvermittelt, wie sie begonnen hatten, und er wandte sich seiner Gastgeberin zu, bat darum, sich entschuldigen zu dürfen, küßte ihr die Hand und verließ den Raum, für den Rest der Gesellschaft nicht mehr als eine knappe Verbeugung erübrigend. Diese Darstellung beruht auf einer ausführlicheren Schilderung, die ein Zeitgenosse, der 1923 einem solchen Empfang beiwohnte, dem Autor Konrad Heiden gab, der die Bemerkung hinzufügte, keiner der Teilnehmer des Empfangs habe seine Begegnung mit Adolf Hitler je vergessen.[29]

Ein anderes Haus, in dem Hitler stets willkommen war – heiliger Boden für ihn –, war Wahnfried, der Sitz der Familie Wagner in Bayreuth. Die englische Schwiegertochter des Komponisten, Winifred Wagner, entdeckte bald ihre Bewunderung für ihn. Die Wagner-Enkelin Friedelind erinnerte sich später an den jungen Besucher: »in bayrischen Lederhosen, kurzen, dicken Wollsocken, einem rotblau gewürfelten Hemd und einer kurzen blauen Jacke, die ihm wie ein Sack um die knochige Schulter hing. Scharfe Backenknochen ragten aus hohlen, teigigen Wangen hervor, darüber stand ein Paar unnatürlich leuchtender blauer Augen. Er sah halbverhungert aus, aber in seinem Blick lag etwas Fanatisches.«[30]

Putzi Hanfstaengl entstammte einer anderen Münchner Kunstverlegerfamilie; er war fast zwei Meter groß, von Geburt Deutsch-Amerikaner, hatte in Harvard studiert und erwarb sich die Zuneigung Hitlers, weil er es verstand, ihm nach seinen Reden entspannende Unterhaltung zu bieten, indem er ihm etwas auf dem Klavier Wagner vorspielte oder ihn mit seinen unzähligen Anekdoten und respektlosen Kommentaren amüsierte.

Eine rätselhafte, aber mit guten Verbindungen ausgestattete Figur war Erwin Scheubner-Richter, ein deutscher Flüchtling aus dem Baltikum, der Hitler in eine Gruppe antibolschewistischer und antisemitischer weißrussischer Emigranten einführte, deren wichtigstes Mitglied General Skoropadski war, den die Deutschen 1918 zum Gouverneur der Ukraine ernannt hatten. Scheubner-Richter fungierte als Verbindungsmann Hitlers zu General Ludendorff, dem Kriegshelden der deutschen Nationalisten, und wurde beim Novemberputsch 1923 an der Seite Hitlers von einer tödlichen Kugel getroffen. Ein anderer Baltendeutscher, Alfred Rosenberg, gehörte ebenfalls dieser Gruppe an und machte Eindruck auf Hitler, weil er in Moskau Architektur studiert hatte. Er wurde Redakteur beim *Völkischen Beobachter* und sah sich selbst als Philosoph der nationalsozialistischen Bewegung. 1930 erschien sein Werk *Der Mythus des 20. Jahrhunderts*, eine pedantische Fleißarbeit über Rasse und Kultur, die von niemandem gelesen wurde und die Goebbels einmal als einen »ideologischen Rülpser« bezeichnete.

Hitler fühlte sich allerdings im »Dienstbotengeschoß« wesentlich wohler, in der Gesellschaft der ungeschliffeneren Elemente der Partei: seines früheren Feldwebels Max Amann, seines Leibwächters Ulrich Graf, eines Metzgerlehrlings und Amateurringers, der keiner Schlägerei aus dem Weg ging, und des ähnlich veranlagten Christian Weber, eines ehemaligen Pferdehändlers mit Bärenkräften, der schon in mehreren Bierkellern als Rausschmeißer gearbeitet hatte. Hitlers offizieller Fotograf Hoffmann war ebenfalls ein bayerisches »Urvieh« mit einer Schwäche für Trinkgelage und deftige Witze. Ihm geistesverwandt war Hermann Esser, den Hitler selber als einen Ganoven charakterisierte, der sich von mehreren Geliebten aushalten ließ und sich auf die Aufdeckung jüdischer Skandale spezialisiert hatte, der sich aber dank seiner speziellen Rednergabe – er beherrschte die Sprache der Gosse – Hitlers fortwährender Gunst erfreute. Der einzige außer Hitler, der es in dieser (und auch in pornographischer) Beziehung mit Esser aufnehmen konnte, war Julius Streicher, ein Volksschullehrer aus Nürnberg, den man in der Öffentlichkeit nie ohne Peitsche sah und der die Zeitschrift *Der Stürmer* herausgab. In diesem berüchtigtsten aller antisemitischen Hetzblätter erschienen frei erfundene Sensationsberichte über jüdische Ritualmorde und Sexualverbrechen. Obwohl Hitler immer wieder bedrängt wurde, sich von solchen unappetitlichen Charakteren zu trennen, beließ er sowohl Esser als auch Streicher das ganze Dritte Reich hindurch in Parteiämtern in Bayern und nahm sie unter Berufung auf ihre Loyalität in Schutz.

In den vierziger Jahren äußerte sich Hitler rückblickend illusionslos über den Menschentypus, den seine Bewegung in der »Kampfzeit« anzog, rechtfertigte aber zugleich auch den Nutzen dieser Leute: »Im Frieden sind solche Menschen unbrauchbar, in schlimmen Zeiten und damals für mich unbezahlbar! Fünfzig Bürger waren in jener ersten Zeit nicht so viel wert als ein solcher Kerl. Mit was für einem gläubigen Vertrauen sind diese Männer an mir gehängt! Im Grunde genommen waren es lauter große Kinder. Und ihre vermeintliche Brutalität? Sie waren der Natur etwas näher. Im Krieg haben sie mit Handgranaten geschmissen und mit dem Bajonett gekämpft, geradlinige Naturen, die nicht haben verstehen können, daß sich die Heimat von den Nachkriegselementen hat regieren lassen. Ich war mir gleich von Anfang im klaren, eine neue Partei aufbauen kann man nur mit diesen Leuten.«[31]

Eine Schlüsselrolle für den Erfolg Hitlers spielte Ernst Röhm, ein geborener Glücksritter, der als Stabshauptmann der Reichswehr ein Verbindungsmann zwischen dem Münchner Gruppenkommando, den in Bayern besonders zahlreichen antirepublikanischen und nationalistischen Organisationen und den nach ihrer offiziell verfügten Auflösung verdeckt fortbestehenden Freikorps war. Es war Röhm, der Hitler die verdeckten Zuwendungen aus geheimen Reichswehrmitteln zukommen ließ, der ihn ranghohen Offizieren empfahl und vorstellte, der dafür sorgte, daß die Sympathie der Reichswehr für Hitler bekannt wurde, und der der SA neue potentielle Mitglieder zuführte, wie er überhaupt für den Aufbau dieser Parteitruppe mehr leistete als irgend jemand sonst, Hitler eingeschlossen.

Ähnlich wichtig war es für Hitler auch, Freunde bei der Polizei und bei der Staatsanwaltschaft zu haben, die verhindern konnten, daß Strafverfah-

Julius Streicher, Herausgeber antisemitischer Kampfblätter, war früh zur völkischen Bewegung gestoßen. Sein Übergang zur Partei Hitlers 1921 stärkte dessen Stellung; aber im Grunde gehörte er nie dem engeren Führungskreis an. 1940 mußte Hitler ihn auf Drängen der Partei seiner Ämter entheben, bis er ihn, im Chaos des Untergangs, wieder in den engeren Kreis aufnahm.

ren gegen ihn eingeleitet wurden, etwa wegen Störung der öffentlichen Ordnung. Bayern war nach 1918 der Teil Deutschlands, in dem die Unzufriedenheit am weitesten verbreitet war, ein Sammelbecken für rechte Nationalisten und bayerische Partikularisten, die sich zumindest in ihrem Haß auf die republikanische Regierung in Berlin einig waren. Die bayerischen Behörden stellten sich blind und taub gegenüber den Umsturzplänen, Demonstrationen und Exerzierübungen der Rechten zur Vorbereitung auf den »Tag X«, denn viele Beamte sympathisierten mit ihren Bestrebungen. Der Münchner Polizeipräsident Pöhner und sein politischer Berater Wilhelm Frick waren ebenso bereit, Hitler Protektion zu gewähren, wie der bayerische Justizminister Gürtner. Im Prozeß gegen Hitler nach dem fehlgeschlagenen Novemberputsch von 1923 erklärten Pöhner und Frick ganz offen, weshalb sie keine Unterdrückungsmaßnahmen gegen die NSDAP ergriffen hatten: »Wir hielten uns bewußt zurück, weil wir in der Partei die Saat einer Erneuerung Deutschlands sahen, weil wir überzeugt waren, daß es dieser Bewegung am ehesten gelingen würde, in der mit der marxistischen Pest infizierten Arbeiterschaft Fuß zu fassen und sie ins nationale Lager zurückzuholen. Deshalb haben wir unsere schützende Hand über die NSDAP und Herrn Hitler gehalten.«[32] Frick und Gürtner traten in die Partei ein und wurden, nachdem Hitler Reichskanzler geworden war, mit Ministerämtern belohnt.

Am Anfang hatte die Partei sehr wenig Geld. Nachdem sich für Hitler die Türen zu höheren Münchner Kreisen geöffnet hatten, verbesserte sich sowohl die Finanzlage als auch das Prestige seiner Partei. Größere Zuwendungen kamen von Dietrich Eckart, den Bechsteins, den Bruckmanns und von Putzi Hanfstaengl, der aus der Kunstgalerie seiner Familie in New York Dollar-Einkünfte bezog, die sich in der schlimmsten Inflationszeit als unschätzbar wertvoll erwiesen. Hitler hielt mehrmals Vorträge vor bayerischen Unternehmerkreisen, doch war der Erfolg nur mäßig. Wichtiger war, daß er Zugang zum einflußreichen Berliner »Nationalklub« fand, was er Emil Gansser verdankte, einem Freund Dietrich Eckarts. Hitler wurde 1922 zweimal eingeladen, vor den Mitgliedern dieses Vereins zu sprechen, dem hauptsächlich Reichswehroffiziere und hohe Beamte sowie eine Reihe von Geschäftsleuten angehörten. Er vertrat seine Sache allem Anschein nach gut, erwähnte die antikapitalistischen Artikel des NSDAP-Programms mit keinem Wort und legte das Schwergewicht auf dessen Anti-Marxismus. Zumindest einer der bekanntesten deutschen Industriellen, Ernst von Borsig, Chef eines berühmten, aber nicht mehr führenden Maschinenbauunternehmens, war von Hitler begeistert. Er ließ der NSDAP zweifellos Gelder zukommen, doch gelang es ihm nicht, bei anderen Industriellen die Mittel lockerzumachen, die Hitler gebraucht hätte, um eine Nebenstelle seiner Parteizentrale in Berlin einrichten zu können. Andere Versuche, Unterstützung von industrieller Seite zu erhalten, diesmal von den Industriellen des Ruhrgebiets, blieben ebenso erfolglos. Die hartnäckigen Gerüchte, denen zufolge Hugo Stinnes, der deutsche Kapitalist schlechthin, der Partei unter die Arme gegriffen haben soll, haben sich als unzutreffend erwiesen.

Der einzige identifizierbare Geldgeber aus der Großindustrie war Fritz Thyssen, frustrierter Erbe des greisen Seniorchefs eines der größten deutschen Stahlunternehmen. Thyssen veröffentlichte später ein von einem dienstbaren Geist in seinem Namen geschriebenes Buch mit dem sensationsheischenden Titel *I Paid Hitler*, in dem er behauptete, der NSDAP im Oktober 1923, kurz vor dem Putschversuch, 100 000 Goldmark gegeben zu haben. In einer anderen Textpassage heißt es freilich ausdrücklich, das Geld sei nicht Hitler, sondern General Ludendorff übergeben worden, dem neben Hindenburg höchstgeachteten Idol und Kriegshelden der deutschen Nationalisten, der an der Spitze eines losen Zusammenschlusses rechter Gruppierungen stand und der, so ist anzunehmen, einen Teil der Summe, keinesfalls aber den gesamten Betrag, an die Nationalsozialisten weitergab und den Rest unter den übrigen Gruppierungen aufteilte. Kein Zweifel besteht daran, daß Hitler dank Röhm aus Reichswehrmitteln schöpfen konnte, und es könnte sein, daß zusätzliche Unterstützung von rechtsgerichteten Organisationen wie dem Alldeutschen Verband kam. Bis heute sind jedoch keine überzeugenden Belege dafür gefunden worden, daß Hitler von der deutschen Großindustrie wirklich mit so hohen Summen gefördert worden ist, wie oft behauptet wurde.[33]

In Wahrheit scheint die Partei von Anfang an außerordentlich viel von ihren Mitgliedern gefordert zu haben. Von den Funktionären vor Ort wurde erwartet, daß sie viele unbezahlte Stunden investierten – die Gauleiter erhielten erst von 1929 an eine Entschädigung aus der Parteikasse. Nicht einmal Auslagen wurden ihnen erstattet. Sie standen unter ständigem Druck, nicht nur Veranstaltungen und Demonstrationen zu organisieren oder daran teilzunehmen, sondern vor allem auch Geld zu beschaffen. Außerdem folgten die Nationalsozialisten dem Beispiel der Sozialdemokraten darin, daß sie von ihren Mitgliedern regelmäßig Beiträge kassierten. Darüber hinaus wurden Mitglieder und Sympathisanten dazu gedrängt, zinslose Darlehen zu gewähren, sie mußten bei Versammlungen und Aufmärschen Eintrittsgeld bezahlen und sollten nach Möglichkeit noch etwas in den Spendentopf werfen, der nach Hitlers Auftritten herumging. Wie Polizeispitzel berichteten, spendeten Personen, die in bescheidenen Verhältnissen lebten, der Partei mitunter Summen, die »ans Unglaubliche grenzten«.[34]

Keine andere Rechtspartei in Deutschland hatte je etwas Vergleichbares versucht. Daß es gelang, war ein Beleg für Hitlers Auffassung, die NSDAP sei eine volkstümliche Partei mit dem Potential, eine Massenbewegung zu werden. Das war der Punkt, der das Interesse derjenigen erregte, die über die Mittel verfügten, der Partei zu helfen: daß Hitler offenbar über die agitatorischen und organisatorischen Fähigkeiten verfügte, seine selbstverkündete Mission als »Trommler zur Deutschheit« zu erfüllen.

Was war indes das Ziel all dieser Aktivitäten, und wie sollten sie zu politischen Resultaten führen? In kaum einer seiner Reden versäumte Hitler es, seine Verachtung für den Parlamentarismus zum Ausdruck zu bringen und auf den möglichen Einsatz von Gewalt anzuspielen. Er ließ jedoch offen, auf welche Weise er diese Gewalt mobilisieren und anwenden wollte. Mussolinis Marsch auf Rom Ende Oktober 1922, der ihm diktatorische Vollmachten einbrachte, bot sich als mögliches Vorbild an. Denn die bloße Androhung dieses Marsches hatte genügt. Was wirklich stattgefunden hatte, war eine Siegesparade durch Rom gewesen, nachdem Mussolini im regulären Nachtzug dort eingetroffen und vom König mit der Bildung einer Regierung beauftragt worden war.

Hätte in Rom eine starke Regierung amtiert oder wäre der italienische König willens gewesen, die Herausforderung anzunehmen, so hätten Einheiten der regulären Streitkräfte, die in ausreichender Stärke in der Hauptstadt stationiert waren, jeden Putschversuch vereiteln können. Doch der Befehl dazu wurde nicht erteilt. Da keine Instanz bereit war, die Verantwortung zu übernehmen, brach der Widerstand zusammen, und die Besetzung einer Reihe von Provinzmetropolen wie Florenz und Perugia durch die faschistische Miliz genügte Mussolini, um durch bloße Gewaltandrohung auf legalem Weg in den Besitz der Macht zu gelangen.

Mussolinis Coup machte großen Eindruck auf die nationalistische Opposition in Deutschland. Besonders in Bayern ging die Parole von einem Marsch auf Berlin um, und zu Beginn des Jahres 1923 sah es in der Tat so aus, als könne die unerläßliche Vorbedingung, unter der Mussolinis Husarenstreich erst möglich geworden war – die Schwächung der Autorität und Widerstandskraft der Zentralregierung –, auch in Deutschland eintreten.

Ausgelöst wurde die Krise, die eine Neuauflage der anarchischen und gewaltträchtigen Zustände der Jahre zwischen 1918 und 1920 heraufbeschwor, durch die hohen Reparationsforderungen der Siegermächte und die Erklärung der deutschen Regierung, die Zahlungen nicht mehr leisten zu können. Frankreich wollte sich auf keine Verhandlungen einlassen und besetzte im Januar 1923 das Ruhrgebiet; die Deutschen antworteten darauf mit einem Aufruf zum passiven Widerstand, den sowohl die Regierung als auch sämtliche politischen Parteien mittrugen.

Im Juni 1922 war der deutsche Außenminister Walter Rathenau von Rechtsradikalen ermordet worden, woraufhin die Regierung ein Gesetz zum Schutz der Republik verabschiedet hatte. Dieses Gesetz erwies sich jedoch als unwirksam, und unter dem Schutz der antifranzösischen Widerstandskampagne konnten die paramilitärischen Organisationen sowohl des nationalistischen als auch des kommunistischen Lagers, die die Regierung zuvor verboten hatte, wieder offen auftreten und ungestraft ihr blutiges Handwerk ausüben. In Bayern, wo man nach wie vor über den Verlust der Sonderrechte aus dem Kaiserreich sowie das Ende der Monarchie verbittert war, hatte die Landesregierung sich ohnehin geweigert, das neue Gesetz anzuwenden.

Zur Verschärfung der unsicheren politischen Lage, die die Ruhrbesetzung und der Aufruf zum passiven Widerstand mit sich brachten, trug zusätzlich der Zusammenbruch der Mark bei. Die Wurzel des Übels war die unseriöse Art und Weise, wie die kaiserliche Regierung den Weltkrieg finanziert hatte – durch Anleihen, die zum einen die Staatsverschuldung in die Höhe schnellen und zum anderen die im Umlauf befindliche Geldmenge anschwellen ließen. Zwischen 1920 und 1922 verlor die Reichsmark neun Zehntel ihres Werts; im Verlauf des Jahres 1923 beschleunigte sich die Geldentwertung so rasant, daß die Mark schließlich wertlos war. Am 1. Juli 1923 wurde der Dollar für 160 000 Mark gehandelt; am 1. August stand er bei einer

Million Mark. Am 15. November 1923 hatte eine Billion Reichsmark dieselbe Kaufkraft wie eine Mark im Jahr 1914.

Im November wurde die Stabilität der Mark durch eine Währungsreform ohne größere Probleme und im wesentlichen ohne ausländische Hilfe wiederhergestellt, allerdings unter Rahmenbedingungen, die weitaus ungünstiger waren, als sie es einige Monate früher gewesen wären. Bis zum November hatten jedoch die deutschen Experten eine Stabilisierung der Währung für unmöglich erklärt und sich damit begnügt, den Alliierten mit ihren Reparationsforderungen die Schuld zuzuschieben. Manche Deutsche verdienten durch die Inflation ein Vermögen, namentlich Großgrundbesitzer und Industrielle, die ihre Schulden loswurden, weil man ihnen gestattete, Reichsbank-Kredite mit wertlosem Geld zurückzuzahlen. Doch für die große Mehrzahl der Deutschen war die Inflation eine Katastrophe. Sämtliche Spar- und Wertpapierguthaben in Reichsmark wurden praktisch wertlos, was zur Verarmung großer Teile der Mittelschicht führte. Und da die Arbeitslöhne mit der Inflation nicht Schritt hielten, reichte bei vielen Familien das Geld nicht mehr für die Miete und die notwendigen Lebensmittel. Die Inflation wurde für die Deutschen zu einem Trauma, das nicht nur kurzfristige politische Konsequenzen zeitigte, sondern auch langfristig psychologisch destabilisierend wirkte.

Während die Zeit verging und die Kosten der Politik des passiven Widerstands stiegen, machten immer mehr Menschen die Regierung für das wachsende Elend verantwortlich. Das war eine Lage, die für Hitler und die Nationalsozialisten wie gerufen kam. Hitler erkannte die Chance; die Frage war nur, ob und wie er sie würde nutzen können. Noch war die Partei, die er führte, nur eine unter vielen rechten Gruppierungen, die es in Bayern gab, nicht stark genug, etwas im Alleingang zu erreichen, außerdem uneins über die Ziele mit denen, die als Bündnispartner in Frage kamen. Diese Uneinigkeit war die Ursache für Hitlers kopfloses Handeln in der Folgezeit, das im Fiasko des Novemberputschs endete.

Um die deutsche Politik der zwanziger Jahre zu verstehen, muß man sich vergegenwärtigen, daß die Weimarer Republik wie das Deutsche Reich, an dessen Stelle sie getreten war, ein föderalistisches Gebilde war. Sie setzte sich aus siebzehn Ländern (Staaten) zusammen, vom dominierenden Preußen mit seinen 38 Millionen Einwohnern – zwei Dritteln der Gesamtbevölkerung Deutschlands – bis zu Schaumburg-Lippe mit 48 000 Bürgern. Neben der vom nationalen Parlament, dem Reichstag, kontrollierten Reichsregierung, bei der die Zuständigkeit für Steuern, Außenpolitik und Verteidigung lag, gab es in jedem der 17 Länder eine von einem Landtag kontrollierte Regierung, die beispielsweise für die Polizei und die Bildungspolitik zuständig war. Die einflußreichste Landesregierung war die preußische, die ihren Sitz in Berlin hatte und angesichts der großen Ressourcen, über die sie verfügte, leicht in Konkurrenz zur ebenfalls in Berlin residierenden Reichsregierung treten konnte.

1923 war es jedoch der Konflikt zwischen der Berliner Reichsregierung und der rechtslastigen bayerischen Staatsregierung in München (Bayern war nach Preußen das zweitgrößte Land), den Hitler auszunutzen versuchte. Drei Faktoren spielten dabei eine Rolle. Erstens der bayerische Partikularismus, der Traum der rechten Politiker, Bayern so selbständig wie möglich zu machen, den Vorkriegsstatus, wenn nicht die völlige Unabhängigkeit vom Reich durchzusetzen und die Wittelsbacher-Monarchie wiederherzustellen. Zweitens die hingebungsvolle Mitwirkung zahlreicher Reichswehroffiziere, unter ihnen Ernst Röhm, am heimlichen Aufbau einer Truppenreserve, welche über die dem Deutschen Reich vom Versailler Vertrag zugestandenen 100 000 Mann hinausgehen und vor allem aus SA-Männern und ehemaligen Freikorps-Kämpfern bestehen sollte. Der dritte Faktor war ein starker nationaler Drang, sich angesichts der französischen Ruhrbesetzung um die Reichsregierung in Berlin zu scharen und der deutschen Position den Rücken zu stärken.

Hitler vertrat in allen drei Punkten eine entschiedene Gegenposition. Bayern interessierte ihn nur insoweit, als er es als Sprungbrett für einen »Marsch auf Berlin« nutzen wollte, um die amtierende Reichsregierung zu stürzen und durch ein Regime zu ersetzen, das alle Deutschen, unter Einschluß auch der Österreicher, in einem größeren und stärkeren Nationalstaat vereinen würde.

In der SA sah Hitler in erster Linie den paramilitärischen Arm der Partei, ein für politische Zwecke einzusetzendes Werkzeug, nicht aber einen Teil einer geheimen Reservearmee. Er hielt es für ein Unding, zu glauben, durch Soldatenspiele in den bayerischen Wäldern oder Guerillaoperationen gegen die Franzosen im Ruhrgebiet lasse sich die militärische Stärke Deutschlands wiederherstellen; seiner Überzeugung nach führte der Weg dorthin einzig über die Eroberung der politischen Macht und eine im Anschluß daran mögliche Wiederaufrüstung.

Und was den Wunsch nach nationaler Einheit in der Stunde der Not betraf, so schwamm Hitler bewußt gegen den Strom, indem er darauf beharrte, daß die wirklichen Feinde des deutschen Volkes nicht die Franzosen seien, sondern die »Novemberverbrecher«, die den Versailler Vertrag unterschrieben hatten und nach wie vor in Berlin an den Schalthebeln der Macht saßen. Hitler legte dieselbe kompromißlose Haltung an den Tag wie Lenin: Das einzige, worauf es ankam, war die Eroberung der Macht; war dies erst einmal geschafft, so konnte man sich um alles Weitere kümmern. Hätte er diesen Kurs freilich offen vertreten, so wäre er bald isoliert gewesen. Wenn er weiter in der bayerischen Politik agieren wollte, mußte er taktieren und Kompromisse schließen, wobei es ihm freilich zu keinem Zeitpunkt gelang, das Mißtrauen der anderen Akteure zu zerstreuen. Denen war zwar das von ihm in die Waagschale geworfene Gewicht willkommen – die NSDAP verzeichnete allein zwischen Februar und November 1923 35 000 Neuzugänge, die SA rund 15 000 –, ansonsten aber dachten sie nicht daran, ihn als gleichberechtigten Partner zu akzeptieren, geschweige denn ihm die Führung zu überlassen.

Schließlich wurde ein von der NSDAP und anderen militant nationalistischen Gruppen getragener »Kampfbund« ins Leben gerufen, und Hitler ging daran, für den 1. Mai 1923 eine Großdemonstration zu planen, mit dem Ziel, die an diesem Tag traditionell stattfindenden Aufmärsche und Feiern der Arbeiterbewegung zu verhindern oder zu sprengen. Als die bayerische Regierung die Massenkundgebung und Parade genehmigte, einen Demonstrationszug durch die Straßen der Stadt jedoch untersagte, beschloß Hitler, das Verbot zu ignorieren und den Einsatz zu verdoppeln. Mit Unterstützung Röhms und entgegen einem ausdrücklichen Verbot seitens des Wehrkreiskommandeurs, General von Lossow, fanden sich die SA-Männer in den Kasernen ein und holten sich die von den »vaterländischen Verbänden« dort gelagerten Waffen, darunter auch Maschinengewehre. Sie waren überzeugt, daß jetzt endlich jener revolutionäre Gewaltstreich stattfinden würde, von dem Hitler so oft gesprochen hatte, und in der Tat trug Hitler, als er zu ihnen stieß, seinen Stahlhelm und sein Eisernes Kreuz. Aber von Lossow befahl Röhm, der nach wie vor regulärer Reichswehroffizier war, für die

Es gelang Hitler schnell, die Führung nationaler Verbände an sich zu reißen. Im Mai 1923 fährt er gleichberechtigt, ja an vorderster Stelle mit den Führern der Freikorps zum Oberwiesenfeld. Kleidung und Ausdruck zeigen schon den »Führer« der NSDAP, der einige Jahre später die erste Rolle im nationalen Lager innehat. Noch einmal sind es Außenseiter der Gesellschaft, ohne Namen und ohne Ansehen, die die Geschicke des Deutschen Reiches in die Hand zu nehmen beanspruchen.

Rückgabe der entwendeten Waffen zu sorgen, und schickte ihn an der Spitze einer Soldaten- und Polizeieskorte los, um die Durchführung des Befehls zu erzwingen. Einige der anderen »Kampfbund«-Führer sprachen sich für ein sofortiges Losschlagen aus, überzeugt, die Reichswehr werde sich mitreißen lassen, doch Hitler scheute vor einem so großen Wagnis zurück. Er befahl seiner Sturmabteilung, die Waffen in die Kasernen zurückzubringen. Allgemein hatte man den Eindruck, daß er an diesem Tag einen schweren Rückschlag hatte hinnehmen müssen, auch wenn er das in der Rede, die er am gleichen Abend im Zirkus Krone hielt, zu leugnen versuchte. Hitler lieferte selbst ein indirektes Eingeständnis seiner Niederlage, indem er aus München verschwand und sich für mehrere Wochen auf den Obersalzberg zurückzog. Sein Selbstvertrauen war angeschlagen, er fürchtete die Vollstreckung einer zur Bewährung ausgesetzten zweimonatigen Freiheitsstrafe, ja möglicherweise sogar die Abschiebung aus Bayern, da er immer noch österreichischer Staatsbürger war.

Als sich die kritische Lage Deutschlands im Laufe des August und September weiter verschärfte, sah Hitler sich jedoch ermutigt, nochmals sein Glück zu versuchen. Die Regierung Cuno, die zum passiven Widerstand an der Ruhr aufgerufen hatte, trat am 11. August zurück, ein offenes Eingeständnis, daß der Versuch, die Franzosen zum Nachgeben zu zwingen, gescheitert war. In diesem Moment schien sowohl die wirtschaftliche als auch die politische Einheit des Reichs gefährdet, erstere als Folge des endgültigen Währungsverfalls, letztere angesichts eines von den Franzosen heftig geförderten rheinischen Separatismus, kommunistisch inspirierter Streiks und neuerlicher bayerischer Drohungen einer Loslösung von Berlin. Die einzige Möglichkeit, die die neue, noch im August von Gustav Stresemann gebildete Regierung hatte, war der Abbruch des passiven Widerstands gegen die französische Ruhrbesetzung, womit die Regierung freilich ihre Gegner förmlich dazu einlud, sie als »Vaterlandsverräter« an den Pranger zu stellen. Einen Tag nach einer Großdemonstration in Nürnberg zur Feier des Jahrestags der französischen Niederlage bei Sedan am 2. September 1870, bei der Hitler als Redner auftrat, wurde der »Kampfbund« zu neuem Leben erweckt.

Wieder zu alter Form auflaufend, hielt Hitler jetzt täglich fünf oder sechs Reden. »Diese Novemberrepublik geht zu Ende!« erklärte er am 12. September. »Heute beginnt dieser niemals stolze Bau zu wanken! Es kracht in seinem Gebälk!... Das ist die Mission unserer Bewegung! Hakenkreuz oder Sowjetstern! Internationale Weltdespotie oder das Heilige Reich deutscher Nation!«[35]

Die Frage, wer die Rolle des Diktators übernehmen würde, blieb offen. General Ludendorff, der sich zum Präsidenten des wiederbelebten Kampfbundes hatte küren lassen, ging davon aus, daß die Wahl auf ihn fallen würde; ob Hitler insgeheim vorhatte, selbst die Führung zu übernehmen, oder ob er sich nach wie vor bloß als »Trommler« sah, läßt sich nicht ergründen.[36] Das grundlegende Problem bestand nach wie vor fort: Es genügte nicht, wenn Hitler den Kampfbund hinter sich brachte; er würde darüber hinaus auch die Unterstützung der bayerischen Regierung und die wenn nicht aktive, so doch zumindest passive Hilfe der Reichswehr brauchen. Aber um dem Kampfbund die Grenzen seiner Handlungsfreiheit zu zeigen, verhängte die bayerische Regierung am 26. September den Belagerungszustand und ernannte den rechten Politiker von Kahr zum Staatskommissar mit diktatorischen Vollmachten. Von Kahr nutzte diese Vollmachten sogleich, um die vierzehn Massenkundgebungen zu verbieten, mit denen Hitler seine neue Kampagne entfachen wollte.

Die entscheidende Frage war jedoch, wie sich die Reichswehr verhalten würde. Just an dem Tag, an dem die Nachricht vom in Bayern verhängten Ausnahmezustand Berlin erreichte, am 26. September, trafen Reichspräsident Ebert und das Kabinett mit dem Oberbefehlshaber der Reichswehr, General von Seeckt, zusammen. Auf die Frage, wo die Reichswehr stehe, antwortete der General: »Die Reichswehr, Herr Reichspräsident, steht hinter mir.« Das konnte nichts anderes bedeuten, als daß Seeckt nicht die Reichsregierung als die eigentliche Garantin der Einheit des Reichs betrachtete, sondern die Reichswehr, und daß diese sich in jeder Situation so verhalten würde, wie ihre Führer es für richtig hielten. Die Minister waren nicht in der Position, Seeckt zurechtzuweisen; sie mußten froh sein, daß die Reichswehr in dieser Situation wenigstens bereit war, ihnen im Angesicht eines drohenden Bürgerkriegs zur Seite zu stehen. Darauf bauend, wagten sie es, ihrerseits den nationalen Ausnahmezustand zu erklären und ihre hoheitlichen Befugnisse nominell in die Hände des Verteidigungsministers, faktisch aber in die Hände des Oberbefehlshabers von Seeckt, zu legen.

Für sechs Monate kontrollierte die Reichswehr nunmehr in Gestalt der Kommandeure der sieben Wehrkreise das gesamte öffentliche Leben, einschließlich der Preise, der Währungspolitik und der Arbeitsbedingungen in der Wirtschaft, genauso, wie sie das während des Krieges getan hatte. Ein Versuch der rechtsradikalen »Schwarzen Reichswehr«, einen Putsch zu inszenieren, wurde im Keim erstickt, die linke Koalitionsregierung, die sich in Sachsen etabliert hatte und mit ihren roten Miliztruppen der Reichsregierung die Stirn bot, wurde mit Waffengewalt abgesetzt. Ähnliche linke Experimente in Hamburg und Thüringen endeten auf dieselbe Weise.

Bayern erwies sich als ein schwieriger Fall, und es war der sich anbahnende offene Konflikt zwischen München und Berlin, dem Hitler seine neue Chance verdankte. Zum einen weigerte sich von Kahr, die Autorität der Reichsregierung anzuerkennen, zum anderen lehnte General von Lossow, der Wehrkreiskommandant für Bayern, es ab, von Seeckts Befehl auszuführen, die NS-Zeitung *Völkischer Beobachter* wegen ihrer heftigen Kampagne gegen Berlin zu verbieten und einige der führenden Nationalisten in Bayern zu verhaften. Als Seeckt Lossow seines Kommandos enthob, lehnte

Kahr dessen Nachfolger ab und ernannte Lossow zum Befehlshaber der in Bayern stehenden Reichswehrtruppen. Seeckt erinnerte Lossow und die von ihm befehligten Truppen an ihren Treueeid, aber Kahr und Lossow beharrten, unterstützt von Oberst Seisser, dem Chef der bayerischen Staatspolizei, auf ihrer Linie.

Was dieses Triumvirat vorhatte, ist völlig unklar. Am wahrscheinlichsten ist, daß die drei vor weiteren Beschlüssen erst einmal abwarten und sehen wollten, wie die Situation sich weiter entwickelte. Kahr hatte sich allem Anschein nach auf einen Marsch auf Berlin festgelegt, und Lossow berief am 24. Oktober eine Besprechung ein, bei der Pläne für die Durchführung der Operation erörtert werden sollten. Hitler und die SA waren hierzu bewußt nicht eingeladen worden, und Hitler argwöhnte, das Triumvirat wolle entweder ohne ihn handeln oder aber versuchen, Seeckt zur Errichtung einer nationalen Diktatur zu bewegen. In letzterem Fall würden die Bayern sich wohl der Reichswehrführung unterstellen und darauf sehen, daß die bayerischen Interessen berücksichtigt würden.

Hitler und die anderen im Kampfbund zusammengeschlossenen Organisationen hatten bereits ihre eigenen Vorkehrungen getroffen und wurden, da ihnen die Zeit davonlief, immer ungeduldiger. Hitler konnte sich nicht noch einmal so ein Fiasko wie am 1. Mai leisten. Er wußte (genau wie das Triumvirat), daß die Zeit verrann und die Regierung in Berlin die Krise vielleicht bald überwunden haben würde. Am 6. November beschloß der Kampfbund, auf eigene Faust vorzupreschen, Kahr und Lossow vor vollendete Tatsachen zu stellen und ihnen alle Rückzugsmöglichkeiten zu verbauen. Als Hitler erfuhr, daß Kahr für den Abend des 8. November eine große Versammlung anberaumt hatte, zu der die gesamte politische Elite Bayerns geladen war, beschloß er, diese Stunde zu der seinen zu machen. Es handelte sich nicht so sehr um einen »Hitler-Putsch«, als vielmehr um den letzten verzweifelten Kraftakt eines Mannes, der fürchtete, von seinen Mitverschwörern alleingelassen zu werden.[37]

Zur festgesetzten Zeit drängten sich im Münchner Bürgerbräukeller zweitausend Menschen, um den Reden der bayerischen politischen Prominenz zu lauschen. Kurz nach Beginn der Veranstaltung stürmte Hitler in den Saal, stürzte mit gezogener Pistole auf die Bühne und rief, die nationale Revolution habe begonnen. Nachdem er und seine Helfer Kahr, Lossow und Seisser in ein Nebenzimmer abgedrängt hatten, verkündete er, es sei eine provisorische Nationalregierung gebildet worden, deren politische Leitung er übernehmen werde. Ludendorff werde Oberbefehlshaber der deutschen Streitkräfte werden, und auch die Männer des Triumvirats würden Ämter erhalten. Mit Ludendorffs Hilfe brachte er die drei auf die Bühne zurück, wo sie ihm Gefolgschaft gelobten und ihm unter dem tosenden Applaus der Menge die Hände zur Versöhnung reichten. Dann entschuldigten sich die drei und suchten das Weite.

Jetzt, da es galt, jenes entschiedene Handeln unter Anwendung von

Gewalt zu praktizieren, das Hitler immer wieder als sein Ideal verkündet hatte, machte er eine erstaunlich schlechte Figur. Von gründlicher Planung konnte keine Rede sein, und als Hitler sich eingestehen mußte, daß Lossow und Kahr ihre Handlungsfreiheit zurückgewonnen hatten und im Begriff standen, Maßnahmen zur Niederschlagung der »Revolution« zu ergreifen, erlitt er einen Nervenzusammenbruch und durchlief eine ganze Serie von Stimmungen – von Wut über Verzweiflung, Apathie und wieder aufkeimender Hoffnung bis zu lähmender Unschlüssigkeit. Tatsächlich wäre ihm, wenn er sich nur dazu aufgerafft hätte, hinauszugehen und zur Menge zu sprechen – eine Aufgabe, die er Streicher zuschob –, klargeworden, daß die Chance noch nicht vertan war, die Masse für den Marsch auf Berlin zu mobilisieren. So aber schloß er sich im Bürgerbräukeller ein, mied den Kontakt zur Menge, aus der er sonst immer Kraft gesogen hatte, und war außerstande, sich für oder gegen eine Fortsetzung der Aktion zu entscheiden. Es war Ludendorff, der ihm die Entscheidung abnahm und am nächsten Tag um die Mittagszeit Hitler und die anderen NS-Führer an der Spitze eines mehrere tausend Mann starken Demonstrationszuges über die Isar Richtung Stadtmitte führte.

Aus Augenzeugenberichten wird nur allzu deutlich, daß Hitler zu diesem Zeitpunkt den Glauben an den Erfolg des Unternehmens bereits gänzlich verloren hatte. Als aus einem am Odeonsplatz aufgezogenen Polizeikordon das Feuer auf die Demonstranten eröffnet wurde, lichteten sich deren Reihen; vierzehn Demonstranten und drei Polizisten kamen ums Leben, viele andere wurden verwundet. Während Ludendorff weitermarschierte und die Polizeisperre durchbrach, wurde Hitler zu Boden gerissen, wobei er sich den Arm auskugelte. Er rappelte sich auf, ergriff die Flucht und tauchte in Uffing am Staffelsee unter. Zwei Tage später wurde er verhaftet und in völlig aufgelöstem Zustand ins Gefängnis gebracht. Er war überzeugt, daß er sich von diesem Fiasko nie mehr erholen und daß er, davon abgesehen, ohnehin erschossen würde.

Doch die Dinge nahmen eine erstaunliche Wendung. Zwar wurde Hitler wegen Hochverrats angeklagt und verurteilt, doch brauchte er nicht einmal ein Jahr hinter Gittern abzusitzen. Gleichwohl mußte er, als er Ende 1924 freigelassen wurde, politisch fast wieder von vorne beginnen. Die Chancen für einen erfolgreichen Staatsstreich nach dem Vorbild von Mussolinis Marsch auf Rom waren wohl zu keinem Zeitpunkt des Jahres 1923 besonders groß. Wäre der Coup gelungen, es wäre sicherlich nur der erste Schritt auf einem dornenreichen Weg gewesen, aber Hitler hätte wenigstens zu denen gehört, die um die höchsten Einsätze mitspielten. So, wie die Sache jetzt gelaufen war, kostete es ihn noch einmal fünf Jahre, überhaupt wieder einen Platz am Spieltisch zu ergattern.

Im Vergleich zur historischen Tragweite der Geschehnisse, an denen Stalin zur selben Zeit beteiligt war, müssen die Anfänge der politischen Laufbahn Hitlers, muß der Novemberputsch, der sich in der Weltpresse allenfalls in einspaltigen Meldungen niederschlug, wie eine skurrile Anekdote am Rande wirken. Aber für die Erfahrungen, die Hitler 1923 sammelte, und vor allem für das Fiasko, das seine politische Laufbahn erst einmal beendete, gilt ebenso wie für die Lehrjahre Stalins vor 1917, daß sie eine prägende Wirkung auf das spätere politische Verhalten und damit auf die Methoden der Machtergreifung hatten.

4. Kapitel

Der Generalsekretär

Stalin 1918–1924

Die russische Revolution von 1917 ist und bleibt eines der außergewöhnlichsten und geschichtlich folgenreichsten Ereignisse des 20. Jahrhunderts. Die Bolschewisten waren die kleinste der sozialistischen Parteien Rußlands mit höchstens 25 000 Mitgliedern zu Anfang des Jahres 1917, in dessen weiterem Verlauf sie sich die meiste Zeit in trotziger Opposition und in der Isolation befanden. Und doch schafften ihre Führer es noch vor Ende des Jahres, unerwartet und fast über Nacht die erste sozialistische Regierung der Welt zu bilden, verantwortlich für das größte Land der Erde und für das Schicksal von über 170 Millionen Menschen.

Im Verlauf ihres ersten Jahres ihrer Tätigkeit beendete diese Regierung den Krieg und errichtete eine Einparteiendiktatur, die den Anspruch erhob, die Arbeiter und Bauern Rußlands zu repräsentieren. Doch ob es ihr gelingen würde, ihre Autorität landesweit zu festigen oder auch nur als regierende Kraft zu überleben, blieb zweifelhaft, ganz zu schweigen von den Chancen, ihre revolutionären wirtschaftlichen und sozialen Forderungen zu verwirklichen. Die Hoffnung, daß gleichzeitig Revolutionen im westlichen Europa, namentlich in Deutschland ausbrechen würden, was Lenin ebenso wie Trotzki als wesentlich für den Erfolg ihres eigenen Unternehmens bezeichnet hatten, hatte sich nicht erfüllt. Anstatt von freundlich gesinnten sozialistischen Regimen Unterstützung zu erhalten, sahen sich die russischen Bolschewisten mit alliierten Interventionstruppen konfrontiert, die die Sache der in Rußland kämpfenden konterrevolutionären Kräfte verfochten.

Die Ukraine, Polen und die baltischen Staaten, Gebiete, die im letzten Jahr des Krieges von deutschen Truppen besetzt gewesen waren, konstituierten sich nach dessen Ende als selbständige Staaten. Unter den ehemals zaristischen Generälen Denikin, Judenitsch, Wrangel sowie Admiral Koltschak hatten sich Armeen der »Weißen« formiert. In Sibirien, im Uralgebiet und an der mittleren Wolga besetzten weiße Truppen im Verlauf des Jahres 1918 im Verein mit der tschechischen Legion, die sich aus ehemaligen Kriegsgefangenen gebildet hatte, sämtliche industriellen und strategischen Schlüsselstellungen.

Von Süden her marschierte General Krasnow mit seinen Kosaken nordwärts; er hatte vor, bei Kasan zu anderen weißen Truppen zu stoßen, mit ihnen zusammen die Eisenbahnverbindung zwischen Zarizyn und Moskau zu kappen und damit die Hauptstadt von der letzten ihr verbliebenen Kornkammer im Nordkaukasus abzuschneiden. In Moskau und Petrograd wurde die Brotration für Arbeiter um diese Zeit auf dreißig Gramm täglich herabgesetzt. Im Kaukasus selbst sorgten rivalisierende lokale Machthaber, die sowohl gegen die Weißen wie die Roten kämpften – und hin und wieder auch gegeneinander –, für zusätzliche Unruhe.

Im Westen strebten die Polen danach, sich jene ukrainischen und weißrussischen Gebiete zurückzuholen, die einst zum polnisch-litauischen Königreich gehört hatten. In Fernost setzten die Japaner, bald gefolgt von den Amerikanern, Truppen an Land. Ein französischer Verband eroberte Odessa; britische Truppen besetzten Archangelsk im Norden und Baku im Süden. Eine Zeitlang kontrollierte die Regierung Lenins nur noch ein Gebiet, das kaum größer war als das moskowitische Fürstentum im 15. Jahrhundert.

Die Parteiführung, die vor der ungeheuren Aufgabe stand, sich in dieser Lage zu behaupten, litt keinen Mangel an fähigen Leuten, doch verfügte keiner dieser Männer über praktische Verwaltungserfahrung oder war in der Lage, volkswirtschaftliche Abläufe zu organisieren. Das Problem war nicht nur, daß diese Leute zuviel theoretisches Wissen und zuwenig praktische Erfahrung mitbrachten, sondern auch, daß sie einen tiefen Argwohn gegen traditionelle Regierungs- und Verwaltungspraktiken schlechthin hegten, nicht nur gegen die der zaristischen Autokratie, sondern auch gegen die der bürgerlichen Regierungen in Westeuropa, und daß sie alle kapitalistischen Formen des Wirtschaftens rundheraus ablehnten. Es fehlte ihnen aber nicht nur an Erfahrung, sondern auch an einem konkreten Entwurf oder Gegenmodell; alles mußte improvisiert werden.

Doch weder Lenin noch Trotzki – der eine noch keine fünfzig, der andere, wie Stalin, noch keine vierzig – ließen sich von dieser Aufgabe einschüchtern. Lenin hatte das Ziel erreicht, dem er sein Leben gewidmet hatte –: die Macht, und das stärkte nicht nur sein Selbstbewußtsein, sondern auch seine Autorität. Bis zum Zehnten Parteitag im Jahr 1921 gab es in der Partei noch leidenschaftliche Debatten um die richtige Politik, und abweichende und kritische Meinungen wurden geduldet. Die Führerschaft Lenins stand jedoch, nachdem er sich mit seinen Aprilthesen, mit der Initiative zur Oktoberrevolution und mit dem Abschluß des Friedens von Brest-Litowsk jeweils gegen eine Mehrheit innerhalb der Partei durchgesetzt hatte und die Ereignisse ihm in allen Fällen nachträglich recht gegeben hatten, nie wieder zur Debatte.

Trotzki blieb für die Altbolschewisten stets ein Außenseiter, der erst im August 1917 zur Partei gestoßen war; sein herrisches Auftreten wurde nicht nur von Stalin, sondern auch von anderen als arrogant empfunden. Aber nach allem, was er als Vorsitzender des Petrograder Sowjets 1905 und 1917 sowie als Regisseur der bolschewistischen Machtergreifung geleistet hatte, konnte an seinem Format als Revolutionsführer kaum mehr ein Zweifel bestehen, zumal er bald darauf auch sein militärisches Talent unter Beweis stellte – als »Organisator des Sieges« im Bürgerkrieg, sozusagen der Carnot der russischen Revolution.

Das konnte man vom vierundvierzigjährigen Sinowjew, an dem kaum einer der anderen Parteiführer ein gutes Haar ließ, nicht sagen. Er hatte Lenin im Oktober 1917 widersprochen, als es um den Griff nach der Macht ging, und war aus dem Zentralkomitee ausgetreten, nachdem Lenin der Idee einer Koalitionsregierung eine Absage erteilt hatte. Lenin hatte Sinowjew diese Abweichungen jedoch verziehen, und so konnte er 1919 zum Kandidaten, 1921 zum Vollmitglied des Politbüros aufrücken; außerdem wurde er Gründungsvorsitzender der Kommunistischen Internationale und Leiter der einflußreichen Petrograder Parteiorganisation. Nach allgemeiner Ansicht verdankte Sinowjew seine Stellung freilich vor allem der Tatsache, daß Lenin sich in den Jahren des Exils zwischen 1908 und 1917 daran gewöhnt hatte, sich auf Sinowjew zu verlassen, und ihn auch jetzt nicht missen mochte, auch wenn er selbst einmal über ihn sagte: »Er macht mir meine Fehler nach.« Sinowjew war ein gewandter Redner und verstand es, Sachverhalte allgemeinverständlich darzustellen, aber seine Versuche, sich als Intellektueller zu profilieren, wurden nicht ernst genommen. Von Lenin ist die Aussage überliefert, Sinowjew sei nur mutig, wenn die Gefahr vorüber sei – »die Panik in Person«, wie Swerdlow über ihn sagte, und außerdem noch ein Ausbund an Eitelkeit. Aber nachdem Sinowjew einmal an die Spitze gelangt war, war er entschlossen, dort zu bleiben, und anders als Trotzki (den er haßte) kämpfte er wenigstens um seine Stellung.

Ein Faktor, der Sinowjew zugute kam, war seine Partnerschaft mit Lew Kamenew, der wie er 1883 geboren und ebenfalls ein Sohn jüdischer Eltern war. Nach einigen Jahren Untergrundtätigkeit hatte er sich von 1908 bis 1914 im Ausland aufgehalten und es zu Lenins engstem Mitarbeiter nach Sinowjew gebracht. Um dieselbe Zeit wie Stalin in die sibirische Verbannung deportiert, war er 1917 zusammen mit ihm zurückgekehrt und hatte seine Partnerschaft mit Sinowjew erneuert, die andauerte, bis Stalin 1936 beide aburteilen und hinrichten ließ. Kamenew war ein Mann ohne großen persönlichen Ehrgeiz, der sich an seinem Freund Sinowjew orientierte und sich wegen seiner versöhnlichen Haltung in den Jahren 1917 und 1918 den Zorn Lenins zuzog. Doch auch er wurde wenig später »begnadigt« und wieder ins Zentralkomitee und ins Politbüro aufgenommen – ebenfalls ein alter Vertrauter, auf den Lenin sich verlassen zu können glaubte und dem er die Führung der Parteiorganisation in der zweiten wichtigen Großstadt, Moskau, anvertraute. Eine reifere Persönlichkeit als Sinowjew, erfreute Kamenew sich größerer Popularität – trotz seiner Neigung, sich Sinowjew unterzuordnen. Er verschaffte sich Respekt durch die Klarheit seiner Gedankenführung in Wort und Schrift und insbesondere durch seine Qualitäten als Vorsitzender.

Zwei Männer in der Parteiführung hatten wie Stalin den Großteil ihrer Revolutionärslaufbahn vor 1917 nicht in der Emigration, sondern in Rußland verbracht. Beide hatten zwar dem rechten Flügel der Partei angehört, doch beide verfügten auch über die praktische Erfahrung, die Lenin so sehr schätzte. Michail Tomski, der einzige führende Bolschewist, der Industriearbeiter gewesen war, war gelernter Lithograph und erst mit vierundzwanzig Jahren der Partei beigetreten. Sein großer Vorzug bestand darin, daß er die Führung der Gewerkschaften übernehmen konnte. Alexej Rykow zeichnete sich durch den Umstand aus, daß er aus bäuerlichen Verhältnissen stammte und ein waschechter Russe war. Das war wichtig angesichts der Tatsache, daß die drei ranghöchsten Parteifunktionäre nach Lenin Juden waren – Trotzki, Sinowjew und Kamenew – und ein viertes Mitglied der Führung Georgier. Antisemitismus war in Rußland noch ein Faktor, mit dem gerechnet werden mußte, und bekanntlich wurde auch Hitler niemals müde, Moskau als ein Zentrum der »jüdischen Weltverschwörung« zu bezeichnen. Rykow übernahm im Februar 1918 den Vorsitz im Obersten Volkswirtschaftsrat, rückte 1921 zusammen mit Tomski ins Organisationsbüro des Zentralkomitees der Partei (»Orgbüro«) und 1922 ins Politbüro auf.

Außer Lenin und Trotzki gab es in der bolschewistischen Führung nur noch einen, den man zweifelsfrei als Intellektuellen beschreiben konnte: Nikolaj Bucharin. Der 1888 als Sohn eines Lehrers geborene Russe studierte, wie Kamenew, kurze Zeit an der Moskauer Universität, ehe er sich für das Dasein eines Berufsrevolutionärs entschied und 1911 in die Emigration ging. Bucharins Interessengebiet war die Wirtschaftstheorie, und sein Buch *Imperialismus und Weltwirtschaft* beeinflußte Lenins später entstandene Schriften zu diesem Thema.

Als Bucharin 1917 nach Rußland zurückkehrte, avancierte er zum Wortführer der Parteilinken, sprach sich gegen Brest-Litowsk und für einen revolutionären Krieg aus und lieferte mit seinen Büchern *Die Ökonomik der Transformationsperiode* und *Das ABC des Kommunismus* (das er zusammen mit Jewgenij A. Preobraschenski verfaßte) die theoretische Rechtfertigung für die Methoden des Kriegskommunismus. Er besaß ebensoviel Charme und Talent wie Trotzki, war aber ungleich populärer als dieser, besonders bei den jüngeren Parteimitgliedern. Lenin nannte Bucharin den »Liebling der Partei«, hielt ihn aber auch für einen »wachsweichen« Menschen ohne festgefügte Überzeugungen, was vielleicht ein Grund dafür war, daß Bucharin nach seiner Ernennung zum Kandidaten des Politbüros im Jahr 1919 fünf Jahre warten mußte, bis er 1924 – nach Lenins Tod – Vollmitglied wurde. Bucharin sollte nie irgendwelche wichtigen Führungsposten in Partei oder Regierung übernehmen und war für seine Genossen in der Parteispitze zu keiner Zeit ein ernst zu nehmender politischer Rivale; aber er legte mehr geistige Unabhängigkeit an den Tag als die meisten und widersprach Lenin in vielen theoretischen Fragen. Bucharin bekehrte sich als einer der ersten zur Neuen Ökonomischen Politik und plädierte am nachdrücklichsten dafür, sie zur Dauereinrichtung zu machen. Er scharte eine Gruppe jüngerer Ökonomen um sich, die sich als Propagandisten seiner Ideen betätigten und die er darüber hinaus in seiner Funktion als Chefredakteur der *Prawda* und der neuen Zeitschrift des Zentralkomitees, *Bolschewik*, in Umlauf zu setzen vermochte.

Das also waren die Männer, die zusammen mit Lenin und Stalin in den Jahren nach 1917 die Geschicke der Sowjetunion lenkten und die nach Lenins Tod Stalins Hauptrivalen im Kampf um die Nachfolge wurden. Zum Glück für die Bolschewisten sorgten Querelen im Lager der »Weißen« und das Fehlen eines koordinierten Vorgehens auf seiten der intervenierenden ausländischen Mächte dafür, daß die Lage für die Sowjetregierung nicht ganz so aussichtslos wurde, wie es zunächst den Anschein gehabt hatte; dies galt jedoch nur unter der Bedingung, daß sie es schaffen würde, ein in sich geschlossenes Oberkommando zu etablieren und eine kampfkräftige Streitmacht auf die Beine zu stellen.

Dies war, zog man den Zustand der besiegten russischen Armee in Betracht, deren Kampfmoral und Disziplin die Kommunisten nach allen Regeln der Kunst zu schwächen versucht hatten, ein überaus schwieriges Unterfangen. Doch dann legte Trotzki, im März 1918 zum Kriegskommissar ernannt, ungeahnte Fähigkeiten als Heeresorganisator an den Tag. Die Wehrpflicht wurde eingeführt, und Ende 1918 dienten bereits 800 000 Rekruten in der Roten Armee; auf dem Höhepunkt des Bürgerkriegs im Jahr 1920 sollen es dann über fünf Millionen Mann gewesen sein. Als der Versuch, Polen zu besetzen, fehlschlug, bedeutete dies das abrupte Ende der neu aufgeflammten Hoffnung Lenins, im Troß der Roten Armee die Revolution ins westliche Europa hineintragen zu können. Doch die Weißen wurden geschlagen und damit die Hoffnungen der Interventionsmächte durchkreuzt, die kommunistische Revolution auf russischem Boden selbst rückgängig machen zu können. 1922 hatte der junge Sowjetstaat mit Hilfe seiner Armee seinen Herrschaftsbereich schon wieder über den größten Teil des russischen Vorkriegsterritoriums ausgedehnt; lediglich im Westen mußten Bessarabien, der ehemals russische Teil Polens, die baltischen Staaten und Finnland aufgegeben werden.

Das war der Hintergrund für den politischen Weg Stalins zwischen 1918 und 1921. Hitler mußte in diesen Jahren versuchen, eine Bewegung aufzubauen und sie so stark zu machen, daß sie ernst genommen würde. Schaffte er das, so würde er, wie er fest glaubte, seine Stellung als Führer der Bewegung wahren können. Für Stalin stellte sich das umgekehrte Problem. Die Kommunistische Partei war aufgebaut und stellte bereits die Regierung. Stalin hatte zu beidem etwas beigetragen, aber nicht so viel, daß es gerechtfertigt gewesen wäre, ihn, wie es später geschah, als engsten Mitarbeiter Lenins zu bezeichnen. Keiner aus der Führungsspitze der Bolschewisten sah zu diesem Zeitpunkt in Stalin einen potentiellen Nachfolger Lenins, und wir werden wohl nie erfahren, wann Stalin selbst sich dieses Ziel steckte. Lenin war nur neun Jahre älter als er – er wurde 1920 fünfzig Jahre alt –, und Stalin konnte schwerlich voraussehen, daß der Parteiführer im Mai 1922 den ersten einer ganzen Reihe von Schlaganfällen erleiden und im Januar 1924, noch keine vierundfünfzig Jahre alt, sterben würde. Wir können jedoch davon ausgehen, daß Stalin sich spätestens vom Sommer 1922 an, womöglich auch schon früher, als Nachfolgekandidat fühlte. Die Frage war, wie er es anstellen sollte, seine Position innerhalb der Führung so weit auszubauen, daß er ernsthafte Ansprüche auf Lenins Nachfolge erheben konnte.

Aus seinem Amt als Volkskommissar für Nationalitätenfragen ließ sich in dieser Hinsicht nicht viel machen. Drei Wochen nach dem bolschewistischen Staatsstreich von 1917 nahm Stalin am Parteitag der finnischen Sozialdemokraten teil und proklamierte das Recht der Finnen auf nationale Unabhängigkeit. Das Dekret, mit dem diese Unabhängigkeit garantiert wurde, war von Lenin und Stalin unterzeichnet und entsprach dem Grundsatz der Selbstbestimmung, den Stalin 1913 in seinem Aufsatz *Die nationale Frage und die Sozialdemokratie* bejaht hatte. Nicht nur Menschewisten wie Martow, sondern auch Bolschewisten wie Bucharin und Dzierzynski kritisierten dies als eine Politik des »Ausverkaufs« an den bürgerlichen Nationalismus kleinerer Völkerschaften auf Kosten Rußlands und der russischen Revolution. In der allgemeinen Aufbruchstimmung nach dem Sturz der zaristischen Regierung spülten nationalistische Bewegungen in allen Randgebieten des russischen Reichs neue Regime nach oben, die antibolschewistisch orientiert und auf die völlige Loslösung von Rußland aus waren. Das geschah nicht nur in Polen und in den baltischen Staaten, sondern auch im Kaukasus, in Zentralasien und sogar in der Ukraine.

Mit einer eindeutigen Absage an den Grundsatz der nationalen Selbstbestimmung hätte sich die Sowjetregierung freilich alle Chancen verbaut, diese Völkerschaften im sowjetischen Staatsverband zu halten, und sie den antibolschewistischen Kräften in die Arme getrieben. Stalin gelang die Quadratur des Kreises, indem er das Recht auf Selbstbestimmung als »Mittel im Kampf um den Sozialismus« deutete, woraus folge, daß es »den Prinzipien des Sozialismus untergeordnet« sei. Nationale Selbständigkeit war, anders gesagt, nur unter kommunistischer Kontrolle akzeptabel. In seiner Eröffnungsrede zu einer Vorbereitungskonferenz für die Gründung der Tatarisch-Baschkirischen Autonomen Sowjetrepublik im Mai 1918 machte Stalin deutlich, was er meinte: »Autonomie ist eine Form. Die ganze Frage ist, welche Art von Klassenherrschaft in dieser Form enthalten ist. Die Sowjetregierung ist für Autonomie, aber nur für eine Autonomie, bei der alle Macht in den Händen der Arbeiter und Bauern liegt und die Bourgeoisie aller Nationalitäten nicht nur von der Macht ausgeschlossen ist, sondern auch von der Teilnahme an den Wahlen zu den Regierungsorganen.«[1]

Eine weitere Abkehr von einer in seiner theoretischen Schrift vertretenen Auffassung erleichterte Stalin den nahtlosen Übergang zum neuen Autonomiekonzept. In der Kommission, die den Entwurf für die sowjetische Verfassung von 1918 ausarbeitete, ließ Stalin seine frühere Forderung nach einer zentralistischen Organisationsform des Staates zugunsten eines eher föderalistischen Gebildes fallen, bestehend aus ethnisch und territorial definierten Einheiten. Michail Reisner kritisierte den Vorschlag Stalins

mit der Begründung, es handle sich um »Zentralismus unter dem Deckmantel einer föderalistischen Struktur«. Er hatte völlig recht, aber Stalin
setzte sich mit Lenins Hilfe durch.[2]

Diese Kursänderungen sollten schwerwiegende Folgen haben. Solange
jedoch die Frage nach dem Überleben des Regimes noch nicht entschieden
war, waren sie eher von symbolischer Bedeutung. Während Lenin in Moskau alle Fäden in der Hand behielt und Trotzki als Kriegskommissar zu
neuen Ufern des Ruhms strebte, mußten die übrigen Sowjetführer mit Spe-
zialaufträgen von einem Krisenherd zum anderen reisen. Lenin traute Stalin als Krisenmanager noch ebensoviel zu wie 1917 und betraute ihn mit
einigen der schwierigsten Missionen. Sein Vertrauen wurde nicht enttäuscht. Inmitten der chaotischen Verhältnisse, die 1918 und 1919 allerorten
herrschten, verlor Stalin weder die Nerven noch den Überblick, sondern
zeigte, daß er Menschen führen und Dinge in Bewegung setzen konnte –
wie brutal seine Methoden, zu denen auch Massenhinrichtungen ohne vor-
ausgegangenes Gerichtsverfahren gehören konnten, auch immer sein
mochten. Anders als Hitler als »Frontkämpfer« im Ersten Weltkrieg, sammelte Stalin seine Kriegserfahrung nicht an der Front, sondern in den
Stabshauptquartieren, zu denen er als politischer Kommissar oder Sonderbeauftragter entsandt wurde. Bei beiden Männern ging die spezifische
Kriegserfahrung in ihr späteres Verhalten als oberste Befehlshaber ihrer
Streitkräfte im Zweiten Weltkrieg ein.

Stalins erster Auftrag führte ihn nach Zarizyn an der Wolga (das später in
Stalingrad und noch später in Wolgograd umgetauft wurde). Er sollte dafür
sorgen, daß dieser wichtige Verkehrsknotenpunkt in sowjetischer Hand
blieb und die beiden Hauptstädte nicht von ihren Lebensmittelquellen
abgeschnitten wurden. Vierundzwanzig Stunden nach seiner Ankunft am
6. Juni berichtete er, er habe einer »Orgie des Profiteurunwesens« ein Ende
gesetzt, indem er die Lebensmittelpreise eingefroren und die Rationierung
der Vorräte eingeführt habe. Am 7. Juli, einen Tag nach dem Putschversuch
der Sozialrevolutionäre, versicherte er Lenin: »Es wird alles getan werden,
um eventuellen Überraschungen vorzubeugen. Seien Sie gewiß, daß
unsere Hand nicht zittern wird. Ich treibe alle an und schimpfe mit allen, die
es verdienen. Sie können überzeugt sein, daß wir niemanden schonen werden, weder uns noch andere. Aber Getreide werden wir liefern.«[3]

Während seiner Mission in Zarizyn geriet Stalin erstmals offen in Konflikt mit Trotzki. Anlaß war die Entscheidung Trotzkis, beim Aufbau der
Roten Armee auf ehemalige zaristische Offiziere zurückzugreifen, denen
allerdings Kommunisten als politische Kommissare zugeordnet wurden.
Viele Kommunisten zweifelten an der Weisheit dieser Politik, so auch
Lenin, der seine Bedenken erst fallenließ, als er von Trotzki erfuhr, daß in
der Roten Armee über 40 000 dieser »militärischen Spezialisten« dienten
und daß ohne sie und die mehr als 200 000 ehemals zaristischen Unteroffi-
ziere die Gefahr eines militärischen Zusammenbruchs drohte. Auch wenn

diese Lösung ein Gebot der Notwendigkeit war: daß sie reibungslos funktionierte, konnte man nicht behaupten. Verrat und Fahnenflucht waren im Bürgerkrieg an der Tagesordnung, und zahlreiche Anführer roter Guerillagruppen, denen es nicht paßte, unter dem Befehl konservativer ehemals zaristischer Offiziere zu dienen, opponierten ebenso gegen diese Politik wie Kommunisten vom linken Parteiflügel, die Lenin und Trotzki an ihr Versprechen erinnerten, das stehende Heer – sowie auch die politische Polizei – durch eine Volksmiliz zu ersetzen.

Der Nordkaukasische Militärbezirk entwickelte sich alsbald zu einer Hochburg der Opposition gegen die Politik Trotzkis, und hier rekrutierte Stalin, wie seinerzeit aus dem bolschewistischen Komitee von Baku, Männer, auf die er sich später stützen sollte. Ein enger Vertrauter aus dieser Zeit war Woroschilow, ein altgedienter Bolschewist und politischer Agitator in der Geschützfabrik von Zarizyn, der sich schon zehn Jahre zuvor als Sekretär der Ölarbeitergewerkschaft und Mitglied des Bakuer Parteikomitees hervorgetan hatte. Obwohl Woroschilow keinerlei militärische Erfahrung besaß, erwirkte Stalin seine Ernennung zum Befehlshaber der Zehnten Armee. Politischer Kommissar für die Zehnte Armee war Sergo Ordschonikidse, ein weiterer Vertrauter Stalins aus früheren Bakuer Zeiten, auf dessen Anraten Lenin den Georgier Stalin 1912 ins Zentralkomitee der Partei berufen hatte. Beide Männer schlossen sich der »Stalin-Mafia« an, ebenso wie Budjonny, ein ehemaliger Kavalleriefeldwebel, der als Guerillaführer von sich reden gemacht hatte. Trotzki sprach geringschätzig von der »Unteroffiziers-Opposition«, aber alle drei stiegen im Schlepptau Stalins zu Macht und Würden auf. Woroschilow sollte Trotzkis Nachfolger als Kriegskommissar werden; Ordschonikidse spielte eine Schlüsselrolle in Stalins Industrialisierungsprogramm und stieg zum Mitglied des Politbüros auf; Budjonny wurde, ebenso wie Woroschilow, später zu einem der ersten Marschälle der Sowjetunion ernannt. 1918 an der Nordkaukasus-Front ignorierte die Zarizyner Clique Befehle aus Moskau, weigerte sich, mit professionellen Offizieren der früheren Zarenarmee zusammenzuarbeiten, und zog sich von Trotzki und dem Obersten Kriegsrat mehr als einmal den Vorwurf der Insubordination zu. In der Botschaft an Lenin vom 7. Juli, aus der bereits zitiert worden ist, hatte Stalin dringend darum ersucht, ihm sowohl den militärischen als auch den zivilen Oberbefehl anzuvertrauen. Drei Tage später schickte er eine weitere Depesche: »Um die Sache fördern zu können, brauche ich militärische Vollmachten. Ich habe darüber schon geschrieben, aber keine Antwort erhalten. Nun gut. Dann werde ich eben selbst, ohne Förmlichkeiten, diejenigen Armeebefehlshaber und Kommissare absetzen, die die Sache zugrunde richten. Das gebietet mir die Sache, und das Fehlen eines Papierchens von Trotzki wird mich natürlich nicht davon abhalten.«[4]

Lenin übertrug Stalin mit Einwilligung Trotzkis die geforderten Befugnisse und ernannte ihn zum Vorsitzenden des Militärrats des Nordkaukasischen Militärbezirks. Gleichzeitig machte Lenin unmißverständlich klar, daß er hinter der Autorität des Obersten Kriegsrats stand. Stalin ließ sich davon nicht beeindrucken; er ermunterte die örtlichen Kommandeure nach wie vor, Befehle von oben zu ignorieren, und konterkarierte entgegen ausdrücklicher Anweisungen aus Moskau die Weisungen des ehemaligen zaristischen Generales Sytin, den Trotzki zum Oberbefehlshaber der Südfront ernannt hatte, dessen Autorität Stalin aber nicht anerkannte.

Dieses Mal reagierte Trotzki: Er forderte kategorisch die Rückberufung Stalins und drohte mit einem Kriegsgerichtsverfahren gegen Woroschilow für den Fall, daß dieser weiterhin Befehle verweigere. Lenin gab nach, schickte aber, um die Sache abzumildern, einen seiner engsten Mitarbeiter, Jakow Swerdlow, Sekretär des Zentralkomitees, im Sonderzug nach Zarizyn, mit dem Auftrag, Stalin in Ehren zurückzubringen. Er ernannte Stalin zum Mitglied des (umbenannten) Revolutionären Kriegsrats und des neuen Verteidigungsrats der Arbeiter und Bauern, den man Ende November 1918 ins Leben gerufen hatte, um die Rüstungsressourcen des Landes zu mobilisieren.

Lenin appellierte an Trotzki und Stalin, ihre Differenzen hintanzustellen und zusammenzuarbeiten. Stalin unternahm einen Anlauf dazu, indem er in einer Reihe von Reden Trotzkis große Verdienste hervorhob; aber Trotzki wähnte sich Stalin überlegen und war unfähig, dieses Gefühl zu verheimlichen. »Erst spät«, schrieb er in seiner Autobiographie, »habe ich seine Bemühungen, so etwas wie familiäre Beziehungen zu mir herzustellen, erkannt. Aber er wirkte auf mich durch jene Eigenschaften abstoßend, die später, in der Welle des Niedergangs, seine Stärke ausmachten: die Enge der Interessen, den Empirismus, die psychologische Plumpheit und jenen besonderen Zynismus des Kleinstädters, den der Marxismus von vielen Vorurteilen befreit hat, jedoch ohne diese durch eine voll erfaßte und in Psychologie übergegangene Weltanschauung zu ersetzen.«[5]

Auch von Stalins Seite ging es bei der Rivalität mit Trotzki um mehr als bloß politische und taktische Differenzen. Vor dem Bruch der Koalition mit den linken Sozialrevolutionären waren die Bolschewisten im inneren Kabinett mit drei Männern vertreten gewesen: Lenin, Trotzki und Stalin. In der Folge war Stalin herausgefallen, und während er unsichtbar im Hintergrund wirkte, profilierte sich die Sowjetregierung in den Augen aller Welt als das Regime Lenins und Trotzkis, ebenso wie auch die Partei mit diesen beiden Namen identifiziert wurde. Stalin hatte die Führungsrolle Lenins stets anerkannt, was ihm um so leichter gefallen war, als Lenin der um neun Jahre ältere war. Trotzki jedoch war im selben Jahr geboren wie Stalin. Zu seinen intellektuellen Fähigkeiten und seinem Ansehen als Redner fügte er nun den Ruhm als Schöpfer der Roten Armee und schließlich auch als »Organisator des Sieges« im Bürgerkrieg hinzu. Für einen Mann mit dem Ehrgeiz Stalins und mit dessen nagendem Minderwertigkeitskomplex mußte dieser Aufstieg Trotzkis unerträglich sein, um so mehr, als Trotzki sich nicht einmal dazu herabließ, ihn als Rivalen ernst zu nehmen.

Lenin tat sein Bestes, den Konflikt zwischen den beiden Männern unter Kontrolle zu halten, die er beide schätzte, obgleich er sie nach unterschiedlichen Maßstäben beurteilte. Daß sein Vertrauen zu Stalin nicht gelitten hatte, zeigte sich daran, daß er ihn weiterhin bis ans Ende des Bürgerkriegs mit Missionen an der Front betraute. Im Januar mußte er sich zur östlichen Front begeben und über das Debakel des Verlusts von Perm Bericht erstatten; im Mai organisierte er die Verteidigung Petrograds gegen die Weißen und ließ in Kronstadt 67 Marineoffiziere wegen Ungehorsams hinrichten; etwas später wurde er an die Südfront zurückbeordert, wo es galt, nach der Eroberung Orels durch Denikin die Weißen an einem weiteren Vormarsch Richtung Moskau zu hindern.

Stalin hatte sich im Verlauf des Jahres 1919 einen zwiespältigen Ruf erworben: fähig zwar, ein zuverlässiger Mann, aber auch ein schwieriger Partner, der jede Situation personalisierte. Während er viel Aufhebens um alles machte, was er selber vollbracht hatte, geizte er nicht mit scharfer Kritik an allen anderen, und wo andere nur Unfähigkeit und Schlamperei erblickten, witterte er Verrat und Verschwörung. Er brannte vor Eifersucht und verbrauchte ebensoviel Energie in Kleinkriegen gegen eigene Genossen, die er als Rivalen empfand, wie für den Kampf gegen den Feind. Trotzki berichtet, daß im Politbüro, nachdem der Beschluß gefaßt worden war, ihm für seinen Beitrag zur Rettung Petrograds im Herbst 1919 den Rotbannerorden zu verleihen, ein etwas verlegen wirkender Kamenew vorschlug, Stalin mit derselben Auszeichnung zu dekorieren. »Wofür?« wollte Kalinin wissen, woraufhin Bucharin ihn in eine Ecke zog und ihm sagte: »Verstehst du nicht? Es ist Lenins Idee. Stalin kann nicht leben, ohne zu haben, was ein anderer hat. Er wird es nie verzeihen.«[6]

Eine Episode, in die Stalin kurz vor Ende des Bürgerkriegs verwickelt war, zeigt noch einmal die menschlichen Schwächen, die man ihm ankreidete. Im Mai 1920 marschierte die polnische Armee in die Ukraine ein und eroberte Kiew. Die Sowjets warfen die Eroberer in einer Gegenoffensive zurück und standen alsbald am Bug. Sollte die Rote Armee den Fluß überschreiten und in rein polnisches Gebiet einmarschieren, mit dem Ziel, Warschau zu erobern? Sowohl Stalin als auch Trotzki sprachen sich dagegen aus. Lenin war anderer Meinung. Er hoffte immer noch auf Revolutionen in anderen Ländern, als Schützenhilfe für das kommunistische Rußland. 1919 waren zur Gründungsversammlung der Kommunistischen Internationale (Komintern) Delegationen aus neunzehn Ländern nach Moskau gekommen. Karl Marx hatte von 1864 bis 1876 die Erste Internationale der Arbeiter-Assoziationen geführt; die Zweite Internationale (der sozialistischen Parteien und Gewerkschaften), gegründet 1889, war auseinandergebrochen, als sich ihre Mitglieder nach dem Ausbruch des Krieges von 1914 auf verschiedenen Seiten fanden. Nun hatte Lenin die Gelegenheit ergriffen, eine Dritte Internationale ins Leben zu rufen, die der Weltrevolution unter russischer Führung verpflichtet war und ihre Zentrale in Moskau hatte.

Zum zweiten Komintern-Kongreß im Jahr 1920 fanden sich bereits Abordnungen aus 37 Ländern ein, die ein von Lenin vorgelegtes 21-Punkte-Programm verabschiedeten. Der Gedanke an eine Invasion in Polen erschien Lenin verlockend, weil er, wie Clara Zetkin, Mitglied der deutschen KP-Delegation, es ausdrückte, darauf brannte, »Europa mit den Bajonetten der Roten Armee zu kitzeln«. Trotzki und die beiden Polen Dzierzynski und Radek stellten sich hartnäckig gegen Lenin, während Stalin sich dann doch auf dessen Seite schlug und mit der Politbüro-Mehrheit für einen Vormarsch nach Warschau stimmte.

Stalin nahm am Hauptvorstoß nicht teil, den der siebenundzwanzigjährige Tuchatschewski leitete, ein ehemaliger zaristischer Leutnant, der sich im Bürgerkrieg ausgezeichnet hatte. Stalin war als Vertreter des Politbüros der Heeresgruppe Südwest zugeteilt, mit der Aufgabe, zum einen die Bewegungen der »weißen« Truppen Wrangels auf der Krim zu beobachten und sich zum andern für den Fall einer rumänischen Intervention oder aber für einen Aufmarsch an der südlichen Grenze zu Polen zu wappnen. Wegen beabsichtigter Umgruppierungen an der Front legte er sich scharf mit Lenin und dem Politbüro an. »Habe Ihre Nachricht von der Teilung der Fronten erhalten«, telegraphierte er einmal an Lenin. »Das Politbüro sollte sich nicht mit solchen unsinnigen Kleinigkeiten beschäftigen.« Ungeachtet dessen erging an Stalin und den Militärbefehlshaber der Westfront, Jagorow, der Befehl, beträchtliche Teile ihrer Truppen nach Norden in Marsch zu setzen, zur Verstärkung der linken Flanke der zur Eroberung Warschaus angetretenen Streitmacht Tuchatschewskis. Stalin zögerte zunächst damit, diesen Befehl auszuführen und verweigerte ihn schließlich rundheraus; er ließ statt dessen die von Budjonny kommandierte Erste Reiterarmee weiter südlich auf die polnische Stadt Lemberg vorrücken. Als die Polen am 16. August zum Gegenangriff gegen Tuchatschewski antraten, konnten sie der Roten Armee eine entscheidende Niederlage beibringen, für die die russische Schwäche an der linken Flanke, die von den Polen geschickt ausgenützt wurde, mitentscheidend war. Die scharfen Aueinandersetzungen über die Frage, wer für das Debakel verantwortlich zu machen sei, hielten noch jahrelang an und hatten Nachwirkungen auf das Verhältnis zwischen Stalin und Tuchatschewski in den dreißiger Jahren.

Stalin wurde nach Moskau beordert und von Lenin auf dem Neunten Parteitag gemaßregelt; am letzten Akt des Bürgerkriegs, dem Feldzug gegen die Truppen Wrangels im Süden, nahm er nicht teil. Seine Stellung innerhalb der Parteiführung litt jedoch keinen Schaden. Auf dem Achten Parteitag im März 1919 hatte er zu den sechs Kandidaten für das Zentralkomitee gehört, die die Stimmen aller anwesenden Delegierten erhalten hatten; in beide auf diesem Parteitag ins Leben gerufene Büros des ZK war er berufen worden: ins fünfköpfige Politbüro und ins Orgbüro (das für Organisations- und Personalfragen zuständig war). Außerdem leitete er seitdem neben dem Volkskommissariat für Nationalitätenfragen noch eine zweite

Auf dem Photo vom Achten Parteikongreß aus dem Jahre 1919 sind die zwei Dutzend Männer nahezu vollständig versammelt, die die Revolution inszeniert, die Macht für die bolschewistische Minderheit erobert und die Herrschaft etabliert haben. Nur einer fehlt, Trotzki, da er bei den Truppen an der Bürgerkriegsfront ist, und nur seine Abwesenheit verschaffte Stalin die Möglichkeit, an der Rechten Lenins zu sitzen, an dessen Linker Kalinin, der Vorsitzende des Zentralexekutivkomitees, Platz genommen hat.

Behörde, die Arbeiter- und Bauerninspektion, in russischer Kurzform *Rabkrin* genannt, deren Auftrag darin bestand, die Volkskommissariate zu kontrollieren. Stalins Mitverantwortung für das Fiasko in Polen und sein Rückzug aus dem militärischen Geschehen kosteten ihn keiner seiner leitenden Funktionen.

Der Hauptgrund dafür lag zweifellos darin, daß Stalin sich als ein zu nützliches und fleißiges Mitglied des inneren Zirkels erwiesen hatte, als daß man auf ihn hätte verzichten wollen. Trotzki fragte nach eigener Darstellung einmal Serebrjakow, einen Angehörigen des Zentralkomitees, der mit Stalin zusammen im Militärrat für die Südfront saß, ob in diesem Gremium wirklich zwei ZK-Mitglieder vonnöten seien, ob er, Serebrjakow, diese Sache nicht ohne Stalin machen könne. »Nach einem Augenblick des Nachdenkens antwortete Serebrjakow: ›Nein, ich kann nicht so gut Druck ausüben, wie Stalin es tut.‹ Das war es, was Lenin an Stalin am meisten schätzte: seine Fähigkeit, Druck auszuüben.«[7] Was Lenin dachte und wollte, gab den Ausschlag, und Lenin scheint Stalin nicht nur wegen seiner Tatkraft und seiner Bereitschaft zur Übernahme jeglicher Aufgabe geschätzt zu haben, sondern auch wegen seiner Grobheit, also gerade jener Eigenschaft wegen, die er ihm in seinem sogenannten Testament vom 4. Januar 1923 ankreidete (als *grubost*, Ungehobeltheit in Sprache und Benehmen) und deretwegen er empfahl, Stalin vom Posten des Generalsekretärs zu entfernen. In den frühen zwanziger Jahren betrachtete Lenin die Stalinsche Grobheit noch als Ausdruck proletarischer Direktheit, als Attribut eines »Praktikers«, als nützliche Nuance innerhalb einer Parteiführung, die sich ansonsten weitgehend aus Intellektuellen bürgerlicher Herkunft zusammensetzte. Stalin hatte schnell begriffen, daß ihm diese Eigenschaft bei Lenin einen Vorteil verschaffte, und schlug daraus nach Kräften Kapital.

Während durch den Sieg im Bürgerkrieg die Frage nach dem Überleben des Sowjetregimes beantwortet war, sollten die Kosten dieses Krieges die weitere Entwicklung des Staates nachhaltig beeinflussen. Am unmittelbarsten spürbar wurden die enormen Menschenverluste; die erste in einer Reihe kaum glaublicher und doch wohlbelegter Zahlen muß an dieser Stelle genannt werden: Nach Schätzungen gingen im Bürgerkrieg selbst und in der sich anschließenden Hungersnot dreizehn Millionen Männer, Frauen und Kinder zugrunde. Insgesamt forderten die Jahre von 1914 bis 1921 also sechzehn Millionen Todesopfer, wenn man die Soldaten und Zivilisten hinzuzählt, die schon vor dem Bürgerkrieg während des Ersten Weltkriegs starben. Nach demographischen Berechnungen lag die Bevölkerungszahl Rußlands 1923 um rund dreißig Millionen unter dem aufgrund früherer Hochrechnungen zu erwartenden Wert. Kaum weniger schwer wogen die materiellen Verluste und Verheerungen. Die industrielle Produktion erreichte 1920 nur noch ein Siebtel des Niveaus von 1913; die Währung war zusammengebrochen; Löhne mußten in Naturalien ausbezahlt werden, der Tausch wurde zur vorherrschenden Form des Handels.

Angesichts dieses Rückschlags, der die gesellschaftlichen und wirtschaftlichen Fortschritte Rußlands seit der Befreiung der Leibeigenen im Jahr 1861 praktisch wieder zunichte gemacht hatte, wäre es jeder Regierung außerordentlich schwer gefallen, eine Erholung und eine Rückkehr auf das Vorkriegsniveau einzuleiten. Das galt erst recht für eine Regierung, die sich ein Programm radikaler Umwälzungen vorgenommen hatte und dafür auf eine funktionierende und leistungsfähige Industrie angewiesen war. Industrie gab es nur in den größeren Städten, und vor 1914 hatte weniger als ein Zehntel der Bevölkerung Rußlands in Städten gelebt, die meisten in kleineren Provinzstädten. Nur zwei Prozent hatten in Industriebetrieben gearbeitet – in den USA waren es immerhin mehr als elf Prozent. Gerade der industrielle Sektor aber litt weit stärker unter dem Bürgerkrieg als das flache Land, mit der Folge, daß der Anteil der Stadtbewohner an der Gesamtbevölkerung um ein Fünftel zurückging. Moskau verlor die Hälfte, Petrograd gar zwei Drittel seiner Einwohner. Tod und Emigration lichteten die Reihen der Mittelschicht, aus der die russische Wirtschaft ihren administrativen und intellektuellen Nachwuchs rekrutiert hatte, und halbierte die Arbeiterklasse, auf die das Sowjetsystem sich stützte. Viele Arbeiter fielen als Soldaten der Roten Armee, noch sehr viel mehr (nach Schätzungen acht Millionen) kehrten in ihre Heimatdörfer zurück.

Die Landbevölkerung kam noch am glimpflichsten davon. Ihr Anteil an der Gesamtbevölkerung nahm, auf Kosten der Städte, zu: Mehr als vier Fünftel aller Menschen und 86 Prozent der arbeitenden Bevölkerung lebten nach Ende des Bürgerkriegs auf dem Land. Die Bauern als Klasse hatten darüber hinaus auch dadurch neues gesellschaftliches Gewicht bekommen, daß es zwischen 1917 und 1921 in Rußland eine eigene Revolution in den ländlichen Gebieten gegeben hatte. Wie Stalin vorausgesagt hatte, sah sich die Kommunistische Partei, um Rückhalt bei den Bauern zu gewinnen und zu behalten, schon früh gezwungen, jeden Gedanken an eine Verstaatlichung des Bodens oder an eine Kollektivierung der Landwirtschaft aufzugeben und den Bauern zu erlauben, woran sie sie ohnehin schwerlich hätte hindern können: die Grundherren davonzujagen und deren Land unter sich aufzuteilen. Die Folge war eine Nivellierung hinsichtlich der Größe der landwirtschaftlichen Betriebsflächen, gekoppelt mit einer entsprechenden Zunahme der Zahl »mittlerer« Bauern (*serednjaki*); die Zahl der ärmeren und landlosen Bauern ging dagegen ebenso zurück wie auf der anderen Seite die der reichen Großbauern. Das hatte weitreichende wirtschaftliche Folgen. Die Menge der bislang von Großerzeugern auf den Markt gebrachten landwirtschaftlichen Produkte schrumpfte, was sich unmittelbar auf die Versorgungslage in den Städten und bei der Roten Armee auswirkte.

Noch bedeutsamer waren die gesellschaftlichen Folgewirkungen. Während der städtisch-industrielle Sektor, auf den die Kommunisten sich im Hinblick auf ihr Modernisierungsprogramm zu stützen gedachten, geschwächt aus dem Bürgerkrieg hervorging, gewann der ländlich-agrarische Sektor, der in ein älteres, zutiefst konservatives kulturelles Umfeld eingebettet war, an Stärke und Gewicht, was eine Umkehrung der vor dem Krieg wirksamen Trends bedeutete. In den Augen der Bauern war die Aufteilung des Bodens, der ihnen nach ihrer Überzeugung von Rechts wegen immer schon zugestanden hatte und den ihnen die Großgrundbesitzer lediglich gestohlen hatten, nur die überfällige Korrektur eines alten Unrechts und die Vollendung der Reform von 1861. Jede Regierung, die den Versuch unternahm, ihnen das Land im Zuge einer Kollektivierung der Landwirtschaft wieder wegzunehmen, mußte sich auf ihren entschlossenen Widerstand gefaßt machen.

Ein weiteres wesentliches Resultat des Bürgerkriegs war der Wandel des Charakters der Kommunistischen Partei. Der Begriff »Kriegskommunismus«, der zur Bezeichnung dieser Phase in der Geschichte der Partei verwendet wird, bezieht sich nicht nur auf die Verwicklung in militärischen Operationen, sondern kennzeichnet die allgemeine »Militarisierung«, die auch in anderen Bereichen der Parteitätigkeit um sich griff. Es bedürfte der genialen Kunst eines Goya, um in einer russischen Spielart der *Schrecken des Krieges* die Greuel des Bürgerkriegs zu illustrieren, in dessen Verlauf die

Menschen in beiden Lagern abstumpften und sich an Folter, Brutalität, an das Niederbrennen ganzer Dörfer und das wahllose Erschießen von Gefangenen als etwas Alltägliches gewöhnten. Die kommunistischen Führer, die es ohnehin gewohnt waren, Befehle zu erteilen und Gewalt bis hin zum Terror anzuwenden, lernten, auch zur Lösung vertrackter wirtschaftlicher und sozialer Probleme auf nackte Zwangsmittel zurückzugreifen. Karl Radek charakterisierte diese Phase mit dem Satz, die Kommunisten hätten damals »gehofft, mit dem Gewehr in der Hand den Übergang in eine klassenlose Gesellschaft auf dem kürzesten Weg erzwingen zu können«. In dem Dekret vom 2. September 1918, das den Staatsnotstand proklamierte, erklärte die Regierung die Sowjetrepublik zum »bewaffneten Lager«, und ähnliche Metaphern aus dem militärischen Bereich bürgerten sich zur Beschreibung ihrer Lösungsversuche für die Probleme mit der Industrie, der Arbeiterschaft und der Lebensmittelversorgung ein.

Das drückendste Problem in dem verwüsteten und desorganisierten Land war die Lebensmittelversorgung. Während Lenin widerstrebend akzeptierte, daß mit der Kollektivierung der Landwirtschaft noch gewartet werden mußte, war er entschlossen, den Fortbestand eines freien Marktes im Getreidehandel nicht zuzulassen, da dies, wie er erklärte, gleichbedeutend mit einer Restaurierung des Kapitalismus wäre. Ein Wesenselement des Kriegskommunismus war die Aufstellung bewaffneter »Ernährungseinheiten«, die aufs Land zogen und bei den Bauern überschüssige Getreidevorräte – oder was sie als solche definierten – beschlagnahmten. Überall stießen sie auf Widerstand. Die Bauern versteckten ihre Vorräte und erzeugten weniger, so daß die Ernährungslage kritischer wurde als je zuvor. Es war, wie Lenin selbst später einräumte, eine katastrophale Politik, die sich nicht lange durchhalten ließ.[8] Aber zwischen 1918 und 1920 sprach er in dieser Sache noch von einer »wahrhaft fundamentalen Schlacht zwischen Kapitalismus und Sozialismus« und bestand auf einer kompromißlosen Weiterführung dieser Politik, ohne Rücksicht auf die Reaktion der Bauern.

Es gibt eine Parallele hinsichtlich der Behandlung der Industriearbeiter. Im ersten Überschwang hatte die Regierung im November 1917 die Kontrolle der Industrie durch die Arbeiterräte dekretiert. Die Folgen waren freilich verheerend: Die Industrieproduktion stürzte auf ein Siebtel des Vorkriegsniveaus. Lenin wandte sich auf der Suche nach dem erforderlichen technischen und wirtschaftlichen Sachverstand an »bürgerliche« Spezialisten und drängte die Gewerkschaften, die Produktivität zu erhöhen. Schon vorher hatte die Regierung begonnen, die Arbeitswelt zu militarisieren. Es hatte damit angefangen, daß Militäreinheiten beim Holzfällen oder zum Transport von Nahrungsmitteln und Treibstoff eingesetzt wurden. Später wurden diese Verbände auf Initiative Trotzkis als »Arbeitsarmeen« reorganisiert. In einem dritten Stadium wurden nicht mehr Wehrpflichtige in die Industrie abkommandiert, sondern umgekehrt Industriearbeiter wie Soldaten zum Fabrikeinsatz eingezogen, eine Maßnahme, die Trotzki, neuernannter Volkskommissar für das Verkehrswesen, als Mittel zur Wiederherstellung der Arbeitsdisziplin rechtfertigte.

Trotzki veröffentlichte 1920 seine Schrift *Terrorismus und Kommunismus*, ein denkbar offenherziges Bekenntnis zu den Grundsätzen des Kriegskommunismus. Die parlamentarische Demokratie, die Gleichheit vor dem Gesetz, die Rechte des einzelnen, all dies wischte er als bürgerliche Schimären beiseite und erklärte, der Klassenkampf könne nicht an den Wahlurnen, sondern nur durch Gewalt gewonnen werden. Den Terror abzulehnen, heiße den Sozialismus abzulehnen. Wer das Ziel wolle, müsse auch die Mittel gutheißen: *à la guerre comme à la guerre*, wie einer von Lenins Lieblingsaussprüchen lautete. Auch wenn der Staat gemäß den Interessen der Arbeiterklasse organisiert werde, schließe dies, so Trotzki, »das Element des Zwangs in seiner ganzen Wucht nicht aus. Der Grundsatz des erzwungenen Arbeitsdienstes hat den Grundsatz der freien Verdingung ebenso radikal verdrängt, wie die Sozialisierung der Produktionsmittel das kapitalistische Eigentum verdrängt hat.«[9]

Allein, als das Ende des Bürgerkriegs in Sicht war, mußten die Militarisierung des Arbeitslebens und die Politik der Beschlagnahmung rasch wieder aufgegeben werden. Das geschah im Rahmen des abrupten wirtschaftspolitischen Schwenks, den Lenin im Frühjahr 1921 vollzog. Man könnte sich also fragen, wie sinnvoll es ist, heute noch Zeit auf die Phase des Kriegskommunismus zu verwenden, wenn es sich dabei doch nur um eine Episode handelte, die, aus den besonderen Umständen des Bürgerkriegs heraus geboren, mit ihm zu Ende ging. Die Antwort lautet, daß eine beträchtliche Zahl von Parteimitgliedern, die sich 1921 den von Lenin vorgetragenen Argumenten zugunsten einer Kursänderung beugte, dies nur widerstrebend tat. Sie blickten in der Folge immer wieder stolz auf den Bürgerkrieg und den Kriegskommunismus als die eigentlich heroische Phase der Parteigeschichte zurück. Damals war der revolutionäre Wille, mit dem Vergangenen zu brechen und der Gesellschaft, koste es, was es wolle, eine neue Ordnung aufzuprägen, noch nicht vom Kompromißdenken angekränkelt. Man hatte das scheinbar Unmögliche geschafft: aus Niederlagen Siege zu machen. Als daher Stalin, der an diesem Erlebnis teilgehabt hatte, gegen Ende der zwanziger Jahre beschloß, einen neuen Anlauf zur Vollendung der Revolution im Eilmarsch zu unternehmen und zu diesem Zweck noch einmal eine Woge revolutionärer Energie in Bewegung zu setzen, kam ihm sehr zustatten, daß er an die bei vielen noch lebendige Erinnerung des Kriegskommunismus anknüpfen konnte.

Im Frühjahr 1921 wehte der politische Wind jedoch erst einmal in die entgegengesetzte Richtung, und Stalin machte das von Lenin verordnete Wendemanöver mit.

Während des Bürgerkriegs hatte die Gefahr, daß auf eine Niederlage der Roten Armee eine Restauration der alten Ordnung folgen und die verjagten Grundherren ihre Ländereien zurückfordern könnten, noch dafür gesorgt, daß der Widerstand gegen die Kommunisten sich in Grenzen hielt. Nach dem endgültigen Sieg der Roten fielen diese Ängste weg. Heimkehrende Soldaten und Deserteure stärkten den Widerstandswillen der Dorfbewohner, und es kam zu Bauernaufständen, an denen sich bisweilen nach Tausenden zählende organisierte Gruppen beteiligten und die in Tambow und anderen Gouvernements im Winter 1920/21 die Dimensionen eines Guerillakriegs erreichten. Um die gleiche Zeit brach sich die wachsende Unzufriedenheit unter den Arbeitern in Moskau, Petrograd und anderen Industriestädten in Streiks und Demonstrationen Bahn, besonders nachdem die Regierung die Herabsetzung der Brotrationen um ein Drittel verkündet hatte.

In dem Maße, wie sich für die Kommunisten die militärische Lage entspannte, regte sich auch innerhalb der Partei Widerstand gegen die Politik Lenins und der von ihm dominierten Führung. Auf dem Neunten Parteitag im März 1920 protestierte eine Gruppe, die sich unter dem Etikett Demokratische Zentralisten zusammengefunden hatte, gegen die zunehmende Zentralisierung der Macht und den autoritären Führungsstil, der Einzug gehalten hatte. Der Wortführer der Kritiker, Timofej Wladimirowitsch Sapronow, bezeichnete das Zentralkomitee als »eine kleine Handvoll Partei-Oligarchen«. Im Sommer und Herbst 1920 entbrannte ein innerparteilicher Streit um die Frage der innerbetrieblichen Demokratie. Sowohl in der Partei als auch in den Gewerkschaften und unter den Arbeitern gab es starke Kräfte, denen es schwerfiel, die Forderung nach Kontrolle der Fabriken durch die Arbeiter selbst über Bord zu werfen, die Lenin als utopische Illusion abgetan hatte, sobald er sich gezwungen sah, wieder auf professionelle Betriebsleiter zurückzugreifen und die Gewerkschaften auf die Verbesserung der Arbeitsdisziplin und die Erhöhung der Arbeitsproduktivität einzuschwören. Die Arbeiteropposition, angeführt von Alexandra Kollontai und Alexander Schljapnikow, dem ehemaligen Metallarbeiter und ersten Volkskommissar für Arbeit, forderte mehr Mitsprache im Entscheidungsprozeß für das Proletariat, völlige Unabhängigkeit der Gewerkschaften und eine maßgebliche gewerkschaftliche Mitwirkung an der industriellen Leitung; alle diese Forderungen fanden starken Anklang bei der Parteibasis.

Im Vorfeld des Zehnten Parteitags im März 1921 entwickelte sich in den höheren Rängen der Partei eine offene und kritische Debatte über – oder richtiger gegen – die zunehmende Zentralisierung und Militarisierung der politischen Macht und über die aufbrechende Kluft zwischen der Parteiführung und dem Proletariat, das zu repräsentieren sie behauptete. Lenin war eher als Trotzki bereit, den Gewerkschaften Zugeständnisse zu machen, aber er war entschlossen, keine Abstriche an seinen Grundüberzeugungen zuzulassen, etwa an der Rolle der Partei als Avantgarde, also als unanfechtbare Führerin des Proletariats. 1902 hatte er in *Was tun?* geschrieben: »Es kann keine Rede davon sein, daß die Arbeitermassen aus sich heraus eine eigenständige Ideologie entwickeln.«[10]

Die praktische Erfahrung hatte die Richtigkeit dieser Auffassung bestätigt: Die Diktatur des Proletariats wäre ohne die Partei, die diese Diktatur tatsächlich ausübte, eine Schimäre geblieben. Lenin dachte nicht daran zuzulassen, daß linksradikale Forderungen nach innerbetrieblicher Demokratie die Einheit der Partei zerstörten. Indem er seine unvergleichliche Autorität in die Waagschale warf und alle der Parteiführung zu Gebote stehenden Hebel in Bewegung setzte, um die eigenen Bataillone zu stärken, gelang es ihm, sich bei den Delegiertenwahlen für den Parteitag, der am 8. März 1921 beginnen sollte, eine überwältigende Mehrheit zu sichern.

Noch vor dem Beginn des Parteitags wurde die Partei durch den bewaffneten Aufstand der Matrosen und der Garnison des Marinestützpunkts Kronstadt am 2. März 1921 in ihren Grundfesten erschüttert. Dieselben Soldaten, die 1917 zu den entscheidenden Stützen der Bolschewisten gehört hatten, forderten jetzt im Namen des Oktobers eine dritte Revolution und den Sturz des repressiven kommunistischen Regimes, der »Kommissarokratie«. Lenin bezeichnete dieses Ereignis später als einen »Blitz, der die Wirklichkeit besser beleuchtete als alles andere« und der sichtbar machte, wie ernst die der Partei ins Haus stehende Krise zu nehmen war.

Er handelte unverzüglich. Als erstes mußte der Aufstand niedergeschlagen werden. Daß das von den Kronstädter Rebellen etablierte Provisorische Revolutionskomitee sich rechtfertigte, indem es bolschewistische Forderungen und Parolen aus der Frühzeit der Revolution gegen die kommunistische Führung wendete, tat nichts zur Sache. In den Augen Lenins war dies die Konterrevolution, und die einzige Frage, die sich stellte, lautete: Wer wen? Den Widerwillen der Rotarmisten, auf Matrosen und Arbeiter zu schießen, überwand die Parteiführung mittels einer Kombination aus Versprechungen, Drohungen und Lügen, und wenig später stürmten Einheiten der Roten Armee, vor Ort von Tuchatschewski befehligt, aber aus Moskau von Trotzki ferngesteuert, die Festung. Hunderte, vielleicht Tausende von Matrosen wurden anschließend ohne Prozeß erschossen.

Lenin ergriff die Gelegenheit beim Schopf und setzte seine linken Kritiker mit den in Kronstadt am Werk gewesenen »konterrevolutionären Kräften« gleich. In seiner Eröffnungsrede vor dem Parteitag brandmarkte er die Arbeiteropposition als eine Gefahr für das Überleben der Revolution. Sie stelle eine »anarcho-syndikalistische Abweichung« dar und bestehe aus »kleinbürgerlich-anarchistischen Elementen«, die sich »hinter dem Rükken der Revolution« versteckt gehalten hätten.

Lenin begnügte sich jedoch nicht mit der Niederschlagung des Kronstädter Aufstands und der Zurückweisung der Arbeiteropposition. Er ging weiter und nahm die Wurzel des Übels ins Visier, wobei er erneut seine bemerkenswerte Fähigkeit unter Beweis stellte, Schlußfolgerungen zu ziehen, die ihm selbst nicht schmeckten, und entschlossen danach zu handeln. Wie er später erläuterte, hatte er erkannt, daß die Partei »zu weit gegangen« war. »Wir hatten keine tragfähige Basis... Die Massen haben das gefühlt, was uns selber nicht klar bewußt war, daß nämlich der direkte Übergang zu sozialistischen Formen, zur rein sozialistischen Güterverteilung, über unsere Kraft ging. Wenn wir nicht imstande gewesen wären, uns zurückzuziehen und uns auf einfachere Aufgaben zu beschränken, hätte uns ein böses Unheil drohen können.«[11]

Wie im Falle des Friedens von Brest-Litowsk opferte Lenin wieder einmal alles dem übergeordneten Ziel des Machterhalts, den er nicht aus persönlichem Ehrgeiz anstrebte, sondern um seiner politischen Ziele willen. Das entscheidende Zugeständnis (»das Brest-Litowsk des Bauernkriegs«, wie der selbständige Kopf Rjasanow es nannte) war die sofortige Einstellung der Zwangsrequirierung von Getreide und Lebensmitteln. An deren Stelle würde eine reguläre Steuer treten, die zunächst in Naturalien und später in Geld erhoben werden sollte; außerdem konnte jeder Bauer seine Überschüsse verkaufen. Kaum hatte der Parteitag diesen Beschluß verabschiedet, da machten sich über zweihundert Delegierte auf, um die unwilligen Rotarmisten anzufeuern, die von ihren Offizieren gleichsam mit vorgehaltener Pistole zum Sturm auf die Kronstädter Garnison über das Eis der zugefrorenen Bucht getrieben wurden. Wie ein erfahrener politischer Kommissar berichtete, bewirkte die Nachricht vom Ende der Requirierungen »bei den bäuerlichen Soldaten einen radikalen Stimmungsumschwung«.[12]

Die Beschlüsse, die Lenin auf dem Parteitag durchsetzte, waren nicht bloß als vorübergehende Notlösungen gedacht. Weitere Kursänderungen, die in der Folgezeit vorgenommen wurden, schufen die Voraussetzungen für die Wiedereinführung des privaten Unternehmertums im Bereich der kleinen und mittleren Industrie- und Handwerksbetriebe; an ausländische Investoren erging die Einladung, in Rußland – sogar im Bereich der Großindustrie – zu investieren. Der Rubel wurde stabilisiert. Faktisch wurde in Rußland an die Stelle des Kriegskommunismus eine gemischte Wirtschaft mit einem hohen Grad an Handels- und Gewerbefreiheit eingeführt, was einer bedeutsamen Kursänderung gleichkam.

Lenin hoffte, mit Hilfe dieser Neuen Ökonomischen Politik (NEP) die das Land lähmenden Mängel zu beheben und eine funktionierende Wirtschaft aufbauen zu können. »Wir sind auf dem Weg der Verstaatlichung von Handel und Industrie zu weit gegangen«, erklärte er den Parteitagsdelegierten. »Wir wissen, daß nur eine Übereinkunft mit der Bauernschaft die sozialistische Revolution retten kann, bis die Revolution in anderen Ländern ausbricht.«[13] Verstaatlicht bleiben sollten dagegen auf lange Sicht die Großindustrie und der Außenhandel; der Staat sollte ferner die Wirtschaft insgesamt beaufsichtigen und Wettbewerb zwischen den verstaatlichten und den privaten Teilen der Wirtschaft zulassen, im Vertrauen darauf, daß der Sozialismus seine Überlegenheit erweisen und die verstaatlichten Bereiche sich mit der Zeit auf Kosten der privaten ausdehnen würden.

Unter dem Eindruck des Kronstädter Aufstands wurden die Vorschläge Lenins fast ohne jede Diskussion verabschiedet. Die Frage, ob es sich um

einen taktischen Rückzug oder eine »Evolution« handelte, blieb unbeantwortet. Die Gefahr lag jedoch auf der Hand, daß eine so radikale und plötzliche politische Kehrtwende die Gegensätze innerhalb der Partei vertiefen
würde, sobald die akute Krise vorüber war. Lenin versuchte, dem vorzubeugen, indem er parallel zur Lockerung der Zügel in der Wirtschaftspolitik die
zentralistische Kontrolle im politischen Bereich verschärfte. An diesem
Punkt wird sichtbar, welche Bedeutung die Krise von 1921 für die weitere
Laufbahn Stalins hatte.

Während des Parteitages hatte Lenin Bucharins Versprechen bekräftigt,
nach Ende des Bürgerkriegs die zentralistische Kommandostruktur abzuschaffen und die innerparteiliche Demokratie wiederherzustellen. Doch
dies war nur das taktische Vorspiel für die Dinge gewesen, die Lenin wirklich ins Auge gefaßt hatte. »Wir brauchen jetzt keine Opposition«, erklärte
er, »mit der Opposition ist es zu Ende, sie hat ausgespielt; wir haben jetzt
von den Oppositionen genug!«

Am Schlußtag des Parteikongresses legte er plötzlich zwei neue Resolutionen vor, eine »über die syndikalistische und anarchistische Abweichung
in unserer Partei« und eine »über die Parteieinheit«. Die erste brandmarkte
die Forderung der Arbeiteropposition nach Kontrolle der Wirtschaft durch
die Gewerkschaften in aller Form als »unvereinbar mit der Parteimitgliedschaft«, als eine Neuauflage syndikalistischer Irrlehren. Solche Auffassungen seien ein Verstoß gegen den Marxismus. In Wirklichkeit verstießen sie,
wie aus der Sprache der Resolution deutlich wurde, wohl eher gegen die
Überzeugung Lenins, daß »nur die politische Partei der Arbeiterklasse, d.h.
die Kommunistische Partei, imstande ist, eine solche Avantgarde des Proletariats und der gesamten werktätigen Masse zusammenzufassen, zu erziehen und zu organisieren, die allein fähig ist, den unvermeidlichen Traditionen und Rückfällen in berufliche Beschränktheit oder Berufsvorurteile
unter dem Proletariat zu widerstehen«.[14]

Die zweite Resolution forderte die Auflösung aller innerparteilichen
Gruppierungen, die über eine eigene Plattform verfügten, wie die Arbeiteropposition und die Gruppe der Demokratischen Zentralisten, und widri-
genfalls den sofortigen Ausschluß ihrer Mitglieder aus der Partei. In einem
Passus (Abschnitt 7), von dessen Existenz die Öffentlichkeit erst im Januar
1924 erfuhr, wurde das Zentralkomitee ermächtigt, »in Fällen von Disziplin-
verstößen oder bei einer Wiederbelebung oder Duldung von Fraktionsbildungen alle Parteistrafen bis hin zum Ausschluß anzuwenden« – notfalls
auch auf Mitglieder des Zentralkomitees.

Beide Resolutionen wurden mit überwältigender Mehrheit angenommen, und Karl Radek faßte die Stimmung unter den Delegierten in Worten
zusammen, die eine prophetische Vorahnung seines eigenen sowie des
Schicksals vieler anderer enthielten: »Ich stimme für diese Resolution,
obwohl ich spüre, daß sie leicht gegen uns gekehrt werden könnte, und dennoch bejahe ich sie ... Möge das Zentralkomitee im Augenblick der Gefahr

die strengsten Maßnahmen gegen die besten Parteigenossen ergreifen, falls es dies für notwendig erachtet... Möge das Zentralkomitee sogar Fehler machen! Das ist weniger gefährlich als das Schwanken, das jetzt zu beobachten ist.«[15]

Nach Ende des Zehnten Parteitags dauerte es nicht lange, bis deutlich wurde, wie wenig Bedeutung Lenin den Resolutionen über innerbetriebliche und innerparteiliche Demokratie beimaß, mit denen er seinen Kritikern den Wind aus den Segeln genommen hatte. Um so größere Entschlossenheit zeigte er bei der Durchsetzung des Verbots der »Fraktionsbildung«, dieselbe Entschlossenheit, die er schon bei der gewaltsamen Niederschlagung des Kronstädter Aufstands an den Tag gelegt hatte. Nicht weniger als ein Drittel aller Mitglieder wurden im Verlauf der nun folgenden Säuberungen (1921/22) aus der Partei ausgeschlossen. Andere verließen sie von sich aus. Als die Wortführer der Arbeiteropposition sich weigerten, auf ihr Recht auf eine eigene Meinung zu verzichten, und sogar – vergeblich – die Kommunistische Internationale um Hilfe baten, wurden sie von Lenin und den Delegierten des Elften Parteitages im März 1922 ein weiteres Mal gemaßregelt, und zwei führende Köpfe ihrer »Fraktion« mit Parteiausschluß bestraft.

In allen diesen Kontroversen, die die Partei 1921/22 erschütterten, trat Stalin kaum in Erscheinung. Er war in der Periode des Kriegskommunismus dem Kurs Lenins gefolgt, und als Lenin die Kehrtwende zur NEP vollzogen hatte, war Stalin mit ihm umgeschwenkt. Keiner profitierte mehr vom Ausgang dieser Konflikte als Stalin, und das aus zwei Gründen. In späteren Jahren konnte er das Leninsche Verbot der »Fraktionsbildung« als Rechtfertigung dafür heranziehen, daß er, noch einen Schritt weiter gehend, die Partei in einen monolithischen Block verwandelte, und in ähnlicher Weise konnte Lenins Billigung des Tscheka-Terrors als Legitimation dafür dienen, daß Stalin später den Terror zum Prinzip seiner Herrschaft erhob.

Der zweite Punkt, aus dem Stalin Kapital schlug, hatte eine viel direktere Wirkung, als irgend jemand damals hätte voraussehen können. Wenn Lenin ernsthaft vorhatte, keine Abweichungen mehr zuzulassen und die Partei vor den Folgen der Fraktionsbildung zu schützen, bedurfte es dazu mehr als einiger Abstimmungserfolge auf Parteitagen; dieses Ziel ließ sich nur durch eine straffe und systematische Führung der Partei erreichen. Das war eine Aufgabe, für die Lenin, der anerkannte Führer sowohl der Regierung als auch der Partei, schwerlich noch Zeit finden konnte, und auch die drei anderen Mitglieder des Politbüros, Trotzki, Kamenew und Sinowjew, besaßen weder die Neigung noch das Talent zum »Parteiaufseher«. Für Stalin hingegen, den fünften Mann im Politbüro, war dies gleichsam die natürliche Fortsetzung einer Rolle, die er seit 1917 ausgefüllt und in der er sich das Vertrauen Lenins erworben hatte – den Kontakt aufrechtzuerhalten zwischen dem Zentrum und den Funktionären und Mitgliedern der Partei außerhalb der beiden Hauptstädte, die mit einem Mann wie Stalin, der aus denselben provinziellen Verhältnissen stammte wie sie, leichter und zwangloser sprechen konnten als mit ehemaligen Emigranten und Intellektuellen wie Trotzki, Sinowjew oder Bucharin.

Die Ministerämter, die Stalin bereits bekleidete, paßten in dieses Schema. Als Volkskommissar für Nationalitätenfragen – eine Position, die nach dem siegreich beendeten Bürgerkrieg von neuem an Bedeutung gewann – war er der Repräsentant des Politbüros und des Zentralkomitees, mit dem die lokalen und regionalen Parteiführer aus der Ukraine, dem Kaukasus und Zentralasien beim Wiederaufbau des russischen Reichs – darum ging es de facto – zusammenarbeiten mußten. Sein zweites Regierungsamt ging auf eine Reise ins Uralgebiet Anfang 1919 zurück, auf der er festgestellt hatte, daß praktisch sämtliche 4 766 sowjetischen Verwaltungsbeamten im Gouvernement Wjatka noch aus den Zeiten der zaristischen Herrschaft stammten, daß die Verwaltung eine Hochburg der Korruption und der Unfähigkeit war und daß es keine tauglichen Kommunikationsmittel gab, kraft derer die Zentralregierung die Durchführung ihrer Anweisungen überwachen oder sicherstellen konnte. Stalin schlug die Einrichtung einer »Kontroll- und Prüfungskommission« vor, in der Arbeiter und Bauern vertreten sein sollten. Die Anregung sagte Lenin zu, und so kam es, daß Stalin zum Kommissar der Rabkrin, der »Arbeiter-Bauern-Inspektion«, ernannt wurde.

Sowohl der Vorschlag Stalins als auch die Tatsache, daß Lenin darauf einging, zeigten freilich, wie wenig Erfahrung beide in Sachen Bürokratie hatten. Zwar wurden Anstrengungen unternommen, eine neue Beamtengeneration heranzuziehen, aber auf die kurzfristigen Probleme, die sich aus der Übernahme der alten Bürokratie ergaben, fand auch die Rabkrin keine Antwort. Die wirklichen Probleme lagen viel tiefer. Lenin begann erst nach der Oktoberrevolution ernsthaft darüber nachzudenken, welche Rolle die Partei spielen sollte, nachdem sie die Macht erlangt hatte. In seiner 1920 verfaßten Schrift *Der »Linke Radikalismus«, die Kinderkrankheit im Kommunismus* bezeichnete er die Diktatur des Proletariats als einen »beständigen Kampf gegen die Macht und die Traditionen der alten Gesellschaft..., die Macht der Gewohnheiten von Millionen und Abermillionen«. Ohne eine eiserne, im Kampf gehärtete Partei, die das Vertrauen aller anständigen Elemente in der werktätigen Klasse besitze, ohne eine Partei, die fähig sei, die »Stimmung der Massen zu beeinflussen«, sei ein solcher Kampf unmöglich zu führen.[16]

Im Grundsätzlichen war Lenin sich seiner Sache sicher, nicht aber in der Frage, wie die Partei dieser Rolle gerecht werden und sich den neuen Anforderungen gemäß wandeln könnte, jetzt, da sie keine Verschwörerorganisation mehr war, sondern eine Staatspartei.

Die Lösung lag im Verhältnis zwischen der theoretischen und der tatsächlichen Verteilung der Macht in der Sowjetunion. Laut seiner Verfassung war der neue russische Staat eine Sowjetrepublik. Seine Regierung, der Rat der Volkskommissare, war formell lediglich Vollzugsorgan des allrussischen Sowjetkongresses, dem jeder Kommissar für seinen Geschäftsbereich Rechenschaft schuldig war. Die wirkliche Macht lag jedoch nach wie vor bei der Kommunistischen Partei, einer Organisation, von der weder in der Verfassung von 1918 noch in der von 1924 die Rede war. Die politischen Entscheidungen fielen nicht auf Sowjetkongressen und auch nicht im Rat der Volkskommissare. Letzterer war in der Tat nur ein Vollzugsorgan, wenn auch nicht das des Sowjetkongresses, wie die Verfassung es vorsah, sondern das des Zentralkomitees der Kommunistischen Partei und ihres Politbüros. Dies war der Ort, an dem Politik gemacht wurde – von den Mitgliedern des Rates der Volkskommissare, die sich hier in ihrer Eigenschaft als leitende Funktionäre der Kommunistischen Partei trafen und anschließend wieder in die Rolle der Volkskommissare schlüpften, um die zuvor selbst gefaßten Beschlüsse in konkrete Politik, also in Anweisungen für den Staatsapparat, umzusetzen.

Wer aber waren die Leute, die diese Beschlüsse letztlich ausführten? Fünf Jahre nach der Revolution erklärte Lenin vor dem Vierten Kongreß der Kommunistischen Internationale: »Unten aber sind es Hunderttausende alter, vom Zaren und von der bürgerlichen Gesellschaft übernommener Beamter, die teils bewußt, teils unbewußt gegen uns arbeiten. Hier läßt sich in kurzer Frist nichts machen, das ist ganz sicher. Hier müssen wir viele Jahre lang arbeiten, um den Apparat zu vervollkommnen, ihn zu verändern und neue Kräfte heranzuziehen.«[17]

Es war ausgeschlossen, daß die Partei selbst die Verwaltung des Staates oder die Leitung der verstaatlichten Industrien in die Hand nahm. Ihren Mitgliedern fehlte es an dem dafür erforderlichen Fachwissen. Bis zu dem Zeitpunkt, da eine neue Beamten- und Managergeneration ausgebildet sein würde – bis etwa 1928 –, mußte sich das Sowjetregime (wie auch schon im Fall der Roten Armee) auf alte, aus der vorrevolutionären Epoche übernommene Kräfte stützen. Aufgabe der Partei konnte es in dieser Phase nur sein, überwachend und ankurbelnd zu wirken, um den Staatsapparat in Gang zu bringen. Schon früher war der Partei der Auftrag erteilt worden, durch den Aufbau eines Netzes politischer Kommissare die Armee zu stabilisieren und auf allen Ebenen, von der Dorfgemeinschaft bis zum Obersten Sowjet, die Wahlen zu und die Debatten in den Sowjets zu überwachen. In ähnlicher Weise ging die Partei in den zwanziger Jahren daran, den Staatsapparat auf allen Ebenen zu durchdringen, auch und gerade die eigenständigen Bürokratien der Unionsrepubliken, die Verwaltungsapparate der Großstädte und schließlich die Leitungsorgane der verstaatlichten Industrien und der Gewerkschaften.

Um diese Politik durchführen zu können, bedurfte es eines systematisch und akribisch arbeitenden Parteisekretariats und zuallererst einer radikalen Neustrukturierung der Parteiorganisation selbst. Ein erster Versuch hierzu

In Fragen der Organisation vertraute man keinem zweiten Mitglied des ZK so sehr wie Stalin, der deshalb am 4. April 1922 zum Generalsekretär der Partei ernannt wurde. Das offensichtlich gestellte Photo macht zweifelhaft, ob diese Position tatsächlich so unwichtig war, wie immer behauptet. Niemand habe, so heißt es, in dem neuernannten Sekretär der Partei den künftigen Alleinherrscher des Landes gesehen, und ein knappes Jahr später ist es Levin, der in einer Erweiterung des »Briefes an den Parteitag« vom Dezember 1922 am 4. Januar 1923 für die Ablösung Stalins plädiert.

war im März 1919 unternommen worden, nach dem Tode Jakow Swerdlows, des Leiters des Parteisekretariats, der mit fünfzehn Mitarbeitern ausgekommen war und das nötige Detailwissen im Kopf gehabt hatte. Damals waren das Politbüro formell konstituiert und das Orgbüro etabliert worden. Bald erwiesen sich jedoch die nach dem Tode Swerdlows getroffenen Dispositionen als unbefriedigend; zur gleichen Zeit wurde immer deutlicher die Notwendigkeit sichtbar, die Tätigkeit der zentralen Parteiorgane so zu organisieren, daß sie nicht in Arbeit erstickten. Als nach dem Zehnten Parteitag im März 1921 ein verantwortlicher Koordinator für die Arbeit des Sekretariats gesucht wurde, fiel die Wahl mit einer gewissen Selbstverständlichkeit auf Stalin, von dem Lenin wußte, daß er sich auf ihn verlassen konnte, und der als einziges Mitglied des Zentralkomitees zugleich dem Orgbüro und dem Politbüro angehörte. Seine förmliche Ernennung zum Generalsekretär am 4. April 1922, nach dem Elften Parteitag, war nicht viel mehr als die Anerkennung eines *de facto* bereits bestehenden Zustandes, da Stalin das Amt bereits seit längerem ausübte, und war daher der Presse auch nur eine Routinemeldung wert. Rückblickend betrachtet ist dies ein bemerkenswerter Umstand, wenn man bedenkt, daß Stalin sich als Generalsekretär der Partei – er übernahm bis zum Mai 1941, als er sich selbst zum Vorsitzenden des Rates der Volkskommissare ernannte, kein anderes Amt mehr – eine persönliche Machtposition aufzubauen vermochte wie wohl kaum ein anderer Herrscher in einem Staat der Neuzeit. Wir können allerdings ziemlich sicher sein, daß 1922 nicht einmal er selbst ahnte, wie weit sein neues Amt ihn bringen würde.

Was machte Stalin aus den Möglichkeiten, die sein neuer Posten ihm eröffnete? Robert Tucker vertritt die Auffassung, Stalin sei, entgegen dem verbreiteten Klischee, kein »Organisationsmensch« und mit seiner instinktiven Neigung, jedes Thema zu personalisieren, keine gute Besetzung für die Rolle eines Administrators gewesen. Das mag stimmen, aber Stalin war eben kein gewöhnlicher Administrator, war nicht interessiert an einer guten Verwaltung um ihrer selbst willen. Was ihn auszeichnete, war sein intuitives Gespür dafür, wie sich administrative in politische Macht umsetzen ließ. Die Originalität sowohl Stalins als auch Hitlers lag darin, daß beide erkannten, daß sie ihre spezifischen Qualitäten – eine charismatische Rednergabe im Falle Hitlers, Organisationstalent und Durchsetzungsvermögen im Falle Stalins – einsetzen konnten, um sich die Herrschaft über ihre Partei zu sichern, und daß hieraus wiederum die Möglichkeit erwuchs, sich eine persönliche Machtposition aufzubauen, an der niemand mehr zu rütteln vermochte.

Weshalb ließen Lenin und die anderen Mitglieder des Politbüros zu, daß sich so viel Macht in den Händen eines einzigen Mannes konzentrierte? Damals erkannte wohl niemand, wie groß der Ehrgeiz Stalins war, und daher machte sich auch keiner Gedanken über die Häufung seiner Ämter und Aufgaben. Da warteten Aufgaben, auf die keiner der anderen Parteiführer besonders erpicht war, und Stalin war bereit, sie zu übernehmen; die anderen, Lenin, Kamenew, Sinowjew und einmal sogar Trotzki, schlugen ihn nur zu gern für diese Ämter vor. Der einzige, von dem man hätte erwarten können, daß er die Gefahr voraussehen würde, war Lenin. Aber seine sonst so empfindliche politische Witterung war getrübt durch das Bedürfnis, jemanden zu finden, der gewisse Aufgaben übernahm, die seiner Überzeugung nach dringend erledigt werden mußten. Seinem Gefühl nach war Stalin der einzige unter den Parteiführern, dem ihre Bewältigung zuzutrauen war.

Als ein ehemaliges Mitglied des Parteisekretariats, Preobraschenski, auf dem Elften Parteitag im März 1922 das Wort ergriff und fragte, wie Stalin oder irgend ein anderer die Aufgaben des Generalsekretärs der Partei mit der Leitung zweier Volkskommissariate vereinbaren könne, entgegnete Lenin: »Aber wer von uns ist ohne Sünde? Wer hat nicht gleichzeitig mehrere Verpflichtungen übernommen? Und wie soll man es auch anders machen? Was können wir jetzt tun, um die gegenwärtige Lage im Volkskommissariat für Angelegenheiten der Nationalitäten zu gewährleisten, um mit allen turkestanischen, kaukasischen und sonstigen Fragen zurechtzukommen?... Wir brauchen einen Menschen, zu dem jeder beliebige Vertreter einer Nation kommen kann, um ihm ausführlich zu erzählen, was er auf dem Herzen hat. Wo ist ein solcher Mensch zu finden? Ich glaube, auch Preobraschenski könnte keine andere Kandidatur nennen als die des Genossen Stalin. Dasselbe gilt für die Arbeiter- und Bauerninspektion. Eine großartige Sache. Um aber die Kontrolle richtig handhaben zu können, ist es notwendig, daß an der Spitze ein Mann steht, der Autorität genießt, sonst werden wir in kleinlichen Intrigen steckenbleiben und versinken.«[18]

Lenin sah die Fehler Stalins durchaus. Trotzki berichtet, Lenin habe, als bei der Diskussion über einen Generalsekretär erstmals Stalins Name fiel, gesagt: »Dieser Koch wird nur gepfefferte Speisen zusammenbrauen.« Er habe aber keinen anderen Genossen vorgeschlagen.[19] Lenin hatte immer Hochachtung vor Stalins »praktischen« Fähigkeiten empfunden und fühlte sich stark genug, ihn unter Kontrolle zu halten. Bestimmt hatte er nicht den Eindruck, daß seine eigene Stellung bedroht war, jedenfalls nicht vor seinem ersten Schlaganfall im Mai 1922, der ihn einen Monat nach der Ernennung Stalins zum Generalsekretär aufs Krankenbett warf.

In den drei Jahren zwischen dem Tod Swerdlows und der Ernennung Stalins zu seinem Nachfolger hatte sich einiges getan. Die Mitarbeiterzahl des Sekretariats war von dreißig auf sechshundert angewachsen, und es waren mehrere nach Funktionen getrennte Abteilungen und Büros für besondere Aufgaben entstanden. Stalin scharte als Generalsekretär, wie er es schon in Zarizyn praktiziert hatte, eine Reihe von Mitarbeitern um sich, die ihre Karriere mit der seinen verknüpften und mit ihm nach oben kletterten. Die beiden wichtigsten waren Wjatscheslaw Michajlowitsch Molotow und Lasar Kaganowitsch, die ihn beide überlebten und erst 1957 von Chruschtschow kaltgestellt wurden. Molotow (ein Pseudonym, das »Hammer« bedeutet) hieß eigentlich Skrjabin und war ein Neffe des gleichnamigen Komponisten. Er hatte für kurze Zeit an der Universität Moskau Maschinenbau studiert und war einer der wenigen Bolschewisten aus bürgerlichem Hause, die sich schon in dieser frühen Phase Stalin anschlossen. Molotow, zum Zeitpunkt der Februarrevolution siebenundzwanzig Jahre alt, stotterte, trug einen Kneifer auf der Nase und ließ sich keinerlei innere Regung anmerken, eine Eigenart, die er nie ablegte. Er rückte 1920 zum Kandidaten des Zentralkomitees auf und wurde 1921 Vollmitglied; zum selben Zeitpunkt trat er ins Generalsekretariat und ins Orgbüro der Partei ein. Ein Jahr danach wurde er zum Vollmitglied des Politbüros gewählt, und später rückte er als engster Mitarbeiter Stalins zum Vorsitzenden des Ministerrats auf und ging in die Geschichtsbücher als der sowjetische Außenminister ein, der mit den Deutschen den Hitler-Stalin-Pakt aushandelte.

Kaganowitsch, ein gebürtiger Jude, der sich vom Judentum losgesagt hatte, war ein hartgesottener, unermüdlicher und unbarmherziger Apparatschik, der sich den Ruf erwarb, der fähigste Administrator der Sowjetunion zu sein. Entschlossen, die Armut und Armseligkeit seines ukrainischen Heimatdorfs hinter sich zu lassen, beschloß er in einem sehr frühen Stadium, alle seine Hoffnungen auf Stalin zu setzen, mit dem er sich, wie Molotow, vollständig identifizierte. Er war maßgeblich an Stalins brutal forciertem Industrialisierungsprogramm beteiligt und erwarb sich Ruhm und Ehre als der Mann, der die treibende Kraft hinter dem Bau der Moskauer U-Bahn war. In der Ära der Säuberungen bestand Kaganowitsch seinen Loyalitätstest, als Stalin ihn fragte, ob sein Bruder Michail (der Minister für Flugzeugbau war) erschossen werden solle, und er antwortete, das müsse die Polizei entscheiden. Die Sache endete damit, daß sein Bruder Selbstmord beging. Molotow mußte sich damit abfinden, daß seine Frau in ein Arbeitslager gesteckt wurde. Den Grundstein für ihre Karriere legten sowohl Molotow als auch Kaganowitsch als Stalins Assistenten im Sekretariat des Zentralkomitees. 1988 stellte sich heraus, daß Kaganowitsch noch lebte. Er wohnte als Pensionär in Moskau und war fünfundneunzig Jahre alt.

Der größte Überlebenskünstler war jedoch der Armenier Anastas Mikojan. Wie sein Altersgenosse Kaganowitsch schon Mitte der zwanziger Jahre Mitglied des Zentralkomitees und Kandidat des Politbüros, stieg er zum Volkskommissar für Wirtschaft auf und erwies sich als wendig genug, alle anderen Überlebenden der Stalin-Ära auszustechen und bis 1966 Mitglied des Politbüros (später Präsidium genannt) des ZK zu bleiben, um dann in Ehren verabschiedet zu werden.

Innerhalb des Sekretariats des Zentralkomitees schuf Stalin sich sein eigenes persönliches Büro, die sogenannte Geheimabteilung des Zentralkomitees, die dem Politbüro, dem Orgbüro und dem Sekretariat zuarbeitete. Der erste Leiter dieser Abteilung war Iwan Towstucha, ein Intellektueller und marxistischer Wissenschaftler, der früher im Untergrund tätig gewesen war und die sibirische Verbannung ebenso kennengelernt hatte wie das Emigrantendasein. Nach Angaben Baschanows, der eine Zeitlang im Sekretariat diente, sagte Stalin einmal zu Towstucha: »Meine Mutter hatte einen Ziegenbock, der genauso aussah wie du, nur daß er keinen Kneifer trug.« Ein ganz anderer Typ war Alexander Nikolajewitsch Poskrebyschew, der später in das Sekretariat eintrat und über den es heißt, er habe stets mit leiser Stimme, dafür aber in der denkbar rüdesten Sprache gesprochen und einen ausgesprochen ungebildeten Eindruck gemacht. Poskrebyschew hatte in der Packerei des Zentralkomitees angefangen und seinen Aufstieg der Tatsache zu verdanken, daß es unter den Mitarbeitern des Sekretariats vor ihm keinen echten Proletarier gegeben hatte. Eine seiner Aufgaben als Leiter eines Sonderbüros der Geheimabteilung bestand darin, ein Spitzelsystem aufzubauen, das mit der Zeit alle Bereiche der sowjetischen Gesellschaft durchzog, einschließlich der Roten Armee, der OGPU (wie die Tscheka seit Juli 1923 hieß) und der Komintern. So verschaffte sich Stalin einen unschätzbaren Vorteil gegenüber seinen Rivalen.

Fünfundzwanzig Jahre lang fungierte Poskrebyschew als persönlicher Sekretär Stalins, diente ihm wie ein Sklave und tat, was ihm aufgetragen wurde, ohne jemals Fragen zu stellen. Er schirmte Stalin ab und kontrollierte den Zugang zu ihm, wie Bormann es später bei Hitler tat, nutzte aber diese Stellung nicht, wie Bormann, zur Mehrung seiner eigenen Macht. Niemand kannte so viele Geheimnisse Stalins, ohne je eines von ihnen preiszugeben. Poskrebyschew überlebte alle Umschwünge und Säuberungen und wurde erst in Stalins letztem Lebensjahr ein Opfer des wahnhaften Mißtrauens des Diktators, der ihn unvermittelt vor die Tür setzte.

Das Sekretariat des Zentralkomitees richtete eine Reihe von Unterabteilungen ein, darunter das Büro für Agitation und Propaganda (Agitprop), das sowohl für Ideologie und Kultur als auch für Propaganda und die Presse zuständig war. Die wichtigste Aufgabe des Sekretariats bestand jedoch darin, die vielen hauptamtlichen Funktionäre der Partei in den Provinzen des Riesenlandes, außerhalb der beiden Hauptstädte Moskau und Petrograd, anzuleiten und sie, je nach Notwendigkeit, zu disziplinieren, zu reorganisieren, zu versetzen oder sie zu entlassen.

In großen Teilen des Landes hatten sich nach Ende des Bürgerkriegs regionale und lokale Parteigliederungen und Parteiführer angewöhnt, in eigener Machtvollkommenheit zu regieren und nur noch die denkbar lokkerste Fühlung mit Moskau zu halten. Das Sekretariat hatte sich schon vor der Berufung Stalins angeschickt, die »Kommandostrukturen« der Partei und damit die Autorität der Führung wiederherzustellen. Stalin konnte weniger als ein Jahr nach seiner Amtsübernahme berichten, daß auf der Grundlage von Informationen, die das Sekretariat zu diesem Zweck in jüngster Zeit gesammelt hatte, in den vergangenen zwölf Monaten mehr als 10 000 Mandate an Parteifunktionäre vergeben worden seien. Im Jahr darauf wurden noch einmal 1 000 Funktionäre eingesetzt, darunter 42 Parteisekretäre auf regionaler Ebene. Als verantwortlichen Leiter für diesen Arbeitsbereich holte Stalin Lasar Kaganowitsch ins Sekretariat.

Stalin schuf den Parteiapparat nicht, aber er vollendete seinen Aufbau. Ende 1923 verfügten das Orgbüro und das Sekretariat über die Daten aller 485 000 Mitglieder der Partei und waren in der Lage, Funktionäre ihres Vertrauens in Stellungen auf jeder Ebene der Parteihierarchie zu hieven. Ganz ähnlich wie Hitler glaubte auch Stalin – und nicht nur er, sondern ebenso Lenin und die übrigen kommunistischen Führer –, daß Autorität und Führerschaft von oben ausgeübt werden müßten und jeder örtliche Funktionär dafür verantwortlich sei, daß in seinem Bereich die von der Führung vorgebene »korrekte Linie« zur Anwendung kam. Stalin konnte für sich in Anspruch nehmen, die Voraussetzungen dafür geschaffen zu haben, daß dieses Modell funktionieren konnte. »Die Kader entscheiden alles«, wurde zu einer seiner Lieblingsformeln. »Nachdem die korrekte Linie festgelegt worden ist, hängt der Erfolg von der organisatorischen Arbeit ... und von der richtigen Auswahl der Personen ab.«[20]

Was Stalin nicht sagte, war, daß er selbst der Hauptnutznießer dieses Systems war. In der Praxis waren die örtlichen Parteifunktionäre jetzt nämlich nicht mehr die gewählten Vertreter der lokalen Parteibasis und dieser verantwortlich; sie erhielten ihre Ämter vielmehr auf »Empfehlung« von oben. Sie waren nicht viel mehr als Rädchen im Apparat, von dessen Wohlwollen sie abhängig waren, wenn sie Einfluß gewinnen und vorankommen wollten. Diese Apparatschiks, von denen viele der neuen Generation angehörten, die durch die abhärtende Schule des Bürgerkriegs gegangen war und darauf brannte, auf der Karriereleiter nach oben zu klettern (wie beispielsweise Chruschtschow), wurden zu einer gesellschaftlichen Gruppe mit einem speziellen Selbstverständnis und mit eigenständigen Machtinteressen und Privilegien. Sie brauchten nicht lange, um herauszufinden, daß sie, wenn sie beides wahren wollten, vor allem auf die Gunst Stalins setzen mußten – und nicht nur darauf, sondern auch auf eine Festigung seiner Machtposition. Und Stalin brauchte seinerseits nicht lange, um zu erkennen, daß zwischen ihm und dem Apparat eine wechselseitige Abhängigkeit bestand und daß die Zuverlässigkeit der Apparatschiks seine größte Trumpfkarte in jedem möglicherweise bevorstehenden Machtkampf sein würde.

Niemand im Politbüro war mit der Parteiorganisation außerhalb von Moskau und Petrograd so vertraut wie Stalin; kein anderer kannte so viele der nach vorn drängenden Funktionäre der zweiten Generation, deren Entsendung zu Parteitagen und Konferenzen er veranlassen oder die er als Kandidaten für das Zentralkomitee vorschlagen konnte. Niemand verfügte über eine so große Schar von Klienten, um einen Ausdruck aus der altrömischen Rechtssprache zu verwenden. Hinzu kam, daß Stalin eher als irgendeiner seiner Rivalen der Mann war, mit dem die Parteisekretäre sich wie selbstverständlich identifizieren konnten, ein Mann, der all seine Erfahrungen in Rußland und nicht im Exil gesammelt hatte, ein »Praktiker« wie sie selber, der ihre Probleme und Ansichten verstand, und nicht einer dieser Intellektuellen, die sie gönnerhaft von oben herab behandelten. So unangenehm Stalin im Umgang mit seinen Kollegen werden konnte, er hatte immer ein offenes Ohr für Leute, die aus der Provinz mit einem Problem zu ihm kamen, hörte geduldig zu und erteilte Ratschläge – und schon hatte er einen neuen »Klienten« gewonnen.

In der zweiten Hälfte des Jahres 1922, als Lenin sich von seinem ersten Schlaganfall erholte, hatte Stalin bereits in aller Stille seine Machtbasis errichtet. In den Augen Trotzkis, der mit seinem Hang zum Auftrumpfen und zur großen Geste für manche die Gefahr eines neuen Bonapartismus zu verkörpern schien, war das Stalinsche Wirken typisch für die graue Mittelmäßigkeit, außer der er an Stalin nichts zu entdecken vermochte. Aber es hatte Hand und Fuß. Als die schwere Krankheit Lenins deutlich machte, daß die Positionen neu verteilt werden würden, war Stalin in der Lage, die Hausmacht, die er sich in der das ganze Land überspannenden Parteiorganisation aufgebaut hatte, in die Waagschale zu werfen und sich damit einen maßgeblichen Einfluß auf die politischen Gremien im Zentrum zu sichern, in denen über die Frage der Nachfolge entschieden wurde: den Parteitag, das Zentralkomitee und das Politbüro.

Stalin hatte seinen bisherigen Aufstieg dem Vertrauen und der Unterstützung Lenins zu verdanken. Beides entzog ihm der Parteiführer 1922/23 und stürzte Stalin damit in die gefährlichste Krise seiner Karriere. Das unvorhersehbare Ereignis, das die Lawine ins Rollen brachte, war der Schlaganfall, den Lenin im Mai 1922 erlitt. Er war zu diesem Zeitpunkt erst zweiundfünfzig Jahre alt und kam wieder so weit auf die Beine, daß er in der zweiten Hälfte des Jahres 1922 noch einmal für einige Monate seine Arbeitsfähigkeit wiedererlangte. Doch die Nachfolgefrage stand von da an auf der Tagesordnung. Lenins Führungskraft und Autorität ließen zwangsläufig nach, und er begann nun, Stalin und seine anderen Mitarbeiter unter einem neuen Aspekt zu betrachten. Stalin als seine rechte Hand, weisungsgebunden und steuerbar, das war eine Sache, Stalin als sein Nachfolger eine ganz andere.

Was den Umschwung in der Haltung Lenins zu Stalin beschleunigte, war nicht die Tatsache, daß Stalin sich eine zunehmend stärkere Hausmacht in der Partei geschaffen und bereits begonnen hatte, sich aus der Abhängigkeit von Lenins Gunst zu lösen, sondern ein Streit, der ausgerechnet um jene Frage entbrannte, mit der Stalin vor 1914 seine ersten Pluspunkte bei Lenin gesammelt hatte: die Nationalitätenfrage. Mit dem Ende des Bürgerkriegs und der Rückgewinnung großer Teile des ehemaligen Zarenreichs durch das Sowjetregime wurde dies eine Frage von erstrangiger Bedeutung, von der nahezu die Hälfte der Bevölkerung, nämlich 65 von 140 Millionen, betroffen war, die entweder gar nicht der slawischen Völkerfamilie angehörten, oder aber keine Großrussen, sondern Ukrainer oder Weißrussen waren. Wie groß war die Bereitschaft der Kommunisten, jetzt, da sie das Sagen hatten, ihre früher gegebenen Versprechungen in bezug auf nationale Selbstbestimmung einzulösen?

Niemand in der kommunistischen Führung, und ganz gewiß nicht Lenin, stellte den Grundsatz der Zentralisierung der Macht in den Händen einer Einheitspartei in Frage. Aber dieses Prinzip war für Lenin keineswegs ein Freibrief für einen »großrussischen Chauvinismus«, der auf alle Nichtrussen herabsah und sie als Menschen zweiter Klasse behandelte. Er brandmarkte eine solche Einstellung als Überbleibsel des Zarenregimes und der Dünkelhaftigkeit seiner Beamten. Er kritisierte diejenigen Kommunisten, die ein einheitliches Schulsystem wollten, in dem nur die russische Sprache gelehrt würde, mit den Worten: »In meinen Augen ist ein solcher Kommunist ein großrussischer Chauvinist. Er lebt in vielen von uns, und wir müssen ihn bekämpfen.« Für Stalin, der sich von seiner georgischen Herkunft gelöst hatte und sich als Russe fühlte, waren die nationalen Unterschiede innerhalb des Sowjetreichs irrelevant. Er betrachtete die bolschewistische

Revolution und den Leninismus als »höchste Errungenschaft der russischen Kultur« und brachte im Laufe der Zeit immer weniger Verständnis für den »bürgerlichen Nationalismus« von Ukrainern und Kaukasiern auf, die mit ihren Forderungen nach nationaler und kultureller Autonomie diese Errungenschaft gefährdeten.

Bis zu seiner Krankheit scheint Lenin alle Meinungsverschiedenheiten mit Stalin offenbar als bloß graduelle oder taktische Differenzen behandelt zu haben. Aber als er, der nach seinem ersten Schlaganfall vielleicht nicht mehr ganz so sicher war, Stalin unter Kontrolle halten zu können, miterlebte, wie dieser mit Georgien umsprang, erkannte er, welche tiefgreifenden Gegensätze sich hier auftaten. Im Februar 1921 hatte er den Vorschlag Stalins gebilligt, unter Einsatz der Roten Armee die menschewistische Regierung, die in Georgien seit 1918 an der Macht war, davonzujagen. Als dies geschafft war, legte Stalin den Plan vor, Georgien in eine Föderation kaukasischer Sowjetrepubliken einzubinden, wobei er sich über den Wunsch der georgischen Bolschewisten nach einer autonomen Sowjetrepublik Georgien hinwegsetzte. Er wies seinen georgischen Landsmann Ordschonikidse an, die Parteiorganisation vor Ort von allen Gegnern des Föderationsplans zu säubern, ein Vorgehen, das er sich von Lenin und dem Politbüro hatte bestätigen lassen.

Die kaukasische Föderation, der neben den Georgiern die Armenier und die Aserbaidschaner angehören sollten, drei Völkerschaften, zwischen denen seit Menschengedenken blutige Fehden tobten, war nur ein Mosaikstein in einem umfassenderen Plan Stalins. Er wollte im Rahmen einer Reform der bestehenden Verfassung die national definierten autonomen Sowjetrepubliken Transkaukasien, Ukraine und Weißrußland der Russischen Föderativen Republik einverleiben und ihnen lediglich gewisse Autonomierechte zugestehen. Die inneren Angelegenheiten, die Rechtsprechung, das Schulwesen und die Landwirtschaft sollten, zumindest auf dem Papier, Sache der Einzelrepubliken sein; von Moskau aus »koordiniert« werden sollten hingegen die Finanz- und Wirtschaftspolitik, die Lebensmittelversorgung und die Gewerkschaftspolitik. Die Außen- und Militärpolitik, die innere Sicherheit, der Außenhandel sowie das Verkehrs- und Nachrichtenwesen sollten ausschließlich in der Verantwortung der Zentralregierung liegen. Die Ukrainer begehrten heftig gegen dieses Vorhaben auf, das sie unter anderem zur ersatzlosen Auflösung ihres Außenministeriums zwang. Der eigentlich ernst zu nehmende Widerstand kam jedoch aus Georgien, wo die Parteiorganisation und die Opposition sich von den Drohgebärden Ordschonikidses nicht einschüchtern ließen und einen Strom von Beschwerden nach Moskau schickten. Dennoch gelang es Stalin, die zur Erarbeitung der neuen Verfassung eingesetzte Kommission zur Billigung seines Planes zu bewegen, und er ließ den Entwurf an die Mitglieder des Zentralkomitees verteilen, ohne den Kommentar Lenins abzuwarten.

Lenin, der noch als Rekonvaleszent in Gorki weilte, reagierte unverzüglich. Er erklärte, es handle sich um eine Frage von überragender Bedeutung, und bat das Politbüro, seine Rückkehr abzuwarten. Er fügte hinzu, er erkenne bei Stalin einen »gewissen Hang zu übereilten Handlungen«.[21] Er übte Kritik an dem seiner Meinung nach zu zentralistischen Entwurf Stalins und schlug die Schaffung eines neuen übergreifenden Staatsgebildes vor, einer Union der Sozialistischen Sowjetrepubliken (UdSSR), der die russische Republik gleichberechtigt mit den anderen nationalen Republiken angehören würde, mit gleichen Rechten für alle. Stalin machte in seiner Antwort gar nicht erst den Versuch, seinen Ärger zu verbergen. Von den fünf Änderungen, die Lenin vorgeschlagen hatte, bezeichnete er eine als akzeptabel; die zweite als »keinesfalls« hinnehmbar, die dritte als von lediglich »redaktioneller Bedeutung«, die fünfte als überflüssig. In bezug auf den vierten Punkt meinte Stalin, dieser sei wohl vom Genossen Lenin »etwas übereilt« gewesen. Den Spieß der Leninschen Kritik umdrehend, fügte er sarkastisch hinzu: »Würde diese Eilfertigkeit unseren ›Independentisten‹ nicht Zündstoff liefern und somit den Ruf des Genossen Lenin schädigen, er sei liberal hinsichtlich der Nationalitätenfrage?«[22]

Nach einem dreistündigen Gespräch mit Lenin in Gorki überarbeitete Stalin seinen Entwurf dann doch, um Lenin entgegenzukommen, und Lenin erhob keine Einwände mehr gegen die Verabschiedung des überarbeiteten Texts durch das Zentralkomitee. Als sich daraufhin das ZK der georgischen KP erneut mit der Frage befaßte und sich für einen direkten Eintritt Georgiens in die UdSSR (nicht auf dem Umweg über eine kaukasische Föderation) aussprach, verwies Lenin die Angelegenheit wiederum an Stalin, bekräftigte die bereits getroffene Entscheidung und kritisierte die Georgier wegen ihrer Attacken gegen Ordschonikidse. Dieser wiederum ging, von Stalin gedrängt, daran, die georgische Partei zu »säubern«.

Die anhaltenden Proteste aus den Reihen dieser Partei hatten jedoch einige Politbüro-Mitglieder, darunter Lenin, davon überzeugt, daß eine Untersuchung durchgeführt werden müsse. Lenin arbeitete wieder und spürte, daß sich seit seiner Krankheit etwas verändert hatte; das offenkundigste Anzeichen hierfür war, daß man sich in immer mehr Fragen an Stalin wenden mußte, um zu erfahren, was der Stand der Dinge war. Es war ein eigenartig banaler Vorfall, der wie ein Katalysator das zunehmende Unbehagen an der Amtsführung des Generalsekretärs zum Ausbruch brachte. Rykow berichtete von einem Gespräch, das er mit einem Führer der georgischen Opposition im Beisein Ordschonikidses in dessen Tifliser Wohnung geführt hatte; es war dabei zum Streit zwischen den beiden Georgiern gekommen, und Ordschonikidse hatte den anderen geohrfeigt. Lenin fand dieses Benehmen Ordschonikidses untragbar. Nicht einmal im zaristischen Rußland hätte ein hoher Funktionsträger des Staates sich zur Züchtigung eines Untergebenen hinreißen lassen. Ordschonikidse und Stalin hatten in ihrem Bemühen, sich zu assimilieren, offenbar die schlimmsten Unarten des russischen Beamtentums übernommen – *chamstow*, eine Mischung aus Brutalität und Primitivität.

Einen Bericht, der die beiden in Schutz nahm, wies Lenin zurück und erteilte dem GPU-Chef Dzierzynski, der den Bericht aufgesetzt hatte, den Auftrag, noch einmal nach Georgien zu fahren und Näheres über die Auseinandersetzung in der Wohnung Ordschonikidses herauszufinden. Vier Tage später, am 16. Dezember 1922, erlitt Lenin seinen zweiten Schlaganfall. Was danach folgte, ist erst nach und nach bekannt geworden, vieles davon erst nach Stalins Tod. Es gibt keinen Zweifel daran, daß Lenins Einstellung zu seinem ehemaligen Schützling sich inzwischen in gründliches Mißtrauen verwandelt hatte. Die Schritte, die das Politbüro unternahm, um die Lage zu meistern, verstärkten dieses Mißtrauen noch. Stalin, Kamenew und Bucharin faßten nach einer Besprechung mit den Ärzten am 24. Dezember den folgenden Beschluß:»Wladimir Iljitsch hat das Recht, jeden Tag fünf bis zehn Minuten zu diktieren, doch darf das nicht den Charakter einer Korrespondenz annehmen; auch darf Wladimir Iljitsch nicht damit rechnen, irgendeine Antwort zu bekommen. [Politische] Besuche sind ihm verboten. Seine Freunde und seine Umgebung dürfen ihn nicht über politische Angelegenheiten informieren.«[23]

Die Rechtfertigung für diese Anweisungen lag aus der Sicht ihrer Urheber in der Möglichkeit, daß Lenin, auch wenn es fast ausgeschlossen war, daß er jemals wieder seine Funktionen würde ausüben können, doch noch jahrelang halb gelähmt weiterleben und sich in die politischen Dinge einmischen könnte. Lenin reagierte darauf mit dem verzweifelten Versuch, die Anweisungen zu unterlaufen, und die Tatsache, daß das Politbüro ausgerechnet Stalin beauftragte, über ihre Einhaltung zu wachen, bestärkte ihn in seiner Entschlossenheit.

Auf der Suche nach einem Verbündeten wandte Lenin sich an Trotzki. Schon zweimal hatte er ihm im Verlauf des Jahres 1922 den Posten eines Stellvertretenden Vorsitzenden des Rats der Volkskommissare angeboten, und zweimal hatte Trotzki abgelehnt, nicht erkennend, welche Chance Lenin ihm damit bot, seinen Anspruch auf die Rolle des ranghöchsten unter den Stellvertretern des Parteichefs zu untermauern. Im Dezember jedoch, als Lenin sich gegen einen Plan Stalins wandte, das staatliche Außenhandelsmonopol zu lockern, erklärte Trotzki sich zu seiner großen Freude bereit, seine Auffassungen vor dem Zentralkomitee zu vertreten, und noch größer war Lenins Freude, als das Gremium sich umstimmen ließ und seinen ursprünglichen Beschluß revidierte.»Wir haben die Stellung kampflos erobert«, schrieb Lenin.»Ich schlage vor, daß wir nicht innehalten, sondern weiter vorwärtsmarschieren.« In einem persönlichen Gespräch mit Trotzki erneuerte Lenin sein Angebot für das Amt des Stellvertretenden Vorsitzenden und erklärte sich bereit, eine Front zum Kampf gegen den Bürokratismus sowohl im Staat als auch in der Partei aufzubauen. Wenige Tage später erlitt Lenin jedoch seinen zweiten Schlaganfall, und so wurde nichts aus den Ansätzen, die für Stalin weitreichende Folgen hätten haben können.[24]

Der an seine Wohnung im Kreml gefesselte Lenin konnte jetzt nur noch über seine Frau Nadeschda Krupskaja, seine Schwester Marija und seine Sekretärinnen mit der Außenwelt kommunizieren. Doch der einstmalige Verschwörer – der sich jetzt faktisch wieder auf konspirative Methoden zurückgeworfen sah – hatte seinen Kampfgeist noch nicht verloren. Durch Drohung mit »Streik« und Verweigerung der ärztlichen Behandlung erkämpfte er sich das Recht, mehr als nur wenige Minuten pro Tag zu arbeiten und Texte für sein »Tagebuch«, wie er es nannte, zu diktieren. Es war kein Tagebuch, sondern seine letzte Botschaft an den Parteitag, die er schon im Angesicht des nahenden Todes zwischen dem 23. Dezember 1922 und dem 4. Januar 1923 diktierte und die als sein »Testament« bekannt geworden ist.[25]

Weil er befürchtete, die zunehmende Bürokratisierung von Partei und Staat werde zu einer Entfremdung zwischen beiden und den Arbeitern und Bauern, deren Interessen sie eigentlich verpflichtet waren, führen, drängte Lenin auf eine Vergrößerung des Zentralkomitees. Dieses zählte zu diesem Zeitpunkt nur sechzehn Köpfe, Lenin und die anderen Mitglieder des Politbüros eingeschlossen, dazu acht Kandidaten. Lenin forderte, das Zentralkomitee um fünfzig bis hundert Personen zu erweitern. Die neuen Mitglieder sollten Arbeiter und Bauern sein, nach Möglichkeit nicht aus den Reihen derer ausgewählt, die schon jahrelang dem Apparat angehörten, weil sich bei diesen schon bestimmte Traditionen und gewisse Vorurteile eingeschliffen hätten, »die wir gerade bekämpfen wollen«. Es gelte, Leute zu finden, die dem arbeitenden Proletariat und der Bauernschaft näherstanden. Lenin hoffte, diese neu ins ZK gewählten Mitglieder würden, indem sie »in allen Sitzungen des Politbüros anwesend sind und alle Dokumente des ZK lesen«, zum einen dem ZK größere Stabilität verleihen und zum zweiten wirksam »an der Erneuerung und Verbesserung des Apparats« mitarbeiten.

Mehr Stabilität hielt Lenin deswegen für nötig, weil dem Zentralkomitee seinem Eindruck nach eine Spaltung drohte, die hauptsächlich aus den zwischen Stalin und Trotzki bestehenden Meinungsverschiedenheiten herrührte. »Seit Genosse Stalin Generalsekretär geworden ist«, schrieb er, »vereinigt er eine enorme Macht in seinen Händen, und ich bin nicht sicher, daß er es immer versteht, diese Macht mit der notwendigen Vorsicht zu gebrauchen. Andererseits zeichnet Genosse Trotzki sich nicht nur durch seine ungewöhnlichen Fähigkeiten aus..., sondern er ist sicherlich auch der fähigste Mann im derzeitigen Zentralkomitee. Aber er neigt dazu, durch allzu großes Selbstvertrauen sich zu sehr für die rein administrative Seite der Dinge zu interessieren.«

Lenin bestimmte keinen der beiden zu seinem Nachfolger; ihn bewegte vor allem die Sorge, die so unterschiedliche Veranlagung der »beiden herausragenden Mitglieder des Zentralkomitees« könnte zu einer von niemandem gewollten Spaltung der Partei führen. Er glaubte, dem lasse sich am besten durch eine Vergrößerung des Zentralkomitees vorbeugen. Lenin kam kurz auch auf Sinowjew und Kamenew zu sprechen, denen er aber ebensowenig das Format von Stalin und Trotzki zusprach wie zwei jüngeren ZK-Mitgliedern, Bucharin und Pjatakow, von denen er sagte, sie seien zwar außerordentlich talentiert, bräuchten aber noch Zeit, um sich entwikkeln zu können.

Neun Tage später fügte Lenin einen Nachtrag hinzu:»Stalin ist zu grob, und dieser Fehler, der in unserer Mitte und im Verkehr zwischen uns Kommunisten erträglich ist, kann in der Funktion des Generalsekretärs nicht geduldet werden.« Er schlage daher den Genossen vor, einen Weg zu finden, Stalin von diesem Posten abzulösen und einen anderen Mann zu ernennen, der»toleranter, loyaler und den Genossen gegenüber aufmerksamer, weniger launenhaft usw. ist. Es könnte so scheinen, als sei dieser Umstand eine winzige Kleinigkeit, aber angesichts dessen, was ich oben über das Verhältnis zwischen Stalin und Trotzki geschrieben habe, ist es keine Kleinigkeit, oder doch eine Kleinigkeit, die entscheidende Bedeutung erlangen kann. 4. Januar 1923.«[26]

Von dem Brief wurden mehrere Kopien angefertigt und in einem versiegelten Umschlag deponiert, der die Aufschrift trug:»Geheim, von niemandem zu öffnen außer von W.I. Lenin und nach seinem Tod von Nadeschda Krupskaja.« Adressiert war der Brief an den Zwölften Parteitag, der im Frühjahr 1923 stattfinden sollte und an dem Lenin nach wie vor teilnehmen zu können hoffte. Lange Zeit ging man davon aus, der Brief sei den anderen Parteiführern erst bekannt geworden, als Nadeschda Krupskaja ihn im Mai 1924, vier Monate nach Lenins Tod, dem Plenum des Zentralkomitees vorlegte, als dort eine Debatte über den Ablauf des bevorstehenden Dreizehnten Parteitages stattfand. Im Februar 1988 erschien jedoch in der *Prawda* ein sorgfältig dokumentierter Artikel, der die Vermutung nahelegt, daß Lydia Fotjewa, Lenins Sekretärin, Stalin und mehrere andere Politbüromitglieder schon Ende Dezember 1922 über die »Zeugnisse«, die Lenin sechs von ihnen ausgestellt hatte, informierte, nicht jedoch über den erst im Januar hinzugefügten Nachtrag.[27] Auf dem Parteitag von 1923 kam der Brief jedenfalls nicht zur Sprache.

Trotzki behauptete später, Lenin habe vorgehabt, einen Posten zu schaffen, den er, Trotzki, als Sprungbrett auf den Sessel des Vorsitzenden des Rates der Volkskommissare als Nachfolger Lenins hätte benutzen können. Es ist denkbar, daß dies in der Tat die Absicht Lenins war, als er Trotzki drängte, den stellvertretenden Vorsitz zu übernehmen. Auf der anderen Seite vermied Lenin es in seinem Brief an den Parteitag bewußt, irgend jemanden als seinen Nachfolger zu benennen; das deutet darauf hin, daß er an die Möglichkeit einer kollektiven Führung dachte, in der die sechs namentlich erwähnten Männer unter der strengen Kontrolle des Zentralkomitees und der Zentralen Kontrollkommission zusammenarbeiten würden.

In den Tagen, da Lenin seinen Brief an den Parteitag diktierte, beschäftigte er sich auch noch einmal mit der Nationalitätenfrage. Offenbar erzürnt über die ihm bekanntgewordene Ankündigung Stalins und Ordschonikidses, man werde nationalistische Gefühle mit einem rotglühenden Eisen ausbrennen, bezeichnete Lenin in seinen Notizen, die das Datum vom 30. beziehungsweise des 31. Dezember 1922 tragen, die Ohrfeigen-Episode als symptomatisch für »den Sumpf, in dem wir gelandet sind«. Es sei von höchster Bedeutung, daß die großrussische Seite beim Umgang mit nationalen Minderheiten solche Grobheiten (er benutzte das Wort *grubost*, das er auch zur Charakterisierung Stalins verwendet hatte) vermeide. Ordschonikidse verdiene eine exemplarische Bestrafung; die Hauptschuld aber liege bei Stalin, seiner übereilten Handlungsweise, seiner Unduldsamkeit gegenüber den nationalen Gefühlen der Georgier, seinem administrativen Übereifer und seinen diktatorischen Methoden. Die von Stalin ausgearbeitete Verfassung sei ein Scheingebilde. Sie sei nicht geeignet, die Nichtrussen vor »der Invasion jenes echten Russen [zu] schützen, des großrussischen Chauvinisten, ja im Grunde Schurken und Gewalttäters, wie es der typische russische Bürokrat ist«. Die Tatsache, daß weder Stalin noch Dzierzynski Russen seien, mache die Sache nur noch schlimmer: »Es ist bekannt, daß russifizierte Menschen fremder Nationalität in der Bekundung ihrer echt russischen Haltung immer über das Ziel hinausschießen.«[28]

Während diese Aufzeichnungen über die georgische Frage zunächst einmal abgeheftet wurden, um beim Zwölften Parteitag vorgelegt zu werden, diktierte Lenin im Januar und Februar 1923 zwei für die *Prawda* bestimmte Artikel. Ihr Thema war die Zunahme des Bürokratismus in Staat und Partei, und die Artikel enthielten Vorschläge zur Eindämmung dieser Entwicklung durch verbesserte Organisationsformen. Besonders kritisch nahm Lenin sich in seinem zweiten Artikel die Rabkrin vor, die Stalin bis zu seiner Berufung zum Generalsekretär geleitet hatte und der Lenin nun genau jene bürokratischen Entartungen vorwarf, zu deren Bekämpfung sie einst ins Leben gerufen worden war. Lenin nannte keine Namen, doch konnte kein Zweifel daran bestehen, daß seine schneidende Kritik an der Bürokratie auf Stalin zielte. »Jedermann weiß, daß es schlechter organisierte Institutionen als die unserer Arbeiter- und Bauerninspektion nicht gibt und daß unter den gegenwärtigen Verhältnissen von diesem Volkskommissariat auch gar nichts verlangt werden kann.«

Dann teilte Lenin noch einen Seitenhieb aus, der auf die Zentrale Kontrollkommission zielte, das nach wie vor von Stalin geleitete parteiinterne Pendant zur Rabkrin: »In Paranthese sei bemerkt: Bürokratie pflegt bei uns nicht nur in den Sowjet-, sondern auch in den Parteiinstitutionen vorzukommen.« Der Mangel an zivilisierten Umgangsformen, so fuhr er fort, sei die Wurzel dieses Übels, ein Punkt, den er schon mehrfach beklagt hatte. »Wir sind unwillkürlich geneigt, uns gegenüber denen zu wappnen, die sich allzuviel und allzuleicht z.B. in Reden über ›proletarische Kultur‹ ergehen: Für den Anfang sollte uns eine wirkliche bürgerliche Kultur genügen, für den Anfang sollte es uns genügen, wenn wir ohne die besonders ausgeprägten Typen der Kulturen vorbürgerlicher Art, d.h. der Beamten- und Leibeigenschaftskultur usw. auskommen würden. In den Fragen der Kultur gibt es nichts Schädlicheres als Hast und Eilfertigkeit.«

Der erste Artikel erschien am 25. Januar 1923 in der *Prawda*. Deren Chefredakteur Bucharin hatte jedoch Bedenken, auch den zweiten, noch weit kritischeren Artikel mit seinen konkreten Reformvorschlägen abzudrukken. Auf einer Sondersitzung des Politbüros, die auf Antrag Trotzkis einberufen wurde, nachdem Nadeschda Krupskaja ihn um Hilfe ersucht hatte, stimmte eine Mehrheit gegen die Veröffentlichung. Kuibyschew verstieg sich sogar zu dem Vorschlag, ein einziges Exemplar der Zeitung mit dem Artikel darin drucken zu lassen, damit Lenin seinen Frieden habe. Doch dann setzte sich die Überzeugung durch, daß ein von Lenin verfaßter Artikel sich nicht vor der Partei werde geheimhalten lassen, und so erschien er am 4. März unter der Überschrift »Lieber weniger, aber besser«.[29]

Um diese Zeit nahm Lenin, vielleicht von Vorahnungen bewegt, seine schwindenden Kräfte zusammen, um einen entscheidenden Angriff gegen Stalin zu führen. Am 5. März diktierte er einen Brief an Trotzki und bat ihn, im Zentralkomitee die Verteidigung der Georgier zu übernehmen. Dem Schreiben legte er die Notizen zur Nationalitätenfrage bei, die er im Dezember diktiert hatte. Einen Tag später schickte er ein Telegramm an Mdiwani und die anderen Georgier, in dem er ihnen versicherte: »Mit ganzer Seele verfolge ich Ihre Sache«, und ihnen seine Unterstützung zusagte.[30] Trotzki indes schlug die Bitte Lenins unter Berufung auf seinen angeschlagenen Gesundheitszustand ab, und Stalin konnte in Georgien einen Sieg gegen die Mdiwani-Gruppe verbuchen, indem er ihren Parteitag mit seinen Gefolgsleuten beschickte und seine Gegner abwählen ließ.

Am gleichen Tag wie an Trotzki schrieb Lenin auch an Stalin und kam auf einen Vorfall zu sprechen, der sich Ende Dezember abgespielt hatte. Erzürnt über Lenins Einmischung in die Debatte über das Außenhandelsmonopol und unter Berufung auf seinen Auftrag, Lenins medizinische Betreuung zu überwachen, hatte Stalin Nadeschda Krupskaja angerufen und ihr heftige Vorhaltungen gemacht, weil sie Verstöße gegen die ärztlichen Anordnungen zugelassen hatte; er hatte sogar gedroht, sie vor das Zentralkomitee zu zitieren. Die Krupskaja hatte Lenin damals nichts davon erzählt und sich damit begnügt, in einem vornehmen Brief an Kamenew diesen und Sinowjew um Schutz zu bitten. Doch Anfang März erfuhr Lenin, was vorgefallen war, und schrieb an Stalin: »Lieber Genosse Stalin, Sie haben sich erlaubt, meine Frau in grober Form [wieder das Wort *grubost*] ans Telefon zu zitieren und sie in grober Form zu tadeln. Obwohl sie Ihnen gesagt hat, sie wolle Ihre Bemerkungen vergessen, haben Sinowjew und Kamenew dennoch durch sie von der Sache erfahren. Ich habe nicht die Absicht, etwas, das gegen mich gerichtet ist, so leicht zu vergessen, und ich brauche hier wohl nicht zu betonen, daß ich alles als gegen mich gerichtet betrachte, was meiner Frau angetan wird. Ich ersuche Sie deshalb, sorgfältig zu prüfen, ob es Ihnen lieber ist, Ihre Worte zurückzunehmen und sich zu entschuldigen, oder ob Sie den Abbruch der Beziehung zwischen uns vorziehen. Hochachtungsvoll, Lenin.«[31]

Jüngst ist in den Archiven ein Antwortbrief Stalins an Lenin entdeckt worden, in dem es heißt: »Wenn Sie der Meinung sind, ich müßte meine Worte zurücknehmen, so kann ich sie zurücknehmen, aber mir ist nicht klar, worum es geht, wo meine Schuld liegt.«[32] Es heißt, Lenin sei zu krank gewesen, um die Antwort Stalins zu lesen. Stalin soll auch eine Art Entschuldigung an die Krupskaja geschickt haben, aber Lenins Bruch mit Stalin wurde nie mehr geheilt. Am 6. März verschlechterte sich der Gesundheitszustand des Parteiführers wieder, und am 10. März erlitt er einen weiteren Schlaganfall, nach dem er nicht mehr sprechen konnte und rechtsseitig gelähmt war; er konnte von da an nicht mehr ins politische Geschehen eingreifen. Im Verlauf des Sommers und Herbstes 1923 erholte er sich so weit, daß er kleine Spaziergänge machen und sogar Moskau einen heimlichen Abschiedsbesuch abstatten konnte. Eine Reihe von Funktionären der Partei und der Regierung suchten ihn auf. Stalin war nicht darunter; die beiden Männer sahen einander nie wieder.

Für Stalin muß es ein Schock gewesen sein, erkennen zu müssen, daß der Mann, den er mehr bewunderte als jeden anderen Menschen und dem er seinen Aufstieg verdankte, jetzt sein Feind geworden war. Er bewahrte den letzten Brief Lenins bis an sein Lebensende auf; nach seinem Tod fand man ihn in einer Schublade seines Schreibtisches, und Chruschtschow verlas ihn während seiner Geheimrede vor dem Parteitag 1956 erstmals öffentlich. Stalin wußte 1923 noch nicht, wie weit Lenin zu gehen bereit war, erst recht nicht, daß er die Absicht hatte, die Entfernung Stalins aus dem Amt des Generalsekretärs zu empfehlen. Wohl aber war ihm bewußt, daß im Hinblick auf den nächsten Parteitag etwas gegen ihn im Gange war, und er war sehr erleichtert, Lenin dabei nicht mehr persönlich gegenübertreten zu müssen.

Jetzt, da Lenin in die politischen Geschäfte nicht mehr eingreifen konnte, lagen die politische Führung der Partei und die Leitung der routinemäßigen Partei- und Staatsgeschäfte in den Händen der Troika Sinowjew, Kamenew und Stalin. Die drei mochten sich nicht besonders, aber das gemeinsame Mißtrauen gegen Trotzki war noch stärker und einte sie. Ihre Stellung war gewichtig, zumindest auf dem Papier. Kamenew, der in Abwesenheit Lenins den Vorsitz im Politbüro geführt hatte, war auch einer der beiden Stellvertreter Lenins im Amt des Vorsitzenden des Rats der Volkskommissare sowie Vorsitzender des Moskauer Stadtsowjets; Sinowjew leitete den Sowjet der anderen Hauptstadt, Petrograd, und war daneben Vorsitzender der Komintern. Stalin war nicht nur Volkskommissar für Nationalitätenfragen, sondern hielt vor allem die Schlüsselstellung als General-

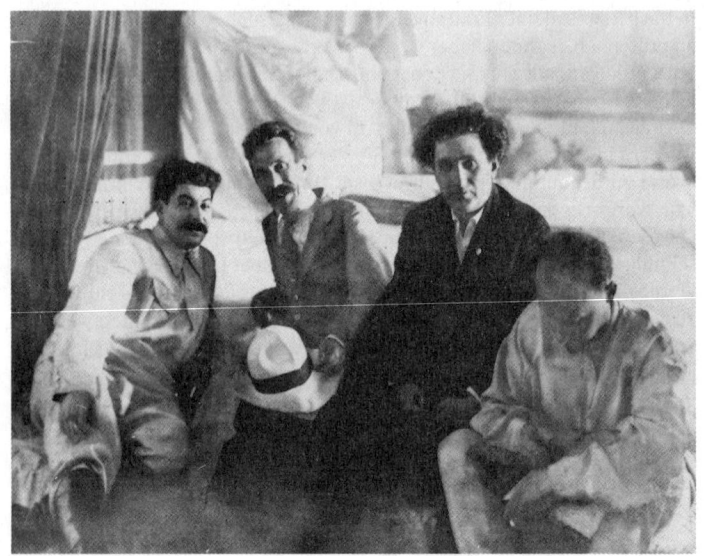

Stalin tritt nach innen wie nach außen auch nach seiner Bestellung zum Generalsekretär als einer von vielen auf. Auf dem Photo mit Rykow, Sinowjew und Bucharin sitzen alle vier gelöst beieinander. Eine Hierarchie ist nicht bemerkbar. Undenkbar wäre eine Aufnahme dieser Art mit dem jungen Hitler, der schon in der Frühzeit stets die erste Rolle beansprucht.

sekretär der Partei. Die Gewichte, die Trotzki in die Waagschale werfen konnte, waren ganz anderer Art; er verfügte nicht über hohe Ämter, aber über Statur und Charisma, und ihn umgab die Aura desjenigen, der zusammen mit Lenin die Revolution gemacht hatte, was ihm stürmische Ovationen einbrachte, als er vor dem Parteitag erschien. Für die meisten Mitglieder der Partei war er nach wie vor der natürliche Nachfolger Lenins, und er selber sah es genauso.

Falls Trotzki sich entschließen sollte, in der Nachfolgefrage in die Offensive zu gehen, gab es drei Bereiche, in denen sich bereits eine kritische Grundstimmung gegen die Parteiführung gebildet hatte, aus der er Kapital schlagen konnte. Da war einmal die Bürokratisierung und die Gefährdung der innerparteilichen Demokratie; da war zum zweiten die Wirtschaftspolitik, und da war zum dritten das Problem der Nationalitäten und die neue Verfassung. In allen drei Punkten hatte Lenin sich von Stalin distanziert und seine Neigung erkennen lassen, sich mit Trotzki zusammenzutun.

Von der zunehmenden Bürokratisierung von Staat und Partei und den Reaktionen darauf war schon zur Genüge die Rede. Die Wirtschaftspolitik trat erst wieder ins Blickfeld, als die NEP ihre unmittelbaren Ziele erreicht hatte. Im Frühjahr 1923 hatte sich die Wirtschaft nach den bürgerkriegsbedingten Rückschlägen wieder so weit erholt, daß man darangehen konnte, die Diskussion über die zukünftigen Optionen zu eröffnen. Letzten Endes ging es um die Frage, wie man auf die sogenannte »Scheren-Krise« reagieren sollte – sinkende Preise für landwirtschaftliche Produkte bei gleichzeitig steigenden Preisen für Industrieerzeugnisse. Die vorsichtig »rechte« Antwort, die die Mehrheit innerhalb der Führung, allen voran die Troika Sinowjew, Kamenew und Stalin, hierauf gab, räumte der wirtschaftlichen Erholung der Bauern Vorrang ein; ihre wachsenden Einkünfte und ihr Konsum sollten mithelfen, das industrielle Wachstum zu finanzieren. Auf diese Weise werde man, so wurde argumentiert, eine vom Markt her angeregte Expansion des Kleingewerbes und der Konsumgüterindustrie hervorrufen, und diese würde wiederum das Wachstum der Schwer- und Investitionsgüterindustrie anregen. Im Rahmen dieser angestrebten Ausweitung der NEP wurde ein flexibleres Steuersystem ins Auge gefaßt, das es erlauben sollte, den Bauern entgegenzukommen, während eine restriktive Zins- und Kreditpolitik die Währung stabilisieren und die Wirtschaft zwingen sollte, die Produktion auf die am wirtschaftlichsten arbeitenden Betriebe zu konzentrieren, auch wenn das einen Anstieg der Arbeitslosigkeit zur Folge haben sollte.

Die linke Opposition unter Führung Trotzkis wollte dem Aufbau der Industrie Vorrang einräumen und damit den Interessen der Industriearbeiter dienen, die, so ihre Begründung, im Zentrum eines jeden sozialistischen Programms stehen mußten. Trotzki erklärte in seinen Thesen zur Industrie, die er für den Zwölften Parteitag im April 1923 ausgearbeitet hatte: »Nur die Entwicklung der Industrie schafft eine unerschütterliche Grundlage für die proletarische Diktatur.« Trotzki forderte, von Lenin unterstützt, eine Ausweitung der Befugnisse der staatlichen Planungskommission Gosplan und einen umfassenden Entwicklungsplan für die Wirtschaft des Landes, der Subventionen für die Industrie, namentlich für die Schwerindustrie, und gezielte staatliche Investitionen einschließen müsse, damit seine langfristigen Ziele auch erreicht würden.

In der Sitzung des Politbüros, in der der Ablauf des Parteitags festgelegt wurde, machte Stalin den Vorschlag, Trotzki solle in Vertretung Lenins die Hauptrede halten. Trotzki lehnte dies ab, denn er fürchtete, daß der Eindruck entstehen könnte, er wolle sich noch vor dem Tod Lenins als dessen Nachfolger empfehlen; er schlug es seinerseits Stalin vor, der die Ehre aber ebenfalls ausschlug und dem eitlen Sinowjew den Vortritt ließ. Ein weiterer peinlicher Augenblick kam für Trotzki, als Kamenew dem Zentralkomitee mitteilte, daß Lenin Trotzki gebeten hatte, die Verteidigung der Georgier zu übernehmen, und ihm eine Abschrift seiner brisanten Bemerkungen zur Nationalitätenfrage mit ihrer heftigen Kritik an Stalin übersandt hatte, in deren Besitz Trotzki nun seit über einem Monat war, ohne seinen Genossen irgend etwas davon gesagt zu haben. Stalin machte Trotzki kalt lächelnd den Vorwurf, Geheimniskrämerei betrieben und die Partei getäuscht zu haben. Von der Direktheit Stalins beeindruckt, beschloß das Zentralkomitee, die Bemerkungen nicht zu veröffentlichen, sondern sie den Parteitagsdelegierten nur vertraulich zur Kenntnis zu bringen.

Als der Parteitag am 17. April 1923 begann, beging Trotzki einen weiteren Fehler, indem er sich aus der Debatte um die Nationalitätenpolitik heraushielt und damit Stalin die Chance gab, einen weiteren Punktsieg zu verbuchen. Dieser machte sich die von Lenin geäußerte Kritik zu eigen, bekräftigte den Grundsatz der nationalen Selbstbestimmung und wetterte im Brustton der Überzeugung gegen den großrussischen Chauvinismus. Allerdings sei, so fügte er, an seine georgischen Kritiker gewandt, hinzu, von dieser Krankheit nicht nur die Zentrale befallen; sie trete vielmehr auch in Gestalt eines georgischen Chauvinismus auf, den die in Georgien dominierende kommunistische Gruppe gegenüber den dortigen Minderheiten, etwa den Armeniern, an den Tag lege. Ein Grund, den großrussischen Chauvinismus auszutilgen, sei, daß man auf diese Weise »neun Zehntel von dem Nationalismus, der in den Einzelrepubliken überlebt hat oder sich entwickelt, über den Haufen werfen« könne.

Während der Vorbereitungen für den Parteitag war es Stalin gelungen, seinen Einfluß im Parteiapparat so einzusetzen, daß eine Mehrheit der Delegierten hinter ihm stehen würde. 55 Prozent der stimmberechtigten Delegierten waren hauptberufliche Parteifunktionäre; ihr Anteil hatte sich damit gegenüber dem Zehnten Parteitag vor nur zwei Jahren mehr als verdoppelt. Als ob es die Spannungen nicht gäbe, die sich zwischen dem abwesenden Parteiführer und Stalin entwickelt hatten, sprach letzterer von Lenin als seinem »Lehrer«, dem Führer, der der Partei stets gezeigt habe, wo sie Fehler gemacht hatte; mit einem charakteristischen Zungenschlag fügte er hinzu: »Ich muß sagen, daß ich schon lange nicht einen so geschlossen dastehenden, von einer Idee beseelten Parteitag gesehen habe. Ich bedaure, daß Genosse Lenin nicht hier ist.«[33] Wäre Lenin dagewesen, dann hätte Genosse Stalin wahrscheinlich sein Amt als Generalsekretär nicht behalten; so aber konnte Stalin sich unwidersprochen auf Lenin berufen und mit Zitaten aus dessen Artikel »Lieber weniger, aber besser« selber die Zunahme der Bürokratie in Staat und Partei geißeln. Er sei, so erklärte er, bereit, die von Lenin vorgeschlagene Zusammenlegung der Rabkrin mit einer vergrößerten Zentralen Kontrollkommission durchzuführen und das daraus resultierende neue Organ zunächst mit der Erforschung der Ursachen für den Niedergang der beiden Vorgängerinnen zu beauftragen. Als Zugabe lieferte er noch ein Angebot: seine eigene Version des anderen von Lenin unterbreiteten Vorschlags – das Zentralkomitee zu vergrößern und ihm das Politbüro zu unterstellen. Stalin hatte nicht lange gebraucht, um zu erkennen, daß eine solche Verschiebung in der Machtbalance der Zentrale sich durchaus zu seinem Vorteil wenden lassen würde. Während er sich im Politbüro einer Mehrheit noch nicht sicher sein konnte, war sein Einfluß auf die Partei bereits groß genug, um die Zusammensetzung der beiden anderen Organe steuern zu können.

Die Vorschläge Stalins blieben nicht ohne kritische Gegenstimmen aus den Reihen der ehemaligen Arbeiter-Opposition, aber sie wurden dennoch mit deutlicher Mehrheit beschlossen, teilweise sogar mit Unterstützung früherer Opponenten, denen sein Aufruf, der Führung neues Blut zuzuführen, zusagte. Während er sich vordergründig Lenins Kritik an der zunehmenden Bürokratisierung der Partei zu eigen machte und sich zu dessen Forderung nach einer Reform ihrer Struktur bekannte, hatte Stalin den Vorschlägen in Wirklichkeit die Spitze abgebrochen. Das Zentralkomitee und die Zentrale Kontrollkommission wurden, wie Lenin es gefordert hatte, vergrößert und die Machtbefugnisse der letzteren erweitert. Aber Lenins Forderung, die neu hinzugewählten ZK-Mitglieder sollten nicht aus den Reihen der Parteifunktionäre kommen, sondern aus der Masse der Arbeiter und Bauern, verschwand in der Versenkung. Dank Stalins geschickter Taktik hatten die beschlossenen Veränderungen nicht ein Weniger, sondern ein Mehr an zentralistischer Kontrolle zur Folge, das Gegenteil dessen, was Lenin beabsichtigt hatte.

Die anschließenden Wahlen zeigten, daß Stalin sich nicht verrechnet hatte. Während die Zusammensetzung des Politbüros fast unverändert blieb (ein neuer Kandidat kam hinzu: Rudzutak, ein Stalinist), entwickelten sich alle vierzehn neuen Kandidaten des Zentralkomitees (einer davon war Lasar Kaganowitsch) im weiteren Verlauf der zwanziger Jahre zu seinen zuverlässigen Gefolgsleuten. Die Zentrale Kontrollkommission, von fünf auf fünfzig Mitglieder vergrößert und mit stark erweiterten Befugnissen ausgestattet, bekam ein neunköpfiges Präsidium, dessen Mitglieder das Recht erhielten, an Sitzungen des Zentralkomitees teilzunehmen. Mit welcher Einstellung die neue Kommission an ihre Aufgabe heranging, Partei und Staat vor den Mißständen der Bürokratisierung zu bewahren, wurde aus einem im Januar 1924 veröffentlichten Artikel deutlich, in dem sich ein Mitglied ihres Präsidiums, Gusew, über die Aufgaben dieses Organs ausließ: »Das Zentralkomitee legt die Parteilinie fest, während die Zentrale Kontrollkommission darauf achtet, daß niemand von ihr abweicht ... Autorität wird nicht nur durch Arbeit geschaffen, sondern auch durch Furcht. Und die Zentrale Kontrollkommission und die Arbeiter- und Bauerninspektion, die ehemalige Rabkrin, haben es bereits verstanden, diese Angst zu verbreiten. In dieser Hinsicht ist ihre Autorität im Wachsen begriffen.«[34]

Zum Vorsitzenden der neuen Kontrollkommission ernannte Stalin einen weiteren Mann seines Vertrauens, Walerian Kuibyschew, der seine Bewährungsprobe zuvor im Sekretariat absolviert hatte; er blieb bis 1926 Vorsitzender der Kontrollkommission und stieg dann, von Stalin vorgeschlagen, zum Vorsitzenden des Obersten Volkswirtschaftsrats auf. Seinen Posten übernahm Ordschonikidse. Sowohl Kuibyschew als auch Ordschonikidse waren Mitglieder im Politbüro (letzterer nicht sehr lange), und

beide spielten bei der Durchsetzung des Stalinschen Industrialisierungsprogramms in den frühen dreißiger Jahren eine führende Rolle. Anders als
Kaganowitsch bewahrten sie sich jedoch einen Rest von Selbständigkeit,
genug, um sich Stalin zu widersetzen; die Folge war, daß beide die Säuberungen nicht überlebten.

Nachdem Stalin so seine Macht über den Parteiapparat weiter gefestigt
hatte, konnte er es sich erlauben, dem Parteitag die Verabschiedung einer
wirtschaftspolitischen Resolution zu empfehlen, die sich eng an die Thesen
Trotzkis anlehnte und eine planmäßige Entwicklung der Industrie zum
wichtigsten Erfordernis erklärte. War der Parteitag erst einmal vorüber, so
brauchte die Politbüro-Mehrheit nur alle konkreten Schritte zur Verwirklichung der Resolution zu blockieren, um sicherzustellen, daß sie Makulatur
bleiben würde. Erst fünf Jahre später, als nicht nur die linke, sondern auch
die rechte Opposition zerstört am Boden lagen, fand Stalin, es sei an der
Zeit, das Programm Trotzkis und der Parteilinken in die Tat umzusetzen.

Trotzki selbst räumte später ein, daß er im April 1924 eine Chance vertan
hatte. In seiner Autobiographie schrieb er: »Ich zweifle nicht daran, wäre
ich am Vorabend des Zwölften Parteitages im Geiste des ›Blocks Lenin-
Trotzki‹ gegen den Stalinschen Bürokratismus aufgetreten, ich hätte auch
ohne die direkte Beteiligung Lenins am Kampfe einen Sieg errungen... In
den Jahren 1922/23 konnte man noch die Kommandoposition erobern
durch einen offenen Angriff auf die sich schnell heranbildende Fraktion
der... Epigonen des Bolschewismus.« Es sei ein Fall von fehlendem politischen Willen gewesen: »Mein Hervortreten hätte verstanden werden, oder
richtiger, dargestellt werden können als der persönliche Kampf um Lenins
Platz in der Partei und im Staate. Ich vermochte nicht ohne inneren Schau-
der daran zu denken.«[35]

Solche Skrupel plagten Stalin nicht; aber da er wußte, was für ein latentes
Machtpotential Trotzki noch zu Gebote stand, vermied er es sorgfältig, ihn
direkt herauszufordern, und begnügte sich damit, Nutzen aus den Ängsten
zu ziehen, die der Gedanke an einen möglichen Staatsstreich Trotzkis bei
den anderen KP-Führern und innerhalb der Partei nach wie vor erregte.
Daß Stalin die Wahlen vor und während des Zwölften Parteitags manipuliert hatte, war nicht unbemerkt geblieben. Sinowjew lud einige Zeit später
eine Reihe auf Urlaub befindlicher Genossen zu einem informellen Treffen
an einen verschwörerischen Ort ein – eine Höhle in der Nähe des kaukasischen Kurorts Kislowodsk – und sicherte sich ihre Zustimmung zu einem
Plan, der darauf abzielte, Stalin die Flügel zu stutzen.

Als das Schreiben mit den Vorschlägen der Gruppe auf Stalins Schreibtisch landete, reagierte dieser energisch: Er fuhr persönlich nach Kislowodsk und regte an, daß Sinowjew, Trotzki und Bucharin als Politbüro-Mitglieder auch einen Sitz im Orgbüro und damit Gelegenheit erhalten sollten,
das Innenleben der »Stalin-Maschine« kennenzulernen. Im gleichen
Atemzug bot er seinen Rücktritt an: »Falls die Genossen auf ihrem Plan

beharren sollten, wäre ich bereit, ohne Aufhebens und ohne jede Diskussion, sei sie offen oder geheim, meinen Abschied zu nehmen.«[36]

Sinowjew machte von dem Angebot Stalins, an Sitzungen des Orgbüros teilzunehmen, nur ein- oder zweimal Gebrauch, während Trotzki und Bucharin sich kein einziges Mal blicken ließen. Und was sein Rücktrittsangebot betraf, so wußte Stalin nur zu gut, daß sein Rücktritt Trotzki den Weg zur Lenin-Nachfolge frei machen würde, eine Aussicht, die genügte, um Sinowjew und seine Mitstreiter von einer weiteren Forcierung ihrer Divergenzen mit ihm abzuhalten.

Im Sommer 1923 geriet die sowjetische Wirtschaft in eine neue Krise, auf die die Regierung mit Anweisungen an die Industrie reagierte, die Produktion zu drosseln und in den am wirtschaftlichsten arbeitenden Betrieben zu konzentrieren. Steigende Arbeitslosigkeit und Lohnkürzungen führten zu einer Streikwelle, die die in den Untergrund abgetauchten Oppositionsgruppen für ihre Zwecke zu nutzen versuchten; Verhaftungen durch die GPU und eine Welle von Parteiausschlüssen waren die Folge. Als in dieser Situation ein Unterausschuß des Zentralkomitees, dem GPU-Chef Dzierzynski vorstand, die Empfehlung aussprach, jedes Parteimitglied solle dazu verpflichtet werden, jede an heimlicher Fraktionsbildung beteiligte Person bei der GPU anzuzeigen, nahm Trotzki dies zum Anlaß, endlich seine abwartende Haltung aufzugeben und kampfbereit auf den Plan zu treten.

Zwei andere Faktoren waren für diese Entscheidung Trotzkis mitbestimmend. Da war zum einen die Tatsache, daß die Troika Schritte unternommen hatte, ihn aus seiner ureigenen Bastion, dem Kriegskommissariat, hinauszudrängen, zunächst indem sie eine personelle Vergrößerung des Revolutionären Militärrats beschloß und zwei alte Intimfeinde Trotzkis aus Bürgerkriegszeiten, Woroschilow und Laschewitsch, in das Gremium entsandte. Als Trotzki hierfür eine Erklärung forderte, eröffnete ihm Kuibyschew, der Vorsitzende der Zentralen Kontrollkommission: »Wir halten es für nötig, den Kampf gegen Sie aufzunehmen, können Sie aber nicht zum Feind erklären; wir müssen daher auf solche Methoden zurückgreifen.«[37]

Der zweite Faktor war die sich verschärfende Krise in Deutschland im Gefolge der französischen Ruhrbesetzung und der galoppierenden Inflation, eine Entwicklung, die die russische Führung (bzw. die von den Sowjets dominierte Komintern) vor die Frage stellte, ob die KPD zu einem Putschversuch ermuntert werden solle oder nicht. Die Russen waren in dieser Frage zutiefst zerstritten: Trotzki war, dieses Mal im Verein mit Sinowjew und Bucharin, entschieden dafür; Stalin und Karl Radek (der Komintern-Experte für Deutschland) stellten sich ebenso entschieden dagegen. Diese widersprüchlichen Signale aus Moskau trugen ihren Teil zu den katastrophalen Fehlschlägen bei, die die deutschen Kommunisten in der Folge erlitten. In Hamburg wurde ein lokaler Putschversuch, von der KPD in dem Glauben gestartet, daß ein allgemeiner Aufstand begonnen habe, blutig niedergeschlagen. In Thüringen und Sachsen, wo eine geplante Massenaktion im letzten Augenblick abgesagt wurde, marschierte die Reichswehr ein und setzte die kommunistisch-sozialdemokratischen Koalitionsregierungen ab. Zwei Wochen vor Hitlers ebenfalls mißglücktem Putschversuch in Bayern zerstoben die neu aufgeflackerten russischen Hoffnungen auf eine kommunistische Revolution in Deutschland unter bitteren wechselseitigen Vorwürfen und Schuldzuweisungen.

Vor diesem Hintergrund ist ein offener Brief zu sehen, den Trotzki am 8. Oktober 1923 an das Zentralkomitee richtete und in dem er die »flagranten, schwerwiegenden Irrtümer der Wirtschaftspolitik« brandmarkte, die die Ursache für die im Sommer offenbar gewordene Krise gewesen seien. Die sich verschärfende innerparteiliche Krise führte er auf die Erstickung der innerparteilichen Diskussionsfreiheit zurück, eine Folge der Methoden, mit denen das Stalinsche Sekretariat die Wahlen manipulierte.

»Es ist eine breite Schicht von Parteiarbeitern herangewachsen«, schrieb Trotzki, »die überhaupt keine eigene Meinung äußern, jedenfalls nicht in offener Form, als gingen sie davon aus, daß die Sekretariatshierarchie der Ort ist, wo sich die Meinung der Partei bildet und die Entscheidungen der Partei fallen. Unterhalb dieser Schicht... liegt die breite Masse der Partei, vor der jeder Beschluß in Gestalt einer ultimativen Aufforderung oder Anweisung erscheint. In dieser Basismasse der Partei sammelt sich eine außerordentliche Unzufriedenheit,... die sich nicht durch Einflußnahme der Massen auf die Parteiorganisation (Wahl der Parteikomitees und Sekretäre) manifestieren kann, sondern sich im verborgenen akkumuliert und zu inneren Spannungen führt.«[38]

Das Politbüro schlug zurück: Das Motiv für die Trotzkische Kritik sei persönlicher Ehrgeiz; es gehe ihm darum, sich im industriellen und militärischen Bereich unbegrenzte Machtbefugnisse zu verschaffen. Am 15. Oktober erreichte jedoch eine vertrauliche Erklärung das Politbüro, die sich nicht so leicht vom Tisch wischen ließ; sie war unterzeichnet von 46 Persönlichkeiten der Partei, die schon seit Ende des Bürgerkrieges in Opposition zur Führung standen. Diese »Erklärung der Sechsundvierzig«, die bald darauf an die Öffentlichkeit gelangte, hieb in dieselben beiden Kerben wie Trotzki, indem sie zum einen die »unüberlegte und unsystematische« Art der Entscheidungsfindung im Zentralkomitee anprangerte, die eine ernste allgemeine Wirtschaftskrise heraufbeschworen habe, und zum anderen das »absolut unerträgliche System in der Partei« bemängelte.[39]

Das Zentralkomitee (in dem Trotzki wieder einmal wegen Krankheit fehlte) begegnete diesen Attacken mit einem förmlichen Beschluß, in dem Trotzki und die »Sechsundvierzig« der Fraktionsbildung und der Spaltung der Partei bezichtigt wurden; zugleich bekräftigte das Gremium ausdrücklich den Grundsatz der innerparteilichen Demokratie und stellte zum Beweis dafür, wie ehrlich man es meinte, die Seiten der *Prawda* für eine breite innerparteiliche Diskussion der aufgeworfenen Fragen im Hinblick auf die Erarbeitung von Reformvorschlägen zur Verfügung.

Sinowjew eröffnete die Debatte am 7. November mit einem Artikel in der *Prawda*, in dem er mit erfrischender Offenheit erklärte: »Unser Hauptproblem besteht oft darin, daß nahezu alle sehr wichtigen Fragen von oben nach unten vorentschieden werden.« In der Folge kam es zu lebhaften Diskussionen in den lokalen Parteigliederungen, die sich auf den Seiten der *Prawda* niederschlugen und für den Rest des Monats andauerten. Gegen Ende wurden die kontroversen Stellungnahmen aggressiver, und Stalin schaltete sich mit der Mahnung in die Debatte ein, es gelte, »die Partei, die der Kampfverband des Proletariats ist, davor zu bewahren, daß sie zum Debattierklub degeneriert«. Und Sinowjew erklärte: »Das Wohl der Revolution – das ist das höchste Gesetz. Jeder Revolutionär sagt: Zum Teufel mit den ›heiligen‹ Prinzipien der ›reinen Demokratie‹.«[40]

In dem Bemühen, nach außen hin den Eindruck der Geschlossenheit zu wahren, traf sich das Politbüro zu langen Sitzungen in der Wohnung Trotzkis, der noch nicht wiederhergestellt war; man hoffte, eine gemeinsame Resolution zustande zu bringen, die einen Schlußstrich unter die Diskussion ziehen würde. Als Trotzki den ersten Entwurf dazu ablehnte, setzten sich Stalin und Kamenew mit ihm zusammen, um eine für ihn akzeptable überarbeitete Fassung zu formulieren. Eine lange Liste von Reformvorschlägen wurde erstellt, unter anderem zur wirklich demokratischen Wahl der Parteifunktionäre, zur Förderung des Parteinachwuchses und zur Eindämmung »bürokratischer Perversionen« durch die Kontrollkommission. Trotzki ließ sich im Gegenzug seine Zustimmung dazu abhandeln, daß an das vom Zehnten Parteitag beschlossene Verbot der Fraktionsbildung erinnert wurde. Das Politbüro veröffentlichte die Resolution am 5. Dezember und verkündete, nun habe man endlich Einigkeit über wirkliche Reformen erzielt.

In Wirklichkeit traute keine Seite der anderen über den Weg. Trotzki stellte sich zwar voll hinter die Resolution, erklärte aber in einem offenen Brief vom 8. Dezember einschränkend, sie könne nur wirksam werden, wenn die 400 000 Parteimitglieder mitzögen. Nur darauf zu warten, daß die Bürokraten »vom Neuen Kurs Notiz nehmen«, hieße, ihm »den bürokratischen Todesstoß zu versetzen«. »Vor allem anderen«, betonte Trotzki, »müssen die Führungspositionen von denen gesäubert werden, die beim ersten Wort einer Kritik oder eines Einwandes mit dem Donnerkeil der Strafe winken. Der ›Neue Kurs‹ muß damit beginnen, daß jedermann die Gewißheit erhält, daß von jetzt an niemand mehr es wagen wird, die Partei zu terrorisieren.«[41]

Trotzkis offener Brief und eine Massenkundgebung der Moskauer Parteiorganisation, auf der Vertreter der Parteiführung niedergeschrien wurden, führten dazu, daß die Kontroverse mit verdoppeltem Ingrimm wiederaufflammte. Als Trotzki die jüngeren Mitglieder der Partei dazu aufrief, die alte Garde der Bolschewisten vor der drohenden Verknöcherung zu bewahren, konterte Stalin mit der Bemerkung, niemand werde den Fehler begehen zu glauben, daß Trotzki, der spät zur Partei gestoßene, ein Mitglied der alten Bolschewistengarde sei. Er schloß eine Frage an, die Trotzki und die Opposition in die Defensive drängte: Ob es eigentlich ihr Ziel sei, die von Lenin selbst festgelegten Regeln, die auch Trotzki auf dem Zehnten Parteitag 1921 gebilligt hatte und die die Fraktions- und Gruppenbildung innerhalb der Partei verbot, außer Kraft zu setzen? Ja oder nein?

In diesem kritischen Augenblick zog Trotzki sich, nachdem er den offenen Konflikt mit der Führung vom Zaun gebrochen hatte, plötzlich von der Bühne zurück, angeblich, weil seine Krankheit wieder zum Ausbruch gekommen war, in Wirklichkeit aber wohl eher, weil ihn eine Art politische Lähmung befallen hatte. Jedenfalls blieb die Opposition führerlos zurück, da Trotzki sich zur Erholung an die Schwarzmeerküste begab. Die anderen Politbüromitglieder gingen unter Führung von Stalin, Sinowjew und Bucharin sogleich daran, mit Hilfe der von ihnen beherrschten Presse und durch innerparteiliche Disziplinierungsmaßnahmen die Opposition zum Schweigen zu bringen, indem sie die Kommunikation zwischen deren Wortführern und der Parteibasis abschnitten.

Das Zentralkomitee setzte, aufs Ganze gehend, nach und beschloß, eine Parteikonferenz einzuberufen, bei der die örtlichen Parteigliederungen allerdings nicht durch gewählte Delegierte vertreten sein würden, sondern durch ihre vom Sekretariat eingesetzten Sekretäre und Funktionäre. Stalin organisierte diese Prozedur so gründlich, daß von den 128 stimmberechtigten Konferenzdelegierten nur drei aus den Reihen der Opposition kamen.

Diese Parteikonferenz, die als Dreizehnter Parteitag firmierte, fand im Januar 1924 statt, und Stalin nutzte die Gelegenheit, um jetzt offen zum Angriff auf den abwesenden Trotzki überzugehen, dem er »sechs ernste Fehler« vorwarf.[42] Wer sollte die Partei führen, fragte er, das Zentralkomitee oder ein Individuum, das sich für einen »Übermenschen« hielt und an einem Tag mit dem ZK übereinstimmte, es aber schon am nächsten kritisierte? »Das Auftreten Trotzkis, seine Briefe, seine Artikel… sollen die Partei dahin bringen, daß sie in ihrem Schoß Gruppierungen duldet«, erklärte er, »vor allem die Fraktion Trotzkis… Ohne sich dessen bewußt zu sein, entfesselt die Opposition die kleinbürgerliche Elementargewalt. Die Fraktionsarbeit der Opposition ist Wasser auf die Mühle der Feinde.«

Als Preobraschenski, einer der »Sechsundvierzig«, daran erinnerte, daß Lenin in seinen Bemerkungen zur Nationalitätenfrage Kritik an Stalin geübt hatte, nahm Stalin ihn sich vor. Heute, so höhnte er, priesen diese Leute Lenin als genialen Mann, aber »gestatten Sie, Preobraschenski, daß ich Sie frage, warum Sie in der Frage des Brester Friedens mit diesem genialsten Mann auseinandergingen? Warum haben Sie diesen genialsten Mann in einem schwierigen Augenblick verlassen und nicht auf ihn gehört? Wo, in welchem Lager befanden Sie sich damals?«

»Sie terrorisieren die Partei!« rief Preobraschenski zurück.[43] Nein, erwiderte Stalin, er wolle nur diejenigen warnen, die Unstimmigkeit in der Partei säten. Und dann verlas er zum ersten Mal öffentlich den geheimen Zusatzartikel der von Lenin 1921 durchgesetzten Resolution, der als Strafe für Fraktionsbildungen den Ausschluß aus der Partei vorschrieb. Er drohte außerdem mit ernsten Maßnahmen gegen jeden, der vertrauliche Schriftstücke in Umlauf brachte – womöglich eine Anspielung auf das »Testament« Lenins und den Nachtrag mit der Empfehlung, Stalin als Generalsekretär abzusetzen. Folgsam verurteilte die Konferenz in einer mit nur drei Gegenstimmen verabschiedeten Entschließung Trotzki und die »Sechsundvierzig« wegen ihrer »Fraktionstätigkeit«, die eine »direkte Abkehr vom Leninismus« darstelle, und wegen ihrer »eindeutig zum Ausdruck gebrachten kleinbürgerlichen Abweichung«.

Der Dreizehnte Parteitag vom Januar 1924 markiert eine wichtige Etappe in der Entwicklung der KPdSU. Landesweite Parteitage und -konferenzen waren bis dahin wirkliche Ereignisse gewesen, bei denen oppositionelle Ansichten nicht nur geäußert werden konnten, sondern oft auch die Zustimmung einer mehr oder weniger großen Zahl von Delegierten fanden, die keine Angst hatten, ihre Meinung zu sagen. Zwar hatte sich letzten Endes fast immer die Parteiführung durchgesetzt, aber doch nur, nachdem sie ihren Standpunkt in offener Diskussion vertreten, verfochten und eine Mehrheit dafür gefunden hatte. Der Parteitag von 1924 war der erste, bei dem der gesamte Ablauf vorausgeplant war und die Beschlüsse von vornherein feststanden, ein Beispiel, das in der Folge Schule machen sollte. Stalin hatte dies nicht im Alleingang zuwege gebracht, sondern als Angehöriger der Politbüro-Mehrheit, und er konnte sogar behaupten, einiges getan zu haben, um einen Kompromiß mit Trotzki zu erreichen. Aber er war eben derjenige, der dank der politischen Hebelkraft, die er sich in Gestalt des Sekretariats und des daran hängenden Apparats geschaffen hatte, die Macht zu handeln besaß, um Resolutionen und Drohungen in die Tat umzusetzen. Auf dem Dreizehnten Parteitag zeigte diese Macht erstmals ihr Gesicht und ihre Unwiderstehlichkeit, und erstmals auch wurde deutlich, daß sie den Charakter der Partei bereits verändert hatte.

Und doch trat just in diesem Augenblick, da Stalin vielleicht schon hoffte, die innerparteiliche Opposition endgültig ausgeschaltet zu haben, ein Ereignis ein, das die Lage veränderte: Lenin starb. Er war während seiner letzten neun Lebensmonate in der tragischen Situation eines Führers gewesen, der erkannte, welche kritische Entwicklung die von ihm geschaffene Partei nahm, der aber, gelähmt und unfähig, ein Wort zu sprechen, dem Geschehen machtlos zusehen mußte. Als in der *Prawda* ein Bericht über den Dreizehnten Parteitag erschien, las die Krupskaja ihm den Text vor. Was er zu hören bekam, erregte ihn sichtlich, doch konnte er nicht mitteilen, was er empfand. Am nächsten Morgen, dem 21. Januar 1924, erlitt er einen weiteren Schlaganfall. Am Abend war er tot.

Die Frage nach seinem Nachfolger wurde zwar nie offen aufgeworfen, lieferte aber dennoch einen neuen Kristallisationspunkt für die Opposition und für innerparteiliche Machtkämpfe, die von nun an aber nicht mehr auf Parteitagen ausgetragen wurden, sondern sich in einer - wie sich zeigte, dauerhaften - Spaltung des Politbüros niederschlugen. Diese Aussicht schien jedoch Stalin nicht zu schrecken, im Gegenteil: Nach dem Zeugnis Baschanows, der in seinem Sekretariat arbeitete, war Stalin geradezu in Jubelstimmung. »Ich habe ihn nie glücklicher gesehen als in den Tagen nach Lenins Tod. Er lief mit einem Gesicht, das Genugtuung ausstrahlte, im Büro auf und ab.«[44]

Das war nicht weiter verwunderlich. Solange Lenin lebte und womöglich wieder zu Kräften kommen würde, bestand für Stalin eine latente Gefahr. Im Verlauf des letzten Jahres hatte er das ungute Gefühl, das ihn bedrängte, mit draufgängerischem, ja dreistem Auftreten überspielt, hatte Nervenstärke und taktisches Geschick an den Tag gelegt, mit dem Ergebnis, daß er aus einer schwierigen Phase mit größerem Autoritätsgewinn als andere Führer hervorging. Noch stand ihm eine weitere Prüfung bevor - wenn das »Testament« Lenins mit dem darin enthaltenen vernichtenden Urteil über den Generalsekretär öffentlich bekannt würde. Aber er demonstrierte bald, daß er in puncto Stehvermögen noch über große Reserven verfügte; kaum war Lenin tot, da wurde schon deutlich, wie Stalin den Mann auszumanövrieren gedachte, der ihm gefährlich werden konnte, weil er der natürliche Erbe der legendären Aura Lenins war.

Trotzki versäumte es wieder einmal, zur richtigen Zeit am richtigen Ort zu sein: Er nahm nicht am Begräbnis Lenins teil, einem grandiosen und gefühlsbetonten Ereignis. »Es war wie in alten, alten Zeiten«, schrieb Nadeschda Mandelstam, die Frau des Dichters. »Mandelstam geriet angesichts des Spektakels ins Schwärmen - das war das Moskau der Vergangenheit, wie es einen seiner Zaren begrub . . . Es war das einzige Mal in meinem Leben, daß die Bevölkerung Moskaus aus freien Stücken auf die Straße ging und Marschkolonnen bildete.«[45]

Ein anderer Augenzeuge, der französische Zeitungskorrespondent Rollin, schrieb: »Mon Dieu, welch eine verpaßte Gelegenheit! Achilles bleibt schmollend in seinem Zelt . . . Wäre Trotzki nach Moskau gekommen, er hätte allen die Schau stehlen können.«[46]

Trotzki selber behauptete später, das Politbüro habe ihn ausmanövriert, indem es ihm einen falschen Termin für das Begräbnis genannt habe. Doch seine lähmende Unentschlossenheit hielt noch immer an. In seiner Autobiographie schrieb er: »Ich aber hatte das Bedürfnis, allein zu bleiben. Ich konnte die Hand nicht zur Feder erheben.«

Stalin beging nicht denselben Fehler. Er war einer von mehreren Führern der Partei, die gemeinsam den Sarg Lenins trugen - wobei Stalin von den anderen »diskret abstach«[47] - und ihn in das Grab an der Kremlmauer hinabließen. Es war nur eine vorübergehende Ruhestätte, denn man plante, auf dem Roten Platz eigens ein Mausoleum zu errichten, in dem die einbalsamierte Leiche des Parteigründers aufgebahrt werden sollte, ein Vorschlag, der angeblich von Stalin stammte und gegen den Nadeschda Krupskaja sich wehrte. Am Vorabend des Begräbnisses hatte im Bolschoi-Theater, das zur Gänze schwarz ausgeschlagen war, eine Trauerfeier stattgefunden. In der Sowjetunion erschienen später Berichte, die glauben machen wollten, Stalin sei auf dieser Feier der einzige Redner gewesen. Tatsächlich sprachen außer ihm noch ein gutes Dutzend andere. Doch die Trauerrede Stalins, in die katechetische Form eines Gelübdes gefaßt – eine Anleihe bei seiner Studienzeit im Priesterseminar – stach so von den anderen Redebeiträgen ab, daß sie sogleich ein gewisses Aufsehen erregte.

Stalin begann mit der Offenbarung: »Genossen! Wir Kommunisten sind Menschen von besonderem Schlag«, und erging sich dann in einer liturgischen Abfolge weihevoller Beteuerungen, die er immer mit demselben, insgesamt sechsmal wiederholten »Refrain« beschloß: »Als Genosse Lenin von uns schied, hinterließ er uns das Vermächtnis, den erhabenen Namen eines Mitglieds der Partei hochzuhalten und in Reinheit zu bewahren. Wir schwören Dir, Genosse Lenin, daß wir dieses Dein Gebot in Ehren erfüllen werden!«[48]

Die Krupskaja und die Bolschewisten von der alten Garde waren von dieser in ihren Augen äußerst geschmacklosen Vorstellung angewidert, wie es wohl auch Lenin selber gewesen wäre. Baschanow konnte es nur als eine bodenlose Heuchelei empfinden, wie Stalin hier öffentlich einem Mann Gefolgschaftsschwüre leistete, über dessen Tod er insgeheim jubelte.

Obwohl beide Empfindungen gerechtfertigt waren, ist es doch denkbar, daß neben dem wohlberechneten Pathos und dem heuchlerischen Götzendienst Stalins auch eine ehrliche Empfindung des Generalsekretärs im Spiel war: die Erleichterung darüber, daß er nun, da Lenin tot war, die enge emotionale Beziehung zu ihm wiederherstellen konnte, die durch die Krankheit Lenins und durch die in den zurückliegenden achtzehn Monaten eingetretene Entzweiung zerrissen war, eine Beziehung, an der Stalin sowohl emotional als auch politisch viel lag – er wollte sich mit dem großen Führer der Partei identifizieren können, dem *woschd*, zu dessen Nachfolger er seiner Überzeugung nach erkoren war.[49] Hinter dieser Überzeugung stand der Glaube an die eigene Bestimmung ebenso wie brennender Ehrgeiz. Stalin hatte begonnen, in sich selbst den einen und einzigen zu sehen, der über die Willens- und Entschlußkraft verfügte, die Ideen Lenins in die Tat umzusetzen, Ideen, von denen sogar Lenin selber abgelassen hatte, als er erkrankt war, Ideen, zu deren Verwirklichung schwankende Charaktere wie Sinowjew und Trotzki nicht das Zeug hatten.

Hatte er recht? War der »Stalinismus« das wenn nicht unvermeidliche, so doch logische Ergebnis der russischen Revolution, sofern die Kommunisten nicht ihren Traum aufgeben wollten, eine sozialistische Gesellschaft zu errichten? Gab es eine sozialistische Alternative? Wir werden auf diese Fragen zurückkommen müssen. Vorläufig mag es genügen, sich noch einmal die Rolle zu vergegenwärtigen, die der Zufall in dieser Geschichte spielte: die unvorhersehbare Krankheit, die den Mann, der jederzeit die Autorität besessen hätte, Stalin den Aufstieg zur Macht zu verwehren, und der von einem bestimmten Zeitpunkt auch dazu entschlossen war, erst niederwarf und schwächte und ihn schließlich, nur dreiundfünfzig Jahre alt, dahinraffte.

5. Kapitel

Der Führer

Hitler 1924–1930

Genau einen Monat nach Stalins »Treueschwur«-Rede im Bolschoi-Theater begann am 26. Februar 1924 in München der Hochverratsprozeß gegen Hitler und andere, die an seinem mißglückten Putschversuch mitgewirkt hatten. Die Nachricht, daß es ein ordentliches, öffentliches Gerichtsverfahren gegen ihn geben würde, hatte Hitler, der nach seiner Verhaftung zunächst in tiefe Depression versunken war, wieder in bessere Stimmung versetzt. Auf seine rednerische Überzeugungskraft vertrauend, erkannte er in dem Prozeß eine Chance, den kläglichen Eindruck, den er als gescheiterter Putschist hinterlassen hatte, zu verwischen und das November-Fiasko nachträglich in einen Triumph umzumünzen.

Er tat dies auf eine einfache, aber höchst wirkungsvolle Art und Weise. Auf dem Papier waren Hitler, Ludendorff und die anderen Führer des Kampfbunds die Angeklagten, während Kahr, Lossow und Seisser für die Anklage in den Zeugenstand traten. Hitler drehte den Spieß um: Er bestritt den Vorwurf des Hochverrats nicht etwa, sondern bekannte sich stolz dazu

Das Meisterstück seiner politischen Selbst-Inszenierung leistet der fünfunddreißigjährige heimatlose Österreicher mit dem Hochverratsprozeß, der ihm nach dem Putsch vom 9. November 1923 gemacht wird. Das Verfahren beginnt als Prozeß gegen Ludendorff, den Sieger von Tannenberg und ehemaligen Ersten Generalquartiermeister des kaiserlichen Heeres; es endet als »Hitler-Prozeß«. Denn Hitler hat seine Verteidigung genutzt, sich in ganz Deutschland als erster Mann der Rechten ins Gespräch zu bringen, während Ludendorff zum bloßen Statisten degradiert wurde. Nach der Verurteilung ist Hitler eine Größe der bayerischen Politik.

und stellte die Zeugen der Anklage gleichsam mit an den Pranger, indem er sie beschuldigte, sie seien in die Sache ebenso tief verwickelt gewesen wie die Angeklagten, besäßen aber nicht den Mut und die Aufrichtigkeit, es zuzugeben.

»Wenn tatsächlich unser ganzes Unternehmen Hochverrat gewesen wäre«, erklärte Hitler in seiner ersten Verteidigungsrede, »dann müßten Lossow, Seisser und Kahr die ganze Zeit mit uns Hochverrat getrieben haben, da diese ganzen Monate nichts anderes gesprochen wurde als das, wofür wir jetzt auf der Anklagebank sitzen.« Da in München alle Welt wußte, daß dies der Wahrheit entsprach, hatte Hitler damit sogleich die Initiative an sich gerissen. Und so setzte er noch dazu: »Die Verantwortung trage ich allein. Aber Verbrecher bin ich deshalb nicht; wenn ich heute als Revolutionär hier stehe, so stehe ich hier als Revolutionär gegen die Revolution. Es ist unmöglich, daß ich Hochverrat getrieben habe. Es gibt keinen Hochverrat bei einer Handlung, die sich gegen den Landesverrat von 1918 wendet.«[1] Sein Schlußsatz: »Ich fühle mich als bester Deutscher, der das Beste für das deutsche Volk gewollt hat«, löste im vollbesetzten Gerichtssaal lautstarken Applaus aus.

Kahr und Seisser waren keine Gegner für diesen raffinierten Agitator; Lossow aber, den die November-Ereignisse seine Karriere gekostet hatten und der sich jetzt öffentlich als Feigling hingestellt sah, ließ sich nicht in die Defensive drängen. Seine Aussage atmete die ganze Geringschätzung des Offiziers für den emporgekommenen Gefreiten, der sich anmaßte, die Reichswehr herumkommandieren zu wollen: »Er hielt sich für den deutschen Mussolini, für den deutschen Gambetta, und seine Gefolgschaft, die das Erbe des Byzantinertums der Monarchie angetreten hatte, bezeichnete ihn als den deutschen Messias.« Lossow erklärte, nach seiner Überzeugung habe Hitler allenfalls das Format, die Rolle eines politischen Trommlers zu spielen. »Die bekannte, hinreißende, suggestive Beredsamkeit des Herrn Hitler hat auf mich anfangs einen großen Eindruck gemacht. Je öfter ich aber Hitler hörte, desto mehr schwächte sich der erste Eindruck ab.« Seine Reden hätten immer dasselbe Thema, seine Anschauungen deckten sich mit denen aller deutscher Nationalisten und zeigten, daß ihm jeder Realitätssinn fehle. Lossow zieh Hitler mehrmals der Lüge und charakterisierte ihn als »taktlos, beschränkt, langweilig, bald brutal, bald sentimental und jedenfalls ... minderwertig«.

Hitler jedoch erwies sich als Herr der Lage. In einem grimmigen Kreuzverhör brachte er den General so weit, daß er die Beherrschung verlor, und der den Angeklagten wohlgesonnene Richter (von Justizminister Gürtner wohl mit Bedacht ausgewählt) ließ zu, daß Hitler sein Schlußwort zu einer kämpferischen Brandrede nutzte: »Wie klein denken doch kleine Menschen! ... Was mir vor Augen stand, das war vom ersten Tag an tausendmal mehr, als Minister zu werden. Ich wollte der Zerbrecher des Marxismus werden ... Nicht aus Bescheidenheit wollte ich damals ›Trommler‹ sein ...

Vom »Hitler-Prozeß« durften keine Photographien gemacht werden. So ist die Skizze des Pressezeichners der »Münchner Neuesten Nachrichten« eines der wenigen Dokumente dieser Tage, die mit Hitlers Verurteilung und dem Verbot seiner Partei seine größte Niederlage brachten und doch den Aufstieg erst ermöglichten. Die fast geniale Erfassung des Moments, in dem Hitler seine berühmte Verteidigungsrede hält, gibt den Fanatismus, die Energie und das Charisma des bayerischen Lokalpolitikers besser wieder, als jedes Photo es getan hätte.

Wer zum Diktator geboren ist, der wird nicht gedrängt, sondern der will, der wird nicht vorgedrängt, sondern drängt selber vor.«

Ohne seine eigene, alles andere als heldenhafte Rolle zu erwähnen, erklärte er, der Fehlschlag vom November 1923 sei die Folge des Versagens einzelner Personen gewesen, eines Lossow und eines Kahr, während die Reichswehr, die beständigste aller deutschen Institutionen, nichts damit zu tun gehabt habe. »Als ich erfuhr, daß die grüne Polizei es war, die geschossen hat, hatte ich das glückliche Gefühl: Wenigstens nicht das Reichsheer war es, nicht das Heer hat sich besudelt, es steht noch so unversehrt da wie früher. Einmal wird die Stunde kommen, da die Reichswehr an unserer Seite stehen wird, Offiziere und Mannschaften... Denn nicht Sie, meine Herrschaften, sprechen das Urteil über uns, das Urteil spricht das ewige Gericht der Geschichte... Aber jenes Gericht wird uns nicht fragen: Habt ihr Hochverrat getrieben oder nicht? Jenes Gericht wird über uns richten, über den Generalquartiermeister der alten Armee, über seine Offiziere und Soldaten, die als Deutsche das Beste gewollt haben für ihr Volk und Vaterland, die kämpfen und sterben wollten.«

Der Prozeß dauerte 24 Tage und beherrschte die Titelseiten aller deutschen Zeitungen. Damit gelang Hitler erstmals der Durchbruch zu landesweiter Publizität. Am Ende hatte er sein Ziel erreicht und seine Glaubwürdigkeit wiederhergestellt. Mit seinen Appellen an das Nationalgefühl hatte er das Publikum immer wieder zu Beifallsstürmen hingerissen. Nach Würdigung aller Beweise sprach das Gericht Ludendorff frei und verhängte gegen Hitler lediglich die Mindeststrafe: fünf Jahre Festungshaft.

Sein Auftritt vor Gericht setzte Hitler in die Lage, sich nach seiner Entlassung aus dem Gefängnis als derjenige zu profilieren, der als einziger unter den Wortführern der »völkischen« Bewegungen und Gruppen einen Putschversuch gewagt und sich, nachdem die Sache durch »Verrat« gescheitert war, geweigert hatte, die Verantwortung abzustreiten, der vielmehr rundheraus erklärt hatte, er werde den Kampf gegen die verhaßte Republik fortsetzen. Nichts unterstreicht Hitlers propagandistischen Instinkt besser als die Tatsache, daß er nicht etwa versuchte, den verunglückten Putsch in Vergessenheit geraten zu lassen, sondern daraus eine der bleibenden Legenden der nationalsozialistischen Bewegung schmiedete. Jedes Jahr am 9. November kehrte er in den Bürgerbräukeller und an den Odeonsplatz zurück, um die Erinnerung an die Ereignisse vom November 1923 heraufzubeschwören und die Tapferkeit der gefallenen Kämpfer zu rühmen.

Die Historiker neigten bisher dazu, Hitler in der Deutung zu folgen, daß der November 1923 ein Wendepunkt für ihn gewesen sei, insofern als er danach den Gedanken an einen gewaltsamen Sturz des Weimarer Regimes aufgegeben und sich entschlossen habe, im Rahmen der Verfassung zu arbeiten, seine revolutionären Absichten hinter der Maske vorgeblicher Gesetzestreue zu verbergen und sich um die Erlangung der Macht auf politischem Wege zu bemühen. Kein Zweifel: Die Niederlage vom November 1923, die Hitler selbst später als den »größten Glücksfall« seines Lebens bezeichnete, zwang ihn, mit sich selbst ins Gericht zu gehen und statt der reichlich nebulösen Umsturzträume der »Völkischen«, die er freilich mit seinen beständigen Parolen von der »Machtergreifung« und von einem »Marsch auf Berlin« angeheizt und ausgebeutet hatte, ein klareres Konzept zu entwickeln. Von nun an würde er, wie Mussolini bei seinem sogenannten »Marsch auf Rom«, die Ankunft am Ziel und den passenden Empfang im vorhinein arrangieren, so daß er seinen Anhängern im Schlafwagen vorausfahren konnte. Wenn Hitler dies als eine neue Orientierung bezeichnete, entsprach das freilich nicht ganz der Wahrheit. Sein enger Kampfgefährte Scheubner-Richter hatte schon am 24. September 1923 in einem Strategiepapier geschrieben: »Die nationale Revolution darf der Übernahme der politischen Macht nicht vorausgehen, sondern die Besitzergreifung der polizeilichen Machtmittel des Staates bildet die Voraussetzung für die nationale Revolution.«[2]

Scheubner-Richter bezahlte mit dem Leben dafür, daß er gegen seine eigene Einsicht handelte: Er wurde von einer Polizeikugel tödlich getroffen, als er am 9. November Arm in Arm mit Hitler in der vordersten Reihe der Putschisten marschierte. Hitler hatte aber von jeher jeden Versuch, die Weimarer Regierung zu stürzen, von der zumindest passiven Komplizenschaft der bayerischen Behörden und der Reichswehr abhängig gemacht – »eine Revolution mit Genehmigung des Herrn Präsidenten«, wie seine Gegner spotteten. Die eigene Frustration und die Furcht, eine günstige Gelegenheit zu verpassen, hatten ihn zu dem Versuch veranlaßt, Kahr und Lossow durch Überrumpelung zum Mitmachen zu zwingen; aber sie hatten sich nur zum Schein darauf eingelassen, und als er merkte, daß sie ihn im Stich ließen und daß sein Plan gescheitert war, sank er in tiefe Verzweiflung. Nicht Feigheit war der Grund dafür – daß er Mut besaß, hatte er im Krieg zur Genüge unter Beweis gestellt –, sondern die Überzeugung, daß der Kampfbund es aus eigener Kraft nicht schaffen konnte und daß die Sache damit zum Scheitern verurteilt war.

Wenn der November 1923 einen Wendepunkt markierte, dann deshalb, weil er Hitler ein weiteres starkes Argument gegen seine Kritiker lieferte, die noch immer von einem Sturmlauf zur politischen Macht träumten: »Dieser Abend und dieser Tag, die haben es uns möglich gemacht, später zehn Jahre lang legal zu kämpfen. Denn täuschen Sie sich nicht: Wenn wir damals nicht gehandelt hätten, hätte ich niemals eine revolutionäre Bewegung gründen, sie bilden und erhalten und dabei doch legal bleiben können. Man hätte mir mit Recht gesagt: Du redest wie die anderen, und handeln wirst du genausowenig wie die anderen.«[3] »Was sonst nie möglich gewesen wäre, konnte ich damals allen in der Partei sagen: Es wird jetzt so gekämpft, wie ich es will, und nicht anders.«[4]

Es besteht ein verblüffender Gegensatz zwischen dem Schlußplädoyer Hitlers bei seinem Prozeß und Stalins Nachruf auf Lenin knapp zwei Monate vorher. Der Gegensatz lag in mehr als lediglich in Temperament und persönlichem Stil. Hitlers leidenschaftliche Selbstdarstellung als ein Mann, dem vom Schicksal die Rolle des Erretters der Deutschen vorgezeichnet worden sei, war Ausdruck nicht nur seines Egoismus, sondern auch des verzweifelten Bemühens, seinen Anspruch auf eine ernst zu nehmende Rolle in der deutschen Politik zu untermauern. Stalin war kein geringerer Egoist als Hitler und nicht weniger darauf erpicht, eine schicksalhafte Rolle zu spielen, doch ging er aus einer Krise, in deren Verlauf er ebenso knapp an einem fatalen Rückschlag vorbeigekommen war wie Hitler, gestärkt hervor, so daß für ihn keine Notwendigkeit bestand, angeschlagenes Ansehen wiederherzustellen, und auch keinerlei Anlaß, seine Ambitionen hinauszuposaunen, Ambitionen, die er ganz im Gegenteil unter dem Schleier eines Lenin-Kults verborgen hielt, mit dem er ohne Schwierigkeiten leben konnte.

Trotz der sehr unterschiedlichen Lage, in der sich Hitler und Stalin in den zwanziger Jahren befanden, fällt doch ein gemeinsames Element ins Auge:

Eine Aufnahme vom Richtertisch, vor dem links die Angeklagten sitzen, zeigt die Atmosphäre der Versammlung. Nach der Eröffnung wurden die Photographen des Saales verwiesen.

Keiner von beiden dachte daran, sich mit Gewalt in den Besitz der Macht zu bringen. In Rußland hatte der revolutionäre Machtwechsel unter Lenins Regie schon stattgefunden; Stalin wollte sich die Nachfolge Lenins sichern, aber nicht durch einen Coup – dieses verwerfliche Ansinnen unterstellte er Trotzki –, sondern auf legitimem Weg, mit Billigung der Partei. Alles hing für ihn davon ab, daß es ihm erstens gelang, sich seiner Rivalen zu entledigen, und daß er zweitens die Mehrheit der Partei-Apparatschiks davon überzeugen konnte, daß die Revolution – und sie als ihre Nutznießer – mit ihm, Stalin, an der Spitze eine bessere Chance hatte, gegen alle Widrigkeiten zu überleben, als mit irgendeinem anderen Führer.

In Deutschland mußte die Revolution erst noch gemacht werden, aber wie Scheubner-Richter argumentiert hatte, war es ratsam, dies erst zu tun, nachdem die Nationalsozialisten die politische Macht erobert hatten. In diesem Sinne mußte Hitler auf der einen Seite die Begeisterung seiner Anhänger wachhalten, auf der anderen diejenigen, von denen er sich wirksame Mithilfe beim Griff nach der Macht erhoffte – das konservative Establishment, die anderen nationalistischen Parteien und vor allem die Reichswehr –, davon überzeugen, daß er ein Bundesgenosse war, auf den sie sich verlassen konnten; einer, der vielleicht zu extremen Parolen griff (um jene Massengefolgschaft zu mobilisieren, die auch in ihren Augen seine größte Trumpfkarte war), der sich aber, einmal als Partner akzeptiert, als vernünftig und berechenbar erweisen würde.

Beide, Hitler wie Stalin, setzten ihre »Revolution von oben« erst in Gang, nachdem sie mit legalen oder zumindest scheinlegalen Mitteln die Macht an sich gerissen hatten, Stalin zu Beginn des Jahres 1930, Hitler drei Jahre später. Diese Revolution bestand bei Stalin in der Zwangskollektivierung der russischen Landwirtschaft und dem durchgepeitschten Industrialisierungsprogramm, bei Hitler in der »Gleichschaltung«.

Daß ihre Bewegung jemals siegen werde, dürfte den meisten Anhängern Hitlers ziemlich utopisch erschienen sein, als der publizistische Lärm um den Münchner Prozeß verklungen war und Hitler in einer Landsberger Zelle seine Strafe absaß. Er selber aber zeigte, obwohl seine Partei verboten worden war, ihre Führer sich zerstreut hatten und er nach seiner Freilassung wieder ganz von vorne würde anfangen müssen, nicht die Spur eines Zweifels daran, daß er irgendwann an die Macht kommen würde.

Rund vierzig nationalsozialistische Parteigänger waren mit ihm in Landsberg in Haft, und sie alle verlebten hinter Gittern eine schöne und gemütliche Zeit. Sie bekamen gutes Essen, so viel Besuch wie sie wollten; einen guten Teil ihrer Haftzeit konnten sie im Freien, im Hof und im Garten verbringen. Emil Maurice fungierte teils als Hitlers Bursche, teils als sein Sekretär, eine Stellung, die er später an Rudolf Heß abtrat, der freiwillig aus Österreich zurückkehrte, um die Haft seines Führers zu teilen.

Das Gefängnispersonal begegnete Hitler mit einem Respekt, den es gewöhnlichen Gefangenen nicht entgegenbrachte. An seinem fünfunddreißigsten Geburtstag, den er kurz nach Ende des Prozesses feierte, erhielt er so viele Pakete und Blumen, daß zu deren Aufbewahrung mehrere Zimmer bereitgestellt werden mußten. Abgesehen von den zahlreichen Besuchern, die er empfing, pflegte er eine umfangreiche Korrespondenz und konnte beliebig viele Zeitungen und Bücher lesen. Am Mittagstisch hielt er hof, den Respekt beanspruchend und genießend, der ihm als Parteiführer zustand. Vom Juli 1924 an zog er sich jedoch für längere Zeit in seine geräumige Zelle zurück, um *Mein Kampf* zu diktieren, wobei Emil Maurice und Rudolf Heß ihm zur Hand gingen.

Tatsächlich verfaßte Hitler zwischen 1924 und 1928 drei Bücher: den ersten Teil von *Mein Kampf*, 1924 im Gefängnis diktiert und 1925 veröffentlicht; den zweiten Teil von *Mein Kampf*, diktiert in seinem Haus auf dem Obersalzberg und Ende 1926 publiziert; und sein sogenanntes *Zweites Buch*, seinem Verleger Max Amann 1928 diktiert, aber niemals publiziert und gänzlich unbekannt geblieben, bis das maschinengeschriebene Manuskript 1958 aufgefunden wurde.

Bedenkt man Hitlers ungeduldiges Naturell und seine Geringschätzung des geschriebenen Worts, so erscheint es denkbar, daß er nie den Schritt zum Buchautor vollzogen hätte, wenn es nicht seine Gefängnisstrafe und das ihm in der Folgezeit auferlegte öffentliche Redeverbot gegeben hätte. Dabei gab es mindestens drei gute Gründe für ihn, die Mühe des Schreibens auf sich zu nehmen. Zum ersten konnte ihm die Veröffentlichung

Die Landsberger Festungshaft, die in den nächsten zwei Jahrzehnten zunehmend als Zeit brutaler Verfolgung präsentiert wurde, war eine bajuwarisch-anheimelnde Ehrenhaft. Die Wärter sympathisierten offen mit den Hochverrätern. So will denn zu der späteren Legendenbildung die Aufnahme schlecht passen, die den inhaftierten Revolutionär im Kreis seiner Mitgefangenen zeigt. Seppelhosen, bestickte Hosenträger, wadenhohe Strümpfe und Trachtenjoppen. Ein schreienderer Gegensatz zu den russischen Revolutionären aus der Zeit ihrer Illegalität ist nicht vorstellbar.
Auf dem Photo: Hitler mit Emil Maurice, Hermann Kriebel, Rudolf Heß und Christian Weber.

eines politischen Manifests in Buchform helfen, nach Verbüßung seiner Strafe die NS-Bewegung wiederzubeleben und seinen selbstverkündeten Anspruch auf ihre Führung einzulösen. Es ist kein Gegenbeweis, daß *Mein Kampf* bis zum politischen Durchbruch der Partei im Jahr 1930 keine große Verbreitung fand, nicht einmal in den Reihen der Parteimitglieder – bis 1929 verkauften sich vom ersten Band 23 000 und vom zweiten 13 000 Exemplare –, und daß viele, die es kauften, es als zäh empfanden und nicht zu Ende lasen. Donald Watt hat darauf hingewiesen, daß Bewegungen, bei denen politische Loyalität die Form eines Glaubensbekenntnisses annimmt, offenbar immer so etwas wie eine Bibel brauchen. Stalins *Grundlagen des Leninismus*, die Werke von Marx und Engels, die »Mao-Bibel«, Louis Napoleons *Idées Napoleoniennes* können als Beispiele hierfür dienen. Wie die Bibel, die bei vielen Christen ungelesen im Regal steht, braucht ein solcher Text nicht verstanden oder auch nur gelesen zu werden. »Er muß natürlich eine Botschaft enthalten, die sich auf einfache Formeln reduzieren läßt ... Aber seine Komplexität und Unverständlichkeit sind von Vorteil, demonstrieren sie doch die Tiefgründigkeit der Visionen des Führers, ... seine Fähigkeit, sich mit Problemen herumzuschlagen, vor deren Schwierigkeitsgrad seine Gefolgsleute erklärtermaßen kapitulieren ... Für sie genügte es, daß es existiert.«[5]

Der zweite Grund war, daß Hitler mit seinem Buch den Grundstein zu seinem eigenen Mythos legen konnte, zum Bild des Führers, der wie nur wenige andere – ja, wie vielleicht keiner außer ihm – über die Gabe verfügte, Millionen von Deutschen als Anhänger und treue Gefolgsleute hinter sich zu bringen. Und ein dritter Grund war, daß das Buchprojekt ihm Gelegenheit bot, seine Ideen zu ordnen und seine »Weltanschauung« zu Papier zu bringen, jenes Ideenfundament, das er als unerläßliche Grundlage für wirksames politisches Handeln betrachtete.

Wie Stalin, hielt auch Hitler wenig von Intellektuellen, legte aber zugleich großen Wert darauf, sich selbst als intellektuelle Autorität zu profilieren. Stalin versuchte dasselbe mittels seines Buches *Grundlagen des Leninismus* (veröffentlicht im selben Jahr, in dem Hitler den ersten Band von *Mein Kampf* verfaßte), wobei er allerdings nicht den Anspruch erhob, ein originärer Denker zu sein, sondern sich lediglich als der maßgebliche Interpret und Erbe der marxistisch-leninistischen Tradition profilieren wollte. Indem er nach außen hin den Anschein einer bruchlosen Kontinuität wahrte und die ritualgewordenen Formeln wiederholte, verschleierte er bis zu einem gewissen Grad, wie sehr er in der Praxis von der marxistischen Lehre abwich und neue Wege beschritt. Ganz anders Hitler, der die Quellen, aus denen er seine Ideen bezog (Trevor-Roper nannte sie den »geistigen Schutt von Jahrhunderten«), nicht offenlegte und beständig in ungerechtfertigter Weise seine eigene Originalität hervorkehrte. Jedes Element seiner »Weltanschauung« läßt sich ohne weiteres einem oder mehreren Autoren des 19. Jahrhunderts und der Jahrhundertwende zuordnen, wenn auch keiner vor Hitler die Bausteine in genau dieser Weise zusammengefügt hatte. Wichtiger ist jedoch, daß Hitler, nachdem er seinen Dogmenkanon einmal beisammen hatte – in den wesentlichen Grundzügen schon in *Mein Kampf*, endgültig dann zum Zeitpunkt der Niederschrift seines unveröffentlichten *Zweiten Buchs* im Jahr 1928 –, nie mehr etwas daran änderte. Es besteht eine offenkundige Kontinuität zwischen den Ideen, die er in den zwanziger Jahren zu Papier brachte, seinen Aussagen in den Tischgesprächen der vierziger Jahre und dem politischen Testament, das er kurz vor seinem Selbstmord, im April 1945, im Bunker diktierte.

Damit kein Mißverständnis entsteht: Hitler verband ein ungewöhnlich starres Festhalten an seinen Grundüberzeugungen mit einer ebenso verblüffenden Flexibilität der Programmatik, der Taktik und der Methoden. Er zog eine klare Trennlinie zwischen dem politischen Denker und dem Politiker und sprach letzterem die größere Bedeutung zu. Freilich schrieb er in einer bekannten Passage von *Mein Kampf*: »Innerhalb langer Perioden der Menschheit kann es einmal vorkommen, daß sich der Politiker mit dem

Programmatiker vermählt.«[6] Es ist klar, daß er sich für ein Exemplar dieser seltenen Gattung hielt – und damit hatte er keineswegs unrecht. Die Konsequenz, mit der er seine »Weltanschauung« in die Tat umzusetzen versuchte, und das Ausmaß, in dem ihm dies gelang, stempelten ihn zum politischen Führer, wenn nicht einzigartiger, so doch sehr seltener Prägung.

Auch wenn *Mein Kampf* zu den der Sprache, dem Tonfall und vor allem dem Inhalt nach widerwärtigsten Büchern gehört, die je geschrieben worden sind, ist es für uns insofern von Interesse, als es nicht nur Einblicke in Hitlers Grundüberzeugungen als Programmatiker, sondern auch in seine Ansichten und Grundsätze als Organisator einer politischen Bewegung gewährt, zwei Rollen, zwischen denen der Hitler-Mythos als Bindeglied fungierte. Eine der Säulen, auf denen Hitlers Weltanschauung ruhte, war ein kruder Sozialdarwinismus: »Im Kampf ist der Mensch groß geworden ... Welches Ziel auch immer der Mensch erreicht hat, er verdankt es seiner Schöpferkraft *und* seiner Brutalität... Alles Leben folgt diesen drei Regeln: Kampf ist der Vater aller Dinge, Tugend liegt im Blut, Führerschaft ist das wichtigste und das entscheidende.«[7] In *Mein Kampf* schrieb er: »Wer leben will, der kämpfe also, und wer nicht streiten will in dieser Welt des ewigen Ringens, verdient das Leben nicht.«[8]

Hitler war von der Geschichte fasziniert und betrachtete sie, wie Spengler, als eine Abfolge von Zeitaltern, deren jedes seinen prägenden Ausdruck in einer bestimmten »Kultur«, einem Ensemble miteinander verwobener Ideen und Institutionen gefunden habe: die griechisch-römische Kultur der Antike, für die er Bewunderung äußerte, offenkundig ohne viel über sie zu wissen; das Mittelalter, dessen Kultur in seinen Augen eine »germanische« war und das in der Periode der Renaissance von der modernen, kapitalistischen Gesellschaft abendländischer Prägung abgelöst wurde, welche Hitler, wiederum mit Spengler, für »infiziert« und dekadent hielt. Die Fähigkeit, eine Kultur überhaupt zu begründen, war nach Hitlers Überzeugung der »arischen« Rasse vorbehalten, deren Definitionsmerkmale er übrigens nie konkret nannte. »Würde man die Menschheit in drei Arten einteilen: in Kulturbegründer, Kulturträger und Kulturzerstörer, dann käme als Vertreter der ersten wohl nur der Arier in Frage. Von ihm stammen die Fundamente und Mauern aller menschlichen Schöpfungen.«[9]

Alle Kulturen, alle großen Reiche waren Hitler zufolge aus demselben Grund zerfallen: weil sie, durch Vermischung der Rassen geschwächt, die Kraft zur Fortführung des Kampfes ums Dasein einbüßten und demzufolge der Zerstörung anheimfielen. »Alle großen Kulturen der Vergangenheit gingen nur zugrunde, weil die ursprünglich schöpferische Rasse an Blutsvergiftung abstarb.«[10] Hitler hielt die westliche Kultur für dekadent und glaubte, es sei die Bestimmung des deutschen Volkes, in ihre Fußstapfen zu treten, so wie die germanischen Stämme einst ein nicht mehr lebens- und verteidigungsfähiges Römisches Reich beerbt und auf seinen Trümmern eine kraftvolle neue Kultur errichtet hatten.

Um dies leisten zu können, mußten die Deutschen zunächst ein neues germanisches Großreich erobern, das dann den europäischen Erdteil beherrschen würde. Damit war eine Außenpolitik skizziert, die weit über die Forderung nach einer Revision des Versailler Vertrags hinausging, mit der Hitler seine Karriere als Agitator begonnen hatte. Im ersten Band von *Mein Kampf* lediglich angedeutet, weitete sich dieser Gedanke im zweiten Band zu einem lang und breit entwickelten Programm der Eroberung von »Lebensraum« im östlichen Europa auf Kosten Rußlands aus. Für die bloße Wiederherstellung des Deutschen Reichs in den Grenzen von 1914 einen erneuten Krieg zu führen, bezeichnete er als »Verbrechen« ; gerechtfertigt wäre eine solche Kraftanstrengung vielmehr nur, wenn sie dem Ziel diene, »dem deutschen Volk den ihm gebührenden Grund und Boden auf dieser Erde zu sichern«. Und schließlich resümierte Hitler: »Damit ziehen wir Nationalsozialisten bewußt einen Strich unter die außenpolitische Richtung unserer Vorkriegszeit. Wir setzen dort an, wo man vor sechs Jahrhunderten endete. Wir stoppen den ewigen Germanenzug nach dem Süden und Westen Europas und weisen den Blick nach dem Land im Osten. Wir schließen endlich ab die Kolonial- und Handelspolitik der Vorkriegszeit und gehen über zur Bodenpolitik der Zukunft. Wenn wir aber heute in Europa von neuem Grund und Boden reden, können wir in erster Linie nur an Rußland und die ihm untertanen Randstaaten denken.«[11]

Wie Hitler in seinem *Zweiten Buch* eingehender ausführte, hielt er dies dank der durch die bolschewistische Revolution geschaffenen Lage für eine vergleichsweise einfache Aufgabe: »Das Riesenreich im Osten ist reif zum Zusammenbruch.« Die slawischen Volksmassen seien unfähig, aus eigener Kraft einen Staat aufzubauen, und die germanischen Elemente, die als »Organisatoren und Herren« das russische Reich geleitet hätten, seien von einer jüdisch-bolschewistischen Führung verdrängt worden, die, aus noch zu erklärenden Gründen, ein Staatswesen weder organisieren noch auf Dauer erhalten könne. Der Krieg gegen Frankreich, den Hitler früher zur Durchsetzung einer Revision der Grenzen für notwendig gehalten hatte, wurde nunmehr in seinem Denken (wie 1940/41 auch in der Realität) zum bloßen Vorspiel für das große, übergeordnete Ziel einer Eroberung Rußlands. Die übrigen Vorbedingungen hierfür waren ein Bündnis mit Mussolinis Italien (für das Deutschland zum Verzicht auf Südtirol bereit sein müsse) und mit England, mit dem Deutschland sich auf keinen Fall auf eine Neuauflage jenes weltpolitischen Kräftemessens einlassen dürfe, das dem Kaiserreich zum Verhängnis geworden war.

Die Schwächen dieser Konzeption liegen auf der Hand – die Tatsache beispielsweise, daß Deutschland keineswegs übervölkert war und später, als es galt, die von der Wehrmacht eroberten Ostgebiete zu integrieren und zu besiedeln, nicht genug Menschen dafür hatte. Aber auf diese Schwächen kommt es hier weniger an als auf die Übereinstimmung der von Hitler in den zwanziger Jahren formulierten Ziele mit den Dingen, die er in den vierziger Jahren tatsächlich zu verwirklichen versuchte.

Hitler teilte voll und ganz den Glauben an den Primat der Außen- über die Innenpolitik, der in der deutschen Geschichte Tradition hatte. Fragen der Verfassung, des Rechts, der Wirtschafts- und Sozialpolitik interessierten ihn nicht um ihrer selbst willen; sie waren für ihn in dieser Phase allenfalls Mittel zum Zweck der Mobilisierung einer breiten Gefolgschaft und der Eroberung eines Platzes auf der politischen Bühne. Er übertrug diese Auffassung auch auf den Staat als Ganzen: »Der Staat ist ein Mittel zum Zweck. Sein Zweck liegt in der Erhaltung und Förderung einer Gemeinschaft . . . [in ihrem] rassenmäßigen Bestand . . . Wir haben schärfstens zu unterscheiden zwischen dem Staat als einem Gefäß und der Rasse als dem Inhalt.«[12]

Was die Organisationsform dieses Staates betraf, so erklärte Hitler das »Führerprinzip« zum obersten Gesetz. Alle Macht sollte sich in den Händen eines Führers konzentrieren, durch keinerlei Verfassungsbestimmungen oder parlamentarische Kontrollen beschränkt. Er sollte den Staat nach seinem Willen lenken, den Primat von Außenpolitik und Wiederaufrüstung durchsetzen und so die Voraussetzungen für die Eroberung neuen Lebensraumes im Osten schaffen.

Gestützt auf die Erfahrungen, die er seit seinem Weggang aus Wien gesammelt, und auf die Gedanken, die er sich in seiner Landsberger Haftzeit gemacht hatte, faßte Hitler sein Politikverständnis 1928 in der Formel zusammen: die »Aufgabe der Politik« sei »die Durchführung des Lebenskampfes eines Volkes«, und diesem Zweck müsse sowohl die Außen- als auch die Innenpolitik untergeordnet werden. »Außenpolitik ist die Kunst, einem Volke den jeweils notwendigen Lebensraum in Größe und Güte zu sichern. Innenpolitik ist die Kunst, einem Volke den dafür notwendigen Machteinsatz in Form seines Rassenwertes und seiner Zahl zu erhalten.«[13]

Der Begriff »Rassenwert« erfordert eine Erklärung. Nach Überzeugung Hitlers lag die »Quelle aller Macht eines Volkes« nicht »in seinem Waffenbesitz oder seiner Heeresorganisation, sondern in seinem inneren Wert, der repräsentiert wird durch die rassische Bedeutung, als dem Rassenwert eines Volkes an sich«.[14] Wenn ein hochwertiges Volk sich seinen »Rassenwert« bewahren wolle, müsse es sich durch die Machtmittel des Staates vor einer rassischen Vergiftung schützen, die aus drei verschiedenen Quellen drohe, deren jede sich letzten Endes auf das Judentum zurückführen lasse. Diese Gifte seien der Internationalismus, der mit einer Vorliebe für Fremdes und einer entsprechenden Unterschätzung der kulturellen Werte der eigenen Nation einhergehe; die Lehre von Gleichheit, Demokratie und Herrschaft der Mehrheit, die die individuelle Kreativität und Führerschaft bekämpfe, die doch die Quelle des gesamten Fortschritts der Menschheit seien; und der Pazifismus, der den gesunden und natürlichen Selbsterhaltungsinstinkt der Völker zersetze.[15] In einer Rede, die Hitler am 21. Juli 1927 in Nürnberg hielt, erklärte er: »Wenn ein Volk diese drei Menschenlaster in sich aufgenommen hat, seinen Rassenwert beseitigt, Internationalität predigt, einem eigenen Kopfe entsagt und an dessen Stelle die Majorität, d.h. die Unfähigkeit setzt, der Menschheitsverbrüderung huldigt, dann hat es seinen inneren Wert verloren.«[16]

Das charakteristischste Element des Hitlerschen Denkgebäudes indessen war sein Antisemitismus. Er gehört in den allgemeineren Kontext der nationalsozialistischen »Rassenpolitik«. Diese umfaßte auf der einen Seite die Vernichtung sogenannten lebensunwerten Lebens, selbst wenn es sich um das Leben nichtjüdischer Deutscher handelte, sowie auf der anderen Seite die Ausbeutung und Vernichtung auch nichtjüdischer Polen und Russen als »Untermenschen«. Es gibt jedoch keinen Zweifel daran, daß die Juden in Hitlers Weltanschauung einen zentralen Platz einnehmen. Bisher sind keine persönlichen Erlebnisse Hitlers bekannt geworden, die eine Erklärung für die Intensität seines Judenhasses bieten könnten; manche seiner Biographen haben aber darauf hingewiesen, daß die obszöne Sprache, in die er bei seinen schriftlichen oder mündlichen Äußerungen zur Judenfrage gerne verfiel, auf einen sexuellen Hintergrund hindeutet. Man könnte die ketzerische Frage stellen, wann dieser Mann, der für den Tod von fünf bis sechs Millionen Juden verantwortlich war, je einem Juden gegenübergestanden oder mit ihm gesprochen hat. »Der Jude«, wie man ihm auf den Seiten von *Mein Kampf* und in den Hitlerschen Monologen begegnet, weist jedenfalls keinerlei Ähnlichkeit mit Menschen jüdischer Herkunft aus Fleisch und Blut auf. Er ist eine Erfindung der krankhaften Phantasie Hitlers, eine teuflische Erfindung, Ausdruck des Bedürfnisses ihres Schöpfers, sich ein Objekt zu erschaffen, auf das er seine Aggressivität und seinen Haß konzentrieren konnte.

Hitler rationalisierte diese Gefühle, indem er erklärte, die Juden unterschieden sich von allen anderen Rassen dadurch, daß sie kein eigenes Staatsgebiet besäßen und daher an jenem Kampf um Lebensraum, der seiner Überzeugung nach den roten Faden der gesamten Menschheitsgeschichte darstellte, nicht teilnähmen. In Ermangelung eines eigenen Territoriums könnten die Juden keinen eigenen Staat errichten, sondern müßten sich als Parasiten (eine von Hitlers fixen Metaphern) in anderen »Volkskörpern« einnisten, um von deren schöpferischer Tätigkeit und Arbeit zu profitieren. »Das letzte Ziel des jüdischen Lebenskampfes ist ... die Versklavung produktiv tätiger Völker ..., die Entnationalisierung, die Durcheinanderbastardisierung der anderen Völker, die Senkung des Rassenniveaus der Höchsten sowie die Beherrschung dieses Rassenbreies durch Ausrottung der völkischen Intelligenzen und deren Ersatz durch die Angehörigen seines eigenen Volkes.«[17]

Auf der internationalen Ebene, so Hitler, versuchten jüdische Kapitalisten, den Völkern den Blick für ihre wirklichen Interessen zu trüben und sie in Kriege zu stürzen, um sich auf diese Weise sowie unter Einsatz der Machtmittel des Geldes und der Propaganda allmählich die Herrschaft über sie zu sichern. Zugleich hätten die jüdischen Anführer der internationalen kommunistischen Verschwörung sich ein Welthauptquartier in Moskau zugelegt, von dem aus sie aktiv die innere Zersetzung der anderen Völker betrieben, und zwar dadurch, daß in ihrem Auftrag die marxistischen Parteien überall den Internationalismus, den Gleichheitsgedanken und den Pazifismus predigten, durchweg Ideale, die Hitler als typisch jüdisch ansah und als gefährliche Bedrohung für den »Rassenwert« der arischen Völker empfand.

Das Argument ließ sich umdrehen, und dann lieferte der Antisemitismus Hitler eine weitere Begründung dafür, daß Deutschland sich zusätzlichen Lebensraum im Osten sichern müsse, auf Kosten des bolschewistischen Rußland, das Hitler immer wieder als Zentrum der »jüdischen Weltverschwörung« bezeichnete. Dies würde seiner Überzeugung nach nicht nur den Rassenwert des deutschen Volkes heben, sondern auch zur Zerstörung der wichtigsten Bastion des internationalen Judentums führen und die giftige Pflanze des Marxismus mit der Wurzel ausreißen.

In Hitlers verquerer Weltsicht waren die Arier, die mit schöpferischen Kräften ausgestattete Rasse, immer und überall von den Juden bedroht; diese waren die Verkörperung alles Bösen, die Überträger jener rassischen Infektion, die im Lauf der Geschichte in eine Kultur nach der anderen eingedrungen sei und sie vernichtet habe. »Siegt der Jude mit Hilfe seines marxistischen Glaubensbekenntnisses über die Völker dieser Welt, dann wird seine Krone der Totentanz der Menschheit sein, dann wird dieser Planet wieder wie einst vor Jahrmillionen menschenleer durch den Äther ziehen.«[18]

Wenn Hitler von der »Beseitigung« der jüdischen Gefahr sprach, blieb zunächst einmal unklar, was er darunter verstand; einem deutschen Nationalsozialisten aus Böhmen, der ihn im Gefängnis besuchte und ihn fragte, ob sich an seiner Haltung gegenüber den Juden etwas geändert habe, erwiderte er: »Ja, ja, es ist ganz richtig, daß ich meine Ansicht über die Kampfweise gegen das Judentum geändert habe. Ich habe erkannt, daß ich bisher viel zu milde war! Ich bin bei Ausarbeitung meines Buches zur Erkenntnis gekommen, daß in Hinkunft die schärfsten Kampfmittel angewendet werden müssen, um uns erfolgreich durchzusetzen. Ich bin überzeugt, daß es nicht nur für unser Volk, sondern für alle Völker eine Lebensfrage ist. Denn Juda ist die Weltpest.«[19]

Die beiden eng zusammengehörenden Säulen der Hitlerschen Weltanschauung, seine Entschlossenheit, mit den Juden aufzuräumen (was immer das auch heißen sollte) und im Osten neuen Lebensraum zu erobern, blieben nicht nur unverändert, sondern wurden auch Jahre vor seinem Aufstieg zur Macht bei vielen Gelegenheiten öffentlich verkündet, nicht nur auf den Seiten von *Mein Kampf*, sondern auch in zahlreichen Reden und Interviews.

Es wäre jedoch ein Irrtum, in seiner persönlichen Ideologie den Schlüssel dafür zu sehen, daß es Hitler in den zwanziger Jahren gelang, Tausende als Mitglieder für die NSDAP zu gewinnen, und in den frühen dreißiger Jahren

Millionen von Wählerstimmen für sie zu mobilisieren. Der Antisemitismus gehörte zwar zum weltanschaulichen Einmaleins der deutschen Rechten und wurde allgemein als selbstverständliche Ingredienz des NS-Gebräus betrachtet, aber die starke Bedeutung, die Hitler ihm öffentlich beimaß – in der zweiten Hälfte der zwanziger Jahre allerdings längst nicht mehr so sehr wie in der ersten –, erwies sich nicht als besonders werbeträchtig, sieht man von einer Minderheit im inneren Kreis (wie beispielsweise Himmler) ab, die die »Judenfrage« ebenso ernst nahmen wie Hitler selbst. Das entsprach der von Hitler in *Mein Kampf* vorgenommenen Unterscheidung zwischen Mitläufern und Anhängern einer Bewegung, der Mehrheit, die lediglich fest an die »politische Lehre« der Partei glauben mußte, und der Minderheit derjenigen, die die völkische Idee verkörperten und für sie kämpften.

Dasselbe galt offenbar auch für die Idee vom »Lebensraum«, den Traum einer deutschen Expansion nach Osten. Der Tenor der außenpolitischen Reden, die Hitler in den zwanziger Jahren hielt, war ein ganz anderer: Hier war die Rede von einer Revision des Versailler Vertrags oder seiner Aufkündigung, von der Wiederherstellung Deutschlands in den Grenzen von 1914, nötigenfalls durch einen Krieg gegen Frankreich – nicht gegen Rußland.

In der Aufbauphase vor der Machtergreifung trugen zur Entwicklung des Nationalsozialismus neben Hitler auch zahlreiche andere bei; zum Beispiel neokonservative Denker wie Moeller van den Bruck oder NS-Parteigrößen wie Gottfried Feder, die Brüder Strasser und Walter Darré. Noch hatte Hitler die Partei nicht vollständig im Sinne seiner eigenen Vorstellungen »gleichgeschaltet«, noch gab es in ihr – und das blieb bis in die Mitte der dreißiger Jahre so – rivalisierende Richtungen (etwa im Hinblick auf die Wirtschaftspolitik), und Hitler legte eine verblüffende Flexibilität an den Tag, wenn es darum ging, sich gegenüber unterschiedlichen Zielgruppen und in unterschiedlichen Situationen dem anzupassen, was die Menschen von ihm hören wollten.

Hitler lernte in dieser Zeit jedoch nicht etwa laufend dazu, sondern sein Weltbild hatte sich, wie er in *Mein Kampf* behauptet, vorher verfestigt: »In dieser Zeit bildete sich mir ein Weltbild und eine Weltanschauung, die zum granitenen Fundament meines derzeitigen Handelns wurden. Ich habe zu dem, was ich mir so einst schuf, nur weniges hinzulernen müssen, zu ändern brauchte ich nichts.«[20] Hitler verlegte diesen Prozeß fälschlicherweise in die vor 1914 in Wien verbrachten Jahre zurück; in Wirklichkeit entwickelte sich seine Weltanschauung sehr wohl auch danach noch weiter und verfestigte sich erst um die Mitte der zwanziger Jahre, als er *Mein Kampf* zu Papier brachte. Erst von da an stimmte seine Behauptung, er habe dem »granitenen Fundament« seiner Weltanschauung nichts mehr hinzuzufügen brauchen. Sein Weltbild war von nun an ein geschlossenes System, keinem Argument und keinem Zweifel mehr zugänglich.

Die daraus resultierende Gewißheit, den Schlüssel zur richtigen Deutung der Geschichte zu besitzen und mit ihm auch die Tür zur Zukunft aufschließen zu können, verlieh ihm die Fähigkeit, jederzeit das taktisch Vorteilhafte zu tun, ohne daß er Gefahr lief, seine Ziele aus dem Blickfeld zu verlieren; er konnte auf seinen Augenblick warten, in der sicheren Überzeugung, daß dieser eines Tages kommen und daß es ihm dann gelingen werde, das deutsche Volk auf ein politisches Programm einzuschwören, das in der Tat genauso primitiv und brutal geblieben war, wie er es in *Mein Kampf* skizziert hatte. Welche praktischen Vorteile ihm aus seiner großen Flexibilität erwuchsen, zeigte sich schon in den Jahren vor 1930, als die Bedingungen für ihn nicht günstig waren und nur wenige außerhalb seiner eigenen Partei ihn ernst nahmen, er sich aber gleichwohl auf eine Wende zu seinen Gunsten vorbereitete, die er nicht vorhersehen konnte, mit der er jedoch zuversichtlich rechnete.

Doch in all den Jahren der »Kampfzeit«, bevor der eigentliche Aufstieg zur Macht begann, hatte Hitler sein treues Publikum; die Menschen kamen zu ihm weniger wegen der politischen Inhalte seiner Reden – das waren zumeist nur die bekannten Gemeinplätze der rechtsnationalistischen und völkischen Propaganda – als wegen der Art und Weise, wie er diese Inhalte präsentierte, worin ihm keiner seiner Rivalen gleichkam. Otto Strasser, kein Bewunderer, schrieb dazu: »Wenn er versucht, seine Ansprachen mit weisen Theorien zu schmücken, mit halbverstandenen Auszügen aus den Werken anderer, erhebt er sich kaum über eine ärmliche Mittelmäßigkeit. Aber wenn er auf alles Beiwerk verzichtet, wenn er entschlossen das ausspricht, was ihm gerade der Augenblick eingibt, dann verwandelt er sich unverzüglich in einen der größten Volksredner des Jahrhunderts... Adolf Hitler betritt einen Saal. Er prüft die Atmosphäre... einige Minuten lang, er tastet, er sucht, er paßt sich an. Plötzlich bricht er los... Seine Rede schnellt wie ein Pfeil von der Sehne des Bogens, er trifft jeden einzelnen an seiner verwundbaren Stelle, er setzt das Unterbewußtsein der Menge in Freiheit..., er sagt, was das Herz seiner Zuhörer zu vernehmen wünscht.«[21]

Hitler war sich dieser Macht sehr wohl bewußt. In *Mein Kampf* erwähnte er die im Publikum oft vorhandenen emotionalen Widerstände, die sich einzig und allein durch den »Appell an diese geheimnisvollen Kräfte selbst« überwinden ließen, »und das kann kaum je der Schriftsteller, sondern fast einzig nur der Redner«.[22] Nicht weniger wichtig war, daß er vor seinen Zuhörern den bewußten Einsatz dieser rhetorischen Mittel und Kräfte zu verbergen verstand und sie tatsächlich überzeugt waren, der Fanatismus, den er ausstrahlte, sei ein Beweis für seine Aufrichtigkeit.

Das war es, was den Kern der Faszination Hitlers ausmachte: seine Fähigkeit, unter Einsatz der ihm gegebenen rhetorischen Mittel den Leuten den festen Glauben nicht so sehr an Argumente, an ein Programm oder eine Ideologie einzuflößen, als vielmehr an ihn persönlich, den charismatischen Führer, dessen offenbar übermenschliche Fähigkeiten es denkbar erscheinen ließen, daß er das Unmögliche möglich machen würde. Das war es, was seine Gefolgsleute an der Parteibasis meinten, wenn sie erklärten: »Unser Programm läßt sich in zwei Worte fassen: Adolf Hitler.«

Die Forschung hat bewiesen, daß *Mein Kampf* eine höchst unzuverlässige autobiographische Quelle ist. Hitler hielt es offenbar für nötig, zur Untermauerung seines eigenen Mythos seine ziellos verbummelten Jahre als eine Zeit der Armut, des Leidens und der Einsamkeit darzustellen, eine harte Schule des Lebens, in der die Entschlossenheit und das Selbstvertrauen eines zukünftigen Führers herangereift waren. Er blieb die politischen Enthüllungen über die Hintergründe des Putschversuchs von 1923 schuldig, auf die sein Verleger gehofft hatte, und füllte seine Manuskriptseiten statt dessen mit immer neuen Exkursen über dieses oder jenes ihn gerade beschäftigende Thema, wobei er schon dieselbe frohgemute Ignoranz des Halbgebildeten an den Tag legte wie später in seinen Tischgesprächen. Fachmännisch wird es nur dort, wo er über die Mittel und Wege zum Aufbau einer Massenbewegung, über den Einsatz von Propaganda oder die von Gewalt ausgehende Faszination spricht – kurz gesagt über die politischen Fähigkeiten und Kniffe, die man braucht, um ideologische Botschaften zu transportieren.

Überraschend ist die Offenheit, mit der Hitler über die Manipulation von Zuhörern schreibt, über die Dummheit der breiten Masse, die Instrumentalisierung ihrer Gefühle, den Gebrauch von Schlagworten und Plakaten, um den Menschen grundlegende Botschaften einzuhämmern. Die Gedanken, die er in diesem Zusammenhang äußerte, waren, auch wenn sie heute Allgemeingut sind, in den zwanziger Jahren durchaus originell. »Die Aufgabe der Propaganda«, schrieb er, »ist ... das ausschließliche Betonen des einen eben durch sie zu vertretenden [Standpunkts]. Sie hat nicht objektiv auch die Wahrheit, soweit sie den anderen günstig ist, zu erforschen ..., sondern ununterbrochen der eigenen [Sache] zu dienen.«[23] Und an anderer Stelle: »Das Volk ist in seiner überwiegenden Mehrheit so feminin veranlagt und eingestellt, daß weniger nüchterne Überlegung, vielmehr gefühlsmäßige Empfindung sein Denken und Handeln bestimmt. Diese Empfindung aber ist nicht kompliziert, sondern sehr einfach und geschlossen. Es gibt hierbei nicht viel Differenzierungen, sondern ein Positiv oder ein Negativ, Liebe oder Haß, Recht oder Unrecht, Wahrheit oder Lüge, niemals aber halb so und halb so ...«[24]

Ähnlich überzeugend wirkt Hitler auch dort, wo er sich mit der Organisation politischer Bewegungen beschäftigt. Daß es nach der deutschen Niederlage von 1918 der Rechten nicht gelang, das Erstarken des Marxismus und der marxistischen Parteien zu verhindern, lag seiner Überzeugung nach daran, daß »die sogenannten nationalen Parteien keinerlei Einfluß auszuüben vermochten«, weil es ihnen an jeglicher »bedrohlichen Macht auf der Straße« gefehlt habe, während die »sogenannten Wehrverbände«

zwar die Straßen beherrscht hätten, aber »mangels irgendwelcher politischen Ideen und vor allem jedes wirklichen politischen Zieles« ebenfalls wirkungslos geblieben seien. »Was dem Marxismus einst den Erfolg gegeben hatte, war das vollendete Zusammenspiel von politischem Wollen und aktivistischer Brutalität. Was das nationale Deutschland von jeder praktischen Gestaltung der deutschen Entwicklung ausschaltete, war das Fehlen einer geschlossenen Zusammenarbeit brutaler Macht mit genialem politischen Wollen.«[25]

Beides müsse, so forderte Hitler, zusammenkommen; dies hätten das Gelingen der französischen und der russischen Revolution sowie der Erfolg der faschistischen Bewegung in Italien bewiesen. »Der Mangel einer großen neugestaltenden Idee bedeutet zu aller Zeit eine Beschränkung der Kampfkraft. Die Überzeugung vom Recht der Anwendung selbst brutalster Waffen ist stets gebunden an das Vorhandensein eines fanatischen Glaubens an die Notwendigkeit des Sieges einer umwälzenden neuen Ordnung dieser Erde.«[26]

Die bürgerlichen Parteien seien hierzu nicht fähig und dächten nur daran, die Vergangenheit wiederherzustellen. Aus diesem Grund wollte Hitler kein Bündnis mit ihnen, sondern zog es vor, daß die NSDAP auf eigenen Füßen stand. Zugleich beharrte er weiterhin darauf, daß die SA sich nicht zu einem Kampfverband mit einer verkappten militärischen Aufgabe entwickeln dürfe; sie müsse vielmehr eine politische Truppe bleiben, mit dem Auftrag, notwendige Schutzdienste für die Partei zu leisten und ihr den freien Zugang zur Straße zu sichern, wie in Coburg geschehen.

Während Hitler den zweiten Band von *Mein Kampf* diktierte, aus dem viele der zitierten Passagen stammen, war es seinen hochgestellten Freunden bereits gelungen, seine Freilassung aus dem Gefängnis zu erwirken, so daß er darangehen konnte, die NSDAP neu aufzubauen. Die Hochkonjunktur des Rechtsextremismus, die ihm in den Nachkriegsjahren zugute gekommen war, hatte sich totgelaufen. Bei der Reichstagswahl vom Mai 1924 hatte die radikale Rechte noch 6,5 Prozent der Wählerstimmen auf sich vereinen können und 32 Mandate errungen; als im Dezember desselben Jahres ein weiteres Mal gewählt wurde, sank ihr Stimmenanteil auf weniger als die Hälfte, und es blieben nur noch 14 Mandate übrig. Ähnlich erging es den linksextremen Parteien: Die KPD verlor ein Drittel ihrer Reichstagssitze. In den Jahren zwischen 1924 und 1928 erlebte die Weimarer Republik die Phase ihrer größten Normalität: eine sich stabilisierende Währung, eine sich erholende Wirtschaft, ein Reparationsabkommen – der Dawes-Plan –, hohe amerikanische Kredite und die außenpolitischen Erfolge Stresemanns, der Abschluß des Vertrags von Locarno und die Aufnahme Deutschlands in den Völkerbund.

Dies war die einzige Periode in Hitlers politischer Karriere, in der die Umstände sich gegen ihn wendeten; zugleich ging er in dieser Zeit der poli-

Während der Monate, die Hitler und die anderen Verurteilten in Landsberg verbrachten, formierte sich der spätere »Führer« des Großdeutschen Reiches. Er schrieb den ersten Band seiner Programmschrift ›Mein Kampf‹, die nach der Machtergreifung in millionenfacher Auflage verbreitet wurde, und er gerierte sich schon als zukünftiger Retter Deutschlands. Auf dem Photo, das er aus der Festung an seine Anhänger verschickte, vermerkte er handschriftlich: »Erst recht!«. Aus Hitler wird, auch nach eigenem Selbstverständnis, der »Führer«.

tischen Protektion verlustig, die er bis dahin seitens der bayerischen Behörden genossen hatte. Nach einer einzigen Kundgebung Anfang 1925 erhielt er ein öffentliches Auftrittsverbot in Bayern, das bald auch auf Preußen und andere deutsche Länder ausgedehnt wurde und in Bayern bis zum Mai 1927, in Preußen bis zum September 1928 Bestand hatte. Damit hatte der Staat Hitler sein größte Trumpfkarte aus der Hand geschlagen; er mußte sich nun mit Reden vor dem geschlossenen Kreis seiner Parteimitglieder begnügen. Dazu kam, daß er nach seiner Freilassung noch eine Zeitlang Bewährungsauflagen zu beachten hatte und als österreichischer Staatsbürger, der er nach wie vor war (erst 1932 erhielt er die deutsche Staatsbürgerschaft), noch immer Gefahr lief, nach Österreich abgeschoben zu werden.

Unmittelbar nach dem Putschversuch von 1923 war die NSDAP mitsamt ihrem Parteiorgan, dem *Völkischen Beobachter*, verboten worden. Rosenberg, den Hitler mit der Führung der Bewegung während seiner Haftzeit beauftragt hatte, entpuppte sich als hoffnungslose Fehlbesetzung. Viele hatten den Verdacht, Hitler habe sich just aus diesem Grund für ihn entschieden: Rosenberg hatte wohl kaum das Format, sich während der Abwesenheit Hitlers als ernsthafter Rivale zu profilieren. Hitler war alles andere als erfreut, als Rosenberg, obwohl ihm die Abneigung Hitlers gegen die Parlamentspolitik bekannt war, einem Wahlbündnis mit einer völkischen Gruppierung, der Deutschvölkischen Freiheitspartei, zustimmte. Noch weniger freute es ihn, daß dieses Bündnis – ohne ihn – bei der Reichstagswahl vom Mai 1924 überraschend fast zwei Millionen Stimmen erhielt.

Diese Demonstration völkischer Einheit erwies sich jedoch als kurzlebig, denn die Allianz zerfiel sehr bald in mehrere einander bekämpfende Gruppen. Der wichtigste Gegensatz, der sich innerhalb der NS-Bewegung auftat, war der zwischen der bayerischen Gruppe, deren Führer vor 1890 geboren waren, und einer jüngeren Gruppe, die ihre Hochburgen im Norden Deutschlands hatte und sich Nationalsozialistische Freiheitspartei (NSFP) nannte. Die erstgenannte Fraktion konnte mit mehreren führenden NS-Größen aufwarten – Esser, Streicher, Schwarz und Amann –, war jedoch nur in den drei Städten München, Nürnberg und Bamberg stark. Dietrich Orlow hat herausgearbeitet, daß die Ansichten dieser »Pioniere«, wie Goebbels sie herablassend nannte, von den Erfahrungen des Kleinbürgertums geprägt waren, das schon in den Vorkriegsjahren seine wirtschaftliche Position bedroht gesehen hatte, das der Industrialisierung ablehnend gegenüberstand und das für alles, was ihm nicht paßte, die Juden verantwortlich machte. Dagegen gaben in der zweiten Gruppe Leute den Ton an, die ihre prägenden Erlebnisse als Angehörige der »Frontgeneration« gehabt hatten und für die das Programm einer völkischen Partei etwas mit »Front-Sozialismus« zu tun hatte, mit Kritik an der Macht von Großindustrie und Finanzkapital, mit Revolution anstelle sozialer Reaktion und mit der Mobilisierung nicht des Mittelstandes, sondern der Arbeitermassen. Beide Gruppen lehnten die Demokratie ab und favorisierten die Diktatur, beide waren antisemitisch, und beide erkannten Hitler als ihren Führer an.

Hitler ließ sich im Gefängnis die Appelle und gegenseitigen Vorwürfe der rivalisierenden Gruppen vortragen, weigerte sich jedoch, einen Schiedsspruch zu fällen oder sich zu einer Gruppe zu bekennen. Im Juli 1924 erklärte er seinen Rücktritt als Parteiführer, ungeachtet der kritischen Stimmen, die ihm vorhielten, er wolle nur den unentschiedenen Status quo erhalten, damit keine Gruppe sich eine dominierende Stellung sichern könne. Einer seiner engsten Mitarbeiter in dieser Zeit, Kurt Lüdecke, schrieb: »Er war der einzige, der ein Machtwort hätte sprechen können; doch er hob niemals auch nur den kleinen Finger oder sagte einen Ton.«[27] Seine Rechnung ging auf. Nach der zweiten Reichstagswahl des Jahres

1924, die unter den stabileren Bedingungen des Dezembers stattfand und eine Halbierung des »völkischen« Stimmenanteils brachte, sahen sich die Anhänger Hitlers fast wieder auf das Niveau einer Splitterpartei zurückgestutzt. Als Hitler zwei Wochen später auf freien Fuß kam, war die nationalsozialistische Bewegung hoffnungslos in sich zerstritten, und niemand anders war in Sicht, der sie wieder hätte einen können.

Dank der Einflußnahme seiner Sympathisanten hatte Hitler von seiner fünfjährigen Gefängnisstrafe nicht einmal neun Monate absitzen müssen und konnte das Weihnachtsfest schon wieder als freier Mann begehen. Er dachte jedoch nicht daran, sich um Harmonie zu bemühen, und war zu keinerlei Zugeständnissen an diejenigen bereit, die ihn drängten, wieder in eine Koalition mit den anderen nationalistischen Gruppen einzutreten. Seine Arroganz brüskierte die völkischen Abgeordneten des bayerischen Landtags. Er brach einen Streit mit Ludendorff vom Zaum, der 1923 noch die weitaus prominentere und wichtigere Figur gewesen war, und behandelte die Führer der NSFP wie Luft. Nur mit Mühe und erst nach Fürsprache seines alten Gönners Gürtner konnte er erreichen, daß das Verbot der NSDAP und des *Völkischen Beobachters* in Bayern aufgehoben wurde. Dann, nachdem er sowohl Anhänger als auch Kritiker auf eine zweimonatige Geduldsprobe gestellt hatte, indem er jede Festlegung mied, kündigte er plötzlich, mit nur einem Tag Vorlauf, für den 27. Februar eine Rede im Bürgerbräukeller an, dem Schauplatz seiner mißglückten Putschaktion.

Der Saal mußte geschlossen werden, nachdem sich dreitausend Getreue eingefunden hatten, weitere zweitausend fanden keinen Einlaß mehr. Als Hitler sich zeigte, begrüßte ihn ein Begeisterungssturm, wie kein anderer Führer der Rechten ihn entfesseln konnte. Er sprach zwei Stunden lang, und als er endete, kam es zu gefühlsgeladenen Versöhnungsszenen; Max Amann rief aus: »Der Streit muß ein Ende haben – alles zu Hitler!« Dabei hatte Hitler zuvor keinen Zweifel daran gelassen, wo er stand: »Wenn jemand kommt und mir Bedingungen stellen will, dann sage ich ihm: Freundchen, warte erst einmal ab, welche Bedingungen ich dir stelle. Ich buhle ja nicht um die große Masse. Nach einem Jahr sollen Sie urteilen, meine Parteigenossen; habe ich recht gehandelt, dann ist es gut; habe ich nicht recht gehandelt, dann lege ich mein Amt in Ihre Hände zurück. Bis dahin aber gilt: Ich führe die Bewegung allein, und Bedingungen stellt mir niemand, solange ich persönlich die Verantwortung trage. Und ich trage die Verantwortung wieder restlos für alles, was in der Bewegung vorfällt.«[28]

Diese Demonstration der Tatsache, daß er seine hypnotische Macht nicht eingebüßt hatte, zog eine umgehende Erneuerung seines öffentlichen Auftrittsverbots nach sich. Hätte ein solcher Rückschlag Hitler 1923 noch in tiefe Verzweiflung gestürzt, so zeigte er sich jetzt nicht einmal über den damit verbundenen Verlust an Einkünften irritiert. Das deutet darauf hin, daß er, was auch viele Zeitzeugen bestätigen, nach der erlittenen Schmach und dem im Gefängnis verbrachten Jahr nicht nur mit einem »gehärteten«

seelischen Befinden wiederkam, sondern mit einer unerschütterlich geworsdenen Selbstgewißheit hinsichtlich dessen, was er als seine Mission verstand; diese Selbstgewißheit verließ ihn auch in all den Jahren nicht, in denen er nur der Führer einer bedeutungs- und erfolglosen Partei war.

Vor seiner Entlassung aus dem Gefängnis hatte er zu Rudolf Heß gesagt, er werde fünf Jahre brauchen, um die Bewegung wieder »nach oben zu führen« – eine bemerkenswert genaue Prognose, wie sich noch herausstellen sollte. Aber er wollte es zu seinen eigenen Bedingungen tun. Im April 1925 war er bereit, sich eher von Röhm zu trennen, dem er so viel verdankte, als Zugeständnisse in bezug auf die Rolle der neuen SA zu machen. Röhm wollte die SA aus der Politik heraushalten und sie in den »Frontbann« integrieren, die im Aufbau begriffene Geheimarmee, mit deren Hilfe Deutschland die im Versailler Vertrag festgelegten Obergrenzen seiner Truppenstärke würde umgehen können. Hitler beharrte darauf, die SA müsse ein seiner politischen Führung unterstelltes Werkzeug bleiben und der Partei als schützender Arm dienen. Als Röhm schließlich als SA-Führer zurücktrat, antwortete Hitler ihm weder auf seinen Brief, noch reagierte er auf seinen Appell, ihm nicht die Freundschaft aufzukündigen.

Mit Hilfe Essers und Streichers hatte Hitler die Bewegung in Süddeutschland bald wieder so unangefochten wie früher im Griff. Doch eine Bewegung, die landesweit agieren wollte, mußte danach trachten, sich auch außerhalb Bayerns, im bevölkerungsreichen Westen und Norden Deutschlands, eine Basis zu schaffen. Im Norden war die NSFP zwar in Auflösung begriffen, aber die Abneigung ihrer jüngeren, radikaleren Führer gegen die »Pioniere« im Süden hielt an und fand ihren Ausdruck im Widerstand gegen die Versuche der Münchner Zentrale der NSDAP, noch aktive Ortsgruppen außerhalb Bayerns unter ihre Kontrolle zu bringen.

Die aktivste Figur im Norden war Gregor Strasser aus dem bayerischen Landshut, ein ehemaliger Frontkämpfer, der 1923 in seiner niederbayerischen Heimat ein 900 Mann starkes SA-Regiment aufgebaut hatte. Er hatte als eine der treibenden Kräfte am Aufbau der NSFP mitgewirkt, während Hitler seine Haft absaß, und hatte zwischenzeitlich in Westfalen ein Reichstagsmandat erobert. Nach der Auflösung der NSFP und der Wiedergründung der NSDAP erhielt Strasser von Hitler alle Vollmachten, die Partei im Norden aufzubauen, wo der tatkräftige und organisatorisch begabte Mann sich schon beträchtliches Ansehen erworben hatte. Gleichzeitig ernannte Hitler Strasser zum Gauleiter von Niederbayern und dessen einstigen Sekretär, Heinrich Himmler, zu seinem Stellvertreter.

Im Lauf der folgenden zwölf Monate, während Hitler sich meistens auf dem Obersalzberg aufhielt und am zweiten Band von *Mein Kampf* arbeitete, sprach Strasser auf fast einhundert Parteiveranstaltungen, meist in den Industrierevieren West- und Mitteldeutschlands. Unter den jungen Aktivisten, die er um sich scharte, waren sein Bruder Otto, der siebenundzwanzigjährige Goebbels und die späteren Gauleiter Karl Kaufmann, Erich Koch

Ein Jahr nach seiner Entlassung aus der Festung Landsberg feiert Hitler im Kreise seiner Anhänger im Münchner Bürgerbräukeller das Weihnachtsfest. Eine sonderbare Mischung von nicht Zusammengehörendem: ein Führer, der eine offensichtlich politische Rede im Lametta des Weihnachtsbaums hält, darüber das Hakenkreuz. Aber zu der Traulichkeit der Christszene stehen die beiden SA-Männer im eklatanten Gegensatz, welche, erstarrt in Hab-Acht-Stellung, den Weihnachtsbaum flankieren. Die Versammlung wiederum besteht augenscheinlich aus Angehörigen des Mittelstandes, die mit Lockenpracht, Glatzkopf oder Stiernacken dem Typus jener aufbruchsbereiten Jugend gerade nicht angehören, den Hitler damals zu beschwören pflegte.

und Josef Terboven. Sie entwickelten eine radikalere Spielart des National-sozialismus, als Esser und Streicher sie von München aus propagierten, mit Forderungen, die mehr Anklang bei der jüngeren Generation fanden und die eher antikapitalistischen Punkte des Parteiprogramms aufgriffen: kein Einkommen ohne Arbeit, Abschaffung der Bodenspekulation und des Grundzinses, Kampfansage an die »Zinsknechtschaft«, das Finanzkapital und die großen Kaufhäuser, Forderungen nach Verstaatlichung der Schwerindustrie, nach Gewinnbeteiligung der Arbeitnehmer und nach einer Landreform. All dies wurde als eine nationale deutsche, idealistische Form des Sozialismus präsentiert, als Alternative zu dem von den Marxi-sten gepredigten internationalen, materialistisch und gleichmacherisch ori-entierten Klassenkampfprogramm. Die Aktivisten hofften, mit Hilfe eines solchen Programms in den Hochburgen der SPD und KPD an Industrie-standorten, vor allem im Ruhrgebiet, einen »Durchbruch nach links« erzie-len und eine »völkische« Gewerkschaftsbewegung aufbauen zu können. Strasser hegte auch Sympathien für den sogenannten Nationalbolschewis-mus, der für ein Bündnis zwischen Deutschland und Rußland eintrat, jenen beiden Nationen, die im Weltkrieg gegen den kapitalistischen, imperialisti-schen, »verjudeten« Westen unterlegen waren.

Hitler reagierte zurückhaltend. Radikalität entsprach zwar durchaus sei-nem Temperament, und er konnte auch zu antikapitalistischen Parolen greifen, wenn es ihm ratsam erschien. Andererseits hielt er nichts davon, sich mit einem solchen Programm selbst die Hände zu binden. Da er jedoch einen Verlust des nördlichen Ablegers nicht riskieren wollte, spielte er auf Zeit und vermied jede Festlegung. Die enttäuschten Norddeutschen ergrif-fen daraufhin im August/September 1925 auf eigene Faust die Initiative: Sie gründeten die Arbeitsgemeinschaft Nordwest, bewußt als Gegengewicht gegen die Münchner Gruppe gedacht und getragen von der Hoffnung, Hit-ler deren Einfluß entziehen und ihn für die eigenen Ideen gewinnen zu kön-nen.

Strassers Versuch, der Partei ein überarbeitetes Programm zu geben, in dem die antikapitalistischen Forderungen stärker betont werden sollten als in der Version von 1920, scheiterte jedoch angesichts von Rivalitäten unter den norddeutschen Parteiführern sowie an Widersprüchen im Programm. Ob Strasser darüber hinaus auch mit dem Gedanken spielte, Hitler die Posi-tion des Führers streitig zu machen, ist nicht sicher. Mehr als alle anderen NS-Größen hatte er die Persönlichkeit und das Format, ein Führer zu wer-den, wenn auch in ganz anderer Weise als Hitler. Er war ein viel geradlini-ger Mensch, dazu ein fähiger Organisator und ein guter Redner, doch was ihm fehlte, war die charismatische Ausstrahlung Hitlers. Strasser war ein-fach nicht aus dem Stoff, aus dem Legenden gewebt werden, und gerade die Erkenntnis, daß Hitler ihm in dieser Beziehung etwas Entscheidendes vor-aus hatte, ließ ihn immer wieder zurückstecken. Aber daß er ein potentieller Anwärter auf die Führung der Partei war oder werden konnte, dürfte beiden Männern klar gewesen sein.

Hitler hielt sich zunächst aus allem heraus, wurde dann aber durch das Zusammenwirken verschiedener Umstände im Winter 1925/26 zum Eingreifen gezwungen. Die von der politischen Linken erhobene Forderung, die ehemaligen deutschen Fürstenhäuser zu enteignen, löste in Deutschland eine stürmische Kontroverse über die Grenzen des Eigentumsrechts aus. Hitler war gegen eine Fürstenenteignung, die Strasser-Gruppe sprach sich dafür aus. Ferner hatte sich Strasser mit der Erarbeitung eines neuen Programmentwurfs in direkten Widerspruch zur Aussage Hitlers gesetzt, das ursprüngliche 25-Punkte-Programm sei unabänderlich; und schließlich hatten die Norddeutschen, ohne Hitlers Erlaubnis – was ebenfalls eine direkte Herausforderung war –, einen selbständigen Verlag, den Kampfverlag, und eine Zeitung, *Der Nationale Sozialist*, ins Leben gerufen. Und dann rief Strasser auch noch die Partei auf, ihren ängstlichen Legalitätsanspruch abzulegen und sich für eine »Katastrophenpolitik« zu entscheiden, was ebenfalls ein Affront gegen Hitler war, der jeden Gedanken an einen neuerlichen gewaltsamen Umsturzversuch ablehnte.

Nachdem Hitler sich einmal zum Handeln entschlossen hatte, ging er mit großer Entschlossenheit und auch mit Geschick vor. Kurzfristig rief er alle Parteiführer zu einer Sitzung nach Bamberg, in den Machtbereich Streichers, wo er sich des lokalen Vorteils sicher sein und Hilfsmittel einsetzen konnte, die den Norddeutschen imponieren würden – nicht zuletzt zählte dazu auch die imposante Wagenkolonne, mit der der Führer eintraf.

In einer Rede, die insgesamt vier Stunden dauerte, nahm er den Strasserschen Programmentwurf Punkt für Punkt auseinander. Er erklärte das Programm von 1920 zum »Grundstein unserer Religion, unserer Ideologie. Daran zu rütteln, wäre Verrat an denen, die im Glauben an unsere Idee [beim Novemberputsch] gestorben sind«.[29] Hitler ging es in Wirklichkeit darum, eine Diskussion und Entscheidung über konkurrierende Interpretationen des Parteiprogramms zu vermeiden und statt dessen »seine eigene Person zum Programm zu stilisieren«.[30] Strasser versuchte zu kontern, blieb aber erfolglos und fand keine Unterstützung. Hitler hatte seine Trumpfkarte gespielt: Ohne ihn als Führer würde es keine nationalsozialistische Bewegung geben, und das wußten auch seine Zuhörer. Der Sieger gab sich indes alle erdenkliche Mühe, Strasser nicht weiter zu demütigen; er ging demonstrativ zu ihm hinüber und legte ihm den Arm um die Schulter, eine Geste der Freundschaft, die auf die übrigen Anwesenden, wenn auch nicht auf Strasser selbst, Eindruck machte.

Hitler beließ es nicht bei Gesten. Er bot Gregor Strasser die Leitung des parteieigenen Propagandabüros an[31] und lud Strassers fähigsten Mitarbeiter, Goebbels, zu einem Besuch nach München ein. Goebbels kam, ließ sich von Hitler gleichsam im Sturm erobern und wurde im November 1926 zum Gauleiter von Berlin ernannt. Der siebenundzwanzigjährige, eine Erscheinung von schwächlicher Statur, als Schriftsteller gescheitert, eine Mixtur aus Eitelkeit und Unsicherheit, entpuppte sich als unverhofft fähiger, harter und aggressiver Führer in einer kommunistisch-sozialdemokratischen Hochburg und entwickelte sich aus engstirnigen Anfängen zu einem Redner und Autor, der an provokativer Wirksamkeit und propagandistischem Geschick nur noch von Hitler übertroffen wurde.

Es waren zwei der besten Personalentscheidungen, die Hitler jemals traf, zumal er beide Männer damit vor der weiteren Beschäftigung mit strittigen Fragen des Parteiprogramms – die er als unproduktiv und konfliktfördernd ansah – abhielt und sie den wirklich wichtigen Aufgaben der Propaganda und Organisation zuführte. Er hatte in Bamberg wiederholt, was er im zweiten Band von *Mein Kampf* erklärt hatte: daß die Nationalsozialisten kein Debattierklub und auch keine Intellektuellenpartei seien (dasselbe hatte Lenin 1921 auf dem Zehnten Parteitag über die KPdSU gesagt). Ihre Aufgabe, so schärfte er den NS-Führern ein, sei es, die Partei stark zu machen und ihr den eisernen Willen zur Erkämpfung der Macht einzuflößen – auch dies eine unmittelbare Parallele zu Forderungen Lenins. »Ein solcher Kampf«, erklärte Hitler, »wird nicht ausgefochten durch ›geistige‹ Waffen, sondern durch den Fanatismus.«[32]

Nachdem Hitler für klare Verhältnisse in der Partei gesorgt und ihre Spaltung verhindert hatte, berief er im Mai 1926 eine Mitgliedervollversammlung nach München ein. Auf dieser setzte er wichtige Satzungsänderungen durch. Der Nationalsozialistische Deutsche Arbeiterverein in München wurde zum alleinigen »Träger« der Bewegung erklärt. Die von den Mitgliedern in den Vorstand dieser Münchner Ortsgruppe gewählten Männer würden automatisch auch die Führer der Gesamtpartei sein. Nach deutschem Vereinsrecht mußte zwar der Erste Vorsitzende durch allgemeine Wahl bestimmt werden. Einmal gewählt, sollte er aber laut Satzung das Recht haben, Gauleiter, Ausschußvorsitzende und andere lokale Funktionsträger zu ernennen oder abzusetzen. Man räumte ihm auch das Recht ein, die Partei unabhängig von Mehrheitsentscheidungen der Vorstandsgremien und Ausschüsse zu leiten. In der Praxis trat dann auch nie ein Vorstandsgremium zusammen. Abgesehen von dem für die Mitgliederverwaltung zuständigen Sekretariat und dem Kassierer wurden die leitenden Funktionäre, die »Amtsleiter«, nicht gewählt, sondern von Hitler ernannt (Gregor Strasser etwa zum Amtsleiter für Propaganda) und waren ihm persönlich verantwortlich.

Anfang Juli 1926 hielt Hitler die Zeit für gekommen, den ersten Parteitag nach dem Putschversuch zu veranstalten – in Weimar, da Thüringen eines der wenigen Länder war, in denen er als Redner öffentlich auftreten durfte. Es durften nur solche Anträge gestellt werden, die Hitler als Erster Vorsitzender der Partei zuvor geprüft und gebilligt hatte, eine Praxis, die von da an beibehalten wurde. Es galt – außer für Hitler – eine strenge Redezeitbegrenzung; Abstimmungen fanden nicht statt, und Hitler machte deutlich, daß er »endlose Diskussionen« im Keim erstickt sehen wollte. Im Anschluß an die Vollversammlung der Partei im Weimarer Nationaltheater (wo 1919 die Verfassung der Weimarer Republik verabschiedet worden war) nahm Hitler eine Parade von 5 000 Partei- und SA-Mitgliedern ab; bei dieser Gelegenheit praktizierte er zum ersten Mal den von den italienischen Faschisten übernommenen Gruß mit ausgestrecktem Arm.

Hitler hatte sich seine Führerposition in der NSDAP zurückerobert. Aber das änderte nichts daran, daß die Partei im politischen Spektrum des Deutschen Reichs eine Splittergruppe darstellte. Vergleicht man ihre Mitgliederzahl von 35 000 im Jahre 1926 mit der Tatsache, daß im selben Jahr 15,6 Millionen Bürger an einer Volksabstimmung über die Enteignung der Fürstenhäuser teilgenommen hatten, so bekommt man eine Vorstellung davon, welch weiter Weg noch vor ihr lag.

Solange die Stabilisierungspolitik der Weimarer Regierungen weiterhin Erfolge zeigte, war die Chance sehr gering, daß es der NSDAP gelingen würde, aus ihrem Randgruppendasein auszubrechen. Die Erfolge zeigten sich nicht nur an dem gestiegenen internationalen Stellenwert Deutschlands, sondern auch auf wirtschaftlichem Gebiet. Mit Hilfe amerikanischer Kredite wurde die deutsche Industrie modernisiert, und in fast allen Wirtschaftsbereichen wies Deutschland zwischen 1923 und 1928 ein steileres Wachstum auf als jedes andere europäische Land. Das Volkseinkommen lag 1928 um zwölf Prozent höher als 1913, und dies trotz der Gebietsverluste nach dem Krieg. Die Zahl der arbeitslos Gemeldeten war unter eine halbe Million gesunken. Angesichts der alles andere als katastrophalen Lage, aus der laut Hitler nur er Deutschland erretten konnte, nahmen diesen selbsternannten Messias nur wenige Deutsche ernst.

Die Partei war zu diesem Zeitpunkt in jeder Hinsicht schwach: politisch, organisatorisch, finanziell und zahlenmäßig. Wenn man einen Putsch ausschloß, wie wollte Hitler dann an die Macht kommen? Etwa durch Wahlsiege oder durch die bloße Androhung einer Revolution nach dem Vorbild des Marsches auf Rom – eine Option, die Hitler weitaus besser gefiel? In beiden Fällen kam es wesentlich darauf an, die Unterstützung der Masse für die Partei zu mobilisieren. Doch woher sollte diese Unterstützung kommen? Aus der Arbeiterschaft? Von den Bauern? Aus der Mittelschicht? Und für welche Politik sollte geworben werden?

Die meisten anderen Parteien hätten versucht, diese Fragen durch die Vorlage eines politischen Aktionsprogramms zu beantworten. Doch die NSDAP war keine Partei wie alle anderen; der politische Kurs, dem sie folgte, war nicht das Resultat von Ausschußsitzungen oder Mehrheitsbeschlüssen, ja nicht einmal Ausdruck eines Konsenses zwischen ihren Führern. Die NSDAP war, wie die Bamberger »Führertagung« deutlich gemacht hatte, eine durch die Loyalität ihrer Mitglieder zu ihrem unumstrittenen Führer Adolf Hitler zusammengehaltene Bewegung, und Hitler wußte, daß er selbst, wenn er diese Rolle mit Erfolg spielen wollte, sich so weit wie möglich aus Kontroversen über konkrete politische Tagesfragen heraushalten und jede verbindliche Festlegung zugunsten der einen oder anderen innerparteilichen Gruppe vermeiden mußte.

So primitiv und wenig überzeugend Hitlers Ideologie auch auf diejenigen wirkte, die sie nicht teilten, so hatte sie doch den Vorzug, eine Deutung des geschichtlichen Prozesses zu vermitteln, die ihm, was die Zukunft betraf, eine ähnlich unerschütterliche Zuversicht einflößte, wie die kommunistischen Führer sie aus der marxistischen Lehre bezogen. Wie Lenin und Stalin betrachtete auch Hitler Politik und Taktik als Bereiche, in denen es weniger auf Grundsatz- als auf Nützlichkeitserwägungen ankam, um Unterstützung zu gewinnen und die Macht zu erringen, was schließlich das einzige Ziel war. Der Unterschied bestand darin, daß die Kommunisten dennoch stets eine aktuelle »Parteilinie« proklamierten, mit dem Risiko, sie hin und wieder über Nacht ändern zu müssen – was dann jeweils mit einem Wandel der »objektiven Bedingungen« begründet wurde –, wogegen Hitler es vorzog, sich alle Optionen offenzuhalten und in allgemeinen Wendungen gegen die Mißstände des »Systems« zu wettern, für nebulöse Ideale wie die nationale Wiedergeburt und die Volksgemeinschaft zu werben und sich im Hinblick auf wirtschafts- und sozialpolitische Tagesfragen möglichst nicht konkret festzulegen, zumal er diesen ohnehin nur zweitrangige Bedeutung beimaß.

Mit dieser Strategie setzte er sich natürlich der Kritik aus, die Nationalsozialisten seien eine Partei ohne Politik und bräuchten daher nicht ernst genommen zu werden. Seiner Überzeugung nach wurde dieser Nachteil jedoch dadurch mehr als aufgewogen, daß sich Menschen mit den unterschiedlichsten politischen Auffassungen, Mitglieder ebenso wie noch Außenstehende, mit ihm identifizieren konnten – zu einem Zeitpunkt, da er noch nicht wußte, bei welchen Teilen der deutschen Bevölkerung er die größten Chancen hatte, breite Unterstützung zu finden. Einen Beleg dafür, daß Hitler sich in den Jahren zwischen 1926 und 1930 tatsächlich von derartigen Überlegungen leiten ließ, liefert das ganz unterschiedliche Verhalten, das er in Fragen der Politik auf der einen und organisatorischen Fragen auf der anderen Seite an den Tag legte.

Trotz der Differenzen mit Strasser, die zur Bamberger Führertagung geführt hatten, ließ Hitler es zu, daß Strasser und seine Gruppe im weiteren Verlauf der Jahre 1926 und 1927 ihren sogenannten Städteplan weiterverfolgten, ein Projekt, mit dem sie um Unterstützung für einen antikapitalistischen, »nationalen« Sozialismus werben wollten; die Anstrengungen der Partei sollten dabei auf die großen Industrieviere an der Ruhr, um Hamburg, in Thüringen und Sachsen sowie in Berlin konzentrieren. Wie Gregor Strasser 1927 in einer Parteizeitschrift erläuterte: »Wir [Nationalsozialisten] sind Sozialisten, sind Feinde, Todfeinde des heutigen kapitalistischen Wirtschaftssystems mit seiner Ausbeutung der wirtschaftlich Schwachen,... wir sind entschlossen, dieses System unter allen Umständen zu vernichten.«[33] Goebbels steuerte als Gauleiter von Berlin einen ähnlichen

Kurs. Er, der sich vorgenommen hatte, die Kommunisten in einer ihrer Hochburgen herauszufordern, scheute sich nicht, propagandistische Attacken gegen »die Geldschweine der kapitalistischen Demokratie« zu reiten.[34]

Dieses Buhlen um die Sympathie der Arbeiter brachte den Nationalsozialisten in den Jahren 1926 und 1927 einen gewissen Mitgliederzuwachs, doch scheint es sich dabei vorwiegend um Arbeiter gehandelt zu haben, die in Dörfern und Kleinstädten etwa des Ruhrgebiets wohnten und von dort aus zur Arbeit in die großstädtischen Betriebe pendelten. Die Industriestädte selber blieben fest in der Hand von KPD und SPD, und so lag der Arbeiteranteil in den Reihen der NSDAP selbst 1927, als er seinen höchsten Stand erreichte, mit geschätzten 21 bis 26 Prozent noch immer beträchtlich unter dem Anteil der Arbeiter an der erwerbstätigen Bevölkerung insgesamt.[35] Diejenigen Nationalsozialisten, die diese Linie am nachdrücklichsten befürworteten, waren überzeugt, daß sich daraus noch mehr hätte machen lassen, wenn sie die Möglichkeit gehabt hätten, eigene »völkische« Gewerkschaften aufzubauen und sich eindeutig zum Mittel des Streiks zu bekennen.

Hitler ließ beides nicht zu, weil er darin eine zu starke Annäherung an marxistische Taktiken sah. Auf der anderen Seite machte er, als das Schwergewicht sich vom »Städteplan« auf die Mobilisierung anderer Bevölkerungsgruppen, wie des Kleinbürgertums oder der Bauern, verlagerte, keine Anstalten, die antikapitalistische Agitation aus dem Repertoire zu nehmen; der radikale Parteiflügel durfte vielmehr weiterhin die Arbeiterschaft mit sozialistischen Parolen umwerben. Die kleine NSDAP-Fraktion im Reichstag brachte in den Jahren zwischen 1927 und 1930 nicht nur Gesetzentwürfe ein, die beispielsweise vorsahen, an der Börse erworbene Vermögen oder Kriegsgewinne einzuziehen (die natürlich keinerlei Aussicht auf eine Mehrheit hatten), sondern unterstützte auch in mehreren Fällen als einzige Reichstagspartei die offen antikapitalistische Linie der Kommunisten.[36] Hitler billigte sogar stillschweigend einen Kniff, mit dem linke Aktivisten seiner Partei sein Nein zum Aufbau eigener Gewerkschaften umgingen: Sie gründeten in den Fabriken nationalsozialistische Betriebszellen, die, indem sie der SPD und der KPD deren Vertretungsmonopol streitig machten, NSDAP-Propaganda verbreiteten und bei den Betriebsratswahlen eigene Kandidaten ins Rennen schickten. Im Januar 1931 wurde die Nationalsozialistische Betriebszellenorganisation (NSBO) formell als Organ der Partei anerkannt.

All dies hinderte Hitler nicht daran, sich wiederholt um finanzielle Unterstützung aus Kreisen der Wirtschaft zu bemühen. Dabei verlor er nicht nur kein Wort über die radikalen wirtschaftspolitischen Forderungen, die im nach wie vor gültigen offiziellen Programm der NSDAP standen, und über die antikapitalistische Agitation seines linken Parteiflügels, sondern spielte auch gewisse für sein eigenes politisches Denken zentrale

Anliegen wie den Antisemitismus, die Gewinnung von Lebensraum im Osten oder das unbeschränkte Recht des Staates, sich in Angelegenheiten der Wirtschaft einzumischen, herunter, wohl wissend, daß seine Zuhörer sich daran womöglich stoßen würden.[37] Das Ziel seiner Partei sei es, so erklärte er, wenn er vor Wirtschaftsvertretern sprach, Deutschland vom Marxismus zu befreien und seine alte Weltgeltung wiederherzustellen. Er fand gewissen Anklang bei kleineren Unternehmern und bei Angehörigen des mittleren Managements, nicht aber bei den Vertretern der Großindustrie, weder an der Ruhr noch anderswo. Eine Ausnahme bildete Emil Kirdorf, ein achtzigjähriger, auf seine alten Tage etwas exzentrisch gewordener Industrieller, der sich einst den Beinamen »Bismarck der Kohle« erworben hatte. Er war beeindruckt von Hitler, gab eine einmalige Spende von 100 000 Mark und bemühte sich in der Folge, seine Freunde in der Wirtschaft für Hitler einzunehmen. Doch wenig mehr als ein Jahr nach seinem Beitritt zur NSDAP, im August 1928, trat er verärgert wieder aus, nachdem die Partei gegen das Kohlekartell agitiert hatte, dessen maßgeblicher Mitbegründer er gewesen war.

Hitler versuchte sein Ziel noch auf einem anderen Weg zu erreichen: Im Oktober 1926 warb er in Weimar um ein Bündnis zwischen der NSDAP und den politisch rechtsstehenden Veteranenverbänden, insbesondere dem Stahlhelm. Wäre ihm dies gelungen, so hätte er sich damit Zugang zu einem Wählerpotential von über einer Million Menschen sowie zu einem hochwillkommenen Reservoir potentieller Unterführer verschafft, darunter viele ehemalige Freikorps-Kämpfer. Daß es nicht dazu kam, lag dieses Mal nicht an politischen Gegensätzen, sondern daran, daß die Führer der Veteranenverbände Hitlers Anspruch auf eine herausgehobene Führerposition nicht anerkannten. Der Abbruch der Verhandlungen führte zu gegenseitigen Vorwürfen und zu einem von Hitler verfügten Verbot des Zusammengehens mit anderen nationalistischen Gruppierungen, ein Schritt, der die Nationalsozialisten von ihren natürlichen Verbündeten isolierte.

Eine weitere Möglichkeit bestand darin, die SA auf einen angestrebten Mitgliederstand von 100 000 zu bringen. Im Rahmen der 1926 durchgeführten Reorganisation hatte Hitler als Ersatz für den ausgeschiedenen Röhm einen neuen OSAF (Obersten SA-Führer) gefunden, den ehemaligen Freikorps-Führer Hauptmann Franz Pfeffer von Salomon. In einem Brief an ihn hatte Hitler betont, in der Ausbildung der SA müßten die Bedürfnisse der Partei stärker ins Gewicht fallen als »militärische Gesichtspunkte«. Die meisten jüngeren, aktiven Parteimitglieder gehörten zugleich der SA an, aber die Eifersüchteleien und Rivalitäten zwischen deren Führern, in ihrer Mehrzahl höheren Heeresoffizieren, und der in München residierenden Reichsleitung der Partei sowie den regionalen Gauleitern fanden mit der Ernennung Pfeffers keineswegs ihr Ende. So rebellierte beispielsweise 1927 die Münchner SA, die ungeduldig auf die Bewährungsprobe eines neuen Putschs wartete und frustriert war, weil die Führung ihr dieses Erlebnis versagte, gegen den OSAF, und Hitler mußte persönlich eingreifen, um die Meuterer zur Räson zu bringen. In Berlin erschreckte die Gewalttätigkeit, die sich bei Straßenschlachten zwischen SA und Kommunisten entlud, die öffentliche Meinung, und auf Betreiben der Polizei wurden die NS-Organisationen in der Hauptstadt bis auf weiteres verboten. Die SA blieb aber weiterhin ein Unruhefaktor, auch nachdem Hitler Pfeffer 1930 verabschiedet und selbst die Führung der SA übernommen hatte.

Die verschiedenen Versuche, die Hitler und die NSDAP zwischen 1924 und 1928 unternahmen, um sich Unterstützung zu verschaffen, ergeben ein wenig beeindruckendes, ungeordnetes Bild. Daraus wird nur allzu klar, daß bis zu dem Zeitpunkt, da sich die äußeren Bedingungen zu ihren Gunsten änderten und die Menschen plötzlich in großer Zahl ihrer Botschaft zu lauschen begannen, nicht einmal so talentierte Propagandisten wie Hitler und Goebbels der Partei nennenswertes Gehör zu verschaffen vermochten.

Die Tatsache, daß Hitler sich dennoch für den Aufbau des Parteiapparats engagierte, weist auf einen wichtigen Punkt hin: seine Überzeugung, daß ein solcher Wandel der äußeren Bedingungen eintreten würde und daß man darauf vorbereitet sein müsse. Die ersten Schritte zur Schaffung eines nationalen Hauptquartiers in München hatte er mit der Berufung zweier farbloser, aber effizienter Verwaltungsleute schon vor dem Treffen in Bamberg getan: Philipp Bouhler diente der Partei von nun an als Reichsgeschäftsführer, Franz Xaver Schwarz, zuvor Buchhalter bei der Münchner Stadtverwaltung, als Schatzmeister. Bamberg bereitete dann den Weg in die nächste Phase, in der an die Stelle des losen Zusammenschlusses örtlicher Parteigliederungen, die alle ihren eigenen Kurs gesteuert hatten, ohne sich groß um Anweisungen aus München zu kümmern, ein zentralistischer Apparat trat. Sowohl die Gauleiter als auch die Ortsgruppen mußten zu der Einsicht gebracht werden, daß Loyalität zur Person Adolf Hitlers allein nicht mehr genügte, daß sie sich von nun an damit abfinden mußten, einer landesweit operierenden Organisation anzugehören und deren Führung und der von Hitler eingesetzten Reichsleitung Rechenschaft schuldig zu sein. Das beschwor Widerstand herauf und brauchte Zeit, aber die konsequente Durchsetzung des Anspruchs auf zentrale Kontrolle der Finanzen und auf eine ebenso zentrale Verwaltung und Überwachung der Mitglieder sorgte bald für die nötige Disziplin.

Hitler war sich darüber im klaren, daß die Partei, wenn ihr je große Mitgliedermassen zuströmen sollten, über eine Organisation verfügen mußte, die in der Lage war, massenhafte Zugänge zu verkraften. Schon 1926 hatte er für die Parteileitung ein geräumigeres Quartier und mehr Mitarbeiter gefordert, dazu eine moderne Büroausstattung und eine Registratur, die erheblich aufwendiger angelegt war, als es angesichts der aktuellen Mitgliederzahlen notwendig gewesen wäre. Der Kontrast zwischen diesen Vorkehrungen und seiner eigenen, eher sprunghaften Arbeitsweise – seinen häufigen Ausflügen auf den Obersalzberg oder in ein anderes Refugium, wohin er sich manchmal tage- oder auch wochenlang zurückzog – waren mehr als bloß Ausdruck einer instinktiven Abneigung gegen jede Büroarbeit. Es war für seinen Führungsstil wesentlich, daß der Führer sich nicht mit Verwaltungsangelegenheiten beschäftigte, sondern die administrative Kleinarbeit einem unpersönlichen bürokratischen Apparat anvertraute. Diejenigen, die diesen Apparat am laufen hielten – Bouhler, Schwarz, später Heß –, begriffen sehr wohl, daß Hitler allein die Entscheidungen traf, daß es aber wichtig war, mit dem gehörigen institutionellen Nachdruck für ihre Durchführung zu sorgen und dabei die Distanz zwischen dem Führer und seiner Gefolgschaft aufrechtzuerhalten.

Demselben Ziel diente ein weiteres von Hitler wiederbelebtes Organ der Gesamtpartei: der Untersuchungs- und Schlichtungs-Ausschuß (USCHLA)[38], der immer dann tätig wurde, wenn lokale Gruppen oder Führer der Partei Anstalten machten, gegen Beschlüsse der Führung aufzubegehren oder von der Parteilinie abzuweichen, und der dafür sorgte, daß unzuverlässige durch vertrauenswürdige Elemente ersetzt wurden. »Der Ausschuß trug praktisch zur Aufrechterhaltung des Hitler-Mythos bei, indem er jede Unzufriedenheit mit Entscheidungen der Führung auf sich lenkte und so die Führerfigur schützte, deren Geschöpf und Instrument er doch war.«[39]

Nach dem Parteitag im Jahre 1927 in Nürnberg fühlte Hitler sich unter dem Eindruck, die Partei habe den ihr verordneten Umbau akzeptiert, sicher genug, diesen noch eine Stufe weiterzutreiben. Die Notwendigkeit dazu war ihm nach dem Fehlschlagen des »Städteplans« klargeworden. Die in Berlin gegen die NSDAP ausgesprochenen Verbote bestärkten ihn in seinem Entschluß ebenso wie die Erkenntnis, daß die Partei, wenn sie den Durchbruch zu höheren Mitgliederzahlen schaffen wollte, eine neue Strategie finden mußte. Voraussetzung dafür war, daß er stillschweigend zwei Tatsachen anerkannte.

Erstens mußte Hitler der Hoffnung abschwören, es Mussolini nachtun und durch einen Putsch – oder auch nur durch die Androhung eines solchen – an die Macht kommen zu können. Wenn dem aber so war, blieb nichts anderes übrig, als sich an Wahlen zu beteiligen und einen zunehmend größeren Stimmenanteil zu erringen. Zweitens würde die Partei, wenn sie dies mit größtmöglicher Aussicht auf Erfolg tun wollte, gut daran tun, ihre Wahlpropaganda auf die Mittelschicht zu richten, die – obwohl sie sich wohl nur selten an Demonstrationen oder Straßenkämpfen beteiligen würde –, möglicherweise davon überzeugt werden konnte, die NSDAP zu wählen.

In der Folge berief Hitler neue Leute in die Reichsleitung und ernannte neue Gauleiter, bei denen er zunehmend mehr Wert darauf legte, daß sie gebildet und qualifiziert genug waren, um ihre neue Rolle als regionale Geschäftsführer einer parlamentarischen Partei ausfüllen zu können, wozu die Leitung von Wahlkämpfen ebenso gehörte wie die Kandidatur auf einer der Landeslisten der Partei. Die SA mochte davor warnen, die Partei sei dabei, in bürokratischem Papierkram zu ersticken – in der Münchner SA kam es zu einer erneuten Revolte, die wiederum nur durch persönliches Eingreifen Hitlers beigelegt werden konnte –, die Reichsleitung widmete unbeirrt all ihre Energie der Vorbereitung auf die nächsten Reichstagswahlen, die im Mai 1928 anstanden, mit eigenen Kandidaten in allen 35 Wahlbezirken und mit 10 000 Wahlkampfveranstaltungen.

Das Ganze endete in einem vollkommen unerwarteten Fiasko: 100 000 Stimmen weniger als im Dezember 1924; von 31 Millionen Deutschen, die zur Urne gegangen waren, hatten nur 800 000 für die NSDAP votiert. Allein, nachdem der erste Schock vorüber war, zog die NS-Führung rasch die Lehren aus dieser Erfahrung. Während die Partei in den Großstädten schlecht abgeschnitten hatte, verzeichnete sie unerwartet gute Ergebnisse in einer Reihe ländlicher Gegenden – sowohl im Norden (Schleswig-Holstein und Hannover) als auch im Süden (Franken). Das war der Strohhalm, nach dem Hitler jetzt griff.

Anstatt einen Reichsparteitag anzusetzen, den sich die nach dem Wahlkampf stark verschuldete Partei nicht leisten konnte, lud Hitler die gesamte Führung zu einer Besprechung ein, die im August 1928 in München stattfand. Er forderte, das Schwergewicht der Parteiarbeit von den Städten auf das Land zu verlagern und die Grenzen der Gaue, in die die Partei ihr Betätigungsgebiet aufgeteilt hatte, neu zu ziehen. Auf dem Land waren die Wähler über größere Flächen verteilt, nicht so dicht konzentriert wie in den Großstädten; sie zu erreichen erforderte einen weit größeren Aufwand, im Grunde einen permanenten Wahlkampf.

Nachdem Hitler seine Vorschläge skizziert hatte, überließ er es Schwarz und Strasser, sie in die Tat umzusetzen; er selbst verabschiedete sich für mehrere Wochen nach Berchtesgaden, wo er sich ein eigenes Anwesen gekauft hatte, um dort einige Wochen mit seinen wohlhabenden Freunden, den Bruckmanns, zu verbringen. Auf einer weiteren Konferenz wurde im Januar 1929 der Umbau der Partei vollendet, den Hitler zwei Jahre zuvor, nach der Bamberger Führertagung, in Gang gesetzt hatte. Die beiden wichtigsten Maßnahmen waren die Neubestimmung der Funktion der Gauleiter und die Etablierung einer hierarchischen Führungsstruktur, in der jede Ebene eindeutig der nächsthöheren untergeordnet war.

In Wirklichkeit war die Partei natürlich nicht annähernd so eindeutig gegliedert, wie dies auf ihrem Organisationsschema aussah. Die schwache Stelle des Systems war, daß alle Entscheidungen, die nicht Routinecharakter hatten, an einem Mann hingen, einschließlich der Entscheidung, welche Vorgänge als Routinesachen zu gelten hatten und welche nicht. Da Hitler es ablehnte, regelmäßig im Büro zu sitzen, Meinungsverschiedenheiten zu schlichten oder Briefe pünktlich zu beantworten, führte dies notwendigerweise zu Entscheidungsstaus an der Spitze, ein Mißstand, der sich erst besserte, als Hitler in seinem persönlichen Sekretär Rudolf Heß einen inoffiziellen Stellvertreter fand, an den er vertrauensvoll seine Machtbefugnisse delegieren konnte, ohne fürchten zu müssen, daß Heß diese Stellung mißbrauchen oder irgend etwas tun würde, das geeignet war, den Hitler-Mythos zu beschädigen, an den er mit geradezu religiöser Inbrunst glaubte.

Hitler maß der Organisation immer große Bedeutung bei, aber nur als Mittel zum Zweck. Die Effizienz des Parteiapparates wurde allein danach beurteilt, ob es gelang, Wähler hinzuzugewinnen.

Hitler hütete sich wohlweislich davor, die linkssozialistischen Elemente in seiner Partei öffentlich zu kritisieren, aber ihre hektische Suche nach einer sozialrevolutionären Strategie, die zu definieren ihnen jedoch nie gelang, wurde von da an dem Ziel untergeordnet, das Wählerpotential des ländlichen und städtischen Mittelstandes zu erschließen. Als sich in den Reihen der einst wohlhabenden Viehzüchter in Schleswig-Holstein zunehmend Erbitterung über sinkende Erzeugerpreise, eine steigende Steuerlast und sich mehrende Konkurse breitmachte – ein Vorspiel zur Wirtschaftskrise von 1929 –, erblickte Hitler hierin einen Ansatzpunkt. Es kam zu wütenden Protesten, als die Regierung im Dezember 1927 Gehaltserhöhungen für den öffentlichen Dienst ankündigte, und die Unruhe breitete sich rasch auf die landwirtschaftlich und protestantisch geprägten Gebiete Oldenburg, Hannover, Pommern und Ostpreußen aus. Ende 1927 setzte ein weltweiter Rückgang der Agrarpreise ein, eine Entwicklung, die verschlimmert wurde durch Handelsverträge mit Ländern wie Polen, in denen Deutschland sich verpflichtet hatte, im Gegenzug zum Export deutscher Industrieprodukte verstärkt landwirtschaftliche Erzeugnisse des betreffenden Landes einzuführen. Die Krise der deutschen Landwirtschaft, die sich hieraus entwickelte, betraf nicht nur die Bauern selbst, sondern auch Handwerker und kleine Geschäftsleute auf dem Lande, die indirekt von der Agrarwirtschaft lebten.

Hitler war im Dezember 1927 nach Schleswig-Holstein gereist und hatte vor protestierenden Landwirten gesprochen. Er hatte den Eindruck gewonnen, daß die Chancen, in diesem Umfeld Stimmen für die NSDAP zu gewinnen, groß genug waren, um eine Änderung des »unabänderlichen« Parteiprogramms zu rechtfertigen. Im April 1928 gab er bekannt, der Artikel 17, in dem von der Enteignung privaten Grund und Bodens die Rede war, beziehe sich nur auf jüdisches Eigentum. Diese Klarstellung kam zu spät, um das Gesamtergebnis der Wahl von 1928 noch zu beeinflussen, aber in einigen ländlichen Wahlkreisen im Nordwesten Deutschlands, wo die Protestbewegung am heftigsten gewesen war, fuhr die NSDAP einen Stimmenanteil von über zehn Prozent ein – insgesamt brachte sie es nur auf zwei Prozent. Damit war eine Wahlkampfstrategie geboren, die sich als sehr erfolgreich erweisen sollte, weil sie geschickt auf die politischen Gegebenheiten und Befindlichkeiten einer kleinstädtischen und dörflichen Wählerschaft abgestimmt war.

Die mittelständischen Handwerker und Geschäftsleute in den industria-

Die Führung der NSDAP war deutlich mittelständischen Herkommens, und nicht wenige der »alten Kämpfer« gehörten dem akademischen Kleinbürgertum an. Göring, der Paladin des Parteiführers und spätere Reichsmarschall, kam aus bürgerlicher Familie und war im Ersten Weltkrieg als Träger des Ordens pour le mérite zum Hauptmann der Kaiserlichen Luftwaffe avanciert. Gregor Strasser hatte Pharmazie, sein Bruder Otto Volkswirtschaft studiert. Robert Ley, der spätere Führer der gleichgeschalteten Einheitsgewerkschaft, war als Chemiker ausgebildet worden. Joseph Goebbels hatte in Heidelberg, wo damals Friedrich Gundolf lehrte, Germanistik und Philosophie studiert und sich als Schriftsteller versucht. Von den Landwirten Himmler und Darré bis hin zu Rust, der Lehrer war, kam noch ein halbes Dutzend weiterer Parteiführer aus dem akademischen

lisierten wie auch in den ländlichen Gebieten Deutschlands gehörten zu den ersten, die die beginnende Depression zu spüren bekamen, Folge einer Verschiebung des wirtschaftlichen Machtgleichgewichts zugunsten von Großindustrie und organisierter Arbeiterschaft und auf Kosten von Landwirtschaft und altem Mittelstand. Eine der Ursachen dieser Entwicklung waren die Rationalisierungsschübe in der deutschen Industrie im Verlauf der zwanziger Jahre, die die ohnehin vorhandene langfristige Tendenz zur Bildung von Großkonzernen und Kartellen noch verstärkten, gegen die mittelständische Unternehmer sich nur schwer behaupten konnten. Gleichzeitig kämpften die Gewerkschaften und die SPD mit Erfolg um höhere Löhne und eine verbesserte staatliche Vorsorge für die Arbeiter. Ein Beispiel hierfür war die neue obligatorische Arbeitslosenversicherung, die Ende 1927 – parallel zur Erhöhung der Gehälter im öffentlichen Dienst – eingeführt wurde. Für die Arbeitgeber bedeutete dies höhere Sozialbeiträge, und dazu gesellten sich auch noch höhere Steuern.

Kleinbürgertum. Es verwunderte schon die Zeitgenossen, daß sie sich alle ohne Zögern dem wirklich von unten kommenden Adolf Hitler unterordneten, und es war dieses Herkommen zwischen Bürgertum und Arbeiterschaft, das zu dem Satz geführt hat, bei der nationalsozialistischen Erhebung habe es sich um eine »Revolution des Plüschsofas« gehandelt. Oswald Spengler sprach verachtungsvoll von der »Organisation der Arbeitslosen durch die Arbeitsscheuen«. Selbst die belächelten Außenseiter der Partei, die Auslandsdeutschen Alfred Rosenberg und Rudolf Hess, kamen aus dem akademisch gebildeten Mittelstand.
Von links nach rechts: Gregor Strasser, Richard Walter Darré, Robert Ley, Hermann Göring. Nächste Seite: Joseph Goebbels und Heinrich Himmler.

Eine unmittelbare Folge der wirschaftlichen Abwärtsentwicklung war die Zersplitterung der Wähler, die zum Mittelstand gehörten, und eine Vervielfachung der Zahl von Interessengruppen. Diese hielten sich jedoch nicht lange, und so waren es schließlich die Nationalsozialisten, die mit ihren verschärften Attacken auf die beim mittelständischen Einzelhandel so verhaßten Kaufhäuser und Konsumgenossenschaften zwischen 1929 und 1933 die politischen Früchte dieser Krisenentwicklung auf dem Land ernteten. Gleichzeitig setzte die Parteiführung alles daran, die der Partei angeschlossenen Standesorganisationen, die Verbände der nationalsozialistischen Juristen, Ärzte oder Lehrer sowie den NS-Studentenbund zu reorganisieren und zusätzliche Verbände dieser Art aufzubauen, alles mit dem Ziel, sich noch stärker im Mittelstand zu verankern.

Auch das Feld der Außenpolitik blieb nicht unbestellt. Hitler versuchte, mit einer aggressiven Kampagne gegen die »Erfüllungspolitik« des deutschen Außenministers Stresemann, die er als Verrat an den nationalen Interessen Deutschlands brandmarkte, sich und seine Partei als *die* Alterna-

tive für »national gesinnte« Menschen aller Schichten zu präsentieren. Im Sommer 1929 unterbreitete eine internationale Expertenkommission unter Vorsitz des amerikanischen Bankiers Owen D. Young einen Vorschlag zur Regelung des Reparationsproblems, in dessen Rahmen Deutschland zu jährlichen Zahlungen in beträchtlicher Höhe verpflichtet werden sollte, und zwar bis zum Jahr 1988, also für weitere sechzig Jahre. Der Young-Plan eröffnete Hitler die Chance, bei den Deutschen noch einmal die ganze Wut aufzurühren über die Niederlage von 1918, die anschließenden Gebietsabtretungen und den berüchtigten Artikel 231 des Versailler Vertrags, der Deutschland die alleinige Schuld am Ersten Weltkrieg zuschrieb und auf den sich die Reparationsforderungen gründeten. Hitler konnte anhand dieses Themas nicht nur den Haß gegen die Siegermächte und das als ihr Erfüllungsgehilfe agierende Weimarer Regime schüren, sondern auch die bereits begonnene Annäherung an andere rechtsnationale Gruppen vorantreiben, Gruppen wie den Stahlhelm, zu dem seit 1926 ein distanziertes Verhältnis bestanden hatte.

Und es eröffneten sich auch noch ganz andere Perspektiven. Im Herbst 1928 war Alfred Hugenberg Vorsitzender der wichtigsten konservativen Partei Deutschlands, der Deutschnationalen Volkspartei (DNVP), geworden. Hugenberg, ein bigotter, ehrgeiziger und herrschsüchtiger Pressezar, der durch die Inflation ein Vermögen verdient und sich ein Medienimperium aufgebaut hatte, das aus einer ganzen Reihe von Zeitungen, einer Nachrichtenagentur und der führenden deutschen Filmgesellschaft UFA bestand, hatte größeres Interesse daran, seine Medien für die Verbreitung seiner reaktionären politischen Ansichten einzusetzen, als mit ihnen Geld zu verdienen. Er hatte sich der Aufgabe verschrieben, die »sozialistische Republik« zu zerstören, die Macht der Gewerkschaften zu brechen und dem Klassenkampf von unten einen Klassenkampf von oben entgegenzusetzen. Für dieses Programm konnte er bei der deutschen Großindustrie hohe Geldsummen lockermachen. Ein nicht unbeträchtlicher Teil der konservativen Mitglieder der DNVP trat aus Protest gegen die Politik Hugenbergs aus der Partei aus, aber das schreckte ihn nicht, ging es ihm doch vor allem darum, Wählermassen zu mobilisieren – und in Hitler glaubte er den Mann gefunden zu haben, der ihm diese Massen zuführen würde.

Hitler nützte die Chance geschickt. Als er mit Hugenberg zusammentraf, zeigte er kein großes Interesse für dessen Vorschlag, eine gemeinsame Kampagne gegen den Young-Plan zu starten. Er wußte, daß, einmal abgesehen von der mit Sicherheit zu erwartenden Opposition des linken Flügels seiner Partei, viele loyale Nationalsozialisten mit Bestürzung auf ein Bündnis zwischen ihrem Führer und einem Mann reagieren würden, von dem bekannt war, daß er nicht nur die Gewerkschaften und die Arbeiterbewegung verabscheute, sondern jeden staatlichen Eingriff auf wirtschaftlichem oder sozialem Gebiet strikt ablehnte. Wenn Hitler auf das Angebot Hugenbergs überhaupt eingehen konnte, dann nur zu seinen eigenen Bedingungen: völlige Handlungsfreiheit für die NSDAP bei der Gestaltung und Durchführung der Kampagne, verbunden mit einem beträchtlichen Anteil an den dafür zur Verfügung stehenden Geldmitteln. Als Hugenberg dies zugestand, fügte Hitler obendrein noch die Bedingung hinzu, daß Gregor Strasser, von allen NS-Größen der bekannteste Vertreter eines antikapitalistischen Kurses, als sein Vertreter im gemeinsamen Finanzausschuß sitzen müsse. Kaum einem der anderen nationalsozialistischen Führer sagte das Geschäft zu, das Hitler ausgehandelt hatte, aber er brachte sie so weit, daß sie bereit waren, abzuwarten, wie die Sache weitergehen würde. Keiner trat zurück oder legte offenen Protest ein.

Am 3. und 4. August 1929 inszenierte Hitler in Nürnberg den bis dahin imposantesten Parteitag der NSDAP; 200 000 Mitglieder und Sympathisanten aus ganz Deutschland strömten herbei, zu deren Transport allein dreißig Sonderzüge eingesetzt wurden, und 60 000 SA-Männer marschierten in einer dreieinhalbstündigen Großparade an ihrem Führer vorbei. Das hinzugewonnene Selbstvertrauen der Nationalsozialisten, das hier bereits zum Ausdruck kam, sollte sich in noch viel stärkerem Maß in der folgenden Propagandakampagne gegen den Young-Plan zeigen. Jahrelang hatte Hitler den Konservativen höhnisch ihre Unfähigkeit vorgehalten, Zugang zur breiten Masse zu finden. Jetzt konnte er, auf einem Niveau, das für seine Partei bis dahin nicht finanzierbar gewesen war, demonstrieren, wie das ging. Alle Reden, die er und seine Gefolgsleute im Verlauf der nächsten sechs Monate hielten, wurden von der Hugenberg-Presse ausführlich und auf den vorderen Seiten gewürdigt. Für Millionen von Deutschen, die bis dahin wenig oder gar nichts von Hitler gehört hatten, wurde er jetzt zu einer vertrauten Figur.

Die Kampagne verfehlte ihr vordergründiges Ziel, die Stimmenmehrheit in einer Volksbefragung, mit der der Reichstag aufgefordert werden sollte, ein »Gesetz gegen die Versklavung des deutschen Volkes«, das hieß gegen den Young-Plan, zu verabschieden. Hugenberg und Hitler kamen nicht einmal in die Nähe einer Mehrheit: Von den mindestens 21 Millionen Ja-Stimmen, die für einen Erfolg des Referendums notwendig gewesen wären, konnten sie keine sechs mobilisieren. Aber die Niederlage Hugenbergs und seiner Kampagne war keineswegs auch eine Niederlage für Hitler. Er brach anschließend sofort mit Hugenberg und den Deutschnationalen und schob die Schuld an dem Fehlschlag ihrer nur halbherzigen Unterstützung zu. Der Umstand, daß sich tatsächlich die Geister der DNVP am Vorgehen Hugenbergs geschieden hatten, verlieh Hitlers Vorwurf Gewicht. Doch das Wichtigste für ihn war, daß er und seine Partei endlich den Durchbruch auf die nationale politische Bühne geschafft hatten. Parallel zu den Wahlergebnissen ging nun auch die Zahl der Mitglieder nach oben: von 100 000 im Oktober 1928 über 150 000 im September 1929 auf 200 000 Mitte 1930.

Bei den Landtags- und Gemeindewahlen des Jahres 1929 fungierte Gregor Strasser als oberster Wahlkampfleiter, und die Gauleiter waren seine Ansprechpartner vor Ort. Im Frühjahr 1930 erwarb die Partei das Palais Barlow in München und taufte es in Braunes Haus um – ein imposantes neues Hauptquartier, das dem rasch anwachsenden Mitarbeiterstab Platz bot. Neben anderen Aufgaben der Zentralverwaltung wurden hier Broschüren, Plakate und Flugblätter für die Parteiarbeit entworfen und sorgfältig ausgearbeitet, ehe sie Hitler und Heß zur Freigabe vorgelegt wurden.

Der Schlüssel zum Erfolg der Nationalsozialisten war jedoch die Erkenntnis, daß zentrale Organisation und Planung nur dann ihre volle Wirkung entfalten konnten, wenn auch vor Ort die entsprechende Organisation vorhanden war und funktionierte. Das bedeutete, daß die Partei bis hinunter in die Kleinstädte und Dörfer Aktivisten brauchte, Leute, die mit den lokalen Verhältnissen vertraut waren und über die Tatkraft und die Mittel verfügten, daraus etwas zu machen. Der Erfolg, den die NSDAP dabei hatte, ein solches Netz gesellschaftlich integrierter und angesehener Vertrauensleute zu knüpfen, erlaubte es ihr, im größten Teil der etlichen tausend Gemeinden und Städte des Deutschen Reichs politisch aktiv zu sein.

Das bekannteste Beispiel für diese Vernetzung vom Zentrum und »flachem Land« ist ein Plan, den der in Argentinien geborene Walther Darré, aus den Ideen Kenstlers, des Gründers und Verlegers der Zeitschrift *Blut und Boden*, schöpfend, im Auftrag der Partei erarbeitete, mit dem Ziel der »Förderung und Verbreitung der aktiven national-revolutionären Bauernbewegung der Nordmark über das Reich«.[40] Nachdem die NSDAP Darré als Berater für landwirtschaftliche Fragen gewonnen hatte, legte er der

Reichsleitung im August 1930 zwei Denkschriften vor; in der ersten verbreitete er sich über die Bedeutung der Landwirtschaft im bevorstehenden Kampf um die Macht in Deutschland, bei der zweiten handelte es sich um den Entwurf eines Planes zum Aufbau einer reichsweiten landwirtschaftlichen Organisation, von Darré »Agrarpolitischer Apparat« genannt.

Zielgruppe dieses Agrarpolitischen Apparats waren namentlich die Bauernverbände. In dem Leitfaden, den er im November 1930 abfaßte, forderte Darré: »Es darf keinen Hof, kein Gut, kein Dorf, keine Genossenschaft, keine landwirtschaftliche Industrie, keinen Landbundkreis, keinen ländlichen Reiterverein usw., usw. geben, wo wir nicht mindestens unsere LVL [Landwirtschaftliche Vertrauensleute] derart maßgeblich hineingebracht haben, daß wir nicht sofort das ganze Leben dieser Gebilde politisch lahmzulegen vermöchten.«[41]

Dieses Ziel war Anfang der dreißiger Jahre weitgehend erreicht, ein Bauernverband nach dem anderen wurde erobert. Darrés Apparat beschränkte seine Propaganda-Aktivitäten allerdings keineswegs auf landwirtschaftliche Fragen; seine drei erfolgreichsten Themen im ländlichen Wahlkampf waren vielmehr der Antisemitismus, der Kampf gegen den Liberalismus und die Weimarer Republik und die Angst vor dem Bolschewismus.

Um dem Mangel an Rednern für lokale Kundgebungen und Versammlungen, namentlich auf dem flachen Land, abzuhelfen, wurde eine von Gauleiter Fritz Reinhardt gegründete Schule in ein Parteiinstitut umgewandelt, in dem anspruchslose Rednerschulungen durchgeführt, ein gewisser Grundstock an Standardansprachen erarbeitet und vorgefertigte Antworten auf häufig gestellte Fragen aus dem Publikum eingeübt wurden. Die so geschulten Redner konnten dann über Land geschickt werden, was ein besseres Mittel zur Verbreitung der nationalsozialistischen Botschaft in den Dörfern war, als wenn man die Bauern zu Veranstaltungen in der nächstgelegenen Stadt eingeladen hätte. Ein NS-Filmdienst schlug so gut ein, besonders auf dem Land, wo der Film noch eine Neuheit war, daß alle lokalen Parteigliederungen die Anweisung erhielten, sich mit Projektoren auszurüsten.

Einen Vorschlag aufgreifend, den Goebbels zwei Jahre zuvor gemacht hatte, entwickelte die Propaganda-Abteilung der Reichsleitung im Dezember 1928 einen Plan für konzentrierte »Propaganda-Aktionen«, die flächendeckend in einem Wahlkreis nach dem anderen durchgeführt werden sollten, und zwar nicht nur in Wahlkampfzeiten, sondern das ganze Jahr hindurch. In einem einzigen Gau sollten diesem Plan zufolge in einem Zeitraum von jeweils sieben bis zehn Tagen siebzig bis zweihundert Veranstaltungen stattfinden. Es sollten motorisierte SA-Paraden organisiert werden, und namhafte Parteiführer, nach Möglichkeit Hitler selbst, bei den größeren Kundgebungen zu den Menschen sprechen. Im Anschluß daran waren in systematischer Folge sogenannte Sprechabende vorgesehen, bei denen Lokalgrößen die auf den Großveranstaltungen angesprochenen Themen vertiefen sollten. Die Auswahl der Veranstaltungsorte und das Erstellen der Zeitpläne für solche »Aktionen« besorgten, die Kenntnisse örtlicher Vertrauensleute heranziehend, Mitarbeiter der Reichsleitung unter Aufsicht von Himmler – der nach wie vor die Propaganda-Abteilung leitete –, Hitler und Heß.

Woher kam das Geld für alle diese Aktivitäten? Der verbreitete Glaube, die Nationalsozialisten seien schon vor der Machtübernahme Hitlers von der deutschen Großindustrie mit hohen Beträgen gefördert worden, hat der historischen Forschung nicht standgehalten. Die Gelder, die deutsche Großunternehmen in den Jahren zwischen 1930 und 1932 für politische Zwecke bereitstellten, gingen weiterhin an die anderen Rechtsparteien, die konservative DVP, die DNVP und, nach der Spaltung der letzteren, an die Volkskonservativen. Das bestätigt die Richtigkeit der Überzeugung, zu der die politische Polizei Preußens damals gelangte: daß die Nazis ihren Finanzbedarf zum größten Teil aus eigener Kraft deckten, hauptsächlich aus einer Vielzahl kleiner Beiträge und Spenden, darunter auch vielen Sachspenden, und daß sie auch sehr viel unbezahlte Arbeit ergebener Parteimitglieder in Anspruch nahm. Die NSDAP verlangte bei ihren zahlreichen Veranstaltungen ein nicht unbeträchtliches Eintrittsgeld von einer bis zwei Mark; eine Großkundgebung, bei der Hitler auftrat, konnte einen Gewinn von mehreren tausend Mark abwerfen. Der Polizeibericht, dem diese Information entnommen ist, enthält die ergänzende Angabe, daß in der betreffenden Region die »alten« Parteien nie mehr als zwanzig- bis dreißigtausend Reichsmark für einen gesamten Wahlkampf ausgaben.[42]

Das bis in den kleinsten Winkel reichende Netz, das die Partei gespannt hatte, ermöglichte nicht nur eine wirkungsvolle Organisation des Wahlkampfs, sondern sorgte in überraschend hohem Maß auch für dessen Finanzierung. Zu den Mitgliedsbeiträgen, die systematisch erhoben und über die Buch geführt wurde, kamen Einkünfte aus Sonderkollekten (zum Beispiel zwei Reichsmark von jedem Parteimitglied als Zuschuß für den Kauf des Braunen Hauses in München), und dazu ließ die Partei sich noch viele andere mehr oder weniger originelle Mittel und Wege der Geldbeschaffung einfallen. Dazu gehörten eine Pflichtversicherung und eine »Sympathisantenkartei« mit den Namen gutsituierter Personen und Firmen, die davor zurückscheuten, der Partei beizutreten, auf deren gelegentliche verdeckte Zuwendungen man sich aber verlassen konnte.

Der Enthusiasmus, der als treibende Kraft hinter diesen Anstrengungen stand, war bemerkenswert. Viele aus dem Kreis der NS-Führer blickten Anfang 1930 schon auf eine sieben- bis zehnjährige Zugehörigkeit zur Bewegung Hitlers zurück; ihr Glaube an ihn hatte nicht nur das Scheitern des Putschversuchs von 1923 überlebt, sondern auch die langen Jahre des Wartens danach, in denen ihre Hoffnung, das Weimarer Regime doch noch stürzen zu können, immer mehr verblaßt war. Auf die Reorganisationsphase in den Jahren von 1926 bis 1928 war der herbe Rückschlag bei der

Es ist umstritten, wann aus dem Führer der NSDAP der »Führer« wurde. Nahezu unbeschränkte Vollmacht, eben das Führerprinzip, hatte er sich schon Ende 1922 geben lassen, und im internen Kreis respektierte man früh seine Vorrangstellung. Aber erst nach der Entlassung aus Landsberg bürgerte sich die Bezeichnung der »Führer« offiziell ein. Der Mann, der schon früh beanspruchte, der Retter Deutschlands zu sein, gab sich jedoch wie der Vorsitzende eines Vereins und um ihn herum saßen scheinbar lauter Schriftführer und Kassenwarte. Aber das war die Gesellschaft, die in wenigen Jahren ganz Deutschland umstürzen sollte.

Reichstagswahl vom Mai 1928 gefolgt, und auch wenn die Kampagne gegen den Young-Plan der Partei erstmals die Chance eröffnet hatte, eine Rolle auf der nationalen politischen Bühne zu spielen, führte doch kein Weg an der Erkenntnis vorbei, daß die Kampagne gescheitert und daß die Perspektive der Machtergreifung wiederum in weite Ferne gerückt war. Manchmal sprach sogar Hitler davon, daß »bis zum Sieg unserer Idee« womöglich noch zwanzig oder mehr Jahre vergehen würden. Und trotz alledem blieb, während bei den Neuzugängen eine gewisse Fluktuation herrschte, der innere Kern der Bewegung loyal und war nach wie vor bereit, für die NSDAP mehr Zeit und Geld zu opfern, als irgendeine andere deutsche Partei es von ihren Getreuen erwartete.

Daß dies so war, gehörte zu den unbestreitbaren Leistungen, die Hitler in den zwanziger Jahren vollbrachte, als seine Führerschaft und der Mythos des von der Vorsehung zur Errettung Deutschlands geschickten Mannes noch nicht im Licht des Erfolges erstrahlten. Seine zweite Leistung in diesen Jahren war der Umbau der Partei, der 1929/30 so weit gediehen war, daß die NSDAP die Chancen, die sich aus dem plötzlichen politischen Klimawechsel zu Anfang der dreißiger Jahre ergaben, unmittelbar nutzen konnte: Sie war in der Lage, den plötzlich einsetzenden Zustrom von Mitgliedern und Wählern, der die optimistischsten Prognosen übertraf, zu bewältigen. Ein solches Instrument geschaffen zu haben, noch bevor die Umstände eintraten, die seinen wirkungsvollen Einsatz möglich machten – und seinen Gefolgsleuten die Notwendigkeit der dafür erforderlichen Vorleistungen begreiflich zu machen –, das war eine Leistung, die weit stärker ins Gewicht fiel als die programmatischen und politischen Kehrtwendungen und Ungereimtheiten der Partei.

Die Erfolge, die die NSDAP bei den anschließenden Wahlen auf Länder- und Gemeindeebene erzielte, waren ein Indiz dafür, daß die Bankrotterklärung des Weimarer Parteiensystems und die ersten Auswirkungen der Weltwirtschaftskrise den von den Nationalsozialisten ersehnten Wandel der äußeren Umstände bereits eingeleitet hatten.

In den acht Jahren zwischen 1920 und 1928 folgten in Deutschland nicht weniger als zwölf unstabile Koalitionsregierungen aufeinander, nachdem die Weimarer Koalition, bestehend aus SPD, DDP und Zentrum, die gemeinsam die parlamentarische Verfassung ausgearbeitet hatten, bei der Reichstagswahl von 1920 ihre Mehrheit eingebüßt hatte. In der zweiten Hälfte dieses Zeitraums amtierten nur noch Mitte-Rechts-Regierungen unter Ausschluß der Sozialdemokratie.

Die deutsche Gesellschaft hatte die in ihrer Mitte heranwachsende sozialistische Arbeiter- und Gewerkschaftsbewegung, die schon im Europa der Zeit vor 1914 ein einzigartiges Phänomen gewesen war, stets als einen Fremdkörper empfunden. Bismarck hatte vergeblich versucht, durch ein von 1878 bis 1890 geltendes Verbot jeglicher sozialdemokratischer Betätigung dieser Bewegung den Garaus zu machen. Die SPD wuchs bis 1912 zur stärksten Partei im Reichstag heran und war die eindeutig tonangebende Kraft in der Sozialistischen Internationale. Ihr Aufstieg war der herrschenden Elite und den Unternehmern, die im politischen Gewicht einer organisierten Arbeiterschaft eine Gefahr für die bestehende Ordnung sahen, ebenso ein Dorn im Auge wie dem Mittelstand, der seine soziale Überlegenheit gegenüber den verachteten Arbeitern gewahrt sehen wollte. Verschärft wurden diese sozialen Ressentiments durch die Ereignisse zwischen 1918 und 1923, zu denen nicht zuletzt die russische Revolution von 1917 den Anstoß gegeben haben dürfte: die großen Streiks im Januar 1918, der Umsturz und die revolutionären Umtriebe der Jahre 1918 bis 1920. Die hierfür verantwortlichen Kräfte wurden zugleich auch für die militärische Niederlage haftbar gemacht sowie für den Untergang der Monarchie und ihren Ersatz durch eine Republik, die den Makel, eine »sozialistische« zu sein, nie ganz abstreifen konnte. Die SPD blieb, auch nach ihrem Ausscheiden aus der Reichsregierung, die führende Kraft in der Koalitionsregierung

Preußens, des größten deutschen Landes. Die deutschen Gewerkschaften waren stark genug, um Sozialgesetze und arbeitsrechtliche Regelungen durchzusetzen, die zu den fortschrittlichsten in Europa gehörten, und bei der Reichstagswahl von 1928 brachten es die »marxistischen« Parteien, nämlich die Sozialdemokraten (29,8 Prozent) und die Kommunisten (10,6 Prozent), zusammen auf einen Stimmenanteil von über vierzig Prozent.

Nach ihrem guten Abschneiden bei dieser Wahl kehrte die SPD in die Reichsregierung zurück, und einer ihrer führenden Männer, Hermann Müller, wurde Reichskanzler. Doch der Versuch, die ursprüngliche Weimarer Koalition – erweitert um Stresemanns DVP – wiederzubeleben, erwies sich bald als problematisch. Die Koalitionspartner der SPD hatten sämtlich Stimmenverluste erlitten und waren beunruhigt über das Erstarken der Linksparteien. Sie reagierten darauf, indem sie nach rechts rückten, während bei den Sozialdemokraten unter dem Druck der erstarkten kommunistischen »Konkurrenz« ein Trend nach links einsetzte, so daß es für die Regierung Müller zunehmend schwieriger wurde, die Koalition zusammenzuhalten und Kompromisse zu finden, besonders nachdem Außenminister Stresemann, der einzige bedeutende Staatsmann, den die Weimarer Republik hervorgebracht hatte, im Oktober 1929 verstorben war.

Doch es sollte für die SPD noch schlimmer kommen. 1928 war das Jahr, in dem die Kommunistische Internationale – mit Sitz in Moskau und unter der Aufsicht Stalins stehend – die Weisung ausgab, der Hauptgegner der Kommunisten in Deutschland (wo über drei Millionen Menschen die KPD gewählt hatten) seien künftig die Sozialdemokraten, die nämlich in Wirklichkeit »Sozialfaschisten« seien. Diese Direktive, die ausschließlich im Interesse der Stalinschen Fraktion in der russischen KP lag und ohne Rücksicht auf die Interessenlage der deutschen Arbeiterschaft oder der KPD selbst ausgegeben wurde (und für beide nachteilige Folgen zeitigte), blieb in Kraft und wurde befolgt, auch nachdem die Weltwirtschaftskrise ausgebrochen war und der Aufstieg der NSDAP zur politischen Macht begonnen hatte, ja selbst noch nach der Machtergreifung Hitlers und der darauf folgenden Zerschlagung der KPD und der SPD. Wie groß der Gewinn war, den die Nationalsozialisten aus dieser Direktive zogen, läßt sich natürlich nicht berechnen, doch besteht kein Zweifel, daß die Feindschaft zwischen den beiden deutschen Arbeiterparteien – die Kommunisten konnten nach einem aggressiv gegen die Sozialdemokratie geführten Wahlkampf ihre Stimmenzahl bei der Reichstagswahl im Juli 1932 auf fünf Millionen steigern – wesentlich dazu beitrug, den Widerstand gegen den politischen Aufstieg des Nazismus zu schwächen und die Kampfmoral der SPD und der Gewerkschaften zu untergraben. Stalin wies alle Versuche, ihn zu einer Änderung seines Kurses zu bewegen, zurück. Falls dieser Kurs zum Untergang der deutschen Demokratie und der gemäßigten sozialistischen Kräfte führen sollte, um so besser: Der offiziellen Komintern-Linie zufolge würde ein Triumph der NSDAP einen Aufstand der deutschen Arbeiterklasse und einen Sieg des Kommunismus in Deutschland nach sich ziehen.

Hitler brauchte nicht lange, um zu erkennen, daß die 1928 einsetzende Phase zunehmender Instabilität und Polarisierung in der deutschen Politik ihm neue Chancen eröffnete. Die Nazis verschärften ihre Attacken auf die SPD und warfen sie in einen Topf mit den Kommunisten als Kräfte des Umsturzes und der Revolution; gleichzeitig klagten die Kommunisten die SPD als Verräterin der Arbeiterklasse an. Was die nichtsozialistischen Parteien betraf, so waren ihre Stimmenverluste ein unmißverständliches Indiz dafür, daß zahlreiche Wähler aus dem Mittelstand, die ihre Stimme bis dahin den Konservativen oder einer der beiden liberalen Parteien (DDP oder DVP) gegeben oder das katholische Zentrum gewählt hatten, der traditionellen Partei ihrer Wahl abtrünnig geworden waren, ohne jedoch eine feste neue politische Heimat gefunden zu haben. Wenn der tiefere Grund hierfür, wie jedermann annahm, ein allgemeiner Rechtsruck in der deutschen Politik war, dann schien klar, daß von den Parteien des antisozialistischen Lagers keine hiervon so profitieren würde wie die NSDAP.

Verschärft wurde die vieldiskutierte »Krise der bürgerlichen Parteien« durch einen weiteren, neu hinzugetretenen Faktor, die Weltwirtschaftskrise. Die Landwirtschaft und die von ihr abhängigen Gewerbezweige und Berufe hatten unter ihren Folgen bereits zu leiden, und im Verlauf des Jahres 1929 griff sie auch auf die übrige Wirtschaft über: Die Zahl der Arbeitslosen, die zwischenzeitlich auf unter 400 000 gesunken war, schnellte hoch und überschritt erstmals die Drei-Millionen-Grenze. Deutschland war besonders anfällig, weil sein wirtschaftlicher Wiederaufbau zu einem beträchtlichen Teil mit Hilfe von Auslandskrediten finanziert worden war, die zumeist eine kurze Laufzeit hatten und jetzt zur Rückzahlung anstanden. Der Rückgang des Welthandels und der allgemeine Kurssturz an der New Yorker Börse im Oktober 1929 zogen einen ähnlich starken Rückgang der Börsenkurse in Deutschland nach sich, außerdem aber, ausgelöst durch Kreditrückforderungen und -restriktionen, eine Lawine von Konkursen, Zwangsversteigerungen und Betriebsschließungen. Bei denen, die bisher mit dem Schrecken davongekommen waren, grassierte die Angst, früher oder später ebenfalls von der Krise eingeholt zu werden.

Denn die Deutschen waren nicht nur wirtschaftlich anfällig, sondern auch psychologisch. Die Wirtschaftskrise war nur das bislang letzte Glied in einer Kette traumatischer Erlebnisse, die begonnen hatte mit den Verlusten im Krieg und der Niederlage von 1918, gefolgt vom Untergang der Monarchie, den in bürgerkriegsähnlichen Kämpfen niedergeschlagenen kommunistischen Aufstandsversuchen, der Inflation und der kaum weniger schmerzhaften Phase der wirtschaftlichen Stabilisierung. Die kurze wirtschaftliche Blütezeit in der Mitte der zwanziger Jahre konnte das tiefsitzende Gefühl der Unsicherheit nicht verscheuchen, das ganz im Gegenteil neue Nahrung erhielt, als der Aufschwung plötzlich einer weiteren Krise Platz machte. Ein verzweifeltes Gefühl der Vergeblichkeit ergriff Menschen aller Schichten. In der Arbeiterschaft ging die Angst vor dem Verlust des

Arbeitsplatzes und vor den Entbehrungen der Arbeitslosigkeit um. Bei großen Teilen des Mittelstands kehrte die Furcht ein, sozial abzurutschen, den Lebensstandard nicht halten, ja den Lebensunterhalt nicht mehr sichern zu können. Die junge Generation rebellierte, weil sie ihre Zukunftschancen schwinden sah. Alle wandten dies gegen die Regierung, gegen die Parteien der Koalition, die sich mit dem Vorwurf konfrontiert sahen, Deutschland diese erneute Katastrophe nicht erspart zu haben und sich nicht einmal darauf einigen zu können, welche Maßnahmen zur Abhilfe ergriffen werden sollten.

Was andere Politiker in Ratlosigkeit stürzte, versetzte Hitler in Euphorie. Nichts hätte seinem apokalyptischen politischen Stil mehr entgegenkommen können als eine allgemeine Katastrophenstimmung, bot sie doch einen guten Nährboden für Schwarzweißmalerei und irrationale Erklärungsmuster. Hitler begriff instinktiv, daß in dem Maße, wie die Krise sich verschärfte, immer mehr Menschen bereit sein würden, einer Stimme Gehör zu schenken, die nicht ein Programm wirtschaftlicher und sozialer Reformen verkündete wie alle anderen, sondern eine geistige Umwälzung, eine nationale Erneuerung. Eine Stimme, die sich an den Stolz der Deutschen auf die geschichtlichen Leistungen ihres Volkes wandte und ihnen die tröstende Botschaft vermittelte, daß Wille und Glaube alle Probleme überwinden könnten.

Die Kommunisten bekämpften das herrschende »System« ebenso rückhaltlos wie die NSDAP und erhoben denselben dogmatischen Anspruch, die Geschichte auf ihrer Seite zu haben. Aber ihr Beharren darauf, der Klassenkampf sei das einzige Fortbewegungsmittel der Geschichte, wirkte auf die meisten Menschen, selbst auf viele Arbeiter, eher abschreckend als anziehend und minderte ihre politische Attraktivität. Hitlers Botschaft dagegen war nicht an eine bestimmte Gesellschaftsklasse gerichtet. Sein Appell richtete sich an die Sehnsucht der Deutschen nach nationaler Einheit, nach einer Volksgemeinschaft, der sich alle Deutschen ohne Ansehen des Standes zugehörig fühlen würden – wobei Hitler zugleich alle Schichten in dem Glauben ließ, eine solche Volksgemeinschaft sei mit der Wahrung bestehender Gruppeninteressen vereinbar. Indem die Nationalsozialisten das Bild einer autoritären Führerfigur propagierten – nicht länger sollten Ausschüsse und Koalitionen das Land regieren – und dies mit einem innovativen, radikalen Stil der Propaganda und der Selbstdarstellung kombinierten, weckten sie Begeisterung bei vielen jungen Menschen und bei allen, die der schäbigen, farblosen politischen Kompromisse der Weimarer Demokratie überdrüssig waren.

Die Wahlen auf Landes- und Gemeindeebene zwischen dem Herbst 1929 und dem Frühjahr 1930 brachten einen merklichen Aufwärtstrend für die Nationalsozialisten, aber noch nicht jenen Durchbruch, auf den Hitler schon so lange wartete. Wie schon 1923, war er auch jetzt überzeugt davon, daß unter den Bedingungen der Wirtschaftskrise die Zeit für ihn arbeiten werde – und daß er jetzt über eine Parteiorganisation verfügte, die für jede Eventualität gerüstet war. Doch wie schnell die Radikalisierung der Wähler, namentlich der Mittelschicht, fortschritt und wie weit sie bereits gediehen war, darüber konnte nur eine Reichstagswahl Aufschluß geben.

Es schien jedoch keinen Grund dafür zu geben, eine solche Wahl anzusetzen. Im März 1930 brach dann jedoch das Koalitionskabinett unter Kanzler Müller nach einem langwierigen Streit über Budgetfragen auseinander. Die SPD scheute sich vor der Mitverantwortung für finanzpolitische Einschnitte, die ihrer Überzeugung nach das System der Arbeitslosenversicherung gefährdet hätten; und da sie fürchtete, im Falle ihrer Zustimmung von den Kommunisten wieder einmal als Verräterin an den Interessen der Arbeiterklasse hingestellt zu werden, zog sie es vor, ihre Vertreter aus der Koalitionsregierung abzuberufen.

Keine andere Parteienkonstellation war in Sicht, die eine von einer Mehrheit im Reichstag getragene Koalitionsregierung hätte stellen können, und so entstand ein politisches Vakuum, das dem Reichspräsidenten Hindenburg die Möglichkeit eröffnete, von seinem Notverordnungsrecht nach Artikel 48 der Weimarer Verfassung Gebrauch zu machen. Er konnte dieses Recht nutzen, um einen Kanzler zu ernennen, der sodann mit Hilfe von Präsidialerlassen, den »Notverordnungen«, anstelle von Gesetzen regieren konnte. Die von Artikel 48 gedeckten Befugnisse waren allerdings nicht unbeschränkt. Zwar brauchte ein vom Präsidenten ernannter Kanzler keine ihn stützende Stimmenmehrheit im Reichstag, aber der Reichstag hatte die Möglichkeit, jederzeit einen Mißtrauensantrag gegen den Kanzler zu stellen, wenn sich eine Mehrheit dafür finden ließ. In einem solchen Fall konnte der Präsident den Reichstag auflösen, und es mußten innerhalb von sechzig Tagen Neuwahlen abgehalten werden. Es gab im Umkreis des Reichspräsidenten einige, die bereits Ausschau nach einer weitergehenden Lösung hielten, nach einer konsequent »präsidialen« Regierungsform ohne verbriefte Mitwirkungsrechte der Parteien und des Reichstags. So sollte es später ja auch kommen, aber bis zur Verabschiedung des Ermächtigungsgesetzes im März 1933 mußte der Reichstag, auch wenn er aus sich heraus keine tragfähige Mehrheit für eine Regierung zustande brachte, ins politische Kalkül einbezogen werden, und sei es nur, weil es in seiner Macht stand, durch ein Mißtrauensvotum Neuwahlen zu erzwingen.

Der von Hindenburg zum Kanzler ernannte Heinrich Brüning, Vorsitzender der Reichstagsfraktion der Zentrumspartei, trat sein Amt in der Hoffnung an, eine ausreichende Zahl von Reichstagsabgeordneten werde zu der Einsicht gelangen, daß trotz der momentanen Handlungsunfähigkeit des Parlaments die Regierungsarbeit weitergehen müsse und daß der Reichstag daher das Instrument des Mißtrauensvotums vorläufig nicht einsetzen werde. Tatsächlich hatte es im März 1930 den Anschein, als habe der Reichspräsident der Weimarer Republik eine Schonfrist oder Atempause verschafft, ein Eindruck, der sich weiter verstärkte, als die Behörden in den größeren deutschen Ländern endlich zu strengeren Maßnahmen gegen die Gewaltpolitik der Kommunisten und der Nationalsozialisten griffen. In Bayern und Preußen wurde die Teilnahme uniformierter Personen – wie etwa der SA-Braunhemden – an Demonstrationen unter Strafe gestellt; Preußen erließ ein Gesetz, das Angehörigen des öffentlichen Dienstes die Mitgliedschaft in einer dieser extremistischen Parteien untersagte, und die Anzahl der Strafverfahren wegen Störung der öffentlichen Ordnung stieg sprunghaft an. Hitler quälte die Sorge, in seiner Partei werde sich, wie 1923, Frustration über das unabsehbar lange Warten auf den Augenblick des Handelns ausbreiten, und sie werde den Biß und den Angriffsschwung verlieren, denen sie ihre Attraktivität größtenteils verdankte.

Die ungeklärten Widersprüche, die nach wie vor vorhanden waren und die Erfolgschancen der Partei schmälern konnten, fanden beispielhaften Ausdruck in der Konfrontation zwischen Hitler und Gregor Strassers jüngerem Bruder Otto. Während Gregor nach München übersiedelte, blieb Otto in Berlin und steuerte als Herausgeber der Zeitung *Berliner Arbeiterzeitung* und den übrigen Publikationen seines Kampfverlags einen selbständigen, radikalen Kurs, der Hitler ärgerte und in Verlegenheit brachte. Als im April 1930 in Sachsen die Gewerkschaften zu einem Streik aufriefen, stellten sich die von Otto Strasser kontrollierten Zeitungen, vor allem der *Sächsische Beobachter*, das offizielle NS-Organ in Sachsen, vorbehaltlos auf ihre Seite. Hitler setzte eine parteiinterne Anordnung durch, derzufolge kein NSDAP-Mitglied sich an dem Streik beteiligen durfte; es gelang ihm jedoch nicht, die Strasserschen Zeitungen auf seine Linie zu zwingen. Am 21. Mai lud er Otto Strasser zu einer Diskussion in sein Berliner Hotel ein.[43] Hitler taktierte gegenüber Strasser mit einer charakteristischen Mixtur aus Appellen, Lockangeboten und Drohungen. Er bot ihm eine Übernahme des Kampfverlags zu großzügigen Bedingungen an, dazu das Amt des NSDAP-Pressechefs für ganz Deutschland. Er appellierte an ihn mit Tränen in den Augen und unter Berufung auf seinen Bruder Gregor, den ehemaligen Frontkämpfer und altgedienten Nationalsozialisten, und er drohte damit, daß er Strasser, falls er sich seinen Anweisungen nicht füge, mitsamt seinen Anhängern aus der Partei jagen und den Mitgliedern der Partei jeden Umgang mit ihm und sogar das Lesen seiner Publikationen verbieten werde.

Die Diskussion begann mit einem Wortwechsel über Rasse und Kunst, doch bald ging man zu politischen Themen über. Hitler äußerte sich kritisch zu einem von Strasser zu verantwortenden Artikel über *Treue und Untreue*, dessen Verfasser eine Unterscheidung getroffen hatte zwischen der Idee, die ewig sei, und dem Führer, der lediglich der vergängliche Diener dieser Idee sei. »Das ist alles bombastischer Unsinn, der am grünen Tisch ausgeheckt ist«, meinte Hitler dazu. »Hier handelt es sich einfach darum, daß Sie jedem Parteigenossen das Recht geben wollen, über die Idee zu entscheiden, sogar darüber zu entscheiden, ob der Führer noch der sogenannten Idee treu ist oder nicht. Das ist schlimmste Demokratie, für die es eben bei uns keinen Platz gibt. Bei uns ist Führer und Idee eins und jeder Parteigenosse hat das zu tun, was der Führer befiehlt... Sie waren doch selbst beim Militär. Sie sehen, wie Ihr Bruder, den ich sehr achte, sich dieser Disziplin unterwirft, auch wenn er nicht immer meiner Meinung ist, und ich frage Sie nun, ob Sie sich dieser Disziplin ebenfalls unterwerfen wollen oder nicht.«

Einige Zeit später kam Strasser auf den, wie er meinte, Kern der Sache zu sprechen: daß Hitler den »von uns gepredigte[n] revolutionäre[n] Sozialismus... im Interesse der Legalität der Partei und der Zusammenarbeit mit der bürgerlichen Rechten (Hugenberg, Stahlhelm usw.) abdrosseln« wolle. Hitler, den dieser Vorwurf ziemlich aus der Fassung brachte, entgegnete wutentbrannt: »Ich bin Sozialist, ganz anders als z.B. der hochvermögende Herr Graf Reventlow. Ich habe als einfacher Arbeiter angefangen. Ich kann heute noch nicht sehen, wenn mein Chauffeur ein anderes Essen hat als ich. Aber was Sie unter Sozialismus verstehen, das ist einfach krasser Marxismus. Sehen Sie, die große Masse der Arbeiter will nichts anderes als Brot und Spiele, die hat gar kein Verständnis für irgendwelche Ideale, und wir werden nie damit rechnen können, die Arbeiter in erheblichem Maße zu gewinnen.«

»Es gibt überhaupt keine anderen Revolutionen als rassische«, fuhr Hitler fort. »Es gibt keine wirtschaftliche, keine politische, keine gesellschaftliche Revolution, sondern es gibt immer nur den Kampf der niederrassischen Unterschicht gegen die herrschende höhere Rasse, und wenn diese höhere Rasse eben ihr Gesetz vergessen hat, dann verliert sie den Kampf.«

Am nachfolgenden Tag wurde die Diskussion in Anwesenheit von Gregor Strasser, Max Amann und Rudolf Heß fortgesetzt. Als Otto Strasser sich zu der Forderung nach Verstaatlichung der Industrie bekannte, versetzte Hitler mit verächtlicher Geste: »Sie führen das System der Demokratie, das auf dem Gebiet der Politik jenen Trümmerhaufen gemacht hat, den wir heute vor uns haben, nunmehr auch in der Wirtschaft ein und zerstören damit die ganze Wirtschaft.« Und als Strasser ihn fragte, wie er, falls er morgen an die Macht käme, mit der Firma Krupp verfahren würde – ob er alles beim alten lassen würde –, antwortete Hitler ohne Zögern. »Aber selbstverständlich. Glauben Sie denn, ich bin so wahnsinnig, die Wirtschaft zu zerstören? Nur wenn die Leute nicht im Interesse der Nation handeln würden, dann würde der Staat eingreifen. Dazu bedarf es aber keiner Enteignung..., sondern das macht der starke Staat.«

Der Streit blieb zunächst folgenlos. Doch dann, Ende Juni, wies Hitler den Gauleiter von Berlin, Goebbels, an, Otto Strasser und seine Anhänger aus der Partei auszuschließen. Nur wenige folgten Strasser. Sein Bruder Gregor zog sich aus der Redaktion der im Kampfverlag erscheinenden Zeitungen zurück und sagte sich von den Anschauungen Otto Strassers los. Otto selbst gründete, nachdem er seinen Bericht über die Auseinandersetzung mit Hitler veröffentlicht hatte, eine »Kampfgemeinschaft Revolutionäre Nationalsozialisten«, auch Schwarze Front genannt. Später verließ er Deutschland und setzte seine Opposition aus dem Exil fort, blieb aber ohne Wirkung.

Kurz nach dem Parteiausschluß Otto Strassers, am 16. Juli 1930, sah Hitler sich der Sorge, er könne den richtigen Zeitpunkt verpassen, durch den amtierenden Kanzler selbst enthoben. Als Brüning ein Paket aus fiskalischen Konsolidierungsmaßnahmen auf dem Weg über präsidiale Notverordnungen in Kraft gesetzt hatte, waren die Oppositionsparteien gegen dieses in ihren Augen verfassungswidrige Vorgehen Sturm gelaufen. Brünings später heftig kritisierte Reaktion hierauf war, die Herausforderung anzunehmen, indem er den Reichspräsidenten zur Auflösung des Reichstags veranlaßte und für den 14. September Neuwahlen ansetzte.

Die Entscheidung erwies sich als verhängnisvoll, ließ sie doch Hitler endlich ins politische Spiel kommen. Er selbst konnte sein Glück kaum fassen. Seine Partei war für eine Wahl weitaus besser gerüstet als jede ihrer Rivalinnen, und das politische Klima war für die Nationalsozialisten so günstig wie seit 1923 nicht mehr. Im Frühjahr 1930 hatte Hitler Goebbels zum Leiter der Propaganda-Abteilung der Reichsleitung gemacht, und die Partei konnte nun in den bis zum Wahltermin verbleibenden sechs Wochen erstmals in reichsweitem Maßstab einen Wahlkampf inszenieren, wie sie ihn auf Landes- und Gemeindeebene bereits mehrfach geprobt hatte. Alle Kräfte wurden darauf gerichtet, dem Publikum das imponierende Bild einer tatkräftigen, selbstbewußten, draufgängerischen, jugendlichen, dynamischen Partei zu präsentieren, die auf »Taten statt Worte« setzte, sich in jeder Beziehung von ihren Wettbewerbern unterschied, die von den NS-Wahlrednern als vorgestrig, überaltert, diskreditiert, in sich zerstritten, kurz als hoffnungslose Fälle verspottet wurden.

Der Ton, den Goebbels in seinem Aufruf zum Wahlkampfauftakt anschlug, erinnerte mehr an einen Zirkusausrufer, der die Menge ins große Zelt zu locken versucht, als an die langatmigen Parteimanifeste, an die die deutschen Wähler gewöhnt waren: »Heraus mit dem Geschmeiß! Reißt ihm die Masken von der Fratze herunter! Packt sie beim Genick, gebt ihnen am 14. September Fußtritte auf die Fettbäuche und fegt sie mit Glanz und Gloria zum Tempel hinaus!«[44]

Der Satiriker Kurt Tucholsky tat Hitler mit dem Ausspruch ab: »Den Mann gibt es gar nicht; er ist nur der Lärm, den er verursacht.« Aber der Lärm war es, der zählte. Der Wahlkampf der NSDAP, im Braunen Haus generalstabsmäßig geplant bis hinunter zu den Plakatentwürfen und zur Formulierung der Parolen, überließ nichts dem Zufall. Wie der *Völkische Beobachter* ankündigte, waren für die letzten vier Wahlkampfwochen insgesamt 34 000 Veranstaltungen geplant. In einem Polizeibericht an das preußische Innenministerium hieß es: »Versammlungen mit einer Besucherzahl von 1 000 bis 5 000 Personen sind in größeren Städten eine tägliche Erscheinung; oft müssen sogar eine oder mehrere Parallelversammlungen stattfinden, weil die vorgesehenen Versammlungslokale die Zahl der Besucher nicht fassen können.«[45]

Hitler selbst sprach zwischen dem 3. August und dem 13. September auf mindestens zwanzig Großveranstaltungen. Ihm zur Seite stand eine Mannschaft von rund hundert Rednern, darunter viele erfahrene Demagogen wie Goebbels und Strasser; dazu kamen noch die zwei- bis dreitausend »Absolventen« der Reinhardtschen Parteirednerschule. Sie dienten dazu, flächendeckend sowohl die ländlichen Wahlkreise als auch die Großstädte mit Wahlreden und Vortragsveranstaltungen zu versorgen, die, und sei es nur wegen ihres Unterhaltungswerts, Publikum in die Säle und Wirtshäuser lockten.

Erstmals sahen sich die Deutschen mit politischen Kampagnen konfrontiert, die für sie in den folgenden Jahren nur allzu alltäglich werden sollten. Die meisten Kommentatoren äußerten sich abfällig darüber. Sie empfanden dergleichen als Klamauk und nahmen nicht ernst, was in ihren Augen nur das Fehlen eines Programms verdeckte. Die optimistischeren Nationalsozialisten rechneten für ihre Partei mit fünfzig, maximal siebzig Sitzen im neuen Reichstag. Das Ergebnis machte deutlich, wie sehr sowohl die Kritiker der Partei als auch ihre Anhänger die Polarisierung unterschätzt hatten, die in die deutsche Politik und Wählerschaft eingezogen war, zum Nutzen beider extremistischen Parteien: Die Kommunisten verbesserten sich auf viereinhalb Millionen Stimmen und 77 Mandate, während die NSDAP nahezu sechseinhalb Millionen Stimmen und 107 Mandate erhielt.

6. Kapitel

Lenins Nachfolger

Stalin 1924–1929

Stalin hatte in den Jahren 1924 bis 1929 das Ziel, sich die Macht zu sichern, ebenso fest im Blick wie Hitler, und wie dieser sah er in der Partei das Werkzeug, um sie zu erobern. Ihre Ausgangspositionen waren jedoch grundverschieden. In Rußland war die Kommunistische Partei bereits im Besitz der Macht, hatte alle Konkurrenten ausgeschaltet und beanspruchte theoretisch das uneingeschränkte Recht, neben dem Staatsapparat auch die Wirtschaft und das gesamte gesellschaftliche Leben des Landes zu kontrollieren – so tief die Kluft zwischen Anspruch und Wirklichkeit in der Praxis auch sein mochte. Hitler und seine Partei würden einige Jahre später in der Lage sein, ähnliche Ansprüche zu erheben, aber in den zwanziger Jahren war Stalin Hitler offenkundig um einen großen Schritt voraus und spielte bereits um wesentlich höhere Einsätze. Allerdings hatte Stalin nicht in jeder Beziehung die besseren Karten.

Während Hitlers Stellung als einzigartiger Führer von allen Mitgliedern der NSDAP anerkannt wurde, durfte Stalin seinen Ehrgeiz nicht offen zeigen und mußte doch gleichzeitig Mittel und Wege finden, alle noch verbliebenen Rivalen auszuschalten. Dies geschah in einem langwierigen und zähen, nach außen hin gleichwohl unsichtbaren Machtkampf, in dem Stalin sich bis zu seinem fünfzigsten Geburtstag im Dezember 1929 nicht sicher sein konnte, daß er als Sieger daraus hervorgehen würde.

Daß dieser Kampf nicht offen geführt wurde, sondern in Form einer Reihe von Kontroversen über die politische Linie der Partei stattfand, kam Stalin in einer Hinsicht gelegen: Er zeigte sich als Meister in der Kunst der Verstellung und der politischen Intrige und erwies sich darin allen anderen Mitgliedern des Politbüros als überlegen. Nie beging er, wie sie es gerne taten, den Fehler, sich von den zur Debatte stehenden Fragen vom eigentlichen Gegenstand seines Interesses – der Eroberung der Macht – ablenken zu lassen, und als Generalsekretär war er in einer besseren Position als irgendein anderer, um sich eine Hausmacht in der Partei aufzubauen. Auf der anderen Seite gehörte es zum wesentlichen Selbstverständnis einer marxistischen Partei, jede anstehende politische Entscheidung im Rahmen des eigenen ideologischen Systems zu treffen und aus ihm heraus zu begründen. Das stellte Stalin vor Schwierigkeiten, weil er in der marxistischen Theorie längst nicht so bewandert war wie viele seiner Rivalen und sich ziemlich schwer tat, wenn es galt, die marxistische Dialektik auf aktuelle Probleme anzuwenden.

Beide Männer legten großen Wert auf eine perfekte Parteiorganisation. Hitler ließ zwar nie einen Zweifel darüber aufkommen, daß er derjenige war, der die letzte Entscheidung in Personalfragen und hinsichtlich der

Aufgabenverteilung traf, zog es aber vor, diese Macht hinter der schützenden Fassade eines unpersönlichen Parteiapparats auszuüben. Auf diese Weise konnte er den Mythos des Führers bewahren, der souverän über allen politischen Auseinandersetzungen in der Bewegung schwebte, für keine Seite Partei ergriff und sein Gewicht nur dann in die Waagschale warf, wenn es darum ging, eine Kontroverse durch ein Machtwort zu beenden.

Als Stalin sich innerhalb seiner Partei dieselbe unumstrittene Führerposition gesichert hatte, die Hitler in der seinen einnahm, förderte auch er einen »Persönlichkeitskult« – das Gegenstück zum »Führer-Mythos« –, der einer Vergötterung nahekam. In den zwanziger Jahren jedoch wäre es für ihn verhängnisvoll gewesen, so etwas auch nur anzudeuten. Die Rolle, die er in dieser Zeit spielte, war die des einfachen, praktisch denkenden Mannes, der dieselbe Sprache sprach wie die Parteiarbeiter aus der Provinz und der für sie auch zu sprechen war. Anstatt seine Macht über die Parteibürokratie im verborgenen auszuüben, personalisierte er sie und ließ keinen Zweifel daran, an wessen Tür die Leute klopfen mußten. Er verkörperte in dieser Rolle die Stimme der Vernunft und der Mäßigung, rückte die Übertreibungen der Extremisten auf beiden Flügeln zurecht und betonte die Notwendigkeit, die Partei zusammenzuhalten.

Die Arena, in der Stalin seinen sechs Jahre dauernden stillen Kampf um die Nachfolge Lenins führte, war die geschlossene Welt der Führungskader der Kommunistischen Partei und der Kommunistischen Internationale. Zu keinem Zeitpunkt zeigten sich die Kontrahenten – weder Stalin noch seine Widersacher – gewillt, die Streitfragen dem russischen Volk oder auch nur seinen Vertretern in den Sowjets vorzulegen.

Die größten in diese Machtkämpfe einbezogenen Gremien waren der Parteitag und die jeweils aus besonderem Anlaß einberufene Parteikonferenz, auf deren Zusammensetzung Stalin im Laufe der Jahre zunehmend mehr Einfluß nehmen konnte. Zwischen dem Tod Lenins 1924 und dem Triumph Stalins Ende 1929 fanden je drei Parteitage und Parteikonferenzen statt. Den Vierzehnten Parteitag im Dezember 1925, an dem mehr als 600 stimmberechtigte Delegierte teilnahmen, hatte Stalin mehrmals verschieben lassen, so lange, bis er sich einer Mehrheit der Delegierten sicher sein konnte – ein notwendiger Akt der Vorsorge, wenn man vor die Körperschaft treten mußte, die das entscheidende letzte Wort hatte.

Offenere Auseinandersetzungen über strittige Fragen der Politik und der Macht wurden jedoch hauptsächlich in zwei anderen Gremien ausgefochten: im Politbüro mit seinen sieben, später neun Vollmitgliedern und seinen vier bis acht Kandidaten, wo die Kontrahenten sich von Angesicht zu Angesicht gegenübersaßen, und im Plenum des Zentralkomitees. Lenin hatte in demselben Beitrag, in dem er die personelle Aufstockung des Zentralkomitees und der Zentralen Kontrollkommission vorgeschlagen hatte, auch die Empfehlung ausgesprochen, beide sollten mehrmals im Jahr gemeinsam tagen, um dann gleichsam als eine institutionalisierte Parteikonferenz fungieren zu können. Angesichts der Tatsache, daß das Zentralkomitee zwischen 1924 und 1928 einschließlich der Kandidaten von 85 auf 121 Mitglieder anwuchs, lief die Empfehlung Lenins darauf hinaus, daß das gemeinsame Plenum zwischen 250 und 300 Köpfe umfaßte, die die Führungselite der Kommunistischen Partei darstellten.

In einem solchen Forum, in dem nach den Debatten abgestimmt wurde, war für theatralische Auftritte nach Art Hitlers kein Platz. Was Stalin hier zeigen mußte, war etwas, wozu Hitler aufgrund seines Naturells nicht in der Lage gewesen wäre: die Fähigkeit, sich mit rationalen Argumenten auseinanderzusetzen und das theoretische Einmaleins wenigstens so weit zu beherrschen, daß er mitdiskutieren konnte und imstande war, seine Beiträge mit einem passenden Lenin-Wort oder einem Zitat aus einer früheren Schrift seines momentanen Widersachers zu krönen und so den Vorwurf der Abweichung oder des Opportunismus zu untermauern. Da er seine Grenzen kannte, gewöhnte er sich einen einfachen, schmucklosen Redestil an. Gleichzeitig nutzte er seine Stellung als Generalsekretär, um die Auswahl der Delegierten und die zeitlichen Abläufe auf eine für seine Widersacher möglichst nachteilige Weise zu steuern.

Während Hitler mit seinen Übertreibungen an die Gefühle seiner Zuhörer appellierte, erkennt man bei einer typischen Stalin-Rede aus dieser Zeit durchaus eine logische, dem orthodoxen marxistischen Muster folgende Argumentationslinie; entsprechend langweilig liest sich eine solche Rede, es sei denn, man verfügt, wie seine Zuhörer es zweifellos taten, über den »Schlüssel« zu den in den Text eingebauten Anspielungen. Nirgendwo zeigt sich Stalins Schläue deutlicher als in seinem bewußten Verzicht auf jeden Anspruch, selbst ein schöpferischer marxistischer Theoretiker zu sein, und in der scheinbaren Bescheidenheit, mit der er sich zum bloßen Interpreten und Epigonen Lenins stilisierte. Als er im Lauf der Jahre mehr rhetorische Sicherheit vor großem Publikum gewann und sich als Redner entsprechend mehr zutraute, machte seine Bescheidenheit zunehmend einer bedrohlicheren Note Platz.

Es ist oft gesagt worden, die anderen Mitglieder des Politbüros hätten, als sie Stalin zum Generalsekretär wählten, nicht erkannt, welche Macht sie ihm damit in die Hände spielten, Macht, die er dann nutzte, um sich selbst unangreifbar zu machen. Sie erkannten darüber hinaus aber auch nicht, wie sehr sich die Rolle und der Charakter der Partei im Vergleich zu der Zeit vor der Revolution verändert hatte und noch weiter verändern mußte.

Eine Veränderung betraf die Größe. Lenin hatte noch durchgesetzt, daß die Partei sich von vielen trennte, die im Verlauf des Bürgerkriegs zu ihr gestoßen waren. Das brachte einen Rückgang von 567 000 auf 350 000 Mitglieder Ende 1923, eine zu kleine Zahl, gemessen an der Größe der Aufgaben, die sich in einem so riesigen und zugleich rückständigen Land wie Rußland nunmehr stellten. Das sogenannte Lenin-Aufgebot, das die Partei

1924 im Gedenken an ihren verstorbenen Führer proklamierte, bildete den Auftakt zu einer Rekrutierungskampagne, in deren Verlauf sich die Zahl der Parteimitglieder, inklusive der Kandidaten, binnen zwei Jahren auf über eine Million erhöhte, eine Entwicklung, die anhielt, bis Anfang 1933 eine Mitgliederzahl von dreieinhalb Millionen erreicht war.

Schlüsselt man die Parteimitglieder nach ihrer sozialen Herkunft auf, so ergibt sich, daß die Bauern, die die überwältigende Mehrheit der sowjetischen Bevölkerung stellten, in der Partei stark unterrepräsentiert waren: Ihr Anteil lag in den Jahren von 1924 bis 1926 bei durchschnittlich 27 Prozent und sank in der Periode 1927 bis 1929 auf durchschnittlich 21 Prozent ab. Die entsprechenden Prozentzahlen für Parteimitglieder aus der Arbeiterschaft lauteten 52 Prozent (für 1924/26) und 58 Prozent (für 1927/29). Legt man nicht die Herkunft, sondern den gegenwärtigen Beruf zugrunde, so ergibt sich ein noch unausgewogeneres Bild. Am 1. Januar 1928 beispielsweise setzte sich die Partei aus folgenden Berufsgruppen zusammen: Aktive Soldaten der Roten Armee stellten 6,3 Prozent, Industriearbeiter (Lohnempfänger) 35,2 Prozent, in der Landwirtschaft beschäftigte Tagelöhner 1,2 Prozent und bessergestellte Bauern (darunter auch viele, die Tagelöhner beschäftigten) 9,2 Prozent der Parteimitglieder; 38,3 Prozent waren Parteifunktionäre (einschließlich der nebenamtlichen) und die restlichen 9,8 Prozent Angestellte. Die Zahl der Kommunisten auf dem Land lag 1927 nur bei knapp über 300 000, und das bei einer bäuerlichen Gesamtbevölkerung von über 120 Millionen; die meisten von ihnen waren darüber hinaus noch nicht einmal Bauern, sondern besoldete Parteifunktionäre. Anders als für die Nationalsozialisten war es für die sowjetischen Kommunisten von Anfang an ein ganz großes Problem, wirklichen Kontakt zu den Bauern zu gewinnen.

Die neuen Parteimitglieder zeichneten sich durch drei Attribute aus: durch ihre Jugend, ihre Unerfahrenheit und ihren niedrigen Bildungsstand. Über eine abgeschlossene Hochschulbildung verfügte 1927 nicht einmal ein Prozent der Parteimitglieder, eine weiterführende Schule hatten knapp acht Prozent besucht. Nach Einschätzung von Leonhard Schapiro bescherte das Lenin-Aufgebot dem Sekretariat »eine Masse formbarer Rekruten, als Gegengewicht zu den widerborstigen älteren Kommunisten«.[1] Dabei wäre es falsch, sich die Parteiführer selbst als alte Männer vorzustellen. Von den 121 Angehörigen des im Dezember 1927 gewählten Zentralkomitees, dem die meisten der Männer angehörten, die in der Ära Stalin die Sowjetunion regieren sollten, war fast jeder zweite jünger als vierzig, und drei Viertel waren noch keine fünfundvierzig Jahre alt. Die sogenannten Illegalen, also diejenigen, die vor 1917 in die Partei eingetreten waren, zählten nur 8 500 Köpfe; sie und die Bürgerkriegsveteranen dominierten zwar 1927 noch in den höheren Rängen der Partei, aber an der Basis war das Verhältnis umgekehrt: Über sechzig Prozent der Sekretäre auf der untersten Ebene der Parteiorganisation waren nach 1921 in die Partei eingetreten.

Bedeutsamer noch als der Altersunterschied war der unterschiedliche Erfahrungshorizont. Die Tradition der innerparteilichen Demokratie, die ideologischen und theoretischen Fragen, die den Revolutionären der älteren Generation, besonders denjenigen, die als Emigranten im Ausland gelebt und westeuropäische Ideen in sich aufgenommen hatten, so wichtig gewesen waren, bedeuteten den Neulingen wenig, von denen viele im Bürgerkrieg eine rauhe Lehrzeit durchgemacht hatten. Sie waren nur zu gern bereit, ihren Schulungsleitern Glauben zu schenken, wenn diese ihnen sagten, daß es die heilige Pflicht des einfachen Parteimitglieds sei, die Führung in ihrer grandiosen Aufgabe zu unterstützen, Rußland in einen modernen sozialistischen Staat zu verwandeln, und daß sie dafür mit gewissen Privilegien sowie mit der Aussicht auf weiteren Aufstieg entschädigt würden. Alles, was sie verlangten, war, daß man ihnen sagte, was sie tun sollten, und in Stalin sahen sie den Mann, der ihnen dies in einer Sprache, die sie verstanden, erklären würde. Molotow brachte die Lage auf den Begriff, als er den Delegierten des Parteitags von 1924 sagte: »Die zukünftige Entwicklung der Partei wird zweifellos auf diesem Lenin-Aufgebot ruhen.«

Was die Stellung Stalins so stark machte, war die Tatsache, daß die Konzentration der Macht, die »objektiv« aus der Notwendigkeit einer Stärkung der Parteiorganisation folgte, mit seinen persönlichen Interessen zusammenfiel. Denen, die mit guten Gründen behaupteten, der Generalsekretär benutze den Parteiapparat, um seine eigene Macht auszubauen, konnte Stalin mit ebenso guten Gründen entgegenhalten, er führe nur aus, was Lenin gefordert habe. Welche Alternative gäbe es denn, wenn die von der Führung gefaßten Beschlüsse an der Basis umgesetzt werden sollten?

In Stalins Macht stand es nicht nur, Funktionsträger innerhalb der Hierarchie zu befördern oder zu degradieren, sondern auch Widersacher auszuschalten, indem er ihre Versetzung vorschlug – entweder auf einen Diplomatenposten im Ausland oder aber in amtlicher Mission in entlegenere Gegenden Sibiriens oder Zentralasiens. 1926 erstreckte sich diese Macht des Generalsekretärs bereits auf sämtliche 5 500 Spitzenfunktionäre der Partei, deren Ernennung den zentralen Leitungsgremien vorbehalten war, also auf die Gruppe, auf die sich die Bezeichnung *Nomenklatura* ursprünglich ausschließlich bezog. Die wichtigsten unter diesen Funktionären waren die Parteisekretäre, besonders die auf der regionalen Ebene (*obkom* und *kraikom*) angesiedelten, die so etwas wie kommunistische Statthalter waren und über ihren eigenen Apparat herrschten, ein Netz von Basiszellen, auf das das Zentrum sich verlassen mußte, wenn es seine Politik in die Tat umsetzen wollte. Da aber die Karrierechancen aller übrigen Funktionäre – 1925 rund 20 000 an der Zahl – von der Gunst der von der Zentrale ernannten abhing, fiel es Stalin nicht schwer, seinen Einfluß auch auf den unteren Ebenen der Hierarchie zur Geltung zu bringen.

Die Auswahl der Delegierten für die Parteitage fand auf regionaler Ebene statt, und so überrascht es nicht allzusehr, daß der Anteil der Berufsfunktionäre unter ihnen von 25 Prozent auf dem Zehnten Parteitag 1921 auf 55 Prozent auf dem Zwölften im Jahr 1923, 65 Prozent auf dem Dreizehnten im Jahr 1924 und 70 Prozent auf dem Vierzehnten im Jahr 1925 anstieg.

Die von Lenin unterbreiteten Vorschläge zur Erweiterung des Zentralkomitees und der Zentralen Kontrollkommission taten der Macht des Generalsekretärs nicht nur keinen Abbruch, sondern stärkten sie sogar. Die Aufnahme einer größeren Zahl »lokaler Parteiarbeiter«, von der Lenin sich so viel versprochen hatte, bedeutete in der Praxis, wie Stalin von Anfang an erkannt hatte, daß noch mehr Parteifunktionäre die Gremien bevölkerten.

Von nun an war der wichtigste Karriereschritt, den ein ehrgeiziger Parteifunktionär tun konnte, die Wahl zum Kandidaten (und später Mitglied) des Zentralkomitees, denn in dieser Funktion saß er Seite an Seite mit den ranghöchsten Parteiführern, einschließlich der Politbüro-Mitglieder. Diejenigen, die es so weit brachten, konnten nicht im Zweifel darüber sein, wem sie ihre Karriere zu verdanken hatten und was von ihnen erwartet wurde, falls sie noch weiter aufzusteigen wünschten. In den späteren Phasen des Machtkampfes mußten Veteranen der Revolution, wenn sie an dem althergebrachten Recht festzuhalten versuchten, im Zentralkomitee oder auf einem Parteitag kritische Fragen zur Politik der Partei zu stellen oder Debatten darüber herbeizuführen, immer öfter die Erfahrung machen, daß sie unterbrochen und niedergeschrien wurden von einer Zuhörerschaft, die in wachsendem Maße aus hauptberuflichen Parteifunktionären bestand. Man wußte genau, was der Generalsekretär erwartete.

Hätten die sechs anderen Mitglieder des Politbüros – oder auch nur vier von ihnen – sich zusammengetan, um Stalin am Aufbau einer zu starken Hausmacht zu hindern, es wäre ihnen, wie man mit guten Gründen vermuten kann, gelungen, zumindest wenn sie es gleich im ersten Jahr nach dem Tode Lenins versucht hätten. Eine gute Gelegenheit dazu bot sich auf der Sitzung des Zentralkomitees am 22. Mai 1924, kurz vor Beginn des Dreizehnten Parteitages. Nadeschda Krupskaja, Lenins Witwe, drängte darauf, daß der Text von Lenins Testament, einschließlich des Nachtrags, in dem er die Abberufung Stalins als Generalsekretär empfohlen hatte, dem Parteitag vorgelegt würde – dies sei, so erklärte sie mehrmals, der ausdrückliche Wunsch des Verstorbenen gewesen. Man kann natürlich nicht sagen, wie die Dinge sich entwickelt hätten, wenn es so gekommen wäre; aber immerhin war Lenin erst seit vier Monaten tot, und sein Ansehen immer noch gewaltig. Stalin muß jedenfalls das Gefühl gehabt haben, daß seine Zukunft auf dem Spiel stand.

Boris Baschanow, der von 1923 bis 1925 Mitarbeiter des Sekretariats war und der betreffenden Sitzung des Zentralkomitees beiwohnte, erinnerte sich später, daß Stalin, während das Testament vorgelesen wurde, »an der Kante des niedrigen Podiums saß ...[und] aus dem Fenster starrte, mit dem zur Schau gestellten Gleichmut eines Mannes, den innere Ängste plagten.

Er wirkte in jeder Hinsicht so, als wisse er, daß sich gerade sein Schicksal entschied – was bei Stalin ungewöhnlich war, denn normalerweise verstand er es, seine Gefühle zu verbergen. Und er hatte allen Grund, um seine Zukunft zu fürchten, denn angesichts der Ehrfurcht, mit der alles behandelt wurde, was Lenin gesagt und getan hatte, konnte man da annehmen, daß das Zentralkomitee es wagen würde, Lenins feierliche Warnung in den Wind zu schlagen und den Generalsekretär auf seinem Posten zu belassen?«[2]

Gerettet wurde Stalin durch das Eingreifen Sinowjews und Kamenews, die der Meinung waren, der einzige, der von einer Veröffentlichung der letzten Ratschlüsse Lenins profitieren würde, wäre Trotzki. Stalin hatte sich damit einverstanden erklärt, daß Sinowjew das Hauptreferat auf dem Parteitag halten würde; nun revanchierte Sinowjew sich damit, daß er dem Zentralkomitee versicherte, die Befürchtungen Lenins hinsichtlich Stalins hätten sich glücklicherweise als unbegründet erwiesen, und anschließend beschwor Kamenew das ZK, Stalin auf seinem Posten als Generalsekretär zu belassen. Trotzki brachte seine Verachtung gegenüber dieser Scharade durch Mienenspiel und Gebärden zum Ausdruck, sagte aber nichts. Das ZK beschloß, das Testament Lenins den Delegationsleitern in geschlossener Sitzung vertraulich vorzulegen, es aber nicht auf dem Parteitagsplenum verlesen zu lassen. Ansonsten wurde nichts unternommen, und weder Lenins Brief noch die Protokolle der vertraulichen Sitzungen wurden in die Parteitags-Dokumentation aufgenommen.

Sinowjew und Kamenew waren nicht die einzigen Politbüro-Mitglieder, die den Fehler begingen, im Wettbewerb um die Macht andere als Rivalen ernster zu nehmen als Stalin. So lehnte Trotzki es ab, sich mit Sinowjew und Kamenew zu verbünden, als diese zu Opfern Stalinscher Winkelzüge wurden. Erst im Frühjahr 1926 verbündeten die drei sich gegen Stalin, nur um feststellen zu müssen, daß Bucharin, Rykow und Tomski es für wichtiger hielten, Stalin zum Sieg über sie zu verhelfen, als sich selbst davor zu bewahren, seine nächsten Opfer zu werden. In den sechs Jahren zwischen Lenins testamentarischer Empfehlung, den Generalsekretär abzuberufen, und seinem endgültigen Triumph sah sich Stalin niemals einer einheitlichen Front von Gegnern gegenüber.

Daß Stalin von seinen Widersachern beständig unterschätzt wurde, lag unter anderem daran, daß er es mit Erfolg verstand, das wahre Ausmaß seines Ehrgeizes zu verschleiern. Baschanow schrieb in seinen Erinnerungen: »Stalin vertraut keinem Menschen seine innersten Gedanken an. Höchst selten teilt er selbst seiner nächsten Umgebung seine Ideen und Eindrücke mit. Er besitzt im hohen Grade die Gabe, zu schweigen, und steht damit gewiß einzig da in einem Lande, wo ein jeder viel zuviel redet.«[3] Baschanow fährt fort mit einer Beschreibung von Stalins Verhalten bei Sitzungen des Politbüros und des Zentralkomitees, bei denen Stalin nie den Vorsitz führte: »Er rauchte seine Pfeife und sagte sehr wenig. Immer wieder stand er auf und wanderte im Konferenzzimmer auf und ab, obwohl wir in die Sitzung vertieft waren. Manchmal blieb er genau vor einem, der gerade sprach, stehen, beobachtete ihn und lauschte seinen Argumenten, ohne dabei je mit dem Paffen der Pfeife aufzuhören ... Er war schlau genug, nie etwas zu sagen, bevor nicht alle anderen ihre Argumente voll ausgebreitet hatten. Er saß da und verfolgte, welche Richtung die Debatte nahm. Wenn alle gesprochen hatten, ergriff er das Wort: ›Also, Genossen, ich denke, die Lösung dieses Problems wird so und so aussehen‹ – und dann wiederholte er die Auffassungen, zu denen die Mehrheit tendiert hatte.«[4]

Damit unterstrich Stalin den Eindruck, den er bewußt kultivierte, nämlich daß er eine Integrationsfigur sei, ein Gemäßigter, der weder zur Rechten noch zur Linken gehörte. Um dies zu verdeutlichen, skizziert Baschanow das unterschiedliche Verhalten der Mitglieder des Triumvirats gegenüber Trotzki bei Sitzungen des Politbüros. Die drei kamen immer als letzte, nach dem Vorgespräch, in dem sie den Verlauf der Sitzung geplant hatten: Sinowjew ignorierte Trotzki, Kamenew nickte ihm zu, und nur Stalin beugte sich über den Tisch und begrüßte ihn mit Händedruck.

In den Jahren nach Lenins Tod spielte Stalin auf Zeit, überließ es den anderen, den ersten Schritt zu tun, und nutzte dann ihre Fehler aus. Selbst als der Konflikt zwischen ihm und seinen Gegnern offen zutage trat, wartete Stalin, den zahlreichen früh geäußerten Drohungen und Warnungen zum Trotz, bis Ende 1927, ehe er den Parteiausschluß Trotzkis und Sinowjews betrieb. In der Endphase, nachdem er die Linksopposition vernichtet hatte und sich Bucharin und der Rechten zuwandte, achtete er sorgfältig darauf, den Konflikt nicht über den inneren Kreis hinausdringen zu lassen, bis er nach mehr als einem Jahr sicher war, Bucharin isoliert zu haben; erst dann ging er öffentlich gegen ihn vor. Die Ausdauer Stalins war phänomenal; dasselbe galt in dieser Phase für seine Geduld und seine Vorsicht.

Eine weitere zeitgenössische Schilderung der Person Stalins stammt von Ruth Fischer, einer Führerin der KPD, die im Januar 1924 nach Moskau beordert wurde, um dort an Gesprächen zwischen deutschen und russischen Kommunisten teilzunehmen, in denen man darüber beriet, welche Lehren aus dem gescheiterten Umsturzversuch in Deutschland im Herbst des Vorjahres zu ziehen seien. Da Stalin dem Komintern-Präsidium nicht angehörte und in die Gespräche nicht formell einbezogen war, kam es für die deutschen Besucher überraschend, daß Fischer und Maslow, die Wortführer des linken KPD-Flügels, auf seinen Wunsch zu mehreren persönlichen Unterredungen mit ihm eingeladen wurden. Die beiden Deutschen waren »verblüfft«, wie gut Stalin »über alle Einzelheiten der deutschen Parteiorganisation« und über die Fraktionskämpfe dort informiert war.

Weit weniger Interesse zeigte er für die eigentlich politischen Fragen, und Ruth Fischer nahm mit Beunruhigung zur Kenntnis, wie sehr sich das gesamte Denken dieses Mannes um die Frage drehte, »wie man die Macht in der Partei behauptet«. »Seine Gespräche über Organisation und Gruppierungen waren nie zufällig, sondern bezogen sich auf eine unmittelbare Vorstellung davon, wie man sie vom Gesichtspunkt der Macht am besten anlegt.«[5] »Er habe versucht, erklärte er, die Uneinigkeit in der russischen Partei, die von der Trotzki-Krise herrührte, zu überwinden und wieder eine eiserne Garde von Führern zu schaffen, die wortlos und ohne Thesen zusammenwirkt, gebunden durch die unerschütterliche Notwendigkeit der Selbstbehauptung. Wir würden bald nach Deutschland zurückkehren, und er wollte herausfinden, ob wir zuverlässig genug waren, um in diese innerste Gruppe aufgenommen zu werden.«[6]

Einmal lud Stalin die beiden Deutschen zu einem informellen Besuch in seine Wohnung im Kreml ein. Sie wunderten sich über die Bescheidenheit seines Domizils, eines eingeschossigen Häuschens mit zwei Zimmern im ehemaligen Dienstbotenflügel des Kreml, das »in einem schäbigen kleinbürgerlichen Stil möbliert war«. Hier lebte der Mann, der »Parteistellungen und Staatsstellungen zu vergeben [hatte], einflußreiche Aufträge in Rußland und im Ausland, ›verantwortliche Parteiaufgaben‹, die oft mit bedeutenden materiellen Vorteilen verknüpft waren wie Wohnungen, Automobilen, Landhäusern, spezieller ärztlicher Versorgung, Stellungen für Familienmitglieder«.[7]

Stalins bescheidene Lebensführung war keine Pose. Er war an der Substanz der Macht interessiert, nicht an ihren Beigaben. Dies wird von Baschanow und anderen Gewährsleuten bestätigt: »Dieser Politiker aus Leidenschaft hat keine anderen Laster. Er liebt weder das Geld noch das Vergnügen, weder den Sport noch die Frauen. Frauen, mit Ausnahme seiner eigenen, existieren für ihn nicht.«[8]

1919, während des Bürgerkriegs, hatte Stalin zum zweiten Mal geheiratet. Seine Frau, Nadeschda Allilujewa, zweiundzwanzig Jahre jünger als er, war die Tochter des Eisenbahners Sergej Allilujew, den Stalin aus Tifliser Tagen kannte und der ihn nach seiner Rückkehr nach Petrograd 1917 bei sich aufgenommen hatte. Nadeschda war in einem Elternhaus aufgewachsen, das sich mit Leib und Seele der Revolution verschrieben hatte; sie hatte im Sekretariat Lenins gearbeitet und blieb auch nach der Heirat berufstätig. Aber sie erwies sich als gute Hausfrau, gebar zwei Kinder, Wasili und Swetlana, und fungierte als Dame des Hauses im Landsitz der Familie, dem 35 Kilometer von Moskau entfernten Zubalowo, einem Anwesen, das vor der Revolution einem Ölmagnaten gehört hatte. Stalin ließ die Gebäude herrichten und pflegen, und Swetlana verbrachte glückliche Tage dort, an die sie später wehmütig zurückdachte. Zubalowo war immer voller Gäste, denn Stalin hatte die Angewohnheit, seine engsten Mitarbeiter und ihre Familien zu längeren Besuchen einzuladen: die Ordschonikidses, die Bucharins und Sergej Kirow. Mit anderen Freunden, etwa den Molotows, den Woroschilows und den Mikojans, reisten die Stalins zur Sommerfrische an die Schwarzmeerküste. Diese Lebensweise war nicht die des Proletariats, sondern eher von solider Bürgerlichkeit: zurückgezogen, leger und häuslich, ohne auffälliges oder extravagantes Gehabe, ohne Skandale.

In der zweiten Hälfte der zwanziger Jahre setzte Stalin seinen Kurs auch innerhalb des Zentralkomitees durch. Nachdem mit Trotzki die »Linken« erst entmachtet, dann ausgeschaltet worden waren, drängte er 1928 auch die sogenannte »Rechtsopposition« an den Rand; damals wurden Bucharin, seit Jahren Mitglied des Politbüros und Chefredakteur der »Prawda«, und Rykow, lange Jahre als Vorsitzender des Rates der Volkskommissare zur Führungsgruppe gehörend, endgültig ausgeschaltet. Stalin schwang sich zum absoluten Herrscher auf, dem in den dreißiger Jahren kaum jemand noch zu widersprechen wagte. Das Photo zeigt ihn 1926 in Tiflis mit Mikojan, dem Volkskommissar für Handel und Ernährung, bei der Besichtigung einer Waggonfabrik.

Eine Schwierigkeit für jeden, der es unternimmt, über den Stalin der zwanziger Jahre zu schreiben, ist die, daß man sich entscheiden muß, inwieweit man seine damalige Persönlichkeit im Licht der Charakterzüge beurteilen will oder muß, die er in den späten dreißiger Jahren, auf dem Höhepunkt seiner Macht, an den Tag legte. Etliche seiner Zeitgenossen sahen in ihm schon früh einen rauhbeinigen, schlauen, hinterlistigen und skrupellosen Politiker, und diejenigen, die eng mit ihm zusammenarbeiteten, kannten seine Neigung zu Wutausbrüchen und sein Mißtrauen und hüteten sich, beides zu provozieren. Aber die Revolution ist ein hartes Geschäft, und was auf Stalin zutraf, ließe sich sicher über viele historische Figuren sagen, die sich dann aber keineswegs als Ungeheuer entpuppten wie Stalin, der seinem Volk Leiden und Tod in einem Ausmaß beschert hat, für das es in der Geschichte keine Parallele gibt. Im Rückblick liegt die Kontinuität natürlich offen zutage, aber wenn jene bestialischen Anlagen in den zwanziger Jahren schon vorhanden waren, dann so verborgen, daß niemand sie erkannte, da Stalin selbst nie etwas von sich gab, das sich als Vorzeichen des Kommenden hätte deuten lassen.

Daß sich die Verwandlung Stalins in ein Ungeheuer erst später vollzog, ist eine unbeweisbare Hypothese. Dennoch erscheint sie aus mehreren Gründen einleuchtender als die Gegenthese vom »versteckten Monster«. So steht beispielsweise fest, daß die innerparteilichen Fraktionskämpfe der zwanziger Jahre, so heftig sie auch waren, noch immer in ziemlich zivilisierten Formen abliefen. Bis Ende 1927 wurden sie mehr oder weniger offen vor dem ZK-Plenum und auf den Parteitagen und -konferenzen ausgetragen, wo die Opposition die Möglichkeit hatte, mit der Führung abzurechnen, wo Streitfragen durch Abstimmung entschieden und die Debatten protokolliert und in der Regel anschließend veröffentlicht wurden. Gewiß, das Klima in den Debatten wurde für die Sprecher der Opposition rauher; immer öfter wurden sie durch Zwischenrufe gestört oder niedergeschrien, aber das geschieht auch in vielen demokratischen Parlamenten. Sie taten sich zunehmend schwerer, Mitstreiter innerhalb der Partei zu finden, und selbst noch 1928/29, als der Endkampf zwischen Stalin und der Rechtsopposition hinter verschlossenen Türen stattfand, konnte die Opposition nicht mundtot gemacht, sondern mußte besiegt werden. Ihre Wortführer wurden nicht verhaftet oder gar erschossen; selbst Trotzki wurde »nur« verbannt, nicht festgesetzt oder liquidiert, und die meisten anderen nahm die Partei später wieder auf, wie Sinowjew und Kamenew – Bucharin kehrte sogar in hohe Parteiämter zurück.

Es unterliegt keinem Zweifel, daß Stalin im Verlauf der zwanziger Jahre an Selbstbewußtsein und Statur gewann. Der Stalin, dessen Bild Baschanow überliefert hat, der in den frühen zwanziger Jahren in den Sitzungen des Politbüros mit Bedacht darauf verzichtete, eigene Meinungen zu äußern, war ein anderer als der, der einige Jahre später die Opposition wegen ihres Defätismus heftig kritisierte und auf der Parteikonferenz von

1926 mit seiner Forderung, den »Sozialismus in einem Lande« aufzubauen, die Delegierten begeisterte, oder als der, der im Oktober 1927 im Zentralkomitee Trotzki im frontalen Angriff besiegte. Im gleichen Maß wie sein Selbstvertrauen steigerte sich sein Ehrgeiz. Im Umgang mit der Macht wächst nicht nur das Verlangen nach mehr, sondern auch die Neugier darauf, ihre Grenzen auszuloten. In der Zeit des ersten Fünfjahresplans (1928 bis 1933) mochte in Stalin erstmals der Gedanke an eine epochemachende Rolle in der Geschichte aufkeimen, der Gedanke, daß er zu Höherem berufen war als nur zum Nachlaßverwalter Lenins, eine Vorstellung, die Mitte der zwanziger Jahre noch über seinen psychischen und politischen Horizont gegangen wäre.

In erster Linie ging es Stalin darum, mit der Parteiorganisation ein Instrument aufzubauen, mit dem sich die Einheit der Partei erzwingen ließ; diese Konzeption mußte gegen den Widerstand bestimmter Gruppierungen in der Partei durchgesetzt werden. Einen Vorgeschmack darauf, was Stalin mit diesem Instrument in der Folge anzustellen gedachte, gab er, indem er sich die Parole vom »Sozialismus in einem Lande« zu eigen machte. Nachdem Trotzki und die Linksopposition ausgeschaltet waren, hatte Stalin den Rücken frei, um die Abkehr von der Neuen Ökonomischen Politik vorzubereiten, den Übergang zur Kollektivierung der Landwirtschaft und zur Modernisierung der Industrie nicht in einem allmählichen Prozeß, sondern gleichsam im Sturm, in kürzest möglicher Zeit. Hieraus erwuchs der Rückgriff auf die Methoden des Kriegskommunismus, die Anwendung brutaler Zwangsmittel bis hin zum Terror unter Berufung auf die Rechtfertigungsthese, je näher man der Errichtung des Sozialismus komme, desto heftiger würde der Klassenkampf. Als integraler Bestandteil dieser Konzeption, die keine Ähnlichkeit mehr mit der gemäßigten Politik besaß, die Stalin Mitte der zwanziger Jahre vertreten hatte, kristallisierte sich die Figur des »großen Führers des sowjetischen Volkes« heraus, des Baumeisters der zweiten Revolution, der das von Lenin begonnene, aber nicht vollendete Werk fertigstellte.

Das alles lag 1924 noch in ferner Zukunft. Als Kamenew auf dem Vierzehnten Parteitag Stalin vorwarf, er versuche, sich die alleinige Herrschaft in der Partei zu sichern, wies Stalin dies scharf zurück: »Es ist unmöglich, die Partei anders zu führen als durch ein Kollegium. Es ist unsinnig, nach Iljitsch davon auch nur zu träumen [Beifall], es ist unsinnig, darüber zu reden. Kollegiale Arbeit, kollegiale Leitung, Einheit in der Partei, Einheit in den Organen des ZK, bei Unterordnung der Minderheit unter die Mehrheit – das ist es, was wir jetzt brauchen.«[9]

Der zweite Teil dieser Antwort Stalins ist ebenso aufschlußreich wie der erste. In allen Debatten dieser Jahre tauchten zwei Vorwürfe immer wieder auf. Jede oppositionelle Gruppe, die sich in die Defensive gedrängt und der Niederlage nahe sah, prangerte die zunehmende Bürokratisierung der Partei und die Unterdrückung der innerparteilichen Demokratie an. Die Antwort, die ebenso prompt folgte, war der Vorwurf der Fraktionsbildung, und das galt als das schwerste Verbrechen nach kommunistischem Rechtsempfinden.

Auf dem Zehnten Parteitag im Jahr 1921 hatte Lenin einmal seine Getreuen zu einer informellen Besprechung zusammengerufen, um die Strategie zur Durchsetzung seiner Resolution gegen die »Fraktionsbildung« festzulegen; Stalin hatte die Befürchtung geäußert, der Gruppe um Lenin könne selbst der Vorwurf der »Fraktionsbildung« gemacht werden, worauf Lenin lachend entgegnet hatte: »Was höre ich da von einem alten Erz-Fraktionalisten?... Sie müssen wissen, daß Trotzki lange daran gearbeitet hat, die Anhänger seiner Plattform zusammenzutrommeln, und daß er seine Fraktion wahrscheinlich in diesem Augenblick um sich versammelt hat, während wir hier sitzen und reden. Schljapnikow und Sapronow tun dasselbe. Weshalb sollten wir unsere Augen vor der klaren Tatsache, so unangenehm sie ist, verschließen, daß es in der Partei Fraktionen gibt? Es ist ja gerade die Aufgabe dieser Konferenz der Anhänger der ›Plattform der Zehn‹, Bedingungen zu schaffen, die jede Fraktionsbildung in unserer Partei künftig ausschließen.«[10]

Stalin hatte seine Lektion gelernt. Zu Hilfe gekommen war ihm dabei eine Besonderheit kommunistischer Politik, die aus der Überzeugung resultierte, aus dem Marxismus ließen sich eindeutige und unwiderlegbare Schlüsse nicht nur im Hinblick auf die geschichtliche Entwicklung der Gesellschaft, sondern auch für die Festlegung der Parteilinie ableiten. Wenn dem so war, dann war in der Partei für abweichende Auffassungen kein Platz. Dann kam es darauf an, daß man bei jeder neu auftauchenden Streitfrage der erste war, der die »korrekt« aus der marxistischen Lehre abgeleitete Auffassung präsentierte; von dieser höheren Warte aus konnte man dann allen, die eine abweichende Meinung vertraten, vorhalten, sie betrieben »Fraktionsbildung« und gefährdeten die Einheit der Partei. »Fraktionsbildung« war genau wie »Verrat« per definitionem schlecht und damit zum Scheitern verurteilt. Wenn jedoch jemand eines dieser Verbrechen beging und damit Erfolg hatte – wenn seine »Fraktion« sich durchsetzte oder sein »Verrat« sich bezahlt machte –, dann nannte man die Sache anders und fand sie vollkommen gerechtfertigt.

»Gefährdung der Einheit der Partei«, das war etwas, das alle Parteimitglieder betraf, und dieser Vorwurf wog daher schwerer als der Gegenvorwurf, die innerparteiliche Demokratie werde unterdrückt, denn mit ihm identifizierte sich nur eine Minderheit von Intellektuellen – und auch die, wie die Beispiele Trotzki, Sinowjew und Bucharin zeigen, in den meisten Fällen nur, solange sie kaltgestellt waren und sich in der Opposition befanden. Keiner der Kontrahenten machte je den Versuch, an das Volk zu appellieren, an die Massen, als deren Vertreter sie sich doch fühlten. Alle akzeptierten die Regel, daß sie ihre Meinungsverschiedenheiten, so heftig und schwerwiegend diese auch sein mochten, in der geschlossenen Welt der höheren Parteiorgane austragen mußten.

Nichts hätte für Stalin nützlicher sein können. Daß Männer wie Trotzki, Sinowjew und Bucharin, die ihre Sache in Wort und Schrift wesentlich besser zu vertreten verstanden als Stalin, diese einschränkenden Bedingungen selbst noch akzeptierten, als es um ihr politisches Überleben ging, zeigt, wie sehr sie alle im Bann des bolschewistischen Dogmas standen. Selbst der bloße Versuch, die Parteibasis über die Kontroversen zu unterrichten, wäre mit der Anklage, man wolle die Partei spalten, beantwortet worden, und Bucharin schloß diese Möglichkeit sehr zu seinem eigenen Nachteil von vornherein bewußt aus. Ein noch wirksameres, von allen geteiltes und gleichwohl nur selten ausgesprochenes Motiv war das unterschwellige Gefühl, die Partei gleiche nach wie vor einer belagerten Festung in einem besetzten Land, und damit verband sich die Befürchtung, ein Appell an die Massen könnte dazu führen, daß diese sich wieder des von Anfang an antidemokratischen Charakters der Oktoberrevolution bewußt würden und daß dies der Partei schlecht bekommen könnte.

Das Bestreben, sich auf keinen Fall dem Verdacht einer Fraktionsbildung auszusetzen, hing eng mit einer weiteren Eigenart kommunistischer Politik zusammen, die Stalin berücksichtigen mußte, wenn er seine Rivalen besiegen wollte: der ideologischen Dimension des Kommunismus. Für eine Organisation, die die Einheit von Theorie und Praxis zu einem absoluten Wert erhoben hatte, präsentierte sich die Kommunistische Partei als eine bemerkenswert zerstrittene Gruppierung. So stolz die Marxisten darauf waren, daß ihr Lehrmeister die ehernen Gesetze der gesellschaftlichen Entwicklung entdeckt hatte, so endlos waren ihre Auseinandersetzungen über die korrekte Interpretation und Anwendung derselben, seit der Marxismus in den neunziger Jahren des 19. Jahrhunderts in Rußland aufgetaucht war. Da es per definitionem immer eine – und nur eine – korrekte Auffassung geben mußte, konnten abweichende Auffassungen stets als »Irrtümer« gebrandmarkt werden, die ausgemerzt werden mußten. Fast alle Schriften Lenins waren Polemiken; die Ächtung und das Verbot der Fraktionsbildung allein konnten die scholastische Lust am intellektuellen Streit nicht knebeln.

Der Tod Lenins änderte in dieser Beziehung nichts; seine Erben trugen ihren Kampf um die Macht in einer Reihe von Kontroversen über Probleme aus, mit denen das Regime sich konfrontiert sah, und jedes Lager versuchte, sich mit seiner Auffassung von der »korrekten Parteilinie« durchzusetzen. Das Eigentümliche an diesen Debatten war, daß die Kontrahenten sich zwar auch darum bemühten, ihre Vorschläge als die in pragmatischer Hinsicht besten Problemlösungen darzustellen, daß es aber als noch wichtiger galt zu beweisen, daß sie die im Sinne der marxistischen Ideologie einzig richtigen waren. Wie der Stalinist Lasar Kaganowitsch 1929 erklärte: »In der Politik beginnt der Verrat immer mit einer Revision der Theorie.«

Gerade dieser Aspekt stellte Stalin, den der altgediente Marxismus-Gelehrte Rjasanow, der Direktor des Marx-Engels-Instituts, einmal mit den

Worten verspottet hatte: »Halt ein, Koba, blamiere dich nicht! Jeder weiß, daß die Theorie nicht dein Feld ist!«[11] vor Probleme. Seine Stärken lagen in der Tat in anderen Dingen: in seinem praktischen Verstand, seinem meisterlichen Intrigantentum, vor allem aber in seiner unheimlichen Zielbewußtheit, die ihn dazu antrieb, ständig darüber nachzudenken, wie er Situationen und Personen am besten zu seinen Gunsten steuern und für sein Ziel einspannen könnte: den Aufbau eines unangreifbaren politischen Machtapparats. Wenn ihm das gelang, würde er es schaffen, wie Robert Tukker schreibt, als »Boß« der Partei (ihr *chosjain*) anerkannt zu werden, es würde jedoch nicht ausreichen, damit ihn die Partei als ihren neuen Führer (*woschd*), den legitimen Nachfolger Lenins, akzeptierte. »Um in die Fußstapfen Lenins treten zu können, was mehr war als ein siegreiches Hervorgehen aus dem Machtkampf, mußte Stalin überzeugende Referenzen für die Rolle des unbestrittenen Führers beibringen, und das setzte voraus, daß er sich als politische Autorität ersten Ranges profilieren mußte – beweisen mußte, daß er die Rolle Lenins als des maßgeblichen ideologischen Wortführers der Partei und als marxistischer Denker übernehmen konnte.«[12]

Wie Stalin diese Herausforderung bewältigte, das zeugt von Klugheit. Obwohl er, wie alle Bolschewisten, Marx und Engels zitierte, versuchte er erst gar nicht, sich als marxistischer Gelehrter zu präsentieren oder gar einen originären Beitrag zur Weiterentwicklung der marxistischen Theorie zu leisten, wie etwa Bucharin es getan hatte. Er konzentrierte sich statt dessen darauf, sich die Schriften und Reden Lenins einzuprägen, so daß er sich in ideologischen Debatten behaupten konnte, die oft wie theologische Kontroversen wirkten, weil die Kontrahenten jedes ihrer Argumente mit Zitaten aus den »heiligen Schriften« garnierten.

Als in den Wochen nach dem Tod Lenins eine Vielzahl von Nachrufen und Erinnerungsschriften erschien, wartete Stalin mit etwas anderem auf – einer Vortragsreihe über die »Grundlagen des Leninismus«, die er an der Swerdlow-Universität hielt, einer Kaderhochschule der Partei. Die gesammelten Vorträge erschienen später, unter demselben Titel, auch als Buch. Stalins Rhetorik war über weite Strecken linkisch, sein Schreibstil hölzern. Man konnte ihm mit einigem Recht vorwerfen, er habe sich auf die dogmatischen Elemente im Denken Lenins konzentriert und die lebendigeren und flexibleren unter den Tisch fallenlassen; das Buch krankte, um es mit Trotzki zu sagen, an einer »gewissen ideologischen Versteinerung«. Dennoch legte Stalin damit etwas vor, das die anspruchsvolleren Köpfe in der Partei wohl als unter ihrer schriftstellerischen Würde betrachtet hätten: den ersten kurzen, umfassenden und systematischen Abriß der Ideen Lenins; zusammengefaßt auf weniger als einhundert Seiten, versehen mit zahlreichen Zitaten – eine Fleißarbeit, die unter beträchtlicher (und niemals eingestandener) Mithilfe eines wissenschaftlichen Assistenten entstand, nämlich F. A. Ksenovontow.[13]

Wie gelungen dieser Schachzug war, sieht man an dem Zeitpunkt der

Veröffentlichung und der Tatsache, daß Stalin das Büchlein dem »Lenin-Aufgebot« widmete, der neuen Generation der Parteiarbeiter, deren Bildungsstand niedrig und für die die Schriften Lenins schwer verständlich und verwirrend waren. Diese jungen Leute waren dankbar für die allgemeinverständliche Zusammenfassung, die ihnen hier geboten wurde, zumal die Autorität keines Geringeren als des Generalsekretärs der Partei hinter dieser Schrift stand.

Die Grundlagen des Leninismus fanden nicht nur rasche Verbreitung, sondern verstärkten auch die assoziative Verbindung Lenin-Stalin, die mit dem Beitrag Stalins zur Begründung des Leninkults begonnen hatte. Daß Stalin hier ein seinem eigenen Geschmack entsprechendes Bild Lenins präsentierte, kann nicht überraschen. Das fällt jedoch weniger ins Gewicht als die Tatsache, daß beide sich in einer wichtigen Abweichung von der Marxschen Theorie vollständig einig waren, ohne diese Abweichung jemals als solche zu kennzeichnen, ja vielleicht ohne sie überhaupt zu bemerken. Beide sahen in der Partei, und nicht so sehr in den gesellschaftlichen Kräften oder in der Entwicklung der Produktivkräfte, die eigentlich treibende Kraft der Geschichte. Es war die Partei, die jenes proletarische Klassenbewußtsein erzeugen mußte, das den Arbeitern fehlte. »Die Partei«, schrieb Stalin, »muß den Kampf des Proletariats ... leiten ...; sie muß in die Millionenmassen der unorganisierten parteilosen Arbeiter den Geist der Disziplin ..., den Geist der Organisation und der Ausdauer hineintragen ... Die Partei ist die höchste Form der Klassenorganisation des Proletariats.«[14] In einer anderen Passage erklärte Stalin, der Leninismus sei nichts anderes als der Marxismus, auf den Stand der neuen Zeit gebracht, »der Marxismus der Epoche des Imperialismus und der proletarischen Revolution ... Der Leninismus ist die Theorie und Taktik der proletarischen Revolution im allgemeinen und die Theorie und Taktik der Diktatur des Proletariats im besonderen.« Lenin hätte wohl an keiner dieser Aussagen etwas auszusetzen gehabt, ebensowenig an einer anderen Schlußfolgerung Stalins: »Das Proletariat braucht die Partei nicht nur zur Eroberung der Diktatur, es braucht sie noch notwendiger, um die Diktatur zu behaupten.« Daher die Notwendigkeit »eiserner Disziplin« und »Willenseinheit« und das Verbot der Fraktionsbildung, da diese sowohl die Einheit als auch die Disziplin gefährdet hätte.

Wenn Stalin in Diskussionen seinen Standpunkt mit Lenin-Zitaten zu untermauern suchte, blieb das nicht immer unwidersprochen. Mehr als einmal mußte er in Zusammenstößen mit Trotzki, Sinowjew oder Kamenew schwere Niederlagen hinnehmen, wenn diese ihm etwa nachwiesen, daß er ein Lenin-Argument auf den Kopf gestellt hatte oder mit aus dem Zusammenhang gerissenen Zitaten operierte. Doch Stalin ließ sich durch nichts darin beirren, sich als ideologisches Ziehkind des Parteigründers zu profilieren. Als er nach Argumenten zur Rechtfertigung für seine Lehre vom »Sozialismus in einem Lande« suchte, beharrte er darauf, daß diese Doktrin schon von Lenin aufgestellt worden sei, und blieb bei dieser Behauptung auch dann noch, als Trotzki und Sinowjew den schlüssigen Gegenbeweis vorlegten. Unbeeindruckt verließ er sich darauf, daß der Parteitag seine Kontrahenten niederstimmen würde. Da er in der Folgezeit seine Kritiker einen nach dem anderen mundtot machte, gab es schließlich niemanden mehr, der ihm seinen Anspruch, der maßgebliche zeitgenössische Deuter des Marxismus-Leninismus zu sein, streitig machen konnte. Die marxistisch-leninistische Ideologie wurde damit zu einem weiteren Machtinstrument in seiner Hand.

Daß Stalin den Sieg über seine Rivalen davontrug, war weder unvermeidlich, noch Ergebnis eines von langer Hand vorbereiteten Plans. Es gab Rückschläge, Rückzüge, und dauernd improvisierte er. Glückliche Umstände und Fehler seiner Widersacher spielten eine wichtige Rolle. Es dauerte nach seiner Ernennung zum Generalsekretär im April 1922 noch mehr als sieben Jahre, bis er sich seines Sieges endgültig sicher sein konnte.

Die Machtposition, die Stalin sich dank seiner Hausmacht im Sekretariat und im Parteiapparat aufgebaut hatte, erwies sich am Ende als entscheidend: dieser Position verdankte er es, daß er wichtige Personalentscheidungen in zunehmendem Maße allein treffen konnte. Da er dafür sorgen konnte, daß in allen Parteigremien seine Gefolgsleute in der Mehrheit waren, konnte er jeden, der eine Opposition gegen ihn zu organisieren versuchte, als »Fraktionisten« oder »Parteispalter«, kurz als Konterrevolutionär und Verräter, an den Pranger stellen lassen. Dazu gesellten sich, je nach Bedarf, noch Vorwürfe wie Ketzerei, kleinbürgerliche Abweichung vom Marxismus-Leninismus oder Opportunismus. Was Stalin so unbezwingbar machte, war, um ein Bild aus einer früheren Epoche der europäischen Geschichte zu gebrauchen, die Tatsache, daß er der Gebieter sowohl des geistlichen als auch des weltlichen Arms seiner Bewegung war.

Doch Stalin begnügte sich nicht damit, sich unangreifbar gemacht und seine Gegner besiegt und entwaffnet zu haben. Er wollte nicht nur manipulierte Abstimmungserfolge erzielen, sondern auch als geistiger Führer anerkannt werden. Wie wir noch sehen werden, schaffte er zu guter Letzt auch dies, indem er seine Gefolgsleute davon überzeugte, daß er eher als irgend jemand anders, der für die Führung in Frage kam, die Fähigkeiten dazu hatte, die Probleme zu überwinden, vor denen Rußland stand, und das Regime an der Macht zu halten.

Man kann die Machtkämpfe zwischen den Erben Lenins in vier Phasen einteilen. Die erste begann 1923, als Lenin noch lebte, aber schon nicht mehr handlungsfähig war, und dauerte bis 1925. In dieser Phase verlief die Front zwischen der Troika Sinowjew, Kamenew und Stalin auf der einen und Trotzki auf der anderen Seite. Fließend war der Übergang zwischen der zweiten Phase, in der Stalin und Bucharin sich mit Sinowjew und Kamenew anlegten (1925/26), und der dritten, in der sich Sinowjew, Kamenew und

Alle wesentlichen Zeremonien der Sowjetunion fanden auf der Tribüne und vor den polierten Granitmauern des Leninmausoleums statt. Das Verstreichen der Zeit läßt sich in den dreißiger Jahren nur am Personal ablesen, das allmählich ausgewechselt wird, weil »linke« und »rechte« Fraktionen ausgeschaltet werden. Aber noch immer stehen die Revoluionsführer locker, wie es der Zufall ergibt, nebeneinander, Stalin oft am Rand, mitunter im Hintergrund. Unten ziehen Abordnungen der Roten Armee, Delegationen von Fabriken oder ganz einfach das Volk vorbei, wobei aber auch »die unten« in gelöster Haltung sind, während »die oben« leutselig winken, sich auf die Barriere stützen oder ihre Mützen und Hüte schwenken. Das alles wird mit den Jahren immer mehr absterben, bis man an den Gruppierungen die Rangordnung der Macht ablesen kann.
Auf dem Photo von links nach rechts: Bucharin, Kaganowitsch, Mikojan, Rykow, Kuibyschew, Stalin, Woroschilow und Rudsutak.

Trotzki zu gemeinsamer Opposition gegen Stalin und Bucharin zusammentaten (1926/27). Im letzten Akt des Dramas, der 1928/29 spielte, nahm Stalin sich nach geglückter Ausschaltung der vereinten Linksopposition Bucharin, Rykow und Tomski vor. Als Stalin Ende 1929 seinen fünfzigsten Geburtstag feierte, hatte er von den sechs Genossen, mit denen er zu Beginn der ersten Phase im Politbüro gesessen hatte, fünf hinausgedrängt; der sechste, Rykow, war nur noch auf Bewährung dabei.

Die Winkelzüge, mit denen Stalin sich im Verlauf dieser sechs Jahre den endgültigen Sieg über die drei anderen Fraktionen im Politbüro sicherte, sind von vielen Historikern als ein Musterbeispiel machiavellistischer Politik charakterisiert worden. Daß Stalin ein begabter politischer Taktiker war, steht außer Zweifel, doch darf man ihm ebensowenig wie Hitler unterstellen, er habe nach einem sorgfältig ausgearbeiteten Plan gehandelt, wie die oft verwendete Formulierung suggeriert, er habe sich zuerst mit der Rechten verbündet, um die Linke auszuschalten, und dann das Programm der Linken übernommen, um die Rechte auszuschalten. Zweifellos war er, wie Hitler, von dem unerschütterlichen Willen beseelt, sich eine beherrschende Stellung zu erkämpfen, aber in der Wahl seiner Mittel war er ebenso flexibel wie skrupellos, jederzeit bereit, seinen Standpunkt ins Gegenteil zu verkehren, taktische Bündnisse zu schließen und wieder aufzukündigen und sich jede unerwartete Chance, die seine Rivalen ihm durch ihre Fehler eröffneten, zunutze zu machen.

Viel scharfsichtiger als jeder andere bolschewistische Führer hatte Lenin vorausgesehen, daß der Kampf um seine Nachfolge zwischen Trotzki und Stalin entbrennen würde. Stalin war derselben Überzeugung und handelte dementsprechend. Nicht so Trotzki, der nicht begriff, daß Stalin sein gefährlichster Rivale war, worin der Hauptgrund dafür zu sehen ist, daß er den Kampf verlor. Erst 1926, als es schon zu spät war, begann er Stalin wirklich ernst zu nehmen und war bereit, sich mit dessen übrigen Gegnern zusammenzutun, um die wachsende Macht des Generalsekretärs einzudämmen. Es ist bis heute eine schwierige Frage, weshalb Trotzki sich bei der Beurteilung der Situation so schwer verschätzte, wie weit er wirklich durch Krankheit gehandikapt war, warum er in taktischer Hinsicht und bei der Wahl des Zeitpunkts so oft Fehler machte (wozu auch sein Fehlen bei entscheidenden Anlässen gehörte), warum er es zum Leidwesen seiner Anhänger versäumte, in der Partei den Rückhalt zu suchen, den er dort immer noch hätte finden können. Denn Stalin hatte recht: Trotzki war, trotz aller Fehler, die er hatte und beging, der Mann, den er am meisten fürchten mußte, trotz aller Mängel ein geborener Führer, der neben Lenin wichtigste Kopf und Motor der Oktoberrevolution und des Bürgerkriegs, ein Denker und Redner ersten Grades, dem Stalin in dieser Beziehung nicht annähernd das Wasser reichen konnte.

Nichts in der Karriere Trotzkis deutet darauf hin, daß er ein weniger selbstherrlicher Autokrat geworden wäre als Stalin, oder daß er bei der Durchsetzung seines Willens mehr Skrupel an den Tag gelegt hätte. Dies machte ihn freilich in den Augen Stalins erst recht zu einem gefährlichen Rivalen, der im Vergleich zu den anderen Politbüro-Mitgliedern eine Klasse für sich darstellte. Was immer Stalin unternahm, mit welchem Widersacher auch immer er sich gerade auseinandersetzte, Trotzki verlor er keinen Augenblick aus den Augen. Die unablässige Beobachtung des verhaßten und beneideten Gegners, verbunden mit einem weit schärferen Blick für die Schwächen Trotzkis, als dieser ihn für die Schwächen Stalins hatte, dazu Geduld, Beharrlichkeit und ein Gespür für Taktik und Timing (das Trotzki abging), all dies zusammengenommen machte die Stärke Stalins aus und verhalf ihm zum Sieg gegen einen Widersacher, der auf den ersten Blick alle Vorteile auf seiner Seite zu haben schien. Aber es genügte Stalin nicht,

Trotzki ausgeschaltet, ihn ins Exil vertrieben und seinen Namen aus den sowjetischen Geschichtsbüchern getilgt zu haben; er gab sich erst zufrieden, als Trotzki 1940 von der Hand eines von Stalin gedungenen Mörders starb – und auch danach ging die Diskreditierungskampagne gegen den Verfemten unvermindert weiter.

1923, als Lenin noch lebte, aber schon handlungsunfähig war, führte Trotzki zwei wirkungsvolle Schläge gegen Stalin, versäumte es aber, nachzusetzen. Und als im Januar 1924, weniger als eine Woche vor Lenins Tod, der Dreizehnte Parteitag zusammentrat, funktionierte die Stalinsche Regie bereits so perfekt, daß von den 128 stimmberechtigten Delegierten nur drei dem oppositionellen Lager angehörten; so war es kein Wunder, daß der Parteitag, nachdem er einer mit Drohungen gespickten Stalin-Rede gelauscht hatte, Trotzki und »die Sechsundvierzig« wegen Fraktionsbildung tadelte.

Auch auf dem Dreizehnten Parteitag im Mai 1924 mußte Trotzki herbe Kritik einstecken, doch er behielt seinen Sitz im Politbüro, und im Sommer gab es Anzeichen, die auf ein baldiges Auseinanderbrechen der Troika hinzudeuten schienen. Anstatt nun geduldig zu warten, bis dieser Bruch eintrat, eröffnete Trotzki mit einem langen Aufsatz, den er anläßlich des siebten Jahrestags der Revolution unter dem Titel *Die Lehren des Oktober* veröffentlichte, den sogenannten Literaturstreit. Er wollte damit unter anderem dem häufig gegen ihn erhobenen Vorwurf begegnen, er sei erst im Sommer 1917 zu Lenin gestoßen und habe vorher den Menschewisten nähergestanden als den Bolschewisten.

Trotzki nutzte die Gelegenheit zu Vorwürfen an die Adresse Sinowjews und Kamenews, die er offenkundig noch immer als seine größten Rivalen betrachtete; in Wirklichkeit hätten *sie* sich damals menschewistischer Abweichungen schuldig gemacht, hätten Lenins Drängen auf einen Aufstand im Oktober 1917 als »abenteuerlich« attackiert und sich der menschewistischen Position angeschlossen, daß zunächst einmal die bürgerlich-demokratische Revolution vollendet werden und dann eine gewisse Zeit vergehen müsse, ehe man an die proletarische Revolution denken könne. Er fügte hinzu, dieselbe verzagte Haltung sei auch der Grund dafür gewesen, daß die Komintern (also Sinowjew) die revolutionäre Lage, die 1923 in Deutschland und Bulgarien bestanden habe, nicht mit der nötigen Entschlossenheit genützt habe. Nach Darstellung Trotzkis konnte von allen noch aktiven sowjetischen Führern einzig er guten Gewissens behaupten, vom ersten Tag seiner Ankunft in Petrograd an in vollkommener Übereinstimmung mit Lenin gehandelt zu haben.

Wie Sinowjew Trotzki später anvertraute, dienten die *Lehren des Oktober* lediglich als Vorwand für die wütenden Angriffe, die in der Folge gegen ihn vorgetragen wurden. »Andernfalls wäre ein anderer Grund gefunden worden.«[15] Mit der Schärfe und Zielrichtung seines Angriffs erreichte Trotzki jedoch nur, daß sich die übrigen Mitglieder des Politbüros – neben Bucharin, Rykow und Stalin auch Sinowjew und Kamenew – geschlossen gegen ihn stellten, hatten doch alle ein starkes persönliches Interesse daran, seine Version der Ereignisse von 1917 zu bekämpfen – gerade weil sie der Wahrheit so unangenehm nahe kam.

Das ließ sich am wirkungsvollsten dadurch bewerkstelligen, daß man sich mit dem Trotzki der Jahre vor der Revolution beschäftigte und so die Aufmerksamkeit von den Zaghaftigkeiten des Oktobers 1917 ablenkte. In der Tat war Trotzki nach der Spaltung der russischen Sozialdemokratie im Jahr 1903 einen ganz eigenen Weg gegangen und hatte sich dabei auf eine ganze Reihe polemischer Auseinandersetzungen eingelassen, bei denen in einigen der schärfsten Lenin sein Kontrahent gewesen war. Aus diesen Schriften wurden nun Zitate zutage gefördert, die, oft aus dem Zusammenhang gerissen, als Belege dafür präsentiert werden konnten, daß Lenin, dessen Autorität jetzt über jeden Zweifel erhaben war, Trotzki als den Wortführer einer von seiner eigenen, Lenins, Linie abweichenden, ja ihr entgegengesetzten Tendenz bekämpft hatte.

Niemand widmete sich dieser Aufgabe mit größerem Eifer als Stalin. In einem Vortrag »Trotzkismus oder Leninismus?«, den er am 19. November 1924 hielt, begann er nicht nur damit, die Geschichte der Revolution von 1917 umzudeuten, sondern beschuldigte Trotzki darüber hinaus, er wolle Lenin die geistige Vaterschaft an dieser Revolution streitig machen und nicht anerkennen, daß die Partei als Ganze die Revolution durchgeführt habe, und mit all dem bezwecke er, den Trotzkismus an die Stelle des Leninismus zu setzen. »Die Aufgabe der Partei«, erklärte Stalin, »ist es, den Trotzkismus als Ideologie zu begraben.«

Mit der Erfindung des Schimpfworts »Trotzkismus« hatten die Gegner Trotzkis, allen voran Stalin, ein Mittel gefunden, ihn für alle Zeiten als Vertreter einer Irrlehre zu stigmatisieren. War »trotzkistisch« zunächst einmal nichts anderes als ein Synonym für »antileninistisch« oder »antibolschewistisch«, so ließ sich damit künftig jeder beliebige Standpunkt, den Trotzki in jeder beliebigen Frage vertreten mochte oder den man ihm andichtete, kurzerhand erledigen. Laut Trotzki erklärte Sinowjew den Mitgliedern seiner Leningrader Gruppe: »Ihr müßt verstehen, daß es sich um einen Machtkampf handelte. Der Trick bestand darin, alte Meinungsverschiedenheiten mit neuen Fragen zu verknüpfen. Zu diesem Zweck wurde der ›Trotzkismus‹ erfunden.«[16]

Eine zweite Anklage, die gegen Trotzki erhoben wurde, bezog sich darauf, daß er der Schöpfer der Theorie der »permanenten Revolution« war. Diese erstmals zur Zeit der Revolution von 1905 entwickelte These besagte, daß die Revolution in Rußland in einem zweifachen Sinn permanent sein müsse. Einmal insofern, als sie bruchlos aus ihrer antifeudalistischen (demokratischen) in ihre antikapitalistische (sozialistische) Phase übergehen müsse. Zum zweiten insofern, als sie sich über den nationalen Rahmen hinaus zu einer internationalen Revolution entwickeln müsse, die nicht an den Grenzen Rußlands haltmachen dürfe. Nur wenn die Revolution sich von Rußland aus über Westeuropa ausbreite, werde der Sozialismus in Rußland eine sichere Heimstatt finden.

Obwohl Lenin sicherlich Internationalist war, lehnte er dieses Konzept Trotzkis ab – bis 1917. Dann machte er sich die Theorie Trotzkis, ohne ein Wort darüber zu verlieren, zu eigen, indem er ihren ersten Aspekt in die Tat umsetzte und ihren zweiten als notwendige Vorbedingung für das Überleben der Revolution in Rußland übernahm. Wer dies bezweifelte, brauchte nur einen Blick auf die höchstinstanzliche Zusammenfassung der Leninschen Auffassungen in Stalins *Grundlagen des Leninismus* zu werfen: »Zum endgültigen Siege des Sozialismus... genügen nicht die Anstrengungen *eines* Landes, zumal eines Bauernlandes wie Rußland, dazu sind die Anstrengungen des Proletariats mehrerer fortgeschrittener Länder notwendig.« Ohne auf den historischen Kontext einzugehen, in dem die Theorie von der »permanenten Revolution« formuliert worden war, und ohne die Tatsache anzuerkennen, daß sie sich weitgehend mit der von Lenin 1917 verfolgten revolutionären Strategie deckte, erweckte Stalin den Anschein, als entspreche sie Trotzkis Einschätzung der derzeitigen Lage der Sowjetunion; so konnte er sie, wider besseres Wissen, zu einer Theorie der »permanenten Hoffnungslosigkeit« stempeln: »Fehlender Glaube an die Kraft und die Fähigkeiten unserer Revolution, fehlender Glaube an die Kraft und die Fähigkeiten des russischen Proletariats – das steckt hinter der Theorie der ›permanenten Revolution‹.«[17]

Diesem fehlenden Glauben hielt Stalin seine eigene Überzeugung von der »Möglichkeit des Sieges des Sozialismus in einem Lande«, nämlich Rußland, entgegen.[18] Dies war im übrigen Stalins bemerkenswertester und folgenschwerster eigenständiger Beitrag zur Diskussion um die Zukunft der Sowjetunion. Er gab sich allerdings große Mühe, seine Urheberschaft abzustreiten, und behauptete unter Berufung auf einen Satz, den Lenin 1915 in einem ganz anderen Zusammenhang geschrieben hatte, es sei Lenin gewesen, der als erster die »unbestreitbare Wahrheit ausgesprochen« habe, daß »der Sieg des Sozialismus in einem Lande möglich ist«.[19] In Wahrheit hatte Lenin nie aufgehört, den Sozialismus als eine Angelegenheit im internationalen Rahmen zu betrachten. Indem Stalin sowohl die Auffassungen Trotzkis als auch die Lenins verdrehte, konnte er einen für Trotzki tödlichen Gegensatz konstruieren zwischen dem »Leninismus« als der die Überlebensfähigkeit des Sozialismus in einem Lande bejahenden Lehre und dem »Trotzkismus« als einem pessimistischen, antileninistischen, halb menschewistischen Ansatz, der dem »Abenteurertum« und der »permanenten Revolution« das Wort rede. Robert Daniels hat dies als »Beweisführung durch Textmanipulation« charakterisiert, bei welcher der Manipulierende sich auf eine Autorität beruft, deren Aussagen aber zugleich »ohne Rücksicht darauf, was die Autorität wirklich meinte«, interpretiert.[20]

Für den Augenblick genügte es Stalin, den vermeintlichen Beweis geführt zu haben, daß Trotzkis »permanente Revolution« das »Gegenteil von Lenins Theorie der proletarischen Revolution« sei. Auf den ZK-Sitzungen im Januar 1925, bei denen die Beschlüsse gegen den »Trotzkismus« gefaßt wurden, war vom Sozialismus in einem Lande allerdings überhaupt nicht mehr die Rede. Gleichwohl war dieser These mit der so merkwürdig ungeklärten Vaterschaft eine Zukunft beschieden, denn tatsächlich sollte die orthodoxe marxistische Auffassung von der Abhängigkeit der sozialistischen Entwicklung in Rußland von sozialistischen Revolutionen in anderen Ländern in Bälde revidiert werden: Die Revolution würde nun eben in Rußland siegen, und das würde, wie Stalin stolz erklärte, »der Beginn und die Voraussetzung der Weltrevolution« sein. Diese Verheißung stellte einen deutlichen Appell an das russische Nationalgefühl dar, denn Rußland wurde damit eine Führungsrolle zuerkannt, und diejenigen, die Rußland diese Rolle nicht zutrauten, wurden als kleinmütige Schwarzseher hingestellt, die dem russischen Volk nicht die Fähigkeit und Entschlossenheit zutrauten, das begonnene Werk weiterzuführen.

Trotzki machte gar nicht erst den Versuch, dem Sturm, den er mit seinen *Lehren des Oktober* ausgelöst hatte, etwas entgegenzuhalten. Vom Zentralkomitee für den Januar 1925 zur Anhörung vorgeladen, ließ er sich aus Gesundheitsgründen entschuldigen und stellte sein Amt als Kriegskommissar zur Verfügung. Sinowjew und Kamenew sprachen sich eifrig dafür aus, ihn gleich ganz aus der Partei auszuschließen, aber Stalin riet zur Mäßigung. In einem Redebeitrag, den zu zitieren sich nur die wenigsten Stalin-Biographen haben verkneifen können, erklärte er später im gleichen Jahr vor dem Parteitag: »Wir, das heißt die Mehrheit des ZK, waren ... mit Sinowjew und Kamenew nicht einverstanden, da wir wußten, daß die Politik des Absägens große Gefahren für die Partei in sich birgt, daß die Methode des Absägens, des Aderlassens – und sie forderten Blut – gefährlich und ansteckend ist: heute hat man den einen abgesägt, morgen kommt der andere, übermorgen ein dritter dran, und was bleibt dann in der Partei? [Beifall].«[21] Dieses Zitat illustriert treffend, wie schwierig es ist, den Stalin der zwanziger Jahre anders als im Licht der späteren Ereignisse zu sehen. Blickte er, als er diese Bemerkung machte, bewußt oder unbewußt nach vorne, in eine Zeit, da es möglich sein würde, sich seiner Gegner auf diese Weise zu entledigen, oder sind wir es, die im Wissen um das, was später kam, aus seinen Worten einen ironischen Hintersinn herauslesen?

Trotzki blieb auch nach seiner Maßregelung durch das Zentralkomitee Mitglied in diesem und im Politbüro, wo er sich im weiteren Verlauf des Jahres 1925 jeder weiteren oppositionellen Regung enthielt und sich in keine Kontroverse einmischte. In einem Artikel, den er im September veröffentlichte, übte er heftige Kritik an einem Buch des Amerikaners Max Eastman, in dem längere Passagen aus dem Testament Lenins wortgetreu wiedergegeben waren. Trotzki leugnete, daß ein solches Dokument existierte, und erklärte das Gerücht, hier werde etwas geheimgehalten, zu einer »bösartigen Erfindung«. Es mag stimmen, daß, wie er später beteuerte, Stalin ihn, wie auch Nadeschda Krupskaja, zu diesem Dementi gezwungen hatte. Das ändert indes nichts an der Wirkung dieser Aktion auf diejenigen, die nach wie vor auf ihn als den Wortführer der Opposition gegen Stalin bauten.

Nachdem Trotzki sich, zumindest vorübergehend, zurückgezogen hatte, fühlte Stalin sich stark genug, gegen die beiden anderen Troika-Mitglieder vorzugehen. Er tat dies, indem er zunächst das Fundament der unabhängigen Machtposition unterhöhlte, die Sinowjew als Chef der Komintern und der Leningrader Parteiorganisation innehatte. Er bediente sich in beiden Fällen derselben Methode: sorgfältiges Studium der Persönlichkeit aller Beteiligten, um herauszufinden, wen von ihnen er vernichten konnte.

Zu seinem Werkzeug in der Komintern machte er einen ukrainischen Mitarbeiter des Parteisekretariats namens Dimitri Manuilski, der dreißig Jahre später als ukrainischer Vertreter bei der UNO eine gewisse Bekanntheit erlangte. Stalin veranlaßte das Politbüro, Manuilski zur Komintern zu versetzen, vordergründig als Assistent für Sinowjew, in Wirklichkeit aber mit dem Auftrag, in der deutschen KP, nach der russischen die zweitstärkste Kraft in der Dritten Internationale, eine stalinistische »Seilschaft« aufzubauen. Die KPD hatte bei der Reichstagswahl im Mai 1924 3,7 Millionen Stimmen erhalten und ihre Mandatszahl von 15 auf 62 gesteigert – keine andere kommunistische Partei hatte auch nur annähernd so gute Wahlergebnisse vorzuweisen. Für die Komintern war das Grund genug, in Berlin eine Art Botschaft zu eröffnen. Diese von Manuilski geleitete Außenstelle war unmittelbar Stalin unterstellt.

Stalin begann sich 1924 für die Arbeit der Komintern zu interessieren, und nahm, als sie im Juni dieses Jahres in Moskau den fünften Weltkongreß abhielt, erstmals teil. Er hielt keine Rede, sondern begrüßte die Delegierten lediglich informell. Die aus Deutschland angereiste Ruth Fischer beschrieb später, wie Stalin »schweigend, fast verstohlen, in den Salons und Wandelgängen um den St.-Andreas-Saal« im Kreml auftauchte. »Die Pfeife im Mund, mit der Russenbluse und den Schaftstiefeln, unterhielt er sich leise und höflich in kleinen Gruppen, von einem Dolmetscher unauffällig begleitet, und präsentierte sich als den neuen Typ des russischen Führers. Die jüngeren Delegierten waren von dieser Pose des Revolutionärs, der revolutionäre Rhetorik verabscheut, beeindruckt, von dem nüchternen Organisator, dessen schnelle Entscheidungen und moderne Methoden die Probleme in einer veränderten Welt lösen würden. Die Männer um Sinowjew waren alt, geschäftig, altmodisch.«[22]

Stalins langfristiges Ziel war es, die KPD zu einem gefügigen Geschöpf der Komintern unter sowjetischer Kontrolle zu machen. Mit Hilfe von Ulbricht und Pieck, die später die DDR mitgründeten, spaltete er die KPD und spielte die verschiedenen Fraktionen gegeneinander aus. Ruth Fischer, die Stalin mehrmals auf seine Seite zu ziehen versuchte, hat die Vorgänge eingehend geschildert. Bis 1927 schaffte er es tatsächlich, die KPD von allen selbständigen Köpfen zu säubern, die eine den russischen Zielen entgegenstehende Politik hätten machen können.

Von den Folgen, die dies für die deutsche Politik und für das Verhalten der Kommunisten gegenüber dem Aufstieg Hitlers hatte, ist bereits die Rede gewesen. Doch Stalins Erfolg hatte auch Auswirkungen auf den innersowjetischen Machtkampf. Die Komintern war von Anfang an eine Domäne der Russen gewesen, aber jetzt wurde sie zu einem Ersatzschauplatz für die Fraktionskämpfe und die politischen Intrigen in der KPdSU. Keine andere kommunistische Partei nahm diese erzwungene Unterordnung unter die Komintern so übel und litt so darunter wie die deutsche, und keiner betrieb sie mit größerem Nachdruck als Sinowjew. Die Einmischung Stalins in die internationale kommunistische Bewegung bedeutete nicht nur für die KPD das Ende ihrer Selbständigkeit – Stalin hatte ihre Unabhängigkeitsbestrebungen als Versuch der Errichtung einer vierten Internationale denunziert –, sondern untergrub ironischerweise auch das Ansehen Sinowjews und seine Macht über den Komintern-Apparat. Anfang 1926 war seine Position als Vorsitzender der Internationale erschüttert; noch bevor das Jahr zu Ende war, hatte er das Amt verloren.

Zur gleichen Zeit unternahm Stalin Schritte, um Sinowjew auch seine andere Bastion zu entwinden, die Leningrader Parteiorganisation. Ursprünglich hatten Sinowjew und sein »Zwilling« Kamenew als örtliche Sowjet-Vorsitzende die Parteiorganisation in Leningrad beziehungsweise in Moskau kontrolliert. Kamenew hatte als erster die Folgen des Stalinschen Intrigantentums zu spüren bekommen: 1924 hatte er das Amt des Vorsitzenden des Rats der Volkskommissare verloren, in das er nach der Erkrankung Lenins hineingewachsen war; als nächstes entglitt ihm die Kontrolle über den Moskauer Parteiapparat, als sein Vertrauensmann, der Sekretär des Moskauer Parteikomitees, Zelenski, in die zentralasiatische Wüste geschickt und durch Uglanow ersetzt wurde, einen Abtrünnigen aus dem Sinowjew-Kamenew-Lager. Nachdem Stalin zwei Gefolgsleute Sinowjews kaltgestellt hatte, traf er dagegen in Leningrad auf unerwarteten Widerstand, als er einen seiner Männer, Komarow, in das wichtige Amt des Leningrader Parteisekretärs hievte. Sinowjew mobilisierte seine Bataillone und protestierte gegen die Einmischungen des Zentralkomitees und des Generalsekretärs. Stalin steckte vorläufig zurück, war aber entschlossen, bei günstigerer Gelegenheit erneut anzugreifen.

Im Sommer 1925 unternahm Sinowjew einen Gegenangriff, indem er sich in die seit 1924 anhaltende Debatte über die Wirtschaftspolitik einmischte. Es ging dabei um die grundlegende Frage, wie das Problem gelöst werden sollte, das sich dadurch stellte, daß Lenin die Macht in einem Land ergriffen hatte, das für eine sozialistische Revolution dem marxistischen Entwicklungsschema zufolge eigentlich noch gar nicht reif war, weil es noch nicht die Phase der kapitalistischen Industrialisierung und Modernisierung durchlaufen hatte. Eine erste Antwort darauf war der Kriegskommunismus gewesen, der Einsatz der Staatsmacht zum Wiederaufbau beziehungsweise Umbau von Wirtschaft und Gesellschaft nach sozialistischen Gesichtspunkten, also in Form einer Diktatur des Proletariats auf wirtschaftlichem und politischem Gebiet, verbunden mit Zwangsmaßnahmen gegenüber der Bauernschaft, wie etwa der Beschlagnahmung von Lebensmitteln, und der Arbeiterschaft durch die Militarisierung der Arbeit. Der wichtigste Theoretiker, der diese »linke« Politik verfochten hatte, war Bucharin gewesen, der 1920 sein Werk *Die Ökonomik der Transformationsperiode* verfaßt und in Zusammenarbeit mit Preobraschenski 1919 das Lehrbuch *Das ABC des Kommunismus* herausgebracht hatte.

Als der Versuch, die sozialistische Gesellschaft mit den Methoden des Kriegskommunismus aufzubauen, abgebrochen werden mußte, war Lenin im Rahmen seiner Neuen Ökonomischen Politik auf einen eher evolutionären Ansatz zurückgegangen. Wie die gesamte übrige Parteispitze, schloß sich auch Bucharin dieser politischen Kehrtwende Lenins an und profilierte sich nach dessen Tod als wichtigster Wortführer derer, die in der NEP nicht einen Rückschritt oder eine zeitweilige Notlösung sahen, sondern ein Konzept für eine längere Periode der Koexistenz mit einer bäuerlichen Privatwirtschaft, einem freien Markt für Landwirtschaftsprodukte und einer ebenfalls privat und frei wirtschaftenden »Kleinindustrie«. Das bedeutete hinsichtlich der Landwirtschaft, daß die bestehenden 25 Millionen bäuerlichen Kleinbetriebe erhalten und die tüchtigeren Bauern dazu ermutigt werden mußten, Wachstum anzustreben und einen gewissen Wohlstand zu erreichen. »Bereichert euch«, rief Bucharin, Guizot zitierend, den russischen Bauern zu. »Entwickelt eure Höfe und habt keine Angst, daß man euch Beschränkungen auferlegt.«[23] Die Bauern würden, so fuhr er fort, in den Aufbau des Sozialismus einbezogen, aber nicht durch Kollektivierung der Landwirtschaft, sondern, wie Lenin es in der letzten Phase seines Lebens vorgeschlagen habe, durch den Aufbau ländlicher Genossenschaften.

Lenin hatte vor seinem Tod in der Tat davon gesprochen, daß man eine ganze geschichtliche Periode brauchen werde – mindestens ein oder zwei Jahrzehnte –, um die Bauern von den Vorteilen einer genossenschaftlichen Organisation zu überzeugen; Bucharin glaubte, dies werde in Anbetracht der Rückständigkeit Rußlands sogar noch länger dauern, und es werde nur gelingen, wenn man den Bauern materielle Anreize bot: eine ausreichendes Angebot an Konsumgütern sowie ausreichend hohe Erzeugerpreise, damit sie sich diese Güter auch leisten konnten.

Die Linksopposition und all jene, die in der NEP von Anfang an nicht viel mehr als einen taktischen Rückzug gesehen hatten, fürchteten, die Beibehaltung dieser Politik werde zur Restauration des Kapitalismus führen, und beschuldigten Bucharin, er betreibe eine Anbiederungspolitik gegenüber den Bauern, die eine Abkehr vom Sozialismus und Verrat an der Diktatur des Proletariats bedeute. Die Gegenposition formulierte Preobraschenski, der einst zusammen mit Bucharin das Lehrbuch des Kriegskommunismus verfaßt hatte und ihn jetzt heftig kritisierte. Der Schlüssel zum Aufbau des Sozialismus sei, so betonte Preobraschenski, die Industrialisierung, und Voraussetzung für diese sei die Akkumulation von Kapital für forcierte Investitionen in die staatseigene Industrie auf Kosten des privatwirtschaftlich strukturierten Agrarsektors.

Marx hatte die Akkumulation von Reichtum zur historischen Aufgabe der Bourgeoisie erklärt – »akkumuliert, akkumuliert! Das ist der ganze Moses und die Propheten!« –, die so das Kapital bereitstellen sollte, das für den Beginn der industriellen Revolution nötig war. Nach Überzeugung Marx' geschah dies durch die Plünderung der Kolonien und die Enteignung der Bauern. Er nannte dies den Prozeß der »ursprünglichen kapitalistischen Akkumulation«. Daran anknüpfend, forderte Preobraschenski zur Schaffung der Voraussetzungen für den sowjetischen Industrialisierungsprozeß eine »ursprüngliche sozialistische Akkumulation«, die sich auf fiskalische Instrumente wie staatlich kontrollierte Preise (niedrige Agrarpreise, künstlich erhöhte Preise für Industrieprodukte), eine straffe Besteuerung und vorgeschriebene Lieferquoten für Getreide stützen sollte. Auf diese Weise würden Ressourcen aus dem Privatsektor (also de facto von den Bauern) in den staatseigenen industriellen Sektor verlagert. Das Entscheidende sei, daß man bei der Produktion ansetze und nicht bei der Konsumtion.

Bucharin warf in seiner Entgegnung Preobraschenski vor, sein Modell laufe darauf hinaus, an die Stelle der Ausbeutung der Bauernschaft durch Kapitalisten ihre Ausbeutung durch die industrielle Arbeiterklasse zu setzen. Damit würde man »eine proletarische Diktatur im Kriegszustand mit der Bauernschaft« heraufbeschwören, anstatt jenes Bündnis (*smytschka*) zwischen Arbeitern und Bauern herbeizuführen, in dem Lenin das Rückgrat des sowjetischen Systems gesehen habe. Ein wirtschaftlich gutgestellter Bauernstand würde, so argumentierte Bucharin, nicht nur die Lebensmittelversorgung des Landes sicherstellen, sondern auch für eine das industrielle Wachstum stimulierende Nachfrage sorgen sowie, als Ergebnis progressiver Besteuerung und freiwilliger Spartätigkeit, zur Akkumulation investierbaren Kapitals beitragen.[24]

Als nach der Mißernte des Jahres 1924 Kritik laut wurde, vertrat Bucharin den Standpunkt, die Regierung müsse den Bauern die Sorge nehmen, daß sie für höhere Erträge mit höheren Ablieferungsquoten bestraft würden; dies sei der beste Weg zur Steigerung der landwirtschaftlichen Produktion. Seine Empfehlung wurde im Anschluß an den Vierzehnten Parteitag vom April 1925 in die Tat umgesetzt; die Regierung ging daran, die landwirtschaftlichen Steuern zu senken und die Beschäftigung von Lohnarbeitern und die Verpachtung von Grund und Boden in gewissen Grenzen zu gestatten. Sinowjew machte sich in besonderem Maß für weitere Zugeständnisse an die Bauern stark und forderte die Partei auf, »ihr Gesicht dem Land zuzuwenden«. Es schien, als habe sich die NEP auf ganzer Linie durchgesetzt.

Es war daher eine unerwartete Wendung, als im Sommer 1925 Sinowjew und Kamenew ihren Standpunkt revidierten und die bis vor kurzem von ihnen selbst vertretene Landwirtschaftspolitik als ein gefährliches Zugeständnis an die wohlhabenderen Landwirte, die sogenannten Kulaken, verurteilten. Fleißig seinen Lenin zitierend, versuchte Sinowjew zu beweisen, daß die NEP niemals als ein zukunftsweisender Weg gedacht, sondern vielmehr ein »strategischer Rückzug« gewesen sei. Im Mittelpunkt der Politik müßten weiterhin die Industriearbeiterschaft und die Masse der armen Bauern, nicht die Kulaken, stehen.

Vieles deutet darauf hin, daß es Sinowjew hierbei weniger um die Wirtschaftspolitik ging als vielmehr um eine Rückgewinnung der politischen Initiative im Interesse seiner eigenen Stellung. Im Juni 1925 hatte Nadeschda Krupskaja in einem Brief die Begünstigung der Kulaken verurteilt und Bucharin als den dafür in erster Linie Verantwortlichen kritisiert. Sie hatte damit vielen Vertretern des linken Parteiflügels aus dem Herzen gesprochen, und ganz offensichtlich sahen Sinowjew und Kamenew hier eine Gelegenheit, die Parteiführung wegen einer nachweislichen Abweichung von der Leninschen Lehre zu kritisieren und zum Widerstand gegen sie aufzurufen.

Stalin hatte sich bis dahin kaum an der wirtschaftspolitischen Debatte beteiligt. Wie die anderen Politbüro-Mitglieder, bejahte er die NEP und die gegenwärtig praktizierte Landwirtschaftspolitik und distanzierte sich lediglich von Bucharins allzu offener Sprache, namentlich von seiner Aufforderung »bereichert euch«. 1925 erklärte Stalin, mit einer Parole wie »schlagt den Kulaken« könnte die Parteiführung 99 von 100 Kommunisten hinter sich bringen. Um so wichtiger sei es jedoch, nicht zuzulassen, daß Gefühle das Urteilsvermögen trübten. In die Tat umgesetzt, würde eine solche Parole in den Bürgerkrieg führen, da die Masse der mittleren Bauern jeden gegen die Kulaken geführten Schlag als auch gegen sich selbst gerichtet empfinden würden. Stalin hatte, zusammen mit Rykow, eine rapide Steigerung der Investitionen im industriellen Bereich durchgesetzt, um etwas für ein ausgewogenes Verhältnis zu tun. Gleichwohl nahm er die Herausforderung Sinowjews an und stellte sich an die Seite Bucharins. Da Rykow, aus bäuerlichen Verhältnissen stammend und Nachfolger Lenins als Vorsitzender des Rats der Volkskommissare, die Linie Bucharins im großen und ganzen ebenso bejahte wie Tomski, der Vertreter der Gewerkschaften im Politbüro, hatte Stalin in dem siebenköpfigen Gremium wieder einmal die Mehrheit auf seiner Seite, zumal Trotzki keinerlei Anstalten machte, Sinowjew und Kamenew zu unterstützen.

Als im Oktober 1925 das Zentralkomitee zusammentrat, stellte sich heraus, daß zur Opposition mittlerweile neben Sinowjew und Kamenew auch Sokolnikow, der Volkskommissar für Finanzen, gestoßen war. Gemeinsam führten sie Klage über die Landwirtschaftspolitik der Regierung und forderten eine offene Diskussion darüber. Dies wurde abgelehnt und der Vierzehnte Parteitag, der eigentlich schon im Frühjahr hätte stattfinden sollen, ein weiteres Mal verschoben, was Stalin Zeit gab, die Parteiorganisation noch fester in den Griff zu bekommen. Sinowjew wehrte sich, so gut er konnte: Er konterte den Versuch Stalins, die Leningrader Parteiorganisation zu unterwandern, damit, daß er jeden bekannten Gefolgsmann der Parteiführung aus ihr sowie aus der Leningrader Delegation für den Parteitag entfernte. Was folgte, war ein wütender Austausch von Anschuldigungen und Beleidigungen zwischen Moskau und Leningrad, wo die Opposition mit der *Leningradskaja Prawda* über eine eigene Tageszeitung verfügte. Verschärft wurden die Reibungen durch das weitverbreitete Gerücht, Stalin habe den Tod Frunses verschuldet, der als Nachfolger Trotzkis zum Kriegskommissar berufen worden war und sich auf Anweisung des Politbüros einer von ihm selbst nicht gewollten Operation hatte unterziehen müssen, die unter bis heute ungeklärten Umständen tödlich verlief.[25] Der Nachfolger Frunses war ein Wunschkandidat Stalins: Woroschilow.

Kurz bevor der Vierzehnte Parteitag schließlich im Dezember 1925 zusammentrat, bot Stalin, um den offenen Konflikt abzuwenden, einen »Kompromiß« an, den Sinowjew jedoch als Aufforderung zur Kapitulation zurückwies. Das Angebot Stalins hatte allerdings zur Folge – ein sicherlich beabsichtigter Effekt –, daß Sinowjew sich dem Vorwurf aussetzte, er provoziere Streit, zumal seine Ankündigung, dem Parteitag einen Minderheitenbericht vorlegen zu wollen – was es seit 1918 nicht mehr gegeben hatte –, ohnehin als Verstoß gegen das Verbot der Fraktionsbildung verstanden werden konnte. Die Opposition warf der Parteiführung vor, sie fördere die Kulaken auf Kosten des Proletariats, verfolge eine Politik des Staatskapitalismus und nicht des Sozialismus, opfere den Internationalismus Lenins der Stalinschen Irrlehre vom »Sozialismus in einem Lande«, unterdrücke die innerparteiliche Demokratie und sei dabei, aus der Diktatur des Proletariats eine Diktatur über das Proletariat zu machen.

Stalin und Bucharin wiesen die Vorwürfe entrüstet zurück. Sie hielten der Opposition vor, mit ihrer Kritik am »Sozialismus in einem Lande« demonstriere sie nur, daß sie nicht an die Fähigkeit des russischen Volkes glaube, eine sozialistische Gesellschaft aufzubauen. Heute, so erklärten sie, stellten Sinowjew und Kamenew die Grundsätze der Einheit der Partei und des Verbots der Fraktionsbildung in Frage, die sie noch auf dem vorhergehenden Parteitag gegen Trotzki verteidigt hätten. »Wenn Sinowjew eine Mehrheit hat«, bemerkte Mikojan, »ist er für eiserne Disziplin, für Unterordnung. Wenn er keine Mehrheit hat, ist er dagegen.«

Der Höhepunkt des Schlagabtauschs kam, als Kamenew die Forderung erhob, es müsse Minderheiten erlaubt sein, ihre Ansichten darzulegen: »Zurück zu Lenin«, rief er. »Wir sind dagegen, daß ein neuer Führer [*woschd*] aufgebaut wird.« Die Wogen der Erregung gingen hoch, als Kamenew das Politbüro dazu aufrief, dem Sekretariat Zügel anzulegen. »Wir sind gegen die Vorstellung, daß das Sekretariat, das faktisch die Politik und die Organisation in seiner Hand vereint, über dem eigentlichen politischen Hauptorgan, dem Politbüro, steht ... Ich bin zutiefst davon überzeugt, daß Genosse Stalin nicht imstande ist, die bolschewistische Garde zu einigen.«

Die Anhänger Stalins empörten sich über diese Äußerung und skandierten »Stalin! Stalin!« Worauf die Leningrader mit dem Ruf »Lang lebe die Kommunistische Partei« antworteten. In diesen Hexenkessel hinein schleuderte Kamenew noch einmal seine beschwörenden Worte: »Wir sind gegen die Theorie von der Herrschaft eines Mannes; wir sind gegen die Schaffung eines *woschd*.«

Stalin beeilte sich, die Forderung nach kollektiver Führung zu unterstützen; alles andere, so erklärte er, sei undenkbar. Er drehte den Spieß um und warf der Opposition vor, sie wolle die Partei allein führen, »ohne Rykow, ohne Kalinin, ohne Tomski, ohne Molotow, ohne Bucharin«. »Es ist unmöglich, die Partei ohne die genannten Genossen zu führen. Warum immer wieder diese ungerechtfertigten üblen Angriffe auf Bucharin? Sie wollen das Blut Bucharins? Wir werden Ihnen sein Blut nicht geben.« 1938, nachdem Stalin selbst das Blut Bucharins, Rykows und Tomskis vergossen hatte, wurden ihre Namen aus der betreffenden Passage der Stalin-Rede gestrichen und erschienen in späteren Veröffentlichungen nicht mehr.

Die Schlußworte Stalins geben einen gewissen Hinweis darauf, in welche Richtung sich seine Gedanken damals bereits entwickelten: »Wissen denn die Genossen von der Opposition nicht, daß für uns Bolschewiki der formale Demokratismus keinen Pfifferling wert ist, die realen Interessen der Partei aber alles bedeuten? ... Man darf die Diskussion nicht zu weit treiben. Wir sind eine regierende Partei, vergessen Sie das nicht. Vergessen Sie nicht, daß jede Unstimmigkeit oben sich im Lande als ein Minus gegen uns auswirkt.«[26]

Obwohl die Diskussion kontrovers und ohne Beschränkungen verlief, stand das Ergebnis von Anfang an fest. Als es zur Abstimmung über die von Stalin und Molotow vorgelegten Rechenschaftsberichte des Zentralkomitees kam, votierten 559 Delegierte für und nur 65 gegen die Führung. Einige Zugeständnisse an die Opposition enthielt eine vom Parteitag verabschiedete Resolution, in der auf die Existenz des »Kulakenproblems« und auf die Notwendigkeit einer verstärkten Förderung des sozialistischen Wirtschaftssektors hingewiesen wurde. Im wesentlichen wurde aber der bisherige Kurs bestätigt und beibehalten.

Trotzki, der am Vierzehnten Parteitag als nicht stimmberechtigter Delegierter teilnahm, ohne sich in der Kontroverse zu Wort zu melden, beobachtete die Niederlage derer, die vor einem Jahr seine schärfsten Ankläger gewesen waren, mit düsterer Genugtuung. Nun hatten sie es gewagt, Stalin herauszufordern, und waren dafür bestraft worden, wenn auch noch mit den Mitteln der zwanziger und nicht mit denen der dreißiger Jahre.

Am 5. Januar 1926 traf in Leningrad eine Abordnung der Parteiführung ein, mit Molotow an der Spitze und Kirow, Woroschilow und Kalinin im Gefolge. Ohne sich um die örtliche Parteihierarchie zu kümmern, nahmen sie direkten Kontakt mit den Parteiorganisationen in den Betrieben auf, erläuterten die Beschlüsse des Vierzehnten Parteitages und mobilisierten, in bewußter Frontstellung gegen die Leningrader Parteiführung, Unterstützung dafür. Diese Taktik trug Früchte: Die Moskauer Abordnung konnte etliche Betriebe auf ihre Seite ziehen, darunter die Mehrheit der Betriebszellen in den Putilow-Werken, um die sie sich besonders nachhaltig kümmerte. Die Leningrader Parteiorganisation wurde gesäubert, die *Leningradskaja Prawda* auf Moskauer Kurs gebracht.

Kamenew bezahlte für seinen unvorsichtigen Direktangriff auf Stalin mit dem Verlust seiner Regierungsämter und der Degradierung vom Mitglied zum Kandidaten des Politbüros. Sinowjew behielt seinen Sitz vorläufig, aber das Gremium wurde von sieben auf neun Mitglieder erweitert, und es rückten drei Gefolgsleute Stalins nach, Molotow, Kalinin und Woroschilow. Entsprechend stärkte Stalin auch seine Stellung im Zentralkomitee, das auf 63 Mitglieder und 43 Kandidaten vergrößert wurde. Unter den Nachwuchsfunktionären, die in der Liste der neuen Kandidaten erstmals auftauchten, war auch Andrej Schdanow, Erster Sekretär im wichtigen Gouvernement Nischni-Nowgorod (dem späteren Gorki). Auch die Theorie paßte Stalin sofort der neuen Situation an. Er hatte sich darüber geärgert, daß Sinowjew mit Hilfe eines Zitates aus seinen *Grundlagen des Leninismus* nachgewiesen hatte, daß Stalin hinsichtlich der Chancen des Sozialismus in einem Lande noch 1924 das Gegenteil von dem vertreten hatte, was er 1925 predigte. Er räumte ein, daß er seine frühere Aussage »abgeändert und richtiggestellt« habe, aber lediglich im Interesse größerer Klarheit. Er verwahrte sich dagegen, daß seine frühere Formulierung »zu dem Gedanken Anlaß geben kann, daß die Organisierung der sozialistischen Gesellschaft mit den Kräften *eines* Landes unmöglich sei«, denn eine solche Ansicht sei »natürlich unrichtig«.[27] Dies war, um erneut Robert Daniels zu zitieren, ein Paradebeispiel für die neue Methode der theoretischen Beweisführung, die bald im ganzen Land Schule machen sollte: »Kein Abrücken von der Lehre wird je zugegeben; Leute, die auf der alten Interpretation beharren, sehen sich dem Vorwurf ausgesetzt, das zu verfälschen, was damals eigentlich gemeint gewesen sei.«[28]

Stalins Sieg schien Ende 1925 nahezu vollkommen zu sein; doch in den Jahren 1926/27 flammte die Opposition gegen ihn und seine Führung noch einmal auf, erreichte einen neuen Höhepunkt und entlud sich in Konflikten sowohl innerhalb der Sowjetunion als auch in der Kommunistischen Internationale. Trotzki, Sinowjew und Kamenew entdeckten nach dreijähriger Rivalität endlich, daß es in ihrem gemeinsamen Interesse liegen mußte, Stalin zu bremsen, und fanden sich zu einer vereinten Opposition zusammen. Im Frühjahr 1926 begannen sie, in der Partei Anhänger um sich zu scharen, was natürlich möglichst unauffällig geschehen mußte. Einmal traf man sich in einem Wald außerhalb Moskaus zu einer Besprechung, bei der der stellvertretende Kriegskommissar, Laschewitsch, einen Vortrag hielt, ein Ereignis, das Stalin und das Politbüro später als Beweis für die Existenz einer Verschwörung anführen sollten. In Vorbereitung auf den Entscheidungskampf, der auf dem gemeinsamen Plenum von Zentralkomitee und Zentraler Kontrollkommission im Juli 1926 stattfinden sollte, formulierte die Opposition die »Erklärung der Dreizehn«, in der sie die wesentlichen Punkte ihrer Kritik an der Parteiführung zusammenfaßte.

Um sich gegen den unausbleiblichen Vorwurf der Fraktionsbildung und der Konterrevolution zu wappnen, zog Trotzki einen historischen Vergleich zur Französischen Revolution und zu den Ereignissen des Thermidor. In diesem Monat waren 1794 Robespierre und sein jakobinisches Regime gestürzt worden. Der marxistischen Orthodoxie zufolge verkörperte die Ausschaltung Robespierres einen Sieg der bürgerlichen Konterrevolution über die wahren Verfechter von Revolution und sozialer Reform. Trotzki argumentierte, daß die Gefahr einer Wiederholung dieses Vorgangs in Rußland drohe, daß die Kräfte des »Thermidor«, in der aktuellen Situation vertreten durch den Parteiapparat, die von den Massen verkörperte revolutionäre Tradition verschütten und zerstören würden. Die wahre Vertreterin der Massen war aus dieser Sicht natürlich die Opposition.

Alle Mißstände der aktuellen Lage resultierten, so Trotzkis Argumentation weiter, aus der sich weiter vertiefenden Kluft zwischen der Bürokratie und dem Proletariat. Die Unterdrückung jeder abweichenden Meinung und die Abschaffung der innerparteilichen Demokratie seien das Ergebnis der »Diskrepanz zwischen der Richtung der Wirtschaftspolitik und der Richtung der Gefühle und Gedanken der proletarischen Avantgarde«. Mit dieser Argumentation appellierte die Opposition faktisch an diejenigen in der Partei – besonders die alten Mitglieder aus der Zeit vor 1917 –, die sich fragten, was denn eigentlich fast zehn Jahre nach der Revolution aus den Hoffnungen und Verheißungen geworden war, die sie einst verkörpert und verkündet hatte. Seit Einführung der NEP hatte sich die Wirtschaft einigermaßen erholt, und bis 1930 würde sie den Stand von 1913 wieder erreichen; aber damals hatten doch gerade die Sozialisten Rußland als das Armenhaus Europas, als eine rückständige und barbarische Gesellschaft gebrandmarkt. Und nun sollte dies alles sein, was die Revolution bewerkstelligt hatte? Eine Fortsetzung der gegenwärtigen Politik konnte nur zu weiterem Verfall führen. Was jetzt not tat, war, die von der Opposition schon wiederholt aufgestellten Forderungen in die Tat umzusetzen: Vorrang für die Entwicklung der Industrie, Verbesserung der elenden Lage der Industriearbeiter und Maßnahmen gegen die Bedrohung der sozialistischen Entwicklung durch den wachsenden Wohlstand und Einfluß der Mittelbauern und der »Kulaken«.

Im internationalen Bereich suchte die Opposition die Schuld für die Mißerfolge der Komintern (beispielsweise ihr »Versagen« angesichts des Generalstreiks im Mai 1926 in Großbritannien) in dem Mangel an revolutionärer Begeisterung, den die Konzentration auf die Politik des »Sozialismus in einem Lande« nach sich zog, und bei der Abkehr von dem Postulat, daß der Aufbau des Sozialismus in Rußland in enger Verbindung mit der Ausbreitung der Revolution in Europa und Asien zu sehen sei. Beides gehöre untrennbar zusammen: eine wahrhaft bolschewistische Politik im Interesse des Proletariats in der Sowjetunion und eine wahrhaft revolutionäre Politik in der Komintern. Die gegenwärtige Führung sei von beidem abgekommen.

Die Plenarsitzung des Zentralkomitees, auf der es zur ersten offenen Konfrontation kam, fand vom 14. bis 23. Juli 1926 statt, und die kleine Oppositionsgruppe unter Führung Trotzkis, Sinowjews und Kamenews versuchte mit allen ihr zu Gebote stehenden Mitteln, die Loyalität der ZK-Mehrheit zur Parteiführung ins Wanken zu bringen. Es kam zu hitzigen Debatten über die Industrialisierungs- und die Landwirtschaftspolitik, doch dann erhoben Stalin, Bucharin und Rykow gegen die Opposition einen vernichtenden Vorwurf, dem das Zentralkomitee sich mehrheitlich anschloß: den der Verschwörung gegen die Partei. »Alle diese zersetzenden Schritte der Opposition bezeugen, daß sie von der zulässigen Vertretung ihrer Auffassungen bereits zum Aufbau einer landesweiten illegalen Organisation übergegangen ist, die sich der Partei entgegenstellt und somit einer Spaltung in ihren Reihen Vorschub leistet.«[29] Als Drahtzieher dieser Verschwörung wurde nicht Trotzki an den Pranger gestellt, sondern Sinowjew (zweifellos ein Versuch, die Opposition zu spalten). Das ZK warf Sinowjew aus dem Politbüro und setzte an seine Stelle den Letten Jan Rudzutak, der damals zu den Anhängern Stalins zählte. Gleichzeitig wurden fünf neue Kandidaten in das ZK gewählt: Ordschonikidse, Andrejew, Kirow, Mikojan und Kaganowitsch, allesamt getreue Apparatschiks.

Ende September beschloß die Opposition, sich an die Parteibasis zu wenden, indem sie ihre Sache bei den Versammlungen der lokalen Parteizellen im ganzen Land verfocht. In einer Moskauer Flugzeugfabrik wurde eine Demonstration organisiert, bei der unter anderem Trotzki und Sinowjew eine Rede hielten; Sinowjew unternahm auch einen Versuch, die Leningrader Putilow-Werke zurückzugewinnen. Der Apparat beantwortete dies mit einer Kampagne gegen die Opposition und verwehrte ihr durch gezielte Schikanen und Einschüchterungen den Zugang zur Parteibasis. Angesichts des zunehmenden Drucks unterzeichneten die Wortführer der Opposition schließlich eine Kapitulationsurkunde, in der sie aller weiteren »Fraktionstätigkeit« abschworen und sich von ihren linken Gefolgsleuten in der Komintern und in der Arbeiteropposition distanzierten. Dieser plötzliche Rückzug war ein fataler Schlag für viele ihrer Anhänger, die ohnehin schon von der GPU drangsaliert wurden und jetzt allen Glauben an die Männer verloren, die sie ohne Vorwarnung im Stich gelassen hatten. Ihre Kapitula-

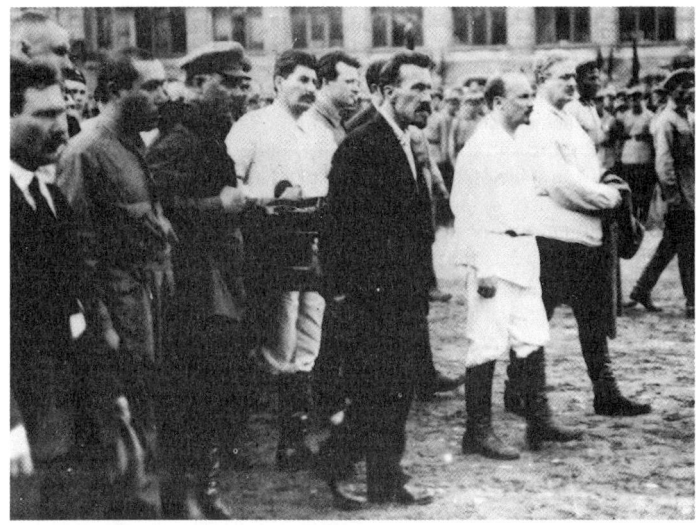

Im Juli 1926 starb Feliks Edmundowitsch Dzierzynski, der Gründer der Tscheka, der gefürchteten Geheimpolizei der Revolution, nach welchem noch Walter Ulbricht das Wachregiment des Ministeriums für Staatssicherheit benannte, das erst mit dem Sturz Honeckers aufgelöst wurde. Welche Bedeutung Dzierzynski auch über seine offizielle Funktion hinaus gehabt haben muß, zeigt seine Trauerfeier, auf der die mächtigsten Männer der Sowjetunion – Woroschilow, Stalin, Rykow und Bucharin – seinen Sarg über den Roten Platz tragen. Aber auch diese Szene gibt noch das Bild von Revolutionären. Zehn Jahre später werden die Spitzen des Staates solche Feierlichkeiten in erstarrter Formation absolvieren.

tion war ohnehin vergeblich, denn sie ermutigte Stalin nur, der zerbrökkelnden Opposition noch stärker zuzusetzen.

Im Oktober veröffentlichten Zeitungen in aller Welt den vollständigen Wortlaut des Leninschen Testaments, den die Opposition der Weltpresse übergeben hatte. Das Zentralkomitee beschloß daraufhin, den mit Trotzki, Sinowjew und Kamenew geschlossenen Waffenstillstand aufzukündigen, und am 25. Oktober legte Stalin bei einer Sitzung des Politbüros die »Thesen« über die Opposition vor, die er einer eigens hierfür einberufenen Parteikonferenz zu präsentieren gedachte. Die Sitzung fand in gespannter Atmosphäre statt. Trotzki beschwerte sich über den Bruch des Stillhalteabkommens, warf Stalin Untreue vor und warnte die Mehrheit vor einer Politik, die zum Bruderkampf führen und die Partei zerstören werde.

Stalin frontal angreifend, erklärte Trotzki: »Der Generalsekretär kandidiert für den Posten des Totengräbers der Nation!« Stalin sprang auf, versuchte vergebens sich zu beherrschen, rannte dann aus dem Saal und schlug die Tür hinter sich zu. Als Pjatakow später Trotzkis Frau die Szene beschrieb, sagte er: »Sie wissen, ich habe Pulverdampf gerochen, aber ich habe nie etwas Derartiges erlebt! Das war schlimmer als alles! Und warum, warum hat Lew Dawidowitsch das gesagt? Stalin wird ihm das bis ins dritte und vierte Geschlecht hinein niemals vergeben!«[30]

Einen Tag später entzog das Zentralkomitee Trotzki und Kamenew ihre Sitze im Politbüro und entfernte Sinowjew aus der Leitung der Komintern, wo Bucharin an seine Stelle rückte. Die kurz darauf beginnende Parteikonferenz dauerte nicht weniger als neun Tage, vom 26. Oktober bis 3. November 1926. Die Oppositionsführer erhielten keine Gelegenheit, ihren Standpunkt zu verteidigen, sondern mußten zuhören, wie Stalin, der sie als eine »Vereinigung von Kastrierten« verhöhnte, erläuterte, worum es seiner Ansicht nach ging: »Ist der Sieg des Sozialismus in unserem Land möglich, eingedenk dessen, daß es bis heute das einzige Land mit einer Diktatur des Proletariats ist, … und daß das Tempo der Weltrevolution sich verlangsamt hat?«[31]

In der anschließenden Debatte hatten die wenigen Wortführer der Opposition ihre liebe Not, sich gegen das Gejohle und die Zwischenrufe der Zuhörer durchzusetzen. Je rücksichtsloser jedoch die Führung ihre Macht zur Knebelung der Opposition einsetzte, desto deutlicher wurde auch, wie sehr sie sich durch kritische Argumente, die aus der Partei und von einem kommunistischen Standpunkt her vorgetragen wurden, bedroht fühlte. Nur so läßt sich die schiere Wut erklären, mit der nicht nur Stalin, sondern auch Gemäßigte wie Bucharin und Rykow auf die Opposition eindroschen – derselbe Bucharin, der sich bis dahin wiederholt gegen Anträge auf einen Parteiausschluß Trotzkis ausgesprochen hatte. Er war es, der jetzt verlangte, daß die Opposition nicht nur ihre Tätigkeit einstellen, sondern auch öffentlich ihre Irrtümer bekennen sollte. Die Betreffenden sollten, so forderte er, »mit gesenktem Kopf vor die Partei treten und sagen: ›Vergebt uns, denn wir haben gesündigt gegen den Geist und gegen den Buchstaben und gegen das Wesen des Leninismus.‹ Sagt es, sagt es ehrlich: Trotzki hatte unrecht… Warum habt ihr nicht den Mut,… zu sagen, daß es ein Fehler ist?«[32] Stalin war so entzückt, daß er ausrief: »Bravo, Bucharin, bravo. Er redet nicht, er sticht mit dem Messer.«

Allen Anwesenden war klar, daß die Führer der Opposition auf verlorenem Posten standen, aber die Tatsache, daß Stalin die Teilnehmer der Konferenz sorgfältig ausgesucht hatte, um eben dies sicherzustellen, war auch ein vielsagendes Indiz dafür, daß es ihm und seinen Bundesgenossen an Zutrauen zur Kraft ihrer eigenen Argumente mangelte und daß man demzufolge mit der Möglichkeit eines zumindest moralischen Sieges der Opposition rechnen mußte. Stalin tat sein Bestes, um seinen Standpunkt unter Berufung auf die Autorität Lenins zu untermauern, aber in der Schlacht der Zitate zog er doch den kürzeren. Als Trotzki mit Lenins unzweideutiger Aussage aufwartete: »Der vollständige Sieg der sozialistischen Revolution in einem Land ist undenkbar«, fiel Stalin nichts Besseres ein als ein wenig überzeugender Versuch, haarspalterisch zwischen dem »Sieg« und dem »vollständigen Sieg« des Sozialismus zu unterscheiden. Dennoch gibt es wohl keinen Zweifel daran, daß seine Schlußrede Stalin doch noch zu einem auch argumentativen Punktsieg über die Opposition verhalf. Was der Masse der von unten nachdrängenden jüngeren Funktionäre, die auf der Konferenz in großer Zahl vertreten waren, zusagte, war das robuste Zutrauen, das er in Rußland und in die Zukunft setzte. Nachdem er sich mit der Deutung eines Engels-Zitats durch Sinowjew auseinandergesetzt hatte, fügte er unter lautem Beifall hinzu, daß Engels, wäre er noch am Leben, sicherlich sagen würde: »Zum Teufel mit all den alten Formeln, es lebe die siegreiche Revolution in der UdSSR!«

Immer wieder kam Stalin auf den mangelnden Glauben der Opposition an die »inneren Kräfte unserer Revolution« zurück, auf ihren Defätismus, ihr Herumnörgeln an allem, was in Rußland geschaffen worden war, ihr Beharren darauf, daß die Zukunft der Revolution sich im Ausland entscheiden werde. Stalin dagegen eröffnete den Delegierten eine optimistischere Perspektive: den Blick auf das, was das große Rußland aus eigener Kraft erreichen konnte, ungeachtet dessen, was draußen vor sich ging. Hatte man nicht 1917 gegen alle Wahrscheinlichkeit ein politisches Wunder vollbracht, das die Welt in Erstaunen versetzt hatte? Weshalb sollte es nicht jetzt, gegen alle Widerstände, gelingen, die Welt durch ein sowjetisches Wirtschaftswunder erneut in Erstaunen zu versetzen?

Als die Leitung der Komintern im Dezember 1927 zusammentrat, sah sie sich einem selbstbewußt auftretenden Stalin gegenüber, der die restlose Entfernung aller Oppositionellen aus der Internationale durchgesetzt hatte. Bucharin war bereits nach Berlin gereist und hatte den Ausschluß von fünf Wortführern des linken Flügels aus der KPD veranlaßt; der überzeugte Stalinist Maurice Thorez hatte die Führung der französischen KP übernommen. Die Kommunistische Internationale war an die Machtverhältnisse in der sowjetischen Partei angepaßt worden.

Doch dann eröffnete ein schwerer Rückschlag, den die internationale Politik des Politbüros in China erlitt, der Opposition noch einmal die Chance zur Kritik. Seit dem Abschluß einer Vereinbarung zwischen der sowjetischen Regierung und der Kuomintang (der Nationalen Volkspartei von Sun Yat-sen) im Jahr 1923 waren die chinesischen Kommunisten auf eine Zusammenarbeit mit der Kuomintang festgelegt gewesen. Die Angriffe Trotzkis und Sinowjews hatten sich unter anderem darauf gerichtet, daß die Politik der »Einheitsfront«, also der Bündnisse mit nichtkommunistischen Kräften, die Stalin und Bucharin der Komintern aufgenötigt hatten, zum leichtfertigen Verzicht auf revolutionäre Gelegenheiten führe. Im Mai 1926 waren Hoffnungen, die man in ein Bündnis mit den britischen Gewerkschaften gesetzt hatte, durch das Scheitern des Generalstreiks in Großbritannien zerstoben. Die Opposition warnte vor einem ähnlichen

Rückschlag in China, hatten doch die dortigen Kommunisten das deutliche Gefühl, die russische Parteiführung habe mehr Interesse daran, sich Einfluß auf den Nachfolger Sun Yat-Sens, Tschiang Kai-schek, zu verschaffen, den sie als den kommenden Mann in China betrachtete, als die Kommunisten in ihrem revolutionären Kampf zu unterstützen.

Im April 1927 sagte Tschiang Kai-schek seinen bisherigen kommunistischen Verbündeten plötzlich den Kampf an und ließ in Schanghai Tausende von ihnen massakrieren. Daraufhin legte die russische Opposition dem Politbüro am 25. Mai eine »Erklärung der 84« vor, in der nicht nur die »opportunistische« Außenpolitik der Führung kritisiert, sondern auch ein Zusammenhang hergestellt wurde zwischen den erlittenen Rückschlägen und den innenpolitischen Sündenfällen des Politbüros, insbesondere der »unrichtigen, kleinbürgerlichen Theorie vom Sozialismus in einem Lande, die mit Marxismus oder Leninismus nichts gemein hat«. Der Ruf nach der Einheit der Partei würde nur erhoben, um einen Vorwand für die Unterdrückung jeder wirklich proletarischen Kritik zu haben. »Die falsche Linie wird mechanisch von oben durchgesetzt.«

Eine Razzia der Londoner Polizei in der dortigen sowjetischen Handelsvertretung und der darauffolgende Abbruch der diplomatischen Beziehungen durch die britische Regierung im Mai 1927 schürten sowohl bei der sowjetischen Regierung als auch bei der Opposition die Furcht vor einem bevorstehenden Krieg gegen Großbritannien. Die Opposition forderte eine Abkehr von der Politik der Einheitsfront und die Abberufung der amtierenden »unfähigen und repressiven« Sowjetregierung; die Parteiführung ihrerseits forderte im Angesicht einer »von Chamberlain bis Trotzki reichenden Einheitsfront« und der drohenden Kriegsgefahr erst recht Einheit innerhalb der Partei und attackierte die Vertreter der Opposition, als Defätisten. Als ein Trotzki-Gefolgsmann namens Smilga in den Fernen Osten »versetzt« wurde, kam es am Bahnhof zu einer Demonstration bei der Trotzki eine Rede hielt. Die OGPU forderte die Genehmigung, die Oppositionsführer verhaften zu dürfen, und Stalin betrieb ihren Ausschluß aus der Partei.

Während sich das Politbüro noch unschlüssig zeigte, wandte Stalin sich an das gemeinsame Plenum von Zentralkomitee und Kontrollkommission, vor dem Trotzki erklärte, allein die Opposition sei kompetent genug, das Land durch die gegenwärtigen Schwierigkeiten zu steuern. Er zog eine Parallele zum Frankreich der Kriegsjahre, wo Clemenceau, im Angesicht der herannahenden Katastrophe unablässig die Regierung attackiert habe, bis ihm schließlich die Gelegenheit geboten worden sei, die notwendige Führungsrolle zu übernehmen. Damit löste Trotzki erneut wütende Tumulte aus, und die Parteiführung organisierte Schlägertrupps, die den Auftrag erhielten, Veranstaltungen der Opposition zu sprengen. Außerdem verdoppelte Stalin seine Anstrengungen, den bereits mehrmals hinausgeschobenen Fünfzehnten Parteitag, auf dem er seine Kritiker endgültig mundtot zu machen gedachte, so sorgfältig wie möglich vorzubereiten und abzusichern.

Die Wochen vor dem zehnten Jahrestag der Oktoberrevolution, den man am 7. November 1927 (neuer Zeitrechnung) beging, standen ganz im Zeichen der Konfrontation zwischen Stalin und Trotzki. Im September legte die Opposition ihre dritte und ausführlichste politische Plattform vor und ließ diese, nachdem das Politbüro die Veröffentlichung abgelehnt hatte, trotz ausdrücklichen Verbotes im Untergrund drucken, woraufhin die Druckerei von der OGPU ausgehoben wurde. In der letzten Rede, die Trotzki als führendes Mitglied der KPdSU halten sollte, attackierte er daraufhin jene Politbüro-Mitglieder, die die Ideale der Revolution verraten hatten, und erzwang auf einem weiteren gemeinsamen Plenum, das zwischen dem 21. und 23. Oktober stattfand, eine offene Diskussion über Lenins Testament und die darin enthaltene Kritik an Stalin. »Die Grobheit und Illoyalität, über die Lenin geschrieben hat«, erklärte Trotzki, »sind keine bloß persönlichen Eigenschaften mehr. Sie sind zum Grundzug unserer gegenwärtigen Führung geworden, die dem Glauben an die Allmacht gewaltsamer Methoden huldigt - selbst im Umgang mit der eigenen Partei.«[33]

Stalin begann seine Entgegnung, indem er daran erinnerte, daß Trotzki zwei Jahre zuvor die Existenz eines solchen Dokuments – freilich auf Stalins Drängen hin – bestritten hatte. Dann räumte er freimütig ein, daß das Testament sehr wohl existiere und daß Lenin darin tatsächlich darauf gedrängt habe, ihn wegen seiner Grobheit als Generalsekretär abzulösen. Er las die Passage wörtlich vor und sagte dazu: »Ja, Genossen, ich bin grob gegen diejenigen, die grob und verräterisch die Partei zersetzen und spalten. Ich habe das nicht verheimlicht und verheimliche es nicht.« Lenin habe in seinem Testament, so Stalin weiter, auch Trotzki, Kamenew und Sinowjew kritisiert und alle drei als politisch nicht vertrauenswürdig bezeichnet. »Es ist bezeichnend«, fuhr er fort, »daß über Fehler Stalins in dem Testament kein einziges Wort, keine einzige Andeutung enthalten ist. Dort ist nur von der Grobheit Stalins die Rede. Aber Grobheit ist kein Fehler in der politischen Linie beziehungsweise Position Stalins und kann es nicht sein.« Ob es wahr sei, daß Bolschewisten mit abweichender Meinung in großer Zahl verhaftet worden seien und noch würden? »Ja«, sagte Stalin, »wir verhaften sie, und wir werden sie verhaften, wenn sie nicht aufhören, die Partei und die Sowjetmacht zu untergraben!«[34]

Am Jahrestag der bolschewistischen Machtergreifung veranstaltete die Opposition in Moskau und Leningrad Straßendemonstrationen, doch die Demonstranten wurden von der Polizei auseinandergetrieben und ihre Fahnen von organisierten Banden heruntergerissen. Eine Woche später folgte endlich der Ausschluß Trotzkis und Sinowjews aus der Partei, und auf dem Fünfzehnten Parteitag im Dezember 1927 ereilte weitere 75 mit ihnen sympathisierende Parteigenossen sowie 18 demokratische Zentralisten das gleiche Schicksal. Sinowjew und Kamenew beantragten ihre Wiederaufnahme; die Parteiführung machte ihnen die Auflage, sie müßten ihre bisherigen Ansichten als antileninistisch widerrufen, und lehnte dann dennoch ihren Antrag ab. Man sagte ihnen, sie könnten sich in sechs Monaten wieder bewerben, was sie auch taten.

Der Parteitag selbst geriet zu einer Demonstration der Loyalität zur Parteiführung. Stalin, so selbstsicher, wie man ihn noch nie gesehen hatte, goß Hohn und Spott über die kleinbürgerlichen Intellektuellen aus, die vom Leben abgeschnitten seien, von der Revolution, von der Partei und von den Arbeitern. Der damals vierunddreißigjährige Nikita Chruschtschow, der an dem Parteitag als Mitglied der ukrainischen Delegation teilnahm, erlebte dies alles mit großer Freude. Man hatte ihm und seinen Genossen vorher genau gesagt, was sie zu tun hatten, und so jubelten sie lautstark, als Rykow Stalin einen stählernen Besen überreichte, damit er »unsere Feinde hinwegfegen kann«. »Damals, auf dem Fünfzehnten Parteitag«, schreibt Chruschtschow in seinen Erinnerungen, »zweifelten wir nicht einen Augenblick daran, daß Stalin und seine Anhänger im Recht waren und die Opposition im Unrecht... Wir hielten es mit dem Sprichwort: Wo gehobelt wird, da fallen Späne. Schließlich war Stalin nicht durch Zufall erster Mann in der Partei... Er hatte in kurzer Zeit einen weiten Weg zurückgelegt und Partei und Volk auf diesem Weg mitgenommen.«[35]

Auf dem ersten ZK-Plenum nach dem Fünfzehnten Parteitag bot Stalin seinen Rücktritt vom Amt des Generalsekretärs an. In seiner Ansprache an das vereinigte Plenum erklärte er: »Ich glaube, daß bis vor kurzem Umstände vorhanden waren, die dazu führten, daß die Partei mich auf diesem Posten brauchte als einen Mann, der ziemlich hart austeilen konnte, weil das ein gewisses Gegenmittel gegen die Opposition war... Jetzt ist die Opposition nicht nur zerschmettert, sondern aus der Partei ausgeschlossen. Aber immer noch haben wir die Empfehlung Lenins, die meiner Meinung nach jetzt in die Tat umgesetzt werden sollte. Ich ersuche daher das Plenum, mich von meinem Posten als Generalsekretär zu entbinden. Ich versichere euch, Genossen, daß die Partei davon nur profitieren kann.«[36]

Stalin bestand darauf, daß sein Rücktrittsangebot zur Abstimmung gestellt wurde. Was er genau gewußt hatte, trat ein: Das Angebot wurde einstimmig, bei einer einzigen Enthaltung, zurückgewiesen. Mit einem einzigen Streich hatte Stalin Lenins Testament zu Makulatur gemacht und sich ein überwältigendes Vertrauensvotum gesichert, das ein Blankoscheck für alle weiteren Schritte war.

Weitere 1500 weniger prominente Genossen schloß man anschließend noch aus der Partei aus. Trotzki, der sich weigerte, zu Kreuze zu kriechen, wurde im Januar 1928 von der OGPU aus seiner Wohnung im Kreml geholt, auf einem Vorortbahnhof – damit es nicht zu einer Demonstration kam – in einen Zug gesetzt und in die Verbannung nach Alma-Ata befördert, 4000 Kilometer von Moskau entfernt, im hintersten Winkel Zentralasiens. Es war ein Abschied für immer.

Der Parteiausschluß Trotzkis und Sinowjews markierte das Ende jeder offenen und legalen Opposition innerhalb der Partei. In der letzten Phase des Aufstiegs Stalins zur Macht, die jetzt folgte, verschwand das Wort »Opposition« aus dem Sprachgebrauch. Als Bucharin und seine Gesinnungsgenossen an den Pranger gestellt wurden, lautete die Anklage nicht auf »Opposition« – so etwas konnte es nicht mehr geben –, sondern auf »Abweichung«. Es paßte zu diesem neuen Stil, daß von dem Konflikt zwischen Stalin und Bucharin, Rykow und Tomski über ein Jahr lang nichts an die Öffentlichkeit drang und beide Seiten die Gerüchte über einen Bruch im Politbüro dementierten. Opposition konnte nun nicht mehr auf offener Bühne, sondern nur noch hinter den Kulissen stattfinden, und dort hatte Stalin auch seine Widersacher immer schon besiegt, bevor er sie öffentlich angriff.

Bis die vereinte Opposition ausgeschaltet war, hatte Stalin darauf geachtet, die gemäßigte Gruppe im Politbüro – Bucharin, Rykow, Tomski – auf seiner Seite zu halten. Bucharin hatte ebenso heftige Attacken gegen Trotzki geritten wie Stalin selbst. Daß sich jetzt eine Kluft zwischen ihnen auftat, lag nicht an Bucharin oder seinen Gefolgsleuten. Es lag an einer politischen Kehrtwende, die Stalin vollzog. Ihr Versuch, dagegen Widerstand zu leisten, brachte ihnen den Vorwurf der »Abweichung« ein, dazu die ultimative Aufforderung, die Überzeugungen zu widerrufen, die sie bis jetzt im Verein mit Stalin vertreten hatten, und sich zur neuen Orthodoxie zu bekennen.

Stalins letztes Duell mit Trotzki und die Kaltblütigkeit, mit der er das von der Opposition als Waffe in den Kampf geworfene Testament Lenins aufgefangen und gegen sie gewendet hatte, dies alles zeigte, wieviel Selbstvertrauen er gewonnen hatte. Daß es ihm gelungen war, Trotzki und Sinowjew im offenen Kampf zu besiegen und auszuschalten, eröffnete ihm einen größeren Handlungsspielraum. Jetzt, da ihm niemand mehr seine Stellung hätte streitig machen können, konnte er die Initiative übernehmen und sich frei von Rücksichten, die sich aus den taktischen Notwendigkeiten des innerparteilichen Machtkampfes ergaben, den politischen Problemen zuwenden, die ihn interessierten.

Im Rückblick lassen die Äußerungen Stalins und Bucharins über wirtschaftspolitische Fragen schon in früheren Phasen unterschiedliche Akzente erkennen, denen aber damals keine große Bedeutung beigemessen wurde. Im Sommer lösten zurückgehende Getreideablieferungen in der Parteispitze große Beunruhigung aus, zumal es eine Rekordernte gegeben hatte. Die Bauern horteten große Teile ihrer Ernte und reagierten damit auf die schlechten Getreidepreise, die angeblich auf ausdrücklichen Befehl Stalins geringgehalten wurden.[37] Die Trotzki-Sinowjew-Opposition schlug vor, den Bauern die benötigten Mengen gewaltsam wegzunehmen; doch das Zentralkomitee wies dies im August 1927 als »absurd und demagogisch« zurück.

Auch die Resolutionen, die das Zentralkomitee im Oktober verabschiedete und die später vom Fünfzehnten Parteitag bekräftigt wurden, ließen ein Vorhandensein von Gegensätzen nicht erkennen. Sie waren zurückhaltend formuliert und zeugten von dem Bemühen, einen Ausgleich zwischen Industrie und Landwirtschaft herbeizuführen. »Es kommt darauf an, von der optimalen Verbindung beider Faktoren auszugehen«, so lautete die immer wiederkehrende Botschaft der Rede Rykows über die wirtschaftlichen Planungen; und Molotow, der die Resolution über die Landwirtschaft einbrachte, sprach zuversichtlich vom Sieg der sozialistischen Elemente und der Mittelbauern über die Kulaken, sprach sich für Kollektivierungen aus, solange sie schrittweise und freiwillig erfolgten, und bezeichnete Genossenschaften als geeignete Vorformen des Sozialismus.

Stalin selbst erklärte auf dem Parteitag: »Unrecht haben die Genossen, die da glauben, man könnte und müßte mit dem Kulaken durch administrative Maßnahmen, durch die OGPU Schluß machen: befohlen, gestempelt und basta. Das ist ein leichtes, aber bei weitem nicht wirksames Mittel. Der Kulak muß durch wirtschaftliche Maßnahmen... angepackt werden. Das schließt natürlich die Anwendung gewisser notwendiger administrativer Maßnahmen gegen die Kulaken nicht aus. Aber die administrativen Maßnahmen dürfen nicht an die Stelle wirtschaftlicher Maßnahmen treten.«[38] Erst in letzter Minute, kurz vor der Abstimmung über die Resolution zur Landwirtschaftspolitik, wurde hastig der folgende Satz hinzugefügt: »Zum gegenwärtigen Zeitpunkt muß die Aufgabe der Umwandlung und Verschmelzung kleiner Einzelhöfe mit großen Kollektivfarmen zur grundlegenden Aufgabe der Partei auf dem Land erklärt werden.«[39] Über die Größenordnung dieser Umwandlung oder den Zeitraum, in dem sie erfolgen sollte, wurde nichts gesagt.

Kaum aber waren die Delegierten nach Hause zurückgefahren, da veranlaßte Stalin – mit Billigung Bucharins, Rykows und Tomskis –, das Zentralkomitee, nicht eine Weisung, sondern gleich deren drei auf den Weg zu bringen, in denen »außerordentliche Maßnahmen« angeordnet wurden, mit denen eben jenes gewaltsame Beschlagnahmen von Getreidevorräten durchgesetzt werden sollte, das er und der Parteitag soeben abgelehnt hatten. Die dritte Weisung schloß mit Drohungen gegen die örtlichen Parteiführer, für den Fall, daß sie nicht binnen kürzester Frist eine deutliche Steigerung der staatlichen Getreideankäufe zuwege brachten.

Die Tatkraft, mit der Stalin die Durchführung seiner Anordnungen erzwang, setzte einen Prozeß in Gang, der in der Folge Eigendynamik gewann. Tausende von Parteimitgliedern wurden aufgerufen, sich den ländlichen Parteigliederungen als Helfer zur Verfügung zu stellen. Stalin selbst tat einen nie dagewesenen Schritt, als er im Januar 1928 in Begleitung Molotows persönlich ins westliche Sibirien reiste und, zum ersten und einzigen Mal in seinem Leben, drei Wochen lang die Landwirtschaft einer Region inspizierte. Er las den lokalen Funktionären die Leviten, warf ihnen vor, sie schreckten um des lieben Friedens willen davor zurück, Gewalt anzuwenden und die Kulaken zur Übergabe der Getreidevorräte zu zwingen, die deren Scheunen seiner Überzeugung nach kaum noch zu fassen vermochten. Um den ärmeren Bauern einen Anreiz zu bieten, ihre bessergestellten Nachbarn zu denunzieren, wurde verfügt, daß ein Viertel des beschlagnahmten Getreides zu niedrigen Preisen an sie verkauft werden sollte. Wer sich sträube, solle nach Artikel 107 des Strafgesetzbuchs als »Spekulant« angeklagt werden. Als der Einwand kam, auf solche außerordentlichen Strafverfolgungsmaßnahmen seien die Justizbehörden nicht eingestellt, konterte Stalin mit der Feststellung, es seien eben »außerordentliche Maßnahmen, na und?« Richter und Staatsanwälte, die darauf »nicht eingestellt« seien, müßten entlassen werden. Die Sowjetregierung könne nicht tatenlos zusehen, wie die Kulaken den Staat erpreßten. »Es wird bei den Getreideablieferungen Sabotage geben, solange es den Kulaken gibt.«[40]

Die »außerordentlichen Maßnahmen« griffen. Das Defizit bei den staatlichen Getreideeinkäufen konnte wettgemacht werden. Doch so geeignet die Methode der gewaltsamen Beschlagnahme für die Behebung eines kurzfristigen Notstandes auch sein mochte, ihre langfristigen Folgen waren unabsehbar. In den Augen der Kulaken und Mittelbauern war dies ein Rückfall in die Verhältnisse des Kriegskommunismus und ein Signal, das eine Kettenreaktion in Gang setzte. Die Bauern säten nach dieser Erfahrung weniger aus, viele verkauften ihren Hof.

Die Ereignisse zu Beginn des Jahres 1928 markierten den Beginn eines der düstersten Kapitel in der sowjetischen Geschichte, der Kollektivierung der sowjetischen Landwirtschaft, deren katastrophale Folgen bis heute spürbar sind. Es ist wichtig, von vornherein deutlich zu machen, auf welche Weise Stalin die Doppeldeutigkeit des russischen Wortes *kulak* (wörtlich übersetzt »Faust«) nutzte, das er beständig im Mund führte, wenn von der Kollektivierung die Rede war.

Der Volkskommissar für Landwirtschaft in der russischen Sowjetrepublik, Smirnow, hatte in einer 1926 veröffentlichten Broschüre die wohlhabenderen Bauern in zwei Gruppen eingeteilt. Die erste Kategorie war die des Kulaken, der »die Dorfgemeinschaft auffrißt«, ihr »bei lebendigem Leib die Haut abzieht«, der Tagelöhner und Dienstknechte beschäftigte, Handel trieb und Geld verlieh. Das war die herkömmliche Bedeutung des Wortes, aber Smirnow betonte, dieser Typ des Bauern sei seit der Revolution und der Umverteilung des Bodens fast überall verschwunden. Der zweite Typ, so Smirnow weiter, sei der tatkräftige und fähige Landwirt, der bei Bedarf Tagelöhner beschäftige, um höhere Erträge zu erwirtschaften, sich aber nicht als Wucherer oder Kapitalist betätige und mit den Kulaken der vorrevolutionären Zeit nicht verwechselt werden dürfe.[41] Bucharin traf eine ähnliche Unterscheidung, als er dem »wohlhabenden Gastwirt, Dorfwucherer und Kulaken« den »starken Landwirt« gegenüberstellte.[42] Stalin wollte von dieser Unterscheidung nichts wissen. Seiner Überzeugung nach hatte die NEP eine »neue Kulakenklasse« hervorgebracht, die sich mästete und sich bewußt antisowjetisch verhielt, indem sie große Getreidemengen zurück-hielt. Daraus folgte, daß die korrekte Linie der Partei darin bestehen mußte, die armen Bauern zu unterstützen und die Ausbeuter zu enteignen.

Zahlen, die später von sowjetischen Volkswirtschaftlern veröffentlicht worden sind, zeigen, daß es in der Sowjetunion 1927 insgesamt nicht mehr als eine Million Kulaken gab, was einem Anteil von 3,9 Prozent aller Bauern entsprach (gegenüber 15 Prozent vor der Revolution von 1917). Ein Bauer galt einer gebräuchlichen Faustregel zufolge als Kulake, wenn er zehn bis 16 Hektar fruchtbaren Bodens besaß und bebaute. Diese »energischeren und wohlhabenderen Landwirte«, die mit einer ertragsabhängigen Steuer belegt waren, »wiesen keinerlei Ähnlichkeit mit dem Kulaken der Vor-kriegszeit auf, der ein gefürchteter Mann war und gesellschaftlich weit über dem durchschnittlichen Kleinbauern stand. Der Kulak der Vorkriegszeit war, soweit er nicht [im Bürgerkrieg] physisch vernichtet worden war, wie-der in die Masse zurückgesunken.«[43]

Stalins offen propagiertes Bemühen, den Klassenhaß auf dem Land anzuheizen, ließ eine weitere bedeutsame Veränderung außer acht, die sich auf dem Lande vollzogen hatte: die Zunahme der Zahl von Mittelbauern. Zu den *serednjaki*, die eine Anbaufläche zwischen zwei und zehn Hektar ihr eigen nannten, hatten vor der Revolution nur zwanzig Prozent aller Bauern gezählt, bis 1927 war ihr Anteil aber auf 62,7 Prozent angestiegen. Die Folge davon, daß Stalin sich weigerte, zwischen den Kulaken und den weitaus zahlreicheren Mittelbauern zu unterscheiden, war, daß ein guter Teil der vorsätzlichen Unterdrückungsmaßnahmen, die den Kulaken den Garaus machen sollten, die *serednjaki* traf. Damit machte er sich genau jene tüchti-geren und fähigeren Teile der ländlichen Bevölkerung zum Feind, von deren Mitarbeit der Erfolg des Umbaus der sowjetischen Landwirtschaft abhing.

Stalin war sich darüber im klaren, daß es im Politbüro Widerstand gegen jeden Vorschlag geben würde, zu den Methoden des Kriegskommunismus zurückzukehren und die NEP zu beenden. Nach der Rückkehr von seiner Sibirien-Reise im April 1928 beeilte er sich denn auch, alle diesbezüglichen Gerüchte als »konterrevolutionären Klatsch« abzutun. »Die NEP ist die Grundlage unserer Wirtschaftspolitik und wird das für eine lange geschicht-liche Periode auch bleiben.«[44] Gleichwohl wurden noch im selben Monat, nachdem die Getreideablieferungen wieder ins Stocken geraten waren, erneut und verstärkt »außerordentliche Maßnahmen« durchgeführt.

Die Vorräte der Kulaken hatte man sich schon geholt; jetzt ging man auf die Suche nach noch vorhandenen Vorratslagern der Mittelbauern. Im Juni gab es erste Berichte über Bauernaufstände, namentlich in den fruchtbaren Getreideanbaugebieten des Nordkaukasus. Sogar die Gefolgsleute Stalins im Politbüro und im Zentralkomitee waren verwirrt und zeigten sich beunruhigt. Um die Gemüter zu beruhigen, ließ Stalin die Getreidepreise heraufsetzen und zwischen Juni und August 1928 eine Viertelmillion Tonnen Getreide importieren.

Im Vorfeld der für Juli 1928 anberaumten Plenarsitzung warben Bucharin, Rykow und Tomski im Kreis der ZK-Mitglieder, von denen sich viele noch keine feste Meinung zur Landwirtschaftspolitik gebildet hatten, um Unterstützung für ihre Position. Doch die Mehrheit, auf die sie zählen zu können glaubten, stand nur auf dem Papier; unter dem Druck, den Stalin mit Hilfe seiner Vertrauensleute in der Parteiorganisation auszuüben vermochte, schmolz sie dahin. Bucharin erklärte in seiner Rede, industrielles Wachstum sei langfristig nur auf der Grundlage einer prosperierenden Landwirtschaft möglich, doch die sowjetische Landwirtschaft befinde sich infolge der Beschlagnahmungen auf einer Talfahrt. Stalin tat in seiner Antwort die Befürchtungen Bucharins als »Kapitulationismus« ab und wärmte das seinerzeit von Preobraschenski vorgebrachte (und von Stalin selbst damals zurückgewiesene) Argument auf, da Rußland nicht über Kolonien verfüge, müsse die Bauernschaft »so etwas wie einen Tribut« für die beschleunigte Entwicklung der Industrie zahlen.

Stalin spielte in der für ihn charakteristischen Weise mit einer Reihe von Lenin-Zitaten, um der NEP eine neue Bedeutung zu geben: Sie sei keineswegs ein Schritt zurück gewesen, sondern verkörpere eine »siegreiche und systematische Offensive gegen kapitalistische Elemente unserer Wirtschaft«, und daher hätten in ihr energische Maßnahmen gegen die Kulaken und für die Kollektivierung der übrigen Bauern sehr wohl Platz. Indem Stalin seinen eigenen Schwenk nach links wieder einmal als die einzig korrekte Interpretation der orthodoxen Lehre hinstellte, schaffte er das Kunststück, »uns als die Abweichler erscheinen zu lassen«, wie Bucharin sich beklagte. Stalin erklärte, die von den Kulaken geübte Sabotage und ihre Feindseligkeit gegen das Sowjetregime seien die Ursache aller Schwierigkeiten. Allerdings sei dieser Widerstand, so fügte er hinzu, nur natürlich, da bekanntlich der Klassenkampf sich unweigerlich verschärfe, je näher ein Land dem Sozialismus komme. Diese verwegene These, die das genaue Gegenteil von allem war, woran Bucharin glaubte, bildete von jetzt an eines der zentralen Dogmen im Lehrgebäude des Stalinschen Marxismus-Leninismus.[45]

Von Störern und Zwischenrufern immer wieder unterbrochen, wies Bucharin darauf hin, daß man Gefahr laufe, es sich mit den Mittelbauern zu verderben und die *smytschka* zu gefährden, das Bündnis zwischen Proletariat und Bauern, das Lenin als eine wesentliche Voraussetzung dafür betrachtet hatte, die Rückständigkeit der Sowjetunion zu überwinden. Niemand stellte die Frage, ob dieses Diktum Lenins je mehr gewesen war als eine als Parole verkleidete Illusion.

Stalin errang auf dem Juli-Plenum noch keinen endgültigen Sieg und strebte diesen auch nicht an. Er brauchte noch Zeit, um das, was er vorhatte, in die Wege zu leiten und diejenigen zu isolieren, von denen Widerstand zu erwarten war. Eine offene Konfrontation würde er erst herbeiführen, wenn er sich dafür gerüstet fühlte, und das sollte noch bis zum nächsten Sommer dauern. Aber auch Bucharin, Rykow und Tomski wollten einen in der Öffentlichkeit ausgetragenen Streit um jeden Preis vermeiden. Sie hatten erlebt, was mit Trotzki und Sinowjew geschehen war, hatten sich an den zu deren politischer Vernichtung führenden Manövern beteiligt und wußten, welche Waffe der Vorwurf der Fraktionsbildung in den Händen Stalins sein konnte, wenn sie ihm einen Vorwand dafür lieferten. Noch hofften sie, es könnte ihnen, wenn sie sich darauf beschränkten, ihre Argumente im Politbüro vorzubringen, gelingen, Stalin zu überzeugen oder ihn mindestens zu bremsen und eine allzu abrupte Abkehr von der NEP zu verhindern.

Diese Rechnung schien anfänglich durchaus aufzugehen. Die Resolutionen, die nach der Plenarsitzung vom Juli 1928 veröffentlicht wurden, ließen darauf schließen, daß ein Kompromiß gefunden worden war; Rykow berichtete vor der Moskauer Parteiorganisation, die im vergangenen Winter vollzogene Wende nach links sei zurückgenommen worden (ob er wohl selbst daran glaubte?), und Trotzki prophezeite seinen Anhängern – mit denen er noch in Verbindung stand – einen Sieg der Rechten; seiner Überzeugung nach hatte Stalin sein Spielen auf Zeit überzogen.

Unmittelbar nach der Juli-Debatte ging Bucharin das Wagnis ein, Kamenew, dem mit seiner Hilfe aus der Partei Ausgestoßenen, einen heimlichen Besuch abzustatten. Er fürchtete offenbar, Stalin werde sich mit der Kamenew-Sinowjew-Gruppe aussöhnen, und war gekommen, um Kamenew die Augen für die Gefährlichkeit der Lage zu öffnen. Bucharin wirkte verzweifelt; auf Kamenew machte er den Eindruck »eines Mannes, der weiß, daß seine Tage gezählt sind«. Er bezeichnete Stalin, mit dem er noch vor wenigen Monaten gemeinsame Sache gemacht hatte, als »einen Dschingis Khan«, der einen »für die Weltrevolution verhängnisvollen Kurs« steuere. »Ich habe seit mehreren Wochen nicht mehr mit Stalin gesprochen«, berichtete Bucharin. »Unsere Auseinandersetzungen mit ihm haben einen Punkt erreicht, wo man nur noch sagt: ›Du lügst!‹ Er hat Zugeständnisse gemacht, nur um uns später die Kehle durchschneiden zu können.« Kamenew gab sich unverbindlich, kommentierte aber seine Aufzeichnungen über das Gespräch (die von den Trotzkisten sechs Monate später heimlich verbreitet wurden) mit den Worten: »Stalin kennt nur eine Methode . . ., den Dolchstoß in den Rücken.«[46] Bucharin war zu der Überzeugung gekommen, Stalins Ziel bestehe nicht in einer Reform der NEP, sondern darin, an die Stelle dieser reformistischen, evolutionären Politik eine »zweite Revolution« zu setzen, eine Rückkehr zur Kommandowirtschaft des Kriegskommunismus. Beginnend mit der gewaltsamen Beschlagnahme von Getreide und mit einem neuen Bürgerkrieg auf dem Lande, würde diese Politik auf eine Vernichtung der Privatwirtschaft, eine drastische Beschleunigung des Industrialisierungsprozesses und eine völlige Umkehrung der »rechten«

Politik hinauslaufen, die Stalin selbst der Partei und der Internationale verordnet hatte – es handelte sich, kurz gesagt, um die Übernahme des Programms, um dessentwillen im Vorjahr die Linksopposition vernichtet worden war.

Mehrere Indizien sprachen tatsächlich für eine solche Schlußfolgerung. Da war zunächst einmal der erste große Schauprozeß, der im März 1928 in Moskau stattfand und bei dem Andrej Wyschinski erstmals als Ankläger auftrat. Es ging dabei um eine im März 1928 aufgedeckte angebliche konterrevolutionäre Verschwörung unter Beteiligung technischer Fachleute und ausländischer Mächte mit dem Ziel, die Kohlegruben in der Region Schachty im Donezbecken zu sabotieren. Ausländische Korrespondenten wurden eingeladen, dem Prozeß beizuwohnen, über den mit dem denkbar größten Aufwand berichtet wurde. Fünfundfünfzig Personen waren der Sabotage angeklagt; viele von ihnen waren »geständig«, elf wurden zum Tode verurteilt, fünf schließlich auch hingerichtet. Stalin machte aus der Sache eine Staatsaffäre und erklärte: »Wir haben Feinde im Innern. Wir haben äußere Feinde. Dies, Genossen, dürfen wir keinen Augenblick vergessen.«[47]

Das Verschwörungsmotiv war von da an, wie die Theorie von der Verschärfung des Klassenkampfs, ein ständig wiederkehrendes Element in den Reden Stalins, in den Berichten der sowjetischen Presse und in der »Agitprop-Arbeit« der Partei. Es wurde ein Klima voller Spannung und Angst erzeugt.

Die staatliche Planungsbehörde *Gosplan* war bei ihrer Arbeit bisher von der Voraussetzung ausgegangen, das Tempo der industriellen Entwicklung müsse sich danach richten, wie schnell mit Hilfe der florierenden Landwirtschaft Kapital akkumuliert werden könne. Nun erhielt sie eine Denkschrift, die der Oberste Wirtschaftsrat unter Federführung von Stalins Schützling Kuibyschew ausgearbeitet hatte und in der eine atemberaubende Steigerung der Industrieproduktion um 130 Prozent binnen fünf Jahren gefordert wurde. Stalin selbst erklärte Ende Mai in einem Aufruf an die Mitglieder der Partei, die einzige Lösung für die Probleme des Landes liege in der Kollektivierung der Landwirtschaft einerseits und einem rasanten Wachstum der Schwerindustrie andererseits. Die bislang üblich gewesene Einschränkung, die Kollektivierung werde schrittweise und auf freiwilliger Basis erfolgen, fehlte.

Ein weiteres Indiz lieferten die Vorgänge auf dem Sechsten Weltkongreß der Komintern, der im selben Saal des Moskauer Kreml stattfand, in dem fünf Tage zuvor der Schachty-Prozeß zu Ende gegangen war, und von Mitte Juli bis September 1928 dauerte. Dem äußeren Anschein nach war Bucharin, der Sekretär und formelle Chef der Komintern, die zentrale Figur; er hielt die Eröffnungs- und die Schlußrede und trug die drei wichtigsten Berichte vor. Doch aus der mehrheitlich mit Stalin-Anhängern besetzten russischen Delegation wurden entscheidende Thesen Bucharins angegriffen und ein radikal neuer Kurs gefordert: Die kommunistischen Parteien des Auslands sollten einen Linksruck vollziehen und sich künftig auf den Kampf gegen die Sozialdemokraten alias »Sozialfaschisten« konzentrieren, die Gewerkschaften zu spalten versuchen und ihre eigenen Reihen von Rechtsabweichlern säubern. Dieser Kurs verhielt sich zu Bucharins bisheriger Komintern-Linie ebenso konträr wie der propagierte neue Kurs in der Wirtschaftspolitik zur NEP.

Auch diese Angelegenheit wurde im Sommer 1928 noch nicht bis zu einer Entscheidung vorangetrieben; die fiel ein Jahr später. Noch gab es eine zu starke Opposition, und die verabschiedeten Resolutionen stellten, wie die des Juli-Plenums, nach mehreren Richtungen deutbare Kompromisse dar. Doch wieder hatte Stalin sich ein Stück Machtzuwachs gesichert. Seine Helfershelfer inszenierten eine Flüsterpropaganda gegen Bucharin, über den es hieß, er habe sich zu einem Ausbund an Rechtsabweichung entwickelt, leide an »politischer Syphilis« und gehöre nach Alma-Ata zu Trotzki. Diese Kampagne war so wirkungsvoll, daß das Politbüro im Namen aller seiner Mitglieder das Vorhandensein irgendwelcher Meinungsverschiedenheiten in seinen Reihen bestritt – ein unglaubwürdiges Dementi. Als der Kongreß zu Ende ging, hatten die meisten der ausländischen Delegierten sich die These Stalins zu eigen gemacht, derzufolge »die Rechtsabweichung jetzt die zentrale Gefahr« darstelle, zumal Bucharin sich öffentlich hinter diese Einschätzung gestellt hatte. Einmal in der Komintern verbreitet, konnten Anschuldigungen wie »Rechtsabweichlertum« oder »Rechtsopportunismus« künftig bei Bedarf schnell und bequem gegen Bucharin und seine Verbündeten erhoben werden, als die Abweichler, die die Partei zu spalten versuchten, während Stalin die Kontinuität der »korrekten Linie« verteidigte.

Ende September 1928 veröffentlichte Bucharin einen Artikel mit der Überschrift »Bemerkungen eines Ökonomen«[48] der, auch wenn darin keine Namen genannt wurden, nur als direkte Antwort auf jene Denkschrift verstanden werden konnte, in der Kuibyschew und der Oberste Volkswirtschaftsrat einen drastischen Anstieg der Investitionen im Bereich der Schwerindustrie gefordert hatten, ohne Rücksicht auf die Kosten, also auch um den Preis wirtschaftlicher Schieflagen und »aktiven Widerstandes« in der Bevölkerung. Die Wirtschaftsplaner Stalins hatten sich eine Parole zu eigen gemacht, die der Volkswirtschaftler Strumilin in Anlehnung an ein berühmtes Marx-Zitat formuliert hatte: »Unsere Aufgabe besteht nicht darin, die Wirtschaft zu studieren, sondern sie zu verändern. Uns binden keine Gesetze. Es gibt keine Festungen, die der Bolschewismus nicht erstürmen könnte. Die Frage des Tempos ist eine, die durch Menschen entschieden wird.«[49] Bucharin hielt dem entgegen, daß man bei der Planung wirtschaftlicher Abläufe bestimmte wechselseitige Abhängigkeiten beachten müsse und sich nicht über sie hinwegsetzen könne und daß die Politik

Kuibyschews ein Chaos in allen Bereichen der Wirtschaft auslösen werde. »Man kann sich an die Brust schlagen, Treue geloben und einen Eid auf die Industrialisierung schwören und alle Feinde und Renegaten verfluchen, aber davon werden die Dinge um keinen Deut besser.«[50] Das Politbüro beschloß daraufhin mehrheitlich, Bucharin für seine »unautorisierte« Veröffentlichung eine Verwarnung zu erteilen.

Im Herbst 1928 ging Stalin daran, die noch vorhandenen Machtbastionen der Rechten zu untergraben – mit denselben Mitteln, mit denen er Sinowjew seiner Hausmacht in Leningrad beraubt und Bucharin in der Komintern isoliert hatte. Uglanow, der als Schützling Stalins zum Chef der Moskauer Parteiorganisation aufgestiegen war, sich jetzt aber der Rechten angeschlossen hatte, merkte, daß seine Tage gezählt waren, als sein turnusgemäßer Rechenschaftsbericht vor dem Moskauer Parteikomitee nicht, wie sonst üblich, mit Beifall, sondern mit eisigem Schweigen aufgenommen wurde.

Aus Protest gegen die gezielte Kaltstellung ihrer Gefolgsleute drohten Bucharin, Rykow und Tomski nach einer wütenden Auseinandersetzung mit Stalin ihren Rücktritt aus dem Politbüro an. Stalin, der einen offenen Bruch zu diesem Zeitpunkt noch immer nicht wollte, brachte die drei mit Zugeständnissen (die nie eingelöst wurden) so weit, daß sie auf dem Novemberplenum des Zentralkomitees einem Kompromiß zustimmten. Stalin tischte dem Zentralkomitee bei dieser Gelegenheit die dreiste Lüge auf, es gebe im Politbüro keine Differenzen, und Rykow nickte dazu.

Der neue wirtschaftspolitische Kurs war jetzt eine Verbindung mit dem nationalistischen Leitmotiv vom »Sozialismus in einem Lande« eingegangen. Stalin gab das Ziel vor, die kapitalistischen Länder zu überholen und der »jahrhundertelangen Rückständigkeit unseres Landes« ein Ende zu setzen. Der Sozialismus war nicht mehr das Endprodukt des Kapitalismus, wie Marx geglaubt hatte, sondern eine Alternative zu ihm, darauf angelegt, in den hinter dem wirtschaftlich prosperierenden Westen zurückgebliebenen Ländern für eine beschleunigte industrielle Entwicklung zu sorgen.

Das Zentralkomitee verurteilte nicht nur die rechten Tendenzen und jede versöhnliche Haltung ihnen gegenüber, sondern attackierte auch diejenigen, die sich den Versöhnlern gegenüber versöhnlich zeigten. Bucharin und die seinen hatten so große Angst, der Fraktionsbildung geziehen zu werden, daß sie den ZK-Beschlüssen ihre rückhaltlose Zustimmung gaben. Wie vergeblich diese Unterwerfungsgeste war, sollte die weitere Entwicklung zeigen. Das ZK akzeptierte den »Rücktritt« Uglanows und dreier anderer Mitglieder des Moskauer Parteikomitees. Stalins Handlanger Kaganowitsch übernahm das Amt Uglanows. Im Dezember 1928 fand dann der Kongreß der Gewerkschaften statt, den Stalin hatte verschieben lassen, um Zeit für die Unterminierung der Position Tomskis zu gewinnen. Dieser ahnte, was ihm blühen würde, als fünf hundertprozentige Stalinisten, darunter Kaganowitsch, in den obersten Gewerkschaftsrat gewählt wurden. Im Exekutivbüro der Komintern wurde Stalin persönlich vorstellig und forderte die Vertreibung der Rechtsopportunisten und »Versöhnler«; in der Folge kam es in der KPD und in anderen Parteien des Auslands zu einer Welle von Parteiausschlüssen.

Dann kam Bucharin an die Reihe; sein Artikel in der *Prawda* und die von den Trotzkisten lancierten Berichte über seine Unterredung mit Kamenew im Juli boten Stalin Anlaß genug, ihn vor eine gemeinsame Sitzung des Politbüros und des Präsidiums der Kontrollkommission zu zitieren. Hier, in Anwesenheit von 22 Parteigrößen, klagte Stalin den ehemaligen »Liebling der Partei« der Opposition gegen die Parteilinie an, nannte seinen Artikel eine »rechtsopportunistische, kapitulationistische Plattform« und beschuldigte ihn, »mit den Trotzkisten einen Block gegen die Partei« schmieden zu wollen.

Bucharin war Stalin im politischen Ränkespiel hoffnungslos unterlegen, aber es fehlte ihm nicht an Mut. Er verteidigte sich mit einer dreißig Druckseiten langen Gegenattacke auf Stalin, weigerte sich, einer Kompromißresolution zuzustimmen, und wiederholte seine Angriffe auf einer weiteren Sitzung, die am 9. Februar 1929 stattfand und bei der Rykow und Tomski ihn unterstützten. Stalin, so erklärte Bucharin, reiße alle Macht an sich, fädle die »politische Abschlachtung« Andersdenkender ein und betreibe eine Politik der »Spaltungen, Splitter und Gruppen«, die zum »Zerfall der Internationale« führen müsse. Über die Wirtschaftspolitik Stalins sagte Bucharin, sie zeuge von einem »Übergang zur trotzkistischen Position« und ziele auf eine Industrialisierung auf der Grundlage einer »militärisch-feudalen Ausbeutung der Bauern« ab. Diese letztere Wendung deuteten alle, die sich mit der Sache befaßten, dahingehend, daß Bucharin den Umgang Stalins mit den Bauern mit deren Los unter der despotischen Zarenherrschaft gleichsetzte, eine Anschuldigung, die Stalin ihm nie verzieh.[51] Das Politbüro tadelte Bucharin wegen »Fraktionsbildung« und »untragbarer Beleidigungen«, folgte aber den noch weitergehenden Absichten Stalins nicht. »Wir gehen mit den Bucharinisten zu liberal und tolerant um«, erklärte dieser daraufhin. »Wäre es nicht an der Zeit, mit diesem Liberalismus aufzuhören?« Doch keiner der drei »Abweichler« verlor seinen Platz im Politbüro, von dessen Mitgliedern einer, Kalinin, einem Freund privatim anvertraut haben soll: »Gestern hat Stalin Trotzki und Sinowjew liquidiert. Heute will er Bucharin und Rykow liquidieren. Morgen werde ich an der Reihe sein.«

Stalin ließ nicht locker. Sein nächster Angriff folgte auf der Plenarsitzung des ZK im April 1929, wo sich das kleine Häufchen von 13 »Bucharinisten« einer rund 300 Köpfe zählenden stalinistischen Mehrheit gegenübersah. Stalin beschuldigte sie wiederum der Opposition gegen die Politik der Partei, des »Verrats an der Arbeiterklasse«, des »Verrats an der Revolution«. Auf Erinnerungen an seine sibirische Verbannung zurückgreifend, fragte Stalin seine Zuhörer: »Haben Sie je Fischer vor dem Sturm auf einem großen Fluß, wie etwa dem Jenissej, gesehen? Ich habe sie öfter gesehen. Die eine Gruppe von Fischern mobilisiert angesichts des hereingebrochenen

Zwischen 1924 und 1930 ließ Stalin auf dem Roten Platz ein Mausoleum für Lenin errichten, vor dem dann ein halbes Jahrhundert hindurch alle Massenaufmärsche, Kundgebungen und Paraden stattfanden. Niemals war ein Zar auf den Gedanken gekommen, sich ausstopfen und einbalsamieren zu lassen, damit seine mumifizierte Hülle für Jahrhunderte angebetet würde. Die Weltrevolution erweist sich auch hier als Religionsersatz. Um so merkwürdiger, daß alle westeuropäischen Kommunisten Jahrzehnte hindurch solchen Mummenschanz mitmachten. Das Photo ist auch deshalb interessant, weil es den allmächtigen Stalin eher am Rand der Geschehnisse zeigt, neben – eigentlich hinter – Kalinin (mit hoher Pelzmütze) und Bucharin (im Ledermantel), der wenige Jahre später liquidiert wurde.

Sturms alle ihre Kräfte, feuert ihre Leute an und führt das Boot kühn dem Sturm entgegen: ›Haltet, Jungens, fester das Steuer, schneidet die Wellen, wir schaffen's!‹ ... Doch gibt es auch eine andere Sorte von Fischern, die, das Herannahen des Sturmes fühlend, den Mut sinken lassen, zu jammern beginnen und ihre eigenen Reihen demoralisieren: ›Wehe uns, der Sturm bricht los, nieder Jungens, auf den Boden des Bootes, macht die Augen zu, vielleicht werden wir auf irgendeine Weise ans Ufer getrieben.‹« [Allgemeine Heiterkeit] ... Braucht man noch zu beweisen, daß die Einstellung und Haltung der Bucharingruppe und die Einstellung und Haltung der zweiten Gruppe von Fischern, die in panischem Schrecken vor den Schwierigkeiten zurückweichen, einander wie zwei Tropfen Wassers gleichen?«

Stalins Rede »über die rechte Abweichung in der KPdSU« umfaßt in der deutschen Buchausgabe mehr als fünfzig eng bedruckte Seiten.[52] Von der eigenen Sache überzeugt und der Mehrheit sicher, war er entschlossen, Bucharin diesmal endgültig zu erledigen. Er war schon immer eifersüchtig gewesen auf den großen Respekt, den Lenin vor den geistigen Fähigkeiten Bucharins bezeugt hatte, und es war ihm deshalb ein ganz besonderes Vergnügen, Passagen eines Briefwechsels zwischen den beiden Männern aus dem Jahr 1916 zu zitieren, in denen Lenin Bucharin vorhielt, die marxistische Dialektik nicht richtig begriffen zu haben. Und Stalin fügte dem eine Passage aus einem Artikel Bucharins hinzu, der nach dem Tod Lenins entstanden war und postum Kritik an ihm zu üben schien, auf eine Weise, die, wie Stalin erklärte, nur beweise, wie wenig Bucharin von Lenin begriffen habe. »Hier hat man ein Beispiel überheblicher Anmaßungen eines Theoretikers, der noch zu lernen hat.«

Während Bucharin selbst schweigend zuhörte, besaßen zwei oder drei seiner Freunde die Kühnheit, Stalin mit dem Vorwurf zu unterbrechen, er verleumde Bucharin. Stalin entgegnete darauf: »Ich sehe, daß Rosit sich geschworen hat, Bucharin einen Dienst zu erweisen. Aber bei ihm wird daraus ein Bärendienst, denn indem er Bucharin retten will, richtet er ihn in Wirklichkeit ganz und gar zugrunde. Nicht umsonst heißt es, ›ein dienstfertiger Bär ist schlimmer als ein Feind.‹ [Allgemeine Heiterkeit].« Das Plenum bekräftigte den gegen Bucharin und Tomski bereits ergangenen Tadel und enthob beide ihrer Funktionen bei der *Prawda*, in der Komintern und in der Gewerkschaftsführung. Es billigte ferner den Stalinschen Fünfjahresplan zur Modernisierung der sowjetischen Industrie, einschließlich aller hochgeschraubten Zielvorgaben: der Verdrei- oder Vervierfachung des Investitionsvolumens im staatlichen Sektor und der angepeilten Steigerung der Investitionsgüterproduktion um 230 Prozent binnen fünf Jahren.

Ihre Sitze im Politbüro hatten die Bucharinisten allerdings noch immer nicht eingebüßt, und auf dem kurz danach stattfindenden Sechzehnten Parteitag präsentierte sich die Parteiführung nach außen hin noch einmal als geschlossene Gruppe. Doch im Juli 1929 beendete Stalin seine Zurückhaltung. Das Exekutivkomitee der Komintern, jetzt mit Molotow anstelle von Bucharin an der Spitze, war gerade dabei, den im Vorjahr beschlossenen radikalen Kurswechsel zu vollziehen. Nachdem man sich schon 1927 von den linken Kräften in der KPD und in anderen kommunistischen Parteien des Westens getrennt hatte, ging man jetzt an die Ausschaltung der »Rechten«, immer im Gleichschritt mit den Machtkämpfen und Säuberungen in der sowjetischen Mutterpartei. Die neue Generallinie, die als Weisung an die Kommunisten in allen europäischen Ländern erging, verlangte von ihnen, im Angesicht des Aufstiegs von Nationalsozialismus und Faschismus künftig die Sozialdemokraten als die eigentlichen Feinde der Arbeiterklasse, als »Sozialfaschisten« zu bekämpfen, eigene konkurrierende Gewerkschaftsorganisationen aufzubauen und die europäische Arbeiterbewegung vorsätzlich zu spalten.

Bucharin mußte 1929 noch nicht um sein Leben fürchten, aber der Sturm, der im August diesen Jahres gegen ihn entfesselt wurde – Hunderte feindseliger Artikel, viele davon schon Wochen oder Monate vorher verfaßt und bereitgehalten, um jetzt veröffentlicht zu werden –, trug alle Merkmale einer mörderischen politischen Treibjagd. Nicht eine einzige Episode aus seinem Leben, nicht ein einziger Satz aus seiner Feder, der nicht als Beweis dafür hätte herhalten müssen, daß Bucharin immer schon »unmarxistische, antileninistische, antibolschewistische, parteifeindliche, kleinbürgerliche und pro kulakische« Positionen vertreten habe. Es galt, jeden Einfluß und jedes Ansehen des Mannes, den Lenin einst als den führenden Theoretiker der Partei gepriesen hatte, gründlich und unwiderruflich zu ruinieren, und zugleich allen anderen ein warnendes Beispiel zu setzen, die vielleicht das Bedürfnis hatten, gegen die neue Orthodoxie aufzubegehren.

Als das ZK-Plenum im November 1929 wieder zusammentrat, handelten sich die drei geschlagenen »Abweichler« bei ihrem ersten Versuch, das von ihnen verlangte Geständnis der eigenen politischen Irrtümer abzulegen, eine wütende Reaktion Stalins und den sofortigen Ausschluß Bucharins aus dem Politbüro ein. Erst danach durften sie zugeben, daß sie im Unrecht gewesen, jetzt aber bereit seien, »einen entscheidenden Kampf gegen alle Abweichungen von der Generallinie der Partei und vor allem gegen die Rechtsabweichung« zu führen.

Das lange Ringen um die Nachfolge Lenins war vorbei. Sowohl die Links- als auch die Rechtsopposition waren besiegt. Als das ZK-Plenum im April 1930 wieder zusammentrat, konnte niemand mehr Zweifel daran haben, welchen Gebrauch Stalin von seiner jetzt völlig unanfechtbar gewordenen Macht machen würde – aber auch nicht daran, wie berechtigt die Warnungen gewesen waren, die zu widerrufen man Bucharin gezwungen hatte.

7. Kapitel

Hitler auf dem Weg zur Macht

Hitler 1930–1933

Dem Aufstieg Stalins zur unangefochtenen Macht zwischen 1924 und 1929 entspricht in Hitlers Laufbahn der Zeitraum von September 1930 bis zum 30. Januar 1933. In Falle Stalins markierten Lenins Erkrankung und Tod, die den Kampf um seine Nachfolge auslösten, den Beginn dieses Aufstiegs. Bei Hitler war es die Reichstagswahl vom 14. September 1930; sie verschaffte seiner Partei den Durchbruch, auf den er seit zehn Jahren hingearbeitet hatte. Die NSDAP kam auf einen Stimmenanteil von 18,6 Prozent, ihre Stimmenzahl kletterte von den 1928 erreichten 800 000 auf nicht weniger als 6,4 Millionen, eine Steigerung um 700 Prozent, was wohl ohne Beispiel in der europäischen Geschichte ist. Mit 107 Abgeordneten stellte die NSDAP plötzlich die zweitgrößte Reichstagsfraktion nach der SPD und konnte damit nicht länger aus dem politischen Kräftespiel ausgeschlossen werden.

Daß die Reichstagswahl von 1930 und die nachfolgende vom Juli 1932, die den Nationalsozialisten nochmals eine Verdoppelung ihrer Stimmenzahl einbrachte – von 6,4 auf 13,75 Millionen –, mehr Interesse auf sich gezogen haben als alle anderen Wahlen in der deutschen Geschichte, ist nicht verwunderlich. Wer stimmte für die NSDAP und aus welchen Beweggründen? Da es sich um eine geheime Wahl handelte, läßt sich die erste Frage nicht mit Sicherheit beantworten; die historische Forschung hat hier jedoch Außerordentliches geleistet, wenngleich über manche ihrer Ergebnisse bis heute kontrovers diskutiert wird.[1]

Ein Teil der Erklärung für den plötzlichen Aufschwung der NSDAP dürfte in der deutlich höheren Wahlbeteiligung liegen: 82 Prozent aller Wahlberechtigten gingen im September 1930 zur Wahl, rund 35 Millionen; 1928 waren es nur 31 Millionen gewesen. Das waren vier Millionen Neuwähler, Menschen, die zwei Jahre zuvor entweder keine Motivation zur Stimmabgabe verspürt hatten oder noch nicht wahlberechtigt gewesen waren.

Das andere große Reservoir, aus dem die NSDAP ihren Stimmenzuwachs schöpfte, waren die bisherigen Wähler der »bürgerlichen Parteien«: der Deutschnationalen (DNVP), der rechtsliberalen Deutschen Volkspartei (DVP) und der fortschrittlichen Liberalen (DDP, im Juli 1930 in Deutsche Staatspartei umbenannt). Die Zahl der insgesamt für diese »bürgerlichen Parteien« abgegebenen Stimmen schrumpfte zwischen 1928 und 1930 um fast die Hälfte und halbierte sich im Juli 1932 noch einmal. Dagegen konnte die katholische Zentrumspartei ihren Stimmenanteil behaupten, und während die SPD Einbußen erlitt, konnte die KPD als einzige Partei neben der NSDAP Gewinne verzeichnen, was den Schluß nahelegt, daß das Gros der Stimmen, die die SPD einbüßte, den Kommunisten zugute kam. Zählt man die Stimmen der beiden Arbeiterparteien zusammen, so ergibt sich für die

Jahre der Wirtschaftskrise, in denen die Arbeitlosenzahlen in nie gekannte Höhen kletterten, eine bemerkenswert konstante Summe.

Von ebenso großem Gewicht wie die soziale Schichtung war die konfessionelle Teilung. In den protestantischen Landesteilen konnten die Nationalsozialisten große Gewinne erzielen; für die katholischen Gebiete (einschließlich Bayerns) galt das in weit geringerem Maße. Hier erfolgte der Durchbruch erst, als Hitler an die Macht gekommen war und im Sommer 1933 das Konkordat mit dem Vatikan unterzeichnete. Ebenfalls eher in den protestantischen als in den katholischen Teilen Deutschlands gelang den Nationalsozialisten, die nach dem Motto Kinder, Küche, Kirche die traditionelle Familie propagierten, bei der Wahl von 1930 erstmals ein Einbruch in das weibliche Wählerreservoir.

Die Wahlergebnisse wichen in den einzelnen Ländern und Regionen deutlich voneinander ab. Ihre höchsten Stimmenanteile erreichte die NSDAP in den protestantisch und landwirtschaftlich geprägten Gebieten Nord- und Ostdeutschlands, in Schleswig-Holstein, Pommern und Ostpreußen vor allem. Sehr gut schnitten die Nationalsozialisten auch in Wahlkreisen mit einer gemischten Wirtschaftsstruktur aus Landwirtschaft und Kleingewerbe ab, etwa in Niederschlesien-Breslau oder Chemnitz-Zwickau. Längst nicht so gut standen sie demgegenüber in Großstädten und Ballungsgebieten da, in stark industrialisierten oder überwiegend katholischen Gebieten, beispielsweise in Berlin, im nördlichen Westfalen oder in Niederbayern. Besonders unempfänglich für die nationalsozialistische Propaganda erwiesen sich Oberschlesien und Württemberg, zwei weitgehend industrialisierte und zugleich religiös geprägte Länder.

Über dieses grobe Bild hinaus liegen zahlreiche Einzeluntersuchungen zur Wählersoziologie bestimmter Regionen oder Wahlkreise vor, so daß wir auf die Frage nach den Wählern der NSDAP eine vorsichtige Antwort geben können. Das wichtigste Ergebnis dieser Analysen besteht in der Erkenntnis, daß die NSDAP es im Unterschied zu allen anderen deutschen Parteien (mit Ausnahme der Zentrumspartei) ablehnte, sich auf eine bestimmte gesellschaftliche Gruppe – sei sie ökonomisch, sozial, religiös oder landsmannschaftlich definiert – zu beschränken, was seit jeher ein Strukturmerkmal des Parteiensystems gewesen war. Die Nationalsozialisten waren bestrebt, quer durch alle Gruppen hindurch Anhänger zu finden. Auch nach dem strategischen Schwenk von 1928, als man beschloß, den sogenannten Städteplan aufzugeben und sich künftig mehr auf den Mittelstand, besonders in Kleinstädten und ländlichen Gegenden, zu konzentrieren, dachte die NSDAP nicht daran, sich aus Industrierevieren wie dem Ruhrgebiet oder aus den Arbeitervierteln der Großstädte zurückzuziehen, ihre Bemühungen um sowohl katholische als auch protestantische Wähler einzustellen oder irgendeine Region oder Berufsgruppe als jenseits ihrer Reichweite abzuschreiben. Das spöttische Wort von der Bauchladen-Partei, die jedem etwas zu bieten hatte, war durchaus berechtigt, unterstrich

Noch 1930, im Jahr seines ersten großen Wahlerfolges, ließ Hitler eine Postkarte an seine Anhänger verteilen, die ihn in kurzen bayerischen Lederhosen und Wadenstrümpfen zeigt – ganz offensichtlich ein bewußtes Kalkül, das ihn volkstümlich präsentieren sollte. Nach der Machtergreifung ließ er das Bild sofort einziehen. Von nun an trat der Parteiführer nur noch als Staatsmann auf.

jedoch lediglich den Anspruch der Nationalsozialisten, im Unterschied zu den anderen Parteien eine Volkspartei zu sein, die sich über Klassen- und Konfessionsgegensätze erheben und die Interessen der Nation als Ganzer vertreten konnte.

Es steht zweifelsfrei fest, daß die Nationalsozialisten dieses Ziel nicht erreichten. In dem Bemühen, Gegensätze zu überbrücken, die durch die Wirtschaftskrise noch verschärft worden waren, verwickelten sie sich in ein Netz von Widersprüchen, und ihr bestes Ergebnis bei einer freien Wahl, das sie im Juli 1932 erreichten, zeigte, daß sich von ihrem Anspruch, das ganze Volk zu vertreten, nie mehr als ein gutes Drittel der Wähler überzeugen ließ. Immerhin, die Tatsache, daß sie als einzige Partei neben dem Zentrum mit einem solchen klassenübergreifenden Ansatz antraten, machte sie für viele Wähler interessant, die ihnen schließlich ihre Stimme gaben, und so ist es denn auch unbestreitbar, daß sie sich schon 1930, und erst recht 1932, auf ein breiteres Wählerspektrum stützen konnten als jede andere Partei.

In der Hoffnung auf Stimmen aus der Arbeiterschaft suchten die Nationalsozialisten im Wahlkampf des Jahres 1930 aus der wachsenden Arbeitslosigkeit Kapital zu schlagen, indem sie behaupteten, die SPD habe nichts getan, um die Krise abzuwenden. Tatsächlich verlor die Sozialdemokratische Partei Arbeiterstimmen, vor allem in den Bereichen Bergbau und Schwerindustrie, wo die Arbeitsplätze besonders gefährdet waren, aber diese Wähler wanderten nicht zur NSDAP ab, sondern zur KPD. Allerdings gelang es der SA in begrenztem Maße unter den Arbeitslosen in Berlin und Hamburg neue Anhänger zu finden. Weitaus erfolgreicher war die NSDAP bei jenem nach wie vor großen Teil der Arbeiterschaft, der in kleinen Handwerks- und Gewerbebetrieben beschäftigt war; diese Arbeiter hielten sich normalerweise den Gewerkschaften fern und standen dem »Kollektivismus« der organisierten Arbeiterbewegung oft sogar feindselig gegenüber.

Die Wahl von 1930 war die erste, bei der die NSDAP Stimmen von Wählern aus akademischen Berufen bekam; zur Erschließung dieses Wählerpotentials hatten sie berufsständische Organisationen etwa für Juristen (1928) oder Ärzte (1929) gegründet. Weitere massive Einbrüche in die akademischen Berufsgruppen schienen dadurch gesichert, daß der NS Studentenbund 1930 bereits etwa die Hälfte aller deutscher Universitätsstudenten gewonnen hatte und allerorten die Selbstverwaltungsorgane der Studentenschaft beherrschte.

Besonders stolz waren die Nationalsozialisten auf ihren Erfolg bei der jungen Generation. »Macht Platz, Ihr Alten!« lautete die Überschrift eines Artikels von Gregor Strasser, die alsbald zur Wahlkampfparole wurde. Nicht weniger als 43 Prozent der 720 000 Mitglieder, die die Partei zwischen 1930 und 1933 neu aufnahm, waren noch keine dreißig Jahre alt.[2] Vielen zeitgenössischen Beobachtern fiel auf, daß insbesondere junge Leute aus liberalem oder konservativem Elternhaus in offener Auflehnung gegen die traditionellen Überzeugungen ihrer Eltern zu den Nationalsozialisten stießen. Unter ihnen waren viele, die sich wegen der Wirtschaftskrise um ihre beruflichen Aufstiegschancen betrogen sahen; bei ihnen gingen, wie der sozialdemokratische Reichstagsabgeordnete Carlo Mierendorff damals schrieb, »soziale Verzweiflung, nationalistische Romantik und der Generationsgegensatz eine geradezu klassische Verbindung ein«.[3]

Dennoch, da mehr als die Hälfte der Bevölkerung zur Arbeiterklasse zählte und es den Nationalsozialisten nicht gelang, SPD und KPD in nennenswertem Umfang Stimmen abzunehmen, blieb als einziges großes

Wählerpotential die Mittelschicht übrig, der sich mehr als vierzig Prozent der Bevölkerung zurechneten. Es ist nur folgerichtig, daß bei den beiden Reichstagswahlen, die der NSDAP den größten Zuwachs brachten (1930 und Juli 1932), die traditionellen Mittelstandsparteien die schwersten Einbußen erlitten.

Der beständigste Faktor für die Wahlergebnisse der NSDAP war ihr kontinuierlich wachsender Rückhalt in den Reihen des alten Mittelstandes sowohl in den Städten als auch auf dem Land. 1930 gaben die Nationalsozialisten sich besondere Mühe, in eine weitere konservative Bastion einzudringen: die Gruppe der Rentner, Pensionäre und Kriegsversehrten, den sogenannten Rentnermittelstand, der mit am meisten unter der Inflation und unter der ungerechten Neubewertung von Schulden und Hypotheken in der Stabilisierungsphase gelitten hatte. Ihre Erfolge bei dieser Wählergruppe legen die Annahme nahe, daß die NSDAP wohl nicht in so entscheidendem Maß von jüngeren Wählern profitierte, wie das einige frühere Studien betonten. Das Durchschnittsalter des »Rentnermittelstands« lag bei über sechzig Jahren, und von den kleinen Selbständigen und Freiberuflern, die den Kern des alten Mittelstands ausmachten, waren nur zehn Prozent jünger als dreißig.

Eine Korrektur bisheriger Sichtweisen scheint auch für eine dritte Wählergruppe angebracht: den neuen Mittelstand. Hier scheint die Unterstützung für die NSDAP 1930 zwar beträchtlich, aber doch merklich geringer gewesen zu sein als beim alten Mittelstand. Während die öffentlich Bediensteten und die Beamten, namentlich der unteren und mittleren Besoldungsgruppen, gleichsam mit fliegenden Fahnen zu den Nationalsozialisten überliefen, ließen sich die Angestellten in der Privatwirtschaft mehr Zeit. Das ändert jedoch nichts am allgemeinen Bild, das der amerikanische Historiker Thomas Childers so beschreibt: »1930 war die NSDAP auf dem besten Weg, über ihre Ursprünge als Partei der unteren Mittelschicht hinauszuwachsen und sich auf ein traditionell von den konservativen Rechtsparteien beherrschtes Terrain vorzuarbeiten ... 1930 gelang ihr der Durchbruch in allen wichtigen Gruppen der mittelständischen Wählerschaft. Während Liberale und Konservative schrumpften, war die NSDAP im Begriff, sich zu jener Sammlungsbewegung für die Mittelschicht zu entwikkeln, nach der diese lange vergeblich Ausschau gehalten hatte.«[4]

Ein weiteres Kriterium, mit dem man die Ergebnisse der neueren einschlägigen Forschung aufschlüsseln kann, ist die Größe des Wohnorts. Der kanadische Historiker Richard Hamilton hat mit zwei verblüffenden Schlußfolgerungen die Fruchtbarkeit dieses Ansatzes demonstriert: Die erste lautet, daß in den späten Weimarer Jahren über die Hälfte der bei Reichstagswahlen abgegebenen gültigen Stimmen von Wählern stammten, die auf dem Lande oder in Kleinstädten mit weniger als 25 000 Einwohnern lebten. Ungeachtet dessen, was über die Verstädterung und Industrialisierung und über deren Folgen – Entfremdung und Anonymisierung –

geschrieben worden ist, wohnten immer noch mehr Wähler »in Städten wie Diedesfeld oder Schifferstadt als in solchen wie Düsseldorf oder Stuttgart«. Selbst in Berlin, das mit seinen vier Millionen Einwohnern bei weitem die größte Stadt des Reichs war, lebten weniger als sechs Prozent der Gesamtbevölkerung.

Das führt uns zu Hamiltons zweiter Beobachtung: »Die Größe des nationalsozialistischen Stimmenanteils stand in umgekehrtem Verhältnis zur Größe der Gemeinde. Vor 1930 war der Nationalsozialismus ein großstädtisches Phänomen gewesen. Er hatte sich zunächst in den großen Städten etabliert und von dort mit großem Erfolg in die Kleinstädte und aufs Land hinaus vorgearbeitet.«[5] Selbst bei der Wahl im Juli 1932, in der die NSDAP es auf fast 14 Millionen Stimmen brachte, erzielte sie ihre besten Ergebnisse (durchschnittlich 41 Prozent) in – sowohl ländlich als auch städtisch geprägten – Gemeinden mit weniger als 25 000 Einwohnern, in Städten mit über 100 000 Einwohnern hingegen nur 32 Prozent.[6]

Eine wesentlicher Unterschied zwischen dem politischen Milieu der Dörfer und Kleinstädte und dem der Städte mit über 100 000 Einwohnern lag darin, daß es in vielen größeren Städten Gliederungen der organisierten Arbeiterschaft – der Gewerkschaften, der SPD und/oder der KPD – gab. Dies erwies sich in den Orten der protestantischen Landesteile als ein entscheidender Punkt. Allen hat in seiner Studie einer Kleinstadt mit 10 000 Einwohnern, die er »Thalburg« nannte, geschrieben: »Es war der Haß auf die SPD, der die Thalburger den Nazis in die Arme trieb.«[7] In katholischen Städten verhinderte die Existenz einer starken Zentrumspartei eine solche Polarisierung. Auch dort, wo die Arbeiterschaft für beträchtliche Stimmenanteile der SPD oder KPD sorgte, bot sich das Zentrum mit seinem traditionell starken mittelständischen Anhang als antimarxistische Alternative zur NSDAP an.

Für die Großstädte – es gab zehn mit mehr als einer halben Million Einwohnern – lassen sich generelle Aussagen nur schwer treffen. Berlin blieb eine Hochburg der Linken; hier erreichten Sozialdemokraten und Kommunisten im September 1930 zusammen 55 Prozent, im Juli 1932 54,6 Prozent und im November 1932 54,3 Prozent der Stimmen. Dabei änderte sich nur der KPD-Anteil: Bei den ersten beiden Wahlen hatte er noch dem der SPD entsprochen, im November 1932 wuchs er auf 31 Prozent, während die SPD-Stimmen auf 23 Prozent zurückgingen. Das Zentrum, mit einem von vornherein wesentlich kleineren Stimmenanteil als die Linksparteien, konnte im September 1930 einen Zuwachs erzielen, desgleichen im Juli 1932. Die Gewinne der NSDAP gingen vollständig zu Lasten der liberalen und konservativen Parteien.

In Hamburg konnten die Nationalsozialisten größere Erfolge verbuchen als in der Hauptstadt: 19 Prozent im September 1930, 33 Prozent im Juli 1932. Trotz der Tatsache, daß die Linke in Hamburg stärker an Boden verlor als in Berlin, behaupteten sie sowohl 1930 als auch 1932 zusammengenommen einen Anteil von rund fünfzig Prozent, und auch das Zentrum hielt seine Position, war in Hamburg allerdings eine unbedeutende Kraft. Wie in Berlin gingen die Gewinne der NSDAP auf Kosten der traditionellen Parteien des Mittelstands.

Schwieriger zu beantworten ist die zweite Frage: Warum wurden die Nationalsozialisten gewählt? Daß in die Überlegungen und Entscheidungen ihrer Wähler eine undurchschaubare Kombination individueller Motive einging, braucht kaum betont zu werden. Die schichtenspezifische Analyse, die bei den soziologischen Ansätzen zur Beantwortung der Frage, *wer* für Hitler stimmte, eine so wichtige Rolle spielt, ist bei der Frage nach den Gründen von weit geringerem Nutzen – und sei es nur, weil sie keine Erklärung dafür liefern kann, daß Personen, die unter gleichen gesellschaftlichen Bedingungen leben, ein gegensätzliches Wahlverhalten an den Tag legen können. Wenn wir den alten Mittelstand betrachten, so wird deutlich, daß seine Angehörigen höchst unterschiedliche und oft gegensätzliche materielle Interessen hatten. Das war einer der Hauptgründe dafür, daß die traditionellen Parteien des Bürgertums immer mehr Stimmen an Parteien verloren, die die Sonderinteressen bestimmter Gruppierungen vertraten, und weshalb sich aus diesem Gruppengemenge nie eine vereinigte Partei des Mittelstandes bildete. Die Nationalsozialisten kamen dem Ziel, diese Lücke zu füllen, näher als irgendeine andere Partei, eben weil sie zwar einerseits Versprechungen machten, die den wirtschaftlichen und materiellen Interessen verschiedener Gruppen des Mittelstandes – wie auch denen anderer Bevölkerungsschichten – Rechnung trugen, sich aber andererseits hüteten, materielle Gesichtspunkte in den Mittelpunkt ihrer Wahlkämpfe zu stellen. Wenn sie vor einem Interessenkonflikt standen, wie er etwa bestand zwischen den Bauern, die an höheren Erzeugerpreisen interessiert waren, und der Stadtbevölkerung, die billigere Lebensmittel wünschte, machten die Nationalsozialisten gar nicht erst den Versuch, ein Konzept zur Lösung dieses Widerspruchs anzubieten, sondern übertönten ihn mit ihrem mitreißenden Appell an die »nationale Wiedergeburt« und an die »Volksgemeinschaft« als Alternative zum Klassenkampf und behaupteten, die Interessen aller Bevölkerungsgruppen würden in einer den Interessen der Volksgemeinschaft als Ganzer dienenden Politik bestens aufgehoben sein.[8]

Es war kein Zufall, daß die Massen sich Hitler erst nach Beginn der Weltwirtschaftskrise zuwendeten. Er hatte immer daran geglaubt, daß eine Katastrophe der einen oder anderen Art ihm seine Chance bieten würde. Und eine Katastrophe war es für viele Menschen, als die Zahl der Arbeitslosen erstmals Anfang 1929 und dann zum zweiten Mal im September 1930, dem Monat der Reichstagswahl, die Drei-Millionen-Grenze überschritt. In den Wintern 1931/32 und 1932/33 erreichte die Arbeitslosenzahl sogar sechs Millionen. Obwohl dies ihrem Wesen nach eine wirtschaftliche Katastrophe war, die ja nicht nur Arbeitslosigkeit nach sich zog, sondern auch Lohn-

und Gehaltskürzungen sowie eine drastische Zunahme der Konkurse, Zwangsvollstreckungen und Notverkäufe (auch in der Landwirtschaft), beging Hitler zu keiner Zeit den Fehler zu glauben, seine Partei könne am meisten profitieren, wenn sie die Wirtschaftspolitik in den Mittelpunkt ihrer Wahlagitation rückte und den Wählern wirtschaftliche Versprechungen machte. Er begriff wie kein anderer deutscher Politiker seiner Zeit – Brüning schon gar nicht –, daß solche ökonomischen Rückschläge vor allem die Psyche der Menschen trafen und daß es die dadurch verursachten emotionalen Traumata waren – Angst, Ressentiments, Verzweiflung, Sehnsucht nach Sicherheit und neuer Hoffnung –, denen ein politischer Führer sich widmen mußte.

Die Deutschen hatten zwischen 1918 und 1923 bereits eine Reihe von Schocks hinnehmen müssen: die Niederlage nach einem opferreichen Krieg, den Vertrag von Versailles, die Reparationen, den Zusammenbruch der Monarchie, die Revolution, Phasen des Bürgerkriegs, die Inflation. Das akkumulierte Ergebnis dieser Traumata waren Ängste und eine existentielle Unsicherheit, die durch die Wirtschaftskrise von 1929 wiederbelebt wurden, ein besonders schmerzlicher Schock nach den Jahren der wirtschaftlichen Erholung, die im nachhinein wie eine trügerische Illusion wirkten. Millionen von Deutschen fühlten sich in den frühen dreißiger Jahren wie Überlebende eines Erdbebens, die gerade angefangen hatten, ihre Häuser wiederherzurichten, als die Erde von neuem zu beben begann und alles um sie herum ein zweites Mal zusammenstürzte. In solchen Situationen verlieren viele Menschen die Orientierung, verfallen in tiefste Verzweiflung und nähren zugleich imaginäre Hoffnungen. Diese Umstände riefen nicht nach einem Hitler, aber sie »ermöglichten« ihn, wie Ernst Deuerlein es formuliert hat, indem sie ihm die Chance eröffneten, seine speziellen Talente, die gleichsam auf eine solche Situation zugeschnitten waren, mit maximalem Erfolg einzusetzen.[9]

Hitler brachte Millionen von Deutschen eine Kombination der beiden Botschaften, die sie am dankbarsten aufnahmen: die völlige Ablehnung von allem, was seit Kriegsende in Deutschland vorgegangen war, und dazu das unbedingte Versprechen, einer verzagten und zerrissenen Nation das verlorene Gefühl ihrer Größe und Macht zurückzugeben. In radikaler Simplifizierung verdammte er die »Novemberverbrecher«, die dem unbesiegten deutschen Heer den Dolch in den Rücken gestoßen und die demütigenden Bedingungen der Siegermächte akzeptiert hätten, die Marxisten, die den Klassenkampf, den Internationalismus und den Pazifismus predigten, die alles erlaubende pluralistische Gesellschaft, verkörpert im gottlosen Berlin mit seinem »Kulturbolschewismus«, der auf traditionelle Werte pfiff und dem nichts heilig war, und die Juden, die er als Maden im Speck der Korruption und als Nutznießer der deutschen Schwäche brandmarkte.

Als Alternative zu dieser »demokratischen Schweinerei« verkündete Hitler seinen Glauben an eine Wiedergeburt der moralischen und politischen Stärke des Reichs, an die Wiederherstellung der preußischen Tugenden – Ordnung, Autorität, Opferbereitschaft, Disziplin, Unterordnung –, denen Deutschland seinen Aufstieg zur Größe zu verdanken habe, an die Wiedergeburt der »Volksgemeinschaft« und an eine starke, autoritäre Regierung, die im Innern mit einer einzigen Stimme sprechen und nach außen hin einem Deutschland, das sich wiederbewaffnen und in die ihm zukommende Großmachtstellung zurückkehren mußte, von neuem Respekt verschaffen würde.

Fritz Stern hat die Vermutung ausgesprochen, die Tatsache, daß so viele deutsche Protestanten, und nicht zuletzt so viele Pastoren, sich zu Hitler hingezogen fühlten, hänge eng mit der »stillschweigenden Säkularisierung« des Protestantismus im Verlauf des 19. Jahrhunderts zusammen, der zunehmenden Identifikation der evangelischen Kirche mit den Geschicken der Nation und ihrer Monarchie. Nach dem verlorenen Krieg und dem Ende der Monarchie und der gewohnten Ordnung hätten sich die protestantischen Kirchen wie Waisenkinder in einer fremden Welt gefühlt. Daher seien die von Hitler ausgehende Verheißung einer Wiedergeburt der Nation und sein Ruf nach Opferbereitschaft und Einheit einem bei vielen Kirchenleuten bestehenden Bedürfnis nach einem neuen »Sinn des Glaubens« entgegengekommen, einem Bedürfnis, das die geschwächten Kirchen selbst nicht mehr hätten erfüllen können.[10]

Gleichzeitig gelang es Hitler, neokonservative Intellektuelle an sich zu binden, die den Rationalismus und Liberalismus der modernen Welt verabscheuten und ihm ein an Nietzsche orientiertes irrationalistisches Weltbild entgegensetzten, in dessen Zentrum der heroische Mensch und nicht der *homo oeconomicus* stand. Auf ebenso offene Ohren stieß Hitler bei den Angehörigen der ehemaligen politischen Elite, die verbittert den Verlust ihres Einflusses und ihrer gesellschaftlichen Vorrangstellung beklagten, bei jenen Teilen des alten Mittelstandes, die sich durch den Prozeß der Modernisierung bedroht sahen – namentlich durch die nach vorn drängende Arbeiterklasse, durch die sie ihren Lebensstandard und ihren Sozialstatus gefährdet sahen –, und bei vielen Angehörigen der jüngeren Generation, denen der Mangel an Lebenschancen zu schaffen machte und die sich nach einer Zukunftsaufgabe sehnten, die leidenschaftlichen Einsatz lohnte. Diese Vielfalt von Motiven, die eine Klassenanalyse nicht adäquat zu erfassen vermag, ist der eigentümlichste unter den für Hitlers Erfolg wesentlichen Faktoren, ein Zug, der schon 1930 zu erkennen war und in den nachfolgenden Wahlen noch stärker hervortrat. Er führt uns zum Kern des Phänomens Nationalsozialismus.

Die NSDAP unterschied sich von allen anderen Parteien grundlegend dadurch, daß ihr der Wahlkampf*stil* wichtiger war als die inhaltlichen Aussagen; bei ihr war wirklich, um eine erst später geprägte Formel zu verwenden, »das Medium die Botschaft«. Nicht nur die Reden Hitlers, sondern sämtliche Attribute dieser Bewegung, die die Politik mit Hilfe von Stilmit-

Von den späten zwanziger bis zur Mitte der dreißiger Jahre ähnelten sich die Szenen der Wahlkampfreisen des immer deutlicher zum »Führer« stilisierten Hitler. Meistens trug er, dem Stil der Zeit entsprechend, eine Autofahrer-Kappe, und prinzipiell nahm er nicht im Fond, sondern neben dem Fahrer Platz, vielleicht weil der leidenschaftliche Autofahrer zumindest das Gefühl haben wollte, selber zu fahren. Im Fond seine Gäste, seine Begleiter oder seine Wachen. Hier umgibt ihn ein Begleitkommando, seine »Chauffeureska«, die ihn auch am Tag, ja selbst bei den abendlichen Filmvorführungen Gesellschaft leistete – finstere Gestalten, die aller bürgerlichen Adrettheit Hohn sprechen.

teln aus dem Reich der Bühne und Symbolen der Religion dramatisierte, richtete sich bewußt nicht an den Verstand der Menschen, sondern an ihr Gefühl, an jene »affektiven Interessen«, gegen die logische Argumente, wie Freud erkannt hatte, nichts auszurichten vermögen: »Unser Intellekt [kann] nur verläßlich arbeiten, wenn er den Einwirkungen starker Gefühlsregungen entrückt [ist]; im gegenteiligen Falle [benimmt] er sich einfach wie ein Instrument zuhanden eines Willens und [liefert] das Resultat, das ihm von diesem aufgetragen [ist].«[11]

Wie *Mein Kampf* zeigt, hatte Hitler diesen Mechanismus von Anfang an begriffen. Seine originellste Leistung bestand darin, eine Bewegung aufgebaut zu haben, die bewußt darauf ausgerichtet war, alle erdenklichen Mittel der Manipulation – Symbole, Sprache, Ritual, Hierarchie, Aufmärsche, Kundgebungen mit liturgischem Ablauf, den Führermythos – für den Appell an diese machtvollen irrationalen Triebkräfte der Politik einzusetzen: den Kampf, den Willen, die Gewalt, das Aufgehen des Individuums in den kollektiven Emotionen der Gruppe, die Aufopferung, die Disziplin.

Für eine Bewegung mit einem solchen Politikverständnis war es nur konsequent, daß ihr Führer es ablehnte, sich auf ein bestimmtes politisches Programm festlegen zu lassen. Wenn man erst einmal an der Macht war – und dieses Ziel war für Hitler das alles andere überragende, genau wie fünfzehn Jahre zuvor für Lenin –, würde man sich den konkreten politischen Problemen zuwenden. Diese Strategie bot den Vorteil, daß Hitler sehr viel Bewegungsfreiheit beim Reagieren auf jede denkbare Entwicklung hatte und daß Gruppen mit höchst unterschiedlichen und manchmal gegensätzlichen Interessen und Auffassungen ihr Heil in der NS-Bewegung suchen konnten, alle zutiefst davon überzeugt, daß Hitler dasselbe wollte wie sie.

Viele konservativ denkende Angehörige der älteren Generation, die sich für die NSDAP entschieden, taten dies in dem Glauben, Hitler werde die traditionellen Werte der deutschen Vergangenheit wiederherstellen. Andere, vor allem jüngere Leute, stimmten für die Nationalsozialisten, weil ihnen nicht das gleichsam aristokratisch besetzte Image der »Reaktion« anhaftete wie den anderen Parteien der Rechten; sie waren überzeugt, Hitler werde zusammen mit dem gegenwärtigen »System« in einer radikalen Revolution von rechts auch jene Relikte der Vergangenheit hinwegfegen.

Beide Erwartungen ließen sich mit der Formel von der »moralischen und geistigen Erneuerung der Nation« zur Deckung bringen, und wir werden im folgenden an zahlreichen Beispielen sehen, daß Hitler sein Möglichstes tat, um die Erwartungen seiner konservativen wie seiner radikalen Anhänger wachzuhalten. Dies war notwendig, um genügend Volksgenossen davon zu überzeugen, daß er und seine Bewegung die Kraft hatten, die Nation zu einen, ihr neue Zuversicht zu geben und ihr einen Weg aus ihrer elenden Lage zu weisen.

1930 hatte Hitler sein erstes Ziel erreicht und den Durchbruch auf die Bühne der nationalen Politik geschafft. Nun sah er sich vor der Frage, wie er seine sechseinhalb Millionen Wählerstimmen auf dem Weg zu einer nationalsozialistischen Regierung mit sich selbst an der Spitze einsetzen konnte.

Zwei Alternativen boten sich an. Die eine war der parlamentarische Weg: von Wahl zu Wahl mehr Wähler zu gewinnen, so lange, bis die NSDAP über eine Mehrheit im Reichstag verfügen würde, sei es allein oder als maßgebliche Kraft innerhalb einer Rechtskoalition. Die andere Alternative war ein Staatsstreich. Hitler hatte gegen beide Möglichkeiten Vorbehalte. So stand es vorerst nicht in seiner Macht, Einfluß auf den Zeitpunkt künftiger Reichstagswahlen zu nehmen, abgesehen davon, daß er es als unter seiner Würde empfand, als parlamentarisch gewählter Kanzler auf eine Mehrheit im Reichstag angewiesen zu sein. Die Nationalsozialisten hatten von Anfang an den parlamentarischen »Sumpf« abgelehnt, diese Welt des Feilschens um Mehrheitsbeschlüsse und Koalitionskompromisse, in der wichtige Entscheidungen meistens verschleppt oder verwässert wurden. Der andere Weg, also der Versuch, die Macht mit Gewalt an sich zu reißen, bedeutete freilich, die überlegenen Kräfte des Staates herauszufordern und dabei vielleicht, wie 1923, zu unterliegen. Was Hitler wollte, war eine Revolution mit der Staatsmacht im Rücken. Die Staatsmacht war für ihn das Mittel zum Zweck der Revolution, nicht umgekehrt. Das bedeutete aber, daß die Staatsmacht erst einmal errungen werden mußte, und das konnte nur auf legalem oder zumindest scheinbar legalem Weg geschehen.

Hitler hielt sich zwischen 1930 und 1932 beide Optionen offen; was immer er öffentlich zu diesem Thema sagte, war durch taktische Erwägungen bestimmt. Er hegte allerdings die Hoffnung, beide Wege zu einer dritten Alternative kombinieren zu können, eine Möglichkeit, die sich als Folge des eigenartigen Regierungssystems eröffnete, das in Deutschland seit März 1930 praktiziert wurde. Der Reichskanzler und sein Kabinett waren nicht mehr die gewählten Repräsentanten einer Reichstagsmehrheit, sondern die ernannten Sachwalter des Reichspräsidenten von Hindenburg, und die verfassungsmäßige Legitimation ihrer Regierungstätigkeit war das dem Präsidenten nach Artikel 48 zustehende Notverordnungsrecht. Die Macht, den Kanzler zu wählen und ihn mit den erforderlichen Vollmachten auszustatten, lag damit faktisch bei einer kleinen Gruppe von Vertrauten des Reichspräsidenten. Ein solches Regierungssystem konnte keine Lösung für längere Zeiträume sein, denn die ernannte Regierung konnte jederzeit durch ein Mißtrauensvotum des Reichstags gestürzt werden. Um über den Tag hinaus regieren zu können, mußte der Reichskanzler sich entweder die Zustimmung einer stabilen Mehrheit im Reichstag sichern, also zu einer parlamentarischen Regierung zurückkehren, oder aber der Reichspräsident und seine Berater mußten, wenn sie sich ganz aus der Abhängigkeit vom Parlament befreien wollten, in der Bevölkerung eine Mehrheit für eine umfassende Verfassungsreform mobilisieren.

Letzteres schwebte Hindenburg und seinem Beraterkreis vor, doch weder Brüning noch seine beiden Nachfolger im Kanzleramt, von Papen und von Schleicher, konnten sich den für eine Umgestaltung des Systems erforderlichen breiten Rückhalt der Wähler sichern. Gleichzeitig gerieten Hindenburgs Berater angesichts der weiteren Verschärfung der Wirtschaftskrise, die einen Zusammenbruch der öffentlichen Ordnung wie in den frühen Jahren der Republik möglich erscheinen ließ, unter immer stärkeren Druck, einen Ausweg aus der politischen Sackgasse zu finden. Die Reichswehr wünschte sich nichts weniger als eine Neuauflage des Jahres 1923, als linke und rechte Extremisten gleichzeitig den Aufstand geprobt hatten.

Hitler verfügte in dieser Situation über zwei wichtige Trümpfe. Das gute Abschneiden der NSDAP bei der Wahl vom September 1930, das sich 1931 bei mehreren regionalen und lokalen Wahlen bestätigte, bürgte für das große Gewicht, das er in die Waagschale werfen konnte, wenn man ihn ins politische Spiel einbezöge. Ließ man ihn dagegen bei Verhandlungen unberücksichtigt, so verfügte er über starke Druckmittel, wie das gut organisierte, gewalttätige Auftreten der SA zeigte. Hitler wählte die Taktik, sowohl mit einer Revolution zu drohen, die er in Wirklichkeit nicht ernsthaft beabsichtigte, als auch mit dem Gewicht seiner Wählerschaft (die nicht die Mehrheit war und aus der nie eine Mehrheit werden würde) zu argumentieren, um den Reichspräsidenten und seine Berater zu bewegen, ihn als Koalitionspartner in die Regierung zu berufen. Dank des Übergangs von der parlamentarischen zur präsidialen Regierung eröffnete sich für Hitler dieser dritte Weg zur Macht, der ihn der Notwendigkeit enthob, sich um eine vielleicht unerreichbare Mehrheit zu bemühen, und ihm zugleich das riskante Unternehmen eines zweiten Putschversuchs ersparte.

Hier liegt der Schlüssel zur inneren Logik der langwierigen und qualvollen politischen Manöver und Schachzüge zwischen Ende 1930 und Ende Januar 1933. Er ist allerdings mit Vorsicht zu gebrauchen, denn anders als der Historiker konnte Hitler nicht wissen, ob sein taktisches Konzept aufgehen würde. Wenn Verhandlungen zu nichts führten oder abgebrochen wurden, wie es häufig vorkam, mußte er sich immer wieder auf die Option einer Koalition mit den Nationalisten – einmal sogar mit dem Zentrum – besinnen oder auf eine absolute Mehrheit bei der nächsten Wahl setzen, von denen es 1932, auf unterschiedlichen Ebenen, nicht weniger als fünf gab. Es drängt sich allerdings der Eindruck auf, Hitler habe jedes Mal eine Wiederaufnahme zuvor gescheiterter Verhandlungen erstrebt und die jeweils verfolgten Alternativen lediglich als Druckmittel benutzt, um die andere Seite wieder an den Verhandlungstisch zu bringen.

Wie bei Stalin besticht auch bei Hitler die Unerschütterlichkeit, mit der er ein feststehendes Ziel trotz aller Hindernisse verfolgte. Ebenso bemerkenswert war, daß er sich in jeder Phase das Vertrauen seiner Gefolgsleute zu bewahren und sie zu ständiger Aktivität anzuspornen vermochte. Immerhin vergingen zwischen dem großen Erfolgserlebnis des September 1930 und dem Augenblick, da die damals geweckten Erwartungen in Erfüllung gingen, 28 Monate, in denen Hitler zahlreiche Rückschläge hinnehmen und am Ende sogar den Verlust von zwei Millionen Wählern sowie die Aussicht, kurz vor dem Ziel zu scheitern, verkraften mußte.

Nachdem eine kurze Unterredung zwischen Brüning und Hitler im Anschluß an die Wahl vom September 1930 ergebnislos verlaufen war, dauerte es zwölf Monate, bis im Herbst 1931 neue Verhandlungen aufgenommen wurden. Brüning gab zu verstehen, die Wirtschaftskrise werde noch lange dauern. Das war für Hitler eine gute Nachricht. Aber wie konnte er die Moral und den Elan seiner Partei und der SA über einen längeren Zeitraum lebendig halten?

Zehn Tage nach der Wahl hatte er in einer Rede in München erklärt: »Im Prinzip sind wir keine parlamentarische Partei, denn damit stünden wir im Widerspruch zu unserer ganzen Auffassung; wir sind nur zwangsweise eine parlamentarische Partei, und was uns zwingt, ist die Verfassung. Die Verfassung zwingt uns, solche Mittel anzuwenden ... Wir kämpfen nicht um Parlamentssitze der Parlamentssitze willen, sondern um eines Tages das deutsche Volk befreien zu können.«[12] Obwohl die nationalsozialistische Fraktion mit 107 Abgeordneten nunmehr die zweitstärkste im Reichstag war (Hitler selbst, der noch immer nicht die deutsche Staatsangehörigkeit besaß, gehörte ihr nicht an), ließ sie vom ersten Tag an erkennen, daß sie nicht beabsichtigte, konstruktiv zu arbeiten, sondern den Reichstag lediglich als Tribüne für Angriffe auf »das System« zu benutzen gedachte. Den Großteil ihrer Energie verwendete die Partei weiterhin auf »permanenten Wahlkampf« außerhalb des Parlaments.

Unter dem Eindruck des Wahlerfolgs von 1930 strömten der Partei zahlreiche neue Mitglieder zu, fast 100 000 zwischen September 1930 und dem Jahresende. Dank der von Hitler vorsorglich aufgebauten Organisationsstrukturen konnten diese Mitgliedermassen fast problemlos »in den großen Topf der nationalsozialistischen Idee«[13] hereingeholt werden, wenngleich sich in den Reihen der »alten Kämpfer« Unmut über die »Septemberlinge« genannten neuen Parteigenossen regte, die oft dank höherer Bildung und Qualifikation auf der innerparteilichen Karriereleiter an ihnen vorbeizogen.

Zwei Organisationen der NSDAP, die in dieser Zeit einen ähnlich starken Mitgliederzuwachs wie die Partei selbst erlebten, waren Darrés Agrarpolitischer Apparat (AA) und die Hitlerjugend (HJ), deren Leitung Baldur von Schirach übernahm und die er mit dem NS-Studentenbund verschmolz. Weit geringeren Zulauf hatten die in der NSBO zusammengefaßten nationalsozialistischen Betriebszellen. Die Organisation, die nach der Septemberwahl auf das gesamte Reichsgebiet ausgedehnt wurde – mit Reinhold Muchow als Führer und gefördert von Gregor Strasser und Goebbels –, erreichte 1932 einen Mitglieder-Höchststand von 300 000 (mit Schwerpunkt in Berlin), wenig im Vergleich zu den Millionen von Arbeitern, die Gewerkschaftsmitglieder waren. Dabei ließen es die Nationalsozialisten auch in diesem Bereich nicht an agitatorischem Aufwand und Einsatz fehlen.

Der Mitgliederzuwachs trug dazu bei, den Eindruck beständiger Dynamik aufrechtzuerhalten, der zu Hitlers wichtigsten Trümpfen auf dem Weg zur Macht gehörte. Die inzwischen ausgereifte Technik des »flächendeckenden Wahlkampfs« brachte der NSDAP bei den regionalen Wahlen des Jahres 1931 einen durchschnittlichen Stimmenanteil von über vierzig Prozent. Zwischen April und August gab es eine weitere stürmische Kampagne, die die Nationalsozialisten zusammen mit dem Stahlhelm, den Deutschnationalen und den Kommunisten inszenierten, um die Auflösung des preußischen Parlaments zu erzwingen. Die Volksabstimmung scheiterte, doch die Partei blieb auf diese Weise in den Schlagzeilen. Allein im Dezember 1931 hielt die NSDAP reichsweit mehr als 13 000 Kundgebungen und andere öffentliche Veranstaltungen ab, während alle ihre Rivalen zusammen es nicht einmal auf 500 brachten.[14]

Hitler war, zumal nach solchen Wahlergebnissen, weiterhin der unbestrittene Führer seiner Partei und residierte standesgemäß in einem geräu-

Stalin hat 1931, als ihn dieses Photo zeigt, längst die Alleinherrschaft errungen. Die Konkurrenten sind in das zweite Glied verwiesen oder ausgeschaltet. Nur die Toten, da sie ihn nicht bedrohen, werden verehrt; überall sind Bilder von Lenin und Marx. Hitler dagegen ist 1931 noch Führer einer Oppositionspartei, aber das Photo zeigt ihn im Braunen Haus eigentlich nicht mehr als Parteiführer, sondern als Staatschef, Würde und Einsamkeit um ihn. Nur die Tischlampe und die an Kordeln aufgehängte Krone geben zu erkennen, welcher Welt er entstammt.

migen Arbeitszimmer im Braunen Haus, dessen Wände drei Porträts Friedrichs des Großen zierten, dazu das offizielle Photo (des »Führers«, an seinem Schreibtisch sitzend) mit der Unterschrift: »Nichts geschieht in dieser Bewegung als das, was mein Wille ist.« Seine Aura als »der unangefochtene, alleinige Führer der NSDAP«, wie Gregor Strasser im *Völkischen Beobachter* schrieb, war mehr als je zuvor das Bindemittel, das die Partei zusammenhielt und als Ersatz für ein Programm diente.

Tatsächlich verbrachte Hitler die wenigste Zeit in seinem Büro; meist war er im Lande unterwegs und sprach auf Massenkundgebungen, die nebenbei

auch eine wichtige Einnahmequelle darstellten. Er stärkte seine Stellung als Führer durch die Berufung zusätzlicher Mitarbeiter in die Reichsleitung der Partei, die die organisatorischen Aufgaben erledigten und die täglichen Routineentscheidungen trafen, ohne daß das uneingeschränkte Recht Hitlers, Entscheidungen jeder Art zu korrigieren, jemals in Frage gestellt wurde. Seine wichtigste Personalentscheidung war die, formell Anfang 1931 vollzogene, Berufung von Joseph Goebbels zum Reichspropagandaleiter mit allen Vollmachten für die Durchführung der Wahlkämpfe und Propagandakampagnen, die Auswahl der Redner und die Sprachregelungen zu den aktuellen Tagesfragen. Goebbels hatte bereits im Wahlkampf des Jahres 1930 seine bemerkenswerte Begabung als Propagandist unter Beweis gestellt. Charakteristisch für sein Verständnis der ihm übertragenen Funktion war, daß er die Gauleiter verpflichtete, jeden Monat Berichte über die Stimmung an der Parteibasis und in der Bevölkerung zu verfassen. Er schärfte ihnen ein, ihre Gewährsleute in die »Bäckereien, Metzgereien, Lebensmittelgeschäfte und Gaststätten« zu schicken und festzuhalten, was die Leute sagten. Dieses Material floß in die von der Reichspropagandaleitung erarbeiteten Wahlkampfbroschüren ein.

Der plötzliche Zustrom neuer Mitglieder, die wachsende Zahl von Inserenten im *Völkischen Beobachter*, das Hinzukommen weiterer Parteizeitungen, die größeren Teilnehmerzahlen bei den Parteiveranstaltungen, für die Eintrittsgeld erhoben wurde, all dies half der Partei, die Schulden abzutragen, die ihr aufwendiger Wahlkampf 1930 hinterlassen hatte, und die ständige Ausweitung ihrer Aktivitäten zu finanzieren. Nach wie vor galt, daß die NSDAP sich selbst finanzierte – 1931 zur Gänze, 1932 zum überwiegenden Teil. Die Großunternehmen und Banken blieben auf Distanz zu dieser Partei, die nicht fähig oder nicht willens schien, ihre wirtschaftspolitischen Absichten und ihr Verhältnis zum Privatunternehmertum schlüssig darzustellen. Die Geldmittel, die der NSDAP von 1930/31 an zuflossen, kamen nicht aus Unternehmenskassen, sondern aus den Privatvermögen einzelner finanzkräftiger Sympathisanten, darunter Hjalmar Schacht, der frühere Reichsbankpräsident, Fritz Thyssen und Ludwig Grauert, Präsident der Arbeitgebervereinigung der deutschen Eisen- und Stahlindustrie. Die gezahlten Summen bewegten sich zwischen einigen 10 000 und 200 000 Mark und gingen oft nicht an die Partei, sondern an einzelne Funktionäre – nicht vorrangig an Hitler, sondern an Göring, Strasser oder Funk.

Doch der größte Aktivposten, über den die NSDAP verfügte, war das Engagement der einfachen Parteigenossen, bei dem freilich stets die Gefahr bestand, daß die verschwommenen Grenzen zwischen Legalität und Illegalität überschritten wurden. Hitler mußte einen Kurs zwischen Legalität und Illegalität finden, damit er einerseits für die Reichswehrführung und die Kreise um den Reichspräsidenten als glaubwürdiger Kandidat für eine politische Partnerschaft gelten konnte, und damit andererseits so viel Raum für illegale Aktivitäten blieb, daß jene große Schar seiner Anhänger nicht aufbegehrte, die hauptsächlich deswegen zur NSDAP beziehungsweise zur SA gestoßen waren, weil sie glaubten, die Lebensfragen der Nation könnten nur durch Kampf und Gewalt entschieden werden, und die nach wie vor von einem Marsch auf Berlin mit anschließender Machtergreifung träumten. Hitler verstand es geschickt, sein Bekenntnis zur »Legalität« unverbindlich zu halten, so daß auf der einen Seite die konservativen Elemente, mit denen er ins Gespräch zu kommen hoffte, den Eindruck gewannen, er übe einen mäßigenden Einfluß auf seine Partei aus, und auf der anderen Seite die radikalen PGs sich sicher wähnten, seine Legalitätsbeteuerungen seien nur Tarnung, und in Wirklichkeit werde er im richtigen Augenblick den Staatsstreich wagen. Göring drückte es so aus: »Wir kämpfen gegen diesen Staat und das gegenwärtige System, weil wir sie restlos vernichten wollen, aber auf legalem Wege. Ehe wir das Gesetz zum Schutze der Republik hatten, haben wir gesagt, wir haßten diesen Staat, seitdem wir es haben, sagen wir, wir lieben ihn – und immer noch weiß jedermann, was wir meinen.«[15]

Hitler mußte seine Fähigkeiten in diesem Doppelspiel unmittelbar nach der Wahl von 1930 unter Beweis stellen. Im April 1929 hatte er in München eine Rede gehalten, in der er die vom ehemaligen, inzwischen pensionierten Chef der Reichswehr, Seeckt, konsequent verfochtene Auffassung, die Reichswehr habe sich aus der Politik herauszuhalten, offen angegriffen hatte. Er wollte damit eine Kampagne ins Rollen bringen, mit der er das Ziel verfolgte, die Reichswehr zu einem neuen Selbstverständnis zu bringen. Seine Argumente blieben nicht ohne Wirkung auf die jüngeren Offiziere, die in einer Armee nur geringe Karrierechancen sahen, deren Größe durch die Bestimmungen des Versailler Vertrags auf 100 000 Mann beschränkt war. Im Vordergrund stand Hitlers Versprechen, er werde, an die Macht gelangt, die Reichswehr vergrößern und Deutschland wieder auf den ihm zustehenden Platz in Europa führen. Dies beeindruckte drei Ulmer Leutnants, Scheringer, Ludin und Wendt so tief, daß sie sich mit den Nationalsozialisten in Verbindung setzten und in der Folge weitere Offiziere mitzogen. Wegen Verbreitung von NS-Propaganda in der Reichswehr verhaftet, mußten sich die drei vor dem Reichsgericht in Leipzig verantworten, wo ihr Prozeß wenige Tage nach der Wahl vom 14. September 1930 begann. Hitler ließ sich sogleich als Zeuge laden und erklärte in einer bewußt für die Reichswehrführung bestimmten Stellungnahme kategorisch, die SA sei ausschließlich für politische Zwecke aufgestellt worden, jeder Gedanke daran, sie als Waffe gegen den Staat einzusetzen und damit die Reichswehr in einen Bürgerkrieg hineinzuziehen oder gar an die Stelle der Reichswehr (und namentlich des traditionellen Offizierskorps) eine Armee neuer, nationalsozialistischer Prägung zu setzen, sei absurd.

»Wenn wir zur Macht gekommen sind, werden wir dafür sorgen, daß aus der jetzigen Reichswehr die große deutsche Volkswehr hervorgeht. Tausende von jungen Leuten in der Reichswehr sind derselben Meinung.«

Als der Gerichtspräsident Hitler mit dem Einwand unterbrach, die Nationalsozialisten könnten doch kaum hoffen, ihre Ziele auf legalem Weg zu erreichen, protestierte Hitler gegen diese Unterstellung. Allein seine Befehle seien maßgeblich; »überdies steht über allen meinen Befehlen der Grundsatz: Wenn die Anordnung gegen die Gesetze verstößt, darf sie nicht ausgeführt werden.« Parteigenossen, die dies nicht einsehen wollten, habe man ausgeschlossen. »Zu ihnen gehört auch Otto Strasser. Er hat tatsächlich mit dem Gedanken der Revolution gespielt.«

Und dann fügte Hitler mit jener wohlberechneten Zweideutigkeit, die er in der Frage der Legalität ebenso anwandte wie gegenüber den antikapitalistischen Tendenzen in der Partei, hinzu: »Ich darf Ihnen aber versichern: Wenn die nationalsozialistische Bewegung in ihrem Kampfgeist siegt, dann wird ein nationalsozialistischer Staatsgerichtshof kommen, dann wird der November 1918 seine Sühne finden, dann werden auch Köpfe rollen!« Auf diese Worte hin erhob sich im Zuschauerraum lauter Beifall. Als der Gerichtspräsident von Hitler wissen wollte, was er unter einer »deutschen nationalen Revolution« verstehe, erhielt er die unverfrorene Antwort, dies habe mit Innenpolitik nichts zu tun, sondern bezöge sich einfach auf eine »Erhebung der geknechteten deutschen Menschen« gegen die Bestimmungen des Friedensvertrages, die er nicht als bindendes Recht anerkenne, sondern die dem deutschen Volk aufgezwungen worden seien. »Unsere Propaganda zielt auf die geistige Revolutionierung des deutschen Volkes. Unsere Bewegung hat die Gewalt nicht nötig... Wir werden auf legale Weise unsere Partei zu einem entscheidenden Faktor machen. Aber wenn wir dann im Besitz der konstitutionellen Rechte sind, werden wir den Staat so formen, wie wir das für richtig halten.« Als der Präsident fragte: »Auch das auf konstitutionellem Wege?«, antwortete Hitler: »Ja.«[16]

General Jodl, im Zweiten Weltkrieg Chef des Wehrmachtführungsstabes im OKW, sagte 1945 im Nürnberger Prozeß aus, er habe seine Vorbehalte gegen Hitler erst abgelegt, als dieser vor Gericht unter Eid beteuert hatte, daß er keinerlei Konfrontation mit der Reichswehr suche. Dieses klare Bekenntnis ebnete in der Tat den Weg für die nachfolgenden Verhandlungen Hitlers mit der Reichswehrführung. Welche Risiken in einer solchen Taktik lagen, macht freilich die weitere Geschichte des Leutnants Scheringer deutlich. Zu einer 18monatigen Gefängnisstrafe verurteilt, wechselte er noch während seiner Haftzeit zur KPD über. Als Goebbels sich in einem Telegramm bei Scheringer erkundigte, ob der öffentlich bekanntgewordene Brief, in dem er seinen Frontenwechsel erklärt hatte, echt sei, telegraphierte Scheringer zurück: »Erklärung echt. Hitler Revolution verraten.«

Mit Reaktionen und Verhaltensweisen wie dieser mußte am ehesten bei der SA gerechnet werden. Die Braunhemden waren für die politische Propagandatätigkeit der Nationalsozialisten unentbehrlich; sie bildeten bei den zahllosen Veranstaltungen die Schutztruppe, boten den Kommunisten auf der Straße Paroli und lieferten mit ihren Aufmärschen jene anschaulichen Machtdemonstrationen, die für das Image der NSDAP so wichtig waren. Für diesen Zweck, aber auch nur für diesen, brauchte Hitler die SA: als Propagandainstrument, als Sturmtruppe einer Revolution, die nie stattfinden sollte. Doch das durfte den braunen Kämpfern nicht bewußt werden, weil sonst ihr Kampfgeist dahingeschwunden wäre; der aber sollte lebendig bleiben, ohne freilich je außer Kontrolle zu geraten.

Wie bewußt Hitler sich dieses Problems war, zeigt seine rasche Reaktion auf eine kritische Entwicklung in Berlin. Die Berliner SA, berüchtigt für ihre gewalttätigen Zusammenstöße mit der KPD, begehrte kurz vor der Septemberwahl auf und weigerte sich, Wahlkampfveranstaltungen der Partei zu schützen. Die SA-Männer beklagten sich über ausgebliebenen Sold, aber das Problem reichte tiefer. Das Nebeneinander von SA und Parteiapparat mit jeweils eigenständigen Strukturen führte zu ständigen Reibereien, hinzu kam, daß die SA sich von der Reichsleitung in München vernachlässigt fühlte: »Die SA ist bloß zum Sterben da«, in diesen Worten faßte ein SA-Führer den vorherrschenden Eindruck zusammen. Hitler eilte nach

Berlin, wo er von einem SA-Lokal zum anderen fuhr und den »Soldaten der Revolution« bessere Bezahlung und Betreuung versprach. Um die notwendigen Gelder zusammenzubringen, befahl er, alle Parteigenossen zu einer Sonderumlage heranzuziehen. Schließlich krönte er seinen Auftritt mit der Ankündigung, er selbst werde anstelle Pfeffers den Oberbefehl über die SA übernehmen.

Nach der Wahl nützte er die erste Gelegenheit, um Ernst Röhm zur Rückkehr ins Amt des Stabschefs der SA zu überreden, und gab ihm freie Hand für die Reorganisation der Verbände, deren Mitgliederzahl Anfang 1931 zwischen 60 000 und 100 000 schwankte; darunter waren sehr viele Arbeitslose, angelockt von der Aussicht auf Bezahlung, Verpflegung und Abenteuer. Gleichzeitig erteilte Hitler seinem alten Kampfgefährten Himmler Vollmacht, seinen elitären SS-Orden (der ursprünglich nur 280 Mitglieder gezählt hatte und auf den die eher proletarische SA schlecht zu sprechen war) in eine innerparteiliche Polizeitruppe umzuwandeln, der er das Motto gab: »SS-Mann, deine Ehre heißt Treue.«

Die Unzufriedenheit mit der Hitlerschen »Legalitätspolitik« legte sich indes nicht. Als die Regierung Ende März 1931 eine Verordnung herausgab, daß künftig politische Veranstaltungen 24 Stunden vorher von der Polizei genehmigt werden müßten, befahl Hitler allen Parteigliederungen, sich streng an diese Regelung zu halten. Das ging dem Berliner SA-Führer Stennes zu weit: Er verurteilte Hitlers »Kuschen vor den Buchstaben des Gesetzes«, jagte die Berliner NSDAP-Führung aus dem Amt und stellte sowohl die Partei als auch die SA unter sein Kommando. In Pommern erklärten SA-Führer, die sich auf Stennes' Seite stellten, die NSDAP sei vom revolutionären Kurs des wahren Nationalsozialismus abgewichen und habe das »reine Ideal, für das wir kämpfen«, über Bord geworfen.[17]

Hitler mußte erneut sein persönliches Prestige in die Waagschale werfen; er setzte Stennes ab und forderte von allen SA-Führern eine Erklärung ihrer bedingungslosen Loyalität zu seiner Person. Stennes tat sich mit Otto Strasser zu offener Opposition gegen den Führer zusammen, aber ihre Fronde schlug fehl – sie konnten nur eine Handvoll Anhänger zu sich hinüberziehen. Die Macht des Führermythos hielt die Mehrheit zusammen, auch in Berlin. Göring führte eine Säuberung der SA durch; eine Reihe von Reformen wurde beschlossen, um einige Mißstände zu beseitigen, und Hitler und Röhm wandten viel Mühe auf für die Organisation politischer Lehrgänge für die SA-Führer in einer sogenannten Reichs-Führungsschule. Doch es gab keine dauerhafte Lösung für ein Problem, das zwangsläufig aus einer Politik resultierte, die die von ihr geschaffenen Widersprüche und Spannungen erst im Augenblick ihres Erfolgs würde abbauen können.

Hitler brauchte nicht nur Zuversicht, sondern auch Geduld. Gewiß konnte er von außen Druck auf die politische Elite ausüben, aber solange er bei seiner Legalitätstaktik blieb, mußte er darauf warten, daß die Politiker an den

Schalthebeln der Macht ihn zu Verhandlungen einluden. In dieser Zeit des Wartens und Taktierens wurde nicht nur die Zuversicht der Partei, sondern auch Hitlers eigener Glaube an den Erfolg der ihm vorbestimmten Mission, der die tragende Säule des Führermythos bildete, auf eine harte Belastungsprobe gestellt. Vier Faktoren, die Hitler nicht beeinflussen konnte, wirkten sich schließlich zu seinem Vorteil aus.

Da war zum einen der Fortgang der Wirtschaftskrise; sie verschlimmerte sich in den Jahren 1931/32 weiter, und die Zahl der registrierten Arbeitslosen überschritt die Sechs-Millionen-Grenze; das Deutsche Reich hatte damit die höchste Arbeitslosenquote aller Industrieländer.

Ein zweiter Faktor war die Verschärfung der politischen Krise, die mit der wirtschaftlichen einherging. Sie fand ihren Ausdruck unter anderem in Stimmengewinnen für die radikale Rechte (die NSDAP) und die radikale Linke (die KPD) und einer entsprechenden Zunahme politisch motivierter Gewalt, aber auch darin, daß die vorübergehende Stabilisierung der Republik zu Ende war. Nach der Wahl Feldmarschall von Hindenburgs zum Reichspräsidenten im Jahr 1925, der gewissermaßen als ein Ersatz-Kaiser betrachtet wurde, hatte die traditionelle deutsche Elite sich mit der Republik zwar nicht ausgesöhnt, aber doch ihre Feindschaft gegen sie ruhen lassen. Die Wirtschaftskrise beendete diese Entspannungsphase und ließ an allen Fronten wieder politische Krisen aufbrechen.

Alle Mißstände und Nöte, an denen Deutschland krankte, wurden dem »System« angelastet, ein Zeichen dafür, wie schwach die parlamentarische Demokratie in Deutschland verwurzelt war und wie feindselig jene Gruppen der Republik gegenüberstanden, die aufgrund der Privilegien, die sie ihnen gewährte, eigentlich zu ihren stärksten Stützen hätten gehören müssen. Dies läßt sich am Beispiel der führenden konservativen Partei, der DNVP, verdeutlichen. Sie erlebte nicht nur die wachsende Abwanderung ihrer ländlichen Wähler zur NSDAP, sondern geriet zugleich immer stärker unter den Einfluß des reaktionären und autokratischen Hugenberg, der ohne großen Erfolg versuchte, den Nationalsozialisten im Hinblick auf unablässige und unversöhnliche antirepublikanische Propaganda den Rang abzulaufen, und sich zeitweise sogar auf Bündnisse mit ihnen einließ.

Hugenberg hatte mit der Einladung an Hitler, sich an der Kampagne zum Volksentscheid gegen den Young-Plan zu beteiligen, den Nationalsozialisten einen wichtigen Zugewinn an politischer Respektabilität beschert und Hitler den Zugang zu einflußreichen und finanzstarken Kreisen der rechten deutschen Aristokratie geebnet. Den eher konservativen Mitgliedern der DNVP widerstrebte Hugenbergs politischer Stil, und so spaltete sich eine Gruppe von der DNVP ab und gründete eine Partei mit dem Namen Volkskonservative. Hugenberg ließ sich dadurch nicht beirren und hatte auch aus seiner ersten Erfahrung mit Hitler nichts gelernt; er steuerte seinen Konfrontationskurs gegen die Republik weiter und holte die Nationalsozialisten in den Kreis einer »nationalen Opposition«, der sogenannten Harzburger

Das waren die beiden mächtigsten Männer der Bewegung – Hitler und der Stabschef der SA, der ehemalige Hauptmann Röhm. Sonderbarerweise schien niemand das groteske Mißverhältnis zu sehen, das zwischen dem Anspruch und der Erscheinung der unzertrennlichen Duzfreunde stand. Röhm kommandierte auf dem Höhepunkt seiner Macht mehrere hunderttausend SA-Männer, die allmählich dabei waren, ein Staat im Staate zu werden. Das wurde ihm zum Verhängnis; 1934 liquidierte Hitler die SA-Führung. Erst jetzt begann der Aufstieg der SS.

Front, in der sich im Oktober 1931 für kurze Zeit alle organisierten rechten Gegner der Republik versammelten. Es war dieselbe Parteienkonstellation, die die Koalitionsregierung des 30. Januar 1933 bilden und Hitler zum Reichskanzler machen sollte, in dem irrigen Glauben, er werde sich von denen, die ihn ins Reichskanzleiamt gehoben hatten, lenken lassen.

Ein dritter Faktor, von dem entscheidende Impulse für Hitlers Erfolg ausgingen, war ein Wandel im politischen Selbstverständnis der Reichswehr. Eine der erstaunlichen und gefährlichen Anomalien der Weimarer Republik lag in der Tatsache, daß die Führung des ehemals kaierlichen Heers die Niederlage von 1918 und den Untergang der Monarchie unversehrt überstanden hatte und sich in der Republik als selbständiges Machtzentrum, als Staat im Staate, etablieren konnte, mit einer Loyalität, die nicht etwa der jeweils amtierenden Regierung oder der Republik als solcher galt, sondern dem, was in den Augen des Offizierskorps die Interessen und Werte des »ewigen Deutschland« waren.

Der Architekt dieser bemerkenswerten Staat-im-Staate-Konstruktion war General Hans von Seeckt, von 1920 bis 1926 als Chef der Heeresleitung Oberkommandierender der Reichswehr. Seeckt konnte der Reichswehrführung eine von den Politikern unabhängige Stellung sichern, indem er die Parole ausgab, daß die Politik bei den Streitkräften nichts verloren habe, was ihn nicht daran hinderte, als Repräsentant der Reichswehr selbst eine bedeutende politische Rolle zu spielen, unter Berufung darauf, daß die Armee die oberste Hüterin des nationalen Interesses sei. Während der Staatskrise des Jahres 1923 hatte die Reichsregierung Seeckt mit unbeschränkten Vollmachten zur Wahrung der staatlichen Einheit ausgestattet. Schließlich war Seeckt auch verantwortlich für die geheimgehaltenen engen Beziehungen zur Sowjetunion, mit deren Hilfe die Reichswehr die militärischen Sperrklauseln des Versailler Vertrages umging.

Die Wahl Feldmarschall von Hindenburgs, des letzten Oberbefehlshabers des kaiserlichen Heers, zum Reichspräsidenten und die Pensionierung Seeckts im Jahr darauf ebneten den Weg zu einer Annäherung zwischen der Reichswehr und den politischen Institutionen der Republik. Die Initiative hierzu ging von einer einflußreichen Gruppe jüngerer Offiziere aus, die im Reichswehrministerium und im Truppenamt, dem heimlichen Nachfolger des durch den Versailler Vertrag zwangsweise aufgelösten Generalstabs, dienten. Ihr Motiv war nicht die Liebe zur Republik, sondern die Erkenntnis, daß sie ihre berufsständischen Ziele nur in enger Zusammenarbeit sowohl mit dem Reich als auch mit der preußischen Regierung erreichen konnten. Es ging ihnen um den Aufbau einer vorbildlichen neuen Armee, bestehend aus 21 Infanterie- und fünf Kavalleriedivisionen – der Friedensvertrag gestand Deutschland nur deren sieben beziehungsweise drei zu. Diese – um eine Luftwaffe ergänzten – Truppen sollten mit modernsten Waffen ausgestattet und auf sowjetischem Boden ausgebildet werden – und all dies sollte, da es gegen die Versailler Bestimmungen verstieß, im geheimen geschehen.

Geistige Väter dieses neuen Zweckbündnisses waren Wilhelm Groener, der erste Offizier im Amt des Reichswehrministers seit Gründung der Weimarer Republik, und Kurt von Schleicher, Leiter des Ministeramts, einer neugeschaffenen Behörde, die sich im Auftrag von Heer und Marine um alle die Streitkräfte berührenden politischen Fragen kümmerte. Groener hatte in den letzten Tagen des Weltkriegs Ludendorff als stellvertretenden

Chef der Heeresleitung abgelöst und hatte seinen Realitätssinn dadurch unter Beweis gestellt, daß er (während Hindenburg schweigend der Dinge harrte) dem Kaiser erklärt hatte, daß das Heer nicht mehr hinter ihm stehe. Er hatte anschließend eine mündliche Abmachung mit dem soeben zum Reichskanzler berufenen Sozialdemokraten Ebert geschlossen und der republikanischen Regierung klargemacht, daß Deutschland den Krieg nicht fortsetzen könne und den Versailler Vertrag unterzeichnen müsse. Der Gedanke, den sechzigjährigen Groener zu reaktivieren und zum Reichswehrminister zu ernennen, stammte von Schleicher, der mit ihm zwischen 1918 und 1920 als Stabsmajor eng zusammengearbeit hatte und jetzt Hindenburg überredete, Groener zu berufen.

Schleicher war selbstbewußt, intelligent, ausgestattet sowohl mit Charme als auch einem Hang zum politischen Intrigenspiel und erwarb sich den Beinamen »graue Eminenz«. Er gewann nicht nur Groeners Vertrauen, sondern – dank seiner Freundschaft mit Oskar von Hindenburg – auch das des Reichspräsidenten. Bald verging kaum ein Tag, an dem Schleicher nicht vom Büro des Reichspräsidenten um seinen Rat oder seine Meinung zu dieser oder jener Frage gebeten wurde.

Trotz aller Bemühungen Groeners erwies sich das von ihm angestrebte Zweckbündnis zwischen Reichswehr und Republik letzten Endes nicht als tragfähig, da das Mißtrauen auf beiden Seiten (insbesondere bei den Sozialdemokraten) zu tief saß. Groener verzweifelte schließlich an der Schwäche der Koalitionsregierungen, in denen die beteiligten Parteien gegeneinander arbeiteten, und so dachte er mit Schleicher im Dezember 1929 über andere Wege nach, um jene politische Stabilität und Rückendeckung zu finden, die die Reichswehr für die Verwirklichung ihrer Wiederbewaffnungspläne benötigte.

Diese spezielle Interessenlage der Reichswehr sollte sich als ein wichtiger Faktor für die Berufung Hitlers zum Reichskanzler erweisen. Es war noch ein weiter Weg bis dahin, aber die offene Politisierung der Reichswehr zeitigte schon lange vor 1933 Wirkungen, die einen Beitrag zur Ablösung der parlamentarischen durch eine präsidiale Regierungsform leisteten. Dies war der vierte Faktor, der für Hitler günstig war. Schleicher gehörte zu denjenigen Beratern Hindenburgs, die dafür eintraten, einen Reichskanzler zu berufen, der, gedeckt durch die Notverordnungsbefugnisse des Reichspräsidenten, eine starke Regierung bilden würde, wie sie der Staat und die Reichswehr brauchten: stark genug, um eine langfristig angelegte Politik durchzuführen, ohne von der Zustimmung der Parteien im Reichstag abhängig zu sein.

Diese Strategie mündete in die Berufung Brünings, der dann den Reichstag auflöste, nur um die von ihm selbst gewollte Wahl im September 1930 deutlich zu verlieren.

Man darf freilich aus dem sensationellen Stimmenzuwachs der NSDAP bei dieser Wahl nicht den Schluß ziehen, dieses Wahlergebnis habe Hitlers weiteren Aufstieg und schließlichen Triumph unvermeidlich gemacht. Es gab andere Szenarien, die zu rekonstruieren sich lohnt.

Nach der Septemberwahl versuchten die 107 nationalsozialistischen Abgeordneten zusammen mit den 41 Deutschnationalen und den 77 Kommunisten jede ernsthafte parlamentarische Arbeit im Reichstag unmöglich zu machen. Aber dabei überspannte die Opposition den Bogen. Die SPD ermöglichte, indem sie über ihren Schatten sprang, im Februar 1931 einen Mehrheitsbeschluß zur Änderung der Geschäftsordnung des Reichstags, worauf wieder die für eine sinnvolle Arbeit erforderliche Ordnung einkehrte. Die Koalition, die sich für diesen Beschluß zusammenfand – sie umfaßte das Parteienspektrum zwischen der gemäßigten Linken, also der SPD, und der gemäßigten Rechten, den von Hugenbergs DNVP abgespaltenen Volkskonservativen –, wäre auch stark genug gewesen, jedes Mißtrauensvotum gegen die Regierung abzulehnen und ihr bei einer Rückkehr zu den parlamentarischen Spielregeln die nötige Mehrheit im Reichstag zu verschaffen. Aber daran waren weder Brüning noch der Kreis um den Reichspräsidenten interessiert; sie bedienten sich dieser Mehrheit nur ein einziges Mal, und zwar zu dem Zweck, eine unbefristete Beurlaubung des Reichstags zu beschließen – ein weiterer Schritt weg von der parlamentarischen und hin zur präsidialen Regierung.

Eine weitere Alternative, die man hätte erproben können, hatte Otto Braun, der sozialdemokratische Ministerpräsident von Preußen, aufgezeigt. Sein Vorschlag lief darauf hinaus, die preußische Regierung und die Reichsregierung zusammenzulegen und mit vereinten Kräften den politischen Extremismus niederzuringen, der eine Bedrohung nicht nur für die Weimarer Demokratie darstellte, sondern für das Prinzip einer konstitutionellen Regierung auf stabiler Rechtsgrundlage schlechthin. Es war eine der Paradoxien der Weimarer Epoche, daß die preußische Regierung, im Gegensatz zu der von einer Koalitionskrise in die andere taumelnden Reichsregierung, eine Insel der Stabilität und der fortschrittlichen Politik bildete, die auf einer vertrauensvollen Zusammenarbeit zwischen den Sozialdemokraten und dem Zentrum beruhte. Braun amtierte mit zwei kurzen Unterbrechungen von jeweils nur wenigen Monaten von 1920 bis 1932 als preußischer Ministerpräsident.

Die preußische Regierung hatte bereits vorgeführt, welche Wege man bei der Bekämpfung der nationalsozialistischen Gefahr beschreiten konnte. Sie hatte Kundgebungen und Aufmärsche im Freien untersagt, der SA das Tragen von Uniformen verboten und die Mitgliedschaft in der NSDAP oder der KPD für unvereinbar mit der Stellung eines Beamten oder Amtswalters erklärt. Der preußische Innenminister Grzesinski, der über eine Polizeitruppe von 180 000 Mann gebot, darunter 80 000 kasernierte, motorisierte und bewaffnete Bereitschaftspolizisten, ließ sich von den wütenden Rufen der Nationalsozialisten nach seiner Entlassung nicht einschüchtern. Nach Übergriffen auf jüdische Geschäfte am Tag der konstituierenden Sit-

zung des neuen Reichstags ernannte Otto Braun Grzesinski zum Polizeipräsidenten von Berlin. Die *Frankfurter Zeitung* kommentierte diesen
Schritt so: »Herr Braun weiß, wie man Preußen regiert.« Und Grzesinski
selber sagte zu Braun: »Es ist notwendig, hart zu sein, hart wie Eisen.« Daß
er meinte, was er sagte, sollte sich bald zeigen.

Im November 1931 wiederholte der Ministerpräsident seinen Vorschlag,
die beiden Regierungen zusammenzulegen, und verband ihn mit dem
Angebot, ins zweite Glied zurückzutreten, so daß Brüning in Personal-
union als Reichskanzler und preußischer Ministerpräsident amtieren
könnte. Brüning schrieb in seinen nach dem Krieg erschienenen Erinnerungen, dieser Vorschlag sei hochinteressant gewesen, und seine Verwirklichung hätte die Ereignisse von 1932 – einschließlich seiner eigenen Abberufung – abwenden können.[18] Aber damals machte er keine Anstalten, auf
Brauns Vorstoß zu reagieren. Hätte er es getan, so hätten mit großer Sicherheit Hindenburg, Groener und Schleicher ihr Veto gegen ein solches Vorhaben eingelegt. Auch wenn ein Aufgehen Preußens im Reich ein seit langem
erörtertes Reformprojekt war, hätte ein Zusammengehen mit der preußischen Regierung zu diesem Zeitpunkt, ebenso wie eine Zusammenarbeit
mit der Reichstagsmehrheit, doch bedeutet, daß man sich mit der SPD hätte
zusammentun müssen, die nach wie vor stärkste Partei war. In ihr aber sah
die Rechte die Verkörperung all dessen, was sie an der Republik verabscheute. Eben diese Ressentiments der Rechten hatten im Zusammenwirken mit den Zweifeln der Sozialdemokraten an einem wirklichen Gesin-
nungswandel des Offizierskorps – und des preußischen Junkertums, mit
dem es gleichgesetzt wurde – die Versuche Groeners und Schleichers,
Reichswehr und Republik einander näherzubringen, zum Scheitern
gebracht. Für die Reichswehr war damit das Thema »Öffnung nach links«
erledigt.

Groener und Schleicher waren jedoch im Herbst 1930 noch nicht bereit,
den Schluß zu ziehen, daß jetzt nur noch eine Lösung unter Einbeziehung
der Nationalsozialisten übrigblieb. Groener war die treibende Kraft hinter
der Verhaftung und Verurteilung der drei Leutnants gewesen, die in der
Reichswehr für die NSDAP geworben hatten, und sowohl er als auch
Schleicher verteidigten auf einer Divisionskommandeurstagung im Oktober 1930 ihre Haltung vehement gegen den in der Reichswehr laut gewordenen Unmut über den Leutnantsprozeß. Bei all dem war nicht mehr zu übersehen, daß die Wahlerfolge und die nationalistische Propaganda der Nationalsozialisten bei vielen Soldaten Eindruck machten, und so war wohl der
deutsche Offizier kein Einzelfall, der im Gespräch mit dem britischen Militärattaché bei den Herbstmanövern 1930 die oft zitierten Worte sagte: »Es
ist die Jugendbewegung, sie läßt sich nicht aufhalten.«

Im Verlauf des Jahres 1931 wechselte Schleicher seinen Standpunkt, während Groener noch zögerte. Ernst Röhm nahm, kaum daß er an die Spitze
der SA zurückgekehrt war, Kontakt mit Schleicher auf und machte ihm

deutlich, daß Hitler die eher revolutionär gesinnten Elemente innerhalb der SA, Männer wie Stennes, zu entfernen begonnen hatte. Hitler und Röhm suchten neben Schleicher auch Groener und General von Hammerstein-Equord auf, den Chef der Heeresleitung, und nun begann Schleicher den Gedanken zu entwickeln, man könne die Nationalsozialisten »zähmen«, indem man sie einen Anteil an der Verantwortung für unpopuläre Maßnahmen tragen ließ – ein Plan, der diesmal auf eine »Öffnung nach ganz rechts« abzielte.

Die Erkenntnis, daß Brüning gegenüber der Wirtschaftskrise unglücklich agierte, machte die Suche nach einer neuen, breiteren Grundlage für eine effektive Regierung nur noch dringlicher. Brünings vorrangiges Ziel war es, die Bürde der Reparationen loszuwerden. Die Voraussetzung dafür sah er in Haushaltseinsparungen und Steuererhöhungen, um den ehemaligen Siegermächten den glaubwürdigen Eindruck zu vermitteln, das Deutsche Reich tue alles, um seinen Staatshaushalt ins Gleichgewicht zu bringen und die wirtschaftliche Lage zu stabilisieren. In der Überzeugung, dies sei der richtige und notwendige Weg, nahm Brüning es bewußt in Kauf, sich mit seiner Politik unbeliebt zu machen; die deutsche Öffentlichkeit nannte ihn den »Hungerkanzler«.

Achtzehn Monate nach seiner Ernennung zum Reichskanzler, im Herbst 1931, konnte Brüning wirtschaftspolitisch noch immer keine Erfolge vorweisen, hatte sich aber außenpolitisch in große Schwierigkeiten manövriert. Ein von Außenminister Curtius unterbreiteter Vorschlag, eine österreichisch-deutsche Zollunion zu bilden, stieß in Paris auf energische Ablehnung, und in der Folge setzten die Franzosen alle Hebel ihrer finanziellen Macht ein, um das Projekt zu Fall zu bringen. Die führende Bank Österreichs, die Creditanstalt, brach unter dem Druck zusammen, und als ausländische Anleger größere Kapitalmengen auch aus Deutschland abzogen, führte das zu einer Panik und zu einer dreiwöchigen Schließung der größten deutschen Banken im Sommer 1931. Am 3. September 1931 mußte eine gedemütigte Reichsregierung ihren Verzicht auf die Zollunion bekanntgeben. Es schloß sich eine neue Runde von Lohn- und Gehaltskürzungen an, die den Radikalen auf der rechten wie auf der linken Seite Gelegenheit zu weiteren wütenden Attacken gegen Brünings Politik gab.

Schleicher hatte seit einiger Zeit damit gerechnet, daß sich die Notwendigkeit ergeben würde, die Regierung Brüning zu stärken. Als im Oktober Außenminister Curtius zurücktrat, nutzte die »graue Eminenz« die Gelegenheit, um zugleich auch Innenminister Wirth auszubooten, der bei den Rechtsradikalen besonders verhaßt war, und Reichswehrminister Groener auch noch das Innenministerium zu unterstellen. Sein Ziel, sich die aktive Mitarbeit der NSDAP und der Hugenberg-DNVP zu sichern, erreichte er indessen nicht.

Als Hitler von Brüning zu einer Unterredung eingeladen wurde, schwenkte er das Telegramm triumphierend vor seinen Parteigenossen:

»Jetzt habe ich sie in der Tasche. Sie haben mich als Verhandlungspartner anerkannt.« Seine Euphorie war jedoch voreilig.

Der Herbst 1931 stand für Hitler unter keinem guten Stern. Im September hatte seine Nichte und mutmaßliche Geliebte Geli Raubal aus Verzweiflung über seinen totalen Besitzanspruch Selbstmord verübt. Bei seinen Treffen mit Brüning und danach mit Hindenburg (am 10. Oktober) wirkte er nervös und beging den Fehler, in einen Monolog zu verfallen, der sowohl beim Kanzler als auch beim Reichspräsidenten einen schlechten Eindruck hinterließ. Eine gezielte Indiskretion aus Hindenburgs Büro sorgte dafür, daß die Öffentlichkeit erfuhr, was das Staatsoberhaupt über Hitler dachte: Dieser »böhmische Gefreite« sei ein eigenartiger Kerl, den man »vielleicht zum Postminister, nicht aber zum Reichskanzler« machen könne.

Einen Tag später mußte Hitler in Bad Harzburg auftreten, wo Hugenberg die führenden Persönlichkeiten der deutschen Rechten versammelt hatte, darunter Hjalmar Schacht, General von Seeckt, sämtliche maßgebenden Parteipolitiker der Rechten sowie zwei Prinzen aus dem Hause Hohenzollern, dazu Vertreter des Stahlhelms und der SA. Das Treffen sollte die Stärke einer geeinten »nationalen Opposition« demonstrieren sowie den Rücktritt der Regierungen Brüning und Braun mit Neuwahlen im Reich und in Preußen fordern.

Hitler war hier nicht in seinem Element. Er fühlte sich erdrückt von all den Fräcken, Zylindern, Offiziersuniformen und Ehrentiteln – die Reaktion, wie sie im Buche stand –, ein Milieu, in dem der große Volksredner wie ein Fremder wirkte. Hitler mußte das Podium mit Hugenberg und Seldte teilen, dem Führer des Stahlhelms, der in weit stärkerer Truppenzahl erschienen war als die SA. Hitler las seine vorbereitete Rede mechanisch vom Blatt und verließ die Veranstaltung, bevor die Stahlhelm-Formationen vorbeimarschierten. Die vereinte nationale Front war gescheitert, bevor sie recht begonnen hatte, ein Mißerfolg, der noch bis zum Jahresende für eine Reihe heftiger gegenseitiger Vorwürfe sorgte.

Brüning hingegen machte, als er am 13. Oktober vor den Reichstag trat, um seine Politik zu rechtfertigen, eine bessere Figur, als die meisten es ihm zugetraut hatten. Von SPD und Zentrum unterstützt, überstand er das beantragte Mißtrauensvotum mit einer Mehrheit von 25 Stimmen. Ein frustrierter Hitler machte seiner Enttäuschung in einem zornigen Brief an Brüning Luft, in dem er dessen Rechenschaftsbericht einer vernichtenden Kritik unterzog. Nur einen Tag nach der Abstimmung im Reichstag ließ er in Braunschweig außerdem einen gewaltigen Fackelzug abhalten, zu dem 38 Sonderzüge und 5 000 Lastautos über 100 000 SA- und SS-Männer transportierten, die ihrem Führer huldigten. Das war ein Schauspiel, wie es keine andere Partei im Reich inszenieren konnte. Während seine Gegner über die Notwendigkeit breiterer Unterstützung redeten, demonstrierte Hitler, in welch reichem Maß er sie schon besaß. Der Macht war er freilich noch keinen Schritt näher als ein Jahr zuvor.

Hitler brauchte noch einmal fünfzehn Monate, von Oktober 1931 bis Ende Januar 1933, um an sein Ziel zu gelangen. Diese fünfzehn Monate bestanden für ihn aus Wahlkämpfen und Verhandlungen. 1932 fanden fünf Wahlen statt: zwei für das Amt des Reichspräsidenten, zwei zum Reichstag und, im April 1932, eine Reihe von Landtagswahlen, darunter in zwei der wichtigsten Länder, Preußen und Bayern. Die Verhandlungen waren ein stockender und qualvoller Prozeß mit einem bis zuletzt völlig ungewissen Ergebnis.

Für Hitler waren Wahlen und Verhandlungen zwei taktische Alternativen, zwischen denen insofern ein Zusammenhang bestand, als die Ergebnisse der Wahlen, auch wenn sie keine Umwälzungen brachten, doch das Kräftespiel in den Verhandlungen veränderten. Gleichwohl handelte es sich für Hitler um zwei verschiedene Wege, um an die Macht zu gelangen. Verhandlungen konnten dazu führen, daß die NSDAP in ein rechtes Parteienbündnis eintrat, sich in jeder wichtigen Interessengruppe möglichst viel Einfluß zu verschaffen suchte – wie sie es in den Bauernverbänden mit Erfolg getan hatte – und jede Gelegenheit zu einer verstärkten Regierungsbeteiligung ergriff, um so schrittweise und »von innen« an die Macht zu gelangen. Die andere Alternative lautete: aus eigener Kraft den Durchbruch zu versuchen und bei den Reichstagswahlen eine absolute Mehrheit zu gewinnen.

Bei Hitlers Verhandlungspartnern lagen die Dinge komplizierter, da es sich hier um mehrere Akteure mit unterschiedlichen und in manchen Fällen gegensätzlichen Interessen handelte. Doch keiner dieser Akteure – weder Hindenburg noch Schleicher, weder Groener noch Papen noch Hugenberg, ja nicht einmal Brüning – sah in Hitler und der NS-Bewegung eine bösartige und gefährliche Kraft. Mit vielen Aussagen in Hitlers Programmen stimmten sie überein: mit seinen Attacken auf »das System«, seinen Brandreden gegen die demokratische Politik und die marxistischen Parteien, seinem Ruf nach nationaler Einheit, nach Aufkündigung der Friedensbedingungen, einschließlich der Reparationen, nach Wiederherstellung der Größe Deutschlands und seiner militärischen Macht. Der Chef der Heeresleitung, General Hammerstein, gewann in einer vierstündigen Unterredung mit Hitler den Eindruck, daß dieser, »abgesehen vom Tempo«, im Grunde dasselbe wolle wie die Reichswehr.

Weder der Reichspräsident noch das Kabinett noch die Generäle sahen sich verpflichtet, das politische System der Weimarer Republik zu bewahren, das ihrer Überzeugung nach nicht geeignet war, jene stabile Regierung hervorzubringen, die Deutschland benötigte, um seine Krise zu überwinden und sich zu erholen. War das Regieren mittels Notverordnungsrecht anfänglich nur als Notbehelf für eine begrenzte Zeitspanne gedacht gewesen – während derer die parlamentarische Verfassung gleichsam ruhte, alle Beteiligten sich aber darin einig waren, sie früher oder später wieder in Kraft zu setzen –, so tendierten sie neuerdings dazu, eine dauerhafte Präsidialregierung zu installieren, nicht unähnlich der früheren Monarchie, in der nun der Reichspräsident an die Stelle des Kaisers treten sollte. In dieser Perspektive erschien die NSDAP nicht als eine Gefahr, die es auszuschalten galt – selbst wenn das möglich gewesen wäre –, sondern als eine wertvolle politische Kraft, die man einbeziehen konnte, vorausgesetzt, es gelang, die Nationalsozialisten so weit zu bringen, daß sie sich mit den anderen Kräften der Rechten zur Durchführung eines gemeinsamen Programms zusammentaten.

Hitlers Bewegung wies einige Züge auf, die dem Establishment nicht gefielen: die Gewalttätigkeit der SA, die Vulgarität der Parteipropaganda, der offene Antisemitismus, die nach wie vor vorhandenen antikapitalistischen Programmpunkte. Doch die etablierten Kreise fanden Argumente, um sich selbst einzureden, daß man sich mit der Rauhbeinigkeit und Gewaltbereitschaft der Nationalsozialisten eben abfinden müsse, weil eben dies die Partei in den Augen der Massen so interessant mache und ihr eine so breite Basis erobert habe. Gerade diese Massenbasis erschien ja als der große Aktivposten, den Hitler in ein autoritäres Regime einbringen würde. Hatte er nicht unter Eid erklärt, und wiederholte er es nicht gern und oft, daß er bei der »Legalität« bleiben werde, und hatte er nicht versichert, er werde es keinesfalls zulassen, daß irgend jemand auch nur mit dem Gedanken spiele, die SA könne versuchen, die Reichswehr von ihrem Platz zu verdrängen oder sich in ihr Terrain einzumischen, oder daß jemand den Privatbesitz oder das Unternehmertum in Frage stelle?

Groener und Schleicher waren sich nach einer Unterredung mit Hitler im Januar 1932 in dem Eindruck einig, Hitler sei entschlossen, seiner Partei die revolutionären Ideen auszutreiben. Ausweislich des amtlichen Aktenvermerks machte Hitler auf Groener einen »sympathische[n] Eindruck, bescheidener, ordentlicher Mensch, der Bestes will. Im Auftreten Typ des strebsamen Autodidakten. Minister hat klar zum Ausdruck gebracht, daß er legale Bestrebungen Hitlers mit allen Mitteln stützen wird, andererseits wird gegen Unruhestifter aus Nazikreisen weiter bekämpfend vorgegangen werden... Absicht und Ziele Hitlers sind gut, ist aber Schwarmgeist, glühend, vielseitig. Minister hat ihm voll zugestimmt, seine Absichten zum Guten des Reiches fördern zu helfen. Minister hat auch Ländern gegenüber schärfstens zum Ausdruck gebracht, Nazis gegenüber Gerechtigkeit walten zu lassen, nur Auswüchse dürften bekämpft werden, nicht die Bewegung als solche.«[19]

Von Zeit zu Zeit beschlichen Groener allerdings Zweifel an der Zuverlässigkeit der Nationalsozialisten. Aber er ließ sich immer wieder von Schleicher überzeugen, daß es ganz ausgeschlossen sei, Hitler könne es bis zum Kanzler oder Reichspräsidenten bringen; wenn er erst einmal als Minister in einer Koalitionsregierung eingebunden wäre, werde er - wie alle anderen Oppositionsführer vor ihm - »steuerbar« sein und sich »zähmen« lassen. Die Koalitionspartner würden seine radikalen Ambitionen schon bremsen.

Später räumte Groener gegenüber dem befreundeten Historiker Friedrich Meinecke ein, man hätte die Nationalsozialisten mit Gewalt unterdrükken müssen.[20] Als er aber im April 1932 einen ersten Schritt in diese Richtung tat und in seiner Funktion als Innenminister ein Verbot der SA aussprach – anfänglich von Schleicher unterstützt –, war es ausgerechnet Schleicher, der seinem früheren Förderer im Namen der Reichswehr in den Rücken fiel und ihn aus dem Amt drängte. Die Behandlung, die Groener widerfuhr, zeigte Hitler, wie leicht die Einheit seiner Kontrahenten unter Druck zerfiel. Nach Groener war Brüning der nächste, den man fallenließ, dann folgte Papen und schließlich Schleicher selber. Jedesmal war Hitler der Nutznießer.

Der Fehler, den die etablierten Kreise, die den Zugang zur Macht kontrollierten, begingen, bestand nicht darin, daß sie unterschätzten, wie feindselig Hitler der Weimarer Demokratie gegenüberstand – das sprach in ihren Augen eher für ihn –, sondern wie gefährlich er ihnen selbst und der Tradition des konservativen, autoritären Preußentums werden konnte, das sie verkörperten und wiederherstellen wollten. Obwohl ihnen die nationalsozialistischen Wahlkämpfe mit ihrer organisierten Gewalt genügend Anschauungsmaterial lieferten, erkannten sie nicht den dynamischen Charakter der von Hitler geschaffenen Bewegung, erkannten nicht, wie weit der Mann, der in ihren Augen nur ein demagogisch begabter Emporkömmling war, zu gehen bereit war, um seine Ziele zu erreichen, ahnten nicht, welche destruktiven Kräfte er entfesseln würde, ehe er ans Ende seines Weges gelangte. Ebenso wie Stalin wurde Hitler von seinen Kontrahenten im politischen Spiel immer wieder und zu lange unterschätzt; hinzu kam, daß sie beide die Kunst der Verstellung beherrschten.

Anfang 1932 sah Hitler sich erstmals vor der Alternative: »Wahlen oder Verhandlungen?« Hindenburgs Amtszeit lief im Mai aus. Sein Umfeld war natürlich nicht im geringsten daran interessiert, daß ein neuer Mann an seine Stelle trat. Aber Hindenburg war 84 Jahre alt und verspürte wenig Neigung für eine zweite Amtszeit, besonders wenn dies bedeutete, noch einmal eine Wahl durchstehen zu müssen. Brüning bemühte sich daher um Zustimmung für eine Verlängerung der Amtszeit des Reichspräsidenten um ein oder zwei Jahre, die mit einem Mehrheitsbeschluß des Reichstags ermöglicht werden sollte.

Obwohl Hitler in seinen heftigen Attacken auf Brüning und die Konsequenzen seiner Politik nicht nachgelassen hatte, sah der Reichskanzler eine Chance, ihm die Zustimmung zu diesem Plan abzugewinnen, denn Hitler konnte kaum daran interessiert sein, als Gegenkandidat in einer direkten Konfrontation mit dem Feldmarschall, in dem Millionen von Deutschen den einzigen ruhenden Pol in einer chaotischen Welt sahen, seinen Mythos aufs Spiel zu setzen. Hitler war in der Tat an Brünings Vorhaben interessiert und fand sich zu Gesprächen mit Groener, Schleicher und dem Reichskanzler selbst bereit.

Dabei wollte er freilich nur die Antwort auf eine einzige Frage erfahren:

Was bot man ihm für seine Zustimmung? Er gewann den Eindruck, als laute die Antwort: nichts. Daraufhin mußte Hitler das Risiko kalkulieren, das unvermeidlich für den Fall auftreten würde, wenn er selbst gegen Hindenburg antrat.

In der NSDAP gingen die Ansichten über eine eigene Kandidatur scharf auseinander. Gregor Strasser vertrat die Überzeugung, Hindenburg sei unschlagbar und Hitler solle ihn nicht herausfordern. Strasser blieb sich damit insofern treu, als er das ganze Jahr 1932 hindurch eher auf Verhandlungslösungen als auf den Kampf um Wählerstimmen gesetzt hatte, eher auch auf Koalitionen mit anderen Parteien – beispielsweise dem Zentrum – auf allen Ebenen, auf die Unterwanderung und Eroberung von Interessengruppen, um so die Macht der NSDAP schrittweise auszuweiten, anstatt direkt und spektakulär nach ihr zu greifen, mit dem Risiko, dabei zu scheitern..

Der wichtigste Exponent der Gegenposition war Goebbels, der Hitler zur Kandidatur gegen Hindenburg drängte, wohl wissend (wie sein Tagebuch zeigt), daß er als Leiter der Propagandaabteilung in einem Präsidentschaftswahlkampf Hitlers wichtigster Mann sein würde, während umgekehrt die Taktik der Verhandlungen und Koalitionen eher Strasser Gelegenheit geben würde, sich in seiner Rolle als Leiter der Parteiorganisation auszuzeichnen. Entschieden unterstützt wurde Goebbels von Göring und Röhm: von Göring, weil er über keine Hausmacht in der Partei verfügte und ihm Einfluß nur in Aussicht stand, wenn Hitler an die Macht kam und ihn zum Minister machte; von Röhm, weil die Aufregungen und Aktivitäten eines großen Wahlkampfs am besten geeignet waren, den ungeheuren Tatendrang der SA auf ein Ziel zu lenken.

Hitler zögerte einen ganzen Monat, was seinem typischen Verhalten vor wichtigen Entscheidungen entsprach. Erst am 22. Februar, drei Wochen vor dem Wahltermin, rang er sich zur Kandidatur durch und verschaffte sich in aller Eile die deutsche Staatsbürgerschaft, indem er sich vom nationalsozialistischen Innenminister des Zwerglandes Braunschweig vorübergehend zum Beamten ernennen ließ.

Der bereits mit der Planung des Wahlkampfs befaßte Goebbels kümmerte sich inzwischen um die Finanzierung. »Es fehlt überall an Geld«, schrieb er in sein Tagebuch. »Es ist so schwer, welches aufzutreiben; keiner will uns Kredit geben. Wenn man die Macht hat, kann man Geld genug bekommen, aber dann braucht man es nicht mehr. Hat man die Macht nicht, dann bedarf man des Geldes, aber dann bekommt man es nicht.«[21]

Schließlich trieb Goebbels die nötigen Gelder auf, um einen Wahlkampf zu inszenieren, wie Deutschland und wohl auch jedes andere europäische Land ihn noch nie gesehen hatte. Am 4. Februar 1932 konnte er in sein Tagebuch notieren: »Der Wahlkampf ist im Prinzip fertig. Wir brauchen jetzt nur auf den Knopf zu drücken, und die Maschine setzt sich in Bewegung.« Er konnte auf das gute Abschneiden bei der Wahl von 1930 aufbauen, und seither hatte sich die Mitgliederzahl der Partei mehr als verdreifacht, auf rund 450 000.[22] Die Parteiorganisation – in keinem Gau waren weniger als tausend Funktionäre im Einsatz – reichte jetzt bis in jedes deutsche Dorf, und der Braunschweiger Fackelzug hatte gezeigt, welche Manifestationen sie zu organisieren vermochte. Fernsehen und Radio standen noch nicht zur Verfügung, aber in jeder deutschen Stadt waren die Wände mit nationalsozialistischen Plakaten beklebt, dazu wurden Filmaufnahmen von Hitler und Goebbels gedreht und allerorten vorgeführt, im Jahre 1932 eine Novität und Attraktion. Wie schon 1930, verfolgten Hitler und Goebbels die Strategie der flächendeckenden Propaganda in allen deutschen Wahlkreisen mit einer gezielt auf einzelne gesellschaftliche Schichten oder Berufsgruppen ausgerichteten Argumentation, nur daß dieses Mal die Kampagne noch viel größer aufgezogen und noch effektiver organisiert wurde. Jetzt zeigte der besonders auf lokaler Ebene stark ausgebaute Parteiapparat, was er wert war.

Die nationalsozialistische Presse und Millionen von Flugblättern verbreiteten die Botschaft schriftlich, aber getreu der Überzeugung Hitlers, daß die größere Wirkung vom gesprochenen Wort ausging, wurden die Energien hauptsächlich auf die Durchführung von mehreren tausend Kundgebungen gerichtet, durchorganisiert bis zu den Aufmärschen der SA. Auf den größten dieser Veranstaltungen putschten die prominentesten Redner der Partei ihre Zuhörer mit den primitivsten Parolen auf. In ihren pauschalen Anklagen gegen »das System« sparten sie niemanden aus, nicht einmal den greisen Reichspräsidenten. Goebbels hielt zwischen dem 22. Februar und dem 12. März neunzehn Reden in Berlin (darunter vier im riesigen Sportpalast) und neun bei Großveranstaltungen in anderen Städten, von wo er dann im Nachtzug nach Berlin zurückeilte, um die Arbeit seiner Propagandaabteilung zu koordinieren.

Die zentrale Figur war jedoch, mehr noch als 1930, Hitler selber. Es standen dieses Mal ja nicht Dutzende von Kandidaten, darunter viele unbekannte, für ein Mandat im Reichstag oder in einem der Länderparlamente zur Wahl, sondern die Partei bot einen einzigen Kandidaten auf, den Führer persönlich, den Inbegriff der Bewegung, der sich um das höchste Amt im Staate bewarb. Seine Zuhörer ließen sich von ihm zu hysterischer Begeisterung hinreißen. In Breslau sprach er vor 60 000 Menschen; in anderen Städten hatte er nach Schätzungen noch höhere Teilnehmerzahlen. Als der Wahltag kam, der 13. März, war die Partei, waren Mitglieder und Führer gleichermaßen überzeugt, daß sie nun an der Schwelle zur Macht stünden, daß Hitler siegen werde und daß er sodann mittels der dem Reichspräsidenten zustehenden Notverordnungsbefugnisse ganz »legal« seine Revolution durchführen könne.

Das Wahlergebnis brachte die Ernüchterung. Dank ihres aufwendigen Wahlkampfs hatte die NSDAP elfeinhalb Millionen Stimmen für ihren Führer mobilisiert, fast doppelt so viele wie die sechseinhalb Millionen vom

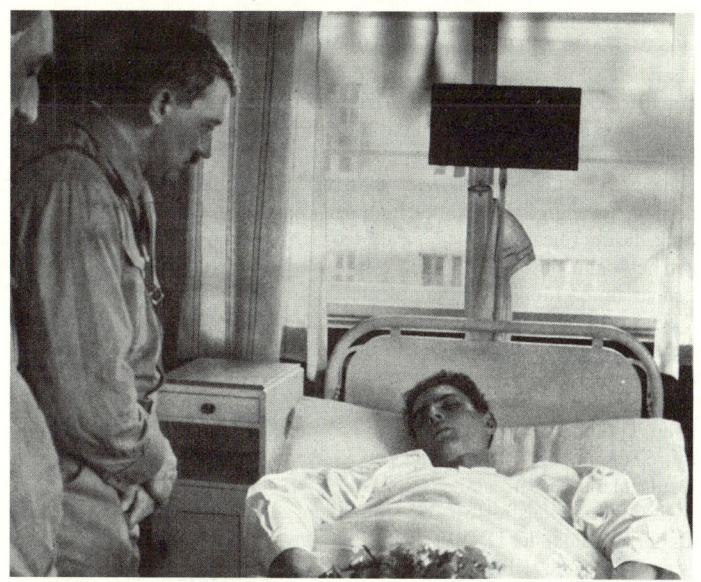

Die bürgerkriegsähnlichen Auseinandersetzungen trieben im letzten Jahr von Weimar auf einen Höhepunkt zu. Fast jedes Wochenende gab es bei Straßen- und Saalschlachten Schwerverletzte und Tote, denen Hitler dann, propagandistisch wirkungsvoll, in den Krankenhäusern die letzte Ehre erwies.

September 1930. Aber es hatte doch nur zu einem Anteil von 30 Prozent gereicht, während Hindenburg mit knapp neunzehn Millionen Stimmen auf 46,6 Prozent gekommen war. Entscheidend hatte sich ausgewirkt, daß die SPD, die Gewerkschaften und die Zentrumspartei erkannt hatten, daß sie besser daran taten, keine eigenen Kandidaten aufzustellen, sondern zur Wahl des »geringeren Übels« aufzurufen, des amtierenden Reichspräsidenten, der Protestant, Preuße und Monarchist war und die Sozialdemokratie und die Republik verachtete. Wie und weshalb das Ergebnis auch immer zustande gekommen war, für die Nationalsozialisten bedeutete es eine schwere Niederlage, und Goebbels war tief deprimiert.

Hindenburg hatte allerdings die erforderliche absolute Mehrheit um 200 000 Stimmen verfehlt. Es mußte daher ein zweiter Wahlgang stattfinden. Dieses Mal zögerte Hitler nicht. Kaum war das Ergebnis bekanntgegeben, da kündigte er an, daß er seine Kandidatur aufrechterhalten werde, und schon am frühen Morgen nach dem Wahltag wurden auf den Straßen Sonderausgaben des *Völkischen Beobachters* mit einer neuen Wahlplattform verkauft: »Der erste Wahlkampf ist beendet, der zweite hat mit dem heutigen Tag begonnen. Ich werde auch ihn mit meiner Person führen.«

Die Regierung begrenzte den Wahlkampf für die zweite Abstimmung auf eine Woche, in der Hoffnung, auf diese Weise verhindern zu können, daß es über die Ostertage zu einer unkontrollierbaren Eskalation der Gewalt kam. Um diese eine Woche maximal auszunutzen, charterte Hitler ein Flugzeug und sprach an sieben Tagen in einundzwanzig Städten, wobei er vier oder fünf Mal durch große Demonstrationszüge geehrt wurde. Die hier erstmals von einem Politiker praktizierte exzessive Nutzung des Flugzeugs rief, von dem praktischen Vorteil abgesehen, dank der zukunftsgerichteten Bedeutung, die der Fliegerei anhaftete, außerordentliche psychologische Wirkungen hervor, insbesondere als Hitler einmal trotz eines schweren Sturms, der den gesamten Flugverkehr lahmlegte, darauf bestand, nach Düsseldorf zu fliegen, um seinen Redetermin einzuhalten. Hier war der Mann, den Deutschland brauchte, jubelte die nationalsozialistische Presse, der mutige Mann der Tat, der Retter, der vom Himmel herabkam. »Hitler über Deutschland« lautete eine ihrer, wegen ihres Doppelsinns, besonders effektiven Parolen. Der Führer ließ sich von der Kraft seines eigenen Mythos mitreißen und erklärte, er fühle sich als Werkzeug Gottes, ausgesandt, um Deutschland zu befreien.

Es stand zweifelsfrei fest, daß Hitler nicht gewinnen konnte. Aber anders als der Kandidat der DNVP, der nicht mehr antrat, und im Unterschied zu Ernst Thälmann (KPD), der im zweiten Wahlgang über eine Million Stimmen weniger erhielt, verwandelte Hitler mit seiner Siegesgewißheit die Niederlage in einen Triumph, indem er über zwei Millionen Wähler hinzugewann. Hindenburg erhielt eine sichere absolute Mehrheit, aber daß die Nationalsozialisten ihre Stimmenzahl von 1930 mehr als verdoppelt hatten (von 6,5 auf 13,4 Millionen), war die eigentliche Nachricht des Tages. Hitler mobilisierte seine Anhänger sogleich für die vierzehn Tage später angesetzten Landtagswahlen, für die vier Fünftel aller Wahlberechtigten aufgerufen waren und die Gelegenheit boten, in Preußen, der letzten Bastion der Republik, die Koalition aus SPD und Zentrum zu stürzen. »Es geht ohne Atempause weiter«, lautete Goebbels' Parole.

In diesem Moment änderte jedoch die Regierung die Rahmenbedingungen der politischen Auseinandersetzung. Der Winter 1931/32 hatte eine zunehmende Welle der Gewalt gebracht, zumeist in Form von Straßen- und Bandenkämpfen zwischen Nationalsozialisten und Kommunisten, mit dem Schwerpunkt in Großstädten wie Berlin und Hamburg. Belege dafür, daß die Nationalsozialisten bereits ihre Machtergreifung planten, waren in zunehmender Zahl aufgetaucht, seit die Frankfurter Polizei in den Besitz geheimer, von hessischen NS-Funktionären ausgearbeiteter Einsatzpläne (bekanntgeworden als Boxheimer Papiere) gelangt war. Sie enthielten Handlungsanweisungen für den Fall eines nationalsozialistischen Staatsstreichs nach einem angenommenen kommunistischen Aufstand und sahen unter anderem die sofortige Erschießung aller Personen vor, die Widerstand leisten, sich unkooperativ zeigen oder bewaffnet angetroffen

Die Energie des Wahlkämpfers Hitler war schwerlich zu überbieten. Er führte mit dem Flugzeug unter der Parole »Hitler über Deutschland« einen Wahlkampf von den Arbeiterstädten des Ruhrgebietes bis zu den Landstädten des fernen Ostpreußen. Meist sprach er am selben Tag auf drei oder vier Veranstaltungen, wobei die Besucher stundenlang ausharrten, wenn sein Flugzeug sich wegen schlechten Wetters verspätete oder eine Autokolonne im Unwetter steckenblieb. Stalin war ein Mann der Partei, die er allmählich beherrschte; Hitler war seine Partei, die ohne ihn nichts gewesen wäre.

würden. Die Boxheimer Papiere wurden im November 1931 bekannt und lösten ein so starkes Presseecho aus, daß Hitler sich gezwungen sah, jede Kenntnis solcher Pläne zu bestreiten, wobei er vermutlich die Wahrheit sagte. Strafverfolgungsmaßnahmen gegen die Verantwortlichen blieben jedoch aus. Die preußische Polizei stieß wenig später auf Kopien schriftlich ausgegebener Befehle Röhms und auf Karten, die bestätigten, daß SA und SS in der Tat, wie aufgrund von Berichten schon vermutet worden war, Anweisung erhalten hatten, sich für einen Staatsstreich bereitzuhalten, falls Hitler die Reichspräsidentenwahl gewinnen sollte. In Pommern wurden weitere Parteidokumente beschlagnahmt, die Befehle für örtliche SA-Verbände enthielten, sich im Falle eines überraschenden polnischen Vorstoßes nicht an der Landesverteidigung zu beteiligen.

Unter dem Eindruck dieser Funde stellten die Landesregierungen, allen voran Preußen und Bayern, der Reichsregierung ein Ultimatum: Falls sie nicht Maßnahmen zur Entwaffnung und Auflösung von SA und SS ergriffe, würden die Länder es tun.

In der Überzeugung, General Schleicher und die Reichswehr hinter sich zu haben, verfügte Innen- und Reichswehrminister Groener unmittelbar nach dem zweiten Wahlgang der Reichspräsidentenwahl das Verbot der SA und SS. Röhm, der sich rühmte, viermal mehr SA-Männer unter Waffen zu haben, als das Deutsche Reich nach den Bestimmungen des Versailler Vertrags Soldaten haben durfte, spielte einen Augenblick mit dem Gedanken an Widerstand, doch Hitler bestand darauf, daß die SA sich dem Verbot fügen müsse. Er hatte erkannt, daß es kein Nachteil sein würde, wenn die SA-Männer ihre braunen Hemden auszogen, denn dieselben Leute würden als gewöhnliche Parteimitglieder weitermachen, und ihre Organisation würde intakt bleiben. Brüning und Groener würden, erklärte er, bei der preußischen Landtagswahl die verdiente Antwort erhalten.

Dieses Mal sollte er sich täuschen. Wieder im Flugzeug von Auftritt zu Auftritt eilend, sprach Hitler binnen acht Tagen in fünfundzwanzig preußischen Städten. »Unser ganzes Leben«, schrieb Goebbels, »ist jetzt eine Hetzjagd nach dem Erfolg und nach der Macht«. Aber noch immer blieb der entscheidende Durchbruch aus. In Preußen kam die NSDAP auf denselben Stimmenanteil von 36 Prozent, den Hitler im zweiten Wahlgang gegen Hindenburg erreicht hatte, genug, um die bewährte Koalition aus SPD und Zentrum ihrer Mehrheit zu berauben, aber nicht genug, um, selbst unter Einschluß der DNVP, eine nationalsozialistisch geführte Koalitionsregierung bilden zu können. In Bayern und Württemberg war die NSDAP noch weiter von der Mehrheit entfernt. Nach drei anstrengenden Wahlkämpfen hatte sogar Goebbels genug und klagte sarkastisch: »Zeit, an die Macht zu kommen. Sonst siegen wir uns in Wahlen tot.«

Hitler hingegen war keineswegs niedergeschlagen; er hatte einen Hinweis bekommen, nach dem es ihm leichter fiel, Groeners Verfügung hinzunehmen. Schleicher wähnte jetzt, nach der Wiederwahl Hindenburgs, den Weg zur Verwirklichung seines Planes frei, Brüning zu verdrängen und der Errichtung einer vom Reichstag unabhängigen präsidialen Regierungsform einen Schritt näherzukommen. Einer der Ecksteine seiner Konzeption war es, Hitler als Partner zu gewinnen, und so wandte er all sein intrigantes Geschick auf, um das SA-Verbot zu hintertreiben und eine Flüsterkampagne gegen den Innenminister in Gang zu bringen.

Damit beging Schleicher persönlichen Verrat an Groener, der ihn wie einen Sohn behandelt und ihm bedingungslos vertraut hatte; es war auch eine Kehrtwende gegenüber seiner früheren Empfehlung an Groener, die SA zu verbieten. Hitler erfuhr bei zwei geheimen Unterredungen mit Schleicher (am 26. April und 17. Mai), daß mit der Absetzung Groeners der Weg für einen Angriff auf die Stellung Brünings frei gemacht werden sollte. Beide Männer – deren Berufung jeweils Schleicher selbst angeregt hatte – hatten in seinen Augen ihren Zweck erfüllt und erschienen ihm jetzt hinderlich. »Alles geht gut«, notierte Goebbels um diese Zeit. »Beglückend das Gefühl, daß noch kein Mensch etwas ahnt, am wenigsten Brüning selbst.«[23]

Nach einem demütigenden Erlebnis im Reichstag, als Groener von pöbelnden Abgeordneten der NSDAP ausgelacht und niedergeschrien wurde, und nach einer vergeblichen Bitte an Hindenburg um Intervention erklärte der General am 12. Mai seinen Rücktritt. Brünung erging es nicht besser. Er hatte sich mit seiner Politik neben Hitler auch noch andere Feinde im rechten Lager gemacht. Ein Verordnungsentwurf, der die Übernahme verschuldeter Güter im deutschen Osten durch den Staat zum Zwecke einer aktiven Besiedlungspolitik vorsah, stieß auf den leidenschaftlichen Protest der einflußreichen ostelbischen Junkerklasse, von der Hindenburg sein geliebtes Landgut Neudeck geschenkt bekommen hatte; ihre politischen Vertreter brandmarkten das Projekt als einen Akt des »Agrarbolschewismus«. Als Hindenburg nach dem Rücktritt Groeners von einem eigens arrangierten Aufenthalt auf Gut Neudeck nach Berlin zurückkehrte, verweigerte er die Unterschrift unter die Verordnung und erklärte Brüning, falls er ihm noch einmal einen Besuch abstatten wolle, möge er sein Rücktrittsgesuch mitbringen. Brüning tat dies umgehend, und sein Rücktritt wurde sofort angenommen. »Wir haben Neuigkeiten von General von Schleicher«, hielt Goebbels in seinem Tagebuch fest. »Alles läuft nach Plan.«

Der Sturz Brünings leitete eine weitere Etappe im Niedergang der Weimarer Republik ein. Ungeachtet schwerwiegender politischer Fehleinschätzungen und obwohl ihm das Charisma eines populären Führers ebenso fehlte wie das diplomatische Geschick eines Politikers, hatte er sich doch aufrichtig bemüht, mit den Problemen des Reichs fertig zu werden. Solange das Kabinett Brüning, stillschweigend gestützt von der SPD- und der Zentrumsfraktion im Reichstag, regiert hatte, war die Tradition einer dem Parlament verantwortlichen Regierung noch nicht völlig aufgegeben worden. Die Ernennung Franz von Papens zu seinem Nachfolger bedeutete den Bruch mit dieser Tradition, und Hindenburg erklärte erleichtert, daß die »Zeit der republikanischen Minister« vorüber sei.

Schleichers Ziel war es offenbar, auch noch die letzten Spuren des bisherigen demokratischen Systems zu tilgen und an seine Stelle ein autoritäres, von der alten preußischen Aristokratie beherrschtes Honoratiorenregime zu setzen. Daß ein Mann wie Papen zum Kanzler erkoren wurde, über den der französische Botschafter zu berichten wußte, er werde »weder von seinen Freunden noch von seinen Feinden ernst genommen«, löste ungläubiges Kopfschütteln aus. Der ehemalige Kavallerieoffizier war harmlos genug, um bei der Hitlerschen Mordaktion des Jahres 1934 verschont zu bleiben und das Dritte Reich zu überleben. 1946 gehörte er zu den Angeklagten im Nürnberger Prozeß, wurde aber freigesprochen. Mit dem Charme eines geborenen Höflings schmeichelte er sich rasch bei Hindenburg ein, verdarb es sich aber ebenso schnell mit seiner eigenen Partei, dem

Zentrum, und mit Hugenbergs DNVP und verlor jeden politischen Rückhalt. Schleicher hatte für Papen die Rolle der Galionsfigur vorgesehen, während er selbst das Schiff zu steuern gedachte. Als seine Freunde ihm vorhielten, Papen sei doch ein Mann ohne Kopf, erwiderte der General: »Das soll er ja auch nicht sein, aber ich brauche einen Hut.« Den Kopf wollte Schleicher, der als Reichswehrminister neu ins Kabinett eintrat, selbst beisteuern.

Hitler dachte nicht daran, sich mit solch anachronistischem Personal einzulassen. Er hatte sich nicht mehr abhandeln lassen als die Zusage, die neue Regierung zu tolerieren, wenn sie als Gegenleistung das SA-Verbot aufhob und Neuwahlen ansetzte. Auch wenn in den letzten zweieinhalb Monaten drei Wahlen mit für ihn enttäuschenden Resultaten geendet hatten, ging es Hitler in den Verhandlungen nicht um Teilhabe an der Macht, vielmehr wollte er noch einmal alles auf eine Wahl setzen, um auf diese Weise die ganze Macht zu erlangen, und zwar zu seinen eigenen Bedingungen.

Der Reichstag wurde also am 4. Juni aufgelöst, das SA-Verbot am 16. Juni aufgehoben und die Wahl zum neuen Reichstag auf den 31. Juli festgesetzt. Papen und Schleicher gelang es allerdings nicht, sich im Gegenzug Hitlers Unterstützung für die Zeit nach der Wahl zu sichern. Was Hitler ihnen statt dessen bot, war eine Demonstration der »Tatkraft« seiner SA, wenn sie auf ihre Gegner losgelassen wurde. Der KPD-Vorsitzende Thälmann bezeichnete die Aufhebung des SA-Verbots als offene Einladung zum Mord. Die Gewalt, die sich danach auf den Straßen entlud, beschwor eine regelrechte Bürgerkriegsatmosphäre herauf: In den fünf Wochen bis zum 20. Juli kam es allein in Preußen zu fast 500 Zusammenstößen, die 99 Todesopfer und 1 125 Schwerverletzte forderten. Der neue Reichsinnenminister, Freiherr von Gayl, reagierte darauf mit dem Vorwurf an die preußische Polizei, sie ergreife Partei, indem sie gegen die Kommunisten nur halbherzig und gegen die Nationalsozialisten mit aller Strenge vorgehe. Diese Behauptung war als Vorspiel und Vorbereitung für Papens größten Coup gedacht: die Ausrufung des Staatsnotstands in Preußen und die Einsetzung eines Reichskommissars anstelle der preußischen Regierung.

Eine besonders heftige Straßenschlacht in Hamburg-Altona (das zu Preußen gehörte) lieferte den Vorwand. 7 000 Nationalsozialisten marschierten dort durch ein Arbeiterviertel, und es kam zu Straßen- und Barrikadenkämpfen mit Kommunisten, bei denen siebzehn Tote und zahlreiche Verletzte zu beklagen waren. Drei Tage später, am 20. Juli, enthob Papen die preußische Regierung ihres Amtes. Ob dieses Vorgehen tatsächlich vom Artikel 48 der Weimarer Verfassung gedeckt war, auf den er sich berief, war durchaus strittig, doch die SPD und die Gewerkschaften, die 1920 den Kapp-Putsch mit Hilfe eines Generalstreiks zum Scheitern gebracht hatten und jetzt über ähnliche Abwehrmaßnahmen diskutierten, entschieden sich letztlich, nichts zu unternehmen. Kaum etwas hätte die öffentliche Meinung in Deutschland stärker beeindrucken können als die Tatsache, daß

Die Wahlschlachten des Jahres 1932 zeigten immer deutlicher das Doppelgesicht Hitlers, der sich einerseits als revolutionärer Parteiführer, andererseits als Verteidiger der alten bürgerlichen Ordnung zeigte. In ein und demselben Monat konnte er in brauner Uniform, im dunklen Straßenanzug oder im Frack verschiedene Adressaten ansprechen, für jede Gruppe ein anderes Gesicht präsentierend.
Auf dem Photo von links nach rechts: Göring, Frick, Hitler, Gregor Strasser und Goebbels.

Preußen, die scheinbar uneinnehmbare Bastion der Sozialdemokratie seit Beginn der Weimarer Republik und das Land mit der stärksten republikanischen Polizeitruppe im Reich, widerstandslos kapitulierte. Offenbar hatte der jahrelange Kampf an zwei Fronten, gegen die Extremisten von links und rechts, die Kräfte und das Selbstvertrauen der republikanischen Führer ausgezehrt.

Die Niederwerfung des »roten Preußen«, ein von den Nationalsozialisten seit langem erstrebtes Ziel, wurde als Vorzeichen für einen Triumph Hitlers bei der Reichstagswahl gewertet. Dank einer Organisationsreform, die Gregor Strasser der Partei im Frühsommer verordnet hatte, war sie für den Wahlkampf besser gerüstet denn je und durch keinerlei Verbote in ihrem Handlungsspielraum eingeschränkt. Jedem Parteigenossen, der für den Reichstag kandidierte, wurde ein Treueeid auf die Person Hitlers abgenommen – die Parteiführung hielt es für erforderlich, daß jeder Mann blind gehorchte.[24] Zum vierten Mal binnen fünf Monaten trat der Propagandaapparat der Nationalsozialisten in Aktion. Hitler bediente sich wiederum des Flugzeugs und trat in seinem dritten Wahlkampf »aus der Luft« allein in der zweiten Julihälfte in beinahe fünfzig Städten auf. Überall, wo er seine Erweckungsreden hielt, gingen die Wogen der Emotionen – auch seiner eigenen – hoch. Als er wegen schlechten Wetters erst um halb drei Uhr nachts in Stralsund eintraf, erwarteten ihn noch Tausende im strömenden Regen. Nachdem er zu Ende gesprochen hatte, sangen sie in der Morgendämmerung *Deutschland, Deutschland über alles*. Wieder und wieder hämmerte er den Menschen ein, daß nach zweieinhalb Jahren Wirtschaftskrise und Massenarbeitslosigkeit, in denen die Regierung völlig versagt und sich nicht das Geringste gebessert habe, ein radikaler Neuanfang nötig sei. Nur seine Partei besitze nach innen wie nach außen die Kraft, um einen solchen Umschwung zu bewirken.

Als das Ergebnis bekanntgegeben wurde, hatte die NSDAP ihre Stimmenzahl gegenüber 1930 mehr als verdoppelt; mit 13 745 000 Stimmen und 230 Reichstagsmandaten war sie jetzt die stärkste Partei Deutschlands; in nur vier Jahren hatte sie fast dreizehn Millionen Wähler für sich gewonnen. Die Sozialdemokraten erreichten mit knapp acht Millionen Stimmen den zweiten Platz, die Kommunisten erhielten fünfeinviertel und das Zentrum viereinhalb Millionen Stimmen.

Die Nationalsozialisten hatten erneut einen beeindruckenden Erfolg errungen, aber auch diesmal die absolute Mehrheit verfehlt. Eine Analyse der Zahlen zeigt, daß sie kaum über den Stimmenanteil hinausgekommen waren, den Hitler im April, im zweiten Wahlgang um das Reichspräsidentenamt, erzielt hatte (36,7 Prozent). Die anschließende Landtagswahl hatte der NSDAP in Preußen 36,3 Prozent gebracht, die jüngste Reichstagswahl nun 37,3 Prozent. Am besten hatte die Partei auch diesmal wieder in den ländlichen Wahlkreisen des Nordens und Ostens abgeschnitten – mit 51 Prozent in Schleswig-Holstein und 47,1 Prozent in Ostpreußen. In den Industrieregionen und in Süddeutschland lag sie mit zwanzig bis dreißig Prozent erheblich unter ihrem Durchschnitt. Der britische Botschafter faßte in einem Bericht den vorherrschenden Eindruck so zusammen: »Hitler scheint jetzt seine Reserven aufgebraucht zu haben. Er hat die kleinen bürgerlichen Parteien der Mitte und der Rechten aufgesogen, und nichts deutet darauf hin, daß es ihm gelingen wird, Einbrüche ins [Wählerpotential des] Zentrums, der Kommunisten und der Sozialisten zu erzielen... Alle anderen Parteien sind natürlich hoch befriedigt, daß Hitler nicht einmal in die Nähe einer Mehrheit gekommen ist, zumal sie überzeugt sind, daß er jetzt seinen Zenit erreicht hat.«[25] Falls Hitler sich jetzt entschied, in

Seit dem Wahlsieg vom Juli 1932 füllten seine Anhänger die größten Plätze, wie hier 1933 den Berliner Lustgarten. Lange bevor es befohlen wurde, war der »Hitler-Gruß«, die erhobene rechte Hand, bei solchen Anlässen selbstverständlich. Mit Verführung viel mehr als mit Gewalt gewann er die Deutschen für sich und seine Partei.

Verhandlungen einzutreten, würde er sich freilich als Führer der mit Abstand stärksten politischen Kraft in einer starken Position befinden. Die Frage war: Wieviel sollte er verlangen? Auf einer Tagung der NSDAP-Führungsspitze wurde die Möglichkeit einer Koalition mit dem Zentrum erörtert (ein von Gregor Strasser stets befürworteter Gedanke), aber Hitler zog es vor, um »alles oder nichts« zu spielen; er wollte die ganze Macht.

Am 5. August traf er in Fürstenberg mit Schleicher zusammen und nannte seine Forderungen: das Amt des Reichskanzlers für ihn selbst in jeder denkbaren Rechtskoalition, dazu die Berufung weiterer Nationalsozialisten auf andere wichtige Posten – den des preußischen Ministerpräsidenten, den des Reichs- und des preußischen Innenministers (mit der Verfügungsgewalt über die Polizei), den des Reichsjustizministers sowie den neu zu schaffenden Posten eines Ministers für Volksaufklärung und Propaganda, den er für Goebbels vorgesehen hatte. Um der Abhängigkeit der Regierung vom Reichspräsidenten wie auch vom Reichstag ein Ende zu bereiten, forderte Hitler ferner ein Ermächtigungsgesetz, das dem Reichskanzler die Macht geben sollte, mit Hilfe von Verordnungen zu regieren; wenn der Reichstag diesem Gesetz die Zustimmung verweigere, müsse er aufgelöst werden. Was auch immer Schleicher auf diese Forderungen entgegnete, Hitler verließ ihn in der Überzeugung, der General werde seinen ganzen Einfluß nutzen, um Hitlers Ernennung zum Reichskanzler durchzusetzen. Er war so zuversichtlich, daß er vorschlug, zum Gedenken an diese epochemachende Unterredung an dem Haus, in dem sie stattgefunden hatte, eine Gedenktafel anzubringen.

Am 8. August schrieb Goebbels in sein Tagebuch: »Dort [in Berlin] rumort es ... Die ganze Partei hat sich bereits auf die Macht eingestellt. Die S.A. verläßt ihre Arbeitsplätze, um sich bereit zu machen. Wenn es gut geht, dann ist alles in Ordnung. Geht es aber schlecht, dann gibt es einen furchtbaren Rückschlag.«[26] Um die SA zu beschäftigen und zugleich seinen Forderungen Nachdruck zu verleihen, ließ Hitler die Braunhemden durch die Straßen Berlins marschieren. Hier und anderswo entluden sich die Spannungen in zunehmend gewalttätigeren Kämpfen, so daß die Regierung sich genötigt sah, in einer neuen Verordnung die Todesstrafe für politisch motivierten Totschlag anzudrohen. In der darauffolgenden Nacht drangen in dem oberschlesischen Dorf Potempa fünf uniformierte SA-Männer in das Haus eines kommunistischen Arbeiters ein, zerrten ihn aus dem Bett und traten ihn vor den Augen seiner entsetzten Mutter zu Tode.

Als Hitler aus Berlin keine Nachricht erhielt, ließ er selbst in der Hauptstadt um eine Unterredung mit dem Reichskanzler und dem Reichspräsidenten am 13. August bitten. Am Vorabend dieses Termins erfuhr er von Röhm, daß an der Bereitschaft Papens, die Regierungsführung an Hitler abzutreten, große Zweifel bestünden. Stundenlang erörterte er daraufhin mit Goebbels in dessen Haus, nervös im Zimmer hin und her laufend, wie hoch er seine Forderungen schrauben könne – oder auch wie weit er nachgeben könne, ohne sein Ansehen bei SA und Partei aufs Spiel zu setzen.

Papen sah in der Tat keinen Grund, zurückzutreten. Die Wahl, die keiner Partei eine absolute Mehrheit gebracht hatte, ließ einen Fortbestand der Präsidialregierung gerechtfertigt erscheinen. Niemand hatte sich je besser mit Hindenburg verstanden, und der Reichspräsident selbst hatte kein Bedürfnis, den aristokratischen Papen gegen den hölzernen und ihm unsympathischen Hitler auszuwechseln. Die notorische Gewaltbereitschaft der Nationalsozialisten hatte in den Reihen der besitzenden Klassen eine gewisse Distanzierung bewirkt, außerdem gaben die zu erwartenden Reaktionen im Ausland auf einen Reichskanzler Hitler sowohl dem Kabinett als auch der Reichswehr zu denken. Wie alle Welt, glaubte Papen, die NSDAP hätte ihren Zenit erreicht und würde nunmehr in der Wählergunst sinken. Zum Zeitpunkt seiner und Schleichers Zusammenkunft mit Hitler waren die beiden nicht mehr bereit, ihm mehr als das Amt des Vizekanzlers im ansonsten unveränderten Kabinett Papen sowie einem Mann seiner Wahl das preußische Innenministerium anzubieten.

Dieses Angebot schlug Hitler geradewegs aus; er redete sich in Wut und stieß Drohungen über eine dreitägige Freigabe der Straßen für die SA und die endgültige Abrechnung mit den »Marxisten« aus. Nach einem weiteren Wortwechsel, in dessen Verlauf er erklärte, er verlange nicht mehr Macht, als Mussolini 1922 gefordert habe, lehnte er jede weitere Diskussion ab. Eine Einladung zu einem Gespräch beim Reichspräsidenten nahm er erst an, nachdem man ihm versichert hatte, daß noch nichts entschieden sei. Doch Hindenburg empfing ihn im Stehen und sprach in scharf verurteilendem Ton von den wilden Elementen in Hitlers Partei, die außer Kontrolle geraten seien. Er sei bereit, Hitler und die NSDAP an einer Koalition zu beteiligen, nicht aber, ihm die alleinige Macht anzuvertrauen. Um Hitlers Demütigung vollkommen zu machen, ließ die Regierung das offizielle Protokoll der Unterredung, mit der scharfen Kritik Hindenburgs an den Nazi-Exzessen und an Hitlers überzogenen Forderungen, veröffentlichen, ehe Hitler seine eigene Version bekanntmachen konnte.

Nicht weniger als die Ablehnung seiner Forderungen erzürnte Hitler die Art und Weise, wie er zurückgewiesen worden war. Er fühlte sich wieder ins Jahr 1923 versetzt, in die Rolle des kleinen Gefreiten, den man in nationalen Kreisen als »Trommler« schätzte, den man aber kaum zum Reichskanzler machen konnte. Sein ganzer Haß auf die bürgerliche Welt mit ihren Normen von »Respektabilität«, auf die Offizierskaste und die geschniegelten Politiker mit ihren Fräcken und Zylindern brach aus ihm heraus: »Ich weiß, was die Herren im Sinne haben: sie möchten uns jetzt mit einigen Posten versehen und mundtot machen ... Nein, meine Herren, zum Verfeilschen, zum Verkaufen, zum Verschachern habe ich die Partei nicht gebildet! Sie ist keine Löwenhaut, die sich irgendein Schaf umstülpen kann! ... Glaubt ihr wirklich, daß ihr mich mit ein paar Ministersesseln ködern könnt? Ich will ja gar nicht in eurer Gesellschaft verkehren! Wie wurschtig mir das alles ist, das stellen sich diese Herren gar nicht vor! Wenn der liebe Gott gewollt hätte, daß es so sein soll, wie es ist, dann wären wir mit einem Monokel auf die Welt gekommen. Fällt uns gar nicht ein. Die Ämter können sie behalten, weil sie ihnen nicht gehören.«[27]

Die Versuchung wurde stärker denn je, jetzt die SA loszulassen und diesen Herrschaften zu zeigen, daß es kein Bluff war, wenn er davon sprach, den Braunhemden »die Straße freizugeben«. Als die fünf SA-Mörder von Potempa zum Tode verurteilt wurden, schickte er ihnen ein Telegramm: »Meine Kameraden, angesichts dieses ungeheuerlichsten und blutigsten Urteils fühle ich mich Euch in restloser Treue verbunden. Eure Befreiung ist für uns Ehrensache.«[28]

Doch Hitler wußte noch immer zwischen seinen Gefühlen und politischer Berechnung zu trennen. Noch am Tag seiner so schmählich verlaufenen Unterredung mit Hindenburg befahl er Röhm und die anderen SA-Führer zu sich und schärfte ihnen ein, daß ein Putsch nicht in Frage komme. Er setzte noch immer auf die Taktik der »Legalität«, und sein demonstratives Eintreten für die Mörder von Potempa war als Hilfe für Röhm gedacht, damit dieser seine Männer unter Kontrolle halten konnte, nicht etwa als Signal zum Sturm.

Papen und Schleicher begriffen sehr wohl, welches Spiel Hitler spielte, und waren entschlossen, ihn zu zermürben, bis er auf ihre Bedingungen einging. Hitler seinerseits gestattete Strasser, seine Gespräche mit dem Zentrum wiederaufzunehmen – eine Koalition aus NSDAP und Zentrum würde im Reichstag über eine absolute Mehrheit verfügen (und hatte sich in der Tat schon einmal, Ende August, zusammengefunden, um Göring zum Reichstagspräsidenten zu wählen). Gregor Strasser war überzeugt, die NSDAP habe ihr eigenes Wählerpotential jetzt vollständig ausgeschöpft, und ein Zusammengehen mit den linken und gemäßigten Elementen des Zentrums sei für sie der beste gangbare Weg zu einer parlamentarisch abgestützten Machtergreifung; ein solches Vorgehen werde auch am ehesten den Zugang zu katholischen Wählern ermöglichen. Goebbels war nach wie vor entschieden gegen diese Konzeption, sah aber ein, daß die Aufnahme von Verhandlungen mit dem Zentrum ein nützliches Druckmittel gegen Papen sein konnte.

Eine Zuspitzung dieses Taktierens brachte die erste Plenarsitzung des Reichstags nach der Wahl, die am 12. September 1932 stattfand. Papen, inzwischen unangefochtener Günstling Hindenburgs, hatte sich von diesem insgeheim eine Verordnung zur Auflösung des Reichstags unterzeichnen lassen, die er im Notfall vorlegen wollte. Doch die Ereignisse überschlugen sich und überraschten dann wohl beide Seiten. Am Ende einer chaotischen und haßerfüllten Sitzung stimmten die Nationalsozialisten einem von den Kommunisten eingebrachten Antrag auf Annullierung einer Notverordnung Papens zu; das Abstimmungsergebnis betrug 512 zu 42 Stimmen gegen Papen; Papen schlug zurück, indem er Hindenburgs Verordnung aussspielte und den Reichstag nach nicht einmal einem Sitzungstag für aufgelöst erklärte. Die Parteien mußten sich nun zum fünften Mal in diesem Jahr einer Wahl stellen.

Hitler, den als Spielertypus die Risiken und Gewinnchancen einer Wahl immer reizten, war voller Zuversicht. Dabei wurde selbst Goebbels bei dem Gedanken an einen weiteren Wahlkampf mutlos. Die Stimmung unter den Parteigenossen war schlecht, und viele Gaue hatten noch Schulden von der Juli-Wahl. Die Potempa-Affäre hatte in der Öffentlichkeit große Aufregung hervorgerufen, und weithin, auch in Teilen der Partei, herrschte die Auffassung vor, die NSDAP müsse mit Stimmeneinbußen rechnen. Nur Hitlers Entschlossenheit und sein unerschütterlicher Glaube an die eigene Sendung sorgten für Auftrieb. Als die Parteiführung Anfang Oktober in München zusammentrat, zeigte sich, daß die Kraft des Führer-Mythos nach wie vor ungebrochen war: »Er ist in der Tat der Große über uns allen. Er reißt die Partei aus jeder verzweifelten Stimmung wieder hoch ... Mit ihm an der Spitze muß die Bewegung siegen.«[29]

Einige Zeit später freilich vertraute Goebbels seinem Tagebuch an: »Die Geldbeschaffung ist außerordentlich schwer. Die Herren von ›Besitz und Bildung‹ stehen alle bei der Regierung.«[30] Das traf sicherlich auf die Wirtschaftsführer zu, denen der zunehmende Radikalismus, den Hitler ent-

In den Wahlkämpfen der letzten fünfzehn Monate vor dem Januar 1933 trat Hitler fast immer umgeben von Hermann Göring und Josef Goebbels auf, wobei der Pour-le-mérite-Träger die bürgerliche Welt, der andere als Agitator die breiten Massen für ihn gewinnen sollte.

fachte, großes Unbehagen bereitete. Am 19. Oktober 1932 traf sich in Berlin ein repräsentativer Kreis politisch aktiver Industrieller und Funktionäre der wichtigsten Arbeitgeberverbände zu einem ersten Gespräch, bei dem der Beschluß gefaßt wurde, einen politischen Fonds in Höhe der vom Kabinett Papen erbetenen zwei Millionen Mark aufzulegen.[31]

Hitler jedoch machte keine Zugeständnisse und ging mit aller Kraft aufs Ganze. In seinem vierten »fliegenden Wahlkampf« hielt er noch mehr Reden in noch mehr Städten als im Sommer. »Gegen die Reaktion!« lautete die Parole, für die er sich entschieden hatte, und sein Propagandaapparat griff nun mit geballter Wucht Papen und »korrupte Junkerregime« an. In einem abenteuerlichen Versuch, Verluste in seinem eigenen Gau zu umgehen, wies Goebbels die Berliner Partei und SA an, in offener Gemeinsamkeit mit den Kommunisten einen fünftägigen Verkehrs- und Transportarbeiterstreik in der Hauptstadt zu unterstützen, von dem sich SPD und Gewerkschaften distanziert hatten. Goebbels' letzter Tagebucheintrag vor der Wahl lautete: »Letzter Ansturm. Verzweifeltes Aufbäumen der Partei gegen die Niederlage ... Es gelingt uns in letzter Minute noch zehntausend Mark aufzutreiben, die wir am Sonnabendnachmittag noch in die Kampagne hineinpfeffern. Was getan werden konnte, das haben wir getan. Nun mag das Schicksal entscheiden.«[32]

Zum ersten Mal seit 1928 ging die Wahlbeteiligung wieder zurück. Vielleicht war vielen Wählern das Gesicht der Politik zu häßlich geworden, jedenfalls beteiligten sich dieses Mal zwei Millionen Menschen weniger als noch im Juli, und etwa in derselben Größenordnung bewegten sich die Stimmeneinbußen der NSDAP. Dies bedeutete jedoch keine Stärkung der gemäßigten Kräfte, denn die Kommunisten zogen am Zentrum vorbei und wurden mit 16,9 Prozent drittstärkste Partei, während die SPD auf knapp über 20 Prozent zurückfiel. Die NSDAP blieb die bei weitem stärkste Partei, Hugenbergs Deutschnationale konnten Stimmengewinne erzielen. Noch hatte der Extremismus Hochjunktur. Obwohl Papen nach Hitlers Deutung des Wahlergebnisses 90 Prozent der Wähler gegen sich hatte, war er über das Resultat hocherfreut und überzeugter denn je, daß Hitler jetzt nachgeben müsse.

Allein, Papen war nicht in der starken Position, in der er sich wähnte. Sein gestiegenes Selbstbewußtsein und sein enges Verhältnis zu Hindenburg verärgerten Schleicher, und als der Reichskanzler davon sprach, eine weitere Wahl anzusetzen, um die Nationalsozialisten zur Räson zu bringen, und eine zeitweilige Diktatur für den Fall erwog, daß sie sich weiterhin querstellten, zeigte sich Schleicher höchst beunruhigt. Seine größte Sorge war es immer gewesen, wie Brüning später berichtete, daß die Reichswehr sich einmal mit einem gleichzeitigen Aufstand der Nationalsozialisten und der Kommunisten konfrontiert sehen könnte. Das Zusammenwirken beider Parteien beim Berliner Verkehrsstreik und die Stimmengewinne der KPD hatten diese Befürchtungen verstärkt; jetzt bezog der Reichswehrminister das Kabinett ein, dem er mitteilte, ein Verbleiben Papens im Amt werde die Gefahr eines Bürgerkriegs heraufbeschwören. Er drängte den Reichskanzler zum Rücktritt; anschließend solle der Reichspräsident die Parteiführer konsultieren – in erster Linie Hitler – und versuchen, einen Weg aus der Sackgasse zu finden.

Am 17. November ging Papen auf das Spiel ein; er vertraute darauf, daß die Gespräche Hindenburgs mit Hitler ohne Ergebnis bleiben würden und daß er gestärkt aus der Krise hervorgehen und in die Reichskanzlei zurückkehren würde. Seine Einschätzung erwies sich als richtig. Hitler verlangte für sich das Amt des Reichskanzlers, mit denselben umfassenden Vollmachten, die der Reichspräsident Papen gewährt hatte. Hindenburg erklärte (mit Papen als Stichwortgeber), er könne und wolle Hitler nur dann zum Kanzler ernennen, wenn er eine Reichstagsmehrheit hinter sich bringen könne; wenn man das Reich weiterhin durch die Notverordnungen eines Präsidialkabinetts regiert werden müsse, sehe er keinen Sinn darin, einen anderen an Papens Stelle zu setzen.

Hindenburgs Gespräche mit den anderen Parteiführern brachten auch keine besseren Ergebnisse, ebensowenig wie ein Vorstoß Schleichers, der mit Gregor Strasser die Möglichkeit eines Eintritts der NSDAP in ein Koalitionskabinett mit Schleicher selbst anstelle Papens als Reichskanzler erkundete. Hitler bewegte sich nicht, und so machte Papen den Vorschlag, erneut die Kanzlerschaft zu übernehmen, den Reichstag auf unbestimmte Zeit in Urlaub zu schicken und eine Verfassungsreform auszuarbeiten. Für die Zeit bis zu deren Inkraftsetzung wollte er den Ausnahmezustand verhängen, mit Notverordnungen regieren und jeden eventuellen Putschversuch mit Waffengewalt niederschlagen. Gegen den Rat Schleichers stimmte Hindenburg diesem Konzept zu und beauftragte Papen mit der Bildung einer neuen Regierung.

Schleicher sah sich in dieser Situation zum Handeln veranlaßt. Am 2. Dezember, in der ersten Kabinettssitzung nachdem Papen sein Amt wieder übernommen hatte, erklärte Schleicher in seiner Eigenschaft als Reichswehrminister, die Reichswehr habe kein Vertrauen mehr zu Papen und sei nicht bereit, das Risiko eines Bürgerkriegs auf sich zu nehmen.

Der letzte Akt dieser bemerkenswerten Intrige begann, als Hindenburg sich dem von Schleicher übermittelten Ultimatum der Reichswehr beugte und diesem anbot, ihn anstelle Papens zum Reichskanzler zu ernennen; Hindenburg ging dabei von der Annahme aus, Schleicher werde jene nationale Front unter Einschluß der NSDAP zusammenfügen, um die Papen sich vergeblich bemüht hatte. Schleicher machte sich in der Tat Hoffnungen, dies zuwege zu bringen. Im Zentrum seiner Aufmerksamkeit stand Gregor Strasser, zu dem Schleicher ein gutes Verhältnis hatte und dem in seinem Plan die Aufgabe zukam, Hitler davon zu überzeugen, daß es im Interesse der Nationalsozialisten lag, in die Regierung Schleicher einzutreten.

Strasser hatte in der Frage, ob es Hitler je gelingen würde, sich zum Reichskanzler mit unbeschränkten Machtbefugnissen aufzuschwingen, seit über einem Jahr eine eher pessimistische Ansicht vertreten. Der Rückschlag, den die Partei in der Novemberwahl erlitt, ihre große Schuldenlast, die sich unter den Mitgliedern ausbreitende Ernüchterung, all dies brachte ihn zu der Überzeugung, Hitlers Politik nach der Devise: keine Zugeständnisse, keine Kompromisse, die ganze Macht und nichts weniger, werde die NSDAP in absehbarer Zeit zerstören. Was Schleicher im Sinn hatte, war eine breite Front, die von den gemäßigten Nationalsozialisten bis zu den gemäßigten Sozialdemokraten reichen und deren politisches Programm vor allem energische Maßnahmen zum Abbau der Arbeitslosigkeit beinhalten sollte. Mit seinem Angebot an die NSDAP über Strasser verband Schleicher offenbar die Hoffnung, daß, falls Hitler ablehnen würde, vielleicht Strasser selbst den Posten des Vizekanzlers übernehmen und die Partei spalten könne.

Es gibt keine Anhaltspunkte dafür, daß Strasser in der Tat diese Absicht hegte. Als aber Schleichers Angebot in der Führung der NSDAP erörtert wurde, brachte ihm seine Fürsprache sofort den Vorwurf ein, er übe Verrat und wolle Hitler die Parteiführung streitig machen. Nach einer erregten Auseinandersetzung mit Hitler am 7. Dezember schrieb Strasser einen ausführlichen Brief, in dem er sich gegen den Vorwurf der Untreue verteidigte und alle seine Parteiämter niederlegte. Er machte keine Anstalten, in der Partei um Unterstützung für seine Position zu werben, sondern fuhr mit seiner Familie in einen längeren Urlaub nach Italien.

Daß der zweite Mann hinter Hitler, der Leiter der Parteiorganisation, sich so plötzlich zurückzog, wurde in der NSDAP allgemein als Schock empfunden. Ohnehin war die Stimmung seit einiger Zeit beeinträchtigt und schwankend. Und keinen traf es härter als Hitler selbst. Er brauchte jedoch nur 24 Stunden, um sich zu der Erkenntnis durchzuringen, daß Strasser ein Judas war, der ihm »fünf Minuten vor dem Endsieg den Dolch in den Rükken gestoßen« hatte. Auf einer Sitzung, zu der er die gesamte Parteispitze in Görings Amtssitz als Reichstagspräsident gerufen hatte, brach er in einer äußerst pathetischen Szene den Stab über den abwesenden Strasser, um ihn gleichsam in ewige Verdammnis zu schleudern. Auf seinen ausdrücklichen Wunsch hin mußten alle alten Kämpfer ihm die Hand reichen und versprechen, die Bewegung nie im Stich zu lassen. Goebbels, Strassers erbittertster innerparteilicher Gegner, ging an diesem Abend in der Gewißheit nach Hause, einen »großen Erfolg für die Einheit der Bewegung« miterlebt zu haben. »Strasser ist nun vollkommen isoliert. Ein toter Mann.«[33] Weniger als zwei Jahre später, beim Röhm-Putsch, wurde dieser Gedanke blutige Wahrheit.

Strasser machte keinen Versuch, Gegenwehr zu leisten, und in der Folge bereiste Hitler alle Städte, deren Gauleiter als Strassers Sympathisanten bekannt waren, und löste die auf den Ausgestoßenen zugeschnittenen Strukturen der Parteiorganisation auf. Wie schon früher, im Fall der SA, setzte er auch jetzt sich selbst an die Spitze der Organisationspyramide und unterstellte verschiedene Bereiche der Hierarchie Männern, auf die er sich verlassen konnte – Heß, Ley, Darré, Goebbels. Damit sicherte er sich zwar wieder die unbedingte Kontrolle über die Partei, brachte sie aber der Lösung ihrer finanziellen und politischen Probleme keinen Schritt näher. Funktionärsgehälter mußten gekürzt werden, und Goebbels bezeichnete die wirtschaftliche Lage des Gaus Berlin als hoffnungslos. SA-Männer wurden mit Sammelbüchsen auf die Straßen geschickt, um Passanten um eine milde Gabe zu bitten. Was die politische Seite betraf, so hatte Hitler den von Strasser propagierten Ausweg aus der Sackgasse verstellt, ohne daß er jedoch in der Lage gewesen wäre, eine bessere Alternative zu entwickeln. Kurz vor Weihnachten 1932 vertraute Goebbels seinem Tagebuch an: »Das Jahr 1932 war eine ewige Pechsträhne ... Die Vergangenheit war schwer, und die Zukunft ist dunkel und trübe; alle Aussichten und Hoffnungen vollends geschwunden.«[34]

Dieses Mal war es nicht Schleicher, sondern der auf Rache an Schleicher sinnende Papen, der unerwartet einen Ausweg anbot. Schleicher bewies als Reichskanzler weitaus mehr Sinn für aktive Schritte zur Überwindung der

Krise, in der die deutsche Wirtschaft nach wie vor steckte, als Papen oder Brüning. In einer Radioansprache an die Nation am 15. Dezember erklärte er die Schaffung von Arbeitsplätzen zu seinem wichtigsten Anliegen. In der Theorie nahm sein Programm sich eindrucksvoll aus, aber es stieß auf den heftigen Protest der Unternehmer und Großgrundbesitzer, denen er Opfer abzuverlangen gedachte, während es ihm auf der anderen Seite nicht gelang, das Mißtrauen der Gewerkschaften und der SPD sowie des Zentrums zu überwinden. Keine der politischen Parteien sah nach all den kunstvollen Intrigen, mit denen er Groener, Brüning und Papen ausmanövriert hatte, in Schleicher einen Mann, mit dem man gerne eine Koalition einging. Das war die Situation, in der Papen, dessen Verhältnis zum Reichspräsidenten ungetrübt war, seine Chance witterte und daranging, seine eigene Alternative ins Werk zu setzen.

Am 4. Januar 1933 kam es zu einem geheimgehaltenen Treffen zwischen Papen und Hitler in der Villa des Kölner Bankiers Schroeder. Man empfand keine Zuneigung füreinander, war aber beiderseits willens, bestehende Gegensätze außer acht zu lassen, wenn man nur den gemeinsamen Feind Schleicher ausmanövrieren konnte. Hitler forderte nach wie vor das Amt des Reichskanzlers für sich, zeigte sich jetzt aber bereit, in eine Koalition mit Papen und Hugenberg einzutreten – eine Wiederherstellung der Harzburger Front. Über die konkrete Geschäftsgrundlage einer solchen Dreierkoalition wurde den ganzen Januar über fieberhaft verhandelt, und einzelne Punkte waren immer noch strittig, als die Mitglieder der neuen Regierung am 30. Januar 1933 dem Reichspräsidenten vorgestellt wurden.

Es ist nicht nötig, diese Verhandlungen im einzelnen nachzuzeichnen, in deren Verlauf alle erdenklichen Optionen ausprobiert wurden.[35]

Am 23. Januar mußte Schleicher seinen Mißerfolg eingestehen: Er hatte keine parlamentarische Mehrheit zusammenbringen können, und es blieb ihm nichts anderes übrig, als Hindenburg um die Ermächtigung zum Regieren mittels Notverordnungen zu bitten. Der Reichspräsident war nicht bereit, Schleicher etwas zu bewilligen, gegen das dieser selbst sich Anfang Dezember vehement ausgesprochen hatte, als Papen darum ersucht hatte. Ob freilich Papen mit seinem Konzept weiter kommen würde, mußte sich erst noch zeigen; er mußte, um es durchzusetzen, drei Hindernisse überwinden. Das erste war der starke Widerwille Hindenburgs gegen einen Reichskanzler Hitler, das zweite waren die weitgehenden, praktisch diktatorischen Vollmachten auf wirtschaftlichem Gebiet, die Hugenberg forderte und von denen er seinen Eintritt ins Kabinett abhängig machte. Das dritte war die Schwierigkeit, einen Reichswehrminister zu finden, der das Vertrauen der Reichswehr besaß, deren Sachwalter zu sein Schleicher stets behauptet hatte.

Ein Treffen zwischen Hugenberg und Hitler am 27. Januar endete in bitterem Streit, und Göring hatte alle Mühe, Hitler an der Abreise nach München und am Rückzug aus allen Verhandlungen zu hindern. Doch eben diese Drohung Hitlers brachte den Umschwung. Bis zu diesem Augenblick hatte Papen noch immer mit der Möglichkeit gerechnet, das Kanzleramt wieder selbst zu übernehmen; jetzt aber überfiel ihn die Furcht, daß alle seine Ränke und Konstruktionen in sich zusammenfallen könnten. Deshalb erklärte er Hindenburg einen Tag später rundheraus, er könne sich nur noch eine Lösung mit Hitler als Reichskanzler vorstellen. Gegen Hindenburgs Unbehagen setzte er das Versprechen, er selbst werde das Amt des Vizekanzlers übernehmen, und außer Hitler würden nur noch zwei Nationalsozialisten ins Kabinett aufgenommen, in dem die Konservativen somit über eine dreifache Überzahl verfügen würden. Die beiden vorgeschlagenen Minister der NSDAP waren Göring, der hochdekorierte Weltkriegspilot, und Wilhelm Frick, ein Jurist und ehemaliger Staatsbeamter, der innerhalb der Parteiführung die farbloseste Figur war und daher am ehesten als respektabler Mann durchgehen konnte. Hindenburgs Widerstand legte sich, und schließlich sah Hitler alle seine Forderungen erfüllt, abgesehen vom Amt des Reichskommissars für Preußen, das Papen neben der Vizekanzlerschaft selbst ausüben würde. Im Gegenzug fügte Hitler sich, ebenso widerstrebend, in die Forderung Hugenbergs nach alleiniger Herrschaft über die für wirtschaftliche Fragen zuständigen Ministerien.

Der dritte Punkt, der über die Zustimmung des Reichspräsidenten entschied, war die Gewinnung eines überzeugenden Reichswehrministers als Nachfolger Schleichers. Papen und Hitler fanden ihn in General von Blomberg, der mit Schleicher verfeindet war, seit dieser ihn 1929 aus einer Schlüsselposition im Ministerium, der Leitung des Truppenamts, als Kommandeur der Ersten Division in die ostpreußische Provinz versetzt hatte. Dort hatten ihn sein Stabschef, General Reichenau, und sein Divisionskaplan Müller, der spätere evangelische »Reichsbischof«, zu einer positiven Einstellung zum Nationalsozialismus bekehrt. Blomberg, ein ehrgeiziger Mann, der mittlerweile mit größerem Recht als Schleicher behaupten konnte, die politischen Einstellungen im Offizierskorps zu repräsentieren, hatte schon im Vorfeld seine Bereitschaft zu erkennen gegeben und wurde nun am frühen Morgen des 30. Januar nach Berlin gerufen. Um acht Uhr war er mit Hitler einig und wurde schon vor diesem und dem übrigen Kabinett vereidigt, so daß der Reichspräsident die beruhigende Gewißheit hatte, daß die Reichswehr in guten Händen war.

Hugenberg stemmte sich nach wie vor gegen den Plan Hitlers, den Reichstag aufzulösen und sich um eine Mehrheit für die neue Regierung zu bemühen – es werde, so versprach Hitler, die letzte Reichstagswahl sein. Ihr Streit über diesen Punkt war noch im Gang, als sie zur Ablegung ihres Amtseids und zur Einführung in ihr Amt gerufen wurden. Von den elf Ministerposten fielen, neben dem Reichskanzleramt für Hitler, nur zwei an Nationalsozialisten, und beide gehörten zu den zweitrangigen Ressorts: Frick übernahm das Innenministerium, und Göring wurde Minister ohne Geschäftsbereich. Die Polizei unterstand nicht dem Reichsinnenminister, sondern den Innenministern der Länder, deren wichtigstes Preußen mit der Hauptstadt Berlin war. Außenminister Freiherr von Neurath und Reichswehrminister Blomberg waren altgediente Fachleute aus dem diplomatischen Dienst beziehungsweise aus der Reichswehr, gegen die Hindenburg keine Einwände hatte. Das Wirtschafts- und das Ernährungsministerium (und zwar sowohl auf Reichsebene als auch in Preußen) wurden Hugenberg zugeteilt, das Arbeitsministerium übernahm Seldte, der Stahlhelm-Führer, zwei sowohl den Grundeigentümern als auch der Industrie genehme Lösungen. Das preußische Innenministerium und damit die Kontrolle über die preußische Polizei fiel Göring zu. Er war allerdings Papen unterstellt, der als Reichskommissar der faktische Regierungschef Preußens war. Als stellvertretender Reichskanzler kam Papen in den Genuß des eigens für ihn neu eingeführten Rechts, stets zugegen zu sein, wenn Hitler dem Reichspräsidenten Bericht erstattete.

Seinen Freunden gegenüber rühmte sich Papen, erreicht zu haben, was Schleicher und Brüning nicht vermocht hatten: mit der Rekrutierung des Führers der größten Partei habe er dem Staat jene breite Massenbasis verschafft, die Konservative und Deutschnationale aus eigenen Kräften nie hätten mobilisieren können. Und dies habe er zuwege gebracht, ohne wesentliche Positionen preiszugeben; Hitler sei zwar Reichskanzler, aber das Vertrauen des Reichspräsidenten besitze er, der Vizekanzler, und die Mehrheit im Kabinett hätten die Konservativen und die Deutschnationalen. Auf die Frage, ob diese Konstellation nicht Gefahren für die Zukunft berge, erwiderte Papen, das sei keinesfalls zu befürchten. »Wir haben ihn [Hitler] uns engagiert.«

Dies war eine der krassesten Fehleinschätzungen in der Politik des 20. Jahrhunderts, für die Papen niemand anders als sich selbst verantwortlich machen konnte. Gewiß hatte Hitler sich immer wieder zur »Legalität« bekannt, aber er hatte andererseits auch nie ein Geheimnis daraus gemacht, daß dieser Begriff für ihn einen sehr wandelbaren Inhalt hatte. In seiner Zeugenaussage vor dem Leipziger Reichsgericht im Jahr 1930 hatte er erklärt: »Die Verfassung schreibt nur den Boden des Kampfes vor, nicht aber das Ziel. Wir treten in die gesetzlichen Körperschaften ein und werden auf diese Weise unsere Partei zum ausschlaggebenden Faktor machen. Wir werden dann allerdings, wenn wir die verfassungsmäßigen Rechte besitzen, den Staat in die Form gießen, die wir als die richtige ansehen.«[36]

Noch deutlicher war Hitler in einem offenen Brief an Brüning geworden, nachdem dieser, damals noch als Reichskanzler, ihm im Dezember 1931, ebenfalls in Form eines offenen Briefes, vorgehalten hatte: »Wenn jemand erklärt, er werde, sobald er die Macht legal errungen habe, die Schranken durchbrechen, so hält er sich in Wirklichkeit nicht an die Legalität.«

Hitlers Antwort lautete: »Herr Reichskanzler, die grundlegende These der Demokratie lautet: ›Alle Macht kommt vom Volke.‹ Die Verfassung bestimmt, auf welche Weise eine Konzeption, eine Idee, und darum eine Organisation die Berechtigung für die Verwirklichung ihrer Ziele vom Volke erhalten muß. Aber letzten Endes ist es das Volk, das über die Verfassung bestimmt.«[37]

Das war deutlich genug, und es war der Grund dafür, daß diejenigen, die Hitler in die Regierung einzubinden versuchten, immer darauf aus waren, ihn zu »zähmen«, und sich dagegen wehrten – Groener und Schleicher ebenso wie, bis zuletzt, Hindenburg –, ihn Reichskanzler werden zu lassen.

Aber aus demselben Grund beharrte Hitler so unerschütterlich darauf, nur als Reichskanzler oder aber gar nicht in eine Regierung einzutreten, und wenn die Koalitionspartner sich sicher wähnten, ihn zähmen zu können, so war er mindestens genauso überzeugt, daß keine der Fesseln und Sicherungen, mit denen Papen ihn gebunden zu haben glaubte, ihn darin hindern würden, »den Staat in die Form [zu] gießen, die wir als die richtige ansehen«. Es dauerte keine zwei Monate, bis sich zeigte, wer recht behalten würde, und keine sechs, bis Hitler jene »Revolution im Bunde mit der Staatsmacht« vollbracht hatte, die von Anfang an sein Ziel gewesen war.

8. Kapitel

Stalins Revolution

Stalin 1928–1934

Während Hitler noch um die Macht kämpfte, demonstrierte Stalin, daß er die Macht in vollem Umfang und mit äußerster Härte zu gebrauchen verstand. Dadurch wurden die Jahre von 1928 bis 1933 zu einer zweiten Revolution, die das Land ebenso erschütterte wie die Revolution der Jahre nach 1917 und den bisherigen Rahmen der russischen Geschichte endgültig sprengte.

Zehn Jahre nach der Oktoberrevolution hatte sich Rußland dank der NEP zwar vom Bürgerkrieg erholt, jedoch erst wieder den Grad an Industrialisierung erreicht, den es 1913 bereits gehabt hatte. Der Rückstand zu den entwickelten Industrieländern war noch größer geworden. 1927 gab es in der Sowjetunion erst zweieinhalb Millionen Industriearbeiter. Auch zehn Jahre nach der Machtergreifung mußte die Partei noch für das Abenteuer von 1917 bezahlen, als Lenin die Macht an sich gerissen hatte, ohne daß die wirtschaftlichen und sozialen Grundlagen vorhanden waren, die der Marxismus als Voraussetzung für eine sozialistische Revolution fordert. Lenin war überzeugt, wenn die Bolschewiki den Staat erst kontrollierten, würden sie diese Voraussetzung im nachhinein schaffen können. Aber nach zehn Jahren war dies noch nicht erreicht; Partei- und Staatsmacht fehlte nach wie vor die notwendige ökonomische Basis.

Innerhalb der Partei war man sich darüber einig, daß eine sozialistische Wirtschaft und Gesellschaft nur aufgebaut werden konnten, wenn es gelang, Rußlands Industrie zu modernisieren und auszubauen. Dies war auch notwendig, um die Sowjetunion in die Lage zu versetzen, sich in einer feindlichen kapitalistischen Welt zu behaupten. Es war ebenfalls allgemeine Überzeugung, daß die Industrialisierung nicht ohne Modernisierung der Landwirtschaft gelingen konnte. Ohne ein ständiges Wachstum ihrer Produktivität war es unmöglich, die Nahrungsmittel bereitzustellen, die man brauchte, um eine wachsende Zahl von Industriearbeitern zu versorgen, sowie Reserven für den Fall von Krieg oder Hungersnot anzulegen. Die Getreideexporte mußten wieder das Vorkriegsniveau erreichen, um den Import von Traktoren sowie von Maschinen für Landwirtschaft und Industrie finanzieren zu können.

Meinungsverschiedenheiten gab es vor allem über die Frage, mit welchen Mitteln man die steigenden Überschüsse garantieren konnte; in welchem Maße die Bauern durch wirtschaftliche Mittel, etwa durch höhere Preise für ihre Produkte oder eine bessere Belieferung mit Industriegütern, die sie benötigten, sowie durch den Aufbau von Genossenschaften dazu *bewegt* werden konnten, oder wieweit man sie durch »administrative Maßnahmen« dazu *zwingen* mußte – und wie lange es dauern würde, bis sich

Ergebnisse zeigten. Bisher hatte Stalin – zumindest öffentlich – Bucharins Argument akzeptiert, daß die verstreut liegenden winzigen Felder der einzelnen Bauern, »allmählich, aber unentwegt, nicht durch Zwang, sondern durch Beispiel und Überzeugung« zusammengelegt werden sollten, um dann mit modernen Anbaumethoden in gemeinschaftlicher Arbeit bestellt zu werden. So hatte es Stalin im Dezember 1927 selbst formuliert.[1]

Bucharin und – in seinen letzten Lebensjahren – Lenin hatten erkannt, daß es Zeit kosten würde, die sowjetische Wirtschaft auf diese Weise zu modernisieren – ein oder zwei Jahrzehnte, vielleicht auch länger. Irgendwann, wann genau läßt sich nicht mehr feststellen, muß Stalin der Versuchung erlegen sein, einen anderen Kurs einzuschlagen und (ähnlich wie Lenin im Jahre 1917) eine Abkürzung des Weges zu einer modernisierten, sozialistischen Sowjetunion zu suchen, indem er auf die Zwangsmethoden des Kriegskommunismus zurückgriff. Solange Stalin im Machtkampf gegen Trotzki und die Linke begriffen war, deren Programm ähnlichen Überlegungen folgte, konnte er seine Ideen noch nicht offen darlegen. Er hätte damit die Unterstützung Bucharins, Rykows und der Rechten aufs Spiel gesetzt, die sich ganz der NEP verschrieben hatten und die Bauern nicht vor den Kopf stoßen wollten. Sofort nachdem der Fünfzehnte Parteitag im Dezember 1927 die Niederlage Trotzkis und der vereinigten Opposition besiegelt hatte, sicherte sich Stalin jedoch die Zustimmung des Zentralkomitees, »administrative Maßnahmen« – das Codewort für Zwang – anzuordnen, um gewaltsam Getreide beschlagnahmen zu lassen.

Dies war ein erster Schritt. Die Geschichte der beiden folgenden Jahre, die in den Feierlichkeiten zu Stalins fünfzigstem Geburtstag im Dezember 1929 gipfelte, wird durch drei miteinander verflochtene Prozesse bestimmt: Der erste war die bereits beschriebene letzte Etappe von Stalins Aufstieg zur Macht, die Unterdrückung der rechten Opposition. Stalin besaß damals weder die autokratische Macht der späten dreißiger Jahre, noch verfügte er über Lenins Autorität in politischen Fragen. Er mußte sich also um Unterstützung in der Partei bemühen. Sein Ringen darum ist Inhalt des zweiten Prozesses. Bucharin beschrieb Stalin später als einen »Meister der Dosierung«, der es verstand, Gift in kleinen Portionen zu verabreichen. Das beste Beispiel dafür ist das Geschick, mit dem er die kommunistische Partei an die Anwendung »administrativer Maßnahmen« bei Beschlagnahmeaktionen gewöhnte. Er gab sie als Reaktion auf eine zeitweilige Ausnahmesituation aus und ließ bis zum Winter 1929/30 nicht erkennen, wieweit er sie zu einer ständigen Einrichtung zu machen gedachte.

Wahrscheinlich hätte Stalins Kontrolle über den Parteiapparat ihm in jedem Fall die notwendige Rückendeckung gesichert. Ein desillusionierter Stalinist beschrieb das mit den Worten: »Wir haben Bucharin nicht mit Argumenten, sondern mit Parteibüchern besiegt.« Die meisten Historiker sind jedoch der Auffassung, daß mit den Stimmen der Delegierten, die ihren Aufstieg Stalin verdankten, lediglich eine Entscheidung bestätigt wurde, die bereits in einer kleinen inoffiziellen Gruppe von zwanzig bis dreißig einflußreichen Parteifunktionären getroffen worden war, den Führern der wichtigsten Abordnungen im Zentralkomitee, die Moskau, Leningrad, Sibirien, den Nordkaukasus und die Ukraine vertraten.[2]

Diese Männer waren Stalin eng verbunden, jedoch nicht seine willfährigen Werkzeuge. Sie genossen eine gewisse Selbständigkeit, waren hart, pragmatisch und sahen ihr wichtigstes Ziel darin, die Sowjetunion in ein modernes Industrieland zu verwandeln. Stalin konnte ihre Meinung nicht einfach ignorieren, und es ist vor allem auf ihren Einfluß zurückzuführen, daß er im Frühjahr 1929 nicht schon drastische Maßnahmen gegen die Führer der Rechten ergriff.

Sie entschieden sich schließlich für Stalin und nicht für Bucharin, weil sie Stalins Optimismus und der Aussicht auf eine entschlossene Führung gegenüber dem Pessimismus der Rechten und deren Politik der Zugeständnisse und Kompromisse den Vorzug gaben. Drei Zitate führender Mitglieder des Zentralkomitees zeugen von deren Enttäuschung über die Gruppe Bucharins. Von Kuibyschew stammt der Satz, »die Geschichte erlaubt es uns nicht, langsamer... mit vorsichtigeren Schritten vorwärtszugehen.« Kirow sagte, »mit einem Wort, nur nichts überstürzen... Mit einem Wort, die Rechten sind für den Sozialismus, aber ohne besondere Scherereien, ohne Kampf, ohne Schwierigkeiten.« Und Ordschonikidse, der Bucharin immerhin gute Absichten zubilligte, stellte fest: »... Es geht hier nicht um Wünsche, sondern um Politik. Aber die Politik des Genossen Bucharin würde uns zurückwerfen und nicht vorwärtsbringen.«[3]

Die politischen Praktiker konnten jedoch nicht ahnen, um wieviel schneller und weiter Stalin sie vorwärtstreiben würde, als sie es sich bei ihrem Votum für ihn hatten vorstellen können. Nikolai Bucharin war ein enger Verbündeter und zeitweilig sogar – soweit dies überhaupt möglich war – ein persönlicher Freund Stalins gewesen. Er sah deutlicher als alle anderen die Folgen von Stalins radikalem Kurswechsel für die Sowjetunion und die Partei voraus, und Stalin wußte dies. Als der Bruch zwischen ihnen im Juni 1928 offenbar wurde, sagte Stalin zu Bucharin: »Du und ich sind Himalajagipfel, die anderen sind nichts.« Wenn er Bucharin nicht für sich gewinnen konnte, mußte er ihn diskreditieren, was ihm auch gelang. Bucharins Warnungen vor der »Politik des Abenteuertums« wurden in den Wind geschlagen und Bucharin selbst zum Widerruf gezwungen.

Dies führt uns zu dem dritten Prozeß, der die Jahre 1928 und 1929 mit den dreißiger Jahren verbindet. Inzwischen gab es genügend wirtschaftliche und politische Argumente, um die Mehrheit der Parteiführung davon zu überzeugen, daß eine Rückkehr zum ursprünglichen bolschewistischen Konzept der »Revolution von oben« den besten Ausweg aus der Sackgasse darstellte, in die sie geraten war. Die psychische Kraft, alle Hindernisse zu überwinden, schöpfte Stalin jedoch aus etwas anderem – aus seiner Erkenntnis, daß ein neuer »Oktober«, den man ebenso mit seiner Person identifizieren würde wie die Oktoberrevolution mit Lenin, ihm die einzigartige Chance bot, seinen Anspruch zu untermauern, die durch Lenins Tod entstandene Lücke zu füllen.

In der Kampagne gegen die Bauern, dem Herzstück von Stalins Revolution, ging es um weit mehr als nur um die Wirtschaft. Das charakteristische Merkmal der russischen Gesellschaft war die riesige Zahl der Menschen – achtzig Prozent der Gesamtbevölkerung –, die auf dem Land lebten. Die ungebildeten Bauern, die Muschniks der russischen Literatur und Folklore, lebten in ihrer eigenen, engen, abgeschlossenen Welt, mit eigener Zeitrechnung, ihren eigenen Institutionen, Sitten und Gebräuchen, ihrer Sprache und ihrem Glauben. Die Bolschewiki hatten sich mit diesem Phänomen, das nicht in das Schema des Marxismus paßte, niemals abfinden können. Es störte sie, von diesem gewaltigen ländlichen Wirtschaftssektor abhängig zu sein, den sie nicht in das Schema der sozialistischen Gesellschaft zwängen konnten, die sie zu schaffen gedachten. Nicht ohne Grund sahen sie in ihm eine Ursache für die Rückständigkeit der Sowjetunion, »eine riesige, träge und dennoch irgendwie bedrohliche Masse von Menschen, die Rußland den Weg zur Industrialisierung, in die moderne Zeit und zum Sozialismus versperrte, ein Reich der Finsternis, das man erobern mußte, bevor die Sowjetunion das Gelobte Land werden konnte.«[4]
Durch die von Stalin geförderte Tendenz, die ländliche Gesellschaft aus marxistischer Perspektive zu betrachten und die Begriffe der Klasseneinteilung und des Klassenkampfes auf sie anzuwenden, wurde die feindselige Haltung der Partei gegenüber den Bauern verstärkt und ihr Bild verzerrt. Von zentraler Bedeutung war die Tatsache, daß Stalin den Kulaken als ländlichen Kapitalisten, als Ausbeuter ansah, den es zu enteignen galt. Es überrascht nicht, daß die Merkmale des Kulaken der zwanziger Jahre niemals klar und überzeugend definiert wurden. Robert Conquest sagt zutreffend: »Die Kulaken als ökonomische Klasse, wie immer man sie auch definierte, waren nichts anderes als ein Konstrukt der Partei.«[5] Dieses Konstrukt wurde gebraucht, um die Partei gegen den »Klassenfeind« auf dem Lande zu mobilisieren und ihn mit der gleichen Rücksichtslosigkeit ausrotten zu können wie jeden anderen Kapitalisten. E. H. Carr drückt es so aus: »Es galt nicht mehr, daß die Klassenanalyse die Politik bestimmte. Nunmehr bestimmte die Politik, welche Form der Klassenanalyse der jeweiligen Situation angemessen war.«[6]
Worin bestand diese Politik? So wie sie sich schließlich 1929/30 präsentierte, war es zweifellos der Versuch, all die wirtschaftlichen und sozialen Probleme, vor denen die sowjetische Landwirtschaft stand, in einem Zug dauerhaft zu lösen. Dreierlei sollte erreicht werden: Erstens die Liquidierung der Kulaken, der tatkräftigsten und erfahrensten Bauern, die man aus dem Leben der sowjetischen Gesellschaft ein für allemal entfernen wollte. »Entkulakisierung« bedeutete, daß sie aus ihren Häusern vertrieben, ihres

Das war die Welt, die Ende der zwanziger Jahre noch existierte und von der man nicht zu sagen wüßte, ob sie in diesem oder im vorigen Jahrhundert festgehalten wurde: Holzhäuser, morastige Dorfstraßen und zerlumpte Kinder. Aber was an ihre Stelle trat, waren nicht die verheißenen modernen Agrarfabriken, sondern ländliche Wohnsilos, die wenige Jahrzehnte nach ihrer Errichtung einen noch trostloseren Anblick als die alten Dörfer boten.

gesamten Besitzes beraubt und mit ihren Familien als Geächtete in die abgelegensten und unwirtlichsten Teile Sibiriens und Mittelasiens deportiert werden sollten.

Das zweite Ziel war die Vereinigung aller Höfe und kleinen Parzellen zu großen Gemeinschaftsbetrieben, den Kolchosen, die häufig mehrere Dörfer umfaßten. Künftig sollten die ehemaligen Bauern als Landarbeiter den Boden bestellen, den sie erst kurz zuvor als Eigentum erworben und nun schon wieder verloren hatten. Sie sollten ihre Häuser behalten dürfen, aber Wagen, landwirtschaftliches Gerät, Pferde und Vieh sowie ihr Land abgeben müssen, woraus der Grundstock der Kolchose gebildet werden sollte, die ein von der Partei ernannter Vorsitzender leiten würde.

Als erstes verwirklicht wurde das dritte Ziel, die – wenn nötig auch mit Gewalt durchgesetzte – Ablieferung von Getreide und anderen Feldfrüchten zu staatlich festgesetzten Preisen, was eine Rückkehr zu den Methoden des Kriegskommunismus bedeutete.

Dieses Programm griff tief in das Leben von über 120 Millionen Menschen in 600 000 Dörfern ein. Ihre 25 Millionen Bauernhöfe sollten zu 240 000 staatlich kontrollierten Kolchosen zusammengeschlossen werden.

All das war so rasch wie möglich – in einem oder höchstens zwei Jahren – durchzusetzen. Die einzige Entscheidung von vergleichbarem Ausmaß ist Mao Zedong Großer Sprung nach vorn, der dem Stalinschen Vorbild getreulich nachgeahmt wurde.

Das ganze Ausmaß dieses Plans wurde erst im Winter 1929/30 offenbar, einzelne Elemente waren allerdings bereits früher in die Tat umgesetzt worden. So hatte man bei der Beschlagnahme von Getreide bereits 1928 und erneut im Frühjahr 1929 Gewalt angewendet. Im Sommer wurde die Festsetzung eines Getreideablieferungssolls für jedes Dorf – ursprünglich als Notmaßnahme gedacht – zur ständigen Praxis erklärt. Gleichzeitig wurden die Planvorgaben für das Tempo der Kollektivierung drastisch verschärft: Bis Ende 1930 sollten 7,8 Millionen Familien von ihr erfaßt sein.

Das Sekretariat des ZK setzte die Funktionäre mit der geheimen Anordnung unter Druck, die Kollektivierung voranzutreiben und die Bauern auch mit Drohungen zu »überzeugen«, damit Stalin in der Öffentlichkeit behaupten konnte, dies sei ein spontan ablaufender Prozeß. Ende des Jahres erklärte er, daß bereits zwanzig Prozent der Bauern ihrem örtlichen Kolchos beigetreten seien. Niemand fragte, was dies in der Praxis bedeutete und ob es überhaupt der Wahrheit entsprach. Es kam nur darauf an, den Plan zu erfüllen und den Eindruck zu erwecken, daß die Kollektivierung an Tempo gewinne und bald nicht mehr aufzuhalten sei. Zur gleichen Zeit wurden durch die parallel verlaufende Entkulakisierung, das heißt durch Ausweisung und Deportation, allein in der Ukraine 33 000 Familien von Haus und Hof vertrieben; insgesamt mehr als 200 000 Menschen. Viele von ihnen gingen auf dem wochenlangen Transport nach Osten in den Viehwagen an Kälte, Hunger und Erschöpfung zugrunde.[7]

Stalin behauptete weiterhin, alle »örtlichen Schwierigkeiten« seien auf die unversöhnliche Feindschaft der Kulaken zur Sowjetordnung zurückzuführen. Die Formel vom Klassenkrieg, die er 1928 geprägt hatte, lieferte eine automatische Rechtfertigung für »Vergeltungsmaßnahmen«: »Der Vormarsch zum Sozialismus führt zwangsläufig dazu, daß die Ausbeuterelemente (die Kulaken) diesem Vormarsch Widerstand entgegensetzen, der Widerstand der Ausbeuter aber führt zwangsläufig zur Verschärfung des Klassenkampfes.«[8]

In dem Artikel »Das Jahr des großen Durchbruchs«, den die *Prawda* am 7. November 1929, dem zwölften Jahrestag der Oktoberrevolution veröffentlichte, sprach Stalin endlich Klartext. Durch den Sieg über die rechte Opposition und deren Demütigung von jeglichem Zwang zur Zurückhaltung befreit, verkündete er bereits als Tatsache: »Es handelt sich um einen radikalen Umschwung in der Entwicklung unserer Landwirtschaft, um den Übergang von der kleinen und rückständigen individuellen Wirtschaft zum fortschrittlichen kollektiven landwirtschaftlichen Großbetrieb. Das Neue und Entscheidende in der jetzigen Kollektivwirtschaftsbewegung besteht darin, daß die Bauern nicht wie früher in einzelnen Gruppen, sondern daß ganze Dörfer, Amtsbezirke und Rayons, ja sogar Bezirke in die Kollektivwirtschaften eintreten.«

Im Hinblick auf das bevorstehende Plenum des Zentralkomitees rühmte sich Stalin: »Wir gehen mit Volldampf den Weg der Industrialisierung – zum Sozialismus, unsere uralte ›reußische‹ Rückständigkeit hinter uns lassend. Wir werden zu einem Lande des Metalls, einem Lande der Automobilisierung, einem Lande der Traktorisierung. Und wenn wir die UdSSR aufs Automobil und den Bauern auf den Traktor gesetzt haben – mögen dann die ehrenwerten Kapitalisten, die sich mit ihrer ›Zivilisation‹ brüsten, uns einzuholen versuchen. Wir werden noch sehen, welche Länder man dann unter die rückständigen und welche unter die fortgeschrittenen wird ›einreihen‹ können.«[9]

Jetzt wurde nicht länger damit gezögert, den Druck der Zentrale ganz offen zu verstärken, um den Prozeß der Kollektivierung zu beschleunigen. Molotow beschwor die Mitglieder des Zentralkomitees, die Gelegenheit nicht zu versäumen, die Agrarfrage in wenigen Wochen oder Monaten ein für allemal zu lösen. Er sprach von einem »entscheidenden Fortschritt« in den bevorstehenden viereinhalb Monaten.

Ein neues Volkskommissariat für Landwirtschaft und eine neue Kommission für Kollektivierung wurden geschaffen, um diese durchzusetzen. Deren Pläne konnten Stalin jedoch nicht zufriedenstellen. Sein fünfzigster Geburtstag im Dezember wurde dazu benutzt, ihn heuchlerisch als Lenins Nachfolger, den neuen *woschd* der Partei zu feiern, der sich einer »Oktoberrevolution auf dem Lande« verschrieben hatte, um den Weg für den Aufbau des Sozialismus frei zu machen. Im Überschwang des Sieges forderte Stalin einen neuen Zeitpunkt für den Abschluß der Kollektivierung in den größten Getreideanbaugebieten – ein Jahr oder höchstens zwei für die Ukraine, den Nordkaukasus und das Land am Mittellauf der Wolga.

Da sich die Mittelbauern nach offiziellen Aussagen bereits den Kolchosen angeschlossen hatten, war nun die Zeit gekommen, mit dem Kulaken, »dem Erzfeind der Kollektivierung«, endgültig abzurechnen. In einer Rede vor marxistischen Agrarwissenschaftlern am 27. Dezember verurteilte Stalin mehrere Millionen Männer, Frauen und Kinder im Grunde genommen zu Deportation und Tod, als er die schrecklichen Worte sprach: »Das bedeutet, daß wir von der Politik der Einschränkung der Ausbeutertendenzen des Kulakentums übergegangen sind zur Politik der Liquidierung des Kulakentums als Klasse. Eine Offensive gegen das Kulakentum unternehmen heißt sich sachgemäß vorbereiten und gegen das Kulakentum einen Schlag führen, und zwar einen solchen Schlag, daß es sich nicht mehr aufrichten kann. Das nennen wir Bolschewiki eine wirkliche Offensive.«[10]

Die Mehrheit der bislang in Kolchosen zusammengeschlossenen Bauernfamilien waren arme Bauern und Landarbeiter, die dreißig Prozent der Landbevölkerung stellten und am wenigsten zu verlieren hatten. Die Mittelbauern, zwei Drittel der Landbevölkerung, hatten wesentlich mehr zu

Das Merkmal der sowjetischen Verfolgung war, daß die Verfolgten ihren Verfolgern akklamieren mußten. Hier demonstrieren Überlebende der großen Kollektivierung für ihre Abschaffung. Mit dem Rechen als Symbol ihrer Tätigkeit folgen sie einem Spruchband, dessen zweite Zeile lautete: »Wir liquidieren die Kulaken als Klasse!«

verlieren und zögerten deshalb trotz Stalins zuversichtlicher Erklärungen noch immer. Die brutale Behandlung der Kulaken war als Warnung davor gedacht, was den Mittelbauern blühen würde, falls sie weiterhin Zurückhaltung übten. In einem Beschluß des Zentralkomitees vom 5. Januar 1930, den Stalin stark überarbeitet hatte, wurde gefordert, das Tempo der Kollektivierung in einigen Regionen zu verdoppeln, ja sogar zu verdreifachen. Aber selbst das genügte Stalin noch nicht. Er verlangte, die ganze Kampagne bis Herbst 1930 abzuschließen, und bestand darauf, daß darüber wöchentlich Bericht erstattet werde. Die neue Losung für die geplagten Partei- und Staatsfunktionäre lautete: »Wer kollektiviert am schnellsten?« Für die 120 Millionen Dorfbewohner bedeutete dies: »Wer nicht in den Kolchos eintritt, ist ein Feind der Sowjetmacht.« Die Kampagnen zur Getreideerfassung und zum Eintritt der Bauern in die Kolchosen verschmolzen miteinander.

Doch trotz großer Anstrengungen, den Klassenhaß zu schüren und die ärmeren Bauern gegen die wohlhabenderen aufzuhetzen, wurden nicht die erhofften Ergebnisse erzielt. Natürlich gab es fast überall Menschen, die bereit waren, ihre Nachbarn anzugreifen und auszuplündern, insbesondere

357

wenn sie von den Behörden dazu ermuntert wurden. Die Masse der Bauern war jedoch über diese Methoden schockiert und zeigte nichts von der Spontaneität, mit der sie die Güter der Großgrundbesitzer 1917/18 enteignet hatten.

»Die Kollektivierung war im Grunde eine gigantische Partei- und Polizeiaktion.«[11] Auf lokaler Ebene lag sie in den Händen einer Troika – eines Triumvirats, dem der Sekretär des Parteikomitees, der Vorsitzende des Regions- oder Ortssowjets und der Chef der jeweiligen Dienststelle der OGPU angehörten. Um die Hemmungen der ortsansässigen Parteimitglieder zu überwinden, wurden 25 000 Parteiaktivisten aus den Städten, denen das Leben auf dem Lande in der Regel völlig fremd war, als Stoßbrigaden ausgesandt. Häufig stellten sie die Vorsitzenden der neugeschaffenen Kolchosen. Sie wurden im Januar 1930 zwei Wochen lang geschult und dann an ihre Einsatzorte geschickt. Die Aufgabe, in die sich viele mit Begeisterung stürzten, bestand darin, die Bauern aus ihrer Rückständigkeit zu reißen und dazu zu bringen, in die lichte Welt des Sozialismus einzutreten. Wenn niemand anders es tat, so würden *sie* entscheiden, wer ein Kulak war und wie die Kollektivierung durchzuführen sei. Im Frühjahr wurden weitere 72 000 Arbeiter zum zeitweiligen Einsatz auf dem Land abgeordnet sowie 50 000 Soldaten und junge Offiziere für die Kampagne ausgebildet.

Außer reinen Absichtserklärungen und der Aufforderung, den Prozeß zu beschleunigen, wurden keinerlei Richtlinien über Aufbau und Organisation der Kolchosen ausgegeben. Stalin bestand darauf, diese ständig zu vergrößern, niemand wußte jedoch, wie Beschlüsse gefaßt oder gar wie die Mitglieder bezahlt werden sollten. Man hatte keine Zeit zu warten, bis Planer Antworten auf solche Fragen ausgearbeitet hatten. Worum es ging, war einzig und allein, den Bauern klarzumachen, daß sie nur in der Kolchose eine Zukunft hatten.

Mit dem Angriff auf die bäuerlich geprägte Landwirtschaft setzte zugleich ein erbitterter Feldzug gegen die orthodoxe Kirche ein, das Zentrum der traditionellen Bauernkultur, die die Stalinsche Führung als ein Haupthindernis für die Kollektivierung ansah. In einem Dorf nach dem anderen wurde nicht nur die Kirche geschlossen, sondern auch das Kreuz vom Turm geschlagen, wurden Glocken entfernt und Ikonen verbrannt. Historische russische Kirchen fielen der Zerstörung oder dem Zerfall anheim, viele Priester wurden verhaftet. Man schloß die Klöster, obwohl viele von ihnen landwirtschaftliche Mustergenossenschaften gewesen waren; Tausende Mönche und Nonnen wurden nach Sibirien deportiert. Man schätzt, daß bis Ende 1930 etwa achtzig Prozent der Dorfkirchen geschlossen waren.

Am 1. März 1930 wurde gemeldet, daß die Zahl der in Kolchosen lebenden Familien sich in knapp zwei Monaten mehr als verdreifacht hatte – sie war von 4 393 100 im Januar auf 14 264 300 gestiegen. Durch diese Vergewaltigung einer traditionellen Gesellschaft wurden 120 Millionen Landbewoh-

Es ist eine archaische Welt, über die die Kollektivierung hereinbricht. Vor ihren armseligen Hütten müssen sich die ehemaligen Bauern versammeln, um die Schulung abgesandter Parteifunktionäre über sich ergehen zu lassen. Ganz ohne Zweifel sind dies alles arrangierte Szenen, denn die Kollektivierung kostete Millionen Tote, und es ist nicht anzunehmen, daß die Bauern in friedlichem Kreis zusammensaßen, als das Ende ihrer Dorfgemeinschaft verkündet wurde.

ner aus ihren gewohnten Lebensbahnen gerissen. Das Chaos und das Elend, das dadurch verursacht wurde, entzieht sich jeder Beschreibung. Das konnte niemand ertragen. Zunächst noch sporadisch und zögernd, breitete sich dann rasch Widerstand aus. In der Ukraine und im Nordkaukasus spielten dabei insbesondere Frauen eine bedeutende Rolle. OGPU und Einheiten der Roten Armee mußten zu Hilfe gerufen werden. In einigen Gebieten hatten sie große Mühe, die Bauernaufstände zu unterdrücken. Massenverhaftungen, Erschießungen und Deportationen waren die Folge.

Die wirksamste Widerstandsmaßnahme der Bauern war, ihr Vieh abzuschlachten. In den ersten beiden Monaten des Jahres 1930 schlachteten sie 14 Millionen der insgesamt 70,5 Millionen Rinder, die man 1928 im Land gezählt hatte, dazu ein Drittel der Schweine, ein Viertel der Schafe und Ziegen, um sie nicht in die Kolchose einbringen zu müssen. Stalin war taub für menschliches Leid, aber der Verlust eines solchen Wertes wie des Viehbestandes war etwas anderes – eine wirtschaftliche Katastrophe, von der sich die sowjetische Landwirtschaft 25 Jahre lang nicht erholte.

Mehreren Politbüromitgliedern, darunter Sergo Ordschonikidse und Michail Kalinin, war bei Besuchen auf dem Land im Februar 1930 die wirkliche Lage dort deutlich geworden. Am 24. dieses Monats wurde eine Sondersitzung des Zentralkomitees einberufen, um die Situation zu erörtern. Man beschloß, eine öffentliche Erklärung abzugeben, und das Politbüro beauftragte Stalin, sie zu entwerfen. Man ging davon aus, daß er diese vor der Veröffentlichung mit den anderen Mitgliedern des Politbüros abstimmen würde. Stalin dachte jedoch gar nicht daran, sondern schrieb einen Artikel, den er mit niemandem absprach.

Am 2. März, fünf Monate nach dem »Jahr des großen Durchbruchs« veröffentlichte die *Prawda* einen weiteren von Stalin namentlich gezeichneten Artikel unter der Überschrift »Vor Erfolgen von Schwindel befallen«. Darin beschuldigte der Mann, der die ganze Operation erdacht und ständig vorangetrieben hatte, die Parteifunktionäre rundheraus, sie berauschten sich an dem Glauben, »wir können alles«.

»Diese Erfolge machen nicht selten die Menschen trunken, dabei werden sie vor Erfolgen von Schwindel befallen, verlieren das Gefühl für das richtige Maß, verlieren die Fähigkeit, die Wirklichkeit zu verstehen, es tritt die Tendenz zutage, die eigenen Kräfte zu überschätzen und die Kräfte des Gegners zu unterschätzen, es kommt zu abenteuerlichen Versuchen, alle Fragen des sozialistischen Aufbaus ›im Handumdrehen‹ zu lösen ... Wem nützen diese Verzerrungen, diese bürokratische Dekretierung der kollektivwirtschaftlichen Bewegung, diese ungebührlichen Drohungen gegen Bauern? Niemand außer unseren Feinden! Ich rede schon gar nicht von den, mit Verlaub zu sagen, ›Revolutionären‹, die die Organisierung des Artels mit dem Herunterholen der Kirchenglocken beginnen. Die Kirchenglocken herunterholen – man denke nur, was für eine revolutionäre Tat.«

Stalin richtete an seine Leser den ernsten Hinweis, daß der Erfolg der Kollektivierungspolitik – den er übrigens als gesichert darstellte – auf deren *freiwilligem* Charakter beruhe: »Man kann nicht mit Gewalt Kollektivwirtschaften schaffen. Das wäre dumm und reaktionär. Die kollektivwirtschaftliche Bewegung muß sich auf die aktive Unterstützung der Hauptmassen der Bauernschaft stützen ... Kann man sagen, daß der Grundsatz der Freiwilligkeit und der Berücksichtigung der örtlichen Besonderheiten in einer Reihe von Gebieten nicht verletzt wird? Nein, das kann man leider nicht sagen.« Stalin rief die Partei auf, diesen »Entstellungen« ein Ende zu setzen und die ihnen zugrunde liegende Geisteshaltung zu ändern. Er schloß mit den Worten: »Die Kunst der Führung ist eine ernste Sache. Man darf nicht hinter der Bewegung zurückbleiben, denn zurückbleiben heißt sich von den Massen loslösen. Man darf aber auch nicht vorauseilen, denn vorauseilen heißt die Massen verlieren und sich isolieren. Wer die Bewegung führen und zu gleicher Zeit die Verbindung mit den Millionenmassen bewahren will, der muß den Kampf an zwei Fronten führen – sowohl gegen die Zurückbleibenden als auch gegen die Vorauseilenden.«[12]

Stalins Artikel schlug ein wie eine Bombe. Tausende Parteifunktionäre und aktive Parteimitglieder, die alles getan hatten, um in gutem Glauben die Weisungen des Generalsekretärs zu erfüllen, mußten nun zu ihrer Bestürzung feststellen, daß nicht Stalin, sondern sie die Verbindung zu den Massen verloren hatten. Mit großem Propagandaaufwand wurden Maßnahmen getroffen, um örtliche Funktionäre zu bestrafen, die die »revolutionäre Gesetzlichkeit« auf dem Lande »verletzt« hatten; nur einige wenige von denen, die die Anordnungen erlassen hatten, wurden vor Gericht gestellt. Es mußte selbst seine Feinde beeindrucken, wie geschickt Stalin die Kritik abgelenkt hatte, indem er sich selbst zu ihrem Sprecher machte und die Initiative wieder an sich riß, dabei jedoch weiterhin behauptete, die Kollektivierung sei ein großer Erfolg.

Die Bauern zögerten nicht, dieses abrupte Abrücken von den Zwangsmaßnahmen auszunutzen. Insgesamt neun Millionen Bauernfamilien traten aus den Kolchosen aus. Am 1. August 1930 war die am 1. März verkündete Zahl von fünfzig Prozent der Bauernfamilien, die in Kolchosen lebten, auf 21 Prozent gesunken. Ein neues Musterstatut des Kolchos erlaubte den Mitgliedern, eine Kuh, Schafe und Schweine zu halten und landwirtschaftliches Gerät zu besitzen, um kleine Flächen privat zu bearbeiten – ein Sieg, der sie für das Abschlachten ihres Viehs ein wenig entschädigte.

Aber der Rückzug der Behörden war nur ein taktischer. Wer aus den Kolchosen ausgetreten war, stieß überall auf Schwierigkeiten. Die Übergabe von Land und Saatgut wurde verzögert. Wenn die Ausgetretenen etwas erhielten, dann häufig lediglich die Hälfte ihres früheren Besitzes und den schlechtesten Boden – Sumpfland, öde, verwahrloste und kilometerweit entfernte Felder. Sie hatten ihre Gemüsegärten verloren und bekamen Geräte, Pferde oder Kühe nicht zurück. Als die Erntezeit nahte, wurde ihnen ein höheres Getreideablieferungssoll auferlegt und bei Nichterfüllung härtere Strafen angedroht. Diejenigen, die Widerstand geleistet hatten, ereilte in einer zweiten Welle von Verhaftungen und Deportationen das Schicksal der Kulaken.

Auf dem Sechzehnten Parteitag im Sommer 1930 brüstete sich Stalin mit den Ergebnissen der Kollektivierung und der Liquidierung der Kulaken. Er forderte Anerkennung für seine »Oktoberrevolution auf dem Lande« und ließ dies auch in der Resolution des Parteitages festhalten: »Wenn die Enteignung des Bodens der Gutsbesitzer der *erste* Schritt der Oktoberrevolution auf dem Lande war, so ist der Übergang zu den Kollektivwirtschaften der *zweite* und entscheidende Schritt, der eine äußerst wichtige Etappe beim Aufbau des Fundaments der sozialistischen Gesellschaft in der UdSSR darstellt.«[13]

Nicht einer der 2100 Delegierten stellte Stalins Behauptung in Frage oder erwähnte wenigstens die Krise, die das russische Dorf während der vergangenen zwölf Monate erschüttert hatte. Selbst die Natur war auf seiner Seite: es wurde eine Rekordernte, die beste seit 1913, eingebracht. So fiel es ihm leicht, Berichte von Schwierigkeiten als übertrieben abzutun und es zu rechtfertigen, daß die Bauern nun erneut bedrängt wurden, in die Kolchosen zurückzukehren.

Nach Trotzkis Verbannung, Bucharins Entmachtung und der Ausschaltung fast aller Mitglieder der alten Führung drängen sich neue Gesichter in den Vordergrund. Bei einem Kongreß in Moskau im Jahre 1930 gehören noch Sergej Kirow und Ordschonikidse der alten Garde an; sonst sind die Kampfgefährten Lenins fast alle nicht mehr vorhanden. Auf dem Photo: Rechts Stalin, vorn Kirow (mit Stiefeln), rechts neben ihm Ordschonikidse.

Viele flohen in die Städte und suchten hier Arbeit auf den neuen Baustellen und bei den Industrievorhaben des Fünfjahrplans. Obwohl Maßnahmen dagegen ergriffen wurden, wanderten nach sowjetischen Angaben 1931 mindestens 4,1 Millionen Bauern in die Stadt ab; zwischen 1929 und 1935 waren es insgesamt 17,7 Millionen.[14] Als Gegenmaßnahmen wurden 1932/33 die verhaßten »Inlandspässe« wieder eingeführt, deren Abschaffung eine der Hauptforderungen der radikal-revolutionären Bewegung im zaristischen Rußland und eine der ersten Reformen nach der Oktoberrevolution gewesen war. Nun wurden Angestellte und Industriearbeiter an ihre Arbeitsstellen gebunden, indem man an sie Pässe ausgab; die Bauern wurden an das Land gefesselt, indem man sie ihnen verweigerte.

Inzwischen war der Widerstand der Bauern gebrochen. Bis Ende 1933 stieg die Zahl der in Kolchosen lebenden Bauernfamilien auf über 15 Millionen. Ende 1934 wurden neun Zehntel der landwirtschaftlichen Nutzfläche der UdSSR kollektiv bearbeitet. Dies verlagerte jedoch den Kampf zwischen dem Staat und den Bauern lediglich auf ein anderes Feld, zu der Frage nämlich, die Ausgangspunkt des ganzen Prozesses gewesen war: Wie konnte man sicherstellen, daß genügend Getreide produziert wurde, um die rasch wachsende Bevölkerung zu versorgen? Kaganowitsch erklärte, nicht die Kollektivierung, sondern die Erfassung des Getreides sei »der Prüfstein, an dem unsere Stärke oder Schwäche und die Stärke oder Schwäche des Gegners gemessen werden«.

Die Bauern waren nun in ihrer Mehrheit zwar Mitglieder der Kolchosen, sie setzten jedoch ihre ganze Bauernschläue darein, zu verhindern, daß der Staat sich einfach nahm, was er wollte, und die Bauern mit leeren Händen zurückließ. Zwar gab es auch 1930 eine Rekorderrnte, aber Arbeiter und Parteifunktionäre mußten mobilisiert, schwere Strafen verhängt, Massendurchsuchungen und Verhaftungen vorgenommen werden, um zumindest ein Viertel des Getreides (22 von 77 Millionen Tonnen) einzutreiben. Eine solche Rekorderrnte wiederholte sich jedoch nicht. Desorganisation, Zerstörung und Verschwendung, die den Umbruch begleitet hatten, sowie die ungeheure Inkompetenz, mit der viele Kolchosen geleitet wurden, führten zu einer Reihe wesentlich geringerer Ernten. Um die Pflichtablieferung durchzusetzen, mußte wesentlich mehr Druck ausgeübt werden. Während die Ernten (außer 1937, als sehr günstige Wetterbedingungen herrschten) selbst noch unter dem niedrigen Niveau von 1928/1932 blieben, stieg die Menge des vom Staat erfaßten Getreides von jährlich 18,2 Millionen Tonnen in den Jahren von 1928 bis 1932 auf durchschnittlich 27,5 Millionen in den Jahren zwischen 1933 und 1937.[15] Nachdem die Forderungen des Staates erfüllt waren – wobei die Kolchosen, die am meisten produzierten, auch von den Behörden mit drei oder vier Ablieferungswellen am härtesten bedrängt wurden –, blieb nur wenig als Futtermittel und Saatgut übrig. Noch weniger wurde unter den Arbeitskräften verteilt, denn diese standen auf der offiziellen Prioritätenliste an letzter Stelle.

Eine umfangreiche Bürokratie wurde aufgebaut, um die Pflichtablieferung zu überwachen und zu leiten. So entstand eine weitere Schicht, die von den Bauern unterhalten werden mußte und als Sinnbild für Korruption und Ineffizienz mit dem Spottvers belegt wurde: »Unser Kolchosvorsitzender weiß nicht, was beim Schwein vorn und hinten ist, er säuft den ganzen Tag mit seinen Kumpanen.«

Eine weitere Gruppe entstand durch die Einrichtung der Maschinen-Traktoren-Stationen (MTS), die das Monopol auf den Besitz von Landmaschinen hatten und von Juni 1931 an dafür verantwortlich waren, die Arbeit in den Kolchosen und die Ablieferung der landwirtschaftlichen Produkte zu organisieren. Der Traktor war das vielgerühmte Symbol für die Fortschrittlichkeit der sowjetischen Agrarrevolution, die »Industrialisierung« des Dorfes. Die Vergütung der Dienstleistungen der MTS in Naturalien (zwanzig Prozent der Getreideernte) rangierte unmittelbar hinter der Befriedigung des staatlichen Bedarfs. Von Januar 1933 an wurde in jeder MTS ein stellvertretender Direktor als Leiter der politischen Abteilung eingesetzt, der Mitarbeiter der OGPU war. Diese Abteilungen verfügten über außerordentliche Befugnisse und wurden bald zu einem entscheidenden Faktor auf dem Land.

Die Wurzel des Problems, dem sich Stalins Revolution von oben nicht zuwandte, lag darin, daß das ganze System weiterhin von der Arbeit der Bauern abhing, ihnen jedoch weniger Anreize denn je bot, besser zu arbeiten. Wenn sie dies taten, wurde ihnen das Doppelte abgenommen. Da sie erneut an ihre Scholle gebunden waren, wobei Partei- und Staatsfunktionäre den Platz der früheren Gutsbesitzer einnahmen, betrachteten sie sich zu Recht als Sklaven des 20. Jahrhunderts, denen es nicht besser, sondern eher noch schlechter ging als ihren Vorfahren vor Abschaffung der Leibeigenschaft im Jahre 1861.

Der Beschluß des Zentralkomitees vom 11. Januar 1933, der den MTS erweiterte Vollmachten gab, erkannte jedoch nur Sabotage und Verschwörung als Erklärungen für die schlechten Ergebnisse der kollektivierten Landwirtschaft an: »Antisowjetische Elemente, die in die Kolchose als Buchhalter, Verwalter, Lagerverwalter oder Brigadiere eindringen, versuchen zu organisieren, daß Sabotage betrieben wird, Maschinen außer Betrieb gesetzt werden, schlecht gesät, Kolchoseigentum unterschlagen, die Arbeitsdisziplin untergraben, Saatgut gestohlen wird, daß heimlich Getreidemieten angelegt werden und die Getreideernte sabotiert wird. Zuweilen gelingt es ihnen, eine Kolchose zu zerstören.«[16]

Etwa ein Drittel der Landwirtschaftsbürokratie wurde wegen Sabotage verfolgt. Es versteht sich von selbst, daß »Kulaken« es bis in die Spitze dieser Bürokratie geschafft hatten. Frühere Prozesse gegen deren prominenteste Vertreter, denen man vorgeworfen hatte, »Hungersnöte herbeigeführt zu haben und Agenten des Imperialismus zu sein«, wurden im September 1930 an die Öffentlichkeit gebracht. Kondratjew, ein früherer Ernährungsminister, und einige Wirtschaftsfachleute waren als Führer der »Partei der werktätigen Bauern« angeklagt worden. Diese sollte nach Angaben der OGPU angeblich über neun illegale Gruppen allein in Ministerien und Forschungsinstituten Moskaus verfügen und auf dem Lande 100 000 bis 200 000 Mitglieder haben. Mehr als eintausend »Mitglieder« dieser »Partei« wurden verhaftet. Die Wahrheit kam erst 1987 ans Licht, als das Oberste Gericht der UdSSR erklärte, die »Partei der werktätigen Bauern« habe niemals existiert. Es annullierte die Prozesse und rehabilitierte die fünfzehn Hauptangeklagten.[17]

Nirgendwo in der Sowjetunion hatten Entkulakisierung und Kollektivierung schlimmere Auswirkungen auf die Bauern als in der Ukraine. Dort wurden die wirtschaftlichen und sozialen Probleme, die diese beiden Maßnahmen hervorriefen, noch durch den ukrainischen Nationalismus verschärft, den Stalin mit aller Gewalt zu brechen versuchte.

Die Ukrainer waren (und sind) die zweitgrößte Volksgruppe in der Sowjetunion. Mit einer Bevölkerung von 25 Millionen hatten sie 1930 mehr Einwohner als Polen. Ihr Land ist ebenso groß wie Frankreich und zumindest ebenso reich mit natürlichen Ressourcen – Bodenschätzen und der berühmten Schwarzerde – gesegnet. Kiew, das im 9. Jahrhundert an der Handelsstraße entstand, die von der Ostsee über den Dnjepr zum Schwarzen Meer führte, ist das älteste politische und kulturelle Zentrum Osteuropas. Die Ukrainer haben sich ihre nationale Identität über ebenso viele schreckliche Katastrophen hinweg bewahrt wie die Polen.

Im 17. Jahrhundert schloß sich an die polnische Vorherrschaft unmittelbar die russuische an. Die ukrainischen Bauern wurden versklavt und ihre Institutionen, einschließlich der ukrainischen Kirche, derselben brutalen Russifizierung unterworfen wie die anderer Völker unter russischer Herrschaft. Im Jahre 1740 hatte es in den Gebieten östlich des Dnjepr, der die Ukraine teilt, 866 Schulen gegeben; 1800 war davon keine einzige mehr übrig. 1863 wurde per Dekret verkündet, eine ukrainische Sprache existiere nicht; es handle sich lediglich um einen Dialekt des Russischen. Ukrainische Schulen, Zeitungen und Bücher wurden daraufhin verboten.

Der Westen zeigte sich geneigt, diesen Anspruch der Russen zu akzeptieren. Dabei wurde ignoriert, daß anderenorts in Europa der Grundsatz galt, zwei Sprachen könnten durchaus derselben Sprachfamilie angehören (im Falle des Ukrainischen und des Russischen der ostslawischen), ohne daß dies ein Kriterium für eine einheitliche nationale oder kulturelle Identität sei, wie die Beispiele von Portugal und Spanien, Norwegen und Schweden oder Holland und Deutschland zeigten. Wie auch in anderen slawischen Ländern überlebten die nationale Idee und die gesprochene ukrainische Sprache zwar nicht unter den höheren Berufsständen, die entweder Russen waren oder die Assimilation akzeptierten, dafür aber unter Dichtern und Intellektuellen, vor allem aber bei den Bauern. Anfang des 20. Jahrhunderts entstand erneut eine aktive Nationalbewegung, und als 1917 die Zarenherrschaft zusammenbrach, wurde ein Ukrainischer Zentralrat (*Rada*) gebildet, der für kurze Zeit eine Ukrainische Volksrepublik ausrief.

Die Ukraine war jedoch auch das erste osteuropäische Land, das zwischen 1918 und 1920 die gewaltsame Unterdrückung seiner Unabhängigkeit durch Rußland erlebte, eine Erfahrung, die in den Jahren 1939 bis 1945 auch die baltischen Staaten, Polen, Ungarn und das übrige Osteuropa machen sollten. Die Ukrainer sind das größte Volk in Europa, dem im 20. Jahrhundert die Unabhängigkeit versagt geblieben ist.

In den zwanziger Jahren genoß die Ukraine noch ein beträchtliches Maß an kultureller und sprachlicher Freiheit. Der frühere Volkskommissar für Nationalitätenfragen hatte seine Ansichten über das spalterische Wesen des Nationalgefühls, gleich, ob bei Ukrainern oder Georgiern, nicht geändert. Wenn die Gelegenheit sich bot, würde er es erneut auszurotten versuchen.

Das war 1929/30 der Fall, und Stalin zeigte sich entschlossen zum Angriff auf die »nationalistische Abweichung in der Ukraine«. Er verband dies mit der Kollektivierung, wodurch es ihm gelingen sollte, »die Zerstörung des individuellen Landbesitzes, der sozialen Basis des ukrainischen Nationalismus«zu vollenden.»Der Kulak wurde beschuldigt, Träger nationalistischer Ideen zu sein, der Nationalist – den Kulaken in seiner Haltung zu bestärken.«[18]

Im Juli 1929 wurden etwa 5 000 Mitglieder der angeblichen Untergrundorganisation»Bund für die Befreiung der Ukraine« verhaftet und gegen die 45 bekanntesten Wissenschaftler und Intellektuellen unter ihnen im Opernhaus von Charkow ein öffentlicher Schauprozeß durchgeführt. Unter den Anklagepunkten fand sich neben der Verschwörung zum Zwecke der Machtergreifung auch der Vorwurf, darauf hingewirkt zu haben, daß sich das Ukrainische so stark wie möglich vom Russischen unterscheide. Nachdem mit den üblichen Methoden Geständnisse der Angeklagten erpreßt worden waren, verurteilte man sie zu langen Haftstrafen. Im Februar 1931 fanden weitere Verhaftungen statt. Diesmal betrafen sie führende Ukrainer, die Mitte der zwanziger Jahre aus dem Exil zurückgekehrt waren. Sie wurden angeklagt, ein »ukrainisches nationales Zentrum« gebildet zu haben. Ihre Führer waren angeblich der Nestor der ukrainischen Intelligenz, Hruschewski, und der Premierminister der Ukrainischen Republik in der kurzen Zeit der Unabhängigkeit, Holubowitsch.

Innerhalb der Bauernschaft, deren Bedeutung Stalin zur »eigentlich entscheidenden in der Nationalitätenfrage« erklärte[19], wurde die Kollektivierung mit noch größerer Vehemenz vorangetrieben, sie stieß allerdings in der Ukraine auch auf noch heftigere Gegenwehr als in anderen Gegenden der Sowjetunion. Mitte 1932 waren siebzig Prozent der ukrainischen Bauern in Kolchosen eingetreten, während es in der gesamten UdSSR erst 59 Prozent waren. Dies bedeutete jedoch nur, daß der Klassenkampf nunmehr innerhalb der Kolchosen weitergeführt werden mußte, wo – wie Stalin behauptete – viele Kulaken und andere antisowjetische Elemente Zuflucht gesucht hätten und für den Widerstand gegen die Erfüllung des Ablieferungssolls verantwortlich seien.

Stalin war aufgebracht über die Versuche der ukrainischen Partei- und Staatsführung, die von Moskau gesetzten Ziele zu reduzieren. Der Erste Sekretär der KP der Ukraine, Stanislaw Kossior, überbrachte seine Botschaft. Im Sommer 1930 sagte er in einer Rede vor dem Parteiaktiv: »Der Bauer geht jetzt zu einer neuen Taktik über. Er weigert sich, die Ernte einzubringen. Er will das Brotgetreide verderben lassen, damit die Sowjetregierung die knochige Hand des Hungers zu spüren bekommt. Aber der Gegner irrt sich. Wir werden ihm zeigen, was Hunger bedeutet. Eure Aufgabe ist es, der Sabotage der Ernte durch die Kulaken ein Ende zu setzen. Ihr müßt sie bis zum letzten Korn einbringen und unverzüglich zu den Sammelpunkten transportieren. Die Bauern arbeiten nicht. Sie können auf früher geerntetes Getreide zurückgreifen, das sie in Mieten vergraben haben. Wir müssen sie dazu zwingen, ihre Mieten zu öffnen.«[20]

In normalen Zeiten lieferten die Ukraine und der Nordkaukasus die

Hälfte des Marktgetreides der Sowjetunion. Im guten Erntejahr 1930 brachte allein die Ukraine 27 Prozent des gesamten Getreideertrags der Sowjetunion ein. Sie hatte jedoch 38 Prozent der staatlich festgesetzten Ablieferungsmenge, das heißt 7,7 Millionen Tonnen, bereitzustellen. Im Jahre 1931, als die Ernte überall wesentlich schlechter ausfiel (in der Ukraine 18,3 Millionen Tonnen gegenüber 23,9 Millionen Tonnen im Jahre 1930), wurde dieselbe Menge von 7,7 Millionen Tonnen gefordert, die nun jedoch 42 Prozent des Gesamtaufkommens ausmachte.

Proteste fanden in Moskau kein Gehör, und so wurden schließlich sieben Millionen Tonnen zusammengebracht. Dabei blieb so wenig Getreide für die Bauern selbst übrig, daß sie im Frühjahr 1932 fast verhungert wären. Stalin war jedoch überzeugt, daß die Wurzel des Problems die antisowjetische Haltung der Ukrainer sei. Eine Säuberung der Partei wurde angeordnet und für 1932 wiederum die Lieferung von 7,7 Millionen Tonnen Getreide gefordert, obwohl in diesem Jahr in der Ukraine lediglich 14,7 Millionen Tonnen geerntet wurden. Bei einer Begegnung mit Molotow und Kaganowitsch legten die führenden Vertreter der ukrainischen Partei und Regierung eindringlich dar, daß die Kolchosen »unrealistische Pläne« akzeptieren mußten, die unmöglich erfüllt werden könnten. Molotow wies dies als »antibolschewistisches« Gerede zurück. »Was die Erfüllung der von Partei und Sowjetregierung gestellten Aufgaben betrifft, so wird es dabei keinerlei Zugeständnisse oder Schwankungen geben.«[21]

Die Mitglieder des Zentralkomitees der KP der Ukraine machten sich keine Illusionen, was sie erwartete, wenn sie keinen Erfolg hatten. Aber trotz großer Anstrengungen konnte das Ziel (das schließlich auf 6,6 Millionen Tonnen reduziert worden war) nicht erfüllt werden. Stalin war unerbittlich: Diese Bauern, diese *ukrainischen* Bauern mußten dazu gebracht werden, das Getreide herauszugeben, das sie seiner Überzeugung nach versteckt hielten. Zwei hohe *Apparatschiki* wurden aus Moskau entsandt, um die Entschlossenheit der örtlichen Parteifunktionäre zu stärken, und eine zweite Erfassungskampagne wurde verkündet. Ein neues Dekret erklärte das gesamte Kollektiveigentum, einschließlich Vieh und Getreide, zu staatlichem Besitz und drohte für Vergehen wie Diebstahl die Todesstrafe an. Ein Beschluß vom 7. August 1932, den Stalin mit eigener Hand niederschrieb, ordnete die Erschießung oder (bei mildernden Umständen) zehn Jahre Haft für Diebstahl von Kollektiveigentum an und verbot in solchen Fällen jegliche Amnestie. Da jede, auch die kleinste Menge zur Verurteilung führen konnte, was häufig auch geschah, nannten die Bauern dieses Dekret das »Fünf-Halme-Gesetz«. Es war keine leere Drohung: In kaum sechs Monaten wurden allein vom Charkower Gericht 55 000 Menschen verurteilt und 1 500 Todesurteile verhängt. Tausende weiterer Parteiaktivisten wurden aus anderen Landesteilen in die Ukraine entsandt, um die Menschen mit Durchsuchungen und Drohungen dazu zu bringen, ihre verborgenen Vorräte herauszugeben.

Aber nun begannen Menschen Hungers zu sterben, und das nicht nur in der Ukraine. Einer der Aktivisten jener Zeit, Lew Kopelew, der später einer der bekanntesten russischen Exilautoren werden sollte, beschreibt seine Erlebnisse in dem Buch *Und schuf mir einen Götzen*: »Ich hörte, wie die Kinder schrien, sich dabei verschluckten, kreischten. Ich sah die Blicke der Männer: eingeschüchterte, flehende, haßerfüllte, stumpf ergebene, verzweifelte oder in halbirrer böser Wut blitzende. ›Nehmt doch, nehmt alles! Da – im Ofen steht noch ein Topf Borschtsch. Ist bloß kein Fleisch dran. Aber sonst alles: rote Rüben, Kartoffeln, Weißkohl. Und tüchtig gesalzen! Nehmt, Genossen Bürger! Wartet ab, ich zieh' mir die Stiefel aus ... sind zwar geflickt und löchrig, aber vielleicht kann sie das Proletariat noch brauchen, die geliebte Sowjetmacht.‹

Es war quälend und bedrückend, all dies zu sehen und zu hören, und noch bedrückender war es, selbst dabei mitzumachen. Nein, falsch: Untätig zuzusehen, wäre noch schwerer gewesen als mitzumachen, zu versuchen, andere zu überzeugen, ihnen zu erklären und dabei sich selbst zu überreden. Denn ich wagte nicht, schwach zu werden und Mitleid zu empfinden. Wir vollbrachten doch eine historisch notwendige Tat. Wir erfüllten eine revolutionäre Pflicht. Wir versorgten das sozialistische Vaterland mit Brot.

Ich sah, was *durchgängige Kollektivierung* bedeutete – wie sie kulakisierten und entkulakisierten, wie sie im Winter 1932/33 den Bauern erbarmungslos alles nahmen. Ich nahm selbst daran teil, durchstreifte die Dörfer auf der Suche nach verstecktem Getreide, stocherte mit einem Stock in der Erde herum, um es zu finden. Gemeinsam mit anderen leerte ich die Vorratskisten alter Leute und verstopfte mir die Ohren, um das Geschrei der Kinder nicht anhören zu müssen...

Im schrecklichen Frühjahr 1933 sah ich, wie Menschen Hungers starben. Ich sah blau angelaufene Frauen und Kinder mit aufgetriebenen Bäuchen und leeren, leblosen Augen, die kaum noch atmeten. Und ich sah Leichen in zerlumpten Schaffellen und ärmlichen Bastschuhen, Leichen in Bauernhütten, im tauenden Schnee der Altstadt von Wologda und unter den Brücken von Charkow... Ich sah all das und verlor doch nicht den Verstand. Ich verfluchte auch diejenigen nicht, die mich ausgesandt hatten, um den Bauern im Winter oder im Frühjahr das Getreide wegzunehmen, um die zum Skelett abgemagerten oder aufgedunsenen Menschen, die sich kaum auf den Beinen halten konnten, zu überzeugen, auf die Felder zu gehen und den Anbauplan der Bolschewiki nach Art von Stoßbrigaden zu erfüllen. Ich verlor auch meinen Glauben nicht. Wie bisher glaubte ich, weil ich glauben wollte.«[22]

Trotz aller Anstrengungen der Partei hatte die Ukraine Ende 1932 nur 4,7 Millionen der geforderten 6,6 Millionen Tonnen Getreide geliefert. Stalin reagierte darauf mit dem Vorwurf, Sabotage der Kulaken und ein Mangel an Wachsamkeit der örtlichen Funktionäre, gepaart mit ukrainischem Nationalismus, seien dafür verantwortlich. Er rief erneut zum Kampf gegen den

»Klassenfeind« auf. Als Terechow, der Erste Sekretär des Parteikomitees von Charkow, ihm berichtete, in der Ukraine wüte eine Hungersnot, fuhr Stalin ihn an: »Man sagt, Sie, Genosse Terechow, seien ein guter Redner. Aber wie sich herausstellt, sind Sie ein guter Geschichtenerzähler. Sie haben sich dieses Märchen über den Hunger ausgedacht, um uns zu erschrecken! Aber daraus wird nichts! Wäre es nicht besser, Sie verließen Ihren Posten des Sekretärs des Gebietskomitees und des ZK der KP der Ukraine und gingen in den Schriftstellerverband? Dort können Sie weiter Märchen für Dumme schreiben.«[23] Stalin ergriff nun selbst das Kommando dieser Aktion, die er als militärische Operation betrachtete. Er rief dazu auf, den Kolchosbauern einen »vernichtenden Schlag« zu versetzen, weil »ganze Abteilungen sich gegen den Sowjetstaat gewandt« hätten.[24]

Eine dritte Kampagne zur Erfassung von Getreide wurde angeordnet und der Sekretär des Zentralkomitees Pawel Postyschew in die Ukraine entsandt, um die Partei zu reorganisieren, gründlich zu säubern und zu stärken. 237 Sekretäre von Gebietsparteikomitees und 249 Vorsitzende von Gebietsexekutivkomitees wurden abgelöst. Im Nordkaukasus, wo drei Millionen Ukrainer lebten, setzte Kaganowitsch die Hälfte der Parteifunktionäre ab. Viele wurden wegen Sabotage verhaftet und in »entlegene Gegenden« verbannt. Man brachte 10 000 neue Aktivisten in die Ukraine – 3 000 von ihnen als Vorsitzende von Kolchosen, Parteisekretäre und Organisatoren. Sie stürzten sich mit frischem Elan in die Getreideschlacht, die nun gegen hungernde Bauern geschlagen werden mußte.

Den ganzen Winter 1932/33 hindurch waren Menschen gestorben, aber Anfang März 1933 setzte ein Massensterben ein. In anderen Teilen der Sowjetunion außerhalb der Gebiete mit starker ukrainischer Bevölkerung war der Mangel an Nahrungsmitteln nicht so gravierend. Im reichen »zentralen Landwirtschaftsgebiet« Rußlands gab es überhaupt keine Hungersnot. Der Getreideertrag in der gesamten Sowjetunion war nicht schlechter als 1931, lag nur zwölf Prozent unter dem Durchschnitt der Jahre von 1926 bis 1930 und weit über dem Niveau einer Hungersnot. Keine Mißernte, sondern die rücksichtslos durchgesetzten überhöhten Forderungen des Staates kosteten – bei einer Landbevölkerung von 20 bis 25 Millionen Menschen – das Leben von fünf Millionen ukrainischen Bauern.

Es waren große Getreidereserven vorhanden, deren Verteilung Stalin hätte anordnen können, wie es die zaristische Regierung stets getan und wie auch die Sowjetregierung während der Hungersnot zwischen 1918 und 1921 gehandelt hatte. 1932/33 war es jedoch streng verboten, Hilfsaktionen zu organisieren. Die Reserven wären sogar noch größer gewesen, hätte die Regierung nicht darauf bestanden, 1930 die enorme Menge von 4,8 Millionen Tonnen und 1931 sogar 5,2 Millionen Tonnen Getreide zu exportieren. 1932 und 1933 wurden diese Exporte auf unter zwei Millionen Tonnen gesenkt. Sogar in der Ukraine selbst gab es Getreidelager, manche in örtlichen Speichern unter strenger Bewachung. Vielfach lag das Getreide hoch

Welche Opfer die Kollektivierung forderte, zeigen wenige Bilddokumente so deutlich wie diese Zufallsaufnahmen aus einem ukrainischen Dorf, in dem das Sterben der verhungernden Bauern so alltäglich geworden zu sein scheint, daß ihre Mitbürger achtlos an den Leichen vorbeigehen.

aufgehäuft unter freiem Himmel (zum Beispiel auf dem Bahnhof Kiew-Petrowka), wo es – scharf bewacht – verrottete.

Horden hungernder Menschen zogen durchs Land, sammelten sich an den Bahnhöfen und wurden von den Wächtern verjagt. Leichen lagen zuhauf an den Straßenrändern, und dies selbst in den Städten. Nur in den größeren Orten wurden sie des Morgens eingesammelt und in Gruben geworfen. Entlang den Grenzen der Ukraine zu Rußland waren Truppen stationiert, um die Menschen an der Flucht zu hindern. Wer versuchte, ohne Sondererlaubnis einen Zug zu besteigen, wurde abgewiesen und zurückgeschickt. Wer die Grenze zu Rußland mit einem Brotvorrat überschreiten wollte, wurde verhaftet und seine Habe konfisziert.

Viktor Krawtschenko, ein Aktivist jener Zeit, der später ins Ausland fliehen konnte, hörte von Chatajewitsch, einem Mitarbeiter Stalins: »Zwischen der Bauernschaft und unserem Regime tobt ein erbarmungsloser Kampf auf Leben und Tod. Dieses Jahr war ein Test für unseren Kampf und ihre Ausdauer. Es mußte erst zu einer Hungersnot kommen, damit sie begriffen, wer der Herr im Hause ist. Sie hat Millionen Menschenleben gekostet, aber das System der Kolchosen bleibt bestehen.«[25]

Ein wichtiges Element in Stalins Politik war die »unmenschliche Macht der Lüge«, wie Pasternak es nannte. In der Presse durfte kein Wort über die Hungersnot erscheinen. Wer sie erwähnte, mußte mit Verhaftung und fünf Jahren Arbeitslager wegen antisowjetischer Propaganda rechnen. Die ausländische Presse begann jedoch darüber zu berichten, und man bemühte sich darum, nach dem Vorbild von 1921 eine internationale Hilfsaktion zustande zu bringen. Diese Aktivitäten wurden jedoch zurückgewiesen, weil sie angeblich von Lügen ausgingen. Die sowjetische Presse druckte Resolutionen von Kolchosbauern ab, die solchen unverschämten Hilfsangeboten eine Abfuhr erteilten. Kalinin, das einzige Mitglied bäuerlicher Herkunft in der Führungsgruppe, mußte auf dem Kongreß der Kolchosbauern im Juni 1933 erklären: »Jeder Bauer weiß, wenn Menschen in Schwierigkeiten sind, weil es an Getreide mangelt, dann nicht wegen einer schlechten Ernte, sondern weil sie faul waren und nicht ehrlich arbeiten wollten.«[26]

Das Hungersterben erreichte zwischen März und Mai 1933 seinen Höhepunkt. Obwohl die Sterblichkeit weiterhin abnorm hoch blieb, ging die Zahl der Todesfälle von Ende Mai an allmählich zurück. Berichte aus der Ukraine hatten dazu geführt, daß wenigstens das Ausmaß der Katastrophe und ihre Folgen zur Kenntnis genommen wurden. Augenzeugen, denen es gelang, durch ländliche Gegenden zu fahren, darunter auch einige wenige Ausländer wie Malcolm Muggeridge, berichteten, daß »Gegenden, die zu den fruchtbarsten der Welt gehören, in eine traurige Wüste verwandelt wurden«. Ein anderer Brite gab folgende Schilderung: »Feld auf Feld mit nicht abgeerntetem Getreide, das man verrotten ließ . . . Ganze Bezirke, in denen man tagelang zwischen Weizenfeldern dahinfahren konnte, die sich allmählich schwarz färbten.«[27] Wenn die Bauern nicht einmal die Kraft hatten, die Felder unkrautfrei zu halten und die Ernte einzufahren, wie sollten sie dann in der Lage sein, die Saat des nächsten Jahres in den Boden zu bringen?

Das war ein handfestes Argument, mit dem Stalin und das Politbüro zu beeindrucken waren, wenn schon humanitäre Appelle sie kalt ließen. Am 25. Februar 1933 wurde der Ukraine eine Saatgutbeihilfe in Höhe von 325 000 Tonnen Getreide bewilligt. Die letzte Getreideerfassungskampagne wurde erst Mitte März eingestellt. Aber schon im April berichtete man, Mikojan habe in Kiew die Verteilung von Getreidereserven der Armee an die Bauern angeordnet. Im Mai wurden endlich Maßnahmen ergriffen, um die Überlebenden zu retten. Krankenhäuser wurden geöffnet sowie Lebensmittel für die Hungernden und Futter für die abgemagerten Pferde bereitgestellt.

Von Mai an drängte man die abgezehrten und geschwächten Arbeitskräfte dazu, mit der Aussaat zu beginnen. Erneut wurden Studenten und Parteimitglieder aus den Städten mobilisiert, um mit Unterstützung von Armeeeinheiten auf den Dörfern zu helfen. Die Säuberungen unter den örtlichen Parteifunktionären hielten an, und Stalin sandte dem Ersten Sekretär der KP der Ukraine, Stanislaw Kossior, in einem persönlichen Brief, der in Kopien an die Sekretäre aller Republiks-, Gebiets- und Stadtparteikomitees verteilt wurde, folgende Warnung: »Wir erinnern Sie zum letzten Mal daran, daß jede Wiederholung der Fehler vom letzten Jahr das Zentralkomitee zwingen wird, zu noch drastischeren Maßnahmen zu greifen. Und dann, entschuldigen Sie den Ausdruck, wird auch ihr langer Parteibart diese Genossen nicht retten.«[28]

In diesem Brief wurde festgelegt, daß »nach Erfüllung des Ablieferungssolls, der Vergütung an die MTS sowie der Einlagerung von Saatgut und Futtermitteln« höchstens zehn Prozent der Gesamtmenge des ausgedroschenen Getreides »zum Verbrauch« in den Kolchosen verbleiben durfte. Nachdem diese und alle anderen Ansprüche an die Ernte wie Export, Reserven für die Armee, erhöhte Rationen für Parteifunktionäre und -mitglieder erfüllt waren, standen die Bauern wiederum als letzte auf der Liste. Von ihnen wurde erwartet, die ganze Arbeit für eine Vergütung zu tun, mit der sie sich kaum am Leben erhalten konnten.

Obwohl dies schwer zu belegen und zu quantifizieren ist, gibt es genügend Hinweise dafür, daß russische Bauern in die Ukraine geholt wurden, um verlassene Dörfer zu übernehmen, womit der »Wunsch« von Bewohnern der zentralen Gebiete der UdSSR »erfüllt wurde, sich in freien Gegenden der Ukraine und des Nordkaukasus anzusiedeln«.[29] Solche Umsiedlungen wurden als endgültig betrachtet und mit Sonderzuteilungen gefördert.

Nachdem Stalin den Bauern diesen »vernichtenden Schlag« versetzt hatte, führte er seinen Feldzug gegen die nationale Identität der Ukrainer fort. Diese war auf dem Lande seit undenklichen Zeiten unter anderem auch durch die Kobsaspieler erhalten worden, Volkssänger, oft blind, die von Dorf zu Dorf zogen, Lieder sangen und Balladen vortrugen, in denen sie den ukrainischen Bauern die Unabhängigkeit und ihre heroische Vergangenheit ins Gedächtnis riefen. Sie waren ein Anachronismus in der schönen neuen Welt des sowjetischen Kommunismus. Mehrere hundert dieser Sänger wurden zu ihrem ersten Gesamtukrainischen Kongreß geladen, nur um dort verhaftet und in ihrer Mehrzahl erschossen zu werden. Der russische Komponist Dmitri Schostakowitsch berichtet darüber in seinen Memoiren und beschreibt die Kobsaspieler als »ein lebendes Museum, die lebendige Geschichte des Dorfes – all seiner Lieder, seiner Musik und Poesie. Und sie wurden fast alle erschossen, fast alle diese rührenden blinden Männer wurden getötet... Sich an einem Blinden zu vergreifen – was konnte es Schlimmeres geben?«[30]

Stalins Gefolgsmann Dmitri Manuilski (den Trotzki als »widerwärtigsten Renegaten des ukrainischen Kommunismus« bezeichnete) wurde Postyschew zur Unterstützung gesandt, um die »kleinbürgerlich-nationalistischen Abweichler« auszurotten und eine Säuberung aller kulturellen und wissenschaftlichen Einrichtungen der Ukraine vorzunehmen. Der Erste Sekretär der KP der Ukraine, Stanislaw Kossior, berichtet darüber: »Ganze Nester der Konterrevolution haben sich zum Beispiel in den Volkskommissariaten für Bildung, Landwirtschaft, Justiz, im ukrainischen Institut für Marxismus-Leninismus, der Landwirtschaftsakademie, im Schewtschenko-Institut gebildet.« Alle diese »Agenten des Feindes«, erklärte Postyschew, hielten sich »hinter dem breiten Rücken des Bolschewiken Skrypnik«, des Volkskommissars für Bildung der Ukraine, verborgen. Nachdem er sich dreimal vor dem Zentralkomitee der KP der Ukraine rechtfertigen mußte, erschoß sich Skrypnik am 7. Juli 1933. Dies wurde als »ein Akt von Feigheit« verurteilt, »der eines Mitglieds des Zentralkomitees der Kommunistischen Partei der Sowjetunion besonders unwürdig« sei.

Nachdem »Skrypniks nationalistische Abweichung entlarvt« war, konnte Postyschew die erfolgreiche Säuberung von über »zweitausend mir persönlich bekannten Nationalisten und Weißgardisten« melden. Im Februar 1934 brüstete er sich vor dem Siebzehnten Parteitag, daß »wir die nationalistische Konterrevolution im vergangenen Jahr vernichtet sowie die nationalistische Abweichung entlarvt und zerschlagen haben«.[31]

Demographen haben untersucht, wie viele Menschenleben die Entkulakisierung, die Kollektivierung und die Hungersnot in der UdSSR insgesamt forderten. Während die Gesamtzahlen der Verluste an Vieh relativ vollständig sind, hat die sowjetische Regierung über fünfzig Jahre danach immer noch keine Zahlen veröffentlicht, die das wirkliche Ausmaß der Katastrophe deutlich machen könnten. Chruschtschow sagt dazu in seinen Memoiren lediglich: »Ich kann keine exakten Zahlen nennen, weil niemand sie sammelte. Wir wußten nur, daß die Menschen in riesiger Zahl starben.«[32]

Zunächst müssen diejenigen betrachtet werden, die selbst Opfer der »Entkulakisierung« und der Deportationen wurden. Laut späteren sowjetischen Untersuchungen war die Zahl der Umzusiedelnden vom Politbüro zunächst auf 1 065 000 Familien, das heißt, zwischen fünf und sechs Millionen Menschen, festgelegt worden. Es wird allgemein davon ausgegangen, daß die Gesamtzahl wesentlich höher lag, viele Mittelbauern einschloß und bis Mai 1933 ständig anwuchs. Zu diesem Zeitpunkt unterzeichneten Stalin und Molotow einen Beschluß, der den Massendeportationen ein Ende setzte und für weitere Umsiedlungen die Zahl von 12 000 Familien im Jahr festlegte. Der sowjetische Agrarökonom Tichonow schätzt, daß zwischen 1929 und Ende 1933 mehr als drei Millionen Bauernwirtschaften liquidiert wurden, wobei mindestens 15 Millionen Menschen ihr Obdach und die Aussicht auf einen Platz in einer künftigen ländlichen Gesellschaft verloren.[33]

Was geschah mit ihnen? Sie alle verloren Haus, Hof und Besitz. Einige wurden erschossen, andere in Arbeitslager am Weißmeerkanal oder in die Goldminen von Magadan geschickt, die kälteste Gegend der nördlichen Halbkugel, wo von ganzen Lagern mit Wachen und Hunden berichtet wird, die in den schrecklichen Wintern einfach verschwanden. Einigen gelang die Flucht in die Städte, wo sie zumindest zeitweilig in Industriebetrieben unterkamen, denen es an Arbeitskräften mangelte. Die Mehrheit, einschließlich der Frauen und Kinder der Kulakenfamilien, wurde in Viehwagen in die rauhen Gebiete des Nordens und nach Sibirien deportiert. Viele Kinder starben unterwegs. Häufig wurden die Kulaken in einer menschenleeren Gegend ohne Nahrung und Behausung abgesetzt und sich selbst überlassen. Ein typisches Beispiel hat der ehemalige deutsche Kommunist Wolfgang Leonhard beschrieben, der schildert, wie Kulaken aus der Ukraine und Zentralrußland in der menschenleeren Gegend zwischen Petropawlowsk und dem Balchaschsee in Kasachstan ausgesetzt wurden. Ein Überlebender, dem er in Karaganda begegnete, berichtete ihm: »Es wurden einfach Pflöcke in die Erde gerammt mit kleinen Tafeln, Siedlung Nr. 5, Nr. 6 usw. Die Bauern wurden dorthin geführt, und man sagte ihnen, daß sie sich jetzt selbst helfen müßten. Dann haben sie sich Erdlöcher gegraben. In den ersten Jahren starben sehr viele durch Kälte und Hunger.«[34]

Versuche, die Gesamtzahl der deportierten Kulaken zu schätzen, haben eine Zahl von ungefähr zehn bis zwölf Millionen ergeben. Ein Drittel davon war bis 1935 gestorben; ein Drittel befand sich in Arbeitslagern und ein weiteres Drittel in Sondersiedlungen. Wie die Juden unter den Nationalsozialisten wurden die Kulaken (oder jeder, den ein örtlicher Beamter oder übelwollender Nachbar zu einem solchen stempelte) aus der menschlichen Gesellschaft ausgestoßen und zu Untermenschen erklärt. Der Kulak oder der Jude wurde nicht für das, was er getan hatte, sondern einfach für das, was er war, dazu verurteilt, einer geächteten Klasse oder Rasse anzugehören, der man alle Menschenrechte verweigerte.

In jüngster Zeit hat Robert Conquest versucht, die verschiedenen Schät-

Die Kollektivierung forderte nach neuerer Schätzung mehr als zehn Millionen Opfer, und von ihr hat sich das Land niemals wieder erholt, wie sich gerade bei Gorbatschows zögernden Versuchen zeigt, von den Agrarkommunen wieder zu einer eigenständigen Bauernschaft zu kommen. Es sind unzählige Photographien von dankbaren Bauern erhalten, die ihrer eigenen Abschaffung fröhlich zustimmten. Ganz wenige Aufnahmen nur dokumentieren das wahre Antlitz der Bauernschaft in der Periode der Kollektivierung: Verelendete und Eingeschüchterte stimmen mit erhobenem Arm für die Beseitigung ihres Besitzes.

zungen über die Zahl der Todesopfer zusammenzustellen und zu vergleichen. Er kommt zu dem Ergebnis, daß die am ehesten allgemein akzeptierte Zahl derer, die in dieser Periode vorzeitig den Tod fanden, etwa elf Millionen beträgt. Dazu kommen weitere 3,5 Millionen Verhafteter, die später in Arbeitslagern umkamen.

Von diesen elf Millionen starben etwa drei Millionen bei der Entkulakisierung, rund eine Million in der mittelasiatischen Republik Kasachstan[35] und etwa sieben Millionen während der Hungersnot von 1932. Von diesen kamen fünf Millionen in der Ukraine um (nahezu ein Fünftel der Gesamtbevölkerung, beziehungsweise ein Viertel der Landbewohner), eine Million im Nordkaukasus und eine Million in anderen Gegenden der UdSSR.

Zum Vergleich fügt Conquest hinzu: »Obwohl Stalins Krieg gegen die Bauern nur auf ein Land beschränkt war, starben dort mehr Menschen als im Ersten Weltkrieg in allen Ländern zusammengenommen.«[36]

Während Stalin und die sowjetische Führung ihren Krieg – anders kann man es wohl kaum bezeichnen – gegen die Landbevölkerung der Sowjetunion führten, wurde gleichzeitig auf der Grundlage des Fünfjahrplans die Industrialisierung vorangetrieben.

Die Kollektivierung diente Stalins Ansicht nach dazu, die fremde Welt des bäuerlichen Rußland aufzubrechen und ihre Bewohner in das Schema der sozialistischen Gesellschaft zu pressen. Die Industrie war dagegen der Nährboden, auf dem der Sozialismus selbst sich entwickelt hatte, und die Klasse der Industriearbeiter war seine natürliche Anhängerschaft. Befreit aus dem Würgegriff des Kapitalismus, wurde die Industrialisierung als der Schlüssel zur neuen sozialistischen Gesellschaft gesehen, in die eine mechanisierte Landwirtschaft mit ihren Maschinen-Traktoren-Stationen, ihren gewaltigen »Getreidefabriken« und industrieller Viehhaltung eingepaßt werden sollte.

Die Frage war, wie schnell die Sowjetunion beim Aufbau der Schwerindustrie voranschreiten konnte. 1926 hatte Stalin Trotzki und die Linken als Anhänger einer »Superindustrialisierung« verhöhnt und sich gegen ihr Projekt eines gewaltigen Wasserkraftwerkes am Dnjepr gewandt, das nach seinen Worten genauso sinnvoll sei, wie es für einen Muschik wäre, statt einer Kuh ein Grammophon zu kaufen. Mit Stalins Bekehrung zu den Vorzügen der Industrialisierung wurde jedoch der Fünfjahrplan zu einem der großen Mythen der ersten Hälfte unseres Jahrhunderts nicht nur in der Sowjetunion, sondern in der ganzen Welt hochstilisiert. Er wurde zum Symbol der Überlegenheit kommunistischer Planung über das in der Depression offenbar gewordene Scheitern des Kapitalismus.

Typisch für diesen »Plan« als Mythos war die Tatsache, daß er zwar formal erst Mitte 1929 beschlossen, der Beginn der Planperiode dann aber auf den Oktober des Vorjahres zurückdatiert wurde. Schließlich wurde im Januar 1933 erklärt, er sei nicht in fünf, sondern bereits in viereinviertel Jahren erfüllt worden. Kaum zu übertreffen ist wohl die folgende Beschreibung Ronald Hingleys: »Wann immer Stalin Angaben darüber machte, was an Kohle, Erdöl, Roheisen, Stahl, Traktoren, Mähdreschern, Fabriken, Wasserkraftwerken usw. in Tonnen und Prozenten produziert worden sei, werde, werden sollte, werden würde, werden könnte und worden sein könnte, erließ er im Stile scheinbarer Exaktheit Verlautbarungen, die nur magisch und liturgisch genannt werden können.«[37]

Unter der Losung »Für die Bolschewiki gibt es keine uneinnehmbaren Festungen« forderte Stalin unablässig das Unmögliche. Die Sowjetunion produzierte 1928 3,3 Millionen Tonnen Roheisen. Stalin setzte für das Ende des Jahres 1933 das Ziel von zehn Millionen Tonnen und erhöhte es Ende

1932 noch einmal auf 17 Millionen. Tatsächlich produzierte Rußland die letztgenannte Menge Roheisen erst im Jahre 1941. Die Stahlproduktion, die 1928 vier Millionen Tonnen betrug, sollte auf 10,4 Millionen Tonnen erhöht werden. Erreicht wurden nicht einmal sechs Millionen Tonnen. Die Energiewirtschaft, die nur wenig mehr als fünf Millionen Kilowattstunden erzeugte, erhielt den Auftrag, 22 Millionen Kilowattstunden zu erreichen. Erzeugt wurden schließlich 13,4 Millionen. Ökonomen und Betriebsdirektoren, die derartige Ziele als unrealistisch anzweifelten, wurden als Schädlinge gebrandmarkt.

Und der Zauber wirkte. Nach den faulen Kompromissen der NEP hauchte der Plan dem schwindenden Glauben der Partei neuen Atem ein. Hier hatte sie endlich wieder Gelegenheit, sich mit Elan in den Aufbau des prophezeihten Neuen Jerusalem zu stürzen. Die kühnen Ziele, die geforderten Opfer und die Vision davon, was das »rückständige« Rußland erreichen könnte, bildeten einen erregenden Kontrast zum »fortgeschrittenen« Westen mit Millionen von Arbeitslosen und in der Krise vergeudeten Ressourcen. Mochte auch keines der von Stalin gesteckten Ziele erreicht werden, so wurde die Produktion jedoch auf jeden Fall erhöht: Die sechs Millionen Tonnen Stahl waren nur wenig mehr als die Hälfte der geforderten zehn Millionen, bedeuteten jedoch ein Wachstum von fünfzig Prozent gegenüber dem Ausgangsniveau.

Verschwendung und Ineffizienz waren häufig ebenso groß wie in den Kolchosen. Ständig brach irgendwo die Produktion zusammen, verrosteten wertvolle Maschinen oder wurden von ungelernten Arbeitern ruiniert, von denen viele Bauern waren, die kaum jemals zuvor eine Maschine zu Gesicht bekommen hatten. Viele Tausend büßten ihr Leben wegen fehlender Sicherheitsvorkehrungen ein oder erfroren in der Kälte. Lebensmittel waren knapp, die Bedingungen primitiv, Menschenleben billig. Aber es gab einen klaren Unterschied zur Kollektivierung der Landwirtschaft: Bei allen Fehlern und Mängeln erreichte die sowjetische Industrie im Zeitraum des ersten Fünfjahrplans den quantitativen Sprung, der die verfrühte Behauptung Stalins vom Juni 1930 wahrmachte, daß die UdSSR an der Schwelle von einer Agrar- zu einer Industriegesellschaft stehe. Andernfalls hätte sich die Sowjetunion 1941 nicht von dem Angriff der Deutschen erholen können und es vermocht, den Krieg fortzusetzen und schließlich bis an die Elbe vorzudringen.

Erst während der Laufzeit des zweiten Fünfjahrplanes begann man die schlimmsten Fehler zu korrigieren, die schwersten Entbehrungen zu überwinden und das niedrige Lebensniveau der Arbeiter geringfügig anzuheben. Aber die Grundlage war im ersten Fünfjahrplan gelegt worden. Roy Medwedew[38] nennt die Zahl von rund 1500 Großbetrieben, die in dieser Zeit errichtet wurden. Dazu gehören etwa das größte Kraftwerk Europas am Dnjepr, die Hüttenkombinate von Magnitogorsk und Kusnezk, eine Maschinenfabrik und ein Chemiewerk im Ural, das Landmaschinenwerk

Rostow, die Traktorenwerke von Tscheljabinsk, Stalingrad und Charkow, die Automobilwerke in Moskau und Sormowo sowie das Schwermaschinenwerk Kramatorsk.

Neue Industriezweige wurden geschaffen, die das zaristische Rußland nicht gekannt hatte: Maschinenbau, Automobil- und Traktorenbau, Flugzeugbau, die Produktion von Edelstahl, von Ferrolegierungen und synthetischem Kautschuk. Der Bau von Tausenden Kilometern neuer Eisenbahnen und Kanäle wurde in Angriff genommen, viele neue Städte und Arbeitersiedlungen entstanden. Neue Zentren der Schwerindustrie wuchsen in den Gebieten der nichtrussischen Völker, den früheren Randgebieten des zaristischen Rußland – in Belorußland, der Ukraine, in Transkaukasien, Mittelasien, in Kasachstan, im Nordkaukasus, in Sibirien und der Burjat-Mongolei. Mit dieser Ausdehnung der Industrie entstand ein zweites Zentrum der Metallurgie und Erdölverarbeitung im Osten des Landes.

John Scott, einer der vielen amerikanischen Ingenieure, die in den USA arbeitslos wurden und deshalb eine Tätigkeit in der Sowjetunion annahmen, schrieb in seinem berühmten Erlebnisbericht *Jenseits des Urals* : »In Magnitogorsk wurde ich in eine Schlacht geworfen. Ich war an der Eisen- und Stahlfront eingesetzt. Zehntausende Menschen nahmen schwerste Entbehrungen auf sich, um Hochöfen zu bauen. Viele taten es freiwillig mit grenzenlosem Enthusiasmus, der auch mich sofort ansteckte. Ich möchte wetten, daß Rußlands Schlacht um Eisen und Stahl mehr Opfer gekostet hat als die Schlacht an der Marne.«[39]

Als die Belastung stieg, appellierte Stalin immer offener an den russischen Nationalismus. In einer häufig zitierten Rede vor Direktoren von Industriebetrieben im Februar 1931 erklärte er: »Nein, das kann man nicht, Genossen! Das Tempo darf nicht herabgesetzt werden! Im Gegenteil, es muß nach Kräften und Möglichkeiten gesteigert werden... Das Tempo (der Industrialisierung) verlangsamen, das bedeutet zurückbleiben. Und Rückständige werden geschlagen... Die Geschichte des alten Rußland bestand unter anderem darin, daß es wegen seiner Rückständigkeit ständig geschlagen wurde. Es wurde geschlagen von den mongolischen Khans. Es wurde geschlagen von den türkischen Begs. Es wurde geschlagen von den schwedischen Feudalen. Es wurde geschlagen von den polnisch-litauischen Pans. Es wurde geschlagen von den englisch-französischen Kapitalisten. Es wurde geschlagen von den japanischen Baronen. Es wurde von allen geschlagen wegen seiner Rückständigkeit. Wegen seiner militärischen Rückständigkeit, seiner kulturellen Rückständigkeit, seiner staatlichen Rückständigkeit, seiner industriellen Rückständigkeit, seiner landwirtschaftlichen Rückständigkeit... Erinnert Euch der Worte des vorrevolutionären Dichters: ›Du bist armselig und reich, mächtig und ohnmächtig zugleich, Mütterchen Rußland.‹... Wir sind hinter den fortgeschrittenen Ländern um 50 bis 100 Jahre zurückgeblieben. Wir müssen diese Distanz in 10 Jahren durchlaufen. Entweder wir bringen das zustande, oder wir werden zermalmt.«[40]

Adam Ulam hat darauf hingewiesen, daß Stalins Version der russischen Geschichte außerordentlich irreführend ist. Das angeblich »ständig besiegte« alte Rußland hatte dennoch seine Grenzen auf ein Sechstel der Landmasse der Erde ausgedehnt und viele der früheren Sieger schließlich doch verschlungen. »Der wahre Sinn der Geschichte Rußlands war ein anderer: ›Der Staat wurde fett, während das Volk abmagerte‹ – wie ein großer russischer Historiker schrieb. Seine eigenen Herrscher *schlugen* das Volk – und immer aus demselben Anlaß: die Größe des Staates erforderte es.«[41]

Aber Stalin handelte intuitiv richtig, als er auf die Kraft setzte, die im Nationalstolz des russischen Volkes lag. Er hatte sie erstmalig bei der Proklamierung des »Aufbaus des Sozialismus in einem Land« eingesetzt und sollte sie später im Krieg für den Widerstand gegen die deutschen Invasoren mobilisieren. Im Jahre 1930 stellte er sie in den Dienst der wirtschaftlichen und sozialen Umgestaltung, die er dem Lande aufzwingen wollte. Bereits auf dem Fünfzehnten Parteitag im Dezember 1927 hatte er die Revolution, zu der er ansetzte, mit den Projekten seines größten Vorläufers auf dem Zarenthron verglichen: »Als Peter der Große, der es mit den entwickelteren Ländern des Westens zu tun hatte, fieberhaft Fabriken und Werke baute, um die Armee zu versorgen und die Verteidigungsfähigkeit des Landes zu steigern, war dies ein eigenartiger Versuch, den Rahmen der Rückständigkeit zu sprengen.«[42]

Stalins neuer Kurs mußte auf der mittleren und unteren Ebene der Partei ebenso Anklang finden und stimulierend wirken wie bei der Führung. Dieses Ringen um Unterstützung und Druck von unten war eine notwendige Ergänzung zur »Revolution von oben«. Es begann zeitgleich mit den »außerordentlichen Maßnahmen« von Anfang 1928 und setzte sich 1928 und 1929 fort. So entstand in wichtigen Teilen der Partei ein militanter Geist, den Stalin nutzen konnte, als er Anfang 1930 seine umfassende »sozialistische Offensive« startete.[43]

Drei Momente bringen eine gewisse Ordnung in die diffuse Masse von Informationen aus verschiedenen Teilen des Landes. Das erste Moment war die Unzufriedenheit mit den Kompromissen der NEP, eine Rückbesinnung auf die Traditionen des Kriegskommunismus als der »heroischen Zeit« der Revolution. Das zweite Moment war die Darstellung der Kollektivierung, der Industrialisierung und der sogenannten Kulturrevolution Ende der zwanziger Jahre als *Klassenkrieg*, als Ausrottung und Ausmerzung der »Klassenfeinde« der Revolution. Das dritte Moment war der Einsatz einer neuen Avantgarde des Proletariats, zumeist aus der jüngeren aufstrebenden Generation von Arbeitern, die man darauf vorbereitete, als »Stoßtrupp« zu agieren.

Das erste Moment fand im Komsomol starken Anklang; die Stimmung dort wird von einem jungen Leningrader sehr gut beschrieben: »Die Komsomolzen meiner Generation, die zur Oktoberrevolution zehn Jahre oder jünger waren, hadern mit ihrem Schicksal. Als wir bewußt zu leben begannen, traten wir in den Komsomol ein. Als wir in die Fabriken arbeiten gingen, beklagten wir uns darüber, daß es für uns nichts mehr zu tun gab, denn die Revolution war vorüber, die schweren, aber romantischen Jahre des Bürgerkrieges würden nicht zurückkehren, und die ältere Generation hatte uns ein langweiliges, stumpfsinniges Leben übriggelassen, ohne Kampf und Abenteuer.«[44] Er ergriff die Gelegenheit beim Schopfe und organisierte im Jahre 1929 eine Stoßbrigade.

Das zweite Moment, Stalins ideologische Rechtfertigung der »sozialistischen Offensive« durch den Klassenkampf gab den Aktivisten die Möglichkeit, diejenigen, die sie von ihrem Arbeitsplatz und aus ihrem Heim vertrieben, die sie denunzierten und zum Tode verurteilten, nicht als menschliche Wesen wie sich selbst, sondern als »Klassenfeinde« zu betrachten, die allein damit ein nicht wiedergutzumachendes Verbrechen begangen hatten, daß sie in einer bürgerlichen oder Kulakenfamilie geboren waren. Stalins These, daß Klassenhaß und Klassenkampf sich verschärften, je näher die sowjetische Gesellschaft dem Endziel des Sozialismus kam, lieferte die Rechtfertigung für ein angeblich objektives und unausweichliches Gesetz der Geschichte, daß nämlich im Namen einer künftigen Herrschaft der Tugend brutale Gewalt angewandt werden durfte.

Das dritte Moment ergab sich aus den Erfordernissen der Industrialisierung und Rationalisierung, aus der Verdopplung und nochmaligen Verdopplung der Produktionsziele, aus den Forderungen nach strengerer Arbeitsdisziplin und Opferbereitschaft in Form höherer Normen, niedriger Reallöhne und eines sinkenden Lebensstandards. All das hatte schwere Auswirkungen auf die Industriearbeiterschaft, die 1917 und im Bürgerkrieg die Hauptstütze der Partei gewesen war. Diese Wirkung wurde durch die Tatsache noch verstärkt, daß der Ausbau der Industrie eine Aufstockung der Zahl der Arbeitskräfte erforderte, wodurch zum großen Unwillen der älteren Facharbeiter massenhaft ungelernte Arbeitskräfte vom Dorfe einströmten, denen das Leben im Betrieb völlig unbekannt war.

Stalin und die anderen Führer mußten anerkennen, daß die kleinere und homogenere Arbeiterklasse Leningrads und Moskaus mit ihrem starken Klassenbewußtsein, auf die sie sich in den Jahren zwischen 1917 und 1921 gestützt hatten, als Ergebnis dieses Prozesses der Verwässerung nicht länger existierte. Sie fanden einen Ersatz für die »Avantgarde des Proletariats« in den aktiven Vertretern der jüngeren Arbeitergeneration. Diese hatten Revolution und Bürgerkrieg als Kinder oder Jugendliche erlebt und betrachteten mit kritischem Abstand sowohl die Abneigung der älteren Arbeiter gegen jede Veränderung als auch die Unwissenheit und Disziplinlosigkeit der Neuankömmlinge vom Dorfe. Sie übernahmen die Initiative bei der Bildung von Stoßbrigaden und starteten zwischen dem Ende 1928 und dem Anfang 1929 in allen sowjetischen Fabriken und Werkstätten eine Kampagne des »sozialistischen Wettbewerbs« zur Erhöhung der Arbeitsproduktivität. Stalin und seine Gruppe zögerten nicht, sich die Möglichkei-

Ein Jahr nach dem Kollektivierungsbeschluß der Partei und dem unvorstellbaren Elend seiner zwangsweisen Durchführung feiert Stalin im Kreise des ZK den Abschluß von Maßnahmen, die die Industrialisierung des Landes einleiten sollen. Inzwischen hat er seine Macht endgültig gefestigt. Das Bauerntum ist zerschlagen, die Industrialisierung beschlossen und sein wichtigster Gegner, Trotzki, aus dem Lande verbannt.
Auf dem Photo: Am 2. November 1929 feiern Molotow, Mikojan, Stalin, Kamenew, Woroschilow, Kalinin, Rykow und General Budjonny (von links nach rechts) den Geburtstag von Staatspräsident Kalinin.

ten dieser Bewegung zunutze zu machen. Anfang 1929 ordneten sie an, daß Partei, Komsomol und die Betriebsleitungen ihr jede mögliche Unterstützung zu gewähren hatten. Sie sahen in dieser Bewegung die radikale Kraft, die sie brauchten, um die Hindernisse für die Beschleunigung der industriellen Entwicklung der Sowjetunion aus dem Wege zu räumen.

Die Bedeutung dieser Bewegung ging weit über die Fabriken hinaus. Aus 70 000 Industriearbeitern, die sich freiwillig meldeten, wurden die 25 000 »besten Söhne des Vaterlandes« ausgewählt, die man als »Stoßtrupps« auf das Land entsandte, um dort die Kollektivierung voranzutreiben. Aus den Reihen dieser jungen Organisatoren des »sozialistischen Wettbewerbs« kamen die neuen Kader, die die in den Säuberungsbewegungen als »ungeeignet« abgelösten Staats-, Partei- und Gewerkschaftsfunktionäre ersetzten. Diese ehrgeizigen und energischen Hardliner, deren radikale Ansichten von eigenen Erfahrungen noch ungetrübt waren, bildeten die Vorhut der großen Zahl aufstrebender Söhne und Töchter der Arbeiterklasse, die in den Jahren von 1928 bis 1931 nach höherer Bildung und nach Funktionen in Verwaltung und Betriebsleitung griffen.

Das war es, was eigentlich »hinter dem Gerede vom Klassenkampf«[45] steckte, der russischen »Kulturrevolution« (der Begriff »liegt jetzt wirklich in der Luft«, erklärte die *Prawda*). So entstand »die neue Klasse«, die künftige kommunistische Elite Rußlands nach Säuberungen und Krieg, die Breschnew-Generation.

Dieser Drang nach oben hielt weiter an, die »Kulturrevolution« als solche währte jedoch nicht länger als drei oder vier Jahre. Sie war das Kind einer besonderen Periode in der Geschichte der Sowjetunion, die mit dem Zusammenbruch der NEP 1928/29 begann, als Stalin die Unterstützung der Radikalen gegen die rechte Opposition dringend brauchte, und die 1931/32 allmählich auslief. Stalin selbst gab das Signal für Anfang und Ende dieser Bewegung und trieb sie ganz offiziell voran. Er benutzte 1928 die Schachty-Affäre, wie er bereits früher die Getreidekrise benutzt hatte, um unmißverständlich zu erneuten Klassenauseinandersetzungen aufzurufen und der Klassenversöhnung der NEP ein Ende zu setzen.

Der Prozeß, in dem fünfzig Ingenieure der Sabotage in den Gruben von Schachty angeklagt waren, wurde ungeschickt geführt, war jedoch für die OGPU die erste große Gelegenheit, der Bevölkerung mit Hilfe der Justiz eine eindringliche politische Botschaft zu vermitteln. Zielscheibe waren vor allem die »bürgerlichen Fachleute«, das Gegenstück zu den Kulaken auf dem Lande. Man warf ihnen vor, sie hätten mit ausländischen Mächten konspiriert (die Erinnerung an die Furcht vor einem Kriege im Jahre 1927 war noch frisch) und mit den früheren Grubenbesitzern, die jetzt im Ausland lebten, kollaboriert, um die Industrialisierung zu untergraben, durch die die »Diktatur des Proletariats gestärkt« und eine Rückkehr zum Kapitalismus verhindert werden sollte. Der Wert dieses Prozesses bestand zum einen darin, daß er einen Sündenbock für die Mängel der sowjetischen Wirtschaft lieferte, die das tägliche Leben so schwer machten. Zum anderen sollte der Prozeß eindringlich signalisieren, daß die bürgerliche Intelligenz und die parteilosen Fachleute, die die Revolution überlebt hatten und während der NEP zum Ärger der Arbeiter besondere Privilegien genossen, nunmehr politisch suspekt und überflüssig waren.

Der Schachty-Prozeß und die darauf folgenden Säuberungen zeigten, daß Stalin ebenso wie Peter der Große nicht die Absicht hatte, allein auf den Enthusiasmus zu setzen. Wenn es in der Industrialisierung auch kein Gegenstück zur Entkulakisierung oder zum Bauernwiderstand gab, so war sie doch wie die Kollektivierung eine Revolution von oben und, nachdem man sie einmal in Gang gesetzt hatte, mußte ihr fieberhaftes Tempo mit allen Mitteln gewaltsam aufrechterhalten werden.

Einen zentralen Platz im Stalinschen Herrschaftssystem nahm die Geheim- oder Sicherheitspolizei, die OGPU (Vereinigte Staatliche Politische Verwaltung) ein, deren Aktionen das ganze öffentliche Leben der Sowjetunion in den dreißiger Jahren überschatten sollten. Dieses Organ, das bereits die Kampagne gegen die Bauern führte, wurde nun auch, allerdings etwas selektiver, dazu eingesetzt, die Betriebsleiter, Ingenieure und

Funktionäre, von denen Stalin die Erfüllung irrealer Planziele forderte, in Furcht und Schrecken zu versetzen. Zunächst richteten sich die Aktionen grundsätzlich gegen die parteilosen »bürgerlichen Fachleute«; die Elite der Partei sollte später an die Reihe kommen.

Der Schachty-Prozeß von 1928 war von Stalin eindeutig als Präzedenzfall gedacht. Im April 1929 sagte er vor dem Zentralkomitee: »*Schachty-Leute* sitzen jetzt in allen Zweigen unserer Industrie. Viele von ihnen wurden herausgefischt, aber noch lange nicht alle. Die Schädlingsarbeit der bürgerlichen Intellektuellen ist eine der gefährlichsten Formen des Widerstandes gegen den sich entwickelnden Sozialismus. Die Schädlingsarbeit ist um so gefährlicher, als sie mit dem internationalen Kapital verbunden ist. Die Schädlingsarbeit der Bourgeoisie ist ein unzweifelhafter Beweis dafür, daß die kapitalistischen Elemente noch lange nicht die Waffen gestreckt haben, daß sie Kräfte zu neuen Vorstößen gegen die Sowjetmacht sammeln.«[46]

Im November und Dezember 1930 wurden Mitglieder einer sogenannten Industriepartei unter Führung eines gewissen Professor Leonid Ramsin angeklagt, sie hätten auf Geheiß des ehemaligen französischen Präsidenten Poincaré, Sir Henry Deterdings (von Royal Dutch Shell), Lawrence von Arabiens und anderer »Feinde des Sowjetvolkes« Sabotage in der sowjetischen Industrie betrieben. Die Anklage war grotesk, und trotzdem wurde bereits vor dem Prozeß lauthals verkündet, die Angeklagten seien schuldig. Unter den Institutionen, die die Todesstrafe forderten, war auch die Akademie der Wissenschaften. Eine halbe Million Arbeiter trotteten gehorsam am Gerichtsgebäude vorbei und riefen »Tod! Tod! Tod!« Als die öffentliche Verhandlung begann, in der Andrej Wyschinski wiederum den Vorsitz führte, wiederholten die Angeklagten das Ritual der Geständnisse, die ihnen die OGPU eingebleut hatte. Fünf der acht Angeklagten wurden zum Tode verurteilt. Die Tatsache, daß man die Urteile danach milderte, Ramsin selbst begnadigte, später freiließ und sogar mit Orden dekorierte, tat der Propagandawirkung des Prozesses keinen Abbruch, über den in der ganzen UdSSR ausführlich berichtet wurde.

Drei Monate später, im März 1931, fand ein Prozeß gegen eine Gruppe früherer Menschewiki statt, die nunmehr in hohen Funktionen in Wirtschafts- und Planungsorganen tätig waren. Die Anklage lautete, sie hätten ein »Unionsbüro« der Menschewiki aufgebaut, um die Wirtschaftspläne zu sabotieren. Mit der »Industriepartei« und der »Partei der werktätigen Bauern« hätten sie ein geheimes Bündnis geschmiedet, um eine bewaffnete Intervention des Auslandes und einen Aufstand im Lande vorzubereiten. Die meisten der in diesem Prozeß Angeklagten tauchten niemals wieder in der Öffentlichkeit auf. Sie wurden entweder sogleich erschossen oder in Arbeitslager geschickt.

Die Probleme der Industrie erfaßte Stalin jedoch besser, als ihm das jemals bei der Landwirtschaft gelang. Ihm wurde klar: Wenn er von den Betriebsdirektoren hohe Leistungen forderte, dann mußte er sie vor der ständigen Einmischung der Parteifunktionäre und Gewerkschaftsvertreter im Betrieb bewahren, den sogenannten *Troikas*, die für die sowjetische Industrie der zwanziger Jahre so typisch waren. Statt dessen forderte er nun, die Verantwortung für die Produktion nach dem Prinzip der »Einzelleitung« zu konzentrieren.

Ein weiterer Beweis für Stalins Bereitschaft, im Hinblick auf die Industrie – im Unterschied zur Landwirtschaft – dazuzulernen, war sein Eingeständnis, die Industrie der Sowjetunion werde die von ihm so geschmähten »bürgerlichen Fachleute« zumindest vorläufig noch brauchen, selbst wenn sie ihr Wissen und ihre Erfahrungen vor der Revolution erworben hatten oder aus dem Ausland kamen. So gab er nach drei Jahren die von ihm im März 1928 verkündete Politik auf und erklärte im Juni 1931 auf einer Konferenz von Industriedirektoren: »Daraus folgt aber, daß sich dementsprechend auch unsere Politik gegenüber der alten technisch geschulten Intelligenz ändern muß. Bestand in der Periode, als das Schädlingswesen auf dem Höhepunkt war, unser Verhalten zu der alten technisch geschulten Intelligenz hauptsächlich in der Politik ihrer Zerschlagung, so muß heute, in der Periode der Wendung dieser Intelligenz zur Sowjetmacht, unser Verhalten ihr gegenüber hauptsächlich in der Politik der Heranziehung und der Sorge um sie bestehen ... Es wäre dumm und unvernünftig, heute beinahe in jedem Spezialisten und Ingenieur der alten Schule einen noch nicht ertappten Verbrecher und Schädling zu sehen. Die ›Spezialistenfresserei‹ hat bei uns immer als schädliche und schmähliche Erscheinung gegolten und wird auch weiter als solche gelten.«[47]

Stalins letzte Bemerkung läßt etwas von der Unverfrorenheit spüren, mit der er seinen Artikel »Vor Erfolgen von Schwindel befallen« geschrieben hatte. Er tat so, als ob nicht er, sondern andere in der Zeit des Schachty-Prozesses die »Jagd auf die Fachleute« angeführt hätten. Seine Rede verhinderte nicht, daß erneut Verfolgungen einsetzten, als im Winter 1932/33 die Lebensbedingungen auf den Tiefpunkt sanken. So wurden im Januar 1933 zum Beispiel sechs britische Ingenieure von Metro-Vickers und zehn sowjetische Techniker vor Gericht gestellt, weil sie angeblich in Kraftwerken Sabotage betrieben hatten.

Gleichwohl war Stalins Rede vor den Industriedirektoren im Juni 1931 ein ebenso eindeutiges Signal für das Ende der »Kulturrevolution« wie es die Schachty-Affäre für deren Anfang gewesen war. Zahlreiche parteilose Fachleute, darunter auch viele, die aus Gefängnissen und Arbeitslagern zurückkehrten, konnten nun wieder Verantwortung übernehmen, ohne ständige Belästigungen befürchten zu müssen. Stalin brauchte diese Entspannung, er konnte sie sich aber auch leisten, weil er den Begabten und Ehrgeizigen in der jüngeren Arbeitergeneration Chancen eröffnet und damit die Grundlage für eine sowjetische Alternative zu den bürgerlichen Fachleuten gelegt hatte.

Wie stark dieser Aufstiegsdrang war, zeigt die Tatsache, daß 43 Prozent der dreieinhalb Millionen Parteimitglieder 1933 als Büroangestellte tätig waren. Nur bei acht Prozent war dies bereits der Fall gewesen, als sie in die Partei aufgenommen wurden. Von Januar 1930 bis Oktober 1933 übernahmen 660 000 Parteimitglieder, die bisher Arbeiter gewesen waren, Verwaltungsaufgaben oder politische Funktionen oder wurden an Schulen geschickt, um die notwendige Ausbildung zu erwerben. Die meisten der künftigen Ingenieure, Wirtschafts- und Parteifunktionäre, die in die neuen technischen Institute strömten, hatten keine höhere Schule besucht, sondern kamen direkt aus niederen Parteifunktionen oder aus der Industrie. Unter ihnen waren Chruschtschow, der 1929 mit fünfunddreißig Jahren an die Moskauer Industrieakademie kam, Breschnew, der 1931 im Alter von fünfundzwanzig Jahren am Metallurgischen Institut von Dnjeprodsershinsk sein Studium aufnahm, und Kossygin, der 1930 als sechsundzwanzigjähriger am Leningrader Textilindustrieinstitut zu studieren begann.

Je höher sie stiegen, desto fester wurden sie in das System von Privilegien und Zuwendungen eingebunden, das Stalin für diejenigen eingerichtet hatte, auf denen sein Regime ruhte – für Parteifunktionäre und Ministeriumsangestellte, für Mitarbeiter der OGPU und jetzt auch die neue Wirtschaftselite. Sie erhielten Prämien, hatten Zugang zu knappen Waren und Sondergeschäften, zu besseren Wohnungen, Schulen und Privatautos. Für diese Privilegien und Zuwendungen gab es keine Garantie. Sie konnten – und das kam häufig vor – einem Direktor oder Funktionär ohne Vorwarnung entzogen werden, wenn er die in ihn gesetzten Erwartungen nicht erfüllte oder, schlimmer noch, wenn es Anzeichen gab, daß er von der »richtigen« Linie abwich. Meist wurde er dann sehr bald der »Schädlingstätigkeit« oder des Hochverrats angeklagt. Diese Unsicherheit erzeugte unter denen, die in die neue sowjetische Elite aufstiegen, einen starken Selbsterhaltungstrieb. Durch diesen Anpassungsdruck wurden alle Kommunisten zu Mittätern bei Stalins brutaler Gewaltpolitik. Sie betraten gleichsam einen Weg, von dem es kein Zurück mehr gab.

Die entscheidende Frage war, woher die zusätzlichen Arbeitskräfte kommen sollten, um das gewaltige Bau- und Industrieentwicklungsprogramm des Fünfjahrplans zu bewältigen. Im Chaos der Anfangsjahre dieser Periode nahmen die Betriebsleiter die Arbeiter, wo sie sie bekommen konnten, und stellten keine Fragen. So wurden Millionen von Menschen, die zu Opfern der Entkulakisierungspolitik geworden waren, sowie aus den Kolchosen entlaufene Bauern (deren Zahl von 1929 bis 1935 auf über sechzehn Millionen geschätzt wurde) von der Industrie aufgesaugt. Aber sie waren weder ausgebildet noch an strenge Arbeitsdisziplin gewöhnt. Da sie auf der Suche nach besseren Bedingungen häufig ihren Arbeitsplatz im Stich ließen, nahmen Fluktuation und Arbeitsbummelei überhand. Um dies unter Kontrolle zu bekommen, wurden 1932 Inlandspässe eingeführt. Außerdem mußten »Deserteure« und Bummelanten zusätzlich damit rechnen, Lebensmittelkarten und Wohnung zu verlieren. So zog in der sowjetischen

Industrie allmählich eine straffere Organisation ein, und der einfache Arbeiter wurde immer fester an seinen Arbeitsplatz gebunden, wenn man ihn nicht offiziell versetzte, weil der Plan dies erforderte.

In seiner Rede vom Juni 1931 umriß Stalin einen neuen Ansatz, der für die sowjetische Gesellschaft grundsätzliche Bedeutung erlangen sollte. Er verurteilte jede Nivellierung der Löhne als linke Abweichung und forderte, bei der Bezahlung von Facharbeitern und Ungelernten klare Unterschiede zu machen. »Marx und Engels sagten, daß der Unterschied zwischen qualifizierter und unqualifizierter Arbeit sogar im Sozialismus bestehen wird, sogar nach Aufhebung der Klassen, daß dieser Unterschied erst im Kommunismus verschwinden muß, daß daher auch im Sozialismus der ›Arbeitslohn‹ nach der Leistung und nicht nach den Bedürfnissen bemessen werden muß.«[48]

Damit war es offiziell gestattet, Arbeiter mit höheren Löhnen zu stimulieren, in den Ural und den Fernen Osten zu gehen. Die Akkordsätze wurden rasch erhöht, um den Lohn an die Produktivität zu binden. Diejenigen, die bereit waren, besser und länger zu arbeiten – sie wurden bald Stachanow-Arbeiter genannt – erhielten hohe Prämien und andere Vorteile, sie trieben aber auch die Normen für alle in die Höhe.

Es dauerte jedoch noch geraume Zeit, bis die erhöhte Arbeitsproduktivität auch zu einem besseren Lebensstandard für die Masse der Arbeiter führte. Im ersten Fünfjahrplan hatten Bauvorhaben sowie die Herstellung von Investitions- und Rüstungsgütern absoluten Vorrang. Die Stadtbevölkerung mußte im Unterschied zu den Bauern in der Ukraine nicht Hungers sterben, jedoch war auch ihr Alltag überschattet von Rationierung, ständigem Lebensmittelmangel, endlosem Schlangestehen, hohen Preissteigerungen und Wohnraummangel.

Als im grimmigen Winter 1932/33 der Tiefpunkt erreicht war, erklärte Stalin: »Aber wir haben zweifellos erreicht, daß sich die materielle Lage der Arbeiter und Bauern bei uns von Jahr zu Jahr verbessert. Bezweifeln können das höchstens etwa geschworene Feinde der Sowjetmacht.«[49] Das war eine außergewöhnliche Feststellung, die in schreiendem Widerspruch zu dem stand, was die Mehrheit der Arbeiter täglich erlebte. Stalin hatte jedoch wie Hitler begriffen: Je größer eine Lüge ist, desto eher glauben die Menschen, daß sie ein Körnchen Wahrheit enthält.

Derartige Manöver waren für Stalin nun leichter geworden, da er (nach drei Jahrzehnten Streit und Zwietracht in der Partei) jegliche Opposition zum Schweigen gebracht hatte. Deren frühere Führer Trotzki, Sinowjew und Bucharin mußten nun öffentlich bekennen, wie sehr sie geirrt hatten. Die Stalinsche Führung hatte Presse und Rundfunk fest unter Kontrolle. Seit Ende 1929 erhob sich in der Öffentlichkeit keine Stimme mehr, die es gewagt hätte, Worte der Führer in Frage zu stellen oder zu kritisieren. Die Mitglieder des Zentralkomitees und die Delegierten des Parteitages, die Stalins Erklärungen über Erfolge der Kollektivierung und des Fünfjahr-

Dies ist eines der im ganzen Land verbreiteten Propagandaphotos aus der Phase der Zwangskollektivierung. Stalin, links über ihm Marschall Budjonny, feiert mit Bauern »die Ausrottung« des Kapitalismus und die endgültige Festigung der Sowjetmacht auch auf dem Dorf.

plans hörten, mußten wissen, daß diese nicht der Wahrheit entsprachen. Sie dachten jedoch nicht daran zu widersprechen, sonderen spendeten sogar noch Applaus, und alle Zeitungen im Lande brachten die Erklärungen und die begeisterte Zustimmung auf der ersten Seite. Man könnte fragen, ob es denn überhaupt jemand glaubte. Es sei jedoch daran erinnert, wie viele Menschen im Westen, darunter die Webbs, Shaw und Wells, die die UdSSR besuchten, von den Erfolgen beeindruckt waren, die Stalin auf die sowjetische Planung zurückführte, und alle Berichte über die Hungersnot in der Ukraine oder die Massendeportationen in die Lager als antisowjetische Propaganda abtaten.

Stalin machte es den Menschen nicht schwer, seinen Worten ganz oder wenigstens halb Glauben zu schenken, weil er deren Sinn geschickt verschleierte. So benutzte er das Wort »Kulak« und erreichte damit, daß viele Parteimitglieder sich lange Zeit über die Vorgänge auf dem Lande Illusionen machten. »Entkulakisierung« oder »Expropriation in der Landwirtschaft« waren Ausdrücke, die marxistisch klangen und die abstoßende Wirklichkeit der Massenvertreibungen und -transporte, des Hungers und des Sterbens von Millionen Menschen verhüllten.

Stalin war sich wie Hitler wohl bewußt, wie wichtig es war, die öffentliche Meinung zu manipulieren und was dafür getan werden mußte. Sein Regime benutzte vielfach dieselben Techniken, erfand aber auch eigene. Wenn Ver-

räter und Schädlinge entlarvt wurden, dann war dies für die Stadtbevölkerung, die wenig zu essen und schlechte Wohnungen hatte, der es überhaupt
an allem fehlte, eine Zielscheibe für Haß und Zorn, der sich sonst vielleicht
gegen die Parteiführung gerichtet hätte. Wenn wirtschaftliche Ziele nicht
erreicht wurden und es an allem mangelte, dann war dies nicht auf menschliches Versagen und Planungsfehler zurückzuführen, sondern auf Sabotage, deren Ziel es war, das sozialistische System zu unterminieren. Alle
Sowjetbürger, besonders Parteimitglieder und Komsomolzen, waren dazu
angehalten, vor dem »inneren Feind« auf der Hut zu sein, Nachbarn und
Arbeitskollegen zu überwachen und jede verdächtige Beobachtung sofort
zu melden.

Stalin, der nicht über Hitlers schauspielerisches Talent verfügte, hatte
größere Schwierigkeiten als dieser, mit der Bevölkerung in diesem riesigen
Land in Kontakt zu bleiben, deren Lebensstandard und Ausbildungsgrad
viel geringer war. Eine Möglichkeit war die Serie von Schauprozessen. Das
war Propaganda in der Form politischen Theaters, in dessen Mittelpunkt
die Geständnisse der Angeklagten standen. Diese hatte man in der Voruntersuchung mit Hilfe psychischer und körperlicher Folter erpreßt. Es waren
die einzigen Aussagen, die die Gerichte zu hören bekamen. Darüber wurde
in Presse und Rundfunk, auch in ausländischen Zeitungen ausführlich
berichtet. Letztere wurden dann selektiv in der *Prawda* oder anderen sowjetischen Zeitungen zitiert.

Sowohl in der Sowjetunion unter Stalin als auch in Deutschland unter
Hitler wußte man genau, daß Propaganda am wirksamsten war, wenn man
sie mit Terror verband. In der UdSSR war der Polizeistaat damals noch nicht
so voll entwickelt wie Ende der dreißiger Jahre. Beim willkürlichen
Gebrauch der Macht gab es für Stalin nach wie vor Grenzen. Aber die Jahre
zwischen 1930 und 1934 hatten für die Entwicklung beider Staaten entscheidende Bedeutung. Wie die Gestapo und die SS in Deutschland war die
OGPU für Stalin das Werkzeug, das er stets benutzte, wenn er Befehle
außerhalb der üblichen Verwaltungs- und Rechtswege durchsetzen wollte.
Ihre Aufgaben reichten von der gewaltsamen Vertreibung der Kulaken,
dem Erpressen falscher Aussagen und Geständnisse, der Verhaftung und
dem »Verschwindenlassen« von Menschen bis zum Regime in den Straf-
und Arbeitslagern.

Stalin stand in engem Kontakt zur OGPU; ihr Chef – während der ersten
Säuberungswellen in den dreißiger Jahren war es Genrich Jagoda – war ihm
direkt unterstellt und auch für die Sicherheit seiner Person verantwortlich.
Ihre Offiziere gehörten zu den höchstbezahlten und privilegiertesten
Sowjetfunktionären, waren hinsichtlich ihrer persönlichen Sicherheit nicht
besser gestellt als alle anderen. Sowohl Jagoda als auch sein Nachfolger
Nikolaj Jeschow erregten letzten Endes Stalins Mißtrauen und wurden hin-
gerichtet.

Die Atmosphäre der Geheimhaltung, die alle Aktivitäten der OGPU umgab, die wahllosen Verhaftungen, die Folter und die Existenz der Lager – all das erzeugte überall Angst, die als starkes zusätzliches Kontrollmittel wirkte. Wer auch nur etwas davon öffentlich erwähnte, riskierte, angezeigt und verhaftet zu werden. Es herrschte eine Verschwörung des Schweigens, an der die Millionen Menschen teilhatten – verunsichert, weil sie wußten, was anderen geschehen war und ihnen jederzeit geschehen konnte, wenn sie Verdacht erregten.

Wer mit dem System in Konflikt geriet und seine Strafe in einem Arbeitslager verbüßen mußte, ging der Wirtschaft nicht verloren. Zwangsarbeit hatte der Sowjetstaat von Anfang an zu nutzen gewußt, und die Verwaltung der Lager, bekannt unter der Abkürzung *Gulag* – die Hauptverwaltung der Lager für Umerziehung durch Arbeit – war die größte Einzelbehörde der OGPU. Dies war ein ganzer Subkontinent, oder, wie Solschenizyn es beschreibt, ein Archipel Gulag, ein gewaltiges Netz von Strafanstalten. Dort lebte ein Heer von Sklaven, das etwa zehn Prozent der arbeitenden Bevölkerung der Sowjetunion ausmachte. Diese Menschen mußten sich buchstäblich zu Tode schuften, wobei dem Staat jeweils nur Kosten entstanden, die etwa bei einem Drittel eines Durchschnittslohnes lagen. In dem Archipel verschwanden die Millionen von Menschen, die in den Kampagnen der Entkulakisierung und Kollektivierung vertrieben worden waren und die hier nun »gesellschaftlich nützlicher Arbeit« zugeführt wurden. Zwangsarbeit wurde im Bergbau (auch in den Goldminen) und in der Forstwirtschaft sowie in besonders rauhen und gefährlichen Gegenden, in nördlichen Regionen und in Sibirien zur Steigerung der wirtschaftlichen Effektivität verwandt. Ende der dreißiger Jahre war der Gulag auch das wichtigste Bauunternehmen der UdSSR.

Da die Todesrate in den Lagern sehr hoch war und ständig neue Kolonnen von Gefangenen eintrafen, gehen die Schätzungen darüber, wie viele Gefangene sich jeweils in den Lagern befanden, weit auseinander. In jüngster Zeit veröffentlichte sowjetische Studien kommen zu dem Ergebnis, daß sich ihre Zahl zwischen zwei und vier Millionen bewegte.

Niemals zuvor war eine Bevölkerung von 150 Millionen in kaum vier Jahren von oben her so riesigen Erschütterungen oder Veränderungen ausgesetzt worden. Die ungeheuren Dimensionen dieser Umwälzung sind derart beeindruckend, daß man unbewußt Stalins Anspruch[50] akzeptieren könnte, es habe sich um einen beispiellosen Erfolg gehandelt, der überall als wahres Wunder betrachtet würde, müßte man nicht zuvor die Frage stellen: Welche Art von Erfolg war dies, und woran war er zu messen?

War es ein *ökonomischer* Erfolg, wie Stalin es immer wieder mit großem Aufwand darstellte und mit zweifelhaften Statistiken zu beweisen versuchte? Hinsichtlich der Landwirtschaft kann man sich kaum eine verheerendere Politik vorstellen als Stalins Zwangskollektivierung. Sie begann damit, daß die tatkräftigsten und erfahrensten Bauern vom Lande vertrieben wurden, weil man die Chimäre eines Dorfkapitalismus verfolgte. Das artete bald darauf in den totalen Krieg des Staates gegen die Bauern aus, die vier Fünftel der Bevölkerung stellten. Stalin selbst bekannte später Churchill, daß dies ein Krieg war, genauso hart wie der gegen die Nationalsozialisten, und zehn Millionen Menschenleben kostete.[51]

Die arbeitenden Menschen auf dem Lande wurden nicht nur als Gruppe auf Dauer geschwächt, sondern auch dem Staat auf Dauer entfremdet. Da er sie erneut an die Scholle fesselte, schränkten sie ihrerseits ihre Kooperationsbereitschaft mit dem Regime auf ein absolutes Minimum ein. Dadurch zwangen sie Staat und Partei, die nichts von Landwirtschaft und noch weniger von Stalins Lieblingsidee einer mechanisierten Großproduktion verstanden, immer häufiger einzugreifen – mit einem Ergebnis, das vorauszusehen war. Moshe Lewin zitiert Marc Blochs Schilderung der Situation im mittelalterlichen Europa: »Zum Gewaltmißbrauch der Herren gab es kein Gegengewicht mehr außer der erstaunlichen Trägheit der Masse der Landbevölkerung, die allerdings oft sehr wirksam war, und der Unordnung in der herrschaftlichen Verwaltung.«[52] Es könnte keine bessere Beschreibung der Situation in der Sowjetunion im zwanzigsten Jahrhundert geben, fügt er hinzu. Die Bauern schonten ihre Kraft für ihre kleinen Privatparzellen, von denen sie und ihre Familien im wesentlichen lebten. Es ist eine Ironie, daß 1937 auf diesen kleinen Landstücken mehr als die Hälfte des Gesamtaufkommens an Kartoffeln, Gemüse und Obst sowie über siebzig Prozent an Milch und Fleisch produziert wurden. Dieser Überrest privaten Unternehmertums war zur unverzichtbaren Hauptstütze der Lebensmittelversorgung der Sowjetunion geworden.

Wenn wir die Verluste an Menschenleben während der Kollektivierung einen Augenblick beiseite lassen und diese rein vom ökonomischen Standpunkt betrachten, dann waren die Ergebnisse alles andere als beeindruckend. Die Getreideproduktion, die in den zwanziger Jahren gestiegen war, begann nach 1928 wieder zu fallen. Zwischen 1928 und 1930 brachte man im Durchschnitt eine Ernte von 74 Millionen Tonnen ein. Diese Zahl sank in den fünf Jahren von 1931 bis 1935 auf 67 Millionen Tonnen, stieg im Rekordjahr 1937 auf 87 Millionen, fiel 1938 und 1939 aber wieder auf etwas über 67 Millionen Tonnen ab. Nur weil es dem Staat gelang, den Anteil des zentral erfaßten Getreides zu verdoppeln (von durchschnittlich 18 Millionen Tonnen in den Jahren 1928 bis 1932 auf 32,1 Millionen Tonnen 1938 bis 1940) wurde eine neue Hungersnot von der wachsenden Bevölkerung abgewendet.

Die Zahlen der Viehverluste sprechen für sich selbst: Von 70,5 Millionen Rindern, die es 1928 gab, waren 1933 noch 38,4 Millionen übrig, aus 26 Millionen Schweinen 1928 waren 1933 12,1 Millionen geworden, und für Schafe und Ziegen lauten die entsprechenden Zahlen 146,7 Millionen 1928 zu 50,2 Millionen 1933.[53]

Erst nach Stalins Tod im Jahre 1953 konnten diese Verluste allmählich wieder ausgeglichen werden. Auf Tagungen des Zentralkomitees in den Jahren 1953 und 1954 berichtete Chruschtschow, daß die Getreideproduktion pro Kopf der Bevölkerung und die Tierproduktion in absoluten Zahlen immer noch geringer waren als zur Zarenzeit. Die Landwirtschaft, die bereits in den zwanziger Jahren das Niveau von 1913 wieder erreicht hatte, blieb nach Stalins Kollektivierung der dreißiger Jahre der schwächste Wirtschaftszweig der Sowjetunion.

Wenn man die schrecklichen menschlichen Leiden in Betracht zieht, die diese Kampagne mit sich brachte, dann kann man die Kollektivierungspolitik nur als spektakulären Fehlschlag bezeichnen. Die einzige Rechtfertigung könnte man darin sehen, daß Stalin keine Alternative hatte, weil die Bauern (wie er ständig behauptete) aggressiv gegen den Staat vorgingen, diesen zu erpressen und zu entmachten versuchten. Es war aber, im Gegenteil, gerade Stalins einseitiger Befehl im Dezember 1927 und Januar 1928, »außerordentliche Maßnahmen« anzuwenden, die das Ergebnis der Diskussionen auf dem Fünfzehnten Parteitag von Anfang Dezember 1927 (denen Stalin zugestimmt hatte) derartig auf den Kopf stellte, daß die Bauern überzeugt waren, man wolle zur zwangsweisen Beschlagnahme von Getreide wie in der Zeit des Kriegskommunismus zurückkehren. Zweifellos hatte es im Winter 1927/28 eine Krise der Getreideerfassung gegeben. Aber damals wie heute wurde und wird darauf hingewiesen[54], daß diese durch Fehler in der Wirtschaftspolitik der Regierung verursacht wurde, die den ländlichen Sektor vernachlässigt hatte. Diese Fehler hätten mit ökonomischen Mitteln (etwa einer Veränderung der Preispolitik) überwunden werden können, ohne daß man auf Stalins »sibirische« Methoden hätte zurückgreifen müssen.

Obwohl Stalins Schwenk nach »links« zwischen 1927 und 1928 als Ausgangspunkt des »Sprungs nach vorn« angesehen wird, lag kein solides Programm der Massenkollektivierung vor, als diese zwei Jahre später in Gang gesetzt wurde. Hier zeigt sich ein Grundmuster, das für die ganze »zweite Oktoberrevolution« charakteristisch ist – eine Folge von Krisen als Ergebnis überhasteter und schlecht durchdachter Entscheidungen, für die dann verzweifelt nach Notlösungen und Auswegen gesucht werden mußte. So entstand ein ständig sich selbst reproduzierendes Chaos und auch eine Politik der Selbstrechtfertigung, die zu Zwang und Notmaßnahmen greifen mußte, um mit ihren Folgen fertig zu werden. Stalin hat sicher nicht vorausgesehen, welch ungeheure Umwälzung die Kollektivierung darstellen und welch harten Widerstand sie auslösen würde. Er wies jedoch jeden Gedanken an einen Kompromiß weit von sich. Er verschloß Augen und Ohren vor allen Informationen und Berichten und bestand darauf, nach dem kurzen Innehalten im Frühjahr 1930 weiter voranzustürmen. Er sah keine Opfer, sondern nur Feinde, die mit allen Mitteln geschlagen werden mußten.

Die Industrialisierung der Sowjetunion war wirtschaftlich zweifellos erfolgreicher als die Kollektivierung der Landwirtschaft. Wie groß der

Anteil letzterer daran war, ist nach wie vor umstritten. Preobraschenski hatte ursprünglich seine Forderung, die Bauern »auszupressen«, mit den Erfordernissen einer »ursprünglichen sozialistischen Akkumulation« begründet, die die Fonds schaffen sollte, um die Industrialisierung zu finanzieren. Aber welche Leistung konnte man von einer geschwächten Landwirtschaft und hungernden Dörfern tatsächlich erwarten? Im äußersten Falle kann behauptet werden, daß zu Beginn des Fünfjahrplans weniger als die Hälfte der aus der Landwirtschaft abgezogenen Mittel für die industrielle Entwicklung verwandt wurden; 1932 waren dies noch 18 Prozent und am Ende des Fünfjahreszeitraums im Grunde genommen nichts mehr.

Woher das Kapital auch immer kam, im ersten Fünfjahrplan wurde das Fundament einer industriellen Großmacht gelegt und im zweiten Fünfjahrplan weiter vervollkommnet. 1937 betrug die Industrieproduktion etwa das Vierfache der von 1928.[55] Dies war ein bemerkenswertes und bleibendes Ergebnis. Es bedeutet jedoch nicht, daß dies alles ohne Stalins Führung und seine ständigen Eingriffe niemals hätte vollbracht werden können.

Anders als die Probleme der rückständigen russischen Landwirtschaft, die die Bolschewiki niemals verstanden oder in ihr marxistisches Denkschema einordnen konnten, ist die Industrialisierung der Sowjetunion immer als der Schlüssel ihres Erfolges bei der Errichtung einer sozialistischen Gesellschaft betrachtet worden. Die Bolschewiki konnten hier mit dem Vorteil antreten, daß dies eine Welt war, mit der sie – anders als mit der Welt des Muschiks – vertraut waren, wo ihre Aufbaupläne die Partei in Begeisterung versetzten und wo sie niemals auf den offenen Widerstand stießen, den die Bauern der »zweiten Revolution« auf dem Lande entgegensetzten.

Trotz alledem muß man der These, Stalin sei der einzige Mann mit genügend Durchsetzungswillen gewesen, das Chaos zu meistern und den Plan zur Vollendung zu führen, die Frage entgegenstellen, ob Stalins Führungsstil und seine ständigen Eingriffe nicht mehr dazu beigetragen haben, das Chaos zu schaffen, als es zu ordnen. Sehr einleuchtend erscheint der Gedanke, daß »auch mit weniger drastischen Methoden zumindest das gleiche Niveau der industriellen Entwicklung hätte erreicht werden können«.[56]

Auch bei der Industrialisierung tauchten Stalins alte Fehleinschätzungen wieder auf, allerdings ohne die katastrophalen Folgen, die sie in der Landwirtschaft hatten. Dies soll an vier Beispielen demonstriert werden.

Erstens: Ohne den geringsten Versuch, dies vernünftig zu begründen, hielt Stalin überraschend eine Rede vor dem Rat der Volkskommissare, in der er darauf bestand, daß die vom Staatlichen Plankomitee *Gosplan* vorgelegten Planziele für den Fünfjahrplan bis zu hundert Prozent, zum Teil sogar darüber hinaus, erhöht werden sollten.

Medwedew beschreibt am Beispiel der Geschichte der Produktion von synthetischem Kautschuk die Folgen der willkürlichen Planungsmethode, die Stalin einführte. Dieses Material wurde nach einem neuen experimen-

392

tellen Verfahren erstmalig im Januar 1931 hergestellt. Gegen den Rat aller Ingenieure, darunter Akademiemitglied Sergej Lebedew, der Erfinder der Produktionsmethode, wurde entschieden, sofort ein oder zwei Fabriken zu bauen. Stalin bestand jedoch darauf, daß bis zum Ende des ersten Fünfjahrplans *zehn* derartige Fabriken errichtet werden sollten. Abgesehen von vielen ungelösten technischen Problemen bedeutete dies, daß die begrenzten Baukapazitäten auf zehn Baustellen aufgesplittet werden mußten. Das Ergebnis war, daß in den Jahren 1932 und 1933 lediglich an drei Objekten mit dem Bau begonnen wurde. Die übrigen wurden weder während des ersten noch während des zweiten Fünfjahrplans gebaut.[57]

Zweitens: Wie bereits im Falle der Kolchosen war Stalin auch hier von Gigantomanie besessen. Er forderte, Industriekomplexe sollten so gebaut werden wie Kolchosen, das heißt, in Dimensionen, die die Möglichkeiten der Sowjetunion, solche Objekte zu bauen oder zu betreiben, weit überstiegen. Die Errichtung solcher Betriebe dauerte viel länger, als wirtschaftlich sinnvoll gewesen wäre, sie hatten später ständig mit Produktionsstörungen zu kämpfen oder blieben überhaupt unvollendet. Dieser Hang zum Spektakulären von den »heroischen«, aber oft erfundenen Taten der Stachanow-Arbeiter bis zu Stalins Crash-Programmen zeigt, wie wenig Stalin begriffen hatte, daß ein stetiger, ruhiger Arbeitsrhythmus notwendig ist, damit ein moderner Industriebetrieb wirtschaftlich produziert.

Drittens: Zu Stalins Größenwahn kam, daß er fortwährend zur Eile antrieb. Durch die Verdopplung der Planziele ohne Rücksicht auf die realen Möglichkeiten stürzte er die Bilanzen des Fünfjahrplans ins Chaos und forderte obendrein, daß dieser nicht in fünf, sondern in nur vier Jahren erfüllt werden sollte. Damit bewirkte er genau das Gegenteil, nämlich dauernde Unterbrechungen der Produktionsabläufe, hohe Ausschußraten und ein planloses Gerangel der Betriebe um die knappen Rohstoffe und Arbeitskräfte.

Viertens: Als offenbar wurde, daß die irrealen Planziele in der vorgegebenen Zeit nicht zu erreichen waren, warf Stalin den Verantwortlichen Sabotage, Schädlingstätigkeit und Verschwörung vor. Er griff vor allem die ehemals bürgerlichen und die ausländischen Fachleute an, die sich als Sündenböcke geradezu anboten, auf deren technisches Wissen und deren Managementerfahrung die sowjetische Industrie jedoch dringend angewiesen war. Stalin sah sich in diesem Fall gezwungen anzuerkennen, daß ohne ihre Mitarbeit der Plan endgültig gescheitert wäre. Er gab sein Mißtrauen jedoch niemals auf, ebensowenig wie seine Überzeugung, daß man aus Menschen in verantwortlichen Positionen am meisten herausholen kann, wenn man sie in einem Zustand ständiger Unsicherheit hält.

Die Geschichte hat stets Alternativen bereit, und es ist oft gesagt worden, die von Bucharin vertretene gemäßigte Politik sei eine Alternative zu den Stalinschen Exzessen gewesen. Diese Politik lief darauf hinaus, die NEP weiterzuführen und allmählich zu modifizieren, das Vertrauen der Bauern zu bewahren und die *Smytschka*, das Band zwischen Stadt und Land, zu erhalten, Genossenschaften auf dem Lande aufzubauen sowie der Mehrheit der Bauern und dem privaten Sektor Zeit zu geben, durch Zusammenarbeit mit dem sozialistischen Wirtschaftssektor »in den Sozialismus hineinzuwachsen«. Es wird behauptet, Bucharin habe in seinen Vorschlägen Gedanken aus Lenins letzten Schriften weiterentwickelt, wo die NEP als ein Weg zum Sozialismus dargestellt wurde. Zugleich sei er als ein Vorläufer der tschechoslowakischen Reformer anzusehen, die 1967/68 nach einem Weg zum »Sozialismus mit menschlichem Antlitz« suchten.[58]

Dies war aber angesichts der Situation der Sowjetunion in den Jahren 1928/29 höchstens eine theoretische und keine *praktikable* Alternative. Nachdem Stalin mit Bucharin gebrochen hatte, gab es unter den damaligen politischen Bedingungen niemanden mehr – und Bucharin war es schon gar nicht –, der eine solche Politik hätte durchsetzen können. Dies brachte schließlich auch die anderen führenden Mitglieder des Zentralkomitees dazu, anstelle Bucharins und der Rechten Stalin und dessen Politik zu unterstützen, weil sie in deren Kurs die einzige Möglichkeit sahen, die Sowjetunion in einen modernen Industriestaat zu verwandeln.

Der politische Faktor ist bisher aus diesem Versuch ausgespart geblieben, Stalins Revolution zu bewerten. Hitler und Stalin glaubten beide daran, daß die Politik und nicht die Wirtschaft für die Entwicklung von Nationen entscheidend sei: Mit genügend Willen und Macht, um ihn durchzusetzen, sei alles zu erreichen. Wie unvollkommen diese Sicht auf Geschichte *und* Politik ist, zeigen die angeführten Beispiele politischer Entscheidungen in der Sowjetunion in den Jahren von 1928 bis 1933, die durch das Wirken sozialer und wirtschaftlicher Faktoren zunichte gemacht oder stark verändert wurden. Dennoch kann das Wesen von Stalins Revolution und des Systems, das er geschaffen hat, ohne die politische Dimension unmöglich verstanden werden.

Stalins kühnster Anspruch, in dem ihm die Kommunistische Internationale gehorsam folgte, lief darauf hinaus, das, was zwischen 1928 und 1934 in der Sowjetunion geschah, sei der »Aufbau des Sozialismus« gewesen. Dies wurde jahrzehntelang von jedem sowjetischen Organ behauptet. Auf dem Siebzehnten Parteitag, dem »Parteitag der Sieger« im Januar 1934, verkündete Stalin den Sieg im Kampf zur Überwindung der Rückständigkeit der Sowjetunion, was er mit der Verdoppelung der Industrieproduktion und der Kollektivierung von 85 Prozent der Landwirtschaft belegte. »Wie konnten diese kolossalen Wandlungen in drei bis vier Jahren auf dem Territorium unseres riesigen Staates mit seiner rückständigen Technik, mit seiner rückständigen Kultur vor sich gehen? Ist das nicht ein Wunder?« Dies wäre wirklich ein Wunder, antwortete er, wenn es auf der Grundlage des Kapitalismus und individueller Kleinbauernwirtschaften erreicht worden wäre. Aber ersterer wurde beseitigt und letztere in eine Position von untergeordneter Bedeutung gedrängt. Es könne deshalb nicht als Wunder angesehen werden, da es auf der Basis des Sozialismus erreicht worden sei. Der Sozialismus habe nun in der Volkswirtschaft unwiderruflich die Oberhand gewonnen. »Der Marxismus hat es erreicht, daß er auf einem Sechstel der Erde den vollen Sieg davontrug, und zwar hat er den Sieg in dem Lande errungen, in dem man den Marxismus für endgültig vernichtet hielt. Man kann es nicht für einen Zufall halten, daß das Land, in dem der Marxismus den vollen Sieg davontrug, jetzt das einzige Land in der Welt ist, das keine Krisen und keine Arbeitslosigkeit kennt, während in allen übrigen Ländern, auch in den Ländern des Faschismus, bereits vier Jahre lang Krise und Arbeitslosigkeit herrschen. Nein, Genossen, das ist kein Zufall.«[59]

Stalins Anspruch hat das linke Spektrum außerhalb der Sowjetunion viele Jahre lang verwirrt und gespalten. Die Linke brauchte lange, um zu erkennen, daß, welch bemerkenswerte Veränderungen Stalin auch immer erreicht haben mochte, seine Revolution von oben nicht die Ablösung einer kapitalistischen durch eine sozialistische Wirtschaft bedeutete. Es war etwas, was man inzwischen viel besser kennt, nämlich der Angriff auf eine rückständige Gesellschaft mit Hilfe der Macht des Staates, wobei Methoden angewandt werden und Verluste entstehen, die nur als eine Perversion sozialistischer Ideale betrachtet werden können.

Es ist klar, daß ein Motiv für Stalins Offensive gegen die Bauern seine Entschlossenheit war, die Abhängigkeit des Staates von einer Kraft zu überwinden, die sich seiner Kontrolle entzog und deshalb als feindlich betrachtet werden mußte. Als er auf den Widerstand der Bauern gegen seine Getreideerfassung und gegen die Kampagne der Entkulakisierung stieß, trat er nicht den Rückzug an, sondern weitete den Konflikt sogar noch aus, um die potentielle Kraft der größten und konservativsten Klasse der russischen Gesellschaft ein für allemal zu zerstören. Im wirtschaftlichen Sinne mag dies als Katastrophe oder zumindest als Fehler betrachtet werden, politisch sah er es jedoch als einen bedeutenden Sieg.

Obwohl das Industrialisierungsprogramm erheblich erfolgreicher war, halten sich auch hier Erfolg und Mißerfolg die Waage. Die Größe des Landes und der Mangel an Verwaltungsbeamten, Ökonomen, Technikern und Managern hatten zur Folge, daß dieses System einer zentralisierten Planung und Entscheidungsfindung – zumindest am Anfang – wenig effektiv und schwerfällig sein mußte. In Moskau zu sitzen und Anordnungen zu erteilen, war eine Sache; es war etwas ganz anderes, sicherzustellen, daß sie ausgeführt wurden und daß es vor Ort überhaupt jemanden gab, der dazu in der Lage war.

Bei allen Mängeln hatte die Zentralisierung jedoch zugleich auch entscheidende Vorzüge für Stalin, weil er dadurch die Möglichkeit hatte, die Kontrolle zu behalten, willkürlich einzugreifen, wenn man es am wenigsten erwartete, indem er Molotow, Kaganowitsch oder Postyschew durchs Land schickte, Untersuchungen anzuordnen und Situationen wieder in den Griff zu bekommen, die außer Kontrolle geraten waren. Wie er selbst im Bürgerkrieg und seine Abgesandten in der Ukraine vorgegangen waren, so handelten sie auch jetzt; sie hatten die Vollmacht, jeden Widerstand zu brechen, Säuberungen gegen die Verantwortlichen einzuleiten, diese, wenn nötig, zu erschießen und die übrigen in Angst und Schrecken zu versetzen.

So entstand neben der Industrialisierung und der Kollektivierung der Landwirtschaft ein drittes Hauptmerkmal der Revolution von 1928 bis 1934: die Errichtung eines mächtigen Staates, der einer schwachen Gesellschaft gegenüberstand.

In der Sowjetunion hatte die Partei den Platz der alten herrschenden Klasse eingenommen. Die Parteispitze führte den Staat und bestimmte seine Ziele. Stalin selbst war niemals Staatsoberhaupt oder Regierungschef, das heißt Vorsitzender des Rates der Volkskommissare, sondern er war Generalsekretär der Partei. Seine Macht über den Staat und dessen Bürokratie leitete sich also aus seiner Kontrolle über die Partei ab.

Stalin betrachtete dies niemals als selbstverständlich. Als ehemalige Anhänger der linken Opposition wieder in die Partei aufgenommen wurden und Funktionen erhielten, vergaß er ihre Vergangenheit nicht. Zwar erlangten einige große Bedeutung bei der Durchsetzung des Fünfjahrplans, so etwa Grigori Pjatakow, den man zum Präsidenten der Staatsbank und Stellvertreter des Volkskommissars für Schwerindustrie ernannte. Aber sie alle wurden bis zum Ende der dreißiger Jahre verhaftet und entweder erschossen oder (wie Radek) ins Lager geschickt. Dabei behauptete Stalin auch weiterhin: »Die rechte Opposition ist am gefährlichsten: Verstärkt das Feuer auf die Rechten!«[60] Der Grund dafür ist klar: Nachdem er die Politik der Linken übernommen hatte, war zu erwarten, daß Parteimitglieder, die angesichts der Politik Stalins und vor allem der brutalen Methoden, mit denen sie durchgepeitscht wurde, ihre Illusionen verlieren, sich sogar zum Protest aufraffen, und sich schließlich den Rechten und der Position anschließen würden, die am klarsten von Bucharin vertreten wurde.

Auf dem Sechzehnten Parteitag im Sommer 1930 warf man den rechten »Opportunisten« ein neues Verbrechen vor: statt offener Opposition wurde ihnen vorgehalten, ihre früheren Fehler nur zugegeben zu haben, um ihre gegenwärtige Opposition zur Linie der Partei zu verhüllen. Dieser Angriff gegen den »rechten Opportunismus« dominierte den Parteitag. Einer von Stalins Gefolgsleuten faßte abweichende Meinungen zur Parteilinie in den Provinzen folgendermaßen zusammen: »Stalins Politik führt ins Elend und in den Untergang ... Die Maßnahmen, die Bucharin, Rykow und Uglanow vorschlagen, sind die einzig richtigen. Sie entsprechen dem Leninschen Geist, und nur sie können das Land aus der Sackgasse führen.«[61]

Um solche Auffassungen auszurotten, wurden die Säuberungen während des ganzen Jahres 1930 fortgesetzt. Im Prozeß gegen ehemalige Menschewisten im März 1931 rechnete man mit Ökonomen und Planungsfachleuten ab, die die Ziele des Fünfjahrplans skeptisch beurteilten. Zugleich wollte man damit den letzten unabhängigen marxistischen Gelehrten, den alten Bolschewiken David Rjasanow, der Direktor des Marx-Engels-Lenin-Instituts war, aus dem Wege räumen.

Als Chaos und Leiden im Herbst und Winter 1932/33 ihren Höhepunkt erreichten, wuchsen Zweifel und Unruhe unter den Parteimitgliedern, die in erhöhten Spannungen in der Führung ihren Ausdruck fanden. Drei weitere spektakuläre Fälle von kritischer Haltung zu Stalin wurden aufgedeckt, einer Ende 1930 und die anderen beiden 1932/33. Im ersten Fall handelte es sich um zwei hohe Parteifunktionäre, die bisher Stalins Protektion genossen hatten. Sergej Syrzow war in den zwanziger Jahren Mitglied des Zentralkomitees geworden, bevor er Alexej Rykow als Vorsitzenden des Rates der Volkskommissare der Russischen Föderation ablöste und 1930 Kandidat des Politbüros wurde. Wissarion Lominadse stieg beim Sechzehnten Parteitag ins Zentralkomitee auf, hatte in der Komintern eine bedeutende Rolle gespielt, im Dezember 1927 auf Stalins Weisung den Kantoner Aufstand mitorganisiert und war Sekretär des Parteikomitees der wichtigen Transkaukasischen Föderation. Diese beiden Männer wurden nun angeklagt, eine konterrevolutionäre Fraktion gebildet zu haben und die »Panikmache« der Rechten zu unterstützen. In Wirklichkeit war dies keine organisierte Oppositionsgruppe, sondern diese Männer verliehen einer Unzufriedenheit Ausdruck, die unter vielen früheren Stalin-Anhängern weit verbreitet war. Sie hatten Stalin gegen Bucharin unterstützt, stimmten aber nun mehr und mehr in dessen frühere Kritik ein. Syrzow kritisierte insbesondere die Folgen der »Überzentralisierung« und die »üppig wuchernde Bürokratie«. Das Stalingrader Traktorenwerk und ähnliche Industrieobjekte nannte er »Augenwischerei«. Lominadse warf dem Regime vor, die Bedürfnisse und Interessen der Arbeiter und Bauern »wie hohe Herren« zu mißachten. Beide wurden abgelöst und auf unbedeutende Posten versetzt.[62]

1931 und 1932 trat keine Besserung der Lage im Lande ein. Alexander Barmin, ein sowjetischer Diplomat, der später emigrierte, schrieb rückblickend: »Zu der Zeit, von der ich schreibe, gründete sich Treue zu Stalin vor allem auf die Überzeugung, daß es niemanden gab, der an seine Stelle treten konnte, daß jeder Führungswechsel äußerst gefährlich sei und das Land seinen Kurs beibehalten mußte, denn jeder Halt oder Rückzug würde bedeuten, alles zu verlieren.«[63]

Im Jahre 1932 brach die Hungersnot im Lande aus. In der Partei wurde die »Rjutin-Plattform« verbreitet. Martemjan Rjutin, der zunächst im Apparat des Zentralkomitees gearbeitet hatte und einige Jahre lang Sekretär des Parteikomitees eines Moskauer Stadtbezirks gewesen war, hatte 1928 die Rechten unterstützt und 1930 bei einer Begegnung mit Stalin dessen Politik heftig kritisiert. Daraufhin war er verhaftet und beschuldigt worden, eine konterrevolutionäre Gruppe organisiert zu haben. Wegen

Mangels an Beweisen mußte man ihn jedoch wieder freilassen. Aus Sorge über die weitere Verschlechterung der Lage im Lande entwarf Rjutin 1932 ein zweihundert Seiten umfassendes Dokument »An alle Mitglieder der KPdSU«, in dem er mit Stalins Politik schonungslos abrechnete. Am 21. August traf er sich mit zehn oder zwölf Parteimitgliedern, um diese Kritik zu erörtern und zu überarbeiten. Es wurde von ihnen weitergegeben (unter anderem auch an Sinowjew und Kamenew), fand aber keine weite Verbreitung. Einen Monat später wurden Rjutin und die anderen Verschwörer verhaftet. Man nahm jeden fest, der dieses Dokument zu Gesicht bekommen haben konnte.

In den Gerichtsprozessen und Säuberungskampagnen, die in den dreißiger Jahren folgten, wurde die »Rjutin-Verschwörung« zur Hauptverschwörung hochstilisiert, an der angeblich alle wichtigen Oppositionellen beteiligt gewesen seien, und unablässig zitiert. Die »Rjutin-Plattform« war aus zwei Gründen bemerkenswert. Sie enthielt Positionen, die sowohl die rechte als auch die linke Opposition vertreten hatte. Sie unterstützte die Kritik der Rechten an Stalins Wirtschaftspolitik, aber auch Trotzkis Kritik an den Zuständen in der Partei. Sie forderte Reformen auf mehreren Gebieten: Die Wirtschaftspolitik sollte aufgegeben, die Investitionen in der Industrie sollten reduziert werden, die Bauern sollten die Freiheit erhalten, aus den Kolchosen auszutreten, und alle aus der Partei Ausgeschlossenen, darunter auch Trotzki, sollten wieder aufgenommen werden. Noch erstaunlicher aber war dieses Dokument aus einem zweiten Grund: Auf fünfzig Seiten wurde Stalin hier als »der böse Geist der russischen Revolution« beschrieben, »der aus persönlicher Machtgier und Vergeltungsdrang die Revolution an den Rand des Abgrunds gebracht« habe. Es folgte die Forderung, ihn abzusetzen.

Im Prozeß gegen Bucharin und Rykow im Jahre 1938 wurde die »Plattform« als »Übergang zur Taktik des gewaltsamen Sturzes der Sowjetmacht« bezeichnet. Im Jahre 1988 hob das Oberste Gericht der Sowjetunion diese Anklage auf und sprach Rjutin und Genossen davon frei, irgendein Verbrechen begangen zu haben. 1932 jedoch sah Stalin die Rjutin-Plattform als Aufforderung zu seiner Ermordung an und verlangte, daß Rjutin erschossen werde. Die OGPU übergab den Fall an die Zentrale Kontrollkommission, die ihn ihrerseits an das Politbüro weiterleitete. Obwohl dies aus Männern bestand, die Stalin 1929/30 gegen die Opposition den Rücken gestärkt hatten, wandten sich Kirow, Ordschonikidse, Kuibyschew und einige andere gegen diese Forderung Stalins, weil dies die erste Hinrichtung eines langjährigen Parteimitglieds gewesen wäre. Statt dessen beschloß eine Plenartagung des Zentralkomitees (vom 28. September bis 2. Oktober), daß Rjutin zu zehn Jahren Haft verurteilt und gemeinsam mit den anderen Mitgliedern seiner Gruppe aus der Partei ausgeschlossen werden sollte. Das Plenum verurteilte sie »als entartete Feinde des Kommunismus und der Sowjetmacht, Verräter an der Partei und der Arbeiterklasse, die versucht hatten, auf illegale Weise und getarnt mit dem Banner des Marxismus-Leninismus eine Organisation der Bourgeoisie und der Kulaken zur Wiederherstellung des Kapitalismus und insbesondere der Klasse der Kulaken in der UdSSR aufzubauen«.[64] Zugleich wurden auch viele andere Oppositionelle, darunter Sinowjew, Kamenew und Uglanow, erneut gemaßregelt.

Stalin konnte diese Niederlage nicht verwinden. Vier Jahre später, im September 1936, forderte er in einem Telegramm die Ablösung des OGPU-Chefs Jagoda. Er erklärte zornig, die OGPU sei »bei der Entlarvung des trotzkistisch-sinowjewschen Blocks vier Jahre im Verzug«. Die meisten Wissenschaftler sind darin einig, daß er damit die Weigerung des Politbüros im September 1932 im Auge hatte, sich seinen Wünschen zu fügen. Diese Annahme gründet sich auf die Tatsache, daß man in allen Schauprozessen von 1936, 1937 und 1938 von den Angeklagten forderte, ihre Beteiligung an der Verschwörung Rjutins zu gestehen, die als der erste Zusammenschluß der Opposition auf terroristischer Grundlage hingestellt wurde. Am 1. Januar 1937 konnte Stalin endlich Rache nehmen. Nach nur vierzigminütiger Gerichtsverhandlung wurde Rjutin zum Tode verurteilt und hingerichtet. Zwei seiner Söhne und viele seiner Anhänger folgten ihm in den Tod.[65]

Im Januar 1933 wurde eine dritte Oppositionsgruppe aufgedeckt, die der frühere Volkskommissar für Landwirtschaft, Alexander Smirnow, organisiert hatte. Gemeinsam mit zwei weiteren alten Bolschewiken, Nikolai Eismont und Wladimir Tolmatschow (Parteimitglieder seit 1907 beziehungsweise 1904), hatte er ein Manifest ähnlich der Rjutin-Plattform verbreitet, in dem unter anderem die Ablösung Stalins als Generalsekretär erwogen wurde. »Nur Feinde können sagen«, erklärte Stalin vor dem Zentralkomitee, »man kann Stalin ablösen, ohne daß etwas passiert.«[66] Aber wiederum war das Politbüro nicht dazu zu bewegen, der Erschießung Smirnows und der anderen zuzustimmen. Sie wurden aus der Partei ausgeschlossen und später zu Freiheitsstrafen verurteilt.

Auf der Tagung, die mit der Smirnow-Gruppe abrechnete, wurde auch eine allgemeine Säuberungskampagne in der Partei beschlossen, die 1933 zum Ausschluß von 800 000 Parteimitgliedern – von insgesamt 3,5 Millionen – und 1934 von weiteren 340 000 führte. Die Säuberung richtete sich vor allem gegen die neu aufgenommenen Mitglieder in den Parteiorganisationen auf dem Lande. Sie führte dazu, daß es in vielen Kolchosen und weiten Teilen des flachen Landes keine Parteiorganisation mehr gab oder diese nur noch aus einem einzigen Kommunisten bestand. Auf dem Achtzehnten Parteitag im Jahre 1939 wurde erklärt, daß es nur 12 000 Grundorganisationen der Partei für 243 000 Kolchosen gebe, in denen – einschließlich Kandidaten – 153 000 Mitglieder organisiert seien – ein klarer Beweis dafür, wie tief die Entfremdung der Bauern von der Partei geblieben war. Im Sommer 1940 kündigte man erneut harte Maßnahmen an, um die Bauern dazu zu bewegen, die Erträge im kollektiven Sektor denen wenigstens anzunähern, die sie auf ihrem Privatland erzielten. Die Kampagne wurde jedoch durch die deutsche Invasion im Juni 1941 unterbrochen, bevor sie richtig in Gang gekommen war. Die Bauern vergaßen allerdings nicht, daß sie nur die deutsche Offensive vor einem weiteren Angriff der Partei bewahrt hatte.[67]

Die Opposition gegen härtere Strafen innerhalb des Politbüros unterschied sich in zwei Punkten wesentlich von der der Gruppen Rjutins und Smirnows. Es handelte sich hier um wichtige Gefolgsleute Stalins, die ihm im Kampf gegen Bucharin und die Rechten sowie bei der Durchsetzung seiner Politik in der Zeit des ersten Fünfjahrplans geholfen hatten. Sergo Ordschonikidse, Vorsitzender des Obersten Volkswirtschaftsrates, Leiter des wichtigen Volkskommissariats für Schwerindustrie, und Sergej Kirow, der der Leningrader Parteiorganisation vorstand, waren Männer, die Stalin nicht einfach übergehen konnte. Als ihre engsten Verbündeten werden meist Walerian Kuibyschew, Stanislaw Kossior (der Generalsekretär der KP der Ukraine) und Jan Rudsutak genannt. Letzterer war aus dem Politbüro ausgeschieden und hatte den Vorsitz der Zentralen Parteikontrollkommission übernommen. Er kehrte im Januar 1934 als Kandidat ins Politbüro zurück. Sie alle waren zwischen 1886 und 1889 geboren worden, gehörten also bereits einer jüngeren Altersgruppe an als Stalin. Sie alle waren zwischen 1903 und 1907 in die Partei eingetreten. Zumindest zwei von ihnen hatten sich so viel Eigenständigkeit bewahrt, daß sie auch früheren Oppositionellen Zuflucht gewährten. Ordschonikidse nahm Bucharin und Pjatakow in seinem Volkskommissariat auf. Kirow setzte Pjotr Petrowski, einen bekannten Anhänger Bucharins, 1934 als Leiter der ideologischen Abteilung des Leningrader Parteikomitees und Chefredakteur der *Leningradskaja Prawda* ein, obwohl dieser in die Rjutin-Affäre verwickelt war. Sie alle kamen allerdings in späteren Säuberungskampagnen ums Leben. Zwei von ihnen wurden verhaftet und erschossen, Kirow erlag einem Mordanschlag, Kuibyschew und Ordschonikidse starben unter mysteriösen Umständen, die zumindest den Verdacht aufkommen lassen, daß auch sie ermordet wurden.

Keiner von ihnen beabsichtigte, von der Politik der Industrialisierung und Kollektivierung etwas zurückzunehmen oder Stalins Führung in Frage zu stellen. Sie waren aber der Meinung, ein Durchbruch sei erreicht, und es sei an der Zeit zu erkennen, daß das Schlimmste vorüber war. Man sollte dem Terror und der Gewalt ein Ende setzen und den allgemeinen Wunsch der Bevölkerung, aber auch der Partei erfüllen, den Druck zu lockern und den Menschen endlich ein normaleres Leben zu ermöglichen. Nicht nur einige alte Bolschewiken, sondern auch die aktiveren Komsomolzen hatten angesichts der Lage im Lande alle Illusionen verloren und protestierten gegen Stalins Politik. Lose Diskussionsgruppen bildeten sich; es kam zu Demonstrationen, und Flugblätter wurden verteilt. Im Sommer 1933 verhaftete die OGPU mehrere Gruppen von Jugendlichen. Stalin forderte, mit aller Schärfe gegen sie vorzugehen, was wiederum vom Politbüro verhindert wurde. Die Oppositionsführer drängten auf eine Politik der Aussöhnung mit den früheren Oppositionellen und begründeten dies damit, daß durch die japanische Besetzung der Mandschurei und Hitlers Machtergreifung in Deutschland die Bedrohung von außen wachse und die Nation deshalb zusammenstehen müsse.

Später wurde klar, daß diese Argumente Stalin nicht überzeugten. Er sah darin eine Gefahr für seine Position und trachtete danach, diejenigen zu vernichten, die sie vertraten. Es ist nicht bekannt, wie lange er brauchte, um diesen Entschluß zu fassen und dann für seine Realisierung den Boden zu bereiten. 1933 schien es ihm offenbar zweckmäßiger, einige Zugeständnisse zu machen.

Im Januar war das System der Getreideerfassung verändert worden. Nun wurde nicht mehr willkürlich beschlagnahmt, sondern den Kolchosen je nach Anbaufläche ein festes Ablieferungssoll auferlegt. Im Mai bestimmte ein Geheimbeschluß, daß höchstens 12 000 Bauernfamilien im Jahr deportiert werden durften. Im selben Monat erhielten Sinowjew und Kamenew, die man nach der Rjutin-Affäre zum zweiten Mal aus der Partei ausgeschlossen und nach Sibirien verbannt hatte, die Erlaubnis, zurückzukehren und ihre Schuld durch ein neues Geständnis zu tilgen, in dem sie frühere Oppositionelle aufforderten, ihren Widerstand aufzugeben. Christo Rakowski, der Veteran der rumänischen Revolution und letzte führende Trotzkist, der die Waffen streckte, sowie Lew Sosnowski, ein weiterer Verbannter, durften in den Schoß der Partei zurückkehren.

Boris Nikolajewski betont in seinem *Brief eines alten Bolschewiken*, der auf Gesprächen mit Bucharin im Jahre 1936 beruht, wie sorgfältig die gemäßigte Gruppe in der Führung es vermied, sich mit Stalin anzulegen: »Während früher jede Opposition eine Opposition *gegen* Stalin und für seine Absetzung von der Führungsposition war, konnte davon nicht länger die Rede sein ... Jeder betonte unermüdlich seine Treue zu Stalin. Es war eher *ein Kampf um Einfluß auf Stalin* , sozusagen ein Kampf um seine Seele.«[68]

Dies bestätigte sich auf dem Siebzehnten Parteitag im Januar und Februar 1934, der so treffend zum »Parteitag der Sieger« erklärt wurde. Der 26. Januar, der für die Eröffnung des Parteitages ausgewählte Tag, war der zehnte Jahrestag von Stalins »Gelöbnis-Rede« nach Lenins Tod. In einem Gedenkartikel der *Prawda* hieß es dazu: »Im Rückblick auf die vergangenen zehn Jahre kann die Partei mit vollem Recht erklären, daß das Gelöbnis Stalins in Ehren erfüllt wurde. *Das Jahrzehnt seit Lenins Tod war ein Jahrzehnt gewaltiger Arbeit, das Jahrzehnt des historischen Sieges des Leninismus.* Unter Stalins Führung haben es die Bolschewiki erreicht, daß *der Sozialismus in unserem Lande gesiegt hat!*«[69]

Stalin trat sehr selbstsicher auf. In einem langen Rechenschaftsbericht an den Parteitag behauptete er, der Fünfjahrplan sei ein voller Erfolg. Er verglich ihn mit der prekären Lage in den von der Depression heimgesuchten kapitalistischen Ländern: »Die Beseitigung der Ausbeutung, die Beseitigung der Arbeitslosigkeit in der Stadt, die Beseitigung des Elends im Dorfe – das sind historische Errungenschaften in der materiellen Lage der Werktätigen, die sich die Arbeiter und Bauern auch der ›demokratischen‹ Länder nicht einmal träumen lassen können.«

Die Zuhörer gönnten Stalin diesen Triumph und feierten ihn begeistert. Er antwortete darauf mit einer Erklärung, die dem offiziellen Bericht zufolge »stürmischen, langanhaltenden Beifall« auslöste: »Mußte man auf dem Fünfzehnten Parteitag noch die Richtigkeit der Linie der Partei beweisen und einen Kampf gegen bestimmte antileninistische Gruppierungen führen, auf dem Sechzehnten Parteitag aber mit den letzten Anhängern dieser Gruppierungen aufräumen, so braucht man auf diesem Parteitag nichts zu beweisen, und es gibt wohl auch niemanden, der geschlagen werden müßte... Man muß feststellen, daß die Partei jetzt einheitlich und geschlossen dasteht wie nie zuvor.«[70]

Hinter den Kulissen bot sich allerdings ein anderes Bild. Der Parteitag war im Grunde genommen die letzte Zusammenkunft der alten Bolschewiken der Partei Lenins. Sie, die vor der Revolution oder während des Bürgerkrieges in die Partei eingetreten waren, stellten inzwischen nur noch zehn Prozent der Parteimitglieder. Allerdings kamen achtzig Prozent der Parteitagsdelegierten aus dieser Gruppe, die in der Parteiführung immer noch über starke Positionen verfügte. Unter Chruschtschow wurde die offizielle Parteigeschichte durch folgenden Absatz ergänzt: »Die anomale Situation, die durch den Personenkult in der Partei entstanden war, versetzte einen Teil der Parteimitglieder, insbesondere die alten Leninschen Kader, in Unruhe. Viele Parteitagsdelegierte, vor allem diejenigen, die Lenins Vermächtnis kannten, waren der Meinung, daß die Zeit gekommen sei, Stalin von der Funktion des Generalsekretärs auf einen anderen Posten zu versetzen.«[71]

Diese Bemerkung bezieht sich auf einen inoffiziellen Block, der sich auf dem Parteitag bildete und vor allem aus Sekretären von Gebietskomitees und Zentralkomitees der Parteien einzelner Unionsrepubliken bestand. Sie kannten die katastrophalen Ergebnisse der Politik Stalins aus erster Hand. In den Moskauer Wohnungen einiger führender Funktionäre fanden Gespräche statt, an denen unter anderem Ordschonikidse, Mikojan und Petrowski teilnahmen. Hier wurde der Vorschlag erörtert, Stalin auf die Funktion des Vorsitzenden des Rates der Volkskommissare oder des Zentralexekutivkomitees der UdSSR zu versetzen und an seiner Stelle Sergej Kirow zum Generalsekretär des ZK der KPdSU zu wählen. Es existieren voneinander abweichende Berichte, ob Kirow abgelehnt und Stalin informiert habe, oder ob er auf Stalins Frage nicht bestritten habe, daß ein solcher Vorschlag erwogen worden sei.[72]

Wie dem auch sei, Stalins Reaktion war eindeutig. Mikojans Tagebuch zufolge, das 1987 auszugsweise veröffentlicht wurde, hatte Stalin »für diesen Parteitag und natürlich für Kirow persönlich nur Feindseligkeit und

Rachedurst« übrig.[73] Da die offizielle Geschichtsschreibung behauptete, auf dem Parteitag sei Stalin begeistert gefeiert worden, kam Adam Ulam zu dem Schluß, es habe sich hier um den Versuch gehandelt, ihn »wegzuloben«. Man habe Stalins Größenwahn ausnutzen und ihn überzeugen wollen, nicht abzutreten, sondern noch höher zu steigen und sich mit Außenpolitik, militärischen Fragen und Staatsgeschäften zu befassen. Anfang der sechziger Jahre versuchte die Führung der chinesischen Kommunisten vergeblich, Mao Zedong zu einem ähnlichen Schritt zu bewegen.[74]

Stalin hatte offensichtlich zugestimmt, auf dem Parteitag bewußt Versöhnung zu demonstrieren. Sinowjew, Kamenew, Bucharin, Rykow, Tomski, Preobraschenski, Pjatakow, Radek und Lominadse tauchten wieder auf und durften ihre vollständige Bekehrung zum orthodoxen Stalinismus vorführen. Einige wurden sogar erneut als Mitglieder (Pjatakow) oder Kandidaten (Bucharin, Rykow, Tomski) ins Zentralkomitee gewählt. Kamenew setzte den Ton für alle anderen, als er sagte: »Ich möchte von dieser Tribüne aus sagen, daß ich den Kamenew, der zwischen 1925 und 1933 gegen die Partei kämpfte, als tot betrachte, und ich will diesen alten Leichnam nicht mehr hinter mir herschleifen... Die Ära, in der wir leben... wird als Ära Stalin in die Geschichte eingehen, ebenso wie die Zeit davor als Ära Lenin in die Geschichte einging.«

Bucharin pries Stalin als »Feldmarschall der proletarischen Streitmacht, den Besten der Besten«. Er zitierte einen nationalsozialistischen Philosophen, der schrieb: »Die Nation braucht Priesterfürsten, die Blut, Blut vergießen..., die schlagen und morden« und stellte dieser Barbarei die Philosophie des Humanismus in der Sowjetunion gegenüber.[75]

Kirow, den viele bereits als möglichen Nachfolger Stalins sahen – und Stalin wußte dies –, spielte seine Rolle mit einer begeisterten Eloge auf Stalins Rechenschaftsbericht: »Mir scheint, Genossen, daß wir uns nach einer so ausführlichen Diskussion... wie sie hier auf unserem Parteitag stattgefunden hat, nicht den Kopf darüber zerbrechen brauchen, welcher Art Resolution zum Referat des Genossen Stalin beschlossen werden sollte. Nach meiner Auffassung wäre es richtig und auf jeden Fall für die Sache äußerst zweckmäßig, alle Gedanken und Schlußfolgerungen des Rechenschaftsberichts des Genossen Stalin zum Gesetz der Partei zu erheben... Unsere Erfolge sind in der Tat gewaltig. Teufel noch mal, ganz einfach menschlich ausgedrückt – so möchte man immer weiterleben. Schaut euch um, so ist es doch wirklich!«[76]

Im Tagungsprotokoll ist vermerkt, Kirows Rede sei vielfach von »stürmischem Beifall« unterbrochen worden. Der Parteitag folgte seinem Vorschlag und faßte den beispiellosen Beschluß, daß alle Parteiorganisationen »die von Genossen Stalin vorgetragenen Vorschläge und Aufgaben ihrer Arbeit zugrunde legen« sollten.

Zum Abschluß erwähnte Kirow Stalins »Gelöbnis« aus dem Jahre 1924 und erklärte: »Wir erfüllen dieses Gelöbnis und werden es weiter erfüllen,

weil es abgelegt wurde vom großen Strategen der Befreiung der Werktätigen in unserem Lande und in der ganzen Welt, dem Genossen Stalin!«[77]
Diese Rede war eine demonstrative Huldigung Stalins, aber die darauf folgenden stehenden Ovationen galten nach Meinung der meisten Delegierten nicht ihm, sondern Kirow.

Stalin ließ sich davon nicht beeindrucken. Bereits in seinem Rechenschaftsbericht hatte er ein Signal gegeben, das diejenigen, denen es galt und
die ihn gut kannten, sehr wohl verstanden. Nachdem er erklärt hatte, die
Partei sei so geeint wie nie zuvor, erging er sich lang und breit über das ideologische Wirrwarr, das »gewisse Parteimitglieder« zu der Annahme führe,
die klassenlose Gesellschaft entstehe in einem spontanen Prozeß, sie könnten den Klassenkampf, die Diktatur des Proletariats abschwächen und
schließlich sogar dem Staat ein Ende machen. Danach fuhr er fort: »Es ist
klar: wenn dieser Wirrwarr in den Ansichten und diese unbolschewisti-
schen Stimmungen die Mehrheit unserer Partei erfaßt hätten, so würde die
Partei demobilisiert und entwaffnet dastehen ... Aus diesem Grunde kann
man nicht sagen, daß der Kampf zu Ende sei und daß keine Notwendigkeit
mehr bestehe, eine Politik der Offensive des Sozialismus zu betreiben.«[78]

Auf diesen Hinweis, man müsse weiter wachsam sein, folgte Stalins Vorschlag, das System der politischen Kontrolle in der Partei zu verändern.
Bereits mit der Säuberungskampagne von 1933 hatte er nicht die Zentrale
Parteikontrollkommission, sondern eine Sonderkommission beauftragt.
Seiner Meinung nach zeigten die Mitglieder der ZPKK zu viel Mitgefühl bei
eingehenden Beschwerden und Gesuchen. Außerdem nutzten sie die
gemeinsamen Sitzungen mit dem Zentralkomitee dazu, Mängel in der Verwaltung der Wirtschaft zu kritisieren. Die alte Kommission sollte durch
eine neue Parteikontrollkommission ersetzt werden, die vor allem die Ausführung der Beschlüsse des Zentralkomitees zu kontrollieren hatte. Mit
keinem Wort wurde erwähnt, daß sie weiterhin das Recht haben sollte,
Beschwerden entgegenzunehmen.

Stalins Unzufriedenheit mit der Partei steigerte sich zu hellem Zorn, als
er das Ergebnis der Wahlen zum Zentralkomitee erfuhr. Es stellte sich heraus, daß in der geheimen Abstimmung nur drei Delegierte gegen Kirow,
aber 270 (fast ein Viertel) gegen Stalin gestimmt hatten. Er war nur zum Mitglied des ZK gewählt worden, weil man genau so viele Kandidaten aufgestellt hatte, wie Mitglieder zu wählen waren. Als Stalin das Ergebnis berichtet wurde, bestand er darauf, daß für ihn wie für Kirow nur drei Gegenstimmen zu Protokoll genommen werden sollten. Eine Sonderkommission des
Zentralkomitees, die nach Stalins Tod im Jahre 1957 die Akten des Siebzehnten Parteitages prüfte, stellte fest, daß 267 Stimmzettel fehlten.[79]

Der Parteitag der Versöhnung war in Robert Tuckers Worten zum Parteitag der »endgültigen Entfremdung Stalins von der Partei der Bolschewiki«
geworden.[80] In den folgenden Jahren übte Stalin in der gleichen Weise und
mit der gleichen Gründlichkeit Vergeltung wie Mao Zedong in den sechzi-

ger Jahren. Chruschtschows Angaben auf dem Zwanzigsten Parteitag der KPdSU im Jahre 1956 zufolge wurden nicht weniger als 1108 der 1966 Delegierten des Parteitages der »Sieger« von 1934 wegen angeblicher konterrevolutionärer Verbrechen verhaftet. 98 der 139 Mitglieder und Kandidaten des auf dem Parteitag gewählten Zentralkomitees wurden verhaftet und erschossen.

So trügerisch die neugefundene Einheit in der Parteiführung auch war, sie wurde nach außen bis zum 1. Dezember 1934 aufrechterhalten. Viele frühere Oppositionelle durften sich wieder nützlich machen. Bucharin wurde zum Beispiel zum Chefredakteur der Zeitung *Iswestija* ernannt, die als offizielles Sprachrohr nur der *Prawda* nachstand. Er durfte wieder regelmäßig Artikel veröffentlichen.

Eine Reihe von Beschlüssen, mit denen die OGPU in ein reorganisiertes Volkskommissariat für Innere Angelegenheiten (NKWD) eingegliedert wurde, ließen die Hoffnung wachsen, daß deren so willkürlich gebrauchtes Recht, Justiz auszuüben und sogar Todesurteile zu fällen, nun eingeschränkt würde. Im Juli erhielten die Staatsanwälte allerorts die Weisung, die wahllose Verfolgung von Ingenieuren und Wirtschaftsfunktionären einzustellen. Das waren zwar nur Gesten, aber sie nährten die Hoffnung, daß die Härten und Schrecken des ersten Fünfjahrplans und der Kollektivierung nun vorbei und vergessen seien. Auch die Ziele des zweiten Fünfjahrplans, die vor allem dank der Bemühungen Ordschonikidses wesentlich realistischer waren als die des ersten, ließen auf eine bessere Zukunft hoffen. Man glaubte sogar, daß dies auch für die Kolchosen gelten könnte. Die Menge des erfaßten Getreides stieg 1933 gegenüber dem Vorjahr um 27 Prozent an und wuchs danach weiter. Daraufhin beschloß das Zentralkomitee im November 1934, die Rationierung von Brot 1935 abzuschaffen, die besonderen Politabteilungen in den Maschinen-Traktoren-Stationen aufzulösen und das Recht der Bauern auf die Bearbeitung von Privatparzellen wesentlich zu erweitern.

Hinter den Kulissen wurde allerdings ein ganz anderes Szenarium vorbereitet. Für Stalin zählte nicht, ob eine Verschwörung tatsächlich existierte, sondern ob er selbst daran glaubte. Ein weiteres Mal erwies er sich als Meister der politischen Intrige. Stalin hatte zwei große Vorteile. Dank der OGPU, beziehungsweise dem NKWD, die ihm direkt Bericht erstatteten, war er über jeden verdächtigen Schritt oder Kontakt derjenigen, die er zu vernichten trachtete, ausgezeichnet informiert. Wie in den zwanziger Jahren tarnte er sorgfältig seine eigenen Absichten, verwirrte seine Opfer, spielte sie gegeneinander aus und achtete peinlich darauf, daß sie sich nicht gegen ihn zusammenschlossen, bevor er zum Handeln bereit war. Dabei gab er die Initiative niemals aus der Hand.

Eine Serie von Personalentscheidungen in den Jahren 1933/34 zeigt im Rückblick, daß Stalin Männer seines Vertrauens in Schlüsselpositionen lancierte. Die wichtigsten waren die Ernennung Genrich Jagodas zum Chef des reorganisierten NKWD mit Jakow Agranow als Stellvertreter, die Wahl Lasar Kaganowitschs zum Vorsitzenden der neuen Parteikontrollkommission und die Bildung einer Generalstaatsanwaltschaft der UdSSR im Juni 1933, deren Leitung Andrej Wyschinski übernahm. Als willfähriger Richter hatte er bereits im Schachty-Prozeß Erfahrungen gesammelt und war Stalin dabei aufgefallen. Er sollte zur berüchtigten Zentralfigur der Moskauer Schauprozesse der späten dreißiger Jahre aufsteigen. In dieser Zeit war auch erstmals von der »Sonderabteilung« in Stalins persönlichem Sekretariat die Rede, die die Verbindung zum NKWD hielt, wobei Alexander Poskrjebyschew und Jakow Agranow die Hauptakteure waren.

In einem zweiten Schub wurden Ende 1934 Nikolai Jeschow und Lawrenti Berija (die nacheinander das NKWD leiten sollten) sowie Georgi Malenkow, Andrej Schdanow und Nikita Chruschtschow befördert, die Stalins Erwartungen nicht enttäuschen sollten. Sie lösten unter anderem Nikolai Bucharin, Alexej Rykow und Michail Tomski ab, einstmals Mitglieder des Zentralkomitees und sogar des Politbüros. Sie waren Stalin wegen ihrer zu selbständigen Ansichten im Wege und wurden zu Kandidaten des ZK herabgestuft. Wie in den zwanziger Jahren ging Stalin erneut mit großer Geduld vor und wartete ab, wie sich die Lage entwickelte.

Auf dem Siebzehnten Parteitag war das Sekretariat des Zentralkomitees neu zusammengesetzt worden. Neben Stalin und Kaganowitsch wurden zwei neue Sekretäre aufgenommen. Der bekanntere war Kirow, seit 1926 Kandidat und seit 1930 Mitglied des Politbüros. Der zweite war der zehn Jahre jüngere Andrej Schdanow, bisher Sekretär der Gorkier Parteiorganisation. Schdanows Ernennung war zweifellos eine Beförderung, denn er war bisher nicht Mitglied des Politbüros. Kirows Fall dagegen lag weniger eindeutig. Er war in der Partei populär, ein waschechter Großrusse (im Unterschied zu dem Georgier Stalin) und galt als der beste Redner der Partei seit Trotzki. Nachdem Sinowjew im Jahre 1926 abgesetzt worden war, hatte er die Leningrader Parteiorganisation mit Erfolg neu aufgebaut und sich damit eine eigene Machtbasis geschaffen. Stalin begegnete jedem mit Mißtrauen, der Leningrad kontrollierte. Dreimal in seiner Laufbahn griff er diese Parteiorganisation an und schwächte sie beträchtlich – das erste Mal 1926 nach der Absetzung Sinowjews, dann 1934/35 nach der Ermordung Kirows und schließlich 1950 nach dem Tode Schdanows.

Es ist nicht klar, ob Kirows Wahl zum Sekretär des Zentralkomitees auf Stalins Initiative erfolgte oder ein Schachzug gegen ihn war. Stalin kannte Kirow seit den Tagen der Oktoberrevolution von 1917. Sein hartes, kaltes und introvertiertes Wesen fühlte sich zu dem fröhlichen, warmherzigen und offenen Kirow hingezogen, der stets viele Menschen um sich versammelte. Vielleicht Bucharin ausgenommen, gab es offenbar niemanden in der Partei, für den Stalin ähnliches empfand. Ihre Familien waren befreundet und hatten häufig den Urlaub gemeinsam verbracht. 1924 sandte Stalin Kirow eines der seltenen signierten Exemplare seines Buches *Grundlagen des Leninismus* mit der Widmung: »S. M. Kirow, meinem Freund und lieben Bruder vom Verfasser, Stalin.«[81] Als zehn Jahre später auf dem Siebzehnten Parteitag der Vorsitzende ankündigte, »das Wort hat der Genosse Kirow«, erhob sich der ganze Saal und spendete ihm stehend Beifall. Auch Stalin schloß sich an. Er hatte jedoch auch nicht vergessen, daß Kirow sich ohne vorherige Absprache gegen ihn gewandt hatte, als er Rjutins Kopf forderte: »Wir dürfen das nicht tun. Rjutin ist kein hoffnungsloser Fall, er ist nur vom rechten Wege abgekommen... Wer, zum Teufel, weiß, wie viele Hände an dieser ›Plattform‹ geschrieben haben... Man könnte uns mißverstehen.«[82]

Während Schdanow seine Funktion in Gorki aufgeben mußte, um die neue Aufgabe in Moskau zu übernehmen, durfte Kirow in Leningrad bleiben, damals eine beispiellose Regelung. Obwohl schwer zu belegen, hat es den Anschein, daß Stalin versuchte, Kirow direkter unter Kontrolle zu bringen, dieser sich dem aber erfolgreich widersetzte. Hierbei könnte auch von Bedeutung sein, daß Stalin, wie berichtet wird, Anfang Juli 1934 tief davon beeindruckt war, wie Hitler durch die brutale Beseitigung Röhms, der SA-Führung und anderer früherer Gegenspieler mögliche künftige Schwierigkeiten in seiner Partei von vornherein ausschloß. Es heißt, daß er als einziger in der sowjetischen Führung behauptete, Hitlers Aktion werde das Regime der Nationalsozialisten nicht schwächen, sondern stärken.

Im Spätsommer lud Stalin Kirow und Schdanow zum Urlaub nach Sotschi am Schwarzen Meer ein. Am Ende des unerquicklichen Aufenthalts soll Stalin Kirow erneut gedrängt haben, nach Moskau umzuziehen. Kirow habe darauf bestanden, bis zum Ende des zweiten Fünfjahrplans, das heißt bis 1937, in Leningrad zu bleiben. Wie das Verhältnis zwischen den beiden auch gewesen sein mag, nach einer Tagung des Zentralkomitees in Moskau Ende November kehrte Kirow nach Leningrad zurück und wurde im Hause des Stadtparteikomitees von Leonid Nikolajew, einem dreißigjährigen Parteimitglied, erschossen.

Es steht zweifelsfrei fest, daß Nikolajew nicht auf eigene Faust handelte. Die seitdem umstrittene Frage lautet, wieviel Stalin von Nikolajews Plänen wußte. Chruschtschow deutete in seiner Rede auf dem Zwanzigsten Parteitag eine Verwicklung Stalins an, ohne dies direkt zu behaupten. Unbestritten ist indessen, daß Stalin diese Gelegenheit nutzte, um unverzüglich einen Beschluß zu erwirken, der Chruschtschow zufolge allen, die terroristischer Anschläge beschuldigt wurden, jedes Recht auf Verteidigung nahm. Ein Aufruf zur Wachsamkeit unter dem Titel »Lehren aus den Ereignissen im Zusammenhang mit dem heimtückischen Mord an dem Genossen Kirow« wurde an alle Parteikomitees versandt. Dies setzte allen Hoffnungen auf weitere Entspannung ein jähes Ende. Was für eine Rolle Stalin auch immer dabei gespielt haben mag, die Ermordung Kirows wurde von den Überlebenden in der Folgezeit stets als das Ereignis gesehen, mit dem der Terror der zweiten Hälfte der dreißiger Jahre seinen Anfang nahm.

9. Kapitel

Hitlers Revolution

Hitler 1933–1934

Ebensowenig wie vor ihm Stalin gelangte Hitler auf jene »altmodische« Weise an die Macht, die viele SA-Leute bevorzugt hätten: durch die gewaltsame Niederwerfung des herrschenden Regimes »von außen«. Beide sicherten sich die Macht von innen her, Stalin durch seine Position als Generalsekretär der KPdSU, Hitler durch seine Stellung als Reichskanzler einer rechten Koalitionsregierung. Diese Ausgangsposition bot beiden den Vorteil, daß ihnen für ihren Umsturz die Machtmittel des Staates zu Gebote standen, wobei Stalin sich auf die Nachfolge Lenins, dem Schöpfer der bolschewistischen Revolution und eine unbezweifelbare Autorität, Hitler dagegen sich auf die autoritäre Herrschaftstradition in der deutschen Geschichte berief.

In Deutschen Reich war die gesamte politische Welt, von der Linken bis zur Rechten, der Ansicht, Hitler werde der Gefangene eines Kabinetts sein, in dem die reale Macht bei Papen, Hugenberg und deren Hintermännern liegen werde. Doch nur sieben Wochen später, am 23. März, wurde vom Reichstag das Ermächtigungsgesetz verabschiedet. Es stattete das Kabinett mit unbegrenzter Machtvollkommenheit aus und zog einen Schlußstrich unter die Abhängigkeit der Regierung sowohl vom Parlament als auch vom Reichspräsidenten mit seiner Notverordnungsbefugnis. Mit einem Streich hatte Hitler die Gewichte neu verteilt und, für alle sichtbar, eine Herrschaft aufgerichtet, die praktisch von allen verfassungsmäßigen und politischen Fesseln befreit war, wobei diese Befreiung selbst auf formal verfassungsmäßige Weise erfolgt war – noch einmal ein Tribut an die Taktik der »Legalität«, die er seit dem Scheitern des Putschversuchs von 1923 verfolgt hatte.

Aber auch schon vor der Verabschiedung des Ermächtigungsgesetzes war Hitler nicht untätig gewesen; kaum hatte er seinen Amtseid auf die Verfassung abgelegt, ging er daran, sie zu zerstören, und zwar mit Hilfe der *von der Verfassung bereitgestellten* Notverordnungsrechte des Präsidenten; so gelang es ihm, revolutionäre Orientierung und taktische Gesetzestreue zu vereinbaren.

Papen und seinen konservativen Bündnispartnern entging keineswegs, was Hitler vorhatte. Sie selbst hatten ihm die Richtung gewiesen, indem sie sich derselben Notverordnungsbefugnisse bedient hatten, nicht um die demokratischen Einrichtungen der Republik vor Schaden zu bewahren (wofür die Schöpfer der Weimarer Verfassung den Artikel 48 vorgesehen hatten), sondern um sie zu schwächen und auszuhöhlen. Auch sie hatten es, wie Hitler, darauf abgesehen, eine von jeder Kontrolle durch den Reichstag befreite, autoritäre Regierung zu etablieren, und zwar mit Zustimmung des Reichstags, damit der Anschein verfassungsmäßiger Legitimität gewahrt blieb, ohne den man sich die fortgesetzte Loyalität der Reichswehr, der Bürokratie, der Justiz, der gesamten staatstragenden Einrichtungen nicht hätte sichern können.

Papen und seine Freunde erkannten allerdings nicht, daß Hitler diesen Prozeß bis zur letzten logischen Konsequenz zu treiben gedachte, indem er das Notverordnungsrecht nutzte, um sich von der Abhängigkeit nicht nur vom Reichstag, sondern darüber hinaus auch vom Reichspräsidenten, vom Kabinett, von seinen Koalitionspartnern und ihren Parteien zu befreien. In ähnlicher Weise hatten die Altbolschewisten nicht geahnt, wie weit Stalin zu gehen bereit war, um sich seiner für ihn nur hinderlichen Genossen zu entledigen. So wenig begriffen Papen und Hugenberg, worauf Hitler ausging, daß sie auf der allererstern Kabinettssitzung seinem Antrag zustimmten, den Reichstag aufzulösen und Neuwahlen anzusetzen. Papen erklärte sogar, ohne daß Hitler es ihm vorzugeben brauchte, es werde und müsse die letzte Wahl sein. Noch einmal mobilisierten die Nationalsozialisten für diese Wahl sämtliche Ressourcen, wozu jetzt auch der Rundfunk gehörte, von dem Hitler und Goebbels meisterlichen Gebrauch machten – die erste Demonstration der politischen Möglichkeiten dieses Massenmediums in der Geschichte.

In den ersten vier Wochen bemühte sich Hitler, seine deutschnationalen Partner nicht über Gebühr zu beunruhigen. In seinem am 1. Februar über den Rundfunk ausgestrahlten »Aufruf an das deutsche Volk« präsentierte er sich nicht als Parteiführer, sondern als Haupt einer nationalen Koalition, der »Regierung der nationalen Erhebung«, deren Mission es sei, ein in sich zerrissenes Volk wieder zusammenzuführen und seine »geistige und willensmäßige Einheit« wiederherzustellen. Die NSDAP erwähnte Hitler nicht ein einziges Mal, wie überhaupt seine ganze Rede nicht in radikalem, sondern in bürgerlich-konservativem Tonfall gehalten war. Die nationale Regierung, so sagte er, werde die Fundamente bewahren und verteidigen, auf denen die Kraft der Nation beruhe. »Sie wird das Christentum als Basis unserer gesamten Moral, die Familie als Keimzelle unseres Volks- und Staatskörpers in ihren festen Schutz nehmen. Sie wird über Stände und Klassen hinweg unser Volk wieder zum Bewußtsein seiner volklichen und politischen Einheit und der daraus entspringenden Pflichten bringen. Sie will die Ehrfurcht vor unserer großen Vergangenheit, den Stolz auf unsere alten Traditionen zur Grundlage machen für die Erziehung der deutschen Jugend. Sie wird damit der geistigen, politischen und kulturellen Nihilierung einen unbarmherzigen Krieg ansagen. Deutschland darf und wird nicht im anarchischen Kommunismus versinken.«[1]

Hitlers Attacken galten - ebenso wie die seiner nationalistischen Koalitionspartner - während des gesamten Wahlkampfs den »Marxisten«, wobei er zwischen der SPD und den Gewerkschaften und deren erbittertsten Gegnern, den Kommunisten, keinen Unterschied machte. »Vierzehn Jahre Marxismus haben Deutschland ruiniert. Ein Jahr Bolschewismus würde

Deutschland vernichten... Soll aber Deutschland diesen politischen und geistigen Wiederaufstieg erleben und seine Verpflichtungen den anderen Nationen gegenüber gewissenhaft erfüllen, dann setzt dies eine entscheidende Tat voraus: die Überwindung der kommunistischen Zersetzung Deutschlands.«[2]

Hitler hatte sich gegen den Vorschlag Hugenbergs gesperrt, die KPD mit sofortiger Wirkung zu verbieten; er hielt es für klüger, die Kommunisten mit ihrem aggressiven Wahlkampf fortfahren und die Arbeiter zum Generalstreik aufrufen zu lassen, denn das lieferte ihm den Stoff, um Ängste vor einem kommunistischen Aufstand zu schüren. Eine weitere Notverordnung, »Zum Schutze des deutschen Volkes«, die der Reichspräsident am 4. Februar unterzeichnete, gab der Regierung weitgehend freie Hand für die Unterdrückung der Presse- und Versammlungsfreiheit. Die Durchführung lag im Ermessen der Länder, jetzt erntete die Regierung die Früchte des Papenschen Staatsstreichs vom Juli 1932, als er Preußen einem Reichskommissar unterstellt hatte. Papen hatte dieses Amt nach wie vor inne, aber die effektive Befehlsgewalt über die preußische Polizei, die stärkste Polizeitruppe im Reich, sowie über die preußische Staatsverwaltung lag in den Händen Görings, der zum Reichskommissar für das preußische Innenministerium berufen worden war und die Tatsache, daß er nominell Papen unterstand, ignorierte.

Görings dominierende Stellung in Preußen war von ausschlaggebender Bedeutung, ließ sie doch Maßnahmen zu, von denen sich der Reichskanzler, Unwissenheit vorschützend, distanzieren konnte. Innerhalb einer Woche hatte Göring sich eine Liste der leitenden Polizei- und Verwaltungsbeamten zusammenstellen lassen, die beurlaubt oder entlassen werden sollten. Sehr bald setzten Razzien auf kommunistische Parteibüros ein, und der Erlaß, den Göring am 17. Februar an alle Polizeidienststellen in Preußen ausgeben ließ, ließ keinen Zweifel daran, was von ihnen erwartet wurde.

Die Polizei dürfe auf keinen Fall auch nur den Anschein einer feindseligen Haltung »gegenüber den nationalen Verbänden« (SA, SS, Stahlhelm) zeigen, geschweige denn diese verfolgen. Hingegen müsse sie »dem Treiben staatsfeindlicher Organisationen mit den schärfsten Mitteln entgegentreten und, wenn nötig, rücksichtslos von der Schußwaffe Gebrauch ... machen. Polizeibeamte, die in Ausübung dieser Pflichten von der Schußwaffe Gebrauch machen, werden ohne Rücksicht auf die Folgen des Schußwaffengebrauchs von mir gedeckt; wer hingegen in falscher Rücksichtnahme versagt, hat dienststrafrechtliche Folgen zu gewärtigen.«[3]

Am 22. Februar gab Göring einen weiteren folgenschweren Erlaß heraus. Zur Bekämpfung der »zunehmenden Ausschreitungen von linksradikaler, insbesondere kommunistischer Seite« solle die preußische Polizei ihre Kräfte durch Rückgriff auf freiwillige Hilfstruppen verstärken. In der Praxis bedeutete dies, daß fast ausschließlich Mitglieder der »nationalen Verbände«, also der SA, der SS und des Stahlhelms (zusammen etwa 50 000

Mann), rekrutiert wurden. Sie trugen weiterhin ihre Uniformen, gekennzeichnet lediglich mit einer »amtlichen« weißen Armbinde, und erhielten praktisch die Herrschaft über die Straße zugesprochen, ohne von der regulären Polizei noch Behinderungen fürchten zu müssen. Hitler hatte seine »Legalität« seit jeher mit der Androhung von Gewalt kombiniert, und die Braunhemden der SA waren sein Drohpotential gewesen. Jetzt, da er die Regierungsgewalt innehatte, ließ er das Druckmittel der Gewaltandrohung nicht etwa fallen, sondern brachte es im Gegenteil erst richtig zur Geltung – in jener »Symbiose aus Legalität und Terror«, die zum Kennzeichen des Dritten Reichs werden sollte.[4]

Der Terror, der sich in den Wochen und Monaten nach dem 30. Januar entfaltete, war anders geartet als die späteren, hochgradig systematischen Gewaltakte der SS. Zum Großteil von der SA ausgehend, besaß er eher den Charakter eines spontanen Ausbruchs von Haß und Rachsucht: Der »Tag X«, den man den Kämpfern an der Parteibasis schon so lange versprochen und auf den man sie immer wieder vertröstet hatte, war endlich gekommen, gleichsam ein Geschenk des Führers an seine treuen Gefolgsleute aus der langjährigen Kampfzeit. Während Hitler am 10. März in einer Rundfunkansprache seine Anhänger dringend zur Zurückhaltung ermahnte, um die konservative öffentliche Meinung zu Hause und im Ausland zu beruhigen, erklärte Göring am gleichen Tag in einer Rede in Essen, daß man nicht umsonst jahrelang zu den Leuten gesagt habe, eines Tages werde man mit den Verrätern abrechnen. Man halte sein Wort. Jetzt werde abgerechnet.[5]

Wie Rudolph Diels, Chef der preußischen Gestapo, später schrieb: »Der Aufstand der Berliner SA elektrisierte die entferntesten Landesteile. In vielen Großstädten, in denen die polizeiliche Macht den örtlichen SA-Führern übertragen worden war, herrschte das revolutionäre Treiben über das Weichbild dieser Städte hinaus im ganzen Bereich ihrer ›Standarten‹ und ›Gruppen‹ ... Für die Entstehung der Konzentrationslager gibt es keinen Befehl und keine Weisung, sie wurden nicht gegründet, sie waren eines Tages da. Die SA-Führer errichteten ›ihre‹ Lager, weil sie der Polizei ihre Gefangenen nicht anvertrauen wollten oder weil die Gefängnisse überfüllt waren. Von vielen dieser Lager drang niemals eine Kunde nach Berlin.«[6]

Aus diesem Grund existieren keine gesicherten Unterlagen über die Zahl der Verhafteten, Gefolterten und Ermordeten; die seinerzeit bekanntgewordenen Zahlen waren jedenfalls viel zu niedrig und werden dem tatsächlichen Ausmaß der Gewalt und des Terrors bei weitem nicht gerecht. Alte Rechnungen aus den Straßenschlachten der vorausgegangenen Jahre hatten die Nazis vor allem mit den Kommunisten und Sozialdemokraten zu begleichen. Andere bevorzugte Opfer waren Juden, katholische Priester, gegnerische Politiker und Journalisten. In Gefahr gerieten bald alle, die ein Auto oder anderen Besitz ihr eigen nannten, wonach es den Braunhemden gelüstete, oder die wohlhabend oder gebildet genug waren, um den Neid oder Haß von SA-Proleten zu erregen, deren geheimste Machtträume unversehens in Erfüllung gegangen waren.

Weniger als eine Woche nach Inkrafttreten von Görings Erlaß, in der Nacht zum 28. Februar, ging unter merkwürdigen und nie ganz geklärten Umständen das Reichstagsgebäude im Flammen auf, für Göring der Vorwand, auf den er gewartet hatte, um die bereits angelaufene »nationale Erhebung« von unten durch eine Ausweitung polizeilicher Maßnahmen zu ergänzen. Rudolph Diels, der am Brandort war und den als Brandstifter festgenommenen Marinus van der Lubbe, einen jungen holländischen Anarchisten, verhörte, war überzeugt, dieser habe den Brand allein gelegt.[7] Doch davon wollten Göring und Hitler nichts wissen. »Das ist der Beginn des kommunistischen Aufstands«, erklärte Göring. Hitler geriet in große Erregung, als er in dem von der brennenden Holzvertäfelung erleuchteten Plenarsaal stand: »Das ist eine ganz raffinierte, von lange her vorbereitete Sache.« Diels schreibt weiter: »Als ob er bersten wollte, schrie er in so unbeherrschter Weise, wie ich es bisher nicht an ihm erlebt hatte: ›Es gibt jetzt kein Erbarmen; wer sich uns in den Weg stellt, wird niedergemacht. Das deutsche Volk wird für Milde kein Verständnis haben. Jeder kommunistische Funktionär wird erschossen, wo er angetroffen wird. Die kommunistischen Abgeordneten müssen noch in dieser Nacht aufgehängt werden. Alles ist festzusetzen, was mit den Kommunisten im Bunde steht. Auch gegen Sozialdemokraten und Reichsbanner gibt es jetzt keine Schonung mehr.‹«[8]

Göring verlor keine Zeit; er befahl sogleich die Festnahme sämtlicher kommunistischer Abgeordneter und Führungsfunktionäre und die Schließung aller Parteibüros der KPD. Er erließ ferner ein Verbot aller kommunistischen Publikationen sowie ein auf vierzehn Tage befristetes Verbot der sozialdemokratischen Parteizeitungen. Über 4000 Personen wurden festgenommen. Doch die Gelegenheit war zu günstig, um nicht noch weiter zu gehen. Einen Tag später sicherte Hitler sich die Unterschrift des Reichspräsidenten unter zwei weitere Notverordnungen, diesmal »Zum Schutze von Volk und Staat« und »Verordnung gegen Verrat am Deutschen Volke und hochverräterische Umtriebe«. Artikel 1 der ersten Verordnung erklärte: »Die Artikel 114, 115, 117, 118, 123, 124 und 153 der Verfassung des Deutschen Reichs werden bis auf weiteres außer Kraft gesetzt. Es sind daher Beschränkungen der persönlichen Freiheit, des Rechts der freien Meinungsäußerung, einschließlich der Pressefreiheit, des Vereins- und Versammlungsrechts, Eingriffe in das Brief-, Post-, Telegraphen- und Fernsprechgeheimnis, Anordnungen von Haussuchungen und von Beschlagnahmen sowie Beschränkungen des Eigentums auch außerhalb der sonst hierfür bestimmten gesetzlichen Grenzen zulässig.«[9]

Dieser Passus lieferte die gesetzliche Grundlage für die »Schutzhaft«, die die Gestapo in der Folge gegen jeden mißliebigen Bürger verhängen konnte, ohne daß ein Haftbefehl ausgestellt werden mußte.

Artikel 2 räumte der Reichsregierung das Recht ein, die Befugnisse der Länderregierungen an sich zu ziehen, wenn dies im Interesse von Sicherheit und Ordnung erforderlich schien. Die weiteren Artikel verfügten die Einführung der Todesstrafe für bestimmte politische Tatbestände, für Anschläge auf Regierungsmitglieder sowie für Brandstiftung. Anders als sonst üblich, trat der Erlaß ohne erläuternde Durchführungsbestimmungen in Kraft. In Preußen erging deshalb eine Weisung Görings, die deutlich machte, daß außer den verfassungsgemäßen Grundrechten auch alle anderen vom Reich und vom Land verfügten Einschränkungen der Polizeigewalt aufgehoben seien, sofern dies zur Durchsetzung der Verordnung notwendig erscheine. Auf der Grundlage unvollständiger Polizeiberichte ist die Forschung zu einer geschätzten Zahl von rund 25 000 Festnahmen durch die reguläre Polizei allein in Preußen im März und April 1933 gelangt.

Hitlers Koalitionspartner, die in der Repressionswelle eine vorübergehende Maßnahme zur Unterdrückung der Linken sahen, ohne ihre langfristige Bedeutung zu erkennen, hatten an der Verordnung nichts auszusetzen, und Hitler selber antwortete auf die Frage des Berliner Korrespondenten des Londoner *Daily Express*, Sefton Delmer, ob es sich um eine dauerhafte Aufhebung der persönlichen Grundrechte handle: »Nein! Sobald die kommunistische Gefahr beseitigt ist, werden wir zur Normalität zurückkehren.« In Wirklichkeit wurden die Grundrechte nie wiederhergestellt. Die in der Nacht des Reichstagsbrands eilig erlassene Notverordnung und die vielen dekretierten »Gesetze«, die ihr folgten, bildeten in den zwölf Jahren des Dritten Reichs die rechtliche Grundlage für den nationalsozialistischen Polizeistaat.

Viele Deutsche glaubten ernsthaft an die Gefahr eines kommunistischen Aufstands, und wie die von der Polizei und anderen Diensten gesammelten Berichte über die Stimmung in der Öffentlichkeit bestätigen, stießen die drastischen Maßnahmen der Regierung auf wenig Kritik, sie wurden im Gegenteil weithin begrüßt und brachten Hitler wenige Tage vor der Reichstagswahl einen erneuten Popularitätsgewinn.[10] Indem sie die angeblichen Beweise für kommunistische Umsturzpläne veröffentlichte und die Rücksichtslosigkeit pries, mit der Hitler zum Schutz des deutschen Volkes dagegen vorgehen werde, stieß die NS-Propaganda in neue Dimensionen der Massensuggestion und der aggressiven Stimmungsmache vor. In der verbleibenden kurzen Frist bis zum Wahltag, den Goebbels zum »Tag der erwachenden Nation« erklärte, wurden mindestens 51 Gegner getötet und mehrere hundert verwundet (in Wirklichkeit dürften es noch mehr gewesen sein), während die Nationalsozialisten selbst achtzehn Tote beklagten. Den Höhepunkt des Wahlkampfes bildete eine von allen deutschen Radiosendern ausgestrahlte Direktübertragung der Rede, die Hitler zum Abschluß einer riesigen Demonstration in Ostpreußen hielt, jener Provinz, die nach dem Vertrag von Versailles durch den sogenannten polnischen Korridor vom Reichsgebiet getrennt war: »Volk, trage dein Haupt jetzt wieder hoch und stolz«, so endete er seine Ansprache, »nun bist du nicht mehr

Der Nürnberger Parteitag 1933, der »Parteitag des Sieges«, fand noch ohne jene Architekturen statt, die ihm später sein Gepräge geben sollten. Aber die verheißene Macht war nun tatsächlich errungen, und die Gläubigkeit seiner Anhänger sah sich belohnt. So war der Jubel nicht befohlen, schon gar nicht erzwungen, unter dem Hitler, einem Triumphator gleich, in das Gelände einfuhr.

versklavt und unfrei. Du bist nun wieder frei, du kannst nun wieder mit Recht sagen: Wir sind alle stolz, daß wir durch Gottes gnädige Hilfe wieder zu wahrhaften Deutschen geworden sind.«[11] Ein vieltausendstimmiger Chor antwortete auf seine messianischen Worte mit einem Kirchenlied, in dessen letzte Verse sich die Glocken des Königsberger Doms mischten. Nach Ende der Radioübertragung wurden auf den Bergen und entlang den Reichsgrenzen »Freiheitsfeuer« entzündet, und in allen Städten setzten sich SA-Kolonnen in Marsch.

Trotz aller Anstrengungen war das Wahlergebnis für die Nationalsozialisten eher beunruhigend als erhebend. Bei einer so hohen Wahlbeteiligung wie nie zuvor, 88 Prozent, konnten sie gegenüber November 1932 noch einmal 5,5 Millionen Stimmen zulegen und kamen damit auf über 17 Millionen, denen die Deutschnationalen, nur drei Millionen entgegenzusetzen hatten. Doch selbst jetzt, da alle Schalthebel der Macht in ihren Händen lagen, verfehlte die NSDAP mit einem Stimmenanteil von 43,9 Prozent die absolute Mehrheit und konnte nur, wenn sie die für ihren Koalitionspartner abgegebenen Stimmen hinzuzählte, eine Mehrheit von 51,8 Prozent für die Regierung Hitler konstatieren. Das Zentrum hatte fast 200 000 Stimmen dazugewonnen, die SPD trotz der massiven Behinderungen, denen sie ausgesetzt war, nur 60 000 Stimmen eingebüßt, und selbst die Kommunisten kamen noch auf 4,8 Millionen Stimmen, was einem Verlust von nicht viel mehr als einer Million gegenüber November 1932 entsprach.

Es waren nach wie vor die agrarisch geprägten Gebiete Nord- und Ostdeutschlands (Ostpreußen, Pommern, Schleswig-Holstein), in denen die Nationalsozialisten ihre höchsten Stimmenanteile erzielten; in Württemberg und Bayern, wo sie immer am schwächsten gewesen waren, legten sie zu, blieben aber im Bereich zwischen 30 und 40 Prozent und damit unter dem Reichsdurchschnitt, ebenso wie in Berlin (31,3 Prozent) und in den industriellen Ballungsgebieten des katholischen Westens (Köln-Aachen, Düsseldorf, südliches Westfalen). Ländliche evangelische Wahlkreise und Kleinstädte waren, wie bisher, die Hochburgen der NSDAP.

Hitler zögerte nicht, dieses Ergebnis als Sieg für seine Partei allein zu werten, und erklärte vor dem Kabinett, es stelle praktisch eine Revolution dar. Er sprach nicht mehr als Chef einer nationalen Regierung, sondern als triumphierender Parteiführer, der auf seine Koalitionspartner keine große Rücksicht mehr nehmen müsse. Es war eine kluge Taktik gewesen, die KPD-Abgeordneten verhaften zu lassen, ohne aber die Partei förmlich zu verbieten; so hatte sie sich an der Wahl beteiligt und knapp fünf Millionen Wähler gebunden, die ansonsten vielleicht eine andere Partei gewählt hätten. Da aber wegen der bereits erfolgten und der noch drohenden Verhaftungen sämtliche kommunistischen Sitze im Reichstag und im preußischen Landtag leer blieben, verfügte die NSDAP auch ohne die Deutschnationalen in beiden Parlamenten über eine absolute Mehrheit.

Alle Fesseln, die der aufgestauten Aggressivität der Nationalsozialisten noch angelegt gewesen sein mochten, wurden jetzt gelöst, und die Gewalttätigkeit brach sich Bahn in jenem charakteristischen Zusammenspiel aus »ordnungsgemäßer« gesetzlicher Billigung seitens der höchsten Regierungsinstanzen und einer Kombination aus Drohungen, Erpressung und Terror vor Ort. Auf lokaler Ebene ging es überall im Land zunächst darum, amtliche Positionen mit NSDAP-Mitgliedern zu besetzen – angefangen von den Ministerpräsidenten und Oberbürgermeistern bis hinunter zu Amtsleiter- und Hausmeisterstellen – sowie verdienten Parteigenossen Arbeitsplätze in der Privatwirtschaft zu besorgen (es gab nach wie vor 6 Millionen Arbeitslose). Die Revolution warf ihre ersten Pfründe ab. Unter Nutzung ihres Status als Hilfspolizei besetzten SA- und SS-Einheiten Rathäuser und Behörden, Zeitungsredaktionen und Gewerkschaftsbüros, erschienen in Betrieben, Kaufhäusern, Banken und Gerichtsgebäuden und erzwangen die Entlassung oder Beurlaubung »unzuverlässiger« Mitarbeiter und Beamter, deren Plätze sie mit »alten Kämpfern« besetzt sehen wollten; sie scheuten sich auch nicht, Dinge, die ihnen brauchbar erschienen, kurzerhand mitzunehmen.

Solange Hitler sich noch Sorgen über eine negative Reaktion im Ausland machen mußte, und da er den schönen Schein einer »gesetzmäßigen« Machtergreifung nicht trüben lassen wollte, ließ er eine offizielle Verfolgung der Juden nicht zu. Im April 1933 organisierte die Partei vier Tage lang einen Boykott jüdischer Geschäfte, Ärzte und Anwälte, der jedoch abgebrochen wurde, als sich zeigte, daß die Bevölkerung davon abgestoßen und die Reaktion im Ausland höchst negativ war. Einer der Gründe, die Hitler bewogen hatten, der Boykottaktion zuzustimmen, war die Überlegung, daß das Drängen der Parteiradikalen und der SA nach Maßnahmen gegen »das Judentum« sich auf diese Weise kanalisieren ließe.

Zu antijüdischen Übergriffen kam es jedoch weiterhin, unabhängig von einer zentralen Regie. Parteigenossen und SA-Mitglieder hatten lange genug auf den Tag gewartet, an dem sie ihre Wut an den Juden abreagieren konnten. Vorrangiges Ziel ihrer spontanen »Entjudungsmaßnahmen« waren jüdische Beamte, Ärzte und Anwälte, Akademiker, Künstler und Schriftsteller, die unter Druck gesetzt, an den Rand gedrängt und vertrieben wurden, sowie jüdische Geschäfte und Betriebe, die boykottiert und geplündert wurden. Die Polizei war inzwischen so weit »geschult«, daß sie wußte, aus welchen Aktionen sie sich am besten heraushielt. Wenn eines der Opfer sich wehrte, wurde es zusammengeschlagen oder in eines der provisorischen Keller- oder Lagergefängnisse der SA abtransportiert.

An der Spitze des Staates war es Hitlers vorrangiges Anliegen, den Druck von unten so stark werden zu lassen, daß für Reichsinnenminister Frick ein Vorwand gegeben war, in den vier Ländern, in denen noch keine NS-Regierungen amtierten, unter Berufung auf die nach dem Reichstagsbrand erlassene Verordnung Reichskommissare einzusetzen – in Bayern, Hessen, Sachsen und Württemberg. Die »Gefahr für die öffentliche Ordnung«, die Frick als Begründung für seinen Schritt anführte, hatte freilich mit einem Schutz vor »kommunistischen staatsgefährdenden Gewaltakten« nichts zu tun, sondern ging von den provokativen Aktionen der Nationalsozialisten selbst aus. Doch die auf diese Weise hervorgerufenen chaotischen Zustände verliehen Fricks Vorgehen den Schein der Angemessenheit, und so waren Mitte März in sämtlichen deutschen Ländern NSDAP-Mitglieder (zumeist örtliche Parteifunktionäre oder SA-Führer) als Reichsstatthalter mit weitgehenden polizeilichen Vollmachten im Amt.

Als Hitlers Koalitionspartner wieder einmal gegen den SA-Terror protestierten, reagierte dieser mit einem scharfen schriftlichen Verweis an Vizekanzler Papen, den er in Kopie auch dem Reichspräsidenten übermitteln ließ. Er konstatierte empört, »daß augenblicklich ein planmäßiges Trommelfeuer stattfindet, mit dem Zweck, die nationale Erhebung abzustoppen«, und erklärte seine Bewunderung für die »unerhörte Disziplin« von SA und SS. »Das Urteil der Geschichte wird uns einmal den Vorwurf nicht ersparen, daß wir in einer historischen Stunde, vielleicht selbst schon angekränkelt von der Schwäche und Feigheit der bürgerlichen Welt, mit Glacéhandschuhen vorgegangen sind statt mit eiserner Faust.« Er lasse sich »von niemanden wegbringen von der Mission der Vernichtung und Ausrottung des Marxismus« und bat Papen »auf das eindringlichste, künftighin nicht mehr diese Beschwerden vorbringen zu wollen. Sie sind nicht berechtigt.«[12]

Die »Vernichtung des Marxismus« als ein Hauptziel seiner »nationalen Revolution« lieferte Hitler die Rechtfertigung dafür, den von seinem Fußvolk ausgeübten Terror als notwendige Beeinträchtigung seiner zur Schau getragenen Legalität zu dulden. Dabei achtete Hitler jedoch ebenso sorgsam wie Stalin darauf, daß mit dem Terror stets die Propaganda Hand in Hand ging, so daß beide einander in ihrer Wirkung verstärkten. In der ersten Kabinettssitzung nach der Wahl verkündete er seinen Plan, ein Reichsministerium für Volksaufklärung und Propaganda zu errichten, und am 11. März berief er Goebbels zum Minister ohne Geschäftsbereich ins Kabinett.

Mit seiner Forderung nach Neuwahlen hatte Hitler nur ein Ziel verfolgt: mit der Stimmenmehrheit im neuen Reichstag ein Gesetz zu verabschieden, das dem Kabinett eine Generalvollmacht für den Erlaß von Gesetzen gewähren würde. Das Wahlergebnis war insofern enttäuschend ausgefallen, als seine Partei die Zweidrittelmehrheit, die laut Verfassung für die Verabschiedung eines solchen Ermächtigungsgesetzes erforderlich war, weit verfehlt hatte. Aber Hitler ließ sich keinen Augenblick aus dem Konzept bringen. Infolge der Verordnung nach dem Reichstagsbrand waren alle 81 in den neuen Reichstag gewählten Kommunisten, ebenso wie sechs SPD-Abgeordnete, entweder inhaftiert oder untergetaucht. Hitler, dem sehr daran gelegen war, seine Machtergreifung auf verfassungsmäßig einwandfreie Weise zu vollziehen, wollte unbedingt eine tatsächliche Zweidrittelmehrheit für sein Ermächtigungsgesetz erreichen, wozu er die Stimmen von mindestens 432 der 647 gewählten Reichstagsabgeordneten benötigte. Diese Zahl konnte er nur erreichen, wenn außer den 288 Abgeordneten der NSDAP auch die Zentrumsfraktion, die bürgerlichen Splitterparteien sowie seine deutschnationalen Koalitionspartner für das Gesetz stimmten.

Zwei Faktoren wirkten sich zu seinen Gunsten aus. Da war zum einen die Mischung aus Begeisterung und Erleichterung, mit der viele unpolitische Menschen aller Schichten den Amtsantritt einer Regierung begrüßten, die nach den Jahren der Lähmung endlich wieder entschlossenes Handeln zeigte und Optimismus ausstrahlte, die die traditionellen deutschen Tugenden der Unterordnung unter einen starken Staat, der Achtung vor Gesetz und Ordnung und des Respekts vor Moral und Religion wieder zu glaubwürdigen Idealen erhob. Zahlreiche Menschen fühlten sich in den ersten Tagen des Dritten Reiches an jenes Gefühl der nationalen Zusammengehörigkeit und Begeisterung erinnert, das die Deutschen zu Beginn des Ersten Weltkrieges ergriffen hatte – eine Stimmung, die den sogenannten Burgfrieden ermöglicht hatte. Hitlers zweiter Trumpf, mit dem ersten gleichsam verwandt, aber wirksam auch gegenüber vielen, die der nationalsozialistischen Bewegung eher argwöhnisch gegenüberstanden, war der Eindruck der Unwiderstehlichkeit, den diese Bewegung ausstrahlte. Wie der österreichische Schriftsteller Robert Musil es resigniert formulierte: »Dieses Gefühl ist wohl nicht anders auszulegen, als daß der Nationalsozialismus seine Sendung und Stunde hat, daß er kein Wirbel, sondern eine Stufe der Geschichte ist.«[13]

Der Wunsch, »auf der Seite der Geschichte« zu stehen, an den ja auch Marxisten und Sozialisten häufig appellierten, gereichte dieses Mal den Nationalsozialisten zum Vorteil. Ihre Propaganda beutete dieses Motiv auch weidlich aus, indem sie mit allen ihr zu Gebote stehenden Mitteln – nicht zuletzt mit der vom Terror selbst ausgehenden Propagandawirkung – die Dynamik und Zukunftsträchtigkeit der Bewegung herausstellte. Opportunismus und Idealismus, Angst und Fatalismus trugen ihren Teil dazu bei, daß die Bevölkerung nun massenhaft in die Partei der Sieger drängte, die zwischen dem 30. Januar und dem 1. Mai 1933 nicht weniger als 1,6 Millionen neue Mitglieder (von den alten Kämpfern »Märzgefallene« genannt) verzeichnete – doppelt so viele Parteigenossen wie zuvor. Die Parteiführung sah sich gezwungen, am 1. Mai eine Aufnahmesperre in Kraft zu setzen.

Diese mächtigen Stimmungswogen mögen eine Erklärung dafür bieten, daß der Widerstand gegen die von Hitler eingeleiteten Schritte geringer und das Tempo seiner Machtergreifung höher war, als selbst Goebbels und er es nach einer Wahl, die ihnen nicht die erhoffte Mehrheit gebracht hatte, erwarten konnten. Die erfahrenen Politiker in den Reihen der DNVP und des Zentrums hätten erkennen müssen, was die Verabschiedung des Ermächtigungsgesetzes bedeutete, doch sie hingen nach wie vor dem Glauben an, es gehe Hitler einzig und allein um die Ausschaltung der Linken. So sahen sie nicht, daß in dem Augenblick, da das Ermächtigungsgesetz in Kraft trat, ihre eigene Stellung gefährdet wurde und Hitler sich ihrer entledigen konnte.

Zwei Ereignisse, zwischen denen nur 48 Stunden lagen, zeigten das geschminkte und das wirkliche Gesicht des Nationalsozialismus. Beim ersten handelte es sich um die konstituierende Sitzung des Reichstags. Sie wurde als prunkvolle Feierstunde am (von Goebbels so getauften) »Tag der erwachenden Nation« in der Potsdamer Garnisonkirche inszeniert, über dem Grab Friedrichs des Großen und auf den Tag genau 62 Jahre, nachdem Bismarck am 21. März 1871 den ersten Reichstag nach der deutschen Einigung eröffnet hatte. In der Kirche waren zahlreiche Generäle des alten kaiserlichen Heers und der neuen Reichswehr, alle in Galauniform, versammelt, ferner Vertreter der Diplomatie, der Justiz und der Verwaltung – das alte deutsche »Establishment«, das hier, wie sich bald herausstellen sollte, seinen letzten großen Auftritt hatte, während die Regierung, im Kirchenschiff plaziert und von einem massiven Block braun behemdeter Abgeordneter der NSDAP eskortiert, ihr großes Debüt gab.

Die Gestalt, die an diesem Tag im Mittelpunkt stand, war der greise

Reichspräsident in seiner Feldmarschallsuniform, der, als er langsam auf seinen Platz zuschritt, vor dem leeren Kaiserthron salutierte. Reichspräsident und Reichskanzler hatten einander auf der Kirchentreppe die Hände gereicht, eine Szene der Versöhnung zwischen dem alten und dem neuen Deutschland, die auf Postkarten und Plakaten millionenfach verbreitet wurde. Hitler, der in einem schwarzen Cutaway erschienen war, machte eine demütige Verbeugung vor dem Präsidenten als dem Sinnbild der nationalen Tradition, wobei es fast den Anschein hatte, als setze er seine steife Unbeholfenheit als Stilmittel für die Gestaltung seiner dienenden Rolle ein – kein Schauspieler hätte sie besser spielen können. Als Hindenburg dann die Kirche betrat und Hitler ihm in gebührendem Abstand folgte, erhob sich die versammelte Gemeinde und stimmte den Choral »Nun danket alle Gott« an, den die siegreiche Armee Friedrichs des Großen nach der Schlacht von Leuthen gesungen hatte.

Hindenburg appellierte in seiner Ansprache an die einigende Kraft des Nationalgefühls und rief das Volk auf, die Regierung bei der Lösung ihrer schwierigen Aufgaben zu unterstützen; er beschwor dabei den »alten Geist dieser Ruhmesstätte« und wünschte einem »in sich geeinten, freien, stolzen Deutschland« den Segen Gottes. Hitler schlug in seiner Entgegnung ähnlich feierliche und respektvolle Töne an und vergaß nicht, dem Reichspräsidenten Dank abzustatten für den »großherzigen Entschluß«, mit dem er diesen Bund »zwischen den Symbolen der alten Größe und der jungen Kraft« möglich gemacht habe. Auch er wandte sich an die Vorsehung mit der Bitte um »jenen Mut und jene Beharrlichkeit, die wir in diesem für jeden Deutschen geheiligten Raum um uns spüren, als für unseres Volkes Freiheit und Größe ringende Menschen zu Füßen der Bahre seines größten Königs«.[14]

Diese szenische Ode an das deutsche Nationalgefühl, in hellem Kontrast zu den vielen Demütigungen seit der Niederlage von 1918, hinterließ bei allen, die der Zeremonie beiwohnten, einen unauslöschlichen Eindruck, dem sich auch die Millionen, die sich auf den Straßen draußen drängten, vor dem Radio saßen oder später die Bilder im Kino sahen, nicht entziehen konnten. Nichts hätte mehr dazu beitragen können, die konservativen Elemente des Volkes mit dem neuen Regime zu versöhnen.

Zwei Tage später, am 23. März, als der neugewählte Reichstag zu seiner ersten und einzigen Arbeitssitzung zusammentrat – die Kroll-Oper diente ihm als provisorisches Ausweichquartier –, trat Hitler in einer ganz anderen Rolle auf, in der er seinen Getreuen, die mit dem feierlichen Mummenschanz von Potsdam nicht viel hatten anfangen können, weitaus besser gefiel. Diesmal beherrschten Hunderte von Hakenkreuzfahnen und –standarten die Szenerie, dazu ebenso viele SA-Braunhemden, die die Korridore und Gänge säumten.

Auch Hitler hatte dieses Mal den Gesellschaftsanzug vermieden und erschien im braunen Hemd des Parteiführers. Er leitete seine erste und einzige Parlamentsrede mit der Zusicherung ein, das Ermächtigungsgesetz werde den Fortbestand des Reichstags, die Rechte des Reichspräsidenten und die Stellung der Länder nicht antasten. »Es würde dem Sinne der nationalen Erhebung widersprechen und für den beabsichtigten Zweck nicht genügen, wollte die Regierung sich für ihre Maßnahmen von Fall zu Fall die Genehmigung des Reichstags erhandeln und erbitten.« Die Regierung werde zwar angesichts ihrer klaren Mehrheit nur in einer begrenzten Zahl von Fällen auf die Bestimmungen des Ermächtigungsgesetzes zurückgreifen müssen, doch »um so mehr besteht ... die Regierung auf einer Verabschiedung des Gesetzes ... Sie bietet den Parteien des Reichstages die Möglichkeit einer ruhigen Entwicklung und einer sich daraus in Zukunft anbahnenden Verständigung ... Die Regierung ist aber ebenso entschlossen und bereit, die Bekundung der Ablehnung und damit die Ansage des Widerstandes entgegenzunehmen ... Mögen Sie, meine Herren, nunmehr selbst entscheiden über Frieden oder Krieg!«[15]

Die fünf kurzgefaßten Artikel des Gesetzes »zur Behebung der Not von Volk und Reich« räumten der Reichsregierung das Recht ein, die Verfassung zu ändern, per Kabinettsbeschluß Gesetze zu erlassen, wobei das Recht, Gesetzentwürfe vorzulegen, dem Reichskanzler vorbehalten wurde. Das Kabinett erhielt die Vollmacht zur Ratifizierung von Verträgen mit anderen Staaten; schließlich begrenzte ein Artikel die Gültigkeit des Ermächtigungsgesetzes auf die Amtszeit der gegenwärtigen Regierung, längstens jedoch auf vier Jahre.

Während in den Fraktionen heftig über das Für und Wider einer Zustimmung diskutiert wurde, skandierten die massiv angetretenen SA-Abordnungen bedrohliche Sprechchöre wie: »Wir fordern das Ermächtigungsgesetz – sonst gibt's Zunder.« Hitler hatte dem Zentrum bestimmte Garantien zugesichert und versprochen, diese schriftlich zu bestätigen. Trotz mehrmaliger Anfragen blieb das erwartete Schreiben allerdings aus, dennoch beschloß die Mehrheit der Fraktion (gegen den Widerstand Brünings), dem Gesetz zuzustimmen. Nur die Sozialdemokraten, die von den SA-Leuten besonders drangsaliert und beschimpft wurden, blieben standfest. Die Rede ihres Fraktionsvorsitzenden Otto Wels, ein Plädoyer für die Ablehnung des Ermächtigungsgesetzes, versetzte Hitler in Rage. Papen beiseite stoßend, der ihn zurückzuhalten versuchte, ließ er eine wütende Tirade vom Stapel: Nur aus Respekt vor dem Gesetz und aus psychologischen Gründen, rief er, habe er sich an den Reichstag gewandt mit der Bitte, »uns zu genehmigen, was wir auch ohnedem hätten nehmen können«. An die sozialdemokratische Fraktion gewandt, schrie er: »Ich kann Ihnen nur sagen: Ich will auch gar nicht, daß Sie dafür stimmen! Deutschland soll frei werden, aber nicht durch Sie!«[16] Ein lang andauernder Beifallssturm und laute »Heil«-Rufe waren die Reaktion auf diesen Ausbruch Hitlers; sie wiederholten sich, als das Ergebnis der Auszählung – 441 Stimmen dafür, 94 dagegen – bekanntgegeben wurde.

Es war typisch für Hitlers Taktik, daß er den Reichstag nicht von heute auf morgen abschaffte; er nutzte ihn sogar von Zeit zu Zeit noch als gesetzgebendes Organ, wenn es ihm zweckmäßig erschien – beispielsweise 1935 bei der Verabschiedung der Nürnberger Gesetze gegen die Juden. Doch verfügte der Reichstag, durch die Anwendung der präsidialen Notverordnungsbefugnisse bereits ausmanövriert, über keinerlei politische Macht mehr und diente bald auch nicht mehr als Forum der Kontrolle, geschweige Opposition, sondern nur noch als Tribüne und Kulisse für Ansprachen und gelegentliche außenpolitische Grundsatzerklärungen Hitlers.

Getreu dieser Politik der Wahrung der verfassungsmäßigen Fassade garantierte das Ermächtigungsgesetz auch den Fortbestand des Reichsrats, des Vertretungsorgans der Länder auf Reichsebene. Daß dieses Zugeständnis das Machtmonopol der Nationalsozialisten, auf das Hitler großen Wert legte, nicht beeinträchtigen würde, dafür war bereits vorgesorgt: Alle Länder wurden von NSDAP-Regierungen oder NS-Kommissaren regiert, und so passierte das Ermächtigungsgesetz den Reichsrat ohne Gegenstimme – am Abend desselben Tages, an dem der Reichstag es verabschiedet hatte. Am 31. März wurden die Länderregierungen im Rahmen der sogenannten Gleichschaltung ermächtigt, unabhängig von den Länderparlamenten Gesetze zu erlassen und ihre Verwaltung zu reorganisieren. Eine Woche später wurden mittels eines zweiten Gleichschaltungsgesetzes Reichsstatthalter eingesetzt, die dafür sorgen sollten, daß die Länder sich voll und ganz der Politik der Reichsregierung anschlossen und unterordneten – ein eilig beschlossenes Gesetz, dessen Hauptzweck offenbar darin bestand, allzu selbständig handelnde Gauleiter der Partei sowie die Führer der SA und SS (Röhm und Himmler) unter Kontrolle zu bekommen. Dies war jedoch weniger ein Verfassungs- als ein politisches Problem, das Hitler 1934 durch die Ausschaltung Röhms löste.

Zu diesem Zeitpunkt hatte der Prozeß der Aushöhlung der Weimarer Verfassung bereits seine logische Fortsetzung genommen: Ein am 30. Januar 1934 erlassenes »Gesetz über den Neuaufbau des Reichs« beseitigte die von Bismarck geschaffene föderative Ordnung, indem es die Auflösung der Länderparlamente dekretierte, die souveränen Rechte der Länder auf das Reich übertrug und die Länderregierungen (einschließlich der Reichskommissare) der Zentralregierung unterstellte. Da dies Eingriffe waren, die über die Bestimmungen des Ermächtigungsgesetzes hinausgingen, schaltete Hitler, um den Schein zu wahren, den Reichstag ein, der fügsam ein »verbessertes« Ermächtigungsgesetz verabschiedete, das Hitler ermöglichte, den Reichsrat »legal« aufzulösen. Gleichzeitig erhielt die Regierung die Vollmacht, auch verfassungsändernde Gesetze zu beschließen; sie machte davon ein halbes Jahr später Gebrauch, als sie das Amt des Reichspräsidenten für abgeschafft erklärte.

Alle diese ausgeklügelten Manipulationen an der Verfassung dienten nicht nur dem Zweck, Hindernisse aus dem Weg zu räumen, die der neuen politischen Führung unbequem waren, sondern auch dem Bemühen, das Beamtentum für eine loyale Mitarbeit zu gewinnen und ein reibungsloses Weiterlaufen der Verwaltungsapparate zu gewährleisten.

Die meisten Beamten waren in der Tat willens, das neue Regime zu akzeptieren und ihm zu dienen, trug dieses Regime doch Züge, die eine starke Affinität zur nationalistischen, antidemokratischen, autoritären Tradition des deutschen Beamtentums besaßen. Herausgesäubert wurden zunächst nur diejenigen Beamten, die für ihre politische Verbundenheit mit der SPD bekannt oder die Juden waren. Eine nachträgliche rechtliche Grundlage erhielten diese Säuberungen durch das am 7. April 1933 in Kraft getretene »Gesetz zur Wiederherstellung des Berufsbeamtentums«, wie es schönfärberisch hieß. Unverhältnismäßig viele Beamte waren unter denen, die durch Beitritt zur NSDAP ihre Stellung und ihre spätere Versorgung sichern wollten. Hitler brauchte nichts weiter zu tun, als sich an die gesetzlichen Formen zu halten, deutlich zu machen, daß die »nationale Revolution« auf dem geordneten Verwaltungsweg durchgeführt würde, und den Beamten zu versichern (wie er der Reichswehr versichert hatte), daß die Partei nicht den Staat vereinnahmen werde, sondern daß beide als gleichberechtigte Säulen des Dritten Reiches nebeneinander stehen würden.

Erst viel später erkannte die Beamtenschaft – wie am Ende auch die Reichswehr –, daß Hitlers Zusicherungen ihm mehr einbrachten – ihre Loyalität nämlich – als ihnen, denn seine Garantien gegen ein willkürliches Hineinregieren in ihren Bereich waren, wie sich zeigte, mit Vorbehalt zu betrachten. Doch Hitler war in seinen ersten Jahren als Reichskanzler auf die Beamtenschaft angewiesen, und so verlief ihre Vereinnahmung durch den NS-Staat in kleinen Schritten. Für die politischen Parteien dagegen gab es nach der Abschaffung des Parlamentarismus sowohl im Reich als auch in den Ländern keine Daseinsberechtigung mehr, und so dauerte es nach Inkrafttreten des Ermächtigungsgesetzes nur vier Monate, bis sich alle, außer natürlich der NSDAP, aufgelöst hatten. Obgleich ein förmliches Verbot der KPD zu keiner Zeit erging, existierte die Partei praktisch nicht mehr. Ihre Führer saßen im Gefängnis oder im Konzentrationslager, oder sie waren ins Exil geflohen; ihre Zeitungen erschienen nicht mehr, ihre Büros waren besetzt, ihre Konten beschlagnahmt. Die KPD konnte nur noch im Ausland oder im Untergrund arbeiten. Die SPD hatte noch ein wenig länger die Möglichkeit, legal im Reich zu operieren, doch als ein Teil der Parteispitze sich ins Ausland absetzte und in Prag eine neue Führung aufbaute, lieferte dies Hitler den Vorwand, die SPD am 22. Juni zu einer Staat und Volk feindlich gesonnenen Organisation zu erklären, ihr jede politische Betätigung im Reich zu untersagen und ihren Besitz zu konfiszieren.

Die anderen Parteien gerieten unter Auflösungsdruck: Die Bemühungen der Deutschnationalen und des Stahlhelms, sich als selbständige Partner der Nationalsozialisten zu behaupten, stießen nicht nur auf deren energischen Widerstand, sondern wurden auch unterlaufen durch die wachsende Zahl derer, die zur NSDAP überwechselten. Hugenberg, der im Reich und in Preußen nicht weniger als vier Ministerposten innehatte, trat unter Protest von allen vier Ämtern zurück, mußte aber feststellen, daß er damit keineswegs die Regierung getroffen hatte, sondern lediglich seine eigene Partei, deren aktive Mitglieder von der NSDAP aufgesogen wurden. Die Zentrumspartei sah sich durch einen ähnlichen Mitgliederschwund geschwächt, aber den entscheidenden Schlag versetzte ihr erst der Umstand, daß der Vatikan großes Interesse an einem Arrangement mit Hitler hatte. Da dieser einer Verständigung ebenfalls nicht abgeneigt war, kam es sehr bald zum Abschluß des Konkordats, mit dem das Reich der katholischen Kirche den Fortbestand kirchlicher Schulen zusicherte, während der Vatikan seinen Priestern und kirchlichen Organisationen jede politische Betätigung untersagte. Die Zentrumspartei löste sich am 5. Juli auf, und drei Tage später wurde in Rom das Konkordat unterzeichnet.

Den letzten Schritt zur Verwirklichung ihres politischen Machtmonopols taten die Nationalsozialisten weniger als sechs Monate nach Hitlers Berufung zum Reichskanzler mit dem »Gesetz gegen die Neubildung von Parteien«, das am 14. Juli 1933 in Kraft trat. Dieses Gesetz erklärte die NSDAP zur einzig gesetzlich zugelassenen Partei im Deutschen Reich und enthielt schwere Strafandrohungen für jede anders ausgerichtete politische Betätigung. Die Zahl der nationalsozialistischen Minister im Kabinett erhöhte sich von drei auf acht, und die Nichtnationalsozialisten, die im Kabinett verblieben, saßen darin nicht mehr als Repräsentanten anderer Parteien, sondern weil und solange sie Hitlers Gunst besaßen. Schließlich fand am 12. November die Wahl eines neuen Reichstags statt, eine Wahl, bei der nur eine einzige Liste von Kandidaten, die »Führerliste«, zur Abstimmung stand. Es war dies das erste in einer ganzen Reihe von Bestätigungs-Plebisziten, die K. D. Bracher in einer treffenden Definition als das von diktatorischen Regimen »bevorzugte Instrument einer pseudo-legalen, pseudo-demokratischen Selbst-Approbation« bezeichnet hat. Bei dem Referendum im November stimmten, auch unter dem Eindruck unverhüllter Drohungen, nach amtlichen Angaben 95 Prozent für die »Führerliste«.

Nur ein Jahr zuvor, nach dem Verlust von zwei Millionen Wählerstimmen bei der Reichstagswahl vom November 1932 und nach dem aufsehenerregenden Rücktritt Strassers, hatten viele geglaubt, die Nazis hätten ihren Zenit überschritten. Daß Hitler im Januar 1933 doch noch eine Chance erhielt, hatte er Papen und der Clique um den Reichspräsidenten zu verdanken, doch was er aus dieser Chance machte, verdankte er ganz allein seiner eigenen politischen Geschicklichkeit.

Es war, wie man es auch immer betrachtet, eine erstaunliche Leistung. Hitler hatte in Göring und Goebbels fähige Sekundanten, aber die Taktik, mit der er seine Kontrahenten ausmanövrierte, war seine eigene Entdeckung: die Verbindung bedrohlicher revolutionärer Gewalt von unten mit der »legalen« Eroberung politischer Machtpositionen, so virtuos praktiziert, daß er damit zunächst den politischen Gegner paralysierte und danach die von seinen Koalitionspartnern eingebauten Sicherungen gegen die Konzentration der Macht in den Händen einer einzigen Partei und ihres unbestrittenen Führers eine nach der anderen ausschaltete.

Es trifft zu, daß Hitler währenddessen keines der drängenden wirtschaftlichen, sozialen und strukturellen Probleme Deutschlands löste und allenfalls vage andeutete, wie er sie zu lösen gedachte. Aber dasselbe ließe sich über den Lenin des Jahres 1917 sagen. Lenin mußte als Preis für die bolschewistische Revolution sogar einen jahrelangen Bürgerkrieg durchstehen; dagegen vollzog Hitler seine Machtergreifung in weniger als einem halben Jahr und ohne Bürgerkrieg, und er wahrte dabei die äußeren Formen der verfassungsmäßigen Ordnung. Zudem brachte er es fertig, die zutiefst pessimistische Stimmung zu überwinden, in der sich die Deutschen seit Beginn der Wirtschaftskrise Ende 1929 befunden hatten. Was immer sie von Hitlers Fußvolk halten mochten – und sie unterschieden sehr wohl zwischen ihm und seiner Partei –, alles deutet darauf hin, daß sie in ihrer Mehrheit überzeugt waren, erstmals seit Bismarck wieder einen Führer zu haben, der sie aus dem Zustand der nationalen Erniedrigung und Zwietracht herausführen würde, in den sie, so die vorherrschende Überzeugung, die Niederlage von 1918 versetzt hatte.

Nun stellte sich die Frage, wie Hitler die Macht gebrauchen würde, die er sich angeeignet hatte. Es war eine Frage, vor der auch die kommunistische Partei Rußlands nach vollbrachter Revolution gestanden und auf die sie auch zehn Jahre später noch keine einmütige Antwort gefunden hatte, bis Stalin daranging, die Antwort durch die Tat zu geben. Der NSDAP erging es ähnlich. Aus den zeitgenössischen Quellen wird ersichtlich, wie heftig der Streit um die richtige Antwort tobte. Rekonstruiert und wiederbelebt wurden diese Kontroversen, als in den sechziger und siebziger Jahren eine Generation jüngerer, nach dem Krieg aufgewachsener Historiker sich scharf gegen die »lange verbreitete Vorstellung« wandte, das Dritte Reich sei »eine monolithische Gesellschaft gewesen, der persönlichen Herrschaft und dem Willen eines einzelnen Mannes unterworfen. Dieser Vorstellung zufolge fungierte Hitler als Kopf einer straff durchorganisierten Gesellschaft, die er in jeder Beziehung im Griff hatte. Seine Herrschaft wurde als zentralisiert und höchst effizient beschrieben und häufig als Gegenentwurf zu jenem langwierigeren Entscheidungsfindungsprozeß, wie er für die parlamentarische Demokratie typisch ist, dargestellt.«[17]

Der Nutzen dieser Kontroverse liegt darin, daß sie an die Stelle eines Klischees nicht etwa ein neues, anderes setzte, sondern die Diskussion erst wirklich öffnete und befreite. Wie andere große historische Themen – die Französische Revolution beispielsweise – ist das Thema seitdem Gegenstand einer ständigen, kontrovers geführten Debatte, und sollte der Prozeß der Öffnung in der Sowjetunion weitergehen, werden wohl auch die Lenin-

Das »Wunder« des Neubeginns bestand unter anderem darin, daß jedem Ereignis eine symbolische Bedeutung gegeben wurde. Die Trockenlegung von Sümpfen, die Errichtung von Koben im Marschland, das Aufziehen von Erntekränzen und die Feier von Richtfesten wurden so zu Taten stilisiert, die stellvertretend für den Aufbruch des neuen Staates standen. Am 23. September 1933 beging Hitler den ersten Spatenstich zum Bau der HaFraBa, der Autobahn, die von Hamburg über Frankfurt nach Basel führen sollte. Das Aufbruchsfieber, das davon ausging, erfaßte tatsächlich in wenigen Monaten nahezu die gesamte Nation, obwohl sich die Zahlen der Arbeitslosen oder der Geldentwertung kaum geändert hatten.

sche und die Stalinsche Revolution eines Tages in derselben Weise der historischen Diskussion erschlossen werden.

Während die Darstellung der persönlichen Rolle Hitlers dem nächsten Kapitel vorbehalten bleiben soll, scheint es mir nützlich, an dieser Stelle eine Übersicht über den Verlauf der ersten Jahre seiner Herrschaft vorauszuschicken und dabei einige der wichtigsten von den revisionistischen Historikern in die Debatte gebrachten Gesichtspunkte zu referieren – ohne sie in jedem Fall zu bejahen.

Es ist gesagt worden, Hitler habe kein wirtschafts- oder sozialpolitisches Konzept gehabt, und das Dritte Reich habe keine einschneidenden Eingriffe in die Wirtschaft und keine revolutionären Umwälzungen in der Gesellschaft zuwege gebracht; Wirtschaft und Gesellschaft hätten sich vielmehr in relativer Kontinuität zu früheren Perioden weiterentwickelt. Die antikapitalistischen Teile des NSDAP-Programms blieben in der Tat unwirksam: Die Großunternehmen und Großbanken wurden nicht verstaatlicht, die Kaufhäuser nicht geschlossen, der Großgrundbesitz nicht aufgeteilt; die Orientierung auf den Ständestaat, die den Nationalsozialisten, als sie noch eine Bewegung gewesen waren, so viel Sympathie und Unterstützung in der Mittelschicht eingebracht hatte, wurde nach der Machtergreifung stillschweigend aufgegeben. Die Gewerkschaften wurden unterdrückt, die Aushandlung kollektiver Tarifverträge untersagt, die Löhne gedrückt. Auf der anderen Seite blieben die Unternehmer die unangefochtenen Lenker der Wirtschaft und konnten dank Hitlers Aufrüstungs-, Kriegs- und Eroberungspolitik riesige Gewinne erzielen. Die nationalsozialistische Bewegung stand eben nicht für eine sozialistische Revolution, sondern für eine Konterrevolution; sie war die deutsche Spielart des Faschismus. Die wirkliche Revolution vollzog sich erst mit der Niederlage im Zweiten Weltkrieg und der anschließenden Besetzung und Teilung Deutschlands.

Nachdem Hitler die in der Weimarer Verfassung enthaltenen Sicherungen gegen die Anhäufung unkontrollierter Macht beseitigt hatte, machte er keine Anstalten, die ausgehöhlte alte durch eine neue Verfassung zu ersetzen. Wie der Reichstag wurde auch das Kabinett nicht abgeschafft, es trat nur immer seltener und schließlich gar nicht mehr zusammen, so daß am Ende selbst der Anschein einer kollektiven Verantwortlichkeit verschwand.

An der Schaffung eines überdauernden Rechtssystems, etwa in der Art des Code Napoléon, war Hitler ebensowenig interessiert wie an einer mit seinem Namen verbundenen Verfassung. Er höhlte das bestehende Rechtssystem lieber aus, ignorierte oder umging es, als es auf nationalsozialistischer Grundlage systematisch zu erneuern. Auch hatte er nicht das geringste Interesse daran, den staatlichen Verwaltungsapparat so zu reorganisieren, daß eine sinnvollere Arbeits- und Aufgabenteilung zustande gekommen wäre. Wenn er eine spezielle Aufgabe organisieren wollte, errichtete er dafür eine Sonderdienststelle außerhalb der bestehenden Verwaltungsstrukturen, etwa im Fall der Göringschen Vierjahresplanbehörde, die quer zu den Zuständigkeiten von mindestens vier Ministerien arbeitete.

Auch das Verhältnis zwischen Staat und Partei blieb in vieler Hinsicht ungeklärt. Die Erwartungen der Partei, den Staat übernehmen zu können, wie die Kommunistische Partei es in der Sowjetunion vorgemacht hatte, blieben unerfüllt; auf der anderen Seite mußte sich der öffentliche Dienst damit abfinden, daß Hitler und andere NS-Führer immer wieder in Verwaltungsvorgänge eingriffen. Die mächtigsten Vasallen bauten sich eigene

Machtbereiche auf – Göring den Vierjahresplan und die Luftwaffe, Goebbels den Propaganda- und Kulturapparat, Himmler sein Polizei- und SS-Imperium, Ley die Arbeitsfront –, die um Gunst und Macht rivalisierten und einander ständig Zuständigkeiten und Machtpositionen abzunehmen versuchten.

Die Historiker sind sich bis heute nicht darüber einig, ob Hitler diesen gleichsam flüssigen Zustand weiterbestehen ließ, weil er ihn nicht besser in den Griff bekam (Hans Mommsens These vom »schwachen Diktator«), ob er bewußt dem Grundsatz »teile und herrsche« folgte, um seine eigene Stellung zu stärken und alles und jeden von seinen Entscheidungen abhängig zu machen, oder ob diese Organisationsphilosophie einfach seinem persönlichen Führungsstil und seinen ungeordneten, unsystematischen Arbeitsgewohnheiten am besten entsprach. Doch was auch immer die Motive gewesen sein mögen, dieser »polykratische« Staat mit seinen konkurrierenden Machtzentren bietet schon auf den ersten Blick ein ganz anderes Bild als die früher verbreitete Vorstellung von einer monolithischen Diktatur.

Selbst für den Bereich der Politik, der Hitler am meisten interessierte, die Außenpolitik, ist nicht klar, ob er ein festes, ideologisch begründetes Ziel verfolgte oder nicht doch eher ein Opportunist war, der mittels Bluff und Improvisationsgeist erreichbar scheinende Erfolge ansteuerte, ohne ein bestimmtes Ziel klar vor Augen zu haben. Einige Historiker haben die Kontinuität von der expansionistischen deutschen Außenpolitik des Ersten Weltkriegs und der Zeit davor, ja von der Politik Bismarcks, bis zur Eroberungspolitik Hitlers herausgestellt. Andere haben den Standpunkt vertreten, seine Erfolge seien lediglich das Resultat der Schwäche, der Zerstrittenheit und der Illusionen der anderen Mächte gewesen, nach demselben Muster, mit dem er die Blindheit und die Fehleinschätzungen der anderen rechten Parteien für seinen innenpolitischen Aufstieg ausgenutzt hatte. Wieder andere haben in seinem außenpolitischen Hasardspiel und in dem Kriegsrisiko, das er 1939 suchte und einging, ein Mittel zur Ablenkung von sozialen Spannungen und wirtschaftlichen Problemen im Inneren gesehen, für die er keine Lösung finden konnte – also eine Neuauflage des Sozialimperialismus des späten 19. Jahrhunderts.

Das ist der historiographische Hintergrund, vor dem mein Versuch, die ersten beiden Jahre der nationalsozialistischen Herrschaft zu interpretieren, gesehen werden muß, stets im Bewußtsein dessen, daß Hitler eine »Revolution auf Raten« vollzog (ähnlich der »dosierten Revolution« Stalins), deren Charakter sich erst im Lauf der Zeit enthüllte, als sie nacheinander ihre verschiedenen Stadien durchlief; dies gilt es vor allem im Hinblick auf die ersten Jahre im Auge zu behalten, in denen Hitler sehr darauf bedacht war, seine wirklichen Gedanken und Ziele zu verbergen.

Nur eine Woche nach seiner Ernennung zum Reichskanzler, am 8. Februar 1933, gab Hitler dem Kabinett Einblick in seine geheimen Pläne: Die nächsten fünf Jahre, erklärte er, sollten für die Wiederwehrhaftmachung des deutschen Volkes genutzt werden. Arbeitsminister Seldte stimmte ihm in allen grundsätzlichen Fragen zu, verwies aber auf die wirtschaftlichen Probleme, die noch immer einer Lösung harrten. Hitler erwiderte, daß in Zukunft jede staatliche finanzierte Arbeitsbeschaffungsmaßnahme unter dem Gesichtspunkt geprüft werden müsse, ob sie das deutsche Volk zur Wehrhaftigkeit und zum Militärdienst befähige. Dies müsse der beherrschende Gedanke sein, immer und überall.[18] Und am Ende seiner Ausführungen resümierte er: »In den nächsten vier bis fünf Jahren muß der wichtigste Grundsatz lauten: Alles für die Wehrmacht.«

Hitlers Begriff der »Wehrhaftmachung« umfaßte mehr als die militärische Wiederaufrüstung. Die grundlegende Aufgabe, ohne deren Lösung die Schaffung der materiellen Voraussetzungen für den Krieg vergebens sein würde, sah er in der psychologischen Mobilmachung des deutschen Volkes, in der Wiedererweckung seines Zusammengehörigkeitsgefühls und seines Nationalstolzes, denn seiner Überzeugung nach hatte der Niedergang dieser nationalen Tugenden den Zusammenbruch von 1918 und den inneren Unfrieden der Weimarer Jahre verschuldet.

Goebbels, der erste Minister, für den Hitler ein neues Ressort ins Leben rief, erklärte auf seiner ersten Pressekonferenz, er sehe in der Errichtung des Ministeriums eine revolutionäre Tat. In Zukunft nämlich sei es nicht mehr genug, wenn die Menschen sich mit der Regierung abfänden oder eine neutrale Haltung einnähmen: Man müsse sie vielmehr bearbeiten, bis sie kapitulierten, bis sie ideologisch begriffen, daß die gegenwärtigen Vorgänge nicht nur akzeptiert werden *mußten*, sondern auch akzeptiert werden *könnten*.[19]

Gegen die Bestrebungen seiner innerparteilichen Rivalen brachte Goebbels den Führer dazu, seiner Kontrolle nicht nur die Presse, den Rundfunk, den Film und das Theater zu unterstellen, sondern auch die bildenden Künste, die Literatur und die Musik. Alle diese Kulturbereiche faßte er organisatorisch in der Reichskulturkammer zusammen. Es war Goebbels, der den deutschen Studenten zu ihrer großen Bücherverbrennung am 10. Mai 1933 gratulierte: »Es ist eine starke, große und symbolische Handlung, eine Handlung, die vor aller Welt dokumentieren soll: Hier sinkt die geistige Grundlage der Novemberrepublik zu Boden. Aber aus diesen Trümmern wird sich siegreich erheben der Phönix eines neuen Geistes.«[20]

»Propaganda« ist ein unzureichender Begriff zur Kennzeichnung dessen, was Hitler vorschwebte: nichts Geringeres als eine revolutionäre Umwälzung im Denken der Menschen, getreu seiner immer wieder verkündeten Überzeugung, daß nicht wirtschaftliche und materielle Gegebenheiten die ausschlaggebenden Faktoren der Geschichte seien, sondern politische Kräfte wie der Glaube und die Willenskraft eines Volkes, getreu auch seiner einzigartigen Fähigkeit, die Massen mitzureißen.

So sah Hitler die künftige Rolle der Partei hauptsächlich darin, das Volk ideologisch zu erziehen und zu mobilisieren. Wie er schon in *Mein Kampf* geschrieben hatte: »Die Weltanschauung ist unduldsam und... fordert gebieterisch ihre eigene, ausschließliche und restlose Anerkennung sowie die vollkommene Umstellung des gesamten öffentlichen Lebens nach ihren Anschauungen.«[21]

Ähnlich wie »Propaganda«, verdeckte auch der sachlich klingende Ausdruck »Gleichschaltung« den aggressiven Charakter dessen, was die Nationalsozialisten hierunter verstanden: die durchgreifende Politisierung aller Lebensbereiche. In konsequenter Weiterführung eines schon vor 1933 eingeleiteten Prozesses überzogen sie die Gesellschaft mit einem Netz parteinaher Verbände und Institutionen. Bestehende Berufs- und Fachverbände wurden entweder unterwandert und übernommen oder aber aufgelöst und durch NS-Nachfolgeorganisationen ersetzt. Dasselbe geschah mit den Hunderten von Vereinen und Vereinigungen im Bereich des Sports, der Wohlfahrtspflege, des Erziehungswesens, der Kunst, der Traditionspflege sowie der Frauen- und der Jugendbewegung. Joachim Fest schreibt:

Immer hatte Hitler die Städte seines Reiches ins Große gedacht; schon nach dem gescheiterten Putsch von 1923 entwarf er Kuppeltore und Siegesbögen für Berlin, die Reichshauptstadt, und für München, die »Stadt der Bewegung«. Nach der Machtergreifung konnte er in gewaltigen Maßstäben planen, und immer wieder traf er sich mit Albert Speer, um die aus Pappmaché gefertigten Monumente des kommenden Großreichs zu betrachten. 1935 führte ihm Speer sein Modell für das »Deutsche Haus« vor, das etwas später auf der Pariser Weltausstellung das »Dritte Reich« vor der Welt repräsentieren sollte.

»Es war eine der Grundeinsichten Hitlers, die er in der sozialen Verlassenheit seiner Jugend gewonnen hatte, daß der Mensch irgendwohin gehören will ... Man täuscht sich, wenn man in den zahlreichen Gliederungen der Partei, in den politisierten Berufsverbänden, den Kammern, Ämtern, Bünden ... nur das Element des Zwanges erkennt. Die Praxis, jeden einzelnen in jedem Alter, jeder Funktion, selbst noch in Freizeit oder Unterhaltung zu erfassen und nur noch den Schlaf zur Privatsache zu erklären, wie Robert Ley gelegentlich erklärte, kam vielmehr einem verbreiteten Verlangen nach sozialer Teilhabe entgegen.«[22]

Hitler und Goebbels setzten nicht allein auf das gesprochene und geschriebene Wort, um ihre Botschaft zu verkünden. Auch Mythos, Ritual und Zeremonie spielten eine wichtige Rolle. Zeitgenössische Beobachter zeigten sich beeindruckt von der Wirkung solcher Inszenierungen wie des Erntedankfests auf dem Bückeberg bei Hameln oder des Nürnberger Parteitags im September 1934, den Hitlers Leibarchitekt Albert Speer mitgestaltete und den seine Lieblingsregisseurin Leni Riefenstahl zum »Triumph des Willens« stilisierte; nicht minder beeindruckte sie, daß die Teilnehmer an diesen Feiern tatsächlich mit Inbrunst und unter Aufgabe ihrer Individualität in die wiedergeborene »Volksgemeinschaft« eintauchten, in ein alle ergreifendes »Wir-Gefühl«, dessen personifizierter Ausdruck die Mythengestalt Adolf Hitler war. Dies war mehr als bloße Manipulation, es war die bewußte Herbeiführung emotionaler Rauscherlebnisse, von Führern wie Geführten gleichermaßen als unvergeßlich empfunden.

Sieht man einmal vom Nationalgefühl ab, das die meisten Deutschen ohnehin besaßen, so gelang es den Nationalsozialisten selbst in der euphorischen Anfangsphase ihrer Herrschaft nicht, die Bevölkerung so vollständig zu ihrem Wertesystem zu bekehren, wie sie selbst es glaubten oder doch behaupteten. Ein deutliches Indiz hierfür war die Kluft, die sich innerhalb der protestantischen Kirchen auftat. Die den Nationalsozialisten nahestehende Bewegung der »Deutschen Christen« (die sich selbst gern als »die SA Jesu Christi« bezeichnete) unternahm einen Versuch, die einzelnen evangelischen Landeskirchen gleichzuschalten und unter die Leitung eines Reichsbischofs zu stellen, des ehemaligen Heereskaplans Ludwig Müller. Um dem Führerprinzip Geltung zu verschaffen, sollten alle gewählten kirchlichen Gremien aufgelöst werden. Ferner traten die »Deutschen Christen« für eine »rassische« Erneuerung und für die Aufhebung der Trennung von Kirche und Staat ein.

Der innerkirchliche Widerstand hiergegen äußerte sich zunächst in der Forderung nach einer nur dem christlichen Glauben verpflichteten, »bekennenden« Kirche, »unabhängig vom Staat und von den Zwängen politischer Macht«. An der Spitze dieser Bewegung standen zwei Berliner Pastoren, Martin Niemöller, ein U-Boot-Kommandant des Weltkrieges, und der junge Dietrich Bonhoeffer; der bekannte Theologe Karl Barth stärkte ihnen den Rücken. Den Höhepunkt ihrer Wirkung erreichte die Bekennende Kirche mit der Barmer Erklärung vom Mai 1934, deren fünfter Artikel lautete:»Wir verwerfen die falsche Lehre, als solle und könne der Staat über seinen besonderen Auftrag hinaus die einzige und totale Ordnung menschlichen Lebens werden und also auch die Bestimmung der Kirche erfüllen.« Noch einmal erhob sie im Juni 1936 auf eindrucksvolle und wirksame Weise ihre Stimme, als sie in einer Denkschrift die NS-Ideologie, die Judenverfolgung, das ungesetzliche Handeln der Gestapo und den Führerkult anprangerte.

Für einen Kurs des kompromißlosen Widerstands entschieden sich letzten Endes nur wenige Mutige; die Mehrheit schloß einen widerwilligen Kompromiß mit dem Regime. Doch sahen sich auch die Nationalsozialisten zu einer Änderung ihrer Taktik gezwungen und gaben den Versuch einer völligen Gleichschaltung der Kirche auf.

In den Kabinettssitzungen zu Beginn seiner Regierungszeit sprach Hitler davon, daß es dreißig bis vierzig Jahre dauern werde, bis die Bekehrung des deutschen Volkes zur nationalsozialistischen Weltanschauung abgeschlossen sei. Die älteren Generationen, die ihre Wertvorstellungen in einer anderen Welt erworben hatten, tat er als »hoffnungslose Fälle« ab, so daß alle Anstrengungen auf die Jüngeren konzentriert werden müßten.

Bezeichnenderweise war die Rivalität zwischen den verschiedenen Institutionen, die mit der Indoktrination der nachwachsenden Generationen befaßt waren, größer als die Bereitschaft zur Zusammenarbeit. Zwar setzte Hitler durch die Schaffung eines Reichsministeriums für Wissenschaft, Erziehung und Volksbildung im Mai 1934 ein Signal für das Ende der Länderautonomie im Bildungswesen, doch verwickelte sich Erziehungsminister Rust bei seinen Versuchen, allgemeine Richtlinien für den Schulunterricht durchzusetzen, immer wieder in Kompetenzstreitigkeiten mit Heß und Bormann sowie mit Ley und Goebbels.

Hauptaufgabe der Schule, so verkündete Rust in einer Weisung vom 18. Dezember 1934, sei die Erziehung der Jugend zum Dienst an Volk und Staat im Geiste des Nationalsozialismus. Ebenso klar definiert war die Rolle des Nationalsozialistischen Lehrerbunds (NSLB), dem schon nach kurzer Zeit die meisten und 1937 sogar 97 Prozent aller deutschen Lehrer angehörten, einer Berufsgruppe, die in der NSDAP seit jeher stark vertreten war: »Der Nationalsozialismus ist eine Weltanschauung, die einen totalen Anspruch auf Geltung erhebt und nicht Sache zufälliger Meinungsbildung sein will ... Die deutsche Jugend soll nicht mehr wie im Liberalismus in sogenannter objektiver Weise vor die Auswahl gestellt werden, ob sie materialistisch oder idealistisch, völkisch oder international, religiös oder gottlos aufwachsen will, sondern sie soll bewußt geformt werden nach ... den Grundsätzen der nationalsozialistischen Weltanschauung ... [Dies] geschieht mit denselben Mitteln, mit denen die Bewegung das ganze Volk erobert hat: Schulung und Propaganda.«[23]

Schon bald nach der Übernahme der Macht erfaßte die Partei auch die Jugend. Die politischen und christlichen Jugendverbände wurden verboten oder in die Hitlerjugend eingegliedert, die 1936 zur offiziellen Staatsjugend erklärt wurde. In eigenen Massenveranstaltungen, Sommerlagern, Wehrertüchtigungslagern und Parteischulen wurde sie organisatorisch erfaßt und reglementiert. Immer wieder hielt Hitler Heerschau über die Staatsjugend ab, zum Beispiel im September 1935 vor 54.000 Hitlerjungen im Nürnberger Stadion.

Besonders deutlich bemerkbar machte sich der Einfluß der nationalsozialistischen Ideologie in den Unterrichtsfächern Geschichte, Deutsch und Biologie (wo die »Rassenlehre« im Mittelpunkt stand) sowie in der merklichen Zunahme der Turn- und Sportstunden. Außerhalb der Schulen baute der im Juli 1933 zum Reichsjugendführer berufene Baldur von Schirach die Hitlerjugend zu einer Organisation mit monopolartigem Charakter aus, die im März 1939 sogar einen gesetzlich verankerten Status erhielt; die Mitgliedschaft in der Hitlerjugend wurde von da an für alle Jungen und Mädchen zwischen zehn und achtzehn Jahren zur Pflicht.

War die NSDAP schon vor 1933 im akademischen Milieu stark vertreten gewesen, so wurde der Eintritt in die »Deutsche Studentenschaft« (die die Bücherverbrennung organisierte) von April 1933 für alle Studenten obligatorisch. Jeder Student mußte einen viermonatigen Arbeitsdienst ableisten und zwei Monate in einem SA-Lager zubringen, ein Tribut an die Idee des »Gemeinschaftserlebnisses«, die die Nationalsozialisten aus dem Repertoire der früheren autonomen Jugendbewegung übernommen hatten.

Die Jahre 1933/34 brachten eine Säuberung der Hochschulen, in deren

Verlauf von den 7 700 beamteten Hochschullehrern fünfzehn Prozent (in den naturwissenschaftlichen Fakultäten achtzehn Prozent) entlassen wurden oder von sich aus ihren Abschied nahmen. Die Mehrheit der deutschen Professorenschaft stellte sich auf die Seite des Regimes: 700 Professoren unterzeichneten im November 1933 ein entsprechendes Bekenntnis, und Martin Heidegger, einer der einflußreichsten Philosophen des 20. Jahrhunderts, erklärte in seiner Antrittsvorlesung als Rektor der Universität Freiburg, daß nun endlich nicht mehr Dogmen und Ideen die Gesetze menschlichen Seins bestimmten: Der Führer selber, und er allein, sei jetzt und in Zukunft die Wirklichkeit Deutschlands und sein Gesetz.[24]

Im März 1935 führte Hitler die allgemeine Wehrpflicht ein und machte deutlich, daß er von den Streitkräften nicht nur weiterhin bedingungslose Treue zum nationalsozialistischen Staatsverständnis erwarte, sondern künftig bei der Auswahl der Offiziere in besonderem Maße auch »rassische« Maßstäbe geltend machen werde. Nur solche Männer könnten fortan zu Reserveoffizieren ernannt werden, die dem Nationalsozialismus nicht gleichgültig oder gar feindselig gegenüberstanden.[25]

Hitler wollte die Wehrmacht – wie die Reichswehr nunmehr hieß – zu einer »militärischen Schule der Nation« machen.[26] Noch höher waren seine Erwartungen an die SS, die am schnellsten wachsende aller nationalsozialistischen Untergliederungen. Der Reichsführer der SS, Heinrich Himmler, ein fanatischer Anhänger eines biologistischen Rassismus, verfolgte das Ziel, auf rassischer Grundlage eine neue nationalsozialistische Elite (»Herrenrasse«) heranzuzüchten, einen Orden mit einer offen antichristlichen Ideologie und mit der Bereitschaft, jeglichem Befehl bedingungslos zu gehorchen.

Auch wenn Hitler immer wieder den Vorrang der Politik betonte, war er zu scharfsichtig, um nicht zu erkennen, daß, nachdem das Thema Weltwirtschaftskrise und die vermeintlichen Rezepte der NSDAP zu ihrer Überwindung ein so wichtiger Faktor für ihren Wahlerfolg gewesen waren, nichts der verheißenen nationalen Erneuerung förderlicher sein würde als ein wirtschaftlicher Aufschwung.

Hitler war zwar stets bereit gewesen, sich die Vorschläge radikaler Wirtschaftstheoretiker wie Otto Wagener anzuhören, hatte es aber auch immer abgelehnt, sich festzulegen; er wollte sein Amt ohne bindende Verpflichtungen antreten. Wenn er wirklich die Arbeitslosigkeit binnen vier Jahren beseitigen (wie er öffentlich erklärt hatte) und Deutschland so schnell wie möglich aufrüsten wollte (wie er es seinen Kabinettskollegen als sein vorrangiges Ziel offenbarte), dann sprachen gewichtige praktische Gründe dafür, mit den Trägern des bestehenden Wirtschaftssystems eng zusammenzuarbeiten und es nicht durch unerprobte radikale Neuerungen in eine Zerreißprobe zu stürzen. In Hitlers Haltung schwang jedoch mehr mit als reines Nützlichkeitsdenken. Harold James hat es treffend formuliert:

»Auf wirtschaftlichem Gebiet hatte Hitler nichts von einem Sozialisten ...
Der Kollektivismus der Nationalsozialisten war ein politischer, kein wirtschaftlicher, das wirtschaftlich handelnde Subjekt blieb der einzelne. Die wiederholt verkündete Absicht der Partei, nicht die Fabriken, sondern die Menschen verstaatlichen zu wollen, bedeutete, daß sie eine weitgehend staatliche Kontrolle über die Wirtschaft für unnötig hielten.«[27]

Wie James weiter aufzeigt, neigte Hitler, gerade weil er dem menschlichen Willen so große Bedeutung beimaß, zu einer für die damalige Zeit ungewöhnlich hohen Wertschätzung für individuelle Erfinder und technische Pioniere wie Porsche oder Junkers, die er sehr bewunderte. In diesen durch die Bildung bürokratischer Großkonzerne bedrohten schöpferischen Unternehmerpersönlichkeiten sah er die eigentlichen Triebkräfte des technischen Fortschritts, und im technischen Fortschritt wiederum lag nach seiner Überzeugung der Schlüssel zur Zukunft. Im Gegensatz zu den Agrarromantikern innerhalb der Bewegung, die in der Industrialisierung ein Übel sahen, war Hitler ein technikbegeisterter Mensch, und er hatte auch keine Angst, daß der technische Fortschritt die Arbeitslosigkeit verschlimmern könnte. »Ich werde einfach doppelt so viele Autobahnkilometer bauen, wenn es mit der Hälfte der Arbeiter geht.«

Eine erfolgreiche Wirtschaftspolitik sollte Hitler auch helfen, die Arbeiterschaft wieder für »die nationale Idee« zu gewinnen. Die Entwurzelung der deutschen Arbeiter, die er in Wien kennengelernt hatte, und ihre Entfremdung von jeglichem Nationalbewußtsein zugunsten der marxistischen Klassenkampfideologie hatten ihn tief beunruhigt. Selbst bei der Reichstagswahl vom März 1933 war es ihm nicht gelungen, die Loyalität der sozialdemokratischen und kommunistischen Wähler zu erschüttern, die ihren Parteien noch immer zu einem Stimmenanteil von zusammen über 30 Prozent verholfen hatten. Um so mehr war er jetzt entschlossen, den Bann der »jüdisch-marxistischen Lüge« zu brechen und die Industriearbeiter in die »deutsche Volksgemeinschaft« zurückzuholen.

Hitler verbot nicht nur die beiden politischen Parteien der Arbeiterschaft, sondern ging parallel dazu auch gegen die Gewerkschaften vor. Den christlichen Gewerkschaften gewährte er noch eine Schonzeit von einigen Wochen, bis zum Abschluß des Konkordats mit dem Vatikan; wichtiger waren ihm die der politischen Linken nahestehenden Gewerkschaften mit ihren viereinhalb Millionen Mitgliedern. Deren Führer wandten sich, demoralisiert von einem starken Mitgliederschwund unter dem Eindruck des nationalsozialistischen Triumphzugs und dem Erlöschen des politischen Widerstands, mit dem Angebot an Hitler, ihre Bindungen an die SPD zu lösen und loyal mit der neuen Regierung zusammenzuarbeiten. Doch jede Hoffnung, auf diese Weise vielleicht ihre Organisation retten zu können, war bald dahin. Während ein »Aktionskomitee zum Schutze der Deutschen Arbeit« unter Führung von Robert Ley insgeheim an den Plänen für den späteren Aufbau der Deutschen Arbeitsfront (DAF) arbeitete, berei tete Goebbels mit einem weiteren spektakulären Propagandacoup, vergleichbar dem Tag von Potsdam, den Boden.

Der 1. Mai, der Tag der internationalen Arbeiterbewegung, wurde zum offiziellen Feiertag und »Tag der nationalen Arbeit« erklärt. Zu einer riesigen Kundgebung auf dem Flughafen Tempelhof versammelten sich Hunderttausende von Arbeitern mit ihren Familien, ehrten die »Schaffenden aller Klassen« und feierten den Nationalsozialismus als eine Bewegung, die überholte Klassenunterschiede in der Gesellschaft beseitigen, dem Standesdünkel und dem Klassenkampf ein Ende bereiten und für ein Verhältnis gegenseitigen Respekts zwischen den einzelnen Gruppen des Volkes sorgen werde. Hitler wandte sich in seiner Ansprache dagegen, körperliche Arbeit geringzuschätzen; er lobte den Fleiß der deutschen Menschen als den wertvollsten Schatz, den die Nation besitze, und erklärte die Beseitigung der Arbeitslosigkeit zur vorrangigen Aufgabe seiner Regierung.

Am Morgen danach zeigte die Regierung ihr anderes Gesicht: Um zehn Uhr vormittags besetzten SA- und Polizei-Hilfstruppen die Geschäftsstellen und Büros aller Gewerkschaften und beschlagnahmten ihr Sach- und Geldvermögen. Eine Woche später fand der 1. Kongreß der Deutschen Arbeitsfront statt, der bald darauf alle Arbeiter und Angestellten zusammenschloß.

Die Nationalsozialistische Betriebszellenorganisation (NSBO), die Gregor Strasser aufgebaut und die mit ihrem von ihm inspirierten radikal antikapitalistischen Programm 1933 eine Million Mitglieder gewann, sah jetzt ihre Chance, die Nachfolge der freien Gewerkschaften anzutreten und die DAF als Instrument zur Vertretung der Arbeiterinteressen gegenüber den Unternehmern zu benutzen. Doch Hitler hatte die freien Gewerkschaften nicht zerschlagen, um eine ähnliche Interessenvertretung unter anderer Bezeichnung zuzulassen. Die NSBO wurde der Parteileitung in München unterstellt und von den führenden Vertretern der radikalen Richtung gesäubert.

Kraft eines Gesetzes vom 19. Mai 1933 übertrug die Regierung die Verantwortung für die Festlegung von Löhnen und Gehältern, die bisher im Rahmen der Tarifautonomie bei den Vertretern der Arbeiterschaft und der Arbeitgeber gelegen hatte, zwölf staatlich eingesetzten »Treuhändern der Arbeit«, die jeweils für ein bestimmtes Tarifgebiet zuständig waren. Beamte waren im Kreis dieser Treuhänder ebenso vertreten wie Juristen aus den Arbeitgeberorganisationen.

Die Tarifpolitik der NSDAP war den Arbeitgebern mit Sicherheit sympathisch. Die Beziehungen der großen Unternehmer zu den neuen politischen Herren waren anfänglich etwas verkrampft gewesen. Am 20. Februar, zwei Wochen vor der Wahl, die nach Hitlers Versprechen die letzte sein würde, hatte Göring fünfundzwanzig führende Industrielle zu einem Treffen mit Hitler geladen, bei dem sie sich mit der Aufforderung konfrontiert sahen, einen Wahlkampffonds in Höhe von drei Millionen Mark einzurichten. Ihre Hoffnung, daß ihr wichtigstes Interessenvertretungsorgan, der Reichsverband der Deutschen Industrie (RDI, Vorsitzender: Krupp von Bohlen), seine Unabhängigkeit würde wahren können, erhielt einen empfindlichen Rückschlag, als am 1. April ein NS-Kommando unter Führung Otto Wageners die Berliner Hauptgeschäftsstelle des RDI stürmte und den Verband unter ihre Kontrolle stellte. Proteste fruchteten nichts, und im Mai löste sich der Reichsverband »aus freien Stücken« auf und schloß sich mit anderen industriellen Arbeitgeberverbänden zu einer neuen Organisation unter nationalsozialistischer Ägide zusammen.

Befürchtungen, Radikale wie Wagener oder die Aktivisten der NSBO würden die Wirtschaftspolitik bestimmen, erwiesen sich jedoch als unbegründet. Nach der Zerschlagung der Gewerkschaften und Betriebsräte waren die Unternehmer zu ihrer großen Genugtuung unversehens wieder Herren im eigenen Haus. Wichtiger noch für das Verhältnis von Arbeitgebern und Arbeitern zum neuen Staat war die Tatsache, daß die Wirtschaft einen drastischen Aufschwung nahm, in dessen Verlauf die Arbeitslosigkeit binnen dreier Jahre abgebaut wurde; 1936 herrschte im Deutschen Reich Arbeitskräftemangel.

Feindselige Einstellungen gegenüber dem Unternehmertum und namentlich der Großindustrie fanden sich nicht nur in den Reihen der NSBO, sondern auch bei vielen Parteigenossen aus der Mittelschicht, Kleinunternehmer, Gewerbetreibende und Einzelhändler. Die organisierten Interessenvertretungen dieser Berufsstände waren in der NSDAP aufgegangen und warteten jetzt, da ihre Partei die Macht im Staate innehatte, auf die Erfüllung ihrer langjährigen Forderungen, etwa nach Schließung der großen Kaufhäuser und Konsumgenossenschaften. Dies war eines der beherrschenden Themen in den Wahlkämpfen der NSDAP gewesen und stand auch in ihrem »unabänderlichen« Programm; Hitler konnte daher die Mahnungen dieser Gruppen nicht ohne weiteres ignorieren.

Vor diesem Hintergrund ist die Berufung Otto Wageners zum Reichskommissar für die Wirtschaft zu sehen. Wagener schwebte die Rückkehr zu einem zunftartig organisierten Wirtschaftssystem vor, er plante, die großen, unpersönlichen Eigentumsformen aufzulösen und auf dem Weg dahin zuerst die Zitadelle der Großindustrie zu erobern, den RDI. Ohne Entscheidungen der Parteispitze abzuwarten, schritten schon in den ersten Tagen nach Hitlers Machtergreifung vielerorts lokale Partei- und SA-Aktivisten zur Tat; der erste Höhepunkt ihrer Aktivität war der Aufruf zum landesweiten Boykott jüdischer Geschäfte, ergangen am 1. April, demselben Tag, an dem Wagener das Berliner RDI-Büro stürmte.

Diese aggressiven Maßnahmen stießen indes auf den heftigen Widerstand der Großindustrie und derjenigen NS-Führer, die sich ihr verbunden fühlten, vor allem Görings. Um die Berufung Wageners zum Wirtschaftsminister zu verhindern, überredete Göring Hitler, diesen Posten mit Kurt

Schmitt zu besetzen, dem Direktor der Münchner Allianz-Versicherungs-gruppe, und einen zusätzlichen Staatssekretär zu berufen: Hans Posse, einen hohen Beamten der Weimarer Republik. Posse sollte im Wirtschafts-ministerium an der Seite Gottfried Feders arbeiten, jenem Geist aus frühen NSDAP-Tagen, der einst so tiefen Eindruck auf Hitler gemacht und 1920 durchgesetzt hatte, daß die Partei die »Brechung der Zinsknechtschaft« in ihr Programm aufnahm. Was diese Forderung wert war, zeigte sich, als ein jüdisches Unternehmen, das große Kaufhaus Hermann Tietz, um staatliche Hilfe bei einer Umschuldungsaktion ersuchte. Hitler selbst sprach sich ent-schieden dagegen aus, mußte sich aber dem Argument beugen, daß ein Konkurs von Hermann Tietz und anderen Kaufhäusern zum Verlust von Zehntausenden von Arbeitsplätzen sowie zu einer Welle von Preiserhö-hungen führen würde.

Im Sommer 1933 wurde der NS-Kampfbund mittelständischer Ge-schäftsleute aufgelöst, und Otto Wagener verabschiedete sich aus der Poli-tik. Ein neuer nationalsozialistischer Gewerbeverband wurde gegründet, die HAGO, von Heß und dem Parteiapparat mit wenig eigenem Spielraum geführt. Hitler ließ in einer bedeutsamen Rede, die er am 6. Juli vor den Reichsstatthaltern hielt, keinen Zweifel daran, daß »die Revolution been-det« sei und nicht auf die Wirtschaft übergreifen dürfe. Es seien mehr »Revolutionen im ersten Ansturm gelungen, als gelungene aufgefangen und zum Stehen gebracht worden. Die Revolution ist kein Dauerzu-stand.«[28]

Gleichwohl gab es einen Wirtschaftssektor, in dem Idologie nach wie vor mehr zählte als ökonomische und soziale Erwägungen: die Landwirtschaft. Die bäuerliche Wirtschaft müsse künftig von der kapitalistischen Markt-wirtschaft getrennt werden, so lautete eine Propaganda-Maxime der Par-tei.[29] Mit Steuersenkungen und teilweisen Schuldenerlassen leistete die Regierung den Bauern in den von der Wirtschaftskrise am stärksten betrof-fenen Gebieten (in denen die NSDAP ihre besten Wahlergebnisse erzielt hatte) unmittelbare Hilfe. Die nationalsozialistische Ideologie enthielt ein starkes »argar-romantisches« Element, das einem tiefsitzenden Argwohn gegen die städtische und industrielle Zivilisation entsprach. Die Bauern-schaft war dieser Anschauung zufolge so etwas wie eine biologische Reserve für die Blutauffrischung der Volksgemeinschaft und daher beson-ders schutzwürdig – eine Vorstellung, die an die Phantasmagorien Himm-lers von einer rassisch orientierten Besiedlungspolitik in den der Eroberung harrenden Ländern im Osten erinnert.

Der agrarpolitische Spitzenfunktionär der NSDAP, Walter Darré, war der geeignete Mann, diesen Ideen Ausdruck zu verleihen. Unter seiner Füh-rung hatten die Nationalsozialisten schon vor 1933 beträchtlichen Ein-fluß in den landwirtschaftlichen Interessenverbänden und in den Landwirt-schaftskammern verschafft. Als Hugenberg am 27. Juni 1933 seine Minister-ämter niederlegte, berief Hitler Darré zum Landwirtschaftsminister, der damit der vierte Nationalsozialist im Kabinett wurde. Jetzt war Darré in der Lage, die Herrschaft über den parteieigenen Agrarpolitischen Apparat (AA) mit der Kontrolle der landwirtschaftlichen Interessenvertretungen und der Leitung des betreffenden Fachministeriums zu verbinden. Diese Konstellation gab ihm die Möglichkeit, ein Programm in Gang zu bringen, das zugleich auf die Stabilisierung des Grundbesitzes, die totale Kontrolle über Märkte und Preise sowie auf die Entwicklung von Siedlungsplänen abzielte.

Während Stalin im Kulaken das größte Hemmnis für seine Modernisierungspolitik sah, pries Hitler die Bauernschaft als »das dauerhafte Fundament des deutschen Volkstums«. Um zu unterstreichen, welche Bedeutung die neue Ordnung den Bauern als der »Zukunft der Nation« beimaß, wurde der 1. Oktober zum Ehrentag der deutschen Bauernschaft erklärt, als Gegenstück zum 1. Mai als Tag der nationalen Arbeit. An diesem Tag versammelten sich von nun an auf dem Bückeberg bei Hameln deutsche Bauern zu einer Heerschau – eine halbe Million kam 1933, eine Million 1935, um Hitler sprechen zu hören.

Führerprinzip und Hitlermythos konnten nicht verhindern, daß Hitler in seiner Frühzeit als Reichskanzler, mit Sicherheit bis zum 30. Juni 1934, in nicht geringerem Maß als jeder andere Politiker gezwungen war, zu lavieren, widersprüchliche Zusagen zu geben und ungeliebte Kompromisse zu akzeptieren. Seine Kritiker hatten immer geglaubt, eine Partei, die so vielen unterschiedlichen Gruppen so viele unterschiedliche Versprechungen gemacht hatte, werde auseinanderfallen, wenn sie einmal an die Macht gelangt sei. Angesichts der in fieberhafte Höhe geschraubten Erwartungen seiner Gefolgsleute war es eine beachtliche Leistung Hitlers, auf der Spitze der Welle zu reiten und nicht von ihr überrollt zu werden. Vielerorts warteten die lokalen Führer der Partei und der SA nicht auf Anweisungen aus Berlin, sondern schritten auf eigene Faust zur Tat, und Hitlers Ansprache an die Reichsstatthalter im Juli 1933 zeigt, welche Schwierigkeiten es ihm und Göring zu diesem Zeitpunkt machte, das Steuer in der Hand zu behalten.

Wenn man die taktischen Ausweichmanöver, wie sie in Zeiten der Revolution typischerweise vorkommen, beiseite läßt, fällt es nicht schwer, in den Äußerungen Hitlers zur Wirtschaftspolitik eine konsequente Linie zu entdecken, zu der er nach vorübergehenden Abschweifungen zurückkehrte. Es gab in der nationalsozialistischen Bewegung zweifellos nicht wenige, die darauf warteten, daß auf die Phase der Etablierung an den Schalthebeln der Macht, die Mitte 1933 zu Ende war, ein radikaler Umbau der Wirtschaft folgen würde. Hitler gehörte nicht zu dieser Gruppe; zu sagen, er habe die Gelegenheit zu einer solchen grundlegenden Umwälzung »verpaßt«, hieße die Belege dafür zu ignorieren, daß er nichts dergleichen je vorhatte. Für Hitler war und blieb die Revolution eine politische Umwälzung, ein entscheidender Wandel der Machtverhältnisse im Innern, mit der Ausschal-

In der Öffentlichkeit erschien Hitler jetzt zunehmend als Staatsmann, je nach dem Anlaß seinen Aufzug wählend. Aber sobald er in seine Privatwelt, z.B. in das alte Haus Wachenfeld auf dem Obersalzberg einkehrte, legte er all diese fremden Zutaten ab, um sich in Knickerbocker, Flanellanzüge und bequeme Straßenanzüge zu kleiden. Dann war der »Führer« wieder ein Privatmann, und selbst in der zweiten Hälfte des Weltkrieges, wenn er die russische Front oft für viele Wochen von seinem Bergsitz aus lenkte, trug er vorzugsweise Zivil. Die Aufnahme aus dem Jahre 1934, noch vor dem Umbau des Obersalzberges, zeigt diese Privatwelt auf fast lächerliche Weise: ein Sisal-Teppich, Korbmöbel, eine Küchenanrichte, auf der neben Blumentöpfen auch ein Vogelbauer steht, davor eine breitblättrige Zimmerpflanze. Das war die Privatsphäre des Mannes, der sich anschickte, die Welt zu erobern, und Berlin als Welthauptstadt »Germania« konzipierte.

tung der »marxistischen« Parteien und der Gewerkschaften als Kernstück. Nachdem dies erreicht war, mußte er zunächst einmal im dunkeln lassen, wie er die ihm zu Gebote stehende Macht gebrauchen wollte; er konnte seine Pläne erst offenbaren, wenn die materielle und psychologische Mobilmachung des deutschen Volkes, seine »Wiederwehrhaftmachung«, weit genug fortgeschritten war – dem Kabinett hatte er erklärt, dies werde fünf Jahre dauern.

Hitler unterschätzte die Bedeutung der Wirtschaft nicht, aber er hatte ein instrumentelles Verhältnis zu ihr. Wie er einmal im Gespräch mit Bauarbeitern auf seinem Berghof bei Berchtesgaden erklärte: »Sehen Sie, es wird so viel von Privatwirtschaft und Gemeinwirtschaft geredet, von sozialisierter Wirtschaft und von Eigentumswirtschaft. Glauben Sie, das entscheidende ist auch hier nicht die Theorie, sondern die Leistung der Wirtschaft.«[30]

Wenn die Wirtschaft, so wie sie jetzt strukturiert war, die von Hitler gewollten Ergebnisse bringen konnte – wirtschaftliche Erholung und Beseitigung der Arbeitslosigkeit auf kurze, Wiederaufrüstung auf lange Sicht, aber doch so schnell wie möglich –, dann sah er keinen Grund, weshalb er ihre Leistungsfähigkeit durch radikale Eingriffe, an denen er kein besonderes ideologisches Interesse hatte, aufs Spiel setzen sollte. Die Sicherung der Zukunft des Reiches war in seinen Augen nicht eine Frage wirtschaftlicher und gesellschaftlicher Reformen, sondern erforderte die Eroberung zusätzlichen Lebensraums, sobald die Machtmittel dazu vorhanden waren.

Ähnliches läßt sich mit Blick auf Hitlers Aufrüstungs- und Außenpolitik konstatieren: Es bestand eine gewisse Kontinuität mit den Zielen und Plänen früherer Reichsregierungen, wobei man sich auf die Zusammenarbeit mit den bestehenden Führungseliten in der Wirtschaft, der Reichswehr und im auswärtigen Dienst stützte. In allen diesen Fällen entsteht ein irreführender Eindruck, wenn man die Betrachtung auf die Jahre 1933 bis 1935 eingrenzt.

Die Bemühungen Brünings, Papens und Schleichers hatten dazu geführt, daß auf der Konferenz von Lausanne im Jahr 1932 die deutschen Reparationszahlungen beendet wurden, und die Genfer Abrüstungskonferenz hatte Deutschland das Recht auf Waffengleichheit zugebilligt. Mit der Produktion verbotener Waffen (beispielsweise von Flugzeugen und Giftgas) hatte die Reichswehr 1922 in der Sowjetunion begonnen, und geheime Pläne für die Wiederaufrüstung liefen seit 1926. 1928 hatte das Reichswehrministerium eine Zielvorgabe von sechzehn Divisionen bis Ende 1932 verabschiedet; in diesem Jahr wurde dann das Wiederaufrüstungsprogramm noch einmal erweitert: Für 1938 waren nunmehr einundzwanzig Divisionen (300 000 Mann) vorgesehen. Hitlers Pläne für eine Ausdehnung nach Osten (die er in dieser Phase noch sorgsam geheimhielt) griffen das aus der alldeutschen Propaganda der 90er Jahre des letzten Jahrhunderts wohlvertraute Motiv eines vom Reich dominierten Mitteleuropa auf und verbanden es mit der Forderung, die deutsche Hegemonie in Osteuropa wiederherzustellen, die 1918 durch den Vertrag von Brest-Litowsk begründet worden und später wieder verlorengegangen war.

Was Hitler der deutschen Generalität zu bieten hatte, als er am 3. Februar 1933, vier Tage nach seiner Berufung zum Reichskanzler, vor sie trat, war keine neue Politik, sondern allenfalls eine aussichtsreicher erscheinende Version des im nationalistischen Lager allgemein bejahten Ziels, »die Fes-

seln von Versailles abzuwerfen« und die deutsche Militärmacht wiederherzustellen. Auf die Frage, für welche Ziele diese Macht eingesetzt werden
solle, gab Hitler eine bewußt undeutlich gehaltene Antwort. General Liebmann notierte sich folgende Aussage: »Jetzt noch nicht zu sagen. Vielleicht
Erkämpfung neuer Export-Mögl., vielleicht – und wohl besser – Eroberung
neuen Lebensraums im Osten u. dessen rücksichtslose Germanisierung.«[31]
    Hitler versprach der Reichswehr, man werde sie nicht in innenpolitische
Händel hineinziehen; doch die Befürchtung blieb bestehen, die Stellung
der regulären Armee könne womöglich von der SA bedroht werden, deren
zweieinhalb Millionen Mitglieder das wichtigste Reserveheer für den Fall
eines nationalen Notstands bildeten und deren Stabschef Röhm keinen
Hehl aus seinem Ehrgeiz machte, an die Stelle der tradtitionsverhafteten
Reichswehr eine Volksmiliz zu setzen. Diese Befürchtungen waren offenbar das treibende Motiv hinter einem Vorstoß, den das Reichswehrministerium im Dezember 1933 unternahm mit dem Ziel, die Reichswehr von ihrer
bislang vorgesehenen Friedensstärke von 21 Divisionen auf eine potentielle
Kriegsstärke von 63 Divisionen aufzustocken. Ein solches Vorhaben ließ
sich nur verwirklichen, wenn die allgemeine Wehrpflicht eingeführt und die
Reichswehr damit vom Reservepotential der SA unabhängig wurde.
    Hitlers Hauptsorge galt jedoch zunächst der Notwendigkeit, die erste
Phase der Wiederaufrüstung unter bestmöglicher Tarnung durchzuführen.
Denn in dieser Phase würde das Deutsche Reich, wie er am 3. Februar vor
den Generälen bekräftigte, am verwundbarsten sein: »Da wird sich zeigen,
ob Fr[ankreich] Staatsmänner hat; wenn ja, wird es uns Zeit nicht lassen,
sondern über uns herfallen (vermutlich mit Osttrabanten).«
    Hitler nutzte eine Reihe von Interviews mit Auslandskorrespondenten,
um französische und britische Befürchtungen einzuschläfern, und in seiner
ersten außenpolitischen Rede am 17. Mai bediente er sich einer geschickten
Kombination aus Bekundungen seines Friedenswillens und gemäßigt klingenden Anmahnungen »gerechter« deutscher Ansprüche auf Korrekturen
des Versailler Vertrages. »Die Generation dieses jungen Deutschlands«,
erklärte er, »die in ihrem bisherigen Leben nur die Not, das Elend und den
Jammer des eigenen Volkes kennenlernte, hat zu sehr unter dem Wahnsinn
gelitten, als daß sie beabsichtigen könnte, das gleiche anderen zuzufügen.
»Indem wir in grenzenloser Liebe und Treue an unserem eigenen Volkstum
hängen, respektieren wir die nationalen Rechte auch der anderen Völker
aus dieser selben Gesinnung heraus und möchten aus tiefinnerstem Herzen mit ihnen in Frieden und Freundschaft leben ... Franzosen, Polen usw.
sind unsere Nachbarvölker, und wir wissen, daß kein geschichtlich denkbarer Vorgang diese Wirklichkeit ändern könnte. Es wäre ein Glück für die
Welt gewesen, wenn im Vertrage von Versailles diese Realitäten auch in
bezug auf Deutschland gewürdigt worden wären. Denn es müßte das Ziel
eines wirklich dauerhaften Vertragswerkes sein, nicht Wunden zu reißen
oder vorhandene offen zu halten, sondern Wunden zu schließen und zu

heilen … Dennoch wird keine deutsche Regierung von sich aus den Bruch einer Vereinbarung durchführen, die nicht beseitigt werden kann, ohne durch eine bessere ersetzt zu werden. Allein dies Bekenntnis zum Rechtscharakter eines solchen Vertrages kann nur ein allgemeines sein. Nicht nur der Sieger hat den Anspruch auf die ihm darin gegebenen Rechte, sondern auch der Besiegte.«[32]

Auf der Genfer Abrüstungskonferenz, die das ganze Jahr 1933 hindurch andauerte, steuerten die deutschen Vertreter einen harten Kurs bis hin zur Androhung ihrer Abreise; sie taten dies auf Anweisung des Reichswehr- und des Außenministeriums und gegen die Bedenken Hitlers, der einer vorsichtigeren Position zuneigte. Erst im Oktober 1933 konnte Blomberg Hitler so weit bringen, daß er den Drohungen Taten folgen ließ. Als Hitler sich jedoch einmal entschlossen hatte, nutzte er die Gelegenheit gleich zum ersten seiner außenpolitischen Paukenschläge, indem er den deutschen Rückzug aus der Abrüstungskonferenz (14. Oktober) mit dem Austritt aus dem Völkerbund verband, einem Schritt, für den Japan im Mai das Beispiel gesetzt hatte. Er machte dabei größtmöglichen Gebrauch von dem Argument, die anderen Mächte müßten, wenn sie es mit dem selbstverkündeten Gleichheitsgrundsatz ernst meinten, entweder selbst abrüsten oder aber die Wiederaufrüstung Deutschlands zulassen. Hitler verband seine Austrittsankündigung mit einer gefühlsgeladenen Rundfunkansprache – ein Verfahren, das er in der Folgezeit noch öfter anwendete –, in der er jede deutsche Angriffsabsicht leugnete, den französischen Nachbarn als einen alten und ruhmreichen Gegner des Reiches bezeichnete und für »wahnsinnig« erklärte, der sich einen Krieg zwischen den beiden Ländern auch nur vorstellen könne.

In der Überzeugung, das deutsche Volk werde nach all den Demütigungen, die die Siegermächte ihm zugemutet hatte und nach dem doppelzüngigen Verhalten des Völkerbunds eine selbstbewußte »Unabhängigkeitserklärung« beifällig aufnehmen, setzte Hitler für den 12. November, den Tag nach dem 15. Jahrestag des Waffenstillstands von 1918, eine Volksabstimmung an, für die er erneut eine enorme Propagandakampagne unter dem Motto »Wir wollen Ehre und Gleichberechtigung« in Szene setzte. Sein politischer Instinkt täuschte ihn nicht. Die 95 Prozent Ja-Stimmen für seine Außenpolitik und die 39,6 Millionen Stimmen für die nationalsozialistischen »Einheitskandidaten« bei der gleichzeitigen Reichstagswahl (mit 92 Prozent der Stimmen) waren zwar wegen der rüden Propagandamethoden mit dem Makel der Manipulation und Einschüchterung behaftet, doch konnte niemand ernsthaft daran zweifeln, daß die Abstimmungsergebnisse die Haltung der überwältigenden Bevölkerungsmehrheit widerspiegelten.

Die Leichtigkeit, mit der Hitler die öffentliche Meinung in den westlichen Demokratien verwirrte und entzweite, bestärkte ihn in der Verachtung, die er für das parlamentarische System und seine Politiker empfand. Mit seinen Friedensbekundungen erreichte er außenpolitisch dasselbe wie zuvor innenpolitisch mit seinen wiederholten Bekenntnissen zur Legalität. So groß war bei Briten und Franzosen der Wunsch nach beruhigenden Nachrichten aus Deutschland, daß sie Hitler nur allzu gern Glauben schenkten und sich ansonsten denselben fatalen Trost zusprachen wie einst die deutsche Rechte: daß man es in kritischen Situationen schon schaffen werde, die Dynamik des Nationalsozialismus in Schach zu halten. Aus diesen Motiven ließen sie sich zu einer Politik der Beschwichtigung durch Zugeständnisse (*appeasement*) verleiten, die in eine Aushöhlung des europäischen Sicherheitssystems mündete, das doch gerade ein Wiedererstarken Deutschlands hatte verhindern sollen. Die Appeasement-Politik gab Hitler den Spielraum, den er benötigte, um die Wiederaufrüstung durchzuführen, die Fesseln von Versailles zu sprengen und so die Voraussetzungen für eine neue deutsche Expansionspolitik zu schaffen. Es waren dies Ziele und Schritte, die für Hitler den zusätzlichen Vorteil boten, daß sie wie kaum ein anderes Thema geeignet waren, in der Bevölkerung einhellige Zustimmung zu finden. Wiederaufrüstung war die plausibelste Antwort auf die politischen und wirtschaftlichen Probleme Deutschlands, gleichermaßen akzeptabel für die Wirtschaft, das Militär, die national denkenden Teile der Beamtenschaft, des auswärtigen und des diplomatischen Dienstes, für die NS-Gefolgschaft und nicht zuletzt auch für den »Mann auf der Straße«.

Die beiden ersten Mächte, die dem neuen Regime zu internationaler Anerkennung verhalfen, waren ironischerweise die Sowjetunion, die im Mai 1933 das Berliner Abkommen verlängerte, einen 1926 mit der Weimarer Republik geschlossenen Freundschafts- und Neutralitätsvertrag, und der Vatikan, der im Juli das Konkordat mit dem Deutschen Reich schloß. Das gleichzeitige Bemühen Mussolinis um einen Viermächtepakt zwischen Italien, Großbritannien, Frankreich und Deutschland blieb zwar erfolglos, war aber immerhin ein Indiz für die stillschweigend geduldete Rückkehr Hitler-Deutschlands in den Kreis der europäischen Mächte.

Abgeschirmt durch Hitlers diplomatische Initiativen, durfte Göring als Reichskommissar für die Zivilluftfahrt insgeheim den Aufbau der vom Versailler Vertrag verbotenen Luftwaffe vorantreiben. Gegen den Widerstand des Heeres setzte Göring durch, daß die Luftwaffe sich als selbständige Waffengattung etablierte und ein eigenes Ministerium für sie geschaffen wurde, für das Göring den fähigen Erhard Milch, Chef der Lufthansa und begeisterter Nationalsozialist, als Staatssekretär gewann.

Mit dem Aufbau dieser neuen Waffengattung verfolgten die Nationalsozialisten dasselbe Ziel wie einst Admiral von Tirpitz mit dem forcierten Ausbau der Marine in den Jahren vor 1914, nämlich auf dem schnellsten Weg das Kriegsrisiko für jeden potentiellen Gegner so weit zu erhöhen, daß die Gefahr eines Präventivschlags gegen ein noch in der Aufrüstungsphase befindliches Deutschland nicht zu groß wurde. Auch wenn Hitler die Existenz einer deutschen Luftwaffe erst im März 1935 offiziell zugab, hatten in Großbritannien inoffizielle Informationen und Berichte schon seit Sommer 1933 für Beunruhigung gesorgt; Hitler nutzte dies für einen Versuch, zwischen Briten und Franzosen einen Keil zu treiben. Im November 1933 schickte er seinen »Beauftragten für Abrüstungsfragen«, Joachim von Ribbentrop, in persönlicher Mission nach London; Ribbentrop sollte dort den Vorschlag eines Abkommens zwischen Großbritannien und dem Reich unterbreiten, dessen Inhalt eine deutsche Bestandsgarantie für das britische Empire sein würde, als Gegenleistung für eine britische Zusicherung, Deutschland in Osteuropa freie Hand zu gewähren. Ribbentrop schlug ferner, als Fundament für einen Nichtangriffspakt, ein Flottenabkommen vor, eine Anregung, die Raeder als Oberkommandierender der Marine Ende November noch einmal dem britischen Marineattaché in Berlin unterbreitete und die Hitler selbst im Dezember gegenüber dem britischen Botschafter wiederholte.

Daß Ribbentrop mit der England-Mission betraut wurde, war ein Signal. Hitler hatte in seinem ersten Amtsjahr ein weiteres scheinbares Zeichen der Kontinuität dadurch gesetzt, daß er Außenminister von Neurath auf seinen Posten belassen, die erfahrenen Beamten des Auswärtigen Amts zu Rate gezogen und keinen der deutschen Gesandten im Ausland ersetzt hatte (mit Ausnahme des Botschafters bei den Vereinigten Staaten, der auf eigenen Wunsch abgelöst worden war). Doch im Lauf des Jahres 1934 legte Hitler immer mehr außenpolitische Selbständigkeit an den Tag, und das Auswärtige Amt mußte feststellen, daß es in der Partei Männer mit hochgesteckten außenpolitischen Ambitionen gab: Goebbels, Göring, Ribbentrop, Gauleiter Bohle (Leiter der Auslandsorganisation der NSDAP, die die deutschen Volksgruppen im Ausland organisierte) und Rosenberg (Leiter des Außenpolitischen Amts der Partei).

Ribbentrop, ein ehemaliger Sektvertreter, über den Goebbels sagte: »Er hat seinen Namen gekauft, sein Geld geheiratet und sich sein Amt erschwindelt«, war der beharrlichste unter ihnen und konnte Hitler (der von seiner Weltläufigkeit und seinen Fremdsprachenkenntnissen beeindruckt war) davon überzeugen, daß er der richtige Mann für schwierige Sondermissionen im Ausland war. Er verschaffte sich einen eigenen Mitarbeiterstab, das Büro Ribbentrop, und richtete sein Augenmerk auf die Lieblingsidee Hitlers, ein deutsch-britisches Bündnis, redete ihm nach den Mund und stellte, anders als die skeptischen Berufsdiplomaten, die Chancen für ein solches Bündnis im günstigsten Licht dar. Ribbentrop erschmeichelte sich das Vertrauen Hitlers so erfolgreich, daß dieser ihn 1938 anstelle Neuraths zum Außenminister machte und das einst so selbstbewußte Auswärtige Amt auf die Funktionen eines »technischen Apparats« reduzierte – in diese Worte faßte Staatssekretär von Weizsäcker die dem Amt zugefügte Demütigung.

Ein zweiter Coup Hitlers, mit dem er die herkömmliche deutsche Außenpolitik auf den Kopf stellte, war sein im Januar 1934 abgeschlossener Nichtangriffspakt mit Polen. Wenn es ein Land gab, dessen bloße Existenz in den Augen deutscher Nationalisten ein Skandal war, dann war es dieses Polen, an das die Deutschen nach dem Weltkrieg Posen, Westpreußen und Oberschlesien hatten abgeben müssen und das mit seinem »Korridor« zur Ostsee Ostpreußen und Danzig vom Deutschen Reich abschnitt. Polen war der Eckstein des *cordon sanitaire*, den Frankreich in Osteuropa gegen Deutschland zusammengefügt hatte.

Gleich nach der Machtergreifung Hitlers hatte der polnische Regierungschef, Marschall Pilsudski, den Franzosen einen Präventivangriff auf Deutschland vorgeschlagen. Die widerstrebende Reaktion Frankreichs machte Pilsudski für andere Optionen empfänglich, so etwa für den Vorschlag Hitlers, sich eine deutsche Garantie für die Sicherheit Polens zu erhandeln. Aus Hitlers Sicht bot eine solche Verständigung mit Polen mehrere Vorteile: Zum einen wendete sie die Gefahr eines polnischen Angriffs ab, die der Reichswehr bisher Sorge bereitet hatte; zum zweiten entwertete sie das französische Bündnissystem, und drittens ließ sie sich innen- wie außenpolitisch als grundlegender Beitrag zum Schutz Europas vor dem Bolschewismus darstellen. Auf breite Zustimmung für seinen Coup in Deutschland konnte Hitler dennoch nicht hoffen, stand doch die Rückgewinnung der an Polen verlorenen Gebiete ganz oben auf dem revisionistischen Forderungskatalog. Hitlers Interesse an Osteuropa ging jedoch weit über den Wunsch nach Grenzberichtigungen hinaus, richtete sich auf das große Ziel der Eroberung von »Lebensraum«. Die Zeit hierfür war allerdings noch nicht reif; vorläufig würde, so kalkulierte Hitler, seine Bereitschaft, mit Polen zu einer Verständigung zu kommen, im Ausland großen Eindruck machen und den Weg zu einer Reihe bilateraler Verträge ebnen, mit denen er jeden Versuch durchkreuzen konnte, ein kollektives Sicherheitssystem aufzubauen.

Es tat Hitler keinen Abbruch, daß das Verhältnis zur Sowjetunion inzwischen abgekühlt war und ein Propagandakrieg eingesetzt hatte – ein Bruch mit der zu Weimarer Zeiten gepflegten deutsch-sowjetischen Freundschaftspolitik, die mit dem 1922 abgeschlossenen Vertrag von Rapallo ihren Anfang genommen hatte. Er wußte, daß er unter den europäischen Konservativen und auch im Reich selbst viele Sympathien finden konnte, wenn er der antimarxistischen Kampagne, die zum Grundstock aller nationalsozialistischen Wahlkämpfe gehört hatte, jetzt einen antibolschewistischen Kreuzzug folgen ließ. Die Möglichkeit, daß Polen sich als Partner an einem solchen Kreuzzug beteiligen würde, blieb bis 1939 eine offene Option.

Mit seiner dritten außenpolitischen Initiative zeigte Hitler, daß er nicht nur kluge Schachzüge machen, sondern auch Dummheiten begehen konnte. Es heißt, Pilsudski habe sich auch deshalb vom Angebot Hitlers einnehmen lassen, weil dieser Österreicher war und man annehmen konnte, daß er die traditionelle Polenfeindschaft der Preußen nicht teilte. Nun lag für Hitler nichts näher, als sich um die Verwirklichung seines ältesten politischen Traums zu kümmern: das deutsche Österreich in ein Großdeutsches Reich zu integrieren. Die österreichischen Nationalsozialisten erkannten ihn bereits als ihren Führer an, Hitler ließ ihnen massive Unterstützung zukommen und verfügte als flankierende Maßnahme auch noch einen Wirtschaftsboykott gegen das Nachbarland, mit dem Ziel, die in Wien amtierende Regierung Dollfuß durch einen Staatsstreich von innen zu Fall zu bringen.

Aber während der Pakt mit Polen ein wohlberechneter Schachzug gewesen war, beeinträchtigten im Falle Österreichs Emotionen Hitlers Urteilsfähigkeit. Er überschätzte mangels zuverlässiger Informationen die Stärke der österreichischen Nationalsozialisten und schätzte die Auswirkungen falsch ein, die seine Drohungen und sein Wirtschaftsboykott gegen Österreich in Frankreich hervorrufen mußten, das sich 1931 gegen die deutschösterreichische Zollunion gesperrt hatte. Ebensowenig hatte er die Reaktion Italiens bedacht, des Landes, das er neben Großbritannien stets als einen unverzichtbaren Bündnispartner betrachtet hatte, falls er Frankreich isolieren wollte. Mussolini, der selber mitteleuropäische Ambitionen hatte, warf sich sogleich zum Schutzherrn von Bundeskanzler Dollfuß auf und unterzeichnete im Februar 1934 gemeinsam mit der französischen und britischen Regierung eine Erklärung, die den Fortbestand der Selbständigkeit Österreichs forderte. Ausgerechnet zu einem Zeitpunkt, da Dollfuß' Familie bei Mussolini weilte, am 25. Juli 1934, unternahmen die österreichischen Nationalsozialisten ihren Putschversuch, bei dem sie das Bundeskanzleramt stürmten und Dollfuß tödlich verwundeten. Doch die Putschisten wurden in die Flucht geschlagen und mußten sich zu Tausenden über die deutsche Grenze retten – mit Putschversuchen hatte Hitler offenbar kein Glück. Mussolini ließ italienische Truppen am Brenner aufmarschieren und versprach der österreichischen Regierung Hilfe bei der Verteidigung ihrer Unabhängigkeit.

Hitler blieb keine andere Wahl, als jegliche Beteiligung an dem Komplott zu bestreiten und Dollfuß' Mörder auszuliefern. Der deutsche Botschafter in Wien wurde zurückberufen und Papen, Katholik und nach wie vor Hitlers Vizekanzler, zur Schadensbegrenzung nach Wien geschickt.

Das Jahr 1934 endete mit diplomatischen Rückschlägen für Hitler: Der französische Außenminister Louis Barthou verstärkte die französischen Allianzen mit osteuropäischen Staaten, und die Sowjetunion nahm einen ständigen Sitz im Rat des Völkerbunds ein. Hitler reagierte mit weiteren Interviews für die Auslandspresse, in denen er ständig das Wort »Frieden« im Mund führte. »Wenn es auf Deutschland ankommt«, erklärte er Ward Price von der *Daily Mail*, »wird es keinen Krieg geben. Dieses Land hat gründlicher als jedes andere erfahren, welche Schrecken der Krieg in sich birgt.«[33]

Der österreichische Fehlschlag zeigt mit großer Deutlichkeit, wie begrenzt der außenpolitische Spielraum war, über den Hitler in der ersten Hälfte der dreißiger Jahre verfügte. Der revisionistische Kurs, den er sich zu eigen machte, unterstreicht die Kontinuität zur Außenpolitik voraufgegangener Regierungen, die er gezwungenermaßen wahren mußte. Das waren jedoch kurzfristige Notwendigkeiten, die Hitler keineswegs davon abbrachten, langfristig jene Ziele zu verfolgen, die er in *Mein Kampf* dargelegt hatte, ebenso wie seine wortreichen Bekenntnisse zum Frieden ihn nicht daran hinderten, den Krieg als Mittel der Politik zu bejahen und sich auf ihn vorzubereiten. Diese langfristigen Ziele hatten, wie seine Drohungen gegen die Juden, nicht den Charakter eines konkreten Handlungs- oder gar Zeitplans für eine kriegerische Aggression. Hitler war in Fragen der Taktik und der Wahl des Zeitpunkts ein gründlicher Opportunist, wie seine wetterwendische Haltung gegenüber Großbritannien, dem Wunschpartner, den er nie für sich gewinnen konnte, anschaulich zeigt. Sie waren eher so etwas wie der Nordpol seines politischen Kompasses, auf den sich die Nadel nach jeder taktischen oder programmatischen Kursänderung letzten Endes wieder einstellte. Schon das erste außenpolitische Signal, das er nach seiner Machtergreifung setzte, der Nichtangriffspakt mit Polen, war ein charakteristisches Beispiel seiner Flexibilität, ließ er doch zwei vollkommen gegensätzliche Optionen offen: die Beteiligung Polens, als Partner Deutschlands, an einem antibolschewistischen Kreuzzug, oder aber seine Vernichtung – unter Teilung der Beute mit der Sowjetunion, wie sich herausstellen sollte –, als Vorstufe zu einem Überfall auf Rußland.

Die erste Phase der Hitlerschen Revolution begann mit den dramatischen Ereignissen des Februar 1933, kulminierte in der Definition der NSDAP als der einzigen zugelassenen Partei im Juli desselben Jahres und endete mit den noch dramatischeren Geschehnissen des 30. Juni 1934, in deren Verlauf Hitler sich als »des deutschen Volkes oberster Gerichtsherr« betätigte, und mit seiner Ernennung zum »Führer und Reichskanzler« nach dem Tod Hindenburgs. Die Politik dieser Phase war gekennzeichnet durch ein Schwanken zwischen »Revolution und Revolutionsstop«.[34] Die Frage war, welche Rolle die Partei im Einparteienstaat spielen sollte, jetzt da sie ihre Geschichte als Kampfbewegung hinter sich hatte. Hitler versuchte das Problem im Juli 1933 zu lösen, indem er die Losung »Einheit von Partei und Staat« ausgab: »Die Partei ist jetzt der Staat geworden. Alle Macht liegt bei der Reichsgewalt.« Damit war das Problem freilich nur beschrieben, nicht gelöst.

Wie ein Einparteienstaat funktionieren konnte, wurde am Beispiel der Sowjetunion deutlich: Dort bestimmte die Partei die Politik; sie allein kontrollierte den Staat. Viele Mitglieder der NSDAP glaubten, nach der Machtergreifung könnten sie sich des Staates bemächtigen und ihn nach ihren Weisungen regieren. Im Sommer 1934 entschied sich endgültig, daß dem nicht so sein würde. Das alternative Modell, das sich in Deutschland herausbildete, jene Trias von Partei, Staat und »Führer«, in der letzterer gleichsam die Spitze des Dreiecks bildete, erhielt allerdings nie klarbestimmte Umrisse, sondern unterlag einer ständigen Fluktuation.

Die eher trüben, kleinlichen und blutigen Anfänge der Partei werden nicht verschwiegen, sondern demonstrativ nach außen gekehrt. Im Sommer des Jahres der Machtergreifung weiht Hitler neue Hakenkreuzfahnen durch Berührung mit der sogenannten »Blutfahne«, die beim Putsch bei der Feldherrenhalle 1923 dabeigewesen sein soll. Rituale dieser Art prägen das Gesicht des Dritten Reiches bis in den Krieg hinein. Das »neue Regime« feiert seine Niederlagen fast noch inbrünstiger als seine Siege. Dann werden ganze Straßenzüge, etwa in Nürnberg, mit schwarzem Tuch verhängt; Fackeln erhellen die Reihen der schweigenden Anhänger, und mit dumpfem Trommelwirbel gedenkt der nächtliche Aufzug irgendeines Ereignisses aus der »Kampfzeit«. Dabei wird auf die Minute genau festgehalten, zu welcher Stunde was stattgefunden hat, damit es in kommenden Jahrhunderten nach dem erprobten Ritus zelebriert werden kann. Immer hat das Regime die Ewigkeit im Sinn.

Die »Revolution von unten«, die spontanen Aktionen und Maßnahmen, die örtliche Partei- und SA-Führer in ihrer Funktion als Reichsstatthalter oder Sonderkommissare auf Länder- oder Gemeindeebene durchführten, lieferten die Triebkraft und den Nachdruck für jene Drohungen, mit deren Hilfe Hitler die »Revolution von oben« durchzusetzen vermochte. Als aber letztere vollbracht war, kam es, wie Bracher es formuliert hat, darauf an, die »eroberte Staatsmacht auch vor ungehemmten Zugriffen der Partei zu schützen«.[35]

Gegen eine Fortführung der Revolution formierten sich starke Kräfte nicht nur in der Wirtschaft, sondern auch in den höheren Rängen des öffentlichen Dienstes, wo die Furcht umging, wenn man die Säuberungen weiter um sich greifen lasse, werde die Verwaltung zusammenbrechen. Die-

450

ses Risiko einzugehen, konnte die neue Regierung sich nicht leisten. Der Reichsminister des Inneren, Frick, und Göring, als Innenminister von Preußen (das einen wesentlich größeren Verwaltungsapparat unterhielt als das Reich) verbündeten sich mit den konservativen Ministern zur Durchsetzung des »Gesetz[es] zur Wiederherstellung des Berufsbeamtentums« (7. April 1933), und noch vor Ende April ergriff Göring in Preußen Maßnahmen, um das »Heer von Kommissaren« loszuwerden, das die Autorität des Staates zu untergraben und zu zerrütten drohte.[36] Indem Hitler gleichzeitig entschied, das Hauptquartier der Parteiorganisation in München zu belassen, Heß zu seinem Stellvertreter ernannte und ihn mit Entscheidungsvollmacht in allen Parteiangelegenheiten im Namen des Führers ausstattete, tat er das Seinige, um die Möglichkeiten einer direkten Einflußnahme der Partei auf die Reichsregierung zu begrenzen. Als Persönlichkeit unbedeutend, aber unerschütterlich in seiner Treue zu Hitler, würde Heß (zusammen mit seinem Stellvertreter Bormann) seinen Führer zuverlässig abschirmen.

Die stark angewachsene Mitgliederzahl der Partei ließ sie viel eher für die Hitler vorschwebende Rolle einer auf breitem Fundament ruhenden Organisation zur Mobilisierung und Überwachung des Volkes geeignet erscheinen als für die einer ausgewählten Elite als Reservoir für den Führungsnachwuchs. Obwohl die NSDAP im Vorgriff auf die Machtübernahme »Schattenministerien« für alle wichtigen staatlichen Funktionsbereiche eingerichtet hatte, kam es nicht zu einer Verschmelzung von Partei- und Staatsapparat, und nur vier Parteigrößen – Göring, Goebbels, Frick und Darré – schafften den Sprung an die Spitze eines Reichsministeriums. Noch 1937 waren von zwölf Ministerposten nur fünf mit Parteimännern im engeren Sinn besetzt.[37]

Ein viel größeres Problem als die Partei stellte die SA dar, für die der Zusammenschluß mit dem nationalkonservativen Stahlhelm im Juni/Juli 1933 ebenfalls einen starken Mitgliederzuwachs brachte. Im Gegensatz zu anderen nationalsozialistischen Führern, die sich neben ihrer Parteifunktion auch eine Stellung im Staatsapparat zu verschaffen suchten, hielt Röhm sich und sein braunes Massenheer bewußt auf Distanz zum Staat. Er sicherte sich damit eine selbständige Machtbasis, von der aus er offen zur »Vollendung der nationalsozialistischen Revolution« aufrief; der »graue Fels« der Reichswehr sollte von der »braunen Flut« der SA überspült werden. In einem Artikel, den Röhm im Juni 1933 in den *Nationalsozialistischen Monatsheften* veröffentlichte, erklärte er, SA und SS stünden »als dritter Machtfaktor des neuen Staates mit besonderen Aufgaben« neben Reichswehr und Polizei.

»Nicht der Tatsachenablauf vom 30. Januar bis 21. März 1933«, schrieb Röhm, »stellt Sinn und Wesen der deutschen nationalsozialistischen Revolution dar ... Deshalb werden die S.A. und S.S. nicht dulden, daß die deutsche Revolution einschläft oder auf halbem Wege von den Nicht-Kämpfern verraten wird! ... Denn die braune Armee ist das letzte Aufgebot der

Nation, das letzte Bollwerk gegen den Kommunismus ... Wenn die Spie-
ßerseelen meinen, daß es genüge, wenn der Staatsapparat ein anderes Vorzeichen erhalten hat, daß die ›nationale‹ Revolution schon zu lange dauert,
so pflichten wir ihnen darin ausnahmsweise gern bei: Es ist in der Tat hohe
Zeit, daß die nationale Revolution aufhört und daß daraus die nationalsozialistische wird! Ob es ihnen paßt oder nicht – wir werden unseren Kampf
weiterführen. Wenn sie endlich begreifen, um was es geht: *mit* ihnen! Wenn
sie nicht wollen: *ohne* sie! Und wenn es sein muß: *gegen* sie!«[38] Die SA
wurde immer mehr zur Hoffnungsträgerin jenes Heers von Unzufriedenen,
die die Revolution weitergetrieben sehen wollten, bis auch für sie etwas
dabei herauskam.

Es war dieses Denken, gegen das Hitler sich mit seinen Äußerungen auf
der Tagung der Reichsstatthalter am 6. Juli wandte, als er erklärte, die Revolution müsse beendet werden.[39] Frick und Goebbels unterstützten ihn
darin. Letzterer verkündete den »Abschluß der nationalsozialistischen
Revolution« und warnte vor »getarnten bolschewistischen Elementen, die
von einer zweiten Revolution sprechen«. In Preußen wurde auf Anordnung
Görings die Hilfspolizei aufgelöst, und man unternahm Schritte, um die
Konzentrationslager der SA und SS unter polizeiliche Verwaltung zu stellen und Terroraktionen zu unterbinden.

Röhm ließ sich von all dem nicht beeindrucken, und Hitler erlaubte ihm
sogar, entgegen der ausdrücklichen Politik Görings in Preußen SA-Sonder-
beauftragte zu benennen; andererseits erklärte er auf der Septembertagung
der Reichsstatthalter die Befürworter einer zweiten Revolution zu seinen
Feinden, mit denen er »einmal unerwartet abrechnen« werde. Doch soweit
war es noch nicht: Mehrere Äußerungen Hitlers in diesem Herbst zeigten,
daß er noch nicht genau wußte, wie er vorgehen sollte. Das von Frick ausgearbeitete Gesetz zur Sicherung der Einheit von Partei und Staat trug nichts
zur Entwirrung der Lage bei. Die darin enthaltene Feststellung, nach dem
Sieg der nationalsozialistischen Revolution sei die Partei zum »Träger des
deutschen Staatsbegriffs« geworden und untrennbar mit dem Staat verbunden, fügte der sechs Monate zuvor verkündeten »Einheit von Partei und
Staat« nichts Neues hinzu. Heß und Röhm wurden zu Ministern ernannt,
aber insoweit dies eine »unauflösliche« Verbindung zwischen Partei und
Staat schuf, stärkte es eher den Staat, denn Heß und Röhm traten ins Kabinett ein, ohne mit einem Geschäftsbereich oder mit vollziehenden Befugnissen betraut zu werden. Die regelmäßigen Berichte über die Stimmung in
der Bevölkerung, in allen Teilen des Reichs erhoben und von Hitler aufmerksam zur Kenntnis genommen, zeigten in der ersten Jahreshälfte 1934
eine deutliche Tendenz zur Ernüchterung.[40] Der Enthusiasmus des Frühjahrs und Sommers 1933, den Hitler durch den Rückzug von der Abrüstungskonferenz und aus dem Völkerbund kurzzeitig wieder entfacht hatte,
war verflogen. Mit dem Prozeß gegen die als Anstifter des Reichstagsbrands
angeklagten kommunistischen Führer, der mit einer Blamage für die

Anklage und mit Freisprüchen für alle Angeklagten außer dem jungen Holländer van der Lubbe endete, hatte das Regime kein Glück gehabt.[41] Die verheißenen wirtschaftlichen Segnungen waren noch nicht eingetreten, und während Hitler selbst nach wie vor populär war, riefen die Korruption und das schamlose Auftreten örtlicher Parteibonzen wachsenden Unmut hervor. »Seinen sichtbarsten Ausdruck«, schrieb Ian Kershaw, die Stimmungsberichte resümierend, »fand das ›häßliche Gesicht des Dritten Reiches‹ in der arroganten Kraftmeierei und in groben Ausschreitungen der machtberauschten SA, deren ordinäres Benehmen – nachdem die linken ›Unruhestifter‹ und die anderen ›antisozialen Elemente‹ einmal aus dem Verkehr gezogen waren - den Ordnungssinn und das Moralempfinden der bürgerlichen Deutschen zutiefst beleidigte.«[42]

Röhm und die SA stellten für Hitler aus zwei ganz unterschiedlichen Gründen ein besonderes Problem dar. Die SA, der bewaffnete Arm der Partei, und die Reichswehr, der bewaffnete Arm des Staates, verkörperten die Dualität von NSDAP und Staat in ihrer brisantesten Spielart – hier konnte sie zu mehr als bloß zu Kompetenzstreitigkeiten führen: zu einer blutigen Kraftprobe. Dazu kam, daß Röhm für Hitler der persönlich am schwersten zu kontrollierende Parteigenosse war. Röhm war in der frühesten Zeit der Bewegung, als er im Stab des Münchner Wehrkreiskommandos gedient hatte, Hitlers Gönner gewesen. Ihr Streit über die Funktion der SA – zwischen Hitlers politischer und Röhms paramilitärischer Konzeption – hatte schon 1925 zum offenen Bruch und zur Entlassung Röhms geführt. Konfrontiert mit einer rebellischen SA, die sich an den Fesseln der »Legalität« wundrieb, hatte Hitler Röhm 1931 zurückgerufen, mit der Folge, daß derselbe Konflikt wieder aufbrach – die Unvereinbarkeit des politischen Denkens mit der Freikorps-Mentalität.

Daß Hitler nun Reichskanzler geworden war, hinderte Röhm nicht daran, seine Ansichten weiterhin so laut zu verkünden, wie er es schon in den zwanziger Jahren getan hatte, oder seine Verachtung für Hitlers Kompromisse mit den etablierten Mächten zu zeigen. Seine Berufung ins Kabinett und der besonders herzliche Dankesbrief, den er am Jahresende von Hitler erhielt, bestärkten ihn nur in der Überzeugung, sein »Adolf« stimme insgeheim mit ihm überein. Röhm nahm sich nicht nur weiterhin die Freiheit, das Regime und seine Politik zu kritisieren, sondern inszenierte auch überall im Reich demonstrative SA-Paraden, Inspektionen und Aufzüge; außerdem begann er, zusätzliche Waffenvorräte, teilweise aus dem Ausland beschafft, anzulegen.

Die zunehmende Aktivität der SA stellte, auch wenn sie vorläufig noch ohne konkretes Ziel war, eine Herausforderung der Autorität Hitlers dar, vor der er nicht die Augen verschließen konnte, zumal sie zu keinem ungünstigeren Zeitpunkt hätte kommen können. Wenn es ihm nicht gelang, dieser Herausforderung zu begegnen und Röhm zu bewegen, mit seiner Rede von einer zweiten Revolution aufzuhören, oder falls, noch schlimmer, die SA-Führer mit ihren zweieinhalb Millionen Gefolgsleuten ihre eigene Forderung nach »Taten« plötzlich ernst nahmen und es auf eine Kraftprobe mit der Reichswehr ankommen ließen, dann konnte womöglich das ganze Regime ins Wanken geraten. Der Plan der Reichswehr, die allgemeine Wehrpflicht einzuführen – eindeutig auf die Schwächung der SA gerichtet –, zeigte, daß die Streitkräfte nicht tatenlos den Dingen ihren Lauf lassen wollten – und sie würden großen Rückhalt bei den konservativen Eliten im Staat und auch in der Öffentlichkeit finden, die von den häßlichen Auftritten der SA immer mehr abgestoßen wurde. Hitler hatte die Lehre aus seinem Putschversuch von 1923 nicht vergessen: Niemals einen offenen Konflikt mit den Streitkräften zu riskieren, schon gar nicht zu einem Zeitpunkt, da er von ihrer Führung abhängig war – und abhängig war er in der Tat davon, daß die Reichswehr die in seinen Augen vorrangige Aufgabe der Wiederaufrüstung bewältigte und Deutschland stark genug machte, einer militärischen Intervention von außen standhalten zu können. Zu allem kam schließlich noch der sich verschlechternde Gesundheitszustand des greisen Reichspräsidenten hinzu, so daß man damit rechnen mußte, daß die Frage nach seinem Nachfolger sich in naher Zukunft stellen würde. Hitler war entschlossen, keinen anderen mehr zum Reichspräsidenten zu machen, aber eine Erhebung der SA, selbst eine nur angedrohte, hätte seine Chancen gemindert, namentlich bei der Reichswehr, die bei der Entscheidung darüber, wer Nachfolger Hindenburgs und damit ihr oberster Befehlshaber würde, mit Sicherheit ein gewichtiges Wort mitzusprechen hatte.

Anfang Januar 1934 erteilte Hitler dem Chef der preußischen Gestapo (Geheime Staatspolizei), Rudolf Diels, den vertraulichen Auftrag, belastendes Material über »Herrn Röhm und seine Freundschaften« (Röhm und einige SA-Führer waren homosexuell) sowie über die Beteiligung der SA an Terroraktionen zu sammeln. »Das ist das Wichtigste, was Sie je getan haben!«, versicherte er Diels.[43] Er hoffte noch immer, eine Konfrontation abwenden zu können, war aber nicht mehr im Zweifel darüber, für welche Seite er sich, vor die Wahl gestellt, entscheiden würde. Als er am 21. Februar in Berlin den britischen Unterstaatssekretär im Foreign Office, Anthony Eden, empfing, vertraute er ihm an, er wolle die SA um zwei Drittel reduzieren und sicherstellen, daß die verbleibenden Verbände weder Waffen noch militärische Ausbildung erhalten würden.[44] Eine Woche später lud er die Reichswehrführung und die Befehlshaber von SA und SS zu einer Sitzung ins Reichswehrministerium, wo er ihnen die Grundzüge eines zwischen ihnen zu schließenden Abkommens vortrug, das für die SA nur noch zweit- und drittrangige militärische Aufgaben vorsah und ihr ansonsten denselben Auftrag wie der Partei zuschrieb: die politische Erziehung der Nation. Hitler beschwor die SA-Führer, ihm in dieser kritischen Zeit nicht in den Rücken zu fallen, und fügte hinzu, er werde jeden vernichten, der sich gegen ihn stelle.

Die Generäle waren hoch erfreut. Röhm ließ sich in der Öffentlichkeit nichts anmerken, schwor aber im vertrauten Kreis, er werde sich mit einer solchen Regelung nie abfinden, eine Äußerung, die einer seiner eigenen Leute, Viktor Lutze, prompt Hitler zutrug. Reichswehrminister Blomberg informierte Hitler bald darauf, daß die SA in der Umgebung ihrer Hauptquartiere bewaffnete Wachtposten aufgestellt habe; allein in einem Militärbezirk handle es sich um 6000 bis 8000 Mann, die über Gewehre und Maschinengewehre verfügten.

Die systematische Isolierung der SA begann im März 1934. Röhm und seine Unterführer hatten sich mit ihrem auftrumpfenden Gebaren gefährliche Feinde geschaffen: die Reichswehr, die Gauleiter, die Parteiorganisation, Göring und Himmler, dessen SS sich zunehmend von der SA absetzte. Himmler hatte sich die Kontrolle über die politische Polizei in Bayern gesichert und dehnte sie in rascher Folge auf die anderen Länder aus, auch auf Preußen, von wo die Bezeichnung Gestapo übernommen wurde. Während die Gestapo die Aktivitäten der SA-Führer aufmerksam im Auge behielt, trafen SS und Reichswehr gemeinsam Vorkehrungen für ein eventuelles Eingreifen.

Im Juni hatte sich in Deutschland eine unbehagliche Krisenstimmung ausgebreitet. Vor seiner Abreise in die Sommerferien bemerkte Hindenburg zu Vizekanzler Papen, die Dinge liefen inzwischen schief. Man müsse versuchen, sie ins Lot zu bringen. Hitler, der wußte, daß der siebenundachtzigjährige Präsident nicht mehr lange zu leben hatte und vielleicht gar nicht nach Berlin zurückkehren würde, traf am 4. Juni mit Röhm zusammen und unternahm in einer mehrstündigen Besprechung einen letzten Versuch, durch eine gütliche Einigung einen Konflikt abzuwenden. Röhm erklärte sich bereit, die SA, wie geplant, den Juli über in Urlaub zu schicken, versprach aber seinen Unterführern, zuvor noch in Bad Wiessee eine Konferenz über die Zukunft der Bewegung abzuhalten. Der Tagesbefehl, in dem Röhm den einmonatigen Urlaub anordnete, gab Hitler allerdings wenig Anlaß zu der Hoffnung, ihn überzeugt zu haben:

»Wenn die Feinde der SA sich in der Hoffnung wiegen, die SA werde aus dem Urlaub nicht oder nur zum Teil wieder einrücken, so wollen wir ihnen dieser kurze Hoffnungsfreude lassen. Sie werden zu der Zeit und in der Form, in der es notwendig erscheint, darauf die gebührende Antwort erhalten. Die SA ist und bleibt das Schicksal Deutschlands!«[45]

Im Laufe des Juni trugen Göring und Himmler »Beweismaterial« für eine Verschwörung der SA zusammen, die angeblich darauf abzielte, die Regierung gewaltsam zu stürzen und Reichswehr, SA und SS zu einem revolutionären Volksheer unter dem Kommando Röhms zu verschmelzen. Hitler sollte Reichskanzler bleiben, Schleicher (der als einer der Rädelsführer der Verschwörung galt) Vizekanzler werden. Die Beweise waren und sind wenig überzeugend, aber sie erfüllten ihren Zweck, nämlich Göring und

Himmler die Rechtfertigung für eine vorbeugende Polizeiaktion gegen die angeblichen Verschwörer zu liefern, wobei auf die Listen, die man für diese Aktion erstellte, laufend die Namen zusätzlicher Personen gesetzt wurden, mit denen man alte Rechnungen zu begleichen hatte.

Ob und wieweit Hitler den Berichten und Dokumenten, die er erhielt, Glauben schenkte, läßt sich nicht sagen. Denkbar ist, daß er zu dem Zeitpunkt, als er den Entschluß zum Handeln faßte, sich selbst von der Existenz einer Verschwörung überzeugt hatte. Aber der ausschlaggebende Gesichtspunkt für ihn war wohl gar nicht die Frage, ob Röhm wirklich einen Putsch vorhatte, sondern die Tatsache, daß der Stabschef, solange er an seinem Vorhaben festhielt, die Reichswehr in der SA aufzulösen, »eine ständige potentielle Putschdrohung« verkörperte, wie Joachim Fest es formuliert hat, und damit auch die beständige Gefahr eines Konflikts mit der Reichswehr, an dem das Regime zerbrechen konnte.

Als Hitler diese Erkenntnis gewonnen hatte, mußte er entscheiden, ob er eine solche Bedrohung weiterhin zulassen konnte, besonders in einem Moment, da die Frage des Nachfolgers für Hindenburg auf der Tagesordnung stand. Die Optionen für ein Vorgehen gegen Röhm waren begrenzt. Röhm war zu mächtig, als daß man ihn einfach hätte absetzen können, denn ein solcher Schritt hätte vielleicht den Aufstand, den Hitler verhindern wollte, gerade ausgelöst. Auch wußte Röhm zu viel, als daß Hitler einen Hochverratsprozeß gegen ihn und vielleicht ein Debakel wie beim Reichstagsbrandprozeß hätte riskieren können. Somit blieb nur ein Weg offen: Röhm mußte, um es in der dieser Sache angemessenen Gangstersprache auszudrücken, auf die schnelle Tour erledigt werden.

Hitler fiel es freilich aus guten Gründen nicht leicht, sich zu einem solchen Entschluß durchzuringen. Gegen die SA loszuschlagen, bedeutete, die Kraft zu vernichten, die ihn an die Macht getragen hatte, mit einem seiner ältesten Kampfgenossen zu brechen und jenen konservativen Elementen einen Gefallen zu tun, die Hitler insgeheim haßten (wie Röhm zu Recht vermutete). Als ausgerechnet Papen sich zum Sprecher dieser Elemente machte und in einer Rede in Marburg die unerwartet deutliche Mahnung an die Regierung richtete, die Revolution müsse endlich zum Abschluß gebracht werden, reagierte Hitler darauf mit der ganzen radikalen Wut, deren er fähig war; doch dann, nach einem Besuch an Hindenburgs Krankenbett auf dessen Landgut und nach drei Tagen des Nachdenkens auf dem Obersalzberg, stand sein Entschluß fest, die Entwicklung nicht so weiterlaufen zu lassen.

Wahrscheinlich erklärte Hitler sich nach seiner Rückkehr nach Berlin am 26. Juni mit den von Göring und Himmler ausgearbeiteten Plänen einverstanden; die Vorkehrungen waren ohnehin schon so weit gediehen, daß eine Umkehr kaum noch möglich gewesen wäre. Die Aktion wurde für Samstag, den 30. Juni, angesetzt. An diesem Tag traf Hitler zu unerwartet früher Stunde in dem Hotel in Bad Wiessee ein, wohin er alle SA-Führer zu einer Besprechung befohlen hatte, drang in die Zimmer ein und ließ sie alle, Röhm eingeschlossen, verhaften und unter Bewachung nach München bringen. Dort und in Berlin, wo Göring und Himmler die Aktion leiteten, wurden im Verlauf des Wochenendes die meisten der angeblichen Verschwörer ohne jeden Anschein eines rechtlichen Verfahrens erschossen. Den Befehl zur Erschießung Röhms zögerte Hitler bis zum Sonntagabend hinaus; er bot Röhm die Möglichkeit der Selbsttötung an, der sie aber zurückwies.

Die Anzahl der Toten läßt sich nicht genau ermitteln; gesichert ist, daß es mindestens 87 waren, aber die meisten Autoren sind sich darin einig, daß es wohl Hunderte von Opfern gewesen sein dürften, wenn man die vielen persönlichen Rechnungen mitzählt, die bei der Gelegenheit beglichen wurden. In einem Zuge mit der Ausschaltung Röhms und der anderen SA-Führer wurden auch etliche Gestalten aus Hitlers Vergangenheit ermordet; Gregor Strasser etwa, der enge Kampfgefährte aus früheren Tagen, der ehemalige Reichskanzler General von Schleicher und sein Adjutant, General von Bredow, Ritter von Kahr, der Hitler beim Putschversuch von 1923 im Stich gelassen hatte, Edgar Jung, der Verfasser der Marburger Rede Papens. Brüning hatte eine Warnung ernst genommen, die Schleicher in den Wind geschlagen hatte, und war rechtzeitig ins Ausland gereist.

Auch wenn Hitler mit großer Entschlossenheit vorging und Röhm persönlich stellte, muß die Aktion ihn nervlich stark mitgenommen haben, denn alle, die ihn am 30. Juni erlebten, bemerkten, daß er sich im Zustand höchster Erregung befand. Sein erster Impuls war, die Bedeutung des Geschehens herunterzuspielen. Göring befahl der Polizei, »alle mit der Aktion der beiden letzten Tage zusammenhängenden Akten zu verbrennen«; der Presse wurde untersagt, Traueranzeigen abzudrucken, und eine Verordnung, die in knappen Worten die »zur Niederschlagung hoch- und landesverräterischer Angriffe am 30. Juni, 1. und 2. Juli 1934 vollzogenen Maßnahmen« als staatliche Notwehr für legal erklärte, wurde unauffällig unter einen Stapel von zwanzig Verordnungen gemischt, die das Kabinett am 3. Juli verabschiedete.

Am Tag danach wurden im Rahmen einer Zeremonie in Berlin alle Beteiligten, von Himmler bis hinunter zu den SS-Scharfrichtern, mit der Verleihung eines Ehrendolchs ausgezeichnet. Hitler verfiel in ein für ihn untypisches zehntägiges Schweigen, das man als Indiz für eine Schock- und Ekelreaktion nach dieser blutigen Abrechnung mit seiner eigenen Vergangenheit deuten könnte; möglicherweise war er sich aber auch unschlüssig, wie er der Öffentlichkeit eine Aktion vermitteln sollte, die nichts anderes als ein Massenmord gewesen war – »auf Befehl des Führers«, wie es in dem Feuerbefehl für die Erschießungskommandos ausdrücklich geheißen hatte.

Die Stimmungsberichte, die aus allen Teilen des Reiches eingingen, zeigten, daß praktisch keine Kritik am Führer laut wurde, ja daß im Gegenteil die Bewunderung für die Entschlossenheit seines Handelns überwog, ein

Eindruck, der sich auch aus den Informationen ergab, die der Sopade-Führung im Prager Exil zugingen. Kaum jemand scheint daran gezweifelt zu haben, daß Röhm tatsächlich einen Putsch vorbereitet hatte, und wie verhaßt die SA inzwischen war, zeigte sich an der allgemein geäußerten Genugtuung darüber, daß der Führer mit ihr jetzt kurzen Prozeß gemacht hatte. Der Goebbelsche Propagandaapparat konnte auf diese positive Reaktion aufbauen, aber es wurde auch deutlich, daß in der Bevölkerung das Verlangen wuchs, von Hitler persönlich eine Darstellung und Erklärung der Ereignisse zu hören.

Die Rede, die Hitler dann am 13. Juli vor dem Reichstag hielt, gehörte nicht zu seinen rhetorischen Meisterleistungen; sie war weitschweifig und voller Leerformeln. Gleichwohl bewies er, wie gut er es nach wie vor verstand, auf verbreitete Stimmungen einzugehen: Er konzentrierte sich auf den unmoralischen Lebenswandel Röhms und der anderen SA-Führer, insbesondere auf ihre Homosexualität, erklärte es für falsch, die Revolution zu einem Dauerzustand machen zu wollen, und rechtfertigte sein Vorgehen als unabdingbar für den Bestand von Ordnung und Sicherheit. Gegen Ende seiner Rede bekräftigte er kühn und unzweideutig seinen Anspruch, über dem Gesetz zu stehen: »Wenn mir jemand den Vorwurf entgegenhält, weshalb wir nicht die ordentlichen Gerichte zur Aburteilung herangezogen hätten, dann kann ich ihm nur sagen: In dieser Stunde war ich verantwortlich für das Schicksal der deutschen Nation und damit des deutschen Volkes oberster Gerichtsherr! ... Ich habe den Befehl gegeben, die Hauptschuldigen an diesem Verrat zu erschießen, und ich gab weiter den Befehl, die Geschwüre unserer inneren Brunnenvergiftung und der Vergiftung des Auslandes auszubrennen bis auf das rohe Fleisch ... Die Nation muß wissen, daß ihre Existenz – und diese wird garantiert durch ihre innere Ordnung und Sicherheit – von niemanden ungestraft bedroht wird! Und es soll jeder für alle Zukunft wissen, daß, wenn er die Hand zum Schlage gegen den Staat erhebt, der sichere Tod sein Los ist.«[46]

Die politische Öffentlichkeit in den westlichen Ländern fand Hitlers Anspruch, über dem Gesetz zu stehen, ebenso schockierend wie das offizielle Bekenntnis zum Mord als Mittel der Ausschaltung politischer Gegner. In Deutschland hingegen überwog, nach allem, was an Zeitzeugnissen vorliegt, die Zustimmung nicht nur zum Vorgehen Hitlers, von dem man glaubte, es habe ein noch größeres Blutvergießen verhindert, sondern auch zu seiner Weigerung, sich von gesetzlichen Vorschriften binden zu lassen, und zu seinem Mut, das gleichsam naturrechtlich Gebotene zu tun. »Die Menschen sagten anerkennend, keiner der früheren Reichskanzler hätte zu tun gewagt, was er getan hatte.«[47]

So dachten nicht nur die kleinen Leute auf der Straße. Carl Schmitt, Professor für Staatsrecht an der Humboldt-Universität und die Kapazität in seinem Fach, veröffentlichte in der *Deutschen Juristen-Zeitung* am 1. August 1934 einen Artikel mit der Überschrift »Der Führer schützt das Recht«, in dem er die Massenerschießungen als »Richtertum des Führers« rechtfertigte, der in der neuen Ordnung »unmittelbar Recht« schaffe und die »höchste Justiz« verkörpere.[48] Als Himmler neun Jahre später in seiner Posener Rede vom 4. Oktober 1943 an die SS-Befehlshaber die Politik der Ausrottung »rassisch minderwertiger« Völker und politischer Gegner rechtfertigte, bezog er sich ausdrücklich auf die Morde vom 30. Juni 1934, mit denen das Regime Maßstäbe für eine rücksichtslose, durch keinerlei Bindung an geltendes Recht eingeschränkte Durchsetzung seiner Interessen gesetzt habe.[49]

In seiner Rede vom 13. Juli erneuerte Hitler seine Zusage an die Reichswehr, sie werde die einzige Waffenträgerin des Staates und ein »unpolitisches Werkzeug« der deutschen Selbstbehauptung bleiben. Die Generäle sahen die Ausschaltung ihrer Rivalen mit Befriedigung. Daß unter den Ermordeten zwei der Ihren waren, Schleicher und Bredow, hinderte Blomberg nicht daran, Hitler im Namen des Offizierskorps zu gratulieren.

Die Nutznießer seiner Mordaktion zeigten sich erkenntlich, als Hindenburg drei Wochen nach Hitlers Reichstagsrede starb. Ganz schnell und reibungslos, ohne jeden Widerstand, ging das Reichspräsidentenamt, und damit auch der Oberbefehl über die Reichswehr, auf Hitler über.

Hitler hatte sich damit eine einzigartige Position gesichert. Er unterstrich dies, indem er das Amt des Reichspräsidenten abschaffen ließ und damit auch die Kontinuität mit der Vergangenheit, die Hindenburg verkörpert hatte, durchtrennte. Hitler nannte sich nunmehr »Führer und Reichskanzler«. Anstatt ihren Amtseid auf die Verfassung abzulegen, mußten nun Offiziere, Soldaten und Beamte, die Reichsminister eingeschlossen, »vor Gott« einen persönlichen Eid auf den »Führer des Deutschen Reichs und Volkes Adolf Hitler« schwören. Martin Broszat hat darauf hingewiesen, daß mit dieser »Restauration des persönlichen Treuegelöbnisses ... gleichsam ein Stück Monarchie restauriert« wurde.

Noch ein Weiteres gibt Broszat zu bedenken: »Tatsächlich ging der Umfang der Führervollmacht Hitlers aber über die eines Monarchen noch hinaus. Stand doch anstelle des ›Gottesgnadentums‹ der Anspruch, daß der Führer von der Vorsehung bestimmter Heilsbringer und zugleich Verkörperung und Medium des unartikulierten Volkswillens sei.«[50]

Zur Feier der Usurpation des Amtes des Staatsoberhaupts, zur Übertönung der Ereignisse vom 30. Juni und als demonstratives Zeichen für das Ende der nationalsozialistischen Revolution inszenierten Hitler und Goebbels einen grandiosen Ehrentag für den verstorbenen Reichspräsidenten, eine Art Wiederholung des Tages von Potsdam. Hitler sprach auf einer Gedenksitzung des Reichstags; als er geendet hatte, ertönte der Trauermarsch aus Wagners »Götterdämmerung«, und eine Abordnung der Reichswehr zog vor ihrem neuen Oberbefehlshaber auf. Die Feierlichkeiten endeten mit der Beisetzung Hindenburgs in der Gedenkstätte von Tannenberg, errichtet zur Erinnerung an seinen Sieg über die russische Armee im Jahr 1914. Hitler rief dem Toten den Wagnerschen Abschiedsgruß nach: »Toter Feldherr, geh' nun ein in Walhall.«

Eine Volksabstimmung zur nachträglichen Legitimierung der Verfassungsänderungen (19. August) brachte die gewohnte Bestätigung, allerdings mit einem im Vergleich zum November 1933 niedrigeren Anteil der Ja-Stimmen (knapp 90 Prozent). Ein Grund dafür mag die Tatsache gewesen sein, daß die voraufgegangene Kampagne leiser als sonst abgelaufen war und Hitler sich nicht daran beteiligt hatte. Der Nürnberger Parteitag im September bot dann wieder eine perfekte Inszenierung des »Triumphes des Willens«. Kein anderes Meisterstück der NS-Propaganda machte so viel Furore wie der Film von Leni Riefenstahl über den Parteitag von 1934, mit Speers genialer »Kathedrale des Lichts« als Krönung, einem filigranen Strahlengewölbe, erzeugt durch das gebündelte Licht von 130 gewaltigen Scheinwerfern. Eine Vorläuferversion des Films, mit dem Titel »Sieg des Glaubens«, war ein Jahr zuvor auf dem »Parteitag des Sieges« gedreht worden; er mußte aus dem Verleih genommen werden, weil Röhm darin eine herausragende Rolle spielte. Hitler selbst wählte den neuen Titel und gab die beiden Leitmotive vor: den alle Hindernisse überwindenden Willen und die Einheit von Führer, Partei und Volk.

Das Bild Hitlers überstrahlte alles und alle, beginnend damit, daß sein Flugzeug beim Landeanflug einen kreuzförmigen Schatten auf die marschierenden SA-Kolonnen und die ekstatischen Menschenmengen in den Straßen wirft, und endend mit der von Heß skandierten mystischen Beschwörung: »Die Partei ist Hitler. Hitler aber ist Deutschland, genau wie Deutschland Hitler ist. Hitler! Sieg Heil!«

Hitler spielte seine Rolle als rituelle Gestalt im Dienste eines Mythos, des Mythos von dem aus kleinsten Anfängen emporgestiegenen Führer, der berufen war, die Geschicke seines Volkes zu leiten. Ein Teil der Botschaft lautete unmißverständlich: »Die nationalsozialistische Revolution ist abgeschlossen.« Das Verhältnis zwischen Partei und Staat hatte insofern seine Definition gefunden, als Hitler seine Herrschaft über beide befestigt hatte: über die Partei durch die Ausschaltung der SA, über den Staat durch seine Erhebung zum Nachfolger Hindenburgs. Auf dem »Parteitag des Willens« versicherte er seiner NSDAP: »Nicht der Staat befiehlt uns, sondern wir befehlen dem Staat! Nicht der Staat hat uns geschaffen, sondern wir schufen uns unseren Staat.«[51]

Innenminister Frick beeilte sich, in einer nachgeschobenen Erläuterung darauf hinzuweisen, daß Hitler damit nicht die Partei über den Staat habe stellen wollen; seine Aussage bedeute lediglich, daß die Führer der Partei die höchsten Ämter im Staat bekleiden und ihn regieren würden.[52] Zu einigen anderen Äußerungen Hitlers gab Frick keine Erklärung. So hatte Hitler beispielsweise bemerkt, die Führer des Reiches verfügten über uneingeschränkte Macht, und er hatte hinzugefügt, daß er an die Verwirklichung seines Programmes gehen werde, sobald die nationalsozialistische Macht endgültig gefestigt sei.

Die Krise des Jahres 1934 zeigt, daß ein versöhnender Brückenschlag möglich ist zwischen der Auffassung derer, die Hitler im wesentlichen als einen Opportunisten betrachten, und den Vertretern der These, Hitler habe klar umrissene Ziele vor Augen gehabt, als er von einem »von oben geleiteten Programm« sprach. Denn so sicher es scheint, daß Hitler die kritische Entwicklung des Jahres 1934, die er im einzelnen kaum vorhersehen konnte, auf günstige Weise bewältigte, so falsch wäre es, das Ergebnis als ein zufälliges und gleichsam improvisiertes zu betrachten. Es zeigte vielmehr, mit welchem Scharfblick er es verstand, sich bietende Chancen zielstrebig in seine Strategie einzubauen, und so hatte er auch hier eine Krise, die mit einem Fiasko für ihn und die NSDAP hätte enden können, in einen persönlichen Triumph umgemünzt, durch den er sich über Partei und Staat zu stellen vermochte.

Ebensowenig läßt sich sagen, Hitler habe die Schwierigkeiten des Wiederaufrüstungsprogramms oder den temporären Vorteil eines Bündnisses mit der Sowjetunion vorausgesehen; und doch war es kein bloßer Zufall, daß Hitler drei Wochen nach der Ausschaltung der SA-Führer die SS, die bis dahin der SA untergeordnet war, zu einer selbständigen Organisation erhob und sie dem Prinzip des blinden Gehorsams gegenüber dem Führer unterwarf. An die Stelle der undisziplinierten und eher unzuverlässigen SA setzte er so ein weitaus schärferes Instrument seiner Macht, das die Aufgaben der SA nicht nur übernehmen, sondern noch erweitern würde – insbesondere hinsichtlich des Aufbaus jenes rassisch bestimmten Ostimperiums, das ihm vorschwebte. Diese Auffassung wird auch dadurch gestützt, daß Hitler nur eine Woche, nachdem er die Reichswehr zur einzigen Waffenträgerin des nationalsozialistischen Deutschland ernannt hatte, eben dieses Privileg der SS zubilligte, allerdings mit der vorläufigen Beschränkung auf eine einzige Division. Doch sollte die SS sich später zu genau jener revolutionären Konkurrenz der Wehrmacht entwickeln, zu der auch Röhm – zu voreilig – seine SA machen wollte.

10. Kapitel

Stalin und Hitler im Vergleich

Ende 1934

Hundert Jahre bevor Hitler Reichskanzler wurde, hielt Hegel an der Berliner Universität seine berühmte Vorlesung über die Philosophie der Geschichte. Er sprach darin auch über die Rolle der weltgeschichtlichen Einzelpersönlichkeiten und bezeichnete diese als die Werkzeuge, mittels derer der Wille des Weltgeistes, der Plan der Vorsehung, in die Tat umgesetzt werde. »Sie sind insofern Heroen zu nennen, als sie ihre Zwecke und ihren Beruf nicht bloß aus dem ruhigen, angeordneten, durch das bestehende System geheiligten Lauf der Dinge geschöpft haben, sondern aus einer Quelle, deren Inhalt verborgen und nicht zu einem gegenwärtigen Dasein gediehen ist, aus dem inneren Geiste, der noch unterirdisch ist, der an die Außenwelt wie an die Schale pocht und sie sprengt . . . (Wie Alexander, Cäsar, Napoleon.) . . . Sie waren praktische und politische Menschen. Aber zugleich waren sie denkende, die die Einsicht hatten von dem, was not tut und was an der Zeit ist. Das ist eben die Wahrheit ihrer Zeit und ihrer Welt . . . Ihre Sache war es, die allgemeine, die notwendige nächste Stufe ihrer Welt zu wissen, diese sich zum Zwecke zu machen und ihre Energie in dieselbe zu legen. Die welthistorischen Menschen, die Heroen einer Zeit, sind darum als die Einsichtigen anzuerkennen; ihre Handlungen, ihre Reden sind das Beste der Zeit.«[1]

Dem naheliegenden Einwand, daß die Taten solcher Persönlichkeiten nach moralischen Maßstäben oft verwerflich und mit großem Leid für andere verbunden seien, begegnete Hegel mit der Überlegung, daß die Weltgeschichte sich auf einem höheren Boden bewege, »als der ist, auf dem die Moralität ihre eigene Stätte hat, welche die Privatgesinnung, das Gewissen der Individuen . . . ist . . . Aber von diesem aus müssen gegen welthistorische Taten und deren Vollbringen sich nicht moralische Ansprüche erheben, denen sie nicht angehören. Die Litanei von Privattugenden der Bescheidenheit, Demut, Menschenliebe und Mildtätigkeit muß nicht gegen sie erhoben werden.«[2] An anderer Stelle setzt er hinzu: »Solch große Gestalt muß manche unschuldige Blume zertreten, manches zertrümmern auf ihrem Wege.«[3]

Es ist kaum wahrscheinlich, daß Stalin und Hitler diese Passage je gelesen haben. Gleichwohl bringt sie eine Auffassung zum Ausdruck, die beide teilten, nämlich die Überzeugung oder den Glauben, daß sie für eine weltgeschichtliche Rolle vorgesehen und deshalb von den geltenden Normen menschlichen Verhaltens befreit seien. Und eben dieser Glaube bietet die beste Grundlage für den Vergleich der beiden Männer.

Aus zweierlei Gründen erscheint das Jahresende 1934 für einen solchen Vergleich besonders geeignet. Hitler hatte, nachdem der Gegensatz zwischen der SA und der Reichswehr entschieden und die Nachfolge Hindenburgs für ihn gesichert war, den Kampf um die Macht endgültig gewonnen; und erst von diesem Zeitpunkt an läßt sich seine Position annähernd mit der von Stalin vergleichen. Außerdem aber markierte das Jahr 1934 im Leben beider Männer eine Art Wendepunkt, und so kann man von hier aus nicht nur rückblickend betrachten, welche Entwicklung sie bislang genommen hatten, sondern auch vorausblicken, um Vorzeichen für Späteres auszumachen.

Hitler sah sich von der Vorsehung berufen, das deutsche Volk von der Schmach der Niederlage und aus den Verfahrenheiten der Weimarer Politik zu befreien, ihm wieder seinen angemessenen Platz in der Geschichte zuzuweisen und durch die Errichtung eines germanischen Großreichs in Osteuropa auch für die Zukunft zu sichern. Stalin sah seine Mission darin, die jahrhundertelange Rückständigkeit Rußlands zu überwinden, aus einem Land mit bäuerlichen Lebensformen eine moderne Industriegesellschaft zu machen und zugleich den ersten sozialistischen Staat auf Erden zu schaffen. Beide wußten nur zu gut, daß ihre Aufgaben nicht ohne materielle und menschliche Opfer von gewaltigem Ausmaß zu lösen sein würden; aber auf der Bühne der Weltgeschichte, auf der sie sich agieren sahen, hatten solche Kosten nie gezählt. Die Geschichte selber, so glaubten sie, würde ihre Taten rechtfertigen und ihnen jene Absolution erteilen, die auch ihre Vorgänger erhalten hatten – immer vorausgesetzt, daß sie erfolgreich sein würden.

Es bleibt rätselhaft, auf welchem Weg solche Überzeugungen entstehen und durch welche psychischen Prozesse sie vom Denken Besitz ergreifen. Im Anfangskapitel ist darauf hingewiesen worden, daß dergleichen möglicherweise mit einer pathologischen Form des Narzißmus zusammenhängt, einer psychischen Deformation, durch die man außer sich selbst nichts auf der Welt als wirklich, als real und lebendig empfindet. Die narzißtische Persönlichkeit ist von ihrer Ausnahmestellung und ihrer absoluten Überlegenheit zutiefst überzeugt, und alles, was diese Selbsteinschätzung bedrohen könnte – etwa Kritik oder auch nur die Angst, bloßgestellt oder übertrumpft zu werden –, löst gewalttätige Reaktionen, häufig auch anhaltendes Racheverlangen aus.

Doch ist mit der psychologischen Analyse allein bei weitem nicht alles erklärt. Die Frage bleibt, warum jener pathologische Narzißmus, der ja in unzähligen Fällen und bei Tausenden von Menschen auftritt, nur in diesen beiden Fällen eine so außerordentliche Triebkraft entwickeln konnte – eine psychische Energie, die beide Männer mit einem tiefen Glauben an ihre geschichtliche Sendung erfüllte, die sie gegen Enttäuschungen und Fehlschläge, Schuld- und Reuegefühle, Selbstzweifel und Kritik fast völlig unempfindlich machte, und die, groß genug für ein ganzes Menschenleben, beide Männer zu den höchsten Gipfeln des Erfolgs geführt hat. Im Falle Hitlers schwand sie nicht einmal im Angesicht der Niederlage.

Stalins Glaube an sich selbst und seine geschichtliche Mission stieß in der Frühzeit vor allem auf zwei Hindernisse, deren eines sich auch im Leben Hitlers findet. Beide Männer nämlich mußten ganz unten anfangen, und keiner von ihnen konnte sich auf besondere natürliche oder ererbte Vorzüge stützen. Stalin hatte Hitler voraus, daß er schon vor seinem zwanzigsten Lebensjahr ein festes Ziel, einen Lebensentwurf besaß; doch über die Hälfte der darauffolgenden achtzehn Lebensjahre mußte er im Gefängnis oder in Verbannung zubringen. Hitler dagegen war über dreißig, als er seine Berufung fand, nicht – wie er ursprünglich geglaubt hatte – in der Kunst, sondern in der Politik, indem er sein außerordentliches rhetorisches Talent entdeckte. Alle, die Stalin oder Hitler vor ihrem dreißigsten Lebensjahr kannten, hätten die Prophezeiung, daß diese Männer eine herausragende Rolle in der Geschichte des 20. Jahrhunderts spielen würden, sicherlich mit ungläubigem Kopfschütteln quittiert.

Was immer der politischen Karriere Stalins an materiellen Hemmnissen im Wege stand, wurde zunächst durch etwas wie eine Glückssträhne wettgemacht. Genau zur rechten Zeit kehrte er im Herbst 1917 aus seinem sibirischen Verbannungsort ins Zentrum der Revolution zurück und fand einen Platz in der Revolutionsregierung. Doch die Erfahrungen, die er in seiner ersten Lebenshälfte gesammelt hatte, fast immer am Rande der Gesellschaft und häufig genug im Verein mit Dieben und anderen dunklen Existenzen, hinterließen psychische Verformungen, von denen er sich niemals wieder frei machen konnte. Er war und blieb ein ungeschliffener, roher und schwieriger Mann, dessen revolutionäre Tätigkeit weit stärker von Haß und Rachsucht geprägt war als von idealistischen Motiven, ein Mann, der anderen nicht vertraute und auch kein Vertrauen einflößte und der, so Trotzki, »gut organisierte Gewalt für den kürzesten Weg zwischen zwei Punkten« hielt. Ein weiterer Zug seiner Persönlichkeit, möglicherweise eine Mitgift seiner kaukasischen Herkunft, war das Unvermögen, auch nur die kleinste Beleidigung oder Kränkung zu vergessen oder zu vergeben, wie viele Jahre auch immer vergehen mochten. Bezeichnend dafür ist eine Anekdote, die von Serebrjakow überliefert worden ist: Als im Kreis der Parteigenossen jeder seine Vorstellung von einem vollkommenen Tag schildern sollte, sagte Stalin: »Meine wäre, eine kunstvolle Rache an einem Feind zu planen, sie so perfekt wie möglich durchzuführen, um dann nach Hause zu gehen und mich friedlich schlafen zu legen.«[4]

Diese Rachsucht, die *grubost*, von der Lenin sagte, sie sei »eine Kleinigkeit, die entscheidende Bedeutung erlangen kann«, trat mit den Jahren äußerlich zurück; gleichwohl blieb sie zeitlebens ein Bestandteil seines Charakters. Als er längst zum autokratischen Herrscher Rußlands geworden war, konnte er noch immer auf Dinge oder Personen, die ihm lästig fielen oder ihn auch nur irritierten, mit Ausbrüchen wilden Jähzorns reagieren – die Folge war ein sofortiger Vertrauensentzug, der in zahllosen Fällen zur Verhaftung und Beseitigung führte.

Die primitiven Züge in Stalins Charakter, von Trotzki und anderen Politbüro-Mitgliedern bisweilen als »asiatisch« bezeichnet, waren um so auffallender, als Stalin sich in der Gesellschaft von Männern bewegte, von denen die meisten durch ein langes europäisches Exil einen gewissen zivilisatorischen Schliff bekommen hatten. So nährte er denn auch Ressentiments gegen das höhere Bildungsniveau seiner Genossen, ihre Vertrautheit mit fremden Ländern und Sprachen, ihre Gewandtheit in der Behandlung theoretischer Fragen, ihre Fähigkeit, sich schriftlich wie mündlich mühelos zu artikulieren. Er lernte indessen, aus der Not eine Tugend zu machen, insbesondere im Umgang mit der jüngeren Generation der Parteimitglieder, deren Erfahrungshintergrund dem seinen weit ähnlicher war als dem der intellektuellen Führer der Partei; doch erst im Laufe der Jahre konnte er seinen Minderwertigkeitskomplex wirklich überwinden. Sein Selbstverständnis als der naturgegebene Nachfolger Lenins blieb dadurch lange Zeit verdüstert.

Ein zweites Hindernis, das Stalin überwinden mußte, war die tiefsitzende Abneigung der Kommunisten gegen jede Art von Personenkult. Nicht zuletzt deshalb legten die führenden Männer der Partei großen Wert darauf, keinerlei personenbezogene Erwägungen gelten zu lassen, sondern ihre Entscheidungen ausschließlich durch die wissenschaftliche Analyse objektiver Faktoren zu treffen. In der Praxis wurde man diesem hehren Anspruch allerdings nicht gerecht. Dennoch war sich Stalin immer bewußt, daß es seiner Karriere mehr als abträglich wäre, wenn irgend jemand auch nur ahnen sollte, daß er sich für einen Mann mit historischer Mission hielt.

Stalin lernte früh, Geheimnisse für sich zu behalten. Wer Mitte der zwanziger Jahre Umgang mit ihm hatte, wunderte sich später sehr, als deutlich wurde, welche Vorstellungen von seiner eigenen Größe er schon damals genährt haben mußte. Ein Meister der Verstellung, nahm er sich die Kritik zu Herzen, die Lenin hinsichtlich seines rohen Auftretens geäußert hatte, hütete fortan seine Zunge und schlüpfte ein paar Jahre lang in die Rolle eines Advokaten des gesunden Menschenverstands, der stets für den vernünftigen Mittelweg plädierte. Angriffe auf politische Gegner überließ er anderen. Als etwa Sinowjew und Kamenew die Ausschaltung Trotzkis in die Wege leiten wollten, spielte Stalin die Meinungsverschiedenheiten herunter und riet zur Zurückhaltung, während die beiden anderen auf einen Parteiausschluß drängten. Zu spät erkannte Trotzki, daß sein entschiedenster Gegner nicht Sinowjew oder Kamenew, sondern der dritte Mann der Troika war. Als dann auch Kamenew die Gefährlichkeit Stalins klar geworden war, wandte er sich 1925 auf dem Vierzehnten Parteitag offen gegen die »Theorie der Ein-Mann-Herrschaft«, worauf Stalin kühl antwortete, natürlich sei etwas anderes als kollektive Führung unmöglich. Doch sei es die Opposition, die die anderen Mitglieder der Führung auszubooten suche – und er nannte die Namen von fünf seiner Überzeugung nach unersetzlichen Männern, von denen er selber später drei zum Tode verurteilte.

Die Schachzüge, mit denen Stalin innerhalb von sechs Jahren alle seine Gegner, überhaupt die gesamte Opposition, ausschaltete, waren Musterbeispiele machiavellistischer Politik; nahezu jede Taktik, jede Finte, die der Florentiner beschrieben hatte, kam dabei zur Anwendung. Wie Hitler hatte er den Instinkt für den richtigen Zeitpunkt, den Moment, in dem man zuschlagen muß; und wie dieser verfügte er über die intuitive Fähigkeit, die Schwächen eines Gegners zu erfassen und auszunützen. Es steht außer Frage, daß er in Organisation und Menschenführung hohe Qualitäten besaß, die allerdings durch charakterliche Mängel schwer beeinträchtigt wurden. Ein bemerkenswerter Blick für das organisatorische Detail verband sich bei ihm beispielsweise stets mit instinktivem Mißtrauen, vor allem gegenüber den eigenen Bundesgenossen und Leuten, die ihm ihre Loyalität beteuerten: Täuschung und Verrat waren ihm zur zweiten Natur geworden. Wo es nur möglich war, zog er das Manipulieren hinter den Kulissen der offenen Konfrontation vor, überließ dem Gegner den ersten Angriff und suchte sich jemanden, der dem arglosen Widersacher im entscheidenden Augenblick in den Rücken fiel. Das war es, was Bucharin meinte, als er Stalin einen Meister der »Dosierung« nannte, der seine Gegenspieler Stück für Stück zu vernichten wisse.

Wer Stalins Weg zur Alleinherrschaft nachzeichnen will, findet deshalb ein verwirrendes Muster von Umwegen, taktischen Rückzügen, Rösselsprüngen, Richtungsänderungen und allen erdenklichen Elementen opportunistischer Taktik, alles gerichtet auf ein einziges Ziel, das Stalin keinen Augenblick aus dem Auge verlor: auf die Verbesserung seiner Position. Je näher er der absoluten Macht kam, mit desto größerem Selbstbewußtsein trat dieser Generalsekretär, der sich nicht Führer nennen durfte, gegen abweichende Meinungen und Fraktionsbildungen auf, wobei er seine Ambitionen stets mit der Behauptung rechtfertigte, nur im Interesse der Partei und im Sinne Lenins zu handeln. Erst bei der Feier seines fünfzigsten Geburtstags im Dezember 1929 würdigte eine dankbare Partei Stalins persönliche Leistung, damals noch unsicher und zaghaft, später aber, auf dem »Parteitag der Sieger« im Januar 1934, in vollem Ausmaß. Dagegen hat Stalin selber nie behauptet, seinen Erfolg aus eigener Kraft errungen zu haben. Der Gipfel seiner Karriere trug, nicht anders als die Entwicklung, die zu ihm geführt hatte, in jeder Beziehung den Stempel des Stalinschen Politikverständnisses der zwanziger Jahre: der unsichtbaren, aus dem Hintergrund gelenkten Machtausübung; während Hitler, von Anfang an offen eine einzigartige Stellung innerhalb seiner Partei beanspruchte.

Das Hegel-Zitat am Beginn dieses Kapitels weist auf ein Moment des deutschen Denkens hin, das den Aufstieg Hitlers begünstigt haben mag: der in der deutschen Literatur und Philosophie des 19. Jahrhunderts tief verwurzelte Glaube an eine »heroische Führergestalt«, jene »mächtige, immer umstrittene Persönlichkeit, die der Welt ihre Forderungen aufzwingt und sie nach ihrem eigenen Bilde zu gestalten trachtet«, wie Joseph Peter Stern geschrieben hat.[5] Es war Nietzsche, der diese Denktradition auf unvergleichliche Weise zusammengefaßt hat. Die Zukunft, erklärte er, gehöre dem schöpferischen oder »künstlerischen« Politiker, dem politischen Führer, der sich als Künstler in einem anderen Feld betätige: »Mit solchen Wesen rechnet man nicht, sie kommen wie das Schicksal, ohne Grund, Vernunft, Rücksicht, Vorwand, sie sind da, wie der Blitz da ist, zu furchtbar, zu plötzlich, zu überzeugend, zu ›anders‹, um selbst auch nur gehaßt zu werden ... In ihnen waltet jener furchtbare Künstler-Egoismus, der wie Erz blickt und sich im ›Werke‹, wie die Mutter in ihrem Kinde, in alle Ewigkeit voraus gerechtfertigt weiß.«[6]

Stern ergänzt diesen Nietzsche-Passus mit zwei Zitaten Mussolinis, der auch ein »Künstler mit einem wie Erz blickenden Egoismus« war: »Wenn die Massen wie Wachs in meinen Händen sind, wenn ich an ihre tiefsten Überzeugungen rühre oder wenn ich mich unter sie mische und von ihnen fast erdrückt werde, dann fühle ich mich als Teil von ihnen.« Und: »Lenin ist ein Künstler, der Menschen bearbeitet, wie andere Marmor oder Metall bearbeiten.«[7]

Die Erfahrung der Niederlage, die Zersplitterung der deutschen Gesellschaft in den Nachkriegsjahren und die Ablehnung der Weimarer Demokratie durch die »national Gesinnten« – all dies gab jenen Ideen neue Nahrung. Hitler zeigte sich zutiefst beeindruckt, als Mussolini in Italien vorführte, wie sie sich in die Tat umsetzen ließen, und nachdem er sich entschlossen hatte, seinen Ehrgeiz in die Politik, nicht in die Kunst zu legen, fand er in Deutschland für seine Überzeugungen eine Tradition, an die er anknüpfen konnte. Das Publikum war gleichsam darauf vorbereitet. Während die herkömmliche Abneigung der Marxisten gegen ein personenbezogenes Politik- und Geschichtsverständnis Stalin zwang, seine ehrgeizigen Pläne, ja seine ganze Persönlichkeit weitgehend zu verbergen, konnte Hitler beides uneingeschränkt zur Geltung bringen.

So kam Hitler bei den »national Gesinnten« leicht zum Erfolg. Dies trat schon früh zutage, zum Beispiel nach dem schmählichen Scheitern des Putschversuchs von 1923, von dem er sich bald wieder erholte – hauptsächlich dank der Auftritte, die seine Ankläger und Richter ihm anschließend während des Prozesses ermöglichten. Als er Ende 1924 aus dem Gefängnis entlassen wurde, mußte er gleichwohl mit dem Aufbau der NSDAP fast wieder von vorn beginnen, und zwar unter weitaus ungünstigeren Bedingungen als zuvor, da Deutschland in der zweiten Hälfte der zwanziger Jahre eine Zeit der Stabilität und des Wohlstands erlebte. Hitler konnte nicht wissen, daß dem Aufschwung nur eine kurze Dauer beschieden sein würde, und so wurden jene Jahre zu einer Probe für die Stärke seiner Willenskraft und seines Glaubens an eine »weltgeschichtliche Rolle«.

Immer hat Hitler betont, daß er an die entscheidende Bedeutung des menschlichen Willens glaube. Auch darin konnte er auf deutsche Denker des 19. Jahrhunderts zurückgreifen, wobei vor allem zwei Philosophen zu nennen sind: zum einen Schopenhauer, aus dessen Werk *Die Welt als Wille und Vorstellung* Hitler, wenn man seinem Sekretär glauben darf, ganze Passagen auswendig zitieren konnte; zum anderen aber wiederum Nietzsche, dessen gesammelte Werke er Mussolini schenkte, jenem »unvergleichlichen Staatsmann«, der mit seinem Marsch nach Rom gezeigt habe, wie Niedergang in Aufstieg zu wenden sei. Hitler lehnte es ab, Probleme als objektiv begründet anzusehen; überall entdeckte er nur menschliche Unfähigkeit und mangelnde Willenskraft. Und auch Stalin glaubte, die Probleme der Zwangskollektivierung hätten ihre Ursache allein in der fehlenden Entschlossenheit, mit der die örtlichen Parteifunktionäre die Planvorgaben durchsetzten, beziehungsweise im böswilligen Widerstand von Kulaken und jenen anderen Feinden und Saboteuren, von denen er sich zeitlebens umringt sah.

Doch die Kraft des Willens und die Unverrückbarkeit der Ziele verband sich bei beiden mit großer Flexibilität in praktischen Dingen. Wie Stalin sich wiederholt mit feierlicher Geste zum Grundsatz der »kollektiven Führung« bekannte, die er doch gleichzeitig nach Kräften zu untergraben und durch seine persönliche Alleinherrschaft zu ersetzen suchte, so bekannte sich Hitler zum Grundsatz der »Legalität«, während er in Wirklichkeit auf die politische Umwälzung und die Abschaffung jeder Gesetzlichkeit hinarbeitete.

In einer Hinsicht hatte es Stalin leichter. Er gehörte der Führung einer Partei an, die bereits im Besitz der Macht war, und zwar einer Macht von uneingeschränktem Anspruch. Zu keinem Zeitpunkt seiner Laufbahn mußte er sich einer allgemeinen Wahl oder dem Urteil der Bevölkerung stellen, weshalb er, anders als Hitler, auch nie an die Massen appellierte; »das Volk«, aus dessen Leiden und Bedürfnissen der Kommunismus seine Legitimation bezog, blieb für ihn eine Abstraktion. Er arbeitete sich nach oben als Organisator und Parteibürokrat, indem er sich der Partei von innen her bemächtigte. Fast alle seine Reden hielt er auf irgendwelchen Parteiveranstaltungen, wo er zwar auf Kritik stoßen konnte, doch nur auf solche marxistischer Herkunft, und wo er seit der Mitte der zwanziger Jahre in wachsendem Maß auf »gespickte« Zuhörerschaften zählen konnte, die seine Gegenspieler niederschrien oder niederstimmten.

Hitler dachte von demokratischer Politik genauso gering wie Stalin, und doch mußte er einsehen – wie widerwillig auch immer –, daß es zur Abschaffung der Demokratie nur zwei Wege gab: Der erste war ein erneuter Putsch, und diese Möglichkeit verwarf er, wenn er bisweilen auch mit ihr drohte; der zweite war die Beteiligung am demokratischen Prozeß und der Kampf um Wählerstimmen, so sehr er beides auch immer wieder verhöhnte.

Es gehört zu Hitlers originären politischen Leistungen, die Schwäche der traditionellen Rechtsparteien erkannt zu haben. Von seinen marxistischen Feinden lernte er, daß man sich vor allem ans Volk wenden mußte, und getreu dieser Einsicht baute er die erste deutsche Massenbewegung mit antidemokratischem, antimarxistischem und nationalistischem Programm auf. Zusammen mit Goebbels entwickelte er einen politischen Stil, zu dessen Merkmalen der Hohn und Spott über jene Institutionen zählte, die sich verpflichtet fühlten, auch den Feinden der Demokratie politische Betätigungsfreiheit zu gewähren. Die Nazis machten kein Geheimnis daraus, was sie dachten und wollten. Als Goebbels 1928 für den Reichstag kandidierte und eines von zwölf NSDAP-Mandaten errang, schrieb er in einem Artikel, der am Vorabend des Wahltags in *Der Angriff* erschien: »Wir gehen in den Reichstag hinein, um uns im Waffensaal der Demokratie mit deren eigenen Waffen zu versorgen. Wir werden Reichstagsabgeordnete, um die Weimarer Demokratie mit ihrer eigenen Unterstützung lahmzulegen. Wenn die Demokratie so dumm ist, uns für diesen Bärendienst Freifahrkarten und Diäten zu geben, so ist das ihre eigene Sache ... Uns ist jedes gesetzliche Mittel recht, den Zustand von heute zu revolutionieren. Wenn es uns gelingt, bei diesen Wahlen sechzig bis siebzig Agitatoren unserer Partei in die verschiedenen Parlamente hineinzustecken, so wird der Staat selbst in Zukunft unseren Kampfapparat ausstatten und besolden ... Auch Mussolini ging ins Parlament. Trotzdem marschierte er nicht lange darauf mit seinen Schwarzhemden nach Rom ... Man soll nicht glauben, der Parlamentarismus sei unser Damaskus ... Wir kommen als Feinde! Wie der Wolf in die Schafherde einbricht, so kommen wir. Jetzt seid ihr nicht mehr unter euch!«[8]

1928 schenkte dem niemand Beachtung. Aber als die Nationalsozialisten zwei Jahre später sieben Millionen Stimmen und 107 Reichstagssitze gewannen und zur zweitstärksten Fraktion im Reichstag wurden, hatte sich Goebbels' Voraussage aufs Wort erfüllt.

Während des Aufbaus der Partei blieben Hitler jene Heimlichkeiten und Verstellungen erspart, zu denen Stalin sich gezwungen sah, um seine persönlichen Ziele zu bemänteln. Nie mußte Hitler aus der unbezweifelbaren Entscheidungsgewalt, mit der er als oberster Führer der Partei allein deren politische und ideologische Fragen klären konnte, ein Geheimnis machen. Wer immer ab der Mitte der zwanziger Jahre in die NSDAP eintrat, wußte und akzeptierte dies. Anders als die Altbolschewisten, die sich wehmütig an die Zeit Lenins erinnerten, als noch ohne weiteres über die Parteilinie debattiert werden konnte, und die im Innersten Stalin nie als gleichwertigen Nachfolger anerkannten, stellten die »alten Kämpfer« der NSDAP trotz gelegentlichen Murrens die Führerschaft Hitlers nie in Frage.

Eine Folge davon war, daß das Bedürfnis nach Anerkennung, von dem Stalin gequält wurde, Hitler nie sehr beschäftigt hat, und die NSDAP machte denn auch keine jener konvulsivischen Säuberungen durch, denen Stalin die Führung der KP in regelmäßigen Abständen unterwarf. Hitler hatte es nicht nötig, eine Politik des *divide et impera* zu betreiben; er brauchte keine Rivalen zu fürchten. Gregor Strasser und Ernst Röhm opponierten zwar gegen einzelne Punkte seiner Politik, waren sich aber immer bewußt, daß sie ihn nicht verdrängen konnten. Dem widerspricht auch nicht der sogenannte Röhm-Putsch von 1934. Was immer Röhm und die anderen SA-Führer geplant haben mögen, es entsprang keinesfalls dem Wunsch, Hitler zu beseitigen, sondern der Angst, Hitler wolle *sie* beseitigen, und umgekehrt fand sich auch Hitler nur nach einigem Zögern und aus politischen Gründen zu ihrer Ausschaltung bereit: Er wollte den Rückhalt der Reichswehr nicht verlieren, den er brauchte, um die Nachfolge Hindenburgs antreten zu können.

Nicht anders als Stalin war auch Hitler voller Haßkomplexe und Ressentiments: gegen die »Novemberverbrecher«, die Deutschland verraten hatten, gegen die Marxisten, die den »anständigen« deutschen Arbeiter aufhetzten, gegen die Juden, die sich verschworen hatten, die Vorherrschaft der arischen Rasse zu unterminieren, gegen die bürgerliche Welt, die ihn in Wien verkannt und erniedrigt hatte, gegen die konservativen Deutschnationalen mit ihren Fräcken und Zylinderhüten, die auf die vulgären und gewalttätigen Nazis herabblickten und sie nicht als Bündnispartner anerkennen wollten. Er schwor sich, es ihnen allen heimzuzahlen – und es sollte ihm gelingen. Allein, so unsicher Hitler sich in gesellschaftlichen Kreisen auch bewegen mochte, so viele Rechnungen er begleichen zu müssen glaubte, an einem Minderwertigkeitskomplex litt er nicht; er verspottete die meisten seiner Verächter als Schwächlinge, unfähig »zu großen Dingen«. »Der Haß aber ist ihm wie ein Wein, an dem er sich berauscht«, schrieb Rauschning.[9]

Stalin bezog sein Sendungsbewußtsein ursprünglich aus der Identifikation mit einer Lehre, dem Marxismus-Leninismus, der seiner Meinung nach die Gesetzmäßigkeiten der Geschichte entdeckt hatte, und mit einer Partei, die sich als das Instrument zur Verwirklichung dieser Gesetze begriff. Auch Hitler sah sich in gewisser Weise als Werkzeug der Geschichte. »Ein Mensch, der kein Gefühl für Geschichte hat«, erklärte er einmal, »ist wie einer ohne Augen und Ohren.« Doch Hitler gewann aus der Geschichte ganz andere Erkenntnisse als Stalin; er ließ seinen Blick wahllos über die Jahrhunderte schweifen und ordnete die aufgelesenen Einsichten in ein vorgeformtes Gedankengebäude ein. »Ich frage mich oft, warum die alte Welt zusammenbrach«, philosophierte er bei einem seiner Tischgespräche. Er bevorzugte die Erklärung, das Christentum – die Erfindung des Juden Saulus von Tarsos, besser bekannt als der Heilige Paulus – habe damals dieselbe zersetzende Rolle gespielt wie im Europa der Gegenwart der Bolschewismus – die Erfindung des Juden Karl Marx.[10] Und da er auch sein Selbstverständnis aus dieser weltgeschichtlichen Perspektive gewann, kam es Hitler so vor, als sei er in eine neuerliche Zeitenwende hineingeboren, in der sich der Niedergang der bürgerlich-liberalen Welt des 19. Jahrhunderts vollzöge. Die Zukunft werde der »jüdisch-bolschewistischen« Ideologie und den marxistischen Massenbewegungen gehören, es sei denn, Europa könne durch den Rassegedanken und die ihn verkörpernde neue Elite gerettet werden, deren Schaffung seine Aufgabe war. Die germanischen Stämme, die das Römische Reich erobert hätten, seien Barbaren gewesen, aber sie hätten an die Stelle einer zerfallenden Ordnung die Grundlagen einer kraftvollen neuen Zivilisation gesetzt. In ähnlicher Weise stünden nun die Nationalsozialisten vor der Aufgabe, die sterbende Zivilisation des Westens zu erneuern.

Beide Männer waren von demselben leidenschaftlichen Wunsch nach Herrschaft beseelt, und beide waren eigensinnige Dogmatiker, die Gegenargumente oder Kritik nicht vertrugen. Dennoch hätte es kaum gegensätzlichere Temperamente geben können. Hitler sprach beständig von der Willenskraft als dem im politischen Geschäft entscheidenden Faktor, doch das Bild der Stärke, das er selber zu verkörpern suchte, war von jeder Natürlichkeit denkbar weit entfernt: Offenbar konnte es nur mit höchster Anspannung erzeugt werden. Hitlers Auftreten hatte etwas Künstliches und angestrengt Pathetisches; nichts an ihm wirkte spontan; seine Gesten waren theatralisch, seine Bewegungen ruckartig und linkisch. Wenn er eine Entscheidung treffen mußte, war er oft unschlüssig und zögerte sie hinaus. Doch es fiel ihm nicht nur schwer, sich zu einem Entschluß durchzuringen, oft verwarf er getroffene Entscheidungen auch wieder, ein Vorgang, der sich wiederholen und wochenlang hinziehen und seine Mitarbeiter zur Verzweiflung treiben konnte. Er mußte immer erst gänzlich überzeugt sein, daß der richtige Zeitpunkt zum Handeln gekommen sei; lange erwog er mögliche Auswirkungen auf die öffentliche Meinung und sein Ansehen als Führer der Partei. Aber auch nach getroffener Entscheidung äußerte er sich oft tief besorgt über das Gelingen, wobei er sich bisweilen in eine nervliche Erregung hineinsteigerte, die in Wut- und Haßausbrüchen, aber auch in völlige Verzweiflung münden konnte. In kritischen Situationen, in denen Stalin die Ruhe behielt, wurde Hitler immer wieder ein Opfer seiner Nerven.
Doch hinter dieser Anfälligkeit, die auf den ersten Blick sogar wie Willensschwäche anmuten mochte, verbarg sich in Wahrheit etwas anderes. Betrachtet man Hitlers Verhalten über längere Zeiträume, so entdeckt man ein hohes Maß an Entschlossenheit, eine Kühnheit, die Gegner (und Verbündete) immer wieder überraschte, eine tiefe Ungerührtheit gegenüber Rückschlägen oder Niederlagen und eine Rücksichtslosigkeit, die – genau

wie bei Stalin – die völlige Nichtachtung menschlichen Lebens und Leidens einschloß.

Es ist die Launenhaftigkeit Hitlers, die immer wieder zu falschen Schlüssen geführt hat. Während Stalin stets einen beherrschten und sicheren Eindruck machte, war Hitler leicht erregbar. Stalin verbarg seine Gefühle und sagte nur das Nötigste; Hitler setzte seine Gefühle wie Waffen ein, er redete ohne Unterlaß. Was er indessen verbarg, war das Element der Berechnung. Wenn Hitler sich in seine Wutausbrüche hineinsteigerte, schien er jegliche Selbstkontrolle zu verlieren; dann schwoll sein Gesicht an und wurde vor Wut fleckig, seine Stimme überschlug sich, er schrie, wild mit den Armen fuchtelnd, zahllose Beschimpfungen und trommelte mit den Fäusten auf den Tisch. Und doch meinten alle, die ihn gut kannten, daß Hitler – wie er selber häufig sagte – »untendrunter eiskalt« blieb.

Auch Stalin spielte eine Rolle, ließ es indessen niemanden merken. Die erste öffentliche Äußerung, die einen Vorgeschmack auf seine spätere Paranoia gab, fiel nicht vor der Zeit des Bürgerkriegs: »Es gibt innere Feinde, Genossen. Es gibt äußere Feinde. Das dürfen wir nie vergessen.« Erst mit seiner Kriegserklärung an die Kulaken ließ er seiner Paranoia freien Lauf.

Bei Hitler handelt es sich um eine Paranoia anderer Art: Sie war es, die sein Nationalbewußtsein weckte und ihn zum Eintritt in die Politik bewog; die gebieterisch von ihm verlangte, die bedrohten Deutschen vor ihren Feinden im Habsburgerreich zu retten, den Slawen, Marxisten und Juden. Sie drängte ihn, den Verrat des Deutschen Reiches zu rächen, den jene inneren Feinde begangen hatten, die ihm 1918 den Dolch in den Rücken stießen. Sie war es auch, die ihn in dem Versailler Vertrag und seinen erdrückenden Reparationslasten ein Werk äußerer Feinde sehen ließ. Seit dem Beginn seiner politischen Laufbahn richtete Hitler seinen Blick auf jene vielen Deutschen, die seine paranoiden Empfindungen teilten und sich als Opfer eines Komplotts unsichtbarer Feinde sahen, von Kapitalisten, Sozialdemokraten und Gewerkschaften, Bolschewisten, Juden und Siegermächten. Sie hörten bereitwillig einem Politiker zu, der ihren Verdacht nicht nur teilte, sondern mit hoher Überzeugungskraft bestärkte – eine Masse von bereitwilligen Gläubigen, die nur auf einen Messias wartete, der ihre Energien entfesseln und auf ein Ziel lenken würde. Ihre Einstellung läßt sich auf den Nenner eines schlichten Gedankens bringen, der in den Antworten jener etwa 600, vor 1933 eingetretenen »kleinen« Mitglieder der NSDAP immer wieder auftaucht, die 1938 von Theodor Abel befragt wurden: »Ich glaube daran, daß unser Führer Adolf Hitler dem deutschen Volk vom Schicksal als Retter geschickt worden ist, um Licht ins Dunkel zu bringen.«[11]

Es kam Hitlers Wirken zugute, daß sich in seinem Fall, anders als bei Stalin, Paranoia mit Charisma verband. Dem griechischen, ursprünglichen Wortsinn zufolge ein »Geschenk göttlicher Gnade«, in dessen Genuß nur religiöse Führer und Propheten kamen, gilt für das von Max Weber definierte säkulare Charisma, daß es ebenso für segensreiche wie für zerstörerische Zwecke verwendet werden kann. Zeitgenossen Hitlers und Stalins, die ein Beispiel für ersteres setzten, waren Gandhi und Franklin D. Roosevelt; Hitler ist das klassische Beispiel für ein Charisma der zweiten Art.[12]

Hitler war seit jeher von der Überzeugung durchdrungen, er sei auserwählt und verfüge über außergewöhnliche Fähigkeiten und Kräfte; sein Charisma verlieh ihm darüber hinaus die Fähigkeit, eine Gruppe von Anhängern um sich zu scharen, die diese »übermenschlichen« Gaben und die damit verbundene Mission anerkannten. Kennzeichen ihrer Gefolgschaft war, daß sie bereitwillig alles glaubten, was er sagte, nur weil es von ihm kam, ebenso wie sie seinen Befehlen bedingungslos gehorchten.

Das vermittelnde Medium zwischen Führer und Geführten war Hitlers bemerkenswerte Rednergabe. Politische Redner der traditionellen Art, selbst die besten unter ihnen, lassen sich mit Hitler nicht vergleichen. Mißt man ihn an herkömmlichen Maßstäben, hatte Hitler als Redner sogar offenkundige Schwächen. Seine Reden waren zu lang, er wiederholte sich häufig und pflegte einen wortreichen Stil; er begann umständlich und schloß abrupt. Allein, diese Mängel fielen kaum ins Gewicht angesichts der Kraft und Unmittelbarkeit seiner Leidenschaften, der Intensität seines Hasses und seiner Wut und dem drohenden Klang seiner Stimme. In gewisser Weise erklärt der erwähnte Ausspruch Nietzsches die Wirkung Hitlers: »Die Menschen glauben an die Wahrheit einer Sache, an die sie andere inbrünstig glauben sehen.«

Hitler hatte ein Gespür dafür, was in den Tiefen des Bewußtseins seiner Zuhörer schlummerte, nur benötigte er immer einige Zeit, um ihre Stimmung zu erfassen, weshalb er am Beginn seiner Reden häufig unsicher wirkte. Otto Strasser, der Bruder Gregors, schrieb einige Jahre nach seinem Bruch mit Hitler: »Wie eine empfindliche Membrane hat dieser Mann es mit einer Intuition, die durch keine rationalen Fähigkeiten ersetzt werden könnte, verstanden, sich zum Sprecher der geheimsten Wünsche, der peinlichsten Instinkte, der Leiden und inneren Unruhe eines Volkes zu machen.«[13]

Doch es war mehr als dies, mehr als die Ausbeutung der Gefühle der Zuhörerschaft. Nietzsche schrieb 1878 in einer Passage, die wie auf Hitler gemünzt erscheint: »Bei allen großen Betrügern ist ein Vorgang bemerkenswert, dem sie ihre Macht verdanken. Im eigentlichen Akt des Betrugs, unter all den Vorbereitungen, dem Schauerlichen in Stimme, Ausdruck, Gebärden, inmitten der wirkungsvollen Szenerie überkommt sie der *Glaube an sich selbst*: dieser ist es, der dann so wundergleich und bezwingend zu den Umgebenden spricht.«[14]

In diesem Sinne war es eine wechselseitige Beziehung. Hitler flößte seinen Zuhörern Trost und Hoffnung ein, aber er bekam von ihnen auch etwas zurück: Bestätigung seines Selbstverständnisses und Selbstbewußtseins.

So gesehen, war der Hitler-Mythos ebensosehr ein Produkt seiner Anhänger – die Verkörperung ihrer unbewußten Bedürfnisse – wie ein Werk des »Führerwillens«.

Ein großer Redner war Stalin keineswegs. Bei dem Publikum, das er zu gewärtigen hatte, wäre dies wohl auch nichtangebracht und kontraproduktiv gewesen; nicht überfüllte Massenkundgebungen zu Wahlkampfzwekken waren Stalins Forum, sondern die geschlossene Welt der Führungsgremien der Kommunistischen Partei. Was einem Mann drohte, der in den Verdacht geriet, die Rolle Napoleons in einem russischen Thermidor spielen zu wollen, zeigte das Beispiel Trotzkis, des einzigen unter den Epigonen Lenins, der Charisma besaß – und teuer dafür bezahlte.

Die Tradition, aus der Hitler schöpfte, erlaubte es ihm, seinen Anspruch offen zu verkünden und unter Beweis zu stellen. Stalin dagegen hatte keine Gelegenheit, mit seinen Anhängern in eine enge Wechselbeziehung zu treten, nicht nur weil er über keine vergleichbare Rednergabe verfügte, sondern auch weil dergleichen in der Tradition, in der er stand, keinen Platz hatte.

Die paranoide Neigung zu Verschwörungstheorien und Verfolgungswahn hat in der Geschichte des russischen Marxismus, so lange er als Untergrundbewegung operierte, immer eine Rolle gespielt, nicht anders als in der russischen Geschichte im allgemeinen, in der sich spätestens seit dem Dekabristen-Aufstand von 1825 ein leidenschaftlicher Hang zur Gründung von Geheimgesellschaften breitmachte. Gleichzeitig galt jedoch alles, was persönliches Charisma auch nur ahnen ließ, als verdächtig, und sei es nur wegen der religiösen Besetztheit der dazugehörigen Eigenschaften und wegen der im russischen Leben seit jeher mächtig wirksamen irrationalen Strömung, der Dostojewski, um ein Beispiel zu nennen, literarisch Ausdruck verliehen hat. Die russischen marxistischen Intellektuellen der älteren Jahrgänge hatten sich bewußt gegen diese Tradition gestellt: Erst aus dem toten Lenin ließ sich das Objekt eines Personenkults machen; der lebendige hatte sich immer vehement jeder Form von Verherrlichung und Apotheose verweigert.

Indem Stalin sich mit Lenin identifizierte, gelang es ihm schon früh, einen Stück vom Glanz dieses magischen Namens auf sich zu übertragen und dadurch gewisse Vorbedingungen für den Stalin-Kult der späteren Zeit zu schaffen. Dennoch bleibt unvorstellbar, daß der Stalin des Jahres 1934 irgendwo in Rußland so spontane Begeisterungsstürme entfacht hätte, wie Speer sie bei einer Fahrt mit Hitler durch die thüringische Provinz erlebte. Als Hitler beim Verlassen des Gasthauses, in das er und seine Begleiter überraschend eingekehrt waren, von Tausenden bejubelt und mit Blumen überschüttet wurden, wandte er sich an Speer und sagte: »So wurde nur ein Deutscher bisher gefeiert: Luther! Wenn er über das Land fuhr, strömten von weitem die Menschen zusammen und feierten ihn. Wie heute mich!«[15]

Stalin reagierte auf Lob und Schmeicheleien mit sichtbaren Zeichen der Langeweile oder Verärgerung; doch die Anerkennung, derer er bedurfte und die Hitler so selbstverständlich und so reichlich zufiel, blieb ihm versagt. Mit welchen Mitteln er sich so etwas wie eine kleine Kompensation verschaffte, wird von Chruschtschow in seinen Erinnerungen beschrieben: »Zu diesem Zweck träufelte er seinen engeren Mitarbeitern behutsam, aber wohlberechnet den Gedanken ein, daß er insgeheim keineswegs so über Lenin dachte, wie er es öffentlich zu tun vorgab.« Lasar Kaganowitsch nahm solche Winke prompt auf: »Er stieß seinen Stuhl zurück, richtete sich zu voller Größe auf und bellte: ›Genossen! Es wird Zeit, dem Volke die Wahrheit zu sagen. Jeder in der Partei redet immer nur von Lenin und dem Leninismus. Aber seien wir doch ehrlich, Lenin ist 1924 gestorben. Wie viele Jahre hat er für die Partei gearbeitet? Was wurde denn unter seiner Führung zustande gebracht? Vergleicht das doch mal mit den Leistungen unter Stalin! Es wird Zeit, daß wir die Parole *Es lebe der Leninismus* ersetzen durch die Parole *Es lebe der Stalinismus!*‹ Während er so vor sich hin faselte, saßen wir alle schweigend da und sahen zu Boden. Stalin war immer der erste und auch der einzige, der Kaganowitsch widersprach. ›Was reden Sie da‹, pflegte er zu sagen. ›Wie können Sie es wagen?‹ Man konnte seinem Ton aber genau anmerken, daß er heimlich hoffte, irgendwer würde ihm widersprechen. Das ist ja in unseren Dörfern ein sehr verbreiteter Trick... Stalin benutzte dabei gern folgenden Vergleich: ›Wer ist Lenin? Lenin ist ein hoher Turm. Und wer ist Stalin? Stalin ist ein kleiner Finger.‹ Das feuerte Kaganowitsch nur an... Dieser ›Streit‹ zwischen Kaganowitsch und Stalin wiederholte sich immer häufiger und ging so fort bis zum Tode Stalins. Niemand hat sich da je eingemischt, und immer behielt Stalin das letzte Wort.«[16]

Stalin konnte sich nie von dem Verdacht lösen, seine Genossen in der Parteiführung würden ihn, auch wenn sie seine Politik unterstützten und ihm Beifall zollten, nicht als ebenbürtigen Nachfolger Lenins akzeptieren. Schon gar nicht würden sie ihm die Leistungen zutrauen, die er sich selber zutraute. Sein Mißtrauen bestärkte ihn in einer charakterlichen Eigenart, die schon denen aufgefallen war, die ihn aus früheren Zeiten kannten: seine Fähigkeit, sich selbst zu genügen, außerdem aber die Neigung, sich allein auf sich selbst zu verlassen. Nur wenige Menschen, denen er begegnete, imponierten ihm (Lenin war einer davon, vielleicht der einzige), und es kümmerte ihn wenig, was andere von ihm hielten. Wer mit ihm in Konflikt geriet, stellte bald fest, durch welche Mischung von Willensstärke und Menschenverachtung dieser Mann sich auszeichnete, eine Verbindung von Eigenschaften, die ihn drei Jahre in der Schneewüste Sibiriens überleben ließ, ohne daß er auch nur den Wunsch nach menschlicher Gesellschaft zu erkennen gab. Daß sein Glaube an seine historische Aufgabe so lange ohne Echo geblieben war, machte ihn reizbar und schwierig; doch sobald seine

Selbsteinschätzung sich zu dem Ehrgeiz verdichtete, der Nachfolger Lenins zu werden, bewährte sich seine Willenskraft als entscheidender innerer Antrieb.

Rücksichtslosigkeit war in den Augen Stalins wie in denen Hitlers gleichsam eine Fürstentugend, und Rücksichtnahme konnte deshalb allenfalls aus Gründen der Zweckmäßigkeit geboten sein. In der revolutionären Tradition Rußlands besaß dies einen festen Platz: Die völlige Nichtachtung des menschlichen Lebens hatte dort seit jeher als Tugend gegolten, wenn es um die Errichtung einer gerechteren Gesellschaft ging, und wie die Sozialrevolutionäre hierin die Rechtfertigung für ihren gleichsam individuellen Terror fanden, so führten die Bolschewisten ähnliche Begründungen für jenen kollektiven Terrorismus an, der sich gegen ganze Gesellschaftsklassen wie die Bourgeoisie oder das Kulakentum richtete. Auch Lenin und Trotzki billigten offen den Terror, und der erste Leiter der Tscheka, der unbestechliche Dzierzynski, hat dergleichen im Geist fanatischer Opferbereitschaft praktiziert.

Was immer es bei Stalin in dieser Hinsicht an Hemmungen oder Bedenken gegeben haben mag, wurde fraglos von seinem wachsenden Sendungsbewußtsein verdrängt, das ihm eine Art Absolution gewährte und ihn gegen jegliches Gefühl der Schuld und gegen jedes Mitleid mit den Millionen Opfern seiner Politik immunisierte; am Ende glaubte er, mit ihrer Vernichtung lediglich der historischen Notwendigkeit Geltung verschafft zu haben.

So schwierig es zu verstehen sein mag: Der Schlüssel zum Verständnis beider Männer ist meines Erachtens die Erkenntnis, daß sie allen Ernstes an ihre geschichtliche Rolle glaubten und daß derjenige, dem sein Leben lieb war, sich über diesen Punkt besser nicht lustig machte. So argwöhnisch sie hinsichtlich der Beweggründe und der Ziele anderer waren, so unantastbar waren ihnen ihre eigenen. Sie sahen sich nicht als Tyrannen, als Genies des Bösen, sondern als Führer, bereit, ihr ganzes Leben einem höheren Zweck zu widmen, und mit dem Recht versehen, von anderen dasselbe zu verlangen. Es war nicht zuletzt diese Überzeugung, durch die sie bei sich selbst und bei allen, die sich ihrem Anspruch unterordneten, einen verhängnisvollen Schub an pervertierter moralischer Energie und Selbstgewißheit freisetzten.

So trieb sie nicht nur Machtstreben zu ihren Taten. Kaum hätte Stalin sich sonst, kurz nachdem er die rechte und die linke Opposition ausgeschaltet hatte, in ein so riskantes Unterfangen wie die »zweite Revolution« gestürzt. Wäre er nicht mehr als ein machtbesessener Realist gewesen, so hätte der endgültige Sieg über seine Rivalen ihm genügt, und er hätte zumindest eine Atempause eingelegt, um den Triumph zu genießen. Doch Stalin besaß das brennende Bedürfnis, sich selbst und allen, die er aus dem Feld geschlagen hatte, den Beweis zu liefern, daß er Lenins würdiger Nachfolger war.

Indessen soll dies keine Wiederbelebung der Theorie von jenen »großen

Männern« sein, »die Geschichte machen«, kein Versuch zu suggerieren, Stalin habe eine so grundlegende Umwälzung der Verhältnisse ganz allein bewerkstelligen können, ohne die begeisterte oder zumindest bereitwillige Mitwirkung vieler Tausender Parteimitglieder. Von den faulen Kompromissen der NEP enttäuscht, waren sie überzeugt, Stalins Plan werde dem revolutionären Elan der Partei neuen Schwung verleihen und den Durchbruch zu einer sozialistischen Gesellschaft bringen. Doch um die Dynamik dieses Prozesses aufrechtzuerhalten, bedurfte es einer unglaublichen Willensanstrengung Stalins. Sein Erfolg verdankte sich mehr als nur persönlichen Führungsqualitäten: Es war Stalins fester Glaube an sich selbst, seine Fähigkeit, im eigenen Leben jenes dramatische Spiel zu sehen, das die Geschichte, so meinte er, für die Kommunistische Partei der Sowjetunion und für ihn als deren Führer geschrieben hatte.

Die Erfahrungen der »Revolution von oben« prägten Stalins Denken und Handeln. Sie ließen bei ihm keine Zweifel oder Gewissensbisse entstehen, sondern stärkten im Gegenteil die ansatzweise schon damals sichtbaren paranoiden Tendenzen und trugen in den dreißiger Jahren das Ihre zu dem erstaunlichen Schauspiel der Schauprozesse und Säuberungen bei, ein klassisches Beispiel für einen Mechanismus, den Harold Lasswell als »Verschiebung privater Affekte auf öffentliche Objekte« bezeichnet hat.[17]

Die erste aktenkundige Diagnose, in der Stalin als Paranoiker bezeichnet wird, stammt allem Anschein nach vom Dezember 1927. Damals tagte in Moskau ein internationaler wissenschaftlicher Kongreß. Ein führender russischer Neuropathologe, Wladimir Bechterew, Professor in Leningrad, machte auf die ausländischen Kongreßteilnehmer großen Eindruck und erregte auch die Aufmerksamkeit Stalins, der ihn daraufhin zu einem Besuch einlud. Nach dem Treffen am 22. Dezember 1927 erzählte Bechterew seinem Assistenten Mnuchin, bei Stalin liege der typische Fall einer schweren Paranoia vor, was bedeute, daß ein gefährlicher Mann an der Spitze der Sowjetunion stehe. Der Umstand, daß Bechterew daraufhin plötzlich erkrankte und noch in seinem Moskauer Hotel starb, hat den Verdacht aufkommen lassen, er sei im Auftrag Stalins vergiftet worden. Doch wie dem auch sei, als die Zeitschrift *Literaturnaja Gazeta* im September 1988 über die damalige Diagnose Bechterews berichtete, bestätigte der sowjetische Psychiater E.A. Litschko ihre Stichhaltigkeit. Er fügte hinzu, daß paranoide Schübe erfahrungsgemäß durch äußere Umstände, durch Belastungen und schwierige Situationen ausgelöst werden und normalerweise ein wellenförmiges Auf und Ab zeigen. Litschko stellte deshalb die Hypothese auf, bei Stalin seien akute paranoide Schübe 1929/30 und dann wieder 1936/37 eingetreten, im ersten Fall gefolgt von der Kampagne gegen die Kulaken, im zweiten von den Säuberungen der Partei- und Armeeführung. »Vielleicht gab es auch einen Schub im Moment des Kriegsbeginns, in den ersten Tagen, als er die Führung des Staates de facto abgab. Außerdem aber in der Zeit kurz vor seinem Tod, in der Zeit der ›Ärzteverschwörung‹.«[18]

Man muß nicht in eine Kontroverse über den Wert psychohistorischer Thesen eintreten, um an dieser Stelle zwei allgemein plausible Beobachtungen zu vermerken. Zum einen: Es besteht ein bedeutender Unterschied zwischen einer Geisteskrankheit, welche die an ihr leidende Person lebensunfähig macht, und gewissen extremen Persönlichkeitszuständen, bei denen man uneingeschränkt lebenstüchtig bleibt, weiß, was man tut, und für alle Handlungen verantwortlich gemacht werden kann. Es steht außer Zweifel, daß letzteres gemeint ist, wenn von den paranoiden Tendenzen Stalins oder Hitlers die Rede ist. Zwei der gebräuchlichsten psychiatrischen Lehrbücher, *The Harvard Guide to Modern Psychiatry* und *The Oxford Textbook of Psychiatry*, nennen als Grundmerkmale einer paranoiden Persönlichkeit ein systematisch ausgebildetes und unerschütterliches Wahnsystem, das sich im mittleren Lebensalter entwickelt. Es gilt als »eingekapselt«, das heißt von den anderen kognitiven Funktionen so gut isoliert, daß es diese nicht beeinträchtigt; die Persönlichkeit bleibt also im wesentlichen intakt und kann alle normalen Funktionen der Realitätsbewältigung erfüllen.

Zum zweiten: Es läßt sich zeigen, daß die Symptome, die mit dem paranoiden Persönlichkeitsbild normalerweise einhergehen – chronisches Mißtrauen, psychische »Autarkie«, Eifersucht, Überempfindlichkeit, Größenwahn –, in Berichten derer, die in engem Kontakt mit Stalin standen, sehr häufig wiederkehren. Das ist natürlich unabhängig davon, ob man sich psychiatrischer Fachausdrücke wie Paranoia oder einfach der Alltagssprache bedient. Stalin reagierte höchst empfindlich auf alles, das geeignet war, seine Selbstachtung zu beeinträchtigen und Selbstvorwürfe oder andere schmerzhafte Gefühle hervorzurufen – etwa auf Kritik, Opposition oder unangenehme Nachrichten. Als Schutz entwickelte er eine Anzahl unterschiedlicher psychologischer Strategien, die Robert Tucker unter den drei Rubriken Verdrängung, Rationalisierung und Projektion zusammenfaßt.[19]

Am einfachsten funktionierte der erste Mechanismus. Wenn Stalin mit unbequemen, peinlichen oder alarmierenden Informationen konfrontiert wurde, konnte es vorkommen, daß er sie einfach bestritt und ihre Überbringer der Sabotage oder der böswilligen Übertreibung beschuldigte – bedrohliche Vorwürfe aus seinem Mund, die die Betroffenen fortan davon abhielten, solche Risiken einzugehen.

Was den zweiten psychischen Mechanismus betrifft, die Rationalisierung, so lieferte Stalin dafür das vielleicht bekannteste Beispiel, als er von sich aus die Kritik Lenins an seiner Grobheit aufgriff und sich zu dieser Eigenschaft bekannte, während er sie zugleich zu einem Ausdruck seines besonderen revolutionären Eifers erklärte: »Ja, Genossen, ich bin grob – grob gegen diejenigen, die grob und verräterisch die Partei zersetzen und spalten.«[20]

Der dritte Mechanismus, die Projektion, ließ ihn Wünsche oder Einstellungen, die er bei sich selbst nicht dulden wollte, anderen zuschreiben. Es gibt zahlreiche Fälle, in denen Stalin den Verrat an einem Freund oder Verbündeten vor sich selbst und anderen damit rechtfertigte, daß er dem Betreffenden just den Verrat vorwarf, den er selber zu begehen im Begriff war.

Es bedarf keines ausführlichen Beweises, daß Stalin die Rolle des Heuchlers und Lügners ebenso vollkommen beherrschte wie alle anderen politischen Künste. Aber die Behauptungen, die er über den Erfolg der Kollektivierung, die Erfüllung des Fünfjahresplans und die Lebensbedingungen des russischen Volkes aufstellte, waren zu einem guten Teil so offenkundig unwahr – und alle Welt in Rußland wußte es –, daß man eher an einen Fall unbewußter Selbsttäuschung glauben möchte: Stalin hielt wirklich für wahr, was er sich wünschte oder was er brauchte.

Das häufigste Merkmal der Paranoia aber ist die Verbindung von Größen- und Verfolgungswahn. Überall glaubt der Kranke Verschwörungen und Intrigen zu entdecken, was sich dann in krankhaftem Mißtrauen und in dem Bestreben äußert, die Feinde in einer Art vorbeugender Notwehr auszuschalten. Ebenso typisch ist der systematische Charakter der Wahnideen: Jede Beobachtung wird in ein durchaus »logisches« Muster eingefügt, dessen Glaubwürdigkeit notfalls auch durch umfassende Berichtigungen gewahrt werden kann. Wichtig ist, daß es bestehen bleibt. In der Welt des Paranoikers gibt es keine Zufälle.

Es gibt noch zwei weitere Kennzeichen der Paranoia, die sich in der politischen Taktik Stalins und Hitlers wiederfinden. Denn der Paranoiker – dies ist das erste der beiden Kennzeichen – hält um so überzeugter an seinen Vorstellungen fest, je größer der Kern von Wahrheit ist, auf den sie sich stützen können. Einen solchen Tatsachenhintergrund lieferte im Falle Stalins die in der revolutionären Politik Rußlands ausgeprägte Tradition der Verschwörung mit jener ständigen Neubildung von einander mißtrauenden und sich bekämpfenden Fraktionen, die für konspirative Bewegungen typisch ist. Aus diesem Grund fiel es Stalin leicht, sich die Existenz von Komplotten einzureden, die vermeintliche Gefahr dann hochzuspielen und schließlich durch vorbeugendes Handeln zu beseitigen.

Außerdem aber – und dies ist das zweite Kennzeichen – müssen paranoide Wahnsysteme die betreffende Person nicht in jedem Fall lebensunfähig machen. Sie sind durchaus vereinbar mit einem hohen Grad an Lebenstüchtigkeit, also etwa mit außerordentlichen politischen Fähigkeiten als Redner, Organisator oder Parteiführer. In Krisensituationen kann die paranoide Disposition sogar von Vorteil sein, indem sie den Betroffenen mit einem beträchtlichen Vorrat an Energie und Selbstsicherheit versieht und ihm die feste Überzeugung gibt, im Recht zu sein und in der Verfolgung seiner Feinde nicht nachlassen zu dürfen.

Stalin war immer ein mißtrauischer Mensch; in den Jahren der Kollektivierung jedoch schlug sein Mißtrauen zweifellos in Verfolgungswahn um. Danach begann er, alle Schuld für Fehlschläge oder Mißlichkeiten den Opfern zuzuschieben: dem Widerstand der Kulaken und der Hinterlist der

Bauern, die ihr Getreide versteckten, außerdem der verräterischen Politik der ukrainischen Nationalisten, die gegen den Sowjetstaat konspirierten. Er konnte niemandem mehr trauen außer sich selbst; sogar seine Frau hatte ihn verraten, indem sie sich das Leben genommen hatte. Wohin er auch sah, er erblickte Feinde, und selbst engste Mitarbeiter konnten in Verdacht geraten. Treffend schreibt seine Tochter Swetlana: »Hatten aber die Tatsachen den Vater einmal überzeugt, daß ein ihm von früher her gut bekannter Mensch sich als Schädling erwiesen habe, dann kam es bei Vater zu einer Art psychologischer Metamorphose ... Die Vergangenheit war für ihn ausgelöscht, – und daraus kam eben auch die ganze Unerbittlichkeit, Härte und Grausamkeit seines Wesens. Das Vergangene, das gemeinsam Erlebte, der gemeinsame Kampf für die eigene Sache, die langjährige Freundschaft, das alles war, als ob es nie gewesen wäre; es wurde durch irgendeine innere, unbegreifliche Geste ausgelöscht, ausgestrichen, und der Mann war verurteilt, verloren ... ›So, du hast mich verraten‹, sprach ein furchtbarer Dämon, der sich seiner Seele bemächtigt hatte, ›nun, dann will auch ich dich nicht mehr kennen!‹«[21]

Hitler besaß außerordentliche charismatische Gaben, und vor allem dadurch vermochte er sich die Loyalität seiner Anhänger dauerhaft zu sichern: Er zog sie gleichsam in seinen Bann. Da Stalin über ein vergleichbares Talent nicht verfügte, begründete er seine Macht auf die Fähigkeit, Angst und Schrecken zu verbreiten. Unter den Führern des russischen Kommunismus hielt er sich für den einzigen, der die Revolution zu vollenden vermochte; nur er nämlich – ein Mann aus dem Volk, kein Intellektueller oder ehemaliger Emigrant – habe begriffen, daß die Russen immer mit der Peitsche regiert worden waren und nur mit der Peitsche regiert werden konnten. Schon Peter der Große und Iwan der Schreckliche hatten erkannt, daß es in diesen Dingen auf die Kunst ankomme, den Machtapparat selbst in Angst und Schrecken zu halten, damit er die nötige Härte gegenüber der Bevölkerung aufbrächte. Überzeugungen waren wandelbar: Nur die Angst blieb.

Nachdem Jagoda zwei Jahre lang die Geheimpolizei geleitet hatte, hielt Stalin die Zeit für gekommen, ihn zu liquidieren. Sein Nachfolger wurde Jeschow; ihm zu Ehren haben die Russen die schlimmste Periode des Terrors auf den Namen *Jeschowtschina* getauft. Aber auch Jeschow lebte in Angst, und als Stalin zu der Ansicht kam, seine Zeit sei um, ließ er ihn beseitigen.

Eine der Maximen Stalins lautete, daß es in der Politik kein Vertrauen gebe. Auch darin liegt ein schroffer Gegensatz zu Hitler, der zu einigen seiner engsten Mitarbeiter so großes Vertrauen hatte, daß er – um ein Beispiel zu nennen – Göring und Himmler den Aufbau ausgedehnter Machtbereiche gestattete. Sein Vertrauen wurde nicht enttäuscht. Dem widerspricht im Grunde auch der Englandflug von Rudolf Heß nicht; denn Heß wollte mit dieser Aktion das Vertrauen Hitlers wiedergewinnen, nicht Verrat an ihm üben.

Stalins besonderes Mißtrauen galt stets der Parteiführung, und dies auch noch nach der Epoche der »Säuberungen«. Zu viele von denen, die sich ihm 1929/30 verschrieben und bei der »zweiten Revolution« mitgeholfen hatten, betrachteten sich nun als Teilhaber des Sieges, hielten Kontakt untereinander und bildeten sich ein, an einer selbständigen Meinung festhalten zu dürfen. Anders als Molotow und Kaganowitsch begriffen sie nicht, daß sie ohne Stalin nichts waren. Wenn Stalins Blick einmal auf einen solchen Mann gefallen war, hatte er sich in der Regel nach kurzer Zeit eingeredet, der Betreffende sei ins feindliche Lager übergelaufen und konspiriere gegen ihn, worauf er die notwendigen Schritte zu seiner Ausschaltung ergriff. So kam es, daß ins Politbüro und ins Zentralkomitee mit der Zeit immer mehr Mitglieder einzogen, die wissentlich hinnahmen, nichts als die Geschöpfe und Werkzeuge Stalins zu sein.

Stalins Mißtrauen wurde ergänzt durch sein Bedürfnis nach Bestätigung. Seine Selbstzweifel, sein unablässiges Unterlegenheitsgefühl bestanden, auch wenn er es noch so sehr verdrängte, im Unbewußten weiter, irritierten sein inneres Gleichgewicht und bedurften der Kompensation. Nach außen erweckte er den Eindruck völliger Selbstbeherrschung und unerschütterlichen Selbstvertrauens, doch unter der Oberfläche wogten Leidenschaften: wahnhaftes Streben nach autokratischer Macht, damit er niemanden mehr zu Rate ziehen und sich auf niemanden mehr verlassen müsse; leidenschaftliche Rachsucht und Unduldsamkeit gegenüber allen, die ihm widerstanden. Das erwähnte Bedürfnis nach Anerkennung kam noch hinzu.

Als Stalin die Macht an sich gerissen hatte und die Partei, die Bürokratie und die Sicherheitskräfte kontrollierte, brauchte er eine direkte Herausforderung im Grunde nicht mehr zu fürchten. Von da an konnte er sich dem Vorhaben widmen, die Geschichte der Revolution so umzuschreiben, daß nunmehr er, Stalin, als wichtigster Mitkämpfer Lenins erschien. Das war die Geburtsstunde des Stalin-Kults, den niemand anders als Stalin selber begründet hat. Das Bild, das er sich von seiner eigenen Person und von seiner Rolle als Nachfolger Lenins machte, sollte dadurch den der Parteipolitik fernstehenden russischen Volksmassen vermittelt werden; darüber hinaus aber wollte sich Stalin auch die Anerkennung derer sichern, die er aus dem Feld geschlagen hatte: der Veteranen aus der Zeit Lenins, jener inneren Truppe, die in den zentralen Organen der Partei nach wie vor stark vertreten war und die seinen Aufstieg zur Macht aus nächster Nähe erlebt hatte. Sie sollten nicht nur seinen Sieg bestätigen, sondern auch, daß er wohlverdient und gerecht sei und daß sie ihn nun, wie einst nur Lenin, aus freien Stücken als ihren *woschd* anerkannten.

Das erklärt, weshalb er in den Jahren der Schauprozesse die Angeklagten – eben jene Bolschewisten der älteren Generation – so unnachgiebig zu dem demütigenden Geständnis zwingen ließ, sie seien von Anfang an und in allen Fällen im Unrecht, er selber dagegen im Recht gewesen. Kurz vor dem ersten Prozeß, Anfang 1936, reiste Nikolai Bucharin, der dem Politbüro damals schon nicht mehr angehörte, aber noch Chefredakteur der *Iswestija* war, nach Paris, um das Archiv der zerschlagenen Sozialdemokratischen Partei Deutschlands zu erwerben, in dem sich viele Originalmanuskripte von Marx befanden. Bei seinem Aufenthalt unterhielt er sich ausführlich mit zwei menschewistischen Emigranten, Boris Nikolajewski und Fjodor Dan, die an der Transaktion beteiligt waren, und Bucharin gab sich gar nicht erst den Anschein, vorurteilslos über die Vorgänge in Rußland berichten zu können. Gegenüber André Malraux und anderen machte er keinen Hehl daraus, daß er damit rechnete, von Stalin vernichtet zu werden. Die Rede, die er zwei Jahre später bei seinem Prozeß hielt, zeigt, daß er die Beweggründe Stalins besser als irgendeines der anderen Opfer verstand; er wußte, weshalb er und die anderen Angeklagten nicht nur sterben, sondern vor allem geständig sein mußten.

Bucharin kannte Stalin gut, zunächst als Verbündeten und als Freund der Familie – er war häufiger Gast in Subalowo –, dann aber auch als Gegner, als Feind, ja als den Mann, der beschlossen hatte, ihn zu vernichten. 1964 berichtet Dans Witwe, was er 1936 von Stalin dachte: »Ihr sagt, ihr kennt ihn nicht gut, aber wir kennen ihn. Er ist unglücklich darüber, daß er nicht jedermann, auch nicht sich selbst, davon zu überzeugen vermag, daß er größer ist als alle anderen, und dieses Unglücklichsein ist vielleicht sein menschlichster Zug, vielleicht sein einziger menschlicher Zug. Nicht menschlich dagegen, sondern teuflisch ist, daß er aus diesem Unglücklichsein nicht anders kann, als an anderen Rache zu nehmen, an allen Menschen, besonders aber an denen, die ihn in irgendeiner Beziehung überragen. Wenn jemand ein besserer Redner ist als er, der Mann ist dem Tod geweiht! Stalin wird ihn nicht am Leben lassen, weil dieser Mann ihn beständig daran erinnern würde, daß er, Stalin, nicht der Erste und der Beste ist.«[22]

Hitlers paranoide Anlagen sind schon in Zeugnissen aus seinen frühen Jahren und in seinem 1924 geschriebenen Buch *Mein Kampf* unverkennbar. Die Feinde, zu deren Bekämpfung er sich berufen fühlte, waren jedoch weniger Persönlichkeiten als »abstrakte« Gruppen, vor allem die Juden und die Marxisten, während Stalin stets einzelne Personen als seine Feinde ausmachte. Zudem konnte Hitler, ganz anders als Stalin, ein überraschendes Ausmaß an Vertrauen und Loyalität an den Tag legen; und als in den Jahren nach 1930 seine Erfolgskurve nach oben zu zeigen begann, wurde er überdies zunehmend selbstbewußter und aggressiver. Die paranoiden Symptome kehrten erst wieder, als der Krieg nach Stalingrad im Januar 1943 in einen Abwehrkampf umschlug und in ihm der Verdacht aufkeimte, die Wehrmachtsgeneräle und das Offizierskorps könnten sich gegen ihn verschworen haben. Ab 1944 sah er schließlich in jedem militärischen Rückschlag einen Beweis für Verrat; es gab nun niemanden mehr, dem er vertrauen konnte, am Ende nicht einmal im Kreis seiner engsten Mitarbeiter.

Man darf die psychopathischen Elemente im Verhalten beider Männer keinesfalls außer acht lassen. Doch um nicht den Fehler zu begehen, den so viele Zeitgenossen damals machten, muß man erkennen, daß Hitler wie Stalin außerordentlich talentierte Politiker waren. Beide waren, wenn es darauf ankam, von äußerster Verschwiegenheit. »Ich habe einen alten Grundsatz«, äußerte Hitler einmal gegenüber Kurt Lüdecke, »nur das zu sagen, was gesagt werden muß, es nur dem zu sagen, der es wissen muß, und erst dann, wenn er es erfahren muß.« Und Reichsbankpräsident Schacht, der sich mit Hitler heftige Wortgefechte lieferte, schrieb, daß ihm nie ein unbedachtes Wort entschlüpfte, daß er nie etwas sagte, was er nicht sagen wollte, und nie ein Geheimnis ausplauderte. Alles bei ihm sei kalter Berechnung entsprungen.[23]

Beide Männer waren Meister in der Kunst, Menschen gegeneinander auszuspielen, dem einen etwas zu erzählen und dem anderen das Gegenteil. Beide benutzten ihre Unberechenbarkeit als Machtinstrument und machten es selbst ihren engsten Mitarbeitern schwer, ihren nächsten Schritt vorauszusehen. Niemand, der zu Stalin zitiert wurde, wußte, was ihm bevorstand. Stalin eröffnete das Gespräch gern mit einer unerwarteten Frage oder mit Bemerkungen über nebensächliche Dinge, um dann ohne jeden Übergang und mit verändertem, drohendem Tonfall auf das wirkliche Thema zu kommen. Er griff triviale oder beiläufige Äußerungen auf, die dem Gesprächspartner aus Nervosität entschlüpften, und konstruierte daraus Beweise für oppositionelle Gesinnung oder gar für Verrat.

Gegen Fachleute, namentlich gegen Wirtschaftsexperten, hegte Hitler dieselbe tief verwurzelte Abneigung wie Stalin, und im Verlauf des Krieges dehnte er diese Geringschätzung auch auf die Generalität aus. Er weigerte sich einfach, die objektive Komplexität eines Problems zur Kenntnis zu nehmen – wo ein Wille sei, so seine beharrlich wiederholte Anweisung, sei auch ein Weg. Hitler hielt sich viel auf seine Fähigkeit zugute, Dinge zu vereinfachen – auch dies eine Parallele zu Stalin –, und Schacht, dessen Rat er immer wieder in den Wind schlug, räumte später widerstrebend ein, daß Hitler in der Tat oft verblüffend einfache Lösungen für Probleme gefunden habe, die anderen unlösbar schienen, Lösungen, die nicht selten brutal, aber immer wirksam gewesen seien.[24] Die brutalste aller Hitlerschen Vereinfachungen war denn auch die effektivste: Er war davon überzeugt, daß in fast jeder Lage Gewalt oder deren Androhung zu einer Lösung führen werde. Stalin hätte nicht widersprochen.

Der Vergleich der beiden Männer beweist außerdem, daß beide ihren Erfolg in der Anfangsphase günstigen historischen Bedingungen, fremder Hilfe und glücklichen Zufällen verdankten. Ohne den Ersten Weltkrieg und die russische Niederlage hätte Stalin ebensowenig wie Hitler eine Gelegenheit zum politischen Aufstieg bekommen. Anders als dieser mußte er freilich nicht aus eigener Kraft eine Partei aufbauen, und in sein erstes hohes Amt katapultierte ihn eine Revolution, gegen die er sich ursprünglich ausgesprochen und in der er, verglichen mit Lenin und Trotzki, eine eher bescheidene Rolle gespielt hatte. Danach war es vornehmlich dem Wohlwollen Lenins zu verdanken, daß er seinen Platz in einer Regierung behalten konnte, in der er so etwas wie der kauzige Außenseiter war, und schließlich den Posten erwarb, durch den er den Grundstein zu seinem späteren Aufstieg legte.

Zuletzt spielte in die Karriere beider Männer, wie überall, auch ein Element von Glück hinein. Hitler erreichte just nach dem Verlust von zwei Millionen Wählerstimmen und nach der Trennung von Gregor Strasser, als jedermann den Stern der NSDAP sinken sah, das erneute Angebot von Papens, und Stalin profitierte in hohem Grade von der schweren Erkrankung Lenins und dessen frühem Tod im Januar 1924, als der Parteiführer ihm gerade seine Gunst entzogen und Vorkehrungen zu seiner Absetzung getroffen hatte. Gleichwohl würde niemand behaupten, Stalins eigene Rolle sei gegenüber diesen zwar entscheidenden, aber nur äußerlichen Faktoren nicht ins Gewicht gefallen, ein Umstand, der meiner Überzeugung nach auch für Hitler gelten muß.

Man hat nicht zu Unrecht darauf hingewiesen, daß Hitler in den Jahren 1929 bis 1933 vom guten Willen der »nationalen Opposition« und von deren Bereitschaft, ihn als Partner anzuerkennen, noch immer genauso abhängig war wie vordem in Bayern. Aber ohne Papen, Schleicher und die Umgebung Hindenburgs von der Verantwortung von ihren Fehleinschätzungen freisprechen zu wollen, kommt man doch nicht umhin, Hitler ein außerordentliches Geschick bei der Erfassung der Lage zuzusprechen: Er nutzte den Moment durch die höchst raffinierte Taktik vorgeblicher Legalität, während er zugleich seine Gefolgsleute immer in dem Glauben ließ, er werde das Bekenntnis zur Legalität zum richtigen Zeitpunkt sofort über Bord werfen. Und ebenso meisterhaft war das Geschick, mit dem Stalin die anderen Politbüromitglieder gegeneinander ausspielte, während er seine eigene Hausmacht in der Partei unablässig vergrößerte. Beide Männer lernten in dieser Zeit, ihre wahren Ziele zu verbergen; sie warteten, bis ihre Gegenspieler ihnen Chancen eröffneten.

Wenn Politiker wie Hugenberg und von Papen sich um ein Bündnis mit den Nationalsozialisten bemühten, auf die sie zugleich herabsahen, so hatte dies seinen Grund keineswegs in irgendeiner Form echter, substantieller Anziehung. Doch Hitler konnte ihnen etwas bieten, was auch sie sich wünschten: die Gefolgschaft der Massen. Aber diese Gefolgschaft war allein Hitlers Werk. Von ihm stammte die Idee einer radikalen Rechtspartei von durch und durch populärem Zuschnitt, wie er sie in der Wiener Sozialdemokratie der Vorkriegszeit erstmals kennengelernt hatte, und er allein hatte sie in die Tat umgesetzt. Auf ihn gingen auch die Ideen für die Gestaltung der Wahlkämpfe und der nationalsozialistischen Propaganda zurück, und schon lange vor den Wahlerfolgen der dreißiger Jahre hatten Strasser, Goebbels und die anderen Unterführer erkannt, daß es ohne Hitler keine nationalsozialistische Bewegung geben würde.

Angesichts des sensationellen Wahlerfolgs vom September 1930 verweist man gewöhnlich in erster Linie auf Hitlers gewaltige Wahlkampfkampagne. Dennoch scheiterte sie im letzten, entscheidenden Punkt; denn Hitler erreichte die angestrebte Stimmenmehrheit nicht. Doch inmitten der Aufregungen, inmitten all des theatralischen Aufwands und Propagandazaubers behielt er stets kühlen Kopf, was sich auch daran zeigte, daß er die Möglichkeit der Niederlage immer ins Auge faßte. Er wußte nur zu gut, daß der Weg zur Macht dann über Verhandlungen führen mußte, und er war zu keinem Zeitpunkt bereit, sich mit weniger als dem Amt des Reichskanzlers zufriedenzugeben. Konnte er dieses Amt erlangen, so war er zuversichtlich, daß alles andere sich schon ergeben werde. Daß es tatsächlich so kam, beweist nicht zuletzt, wie genau er die Dinge vorausgesehen hatte.

An dem Tag, an dem er Kanzler wurde, ergriff er die Initiative und ließ sie sich nicht wieder nehmen, bis sechs Monate später seine politische Revolution vollendet war, bezeichnenderweise unter dem unscheinbaren Stichwort der »Gleichschaltung«. Die Taktik, die er dabei anwandte, verband Provokation, Terror und Beschwichtigungen, immer wechselnd zwischen der Drohung mit der »Revolution von unten« – der Entfesselung der SA und des örtlichen NS-Fußvolks – und dem Staatsstreich von oben, den Göring in Preußen »legal« praktizierte; und bei alldem täuschte er unentwegt seine konservativen Partner, den Reichspräsidenten, die Reichswehr und die Beamtenschaft mit feierlichen Bekenntnissen zu »Legalität«, »Kontinuität« und »nationaler Einheit« und mit seinem angeblichen »Respekt vor der Verfassung«.

Wie alle Revolutionen, beschwor auch diese eine Periode großer Verwirrung und aus dem Augenblick geborener Initiativen und Improvisationen herauf. Hitler hätte dies nicht bewältigen können ohne die Hilfe anderer, vor allem von Göring, Goebbels und Frick. Aber aller Verwirrung, auch den eigenen Stimmungsschwankungen zum Trotz verlor er nie die Orientierung und das Gefühl für die Grenzen des Erreichbaren. Im Sommer 1933 verkündete er das Ende der Revolution, und ein Jahr später brachte er all diejenigen zum Schweigen, die sich damit nicht abfinden wollten. Die zahllosen Zögerlichkeiten, die Gerüchte, die Kompromisse und Kursänderungen, alles normale Phänomene in revolutionären Zeiten, betrafen nie mehr als die Oberfläche der Vorgänge. Darunter waltete dieselbe unwandelbare und zielbewußte Anstrengung, dasselbe untrügliche Zeitgefühl – mit der Nachfolge des Reichspräsidenten als perspektivischem Punkt – wie 1917/18 bei Lenin und später auch bei Stalin, als dieser nach seinem sechsjährigen Kampf um die Alleinherrschaft 1929 bis 1933 die »zweite Revolution« vollzog.

Vergessen wir das Hitler-Bild, das Charlie Chaplin in *Der große Diktator* geprägt hat, und urteilen wir nach den Tatsachen. Betrachtet man die Entwicklung der deutschen Politik zwischen dem September 1930 und dem Jahr 1934, so fällt die Entscheidung nicht schwer, welchem Politiker man das klarste Urteilsvermögen und die größte Voraussicht zuschreiben muß: Hugenberg, Papen und Schleicher, Brüning und Kaas, den Sozialdemokraten und Gewerkschaften, den Kommunisten, Blomberg und der Reichswehr, Gregor Strasser und Röhm – oder Hitler, dem Mann, den fast alle anderen unterschätzten?

Außer der NSDAP waren alle Parteien zerschlagen und aufgelöst, desgleichen die Gewerkschaften. Hugenberg und Kaas hatten die Politik aufgegeben, Schleicher, Strasser und Röhm waren tot. Das beste, was sich für Brüning ins Feld führen läßt, ist der Umstand, daß er klug genug war, Deutschland rechtzeitig zu verlassen und bis nach Kriegsende im Ausland zu bleiben. Papen, der aller Welt versichert hatte, er habe Hitler und die Nazis fest in der Hand, schätzte sich eineinhalb Jahre später glücklich, mit dem Leben davongekommen zu sein und als Botschafter nach Wien geschickt zu werden, nachdem man seinen Redenschreiber Edgar Jung erschossen hatte. Die Sozialdemokraten und die Kommunisten hatten ihre imposanten Organisationen in Trümmer sinken sehen. Ihre Führer befanden sich entweder im Gefängnis oder im Exil, wo die Kommunisten noch immer unbeirrt ihre Fehde gegen die Sozialdemokratie führten; sie trösteten sich mit der linientreuen »Prophezeiung«, der Sieg der Nazis sei lediglich das Vorspiel zu ihrem eigenen Triumph. Nur Blomberg und die Reichswehr sowie die deutschen Großindustriellen hatten Anlaß, sich zu beglückwünschen, weil die radikalen Kräfte der SA und der anderen antikapitalistischen Gruppen innerhalb der NSDAP ausgeschaltet waren. Hitler sah ihre Zufriedenheit nicht ungern, konnte er doch unter diesen Umständen weiterhin auf ihre bereitwillige Mitarbeit an den Vorhaben zählen, die ihm jetzt am wichtigsten waren: der Wiederherstellung von Deutschlands militärischer Stärke und der Beseitigung der Massenarbeitslosigkeit.

Überraschenderweise treten die beiden Seiten von Hitlers politischer Persönlichkeit besonders klar am »Hitler-Mythos« zutage: sein Appell an die irrationalen Triebkräfte der Menschen einerseits und seine grüblerische Unschlüssigkeit beim Durchdenken seiner Handlungen und Pläne andererseits.

Schon an anderer Stelle habe ich den »heroischen Führer« als ein charakteristisches Element des romantischen »Kults der deutschen Nation« bezeichnet, der im 19. Jahrhundert entstanden ist. Die Wut und Bestürzung, die sich nach 1918 so vieler Deutscher bemächtigte, ließ den Wunsch nach jenem Führer wiedererstehen, doch diesmal in radikalerer Form und in einer Sprache, die sich häufig religiös gefärbter Begriffe bediente, etwa des »Trägers der göttlichen Macht, des Schicksals und der Gnade«. Dies wird höchst anschaulich durch zwei Beispiele aus der Weimarer Zeit belegt, die Ian Kershaw in seiner Studie *Der Hitler-Mythos* zitiert: »In unserem Elend sehnen wir uns nach dem Führer. Er soll uns den Weg und die Tat zeigen, die unser Volk wieder ehrlich machen können...« Und an zweiter Stelle:

»Der Führer kann nicht gemacht, kann in diesem Sinn auch nicht ausgelesen werden; der Führer macht sich selbst, indem er die Geschichte seines Volkes begreift.«[25]

Kershaw verlegt die Anfänge des NSDAP-Führerkults noch vor den Putschversuch von 1923, ein Jahr, nachdem Mussolini seinen Marsch nach Rom veranstaltet hatte. Hitler selber scheint erst während seiner Haftzeit zu der Überzeugung gelangt zu sein, er könne nicht nur zum »Trommler« der Bewegung, sondern auch zu ihrem Führer werden, wobei der Zuspruch all jener, die von seinem Plädoyer vor Gericht beeindruckt waren und in ihm die letzte Hoffnung der Partei erblickten, von entscheidendem Gewicht gewesen sein durfte. Seine Führerrolle war denn auch der eine große gemeinsame Nenner, der nach 1925 den Wiederaufbau der NSDAP ermöglichte. Nach der Berufung von Goebbels zum Propagandaleiter und nach dem Triumph der NSDAP bei der Wahl von 1930 war der »Hitler-Mythos« eine feste politische Größe.

Es gibt zahllose Belege für die Tatsache, daß es in Ermangelung eines in sich geschlossenen Parteiprogramms allein die Persönlichkeit Hitlers war, die der Partei Wähler und Mitglieder zuführte, auch wenn die Zeitgenossen diesen Punkt noch unterschätzen mochten. Goebbels sollte später nicht ohne Berechtigung von sich sagen, die Begründung des Hitler-Mythos sei seine größte propagandistische Leistung gewesen. Er war fraglos in vieler Hinsicht der zynischste von allen NS-Führern, aber an den Kult, den er predigte, glaubte er selber, ebenso wie Hitler. In einer der makabren Schlußzenen des Dritten Reichs im unterirdischen Führerbunker in Berlin erwies von allen NS-Größen allein Goebbels Hitler jene letzte Treuebezeugung, die er mit der Tötung seiner Familie und mit seinem anschließenden Selbstmord feierlich besiegelte.

Die Wirksamkeit des Hitler-Mythos lag in der Tatsache, daß er eine Synthese aus verbreiteten Erwartungen und raffinierten Manipulationen war. Nach der Machtergreifung der Nationalsozialisten erschien Hitler den Deutschen als Verkörperung der »Volksgemeinschaft«, als ein über allen Partikularinteressen stehendes Symbol der nationalen Einheit und als Bürge für das Wiedererstarken Deutschlands, ein persönlich unbestechlicher »Idealist« und fanatischer Verteidiger der deutschen Ehre gegen innere und äußere Feinde, zugleich aber auch ein Mann aus dem Volk, der im Krieg als Gefreiter das Eiserne Kreuz Erster Klasse errungen hatte und wußte, was es hieß, als einfacher Soldat an der Front zu stehen. Seine Beliebtheit unterlag Schwankungen, war aber zu jedem Zeitpunkt deutlich größer als die seiner Partei und erreichte mehrmals ungeahnte Höhen, etwa nach der Niederschlagung des »Röhm-Putschs« 1934, nach der Besetzung des Rheinlands 1936 und nach der Besetzung Prags um die Zeit seines fünfzigsten Geburtstags im April 1939. Sie ging quer durch alle Klassen und Schichten, kannte keine regionalen oder konfessionellen Grenzen, keine Unterschiede nach Alter oder Geschlecht. In seiner Ausstrahlung ver-

Lange vor dem Besitz der Macht wurde Hitler eine Gläubigkeit entgegengebracht, die Züge eines Messias-Wahns hatte. Zu seinen Auftritten mußten die Massen nicht befohlen werden. Selbst bei den Wagenfahrten von Berlin nach München waren die Straßen von Tausenden gesäumt, die den »Führer« aus der Nähe sehen wollten, so daß er ab Mitte der dreißiger Jahre verbot, die Fahrtroute vorher bekanntzugeben. »So haben die Deutschen nur noch Luther zugejubelt«, sagte er bei einer dieser Fahrten zu Albert Speer, von der Benommenheit seiner Anhänger selber benommen. Stalin dagegen mied die unreglementierte Öffentlichkeit. Seit dem Alleinbesitz der Macht verließ er Moskau fast nur noch, um seine Sommerresidenz am Schwarzen Meer aufzusuchen. Er blieb der ferne »Vater« des Landes, während Hitler Vertraulichkeit nicht scheute. »Lieber Führer, sei so nett, komm doch mal ans Fensterbrett«, skandierten die Massen in Berlin vor der Reichskanzlei.

schmolzen Elemente der Stärke ebenso wie der Verwundbarkeit; mit ersteren vermochte er Fanatismus und Aggression zu wecken, mit letzteren Hingabe- und Beschützerinstinkte.

Niemand nahm den Hitler-Mythos ernster als dieser selbst. Die Selbststilisierung und die gezielten Verzerrungen, die darin eingegangen waren, schienen ihm ebenso wahr wie die dadurch hervorgerufene Resonanz bei den Massen. Vor jeder seiner Entscheidungen prüfte er umständlich deren mögliche Auswirkungen auf die öffentliche Meinung und sein Image, was einer der Gründe dafür war, daß er vor wichtigen Entschlüssen oft zögerte, manchmal auch ganz von ihnen Abstand nahm. Zu den Dingen, deren bloße Erwägung er ablehnte, weil ein negatives Echo nicht auszuschließen war, gehörten eine Abwertung der Mark, alles, was inflationäre Tendenzen fördern konnte, und die Einberufung von Frauen zum Wehrdienst.

Im Zentrum des Hitler-Mythos stand sein Sendungsbewußtsein. Hitler sagte von sich: »Ich gehe mit traumwandlerischer Sicherheit den Weg, den mich die Vorsehung gehen heißt«[26]. Und solange diese Überzeugung durch die »eiskalte« Berechnung des Realpolitikers im Gleichgewicht gehalten wurde, war es eine Quelle großer Kraft. Doch der Erfolg bekam Hitler schlecht. Als ihm halb Europa zu Füßen lag, überließ er sich dem Größenwahn, verfing sich in der Illusion seiner Unfehlbarkeit. Von dem Zeitpunkt an, da er an das Bild, das er von sich geschaffen hatte, selber zu glauben begann, schwanden seine erstaunlichen Fähigkeiten, und seine Intuition gab ihm Falsches ein. Allein der feste Glaube, von der Vorsehung mit besonderen Kräften beschenkt worden zu sein, ließ ihn noch über jenen Punkt hinaus weiterkämpfen, an dem der skeptischere Mussolini aufgegeben hatte, und Hitler spielte seine »weltgeschichtliche« Rolle denn auch bis zum bitteren Ende durch. Blind für die Tatsachen, verlor er sich schließlich in dem, was die Griechen die *hybris* genannt haben: Er hielt sich für einen Übermenschen. Kein Mensch ist je offenkundiger an seinem selbstgeschaffenen Bild zugrunde gegangen als Adolf Hitler.

Doch bis zu diesem Ende waren es noch mehr als zehn Jahre. Vorerst – 1934 – strebte Hitler nach Erfolgen; denn er hatte erkannt, daß Begeisterungsfähigkeit und Opferbereitschaft der Menschen rasch nachlassen, wenn sie nicht immer wieder von spektakulären Ereignissen angefacht werden. Er hatte solche Erfolge, von kaum einem Rückschlag unterbrochen, bis 1941. Man scheute keine Mühe, um bei den Volksabstimmungen, die sie bestätigten, eine hohe Beteiligung zu erreichen; gleichwohl waren sie auch ein Signal aufrichtiger Zustimmung zu seinen außenpolitischen Leistungen und den siegreichen Feldzügen der ersten Kriegsjahre.

Die breite Zustimmung, auf die Hitler zählen konnte, verfehlte nicht ihre Wirkung auf die kritischen Beobachter des NS-Regimes im In- und Ausland. Diejenigen Staatsmänner, die – wie Stalin – dem Hitler-Regime nur eine kurze Lebensdauer zugetraut hatten, mußten sich korrigieren. Die konservativ-nationale Elite, die im Januar 1933, als sie sich Hitler zum Partner erkor, so zuversichtlich geglaubt hatte, den Radikalismus der Nazis in Schach halten zu können, war zunächst äußerst erfreut, daß die Gefahr einer »zweiten Revolution« nach der Ausschaltung der SA im Sommer 1934 gebannt war; dann jedoch mußte sie feststellen, daß Hitler eine so unabhängige Machtposition gewonnen hatte, daß er auf ihre Unterstützung nicht mehr angewiesen war und auch auf Druck nicht mehr reagierte.

Es ist erstaunlich, wie lange der Hitler-Mythos seine Kraft behielt. Noch nachdem Hitler formelles Staatsoberhaupt geworden und seine »charismatische Führung«, wie Ian Kershaw es formuliert hat, »zur Institution geworden war«, standen seine »Palladine«, die NS-Führer des zweiten Gliedes und die Gauleiter, darunter viele »alte Kämpfer« aus der Zeit vor 1933, die ihn jetzt viel seltener zu Gesicht bekamen, weiter in seinem Bann. Man hätte erwarten können, daß sie nun, da sie sich mit den grauen Kompromissen des Funktionärsdaseins, mit der Niederschlagung der SA und der »zweiten Revolution« und mit dem Ende ihrer Hoffnungen auf eine Übernahme des Staates abfinden mußten, ihre Freude am »Führer-Mythos« verlieren und darin nur noch eine Propagandaaktion für die Massen sehen wür-

den. Das Gegenteil traf zu. Für die alten wie für viele der jüngeren Mitglieder der Partei und der SS war es die Gestalt Hitlers – oder ihr durch den
Mythos geprägtes Bild –, die sie in ihrer Loyalität bestärkte; für sie verkörperte er auch weiterhin die »Idee« des Nationalsozialismus. Allein der Führer-Mythos hielt die Partei zusammen und garantierte, daß Hitler unangefochten all das durchsetzen konnte, was sein ideologisches Programm zum
Ziel hatte: die Vernichtung des Bolschewismus, die Eroberung von Lebensraum und die Auslöschung der Juden.

Das russische Pendant zum Hitler-Mythos war der Stalinkult. Beide unterschieden sich fast ebensosehr wie die Sprache und Kultur Deutschlands
von der Rußlands; dennoch erfüllten sie eine ganze Reihe verwandter oder
gleicher Funktionen. Während aber der Stalinkult sich in einem verhältnismäßig späten Stadium bildete – ein erstes Aufleuchten gab es Ende 1929 an
Stalins fünfzigstem Geburtstag, aber zur dauernden Einrichtung wurde er
nicht vor Ende 1933 –, reichte der Hitler-Mythos bis in die Frühzeit von Hitlers politischer Laufbahn zurück, als dieser knapp über dreißig war. Er entstand zunächst auf spontane Weise in der Partei, und erst später hat Hitler
selber ihn sich zu eigen gemacht, wenn auch lange vor seiner Machtergreifung.

Die ersten Anzeichen für den Stalinkult im Oktober 1929 hatten alle
Merkmale einer offiziell gesteuerten Kampagne. Es erschienen Artikel mit
Überschriften wie »Unter der weisen Leitung unseres großen genialen Führers und Lehrers, Stalin«, und eine autorisierte Biographie unterstrich die
Identifizierung Stalins mit Lenin durch den Gebrauch eines Ehrentitels,
der bis dahin für den Parteigründer allein bestimmt gewesen war. »In den
Jahren seit dem Tod Lenins ist Stalin, sein bedeutendster Nachfolger und
treuester Schüler, der befruchtende Geist hinter allen wichtigen Maßnahmen der Partei im Kampf um den Aufbau des Sozialismus, zum allgemein
anerkannten *woschd* der Partei und der Komintern geworden.« Und in
einem *Prawda*-Artikel, der ebenfalls nicht ohne offizielle Beglaubigung
hätte erscheinen können, schrieb der Poet Demjan Bedny: »Wir haben
somit das Recht, das von Stalin geschaffene Lenin-Porträt [das Bild eines
Bergadlers, der sich noch über die majestätischen Gipfel des Kaukasus
emporschwingt] als ein unbewußtes Selbstbildnis anzusehen.« Eine solche
Deutung konnte nur von Stalin selber stammen.[27]

Gerade die starke Anlehnung an Lenin aber macht einen zweiten Unterschied zwischen den beiden Diktatoren aus. Während Stalin sich zum *alter
ego* Lenins stilisierte und damit gleichsam sein apostolisches Mandat als
Nachfolger von Marx und Engels begründete, gibt es bei Hitler nichts Vergleichbares. Er hatte dergleichen nicht nötig.

In der zweiten Jahreshälfte 1933 wurde, nicht zuletzt wohl unter dem Eindruck der Erfolge Hitlers in Deutschland, ein altes Ritual neu belebt, das
sich zu einem Stalinkult entwickelte. Maler, Bildhauer, Musiker wurden in

Dienst genommen, nicht anders Dichter und Journalisten. Medaillen wurden geprägt und Porträts gemalt wie zu Zeiten des Kaisers Augustus, dessen Büsten in alle Städte des Römischen Reichs versandt worden waren. Bald gab es in der ganzen UdSSR keine Schule, kein Büro, keine Fabrik, kein Bergwerk und keine Kolchose mehr, die nicht ein Bildnis Stalins an der Wand hängen hatte und an wichtigen Jahrestagen dem »geliebten Führer« in Moskau ihre überschwenglichen Glückwünsche darbrachte.

Die Parteiführung unterstützte diese Entwicklung. Auf einer Parteikonferenz in Leningrad, die dem »Parteitag der Sieger« im Januar 1934 voranging, erklärte kein anderer als Kirow: »Es ist schwer, sich eine so große Gestalt wie Stalin auszudenken. Seit Jahren haben wir keinen Wendepunkt in unserer Arbeit, keine große Initiative, Parole, Direktive in unserer Politik erlebt, die nicht von Stalin ausging.«[28] Und in der *Prawda* erschien im gleichen Monat eine lyrische Lobpreisung an Stalin, die einen aufschlußreichen Zweizeiler enthielt:

>»Heute von Lenin zu sprechen
>bedeutet, von Stalin zu sprechen.«

Es darf jedoch bezweifelt werden, ob Kirow und die anderen Politbüro-Mitglieder von demselben aufrichtigen Glauben durchdrungen waren wie etwa Gregor Strasser, als er Anfang 1927 das Verhältnis zwischen den NSDAP-Mitgliedern und Hitler als das von »Herzog und Gefolgsmann« charakterisierte. »Herzog – und Gefolgsmann! In diesem urdeutschen, nur dem deutschen Wesen und dem deutschen Geist ganz verständlichen, ebenso aristokratischen wie demokratischen Verhältnis von Führer und Geführten liegt die Wesenheit des Aufbaues der N.S.D.A.P. beschlossen ... Freunde, erhebt den rechten Arm und ruft mit mir stolz, kampffroh und treu bis in den Tod ›Heil Hitler‹.«[29]

Ein persönliches Treueverhältnis, das nicht auf ein Amt, sondern auf eine Person gerichtet war, ließ sich mit sozialistischen Traditionen und mit dem Selbstverständnis einer marxistisch-leninistischen Partei kaum vereinbaren. Andererseits nahm der Stalinkult einen zunehmend nationalrussischen und quasi-religiösen Charakter an, begann sich an jene machtvolle, uralte Tendenz der russischen Mentalität anzulehnen, die nach der Abschaffung der Zarenherrschaft und infolge der Unterdrückung der russisch-orthodoxen Kirche gegenstandslos geworden war: Jetzt konnte sie sich auf eine neue Identifikationsfigur richten, nicht auf die Partei, sondern auf den Staat und seinen autokratischen Herrscher, der beides zugleich war: Nachfolger der Zaren wie Erbe Lenins und der Revolution. Nicht nur auf Hitler, auch auf Stalin übte die Möglichkeit, sich mit bedeutenden Herrschern der Geschichte zu identifizieren – mit Peter dem Großen zum Beispiel oder Iwan dem Schrecklichen –, einen großen Reiz aus, was die Wirkung auf die russischen Arbeiter und Bauern nicht verfehlte. Der Brückenschlag zur russischen Geschichte half, die Kluft zwischen Regierung und Volk zu überwinden, und als der Große Vaterländische Krieg begann, wurde Stalin, den die Menschen nur von Fotografien und dem Namen nach kannten, zum Kristallisationspunkt für einen stürmischen Aufschwung des russischen Patriotismus und Nationalstolzes, vergleichbar einer wundertätigen Ikone, deren Bild vor Augen Millionen in die Schlacht und in den Tod zogen.

Unter dem Einfluß des Krieges kam es zunehmend zur Konvergenz von Stalinkult und Hitler-Mythos. In beiden war eine wesensähnliche Sehnsucht, eine Art Religionsersatz am Werk, das Verlangen nach einem Messias in der Gestalt eines politischen Führers, nach Erlösung anstelle von Lösungen. Ian Kershaw bemerkt schon in den Jahren 1932 bis 1934 Anzeichen für die Neigung, zwischen dem Führer und seinen Unterführern in der Partei grundsätzlich zu unterscheiden. »Das Klischee ›wenn das der Führer wüßte‹ tat bereits seine Wirkung.«[30] Die Beseitigung Röhms war in den Augen vieler ein Beweis dafür, wie durchgreifend Hitler zu handeln bereit war, sobald er erfuhr, daß seine Untergebenen, in diesem Fall die SA-Führer, sein Vertrauen mißbrauchten. Genau dasselbe Bestreben läßt sich auch in der Sowjetunion nachweisen, und nicht nur bei den bäuerlichen Massen, sondern auch bei Intellektuellen. Angeblich hatte Stalin mit den Missetaten seiner Gefolgsleute nichts zu tun. Ilja Ehrenburg gestand in seinen Memoiren, daß er in Stalin so etwas wie den alttestamentarischen Gott gesehen habe; und als er in der Zeit der Säuberungen einmal Pasternak traf, hörte er auch von diesem den wohlvertrauten Satz: »Wenn *er* das nur wüßte.« Wieviele Russen, die über die Säuberungen und Prozesse lasen, mit denen Stalin die Partei und die Intelligenz verfolgte, mögen sich gedacht haben, er schaffe sich ja nur die schlechten Ratgeber und die für die Leiden der Menschen verantwortlichen Saboteure vom Hals? Es ist gut möglich, daß sie ihm dafür Beifall zollten.

Dank der modernen Technik konnten Hitler und Stalin, wie kein politischer Führer zu irgendeiner Zeit vor ihnen, ihr für die Öffentlichkeit bestimmtes Bild bis in jeden Winkel verbreiten. Ihre Gesichter starrten den Menschen von jedem Bauzaun, jeder Amtszimmerwand und aus jeder Wochenschau entgegen, ihre Stimmen tönten aus dem Radio, das anzudrehen ganze Völkerschaften gezwungen wurden. Gleichwohl entziehen sie sich als menschliche Individuen dem Zugriff wie nur wenige andere Gestalten der Geschichte, und nicht einmal diejenigen, die häufig mit ihnen zusammen waren, kamen ihnen wirklich nahe. Einer von Hitlers militärischen Mitarbeitern, Percy Ernst Schramm, schrieb 1946 rückblickend: »Und ich frage mich: Kenne ich diesen Mann denn überhaupt, an dessen Seite ich lange Jahre ein so dornen- und entsagungsreiches Dasein geführt habe?... So weiß ich heute nicht einmal, was *er* gedacht, gewußt und gewollt hat, sondern weiß nur, was *ich* darüber gedacht und vermutet habe.«[31]

Über dieselbe Erfahrung berichteten auch die Mitarbeiter Stalins (sofern sie ihn, wie etwa Chruschtschow, überlebten): Sie hatten den Eindruck, es mit einem undurchdringlichen, in seinen Reaktionen unberechenbaren Mann zu tun zu haben, den man zu keiner Zeit durchschaute. Beide Männer gaben sich besondere Mühe, aus ihrer Persönlichkeit ein Geheimnis zu machen und daraus zugleich Kapital zu schlagen, und beide verdankten ihren Erfolg als Politiker zu nicht geringem Teil der Fähigkeit, ihre Gedanken und Absichten sowohl vor den eigenen Leuten als auch vor den Widersachern zu verbergen. Sie taten das nicht nur im Hinblick auf Dinge, die sie in nächster oder fernerer Zukunft zu tun gedachten, sondern auch auf ihre Vergangenheit. Wer es wagte, über ihre frühen Jahre Erkundigungen einzuziehen oder Zeugen zu befragen, mußte mit Obstruktionen rechnen und riskierte später, als die beiden mächtig genug waren, sogar sein Leben. Der »Hitler-Mythos« und der »Personenkult« um Stalin waren zentrale Instrumente der Machtausübung, und alles, was geeignet war, das offizielle, sorgsam aufgebaute Bild der Dinge zu stören, wurde unterdrückt.

Sosehr beide auf die Propagierung ihres öffentlichen Bildes bedacht waren, so bemüht waren sie, ein abgeschirmtes Privatleben zu führen – oder was sie darunter verstanden. Diese Einschränkung ist wichtig. Wenn man einmal einen Blick hinter die Kulissen wirft – bei der Lektüre der Speer-Memoiren beispielsweise oder der *Zwanzig Briefe* von Swetlana Allilujewa –, hat man den Eindruck, daß weder bei Hitler noch bei Stalin das Privatleben zum Verständnis des öffentlichen Wirkens beiträgt. Die Banalität ihres Tagesablaufs und ihre völlige Gleichgültigkeit in menschlichen Dingen machen die Erklärung ihrer Persönlichkeit eher schwerer als leichter.

In den zwanziger Jahren, als Stalin als Generalsekretär der Partei und Mitglied des Politbüros zwar bereits an Macht gewann, aber noch nicht frei von den Fesseln der kollektiven Führung war, kam er einem normalen Familienleben näher als zu irgendeiner anderen Zeit. Es waren die Jahre, die seine Tochter im Rückblick als ihre glücklichsten empfand, als in dem von ihrer Mutter Nadeschda geführten Haus in Subalowo Verwandte und Freunde ein- und ausgingen (darunter Kirow, Ordschonikidse und Bucharin, alles auch Freunde ihrer Mutter), als Picknicks und Feste veranstaltet wurden und ihr Vater sogar Gefallen daran fand, Umbauten des Hauses und Verbesserungen des Haushalts durchzuführen.

1934 gehörten diese glücklichen Tage längst der Vergangenheit an. Die zerstörerischen Kräfte, die die von Stalin entfesselte Kampagne gegen die Bauernschaft freigesetzt hatte, forderten auch in seinem engsten Kreis ihre Opfer. Sogar Nadeschda Allilujewa, Stalins Frau, blieb von den Schrecknissen nicht verschont. Zwanzig Jahre jünger als ihr Mann (sie starb mit 31 Jahren) und eine engagierte Parteiaktivistin, hatte sie Stalin in den ersten Jahren ihrer Ehe idealisiert. Doch die Macht und die Privilegien, die er ansammelte, auch die Veränderung des Verhaltens, die sich in den späten zwanziger und frühen dreißiger Jahren vollzog, ängstigten sie. In dem Wunsch, Eigenständigkeit zurückzugewinnen, schrieb sie sich als Studentin an der Chemischen Fakultät ein. Für die Fahrt dorthin benutzte sie bezeichnenderweise grundsätzlich nur öffentliche Verkehrsmittel.

Es heißt, Kommilitonen, die als Helfer bei der Kollektivierungskampgagne eingesetzt wurden, hätten ihr von den Vorgängen in der Ukraine erzählt, und sie habe ihrem Mann deswegen Vorwürfe gemacht. Ihre ehelichen Beziehungen waren damals bereits getrübt, und mindestens einmal hatte Nadeschda mit ihren beiden Kindern die gemeinsame Wohnung schon verlassen. Offenbar spielte sie bereits mit dem Gedanken an Selbstmord, denn als ihr Bruder einmal dienstlich nach Berlin reiste, bat sie ihn, ihr einen Revolver mitzubringen, ohne ihm zu verraten, wofür sie ihn brauchte oder gebrauchen wollte.

Am Abend des 8. November 1932 kam es dann auf einem Fest, das die Woroschilows im Kreml gaben, zu einem Streit zwischen Nadeschda und Stalin. Er endete damit, daß beide den Raum verließen. Stalin kehrte in seine Datscha zurück; Nadeschda ging nach einem Spaziergang im Kreml-Innenhof mit ihrer Freundin Polina Molotow in ihre Wohnung. Sie erschoß sich noch in derselben Nacht.

Die Tochter Swetlana hatte den Eindruck, daß die Tat der Mutter den Vater hart traf und ihn zugleich in Wut versetzte. »Er war erschüttert, weil er nicht verstehen konnte, weshalb es so gekommen war. Was hatte es zu bedeuten?« Als der Todesfall bekanntgegeben wurde, unterblieb jeder Hinweis auf Selbstmord, Nadeschdas Abschiedsbrief wurde vernichtet. Stalin stattete, zusammen mit Verwandten und Freunden, dem offenen Sarg einen Besuch ab. Nach einigen Augenblicken des Schweigens machte er plötzlich eine Gebärde, als wolle er den Sarg wegschieben, und sagte, während er sich zum Gehen wandte: »Sie ist als Feindin von mir gegangen!« Er nahm nicht an ihrer Bestattung und am Gedenkgottesdienst teil und besuchte später kein einziges Mal ihr Grab.[32]

Stalin ließ sich durch den Tod Nadeschdas nicht in seiner Entschlossenheit beirren: Am 27. November hielt er vor dem Zentralkomitee eine Rede, in der er nach unmäßigen Beschimpfungen solche Drohungen gegen die Bauernschaft ausstieß, daß sie nie veröffentlicht wurde. Es ist anzunehmen, daß er die Tat Nadeschdas innerlich nie ganz verwinden konnte; ihr Selbstmord bedeutete jedenfalls das Ende seines Familienlebens. Er zog innerhalb des Kreml von der Wohnung, in der sie gestorben war, in eine andere um, und gab auch Subalowo zugunsten einer neuen Datscha in Kunzewo am Stadtrand von Moskau auf.

Allerdings unterhielt er noch eine Weile Beziehungen zur Familie seiner Frau; ihre Eltern, die er seit seiner Zeit in Tiflis kannte, durften in Subalowo wohnen bleiben. Doch Stalin verlor auch ohnedies immer mehr die Fähigkeit zu normalen zwischenmenschlichen Beziehungen. Er lebte nicht mehr mit den Kindern zusammen, die in die neue Wohnung im Kreml gezogen waren. Er selbst übernachtete dort nie. Die Regelung seines Tagesablaufs, auch desjenigen der Kinder, übernahm die Sicherheitspolizei, weshalb Swetlana ihr Leben wie eine Gefangenschaft empfand. Herr im Haus war, stellvertretend für Stalin, Nikolai Wlassik, ein ehemaliger Leibwächter aus Bürgerkriegstagen, damals Major, später Generalleutnant im NKWD. Er verstand es, seine Macht allmählich zu vergrößern, und baute sich in Stalins Namen ein eigenes kleines Imperium auf, in das mit der Zeit immer weitere Residenzen eingegliedert wurden, alle reichlich ausgestattet mit Personal und Zubehör, ohne daß Stalin jemals dort wohnte.

Stalin hatte offenbar keine perversen sexuellen Neigungen, wie man sie bei Hitler zumindest vermuten darf. Er hat nie großes Interesse an Frauen gezeigt oder sie auch nur als vollwertige Menschen anerkannt. Ein Mädchen namens Waletschka, das in Subalowo als Bedienerin gearbeitet hatte – Swetlana beschrieb sie als »junges Ding mit Stupsnase und einem fröhlichen, scheppernden Lachen« –, war in Kunzewo seine Haushälterin. Sie war »plump, niedlich, bediente bei Tisch lautlos und mischte sich nie in ein Gespräch ein«, und sie war damit offenbar weit mehr nach Stalins Geschmack als die erste Frau, die sein Sohn Wassili sich suchte und von der Stalin naserümpfend sagte, sie sei »eine Frau mit Ideen, ... ein Hering mit Ideen – Haut und Knochen«. Waletschka hielt ihm bis zu seinem Tod die Treue und wurde in ihrer Verehrung für ihn auch danach niemals wankend.[33]

1934 hatte Stalins Leben einen festgefügten täglichen Rhythmus angenommen: Er stand gegen Mittag auf, ließ sich aus Kunzewo in den Kreml chauffieren und arbeitete dort bis sechs oder sieben Uhr abends, woran sich häufig ein Abendessen mit anderen Parteiführern in der Wohnung unterhalb seines Arbeitszimmers anschloß, in der die Kinder lebten. Er hatte die Gewohnheit, Minister, Behördenleiter oder Parteifunktionäre spätabends anzurufen und ihnen Fragen zu stellen. Die bloße Aussicht auf einen eventuellen Anruf von Stalin ließ viele von ihnen nervös bis nach Mitternacht am Schreibtisch ausharren. Erst spät nachts kehrte Stalin in seine Datscha zurück.

An manchen Abenden lud er seine Gefährten nach dem Essen in das im Kreml befindliche Kino ein, wo sie sich neue sowjetische oder ausländische Filme ansahen. Der Film war für beide Diktatoren im Grunde die einzige Möglichkeit, sich ein Bild vom Leben in anderen Ländern zu machen, und bei Stalin galt das sogar für das eigene Land. Er verließ die Umgebung Moskaus so gut wie nie, abgesehen von den Sommerferien, die er gewöhnlich in Sotschi am Schwarzen Meer verbrachte. Chruschtschow versichert, Stalin habe nach dem Januar 1928 nie mehr das ländliche Rußland besucht, in dem seine Politik so große Verheerungen angerichtet hat, und auch in Leningrad ließ er sich nach der Ermordung Kirows Anfang Dezember 1934 nicht mehr blicken, nicht einmal nachdem die Stadt im Kriege 900 Tage lang der deutschen Belagerung getrotzt hatte. Seine Eindrücke von Moskau beschränk-

ten sich auf das, was er aus den verhängten Fenstern seiner gepanzerten amerikanischen Packard-Limousine sehen konnte, wenn diese in einer Phalanx von Sicherheitskräften mit hoher Geschwindigkeit über die für ihn gesperrte Straße zwischen Kunzewo und dem Kreml fuhr.

Die Sitzungen und Veranstaltungen, an denen er teilnahm, fanden fast ausschließlich im Kreml statt, die wichtigsten in seinem eigenen Arbeitszimmer, wo als Wandschmuck Lenins Totenmaske hing. Er hatte sich seit je die Angewohnheit bewahrt, die Sitzungen von einem anderen leiten zu lassen, gewöhnlich von Molotow, während er selber auf und ab ging oder sich kurz auf die Armlehne eines Stuhls stützte.

Die geschichtliche Rolle, die Stalin für sich in Anspruch nahm, und die Spannungen und Zwangsvorstellungen, die daraus resultierten, zerstörten nicht nur die wenigen persönlichen Lebensinhalte, die er gehabt haben mag, sondern auch das Leben seiner Angehörigen. Beide Söhne fanden ein unglückliches Ende. Den Älteren, den aus seiner ersten Ehe stammenden Jakov, behandelte er stiefmütterlich, offenbar weil er ihn an seine georgische Herkunft erinnerte. Als Jakov in der ersten Kriegsphase in deutsche Kriegsgefangenschaft geriet, verurteilte sein Vater ihn als einen Verräter,

Beide Gewaltherrscher brachten nicht nur Millionen den Tod – den Tod in Lagern, den Tod in Vernichtungsfabriken, den Tod auf dem Schlachtfeld –, auch ihr privates Leben war vom Tod gezeichnet. Wie beide junge Frauen, die in Hitlers Nähe gerieten, auf gewaltsame Weise endeten, so brachte auch Stalin seinen Frauen und Kindern nur Unglück. Stalins Frau Nadeschda Allilujewa nahm sich in völliger Zurückgezogenheit das Leben; den in deutsche Kriegsgefangenschaft geratenen Sohn aus erster Ehe, Jakov, und seine Tochter Swetlana verstieß er; und sein zweiter Sohn, Wassili, starb mit 41 Jahren als Alkoholiker. Auf den Photos: Oben Stalins zweite Frau Nadeschda; links Stalin mit seinen Kindern Wassili und Swetlana.

weil »ein echter Russe sich nie ergeben« würde, und als von den Deutschen das Angebot eines Austausches kam, lehnte er ab. Sein zweiter Sohn, Wassili, durchlief eine an Tiefpunkten reiche Karriere als Luftwaffenoffizier und starb im Alter von 41 Jahren, vom Alkohol zerstört. Jakovs Frau kam in den Kriegsjahren ins Gefängnis. Noch nach dem Krieg ließ Stalin seine Schwägerin Anna Allilujewa zu zehnjähriger Einzelhaft verurteilen, und die Frau seines Schwagers, Jewgenija, wurde vorgeblich unter der Anklage, ihren Mann Pavel vergiftet zu haben – er war 1938, während der großen Säuberung, an einem Herzanfall gestorben –, vor Gericht gestellt und zu einer

Haftstrafe verurteilt. Annas Mann, Stanislaw Redens, war bereits 1938 verhaftet und erschossen worden. Dem Bruder von Stalins erster Frau, Alexej Swanidse, erging es 1942 ebenso. Nichts als Unheil brachte der Familie Allilujew ihre Verbindung mit diesem Mann, dem sie, als er noch ein unbedeutender Revolutionär gewesen war, Schutz und Freundschaft gewährt hatte, zuerst im Kaukasus, dann in St. Petersburg.

Der einzige Mensch, um dessen fortwährende Zuneigung Stalin sich, wie plump auch immer, bemüht zu haben scheint, war seine Tochter Swetlana. Nach dem Freitod ihrer Mutter wuchs sie in der düsteren, unpersönlichen und beengten Atmosphäre des Kreml heran. Stalin versuchte, ihre schulischen Leistungen im Auge zu behalten, nannte sie später seine »Hausfrau« und bestand darauf, daß sie bei Arbeitsessen rechts von ihm Platz nahm. Wenn danach ein Besuch des Stalinschen »Privatkinos« auf der anderen Seite des Kreml vorgesehen war, bettelte sie so beharrlich, mitgehen zu dürfen, »daß Vater mir das Vergnügen nicht abschlagen konnte, mich nach vorne stieß und lachend sagte: ›Na, dann führ uns hin, Hausfrau, sonst kommen wir ohne Führer noch vom Weg ab.‹ Und so schritt ich denn an der Spitze der langen Prozession bis zum anderen Ende des Kremls; hinter uns aber krochen im Gänsemarsch die schweren gepanzerten Wagen der Wache, wer weiß wie viele ... Das Kino endete spät, gegen zwei Uhr nachts, denn man sah sich zwei oder gar drei Filme an.«[34]

Hin und wieder führte Stalin seine Tochter zur Abwechslung in die Oper oder ins Theater. Wenn er in Sotschi Ferien machte, schickte er ihr Südfrüchte und kurze Briefchen, die mit »Mein kleiner Spatz« oder »Meine kleine Hausfrau« überschrieben waren. Doch jede Regung der Selbständigkeit seitens des Mädchens erregte seinen Zorn, beispielsweise wenn sie kurze Röcke tragen wollte. Dann wies er sie lautstark zurecht, bis sie in Tränen ausbrach. Er zwang sie, sich so anzuziehen, wie die Mädchen in seiner Jugendzeit angezogen waren. Als sie eine junge Frau war und ihr eigenes Leben zu führen versuchte, besonders aber, als sie mehrmals freundschaftliche Beziehungen zu Männern aufnahm, gegen die er etwas einzuwenden hatte, setzte er seinen Willen rücksichtslos durch. Die Zerwürfnisse, die durch seine Unduldsamkeit verursacht wurden, mündeten 1942/43 in eine dauerhafte Entzweiung. Gleichwohl schrieb Swetlana noch am Ende: »Seine Liebkosungen, seine Liebe und Zärtlichkeit für mich während der Kindheit werde ich nie vergessen.«[35] Ihre Briefe bezeugen auf bewegende Weise ihre erfolglosen Versuche, Zugang zu einem Menschen zu finden, der sich tief in sich selbst verschlossen hatte, besessen von seiner Rolle und unfähig, auf menschliche Signale zu reagieren.

Hitler, seinem Naturell nach ein typischer Einzelgänger, hat seit dem Verlassen des Elternhauses und dem Weggang nach Wien keinerlei Familienleben mehr geführt. Die einzige Episode, in der Ähnliches noch einmal bei ihm vorgekommen ist, war ein mehrjähriger Aufenthalt seiner Halbschwester Angela Raubal in seinem bayerischen Domizil, wo sie für ihn den Haushalt führte; auch ihre beiden Töchter hatte sie dorthin mitgebracht. Mit seinen anderen Verwandten indessen besaß er kaum Kontakt, was ihn jedoch nicht hinderte, in einem 1938 aufgesetzten Testament der besagten Angela, seiner Schwester Paula, seinem Halbbruder Alois und einigen anderen Erbteile zu vermachen.

Nach seinem Äußeren zu urteilen, war Hitler für Frauen ein wesentlich attraktiverer Mann als Stalin und fühlte sich auch von sich aus mehr zu ihnen hingezogen. In der Frühzeit seiner politischen Laufbahn hatten ihm ältere, verheiratete Frauen von gesellschaftlichem Rang wie Helene Bechstein und Winifred Wagner nützliche Dienste geleistet. Viele Frauen waren von seiner hypnotischen Ausstrahlung fasziniert, und es existieren glaubhafte Berichte über die hysterische Verzückung, in die Frauen gerieten, wenn er seine großen Reden hielt. Hitler seinerseits maß den weiblichen Wählern große Bedeutung bei und führte dies als einen der Gründe dafür an, daß er nicht zu heiraten gedachte. Er bewegte sich gern in der Gesellschaft schöner Frauen, worüber Speer in seinen Memoiren schreibt: »Diesen Frauen gegenüber benahm Hitler sich wie etwa der Absolvent einer Tanzstunde beim Abschlußball. Auch hier kam eine schüchterne Emsigkeit zum Vorschein, nichts falsch zu machen, Komplimente in genügender Anzahl zu vergeben, mit dem österreichischen Handkuß zu begrüßen und zu verabschieden.«[36]

In Hitlers Augen konnte eine Frau nichts Schlimmeres tun, als auf ihrer geistigen Selbständigkeit zu bestehen oder sich auf ein Streitgespräch mit ihm einzulassen. Hitler hielt von Frauen, die eine eigene Meinung vertraten, ebensowenig wie Stalin, und wer sich dieser Sünde schuldig gemacht hatte, wurde kein zweites Mal eingeladen.

Es gab in seinem Leben nur zwei Frauen, an denen er ein mehr als nur flüchtiges Interesse entwickelte, und beide waren zwanzig Jahre jünger als er. Geli Raubal, die er mitunter als die große Liebe seines Lebens bezeichnete, war die Tochter seiner Halbschwester Angela, die er 1928 als Hauswirtschafterin auf den Obersalzberg holte. Geli war damals siebzehn, und im Verlauf der folgenden drei Jahre faßte Hitler so große Zuneigung zu ihr, daß er sie in München ständig an seiner Seite haben wollte. Geli genoß es, in Begleitung ihres Onkels auszugehen, besonders als er in den Jahren 1929 bis 1931 aufgrund seiner politischen Erfolge in den Rang eines Prominenten aufstieg. Zugleich jedoch litt sie unter seinem besitzergreifenden Naturell und unter der Eifersucht, mit der er jede selbständige Regung ihrerseits unterband. Er überhäufte sie mit wütenden Beschimpfungen, als er herausfand, daß sie mit seinem Chauffeur Emil Maurice geschlafen hatte, verbot ihr jeglichen Umgang mit anderen Männern und hintertrieb ihr Vorhaben, nach Wien zu gehen und Gesangsstunden zu nehmen.

Im September 1931 erschoß sich Geli Raubal, eine Tat, die Hitler ähnlich tief erschütterte wie Stalin der Selbstmord seiner Frau. Tagelang war er nicht ansprechbar, und es hat den Anschein, als sei dieser Schock der Auslöser für seinen Entschluß gewesen, nie mehr Fleisch oder Alkohol anzurühren. Gelis Zimmer in der Villa auf dem Obersalzberg blieb, auch nach dem Umbau zum Berghof, genau so erhalten, wie sie es hinterlassen hatte. Ihr Foto hing in seinem Amtszimmer, sowohl in München als auch in Berlin, und an ihrem Geburts- und Todestag, die Hitler nie vergaß, mußten Blumen unter das Bild gelegt werden.

Über Eva Braun hat Speer geschrieben, sie werde »für alle Geschichtsschreiber ... eine Enttäuschung bedeuten«. Sie war eine hübsche, äußerst naive Blondine mit rundem Gesicht und blauen Augen und lernte Hitler im Hoffmannschen Fotogeschäft kennen, wo sie als Verkäuferin und Empfangsfräulein arbeitete. Er machte ihr Komplimente, schenkte ihr Blumen und lud sie hin und wieder zu Ausflügen im Freundeskreis ein. Alles Weitere freilich ging allein von Eva aus: Sie setzte sich die Affäre gleichsam in den Kopf, erzählte ihren Freundinnen, Hitler habe sich in sie verliebt, und sie werde ihn dazu bringen, sie zu heiraten. Offenbar fiel ihr, um sich seine Fürsorge zu sichern, nichts Besseres ein, als im Herbst 1932 einen Selbstmordversuch zu begehen. Dies geschah in einer für Hitler kritischen Zeit, in der ihm die Aussicht auf einen Skandal besonders unangenehm sein mußte, zumal es kaum mehr als ein Jahr her war, daß Geli sich umgebracht hatte. Nach Hoffmann zu urteilen, der Eva Brauns Spiel von Anfang an durchschaute, gelang es ihr auf diese Weise, ihren Willen durchzusetzen und Hitlers »Freundin« zu werden.[37]

Es war eine Art Pyrrhussieg. Ihr Tagebuch ist voll der Klagen über die Vernachlässigung und die Erniedrigungen, die Hitler ihr zufügte, und 1935 unternahm sie einen zweiten Selbstmordversuch, wieder in dem Bemühen, seine Zuwendung zu gewinnen. Hitler sorgte mit aufwendigen Vorkehrungen dafür, daß seine Beziehung zu ihr ein Geheimnis blieb, und so war ihr vorläufig jegliche Anerkennung, und sei es nur als Hitlers Geliebte, außerhalb seines engsten Freundeskreises versagt. 1936 konnte sie immerhin als Nachfolgerin von Angela Raubal in die Position der »Hausfrau« auf dem Berghof aufrücken, und von da an saß sie zur Linken Hitlers, wenn er seine Getreuen zur Tafel rief. Doch nur selten gestattete er ihr, nach Berlin zu kommen oder in der Öffentlichkeit an seiner Seite aufzutreten. Bei großen Empfängen oder Galadiners, an denen sie nur zu gerne teilgenommen hätte, wurde sie häufig in ihr Zimmer im Obergeschoß verbannt. Sie litt unter derselben kleinlichen Tyrannei, mit der Hitler zuvor Geli Raubal gequält hatte. Er verbot ihr das Rauchen, das Tanzen und den Umgang mit anderen Männern, Dinge, die sie sich daraufhin aus Angst im geheimen erlaubte.

Hitler nahm Frauen ebensowenig ernst wie Stalin. Welche Verachtung er für sie empfand und wieviel Egoismus und Eitelkeit seine Haltung bestimmten, verdeutlicht eine Passage aus den Speer-Memoieren, wo er mit der folgenden, in Gegenwart von Eva Braun geäußerten Erklärung zitiert wird: »Sehr intelligente Menschen sollten sich eine primitive und dumme Frau nehmen. Sehen Sie, wenn ich noch eine Frau hätte, die mir in meine Arbeit hineinredet!... Heiraten könnte ich nie. Wenn ich Kinder hätte, welche Probleme! Am Ende versuchen sie noch, meinen Sohn zu meinem Nachfolger zu machen. Außerdem! Jemand wie ich hat keine Aussicht, einen tüchtigen Sohn zu bekommen. Das ist fast immer die Regel in solchen Fällen. Sehen Sie, Goethes Sohn, ein ganz unbrauchbarer Mensch!... Viele Frauen hängen an mir, weil ich unverheiratet bin. Das war besonders wichtig in der Kampfzeit. Es ist so wie bei einem Filmschauspieler, wenn er heiratet, verliert er für die ihn anhimmelnden Frauen ein gewisses Etwas, er ist nicht mehr so sehr ihr Idol.«[38]

Erst als nach Kriegsbeginn das gesellschaftliche Leben so gut wie erstarb, gewann Eva eine gesichertere Stellung, auch wenn sie von da an noch seltener mit Hitler zusammen war als zuvor. Wenigstens ließ er sich in ihrer Gesellschaft noch am ehesten zu einem menschlichen Verhalten herab und hörte auf, eine Rolle zu spielen; er machte es sich im Sessel am Teetisch bequem, oft um kurz darauf einzuschlafen, oder er spielte auf der Terrasse des Berghofs mit den Hunden. Evas wichtigster Vorzug in Hitlers Augen lag in ihrer Loyalität, und dafür wurde sie am Ende auch belohnt. Ihr größter Wunsch war es, in die respektable Rolle der Ehefrau aufzurücken, und er erfüllte ihr diesen Wunsch im Berliner Führerbunker am vorletzten Tag ihres Lebens. Keine 48 Stunden später nahmen sie sich, dieses Mal auf Wunsch Hitlers, gemeinsam das Leben.

Auch wenn sichere Beweise fehlen, spricht doch vieles dafür, daß Hitler zu normalen sexuellen Beziehungen nicht fähig war, sei es aus körperlichen oder psychischen Gründen oder aus beiden. Putzi Hanfstaengl, bis in die Mitte der dreißiger Jahre einer der engsten Gefährten Hitlers, war der festen Überzeugung, er sei impotent gewesen und habe seine »überschüssige nervöse Energie« nicht auf normalem Weg entladen können. In einem Rundfunkinterview, das ich nach dem Krieg mit Hanfstaengl führte (und bei dem er am Klavier saß und aus dem Gedächtnis einige der Wagner-Stücke spielte, mit denen er Hitler so oft erfreut hatte), umschrieb er die sexuelle Verfassung des Führers mit unnachahmlicher Vulgarität: »Sehen Sie, er konnte eben nur auf den schwarzen Tasten spielen, nie auf den weißen.« Und in seinen Erinnerungen erwähnt er eine Bemerkung seiner Lebensgefährtin, die ihm schon in den Anfängen ihrer Bekanntschaft mit Hitler erklärt habe: »Glaube mir, er ist ein absolutes Neutrum.«[39]

Erich Fromm kam nach Abwägung aller vorliegenden Indizien zu der Vermutung, daß Hitlers sexuelle Wünsche vor allem voyeuristischer Art gewesen seien, anal-sadistisch bei der verachteten Sorte von Frau, masochistisch bei der bewunderten.[40]

Bis zu seiner Ernennung zum Reichskanzler hat Hitler sich nie länger in Berlin aufgehalten. Bei seinen Besuchen in der Hauptstadt nahm er Quar-

tier im Hotel Kaiserhof. In München zog Hitler etwa zur gleichen Zeit, als die NSDAP sich im Palais Barlow einquartierte (1929), aus seinem möblierten Zimmer ins vornehme Stadtviertel Bogenhausen rechts der Isar; seine Neun-Zimmer-Mietwohnung nahm den gesamten ersten Stock des Gebäudes am Prinzregentenplatz 16 ein. Sein eigentliches Heim blieb jedoch der Berghof auf dem Obersalzberg bei Berchtesgaden, mit dem sein Gönner Dietrich Eckart ihn Anfang der zwanziger Jahre vertraut gemacht hatte. Er hat dort zunächst in einer Pension gewohnt und dann, 1928, eine schlichte Villa am Berghang gemietet, das Haus Wachenfeld. In den späten dreißiger Jahren entstand um das ursprüngliche Gebäude herum ein viel größeres und aufwendiger ausgestattetes Anwesen, der Berghof, in dessen Umkreis Bormann in der Folge einen ganzen Komplex aus Straßen, Stacheldrahtzäunen, Baracken, Garagen, einem Gästehaus und anderen Gebäuden errichtete, die das Gesicht des Ortes verunstalteten. Doch nichts konnte Hitlers innige Verbundenheit mit dem Obersalzberg erschüttern; der Berghof blieb für den Rest seines Lebens sein Zuhause. »Hier und nur hier«, vertraute er 1936 einem Journalisten an, könne er »atmen und denken – und leben . . . Ich denke darüber nach, wer ich war und was ich noch zu tun habe.«[41]

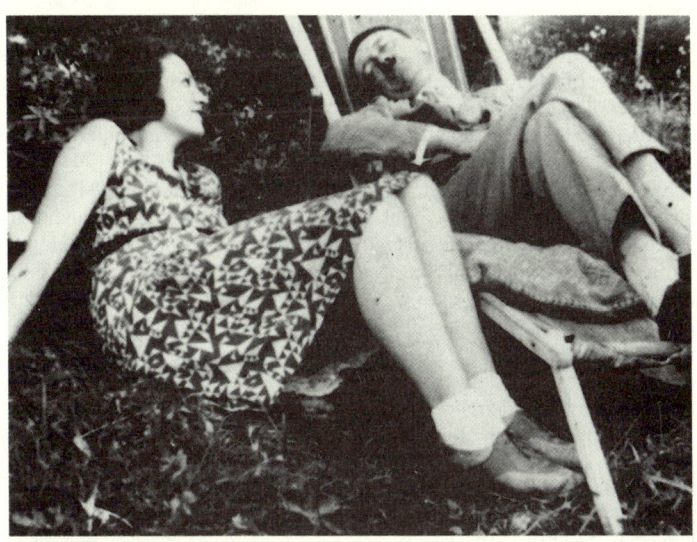

Nur zwei Frauen scheinen in Hitlers Leben eine Rolle gespielt zu haben – seine eigentliche Liebe Geli Raubal (oben), die Tochter seiner Halbschwester, und die Photo-Verkäuferin Eva Braun (links mit Hitler auf dem Obersalzberg). Beide endeten gewaltsam; Geli Raubal nahm sich 1931 das Leben, Eva Braun beging wenige Stunden nach ihrer Hochzeit im Führerbunker gemeinsam mit Hitler Selbstmord.

Nachdem Hitler Reichskanzler geworden war, richtete Speer ihm in seiner offiziellen Residenz, dem einstigen Amtszimmer Bismarcks, ein imposantes neues Büro ein, und im Januar 1938 erging an den Architekten der Auftrag zum Bau einer neuen Reichskanzlei. Im Zweischichtbetrieb wurden 4 500 Arbeiter eingesetzt, damit das Bauwerk in nur einjähriger Bauzeit fertiggestellt werden konnte.

Hitler hatte sich schon als Parteiführer von der Verwaltungsarbeit abgesetzt und alles, mit Ausnahme wichtiger Entscheidungen, seinen getreuen Mitarbeitern im Parteihauptquartier in München überlassen, mit Heß und Schatzmeister Schwarz an der Spitze. Nach seiner Amtsübernahme in Berlin legte er zunächst, solange Hindenburg noch am Leben war, einen demonstrativ disziplinierten Arbeitsstil an den Tag. Im Grunde jedoch entsprach dergleichen nicht im geringsten seinem Naturell. Er haßte Gremien, und bald wurden die zeitlichen Abstände zwischen den Kabinettssitzungen immer länger. Er zog es vor, mit nur einem Gesprächspartner zu verhandeln, und auch das nur, wenn es nötig war. Sich mit Verwaltungsdetails herumzuschlagen, entsprach nicht seinem Selbstbild als »politischer Künstler« im Sinne Nietzsches, auch nicht dem dazugehörigen unregelmäßigen Arbeitsstil.

Nach dem Tod Hindenburgs nahm Hitler denn auch seine frühere Lebensweise wieder auf, zog sich immer häufiger zurück und überließ die alltägliche politische Arbeit den beiden Kanzleien mit ihren beamteten Leitern: der Reichskanzlei unter Lammers und der Präsidialkanzlei unter Meissner, zu denen sich später noch die Kanzlei des Führers unter Martin Bormann gesellte. Für die Minister und die Unterführer der Partei war er schwer zu erreichen; Vorlagen von mehr als einer Seite Umfang weigerte er sich zu lesen, beharrte aber darauf, alle wichtigen Entscheidungen allein zu fällen. Die Kunst der Politik bestand im Dritten Reich zunehmend weniger darin, überzeugende Konzepte vorzulegen oder in geregelter Diskussion einen Standpunkt zur Geltung zu bringen, sondern darin, daß man zu einem günstigen Zeitpunkt Hitlers Gehör zu finden suchte – an irgendeinem Ort, zu irgendeiner Zeit – und hoffte, Hitler werde »einverstanden« sagen, was er recht häufig tat. Den Ministern, Beamten und Parteigrößen überließ man dann den Streit darüber, womit genau er einverstanden war.

Wie Stalin war auch Hitler ein Nachtmensch. Er kam meist erst gegen Mittag aus seinem Zimmer, nachdem er die Zeitungen gelesen hatte, und blieb oft bis in die frühen Morgenstunden wach. Das Mittagessen begann in der Reichskanzlei nicht vor zwei oder drei Uhr nachmittags und dauerte bis halb fünf. Nach dem Bericht Speers hatten vierzig bis fünfzig Personen jederzeit Zugang zu Hitlers Mittagstisch, und zu den Gästen gehörten normalerweise ein oder zwei Gauleiter oder andere Parteiführer, die sich zufällig in der Hauptstadt aufhielten, einige Minister und die Mitglieder seines persönlichen Gefolges, hingegen keine Offiziere und keine Angehörigen anderer Berufsgruppen.

Goebbels und Göring kamen nur, wenn sie ein Anliegen hatten. »Mir ist«, vertraute Göring einmal Speer an, »offen gestanden das Essen dort zu schlecht. Und dann diese Parteispießer aus München! Unerträglich.«[42]

Ein strikter Vegetarier und Antialkoholiker, untersagte Hitler auch das Rauchen bei Tisch und ließ nur einfache Speisen auftragen. Und was die Gäste betraf, so fällt auf, daß brillante Köpfe nie zu ihnen zählten. Hitler hütete sich, jemanden in den Kreis zu ziehen, der in der Lage gewesen wäre, ihm Paroli zu bieten. Die Unterhaltung drehte sich um triviale Dinge, und lebendige Akzente setzte einzig der hin und wieder auftauchende Goebbels, der Hitler mit bösartigem Tratsch zum Lachen brachte. Zielscheibe waren gewöhnlich abwesende Parteigrößen, und natürlich steckten gezielte Absichten dahinter. »Oft mußte ich daran denken«, schrieb Speer, »daß dieser mediokre Kreis sich am gleichen Platz versammelte, an dem Bismarck sich mit Bekannten, Freunden und politischen Partnern zu unterhalten pflegte.«[43]

Auf dem Obersalzberg waren der Überdruß, die Zähigkeit und Langeweile der allgemeinen Stimmung noch größer, denn hier gab es keine Ablenkungen, keine Abwechslungen mehr. Tag um Tag lief dasselbe Programm ein-

Die Welt kannte ihn als Triumphator, erst über Deutschland, dann über Europa, aber er entfloh aus rätselhaften Antrieben immer wieder dem Offiziellen. Das Photo zeigt Hitler Mitte der dreißiger Jahre bei einem Spaziergang in der Nähe Berchtesgadens.

ander wiederholender Anekdoten und Kommentare ab. Zwischen Mittag- und Abendessen pflegte Hitler an der Spitze eines kleinen Prozessionszugs zum Teehaus zu marschieren. »Die Gesellschaft würdigte mit immer wieder den gleichen Ausdrücken das Panorama. Hitler stimmte mit immer wieder ähnlichen Worten zu.« Hier setzte er dann gern zu einem seiner endlosen Monologe an, während die Gesellschaft gegen den Schlaf ankämpfte; hin und wieder schlummerte er auch selber ein, während er redete. Zwei Stunden darauf traf sich der Kreis unverändert zum Abendessen wieder, und danach sah man sich, oft mit zahllosen Wiederholungen, bis in die späte Nacht Filme an.[44]

»Wann, so fragte ich mich oft«, schrieb Speer, »arbeitete er eigentlich?«[45] Die langen Perioden der Passivität, die Hitler besonders auf dem Obersalzberg einlegte, waren indes keine verlorene Zeit: Er nutzte sie, um Entscheidungen heranreifen zu lassen, um Gedanken und Kräfte zu sammeln, etwa in den Wochen vor einer großen Rede. Wenn die Periode des Brütens und der Vorbereitung vorbei war, stürzte er sich unvermittelt und mit scheinbar unerschöpflicher Energie in fieberhafte Aktivität. Hitler war nicht der Mensch, mit dem irgend jemand ein normales Gespräch hätte führen können. Entweder sprach er selber als Führer, wobei alle andern schweigend lauschten, oder die anderen sprachen, während er gedankenverloren dasaß und gar nicht zu hören schien, was gesagt wurde. Sein Mangel an Aufmerksamkeit für andere, seine unausgesetzte Selbstbezogenheit und Abneigung gegen Diskussionen hatten zur Folge, daß er in völlige geistige Isolation geriet, immer nur den Überzeugungen verhaftet, die er sich viele Jahre zuvor zurechtgelegt hatte, und mit instinktivem Abscheu vor jedem offenen – und damit potentiell kritischen – Gespräch. Er betonte beständig sein Interesse an der Geschichte, nahm aber die Tatsache schlicht nicht zur Kenntnis, daß die Auffassungen der Historiker immer wieder im Licht neu auftauchenden Materials oder neuer Argumente überprüft werden müssen. Kein Historiker, kein Experte für irgendwelche Fragen – außer für technische Dinge – erhielt je Zutritt zum Kreis Hitlers; sie hätten ja das »granitene Fundament« seiner Weltanschauung erschüttern können, die er sich aus gewissen rassistischen und pseudowissenschaftlichen Theorien, die um die Jahrhundertwende durch Groschenhefte populär gemacht worden waren, zusammengefügt hatte.

Hitler war von der Überzeugung durchdrungen – oder redete sie sich ein –, ein originärer Denker zu sein, und dies war ein wesentlicher Bestandteil seines Rollenverständnisses. Rauschning hat beschrieben, wie sich diese Selbsttäuschung in Hitlers Monologen niederschlug: »Er sucht in Gesprächen auf künstliche Weise einen Abglanz der schöpferischen Zustände zu erlangen ... In solcher Stimmung gab mir Hitler gelegentlich seine Ansicht über Geist und Moral zum Besten. Es war mißverstandener Nietzsche, es waren popularisierte Ideen, die eine gewisse Richtung der zeitgenössischen Philosophie in den Mittelpunkt ihrer Betrachtungen gestellt hatte. Hitler trug dies alles mit der Geste des Propheten und des schöpferischen Genius vor. Er schien überzeugt, daß es seine eigenen Ideen waren. Er kannte nicht ihren Ursprung und meinte sie nur sich selbst und den Eingebungen seiner Einsamkeit in den Bergen zu verdanken.«[46]

Wenn Hitler seine Einsichten mit imposanter Selbstsicherheit von sich gab, genügte dies, um ihm in den Augen vieler Parteimitglieder und NSDAP-Wähler, die nicht genau verstanden, was ihr Führer sagte, oder nicht genau hinhörten, den Rang eines originellen Kopfes zu verleihen, der das Geheimnis der Geschichte entschlüsselt und seiner Partei ein ideologisches Rüstzeug an die Hand gegeben habe, das dem der Marxisten mindestens ebenbürtig sei.

In den meisten dieser Punkte ist Stalin das genaue Gegenteil Hitlers. Da er seine Position nicht seinen Fähigkeiten als Redner verdankte, sondern seiner geduldig ausgebauten Herrschaft über den Parteiapparat, war er der letzte, der die Wichtigkeit der Verwaltung unterschätzt hätte – nicht der Verwaltung um ihrer selbst willen, wie es dem Bürokraten des Klischees nachgesagt wird, sondern der Macht, die die Beherrschung des Apparats verlieh. Wir stoßen hier erneut auf einen zu Beginn des Kapitels erwähnten Gegensatz: Hitlers größere Selbstsicherheit und Stalins größere Kontrollmacht, ein Unterschied, der ganz dem zwischen Führer und Generalsekretär entspricht. Stalin hatte größtes Interesse an Verwaltungsvorgängen und verfügte über die Zeit und Geduld, die Berichte seines Geheimdienstes sorgfältig zu studieren, nicht anders als die von seinem persönlichen Sekretariat zusammengetragenen Informationen über das Verhalten und die Leistungen der einzelnen Parteifunktionäre.

Durch die schiere Größe Rußlands und die Dürftigkeit seiner Kommunikationstechnik hatte Stalin weite Teile des Landes ohne Zweifel nicht annähernd so fest im Griff, wie er glaubte oder es sich gewünscht hätte. Aber das lag nicht an mangelndem Interesse oder Engagement von seiner Seite; tatsächlich konnte kein regionaler Parteisekretär, wie unangefochten er auch in seinem eigenen Reich herrschen und wie weit entfernt von Moskau er sich auch befinden mochte, jemals sicher sein, daß nicht einer von Stalins Helfern - Molotow, Kaganowitsch oder Woroschilow - überraschend bei ihm auftauchen, ihn für abgesetzt erklären und ihn und seine gesamte Führungsmannschaft der Verbannung, dem Gefängnis oder gar dem Erschießungskommando überantworten würde.

Solche Säuberungen kamen in Deutschland, nachdem Röhm und die SA-Führer 1934 ausgeschaltet waren, in vergleichbarem Umfang nicht mehr vor. Das Dritte Reich hätte ein viel besser verwalteter Staat sein können, wenn im Zuge einiger weiterer Säuberungen die auf Patronage und Korruption beruhenden Machtstrukturen, die viele Gauleiter aufgebaut hatten, zerschlagen oder die zahlreichen Doppelzuständigkeiten, Zuständigkeitskonflikte und Reibungsverluste in den Ministerien beseitigt worden wären - nicht zuletzt in den bürokratischen Imperien, die Göring oder Ley sich geschaffen hatten. Doch so sehr Hitler bereit war, Generäle oder Minister zu entlassen, die der Partei nur aus formalen Gründen angehörten wie etwa Schacht, so sehr schreckte er stets vor Maßnahmen gegen Mitglieder der alten Garde zurück, und er hat denn auch lange gezögert, bis er gegen Röhm vorging. Was immer ihre Untugenden sein mochten (die Hitler letzten Endes gleichgültig waren), er wußte ihre Loyalität und Zuverlässigkeit zu schätzen und belohnte sie dafür mit einem überraschenden Grad an Loyalität und Langmut.

Dagegen gab Stalin wenig oder nichts auf Loyalität, Vertrauen oder gar Dankbarkeit. Sein Mißtrauen erlosch nie und richtete sich sogar in besonderem Maß auf die alte Garde der Bolschewisten. Selbst Männer, die mit ihm bei der Durchsetzung der zweiten Revolution als Mitglieder des Politbüros oder des Zentralkomitees eng zusammengearbeitet hatten, wurden später hingerichtet, in den Selbstmord getrieben oder gingen in Straflagern zugrunde. Die Geschichte des Dritten Reiches zeigt nichts, was dem ver-

Hitler Is Spending Christmas with His Friends!

Die Karikatur aus dem »Daily Mirror«, die Hitler an der durch die Liquidierung seiner Kampfgefährten verwaisten Weihnachtstafel zeigt, macht deutlich, wie falsch Teile der englischen Öffentlichkeit die Wirklichkeit des Dritten Reiches sahen. Es war Stalin, der zu diesem Zeitpunkt nahezu die gesamte alte Führungsschicht beseitigt hatte, während Hitler seinen Kampfgefährten, mit Ausnahme Röhms, bis zum Untergang die Treue hielt.

gleichbar wäre. In Deutschland blieb die NS-Führung in ihrer ursprünglichen Zusammensetzung fast unverändert bis zum Ende zusammen.

Stalin hatte, so scheint es, keine persönlichen Freunde oder Vertrauten, und seine Tafelrunde war weitgehend identisch mit dem inneren Kreis derer, die das Land regierten; hinzukam hin und wieder ein Besucher, gewöhnlich ein Parteivorsitzender oder -sekretär aus der Ukraine oder aus dem Kaukasus, der sich gerade in Moskau aufhielt. In ihren Gesprächen ging es zumeist um politische Tagesfragen, aber es wurde auch eine ganze Menge getrunken, und wenn kein Film auf dem Programm stand, machte sich Stalin, der über einen sarkastischen Humor verfügte, einen Spaß daraus, seine Genossen zu verspotten oder betrunken zu machen.

Solche Gelage im Kreml waren für Stalin offenbar die einzigen Momente der Entspannung. »Ich glaube nicht«, schrieb Chruschtschow, »daß es jemals einen Führer mit vergleichbarer Größe der Verantwortung gegeben hat, der mehr Zeit als Stalin damit vertat, einfach an der Tafel zu sitzen und zu essen und zu trinken.«[47]

Stalin hatte es nicht nötig, mit Gefühlsausbrüchen und exzentrischen Auftritten in der Art Hitlers anderen Respekt vor seiner Persönlichkeit einzuflößen. Er konnte zwar, wenn man ihn ärgerte, die Beherrschung verlieren, tat dies aber nicht bewußt um der Wirkung willen, ebensowenig wie er es nötig fand, sich die ganze Zeit reden zu hören. Er, dessen Erscheinung nicht sehr eindrucksvoll war – (er war nur 1,63 m groß, und jeder Fotograf tat gut daran, seiner Empfindlichkeit in diesem Punkt Rechnung zu tragen) –, beherrschte jede Gruppe einfach dadurch, daß er »der Chef« war und schon oft bewiesen hatte, zu welcher Rücksichtslosigkeit er fähig war.

Stalin, der sich viel auf seine Gerissenheit einbildete, hätte für Hitlers hochfliegende Gedanken über Rasse, den Aufstieg und Fall von Nationen und Reichen und ähnliches nichts als Hohn und Spott übrig gehabt. Wenn ihn, als er älter wurde, Gespenster und goyaeske Fantasiebilder quälten, so behielt er sie für sich und hütete sich, seine Gedanken zu offenbaren.

Beide, Stalin wie Hitler, schätzten die Bedeutung der Künste hoch ein und wußten, daß sie sich ihrer bemächtigen mußten, wenn sie das Denken und Fühlen der Menschen verändern wollten. Da sie jedoch ab 1934 ihre Aufmerksamkeit so gut wie ausschließlich politischen Dingen widmen mußten, blieb ihnen für die Beschäftigung mit Kunst um ihrer selbst willen nicht mehr Zeit als für die Pflege persönlicher Beziehungen.

Stalin hatte außer einem Faible für den Film, das er mit Hitler teilte, am meisten Freude an Theater und Oper und verfolgte mit regem, oft auch kritischem Interesse die Inszenierungen an den Moskauer Bühnen. Er bewahrte bis an sein Lebensende eine gewisse Achtung vor Künstlern und Schriftstellern, auch wenn er einzelne von ihnen verfolgen ließ. Bei einer Analyse seiner Bibliothek zeigte die Zahl seiner Bücher, vor allem aber die darin mit Markierungen versehenen Passagen, daß er erheblich mehr gelesen haben muß als Hitler.[48] Seine bevorzugten Themen waren Politik, Marxismus und Geschichte. In Gesprächen zeigte sich aber auch eine gewisse Vertrautheit mit den Klassikern der russischen Literatur, die er besser kannte als Hitler die der deutschen; zu den Autoren, über die er sich geäußert haben soll, gehören Tschechow, Gogol, Gorki und der Satiriker Saltykow-Schtschedrin sowie Tolstoi, Puschkin und selbst Dostojewski.

Hitler blieb sein Leben lang ein begeisterter Wagnerianer und versäumte in den dreißiger Jahren nie den Besuch der Bayreuther Festspiele. Ansonsten scheint es kaum eine Musik gegeben zu haben, die ihm zusagte, abgesehen von Operetten wie *Die Fledermaus* oder Lehárs *Lustige Witwe*. Auch beim Film bevorzugte er anspruchslose, leichte Unterhaltung. Sein besonders leidenschaftliches Interesse galt aber nach wie vor den Künsten, in denen er sich für eine verkannte Begabung hielt – Zeichnen und Malen –, sowie natürlich der Architektur, in der er, so glaubte er fest, Großes hätte vollbringen können. Hier durfte niemand ungestraft sein Urteil in Frage stellen.

Interesse für die Malerei bezeugte Hitler nachhaltig durch die drastischen Säuberungen, die er den Museen auferlegte, sowie mit seiner Sammlertätigkeit. In seinem Geschmack blieb er dabei ebenso unbeweglich wie in seiner historischen und rassistischen Weltanschauung; das eine wie das andere wurzelte in seinen Wiener Vorkriegserfahrungen. Hitler bewun-

Von Hitler ist nicht bekannt, daß ihm die Literatur irgend etwas bedeutet hätte. Musik dagegen, vor allem die Opern Wagners, machten ihn geradezu süchtig; der Skulptur Brekers und Thoraks gehörte seine ganze Liebe, und noch auf der Höhe des Erfolges bedauerte er, nicht Architekt geworden zu sein. Stalin dagegen scheint ein gewisses Gefühl für literarische Größe gehabt zu haben. Pasternak berichtet, daß ihn einmal nachts ein Anruf aus dem Kreml erreichte und Stalin ihn in ein Gespräch über Mandelstam verwickelte, obwohl Pasternak selber sich in dieser Zeit sein Brot als Übersetzer verdienen mußte, weil er Publikationsverbot hatte.
Auf dem Photo: Stalin 1931 vor dem Lenin-Mausoleum in Moskau, rechts neben ihm Maxim Gorki.

derte zwar auch die klassische Kunst und die der italienischen Renaissance, aber sein besonderer Enthusiasmus galt der deutschen romantischen Malerei des 19. Jahrhunderts, von Genrebildern – Wirtshausszenen von Eduard Grützner – bis zu heroischen, idyllischen, allegorischen und historisch-patriotischen Motiven, in gewisser Weise visuellen Äquivalenten zur Musik Wagners, allerdings ohne dessen Genialität. Zu den Malern, die Hitler am höchsten schätzte, gehörten Makart, Spitzweg und Menzel. Schon 1925 hatte er einen Bauplan für eine deutsche Nationalgalerie skizziert, und in den dreißiger Jahren begann er, eine Sammlung deutscher Gemälde des 19. Jahrhunderts zusammenzutragen, gedacht für das Museum, das er in Linz bauen lassen wollte, der Stadt, in der einst sein Interesse für Wagner und die Architektur erwacht war.

Von seinem Italienbesuch 1938 zeigte Hitler sich so beeindruckt, daß er den Ehrgeiz entwickelte, Rom und Florenz zu übertreffen und in Linz das »größte Museum der Welt« zu errichten. Dann eröffnete ihm der Krieg und die Besetzung des halben Kontinents die Möglichkeit, eine Neuverteilung der europäischen Kunstschätze vorzunehmen. Unter Mithilfe von Hans Posse, dem Generaldirektor der Dresdener Galerie, und einem Troß von Mitarbeitern ließ Hitler aus ganz Europa eine gigantische Sammlung zusammentragen – teilweise durch Beschlagnahme, teilweise durch erzwungenen Verkauf –, die bei Kriegsende zehntausend Gemälde umfassen sollte, außerdem zahllose Zeichnungen, Drucke, Gobelins, Skulpturen und Möbel. Unter dem Einfluß Posses hatte Hitler den Horizont seiner Interessen erheblich ausgeweitet; nicht nur das von ihm besonders geliebte 19. Jahrhundert, sondern auch frühere Epochen erregten jetzt seine Aufmerksamkeit. Unter den 6755 im Salzbergwerk von Alt-Aussee eingelagerten Gemälden waren die Genter Altarbilder der Brüder van Eyck und Werke von Rubens, Rembrandt, Vermeer, Leonardo da Vinci und Michelangelo.[49] Es war ein Glücksfall, daß ein Befehl, der in den letzten Kriegswochen aus dem Hauptquartier Hitlers eintraf und besagte, die Lagerstätte sei zu sprengen, die Gemälde seien zu zerstören – bei Nichtbefolgung drohte die Todesstrafe –, nicht ausgeführt wurde.

Es war indes die Architektur, in der Hitler der Verwirklichung seines »Genies« – oder was er dafür hielt – am nächsten kam. Mit Hilfe Speers und anderer Architekten wurden aus Hitlers Ideen und Architekturskizzen zunächst ausgearbeitete Baupläne, dann großformatige Modelle, die zu bewundern er nie müde wurde. Dies waren seine Schöpfungen, und mit ihnen würde er, so meinte er, auch die Bauten übertrumpfen, die er am meisten bewunderte: die Pariser und Wiener Opernhäuser aus dem 19. Jahrhundert, den Brüsseler Justizpalast, die Prachtbauten der Wiener Ringstraße, eben jenes »Verfallsbarock«, für das schon Kaiser Wilhelm II. geschwärmt hatte und das Speer als den Stil bezeichnet hat, »der den Zerfall des Römischen Reichs begleitete«.[50]

Hitler hatte die genauen Maße aller von ihm bewunderten Bauwerke im Kopf. Sein Größenwahn trieb ihn zu der Forderung, *seine* Bauten müßten zwei-, drei-, viermal so groß werden, ein Ansinnen, das die Opferung aller stilistischen Ansprüche an das Gebot schierer Größe bedeutete. Wie so viele Tyrannen vor ihm, von den Pharaonen angefangen, glaubte er, *seine* Pyramiden errichten und damit seiner Macht ein »unvergängliches Zeugnis« setzen zu müssen.

In Albert Speer meinte Hitler den begabten jungen Architekten gefunden zu haben, zu dem er selber vielleicht hätte werden können. »Nach Jahren des vergeblichen Bemühens war ich voller Tatendrang und achtundzwanzig Jahre alt. Für einen großen Bau hätte ich wie Faust meine Seele verkauft. Nun hatte ich meinen Mephisto gefunden.«[51]

Zwischen den beiden Männern entwickelte sich die engste Bindung, zu der Hitler gegenüber einem Menschen überhaupt fähig war. In Speers Gegenwart redete und benahm er sich ungezwungen wie vormals nur gegenüber seinem einzigen Jugendfreund Kubizek. »Hitler liebte zu erklären, daß er baue, um seine Zeit und ihren Geist der Nachwelt zu überliefern. Letztlich würden an die großen Epochen der Geschichte doch nur noch deren monumentale Bauwerke erinnern, meinte er. Was sei denn von den Imperatoren des römischen Weltreichs geblieben? Was würde für sie heute noch zeugen, wenn nicht ihre Bauten?«[52]

Speer nahm die Visionen Hitlers gleichsam wörtlich und dachte sich besondere Konstruktionsverfahren aus, die »im Verfallszustand, nach Hunderten oder (so rechneten wir) Tausenden von Jahren etwa den römischen Vorbildern gleichen würden.«[53]

Einer der Aufträge, die Hitler Speer erteilte, betraf ein riesiges Stadion und eine Gruppe weiterer Bauwerke, die künftig den Schauplatz der jährlichen Nürnberger Parteitage bilden sollten: Allein die Kolonnaden sollten die doppelte Länge der Caracalla-Thermen in Rom haben. Aber das war noch anspruchslos, verglichen mit dem Plan, den Hitler 1936 für die Umgestaltung des Berliner Stadtzentrums ausarbeitete; hier wollte er in den Schatten stellen, was Haussmann in Paris geschaffen hatte, ein Werk, das »nur noch mit dem alten Ägypten, Babylon und Rom vergleichbar« sein würde. Ein Prachtboulevard, fünf Kilometer lang, sollte einen mehr als siebzig Meter hohen Triumphbogen mit einer Halle mit Kuppeldach verbinden, die 180 000 Menschen fassen würde. Die Kuppel sollte sich bis in 250 Meter Höhe erheben, nachempfunden der Form des Pantheons in Rom, freilich mit dem Unterschied, daß allein die runde Öffnung im Schnittpunkt der Kuppel mit einem Durchmesser von 46 Metern größer werden sollte als die gesamte Kuppel des Pantheons oder auch die des Petersdoms. Die Residenz des Führers sollte eine Grundfläche von fast 700 000 Quadratmetern bedecken. Die Frage nach den Kosten dieser Gebäude wurde als unerheblich beiseite geschoben. Hitler ließ ein 30 Meter langes Modell des neuen Berliner Stadtzentrums anfertigen, das er gerngesehenen Besuchern mit begeistertem Stolz und unter Verlesung der Zahlen und Daten zeigte. Wann immer er in Berlin weilte, auch in den Kriegsjahren, bestellte Hitler Speer zu allen erdenklichen Tages- oder Nachtstunden zu sich, um mit ihm das Meisterwerk, das er mit diesem Entwurf geschaffen zu haben glaubte, ein weiteres Mal zu bewundern.

Nur eines trübte seine Freude: die Entdeckung, daß die Russen in Moskau ein noch größeres Versammlungsgebäude zu Ehren Lenins planten. Denn auch Stalin hatte es sich in den Kopf gesetzt, seine Hauptstadt umzugestalten; er wohnte allen Sitzungen des Baukomitees für den Palast der Sowjets bei, der das größte Gebäude der Welt werden sollte, gekrönt von einer 30 Meter hohen Statue Lenins. Um gegenüber dem Kreml dafür Platz zu schaffen, befahl er den Abriß der größten Moskauer Kathedrale. Stalin lehnte Entwürfe für eine neue Metropole, die Le Corbusier und andere

Nach dem Tode seines Beraters in allen Architekturfragen, Paul Ludwig Troost, macht Hitler den jungen Nachwuchsarchitekten Albert Speer zu seinem eigentlichen Baumeister. Das Verhältnis zwischen den beiden ungleichen Männern nahm bald eine solche Nähe an, daß die alten Kampfgefährten gut daran taten, sich mit Speer gutzustellen. Den ständigen, unangemeldeten Zugang zu Hitler verschaffte ihm dessen Leidenschaft für Bauprojekte, und unaufhörlich brüteten sie zu zweit über gigantischen Plänen. Die Szene ist noch immer die von Hitlers altem Berghof mit den bekannten Vogelbauern, Gummibäumen und Ziervasen – ein kleinbürgerliches Ambiente, in dem die Entwürfe für eine Welthauptstadt entwickelt werden.

namhafte Architekten vorlegten, zugunsten eines konventionelleren Planes ab, der 1936 mit der Auflage angenommen wurde, das Projekt innerhalb von zehn Jahren zu verwirklichen. Unterdessen hatte die Moskauer Untergrundbahn, für deren Bau Stalin Kaganowitsch und Chruschtschow verantwortlich machte, einen Vorgeschmack davon geliefert, wie man sich die neue Hauptstadt in etwa vorstellen mußte (die erste Metro-Linie wurde 1935 eröffnet).

Dann kam der Krieg – »damit wird ihre Bauerei für immer und ewig ein Ende haben«, bemerkte Hitler mit Genugtuung –, und der Palast der Sowjets blieb ungebaut, nicht anders als Hitlers Kuppelhalle in Berlin. Doch im Gegensatz zu Hitler, der sich in den Trümmern Berlins das Leben nahm, sollte Stalin noch erleben, wie zumindest Teile seines Plans für die Umgestaltung Moskaus Wirklichkeit wurden – unter anderem in Gestalt von sechs Wolkenkratzern, die statt des Palastes der Sowjets an markanten Punkten der Stadt errichtet wurden.

Marxistische Regime waren ihrem Selbstverständnis nach »gottlos«, und Stalin hatte für religiöse Frömmigkeit seit seiner Zeit am Tifliser Priesterseminar nur Hohn und Spott übrig. Hitler, der katholisch erzogen worden war und großen Respekt vor der Kirche als Organisation und vor ihrer Macht besaß, behauptete, von ihrem psychologischen Geschick und ihrer Menschenführung viel gelernt zu haben. Von protestantischen Kirchenmännern hielt er dagegen wenig: »Es sind kleine dürftige Subjekte, unterwürfig bis zum Handkuß, und sie schwitzen vor Verlegenheit, wenn man sie anredet. Sie haben schließlich gar keinen Glauben, den sie ernst nehmen, und sie haben auch keine große Herrschaftsmacht zu verteidigen wie Rom.«[54] Es war diese »große Herrschaftsmacht« der Kirche, die Hitler Achtung einflößte, die Tatsache, daß sie sich über eineinhalb Jahrtausende behauptet hatte. An ihrer Lehre selbst lag ihm nichts, war doch das Christentum in seinen Augen eine allenfalls für Sklaven geeignete Religion, deren Ethik er verabscheute. »Wenn man den Gedanken logisch zu Ende denkt, bedeutet das Christentum die systematische Pflege des menschlichen Versagens.«[55]

Das Gewissen erklärte Hitler zu einer »jüdischen Erfindung«, einem »Schönheitsfehler wie die Beschneidung«, und Kritik an den Obszönitäten eines Streicher oder an Korruption und Machtmißbrauch durch andere Partei-Obere tat er als unwichtig ab im Vergleich zu ihrer Loyalität und ihren Leistungen für die Bewegung – es sei denn, daß es ihm politisch paßte, jemandem daraus einen Strick zu drehen, wie er es im Fall des homosexuellen SA-Führers tat. Stalin ließ Informationen über Verfehlungen einfach in die Akten einfließen, die über sämtliche Parteimitglieder geführt wurden; sie schlummerten dann in den Karteikästen bis zu dem Tag, da er sich veranlaßt fühlte, sie dem NKWD zu übergeben.

Für diejenigen unter Hitlers Gefolgsleuten, die, wie Himmler, heidnische Mythen und Riten wiederzubeleben suchten, oder, wie Heß, an Astrologie glaubten und die Sterne befragten, hatte Hitler nur Spott übrig. In diesen Dingen teilte er durchaus die materialistische Einstellung Stalins, die zuerst von den Rationalisten des 19. Jahrhunderts vertreten worden war und besagte, der Fortschritt der Naturwissenschaften werde alle Mythen auflösen und habe etwa die christliche Lehre bereits als absurd entlarvt. Auf der anderen Seite mußte zumindest sein eigener Mythos vor Kritik geschützt werden, und das veranlaßte ihn, wie Napoleon, häufig die Vorsehung zu beschwören, eine ebenso unausbleibliche wie unbewußte Projektion seines Sendungsbewußtseins, die ihm als Rechtfertigung und allgemeine Absolution diente. Die Russen, philosophierte er einmal, hätten Recht gehabt, als sie sich gegen ihre Popen wandten, »aber sie durften das nicht umdrehen in einen Kampf gegen die höhere Gewalt. Tatsache ist, daß wir willenlose Geschöpfe sind, daß es eine schöpferische Kraft gibt.«[56]

Stalins Krieg gegen die russischen Bauern war ebensosehr ein Angriff auf ihre Religion wie auf ihren Privatbesitz, und der Wille, um die alte Religion zu kämpfen, war denn auch ein wichtiges Motiv des bäuerlichen Widerstands, besonders bei den Frauen. Erst als Stalin den russischen Nationalismus zu kultivieren begann, ließ er in seinem Kampf gegen die orthodoxe Kirche etwas nach. Auch im Fall Hitlers waren es politische Gründe, die seinen Antiklerikalismus zügelten und ihn davon abhielten, die Kirche öffentlich zu attackieren, wie Bormann und andere es gerne gesehen hätten. Er nahm sich jedoch vor, zur geeigneten Zeit seine Rechnungen mit den Vertretern beider Konfessionen zu begleichen; und wenn es so weit wäre, würde er sich durch keinerlei rechtliche Skrupel hemmen lassen.

Die materialistische Einstellung Stalins und Hitlers schlug sich indessen nicht nur in ihrer Religionsfeindlichkeit, sondern auch in ihrem Antihumanismus nieder. Die einzigen menschlichen Wesen, die für sie zählten, waren sie selber. In allen anderen Menschen sahen sie entweder Werkzeuge, die sie zur Erreichung ihrer Ziele einsetzen konnten, oder Hindernisse, die beseitigt werden mußten. Das Leben betrachteten sie einzig unter dem Blickwinkel der Politik und der Macht; alles andere – zwischenmenschliche Beziehungen und Gefühle, Kenntnisreichtum, Glaube, Kunst, Geschichte, Wissenschaft – hatte für sie nur insoweit einen Nutzen, als es sich für politische Zwecke nutzen ließ.

Beiden Männern war gemeinsam, daß sie nur in der Rolle, für die sie sich entschieden hatten, imposant wirkten. Außerhalb davon, als Menschen aus Fleisch und Blut, führten sie ein uninteressantes und verarmtes Leben, und die Weltanschauungen, denen sie sich in ihrer übernommenen Rolle verschrieben hatten, glichen einander bei allen Gegensätzen doch verblüffend in ihrer Unmenschlichkeit: Ganze Völker wurden in ihren Visionen vertrieben oder umgesetzt, ganze Bevölkerungsklassen beseitigt, ganze Volksstämme versklavt oder ausgerottet, im Krieg und sogar in Friedenszeiten Millionen von Menschenleben geopfert. Der einzelne Mensch war für sie nur ein Sandkorn im Vergleich zu den monolithischen Riesengebilden, die sie in die Welt setzten – Staat, Volk, Partei, Armee, großindustrielle Komplexe, Kollektivfarmen, Arbeits- und Konzentrationslager.

Das Instrument, mittels dessen beide Männer die Macht gewannen, war die Partei: die Kommunistische Partei der Sowjetunion (KPdSU) und die Nationalsozialistische Deutsche Arbeiterpartei (NSDAP). Ihren Ideologien und erklärten Zielen nach standen diese Parteien in offenem und unversöhnlichem Gegensatz zueinander, doch in ihrer Struktur und Funktion hatten sie vieles miteinander gemein. Um ein Beispiel zu nennen: Beide unterschieden sich grundlegend von demokratischen Parteien, die ihren Daseinszweck in einem offenen, verfassungsgemäßen Wettbewerb um die politische Macht sahen; KPdSU und NSDAP verfolgten hingegen das Ziel, gerade diesen Wettbewerb abzuschaffen und sich ein dauerhaftes Machtmonopol zu sichern. Sie behaupteten mit Recht, Parteien neuen Typs zu sein; sie verlangten ihren Mitgliedern große Opfer ab und verpflichteten sie zu strengster Disziplin bei der Ausführung der Befehle der Führung.

Die wichtigsten Unterschiede zwischen den Parteien wurzelten in ihrem differierenden geschichtlichen Hintergrund. Anders als die Nationalsozialisten waren die Bolschewisten bis kurz vor ihrer Machtergreifung Ende 1917 nicht nur eine Oppositionspartei, sondern eine illegale Organisation gewesen. Lenins Konzept der Partei als einer revolutionären Avantgarde, die ihre Zellen ins Gewebe der Gesellschaft einschleuste, um deren Umsturz zu betreiben, leitete sich aus der Strategie der russischen Populisten des 19. Jahrhunderts ab. Lenin glich das Verfahren an die Situation der Bolschewisten als einer Untergrund-Partei an und modifizierte es entsprechend seiner Überzeugung, daß die Revolution von einer Gruppe engagierter Berufsrevolutionäre gelenkt werden müsse; keinesfalls dürfe sie der Eigendynamik geschichtlicher Kräfte oder gar dem spontanen Handeln der Arbeiterklasse überlassen werden. Lenins Konzept einer organisierten Avantgarde, die die Massen hinter sich zu bringen versuchte, dabei aber stets Distanz zu ihnen wahrte und sich niemals personell oder politisch von ihrer Zustimmung abhängig machte, bestimmte das Selbstverständnis der KPdSU noch lange Zeit, nachdem sie die Regierungsmacht erobert und ihre Mitbewerber um die Macht ausgeschaltet hatte. Verglichen damit, waren die Nationalsozialisten nie eine Untergrundbewegung gewesen, sondern hatten im Zeichen der von Hitler eingeschlagenen Politik der Legalität offen auftreten können. Zu Beginn der dreißiger Jahre wuchs die NSDAP zur Massenpartei heran; schon Ende 1932 besaß sie 800 000 Mitglieder, und die Tatsache, daß sie einen größeren Wählerstimmenanteil für sich verbuchen konnte als irgendeine deutsche Partei vor ihr, beweist nicht zuletzt, daß von einer Distanz zwischen ihr und der Bevölkerung keine Rede sein konnte.

Die Verschiedenartigkeit der geschichtlichen Erfahrungen hatte überdies Auswirkungen auf die Stellung Stalins und Hitlers. In der KPdSU war die Tradition der kollektiven Führung so tief verwurzelt, daß es für Stalin selbst Ende 1934 noch ratsam war, zumindest den Anschein kollektiver Führung aufrechtzuerhalten. Einer der Gründe dafür war, daß man dem Vorwurf keine neue Nahrung geben wollte, den Boden der europäischen sozialdemokratischen Tradition verlassen zu haben, ein Vorwurf, den menschewistische Exilpolitiker und Sprecher der sozialdemokratischen Parteien des Westens immer wieder erhoben, und zwar ausdrücklich auch im Rückblick auf Lenin. Je weiter sich die Politik der russischen Kommunisten von der der sozialdemokratischen Parteien im Westen entfernte – vor allem seit dem Beginn der Zwangskollektivierung in den frühen dreißiger Jahren – und je heftiger die Attacken der aus Moskau gesteuerten Komintern gegen die »Sozialfaschisten« wurden, desto mehr Wert mußte Stalin darauf legen, die Fassade der Kontinuität aufrechtzuerhalten und weiterhin dem Zauberbann der Phrasen zu vertrauen, mit denen er seinen Anspruch begründete, der wahre Erbe der marxistischen Tradition zu sein. Stalins Stellung in der Partei, sein Verhältnis zu ihr sollten sich nach 1934 grundlegend ändern; doch zu Beginn der dreißiger Jahre war der »Kult der Partei«, dessen Hohepriester er selber war, noch die beste Antwort auf den Vorwurf des Personenkults.

Hitler, der keinem Vorgänger etwas schuldete, hatte sich seine einzigartige Stellung als Führer schon in den zwanziger Jahren von der Partei beurkunden lassen. Diskussionen über politische und taktische Fragen waren nicht vorgesehen; die Entscheidung über diese Dinge fiel nicht per Mehrheitsbeschluß in einem Gremium, sondern war dem Führer vorbehalten. Und ebensowenig wie von Gremien hielt Hitler auch von der Wählbarkeit der Parteiämter; es war Sache des Führers, nach seinem Gutdünken Leute zu berufen oder zu entlassen. Was es innerhalb der Partei an Opposition gegen diesen Anspruch gab, erstarb spätestens mit der Ausschaltung Strassers und Röhms. Die NSDAP war, wie ihre Mitglieder stolz verkündeten, eine Partei der Tat, nicht des Wortes.

Hitler und die Nationalsozialisten betrachteten sich Anfang der dreißiger Jahre nach wie vor als Revolutionäre. Die Politik der Legalität entsprach nicht etwa einer Bekehrung zum Rechtsstaat, sondern diente nur dem Zweck, sich die von der Weimarer Verfassung gewährten demokratischen Freiheiten zunutze zu machen, um auf die Abschaffung eben dieser Verfassung hinzuarbeiten. Nachdem das bewerkstelligt war, mußte Hitler eine Antwort auf die Frage finden, welche Rolle die Partei jetzt, da ihre Führer die politische Macht ausübten, noch spielen sollte.

In der Sowjetunion war die entsprechende Frage leicht zu beantworten gewesen: Dort hatte die Kommunistische Partei unmittelbar die Regierung übernommen. Siebzehn Jahre nach der Machtergreifung arbeitete dort nicht nur die gesamte staatliche Verwaltung, sondern auch die Wirtschaft, allen voran die verstaatlichten Betriebe und die kollektivierte Landwirtschaft, unter unmittelbarer Aufsicht der Partei. Sie war es auch, die die Streitkräfte kontrollierte. Die Macht lag nicht in den Händen des Rats der Volkskommissare (später in Ministerrat umbenannt), sondern in denen des Politbüros der Partei, wobei freilich dessen Mitglieder zugleich auch im Ministerrat saßen und dafür sorgten, daß die Verwaltung die Beschlüsse des Politbüros in die Tat umsetzte. Nichts verdeutlicht dies besser als die Tatsache, daß der mächtigste Mann Rußlands weder das Staatsoberhaupt der Sowjetunion noch ihr Regierungsschef noch auch nur Mitglied des Ministerrats war, sondern sich damit begnügte, seine Macht kraft seines Amtes als Generalsekretär der Partei und als Mitglied des Politbüros auszuüben.

In der Sowjetunion bestand das größte Problem im Mangel an ausgebildeten und erfahrenen Administratoren. Viele Jahre hatten die Kommunisten auf »bürgerliche Fachleute« zurückgreifen müssen, die noch in der Zarenzeit ausgebildet worden waren oder aus dem Ausland rekrutiert wurden, die aber allgemein immer in dem Verdacht standen, dem neuen Regime übelzuwollen. 1928 begann Stalin eine Kampagne gegen diese Fachleute, weil sie angeblich nicht mehr benötigt würden, sah sich aber drei

Jahre später zur Umkehr gezwungen und erklärte ihre Dienste für unersetzlich. Natürlich hatte die Partei in ihren Reihen fähige Männer, aber es waren zu wenige. Die vier Säuberungswellen, die zwischen dem Bürgerkrieg und 1934 durch sie hindurchgegangen waren, hatten die korrupten, unfähigen und opportunistischen Elemente sowie »Abweichler« und »Oppositionelle« treffen und ausschalten sollen. Das Problem läßt sich auch an den Mitgliederzahlen der Partei ablesen: Im März 1921 waren es 730 000 (Kandidaten eingeschlossen), und das in einem Land mit einer Bevölkerung von 120 Millionen. Bis Anfang 1933 kletterte die Zahl auf über 3,5 Millionen, doch die anschließenden Säuberungen sorgten bis Ende 1934 für einen Rückgang auf 2,35 und bis 1937 auf unter 2 Millionen, was eher einer Eliteorganisation als einer Massenpartei entsprach. Die von Stalin ausgegebene Parole »Die Kader entscheiden alles« wirft ein Licht auf den erheblichen Bedarf an qualifizierten jüngeren Mitgliedern, die die bestehenden Lücken hätten schließen können.

Hitler erklärte die »Eroberung der Macht« zu einem »unendlichen Prozeß«, und viele seiner Gefolgsleute, namentlich die »alten Kämpfer«, die für die Bewegung oft erhebliche Opfer gebracht hatten, erwarteten nun, nachdem die Partei sich das Machtmonopol gesichert hatte, ganz ähnlich wie die Kommunisten in der Sowjetunion die Übernahme des Staatsapparates – mit all den Aufstiegsmöglichkeiten und Annehmlichkeiten, die dies in einem hochgradig organisierten Land mit sich bringen würde. Die radikaleren Parteigenossen hatten sogar noch weiter gehende Ziele: Röhm und die SA erhoben Anspruch auf den Platz der Reichswehr; die Anhänger des Ständestaats wollten – ganz im Einklang mit dem ursprünglichen Programm der NSDAP – die Macht des Großunternehmertums und der Banken brechen; und die NSBO (Nationalsozialistische Betriebszellenorganisation) wollte die Gewichte zwischen Kapital und Arbeit neu verteilen.

In den chaotischen Frühjahrsmonaten des Jahres 1933 sah es für eine Weile so aus, als könnten sie Erfolg haben; doch spätestens im Juli 1934 war ihr Scheitern unübersehbar. Hitler hatte sich die Entscheidung schwergemacht. Nachdem er sich jedoch einmal entschlossen hatte, die SA als selbständige Kraft zu liquidieren, hatte er dies auf so gewaltsame Weise in die Tat umgesetzt, daß niemand mehr den Abschluß der nationalsozialistischen Revolution bezweifeln konnte. Es waren Gesichtspunkte von höchster politischer Wichtigkeit, die dieses Vorgehen notwendig gemacht hatten: die Frage nach der Nachfolge Hindenburgs und nach der Haltung der Reichswehr. Hinzu kam sicherlich die Einsicht Hitlers, daß es in der NSDAP nicht genug Leute gab, die das Geschäft der Regierung und Verwaltung eines hochindustrialisierten Landes hätten übernehmen können. Gerade dies war ja ein bedeutsamer Unterschied zwischen Deutschland und Rußland: In Deutschland war eine Verwaltung vorhanden, wie sie in dieser Güte nur wenige andere Staaten besaßen, dazu eine zwar krisengeschüttelte, im Grunde aber leistungsfähige Wirtschaft und ein diszipliniertes Berufsheer. Hitler erkannte, daß jeder Versuch, diese Strukturen zu verändern oder in die Hände von Parteigenossen zu geben, die dafür einfach nicht genug Wissen und Erfahrung mitbrachten, seine unmittelbaren Ziele – wirtschaftliche Erholung und Wiederherstellung der deutschen Militärmacht – ernsthaft gefährdet hätte.

Bezeichnenderweise aber vermied er jede klare Aussage darüber, welche Rolle die Partei künftig spielen solle. Auch hier zog er es vor, sich alle Optionen offenzuhalten, wie er es denn auch ablehnte, das Verhältnis zwischen öffentlichem Dienst und Partei in bezug auf Stellenvergabe und Zuständigkeiten einer für beide Seiten befriedigenden institutionellen Regelung zuzuführen.

Noch immer konnten die Parteimitglieder stellvertretend an den Erfolgen des neuen Regimes teilhaben, konnten sich auf den jährlich stattfindenden Parteitagen mit ihrem Führer eins fühlen, sich von seinen Reden mitreißen lassen. Der Hitler-Mythos war unverändert wirksam, und viele klammerten sich an Hoffnungen, die Hitler bewußt lebendig erhielt, indem er hin und wieder andeutungsweise von künftigen großen Aufgaben sprach. Die Gauleiter erfreuten sich weitreichender Machtfülle und hatten, was besonders wichtig war, ausgiebige Möglichkeiten der Ämterpatronage. So fanden sich auch für die meisten Parteimitglieder zwar Stellungen, doch in der Regel mußten sie sich mit subalternen Positionen im unteren Bereich des öffentlichen Dienstes und des Parteiapparats begnügen, die beide ohnehin bereits aufgebläht genug waren. Nur ein paar Spitzenfunktionäre machten eine Ausnahme. Göring ist das bekannteste Beispiel dieser Karrieristen, die sich in Auftreten und Erscheinung den traditionellen Amts- und Würdenträgern anglichen. Die große Mehrheit dagegen konnte sich nicht mehr in der Illusion wiegen, die Elite der Nation zu sein, aus der einst eine neue herrschende Klasse hervorgehen würde.

Nach dem Juni 1934 gab es keine Säuberungen mehr, die Zahl der Parteimitglieder kletterte stetig weiter. Ende 1934 lag sie bei zweieinhalb Millionen, und dies bei einer Gesamtbevölkerungszahl, die weniger als die Hälfte von der der UdSSR betrug; die NSDAP war somit eher eine Massen- als eine Elitepartei. Ihre Funktion war nach der Eroberung der Macht im wesentlichen dieselbe wie zuvor: die Massen im Sinne der von Hitler verkündeten Ziele zu mobilisieren und zu erziehen.

Hitler wäre nie bereit gewesen, die Partei, die sein Geschöpf und das Vehikel seiner Machtergreifung war, verkommen zu lassen; aber er war auf sie inzwischen nicht mehr angewiesen. Er war ja nicht allein der Führer der einzigen Partei im Lande, sondern auch Staatsoberhaupt und Regierungschef sowie, wichtiger als alles andere, »Führer des Deutschen Reichs und Volkes«. Damit begann eine Entwicklung, in deren Verlauf Deutschland sich aus einem Einparteienstaat in eine Autokratie verwandeln sollte.

In der KPdSU, die in der Sowjetunion über viel mehr Macht verfügte als die NSDAP in Deutschland, lösten die Anzeichen dafür, daß auch Stalin den Weg von der oligarchischen zur autokratischen Herrschaft einzuschlagen schien, 1933/34 große Unruhe aus. Das galt vor allem für jene Mitglieder des Politbüros und des Zentralkomitees, die man als Opposition ohne Organisationsform bezeichnen könnte. In Deutschland gab es gegen Hitler keinen nennenswerten Widerstand aus den Reihen der Partei oder der SA, auch wenn enttäuschte Parteimitglieder sich bisweilen darüber beklagten, er habe die ursprünglichen Ideale der Bewegung verraten. In Rußland gab es eine vielleicht nicht wirkliche, aber von Stalin zunehmend als existent und bedrohlich empfundene Opposition, und er ging gegen sie mit denselben Mitteln vor, mit denen Hitler Röhm und die SA-Führung liquidiert hatte, nur daß er sie in einer ganz anderen Größenordnung zur Anwendung brachte.

Die Herstellung und Bewahrung autokratischer Herrschaft erfordert ein besonderes Instrument: einen Apparat, der nur einem Mann verantwortlich ist und dessen Funktionsprinzip nichts anderes besagt als die kritiklose Unterordnung unter den Willen dieses Mannes und die bedingungslose Ausführung seiner Befehle, ohne Rücksicht auf Recht und Gesetz und ohne irgendwelche Skrupel. Mittlerweile aber reichte die Partei weder für Hitlers noch für Stalins Pläne als Instrument aus, zumal das Programm Stalins zur Vernichtung all dessen führen sollte, was von der Partei Lenins noch übrig war. Beide Diktatoren schufen sich als Ersatz ein neues, schärferes Werkzeug: Stalin das NKWD, Hitler die SS.

Die Gründung der sowjetischen Geheimpolizei ging auf einen am 20. Dezember 1917 gefaßten Beschluß des Rats der Volkskommissare zurück; sie wurde zunächst *Tscheka* (Außerordentliche Kommission zur Bekämpfung der Konterrevolution und Sabotage) genannt und bezog Quartier in der sogenannten Lubjanka, einem Geschäftsgebäude in Moskau, das früher Sitz einer Versicherungsgesellschaft gewesen war. Es war damals noch kein Jahr her, daß die Provisorische Regierung Rußlands die verhaßte zaristische Geheimpolizei *Ochrana* aufgelöst hatte, die den Führern der bolschewistischen Partei nur zu gut bekannt war: Schließlich hatte sie deren Organisation wirksam unterwandert. Einer der erfolgreichsten Ochrana-Agenten, Roman Malinowsky, war jahrelang Lenins engster Vertrauensmann in Rußland und in der vierten Duma Fraktionsführer der bolschewistischen Deputierten. In den Jahren 1908/09 waren vier der fünf Mitglieder des Petersburger Parteikomitees der Bolschewisten Ochrana-Spitzel. Hartnäckige Gerüchte, auch Stalin habe dazugehört, haben sich nie verifizieren lassen.

Lenin fand nichts dabei, eine bolschewistische Ausgabe der zaristischen Ochrana zu schaffen. Er war leidenschaftlich von der Notwendigkeit des jakobinischen Terrors während der Französischen Revolution überzeugt, sah schon 1905 die unvermeidliche Wiederholung dieses Terrors in Rußland voraus und rechtfertigte ihn wie Trotzki als wesentliches Element der Revolution. Die Tscheka vollstreckte ihre ersten bekanntgewordenen

Todesurteile ohne voraufgegangenen Prozeß am 24. Februar 1918; über ihre Gesamtbilanz unter ihrem ersten Leiter Dzierzynski ist bereits weiter oben berichtet worden.

Die Tscheka wurde im Februar 1922 nominell aufgelöst, durchlief aber in Wirklichkeit nur eine Reihe von Namensänderungen (GPU-OGPU-NKWD-KGB), ohne daß sich an ihrem Charakter Grundlegendes geändert hätte. Einen Wendepunkt in ihrer Geschichte brachte die Kollektivierungskampagne. Willkürliche Verhaftungen und Hinrichtungen ohne Gerichtsverhandlung wurden alltäglich; die Zahl der Menschen, die als Gefangene in sogenannte Arbeitslager gesteckt wurden, von denen einige schon 1918/19 errichtet worden waren, stieg sprunghaft an. Das Gesetz, das die Grundlage für die Vermehrung dieser Lager in den dreißiger Jahren bildete, wurde am 7. April 1930 verabschiedet. Dies war die Geburtsstunde des Gulag, der Hauptverwaltung der Arbeitslager. Zum ersten Leiter des Gulag wurde Jagoda ernannt, ein ehemaliger Apothekergehilfe aus Nischni-Nowgorod, der in der Bürgerkriegszeit zur Tscheka gestoßen war und Stalin in Zarizyn kennengelernt hatte. Im Jahr der Gulag-Gründung, 1930, bevölkerten nach Schätzungen 600 000 Menschen die Arbeitslager. Schätzungen für die Jahre 1931 bis 1932 gehen von fast zwei Millionen »Internierten« aus, in der Mehrzahl Arbeitslagerhäftlinge. Das war noch vor den Säuberungen und Prozessen der dreißiger Jahre, die die Häftlingszahlen noch einmal verdrei- und vervierfachten.

Welche Wirkungen sich durch Gewalt erzielen ließen, wußten Hitler und die übrigen NS-Führer schon lange, bevor sie an die Macht gelangten. Nach der Machtergreifung, besonders aber nach dem Reichstagsbrand, entfesselten sie eine Terrorkampagne gegen Kommunisten und Sozialdemokraten. Die SA machte uneingeschränkten Gebrauch von der Möglichkeit, Tausende, mit denen sie aus den Straßenschlachten der letzten zwei Jahre noch alte Rechnungen zu begleichen hatte, festzunehmen, zu verprügeln und oft auch zu foltern. Im Sommer 1933 drohten die Ausschreitungen auf Hitler selbst zurückzuschlagen, weshalb er der SA den Status einer Hilfspolizei entzog. Die Grundrechte freilich, Anfang 1933 außer Kraft gesetzt, welche die Bürger unter anderem vor willkürlicher Verhaftung geschützt hatten, wurden nicht wiederhergestellt.

Die Konfrontation mit Röhm und der SA im Sommer 1934 machte Hitler bewußt, daß er eine weitaus disziplinertere und besser ausgebildete Elitetruppe brauchte, die ihm allein verantwortlich und zu bedingungslosem Gehorsam bereit war, ganz wie in Rußland das NKWD. Solchen Ansprüchen konnten Massenorganisationen wie die SA oder die Partei nicht genügen. Was er suchte, fand Hitler in Gestalt der SS, der »Schutzstaffel«, die bei ihrer Gründung 1925 in München mit den Insignien auch die Aufgaben der früheren »Stabswache für den Schutz Adolf Hitlers« übernahm und den Befehl erhielt, für die persönliche Sicherheit Hitlers und der anderen

NS-Führer zu sorgen. Sie war der SA unterstellt, aber durch den Ehrgeiz Himmlers, den Hitler im Januar 1929 zum Reichsführer SS ernannte, wuchs sie von 1000 Mitgliedern Ende 1929 rasch auf 50 000 im Frühjahr 1933 an. Auch ihr Charakter änderte sich in dieser Zeit. Himmler legte Wert darauf, die SS von der SA abzusetzen, die sich 1929/30 ebenfalls ausdehnte, indem sie junge Arbeitslose und Arbeiter aufnahm. Himmler wollte in die entgegengesetzte Richtung gehen und aus der SS mittels strenger Auswahl und umfassender Disziplinarregeln ein Elitekorps machen. Im April 1934 hatten Himmler und Heydrich die Gleichschaltung der politischen Polizei, der Gestapo, abgeschlossen. Im Sommer desselben Jahres waren es dann bewaffnete SS-Kommandos, die die Ermordung der SA-Führer durchführten. Himmlers Lohn dafür war die Erhebung der SS zu einer selbständigen Organisation, außerdem aber das Recht, bewaffnete SS-Verbände aufzustellen, die sogenannte Verfügungstruppe, die Keimzelle der späteren Waffen-SS; und zuletzt wurde ihm auch noch die Zuständigkeit für die Konzentrationslager übertragen, was zur Entstehung der SS-Totenkopfverbände führte, denen die Bewachung der KZs obliegen sollte.

Der Juli 1934 brachte also zwei bedeutsame Entscheidungen: Die Reduktion der SA auf den Status einer Veteranenorganisation, die nach Abschluß der politischen Revolution keine aktive Rolle mehr spielte, und die Ernennung der SS zum Vollzugsorgan des Führerstaates, den Hitler schaffen wollte. Dazu brauchte er ein von Partei und Staat unabhängiges Werkzeug, das ihm allein verantwortlich war und außerhalb jedes verfassungsmäßigen und rechtlichen Rahmens eingesetzt werden konnte.

Es ist unwahrscheinlich, daß Hitler schon 1934 voll und ganz voraussah, was sich aus diesen Anfängen entwickeln würde. Doch hat er von Anbeginn an den Instinkt für die Macht besessen, die er immer als Teil seiner schicksalhaften Mission, nie als Amtsprivileg ansah, und insbesondere innerhalb der Partei hat er dies oft genug bewiesen. So zeigte ihm sein Gefühl auch diesmal die Richtung, in die er gehen mußte. Mitte der dreißiger Jahre stagnierte die Entwicklung eine Zeitlang: 1937 zählten die drei Haupt-Konzentrationslager nicht mehr als 10 000 Häftlinge und 4 000 Wachleute; aber bei Ausbruch des Krieges geriet sie erneut in Bewegung. Die eigentliche Rivalin der Reichswehr, die Waffen-SS, gebot 1944 auf dem Höhepunkt ihrer Macht über 38 zumeist motorisierte oder gepanzerte Divisionen mit insgesamt 910 000 Mann, und aus den drei Konzentrationslagern des Jahres 1937 entwickelte sich in den besetzten Ostgebieten ein regelrechtes Sklavenreich unter der Herrschaft der SS, das weder im Umfang noch in den Schrecken, die es verbreitete, dem Terrorregime nachstand, das Stalin und das NKWD in der Sowjetunion errichteten.

Neben dem geheimdienstlichen und dem polizeilichen Sektor gab es noch eine Reihe weiterer Schlüsselbereiche, wo Stalin und Hitler ein Herrschaftsmonopol zu erringen versuchten, und in den meisten dieser Bereiche waren die Gemeinsamkeiten zwischen beiden Regimen größer als die Unterschiede. Umgekehrt verhielt es sich freilich auf wirtschaftlichem Gebiet. Es lag nahe, daß Stalin als Marxist die Kontrolle über die Wirtschaft wie selbstverständlich für den Schlüssel zu allen gesellschaftlichen und politischen Fragen hielt. Als er noch einer von mehreren Kandidaten für die Nachfolge Lenins war, hatte er die Abkehr von den Kompromissen der Neuen Ökonomischen Politik als Waffe für die Ausschaltung seiner Rivalen gebraucht; nachdem er sich dann die Nachfolge Lenins gesichert hatte, widmete er sich mit Eifer der Aufgabe, die Verstaatlichung der Produktionsmittel, der Verteilungssysteme und des Handels zum Abschluß zu bringen, in der Landwirtschaft ebenso wie in der Industrie und auf dem Dienstleistungssektor: So wollte er das Werk vollenden, das Lenin 1917 mit der Übernahme der Macht begonnen hatte. Als Führer eines riesigen, aber zurückgebliebenen Landes sah er in einer zentral geplanten Wirtschaftsentwicklung den kürzesten, ja einzig gangbaren Weg zur Schaffung einer Industrie, durch die das russische Volk sich aus eigener Kraft von seiner Rückständigkeit befreien könnte.

Nachdem Stalin sich einmal entschlossen hatte, dies durch einen Fünfjahresplan zu bewerkstelligen, war er im Grunde gezwungen, dem Unternehmen um jeden Preis zum Erfolg zu verhelfen. Das bedeutete, daß er sich bei Investitionen auf die Schwerindustrie konzentrieren mußte, daß er für die entscheidenden ersten Schritte Führungskader und qualifizierte Arbeitskräfte heranbilden und die Produktivität steigern mußte.

Was Stalin sich in Rußland zu tun anschickte, hatte sich in Deutschland schon im voraufgegangenen Jahrhundert vollzogen; damals war dort die Grundlage der wirtschaftlichen und militärischen Macht geschaffen worden, die das Land im Ersten Weltkrieg zum Einsatz gebracht hatte. Hitlers Ziel war es nun, diese Macht zurückzuerobern und Deutschlands Zukunft durch Ausdehnung nach Osten zu sichern, worin sich jene Rückkehr zum klassischen Rezept des Imperialismus aussprach, zu deren Vorbedingungen gehörte, daß Deutschland sich aus dem Versailler Vertrag befreite.

Hitler erkannte, daß er seinem Regime durch nichts so viel Zustimmung verschaffen würde wie durch den Wiederaufschwung der Wirtschaft und den Rückgang der Arbeitslosigkeit. Er machte allerdings schon in einer der ersten Kabinettssitzungen nach seiner Ernennung zum Kanzler deutlich, daß eine florierende Wirtschaft für ihn kein Selbstzweck sei, sondern ein Mittel zur »Wiederwehrhaftmachung des deutschen Volkes«. Und nach diesem Kriterium sollte fortan jede Arbeitsbeschaffungsmaßnahme beurteilt werden.

Hitlers Überzeugung, daß Wiederbewaffnung und wirtschaftliche Erholung sich gleichzeitig vorantreiben ließen, wurde durch die Entwicklung bestätigt: Deutschland rüstete auf, und mit der deutschen Wirtschaft ging es aufwärts. Die Frage, welchen genauen Beitrag die Wiederaufrüstung dabei leistete, können wir den Wirtschaftshistorikern überlassen; worauf es

Lenins Rußland war eine der ersten »Entwicklungsdiktaturen«. Das alte Rußland war ein weitgehend agrarisches Land gewesen, und die Partei suchte es nun mit einem gewaltigen Industrialisierungssprung in die Moderne zu stoßen. Arbeitsprogramme und Fünfjahrespläne, »Schlachten an der Arbeitsfront« und Ehrentitel wie »Held der Arbeit« suchten ein Gründungsfieber zu erzeugen, dem auch Kunst und Literatur dienten und das Romane wie Gladkows »Zement« hervorbrachte. In der Tat waren die späten zwanziger und frühen dreißiger Jahre von gewaltigen Bauprojekten gekennzeichnet, Staudämmen und Elektrizitätswerken.
Auf dem Photo: Das Kraftwerk Dnjeproštroi, damals eine der größten Industrieanlagen der Welt.

hier ankommt, ist allein Hitlers instrumentelle Sicht der Wirtschaft: Er befürwortete den Kapitalismus keineswegs grundsätzlich, aber er brauchte eine leistungsfähige Wirtschaft, und nur aus diesem Grund schaltete er die antikapitalistischen Elemente in der NSDAP aus. Es war nichts als eine pragmatische Entscheidung: Wiederbewaffnung und wirtschaftlicher Aufschwung ließen sich auf dem schnellsten Wege erreichen, wenn der NS-Staat die bestehenden wirtschaftlichen Konstellationen zur Zusammenarbeit nutzte, während radikale Experimente womöglich heftigen

Widerstand auslösen und den Handel und die Industrie ins Chaos stürzen würden. Gleichwohl bedeutete Hitlers Bereitschaft zur Zusammenarbeit nicht, daß er willens gewesen wäre, sich auch auf längerfristige Planungen einzulassen, und in der Tat duldete er dies nicht mehr als im Fall der Wehrmacht. Beides, das Verhältnis zu den Vertretern der Wirtschaft und des Großkapitals wie das zu den Generälen, veränderte sich denn auch im Verlauf der dreißiger Jahre, und bereits 1936, als Hitler seinen Vierjahresplan vorlegte, fiel die Antwort auf die Frage, welche Art und welchen Grad von Kontrolle der NS-Staat über die Wirtschaft ausübte, anders aus als noch 1934.

Auch in einem zweiten Bereich, dem der Außen- und Verteidigungspolitik, brachte das Jahr 1934 einen Wendepunkt; denn Stalin erkannte damals, daß der Sowjetunion von Deutschland reale Gefahr drohte. Damit begann ein Verhältnis zwischen den beiden Regimen, das in den vierziger Jahren die Welt in Atem halten sollte und nach dem Tod Hitlers noch etwas wie eine Verlängerung erfuhr: den kalten Krieg.

Völlig in Anspruch genommen von der Revolution, die er im Innern durchführen wollte, zeigte Stalin vor 1934 wenig Interesse an außenpolitischen Dingen. Auf dem Sechsten Komintern-Kongreß 1928 hatte er sich zwar seine Position als Führer der kommunistischen Weltbewegung bestätigen lassen, doch betrachtete er sie ausschließlich aus dem Blickwinkel russischer Politik. In einer Entschließung erklärte der Kongreß: »Der internationale Kommunismus muß sich in der Unterordnung der lokalen und partikularen Interessen der Bewegung und in der vorbehaltlosen Ausführung aller von den führenden Organen der Kommunistischen Internationale gefaßten Beschlüsse verwirklichen.«[57] Das bedeutete in der Praxis, daß alle Macht von dem Exekutivkomitee der Komintern in Moskau ausging, dessen Vorsitzenden zunächst Molotow war; später vertraute Stalin es Manuilski an, einem seiner Gefolgsleute aus dem zweiten Glied. Da die einzige Aufgabe dieses Komitees darin bestand, den kommunistischen Parteien in Deutschland, Frankreich, Italien und anderswo Anweisungen zu übermitteln, bestand für Diskussionen keine Notwendigkeit, und so fanden jahrelang keine Kongresse der Kommunistischen Internationale mehr statt, bis zum Siebten Kongreß im Jahre 1935, der zugleich der letzte sein sollte.

Auf Drängen Stalins verabschiedete der Sechste Kongreß eine Resolution, in der die Kommunisten in allen Ländern aufgefordert wurden, ihre Anstrengungen auf die Bekämpfung der sozialistischen und sozialdemokratischen Parteien zu richten, die als »besonders gefährliche Feinde des Proletariats« bezeichnet wurden, »gefährlicher als die erklärten Anhänger des räuberischen Imperialismus«. Es war ein Feindbild, das sich folgenschwer auswirken sollte, vor allem in Deutschland, wo die KPD, nach der russischen Partei die stärkste Kraft des internationalen Kommunismus,

1932 mehr als fünf Millionen Wählerstimmen errungen hatte. Hätten KPD und SPD zusammengearbeitet, so hätten sie bei der Wahl vom Juli 1932 den 13,7 Millionen Stimmen der Nationalsozialisten einen soliden Block von 13,2 Millionen entgegensetzen können; bei der Wahl vom November 1932 hatten sie mit zusammen 13,2 Millionen Stimmen die NSDAP (11,7 Millionen) sogar um 1,5 Millionen hinter sich gelassen. Statt dessen aber hatten die deutschen Kommunisten – ganz im Sinne der Politik, die Stalin ihnen aufgezwungen hatte – die Sozialdemokraten als »Sozialfaschisten« attackiert, ja sie waren so weit gegangen, im Berliner Transportarbeiterstreik von 1932 mit der NSBO gemeinsame Sache gegen die preußische SPD-Regierung zu machen.

Lange Zeit faszinierte Stalin der Gedanke, es könne zwischen Rußland und einem kommunistischen Deutschland zu einer Freundschaft kommen, wobei letzteres mit seiner hochentwickelten Industrie und seiner hochqualifizierten Arbeiterschaft unschätzbare Beiträge zur Modernisierung Rußlands leisten könnte – eine Illusion, der sich zwischen 1917 und 1919 schon Lenin hingegeben hatte. Auch Stalin war von der Idee in einem Grade angezogen, der mitunter sein Urteilsvermögen trübte, und es war diese Wunschvorstellung, die ihn zu dem Glauben verleitete, die Machtergreifung der Nationalsozialisten werde letzten Endes die deutschen Massen radikalisieren, die sich dann um die KPD scharen und dem Kommunismus in Deutschland zum Durchbruch verhelfen würden.

Aus russischer Sicht war es ein großer Erfolg der sowjetischen Diplomatie, 1922 durch den Vertrag von Rapallo eine besondere Beziehung zum Deutschland der Weimarer Republik hergestellt zu haben. Die beiden Staaten, damals gleichsam die Parias der europäischen Politik, wurden durch die gemeinsame Gegnerschaft gegen die von den Siegermächten 1918/19 geschaffene Ordnung zusammengeführt; Rapallo bedeutete das Ende der sowjetischen Isolation und verringerte die Gefahr einer antibolschewistischen Koalition der kapitalistischen Staaten. 1926 hatten beide Länder dann das Berliner Neutralitätsabkommen unterzeichnet, das 1931 verlängert wurde, und wirtschaftlich entwickelte sich die Sowjetunion zum wichtigsten Handelspartner Deutschlands, das ein Viertel zum gesamten sowjetischen Import- und Exportvolumen beitrug. Auch auf militärischem Gebiet hatte der Rapallo-Vertrag eine Zusammenarbeit nach sich gezogen, allerdings heimlich; Deutschland erhielt dadurch die Möglichkeit, Waffen herzustellen und zu erproben, die es laut Versailler Vertrag nicht besitzen durfte, vor allem Flugzeuge und Panzer; außerdem konnte es in Rußland Manöver durchführen. Im Gegenzug gaben die Deutschen den Sowjets Einblick in ihr militärisches Fachwissen und ihre militärtechnischen Entwicklungen.

Anfang der dreißiger Jahre erreichte die wirtschaftliche und militärische Zusammenarbeit beider Länder ihren Höhepunkt, und Stalin war sehr daran gelegen, diese Beziehungen zu erhalten. Die Zerschlagung der KPD nahm er ohne jeden Protest hin, auch ohne jede verdeckte Unterstützung für die deutschen Kommunisten, und mehrere Vertreter der Sowjetunion, wie Litwinow, Krestinski oder Molotow, machten dem NS-Regime in den Monaten nach Hitlers Machtergreifung sogar ihre Aufwartung. Sie versicherten, es werde keine Veränderung in der sowjetischen Politik geben; man würde sich über eine Verlängerung des Berliner Abkommens von 1926 freuen.

Noch im Januar 1934, als Stalin die wachsende Kriegsgefahr bereits zu erkennen begann, erklärte er vor dem Siebzehnten Parteitag: »Gewiß, wir sind weit davon entfernt, von dem faschistischen Regime in Deutschland entzückt zu sein. Doch ist der Faschismus an sich kein Grund, sich zu streiten, wie allein die Tatsache zeigt, daß der Faschismus zum Beispiel in Italien für die Sowjetunion kein Hindernis war, die besten Beziehungen zu diesem Lande herzustellen.«[58]

Am selben Tag schloß Hitler einen Nichtangriffspakt mit Polen, der weithin als gegen die UdSSR gerichtet empfunden wurde. Aber obwohl Stalin seine Fehleinschätzung nie eingestand, sah er sich, wie widerstrebend auch immer, zur Änderung seiner Politik gezwungen: Er kam nicht mehr umhin, die unbestreitbare Gefahr zu sehen, die Rußland einerseits von Deutschland, andererseits von Japan drohte, das seit 1931 die Mandschurei besetzt hielt. Aber auch hier galt seine Sorge vor allem den nationalen Interessen Rußlands, insbesondere seiner wirtschaftlichen Entwicklung, nicht der Komintern oder gar der Weltrevolution. Er meinte es ehrlich, wenn er an einer anderen Stelle des Rechenschaftsberichts vom Januar 1934 erklärte: »Wer den Frieden will und sachliche Beziehungen mit uns anstrebt, wird stets bei uns Unterstützung finden.« Er fügte allerdings hinzu: »Diejenigen..., die versuchen sollten, unser Land zu überfallen, werden wir zerschmettern, damit ihnen in Zukunft die Lust vergeht, ihre Schweineschnauze in unseren Sowjetgarten zu stecken.«[59]

In außen- und militärpolitischen Fragen unterschied sich der Standpunkt Hitlers von dem Stalins ebensosehr wie in bezug auf wirtschaftliche Dinge. Der Außenpolitik galt sein vorrangiges Interesse; von der Wirtschaft erwartete er vor allem, daß sie den erforderlichen Beitrag zur Wiederherstellung der deutschen Macht leistete. Bei Stalin war es umgekehrt: Sein Interesse galt in erster Linie der wirtschaftlichen und gesellschaftlichen Modernisierung Rußlands, und der Außen- und Verteidigungspolitik kam demgemäß vor allem die Aufgabe zu, seiner »zweiten Revolution« den nötigen Schutz zu gewähren.

In den Jahren 1933/34 war Hitler nicht ohne Sorgen, was die äußere Sicherheit seines Landes betraf. Die Hexenjagd gegen Juden, Sozialdemokraten und Kommunisten, die Massenverhaftungen, die Konzentrationslager und die Berichte über Folterungen, die Boykottaktionen gegen jüdische

Geschäfte, die Unterdrückung der Gewerkschaften, die Bücherverbrennungen – alle diese Vorgänge hatten im Ausland große Beachtung gefunden, zumal 50 000 politische Flüchtlinge ein übriges zu ihrer Verbreitung beitrugen, und in den westlichen Demokratien zeigte man sich darüber ebenso beunruhigt wie über die schrillen, fanatischen und nationalistischen Töne, die die Nazis anschlugen. Die Möglichkeit eines militärischen Vorgehens der Franzosen und ihrer politischen Verbündeten wurde von der Reichswehr ebenso wie von Hitler ernsthaft ins Auge gefaßt. Erst zehn Jahre war es her, seit die Franzosen das Ruhrgebiet besetzt, erst drei, seit sie das Rheinland geräumt hatten. Eine Intervention, die dem Versailler Vertrag Geltung verschafft hätte, rechtzeitig bevor die deutsche Wiederaufrüstung vollendete Tatsachen schuf, hätte die Pläne Hitlers vollständig durchkreuzen können.

Es gab innerhalb der NSDAP Kräfte, die auch in der Außenpolitik nur zu gern einen radikalen Schnitt gemacht und das konservative Auswärtige Amt und Außenminister von Neurath, der kein Nazi war, entmachtet hätten. Hitler duldete es, daß Rosenberg und Ribbentrop eigene außenpolitische Interessen verfolgten. Und es war Göring – ein weiterer Eindringling in der Außenpolitik –, der den Nichtangriffspakt mit Polen aushandelte, den größten diplomatischen Erfolg Hitlers in seinen beiden ersten Amtsjahren.

Welche Gefahren radikalere Ansätze in dieser ungefestigten Phase möglicherweise heraufbeschworen hätten, machte der unbesonnene Versuch deutlich, die Regierung Dollfuß in Österreich zu stürzen. Deutschland stand Ende 1934 diplomatisch völlig isoliert da. Den gelungenen Coup des Polen-Pakts hatten die Franzosen durch die Belebung alter Bündnisbeziehungen nach Osteuropa, der sogenannten Kleinen Entente, wieder wettgemacht, und der Rückzug aus der Abrüstungskonferenz und dem Völkerbund, mit dem Hitler das deutsche Nationalgefühl so heftig angefacht hatte, war eine Geste ohne dauerhafte Wirkung, zumal die Russen im September 1934 eine politische Kehrtwende vollzogen und in den Völkerbund eintraten.

Doch wie Stalin seine Lektion lernte, so tat es auch Hitler. Das Jahr 1935 brachte den französisch-sowjetischen Bündnisvertrag und das Einschwenken der Komintern auf die sogenannte Volksfront-Politik, deren Ziel die Schaffung jener breiten antifaschistischen Koalition war, die die Kommunisten noch vor kurzem auf Stalins Geheiß nach Kräften hintertrieben hatten. Doch es brachte auch die deutsche Aufkündigung der Versailler Bestimmungen gegen die Wiederaufrüstung, was von den Siegermächten hingenommen wurde, und das englisch-deutsche Flottenabkommen: erste Früchte einer von Hitler geschickt betriebenen Politik, die mit der Kriegsscheu und dem Antikommunismus der westlichen Demokratien taktierte. Vorerst hielt Hitler es noch für opportun, Neurath und die alten Diplomaten im Amt zu belassen, zumal es ihm freistand, Ribbentrop und Göring mit außenpolitischen Sondermissionen zu betrauen und auch die Auslandsorganisation (AO) der NSDAP unter Gauleiter Bohle für verwandte Zwecke zu benutzen. Letztere organisierte die NS-Sympathisanten in den zahlreichen deutschen Volksgruppen anderer Länder, weltweit immerhin 27 Millionen. Sie war ein Gegenstück zur »Auslandsorganisation« Stalins, der Komintern mit den ihr angeschlossenen kommunistischen Parteien. Die Zeit sollte kommen, da Hitler die Fassade der Achtbarkeit, die auch von Neurath verkörperte und aus der die Konservativen im In- und Ausland Hoffnung und Trost geschöpft hatten, nicht mehr nötig haben würde; das Deutsche Reich würde dann so stark sein, daß man die Maske fallenlassen und zum Schlag ausholen konnte.

Herausragende Bedeutung kam dem Verhältnis Hitlers zur Generalität der Reichswehr zu. Ende 1934 schien es so, als habe deren traditioneller Anspruch auf Eigenständigkeit unverändert Bestand. Nicht zuletzt ihr Wohlwollen war ja eine entscheidende Bedingung dafür gewesen, daß Hitler das Amt Hindenburgs hatte übernehmen können, und er selber räumte einmal ein, daß er nur deshalb so weit gekommen sei, weil in den Tagen der Revolution die Reichswehr auf seiner Seite gestanden habe.[60] Später behauptete er, einem Konflikt mit der Reichswehr in seinen ersten Amtsjahren aus dem Weg gegangen zu sein, weil er sicher gewesen sei, daß nach Einführung der allgemeinen Wehrpflicht die Zeit für ihn arbeiten werde: »Die Stellung der Wehrmacht zu seiner Kanzlerschaft habe ... eine besondere Rolle gespielt, da die Wehrmacht ... bei einer legitimen Machtübernahme ... so lange auf ihre rein militärischen Aufgaben habe beschränkt gehalten werden können, bis in Durchführung einer allgemeinen Wehrpflicht das Volk als Ganzes und mit ihm nationalsozialistischer Geist in sie einströmte und mit unaufhaltsam wachsender Kraft alle der nationalsozialistischen Bewegung gegenüber oppositionell eingestellten Elemente, insbesondere das Offizierkorps, überwucherte.«[61]
Wenn dies zutrifft, ist es ein gutes Beispiel für den Scharfblick Hitlers, denn in der Tat bildete das deutsche Offizierskorps, das 1933 nur 4 000 Mann umfaßte, eine unzureichende Führung für ein Heer, das binnen vier Jahren auf den vierfachen Umfang anwuchs. Die Rekrutierung von 25 000 neuen Offizieren, darunter viele Angehörige der jüngeren Generation, die für die NS-Bewegung mehr übrig hatten als die Altersgenossen Reichenaus, führte zu einer so starken »Verdünnung« des elitären Korpsgeists und des traditionellen Konservatismus der Offizierskaste, daß es um ihre relative Autonomie geschehen sein würde, sobald Hitler sich zu Restriktionen entschließen sollte. Bezeichnenderweise hat er, als er am 16. März 1935 überraschend die Wiederbewaffnung Deutschlands und die Einführung des allgemeinen Wehrdiensts bekanntgab, das Oberkommando der Wehrmacht und den Generalstab nicht zuvor konsultiert; für sie kamen die Zahlen, die Hitler für die Friedensstärke des künftigen deutschen Heers nannte – 12 Armeekorps und 36 Divisionen –, ganz und gar überraschend.

Hitler hatte immer damit gerechnet, die deutsche Generalität werde, wenn er ihr die Chance zur Wiederbewaffnung eröffnete, begeistert an die Ausführung gehen, und noch bei einer Stabsbesprechung im Sommer 1941 erinnerte er sich mit Bitterkeit an die Enttäuschungen, die er mit den Generälen in seinen ersten fünf Amtsjahren erlebt hatte. »Als ich noch nicht Reichskanzler war, habe ich geglaubt, der Generalstab gleiche einem Fleischerhund, den man fest am Halsband halten müsse, weil er sonst jeden anderen Menschen anzufallen drohe. Nachdem ich Reichskanzler wurde, habe ich feststellen müssen, daß der deutsche Generalstab alles andere als ein Fleischerhund ist. Dieser Generalstab hat mich immer hindern wollen, das zu tun, was ich für nötig hielt ... Ich bin es, der diesen Fleischerhund immer erst antreiben muß.«[62] Ende 1934 war noch nicht die Zeit, den Bluthund anzutreiben, und doch täuschten sich die Generäle, die das Arrangement für dauerhaft hielten, das sie im Sommer mit Hitler getroffen hatten. Zwei Entwicklungen hätten ihnen Warnung sein müssen: zum einen Hitlers Weisung an Göring, den Aufbau der Luftwaffe voranzutreiben. Entgegen dem erklärten Willen der Reichswehrführung erhielt diese den Status einer selbständigen Waffengattung, genau wie Göring es gefordert hatte. Zum anderen aber der Machtzuwachs Himmlers und der SS, von dem allein Hitler profitieren konnte und aus dem der autonomen Machtposition der Reichswehr am Ende eine viel bedrohlichere Gefahr erwachsen sollte als vordem durch Röhm und die SA.

Die Rote Armee hatte sich seit den Jahren des Bürgerkriegs gewandelt. Hatte ihr Offizierskorps damals zu drei Vierteln aus ehemals zaristischen Offizieren bestanden, insgesamt etwa 48 000, so waren es 1930 nur noch 4 500 oder 10 Prozent. 1934 waren 68 Prozent aller Offiziere, darunter sämtliche ranghohen Befehlshaber, Mitglieder der Kommunistischen Partei. Das stehende Heer umfaßte 562 000 Mann, und seine stärksten Bataillone waren die sogenannten Kadertruppen, deren Anteil an der Gesamtzahl zwischen 10 und 16 Prozent lag, am höchsten bei den technischen Truppen. Den Rest bildete eine Elite von Wehrpflichtigen, junge Männer, die nach einer zweijährigen Vorausbildung noch einmal zwei Jahre dienen mußten. Das Landheer, dem die meisten von ihnen als Infanteristen angehörten, war de facto eine Teilzeitarmee.

Zwar handelte es sich nicht mehr um eine reine Bauernarmee, aber ein großer Teil der Wehrpflichtigen stammte nach wie vor vom Lande, und neben der eigentlichen militärischen Ausbildung spielten technischer Unterricht und weltanschauliche Belehrung – mindestens zwei Stunden täglich – eine gleichrangige Rolle. Proben politischer Zuverlässigkeit mußte die Armee in den Jahren der Kollektivierung ablegen. Stalin und die Parteiführung hätten diese Phase nicht überstanden, hätten sie sich nicht zur Niederschlagung von Bauernrevolten und zur Blockierung der Ukraine der Roten Armee bedienen können. Die Disziplin der Truppe hielt, soweit wir wissen; es traten keine ernsteren Probleme auf. Dafür spricht auch die Statistik der Säuberungen: Wurden 1929 in den zivilen Organen und Behörden 11,7 Prozent aller Parteimitglieder ausgemustert, so waren es in der Armee nur 3,5 Prozent. Für 1933 lauteten die Vergleichszahlen 17 Prozent beziehungsweise 4,3 Prozent.

Gleichwohl konnte die Rote Armee sich zu keinem Zeitpunkt einer so selbstständigen Stellung erfreuen wie die Reichswehr in Deutschland. Schon 1918 hatte Trotzki mit Blick auf das Militär eine Organisation von Politkommissaren aufgebaut, einerseits um zu verhindern, daß sich »Nester der Verschwörung« bildeten, wie es in dem betreffenden Dekret hieß, andererseits um Voraussetzungen für die politische Erziehung der Soldaten zu schaffen. So entstand ein alle Armeestandorte und Einheiten umspannendes Netz, dessen Mitglieder unmittelbar dem Zentralkomitee der Partei und seiner Militärabteilung verantwortlich waren.

Im Lauf der zwanziger Jahre wurde die ursprüngliche Praxis zweigeteilter Befehlsgewalt dahingehend modifiziert, daß der Offizier alleiniger Träger der militärischen Kommandogewalt im engeren Sinn wurde, während der Kommissar als sein politischer Assistent und Berater fungierte; letzterer unterhielt jedoch weiterhin eigenständige Beziehungen zu seinen politischen Vorgesetzten außerhalb der militärischen Hierarchie. So bestanden die alten Reibungen natürlich fort, namentlich in den höheren Rängen, wo die Offiziersstellen zumeist noch mit Bürgerkriegsveteranen besetzt waren. Stalin dachte jedoch zu keinem Zeitpunkt daran, das Kommissarsystem abzuschaffen, ja er duldete, daß die OGPU ein weiteres Kontrollnetz aufbaute. Die Geheimpolizei war für die Sicherheit in den Streitkräften verantwortlich und postierte Agenten auf allen Ebenen der Hierarchie, die ebenso unabhängig von den Kommandeuren wie von den Kommissaren operierten und ein scharfes Auge auf die Loyalität der einen wie der anderen hatten.

Die größte Schwäche der Roten Armee bestand darin, daß es ihr an Fahrzeugen und gepanzerter Ausrüstung nicht weniger mangelte als ihren Soldaten an technischer Ausbildung. Eines der Hauptmotive für das Stalinsche Programm einer forcierten Industrialisierung war deshalb der Aufbau einer technisch fortgeschrittenen Rüstungsindustrie. Mit dem ersten Fünfjahresplan gelang es, dafür den Grundstein zu legen, und je deutlicher Stalin in der Folge die Gefahr erkannte, die von Deutschland und Japan ausging, desto höhere Priorität räumte er den Bedürfnissen der Roten Armee ein. In der Zeit des zweiten Fünfjahresplans, von 1933 bis 1938, wuchs die Rüstungsindustrie der Sowjetunion zweieinhalbmal so schnell wie die sowjetische Wirtschaft im ganzen.

Stalin hätte die enge militärische Zusammenarbeit zwischen Rußland und Deutschland gern fortgesetzt, die die geheime Wiederaufrüstung der Wehrmacht erst möglich gemacht und auch der Roten Armee Vorteile verschafft hatte. Er mußte sich jedoch in die von Hitler mit Nachdruck geforderte Beendigung der Zusammenarbeit fügen; Stalin zog daraus den Schluß, die sowjetische Wehrkraft ebenso zu verstärken wie Hitler die deutsche. 1934 erhöhte er die Friedensstärke der Roten Armee von 562 000 auf 940 000, 1935 auf 1 300 000 Mann, und seine weiteren Pläne sahen bis 1939 den Übergang zu einer nur noch aus Kadertruppen bestehenden Streitmacht vor. Der Verteidigungshaushalt, die Flottenrüstung eingeschlossen, stieg von 1,42 Millionen Rubel 1933 auf 23,2 Milliarden 1938 und wurde im Jahr darauf noch einmal mehr als verdoppelt. Das Schwergewicht lag auf der Entwicklung neuer Artillerie-, Panzer- und Flugwaffen sowie auf der Herstellung industrieller Autarkie, wozu auch die Errichtung von Rüstungsbetrieben östlich des Ural gehörte.

Hauptnutznießer der Stalinschen Politik waren das NKWD, die Rote Armee und die Flotte. Dies äußerte sich nicht zuletzt in verbesserter Bezahlung und in einem Prestigezuwachs für den Offiziersberuf, eine Entwicklung, die den Militärakademien einen gesteigerten Zulauf an Studenten bescherte. Zugleich boten das System der Politkommissare sowie das Überwachungsnetz des NKWD allem Anschein nach eine sichere Gewähr dafür, daß jener Standes- und Korpsgeist des Militärs, mit dem Hitler so große Probleme hatte, in der Roten Armee gar nicht erst aufkommen konnte. Wer Ende 1934 genügend Einblick in das Innenleben der beiden Länder gehabt hätte, um einen Vergleich anstellen zu können, wäre mit hoher Wahrscheinlichkeit zu dem Urteil gelangt, daß Stalin seine Streitkräfte fester im Griff habe als Hitler. Doch dann, 1937, entschloß sich Stalin unvermittelt, die obersten Befehlshaber der Roten Armee als Hochverräter zu liquidieren. Das war ein Vorspiel zu jener radikalen Säuberung des gesamten Oberkommandos und des Sowjetischen Offizierskorps, die kurz darauf folgte. Auch Hitler festigte 1938 seine Herrschaft über die Armee, doch auf eine Weise, die nicht annähernd die Dimensionen der Stalinschen Säuberung erreichte, und erst Jahre später, nach dem Attentat vom Juli 1944, äußerte er sein Bedauern darüber, daß er nicht dem Beispiel Stalins gefolgt sei und in der deutschen Wehrmachtführung radikal aufgeräumt habe.

In zwei anderen Schlüsselbereichen, der Kontrolle der Massenkommunikationsmittel und der Aufsicht über alle gesellschaftlichen Gruppen und Organisationen, standen beide Regime einander in nichts nach. Hitler wie Stalin erhoben Ende 1934 den Anspruch, an der Spitze eines geeinten Volkes zu stehen; eine Opposition wurde nicht geduldet oder galt als nicht vorhanden. In beiden Ländern konnte die Regierung, wie bis heute die Regierenden in jeder Gesellschaft, auf die politische Gleichgültigkeit der Bevölkerung bauen, auf Leichtgläubigkeit, gewohnheitsmäßige Folgsamkeit und Konformität sowie auf Ehrgeiz, Geltungssucht und handfeste Interessen, alles Motive, die in ihrer Summe mindestens einen gewissen Grad von Willfährigkeit garantierten. Gleichwohl überließ keines der Regime irgend etwas dem Zufall oder der menschlichen Spontaneität. Beide zeichneten sich durch fundamentales Mißtrauen gegen jede eigenständig handelnde Person oder Gruppe aus und sahen in der beständigen Mobilisierung der Massen für ihre Zwecke eines ihrer wichtigsten Anliegen; ja in keinem zweiten Punkt ähnelten die Regime einander mehr als hier.

Dennoch gab es auch in diesem Bereich große Unterschiede hinsichtlich der allgemeinen Situation der beiden Staatswesen. Die Nationalsozialisten hatten es mit einer gebildeten Bevölkerung zu tun, der sie sich über Rundfunk und Presse, Kino und Theater ohne weiteres mitteilen konnten. Dagegen bestand die sowjetische Bevölkerung noch zu einem großen Teil aus Analphabeten, und nur ein kleiner Teil war über die Massenmedien – Zeitungen, Rundfunk oder Kino – unmittelbar erreichbar. Der Gewaltmarsch aus der wirtschaftlichen und kulturellen Rückständigkeit ins industrielle Zeitalter, den Stalin dem russischen Volk verordnete, erforderte deshalb auch eine Kampagne gegen das massenhafte Analphabetentum und gegen die primitiven Lebensgewohnheiten der Millionen von Bauern, die in die Städte geströmt waren; erst dann war damit zu rechnen, daß wenigstens die einfachsten Propagandabotschaften ihren Zweck erfüllten.

Der umfassende Bildungsschub, in dem die Kommunistische Partei neben der Erhöhung der Arbeitsdisziplin und der Produktivität ihre erste Aufgabe sah, hatte sich in Deutschland schon im voraufgegangenen Jahrhundert vollzogen. Der allgemeine Wissensstand, die Arbeitsdisziplin und das Verantwortungsgefühl waren seitdem so weit entwickelt, daß Hitler und Goebbels sich technisch fortgeschrittener Mittel bedienen konnten, um die Massen anzusprechen.

Ein weiteres Handicap für Stalin war die Erbitterung, die er mit seiner Politik der Gewalt bei der größten Bevölkerungsgruppe des Landes, der Bauernschaft, hervorgerufen hatte, zumal es dieselbe Bauernschaft war, welche die Agitatoren des Sowjetregimes jetzt von den Segnungen ihres Systems zu überzeugen suchten. Dagegen konnte Hitler mit seiner Politik der wirtschaftlichen Erholung und mit der Aufkündigung des Versailler Vertrags verhältnismäßig leicht Begeisterung wecken.

Aber die Kommunisten besaßen auch einige Vorteile. Die Sowjetunion war ein gewaltiges Land und viel weiter von Europa entfernt als Deutschland. Rußlands Bindung an die europäische Politik und Kultur war seit jeher schwächer gewesen als die der Deutschen, und seine gebildete Oberschicht, die zumindest zu Teilen immer ein ambivalentes Verhältnis zum Westen gehabt hatte, war zahlenmäßig klein und durch die Revolution und den Bürgerkrieg noch weiter geschrumpft. Aufgrund dieser geographischen und sozialen Gegebenheiten konnte Rußland sich sehr viel leichter von der Außenwelt abschließen, ein Vorteil, den die Sowjetpropaganda weidlich zu nutzen verstand. Dem standen freilich andererseits die Armut Rußlands und seine technische Rückständigkeit gegenüber, dazu der verschwindend geringe Anteil an Menschen, die der Partei als Propagandisten oder bei der Erfüllung anderer drängender Aufgaben dienen konnten. Da die Massen-

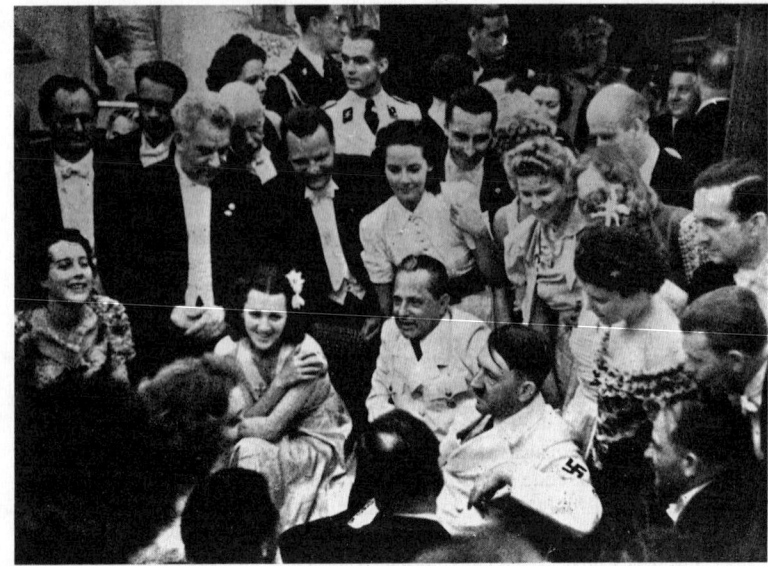

Die Verschiedenartigkeit der beiden Gewaltherrschaften zeigt sich auch in dem Bild der Frau, das sie propagierten. Die Frauen der sowjetischen Parteiführer spielten in der Öffentlichkeit keine Rolle: Die Eingliederung der Frau in den Arbeitsprozeß war der eigentliche Ehrgeiz der sowjetischen Emanzipationspolitik. So hat denn selbst Stalins Frau Nadeschda Wert darauf gelegt, nur mit öffentlichen Verkehrsmitteln zu fahren. Hitler dagegen lehnte es zur Verzweiflung seiner Parteiführung auch noch auf dem Höhepunkt des Krieges ab, die Ehefrauen der Führungsschicht in die Fabriken zu schicken, und er selber bevorzugte die Nähe jugendlicher, eleganter und meist attraktiver Damen, die er in der Reichskanzlei oder auf dem Obersalzberg um sich versammelte.
Auf dem Photo: Hitler beim alljährlichen »Künstlerempfang« in der neuen Reichskanzlei.

kommunikationsmittel im Lande noch kaum entwickelt waren, mußte die Führung, wenn sie die Bevölkerung erreichen wollte, auf mündliche Agitation und Propaganda zurückgreifen. Sie mußte die direkte Ansprache suchen, die Menschen durch Belehrung und durch das persönliche Beispiel an Ort und Stelle zu beeinflussen versuchen – im Betrieb, im Bergwerk, in der Kolchose. In Deutschland, wo der wirtschaftliche Entwicklungsstand und das kulturelle Niveau viel weiter waren, konnte die NSDAP in entschieden höherem Maße mit indirekten Mitteln arbeiten, was auch bedeutete, daß die Propagandabotschaften in mehr oder weniger raffinierten Verkleidungen verbreitet wurden. Angesichts solcher Unterschiede ist es um so erstaunlicher, daß beide Regime gleichermaßen die totale Kontrolle der Gesellschaft und der dazu erforderlichen Mittel anstrebten.

In Rußland wie in Deutschland kam dem aufgeblähten Polizei- und Sicherheitsapparat eine entscheidende Rolle bei der »Überzeugung der Menschen durch Zwang« zu. Die Wirkung, die dies auch auf all diejenigen machte, die *nicht* verhaftet oder in Konzentrations- und Arbeitslager gesteckt wurden, war dabei ebenso wichtig wie die Ausschaltung derer, die man für potentielle Gegner hielt. Nadeshda Mandelstam hat geschildert, wie in Rußland zur Zeit der Säuberungen niemand ein Wort über die nachts »Verschwundenen« verlor oder zugab, von der Existenz der Lager zu wissen, auch nicht Freunden gegenüber. Diese Verschwörung des Schweigens, an der sich alle beteiligten, erzeugte eine alles zerfressende Angst, die nicht nur das Vertrauen der Menschen zueinander zerstörte, sondern ein Gefühl der Ohnmacht und der Nutzlosigkeit jedweden Widerstands.«[63]

In Deutschland war die Unterstützung für das Regime stärker und die Zahl der Verhaftungen niedriger; das Prinzip indessen war dasselbe: Niemand hatte die Freiheit, nein zu sagen, und wer es dennoch tat, wußte, welches Risiko er damit einging. Schon am 21. März 1933, am »Tag von Potsdam«, war eine »Verordnung zur Abwehr heimtückischer Angriffe gegen die Regierung der nationalen Erhebung« in Kraft getreten, die die Verbreitung von Kritik und bösartigen Gerüchten über die Regierung zum Verbrechen erklärte; die Strafe konnte ins Gefängnis, in schweren Fällen sogar ins Zuchthaus führen.

Eine Gesellschaft mit einer eingeschüchterten und ängstlichen Bevölkerung kann jedoch nicht funktionieren, jedenfalls nicht auf dem Niveau eines modernen Industrielandes. Als die Grundregel »Zwang wenn nötig...« sich einmal durchgesetzt hatte, bot man daher alle nur erdenklichen Mittel auf, um die Menschen zu freiwilliger Mitarbeit zu bewegen. Man suchte sie davon zu überzeugen, daß Zusammenarbeit sich lohne, und bot ihnen erhebliche Chancen und Belohnungen an, nicht nur hinsichtlich der beruflichen Laufbahn, sondern auch hinsichtlich der persönlichen Fortbildung und gesellschaftlicher und kultureller Aktivitäten. Bedingung war freilich, daß alle diese Betätigungen unter der Regie des Staates oder der Partei stattfinden oder doch von ihnen genehmigt sein mußten. Dergestalt stellte sich ein reziproker Wirkungsmechanismus von Terror, Propaganda und Organisation her, wobei Stalin in den dreißiger Jahren mehr auf den Terror, Hitler mehr auf die Propaganda setzte, während beide gleich großen Wert auf die Organisation legten.

Keine politische Bewegung der Geschichte hat je psychologischen Faktoren mehr Aufmerksamkeit geschenkt als die nationalsozialistische. Auf diesem Gebiet hatte Hitler in den zwanziger Jahren außergewöhnliche Begabung entfaltet, und hier lagen zu einem guten Teil auch die Gründe für den Aufstieg der Nazis in den frühen dreißiger Jahren. Propagandistische Beeinflussung war deshalb von Anfang an ein Markenzeichen des Hitler-Regimes. Goebbels formulierte das Konzept der »totalen Propaganda« auf dem Parteitag von 1934: Im Jahrhundert der Massen sei die Verwirklichung großer Dinge ohne sie nahezu unmöglich geworden; es gebe daher keinen Bereich des öffentlichen Lebens, der sich ihrem Einfluß zu entziehen vermöge.[64]

Hitler und Goebbels hatten bereits im Vorfeld der Wahl vom März 1933 die ungeahnten Möglichkeiten der Rundfunkpropaganda demonstriert. Goebbels gelang es, durch Gleichschaltung der Nachrichtenagenturen, durch tägliche Pressekonferenzen in seinem Ministerium und durch einen stetigen Strom von Weisungen, die Themen»vorschläge« und Sprachregelungen enthielten, neben dem Rundfunk bald auch die Presse unter staatliche Kontrolle zu bringen. Nichtnationalsozialistische Blätter, wie beispielsweise die *Frankfurter Zeitung*, wurden toleriert, damit eine gewisse Stilvielfalt erhalten blieb und nicht jener langweilige Gleichklang einkehrte, der Leser vergrault und die Wirkung der Propagandabotschaft nur verwässert hätte. Das Motto, das Goebbels an die Medien ausgab, lautete: »Einförmig im Willen, vielfältig im Ausdruck.«

In der UdSSR, wo die Partei den Staat beherrschte, wurden entsprechende Aufgaben nicht von einem Ministerium wahrgenommen, sondern von zwei der sechs Hauptabteilungen des Sekretariats des Zentralkomitees, natürlich unter Leitung des Generalsekretärs Stalin. Es waren die Abteilungen für Agitation und Massenkampagnen sowie für Kultur und Propaganda. Schon früher hatte sich, in Anlehnung an Georgi Plechanow (1856-1918), den Vater des russischen Marxismus, die begriffliche Unterscheidung zwischen Propaganda – der »Vermittlung vieler Ideen an wenige Personen«, beispielsweise in Form einer akademischen Darstellung des Marxismus-Leninismus – und Agitation eingebürgert, der »Vermittlung einer Idee oder weniger Ideen an eine große Zahl von Menschen«, beispielsweise in Form simpler Gleichnisse und Parolen. Im Zuge der Reorganisation der Partei in den Jahren 1934 und 1935 wurden die beiden Hauptabteilungen zunächst zu einer einzigen (dem *Kultprop*) zusammengelegt und dann in fünf Sektionen gegliedert: Parteipropaganda und -agitation, Presse und Verlagswesen, Schulwesen, kulturelle Belehrung und Wissenschaft.

Pläne zu skizzieren, Weisungen zu erlassen und Material zu erstellen war allerdings nur die eine Seite der Sache. Wer sollte dies alles in die Tat umsetzen? Die Antwort lag im dritten Element der Trias von Terror, Propaganda und Organisation. In beiden Ländern war die Partei die treibende Kraft der Organisation, indirekt mittels ihrer Kontrolle über diverse ihr angeschlossene Gliederungen – Gewerkschaften, Berufsverbände, Jugendverbände (wie die Hitlerjugend und der Komsomol), auch Kultur- und Sportvereine –, direkt dagegen mittels ihres eigenen Apparats. Organisation war denn auch Hitlers Antwort auf die Frage, welche Rolle die NSDAP einnehmen solle, nachdem sie zur einzigen, dominierenden Partei im Staat geworden war. Einerseits zügelte er immer wieder den Wunsch der Mitglieder nach der Übernahme der Staatsmacht, andererseits versicherte er, das neue Reich könne ohne die Partei nicht existieren. Auf dem Parteitag von 1935 erklärte er, daß die Eroberung der Macht noch lange nicht abgeschlossen sei; frühere Revolutionen seien gescheitert, weil sie nicht der Einsicht Rechnung getragen hätten, daß das Wesentliche nicht die Ergreifung der Macht ist, sondern die Erziehung der Menschen.[65] »Erziehung« aber bedeutete, die neue Ideologie gleichsam als Mörtel in sämtliche Fugen der deutschen Gesellschaft zu schmieren. Dazu bedurfte es, so die Vorstellung Hitlers, einer Massenpartei mit einer Mitgliederzahl, die etwa zehn Prozent der Bevölkerungszahl entsprach, eine Quote, die die NSDAP 1939 mit über fünf Millionen Mitgliedern nahezu erreicht hatte.

In der zweiten Hälfte der zwanziger Jahre hatten die Nationalsozialisten systematisch die bestehenden Berufsverbände infiltriert oder neue gegründet; in Rußland hatte die Kommunistische Partei schon lange vorher jede selbständige gesellschaftliche Kraft entweder unterdrückt oder sich einverleibt. Eine Ausnahme war die russisch-orthodoxe Kirche; sie wurde verfolgt. Besondere Wichtigkeit kam in diesem Zusammenhang jenen Hilfs- oder Unterorganisationen der Partei zu, die für die Jugendarbeit und für die Arbeitsverwaltung zuständig waren.

Die Hitlerjugend (HJ) trat als Parteiorganisation erstmals 1926 in Erscheinung; von Baldur von Schirach geleitet, schaltete sie 1933 alle anderen Jugendorganisationen des Landes gleich. Ende 1934 hatte sie 3,5 Millionen Mitglieder; Ende 1936 wurde die Mitgliedschaft für alle deutschen Jungen und Mädchen zwischen zehn und achtzehn Jahren obligatorisch. Die HJ wurde damit endgültig Bestandteil des Hitlerstaats, was unter anderem die direkte Unterstellung ihres Führers unter Hitler nach sich zog, an ihrer finanziellen Abhängigkeit von der Partei aber vorläufig nichts änderte.

Der Kommunistische Jugendverband (Komsomol) wurde 1917 in Petrograd gegründet und hielt 1918 seinen ersten Kongreß ab. Er spielte eine führende Rolle in der Kollektivierungskampagne und im Fünfjahresplan. Die Mitgliederzahl des Komsomol stieg von drei Millionen 1931 auf vier Millionen 1936 an, und wenn seine Funktion bis dahin vor allem in wirtschaftlichen Not- und Hilfseinsätzen bestanden hatte, so kamen nun Aufgaben im Bereich der Jugenderziehung sowie der kulturellen, geselligen und sportlichen Betätigung hinzu. 1939 war der Komsomol auf neun Millionen Mitglieder angewachsen. Organisiert war er – ebenso wie der ihm angeschlossene »Kinderverband«, die Jungen Pioniere (neuntes bis fünfzehntes Lebensjahr) – nach dem Vorbild der Partei, d.h. in Übereinstimmung mit ihren regionalen und lokalen Gliederungen. Formell selbständig, befand er sich doch immer unter der straffen Kontrolle der Partei und diente als Reservoir für die nachfolgende Generation der Parteikader.

Man muß die Arbeit der Jugendorganisationen in beiden Fällen vor dem Hintergrund der völligen Gleichschaltung des Erziehungs- und Schulwesens sehen – also der Reorganisation des Schulsystems und der Lehrerausbildung, der Revision der Lehrbücher, der Säuberung der Lehrpläne im Sinne der marxistisch-leninistischen beziehungsweise, in Deutschland, der rassistischen Interpretation der Geschichte. Die Unterwanderung der studentischen Organisationen durch die Nationalsozialisten schon vor 1933 und die Bereitschaft vieler Akademiker, die neue Ordnung zu akzeptieren, beendeten die kritische Tradition der deutschen Universitäten; und in der Sowjetunion wurde in Vollzug des Entschlusses, sowohl mit der russischen als auch mit der europäischen Erziehungstradition zu brechen, das bestehende höhere Bildungswesen zerschlagen und durch ein kommunistisches ersetzt.

Zu diesen einschneidenden Veränderungen kam die Einführung eines obligatorischen Arbeitsdienstes und der allgemeinen Wehrpflicht, beide verbunden mit Elementen politischer Erziehung. Und erst wenn man all dies nebeneinanderstellt, erkennt man, mit wieviel Aufwand sich beide Regime darum bemühten, die Köpfe und Herzen der jüngeren Generation für sich zu gewinnen und – um eine Formulierung zu gebrauchen, die damals in beiden Ländern üblich war, – den sowjetischen beziehungsweise nationalsozialistischen »neuen Menschen« hervorzubringen: einen Menschen mit Werten und Überzeugungen, zu denen in beiden Fällen aggressive Intoleranz gegen abweichende Weltanschauungen gehörte.

Im kommunistischen Rußland wie im nationalsozialistischen Deutschland wurden die Gewerkschaften ihrer ursprünglichen Funktion enthoben, die Interessen der Arbeiterschaft bei der Aushandlung von Löhnen und Arbeitsbedingungen zu vertreten. In Rußland überlebten die Gewerkschaften dem Namen nach, wurden aber mit der neuen Aufgabe betraut, die Arbeiterklasse, insbesondere die neu rekrutierten Arbeitskräfte aus den Dörfern, zu organisieren. Es galt, die Produktionsziele der Betriebsleitungen in die Tat umzusetzen, die Arbeiter zu Fleiß und Disziplin anzuhalten, gesellschaftliche Verpflichtungen zu übernehmen und vor allem die Produktivität zu erhöhen. In Deutschland wurden die Gewerkschaften, die vor 1933 zu den propagandistischen Lieblingsfeinden der Nazis und der Rechtskonservativen gehört hatten, aufgelöst; ihr Vermögen und einige ihrer Funktionen übernahm die Deutsche Arbeitsfront, die jedoch 1934 alle Ambitionen auf eine gestaltende Mitwirkung an der Wirtschafts- und Sozialpolitik, soweit solche überhaupt vorhanden waren, aufgeben mußte. In beiden Ländern bedeutete die Wiedereinführung des »Arbeitsbuches« die Rückkehr zur staatlichen Kontrolle über die »Laufbahnentscheidungen« der Arbeiter, eine Entmündigung, die ihre logische Entsprechung in der Abschaffung frei ausgehandelter Tarifverträge fand. Gleichsam zur Entschädigung durfte oder mußte die Arbeitsfront Loblieder auf den Wert der körperlichen Arbeit singen (»Arbeit adelt«) und sich der Aufgabe widmen, die vormals marxistisch verführte Arbeiterschaft für jene »Volksgemeinschaft« zurückzugewinnen, die nicht auf dem Prinzip der Klassensolidarität, sondern auf dem der nationalen Einheit beruhte.

Arbeitgeber wie Arbeitnehmer wurden bestimmt, in die Organisation der »Soldaten der Arbeit«, die Deutsche Arbeitsfront einzutreten, die schließlich auf 25 Millionen Mitglieder anschwoll und damit fast die Hälfte der deutschen Bevölkerung umfaßte. Sie war mithin eine weitaus größere Organisation und verfügte über erheblich mehr Vermögensmittel als die Partei, der sie angeschlossen und untergeordnet war. Ihrem Auftrag zufolge der Aufhebung aller Klassenunterschiede verpflichtet, dehnte sie ihr Tätigkeitsfeld auch auf die Freizeit aus, organisierte den Bau von Arbeiterwohnungen und Modellsiedlungen, subventionierte Urlaubsreisen – 1938 beteiligten sich daran zehn Millionen Personen, drei Fünftel der deutschen Arbeiterschaft – und führte eine Fülle kultureller und sportlicher Veranstaltungen durch.

Stalin und Hitler erkannten, wie nützlich es für ihre Regime sein mußte, Literatur und Künste für sich arbeiten zu lassen. Sie wußten auch, daß man dergleichen am besten durch Organisationen tut, die dem Anschein nach selbständig sind. Goebbels erklärte im Mai 1933 einer Gruppe von Theaterintendanten, das neue Regime werde das gesamte Kulturleben »mit bewußter politisch-ideologischer Propaganda« durchtränken und es aus dem »jüdisch-liberalistischen« Fahrwasser der Weimarer Periode herausziehen. Die unter Goebbels' Regie gegründete Reichskulturkammer baute in der Folge Abteilungen für die einzelnen Kunstgattungen auf: Reichskammern für Literatur, Theater, Musik, die schönen Künste, den Film sowie für Presse und Rundfunk.

Die Ehrgeizigen, die Opportunisten und die Zweitklassigen wetteiferten darum, dem neuen Herrn ihre Dienste bei der Gleichschaltung ihres Berufsstands oder Kulturmetiers anzubieten. Jedermann, der sich in einem dieser Bereiche betätigte, war gesetzlich zur Mitgliedschaft in der zuständigen Kammer verpflichtet; wer nicht aufgenommen wurde, konnte seinen Beruf nicht mehr ausüben. Richard Strauss ließ sich zum Präsidenten der Reichsmusikkammer wählen, während die Mehrheit jener deutsch-jüdischen Künstler, Musiker, Schriftsteller und Wissenschaftler, die Deutschland einen führenden Platz in der Kultur des 20. Jahrhunderts verschafft hatten, verfemt wurden. Die meisten entschlossen sich, ins Exil abzuwandern, ein Verlust, von dem Deutschland sich bis heute nicht erholt hat.

In der Frühzeit des 20. Jahrhunderts, auch noch in den ersten zehn Jahren nach der Oktoberrevolution, hatte Rußland eine erstaunliche Zahl bedeutender Literaten und Künstler hervorgebracht: etwa Bloch, Chagall, Djagilew, Naum Gabo, Kandinsky, Lipschitz, Malewitsch, Majakowski, Meyerhold, Pasternak, Prokofjew, Skrjabin, Stanislawski oder Strawinski, um nur einige zu nennen. Mitte der dreißiger Jahre lebten die meisten von ihnen entweder nicht mehr – einige, wie Majakowski, hatten Selbstmord begangen –, waren verstummt oder ins Exil geflohen. In einer kurzen Phase gegen Ende der zwanziger Jahre hatte Stalin sich bereitgefunden, einer progressiven Strömung unter Führung jüngerer Komsomol- und RAPP-Aktivisten (RAPP stand für »Russische Assoziation proletarischer Schriftsteller«), bei der Bucharin »revolutionären Avantgardismus« diagnostizierte, Ermunterung und einen gewissen Freiraum zu gewähren. Er konnte auf diese Weise behaupten, seine »Revolution von oben« trage Forderungen »von unten« Rechnung. Anfang der dreißiger Jahre beendete er diese kulturliberale Phase jedoch, indem er durch direkte Eingriffe die geistigen Aktivitäten des Landes auf die Linie der zunehmend von ihm persönlich bestimmten Parteipolitik brachte. Im Dezember 1930 ließ Stalin die sowjetischen Philosophen wissen, es sei an der Zeit, den ganzen »Dung«, der sich im Bereich der Philosophie und der Naturwissenschaften angesammelt habe, »auszumisten und zu trocknen«, namentlich die Irrlehren des »menschewistischen Idealismus«. Den Faden weiterspinnend, erklärte 1931 das Organ des Zentralkomitees, der *Bolschewik*, die sowjetische Philosophie müsse sich endlich auf ihre eigentliche Aufgabe besinnen: »die Ausarbeitung der materialistischen Dialektik auf der Grundlage der Werke von Marx, Engels, Lenin und Stalin« – und endlich sah Stalin seinen langgehegten Wunsch erfüllt, auch als Theoretiker ernstgenommen zu werden. Es wirft ein faszinierendes Schlaglicht auf die Persönlichkeit Stalins und die Ernsthaftigkeit seiner philosophischen Ambitionen, daß er zwischen 1925 und 1928, auf dem Höhepunkt seines Machtkampfs mit der Linksopposition, zweimal wöchentlich Lehrstunden bei dem Philosophen Jan Sten nahm. Stalin wollte sich weiter in die Geheimnisse der Dialektik vertiefen, da es ihm schwerfiel, Hegel zu begreifen, von dem Marx ja ursprünglich ausgegangen war. Mit der Zeit wuchs bei Sten nicht nur das Unbehagen über Stalins philosophische Auffassungen, sondern auch über die politischen und persönlichen Ziele, die der Generalsekretär bei politischen Gesprächen artikulierte; und überdies war Sten ein Schüler des Philosophen Deborin (1881-1963), gegen dessen Schule sich Stalins Vorwurf des »menschewistischen Idealismus« richtete. 1937 wurde Sten auf direkten Befehl Stalins festgenommen und am 19. Juni im Gefängnis Lefortowo hingerichtet.[66]

Im Oktober 1931 wurden dann die sowjetischen Historiker von Stalin gemaßregelt, dieses Mal in einem namentlich gezeichneten Artikel, den sowohl der *Bolschewik* als auch die Historikerzeitschrift *Proletarische Revolution* publizierten. Der Vorwurf, den Stalin erhob, war der einer falschen Objektivität und eines »verfaulten Liberalismus«. »Hat uns nicht Lenin gelehrt, revolutionäre Parteien, Strömungen und Führer nicht nach ihren Deklarationen und Resolutionen, sondern nach ihren Taten zu prüfen?... Meines Erachtens besteht die Aufgabe... darin, das Studium der Geschichte unserer Partei auf wissenschaftliche, bolschewistische Bahnen zu leiten, sich mit gesteigerter Aufmerksamkeit gegen alle Fälscher unserer Parteigeschichte zu wenden, vor allem gegen die trotzkistischen, und ihnen der Reihe nach die Masken herunterzureißen.«[67]

Durch die Attacke in Angst und Schrecken versetzt, schickte die Kommunistische Akademie einen Aufruf an die ihr angeschlossenen Institute und Zeitschriften aller Fachrichtungen, von Geschichte, Ökonomie und Jura bis zu den technischen Disziplinen, ihre Lehre von »menschewistischtrotzkistischer Konterbande« zu säubern und noch wachsamer als bisher nach Abweichlern zu fahnden. Kurz darauf machte Kaganowitsch in einer Rede unmißverständlich klar, der Beitrag Stalins sei eine Aufforderung an die gesamte sowjetische Intelligenz, ihre Kraft der marxistisch-leninistischen Indoktrination der neuen Partei- und Komsomol-Mitglieder zu widmen. Es gelte zu erkennen, daß die Partei nicht ein Sammelbecken vieler Strömungen sei, wie Radek fälschlicherweise behauptet hatte, sondern ein »einheitlicher Strom«, stark genug, alle Hindernisse niederzureißen.

Den Historikern wurde gesagt, sie müßten vor allem die »schmutzigen Lügen« aus der Geschichtsschreibung der russischen Partei tilgen, in welcher die Rolle Stalins in den Jahren 1917 und später zurückgedrängt, die Trotzkis dagegen »stark übertrieben« werde. Die meisten Historiker, von der Partei existentiell abhängig, drängten sich nun geradezu danach, den Auftrag zu erfüllen, wie es später in ähnlicher Situation auch ihre Kollegen in anderen Ländern taten, etwa in China.

Ein weiteres Merkmal, das Hitler und Stalin miteinander teilten, war die Abneigung gegen intellektuelle Experimente, namentlich gegen die moderne Kunst und gegen »fortschrittliche« Ideen und Praktiken im Strafvollzug, in der Pädagogik und in der Lebensgestaltung, Ideen, die im Rußland und Deutschland der zwanziger Jahre große Popularität besessen hatten. Was Hitler als »Kulturbolschewismus« brandmarkte, attackierte Stalin als »Formalismus« und »bürgerlichen Individualismus«. Wo Hitler die Schuld beim »jüdischen Geist« suchte, den er in der Moderne am Werk sah, machte Stalin die korrupte kapitalistische Welt als Quelle der Verseuchung aus. 1934 hatten beide eine lückenlose geistige, künstlerische und politische Zensur errichtet. Bormann dürfte ihnen aus dem Herzen gesprochen haben, wenn er der Auffassung war, daß kulturelle Arbeit politische Arbeit sei: praktische Führung in jenem Bereich, der die Menschen am direktesten und tiefsten anspricht.[68]

Stalin gab sich große Mühe, zeitgenössische Schriftsteller für sich einzunehmen. Er legte Wert darauf, daß er Maxim Gorki, den größten lebenden Autor russischer Zunge, der stark mit dem Sozialismus sympathisierte, zur Rückkehr aus Italien in die Sowjetunion bewogen hatte. 1932 nahm Stalin sogar persönlich an den Sitzungen jener Kommission des Zentralkomitees teil, die das Dekret über die »Wiederherstellung der literarisch-künstlerischen Organisationen« verwirklichen sollte und aus deren Arbeit schließlich das von Gorki 1934 verkündete Programm eines »sozialistischen Realismus« hervorging. Es lief darauf hinaus, daß man mit den künstlerischen Mitteln des 19. Jahrhunderts exemplarische Charaktere der sowjetischen Gegenwart (den »positiven Helden«) porträtierte und in Gestalt eines »positiven Ausblicks« eine verheißungsvolle Zukunft ausmalte.[69] Stalin konnte sich darauf verlassen, daß die Verbände der Schriftsteller und Komponisten, welche die Kommission ins Leben gerufen hatte, die Arbeit der zeitgenössischen Autoren und Musiker in die gewünschten Bahnen lenken würden.

Doch das genügte Stalin noch nicht; immer wieder griff er persönlich in die Diskussion ein, indem er einzelne Bücher, Dramen, Opern oder sogar wissenschaftliche Theorien lobte oder verurteilte. Ein berühmt gewordenes Beispiel ist seine wütende Reaktion auf die eindrucksvolle Oper *Lady Macbeth von Mzensk* des damals neunundzwanzigjährigen Schostakowitsch. Sie wurde in einem anonymen Leitartikel der *Prawda* unter der Überschrift »Gedudel statt Musik« als kakophonisch, pervers und als Symptom jener »linken Verwirrung« gebrandmarkt, an der ein so großer Teil der modernen Musik und Kunst kranke. Die Oper wurde abgesetzt – Schostakowitsch schrieb nie eine weitere –, und die Partei organisierte Versammlungen, bei denen die Fehler des Komponisten kritisiert und anderen zur Warnung vorgehalten wurden.

Stalin verlangte eine Kunst, die das Leben in der Sowjetunion ganz so abbildete, wie er es sich vorstellte, ja vielleicht vorstellen mußte – und wie es doch in Wirklichkeit nie war. Dieser Wunsch war nicht nur ein Ausdruck politischen Kalküls, sondern ein Zeichen für den inneren Zwang Stalins, den Riß zwischen Realität und Vorstellung zu beseitigen. Diejenigen Schriftsteller und Künstler, die im Sinne der ausgegebenen »Generallinie« die sowjetische Wirklichkeit und die Leistungen der Partei priesen, machten bald die Erfahrung, daß sie dabei am besten auch dem Stalinkult Tribut zollten, indem sie auf die Unersetzlichkeit des großen Führers hinwiesen.

In diesem Punkt war Hitler bescheidener. Er begnügte sich damit, die Verantwortung für die Beaufsichtigung der Literatur und der Kunst an Goebbels und die Reichskulturkammer zu delegieren. Persönliche Interventionen erlaubte er sich lediglich in den Bereichen, in denen er sich als eine Kapazität betrachtete, also in der bildenden Kunst und der Architektur. Sein persönlicher Geschmack entsprach wie der Stalins den konventionellen Stilrichtungen der Epoche von 1880 bis 1914; er haßte alle Spielarten moderner Kunst und sah darin, wiederum genau wie Stalin, den Beweis für die geistige Krise und Dekadenz der westlichen Welt. Als ihm die Liste der Bilder vorgelegt wurde, die bei der Eröffnungsausstellung des Münchner Hauses der Deutschen Kunst 1937 gezeigt werden sollten (er selber hatte 1933 den Grundstein zu dem Bau gelegt), geriet er so in Zorn, daß er zunächst die ganze Ausstellung abzublasen drohte, schließlich aber seinen Fotografen Hoffmann mit der Zusammenstellung einer neuen Bildauswahl beauftragte. Und selbst Hoffmann konnte ihn nicht dazu bewegen, auch nur einen einzigen Raum für modernere Werke zur Verfügung zu stellen. In einer Ausstellung, die um dieselbe Zeit in München stattfand und in der 730 Beispiele für »entartete Kunst« gezeigt wurden, waren Maler wie Nolde, Grosz, Klee, Picasso, Matisse, Van Gogh und Cézanne vertreten. Sie zog weit mehr Besucher an; aber Hitler ließ sich dadurch nicht in der Entschlossenheit beirren, sämtliche deutschen Galerien von moderner Kunst zu säubern, und legte im Mai 1938 das »Gesetz über die Einziehung von Erzeugnissen entarteter Kunst« vor, das die Grundlage für die kulturelle Unterdrückung einer ganzen Epoche wurde.

Seit frühester Zeit gehörte die Musik zu den Leidenschaften Hitlers. Sein Jugendfreund Kubizek berichtet, daß er schon in Linz und Wien einzelne Aufführungen der Wagnerschen Opern Dutzende von Malen besucht hat. So war die Ergriffenheit nicht gespielt, mit der er am Portal des Bayreuther Festspielhauses Winifried Wagner begrüßte, die Erbin des Magiers, der ihn von frühester Jugend an begleitet hatte. Als der auf den Sender Flensburg geschrumpfte Großdeutsche Rundfunk am 1. Mai 1945 Hitlers Tod meldete, wurde der Trauermarsch aus der »Götterdämmerung« Richard Wagners gespielt, der dort dem Ende Siegfrieds gilt.

In beiden Ländern stand die Partei durch Grundorganisationen in direktem Kontakt mit den Massen. Die KPdSU organisierte ihre Mitglieder an der Arbeitsstätte, in Betrieb, Behörde, Kolchose oder Armeeeinheit, die NSDAP am Wohnort. Im ersteren Fall handelte es sich um die Fortführung einer Tradition, die auf vorrevolutionäre Zeit zurückging. Die Bolschewisten hatten damals die Erfahrung gemacht, daß illegale politische Betätigung an der Arbeitsstätte noch mit dem vergleichsweise geringsten Risiko behaftet war. Inzwischen aber kam in der Konzentration auf die Betriebe vor allem das Bemühen zum Ausdruck, die Produktivität zu steigern. Die Zahl der Basiszellen stieg von 39 000 im Jahr 1927 auf 102 500 im Jahre 1937

an. Die Betriebszelle eines großen Industrieunternehmens oder einer großen Staatsbehörde gliederte sich in zahlreiche Gruppen, so daß auf der
untersten Ebene stets kleine, überschaubare Einheiten standen.

»Jeder Bolschewist ein Agitator!« lautete eine frühe Parole, die die Partei
lange Zeit mit großem Nachdruck propagierte. Eine Armee von Agitatoren
wurde aus den Reihen der Partei, des Komsomol und aus der Gruppe der
nichtparteigebundenen Aktivisten rekrutiert und zur Arbeit in den Basisor-
ganisationen angehalten. Dabei bevorzugte man Personen, die nicht nur
durch Argumente, sondern mehr noch durch das persönliche Beispiel zu
überzeugen wußten. Der Betreffende mußte also zunächst einmal ein guter
Arbeiter sein, der neben den Anforderungen der Parteilinie auch die des
Plansolls erfüllte; es wurde erwartet, daß er die Mitglieder seiner Zelle gut
kannte, Seite an Seite mit ihnen arbeitete und sich mit ihren persönlichen
Problemen ebenso wie mit ihrer Leistung im Betrieb oder in der Kolchose
befaßte. Dies blieb lange Zeit für die KPdSU die wirksamste Methode, an
die Massen heranzukommen.

In der NSDAP war man sich ebenfalls des Nutzens persönlicher Propaganda bewußt, und die Parteimitglieder wurden häufig daran erinnert, daß
es ihre Pflicht sei, »sich immer und überall als Überbringer des Führerworts
zu betrachten«. Mit solchen Botschaften, von Mund zu Mund weitergegeben, konnte man die Menschen auf eine Weise erreichen, wie die Massenmedien es nicht vermochten; vieles ist ja gemeinhin wirksamer, wenn es aus
dem Munde eines Menschen mit persönlicher Autorität kommt, als wenn
es aus offizieller Quelle verlautet. Die Parteimitglieder wurden angehalten,
nicht still zuzuhören, wenn jemand subversive Ansichten oder böswillige
Kritik äußerte, sondern dagegen einzuschreiten – und nach oben Bericht zu
erstatten. Die Allgegenwart von Spitzeln und Denunzianten zersetzte wie
eine Säure das Vertrauen zwischen den Menschen, eine Wirkung, die die
Geheimpolizei bewußt einkalkulierte und an die sie bei der Rekrutierung
von Informanten ebenso dachte wie an die Zuträgerdienste, die von den
Betreffenden zu erwarten waren. Zeitzeugen berichten, daß das Denunziantentum in der Sowjetunion bis heute ein nationales Laster geblieben ist,
ein Mittel, um alte Rechnungen zu begleichen oder sich die Stellung oder
die Wohnung eines Konkurrenten zu sichern.

Bei den Nationalsozialisten, für die die Steigerung der Arbeitsproduktivität kein solches Problem darstellte wie für die Russen, diente als Grundein-
heit der Parteiorganisation der »Block«, der in der Regel vierzig bis fünfzig
benachbarte Familien umfaßte. Mit ihnen mußte der »Blockwart« in ständigem Kontakt bleiben; es war seine Pflicht, jede dieser Familien in regelmäßigen Abständen zu besuchen, dafür zu sorgen, daß sie über die jeweils
aktuellen Kampagnen und Forderungen des Regimes informiert blieben,
Parteiveranstaltungen besuchten und ihren Beitrag an die Partei entrichte-
ten. Er fungierte mithin nicht nur als »Einpeitscher«, sondern auch als
Wachhund der Partei; behielt die Aktivitäten seines Blocks sorgfältig im

Auge und gab nach oben weiter, was ihm bemerkenswert oder verdächtig erschien. Neben den Gestapo-Beamten waren die Blockwarte die unbeliebtesten Leute in jedem Viertel, und sei es nur, weil sich in ihrer Gegenwart niemand sicher fühlte – und es auch nicht sollte.

Eine Ideologie im weitesten Sinne des Wortes – ein in sich geschlossenes System von Überzeugungen – ist etwas, das die meisten politischen Parteien für sich beanspruchen oder doch mit ihrer Arbeit verbinden, selbst wenn sie den Begriff als solchen nicht mögen. Das Stalin- und das Hitler-Regime waren jedoch in einem viel umfassenderen Sinn ideologisch geprägt, da sie ein System von Werten propagierten, das für alle Mitglieder der Gesellschaft als verbindlich galt und dessen Kritik oder sonstige Zurückweisung unter Umständen als Kapitalverbrechen geahndet wurde.

Für den überzeugten Anhänger der nationalsozialistischen oder der kommunistischen Ideologie war der Gegensatz zwischen beiden ein absoluter: Wer Nationalsozialist war, war *per definitionem* ein Antimarxist, wer Kommunist war, ein Antifaschist; dazwischen gab es keinen Kompromiß. Für den unbeteiligten Beobachter freilich erschien es damals und erscheint es erst recht heute so, als seien die funktionellen Ähnlichkeiten zwischen den beiden Ideologien mindestens so groß und bedeutsam gewesen wie ihr weltanschaulicher Gegensatz.

Diese These geht auf Georges Sorel zurück, dessen 1908 erschienene *Réflexions sur la violence*, die in Lenin und Mussolini zwei vom Autor bewunderte Leser fanden, den Begriff des »sozialen Mythos« definierten. Sorel sah darin ein Werkzeug gesellschaftlichen Handelns, das weder den Charakter eines ausgearbeiteten Plans noch einer wissenschaftlichen Vorhersage oder eines utopischen Entwurfs besaß – von alldem hielt er gleich wenig –, sondern das er als eine Vision definierte, die die Massen zu begeistern und zu gemeinsamem Handeln zu mobilisieren vermag. Das bekannteste der von ihm angeführten Beispiele war der Generalstreik, der, wie Sorel glaubte, vermutlich niemals stattfinden würde, der aber als bloße Idee bereits ein mächtiges Instrument sein könne, um die arbeitenden Massen von der Möglichkeit kollektiven Handelns zu überzeugen: »Das Ziel ist nichts, die Bewegung alles.«

Blickt man eher auf die Funktionen, weniger auf die Inhalte, so zeigen sich eindeutige Parallelen zwischen der kommunistischen und der nationalsozialistischen Weltanschauung. »Rasse«, »Klasse«, »Bourgeoisie«, »Judentum« fungieren in diesen Ideologien eher als mythische Symbole denn als soziologische Kategorien, sei es in einem positiven Sinn, mit dem die Massen sich identifizieren können wie im Fall von »Volk« oder »Proletariat«, sei es in einem negativen wie bei »Kapitalisten« oder »Kulaken«. In einer Zeit der Wirren – etwa der Kollektivierung in Rußland – oder der Angst – wie nach Ausbruch der schweren Wirtschaftskrise in Deutschland – erlangen solche Symbole große Suggestivkraft. Sie dienen gleichsam als

Blitzableiter für kollektive Angst- und Haßgefühle. Hitler wie Stalin stellten die Geschichte als ewigen Kampf dar, ersterer als einen Kampf zwischen den Rassen – mit »dem Juden« in der Doppelrolle des Kapitalisten und des Kommunisten –, letzterer als einen Kampf zwischen Klassen oder auch zwischen »der Revolution« und den »Feinden der Sowjetmacht« alias den »Agenten fremder Mächte« alias den »Imperialisten«, die die Errungenschaften der Revolution zunichte machen und die alte Ordnung wiederherstellen wollten.

Alle revolutionären Bewegungen stehen unter Rechtfertigungszwang, müssen sie doch begründen, weshalb sie das Bestehende abschaffen wollen. Auch eine erfolgreiche Revolution enthebt ihre Anführer deshalb nicht des Legitimationszwangs, weil sie nun zeigen müssen, daß sie an die Stelle der überwundenen Staatsform etwas Besseres zu setzen wissen. Damit sind die beiden Hauptaufgaben jeder revolutionären Ideologie umrissen. Es fällt nicht ins Gewicht, wie man diese Aufgaben löst, und auch in den vorliegenden beiden Fällen vollzog es sich auf ganz unterschiedliche Weise. Hitler, eigenen Neigungen folgend, verlegte die Legitimation in seine Person und berief sich auf die Mission, das Ariertum vor der »rassischen Verseuchung« und die europäische Kultur vor dem Bolschewismus zu beschützen, während Stalin »die Partei« und »die Revolution« – mit beiden identifizierte er sich – verherrlichte und zu ihrer Verteidigung gegen den Klassenfeind im Innern und gegen den faschistischen Aggressor aufrief.

Eine weitere wesentliche Aufgabe jeder Ideologie ist Mobilisierung, wie etwa 1932 in Deutschland, als es in fünf Wahlkämpfen darum ging, die Parteimitglieder und NSDAP-Wähler zu mobilisieren, oder in den Jahren der Zwangskollektivierung und des Fünfjahresplans in der Sowjetunion. Beide Führer appellierten an das Nationalgefühl der Menschen, Hitler, indem er sie in der Enttäuschung über das ungerechte Versailler »Urteil« bestärkte, Stalin, indem er die Parole vom »Sozialismus in einem Lande« ausgab, dem rückständigen Rußland, das antrat, die kapitalistische Welt zu überholen und den Kampf gegen fremde Invasoren und einen weiteren Interventionskrieg aufzunehmen. Genau so geschah es schon ein paar Jahre später, allem zum Trotz, was sich bis dahin ereignet hatte.

Die Ideologie des nationalsozialistischen Deutschlands und der Sowjetunion gliederte sich in zwei jeweils charakteristische Teilelemente. Beim Nazismus waren dies eine offizielle, offen vertretene »Vorderseite«, ihrem Wesen nach nationalistisch und konservativ, und eine rassistische, radikale »Rückseite«, die zwar keineswegs ganz verborgen blieb, in der Praxis jedoch kaum über den Kreis der höheren Parteifunktionäre und der »alten Kämpfer« hinaus Bedeutung gewann. Im Fall der Sowjetunion war jene »Vorderseite«, die der Außenwelt, auch den Mitgliedermassen der Kommunistischen Partei, präsentiert wurde, der Marxismus-Leninismus; indessen gab es auch hier eine »Rückseite«: Sie war stalinistisch und wurde nie beim Namen genannt.

Das Verhältnis zwischen den Elementen allerdings war hier ein anderes als dort, ein Unterschied, der wichtig ist für den Vergleich der beiden Regime.

Daß es Hitler möglich war, große Wählermassen für sich zu gewinnen und den Grundstock seiner Macht als Mitglied einer rechten Koalitionsregierung zu erwerben, hatte er sicherlich nicht zuletzt der Tatsache zu verdanken, daß er nach verbreiteter Auffassung ein Vertreter jener konservativ-nationalen Kräfte war, die sich schon immer gegen Versailles und Weimar gewandt hatten. Aus diesem Wählerreservoir schöpfte er. Dort zeigte man sich ansprechbar für Hitlers Hohelied von der »Volksgemeinschaft« und der nationalen Einheit jenseits aller Klassenschranken, für seinen Antimarxismus, seinen Haß auf die Moderne, seinen Appell an autoritäre Werte wie Wille, Disziplin, Ordnung oder Hierarchie, die Deutschland in der Vergangenheit groß gemacht hatten.

Es waren zwei ungewöhnliche Eigenheiten, durch welche sich die Nazis von den anderen Parteien der Rechten unterschieden. Die eine bestand darin, daß sich bei ihnen eine reaktionäre Einstellung auf politischem und kulturellem Gebiet mit technologischem Enthusiasmus verband. Das Erlebnis des Krieges und der Front habe, so liest man gelegentlich, einer Generation junger Deutschen gezeigt, daß Technik nicht »seelenlos und unpersönlich« sein mußte, sondern sich durchaus mit jenen romantischen und antirationalen Vorstellungen vereinbaren ließ, denen sie anhingen. Namentlich Hitler konnte sich der Faszination des technischen Fortschritts nicht entziehen, in dem er einen Ausdruck »urarischen Wollens« sah. Die Autobahn wurde zum kulturellen Symbol des neuen Regimes, und Goebbels brachte diesen Aspekt der NS-Ideologie auf den Begriff, als er 1939 bei der Eröffnung der Berliner Automobilausstellung das Zeitalter als zugleich »romantisch und stählern« bezeichnete. Das Bürgertum habe auf die Technik mit Verständnislosigkeit reagiert, moderne Skeptiker hätten in ihr die tiefste Ursache für den Niedergang der europäischen Kultur gesehen. Der Nationalsozialismus dagegen habe es verstanden, die seelenlosen Gebilde der Technik mit dem Rhythmus der Zeit zu erfüllen.[70]

Die zweite Eigenart der Nazis, die dem »Mann auf der Straße« ins Auge fiel, war ihr politischer Stil, der frei war von dem altmodischen Muff und Snobismus der bürgerlichen Rechtsparteien und die Bereitschaft einschloß, zu den Massen zu gehen und sich um sie zu bemühen – und dabei jedes verfügbare moderne Hilfsmittel einzusetzen.

Die »Bildungs- und Besitzbürger« der älteren Generation nahmen diesen Aspekt des Nationalsozialismus mit Widerwillen hin; sie sahen darin den Preis, den sie dafür zahlen mußten, daß die Nazis Wählerstimmen zusammentrommelten. Noch nach dem Schock der Gleichschaltung trösteten sie sich mit dem Gedanken, Hitler habe ja mit der Ausschaltung der SA und mit seiner Weigerung, die radikalen Wirtschaftsreformer der NSDAP zu unterstützen, unmißverständlich gezeigt, daß die revolutionäre

Phase des Nationalsozialismus nunmehr überwunden sei. Sie täuschten sich. Der politische Stil der Nazis war mehr als ein Instrument des Stimmenfangs; er war Ausdruck eines radikalen Denkens und Wollens, das sich, wenn es sich nicht auf gesellschaftlichem und wirtschaftlichem Gebiet betätigen konnte, andere Ziele suchte.

Dennoch wurden diejenigen, die Hitler aus nationalkonservativen Motiven gewählt hatten, nicht enttäuscht. Im April 1939 ließ Hitler die Leistungen Revue passieren, für die er die Urheberschaft beanspruchte: die Beseitigung der Demokratie und die Wiederherstellung einer autoritären Ordnung, die wirtschaftliche Erholung und das Ende der Arbeitslosigkeit, das militärische Wiedererstarken Deutschlands, die Rückgewinnung der dem Deutschen Reich 1919 »gestohlenen« Provinzen, die Wiederherstellung der »tausendjährigen geschichtlichen Einheit des deutschen Lebensraums« durch den Anschluß Österreichs und die Zerstückelung der Tschechoslowakei. All dies zusammen kam der Erfüllung nationaler Wünsche näher, als irgend jemand es 1933/34 für möglich gehalten hätte, und überzeugte die meisten Deutschen von der Größe Hitlers.

Als sie wenige Monate später in den Krieg ziehen mußten, taten sie dies freilich nicht annähernd mit der Begeisterung, von der sich Hitler 1914 emporgehoben gefühlt hatte. Aber die schnellen Siege, die die deutschen Streitkräfte 1939/40 in erstaunlicher Folge und bei minimalen Verlusten erfochten, setzten einen grandiosen Schlußpunkt unter eine triumphale Periode der nationalen Erneuerung, wie es sie in der deutschen Geschichte nie zuvor gegeben hatte: Der nationalistische Traum von Großdeutschland war Wirklichkeit geworden, Deutschland hatte sich als europäische Hegemonialmacht etabliert, Frankreich war besiegt, Großbritannien gedemütigt und isoliert, die Sowjetunion neutralisiert. Die Frage, weshalb Hitler auf diesem Gipfel des Erfolgs nicht willens oder nicht fähig war, innezuhalten, muß schon an dieser Stelle andeutungsweise beantwortet werden, weil sich daraus Rückschlüsse auf die Entwicklung der nationalsozialistischen Ideologie in den dreißiger Jahren ziehen lassen.

In *Mein Kampf* hatte Hitler die rassistische Weltanschauung dargelegt, die sein persönlicher Beitrag zum Nationalsozialismus und das spezifische Element war, durch das die NS-Ideologie sich von der Tradition des deutschen Nationalismus und von anderen faschistischen Bewegungen unterschied. Nach dem Überfall auf die Sowjetunion im Juni 1941 unternahmen die Deutschen in der Tat einen großangelegten Versuch, in Osteuropa ein Sklavenreich zu errichten, dessen Konzeption mit den Ideen von *Mein Kampf* zu korrespondieren schien.

Viele der späten Mitglieder der Partei, die zur NSDAP erst zu einem Zeitpunkt stießen, als ihr Siegeszug bereits begonnen hatte, nahmen Hitlers rassistische Ideen im allgemeinen und seinen Antisemitismus im besonderen nicht allzu ernst. Und viele von denen, die seither über Hitler geschrieben haben, sind dieser Auffassung gefolgt, vielleicht weil sie fanden, das Phänomen des Nationalsozialismus lasse sich bequemer im Rahmen so vertrauter Begriffe wie Klasseninteresse, Kapitalismus, Nationalismus, Militarismus oder dem reinen Streben nach Macht deuten denn als Ausfluß jener rassistischen Zwangsvorstellungen, die die Phantasie Hitlers beherrschten; man würde letzteren damit ja die Ehre erweisen, in ihnen mehr als bloß eine persönliche Idiosynkrasie zu sehen.

Diese Deutung vorausgesetzt, wäre in dem Überfall auf die Sowjetunion und dem Versuch, im Osten ein neues großdeutsches Reich zu errichten, in der Tat ein Produkt der Widersprüche der deutschen Gesellschaft zu sehen: Da diese Widersprüche sich nicht lösen ließen, trieben sie das NS-Regime dazu, den Ausweg in einem Krieg und in weiterer Expansion zu suchen, worauf schließlich der Zusammenbruch gefolgt sei.

Doch im Grunde gibt es keine Notwendigkeit, die »intentionalistische« und die »strukturalistische« Deutung als Alternativen darzubieten, zwischen denen man sich entscheiden muß. Das vorliegende Material erzwingt diese Gegenüberstellung nicht, und so wäre es eine unnötige Polarisierung. Hitler war gern bereit, jedes sozio-politische Argument, jeden Hinweis auf einen wirtschaftlichen Vorteil aufzunehmen, solange sich daraus Rechtfertigungsgründe für jene Ziele gewinnen ließen, die er ohnehin von Anfang an im Sinn hatte, und es hatte durchaus nicht den Anschein, als handelte er wie jemand, dem nur noch ein Ausweg offenstand und der sich unter Druck gesetzt fühlte. Man kann über das relative Gewicht diskutieren, das die Hitlerschen Visionen auf der einen, gesellschaftliche und wirtschaftliche Faktoren auf der anderen Seite besessen haben; in jedem Fall aber handelt es sich meines Erachtens um keinen strikten Gegensatz, eher um ein Sowohl-als-auch denn um ein Entweder-oder.

Hitlers rassistische Ideologie blieb der Leitstern seiner politischen Vision, das Ziel, an dem er sich in den zwanzig Jahren, die ihm nach der Niederschrift von *Mein Kampf* noch verbleiben sollten, orientierte. Er hatte keinerlei Vorstellung davon – nicht einmal im Moment seiner Machtergreifung und in der Zeit unmittelbar danach –, wann er je die Gelegenheit bekommen würde, sein rassistisches Programm in die Tat umzusetzen. Es gab keinen Entwurf, keinen festen Zeitplan oder etwas Ähnliches, bis die Pläne für den »Fall Barbarossa«, den Überfall auf die Sowjetunion, 1940/41 Gestalt annahmen, und schon in den dreißiger Jahren befielen ihn Sorgen über seine Gesundheit; er fragte sich, ob er die »Erfüllung seiner Aufgabe« überhaupt noch erleben werde.

Hitler selber erklärte mehr als einmal, wenn für eine Idee die Zeit nicht reif sei, habe es keinen Sinn, sie zu verwirklichen. In den Wahlkämpfen der frühen dreißiger Jahre hatte er erkannt, daß das rassistische Gedankengut, für ihn der Kern der nationalsozialistischen Weltanschauung, keine Wählerstimmen einbrachte, und so ließ er den Antisemitismus, dem er in den frühen zwanziger Jahren so viel Bedeutung beigemessen hatte, in den Hintergrund treten. Statt dessen beschwor er in erster Linie die Gefahren des

Marxismus. Im Gespräch mit Otto Wagener und anderen, mit denen er vor seiner Machtergreifung privaten Umgang hatte, äußerte er einmal, nur der engere Kreis der Nationalsozialisten wisse »in Rassefragen« klar zu denken; für die Öffentlichkeit im großen und ganzen dagegen seien sie Gift.[71]

Hitlers ideologischer Rassismus kommt uns auch bei der Erklärung eines Widerspruchs zu Hilfe, der vielen Rätsel aufgegeben hat: dem scheinbaren Paradox eines politischen Führers, der von seinem Naturell her der Inbegriff eines Revolutionärs zu sein scheint, ein Mann von entschiedenem Fanatismus, der extreme Dinge fordert und später auch praktiziert, der aber andererseits, nachdem er in den dreißiger Jahren an die Macht gelangt ist, das Übergreifen der politischen Revolution in die gesellschaftliche und wirtschaftliche Sphäre entschlossen verhindert.

Anfang 1933/34 war natürlich aus taktischen Gründen Zurückhaltung geboten. Hitler mußte seine Position erst noch festigen und brauchte dazu die Unterstützung oder zumindest die wohlwollende Neutralität der konservativ-nationalen Kräfte. Weshalb ging er dann aber später, als er sich stark genug fühlte, Schacht zu entlassen, den Vierjahresplan zu initiieren und, Anfang 1938, die konservativen Spitzen des Auswärtigen Amtes und der Wehrmacht zu entlassen, nicht daran, tiefgreifende innere Reformen durchzuführen, alte nationalsozialistische Forderungen nach einem Ständestaat wiederzubeleben, die großen Konzerne zu zerschlagen, die Zünfte wieder einzuführen oder ähnliches?

Hitler hatte schon Otto Strasser gesagt, daß er derartige Ideen schlicht für marxistisch hielte; genau wie die marxistischen Konzepte liefen sie darauf hinaus, Aggression und Zwietracht im Inneren zu säen anstatt das Volk zu einen und seine Kraft auf äußere Ziele zu lenken. Sein Weg war auf seine Art mindestens ebenso revolutionär: Er wollte die Kräfte und die inneren Spannungen der deutschen Gesellschaft zur Errichtung eines neuen Großreichs im slawischen Osten nutzbar machen, eines Gegenstücks zum römischen Kaiserreich der Antike oder zum britischen Empire in Indien – nur mit einem viel rücksichtsloseren Ausbeutungsgrad. Auf diese Weise glaubte er dem deutschen Volk eher als durch jede innere Revolution nicht nur die psychische Befriedigung, sondern auch die materiellen Vorteile einer Herrenrasse verschaffen zu können.

In den dreißiger Jahren widmete er seine ganze Energie der Wiederherstellung der deutschen Macht, wobei er aus der Ideologie der nationalen Wiedergeburt schöpfte und nicht ein rassistisches, sondern ein nationales Anliegen vertrat. Doch all die außenpolitischen und militärischen Erfolge, die er zwischen 1933 und 1940 verbuchte, waren für ihn in keinem Fall Selbstzweck. Er verlor nie aus dem Auge, daß sie ihm möglicherweise den Weg zur Verwirklichung jenes radikalen Plans ebnen würden, mit dem er die Zukunft des Dritten Reiches ein für allemal zu sichern gedachte. In der Öffentlichkeit freilich ließ er darüber kein Wort verlauten: Bis Ende 1939 präsentierte sich die deutsche Politik als das Bemühen, die Versailler Friedensregelung zu revidieren und den alten Traum von Großdeutschland zu verwirklichen. Nie ließ Hitler zu, daß die rassistische Ideologie die nationale in den Hintergrund drängte, wenngleich erstere mehr und mehr zur Richtschnur der tatsächlichen deutschen Politik im Osten wurde, besonders nachdem der Entschluß zum Krieg gegen die Sowjetunion gefallen war. Selbst noch zu einem Zeitpunkt, da deutsche Truppen in Sichtweite Moskaus und Leningrads standen und im Südosten den Kaukasus erreicht hatten, erfuhr die Öffentlichkeit nichts über die enormen Anstrengungen, die in die Reorganisation der besetzten Ostgebiete auf rassischer Grundlage gesteckt wurden.

Im inneren Kreis der Führung wußte hingegen jedermann, wie sehr Hitler von der Idee des Lebensraums und ganz allgemein von rassistischen Zielvorstellungen beherrscht war. Und auch viele andere Nationalsozialisten – etwa Darré, Himmler, Rosenberg oder Koch – sahen das neue deutsche Großreich, das im Osten Gestalt annehmen sollte, als das eigentliche Ziel der nationalsozialistischen Revolution und beschäftigten sich in den vierziger Jahren vornehmlich mit seinem Aufbau.

Es heißt, Darré habe im Sommer 1932, ein halbes Jahr vor der Machtergreifung, vor einem kleinen Kreis von Parteiführern, zu denen auch Hitler gehörte, über die Weisung Himmlers berichtet, ein ausführliches Register der biologischen Erbmasse der nationalsozialistischen Elite anzulegen, insbesondere der SS, und zwar im Hinblick auf die geplante Züchtung einer neuen rassischen Aristokratie. Nachdem er ein Gebiet zwischen den baltischen Staaten im Norden und dem Schwarzen Meer und dem Kaukasus im Süden als Schauplatz der »östlichen Raumpolitik« Deutschlands eingegrenzt hatte, erklärte Darré, die genannte Aufgabe lasse sich nur lösen, wenn Deutschland sich zu einer Politik der Entvölkerung und Kolonisierung entschließe.[72] Dies war eine Initiative, der Hitler keine Absage erteilte, anders als den gesellschaftlichen und wirtschaftlichen Reformplänen anderer Gruppen.

Zwei Jahre später, im Juli 1934, im selben Monat, in dem Hitler die Hoffnungen der SA auf eine »zweite Revolution« zunichte gemacht hatte, verlieh er der SS den Status einer selbständigen Organisation – ein Freibrief für Himmler und Heydrich, die SS zum Werkzeug seiner rassistischen Ideologie auszubauen. Und in der Kabinettssitzung vom 4. September 1934 erklärte Göring, die Wiederaufrüstung gehe von »dem Grundgedanken aus, daß die Auseinandersetzung mit Rußland unvermeidbar« sein werde.[73]

Während Hitler auf dem Gebiet des Verfassungsrechts, der Verwaltung und der Wirtschaft keinen ernsthaften Versuch unternahm, die Konflikte zwischen rivalisierenden Gruppen und Machtblöcken beizulegen oder zu entscheiden, war er in den Bereichen, die ihn interessierten und die seine rassistischen Überzeugungen berührten – Außenpolitik, Wiederbewaffnung und Strategie –, von äußerster Entschiedenheit. Dazu paßt auch der Umstand, daß es innerhalb der Parteiführung nicht die Spur eines ideologischen Konflikts gab, während die nationalsozialistischen Größen zweiter Ordnung in endlosen Zuständigkeits- und Machtstreitigkeiten bis ans bittere Ende gegeneinander stichelten und intrigierten. Autorität und Ideologie des Führers blieben immer unangefochten.

Tatsächlich waren beide ein und dasselbe, eine Identifizierung, die Hitler schon früh zur Grundlage seiner Führerschaft gemacht hatte; und seit Beginn der zwanziger Jahre hieß es unter den einfachen Parteimitgliedern: »Adolf Hitler ist unser Programm.« Wie Arthur Schweitzer gezeigt hat, konnte Hitler, indem er persönliches Charisma mit Ideologie verband, den großen Nachteil ausgleichen, den jede charismatische Autorität nach Darstellung Max Webers aufweist: Instabilität.[74] Wichtiger aber war noch, daß er der Bewegung eine Vision gab, die ihren Ausdruck in messianischen Untertönen fand: »das Tausendjährige Reich« oder »das Dritte Reich« (ein Echo auf Joachim von Fiores »Drittes Zeitalter«), außerdem die jüdische Verschwörung, die schon zum Standardrepertoire mittelalterlicher Heilslehren gehört hatte. Daraus erwuchs ein moralischer Imperativ, der dem SS-Mann das Gefühl verlieh, er handle bei der Ausführung eines Mordbefehls als Werkzeug eines »höheren Rechts«, genau wie Dzierzynski und natürlich auch Lenin und Trotzki den Terror in vollem Bewußtsein seiner Rechtmäßigkeit ausgeübt hatten. In der SS waren »innere Werte« wie Loyalität, Gehorsam, Ehrlichkeit, Selbstdisziplin, Kameradschaft und Tapferkeit keineswegs verpönt, im Gegenteil: Himmler verfehlte nie, sie seinen SS-Rekruten ans Herz zu legen. Nur lag die fatale Umfunktionierung dieser Tugenden eben darin, daß sie durch Hitlers revolutionäre Vision in den Dienst eines unmenschlichen Ideals gestellt wurden. Hitlers Rassismus stand nicht im Gegensatz zum deutschen Nationalismus, sondern war ein Auswuchs desselben, eine extreme Überhöhung. Auf die Mehrheit der deutschen Offiziere und Soldaten sowie auf die Bevölkerung als Ganzes wirkte auch nach der Eröffnung der Front im Osten noch immer vor allem der Reiz nationalistischer Zielsetzungen. Die in den besetzten Ostgebieten tätigen SS-Leute und Parteifunktionäre hingegen fühlten sich durch jene rassistischen Motive an Hitler gebunden, die ihnen die Rechtfertigung für die schrecklichen Verbrechen lieferten, derer sie sich schuldig machten: die Zwangsdeportationen und die Massaker, deren Opfer Millionen von Polen, Russen, Ukrainern und anderen Nationalitäten wurden und die im Holocaust kulminierten, der vorsätzlichen und planmäßigen Ausrottung der jüdischen Bevölkerung Europas.

Vor Hitler hatten andere Deutsche, andere Europäer in Wort und Schrift den Rassismus gepredigt; doch er als einziger ging daran, Ideologie in Handeln umzusetzen, zunächst, in den dreißiger Jahren, mit dem Aufbau und der Schulung der SS, anschließend aber, auf dem Höhepunkt seines Erfolges, durch den für die ganze Zukunft Deutschlands katastrophalen Versuch, seine irrsinnigen Träume wahrzumachen. Die Originalität Hitlers lag nicht in seinen Ideen, sondern darin, daß er mit ihnen Ernst machte.

So wie Hitler sich in Deutschland zum Erben nationalistisch-autoritärer Traditionen ernannte, präsentierte sich Stalin in UdSSR als Erbe des marxistisch-leninistischen Vermächtnisses. Von dem Zeitpunkt an, da er in die russische Sozialdemokratie eingetreten war, hatte ihm der Marxismus für seine Gedankenwelt das begriffliche Gerüst und die Sprache geliefert, deren er sich für den Rest seines Lebens bediente. Gemeinsam mit allen bolschewistischen Parteigenossen übernahm er die Leninschen Zusätze zum marxistischen Kanon, etwa die Überlegungen zur Rolle der Partei oder die Theorie des Imperialismus, und einer der maßgeblichen Gründe dafür, daß Stalin seine Rivalen auszuschalten vermochte, lag darin, daß er sich rechtzeitig in die Position des kompetentesten Interpreten Lenins zu bringen wußte.

Anders als Hitler erhob Stalin nie, nicht einmal im engsten Kreis, den Anspruch auf ideologische Originalität. Wenn Gesprächspartner ihn nach seinen Ideen fragten, entgegnete er in schöner Regelmäßigkeit, diese Ideen seien ein für allemal von Marx und Lenin formuliert worden, er habe dem nichts hinzuzufügen. Angesichts des Ehrgeizes und der Selbstbezogenheit, die Stalin sonst zeigte, verlangt diese ungewohnte Bescheidenheit nach einer Erklärung.

Stalin mußte mit Problemen fertig werden, die sich für Hitler nie gestellt haben. Eines davon war die Kritik, die russische Menschewisten und namhafte Sozialisten im Westen erst an Lenin, dann an ihm selber übten. Sie gipfelte in dem Vorwurf, Lenin und Stalin seien nicht die Erben des Marxismus und Sozialismus, sondern seine Verräter, eine Beschuldigung, die Trotzki später noch um den Vorwurf erweiterte, Stalin habe auch den Leninismus und die Oktoberrevolution verraten. Insbesondere letzteres hat Stalin die ganzen dreißiger Jahre über zu schaffen gemacht. Die Kritik verwies auf die Widersprüche zwischen der offiziellen Ideologie, die mit überlieferten sozialistischen Begriffen wie Demokratie, soziale Gerechtigkeit, Freiheit und Gleichheit operierte, und den Lebensbedingungen der meisten Sowjetrussen, sowie zwischen der kommunistischen Ideologie in ihrer marxistischen oder auch marxistisch-leninistischen Form und dem verzerrten Spiegelbild davon, das Stalin unter dem gleichen Namen entwickelte. Die Doppeldeutigkeiten und systematischen Fälschungen, zu denen die KPdSU sich durch diese Widersprüche verleiten ließ, führten zu einer geistigen und moralischen Korruption, aus der sie sich bis heute nicht hat lösen können.

Der Nationalsozialismus bildete eigene Formen der Korruption aus. Hitler hat sich auf seinem Weg zur Macht jede Parole oder Sache, die seinen Zwecken dienen konnte, sofort zu eigen gemacht – »Legalität«, »Kontinuität«, Antikapitalismus, Achtung vor traditionellen und christlichen Werten sowie, in seinen ersten Amtsjahren, »Friedensliebe« und Respekt vor den Rechten anderer Völker. Doch sein Opportunismus ging nie so weit, daß er ihm irgendwelche ideologischen Opfer gebracht hätte. Wenn es aus taktischen Gründen günstig schien, in der Öffentlichkeit den Nationalisten hervorzukehren und die rassistischen Ziele der Bewegung herunterzuspielen, so hieß das keineswegs, daß er aus letzteren ein Geheimnis gemacht hätte; jedermann konnte sich in *Mein Kampf* darüber informieren. Ganz anders als bei Stalin und der Kommunistischen Partei gab es bei Hitler und den Nationalsozialisten nie einen Konflikt zwischen den politischen Zielen und den Mitteln, die zu ihrer Erreichung eingesetzt wurden, auch zwischen 1941 und 1945 nicht, als die Zeit kam, die ideologischen Pläne zu verwirklichen.

Die tiefe Korruptheit der nationalsozialistischen Ideologie lag hingegen in den Zielen selbst. Gewaltherrschaft, Versklavung, Ausrottung sind *per se* böse und schlecht und korrumpieren früher oder später jede Bewegung, die sich ihnen verschreibt.

Die Korruptheit der kommunistischen Ideologie hingegen lag in den Mitteln. Soziale Gerechtigkeit, Freiheit und Gleichheit, ein Ende der Ausbeutung und der Entfremdung, das alles sind edle, humane Ziele. Was sie so verhängnisvoll korrumpierte, waren die unmenschlichen Methoden, die zu ihrer Durchsetzung angewendet wurden. Dies trifft auf Lenin und Trotzki ebenso zu wie auf Stalin. Leszek Kolakowski, selber ehemals ein kommunistischer und marxistischer Philosoph, hat dies treffend zum Ausdruck gebracht: »Wenn Sie Gleichheit schaffen [wollen], indem Sie die Ungleichheit erhöhen, werden Sie am Ende Ungleichheit bekommen; wenn Sie Freiheit schaffen wollen, indem Sie Massenterror ausüben, wird das Ergebnis Massenterror sein; wenn Sie mit den Mitteln der Angst und Unterdrückung eine gerechte Gesellschaft herbeiführen wollen, werden Sie nicht die allgemeine Brüderlichkeit, sondern Angst und Unterdrückung bekommen ... Die Unterdrückung des ›Klassenfeindes‹, die Abschaffung der bürgerlichen Freiheitsrechte und, ja, auch der Terror wurden akzeptiert als die notwendigen Übel, die der Geburt der neuen Gesellschaft eben vorausgingen. Heute erkennen wir klar genug, daß die Mittel die Zwecke definieren, doch das kommunistische Denken hat stets die umgekehrte Auffassung für die richtige gehalten.[75]

Lenin hatte bei der Machtergreifung im Oktober 1917 auf die Hoffnung gesetzt, daß die gesellschaftliche und wirtschaftliche Entwicklung Rußlands die politisch gleichsam vorausgeeilten Bolschewisten einholen werde. Daß diese Rechnung nicht aufgehen würde, zeigte sich, als die Revolution nicht auf Westeuropa übersprang, die Bolschewisten isoliert blieben und mit keiner Hilfe aus dem Ausland mehr rechnen konnten. Der Bürgerkrieg ließ ihnen zunächst keine Zeit, über diese Dinge nachzudenken; aber als er vorüber war, mußten die kommunistischen Führer der Tatsache ins Gesicht sehen, daß sie statt der hochentwickelten kapitalistischen Gesellschaft, die Marx als Vorbedingung für den Erfolg einer sozialistischen Revolution angesehen hatte, ein so armes, rückständiges und geschwächtes Land vor sich hatten, daß niemand sich vorstellen konnte, mit welchen Mitteln und Kräften es aus sich heraus den Übergang zu einer sozialistischen Wirtschaft und Gesellschaft schaffen sollte.

Lenin fand in der kurzen Zeit, die ihm verblieb, keine Lösung für das Problem; doch hinterließ er Andeutungen. Sie gingen in zwei entgegengesetzte Richtungen. Das eine war der Weg über Reformen. Auf der materiellen Grundlage der Neuen Ökonomischen Politik war darin eine allmähliche »kulturelle Revolution« vorgesehen, ein Wandel der russischen Mentalität mit erzieherischen Mitteln, beginnend bei der Bekämpfung des Analphabetismus. Ihr Ziel sollte es sein, die Massen zur Mitarbeit an der Entwicklung eines genossenschaftlichen Sozialismus zu bewegen, eine Aufgabe, die sich nach Lenins Einschätzung über »eine ganze geschichtliche Epoche«, mindestens aber über ein bis zwei Jahrzehnte hinziehen würde. So stand es im »politischen Testament« aus seinen letzten Lebensjahren. Der andere Weg war der revolutionäre. Lenin hat ihn im November 1920 als jene Form der Veränderung bezeichnet, »die die alte Ordnung von Grund auf niederreißt, anstatt sie vorsichtig, langsam und allmählich umzubauen und dabei so wenig wie möglich zu zerbrechen«. Das war der Kurs, den Lenin ursprünglich befürwortet hatte: ein radikaler, gewaltsamer Bruch mit der russischen Vergangenheit; und diese Lösung der Probleme hatte auch die Partei in der Phase des Kriegskommunismus favorisiert, bis sie zum Bedauern vieler Kommunisten plötzlich auf die NEP umgeschaltet hatte.

Stalin brachte die Mehrheit der KP-Führung zu der Überzeugung, daß ihnen nur noch die Rückbesinnung auf den früheren revolutionären Kurs blieb; anderenfalls müßten sie die Aussicht auf eine Vollendung der Revolution binnen drei oder vier Jahren, entsprechend ihrem und Lenins ursprünglichem Konzept, endgültig fallen lassen. Er überzeugte seine Genossen, daß gemäßigte Reformeingriffe des Staates die erforderlichen Veränderungen nie herbeiführen würden. Vielmehr mußte mit Gewalt und unter Einsatz der gesamten Staatsmacht vorgegangen werden, um die jetzige Ordnung der Dinge niederzureißen und die Gesellschaft – und das hieß: Dutzende von Millionen Menschen – zu einer neuen Lebensweise zu zwingen, und dies nicht im Lauf von zwanzig oder dreißig, sondern von vier oder fünf Jahren. Den Frontalangriff des Staates gegen die Gesellschaft auf eine so kurze Zeitspanne zu beschränken und gleichzeitig die industriellen und landwirtschaftlichen Probleme in Angriff zu nehmen, all das war taktisch beabsichtigt; es würde die Wirkungen der Destabilisierung erhöhen und das Gefühl einer umfassenden Krise erzeugen, die keinen Aspekt des Lebens unberührt ließ. Die Folge wäre die Zerrüttung aller vertrauten Orientierungen, so daß die Menschen, von der Entwicklung überrollt, zu keinem Widerstand in der Lage sein würden.

Kolakowski übertreibt nicht, wenn er die Verwirklichung dieses Stalinschen Programms als »die wahrscheinlich massivste kriegsähnliche Operation« bezeichnet, »die je ein Staat gegen seine eigenen Bürger durchgeführt hat«.[76] Auf ideologischem Gebiet ging die Operation einher mit der Herausbildung einer eigenständigen, wenn auch nie offiziell bestätigten stalinistischen Lehre.

Begonnen hatte der Prozeß schon früher mit Stalins These vom »Sozialismus in einem Lande«, die eine Abkehr von jener internationalen Perspektive bedeutete, in der sowohl Marx wie Lenin einen wesentlichen Bestandteil der marxistischen Konzeption gesehen hatten. Stalin indessen fühlte sich dadurch keineswegs gehindert, sein Konzept durch ausgewählte Zitate auf Lenin zurückzuführen.[77]

Mit derselben Methode versuchte er zwei weitere zentrale Postulate der stalinistischen Ideologie zu begründen. Da war einmal seine Überzeugung – von ihm als eherne Gesetzmäßigkeit der geschichtlichen Entwicklung dargestellt –, daß in dem Maße, in dem eine Gesellschaft sich dem Sozialismus nähere, die Gegenwehr der Ausbeuter sich verstärken und den Klassenkampf verschärfen werde, weil die Partei nun härter durchgreifen müsse, um den Sieg des Sozialismus sicherzustellen. In der Geschichte sei kein Fall bekannt, so erklärte er im April 1929, in dem eine absterbende Klasse freiwillig von der Bühne abgetreten sei.[78] Daß Bucharin dies nicht begriffen habe, liege, so fügte Stalin hinzu, an dem Umstand, daß er sich dem Klassenkampf nicht als Marxist, sondern als Philister zu nähern suche.

Welche praktischen Möglichkeiten in dieser These steckten, zeigte sich an den zur Durchsetzung der Kollektivierung ergriffenen Zwangsmaßnahmen – dem Klassenkampf auf dem Lande, um Stalins Formulierung zu verwenden. Hitler hatte in *Mein Kampf* geschrieben: »Die Kunst aller wahrhaft großen Volksführer [besteht] ... in erster Linie ... darin, die Aufmerksamkeit eines Volkes nicht zu zersplittern, sondern immer auf einen einzigen Gegner zu konzentrieren, ... [und] selbst auseinanderliegende Gegner immer als nur zu einer Kategorie gehörend erscheinen zu lassen...«[79]

Hitler fand diesen »einzigen Gegner« im »Judentum«, Stalin im »Kulaken« – und später im »Volksfeind«.

Beide standen einander nicht nach in der Fähigkeit, Parolen wie die von der rassischen Verseuchung (Hitlers Topos) oder die vom Klassenkampf (Stalins Topos) wörtlich zu nehmen und als Rechtfertigung für die Ausrottung ihrer Feinde zu benutzen. Stalin bezog sich 25 Jahre lang immer dann auf das Konzept des Klassenkampfes und das Bild des Klassenfeindes, wenn er es für nötig hielt, die Repression zu verschärfen oder aufkeimenden Widerstand zu zertreten; gleiches geschah nach dem Zweiten Weltkrieg auch in anderen kommunistischen Ländern. Jeder, der sich der Kollektivierung widersetzte – ob tatsächlich oder nur angeblich –, konnte als »Kulak« gebrandmarkt werden. Stalin selber setzte den Prozentsatz der Kulaken in der russischen Bevölkerung auf nicht mehr als fünf Prozent an; gleichwohl fühlte er sich nicht gehindert, die umfassenden Zwangs- und Gewaltmaßnahmen der Kollektivierung unter dem Titel »Liquidierung der Kulaken als Klasse« zusammenzufassen.

Stalins zweite ideologische These fand Ausdruck in einer Erklärung vom Juni 1931: Um die starke Fluktuation der Arbeitskräfte zu unterbinden, so führte er aus, müsse die Partei der Gleichmacherei bei den Löhnen ein

Ende machen. Jenen Wirtschaftsfunktionären und Gewerkschaftern, die glaubten, der Grundsatz des gleichen Lohns sei für das sowjetische System konstitutiv und müsse gewahrt bleiben, hielt er entgegen, dies sei ein »Bruch mit dem Marxismus, ein Bruch mit dem Leninismus«. Marx und Lenin hätten anerkannt, »daß der Unterschied zwischen qualifizierter und unqualifizierter Arbeit sogar im Sozialismus bestehen wird, sogar nach Aufhebung der Klassen, daß dieser Unterschied erst im Kommunismus verschwinden muß, daß daher auch im Sozialismus der ›Arbeitslohn‹ nach der Leistung und nicht nach den Bedürfnissen bemessen werden muß... Wer hat recht, Marx und Lenin oder die Gleichmacher?«[80]

Die Abkehr vom Prinzip der gleichen Entlohnung ebnete den Weg zu einer Politik, die der Steigerung der Produktivität obersten Vorrang einräumte, die Arbeitsnormen kontinuierlich höherschraubte und schließlich nicht einmal davor zurückschreckte, Arbeitsbücher einzuführen, wodurch der Arbeiter an seinen Arbeitsplatz gefesselt wurde. So opferte man die Errungenschaften, für die die Gewerkschaften in den westlichen Ländern stets gekämpft hatten und damals noch immer kämpften. Als Marx einmal bei dem russischen Anarchisten Sergej Netschajew auf ähnliche Ideen stieß – »die Menschen müssen so viel wie möglich produzieren und so wenig wie möglich verbrauchen«, alle persönlichen Beziehungen und Verhältnisse müßten streng beaufsichtigt werden und dergleichen –, hatte er empört ausgerufen: »Ein prächtiges Beispiel von Kasernen-Kommunismus!«[81] Eine prägnantere Beschreibung des Stalinismus der dreißiger Jahre könnte es nicht geben; Stalin jedoch beteuerte immer wieder, im sowjetischen Sozialismus hätten Ausbeutung und Entfremdung »aufgehört zu existieren«.

Es gehörte zu den bedeutendsten Entwicklungen dieser Zeit, daß man die Ideologie des Sowjetsystems Schritt für Schritt an einige sichtbare Realitäten der Stalinschen Revolution anpaßte: den massiven Einsatz der Staatsmacht und den Übergang vom Ziel einer sozialistischen Gesellschaft zur Errichtung eines Staatswesens, das nicht einmal ein Wohlfahrtsstaat war, sondern, um Robert Tuckers Formulierung zu gebrauchen, »ein mächtiger, hochgradig zentralisierter, bürokratischer, rüstungsindustrieller sowjetrussischer Staat«.[82]

Stalin vertraute das Kollektivierungsprogramm und die Verwaltung der sich enorm vermehrenden Arbeitslager in zunehmendem Maß der OGPU an, d.h. der staatlichen Sicherheitspolizei, und sogar den Streitkräften. Zu den Markenzeichen des voll entwickelten stalinistischen Staates, wie er sich von Mitte der dreißiger Jahre an präsentierte, gehörten deshalb die Allmacht der Geheim- oder Sicherheitspolizei (einschließlich der Straf- und Arbeitslager und des durch sie erzeugten Klimas der Angst) und die wachsenden Privilegien der Partei- und Staatsbürokraten auf Kosten einer eingeschüchterten, unterdrückten Gesellschaft.

Wie ließ sich all dies mit der wohlbekannten marxistischen These vom

»Absterben des Staates« vereinbaren? Stalin zeigte sich auch hier dem Problem gewachsen. Auf dem Sechzehnten Parteitag 1930 erklärte er: »Wir sind für das Absterben des Staates. Wir sind jedoch gleichzeitig für eine Verstärkung der Diktatur des Proletariats, der stärksten und mächtigsten Staatsmacht, die jemals bestanden hat. Höchste Entwicklung der Staatsmacht zur Vorbereitung der Bedingungen *für* das Absterben der Staatsmacht – so lautet die marxistische Formel. Ist das ›widerspruchsvoll‹? Ja, es ist ›widerspruchsvoll‹. Aber dieser Widerspruch ist dem Leben eigen, und er spiegelt vollständig die Marxsche Dialektik wider.«[83] Ebenso wie der Klassenkampf sich verschärfe, je mehr man sich dem Punkt nähere, an dem die Abschaffung aller Klassen möglich würde, müsse auch der Staat zunächst einmal möglichst stark werden, damit die Voraussetzungen für sein Absterben geschaffen werden könnten – genau so wolle es die marxistische Dialektik.

Unter den Altbolschewisten, die im Publikum saßen, als Stalin sich auf dem »Parteitag der Sieger« im Januar 1934 bejubeln ließ, dürften neben Bucharin auch noch andere erkannt haben, daß Stalin schon seit längerem die marxistische Ideologie, deretwegen sie einst in diese Partei eingetreten waren, durch eine neue, grobschlächtigere Lehre zu ersetzen trachtete. Hätte ihm dies jemand vorgehalten, so hätte Stalin sicherlich gute Rechtfertigungsgründe für sich anführen können: Marx hatte sich mit konkreten Aussagen über die Gestalt und Funktionsweise einer sozialistischen und – im weiteren Verlauf – kommunistischen Gesellschaft sehr zurückgehalten. Insbesondere hatten weder er noch Engels Hinweise darauf gegeben, wie der Übergang aus einer rückständigen Agrarwirtschaft wie der russischen, mit einem allenfalls ansatzweise entwickelten Kapitalismus, in eine industrialisierte sozialistische Gesellschaft vonstatten gehen sollte. Nicht einmal Lenin, der kühnste aller revolutionären Führer, hatte eine Antwort auf diese Frage gewußt. Stalin war überzeugt, sie gefunden zu haben, und zwar die einzig mögliche. Ob es wirklich keine andere praktikable Alternative gegeben hätte, ist noch immer Gegenstand von Debatten.

Stalin hätte überdies erklären können, daß die Sowjetunion unter seiner Führung als erstes Land der Welt die beiden wichtigsten Punkte des Marxschen Programms durchgeführt habe: die Abschaffung des Privateigentums (an Grund und Boden ebenso wie an den Produktionsmitteln) und die Aufhebung der Klassenunterschiede (durch Abschaffung aller nichtproletarischen Klassen: des Bürgertums, der Kapitalisten und Grundbesitzer, einschließlich der bäuerlichen Grundbesitzer, der Kulaken). Er hätte weiterhin sagen können, es treffe gewiß zu, daß die angewandten Methoden und ihre Konsequenzen sehr weit von dem abwichen, was vielen Marxisten ursprünglich vorgeschwebt habe, daß aber doch wohl kein Kommunist, und schon gar nicht Lenin, jemals davon ausgegangen sei, daß es bei einer Revolution ohne massenhaftes Leiden und den Verlust vieler Menschenleben abgehen könne. Das Besondere an seiner Revolution sei, daß sie, im

Gegensatz zu der von 1905 und auch zu der vom Oktober 1917, einen tiefen und unumkehrbaren Bruch mit der Vergangenheit vollzogen und dem russischen Volk die Tür zu einem ganz neuen Zeitalter aufgestoßen habe.

Doch all diese Gründe führte Stalin im Januar 1934 nicht an. Er bekannte sich nach wie vor zum Marxismus, der, so verkündete er stolz, bereits »auf einem Sechstel der Erde den Sieg davongetragen« habe. »Welchem Umstand verdankt unsere Partei diesen ihren Vorzug? Dem Umstand, daß sie eine marxistische Partei, eine leninistische Partei ist. Sie verdankt ihn dem Umstand, daß sie sich in ihrer Arbeit von der Lehre von Marx, Engels, Lenin leiten läßt... Jawohl, Genossen, wir verdanken unsere Erfolge der Tatsache, daß wir unter dem Banner von Marx, Engels, Lenin gearbeitet und gekämpft haben.«[84] Dies erklärte der Mann, dem viele nicht ohne Berechtigung vorwarfen, er habe den Marxismus bis zur Unkenntlichkeit verstümmelt.

Offenkundig legte Stalin größten Wert darauf, daß die Partei – einschließlich seiner früheren Widersacher, die sie gnädig wieder aufgenommen hatte – ihm nicht nur Lob und Anerkennung für seine bisherigen Leistungen zollte – was sie tat –, sondern ihm auch ausdrücklich bescheinigte, daß er sich um die Verwirklichung des ursprünglichen marxistischen Programms einer sozialistischen Gesellschaft verdient gemacht hatte. Zum Teil ging es auch hier um politische Vorteile und Interessen. Der Marxismus war zu Lebzeiten Stalins eine Verheißungslehre von überwältigender Anziehungskraft, der Marxismus-Leninismus die weltweit am meisten verbreitete und diskutierte Gebrauchsanleitung für revolutionäre Bewegungen. Stalin selber hatte sich den Enthusiasmus, den die marxistisch-leninistische Ideologie kraft der ihr eigenen »Gewißheit« zu wecken vermochte, für seine »zweite Revolution« zunutze gemacht. Inzwischen hatte dieser Enthusiasmus sich bis weit über die Grenzen Rußlands hinaus verbreitet. Die Sowjetunion galt als das Mutterland des Sozialismus, dem Arbeiter und Intellektuelle überall auf der Welt Solidarität schuldeten, und das machte es Stalin leicht, den beherrschenden sowjetischen Einfluß in der internationalen kommunistischen Bewegung aufrechtzuerhalten und seinem Regime die aktive Unterstützung linker Sympathisanten im Westen zu sichern, die fast bis zur Selbstverleugnung an dem Glauben festhielten, das stalinistische Rußland sei der große Hoffnungsträger der Menschheit.

Doch obwohl solche Erwägungen zweifellos eine Rolle spielten, treffen sie nicht ganz den Kern der Sache. Das eigentliche Motiv lag in der Natur der Kommunistischen Partei selber, deren *raison d'être* der Glaube war, im historischen Materialismus über wissenschaftlich gesicherte Einsichten in geschichtliche und gesellschaftliche Abläufe zu verfügen, ein System, das dem »Gläubigen« denselben Grad an Zutrauen und Sicherheit vermittelte wie etwa die biblischen Botschaften dem Christen.

Ideologie war wichtig für Hitler, im Grunde aber nicht für die NSDAP; die Mehrheit der Parteigenossen begnügte sich mit dem Bekenntnis:

»Adolf Hitler ist unsere Weltanschauung«, und überließ alles Weitere dem Führer. Das Pendant zum Führer-Mythos war im kommunistischen Lager der »Kult der Partei«, der Partei als der Wächterin über die echte, unverfälschte und unverfälschbare Lehre und als der einzigen Instanz, die zur Deutung und praktischen Umsetzung dieser Lehre berechtigt war: zur Festlegung der »Parteilinie«. Indem sie auf unerforschliche Weise zur einzig »korrekten« Auslegung der Lehre gelangte, war allein sie es, in der sich jene marxistische Ideologie verkörperte, die Legitimität besaß und Legitimität verleihen konnte. Wenn Stalin nicht riskieren wollte, die Autorität der Partei zu beschädigen oder die geheimnisvolle Aura ihrer Macht zu schwächen, durfte er niemals zugeben, daß er unter der Wahrung der äußeren Formen erhebliche Eingriffe in die Substanz der Lehre vorgenommen hatte. Er hätte sich damit genau jener Abweichung schuldig gemacht, die seinen Widersachern zum Verhängnis geworden war. Wohl wissend, wie gründlich er und die beiden anderen Mitglieder der Troika das Ansehen Trotzkis untergraben hatten, indem sie das Gespenst des Trotzkismus erfunden und auf ihn losgelassen hatten, wollte er unter keinen Umständen zulassen, daß man aus dem »Stalinismus« – ein unter Stalin durch und durch verpönter Begriff – einen ähnlichen Popanz machte.

In Deutschland galt, daß die Ideologie der NSDAP immer das war, was der Führer sagte; im Sowjetstaat war die Ideologie jeweils das, wovon der Generalsekretär behauptete, Marx und Lenin hätten es gesagt.

11. Kapitel

Der Führerstaat

Hitler 1934–1938

Im Herbst 1934, nach Hitlers Schlag gegen die SA und nach dem KPdSU-»Parteitag der Sieger« mit seinen Entspannungssignalen hofften die Menschen in Deutschland und der Sowjetunion, die revolutionäre Phase sei vorbei, das Leben werde wieder einen normaleren Gang gehen. Die Hoffnungen sollten enttäuscht werden, wenn auch aus unterschiedlichen Gründen und in unterschiedlichem zeitlichen Verlauf.

An einem Fortbestand des Status quo konnten weder Hitler noch Stalin interessiert sein. Hitler hatte sich eine persönliche Stellung geschaffen, zu der die neuere deutsche Geschichte keine Parallele kennt, aber er mußte mit diesem Pfund erst noch wuchern, um seine eigentlichen Ziele zu erreichen. Stalin hatte seine »zweite Revolution« vollzogen, doch die Methoden ihrer Durchführung und die dadurch angerichteten Verheerungen hatten seinen Charakter ins Extrem getrieben: Sein Mißtrauen gegenüber Feinden in der Partei hatte sich zum Wahn gesteigert, zur Entschlossenheit, sie zu vernichten; hinzu kam sein mit Hitler geteilter Ehrgeiz, als eine einzigartige, nur der »Geschichte« verantwortliche Führergestalt anerkannt zu werden.

Hitler hatte eingesehen, daß er ohne die Mitarbeit der traditionellen Eliten – der Reichswehr, der Beamtenschaft, der Industrie – keine Aussicht hatte, die wirtschaftliche Erholung und Wiederaufrüstung Deutschlands herbeiführen zu können; er dachte jedoch nicht daran, aus dieser Partnerschaft, die in seinen Augen nur vorübergehend war, eine dauerhafte Verbindung werden zu lassen, wie so viele Konservative hofften. So ist der Zeitraum 1934 bis 1938 vor allem im Hinblick auf die Frage interessant, wie Hitler es fertigbrachte, die aus der Zusammenarbeit erwachsenden Vorteile maximal zu nützen, ohne sich und die NS-Bewegung vereinnahmen zu lassen. Wie konnte er, ganz im Gegenteil, seine Position bis 1938/39 so weit stärken, daß er auf niemanden mehr angewiesen war und alle Möglichkeiten in den Händen hatte, um das Programm eines revolutionären Imperialismus in die Tat umzusetzen?

Auch Stalin bewegte sich auf dieses Ziel zu, nur auf dem umgekehrten Weg. Er kündigte den Führungskadern der Kommunistischen Partei, auf die er sich bei der gewaltsamen Durchsetzung der Revolution gestützt hatte, die Zusammenarbeit auf und ersetzte das Prinzip der Kooperation durch die Forderung nach bedingungsloser Loyalität gegenüber seiner Person. Dies gelang ihm mittels einer Säuberung von nie dagewesenem Umfang, die das, was von der bolschewistischen Partei Lenins noch übrig war, endgültig zunichte machte. Bemerkenswert an diesem Teil der russischen Entwicklung ist die Art und Weise, wie Stalin den »Krieg« gegen jene

Partei führte, der er seinen Aufstieg zur Macht verdankte, ohne die durch die »zweite Revolution« bewirkten Veränderungen zu opfern oder seine eigene Stellung zu gefährden. Im Gegenteil konnte er letztere in einer Weise stärken, die ihn »unabhängig von allen außer sich selber« werden ließ, ganz wie seine zaristischen Vorgänger, die autokratischen Herrscher aller Russen. Und bei alldem brachte er noch das Kunststück fertig, sich sein Image als Führer des weltweit einzig erfolgreichen sozialistischen Staatswesens marxistischer Prägung ungeschmälert zu bewahren.

Was Hitler betraf, so galt ab Anfang 1938 seine gesamte Aufmerksamkeit der Außenpolitik, in der er immer eine Verbindung diplomatischer und militärischer Politik gesehen hatte. Bis er freilich soweit war, eine Außenpolitik nach seiner Fasson machen zu können, bedurfte es noch einer gewissen Vorbereitungsphase, bei deren Betrachtung es zweckmäßig erscheint, drei Bereiche zu unterscheiden: den Staat, die Wirtschaft und die Gesellschaft.

Am wenigsten Aktivität entfaltete Hitler auf dem erstgenannten Gebiet, was verwunderlich erscheint, bedenkt man, wieviel Macht er in Händen hielt. Die Maßnahmen, mit denen er im Sommer 1934 die Hoffnungen auf eine »zweite Revolution« zunichte gemacht hatte, hatten wenig an den Konflikten und Widersprüchen geändert, die hinsichtlich neuzuverteilender Aufgaben und Zuständigkeiten nicht nur zwischen Staat und Partei, sondern auch innerhalb des Staatsapparates selber bestanden. Gleichwohl verhielt er sich gegenüber Versuchen, das Durcheinander zu ordnen, in der Folgezeit eher ablehnend und unterstützte sie kaum. Zwei Beispiele mögen illustrieren, wie Hitler die zahllosen Vieldeutigkeiten noch vergrößerte. Der erste dieser Versuche wurde mit dem Erlaß des Gesetzes über den Neuaufbau des Reiches (30. Januar 1934) unternommen, das in einem halben Dutzend Zeilen die bundesstaatliche Struktur Deutschlands beseitigte und die Souveränitätsrechte der Länder auf das Reich übertrug: Die Ministerpräsidenten beziehungsweise die Reichsstatthalter in den Ländern und die von ihnen geführten Regierungen waren damit direkt der Zentralgewalt unterstellt. Wilhelm Frick, zum Reichsinnenminister aufgestiegen, hatte das Gesetz in der Absicht entworfen, eine einheitliche, zentralisierte Regierungsstruktur für ganz Deutschland zu schaffen – er sprach in diesem Zusammenhang von einem »jahrhundertealten Traum«, der nun in Erfüllung gehe. Das Werk gedieh bis zur Zusammenlegung der meisten Ministerien des Landes Preußen mit denen des Reichs und kam dann ins Stocken. Der Grund dafür war der Widerstand der Reichsstatthalter in den übrigen Ländern. Bis auf eine Ausnahme handelte es sich dabei um Gauleiter, von Hitler zu seinen persönlichen Vertretern in den Ländern ernannt, und diese Männer waren fest entschlossen, sich ihre privilegierte Stellung nicht nehmen zu lassen. Da Frick auf seinem Traum beharrte, wandten sich schließlich beide Seiten an Hitler.

Hitler hätte sich niemals gegen seine Gauleiter gestellt. Er entschied, daß bei Meinungsverschiedenheiten zwischen der Reichsregierung und den Reichsstatthaltern im allgemeinen die Regelungen des neuen Gesetzes Anwendung finden müßten. In Fragen von »besonderer politischer Bedeutung« jedoch, so fügte er hinzu, müßten Ausnahmen möglich sein, eine Einladung, von der die Reichsstatthalter als alte Kämpfer der Partei ausgiebig Gebrauch machten.

Die anhaltenden Bemühungen Fricks, die Ministerpräsidenten der Länder oder die Reichsstatthalter zu entmachten und im Rahmen einer Neugliederung des Reichs Gaue und Kreise von etwa gleicher Größe zu schaffen, rief den Widerstand vieler altgedienter Parteigenossen hervor, die sich mit dem drohenden Verlust ihrer Stellung oder doch von Teilen ihrer Herrschaftsdomäne konfrontiert sahen. Als Hitler von den Kontroversen genug hatte, verfügte er im März 1935, »daß jegliche öffentliche Erörterung über die Reichsreform, vor allem über Neugliederungsfragen in schriftlicher und mündlicher Form zu unterbleiben habe«. Diese Weisung hielt Fritz Sauckel, den Reichsstatthalter und Gauleiter von Thüringen, nicht davon ab, im Januar 1936 eine sechsunddreißigseitige Denkschrift vorzulegen, in der er erklärte, die Männer der Partei, ob Reichsstatthalter, Ministerpräsidenten oder Länderminister, würden mehr und mehr aus der Verwaltung ausgeschlossen, ein Vorgang, der die raffinierten, heimlichen und unaufhörlichen Bemühungen der Beamtencliquen beweise, sich Zuständigkeiten zu sichern und den Einfluß der Parteivertreter auszuschalten.[1]

Tatsächlich blieb die Reichsreform stecken. Das Verhältnis zwischen der Zentralgewalt und den parteieigenen Machtinstanzen in den einzelnen Ländern, also den Ministerpräsidenten beziehungsweise Reichsstatthaltern oder ihren preußischen Pendants, den Oberpräsidenten, blieb ungeklärt, was zur Folge hatte, daß die Kontrahenten weiterhin jede sich bietende Gelegenheit und jede Verschiebung des internen Machtgleichgewichts nutzten, um bürokratische Kleinkriege zu führen.

Ein zweites Beispiel ist Fricks Versuch, die Verabschiedung eines neuen Beamtengesetzes durchzusetzen, das den öffentlichen Dienst des Reichs und der Länder vereinheitlichen und einen allgemeinen Regelkodex für das Verhalten von Beamten aufstellen sollte. Einem Entwurf für dieses Gesetz hatte das Finanzministerium bereits 1934 zugestimmt, doch dann sorgten Einwendungen von Hitler und Heß (wobei letzterer als Stellvertreter des Führers den Standpunkt der Partei zur Geltung brachte) für eine mehr als zweijährige Verzögerung. Gestritten wurde bald über den einen, bald über den anderen Artikel des Gesetzentwurfs, doch im wesentlichen ging es immer um den Konflikt zwischen einem unparteiischen öffentlichen Dienst, dessen .Angehörige verbriefte Rechte auf Kündigungsschutz, Beförderung, Pension und ähnliches hatten und vor äußeren Eingriffen und Einflußnahmen geschützt waren, und dem Anspruch der Partei, in den öffentlichen Dienst ebenso hineinregieren zu dürfen wie in jede andere gesellschaftliche Institution, wenn dies für die Durchsetzung nationalsozialistischer Positionen notwendig erschien oder wenn es galt, gegen »politisch unzuverlässige« Beamte oder Bedienstete vorzugehen.

Hitler stimmte schließlich widerwillig zu, daß das Gesetz Ende Januar 1937 in Kraft gesetzt wurde. Die Partei ließ von Angriffen auf den »reaktionären« öffentlichen Dienst dennoch nicht ab, und Hitler machte deutlich, daß er mit ihr übereinstimmte. Auf der anderen Seite bediente er sich nach wie vor der Beamtenschaft und profitierte von ihrer Professionalität. Frick, der ein alter Kämpfer der Partei war, als Innenminister aber zugleich für die Beamtenschaft zu sorgen hatte, verzweifelte schließlich an der selbstgestellten Aufgabe, die Kluft zwischen dem traditionellen Dienst- und Pflichtethos des preußischen Beamtentums und dem Machtanspruch der NSDAP zu überbrücken. Kurz nach Kriegsbeginn schrieb er an Hitler: »Der Verlauf der letzten Jahre läßt es mir jedoch zweifelhaft erscheinen, ob meinen Bemühungen überhaupt noch ein Erfolg beschieden sein kann. In immer steigendem Maße greifen nach meinen und aller übrigen Ressorts übereinstimmenden Beobachtungen im Berufsbeamtentum verbitterte Gefühle mangelnder Würdigung seiner Leistungen und Verdienste sowie ungerechtfertigter Zurücksetzung um sich.«[2]

Hitler untergrub den Grundsatz einer einheitlich geordneten Regierungs- und Verwaltungsstruktur. Unter Mißachtung bestehender Zuständigkeiten und Ministerien rief er besondere Organisationen ins Leben, verlieh ihnen den Status oberster Reichsbehörden und betraute sie mit Aufgaben, denen er großes Gewicht beimaß. 1942 existierten elf solche Sonderbehörden von unterschiedlicher Größe und Bedeutung. Die erste war die Organisation Todt (OT), gegründet 1933, die spektakulärste die Vierjahresplanbehörde (September 1936), die schrecklichste das Konglomerat aus SS und Polizei unter Führung Himmlers, der zunächst den Titel Reichsführer SS trug und sich von Juni 1936 an auch Chef der Deutschen Polizei nennen durfte.

Ohne Rücksprache mit dem Verkehrsminister übertrug Hitler die Verantwortung für den Autobahnbau Fritz Todt, den er zum Generalinspekteur für das deutsche Straßenwesen ernannte; Todt war dem Verkehrsministerium weder unterstellt noch angeschlossen, sondern direkt dem Führer verantwortlich. Mit diesem Rückhalt baute Todt eine Großorganisation auf, die schließlich sämtliche großen staatlichen Bauprojekte abwickelte, darunter auch die Errichtung der Grenzbefestigungen im Westen, den sogenannten Westwall. 1940 rückte Todt zum Reichsminister für Bewaffnung und Munition auf. Es machte den besonderen Charakter seiner Organisation aus, daß sie einerseits ein Verbund zahlreicher privater Baufirmen war, andererseits aber über die Machtbefugnisse einer staatlichen Baubehörde verfügte, einschließlich der Möglichkeit, für ihre Projekte mit staatlicher Rückendeckung Arbeitskräfte zu rekrutieren, etwa aus dem Heer der Arbeitsdienstpflichtigen. Dank ihrer direkten Unterstellung unter den Führer war die OT von jeder Kontrolle durch die regulären Behörden befreit;

sie wurde so, wie SS und Polizei, Bestandteil jener »zweiten Exekutive«, die Hitler sich in Ergänzung des übernommenen Verwaltungsapparates schuf.

Wie das Dritte Reich funktionierte, läßt sich exemplarisch an der Entwicklung von Görings persönlicher »Hausmacht« studieren. Seine erste Machtposition als Ministerpräsident und Innenminister in Preußen war durch die Zusammenlegung des preußischen Innenministeriums mit dem des Reiches unter Frick einerseits und durch den Übergang der gesamten Polizeigewalt an Himmler und Heydrich andererseits entwertet worden. Die einzige Trumpfkarte, die Göring aus seiner preußischen Amtszeit retten konnte, war das ihm persönlich zuarbeitende »Forschungsamt«, eine nachrichtendienstliche Behörde, die Telefonleitungen sowie den Funk- und Telegraphenverkehr abhörte, wodurch Göring einen bedeutsamen Informationsvorteil gegenüber seinen Rivalen erlangte. Es gelang ihm allerdings nicht, sich den erhofften maßgeblichen Einfluß auf die Außen- und Militärpolitik des Reichs zu verschaffen, zumal er kein Parteiamt bekleidete, durch das er Himmler, Goebbels oder Ley hätte Konkurrenz machen können, die alle eine Machtbasis in der Partei mit der Ausübung eines Amts auf Reichsebene verbanden.

Doch Göring stärkte seine Position, indem er das Reichsluftfahrtministerium, das Hitler im Mai 1933 eigens für ihn als oberste Reichsbehörde geschaffen hatte, zügig vergrößerte. Er wehrte alle Versuche der Reichswehr und des Reichswehrministeriums ab, die massiv expandierende Luftwaffe unter ihre Kontrolle zu bringen. Die wirtschaftliche Hebelkraft, welche die Aufrüstung der Luftwaffe ihm gewährte, nutzte er überdies nicht nur zum Aufbau eines großen Rüstungskonzerns, sondern auch zur Rückgewinnung einer Vertrauensstellung bei Hitler. Einige Jahre später galt er allgemein als der Kronprinz des Führers.

Wie Machtzentren außerhalb der traditionellen Regierungs- und Verwaltungsstrukturen auch noch entstehen konnten, zeigt eine dritte Spielart, die Zusammenführung von SS und Polizei zum Kern eines SS-»Imperiums«, das am Ende alle anderen Subimperien der Partei in den Schatten stellen sollte. Daß die Polizei aus der Unterstellung unter das Reichsinnenministerium herausgelöst wurde, erfolgte gegen den harten Widerstand Fricks. Als dies im Juni 1936 dennoch geschah, konnte Frick immerhin noch durchsetzen, daß Himmler den Amtstitel »Reichsführer SS und Chef der Deutschen Polizei im Reichsministerium des Inneren« erhielt. Doch wenn Himmler auch in seiner zweiten Eigenschaft, als Chef der Deutschen Polizei, dem Innenminister des Reichs und Preußens »persönlich und untermittelbar unterstellt« wurde, so unterstand er doch in seiner ersten Eigenschaft als Reichsführer SS unmittelbar dem Führer, weshalb Fricks Bestimmung sich als wirkungslos erwies. Daß Frick die Fahne des Beamtentums traditioneller Prägung hochgehalten hatte, gereichte ihm überdies nicht zum Vorteil, so sank sein Stern, und schließlich konnte Himmler den Spieß umdrehen, indem er im August 1943 selber das Amt des Innenministers übernahm und damit oberster Dienstherr der Polizei wurde.

Das Dritte Reich als »Polizeistaat« zu bezeichnen, wird der Realität nicht unbedingt gerecht. Denn dieser Begriff verrät nicht, daß Hitler und Himmler mit der Verordnung vom Juni 1936 nichts Geringeres im Sinn hatten, als die Polizei, das staatliche Werkzeug für den Vollzug der Gesetze, der Kontrolle des Staates zu entziehen und mit der SS zu vereinigen, jener Organisation, die mehr als jede andere den Anspruch des Führers verkörperte, unabhängig vom Gesetz und allein nach seiner Willkür Macht auszuüben. Bezeichnenderweise machte Himmler sich nicht die Mühe, sich für seinen Posten als Chef der Deutschen Polizei ein separates Büro einrichten zu lassen. Er machte keinen Hehl aus der Absicht, die Polizei in die SS zu integrieren, die sich als weltanschaulich ausgerichtete und bedingungslos auf den Willen des Führers verpflichtete Elitetruppe verstand. Himmler gliederte die Polizei in zwei Abteilungen: die Ordnungspolizei, die uniformiert war und herkömmliche polizeiliche Routineaufgaben wahrnahm, und die Sicherheitspolizei, in der er sowohl die politische Polizei (Gestapo) als auch die Kriminalpolizei zusammenfaßte. Zu ihrem Leiter ernannte er Reinhard Heydrich, der den hohen Rang eines SS-Gruppenführers bekleidete, entsprechend dem militärischen Dienstgrad eines Generalleutnants.

Das Ministerium für Volksaufklärung und Propaganda war zwar der Form nach eine ordentliche Behörde, geführt von einem Chef, der als Minister im Kabinett saß, legte aber nach außen dieselbe Aggressivität und Mißachtung für überkommene Verfahrensweisen an den Tag wie die anderen genannten Sonderorganisationen. Das lag in erster Linie an der Person des Ministers selber. Goebbels gehörte zu den wenigen NS-Führern, die ihr Metier wirklich beherrschten, und verband einen äußerst selbstbewußten Glauben an den guten Sinn seiner Aktivitäten mit einer von Haus aus radikalen Einstellung und einem überschäumenden Ehrgeiz. Gegenüber seinen Rivalen hatte er den bedeutsamen Vorteil, daß er schon seit 1930 die Propagandaabteilung der Partei leitete und sie zu einem funktionierenden Modell für das künftige Propagandaministerium ausgebaut hatte.

Es kam dem Einfluß und der persönlichen Stellung von Goebbels zugute, daß er sein Ministeramt mit einer Führungsposition in der Partei verband: Er gehörte nicht nur der Reichsleitung an, sondern war auch Gauleiter von Groß-Berlin und hatte in den Jahren des Kampfes um die politische Macht zu Hitlers engsten Vertrauten und Mitarbeitern gehört. Mit Unterstützung seines Führers gelang es Goebbels, das gesamte Rundfunk- und Pressewesen in Deutschland seiner Leitung zu unterstellen und darüber hinaus wirksame Kontrollinstanzen für das gesamte Spektrum der kulturellen und künstlerischen Betätigung zu errichten, die unter dem Dach der Reichskulturkammer zusammengefaßt wurden. Das Propagandaministerium und die Reichskulturkammer gehörten als Werkzeuge in der Hand von Goebbels ebenso zu Hitlers »zweiter Exekutive« wie die Göringsche Vierjahresplanorganisation oder die SS Himmlers.

Daß Hitler sich, nachdem er sich die Nachfolge Hindenburgs gesichert hatte, vom täglichen Geschäft des Regierens zurückzog, ist bereits berichtet worden. Noch verstärkt durch seinen Widerwillen gegen durchgreifende, den bestehenden Zuständigkeitswirrwarr beseitigende Verwaltungsreformen führte dies dazu, daß die Machtbewußteren unter den NS-Führern eine Menge Spielraum zum Aufbau rivalisierender Apparate hatten und beständig im Kleinkrieg miteinander und mit den traditionellen Ministerien lagen. Der Zustand, der daraus resultierte und den Hitlers unberechenbare Interventionen noch verschlimmerten, ist als »autoritäre Anarchie«, »permanente Improvisation« oder »administratives Chaos« bezeichnet worden; doch wie immer man es nennen mag, Tatsache ist, daß dieses polykratische Staatswesen mit seinen rivalisierenden Machtzentren ganz und gar nicht jenes monolithische, totalitäre und mit deutscher Effizienz geleitete Staatsgebilde war, als das es sich in den Augen der Außenwelt darstellte.

Indes trifft dies nicht nur auf die politischen und gesetzgebenden Instanzen des nationalsozialistischen Staats zu, sondern auch auf die Verwaltung. Die Weimarer Verfassung blieb zwar formell in Kraft, aber das »provisorische« Ermächtigungsgesetz vom März 1933 schuf praktisch eine neue Verfassungswirklichkeit, indem es das Reichskabinett mit der Vollmacht ausstattete, Gesetze zu erlassen. Gesetze wurden nun vom Reichskanzler vorgelegt und traten nach Verabschiedung im Kabinett (wo Einstimmigkeit nicht erforderlich war) mit der Veröffentlichung im Reichsgesetzblatt in Kraft. Der Unterschied zwischen Gesetzen und Verordnungen war damit so gut wie beseitigt. Dennoch wurde der Reichstag nicht abgeschafft, auch an seinen Befugnissen formell nichts geändert – er wurde einfach nicht mehr, oder kaum mehr, einberufen; und nach dem Ermächtigungsgesetz wurden von ihm nur noch sieben weitere Gesetze verabschiedet. Auch das Recht des Reichspräsidenten zur Gegenzeichnung von Verordnungen blieb bestehen, aber Hindenburg machte davon nur noch dreimal Gebrauch. Nach seinem Tod wurden Verordnungen und Gesetze im Namen des Reichskanzlers erlassen.

Hitler haßte Debatten und führte im Kabinett, in dem auch weiterhin Minister saßen, die nicht der NSDAP angehörten, kein einziges Mal eine förmliche Abstimmung herbei. Schon vor der Ernennung zum Führer hatte er die Zahl der Kabinettssitzungen verringert; 1935 fanden dann nur noch zwölf, 1936 vier und 1937 sechs statt. Zur letzten Kabinettssitzung überhaupt kam es am 5. Februar 1938. Hitlers Autorität war zu diesem Zeitpunkt unanfechtbar geworden, und was immer er entschied, wurde ausgeführt. Dabei mied er in wachsendem Maße die Diskussion mit seinen Ministern, machte die Reichskanzlei zu einer unabhängig agierenden obersten Reichsbehörde und überließ die täglichen Regierungsgeschäfte seinem Staatssekretär Lammers, der seit November 1937 den Rang eines Reichsministers innehatte. Mit der Zeit erhielten immer mehr Minister das Recht,

Verordnungen zu erlassen, zugleich wuchs die Zahl derer, denen Hitler einen Ministerrang zuerkannte. Hitler erteilte Weisung, ihm nur noch solche Verordnungsentwürfe zur Unterschrift vorzulegen, auf die sich die zuständigen Ministerien und Behörden vorher geeinigt hatten. Da das Kabinett kaum noch zusammentrat, wurden die Entwürfe nicht mehr mündlich diskutiert, sondern gingen so lange zwischen den Stellen hin und her, bis alle strittigen Punkte geklärt waren.

Um diese mühsame Prozedur zu umgehen, kam es statt zu Gesetzen und Verordnungen zunehmend zu sogenannten Führererlassen, die sich auf kürzerem Weg in Kraft setzen ließen. Die meisten Minister bekamen Hitler nur selten zu sehen und mußten sich, wenn sie ihm einen Erlaß zur Abzeichnung vorlegen wollten, an Lammers wenden; Göring, Goebbels und Himmler dagegen hatten jederzeit direkten Zugang zum Führer und konnten Erlasse erwirken, ohne sich mit anderen Ministern absprechen zu müssen. Das Fehlen jeder interministeriellen Abstimmung war aber auch ein Kennzeichen der von Hitler selber ergriffenen Initiativen, wie Martin Broszat zusammenfassend ausführt: »Der befehlende Führerwille äußerte sich nur unregelmäßig, unsystematisch und unzusammenhängend ... Der Ausfall regelmäßiger politischer Erörterungen im Kabinett, das Fehlen verläßlicher und gleichmäßiger Mitteilung des Führerwillens gegenüber den Kabinettsmitgliedern und die zunehmend nur sporadische und abrupte Übermittlung von Führerweisungen, deren Sinn und Tragweite oft unklar blieb und über wechselnde, oft unzuständige Mittelsmänner erfolgte, erzeugte auf der anderen Seite gerade bei politisch wichtigen Gesetzesvorhaben eine lähmende Unsicherheit ... Infolgedessen beschleunigte sich der Verfall der Regierung in eine Polykratie partikularer Ressorts. Und die durch Hitlers Bevorzugung von kurzen Grundsatzgesetzen ohnehin geförderte Ausweitung des Ressortverordnungswesens erfuhr durch die zunehmende Zahl der dem Führer unmittelbar unterstellten oder faktisch führerunmittelbaren Zentralbehörden noch erhebliche Vermehrung.«[3]

Der Führungsstil Hitlers als Regierungs- und Staatschef war ein Spiegelbild seines Führungsstils als Parteiführer. Hans Frank, der als einer der maßgebenden Juristen des Regimes ebensogut wie Frick wußte, wie wenig Hitler von ordnungsgemäßen Verfahrensweisen und bürokratischen Abläufen hielt, schrieb in seinen Erinnerungen, daß formale Verfahrensweisen des Staates wie die Jurisdiktion oder die Hierarchien der Befehlsgewalt Hitler zeitlebens fremd gewesen seien. Statt die Partei zur gesetzlich geordneten und rechtlich kontrollierten Exekutive des Staates zu machen, habe er umgekehrt seine souveräne Stellung innerhalb der Partei auf das Gefüge des Staates übertragen wollen. Am 30. Januar 1933 sei er damit ans Ziel gelangt.[4]

Das Prinzip politischer und bürokratischer Leitung, das Hitler zunächst innerhalb der NSDAP durchgesetzt hatte, legte sämtliche Machtbefugnisse in die Hände des Führers, der sich nicht bei irgendwelchen Beschlußgremien Rückendeckung oder auch nur Ratschläge zu holen brauchte; es stand zur hierarchisch-bürokratischen Form der Willensbildung ebenso im Gegensatz wie zur demokratischen. Hitler schöpfte seine Autorität nicht aus seinem Amt, auch nicht aus irgendeinem Wählerauftrag, sondern aus der behaupteten und von allen Mitgliedern der Partei anerkannten Einmaligkeit seiner Person und seiner charismatischen Qualitäten.

Nach demselben Grundsatz funktionierten auch die Beziehungen zwischen Hitler und seinen wichtigsten Mitarbeitern. Sie waren von ihm berufen, und ihre Stellung gründete sich nicht auf das Amt, das sie innehatten, sondern auf den Fortbestand ihres guten Verhältnisses und persönlichen Zugangs zum Führer. Das Ethos der »Pflicht«, das in einer bürokratischen und ebenso in einer militärischen Hierarchie die Unterordnung unter unpersönliche, für alle Rangstufen bis hinauf zu den höchsten verbindliche Regeln und Vorschriften bedeutet, wurde durch ein Ethos der »Loyalität« oder »Treue« zum Führer ersetzt. Das hatte zur Folge, daß das »innere Gefüge« der Partei, wie Frank es nannte, sich zu keinem Zeitpunkt als ein klar strukturiertes System von Zuständigkeitsbereichen und Hierarchieebenen darstellte, vielmehr als ein in beständigem Fluß begriffenes Gewirr persönlicher Beziehungen mit Zweckbündnisssen, die sich bildeten und wieder auflösten, Seilschaften, Rivalitäten und Konfliktfronten auf allen Ebenen.

Hitler, der dieses System ganz in Entsprechung zu seiner willkürlichen Führerautorität geschaffen hatte, legte keinen Wert darauf, es in eine institutionelle Form zu gießen. Er delegierte die Routinegeschäfte, soweit sie Parteiangelegenheiten betrafen, ebenso wie die Klärung von Kompetenzkonflikten an Heß und andere Mitglieder der Münchner Parteikanzlei. Dies entsprach nicht nur seinen sprunghaften und unregelmäßigen Arbeitsgewohnheiten, seiner Abneigung gegen das Aktenstudium, gegen Sitzungen und Debatten und gegen das Einhalten von Verabredungen, sondern paßte auch zu dem politischen Stil, den er sich schuldig zu sein glaubte, seinem Image als genialischer Führer, der sich aus kleinlichem Fraktionshader heraushielt und es möglichst vermied, in Streitfragen Partei zu ergreifen.

Hitler erkannte früh den Wert der Organisation und schuf organisatorische Kapazitäten, schon bevor der große Mitgliederstrom in die Partei einsetzte. Wo immer diese freilich über das Maß hinausging, das erforderlich war, um Mitglieder und Parteifinanzen zu verwalten, widerstrebte sie ihm, und er widersetzte sich allen Versuchen, die aus der täglichen Zweckmäßigkeit geborenen Führungsstrukturen der Kampfbewegung in einen festgefügten Parteiapparat mit klar gegliederten Zuständigkeiten und geregelten Prozeduren zur Abstimmung der Tätigkeit der einzelnen Abteilungen zu überführen.

Das Verhältnis zwischen den Gauleitern und den verschiedenen Abteilungen des zentralen Parteiapparats etwa war Gegenstand ständiger Dis-

Landesweite Parteitage veranstalteten fast alle Parteien, die Rechten wie die Linken. Aber Hitler führte ein neues Element in die Heerschau seiner Anhänger ein. Die Reichsparteitage, wie sie seit den zwanziger Jahren hießen, strebten eine militärische Ordnung an, deren Erscheinungsbild fast choreographische Züge besaß: In strenger Gliederung marschierten Parteisoldaten auf. Am deutlichsten wurde das auf den Nürnberger Reichsparteitagen, die sich immer mehr zu einem martialischen Zeremoniell entwickelten. Fanfaren leiteten die Kundgebung ein, Fahnenappelle schlossen sie ab – hier präsentierte sich ein Parteiführer als Retter der Nation.

pute. Auch Schwarz, der Schatzmeister der Partei, dem Hitler alle Vollmachten für den Aufbau einer zentralen Finanzkontrolle verliehen hatte, lag unablässig im Streit mit Gauleitern und Gau-Schatzmeistern, die unbekümmert Parteigelder und Mitgliedsbeiträge fremden Zwecken zuführten und sich dabei oft noch auf Hitlers persönliche Zustimmung beriefen. Hitler selber hielt sich außer- oder vielmehr oberhalb der Hierarchie, nahm sich die Freiheit, Dinge direkt mit den Gauleitern auszuhandeln, neue Regelungen zu dekretieren und zu intervenieren, wann immer und wo immer er wollte. Sein Stil der Machtausübung war nicht nur überaus personenbezogen, sondern auch willkürlich und unberechenbar.

Auch wenn Hans Frank mit seiner Bemerkung recht hatte, Hitler habe nach der Berufung zum Kanzler seine souveräne Stellung innerhalb der Partei auf das Gefüge des Staates übertragen wollen, wurde Hitler doch sehr bald klar, daß dies in der Praxis nicht funktionierte. Er mußte, wie widerstrebend auch immer, einsehen, daß in der Partei nicht genügend Reserven an Begabungen und Erfahrungen für eine völlige Übernahme des Staatsapparats vorhanden waren, ebensowenig wie in der SA die Kompetenz für die Übernahme der Reichswehr. Das Bündnis mit den konservativen Kräften mußte also, wenn auch in veränderter Form, weitergeführt werden, und so erneuerte Hitler den Pakt mit ihnen, nachdem sie ihn ihrerseits ausdrücklich als Nachfolger Hindenburgs anerkannt hatten.

Hitler pfropfte dem Staat somit nicht die Partei auf, sondern lediglich seine eigene Person. An die Stelle der herkömmlichen Auffassung vom höchsten Amt im Staate – ob sein Inhaber nun Präsident oder Kaiser hieß – setzte er seine Auffassung von persönlicher Führung. Nach dem Tod Hindenburgs wurden die Reichspräsidenten- und die Reichskanzlerschaft durch das »Gesetz über das Staatsoberhaupt des Deutschen Reiches« vom 1. August 1934 zusammengelegt, und das neue Amt des Führers des Deutschen Reiches und Volkes entstand, eine Bezeichnung, die bald zu »der Führer« schrumpfte.

Die Verfassungsrechtslehre paßte sich der Wirklichkeit pflichtgemäß an. Der führende deutsche Verfassungsrechtler Ernst Rudolph Huber schrieb 1939 in seinem maßgeblichen Werk *Verfassungsrecht*: »Das Amt des Führers hat sich aus der nationalsozialistischen Bewegung entwickelt. Es ist in seinem Ursprung kein staatliches Amt. Diese Tatsache darf nie aus dem Auge gelassen werden, wenn man die heutige politische und rechtliche Stellung des Führers verstehen will ... Alle öffentliche Gewalt im Staat wie in der Bewegung leitet sich von der Führergewalt ab. Nicht von ›Staatsgewalt‹, sondern von ›Führergewalt‹ müssen wir sprechen, wenn wir die politische Gewalt im völkischen Reich richtig bezeichnen wollen. Denn nicht der Staat als eine unpersönliche Einheit ist der Träger der politischen Gewalt, sondern diese ist dem Führer als dem Vollstrecker des völkischen Gemeinwillens gegeben.«[5]

Der Führerstaat setzte sich aus zwei verschiedenen, parallel gelagerten Vollzugsapparaten zusammen: den traditionellen Behörden des Staates und einer zweiten, außerhalb von Verfassung und Gesetz entstandenen Exekutive, der Hitler, wenn sie mit ersteren in Konflikt geriet, fast immer den Vorzug gab. Der erste, der vor fünfzig Jahren diese Diagnose stellte, war Ernst Fraenkel in seiner im New Yorker Exil geschriebenen und 1941 publizierten Studie *The Dual State*. Fraenkel charakterisierte den Führerstaat als eine Mischform aus dem »normativen Staat« mit seinen bewährten Normen und Verfahrensregeln und dem »prärogativen Staat«, in dem sich der Anspruch Hitlers auf uneingeschränkte, absolute, nur der Geschichte verantwortliche Autorität manifestierte. »Mischform« war allerdings nicht ganz das richtige Wort, denn Hitler machte keinen Versuch, den ständigen Kollisionen der beiden Vollzugsapparate ein Ende zu bereiten; in der Praxis machte er von beiden je nach Bedarf Gebrauch.

Von den beiden Teilen des politischen Lebens war keiner für sich allein »staatstüchtig«: Dem herkömmlichen Beamtenapparat standen keine Zwangsmittel mehr zu Gebote, nachdem er die Polizei an die SS hatte abgeben müssen, und die Behörden der »zweiten Exekutive«, die durchweg »improvisiert« und zur Lösung bestimmter Probleme ins Leben gerufen worden waren, verfügten nicht über eine eigene Finanzmacht oder Fiskalhoheit. Sie mußten beim Finanzminister Schwerin-Krosigk vorstellig werden, der nicht der NSDAP angehörte und noch aus der Koalition von Hitler und Papen stammte; er blieb gleichwohl bis 1945 im Amt. Das Verhältnis zwischen den beiden Sektoren erreichte im übrigen nie ein ruhendes Gleichgewicht. Der zweite gewann stetig an Einfluß auf Kosten des ersten und hätte ihn, wenn es nach Hitler gegangen wäre, am Ende zweifellos zur Gänze verdrängt.

Mit der strikten Ablehnung eines rechtmäßig und in geordneten Bahnen arbeitenden Staates und mit der Verachtung der Juristen vollzog Hitler im Grunde eine noch radikalere Abkehr von der deutschen Tradition als mit seiner Gegnerschaft zur Demokratie. Während nämlich der Demokratiegedanke in Deutschland bis dahin keine echten Wurzeln geschlagen hatte, war das Prinzip des Rechtsstaats, der auf einer Verfassung beruhte, welche die Rechtssicherheit und die Unabhängigkeit der Justiz garantierte, seit Ende des 18. Jahrhunderts in Preußen und anderen deutschen Ländern dem Grundsatz nach anerkannt gewesen und im Verlauf des 19. Jahrhunderts zur fest etablierten Praxis geworden.

Allzuleicht gerät in Vergessenheit, daß in Artikel 19 des nationalsozialistischen Parteiprogramms von 1920 die Forderung nach Ersetzung des Römischen Rechts, »das einer materialistischen Weltordnung dient«, durch ein deutsches Gewohnheitsrecht erhoben wurde. NS-Juristen wie Hans Frank hofften, in einem völkischen Führerstaat eine Justiz errichten zu können, die an germanischen Rechtsgrundsätzen orientiert war. Die Hoffnung erwies sich freilich als ebenso trügerisch wie die Fricks auf eine völkisch-autoritäre Verfassung. Hitler betrachtete jedes Rechtssystem und jede Verfassung mit Argwohn, sah er darin doch potentielle Beschränkungen seiner Führerautorität, was seinem Anspruch widersprach, von der Vorsehung zum Vollstrecker des Willens des deutschen Volkes bestimmt worden zu sein. Instinktiv zog er es vor, das bestehende Rechtssystem der Form nach beizubehalten, ebenso wie die bestehende Verfassung, beide aber durch die Ausübung außerordentlicher, ursprünglich nur für den Notfall gedachter Befugnisse und – im Falle akuter Probleme – durch die Schaffung alternativer Instrumente auszuhöhlen.

Das Zivilrecht und der in ihm verankerte Schutz des Privateigentums hatten noch am wenigsten unter dieser Entwicklung zu leiden; in diesem Bereich erkannten die Gerichte auch nach 1933 der NSDAP und ihren Ablegern am wenigsten einen besonderen Status zu. Anders im öffentlichen Recht und im Strafrecht, wo die künftige Entwicklung sich schon in den ersten Wochen nach der Machtergreifung abzeichnete. Die Verordnung »zum Schutz von Volk und Staat«, erlassen am Tag nach dem Reichstagsbrand, suspendierte alle individuellen Freiheitsrechte und markierte den Beginn eines – wie sich zeigte: permanenten – Ausnahmezustands. Die Gestapo erhielt kraft dieser Verordnung das Recht, jede Person in »Schutzhaft« zu nehmen, wovon sie fortan bis zum Untergang des Dritten Reichs Gebrauch machte, für unbegrenzte Zeit und ohne daß der Betreffende Anspruch auf ein Gerichtsverfahren oder auf Rechtsmittel hatte. Eine weitere, am selben Tag in Kraft gesetzte Verordnung »gegen Verrat am deutschen Volke und hochverräterische Umtriebe« weitete den Tatbestand des Hochverrats gegenüber den bisherigen strafrechtlichen Definitionen erheblich aus.

Drei Verordnungen traten, mit der Unterschrift des Reichspräsidenten Hindenburg versehen, am 21. März 1933, dem »Tag von Potsdam«, in Kraft; die erste verkündete eine Amnestie für alle »im Kampf um die nationale Wiedergeburt des deutschen Volkes« begangenen Straftaten (soweit die verurteilten Täter Nationalsozialisten waren – auch die Mörder von Potempa fielen darunter); die zweite stellte die Verbreitung »heimtückischer« Gerüchte unter Strafe (eine Einladung für Denunzianten, mißliebige Nachbarn anzuschwärzen), und die dritte rief Sondergerichte ins Leben, die für eine »vereinfachte« Aburteilung dieser und anderer Straftaten nach den Bestimmungen der Reichstagsbrandverordnung sorgen sollten. Eine weitere Verordnung, erlassen im Dezember 1934, verschärfte die Strafbestimmungen für »heimtückische« Angriffe auf Staat und Partei«.

Die NSDAP-Vertreter im Kabinett, Hitler, Göring und Frick, zeigten sich nach dem Reichstagsbrand empört darüber, daß das deutsche Strafgesetzbuch für Brandstiftung nicht die Todesstrafe vorsah und daß die kommunistischen Mitangeklagten des mutmaßlichen Brandstifters van der Lubbe vom Reichsgericht aus Mangel an Beweisen freigesprochen wurden. Sie forderten die Einführung der Todesstrafe für Brandstiftung und setzten durch, daß dieses Gesetz nach Inkrafttreten rückwirkend auf van der Lubbe angewandt wurde, ein Bruch des Rechtsgrundsatzes *nulla poena sine lege* (»keine Strafe ohne Gesetz«). Doch damit nicht genug. Sie entzogen dem Reichsgericht auch noch die Zuständigkeit für Hochverratsverfahren und übertrugen sie einem neu errichteten Volksgerichtshof, bestehend aus zwei Richtern, bei deren Auswahl vor allem auf Regimetreue geachtet wurde, und fünf als Beisitzern fungierenden Parteifunktionären.

Welche Folgen diese rechtlichen Maßnahmen nach sich zogen, zeigt ein Vergleich der 268 Hochverratsanklagen in dem politisch höchst turbulenten Jahr 1932 mit den 11 156 im folgenden Jahr eingeleiteten Verfahren, von denen über 9 500 mit Schuldsprüchen endeten. Überdies sind in diesen Zahlen natürlich all jene nicht enthalten, die ohne jedes gerichtliche Verfahren verhaftet und eingekerkert, häufig genug von ihren Gestapo- und SA-Bewachern auch gefoltert wurden.[6]

Kern des nationalsozialistischen Rechtsverständnisses war im Grunde die Unterscheidung zwischen den Leuten, die in den Augen der NSDAP »gute« Deutsche waren, und denen, die sie als Feinde des deutschen Volkes klassifizierten. Hitler führte dazu bei seiner Einbringungsrede zum Ermächtigungsgesetz am 23. März 1933 vor dem Reichstag aus: »Die Regierung der nationalen Revolution sieht es grundsätzlich als ihre Pflicht an ..., diejenigen Elemente von der Einflußnahme auf die Gestaltung des Lebens der Nation fernzuhalten, die bewußt und mit Absicht dieses Leben negieren. Die theoretische Gleichheit vor dem Gesetz kann nicht dazu führen, grundsätzliche Verächter der Gesetze unter Gleichheit zu tolerieren ... Die Regierung wird die Gleichheit vor dem Gesetz aber allen denen zubilligen, die in der Frontbildung unseres Volkes vor dieser Gefahr sich hinter die nationalen Interessen stellen und der Regierung ihre Unterstützung nicht versagen ... Unser Rechtswesen muß in erster Linie der Erhaltung dieser Volksgemeinschaft dienen. Der Unabsetzbarkeit der Richter auf der einen Seite muß einer Elastizität der Urteilsfindung zum Wohl der Gesellschaft entsprechen. Nicht das Individuum kann Mittelpunkt der gesetzlichen Sorge sein, sondern das Volk.«[7]

Wie üblich, erklärte Hitler nicht, was seine Aussagen im einzelnen implizierten. Nie sollte so etwas wie ein ausgearbeiteter nationalsozialistischer Strafrechtskanon entstehen; die alten Gesetzbücher blieben gültig, modifiziert durch Verordnungen und Gesetze zu bestimmten Tatbeständen. Die Richter, die das Recht auslegen mußten, waren um ihre Aufgabe nicht zu beneiden. Gewiß, sie waren auf Lebenszeit ernannte Beamte und konnten nicht entlassen werden, und viele von ihnen sympathisierten ohnehin mit der »nationalen Revolution«. Aber diejenigen, die es nicht taten, sahen sich dem beständigen Druck ausgesetzt, sich der neuen Orthodoxie anzupassen. Insbesondere wurde ihnen von den Justizbehörden und vom NS-Rechtswahrerbund immer wieder eingeschärft, daß sie bei ihrer Rechtsprechung

nicht von theoretischen Erwägungen und Präzedenzfällen ausgehen sollten, sondern von der nationalsozialistischen Weltanschauung, von den
Reden und Beschlüssen des Führers und vom »gesunden Volksempfin-
den«.

Wenn ein Gericht in einem Fall nach Meinung der Gestapo zu milde
geurteilt hatte, konnte sie den Betreffenden, wenn er nach Freispruch oder
Verbüßung seiner Strafe entlassen wurde, jederzeit wieder in Haft nehmen
und in ein Konzentrationslager stecken. Versuche, der Polizeiwillkür Grenzen zu setzen, führten allenfalls zu Kompromissen, die die Gestapo nicht
schreckten, während sie die Gerichte in komplizenhafte Nähe zu einer
Organisation brachten, die unter bewußter Mißachtung des Rechts operierte.

Zu beantworten bleibt die Frage, warum Hitler keinen ernsthaften Versuch
unternahm, den Kompetenzwirrwarr zu ordnen, der in so vielen Bereichen
des nationalsozialistischen Staates herrschte. Drei Motive bestimmten
zusammenwirkend sein Verhalten.

Da war zunächst einmal die bereits erwähnte Entschlossenheit, das 1934
erreichte Arrangement mit den traditionellen Eliten nicht in eine dauerhafte Form zu gießen. Damit dies nicht geschehen konnte, lehnte Hitler es
ab, das Ermächtigungsgesetz durch eine neue verfassungsmäßige Ordnung,
die diversen Notverordnungen durch ein überarbeitetes Strafrecht zu ersetzen; es war ihm lieber, wenn alles im Fluß blieb. Dieser Zustand gestattete
ihm willkürliche Interventionen, machte die Verwaltung unsicher, da sie
nie wußte, was er vorhatte, und ließ ihm zugleich die Freiheit, durch die
Errichtung besonderer Behörden für die Lösung ihm dringlich erscheinen-
der Probleme die traditionellen Behörden zu umgehen.

Ein zweites Motiv rührte aus dem Selbstverständnis Hitlers und seinem
Interesse an der Wahrung seiner Machtposition her. Hitler sah sich im Sinn
des Nietzsche-Wortes als Künstler der Politik, ein inspirierter Führer, der
das Denken und Fühlen des Volkes lenkte und ihm eine Vision seiner Einzigartigkeit und Größe schenkte. Dieses Image, auf das er hohen Wert legte,
hätte seinen Glanz verloren, wenn er sich zur Beschäftigung mit Verwal-
tungsproblemen, Debatten, Interessenkonflikten und möglicherweise
unpopulären Entscheidungen herabgelassen hätte, die das Alltagsgeschäft
des Regierens mit sich brachte. Die Rollenverteilung spiegelte die politischen Stärken und Schwächen Hitlers wider: seine Begabung als Redner
und »Vorstellungskünstler«, der zwischen sich und seinem Publikum stets
Distanz zu wahren hatte, und seiner instinktiven Einsicht, daß er Situationen meiden mußte, in denen es eher des rationalen Austauschs von Argumenten und einer geduldigen Suche nach Lösungen bedurfte als pathetischer Gesten und beschwörender Appelle an die Kraft des Willens.

Wenn Hitler also nicht bereit war, selber die Rolle des arbeitenden Regie-
rungschefs zu übernehmen, mußte er andere mit der Aufgabe betrauen. Da

er dies erkannt hatte, gewährte er bestimmten Größen der Partei, etwa Göring und Himmler, Goebbels und Ley – in einem Ausmaß, wie es bei Stalin undenkbar gewesen wäre –, Spielraum für die Errichtung ihrer eigenen, eifersüchtig gehüteten Subimperien. Seine persönliche Stellung wahrte er, indem er die Kompetenzen verteilte und darauf achtete, sie nicht etwa präzise zu definieren, daneben aber, indem er sich das Recht vorbehielt, erteilte Vollmachten jederzeit zurückzuziehen und auf jedem Gebiet neue Mandate an Personen und Institutionen zu erteilen, ohne die gegenwärtigen Kompetenzinhaber vorab zu konsultieren. Seine Gepflogenheit, Beschlüsse so zu formulieren, daß sie unterschiedlichen Deutungen zugänglich waren, oder Entscheidungen vor sich herzuschieben, förderte die Rivalität und das Mißtrauen zwischen seinen unmittelbar Untergebenen und erleichterte es ihm, einen gegen den anderen auszuspielen, während er sie alle in Abhängigkeit von sich selbst hielt.

Das dritte Motiv war Hitlers engstirniges Macht- und Staatsverständnis. Er war ein überragender politischer Taktiker, aber die Kunst des Regierens beherrschte er in keiner Hinsicht. Macht war für ihn ein rein personenbezogener Begriff; er war deshalb ein Gegner nicht nur des Beamtenapparats und der Rechtstradition des preußischen und Weimarer Staates, wie er sie »geerbt« hatte, sondern jeglicher Bürokratie und jeglichen geschriebenen Rechts, weil er darin nur potentielle Hemmnisse für seinen Anspruch auf unkontrollierte, absolute Machtausübung sah. Der Gedanke war ihm fremd, daß in einem komplexen modernen Staatswesen die Ausübung von Macht klar definiert und in institutionelle Formen gegossen werden muß, wenn sie zu berechenbaren und sinnvollen Ergebnissen führen soll.

Diesem Defizit entsprach sein ähnlich beschränktes Staatsverständnis. Hitler sah im Staat in erster Linie ein Werkzeug zur Unterdrückung der Feinde im Innern und zur Bekämpfung rivalisierender Mächte. Wiederholt erklärte er, der Staat sei lediglich ein Mittel zum Zweck, und zwar im Falle Deutschlands zum Zwecke der Eroberung zusätzlichen Lebensraums im Osten und der Erhaltung der Rassereinheit des deutschen Volkes, wozu wiederum die Ausrottung der Juden gehörte: »Wir haben schärfstens zu unterscheiden zwischen dem Staat als einem Gefäß und einer Rasse als dem Inhalt. Dieses Gefäß hat nur dann einen Sinn, wenn es den Inhalt zu erhalten und zu schützen vermag; im anderen Falle ist es wertlos.«[8] Alle anderen Daseinszwecke des Staates waren, ebenso wie alle von der Volkswirtschaft zu erbringenden Leistungen, in Hitlers Augen zweitrangig; es zählte allein die Aufgabe, das nationalsozialistische Regime, vor allem aber seinen Führer am Leben und an der Macht zu erhalten und das Volk für einen Eroberungskrieg zu rüsten – nicht mehr und nicht weniger als das klassische Programm ehrgeiziger Herrscher über weite Strecken der frühen Geschichte der Menschheit.

Hitler vermochte sich selbst und die anderen NS-Führer in den dreißiger Jahren in der Überzeugung zu bestärken, ein solches Eroberungspro-

Die Parteiverbände spielten für Hitler seit der Befestigung seiner Macht eine immer gerin-
gere Rolle. Die SA, die millionenstarke Bürgerkriegsarmee, trat praktisch nicht mehr in
Erscheinung, und die SS war zu Beginn der dreißiger Jahre noch keine bedeutende Orga-
nisation. Allein bei festlichen Anlässen zeigte Hitler sich gern mit ihren Vertretern, so als
ihm seine drei Adjutanten – SA-Obergruppenführer Brückner, SS-Gruppenführer Schaub
und NSKK-Brigadeführer Wiedemann – aus Anlaß seines neunundvierzigsten Geburts-
tags im April 1938 ein Modell der deutschen Kriegsmarine überreichten. Nur die Kriegs-
marine selber war bei der Überreichung des Geschenks nicht vertreten.

gramm werde die Lösung aller Probleme Deutschlands bringen. In Wirklichkeit hätte es sie nur in die ferne Zukunft verschoben. Die vagen Aussagen, die er über das ihm vorschwebende großdeutsche Reich machte, enthielten nicht den geringsten Hinweis darauf, daß er einen Begriff von den
Problemen hatte, die sich bei der Errichtung eines solchen Reichs gestellt
hätten, oder daß er selber bei siegreicher Beendigung des Krieges in der
Lage gewesen wäre, sie anders anzugehen als mit weiteren improvisierten
Gewaltlösungen.

In der Wirtschaftspolitik lieferte Hitler eine Variante der Verhaltensmuster,
auf die wir schon bei der Betrachtung seines Verhältnisses zur Verwaltung
und zum Rechtsstaat gestoßen sind.[9] Die Machtergreifung war mit hochgesteckten Erwartungen derjenigen Elemente in der NSDAP einhergegangen, die radikale wirtschaftliche Reformideen propagierten. Die Auflösung der NS-Betriebszellenorganisation und des Kampfbundes für den
gewerblichen Mittelstand machten diesen Erwartungen ein Ende. Den
Interessenverbänden des Mittelstandes wurden in späteren Jahren einige

Zugeständnisse gemacht, beispielsweise durch die Begrenzung des Anteils der Konsumgenossenschaften und Kaufhäuser am Einzelhandelsvolumen und durch die gesetzliche Verankerung einer modernen Spielart der mittelalterlichen Handwerkerzünfte, die eine Art Zulassungsrecht für Handwerksbetriebe hatten und in denen alle Handwerker des jeweiligen Gewerbezweigs Mitglieder sein mußten. Doch diese Branchen spielten in einer industriell entwickelten Wirtschaft nur noch eine Nebenrolle, weshalb die Regelungen der Zusammenarbeit des Regimes mit der Großindustrie keinen Abbruch taten.

Hitler hat sich für diese und verwandte Ideen nie wirklich interessiert. Die Landwirtschaft war eine andere Sache; sie war von Bedeutung für die Besiedlungspläne des künftigen deutschen Lebensraumes im Osten und erfreute sich deshalb – und auch wegen des hohen nationalsozialistischen Stimmenanteils in den landwirtschaftlichen Gebieten – anfänglich größerer Zuwendung als alle anderen Teile der Wirtschaft. Um so erstaunlicher erscheint es, daß zu einem Zeitpunkt, als die Ideologie mit den wirtschaftlichen Realitäten in Konflikt geriet, gerade die Ideologie zurückstecken mußte.

Um den Bauernstand zu sichern und die Landflucht zu stoppen, setzte die Regierung am 15. Mai 1933 das Erbhofgesetz in Kraft, das besagte, bäuerliche Familienbetriebe (mit einer Anbaufläche von normalerweise 7,5 bis 125 Hektar) seien vor Zwangsvollstreckungen geschützt und dürften nicht verkauft, verpfändet oder unter mehreren Erben aufgeteilt werden. Die Propaganda des Regimes machte viel Aufhebens um dieses Gesetz, auch wenn es nur 35 Prozent der 1933 in Deutschland bestehenden bäuerlichen Betriebe betraf. Es war die erklärte Absicht der Regierung, die Zahl der Erbhöfe zu erhöhen, doch kamen nur wenige neue hinzu, und dies aus guten Gründen. Denn es sollten zwar nur diejenigen den Ehrentitel »Bauer« tragen dürfen, die einen Erbhof besaßen, aber das symbolische Prestige und die Sicherheit, die man sich damit einhandelte, vermochten in den Augen der meisten den Nachteil nicht wettzumachen, daß der Erbhofbauer an seine Scholle gebunden war und nicht die Freiheit besaß, nach Belieben über sie zu verfügen. Eine zweite Neuerung war die Gründung des sogenannten Reichsnährstands im September 1933. Während die altmodisch klingende Bezeichnung eine Nähe zu den erwähnten Handwerkerzünften suggeriert, handelte es sich tatsächlich um die Einführung einer staatlichen Kontrollinstanz für Produktion und Vermarktung sowie den Import landwirtschaftlicher Erzeugnisse. Zunächst bewirkte dies eine Stabilisierung der Preise auf relativ hohem Niveau, aber als von 1935 an im Interesse der forcierten Rüstungsproduktion niedrige Lebensmittelpreise erwünscht waren, sorgte der Reichsnährstand für niedrige Erzeugerpreise, worauf Grund und Boden und andere materielle Ressourcen nicht mehr der wenig effizienten landwirtschaftlichen, sondern eher der profitableren industriellen Nutzung zugeführt wurden.

Die Folge sinkender Erträge in der Landwirtschaft war eine steigende Verschuldung der bäuerlichen Betriebe, namentlich der kleinen und mittleren. Das bedeutete, daß die Bauern für immer weniger Geld immer länger arbeiten mußten. Eine Übersicht aus dem Jahr 1940 zeigt, daß 65 Prozent aller Bauernhöfe nicht über fließendes Wasser verfügten. So war es nicht verwunderlich, daß die Landflucht sich beschleunigte und landwirtschaftliche Arbeitskräfte immer schwieriger zu bekommen waren.[10] Die Alternative zur menschlichen Arbeitskraft – Mechanisierung – wurde für kleine und mittlere Landwirte zunehmend unerschwinglich.

Obwohl die Schaffung zahlreicher bäuerlicher Familienbetriebe ein wichtiger Punkt des Darréschen Landwirtschaftsprogramms war, kam es in den Jahren des Dritten Reichs nur zu halb so vielen Neugründungen wie in der Periode der Weimarer Republik.[11] Ironischerweise waren es die Güter der ostelbischen Junker, welche die besten Überlebenschancen hatten, hauptsächlich, weil sie groß genug waren, um unter Inanspruchnahme der staatlichen Fördermittel ihre Betriebsabläufe rationalisieren zu können. Alles in allem zeigt sich, daß das Regime, obwohl ideologisch darauf gerichtet, die Bauern in nie dagewesener Weise zu fördern, letzten Endes nicht in der Lage war, sie vor den Auswirkungen der kritischen Entwicklung in der übrigen Wirtschaft zu bewahren.[12]

Von der Welt der Konzerne und Banken waren die Nationalsozialisten ebenso weit entfernt wie von den anderen Gruppen der deutschen Elite. Wenn Hitler sich nach seinem Aufstieg zum Reichskanzler zur Zusammenarbeit mit ihnen bereit zeigte, dann geschah das aus denselben pragmatischen Gründen, die ihn auch die Rückendeckung der Reichswehr suchen ließen: weil er keinen anderen Weg sah, seine unmittelbaren Ziele zu erreichen, nämlich wirtschaftliche Erholung und Wiederaufrüstung Deutschlands. So wie es ihm gelang, die Skepsis des Offizierskorps zu überwinden, indem er die Wiederherstellung der deutschen Militärmacht zu seinem wichtigen Anliegen erklärte, konnte er auch die Vorbehalte der Industriellen durch die Ausschaltung der Gewerkschaften und die Beseitigung der Koalitionsfreiheit und die der Bankiers durch sein Bekenntnis zu einer konservativen Haushaltspolitik abbauen. Die Wirtschaft funktionierte, zumindest bis 1936, weiterhin innerhalb desselben institutionellen und kapitalistischen Rahmens wie vor 1933.

Daß die ersten Jahre unter dem neuen Regime einen wirtschaftlichen Aufschwung brachten, steht außer Zweifel. Um nur die Zahl zu nennen, die die öffentliche Meinung am stärksten beeindruckte: Zwischen dem Januar 1933 und dem Juli 1935 stieg die Zahl der erwerbstätigen Personen von 11,7 auf 16,9 Millionen, was heißt, daß mehr als 5 Millionen neue Arbeitsplätze entstanden, und die Zahl der registrierten Arbeitslosen sank von 6 auf 1,8 Millionen. 1936 war aus der schlimmsten Massenarbeitslosigkeit Europas ein Arbeitskräftemangel geworden.

Man kann gegen die Behauptung Hitlers, das Verdienst für dieses Wirtschaftswunder gebühre der Regierung der nationalen Revolution, allerdings vieles einwenden. Denn dieselbe Aufwärtstendenz zeigte sich auch in den anderen Industrieländern, ein Hinweis darauf, daß der Aufschwung teilweise das Resultat einer normalen Konjunkturbewegung war. Anzeichen dafür, daß die Talsohle der Krise durchschritten war, hatte es zudem schon gegeben, bevor Hitler zum Reichskanzler ernannt wurde. Das Verdienst, eine Regelung für die internationalen Schuldenprobleme des Deutschen Reichs ausgehandelt zu haben, gebührte der Regierung Brüning, und das Ende der Reparationszahlungen hatte Papen durchgesetzt. Viele von den Nationalsozialisten ergriffenen wirtschaftspolitischen Maßnahmen waren noch in der Weimarer Republik, nicht erst seit der Machtergreifung eingeleitet worden, wobei noch hinzukommt, daß die deutsche Wirtschaft in der gesamten Zwischenkriegszeit nicht die Wachstumsraten der Jahre vor 1913 oder nach 1950 erreichte. Der Wirtschaftsaufschwung war in Deutschland nur spektakulärer als in anderen europäischen Ländern, weil die Krise Deutschland stärker getroffen hatte und der Aufschwung von einem tieferen Punkt aus erfolgte. Vergleicht man die deutsche Wirtschaftsentwicklung indessen über den längeren Zeitraum von 1913 bis 1937/38 mit anderen Industrieländern, so schneidet Deutschland nicht nur schlechter ab als die USA, sondern auch als Schweden, Großbritannien und Mussolinis Italien.[13]

Doch das sind Argumente eines Gelehrten *post factum*. Damals glaubten die Leute, was sie sahen, und das war – wie auch die NS-Propaganda ihnen nachdrücklich beibrachte –, daß es seit der Machtergreifung Hitlers wirtschaftlich bergauf ging.

Über die relative Bedeutung der unterschiedlichen Faktoren, die zu diesem Wiederaufschwung beitrugen, sind sich die Wirtschaftshistoriker bis heute nicht einig. Abgesehen davon, daß der allgemeine Eindruck, Deutschland habe wieder eine Regierung, die zu entschlossenem Handeln bereit und fähig sei, einen Vertrauensschub bewirkte, dürften drei Faktoren eine wichtige Rolle gespielt haben: die Arbeitsbeschaffungsmaßnahmen, vor allem der Bau von Wohnsiedlungen und Autobahnen; die Wiederaufrüstung; die Maßnahmen zur Niederhaltung der Inflation und zur Kontrolle von Löhnen und Preisen.

Das Gewicht des ersten Faktors ist wahrscheinlich lange Zeit überschätzt worden. Pläne für die Arbeitsbeschaffungsmaßnahmen waren schon vor Hitlers Machtergreifung entstanden. Zwar gab die Reichsregierung zwischen 1932 und 1935 insgesamt 5,2 Milliarden Mark für den Wohnungs- und Straßenbau aus, doch standen dem Ausgabenkürzungen der Kommunen entgegen, die in den zwanziger Jahren auf diesem Sektor sehr aktiv gewesen waren. Die Gesamtinvestitionen im Straßenbau waren 1934 geringer als beispielsweise 1927, und auch die Ausgaben für den Wohnungsbau blieben unter dem Niveau der Weimarer Jahre. Erst nach 1935 wurden wirklich große Summen in den Autobahnbau investiert.

Ein Bereich dagegen, für den das Dritte Reich zweifellos mehr Geld als die Weimarer Regierung ausgab, war die Rüstung. Die Reichswehr hatte schon 1928 mit Planungen für den Aufbau eines Heers mit sechzehn Divisionen begonnen. Ihre Vertreter hatten bis 1933 über 5 000 Firmen besucht und in die Liste potentieller Auftragnehmer aufgenommen. Unter Hitler wurden die bereitliegenden Pläne in die Tat umgesetzt und zugleich wesentlich ausgeweitet – man ging jetzt von einundzwanzig Divisionen sowie einer Luftwaffe und einer vergrößerten Flotte aus. Die Geheimhaltung, die aus außenpolitischen Gründen notwendig war, erschwert es freilich, die Rüstungsausgaben von den Investitionen in zivile Projekte zu trennen, vor allem hinsichtlich der ersten Jahre. Harold James gibt die Summe der rüstungsbezogenen Ausgaben bis März 1936 mit mindestens 10,4 Milliarden Reichsmark an, was einem Anteil von 5,2 Prozent des Bruttosozialprodukts der Jahre 1933 bis 1935 entspräche, mehr als das Doppelte des Anteils, der für Arbeitsbeschaffung aufgewendet wurde.[14] Da Rüstungsaufträge, anders als Ausgaben für den Straßen- und Wohnungsbau, der Maschinenbauindustrie mit ihren hochqualifizierten Fachkräften zugute kamen, stellten sie für die Industrie einen erheblichen Ansporn dar.

Nachdem die nationalsozialistische Propaganda dem Weimarer System

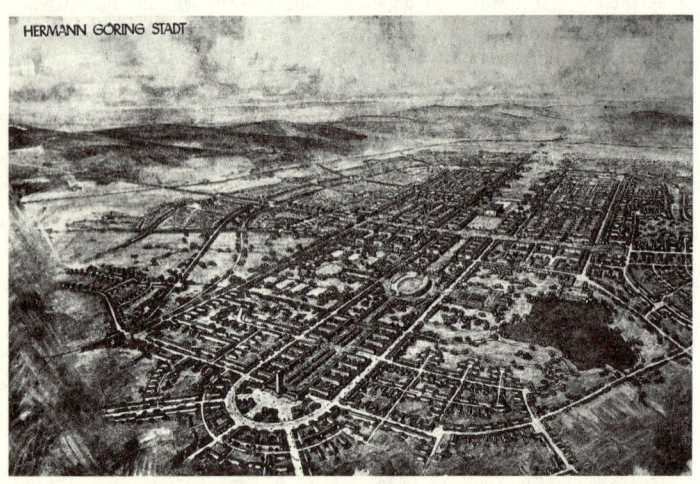

Im Gegensatz zu Rußland, das bis auf St. Petersburg, Moskau und die Industrieregion in der Ukraine nach westeuropäischen Maßstäben immer ein rückständiges Land gewesen war, zählte das deutsche Reich schon im wilhelminischen Kaiserreich und in der Weimarer Republik zu den modernsten Ländern Europas. Aber die Wirtschaftskrise vom Ende der zwanziger Jahre hatte die Produktion schwer beeinträchtigt, und das Heer von zeitweise mehr als sechs Millionen Arbeitslosen täuschte über die eigentliche Kapazität der deutschen Wirtschaft hinweg. Hitlers Leistung bestand lange Jahre im wesentlichen darin, den industriellen Motor wieder in Gang gebracht zu haben, und erst in der zweiten

Hälfte der dreißiger Jahre erfaßte der Elan des nationalsozialistischen Aufbruchs auch die Industrie. Das »Kraft-durch-Freude«-Werk, das die Arbeitsfront in Wolfsburg für den Volkswagen aus dem Boden stampfte, und die Hermann-Göring-Werke in Salzgitter und Linz sind die spektakulärsten Zeugnisse der Energie des Dritten Reiches auch auf industriellem Gebiet.
Linke Seite: Modell der Hermann-Göring-Stadt in Salzgitter von 1940.
Oben: Hitler bei einer Ansprache anläßlich der Grundsteinlegung im VW-Werk bei Fallersleben im Mai 1938.

jahrelang den Vorwurf gemacht hatte, es versorge seine eigenen Leute mit einträglichen Posten, vollzog sich der größte Investitionsschub nach Hitlers Machtergreifung ausgerechnet im öffentlichen Sektor, und zwar durch die Schaffung einer großen Zahl neuer Arbeitsplätze im Staats- und Parteiapparat. Waren auf die Verwaltung 1928 noch 19,3 Prozent und 1932 25,9 Prozent aller Investitionen entfallen, so waren es 1934 nicht weniger als 35,7 Prozent.

Das galt für Löhne und Gehälter im allgemeinen. Infolge der Beseitigung der Koalitions- und Tariffreiheit gab es nach 1932 kaum noch Lohnbewegungen, und die Lohnquote (der Anteil der Löhne und Gehälter am Nationaleinkommen) sank von 56 Prozent 1933 über 53,5 Prozent 1936 auf 51,8 Prozent 1939. Wenn es über Lohnforderungen zum Streit kam, wie es auf Baustellen hin und wieder passierte, wurde die Gestapo gerufen. »Der Hauptgrund für die Stabilität unserer Währung«, sagte Hitler einmal zu Schacht, »ist das Konzentrationslager.« Dasselbe läßt sich von den Preisen sagen. »Ich werde dafür sorgen, daß die Preise stabil bleiben«, versicherte Hitler im Gespräch mit Rauschning. »Dazu habe ich meine SA. Wehe den Männern, die ihre Preise heraufsetzen. Dazu brauchen wir keine gesetzliche Handhabe. Das machen wir von der Partei allein.«[15]

Hitler hielt es nach den Erfahrungen der Weimarer Zeit für unbedingt notwendig, eine erneute Inflation zu verhindern, und wandte sich daher strikt gegen eine Abwertung der Mark. 1933 ernannte er den Bankier Hjalmar Schacht, den er im Grunde nicht mochte, zum Präsidenten der Reichsbank, 1934 außerdem noch zum Wirtschaftsminister; er hielt ihn für den besten Garanten gegen eine Inflation. Die staatliche Haushaltspolitik blieb stabil; Steuerreformen wurden erst einmal aufgeschoben, und die Steuersätze änderten sich gegenüber der Ära Brüning kaum. Das heißt, daß auch kein ernsthafter Versuch unternommen wurde, durch Steuererhöhungen das Wirtschaftswachstum zu stimulieren. Die Staatsverschuldung wuchs, doch versuchte man die Deckung mit konservativen Mitteln zu erreichen: zwischen 1933 und 1939 zu 56 Prozent aus Steuern und anderen öffentlichen Einkünften, nur zu 12 Prozent dagegen aus kurzfristigen Krediten.

Einem Vorbild folgend, das erstmals in der Zeit von Papen und Schleicher erprobt worden war, finanzierte das Regime einen größeren Teil seiner Arbeitsbeschaffungsmaßnahmen durch die Ausgabe von Zertifikaten, die die Bürger später zur Entrichtung von Steuern verwenden können sollten und die in der Zwischenzeit von den Banken gegen Abschlag in Zahlung genommen wurden. Einer ähnlichen verdeckten Methode der Kreditaufnahme bediente man sich bei der Finanzierung der Wiederaufrüstung in Gestalt der sogenannten MEFO-Wechsel. Die Abkürzung stand für Metallurgische Forschungsgesellschaft; das war der unverfänglich klingende Name einer Institution, die Schacht mit der Ausgabe von Wechseln an interessierte Anleger betraute. Mit der Ausgabe der MEFO-Wechsel im Jahr 1934 knüpfte Schacht wiederum an ein Vorbild aus Brüningscher Zeit an. Es war ein Verfahren zur Finanzierung öffentlicher Ausgaben, das über kurz oder lang einen Inflationsdruck erzeugen mußte, der sich aber erst ab 1935 bemerkbar machte, zu einem Zeitpunkt also, da Hitler sich bereits brüsten konnte, sein Versprechen wahr gemacht und die Wirtschaftskrise überwunden zu haben. Die wirtschaftlichen Probleme, die Deutschland in der zweiten Hälfte der dreißiger Jahre zu schaffen machen sollten, hatten ihre Ursache nicht mehr in brachliegenden, sondern in unzureichenden Ressourcen.

Zu den Voraussetzungen für eine wirtschaftliche Erholung gehörte neben staatlichen Lohn- und Preiskontrollen auch die Kontrolle des Devisenflusses und des Außenhandels. Sie war schon 1931 eingeführt worden, zum Schutz der deutschen Wirtschaft vor den Auswirkungen der Weltwirtschaftskrise. Sie blieb auch in der Phase des Aufschwungs 1933/34 notwendig, da die wachsende Konjunktur die Nachfrage nach Importgütern belebte, insbesondere nach Rohstoffen, bei denen die deutsche Industrie in hohem Grade von Einfuhren abhängig war. Der Export lief schlecht, da der Welthandel insgesamt darniederlag, viele Länder Protektionismus betrieben, die Reichsmark überbewertet war und die zunehmende Belebung des Binnenmarkts Ressourcen band. Das alles zog ein Außenhandelsdefizit nach sich, das eine kritische Marke erreichte, als die Gold- und Devisenreserven der Reichsbank im Juni 1934 auf weniger als einhundert Millionen Reichsmark zusammenschmolzen.

Schacht reagierte auf diese Entwicklung mit der Einführung eines umfassenden Systems staatlicher Kontrollen, dem sogenannten Neuen Plan. Dessen bekanntester Bestandteil war ein Netz bilateraler Wirtschaftsabkommen, das am Ende – 1938 – fünfundzwanzig Staaten umfaßte, auf die zusammen mehr als die Hälfte des deutschen Außenhandels entfiel. Für den Handel mit jedem dieser Länder wurde ein bestimmter Reichsmark-Wechselkurs festgelegt, und nur die wichtigsten Einfuhren durften in frei konvertierbaren harten Devisen bezahlt werden.

Schacht war ein Meister der finanziellen und fiskalischen Kunstgriffe, die solch ein System von Kontrollen funktionieren ließen, und er hielt sich aus genau diesem Grund für unersetzlich. Zu den Voraussetzungen für die Wirksamkeit des Systems gehörte freilich auch, daß die verschiedenen Interessengruppen in Deutschland zu Einschränkungen und Kompromissen bereit waren. Die Industrie zeigte sich zunächst ungehalten über die komplizierten Regelungen, die Schacht ihnen zumutete; zumindest die größeren Firmen konnten freilich die wirtschaftspolitischen Argumente, die dafür sprachen, nachvollziehen.

Hitler jedoch dachte nicht in wirtschaftlichen, sondern in politisch-ideologischen Begriffen. Die Auseinandersetzungen des Jahres 1936, die mit der Entlassung Schachts und der Einführung des Vierjahresplans endeten, begannen Ende 1935 mit einer Fett- und Fleischverknappung. Das Regime nahm jede Mangelerscheinung auf dem Nahrungsmittelsektor überaus ernst, weil davon Gefahren für die öffentliche Stimmungslage drohten. Schacht lastete die Verantwortung für die Krise dem Landwirtschaftsministerium Darrés an und forderte die Rückführung der Landwirtschaftspolitik in die Zuständigkeit des Wirtschaftsministeriums. Darré konterte mit der Forderung nach Zuteilung höherer Devisenquoten, damit notwendige Lebensmitteleinfuhren durchgeführt werden konnten. Hitlers Reaktion bestand darin, daß er Göring als »Schiedsrichter« einsetzte, und zur allgemeinen Überraschung entschied Göring für Darré und gegen Schacht.

Doch der Streit um höhere Devisen für Nahrungsmittelimporte war eher vordergründig; tatsächlich ging es um die schwerer wiegende Frage, wie das Wiederaufrüstungsprogramm des Regimes finanziert und die dafür erforderlichen Rohstoffe beschafft werden sollten. Nachdem der wirtschaftliche Aufschwung das Problem der Arbeitslosigkeit beseitigt hatte, stand die Wiederaufrüstung unangefochten an der Spitze der Hitlerschen Prioritäten. Sie war die unerläßliche Voraussetzung für alle seine weiteren Vorhaben und mußte daher absoluten Vorrang vor sämtlichen übrigen Erwägungen erhalten. 1936 war jedoch nicht mehr zu übersehen, daß dieser Kurs nicht den Beifall Schachts und der größeren deutschen Unternehmen und Konzerne fand. Jetzt, da der Zustand der Vollbeschäftigung fast erreicht war, wünschten sie eine Rückkehr zu normaleren wirtschaftlichen Verhältnissen. Sie verstanden darunter eine auf Umsatz- und Gewinnsteigerung zielende Unternehmenspolitik, ein Zurückschrauben der staatlichen Ausgaben- und Investitionsprogramme und eine Ankurbelung des Exports. Mehr Exporte würden mehr Deviseneinnahmen bringen und einen Abbau der straffen Kontrollen des Neuen Plans ermöglichen, der in den Augen der Wirtschaft eine befristete Reaktion auf eine wirtschaftliche Krise gewesen war, die sich nunmehr ihrem Ende näherte.

Anstatt sich diese wirtschaftlichen Ziele zu eigen zu machen, die Abstriche am Programm der Wiederaufrüstung beinhaltet hätten, entschied Hitler sich für eine Steigerung der investiven Staatsausgaben. Er wollte in erster Linie Investitionen in die industriellen Infrastrukturen fördern, die für eine leistungsfähige Rüstungswirtschaft erforderlich waren, notfalls um den Preis von Einschränkungen bei der Konsumgüterversorgung und beim Außenhandel. Exporte waren für Hitler nur insofern wichtig, als sie die Devisen bringen konnten, die man für die Einfuhr »strategischer« Rohstoffe wie Erdöl, Eisenerz und Kautschuk benötigte, auf die Deutschland angewiesen war. Die bestehenden Kontrollen des Außenhandels und des Devisenflusses sollten beibehalten und durch ein Programm der Einfuhrsubstitution ergänzt werden; letzteres bedeutete die forcierte Entwicklung synthetischer Ersatzstoffe, die im Inland erzeugt werden konnten, selbst wenn deren Produktion unwirtschaftlich war. Eingedenk der Erfahrungen des Ersten Weltkriegs, als die Wirtschaftsblockade der Kriegsgegner Deutschland hart getroffen hatte, wollte Hitler eine von Einfuhrgütern möglichst unabhängige Wirtschaft.

Im Umkreis Hitlers war der leidenschaftlichste Befürworter dieses Strebens nach wirtschaftlicher Autarkie Wilhelm Keppler. Er war Ende der zwanziger Jahre zur NSDAP gestoßen und seiner Herkunft nach ein gleichsam typischer Nationalsozialist; seine Familie besaß einen mittelständischen Chemiebetrieb im Südwesten Deutschlands. Keppler, von Hitler Anfang 1932 zu seinem Wirtschaftsberater ernannt, hatte indes mit seinen Bemühungen, diesen zu seinen Ansichten zu bekehren oder ihm ein Entrée bei den Großen der deutschen Wirtschaft zu verschaffen, nicht mehr Erfolg als alle anderen, die sich als beauftragte oder selbsternannte Wirtschaftsexperten des »Führers« versuchten. Doch anders als die meisten konnte er sich immer helfen, und wenn ihm das Amt des Wirtschaftsministers wegen seiner schlechten gesundheitlichen Verfassung auch versagt blieb – an seiner Stelle erhielt Schacht den Posten –, trug er mit beharrlichen Plädoyers für eine auf Selbstversorgung anstatt auf Außenhandel gegründete Wirtschaft maßgeblich dazu bei, zunächst Göring und Himmler, dann auch Hitler für eine Autarkiepolitik einzunehmen.

Eine solche Politik kam auch gewissen Ressentiments entgegen, die in der NSDAP verbreitet waren und sich gegen die Großkonzerne und ihre Verflechtung mit dem internationalen Finanzwesen und der Weltwirtschaft richteten, den Bereichen, in denen Schacht zu Hause war. Während dieser höhnisch über die Vorstellung einer deutschen Autarkie herzog, die in seinen Augen »primitiv« und praxisfremd war, bekannte Hitler sich auf dem Nürnberger Parteitag vom September 1935 ausdrücklich dazu.

In den ersten Monaten des Jahres 1936 kam es dann zu neuen Auseinandersetzungen, als Schacht für die zunehmenden Devisenprobleme bestimmte NS-Führer verantwortlich machte, die sich, so sein Vorwurf, nicht an die Bestimmungen hielten. Der Gedanke, jemanden mit dem besonderen Auftrag zu betrauen, die Ursachen für die Devisen- und Rohstoffprobleme zu ergründen, war bereits im Umlauf. Daß Hitlers Wahl auf Göring fiel, hatte sicher etwas mit der Tatsache zu tun, daß nicht nur Schacht, sondern auch Kriegsminister Blomberg ihm Göring empfohlen hatten, kam aber doch insofern überraschend, als Göring offen zugegeben hatte, daß er von Wirtschaftspolitik nichts verstand. Letzteres war aber genau der Grund dafür, daß Schacht und Blomberg ihn empfohlen hatten; Göring hatte einen großen Kreis von Bekannten in Wirtschaft und Politik, seine Ernennung würde die Partei zufriedenstellen, und da er sich in der Problematik nicht auskannte, würde er sich, so glaubten sie, mit der Rolle der Gallionsfigur begnügen und ihnen und ihren Experten die eigentlichen Entscheidungen überlassen.

Göring hatte eine Offiziersausbildung genossen, hatte sich als Jagdpilot im Weltkrieg herausragende Auszeichnungen erworben, verfügte über ein sicheres Auftreten und war damit einer der wenigen ranghohen Nationalsozialisten, die in den führenden Kreisen der deutschen Gesellschaft verkehren konnten, ohne Unbehagen zu empfinden oder auszulösen. Er hatte nie irgendwelche bedeutsamen Posten in der NSDAP bekleidet, war aber für Hitler stets wertvoll gewesen, vor allem wegen seiner Geselligkeit und seiner auftrumpfenden Persönlichkeit, Eigenschaften, die ihn zu einem idealen Verbindungsmann für das konservative Establishment machten. Göring hatte sich in diesen Kreisen den Ruf eines Gemäßigten erworben, und er hütete sich, den Eindruck zu korrigieren. Er galt als ein Mann, mit dem Reichswehroffiziere und Geschäftsleute, etwa Bankiers wie Schacht, besser und lockerer reden konnten als mit Hitler, und von dem sie glaubten, er werde seinen Einfluß beim Führer nutzen, um für den Fortbestand des 1934 bekräftigten »Arrangements« zwischen der nationalsozialistischen Bewegung und den traditionellen herrschenden Klassen zu sorgen.

Sie hätten keiner ärgeren Täuschung unterliegen können. Göring war nicht nur Hitler äußerst ergeben, sondern von ihm geradezu abhängig, hielt ihn für einen begnadeten Führer und hatte sich seine radikale, rassistische Weltanschauung zu eigen gemacht. Außerdem verbarg sich hinter seinem jovialen, extrovertierten Auftreten das Naturell eines skrupellosen Intriganten. Mochte er auch mit seiner Ignoranz in wirtschaftlichen Dingen noch so sehr kokettieren, so war er doch von äußerster Gerissenheit, grenzenlosem Ehrgeiz und ungehemmter Rücksichtslosigkeit gegenüber jedem, der sich ihm in den Weg stellte.

Noch hatte Göring keinen Ersatz für die Machtstellung gefunden, die ihm in Preußen abhanden gekommen war. Jetzt bot sich ihm die Chance, in eine Schlüsselstellung der Wirtschaft aufzurücken, ein Bereich, in dem bis dahin noch kein führender Nationalsozialist Fuß gefaßt hatte. Göring verfügte genau über jene Kombination von Qualitäten, durch die man solche Gelegenheiten beim Schopf packen kann. Daß er dies zu tun gewillt war, zeigte er schon bei seiner ersten Besprechung im neuen Amt, als er verkündete, er verstehe sich nicht als Vorsitzender eines Untersuchungsausschusses, sondern werde die Verantwortung für die notwendigen Maßnahmen übernehmen. Schacht erkannte, welchen Fehler er und Blomberg begangen hatten, und forderte auf einer Kabinettssitzung die Fortsetzung der gemäßigten Wirtschaftspolitik. Es gelte, eine stetige, prosperierende Wirtschaft zu erhalten und gewissen irrationalen Ideen und Zielen der Partei eine Absage zu erteilen. Göring widersprach. Es war ganz das Programm Hitlers, als er erklärte, welchem Ziel die Wirtschaftspolitik seiner Überzeugung nach dienen müsse: der Beibehaltung des jetzigen Aufrüstungstempos.[16] Bei Göring spielte noch ein weiteres Motiv mit: der zwingende persönliche Ehrgeiz, die stärkste Luftwaffe der Welt aufzubauen. Seit dem Tag, da Hitler das Kanzleramt übernommen und ihn als Minister ohne Geschäftsbereich, wenn auch bereits als Reichskommissar für die Luftfahrt ins Kabinett gebracht hatte, hatte Göring all seine Anstrengungen und Intrigen darauf gerichtet, das im Reichswehrministerium angesiedelte Luftfahrtamt und damit die Leitung der verdeckten deutschen Flugrüstung übertragen zu bekommen. Als er dies durchgesetzt hatte, drängte er auf die Errichtung einer Organisation Beschaffung von Flugzeugen und Waffensystemen, die vom Reichswehrministerium und von der Wehrmacht unabhängig sei. Im April 1936, dem Monat, in dem Göring mit der »Untersuchung« der Rohstoffsituation beauftragt wurde, brachte er einen letzten Versuch Blombergs zum Scheitern, die Einheit der Streitkräfte zu wahren und die Voraussetzungen für ein ausgewogenes Wiederaufrüstungsprogramm zu schaffen.

Der Aufbau einer Luftwaffe gewissermaßen vom Nullpunkt aus würde, soviel konnte als sicher gelten, ein sehr teures Unterfangen werden, gehörte doch der Bau von Flugplätzen ebenso dazu wie die Entwicklung innovativer und damit teurer Techniken. Göring hatte Hitler schon 1935 überredet, einer Verdoppelung der Planansätze zuzustimmen. Dies war gegen den Rat Schachts, Blombergs und des Finanzministers geschehen, die Göring zu bremsen versucht hatten. Falls es ihm nun gelang, seinen Brückenkopf im Bereich der Wirtschaftslenkung zu einer Kommandostellung auszubauen, würde es für seine Forderungen und Wünsche keine Einschränkung mehr geben, und dies nicht nur in bezug auf die Wiederaufrüstung im ganzen, sondern insbesondere in bezug auf »seine« Waffengattung. Seine Hoffnungen wurden nicht enttäuscht. Die Gesamtausgaben des Deutschen Reichs für Rüstungszwecke stiegen von 1,953 Milliarden Reichsmark 1934/35 auf 8,273 Milliarden 1937/38 an, der Anteil der Luftwaffe an diesem Volumen von 32,9 auf 39,4 Prozent.

All dies wollte erst noch erkämpft sein. Aber schon die Aussicht darauf, in das Revier der Wirtschaftsexperten einbrechen und der Wehrmacht ihr Kontrollmonopol über die Rüstungsbeschaffung und die Entwicklung der Streitkräfte entwinden zu können, erklärt den Nachdruck, mit dem Göring den Ausbau seines Brückenkopfes betrieb. Es erklärt auch, weshalb Hitler ihn darin rückhaltlos unterstützte. Hitlers Selbstvertrauen war inzwischen ebenso gewachsen wie seine Unzufriedenheit mit den konservativen Reichswehr- und Wirtschaftsführern, nachdem ihm gegen den Rat der Generäle im März 1936 die militärische Wiederbesetzung des Rheinlands gelungen war. Auf lange Sicht sollte sich die Ernennung Görings als katastrophal erweisen, und zwar nicht allein für die deutsche Wirtschaft, sondern auch für die Luftwaffe. Kurzfristig dagegen glaubte Hitler dadurch drei wichtigen Zielen näherzukommen: der Politisierung der wirtschaftlichen Entscheidungsprozesse, dem Übergang zu einer Kriegswirtschaft und der »Nazifizierung« der Streitkräfte.

Die Luftwaffe war die jüngste und glanzvollste der drei Waffengattungen. Hitler, den militärische Technik immer fasziniert hatte und der Görings Prophezeiung Glauben schenkte, Luftüberlegenheit werde der entscheidende Faktor im nächsten Krieg sein, war hocherfreut über die Chance, eine Bresche in das preußisch geprägte Selbstverständnis der Reichswehr schlagen zu können: Das Ethos der Luftwaffe, mit deren Aufbau Göring beschäftigt war, sollte von vornherein in hohem Grade an der nationalsozialistischen Weltanschauung orientiert sein, genau wie später im Fall der Waffen-SS.

Sowohl Schacht als auch die Reichswehrführung widersetzten sich jedem weiteren Machtzuwachs für Göring, wenn auch aus unterschiedlichen Gründen. Schacht malte in düsteren Farben die Gefahren der Inflation und der anderen Probleme, in die Deutschland geraten würde, wenn Göring weiterhin auf einer verschärften Aufrüstung beharrte – sie werde auf Kosten der Exporte gehen und damit die Versorgung mit Import-Lebensmitteln und strategischen Rohstoffen gefährden. Die Reichswehr indessen hatte an forcierter Aufrüstung nichts auszusetzen, wollte aber die Kompetenzen Görings beschnitten und sämtliche rüstungs- und kriegsbezogenen Tätigkeiten unter die Regie einer einheitlichen Militärführung und des Kriegsministeriums gestellt sehen.

Dank der Abhör-Aktivitäten seines Forschungsamts konnte Göring Hitler über die Manöver der Opposition auf dem laufenden halten. Sie verbrachten im Sommer viel Zeit zusammen, und im August ging Hitler auf dem Obersalzberg an die Ausarbeitung der Denkschrift, die zum Gründungsmanifest des deutschen Vierjahresplans wurde. Gleich nach Ausbruch des spanischen Bürgerkriegs hatte Hitler Göring beauftragt, in Sevilla eine Rohstoff- und Handelskommission zu errichten, die sogenannte Hisma-Rowak; über sie sollten die deutschen Wirtschaftsbeziehungen zum von Franco kontrollierten Teil Spaniens laufen, und vor allem sollte sie den Zugang Deutschlands zu den spanischen Eisenerzen sichern. Nun beschloß Hitler, Göring auch die Durchführung des Vierjahresplans anzuvertrauen, wobei er es ihm in charakteristischer Weise überließ, sich über die Aufgabenverteilung mit Schacht und Blomberg auseinanderzusetzen, eine Aufgabe, die Göring nur zu gerne übernahm.

Am 4. September informierte er das Kabinett über sein neues Mandat und verlas die Hitlersche Denkschrift, die der Wiederaufrüstung Deutschlands und der Erlangung wirtschaftlicher Autarkie absoluten Vorrang einräumte. Göring erläuterte: »Alle Maßnahmen haben so zu erfolgen, als ob wir uns im Stadium der drohenden Kriegsgefahr befänden.«[17]

Eine Verordnung, die Göring ermächtigte, selber Verordnungen zu erlassen und »allen Behörden Weisungen zu erteilen«, wurde am 18. Oktober verkündet, zehn Tage später erklärte Göring im Berliner Sportpalast einer jubelnden Menge: »Nachdem mir der Führer das schwere Amt übertragen hat, werde ich alles einsetzen. Nicht als Fachmann. Das sage ich ganz offen...Der Führer schickt mich als Nationalsozialisten. Als nationalsozialistischer Kämpfer, als sein Beauftragter, als der Beauftragte der nationalsozialistischen Partei stehe ich hier und vollende das Werk.«[18]

Der Vierjahresplan markierte nicht bloß einen wirtschaftspolitischen Kurswechsel, sondern offenbarte auch eine Verschiebung des Machtgleichgewichts in Deutschland. Daß ein erklärter »alter Kämpfer« der Partei die

Schalthebel der deutschen Wirtschaft und der Wiederaufrüstung in die Hand bekam, nicht ein Bankier, ein Geschäftsmann oder ein Vertreter der Streitkräfte, war ein Indiz dafür, daß sich das Verhältnis zwischen der nationalsozialistischen Führung und den traditionellen Eliten, zuletzt 1934 bekräftigt, nun geändert hatte, nicht in gegenseitigem Einvernehmen, sondern durch einen einseitigen, ohne Konsultation unternommenen Schritt Hitlers. Nichts macht dies deutlicher als die Reaktion des »Führers« auf die ihm im Februar 1937 übersandte Denkschrift, in der Kriegsminister Blomberg im Namen der Wehrmacht zum Vierjahresplan Stellung nahm.

Die Streitkräfte forderten darin die Anerkennung dreier Bedingungen: Alle Verantwortung für kriegsvorbereitende Maßnahmen und für die Leitung der Rüstungswirtschaft müsse beim Kriegsminister liegen; für die wirtschaftliche Mobilisierung in Friedenszeiten solle Schacht, nicht Göring zuständig sein; das Amt Görings müsse bei Ausbruch eines Krieges ersatzlos aufgelöst und auch in Friedenszeiten auf bestimmte Aufgaben begrenzt werden, beispielsweise auf die Bewirtschaftung einer gewissen Anzahl von Rohstoffen unter der Oberaufsicht des Kriegsministers. Falls diese Bedingungen nicht erfüllt würden, sei die Wehrmacht nicht bereit, mit Göring zusammenzuarbeiten.[19] Hitler würdigte dieser Denkschrift keiner Antwort, ignorierte die Proteste der Militärs und ließ Göring weitermachen. Zum ersten Mal in der neueren deutschen Geschichte verfehlte ein Veto der Streitkräfte jegliche Wirkung.

Hitlers eigene Denkschrift wurde nach Aussage Speers in nur drei Exemplaren aufgelegt und blieb weitgehend geheim. (Schacht behauptete, sie erstmals nach dem Krieg, auf der Anklagebank in Nürnberg, zu Gesicht bekommen zu haben, als Speer sie ihm zu lesen gab.) Ihr Inhalt bestätigte, daß Hitler seinen Vorstellungen von der Unausweichlichkeit des Krieges treu geblieben war. Es trifft zwar zu, daß er zu diesem Zeitpunkt eher Gefahren in den Vordergrund rückte, die Deutschland drohten, die Chancen für die Sicherung der Zukunft im Osten dagegen zurückstellte. Aber sein Grundgedanke war nach wie vor das in *Mein Kampf* entwickelte sozialdarwinistische Argument vom »geschichtlichen Überlebenskampf der Völker«, und die Gefahren wie die Chancen dieses Kampfes lagen für ihn, wie vordem im Osten.

»Seit dem Ausbruch der Französischen Revolution«, hieß es in der Denkschrift, »treibt die Welt in immer schärferem Tempo in eine neue Auseinandersetzung, deren extremste Lösung Bolschewismus heißt, deren Inhalt und Ziel aber nur die Beseitigung und Ersetzung der bislang führenden Gesellschaftsschichten der Menschheit durch das international verbreitete Judentum ist. Kein Staat wird sich dieser geschichtlichen Auseinandersetzung entziehen oder auch nur fernhalten können. Seit sich der Marxismus durch seinen Sieg in Rußland eines der größten Reiche der Welt als Ausgangsbasis für seine weiteren Operationen geschaffen hat, ist diese Frage zu einer bedrohlichen geworden.«

Nur Deutschland sei in der Lage, sich selbst und das übrige Europa vor der Katastrophe eines bolschewistischen Siegeszuges zu schützen. »Das Ausmaß und das Tempo der militärischen Auswertung unserer Kräfte können nicht groß und nicht schnell genug gewählt werden! ... Es haben sich daher dieser Aufgabe alle anderen Wünsche bedingungslos unterzuordnen. Das Wirtschaftsministerium hat nur die nationalwirtschaftlichen Aufgaben zu stellen, und die Privatwirtschaft hat sie zu erfüllen. Wenn aber die Privatwirtschaft glaubt, dazu nicht fähig zu sein, dann wird der national-sozialistische Staat aus sich heraus diese Aufgabe zu lösen wissen. Die deutsche Wirtschaft aber wird die neuen Wirtschaftsaufgaben begreifen, oder sie wird sich eben unfähig erweisen in dieser modernen Zeit, in der ein Sowjet-Staat einen Riesenplan aufrichtet, noch weiter zu bestehen. Aber dann wird nicht Deutschland zugrunde gehen, sondern es werden dies höchstens einige Wirtschaftler.« Hitler bekräftigte seine Überzeugung, die endgültige Lösung der wirtschaftlichen Probleme Deutschlands könne nur in einer Vergrößerung des deutschen Lebensraums liegen. In der bis dahin noch zur Verfügung stehenden Zeit müsse alles andere den Aufgaben der Kriegsvorbereitung untergeordnet werden. »Ich stelle damit folgende Aufgabe: 1. Die deutsche Armee muß in vier Jahren einsatzfähig sein. 2. Die deutsche Wirtschaft muß in vier Jahren kriegsfähig sein.«[20]

Als Göring die Denkschrift im Kabinett vorstellte, wiederholte er einen Gedanken, den er schon 1934 geäußert hatte: Die Denkschrift gehe von der Grundvoraussetzung aus, daß die Abrechnung mit Rußland unvermeidlich sei. Was Rußland im Bereich des Wiederaufbaus geleistet habe, das könne Deutschland auch.[21]

Offensichtlich hatte Stalins Fünfjahresplan (der nach vier Jahren erfüllt war) auf Hitler und Göring großen Eindruck gemacht. Allerdings ähnelte das, was nun in Deutschland folgte, nicht annähernd jener nach klaren Vorgaben erfolgten Übernahme der kapitalistischen Industrie durch den Staat, die in der Sowjetunion vollzogen worden war. Statt dessen entstand etwas, das als »desorganisierter Kapitalismus« bezeichnet worden ist, eine Parallele zum »administrativen Chaos« im behördlichen Bereich, und aus derselben Ursache, nämlich der Weigerung Hitlers, Zuständigkeiten zu definieren. Damit öffnete Hitler ein neues Betätigungsfeld für jene Taktik der Unterwanderung und Annektierung gesellschaftlicher Teilbereiche, die Göring und Himmler praktizierten. Die nationalsozialistische »Revolution auf Raten« konnte in eine neue Etappe treten.

Was Göring betraf, so brachte ihn diese Taktik in Konflikt mit Ministerien und Wirtschaftsunternehmen, mit der Wehrmacht und der Partei. Seine Trumpfkarte war seine Gewißheit, die Rückendeckung Hitlers zu besitzen, die er offen zur Schau trug. Mitunter einmal täuschte er sich in seiner Sicherheit und neigte zur Selbstüberschätzung, wie bei seinem Versuch, Blomberg das Amt des Kriegsministers abzujagen. Er hatte jedoch einen Instinkt, an welchen Stellen seine Eroberungslust auf den geringsten

Widerstand stoßen würde, und wie schon früher in Preußen, so wußte er auch jetzt durch die Weigerung, sich von Vorschriften und Konventionen einengen zu lassen, seine Widersacher ins Leere laufen zu lassen. Er befand sich ständig in der Offensive, und es konnte vorkommen, daß ein Minister oder Industrieller von seinen Absichten erst etwas erfuhr, wenn die Presse über eine Verordnung berichtete, die bereits in Kraft getreten war und die Zuständigkeiten oder Rechte des Betreffenden beschnitt, ohne daß Göring es für nötig gehalten hatte, ihn davon in Kenntnis zu setzen.

Im Verlauf des Jahres 1937 dehnte Görings Vierjahresplanorganisation ihre Aktivitäten in alle Bereiche der Wirtschaft hinein aus: in Produktion, Transportwesen und Handel, Finanzierungen und Investitionen. Wenn die Streitkräfte mehr Mittel benötigten, wandte Blomberg sich nicht mehr an Schacht, sondern an Göring. Die Kontrollen über den Kapital- und Wertpapiermarkt wurden verschärft, und Göring verschaffte sich die Vollmacht, deutsche Staatsbürger, die über Devisenguthaben verfügten, unter Androhung von Beschlagnahme zum Umtausch des Geldes in Reichsmark zu zwingen. Um sein ehrgeiziges Programm der Erzeugung synthetischer Ersatzstoffe und der Förderung von Rohstoffen im Inland voranzutreiben, verschaffte er sich weitere Befugnisse hinsichtlich der Zuteilung von Arbeitskräften und Materialien. Schacht protestierte, vermochte aber nichts auszurichten. Nachdem offenkundig geworden war, daß Hitler nicht Schacht, sondern Göring zum ausführenden Organ seiner Politik erkoren hatte, trat außerdem der übliche Sog der Macht ein und bewirkte, daß immer mehr Behörden und Unternehmen, die sich bis dahin mit ihren Anliegen an Schacht und sein Ministerium gewandt hatten, die Zusammenarbeit mit der Göringschen Organisation suchten. Berechnungen haben ergeben, daß in den Jahren 1937 und 1938 fast zwei Drittel aller langfristigen Kapitalinvestitionen im Rahmen des Vierjahresplans, im Auftrag des Luftfahrtministeriums oder anderer von Göring kontrollierter Stellen erfolgten.[22]

Im Juli 1937 ließ Hitler sich von den Militärs überreden, eine Formel für die Beilegung des Kompetenzkonflikts zwischen Göring und Schacht vorzuschlagen. Allein, Göring ignorierte den Vorschlag, woraufhin Schacht zunächst seine Tätigkeit als Generalbevollmächtigter für die Wehrwirtschaft, dann auch sein Amt als Wirtschaftsminister ruhen ließ. Das erwies sich als ebenso wirkungslos wie der Hitlersche Versöhnungsversuch. Wie Schacht berichtet, erklärte Göring ihm in Gegenwart Hitlers, daß er ihm gleichwohl Anweisungen geben können müsse. Darauf Schacht: »Nicht mir – meinem Nachfolger vielleicht.«[23] Im November 1937 akzeptierte Hitler schließlich den Rücktritt Schachts im Zuge des allgemeinen »Revirements«, dem die konservativen Amtsträger in der Wehrmacht und im Auswärtigen Amt weichen mußten. Will man Schacht glauben, so war das erste, was Göring tat, nachdem er sich im Amtszimmer des Wirtschaftsministers eingerichtet hatte, seinen Vorgänger anzurufen und ihm triumphierend zu verkünden, daß er nunmehr auf seinem Stuhl sitze.[24]

Zu diesem Zeitpunkt hatte Göring die Vierjahresplanorganisation zu einer wirtschaftlichen Planungs- und Entscheidungsinstanz von eigener Wirksamkeit ausgebaut, nicht durch Beseitigung der vorher bestehenden Strukturen wie in Rußland, sondern durch die kontinuierliche Übertragung von Zuständigkeiten und Initiativen auf die neue Behörde. Schacht stand nicht nur als politischer Verlierer da, sondern auch als blamierter Wirtschaftsprophet, dessen Voraussage, die Politik der forcierten Wiederaufrüstung werde in die Katastrophe führen, sich nicht bewahrheitet hatte. Gewiß, die Staatsausgaben, die staatlichen Investitionen, die Staatsverschuldung, all dies stieg zwischen 1935 und 1938 Jahr für Jahr an, während die deutschen Exporte 1938 nicht höher waren als 1932 und die Gold- und Devisenreserven auf ein Siebtel des Bestands von 1933 zusammenschmolzen. Gleichwohl kam Göring mit dem, was er im Mai 1936 vor versammelter Ministerrunde erklärt hatte, der Wahrheit näher als Schacht mit seinen düsteren Prophezeiungen:»Maßnahmen, die in einem parlamentarisch regierten Staat wahrscheinlich eine Inflation herbeiführen würden, brauchen in einem autoritären Staat durchaus nicht die gleiche Wirkung zu haben.«[25]

Es gab in der Tat keine Inflation, und da der Staat den gesamten Investitionsfluß kontrollierte, fiel es ihm nicht schwer, Kredite in Höhe von 3,1 Milliarden Reichsmark im Jahr 1937 und 7,7 Milliarden Reichsmark im Jahr 1938 aufzunehmen.

Dank seiner Erfolge auf politischer Ebene fiel es Göring nun leichter, das qualifizierte Personal zu rekrutieren, ohne das der Vierjahresplan wertlos geblieben wäre. Er achtete freilich schon bei der Auswahl seiner administrativen Mitarbeiter sorgfältig darauf, nur solche Männer zu berufen, von denen zu erwarten war, daß sie Verbindungen zu den Ministerien und den wichtigsten Teilen der Wirtschaft knüpfen und diese seinem Einfluß erschließen könnten. Eine typische Variante dieser Taktik bestand darin, die Staatssekretäre der für Wirtschaft zuständigen Ministerien zugleich mit hochrangigen Positionen in der Vierjahresplanbehörde zu betrauen. So kam es, daß Landwirtschaftsminister Darré plötzlich feststellen mußte, daß sein ehrgeiziger Staatssekretär Herbert Backe sich von ihm löste und wachsenden Einfluß an sich zog. Göring hatte Backe zum Direktor einer der sieben Abteilungen der Vierjahresplanbehörde, und zwar der für den Ackerbau gemacht; in dieser Funktion war er Göring unmittelbar unterstellt. Die Konstellation lief daraus hinaus, daß Backe in seiner Eigenschaft als Staatssekretär wie ein Agent Görings im Ernährungsministerium fungierte. Göring achtete darauf, weiterhin gute Beziehungen zu Himmler und Goebbels zu pflegen, doch gab es auch Parteiobere, vor allem Heß und Ribbentrop, die ihm seine enge Vertrautheit mit Hitler und seine persönliche Popularität neideten, die er mit großem Aufwand kultivierte. So hatte er gute taktische Gründe, in die neue Behörde eine Reihe von Parteiveteranen und Autarkie-Enthusiasten zu berufen, die den wirtschaftlichen Idealen des

Nationalsozialismus anhingen, »dem Aufbau eines Imperiums mit dem Kleinproduzenten und der Kaserne im Mittelpunkt«.[26] Alle stammten aus demselben Milieu provinzieller mittelständischer Familienbetriebe und waren überzeugte Nationalsozialisten.

Von einem ganz anderen Format war Carl Krauch, einer der fähigsten Chemiker der I.G. Farben, den Göring zum Leiter der Forschungs- und Entwicklungsabteilung des Vierjahresplans berief und damit beauftragte, bei 25 bis 30 wichtigen Produkten und Stoffgruppen, darunter Textilien, Gummi, Öl, Kupfer, Fette, Phosphate und Futtermittel, einen möglichst hohen Grad an Selbstversorgung, mithin Importunabhängigkeit zu erreichen. In der Folge entwickelten sich enge Querverbindungen zwischen der Planbehörde und dem größten Industriekonzern Europas, und die I.G. Farben, die noch vor nicht langer Zeit als angebliche Zitadelle des »internationalen jüdischen Kapitalismus« eine bevorzugte Zielscheibe für nationalsozialistische Attacken gewesen war – in ihren Vorstandsgremien und Aufsichtsräten saßen zehn deutsche Juden –, verschrieb sich einer so engen Partnerschaft mit dem Regime (dokumentiert auch durch Errichtung und Betrieb von Werksanlagen in Auschwitz), daß nach Kriegsende ihre Vorstandsmitglieder als Kriegsverbrecher vor Gericht kamen, sofern sie überlebt hatten.

Zwischen 1936 und 1939 wurden die Kontroll- und Eingriffsrechte des Staats auf immer mehr Bereiche der Wirtschaft ausgedehnt: Außenhandels- und Devisenverkehr, Zuweisung von Rohstoffen und Arbeitskräften, Kontrolle von Preisen und Löhnen, Gewinnen und Investitionen. Die Intensität der Kontrolle variierte je nach Wirtschaftssektor, doch war die Landwirtschaft ebenso betroffen wie die Industrie, etwa dergestalt, daß die Planbehörde die Produktion und Verteilung von Traktoren und Düngemitteln steuerte. Die Betriebe blieben in Privatbesitz, aber der Staat, vertreten durch die Vierjahresplanbehörde, diktierte ihnen in weitem Maß, was und wieviel sie produzieren, wo und wieviel sie investieren, wo sie neue Werksanlagen errichten, woher sie welche Rohstoffe beziehen, welche Preise sie verlangen, welche Löhne sie zahlen und welche Gewinne sie machen durften. Damit nicht genug, verlangte der Staat ihnen auch höhere Steuern als früher ab und schrieb ihnen vor, welchen Anteil des Gewinnes sie in ihr Unternehmen reinvestieren oder für welchen Betrag sie Schuldverschreibungen des Reichs erwerben mußten.

Für die Industriezweige, die für die Wiederaufrüstung besonders wichtig waren, ernannte Göring Sonderbevollmächtigte: so für Eisen und Stahl, Öl, Werkzeugmaschinen, für das Bauwesen – hier war es Fritz Todt –, für das Textilgewerbe und für den Automobilbau. Der Auftrag der Bevollmächtigten lautete, dafür zu sorgen, daß Beschlüsse ausgeführt und Planziele eingehalten wurden und daß die Unternehmen ihre Betriebsabläufe rationalisierten und standardisierten, immer nach dem Leitspruch »maximales

Ergebnis bei minimalem Ressourcenverbrauch«. Bewertet man die Resultate nach Abzug aller propagandistischen Schönfärbereien, so ergibt sich ein Bild mit Schattierungen. Während auf der einen Seite die chemische Industrie und die I.G. Farben das Musterbeispiel für die erfolgreiche Zusammenarbeit zwischen Wirtschaft und Planbehörde darstellen, können die Eisen- und Stahlindustrie des Ruhrgebiets und der Kohlebergbau als Beispiele verweigerter oder nur halbherziger Kooperation dienen.

Von Keynes stammt die Bemerkung, das Deutsche Reich sei »in Wirklichkeit mehr auf Kohle und Eisen gebaut als auf Blut und Boden«. »Die Ruhr«, Kurzformel für so mächtige Wirtschaftsinteressen wie das Rheinisch-Westfälische Kohlensyndikat, das 1893 gegründet wurde und oft als das erste industrielle Kartell modernen Typs bezeichnet wird, war seit langem eine bestimmende Kraft nicht nur in der Wirtschaft, sondern auch in der Politik. »Ohne Kohle lief nichts, und wenn sie zu teuer wurde, konnte man nichts mehr verkaufen.«[27] Die Regierungen des Kaiserreichs wie der Republik hatten die Macht des Syndikats kennen- und respektieren gelernt, und die Franzosen hatten 1923 die Besetzung des Ruhrgebiets beenden müssen, als ausbleibende Kohlelieferungen den Wert der französischen Währung zu ruinieren drohten.

Ursprünglich waren die Ruhr-Industriellen dem Regime freundlich gesonnen. Die Differenzen, die zwischen ihnen aufbrachen, waren wirtschaftlicher, nicht politischer Art. Die Kohleförderung war in den zwanziger Jahren allenthalben in eine anhaltende Krise geraten, nicht nur wegen Überkapazitäten und hoher Produktionskosten, sondern vor allem wegen der Konkurrenz neuer Energieformen. Diese Erfahrung schlug sich in einer höchst defensiven Haltung der Ruhrkohle-Unternehmen nieder; sie widersetzten sich allen Versuchen, sie zur Steigerung der Fördermengen oder zur Beteiligung an der Entwicklung synthetischer Treibstoffe zu bewegen, und sie wandten sich auch gegen die unwirtschaftliche Ausbeutung einheimischer Erze mit niedrigem Eisengehalt. Als in den dreißiger Jahren der wirtschaftliche Aufschwung kam, stieg das Volumen der im Ruhrgebiet geförderten Kohle, das drei Viertel der gesamten deutschen Kohleförderung ausmachte, wieder auf das Niveau von 1929, und 1937 wurde diese Marke dank der wirtschaftlichen Erholung des Saargebiets sogar noch übertroffen, wenn auch nur geringfügig. Die höchste Jahresförderung wurde 1939 mit 130 Millionen Tonnen erreicht, eine Zahl, die in den Kriegsjahren nicht mehr überboten wurde. Aber auch dieses Volumen lag deutlich unter den Forderungen des Wiederaufrüstungsprogramms.[28] Bergbauexperten bezifferten den jährlichen Fehlbetrag auf zwischen 7,5 und 11,5 Millionen Tonnen, Hitler in einer erbitterten Schätzung von Januar 1937 auf 20 bis 30 Millionen.[29] Doch es blieb bis 1945 bei den Fehlmengen.

Solange Schacht die Fäden der Wirtschaftspolitik in der Hand hielt, trat er für das Recht der Ruhrindustriellen ein, ihre Entscheidungen zu treffen, wie sie es zum Wohl ihres Unternehmens für richtig hielten. Der Staat solle nicht in die Geschäftspolitik eingreifen und dem privaten Unternehmertum die Verantwortung abnehmen wollen.[30] Göring hingegen forderte, die Ruhrindustrie müsse, ebenso wie die übrige deutsche Wirtschaft, ihr Eigeninteresse den Bedürfnissen der Nation unterordnen, und unterstrich dies mit dem Hinweis darauf, daß Deutschland bei Eisenerz in starkem Maß von ausländischen Lieferanten (aus Schweden, Frankreich und Spanien, in dieser Reihenfolge) angewiesen und daher verwundbarer als 1914 sei. Es war ein Vergleich, den auch Hitler immer wieder bemühte.[31] Von 21 Millionen Tonnen Eisenerz, die 1935 in Deutschland verhüttet wurden, stammte nur ein Viertel aus deutschen Gruben; Göring erhob deshalb wiederholt die Forderung, die Ruhrindustriellen müßten sich an der Erschließung der geringerwertigen Erze im mittleren und südlichen Deutschland beteiligen. Als sie dies ablehnten, erklärte er, der Staat müsse dort eintreten, wo die Privatindustrie sich als nicht mehr handlungsfähig erweise.[32]

Im Sommer 1937 gab Göring einen von Hitler gebilligten Plan für die Errichtung eines Industriekomplexes bekannt, genannt Reichswerke Hermann Göring und vorgesehen für die Ausbeutung der relativ minderwertigen Eisenerzlagerstätten von Salzgitter bei Braunschweig. Als die deutschen Eisen- und Stahlindustriellen in einer schriftlichen Stellungnahme diese Ausgeburt der Göringschen Autarkiepolitik ablehnten, drohte er, sie als Saboteure verhaften zu lassen. Er zwang sie, einen Teil ihres Kapitals in den staatseigenen Konkurrenzbetrieb zu investieren, zu dessen Aufbau er entschlossen war. Um jeden Versuch gemeinsamer Opposition zu vereiteln, winkte Göring just zu diesem Zeitpunkt dem Krupp-Konzern mit einem großen Rüstungsauftrag. Es war diese Kraftprobe und die Tatsache, daß die Ruhrindustriellen sie verloren, die zur endgültigen Zerrüttung der Position Schachts und zu seinem Rücktritt führte.

Die Errichtung der Hermann-Göring-Werke bedeutete eine weitere Verlagerung der Kräfteverhältnisse, die ja bereits der Vierjahresplan verschoben hatte. Der Führerstaat tat damit den Schritt von der bloßen Kontrolle der Wirtschaft zu unmittelbarer staatlicher Eigentümerschaft und Unternehmertätigkeit. Göring ging, wiederum mit Billigung Hitlers, den eingeschlagenen Weg sogleich entschlossen weiter, indem er den staatlichen Sektor vergrößerte und die Reichswerke zur »zentralen Säule der ganzen Wiederaufrüstung« ausbaute, zum wichtigsten Lieferanten »für die Rüstungsindustrie in Friedens- wie Kriegszeiten«.[33] Anfang 1938 genehmigte er eine Erhöhung des staatlichen Kapitalanteils an dem in Errichtung befindlichen Konzern, dessen Stammkapital von fünf auf vierhundert Millionen Reichsmark erhöht wurde. Göring charakterisierte sein Unternehmen als ein wirtschaftliches *und* politisches Instrument, das nicht nur die deutsche Wiederaufrüstung beschleunige, indem es die Verhüttung inländischer Erze forcierte. Gleichzeitig werde dadurch auch der Interessenkonflikt zwischen Führerstaat und Privatwirtschaft gleichsam vermieden, indem ein zweiter Wirtschaftsbereich eröffnet werde, der in etwa dem

»prärogativen Sektor« im Fraenkelschen Modell des dualen Staats entspreche. Daß Göring wichtige Schaltstellen innerhalb der Reichswerke mit Männern besetzte, die seit jeher mit der NSDAP und ihren populistischen wirtschaftspolitischen Forderungen identifiziert wurden, deutet auf ein zweites Motiv seines Handelns hin. Der geschäftsführende Direktor der Werke, Paul Pleiger, war Inhaber eines kleinen Stahlwerks gewesen und stand der kapitalistischen Großindustrie feindselig gegenüber; einer seiner engsten Mitarbeiter, Wilhelm Meinberg, hatte sich in den zwanziger Jahren als NS-»Bauernfänger« hervorgetan; ein weiterer Direktor namens Klagges war ebenfalls altgedientes Parteimitglied und in seinem früheren Beruf Lehrer gewesen.

Göring betrieb unablässig die weitere Expansion der Reichswerke. Mit ihnen wollte er sich selbst und der nationalsozialistische Bewegung ein bleibendes Denkmal setzen, und so führte er ihnen alle wirtschaftlichen Werte zu, derer er habhaft werden konnte. Dazu gehörten zwangsweise »arisierte« jüdische Firmen, die im Dezember 1939 beschlagnahmten Thyssen-Anteile am Ruhrbergbau, Rüstungsunternehmen wie Rheinmetall-Borsig und der Hauptanteil der in Österreich und der Tschechoslowakei erbeuteten Industrien. Zum Zeitpunkt des Kriegsausbruchs hatten die Reichswerke Hermann Göring die I.G. Farben auf der Liste der größten europäischen Konzerne vom ersten Platz verdrängt und waren auf dem besten Weg, *das* wirtschaftliche Instrument der kriegerischen Expansionspolitik Hitlers zu werden. Peter Hayes, der Historiker der I.G. Farben, hat das wirtschaftliche Gebaren Görings als ein »Abschälen der deutschen Wirtschaft« zum Zweck der Wiederaufrüstung bezeichnet und darauf hingewiesen, daß Hitler mit seiner Forderung nach möglichst hoher Selbstversorgung ohne Rücksicht auf Rentabilität sein wirtschaftspolitisches Programm zu einer »sich selbst erfüllenden Prophezeiung« gemacht habe: »Hitler konnte in zunehmendem Maß eine militante Expansion nach Osten als einzige Lösung für die weitgehend selbstgeschaffenen wirtschaftlichen Probleme Deutschlands proklamieren.«[34]

Man kann über das relative Gewicht der positiven und der negativen Aspekte dieser Wirtschaftspolitik diskutieren, aber ihre Probe mußte sie am Ende im Krieg bestehen, jenem Krieg, auf den Hitlers Wirtschaftpolitik von Anfang an gezielt hatte. Die Fragen, die nun noch der Beantwortung harren, sind: Wurden die von Hitler 1936 festgelegten Zeitvorgaben eingehalten? Was für ein Krieg schwebte ihm zu diesem Zeitpunkt vor? Wie sah das deutsche Aufrüstungsprogramm genau aus? Und vor allem: Wurde mit ihm das Ziel erreicht, Deutschland so stark zu machen, daß es die von Hitler vorgegebenen langfristigen Ziele erreichen konnte? Für die Antworten auf diese Fragen muß ich den Leser auf die Erörterung der nationalsozialistischen Außenpolitik im dreizehnten Kapitel verweisen.

Den sozialen Charakter des neuen Regimes haben die gegnerischen Parteien lange bestritten. Aber Aktionen wie »Kraft durch Freude« und »Schönheit der Arbeit« verwandelten tatsächlich die Wirklichkeit, und sei es nur in der Art, in welcher der Alltag aufgenommen wurde. Immer hatte sich Hitler gegen die Sozialisierung der Industrie gewendet. Er brauche, so sagte er, die Wirtschaft nicht zu verstaatlichen, weil die Herzen sozialisiere. Auch das staatlich propagierte »Eintopfessen« brachte fraglos mehr psychologischen als praktischen Nutzen und erfüllte daneben einen Propagandazweck: Der »Führer« selber legte sich Bescheidenheit auf, solange es im Reich noch Not gab.

Staat, Wirtschaft, Gesellschaft: In bezug auf den ersteren kam Hitler über das Stadium der Improvisation nie hinaus; die Wirtschaft betrachtete er als ein Werkzeug, dessen Schärfung er zunächst Schacht, dann Göring überließ; nur der Gesellschaft widmete er sich mit erheblichem persönlichen Engagement. Hier versuchte er die Überlegenheit seiner Idee, »die Menschen zu nationalisieren«, gegenüber der marxistischen Nationalisierung der Produktionsmittel unter Beweis zu stellen, indem er alle Deutschen zu einer »Volksgemeinschaft« zusammenschmiedete. Für liberalen Individualismus und marxistischen Klassenkampf würde darin kein Platz mehr sein, und dem geeinten Volk würde er die Bereitschaft einhauchen, in einen Krieg um die Eroberung von »Lebensraum« im Osten für das deutsche »Herrenvolk« zu ziehen. Marx auf den Kopf stellend, schickte Hitler sich an, mit der Veränderung des Bewußtseins der Deutschen die Voraussetzung für die Veränderung ihres materiellen Seins zu schaffen.

Von den zentralen Glaubenssätzen des Nationalsozialismus, seinen rassistischen und eugenischen Ideen einmal abgesehen, propagierte die

NSDAP eine ganze Litanei ideologischer Sekundärziele, die häufig archaische und moderne Motive miteinander verquickten und oft genug im Gegensatz zueinander standen. »Blut und Boden« beispielsweise war eine alte Zauberformel der deutschen Rechten, Ausdruck des Wunsches, der Korruptheit und Komplexität des modernen städtischen Lebens zu entfliehen und in eine vorindustrielle Welt der bäuerlichen Landwirtschaft und der ländlichen Schlichtheit zurückzukehren.

Ein anderes Beispiel war das Bestreben, die 1918/19 geschaffene innerbetriebliche Mitbestimmung wieder abzuschaffen. Was an deren Stelle treten sollte, zeigte sich bereits am feudalistisch anmutenden Vokabular des Gesetzes »zur Ordnung der nationalen Arbeit« vom Januar 1934. Der Arbeitgeber wurde darin als »Betriebsführer«, die Beschäftigten als seine »Gefolgschaft« bezeichnet; zum Ethos der »Betriebsgemeinschaft« gehörte, daß die »Gefolgschaft« dem »Betriebsführer« Loyalität schuldete. Lohn- und Gehaltstarife wurden nicht mehr zwischen Vertretern der Arbeiterschaft und der Arbeitgeber ausgehandelt, sondern von staatlich eingesetzten »Treuhändern der Arbeit« festgesetzt.[35]

Es fällt nicht leicht, einen gemeinsamen Nenner zu finden für diese rückwärtsgewandten Elemente und die Geringschätzung, die Hitler und viele andere Nationalsozialisten gegenüber der steifen, dünkelhaften, hierarchischen Gesellschaft des wilhelminischen Deutschland an den Tag legten, der Status-, Titel- und Ordensbesessenheit des deutschen »Spießbürgers« und dem Snobismus des Offizierskorps. Ähnlich schwer tut man sich, Forderungen wie die nach der Zerschlagung der großen Industriekonzerne, nach Abschaffung der Kaufhäuser und nach Wiederbelebung der alten Handwerkerzünfte mit dem erklärten Wunsch der Nazis nach modernster Waffentechnik für Armee und Luftwaffe zu vereinbaren.

Die Bewegung hatte freilich mit der Taktik, unvereinbare Interessen und Ziele miteinander zu verknüpfen, immer ihr Ziel erreicht. Schließlich war es gerade auch der Einsatz modernster Kommunikationstechniken bei der Verbreitung ihrer dynamischen, aggressiven Propaganda gewesen, der jenen Sturm der Begeisterung für die Ziele der nationalen Einheit, der nationalen Erneuerung und der nationalen Macht entfacht hatte, auf dessen Wogen Hitler zum Triumph getragen worden war.

Propaganda war weiterhin von großer Bedeutung, ebenso wie Organisation, und zu den alten Themen kamen nach 1934 nur wenige neue hinzu. Ein Faktor, der sowohl der Propaganda als auch der Organisation größere Kraft verlieh, war der Erfolg – das Regime konnte darauf verweisen, daß die Wirtschaftskrise überwunden, die Bürde der Reparationen abgeschüttelt, die äußere Macht und das Ansehen Deutschlands wiederhergestellt waren. Man überhäufte die Menschen an jedem Ort und zu jeder Zeit nicht nur mit Erfolgsmeldungen, sondern verdoppelte deren Wirkung auch dadurch, daß jeder Anflug von Skepsis oder Kritik unterdrückt wurde. Auf diese Weise verströmte der Erfolg eine überwältigende, höchst anziehende Kraft, der sich, so schien es, niemand zu entziehen vermochte.

In den Jahren nach 1934 perfektionierten die Nationalsozialisten, da ihnen die Machtmittel des Staates nun gänzlich zu Gebote standen, die Kunst ihrer visuellen Propaganda, indem sie spektakuläre Schauspiele und Aufzüge organisierten, deren Grandiosität wohl bis heute kaum übertroffen worden ist.

Der nationalsozialistische Festtagskalender konnte sich sehen lassen:

30. Januar: Hitlers Ernennung zum Reichskanzler;
24. Februar: Wiedergründung der Partei 1925;
24. März: Gedenktag für die Gefallenen des
    Weltkriegs, später in Heldengedenktag umbenannt;
20. April: Hitlers Geburtstag;
1. Mai: Nationaler Tag der Arbeit;
2. Sonntag im Mai: Muttertag;
Juni: Sommersonnenwende;
September: Nürnberger Parteitag;
1. Oktober: Erntedankfest auf dem Bückeberg bei Hameln;
9. November: Jahrestag des Putschversuchs von 1923.

Der Aufwand, mit dem diese Feste gefeiert wurden, war gigantisch; Hunderttausende nahmen persönlich teil, außerdem wurde jedes Ereignis auch noch bis zum Überdruß im Radio und im Kino abgespult, insbesondere die Reden Hitlers. Den Höhepunkt markierten die Olympischen Spiele von 1936 in Berlin, das sich bei dieser Gelegenheit der Welt als fröhlich feiernder Gastgeber präsentierte.

Wer bei den regelmäßigen oder außerordentlichen Feierlichkeiten durch Abwesenheit glänzte und nicht wenigstens die Hakenkreuzflagge aus dem Fenster hängte, wurde vom zuständigen Blockwart pflichtgemäß notiert und hatte schnell das Stigma der »politischen Unzuverlässigkeit« weg, mit Folgen, die von Nachteilen am Arbeitsplatz – ausbleibende Beförderung oder Entlassung – bis zur Verhaftung oder Klage reichen konnten. Mit ähnlichen Konsequenzen mußte derjenige rechnen, der bei den regelmäßigen Sammlungen, sei es für das Winterhilfswerk oder für andere Solidaritätszwecke, seine Spende verweigerte oder wer der Aufforderung zum »freiwilligen« Eintritt in einen der zahlreichen NS-Berufs- oder Sportverbände nicht nachkam.

Das Regime wollte in der Tat niemanden sich selbst überlassen, niemandem erlauben, sich abzusondern oder sich der organisatorischen Erfassung zu entziehen, weder am Arbeitsplatz noch am Wohnort oder in der Freizeit. Das war natürlich ein unerreichbares Ziel. Die »innere Emigration« war sicher mehr als eine Phrase; viele Deutsche entwickelten Methoden, um sich der unablässigen Propaganda innerlich zu erwehren und doch ein für das Überleben notwendiges Minimum an Konformität zu zeigen, genau wie die Menschen im Rußland Stalins es taten. Gleichwohl erreichte die NSDAP, daß die meisten Menschen, selbst wenn sie murrten, den Natio-

Der bäuerlichen Bevölkerung verdankte Hitler viel von seinem Aufstieg. Das flache Land war ihm eher erlegen als die Großstadt, die erst während der »Kampfzeit« allmählich von den traditionellen sozialistischen Parteien für die NSDAP gewonnen werden konnte. Aber auch die Ideologie des Regimes spielte das bäuerliche gegen das städtische Leben aus, und die Verbindung von modernster Technik und überkommenem Brauchtum stellte psychologisch eines der Erfolgsgeheimnnisse des Dritten Reiches dar. In Bückeberg schreitet Hitler auf dem Bauerntag durch die Reihen der SA.

nalsozialismus als schicksalhaft hinnahmen; wer das nicht wollte, dem blieb nur der Rückzug in die Isolation. Im November 1935 schrieb ein sozialistischer Gewährsmann an die SOPADE, die ins Prager Exil geflohene SPD: »Der Zweck aller nationalsozialistischen Massenorganisationen ist der gleiche. Ob man an die Arbeitsfront denkt oder an Kraft durch Freude, an die Hitlerjugend oder an den Arbeitsdank, überall dienen die Organisationen dem gleichen Zweck: die ›Volksgenossen‹ zu ›erfassen‹ oder zu ›betreuen‹, sie nicht sich selbst zu überlassen und sie möglichst überhaupt nicht zur Besinnung kommen zu lassen..., mit der eingestandenen Absicht, keine wirklichen Gemeinsamkeiten, keinerlei freiwillige Zusammenschlüsse aufkommen zu lassen... Das Wesen faschistischer Massenbeherrschung ist Zwangsorganisierung auf der einen, Atomisierung auf der anderen Seite.«[36]

Die Gegnerschaft von Kommunisten und Sozialdemokraten, die jede Chance für eine gemeinsame Front gegen die NSDAP zunichte gemacht hatte, änderte nichts an der Tatsache, daß es in Deutschland dreizehn Millionen Menschen gab, die gegen Hitler gestimmt hatten, und immerhin über zwölf Millionen, die auch noch nach Hitlers Machtübernahme und im Angesicht des drohenden Terrors den Mut aufgebracht hatten, im März 1933 gegen Hitler zu votieren. Zu Hitlers Zielen hatte es seit langem gehört, die Organisationen der KPD und SPD zu zerschlagen, ihre Führer zu verhaften oder zu zermürben, ihre Zeitungen zu verbieten und ihre Vermögenswerte zu beschlagnahmen. Nachdem dies erreicht war, sollte die millionenfache Anhängerschaft jener Parteien in die »Volksgemeinschaft« zurückgeholt werden. Daß dies den begeisterten Beifall des Mittelstandes finden würde, stand außer Zweifel. Die Frage war, wieweit der Appell an die nationale Einheit über die Mittelschicht hinaustragen, welche Resonanz er bei jenen Gruppen der Gesellschaft finden würde, denen die deutsche Arbeiterbewegung über ein halbes Jahrhundert lang die Unausweichlichkeit des Klassenkampfes gepredigt hatte.

Eine der Leistungen des Regimes – freilich eine, für die es von seiten der Arbeiter kaum Beifall erwarten konnte –, bestand darin, daß es die Löhne niedrig zu halten verstand. Die Kaufkraft des durchschnittlichen Wochenlohnes eines deutschen Arbeiters stieg, wenn man die Löhne des Jahres 1932, in der Talsohle der Wirtschaftskrise, als hundert Prozent ansetzt, auf 123 im Jahr 1939 und lag damit nur fünf Prozent über dem Vergleichswert für 1929, als die Wirtschaftskrise noch nicht durchgeschlagen hatte. Aber der Staat kontrollierte auch die Preise, und mit besonderer Aufmerksamkeit die Lebensmittelpreise. Diese zeigten zwar nach 1933/34 einen Aufwärtstrend, blieben aber bis ins letzte Kriegsjahr hinein unter dem Niveau von 1928/29. Allerdings gab es auch im Lebensmittelverbrauch zwischen dem Krisenjahr 1932 und dem Jahr 1938 kaum eine Steigerung, und immer wieder waren Beschwerden über Versorgungslücken bei Fett zu hören. Ständigen Anlaß zu Klagen bot auch die Qualität von Textilien und anderen Konsumgütern, bei deren Verarbeitung ein hoher Anteil von Ersatzstoffen verwendet wurde. Als der Arbeitskräftemangel sich verschärfte, wurde schließlich die Freiheit der Arbeitsplatzwahl eingeschränkt, zunächst in bestimmten Industriezweigen und in der Landwirtschaft. Den Höhepunkt dieser Entwicklung bildete eine Vollmacht, die 1938 bestimmten Behörden per Verordnung erteilt wurde und ihnen erlaubte, Arbeitskräfte für den Einsatz beim Bau des Westwalls und in den Munitionsfabriken des Reichs zwangsweise zu rekrutieren.[37]

Das Bild, das diese Fakten vermitteln, ist indes unvollständig. Von insgesamt dreiundzwanzig Millionen Beschäftigten wurde 1938/39 nur etwa eine Million dienstverpflichtet, davon wiederum weniger als 300 000 auf unbefristete Zeit, die übrigen für begrenzte Zeiträume. Und vom relativ geringfügigen Anstieg der Durchschnittslöhne wird die Tatsache verborgen, daß die Beschäftigten in den an der Wiederaufrüstung beteiligten Industriezweigen weitaus besser verdienten. Vor allem aber hatte Hitler die Massenarbeitslosigkeit beseitigt. Aus sechs Millionen registrierten Arbeitslosen zum Zeitpunkt der Machtergreifung 1933 waren im Juli 1939 74000 geworden, bei nicht weniger als einer Million offener Stellen. Das war bei weitem das Wichtigste für die Millionen von Arbeiterfamilien, die wußten, was es hieß, arbeitslos und ohne Hoffnung auf Arbeit zu sein. Hierin lag der große Unterschied zwischen den frühen dreißiger Jahren und dem Rest des Jahrzehnts.

Robert Leys Deutsche Arbeitsfront, die im eigentlich gewerkschaftlichen Bereich keine Aufgaben mehr wahrzunehmen hatte, errichtete bis zum Ende des Jahrzehnts das größte aller nationalsozialistischen Subimperien, eine Massenbewegung, die sogar die Partei in den Schatten stellte. Ihre Aktivitäten erreichten eine Dimension, die den *Dopo il Lavoro* im faschistischen Italien, ihr ursprüngliches Vorbild, weit hinter sich ließ, und Ley übertrieb nicht, wenn er behauptete, kein anderes Land auf der Welt, ob kapitalistisch oder sozialistisch, biete seinen Arbeitern Vergleichbares.

Ein Grund für den Erfolg der DAF lag darin, daß sie über beträchtliche Mittel verfügen konnte. Den Grundstock bildeten die beschlagnahmten Vermögenswerte der Gewerkschaften; dazu kamen Einkünfte, die sich aus den Beiträgen der offiziell freiwilligen, tatsächlich aber zwangsrekrutierten Mitglieder – der Industriearbeiter und ihrer Arbeitgeber – speisten und rund dreimal so hoch waren wie die Einnahmen der Partei. 1939 beschäftigte die DAF 44500 bezahlte Funktionäre und besaß eigene Banken, Versicherungsgesellschaften, Wohnungsbaugenossenschaften und Reisebüros – auch die Volkswagenwerke, die eines Tages den »Volkswagen« liefern sollten, gehörten der DAF.

Der verbindende Gedanke hinter den vielfältigen Aktivitäten der DAF war der Versuch, den Arbeitern neben materiellen Annehmlichkeiten – oder an deren Stelle, wie Skeptiker sagten – psychische Erbauung zuteil werden zu lassen. Wie die Hitlerjugend und der Reichsarbeitsdienst (der alle jungen Männer, auch und vor allem die Studenten, für eine gewisse Zeit zum Zwecke körperlicher Arbeit einzog), wollte die DAF das Ansehen der körperlichen Arbeit und des Handarbeiters heben. Hitler betonte wiederholt die Gleichwertigkeit der »Stände« im nationalsozialistischen Deutschland und die sich daraus ergebende höhere soziale Mobilität, beispielsweise in den Streitkräften. Den Arbeitern wurde auf diese Weise, wie David Schoenbaum es formuliert hat, statt einer Arbeitervertretung eine Arbeiterideologie geboten. Nichts lag Hitler ferner, als eine soziale Revolution nach dem Vorbild Stalins ins Rollen zu bringen: »Unter der Hülle der Nazi-Ideologie trugen die geschichtlich gewachsenen sozialen Gruppen ihre Konflikte weiterhin aus, wie Männer, die unter einer Decke miteinander kämpfen.«[38]

Wie weit ließen sich die Arbeiter mitziehen? Angesichts von dreiundzwanzig Millionen Beschäftigten eine kaum zu beantwortende Frage. Die vielen erhaltenen Berichte der Gestapo und anderer nationalsozialistischer

Behörden sowie das von der Exil-SPD gesammelte Material lassen es jedoch möglich erscheinen, in grober Unterteilung drei Tendenzen zu unterscheiden.[39] Da waren zum einen diejenigen, die einst eng mit der KPD, der SPD und den Gewerkschaften verbunden gewesen waren und in den Nazis noch immer den »Klassenfeind« sahen. Viele von ihnen waren 1933/34 verhaftet und mißhandelt worden; manche betrieben aktive Opposition, indem sie zum Beispiel Flugblätter verteilten, wenigstens bis 1935, als die Gestapo zum großen Schlag gegen die »marxistischen« Untergrundorganisationen ausholte. Alle bemühten sich auf die eine oder andere Weise, in Verbindung miteinander zu bleiben; man half einander, so gut man konnte, um zu überleben und die angestammten Überzeugungen nicht fahrenzulassen. Auf der entgegengesetzten Seite des Spektrums standen diejenigen – zumeist Vertreter jüngerer Jahrgänge –, die entweder das, was die NS-Propaganda ihnen sagte, kritiklos übernahmen oder Ehrgeiz hatten und erkannten, daß man den Nationalsozialisten folgen mußte, wenn man vorwärtskommen wollte.

Die größte Gruppe bildeten jedoch, so scheint aus dem vorliegenden Material hervorzugehen, weder die Unversöhnlichen noch die Bekehrten. Für die Mehrheit galt, daß sie die Angebote der DAF annahm und sie mehr oder weniger dem Regime gutschrieb, ebenso wie das Verschwinden der Arbeitslosigkeit. Man murrte über Versorgungsmängel und Einschränkungen, doch ohne politische Untertöne; man war mit seinen eigenen Problemen beschäftigt und nahm das Regime passiv und ohne Begeisterung hin, wie etwas, das eben nicht zu ändern war – wie das Wetter.

Diese Haltung illustriert anschaulich ein Bericht, der der Exil-SPD im Juni 1936 zuging, kurz nachdem das Regime einen seiner großen Erfolge gelandet hatte, die Remilitarisierung des Rheinlands:»Auf Schritt und Tritt kann man beobachten, daß man den Nationalsozialismus hinnimmt wie etwas Unabwendbares. Der neue Staat mit all seinen Einrichtungen und mit seinem Zwang ist eben da, man kann nicht dagegen an. Die große Masse hat sich so sehr an diesen Zustand gewöhnt, daß sie nicht mehr darüber nachdenkt, wie die Verhältnisse geändert werden könnten ... Ich weiß, es ist ein trübes Bild, das ich gebe. Trübe besonders, weil es zeigt, daß den Nazis bis jetzt eines gelungen ist: die Entpolitisierung des deutschen Volkes ... Es ist kein Zweifel: Den Nazis ist es gelungen, daß die Masse die Politik den Männern an der Spitze überläßt. Die Nazis bemühen sich, wie sie sagen, alle Menschen zu bewußten Nationalsozialisten zu machen. Das wird ihnen niemals gelingen. Eher wendet man sich innerlich vom Nationalsozialismus ab. Aber man erreicht, daß sich das Volk um gar nichts mehr kümmert. Und das ist mindestens ebenso schlimm, von unserem Standpunkt aus.«[40]

Was die öffentliche Meinung in Deutschland im ganzen betraf – unter Einschluß der Arbeiterschaft, aber nicht auf sie beschränkt –, so stimmten die meisten Beobachter darin überein, daß die Leistungen des Regimes in einigen Teilbereichen des gesellschaftlichen Lebens durchaus als positiv beurteilt wurden. Wichtig war vor allem, daß Hitler das Image eines Mannes aus dem Volk und für das Volk hatte, einer über der Politik schwebenden Figur, ganz im Unterschied zur NSDAP, die nicht annähernd so populär war wie ihr Führer. Der verbreitete Eindruck war, daß Deutschland mit Hitler erstmals seit Bismarck wieder über einen autoritären Führer jenes Typs verfügte, wie er in den Augen vieler Menschen aus allen Schichten die politische Tradition des Deutschen Reiches verkörperte. Seine Erfolge ließen den Kontrast zur schwächlichen Weimarer Republik noch greller hervortreten, zumal ihr Glanz noch nicht von der Angst vor einem weiteren Krieg getrübt wurde, für den es bis zur Sudetenkrise des Jahres 1938 keine sichtbaren Anzeichen gab. Im Gegenteil: Hitler, der ehemalige Weltkriegssoldat, präsentierte sich und die Deutschen als friedliebende Nation, welche die Schrecken des Krieges zu unmittelbar erlebt hatte, um je mit dem Gedanken an einen neuen zu spielen. Und schon gar nichts verlautete über Hitlers geheimen Terminplan für einen Eroberungskrieg und die Errichtung eines Imperiums der arischen Rasse im Osten.

Wie weit es den Nationalsozialisten gelang, eine Nation nach dem Bild ihrer Ideologie zu schaffen – namentlich in den Altersgruppen unter vierzig –, ist eine der Fragen, auf die es wahrscheinlich nie eine sichere Antwort geben wird. Selbst wenn wir einen Weg fänden, individuelle Einstellungen nachträglich zu messen und dadurch zu unbezweifelbaren Aussagen zu gelangen, etwa, daß fünfzig Prozent dieser oder jener Altersgruppe zu fünfzig oder mehr Prozent des nationalsozialistischen Wertesystems bekehrt waren – eine reine Fiktion, deren ich mich hier nur zu argumentativen Zwecken bediene –, wären solche Zahlen immer noch höchst gegensätzlichen Deutungen zugänglich, je nachdem, ob man das »Glas« für »halbvoll« oder »halb leer« halten würde. Die Experten sind in diesem Punkt ebenso geteilter Meinung wie in der Frage, ob die nationalsozialistische Ideologie eher ein logischer Fortsatz früherer, in Deutschland vor 1914 entstandener Anschauungen war oder eher einen Bruch mit ihnen darstellte. Natürlich gab es Kontinuitäten. Der strittige Punkt ist die Frage, wie bedeutsam oder wie repräsentativ diese Kontinuitäten waren.

Wenn wir uns dennoch die Frage nicht versagen wollen, wie gut es der Partei gelang, die jüngere Hälfte der Bevölkerung zu indoktrinieren, jene also, die im Zweiten Weltkrieg ins Feuer mußte, haben wir die Wahl zwischen zwei Antworten. Für die erste können wir uns auf Hitler selbst berufen, der in den letzten Wochen des Dritten Reichs, am 25. Februar 1945, in der Abgeschiedenheit seines Bunkers eine von Martin Bormann der Nachwelt überlieferte Erklärung seines Scheiterns gab: »Das ideale Rezept wäre für mich gewesen, ... eine nationalsozialistische Jugend heranzuzüchten – und dann den kommenden Geschlechtern die Führung des unvermeidlichen Krieges zu überlassen ... Das Werk, das ich mir vorgenommen habe, ist zuviel für einen einzelnen Mann, zu gewaltig umfassend für eine Generation!«[41]

Hitler hielt in den ersten Jahren nach der Machtergreifung die Rolle des Führers einer siegreichen Revolution noch aufrecht. Im braunen Hemd erschien er bei seinen Gefolgsleuten. Aber er ist nun eben doch zugleich Reichskanzler – nicht nur der Chef der NSDAP, sondern der Repräsentant des Staates. Selbst als er 1933 eine NS-Führungsschule besucht, zeigt er sich beherrscht als erster Mann Deutschlands, der die »Garanten der Zukunft«, die Jugend, an sich bindet.

Die zweite Antwort ergibt sich aus einer Tatsache, die von Hitler nie mit irgendeinem Anzeichen von Dankbarkeit zur Kenntnis genommen wurde, daß nämlich das deutsche Volk sechs lange Kriegsjahre, davon zuletzt zweieinhalb, in denen seine Armeen in die Defensive geraten waren und sich Schritt für Schritt zurückziehen mußten und in denen deutsche Städte erst von Bomben, dann von Artillerie und Panzern verwüstet wurden, trotz einer zuletzt angesichts der überwältigenden alliierten Überlegenheit hoffnungslosen Lage durchhielt, bis Hitler selber mit seinem Selbstmord den Bann brach.

»Halb leer« oder »halb voll«?

Hinter der Propaganda und Organisation stand als dritte Machtressource und *ultima ratio* der Terror. Seine verdeckte Androhung spielte in den mittleren dreißiger Jahren eine wichtigere Rolle als die praktische Ausübung, nicht nur, weil Hitler auf einer Welle des Erfolgs und der Popularität schwamm, sondern auch, weil er in der empfindlichen Anfangsphase der Wiederaufrüstung feindselige Reaktionen im Ausland vermeiden wollte – etwa Aufrufe zum Boykott deutscher Waren oder eine Absage der Olympischen Spiele in Berlin –, die die Zusammenarbeit mit seinen konservativen Bundesgenossen gefährden konnten.

Nach der Verhaftungswelle des Jahres 1935 waren die kommunistischen, sozialdemokratischen und gewerkschaftlichen Untergrundorganisationen zerschlagen. Im Winter 1936/37 fiel die Zahl der Häftlinge in den drei noch bestehenden Konzentrationslagern mit 7 500 auf die niedrigste Marke. Auch für Juden, für die NSDAP der ideologische Feind schlechthin, waren die Jahre 1936/37 die vergleichsweise noch ruhigste Zeit zwischen 1933 und 1945, so daß einige, die aus Deutschland emigriert waren, das Wagnis einer Rückkehr auf sich nahmen.

Dabei hatte die Propaganda zu keinem Zeitpunkt mit ihrer bösartigen Hetze innegehalten; an den Schulen und in den Medien wurde weiterhin alles getan, um den Menschen das Bild vom Juden als Paria, als Ungeziefer, als Untermensch einzuhämmern. Die Diskriminierung der Juden im Berufsleben nahm weiter zu, und es kam auch weiterhin zu Übergriffen gegen jüdische Familien und Geschäfte. Die Nürnberger Rassegesetze freilich, die seinerzeit so großes Aufsehen erregten, wurden, wie man heute weiß, für den Parteitag vom September 1935 in aller Eile zusammengeschrieben, um dem Aktionsdrang einer ungeduldigen Partei den Wind aus den Segeln zu nehmen. Sie waren keineswegs als Signal für weitere Ausschreitungen gedacht.[42] Erst 1938, als Hitler auf breiter Front auf eine radikalere Politik umgeschaltet hatte, durfte sich der Judenhaß voll entfalten, zuerst in Form bösartiger antisemitischer Ausfälle in Österreich im Windschatten des Anschlusses und dann, in Deutschland, in der »Kristallnacht« vom 9. auf den 10. November.

1936 bis 1938 war freilich auch der Zeitraum, in dem die SS auf die Rolle vorbereitet wurde, die sie später in den von Deutschland besetzten Ländern, vor allem in Osteuropa, spielen sollte. Nach dem anfänglichen Terror der Jahre 1933/34 hatten das Innen- und das Justizministerium sich nach Kräften bemüht, der Gestapo rechtsstaatliche »Manieren« beizubringen. Die Verschmelzung von Polizei und SS im Juni 1936 war ein Vorzeichen ihrer Niederlage. Welches Hoheitsgebiet Himmler für seine vereinten Sicherheitskräfte abzustecken gedachte, machte er in einer Rede zum neuen Polizeigesetz deutlich, die er am 11. Oktober 1936 vor einem einschlägigen Zuhörerkreis an der Akademie für Deutsches Recht hielt. Er habe sich, so erklärte er seinen Zuhörern, schon im März 1933, als er Polizeipräsident von München geworden sei, »auf den Standpunkt gestellt, ob ein Paragraph unserem Handeln entgegensteht, ist mir völlig gleichgültig; ich tue zur Erfüllung meiner Aufgaben grundsätzlich das, was ich nach meinem Gewissen in meiner Arbeit für Führer und Volk verantworten kann und dem gesunden Menschenverstand entspricht. Ob die anderen Leute über die ›Brechung der Gesetze‹ jammerten, war in diesen Monaten und Jahren, in denen es um Leben oder Sterben des deutschen Volkes ging, gänzlich gleichgültig. Das Ausland ... sprach natürlich von einem rechtlosen Zustand in der Polizei und damit im Staate. Rechtlos nannten sie ihn, weil er nicht dem entsprach, was sie unter Recht verstanden. In Wahrheit legen wir durch unsere Arbeit die Grundlagen zu einem neuen Recht, dem Lebensrecht des deutschen Volkes.«[43]

Einen großen Wachstumsschub für die SS brachte der Kriegsausbruch, in dessen Gefolge Himmler mit dem Auftrag betraut wurde, die Politik der »Neubesiedlung« des besetzten Polen nach rassischen Gesichtspunkten voranzutreiben. Aber auch schon vorher, im Verlauf der dreißiger Jahre, hatte der Reichsführer SS gezielt darauf hingearbeitet, die Stärke und Schlagkraft seiner Organisation zu erhöhen, wobei er bewußt darauf geachtet hatte, ihr den Charakter einer Elitetruppe zu verleihen und möglichst viele junge Leute aus dem Adel und dem gehobenen Bürgertum sowie einen möglichst hohen Anteil an Hochschulabsolventen zu gewinnen. Heydrich arbeitete zur gleichen Zeit daran, die Gestapo im Sinn des Nationalsozialismus zu erziehen und mit der SS zusammenzuführen; Theodor Eicke schließlich, ein Mann von ebensoviel Brutalität wie Effizienz, der als Kommandant von Dachau die allgemeine »Hausordnung« des deutschen Konzentrationslagerwesens entwickelt hatte, übernahm als Inspekteur der Konzentrationslager die Ausbildung der SS-Wachbataillone.

Einer von Heydrichs Günstlingen war Adolf Eichmann, stellvertretender Leiter der Gestapo-Abteilung, die im Dezember 1937 den Auftrag erhielt, die »gesamte Arbeit an der Judenfrage in den Händen von SD und Gestapo« zu vereinigen. Einer der Günstlinge Eickes war Rudolf Höß, der spätere Kommandant des Lagers Auschwitz. Im März 1938 standen die ersten für den Einsatz außerhalb des Reichs vorgesehenen SS-Kommandos bereit, um im Gefolge der Wehrmacht in Österreich einzumarschieren und in einer Art Probelauf jene Aktionen durchzuspielen, mit denen sie bald in ganz Europa Angst und Schrecken verbreiten sollten.

Hitler hatte mehrere Gründe, im Herbst 1937 auf einen radikaleren und aggressiveren politischen Kurs umzuschalten.

Der erste war, daß er der Beschränkungen, die das Bündnis mit den konservativen Elementen in Armee, Staat und Wirtschaft ihm auferlegte, zunehmend überdrüssig wurde. Als Beispiel dafür kann sein langwieriger Kleinkrieg mit Schacht über den wirtschaftspolitischen Kurs dienen. Speer berichtete nach dem Krieg in einem der Nürnberger Prozesse über einen Besuch auf dem Berghof im Sommer 1937: »Ich war auf der Terrasse des

Berghofes auf dem Obersalzberg und wartete darauf, meine Baupläne vorlegen zu können, im Sommer 1937, als Schacht auf den Berghof kam. Auf der Terrasse hörte ich eine laute Auseinandersetzung zwischen Hitler und Schacht aus Hitlers Zimmer. Die Stimme Hitlers steigerte sich zu hoher Lautstärke. Nach Beendigung der Besprechung kam Hitler auf die Terrasse und äußerte sich in sichtbarer Erregung, daß er mit Schacht nicht zusammenarbeiten könne, er habe eine schwere Auseinandersetzung mit ihm gehabt. Schacht würde mit seinen Finanzierungsmethoden seine Pläne stören.«[44]

Hitler hatte auf Kritik und Gegenstimmen seit jeher allergisch reagiert. Dennoch hatte er die Einwendungen Schachts gegen Göring und den Vierjahresplan bislang hingenommen, weil er – genau wie Schacht selber – der Meinung war, als Wirtschaftsminister sei Schacht für das Regime unersetzlich, wenn es sich das Vertrauen der einheimischen und ausländischen Wirtschaft bewahren wolle. Jetzt allerdings begann Hitler sich zu fragen, ob Schachts Bleiben wirklich noch eine so große Rolle spielte.

Ein zweites Motiv hatte mit der Enttäuschung vieler »alter Kämpfer« der Partei zu tun. Sie bemängelten – und Hitler hatte es zur Kenntnis genommen –, daß die Revolution, die ihr Lebenswerk war, wie so viele andere Revolutionen in der Geschichte in Kompromissen mit dem alten System versickert sei. Auch die SA und die anderen radikaleren Elemente der Partei sahen sich an den Rand gedrängt. Die Nürnberger Gesetze waren etwas wie eine Besänftigung für sie gewesen, ein Zeichen ihres Führers, daß sie sich nach wie vor auf ihn verlassen konnten. Aber es bedurfte mehr als solcher Gesten, um sie auf Dauer bei der Stange zu halten. Außerdem waren seit Hitlers letztem großen Erfolg, der Rheinlandbesetzung, eineinhalb Jahre vergangen, und wenn der Führermythos nicht verblassen sollte, war es für Hitler an der Zeit, wieder einmal einen Beweis seiner überlegenen Führungskraft zu geben.

Auf ein drittes Motiv verweist Martin Broszat, wenn er schreibt, Hitler sei 1937/38 von der »panischen Angst« erfaßt worden, es werde sich nach einer mehrjährigen Periode relativer Mäßigung vielleicht gar nicht mehr als möglich erweisen, die nötige Schubkraft für das Anpacken seines letzten großen Ziels zu mobilisieren.[45] Später, nachdem der Kurswechsel vollzogen war, am 10. November 1938, erklärte Hitler vor einem intimen Kreis von Zeitungsleuten: »Die Umstände haben mich gezwungen, jahrzehntelang fast nur vom Frieden zu reden. Nur unter der fortgesetzten Betonung des deutschen Friedenswillens und der Friedensabsichten war es mir möglich, dem deutschen Volk Stück für Stück die Freiheit zu erringen und ihm die Rüstung zu geben, die immer wieder für den nächsten Schritt als Voraussetzung notwendig war. Es ist selbstverständlich, daß eine solche jahrzehntelang betriebene Friedenspropaganda auch ihre bedenklichen Seiten hat; denn es kann nur zu leicht dahin führen, daß sich in den Gehirnen vieler Menschen die Auffassung festsetzt, daß das heutige Regime an sich identisch sei mit dem Entschluß und dem Willen, den Frieden unter allen Umständen zu bewahren... Das würde aber nicht nur zu einer falschen Beurteilung der Zielsetzung dieses Systems führen, sondern es würde vor allem auch dahin führen, daß die Nation... mit einem Geist erfüllt wird, der auf die Dauer als Defaitismus gerade die Erfolge des heutigen Regimes [weg]nehmen würde und [weg]nehmen müßte... Der Zwang war die Ursache, warum ich jahrelang nur vom Frieden redete. Es war nunmehr notwendig, das deutsche Volk psychologisch allmählich umzustellen und ihm langsam klarzumachen, daß es Dinge gibt, die, wenn sie nicht mit friedlichen Mitteln durchgesetzt werden können, mit Mitteln der Gewalt durchgesetzt werden müssen... Diese Arbeit hat Monate erfordert; sie wurde planmäßig begonnen, fortgeführt, verstärkt.«[46]

In der Überzeugung, daß er nunmehr »schnell oder nie« handeln müsse, bestärkten ihn außerdem Befürchtungen hinsichtlich der eigenen Lebenserwartung. In einer Rede vor den führenden Propagandafunktionären der Partei im Oktober 1937 hat er, wie ein Gesprächsteilnehmer in einer Mitschrift festhielt, davon gesprochen, daß er »nach menschlichem Ermessen nicht mehr sehr lange zu leben« haben werde. »In seiner Familie würden die Menschen nicht alt... Es sei daher notwendig, die Probleme, die gelöst werden müßten (Lebensraum!), möglichst bald zu lösen, damit dies noch zu seinen Lebzeiten geschehe. Spätere Generationen würden dies nicht mehr können. Nur seine Person sei dazu noch in der Lage.«

Hitler fügte hinzu, er habe sich »nach schweren inneren Kämpfen von noch vorhandenen religiösen Kindheitsvorstellungen frei gemacht. ›Ich fühle mich jetzt frisch wie ein Füllen auf der Weide.‹«[47]

In Wirklichkeit waren es nicht religiöse oder moralische Skrupel gewesen, von denen Hitler sich hatte bremsen lassen, sondern Unschlüssigkeit hinsichtlich des Risiko, das er eingehen konnte. Würden Wehrmacht und Wirtschaft ihre Mitarbeit an der Wiederaufrüstung Deutschlands einstellen, wenn er sich Schachts und der konservativen Elite entledigte, mit der er im Sommer 1934 einen erneuten stillschweigenden Pakt geschlossen hatte? Und wenn sie dies taten, würde es seine eigene Stellung gefährden?

Hitler sparte sich seine Antwort für das Jahr 1938 auf. Einstweilen beschränkte er sich in der Öffentlichkeit auf Aussagen wie die folgende vom November 1937: »Heute stehen uns neue Aufgaben bevor. Denn der Lebensraum unseres Volkes ist zu eng... Ich bin der Überzeugung, daß die schwersten Vorarbeiten bereits geleistet wurden.«[48]

12. Kapitel

Terror als revolutionäres Prinzip

Stalin 1934–1939

Während Hitler in den Jahren 1934 bis 1938 einsah, daß den radikalen Ausschreitungen ein Ende gesetzt werden müsse und eine Zeit der Anpassung und Zurückhaltung erforderlich sei, schlug Stalin zum gleichen Zeitpunkt die entgegengesetzte Richtung ein. Auf die Härten der Kollektivierung und des ersten Fünfjahresplanes folgte keine Entspannungsperiode, wie viele in der Kommunistischen Partei es für notwendig hielten, sondern eine erneute »Revolution von oben«, die in grenzenlosen Terror mündete. Dieser richtete sich jedoch nicht gegen die Bauern und die Überreste des Kapitalismus, sondern in Wellen von Verhaftungen, Prozessen und Säuberungen gegen die Partei selbst.

Als Politologen in den fünfziger Jahren versuchten, ein Modell des totalitären Staates zu beschreiben, sahen sie die Säuberungen in der Sowjetunion als Reaktion auf die funktionellen Erfordernisse des Einparteienstaates, als »Werkzeug permanenter Destabilisierung« an, dessen der Totalitarismus *als System* dringend bedürfe.[1] Doch das ist nicht mehr als eine jener so beruhigenden Verallgemeinerungen, die nichts erklären. Die Schlüsselfragen lauten doch: »Auf *wessen* Erfordernisse wurde hier reagiert?« und: »Wessen Hand führte das Werkzeug?«

Chruschtschow hatte sicherlich recht, als er vor dem Zwanzigsten Parteitag erklärte, daß die Säuberungen und Prozesse der dreißiger Jahre auf keinen Fall den Erfordernissen des Sowjetregimes *als System* entsprachen, sondern es an den Rand des Abgrunds brachten. »Nur dank ihrer großen moralisch-politischen Kraft gelang es der Partei, die schweren Prüfungen der Jahre 1937 bis 1938 zu überstehen und neue Kader heranzubilden. Es besteht jedoch kein Zweifel, daß wir in unserer Entwicklung zum Sozialismus und in unseren Verteidigungsvorbereitungen noch größere Erfolge erzielt haben könnten, wenn wir nicht durch die unbegründeten und widersinnigen Massenunterdrückungen in den Jahren 1937 bis 1938 so furchtbare Kaderverluste erlitten hätten.«[2]

Nachdem der Prozeß in Gang gesetzt war, kam er in Fahrt und wuchs immer mehr in die Breite – und sei es auch nur als Folge jener erzwungenen Denunziationen, die zur Methode des NKWD gehörten. Aber wer hatte den Prozeß aus dem System heraus in Gang gesetzt, wer steuerte ihn und wer entschied, wann er zu weit gehen könnte? Es war weder die politische Führung der Partei insgesamt, das Politbüro oder das Zentralkomitee noch die Regierungsbeamten oder das Oberkommando der Streitkräfte. Die Kampagne richtete sich ja vor allem gegen sie, aus ihren Reihen kamen die bekanntesten Opfer. Auch das Sekretariat des ZK der KPdSU oder das NKWD konnten nicht die Triebkraft sein – sie waren Werkzeuge dieses Prozesses, nicht seine Urheber.

Der Höhepunkt der Säuberungen wird in der Sowjetunion nach dem Leiter des NKWD in den Jahren 1937 bis 1938 *Jeschowschtschina* – die Jeschow-Ära – genannt. Chruschtschow stellte jedoch eindeutig klar, daß Jeschow lediglich Stalins Kreatur war und selber beseitigt wurde, als Stalin einen Sündenbock für die Exzesse brauchte. Es handelte sich hier nicht um eine *Jeschowschtschina*, sondern um die *Stalinschtschina* – eine Stalin-Ära.

Denn es war Stalin, der den Wert des Terrors nicht einfach als Antwort auf eine Ausnahmesituation – wie in der Kollektivierung – erkannt hatte, sondern als eine ständige »Herrschaftsmethode«.[3] Stalin hatte die Säuberungen Mitte der dreißiger Jahre initiiert und wiederholte sie nach dem Kriege. Und er tat dies nicht nur in der Sowjetunion selbst, sondern exportierte diese Methode, um auch die Satellitenstaaten Osteuropas zu »reinigen«.

Nach allgemein menschlichen Maßstäben waren Stalin und Hitler seelisch alles andere als normal. Die Frage zu erörtern, ob sie deshalb auch im medizinischen oder rechtlichen Sinne geistesgestört waren, ist gleichwohl für Laien ein müßiges Unterfangen. Wie ihr psychischer Zustand auch gewesen sein mag, er hinderte sie keineswegs daran, als Politiker Meisterleistungen zu vollbringen, zumindest nicht bis zur Schlußphase ihres Lebens. Unter den vielen Menschen, die engen Kontakt zu Stalin hatten, überlebt haben und ihre Eindrücke vermitteln konnten, findet sich kaum einer, der behauptet, Stalin sei wahnsinnig gewesen. Im Gegenteil, er machte den Eindruck eines Mannes im vollen Besitz seiner Kräfte, der wußte, was er tat, die Situation unter Kontrolle hatte und seinen normalen Tagesablauf auch dann nicht veränderte, als Furcht und Anspannung in Moskau fast unerträglich wurden. In dem grausamen politischen Spiel, das zwischen 1934 und 1939 in der Sowjetunion ablief, war Stalin den anderen Akteuren in jeder Etappe um mehrere Züge voraus. Er überraschte sie immer wieder damit, wie scharf berechnend und heuchlerisch er sein konnte und zu welch skrupellosem Vorgehen er fähig war. Die Anzeichen von Verfolgungswahn, sein am stärksten ausgeprägtes psychisches Merkmal, wirkten in solchen Situationen sehr zielgerichtet und erleichterten es ihm, seine politischen und psychologischen Zielstellungen, die sich wechselseitig verstärkten, gleichzeitig zu verfolgen.

Stalin hatte Mitte der dreißiger Jahre drei politische Ziele. Das erste war die Ausschaltung der Opposition und damit der Kritik an seiner Politik innerhalb der Partei, wo es während der Krise der Kollektivierung – wenn auch gedämpft – weiterhin kritische Stimmen gegeben hatte. Zwischen 1933 und 1934 tauchte die Opposition dann wieder auf und drängte Stalin, in seiner Jagd nach besseren wirtschaftlichen Ergebnissen nachzulassen, der arbeitenden Bevölkerung Zugeständnisse zu machen und sich mit den früheren Kontrahenten zu versöhnen. Aus taktischen Gründen erweckte Stalin den Eindruck, er sei bereit, zumindest einen Teil dieses Weges mitzugehen. Jedoch selbst auf dem Parteitag der Sieger im Januar 1934, wo er zunächst erklärt hatte, man brauchte »nichts mehr zu beweisen und anscheinend auch niemanden mehr zu bekämpfen«, warnte er gleich darauf vor »ideologischem Wirrwarr«, der einige Parteimitglieder zu der Annahme geführt habe, der Klassenkampf sei vorüber und die Diktatur des Proletariats könne gemildert werden. In Wirklichkeit gibt es keinen Grund anzunehmen, Stalin habe jemals seine Ansicht geändert, daß jede Lockerung den Verlust alles bisher Erreichten bedeuten würde und daß der Druck nicht verringert, sondern beibehalten werden müsse, da bei jeder anderen Lösung für ihn und seine außerordentlichen Vollmachten kein Platz bleiben würde.

Stalins zweites Ziel bestand darin, der Opposition nicht nur in dieser besonderen Frage eine Niederlage zu bereiten, sondern die Quelle von Opposition und Kritik anzugreifen und zu zerstören, die im kollektiven Aufbau der Parteiführung und in den Traditionen der innerparteilichen Demokratie selbst lag. Stalin wurde es immer lästiger, sich die Meinung von Genossen wie Kirow und Ordschonikidse anzuhören, die auf ihren unabhängigen Standpunkt Wert legten und ihm zuweilen widersprachen. Für ihn waren nur noch Leute wie Molotow und Kaganowitsch akzeptabel, die ihre Rolle darin sahen, seine Wünsche auszuführen und nicht in Frage zu stellen, die mithin nicht seine Genossen, sondern seine Werkzeuge waren.

Noch weniger traute er früheren Oppositionellen wie Sinowjew und Kamenew, Bucharin und Rykow, die sich zwar unterworfen hatten und wieder in die Partei aufgenommen worden waren, deren frühere Taten er jedoch weder vergesssen noch vergeben hatte. Früher oder später würden sie endgültig liquidiert werden müssen und mit ihnen alle alten Bolschewiken, die sich immer noch als Mitglieder der Partei Lenins sahen und nicht begriffen, daß dies nun die Partei Stalins war. Stalin begriff sich im Unterschied zu Lenin nicht als Erster unter Gleichen. Für ihn gab es keine Gleichen; er sah sich bereits als Autokraten, der stets das letzte Wort sprach.

Die logische Schlußfolgerung daraus war die Entwicklung vom Ein-Parteien- zum Ein-Mann-Staat. Stalin schreckte vor dieser Schlußfolgerung nicht zurück. Überzeugt, er sei der einzige, der wußte, wie Rußland zu regieren und die Revolution zu vollenden sei, sah er sich ebenso als den einzigen, der die Willenskraft besaß, die notwendigen Maßnahmen durchzusetzen, wenn er nicht durch Rücksichtnahme auf andere Personen oder Institutionen, etwa auf die Partei, daran gehindert wurde. Die dritte und letzte Stufe in Stalins Programm sah deshalb vor, alle diese Hindernisse hinwegzufegen und allein zu herrschen.

Stalin hatte, wie Hitler, keine Vorstellung davon, wie dieses Programm zu verwirklichen sei. Aber bereits 1932 deuteten geringfügige Zeichen in eine bestimmte Richtung, so beispielsweise Stalins wütende Reaktion, als das Politbüro und das Zentralkomitee ihn daran hinderten, Rjutin und Genossen erschießen zu lassen, weil sie eine über zweihundert Seiten umfassende »Plattform« verbreitet hatten, in der Stalin der »böse Geist der Revolution«

genannt und seine Ablösung gefordert wurde. Stalins Fähigkeit, seine wahren Gedanken zu verbergen, leistete ihm jedoch auf dem Parteitag der Sieger und danach wertvolle Dienste. Während er der Forderung Kirows, Ordschonikidses und anderer »Gemäßigter«, die auf Entspannung drängten, scheinbar nachgab, bereitete er bereits in aller Stille seinen Gegenangriff vor und brachte treue Gefolgsleute in Schlüsselpositionen, um die nächste passende Gelegenheit zu nutzen. Wir wissen nicht, zu welchem Zeitpunkt diese Vorbereitungen in einen Aktionsplan übergingen oder ob er 1934/35 bereits voraussah, wie weit er ihn zur Durchsetzung seiner Absichten führen würde – viel weiter nämlich als zur Zeit der Kollektivierung. Wie Hitler konnte Stalin es sich leisten, ein Opportunist zu sein, weil er im Unterschied zu seinen Gegnern genau wußte, was er wollte.

Eine weitere vorteilhafte Eigenschaft, die Stalin mit Hitler teilte, bestand darin, daß seine politischen Ziele seinem psychischen Wesen und seinen Bedürfnissen entsprachen. Ich habe bereits im zehnten Kapitel auf die beiden wichtigsten psychischen Merkmale Stalins hingewiesen. Das erste war seine narzißtische Persönlichkeit, seine totale Konzentration auf sich selbst. Er war unfähig, andere Menschen in demselben Sinne real zu sehen wie sich selbst. Er war von der Überzeugung erfüllt, er sei ein Genius, auserwählt, in der Geschichte eine einzigartige Rolle zu spielen. Das zweite Merkmal war die paranoide Vorstellung, er sei ein großer Mann in einer feindlichen Welt voll neidischer und verräterischer Feinde, die sich verschworen hatten, ihn zu stürzen, wenn er nicht den ersten Schlag führte und sie vernichtete. Für die Welt des Paranoiden ist typisch, daß er ständig von solchen Wahnvorstellungen verfolgt wird. Stalin war unablässig damit beschäftigt, Fakten zu sammeln und daraus das logische Gebäude zu errichten und zu verstärken, das diese Vorstellungen trug.

Sein Leben lang empfand Stalin das Bedürfnis, den Glauben an diese beiden Dinge in sich zu stärken und zu festigen – an seine historische Mission und an das Bild, das er von sich selbst im Verhältnis zur Außenwelt hatte. Davon stimmt der Glaube an eine Mission ganz offensichtlich mit Stalins politischem Endziel überein. Dieselbe Besessenheit, die ihn dazu getrieben hatte, seine Rivalen auszuschalten und seine Revolution mit der Lenins gleichzusetzen, zwang ihn jetzt, über seinen Vorgänger hinauszugehen, die Fesseln, die ihm die Partei noch anlegte, zu sprengen und sich zum Alleinherrscher über den Sowjetstaat zu erheben. Noch bemerkenswerter ist die Übereinstimmung zwischen Stalins zweitem psychischen Bedürfnis – den Glauben an sich selbst zu stärken, indem er die Geschehnisse der Außenwelt in seinen eigenen geistigen Rahmen preßte – und dem politischen Ziel, das er in den Jahren 1934 bis 1939 verfolgte. Es bestand in der Absicht, die von Lenin geschaffene Partei der Bolschewisten zu zerstören und durch eine neue zu ersetzen, dabei nach außen Kontinuität zu wahren, in Wirklichkeit die Partei jedoch nach seinem Plan neu zu formen.

Das Szenarium von Verschwörung und Verrat, das Hunderte von Unter-

Im Verlauf der großen Schauprozesse trat Stalin auch nach außen hin immer deutlicher als Alleinherrscher auf. Die Aufnahme aus dem Herbst 1937 zeigt ihn im Kreml beim Verlassen seines Wagens in fast hitlerischer Pose – mit blankgeputzten Reitstiefeln, elegantem Uniformrock, militärischer Kopfbekleidung und wehendem Mantel: ein Herrscher, der alle seine Konkurrenten aus dem Feld geräumt hat.

suchungsführern des NKWD als Grundlage für die Anklagen in den Säuberungsaktionen und Prozessen fabrizierten, lief darauf hinaus, die Geschichte nach dem Mythos um Stalins Person und seinen politischen Bedürfnissen neu zu schreiben. Die Millionen Menschen, die, wie die Kulaken vor ihnen, verhaftet, erschossen oder ins Lager geschickt wurden, führten im wirklichen Leben ein von Stalin inszeniertes Lehrstück auf. Welch zwingenderen Beweis für dessen objektive Wahrheit konnte es geben als die drei großen Schauprozesse, wo anstelle von Beweisen die übriggebliebenen Mitglieder der Partei Lenins einer nach dem anderen aufstanden und die Geständnisse vortrugen, die das NKWD für sie geschrieben hatte? Sie bezichtigten sich der unwahrscheinlichsten Verbrechen, die – wäre Stalins Wachsamkeit nicht gewesen – die Revolution zunichte gemacht und die Sowjetunion zerstört hätten.

In der Folgezeit wurde an der Verfeinerung der Details gearbeitet und der Rahmen der Anklagen noch weiter gesteckt. Zum abschließenden Prozeß 1938 hatte man dann schließlich alle Beschuldigungen gegen die linke wie die rechte Opposition und die Trotzkisten in einer Anklageschrift zusammengetragen – Schädlingstätigkeit und Sabotage in Industrie und Landwirtschaft, Mordversuche und Spionage für ausländische Geheimdienste. Der Hauptangeklagte war kein anderer als Nikolai Bucharin, der Mann, den Lenin einst den »Liebling der ganzen Partei« genannt hatte. Wie Luzifer, ein anderer »Lieblingssohn«, wurde er nun aus dem Himmel vertrieben, weil er rebelliert und angeblich geplant hatte, seinen geliebten Lehrer Lenin zu ermorden. Lenins gesamte Führungsgruppe – Trotzki, Sinowjew und Kamenew, Bucharin, Rykow und Tomski wurden angeklagt und verurteilt – alle außer Stalin.

Wenn man die merkwürdigen Ereignisse der Jahre 1934 bis 1939 in der Sowjetunion gleichsam von außen betrachtet, fällt es schwer, sie nicht als Ausdruck von Wahnsinn zu sehen. Dies ändert sich, wenn man sich in die Lage versetzt, in der Stalin agierte. Dann bewies Stalin nicht nur Brutalität, sondern auch Vernunft und verfolgte seine Ziele mit einer Logik, die politischer und psychologischer Konsequenz nicht entbehrte.

Jewgenia Ginzburg beginnt ihr Buch *Krutoi marschrut* (»Marschroute eines Lebens«), das ihre eigene Verhaftung im Jahre 1937 beschreibt, mit den Worten: »Jenes Jahr 1937 begann in Wirklichkeit am 1. Dezember 1934«, dem Tag, an dem Kirow ermordet wurde. Dies klingt zunächst überraschend. Denn nach einem ersten Ausbruch von fieberhafter Aktivität im Dezember 1934 und im ersten Halbjahr 1935 schien die Krise allmählich abzuebben. Die Zeit von Juli 1935 bis August 1936 wirkte nach außen wie eine Periode der Entspannung. Und doch hat Jewgenia Ginzburg recht. Die Kirow-Affäre lieferte Stalin die Gelegenheit, auf die er gewartet hatte. Sie tauchte in allen drei Moskauer Schauprozessen wieder auf und war gleichsam der archimedische Punkt, den er benötigte, um die Sowjetwelt aus den Angeln zu heben.

Es gibt zwei mögliche Erklärungen für das, was geschah und warum Kirows Ermordung von Anfang an so große Bedeutung zukam.[4] Die erste und offizielle Erklärung läuft darauf hinaus, daß Stalin und den anderen Mitgliedern des Politbüros auf diese Weise die Gefahr bewußt wurde, in der das Regime und sie selber schwebten, die Notwendigkeit, in ihren Anstrengungen nicht nachzulassen, sondern diese noch zu verstärken, um die Elemente zu vernichten, die niemals Ruhe geben würden, bevor sie die Revolution nicht rückgängig gemacht hätten. Die Ehren, die dem Ermordeten erwiesen wurden, darunter ein Staatsbegräbnis, bei dem auch Stalin Ehrenwache hielt, stützten diese offizielle Version. Kirow wurde als Opfer konterrevolutionärer Gewalt dargestellt. Dies bestätigten die Ermittlungen und Prozesse der folgenden vier Jahre, wo in den Geständnissen der Angeklagten enthüllt wurde, welch weitverzweigte und gefährliche Verschwörung sich hinter diesem Anschlag angeblich verbarg.

Die zweite und einleuchtendere Erklärung besteht darin, daß Stalin selber den Mord plante oder zumindest gestattete, mit dem ein Mann beseitigt werden sollte, den er als den potentiellen Führer einer Aktion ansah, die ihn selbst absetzen und das Land auf einen gemäßigteren Kurs bringen sollte. Stalin entledigte sich seiner, versetzte damit jeder künftigen Oppositionsgruppe in der Partei einen schweren Schlag und sandte zugleich eine nachdrückliche Warnung aus. Er zog jedoch doppelten Vorteil aus der Affäre, indem er den toten Kirow, der sich nicht mehr wehren konnte, als treuen Gefolgsmann, »Stalins besten Freund und Waffenbruder«, als revolutionären Helden ehrte, der auf seinem Posten gefallen war. Das gestattete ihm, die kritische Richtung, die Kirow zu Lebzeiten vertreten hatte, nun als konterrevolutionären Terrorismus zu brandmarken, der seine Ermordung auf dem Gewissen habe. »Der Feind«, erklärte die *Prawda*, »hat nicht auf Kirow persönlich geschossen. Nein! Sein Schuß zielte auf die proletarische Revolution.«[5]

Die volle Wahrheit über die Ermordung Kirows wird vielleicht niemals ans Licht kommen. Aber ähnlich wie in einem anderen mysteriösen Fall, der Frage nämlich, wer den Reichstag in Brand steckte, kam es auch hier nicht in erster Linie darauf an, wer Kirows Tod verschuldet hatte, sondern welcher Vorteil daraus gezogen wurde. Kaum hatte Stalin die Nachricht von Kirows Tod erhalten, erließ er bereits einen Notstandsbeschluß, ohne die Zustimmung des Politbüros abzuwarten. In drei kurzen Absätzen wurden die Ermittlungsorgane angewiesen, alle Untersuchungen zu beschleunigen, in denen es um die Vorbereitung von Terrorakten ging und die Vollstreckung von Todesurteilen in diesen Fällen nicht hinauszuschieben (da hier ohnehin keine Möglichkeit der Begnadigung bestand); außerdem wurde dem NKWD die Weisung erteilt, Todesurteile sofort nach Verkündung zu vollstrecken.

Nachdem dies getan war, reiste Stalin noch in derselben Nacht mit einem Sonderzug nach Leningrad. Er wurde von seinen treuesten Anhängern Molotow, Woroschilow und Schdanow sowie einem starken Aufgebot des NKWD begleitet. Nach seiner Ankunft nahm er die Ermittlungen sofort persönlich in die Hand. So besaß er die Initiative und zugleich eine perfekte Begründung für alle Maßnahmen zur Beseitigung derer, die in die Untersuchungen des NKWD einbezogen waren.

Es besteht kein Zweifel, daß der Mörder, Leonid Nikolajew, eher aus persönlichen denn aus politischen Motiven handelte. Er war eine Art Pechvogel, hatte ein Amt verloren, das ihm seiner Meinung nach zustand, und war aus der Partei ausgeschlossen worden, weil er eine mit körperlicher Arbeit verbundene Tätigkeit ablehnte. Infolgedessen brannte in ihm ein tiefer Haß gegen die Bürokratie. Er hatte den Mord an Kirow als Protest gegen die Ungerechtigkeit geplant, als deren Opfer er sich sah.

Nikolajew wäre es jedoch niemals gelungen, in den Smolny, die Leningrader Parteizentrale, einzudringen, wenn man die Wachen auf den einzelnen Etagen nicht abgezogen hätte. Zugleich wurde Kirows Leibwächter aufgehalten und daran gehindert, diesen in das Gebäude zu begleiten. Im Verlaufe der Ermittlungen stellte sich heraus, daß das NKWD für den Abzug der Wachen verantwortlich war, alles von Nikolajew und dessen Groll wußte, diesen bereits bei früherer Gelegenheit zweimal in Kirows Nähe mit einem Revolver verhaftet und – trotz der Proteste der Sicherheitskräfte – zweimal wieder freigelassen hatte. Später wurde bekannt, daß das NKWD auch die Verantwortung für einen inszenierten »Verkehrsunfall« trug, in dem Kirows Leibwächter Borissow auf dem Wege zum Smolny getötet wurde, wo er vor Stalin und anderen Untersuchungsführern aussagen sollte. Alle an diesem »Unfall« Beteiligten wurden später ebenfalls beseitigt.[6]

Nach seiner Verhaftung erkannte Nikolajew offenbar, daß er vom NKWD benutzt worden war. Als Stalin ihn fragte, warum er Kirow erschossen habe, wies er auf die anwesenden NKWD-Offiziere und rief, Stalin solle doch *sie* fragen. Stalin hatte jedoch keinerlei Interesse an Nikolajews persönlichen Motiven oder an der Mittäterschaft des NKWD. Als erster Schritt wurden 102 »Weißgardisten«, die man kurz vorher verhaftet und des Terrors angeklagt hatte (darunter eine beträchtliche Zahl ukrainischer Intellektueller), nach dem Beschluß vom 1. Dezember im Schnellverfahren abgeurteilt und hingerichtet. Man legte ihnen nicht den Mord an Kirow zur Last, aber die Meldung über ihre Hinrichtung war das Signal für eine intensive Pressekampagne gegen die »Feinde des Volkes«. Hier zeigte sich Stalins wirkliches Interesse; er wollte demonstrieren, daß die Ermordung Kirows Teil einer weitreichenden Verschwörung gewesen sei. So instruierte er Jeschow, dem er die politische Kontrolle des Falles übertrug, und Agranow, der mit den weiteren Ermittlungen beauftragt wurde.

Da der Mord sich in Leningrad, Sinowjews früherem Herrschaftsbereich, ereignet hatte, deutete alles darauf hin, daß als erste Sinowjews ehemalige Anhänger in der Leningrader Partei- und Komsomolorganisation verhaftet und verhört werden würden. Jeschow kehrte aus Moskau, wohin er gereist war, um weitere Instruktionen einzuholen, mit einer von Stalin handgeschriebenen Liste zurück, die die Namen der Mitglieder des später bekanntgewordenen »Leningrader terroristischen Zentrums« und eines analogen »Moskauer Zentrums« enthielt. In der bald darauf veröffentlichten Anklageschrift wurde Nikolajew beschuldigt, Kirow auf Befehl des »Zentrums« als Teil eines langfristigen Planes zur Ermordung Stalins und anderer Parteiführer getötet zu haben. Da man versprach, ihm das Leben zu schenken,

»gestand« Nikolajew, daß seine ursprüngliche Behauptung, er habe aus persönlichen Motiven gehandelt, in Übereinstimmung mit der Gruppe der Sinowjew-Anhänger erfunden worden sei, um deren Verwicklung in den Fall zu verbergen und diesen als Terrorakt eines Einzeltäters erscheinen zu lassen.

Ende Dezember fand der Prozeß gegen das Leningrader Zentrum unter Ausschluß der Öffentlichkeit statt. Anwesend waren drei Richter, angeführt von dem berüchtigten Wassili Ulrich, der in den dreißiger Jahren dieselbe Justizfarce mit Wyschinski als Ankläger immer wieder aufführen sollte. Der Fall war überstürzt vorbereitet worden und konnte nicht öffentlich verhandelt werden, weil die meisten Angeklagten nur ihre Zugehörigkeit zu der genannten Gruppe gestanden, jede Verwicklung in den Mord jedoch bestritten hatten. Man verurteilte sie alle, auch Nikolajew, dem das Leben versprochen worden war, zum Tode. Sie wurden noch in derselben Nacht in den Kellern des Litejny-Gefängnisses erschossen.

Sinowjew und Kamenew, die man bereits zweimal verhaftet, aus der Partei ausgeschlossen und wieder aufgenommen hatte, wurden Mitte Dezember gemeinsam mit fünf weiteren ehemaligen Mitgliedern des Zentralkomitees in Moskau erneut festgenommen. Bis die Anklageschrift gegen sie Mitte Januar 1935 fertiggestellt war, erweiterte sich ihr Kreis um neun ehemalig führende Parteifunktionäre, die man 1927 aus der Partei ausgeschlossen, später aber wieder aufgenommen hatte. So waren es insgesamt sechzehn Personen, von denen behauptet wurde, sie hätten ein »illegales konterrevolutionäres Moskauer Zentrum« aufgebaut, das »mehrere Jahre lang konterrevolutionäre Aktionen des Moskauer und Leningrader Zentrums geleitet« habe. In diesem Stadium beschränkte man sich jedoch darauf, ihnen die moralische und politische Verantwortung dafür anzulasten, daß die Leningrader Gruppe zu Terrorakten übergegangen war. Eine direkte Verwicklung in den Mord an Kirow konnte nicht nachgewiesen werden. Ulrich und Genossen, das »Militärkollegium des Obersten Gerichts«, verurteilten sie zunächst nur zu Haftstrafen von fünf bis zehn Jahren.

Zur gleichen Zeit führte Ulrich den Vorsitz in einem anderen Prozeß, wo die für das Versagen von Kirows Personenschutz verantwortlichen Mitarbeiter des Leningrader NKWD verbrecherischer Fahrlässigkeit angeklagt wurden, die zu dem Mord geführt habe. Alle bekannten sich schuldig, aber anstelle der sofortigen Hinrichtung, die normalerweise die Folge gewesen wäre, erhielten alle Angeklagten bis auf einen die milde Strafe von zwei oder drei Jahren Gefängnis. Nur einer, der zusätzlich »gesetzwidriger Handlungen während der Ermittlung« für schuldig befunden wurde – womit möglicherweise der »Unfall« von Kirows Leibwächter Borissow gemeint war – erhielt zehn Jahre Haft. Im Gegensatz zur üblichen Praxis umgab sie NKWD-Chef Jagoda mit »außerordentlicher und ungewöhnlicher Sorge«. Als sie schließlich an der Kolyma, dem entlegensten Eiland des Archipels Gulag, ankamen, erhielten sie bald verantwortliche Posten in

Stalins Weg zur Alleinherrschaft war von den Leichen seiner Mitstreiter gesäumt. Hier folgt er dem Sarg Kirows, für dessen Ermordung Ende 1934 er vermutlich verantwortlich war. Später geschah die Ausschaltung in Schauprozessen, die ihre besondere Note darin hatten, daß die Verurteilten ihrem Urteil zustimmen mußten. Der Staat Hitlers kannte keine Säuberungen. Im Mai 1945 gingen noch dieselben Männer in den Freitod oder in die Gefangenschaft, die in den zwanziger Jahren seinen Aufstieg begleitet hatten. Die einzige Ausnahme stellte der sogenannte Röhm-Putsch dar, als Hitler in einer Blitzaktion nahezu die gesamte SA-Führung erschießen ließ, kennzeichnenderweise unter dem Vorwand sittlicher Degeneration und moralischer Verfehlungen.
Auf dem Photo: Hinter dem Sarg Stalin und Woroschilow, ganz rechts am Bildrand das Gesicht Molotows.

der Lagerverwaltung mit allen Privilegien. Dieser glückliche Zustand hielt an, bis sie Ende 1937 schließlich nach Moskau zurückgebracht und erschossen wurden.

Im Prozeß gegen Jagoda selbst im März 1938 kamen weitere Einzelheiten ans Licht. Zur Zeit der Ermordung Kirows war Jagoda Generalkommissar des NKWD und gegenüber Stalin für alle Operationen der Sicherheitskräfte verantwortlich. In seinem Prozeß gestand Jagoda, er habe dem stellvertretenden Leiter des Leningrader NKWD Iwan Saporoschez befohlen, »dem Terrorakt gegen Kirow keine Hindernisse in den Weg zu legen«. Hierzu gehörte auch die Weisung, Nikolajew freizulassen, nachdem er zwei Monate vor dem Mord festgenommen worden war, ausgerüstet mit einem Revolver, Munition und einer Skizze von Kirows Spazierweg. Später gab

Jagoda auch zu, er habe sich darum gekümmert, daß Saporoschez und die anderen NKWD-Leute gut versorgt würden.

Warum hatte Jagoda das getan? Weil er nach seiner gerichtlichen Aussage entsprechende Weisungen von Awel Jenukidse erhalten hatte, seit 1918 Sekretär des Zentralexekutivkomitees des Sowjetkongresses und angeblich ebenfalls Mitglied der Terrorgruppe. Es traf sich gut, daß dieser sechs Monate vorher im Oktober 1937 bereits erschossen worden war. Alle Einwände, so erzählte Jagoda, habe Jenukidse zurückgewiesen und darauf bestanden, daß er die Weisungen der Gruppe erfülle. Das klingt wenig überzeugend, denn Jenukidse besaß nicht die Position, in der er dem viel mächtigeren Jagoda hätte Vorschriften machen können. Es bleibt also die Frage, wer sonst Jagoda solche Befehle erteilt haben konnte.

In seiner Geheimrede vor dem Zwanzigsten Parteitag der KPdSU im Jahre 1956 berichtete Chruschtschow den Delegierten:»Es muß festgestellt werden, daß die Umstände der Ermordung Kirows bis auf den heutigen Tag in vielen Punkten ungeklärt und mysteriös sind, so daß sie noch einer gründlichen Klärung bedürfen ... Nach Kirows Ermordung erhielten Spitzenfunktionäre des Leningrader NKWD ganz minimale Strafen, aber 1937 wurden sie erschossen. Es ist anzunehmen, daß man mit ihrer Erschießung die Spuren der Organisatoren des Mordes an Kirow auslöschen wollte.«[7]

Die von Chruschtschow vorgeschlagene sorgfältige Überprüfung wurde 1956 oder 1957 von einer Untersuchungskommission vorgenommen, die Zugang zu allen Archiven hatte und Hunderte von Zeugen befragte. Der Bericht der Kommission wurde jedoch niemals veröffentlicht. Auf dem Zweiundzwanzigsten Parteitag der KPdSU im Jahre 1961 wiederholte Chruschtschow, daß die NKWD-Leute »getötet wurden, um alle Spuren zu verwischen«. Er fügte hinzu:»Je gründlicher wir die Materialien im Zusammenhang mit Kirows Tod studieren, desto mehr Fragen tauchen auf.« Er war jedoch noch nicht bereit, den Namen auszusprechen, der bereits in aller Munde war. In seinen Memoiren, die schließlich im Jahre 1989 auszugsweise veröffentlicht wurden, läßt Chruschtschow jedoch keinen Zweifel an seiner wahren Meinung:»Ich bin der Meinung, daß dieser Mord von Jagoda organisiert wurde, der nur in einem geheimen Auftrag Stalins handeln konnte, den er sozusagen unter vier Augen erhalten hatte.«[8]

Die Prozesse und Anklagen gegen Sinowjew und Kamenew, Bucharin und Rykow verschwanden aus offiziellen Publikationen wie etwa der Parteigeschichte. Jenukidse, von dem man 1938 behauptete, er habe Jagoda die Befehle erteilt, wurde 1962 vollständig rehabilitiert. Bisher ist an seiner Stelle kein anderer Name genannt worden.

Ende Januar 1935 hatte sich die politische Lage im Vergleich zum Vorjahr, als der Parteitag der Sieger stattfand, schlagartig verändert. Damals hatte Stalin hinter den Lobpreisungen an seine Adresse durchaus die Unterstützung verspürt, die eine Politik der Entspannung in der Partei genoß, und war dieser in gewisser Weise entgegengekommen. Nun war sein potentieller Rivale tot, und mit dem Ruf: »Die Revolution ist in Gefahr!« hatte er über Nacht die Initiative wieder an sich reißen können. Der Propagandaapparat der Partei entfesselte eine Kampagne zur Entlarvung der »Volksfeinde«. Jeder, der auch nur im entferntesten mit der früheren Opposition von Sinowjew und Kamenew in Zusammenhang gebracht werden konnte, mußte befürchten, denunziert und verhaftet zu werden. Bei der Säuberung in Leningrad, die sich sowohl gegen Anhänger Kirows als auch Sinowjews richtete, waren bis Ende März – als abschreckendes Beispiel für das ganze Land – Massenverhaftungen und Deportationen vorgenommen worden. Sie betrafen ganze Familien von Arbeitern und früheren Aristokraten, Staatsfunktionären und Offizieren. Die Zahl der Betroffenen wurde auf fast 100 000 geschätzt.

Eine im Januar 1933 angeordnete allgemeine Parteisäuberung hatte bereits zum Ausschluß von 800 000 der insgesamt dreieinhalb Millionen Parteimitglieder geführt, auf die die Partei in der Zeit des ersten Fünfjahrplanes angewachsen war. Nach der Ermordung Kirows wurde der Druck verstärkt und in eine bestimmte politische Richtung gelenkt. In einem internen Brief des Zentralkomitees vom Dezember 1934 unter dem Titel »Lehren aus den Ereignissen um den heimtückischen Mord an Genossen Kirow«, dem ersten einer ganzen Serie ähnlicher Rundschreiben, wurden die Parteiorganisationen gedrängt, all diejenigen zur Strecke zu bringen, auszuschließen und festnehmen zu lassen, die oppositioneller Tendenzen verdächtigt oder in Versammlungen, die man zur gegenseitigen Denunziation der Mitglieder einberief, angeklagt wurden.

Die Mitglieder der Leningrader Komsomolgruppe, welche die Ermittler des NKWD mit Nikolajew und der Verschwörung zur Ermordung Kirows in Zusammenhang gebracht hatten, wurden scharfen Verhören unterzogen und schließlich erschossen, obwohl sie bis zum Ende Widerstand leisteten und weder Sinowjew noch Kamenew belasteten. So mußte man die Anklage gegen die beiden ehemaligen Oppositionsführer am 20. Dezember wegen Mangels an Beweisen fallenlassen. Durch weiteren Druck konnte schließlich im Januar dennoch ein Prozeß gegen sie zustande gebracht werden. Sie waren jedoch lediglich bereit zuzugeben, Verbindung zum »Leningrader Zentrum« gehabt zu haben und eine allgemeine moralische und politische Verantwortung für die Verbreitung konterrevolutionärer Ideen zu tragen. Jede direkte Verwicklung in die Ermordung Kirows indessen wiesen sie zurück. Auch dieser Prozeß fand unter Ausschluß der Öffentlichkeit statt; die Presse berichtete darüber nur unvollständig.

Gemäßigte Vertreter der politischen Führung wehrten sich immer noch dagegen, ehemalige Mitglieder des Politbüros und des Zentralkomitees zu hart zu behandeln. Stalin selber hielt es für klug, dies zunächst zu akzeptieren, indem er dem Politbüro vorschlug, gegen Sinowjew und Kamenew nicht die Todesstrafe zu verhängen.

Auf der Allunionstagung der Stachanowarbeiter im November 1935 erscheint bereits die spätere Führungsgruppe. Noch leben Kamenjew, Sinowjew, Bucharin und Rykow, aber sie spielen optisch keine Rolle mehr. Auf dem Photo aus dem Jahr 1935 treten Kaganowitsch, Woroschilow und Ordschonikidse noch nebeneinander auf, von denen letzterer schon zwei Jahre später zum Selbstmord gezwungen wird.

Stalin hatte seine Ziele nicht aufgegeben, brauchte aber offensichtlich mehr Zeit und gründlichere Vorbereitung. So entstand bei vielen in der Sowjetunion und im Ausland der Eindruck, die Krise um Kirows Ermordung sei vorüber, das Leben kehre in normale Bahnen zurück. Stalins neue Losung lautete: »Es lebt sich jetzt besser, Genossen. Es lebt sich jetzt froher.«[9] Es gab Anzeichen für eine Verbesserung der materiellen Bedingungen im Lande: Günstiges Wetter ließ 1935 eine Rekordernte gedeihen, und die Rationierung konnte aufgehoben werden. Mehr Waren kamen in die Geschäfte, und die Preise sanken. Der zweite Fünfjahrplan begann allmählich Früchte zu tragen. Die Produktion von Roheisen, Stahl, Kohle und Zement stieg – zumindest im Vergleich mit den sehr niedrigen Ergebnissen der Jahre 1932 und 1933 – ständig an. Die in der zweiten Jahreshälfte 1935 initiierte Stachanow-Bewegung brachte einen vielgerühmten Anstieg der Arbeitsproduktivität. Zur gleichen Zeit wurden in der Roten Armee wieder Dienstgrade eingeführt, die Offiziere erhielten höhere Gehälter und mehr Vorrechte, was die Moral wesentlich stärkte. Die ersten fünf Marschälle der Sowjetunion wurden ernannt. Das waren Veränderungen, die Trotzki, der Schöpfer der Roten Armee, als eine wahre Revolution bezeichnete.

Die Hoffnungen auf den Beginn einer neuen Ära wurden durch den Beschluß genährt, eine neue Verfassung auszuarbeiten. Stalin ernannte sich selbst zum Vorsitzenden der Verfassungskommission und nahm als demonstrative Geste der Versöhnung auch Bucharin und Radek in das dreißig Mitglieder zählende Gremium auf. Im Juni 1936 wurde der Entwurf veröffentlicht und die ganze Bevölkerung aufgefordert, sich an der landesweiten Diskussion darüber zu beteiligen. Die Presse berichtete, der Entwurf sei »mit enormer Begeisterung und Zustimmung aufgenommen« worden.

Bucharin spielte bei der Ausarbeitung des Entwurfs eine entscheidende Rolle. Insbesondere betraf dies die Bestimmungen über das allgemeine Wahlrecht, über direkte und geheime Wahlen sowie die Garantien der Bürgerrechte wie Rede-, Presse-, Versammlungs-, Demonstrationsfreiheit und das Recht auf den gesetzlichen Schutz des persönlichen Eigentums.

Aus dem Verfassungstext ging hervor, daß weiterhin nur eine Partei zugelassen werde und alle Rechte »in Übereinstimmung mit den Interessen der Arbeiterklasse und zur Stärkung des sozialistischen Systems« auszuüben seien. Ungeachtet des Fatalismus, mit dem Bucharin Freunden in Paris im Sommer 1936 zu Recht andeutete, daß Stalin ihn umbringen wolle, klammerte er sich doch an die Hoffnung, die neue Verfassung könnte bedeuten, daß es »für das Volk mehr Raum geben wird. Es kann nicht länger beiseite gedrängt werden«.[10] Als Stalin dem Außerordentlichen Sowjetkongreß den endgültigen Entwurf vorlegte, bestritt er dies nicht. Im Gegenteil, er erklärte kühn, der Entwurf der neuen Verfassung der UdSSR, die auf sein Betreiben nach ihm benannt wurde, gehe »davon aus, daß es in der Gesellschaft keine antagonistischen Klassen mehr gibt; daß die Gesellschaft aus zwei befreundeten Klassen besteht, aus Arbeitern und Bauern, und daß ebendiese werktätigen Klassen an der Macht stehen«.[11] Da die sozialen Konflikte nicht länger existierten, sei es möglich geworden, allgemeine und geheime Wahlen zuzulasssen sowie alle anderen Bürgerrechte zu gewähren.

Die Verfassung (die bis 1977 »in Kraft« blieb) und ihr Zustandekommen als Ergebnis einer breiten »Diskussion« wurden so stark in den Vordergrund gestellt, um sowohl auf die westliche Welt als auch auf das Sowjetvolk Eindruck zu machen. Die sowjetische Außenpolitik verfolgte nach der Aufnahme in den Völkerbund im Jahre 1934 das Ziel, ein System der kollektiven Sicherheit aufzubauen, um Hitler dadurch in die Schranken zu weisen. Die Stalinsche Verfassung sollte der öffentlichen Meinung des Westens den Eindruck vermitteln – und zweifellos erreichte sie dies auch –, daß die Sowjetunion eine akzeptable Gesellschaft sei, die mit voller Unterstützung ihrer Völker auf dem Wege der Demokratie voranschreite. Stalin schloß seine Rede auf dem Sowjetkongreß mit der Erklärung ab, die Verfassung der UdSSR sei die einzige wirklich demokratische Verfassung der Welt. »Wovon Millionen ehrlicher Menschen in den kapitalistischen Ländern träumten und weiter träumen, (ist) in der Sowjetunion bereits verwirklicht… Die internationale Bedeutung des Sieges der vollentfalteten, restlos konsequenten Demokratie in der Sowjetunion (kann) kaum überschätzt werden. Jetzt, da die trübe Welle des Faschismus die sozialistische Bewegung der Arbeiterklasse mit Schmutz bespritzt und die demokratischen Bestrebungen der Besten der zivilisierten Welt in den Kot zieht, wird die neue Verfassung der UdSSR ein Anklageakt gegen den Faschismus sein und davon zeugen, daß Sozialismus und Demokratie unbesiegbar sind. Die neue Verfassung der UdSSR wird eine moralische Hilfe und eine reale

Stütze für alle diejenigen sein, die jetzt den Kampf gegen die faschistische Barbarei führen.«[12] Stalin hatte richtig vermutet, daß die Verfassung von 1936 im Ausland großen Eindruck machen werde. Als er jedoch am 25. November 1936 seine Rede hielt, begann die Bevölkerung der Sowjetunion und insbesondere die Kommunistische Partei zu begreifen, daß die Festlegungen dieser Verfassung in der Praxis mit einer Terrorherrschaft vereinbar waren.

Stalin selber hatte daran niemals gezweifelt. Während er mit gelegentlichen Gesten der Ermutigung die Hoffnung auf ein Nachlassen des Drucks nährte, bereitete er einen neuen Angriff auf die frühere Opposition vor. Er diskreditierte sie in einem sorgfältig inszenierten Schauprozeß und stellte klar, daß niemand, auch nicht ein früheres Mitglied des Politbüros, vor der Todesstrafe sicher war.

Mit dem Tode Walerian Kuibyschews, des Vorsitzenden von *Gosplan*, dem Staatlichen Plankomitee, entstand nach Kirow eine zweite Vakanz im Politbüro. Kuibyschew galt wie Kirow als Mitglied jener Gruppe, die für eine gemäßigtere Politik eintrat. Er soll sich dem Prozeß gegen Sinowjew und Kamenew widersetzt haben. Am 26. Januar 1935 wurde mitgeteilt, er sei an Herzversagen gestorben. Doch im Prozeß gegen Jagoda im Jahre 1938 wurde sein Tod auf vorsätzlich falsche medizinische Behandlung zurückgeführt, die Jagoda angeordnet habe. Man versuchte nicht, den Auftraggeber zu ermitteln, der Jagoda diesen Befehl erteilt hatte, und solange keine neuen Tatsachen ans Licht kommen, bleibt der Fall offen.

Stalin konnte Anastas Mikojan, einen Mann seines Vertrauens, davon überzeugen, einen der Plätze im Politbüro einzunehmen. Der andere fiel Wlas Tschubar zu, der später hingerichtet wurde. Einen dritten nahm Andrej Schdanow ein, der Kirow in der Funktion des Ersten Sekretärs des Parteikomitees von Leningrad gefolgt und bisher einer der beiden Kandidaten des Politbüros gewesen war. Die andere Schlüsselfunktion, die des Ersten Sekretärs des Moskauer Stadtparteikomitees, erhielt Nikita Chruschtschow, der damals wie Schdanow zu einer bekannten Persönlichkeit wurde. Nikolaj Jeschow, ein vielversprechender Günstling Stalins, wurde als Leiter der Zentralen Parteikontrollkommission eingesetzt. Georgi Malenkow, der bereits die Kaderabteilung des Sekretariats leitete, wurde sein Stellvertreter. Von beiden Positionen konnte weiterhin Druck auf die regionalen Parteiorganisationen ausgeübt werden, um die Säuberungskampagne zu verschärfen.[13] NKWD-Chef Jagoda legte bereits Stalin persönlich seine Geheimberichte vor, und im Juni 1935 wurde Andrej Wyschinski, bisher Hauptankläger in den Moskauer Prozessen, zum Generalstaatsanwalt befördert.

Es ist sehr unwahrscheinlich, daß Stalin auch nur einen aus dieser Gruppe ins Vertrauen zog. Er hielt sich an den Grundsatz, daß jeder nur das wissen mußte, was notwendig war, um seine Befehle auszuführen. Wer ihn zweifelnd ansah oder Fragen stellte, überlebte nicht. Auch wer dies nicht tat, aber zu viel wußte, war entbehrlich, was Jagoda und Jeschow bald erfahren sollten.

Zwei Veränderungen in der sowjetischen Gesetzgebung vom Frühjahr 1935 gaben Stalin Druckmittel in die Hand, die sehr wirksam eingesetzt werden konnten, um Aussagen und Geständnisse zu erlangen. Die eine eröffnete die Möglichkeit, alle Strafen, einschließlich der Todesstrafe, selbst gegen Kinder von zwölf Jahren zu verhängen (Beschluß vom 7. April 1935). Die andere (Beschluß vom 9. Juni 1935) drohte bei Flucht ins Ausland die Todesstrafe an und gestattete es, Familienmitglieder eines »Verräters«, der in den Streitkräften diente, bei Mitwisserschaft mit bis zu zwanzig Jahren Gefängnis zu bestrafen oder mit fünf Jahren Verbannung, wenn sie zwar keine Mitwisser waren, aber mit dem Täter zusammenlebten oder von ihm abhängig waren. Dies bedeutete die Einführung der Geiselhaft, worauf bald ganze Familien, ja selbst kleine Kinder, unwillkürlich in Gefahr gerieten, wenn einer von ihnen auch nur einer Spur von Abweichlertum verdächtigt oder denunziert wurde. Nach dieser Reform des Rechtssystems wurden Fälle von Hochverrat nunmehr vor einem eigens dafür geschaffenen Militärkollegium des Obersten Gerichts unter Vorsitz von Wassili Ulrich verhandelt, der sich, was juristische Niedertracht betraf, nur mit Wyschinski als Staatsanwalt messen konnte.

Nun zahlte sich das enge persönliche Verhältnis aus, das Stalin während der Kollektivierungskampagne zur OGPU hergestellt hatte. Das neugeschaffene Volkskommissariat für Innere Angelegenheiten (NKWD) war für die Verwaltung der Arbeitslager (Gulag), für die Grenztruppen, die Inneren Truppen und die Miliz verantwortlich. Eine Sonderkammer des NKWD erhielt das Recht (außerhalb der Justiz), administrative Strafen bis zu fünf Jahren Verbannung, Deportation oder Lagerhaft zu verhängen.

Der Kern blieb jedoch die Hauptverwaltung für Staatssicherheit (GUGB), eine Gruppe alter Bolschewiken, die langjährige Erfahrungen in Sicherheits- und Terroraktionen besaßen, welche in einigen Fällen bis zu Dzierzynskis Tscheka zurückreichten. Während die Partei – ständig angespornt von der reorganisierten Parteikontrollkommission und der Sonderabteilung Poskrebyschews – ihre Säuberungskampagne auf der mittleren und unteren Ebene fortsetzte, war die GUGB Stalins Werkzeug für den Angriff auf die oberen Ebenen der Partei- und Staatsbürokratie, der sowjetischen Führung selbst.

Die Offiziere des NKWD wurden als Elitetruppe behandelt, die besondere Uniformen trug, in eigenen Wohnungen lebte und außerordentliche Privilegien genoß. Der Generalkommissar, Genrich Jagoda, war den neuernannten Marschällen der Sowjetunion gleichgestellt. Sein Erster Stellvertreter, Jakow Agranow, der für die GUGB, das Sicherheitsorgan im NKWD, verantwortlich war und häufig als Stalins Intimus betrachtet wird, stand wie die anderen fünf Kommissare für Staatssicherheit ersten Grades auf einer Stufe mit den Armeegeneralen der Roten Armee. Die dreizehn

Kommissare zweiten Grades, die im November 1935 im Amt waren, einschließlich der Leiter der sechs Abteilungen der GUGB[14] waren Generalobersten in der Armee gleichgestellt. Dies machte sie jedoch in Stalins Augen nicht unentbehrlicher als die Offiziere. Die zwanzig Kommissare des NKWD, einschließlich des Generalkommissars und seines Stellvertreters, die im November 1935 aktiv waren, wurden bis auf den letzten Mann früher oder später als Volksfeinde erschossen, einer von ihnen wurde auf gewöhnlichere Weise umgebracht. Das NKWD war die letzte sowjetische Elite, die Stalin liquidierte.

Im Frühjahr 1935 wurden im Zusammenhang mit einer angeblichen Verschwörung, Stalin im Kreml zu ermorden, etwa vierzig Personen verhaftet. Stalin versuchte erneut, die Opposition in diese Affäre zu verwickeln. Ein Bruder Kamenews, der Maler Rosenfeld, war mit einer Ärztin verheiratet, die im Kreml arbeitete. Mit nichts anderem als diesem dürftigen Faktum in der Hand, forderte Jeschow als Vorsitzender der Kontrollkommission für Kamenew die Todesstrafe. Der Widerstand dagegen war jedoch immer noch stark genug, um dies zu verhindern. Statt dessen wurde Kamenew Ende Juli 1935 zu einer weiteren Haftstrafe von zehn Jahren verurteilt. Sein Bruder sagte als Zeuge gegen ihn aus. Zwei weitere bekannte alte Bolschewiken wurden aus ihren Funktionen entfernt: Awel Jenukidse, der die Oberaufsicht über den Kreml ausgeübt hatte, und der Lette Peterson, der Kremlkommandant, der im Bürgerkrieg Trotzkis Panzerzug befehligt hatte. Dem folgte die Auflösung der Gesellschaft der alten Bolschewiken und der Gesellschaft ehemaliger politischer Gefangener unter der Aufsicht von Sonderkommissionen, die von Schkirjatow oder Jeschow geleitet wurden, zwei der aggressivsten Gefolgsleute Stalins.

Die kleinliche Niedertracht, mit der sich Stalin für persönliche Kränkungen rächte, zeigt der Fall Jenukidse. Seine engen Beziehungen zu Stalin stammten aus der Zeit vor 35 Jahren, als sie beide junge Aktivisten der Partei in Georgien gewesen waren. Jenukidse war Sekretär des Zentralexekutivkomitees des Sowjetkongresses und hatte keinerlei Verbindung zu den verschiedenen Oppositionsgruppen. Er hatte allerdings Memoiren über die Anfänge der revolutionären Bewegung in Transkaukasien veröffentlicht. Berija, der ebenfalls um Stalins Gunst warb, legte sie diesem vor. Jenukidse wurde verpflichtet, in einem gezeichneten Artikel in der *Prawda* (vom 16. Januar 1935) zu bekennen, er habe einen schweren Fehler begangen, indem er seine eigene Rolle hochgespielt, Stalins Bedeutung in dieser frühen Etappe dagegen nicht genügend gewürdigt habe. (Die Gesellschaft der alten Bolschewiken wurde unter anderem dafür kritisiert, daß sie einen eigenen Verlag unterhielt, der Memoiren der Mitglieder veröffentlichte. Der Verlag wurde geschlossen.) Als guter Freund der Familie Allilujew war Jenukidse der Taufpate von Stalins Frau Nadeschda Allilujewa, hatte nach deren Selbstmord das Begräbnis für sie arrangiert und war für Stalins Tochter Swetlana ein lieber Onkel. Dies mag in Stalins Augen ein zusätzliches Vergehen gewesen sein.

Bald nach Jenukidses Ausschluß aus der Partei suchten Schdanow und Chruschtschow ihrem Herrn zu gefallen, indem sie Jenukidse gleichzeitig in Leningrad und Moskau angriffen. Schdanow beschuldigte ihn, »in infamer Weise Wühltätigkeit gegen die Partei und den Sowjetstaat betrieben« und versucht zu haben, »die kläglichen Reste der faschistischen Gruppen Sinowjews, Kamenews und Trotzkis sowie die letzten Konterrevolutionäre der Bourgeoisie und der Kulaken um sich zu scharen«. Jenukidse wurde 1937 verhaftet und als Spion und Verräter erschossen. Im Moskauer Prozeß von 1938 machte man ihn noch nach seinem Tode für Kirows Ermordung verantwortlich, indem man ihn für den Mann ausgab, der Jagoda befohlen habe, den Mord zu organisieren. Awel Jenukidse ist heute in allen Punkten rehabilitiert.

Nicht nur die Veteranen der Partei, sondern auch der Komsomol erregten Stalins Verdacht. Das NKWD berichtete, daß verschiedene Gruppen junger Leute nach dem Mord an Kirow darüber diskutierten, daß man Stalin absetzen müsse. Es fiel dem NKWD nicht schwer, die betreffenden Personen zu identifizieren und festzunehmen. Stalin entschied jedoch, daß der Komsomol insgesamt gesäubert werden müsse. Ende Juni 1935 wurde verkündet, er werde reorganisiert, um »Volksfeinde« auszumerzen.

Eine dieser Komsomolgruppen entdeckte das NKWD im Pädagogischen Institut von Gorki. Ihre Mitglieder sollten bereits abgeurteilt werden, als der Fall auf Weisung von oben gestoppt wurde. Ein hier tätiger Agent des NKWD, Valentin Olberg, hatte früher als getarnter Informant in einer trotzkistischen Gruppe in Berlin gearbeitet und dort versucht, in die Stellung von Trotzkis Sekretär zu gelangen. Dies gab die Gelegenheit, einen Zusammenhang zwischen der Gorkier Gruppe und Trotzki herzustellen. Olberg erhielt den Befehl zu »gestehen«, Trotzki habe ihn gesandt, um Professoren und Studenten für einen Mordanschlag auf Stalin während der Maidemonstration 1936 in Moskau anzuwerben. Nachdem Olbergs Geschichte weiter ausgestaltet worden war, wurde Anfang 1936 definitiv entschieden, auf diesem Fundament die Operation gegen die früheren Oppositionsführer aufzubauen, auf die Stalin seit langem drängte.

Der Leiter der Abteilung Geheimpolizei des NKWD, Moltschanow, hielt daraufhin eine Beratung mit etwa vierzig NKWD-Offizieren ab, denen mitgeteilt wurde, eine großangelegte Verschwörung sei aufgedeckt worden, sie alle würden von ihren täglichen Pflichten entbunden, um an den Ermittlungen teilzunehmen. Das Politbüro war der Meinung, daß mit den »Aussagen« die Frage der Schuld der Angeklagten geklärt sei; lediglich Details mußten noch ermittelt werden. Dabei wollte man keine Beweise – nicht ein einziger wurde jemals vorgelegt –, sondern lediglich Geständnisse und Denunziationen. Nach Alexander Orlow, einem Offfizier des NKWD, der sich absetzte und 1954 einen Bericht veröffentlichte[15], bemerkten die Offiziere, die die Oppositionellen jahrelang überwacht hatten, bald, daß die ganze Affäre ein abgekartetes Spiel war. Doch Schauprozesse auf der Grundlage gefälschter Anklagen waren bereits mit der Schachty-Affäre 1928 zur Tradition geworden. Dieser folgte eine ganze Serie ähnlicher Prozesse, die meisten intern, aber einige auch öffentlich, wie der Prozeß gegen Ramsins »Industriepartei« 1930, der Prozeß gegen die Menschewiki 1931 und der Prozeß gegen Metro-Vickers 1933. Die Offiziere begriffen also sehr gut, was von ihnen erwartet wurde und wie es zu erreichen war.

Was hatte Stalin vor?

Chruschtschow gab dafür in seiner Geheimrede vor dem Zwanzigsten Parteitag der KPdSU im Jahre 1956 die beiden entscheidenden Hinweise: »Von Stalin stammt der Begriff des *Volksfeindes*. Dieser Terminus machte es von vornherein überflüssig, einer Person oder Personengruppe, die sich mit ihm im Widerspruch befand, ideologische Irrtümer nachzuweisen. Dieser Terminus ermöglichte die Anwendung grausamster Unterdrückung, die Verletzung aller Normen der revolutionären Gesetzlichkeit zum Nachteil derer, die in irgendeinem Punkt nicht mit Stalin übereinstimmten, bei denen auch nur der geringste Verdacht feindlicher Absichten bestand und die nicht gut angeschrieben waren. Der Begriff des *Volksfeindes* machte jede Form des ideologischen Kampfes und jede freie Meinungsäußerung zu dieser oder jener Frage, auch wenn sie rein praktischer Natur war, unmöglich.«[16]

So wurden Meinungsverschiedenheiten mit Stalin in irgendeiner Frage nicht eine Angelegenheit politischer Opposition, sondern ein Kapitalverbrechen, *ipso facto* der Beweis für die Beteiligung an einer verbrecherischen Verschwörung, die auf Hochverrat und den Sturz der Sowjetmacht zielte.

Stalin wußte genau, daß diese Verschwörung eine Fiktion war, deren Dramaturgie seiner Weisung folgte und nach seinen kritischen Hinweisen ständig überarbeitet wurde. Auf einer anderen Ebene seines Bewußtseins indessen fiel es ihm nicht schwer zu glauben, daß sie im Grunde genommen doch der Wahrheit entsprach. Er hatte sein ganzes Leben unter konspirativen Bedingungen verbracht, was der frühere prominente jugoslawische Kommmunist Milovan Djilas sehr gut beschrieb, als er in einem Rundfunkinterview von G. R. Urban gefragt wurde: »War es die Tradition einer konspirativen Partei, in der Stalin und seine Anhänger verwurzelt waren, die weiterlebte, als längst keine Konspiration mehr nötig war?«

Djilas antwortete: »Genau dies ist der Punkt: War Konspiration wirklich nicht mehr nötig? Mein Besuch bei Stalin ließ mich erkennen, daß diese Männer glaubten, sie hätten den Auftrag, das Volk gegen seinen Willen zu regieren. Sie handelten wie eine Gruppe von Verschwörern... in einem eroberten Land, das nicht ihr eigenes war. Macht war für Stalin eine Verschwörung, in der er selbst der Hauptverschwörer und zugleich das Hauptopfer war.«[17]

Wenn dies für die vierziger Jahre galt, als Stalins Position weit gefestigter

Bei allen »Säuberungen« wahrte Stalin den Schein des Rechts. Bis auf wenige Morde und erzwungene Selbstmorde wurden alle seine Gegenspieler in öffentlichen Prozessen zu Tod oder Verbannung verurteilt.
Auf dem Photo steht im Hintergrund Nikita Chrustschow (dritter von links), der zwanzig Jahre später den Mythos Stalins entzaubern wird. Von links nach rechts: Mikojan, Andrejew, Chruschtschow, Kaganowitsch, Molotow, Stalin, Rudsutak und Kalinin bei einer Parade zum Jahrestag der Oktoberrevolution 1935.

war, dann muß es erst recht für die Jahre 1935 bis 1938 gelten, als er noch dabei war, seine Vorherrschaft aufzubauen. Wenn er besiegt worden wäre, dann hätte Stalin zweifellos jede Gelegenheit genutzt, um Vergeltung zu üben und die Machthaber zu stürzen. Und obwohl es natürlich unter den Angeklagten einzelne oder Gruppen gegeben haben muß, die die Möglichkeit erörterten, Stalin loszuwerden, wurden keine Beweise gefunden, die die weitgehenden Anklagen gegen sie bestätigt hätten. Dies waren Fälschungen, die das NKWD unter Stalins Anleitung fabriziert hatte. Robert Tucker sagt dazu: »Es ist nicht anzunehmen, daß Stalin diese im direkten Sinne für bare Münze nahm. Aber sie müssen ihm im Prinzip als richtig erschienen sein und falsch höchstens in dem Sinne, daß sie die Wirklichkeit beschönigten.«[18] An dieser Stelle ist Chruschtschows zweiter Hinweis sehr hilfreich: »In der Regel genügte als einziger Schuldbeweis, im Widerspruch zu allen Normen der Rechtswissenschaft, das *Geständnis* des Angeklagten selbst; wie sich später herausstellte, wurden die *Geständnisse* durch physischen Druck von den Angeklagten erpreßt.«[19]

Dzierzynski hatte die Bedeutung von Geständnissen stets hervorgeho-

635

ben, und auch im Schachty-Prozeß von 1928 waren keine anderen Beweise vorgelegt worden. An dieselbe Praxis hielt man sich im Prozeß gegen Ramsins Industriepartei und – wenn auch weniger erfolgreich – im Prozeß gegen Metro-Vickers. Um Stalin zufriedenzustellen, mußten die Angeklagten sich selbst bezichtigen. Diese Methode (ebenso der Einsatz von Gefangenen als Zeugen zur gegenseitigen Belastung) war bereits vor den Moskauer Prozessen erprobt und eingeführt worden, so daß sich das NKWD auf diese Erfahrungen stützen konnte. Der Vorteil aus Stalins Sicht ist offenkundig. Indem er führende Persönlichkeiten der sowjetischen Geschichte dazu brachte, sich selbst öffentlich des Hochverrats zu bezichtigen, legte er einen überzeugenden Beweis für die politischen Anklagen gegen sie vor und befriedigte zugleich sein eigenes psychopathologisches Bedürfnis.

Es wird berichtet, daß Stalin bei der Vorbereitung der Prozesse über dreihundert ehemalige Anhänger der Opposition, die sich bereits im Gefängnis oder in der Verbannung befanden, vom NKWD auf die Eignung überprüfen ließ, als eine der acht politischen Figuren und der acht Komplizen, also vorwiegend als *Provokateure* zu agieren, die vor Gericht erscheinen sollten.

Ein »trotzkistisch-sinowjewsches Zentrum« sollte nun unmittelbar für den Mord an Kirow verantwortlich gemacht werden. Man wollte es als Teil einer Terrorkampagne zur Liquidierung Stalins und der anderen höchsten Führer der Sowjetunion hinstellen. Sinowjew, Kamenew sowie zwei ihrer engsten Gefolgsleute, Jewgeni Jewdokimow und Iwan Bakajew, waren seit Dezember 1934 in Haft und hatten bereits lange Verhöre, auch Absprachen hinsichtlich ihrer Geständnisse hinter sich. Da aber Trotzki außer Reichweite war, erwies es sich als schwieriger, einen überzeugenden Vertreter der trotzkistischen Seite in dem genannten Zentrum zu finden. Die Wahl fiel schließlich auf Iwan Smirnow, einen früheren Fabrikarbeiter, seit dem Alter von siebzehn Jahren aktiver Revolutionär, der in der Revolution von 1905/06 und im Bürgerkrieg gekämpft hatte, wo er die 5. Armee in Sibirien zum Sieg über Koltschak führte. Er war übrigens als Generalsekretär der Partei vorgeschlagen worden, bevor Stalin diese Funktion übernahm – eine faszinierende Aussicht! 1927 wurde er mit anderen Trotzkisten verbannt, geriet dann Anfang der dreißiger Jahre erneut in Schwierigkeiten, als er Rjutins Vorschlag unterstützte, Stalin abzulösen, und saß nun seit Januar 1933 wieder im Gefängnis. Als Smirnow im Prozeß darauf hinwies, daß er im Gefängnis kaum eine führende Rolle in irgendeiner Verschwörung habe spielen können, wischte Wyschinski diesen Einwand als »naive Behauptung« beiseite. Er erklärte, ein Geheimcode sei entdeckt worden, der Smirnow in die Lage versetzte, Kontakt zu den anderen Verschwörern zu halten. Dies galt als »Beweis«, daß er mit ihnen in Verbindung getreten sein konnte. Jedoch die Existenz des Codes und noch weniger die Kontaktaufnahme selbst konnten je nachgewiesen werden.

Mitte Mai führte Stalin eine Beratung mit den Verantwortlichen des NKWD durch und befal ihnen, weitere Verbindungen der Trotzkisten zu dieser Verschwörung aufzudecken. Zwei weitere Agenten des NKWD neben Olberg sollten diese Aufgabe erfüllen. Es waren Fritz David und Konron Berman-Jurin, die in der Kommunistischen Partei Deutschlands und in der Komintern tätig waren. Man verhaftete sie Ende Mai und befahl ihnen zu gestehen, daß sie beide Trotzki besucht und von ihm die Weisung erhalten hätten, Stalin zu töten.

Doch sowohl Smirnow als auch Sergej Mratschkowski, ein weiterer Trotzkist, der in Sibirien gekämpft und 1927 Trotzkis illegale Presse geleitet hatte, bestritten alles und weigerten sich, ein Geständnis abzulegen. Es wird berichtet, daß Mratschkowski durch mehrere Untersuchungsführer über neunzig Stunden lang ununterbrochen verhört wurde. Stalin erkundigte sich in regelmäßigen Abständen telefonisch, ob er noch nicht aufgegeben habe. Sinowjew, Kamenew und Jewdokimow erwiesen sich als ebenso halsstarrig, obwohl letzterer besonders brutal verhört wurde. Als der verantwortliche Kommissar des NKWD, Mironow, dies Stalin berichtete, schloß sich nach Angaben von Alexander Orlow folgender Dialog an:

»›Sie glauben, daß Kamenew kein Geständnis ablegen wird?‹ fragte Stalin. ›Ich weiß nicht‹, antwortete Mironow. ›Er läßt sich nicht überzeugen.‹

›Sie wissen es nicht?‹ fragte Stalin noch einmal und blickte Mironow fest an. ›Wissen Sie, wieviel unser Staat wiegt – mit all den Fabriken, Maschinen, der Armee mit ihren Waffen und der Marine?‹

Mironow und alle Anwesenden schauten Stalin überrascht an. ›Denken Sie nach und sagen Sie es mir‹, forderte Stalin. Mironow lächelte, er glaubte, Stalin wolle einen Witz machen.

›Ich frage Sie, wieviel das alles wiegt‹, beharrte er. Mironow war verwirrt. Aber Stalin ließ ihn nicht aus den Augen und wartete auf eine Antwort. Mironow zuckte die Schultern und antwortete wie ein Schuljunge bei einer Prüfung mit unsicherer Stimme: ›Das kann niemand wissen, Jossif Wissarionowitsch. Es ist sicher eine astronomische Zahl.‹

›Und – kann ein Mann dem Druck dieses astronomischen Gewichts standhalten?‹ fragte Stalin streng.

›Nein‹, antwortete Mironow.

›Also, dann erzählen Sie mir nicht, daß Kamenew oder irgendein anderer Häftling diesem Druck standhalten kann. Kommen Sie nicht wieder zum Rapport zu mir‹, sagte Stalin zu Mironow, ›bevor Sie nicht Kamenews Geständnis in der Tasche haben.‹«[20]

Während hinter geschlossenen Türen Vorbereitungen dieser Art getroffen wurden, verstarb eine weitere prominente Persönlichkeit. Maxim Gorki, der größte zeitgenössische Schriftsteller der Sowjetunion, den Stalin veranlaßt hatte, zurückzukehren und das Regime zu unterstützen, war in Ungnade gefallen, weil er die Verfolgung der Opposition nicht billigte. Er erkrankte Ende Mai und starb am 18. Juni. Im Prozeß von 1938 wurden dieselben Ärzte, denen man bereits die Ermordung Kuibyschews vorwarf, für schuldig befunden, auch Gorki auf Jagodas Befehl vergiftet zu haben. Der Tod beider kam Stalin sehr gelegen. Ob er dafür auch die Verantwortung trug, bleibt offen.

Im Juli und Anfang August 1936 wurde verstärkter Druck ausgeübt, um die notwendigen Geständnisse für den Prozeß rechtzeitig bereit zu haben, der in der Ferienzeit stattfinden sollte, wenn viele Mitglieder des Zentralkomitees, einschließlich Stalin selbst, und die Mitglieder des Politbüros nicht in Moskau sein würden. Dieser Druck nahm vielfältige Formen an: Die Gefangenen wurden wiederholt geschlagen und gefoltert, man ließ sie tagelang ohne Schlaf stehen oder gehen, sie wurden nächtelang verhört, man bedrohte ihre Familien und führte persönliche Gegenüberstellungen durch. Es heißt, Jeschow habe Sinowjew mitgeteilt, der sowjetische Geheimdienst sei sicher, daß Deutschland und Japan die UdSSR 1937 angreifen würden. Der Trotzkismus müsse vorher zerstört werden, und Sinowjew solle helfen, Trotzki öffentlich der Verwicklung in eine Verschwörung anzuklagen. Wenn er ablehne, werde die Alternative ein Prozeß unter Ausschluß der Öffentlichkeit und die Hinrichtung der gesamten Opposition, einschließlich Tausender Lagerhäftlinge, sein.[21]

Andererseits wurde für den Fall, daß die Angeklagten sich zur Zusammenarbeit bereit zeigten, versprochen, ihr Leben und das ihrer Familien zu schonen. Sinowjew und Kamenew gingen schließlich auf diese Versprechungen ein, wobei sie Garantien für das Leben ihrer Anhänger sowie Leben und Freiheit ihrer Familien forderten. Sie baten um eine Begegnung mit dem Politbüro, wo diese Bedingungen bestätigt werden sollten, mußten sich jedoch mit Versicherungen zufriedengeben, die Stalin, Woroschilow und Jeschow ihnen bei einem Treffen im kleinen Kreis im Auftrage des Politbüros (so behaupteten sie) gaben.

Die Geständnisse wurden erst in den letzten Tagen vor Prozeßbeginn fertiggestellt. Sie wurden durch die Veröffentlichung eines Beschlusses am 11. August stimuliert, mit dem die öffentliche Gerichtsverhandlung wieder eingeführt, der Einsatz von Verteidigern gestattet und dem Angeklagten erlaubt wurde, innerhalb von drei Tagen gegen das Urteil Berufung einzulegen. Jeschow beriet ein letztes Mal mit Sinowjew, Kamenew und den anderen Hauptangeklagten, wobei er Stalins Versprechen wiederholte, ihr Leben zu schonen. Er warnte sie jedoch, daß jeder Versuch eines einzelnen von ihnen, »Verrat« zu begehen, das heißt, sein Geständnis zu widerrufen, auf die ganze Gruppe zurückfallen würde.

Die Anklageschrift wurde am 15. August, nur vier Tage vor Prozeßbeginn veröffentlicht. Zugleich begann eine heftige Pressekampagne, in der »Tod für die Verräter« gefordert wurde. In Hunderten Betrieben, Kolchosen und Parteiorganisationen wurden Resolutionen angenommen, in denen man ihre Erschießung forderte. Die Presse druckte sie ab. Inmitten dieser zahllosen Meldungen erschienen auch »Manifeste« von drei prominenten Parteiführern – Rakowski, Rykow und Pjatakow, die ebenfalls die Todesstrafe forderten. Pjatakow schrieb: »Mir fehlen die Worte, um meine Empörung und meinen Abscheu auszudrücken. Diese Leute haben den letzten Rest von Menschlichkeit verloren. Sie müssen beseitigt werden wie Unrat, der die reine frische Luft des Sowjetlandes verpestet, gefährlicher Unrat, der unseren Führern den Tod bringen kann.«[22]

Diese Geste der Unterwerfung bewahrte alle drei nicht davor, in späteren Prozessen angeklagt zu werden. Pjatakow und Rykow erhielten schließlich die Todesstrafe, die sie für ihre Vorgänger auf der Anklagebank gefordert hatten.

Der Prozeß wurde öffentlich abgehalten. Mehr als dreißig ausländische Journalisten und Diplomaten waren anwesend sowie 150 Sowjetbürger, zumeist Mitarbeiter des NKWD, die ausgewählt worden waren, um nötigenfalls Tumult im Saal zu erzeugen. Die Untersuchungsführer, die den Häftlingen ihre Geständnisse abgepreßt hatten, saßen ihnen im Gerichtssaal Auge in Auge gegenüber. Für Mitglieder des Zentralkomitees oder Verwandte der Angeklagten war kein Platz. Die Anklagepunkte wurden offiziell als ein Fall für die Justiz und nicht für die politische Führung dargestellt. (Unter den drei Richtern befand sich auch Nikitschenko, dem seine britischen, amerikanischen und französischen Kollegen mit großem Respekt begegneten, als er zehn Jahre später gemeinsam mit ihnen den Prozeß gegen die Hauptkriegsverbrecher in Nürnberg leitete.) Stalin selber zog sich in sein Refugium am Schwarzen Meer zurück und blieb wohlweislich außer Sichtweite.

Die Verhandlung, die zwei Tage dauerte, lief im wesentlichen darauf hinaus, daß Wyschinski mit den Angeklagten gemeinsam deren »Geständnisse« durchging, in denen sie ihre Beteiligung am Aufbau eines von Trotzki inspirierten Terrorzentrums in vollem Umfang zugaben. Zwei der vier Anhänger Trotzkis, Smirnow und Holtzmann, gestanden ein, dem Zentrum angehört zu haben, wiesen jedoch jegliche Beteiligung an Terrorakten wie der Ermordung Kirows und verschiedenen erfolglosen Versuchen zurück, die das Zentrum angeblich organisiert haben sollte, um Stalin und andere zu ermorden. Da die übrigen jedoch bereits ihre Beteiligung zugegeben hatten, war dies kaum von Bedeutung.

Wyschinski begann sein Plädoyer mit einem Hinweis auf Stalins Weisheit, der bereits vor drei Jahren »den unausbleiblichen Widerstand der sozialismusfeindlichen Elemente ... und die Möglichkeit einer Wiederbelebung konterrevolutionärer trotzkistischer Gruppen« vorausgesagt hatte.[23] Er schloß mit »der Forderung, daß diese tollwütigen Hunde alle miteinander erschossen werden müssen«.

In ihren letzten Worten setzten die Angeklagten ihre Selbstgeißelung fort. Sinowjew, der bereits 1927 zum ersten Mal aus der Partei ausgeschlossen worden war und widerrufen hatte, faßte sein Abgleiten in den Irrtum folgendermaßen zusammen: »Mein unvollständiger Bolschewismus wurde zu Antibolschewismus, und über den Trotzkismus kam ich zum Faschismus. Der Trotzkismus ist eine Abart des Faschismus und der Sinowjewismus eine Art des Trotzkismus.«[24]

Chruschtschow berichtete vor dem Zwanzigsten Parteitag der KPdSU, daß die Urteile in den Fällen, die das Militärkollegium des Obersten Gerichts verhandelte, bereits vor dem Prozeß vorbereitet und Stalin zur persönlichen Bestätigung vorgelegt wurden. Um jedoch den Schein zu wahren, mußten einige Stunden vergehen, in denen sich das Gericht »zur Beratung zurückzog«, bevor es in der Regel um halb drei Uhr morgens wieder erschien, um das Urteil zu verkünden. Ohne Rücksicht auf die gegebenen Versprechen wurden alle Angeklagten zum Tode verurteilt, ins Gefängnis an der Lubjanka gebracht und dort im Keller erschossen. In der Meldung über ihre Hinrichtung, die 24 Stunden später erschien, hieß es, die Verurteilten hätten Berufung eingelegt, diese sei jedoch abgewiesen worden. Die wenigen Verwandten, deren man habhaft werden konnte, wurden entweder ins Lager geschickt oder – wie Jewdokimows Sohn – erschossen.

Heute, da die Anklagen lange als falsch erkannt, die Methoden, mit deren Hilfe die »Geständnisse« erpreßt wurden, gebrandmarkt und die verurteilten Männer rehabilitiert sind, kann man sich den Schock nur schwer vorstellen, den der Prozeß und die Urteile auslösten. Ebenso wie Sinowjew und Kamenew daran geglaubt hatten, daß ihr Leben geschont werde, so hatte auch die Mehrheit der Parteimitglieder, sicherlich selbst einige NKWD-Offiziere eingeschlossen, nicht erwartet, daß Stalin die Führer der Opposition tatsächlich umbringen lassen würde, nachdem er ihr Schuldbekenntnis erreicht hatte. Erneut bewies er die Fähigkeit, seine Gegner dadurch zu überrumpeln, daß er weiter ging, als sie es jemals für möglich gehalten hätten.

Wie erbittert die Fraktionskämpfe in der Vergangenheit auch gewesen waren, die höchste Strafe waren Parteiausschluß, Verbannung oder Haft in Lagern für politische Gefangene gewesen. Dies war nicht nur das erste Mal, daß man Parteimitglieder umbrachte, sondern zugleich der Auftakt für weitere Verhaftungen und Prozesse. Während der Verhöre hatten Sinowjew und Kamenew weitere Namen genannt – Tomski, Bucharin, Rykow, Uglanow, Radek, Pjatakow, Serebrjakow und Sokolnikow. Wyschinski machte sich daran, gegen sie alle zu ermitteln und sie vor Gericht zu bringen, wenn die Ergebnisse es rechtfertigten. Diese Ankündigung Wyschinskis wurde zusammen mit einer Resolution veröffentlicht, die die Arbeiter der Dynamo-Werke prompt beschlossen hatten. Darin wurde gefordert, die Beschuldigungen »erbarmungslos zu untersuchen«. Zumindest einer der Betroffenen – Michail Tomski – wartete dies nicht ab, sondern beging auf seiner Datscha Selbstmord, als er Wyschinskis Rede gelesen hatte. Nunmehr konnte man davon ausgehen, daß Opposition gegen Stalin mit dem Tode bestraft wurde.

Die Drohung war nicht auf die Parteioberen beschränkt. Ende 1935 hatte

Wjatscheslaw Molotow scheint während der großen Säuberungen der dreißiger Jahre einer der wichtigsten Helfer Stalins gewesen zu sein. Das Photo zeigt ihn 1938 mit Stalin im Fond des Kabriolets, das während jener Jahre immer wieder als Staatskarosse diente. Es fällt in die Augen, wie einzig Stalin selber stets in militärischer Uniform auftritt; seine politischen Weggefährten tragen noch zwanzig Jahre nach dem Umsturz häufig Lederjakken, schlipslose Hemden und jene Schiebermütze, die zur Uniform der Weltrevolution wird. Wer ihren Ideen anhängt, wird in der ganzen Welt Schiebermützen tragen, bis hin zu Bertolt Brecht, der sich seine Arbeitskleidung freilich beim ehemaligen Diplomatenschneider Ludwig »Unter den Linden« aus feinstem englischen Stoff anfertigen ließ.

das Zentralkomitee erklärt, daß die allgemeine Säuberungskampagne abgeschlossen sei. Aber bereits einen Monat später, im Januar 1936, startete dasselbe Organ eine neue Kampagne, getarnt als Beschluß über den Umtausch der Parteibücher. Die Aktion lief bis Ende Mai und führte zu zahlreichen weiteren Parteiausschlüssen. Sie fand erst am 29. Juli 1936 ein Ende, als ein interner Brief unter dem Titel »Über die terroristischen Aktivitäten des trotzkistisch-sinowjewschen konterrevolutionären Blocks« an alle Parteikomitees bis zur unteren Ebene erging. Der Brief enthielt einen Aufruf zu »revolutionärer Wachsamkeit gegenüber verborgenen Feinden«. Die Berichte über die Prozesse und die Todesurteile lösten fieberhafte Aktivität aus. Man stellte Listen von Personen zusammen, die denunziert, aus der Partei ausgeschlossen, wegen vermuteter antisowjetischer Aktivitäten verhaftet oder gefährlicher Ideen verdächtigt wurden. Viele von ihnen endeten in den Lagern. Orlow berichtet, daß Stalin eine Woche nach Sinowjews Hinrichtung Jagoda den Befehl erteilte, 5 000 Oppositionelle, die bereits in den Lagern schmachteten, auszuwählen und erschießen zu lassen.

Viele Menschen, die damals in Rußland lebten, berichten davon, daß die große Mehrheit der Sowjetbürger – nicht nur Industriearbeiter und Büroangestellte, sondern auch Intellektuelle – daran glaubten, die Verhafteten und Verurteilten seien tatsächlich Feinde des Volkes und Verschwörer. Das konnte auch kaum anders sein. Jedermann erinnerte sich noch gut an die heftigen und erbitterten Auseinandersetzungen im Bürgerkrieg. Es war nicht schwer, sich vorzustellen, daß die Besiegten sich verschworen hatten, um das Regime zu stürzen. Hitlers Machtantritt in Deutschland und der Bürgerkrieg in Spanien stärkten die Überzeugung, daß ein Krieg gegen den Faschismus unausbleiblich war, dem Spionage und Subversion vorausgingen.

Die Menschen hatten nur Zugang zu den Informationen von Presse und Rundfunk der Sowjetunion, die tagaus, tagein die offizielle Version wiederholten. Die Angeklagten bestritten diese nicht, sondern verstärkten durch ihre Schuldbekenntnisse noch deren Wirkung. Welche andere Erklärung konnte es für all das geben? Der Kult um Stalin und das von allen Medien eifrig gezeichnete Bild eines weisen, gütigen und wachsamen Beschützers der Nation vor ihren Feinden, des Garanten einer strengen Staatsmacht und Ordnung – all das machte es nahezu unmöglich, in ihm das genaue Gegenteil, den Hauptverschwörer selbst, zu vermuten. Dies hätte auf die erschreckendste Weise die ganze Welt auf den Kopf gestellt und jedes Gefühl der Sicherheit beseitigt. Selbst die Verhafteten, die von ihrer Unschuld überzeugt waren, machten nicht Stalin für ihr Unglück verantwortlich, sondern klammerten sich an den Glauben, wenn sie ihn nur erreichen und ihm mitteilen könnten, was ihnen geschehen war, würde er eingreifen und ihre Entlassung anordnen. Anders zu denken, hätte bedeutet, jeden festen Boden unter den Füßen zu verlieren.

Die Reaktionen des Auslands stützten diese Auffassung. Nach dem Wechsel der sowjetischen Politik gegenüber dem Westen und der Ankündigung der Verfassung, die Stalin als »die einzig wirklich demokratische Verfassung der Welt« bezeichnete, wurden die Nachrichten über den Prozeß mit Verwunderung aufgenommen. Die Meinungen schienen sich wie üblich zu scheiden. Abgesehen von den gläubigen Kommunisten, die alles getreulich wiederholten, was Moskau erklärte, waren einige ausländische Prozeßbeobachter und eine Reihe Kommentatoren beeindruckt von den Verflechtungen des Mordes an Kirow, der Möglichkeit, daß Trotzki und andere den Sturz Stalins ins Auge gefaßt und möglicherweise mit diesem Ziel konspiriert hatten, von den öffentlichen Geständnissen der Angeklagten und ihrer unverzüglichen Hinrichtung, ganz im Unterschied zu ihrer Behandlung bei früheren Gelegenheiten. All diese Faktoren stützten die Vermutung, die Anklagen könnten zu Recht bestehen. Wer bereits hoffte, die Sowjetunion werde dem Faschismus Widerstand entgegensetzen, dem fiel nach Ausbruch des spanischen Bürgerkrieges Mitte Juli die Annahme um so leichter, frühere Revolutionäre könnten einen Mord geplant haben (insbesondere wenn sie dies selber zugaben). Das lag näher als der Verdacht, der einzige sozialistische Staat der Welt verbreite Lügen und erpresse Geständnisse.

Kurz gesagt, Stalin hatte allen in der Sowjetunion, die versucht waren, ihn zu kritisieren oder seine Politik und seine Position in Frage zu stellen, eine harte Lehre erteilt, ohne dabei seine Glaubwürdigkeit im Sowjetvolk oder im Ausland zu beeinträchtigen. Aber es war nicht Stalins Art, bei einer Warnung stehenzubleiben. Er wurde in seiner Entschlossenheit bestärkt, als er ein Wiederaufleben der Opposition im Politbüro zu bemerken glaubte. Stalin hielt sich im Süden in Sotschi auf, aber alle anderen Mitglieder des Politbüros außer Mikojan waren Ende August, kaum eine Woche nach den Hinrichtungen und Tomskis Selbstmord, in Moskau. Nach Nikolajewski[25] wurden auf Druck einiger Mitglieder des Politbüros die Ermittlungen gegen Bucharin und Rykow eingestellt. Eine unauffällige Meldung darüber erschien auf einer Innenseite der *Prawda*.[26]

Stalin ließ diesmal seinen Ärger nicht am Politbüro, sondern an Jagoda aus. In einem scharf formulierten Telegramm aus Sotschi, das von Stalin und Schdanow unterzeichnet war, wurde als »absolut notwendig und dringend« gefordert, ihn durch Jeschow zu ersetzen. Jagoda, so wurde erklärt, habe sich als unfähig erwiesen, den trotzkistisch-sinowjewschen Block zu entlarven. Jeschow müsse die Parteikontrollkommission verlassen und die Ermittlungen des NKWD, die nach Stalins Worten vier Jahre im Rückstand waren, neu beleben.

Die Vorbereitungsarbeiten für einen zweiten Prozeß hatten bereits begonnen, und Jeschow konzentrierte seine ganze Energie nun darauf. Anstelle von Bucharin und Radek, deren Fälle zumindest aufgeschoben werden mußten, wurde nun Grigori Pjatakow zur zentralen Figur erhoben. Weder er noch die anderen schließlich ausgewählten sechzehn Angeklagten waren jemals Mitglieder des Politbüros gewesen. Pjatakow hatte jedoch Lenin mit seinen organisatorischen Fähigkeiten und seinen Führungsqualitäten so beeindruckt, daß dieser ihn in seinem politischen Vermächtnis erwähnt hatte. Pjatakow wurde gemeinsam mit anderen Trotzkisten 1927 aus der Partei ausgeschlossen. Bald stellte er jedoch fest, daß er nicht ohne sie leben konnte und – wie er 1928 einem früheren Genossen berichtete – um wieder aufgenommen zu werden, bereit gewesen wäre, sich selbst aufzugeben, Schwarz für Weiß und Weiß für Schwarz zu erklären, wenn die Partei dies von ihm verlangte.[27] Pjatakow brach mit Trotzki, kehrte nach Rußland zurück und wurde stellvertretender Volkskommissar für Schwerindustrie. Nach Meinung von Volkskommissar Ordschonikidse hatte kein anderer einen größeren Beitrag zum Aufbau der industriellen Basis der Sowjetunion geleistet als er, der *spiritus rector* des ersten Fünfjahrplanes. Pjatakow, der Stalin in den zwanziger Jahren scharf kritisiert hatte, gab jede Opposition auf und akzeptierte Stalins Führung ohne jeden Vorbehalt. Seine Treue galt jedoch der Partei und nicht Stalin persönlich. Dies reichte bald nicht mehr aus. Gerade die Tatsache, daß er so viel für die Industrialisierung der Sowjetunion getan hatte, ließ ihn in Stalins Augen als geeigneten Sündenbock für die ökonomischen Rückschläge und die Sabotage erscheinen, die im Mittelpunkt des zweiten Moskauer Prozesses standen.

Ordschonikidse, der wußte und anerkannte, wieviel das Regime Pjatakow verdankte, war entschlossen, ihn um jeden Preis zu retten. Es wird berichtet, daß er ihn im Gefängnis besuchte, bei Stalin Protest einlegte und das Versprechen erreichte, sein Leben sowie das seiner Frau und seines zehnjährigen Kindes werde geschont werden. Dieselbe Quelle, Orlow, fügt hinzu, daß Ordschonikidse daraufhin Pjatakow ein zweites Mal besuchte und ihn davon überzeugte, daß nicht mehr getan werden könne.[28] So willigte Pjatakow im Dezember 1936 ein, das geforderte Geständnis abzulegen, und die anderen folgten seinem Beispiel.

Die vom NKWD fabrizierte Anklage beschuldigte Pjatakow, Serebrjakow und eine Gruppe früherer Anhänger Trotzkis, die inzwischen rehabilitiert sind, drei Sabotagegruppen aufgebaut zu haben. Die erste sollte Eisenbahnen zerstören. Die zweite, das »westsibirische antisowjetische trotzkistische Zentrum« in Nowosibirsk, wurde für schwere Schäden in den Bergwerken und Fabriken des neuen Industriegebietes »Kusbass« verantwortlich gemacht, die bereits im November 1936 Gegenstand eines lokalen Prozesses gewesen waren. Der dritten Gruppe wurde Sabotage in der chemischen Industrie zur Last gelegt. Als erschwerend kamen hier noch Spionage für Deutschland und Japan sowie die Vorbereitung von Terrorakten hinzu. Mindestens vierzehn einzelne Gruppen im Bereich der Industrie wurden genannt, die die Aufgabe hatten, Stalin und andere Mitglieder des Politbüros zu ermorden. Sie alle erwiesen sich jedoch als unfähig, auch nur einen einzigen bekannten Anschlag zu organisieren, wenn man von einem wenig überzeugenden Zwischenfall mit Molotows Wagen absieht, bei dem niemand zu Schaden kam. Der öffentliche Prozeß begann am 23. Januar, und bereits am ersten Tage wurden Anschuldigungen gegen die ganze Gruppe Bucharin-Rykow-Tomski vorgebracht. Ohne ersichtlichen Grund hatte man Karl Radek, einen brillanten Journalisten, den jedoch als Politiker niemand ernst nahm, der die Opposition bei jeder passenden Gelegenheit verraten hatte und vor Stalin zu Kreuze gekrochen war, verhaftet und den Angeklagten im Pjatakow-Prozeß zugesellt. In einem langen Gespräch mit Stalin und Jeschow[29] wurde er zur Mitarbeit gewonnen und kollaborierte dann vorbehaltlos mit dem NKWD bei der Überarbeitung des Plans der Verschwörung. Auch vor Gericht tat er sich durch besonderen Eifer hervor. Erst als Wyschinski ihm zu hart zusetzte, gab er zurück: »Sie lesen tief in den Herzen der Menschen, aber trotzdem muß ich meine Gedanken mit meinen eigenen Worten ausdrücken.« Als Wyschinski andeutete, sein langes Zögern vor dem Geständnis habe Zweifel an seiner Verläßlichkeit geweckt, antwortete Radek mit der Drohung, das Spiel aufzudecken: »Ja, wenn Sie die Tatsache ignorieren, daß Sie erst von mir etwas über das Programm (des Zentrums) und über Trotzkis Instruktionen erfahren haben. Ja, das läßt tatsächlich Zweifel daran aufkommen, was ich gesagt habe.«[30]

Eine wichtige Aufgabe erfüllte Radek damit, daß er beiläufig erwähnte, 1935 habe ihm der Korpskommandeur der Roten Armee Wytolt Putna, der bereits in einem früheren Prozeß als Trotzkist genannt worden war, eine Bitte von Marschall Tuchatschewski überbracht, an die er sich im einzelnen nicht erinnern konnte. Diese unerwartete Erwähnung des führenden Mannes der Roten Armee geschah mit voller Absicht. In gleicher Weise war im vorausgegangenen Prozeß bereits Kamenew benutzt worden, um die Namen anderer Personen zu nennen (darunter Radek selbst sowie Pjatakow und Bucharin), gegen die Ermittlungen liefen. Diese Erwähnung wurde in Moskau sofort als Drohung gegen den Marschall aufgefaßt und war auch als solche gedacht. Es paßte zu diesem Vorgehen, daß am selben Abend ein weiterer Dialog stattfand: Wyschinski forderte Radek auf, zu wiederholen, es habe nicht in seiner Absicht gelegen, den Marschall zu beschuldigen. »Ich weiß, daß Tuchatschewski der Partei und der Regierung absolut treu ergeben ist.« Dadurch daß der Name des Marschalls bei diesem Wortwechsel weitere zehn Mal fiel, sollte sichergestellt werden, daß die Drohung verstanden wurde. Man verurteilte Radek nicht zum Tode, sondern zu einer Haftstrafe, was zweifellos darauf zurückzuführen war, daß er solche Dienste bereitwillig leistete.

In seinem Plädoyer übertraf Wyschinski sich selbst: »Das ist ein Fall in abgrundlose Tiefe! Das ist der Gipfel, das ist die äußerste Grenze moralischer und politischer Verkommenheit!« Zur Kritik aus dem Ausland erklärte er: »Man kann die Frage so stellen: Ihr sprecht von Verschwörung, aber wo habt ihr die Dokumente? Ich erkühne mich, in Übereinstimmung mit den grundlegenden Forderungen der Strafprozeß-Wissenschaft zu behaupten, daß man in Strafsachen wegen Verschwörung derartige Forderungen nicht stellen kann.« Er verwies auf die Hunderte von Arbeitern, »die besten Söhne unserer Heimat«, die als Folge der verbrecherischen Handlungen der Angeklagten ums Leben gekommen waren. »Nicht ich allein klage hier an! Ich habe das Gefühl, Genossen Richter, als ob hier neben mir die Opfer dieser Verbrechen und dieser Verbrecher stehen und zeigen auf diese Anklagebank, auf Sie, Angeklagte, mit ihren furchtbaren Händen, die vermodert sind im Grab... Ich klage zusammen mit unserem ganzen Volk an, ich klage die niederträchtigsten Verbrecher an, die nur ein Strafmaß verdienen – die Erschießung, den Tod!«[31] Nach all den Lügen, die er vor Gericht zu hören bekommen hatte, schloß Pjatakow sein letztes Wort mit einer doppeldeutigen Formulierung, die die Wahrheit verriet: »In einigen Stunden werden Sie Ihr Urteil fällen. Und nun stehe ich im Schmutz vor Ihnen, erdrückt von meinen eigenen Verbrechen, durch eigene Schuld um alles gekommen, ich habe meine Partei verloren, ich habe keine Freunde mehr, ich habe meine Familie verloren, ich habe mich selbst verloren.«[32]

Das Gericht brauchte vierundzwanzig Stunden, um »die Aussagen zu überdenken«. Um drei Uhr morgens erschien es wieder und folgte Wyschinskis Antrag auf Todesstrafe für alle Angeklagten bis auf vier. Radek wurde mit drei weiteren ins Lager geschickt, wo er 1939 angeblich bei einer Schlägerei ums Leben kam. Alle anderen früheren Versprechen wurden gebrochen und die Verurteilten unverzüglich hingerichtet.

Als die Presseberichte über den Prozeß erschienen, stürzten sich die verbliebenen Mitglieder der Parteiführung darauf und versuchten verzweifelt Hinweise zu finden, was Stalin im Schilde führte und wer als nächster in der Lubjanka verschwinden würde. Im vorangegangenen Prozeß hatte man Sinowjew und Kamenew wenigstens offene Opposition gegen Stalin vorwerfen und sie glaubhaft als unversöhnliche Feinde hinstellen können, denen man den Mord an Kirow vorwarf, der immerhin geschehen war. All das traf auf Pjatakow und seine Mitangeklagten aber nicht zu. Sie waren Verwaltungsangestellte und Ingenieure, keine Politiker. Die Sabotageakte, die Bergwerksunglücke und Zugentgleisungen, die man ihnen vorwarf, waren, selbst wenn sie zutrafen, kaum ein denkbarer Weg, die Regierung zu stürzen oder die Errungenschaften von Industrialisierung und Kollektivierung zunichte zu machen.

Als man den Stellvertreter des Volkskommissars für Eisenbahnwesen Jakow Lifschitz zur Hinrichtung führte, war sein letztes Wort: »Wofür?« Als dies in der Partei bekannt wurde, soll der Armeekommandeur Jona Jakir, ein Mitglied des Zentralkomitees, bemerkt haben, dies sei eine gute Frage, denn die Verurteilten seien offensichtlich im Sinne der Anklage nicht schuldig gewesen.[33]

In welchem Sinne waren sie dann schuldig? Die einzige Antwort scheint zu sein, daß die frühere Zugehörigkeit eines Menschen zur Opposition, unabhängig von seinem späteren Verhalten, in Stalins Augen ausreichte, um ihm die kritische, selbständige Haltung zuzuschreiben, die er mit allen Mitteln ausrotten wollte, selbst wenn das beispielsweise bedeutete, für das Regime so wertvollen Funktionär wie Pjatakow zu opfern. Die weitere Entwicklung in den Jahren 1937 und 1938 sollte beweisen, daß Stalins einziges Kriterium die totale, blinde Unterwerfung unter seinen Willen war. Einer, der sehr genau verstand, was vorging, war Sergo Ordschonikidse. Er gehörte zu den humaneren, populären Vertretern der Sowjetführung und war mit Stalin seit ihren gemeinsamen Jugendjahren in Georgien vor über dreißig Jahren aufs beste vertraut. Er hatte während des Bürgerkrieges Stalins Gruppe in Zarizyn angehört und gemeinsam mit ihm die Transkaukasische Föderation durchgesetzt, die 1922/23 Lenins Unwillen erregte.

Im Jahre 1926 war er als zuverlässiger *Apparatschik* gemeinsam mit Kirow, Mikojan und Kaganowitsch als Kandidat ins Politbüro eingezogen. Danach hatte er die Zentrale Parteikontrollkommission geleitet und Ende der zwanziger Jahre an der Zerschlagung der Opposition mitgewirkt. 1929 gehörte er wiederum mit Kirow und Kuibyschew der kleinen Gruppe hoher

Parteifunktionäre an, deren Unterstützung entscheidend dafür war, daß Stalin sich die Führungsposition sichern konnte. Während der Stalinschen Revolution hatte er die Schlüsselposition des Volkskommissars für Schwerindustrie inne. Gleichwohl wurde er in der Entspannungsphase, die 1933 und 1934 folgte – erneut gemeinsam mit seinem guten Freund Kirow und mit Kuibyschew –, als ein führender Kopf der Gruppe der Gemäßigten genannt, die sich Stalins Plänen widersetzten.

Nun war er allein von diesen dreien noch am Leben. Am 28. Oktober 1936 wurde sein fünfzigster Geburtstag in der Presse und auf Festveranstaltungen mit großem Pomp gefeiert. Doch die Verhaftung seines Stellvertreters Pjatakow richtete sich ganz offensichtlich auch gegen ihn. Ordschonikidse hatte sich eingemischt, von Stalin das Versprechen erwirkt, keine Todesstrafe gegen Pjatakow zu verhängen und seine Familie zu schonen. Unter dieser Voraussetzung hatte er Pjatakow empfohlen, mit dem Gericht zusammenzuarbeiten und ein »Geständnis« abzulegen. Der Bruch des Versprechens führte zum offenen Streit mit Stalin, in dessen Verlauf Ordschonikidse gedroht haben soll: »Ich bin immer noch Mitglied des Politbüros! Ich werde Himmel und Hölle in Bewegung setzen, Koba – und wenn das meine letzte Tat wäre, bevor ich sterbe!«[34] Das NKWD sammelte bereits »Material« gegen Ordschonikidse, und fast jeden Tag wurde die Hinrichtung eines weiteren guten Freundes oder Mitarbeiters berichtet. Stalin sandte ihm die von den Verhafteten unter der Folter erpreßten Aussagen mit der Bemerkung: »Genosse Sergo, lies, was man über dich schreibt.« Auf Stalins Vorschlag erteilte das Politbüro Ordschonikidse den Auftrag, auf dem nächsten Plenum des Zentralkomitees einen Bericht über »Schädlingstätigkeit« in der Industrie zu geben. Er war wachsenden persönlichen Schikanen ausgesetzt und mußte eine nächtliche Durchsuchung seiner Wohnung durch die Sicherheitspolizei über sich ergehen lassen. Als er sich bei Stalin darüber beschwerte, antwortete dieser, das sei nichts Besonderes, die Polizei könne dies auch in seiner Wohnung tun.

Am 17. Februar hatte Ordschonikidse ein langes Gespräch mit Stalin, in dem er diesen zu überzeugen suchte, daß »feindliche Kräfte« sein ewiges Mißtrauen ausnutzten und die Partei ihre besten Kader dabei verliere. Ein nachfolgendes Telefongespräch endete schließlich in wütenden Beschimpfungen und Beleidigungen auf russisch und georgisch. Am nächsten Tag, dem 18. Februar, wollte Ordschonikidse morgens nicht aufstehen und arbeitete in seinem Schlafzimmer. Kurz nach fünf Uhr nachmittags hörte seine Frau einen Schuß und lief hinein, wo sie ihn bereits tot fand. Sie rief Stalin herbei, der erst auf andere Mitglieder des Politbüros wartete, bevor er erschien. Sie hob die Blätter auf, die Ordschonikidse beschrieben hatte, jedoch Stalin nahm sie ihr aus der Hand. Gegen ihren Protest ordnete Stalin an, öffentlich zu erklären, Ordschonikidse sei einem Herzanfall erlegen. »Himmel, was für eine heimtückische Krankheit! Der Mann legt sich nieder, um auszuruhen, bekommt einen Anfall und stirbt an Herzversagen.«[35]

Auf dem Totenschein, den der Volkskommissar für Gesundheitswesen und drei weitere Ärzte unterzeichneten, wurde Stalins Diagnose bestätigt.

Wie Kirow, Kuibyschew und Gorki vor ihm wurden auch Ordschonikidse nach seinem Tode alle Ehren zuteil; er wurde in den Stalinkult eingeschlossen. Die angesehene Große Sowjetenzyklopädie beschreibt ihn als einen »engen Kampfgefährten des großen Stalin..., der als Kämpfer der Partei Lenins und Stalins auf seinem Posten starb«.[36] Drei der vier Ärzte, die den Totenschein unterzeichnet hatten, wurden später beseitigt. Indessen warf man weder ihnen noch anderen Mord an Ordschonikidse vor. Erst Chruschtschows Geheimrede von 1956 brachte die Enthüllung: »Stalin ließ es zu, daß Ordschonikidses Bruder liquidiert wurde, und er brachte Ordschonikidse selbst so weit, daß er sich erschoß.«[37] Wie Ordschonikidse auch »überzeugt« worden sein mag, sich selbst aus dem Wege zu räumen, sein Tod kam Stalin wie der Tod Kirows, Kuibyschews und Gorkis sehr gelegen, denn vier Tage später begann eine entscheidende Tagung des Zentralkomitees, in dem Ordschonikidses Stimme großes Gewicht gehabt hatte.

Ungeachtet der offiziellen Erklärung, die Ermittlungen gegen Bucharin und Rykow seien eingestellt, wurden diese weitergeführt. Die Aussagen und Denunziationen, die das NKWD in den Verhören erpreßte, gab Stalin allen 139 Mitgliedern des Zentralkomitees zur Kenntnis, darunter auch den beiden, die durch das von den Untersuchungsführern fabrizierte Material am schwersten belastet wurden. Bucharin schrieb einen Brief nach dem anderen an Stalin, in denen er die Anschuldigungen zurückwies. Aber er erhielt keine Antwort.

Während der Revolutionsfeierlichkeiten im November 1936 auf dem Roten Platz bemerkte Stalin Bucharin und seine Frau auf einer Tribüne. Er sandte einen Armeeposten zu ihm, um ihm mitzuteilen, er solle den ihm gebührenden Platz bei den anderen Parteiführern auf dem Leninmausoleum einnehmen. Dies war Teil des psychischen Drucks, den Stalin auf seinen früheren Freund und Verbündeten ausübte. Ein anderer ähnlicher Schritt war die Forderung, Bucharin müsse »Zeugen« gegenübergestellt werden, die gegen ihn ausgesagt hatten.

Anfang Februar 1937 drangen Mitarbeiter des NKWD mit einem Räumungsbefehl in Bucharins Wohnung im Kreml ein. Als er mit ihnen stritt, klingelte das Haustelefon. Am Apparat war Stalin. »Wie geht's dir, Nikolai?« fragte er. Als Bucharin ihm sagte, er solle seine Wohnung räumen, brüllte Stalin in den Hörer: »Jag sie doch alle zum Teufel!« Kurz darauf berief Stalin eine geheime Zusammenkunft des Zentralkomitees ein, wo Jeschow vorgeschickt wurde, der Bucharin und Rykow beschuldigte, die Anführer der gefährlichsten Verschwörung zu sein.

Dies war die Generalprobe für das ordentliche Plenum des ZK im Februar und März 1937. Die Tagung wurde überschattet von der Verurteilung und Hinrichtung der Angeklagten im Pjatakow-Prozeß Ende Januar und vom unerwarteten Tod Ordschonikidses. Als Bucharin die Tagesordnung des Plenums erhielt und sah, daß der wichtigste Punkt ein Beschluß über ihn selbst und Rykow war, trat er aus Protest in den Hungerstreik.

Als er zur Tagung des Zentralkomitees eintraf, trat Stalin an ihn heran und fragte:»Gegen wen richtet sich dein Hungerstreik? Gegen das ZK der Partei? Schau mal in einen Spiegel, Nikolai, du bist ja ganz abgemagert. Bitte das Plenum um Verzeihung für deinen Hungerstreik.«

»Warum sollte ich?«, fragte Bucharin. »Man wird mich ja doch aus der Partei ausschließen.« »Niemand will dich aus der Partei ausschließen«, war Stalins Antwort.[38]

Bucharin brachte zu Beginn der Tagung die geforderte Entschuldigung vor, wurde jedoch von Jeschow, Molotow und Kaganowitsch heftig angegriffen. Als Bucharin erklärte:»Ich bin weder Sinowjew noch Kamenew, und ich werde keine Lügen über mich selbst verbreiten«, erwiderte Molotow:»Wenn Sie nicht gestehen, so beweist das, daß Sie ein gedungener Faschist sind. Die faschistische Presse nennt unsere Verfahren Schauprozesse. Wir werden Sie verhaften lassen, und Sie werden gestehen.«[39]

Als vorgeschlagen wurde, Bucharin und Rykow zu verhaften, gab es einen weiteren stürmischen Auftritt. Radek und Sokolnikow wurden unter Bewachung in den Saal geführt und sagten über ihre Rolle bei der Verschwörung aus. Bucharin und Rykow wiesen jedoch alle Anschuldigungen zurück. Ständig unterbrochen und beschimpft von Molotow, Woroschilow und anderen führenden Parteimitgliedern, verlas Bucharin eine gemeinsame Erklärung, in der es hieß, es *existiere* eine Verschwörung, aber deren Führer seien Stalin und Jeschow, die planten, einen NKWD-Staat zu errichten und Stalin unbegrenzte Macht in die Hand zu geben. Bucharin appellierte an das Zentralkomitee, die richtige Entscheidung zu fällen und eine Kommission zur Untersuchung der Tätigkeit des NKWD einzusetzen. »Wir schicken dich hin, du kannst dich dann ja dort gründlich umsehen«, rief Stalin.

Nach der Sitzung ging Bucharin nach Hause und diktierte einen letzten Brief unter dem Titel »An die künftige Generation von Parteiführern«. Er bat seine Frau, den Text auswendig zu lernen:»Ich empfinde Hilflosigkeit angesichts einer teuflischen Maschinerie, die gigantische Macht gewonnen hat ... und die entschwundene Autorität der Tscheka benutzt, um Stalins morbides Mißtrauen zu beschwichtigen ... Jedes Mitglied des ZK, jedes Parteimitglied kann ausgelöscht, in einen Hochverräter, einen Terroristen, einen Diversanten, einen Spion verwandelt werden.«[40]

Anna Larina, Bucharins junger Frau, gelang es schließlich, den Brief nach ihrer Entlassung aus dem Gefängnis zu veröffentlichen. Sie erlebte es noch, daß die »künftige Generation von Parteiführern«, an die Bucharin appelliert hatte, seiner Rehabilitierung im Jahre 1988 schließlich zustimmte.

Eine Kommission wurde eingesetzt; aber diese hatte nur Bucharins und Rykows Schicksal zu besiegeln. Niemand widersetzte sich dem Parteiausschluß. Nachdem das erledigt war, ließ Mikojan als Kommissionsvorsitzender die Mitglieder namentlich in alphabetischer Reihenfolge über das Strafmaß abstimmen. Alle bis zum Anfangsbuchstaben »S« antworteten: »Verhaften, verurteilen, erschießen!« Als Stalin an der Reihe war, sagte er: »Soll das NKWD die Sache erledigen.« Die restlichen folgten unverzüglich seinem Beispiel. Als die beiden abgesetzten Parteiführer zurückkehrten, um die Entscheidung anzuhören, wurden sie bereits an der Tür festgenommen und zur Lubjanka gebracht, von wo sie erst nach dreizehn Monaten zum letzten Moskauer öffentlichen Prozeß wieder auftauchten.

Das Plenum wurde noch sechs Tage lang fortgesetzt und dabei von Stalin und seiner Gruppe dominiert. Stalin selber hielt zwei Reden, die in vollem Wortlaut in der *Prawda* abgedruckt wurden. Damit war die Richtung für die nachfolgende Kampagne gewiesen.

In der ersten Rede beschrieb er die Situation, wie er sie sah, oder besser, wie die Partei und das sowjetische Volk sie sehen sollten. Die Sowjetunion war von feindlichen Mächten umgeben, deren Agenten – Trotzkisten mit Parteibüchern, getarnt als Bolschewiken – alle Partei-, Regierungs- und Wirtschaftsorgane infiltriert hatten, spionierten, sabotierten und auch vor Mord nicht haltmachten. Dies konnten sie tun, weil »unsere Genossen« auf allen Ebenen blind für die Vorgänge waren und sich durch die ökonomischen Erfolge des ersten Fünfjahresplanes einlullen ließen. Die Partei sollte auf allen Ebenen aufwachen, so wachsam wie nie zuvor sein, »unsere politische Vertrauensseligkeit« überwinden, die alten »Methoden der Diskussion« ablegen und neue anwenden, um den Trotzkismus im modernen Gewande bekämpfen zu können. Es gelte anzuerkennen, daß mit der Stärkung des Sozialismus der Klassenkampf nicht abnehme, sondern sich ebenfalls verschärfe.

Um sich auf die Gefahren dieser Situation einzustellen, müsse die Führung der Partei von den Sekretären der Republiken und Regionen bis zu denen der Grundorganisationen ideologisch umerzogen werden. Neue Kader, die bereitstünden, müßten eingesetzt werden. Ein Hinweis auf die Dimensionen der Säuberung, die Stalin im Auge hatte, war seine Forderung, alle Sekretäre der Partei von oben bis unten sollten zwei Parteifunktionäre auswählen, die in jedem Falle in der Lage seien, sie sofort zu ersetzen.[41]

Auf dem Plenum wurden jedoch auch Zweifel über die Art und Weise laut, in der die Säuberung in bestimmten Fällen durchgeführt wurde. Jedoch die Mehrheit der Anwesenden war entweder durch die Behandlung Bucharins und Rykows eingeschüchtert oder selber eifrig bemüht, die Stalinsche Linie zu unterstützen. Stalin war indessen nicht so leicht zufriedenzustellen. Hatte er vorher die Parteifunktionäre wegen ihrer »Blindheit« gerügt, so kritisierte er sie nun, weil sie übereifrig seien und nicht zwischen »wirklichen Trotzkisten« und denjenigen unterschieden, die ihren Irrtum bereuten und sich änderten. Im Hinblick auf das Echo im Lande griff er in seinem Schlußwort nicht die Oppositionellen, sondern die Parteibosse an, die auftraten, als seien sie in ihrer Region allmächtig, die sich mit großen »Gefolge« umgaben und die Verbindung zu »den einfachen Leuten dort unten« verloren hatten, zu denen der Generalsekretär sich nun ebenfalls zählte. »Wir Führer dürfen uns auf keinen Fall verführen lassen und müssen verstehen, wenn wir auch Mitglieder des Zentralkomitees oder Volkskommissare sind, daß dies nicht bedeutet, daß wir alles über die richtige Führung wissen. Ein Rang allein bringt weder Wissen noch Erfahrung. Noch weniger tut dies ein Titel.«[42] Diese ominöse Warnung wurde den Mitgliedern des Zentralkomitees am Ende der Tagung mit auf den Weg gegeben.

Das Februar-März-Plenum ist aus zwei Gründen ein Markstein in der sowjetischen Geschichte. Zum ersten besiegelten der Parteiausschluß sowie die Verhaftung Bucharins und Rykows die Niederlage der Opposition in der Partei, ja sogar die Entmachtung des Zentralkomitees. Von nun an fühlte sich Stalin stark genug, die Festnahme jedes seiner Genossen anzuordnen, ohne vorher das Zentralkomitee zu fragen – ein klassischer Wesenszug der Tyrannenmacht. Zum zweiten machte dies den Weg frei für eine zehnfache Steigerung der Zahl der Verhaftungen in den Jahren 1936 und 1937, worüber Chruschtschow in seiner Geheimrede auf dem Zwanzigsten Parteitag zwanzig Jahre später berichtete.

Stalin begnügte sich nun nicht mehr mit der Zerschlagung der Reste der früheren Opposition. Er ging weiter. Wie er auf dem Plenum bereits angedeutet hatte, wollte er durch eine Säuberung die Partei bewußt destabilisieren und vor allem den Funktionären das Gefühl der Sicherheit nehmen, um die Entstehung neuer Opposition ein für allemal auszuschließen. Der Terror blieb nun auch nicht länger auf die Partei beschränkt. Die nachfolgenden Säuberungen des NKWD und des Offizierskorps der Streitkräfte zeigten, daß es ihm um die Zerstörung jeglicher potentiellen Opposition ging (die als »Feinde des Volkes« oder »Feinde der Sowjetmacht« bezeichnet wurde), wo immer sie sich zeigte. Daß Stalin gerade die bewaffneten Organe für den nächsten Schlag auswählte, nachdem die Partei kein Veto mehr einlegen konnte, zeigt die Logik seines Vorgehens. Wie jeder Tyrann in der Geschichte sah er in der Armee die größte potentielle Bedrohung seiner Macht. Das Oberkommando der Roten Armee brauchte nur durch ausgewählte Einheiten den Kreml abriegeln und die Mitglieder des Politbüros verhaften zu lassen, und das Regime wäre entmachtet. Andererseits war es wichtig, sich vor dem Schlag gegen die Streitkräfte des NKWD zu versichern, auf das er sich stützen mußte.

Hierfür hatte er bereits die notwendigen Vorkehrungen getroffen und innerhalb des Sekretariats des ZK der Partei ein neues Terrorinstrument geschaffen, in dem Nikolaj Jeschow die Schlüsselrolle spielte. Keine andere Gestalt der sowjetischen Geschichte wurde so gehaßt und verachtet wie dieser boshafte Zwerg, kaum fünf Fuß von Wuchs, den Stalin als Parteisekretär in Kasachstan entdeckt hatte. Er brachte ihn zunächst in die Abteilung für Kader und Ernennungen des Zentralkomitees, wo Malenkow sein Stellvertreter war, und ernannte ihn dann zum Chef der Parteikontrollkommission. Umstritten ist nur, ob Jeschow schon immer heimtückisch und grausam war oder ob er erst als Stalins Kreatur so wurde. In dieser Rolle jedenfalls war er seinem Herrn bedingungslos ergeben und bereit, jeden, auch den abscheulichsten Auftrag zu erfüllen, was in Stalins Augen als höchste Empfehlung galt. Auf Jeschow, der bei der Säuberung der Partei und der Kontrolle über die Sicherheitskräfte durch das Zentralkomitee auch außerhalb des NKWD zahlreiche einschlägige Erfahrungen gesammelt hatte, konnte Stalin zurückgreifen, als er entschied, sich Jagodas als Volkskommissar für Innere Angelegenheiten zu entledigen.

Jeschow brachte aus dem Sekretariat des ZK eine beträchtliche Zahl eigener Leute mit und begann nach sechs Monaten Amtszeit eine gründliche Säuberung des Apparates des NKWD, in deren Verlauf allein im Jahre 1937 3 000 Offiziere Jagodas hingerichtet worden sein sollen. Ein oft benutzter Trick bestand darin, die Abteilungsleiter des NKWD und deren Stellvertreter auf Inspektionsreise in verschiedene Teile des Landes zu schicken. Man stoppte den Zug auf dem ersten Bahnhof außerhalb Moskaus, nahm den NKWD-Offizier fest und brachte ihn ins Gefängnis. Jagoda selber wurde im April 1937 verhaftet und gemeinsam mit Bucharin 1938 abgeurteilt. Seine Datscha übernahm Molotow. Zur gleichen Zeit inszenierte Wyschinski eine großangelegte Säuberung der Staatsanwaltschaften, des zweiten Bestandteils der Säuberungsmaschine, in Zentrale und Provinzen. Beide waren nun für die nächste Aufgabe bereit.

Am 11. Juni 1937 wurde ohne Vorwarnung bekanntgegeben, daß neun führende Köpfe des Oberkommandos der Roten Armee wegen Verschwörung und Hochverrats verhaftet worden seien. Bereits am nächsten Tag erschien die Meldung über ihre Verurteilung und Hinrichtung. Diese Offiziere – alle außer einem in den Vierzigern – waren die Elite, die in den dreißiger Jahren der Reorganisation der Roten Armee den Weg gebahnt hatte. Die Gruppe wurde angeführt von Marschall Michail Tuchatschewski, ihr gehörten an: Jona Jakir und Jeronim Uborewitsch, die die größten und bedeutendsten Militärbezirke Kiew und Belorußland befehligten, Armeekommandeur August Kork, Leiter der Frunse-Militärakademie, und Jan Gamarnik, der erste Stellvertreter des Volkskommissars für Verteidigung und Leiter der Politischen Verwaltung der Roten Armee seit 1929. Er beging Selbstmord.

Die sogenannte Verschwörung beruhte angeblich auf dem »Lieblingsplan« Tuchatschewskis, den Kreml zu besetzen und die politische Führung zu liquidieren. Über die knappe Meldung hinaus wurden damals jedoch keinerlei Fakten veröffentlicht oder Erklärungen abgegeben. Stalins eigene Verschwörung hatte bereits elf Monate früher erste Konturen angenommen, als im Juli 1936 Dmitri Schmidt, Kommandeur einer Panzereinheit im Kiewer Militärbezirk, verhaftet worden war. Wie so oft in Stalins Leben beeinflußten auch hier Rachegelüste für eine persönliche Beleidigung seine Wahl der passenden Person für die Ermittlungen. Schmidt, Sohn eines armen jüdischen Schuhmachers, Parteimitglied seit 1915, ein kühner Kavalleriekommandeur im Bürgerkrieg, hatte sich mit den Trotzkisten eingelassen. In den Tagen des Fünfzehnten Parteitages 1927, auf dem die Trotzkisten aus der Partei ausgeschlossen wurden, begegnete Schmidt im schwarzen kaukasischen Umhang, die Pelzmütze aufs Ohr geschoben, Stalin, als dieser den Kreml verließ. Er verfluchte den Generalsekretär und drohte, er werde ihm eines Tages mit seinem Krummsäbel die Ohren abschlagen.[43] Den Zwischenfall hatten alle bald wieder vergessen, nicht aber Stalin. Er befahl dem NKWD, von diesem Offizier als erstem das »Geständnis« der Existenz einer trotzkistischen Verschwörung in der Partei zu erzwingen. Nach monatelangen Verhören, bei denen er geschlagen und gefoltert wurde, gab Schmidt auf und unterschrieb. Er war ein gebrochener Mann – grau, mager und abgestumpft. Schließlich wurde seine Aussage nicht gebraucht, und man erschoß ihn kurzerhand am 20. Mai 1937.

Aber dann wurden einige weitere Offiziere verhaftet, und Tuchatschewski war durchaus klar, daß man einen Schlag gegen die Armeeführung plante, der gegen ihn selbst zielte. Geboren 1893 in einer verarmten Adelsfamilie, wurde Tuchatschewski 1914 Unterleutnant der Semjonow-Garde. Im Jahre 1918 schloß er sich den Kommunisten an, in denen er die Partei sah, die am ehesten Rußlands Schicksal wenden konnte. Trotzki ernannte ihn im Bürgerkrieg zum Kommandeur der Ersten Roten Armee. Er zeigte so großes militärisches Talent und war so erfolgreich, daß man ihm 1920 im Krieg gegen Polen das Oberkommando über alle sowjetischen Streitkräfte übertrug. Damit erreichte er sein Ziel, berühmt zu werden oder zu fallen, bevor er dreißig war.

Dieser Feldzug und der Streit darüber, wer dafür verantwortlich war, daß Warschau nicht eingenommen wurde, besiegelte die Feindschaft zwischen Tuchatschewski und dem »intriganten Triumvirat von Krieg und Politik – Stalin, Woroschilow und Budjonny«, die alle drei mit der früheren Ersten Reiterarmee verbunden waren.

Ein Porträt Tuchatschewskis findet sich erstaunlicherweise in den Memoiren von Schostakowitsch.[44] Tuchatschewskis Hobby war der Geigenbau, und die beiden freundeten sich an, als der Komponist noch Student war. Schostakowitsch beschreibt ihn als einen »sehr ehrgeizigen und gebieterischen Mann«, einen »Liebling der Götter«, die herausragende Persönlichkeit der Roten Armee – aufbrausend, großzügig, mit einer Spur Arroganz – ein Mann, der Stalins Neid und Rachsucht geradezu herausforderte.

In der ersten Maiwoche 1937 wurde Tuchatschewskis Nominierung als Repräsentant der UdSSR bei der Krönung des britischen Königs George VI. in letzter Minute abgesagt. Stalins Volkskommissar für Verteidigung,

Kliment Woroschilow, berief ihn als seinen Stellvertreter ab und versetzte ihn auf einen untergeordneten Posten in Kuibyschew an der Wolga. Es folgte eine ganze Reihe solcher Versetzungen, um die Armeekommandeure vor der Verhaftung von ihrer Machtbasis zu trennen. Gleichzeitig wurden die Vollmachten der Politkommissare gegenüber den Kommandeuren stark erhöht und damit das alte System der »doppelten Führung« wiederhergestellt.

Die Wahl des Zeitpunktes könnte durch einen bemerkenswerten Vorgang beeinflußt worden sein. Mitte Mai wurde Stalin ein Dossier mit Geheimbriefen zugespielt, die Tuchatschewski mit Mitgliedern des deutschen Oberkommandos ausgetauscht haben sollte. Die Idee, Tuchatschewski und das sowjetische Oberkommando hätten mit dem deutschen Generalstab konspiriert, mit dessen Mitgliedern sie bis 1934 in engem Kontakt gestanden hatten, scheint vom NKWD zu stammen, möglicherweise sogar von Stalin selbst. Heydrich und der Sicherheitsdienst der SS griffen sie auf, anscheinend um sie gegen die deutsche Wehrmacht zu benutzen. Gegen Ende 1936 entschieden jedoch Hitler und Himmler, sie als »Finte« an Stalin zurückzuleiten, die Tuchatschewski und die Führung der Roten Armee kompromittieren sollten. Eine gewisse Zeit wurde für die Fälschung der Dokumente gebraucht. Nachdem Stalin (und auch die französischen Verbündeten der Russen) vom tschechoslowakischen Präsidenten Beneš über angebliche Verbindungen informiert worden waren, leitete man das Material über verdeckte Kontakte zwischen der SS und dem NKWD nach Moskau.

Stalin benutzte die gefälschten Briefe nicht, weil er möglicherweise ein Doppelspiel vermutete. Er hielt sich lieber an das erprobte System der Geständnisse, die von verhafteten Offizieren erpreßt wurden. Auf einer gemeinsamen Tagung des Revolutionären Militärrates mit Mitgliedern des Politbüros vom 1. bis 4. Juni 1937, an der über einhundert Armeeoffiziere teilnahmen, gab er einen persönlichen Bericht zur Aufdeckung einer »militär-faschistischen« Verschwörung gegen die Sowjetregierung, die von Trotzki, Rykow, Bucharin, Jenukidse und Jagoda sowie den verhafteten Generalen angeführt worden sei. »Diese Leute«, erklärte Stalin, »sind Marionetten in der Hand der Reichswehr... Die Reichswehr will, daß die bestehende Regierung gestürzt wird. Sie haben das übernommen, es ist aber nicht gelungen. Die Reichswehr will..., daß die Armee Verrat begeht..., so daß sie nicht bereit ist zur Verteidigung unseres Landes... Sie wollten aus der UdSSR ein zweites Spanien machen.«[45]

Allein auf der Grundlage dieser Erklärung Stalins und einiger »Geständnisse«, die durch Folter und Erpressung zustande kamen, wurde unter Ausschluß der Öffentlichkeit vor einem Tribunal, dem der unvermeidliche Ulrich vorsaß, ein kurzer Prozeß durchgeführt. Er erhielt Unterstützung von zwei der fünf Marschälle der UdSSR (Blücher und Budjonny), fünf Armeekommandeuren und einem Korpskommandeur. Fünf dieser Männer wurden später erschossen. Die Verurteilten wurden sofort hingerichtet, ihre Frauen, Verwandten und Kinder verhaftet, umgebracht oder in Lager deportiert. Stalin selber leitete alle Etappen der Operation. Er befahl in der Folgezeit die Hinrichtung der Ehefrau Tuchatschewskis, ihrer Schwester und zweier Brüder sowie die Deportation dreier seiner Schwestern ins Lager. Er ordnete auch an, daß Tuchatschewskis Tochter Swetlana im Alter von siebzehn Jahren als »gesellschaftsgefährdend« in ein Lager geschickt wurde.

Noch im Verlaufe des Prozesses sandte Stalin mit eigenhändiger Unterschrift die Weisung an alle Staatsorgane der Republiken und Regionen, Kundgebungen von Arbeitern, Bauern und Soldaten zu organisieren und dort die Todesstrafe zu fordern. Zugleich begann das NKWD eine Serie von Verhaftungen und Hinrichtungen unter den Offizieren und Politkommissaren der Roten Armee, der See- und Luftstreitkräfte in bisher nicht gekanntem Ausmaß. Im Frühjahr 1938 folgte eine zweite Welle, die ihren Höhepunkt zwischen dem 27. und 29. Juli erreichte, als der Oberkommandierende der Marine, Admiral Orlow, und nicht weniger als sechs Armeekommandeure gemeinsam mit achtzehn prominenten Politikern, darunter das frühere Mitglied des Politbüros Jan Rudsutak und neun Mitglieder des Zentralkomitees erschossen wurden. Zur gleichen Zeit wüteten die Abgesandten des NKWD auch im Oberkommando der Fernost-Armee. Marschall Wassili Blücher, ein früherer Fabrikarbeiter, der die Verteidigung der Sowjetunion gegen Japan mit großem Erfolg aufgebaut hatte, wurde nach Moskau berufen und im Oktober 1938 verhaftet, weil er angeblich seit 1921 ein japanischer Spion gewesen sei. Während der Verhöre prügelte man ihn bis zur Unkenntlichkeit. Er unterschrieb jedoch das von ihm geforderte Geständnis nicht und starb an seinen Verletzungen.

Nach jüngsten Angaben in der Sowjetpresse[46] fielen dieser Säuberungsaktion in der Armee zum Opfer:

3 von 5 Marschällen der Sowjetunion
13 von 15 Armeekommandeuren
8 von 9 Flottenadmiralen und Admiralen
50 von 57 Korpskommandeuren
154 von 186 Divisionskommandeuren
alle 16 Politkommissare von Armeen
25 von 28 Korpskommissaren
58 von 64 Divisionskommissaren
alle 11 Stellvertreter des Volkskommissars für Verteidigung
98 von 108 Mitgliedern des Obersten Militärrates.

Die Aktion wirkte sich nicht nur in den oberen Rängen der Armee verheerend aus. Von Mai 1937 bis September 1938 wurden 36 761 Armeeoffiziere und über 3 000 Marineoffiziere aus dem Dienst entlassen. Wenn man die 13 000 Offiziere abrechnet, die in der Folgezeit wieder eingestellt wurden, und die Zahl derer hinzufügt, die nach September 1938 Repressalien ausgesetzt waren, ergibt dies eine Gesamtzahl von 43 000 Bataillons- und Kompanieoffizieren, die von 1937 bis 1941 verhaftet und erschossen, in der großen Mehrzahl aber in die Lager geschickt oder endgültig vom Dienst suspendiert wurden. Roy Medwedew faßt diese beispiellose Operation in dem bemerkenswerten Satz zusammen: »Keine Armee hat im Kriege je so viele höhere Offiziere verloren wie die Rote Armee in dieser Periode des Friedens.«[47]

Die Zahlen allein zeigen jedoch noch nicht das ganze Ausmaß des angerichteten Schadens. Seit Revolution und Bürgerkrieg waren große Anstrengungen unternommen worden, eine moderne Armee und ein Oberkommando auf hohem professionellen Niveau aufzubauen, die den Anforderungen eines mechanisierten Krieges gerecht würden. Gerade die Männer jedoch, die dazu den größten Beitrag geleistet und die Fähigkeit zum selbständigen Denken bewiesen hatten, wurden beseitigt. All ihre Erfahrungen und Kenntnisse waren damit verloren. Zu einer Zeit, da die Kriegsgefahr seitens Deutschlands und Japans größer war denn je, mußte im Grunde genommen für alle drei Teilstreitkräfte ein neues Oberkommando mit mindestens eintausend höheren Offizieren aufgebaut werden – und zwar unter Bedingungen, die schwerlich zur Stärkung ihres Selbstvertrauens beitrugen. Das sollte Jahre in Anspruch nehmen. Diese Schwäche, aus der ein Feind Nutzen ziehen konnte, benutzte Hitler als Hauptargument, um jeden Zweifel deutscher Generale an der Zweckmäßigkeit des Angriffs auf die Sowjetunion im Jahre 1941 vom Tisch zu wischen. Letzten Endes gelang es den Russen dann doch, eine Gruppe ebenso begabter Militärführer hervorzubringen wie die in den Jahren 1937 bis 1939 Erschossenen. Aber weder Stalin noch irgend jemand sonst konnte sich dessen zur Zeit der Säuberungen sicher sein, und nur um den Preis schrecklicher Verluste in den ersten Kriegsjahren lernten die Rote Armee und Stalin aus bitterer Erfahrung, nur so stiegen die siegreichen Kommandeure des Zweiten Weltkrieges in die Führungsspitze auf.

Stalin kann natürlich nicht für alle Einzelentscheidungen verantwortlich gemacht werden, was er später zweifellos im Auge hatte, wenn er gelegentlich von »Exzessen« sprach. Aber er war der einzige, der die gewaltigen Ausmaße der Säuberungen zulassen und das damit verbundene Risiko eingehen konnte. Die meisten Armeeoffiziere und faktisch alle höheren Dienstgrade waren Mitglieder der Partei und standen unter ihrer Aufsicht. Die Rote Armee wies von Anfang an eine Besonderheit auf – sie hatte nicht einen, sondern zwei zusätzlich eingebaute Kontrollmechanismen mit eigener Hierarchie: die Politkommissare, die in allen Einheiten und Gliederungen der Armee tätig waren, und die OGPU beziehungsweise das NKWD, die Sonderabteilungen auf allen Ebenen vom Bataillon aufwärts unterhielten. Es gab kaum eine Chance, daß eine Verschwörung in einer so von Mißtrauen durchsetzten Atmosphäre unbemerkt geblieben wäre. Auch bei einer späteren offiziellen sowjetischen Untersuchung, in deren Ergebnis Tuchatschewski und seine Offizierskameraden rehabilitiert wurden, konnte man nichts Derartiges entdecken. Die einzigen Geheimkontakte mit dem NS-Regime hatte Stalin selber über den sowjetischen Handelsattaché in Berlin, David Kandelaki, anzubahnen versucht, den er für diesen Zweck nach Berlin entsandte.

Die einzig mögliche Erklärung ist, daß Stalin bereit war, das Risiko einer drastischen Schwächung der sowjetischen Fähigkeit zur Selbstverteidigung einzugehen, um sicherzustellen, daß im Falle eines Krieges und ernster anfänglicher Rückschläge keine Gruppe von Kommandeuren die Gelegenheit ergreifen und ihn in einem Staatsstreich stürzen konnte. Es waren also nicht die Taten der Generäle – genausowenig wie diejenigen der alten Bolschewiken wie Kirow und Ordschonikidse –, die seinen Verdacht erregten, sondern dieselbe Geisteshaltung, die ihn zu dem Schluß führte, sie könnten zu selbständigem Handeln fähig und damit potentiell nicht verläßlich sein. Wenn solcher Verdacht aus politischen Vernunftgründen auch gerechtfertigt gewesen sein mag, so weisen die Dimensionen dessen, was er gegen diese Gefahr unternahm – nämlich buchstäblich ein »Overkill« – darauf hin, daß sich die psychopathischen Züge seines Charakters immer mehr verstärkten.

Parallel zu den Attacken auf das Offizierskorps wurden in der Ära Jeschow auch die Führungsgremien der Partei, des Staates und der Industrie im ganzen Lande einer noch intensiveren Säuberung unterzogen. Um das Ausmaß dieser Kampagne zu verdeutlichen, gibt Medwedew an, daß 90 Prozent der Mitglieder der Regions- und Stadtparteikomitees sowie der Zentralkomitees der Parteien der Unionsrepubliken 1937 und 1938 aus ihren Funktionen entfernt wurden.

Am gründlichsten war die Säuberung in Leningrad, das Stalin immer besonders verdächtig erschien und das bereits nach Kirows Ermordung hart getroffen worden war. Auf einer Konferenz der Leningrader Parteiorganisation im Mai 1937 führte Schdanow den neuen Schlag mit der fast rituell zu nennenden Losung, »die antisowjetischen rechtstrotzkistischen Betrüger, die japanisch-deutschen Diversanten und Spione zu entlarven und aus den Reihen der Partei auszuschließen«. Schdanow stützte sich insbesondere auf Leonid Sakowski, Mitglied der Tscheka, der OGPU und des NKWD von Anfang an. Chruschtschow beschrieb in seiner Geheimrede im Jahre 1956 Sakowskis Methoden, als er die Erlebnisse Rosenblums schilderte, Parteimitglied seit 1906, der 1937 verhaftet worden war. Nach Schlägen und Foltern wurde er zu Sakowski gebracht, der ihm die Freiheit anbot, wenn er vor Gericht über die Aktionen eines terroristischen Zentrums in Leningrad aussagte. »Der Fall muß fest untermauert sein, und aus diesem Grund werden Zeugen benötigt. Die soziale Herkunft des Zeugen (die ursprüngliche natürlich) und seine Stellung in der Partei werden dabei keine geringe Rolle spielen. Sie persönlich brauchen gar nichts dazuzuerfinden. Das NKWD wird für Sie genaue Unterlagen, und zwar für alle Unterabteilungen des Zentrums zusammenstellen; Sie brauchen diese nur sorgfältig zu studieren und sich sämtliche Fragen (und Antworten) gut einzuprägen, die das Gericht an Sie stellen kann. In vier bis fünf Monaten oder vielleicht in einem halben Jahr wird dieser Fall zur Verhandlung kommen. Während dieser ganzen Zeit müssen Sie sich entsprechend vorbereiten, damit Sie weder die Untersuchung gefährden, noch sich selbst bloßstellen. Vom Verlauf der Gerichtsverhandlungen und ihrem Ergebnis hängt Ihre eigene Zukunft ab. Wenn Sie anfangen zu lügen und falsch auszusagen, dann sind Sie selber schuld. Wenn es Ihnen gelingt, durchzuhalten, retten Sie Ihren Kopf, und wir werden Sie bis an Ihr Lebensende auf Regierungskosten versorgen.«[48] Chruschtschow wußte, wovon er sprach. Als Schdanow in Leningrad wütete, war er selber für die Säuberung in Moskau verantwortlich gewesen. Davon oder von Moskauer Beispielen fiel in seiner Rede von 1956 allerdings kein Wort.

Während Hunderte der aktivsten Parteifunktionäre umzingelt und entweder ins Lager geschickt oder erschossen wurden, löste man die Leiter der führenden Leningrader Industriebetriebe ab. Nachdem die alten Kader beseitigt waren, setzte Schdanow seine Protegés Wosnessenski, Kusnezow, Popkow und andere an ihre Stelle. Sie sollten bei einem späteren »Leningrader Fall« nach dem Kriege in der Versenkung verschwinden.

Was in Leningrad geschah, wiederholte sich an allen wichtigen Punkten des Landes. Doch vielerorts – wenn man von Berija in Georgien und Transkaukasien absieht – konnte man es nicht den Ersten Sekretären der Regionen und Republiken überlassen, ihre eigenen Apparate zu zerstören und durch neue zu ersetzen, wie Schdanow und Chruschtschow es taten. Stalin sandte seine eigenen Leute aus, um sicherzustellen, daß die Säuberung mit aller Härte durchgeführt wurde. Kaganowitsch fuhr zum Beispiel nach Iwanowo, ins Kubangebiet und nach Smolensk; Malenkow wurde nach Belorußland und – zusammen mit Mikojan – nach Armenien geschickt, Andrejew nach Taschkent.

Man legte Quoten für Trotzkisten, Spione und Saboteure fest, die jeder Bezirk zu entlarven und danach entweder zu erschießen oder in die Lager zu deportieren hatte. Kaganowitsch erstattete während seiner Reise nach Iwanowo Stalin mehrmals telefonisch Bericht. Danach wurde die Quote zunächst auf 1500 festgesetzt. Aus dem Leiter des NKWD, dem Ersten Sekretär des Parteikomitees und dem Vorsitzenden des Exekutivkomitees des örtlichen Sowjets wurden jeweils Dreiergruppen, sogenannte *Troikas*, gebildet. Stalins Empfehlung, die Parteisekretäre aller Ebenen sollten jeweils zwei Nachfolger auswählen, bedeutete für sie, wenn sie die festgelegten Zahlen nicht erreichten, würden sie selber beseitigt werden. Nachdem in Iwanowo bereits die meisten Partei- und Staatsfunktionäre erschossen worden waren, faßte die *Troika* alle bereits in den örtlichen Gefängnis-

sen einsitzenden politischen Gefangenen und alle anderen, deren sie habhaft werden konnte (etwa ehemalige Angestellte der ostchinesischen
Eisenbahn, die nach deren Schließung nach Hause zurückgekehrt waren)
zusammen, um die Quote zu erreichen. Diese wurde jedoch auf Druck
Moskaus noch weiter erhöht.[49]

Die Ukraine hatte bereits in der Kollektivierungskampagne mehr gelitten
als andere Teile der Sowjetunion. In den Jahren 1937 und 1938 versuchte
Stalin mit derselben konzentrierten und boshaften Entschlossenheit, ihre
selbständige Haltung zu brechen. Im August 1937 traf eine Kommission des
Politbüros, bestehend aus Molotow, Chruschtschow und Jeschow, mit
einer starken Abteilung von Truppen des NKWD in Kiew ein. Im darauffolgenden Jahr verschwand fast jeder spurlos, der auch nur irgendeine Institution in dieser Republik geleitet hatte. Die Säuberung erfaßte die ukrainische
Regierung (alle siebzehn Mitglieder wurden verhaftet, und bald darauf folgten ihnen ihre Nachfolger), das Zentralkomitee der KP der Ukraine (nur
3 von 102 Mitgliedern überlebten), das Bildungswesen, die wissenschaftlichen Einrichtungen und sogar den Ukrainischen Schriftstellerverband. Die
ukrainische Partei war im Grunde genommen zerschlagen, und aus der
Republik wurde »kaum mehr als eine Einflußsphäre des NKWD, wo Partei-
und Sowjettätigkeit kaum der Form nach noch bestanden«.[50] Die Parteiorganisation mußte von Grund auf neu aufgebaut werden. Dies blieb
Chruschtschow vorbehalten, der als Erster Sekretär eingesetzt wurde und
im Jahre 1938 1 600 Parteimitglieder als Sekretäre von Kreis- und Stadtparteikomitees einsetzte, unter ihnen auch den jungen Leonid Breschnew.
Dies war die junge Garde, die überall in der UdSSR in die frei gewordenen
Posten einrückte.

Der größte Teil der Opfer der Ära Jeschow kam aus den Provinzen. Auch
entlegenste Winkel der UdSSR wie der Ferne Osten entgingen diesem
Schicksal nicht.

Als Generalsekretär wußte Stalin jedoch selber am besten: Wenn er das
gesamte sowjetische Establishment so gründlich säubern wollte, wie er es
mit den Streitkräften getan hatte, mußte der Hauptschlag in Moskau
geführt werden. Hier befand sich das Zentrum der Macht – im Politbüro, im
Zentralkomitee und dessen Sekretariat, im Rat der Volkskommissare und
dessen Ministerien, die unter anderem die sowjetische Industrie leiteten,
im Hauptquartier des NKWD, im Komsomol, in den Gewerkschaften, in
den geistigen Zentren, den kulturellen und wissenschaftlichen Einrichtungen der Hauptstadt.

Stalins Mißtrauen war so groß, daß er die Leitung dieser Operation selbst
in die Hand nahm. Jeschow hatte sie auszuführen. Vorsorglich wurde mit
Beschluß vom 14. September 1937 eine vereinfachte Prozeßordnung eingeführt, die Berufungen und Gnadengesuche verbot und Gerichtsverhandlungen nur unter Ausschluß der Öffentlichkeit zuließ.

Nach Chruschtschow, der als Erster Sekretär der Moskauer Parteiorganisation ebenfalls in die Operation einbezogen war, sandte Jeschow in den Jahren 1937 und 1938 383 Listen mit den Namen der Personen an Stalin, deren Hinrichtung von ihm persönlich genehmigt werden mußte. Die Listen waren in folgender Form abgefaßt:

»Genosse Stalin.
Ich lege Ihnen zur Genehmigung vier Listen von Leuten vor, die zum Prozeß vor das Militärkollegium gestellt werden sollen:
Liste 1 (allgemein)
Liste 2 (frühere Angehörige der Roten Armee)
Liste 3 (früheres Personal des NKWD)
Liste 4 (Ehefrauen von Feinden des Volkes)
Ich erbitte Genehmigung, alle im ersten Grad verurteilen zu lassen. Jeschow.«[51]

Verurteilung »im ersten Grad« bedeutete Tod durch Erschießen. Die Listen wurden offensichtlich im Rahmen der täglichen Routinearbeit in Stalins Büro geprüft und danach mit der Bemerkung zurückgeschickt:
»Genehmigt J. Stalin
W. Molotow«

Auf Berufungsanträge reagierte man mit wütenden Ausfällen. Auf dem Juni-Plenum des Zentralkomitees im Jahre 1957 verlas Marschall Schukow die Bemerkungen auf dem Brief eines ehemaligen Generals, der am Vorabend der Hinrichtung seine Unschuld beteuerte. Das Gesuch war von Mitgliedern des Politbüros mit folgenden Bemerkungen abgewiesen worden:

»Ein Haufen Lügen! Erschießen. J. Stalin.«
»Einverstanden. Lump! Der Hund soll wie ein Hund sterben. Berija.«
»Ein Verrückter. Woroschilow«
»Schwein! Kaganowitsch.«[52]

In einigen Fällen ließ man die zur Verhaftung Bestimmten noch wochen- und monatelang im Amt. Andere verloren zwar ihre Funktion, wurden aber nicht sofort verhaftet. Man ließ sie warten, um die Opfer – und ihre Ehefrauen – durch die langanhaltende erdrückende Unsicherheit, in der sie leben mußten, zu zermürben. Jeschows Listen sollen nach Schätzungen insgesamt etwa 40 000 Namen enthalten haben.

Nunmehr waren nicht nur frühere Oppositionelle in Gefahr, von denen nur noch wenige in Freiheit lebten. Viele Aktivisten der Kollektivierung und des Fünfjahrplanes hatten sich Stalins Zorn zugezogen, weil sie sich der Verhaftung und Hinrichtung von Parteimitgliedern widersetzten, Zweifel laut werden ließen oder zu wenig Eifer zeigten.

So können zum Beispiel die beiden stellvertretenden Vorsitzenden des Rates der Volkskommissare (in dem die wichtigsten Institutionen der

Regierung zusammengefaßt waren), Arkadi Rosengolz (Außenhandel) und Andrej Bubnow (Bildung) sowie die Volkskommissare Grigori Kaminski (Gesundheitswesen), Waleri Meschlauk (Staatliches Plankomitee und Schwerindustrie), Moissej Ruchimowitsch (Verteidigungsindustrie), Grigori Grinko (Finanzen) und Michail Tschernow (Landwirtschaft) sowie weitere zehn Personen als Opfer der Säuberungen identifiziert werden. In den meisten Fällen bedeutete ihre Absetzung auch eine Dezimierung ihres Mitarbeiterstabes. Diese betraf nicht nur das zentrale Organ selbst, sondern auch Direktoren von Unternehmen, Chefingenieure und Betriebsleiter.

Ein weiteres Beispiel aus einem ganz anderen Bereich: Nicht nur Funktionäre der Komintern, sondern auch einige tausend ausländische Kommunisten, die in der Sowjetunion Asyl gefunden hatten – Flüchtlinge aus Deutschland, Österreich, Italien, Polen, Spanien und anderen Ländern, wo ihre Parteien verboten waren –, wurden verhaftet und entweder erschossen oder ins Lager geschickt.

Der letzte große öffentliche Prozeß fand im März 1938 in Moskau statt. Er hatte eine andere Funktion zu erfüllen als die ersten beiden Schauprozesse, die den Gedanken öffentlich machen und rechtfertigen sollten, daß jeder, auch Mitglieder des Zentralkomitees und des Politbüros, der sich gegen Stalins Politik aussprach oder auch nur Vorbehalte hatte, sich selbst und seine Familie in Todesgefahr brachte. In diesem letzten Prozeß sollten all die verschiedenen Arten von Opposition – Terror, Konterrevolution, Schädlingstätigkeit, Spionage und Hochverrat – zusammengefaßt und als Teile einer einzigen Verschwörung vorgeführt werden. Die rechte Opposition, vertreten durch Nikolai Bucharin und Alexej Rykow, wurde mit Trotzki, den früheren sinowjewschen und trotzkistischen Verschwörern, anderen noch nicht abgeurteilten Trotzkisten, mit Tuchatschewski und der Armee und mit Aktionsgruppen der verschiedenen Terrorzentren, deren Verbindungen zu mindestens vier ausländischen Geheimdiensten aufgedeckt worden waren, in einen Zusammenhang gebracht. Die einundzwanzig Angeklagten repräsentierten die verschiedenen Bereiche des sowjetischen Establishments, die in »die Verschwörung« verwickelt sein sollten: drei Mitglieder von Lenins Politbüro (Nikolai Bucharin, Alexej Rykow und Nikolai Krestinski), Genrich Jagoda, der ehemalige Chef des NKWD, vier Volkskommissare – Leiter von Industriebranchenministerien, die gestanden hatten, großangelegte Sabotage organisiert zu haben –, vier Diplomaten, die Zusammenarbeit mit dem nationalsozialistischen Deutschland und Verbindungen zu Trotzki zugaben, vier führende Repräsentanten der Unionsrepubliken Usbekistan, Ukraine und Belorußland, die sich schuldig bekannten, bürgerlichen Nationalismus geschürt zu haben. Die Sekretäre von Kuibyschew, Gorki und Jagoda sagten aus, die ersten beiden seien auf Anordnung des dritten ermordet worden. Drei Ärzte, darunter der höchste Repräsentant der sowjetischen Medizin, Professor Dmitri Pletnjow, bekannten, die Morde ausgeführt zu haben, wobei sie auch noch den Tod von Gorkis Sohn und Wjatscheslaw Menschinski, Jagodas Vorgänger als Chef des NKWD, hinzufügten.

Die Anklageschrift enthielt das vollständige Verzeichnis konterrevolutionärer Verbrechen – von Spionage für ausländische Mächte und Mord bis zur Verschwörung mit dem Ziel, die UdSSR aufzuspalten, das Gesellschaftssystem zu stürzen und zum Kapitalismus zurückzukehren. Ein völlig neuer Anklagepunkt wurde nur gegen Bucharin vorgebracht: Man beschuldigte ihn, er habe 1918 geplant, Stalin und Lenin gleichzeitig zu ermorden und die Macht an sich zu reißen. Um das Beweismaterial herzustellen – wie üblich in der Form einander bestätigender Geständnisse –, hatten Jeschow und seine Mannschaft ein ganzes Jahr gebraucht. Alle daran Beteiligten wurden im Jahr darauf liquidiert.

Trotz allem gab es Überraschungen, die erste bereits bei Eröffnung des Prozesses, als die Angeklagten gefragt wurden, ob sie sich schuldig bekennen. Während alle anderen ihre Schuld eingestanden, antwortete einer fest: »Ich bin nicht schuldig. Ich bin kein Trotzkist. Ich bin niemals Mitglied des Blocks der Rechten und Trotzkisten gewesen, von dessen Existenz ich nichts wußte. Ebensowenig habe ich eins der Verbrechen begangen, deren ich persönlich beschuldigt werde.«[53]

Dieser Mann, den Fitzroy Maclean von der britischen Botschaft, der am Prozeß teilnahm, als »eine bleiche, abgehärmte und unscheinbare kleine Gestalt mit einer Stahlbrille auf der spitzen Nase«[54] beschreibt, war Nikolai Krestinski. Gemeinsam mit Stalin war er eines der fünf Mitglieder von Lenins Politbüro und einst einflußreicher Sekretär des Zentralkomitees gewesen. Er wurde gemeinsam mit Trotzki aus der Partei ausgeschlossen, im Jahre 1929 jedoch wieder aufgenommen und als Stellvertreter des Volkskommissars für Auswärtige Angelegenheiten eingesetzt.

Als Wyschinski ihn fragte, warum er die Staatsanwaltschaft während der Voruntersuchung durch falsche Geständnisse irregeführt habe und diese nun vor Gericht widerrufe, antwortete Krestinski: »Ich war einfach der Meinung, wenn ich danach erklärt hätte, was ich heute sage, nämlich, daß das alles nicht wahr ist, dann würden die Führer von Partei und Regierung von meiner Erklärung nichts erfahren.«[55] Maclean berichtet, daß diese kühne Aussage im Gerichtssaal »schockiertes Schweigen« auslöste.[56]

Wyschinski griff diese Sache erst am nächsten Abend wieder auf. Inzwischen war Krestinski jedoch über 24 Stunden in den Händen des NKWD gewesen. Als er zurückkehrte, wirkte er in Sprache und Auftreten völlig verändert. Als Wyschinski ihn fragte: »Was bedeutet dann Ihre gestrige Erklärung?«, antwortete Krestinski, als ob er eine auswendig gelernte Lektion hersagte: »Ich habe es gestern unter dem starken Eindruck eines heftigen Gefühls falscher Scham, das durch die Atmosphäre hier auf der Anklagebank und durch die Verlesung der Anklageschrift hervorgerufen und durch meinen krankhaften Zustand noch verschärft wurde, nicht über mich gebracht, die Wahrheit zu sagen . . . Ich hatte nicht die Kraft, im Angesicht der öffentlichen Meinung der Welt die Wahrheit zu sagen, daß ich die ganze Zeit einen trotzkistischen Kampf geführt habe. Ich bitte das Gericht, meine Erklärung festzuhalten, daß ich mich voll und ganz all der äußerst schwerwiegenden Anklagen, die gegen mich persönlich erhoben wurden, schuldig bekenne und daß ich mich voll für den von mir begangenen Treubruch und Verrat verantwortlich fühle.«[57]

Höhepunkt des Prozesses war das Kreuzverhör Bucharins und Rykows. Stalin hatte Bucharin ausgewählt, um in seiner Person die gesamte Führung der alten Bolschewiki als degeneriert und verbrecherisch hinzustellen. Fitzroy Maclean berichtet: »Bucharin war die Rolle des Erzfeindes zugedacht. Er steckte hinter jeder Schurkerei und hatte seine Hand in jeder Verschwörung. Jeder Angeklagte, der sich selbst bezichtigte, war darauf bedacht, zugleich auch Bucharin zu belasten.«[58]

Nach seiner Verhaftung widersetzte sich Bucharin drei Monate lang standhaft der Forderung, sich selbst zu bezichtigen und damit »die symbolische Rolle eines typischen Bolschewiken[59] zu übernehmen. Es wird berichtet, er sei nicht gefoltert worden, habe sich aber zuletzt der Drohung gebeugt, man werde seine junge Frau und seinen neugeborenen Sohn töten. Er rang jedoch bis zum letzten Tag vor dem Prozeß mit seinen Untersuchungsführern und Stalins Emissären Woroschilow und Jeschow um den Wortlaut seines »Geständnisses«. Sein Plan, dem sich auch Rykow anschloß, bestand darin, eine allgemeine Verantwortung für alle Verbrechen des »Blocks« zuzugeben, diese jedoch rein formal erscheinen zu lassen, indem er sie für jede konkrete Aktion zurückwies. Seine Erwiderung auf die Anklageschrift lautete: »Ich bekenne mich schuldig, einer der maßgeblichen Führer dieses *Blocks der Rechten und Trotzkisten* zu sein. Infolgedessen bekenne ich mich all der Dinge schuldig, die unmittelbar daraus folgen, der Gesamtsumme der von dieser konterrevolutionären Organisation begangenen Verbrechen, ohne Rücksicht, ob ich von irgendeiner bestimmten Tat wußte oder nicht, an ihr teilnahm oder nicht.«[60]

Bucharin, unterstützt durch Rykow, ließ sich von Wyschinskis Einschüchterungsversuchen nicht beeindrucken und war in einer ganzen Serie von Dialogen der Überlegene, was den Generalstaatsanwalt mehrmals aus der Fassung brachte.

»Wyschinski: ›Angeklagter Bucharin, bekennen Sie sich der Spionage schuldig?‹

Bucharin: ›Das tue ich nicht.‹

Wyschinski: ›Nach dem, was Rykow sagt, nach dem, was Scharangowitsch sagt?‹

Bucharin: ›Ich bekenne mich nicht schuldig.‹

Wyschinski: ›Als die Organisation der Rechten in Belorußland aufgebaut wurde, standen Sie da an der Spitze? Geben Sie das zu?‹

Bucharin: ›Ich habe es bereits gesagt.‹

Wyschinski: ›Ich frage Sie, geben Sie es zu oder nicht?‹

Bucharin: ›Ich habe mich für belorussische Angelegenheiten nicht inter-essiert.‹

Wyschinski: ›Haben Sie sich für Spionageangelegenheiten interessiert?‹

Bucharin: ›Nein.‹

Wyschinski: ›Und wer hatte Interesse dafür?‹

Bucharin: ›Ich habe keine Informationen im Hinblick auf Tätigkeiten dieser Art erhalten.‹

Wyschinski: ›Angeklagter Rykow, hat Bucharin irgendwelche Informa-tionen im Hinblick auf Tätigkeiten dieser Art erhalten?‹

Rykow: ›Ich habe niemals mit ihm darüber gesprochen.‹

Wyschinski (zu Bucharin gewendet): ›Ich frage Sie abermals aufgrund des Zeugnisses, das hier gegen Sie abgelegt worden ist: Wollen Sie vor dem sowjetischen Gericht zugeben, welchem Geheimdienst Sie ange-hört haben – dem britischen, deutschen oder japanischen?‹

Bucharin: ›Keinem.‹ «[61]

Da Bucharins enges persönliches Verhältnis zu Lenin bekannt war, hatte Stalin gegen ihn allein die Anklage eingebaut, er habe 1918 geplant, den Führer der Bolschewiki sowie Swerdlow und Stalin selbst zu ermorden. Bucharin bestritt dies auf das entschiedenste. Als ihm Zeugen gegenüber-gestellt wurden, wies er ihre Aussagen als falsch zurück.

»Wyschinski: ›Wie erklären Sie, daß diese beiden nicht die Wahrheit sagen?‹

Bucharin: ›Es wäre richtiger, wenn Sie diese Frage den beiden stell-ten.‹ «[62]

Stalin war beim Prozeß nicht anwesend. Aber wie bereits vorher war der Gerichtssaal mit Mikrofonleitungen verkabelt, so daß Stalin den Prozeß verfolgen konnte. Fitzroy Maclean berichtet: »Während des Prozesses zeigte eine schlecht eingestellte Lampe aufmerksamen Zuschauern für einen Moment eindeutig einen hängenden Schnurrbart und ein gelbliches Gesicht hinter dem abgedunkelten Glas einer der Privatlogen, von wo aus man den ganzen Gerichtssaal überblicken konnte.«[63]

Wyschinski erklärte in seinem Plädoyer: »Die historische Bedeutung dieses Prozesses besteht vor allem darin, daß in diesem Prozeß mit außeror-dentlicher Sorgfalt und Genauigkeit gezeigt, bewiesen und festgestellt ist, daß die Rechten, Trotzkisten, Menschewiki, Sozialrevolutionäre, die bür-gerlichen Nationalisten usw. u. a. m. nichts anderes sind als eine prinzipien-lose, ideenlose Bande von Mördern, Spionen, Diversanten und Schädlin-gen . . ., keine politische Partei, keine politische Strömung, es ist dies eine Bande von gemeinen Verbrechern . . ., die sich an feindliche Spionagedien-ste verkauft haben.«[64] Wyschinski geriet besonders in Rage über die Taktik Bucharins – »dieser widerwärtigen Kreuzung von Fuchs und Schwein« – und Rykows, die jede Schuld an der Ermordung Kirows und jedem anderen

Nicht zu Unrecht hat Hitler Roland Freisler, den Präsidenten des Volksgerichtshofes, mit Andrej Wyschinski verglichen. Der sowjetische Generalstaatsanwalt fungierte während der Moskauer Schauprozesse zwischen 1936 und 1938 als Hauptankläger und gehörte zu den wenigen Persönlichkeiten der russischen Führung, an denen Stalin bis zum Ende festhielt. 1949 bis 1953 war er Außenminister, dann sowjetischer Delegierter bei der UN in New York, wo er 1954 starb.

Der Schauprozeß gegen Nikolai Bucharin war unter anderem auch deshalb ungewöhnlich, weil der Angeklagte sich den Tiraden Wyschinskis gewachsen zeigte. Dennoch unterwarf sich Bucharin am Ende reumütig der Partei, die für ihn auch nach dem eigenen Todesurteil das Sinnbild der menschlichen Gemeinschaft blieb, ohne die ihm kein Einzeldasein sinnvoll, kein menschliches Tun gerechtfertigt erschien.

Links: Wyschinski bei Anklagerede.
Rechts: Bucharin bei seinem Prozeß.

konkreten Verbrechen zurückwiesen, während sie eine allgemeine politische Verantwortung für alle Aktionen des »Blocks« zugaben.

Der Korrespondent der *New York Times* beschrieb dies so: »Bucharin, der die Anklage insgesamt akzeptierte, ging nun – diesmal ohne unterbrochen zu werden – daran, diese Punkt für Punkt zu zerschlagen, während Wyschinski, unfähig zu intervenieren, unruhig auf seinem Platz saß, verwirrt dreinschaute und ostentativ gähnte.«[65]

In seinen letzten Worten fügte sich Bucharin jedoch und akzeptierte, daß ihn eine gerechte Strafe erwarte. Er erklärte, er habe mehrmals den Tod verdient, weil er zu einem Feind des Sozialismus entartet sei. »Die Ursache lag darin, daß ich im Gefängnis meine ganze Vergangenheit umgewertet habe. Denn, wenn man sich fragt: Wenn du stirbst, wofür stirbst du? – dann ergibt sich plötzlich mit erschütternder Deutlichkeit eine absolut schwarze Leere. Es gibt nichts, wofür man sterben könnte, wenn man sterben wollte, ohne bereut zu haben. Und umgekehrt nimmt all das Positive, das in der Sowjetunion leuchtet, nimmt all dies im Bewußtsein des Menschen andere Ausmaße an. Dies hat mich letzten Endes endgültig entwaffnet, dazu getrieben, meine Knie vor der Partei und dem Lande zu beugen ... und es ergibt sich ein voller innerer moralischer Sieg der UdSSR über ihre kniefälligen Gegner.«[66]

Wir wissen nicht, ob Bucharins Unterwerfung vor allem auf die Erkenntnis zurückzuführen war, daß seine Frau und sein Kind zu leiden haben würden, wenn er seine Abmachung mit Stalin nicht einhalte, oder ob es das Gefühl war, nur wenn er sich selbst als einzelner für die Partei opferte, könnte er seinem Leben noch einen Sinn geben und mit der Hoffnung auf eine bessere Zukunft sterben.

Stalin war an seinen Motiven nicht interessiert. Wenn Bucharin und die anderen nur gestanden, würde der Tod das übrige tun. Die Angeklagten wurden in allen Punkten für schuldig befunden und bis auf drei zum Tode verurteilt. Bucharin bat um Bleistift und Papier und schrieb einen kurzen Brief an Stalin. Dieser begann mit den Worten: »Koba, wozu brauchst Du meinen Tod?« Er erhielt keine Antwort, aber sein Brief wurde fünfzehn Jahre später nach Stalins Tod in einer Schublade seines Schreibtisches gefunden.[67]

Die Urteile wurden unverzüglich vollstreckt. Um sicherzugehen, schrieb man die Geschichte der Sowjetunion neu, löschte Bucharin aus und setzte Stalins Version ein. Aber auf lange Sicht behielt Bucharin in dieser Auseinandersetzung die Oberhand. Sein Appell an die künftige Generation, den er seiner Frau in die Feder diktiert hatte, war nicht vergebens. In den achtziger Jahren wandten sich diejenigen, die von der Tschechoslowakei und Ungarn bis nach China nach einem »Sozialismus mit menschlichem Antlitz« auf der Suche sind, erneut seinen Ideen zu. Im Jahre 1988, genau fünfzig Jahre nach seinem Prozeß, stellte die »künftige Generation von Parteiführern« in der UdSSR seinen guten Namen wieder her und verurteilte Stalin.

Nach März 1938 wurden keine weiteren öffentlichen Prozesse mehr abgehalten. Der Terror erreichte seinen Höhepunkt jedoch erst im Sommer 1938, als, wie bereits berichtet, Ende Juli führende Militärs und Politiker hingerichtet wurden. Die Säuberungen hielten an: Die Welle der Verhaftungen, Deportationen und Hinrichtungen überrollte 1938/39 den diplomatischen Dienst der Sowjetunion, die zentrale Leitung des Komsomol und das Oberkommando der Fernost-Armee. Erst im Februar 1939 wurden Stanislaw Kossior und Wlas Tschubar, die früheren Politbüromitglieder aus der Ukraine, nach langer Folter hingerichtet. Andere ereilte dieses Schicksal erst 1940/41.

Nach dem Sommer 1938 ging die Intensität des Terrors jedoch insgesamt zurück. In der Praxis wurde das NKWD mit der ungeheuren Zahl von Menschen, die das System gegenseitiger Denunziationen in die Vernichtungsmaschine sog, nicht mehr fertig. Es heißt, daß allein in Moskau 3 000 Untersuchungsführer am Werk waren. Wenn jedes Opfer, aus dem ein Geständnis herausgeprügelt wurde, fünf oder zehn Namen nannte, drohte die Gesamtzahl bald außer Kontrolle zu geraten. Selbst Stalin mußte erkennen: Die Säuberungen waren inzwischen so weit gegangen, daß es in der Sowjetunion keine Institution mehr gab, deren Tätigkeit nicht durch den Verlust der erfahrensten Mitarbeiter beeinträchtigt war.

Obwohl Stalin zweifellos als Haupttriebkraft des Terrors wirkte, obwohl er Jeschow jeden Tag zum Rapport empfing und ihm detaillierte Anweisungen gab, gelang es ihm, die Verantwortung und die Schuld dafür von sich fernzuhalten. Nach dem Februar-März-Plenum 1937 zeigte er sich zwei Jahre lang nur selten in der Öffentlichkeit und hielt keine große Rede. Außerdem verlegte er sein Büro und sein persönliches Sekretariat aus dem Gebäude des Zentralkomitees am Staraja Ploschtschad in den Kreml und verschanzte sich hinter dessen dicken Mauern vor dem Volke. Dies trug dazu bei, daß sich so viele, darunter auch viele Opfer, an den Glauben klammerten, das NKWD halte den Terror vor ihm geheim.

Im Jahre 1938 suchte er sich einen Sündenbock, der für »Exzesse« verantwortlich gemacht werden konnte. Die Wahl fiel auf Jeschow. Damit wiederholte Stalin das Manöver, das es ihm bereits 1930 ermöglicht hatte, mit dem Artikel »Vor Erfolgen von Schwindel befallen« die Schuld für die Exzesse der Kollektivierung von sich abzulenken.

Im Juli 1938 ernannte Stalin Lawrenti Berija zum stellvertretenden Chef des NKWD. Im August wurde Jeschow als Volkskommissar für Binnenschiffahrt eingesetzt, behielt seinen Posten als Volkskommissar für Innere Angelegenheiten jedoch bei. Eine auf Vorschlag Kaganowitschs eingesetzte Kommission, der auch Berija angehörte, inspizierte das NKWD und stellte zahlreiche Unregelmäßigkeiten und Exzesse fest. Daraufhin faßte das Zentralkomitee zwei Beschlüsse: »Betreffend Verhaftungen, Aufsichtspflicht der Staatsanwaltschaften und Untersuchungsführung« und »Über die Auswahl ehrlicher Menschen für die Arbeit in den Sicherheitsorganen«.

Bereits zwei Wochen später, im Dezember 1938, löste Berija Jeschow als Leiter des NKWD ab und überließ diesen qualvoller Unsicherheit. Er war noch immer Volkskommissar für Binnenschiffahrt, nahm gelegentlich an Beratungen teil, griff jedoch nicht mehr in die Diskussion ein. Zuweilen faltete er Papiertauben oder –flugzeuge, ließ sie fliegen und kroch sogar unter Stühle, um sie wieder aufzuheben. Dabei schwieg er beharrlich.

Als der Achtzehnte Parteitag im März 1939 zusammentrat, nahm Jeschow, damals bereits eine »Unperson«, aber immer noch Mitglied des Zentralkomitees, an einer Beratung des Ältestenrates teil. J. G. Feldman, damals amtierender Erster Sekretär des Gebietsparteikomitees von Odessa, der ebenfalls anwesend war, gab Roy Medwedew folgende Schilderung:

»Zum Abschluß des Parteitages versammelte sich der Ältestenrat in einem Saal des Kreml. Vorn saßen an einem langen Tisch wie auf einer Bühne

Andrej Andrejew, Wjatscheslaw Molotow und Georgi Malenkow. Im Hintergrund, links vom Ältestenrat, hatte in einer Ecke Stalin Platz genommen und schmauchte seine Pfeife. Andrejew sagte, der Parteitag gehe nun zu Ende, und deshalb müßten Kandidaten zur Wahl in das ZK vorgeschlagen werden. In erster Linie wurden die bisherigen Mitglieder des ZK auf die Liste gesetzt, natürlich außer denen, die ausgeschieden waren. Schließlich kam Jeschow an die Reihe.

›Welche Meinungen gibt es?‹ fragte Andrejew. Nach kurzem Schweigen sagte jemand, Jeschow sei ein stalinscher Volkskommissar, den alle kennen, deshalb sollte er im ZK bleiben. Keine Einwände? Alle schwiegen. Da bat Stalin ums Wort. Er stand auf, kam zum Tisch, sog weiter an seiner Pfeife und rief: ›Jeschow! Wo steckst du? Komm mal her!‹ Jeschow, der in einer hinteren Reihe saß, stand auf und kam zum Tisch.

›Nun, wie denkst du über dich?‹, fragte Stalin. ›Kannst du Mitglied des ZK sein?‹

Jeschow wurde kreidebleich und antwortete mit versagender Stimme, er habe sein ganzes Leben der Partei und Stalin gewidmet, er liebe Stalin mehr als sein Leben und sei sich keiner Handlung bewußt, die zu einer solchen Frage Anlaß geben könnte.

›So?‹, fragte Stalin ironisch. ›Und wer war Frinowski? Kanntest du Frinowski?‹

›Ja, natürlich kannte ich ihn‹, antwortete Jeschow. ›Frinowski war mein Stellvertreter. Er...‹

Stalin unterbrach Jeschow und begann ihn auszufragen, wer Schapiro, wer Ryshowa (Jeschows Sekretärin), Fjodorow und andere seien (die zu dieser Zeit bereits alle verhaftet waren).

›Jossif Wissarionowitsch! Ich selbst habe doch ihre Verschwörung aufgedeckt und Ihnen darüber Meldung gemacht...‹

Stalin ließ ihn ausreden.

›Ja, ja, ja! Als du gespürt hast, daß du selber erwischt wirst, da bist du gerannt gekommen. Und vorher? Wer hat die Verschwörung ausgeheckt? Wer wollte Stalin umbringen? Führende Mitarbeiter des NKWD haben eine Verschwörung vorbereitet, und du hattest angeblich nichts damit zu tun! Denkst du, ich sehe nichts?‹ fuhr Stalin fort. ›Erinnere dich doch mal, wen du dann und dann zu Stalin zum Dienst geschickt hast! Wen? Mit Pistolen! Wozu braucht man bei Stalin Pistolen? Wozu? Um Stalin zu töten? Und wenn ich es nicht bemerkt hätte? He?!‹

Dann beschuldigte Stalin Jeschow, er sei übereifrig gewesen, hätte viele Unschuldige verhaften lassen und andere gedeckt. ›Na? Geh! Ich weiß nicht, Genossen, ob er Mitglied des ZK bleiben kann. Ich habe meine Zweifel. Natürlich, denkt darüber nach... Wie ihr wollt... Aber ich habe Zweifel!‹

Jeschow wurde natürlich einstimmig von der Liste gestrichen, kehrte nach der Pause nicht in den Saal zurück und wurde auf dem Parteitag nicht mehr gesehen.«[68]

Jeschow wurde erst einige Tage später mitten aus einer Sitzung in seinem Volkskommissariat verhaftet. Als die Mitarbeiter des NKWD schließlich erschienen, erhob er sich und sagte: »Wie lange habe ich darauf gewartet!« Er legte seine Waffe auf den Tisch und wurde abgeführt.[69]

Für Stalin war der Achtzehnte Parteitag im Jahre 1939 weit mehr als der Siebzehnte Parteitag 1934 der eigentliche Parteitag der Sieger, oder besser – der Überlebenden. Die Delegiertenliste zeigte, wie erfolgreich er in den fünf vergangenen Jahren beim Aufbau einer völlig neuen Partei gewesen war. Von den 1966 Delegierten des Siebzehnten Parteitages waren 1108 (laut Chruschtschow) wegen konterrevolutionärer Verbrechen verhaftet worden. Von denen, die das Glück hatten zu überleben, wurden 1939 nur 59 erneut als Delegierte gewählt. Ebenso dramatisch waren die Veränderungen in der Zusammensetzung des Zentralkomitees. Von den 1934 gewählten 139 Mitgliedern und Kandidaten des ZK tauchten 115 im Jahre 1939 nicht mehr auf. Chruschtschow berichtete, 98 von ihnen seien erschossen worden. Medwedew nennt als korrekte Zahl jedoch 110.[70]

Berija räumte in der Führung des NKWD fast ebenso gründlich auf wie Jeschow vor ihm. Die wenigen Überlebenden aus Jagodas Zeit wie Michail Frinowski und Leonid Sakowski, die den Bucharin-Prozeß vorbereitet hatten, wurden wie ihre Kollegen an die Wand gestellt. Dasselbe geschah Jeschows Führungsmannschaft. Im März 1939 hatten Berijas Leute, unter denen die nach Moskau mitgebrachten Georgier stark vertreten waren, alles unter Kontrolle. Nach dem Bericht der Untersuchungskommission wurden die Anklagen gegen 50000 Personen fallengelassen. Diese Geste signalisierte weniger eine Veränderung der Politik als vielmehr ihre veränderte Ausführung. Unter Berija wurden die Säuberungen, die Jeschow als Notmaßnahme zur Überwindung einer Krise gehandhabt hatte, institutionalisiert und zu einem ständigen Herrschaftsinstrument gemacht.

Da Jeschow nunmehr als Sündenbock feststand, war Stalin auch bereit einzuräumen, daß Fehler vorgekommen seien. In seinem Bericht an den Parteitag hieß es: »Es läßt sich nicht behaupten, daß die Reinigung ohne ernstliche Fehler durchgeführt wurde. Leider wurden mehr Fehler begangen, als anzunehmen war.« Doch er versicherte den Delegierten: »Es unterliegt keinem Zweifel, daß wir die Methode der Reinigung im Massenmaßstab nicht mehr anzuwenden brauchen. Allerdings war die Reinigung in den Jahren 1933 bis 1936 unerläßlich und zeitigte im wesentlichen positive Ergebnisse.«

Den Delegierten, die sich unsicher fühlten und deshalb sehr genau zuhörten, wird nicht entgangen sein, daß Stalin nur die Jahre 1933 bis 1936 erwähnte, als die Parteiausschlüsse noch vom Zentralkomitee sanktioniert waren. Die Säuberungskampagne der Jahre 1937 bis 1938, in der zehnmal mehr Parteimitglieder ausgeschlossen und hingerichtet wurden, für die mit Ausnahme der Handvoll, der man den Prozeß machte, Stalin und ein oder zwei Mitglieder des Politbüros insgeheim als letzte Instanz wirkten, wurde

Feliks Dzierzynski, nach dem das ostdeutsche Regime sein Wachregiment nannte, gehörte dem engsten Kreis Lenins an. In den Berichten und Erinnerungen der frühen Jahre taucht er als kalter Intellektueller auf. Nach seinem Tod im Juli 1926 sind seine Nachfolger allesamt Geschöpfe Stalins, der sie jedoch liquidierte, nachdem sie ihrerseits in den großen Säuberungen die alte Garde Lenins liquidiert hatten.
Genrich G. Jagoda, seit 1934 Chef des NKWD, wird schon 1936 beseitigt und durch Niko-

mit Schweigen übergangen. Erst am Schluß seines Berichts, als er auf den raschen Aufstieg der jungen Generation zu sprechen kam, fügte Stalin mit seinem typischen schwarzen Humor hinzu: »Aber ... die alten Kader (sind) stets gering an Zahl, es gibt ihrer weniger als nötig, und sie beginnen bereits teilweise, kraft elementarer Naturgesetze, aus der Arbeit auszuscheiden.«[71]

Wie viele Menschen insgesamt verhaftet, erschossen oder in die Lager geschickt wurden – diese Frage wird wohl niemals befriedigend beantwortet werden können. Robert Conquest, dessen Buch *The Great Terror* erstmals 1968 veröffentlicht wurde, hat 1990 eine neue Schätzung vorgelegt, in der er die bisher in der Sowjetunion veröffentlichten Zahlen berücksichtigt. Sie lautet:

»Bereits im Januar 1937 im Gefängnis oder im Lager:
ca. 5 Millionen.
Von Januar 1937 bis Dezember 1938 verhaftet:
ca. 8 Millionen
davon hingerichtet ca. 1 Million.
Im Lager verstorben: ca. 2 Millionen
Ende 1938 im Gefängnis: ca. 1 Million.
Zur selben Zeit im Lager: ca. 7 Millionen.«[72]

lai I. Jeschow ersetzt, der die Geheimpolizei zu einem unbedingten Machtinstrument Stalins machte. 1939, nach dem Abschluß der Säuberungen der dreißiger Jahre, wird aber auch Jeschow beseitigt und durch Berija ersetzt, der später seinerseits bei einem Machtkampf erschossen wird. »Die Revolution frißt ihre Kinder« – die Chefs der Geheimpolizei führen die Wahrheit dieses Satzes mit ihren eigenen Leben vor.
Von links nach rechts: Dzierzynski, Jagoda, Jeschow, Berija.

Diese Schätzungen schließen die noch größere Zahl von Menschen nicht ein, die in der Kollektivierungskampagne deportiert und hingerichtet wurden oder während der Hungersnot starben. Sie schließen auch nicht diejenigen ein, die 1939 bis 1953 hingerichtet wurden, in Lagern starben oder verhaftet wurden.

Wenn über die Gesamtzahl der Opfer, um ein oder zwei Millionen mehr oder weniger gestritten wird, dann wird bei diesem Streit um Quantität die Qualität des Problems vergessen, daß nämlich jeder einzelne Mensch von diesen vielen Millionen ein ganz individuelles Schicksal hatte. Das Verständnis dafür veranlaßte Solschenizyn nach elf Jahren Haft in einem Arbeitslager, seine klassische Geschichte *Ein Tag im Leben des Iwan Denissowitsch* zu schreiben. Danach sammelte er insgeheim unter großen Gefahren die individuellen Erlebnisse mehrerer hundert ehemaliger Gefangener und schuf auf dieser Grundlage ohne Zugang zu offiziellen Dokumenten den *Archipel Gulag*, sein Denkmal für die Opfer des Stalinschen Terrors. Der *Archipel Gulag* (russische Abkürzung für: Hauptabteilung der Lager für Umerziehung durch Arbeit, Teil des NKWD) bestand aus Inseln, die von Millionen *Seks* (russischer Slang-Ausdruck für »Gefangener«) bewohnt waren. Manche der Inseln hatten die Ausdehnungen eines großen europäischen Staates, andere waren so klein wie eine Haftzelle auf einer Bahnstation. Der Archipel war geographisch sehr zersplittert, jedoch psychologisch zu einem fast unsichtbaren Kontinent innerhalb des Kontinents Sowjetunion verschmolzen. Am Beginn des ersten Kapitels schreibt Solschenizyn:

»Das Universum hat so viele Zentren, wie Lebewesen darin wohnen. Jeder ist ein Mittelpunkt des Alls, und die Schöpfung bricht in tausend Stücke, wenn Sie es zischen hören: ›SIE SIND VERHAFTET‹ ... Da jagten wir glücklich oder trabten wir unglücklich durch die lange winkelige Straße unseres Lebens, an Zäunen, Zäunen, Zäunen entlang, vorbei an moderigen Holzplanken, an Lehmmauern und Eisengittern, vorbei an Umfriedungen aus Ziegel und Beton. Wir verloren keinen Gedanken daran, was wohl dahinter lag... Dahinter aber begann das Land GULAG, gleich nebenan, keine zwei Meter von uns entfernt. Auch hatten wir in diesen Zäunen die Unmenge von genau eingepaßten, gut getarnten Türen und Pförtchen nicht bemerkt. Alle, alle diese Pforten standen für uns bereit – und es öffnete sich rasch die schicksalhafte eine, und vier Hände packten uns an Beinen, Armen oder am Kragen, zerren uns wie ein Bündel hinein, und die Pforte hinter uns, die Tür zu unserem vergangenen Leben, die schlagen sie für immer zu.

Schluß. Sie sind verhaftet.

Und keine andere Antwort finden wir darauf als ein verängstigtes Blöken: ›We-e-er? I-i-ch??? Warum denn??‹

Ver-haf-tet-wer-den, das ist: Ein Aufblitzen und ein Schlag, durch die das Gegenwärtige sofort in die Vergangenheit versetzt und das Unmögliche zur rechtmäßigen Gegenwart wird.«[73]

Anders als die Kollektivierung, die öffentlich verkündet wurde und ganze Dörfer betraf, war der Terror stets ein individueller Vorgang. Er schlug lautlos und ohne Vorwarnung zu wie ein Blitz aus heiterem Himmel. Dieser Unterschied erklärt, warum es hier kaum organisierten Widerstand gab. Die Menschen, die unter solchen Umständen lebten, redeten sich ein, Unannehmlichkeiten seien am besten dadurch zu vermeiden, daß sie nicht wußten, was nebenan geschah, die Schreie in der Nacht nicht hörten, auf dem Bahnhof den Blick abwendeten und nicht danach fragten, weshalb eine Kollege plötzlich nicht mehr zur Arbeit erschien. Dazu schreibt Solschenizyn: »*Vielleicht holen sie dich nicht*? Vielleicht geht's vorbei? ... Die schimmernde Hoffnung läßt die meisten dumm werden. Ich bin unschuldig, warum sollten sie mich holen? *Es ist ein Mißverständnis*! Schon packen sie dich beim Kragen, schleifen dich fort, du aber kannst es nicht lassen, dich selbst zu beschwören: ›Ein Mißverständnis! Es wird sich *erweisen*!‹ Die anderen holen sie massenweise, aber: ›Vielleicht ist gerade *der*...?‹ Du aber, du bist doch ohne Zweifel unschuldig... Wozu solltest du demnach weglaufen? ... Und warum solltest du dann Widerstand leisten? ... Du würdest deine Lage damit bloß verschlimmern, die Wahrheitsfindung erschweren.«[74]

Der Instinkt, sich abzuwenden, um selbst nicht aufzufallen, wurde durch die Furcht vor Denunzianten noch verstärkt, die jedermann verstummen ließ. So kam es zu der Atomisierung der Gesellschaft, die Aristoteles schon vor langer Zeit als Schutzschild der Tyrannei erkannte – »die Verbreitung von Mißtrauen, denn ein Tyrann wird erst dann gestürzt, wenn die Menschen beginnen, einander zu vertrauen«.[75]

Dieses Gefühl der Hilflosigkeit des einzelnen blieb auch nach der Verhaftung bestehen, da der Gefangene nicht herausfinden konnte, weshalb er oder sie festgenommen worden war. Es war verwirrend, nicht durchschauen zu können, was geschah und was diejenigen vorhatten, die nun über das eigene Schicksal bestimmten. Was der Gefangene hier als unerklärlichen Alptraum empfand, war in Wirklichkeit ein Ergebnis sorgfältiger Berechnung. Hinter der anscheinend zufälligen Brutalität und Gleichgültigkeit standen jahrhundertelange Erfahrungen beim Brechen des Widerstandes und der Identität menschlicher Wesen, die von einer Generation von Inquisitoren und Folterknechten zur anderen weitergegeben werden. Wie Solschenizyn erkannte, existierte eine ganze »Wissenschaft der Verhaftung, die einen beträchtlichen Anteil von Gesellschaftstheorie aufwies«. Sie klassifizierte Verhaftungen nach verschiedenen Kriterien – am Tage, in der Nacht, zu Hause, am Arbeitsplatz, auf einer Reise, erstmalig oder wiederholt, Gründlichkeit der Hausdurchsuchung, weitere Behandlung der Ehefrau – Verhaftung, Deportation mit oder ohne Kinder und so weiter. Die Operationen des NKWD waren wie die der Gestapo in dem Sinne wissenschaftlich begründet, daß sie auf ständig aktualisierten Beobachtungen und Experimenten beruhten, für die die ganze Skala medizinischer und psychologischer Erforschung des Verhaltens von Menschen unter Anspannung genutzt wurde.

Das Geheimnis, das diese Operationen und die Existenz der Lager umgab, machte sie noch furchterregender. Es wurden keine Listen der Verhafteten veröffentlicht, die Arbeitslager wurden niemals in den Zeitungen erwähnt. Und doch wußte jeder, daß diese Dinge Teil des Lebens in der Sowjetunion waren, obwohl man darüber niemals sprach. Dies schuf, wie Kolakowski sagt, »ein gespaltenes Bewußtsein ... und machte das Volk zum Komplicen in der Lügenkampagne der Partei und des Staates«.[76]

Die aktiven oder ehemaligen Spitzenfunktionäre müssen genauer gewußt haben, was ihnen geschah, wenn sie verhaftet würden. Aber sie wußten nicht, ob es sie treffen würde, und so hatten die langen Phasen der Unsicherheit, in der man sie manchmal wochen- oder monatelang bewußt hielt, dieselbe zerstörerische Wirkung. Wenn sie einmal verhaftet waren, verloren sie alle Privilegien und waren genauso nackt und verletzlich wie jeder andere. So wählte Chruschtschow in seiner Geheimrede auch nicht

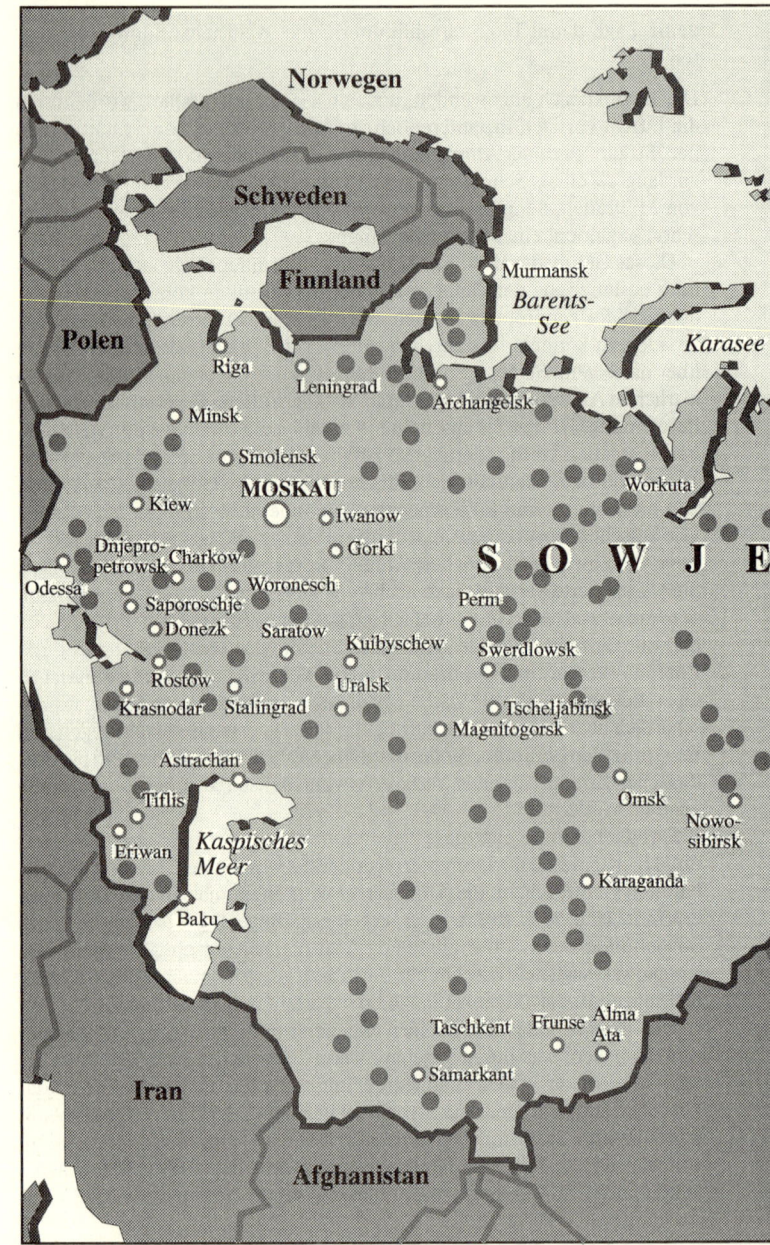

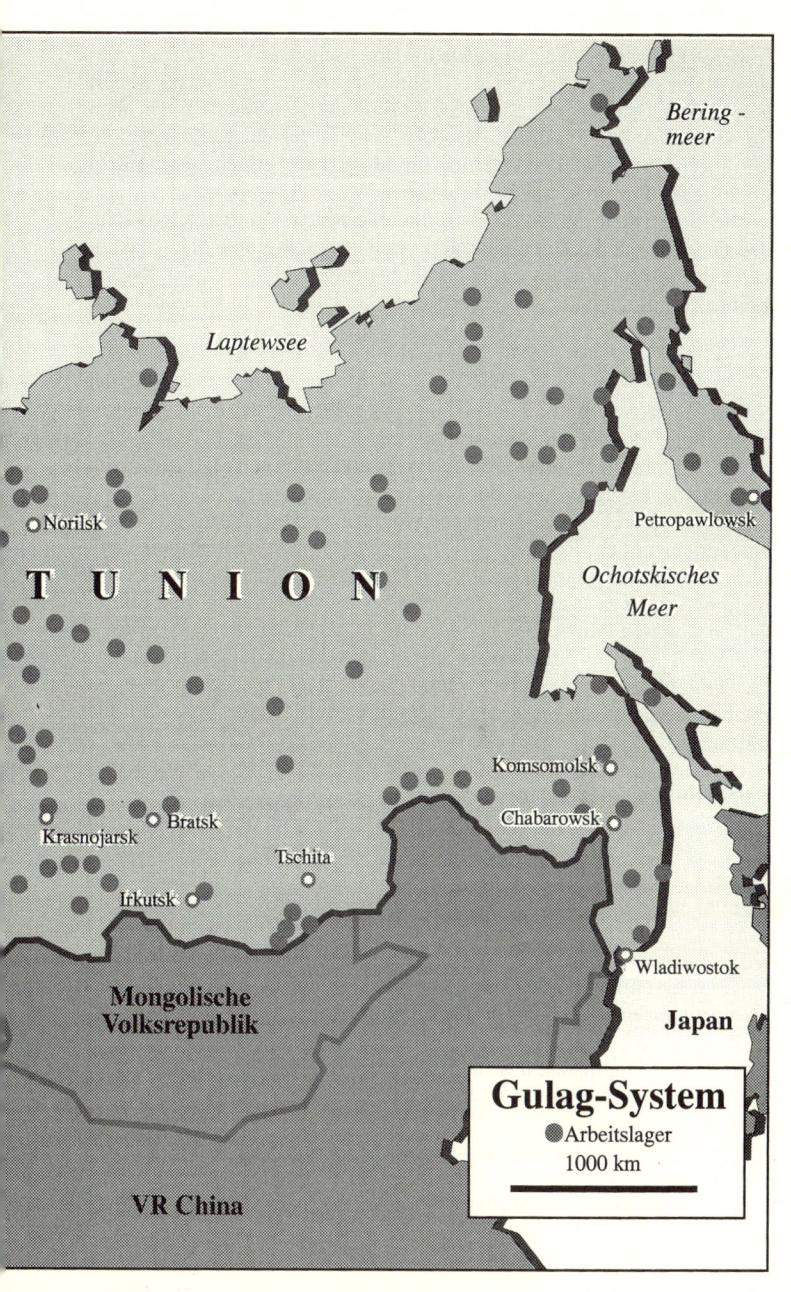

Bering-
meer

Laptewsee

Norilsk

Petropawlowsk

TUNION

Ochotskisches
Meer

Komsomolsk

Chabarowsk

Krasnojarsk   Bratsk

Tschita

Irkutsk

Wladiwostok

Mongolische
Volksrepublik

Japan

Gulag-System

● Arbeitslager

1000 km

VR China

frühere Oppositionelle als Beispiele für Opfer schwerer Folterungen, sondern stalinistische Mitglieder des Politbüros wie Jan Rudsutak, Robert Eiche, Wlas Tschubar und Stanislaw Kossior, die nach Stalins Tod in allen Punkten rehabilitiert wurden. Bucharin scheint der einzige gewesen zu sein, der nicht gefoltert wurde und die Möglichkeit erhielt, sich in dem öffentlichen Prozeß selber zu verteidigen.

Die Gegenwehr der Bolschewiken wurde weiter dadurch geschwächt, daß sie selber seit der Zeit des Bürgerkrieges an gewaltsamen Massenaktionen teilgenommen hatten, zum Beispiel an der Kollektivierungskampagne. Keiner von ihnen hatte sich gegen gefälschte Urteile und Hinrichtungen gewandt, wenn die Opfer keine Parteimitglieder waren, oder das Recht der Parteiführer in Frage gestellt, zu entscheiden, wer ein Klassenfeind, ein Kulak oder ein imperialistischer Agent sei. Als die von ihnen akzeptierten Spielregeln sich gegen sie selbst richteten, konnten sie sich nicht auf allgemeingültige Moralprinzipien berufen.

Die Wirkung all dessen wurde noch verstärkt durch den Mythos von der Partei als der einzigen Quelle der Wahrheit und aller Werte. Trotzki drückte dieses weitverbreitete Gefühl mit den Worten aus:»Die Engländer besitzen eine sprichwörtliche Redensart: *Right or wrong, my country!*, mag mein Land recht oder unrecht haben, es ist mein Land. Wir aber sind historisch viel mehr berechtigt zu sagen: Mag meine Partei in gewissen konkreten Teilfragen, in gewissen Punkten, recht oder unrecht haben, es ist meine Partei... Und wenn die Partei einen Entschluß faßt, den dieser oder jener unter uns für falsch hält, so wird er doch sagen müssen: Recht oder Unrecht, es ist meine Partei, und ich werde die Folgen ihres Entschlusses bis zum Ende mittragen.«[77]

Pjatakow, der ebenfalls zu einem Geständnis gezwungen, verurteilt und hingerichtet wurde, erklärte in einem Gespräch im Jahre 1928, das wir bereits zitierten:»Laut Lenin beruht die Kommunistische Partei auf dem Prinzip des Zwangs, das weder Grenzen noch Hemmungen anerkennt... Dieses Prinzip grenzenlosen Zwangs ist das Fehlen jeder nur vorstellbaren Begrenzung – in sittlicher, politischer und sogar in physischer Hinsicht... Ein wahrer Bolschewik hat seine Persönlichkeit in der Kollektivität, der *Partei*, in einem solchen Ausmaß aufgehen lassen, daß er die notwendige Anstrengung unternehmen kann, sich von seinen eigenen Ansichten und Überzeugungen zu trennen und aufrichtig mit der Partei übereinzustimmen.«[78]

Bucharin brandmarkte in seinem Gespräch mit Nikolajewski in Paris im Jahre 1935 Stalins ungesunden Ehrgeiz. Als Nikolajewski fragte, warum sich die Opposition ihm dann unterworfen habe, antwortete Bucharin:»Sie verstehen es nicht, es liegt ganz und gar nicht so. Es ist nicht *er*, dem wir vertrauen, sondern der Mann, dem die Partei ihr Vertrauen geschenkt hat. Es ist nun einmal so gekommen, daß er etwas wie ein Symbol der Partei geworden ist.«[79]

676

Pjatakow hatte 1928 von sich gesagt, er könne ohne die Partei nicht leben. Und auch Bucharin, der sich keine Illusionen darüber machte, wie sehr Stalin die Partei mißbraucht hatte, schloß zehn Jahre später seine letzten Worte mit dem gleichen Bekenntnis: »Es gibt nichts, wofür man sterben könnte, wenn man sterben wollte, ohne bereut zu haben... Und wenn man sich fragt: Nun gut, du stirbst nicht, wenn du durch irgendein Wunder leben bleibst, dann wieder wofür? Isoliert von allen, ein Feind des Volkes in einer nicht menschlichen Lage, in voller Isolierung von allem, was das Wesen des Lebens ausmacht.«[80]

Das NKWD arbeitete nach dem System, Geständnisse zu erlangen, in denen die Gefangenen ihre eigene Schuld bekannten und andere belasteten. Stalin bestand auf Geständnissen auch in den viel zahlreicheren Fällen, die geheim verhandelt wurden. Da diese Fälle auf erfundenen und nicht wirklichen Verbrechen beruhten, war es zweckmäßiger und wirksamer, die Schuld auf diese Weise festzustellen, als durch erfundene Aussagen anderer, die bestritten werden konnten. Zweifellos machte gerade die Tatsache, daß man sehen und hören konnte, wie die Angeklagten sich vor Gericht selbst bezichtigten und einander beschuldigten, so großen Eindruck auf westliche Beobachter und das sowjetische Volk. Die Ausarbeitung einer so großen Masse detaillierten falschen Materials beschäftigte viele tausend Mitarbeiter und Untersuchungsführer des NKWD. Es wäre mit viel weniger Zeitaufwand und Energie sicher auch möglich gewesen, nach der Verhaftung die Hinrichtung oder Deportation einfach auf administrativem Wege anzuordnen. Jedoch die Geständnisse und die offiziellen Verhandlungen vor Gericht trugen wesentlich dazu bei, Terror und Mord den Anschein von Legalität zu verleihen. Selbst wenn man ihnen nicht glaubte, hatten sich Angeklagte, die ihre Schuld bekannten, politisch – und in ihren eigenen Augen auch moralisch – diskreditiert.

Was damals kaum vorstellbar war, inzwischen aber zweifelsfrei festgestellt ist, sind die Methoden, mit denen das NKWD die Geständnisse erlangte. Ein Hauptmittel ist als »das Fließband« bekannt geworden – ein Stunden und Tage dauerndes endloses Verhör durch einander ablösende Untersuchungsführer, bei dem dem Gefangenen häufig Schlaf oder Nahrung verweigert wurden. Es hieß, daß nach einer Woche fast jeder zusammenbrach. Eine andere Methode waren lange Verhöre, die mit Unterbrechungen einige Monate, ja sogar ein oder zwei Jahre dauern konnten. Ein polnischer Zeuge, der dies erlebte, berichtet von der Wirkung, die Kälte, Hunger, grelles, blendendes Licht und vor allem die Verweigerung des Schlafs hatten: »Nach fünfzig bis sechzig Verhören bei Kälte und Hunger und fast ohne Schlaf wird man zum Automaten – die Augen brennen, die Beine sind geschwollen, die Hände zittern. In diesem Zustand ist man häufig genug selbst von seiner Schuld überzeugt.«[81] Er fügte hinzu, daß die meisten seiner Mitgefangenen zwischen dem vierzigsten und siebzigsten Verhör in diesen Zustand gerieten.

Schläge und Folter waren an der Tagesordnung. Chruschtschow gab in seiner Geheimrede diese Tatsache freimütig zu und zitierte dabei ein Telegramm Stalins an die Sekretäre der Regionsparteikomitees und der ZKs der Parteien der Unionsrepubliken aus dem Jahre 1939, in dem bekräftigt wurde, daß das Zentralkomitee dem bereits 1937 zugestimmt hatte. Stalin rechtfertigte die Anwendung von »Methoden physischer Beeinflussung« damit, daß bürgerliche Geheimdienste diese »in der schlimmsten Art« anwandten. Das Zentralkomitee stellte fest, daß dies »zulässig und zweckmäßig« sei, wenn es »bekannte und unbelehrbare Feinde des Volkes« betreffe.[82]

Die wirksamste Methode war eine Kombination von körperlicher Folter und Psychoterror – die Warnung, die Ehefrau eines Gefangenen zu verhaften und zu foltern, wobei aus einem Nebenraum Schreie und das Weinen einer Frau zu hören waren, oder die Drohung, seine Kinder zu erschießen, während man ihn drei, vier oder fünf Tage ohne Essen, Trinken oder Schlaf stehen ließ.

Information und Denunziation waren wichtige Bestandteile des Systems. Bosheit und Neid konnten als starke Motive gegen jene eingesetzt werden, die zur privilegierten Klasse gehörten: »Mit Zuträgerei kommt man im Leben am besten voran.« Das NKWD zwang mit Erpressung und Drohungen zahlreiche Menschen dazu, in »Zusammenarbeit« mit ihm Nachbarn und Kollegen zu bespitzeln. Andere glaubten durch Denunziation von sich ablenken und die Gunst der Machthaber gewinnen zu können. Die damit beabsichtigte zersetzende Wirkung bestand darin, das Minimum an gegenseitigem Vertrauen zu zerstören, auf dem menschliche Beziehungen beruhen, und die Menschen voneinander zu isolieren. Es gibt viele Berichte über die Atmosphäre der Furcht und des Schweigens, die in Moskau, Leningrad und anderen großen russischen Städten in den Jahren zwischen 1936 und 1938 herrschte.

Nur eine Minderheit der 1936 bis 1939 Verhafteten wurde hingerichtet. Die große Mehrheit deportierte man in eines der Lager für Umerziehung durch Arbeit, die die größeren Inseln des Archipel Gulag bildeten. Bereits 1937 wurde eine detaillierte Liste der Lager veröffentlicht, die 35 Komplexe mit jeweils über 200 Lagern auswies. Die Gesamtzahl der Insassen in den Jahren 1935 bis 1937 wird auf etwa sechs Millionen Männer und Frauen geschätzt. Viele überlebten die Schrecken der Bahnfahrt nicht, die Monate dauern konnte – in überfüllten Güterwagen, ungeheizt im Winter, unerträglich heiß im Sommer, ohne ausreichendes Essen, Wasser und sanitäre Anlagen. Man konnte an der Kälte sterben – viele Lager befanden sich in den arktischen Gebieten der Sowjetunion –, an Epidemien oder nicht behandelten Krankheiten, an Erschöpfung als Ergebnis schwerster körperlicher Arbeit, an der brutalen Behandlung durch die Wachmannschaften, die die politischen Gefangenen terrorisierten, oder bei einer Massenhinrichtung, für die gerade eine Quote aus Moskau übermittelt worden war.

Letzteres geschah gewöhnlich in einem der zentralen Isolierungsgefängnisse für politische Gefangene. So sollen in den beiden Jahren 1937 und 1938 etwa 50 000 Häftlinge zur Exekution in eines der Lager von *Bamlag* (dem Baikal-Amur-Lagerkomplex in Ostsibirien) gebracht worden sein. Sie wurden wie Baumstämme mit Draht zusammengebunden, auf Lkws verfrachtet, aus dem Lager gebracht und erschossen.

Die beiden größten Ansiedlungen im Reiche des NKWD befanden sich in Nordwestrußland in der Autonomen Republik der Komi und im Fernen Osten zwischen der Lena und dem Kolymagebirge nördlich der Schelichowbucht. Im ersten Komplex, im Petschorabecken gelegen, war mit mehr als einer Million die größte Zahl von Zwangsarbeitern in der ganzen Sowjetunion konzentriert. Im Kohlerevier von Workuta lag die Temperatur zwei Drittel des Jahres unter dem Gefrierpunkt, und nur wenige überlebten mehr als ein oder zwei Jahre. Die Lager des zweiten Komplexes in einem Gebiet, viermal so groß wie Frankreich, mit rund einer halben Million Insassen unterstanden *Dalstroj*, dem fernöstlichen Baukombinat. Die meisten Arbeiter waren in den Goldminen an der Kolyma konzentriert, wo die Temperatur auf minus 40 Grad Celsius absinken kann. Bis minus 30 Grad wurden die Gefangenen gezwungen, im Freien zu arbeiten. Die Todesrate war so hoch, daß hier im ganzen mehr Gefangene gewohnt haben als in jedem anderen Lager.

Obwohl die Sklavenarbeit in den Lagern kaum produktiv war, galt sie als anerkannter Teil der sowjetischen Wirtschaft. Eine Million Zwangsarbeiter waren im Bergbau und dreieinhalb Millionen beim Bau von Eisenbahnen und Fabriken beschäftigt. Anreize wurden geschaffen, indem man die kümmerlichen Essensrationen von der Normerfüllung abhängig machte. Die Todesrate in den Lagern wurde 1938 auf zwanzig Prozent jährlich geschätzt. Wer einmal im Lager war, kam nur selten wieder heraus. Die Überlebenden erhielten eine weitere Haftstrafe, wenn die erste abgelaufen war. Solschenizyn glaubt, daß ein Mann höchstens zehn Jahre in einem Lager überleben konnte – eine Einschätzung, die sich jedoch auf eine wesentlich günstigere Periode in der Geschichte der Lager bezog. Von denen, die in den Jahren 1936 bis 1938 verhaftet wurden, überlebten höchstens zehn Prozent. Andrej Sacharow schätzte, daß von den 600 000 Parteimitgliedern, die in die Lager geschickt wurden, höchstens 50 000 überlebten.

Jedes Organ, das mit einer so gewaltigen Operation beauftragt wird, gewinnt ein Eigenleben und ist nur schwer zu kontrollieren. Eine wirksame Kontrolle wird vollends unmöglich, wenn die Operation – wie im Falle des NKWD – geheim und oft in großer Entfernung von der Zentrale durchgeführt wird. Es entstehen dann ständig Gelegenheiten für Machtmißbrauch und die Duldung verbrecherischer oder psychopathischer Praktiken. Ebensowenig wie Hitler ein Konzentrationslager, besuchte auch Stalin jemals ein Gefängnis oder Lager des NKWD. Er mußte glauben, was ihm berichtet wurde, und es ist gut möglich, daß er von vielen Exzessen nichts wußte, die er später klugerweise bestritt. Ob er eingegriffen hätte, wenn sie ihm zur Kenntnis gelangt wären, steht auf einem anderen Blatt.

Aber selbst wenn wir akzeptieren, daß ein großer Teil der Verantwortung für die Brutalität, mit der das NKWD seinen Auftrag erfüllte, auf die höheren Offiziere und Lagerkommandanten zurückfällt, die außer Kontrolle gerieten, so trägt die Verantwortung für diese Politik und ihre Durchsetzung letztlich doch Stalin. Er ist vor allem verantwortlich für die Dimensionen des Terrors und der Säuberungen. Das ist auch in der Sowjetunion nicht länger umstritten. Nach der erregten Diskussion in der zweiten Hälfte der achtziger Jahre, die der Ausdehnung von *Glasnost* auf die sowjetische Geschichte, besonders auf die Zeit der Säuberungen, folgte, erklärte die *Prawda* im April 1988 unumwunden: »Stalin wußte nicht einfach davon, er organisierte und leitete sie. Heute ist dies eine erwiesene Tatsache.«[83]

Dies beantwortet jedoch noch nicht die Frage, welches denkbare Ziel Stalin verfolgte, das wichtig genug war, um zum zweiten Mal in einem Jahrzehnt Millionen Männer und Frauen zu töten und einzukerkern. Beim ersten Mal – in der Periode der Kollektivierung und Industrialisierung – konnte zumindest argumentiert werden, daß das Leiden und Sterben der Preis für die Modernisierung des rückständigen Landes war, wenn auch die meisten Historiker heute die Notwendigkeit dieses Preises bezweifeln. Aber 1936 war die Kollektivierung abgeschlossen, waren die Grundlagen der Industrie gelegt. Der Terror Ende der dreißiger Jahre festigte das Erreichte nicht, sondern drohte es zu unterminieren, da auf allen Ebenen gerade diejenigen vernichtet wurden, die den größten Beitrag dazu geleistet hatten. Der einzige Grund, den Stalin anführen konnte, war eine angebliche große Verschwörung zum Sturze des Regimes, die nicht nur die Parteiorganisationen im ganzen Lande, sondern auch alle anderen Eliten und Apparate erfaßt habe – einschließlich das NKWD und die Streitkräfte – , die das Land seit der Revolution beherrschten.

Die ernste internationale Situation und die Kriegsgefahr wurden benutzt, um der Bedrohung Glaubwürdigkeit zu verleihen. Jedoch unter den Tausenden von Opfern, die namentlich genannt wurden, findet sich kein einziger authentischer Fall eines wirklichen Verräters oder Spions. Kein Bereich der Gesellschaft wurde in der Ära Jeschow so wirksam geschwächt wie die Streitkräfte, auf die sich das Regime im Kriegsfall stützen mußte.

Wir haben die psychischen Merkmale und konspirativen Erfahrungen bereits erwähnt, die es Stalin leichtmachten, sich eine potentielle Gefahr für das Regime einzureden, und die zeigen, weshalb er Geständnissen und Schuldbekenntnissen so große Bedeutung beimaß. Aber das Element der Berechnung darf niemals außer acht gelassen werden, wenn man Stalins Haltung erklären will. Es war gerade die Kombination seiner psychischen Bedürfnisse und politischen Ziele, die ihn so schrecklich machten.

Das politische Element ist leicht zu erkennen, wenn wir die ursprüngliche Frage umdrehen und nicht länger fragen, welches Ziel wichtig genug war, um dafür so viele talentierte und erfahrene Menschen umzubringen, sondern erkennen, daß dies für Stalin nicht der Preis, sondern das Ziel selbst war. Der Grund dafür wird klar, wenn wir die Periode von 1936 bis 1939 in den Zusammenhang der sowjetischen Geschichte seit 1917 stellen.

Stalins Revolution von 1929 bis 1933 ist im achten Kapitel als eine ökonomische und soziale Revolution beschrieben worden, die Lenins politische Revolution, die Machtergreifung zwischen 1917 und 1921, untermauern und vollenden sollte. Als jedoch die Sowjetunion die Mitte der dreißiger Jahre erreichte, fand Stalin, seine eigene Revolution sei ohne eine weitere politische Phase, eine von oben durchgesetzte radikale Säuberung, immer noch unvollendet. Zu diesem Schritt kam es nicht sofort. Es folgte zunächst eine Periode der Entspannung in den Jahren 1933/34, dann eine Periode der Vorbereitung in den Jahren 1934/35, bis schließlich von 1936 bis 1939 das ganze Ausmaß des zweiten Teils der Revolution spürbar wurde. Sie begann mit der Ausschaltung der früheren Oppositionellen, griff dann auf die Stalinisten über, die die revolutionären Veränderungen von 1929 bis 1933 vollzogen hatten, aber nun für eine Politik der Entspannung und Versöhnung eintraten, und mündete schließlich im Grunde genommen in der Liquidierung von Lenins ganzer ursprünglicher Partei, nicht nur in Gestalt der Parteiorganisationen selbst, sondern auch der Generation von Parteimitgliedern und Parteilosen in allen anderen Bereichen der sowjetischen Elite – dem Militär, den Wirtschaftsfunktionären, den Kulturschaffenden und schließlich selbst dem NKWD. Das Kriterium dafür war nicht mehr Opposition oder Zweifel, sondern Stalin wandte sich jetzt auch gegen »die Schweigenden«, wie er sie nannte, gegen jeden, der eine eigene Machtbasis, einen eigenen »Familienkreis« aufgebaut hatte oder der auch nur die Spur einer selbständigen Meinung offenbarte. Viele wurden Opfer von Denunziationen, wenn sie nicht von den Einpeitschern der Säuberungen verdächtigt wurden.

In psychologischer Hinsicht verringerten die Säuberungen Stalins allgegenwärtige Furcht vor Verschwörung, Umsturz und Mord; sie stillten seinen Rachedurst, der in diesem Menschen ohne eine Spur von Großmut oder Mitleid ungehemmt wütete. In politischer Hinsicht wurde jedes Andersdenken endgültig zum Schweigen gebracht und der Weg zu einer autokratischen Herrschaftsform bereitet. Dies geschah dadurch, daß die letzten Reste der ursprünglichen Partei der Bolschewiki beseitigt wurden, in denen noch die Erinnerung an die Revolution von 1917 und den Bürgerkrieg vor kaum zwanzig Jahren, an Lenins Führungsstil, an die damals herrschende innerparteiliche Demokratie und die Ideologie des Marxismus-Leninismus lebendig war, die der Partei ihre Identität gab und ihre Mitglieder durch einen gemeinsamen Glauben miteinander verband.

Diese ursprüngliche Partei soll nicht idealisiert werden. Auch die Leiden sollen nicht vergessen werden, die sie dem russischen Volk ohne jedes Mandat außer der Überzeugung von ihrer eigenen Unfehlbarkeit auferlegte. Die Kontinuität wurde rhetorisch gewahrt, indem man die revolutionäre Tradition weiterhin in Anspruch nahm und Stalin als den Erben der Autorität Lenins hinstellte. Dies war von großer Bedeutung, um die radikalen Veränderungen, die Stalin vornahm, zu verhüllen und sich so die Loyalität der kommunistischen Parteien und linken Sympathisanten im Ausland zu erhalten. Aber hinter der Fassade schuf Stalin eine ganz andere Partei als die, in der er zur Macht gelangt war.

Stalin hatte bereits Schritte unternommen, um seine Version zu verbreiten, wie diese Entwicklung sich vollzogen hatte. Unter seiner Leitung war schon 1935 die Arbeit an einer *Geschichte der Kommunistischen Partei der Sowjetunion*, bekannt als *Kurzer Lehrgang*, aufgenommen worden. Stalin war mit dem Ergebnis nicht zufrieden und legte deshalb 1937 Richtlinien für das Buch fest, wie er es sich wünschte. Er unterteilte es in zwölf Kapitel und verwies auf seine eigenen Schriften und Reden als Hauptquelle. Als der Entwurf vorlag, beteiligte sich Stalin aktiv daran, ihn zu redigieren und umzuschreiben. Er fügte von sich aus ein ganzes ideologisches Kapitel hinzu, das er »Dialektischer und Historischer Materialismus« nannte.

In dieser Darstellung erschien Stalin als Führer der Partei gemeinsam mit Lenin seit der Prager Parteikonferenz von 1912. Er setzte sich selbst an Trotzkis Stelle als der Organisator, der die Machtergreifung von 1917 geleitet hatte, und als Stratege des Bürgerkrieges. Stalin und Lenin hatten gemeinsam die Wühltätigkeit Trotzkis, Sinowjews, Bucharins und Rykows vereitelt, die in den Prozessen der späten dreißiger Jahre als »doppelzüngige Feinde der Revolution« von Anfang an entlarvt wurden. Kein Wort von Meinungsverschiedenheiten zwischen Lenin und Stalin. Als Vorsichtsmaßnahme verbot ein Beschluß des Politbüros (der erst 1957 bekannt wurde) die Veröffentlichung jeglicher weiterer Arbeiten oder Erinnerungen Lenins.

Laut *Kurzem Lehrgang* trat Stalin nach Lenins Tod an dessen Stelle als der unumstrittene Führer, der die Industrialisierung und Kollektivierung der Sowjetunion mit starker Unterstützung des Volkes (kein Wort über die Menschenopfer) angesichts der Kollaboration feindlicher ausländischer Mächte mit Spionen und Schädlingen im Lande durchsetzte. Der Sieg des Sozialismus in der Sowjetunion wurde durch die demokratische Verfassung von 1936 bekräftigt und mit der Beseitigung der Feinde der Sowjetmacht, der »Bande von Bucharin und Trotzki« unter dem Beifall des Sowjetvolkes besiegelt.

Stalin achtete darauf, nicht als Verfasser oder Herausgeber des *Kurzen Lehrgangs* zu erscheinen; das Titelblatt weist eine Kommission des Zentralkomitees als Herausgeber aus. Aber er stellte durch einen Beschluß des Zentralkomitees vom November 1938 sicher, daß das Buch jeglicher politischen Erziehung in der Sowjetunion zugrunde gelegt wurde. Diesen Schlüsseltext mußte jeder beherrschen, der einen Platz in der Führung von Partei, Staat und Wirtschaftsleitung anstrebte. Als Stalin starb, war der

Kurze Lehrgang dreihundertmal neu gedruckt worden. Die Gesamtauflage betrug über 42 Millionen Exemplare in 67 Sprachen. Es war die einzige Quelle, aus der die heranwachsende Generation, die nun aufgerufen war, die Führung der Sowjetunion zu übernehmen, das Wissen über ihre Ursprünge und ihre Geschichte schöpfen sollte.

Von 1934 bis 1939 hatten über eine Million Verwaltungsangestellte, Ingenieure, Wirtschaftsleiter, Ökonomen und andere Fachkräfte die Hoch- und Fachschulen absolviert und brannten darauf, die vakanten Stellen zu besetzen. Ihre Stärke lag in ihrer Jugend und in ihrer Übereinstimmung mit dem Vorwärtsdrang der sowjetischen Gesellschaft; ihre Schwäche war ihre Unerfahrenheit. Auf dem Achtzehnten Parteitag verkündete Stalin, daß eine halbe Million Parteimitglieder, die in der Hauptsache aus der neuen Intelligenz kamen, in dieser Zeit in führende Positionen von Partei und Staat eingerückt waren. (Breschnew und Kossygin beendeten ihre Ausbildung 1935. Im Jahre 1939 war ersterer bereits Erster Sekretär eines Regionsparteikomitees und letzterer Volkskommissar für Textilindustrie.) Der Prozeß setzte sich fort: Über 70 Prozent der in den Folgejahren neuaufgenommenen Parteimitglieder hatten denselben sozialen Hintergrund.

Die Delegierten des Achtzehnten Parteitages repräsentierten bereits diese neue in der Sowjetunion ausgebildete Elite. Kaum einer unter ihnen war über fünfzig, mehr als drei Viertel waren unter vierzig und die Hälfte sogar unter fünfunddreißig Jahre alt. Sie kannten keinen anderen Führer als Stalin und als Erwachsene keine andere Welt als das Sowjetregime. Ihr Wissen über dessen frühe Geschichte und die marxistisch-leninistische Ideologie sollte nun einzig und allein aus der Stalinschen Version von beidem geschöpft werden. Ihre Loyalität galt nicht einer vom Führer unabhängigen Partei oder Ideologie. Von ihnen waren kaum Schwierigkeiten zu erwarten. Die Zukunft gehörte ihnen, aber sie wußten, wenn sie Schwierigkeiten machten oder die gesetzten Ziele nicht erreichten, wären sie Denunziation, Absetzung oder Verhaftung ebenso ausgesetzt wie ihre Vorgänger. Der Mechanismus der Säuberungen war nicht abgeschafft, er war lediglich unter Kontrolle gebracht und zu einer alltäglichen Erscheinung geworden.

13. Kapitel

Die Zerstörung der Ordnung von 1918

Hitler und Stalin 1934–1938

Die Jahre 1933 und 1934 markieren in Deutschland wie in der Sowjetunion eine Phase außenpolitischer Neuorientierung, allerdings aus ganz unterschiedlichen Gründen. Hitler war überzeugt, daß Deutschland jedes Kriegsrisiko vermeiden müsse, bis seine militärische Macht wiederhergestellt sei. Aus den Erfahrungen des Frontsoldaten schöpfend, sprach er in bewegenden Worten über die Schrecken des Krieges, und der vermeintliche Friedenswille des neuen Regimes wurde zu einem Hauptmotiv der deutschen Propaganda gegenüber Großbritannien, Frankreich und den kleineren europäischen Ländern. Zur gleichen Zeit trieb Hitler energisch die Wiederbewaffnung Deutschlands voran.

Die Nationalsozialisten in Österreich und Danzig und die deutschen Minderheiten in der Tschechoslowakei und Polen hielt er zunächst davon ab, die Eingliederung ins Reich in aller Öffentlichkeit zu fordern; das würde außenpolitisch nur Unruhe bringen. Statt dessen bemühte er sich nicht ohne Erfolg, ein starkes Deutschland als Beschützer der europäischen Kultur, als Abwehrblock der bolschewistischen Gefahr darzustellen. Als man ihn freilich drängte, sich an der Ausarbeitung einer europäischen Friedensordnung und an Bestandsgarantien für dieselbe zu beteiligen, vermied er jede Einbindung, die seinen Handlungsspielraum hätte einengen können, und fand sich ausschließlich zu bilateralen Abkommen bereit, wie 1934 zum Pakt mit Polen oder 1935 zum englisch-deutschen Flottenabkommen – Verträge, die er über Nacht aufkündigen würde, sobald sie seinen Zwecken nicht mehr dienlich erschienen. Auch Stalin gelangte 1933/34 allmählich zu einer neuen Bewertung der internationalen Lage und der sowjetischen Außenpolitik. Seit langem entsprach es einem kommunistischen Klischee, daß die Sowjetunion von feindseligen kapitalistischen Mächten umlagert sei; tatsächlich aber hatte ihr seit dem Bürgerkrieg und den alliierten Interventionen jener Zeit keine äußere Gefahr mehr gedroht, und bis in die frühen dreißiger Jahre hinein hatte sie sich ohne Störungen oder Beeinträchtigungen entwickeln können. Den USA folgend, die im November 1933 diplomatische Beziehungen zu Moskau aufnahmen, erkannten nun auch alle anderen Großmächte das Sowjetregime als legitime Regierung Rußlands an; man eröffnete Handelsbeziehungen, und die meisten der übrigen Staaten taten desgleichen. Allerdings unterstützte die Sowjetregierung weiter die Kommunistische Internationale, welche die Weltrevolution proklamierte, was einer Normalisierung der Beziehungen zu anderen Staaten naturgemäß im Weg stand. Der Sechste Komintern-Kongreß im Jahr 1928 hatte die Komintern endgültig zu einer weisungsgebundenen Außenstelle der Sowjetmacht degradiert, eine Entwicklung, die ihren deutlichsten Ausdruck darin fand, daß nach und nach sämtliche kommunistischen Parteien der Forderung Stalins Folge leisteten, fortan die sozialdemokratischen und sozialistischen Parteien als ihren vermeintlichen Hauptfeind anzusehen.

Bei alldem ging es Stalin letzten Endes immer darum, seine eigene Revolution in Rußland zum Erfolg zu führen. Die Sowjetunion mußte in die Lage versetzt werden, sich selbst zu verteidigen; demgemäß lag der Schwerpunkt des Stalinschen Industrialisierungsprogramms auf dem Aufbau einer leistungsfähigen Rüstungsindustrie. Sein politisches Ziel war deshalb in erster Linie die Vermeidung eines Krieges, und hier kündigten sich eigentlich erst in den Jahren 1931/32 ernsthafte Probleme an.

Welch relativ geringe Bedeutung Stalin der Außenpolitik zunächst beimaß, geht aus der Tatsache hervor, daß weder Tschitscherin noch Litwinow, der ihn 1930 als Volkskommissar für Auswärtige Angelegenheiten ablöste, dem Politbüro angehörten; beide waren lediglich ZK-Mitglieder. Daß Litwinow sich als sowjetischer Außenminister im Verlauf der dreißiger Jahre im Ausland einen guten Ruf erwarb, wußte Stalin durchaus zu schätzen, aber Litwinow bestimmte nicht die sowjetische Politik; er war und blieb der offizielle Vermittler von Standpunkten und Beschlüssen, auf die Einfluß zu nehmen er zwar versuchen konnte, die aber letztlich vom Politbüro festgelegt wurden. Wenn im Politbüro außenpolitische Fragen erörtert wurden, war Litwinow gewöhnlich dabei. Doch Stalin verfügte neben dem Außenministerium noch über andere Informationsquellen – das NKWD beispielsweise – und konnte sich zu jeder Zeit und an jedem Punkt einschalten. Wenn er es tat, gab sein Machtwort den Ausschlag.

Gegenüber der aufsteigenden aggressiven Militärmacht Japan im Osten bediente sich die Sowjetunion derselben Taktiken wie später in Europa. Nachdem die Japaner 1931 die Mandschurei besetzt hatten, boten die Sowjets ihnen zunächst einen Nichtangriffspakt an und blieben auch weiterhin, bis 1941, bei einer Politik des *appeasement*, die unter anderem den Verkauf der chinesischen Eisenbahnlinien im Osten an Japan beinhaltete. Zugleich aber verstärkten sie systematisch ihre Fernost-Armee unter Marschall Blücher und ließen es im Verlauf der dreißiger Jahre etliche Male zu Grenzzwischenfällen kommen (in die oft große Truppenteile verwickelt waren), um den Japanern deutlich zu machen, daß ein Feldzug zur Eroberung des sowjetischen Fernen Ostens sie teurer zu stehen kommen würde als eine weitere Expansion auf Kosten Chinas.

Dazu kam als drittes 1932 der Versuch, über die chinesischen Kommunisten Druck auf den Führer der chinesischen Nationalisten, Tschiang Kaischek, auszuüben. Um den Japanern entgegenzuwirken, sollte er in eine Wiederaufnahme der 1928 abgebrochenen Beziehungen zur Sowjetunion einwilligen. Stalin hoffte, auf diese Weise eine gegen die Sowjetunion gerichtete Verständigung zwischen China und Japan hintertreiben zu können.

Schwerer fiel der sowjetischen Führung die Einschätzung, wie ernst die

Kriegsgefahr in Europa sei und wie man ihr begegnen solle. Von Großbritannien und Frankreich schien, obgleich die Russen beide als kapitalistische Mächte zu ihren »natürlichen« Feinden zählten, keine unmittelbare Bedrohung auszugehen, ebensowenig von Deutschland, dem die Wirtschaftskrise schlimmer mitgespielt hatte als irgendeinem anderen Land. Gewiß hatte man in Moskau nicht vergessen, wieviel russisches Territorium die Deutschen im Ersten Weltkrieg besetzt und sich in dem für die Sowjets demütigenden Friedensvertrag von Brest-Litowsk zu sichern versucht hatten, doch wurden alle Befürchtungen dadurch aufgewogen, daß Deutschland entwaffnet war und daß die ganzen zwanziger Jahre hindurch eine freundschaftliche Zusammenarbeit zwischen beiden Ländern auf militärischem und wirtschaftlichem Gebiet stattgefunden hatte.

In den Augen der Sowjets war der Aufstieg des Nationalsozialismus in Deutschland, der mit einer stetigen Zunahme des kommunistischen Wählerpotentials einherging, ein Indiz dafür, daß in Deutschland die kapitalistische Demokratie vor dem Zusammenbruch stand. Hitler erschien aus marxistischer Perspektive als Marionette von Bankiers und Großindustriellen und wurde dementsprechend vorerst nicht ernstgenommen. Nach offizieller sowjetischer Lesart galt jede von Hitler geführte Regierung als ein Provisorium auf Abruf, das der deutschen Arbeiterklasse die einzigartige Chance zur Übernahme der Macht eröffnen würde – selbstverständlich unter Führung der Kommunistischen Partei. Auch nachdem sich dies als Fehleinschätzung erwiesen hatte, rechneten die Russen damit, daß es Jahre dauern würde, bis die deutsche Wiederaufrüstung so weit fortgeschritten sei, daß im Ernst mit der Gefahr eines deutschen Angriffs gerechnet werden müsse.

Trotz der Heftigkeit, mit der Hitler den Kommunismus attackierte, und obwohl sowjetische Staatsbürger in Deutschland gelegentlich unsanft behandelt wurden, ließ Stalin sich im Bemühen um die Fortsetzung freundschaftlicher Beziehungen zwischen den beiden Staaten nicht beirren, ein Anliegen, mit dem er bei den deutschen Militärs und beim Auswärtigen Amt durchaus auf Gegenliebe stieß. Im Mai 1933, als die Verwundbarkeit Deutschlands und die Möglichkeit, es könne in die Isolation geraten, Hitler noch Kopfzerbrechen bereiteten, sicherten die Russen sich seine Zustimmung zur (bereits seit 1931 anstehenden) Verlängerung des Berliner Freundschafts- und Neutralitätsabkommens, das ursprünglich 1926 geschlossen worden war. Und selbst als die deutsche Seite im Lauf des Jahres 1933 die langjährige Zusammenarbeit zwischen Reichswehr und Roter Armee auslaufen ließ – unter Beteuerungen gegenseitiger Hochachtung –, gab Stalin ausdrücklich zu Protokoll, er sehe nicht ein, weshalb der Umstand, daß in Deutschland eine faschistische Regierung amtiere, beide Länder an der Aufrechterhaltung freundschaftlicher Beziehungen und Handelsverbindungen hindern solle. Ebensowenig sei dies ja auch im Verhältnis zum faschistischen Italien der Fall.

Hellsichtig zeichnet die New Yorker Zeitung »The Nation« schon am 5. April 1933 den neuernannten Reichskanzler als Sensenmann. Hitler ist noch so unbekannt, daß man auf seinem Koppel für amerikanische Leser seinen Namen vermerken muß, aber der Karikaturist präsentiert das Massengrab, auf das alles hinausläuft.

In Berlin und namentlich im Auswärtigen Amt bestand seit jeher eine scharfe Rivalität zwischen den sogenannten Ostlern, die in Übereinstimmung mit der Reichswehrführung in einer Partnerschaft mit den Russen eine bedeutsame Trumpfkarte für die revisionistischen Ziele Deutschlands erkannten, und den Westlern, die eine Zusammenarbeit mit den Westmächten für die deutschen Interessen als förderlicher ansahen. Die Botschafter, die Deutschland in den Weimarer Jahren in Moskau vertraten – von Brockdorff-Rantzau, danach Herbert von Dirksen –, waren überzeugte Ostler, und diese Tradition wurde nach Hitlers Machtergreifung zunächst einmal weitergeführt. Rudolf Nadolny, der im November 1933 als Botschafter nach Moskau geschickt wurde, war ein Zögling von Brockdorff-Rantzau. Sein Nachfolger, der von 1934 bis 1941 amtierende Graf von der Schulenburg, wirkte an der Aushandlung des Hitler-Stalin-Pakts von 1939 mit.

Hitler hingegen verhielt sich der Sowjetunion gegenüber zwar keineswegs unfreundlich, aber doch unverbindlich. Bevor nicht Deutschlands militärische Stärke wiederhergestellt war, sah er keinen Grund für einen offenen Bruch mit Rußland, ebensowenig aber auch für ein allzu enges Verhältnis. Die Beziehungen blieben korrekt, doch die Bemühungen der deutschen Diplomatie, sie zu verbessern, liefen ebenso ins Leere wie die Sondierungen, die Stalin von Moskau aus unternahm. Es gab durchaus einen wirtschaftlichen Austausch zwischen beiden Ländern, aber in weitaus unregelmäßigerer Weise und auf sehr viel niedrigerem Niveau als in der Weimarer Periode.

Stalin verlor die Möglichkeit eines Übereinkommens mit Deutschland nie aus den Augen. Er versprach sich viel davon, zumal er damit die Vorstellung verband, Hitler werde so vielleicht mit den Westmächten über Kreuz geraten. Aus diesem Grund registrierten deutsche Stellen in Berlin und die deutsche Botschaft in Moskau auch weiterhin sowjetische Avancen. Gleichwohl, aller Geduld und Beharrlichkeit zum Trotz, setzte Stalin nicht allzu große Hoffnungen auf diesen Kurs. Er sorgte dafür, daß die sowjetischen Streitkräfte in erheblichem Maß vergrößert und aufgerüstet wurden. 1933 gab der Sowjetstaat 1,4 Milliarden Rubel für die Rote Armee und die Marine aus, 1934 bereits 5 Millionen Rubel. 1934/35 erlebte die Rote Armee eine Periode ungestörter Modernisierung und Reformierung unter Führung Tuchatschewskis. Einer der Schritte, zu denen die sowjetische Militärführung sich danach entschloß, war die völlige organisatorische Trennung der fernöstlichen von der westlichen Front; die an diesen beiden Fronten stationierten Truppen sollten künftig unabhängig voneinander agieren können.

Zugleich ging die Suche nach diplomatischen Möglichkeiten der Kriegsverhinderung weiter. Wie sehr Rußland daran lag, wurde erstmals in einer Rede deutlich, die Litwinow Ende 1933 vor der Zentralen Exekutive des Sowjetkongresses hielt: »Wenn es möglich ist, diplomatische Epochen zu unterscheiden«, erklärte er, »dann stehen wir heute zweifellos am Schnittpunkt zweier Epochen.« Gerade erlebe man den Beginn einer neuen Periode imperialistischer Kriege. Litwinow verwies darauf, daß Hitler in *Mein Kampf* die Absicht verkündet habe, »mit Feuer und Schwert eine Bresche für eine Expansion nach Osten zu schlagen ... und die sowjetischen Völker zu versklaven«. Er halte zwar nach wie vor an der Hoffnung auf eine Verbesserung der sowjetisch-deutschen Beziehungen fest, doch werde die Sowjetunion künftig besonders großen Wert auf enge Beziehungen zu solchen Staaten legen, »die, wie wir, Zeichen für ihren ehrlichen Wunsch nach Bewahrung des Friedens setzen und bereit sind, denjenigen zu widerstehen, die den Frieden brechen«.[1]

Diese Rede Litwinows war das Signal zu einem radikalen außenpolitischen Kurswechsel der Sowjetunion, der sich zunächst in ihrem Beitritt zum Völkerbund im September 1934 dokumentierte, den Moskau kurz zuvor noch als »Räuberbande« verunglimpft hatte. In den folgenden vier Jahren verschrieb sich Moskau einer Politik der kollektiven Sicherheit. Maßgeblicher Befürworter und zugleich Symbolfigur dieses Kurses war Maxim Litwinow selber, ein mit einer Britin verheirateter Altbolschewist, der angesichts seiner jüdischen Abstammung nur ein Gegner der Nationalsozialisten sein konnte und für Stalin in Genf nützlich genug war, um die Säuberungen zu überleben. Nach Hitlers Überfall auf die Sowjetunion feierte er ein politisches Comeback.

Als Bündnispartner kam für die Sowjetunion in erster Linie Frankreich in Frage, mit dem vor dem Ersten Weltkrieg schon das zaristische Rußland verbündet gewesen war. Nach dem deutschen Austritt aus dem Völkerbund im Oktober 1933 und Hitlers Nichtangriffspakt mit Polen ging der französische Außenminister Louis Barthou, der *Mein Kampf* gelesen hatte, energisch daran, das französische Bündnissystem wiederzubeleben. Er und Litwinow einigten sich in Gesprächen, die sie im Lauf des Sommers 1934 in Genf führten, auf die Vorbereitung zweier neuer Abkommen.

Im Vertrag von Locarno, von Stresemann im Sinne der von Hitler so geschmähten »Erfüllungspolitik« ausgehandelt, hatte Deutschland Frankreich und Belgien die Anerkennung der deutschen Westgrenze gemäß dem Versailler Vertrag garantiert, und zwar unter Einschluß des entmilitarisierten Status des Rheinlands. Auch Großbritannien und Italien hatten sich als weitere Garantiemächte dem Abkommen angeschlossen. Die Deutschen hatten sich jedoch geweigert, in einem entsprechenden Vertrag auch den bestehenden Grenzverlauf im Osten anzuerkennen. Das erste der beiden von Barthou und Litwinow angestrebten Vertragsprojekte war deshalb so etwas wie ein »Locarno des Ostens«, ein wechselseitiger Beistandspakt unter Einschluß der UdSSR, Deutschlands, der baltischen Staaten, Polens und der Tschechoslowakei. Rußland würde in den Völkerbund eintreten, und beide, Deutschland und die UdSSR, würden Beistandsgarantien für den Fall erhalten, daß sie von irgendeinem Nachbarland angegriffen würden. Auch Deutschland sollte im Zuge dieser Regelung womöglich in den Völkerbund zurückkehren und von Frankreich das Recht auf Wiederbewaffnung zuerkannt bekommen. Dafür würden alle Vertragspartner ausdrücklich den Verzicht auf aggressive Schritte in Osteuropa erklären, in Anerkennung der Tatsache, daß sie bei jedem solchen Schritt einer einmütigen und kampfbereiten Koalition gegenüberstehen würden. Das zweite Vertragsprojekt war ein französisch-sowjetisches Separatabkommen, in dem Frankreich sich verpflichten wollte, der Sowjetunion gegen jeden Angriff seitens eines Unterzeichnerstaats des vorgenannten Pakts zu Hilfe zu kommen. Rußland würde dafür nachträglich sämtliche Pflichten einer Signatarmacht des ursprünglichen Locarno-Vertrages übernehmen.

Aus der Sicht Stalins hätten die beiden Verträge der Sowjetunion alles gebracht, was sie sich wünschen konnte: die Rückkehr auf die Bühne der europäischen Politik und damit das Ende der Isolationsgefahr, Garantien gegen eine militärische Aggression Deutschlands oder Polens (die gleichzeitig durch entsprechende Garantien vor einem sowjetischen Angriff geschützt sein würden). Aus der Sicht Hitlers hingegen waren die Verträge das letzte, was Deutschland brauchte; hätten sie doch bedeutet, daß er sich von seinem langfristigen Ziel, der Eroberung von Lebensraum im Osten Europas, hätte verabschieden müssen, ganz abgesehen davon, daß er multilaterale Abkommen, die seine Handlungsfreiheit einengten, grundsätzlich mied. Sowohl Deutschland als auch Polen lehnten daher noch im selben Monat, in dem die Sowjetunion dem Völkerbund beitrat, den sowjetisch-französischen Vorstoß ab. Das war im September 1934.

Barthou hatte von Deutschland offenbar nichts anderes erwartet. Er hatte dem französischen Kabinett schon vorher erklärt, er werde beide Abkommen selbst dann weiter vorantreiben, wenn Hitler sich der Sache verschloß. Doch dann kam Barthou im Oktober 1934 ums Leben, als ein kroatischer Terrorist auf den jugoslawischen König Alexander, der zu einem Staatsbesuch in Paris weilte, einen Mordanschlag verübte. Sein Nachfolger im Amt des französischen Außenministers wurde Pierre Laval, der zuvor als einziges Kabinettsmitglied gegen die Pläne Barthous opponiert hatte.

Laval sagte sich nicht offen von Barthous östlichen Paktplänen los, stellte sie aber im Grunde auf den Kopf. Statt auf eine Politik der Eindämmung Deutschlands zu setzen, wie Barthou es vorgehabt hatte, strebte Laval eine dauerhafte französisch-deutsche Verständigung an. Die Deutschen ließen ihm jede Ermunterung zuteil werden, ohne sich zu irgend etwas zu verpflichten, und sahen mit Befriedigung zu, wie das Projekt Barthous sich in unverbindlichen Erörterungen über ein allgemeines europäisches Vertragswerk verlor, während die deutsche Wiederaufrüstung zügig voranschritt. Wie falsch die Voraussetzungen waren, von denen die Appeasement-Politik ausging, verdeutlicht eine Volksabstimmung im Saargebiet vom Januar 1935, bei der die Saarländer die Wahl hatten zwischen dem Anschluß an Deutschland, dem Anschluß an Frankreich und einem Verbleiben unter dem Mandat des Völkerbunds. Während Hitler alle Kräfte auf einen grandiosen Abstimmungserfolg richtete, um das Saarland für Deutschland zurückzugewinnen, tat Laval, was er konnte, um jede Konfrontation zu vermeiden. Er hoffte, ein klares Votum für Deutschland werde den Weg zu besseren Beziehungen zwischen Deutschland und Frankreich ebnen.

Je mehr Klarheit Hitler über die Haltung der französischen und der britischen Regierung gewann, desto größer wurde seine Gewißheit, sie würden, falls er einen kühneren Kurs einschlüge, zwar protestieren, aber sich ihm vermutlich nicht in den Weg stellen. Schon vor der Saar-Abstimmung hatte er einer Ministerrunde erklärt:»Die Franzosen hätten die Gelegenheit zu einem Präventivkrieg endgültig verpaßt. Daraus seien auch die Annäherungsbestrebungen von französischer Seite zu erklären.«[2]

Die Aufnahme zeigt die gleichsam elektrisierte Spannung während des Wahlkampfes über die Rückkehr des Saarlandes nach Deutschland. Längst stand das Ergebnis fest, und niemand innerhalb und außerhalb des Reiches bezweifelte, daß sich die Bevölkerung mit überwältigender Mehrheit für das Reich entscheiden werde. Aber Hitler erhob die Abstimmung zu einem Volksentscheid über das Dritte Reich, und vielleicht war es diese Besessenheit, die aus dem Sieg einen Triumph machte.

Im Januar 1935 bekräftigte Hitler angesichts weiterer britischer und französischer Annäherungsversuche seine Strategie: Verhandlungen vielleicht, aber keine Abkommen, die in irgendeiner Weise die deutsche Wiederaufrüstung behindern oder Deutschland in ein gemeinsames Sicherheitssystem einbinden würden. Verhandlungen würden einfach dazu dienen, Deutschland die Zeit zu verschaffen, die es für seine Wiederbewaffnung brauche. Zu diesem Zeitpunkt beschäftigte Hitler bereits die Frage, ob er nicht noch einen Schritt weiter gehen und selber die Initiative ergreifen solle.

Als sich neunzig Prozent der Bevölkerung des Saarlands für die Wiedervereinigung mit dem Deutschen Reich aussprachen, machten die Nationalsozialisten daraus eine Art Paradebeispiel für die gelungene Abschüttelung einer der Fesseln von Versailles. Im Anschluß daran kündigte Hitler ein weiteres Verbot auf, das dem besiegten Deutschland auferlegt worden war, und zwar ein ungleich gewichtigeres: Am 9. März 1935 gab Berlin bekannt, Deutschland verfüge bereits über eine Luftwaffe; eine Woche später – die Pause diente dazu, die Reaktion des Auslands abzuwarten – folgte die Information, die deutsche Regierung plane die Wiedereinführung der allgemeinen Wehrpflicht und die Aufstellung einer Wehrmacht mit einer Friedensstärke von 36 Divisionen und 550 000 Mann.

Der offene Bruch mit dem verhaßten Versailler Vertrag, den man passenderweise so angesetzt hatte, daß er mit dem Heldengedenktag zusammenfiel, löste einen Ausbruch patriotischer Begeisterung aus. Das war nur selbstverständlich; aber wie würden Briten und Franzosen reagieren? Die Briten legten einen feierlichen Protest ein – und ließen dann bei Hitler anfragen, ob er noch bereit sei, den britischen Außenminister Sir John Simon zu empfangen. Die Franzosen appellierten an den Völkerbund und beriefen eine Konferenz der Unterzeichnerstaaten des Locarno-Pakts ein. Vertreter Großbritanniens, Italiens und Frankreichs trafen sich in Stresa und sprachen über die Möglichkeiten der Aussöhnung und über die Notwendigkeit, Spannungen zu entschärfen. Das war nicht die Sprache von Regierungen, die vorhatten, ihren Protesten Taten folgen zu lassen.

Als dann der britische Außenminister in Begleitung Anthony Edens in Berlin eintraf – das allein war ein Triumph für die Diplomatie Hitlers –, wurde er freundlich empfangen, traf aber auf einen Reichskanzler, der beharrlich erklärte, er werde nie einen Beistandspakt unterschreiben, in den die Sowjetunion einbezogen wäre – ein geschicktes Ausspielen der antikommunistischen Karte, um dem Hauptthema auszuweichen. Deutschland erweise Europa einen großen Dienst, erklärte Hitler, indem es sich bewaffne, um der kommunistischen Bedrohung trotzen zu können.

Nachdem die drei Signatarmächte des Locarno-Paktes in Stresa getagt, das deutsche Vorgehen pflichtschuldig verurteilt, ein Bekenntnis zum Locarno-Vertrag abgelegt und ihre Forderung nach dem Fortbestand der österreichischen Selbständigkeit bekräftigt hatten, veranlaßten sie anschließend eine Sitzung des Rates des Völkerbunds (in dem die UdSSR jetzt über einen Sitz verfügte). Dieser setzte einen Ausschuß ein und beauftragte ihn mit der Prüfung, welche Maßnahmen ergriffen werden konnten, falls *wieder einmal ein Staat* durch einseitige Pflichtverletzungen den Frieden gefährden sollte. Das einzige, was von Barthous großem Plan schließlich übrig blieb, war, daß Laval sich am 2. Mai, dem Tag, an dem er das Amt des französischen Premierministers übernahm, widerstrebend zur Unterzeichnung eines französisch-sowjetischen Beistandsabkommens herbeiließ.

Aber auch wenn die sogenannte Stresa-Front nur auf dem Papier bestand, mußte Hitler die Möglichkeit in Betracht ziehen, daß eine einstimmige Verurteilung durch den Völkerbund Deutschland isolieren würde. Am 21. Mai, dem Tag, an dem er das neue Wehrgesetz unterzeichnete, das ihm als oberstem Befehlshaber der Wehrmacht die Befugnis verlieh, den Krieg zu erklären und die Mobilmachung anzuordnen, hielt er im Reichstag eine Rede und stellte darin überzeugend wie selten die Fähigkeit unter Beweis, seine willkürlichen einseitigen Handlungen mit einem intuitiven Verständnis für die Friedenssehnsucht der westlichen Demokratien zu verbinden. Es war dasselbe Geschick, mit dem er auch mit den Illusionen der Deutschen sein Spiel getrieben hatte.

»Das Blut, das auf dem europäischen Kontinent seit 300 Jahren vergos-

Die Abstimmung im Saargebiet hatte einen in dieser Höhe nicht erwarteten Sieg gebracht. Jeder wußte 1935, was die Herrschaft des Dritten Reiches bedeuten würde, und sowohl die französische Schutzmacht als auch die deutschen Emigranten waren nicht müde geworden, ein ungeschminktes Bild der Herrschaft der NSDAP zu zeichnen. Gleichwohl entschieden sich 90 Prozent für Deutschland, und Hitler hatte nicht unrecht, als er nach der Abstimmung in Saarbrücken, einem Imperator gleich, den Vorbeimarsch der saarländischen Parteiarmee abnahm. Das war der erste jener spektakulären Einmärsche, die sich in den nächsten Jahren häufen sollten.

sen wurde«, so erklärte er, »steht außer jedem Verhältnis zu dem volklichen Resultat der Ereignisse. Frankreich ist am Ende Frankreich geblieben, Deutschland Deutschland, Polen Polen, Italien Italien usw. Was dynastischer Egoismus, politische Leidenschaft und patriotische Verblendung an scheinbaren tiefgreifenden staatspolitischen Veränderungen unter Strömen von Blut erreicht haben, hat in nationaler Beziehung stets nur die Oberfläche der Völker geritzt ... Jeder Krieg verzehrt zunächst die Auslese der Besten ... Deutschland braucht den Frieden und will den Frieden. Wenn ich nun aus dem Munde eines englischen Staatsmannes höre, daß solche Versicherungen nichts sind und nur in der Unterschrift unter kollektive Verträge die Gewähr der Aufrichtigkeit liegt, so bitte ich Minister Eden, dabei bedenken zu wollen, daß es sich in jedem Fall um eine ›Versicherung‹ handelt. Es ist manchesmal viel leichter, einen Namen unter Verträge zu setzen mit dem inneren Vorbehalt einer letzten Nachprüfung seiner Haltung in der entscheidenden Stunde, als angesichts einer ganzen Nation in voller Öffentlichkeit sich zu einer Politik zu bekennen, die dem Frieden dient, weil sie die Voraussetzungen für den Krieg ablehnt.«[3]

Die Politik der kollektiven Sicherheit sei, so betonte Hitler, eine Idee Wilsons gewesen, aber in Deutschland habe man infolge der Behandlung, die man nach dem Krieg erfahren habe, den Glauben an Wilsonsche Ideen verloren. Man habe Deutschland die Gleichberechtigung verweigert, habe es als ein Land mit Rechten zweiter Klasse behandelt und es gewissermaßen gezwungen, sich wieder zu bewaffnen, da die anderen Mächte ihre Abrüstungsversprechen nicht eingehalten hätten. Trotz alledem sei Deutschland nach wie vor zu einem gemeinschaftlichen Bemühen um Sicherheit bereit. Multilaterale Verträge lehne man jedoch ab, da sie eher ein Mittel seien, den Krieg zu verallgemeinern, als ihn zu begrenzen; zumal in Gestalt des bolschewistischen Rußlands ein Staat existiere, der sich die Unterjochung Europas auf die Fahnen geschrieben habe und mit dem ein nationalsozialistisches Deutschland nie gut Freund sein werde. Anstelle multilateraler Verträge biete Deutschland allen seinen Nachbarn zweiseitige Nichtangriffspakte an. Die Verbesserung des Verhältnisses zu Polen, die sich nach dem Abschluß des gegenseitigen Beistandsvertrags ergeben habe, zeige, welchen Beitrag zur Erhaltung des Friedens solche Abkommen leisten könnten.

Hitler unterstrich sein Angebot mit einer höchst überzeugend wirkenden Geste guten Willens. Daß Deutschland die Entwaffnungsbestimmungen des Versailler Vertrages aufgekündigt habe, schließe keineswegs aus, daß es die übrigen Vertragsartikel nicht auch weiterhin peinlich genau einhalte – Hitler nannte an dieser Stelle ausdrücklich auch den entmilitarisierten Status des Rheinlands – und seinen Verpflichtungen aus dem Vertrag von Locarno nachkomme. Man habe nicht die Absicht, Österreich zu annektieren, und sei bereit, den Locarno-Vertrag um ein Abkommen zum Schutz vor Luftangriffen zu erweitern, wie die Briten und Franzosen es vorgeschlagen hätten. Besonders betonte Hitler sein Einverständnis, die deutsche Flottenstärke auf 35 Prozent der britischen zu begrenzen. Außerdem sei Deutschland bereit, einer allgemeinen Übereinkunft zur Abschaffung schwerer Waffensysteme beizutreten – etwa der schwersten Panzer- und Artilleriewaffen – und Giftgas im Rahmen einer internationalen Konvention zu ächten. Ferner sei man mit generellen Rüstungsbegrenzungsklauseln einverstanden, vorausgesetzt, sie würden auch von den anderen Mächten verbindlich anerkannt.

Das war es, was Hitler gemeint hatte, als er nach dem Austritt aus dem Völkerbund Rauschning erklärt hatte, er werde jetzt mehr denn je die Sprache Genfs sprechen. »Und meine Parteigenossen«, hatte er hinzugefügt, »werden genau wissen, was sie davon zu halten haben, wenn ich vom Weltfrieden, von Abrüstung und Sicherheitspakt spreche.«[4]

Selbst Hitler durfte kaum damit rechnen, innerhalb von nur drei Wochen eine definitive Antwort auf seinen Vorstoß zu erhalten. In *Mein Kampf* hatte er die Bedeutung der deutsch-britischen Allianz ausdrücklich hervorgehoben. Während die Zukunft Deutschlands im Osten und auf dem Festland liege, sei Großbritannien eine Kolonial-, Handels- und Seemacht ohne besondere Interessen auf dem europäischen Kontinent und damit für Deutschland der naturgegebene Bundesgenosse. Es sei der schwerste Fehler des Wilhelminischen Deutschland gewesen, dies nicht erkannt zu haben und gleichzeitig in Gegensatz zu Rußland und England geraten zu sein.

Hitler hatte schon im November 1934 mit Admiral Raeder vereinbart, beim deutschen Kriegsschiffbau bis an die Grenzen der deutschen Werftkapazitäten und Rohstoffressourcen zu gehen. Bei der Flottenrüstung mußten freilich noch längere Zeiträume veranschlagt werden als beim Ausbau der Landstreitkräfte, und Hitler sah einen wohlfeilen Vorteil darin, den Engländern eine vorläufige Obergrenze der deutschen Flottenstärke anzubieten– willkürlich auf ein Drittel der britischen festgesetzt –, die für die Deutschen im Lauf der nächsten Jahre ohnehin nicht erreichbar sein würde. Man würde sich dafür britisches Wohlwollen einhandeln. Die Deutschen übermittelten den Briten ihr Interesse an einem solchen Flottenabkommen im November 1934 und brachten den Punkt beim Berlin-Besuch Simons und Edens im März 1935 erneut zur Sprache. Hitler hob hervor, daß die Anerkennung der britischen Seeherrschaft ein großes Zugeständnis von deutscher Seite sei, und gab dem ehrgeizigen Ribbentrop Ende März 1935 die Gelegenheit, in London ein Abkommen auszuhandeln, falls die Briten auf die deutschen Angebote eingingen.

Unbeirrt davon, daß die britische Regierung erst kurz zuvor gemeinsam mit der französischen und der italienischen die Wiederaufrüstung Deutschlands verurteilt hatte, und ohne einem dieser Partner irgend etwas von den deutschen Vorschlägen zu sagen, erklärte sich das britische Kabinett bereit, Ribbentrop am 4. Juni zu empfangen. Am Abend des folgenden Tages hatten die Briten nicht nur der geplanten deutschen Flottenrüstung im wesentlichen zugestimmt, sondern auch die von der deutschen Seite vorgeschlagene Quote von 35 Prozent der britischen Flottenstärke akzeptiert, deren Anerkennung Ribbentrop zunächst gefordert hatte, als Vorbedingung für die Erörterung jeglicher weiterer Details. Damit nicht genug, gestanden die Engländer den Deutschen auch noch 45 Prozent der britischen U-Boot-Kapazität zu – immerhin war dies die Waffe, die ihnen 1917 beinahe zum Verhängnis geworden wäre –, eine Quote, die die Deutschen später mit britischer Zustimmung auf 100 Prozent erhöhen durften. Die Folge davon war, daß das Abkommen zu dem Zeitpunkt, da die Deutschen die 100-Prozent-Schwelle erreichten (was schon 1938 der Fall war), sich rückwirkend selbst *ad absurdum* führte.

Erst als dieser Triumph für Hitlers bilaterale Diplomatie ein *fait accompli* war, unterrichteten die Briten andere interessierte Mächte darüber. Die Franzosen zeigten sich wütend und verbittert über das Verhalten ihres ehemaligen Kriegsalliierten, das sie zurecht als einen Vertrauensbruch bewerteten, nachdem sie sich alle Mühe gegeben hatten, im diplomatischen Umgang mit Deutschland ein einheitliches Vorgehen herbeizuführen. Die Stresa-Front war zerbröckelt, Mussolini und Hitler konnten sich in ihrer Diagnose der Schwäche Großbritanniens bestätigt sehen, und zwischen Frankreich und England traten Unstimmigkeiten auf. Kurz darauf wurden beide schon wieder auf eine neue Probe gestellt: durch Mussolinis Eroberungspläne in Afrika.

Auf der Konferenz von Stresa hatten die Briten das Thema Äthiopien bewußt ausgeklammert, um die Einheitsfront gegen Deutschland nicht zu gefährden. Selbst als Mussolini in die Formulierung über die Wahrung des Friedens den einschränkenden Zusatz »in Europa« einfügte, erntete er keinen Widerspruch, und es scheint, als habe der italienische Führer dies als stillschweigende Billigung seiner Pläne empfunden. Laval war eher bereit, sich mit den Afrika-Ambitionen Mussolinis abzufinden, als die Zusammenarbeit mit Italien bei den Vertragsverhandlungen mit Deutschland und bei der Sicherung der Selbständigkeit Österreichs zu gefährden; ein Hilferuf, den die äthiopische Regierung im März 1935 an den Völkerbund gerichtet hatte, war bislang mit großer Diskretion behandelt worden. Ein großer Teil der öffentlichen Meinung in Großbritannien forderte, mit Widerstand gegen Mussolini müsse die Politik der kollektiven Sicherheit ihren Tauglichkeitsbeweis antreten, und als der Völkerbund im September zusammentrat, versetzte die britische Regierung den Duce in Wut und die Welt ein zweites Mal binnen vier Monaten in Erstaunen, indem sie sich als Vorreiterin für die Forderung nach Sanktionen gegen Italien betätigte.

Das britische Vorgehen wäre unter einer Voraussetzung zu rechtfertigen gewesen: wenn London bereit gewesen wäre, Sanktionen bis hin zum Einsatz militärischer Machtmittel zu unterstützen und so die Politik der kollektiven Sicherheit zu einem glaubwürdigen Abschreckungswerkzeug gegen jedweden Aggressor zu machen, heiße er Mussolini oder Hitler. Der Ausbruch der Kampfhandlungen zwischen Italien und Äthiopien im Oktober stellte die britische Glaubwürdigkeit auf die Probe – und die Regierung Baldwin brachte es in der Tat fertig, in jeder Beziehung die denkbar schlechteste Figur zu machen. Zunächst machte sie sich, indem sie Sanktionen forderte und durchsetzte, Mussolini zum Feind und begrub alle Chancen für eine Einheitsfront gegen die aggressive deutsche Politik. Dann, als Mussolini seine große Stunde gekommen wähnte, versäumte sie es, die verhängten Sanktionen auch zur Wirkung zu bringen, und versetzte damit dem Prinzip der kollektiven Sicherheit, der Autorität des Völkerbunds und allen darauf gesetzten Hoffnungen einen tödlichen Schlag.

Hitler, der sich während der gesamten Dauer der äthiopischen Krise einer strikten Neutralitätspolitik befleißigte, erkannte rasch, welche Vorteile er aus der Situation ziehen konnte. Jetzt, da das Augenmerk der Westmächte und Italiens dem Geschehen in Afrika und im Mittelmeerraum galt, trat die deutsche Wiederaufrüstung in den Hintergrund des Interesses, und die diversen Vorstöße in Richtung auf ein multilaterales Vertragswerk schwanden dahin, ohne daß Deutschland dem hätte nachhelfen müssen. Falls Italien die Kraftprobe verlor, würde dies zwangsläufig seiner Fähigkeit Abbruch tun, Widerstand gegen die deutschen Ambitionen in Mittel- und Südosteuropa – vor allem gegen eine Annektierung Österreichs – zu leisten. Falls Italien jedoch obsiegte, würde dies den Glaubwürdigkeitsverlust des Völkerbunds beschleunigen und auch den Glauben daran unterminieren, daß Frankreich und Großbritannien entschlossen waren, sich weiterer Aggressionen zu erwehren. Hitlers einzige Sorge war, die Westmächte würden den Konflikt durch einen Kompromiß in der Art des Hoare-Laval-Abkommens beilegen. (Nach einem Aufruf zu geschlossenen Vorgehen gegen die italienische Aggression hatte der britische Außenminister Sir Samuel Hoare mit Laval einen geheimen Vermittlungsplan ausgehandelt, der darauf hinauslief, daß Mussolini einen großen Teil des von italienischen Truppen besetzten äthiopischen Territoriums hätte behalten dürfen. Als der Plan an die Presse durchsickerte, löste er einen Aufschrei aus, der die beiden Staatsmänner im Dezember 1935 zum Rücktritt zwang.) Am Ende trug Mussolini den Sieg davon, stand aber isoliert da; er grollte den Westmächten und zeigte sich erstmals bereit, deutschen Bündnisangeboten Gehör zu schenken.

Hitler hatte in *Mein Kampf* Italien und Großbritannien als die beiden Länder bezeichnet, die Deutschland sich als Bündnispartner sichern müsse, um den Rücken für die Eroberung neuen Lebensraums frei zu haben. Mussolinis Garantien für die Unabhängigkeit Österreichs und sein Ehrgeiz, in Südosteuropa eine italienische Einflußsphäre aufzubauen, hatten diesem Konzept bis dahin im Weg gestanden. Wie Mussolini später eingestehen sollte, wurde in jenem Herbst 1935, als die Äthiopienkrise auf ihrem Höhepunkt war, die Idee einer Achse Rom-Berlin geboren.

Mit ihrem Beitritt zum Völkerbund beendete die UdSSR die Phase ihrer Isolation, die angedauert hatte, seit die Bolschewisten 1917 die Macht übernommen und die Geheimverträge zwischen der zaristischen Regierung und den Westalliierten veröffentlicht hatten. Erst nach einiger Zeit hatten die Sowjetführer sich auf jene weltpolitischen Veränderungen eingestellt, die vorgegangen waren, seit sich in ihren Köpfen erstmals das Klischee von England und Frankreich als den beiden imperialistischen Mächten *par excellence* festgesetzt hatte, von denen die Sowjetunion am meisten zu befürchten habe. Es bedurfte des Versagens des Völkerbunds in der Äthiopienkrise und der dadurch offenkundig gewordenen Schwäche der britischen und französischen Führung, um die Russen endlich zu der Erkenntnis zu bringen, daß nicht mehr die beiden westlichen Demokratien die internationale Gangart bestimmten, sondern die »aggressiven Mächte« Deutschland, Japan und Italien. Tröstlich daran war die Einsicht, daß die kapitalistischen Mächte untereinander so zerstritten waren, daß die tiefsitzende Angst der Kommunisten vor einem gemeinsamen Überfall auf die Sowjetunion – eine durch die Stresa-Front vorübergehend genährte Befürchtung – gegenstandslos wurde.

Der französisch-sowjetische Beistandspakt, zu dessen Unterzeichnung sich die rechtslastige Regierung Laval im Mai 1935 widerstrebend bereitfand, war an sich als Sicherheitsgarantie für die Sowjetunion nicht viel wert. Im Gegensatz zu seinem berühmten Vorgänger, dem französisch-russischen Beistandspakt aus den neunziger Jahren des vorigen Jahrhunderts, beinhaltete er keine konkreten militärischen Klauseln, keine Vereinbarungen über die Zusammenarbeit zwischen den Generalstäben, keine Kriterien für ein automatisches Inkrafttreten. Die Beistandsverpflichtung sollte erst greifen, wenn der Völkerbund das Vorliegen einer Aggression festgestellt hatte. Eine französische Verpflichtung, der Sowjetunion im Falle eines japanischen Angriffs zu Hilfe zu kommen, war in dem Abkommen nicht enthalten, und es wurde auch nicht deutlich, auf welche Weise die Sowjetunion, die im Gegensatz zum Rußland der Zeit vor 1914 keine gemeinsame Grenze mit Deutschland hatte, den Franzosen im Falle eines deutschen Angriffs beistehen sollte. Litwinow gestand diese Mängel in einem Telegramm an Moskau vom 22. April 1935 offen ein: »Man sollte auf diesen Pakt keine ernstlichen Hoffnungen im Sinne einer militärischen Unterstützung im Kriegsfalle setzen. Unsere Sicherheit wird nach wie vor ausschließlich in den Händen der Roten Armee liegen. Der Pakt hat für uns vorwiegend politische Bedeutung.«[5]

Die politische Bedeutung lag darin, daß der Pakt, ähnlich dem im selben Monat geschlossenen tschechisch-sowjetischen Abkommen, die Rückkehr der Russen auf die Bühne der europäischen Politik verkündete und den Premierminister der nach verbreiteter Ansicht nach wie vor stärksten europäischen Militärmacht zu einem Moskau-Besuch veranlaßte. Stalin war darüber so erfreut, daß er sich als Gegenleistung öffentlich mit dem französischen Verteidigungshaushalt einverstanden erklärte, gegen den die französischen Kommunisten bis dahin Sturm gelaufen waren.

Keine Seite hielt den Pakt für unvereinbar mit weiteren Bemühungen, das Verhältnis zu Deutschland zu verbessern, auch wenn beide Parteien hofften, die andere werde nun bei den Deutschen schlecht dastehen. Laval verwendete nach der Unterzeichnung des Pakts in den verbleibenden Monaten des Jahres 1935 viel Energie auf den Versuch, ein Abkommen mit Deutschland unter Dach und Fach zu bekommen. Dasselbe taten die Sowjetführer. Dem deutschen Botschafter in Moskau versicherten sie mehrmals, das Abkommen mit Frankreich schließe in ihren Augen andere Möglichkeiten nicht aus. Ermutigende Signale in diese Richtung gingen von den während des Sommers 1935 laufenden Verhandlungen über einen neuen Handelsvertrag zwischen Rußland und Deutschland aus.

Verhandlungsführer auf russischer Seite war der Leiter der sowjetischen

Handelsmission in Berlin, David Kandelaki, ein Georgier, der keinen Hehl daraus machte, daß er direkten Zugang zu Stalin hatte und dessen Vertrauen besaß. Schacht, der sich zunächst reserviert gezeigt hatte, legte im Juni 1935 das Angebot eines sehr hohen, nicht zweckgebundenen Kredits an die Sowjets vor – 500 Millionen Mark über eine Laufzeit von zehn Jahren. Die Russen versuchten, auf Grundlage der wirtschaftlichen Themen auch politische Vereinbarungen anzubahnen; so machten sie im Dezember 1935 den Vorschlag, das Berliner Abkommen von 1926 um einen Nichtangriffspakt zu erweitern. Allein, obwohl sie diese unmißverständliche Einladung 1936 noch einmal wiederholten, kam aus Berlin keine Reaktion, und so zeitigten die Verhandlungen schließlich doch nicht mehr als ein Handels- und Zahlungsabkommen. Der Einspruch gegen jede weitere Festlegung kam, sowohl in bezug auf den französischen als auch auf den russischen Vertrag, von Hitler selbst. Es war ihm nicht unrecht, daß Verhandlungen stattfanden und sich hinzogen, gewann er damit doch Zeit für die Wiederaufrüstung; aber es lag nicht in seiner Absicht, sich durch vertragliche Verpflichtungen die Hände binden zu lassen. Nachdem es weder den Franzosen noch den Russen gelungen war, eine bessere Alternative zu finden, ratifizierten sie im Februar 1936 ihren Pakt, ein Schritt, den Hitler sogleich zur Rechtfertigung seiner nächsten Initiative nützte.

Eine große Rolle für die Weigerung Hitlers, in engere Beziehungen zur Sowjetunion zu treten, spielte die Gewißheit, ideologisches Kapital aus dem Umstand schlagen zu können, daß Deutschland sich als Schutzwall Europas gegen den Kommunismus präsentierte. Stalin dachte nicht daran, seinen Gegentrumpf aus der Hand zu geben: die Volksfront gegen den Faschismus, Produkt jener Neuorientierung der sowjetischen Politik, auf die sich die einzelnen kommunistischen Parteien seit einiger Zeit einzustellen versuchten und die auch der Komintern-Kongreß vom Juli/August 1935, nach siebenjähriger Pause erstmals wieder einberufen, in Moskau förmlich bestätigte. Dimitroff, jener bulgarische Kommunist, der von den Nationalsozialisten im Zusammenhang mit dem Reichstagsbrand vor Gericht gestellt worden und dabei zu Weltruhm gelangt war, weil er im Verlauf des Prozesses Göring in Verlegenheit gebracht und zu einem Wutanfall gereizt hatte, wurde auf diesem Kongreß zum Generalsekretär der Komintern gewählt.

Wie wenig Stalin von der Internationale hielt, zeigte er dadurch, daß er sich in den sechs Wochen, die der Kongreß dauerte, kein einziges Mal blicken ließ, sondern am Schwarzen Meer blieb und es Molotow und Manuilski überließ, die voraussehbare Zustimmung der Delegierten zu jeder ihnen vorgelegten Beschlußempfehlung sicherzustellen. Die Komintern sollte danach nie wieder zusammentreten, und die große Gruppe der in Moskau lebenden Exil-Kommunisten wurde von den Säuberungen der Jahre 1936 bis 1939 besonders schwer in Mitleidenschaft gezogen. Dennoch konnte sich die Sowjetunion mit ihrer Politik der Volksfront gegen den Faschismus und den dazu passenden Seitenstücken, dem Eintreten für ein kollektives Sicherheitssystem und der Unterstützung für die republikanische Seite im Spanischen Bürgerkrieg, mehr Sympathie und Unterstützung in Europa und Amerika verschaffen als in früheren Jahren mit ihren Aufrufen zur Weltrevolution.

Wie die kommunistischen Parteien *in partibus infidelium* für Stalin, waren für Hitler die außerhalb der Reichsgrenzen lebenden deutschsprachigen Minderheiten Pfunde, mit denen das Deutsche Reich gemäß seinen Interessen wuchern konnte. Hitlers natürliches Anliegen war Österreich, das er dem Reich anschließen wollte; der Weg dahin führte nur über Mussolini, der 1934 entscheidend dazu beigetragen hatte, Hitlers Spiel zu durchkreuzen. Im Januar 1935 erklärte Hitler einer Gruppe führender österreichischer Nationalsozialisten, das Vorhaben »Anschluß« müsse für drei bis fünf Jahre aufgeschoben werden, bis Deutschland militärisch stark genug sei. Vorderhand veranlaßte Hitler erst einmal, daß die in Bayern aktive Gemeinde österreichischer Exil-Nationalsozialisten aus dem Blickfeld verschwand, daß die deutsche Presse nicht mehr über Vorgänge in Österreich berichtete und daß die österreichische NSDAP sich so still wie möglich verhielt.

Das äthiopische Abenteuer Mussolinis und sein daraus resultierender Streit mit Großbritannien und Frankreich sorgten für neue Voraussetzungen. Hitler hatte es nicht eilig; er wollte erst abwarten, wie sich die Dinge im Mittelmeerraum und in Ostafrika entwickelten. Dieselbe Taktik schlug er gegenüber Österreich ein, indem er von Papen bevollmächtigte, mit dem österreichischen Bundeskanzler Schuschnigg informelle Gespräche über ein deutsch-österreichisches Abkommen zu führen, die Sache sogar bis zu einem Vertragsentwurf gedeihen ließ, dann aber alle weiteren Schritte vertagte, bis absehbar sei, welchen Ausgang der äthiopische Krieg nehmen würde.

Welche Vielfalt von Taktiken Hitler bei der Behandlung der europäischen Minderheitenprobleme an den Tag legte, läßt sich am besten anhand eines Vergleichs zwischen seiner Politik gegenüber den deutschen Volksgruppen in Südtirol, in der Tschechoslowakei und in Polen illustrieren. Südtirol hatte vom 14. Jahrhundert bis 1918 dem Habsburgerreich angehört. Seit es am Ende des Ersten Weltkriegs an Italien gefallen war, führte seine deutschsprachige Bevölkerung einen unablässigen Kampf um ihre Selbstbehauptung. Von Hitler als einem nationalistischen Politiker hätte man eigentlich eine vorbehaltlose Unterstützung dieses Kampfes erwarten müssen. Doch schon 1926 hatte er die entgegengesetzte und höchst unpopuläre Auffassung vertreten, Südtirol müsse notfalls dem höherwertigen Ziel eines deutsch-italienischen Bündnisses geopfert werden. Er erwog in diesem Zusammenhang die Möglichkeit, die deutschsprachigen Südtiroler in ihrer Gesamtheit an einen anderen Ort umzusiedeln.

Hitlers feindseliges Verhältnis zu den Tschechen rührte aus seinen Wiener Jahren her. Die Tschechoslowakei war in seinen Augen ein künstliches Staatsgebilde, ein Satellit Frankreichs; nach der Unterzeichnung des tschechisch-sowjetischen Bündnisvertrags bezeichnete er sie als den sowjetischen »Flugzeugträger« in Mitteleuropa. Die dreieinhalb Millionen Sudetendeutschen waren die größte aller im Ausland lebenden deutschen Volksgruppen; 1930 stellten sie einen Anteil von 22 Prozent an der Gesamtbevölkerung der Tschechoslowakei. Bei der Wahl vom Mai 1935 konnte die von Konrad Henlein geführte Sudetendeutsche Front, die sich auf erhebliche Hilfsgelder aus Berlin stützte, die Mehrheit der deutschsprachigen Wähler hinter sich bringen; Hitler behielt sich vor, diese Bewegung künftig von innen her als Waffe gegen den tschechischen Staat einzusetzen. Der tschechoslowakische Staatspräsident Beneš bemühte sich 1936/37 um eine direkte Verständigung mit Hitler, erreichte aber nichts. Hitler wollte seine Entscheidungen erst treffen, wenn er die Zeit für gekommen hielt; bis dahin hatte er mit den Tschechen nichts zu besprechen.

Die deutsche Minderheit in Polen (Danzig nicht eingerechnet) zählte 1931 lediglich 744 000 Menschen (2,3 Prozent der Bevölkerung Polens). Im Unterschied zu den Sudetendeutschen, die nie dem Deutschen Reich angehört hatten, waren die Polendeutschen bis 1918 preußische beziehungsweise deutsche Staatsbürger gewesen. In diesem Fall hatte Hitler eine Verständigung mit der Warschauer Regierung betrieben, die der alten Forderung der deutschen Nationalisten nach Heimholung der verlorenen Provinzen zuwiderlief. Der Kampf der deutschen Minderheit in Oberschlesien, die vor allem ihre wirtschaftliche Vorrangstellung gewahrt wissen wollte, und das ständige Drängen der Danziger Nationalsozialisten unter Führung des aggressiven Albert Forster nach Eingliederung ihrer Stadt ins Reich waren und blieben eine Belastung für das deutsch-polnische Verhältnis. Doch Hitler zeigte sich entschlossen, die Kooperation mit Polen, nachdem er sie einmal in die Wege geleitet hatte, nicht durch derartige Probleme zu gefährden. Die Interessen der Danziger und der deutschen Oberschlesier mußten, zumindest vorläufig und ein paar Jahre lang, hinter bedeutenderen Zielen zurückstehen: der Neutralisierung des gewichtigsten französischen Bündnispartners in Osteuropa, den man tunlichst daran hindern mußte, sich einer sowjetisch-französischen Koalition anzuschließen. Diese nämlich wäre, so vermutete Hitler, in der Lage, das deutsche Ausgreifen nach Osten, auf das er nach wie vor hinarbeitete, zu blockieren.

Im Mittelpunkt der Aufmerksamkeit stand im Herbst und Winter 1935/36 die Frage, wie sehr Italien sich von Sanktionen beeindrucken lassen würde und ob Briten und Franzosen deren Ausweitung auf den Erdölsektor fordern und so einen endgültigen Bruch mit den Italienern provozieren würden. Daß Hitler sich diesen Konflikt zunutze machen könnte, um das Rheinland, das kraft des Versailler Vertrages entmilitarisiert war, zu »besetzen« (also mit militärischen Einrichtungen und Garnisonen zu versehen), darüber wurde in Paris und London bereits diskutiert.

Das französische Archivmaterial läßt keinen Zweifel daran, daß trotz aller eingehenden Warnungen weder die französische Regierung (die im Januar 1936 stürzte und von einem Kabinett der Lückenbüßer unter Sarraut abgelöst wurde) noch die französischen Ministerialbeamten und die Offiziere des Generalstabs in der Lage waren, für diese drohende Möglichkeit einen Plan auszuarbeiten. Die Briten machten es nicht besser; ihre Vorbereitungen auf den Fall einer Remilitarisierung des Rheinlands erschöpften sich, wie es scheint, in der Hoffnung, er möge nicht eintreten. »Jeder ließ sich vom anderen in seiner eigenen Schwächlichkeit bestärken, statt daß man einander zu entschlossenem Handeln ermuntert hätte, und beide fühlten sich in dieser Rolle wohl.«[6]

Der günstigste Zeitpunkt zum Handeln war in den Augen Hitlers jene Phase der Entwicklung, in der der Ausgang des Mussolinischen Abenteuers noch ungewiß war, bevor sich also entschied, ob der Duce vor den Erdöl-Sanktionen zurückweichen oder ob er mit einem glatten Sieg vollendete Tatsachen schaffen und so den Weg zu einer Wiederannäherung an Großbritannien und Frankreich ebnen würde. Hitler wußte natürlich, daß eine Besetzung der entmilitarisierten Zone einen Bruch nicht nur des Versailler Vertrages, sondern auch des Locarno-Pakts darstellen würde. Er bemühte sich, die Reaktionen schon im Vorfeld auszuloten, einschließlich der Reaktion Mussolinis, der den Locarno-Pakt ja auch unterzeichnet hatte. Der Duce wußte noch nicht, welche Erdöl-Sanktionen auf ihn zukommen würden. Er versprach, nichts zu unternehmen, wenn Deutschland den anvisierten Vertragsbruch beginge. Hitler begann zu überlegen, welche Konzessionen er zur Milderung seines Vorgehens anbieten könnte, und legte zugleich fest, welchen Rechtfertigungsgrund er nennen würde: die Ratifizierung des französisch-sowjetischen Beistandsvertrages durch die französische Deputiertenkammer, die für den 11. Februar angesetzt war und die, wie er wohl wußte, die öffentliche Meinung in Frankreich weiter polarisieren würde. Die Weisungen an die Wehrmacht ergingen am 2. März, und der Beginn der Operation wurde auf Samstag, den 7. März, festgelegt. Man hoffte dadurch zwei Wochenendtage zu gewinnen, bevor die Gegenseite Maßnahmen ergreifen würde.

Kaum war die Meldung von der Besetzung des Rheinlands in London und Paris eingetroffen, als die Reichsregierung auch schon neue und weitreichende Friedensangebote eröffnete. Anstelle des Locarno-Pakts, den er soeben gebrochen hatte, bot Hitler Frankreich und Belgien einen Nichtangriffspakt auf 25 Jahre an, daneben aber die Luftkriegs-Konvention, auf die London so großen Wert legte. Als Garantiemächte für das neue Abkommen schlug Hitler Großbritannien und Italien sowie die Niederlande vor, falls diese sich zu beteiligen wünschten. Eine neue entmilitarisierte Zone sollte zu *beiden Seiten* der Grenze eingerichtet werden – nach dem Prinzip der Gleichberechtigung –, und zur Abrundung bot Deutschland seinen östlichen Nachbarn Nichtangriffspakte nach dem Muster des mit Polen geschlossenen Vertrages an. Schließlich offerierte Hitler bei wiederhergestellter Gleichberechtigung Deutschlands die Rückkehr in den Völkerbund, verbunden allerdings mit der Ankündigung, er wolle dann über eine Reform der Völkerbund-Charta und über eine Rückgabe der ehemaligen deutschen Kolonien sprechen. Später gestand Hitler: »Die 48 Stunden nach dem Einmarsch ins Rheinland sind die aufregendste Zeitspanne in meinem Leben gewesen. Wären die Franzosen damals ins Rheinland eingerückt, hätten wir uns mit Schimpf und Schande wieder zurückziehen müssen, denn die militärischen Kräfte, über die wir verfügten, hätten keineswegs auch nur zu einem mäßigen Widerstand ausgereicht.«[7]

General Jodl sagte in Nürnberg aus, man sei mit nur einer Division ins Rheinland einmarschiert; dazu hätten sich militärisch gerüstete Polizeitruppen aus der entmilitarisierten Zone selber in einer Gesamtstärke von vier Divisionen bereitgestellt, die zuvor eine intensive Ausbildung erhalten und sich in vier Infanteriedivisionen verwandelt hätten.

Die Franzosen verfügten zu diesem Zeitpunkt noch über eine überlegene Militärmacht, aber es gebrach ihnen sowohl an Willen als auch an den erforderlichen Einsatzplanungen. Es kam zu aufgeregten Konsultationen zwischen Paris und London; man protestierte, mahnte aber zugleich immer wieder zu Vernunft und Besonnenheit. Das Rheinland gehöre schließlich zu Deutschland, hieß es allenthalben; die Deutschen hätten die französische Grenze ja nicht überschritten und nur »ihren eigenen Hinterhof besetzt«. »Eine Chance zum Neubeginn«, lautete die Überschrift des Leitartikels in der darauffolgenden Ausgabe der *Times*. Als die Unterzeichner des Locarno-Pakts (außer Deutschland) am Wochenende nach der Rheinland-Besetzung in London zusammenkamen, sah es einen Augenblick lang so aus, als könnten sie sich zu einer härteren Reaktion durchringen. Als Meldungen, die in diese Richtung deuteten, nach Berlin drangen, wurde Blomberg im Namen des deutschen Generalstabs bei Hitler vorstellig und bat ihn um eine versöhnliche Geste, etwa den Rückzug der drei Bataillone, die den Rhein überschritten hatten, oder den ausdrücklichen Verzicht auf die Errichtung von Festungswerken auf der linken Rheinseite. Hitler lehnte das Ansinnen nach einigem Zögern ab und hielt der Reichswehrführung später noch etliche Male vor, daß sie in dieser Situation wankend geworden, er dagegen fest geblieben sei. Noch Jahre später brüstete er sich in einem seiner Tischgespräche mit seiner damaligen Unbeirrbarkeit: »Wenn an meiner Stelle 1936 am 13. März ein anderer gestanden hätte: Jeder würde die Nerven verloren haben! Einzig meine Sturheit und meine Frechheit haben uns geholfen. Ich mußte lügen: Wenn bis zum nächsten Tag nicht eine Entspannung eintritt, lasse ich weitere sechs Divisionen einmarschieren! Dabei hatte ich nur vier Regimenter!«[8]

Diese Zahlenangaben mögen stimmen oder auch nicht. Jedenfalls steht zweifelsfrei fest, daß es Hitlers Nervenstärke und nicht die seiner Generäle war, die den Ausschlag gab. Er behielt recht in den beiden Dingen, auf die es ankam. Trotz aller Proteste setzte niemand Truppen in Marsch – außer den Deutschen. Und nachdem seine »Friedensvorschläge« ihren Zweck erfüllt und die öffentliche Meinung in Deutschland und im Ausland für ihn gewonnen hatten, wußte er zu verhindern, daß sie zu irgendeiner konkreten Vereinbarung führten – einen »Fragebogen« zu beantworten, den die Briten ihm zu diesem Thema übermittelten, lehnte er empört ab. Noch vor Ende März löste Hitler den Reichstag auf und wandte sich an sein Volk. Wieder einmal präsentierte er sich als Friedensstifter: »Wir und alle Völker haben wohl die Empfindung, daß wir uns an der Wende eines Zeitalters befinden ... Nicht nur wir, die Besiegten von einst, sondern auch die Sieger haben die innere Überzeugung, daß irgendetwas nicht in Ordnung war, daß besonders die Vernunft die Menschen verlassen zu haben schien ... Die Völker müssen ein neues Verhältnis zueinander finden. Eine neue Konstruktion muß geschaffen werden ... Über dieser neuen Ordnung, die aufgerichtet werden muß, aber stehen die Worte: Vernunft und Logik, Verständnis und gegenseitige Rücksichtnahme! Diejenigen jedoch irren sich, die glauben, daß am Eingang dieser neuen Ordnung das Wort Versailles stehen kann. Das wäre nicht der Grundstein einer Neuordnung, sondern ihr Grabstein.«[9]

Die Wahlergebnisse waren von verdächtiger Eindeutigkeit: Von den 45 Millionen Wahlberechtigten hatten nach amtlicher Berechnung 99 Prozent abgestimmt, und davon wiederum 98,8 Prozent für die ihnen vorgelegte offizielle Liste. Dennoch bezweifelte niemand ernstlich, daß die Mehrheit der Deutschen Hitlers Vorgehen guthieß, wie schon bei der Volksbefragung nach dem Austritt aus dem Völkerbund 1933. Vielen bereitete die Demonstration neugewonnener deutscher Stärke, das trotzige Pfeifen auf Versailles, Genugtuung. Die übrigen verspürten Erleichterung, daß die Angst vor einem neuen Krieg sich als unbegründet erwiesen hatte, verscheucht von ihrem Führer, der wieder einmal den richtigen Instinkt bewiesen hatte.

Im Rückblick erscheint die Rheinlandbesetzung insofern als ein Wendepunkt der Zwischenkriegszeit, als sie den Bankrott des nach dem Ersten Weltkrieg geschaffenen Sicherheitssystems markierte. Der Weg in den Abgrund begann freilich ganz undramatisch. Noch zweieinhalb Jahre lang hielt sich in den westlichen Demokratien die Illusion, man werde auf irgendeine Weise Hitler schon zufriedenstellen können, indem man seinen Forderungen weit genug entgegenkam, um einen Krieg zu verhüten. Nach der Münchner Konferenz vom Oktober 1938 war Chamberlain einen Moment lang überzeugt, in Gestalt der englisch-deutschen Erklärung das Patentrezept für die Bewahrung des Friedens gefunden zu haben; erst die Besetzung Prags im März 1939, drei Jahre nach der Rheinlandkrise, machte die Illusionen endgültig zunichte.

Hitler hatte einen großen Erfolg erzielt, und er war jetzt, nachdem er die Willensstärke der anderen europäischen Führer dreimal auf die Probe gestellt hatte, überzeugt, daß die Gefahr eines Präventivkrieges nicht mehr bestand. Jetzt ließ sich um höhere Einsätze spielen, doch dafür mußte Deutschland militärisch noch wesentlich stärker werden. Das wiederum brauchte Zeit. Erst im November 1937 legte Hitler den Spitzen der Wehrmacht und des Auswärtigen Amts sein Programm territorialer Expansion durch Gewaltandrohung und den Zeitplan dafür vor. Bis dahin, in den eineinhalb Jahren von März 1936 bis November 1937, vollzogen sich einige wichtige Entwicklungen: die Annäherung an Italien, der Ausbruch des Spanischen Bürgerkriegs, der Abschluß des Antikomintern-Pakts. Die volle Tragweite dieser Entwicklungen trat freilich erst 1938/39 zutage.

Die diplomatische Geschichte der Jahre 1936/37 bildet daher gleichsam ein unvollendetes Kapitel, das Hinweise auf Kommendes brachte, aber keine abschließende Ergebnisse. Hitler schickte im Sommer 1936 Ribbentrop als Botschafter nach London. Wenn ihm ein weiterer Erfolg in der Art des Flottenabkommens gelingen sollte, wenn er mit einem deutsch-britischen Bündnisvertrag – zu deutschen Bedingungen freilich – zurückkommen sollte, dann würde sich darüber gewiß niemand mehr freuen als Hitler. Aber auch wenn er abblitzte und mit der Überzeugung zurückkehrte, daß ein unüberbrückbarer Gegensatz zwischen den deutschen und den britischen Interessen bestand, mochte Hitler noch eine Chance sehen, die Briten zu einer anderen Bewertung ihrer Interessen bewegen zu können. Vorderhand war er damit zufrieden, daß die verschiedenen Gesprächsfäden wieder einmal weitergesponnen wurden, ohne daß dabei ein greifbares Ergebnis herauskam. Die in Frankreich amtierende Volksfront-Regierung unter Léon Blum machte Berlin einige Avancen, aber ohne Erfolg. Hitler zog es vor, Kapital aus dem Umstand zu schlagen, daß Frankreich, der Bundesgenosse der Sowjetunion, jetzt von einem jüdischen Sozialisten regiert wurde – willkommene zusätzliche Munition für die antikommunistische Kampagne, die Hitler von 1936 an wieder verschärfte.

Als von Papen seine Verhandlungen mit Schuschnigg mit dem Abschluß des deutsch-österreichischen Abkommens vom Juli 1936 krönte, konnte Hitler dies als einen weiteren Erfolg seiner Strategie verbuchen, nur bilaterale Abmachungen einzugehen. Die Bedeutung des Abkommens lag für Hitler freilich weniger in der Anerkennung der österreichischen Unabhängigkeit, die in seinen Augen eine Unabhängigkeit auf Abruf war, als in den Chancen, die sie eröffnete. Schließlich beseitigte sie ein Hindernis, das der Verständigung mit Mussolini im Wege stand, und schuf damit die Voraussetzung dafür, daß der Duce sich 1938 mit dem Ende der österreichischen Unabhängigkeit abfand.

1931 hatte die Macht Frankreichs noch ausgereicht, um die Reichsregierung zum Widerruf der geplanten österreichisch-deutschen Zollunion zu zwingen. 1938 sahen die Franzosen, wie die Italiener, keine andere Möglichkeit, als sich mit dem Anschluß abzufinden und im Münchner Abkommen ihre Bündnisverpflichtungen gegenüber den Tschechen aufzugeben. Doch die schwerwiegendste Konsequenz der deutschen Rheinland-Besetzung, bedeutsamer als ihre direkten Folgen für die militärische Sicherheit Frankreichs, lag in der endgültigen Entwertung des französischen Sicherheitssystems in Mittel- und Osteuropa. War die militärische Befestigung des Rheinlands erst einmal vollendet, so bestand für die Franzosen keine Möglichkeit mehr, ihren osteuropäischen Verbündeten mit einem Einmarsch nach Deutschland durch das Einfallstor der entmilitarisierten Zone in aller Eile zu Hilfe zu eilen. Daß die Franzosen auf den Bruch des Versailler und des Locarno-Vertrags nicht mit der Entsendung von Truppen geantwortet hatten, zu einem Zeitpunkt, da sie militärisch noch eindeutig stärker waren als Deutschland und das Rheinland offen dalag, schürte die Zweifel an der Fähigkeit oder Bereitschaft Frankreichs, in kritischer Lage zu seinen Bündnisverpflichtungen zu stehen.

Die Volksfront-Regierung, die 1936 das Erbe Lavals antrat, unternahm zwei Versuche, das Vertrauen der französischen Verbündeten wiederherzustellen. Der eine bestand in einem Kredit von 2 Milliarden Francs an Polen, wovon 800 Millionen auf den Kauf französischer Waffen verwendet werden sollten. Der zweite war das Angebot eines umfassenden Verteidigungsbündnisses mit den Staaten der Kleinen Entente. (Zur Kleinen Entente hatten sich im Anschluß an Versailles die Tschechoslowakei, Rumänien und Jugoslawien zusammengeschlossen, mit dem Ziel, revisionistische Forderungen Ungarns abzuwehren. Unterstützung erwarteten diese Länder vor allem von Frankreich, das ja zu den Garantiemächten der Nachkriegsordnung gehörte.) Das Angebot war an die Bedingung geknüpft, daß die beteiligten Staaten einander nicht nur für den Fall eines ungarischen Angriffs, sondern jeglicher Aggression Beistand versprachen. Doch beide Vorstöße führten zu nichts. Der erste scheiterte, weil die französische Rüstungsindustrie die für Polen gedachten Waffen nicht zu liefern vermochte; der zweite, weil Jugoslawien keinen Konflikt mit Deutschland oder Italien riskieren wollte und weil die Briten die Franzosen drängten, sich keine größeren Verpflichtungen in Osteuropa aufzuladen – ein in den britisch-französischen Konsultationen der dreißiger Jahre beständig auftauchendes Motiv. Die Folge war, daß die Nationalsozialisten den Eindruck, den die Rheinlandkrise mit dem Kontrast von deutscher Stärke und britisch-französischer Schwächlichkeit vermittelt hatte, ganz für sich ausnutzen konnten.

Danzig war für Hitler damals und später etwas wie ein Experimentierfeld; hier konnte er ausprobieren, wie weit man ihn gewähren ließ. Im Juni 1936 startete der aggressive Danziger Gauleiter Forster eine verschärfte Einschüchterungskampagne, um die Gleichschaltung der in Danzig noch verbliebenen selbständigen Parteien zu erzwingen. Es gelang ihm, die Kampagne vor allem auf die Abberufung von Sean Lester zu richten, den der Völkerbund in Danzig als Hohen Kommissar eingesetzt hatte. Die Forderung wurde von der Regierung in Berlin unterstützt. Als Lester sich von den führenden Mächten des Völkerbundes im Stich gelassen sah, erklärte er seinen Rücktritt. Den Polen waren zwar die Rechte der deutschen Gegner der Nationalsozialisten gleichgültig, aber sie wachten sorgsam über ihre eigenen Rechte. Sie machten deutlich, daß sie es nicht hinnehmen würden, wenn der Status Danzigs als Freier Stadt unter dem Mandat des Völkerbunds in Frage gestellt würde, und so wurde schließlich ein neuer Hoher Kommissar ernannt, Carl Jakob Burckhardt, der sowohl für die Deutschen als auch für die Polen akzeptabel war. In der Folge betrieb Forster, von Hitler unterstützt, das Verbot der sozialdemokratischen Parteiorganisation in Danzig, ging dabei jedoch entschieden zu weit, offenbar vom Erfolg seiner Kampagne gegen Lester berauscht. In einer Rede vor Gefolgsleuten verkündete er, der Vierjahresplan bedeute, daß Deutschland sich für einen Krieg rüste; Hitler werde in wenigen Monaten in Danzig Einzug halten; mit dem Einfluß der Polen und des Völkerbundes sei es dann vorbei. Diese Äußerungen lösten einen Skandal aus, und die Deutschen beeilten sich, den Polen zu versichern, man werde ihre Rechte in Danzig nicht antasten; Forster wurde zu größerer Zurückhaltung gemahnt. Die Zeit war noch nicht gekommen, da man öffentlich über Deutschlands längerfristige Zielsetzungen sprechen konnte. Noch war die »Nützlichkeitsdauer« des Abkommens von 1934 nicht erschöpft. Andererseits störte es Hitler gewiß nicht, daß manche Polen darüber nachzudenken begannen, ob Forster vielleicht nur die wahren Absichten der Nationalsozialisten verfrüht ausgeplaudert hatte.

Die Entwicklung der wirtschaftlichen und politischen Beziehungen Deutschlands zu den Ländern Südosteuropas war schon vor der Machtergreifung Hitlers ein besonderes Anliegen des Auswärtigen Amts und des Wirtschaftsministeriums gewesen. Hitler hatte daran anfänglich kein großes Interesse. Handelsverträge mit diesen Ländern konnten allerdings dazu beitragen, inländische Versorgungsmängel bei Fleisch und Butter auszugleichen und Deutschland mit einigen rüstungswichtigen Rohstoffen wie Bauxit, Kupfer und Erdöl zu versorgen. Natürlich war Hitler auch der Umstand nicht gleichgültig, daß jede Festigung der deutschen Bindungen an Jugoslawien, Rumänien und Ungarn geeignet war, die Kleine Entente zu schwächen und die Tschechen zu isolieren. In allen drei genannten Ländern gab es deutschsprachige Minderheiten, Nachkommen deutschstämmiger Siedler, die in früheren Jahrhunderten dorthin ausgewandert waren – die Siebenbürger Sachsen im 13. Jahrhundert, die Donauschwaben im 18. Jahrhundert. Die Volksgruppen und ihre Siedlungsgebiete spielten in Hitlers Expansionsplänen auf lange Sicht allerdings keine Rolle. Diese nämlich zielten nicht in südöstliche, sondern in östliche und nordöstliche Richtung, auf die Regionen also, die nach dem Vertrag von Brest-Litowsk kurzzeitig zum Deutschen Reich gehört hatten.

Wirtschaftsminister Schacht hatte mit seinem 1934 angelaufenen »Neuen Plan« den deutschen Außenhandel zu konsolidieren versucht; er hatte bilaterale Handelsverträge abgeschlossen, die auf ein Gleichgewicht zwischen Ein- und Ausfuhren zielten und Importe von der Bereitschaft des betreffenden Bezugslands abhängig machten, im selben Umfang deutsche Waren zu kaufen. Dieses Verfahren führte zu einer beträchtlichen Zunahme der Einfuhren aus den drei genannten südosteuropäischen Ländern; allein die Fleischimporte aus Ungarn verdoppelten sich zwischen 1934 und 1936, während die aus Jugoslawien sich sogar verfünffachten. Ähnliche Steigerungsraten gab es auch bei den wenigen Rohstoffen, die diese Länder nach Deutschland liefern konnten, wobei vor allem die Erhöhung der Erdöleinfuhren aus Rumänien um fünfzig Prozent zu erwähnen ist.

In dem Maße jedoch, wie die wirtschaftliche Erholung und die Wiederaufrüstung den deutschen Verbrauch an eigenen Gütern steigen ließ, wurde es schwieriger, den Partnerländern jene Menge an Exportgütern zu liefern, die dem wachsenden deutschen Bedarf an Importen entsprach. Das war ein Problem, das den gesamten deutschen Außenhandel belastete und zu der allgemein kritischen Wirtschaftslage im Jahr 1936 beitrug. Hitlers Antwort war der Vierjahresplan und die Ablösung Schachts durch Göring. Die Wiederaufrüstung erhielt oberste Priorität, dasselbe galt natürlich für die dazu erforderlichen Rohstoff- und Nahrungsmittelimporte. Die zur Bezahlung dieser Einfuhren benötigten Devisen verdiente Deutschland zunehmend durch den Export von Rüstungsgütern, eine Strategie, die den nützlichen Effekt hatte, die Nachfrage nach diesen Gütern zu stabilisieren, so daß die betreffenden Branchen stetig in hohen Zahlen und damit verhältnismäßig kostengünstig produzieren konnten. In der Tat schlug das NS-Regime wirtschaftliches Kapital aus der politischen Unsicherheit und Angst, die es im Ausland erzeugte.

Bezeichnenderweise lehnte es Polen als einziges unter den Agrarländern Osteuropas ab, sich in diese Handelskonstellation einbinden zu lassen. In Warschau zog man es vor, die Ausfuhren nach Deutschland zu verringern und zur Wahrung der eigenen politischen Unabhängigkeit seine Waffen anderswo zu kaufen.

Als der Rat des Völkerbundes zusammentrat und über die Konsequenzen aus der Rheinlandbesetzung beriet, vertrat Litwinow den Standpunkt, Deutschland habe seine Vertragspflichten verletzt, und der Völkerbund laufe Gefahr, seine Glaubwürdigkeit einzubüßen, wenn er jetzt keine Sanktionen ergreife. Die Frage, welche Sanktionen dies sein könnten, überließ er den Unterzeichnerstaaten des Locarno-Pakts und erklärte, die UdSSR werde alle auf ihren Vorschlag hin vom Völkerbund beschlossenen Maßnahmen mittragen. Er warnte die anwesenden Regierungen eindringlich davor, sich von den neuen Bündnisvorschlägen Hitlers blenden zu lassen, der doch gerade bewiesen habe, wie wenig ihm Verträge bedeuteten. Dem fügte er eine Mahnung hinzu, die Maiski am 19. März wiederholte: »Ich weiß, daß es Leute gibt, die glauben, ein Krieg lasse sich lokal begrenzen.

Diese Leute glauben, beim Vorliegen bindender Vereinbarungen könnte zwar ein Krieg im, sagen wir, Osten oder Südosten Europas ausbrechen, aber auch wieder zu Ende gehen, ohne die Länder Westeuropas zu berühren... Das ist die größte Selbsttäuschung... Der Friede ist unteilbar.«[10]

Es ist einfach, im Lichte des späteren Hitler-Stalin-Pakts einzuwenden, das sowjetische Bekenntnis zum Prinzip der kollektiven Sicherheit sei nicht ernst gemeint gewesen. Dann müßte man dasselbe aber auch den Briten und Franzosen unterstellen; denn ihr Verhalten in der äthiopischen und tschechischen Krise und ihre Bemühungen um eine Verständigung mit Deutschland rechtfertigen ähnliche Vorwürfe. Alle beteiligten Mächte spielten ein »doppeltes Spiel«. Die Russen, die die von Hitler ausgehende Bedrohung und die Gefahr eines Krieges realistischer einschätzten als Briten und Franzosen, hätten es sicherlich vorgezogen, angesichts dieser Lage nicht auf sich allein gestellt zu sein. Aber sie hegten an der Zuverlässigkeit der Briten und Franzosen ebenso große Zweifel wie diese an der ihren. Sie waren bereit, sich genauso stark zu engagieren wie die anderen Mächte, hüteten sich jedoch, sich zu exponieren, bevor die anderen sich festgelegt hatten – erst dann wollten sie entscheiden, ob sie besser daran taten, sich ihnen anzuschließen oder abseits zu bleiben. Das außenpolitische Konzept Molotows war durch Ausgewogenheit und Offenheit für alle denkbaren Optionen bestimmt: Die UdSSR würde eine Zusammenarbeit mit Hitler begrüßen, vorausgesetzt daß die Deutschen sich an internationale Abkommen hielten und beispielsweise wieder in den Völkerbund eintraten. Die UdSSR würde einem angegriffenen Frankreich Beistand leisten, in Übereinstimmung mit dem französisch-sowjetischen Abkommen und »mit der politischen Lage im Ganzen«.

Ob die sowjetische Zusage, Frankreich im Falle eines Angriffs Hilfe zu leisten, auch bei einem militärischen Vorgehen der Franzosen gegen die Rheinlandbesetzung gegolten hätte, war eine Frage, die offen blieb, nicht anders als die Entscheidung darüber, in welcher Form die UdSSR, die keine gemeinsame Grenze mit Deutschland hatte, Frankreich denn beistehen würde.

Am Ende des Londoner Treffens erklärte Molotow – sicherlich mit Blick auf interessierte Zuhörer in Berlin – seinen Gesprächspartnern: »Große Teile der sowjetischen Öffentlichkeit neigen zu einer Einstellung völliger Unversöhnlichkeit gegenüber den derzeit in Deutschland herrschenden Kräften, besonders wegen der sich ständig wiederholenden feindseligen Äußerungen deutscher Führer gegen die Sowjetunion. Die Haupttendenz jedoch, die auch für die Politik der sowjetischen Regierung bestimmend ist, bejaht die Möglichkeit einer Verbesserung der sowjetisch-deutschen Beziehungen.«[11]

1936 begannen in der Sowjetunion die Säuberungen; die Todesurteile, die fast das gesamte Oberkommando der sowjetischen Streitkräfte liquidierten, wurden ab Juni 1937 ausgesprochen und vollstreckt. Die außenpolitische Folge dieser Entwicklung war ein spürbarer internationaler Einfluß-verlust der Sowjetunion. Wenn die einander überstürzenden, zunehmend unglaubwürdiger klingenden Anklagen zutrafen, mußte das Sowjetregime mit Hochverrätern durchsetzt und im höchsten Grade vom Umsturz bedroht sein; trafen sie indessen nicht zu, wie konnte man dann eine Regierung noch ernstnehmen, die gegen einige ihrer höchsten politischen und militärischen Repräsentanten derartige Vorwürfe erhob und sich sogar der Mühe unterzog, die Verhandlungsprotokolle übersetzen und im Ausland veröffentlichen zu lassen? Dies schadete der Glaubwürdigkeit der Russen als Bündnispartnern in den Augen der Franzosen ebensosehr wie ihrer »Glaubwürdigkeit« als Gegner in den Augen Berlins.

Ein Bereich, der sich gut für den Vergleich der Außenpolitik Hitlers mit der Stalins in den Jahren 1936 bis 1938 eignet, ist der Spanische Bürgerkrieg. Beide mischten sich in ihn ein; aber keiner von beiden hatte sich vor 1936 für Spanien interessiert. Hitler machte, als er im Juli 1936 die Bayreuther Festspiele besuchte, auf Vermittlung von Heß die Bekanntschaft zweier deutscher Funktionäre, die in Marokko beschäftigt waren und von dort aus im Rahmen der NS-Auslandsorganisation (AO) ein dichtes Netz von Vertrauensleuten unter den in Spanien ansässigen deutschen Staatsbürgern gewoben hatten. Einer der Männer, Johannes Bernhardt, war mit Franco befreundet, der zu jener Zeit die spanische Afrika-Armee befehligte. Er hatte ein Schreiben mitgebracht, in dem Franco Hitler eindringlich um Hilfe bei der Verlegung seiner Truppen auf das spanische Festland ersuchte. Eine rechte Offiziersrevolte gegen die im Februar 1936 gewählte linksrepublikanische Regierung Spaniens drohte zu scheitern; einzig ein Eingreifen Francos und der von ihm befehligten Truppen konnte sie noch retten. Aber da die Marine und die Luftwaffe Spaniens sich auf die Seite der Regierung gestellt hatten, wußte Franco nicht, wie er seine Soldaten übers Meer bringen sollte.

Hitler verwarf den Rat des Auswärtigen Amtes, sich in Spanien nicht einzumischen. Nach Rücksprache mit Göring, Blomberg und dem Chef des militärischen Nachrichtendiensts, Admiral Canaris, der Spanien gut kannte, beschloß er, Franco zu helfen. Schon zwei Tage später begannen deutsche Flugzeuge mit dem Transport der Franco-Truppen aufs Festland, und in der ersten Augustwoche traf die Vorhut einer kleinen deutschen Expeditionsstreitmacht in Spanien ein. Koordiniert wurden die Operationen von einer Sonderkommission des Berliner Kriegsministeriums und einem deutschen Hauptquartier in Spanien. Beide verbargen sich hinter Tarnfirmen: der Hisma in Spanien und der Rowak, ihrem Pendant in Deutschland. Diese leiteten den Transport der Truppen und des militärischen Nachschubs, den im Gegenzug eingefädelten Export spanischer Rohstoffe nach Deutschland und die erforderlichen finanziellen Transaktionen. Die von Deutschland gewährte militärische Unterstützung erreichte zu keinem Zeitpunkt den Umfang der italienischen Waffenhilfe, die 1937 mit der Entsendung von 40 000 bis 50 000 Soldaten ihren höchsten Stand erreichte. Das deutsche Expeditionskorps umfaßte im Herbst 1936 rund 10 000 Mann und bestand im Kern aus der Legion Condor, die mit ihren neun Geschwadern und einer Durchschnittsstärke von 5 600 Mann das kampfkräftigste der in Spanien eingesetzten Luftwaffenkontingente war. Sie war es, die den Bombenangriff auf die baskische Stadt Guernica flog. Unterstützt wurde die Legion durch Einheiten der Flug- und Panzerabwehr und durch Panzergeschwader.

Im antirepublikanischen Lager ging man zunächst von einer kurzen Kriegsdauer aus; Deutschland und Italien erkannten die nationalistische Partei Francos schon im November 1936 als neue spanische Regierung an, mußten dann aber erleben, wie Francos Versuch, Madrid zu erobern, scheiterte. Seine Verbündeten mußten nun einen längeren Krieg gewärtigen, aus dem sie sich nicht ohne Gesichtsverlust verabschieden konnten. General Faupel, der deutsche Vertreter bei Franco, drängte auf die Entsendung von drei deutschen Heeresdivisionen, doch Hitler entschied sich bei einer Besprechung am 21. Dezember gegen eine direkte Waffenhilfe von diesem Umfang und legte im Verlauf der Erörterungen die Richtlinien fest, die im weiteren Verlauf des Bürgerkriegs die deutsche Spanienpolitik bestimmen sollten.

Der Ausbruch des Spanischen Bürgerkriegs so bald nach dem Ende der Äthiopienkrise war ein bemerkenswerter Glücksfall für Hitler, der nun, da die anderen Mächte weiterhin mit der Sicherung ihrer Interessen im Mittelmeerraum beschäftigt waren, konzentriert die Wiederaufrüstung Deutschlands vorantreiben konnte. Aus eben diesem Grund hatte Deutschland ein Interesse daran, daß Spanien in den Mittelpunkt der europäischen Aufmerksamkeit rückte, namentlich der Aufmerksamkeit Frankreichs, Großbritanniens und Italiens, und zwar für möglichst lange Zeit. Ein rascher Sieg für Franco erschien Hitler somit nicht unbedingt wünschenswert. Deutschland mußte zwar dafür sorgen, daß Franco den Kampf nicht verlor, doch die Hauptlast der militärischen Unterstützung für den General sollte getrost Italien tragen. Je tiefer die italienische Verwicklung wurde, desto schwerer würde es Mussolini fallen, wieder in freundschaftliche Beziehungen zu Frankreich und Großbritannien zu treten, und desto mehr würde er dazu neigen, die Annäherung an Deutschland fortzusetzen, die sich bereits während des Äthiopienkrieges abgezeichnet hatte.

Die Entscheidung, vor der Stalin stand, war schwieriger. Sein erster Impuls war, die Unterstützung der republikanischen Regierung Spaniens den Franzosen zu überlassen. Für Frankreich, das an Spanien grenzte, würde der Ausgang des Bürgerkriegs von größerer Bedeutung sein als für irgendeine andere Macht. Allerdings war es in Anbetracht der starken politischen und sozialen Polarisierung der französischen Gesellschaft, die sich eher noch verschärft hatte, seit in Paris die von Blum geführte Volksfront-Regierung amtierte, für diese nicht ungefährlich, sich offen auf die Seite einer Bürgerkriegspartei zu stellen. Die Briten drängten Paris, wie immer, zu einem zurückhaltenden Kurs. Beide Regierungen bekannten sich schließlich verbindlich dazu, auf eine Intervention zu verzichten.

Die Sowjetregierung hatte bereits die Komintern mobilisiert, die nun auf der Basis einer antifaschistischen, parteiübergreifenden Plattform weltweit die ideologische und materielle Unterstützung für die republikanische Regierung in Madrid organisierte; die sowjetischen Gewerkschaften gaben mit einer großzügigen Geldspende dazu den Startschuß. Eine ganz andere Sache allerdings war die Entsendung sowjetischer Truppen oder Waffen zum direkten Einsatz in einem Bürgerkrieg am anderen Ende Europas; hier mußte Stalin drei Überlegungen gegeneinander abwägen: Zum einen tat Rußland gut daran, sich in keinen Krieg hineinziehen zu lassen, es mußte darauf achten, im gleichen Schritt mit Frankreich und den anderen Völkerbund-Mächten zu bleiben. Zum zweiten mußte es zu vermeiden suchen, daß das Klischee vom »Exporteur der Weltrevolution« neue Nahrung erhielt. Zum dritten jedoch konnte die Sowjetunion schwerlich ihre Unterstützung für eine Sache verweigern, mit der sich die fortschrittlichen Kräfte überall auf der Welt so einhellig identifizierten.

Im August erkannte Stalin, wie vor ihm die anderen Mächte einschließlich Deutschlands und Italiens, den Verzicht auf Intervention ebenfalls an, nahm aber zum selben Zeitpunkt offizielle diplomatische Beziehungen zur republikanischen Regierung Spaniens auf und schickte eine große sowjetische Gesandtschaft nach Madrid. Antonow-Owsejenko, der 1917 bei der Erstürmung des Winterpalasts die Roten Garden befehligt und später der ersten Regierung Lenins angehört hatte, etablierte sich als sowjetischer Generalkonsul in Barcelona, einer Hochburg der anarchistischen und der »trotzkistischen« Bewegung, der Stalins besondere Aufmerksamkeit galt. Während er einerseits abwartete, wie die Politik des Interventionsverzichtes funktionieren würde, wies er andererseits die Komintern an, über die Gewährung nichtmilitärischer Unterstützung hinauszugehen und die organisatorischen Voraussetzungen für Waffenlieferungen an die republikanische Seite zu schaffen.

Im September billigte Stalin den Eintritt zweier spanischer Kommunisten in die neue spanische Regierung unter Largo Caballero. Die spanischen Kommunisten hatten sich bereits über das Ausbleiben sowjetischer Hilfe beschwert, worauf ihnen der Italiener Togliatti als Vertreter der Komintern erklärt hatte: »Rußland hütet seine Sicherheit wie seinen Augapfel. Ein falscher Schritt könnte das Gleichgewicht der Kräfte stören und zu einem Krieg in Osteuropa führen.«[12]

Noch im selben Monat tauchten eine Reihe weiterer Repräsentanten der Sowjetunion und der Komintern in Spanien auf, unter ihnen Alexander Orlow, der frühere Leiter der Wirtschaftsabteilung des NKWD; er hatte den

Auftrag, die Aktivitäten der Komintern-Funktionäre und ausländischen Kommunisten in Spanien zu überwachen. Vor einem weitergehenden Engagement schreckte Stalin vorläufig zurück.

Es war offenbar der französische Kommunist Thorez, der die Bedenken Stalins zerstreute. Thorez, schon damals einer der führenden Komintern-Funktionäre, hielt sich am 22. September in Moskau auf und schlug Stalin ein Verfahren vor, wie militärische Hilfsgüter über die Komintern nach Spanien geliefert werden könnten, ohne daß die sowjetische Regierung oder sowjetische Truppen dabei in Erscheinung treten würden. Der Vorschlag von Thorez lief darauf hinaus, daß die Komintern internationale Freiwilligenbrigaden aufstellen sollte, unter Einschluß der zahlreichen kommunistischen Emigranten, die in der Sowjetunion Zuflucht gesucht hatten. Diese unter kommunistischer Führung kämpfenden Brigaden würden die Hauptempfänger der sowjetischen Militärhilfe sein, mit deren Abwicklung im übrigen jene Organisation betraut werden könne, die das NKWD bereits für Komintern-Zwecke aufgebaut hatte. Sie bestand aus einer Kette von Import-Export-Firmen in acht europäischen Hauptstädten, bei denen jeweils ein stiller NKWD-Teilhaber die Finanzen kontrollierte. Sie alle verfügten über hervorragende Bezugsquellen für Waffen aller Art, auch aus deutscher Produktion.

Stalin zögerte noch immer und setzte harte Geschäftsbedingungen durch. Bevor die Sowjetunion der spanischen Republik umfangreichere Waffenhilfe leiste, müsse ein beträchtlicher Teil von deren Goldreserven, ein Schatz im Wert von 500 Millionen Dollar, als Vorauszahlung von Cartagena nach Odessa verschifft werden. Die Republikaner erfüllten diese Forderung und lieferten außerdem große Mengen von Rohstoffen nach Rußland, genau wie die Nationalisten nach Deutschland. Die Zahl der Russen, die auf spanischem Boden kämpften, lag nach vorherrschender Auffassung zu keinem Zeitpunkt über 2 000; die meiste Zeit aber dürften es nicht mehr als 500 gewesen sein, die in Stabsstellungen oder als Ausbilder tätig waren. Aber die Rote Armee war ebenso wie die deutschen Militärs daran interessiert, Erfahrungen unter realen Kriegsbedingungen zu sammeln. Im Winter 1936/37 saßen an den Steuerknüppeln der meisten in Spanien eingesetzten russischen Flugzeuge russische Piloten, und der Angriff, mit dem die Madrid belagernden Nationalisten in die Flucht geschlagen werden sollten, wurde am 29. Oktober von russischen Panzern mit russischen Besatzungen eröffnet, durch russische Flugzeuge unterstützt und von dem russischen Panzerkriegsspezialisten General Pawlow geleitet. Am selben Tag startete die Gegenseite schwere Bombenangriffe auf die spanische Hauptstadt. Sie dienten zumindest teilweise dem Zweck, die deutschen Militärberater Francos zufriedenzustellen, die neugierig auf die Reaktion der Zivilbevölkerung waren.

In der Literatur kursieren weit überzogene Angaben über die Zahl der ausländischen Freiwilligen, die in den internationalen Brigaden kämpften. Realistisch geschätzt, dürften es insgesamt 40 000, zu keinem einzelnen Zeitpunkt jedoch mehr als 18 000 gewesen sein. Das größte Kontingent stellten die Franzosen mit rund 10 000 Kämpfern, von denen 3 000 fielen; das zweitgrößte die Deutschen und Österreicher mit 5 000, von denen 2 000 nicht in ihre Heimatländer zurückkehrten. Die Komintern rekrutierte diese Freiwilligen mit Hilfe ihrer Mitgliedsparteien – der Jugoslawe Josip Broz, der spätere Marschall Tito, gehörte zu denen, die von einem kleinen Pariser Hotel am linken Seineufer aus die Einschleusung der Kämpfer nach Spanien organisierten.

Was die Sowjetunion der spanischen Republik an Hilfe leistete, lag beträchtlich unter dem, was ihr Widersacher Franco von Deutschland und Italien zugesagt bekam.[13] Nichtsdestoweniger gab die sowjetische Unterstützung den Ausschlag dafür, daß der Krieg nicht schon nach wenigen Monaten mit einem Sieg der Nationalisten endete. Die russischen Berater und die internationalen Brigaden brachten den republikanischen Streitkräften Ordnung und Disziplin bei. Sie zeigten daraufhin in den Schlachten von Jarama und Guadalajara im Frühjahr 1937 gute Kampfeigenschaften. Erst das Ausbleiben weiterer sowjetischer und Komintern-Lieferungen im Lauf des Jahres 1938 besiegelte das Schicksal der Republik. Raymond Carr schreibt darüber: »Der Vergleich von Liefermengen führt zu falschen Schlüssen ... Auf lange Sicht war es die *Kontinuität* der deutschen und italienischen ... Lieferungen, die den Krieg entschied.«[14]

Das Komitee des Nichtinterventions-Abkommens verwendete einen großen Teil seiner Zeit darauf, sich die Vorwürfe und Gegenvorwürfe der Staaten anzuhören, welche die Kriegsparteien unterstützten; Ribbentrop, Ciano und Maiski übertrumpften einander an rechtschaffener Empörung über die dreisten Interventionspraktiken des jeweils anderen. Stalin bekannte sich niemals öffentlich zur Unterstützung der spanischen Republikaner. Aber da alle aus Spanien berichtenden Kriegskorrespondenten die sowjetischen Beistandsleistungen erwähnten, ließ er es sich gerne gefallen, wenn andere die Sowjetunion als das einzige Land darstellten, das überzeugt zur antifaschistischen Sache stehe und der spanischen Demokratie tatkräftig Hilfe leiste. Dies trug in nicht geringem Maß dazu bei, den katastrophalen Eindruck vergessen zu machen, den die Schauprozesse bei vielen Anhängern der republikanischen Seite hinterließen.

Stalin bestand darauf, daß der Beistand für die republikanische Regierung stets und ausschließlich als eine antifaschistische Solidaritätsleistung dargestellt werde: Keinesfalls dürfe die Parteifahne gehißt werden; denn es handle sich um »die Verteidigung der demokratischen, parlamentarischen Republik, der Republik der Volksfront, die die Rechte und Freiheiten des spanischen Volkes garantiert ..., der Sache des Friedens und der gemeinsamen Sache aller fortschrittlichen Kräfte der Menschheit«.[15]

Das Zitat stammt aus einer im Dezember 1936 veröffentlichten Resolution der Komintern-Exekutive. Eine Woche vorher hatte Stalin in einem Schreiben an den spanischen Premierminister Caballero, das von ihm selbst, Molotow und Woroschilow unterzeichnet worden war, die republikanische Regierung aufgefordert, jeden sozialpolitischen Radikalismus zu vermeiden, sich die Unterstützung der Mittelschicht zu sichern und das Fundament des Regimes zu verbreitern, »damit die Feinde Spaniens es nicht zu einer kommunistischen Republik stempeln können«.[16]

Der Umstand, daß die Sowjetunion beziehungsweise die Komintern für die spanische Republik die einzige zuverlässige Bezugsquelle für Waffen und Ausrüstung war, versetzte Stalin in die Lage, in die spanische Politik – und in die Kriegführung – einzugreifen. Von dieser Möglichkeit machte er allerdings in einer Weise Gebrauch, die die sowjetische und kommunistische Bilanz in Spanien befleckte und bittere Gefühle hinterließ. Innerhalb der spanischen Linken hatte es seit jeher ideologische und politische Gegensätze gegeben. Die Führung der Kommunistischen Partei akzeptierte Moskaus Parole, zur Verteidigung der demokratischen Republik müsse eine Einheitsfront gebildet und die Revolution vertagt werden. Aber es gab viele, die dieser Linie nicht folgen wollten und der republikanischen Regierung und den Kommunisten Verrat an der Revolution vorwarfen. Die Anarchisten, die in Spanien mehr Anhänger zählten als irgendwo sonst, waren Erzfeinde der Kommunisten; der Gegensatz zwischen ihnen reichte bis zu den Auseinandersetzungen zwischen Bakunin und Marx im 19. Jahrhundert zurück. Eine andere Gruppierung, die Stalin im höchsten Grade mißfiel, war die POUM (*Partido Obrero de Unificación Marxista*), eine nichtkommunistische marxistische Partei, die nach seiner Ansicht den Trotzkismus propagierte und es gewagt hatte, Trotzki nach Spanien einzuladen. Die POUM verurteilte die Moskauer Schauprozesse und sprach, Trotzkische Formulierungen aufgreifend, von »stalinistischen Thermidorianern«, die in Rußland »das bürokratische Regime eines mörderischen Diktators« errichtet hätten. Stalin war entschlossen, ihre Ausschaltung voranzutreiben. Ein Artikel, der am 17. Dezember 1936 in der *Prawda* erschien, gab die Richtung vor: »Was Katalonien betrifft, hat die Säuberung von Trotzkisten und Anarchisten begonnen und wird ebenso energisch durchgeführt werden wie in der UdSSR.«[17]

Im Mai 1937 erreichten die Spannungen in Barcelona einen neuen Höhepunkt: Vier Tage lang lieferten sich Kommunisten und Polizei auf der einen, Anarchisten und POUM-Anhänger auf der anderen Seite Straßenschlachten, bei denen es 400 Tote und 1 000 Verletzte gab.

Die Mai-Krise führte zum Sturz Caballeros, der sich geweigert hatte, der Moskauer Linie zu folgen und die POUM aufzulösen. Das NKWD, nur gegenüber Stalin und seinen Anweisungen verantwortlich, nahm auf eigene Faust die vierzig Mitglieder des POUM-Zentralkomitees fest, ermordete Andres Nin, den POUM-Führer, der dem Kabinett Caballero angehört hatte, und brach der revolutionären Opposition mit den bereits in der Sowjetunion erprobten Methoden das Rückgrat. Kurze Zeit später wurden viele der in Spanien tätigen Russen, darunter Antonow-Owsejenko, Berzin (der Befehlshaber des Kontingents der Roten Armee) und Rosenberg (sowjetischer Botschafter in Madrid), in die Sowjetunion zurückgerufen und verschwanden im Orkus der Säuberungen.

Nach der Münchner Konferenz sah Stalin keinen Sinn mehr darin, die sowjetische Militärhilfe für die spanische Republik fortzusetzen. Am 22. September 1938 traten die internationalen Brigaden zum letzten Mal in Aktion, und im Frühjahr 1939 ging der Krieg mit dem Sieg Francos zu Ende. Außer den russischen Beratern, die den Säuberungen zum Opfer fielen, mußten auch viele nichtrussische Kommunisten ihre Teilnahme am spanischen Bürgerkrieg teuer bezahlen. In den späten vierziger Jahren begannen die meisten der über ganz Osteuropa verstreuten Veteranen der internationalen Brigaden Stalins Mißtrauen zu erregen. Nach der Verurteilung und Hinrichtung von Laszlo Rajk 1949 wurden sie bis auf wenige Ausnahmen festgenommen, viele von ihnen wurden erschossen. Rajk, zum Zeitpunkt seiner Verhaftung ungarischer Außenminister, hatte in Spanien als Kommissar im Rakosi-Bataillon der XIII. Internationalen Brigade gedient. Er »gestand«, daß er nach Spanien gegangen sei, um die militärische Schlagkraft des Bataillons zu sabotieren und trotzkistische Propaganda zu betreiben. Auch so spät konnte die Säuberung noch ihre Opfer einholen.

Auch wenn die Schützlinge Hitlers in Spanien den Krieg gewannen und die Stalins ihn verloren, lassen sich in bezug auf Einstellung und Erfahrungen beider Männer Analogien aufzeigen. Hitler erklärte im November 1937 bei einer Geheimbesprechung, in deren Verlauf er die künftige deutsche Politik umriß, ein vollständiger Sieg Francos sei aus deutscher Sicht nicht wünschenswert: »...wir seien vielmehr an einer Fortdauer des Krieges und der Erhaltung der Spannungen im Mittelmeer interessiert.«[18]

Beide, Hitler wie Stalin, wußten die Ablenkung zu schätzen, die von diesem Krieg ausging, Hitler, weil Deutschland ungestört seine Wiederaufrüstung vorantreiben konnte, Stalin, weil der Krieg für Zwietracht unter den europäischen Mächten sorgte, was ihm die Möglichkeit gab, seine Säuberungen ohne Angst vor einer äußeren Bedrohung durchzuführen. Beide vermochten ihren Beitrag zum Bürgerkrieg propagandistisch auszuschlachten – Hitler zugunsten seines antibolschewistischen Kreuzzugs, Stalin, weil er so die Identifizierung der Sowjetunion mit der Sache des Antifaschismus befördern konnte. Sowohl den Deutschen als auch den Sowjets bot der Krieg eine hervorragende Gelegenheit, ihre Waffen zu erproben und Offizieren und Piloten Kampferfahrungen zu vermitteln – Erfahrungen, aus denen die Deutschen allerdings bessere Lehren zu ziehen verstanden als die Russen. Beide Länder profitierten darüber hinaus von spanischen Rohstofflieferungen.

Eine weitere Parallele liegt schließlich in der Ausschaltung des Auswärtigen Amtes auf beiden Seiten. Die Initiative für das deutsche Eingreifen in Spanien ging von der Auslandsorganisation der NSDAP aus, während die Berufsdiplomaten von einer Intervention abrieten. Die AO blieb weiterhin mit den wirtschaftlichen Aspekten des Bürgerkriegs befaßt, ebenso wie Göring als Chef der Vierjahresplanorganisation und Oberbefehlshaber der Luftwaffe, Canaris als Chef der Abwehr (d.h. des militärischen Nachrichtendiensts) und Ribbentrop als deutscher Vertreter beim Komitee zur Überwachung des Nichtinterventions-Abkommens. Stalin wählte die Komintern, das NKWD und die Rote Armee zu seinen Werkzeugen, während er seine diplomatischen Vertreter Litwinow und Maiski vorwiegend in der Nichtinterventions-Kommission und im Völkerbund einsetzte.

Das Desinteresse Hitlers an einem schnellen Sieg Francos verriet scharfsinnige Voraussicht. Von Nutzen konnte für Deutschland nur die Fortdauer des Krieges sein. Franco erwies sich später, als er den Krieg gewonnen hatte, als ein höchst anstrengender und wenig risikofreudiger Bündnispartner. Der größte Vorteil, den Hitler aus dem Spanischen Bürgerkrieg zog – und zu dem es auf Stalins Seite keine Analogie gab –, lag in der militärischen Zusammenarbeit mit den Italienern, die zum Grundstein für das später geschlossene Achsenbündnis wurde. Wie Hitler vorausgesehen hatte, war Mussolini nach seinem afrikanischen und seinem iberischen Abenteuer, die ihn beide in Konflikt mit England und Frankreich gebracht hatten, genötigt, näher an Deutschland heranzurücken.

Mit seinem Schwiegersohn, dem Grafen Ciano, berief Mussolini einen Außenminister ins Amt, der dem Gedanken einer engen Zusammenarbeit mit Deutschland aufgeschlossener gegenüberstand als sein Vorgänger. Im Verlauf der italienisch-deutschen Gespräche, die im Sommer 1936 stattfanden, wurde das ganze Spektrum gemeinsamer und differierender Interessen zwischen beiden Mächten erörtert. Die Gespräche bildeten das Vorspiel zu Cianos Deutschlandbesuch im Oktober, bei dem Hitler sich sehr um seinen Gast bemühte. Man einigte sich auf ein informelles Zweckbündnis, für das Mussolini die Bezeichnung Achse Rom-Berlin vorschlug. Grundlage dafür war die gemeinsame Gegnerschaft zu Großbritannien und das gemeinsame Interesse an den praktischen Nebeneffekten der antikommunistischen Kampagne: Hinter den Nebelschleiern ihrer Propaganda konnten beide Länder die Aufrüstung vorantreiben. Wie Ciano berichtet, hatte Hitler ihm in Berchtesgaden eröffnet: »Deutschland wird in drei Jahren gerüstet, in vier Jahren mehr als gerüstet sein; wenn fünf Jahre zur Verfügung stehen, um so besser.«[19]

Auf italienischer Seite war gleichwohl noch Mißtrauen und alte Eifersucht vorhanden, vor allem im Hinblick auf deutsche Absichten gegenüber Österreich. Dem standen jedoch die Großmacht-Ambitionen Mussolinis im Mittelmeerraum entgegen, sein Bedürfnis, um jeden Preis auf der Seite der Sieger zu stehen, seine Ressentiments gegen die dekadenten Demokratien, speziell gegen Briten und Franzosen, die ihn mit Sanktionen gestraft hatten, schließlich die gekränkte Eitelkeit des Diktators und seine ausgeprägten Minderwertigkeitskomplexe im diplomatischem Verkehr, durchweg Punkte, die geeignet waren, ihm die Partnerschaft mit Hitler nahezubringen. Besiegelt wurde das Bündnis schließlich im September 1937, als Mussolini in einer neuen, eigens für diesen Anlaß geschneiderten Uniform zum Staatsbesuch nach Deutschland kam.

Hitler nahm den Duce in München in Empfang. Aufmärsche, Heeresmanöver, ein Besuch der Krupp-Werke – mit charakteristischem Prunk inszenierte er für ihn eine Art Staatsbesuchsrevue, deren Glanznummer eine Massendemonstration zu Ehren des Duce in Berlin war. Mussolini war wie verzaubert. Er nahm von seinem Deutschlandbesuch überwältigende Eindrücke mit, aus deren Bann er sich nie mehr befreien konnte. Es war ein verhängnisvoller Schritt, der Beginn eines Weges, der Mussolini schließlich bis zur völligen Selbstaufgabe, zum Untergang seines Regimes und zu jenem unrühmlichen Ende an einem Galgen auf der Piazzale Loreto in Mailand führte. Hitlers freundschaftliche Gefühle für Mussolini aber waren nicht gespielt. Mussolini war, wie er selber – und wie Stalin, für den er ebenfalls gelegentlich bewundernde Worte fand –, ein Mann aus dem Volk, in dessen Gegenwart Hitler sich so wohl fühlte, wie er es in Gesellschaft von Angehörigen der traditionellen herrschenden Schicht nie tat – am wenigsten in Gesellschaft der italienischen Königsfamilie. Trotz aller späteren Unzufriedenheit mit den italienischen Kriegsleistungen ließ Hitler Mussolini nie fallen, auch nicht nach seiner Entmachtung – eine Treue, wie Stalin sie keinem seiner Genossen je erwies.

Kurz nach dem Deutschlandbesuch des Duce im November 1937 fuhr Ribbentrop nach Rom, um Mussolini zur Unterzeichnung des Antikomintern-Paktes zu bewegen, der danach sein Lieblingsprojekt war. Zur Freude und Erleichterung des Duce berichtete er, seine Londoner Mission sei gescheitert, die Interessen Deutschlands und Großbritanniens hätten sich als unvereinbar erwiesen. Ebenso große Freude hatte Hitler an dem, was Ribbentrop nach seiner Rückkehr über Mussolinis Einstellung bezüglich Österreichs zu berichten hatte. Den Notizen Cianos zufolge hatte dieser erklärt, er sei es müde, den Wächter der österreichischen Unabhängigkeit zu spielen, vor allem wenn die Österreicher danach gar kein Verlangen mehr hätten: »Österreich ist deutscher Staat Nr. 2. Es wird nie fähig sein, irgend etwas ohne Deutschland, geschweige denn gegen Deutschland zu tun. Italienisches Interesse ist heute nicht mehr so lebhaft wie noch vor einigen Jahren, zum einen wegen der Entwicklung Italiens, das seine Interessen jetzt auf das Mittelmeer und die Kolonien konzentriert... Die beste Methode besteht darin, den Dingen einfach ihren natürlichen Lauf zu lassen. Man darf die Lage nicht verschärfen... Auf der anderen Seite weiß Frankreich, daß Italien nichts unternehmen würde, wenn es zu einer Krise wegen Österreich käme. Das ist in Venedig auch Schuschnigg gesagt worden. Wir können Österreich die Unabhängigkeit nicht verordnen.«[20]

Mussolinis einzige Forderung war die, Deutschland möge im Hinblick auf Österreich nichts unternehmen, ohne Italien vorab zu informieren. Tatsächlich fand Hitler sich, als es soweit war, nicht einmal dazu bereit.

Der andere Bündnispartner indessen, auf den Hitler in *Mein Kampf* gesetzt hatte, Großbritannien, zeigte sich unnahbar wie eh und je. Nicht daß die britische Seite nicht versucht hätte, zu einer Verständigung mit Deutschland zu kommen. Ende Mai 1937 übernahm Neville Chamberlain als Nachfolger Baldwins das Amt des britischen Premierministers. »Es war seine alles durchdringende Hoffnung«, schrieb Churchill später über Chamberlain, »als großer Friedensstifter in die Geschichte einzugehen, und dafür war er bereit, sich immer wieder gegen alle Tatsachen zu stellen und große Risiken für sich und sein Land einzugehen.«[21]

Es ist nicht nötig, im einzelnen die von Chamberlain eingeleiteten Verhandlungen mit Deutschland nachzuzeichnen, einschließlich des Berchtesgaden-Besuchs des britischen Außenministers Halifax im November 1937. Es genügt, die Gründe für das Scheitern Chamberlains deutlich zu machen.

Im Verlauf des Jahres 1937 gewann die Diskussion über die Rückgabe der deutschen Kolonien an Bedeutung, welche ihnen nach dem Ersten Weltkrieg von den Siegermächten abgenommen worden waren. In Deutschland hatte eine gezielte Propaganda, die an die Agitation des Flottenvereins im Jahrzehnt vor dem Ersten Weltkrieg erinnerte, eine regelrechte Kolonialeuphorie ausgelöst. Auch besonnene Männer wie beispielsweise Schacht sahen in der Gewinnung von Kolonien ein Mittel zur Überwindung der wirtschaftlichen Probleme Deutschlands und eine Alternative zu Hitlers Eroberungsplänen im Osten. Hitler unternahm nichts gegen diese Propaganda, da sie geeignet war, London und Paris in dauerhafte Anspannung und Irritation zu versetzen. Er war auch bereit, sich die Kolonien zurückerstatten zu lassen, vorausgesetzt, daß an die Rückgabe keine Bedingungen geknüpft sein würden. Er dachte jedoch nicht daran, sich durch Zugeständnisse auf kolonialem oder wirtschaftlichem Gebiet von seinen Eroberungsplänen im Osten abbringen zu lassen.

Die Briten beabsichtigten, wie Hitler sehr wohl durchschaute, die Rückgabe der deutschen Kolonien – falls es dazu kommen sollte – zum Bestandteil einer umfassenden Friedensregelung zu machen. Der wichtigste deutsche Beitrag hierzu sollten die Abkehr von den osteuropäischen Plänen, die Rückkehr in den Völkerbund und das Bekenntnis zur friedlichen Lösung aller Probleme auf dem Verhandlungsweg sein. Doch die Briten erreichten mit ihren Vorstößen lediglich, Hitler in der Überzeugung zu bestärken, London werde trotz der Ablehnung der deutschen Expansionspläne niemals das Risiko eines Krieges eingehen, um diese Pläne zu durchkreuzen. Andererseits mußte er einsehen, daß England ihm in Europa auch nicht freie Hand gewähren würde; das aber wäre die einzige Grundlage für eine Vereinbarung gewesen, die Hitler interessiert hätte.

In einem für Hitler bestimmten Aktenvermerk vom 2. Januar 1938 schrieb Ribbentrop, Deutschland müsse jede Hoffnung auf eine Verständigung mit England begraben. Statt dessen müsse man versuchen, ein Netz gegen England gerichteter Bündnisse zu weben, aufbauend auf den bereits bestehenden Abkommen mit Japan und Italien. Der Vorschlag zu einem Bündnis mit Japan war von Ribbentrop ausgegangen, der im Sommer 1935 auf eigene Faust Gespräche mit dem japanischen Botschafter in Berlin, Oshima, geführt hatte. Die Sache nahm in der Folge die Gestalt eines gegen die Sowjetunion zielenden sogenannten Antikomintern-Paktes an. Das Auswärtige Amt und die Wehrmachtführung erhoben heftigen Widerspruch gegen solche Pläne; sie verwiesen auf die seit vielen Jahren bestehenden guten Beziehungen zu China, wie sie etwa in der engen Zusammenarbeit Tschiang Kai-scheks mit deutschen Militärberatern oder im deutsch-chinesischen Handel zum Ausdruck kamen. Gleichwohl erhielt Ribbentrop mit einjähriger Verzögerung Hitlers Zustimmung.

Der Antikomintern-Pakt, dem beizutreten andere Mächte ausdrücklich aufgefordert wurden, wurde am 25. November 1936 unterzeichnet und war der besondere Stolz seines Initiators Ribbentrop. Er sah eine deutsch-japanische Zusammenarbeit bei der Zurückdrängung der Kommunistischen Internationale vor – gewissermaßen ein nachträgliches Pendant zu der von Stalin in Spanien angewandten Taktik, die Komintern als Tarnkappe für militärische Interventionen zu benutzen. Die Bekanntgabe des Pakts machte Schlagzeilen. Überall war man überzeugt, daß das Vertragswerk entgegen aller anderslautenden Beteuerungen Geheimklauseln enthalte. Es gab sie tatsächlich: Beide Vertragspartner verpflichteten sich, im Falle eines unprovozierten sowjetischen Angriffs oder einer Angriffsdrohung gegen den Vertragspartner den Russen keinen Beistand zu leisten. Ein weiterer geheimer Zusatz enthielt freilich einschränkende Formulierungen, die diese Verpflichtung wieder relativierten: Bei Vorliegen bestimmter Voraussetzungen sei es beiden Vertragspartnern freigestellt, »ihren eigenen Weg zu gehen«.[22]

Was die Verwirklichung, die Umsetzung des Pakts anging, so blieb es auf deutscher Seite lange umstritten, ob man die seit zwei Jahrzehnten guten Beziehungen zu China weiter pflegen oder für ein Bündnis mit Japan opfern sollte, dessen Einfluß damals zu steigen begann. Göring, der sich zunächst ganz für Japan eingesetzt hatte, begann seine Haltung zu überdenken, nachdem die HAPRO, die deutsche Agentur für den Handel mit Nationalchina, aus der Zuständigkeit des Kriegsministeriums in die der Vierjahresplanbehörde übergegangen war. Er erkannte, wie wertvoll die chinesischen Rohstoffe waren, zum Beispiel Wolfram, außerdem die Devisen, die man für Rüstungs- und Industrieprodukte von China erlöste. Doch Ribbentrop gab nicht nach, und im November 1937 konnte er auch Mussolini zur Unterzeichnung des Paktes bewegen; Ribbentrop nannte ihn »die Allianz der aggressiven Völker gegen die saturierten Länder«. Die Italiener ihrerseits schätzten den Pakt mit Japan als ein potentielles Druckmittel gegen die britischen und französischen Interessen im Fernen Osten. Ribbentrop sprach von einem »Welt-Dreieck«, und in einer für Hitler bestimmten Jahresbilanz wandte er diesen Gedanken vor allem gegen die britische Seemacht: England sehe seine ostasiatischen Besitzungen jetzt von Japan, seinen Seeweg durch das Mittelmeer von Italien und das Mutterland, die britischen Inseln, von Deutschland bedroht.«[23]

Die geschichtliche Wirklichkeit freilich blieb weit hinter den Hoffnungen oder Befürchtungen, die der Antikomintern-Pakt ausgelöst hatte, zurück. Die Tatsache, daß weder der Abschluß des Hitler-Stalin-Pakts von 1939 noch der japanische Überfall auf Pearl Harbor den Bündnispartnern im voraus angezeigt wurde, beweist, daß in der Praxis die Eigenständigkeit und Freiheit der Partner mehr zählte als die Verpflichtung zu gemeinsamem Handeln. Im Rückblick ist man deshalb versucht, die Bedeutung zu unterschätzen, die diesem Pakt in den späten dreißiger und frühen vierziger Jahren zukam. Immerhin aber zwang er die anderen Mächte, die Möglichkeit einer globalen Zusammenarbeit zwischen den drei Signatarstaaten ins Auge zu fassen, eine für die Briten und Franzosen mit ihren Kolonialreichen ebenso beunruhigende Perspektive wie für die UdSSR.

Der Pakt verstärkte außerdem den allgemeinen Eindruck, daß Deutschland binnen weniger als fünf Jahren zur stärksten Macht Europas und Hitler zu seinem erfolgreichsten politischen Führer aufgestiegen sei. Im Ausland machte man sich vielleicht übertriebene Vorstellungen vom Ausmaß der deutschen Aufrüstung, aber das war ein Tribut an den Eindruck des Selbstbewußtseins und der Stärke, den Hitler und sein Regime vermittelten und der in auffälligem Kontrast zur Verzagtheit der übrigen Staatengemeinschaft stand. Alle schienen wie gebannt auf Deutschland zu starren und sich zu fragen, was es als nächstes tun würde. Als deutsche Flugzeuge Guernica bombardierten und deutsche Kriegsschiffe im Mai 1937 Almeria beschossen – als Vergeltung für einen Angriff der spanischen Republikaner auf die *Deutschland*, der 31 Todesopfer gefordert hatte –, waren die Menschen allenthalben schockiert, in gewissem Sinne aber auch beeindruckt.

Die Sowjetunion erschien im Gegensatz dazu isoliert, ihre politische Führung durch die grassierenden Verratsanklagen und Säuberungen gelähmt. Litwinow drängte bei einem Paris-Besuch im Mai 1937 die Franzosen, in engere Zusammenarbeit mit der Roten Armee zu treten und endlich die notwendigen Kontakte herzustellen, die zwei Jahre nach Abschluß des französisch-sowjetischen Abkommens noch immer nicht etabliert waren. Kaum war er abgereist, da erfuhren die Franzosen, daß auf Befehl Stalins die gesamte Kommandostruktur der Roten Armee zerschlagen worden war. Im März 1938 berichtete der amerikanische Botschafter in Moskau, Litwinow habe sich darüber beklagt, daß »Frankreich kein Vertrauen zur Sowjetunion und die Sowjetunion kein Vertrauen zu Frankreich« habe.[24]

Der Antikomintern-Pakt unterstrich, so schien es wenigstens, wie sehr

Stalin und die Sowjetunion, gemessen an den Erfolgen Hitlers, an Boden verloren hatte. Als es jedoch darauf ankam, zeigte sich, daß der Pakt entgegen aller Versprechungen die gemeinsame Ausrichtung der japanischen und der deutschen Politik nicht gewährleistete. Im Gegenteil: Es war nur die erste von vielen Enttäuschungen, die er Ribbentrop bescherte – und zugleich einer der seltenen außenpolitischen Erfolge Stalins.

Fast ein Jahrzehnt lang, in dessen Verlauf die Japaner die Mandschurei erobert hatten, war das Verhältnis zwischen der Sowjetunion und dem China Tschiang Kai-scheks durch das Massaker, das letzterer 1927 unter den chinesischen Kommunisten angerichtet hatte, belastet gewesen. 1936 hatten Meldungen über Waffenstillstandsverhandlungen zwischen Tschiang und den Japanern die Russen aufgeschreckt. Ein Waffenstillstand hätte den Japanern die Chance geboten, mit ungeteilter Aufmerksamkeit die militärischen Schwächen der sowjetischen Fernost-Territorien zu erproben, und Tschiang hätte darangehen können, den Kommunisten, die sich nach ihrem »Langen Marsch« im Nordwesten Chinas festgesetzt hatten, den Garaus zu machen. Sowjetische Versuche, Tschiang zu einem gemeinsamen Vorgehen gegen die Japaner zu bewegen, waren auf Ablehnung gestoßen. Der Generalissimus hatte bereits die Truppenteile ausgewählt, die den Schlag gegen die inneren Feinde führen sollten.

Der von Tschiang ausersehene Kommandeur, ein ehemaliger Söldnerführer aus der Mandschurei namens Tschang Hsueh-ling, war mit dem Aktionsplan indessen nicht einverstanden. Als Tschiang im Dezember 1936 zu Tschangs Hauptquartier flog, um ihn zu überzeugen, setzte dieser ihn gefangen – das war der sogenannte Zwischenfall von Sian. In den sich anschließenden Verhandlungen war es vor allem Tschou En-lai, rechte Hand des Kommunistenführers Mao Zedong, der Tschiang durch geduldiges Überreden bewog, seinen politischen Kurs zu revidieren und mit den chinesischen Kommunisten gemeinsame Sache gegen Japan zu machen.

Die Japaner ließen den neuen Bundesgenossen keine Zeit, in Stellung zu gehen, sondern griffen am 7. Juli 1937 an, und trotz aller deutschen Bemühungen, zwischen Nanking und Tokio zu vermitteln, richteten sich die Japaner im Verlauf des Winters 1937/38 zunehmend auf das Ziel ein, Tschiang zu schlagen und zu stürzen. Die Deutschen gaben ihren japanischen Bündnispartnern zu verstehen, der Waffengang in China werde ihrer Ansicht nach die Ausbreitung des Kommunismus eher fördern als verhindern. Im August schlossen die Russen ein Nichtangriffs- und Freundschaftsabkommen mit Tschiang, wodurch sowjetische Waffen, Kredite und Ausbilder nach China kamen, wenn auch nicht in größerem Umfang. In den Augen Stalins hatte das nicht nur den Vorteil, der Sowjetunion erstmals nach dem Fiasko von 1927 wieder einen Zugang nach China zu eröffnen, sondern auch den weiteren Vorzug, das japanische Augenmerk von den Gebieten des russischen Fernen Ostens abzulenken. Die Gefahr eines japanischen Angriffs war bis Pearl Harbor nie völlig gebannt; aber während im Verlauf der dreißiger Jahre Grenzzwischenfälle mehrmals eine unmittelbare Kriegsgefahr heraufbeschworen hatten, war die Gefahr jetzt in die Ferne gerückt.

Hitlers Außenpolitik in den Jahren 1936 und 1937 stand nach wie vor unter dem unbedingten Gebot, die für die Wiederaufrüstung erforderliche Zeit und Bewegungsfreiheit zu gewinnen. In den letzten Monaten des Jahres 1937 begann er allerdings darüber nachzudenken, ob er nicht einen anderen Weg einschlagen sollte; er erwog die Möglichkeit, mittels der wachsenden militärischen Stärke Deutschlands und der darin liegenden unausgesprochenen Gewaltandrohung eine aggressivere Außenpolitik zu betreiben. Dies wiederum führte dazu, daß sich in den anderen Ländern eine Überzeugung durchsetzte, die sich im Grunde bis zum Kriegsende unangefochten hielt und besagte, daß Deutschland bei der Mobilmachung seiner Wirtschaft und seiner Streitkräfte für den Krieg weit rascher voranschreite als alle anderen Länder.

In Wirklichkeit stellten die Deutschen ihre Wirtschaft erst Anfang 1942 voll auf die Bedürfnisse der Kriegsproduktion um. Erst danach wurden der Wirtschaft wichtige, bis dahin ungenutzte industrielle Ressourcen zugeleitet. Daher erzielte Deutschland in den Jahren 1943/44, als der anglo-amerikanische Bombenkrieg seinen Höhepunkt erreichte, seine größten Produktionszuwächse. Eine Tabelle, aus der die Steigerung der Gesamt-Rüstungsproduktion zwischen 1942 und 1944 deutlich wird, wobei die Werte für den Januar/Februar 1942 als Ausgangspunkt genommen und mit hundert Prozent veranschlagt werden, belegt die bemerkenswerte Entwicklung:

Januar/Februar 1942: 100
Juli 1942: 153
Juli 1943: 229
Juli 1944: 322

Von diesen Zahlen waren Briten und Amerikaner höchst überrascht, als sie nach dem Krieg zutage traten. Die ganze Welt hatte sich von der deutschen Propaganda blenden lassen, die in den späten dreißiger Jahren den Eindruck überlegener militärischer Stärke erweckt und so der Hitlerschen Diplomatie einen zwingenderen Charakter verliehen hatte. Als der Krieg dann tatsächlich begann, setzten die Deutschen ihre propagandistischen Mittel ähnlich wirkungsvoll ein, um den Blitzkrieg zu mystifizieren und Angst und Schrecken zu verbreiten.

Diese Erklärung allein ist freilich zu einfach. Denn selbst wenn man die Einschätzungen der deutschen Kriegsstärke, die unter dem Eindruck der Propaganda zu hoch gegriffen waren, auf realistische Größenordnungen reduziert, bleibt immer noch eine erstaunliche Leistung. Binnen sechseinhalb Jahren waren aus der 100 000 Mann (7 Divisionen) starken Reichswehr, die der Versailler Vertrag gestattet hatte, 2,75 Millionen kriegsbereite Soldaten geworden, wobei die Luftwaffe noch nicht einmal mitgerechnet ist. Unter den 103 Divisionen dieser Streitmacht waren sechs gepanzerte und vier voll motorisierte. Zur selben Zeit verfügte die aus dem Nichts aufgebaute Luftwaffe über 4 000 Kampfflugzeuge modernster Bauart, die zu 90 Prozent einsatzbereit waren.

Der Fehler der anderen Mächte lag nicht so sehr darin, daß sie die Kriegsbereitschaft Deutschlands 1939 überschätzten, als darin, daß sie deren Wesen mißverstanden. Sie gingen davon aus, daß mit der militärischen Mobilmachung auch eine wirtschaftliche von vergleichbarem Umfang verbunden war; sie trafen nicht die wichtige Unterscheidung zwischen »Breitenrüstung« und »Tiefenrüstung«. Ersteres machten die Deutschen, letzteres 1938 die Briten, allerdings nur widerstrebend und in dem fälschlichen Glauben, die Deutschen hätten dasselbe getan. Die Deutschen suchten ein relativ hohes Rüstungsniveau aufrechtzuerhalten, um die dringlichsten Probleme ihrer Streitkräfte zu lösen, die oft über bedenklich geringe Reservebestände an Waffen, Munition und Treibstoff verfügten, und hatten im Gegensatz zu den Briten noch nicht mit jenen Investitionen in grundlegend neue Fabrikationsanlagen und mit jener Reorganisation der Industrie begonnen, die im Hinblick auf die industrielle Massenproduktion für einen langen Krieg erforderlich war.

Aus dem Ersten Weltkrieg hatte Hitler die Lehre gezogen, daß Deutschland einen längeren Krieg vermeiden müse. Es könne ihn auf die Dauer nicht durchstehen, weil es nicht über die erforderlichen strategischen Rohstoffe verfüge – von der Kohle abgesehen – und seine Bevölkerung nicht voll ernähren könne, wenn es durch eine Wirtschaftsblockade vom Welthandel abgeschnitten wurde. Hitler setzte daher auf das Konzept des Blitzkrieges, auf schnelle Feldzüge gegen jeweils einen Gegner, den man zuvor diplomatisch isoliert hatte, um ihn dann in einem einzigen, überraschend und mit geballter Kraft vorgetragenen Anlauf zu überrollen.

Man kann die Faszination, die das Blitzkriegs-Konzept auf Hitler ausübte, unschwer nachvollziehen. Ein kurzer, konzentrierter Krieg, ja selbst eine Abfolge mehrerer solcher Blitzkriege ließ sich verkraften, ohne daß man die gesamte Wirtschaft auf die Kriegsproduktion umstellen und die knappen Vorräte an strategischen Rohstoffen völlig ausschöpfen mußte. Zudem mußten der Zivilbevölkerung nicht allzu große Opfer zugemutet werden – ein wichtiger Gesichtspunkt für ein Regime, das seit jeher auf seine Popularität bedacht war.

Was aber, wenn Deutschland wider Willen erneut in einen langjährigen Krieg hineingezogen werden sollte? Unter denen, die sich diese Frage stellten, war der Oberst und spätere General Georg Thomas, der in zentraler Position an der Planung der deutschen Wiederaufrüstung mitwirkte und 1939 zum Leiter eines Wirtschaftsstabes im Kriegsministerium berufen wurde; später rückte er ins Oberkommando der Wehrmacht auf und übernahm bei Kriegsbeginn dort die Leitung des Wehrwirtschafts- und Rüstungsamts.

Es war Thomas, der 1936 als erster die begriffliche Unterscheidung zwischen »Breitenrüstung« und »Tiefenrüstung« (letzteres im Sinne einer in die Tiefe gehenden wirtschaftlichen Vorsorge für den Kriegsfall) getroffen und erklärt hatte, die verkannte Unumgänglichkeit einer rechtzeitigen »Tiefenrüstung« habe im Ersten Weltkrieg die Siege des deutschen Heeres entwertet, das zuvor eine makellose Mobilmachung durchgeführt und sich im Feld beispielhaft geschlagen habe. Hitler begehe, so Thomas weiter, den gleichen Fehler. 1943 wurde Thomas seines Amtes enthoben, gleichsam zur Strafe dafür, daß er Recht behalten hatte. Unmittelbar nach der deutschen Niederlage resümierte er seine Erfahrungen. Im sogenannten Führerstaat, so schrieb er, habe in wirtschaftlichen Dingen von einer Führung nicht die Rede sein können, da auf unbeschreibliche Weise durch Doppelzuständigkeiten Kräfte vergeudet und gegeneinander gearbeitet worden sei. Hitler habe die Augen vor der Notwendigkeit jeder langfristigen Planung verschlossen, Göring nichts von Wirtschaft verstanden und die von Amts wegen Verantwortlichen hätten keine Entscheidungsmacht besessen.[25] Spätere historische Forschung hat diese Diagnose bestätigt und deutlich gemacht, daß die Wehrmachtsführung für die mangelhafte Rüstungsplanung ebenso verantwortlich war wie Hitler und Göring.[26]

Die Pläne für den Aufbau einer Wehrmacht in einer Friedensstärke von 21 Divisionen als Fundament für eine 63-Divisionen-Streitmacht im Kriegsfall stammten vom Oberkommando des Heeres. Rüstungswirtschaftlich war die Entscheidung für ein Heer mit 21 Divisionen allerdings schon 1932 gefallen, also noch vor der Machtergreifung Hitlers. Doch für ein Kriegsheer von dreifacher Größe, für seine Bewaffnung und Versorgung existierte noch kein vergleichbares Konzept.

Dem Entschluß, den Hitler schließlich faßte, folgte die Aufstellung eines Feldheers, das wesentlich größer war als das, mit dem Deutschland 1914 in den Krieg gegen Frankreich, Rußland und England eingetreten war. Sie wurde tatsächlich zum vorgesehenen Zeitpunkt, im Oktober 1939, erreicht; noch immer aber fehlte der notwendige Unterbau in Gestalt eines rüstungswirtschaftlichen Konzepts, wie ein solches Riesenheer auf die Dauer versorgt und erhalten werden könne. Trotz der immensen Geldsummen, die in die deutsche Wiederaufrüstung flossen – sie waren 1938 bereits höher als die Militärausgaben irgendeines anderen Landes und verschlangen 52 Prozent der Staatsausgaben und 17 Prozent des Bruttosozialprodukts –, wurde zu keinem Zeitpunkt eine volkswirtschaftliche Gesamtplanung durchgeführt, in der das Tempo und der Umfang der Rüstungsmaßnahmen mit der gesamtwirtschaftlichen Leistungsfähigkeit Deutschlands in Bezug gesetzt oder die Forderungen der verschiedenen Waffengattungen in eine Rangfolge gebracht worden wären. Vielmehr setzte jede der drei Waffengattungen ihre Ziele nach eigenem Gutdünken fest, ohne sich um die Vorgaben der beiden anderen zu kümmern. In wechselseitiger Konkurrenz versuchten alle, die Zuteilung der erforderlichen Mittel, Investitionen und Rohstoffe in ihrem Sinn zu steuern. Göring, den Hitler nach der Ablösung Schachts zum Kopf der wirtschaftlichen Planung ernannt hatte, war entschlossener als jeder andere – war er doch zugleich Oberbefehlshaber der Luftwaffe –, jeden Versuch einer zentralen Leitung zu hintertreiben.

Die Abstimmung verschiedener Waffengattungen ist allerdings ein Problem, an dem schon viele Regierungen gescheitert sind. Nur wenige haben eine zufriedenstellende Lösung gefunden. Einer in den dreißiger und vierziger Jahren populären, aber naiven Auffassung zufolge tun sich Diktaturen mit der Lösung dieses Problems leichter als Demokratien. In Wirklichkeit erwies sich gerade hier, wie unfähig zumindest Hitler war, seine Machtvollkommenheit als Diktator in vernünftige Resultate umzusetzen. Immerhin war doch die Wiederaufrüstung Deutschlands, anders als die alltägliche Verwaltung, mit der Hitler sich nicht abgeben wollte, ein Kernbereich seiner Politik und eine unabdingbare Voraussetzung für die Durchführung seines außenpolitischen Programms. Dazu kam, daß er von Fragen militärischer Technik fasziniert war; so erkannte er sehr schnell den Wert des von General Guderian entwickelten Konzepts selbständig vorstoßender Panzerdivisionen und lieh ihm seine volle Unterstützung. Es heißt auch, von Hitler stamme die Anregung, Panzer und Panzerabwehrwaffen mit einer umgebauten Version der deutschen 88mm-Flugabwehrkanone auszurüsten, woraus eine der erfolgreichsten Waffen des Zweiten Weltkriegs entstand. Wenn überhaupt irgendwo, dann hätte Hitler in diesem Bereich entschlossen seine Führerschaft geltend machen müssen, denn er war der einzige, der die Chefs der konkurrierenden Waffengattungen hätte zwingen können, sich einer souveränen Gesamtplanung für die Zuteilung von Ressourcen und Produktionskapazitäten unterzuordnen. In Wirklichkeit wetteiferten alle militärischen und zivilen Ämter um die Zuweisung von Materialien, qualifizierten Arbeitskräften und Geldmitteln; klare Zuständigkeitsabgrenzungen wurden nicht vorgenommen, Prioritäten nicht durchgesetzt. Die Wirtschaft kann somit als das schlagendste Beispiel für jene »autoritäre Anarchie« und jenes »administrative Chaos« gelten, welche diese Diktatur hinter der glänzenden Fassade verbarg.

Hitler betraute Göring mit der Verantwortung für den rüstungswirtschaftlichen Bereich und bat sich aus, möglichst wenig mit Einzelentscheidungen behelligt zu werden. Göring indes war der letzte, der in der Lage gewesen wäre, die Schwächen Hitlers aufzuwiegen. Daß er von wirtschaftlichen Dingen nichts verstand und über keinerlei industriepolitische Erfahrung verfügte, hielten er und Hitler nicht etwa für einen Nachteil, sondern für ein besonderes Qualifikationsmerkmal hinsichtlich der Aufgabe, einen zweiten Wirtschaftssektor unabhängig von dem zuständigen Ministerium aufzubauen. Letzten Endes sei, wie Hitler zu betonen nie müde wurde, die Überwindung wirtschaftlicher Schwierigkeiten eine Sache des Willens. Wenn Ehrgeiz ein Maßstab für Willensstärke ist, dann besaß Göring davon eine ganze Menge. Darauf erpicht, sich die Position des zweiten Mannes hinter Hitler zu sichern, lud er sich Verantwortlichkeiten auf, die weit über seine Leistungsfähigkeit hinausgingen. Um sich unentbehrlich zu machen, maßte er sich überdies die Entscheidungsgewalt in Fragen an, die er mangels technischer Kompetenz gar nicht sachgerecht beurteilen konnte. Und um Hitler gegenüber nicht an Glaubwürdigkeit zu verlieren, ging er sogar so weit, Informationen zu unterdrücken und etwa gefälschte Vergleichszahlen über die deutsche und die feindliche Flugzeugproduktion vorzulegen, ein Kunstgriff, den seine Untergebenen bald zu imitieren lernten.

Daß Göring als Oberbefehlshaber der Luftwaffe einen bedeutenden Teil an den verfügbaren Ressourcen beanspruchte, wurde bereits als einer jener Faktoren erwähnt, die einer zentralen Koordination entgegenstanden; doch ließe sich immerhin vermuten, daß dies die Aufrüstung der Luftwaffe besonders erfolgreich gemacht hätte. Das Gegenteil war der Fall: Gerade die Luftrüstung entpuppte sich als das grellste Beispiel für Görings Unfähigkeit. Eifersüchtig auf alle, die über das Wissen und die Erfahrung verfügten, die ihm mangelten, zog Göring es vor, seine Adjutanten und Ratgeber unter Leuten zu suchen, die sich ihm restlos unterordneten und seine Unkenntnis nicht bloßstellen konnten.

Doch war nicht nur die Unzulänglichkeit Görings dafür verantwortlich, daß der Vierjahres- und der Nachfolgeplan Hitlers Hoffnungen nicht erfüllten. Das wirkliche Problem war ein strukturelles. Die verschiedenen militärischen Verwaltungsapparate verbrachten einen beträchtlichen Teil ihrer Zeit damit, die Ansprüche anderer Waffengattungen auf Rohstoffe, Arbeitskräfte und weitere Wirtschaftsressourcen zugunsten ihrer eigenen abzuwehren. 1941 flossen rund sechzig Prozent aller von den Streitkräften ausgegebenen Gelder in die Verwaltung; nur acht Prozent des Verteidigungshaushalts des Jahres 1940 wurden für Waffenkäufe aufgewendet.[27] Hitler war nie bereit, durch Interventionen Abhilfe zu schaffen, ebensowenig wie zur Zügelung der zahllosen Rivalitäten innerhalb der zivilen Verwaltung. Einer von vielen Gründen dafür war sicherlich die Tatsache, daß in dem beständig wachsenden Heer der militärischen und zivilen Beamten und Funktionäre zahlreiche Parteimitglieder Unterschlupf fanden.

Sowohl die Heeres- als auch die Luftwaffenführung verabscheute und verachtete Dinge wie Massenproduktion, Schichtarbeit und standardisierte Bauteile; man ließ sich die Maschinen lieber von kleinen Firmen mit hochqualifizierten Facharbeitern bauen, die technische und konstruktive Änderungen kurzfristig berücksichtigen konnten. Auch noch in den Kriegsjahren, als Flugzeuge in wesentlich höheren Stückzahlen produziert wurden, hielt man am Grundsatz der »manufakturiellen« Fertigung fest. Eines von vielen Beispielen: In einem Flugzeug vom Typ Junkers 88, einem mittelgroßen Bomber, fanden 4 000 unterschiedliche Schrauben und Bolzen Verwendung, die alle von Hand eingedreht oder vernietet wurden. Die Automaten, die für die Erledigung solcher Arbeiten entwickelt worden waren, standen zwar zur Verfügung, wurden aber nicht eingesetzt. Solche altmodischen Fertigungstechniken waren nicht nur sehr teuer, sondern auch rohstoffverschwendend.

Widerstand gegen die Maßnahmen, die zur Behebung der Mängel erforderlich gewesen wären, ging nicht nur von den Waffengattungen aus, sondern auch von der NSDAP. Die Gauleiter betrachteten sich als Schutzherren der in ihrem Machtbereich ansässigen Wirtschaftsunternehmen. Wann immer versucht wurde, die Rüstungsfertigung durch Produktionsverlagerungen zu konzentrieren, protestierten sie hartnäckig, sofern ihr Gau dadurch Verluste zu erwarten hatte. Und wenn diese Parteiführer unbeirrbar an gewissen grandiosen Bauvorhaben festhielten, die wertvolle Ressourcen verschlangen und deshalb von General Thomas kritisiert wurden, dann taten sie schließlich nur im kleinen das, was Hitler ihnen im großen vormachte. Mit ebenso großem Nachdruck wandten sie sich auch gegen jedes Zurückschrauben der Konsumgütererzeugung, gegen Lebensmittelrationierungen, gegen die Einziehung von Arbeitsdienstpflichtigen und gegen schlechthin alles, was den Lebensstandard der Bevölkerung zu mindern drohte. Während in England bereits Frauen für die Munitionsproduktion geworben und später sogar für kriegswichtige Arbeiten dienstverpflichtet wurden, untersagte Hitler den deutschen Behörden vergleichbare Maßnahmen, so daß es bei Kriegsende in Deutschland noch zweieinhalb Millionen Hausmädchen und Haushaltshilfen gab, die nie zur Arbeit in rüstungswichtigen Betrieben eingezogen worden waren.

Die Vierjahresplanbehörde und die Reichswerke Hermann Göring waren für Hitler die nationalsozialistische Antwort auf die Überzeugung der Unternehmer und Industriellen, ihre Betriebe würden für die Aufrüstung unentbehrlich sein. Im Grunde signalisierte der Vierjahresplan die Aufkündigung jener Allianz mit den Großen der deutschen Wirtschaft, die dem Neuen Plan Schachts und dem Wirtschaftsaufschwung der Jahre 1933 bis 1935 zugrunde gelegen hatte.

Von einigen bemerkenswerten Ausnahmen wie Carl Krauch und der I.G. Farben abgesehen, wurden die führenden deutschen Industriellen von jeder maßgeblichen Mitwirkung an der deutschen Kriegsrüstung ausgeschlossen, ihrer Planung wie auch ihrer Durchführung. Viele der Nationalsozialisten, die Göring für die Vierjahresplanbehörde und für den Aufbau der Reichswerke rekrutierte, kamen aus dem antikapitalistischen Flügel der Partei, waren Mittelständler und überzeugte Gegner der Großindustrie. Gewiß, auch die Großkonzerne erhielten Rüstungsaufträge und führten sie aus, aber das Regime verzichtete weitgehend darauf, den Sachverstand der Männer, die eine der größten und modernsten Industrien der Welt leiteten, für seine Zwecke zu nutzen. Die Wirtschaftsführer wiederum zogen sich, da ihnen die Mischung aus Ignoranz und Arroganz nicht imponierte, die Göring und seine Leute an den Tag legten, überwiegend in ihre Betriebe und Büros zurück. Sie taten, was von ihnen verlangt wurde, ohne sich son-

Fritz Todt und Albert Speer gehörten lange dem innersten Kreis um Hitler an und blieben doch Außenseiter. Todt, als Ingenieur ausgebildet, war schon 1922 zur Partei gestoßen, und Hitler erwies ihm die seltene Ehre, einer ganzen Parteiorganisation seinen Namen zu verleihen. Der »Schöpfer« der Reichsautobahn war als Reichsminister für Bewaffnung und Munition ein bemerkenswerter Organisator, der schon 1942 sah und sagte, daß der Krieg verloren sei. Der junge Speer, ehrgeizig und machthungrig, drängte solche Zweifel über den Ausgang des Krieges bis ganz zuletzt zurück, und tatsächlich gelang es ihm als Nachfolger Todts, die deutsche Rüstung im Herbst 1944 auf ihren Höhepunkt zu führen.

derlich um Innovation und Rationalisierung zu bemühen, kümmerten sich um die Interessen ihrer Firmen und zogen hohe Gewinne aus der Inkompetenz jener Bürokratie, von der sie ihre Aufträge erhielten.

Wieviel Schaden die deutsche Rüstung dadurch erlitt, zeigte sich erst, als Hitler sich im Winter 1941/42 von Göring abwandte und die Entwicklung und Produktion von Rüstungsgütern zunächst Todt und dann Speer übertrug. Sie begannen, in völliger Abkehr von der bisherigen Linie, den Grundsatz der »Selbstverantwortlichkeit der Rüstungsindustrie« durchzusetzen, wie Todt es formulierte. Das bedeutete, daß sie Ausschüsse mit dem Auftrag einrichteten, in allen industriellen Bereichen die Produktion zu rationalisieren und zu verbessern, und daß sie versuchten, für diese Ausschüsse hervorragende Industriemanager zu gewinnen, häufig als Vorsitzende. Erst als dieser Wechsel vollzogen war und die Deutschen den Ernst der Lage erkannten, fand der Übergang zu einer echten Kriegswirtschaft statt, und die Produktionsziffern begannen drastisch anzusteigen. Das geschah allerdings erst nach dem gescheiterten Blitzkrieg gegen Rußland, zu spät also, um den Ausgang des Krieges noch zu beeinflussen. Speer meinte später, wenn diese Schritte früher eingeleitet worden wären, und die deutsche Kriegsproduktion zum Zeitpunkt des Überfalls auf die Sowjetunion auf vollen Touren gelaufen wäre, hätte »Hitler ohne weiteres eine doppelt so stark gerüstete Streitmacht ins Feld führen können«.[28]

Nach diesem Exkurs über die Schwächen des deutschen Rüstungsprogramms ist es ein Gebot der Ausgewogenheit, auch auf dessen Leistungen zu verweisen. Wie gut ein Rüstungsprogramm ist, zeigt sich letzten Endes auf dem Schlachtfeld, und hier demonstrierten die deutschen Armeen in den Jahren 1939 bis 1941 eine Schlagkraft wie nur wenige vor ihnen. Neben der wiederhergestellten militärischen Stärke Deutschlands trugen dazu auch noch einige andere Faktoren bei, namentlich jene politischen und psychologischen Voraussetzungen, in deren Schaffung Hitler ebenso unbestreitbar ein Meister war wie in wirtschaftlichen Dingen ein Dilettant. Inwieweit und mit welchem Erfolg es gelang, die dadurch geschaffenen Chancen auch zu nutzen, hing freilich von der Leistungsfähigkeit jenes Instrumentariums ab, das die Wehrmachtführung sich geschaffen hatte, und vom Geschick seiner Handhabung. Die Bilanz der ersten drei Jahre wies eine ununterbrochene Reihe von Erfolgen aus, von der Besetzung Österreichs im Februar 1938 bis etwa zur Eroberung Kiews im Herbst 1941. Das Scheitern der deutschen Luftwaffe über England war der einzige Makel in dieser Erfolgsserie, die die Russen mit ihrer Gegenoffensive vor Moskau im Dezember 1941 beendeten.

Vergleicht man die Rüstungsanstrengungen der anderen europäischen Mächte in den dreißiger Jahren, so bestätigt sich, daß das NS-Regime durch seine forcierte Wiederaufrüstung einen gewissen Vorsprung gewonnen hatte, allen Mängeln zum Trotz, die später in Erscheinung treten sollten. Hitler wußte wohl, daß die anderen diesen Vorsprung binnen kurzem aufgeholt haben würden. Dennoch konnte er sich, rechtzeitig in die Waagschale geworfen, entscheidend auswirken.

Am interessantesten ist wahrscheinlich der Vergleich mit Rußland. Die Sowjetunion stand Ende der dreißiger Jahre wesentlich schwächer da als noch vier oder fünf Jahre zuvor. Zu Beginn der dreißiger Jahre hatten die Sowjets mehr Flugzeuge und Panzer gebaut als jede andere Macht. Während der erste Fünfjahresplan einen Rückgang der Verteidigungsausgaben gebracht hatte, vollzog sich im Rahmen des zweiten ein rasanter Anstieg, von 1,42 Milliarden Rubel 1933 auf 23,2 Milliarden 1938. Ein besonderer Schwerpunkt des Plans lag auf der Entwicklung einer autarken Rüstungsindustrie und auf der Errichtung neuer Fabrikationsstätten jenseits des Urals, außer Reichweite der Deutschen und der Japaner.

Die Jahre 1934 bis 1936 waren eine Blütezeit der Roten Armee. Unter dem Eindruck der Mandschurei-Krise und der Machtergreifung Hitlers billigte Stalin eine Truppenaufstockung von 600 000 auf 940 000 Mann 1934 und auf 1,3 Millionen 1935; dahinter stand eine nochmals doppelt so starke Reserve in Gestalt der Miliz, wenn auch mit ungewisser Kampfkraft. In der Führung der Roten Armee, vor allem im Umkreis Tuchatschewskis, wurden die von westlichen Militärtheoretikern vorgelegten Ideen über die Zukunft der Kriegführung studiert und lebhaft erörtert; man entwickelte eigene Konzepte für den Panzerkrieg, für die chemische Kriegführung, für die Zusammenarbeit von Luft- und Bodenstreitkräften, für den Einsatz von Luftlandetruppen sowie für den Aufbau einer selbständigen Bomberflotte.

Die Rote Armee war, so schien es zumindest, die einzige nationale Streitmacht in Europa, die der deutschen Wehrmacht ebenbürtig war. Sie stützte sich auf eine eigene Rüstungsindustrie, eine Rohstoffbasis, die eine praktisch totale Selbstversorgung ermöglichte, und auf das größte Volk der Welt. Wieviel Respekt dies Hitler einflößte, zeigt sich auch daran, daß Rußland in seiner Vierjahresplan-Denkschrift vom Juli 1936 einen breiten Raum einnimmt: »Der Marxismus habe sich«, schrieb er, »*durch seinen Sieg in Rußland eines der größten Reiche der Welt als Ausgangsbasis für seine weiteren Operationen geschaffen... Die militärischen Machtmittel dieses Angriffswillens steigern sich dabei in rapider Schnelligkeit von Jahr zu Jahr. Man vergleiche mit der heute tatsächlich geschaffenen Roten Armee die Annahmen des Militärs vor zehn oder fünfzehn Jahren, um die gefährlichen Ausmaße dieser Entwicklung ermessen zu können. Man überlege sich aber die Ergebnisse einer weiteren Entwicklung in zehn, fünfzehn oder zwanzig Jahren, um sich ein Bild der dann eintretenden Verhältnisse zu machen... Gegenüber der Notwendigkeit der Abwehr dieser Gefahr haben alle anderen Erwägungen als gänzlich belanglos in den Hintergrund zu treten... Das Ausmaß und das Tempo der militärischen Auswertung unserer Kräfte können nicht groß und nicht schnell genug gewählt werden!* Es ist ein Kapitalirrtum, zu glauben, daß über diese Punkte irgend ein Verhandeln oder ein Abwägen stattfinden könnte mit anderen Lebensnotwendigkeiten.«[29]

Die gesamte Argumentation, die Hitler in seiner Denkschrift vortrug, um die Notwendigkeit der deutschen Wiederaufrüstung und der wirtschaftlichen Mobilmachung zu begründen, stützte sich auf die militärische Stärke der Sowjetunion. Er stellte sie als eine Gefahr für die europäische Zivilisation dar, eine Gefahr, mit der nur Deutschland fertig werden könnte; doch fraglos spielte hier auch der Gedanke eine Rolle, daß ein militärisch starkes Rußland ihm die Verwirklichung seiner Lebensraum-Pläne im Osten verwehren könnte. Angesichts des Bildes, das Hitler 1936 von der Stärke der Roten Armee zeichnete, erscheint es als eine besonders ominöse Verkettung, daß Stalin sich 1937 entschloß, die gesamte Führung und das halbe Offizierskorps dieser Armee auszulöschen, ein Entschluß, der offenbar ohne jegliche Berücksichtigung außenpolitischer Konsequenzen gefaßt wurde. Die Tragweite der Säuberung bemißt sich nicht allein an der großen Zahl der Offiziere, die liquidiert wurden – es waren viele Tausend –, sondern auch und vor allem daran, daß Niveau und Kenntnisstand der sowjeti-

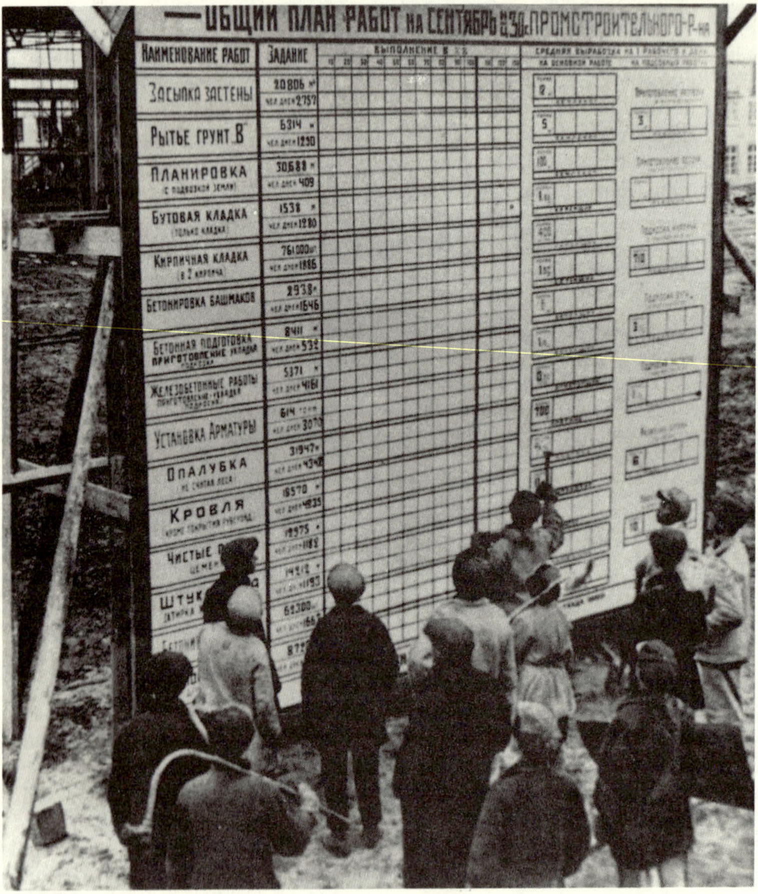

ПЯТИЛЕТКА В ДЕЙСТВИИ. НА ФРОНТЕ СОЦИАЛИСТИЧЕСКОГО СТРОИТЕЛЬСТВА.

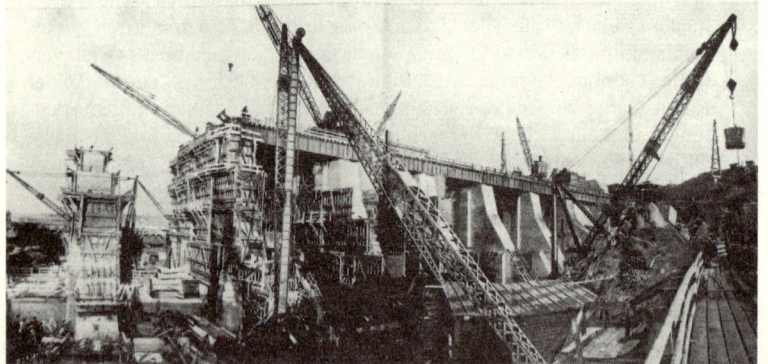

schen Militärführung schlagartig verfielen. Zu den ersten Opfern der Säuberung gehörten jene Soldaten, die sich am eifrigsten für neue Ideen eingesetzt und dadurch den Argwohn Stalins erregt hatten. Danach lag die Führung der Roten Armee in den Händen von Männern, die Paul Kennedy als »politisch zuverlässig, aber geistig rückständig« charakterisiert hat.

Stalin förderte weiterhin die Vermehrung und Bewaffnung seiner Truppen – der Anteil der Verteidigungsausgaben am Staatshaushalt stieg von 16,5 Prozent 1937 auf 32,6 Prozent 1940. Doch der Geist der Erneuerung, den die Armeeführung vor den Säuberungen propagiert hatte, war tot; blinder Gehorsam war an seine Stelle getreten. Mit Ausnahme Schaposchnikows, der im Mai 1937 zum Stabschef berufen wurde, zeichnete sich die neue Führung der Roten Armee »entweder durch Mittelmäßigkeit oder durch Mangel an Erfahrung« aus, wie John Erickson es formuliert hat. Dies offenbarte sich in der mangelhaften Auswertung der im Spanischen Bürgerkrieg gesammelten Erfahrungen, was nicht zuletzt zu der Entscheidung führte, die sieben motorisierten Armeekorps aufzulösen. Die Folge war, daß die Rote Armee ihren Vorsprung in der Entwicklung der bis dahin größten Bomberflotte aller Zeiten einbüßte.

Der Niedergang der sowjetischen Streitkräfte, ein Werk Stalins, wirkte sich auf die Politik beider Diktatoren aus. Für Stalin war die Erkenntnis, daß es einige Jahre dauern würde, bis die Rote Armee sich erholt haben und die erhöhten Militärausgaben Früchte in Gestalt gesteigerter Kampfkraft tragen würden, ein wichtiger Gesichtspunkt. In den Jahren 1938 und 1939 bestimmte dies maßgeblich seine Außenpolitik und förderte insbesondere seine Entscheidung für den Hitler-Stalin-Pakt, mit dem er seinen Streitkräften eine möglichst lange Atempause zu verschaffen hoffte, ohne daß er den Zusammenhang mit der Säuberung freilich jemals eingestanden hätte. Hitler zog die entgegengesetzten Konsequenzen. Als er im November 1937 die Führung der Wehrmacht zu einem Geheimtreffen versammelte, war in seiner Lagebeurteilung von der Sorge über die wachsende Kriegsstärke der Sowjetunion, die seine Denkschrift vom Juli 1936 noch wie ein roter Faden durchzogen hatte, nichts mehr zu spüren. Er erwähnte Rußland überhaupt nur einmal, und zwar im Zusammenhang mit einem denkbaren deutschen Angriff auf die Tschechoslowakei: »Einem militärischen Eingreifen Ruß-

Hitlers Vierjahrespläne mobilisierten eine alte Industrielandschaft, denn schon am Vorabend des Ersten Weltkriegs war das Deutsche Reich die wirtschaftlich führende Macht des Kontinents gewesen. Stalins Industriekampagnen dagegen stießen ein zurückgebliebenes Land gewaltsam in die Zukunft. Die zwanziger und dreißiger Jahre sind in der Sowjetunion mit immer neuen wirtschaftlichen Unternehmungen verbunden, für die man auch die städtische Bevölkerung durch Wandplakate zu gewinnen sucht. Stalin nimmt Lenins Ausspruch, daß Sowjetmacht Sozialismus plus Elektrifizierung sei, beim Wort. Auf dem Photo: Oben russische Arbeiter vor einer Tafel des »sozialistischen Wettbewerbs« (um 1930); unten eine Aufnahme derselben Zeit, die die Überschrift »Der 5-Jahrplan in Aktion. An der Front des sozialistischen Aufbaus« trägt.

lands müsse durch die Schnelligkeit unserer Operationen begegnet werden; ob ein solches überhaupt in Betracht kommen werde, sei angesichts der Haltung Japans mehr als fraglich.«[30]

Dieser Wandel in der Beurteilung der russischen Stärke war die unmittelbare Folgerung, die Hitler aus Stalins »Säuberung« der Roten Armee gezogen hatte. Hitler fühlte sich in seiner Einschätzung bestätigt, als die Sowjets im Winterkrieg von 1939/40 gegen Finnland eine schlechte Figur machten, und so ging die vermeintliche Schwäche der Roten Armee in die fehlerhaften Überlegungen ein, auf deren Grundlage Hitler den Überfall auf die Sowjetunion im Sommer 1941 plante. Er war der festen Überzeugung, die Rote Armee in einem einzigen Blitzfeldzug besiegen zu können. Aus diesem Grund hielt er es auch nicht für nötig, Vorsorge für eine längere Kriegsdauer (also beispielsweise für den russischen Winter) zu treffen oder sich die antistalinistische Grundstimmung der Ukrainer und anderer Bevölkerungsgruppen der Sowjetunion zunutze zu machen. Von den Folgen dieser Fehleinschätzung sollten Hitler und die Wehrmacht sich nicht mehr erholen.

Die Wehrmacht fällte im August 1936 eine weitreichende Entscheidung, indem sie von einem defensiven auf ein offensives Rüstungsprogramm umschaltete. Es wurde ausgearbeitet und verabschiedet, ohne daß die militärische Führung sich verständigt hätte, wann und unter welchen Bedingungen die Streitkräfte zum Einsatz kommen sollten, deren Aufbau man beschlossen hatte. Die konkreten Weisungen gingen im Grunde nicht über den Inhalt des einleitenden Satzes hinaus, der besagte, daß nach dem Willen des Führers in kürzestmöglicher Zeit eine schlagkräftige Wehrmacht geschaffen werden solle.[31]

Im November 1937 war Hitler bereit, seine Pläne wenigstens teilweise zu enthüllen. Am 5. November hielt er in der Reichskanzlei eine Besprechung im engsten Kreis ab, zu der er die drei Oberbefehlshaber – Fritsch für das Heer, Raeder für die Marine, Göring für die Luftwaffe –, außerdem Kriegsminister Blomberg und Außenminister von Neurath einlud. Neben den Genannten und ihm selbst nahm an der Besprechung nur noch Hitlers Adjutant, Oberst Hoßbach, teil, der das Protokoll führte.[32]

Vordergründig bestand der Zweck der Besprechung darin, eine Entscheidung über die Zuteilung von Stahl-Kontingenten an die Marine zu treffen, die eine Erhöhung ihres Anteils forderte, um ihr Schiffsbauprogramm im geplanten Umfang durchführen zu können. Doch wurde sogleich klar, daß Hitler weit mehr im Sinn hatte. Mit pathetischer Geste beschwor er die Bedeutung der Stunde und erklärte laut Protokoll: »Seine nachfolgenden Ausführungen seien das Ergebnis eingehender Überlegungen und der Erfahrungen seiner viereinhalbjährigen Regierungszeit; er wolle den anwesenden Herren seine grundlegenden Gedanken über die Entwicklungsmöglichkeiten und -notwendigkeiten unserer außenpolitischen Lage auseinandersetzen, wobei er im Interesse einer auf weite Sicht eingestellten deutschen Politik seine Ausführung als seine testamentarische Hinterlassenschaft für den Fall seines Ablebens anzusehen bitte.«

Hitler wiederholte zunächst seine bekannte Auffassung, Deutschland könne seine wirtschaftlichen Probleme nicht durch eine verstärkte Teilnahme am Welthandel lösen. Skeptisch äußerte er sich auch - viel entschiedener übrigens als noch achtzehn Monate zuvor in seiner Denkschrift zum Vierjahresplan - zu den Themen Autarkie und Kolonialreich. Er definierte das Problem so: Die »rassische Gemeinschaft« der 85 Millionen Deutschen leide darunter, daß sie in einen begrenzten Lebensraum mit wesentlich höherer Bevölkerungsdichte gepreßt sei als jedes andere Volk; daraus ergebe sich ein rechtmäßiger Anspruch auf einen vergrößerten Lebensraum. Bisher liege infolge einer »mehrhundertjährigen historischen Entwicklung« leider noch »kein dem deutschen Rassekern entsprechendes politisches Ergebnis auf dem Gebiet des Raumes vor« - was im Klartext bedeutete, daß die Schaffung eines »Großdeutschen Reiches« als Heimat aller Deutschen erst noch vollbracht werden mußte. »Die einzige, uns vielleicht traumhaft erscheinende Abhilfe läge in der Gewinnung eines größeren Lebensraumes, ein Streben, das zu allen Zeiten die Ursache der Staatenbildungen und Völkerbewegungen gewesen sei.«

Es sei höchste Zeit, das Problem anzugehen und zusätzlichen Lebensraum für das deutsche Volk zu finden, und zwar nicht in Übersee, sondern in Europa. »Weder früher noch heute habe es herrenlosen Raum gegeben, der Angreifer stoße stets auf den Besitzer... Zur Lösung der deutschen Frage könne es nur den Weg der Gewalt geben, dieser [könne] niemals risikolos sein. Sollte der Führer noch am Leben sein, so sei es sein unabänderlicher Entschluß, spätestens 1943/45 die deutsche Raumfrage zu lösen. ... wobei die Lösung sich für ein bis zwei Generationen auswirken müsse. Was darüber hinaus in späteren Zeiten notwendig werden sollte, müsse nachfolgenden Geschlechtern überlassen bleiben.«

Der Zeitplan ergebe sich zwangsläufig aus dem unterschiedlichen Stand und Tempo der Aufrüstung in Deutschland und in den anderen Ländern. Von 1943, spätestens 1945 an werde der relative Rüstungsvorsprung, den Deutschland augenblicklich besitze, schrumpfen; die deutschen Waffensysteme würden allmählich veralten; andere Staaten, die später in den Rüstungswettlauf eingetreten seien, würden Deutschland überholen. Als ersten Schritt schlug Hitler vor, »die Tschechei und gleichzeitig Österreich niederzuwerfen, um die Flankenbedrohung eines etwaigen Vorgehens nach Westen auszuschalten«.

Die Einverleibung dieser beiden Länder in das Deutsche Reich würde nicht nur zu einem kürzeren und günstigeren Grenzverlauf führen und der Wehrmacht das »Menschenmaterial« für zwölf neue Divisionen, sondern auch wirtschaftliche Vorteile bringen: »... den Gewinn von Nahrungsmitteln für fünf bis sechs Millionen Menschen ... unter Zugrundelegung, daß eine zwangsweise Emigration aus der Tschechei von zwei, aus Österreich von einer Million Menschen zur Durchführung gelange«.

An keiner Stelle erwähnte Hitler die »Befreiung der Sudetendeutschen aus ihrer unerträglichen Drangsalierung durch die Tschechen«, die er in der tschechischen Krise von 1938 als Rechtfertigung für sein Vorgehen anführte; er sprach lediglich von der »Niederwerfung« des tschechischen Staats und der »Erledigung der tschechischen Frage«.

An dieser Stelle brach Hitler seinen Ausblick in die Zukunft ab. Die Länder Osteuropas, auf deren Kosten die deutsche Suche nach Lebensraum gehen würde, vor allem also Polen und Rußland, erwähnte er kaum, beschränkte sich vielmehr auf die der eigentlichen Lebensraumpolitik vorausgehende Phase. Er sprach davon, daß ein militärisches Vorgehen vielleicht schon vor 1943 bis 1945 notwendig würde, und verwies auf »die beiden Haßgegner England und Frankreich, . . . [die] beide eine weitere deutsche Erstarkung sowohl in Europa als auch in Übersee ablehnten«. Er nannte zwei denkbare Fälle, die Deutschland Gelegenheit zu bewaffnetem Eingreifen geben würden: wenn die innenpolitischen Konflikte in Frankreich die Schwelle zum Bürgerkrieg erreichten und die Franzosen dadurch die Fähigkeit zur Kriegführung verlören, oder wenn Frankreich in einen Krieg mit einem anderen Land hineingezogen würde und aus diesem Grunde nichts gegen Deutschland unternehmen könnte. Falls einer dieser Fälle einträte, müsse man die Gelegenheit nutzen und Österreich und die Tschechoslowakei besetzen. Nach Hitlers Überzeugung war mit der zweiten Möglichkeit durchaus in naher Zukunft zu rechnen: Die gegenwärtigen Spannungen im Mittelmeerraum könnten vielleicht schon 1938 in einen Krieg münden, besonders wenn Mussolini die Balearen weiterhin besetzt halte und es auf einen Konflikt mit Frankreich und England ankommen lasse. Das wäre dann der beste Augenblick für Deutschland, um den »Überfall auf die Tschechei blitzartig schnell« durchzuführen. Es liege daher im Interesse der deutschen Politik, den spanischen Bürgerkrieg in die Länge zu ziehen und die Italiener zu ermuntern, die Besetzung der Balearen aufrechtzuerhalten.

Nichts von alledem schien die Zuhörer Hitlers zu überraschen. Niemand sprach sich dagegen aus, den Anschluß Österreichs oder die Zerschlagung der Tschechoslowakei zum Ziel der deutschen Politik zu erklären. Niemand meldete Zweifel daran an, daß im Fall eines schnellen und erfolgreichen Abschlusses der Operationen kein Eingreifen der Russen oder Polen drohe. Aber Hitler ging noch einen Schritt weiter und erklärte, er sei ziemlich sicher, daß »England, voraussichtlich aber auch Frankreich die Tschechei bereits im stillen abgeschrieben« hätten. Er fuhr fort: »Die Schwierigkeiten des Emipire und die Aussicht, in einen lang währenden europäischen Krieg erneut verwickelt zu werden, seien bestimmend für eine Nichtbeteiligung Englands an einem Kriege gegen Deutschland . . . Ein Vorgehen Frankreichs ohne die englische Unterstützung und in der Voraussicht, daß seine Offensive an unseren Westbefestigungen sich festlaufe, sei wenig wahrscheinlich.«

Vor der Besprechung hatte Hitler Göring anvertraut, er habe vor, Blomberg und Fritsch »auf Trab zu bringen«, da er mit dem Fortgang der Aufrüstung nicht zufrieden sei. Es gelang ihm. Beide Generäle reagierten energisch und erklärten die Annahme für verfehlt, daß England und Frankreich ruhig bleiben würden, wenn Deutschland in Mitteleuropa Konflikte vom Zaun brechen würde; Deutschland müsse sehr wohl damit rechnen, in einen allgemeinen Krieg hineingezogen zu werden, für den es noch nicht ausreichend gerüstet sei. Sie untermauerten ihre Skepsis unter Hinweis auf die noch nicht voll befestigte deutsche Westgrenze, auf die französische Militärmacht und auf die Stärke der tschechischen Grenzbefestigungen. Neurath meldete Zweifel an der Wahrscheinlichkeit eines Krieges zwischen den Westmächten und Italien im Mittelmeerraum an, auf den Hitler offensichtlich baute. Raeder sagte nichts. Sein Interesse galt den Stahlzuteilungen für die Marine, über die im zweiten Teil des Treffens gesprochen wurde, und er bekam, was er wollte.

Hitler überließ es weitgehend Göring, die kontroverse Diskussion über die Risiken zu leiten. Sie wurde hitzig und endete unentschieden. Fritsch erneuerte vier Tage später in einer weiteren, auf sein Ersuchen arrangierten Besprechung seine Einwände. Auch von Neurath bat um einen Gesprächstermin bei Hitler. Er hatte sich vorgenommen, ihn von dem dargelegten Kurs abzubringen; doch Hitler war inzwischen gründlich verärgert und reiste unvermittelt nach Berchtesgaden ab. Erst Mitte Januar bekam der Außenminister einen Termin bei ihm; da war die Entscheidung schon gefallen.

Die Besprechung vom 5. November markierte keinen Wendepunkt der Entwicklung, von dem an eine Umkehr nicht mehr möglich gewesen wäre. Beschlüsse wurden zunächst nicht gefaßt; Hitler wahrte sich Bewegungsspielraum; der Einmarsch in Österreich fünf Monate später war ein in aller Eile improvisiertes Unternehmen; und die tschechische Krise nahm nicht den von Hitler vorhergesagten Verlauf. Nicht bestimmte Beschlüsse machen die Bedeutung des Treffens aus, sondern der Zeitpunkt, an dem es stattfand, die in der Diskussion zutage getretenen Meinungsverschiedenheiten und die Schlüsse, die Hitler daraus zog.

1933, eine Woche nach seiner Amtsübernahme, hatte Hitler dem Kabinett erklärt, in den ersten vier oder fünf Jahren müsse das Schwergewicht auf der Wiederbewaffnung und auf dem Ausbau der Streitkräfte liegen. Dies erschien als selbstverständlicher Bestandteil der Revision des Versailler Vertrags, die von den nationalistischen Kräften seit jeher angestrebt worden war; nur beiläufig hatte Hitler bei seiner ersten Besprechung mit den Reichswehrgenerälen unter anderem die Möglichkeit erwähnt, Deutschland könne, wenn es seine militärische Stärke wiedererlangt habe, diese »zur Eroberung von Lebensraum im Osten und dessen rücksichtsloser Ger-

Schon in den ersten Tagen nach der Ernennung zum Reichskanzler versicherte Hitler der Armeeführung, daß er in ihr den einzigen »Waffenträger der Nation« sehe. Zugleich gab er mit erstaunlicher Offenheit vor den Befehlshabern der Reichswehr bekannt, daß er die Aufrüstung Deutschlands betreiben, die Beschränkung von Versaille beseitigen und neues Land im Osten erobern werde. Das Merkwürdige war, daß die versammelte Generalität all dies nicht ernst nahm. Tatsächlich aber führte Hitler Zug um Zug sein Programm durch, bis er am 1. September 1939 mit dem Überfall auf Polen den Zweiten Weltkrieg begann.
Auf dem Photo: Hitler unmittelbar nach der Niederschlagung des sogenannten Röhm-Putsches, als er in Ostpreußen eintrifft, um dem erkrankten Hindenburg Bericht zu erstatten. Links von ihm sein Wehrmachtsadjutant Major Hossbach, rechts hinten Himmler.

manisierung« benutzen. Grundsätzlich galt jedoch, daß Hitler sich gerade dadurch, daß er seine Ziele im Dunkeln ließ, die volle Unterstützung der Wehrmacht, der Zivilbehörden und der Industrie für seine Politik sichern konnte.

Ende 1937 indes hielt er die Zeit für gekommen, unverbindliche Ziele wie die Wiederherstellung der militärischen Großmachtstellung Deutschlands hinter sich zu lassen und seiner Politik eine radikalere und aggressivere Wendung zu geben. Die Tatsache, daß Hitler dem Treffen vom 5. November einen hohen Stellenwert beimaß, läßt darauf schließen, daß er bei dieser Gelegenheit testen wollte, wie weit die Wehrmachtführung und der Außenminister seine politischen Absichten mitzutragen bereit waren.

Im ersten Teil seiner Darlegungen führte Hitler aus, Deutschland müsse, wenn es eine dauerhafte Lösung des Lebensraumproblems herbeiführen wolle, spätestens zwischen 1943 und 1945 die nötigen Schritte tun. Er ließ keinen Zweifel daran, daß es dabei nicht ohne Gewaltanwendung abgehen werde, ließ sich aber über Einzelheiten nicht näher aus. Er beschränkte sich darauf, die erforderlichen Voraussetzungen zu nennen: die Verbesserung der militärischen und wirtschaftlichen Situation Deutschlands durch Annektierung Österreichs und der Tschechoslowakei.

Im Auswärtigen Amt und in der Wehrmachtführung gab es seit Jahren Diskussionen, die mit dieser Möglichkeit spielten, und so dürften die Äußerungen Hitlers weder die Generäle noch Außenminister Neurath überrascht haben – sie erhoben ja auch keine grundsätzlichen Einwände dagegen. Was ihnen mißfiel, war die Tatsache, daß Hitler die mit der Besetzung Österreichs und der Tschechoslowakei verbundenen Risiken als unerheblich abtat. Schon darin sah dieser Zaghaftigkeit und Kleinmut: Wer bereits gegen den ersten Schritt auf dem Weg nach Osten kleinliche Bedenken erhob, auf den war erst recht nicht zu zählen, wenn das viel größere Abenteuer in Angriff genommen werden würde, das Hitler zur Sicherung der deutschen Zukunft für unabdinglich hielt. Hitler, der auf besonnene Kritik jedweder Art schon immer mit wütenden Ausfällen reagiert hatte, gelangte in den Tagen nach der Besprechung vom 5. November zu der Überzeugung, er müsse die Bedenkenträger loswerden; das Risiko, das er damit eingehe, sei durchaus kalkulierbar.

Der Jahreswechsel 1937/38 markiert sowohl ein Ende als auch einen Anfang. Einen »Anfang« gab es zwar nicht in bezug auf die Ziele Hitlers, die seit vielen Jahren unverrückbar feststanden, aber in bezug auf seine Beurteilung der Risiken, die er nunmehr auf sich nehmen konnte. In seinen ersten fünf Amtsjahren hatte er vorsichtig taktiert, hatte durch geschicktes politisches Manövrieren eine Reihe diplomatischer Erfolge verbucht, ohne sich größerer militärischer Machtdemonstrationen als der Besetzung des Rheinlands bedienen zu müssen. Nun, da die deutsche Wiederbewaffnung offenkundig und vom Ausland hingenommen worden war und die Erfolge der Vergangenheit sein Selbstvertrauen weiter gestärkt hatten, war er bereit, in die nächste Phase einzutreten – von der Abschüttelung der Fesseln des Versailler Vertrags zur Errichtung eines Großdeutschen Reiches als Vorstufe der Expansion gen Osten. Er war bereit, die mit der Androhung und möglichen Anwendung von Gewalt verbundenen Risiken einzugehen, setzte aber zugleich weiterhin auf diplomatische Mittel, in der Hoffnung, auf diesem Weg möglichst viel zu erreichen, ohne tatsächlich militärische Mittel anzuwenden.

Was in diesem Winter 1937/38 zu Ende ging, war Hitlers Bündnis mit den traditionellen deutschen Eliten, so wie es nach der Niederschlagung der »zweiten Revolution« im Sommer 1934 bestanden hatte. Das Bündnis hatte in wirtschaftlicher Hinsicht seine Zwecke erfüllt, und die stillschweigende Übereinkunft, auf die es sich gegründet hatte, war eigentlich bereits mit dem Anlaufen des Vierjahresplans und der Entmachtung Schachts außer Kraft gesetzt. Hitler hatte lange gezögert, Schacht ganz gehen zu lassen, aber am 8. Dezember akzeptierte er schließlich seinen Rücktritt vom Amt des Wirtschaftsministers. Zu einem offenen Bruch kam es nicht. Hitler setzte Schacht nicht den Stuhl vor die Tür, drängte ihn vielmehr, um den Schein zu wahren, als Reichsminister ohne Geschäftsbereich im Kabinett zu bleiben und sein Amt als Präsident der Reichsbank weiterzuführen.

Sein Nachfolger als Wirtschaftsminister wurde Walther Funk, Wirtschaftsjournalist und einst einer von Hitlers »Verbindungsmännern« zur Wirtschaft. Die beiläufige Art seiner Berufung macht deutlich, wie gering das politische Gewicht war, das seinem Amt künftig zugedacht war. Hitler nahm Funk eines Abends, als die beiden sich in der Oper trafen, in einer Pause beiseite, eröffnete ihm, daß er an Schachts Stelle treten müsse, und verwies ihn an Göring, der ihm weitere Weisungen erteilen werde. Die offizielle Amtsübergabe fand erst im Februar 1938 statt, zu einem Zeitpunkt, da das Ministerium bereits seiner wichtigsten Zuständigkeiten beraubt und dem Generalbevollmächtigten für den Vierjahresplan, Göring, unterstellt worden war.

Nur zwei wichtige Bereiche des Staates waren noch nicht gleichgeschaltet: der Auswärtige Dienst und die Wehrmacht. Beide waren Hochburgen jener elitären konservativen Oberschicht, für die Hitler so wenig übrig hatte. Jahrelang hatte er sich notgedrungen damit abgefunden, daß diese Leute seine Partner waren, obwohl ihre traditionsverhafteten politischen und gesellschaftlichen Normen, wie er rasch erkannt hatte, letzten Endes unvereinbar blieben mit den teils revolutionären, teils einfach gangsterhaften Taktiken, die er in der Außenpolitik anzuwenden gedachte. Neurath gehörte wie Blomberg zu jenen Männern, die Hindenburg in die Regierung berufen hatte, damit sie den unheimlichen Elan der Nationalsozialisten bremsten, und beide hatten sich eine gewisse Selbständigkeit des Urteils bewahrt, wie ihre kritischen Einwände gegen Hitler am 5. November zeigten.

Die Absetzung von Neuraths war für Hitler eine ebenso leichte Übung wie einige weitere, gleichzeitig durchgeführte Umbesetzungen im diplomatischen Dienst, darunter die Abberufung von Papens aus Wien. In Ribbentrop hatte Hitler einen potentiellen Außenminister, der darauf brannte, den Auswärtigen Dienst gleichzuschalten. Hitler hatte Neurath, der am 2. Februar 1938 das fünfundsechzigste Lebensjahr vollendete, versprochen, ihn im Amt zu belassen; zwei Tage später jedoch, am 4. Februar, beurlaubte er ihn. Wie Schacht wurde auch Neurath nicht eigentlich entlassen, sondern blieb formell in die Regierung eingebunden: Hitler beförderte ihn Anfang 1938 zum Präsidenten eines neu geschaffenen sogenannten Geheimen Kabinettsrates, der allerdings nie zusammentrat. 1939 zum ersten Reichsprotektor für Böhmen und Mähren ernannt, endete er schließlich auf der Nürnberger Anklagebank und wurde als Kriegsverbrecher zu fünfzehnjähriger Haft verurteilt.

Ein weitaus heikleres Vorhaben war die Gleichschaltung der Wehrmacht, bedenkt man die traditionell starke und unabhängige Stellung des Militärs im deutschen Staat. Hitler hatte diese Stellung 1933/34 anerkannt, zu einer Zeit, da er den Rückhalt der Reichswehr gebraucht hatte, um seine Macht zu sichern und zu verteidigen. Je besser er jedoch in der Folge die Generäle kennengelernt hatte, desto nachhaltiger war sein einst fast ehrfürchtiger Respekt verflogen.

Anders als Stalin unternahm Hitler nie den Versuch einer rigorosen »Säuberung« der Armeeführung. Er bedauerte dies später, aber im Unterschied zu dem wahnhaft mißtrauischen Stalin verdächtigte er die Generalität nicht der heimlichen Subversion und Opposition, ganz abgesehen davon, daß er in den Militärs weiterhin unersetzliche Partner für seine Eroberungspläne sah. Er hatte sich allerdings vorgenommen, dem Oberkommando die Lust zu selbständigen Meinungsäußerungen, wie Fritsch und Blomberg sie sich erlaubt hatten, ein für allemal auszutreiben. Eine scheinbar zufällige Abfolge von Ereignissen lieferte ihm die Gelegenheit dazu.

Blomberg ging in eine Falle, die Göring und Himmler ihm gestellt hatten. Der Witwer hatte vor, ein zweites Mal zu heiraten, und seine Auserkorene war eine Dame mit »Vergangenheit« und von dunkler Herkunft. Blomberg wußte natürlich, daß er mit einer solchen Heirat in der Welt der Offiziere mit ihren strengen Ehrbarkeitsnormen einen Skandal erregen würde. Er war unklug genug, Göring ins Vertrauen zu ziehen, der ihn in seiner Absicht bestärkte und ihm sogar half, einen störenden Rivalen nach Südamerika abzuschieben. Hitler und Göring waren als Gäste zugegen, als die Hochzeit am 12. Januar 1938 im engsten Kreis stattfand.

Kurze Zeit später kam heraus, daß die frisch angetraute Frau des Feldmarschalls und Kriegsministers als ehemalige Prostituierte aktenkundig war und eine Vorstrafe wegen Posierens für unzüchtige Fotos hatte. Blomberg war bei den Offizieren nicht beliebt; sie verübelten ihm seine Servilität gegenüber Hitler. Fritsch ließ sich über Göring, der als Vermittler agierte, einen Gesprächstermin bei Hitler geben und ersuchte ihn im Namen der Wehrmacht, Blomberg zu entlassen. Hitler hatte, so scheint es, das Gefühl, zum Narren gemacht worden zu sein, und war nicht abgeneigt, dem Ersuchen stattzugeben. In diesem Fall stellte sich die Frage, wer Nachfolger Blombergs als Kriegsminister und Oberkommandierender der Wehrmacht werden sollte.

Fritsch war zweifellos der naheliegende Kandidat, aber er hatte starke Gegenspieler. Einer war Göring, der selber Ambitionen auf den Posten hatte, woraus sich vermutlich die Doppelrolle erklärt, die er in dieser Sache spielte. Für Himmler war Fritsch der Mann, der seine Versuche abgewehrt hatte, die Macht der SS in den Bereich der Wehrmacht hinein auszudehnen. Noch wichtiger war, daß Hitler Fritsch als die Verkörperung all dessen betrachtete, was er am konservativen deutschen Offizierskorps nicht mochte – und daß er ihm seine kritischen Äußerungen bei der November-Besprechung nicht verziehen hatte. Um eine Entscheidung in ihrem Sinn herbeizuführen, taten sich Himmler und Göring ein weiteres Mal zusammen (wie schon bei der Ausschaltung Röhms) und ließen mit Hilfe eines Polizeidossiers und eines Zeugen den Verdacht ausstreuen, der Oberbefehlshaber des Heeres habe sich homosexueller Handlungen schuldig gemacht. Als bekannt wurde, daß es sich um eine Verwechslung mit einem pensionierten Kavallerieoffizier namens Frisch handelte – der Gestapo war die Wahrheit die ganze Zeit über bekannt gewesen –, war der Zweck der Intrige bereits erreicht.

Ob und wieweit Hitler in das Komplott eingeweiht war, kann offen bleiben; auf jeden Fall verstand er es mit großem Geschick, die Gelegenheit zu nutzen. Kein Mann sollte der Nachfolger Blombergs werden, von dem eine kritische oder gar oppositionelle Haltung gegenüber dem Führer zu gewärtigen war. Hitlers Lösung bestand darin, daß er, der als Nachfolger Hindenburgs ohnehin schon nomineller Oberster Befehlshaber der Streitkräfte war, den verwaisten Posten des Oberbefehlshabers der Wehrmacht (also aller drei Waffengattungen) selber übernahm und das Amt des Kriegsministers einfach aufhob. Aus dem bisherigen Wehrmachtsführungsamt im Kriegsministerium wurde das Oberkommando der Wehrmacht (OKW), das von da an die Rolle eines separaten, unmittelbar dem Führer zuarbeitenden Generalstabs neben dem Oberkommando des Heeres (OKH) spielte, das in der direkten Tradition der preußischen Obersten Heeresleitung stand.

Das bedeutet freilich nicht, daß Hitler je die Absicht gehabt hätte, das OKW in eine ähnlich unabhängige und angesehene Stellung hineinwachsen zu lassen, wie sie in früheren Zeiten die Oberste Heeresleitung und ihr Generalstab bekleidet hatten. Dies ging nur allzu deutlich aus der Tatsache hervor, daß er zum Chef des OKW General Wilhelm Keitel ernannte, einen Mann, der sich als völlig unfähig erweisen sollte, sich gegenüber Hitler zu behaupten. Blomberg antwortete, als Hitler sich bei ihm nach der Tauglichkeit Keitels für diese Position erkundigte: »Ach, Keitel, der kommt gar nicht in Betracht, der ist nur Vorsteher meines Büros gewesen.« Worauf Hitler zurückgab: »Das ist ja gerade der Mann, den ich suche.«[33]

General Warlimont, der von September 1939 bis September 1944 im Stab des OKW diente, schrieb in seinen Erinnerungen, Hitlers »unstete, allem Institutionellen abholde Manier« habe ihn befremdet.[34] Hitler nutzte seine neue Stellung und das OKW als Mittel, um jene spezielle Art der Zersplitterung von Machtbefugnissen, Zuständigkeiten und Energien, wie er sie bereits im politischen und wirtschaftlichen Bereich durchgesetzt hatte, nun auch in der militärischen Sphäre zu praktizieren.

In Gestalt des Generals von Brauchitsch fand er einen dem Offizierskorps zumutbaren Nachfolger für Fritsch als Chef des OKH und bewies dabei wieder einmal sein Gespür für die Auswahl von Männern, die ihm keinen Ärger bereiten würden, etwa durch selbständiges Denken. Er nutzte

Nach dem manipulierten Rücktritt des Reichskriegsministers von Blomberg und dem durch ein Bubenstück erzwungenen Abschied des Oberbefehlshabers des Heeres von Fritsch war die Wehrmacht auch personell entmachtet. Der neue Chef des Oberkommandos der Wehrmacht, General Wilhelm Keitel, war als Fachmann unbedeutend und als Charakter Hitler willfährig ergeben. Noch beim Attentat vom 20. Juli sprang er durch den Pulverqualm auf den am Boden liegenden Hitler mit dem spontanen Ruf zu: »Mein Führer, mein Führer, daß Sie leben!«
Oben: Hitler mit Keitel 1938 auf dem Flug von Berlin nach München, kurz vor dem Einmarsch in Österreich.

den Anlaß, um sechzehn dienstalte Generäle in den Ruhestand und vierzig weitere auf andere Kommandoposten zu versetzen. Dem leer ausgegangenen und darob enttäuschten Göring verlieh Hitler zum Trost den Rang eines Feldmarschalls, eine Geste, die der Eitelkeit Görings schmeichelte, stand er damit doch rangmäßig höher als die Oberbefehlshaber des Heeres und der Marine und war in der Militärhierarchie zum zweiten Mann im Staate aufgerückt, ohne seiner bereits umfangreichen Sammlung von Ämtern ein neues hinzugefügt zu haben.

Hitler gab diese Umbesetzungen am 4. Februar 1938 seinem Kabinett bekannt – es sollte die letzte Kabinettssitzung des Dritten Reichs sein. Mit einem einzigen Streich hatte er die letzten Männer beseitigt, die seinen Plänen hätten Widerstand entgegensetzen können. Er hatte Blomberg und Fritsch, Neurath und Schacht durch Werkzeuge seines Willens – Keitel und Brauchitsch, Ribbentrop und Göring – ersetzt und seine Macht durch die Übernahme der unmittelbaren Kontrolle über die Wehrmacht weiter gefestigt. Als Zugeständnis an das Offizierskorps erklärte er sich bereit, den Fall Fritsch durch ein Militärgericht untersuchen zu lassen. Das Verfahren endete mit einer vollständigen Rehabilitierung Fritschs, der aber dennoch nicht wieder in sein Amt berufen wurde, sondern sich, wie Schacht, ins Privatleben zurückzog, formal noch als Befehlshaber seines alten Regiments fungierend.

Zu dem Zeitpunkt, als das Urteil des Militärgerichts erging, war der Anschluß Österreichs bereits vollzogen, und das Regime war selbstsicherer denn je. Fritsch fand sich mit dem Lauf der Dinge ab. Ulrich von Hassell, der seinen Botschafterposten in Rom kurz vorher verloren hatte, hielt in seinem Tagebuch die folgende Äußerung des ehemaligen OKH-Chefs fest: »Dieser Mann – Hitler – ist Deutschlands Schicksal im Guten und im Bösen. Geht es jetzt in den Abgrund – und das glaubt auch Fritsch – so reißt er uns alle mit. Zu machen ist nichts.«[35]

Die Fritsch-Affäre, die im triumphalen Trubel des »Anschlusses« bald in Vergessenheit geriet, markierte das Ende der ersten Etappe der Hitlerschen Revolution, den Bankrott der Hoffnungen der Konservativen, ihn zügeln zu können, und den Beginn einer neuen Phase, die in den zweiten Akt der nationalsozialistischen Revolution münden sollte: in Hitlers Krieg.

14. Kapitel

Der Hitler-Stalin-Pakt

Hitler und Stalin 1938–1939

Wer die internationale Entwicklung verfolgte, zweifelte Ende 1937 kaum noch daran, daß Deutschland sich anschickte, der Unabhängigkeit Österreichs ein Ende zu setzen. Die einzige Frage war, wann und in welcher Form dies geschehen würde.

Die Versuche Hitler-Deutschlands, aus den Zugeständnissen im Abkommen vom Juli 1936 Nutzen zu ziehen, brachten nichts als Enttäuschung. Andererseits wußte der österreichische Bundeskanzler Schuschnigg, daß Österreichs internationale Position schwach war und seine Zukunft zunehmend unsicherer werden würde, wenn es ihm nicht gelänge, die Beziehungen zu Deutschland zu normalisieren. 1937 zog er Arthur Seyß-Inquart, einen rechtsstehenden österreichischen Rechtsanwalt ohne politische Bindungen, ins Vertrauen. Mit seiner Hilfe arbeitete Schuschnigg insgeheim eine Reihe von Zugeständnissen aus, mit denen er weiterem Druck Deutschlands zuvorzukommen hoffte. Er wollte den Nationalsozialisten eine gewichtigere Rolle in der österreichischen Regierung anbieten und Seyß-Inquart zum Innenminister ernennen. Dies sollte als vollendete Tatsache bei einer persönlichen Begegnung mit Hitler präsentiert werden, die Papen arrangiert hatte. Schuschnigg konnte jedoch nicht wissen, daß Seyß-Inquart Einzelheiten der Vorschläge Hitler zugespielt hatte, womit er Schuschnigg jeden Handlungsspielraum nahm, als dieser in Berchtesgaden eintraf.

Dies ist der Schlüssel zum Verständnis des Treffens im Berghof auf dem Obersalzberg am 12. Februar 1938. Da Hitler die Zugeständnisse kannte, zu denen Schuschnigg bereit war, konnte er sie in ein Ultimatum umformen, das unter Androhung von Gewalt sofort akzeptiert werden mußte. Hitler führte den Bundeskanzler in sein Arbeitszimmer, überging dessen Bemerkung über die schöne Aussicht auf die deutsch-österreichische Grenze und begann sofort mit einer Tirade gegen die österreichische Politik. Österreich stünde allein, erklärte Hitler, weder Frankreich noch Großbritannien oder Italien würden zu seiner Rettung auch nur einen Finger rühren. Damit aber war seine Geduld bereits erschöpft. »Überlegen Sie es sich gut, Herr Schuschnigg; – ich habe nur mehr Zeit bis heute nachmittag. Wenn ich Ihnen das sage, dann tun Sie gut daran, mich wörtlich zu nehmen. Ich bluffe nicht. Meine ganze Vergangenheit beweist dies zur Genüge.«

An der Mittagstafel war Hitler ein aufmerksamer Gastgeber, aber die bedrohliche Atmosphäre blieb, da die drei Generale maßen, die eine mögliche Operation gegen Österreich kommandieren würden. Erst am Nachmittag legten Ribbentrop und Papen Schuschnigg Hitlers Forderungen vor. Er erkannte mit Bitterkeit, daß sie über die Veränderungen hinausgingen, die er mit Seyß-Inquart abgestimmt hatte. Sie umfaßten volle Handlungs-freiheit für die österreichische NSDAP, die durch die Ernennung von Seyß-Inquart zum Innenminister und seine Oberaufsicht über die Polizei garantiert werden sollte, sowie eine Amnestie für alle in Haft befindlichen Nationalsozialisten. Damit war klar, daß der ehrgeizige Seyß-Inquart ein doppeltes Spiel getrieben hatte. Er hatte seine Stellung als Schuschniggs Vertrauensmann benutzt, um sich in Berlin die Anerkennung als sein möglicher Nachfolger zu sichern. Zusätzlich sollte ein zweiter Anhänger der Nazis, Glaise-Horstenau, Kriegsminister werden, um einen Offiziersaustausch und eine enge Zusammenarbeit der beiden Armeen zu gewährleisten. Ein dritter von deutscher Seite gewünschter Kandidat sollte Finanzminister werden, um die beiden Wirtschaftssysteme anzugleichen. Man gab den Österreichern drei Tage, um das ganze Programm zu realisieren.

Hitler lehnte es ab, auch nur ein Wort zu ändern. Entweder Schuschnigg unterzeichne das Dokument, so wie es vorliege, und erfülle seine Forderungen innerhalb von drei Tagen, oder er werde den Befehl geben, in Österreich einzumarschieren.

Als Schuschnigg erklärte, er sei zwar zur Unterzeichnung bereit, könne aber die Ratifizierung nicht garantieren, bat Hitler ihn hinaus und rief nach General Keitel. Wie Papen berichtet, der ebenfalls anwesend war, eilte Keitel herbei und fragte nach Hitlers Befehlen. Hitler lächelte und meinte: »Gar nichts, ich wollte Sie nur hier oben haben.« Hitler ließ Schuschnigg eine halbe Stunde warten. Der österreichische Staatssekretär Schmidt bemerkte, er würde sich nicht wundern, wenn sie auf der Stelle festgenommen würden. Dann brachte man sie zurück, und Hitler sagte: »Ich habe mich entschlossen, zum ersten Male in meinem Leben, von einem gefaßten Entschluß noch einmal abzugehen. Also! Ich wiederhole Ihnen: es ist der allerletzte Versuch. Innerhalb von drei Tagen erwarte ich die Durchführung!«[1]

Nachdem Schuschnigg unterschrieben hatte, wurde Hitler wieder ruhiger. Als der Bundeskanzler jedoch darum bat, im Kommuniqué sollte die versprochene Bestätigung des Abkommens von 1936 enthalten sein, das die Unabhängigkeit Österreichs garantierte, lehnte Hitler ab. »Oh, nein! Noch ist es nicht durchgeführt!«

Hitlers Worte gegenüber einer Gruppe führender österreichischer Nationalsozialisten am 26. Februar lassen keinen Zweifel daran, daß er hoffte, die Androhung von Gewalt werde ausreichen. Demonstrativ wurden weitere militärische Vorbereitungen getroffen, um den Druck aufrechtzuerhalten. Schuschnigg verkündete jedoch wie vereinbart eine Generalamnestie für alle Nationalsozialisten (einschließlich derer, die man des Mordes an Dollfuß überführt hatte) und die versprochene Neubildung des Kabinetts mit Seyß-Inquart als Innenminister.

Als sich dieser jedoch mehr und mehr unabhängig machte und seine Befehle häufiger aus Berlin als aus Wien empfing, als die Nazis prahlerisch verkündeten, sie würden in wenigen Wochen an der Macht sein, änderte Schuschnigg seine Haltung und entschloß sich zum Handeln, um die Unabhängigkeit seines Landes nicht durch Untätigkeit zu verspielen. Er kündigte eine Volksabstimmung an, bei der sich die Bevölkerung für oder gegen ein freies, unabhängiges, deutsches und christliches Österreich erklären sollte.

Als Mussolini über den österreichischen Militärattaché von Schuschniggs Plan erfuhr, bemerkte er: »Diese Granate wird in euren Händen explodieren.« Hitler war besonders darüber wütend, daß Schuschnigg zum Mittel der Volksabstimmung greifen wollte, eine Methode, die er selber bevorzugte. Dies mußte um jeden Preis verhindert werden.

Bisher lagen noch keine detaillierten Pläne für die militärische Besetzung Österreichs vor; nun wurde hastig improvisiert. Am 10. März gab Hitler zwei Befehle. Die österreichischen Anhänger der Partei wurden gedrängt, auf die Straße zu gehen; Seyß-Inquart wurde angewiesen, ein Ultimatum zu stellen. Als Schuschnigg zustimmte, den Volksentscheid abzusetzen, um Blutvergießen zu vermeiden, forderte man seinen Rücktritt und die Ernennung Seyß-Inquarts zum Bundeskanzler. Schuschnigg dankte ab, aber Bundespräsident Miklas, der an einen Bluff Hitlers glaubte, weigerte sich, Seyß-Inquart zum Kanzler zu ernennen.

Hitler war nach wie vor darauf bedacht, direkte Gewaltanwendung zu vermeiden und den Schein der Legalität bei allen Aktionen zu wahren. So zögerte er den Marschbefehl in der Hoffnung hinaus, von Mussolini eine Antwort auf die dringende persönliche Botschaft zu erhalten, die er diesem durch seinen Abgesandten Prinz Philipp von Hessen übermittelt hatte. Göring umging das unerwartete Problem mit dem Argument, Seyß-Inquart sei trotz Schuschniggs Rücktritt im Amt geblieben und damit befugt, im Namen der Regierung zu handeln. Er diktierte den Text eines Telegramms, mit dem Seyß-Inquart um das militärische Eingreifen des Reiches zur Wiederherstellung der Ordnung ersuchen sollte. Dann fügte er hinzu: »Er braucht das Telegramm ja gar nicht zu schicken, er braucht nur zu sagen: Einverstanden.«[2] Als Seyß-Inquart Schwierigkeiten machte, rief Wilhelm Keppler, Hitlers Bevollmächtigter in Wien, in Berlin an und gab selber die geforderte Antwort: »Sagen Sie bitte dem Generalfeldmarschall, daß Seyß-Inquart einverstanden wäre.«

Wegen einer Störung in der Leitung mußten Anrufe nach Wien von der Telefonzentrale der Reichskanzlei aus getätigt werden. Ein Augenzeuge, General Grolmann, berichtet: »Als es bereits dunkel war, wurde Hitler zur Telefonzelle gerufen, und ich sah, daß sich auch Göring hineindrängte. Als sie wieder herauskamen, redete Göring aufgeregt auf Hitler ein. Auf dem Weg zurück in den Salon hörte Hitler Göring zunächst nachdenklich zu, schlug sich dann plötzlich auf die Schenkel, warf seinen Kopf zurück und sagte: Jetzt gilt's! Göring stürzte sofort los, und dann folgten die Befehle Schlag auf Schlag.«[3]

Hitlers Marschbefehl vom 11. März, 20.45 Uhr, wies die Wehrmacht an, am nächsten Morgen bei Tagesanbruch in Österreich einzumarschieren. Als in Wien eine lärmende Menschenmenge durch die Straßen zog und ein Putsch der Nationalsozialisten drohte, gab Miklas kurz vor Mitternacht nach und ernannte Seyß-Inquart zum Bundeskanzler. Dessen erste Amtshandlung war der Versuch, den Einmarsch der deutschen Truppen aufzuhalten – ohne Erfolg. Hitler war nun sicher, daß die Wehrmacht nicht auf Widerstand stoßen würde; zudem hatte er die erwartete Botschaft Mussolinis erhalten. Als Prinz Philipp um halb zehn aus Rom telefonisch mitteilte, der Duce habe Hitlers Aktion sehr freundlich aufgenommen, wußte sich dieser vor Dankbarkeit kaum zu fassen: »Sagen Sie Mussolini bitte, ich werde ihm das nie vergessen ... Nie, nie, nie, es kann sein, was es will ... Wenn die österreichische Sache jetzt aus dem Weg geräumt ist, bin ich bereit, mit ihm durch dick und dünn zu gehen, das ist mir alles gleichgültig.« Hessen: »Jawohl, mein Führer.« Hitler: »Passen Sie mal auf – ich mache jetzt auch jedes Abkommen – ich fühle mich jetzt auch nicht mehr in der furchtbaren Lage, die wir doch eben militärisch hatten für den Fall, daß ich in den Konflikt gekommen wäre. Sie können ihm das nur mal sagen, ich lasse ihm wirklich danken, ich werde ihm das nie, nie vergessen.«[4]

Hitlers zweite Sorge zerstreute Göring dadurch, daß er den tschechischen Gesandten zu sich rief und ihm zusicherte, die Vorgänge in Österreich würden auf die Beziehungen zwischen dem Deutschen Reich und der Tschechoslowakei keinerlei Einfluß haben: »Ich gebe Ihnen mein Ehrenwort, daß die Tschechoslowakei nichts vom Reich zu befürchten hat.« Dafür erbitte er von seiten der Tschechoslowakei die Zusicherung, daß sie nicht mobilisieren werde; nach Konsultation mit Prag gab ihm der Gesandte diese Erklärung. Göring wiederholte daraufhin das gegebene Versprechen, diesmal im Namen der Reichsregierung.

In der deutschen Proklamation, die gesendet wurde, als die Achte Armee bereits in Österreich einrückte, war von der schlechten, unterdrückerischen Regierung Österreichs die Rede, unter der das Volk zu leiden habe. In höchsten Tönen wurde Hitlers Entschluß gepriesen, sein Heimatland zu befreien und den notleidenden deutschen Brüdern in Österreich zu Hilfe zu kommen. In Linz, wo Hitler einst zur Schule gegangen war, wurde er von jubelnden Menschen begrüßt und legte einen Kranz am Grab seiner Eltern nieder. Äußerst bewegt von dem enthusiastischen Empfang, entschied er, keine Satellitenregierung unter Seyß-Inquart einzusetzen, sondern Österreich direkt dem Reich anzugliedern, wie er es auf der ersten Seite von *Mein Kampf* vor vierzehn Jahren verkündet hatte. Bei dieser Entscheidung verbot sich jede Diskussion, und nach einer rasch einberufenen Kabinettssitzung kehrte Seyß-Inquart mit dem Wortlaut eines bereits verkündeten Gesetzes nach Linz zurück, dessen Artikel 1 lautete: »Österreich ist eine Provinz des Deutschen Reichs.«

In derselben Nacht begannen die Verhaftungen: In Wien allein wurden 76 000 Menschen festgenommen. Der Wehrmacht folgten 40 000 Mann

*Der Anschluß Österreichs am 13. März 1938 war Hitlers spektakulärster Erfolg zu Frie-
denszeiten. Auf dem Heldenplatz vor der Wiener Burg versammelten sich Zehntausende,
um der Proklamation Österreichs zur »Deutschen Ostmark« zuzujubeln. Aber merkwürdigerweise empfand das Regime auch im Triumph keine Ruhe. In der Nacht schon waren
SS und Sicherheitspolizei gekommen, um in allem Jubel die kommende Unterdrückung
vorzubereiten. Verfolgungen und Verhaftungen fanden schon in den ersten 48 Stunden
nach dem »Anschluß« statt.*

Polizei und SS-Totenkopf-Einheiten, die sofort mit der systematischen Verfolgung der 300 000 österreichischen Juden begannen. Adolf Eichmann, der später wegen seiner Beteiligung am »Holocaust« in Israel vor Gericht gestellt und zum Tode verurteilt werden sollte, richtete sich in einem alten Palais der Rothschilds ein und berichtete bereits im Herbst über die Ausweisung von 45 000 Juden, die für das Privileg, auswandern zu dürfen, schwer bezahlen mußten. Die nationalsozialistische österreichische Legion, der nun die Straße gehörte, ließ ihrem angestauten Neid, Groll und Rachedurst freien Lauf.

Die Behandlung der großen jüdischen Gemeinde Wiens war nur ein Vorgeschmack auf die hemmungslosen Greueltaten der »Kristallnacht«, die in Berlin und anderen deutschen Städten Ende des Jahres folgen sollten. Die Menge ergötzte sich an sogenannten *Reibpartien*, bei denen Juden, häufig im vorgeschrittenen Alter, gezwungen wurden, die von der gescheiterten Volksbefragung Schuschniggs zurückgebliebenen Parolen mit bloßen Händen oder Zahnbürsten von den Wänden zu reiben.

Ein englischer Journalist hat eine dieser *Reibpartien* beschrieben: »SA-Leute zerrten einen älteren jüdischen Arbeiter und seine Frau durch die applaudierende Menge. Tränen rollten der alten Frau über die Wangen, und während sie vor sich hinstarrte . . . konnte ich sehen, wie der alte Mann, dessen Arm sie hielt, ihre Hand zu streicheln versuchte.›Arbeit für die Juden‹, brüllte die Menge. ›Endlich Arbeit für die Juden. Wir danken unserem Führer. Er hat den Juden Arbeit gegeben!‹«[5]

Der deutsche Dramatiker Carl Zuckmayer, der sich zu jener Zeit in Wien aufhielt, schrieb:»Die Unterwelt hatte ihre Tore geöffnet und ihre niedrigsten, scheußlichsten, unreinsten Geister losgelassen. Die Stadt verwandelte sich in ein Alptraumgemälde des Hieronymus Bosch, die Luft war von einem unablässig gellenden, wüsten, hysterischen Gekreische erfüllt, aus Männer- und Weiberkehlen . . . in wildem, haßerfülltem Triumph.«[6]

Österreich sollte nun doch seine Volksabstimmung haben. Hitler löste den Reichstag auf und setzte für den 10. April Neuwahlen an, verbunden mit einer Volksbefragung für ganz Deutschland unter Einschluß Österreichs. Der *Anschluß* war die Erfüllung des Traums von einem *Großdeutschland*. Er war älter als der Versailler Vertrag, der den *Anschluß* verboten hatte, auch älter als die von Bismarck geschaffene Reichseinheit, von der er Österreich mit voller Absicht ausgeschlossen hatte. Nach der Auflösung der Habsburger Monarchie am Ende des Krieges sahen viele Österreicher im Zusammenschluß die einzige Zukunftsmöglichkeit für ein Land, das nach der Abtrennung der nichtdeutschen Teile der alten k.u.k.-Monarchie in der Luft zu hängen schien. Wenn später auch Enttäuschung folgte – denn Wien wurde zu einer Provinzstadt, und selbst österreichische Nationalsozialisten klagten, wie schamlos das Land ausgeplündert wurde –, begrüßte man den *Anschluß* zunächst ohne jeden Zweifel beiderseits der Grenze mit echter Begeisterung. Hitlers Popularität erreichte einen Höhepunkt wie niemals

Hitler hatte ein merkwürdig gebrochenes Verhältnis zu seinem Herkommen. Als Öster-
reich dem Reich angegliedert wurde, bekam er allen Berichten zufolge einen Wutanfall,
weil übereifrige Anhänger voller Verehrung die Gräber seiner Vorfahren aufgesucht hat-
ten. Auf ausdrücklichen Befehl Hitlers wurde der ganze Friedhof eingeebnet und das
Gelände einem Truppenübungsplatz zugeschlagen. Auch von seinem Vater war nur selten
die Rede, obwohl er nicht gänzlich totgeschwiegen wurde, und allein seine Mutter scheint
er verehrt zu haben. In Leonding stattete er dem Grab seiner Eltern einen Besuch ab, und
Aufnahmen davon wurden über die offiziellen Agenturen verbreitet.

davor und danach, »vor allem weil unser Führer es ohne Blutvergießen hin-
gekriegt hat«.[7]

Für Hitler selber, der in Wien früher nur Enttäuschung und Erniedrigung
erfahren hatte, war die Rückkehr als Erbe der Habsburger »die stolzeste
Stunde meines Lebens«. Die Wahlkampagne führte ihn von einem Ende
Deutschlands zum anderen; überall wurde auf gewaltigen Kundgebungen
der nationale Triumph gefeiert. Die letzten zehn Tage widmete er Österreich, und den Abschluß bildete eine Demonstration in Wien. Als er vor der
jubelnden Menge stand, überwältigte ihn der Glaube an seine Mission. Es
müsse Gottes Wille gewesen sein, so triumphierte er in später Genugtuung,
daß er einen jungen Mann in das Reich gesandt habe, damit er einst zum
Führer der Nation werde und seine Heimat zurück ins Reich führe.[8]

Am 13. März, als Hitler seine triumphale Rückkehr nach Linz und den
Anschluß Österreichs feierte, genoß Stalin einen Triumph ganz anderer
Art. Der 13. März war der Tag, an dem der letzte Moskauer Schauprozeß zu

Ende ging und mit einer Ausnahme alle noch lebenden Mitglieder von Lenins Politbüro – Bucharin, Rykow und Krestinski – hingerichtet wurden. (Allein Trotzki überlebte bis 1940, als er im mexikanischen Exil von Stalins Agenten ermordet wurde.) Der Unterschied in den Prioritäten, die beide Männer setzten, springt ins Auge. Stalin konnte nicht ignorieren, daß ein Staat von der Landkarte getilgt und ein anderer schwer bedroht war. Wenn Deutschland nun auch noch die Tschechoslowakei »anschließen« würde, hätte sich das Kräfteverhältnis in Europa radikal verändert, und deutsche Truppen wären der sowjetischen Grenze bedrohlich nahe gerückt.

Litwinow, Volkskommissar für auswärtige Angelegenheiten, warnte das Zentralkomitee: »Die Annexion Österreichs ist das bedeutendste Ereignis seit dem Weltkrieg und birgt größte Gefahren in sich, nicht zuletzt für unsere Union.«[9] Litwinow konnte jedoch nichts Besseres vorschlagen, als sich mit den anderen Mächten darüber zu beraten, wie weiteren Aggressionsakten zu begegnen sei. »Morgen könnte es zu spät sein, aber heute ist noch Zeit, wenn alle Staaten, besonders die Großmächte, eine feste und eindeutige Haltung einnehmen.«[10]

Litwinow bezog sich dabei besonders auf die Tschechoslowakei, der die Sowjetunion wie Frankreich im Falle eines Angriffs vertraglich zum Beistand verpflichtet war. Als er gefragt wurde, wie die Sowjetunion, die weder an die Tschechoslowakei noch an Deutschland grenzte, diesen Beistand leisten wolle, gab er zur Antwort, man werde einen Weg finden und eventuell einen Korridor schaffen. Dem amerikanischen Botschafter teilte er vertraulich mit, weder die Franzosen noch die Sowjets trauten einander, und er halte es für wahrscheinlich, daß die Tschechen klein beigäben.[11] Als die Briten und andere die Einladung zu einem Treffen ablehnten, war Litwinow nicht überrascht. Gegenüber dem ungarischen Gesandten bemerkte er, er habe nicht viel Hoffnung auf eine positive Antwort gehabt und keinen konkreten Plan verfolgt.

Die sowjetische Führung glaubte möglicherweise, eine entschlossene Garantie für die Tschechoslowakei seitens Großbritanniens, Frankreichs und der Sowjetunion werde Hitler Einhalt gebieten; sie war bereit, ihre Rolle dabei zu spielen. Stalin war kein revolutionärer Idealist, der zum Kreuzzug gegen den Nationalsozialismus aufrief oder Hitler stürzen wollte. Aber er erkannte schneller als die Regierungen Großbritanniens und Frankreichs, daß Hitlers Kurs zum Krieg führen würde, wenn man ihm nicht Einhalt gebot, daß es ein gemeinsames Interesse an der Verhinderung des Krieges gab und daß die Großmächte Hitler gemeinsam zum Rückzug zwingen konnten. Die Reaktion der Westmächte zeigte, wie weit sie noch davon entfernt waren, das Problem so klar zu sehen wie Stalin. Die Franzosen reagierten überhaupt nicht, die Briten hielten Litwinows Vorschlag, eine Konferenz einzuberufen, für unangebracht: Das werde Europa in zwei Lager spalten und den Eindruck erwecken, man brandmarke Deutschland als Aggressor. Dies wiederum bestärkte die Sowjets in ihrer Skepsis, ob die

Partner es mit der kollektiven Sicherheit ernst meinten. Sollte dies nicht der Fall sein, so befreite Litwinows Vorschlag die Sowjetregierung von jeder Verantwortung für das Scheitern dieses Sicherheitskonzepts.

Der sowjetische Botschafter erhielt die Weisung, dem tschechoslowakischen Präsidenten Beneš mitzuteilen, die Sowjetunion sei darauf vorbereitet, die notwendigen Schritte für die Gewährleistung der Sicherheit seines Landes zu unternehmen, wenn auch Frankreich zum Handeln bereit sei. Ironischerweise war bei der Unterzeichnung des sowjetisch-tschechoslowakischen Vertrages der gegenseitige Beistand ausgerechnet auf Beneš' Vorschlag hin daran gebunden worden, daß Frankreich seine Verpflichtung gegenüber der angegriffenen Seite erfüllte. Beneš hatte darauf gedrungen, um sicherzustellen, daß die Tschechoslowakei nicht in einen Krieg an der Seite der UdSSR hineingezogen werden konnte, wenn nicht auch die Franzosen teilnähmen. In der sechs Monate währenden tschechoslowakischen Krise wurde dies nun zum Prüfstein für eine sowjetische Intervention auf seiten der Tschechoslowakei.

Hitler haßte die Tschechen seit seinen Wiener Tagen, als er – wie in den Juden – in ihnen die Prototypen des slawischen *Untermenschentums* sah, die gegen die Vorherrschaft der Deutschen in der Habsburger Monarchie mobil machten. Der tschechoslowakische Staat der Nachkriegszeit, den er stets nur im Zorn ein künstliches Ergebnis des Friedensvertrages nannte, war für ihn ein Symbol für Versailles – demokratisch, eine starke Stütze des Völkerbunds und der Verbündete Frankreichs und Rußlands. Das »Böhmische Viereck« war eine natürliche Festung, deren Besitz Bismarck als den Schlüssel zur Beherrschung Mitteleuropas bezeichnet hatte. Es lag weniger als eine Flugstunde von Berlin und anderen deutschen Industriegebieten entfernt. Die tschechische Armee, eine erstklassige Streitmacht, die mit den ausgezeichneten Waffen der Skoda-Werke ausgerüstet war und über Grenzbefestigungen verfügte, die an Stärke der Maginot-Linie vergleichbar waren, stellte einen Machtfaktor dar, der beseitigt werden mußte, ehe sich Deutschland, wie Hitler plante, gegen den Osten wenden konnte. Abgesehen von dem strategischen Gewinn sah man in der Übernahme ihrer Ausrüstung und der Skoda-Werke eine wertvolle Verstärkung der deutschen Rüstung.

Die Schwäche, die Hitler auszunutzen hoffte, war die multinationale Struktur der ČSR, in dem die regierenden Tschechen nur etwas mehr als die Hälfte der Bevölkerung stellten, während die übrigen, besonders die Sudetendeutschen (über 22 Prozent der Bevölkerung) und die Slowaken (knapp 18 Prozent), mit ihrer Stellung unzufrieden waren. Von 1935 an gab die Reichsregierung der Sudetendeutschen Partei Konrad Henleins finanzielle Unterstützung, um dieser eine vorherrschende Position unter der deutschsprachigen Bevölkerung zu verschaffen, die man zu nutzen gedachte, wenn die Zeit reif war.

Hitlers Vorteil während der tschechoslowakischen Krise vom März 1938 bis März 1939 lag darin, daß er stets die Initiative behielt. Nur einige Tage im Mai und noch einmal Ende September 1938 gab er sie aus der Hand, gewann sie jedoch beide Male rasch zurück. Er konnte sich diesen Vorteil aus folgenden vier Gründen verschaffen:

Er hatte, erstens, als einziger der Protagonisten ein klares Ziel – die Zerstörung des tschechoslowakischen Staates.

Zweitens verstand er es, dieses Ziel mit einer Propagandakampagne zu verschleiern, die die Aufmerksamkeit auf die – wirklichen, übertriebenen oder erfundenen – Ungerechtigkeiten lenkte, die die Sudetendeutschen zu erdulden hatten. So stellte er sich selbst als Beschützer der deutschen Minderheit dar und nicht als Aggressor, der die ČSR angriff. Als die Forderungen der Sudetendeutschen erfüllt waren, wandte er erneut die Methode des bestellten Hilferufs an und antwortete auf einen »Appell« slowakischer Nationalisten, die ihn um Schutz vor ihren tschechischen Unterdrückern ersuchten.

Drittens verstand er die Motive und Erwägungen der anderen Regierungen weitaus besser, als diese die seinen zu erraten vermochten. Dies ist zum einen auf seine Intuition zurückzuführen, zum anderen auf die starke Unterstützung durch Görings *Forschungsamt* – seinen Telefonabhördienst-, das viele diplomatische Verbindungen zwischen der britischen, französischen und tschechoslowakischen Regierung sowie zwischen diesen Regierungen und ihren Botschaften in Berlin und Prag abhörte und entschlüsselte.

Viertens war Hitler überzeugt, daß die britische und die französische Regierung wegen der Forderung der Sudetendeutschen und danach auch der Slowaken nach gleichen Rechten und nationaler Selbstbestimmung keinen Krieg riskieren würden. Sie würden nach seiner Meinung höchstens mit einer Intervention drohen. Er war jedoch sicher, daß die deutsche Seite mit dem Überraschungseffekt und ihrer Schnelligkeit vollendete Tatsachen schaffen konnte, bevor diese Drohung in die Tat umgesetzt wurde.

Die Grundzüge der Strategie wurden bei mehreren Treffen mit dem Führer der Sudetendeutschen, Konrad Henlein, am 28. und 29. März, zwei Wochen nach dem *Anschluß*, in Berlin ausgearbeitet. Henlein wurde die Rolle zugewiesen, Forderungen zu stellen, denen die tschechoslowakische Regierung niemals zustimmen konnte. Henlein stellte Hitler diese Formel mit den Worten vor: »Wir müssen immer so hohe Forderungen stellen, daß sie niemals erfüllt werden können.« Er verkündete ein 8-Punkte-Programm für die Autonomie des Sudetenlandes in einer Rede in Karlovy Vary (Karlsbad) am 24. April. Die Forderung, die von ständig wachsender organisierter Gewalt innerhalb des Sudetenlandes und zunehmender NS-Propaganda von außen unterstützt wurde, sollte den Vorwand für die deutsche Intervention liefern. Henlein hatte darauf zu achten, daß diese Taktik nicht durch eine Übereinkunft zwischen seiner Sudetendeutschen Partei und der Prager Regierung unterlaufen wurde.

Ein Angriff auf die Tschechoslowakei war in der langfristigen Planung der Wehrmacht auch vor 1938 vorgesehen, aber erst am 21. April dieses Jahres erteilte Hitler Keitel als dem Chef des OKW die Weisung, die Operationspläne für einen Überraschungsangriff auszuarbeiten, mit dem die tschechischen Grenzbefestigungen zu durchbrechen waren und in vier Tagen ein entscheidender Sieg errungen werden sollte, bevor die anderen Mächte eingreifen konnten. Ein Datum für diesen Angriff wurde noch nicht festgelegt. Am 20. Mai übersandte man Hitler den Entwurf, der im ersten Absatz seine eigenen Worte bei der Einweisung Keitels wiederholte:

»Es liegt nicht in meiner Absicht, die Tschechoslowakei ohne Herausforderung schon in nächster Zeit durch eine militärische Aktion zu zerschlagen, es sei denn, daß eine unabwendbare Entwicklung der politischen Verhältnisse *innerhalb* der Tschechoslowakei dazu zwingt oder die politischen Ereignisse in Europa eine besonders günstige und vielleicht nie wiederkehrende Gelegenheit dazu schaffen. Die Aktion wird vielmehr ausgelöst werden entweder:

a.) nach einer Zeit zunehmender diplomatischer Auseinandersetzungen und Spannungen, die mit militärischen Vorbereitungen verknüpft sind und die dazu genützt wird, die Kriegsschuld dem Gegner zuzuschieben...

b.) durch blitzschnelles Handeln aufgrund eines ernsten Zwischenfalles, durch den Deutschland in unerträglicher Weise provoziert wird und der wenigstens einem Teil der Weltöffentlichkeit gegenüber die moralische Berechtigung zu militärischen Maßnahmen gibt.

Militärisch und politisch günstiger ist der Fall b.«[12]

Der Befehl läßt erkennen, daß Hitler mit einer Aktion Polens und Ungarns rechnete, die den Zusammenbruch der Tschechoslowakei nutzen würden, um ihre eigenen Gebietsforderungen durchzusetzen. Nachdem Hitler mit Keitel gesprochen hatte, ließ er am nächsten Tag den ungarischen Bevollmächtigten in Berlin, Sztojay, zu sich kommen und teilte ihm mit, daß Deutschland bei einer Aufteilung der ČSR kein Interesse an dem slowakischen Teil habe und es Ungarn überlasse, das nach dem Weltkrieg verlorene Gebiet einschließlich der alten ungarischen Krönungsstadt Bratislava (Preßburg) zurückzugewinnen. Die Polen befanden sich in einer schwierigeren Lage. Sie waren zwar auf die Tschechen schlecht zu sprechen, aber wie diese mit Frankreich verbündet. Hitler versuchte deshalb nicht, sie unter Druck zu setzen, denn er war sicher, wenn die Zeit reif war, brauchte man Polen nicht dazu aufzufordern, das Gebiet um Teschen und andere mit der ČSR umstrittene Grenzgebiete zu besetzen.

Es blieben die Italiener. Obwohl Mussolini die deutsche Besetzung Österreichs hingenommen hatte, war er nach wie vor peinlich darauf bedacht, daß niemand annahm, als »Juniorpartner« der Achse Rom – Berlin verstehe sich seine Zustimmung von selbst. Ein britisch-italienisches Abkommen, das im April 1938 unterzeichnet wurde, hatte zwar wenig praktische Bedeutung, war aber als Geste zur Bekräftigung der Unabhängigkeit Italiens gedacht. Hitler verstand, daß dies nicht die Zeit war, auf den Abschluß eines formellen Militärbündnisses zwischen beiden Ländern zu drängen oder den Duce um mehr als wohlwollende Neutralität im Falle eines deutschen Angriffs auf die Tschechoslowakei zu bitten.

Eine Gelegenheit, Mussolinis Vertrauen wiederzugewinnen, ergab sich, als Hitler nach der Deutschlandreise des Duce vom Jahre 1937 zum Gegenbesuch in Rom eintraf (Mai 1938). Vier Sonderzüge reichten kaum aus, um all die Gauleiter, Parteibonzen und den ganzen nationalsozialistischen Anhang zu befördern, die sich nach den zu erwartenden Gala-Empfängen und Bankettten auf Kosten der Italiener drängten. Nichts behagte der plebejischen Elite Hitler-Deutschlands mehr als eine kostenlose Reise in den Süden, auf der sie Wagenladungen von Sonderuniformen mit sich führen konnten. Die Italiener bemerkten dazu, daß es derartiges seit der Invasion der Barbaren nicht gegeben habe.

Diese Reise wirft einige interessante Schlaglichter auf die persönliche oder psychologische Seite Hitlers. Die Feierlichkeiten zu seinem 49. Geburtstag hatten ihm zum Bewußtsein gebracht, daß auch er sterblich war und nur noch eine begrenzte Zahl von Jahren zu leben hatte, die jeden Augenblick durch die Kugel eines Mörders – zum Beispiel in Italien – ein jähes Ende finden konnten. Die Reise von Berlin nach Rom nutzte er, um sein Testament zu formulieren und seine persönlichen Angelegenheiten zu ordnen. Er bedachte seine Verwandten, vermachte aber seinen gesamten persönlichen Besitz, den Berghof, seine Möbel und Bilder der Partei.

Als die Wagenkolonne vom Bahnhof in Rom abfuhr, säumten eine Million Italiener die Straßen und jubelten ihm zu. Unter ihnen war Eva Braun, die auf Hitlers Kosten incognito reiste. Ein freundlicher Italiener nahm sie auf die Schulter, damit sie sehen konnte, wie ihr »Freund« im Wagen des italienischen Königs fuhr. Näher kam sie ihm nicht. Hitler fühlte sich alles andere als geschmeichelt, Gast Viktor Emanuels III. zu sein und im Königspalast zu residieren. Im Gegenteil, er war wütend, gab sich wenig Mühe, seine Abneigung gegen den seiner Meinung nach altmodischen Unsinn des Palastprotokolls und des Zeremoniells zu verbergen, und beklagte sich offen, daß er lieber von Mussolini empfangen worden wäre. Jedoch der verhinderte »Künstler« in ihm war von der ersten Begegnung mit Rom und Florenz bezaubert. Auf dem Staatsbankett im Palazzo Venezia versicherte er seinen Gastgebern, daß er keinen Anspruch auf Südtirol erheben werde. »Es ist mein unerschütterlicher Wille und mein Vermächtnis an das deutsche Volk, daß es deshalb die von der Natur zwischen uns aufgerichtete Alpengrenze für immer als eine unantastbare ansieht.«[13]

Ende April hatte in London eine Konferenz des britischen und des französischen Außenministers stattgefunden. Beide Seiten waren – jede für sich – darauf bedacht, Hitler zu versichern, sie drängten die Tschechen zu einer Übereinkunft mit Henlein. Hitler war entzückt: Die Freunde der Tschechoslowakei taten die Arbeit für ihn. Die Dinge nahmen jedoch eine unerwartete Wendung, als die Regierung in Prag, alarmiert durch Berichte über deutsche Truppenkonzentrationen an der Grenze, eine Teilmobilmachung anordnete. Großbritannien und Frankreich sandten sofort Botschaften nach Berlin und warnten vor der Gefahr eines allgemeinen Krieges, wenn das Deutsche Reich aggressive Schritte gegen die ČSR unternähme.

Dies hatte die gleiche Wirkung auf Hitler wie Schuschniggs Absicht, eine Volksbefragung durchzuführen. Er hatte den Eindruck, er solle mit den eigenen Waffen geschlagen werden und sei das Opfer eines Präventivschlags im Nervenkrieg. Die Reaktion der tschechoslowakischen Regierung war wohl eher auf echte Sorge als auf Berechnung zurückzuführen. Dennoch traf sie Hitler unvorbereitet. Obwohl er sich mit Plänen zur Vernichtung der Tschechoslowakei trug, war noch kein Datum festgesetzt worden; alles befand sich im Vorbereitungsstadium. Wie sehr es ihm auch widerstrebte, und wie wütend er auch darüber war, daß die Presse der westlichen Länder schrieb, er sei zum Rückzug gezwungen worden, Hitler blieb doch keine andere Wahl, als seine Zustimmung zu erteilen, daß das Auswärtige Amt die Berichte über Truppenbewegungen dementierte und jegliche Angriffsabsichten bestritt.

Als die unmittelbare Kriegsfurcht zerstreut war, zeigte sich allerdings, daß die Mai-Krise nichts an der Gesamtsituation geändert hatte. Die anderen Mächte unternahmen nichts, um ihrer Warnung an Deutschland Nachdruck zu verleihen, sondern übten erneut Druck auf die Tschechoslowakei aus, so daß Hitler die Initiative wieder an sich reißen konnte. Nachdem sein Zorn verraucht war, berief er am 28. Mai eine Konferenz führender Militärs und Politiker ein und trug ihnen eine veränderte Version dessen vor, was er den Oberbefehlshabern der Wehrmacht im November dargelegt hatte (Hoßbach-Protokoll). Mit Hilfe handschriftlicher Notizen und einer Landkarte, die auf dem Tisch im Wintergarten der Reichskanzlei ausgebreitet lag, wiederholte er seine bekannte These, daß die Zukunft des Reiches durch die Eroberung von *Lebensraum* im Osten gesichert werden müsse. Großbritannien und Frankreich würden sich Deutschland widersetzen, und im Kriegsfall, dessen Ziel die Ausdehnung der deutschen Küstenlinie durch die Eroberung der Niederlande wäre, stellte diese Tschechoslowakei eine Bedrohung für das deutsche Hinterland dar. Diese müsse zuerst ausgeschaltet werden, und es könne keinen günstigeren Augenblick dafür geben. Großbritannien und Frankreich wünschten den Krieg nicht und seien nicht darauf vorbereitet. Rußland werde sich daran nicht beteiligen. Ungarn stelle sich an die Seite Deutschlands, Polen werde sich aus Furcht vor den Russen nicht widersetzen, und die Italiener seien an alldem nicht interessiert.

Hitler nannte zwei Gründe, weshalb er nicht auf die tschechische »Provokation« reagiert habe: Die Wehrmacht war noch nicht darauf vorbereitet, die tschechischen Befestigungen zu durchbrechen, und die Bauarbeiten am Westwall waren noch nicht weit genug vorangeschritten, um die Franzosen in Schach zu halten. Diese Aufgaben – dazu die psychologische Vorbereitung des deutschen Volkes auf den Krieg – mußten in den nächsten Monaten erfüllt werden. Solange dies nicht geschehen sei, werde keine Provokation ihn dazu bewegen, seine Haltung zu ändern. Hitler zitierte die neue Einleitung für Keitels Entwurf des militärischen Kurses, den er am 30. Mai bestätigen sollte: »Es ist mein unabänderlicher Entschluß, die Tschechoslowakei in absehbarer Zeit durch eine militärische Aktion zu zerschlagen. Den politisch und militärisch geeigneten Zeitpunkt abzuwarten oder herbeizuführen, ist Sache der politischen Führung.« Im Begleitschreiben, das Keitel zusammen mit der Direktive dem Oberkommando sandte, fügte er hinzu: »Ihre Ausführung muß spätestens ab 1. Oktober 1938 sichergestellt sein.«[14]

Hitler achtete sorgfältig darauf, sich in den drei Monaten nach der Mai-Krise von den hektischen, aber ergebnislosen diplomatischen Aktivitäten fernzuhalten. Nach offizieller deutscher Auffassung handelte es sich noch immer um eine Auseinandersetzung zwischen der Sudetendeutschen Partei und der tschechoslowakischen Regierung, für die die Reichsregierung keine Verantwortung trug. Als Hitler die abgefangenen Depeschen las, stellte er mit Befriedigung fest, daß die britische und die französische Regierung offensichtlich der gleichen Ansicht waren, die Tschechen mit wachsendem Nachdruck zu einer Vereinbarung drängten und sogar Lord Runciman als Vermittler entsandten. Dagegen beschränkte die deutsche Diplomatie sich darauf, ein wachsames Auge auf die Beziehungen zu Italien und Polen zu haben, ohne erkennen zu lassen, was Hitler zu tun beabsichtigte, und Ungarn dazu zu drängen, sich an der Zerstückelung der Tschechoslowakei zu beteiligen. So konnte Ungarn das durch den Friedensvertrag verlorengegangene Gebiet der Slowakei und eine gemeinsame Grenze mit Polen wiedererlangen, was sowohl Warschau als auch Budapest sehr willkommen war.

Die Ungarn hätten diesen Schritt gern getan, fürchteten aber, ein allgemeiner Krieg könnte ausbrechen, in dem Deutschland erneut besiegt werden und Ungarn eine Niederlage erleiden könnte, von der es sich nicht mehr erholen würde. Als man den ungarischen Reichsverweser Admiral Horthy in Begleitung seines Ministerpräsidenten Imredy im August zu einem Besuch nach Deutschland einlud, wurde dieses Dilemma nur noch sichtbarer. Hitler erläuterte seinen Plan zur Zerschlagung der Tschechoslowakei und bot den Ungarn an, die Slowakei und Ruthenien, den östlichsten Teil des Landes, zu annektieren, die sie durch den Friedensvertrag verloren hatten, wenn sie bereit wären, von Anfang an einen gemeinsamen Angriff vorzutragen. Wenn Ungarn diese Gelegenheit versäumte, drängte Hitler, könnte Polen durchaus die ganze Slowakei annektieren. Wer mittafeln wolle, müsse auch mitkochen. Aber die Ungarn ließen sich nicht dazu bewegen, oder, wie Hitler es ausdrückte, sie bestanden die Willensprüfung nicht.

Hitlers größte Schwierigkeiten lagen dort, wo es am wenigsten zu erwarten war, nämlich bei den Armeeführern, denen er die Gelegenheit gegeben hatte, Deutschlands Militärmacht wiederaufzubauen. Die Absetzung Blombergs und Fritschs hatte die Probleme nicht gelöst, und durch die Schaffung des Oberkommandos der Wehrmacht (OKW) waren sie nur weiter verschärft worden. Keitel und Jodl hatten sich bereits auf Hitlers Seite geschlagen und wollten keine Kritik an ihm gelten lassen. Dies steigerte nur die Verachtung, mit der sie von den Mitgliedern des Generalstabs des Heeres betrachtet wurden, die sich nun ihrer traditionellen Rolle als Ratgeber der Regierung beraubt sahen. Nur zweimal in seiner Amtszeit als Chef des Generalstabs des Heeres erhielt Ludwig Beck die Gelegenheit, mit Hitler ein offizielles Gespräch unter vier Augen zu führen.

Beck war von Natur aus vorsichtig und hielt sich an den Ausspruch Moltkes: »Erst wägen, dann wagen.« Bereits 1935 hatte er sich gegen einen Vorschlag des den Nationalsozialisten besonders nahestehenden Generals Reichenau gewandt, Pläne für einen Präventivangriff gegen die Tschechoslowakei auszuarbeiten. Seine Begründung war, dies würde – wie Schlieffens Angriff auf Belgien im Jahre 1914 – zu einem Bündnis Großbritanniens und Frankreichs gegen Deutschland führen. Beck hatte versucht, die Militäraktion gegen Österreich zu verhindern, und im Sommer 1938 mehrmals erklärt, er sei gegen Hitlers Pläne eines Angriffs auf die Tschechoslowakei, da dieser zu einem allgemeinen Krieg und zu einer Katastrophe für Deutschland führen würde. Beck legte dem Oberkommandierenden des Heeres, General von Brauchitsch, im Juni und Juli vier Denkschriften vor. Damit nicht genug, drängte er Brauchitsch wenigstens bei drei Gelegenheiten im Juli dazu, kollektiven Widerstand unter den Generalen zu organisieren, um Hitler zu erklären, Deutschland sei auf einen Krieg nicht vorbereitet, und die Generalität könnte für derartige Abenteuer keine Verantwortung übernehmen.

Brauchitsch lehnte Becks Forderung ab, erklärte sich jedoch bereit, im August eine Konferenz der höheren Armeechefs einzuberufen. Dort verlas er einige von Becks Argumenten und kam zu dem Schluß, daß für die Eroberung des Sudetenlandes nicht die Existenz der Nation aufs Spiel gesetzt werden dürfe. Der Oberbefehlshaber schloß mit der Aufforderung an die Generale, ihren Einfluß auf Hitler geltend zu machen und ihn mit den vorgetragenen Auffassungen zu konfrontieren. Die Diskussion zeigte, daß die Mehrheit der Anwesenden darin übereinstimmte, die Stimmung im Volke und unter den Soldaten sei gegen den Krieg. Die Wehrmacht könne wohl die ČSR besiegen, sei aber nicht stark genug für einen allgemeinen Krieg. Als General Busch darauf hinwies, es sei nicht Sache des Heeres, in politische Entscheidungen einzugreifen, setzte sich Beck nachdrücklich für die traditionelle Auffassung von der Funktion des Generalstabs ein. Alle ausgebildeten Stabsoffiziere sollten in der Lage sein, richtige Einschätzungen auf militärpolitischem Gebiet zu treffen.

Gerade diesen Anspruch auf ein selbständiges Urteil wollte Hitler ebensowenig dulden wie Stalin. Aber da in wenigen Wochen eine Militäraktion bevorstand, von der seine Zukunft abhing, konnte Hitler nicht Stalins Beispiel folgen und mit dem Oberkommando des Heeres abrechnen. Er wischte die Argumente beiseite, mit denen ihm Brauchitsch auf die Nerven ging, aber dabei beließ er es nicht.

Sein erster Schritt war eine Einladung – nicht an die älteren Generale, sondern an die Stabschefs – zu einem Essen auf dem Berghof. Anschließend erläuterte er ihnen die seinen Plänen zugrundeliegenden politischen und militärischen Voraussetzungen. Diesmal wirkte der Zauber allerdings nicht, und die seltene Aufforderung zur Diskussion über seine Auffassungen endete für Hitler niederschmetternd. Der Stabschef der Armeegruppe West erhob sich und erklärte unumwunden, daß nach General Adams, seines Kommandeurs, und seiner eigenen Ansicht die Befestigungen im Westen nicht länger als drei Wochen gegen Frankreich gehalten werden könnten. Darauf folgte eine wilde Szene. Hitler verwünschte diesen Defätismus und schrie: »Ich sage Ihnen, Herr General, die Stellung wird nicht drei Wochen, sondern drei Jahre gehalten ... Ein Hundsfott, wer diese Stellung nicht hält.« Jodl, der anwesend war und erkannte, daß Hitler die Zweifel seiner Zuhörer nicht beseitigen konnte, schrieb in sein Tagebuch: »Die Kraft des Gemüts fehlt ihm (dem Generalstab), weil er letzten Endes an das Genie des Führers nicht glaubt.«[15]

Fünf Tage später lud Hitler alle dienstälteren Generale zu einer Vorführung in die Artillerieschule von Jüterbog ein, wo genaue Kopien der tschechischen Befestigungsanlagen aufgebaut waren. Auf einen Infanterieangriff folgte die Artillerie mit Sperrfeuer. Der Schaden fiel enttäuschend gering aus, aber Hitler kletterte in den Betonbefestigungen herum und gab sich beeindruckt über die Zerstörungen. Anschließend sprach er neunzig Minuten lang im Offizierscasino und stellte dort seinen Plan als den Höhepunkt des Kreuzzuges dar, den er mit der Gründung der NSDAP begonnen hatte: »Die Lage mag sich entwickeln, wie sie will, in jedem Fall muß die ČSR zunächst beseitigt werden ... Es ist meine einzige große Angst, daß mir etwas zustoßen könnte, bevor ich die notwendigen Entschlüsse durchführen kann ... Im politischen Leben muß man an die Glücksgöttin glauben, die einmal vorbeistreicht. Und dann muß man sie erfassen! Sie kehrt nie wieder!«[16]

Hitler wiederholte diese Vorstellung für die Generale am 17. August in Döberitz. Am nächsten Tag bot Beck seinen Rücktritt an und forderte von Brauchitsch auf, das gleiche zu tun. Der Oberbefehlshaber des Heeres lehnte dies ab. Von Hassell, der ehemalige Botschafter in Rom und spätere Verschwörer, notierte dazu in seinem Tagebuch: »Brauchitsch schlägt den Kragen hoch und sagt: Ich bin Soldat und habe zu gehorchen.«[17] Da Beck auf seinem Rücktritt bestand, nahm Hitler ihn an, befahl jedoch, diesen »aus Gründen der Außenpolitik« weder der Armee noch der Öffentlichkeit mitzuteilen. Aus Loyalität zu seinem Lande in einer Krisensituation stimmte Beck zu.

Ein Bericht Görings und Todts über einen Besuch der Befestigungsanlagen im Westen im Juni machte Hitler die Gefahr bewußt, daß sie zum Herbst nicht rechtzeitig vollendet werden könnten. Seit der Remilitarisierung des Rheinlandes im März 1936 hatte die Wehrmacht nur 640 Unterstände fertiggestellt und plante im Jahre 1938 weitere 1360 zu bauen. Hitler forderte 12 000 und verfaßte eine Denkschrift über die Ausführung von Befestigungsanlagen und die Psychologie des Infanteristen, die auf seinen Erfahrungen von 1914/18 beruhte. Darin machte er sich darüber lustig, wie wenig die Pioniere des Heeres von moderner Technologie verstanden und davon, was wirklich nötig sei. Er befahl, wenn notwendig, alle anderen Bauarbeiten zu stoppen und Menschen und Maschinen zur Vollendung des Westwalls einzusetzen. Unzufrieden über Einzelheiten der neuprojektierten Unterstände, entschied er über den Standort jedes einzelnen und trieb den Bau auf siebzig Stück täglich nach oben; ebenso bestimmte er die Standorte der schwersten Waffen. Was Hitlers Eingreifen tatsächlich bewirkte, ist schwer zu sagen, aber es gelang ihm, nachdrücklich darauf aufmerksam zu machen, wie wichtig die Beschleunigung der Arbeiten war. Der Inspekteur der Befestigungsanlagen des Heeres, General Förster, der von Hitler viele böse Worte zu hören bekam, bemerkte später scharfsinnig: »Der Führer interessierte sich nur für die großen Probleme und für die geringfügigsten Kleinigkeiten. Was dazwischen lag, interessierte ihn nicht. Er übersah, daß die meisten Entscheidungen in die mittlere Kategorie fallen.«[18]

In der letzten Augustwoche inspizierte Hitler zwei Tage lang den Westwall. General Adam, der Kommandeur der Westfront, äußerte die Meinung, daß bis zum Einsetzen der Winterfröste nur ein Drittel der Befestigungsanlagen vollendet sein würden. Wenn man im Osten losschlage, würden die Westmächte marschieren. Hitlers Behauptung, Deutschland werde an der Westfront 2 000 Panzer und eine hervorragende Panzerabwehrmine haben, beeindruckte ihn nicht. Adam wies darauf hin, daß jede Division eine Front von dreizehn Kilometer Länge halten müsse und daß ihm in der Anfangsphase, wenn das Heer sich darauf konzentriere, die tschechischen Befestigungen zu durchbrechen, keinerlei Reserven zur Verfügung stünden.

Hitlers Antwort war, er werde den Angriff auf die Tschechoslowakei nicht absetzen. Zum Schluß der Inspektion gratulierte er allen Beteiligten zum erreichten Fortschritt und erklärte, die deutschen Truppen könnten niemals vom Westwall vertrieben werden. In Adams Gegenwart wiederholte er: »Ein Hundsfott, wer diese Stellung nicht hält!« Dem General wurde später der Oberbefehl entzogen, und er trat in den Ruhestand.

Hitlers Selbstsicherheit und Entschlossenheit beeindruckte alle, die ihm im Sommer 1938 begegneten. Aber niemand wußte, was ernst und was vorgetäuscht war, wenn er erklärte, er wolle die Tschechoslowakei mit Gewalt zerschlagen. Und es sollte auch niemand wissen. Als General Halder an Becks Stelle zum Stabschef des Heeres ernannt wurde, sagte Hitler zu ihm: »Sie werden niemals meine wirklichen Absichten erfahren. Nicht einmal meine engsten Mitarbeiter, die überzeugt sind, daß sie sie kennen, werden jemals dahinterkommen.«[19] Hitler hätte dasselbe auch über sich selbst sagen können. Er war sich durchaus klar darüber, daß er die Tschechoslowakei ausradieren wollte, aber wie, wann und in welchen Etappen, ob durch die direkte Anwendung oder nur die Androhung von Gewalt – alle diese Fragen konnte er bis zum allerletzten Moment nicht beantworten. Da er sich die Optionen auf diese Weise offenhielt, gewann er den größtmöglichen Spielraum und konnte ein höheres Risiko eingehen, wobei er stets für einen Rückzugsweg sorgte. Er ließ die Menschen – sowohl seine eigenen Mitarbeiter, selbst Göring und die Generale, als auch den Gegner, Briten, Franzosen und Tschechen – im unklaren, verbreitete dadurch Unsicherheit und machte es ihnen schwer, ihm Beschränkungen aufzuerlegen oder seine Pläne zu durchkreuzen.

Diese Mißachtung aller konventionellen Regeln, die in Verwaltung und Wirtschaft so viele Probleme verursachte, war ein Vorteil im psychologischen Krieg, den er meisterhaft beherrschte. Selbst wenn ihn scheinbar die Beherrschung verließ, tat Hitler keine Äußerung, ohne die Wirkung auf die Anwesenden und deren spätere Zuhörer zu kalkulieren.

Um ein Beispiel zu geben: Als Hitler am 2. Juli in München mit Ribbentrop speiste, wurde die Ankunft eines englischen Emissärs gemeldet. Hitler rief entsetzt aus: »Um Gottes willen, ich bin noch in guter Stimmung. Lassen Sie den Mann noch nicht herein!« Sodann steigerte er sich vor den Anwesenden in eine gespielte Wut hinein – sein Gesicht verdüsterte sich, er begann schwer zu atmen, seine Augen funkelten . . . Er machte dem Engländer eine derartig laute Szene, daß man an der Mittagstafel jedes Wort verstehen konnte. Als es vorüber war, kam Hitler – mit Schweißtropfen auf der Stirn – zurück und sagte schmunzelnd: »So, meine Herren! Jetzt brauche ich eine Tasse Tee. Der glaubt, ich bin böse.«[20]

In Presse und Rundfunk wurde eine Propaganda- und Einschüchterungskampagne gestartet, die Hitler anhand der Berichte (einschließlich abgehörter Gespräche) über die Reaktionen in Prag, London und Paris variierte. Die meisten Beobachter glaubten – und Hitler tat nichts dagegen – , daß der Nürnberger Parteitag in der zweiten Septemberwoche die Krise in der Sudetenfrage und den deutsch-tschechischen Beziehungen bringen würde. Während des Sommers hatte es wenig Unruhe im Sudetenland gegeben. Die Verhandlungen der Sudetendeutschen mit Prag, besonders jetzt, da die britische Mission unter Leitung von Lord Runciman zur Vermittlung eingetroffen war, ließen hoffen, ihre »Selbstbestimmung« allein würde die Tschechoslowakei unter deutsche Kontrolle bringen, und ein

Krieg sei nicht mehr nötig. Hitler hörte dies mit größtem Unwillen und befahl am 26. August Karl Hermann Frank, Henleins Stellvertreter, Zwischenfälle vorzubereiten, die als Vorwand für ein deutsches Eingreifen dienen sollten. Als Henlein, der zu spät erkannte, daß die Sudetendeutschen als Schachfiguren in einem viel größeren Spiel benutzt wurden, das Argument wiederholte, eine politische Lösung würde den Sudetendeutschen die Selbstbestimmung bringen, erwiderte Hitler ungerührt, er plane weiterhin eine militärische Operation. In Hochstimmung verabschiedete er Henlein am 2. September auf dem Berghof mit den Worten: »Es lebe der Krieg – und wenn er acht Jahre dauert!« Ob er damit die Sudetendeutschen ermutigen oder die Tschechen beeindrucken wollte, hätte Hitler sicher selber kaum sagen können.

Am 5. September tat Beneš einen Schritt, zu dem ihn Briten und Franzosen seit langem gedrängt hatten: Er bestellte die Führer der Sudetendeutschen zu sich und verlangte von ihnen eine schriftliche Fixierung aller ihrer Forderungen. Er versprach, diese zu erfüllen, wie auch immer sie lauteten. Dadurch war der Argumentation, der strittige Punkt seien die Probleme der Sudetendeutschen, der Boden entzogen. Um ihre Verlegenheit zu verbergen, inszenierten diese neue Zwischenfälle in Mährisch-Ostrau, die als Vorwand für den Abbruch der Verhandlungen mit Prag dienen sollten. Hitler teilte nun der Wehrmacht mit, daß er Tag und Stunde für den Angriff auf die Tschechoslowakei auf den 27. September mittags festsetzen werde.

Zwischen Hitler und dem Oberkommando gab es jedoch Meinungsverschiedenheiten darüber, wie die Operation durchgeführt werden sollte. Der Generalstab wollte durch einen gleichzeitigen Angriff von Norden und Süden Böhmen und Mähren von der Slowakei trennen und die ČSR damit in zwei Teile spalten. Hitler hielt das für einen konventionellen Plan aus dem Lehrbuch, er sei genau das, was die tschechische Armee erwarte. Er forderte als politisches Ziel die Eroberung der Hauptstadt Prag durch einen Überraschungsangriff mit starken Panzerverbänden, die direkt die tschechischen Befestigungen durchbrechen sollten. Als er feststellte, daß Brauchitsch und Halder (der neue Stabschef des Heeres) seine Wünsche ignorierten und ihre Befehle nach dem ursprünglichen Plan gaben, befahl er sie und Keitel nach Nürnberg.

Der Streit zwischen ihnen dauerte bis in die frühen Morgenstunden. Hitler behauptete, welche strategischen Vorzüge der Plan des Heeres auch immer habe, er ignoriere das politische Erfordernis, durch einen vernichtenden Schlag rasch zum Erfolg zu kommen. Als die Generale noch immer nicht nachgeben wollten, befahl Hitler ihnen schließlich, seine Weisungen auszuführen. Halder zuckte die Schultern, aber Brauchitsch verblüffte die Anwesenden mit einer vollständigen Wende und einer überschwenglichen Loyalitätserklärung. Jodl schrieb seine Gedanken in dieser Situation in sein Tagebuch: »Es ist dasselbe Problem wie 1914. Es gibt nur einen Ungehorsam in der Armee, den der Generäle, und er entspringt letzten Endes ihrer

Überheblichkeit. Sie können nicht mehr glauben und nicht mehr gehorchen, weil sie das Genie des Führers nicht anerkennen, in dem sie zum Teil sicher noch den Gefreiten des Weltkrieges sehen, aber nicht den größten Staatsmann seit Bismarck.«[21] Hitler bemerkte zu Keitel: »Es ist schade, daß ich nicht jedem meiner Gauleiter eine Armee unterstellen kann. Diese haben Schneid und zu mir Vertrauen.«[22]

Als Beck sich gegen Hitlers Pläne wandte und die anderen Generale um Unterstützung bat, hatte er streng darauf geachtet, dies professionell und nicht politisch zu begründen. Andere Offiziere waren jedoch bereit, weiter zu gehen und einen Staatsstreich zu planen, wenn Hitler darauf bestand, den Angriff auf die Tschechoslowakei zu befehlen. Das Zentrum der Verschwörung befand sich in der *Abwehrabteilung* (abgekürzt *Abwehr*) des OKW; der Hauptakteur war Oberst Hans Oster. Hjalmar Schacht und Carl Goerdeler, der ehemalige Oberbürgermeister Leipzigs und Reichskommissar für Preisüberwachung, waren ebenfalls in die Verschwörung eingeweiht und bereit, bei ihrem Gelingen eine politische Rolle zu übernehmen. Halder, Becks Nachfolger als Generalstabschef, war Ende August und Anfang September aktiv beteiligt, aber die Verschwörer mußten bald erkennen, daß er sich nach dem ersten Schritt nicht auch zu einem zweiten entschließen konnte. Er erwies sich schließlich als ebensolche Enttäuschung wie Oberbefehlshaber von Brauchitsch.

Als erstes mußten die Verschwörer einen General finden, der Truppen befehligte und zum Handeln bereit war. Sie fanden ihn in Erwin von Witzleben, dem Kommandeur des 3. Armeekorps, das in Berlin stationiert war. Gemeinsam mit Erich Graf von Brockdorff-Ahlefeldt, dem Kommandeur der Potsdamer Garnison, Graf Helldorff, dem Polizeipräsidenten von Berlin, und dessen Stellvertreter Fritz-Dietlof Graf von der Schulenburg übernahmen sie es, das Regierungsviertel in Berlin zu besetzen und Hitler gemeinsam mit möglichst vielen NS-Führern gefangenzunehmen. General Hoeppner, der eine Panzerdivision in Thüringen kommandierte, war bereit, jeden Versuch einer Rettungsaktion seitens der SS zu blockieren. Nach der Festnahme sollte Hitler entweder für geistesgestört erklärt oder vor Gericht gestellt werden. Nach kurzer Militärherrschaft sollte eine Zivilregierung eingesetzt werden. Eine kleine Gruppe von zwanzig bis dreißig jüngeren Offizieren unter Führung von Major Heinz, die Witzlebens Eskorte beim Sturm auf die Reichskanzlei bilden sollten, plante jedoch, Hitler bei dieser Gelegenheit zu erschießen. (Oster, Goerdeler, Witzleben, Schulenburg, Hoeppner und Helldorff sowie Heinz blieben in der Widerstandsbewegung und wurden nach dem Attentat auf Hitler im Juli 1944 hingerichtet.)

Der Staatsstreich sollte zwischen dem Erlaß des endgültigen Befehls zur Invasion der Tschechoslowakei und dem ersten Schußwechsel erfolgen. Die Verschwörer hingen von Halders Information über den Erlaß des Befehls ab. Sie sahen es als wesentlich für den Erfolg ihres Planes und für die Unterstützung seitens des Heeres an, die eindeutige Zusicherung der britischen und französischen Regierung zu erhalten, daß diese bei einem Angriff auf die Tschechoslowakei den Krieg eröffnen würden. Um dies den Briten nahezulegen, erklärte sich Ewald von Kleist-Schmenzin, ein Gutsherr aus der Familie des berühmten Dichters, bereit, Mitte August nach London zu reisen. Er sprach mit dem Ständigen Untersekretär im Foreign Office, Vansittart, mit Lord Lloyd, der Chamberlain nahestand, mit Churchill, der sich damals in der Opposition befand, und machte einen tiefen Eindruck auf sie. Berichte über diese Gespräche wurden von Chamberlain und Außenminister Lord Halifax gelesen und erörtert. Aber der Premierminister zog eine Parallele zu den Versuchen der Jakobiten, Ludwig XIV. davon zu überzeugen, wenn er nur genügend drohte, würden sie William III. stürzen können. Er kam zu dem Schluß, seine Chancen, den Krieg abzuwenden, konnten sich nicht verbessern, sondern höchstens verschlechtern, wenn er seine Warnung an Hitler vom Mai erneuerte. In dieser Auffassung bestärkte ihn der britische Botschafter in Berlin, Sir Neville Henderson, der nachdrücklich empfahl, Hitler auf keinen Fall zu provozieren. Auch weitere Appelle der Verschwörer im September konnten Chamberlain nicht umstimmen.

Die Spannung wuchs, als sich der Nürnberger Parteitag am 12. September seinem Ende näherte. Mehrere hunderttausend Parteigenossen füllten das riesige Stadion, um Hitler zu hören. Da stand er als einsame Figur im Scheinwerferlicht und wartete darauf, daß die *Sieg-Heil!*-Rufe abebbten. Zunächst sprach er von den frühen Kämpfen der Partei, dann aber stürzte er sich in eine Tirade gegen Präsident Beneš und die Tschechen. Bei jeder Schmähung brauste Beifallsgeschrei auf, aber Hitler legte sich trotz des drohenden Tons nicht auf präzise Forderungen fest – er verlangte nichts anderes als »Gerechtigkeit« für die Sudetendeutschen und behielt sich die Entscheidung vor, wenn seine Forderungen nicht erfüllt würden.

Die Rede wirkte als Signal für einen Aufstand im Sudetenland, bei dem mehrere Menschen getötet wurden. Die Tschechen verloren jedoch nicht die Nerven, riefen das Standrecht aus und schlugen die Unruhen nieder. Die gleichgeschaltete Presse in Deutschland brachte Schlagzeilen wie *Tschechischer Mordterror nahe der Anarchie*, und Henlein floh mit mehreren tausend Anhängern über die Grenze. Hitler befahl ihnen, sich zu einem *Freikorps* zu formieren, wies die Führer der Sudetendeutschen jedoch auch an, sie sollten sich zurückhalten, die Zeit sei noch nicht reif.

Chamberlain entschied sich, nach Deutschland zu fliegen und in Gesprächen mit Hitler zu versuchen, den Krieg abzuwenden. Dies Vorhaben schmeichelte Hitlers Eitelkeit außerordentlich. »*Ich bin vom Himmel gefallen*«, erklärte er freudig und gab seine Zustimmung, mit dem britischen Premierminister zusammenzutreffen. Er erbot sich jedoch nicht, Berchtesgaden zu verlassen und ihm auf halbem Wege entgegenzukommen. Nach einem Flug von mehreren Stunden – dem ersten des Premierministers im

Alter von 69 Jahren – traf Chamberlain am 15. September mit Hitler in demselben Arbeitszimmer zusammen, wo Anfang des Jahres Schuschnigg empfangen worden war.

Chamberlain versuchte über Wege zur Lösung der Sudetenfrage zu diskutieren – zum Beispiel durch Bevölkerungsaustausch sowie Grenzveränderungen. Hitler blieb hart: Er fürchte, daß diese ganzen Erörterungen rein theoretischer Art seien, denn die Ereignisse schritten schnell vorwärts. Er würde jeden Krieg und sogar das Risiko eines Weltkrieges dafür (Rückkehr der Sudetendeutschen in das Reich) in Kauf nehmen.[23] Als Chamberlain die Gegenfrage stellte, warum Hitler ihn habe nach Deutschland kommen lassen, wenn er bereits zum Krieg entschlossen sei, erhielt er zur Antwort, der Krieg könne vermieden werden, wenn das Prinzip der Selbstbestimmung akzeptiert werde. Chamberlain sah hier eine Chance und bemerkte, er könne dem persönlich zustimmen und sei willens, ein Abkommen über

Auf dem Höhepunkt der Sudetenkrise im September 1938 kam der englische Premier Arthur Neville Chamberlain nach Deutschland, um den Krieg noch einmal abzuwehren. Hitler hatte dem fast Siebzigjährigen nicht nur die verhaßte Flugreise zugemutet, sondern ihn auch zur Fahrt auf den Obersalzberg genötigt, wo er ihn in seinem Ferienhaus empfing. Die Begegnung war auf beiden Seiten durch Illusionen gekennzeichnet. Hitler sah in seinem Besucher einen schwächlichen Mann, der keinen Widerstand wagen würde; Chamberlain glaubte, durch sein Entgegenkommen den Frieden gerettet zu haben. Aber in London sprach er voller Verachtung von dem deutschen Staatschef: Er sei »der ordinärste kleine Hund«, dem er je begegnet sei.
Auf dem Photo: Chamberlain, Hitler und der englische Botschafter Henderson am 15. September kurz vor der Sitzung auf dem Obersalzberg.

einen Gebietsaustausch anzustreben, wenn Hitler Schritte zur Beruhigung der Situation unternehme. Da noch zwei Wochen Zeit waren, bevor er handeln wollte, fiel es Hitler nicht schwer, Chamberlains Versuch zuzustimmen. Dieser wußte von Hitlers Zeitplan nichts, und da er den Eindruck hatte, Hitler sei im Begriff, sofort loszuschlagen, reiste er in dem Glauben ab, falls er eine Übereinkunft erreichen würde, könne der Krieg verhindert werden.

Nach Ende der Gespräche berichtete Hitler Ribbentrop und Weizsäcker über den Verlauf. Der Staatssekretär notierte, Hitler habe sich selbst dazu beglückwünscht, Chamberlain veranlaßt zu haben, für die Abtretung des Sudetenlandes zu arbeiten: »Lehne die Tschechei sie ab, so sei die Bahn für den deutschen Einmarsch frei, füge die Tschechei sich, so komme die Tschechei selbst erst später, zum Beispiel im nächsten Frühjahr, an die Reihe. Die friedliche Erledigung der ersten, sudetendeutschen Etappe habe ja auch ihre Vorzüge... Der Führer schilderte dann eine Reihe von Einzelheiten, Einschüchterungsmethoden und taktischen Kniffen, mit denen er seinen Gesprächspartner in die Ecke florettiert habe.«[24]

Einem Eingreifen der Sowjetunion in die lang andauernde tschechische Krise stand die Tatsache im Wege, daß zwischen ihrem Territorium und dem der ČSR Polen und Rumänien lagen, die nicht gewillt waren, sowjetische Truppen ihr Staatsgebiet passieren zu lassen. Aber selbst wenn hier ein Weg gefunden worden wäre, hätte Stalin vor einem eigenen offenen Schritt davon überzeugt werden müssen, daß Frankreich ebenfalls zu seinen vertraglichen Verpflichtungen stand und bereit war, die Tschechen mit mehr als nur Gesten zu unterstützen. Für die Sowjetunion war es natürlich vorteilhafter, wenn England und Frankreich der ČSR zur Seite standen und Hitler zurückdrängten, als wenn sie ihn zu befrieden suchten und dadurch ermutigten, seine Invasion nach Osten zu richten. Ihre Skepsis wuchs jedoch, je weiter der Sommer voranschritt. In einer wichtigen Rede in Leningrad Ende Juni, die die deutsche Botschaft als bedeutsam für die sowjetische Politik bezeichnete, wiederholte Litwinow die Kritik der Sowjetunion an der Haltung der Westmächte. Ohne daß ein Schuß gefallen war, hatte Deutschland die Ergebnisse, für die die Westmächte im Weltkrieg gekämpft hatten, fast vollständig rückgängig gemacht. »Die ganze Diplomatie der Westmächte in den vergangenen fünf Jahren läuft darauf hinaus, jeglichen Widerstand gegen die aggressiven Handlungen Deutschlands zu vermeiden, auf seine Forderungen und sogar seine Launen einzugehen, weil sie fürchten, auch nur das geringste Mißfallen zu erregen.« Aber als es darum ging, was die Sowjetunion tun werde, hatte Litwinow nichts zu sagen: »Wir beabsichtigen keinesfalls, der tschechoslowakischen Regierung ungebetene Ratschläge zu erteilen... Die Sowjetregierung lehnt jede Verantwortung für den weiteren Lauf der Dinge ab. Die Sowjetunion verlangt nichts für sich selbst, will sich niemandem als Partner oder Verbündeter aufdrängen, sondern strebt lediglich nach kollektivem Zusammenwirken.«[25]

Damals wurde angenommen – und es erscheint auch heute plausibel –, daß Moskaus Haltung in erster Linie von der Wirkung der Säuberungen auf die sowjetischen Streitkräfte bestimmt war. Zwar endeten die schweren Kämpfe gegen die Japaner im Sommer 1938 mit Tausenden von Soldaten, Flugzeugen und Geschützen mit einem sowjetischen Sieg. Aber in demselben Sommer kam es zu einer zweiten, wesentlich schlimmeren Säuberung im Fernen Osten, bei der das Offizierskorps eliminiert wurde, mit dem Marschall Blücher in den langen Kämpfen gegen die Japaner die sowjetische Überlegenheit errungen hatte. Die Rotbannerfront, die Blücher berühmt gemacht hatte, wurde zerschlagen, der Marschall selbst von seinem Posten abgesetzt, verhaftet und nach Moskau gebracht. So konnte der Sieg im Fernen Osten nichts an dem Eindruck in Paris, London und auch Berlin ändern, daß die Rote Armee nach den Säuberungen nicht mehr als schlagkräftige Streitmacht zu betrachten war.

Nach Präsident Beneš fanden zwischen Tschechen und Russen keinerlei ernsthafte Gespräche über militärische Fragen statt, ebensowenig zwischen Tschechen und Franzosen. Doch ein Buch, das Professor Rscheschewski vom Institut für Weltgeschichte in Moskau 1989 veröffentlichte und das offensichtlich auf Archivmaterialien beruht (die allerdings nicht zitiert werden), läßt Zweifel an dieser Version aufkommen.[26] Danach nahm die tschechische Regierung eine sowjetische Einladung für den Befehlshaber der tschechischen Luftwaffe, General Fajfr, im August 1938 schließlich widerwillig an. Aus einem späteren Bericht Fajfrs wird zitiert, daß eine Übereinkunft erreicht worden sei, »nach der die Sowjetunion uns sofort durch die Entsendung von 700 Jagdflugzeugen helfen würde, unter der Bedingung, wir bereiteten geeignete Flugplätze vor und gäben Schutz gegen Luftangriffe.« Im Jahre 1938 war die sowjetische Luftwaffe immer noch die größte der Welt. Um die Tschechoslowakei zu erreichen, war nur ein kurzer Überflug über rumänisches oder polnisches Territorium erforderlich. Dem Chef der französischen Mission in Bukarest soll von der rumänischen Regierung mitgeteilt worden sein, sie werde den Überflug sowjetischer Flugzeuge über Rumänien stillschweigend dulden, wenn sie eine Höhe von 3 000 Metern einhielten, was ohnehin faktisch außer Reichweite rumänischer Flugabwehr-Geschütze lag.

Es ist aktenkundig, daß Iwan Maiski, der sowjetische Botschafter in London, Churchill im September mitteilte (und dieser berichtete es dem Außenminister), die Sowjetunion werde Gewalt anwenden, falls Deutschland die Tschechoslowakei angreifen sollte. Am 21. September teilte Litwinow in Genf mit, vor drei Tagen hätten die Tschechen zum ersten Mal bei der Sowjetregierung angefragt, ob sie Unterstützung geben werde, falls Frankreich dies ebenfalls tue. Sie hätten darauf »eine klare und positive Antwort« erhalten.

Aber was stand hinter derartigen Zusicherungen? Eine bereits bekannte Teilantwort auf diese Frage war die Warnung der Sowjetunion an Polen, kein tschechoslowakisches Territorium mit Gewalt zu besetzen, anderenfalls werde die UdSSR ihren Nichtangriffspakt mit Polen aufkündigen. Der französische Botschafter in Moskau berichtete später, daß der stellvertretende Volkskommissar für Auswärtige Angelegenheiten, Potjomkin, völlig aus der Fassung geriet, als die Tschechoslowakei die polnischen Gebietsforderungen akzeptierte und damit die Gelegenheit für ein sowjetisches Eingreifen entfiel.

Wenn man jedoch dem früheren Stabschef der Roten Armee, Marschall Sacharow, Glauben schenken darf, waren die Russen bereit, in viel größerem Umfang Druck auszuüben. Sacharow war 1938 im Stab von Schaposchnikow, dem damaligen Stabschef der Sowjetarmee, tätig. In einem 1969 geschriebenen Buch, das aber erst zwanzig Jahre später veröffentlicht wurde, behauptet Sacharow, in der Antwort an Beneš sei klargestellt worden, daß die Sowjetunion der Tschechoslowakei zu Hilfe kommen würde, gleichgültig, wie Frankreich sich verhielte. Er führt präzise Einzelheiten über die Streitkräfte an, die im Zusammenhang mit dieser Zusicherung mobilisiert wurden. Die sowjetische Mobilisierung begann mit Befehlen an den Kiewer Militärbezirk am 21. September, 18.00 Uhr, eine Streitmacht in der Stärke von zehn Divisionen unter dem Kommando von Marschall Timoschenko aufzustellen und nahe der polnischen Grenze zu dislozieren. In den verbleibenden Septembertagen erhielten alle anderen Militärbezirke westlich des Ural den Befehl, insgesamt sechzig Infanterie- und sechzehn Kavalleriedivisionen, drei Panzerkorps, zweiundzwanzig selbständige Panzerbrigaden und siebzehn Brigaden der Luftwaffe in Alarmbereitschaft zu versetzen, 330 000 Reservisten einzuberufen und Zehntausende weitere vorläufig nicht zu entlassen. In einem Telegramm, das bereits 1958 in Moskau veröffentlicht wurde, informierte man am 25. September die französische Armee über den Fortschritt bei der Mobilisierung dieser Streitkräfte und wiederholte diese Mitteilung am 28. September gegenüber dem französischen Militärattaché in Moskau.

Unbekannt ist, ob die französischen Militärs diese Informationen weitergaben, ob die französische und die britische Regierung die Maßnahmen der Sowjets kannten und die Berichte entweder nicht ernst nahmen oder es vorzogen, sie zu ignorieren.

Nach seiner Rückkehr aus Berchtesgaden am 16. September war Chamberlain eifrig bemüht, einen Plan auszuarbeiten, der Hitlers Forderung erfüllte, alle Bezirke mit über fünfzig Prozent deutscher Bevölkerung von der Tschechoslowakei abzutrennen, einschließlich derer, in denen sich die Grenzbefestigungen befanden. Diese Vorschläge wurden der Regierung in Prag am 19. September übermittelt. Zugleich bot man an, bei Zustimmung eine internationale Garantie für den Rest des Landes zu erklären. Nach Erhalt dieser Vorschläge richtete Beneš seine Anfrage an Moskau. Man kann sicher annehmen, daß er unter dem Eindruck der ermutigenden Antwort aus Moskau die offizielle Ablehnung der britisch-französischen Bedingungen absandte, die in London am Abend des 20. September einging. Jedoch nach erneutem Druck seitens der Briten und der Franzosen, deren Abgesandte Beneš mitten in der Nacht weckten, antwortete die tschechoslowakische Regierung am 21. September um 17.00 Uhr, daß »sie die britischen und französischen Vorschläge mit Betrübnis akzeptiert«.

So konnte Chamberlain, als er Hitler am 22. September erneut – diesmal in Godesberg am Rhein – traf, mit Befriedigung berichten, daß die Tschechen dem umfassenden britisch-französischen Plan für die Übergabe des Sudetenlandes zugestimmt hätten. Zu seinem Erstaunen antwortete Hitler jedoch, eine solche Lösung sei nicht länger praktikabel. Das Sudetenland müsse sofort von deutschen Truppen besetzt werden, die Grenzlinie könne man später durch eine Volksbefragung bestimmen. Die Aktionen der Freikorps im Sudetenland (die auf Hitlers Weisung erfolgten) lieferten ihm den Grund zu behaupten, die Verhältnisse in der Tschechoslowakei seien so schlecht, daß die Wehrmacht unverzüglich einrücken müsse. Hitler brachte sich in Rage und erklärte, es sei keine Zeit mehr für Debatten über Kommissionen, Prozente, Eigentumsrechte, Flüchtlinge usw. Zunächst sofortige Besetzung des Sudetenlandes, danach Übergabe einiger weiterer Gebiete durch Volksabstimmung – das österreichische Modell lieferte das Vorbild – und die Befriedigung der Forderungen Polens und Ungarns.

Alles was Chamberlain nach einem weiteren Tag bitteren Streits und Notenwechsels erreichte, waren eine Karte und eine Denkschrift mit Hitlers neuen Forderungen ohne jede Veränderung. Chamberlain übernahm es, diese nach Prag zu übermitteln, ohne selbst Stellung zu nehmen. Die Tschechen sollten die Räumung des abzutretenden Gebiets am 26. September beginnen und am 28. September abschließen. Mit dem Gespür des Theatralikers für den richtigen Zeitpunkt setzte Hitler im allerletzten Moment das Spiel doch noch fort: Chamberlain zuliebe sei er bereit, eine Konzession zu machen. Chamberlain sei einer der wenigen Menschen, für die er jemals so etwas getan habe. Er sei bereit, für die tschechische Evakuierung noch ein einziges Datum festzusetzen – den 1. Oktober –, wenn dies Chamberlains Mission erleichtere.[27] Der Premierminister berichtete in London, er habe das Gefühl, zwischen ihm und dem Führer sei ein Vertrauensverhältnis entstanden. Er sei sicher, erklärte er nach seiner Rückkehr vor dem Kabinett, Herr Hitler werde nicht absichtlich einen Mann betrügen, den er achte und mit dem er verhandelt habe.

Das britische Kabinett war jedoch nicht länger bereit, sich von Hitler am Gängelband führen zu lassen. In Abstimmung mit Paris entschied es, keinen Druck auf die Tschechen auszuüben, falls diese die deutschen Forderungen ablehnten. Statt dessen erklärte das Kabinett, wenn die Tschechoslowakei angegriffen werde, sei Frankreich verpflichtet, ihr zu Hilfe zu eilen; Großbritannien und Rußland würden an Frankreichs Seite stehen. Ein Brief Chamberlains, in dem dies mitgeteilt, zugleich jedoch argumentiert wurde, das Problem könne nach wie vor durch Verhandlungen gelöst werden, brachte Hitler so in Wut, daß man ihn nur mit Mühe überreden konnte, im Raum zu bleiben und die Verlesung des Briefes bis zum Schluß anzuhören. Aber Hitler fuhr fort dazwischenzuschreien, die Deutschen würden wie Nigger behandelt, nicht einmal die Türkei wage man so zu behandeln. »Wenn Frankreich und England losschlagen wollten, sollten sie es ruhig tun. Er mache sich nichts daraus.«[28]

Die Verschwörer, die Hitlers Sturz planten, waren verzweifelt über die Nachricht von Chamberlains überraschendem Besuch in Berchtesgaden. Als nach seinem zweiten Besuch in Godesberg die Spannungen wieder stiegen, schöpften sie neue Hoffnung. Der Plan, in die Reichskanzlei einzudringen und Hitler gefangenzunehmen, wurde bestätigt, das Überfallkommando in Alarmbereitschaft versetzt.

Zwei Wochen nach seiner Rede in Nürnberg, am 26. September, sprach Hitler erneut im Berliner Sportpalast. Er war in derselben rasenden Stimmung, in der er Chamberlains Brief am selben Tage aufgenommen hatte. Hitler übertrieb maßlos, daß »Tausende« Deutsche von den Tschechen »niedergemetzelt« würden und »Hunderte und Tausende über die Grenze flüchteten«. Er forderte Beneš auf, die Bedingungen von Godesberg zu akzeptieren: »... will ich nun vor dem deutschen Volke erklären, daß ... meine Geduld jetzt zu Ende ist! ... Er (Beneš) hat jetzt die Entscheidung in seiner Hand! Frieden oder Krieg! Er wird entweder dieses Angebot akzeptieren und den Deutschen jetzt endlich die Freiheit geben, oder wir werden diese Freiheit uns selbst holen! ... Herr Beneš mag jetzt wählen!«[29] William Shirer, der auf der Galerie direkt über Hitler saß, schrieb in sein Tagebuch, daß dieser in all den Jahren, die er ihn habe beobachten können, zum ersten Mal seine Selbstbeherrschung völlig verloren zu haben schien. Als Goebbels rief: »Eines ist gewiß: Niemals wird sich ein November 1918 wiederholen!«, sprang Hitler auf, beschrieb mit der rechten Hand einen großen Bogen durch die Luft, ließ sie auf den Tisch fallen und schrie aus voller Kraft: »Ja!« Dann sank er erschöpft in seinen Stuhl zurück.[30]

Und doch hatte Hitler die Tür nicht endgültig zugeschlagen. Selbst in seiner fanatischen Rede im Sportpalast hatte er die von ihm in Godesberg vorgeschlagene Alternative zum Krieg offengelassen. Um die Friedensstifter zu ermutigen, hatte er erklärt, daß das Sudetenland seine letzte Gebietsforderung in Europa sei.

Hitler hatte der Prager Regierung bis zum 28. September, 14.00 Uhr, Zeit gegeben, seine Bedingungen zu akzeptieren. Am 27. September sandte er Instruktionen an Keitel, die Stoßtruppen sollten ausrücken, um am 30. zum Angriff bereit zu sein. Der Staatssekretär im Auswärtigen Amt, Ernst von Weizsäcker, und andere, die engen Kontakt zum Führer hatten, glaubten nicht an einen Bluff und sahen sich durch Hitlers nachfolgendes Verhalten bestätigt. Daraus jedoch den Schluß zu ziehen, daß Hitler nun auf »Krieg« aus war, hieße, verschiedene Bedeutungen dieses Wortes durcheinanderzubringen. Er wollte die ČSR durch eine militärische Operation aufbrechen,

Im Berliner Sportpalast hielt Hitler am 26. September 1938, drei Tage vor der Münchner Konferenz, eine Rede, die sich als eine Art Rechenschaftsbericht über die Sudetenkrise der letzten Wochen gab. Im Mittelgang war in hellen Hemden eine Delegation sudetendeutscher Landsmannschaften postiert, die das Grenzgebiet symbolisch darstellen sollten. Wenige Jahre später mußten sie die »Heimkehr« in das deutsche Reich mit der Vertreibung aus ihrem jahrhundertealten Siedlungsgebiet bezahlen.

um die Wehrmacht an Blut zu gewöhnen und die Nation psychologisch auf die Anwendung von Gewalt in künftigen Kriegen einzustellen.

Jedoch ein begrenzter Krieg gegen die isolierten und an Zahl unterlegenen Tschechen war eine Sache, die Wiederholung von 1914/18 eine ganz andere. Hitler nahm an, Großbritannien und Frankreich würden wegen der Ablehnung der Tschechen, den Sudetendeutschen das Selbstbestimmungsrecht zu gewähren, keinen allgemeinen Krieg beginnen. Obwohl er selbstsicher behauptete, es mache ihm nichts aus, wenn sie es täten, hielt er bis zum Zeitpunkt des Angriffsbefehls Verhandlungen – zu seinen Bedingungen – als eine Alternative offen, mit deren Hilfe der tschechoslowakische Staat in zwei Etappen zerschlagen werden konnte.

Um sich diese Möglichkeit zu erhalten und Chamberlains Entschlossenheit zu erschüttern, schrieb er am Abend des 27. September, kaum 24 Stunden vor Ablauf des Ultimatums an die ČSR, eine Antwort auf Chamberlains Brief, den er am 26. so wütend aufgenommen hatte: »Ich muß es Ihrem Ermessen überlassen, ob Sie es bei dieser Sachlage für angebracht halten, Ihre Bemühungen fortzusetzen, ... die Regierung in Prag noch rechtzeitig zur Vernunft zu bringen.«[31]

Die Russen informierten zwar die französischen Militärs über die Schritte, die sie zur Mobilisierung ihrer Streitkräfte unternommen hatten, taten dies jedoch erst am 25. September, einen Tag nachdem die Franzosen selbst eine Teilmobilmachung bekanntgegeben hatten. Dies zeigt, daß Stalin darauf bedacht war, sich nicht selbst dadurch in Gefahr zu bringen, daß er als einziger handelte. Als klar wurde, daß die Briten und Franzosen lieber ein Abkommen mit Hitler schlossen als den Widerstand zu organisieren, hatte Stalin ebenso allen Grund, sich ruhig zu verhalten und seine eigenen Chancen für einen späteren Handel mit Hitler nicht dadurch zu verderben, daß er die Aufmerksamkeit auf die Vorbereitungen lenkte, die die Rote Armee vor München getroffen hatte.

Es fragt sich, was es bewirkt hätte, wenn nicht nur Frankreich und Großbritannien, sondern auch Hitler und die Opposition in der Wehrmacht rechtzeitig etwas von Stalins Vorbereitungen erfahren hätten. Wenn Sacharows Bericht zutrifft, wenn die Sowjetunion, Frankreich und Großbritannien gemeinsam gehandelt hätten, dann wären 51 deutsche Divisionen (davon nur 3 Panzerdivisionen) in einem Krieg nicht an zwei, sondern an drei Fronten mit 38 gut ausgerüsteten tschechischen Divisionen, 65 französischen und 90 sowjetischen konfrontiert gewesen, selbst wenn letztere nicht ganz das Niveau der anderen erreichten. Ist hier eine Chance vergeben worden, die den Lauf der Geschichte hätte ändern können?

Selbst wenn noch mehr Tatsachen ans Licht kommen, die Sacharows Bericht bestätigen, kann diese Frage wie so viele andere von der Art »Was wäre wenn?« nur spekulativ sein. Es bleibt jedoch eine *Tatsache*: Als am 28. September die Stunde der Entscheidung schlug, wählte Hitler nicht das Risiko eines allgemeinen Krieges, sondern wandte sich statt dessen Verhandlungen zu. Möglicherweise hatte er das immer tun wollen, nachdem er die Kriegsfurcht ausgenutzt und dadurch seine Bedingungen für die Lösung hochgetrieben hatte. Wahrscheinlicher ist aber, daß er sich diesen Weg als Alternative bewahrt hatte und erst im allerletzten Moment entscheiden wollte, welchen Kurs er einschlagen werde.

Bei Hitlers Entscheidung scheinen mehrere Faktoren zusammengewirkt zu haben. Einer war die Auffassung der Heeresführung, Deutschland sei nicht stark genug, um an zwei Fronten zu kämpfen, selbst wenn man eine dritte außer acht ließ. Hitler konnte dieses Argument als Defätismus beiseite schieben, es hatte jedoch seine Wirkung, weil es durch die Warnungen der Franzosen und Briten verstärkt wurde, daß er genau diesen Zweifrontenkrieg zu erwarten habe. Die Oberbefehlshaber der Luftwaffe und der Marine, Göring und Raeder, unterstützten die Haltung des Heeres. Ein zweiter Faktor war die Reaktion der Menschen in Berlin. Hitler selbst konnte sie während einer Demonstration militärischer Macht beobachten, die er nach seiner Mobilisierungsrede im Sportpalast angeordnet hatte. Ungeachtet der Bemühungen von Presse und Rundfunk, den Kriegstaumel zu schüren, wurde eine motorisierte Division, die durch die Straßen der Hauptstadt rollte, von den Menschen fast völlig gleichgültig betrachtet. Man kehrte dem Schauspiel den Rücken und eilte davon, um Straßenbahn und Bus zu erreichen. Ein dritter Faktor, der nach Aussage Hitlers gegenüber Göring die Entscheidung brachte, war die Nachricht, daß die Royal Navy und die französische Armee in Alarmbereitschaft versetzt worden waren.

Ausschlaggebend scheint jedoch letzten Endes Mussolinis Eingreifen gewesen zu sein. Auf einen italienischen Vorschlag hin sollten sich Ciano und Ribbentrop am 29. September treffen, um die politische Strategie beider Länder für den Kriegsfall abzustimmen. Als aber Chamberlain und Roosevelt an Mussolini appellierten, Hitler zu überzeugen, er solle die Mobilmachung verschieben und einer Konferenz zustimmen, zeigte sich der Duce selbst außerordentlich daran interessiert, einen Konflikt zu vermeiden, auf den Italien schlecht vorbereitet war. Dieses plötzliche Umschwenken Mussolinis traf Hitler am 28. September mittags zu einem Zeitpunkt, da er von diplomatischer und militärischer Seite unter maximalem Druck stand, Europa nicht wieder in einen Krieg zu stürzen.

Mussolini teilte mit, Chamberlain habe einen neuen Vorschlag zu machen, der einen so »grandiosen Sieg« bedeute, daß es nicht lohne, für darüber hinausgehende Ziele in den Krieg zu ziehen. Chamberlain biete an, ein drittes Mal nach Deutschland zu kommen, und schlage eine Vier-Mächte-Konferenz vor. Wenn Hitler zustimme, würden die Tschechen jede Lösung akzeptieren müssen, die die vier Mächte vereinbaren. Es wurde nicht versucht, die Sowjetunion einzubeziehen; man ignorierte sie.

Die zwei Diktatoren trafen vorab am 29. September zusammen. Hitler versuchte seine Verwirrung über seine eigene Zustimmung zu der Konferenz damit zu überspielen, daß er ausführlich darlegte, es werde noch zu einem allgemeinen Krieg gegen Großbritannien und Frankreich kommen, so lange sie beide am Leben seien und ihre Völker führten. Mussolini beruhigte ihn mit der Zusicherung, falls die Konferenz scheitere, werde Italien Deutschland unterstützen.

Als Chamberlain und Daladier eintrafen, ließ Hitler sie nicht im Zweifel darüber, was er von der Konferenz erwarte: Er habe nun in seiner Rede im Sportpalast erklärt, daß er auf alle Fälle am 1. Oktober einmarschieren werde. Hierauf sei ihm erwidert worden, daß diese Aktion den Charakter eines Gewaltaktes haben werde. Man müsse der Aktion mithin diesen Charakter nehmen. Es müsse aber sofort gehandelt werden.[32]

Mussolini spielte auf der Konferenz eine führende Rolle – schon deshalb, weil er der einzige Teilnehmer war, der die Sprachen der anderen beherrschte. Er legte ein Memorandum vor, auf dem sich schließlich das Münchener Abkommen aufbaute. Dieses war am Tage vorher von Neurath, Göring und Weizsäcker ausgearbeitet worden, um Ribbentrop zuvorzukommen, dem Göring vorwarf, er wolle Deutschland in den Krieg treiben. Chamberlains und Daladiers Bemühungen, der ČSR die Möglichkeit der Teilnahme an der Konferenz zu geben, wurden von Hitler kategorisch zurückgewiesen. Entweder handele es sich um ein Problem zwischen Deutschland und der Tschechoslowakei, und das lasse sich innerhalb von vierzehn Tagen gewaltsam regeln, oder aber um ein Problem zwischen den Großmächten. In diesem Falle müsse die Verantwortung von den Großmächten übernommen und die von ihnen getroffene Regelung den Tschechen aufgezwungen werden.

Die Konferenz war so überstürzt einberufen worden, daß es an jeglicher Organisation fehlte. Protokolle wurden nicht geführt, und dauernd gab es Unterbrechungen. Schließlich wurde in den frühen Morgenstunden des 30. September ein Übereinkommen erzielt, und die beiden Diktatoren überließen der englischen und der französischen Seite die Aufgabe, den Tschechen die Bedingungen für die Teilung ihres Landes zu übermitteln. Am 1. Oktober besetzten deutsche Truppen das Sudetenland, so wie Hitler es angekündigt und gefordert hatte.

Durch das Münchener Abkommen erhielt er im wesentlichen das, was er in Godesberg gefordert hatte. Die wenigen Modifikationen, die die Westmächte hinzuzufügen versuchten, wurden in den Sitzungen der Internationalen Kommission, die mit der Verwirklichung des Abkommens beauftragt war und deren deutsche Mitglieder ausgesprochen aggressiv auftraten, einfach vom Tisch gewischt. Die Volksabstimmung hat niemals stattgefunden. Als die neuen Grenzen festgelegt wurden, geschah dies mehr nach strategischen als nach ethnographischen Gesichtspunkten. 800 000 Tschechen blieben in den an das Deutsche Reich abgetretenen Gebieten wohnen. Die ČSR verlor 17 500 Quadratkilometer Land und zugleich ihre Befestigungsanlagen, die auf die deutschen Generale bei ihrer Besichtigung großen Ein-

Die Serie der unblutigen Triumphe riss nicht ab; mit dem Saarland, Österreich, Böhmen und Mähren hatte Hitler bis zum Memelland bald ein halbes Dutzend Territorien »heimgeholt«. Endlich erkannte man auch in Paris und London, daß man dem deutschen Diktator nun eine Grenze setzen mußte. »Das nächste Mal wird er Blut vergießen müssen«, sagte der englische Außenminister Halifax nach dem Einmarsch in Prag.
Auf dem Photo: Hitler überquert am 3. Oktober 1938 bei Wildenau die Grenze.

druck machten. Beneš ging ins Exil, während die neue Regierung in Prag außerordentlich bemüht war, die Deutschen zu beschwichtigen. Das hatte wenig Sinn, denn diese stellten sofort neue Forderungen, und Hitler lehnte es ab, die in München versprochene Garantie für den verstümmelten Staat zu erklären. Die Tschechen wurden verpflichtet, das Teschener Gebiet an Polen abzutreten und den Verlust bedeutender Teile der Slowakei an Ungarn zu akzeptieren. Ribbentrop und Ciano trafen in Wien zusammen, um als Schiedsgericht zwischen Slowaken und Ungarn zu wirken, was im November 1938 zur ersten ihrer zwei Wiener Vereinbarungen führte.

Die Erleichterung über den Sieg ohne Krieg – den zweiten in sechs Monaten – ließ Hitlers Ansehen in Deutschland gewaltig ansteigen. Dies war ein erneuter Triumph seiner unkonventionellen Methoden der politischen Kriegführung, die der Taktik des Festhaltens an der Legalität bei seinem Aufstieg zur Macht vergleichbar sind. Im In- und Ausland verbreitete sich immer mehr die Meinung, Hitler habe die ganze Zeit über nur geblufft und stets ein »München« im Auge gehabt. Diese Auffassung bestätigte ihm überlegene Urteilskraft und brachte die Kritiker – insbesondere im Heer – zum Schweigen, die dagegen protestiert hatten, daß er das Risiko eines allgemeinen Krieges mißachtete. Das Münchener Abkommen war noch katastrophaler für die Verschwörer, die Hitler hatten gefangennehmen oder töten wollen. Es entzog ihnen die Handlungsgrundlage. Die Behauptung, wenn Großbritannien und Frankreich sich 1938 gegen Hitler gewandt hätten, dann hätte die Wehrmacht ihn gestürzt und der Krieg wäre verhindert worden, kann nicht bewiesen werden. Die meisten Historiker außerhalb Deutschlands, die diese Frage untersucht haben, bleiben skeptisch – nicht hinsichtlich des Mutes der Verschwörer, sondern ihrer Aussicht auf Erfolg, auf genügend Unterstützung zum Sturz des Regimes auch dann, wenn Hitler den Marschbefehl gegeben hätte. Aber zweifellos wurde jede Chance durch Chamberlains und Daladiers Angebot zunichte gemacht, die Abtretung des Sudetenlandes ohne Krieg zu ermöglichen.

Hitler kostete es voll aus, daß die Sieger von 1918 durch ganz Europa in die Stadt eilten, in der er seine Laufbahn als kleiner Agitator begonnen hatte, um dort die Bedingungen zu erfahren, zu denen er die Unterwerfung der Tschechoslowakei zu akzeptieren geruhte. Aber seine Hochstimmung wich bald wieder dem Ärger, als er sich einredete, München habe bewiesen, hätte er nicht auf die Generale und Diplomaten gehört, sondern an seiner ursprünglichen Absicht festgehalten, dann hätte er seinen kurzen Krieg bekommen und die Tschechoslowakei von der Landkarte gefegt ohne die reale Gefahr, daß Großbritannien und Frankreich eingegriffen und ihn aufgehalten hätten. Als er in seinen letzten Lebenstagen im Februar 1945 in seinem Bunker in Berlin über die Ursachen seiner Niederlage nachgrübelte, verwies er auf den Fehler, den er 1938 begangen hatte: »Schon 1938 mußten wir losschlagen... Obwohl auch wir damals alles andere als kriegsbereit gewesen wären, wir waren doch besser gerüstet als unsere Gegner. September 1938, das war der günstigste Augenblick... Dazu der Vorteil, eine weltweite Ausdehnung des Krieges auszuschließen.«[33]

Nach München scheint Hitler für einen kurzen Moment die Möglichkeit ins Auge gefaßt zu haben, noch im Herbst mit den Tschechen endgültig abzurechnen. Aber nach gründlicherer Überlegung entschloß er sich zu warten und die Sache bis zum Frühjahr 1939 aufzuschieben. Inzwischen kam für diejenigen in Westeuropa, die die Illusion gehegt hatten, nun, da Hitlers »letzte Gebietsforderung in Europa« erfüllt war, werde das nationalsozialistische Regime zur Ruhe kommen, im November ein böses Erwachen, was das wahre Wesen dieses Regimes betraf.

Die Freiheiten, die die österreichische NSDAP bei der Verfolgung der Juden nach dem *Anschluß* genoß, nährten unter den Parteigenossen in Deutschland den Wunsch, die gleiche Gelegenheit zu erhalten, um nicht nur ihren Haß zu stillen, sondern bei der Enteignung jüdischen Besitzes ebenso reiche Beute zu machen wie die Österreicher. Die Benachteiligungen, unter denen die deutschen Juden litten, waren zahlreich, hatten aber noch nicht zu ihrem systematischen Ausschluß aus dem Wirtschaftsleben geführt. Die Partei drängte nun darauf, dies in Deutschland ebenso durchzusetzen wie in Österreich.

Es gab jedoch Meinungsverschiedenheiten über die Vorgehensweise. Sollte die »Arisierung« der Wirtschaft (ein Euphemismus für die Ausplünderung der Juden) systematisch vom Staat vorgenommen werden, dem der Gewinn zufiele, wofür Göring eintrat, oder sollte sie wie in Österreich »spontan« von der Partei durchgeführt werden, wobei sich die PGs als Belohnung für ihre langjährigen Dienste die Taschen füllen könnten?

1938 wurden von Göring als dem Verantwortlichen für den Vierjahresplan drei Dekrete erlassen, die von jedem Juden forderten, sein Vermögen registrieren zu lassen, »um zu sichern, daß die Verwendung des Eigentums mit den Erfordernissen der deutschen Wirtschaft in Einklang gebracht werden kann«. Als die tschechische Krise vorüber war, wurde dieser Prozeß beschleunigt. Auf einer Konferenz über den Vierjahresplan (am 14. Oktober) forderte Göring, die Judenfrage »energisch und unverzüglich« in Angriff zu nehmen. »Die Juden müssen aus der Wirtschaft vertrieben werden.«

In der so geschaffenen, erwartungsvollen Atmosphäre war nur ein Funke nötig, um die Explosion auszulösen. Diesen lieferte die Ermordung des deutschen Diplomaten vom Rath am 7. November in Paris. Die Schüsse hatte ein siebzehnjähriger Jude, Herschel Grynspan, abgegeben - ein verzweifelter Protestakt gegen die Behandlung seiner Eltern und 50 000 weiterer polnischer Juden, die von der Gestapo ohne Vorwarnung zurück nach Polen deportiert worden waren. Grynspans Tat wurde sofort von Goebbels aufgegriffen, um eine Krisen- und Spannungssituation heraufzubeschwören. In einer Direktive wies er die Herausgeber aller deutschen Zeitungen an sicherzustellen, daß die Meldung von dem Überfall »die erste Seite vollständig beherrscht«. In Kommentaren sollte klargestellt werden, der Überfall werde ernsteste Konsequenzen für die jüdische Bevölkerung nach sich ziehen.

Der 9. November war der Jahrestag des Putsches von 1923. Unter den drängenden Forderungen der deutschen Presse, sofort gegen die Juden vorzugehen, trafen sich alte Kämpfer der Partei und der SA zu ihrer Gedenkkundgebung in München, bei der Hitler bisher noch niemals gefehlt hatte. Angesichts der Kontroverse über Hitlers persönliche Verantwortung für den Holocaust ist sein Verhalten bei dieser frühen Gelegenheit sehr aufschlußreich. Bei seiner Ankunft im Alten Rathaus erhielt er die Nachricht, daß vom Rath seinen Verletzungen erlegen sei. Nach der Aussage eines seiner Begleiter an diesem Abend[34] war er sehr betroffen und weigerte sich zu sprechen, wie er es bisher bei dieser Gelegenheit stets getan hatte. Man bemerkte jedoch, daß er eine ernste Unterredung mit Goebbels hatte. Kurz darauf ging Hitler, und Goebbels sprach an seiner Stelle. Nach Hitlers Pressechef Otto Dietrich hatte dieser mit Goebbels abgesprochen, was er sagen sollte, sich dann aber als Staatsoberhaupt zurückgezogen, um für die nachfolgenden Geschehnisse nicht die Verantwortung übernehmen zu müssen. Beim Hinausgehen hörte man ihn sagen, man solle die SA sich austoben lassen.

Goebbels' Rede wurde von den Zuhörern als Aufforderung zur Aktion verstanden, war allerdings - wie immer - raffiniert angelegt. Er erinnerte zunächst an bisherige Demonstrationen gegen die Juden, die mit der Zerstörung jüdischer Geschäfte und Synagogen einhergegangen waren. Der Führer habe beschlossen, fuhr er fort, daß solche Demonstrationen von der NSDAP weder vorbereitet noch organisiert würden. Wenn sie jedoch »spontan« geschähen, habe die Partei nichts dagegen einzuwenden. In einem späteren Bericht des Parteigerichts, das Exzesse während der nachfolgenden Ausschreitungen untersuchen sollte, formulierte der Vorsitzende folgende Auffassung des Gerichts: »Die mündlich gegebenen Weisungen des Reichspropagandaleiters sind wohl von sämtlichen anwesenden Parteiführern so verstanden worden, daß die Partei nach außen nicht als Urheber der Demonstrationen in Erscheinung treten, sie in Wirklichkeit aber organisieren und durchführen solle.«[35]

Als Goebbels seine Rede beendet hatte, wurde die Veranstaltung sofort abgebrochen, die versammelten Gauleiter und anderen NS-Führer eilten davon, um ihre Instruktionen auszugeben. Die SA brauchte keine besondere Aufforderung. Sie ergriff die Gelegenheit, sich erneut in den Rausch von 1933/34 zu stürzen, als die Straßen ihr gehörten, bevor ihre »zweite Revolution« 1934 zurückgewiesen und sie selbst gedemütigt worden war. Für eine wilde Schreckensnacht erhielt die SA wieder ihren Freiraum. Während die Polizei abseits stand und nicht eingriff, wurden 200 Synagogen niedergebrannt, 7 500 jüdische Geschäfte und Büros geplündert oder zerstört und 91 Juden ermordet. Die SS, die zunächst nicht einbezogen war, verhaftete 26 000 wohlhabendere Juden und trieb sie in Konzentrationslager.

Die Nachricht von dem Pogrom löste überall in der westlichen Welt einen Aufschrei der Empörung aus über diesen Rückfall in die Barbarei, der Deutschland viel von dem noch vorhandenen Wohlwollen kostete. Noch bemerkenswerter aber war die scharfe Ablehnung seitens der Mehrheit der deutschen Bevölkerung (worin alle Berichte übereinstimmen), die sich besonders gegen die Unordnung, Gewalt und Zerstörung von Eigentum sowie die Schädigung des deutschen Namens im Ausland wandte. Es kam zu scharfen gegenseitigen Beschuldigungen unter den NS-Führern. Goebbels wurde von Göring wegen des Schadens für die Wirtschaft angegriffen, den er angerichtet hatte; Himmler attackierte ihn, weil er damit Schwierigkeiten für die Politik der SS heraufbeschwor, die Juden durch verstärkte Auswanderung loszuwerden.

Hitler hielt sich im Hintergrund. Er stimmte Göring zu, daß sich die Übergriffe nicht wiederholen sollten, distanzierte sich aber nicht von Goebbels und auch nicht von den Vorfällen selbst. Er bestand darauf, daß die ökonomische Lösung durchgesetzt werden müsse, legte diese aber in Görings Hand als dem Verantwortlichen für den Vierjahresplan und nannte insbesondere jüdische Läden als erste Ziele der »Arisierung«.

Durch die Wirkung der *Kristallnacht* (dieser Euphemismus bezog sich auf das zerbrochene Glas in den Straßen, das die Nacht vom 9. zum 10. November bekannt machte) wurde die »Lösung der Judenfrage« von spontanen Aktionen der Partei auf der Straße in einen systematischen bürokratischen Prozeß hinübergeleitet, den Göring und Himmler bevorzugten und der viel weniger Aufsehen erregen sollte. Am 12. November rief Göring die zuständigen Minister und Beamten zusammen und legte ihnen seine Politik der planmäßigen Enteignung dar. Demonstrationen hatten zu unterbleiben. Die Juden wurden aufgefordert, ihr Eigentum dem Staat gegen eine Entschädigung zu übergeben, die »so niedrig wie möglich« zu halten sei. Ein von der Regierung eingesetzter Treuhänder sollte dann das Eigentum an einen »arischen« Käufer zum Marktwert veräußern. Der Gewinn sollte dem Staat zufallen. Göring lehnte ausdrücklich ab, was in Österreich geschehen war. Die Lösung der Judenfrage war nicht als Wohlfahrtsplan für Parteiveteranen gedacht. Er kenne Chauffeure von Gauleitern, sagte er, die dabei eine halbe Million eingesteckt hätten.

Um die Verluste auszugleichen, die der Staat durch den Schaden an jüdischen Firmen am 9. November erlitten hatte, schlug Goebbels vor, die jüdische Gemeinde sollte als Kompensation für den Tod des Diplomaten vom Rath eine Strafe zahlen. Göring erregte sich besonders darüber, daß deutsche Versicherungsgesellschaften den jüdischen Eigentümern Entschädigungen zahlen sollten. Deren Geschäftsleitungen bestanden darauf, ihren Verpflichtungen in voller Höhe nachzukommen, um das internationale Vertrauen in die Redlichkeit der deutschen Versicherungen nicht zu erschüttern. Heydrich fand jedoch einen Ausweg: Die Versicherungssummen sollten voll ausgezahlt, danach jedoch unverzüglich wieder eingezogen werden. Dies und die genannte Strafe, die auf eine Milliarde Mark festgesetzt wurde, stellte Göring zufrieden. »Das wird hinhauen. Die Schweine werden einen zweiten Mord so schnell nicht machen. Im übrigen muß ich noch einmal feststellen: ich möchte kein Jude in Deutschland sein.«[36]

Neben der Auflösung aller jüdischen Betriebe und ihrer Überführung in deutsches Eigentum schlug Goebbels eine ganze Serie weiterer Dekrete vor, die Juden das Betreten von Theatern, Kinos und aller anderen Unterhaltungseinrichtungen und öffentlichen Gebäude verbot. Juden wurden die Führerscheine entzogen, jüdische Kinder durften nicht mehr deutsche Schulen besuchen, und den Juden wurde der Zugang zu allen Berufen versperrt. Sie hatten alles Gold, Silber und alle Edelsteine abzuliefern, und man entzog ihnen jeglichen Rechtsschutz. Diese Gesetzgebung sollte den Juden das Leben in Deutschland unmöglich machen. Der Ausweg wurde von der SS und der Gestapo sogleich gewiesen – die Übernahme des in Österreich bereits begonnenen Programms für eine beschleunigte Auswanderung. Nach einem Dekret, das am Neujahrstag des Jahres 1939 erschien, richtete man *Reichszentralen für jüdische Auswanderung* in Berlin, in Wien und später auch in Prag ein. Die ganze Operation wurde unter die Kontrolle von Himmlers Stellvertreter Reinhard Heydrich gestellt.

Die Auswanderung ging mit Erpressung einher. Reiche Juden hatten ausländische Währung zur Verfügung zu stellen, um die für die Emigration in andere Staaten geforderte Mindestsumme für ärmere Juden und für sich selbst aufzubringen. Dies war die Bedingung, um aus den Konzentrationslagern entlassen zu werden. Alles weitere Vermögen wurde beschlagnahmt.

Die Auswanderung aller Juden aus dem Reich wurde nun in einem Rundschreiben an alle deutschen Vertretungen im Ausland als »das Endziel von Deutschlands Judenpolitik« dargestellt. Das Widerstreben anderer Staaten, diese Menschen aufzunehmen, betrachtete man als Erfolg der Politik des Exports sowohl des Antisemitismus als auch der Juden. 1939 wanderten 78 000 Juden aus Deutschland und Österreich aus oder wurden deportiert, dazu 38 000 aus der Tschechoslowakei. Mit dem Ausbruch des Krieges ging diese Zahl stark zurück; als der Strom jedoch im Oktober 1940 versiegte, hatte die SS erfolgreich über zwei Drittel der jüdischen Bevölkerung aus dem Reich vertrieben – etwa 300 000 Menschen aus Deutschland, 130 000 aus Österreich sowie 30 000 aus Böhmen und Mähren. Nach Verhandlungen, die Heydrichs Amtsstelle mit zionistischen Organisationen führte, gingen 70 000 von ihnen nach Palästina.

Wie auch im Falle der »Endlösung« vertraute Hitler die Ausführung der Politik anderen an. Aber weder Goebbels in der Nacht des 9. November noch Göring auf der Konferenz vom 12. November, weder Himmler noch Heydrich hätten es im Jahre 1938 oder später gewagt, eine Entscheidung über die Behandlung der Juden zu fällen, ohne daß Hitler davon wußte und sie billigte. Er selbst verfolgte sie mit unversöhnlichem Haß und ließ sich darin von niemandem übertreffen.

Von nun an wurden die Maßnahmen zur Ausmerzung der Juden aus dem Leben der Deutschen so gut wie möglich getarnt, und man schritt fürs erste noch nicht zur offenen Ausweisung. Aber jeder, der glaubte, Hitler habe damit persönlich nichts zu tun und messe der »Lösung der Judenfrage« nicht mehr die Priorität bei, die er in *Mein Kampf* beschrieben hatte, oder wäre nicht mehr bereit, noch weiter zu gehen, der brauchte nur seiner Rede im Reichstag am 30. Januar, dem sechsten Jahrestag seines Amtsantritts als Reichskanzler, zuzuhören: »Ich bin in meinem Leben sehr oft Prophet gewesen und wurde meistens ausgelacht. In der Zeit meines Kampfes um die Macht war es in erster Linie das jüdische Volk, das nur mit Gelächter meine Prophezeiungen hinnahm, ich würde in Deutschland einmal die Führung des Staates und damit des ganzen Volkes übernehmen und dann unter vielen anderen auch das jüdische Problem zur Lösung bringen ... Ich will heute wieder ein Prophet sein: Wenn es dem internationalen Finanzjudentum in und außerhalb Europas gelingen sollte, die Völker noch einmal in einen Weltkrieg zu stürzen, dann wird das Ergebnis nicht die Bolschewisierung der Erde und damit der Sieg des Judentums sein, sondern die Vernichtung der jüdischen Rasse in Europa.«[37] Was Hitler mit *Vernichtung* meinte, erläuterte er nicht. Aber in seinen letzten Gedanken im Bunker 1945 nahm er noch einmal auf diese Warnung an die Juden in seiner Rede von 1939 Bezug und bemerkte mit Befriedigung: »Ich habe sie nicht im ungewissen darüber gelassen, daß sie, sollten sie die Welt von neuem in den Krieg stürzen, diesmal nicht verschont würden – daß das Ungeziefer in Europa endgültig ausgerottet wird . . . Die jüdische Eiterbeule habe ich aufgestochen . . . Die Zukunft wird uns ewigen Dank dafür wissen.«[38]

Die antijüdischen Maßnahmen standen in direktem Zusammenhang mit Hitlers Plänen für eine verstärkte Aufrüstung nach dem Münchener Abkommen. Hitler war zu dem Schluß gekommen, an dem Rückschlag von München seien allein die Briten schuld, die sich in ein Problem eingemischt hätten, das sie nichts anginge. Damit mußte ein für allemal Schluß sein. Ziel der Konferenz über den Vierjahresplan vom 14. Oktober war, wie bereits erwähnt, Görings Verkündigung der neuen Ziele zu hören, die Hitler gestellt hatte: eine Verdoppelung der Schlagkraft der Luftwaffe, erhöhte Lieferungen von schwerer Artillerie und Panzern für das Heer, die Entwicklung von Ersatzstoffen, verbesserte Kommunikationsmittel und -wege, die Ausbeutung des Sudetenlandes, Dreischichtarbeit in den Fabriken und die Einstellung sämtlicher für den Krieg unwesentlicher Produktionszweige. Göring fügte hinzu, er werde die Wirtschaft nötigenfalls mit brutalen Mitteln umdrehen, um dieses Ziel zu erreichen.[39] Dies schloß auch ein, die Judenfrage mit allen Mitteln weiterzuverfolgen und die Juden aus der Wirtschaft hinauszudrängen, wie es mit der Arisierung in Österreich bereits begonnen hatte.

Der Beitrag der Juden kam erneut zur Sprache, als Göring am 18. November erstmals nach der *Kristallnacht* vor dem neuen Reichsverteidigungsrat sprach. Hitler fordere von ihm, das Rüstungsniveau von einem Stand von hundert auf einen Stand von dreihundert zu bringen, ein gigantisches Programm, gegen das die bisherigen Leistungen bedeutungslos seien und für das zusätzliche Finanzquellen erforderlich sein würden. Abhilfe für die kritische Situation des Staatshaushalts versprach er »zunächst durch die der Judenschaft auferlegte Milliarde und durch die Reichsgewinne bei Arisierung jüdischer Unternehmungen«.[40]

Das Finanzproblem war sehr real, und im Januar 1939 wurde Schacht als Präsident der Reichsbank entlassen, weil er gegen die inflationären Methoden protestiert hatte, mit denen Hitler die Aufrüstung weiter finanzieren wollte. Unbeeindruckt davon bestätigte Hitler im selben Monat den Plan Z für die Kriegsflotte. Donald Watt weist darauf hin, daß »der Maßstab für Hitlers Absichten gegenüber Großbritannien stets seine Politik gegenüber der deutschen Flotte war«.[41] Nach der Wochenendkrise im Mai 1938 hatte Hitler Admiral Raeder beauftragt, um die Schiffbaupläne der Flotte komplett zu überarbeiten. Die Politik des deutsch-britischen Flottenabkommens war beendet, »der Führer mußte nun Großbritannien ständig zu seinen Feinden zählen«.[42] Hitler wollte eine vollständige Kriegsflotte. Im November verhöhnte er die bescheidenen Parameter der zwei neuen 35 000-Tonnen-Kampfschiffe *Bismarck* und *Tirpitz*, die in Kürze vom Stapel laufen sollten: Kanonen, Geschwindigkeit und Panzerung seien nicht ausreichend. Er setzte sich über die Einwände des Flottenstabes hinweg und bestand darauf, daß nach einem neuen Plan (dem Plan Z) 1943 vier schnelle kleine Kampfschiffe und 1944 sechs größere Kampfschiffe (der Klasse H mit je 60 000 Tonnen) in Dienst gestellt werden sollten. »Wenn ich das Dritte Reich in sechs Jahren erbauen konnte, dann wird die Marine sicher diese sechs Schiffe in sechs Jahren bauen können.«[43] Er war so besessen von der Idee, eine Flotte zu schaffen, die es mit den großen Seemächten Großbritannien, Frankreich und den USA aufnehmen konnte, daß er dem Plan Z gegenüber allen anderen Rüstungsplänen einschließlich der Zuweisung von Rohstoffen, Stahl und Panzerplatten an die anderen beiden Teilstreitkräfte Priorität zuerkannte.

Aber auch für die Luftwaffe und das Heer hatte er grandiose Pläne. Er forderte eine Flugzeugproduktion von 20 000 bis 30 000 Stück im Jahr und den Aufbau einer strategischen Bomberflotte, die bis 1944 aus 2 000 schweren Bombern bestehen und Großbritannien, die Sowjetunion, ja sogar die USA erreichen sollte. Anstelle der sechs gepanzerten mobilen Divisionen sollten Mitte der vierziger Jahre zwanzig bereitstehen. Zum selben Zeitpunkt sollte die Mobilität des gesamten Heeres durch ein umfassendes Programm zur Modernisierung der Eisenbahnen erhöht werden. Hitlers Pläne kennzeichnete mehr als nur eine Spur von Größenwahn. Weder die Kriegsflotte nach dem Plan Z noch die strategische Bomberflotte wurden je gebaut. Dies wäre schier unmöglich gewesen. Hitlers Forderungen gingen weit über Deutschlands Ressourcen an Rohstoffen und auch an Arbeitskräften hinaus. Im Februar 1939 meldete das Beschaffungsamt des Heeres, daß eine Million Arbeitskräfte fehlten. Seiner Einschätzung zufolge war zur Realisierung der verschiedenen von Hitler genehmigten Programme eine Erhöhung der Arbeitskräfte um 870 Prozent erforderlich.

Auch im Falle Hitlers handelte es sich um einen beträchtlichen Dilettantismus. In seinem Glauben an den menschlichen Willen befangen, setzte er keine klaren Prioritäten und lehnte es ab, seine Handlungsfreiheit auch nur im geringsten einschränken zu lassen. Bis tief in den Krieg hinein weigerte er sich einzusehen, daß es sinnlos war, drei- oder vierfache Steigerungen bei der Rüstungsproduktion anzuordnen, ohne die verschiedenen Programme zu koordinieren oder zu bedenken, wie die Wirtschaft für diese Zwecke organisiert werden sollte. Er verstand es auch nicht, einen konsequenten Zeitplan aufzustellen und einzuhalten, verschob oder vermischte verschiedene Etappen, so daß zum Beispiel die massive Erweiterung der Flotte, die ursprünglich für die Schlußetappe der Eroberung der Weltherrschaft vorgesehen war und nicht vor 1944 abgeschlossen werden konnte, dem Programm für das Heer vorgezogen wurde, das jedoch erst die gewaltigen Festlandsgebiete im Osten zu erobern hatte.

Der Punkt, auf dem er zunächst am meisten beharrte – keinen allgemeinen Krieg vor 1943/44 zu beginnen, was allen drei Teilstreitkräften viel Zeit zum Abschluß ihrer Vorbereitungen gegeben hätte –, erwies sich als die größte Fehlkalkulation von allen. Der Krieg brach bereits 1939 aus und nahm mit dem Eintritt Großbritanniens im selben Jahr, 1941 der Sowjetunion und am Jahresende auch der USA allgemeinen Charakter an. 1943/44, als er eigentlich erst beginnen sollte, war er für Deutschland bereits verloren.

Ein Weg, um die eigenen Ressourcen aufzustocken, waren Eroberungen und Annexionen. Diesen Weg wies der Anschluß Österreichs, der dringend notwendige zusätzliche Arbeitskräfte, Rohstoffe, ausländische Valuta und Produktionskapazitäten eingebracht hatte. Mit der Besetzung Böhmens und Mährens im März 1939 wurden weitere ökonomische Gewinne gemacht: Zum 1. Juni waren 40 000 tschechische Facharbeiter zur Arbeit nach Deutschland gebracht worden, und die drei Panzerdivisionen, die 1940 den Feldzug gegen Frankreich anführten, waren mit Panzern, Kanonen und Lastwagen aus tschechischen Fabriken ausgerüstet.

Mit der Eingliederung Österreichs sowie Böhmens und Mährens hatten die NS-Führer ein von Deutschland beherrschtes *Mitteleuropa* geschaffen, das weit in den Balkan und bis zur sowjetischen Grenze reichte. Bereits vor der Einverleibung Böhmens und Mährens hatte die tschechische Schwerindustrie begonnen, Waffen und Material zu liefern. Sie wurde auf der Grundlage des Vierjahresplans durch die Reichswerke Hermann Göring und (mit Ausnahme von IG Farben) nicht durch die großen Privatunternehmen in die deutsche Wirtschaft eingegliedert.

Der größte private Betrieb in Österreich, die Alpin-Montangesellschaft, wurde von den Vereinigten Stahlwerken an der Ruhr erworben. Göring machte ein Jahr lang Schwierigkeiten, bis Hitlers ehemaliger Verbündeter Fritz Thyssen emigrierte und damit Göring die Möglichkeit gab, auch alle seine Industriebetriebe zu übernehmen. Unter dem Aushängeschild der Dresdner Bank und der Staatlichen Gesellschaft VIAG nahm man 33 weitere große österreichische Firmen unter Kontrolle. Als Alternative zum Zwangsverkauf wurden österreichische und tschechische Banken und Aktienbesitzer »aufgefordert«, ihre Anteile zu ungünstigen Bedingungen zu verkaufen, was nur wenige abzulehnen wagten. Die »Arisierung« war ein weiterer Weg, um die tschechische und auch die österreichische Industrie in die Hand zu bekommen. Im Sudetenland wurden die großen Industriebetriebe der Familie Petschek beschlagnahmt und in eine Tochtergesellschaft der Reichswerke Hermann Göring umgewandelt. Die Nationalsozialisten griffen in Wien Louis Rothschild auf und hielten ihn so lange fest, bis seine Familie einwilligte, als Preis für sein Leben die Betriebe in der Tschechoslowakei und in Österreich zu übergeben. Als Hitler den greisen tschechoslowakischen Präsidenten Hacha am Vorabend der deutschen Invasion vom 15. März zur Unterwerfung zwang, unterbrach ihn Keitel während der

Unterredung, um ihm mitzuteilen, daß der größte tschechische Kohle-, Eisen- und Stahlkomplex in Vitkovice, dessen Hauptaktionäre die Rothschilds waren, fest in deutscher Hand sei. In der Wehrmacht wurden tschechische Waffen sehr geschätzt, und die beiden wichtigsten Betriebe, die berühmten Skoda-Werke in Prag und die Tschechischen Waffenfabriken, die früher dem Staat gehört hatten, wurden von den Reichswerken Hermann Göring übernommen und arbeiteten nun für Deutschland.

Die Einverleibung Österreichs und der Tschechoslowakei stärkte auch Deutschlands Wirtschaftsbeziehungen zu den südosteuropäischen Staaten Ungarn, Jugoslawien und Rumänien. Im Jahre 1939 näherten sich die beiden ersteren dem Deutschen Reich immer mehr an und gerieten schließlich wirtschaftlich und politisch in völlige Abhängigkeit. Der Zusammenbruch der Positionen Frankreichs in Osteuropa wirkte sich außer auf die Tschechoslowakei am gravierendsten auf Rumänien aus. Sobald das Münchener Abkommen unterzeichnet war, drängte der deutsche Gesandte in Bukarest auf wesentlich größere deutsche Bestellungen an rumänischem Weizen und Erdöl. Dadurch sollte auf deutscher Seite eine Verschuldung entstehen, die Rumänien auf Dauer an Deutschland gebunden hätte. König Carol besuchte im November 1938 Berlin, um die Beziehungen zu verbessern. Seine Unabhängigkeit wollte er damit demonstrieren, daß er nach seiner Rückkehr Codreanu und dreizehn weitere Führer der pronationalsozialistischen Eisernen Garde erschießen ließ. Rumänien wollte jedoch auch weiterhin sein überschüssiges Getreide verkaufen und Deutschland rumänisches Öl einführen. Verhandlungen von Görings Beauftragtem Wohltat endeten mit einem Wirtschaftsvertrag, der am 23. März unterzeichnet wurde, nachdem die Meldung vom Umsturz in Prag und dem Zusammenbruch der Tschechoslowakei eingegangen war. Dies führte zu einer Neuausrichtung der rumänischen Wirtschaft auf Deutschland ungeachtet der britischen, französischen und niederländischen Anteile an der rumänischen Ölindustrie.

Jede Untersuchung des wirtschaftlichen Vordringens der Deutschen auf dem Balkan endet mit der Feststellung, daß dies Deutschlands Wirtschaftsprobleme letztlich nicht lösen konnte. Im Jahre 1938 betrug der Handel mit Südosteuropa lediglich elf Prozent des deutschen Außenhandels. Obwohl dieser Anteil mit der zunehmenden wirtschaftlichen und politischen Abhängigkeit der Region von Deutschland anwuchs, zeigt die Statistik des Jahres 1940 (das einzige Kriegsjahr, für das umfassendes Zahlenmaterial vorliegt), daß die deutschen Importe aus Westeuropa und vor allem aus der Sowjetunion weitaus schneller stiegen.[44] Aber aus den Jahren 1938/39, das heißt vor Kriegsbeginn, lagen bereits Erfahrungen darüber vor, daß die deutsche Expansion ein gewaltiges Reservoir an Nahrungsmitteln, Rohstoffen und ausländischen Arbeitskräften erschloß. Dies traf um so mehr auf die Kriegszeit zu, als die Expansion zu einer gewaltsamen Eroberung wurde, die es ermöglichte, das besetzte Europa vom Ärmelkanal bis zum

Kaukasus hemmungslos zu plündern und auszubeuten. Niemand hat das Ergebnis besser zusammengefaßt als David Kaiser: »Hitler, der auf Rüstung zum Zwecke der Eroberung gesetzt hatte, befand sich nun in einer Lage, in der Eroberung das einzige Mittel war, um die Rüstung fortzusetzen. Sein Glaube, daß Deutschland ein autarkes wirtschaftliches Weltreich erobern mußte, statt Welthandel zu treiben, war zur Prophezeiung geworden, die sich nun erfüllte.«[45]

Hitler nannte zwar die Mitte der vierziger Jahre als den Zeitraum, da die deutsche Rüstung ihren Höhepunkt erreichen sollte, hatte aber keineswegs die Absicht, mit der Wiederaufnahme seiner aggressiven Außenpolitik zu warten. Es lag nicht in seinem Wesen und dem des NS-Regimes, Konsolidierungsphasen einzulegen. Beide waren bei Strafe ihres Untergangs auf eine ständige Dynamik angewiesen.

Der Ausgang der tschechischen Krise hatte bei Hitler eine Mischung aus gesteigertem Selbstbewußtsein und Enttäuschung zurückgelassen. Daraus zog er den Schluß, das nächste Mal mit noch höherem Einsatz zu spielen und nicht wieder schwankend zu werden. Diese Entschlossenheit brachte er in einer Rede vor vierhundert leitenden Redakteuren im November und in drei Reden vor dem Offizierskorps im neuen Jahr zum Ausdruck.

Vor den Chefredakteuren betonte er die Notwendigkeit, nach jahrelangen Reden vom Frieden »das deutsche Volk psychologisch allmählich umzustellen und ihm langsam klarzumachen, daß es Dinge gibt, ... die mit Mitteln der Gewalt durchgesetzt werden müssen«.[46] Den Offizieren erklärte er, es sei eine Pflicht, jede sich bietende Gelegenheit zu nutzen: »Ich habe mir vorgenommen, ... das deutsche Raumproblem zu lösen. Nehmen Sie es zur Kenntnis, daß, ... sowie ich glaube, in irgendeinem Augenblick einen Schritt hier vorwärts zu kommen, daß ich dann augenblicklich immer handeln werde, daß ich dabei auch vor dem Äußersten nie zurückschrecken werde...«[47]

Die Frage blieb jedoch, wo der nächste Schlag geführt werden sollte. Für Hitler gab es keinerlei Zweifel daran, daß er irgendwann im kommenden Frühjahr die Besetzung von Böhmen und Mähren und damit die Zerschlagung des tschechoslowakischen Staates vollenden würde. Aber was dann? Im neuen Jahr war Europa voll von Gerüchten – von einer Invasion der Niederlande, die das britische Kabinett zwangsläufig ernst nahm, bis zur Okkupation von Ruthenien, des östlichsten Teils der Tschechoslowakei, wo die Basis für die Gründung eines unabhängigen ukrainischen Staates geschaffen werden sollte.

Unter den verschiedensten Plänen, die die einzelnen Gruppen in der deutschen Führung Hitler aufzudrängen suchten, entschied er sich schließlich offenbar dafür, Großbritannien herauszufordern und eine Übereinkunft mit Polen zu erreichen. Wenn er über München und den Triumph nachdachte, um den man ihn nach seiner Ansicht gebracht hatte, dann konzentrierte sich Hitlers Unwillen auf den historischen Anspruch Großbritanniens, sich in die Angelegenheiten des Kontinents einzumischen. Dieser Intervention wollte er ein Ende setzen. In den letzten Oktobertagen sandte er Ribbentrop mit einem neuen Vorschlag für ein militärisches Dreierbündnis des Reiches, Italiens und Japans nach Rom. Da Rußland für viele Jahre schwach sein wird, argumentierte Ribbentrop, »können wir alle unsere Energie gegen die westlichen Demokratien richten«.[48]

Hitler scheint keine besonderen Ziele verfolgt zu haben, als er dieses Bündnis vorschlug. Er hatte die offensichtliche Absicht, die Verbindungslinien und Besitzungen Großbritanniens und Frankreichs, die beide in den dreißiger Jahren noch Weltmächte waren, im Mittelmeer zu bedrohen und im Kriegsfalle eine zweite Front gegen die Franzosen zu eröffnen. Das sollte genügen, um beide Mächte, die er als verbraucht und nicht länger im Besitz der Vorzüge sah, die ihnen ihre Weltreiche eingebracht hatten, zögern zu lassen, bevor sie sich noch einmal in eine Aktion einmischten, die er in Mittel- oder Osteuropa unternahm.

Als er sich dagegen den deutsch-polnischen Beziehungen wieder zuwandte, verfolgte er sehr spezifische Absichten: Die erste bestand darin, die Bedingungen des Friedensvertrages vom Ende des Weltkrieges zu verändern und letztlich umzukehren. Die zweite Absicht war, Polen enger an Deutschland zu binden, sich dadurch gegen eine Bedrohung aus dem Osten abzusichern, wenn er im Westen in Feindseligkeiten verwickelt werden sollte, und zugleich die historische Angriffsfront gegen Rußland zu eröffnen, wenn die Zeit kam, »das Problem des deutschen Lebensraums zu lösen«. Hitler bot aus seiner Sicht Polen die Wahl, entweder ein Satellit des Deutschen Reiches zu werden und sich einen Platz in dem neuen Europa zu sichern – möglicherweise mit einem Ausgleich für an Deutschland zurückzugebende Territorien auf Kosten Rußlands –, oder mit der Zerstörung des polnischen Staates und der Versklavung seines Volkes in der ersten Phase der deutschen Ostexpansion zu rechnen. Für die polnische Seite würde dies die Preisgabe der Unabhängigkeit bedeuten; in Aussicht stand kein Bündnis von Gleichen, sondern eine Unterordnung unter die Wünsche Deutschlands, ein Ende der polnischen Allianz mit Frankreich und mögliche Feindseligkeiten seitens der Sowjetunion. Nichts davon wurde zunächst ausgesprochen, aber jedermann in Berlin, Warschau oder Moskau begriff, was auf dem Spiel stand.

Die Vorschläge, die Ribbentrop dem polnischen Botschafter Lipski am 24. Oktober 1938 darlegte, waren zurückhaltend und zielten auf polnische Zustimmung. Sie enthielten keine anderen Forderungen für die Rückgabe früherer deutscher Gebiete außer Danzig, den Bau einer exterritorialen Autobahn und Eisenbahnlinie durch den polnischen »Korridor« und den Beitritt Polens zum Antikomintern-Pakt. Als Gegenleistung sollte Polen Sonderrechte in Danzig, eine Garantie für seine Westgrenze mit Deutschland und eine Verlängerung des Nichtangriffspakts von 1934 erhalten. Von einem Ultimatum war keine Rede. Hitler war einverstanden, Zeit für Verhandlungen zu geben, die deutsche Diplomatie deutete an, man werde einer gemeinsamen polnisch-ungarischen Grenze zustimmen, wenn die Tschechoslowakei zusammenbreche, und um die Polen nicht zu beunruhigen, wurde die Forderung nach Rückgabe von Memel, das im Jahre 1919 den Alliierten zugefallen und 1923 von Litauen besetzt worden war, zurückgestellt.

Die Verhandlungen fanden in einer freundschaftlichen Atmosphäre statt. Der polnische Außenminister Beck besuchte Berlin, Ribbentrop machte seinen Gegenbesuch in Warschau im Januar 1939. Dabei wurde versucht, in der Frage Danzigs und des Korridors Kompromisse zu finden. Der Punkt, bei dem Beck hart blieb, war Polens Weigerung, dem Antikomintern-Pakt beizutreten, trotz seines vehementen Antikommunismus und der bei weitem nicht freundschaftlichen Beziehungen zur Sowjetunion. Der Beitritt hätte für Polen bedeutet, seine Unabhängigkeit aufzugeben und ein Abhängigkeitsverhältnis zu Deutschland zu akzeptieren. Als Ribbentrop aus Warschau zurückgekehrt war, muß Hitler eingesehen haben, daß die polnische Regierung kein neues Abkommen aushandeln werde, es sei denn unter direktem Druck. Er hoffte dann aber doch, daß es auf diese Weise gelingen könnte, Polen auch ohne Krieg unter deutschen Einfluß zu bringen.

Anfang Februar 1939 entschied Hitler, die Beseitigung der Tschechoslowakei zu vollenden. Sieben Armeekorps wurden zusammengezogen und warteten auf den Einmarsch. Hitler war sicher, daß es weder Widerstand noch Einmischung von außen geben würde. Die Rolle der Sudetendeutschen von 1938 war diesmal den Slowaken zugedacht, die in der Föderation der drei Staaten (Böhmen und Mähren, Slowakei und Ruthenien), zu der die ČSR umgebildet worden war, Autonomie erhalten hatten. Die Slowaken zogen es jedoch vor, ihre Unabhängigkeit nach ihren Vorstellungen zu gestalten, und zeigten keinerlei Interesse, um deutschen Schutz gegen die Tschechen nachzusuchen. Monsignore Tiso, ein katholischer Geistlicher, der die Slowaken geführt hatte, bis ihn die Tschechen aus dem Amt drängten, wurde nach Berlin gerufen, wo Hitler ihm eine pathetische Rede hielt. Er weigerte sich jedoch, eine slowakische Unabhängigkeitserklärung zu verkünden, deren Text die Deutschen bereits vorbereitet hatten, oder ein von ihnen entworfenes Telegramm zu unterzeichnen, das den Führer aufforderte, die Slowakei zu »schützen«. Als er nach Bratislava zurückkehrte, verabschiedete die slowakische Nationalversammlung ihre eigene Unabhängigkeitserklärung ohne den Ruf nach Hitlers Schutz, der als Vorwand für die deutsche Intervention dienen sollte. Versuche, Tiso zur Korrektur dieses Versäumnisses zu bewegen, brachten ebenfalls kein befriedigendes Ergebnis. In Hitlers Antwort vom 16. März wurde nicht auf Tisos Erklärung eingegangen, jedoch der »Ruf« der Slowaken akzeptiert und die Entsendung deutscher Truppen angekündigt, die die neugewonnene slowakische Unabhängigkeit garantieren sollten.

Eine eilig inszenierte Kampagne in der deutschen Presse, in der von einem tschechischen Terrorregime gegen die Sudetendeutschen und die Slowaken die Rede war, wirkte sich zwar kaum auf die Lage aus, veranlaßte jedoch die tschechischen Behörden zu der Anfrage, ob Präsident Hacha nach Berlin kommen und Hitler sprechen könne. Hacha war ein unpolitischer Mann, vorher Präsident des Obersten Gerichts, und hatte aus reinem Pflichtbewußtsein das Amt des Staatsoberhauptes übernommen. Er war alt und krank, konnte nicht mit dem Flugzeug reisen. Er fuhr deshalb fünf Stunden mit dem Zug, worauf er weitere vier Stunden warten mußte, bis ihn Hitler morgens um 1.15 Uhr empfing.

Hacha wußte bereits, daß deutsche Truppen die Grenze überschritten hatten und die Okkupation seines Landes nicht mehr aufzuhalten war. Was sich vor kurzem in der Slowakei ereignet habe, brauche er nicht zu beklagen, sagte er, doch bitte er den Führer ein letztes Mal feierlich, den Tschechen ihre nationale Identität zu gewähren. Hitler antwortete, es wäre ihm ein leichtes, den Tschechen Autonomie und ein Eigenleben zu geben, wenn kein Widerstand geleistet werde. Die Alternative sei ein Kampf, in dem die tschechische Armee zerstört werde.»Dies sei der Grund, warum er Hacha hierher gebeten habe. Diese Einladung sei der letzte gute Dienst, den er dem tschechischen Volk erweisen könne ... Aber vielleicht könne auch der Besuch Hachas das Äußerste verhindern ... Die Stunden vergingen. Um 6.00 Uhr würden die deutschen Truppen einmarschieren. Er schäme sich beinah zu sagen, daß auf jedes tschechische Bataillon eine deutsche Division käme.«[49] Als Hacha fragte, was er tun könne, riet Hitler ihm, in Prag anzurufen. Weitere Gespräche mit Göring und Ribbentrop folgten in einem anderen Raum, in deren Verlauf Göring äußerte, es würde ihm leid tun, Prag durch Bomben zerstören zu müssen. Daraufhin fiel Hacha in Ohnmacht. Nachdem Hitlers Leibarzt, Dr. Morell, ihn durch eine Injektion wieder zu Bewußtsein gebracht hatte, wurde der Präsident schließlich telefonisch mit Prag verbunden. Er drängte darauf, daß kein Widerstand geleistet werde. Nach einer weiteren Diskussion brachte man Hacha schließlich dazu, einen bereits vorbereiteten Kommuniqueentwurf zu akzeptieren. Der Führer habe, so hieß es dort, den Präsidenten auf dessen Wunsch hin empfangen, und der Präsident habe »das Schicksal des tschechischen Volkes und Landes vertrauensvoll in die Hände des Führers des Deutschen Reiches gelegt«.[50]

Hitler konnte sich kaum noch beherrschen. Er stürmte ins Büro seiner Sekretärinnen und forderte sie auf, ihn zu küssen: »Kinder«, erklärte er, »das ist der größte Tag meines Lebens. Ich werde als der größte Deutsche in die Geschichte eingehen!«[51] Um 8.00 Uhr verließ er Berlin, um gemeinsam mit seinen Truppen in Prag einzuziehen. Als der britische und der französische Botschafter im Auswärtigen Amt pflichtgemäß protestierten, hielt man für sie das Argument bereit, daß der Führer lediglich der Bitte des tschechischen Präsidenten Folge geleistet habe. Die Taktik der »Legalität« hatte wieder einmal funktioniert – nun aber wohl zum letzten Mal.

Der Einmarsch in der »Resttschechei« im März 1939 war zwar noch immer ein Erfolg ohne Blutvergießen, aber kein Blumenkrieg mehr. Tränen und geballte Fäuste empfingen die Truppen beim Einzug in Prag.

Hitler verbrachte die Nacht des 15. März im Hradschin, dem früheren Schloß der böhmischen Könige, auf dessen Zinnen die Hakenkreuzfahne wehte. Wieder hatte er ein historisches Ressentiment aus der Habsburger Monarchie abreagiert, die Mißgunst der Deutschen des Kaiserreichs gegen den tschechischen Anspruch auf Gleichberechtigung, gegen den er sich schon vor dreißig Jahren in den Arbeitervierteln Wiens empört hatte. In einer Proklamation erklärte er, »ein Jahrtausend lang gehörten zum *Lebensraum* des deutschen Volkes die böhmisch-mährischen Länder«. Nun seien sie wieder »in ihre alte historische Umgebung« eingefügt worden. Ein gleichzeitig veröffentlichter Erlaß verkündete die Errichtung eines Protektorats Böhmen und Mähren mit von Neurath als erstem Protektor.

Am selben Tag, dem 16. März, rückten Wehrmachttruppen auch in die Slowakei ein. In dem Schutzvertrag, der dann folgte, räumten die Slowaken den Deutschen das Recht ein, militärische Anlagen zu errichten, verpflichteten sich, ihre Außenpolitik mit Berlin abzustimmen, und gestanden ihnen (in einem Geheimprotokoll) das volle Recht auf wirtschaftliche Ausbeutung ihres Landes zu. Ein Versuch der Ruthenen, dem slowakischen Beispiel zu folgen, die Unabhängigkeit zu erklären und sich eine deutsche Schutzgarantie zu sichern, endete in einem Blutbad. Hitler hatte kein Interesse an einem unabhängigen Ruthenien mehr und forderte die Ungarn auf, einzumarschieren und ihr früheres Gebiet in Besitz zu nehmen. Anders als Polen hatte Ungarn eingewilligt, den Antikomintern-Pakt zu unterzeichnen und aus dem Völkerbund auszutreten. Ruthenien war die Belohnung für den Beitritt zum Lager der Achsenmächte. Die Polen, die ihn abgelehnt hatten, wurden von jeder Beteiligung an der zweiten Teilung der Tschechoslowakei ausgeschlossen.

Die ganze Operation dauerte nicht länger als drei Tage. Am 18. war Hitler bereits zurück in Wien. Sein nächster Schritt folgte noch schneller. Am 20. März wurde der litauische Außenminister Urbsys nach Berlin bestellt, wo er die gleiche Behandlung erfuhr wie Tiso und Hacha. Angesichts eines drohenden Luftangriffs auf ihre Hauptstadt unterzeichneten die Litauer am Morgen des 23. März ein Abkommen, mit dem Memel an Deutschland zurückgegeben wurde. Hitler reiste zu einem zweiten triumphalen Einmarsch an, der nur durch eine stürmische Seefahrt beeinträchtigt wurde, die ihn seekrank machte. Seit einem litauischen Putsch im Jahre 1923 hatte Memel einen international garantierten autonomen Status. Dies war eine Parallele zu Danzig, einer Freien Stadt unter dem Schutz des Völkerbundes, die nicht an Polen übergeben worden war. Diese Tatsache gewann nun um so mehr an Bedeutung, als deutsche Stützpunkte in der Slowakei errichtet worden waren. Polen und die Tschechoslowakei konnten deshalb nach dem *Anschluß* nunmehr von Norden und Süden in die Zange genommen werden.

Als Ribbentrop jedoch die deutschen Forderungen wiederholte und dem polnischen Botschafter erklärte, Hitler sei über die Haltung seines Landes »zunehmend verwundert«, lehnte der polnische Außenminister, Oberst Beck, eine Einladung nach Berlin ab. Während die polnische Armee Reservisten einberief, um ihre Grenzbefestigungen zu stärken, und Beck klarstellte, daß Polen einen deutschen Putsch in Danzig als *Kriegsfall* betrachten würde, warnte die polnische Presse, die die gereizte öffentliche Meinung wiedergab, Hitler vor dem Irrtum, die Polen für Tschechen zu halten.

Nach München ließ die Sowjetunion Anzeichen für einen Rückzug in die Isolation erkennen. Die von ihr geförderte Politik der kollektiven Sicherheit war eindeutig gescheitert, aber weder Stalin noch Litwinow hatten eine Alternative anzubieten. Den Russen waren aus ihren Geheimdienstquellen (in diesem Falle von Rudolf von Scheliha, einem Mitarbeiter der deutschen Botschaft in Warschau) Hitlers Forderungen an Polen bekannt, die Beck geheimhielt. Sie waren bereit, die polnische Anregung aufzugreifen, die beiden Länder sollten ihre Probleme lösen, und erneuerten den Nichtangriffspakt von 1932. Das letzte, was Stalin sich wünschen konnte, war zuzusehen, wie der westliche Nachbar der Sowjetunion kapitulierte und zu einem deutschen Satelliten wurde. Andererseits war die Sowjetunion sehr daran interessiert, einen deutschen Vorschlag für ein neues Handelsabkommen aufzugreifen, das im Dezember 1938 unterzeichnet werden sollte. Sie gerieten in große Verwirrung, als die deutsche Seite ihren Vorschlag, zusätz-

Der Einmarsch im Memelland am 23. März 1939 und dessen Wiedervereinigung mit dem Deutschen Reich war der letzte der unblutigen Triumphe Hitlers; wenige Monate später sollte er Polen überfallen und damit den Zweiten Weltkrieg eröffnen.

lich einen umfangreichen Kredit für den Kauf deutscher Waffen zu gewähren, wieder zurücknahm.

Bemühungen Großbritanniens nach München, die britisch-sowjetischen Beziehungen zu verbessern, wurden Anfang 1939 zurückgewiesen. In seiner Rede vor dem Achtzehnten Parteitag am 10. März – fünf Tage vor dem Einmarsch der Wehrmacht in Prag – wandte sich Stalin viel heftiger gegen Großbritannien und Frankreich als gegen Deutschland. Er erklärte, ein neuer imperialistischer Krieg habe begonnen, »eine Neuaufteilung der Welt, von Einflußsphären und Kolonien mit militärischen Mitteln«. Zwei Blöcke imperialistischer Mächte seien entstanden, ein Block aus drei aggressiven Staaten, die sich im Antikomintern-Pakt zusammengeschlossen hätten, und eine Gruppe nichtaggressiver Staaten, der vor allem Großbritannien und Frankreich angehörten. Daß diese zweite Gruppe sich den Aggressoren nicht widersetzt habe, könne nicht mit ihrer Schwäche erklärt werden, da sie sowohl in ökonomischer als auch in militärischer Hinsicht unzweifelhaft stärker seien. »Die wichtigste Ursache besteht darin«, fuhr Stalin fort, »daß sich ... England und Frankreich von der Politik der kollektiven Sicherheit, von der Politik der kollektiven Abwehr der Aggressoren losgesagt haben, daß sie die Position der Nichteinmischung, die Position der Neutralität bezogen haben ... In Wirklichkeit bedeutet jedoch die Politik der Nichteinmischung eine Begünstigung der Aggression, der Entfesselung des Krieges.« Dies sei ein gefährliches Spiel, das darauf hinauslaufe, »die Kriegsteilnehmer tief in den Morast des Krieges versinken zu lassen«. Stalin prangerte an, daß »man die Deutschen anstachelte, weiter nach Osten vorzustoßen, ihnen leichte Beute versprach und ihnen zuredete: fangt nur den Krieg gegen die Bolschewiki an, weiter wird alles gutgehen«.

In München hätten die Briten und Franzosen »den Deutschen Gebiete der Tschechoslowakei als Kaufpreis für die Verpflichtung gegeben, den Krieg gegen die Sowjetunion zu beginnen«. Nunmehr weigerten sich aber die Deutschen, »den Wechsel einzulösen«. Als weitere Beispiele für dasselbe Spiel nannte Stalin die Berichte in der westlichen Presse, die Säuberungen hätten die Moral der sowjetischen Streitkräfte geschwächt. Er verwies auf den Lärm, den diese Presse über Ruthenien und über deutsche Pläne erhoben habe, gegen die Ukraine zu marschieren und diese zu unterwerfen. Es habe den Anschein, als ob dieser verdächtige Lärm den Zweck verfolge, »bei der Sowjetunion Wut gegen Deutschland zu erregen, die Atmosphäre zu vergiften und einen Konflikt mit Deutschland zu provozieren, ohne daß dazu sichtbare Gründe vorliegen«.

Stalin hatte für derartige Manöver nur Spott und Hohn übrig. Er versicherte dem Parteitag, die Sowjetunion werde ihrer Politik von Frieden und Stärke treu bleiben. Ihr Leitprinzip sei es, »Vorsicht walten zu lassen und den Kriegsprovokateuren, die es gewohnt sind, sich von anderen die Kastanien aus dem Feuer holen zu lassen, nicht die Möglichkeit zu geben, unser Land in Konflikte hineinzuziehen«.[52]

Stalins Rede wurde später von Molotow und Ribbentrop als das Signal zur Eröffnung der Gespräche gelobt, die zum Vertrag zwischen Hitler-Deutschland und der Sowjetunion führten.[53] Wenn dies heißen soll, Stalin habe sich bereits Anfang März für eine solche Politik entschieden, dann ist dies ganz sicher falsch. Stalin war sich stets bewußt, daß es ein Vorteil für die Sowjetunion war, gute Beziehungen zu Deutschland wiederherzustellen, aber die erfolglosen Bemühungen der Sowjetunion, insbesondere die ergebnislosen Handels- und Kreditgespräche vom Winter 1938/39, hatten ihn vorsichtig und skeptisch gemacht. Er blieb an dieser Option stets interessiert, und wenn die deutsche Seite seine Bemerkung, es gebe keinen Grund für einen Konflikt zwischen ihren Ländern, als Hinweis interpretierte, die Gespräche wiederaufzunehmen, um so besser. Aber im Moment wollte er kein Risiko eingehen. Er brachte seine Enttäuschung über das Scheitern der Politik der kollektiven Sicherheit zum Ausdruck und wartete ab, wie sich die internationale Lage entwickelte, bevor er sich auf die Rolle festlegte, die die Sowjetunion spielen wollte.

Stalins Rede war bemerkenswert, weil sie dem tiefsitzenden sowjetischen Verdacht Ausdruck gab, Großbritannien und Frankreich versuchten, den Konflikt zwischen Deutschland und der Sowjetunion zu verschärfen. So schrieb Litwinow zum Beispiel im November 1938 als Antwort auf einen Bericht des sowjetischen Botschafters in Paris, Suritzki, zu dieser Frage: »Es ist durchaus verständlich und allgemein bekannt, daß Großbritannien und Frankreich Deutschland zu Aktionen gegen den Osten anstacheln möchten ... Es ist ebenso eine Tatsache, daß sie die Aggression ausschließlich gegen uns richten wollen, so daß Polen nicht betroffen wird.«[54] Dieser Verdacht spielte eine wichtige Rolle in der Diplomatie des Jahres 1939. Er wurde ein Hauptargument zur Rechtfertigung des deutsch-sowjetischen Paktes durch spätere sowjetische Historiker, und er hatte auch seinen Anteil daran, daß der deutsche Angriff im Jahre 1941 Stalin unvorbereitet traf.

Stalin brauchte nicht lange zu warten, wie sich die internationale Lage weiter entwickelte. Vor Abschluß des Achtzehnten Parteitages ging die Nachricht ein, daß Hitler Böhmen und Mähren besetzt hatte. Dieses Ereignis löste eine der größten diplomatischen Kehrtwendungen in der modernen europäischen Geschichte aus.

Die Briten hatten ihren Anteil an dieser Entwicklung. Die Tatsache, daß Hitler zum ersten Mal ohne Provokation oder Verhandlungen Territorium besetzt hatte, das nicht von einer deutschen Minderheit bewohnt war, löste in Großbritannien tiefe Bestürzung aus. Hitler war vom Prinzip der Selbstbestimmung abgegangen und hatte damit die Grundlage für die Appeasement-Politik zerstört. Ausländische Beobachter waren überrascht, wie schnell dieselbe britische Regierung, die das Münchener Abkommen gefördert hatte, nun umschwenkte und nicht einen Kurs der Neutralität einschlug, sondern den Widerstand gegen jeden weiteren Aggressionsakt Deutschlands energisch zu organisieren begann. Diskussionen, die bis zu dieser Schlußfolgerung gegangen waren, hatte es bereits im Februar angesichts eines möglichen Angriffs auf die Niederlande oder die Schweiz gegeben. Wie Großbritannien bereits am 16. Februar Belgien erklärt hatte, ging es nicht darum, welches Land als nächstes bedroht war, sondern daß »Deutschland versucht, Europa mit Gewalt unter seine Herrschaft zu zwingen«. Der Kurswechsel kam also nicht so unvermittelt, wie es schien, und der Stimmungsumschwung, der dazu geführt hatte, wurde von allen Kreisen der Öffentlichkeit und auch von vielen Menschen in Frankreich geteilt. Chamberlain reagierte zunächst nur zögernd, erkannte dann aber, daß seine politische Zukunft auf dem Spiel stand, und korrigierte sich eilig in einer Rede am 17. März in Birmingham. Wie er vor dem Kabinett erklärte, betrachtete er diese Rede als »Herausforderung an Deutschland zu der Frage, ob es beabsichtige, Europa mit Gewalt unter seine Herrschaft zu zwingen«.

Das waren die gleichen Worte, die die Briten intern gegenüber den Belgiern gebraucht hatten, als sie einen Monat vorher die Bedrohung der Niederlande erörterten. Diesmal behauptete Chamberlain (gestützt auf Berichte, die sich später als haltlos erwiesen), Rumänien sei bedroht. Aber diesmal machte er nicht den Versuch – wie es so lange Zeit britische Politik gewesen war –, Westeuropa als die einzige Region zu behandeln, um deren Sicherheit Großbritannien besorgt war. Wo immer eine deutsche Invasion drohte, wie sie gerade in der Tschechoslowakei geschehen war, ob in West- oder Osteuropa, in den Niederlanden oder in Rumänien, die Briten hatten keine Alternative, als von Anfang an klarzustellen, daß sie die Herausforderung annähmen. »Unsere nächste Aufgabe«, erklärte Chamberlain vor dem Kabinett, »besteht darin, uns zu versichern, welche unserer Freunde sich mit uns gemeinsam der Aggression widersetzen werden.«[55]

Großbritannien und Frankreich sahen sich zwei Problemen gegenüber: Erstens, *wie* sollten sie den Widerstand gegen Hitler organisieren, und zweitens, wie sollten sie das Mißtrauen überwinden, das bei anderen Mächten wegen ihrer Beschwichtigungspolitik seit 1935 entstanden war? In den folgenden Tagen wandten sich die britische und die französische Regierung an sechs Staaten – die Sowjetunion, Polen, Jugoslawien, die Türkei, Griechenland und Rumänien – mit der Frage, ob sie eine öffentliche Erklärung über die Absicht Großbritanniens und Frankreichs unterstützen würden, sich jedem weiteren deutschen Aggressionsakt in Südosteuropa zu widersetzen. Zur gleichen Zeit brachen England und Frankreich die Handelsgespräche mit Deutschland ab.

Diese plötzliche Hinwendung der Förderer des Münchener Abkommens zur kollektiven Sicherheit traf alle angesprochenen Regierungen unerwartet. Sie wollten wissen, was Großbritannien und Frankreich zu tun beabsichtigten. Sowohl König Carol von Rumänien als auch der polnische Außenminister Beck entschieden unabhängig voneinander, jeden Vorschlag abzulehnen, der eine Provokation Deutschlands oder die Annahme von Unterstützung seitens der Sowjetunion bedeuten konnte. Am mißtrauischsten waren die Russen. Litwinow stellte die Frage, ob Großbritannien darauf aus sei, die Sowjetunion zu binden und sich selbst die Hände freizuhalten. Um die britischen Absichten zu testen – wie der sowjetische Botschafter in London, Maiski, erklärte –, schlug Litwinow statt dessen eine sofortige Konferenz von Abgesandten Polens, Rumäniens sowie Großbritanniens, Frankreichs und der UdSSR in Bukarest vor, wo gemeinsame Aktionen erörtert werden sollten.

Zu Litwinows Enttäuschung lehnte Chamberlain die Idee einer Konferenz als »verfrüht« ab und kam auf seinen eigenen Vorschlag zurück, Großbritannien, Frankreich, die Sowjetunion und Polen sollten eine Deklaration unterzeichnen, in der sie sich bei Gefahr für die Unabhängigkeit eines europäischen Staates zu Konsultationen über notwendige gemeinsame Gegenmaßnahmen verpflichteten. Nachdem sie den Vorschlag einen Tag erwogen hatten, stimmten die Russen zu, wenn auch die Franzosen und Polen unterschrieben. Genau das wollten die Polen nicht tun. Sie lehnten jeden Gedanken an eine Verbindung mit der Sowjetunion ab, insbesondere bei Aktionen, die Deutschland provozieren konnten. Während Maiski drei Tage lang auf Antwort wartete, debattierte ein gespaltenes britisches Kabinett die relativen Vorzüge einer Unterstützung seitens Polens oder der Sowjetunion. Chamberlain mißtraute der Sowjetunion zutiefst und argumentierte, der Schlüssel zur Lösung des Problems sei nicht die Sowjetunion, die nicht an Deutschland grenze, sondern Polen, das gemeinsame Grenzen mit Deutschland und Rumänien habe.

Schließlich wurde entschieden, eine Koalition um Polen aufzubauen; man hielt es für unmöglich, dasselbe um die Sowjetunion zu tun. Diese Entscheidung wurde jedoch von Berichten in den Hintergrund gedrängt (die sich dann erneut als falsch erwiesen), daß ein deutscher Angriff auf Polen unmittelbar bevorstehe. Nun glaubten Chamberlain und Halifax nicht länger zögern zu dürfen. Am 31. März erklärte der Premierminister im überfüllten Unterhaus, obwohl noch Konsultationen mit anderen Regierungen im Gange seien, würden England und Frankreich Polen zu Hilfe eilen, falls dessen Unabhängigkeit durch eine Aktion bedroht werde und es sich zum Widerstand entschlösse. Die Parlamentarier jubelten einer Erklärung zu, die durchaus bedeuten konnte, die Entscheidung über Frieden oder Krieg in Polens Hand zu legen. Auf diese Erklärung folgten ein Besuch Oberst Becks in London, die Vorbereitung des britisch-polnischen Bündnisvertrages und britische Garantieerklärungen für Rumänien, Griechenland und die Türkei.

Die britischen Garantien überraschten und erzürnten Hitler, als Abschreckung wirkten sie jedoch nicht. Am Tag nach Chamberlains Garantieerklärung sprach der Führer in Wilhelmshaven beim Stapellauf des neuen Kriegsschiffs *Tirpitz*: »Wenn man in anderen Ländern redet, daß man nun aufrüstet und immer mehr aufrüsten werde, dann kann ich ... nur eines sagen: Mich werden sie nicht müde machen! Ich bin entschlossen, diesen Weg weiterzumarschieren ... Sollte aber wirklich jemand mit Gewalt seine Kraft mit der unseren messen wollen, dann ist das deutsche Volk auch dazu jederzeit in der Lage und auch bereit und entschlossen.«[56] Falls Polen seine Politik ändern und »eine drohende Haltung« einnehmen sollte, ordnete Hitler an, für spätestens 1. September den Angriff vorzubereiten, der Polens militärische Stärke zerstören sollte. Das politische Ziel sei es, Polen zu isolieren und, wenn möglich, den Krieg auf Polen zu beschränken. Ob es zum Krieg käme und ob er begrenzt werden könne, hänge von der Haltung der Westmächte ab. Hitler verwies jedoch auf den Faktor, der sich am 1. September als entscheidend erweisen sollte: »Die Isolierung Polens wird um so eher auch über den Kriegsausbruch hinaus erhalten bleiben, je mehr es gelingt, den Krieg mit überraschenden, starken Schlägen zu eröffnen und zu schnellen Erfolgen zu führen.«[57]

Wenn Hitler einen Gegner isolieren wollte, legte er stets Wert darauf, ihn vorher zu demoralisieren. Eine Methode bestand darin, die eigene militärische Stärke möglichst eindrucksvoll erscheinen zu lassen. Die Feierlichkeiten zu Hitlers fünfzigstem Geburtstag, an denen alle Militärattachés teilnahmen, boten die Gelegenheit für eine militärische Demonstration, die in den Wochenschauen aller Filmtheater der Welt auftauchte. Stunde für Stunde paradierten am 20. April sechs Heeresdivisionen – 40 000 Mann mit

600 Panzern auf dem Ost-West-Boulevard im Zentrum von Berlin, den er am Vorabend eröffnet hatte. Ein weiterer Schritt zum Anheizen der Spannungen war eine Besichtigung des Westwalls, die Hitler Ende Mai unternahm und die von der NS-Propaganda ebenfalls mit allen Mitteln hochgespielt wurde.

Den ganzen Sommer lang führten die Deutschen einen »Nervenkrieg« mit unablässigen Berichten über die Remilitarisierung Danzigs mit über die Grenzen geschmuggelten Waffen und eine Reihe Zwischenfälle, von denen jeder einzelne den Beginn einer bewaffneten Aktion bedeuten konnte. All das sollte die Polen in Unruhe versetzen und provozieren. Mitte Juni erschien Goebbels in Danzig und hielt drei scharfe Reden, in denen er den deutschen Anspruch auf die Rückgabe der Stadt bekräftigte. Die deutsche Propaganda warnte die Polen, sie sollten ihren neuen Freunden, den Briten, nicht trauen, diese würden sie im Stich lassen, wie sie es bereits mit den Tschechen in München getan hätten. Zugleich stellten Rundfunk und Presse mit Blick auf England und Frankreich unablässig die Frage: »Ist Danzig einen Krieg wert?«

Aus den Ereignissen von 1938 hatte Hitler die Lehre gezogen, sich niemals wieder mit Scheinforderungen in die Falle locken zu lassen. Dies ließ sich am einfachsten dadurch verhindern, daß er seine Vorschläge an Polen fallenließ und die deutschen Diplomaten anwies, auf keinerlei Verhandlungen mehr einzugehen. Nach diesen Vorkehrungen zeigte er sich während des Sommers nur noch so selten wie möglich in der Öffentlichkeit und zog sich in den Berghof auf dem Obersalzberg zurück. »Mein stärkster Eindruck von Hitler war«, schrieb der britische Botschafter, »daß ich es mit einem Schachmeister zu tun hätte, der, ins Studium des Schachbretts vertieft, auf irgendeinen falschen Zug seines Gegners wartete, um daraus Nutzen zu ziehen.«[58]

Ribbentrop hoffte immer noch, sein Meisterstück, ein Dreierbündnis zwischen dem Deutschen Reich, Japan und Italien gegen die Westmächte und die Sowjetunion zustande zu bringen. Trotz aller Anstrengungen konnte er jedoch den Konflikt nicht überwinden zwischen der japanischen Armee, die ein solches Bündnis befürwortete, und der japanischen Marine, die sich nicht in eine Konfrontation mit Großbritannien und den Vereinigten Staaten hineinziehen lassen wollte. Mit den Italienern hatte er mehr Glück. Mussolini war über die deutsche Besetzung Böhmens und Mährens verärgert, über die er erst einen Tag vorher informiert worden war. Die Ankunft Prinz Philipps von Hessen mit der üblichen Dankesbotschaft für die unerschütterliche italienische Treue diente kaum dazu, den Duce zu besänftigen: »Die Italiener würden mich ja auslachen«, erklärte er. »Jedes Mal, wenn Hitler ein Land besetzt, sendet er mir eine Botschaft.« Jedoch die persönliche Versicherung Hitlers, das Mittelmeer und die Adria seien Italiens Expansionsraum, in den das Deutsche Reich nicht eingreifen werde, sowie der Befehl an die SS, mit der Aussiedlung der gesamten deutschsprachigen Bevölkerung aus Südtirol zu beginnen, bestärkten Mussolini in dem Gedanken, es sei doch das beste, sich auf die Seite des Siegers zu stellen: »Wir können unsere Politik nicht ändern«, sagte er zu Ciano, »weil wir keine Huren sind.«[59]

In dem Bestreben zu beweisen, daß auch er ein Mann der Vorsehung sei, hatte Mussolini sich bereits entschieden, in Albanien einzumarschieren. Er beschloß nun seinerseits, Hitler erst zu informieren, als die Aktion bereits im Gange war (7. April). Hitler erkannte jedoch sehr schnell, daß Mussolinis Vorgehen die Unabhängigkeit Italiens auf keinen Fall stärken, sondern ihn, im Gegenteil, noch fester an die Achse binden würde. Wie bereits im Falle des Angriffs auf Abessinien und der Intervention in Spanien traten dadurch die gemeinsamen Interessen der beiden »Aggressorstaaten« gegenüber Großbritannien und Frankreich, die den Status quo verteidigten, nur noch stärker hervor.

Die Deutschen begannen nun auf die Unterzeichnung eines Militärbündnisses zu drängen, dem Mussolini bisher ausgewichen war. Der Duce, den die deutschen Absichten gegenüber Polen mit Sorge erfüllten, stimmte einem Treffen Cianos und Ribbentrops in Mailand zu, gab seinem Außenminister jedoch eine Denkschrift mit, in der betont wurde, daß Italien mindestens drei Jahre Frieden brauche. Ribbentrop beruhigte Ciano mit überschwenglichen Worten. Nach Cianos Notizen erklärte er: »Auch Deutschland ist überzeugt, daß wir eine lange Friedensperiode von mindestens vier bis fünf Jahren brauchten.«[60]

Als Ciano telefonisch berichtete, die Gespräche nähmen einen guten Verlauf, wies der leicht zu beeindruckende Mussolini ihn an bekanntzugeben, daß Italien und Deutschland hinsichtlich des Bündnisses eine Übereinkunft erzielt hatten. Ribbentrop hätte lieber noch auf Japan gewartet, aber Hitler wollte die durch Mussolinis plötzlichen Meinungsumschwung entstandene Gelegenheit nutzen, und Ribbentrop stimmte pflichtschuldig zu. Was die Bedingungen des Bündnisses betrifft, so verpflichtete Hitler beide Staaten, einander sofort als Bundesgenossen zur Seite zu stehen und sich gegenseitig mit allen militärischen Kräften zu unterstützen, falls einer von ihnen in kriegerische Verwicklungen gerate. Zugleich verpflichteten sie sich, einen Waffenstillstand nur in vollem gegenseitigem Einverständnis abzuschließen.[61] Hitler war überzeugt, der »Stahl-Pakt« (der in Berlin am 22. Mai unterzeichnet wurde) werde die Entschlossenheit der britischen und französischen Regierung schwächen, Polen Hilfe zu leisten, und dieses weiter isolieren.

Die britischen Garantien für Polen lösten sowohl in Moskau als auch in Berlin Verärgerung aus. Obwohl die Briten mit den Russen Verhandlungen über Wege zur Verhütung einer Aggression in Osteuropa führten, hatten sie sie über den plötzlichen Wechsel ihrer Absichten und ihre Entscheidung, eine einseitige Erklärung abzugeben, fast völlig im dunkeln gelassen. Es ist durchaus möglich, daß diese Nachricht Litwinows Position noch schwieriger machte. Er schob die Versuche des britischen Botschafters beiseite, Erläuterungen zu geben, und erklärte, daß alle seine Bemühungen um eine britisch-sowjetische Zusammenarbeit »zunichte gemacht« seien. Die Sowjetregierung »habe genug davon und betrachte sich fortan frei von allen Verpflichtungen«.[62] Wenn man jedoch von dem Schlag für Litwinows Position im Politbüro absieht, sollte die britische Hilfeverpflichtung für Polen die Sowjetunion nicht nur ins diplomatische Spiel zurückbringen, aus dem sie zu ihrer großen Verbitterung ausgeschlossen worden war, sondern ihr auch erstmalig einen Vorteil gegenüber beiden Seiten verschaffen. Im Sommer 1939 waren nicht Berlin, London oder Paris die Brennpunkte der diplomatischen Tätigkeit in Europa, sondern Moskau, wo die Briten und Franzosen mit den Deutschen um Stalins Gunst wetteiferten.

Fünf Monate lang, von April bis August, bemühten sich England und Frankreich um ein Abkommen mit der Sowjetunion. Sie taten das trotz vieler Zweifel aus drei Gründen: Erstens wurde bald klar, daß es ihnen bei einem Angriff auf Polen ohne sowjetische Mitwirkung unmöglich sein würde, ihre Garantien in die Tat umzusetzen und Polen mehr als nur verbale Unterstützung zu geben. Zweitens betrachtete die Öffentlichkeit – insbesondere in Großbritannien – ein Abkommen mit Rußland als ein entscheidendes Mittel, um Hitler in die Schranken zu weisen, als eine Probe darauf, daß die Regierung Chamberlain den Appeasement-Kurs wirklich aufgegeben hatte. Drittens konnte auf diese Weise ein Abkommen zwischen der Sowjetunion und Deutschland am besten verhindert werden. Aus denselben Gründen sah Hitler in einem Pakt mit Stalin die beste Möglichkeit, Polen zu isolieren sowie die britischen und französischen Bemühungen um Widerstand gegen seine Pläne zunichte zu machen. Bis dahin war Rußland eine Macht gewesen, die aus den Kalkulationen der anderen europäischen Staaten weitgehend ausgeklammert werden konnte. Nun war Stalin plötzlich in die Position des Schiedsrichters zwischen ihnen gelangt.

Stalin hatte den Vorteil, daß gut plazierte Geheimagenten ihm Zugang zu den Akten und Dokumenten der anderen Verhandlungsteilnehmer verschafften. Dies waren Scheliha in der deutschen Botschaft in Warschau, Richard Sorge, der Korrespondent der *Frankfurter Zeitung* in Tokio, ein guter Freund des deutschen Botschafters General Ott und Vertrauter des japanischen Premierministers, sowie Herbert King, der im »department for communication« des britischen Foreign Office tätig war. King gab den Russen nicht nur Einblick in die britischen Akten, sondern versetzte das NKWD sogar in die Lage, der deutschen Botschaft in London ausgewählte britische Geheimmaterialien zuzuleiten: ein Spiel mit deutschen Ängsten. (Donald Watt, der die Tätigkeit Kings untersucht hat, berichtet, daß manchmal kaum fünf Stunden zwischen dem Eingang eines Telegramms im Foreign Office und dem Ausgang eines Telegramms aus der deutschen Botschaft nach Berlin lagen, das dessen Inhalt wiedergab.[63])

In den britisch-sowjetischen Verhandlungen, die im März begonnen hatten, wurde im Mai ein neuer Tonfall angeschlagen: Molotow, der einen harten Kurs vertrat, löste Litwinow als Volkskommissar für auswärtige Angelegenheiten ab. Molotow war zudem Vorsitzender des Rates der Volkskommissare. Briten und Franzosen wurden bald damit konfrontiert, daß die Sowjetunion auf einem umfassenden politischen und militärischen Bündnis bestand, das weiter ging, als die Briten zu gehen bereit waren, und Garantien beinhaltete, die nach britischer Auffassung bei den osteuropäischen Staaten von der Ostsee bis zum Schwarzen Meer, die Großbritannien zu schützen vorgab, auf Sorge und Ablehnung stoßen würden. Nach dreimonatigen Debatten, in denen sich der britische Widerwille und das sowjetische Mißtrauen die Waage hielten, kam man so weit über einen Vertragstext überein, daß Molotow seine Befriedigung erklären und William Strang vom Foreign Office später schreiben konnte, »nichts ähnlich Umfassendes sei jemals mit der Sowjetunion ausgehandelt worden«.[64] Molotow forderte sogleich, daß Gespräche über militärische Fragen in Moskau folgen sollten. Bis diese begannen, nahm jedoch die Alternative eines sowjetischen Abkommens mit Deutschland bereits erste Konturen an.

Hitlers Politik des Abwartens hatte bisher gemischte Ergebnisse gebracht. Der Stahl-Pakt war als Triumph gefeiert worden; dem stand jedoch entgegen, daß es Ribbentrop nicht gelungen war, ihn zu einem Dreierbündnis unter Einschluß Japans auszubauen. Die Wirtschaftsdiplomatie hatte lebenswichtige Lieferungen von Eisenerz aus Schweden, Erdöl und Weizen aus Rumänien, Chrom aus der Türkei und Kupfer aus Jugoslawien gesichert. Politisch war aber kein osteuropäisches Land außer Bulgarien bereit, sich so eng an die Achse zu binden, wie Hitler gehofft hatte. Ungarn, traditionell mit Polen befreundet, erwies sich erneut als Enttäuschung. Aber es hatte auch nicht den Anschein, daß irgendein Land außer vielleicht der Türkei sich dem anderen Lager anschloß. Im Baltikum hatte Litauen unter Druck Memel abgetreten, zugleich jedoch das Angebot abgelehnt, sich für die Rückgabe der alten litauischen Hauptstadt Wilna einem Angriff auf Polen anzuschließen. Lettland und Estland hatten (gemeinsam mit Finnland) Garantien der Sowjetunion abgelehnt und waren auf einen Nichtangriffspakt mit Deutschland eingegangen. Daraufhin inspizierte General Halder die Befestigungen an der finnisch-sowjetischen Grenze und auch in den baltischen Staaten, was Stalins Sorge über einen möglichen Angriff auf Leningrad neue Nahrung gab. Im Westen war durch eine Mischung von Zusicherungen und Drohungen Belgiens Neutralität erreicht worden, aber trotz zahlreicher Gerüchte waren die britischen und französischen Zweifel nicht zerstreut. Diesmal gab es kein Angebot Chamberlains, nach Berchtesgaden zu fliegen, die Polen hatten nicht die Nerven verloren, und die britisch-französisch-sowjetischen Gespräche in Moskau gingen weiter.

Hitler zögerte jedoch nach wie vor, gegenüber der Sowjetunion aktiv zu werden. Ihm war durchaus klar, wenn es überhaupt noch einen erfolgversprechenden Schachzug gab, dann war dies ein Geschäft mit Stalin. Ohne die Unterstützung Rußlands, der einzigen Großmacht, die aufgrund ihrer geographischen Lage in Osteuropa agieren konnte, mußten die englisch-französischen Garantien ihren Wert verlieren. Frankreich und Großbritannien konnten Deutschland immer noch im Westen angreifen, aber das brauchte die Wehrmacht nicht daran zu hindern, Polen zu überrennen. Damit würden die Westmächte vor eine vollendete Tatsache gestellt, die es für sie sinnlos machte, den Krieg fortzusetzen. Konnte nicht Deutschland irgend etwas unternehmen, um den Fortgang der Moskauer Gespräche zu stören? Oder besser noch: Gab es nicht die Möglichkeit, an die Stelle eines russisch-britisch-französischen Abkommens ein russisch-deutsches zu setzen, das im Kriegsfalle die Neutralität der Sowjetunion garantieren, Polen äußerst wirksam isolieren und die Geschlossenheit der Westmächte erschüttern würde?

Die Basis für das Zusammengehen lag klar auf der Hand. Solange Hitler im Osten nach *Lebensraum* Ausschau hielt, war Krieg mit Rußland unvermeidlich. In der nahen Zukunft aber war eine Auseinandersetzung mit Rußland das letzte, was er sich wünschte, bevor er mit Polen fertig war und die Gefahr einer britischen und französischen Intervention gebannt hatte. Stalin seinerseits war vor allem daran gelegen, jeglichen Zusammenstoß mit Deutschland zu vermeiden oder wenigstens hinauszuzögern, solange ein Zweifrontenkrieg mit Deutschland und Japan drohte. Da ihm keine andere Wahl blieb, hatte Stalin verschiedene Pläne der kollektiven Sicherheit verfolgt; aber er hegte ein tief verwurzeltes Mißtrauen gegen die Westmächte, die er verdächtigte, sie wollten die Sowjetunion und Deutschland in einen Krieg verwickeln, um damit beide Regime zu schwächen. Die zögernde Haltung insbesondere der Briten während der laufenden Verhandlungen trug nicht dazu bei, diese Zweifel zu zerstreuen. Während Chamberlain 1938 dreimal Deutschland besucht hatte, war kein britischer Minister willens gewesen, an den Moskauer Gesprächen teilzunehmen, obwohl die Sowjets insbesondere um die Anwesenheit des Außenministers Lord Halifax gebeten hatten.

Die Irritation und das Mißtrauen, das die britische Haltung im Kreml ausgelöst hatte, kam Ende Juni in einem Artikel Schdanows zum Ausdruck, der in der *Prawda* unter der Überschrift erschien: »*Die britische und die französische Regierung wünschen kein gleichberechtigtes Abkommen mit der UdSSR*«. Darin hieß es: »Was sie wollen, ist ein Vertrag, bei dem die UdSSR die Rolle eines Lohnarbeiters spielt, der die Hauptlast der Verpflichtungen auf seinen Schultern trägt. Kein Land, das sich selbst achtet, wird einen solchen Vertrag akzeptieren, wenn es nicht zum Spielzeug in den Händen von Leuten werden will, die es gewohnt sind, daß andere für sie die Kastanien aus dem Feuer holen.«[65]

Schdanows Artikel konnte als Druckmittel gegen London und Paris, aber auch als Aufforderung an Berlin verstanden werden (und war zweifellos auch so gemeint). Kurz darauf wurden die britisch-französisch-sowjetischen Gespräche wiederaufgenommen, weil wahrscheinlich kein alternatives Projekt vorlag. Wenn eine solche Alternative den Russen nicht die Mitgliedschaft in einer Koalition gebracht hätte, in der sie im Kriegsfalle unweigerlich die Hauptlast hätten tragen müssen, sondern die Gelegenheit, den Krieg zu vermeiden und zuzusehen, wie Deutschland und die Westmächte einander schwächten, wäre das für sie nicht attraktiver gewesen? Sorges Berichte aus Tokio hatten Stalin bereits erkennen lassen: Der Grund dafür, daß die Japaner ein Militärbündnis mit den Deutschen ablehnten, war ihre Erkenntnis, daß Hitler und Ribbentrop viel mehr daran interessiert waren, sich ihre Unterstützung in einem Krieg gegen Großbritannien und Frankreich zu sichern als in einer Auseinandersetzung mit der Sowjetunion. Wenn die UdSSR also in einem solchen Krieg zwischen Deutschland und den Westmächten neutral bleiben konnte, würde dies Stalin zumindest die Möglichkeit geben, Zeit zu gewinnen und sich als Teil des Preises territoriale und strategische Vorteile in Osteuropa zu verschaffen. Wennn sich Hitler dann eines Tages frei genug fühlen sollte, seine Pläne gegen Rußland in die Tat umzusetzen, könnten diese Vorteile dazu dienen, die Position der Sowjetunion zu stärken. Darauf berief sich Stalin zur Rechtfertigung des Paktes sogar noch in seiner Rede am 3. Juli 1941, als der deutsche Überfall bereits begonnen hatte.

Beiden Seiten standen dieselben Hindernisse im Wege – das außergewöhnliche gegenseitige Mißtrauen und die Tatsache, daß man sich in der Öffentlichkeit auf eine Gegnerschaft festgelegt hatte. Der Antibolschewismus war zwanzig Jahre lang das Hauptthema in Hitlers Propaganda gewesen. Neben dem Antisemitismus war der Antibolschewismus, den er mit jenem teilweise gleichsetzte, das beständigste Thema seiner Laufbahn, das er mit dem Ziel der Gewinnung von *Lebensraum* im Osten auf Kosten Rußlands verband. Das Gegenstück auf Stalins Seite waren der antifaschistische Kreuzzug, die Rolle der Sowjetunion und der Komintern als führende Kraft im Kampf gegen den Faschismus, zu dem Stalin die progressive Weltöffentlichkeit erfolgreich mobilisiert hatte. Beide hatten abzuwägen, inwiefern eine Vereinbarung jeglicher Art und das damit verbundene offene Abweichen von ihren Prinzipien ihrem Ruf schadete und was sie an praktischen Vorteilen bringen würde. Würden nicht die meisten Menschen, wenn sie wieder zu Atem gekommen waren, von der Schlauheit jedes der beiden, den anderen zur Unterschrift bewegt zu haben, weit mehr beeindruckt sein als von seiner Inkonsequenz? Das sowjetische Volk wäre Stalin sicher dankbar für eine Vermeidung des Krieges, und die Komintern würde taktische Manöver zum Schutze des Vaterlandes der Werktätigen richtig verstehen, die in den Augen eines treuen Kommunisten nicht ehrenrühriger sein mußten als die früheren Attacken gegen die Sozialdemokraten als »Sozialfaschisten«. Und auch die Deutschen wären sicher von Hitlers Geschick beeindruckt, die Gefahr einer Koalition gegen sie beseitigt, die Garantien der Westmächte unterlaufen und Polen isoliert zu haben – auch dies ein taktisches Manöver, das in den Augen eines *alten Kämpfers* der NSDAP nicht ehrenrühriger sein konnte als die »Sprache von Genf«, mit der er das besorgte Europa Mitte der dreißiger Jahre getäuscht hatte.

Es ist wenig sinnvoll, darüber zu streiten, ob die Russen oder die Deutschen den ersten Schritt taten. Im Frühjahr 1939 gab es Anspielungen und Sondierungen auf beiden Seiten. Die Ablösung Litwinows, der für die Politik der kollektiven Sicherheit und für Genf stand, und die Ernennung Molotows wurden von Hitler als Signal verstanden. Am 20. Mai erhielt der deutsche Botschafter in Moskau die Weisung, die Wiederaufnahme der Wirtschaftsgespräche vorzuschlagen, die Deutschland Anfang 1939 abgebrochen hatte. Stalin antwortete durch Molotow mißtrauisch und vorsichtig: Die Sowjetunion sei nur an Handelsgesprächen interessiert, wenn zuerst die notwendige »politische Grundlage« geschaffen werde. Als man um nähere Erläuterung bat, äußerte Molotow nur, über das Wesen dieser »politischen Grundlage« sollten beide Regierungen nachdenken. Hitler war jedoch ebenfalls vorsichtig. Statt weiterzugehen, zog er zurück. Er befürchtete, Stalin könnte jeden Schritt Deutschlands nutzen, um die britisch-sowjetischen Gespräche zu einem erfolgreichen Abschluß zu führen. Das hätte ihm eine schmähliche Abfuhr und, wie Weizsäcker es ausdrückte, »vielleicht sogar schallendes Gelächter« eingebracht. Weitere Versuche im Juni, die Gespräche wieder in Gang zu bringen, hatten keinen Erfolg. Eine neue Initiative der Russen am 18. Juli fand jedoch Widerhall. Sie ließen wissen, wenn einige Punkte geklärt werden könnten, wäre das bereits vorliegende Wirtschaftsabkommen akzeptabel und könnte unterzeichnet werden. Am 21. Juli wurde die Wiederaufnahme der Handelsgespräche in Moskau verkündet, und am nächsten Tag kabelte Weizsäcker dem deutschen Botschafter in Moskau: »Was die rein politische Seite unserer Gespräche mit den Russen angeht, so betrachten wir die ... vorgeschriebene Wartezeit [die von Hitler am 30. Juni angeordnet wurde] als abgelaufen.« Hitler wollte nun ein Abkommen so schnell wie möglich. Der Botschafter sollte »den Faden dort wieder weiterspinnen«.[66]

Für die Deutschen wurde die Zeit allmählich knapp. Die Wehrmacht betrachtete den 25. August als den letzten sicheren Zeitpunkt für einen Angriff auf Polen, bevor die Mitte September einsetzenden Regenfälle einen Blitzkrieg schwierig machen würden. Bis dahin war nur wenig mehr als ein Monat Zeit. Hitler behauptete nach wie vor, Großbritannien und Frankreich würden nicht eingreifen, aber viel hing davon ab, ob sie die Unterstützung der Sowjetunion hatten. Wenn er sichergehen und Stalin eine interessante Alternative zu den Vorschlägen der Briten und Franzosen bieten wollte, um sich so die sowjetische Neutralität zu sichern, mußte er rasch handeln, bevor aus dem Vertragsentwurf, den sie am 23. Juli in Moskau abgestimmt hatten, ein Militärpakt wurde.

Am 26. Juli lud Karl Schnurre, der für die deutsche Seite die Wirtschaftsgespräche führte, den sowjetischen Geschäftsträger Astachow und den Leiter der sowjetischen Handelsvertretung Barbarin zu einem Abendessen in ein Berliner Restaurant ein. Auf Anweisung Ribbentrops steuerte er sogleich auf den entscheidenden Punkt zu und fragte seine beiden Gäste rundheraus: »Was kann England Rußland bieten? Bestenfalls die Beteiligung an einem europäischen Krieg und die Feindschaft Deutschlands ... Was könnten wir dagegen bieten? Neutralität und ein Herausbleiben aus einem etwaigen europäischen Konflikt und, wenn Moskau will, eine deutsch-russische Verständigung über die beiderseitigen Interessen, die sich zum Vorteil beider Länder auswirken würde. Außenpolitische Gegensätze ... beständen ... auf der ganzen Linie von der Ostsee bis zum Schwarzen Meer und dem Fernen Osten nicht ...«[67]

Als Astachow zu bedenken gab, der Weg der Annäherung entspreche zwar den Lebensinteressen beider Staaten, das Tempo könne jedoch nur ein langsames und allmähliches sein, hatte Schnurre die Antwort schon parat: Die Möglichkeit sei jedoch in dem Augenblick verschlossen, in dem die Sowjetunion einen Pakt mit England unterschreibe. Er erklärte mit Nachdruck, die deutsche Politik sei gegen Großbritannien und nicht gegen Rußland gerichtet. Ungeachtet ideologischer Differenzen hätten Deutschland und die Sowjetunion eines gemeinsam: ihre Gegnerschaft gegen die kapitalistischen Demokratien.

Astachow versprach, darüber nach Moskau zu berichten, und stellte nur eine weitere Frage: »Wenn ein hochrangiger sowjetischer Vertreter mit einem hochrangigen deutschen Vertreter diese Fragen erörterte, würde dann der Deutsche ähnliche Auffassungen äußern?« Schnurre antwortete selbstsicher: »O ja, natürlich.«[68]

Die deutsche Diplomatie setzte sich nun das große Ziel, eine solche Begegnung zustande zu bringen. Nach langem Zögern war Hitler nun in Eile: Er erklärte Ribbentrop, er wünsche mit Stalin einen Pakt zu unterzeichnen, und zwar binnen vierzehn Tagen. Botschafter von der Schulenburg wurde angewiesen, so schnell wie möglich mit Molotow zusammenzutreffen. In der Zwischenzeit nahm man als Vorspiel zu kommenden Feindseligkeiten die Pressekampagne gegen Polen wieder auf und begann einen Streit über das Verhalten der polnischen Zollbeamten in Danzig.

Die Russen hatten es jedoch nicht eilig. Molotow zeigte bei der Begegnung mit Schulenburg Interesse, bestand jedoch darauf, daß Gespräche nur Schritt für Schritt in Gang kommen könnten. Erst am 12. August, mehr als zwei Wochen nach dem Abendessen in Berlin, ließ er sich darauf ein, mit den Diskussionen zu beginnen. Ribbentrop antwortete, da die üblichen diplomatischen Kanäle zu langsam seien, wäre er bereit, selbst nach Moskau zu kommen. Die einzige Bedingung sei, er müsse Stalin sprechen, um ihm Hitlers Ansichten persönlich überbringen zu können.

Molotow ließ sich nach wie vor nicht drängen. Er bemerkte gegenüber Schulenburg, daß eine solche Reise einer entsprechenden Vorbereitung bedürfe, damit der Meinungsaustausch zu einem Ergebnis führe. Wären die Deutschen zum Beispiel bereit, auf Japan Druck auszuüben und es zu einer positiven Haltung gegenüber der Sowjetunion zu bewegen? Wollten sie einen Nichtangriffspakt abschließen? Würden sie einer gemeinsamen Garantie für die baltischen Staaten zustimmen? Alle diese Dinge müßten konkret durchgesprochen werden.[69]

Hitler, dem von Anfang an klar war, daß es einen Handel auf Kosten Polens geben mußte, nahm Molotows Vorschläge ohne Einschränkung an. Ribbentrop fügte hinzu, er sei noch vor dem Wochenende bereit, nach Moskau zu kommen, und zwar ausgerüstet mit allen Vollmachten zum Abschluß eines Vertrages. Als es Schulenburg nach weiteren Verzögerungen endlich gelang, mit Molotow zusammenzutreffen, hob dieser zunächst hervor, daß Stalin die Besprechungen mit großem Interesse verfolge und sich in völliger Übereinstimmung damit befinde. Hierauf verlas er ein langatmiges Dokument, in dem den Deutschen ihre feindseligen Erklärungen und Handlungen der Vergangenheit, insbesondere der Antikomintern-Pakt, vorgehalten wurden. Es sei ganz und gar ihre Schuld, daß die Sowjetunion gezwungen war, eine Abwehrfront gegen eine mögliche Aggression von seiten Deutschlands zu organisieren.

Wenn jedoch die Regierung in Berlin jetzt in der Politik umschwenke und Freundschaft schließen wolle, sei die Sowjetregierung ihrerseits bereit, das gleiche zu tun. Dazu müßten ernsthafte praktische Schritte unternommen werden. Der erste Schritt könnte der Abschluß eines Handelsabkommens sein, das bereits mehrere Monate überfällig sei. Dem könne ein Nichtangriffspakt folgen. Gleichzeitig müsse jedoch »ein spezielles Protokoll« vereinbart werden, »das die Interessen der vertragschließenden Teile an diesen oder jenen Fragen der auswärtigen Politik regelt«. Als Schulenburg nach dem vorgeschlagenen Besuch Ribbentrops fragte, erwiderte Molotow, daß die Sowjetregierung diesen Vorschlag sehr hoch schätze, weil er die Ernsthaftigkeit der Absichten der deutschen Regierung unterstreiche. Diese Bereitschaft stehe in einem beachtlichen Gegensatz zu England, das nur einen zweitrangigen Beamten entsandt habe. Die Sowjetregierung scheue jedoch das Aufsehen, das ein solcher Besuch erregen würde. Sie ziehe es vor, »ohne viel Aufhebens praktische Arbeit zu leisten«. Wenn die deutsche Seite einen Anfang machen wolle, dann solle sie unverzüglich an die Ausarbeitung der Entwürfe für den Nichtangriffspakt und das erwähnte Protokoll gehen.[70]

Molotows Taktik trieb Ribbentrop zur Verzweiflung. Er forderte, Schulenburg solle sofort um ein weiteres Treffen nachsuchen und Molotow klarmachen, daß die deutsche Außenpolitik einen historischen Wendepunkt erreicht habe. Er solle unbedingt auf eine Antwort drängen. Spannung und Unsicherheit zeigten nicht nur bei Ribbentrop, sondern auch bei Hitler allmählich Wirkung. Seine Umgebung begann um seine Gesundheit zu fürchten. Er erleichterte sich etwas, indem er am Sonnabend, dem 19. August,

Befehl gab, 21 U-Boote sowie die beiden Panzerkreuzer *Deutschland* und *Graf Spee* sollten im Atlantik aufkreuzen, um dort britische Schiffe angreifen zu können. Diese Maßnahme sollte ihn jedoch nur von der bohrenden Frage ablenken, ob die Russen dazu bewegt werden konnten, rechtzeitig zu unterschreiben.

Schulenburgs erste Begegnung mit Molotow am 19. August gab wenig Anlaß zur Hoffnung. Ribbentrop hatte dem Botschafter den Text eines Vertragsentwurfs übermittelt. Molotow zeigte sich jedoch unbeeindruckt: Das war nicht die sowjetische Art, solche Dinge zu regeln. Die Deutschen sollten besser einen der Verträge, die die Sowjetunion mit anderen Ländern, zum Beispiel mit Polen oder den baltischen Staaten, abgeschlossen hatte, zum Vorbild nehmen. Was sei mit dem Geheimprotokoll? Die Sowjetunion erwarte, daß die Deutschen exakt sagten, was es beinhalten solle. Der Botschafter versuchte Molotow eine Stunde lang zu bewegen, ein Datum für Ribbentrops Besuch zu nennen, doch ohne Erfolg. Das Handelsabkommen war noch nicht unterzeichnet. Wenn das erfolgt sei, könne man zum Vertrag und dem Protokoll übergehen.

Schulenburg war jedoch kaum in die Botschaft zurückgekehrt, als er für eine Stunde später erneut zu Molotow in den Kreml gerufen wurde. Diesmal war der sowjetische Ministerpräsident und Außenminister so freundlich, wie er vorher kühl und offiziell gewesen war. Er habe »der Sowjetregierung« berichtet und sei beauftragt worden, den sowjetischen Vertragsentwurf zu übergeben, was er auch tat. Er erklärte, wenn das Wirtschaftsabkommen am nächsten Tag (Sonntag, 20. August) unterzeichnet würde, könne Ribbentrop am 26. oder 27. nach Moskau kommen.[71]

Der Vertragsexperte des Auswärtigen Amtes, Gaus, beschrieb im Nürnberger Prozeß, wie er auf dem Berghof in Hitlers Arbeitszimmer gerufen wurde und diesen dort vorfand, wie er sich mit Ribbentrop über den Telegrafenapparat beugte, der gerade eine Nachricht von Schulenburg ausdruckte. Gaus erinnerte sich, daß Hitler seine Arme triumphierend hochwarf und in Gelächter ausbrach. Den Rest des Abends wanderte er ruhelos im Berghof herum und wartete auf den vollständigen Bericht des Botschafters. In den frühen Morgenstunden erfuhr er, daß der Leiter der sowjetischen Handelsvertretung auf Weisung Moskaus noch am Samstagabend Schnurre aufgesucht und darauf bestanden hatte, daß das Handelsabkommen unverzüglich – am 20. um 2.00 Uhr morgens – unterzeichnet werde. Aber das früheste Datum für Ribbentrops Besuch in Moskau und die Unterzeichnung des Paktes blieb der 27., ein Datum, das (wie Stalin wissen mußte) für Hitlers Zeitplan zu spät war: Schon einen Tag später sollte die deutsche Armee ihren Angriff auf Polen beginnen.

Der Bericht des Botschafters traf erst ein, nachdem Hitler um 7.00 Uhr morgens erschöpft zu Bett gegangen war. Der einzige Grund, den Schulenburg für den plötzlichen Sinneswandel der sowjetischen Seite anführen konnte, war Stalins persönliches Eingreifen, dessen Motive er aber nicht erklären konnte. Am Nachmittag des 20. August in einem Moment der Inspiration, dem er sofort nachgab, setzte sich Hitler hin und schrieb einen persönlichen Brief an Stalin (»An Herrn Stalin, Moskau«), in dem er den sowjetischen Vertragsentwurf akzeptierte.

»Das von der Regierung der Sowjetunion gewünschte Zusatz-Protokoll kann nach meiner Überzeugung in kürzester Zeit substantiell geklärt werden, wenn ein verantwortlicher deutscher Staatsmann in Moskau hierüber selbst verhandeln kann ... Ich schlage Ihnen daher noch einmal vor, meinen Außenminister am Dienstag, den 22. August, spätestens aber am Mittwoch, den 23. August, zu empfangen. Der Reichsaußenminister hat umfassendste Generalvollmacht zur Abfassung und Unterzeichnung des Nichtangriffspakts sowie des Protokolls ... Ich würde mich freuen, Ihre baldige Antwort zu erhalten.

    Adolf Hitler«[72]

Mit seinem Brief setzte sich Hitler kurzerhand darüber hinweg, mit Molotow als dem sowjetischen Regierungschef verhandeln zu müssen, und wandte sich unmittelbar an die wirkliche Autorität. Daß Hitler bereit war, sein persönliches Ansehen in die Waagschale zu werfen, ohne sicher zu sein, daß Stalin auch antworten würde, überzeugte den Generalsekretär, daß er es ernst meinte. Am Montagmorgen telegrafierte Schulenburg Stalins Antwort:

»An den Reichskanzler Deutschlands Herrn A. Hitler.
Ich danke für den Brief. Ich hoffe, daß deutsch-sowjetischer Nichtangriffspakt eine Wendung zur ernsthaften Besserung der politischen Beziehungen zwischen unseren Ländern schaffen wird ... Die Sowjetregierung hat mich beauftragt, Ihnen mitzuteilen, daß sie einverstanden ist mit dem Eintreffen des Herrn von Ribbentrop in Moskau am 23. August.

    gez. J. Stalin«[73]

Den sowjetischen Vertragsentwurf hatte Hitler bereits akzeptiert. Die Russen hatten jedoch noch eine Nachschrift hinzugefügt, nach der der Vertrag nur dann in Kraft treten sollte, wenn gleichzeitig ein besonderes Protokoll über die Themen, an denen sie interessiert waren, unterzeichnet würde. Diesen Handel zum Abschluß zu bringen, war nun die Aufgabe Ribbentrops bei seinem Besuch in Moskau. Hitler machte keine Schwierigkeiten, ihm die Vollmacht für die Unterzeichnung des Dokuments zu erteilen. Wie andere Abkommen konnte es später jederzeit verworfen werden, wenn es seinen Zweck erfüllt hatte. Ihm ging es vor allem um Stalins Unterschrift unter den Pakt, der die Neutralität der Sowjetunion bedeutete, das Ende jeglicher Drohung, durch ein Abkommen zwischen England, Frankreich und Rußland Deutschlands Pläne im Osten zu vereiteln, sowie die Isolierung Polens.

Hitler teilte seinem erwartungsvollen Gefolge den Wortlaut von Stalins

Botschaft nicht sofort mit. Speer, der anwesend war, erinnert sich: »Während des Abendessens wurde Hitler ein Zettel gereicht. Er überflog ihn, starrte hochrot werdend einen Augenblick vor sich hin, schlug auf den Tisch, daß die Gläser klirrten, und rief mit überkippender Stimme: Ich hab' sie, ich hab' sie! In Sekundenschnelle beherrschte er sich aber wieder, niemand wagte zu fragen, und das Essen nahm seinen Gang.«[74]

Bislang ist die Dokumentation über die Verhandlungen auf der sowjetischen Seite viel weniger vollständig als auf der deutschen. Aber es ist genügend bekannt, um Stalins Taktik darzustellen. Als Ribbentrop anbot, nach Moskau zu kommen, hatte Stalin die Position erreicht, die er sich wünschte: Er wollte die Angebote beider Seiten kennen, bevor er sich entschied. Nach dem Ausschluß der Sowjetunion vom Münchener Abkommen war dies ein bemerkenswerter Umschwung. Er verzögerte Ribbentrops Ankunft und die Unterzeichnung des Pakts, bis das Protokoll vereinbart war, und konnte so Hitlers Sorge um den Zeitplan nutzen, um maximale Zugeständnisse zu erreichen und zugleich sicherzustellen, daß es in letzter Minute kein München geben würde, das diese Konzessionen wertlos machte.

Die Verhandlungen der Sowjetunion mit Großbritannien und Frankreich waren seit März im Gange. Obwohl eine besondere Einladung an den Außenminister vorlag, hatte es das britische Kabinett niemals für wert gehalten, einen Minister nach Moskau zu entsenden. Weder die Stabschefs noch führende Generale Großbritanniens oder Frankreichs gehörten den Militärmissionen an, die zur Fortsetzung der Gespräche entsandt wurden, nachdem eine politische Formel vereinbart worden war. Es dauerte fast zwei Wochen, bis die Delegationen zusammengestellt waren; und dann ließ man sie nicht mit dem Flugzeug oder einem Schnelldampfer reisen, sondern mit einem langsamen Passagierschiff, das bis zur Ankunft am 10. August in Leningrad fünf Tage brauchte - zu spät für den Nachtzug nach Moskau.

Die Militärgespräche zeigten von Anfang an die großen Unterschiede zwischen beiden Seiten. Die sowjetische Delegation unter Leitung Woroschilows wollte die Stärke der britischen und französischen Streitkräfte erfahren und ihre Strategie gegen die Wehrmacht kennenlernen. Briten und Franzosen dachten dagegen nach wie vor in Kategorien der Abschreckung und nicht militärischer Operationen. Ihnen ging es darum, wie der Krieg zu vermeiden, nicht, wie er zu gewinnen sei. Um ihre Ernsthaftigkeit zu prüfen, fragte Woroschilow: Würde Polen zustimmen, daß sowjetische Truppen dort einrücken, um gegen die Deutschen zu kämpfen? Trotz stärksten Drucks durch die Franzosen würde nichts die Polen bewegen, ihre Zustimmung zu geben. »Wären wir dann also verpflichtet«, fragte Woroschilow, »um das Recht zu bitten, gegen den gemeinsamen Feind kämpfen zu dürfen?« Die Delegationen kamen am 21. August zum letzten Mal zusammen, ohne Ergebnis. Am nächsten Tag wurde gemeldet, daß Ribbentrop nach Moskau reisen werde.

Eine deutsch-sowjetische Komission, der von deutscher Seite der Gesandte Schnurre und der Legationsrat Hencke angehörten, legte den genauen Grenzverlauf des geteilten Polens fest. Danach wurde Litauen zum Teil dem deutschen, Lettland und Estland dem sowjetischen Interessengebiet zugeschlagen. Später ging Berlin auf die Wünsche Moskaus ein und sprach ganz Litauen Rußland zu; die drei alten Hansestädte Riga, Reval und Dorpat überlies Hitler bedenkenlos Stalin.
Auf dem Photo: Hencke (zweiter von rechts) zeigt den Kartographen am 28. September 1939 nach dem Abschluß der Gespräche im Kreml den Verlauf der Grenzlinie. Ganz links Schnurre.

Daß die britische und die französische Regierung keine energischeren Anstrengungen unternahmen, um ein Bündnis mit der Sowjetunion zustande zu bringen, wurde damals scharf kritisiert. Zu dieser Kritik muß auch heute jeder gelangen, der über die Ursachen des Krieges schreibt. Da sie während der gesamten Verhandlungen keinerlei Eile zeigten, fühlte sich Stalin in seinem Verdacht bestärkt, daß sie in Wirklichkeit einen Handel mit Deutschland, ein weiteres München anstrebten, zu dem die *Drohung* eines Abkommens mit der Sowjetunion nur beitragen sollte. Ungeachtet der Verwirrung, die durch Versuche hinter den Kulissen von inoffizieller Seite verursacht wurde, Gespräche mit Hitler zustande zu bringen, gibt es keinen Beweis dafür, daß dies jemals in den Absichten der britischen Regierung oder Hitlers lag. Dagegen existieren zahlreiche Beweise dafür, daß die britische Öffentlichkeit jede derartige Vereinbarung abgelehnt hätte. Aber weder die britische noch die französische Regierung hatte sich bereits damit abgefunden, daß ein Krieg unvermeidlich war. Sie hofften immer noch, Hitler zurückhalten zu können, und hatten sich noch nicht ernsthaft mit der Frage befaßt, was sie tun sollten, wenn die Abschreckung nicht wirkte. Wenn die Russen die Verhandlungen ungeachtet des geringen Interesses der Westmächte und Stalins eigenen Mißtrauens weiterführten, dann deshalb, um den Deutschen einen Alternativvorschlag zu entlocken und, falls dies nicht gelänge, eine Rückversicherung zu haben.

Entscheidend dafür, daß Stalin schließlich dem deutschen Vorschlag den Vorzug gab, war ein Angebot, das die Briten und Franzosen niemals bieten konnten, wen sie auch nach Moskau gesandt hätten und wie schnell er dort erschienen wäre. Dies war die Beteiligung nicht an der Verteidigung der Unabhängigkeit eines undankbaren Osteuropa, sondern an dessen Aufteilung – und dies als Preis dafür, daß sich die Sowjetunion heraushielt, daß sie versprach, an *keinem* Krieg teilzunehmen, der ausbrechen konnte. Als deutlich wurde, daß dies Hitlers Angebot war, griff Stalin selbst ein und nahm die Verhandlungen persönlich in die Hand.

Die Begegnung im Kreml fand bereits eine Stunde nach Ribbentrops Ankunft statt. Der einzige Teil des Paktes, der Stalins Aufmerksamkeit erweckte, waren die hochtrabenden Worte über die sowjetisch-deutsche Freundschaft, die Ribbentrop als Präambel hinzugefügt hatte. Das war zuviel für Stalin. Nachdem man sich sechs Jahre lang gegenseitig mit Kübeln von Schmutz übergossen hatte, so sagte er, könne man das eigene Volk nicht glauben machen, daß alles vergessen und vergeben sei. Die Öffentlichkeit in der Sowjetunion und zweifellos auch in Deutschland müsse allmählich auf die Veränderung vorbereitet werden.

Besonders interessierte Stalin das Geheimprotokoll. Für den Fall territorialer und politischer Veränderungen in Osteuropa schlug die deutsche Seite vor, Polen in eine sowjetische und eine deutsche »Interessensphäre« entlang der Flüsse Narew, Weichsel und San aufzuteilen. Die Frage, ob die Interessen beider Vertragspartner die Aufrechterhaltung eines unabhängigen polnischen Staates als wünschenswert erscheinen ließen und, wenn ja, wie seine Grenzen verlaufen sollten, wurde einer späteren Entscheidung überlassen. Was die baltischen Staaten betraf, schlug die deutsche Delegation vor, Finnnland und Estland in der sowjetischen Interessensphäre zu belassen, das um das Gebiet von Wilna erweiterte Litauen ihnen zuzuschlagen und Lettland längs des Flusses Dwina zu teilen. Stalin verlangte jedoch ganz Lettland. Ribbentrop sandte Hitler ein Telegramm, der sah auf den Atlas und stimmte dann zu. In Südosteuropa meldete die sowjetische Seite Interesse an Bessarabien an; die Deutschen erklärten dagegen, daß sie keinerlei Interesse an der ganzen Region hätten.

Auf diese Weise wurde am Verhandlungstisch die fünfte Teilung Polens vereinbart, ohne daß ein Schuß gefallen war. Stalins Anteil war die Rückgewinnung jener Teile Belorußlands und der Ukraine, die Polen 1920 annektiert hatte, außerdem ein beträchtliches Stück vorwiegend von Polen besiedelten Gebietes. Dazu kamen drei der vier 1917 verlorengegangenen baltischen Staaten, wodurch die Gefahr für Leningrad beseitigt wurde, die Stalin so viel Sorgen bereitet hatte. Schließlich fiel Bessarabien an die Sowjetunion zurück, das 1918 Rumänien zugesprochen worden war.[75] (Die Existenz dieses Protokolls, das im Westen seit langem aus erbeuteten deutschen Dokumenten bekannt war, ist von der Sowjetunion erst fünfzig Jahre später – im Jahre 1989 – zugegeben worden.)

Er habe sich im Kreml wie unter alten Kameraden gefühlt, berichtete Ribbentrop in Berlin nach seiner Rückkehr. Die Photographie, die Stalin, Molotow und Hitlers Leibphotographen Heinrich Hoffmann in vertrauter Runde zeigt, gibt etwas von der aufgeräumten Atmosphäre dieser Stunden wieder, als Stalin einen Trinkspruch auf »den Führer« ausbrachte.

Während die Texte zur Unterschrift vorbereitet wurden, führte Stalin mit Ribbentrop ein eingehendes Gespräch über internationale Fragen. Beide äußerten sich sehr abfällig über Großbritannien, und Ribbentrop versicherte Stalin, der Antikomintern-Pakt sei in Wirklichkeit nicht gegen Rußland, sondern gegen die westlichen Demokratien gerichtet. Er wagte sogar den Berliner Witz wiederzugeben, daß »Stalin noch dem Antikominternpakt beitreten« werde. Als Champagner gebracht wurde, schlug Stalin vor, auf Hitler zu trinken: »Ich weiß, wie sehr das deutsche Volk seinen Führer liebt; ich möchte darum auf seine Gesundheit trinken.«

Ribbentrop kehrte in Hochstimmung nach Berlin zurück. Er war überzeugt, ein Abkommen mitzubringen, das Hitler die Möglichkeit gab, Polen einen Schlag zu versetzen, von dem es sich niemals erholen würde. Das zu erreichen, war er bereit, den von ihm selbst geschaffenen Antikomintern-Pakt der Lächerlichkeit preiszugeben, Japan und Italien vor den Kopf zu stoßen und der Sowjetunion weitgehende Konzessionen in Osteuropa einzuräumen. Im Augenblick schien dies ein geringer Preis zu sein für einen so dramatischen Coup, der den französisch-sowjetischen Pakt von 1935, die britisch-französischen Verhandlungen in Moskau und – davon war Ribbentrop fest überzeugt – auch die britischen und französischen Garantien für Polen mit einem Federstrich auslöschte.

Hitler begrüßte Ribbentrop als einen »zweiten Bismarck«. Der Außenminister konnte die Wärme des Empfangs, der ihm in Moskau bereitet worden war, gar nicht genug loben. Er habe sich ganz wie zu Hause »unter alten Parteigenossen« gefühlt. Hitler zeigte besonderes Interesse an den Fotografien von dem historischen Ereignis. Er hatte darauf bestanden, daß sein persönlicher Fotograf, Hoffmann, Ribbentrop begleitete. Vor der Abreise hatte er ihm eingeschärft, unbedingt Stalins Ohrläppchen aus der Nähe zu fotografieren. Er glaubte, an dessen Form erkennen zu können, ob Stalin jüdisches Blut habe, ob seine Ohrläppchen »angewachsen und jüdisch oder frei und arisch« seien. Zu seiner Erleichterung sah er, daß Stalin die Prüfung bestanden hatte und kein Jude war.

Stalin war ebenfalls zufrieden mit dem Ergebnis, drückte seine Genugtuung indessen viel zurückhaltender aus. Wenn alles gut ging, würden beide »imperialistischen Lager« – Deutschland und Italien einerseits sowie die westlichen Demokratien andererseits –, von denen er im März gesprochen hatte, in einen Krieg verwickelt sein, während die Sowjetunion abseits stand und ohne Risiko und Kosten reiche Territorialgewinne einstrich.

Von Moskau aus flog Ribbentrop sofort nach Berlin, um dort am 24. August den Abschluß des Nichtangriffspaktes zu melden. Alle Teilnehmer berichten, daß Hitler bei dieser Nachricht wie von Sinnen gewesen sei. So war in der Reichskanzlei eine triumphierende Runde beisammen, die den Vertrag als geniales Manöver betrachtete. Einzig Ribbentrops Staatssekretär von Weizsäcker, hier rechts hinter dem Reichsaußenminister, scheint düstere Vorahnungen gehabt zu haben. Schon vorher hatte er zeitweilig mit dem Gedanken an politischen Widerstand gespielt.

Seine Befriedigung wuchs noch, als er Informationen aus dem Fernen Osten erhielt. Keine Macht fühlte sich von dem Pakt zwischen Deutschland und der Sowjetunion so tief getroffen und erniedrigt wie Japan. Nach japanischen Verhaltensnormen war das Land von seinem Partner im Antikomintern-Pakt verraten und entehrt worden. Die japanische Regierung trat aus Protest zurück. Die diplomatische Demütigung durch die Deutschen fiel mit einer militärischen Niederlage zusammen, die ihnen die Russen beibrachten. Nach dem Rückschlag für die Japaner im Juli am Chalchin-Gol (dem umstrittenen Gebiet an der Grenze zwischen der Mongolei und der Mandschurei) hatte die Sowjetarmee im August dort eine neue Offensive gestartet. Sie wurde ebenfalls von dem neuen Befehlshaber, General Georgi Schukow, kommandiert, der dank der Protektion Timoschenkos den Säuberungen entgangen war und mit diesem Erfolg die Grundlage für eine glänzende Karriere legte. Ende August errang Schukow für Stalin einen entscheidenden Sieg über die Kwantung-Armee, das Rückgrat der Fraktion in Japan, die für ein Militärbündnis mit Deutschland eintrat. Diese doppelte Niederlage der Japaner setzte den Kämpfen im Fernen Osten ein Ende. Am 15. September unterzeichneten sie ein offizielles Abkommen mit der Sowjetunion. Zusammen mit dem Pakt mit dem Deutschen Reich hob dies die Kriegsdrohung an den am meisten bedrohten Grenzen der Sowjetunion im Osten und im Westen auf.

Am 23. August, noch bevor Ribbentrop und Molotow den Pakt unterzeichneten, hatte Hitler den Befehl gegeben, daß der Angriff auf Polen – wie geplant – am frühen Morgen des 26. August beginnen sollte. Am 22. August traf er mit etwa fünfzig Befehlshabern des Heeres, der Marine, der Luftwaffe und der SS zusammen, die er auf den Berghof befohlen hatte, um ihnen seine Pläne darzulegen. Er begann mit der Erklärung, er habe den Westen zuerst angreifen wollen, dann sei ihm jedoch klargeworden, daß bei einer Auseinandersetzung mit dem Westen Polen Deutschland in den Rücken fallen würde. Ein Konflikt mit Polen mußte früher oder später ohnehin kommen, dann war es jetzt wohl am besten. »Zunächst zwei persönliche Bedingungen: Meine eigene Persönlichkeit und die Mussolinis. Wesentlich hängt es von mir ab, von meinem Dasein, wegen meiner politischen Fähigkeiten. Dann die Tatsache, daß wohl niemand wieder so wie ich das Vertrauen des ganzen deutschen Volkes hat. In der Zukunft wird es wohl niemals wieder einen Mann geben, der mehr Autorität hat als ich. Mein Dasein ist also ein großer Wertfaktor.« Dasselbe galt auch für Mussolini: Ohne ihn sei Italiens Bündnistreue nicht mehr sicher.

»Bei uns ist das Fassen von Entschlüssen leicht. Wir haben nichts zu verlieren, nur zu gewinnen. Unsere wirtschaftliche Lage ist infolge unserer Einschränkungen so, daß wir nur noch wenige Jahre durchhalten können. Göring kann das bestätigen. Uns bleibt nichts anderes übrig, wir müssen handeln. Unsere Gegner riskieren viel und können nur wenig gewinnen. Der Einsatz Englands in einem Kriege ist unfaßbar groß. Unsere Gegner haben Führer, die unter dem Durchschnitt stehen, keine Persönlichkeiten. Keine Herren, keine Tatmenschen ... Niemand weiß, wie lange ich noch lebe.« Er sei jetzt fünfzig und auf dem Gipfel seiner Kraft. Es sei günstiger, wenn die Auseinandersetzung jetzt komme, als in fünf Jahren, wenn er und Mussolini älter seien.

Danach wiederholte Hitler seine Ansicht, daß die Gefahr einer britischen und französischen Intervention gering sei und daß man dieses Risiko in Kauf nehmen müsse. »Der Gegner hatte noch die Hoffnung, daß Rußland als Gegner auftreten würde nach der Eroberung Polens. Die Gegner haben nicht mit meiner großen Entschlußkraft gerechnet ... Die heutige Veröffentlichung des Nichtangriffspakts hat eingeschlagen wie eine Granate ... Von Ribbentrop wird übermorgen den Vertrag schließen ... Auswirkungen sind nicht zu übersehen ... Wir brauchen keine Angst vor Blockade zu haben. Der Osten liefert uns Getreide, Vieh, Kohle, Blei, Zink. Es ist ein großes Ziel, das vielen Einsatz erfordert. Ich habe nur Angst, daß mir noch im letzten Moment irgendein Schweinehund einen Vermittlungsplan vorlegt. Die politische Zielsetzung geht weiter. Anfang zur Zerstörung der Vormachtstellung Englands ist gemacht. Weg für die Soldaten ist frei, nachdem ich die politischen Vorbereitungen getroffen habe ...«[76]

Nach dem Essen legten die Befehlshaber ihre operativen Pläne dar. Hitlers Schlußansprache sollte ihren Kampfgeist heben. Sie sollten vor nichts zurückschrecken. »Eiserne, unerschütterliche Haltung vor allem der Vorgesetzten ... Eine lange Friedenszeit würde uns nicht guttun ... Auch wenn im Westen Krieg ausbricht, bleibt Vernichtung Polens im Vordergrund ... Ich werde propagandistischen Anlaß zur Auslösung des Krieges geben, gleichgültig, ob glaubhaft. Der Sieger wird später nicht danach gefragt, ob er die Wahrheit gesagt hat oder nicht. Bei Beginn und Führung des Krieges kommt es nicht auf das Recht an, sondern auf den Sieg. Herz verschließen gegen Mitleid. Brutales Vorgehen. 80 Millionen Menschen müssen ihr Recht bekommen. Ihre Existenz muß gesichert werden ... Größte Härte ... Krisen sind nur auf Versagen der Nerven der Führer zurückzuführen ... Restlose Zertrümmerung Polens ist das militärische Ziel. Schnelligkeit ist die Hauptsache. Verfolgung bis zur völligen Vernichtung.«[77]

Es ist zu bezweifeln, ob Hitler seine Zuhörer davon überzeugen konnte, daß Großbritannien und Frankreich nicht eingreifen würden. Aber daß sich der Angriff gegen Polen, den traditionellen Feind Preußens, richtete, daß Hitler von einem Blitzkrieg sprach und vor allem, daß es gelungen war, einen Pakt mit der Sowjetunion zu schließen – dies brachte die Mehrheit auf seine Seite. Die ältere Generation der Generale war davon angetan, daß Hitler zur Zusammenarbeit mit Rußland zurückgefunden hatte, was stets die Auffassung von Seeckts, des ersten Befehlshabers der Reichswehr nach 1918, gewesen war. Die jüngeren Generale waren von der Gelegenheit begeistert, ihr Können an einem Feind zu beweisen, den sie zweifellos besiegen würden.

Als Hitler erfuhr, daß der Pakt unterzeichnet sei, erließ er die vorläufige Anordnung, daß die »Operation Weiß« am Sonnabend, dem 26. August, um 4.30 Uhr beginnen sollte. Er bestätigte auch, daß der Danziger Senat Gauleiter Forster zum Staatschef der Freien Stadt ernannte, was eine direkte Herausforderung an Polen und den Völkerbund darstellte. Er war überzeugt, daß die britische und die französische Regierung jeglichen Gedanken an ein Eingreifen fallenließen, sobald sie die Nachricht aus Moskau verarbeitet hatten. Diese Überzeugung geriet auch nicht dadurch ins Wanken, daß London eine Erklärung abgab, in der es hieß, was immer Inhalt des deutsch-sowjetischen Paktes sei, die britische Regierung sei entschlossen, ihre Verpflichtungen gegenüber Polen zu erfüllen. Als der britische Botschafter diese Erklärung in einem persönlichen Brief Chamberlains übergab, steigerte sich Hitler in Wut; als Henderson aber gegangen war, lachte er laut auf: »Dieses Gespräch überlebt Chamberlain nicht, sein Kabinett wird heute abend stürzen!«[78]

Hitler fand sich damit ab, daß der Moskauer Pakt ihn die Unterstützung Japans kosten würde. Er war aber sehr darauf bedacht, nicht die Rückendeckung Mussolinis zu verlieren. Am Tag nach Ribbentrops Rückkehr schrieb er einen persönlichen Brief an den Duce, wie er es nach all seinen bisherigen Aktionen getan hatte. Darin erklärte er, warum es ihm nicht möglich gewesen sei, seinen Bundesgenossen vorab zu konsultieren. Er versicherte ihm, durch den Vertrag mit Rußland sei eine völlig neue Situation entstanden, »die als größtmöglicher Gewinn für die Achse betrachtet werden muß«. Ohne direkt zu sagen, daß Krieg unmittelbar bevorstehe, fügte er hinzu, daß angesichts der »unerträglichen Provokationen« der Polen niemand voraussagen könne, »was die nächste Stunde bringt ... Ich darf Ihnen abschließend noch versichern, Duce, daß ich in einer ähnlichen Situation das volle Verständnis für Italien aufbringen werde und Sie von vornherein in jedem solchen Falle meiner Haltung sicher sein können.«[79]

Am selben Morgen (dem 25. August), als er diesen verspäteten Versuch machte, sich Mussolinis Unterstützung zu versichern, erfuhr Hitler, daß das britische Kabinett nicht gestürzt war, sondern Chamberlain im Parlament die britischen Verpflichtungen gegenüber Polen bekräftigt hatte. Der letzte Zeitpunkt für die Ausgabe der Parole, die die deutschen Truppen am nächsten Morgen um 4.30 Uhr in Marsch setzen sollte, war für 14.00 Uhr vorgesehen. Hitler verschob den Termin um eine Stunde, um in einem weiteren Versuch die Briten zu verwirren und zu spalten. Er bestellte den britischen Botschafter für 13.30 Uhr. Als Henderson erschien, zeigte Hitler sich von Chamberlains Rede beeindruckt und bedauerte zutiefst, daß die Haltung der britischen Regierung nun zu einem allgemeinen Krieg zu führen scheine: Er, der Führer, habe sich die Dinge noch einmal durch den Kopf gehen lassen und wolle heute England gegenüber einen Schritt unternehmen, der genauso entscheidend sei wie der Schritt gegenüber Rußland, der zu der kürzlichen Vereinbarung geführt habe. Deutschland sei entschlos-

Diese Karikatur zum deutsch-russischen Pakt, erschienen im August 1939 in der französischen Zeitschrift »Marianne«, verkennt die Natur der unheiligen Allianz. Sie sieht einen Kniefall des einen Diktators vor dem anderen, wo doch ein von beiden als kurzfristig angesehenes Abkommen nur eine Atempause bis zum Entscheidungskampf gab.

sen, die »mazedonischen Verhältnisse« an seiner Ostfront zu beseitigen, aber es liege nicht im Interesse Deutschlands und Englands, in einen Krieg einzutreten, der blutiger sein würde als der von 1914/18. Wenn das polnische Problem erledigt sei, fuhr Hitler fort, sei er bereit und entschlossen, ... noch einmal an England mit einem großen, umfassenden Angebot heranzutreten ... Er sei ein Mann großer Entschlüsse und wird auch in diesem Fall zu einer großen Handlung fähig sein. Er bejaht das britische Imperium und ist bereit, sich für dessen Bestand persönlich zu verpflichten und die Kraft des Deutschen Reiches dafür einzusetzen ... Er werde der britischen Regierung sofort nach Lösung der polnischen Frage konkrete Vorschläge vorlegen. Wenn sie seine Ideen zurückweise, werde es Krieg geben.[80] Als ob er die Parallele zu dem Handel unterstreichen wollte, mit dem er sich die Neutralität der Sowjetunion gesichert hatte, stellte Hitler Henderson dasselbe Flugzeug zur Verfügung, mit dem Ribbentrop nach Moskau geflogen war, um seine Botschaft nach London zu bringen.

Nachdem der Botschafter gegangen war, ließ Hitler Keitel rufen und gab um 15.00 Uhr den Befehl, die fünf deutschen Armeen an der polnischen Grenze sollten am nächsten Morgen angreifen. Vier Stunden später rief

Hitler jedoch Keitel nochmals an und fragte, ob der Befehl zum Angriff noch widerrufen werden könne. Als von Brauchitsch zustimmte, wurden dringende Befehle ausgegeben, und in einer organisatorischen Meisterleistung wurde der Vormarsch noch rechtzeitig gestoppt. Zwei Nachrichten hatten Hitlers Kalkulationen durcheinander gebracht: Die eine war die Mitteilung aus London, daß Großbritannien und Polen einen Beistandspakt unterzeichnet hatten, die andere war die Antwort Mussolinis, daß Italien noch nicht vorbereitet sei, an einem Krieg gegen die Westmächte teilzunehmen.

Den ganzen Sommer über war Mussolinis Sorge über Hitler und dessen weiteres Vorgehen ständig gewachsen. Vom 10. bis zum 12. August besuchte der italienische Außenminister Ciano Ribbentrop und Hitler in Bayern in der Hoffnung, Klarheit über die deutschen Pläne zu gewinnen. Er kehrte mit der Gewißheit zurück, sie seien entschlossen, Polen auszulöschen; Italien müsse um jeden Preis vermeiden, mit hineingezogen zu werden. Ciano brauchte zwei Wochen, um Mussolini zu überzeugen, der zwischen der Furcht, was die Welt sagen würde, wenn er nach all der Propaganda um den Stahl-Pakt das Achsenbündnis verriete, und der Furcht vor den Folgen, wenn er das Bündnis einhielte, qualvoll hin und her schwankte.

Die Nachricht von dem Pakt mit der Sowjetunion machte auf Mussolini gewaltigen Eindruck – es war genau der Coup, den er selbst gern gelandet hätte, aber er löste sein Dilemma nicht. Er hoffte, seine Botschaft an Hitler vom 25. August würde als Kompromiß erscheinen. Falls der Krieg auf Deutschland und Polen begrenzt bleibe, werde Italien jede gewünschte Hilfe leisten; wenn nicht, werde Italien »nicht die Initiative kriegerischer Handlungen ergreifen«. Der Duce verteidigte seinen Entschluß mit dem Hinweis darauf, daß in allen Gesprächen mit Hitler der Krieg für die Zeit nach 1942 ins Auge gefaßt worden sei. Dann werde Italien dafür gerüstet sein. Was Italien unternehme, werde letztendlich von der Lieferung großer Mengen an Kriegsmaterial und Rohstoffen abhängig sein.[81]

Keitel sagte später, er habe Hitler niemals in so großer Verwirrung gesehen. Durch die kombinierte Wirkung dieser Nachrichten wurden zwei der wichtigsten Ausgangspunkte in seiner Kalkulation in Frage gestellt. Er hatte erwartet, Großbritannien werde nicht zum Kampf bereit sein, und nun schien es doch kämpfen zu wollen. Er hatte erwartet, Mussolini werde kämpfen, und nun wollte er es eindeutig nicht. Daß der Duce abtrünnig wurde, traf ihn besonders hart. Erst vor drei Tagen hatte er vor seinen Generalen dessen Standhaftigkeit als ein Argument angeführt, das für einen Krieg noch im Jahre 1939, eher früher als später, spreche. Spontan bemerkte er jetzt, »die Italiener verhielten sich genauso wie schon 1914«. Wenn der Duce sich aber schließlich zu dem Entschluß durchgerungen hatte, daß Italien nicht in den Krieg ziehen konnte, mußte er überzeugt sein, Hitler begehe einen Fehler: Ein Krieg könne nicht begrenzt werden, Großbritannien und Frankreich würden ganz sicher eingreifen.

Hitler brauchte Zeit, um sich von diesem Schock zu erholen. Alle Berichte stimmen darin überein, daß er in den letzten Augusttagen deutliche Zeichen von Anspannung zeigte. Er konnte nicht schlafen, litt an starken Stimmungsschwankungen und verfiel plötzlich in einen wilden Redefluß, der sich zuweilen bis zur Hysterie steigerte. Er war genauso unberechenbar wie bereits in anderen Krisen. Nicht nur andere Regierungen, sondern auch einige seiner eigenen Anhänger – zum Beispiel Göring und nun auch Mussolini – setzten ihn unter Druck, keinen Krieg mit Großbritannien und Frankreich zu riskieren und ein weiteres München anzusteuern. In diesem Spannungszustand konnte ein unerwarteter Rückschlag wie die beiden Nachrichten, die er erhalten hatte, ihn aus dem Gleichgewicht bringen. Er versank dann in lange Phasen des Schweigens und der Selbstbefragung, die von wilden Anklagen des Verrats und von Drohungen unterbrochen wurden. Aber wenn er mit den Zweifeln rang, die solche Nachrichten auslösten, nutzte er zugleich bewußt oder unbewußt sein Temperament, um seine ganze Willenskraft zusammenzunehmen und sein Selbstvertrauen wieder herzustellen. Es war dieselbe Methode, mit der er auch seine Meisterschaft in der Beherrschung riesiger Menschenmassen entwickelt hatte.

Typisch für beides war ein ganzer Katalog von »Provokationen« und Grausamkeiten, für die Hitler im Jahr zuvor die Tschechen und nun die Polen verantwortlich machte. Sie alle waren übertrieben (zum Beispiel die Berichte über Kastrationen), die meisten erfunden, und wurden in einem Ton vorgebracht, der sich bis zum Brüllen steigerte. Zugleich konnte er im Gespräch mit einer Einzelperson ganz plötzlich in einen normalen Konversationston zurückfallen.

Die Verschiebung des Angriffs auf Polen bedeutete nicht, daß Hitler ihn aufgeben wollte. Er hatte jedoch erkannt, daß er mehr Zeit brauchte – die sechs Tage, die ihm noch bis zu seinem ursprünglichen Termin, dem 1. September, blieben –, um Polens Isolierung zu erreichen. Er mußte einen Weg finden, um die Westmächte von der Erfüllung ihrer Beistandsverpflichtungen abzubringen. Als erstes wollte er die Gefahr eingrenzen, die von einem offenen Abrücken Italiens drohte. Er versicherte Mussolini, er verstehe die Gründe für dessen Entscheidung, wies jedoch jeden Gedanken daran zurück, Mussolini könnte als Vermittler auftreten und dadurch sein Gesicht wahren. Deutschland hatte kein Interesse an einer Verhandlungslösung. Wichtig war, daß die Welt nicht wissen durfte, welche Haltung Italien einnehmen würde. Das konnte Hitler helfen, die Briten und Franzosen zu zwingen, bedeutende Streitkräfte im Mittelmeer zu belassen.[82] Die Italiener waren tatsächlich so besorgt, die Westmächte könnten einen Schlag gegen sie führen, wenn die Wehrmacht Polen angriff, daß Ciano noch am Abend des 31. August durch eine gezielte Indiskretion wissen ließ, Italien werde neutral bleiben.

Hitler war jedoch überzeugt, daß der Schlüssel des Problems in London lag. Die Franzosen würden den Briten die Führung überlassen und allein nicht kämpfen. Bisher war aus London noch keine Antwort auf sein Angebot eingegangen, das British Empire zu garantieren. Aber durch einen inoffiziellen Kontakt, den Göring mit den Briten über einen alten Freund, den schwedischen Geschäftsmann Birger Dahlerus, hergestellt hatte, ergab sich unerwartet eine neue Chance.

Die Idee, der Generalfeldmarschall könnte am 23. August dem Sitz des Premierministers in Chequers einen geheimen persönlichen Besuch abstatten, war von Hitler zurückgewiesen worden, aber er stimmte zu, daß Göring Dahlerus am 25. an seiner Stelle nach England sandte. Dahlerus war von Göring beauftragt anzufragen, ob Großbritannien Polen raten könnte, in direkte Verhandlungen mit Deutschland einzutreten. Er kehrte am 26. spätabends mit einem Brief von Lord Halifax zurück, in dem Großbritanniens Wunsch nach einer friedlichen Lösung des Konflikts zwischen Deutschland und Polen in sehr allgemeinen Worten bekräftigt wurde. Obwohl Halifax selbst den Inhalt als »Platitüden« bezeichnet hatte, behauptete Göring, die Botschaft sei wichtig genug, um Dahlerus nach Berlin zu bringen, die Reichskanzlei, in der bereits alles dunkel war, in Aufruhr zu versetzen und Hitler aus dem Bett zu holen, damit er Dahlerus' Bericht anhörte.

Hitler ignorierte den Brief, den Dahlerus mitgebracht hatte, und brauchte lange Zeit, ehe er zum Thema kam. Eine halbe Stunde lang fragte er Dahlerus über die Jahre aus, die dieser in England verbracht hatte. Erst dann kam er endlich auf die aktuelle Lage, redete sich in Rage, erklärte, er habe Großbritannien sein letztes Angebot gemacht, und brüstete sich mit der Militärmacht, die er geschaffen habe und die einzigartig in der deutschen Geschichte dastehe.

Als Dahlerus endlich die Möglichkeit erhielt, über seinen Besuch in London zu berichten, sprach er ruhig, »um diesen Mann, dessen seelisches Gleichgewicht offenbar sehr labil war, nicht zu irritieren. Hitler hörte zu, ohne mich zu unterbrechen ... stand aber plötzlich auf, wurde lebhaft, nervös, ging auf und ab und erklärte, als ob er mit sich selbst spräche, daß Deutschland unwiderstehlich sei ... Plötzlich blieb er, vor sich hinstarrend, mitten im Zimmer stehen. Seine Stimme klang bedeutend dumpfer und sein Verhalten machte den Eindruck eines völlig Anormalen. Die Sätze folgten einander stoßweise ... Gibt es Krieg, sagte er, dann werde ich U-Boote bauen, U-Boote, U-Boote, U-Boote. Die Stimme wurde undeutlicher, und allmählich konnte man ihn nicht mehr verstehen. Plötzlich sammelte er sich, hob die Stimme, als ob er zu einer großen Versammlung spräche, und schrie: Ich werde Flugzeuge bauen, Flugzeuge bauen, Flugzeuge, Flugzeuge, und ich werde meine Feinde vernichten. In diesem Augenblick wirkte er mehr wie ein Gespenst der Sage als wie ein wirklicher Mensch. Ich betrachtete ihn bestürzt und wandte mich zu Göring, um zu sehen, wie dieser reagiere; der aber verzog keine Miene.«[83]

Hitler hatte jedoch seine Fähigkeit zum politischen Kalkül nicht verloren. Er setzte sich mit Göring und Dahlerus hin und entwarf einen Sechs-

Punkte-Vorschlag, den Dahlerus nicht niederschreiben durfte. Er stimmte jedoch zu, damit sofort nach London zurückzufliegen. Hitler schlug vor, einen deutsch-britischen Pakt abzuschließen, Großbritannien sollte Deutschland helfen, Danzig in die Hand zu bekommen, Polen sollte einen Freihafen in Danzig und einen Korridor nach Gdingen erhalten, Deutschland würde Polens Grenzen garantieren, die deutsche Minderheit in Polen sollte Garantien erhalten, die Kolonien seien zurückzugeben, und Deutschland werde das Empire garantieren.

Als Dahlerus seine Botschaft am Sonntag, dem 27. August, übergab, reagierten Chamberlain und Halifax mit Skepsis. Sie konnten jedoch den Fortschritt gegenüber der zuvor von Henderson überbrachten Botschaft nicht ignorieren. Hitler war nun offensichtlich bereit, über die Briten mit Polen zu verhandeln und eine friedliche Lösung zu akzeptieren. Sie sandten Dahlerus mit der Antwort nach Berlin zurück, daß England im Prinzip willens sei, zu einer Einigung mit Deutschland zu kommen, aber weiterhin zu seiner Garantie für Polen stünde. Sie empfahlen direkte Verhandlungen zwischen Deutschland und Polen über die Grenzen und die Minderheiten; die Ergebnisse sollten jedoch von allen europäischen Mächten, nicht allein von Deutschland, garantiert werden. Sie lehnten die Rückgabe der Kolonien zwar nicht endgültig, aber doch solange ab, wie Kriegsgefahr bestehe. Das Angebot, das Empire zu garantieren, wurde entschieden zurückgewiesen.

Zu Dahlerus' und Görings Überraschung nahm Hitler die britischen Bedingungen an. Göring, der einen sehr erfreuten Eindruck machte, erklärte dem Schweden, wenn die offizielle britische Antwort, die Henderson überbringen sollte, mit seinem Bericht übereinstimme, bestehe kein Grund anzunehmen, daß man nicht zu einem Abkommen gelangen werde. In seinem Bericht, den er am frühen Morgen des 28. August nach London telefonierte, erläuterte Dahlerus, Hitler habe die Polen im Verdacht, sie wollten Verhandlungen aus dem Wege gehen. Halifax reagierte darauf sofort, versicherte sich der Zustimmung der polnischen Regierung, unverzüglich in Verhandlungen mit Deutschland einzutreten, und nahm dies in die offizielle britische Antwort auf, die Henderson Hitler am Abend des 28. August überbrachte. Die Briten zogen den Schluß, daß die deutsche und die polnische Regierung als nächstes sofort Gespräche aufnehmen sollten. Polen hatte zugestimmt, würden dies die Deutschen auch tun? Hitler versprach, am nächsten Tag, dem 29. August, zu antworten.

Die britische Note und Hitlers Reaktion ließen überall in den europäischen Hauptstädten die Hoffnung wachsen, der Krieg könnte doch noch verhindert werden. Dies war aber durchaus nicht Hitlers Absicht. Er hatte sein Selbstvertrauen wiedergewonnen und war erneut in Hochstimmung. Was für ein Spiel Hitler trieb, wird aus einem Telefongespräch klar, das General von Brauchitsch mit Halder, dem Stabschef des Heeres, führte, nachdem er am 28. August nachmittags mit Hitler vor dessen Begegnung mit Henderson gesprochen hatte. Halders Notiz von diesem Telefongespräch lautet:

»1. Angriffstermin 1. 9. ...

3. Führer wird sofort mitteilen, sobald ein weiteres Hinausschieben notwendig ist.

4. Absicht, Polen in eine ungünstige Verhandlungsposition zu drängen, um zu großer Lösung zu kommen ...

Führer sehr ruhig und klar ...

Einem Gerücht zufolge scheint England geneigt zu sein, auf großes Angebot einzugehen.

Rechnung: Wir fordern Danzig, Korridor durch Korridor und Abstimmung ... England wird vielleicht annehmen, Polen wahrscheinlich nicht. *Trennung*!«[84]

Die Note, die Henderson vorlegte, paßte sehr gut zu Hitlers Absichten. Er war überrascht, aber erfreut, daß die Polen bereit seien, in Gespräche einzutreten. Nun befand er sich wieder in derselben Position wie in Godesberg vor einem Jahr, als Chamberlain ihn aufsuchte und ihm mitteilte, die Tschechen hätten seine Forderungen akzeptiert, er dagegen Chamberlain erklärte, dies reiche nicht mehr aus. Hitler mußte nun auf der Hut sein, sich nicht in die Falle eines weiteren Münchener Abkommens locken zu lassen. Er glaubte, daß er die Antwort gefunden habe.

Nachdem Henderson gegangen war, sagte er zu seinen engsten Mitarbeitern: »Heute werde ich mir etwas Teuflisches für die Polen ausdenken, etwas, woran sie kauen werden.« Selbst den Gedanken internationaler Garantien fand er verlockend: »Das mache ich; ich handle nur noch auf internationaler Basis. Internationale Truppen herein, darunter auch Russen. Die Polen werden dem niemals zustimmen. Wir müssen jetzt ein Dokument für die Briten oder die Polen erdenken, das nicht weniger als ein Meisterstück der Diplomatie sein muß. Ich werde in der Nacht darüber nachdenken, denn die besten Ideen kommen mir immer zwischen 5.00 und 6.00 Uhr morgens.«

Göring mahnte zur Vorsicht und meinte: »Wir wollen doch das Vabanquespiel lassen.« Hitler antwortete: »Ich habe in meinem Leben immer va banque gespielt.«[85]

Halders Tagebuchnotiz vom 29. August gibt einen Einblick in die Taktik, die Hitler sich über Nacht zurechtgelegt hatte:

»Führer hat Hoffnung, daß er Spalt treibt zwischen England, Franzosen und Polen ... *Heute* Polen von Engländern angewiesen, auf deutsche Anforderung nach *Berlin* zu kommen. Führer will sie morgen kommen lassen (30. August).

Grundgedanken: Mit demografischen und demokratischen Forderungen nur so um sich werfen ...

30. 8. Polen in Berlin.

31. 8. zerplatzen.

1. 9. Gewaltanwendung.«[86]

Als Henderson am Abend des 29. zurückkehrte, um die deutsche Antwort entgegenzunehmen, fand er Hitler in ganz anderer Stimmung als am Tag zuvor. Er wütete gegen die Polen wegen »barbarischer Mißhandlungen der deutschen Minderheit«, die für eine Großmacht unerträglich seien. Die Briten könnten vielleicht glauben, daß diese ernsten Differenzen durch direkte Verhandlungen gelöst werden könnten, die deutsche Regierung könne es leider nicht.

Obwohl er skeptisch sei, sagte Hitler, daß es noch einen erfolgreichen Ausgang geben könne, wolle er den britischen Vorschlag annehmen und in direkte Verhandlungen eintreten als »Beweis für die Aufrichtigkeit von Deutschlands Absicht, dauerhafte Freundschaft mit Großbritannien herzustellen«. Zunächst fügte er jedoch zwei neue Vorbedingungen an: Falls es ein neues territoriales Arrangement hinsichtlich Polens geben sollte, könnte die deutsche Regierung nicht länger Garantien geben, ohne daß die Sowjetunion einbezogen werde. Zweitens sei er mit dem britischen Vorschlag einverstanden, die Entsendung einer »mit allen Vollmachten versehenen« polnischen Persönlichkeit nach Berlin zu gewährleisten, vorausgesetzt, diese treffe am nächsten Tag, dem 30. August, ein.

Henderson bemerkte, dies sei nichts anderes als ein Ultimatum. Hitler wies dies mit der gleichen Entrüstung zurück wie in Godesberg ein Jahr davor, und die Begegnung endete in einem lautstarken Wortwechsel. Diesmal gingen die Briten nicht in die Falle. Sie lehnten es ab, die Polen zur Entsendung eines Bevollmächtigten innerhalb 24 Stunden nach Berlin zu drängen.

Hitler hatte aber immer noch eine Karte im Ärmel. Er hatte versprochen, seine Mitarbeiter würden die Vorschläge für eine polnische Lösung niederschreiben und den Briten übergeben. Das Auswärtige Amt verbrachte den 30. August damit, diese in sechzehn Punkten zu formulieren. Sie waren so bescheiden, daß Weizsäcker sie in seinem Tagebuch als »die erste konstruktive Idee seit Monaten« beschreibt. Mit einem Fragezeichen fügte er hinzu: »Aber nur for show?«[87] Hitler bestätigte dies später in Anwesenheit seines Dolmetschers Paul-Otto Schmidt: »Ich brauchte ein Alibi, vor allem dem deutschen Volke gegenüber, um ihm zu zeigen, daß ich alles getan hatte, den Frieden zu erhalten. Deshalb machte ich diesen großzügigen Vorschlag über die Regelung der Danziger und Korridor-Frage.«[88]

Dies wurde durch Ribbentrops Verhalten bestätigt, als Henderson um Mitternacht eintraf, um eine weitere britische Note zu übergeben, in der erklärt wurde, es sei unbillig, einen polnischen Bevollmächtigten in so kurzer Zeit zu erwarten. Die Briten stellten die Frage, warum die Vorschläge nicht auf dem üblichen Wege dem polnischen Botschafter in Berlin übergeben werden könnten. Hitler hatte den Wortlaut der britischen Antwort bereits gesehen, der vorab übersandt worden war, und es Ribbentrop überlassen, Henderson zu empfangen. Das Gespräch ist wegen des gereizten Wortwechsels in die Geschichte eingegangen. Beide Männer sprangen auf, brüllten sich an, und es hatte den Anschein, als ob sie sich jeden Augenblick schlagen würden. Als Henderson nach den deutschen Vorschlägen fragte, verlas Ribbentrop sie auf deutsch so schnell, daß der Botschafter nicht folgen konnte. Als er um eine schriftliche Aufstellung bat, lehnte Ribbentrop ab. Der Termin für die Ankunft eines polnischen Unterhändlers war überschritten, kein Pole war erschienen, und die Vorschläge waren nun bereits Geschichte. Der Führer hatte ihm verboten, sie schriftlich zu übergeben.

Am 31. August kam es zu weiteren hektischen Kontakten zwischen den Hauptstädten, in die auch Rom einbezogen wurde. Sie setzten sich auch nach Beginn des Überfalls auf Polen fort, änderten aber nichts mehr an der Situation. Hitler war nicht mehr interessiert. Er hatte die noch verbliebene kurze Zeit genutzt, um sich das gewünschte Alibi zu verschaffen. Mehr Zeit darauf zu verwenden, hätte bedeutet, ein zu großes Risiko einzugehen, das ihn hätte hindern können, den Angriff zu befehlen, auf den er die ganze Zeit hingearbeitet hatte. Er war immer noch guter Hoffnung, daß England und Frankreich nicht eingreifen würden oder sich lediglich auf eine demonstrative Geste beschränkten, wie es dann auch geschah. Er wollte nicht zurückweichen, sagte er von Brauchitsch, selbst wenn dies einen Krieg an zwei Fronten bedeute.

Um 12.40 Uhr mittags erließ er die »Weisung Nr. 1 für die Kriegführung«. Sie beginnt mit den Worten: »Nachdem alle politischen Möglichkeiten erschöpft sind, um auf friedlichem Wege eine für Deutschland unerträgliche Lage an seiner Ostgrenze zu beseitigen, habe ich mich zur gewaltsamen Lösung entschlossen. Im Westen kommt es darauf an, die Verantwortung für die Eröffnung von Feindseligkeiten eindeutig England und Frankreich zu überlassen.«[89] Wenn sie angreifen sollten, mußten die Westmächte aufgehalten werden, aber die Wehrmacht durfte nur Defensivoperationen durchführen.

Die Wehrmacht hatte die zusätzlichen Tage genutzt, um die Mobilisierung von zwei Millionen Mann abzuschließen. Den notwendigen »Zwischenfall« lieferte die SS, die einen vorgetäuschten polnischen Angriff auf einen deutschen Rundfunksender in der Grenzstadt Gleiwitz inszenierte. Dafür wurden zwölf oder dreizehn Verbrecher in polnische Uniformen gesteckt, erschossen und dann tot liegengelassen, damit die Presse sie fotografieren konnte. Die ganze Nacht hindurch rollte Division auf Division der polnischen Grenze entgegen. Im Morgengrauen des 1. September, genau zu der Stunde, die Hitler in seiner Direktive Anfang April ursprünglich festgesetzt hatte, begann der Angriff.

In Berlin gab es keine Begeisterungsszenen, wie sie Hitler vom Tage der Kriegserklärung 25 Jahre zuvor in Erinnerung geblieben waren. Als er in den Reichstag fuhr, um seine Rede an das deutsche Volk zu halten, waren die Straßen leerer als sonst. Es war keine von Hitlers besten Reden. Er schob die ganze Schuld am Mißlingen einer friedlichen Lösung den Polen zu: »Ich bin dann mit meiner Regierung zwei volle Tage gesessen und habe gewar-

Den Einmarsch in Polen gab Hitler in einer Sondersitzung des Reichstages am Vormittag des 1. September 1939 bekannt. Zu dieser Stunde waren die deutschen Truppen schon Dutzende von Kilometern über die Grenze vorgedrungen. Wellen von Bombern überzogen die strategisch wichtigen Plätze des Gegners mit einem Bombenhagel. Hitler hatte eine ähnliche Sondersitzung des Reichstages für den Beginn des Rußlandkrieges geplant, aber die Anreise der Abgeordneten aus dem ganzen Reichsgebiet hätte die Geheimhaltung des Angriffsdatums gefährdet. So begann der Marsch in den Abgrund ohne Warnung, ohne Kriegserklärung und ohne Schaugepränge; erst im Laufe des Tages wurde in einer Sondermeldung bekanntgegeben, daß Hitler, wie es hieß, das Schicksal des Reiches erneut in die Hand der deutschen Soldaten gelegt habe.

tet, ob es der polnischen Regierung paßt, nun endlich einen Bevollmächtigten zu schicken oder nicht.« Die Polen hätten den Krieg mit einem Angriff eröffnet, so daß die Deutschen zum Gegenangriff gezwungen worden seien. Er bestritt das Vorhandensein irgendeiner Streitfrage zwischen Deutschland und Frankreich oder England und betonte nachdrücklich seinen Wunsch, mit beiden zu einer friedlichen Regelung der Differenzen zu kommen. Als Dahlerus später mit ihm zusammentraf, fand er ihn nervös und aufgeregt vor. Erneut steigerte sich Hitler in einen hysterischen Ausbruch hinein: »Wenn England ein Jahr kämpfen will, so werde ich ein Jahr kämpfen; wenn England zwei Jahre kämpfen will, so werde ich zwei Jahre kämpfen ... Nun folgten den Armbewegungen Körperbewegungen, und als er am Schluß laut schrie: Und wenn es erforderlich ist, will ich zehn Jahre kämpfen! – schwenkte er seine geballte Faust und beugte sich so weit vor, daß diese fast den Boden berührte.«[90]

Hitler war noch immer nicht überzeugt, daß die Briten oder die Franzosen eingreifen würden. Daß sie mit ihrer Kriegserklärung zwei Tage zögerten, währenddessen Mussolini einen letzten Versuch unternahm, eine weitere Münchener Konferenz zustande zu bringen, bestärkte ihn noch in seinem Glauben. Als Henderson am 3. September das britische Ultimatum übergeben wollte, war Ribbentrop »nicht erreichbar«. Er schickte seinen Dolmetscher Paul Schmidt, um es entgegenzunehmen. Als dieser die Botschaft zur Reichskanzlei gebracht und übersetzt hatte, trat absolute Stille ein. »Wie versteinert saß Hitler da und blickte vor sich hin. Er war nicht fassungslos ..., er tobte auch nicht ..., er saß völlig still und regungslos an seinem Platz. Nach einer Weile, die mir wie eine Ewigkeit vorkam, wandte er sich Ribbentrop zu: ... Was nun? fragte Hitler seinen Außenminister ... mit einem wütenden Blick in den Augen, als wolle er zum Ausdruck bringen, daß ihn Ribbentrop über die Reaktion der Engländer falsch informiert habe.«[91] Ribbentrop antwortete, daß man nun auch mit einem französischen Ultimatum zu rechnen habe. Göring begnügte sich mit der Bemerkung: »Wenn wir diesen Krieg verlieren, dann möge uns der Himmel gnädig sein!«

15. Kapitel

Hitlers Krieg

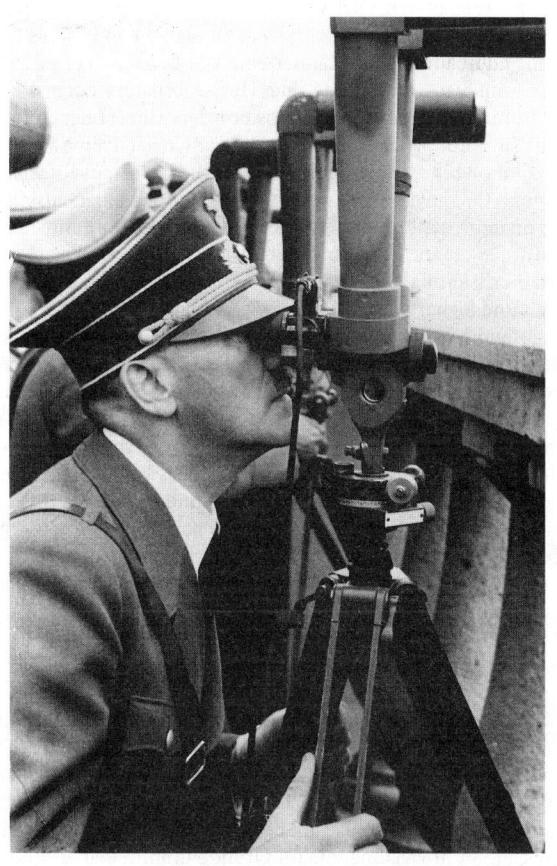

Hitler und Stalin 1939–1941

Das Jahr 1939 eignet sich, noch einmal innezuhalten und den Vergleich zwischen Stalin und Hitler fortzuschreiben. Die Jahre von 1934 bis 1939 bildeten in der Laufbahn beider Männer eine klar definierte Phase. Für beide begann sie mit der Ausschaltung eines Herausforderers, der in ihren Augen eine Bedrohung der eigenen Machtposition darstellte. Hitler entledigte sich durch die Ermordung Röhms der Gefahr, zur Unzeit in eine zweite, radikalere Revolution hineingedrängt zu werden, die ihn seines Rückhalts in der Reichswehr und in anderen Teilen der traditionellen deutschen Oberschicht beraubt hätte. Stalin wurde durch die Ermordung Kirows von einem Rivalen befreit, der womöglich in der Lage gewesen wäre, einer weiteren Radikalisierung Einhalt zu gebieten und mit einer Politik größerer Stetigkeit und Sicherheit die neue sowjetische Elite hinter sich zu scharen. Aber während Hitler sich offen zur Ermordung Röhms und zur Ausschaltung der SA als einer staatsmännischen Tat bekannte, die er als »oberster Richter des deutschen Volkes« veranlaßt habe, zog Stalin es wie immer vor, seine eigene Rolle zu verschleiern, ordnete ein Staatsbegräbnis für Kirow an, nahm selber daran teil und gab tiefe Trauer vor. Anschließend nutzte er die amtliche Suche nach den Verantwortlichen als Vorwand für eine Hexenjagd, der all jene in der Partei, in der Armee und in anderen Bereichen der sowjetischen Gesellschaft zum Opfer fielen, die er derselben geistigen Unabhängigkeit verdächtigte wie Kirow – und das bei einer Mordtat, deren Mitwisser, wenn nicht gar Anstifter er selber gewesen war.

Nach Ablauf jener fünf Jahre aber hatten beide Männer sich eine Position absoluter Unanfechtbarkeit geschaffen, die für Rivalen oder für eine Opposition keinen Platz mehr ließ. Die Wege freilich, auf denen beide bis an diesen Punkt gelangten, waren unterschiedlich.

Als im März 1939 der Achtzehnte Parteitag der KPdSU begann, durfte Stalin die Revolution, welche die Sowjetunion zwischen seinem fünfzigsten und sechzigsten Lebensjahr durchlaufen hatte, für vollendet halten. Ihr hervorstechendes, wichtiges Charakteristikum war die Gleichsetzung des »Aufbaus des Sozialismus« mit dem Aufbau eines allmächtigen Staatsapparates, eine Entwicklung, die im Grunde unmittelbar an frühere Epochen der russischen Geschichte anknüpfte: Erneut beschwor sie das Bild vom »zweifachen Rußland«, das von Alexander Herzen und anderen russischen Autoren des 19. Jahrhunderts immer wieder gebraucht worden war. Die Metapher stellte dem zentralisierten, autokratischen, allmächtigen Staat des Zarentums das Volk als das gleichsam inoffizielle Rußland gegenüber. Und es war derselbe Gegensatz, auf den der Historiker Kljutschewski zielte, als er die politische Entwicklung des Zarenreichs zwischen dem 16.

und dem 19. Jahrhundert in dem bemerkenswerten Satz resümierte: »Die Reichtümer des Landes auszehrend, vergrößerten sie [die Zaren] nur die Macht des Staates, ohne das Selbstbewußtsein des Volkes zu stärken ... Der Staat wurde fett; das Volk magerte ab.«[1]

Hatte Lenin in der Revolution von 1917 einen totalen Bruch mit der russischen Vergangenheit gesehen, so sah Stalin in seiner Revolution eine Art Fortsetzung der Tradition des zaristischen Rußlands, und es ist nicht ohne Konsequenz, daß er am Ende sogar den Gebrauch des Wortes »bolschewistisch« untersagte. Die Neuorientierung vollzog sich, während Stalin vom *primus inter pares* innerhalb einer kollektiven Führung zum Alleinherrscher aufstieg, autokratischer als alle seine zaristischen Vorgänger. Doch obwohl er sich in die Aura der Zaren hüllte und Anspruch auf ihre Nachfolge erhob, fühlte er sich nicht gehindert, sich auch weiterhin als Erbe und Vollstrecker der Revolution zu präsentieren. Es war die Verknüpfung dieser beiden Traditionen, jener der marxistisch-leninistischen Ideologie und jener anderen des russischen Zarismus – beide gleichsam gebrochen im Medium der Stalinschen Persönlichkeit –, welche die Eigenart des stalinistischen Staates ausmachte.

Herzen hat den Ursprung des »zweifachen Rußland« bei Peter dem Großen und den revolutionären Umwälzungen gesehen, die dieser seinen russischen Untertanen aufzwang, indem er sie wie Bewohner eines eroberten Landes behandelte. Mit der Zeit empfand Stalin eine Art Affinität zu Peter. Dies Interesse an ihm erwachte Ende der zwanziger Jahre. Als der Dichter Alexej Tolstoi ein Drama über Peter veröffentlichte, das von »avantgardistischen« Kritikern zerrissen wurde, verteidigte Stalin es persönlich; außerdem beauftragte er den Autor, das Stück aufgrund einer »richtigen historischen Bewertung der Epoche Peters« noch einmal umzuschreiben. Letztere stammte von Stalin selber. Tolstoi erinnerte sich später : »Josif Wissarionowitsch [Stalin] ging unsere Entwürfe durch, billigte sie und erteilte Weisungen, nach denen wir uns bei der Arbeit richteten ... Die Epoche Peters I. war eines der großartigsten Kapitel in der Geschichte des russischen Volkes. Danach mußte man eine Revolution im ganzen Leben des Landes durchführen, um Rußland auf das Niveau der kultivierten Länder Europas zu heben. Und das tat Peter. Die Epoche Peters und die unsere sprechen zueinander durch eine Art von Kraftübertragung, durch Explosionen menschlicher Energie und durch den Einsatz von Macht, um sich von der Abhängigkeit vom Ausland zu befreien.«

Auf Anregung Stalins verfaßte Tolstoi später einen großen historischen Roman, *Peter I.*, in dem er dieses Thema breiter entwickelte: »Der Anfang meiner Arbeit an dem Roman fiel mit dem Beginn ... des Fünfjahresplans zusammen. Für mich war diese Arbeit über Peter vor allem ein Eintauchen in die Gegenwart, die ich auf marxistische Weise faßte.«[2] An einer anderen Stelle drückt Tolstoi sich weniger vorsichtig aus: »›Der Vater der Völker‹ schrieb die Geschichte Rußlands um. Aus Peter dem Großen wurde, ohne daß ich es bemerkte, ›der proletarische Zar‹ und der Prototyp unseres Josif!«[3]

Es gibt weitere Beispiele, die belegen, wie Stalin an Geschichtliches anknüpfte. »Wir alle sind Diener des Staates«, sagte Malenkow zu den Teilnehmern des Parteitages von 1941. Auch dafür gab es ein Vorbild in der Geschichte des Landes. Denn ein zweiter russischer Herrscher, den Stalin nachträglich zum Helden erklärte, war jener Autokrat, der sich im 16. Jahrhundert als erster den Zarentitel zulegte, Iwan IV., genannt der Schreckliche. Die barbarischen Torturen beiseite wischend, die Iwan seinen Gegnern angedeihen ließ, bezeichnete Stalin die Liquidierung der Bojaren – Vertreter des Erbadels, die Iwans autokratische Macht zu beschneiden versucht hatten – als »fortschrittlich«. Die »Reformen« Iwans führten zu dem Resultat, daß der russische Adel von einer Klasse von Herrschern zu einer Klasse von Untertanen herabsank, deren Rang an bestimmte Pflichten gegenüber dem Staat gebunden war. Peter der Große baute dieses System weiter aus. Er ließ eine Hierarchie des Adels erstellen, die in paralleler Ordnung vierzehn militärische und zivile Rangstufen umfaßte; Nobilität wurde dadurch zu einer Funktion des Ranges, der Rang zur Belohnung für geleistete Dienste. Stalin hat in den späten dreißiger und in den vierziger Jahren ein ganz ähnliches System von Rangstufen eingeführt, einschließlich Uniformen und Abzeichen.

Man kann das Bemühen Stalins, an geschichtliche Traditionen anzuknüpfen, auch unter einem anderen Gesichtspunkt betrachten: als Inanspruchnahme des russischen Nationalismus. Dergleichen war Stalin, dem Georgier, keineswegs fremd. Aus eigenen Stücken hatte er die russische Identität angenommen, und es war gerade sein »großrussischer Chauvinismus« im Umgang mit den georgischen Landsleuten, der Lenin so sehr mißfallen hatte, daß er ihm die Eignung für das Amt des Generalsekretärs absprach. Die Parole vom »Sozialismus in einem Lande«, die Stalin sich zu eigen machte, artikulierte seinen Stolz auf die geschichtliche Mission Rußlands, die sich, so seine Überzeugung, unter seiner Führung erfüllen werde.

Auch darin lag nicht weniger Gefühl als Berechnung. Indem Stalin die marxistische Vision mit dem uralten Patriotismus des russischen Volkes verband, verlieh er ihr eine Anziehungskraft und emotionale Attraktivität, welche die Ideologie allein ihr niemals hätte geben können. Die *Prawda* hatte schon im Juni 1934 in ungewohnten Tönen das »Vaterland« besungen, »das allein die Flamme des Heldentums anfacht, die Flamme des Schöpfertumes auf allen Gebieten, in allen Bereichen unseres reichen, unseres vielseitigen Lebens... Die Verteidigung des Vaterlands ist das höchste Gesetz... Für das Vaterland, für seine Ehre, seinen Ruhm, seine Macht und seinen Wohlstand!«[4]

Verwandte Absichten beschäftigten Stalin im Sommer 1934. Er bat Kirow nach Sotschi, weil er mit ihm und Schdanow Richtlinien für die Umschreibung der sowjetischen Geschichtsbücher aufsetzen wollte. 1936 veröffentlicht, gaben die *Überlegungen zum Konspekt eines Lehrbuchs über die Geschichte der UdSSR* der sowjetischen Historiographie schlagartig eine neue Richtung: das Sowjetregime wurde jetzt zum Hüter der nationalen Interessen und Traditionen erklärt. Neue Geschichtsbücher rühmten die großen Männer aus der zaristischen Vergangenheit Rußlands – Peter den Großen, Suworow, Kutusow –, die mit ihrer Staatskunst, ihren militärischen Erfolgen und territorialen Eroberungen das moderne Rußland geschaffen hatten. Als vorbildlich galten inzwischen nicht etwa die liberalen Reformen nach 1860, sondern die autokratischen Traditionen, deren tyrannische Maßnahmen nun allesamt durch heroische Leistungen gerechtfertigt schienen, wofür unter anderem auch die Vertreibung Napoleons von 1812 als Beispiel diente. Dergestalt ließ sich ohne weiteres eine Brücke vom alten und neuen Patriotismus zum Stalinkult schlagen.

Nur wenn man mit der überwältigenden Fülle der Zeugnisse konfrontiert wird, mit all den Gedichten, Zeitungsartikeln und Glückwunschtelegrammen, den zahllosen Standbildern, Büsten und Porträts, mit den endlosen Widmungen und all den umbenannten Städten, den Kolchosen, Schulen, Fabriken oder Kraftwerken, die nun sämtlich nach dem Mann genannt wurden, dessen Genialität, Tapferkeit, Weitsicht, Hingabe und Weisheit so groß waren, daß sich weder in der russischen noch in irgendeiner anderen Sprache Worte dafür finden ließen: nur wenn man sich all das vergegenwärtigt, bekommt man eine Vorstellung von den Ausmaßen des Stalinkults, von den extremen Höhen (und Tiefen), welche die Anbetung dieses Mannes erreichte. Es ist offenkundig, daß dies ebenso ein gesteuertes Phänomen war wie einst die Verherrlichung der römischen Kaiser; doch mindert das keineswegs seine Bedeutung. Denn was die Verehrung im Unterbewußtsein, mitunter vielleicht auch im Bewußtsein befestigte, war die Gleichsetzung des gütigen Führers im Kreml mit den Zaren, die vor ihm dort residiert und ihr Volk regiert hatten wie ein Vater seine Familie. Es war eine psychische Koppelung, die sich nicht nur der Masse der gewöhnlichen Russen, sondern zuletzt auch Stalin selber einprägte. Alte Legenden wurden dadurch neu belebt. »Wenn Väterchen das wüßte«, hieß es, würde er eingreifen, um die Mißstände zu beheben, unter denen seine Untertanen litten. So hatte er in der Vergangenheit ja schon jenen Exzessen ein Ende gemacht, für die Jeschow und das verhaßte NKWD verantwortlich waren – nicht er.

Das stalinistische Regierungssystem, wie es sich im Verlauf der dreißiger Jahre herausbildete und nach 1945 von neuem erstand, war nichts anderes als die Form, zu der die »Revolution von oben« und ihre Methoden schließlich erstarrten, sozusagen beim Übergang in einen festen Aggregatzustand. Seine Merkmale waren die Vereinigung aller Handlungsgewalt und Autorität in den Händen des Staates, d.h. der gewaltigen, ständig wachsenden Hierarchien der Bürokratie, außerdem aber die zunehmenden Machtbefugnisse der Geheimpolizei, die Ausweitung des Arbeits- und Straflagersystems, die Ausschaltung jeder potentiellen Opposition und die Abschirmung der Bevölkerung von der Außenwelt durch eine frühe Version des »Eisernen Vorhangs«, durch das Staatsmonopol auf Agitation und Propaganda und durch jene allgemeine Isolierung, die aus der systematischen Erzeugung von Angst und »institutionalisiertem Mißtrauen entsteht«.[5]

Die Kommunistische Partei war innerhalb dieses Systems nicht mehr die richtungweisende und treibende Kraft, die sie noch in den zwanziger Jahren und zu Beginn der Stalinschen Revolution gewesen war. Ihre Möglichkeiten waren beschränkt. Zwar spielte sie noch eine gewisse Rolle, namentlich im Bereich des »Agitprop«; doch was von der ehemals herrschenden Partei geblieben war, erwies sich als eine Großorganisation unter mehreren anderen, wenn auch, gemäß der Tradition, die nominell wichtigste. Am ehesten besaßen noch örtliche Parteigrößen in den von Moskau weit entfernten Provinzen ein gewisses Maß wirklicher Autorität, allerdings auch dies nur unter der Voraussetzung, daß sie mit dem örtlichen Vertreter des NKWD zusammenarbeiteten.

So blieben Zentralkomitee und Politbüro der Partei Instanzen mit hohem Prestige und waren doch nicht mehr, wie früher, jene Gremien, in denen die entscheidenden Fragen besprochen wurden. Als Lenin noch lebte, hatte der Altbolschewist Timofei Sapronow (der 1937 liquidiert wurde) ihm einmal die Frage gestellt: »Wer wird das Zentralkomitee ernennen? Vielleicht wird es nie so weit kommen; sollte es jedoch geschehen, dann wäre die Revolution verspielt.«[6] Nach außen blieb das ZK auch weiterhin jene Versammlung, in das die herrschenden Gruppen ihre Vertreter entsandten, und noch immer mußte jeder ehrgeizige junge Apparatschik bestrebt sein, dort hineinzukommen. Viel wichtiger jedoch war das Sekretariat des Zentralkomitees, das eigentliche Vollzugsorgan der Befehlsgewalt Stalins, das seit 1922 unter seiner Kontrolle ausgebaut worden war. Ihm oblag die Erstellung der *Nomenklatura*, also der Liste der offiziellen, von oben her besetzten Partei- und Staatsämter, die bis heute das Korsett des sowjetischen Herrschaftssystems bildet. Eine »besondere Sektion« des Sekretariats, geleitet von dem unauffälligen Proskrjebyschew, fungierte als persönliche Kanzlei Stalins.

Nachdem Stalin alle Männer aus dem Politbüro entfernt hatte, die einer unabhängigen Einstellung verdächtig waren, gestattete er den Übriggebliebenen eine verhältnismäßig sichere Amtsführung. Von den elf Politbüro-Mitgliedern des Jahres 1939 überlebten acht den Generalsekretär, und sieben behielten ihren Platz, bis dieses Organ kurz vor Stalins Tod 1953 in der neu geschaffenen Instanz des ZK-Präsidiums aufging. Unter ihnen waren sechs Männer, die Stalin schon seit 25 bis 30 Jahren dienten: Molotow, Woroschilow, Kaganowitsch, Andrejew, Mikojan und Schwernik, und zwei, die seit den dreißiger Jahren dabei waren: Chruschtschow und Berija. Längst jedoch war das Politbüro kein Kollektivorgan mehr, sondern der

Die Kampfgefährten sind erschossen, in den Selbstmord getrieben oder ins Exil geschickt. Wer Ende der dreißiger Jahre von den alten Weggefährten noch übrig ist, hält den gebührenden Abstand von mehreren Metern ein. Jetzt zeichnet sich auch in der äußeren Präsentation der sowjetischen Führungselite jene hierarchische Ordnung ab, die in Deutschland von Beginn an zur Ordnung des Regimes gehörte.
Auf dem Photo: Stalin mit Kalinin, Mikojan, Andrejew, Kaganowitsch, Berija und Schwernik am 1. Mai 1940 auf dem Weg zum Roten Platz.

Stab der Stalinschen Gehilfen, von denen jeder über eine eigene Hausmacht und Anhängerschaft im Zentralkomitee verfügte. Molotow beispielsweise war Vorsitzender des Rates der Volkskommissare, dem sämtliche Ministerien der Union sowie die Staatliche Plankommission Gosplan unterstanden. Woroschilow war Volkskommissar für Verteidigung und damit verantwortlich für die Streitkräfte; Berija leitete das NKWD. Sie alle wußten jedoch, daß sie sich die Gunst Stalins unbedingt bewahren, seinen Erwartungen genügen mußten. Es ist bezeichnend, daß Bulganin einmal Chruschtschow anvertraute: »Man setzt sich als Freund bei Stalin zu Tisch, aber man weiß nie, ob man allein nach Hause fahren wird oder ob man weggebracht wird – ins Gefängnis!«[7]

Wenn Stalin diese Männer auf ihrem Platz beließ, dann nicht aus Sentimentalität, sondern »aus einer Art kalter politischer Berechnung, wie ein Mafiaboß sie anstellen könnte«. Nachdem er seine Macht über Leben und Tod bewiesen und dadurch Angst und Schrecken verbreitet hatte, war er vernünftig genug, den Männern, die er als Informanten und als Exekutoren seiner Befehle brauchte, zumindest von ungefähr das Gefühl dauerhafter Gunst, von Verläßlichkeit und Sicherheit zu geben. Sonst wären sie vielleicht auf die Idee gekommen, »ihn zu verraten sei für sie weniger gefährlich, als ihm weiterhin loyal zu dienen«.[8] Man sollte die Analogie freilich nicht zu weit treiben. Kurz vor seinem Tod traf Stalin Vorkehrungen für eine neuerliche Säuberung, der aller Wahrscheinlichkeit nach Molotow, Mikojan und Poskrjsbyschew zum Opfer gefallen wären, sie hatten seine Gunst doch noch verloren. Nichtsdestoweniger bleibt es überraschend, daß die Mehrzahl überlebte.

Die Konsolidierung der Revolution und die Stärkung staatlicher Ordnung auf Kosten der Gesellschaft machten den Übergang vom »Experimentalismus« der zwanziger zum Konservatismus der dreißiger Jahre unumkehrbar. Beispielhaft verlief dieser Prozeß im Bereich der Bildung und der Justiz. An die Stelle einer fortschrittlichen Pädagogik traten alsbald wieder rigorose Disziplin, das Gebot unbedingten Gehorsams gegenüber dem Lehrer und die verstärkte Förderung jener Fertigkeiten, die in einer Industriegesellschaft erforderlich sind. Damit einher gingen die Aufwertung traditioneller Gebote von Ordnung und Unterordnung, die Propagierung autoritärer Familienstrukturen und eine Kampagne gegen die Ehescheidung.

Ähnlich verlief die Entwicklung der Rechtsphilosophie: In den zwanziger Jahren hatte man gelehrt, das geschriebene Recht sei ein Produkt der Klassengesellschaft; es werde im Sozialismus verschwinden. In dem Maße nämlich, in welchem die Gesellschaft dem Kommunismus näher käme, würden kriminelle Verhaltensweisen aussterben, und an die Stelle der Gesetze würden einfache administrative Maßnahmen treten, die nicht auf strafrechtlichen, sondern auf Prinzipien der Sozialisation beruhten. In den dreißiger Jahren wurden diese Auffassungen dann als ketzerisch »entlarvt«, worauf Wyschinski eine neue Rechtstheorie formulierte. Das Recht müsse, so forderte er, Ausdruck des Willens der herrschenden Klasse sein und als solches notfalls auch mit Gewalt durchgesetzt werden. Im sozialistischen Staat sei das geschriebene Recht demzufolge Ausdruck des Willens des Proletariats; weit davon entfernt, auszusterben, werde es zu einem durch die Staatsmacht garantierten und verkörperten Ausdruck des Willens des gesamten Volkes.[9]

Wenn Wyschinski sowohl dem Rechtssystem wie dem Staat selber eine dauerhafte Existenz zuschrieb, so stand dies ganz im Einklang mit Stalins schon 1930 getroffener Feststellung, die marxistische Dialektik verlange eine möglichst starke Staatsmacht, »um die Voraussetzungen für das Absterben des Staates zu schaffen«. 1939, auf dem Achtzehnten Parteitag, kehrte Stalin zur Erörterung dieses Problemes zurück. Manchmal, so erklärte er, werde die Frage gestellt, weshalb das Sowjetregime nichts unternehme, um das Absterben des sozialistischen Staates zu beschleunigen.

Seine Antwort lautete: Engels' ursprüngliche These, der Staat werde von selber absterben, sobald es in der Gesellschaft keine Klassengegensätze mehr gebe, müsse modifiziert werden. Denn selbst wenn man davon ausgehe, daß in der Sowjetunion der Sozialismus erreicht sei, daß Klassengegensätze und Ausbeutung beseitigt seien, bedürfe es doch weiterhin eines starken Staates, *solange das Land von kapitalistischen Mächten umzingelt sei.* Das war der Gedanke, aus dem Stalin das Recht ableitete, jede Minderung der Staatsmacht bis zu dem Zeitpunkt aufzuschieben, da die Revolution weltweit triumphiert haben würde.

Auf solche und andere ideologischen Streitfragen geschichtlicher, philosophischer und gesellschaftspolitischer Art gab Stalin eine bis zu seinem Tod gültige Antwort in seinem 1938 veröffentlichten *Kurzen Lehrgang der Geschichte der KPdSU (B)*, und dies nicht nur für das russische Volk, sondern auch für die gesamte kommunistische Gemeinde im Ausland. Das Kapitel, das schon damals unverkennbar Stalins persönliche Handschrift verriet, war das vierte, »Dialektischer und historischer Materialismus«. Etwa zur gleichen Zeit betonte das Zentralkomitee in einer Entschließung, diese Schrift enthalte nicht nur eine über jeden Zweifel erhabene Geschichte der KPdSU, sondern sei auch dazu angetan, »die gefährliche Kluft … zwischen dem Marxismus und dem Leninismus [zu schließen], die sich in den letzten Jahren aufgetan« und den Anschein erweckt habe, als lehre der Leninismus etwas anderes als der Marxismus.

»Leninismus« war 1938 gleichbedeutend mit Stalinismus, auch wenn niemand dies so zu sagen wagte. Stalin wollte eine Lehre präsentieren, die die Unterschiede verwischte; er wollte die ideologische Übereinstimmung des Marxismus mit seiner eigenen Spielart des Leninismus darlegen, also mit den Dogmen vom »Sozialismus in einem Lande«, von der Verschärfung des Klassenkampfes und vom Absterben des Staates, das sich in ferner Zukunft vollziehen würde.

Nach dem Vorbild der *Probleme des Leninismus* war Kapitel vier in die Form eines kurzen, vereinfachten marxistischen Katechismus mit durchnumerierten Artikeln gefaßt. Es wurde zum maßgeblichen Text der ideologischen Schulung auf nahezu allen Ebenen, jedenfalls von den höheren Klassen der weiterführenden Schulen an. Ein Netz von Parteischulen wurde errichtet, in denen der *Kurze Lehrgang* der wichtigste, wenn nicht der einzige Lesestoff war; alle anderen Darstellungen der Geschichte der Sowjetunion und ihrer Ideologie wurden aus dem Verkehr gezogen. Damit war die kommunistische Ideologie wirklich nur noch das, »wovon Stalin sagte, Marx und Lenin hätten es gesagt«. Treffend schreibt Leonard Schapiro: »Niemand verstand besser als Stalin, daß der wahre Zweck der Propaganda nicht darin besteht, zu überzeugen oder auch nur zu überreden, sondern darin, ein einheitliches Muster des öffentlichen Diskurses zu erzeugen, so daß jede erste Regung eines unorthodoxen Gedankens sich sogleich als schriller Mißton verrät.«[10]

Aber auch jetzt noch, nach Stalins Umformung der »leninistischen« Ideologie, blieb manche Kluft eingeschlossen, und wenn Stalin behauptete, in der Sowjetunion sei die marxistischen Vision des Sozialismus verwirklicht worden, so war dies reiner Spott auf die russische Lebenswirklichkeit der Jahre 1938 bis 1941. Doch das Regime interessierte sich weniger für das, was die Menschen glaubten, als für das, was sie sagten. Der Philosoph Leszek Kolakowski, einst selber Marxist, sprach aus eigener Erfahrung, als er über das Leben unter kommunistischer Herrschaft schrieb: »Menschen, die selber nicht genug zu essen hatten und denen es an den elementaren Dingen fehlte, wiederholten auf Versammlungen die offiziellen Lügen vom Wohlstand des sowjetischen Volkes und glaubten eigentümlicherweise halbwegs daran... Weil man wußte, daß die Wahrheit ›parteilich‹ ist, wurde die Lüge tatsächlich zur Wahrheit, selbst wenn sie der unmittelbaren Erfahrung widersprach. Dieses Leben in einer doppelten Wirklichkeit war eine der eigentümlichsten Errungenschaften des stalinistischen Systems.«[11]

Während desselben Zeitraums – 1934 bis 1939 – verfolgte Hitler ganz andere Prioritäten: Sein Augenmerk galt nicht der Innen-, sondern der Außenpolitik und der Aufrüstung. Wenn auch Stalin ab 1938/39 der Außenpolitik und Verteidigung wachsende Bedeutung zumaß, so bewegten ihn keineswegs expansionistische Pläne oder der Wunsch, die Revolution in die Welt zu tragen, sondern nichts als die Einsicht, daß die Erfolge Hitlers den Bestand all dessen bedrohten, was er in der Sowjetunion geschaffen hatte. Der Antikomintern-Pakt hatte der Bedrohung klare Umrisse verliehen und sie zugleich auf die fernöstliche Grenze der Sowjetunion ausgeweitet.

Gelegentlich liest man, das außenpolitische Programm, das Hitler in *Mein Kampf* und in seinem unveröffentlichten *Zweiten Buch* skizzierte, könne schon deswegen nicht ernst genommen werden, weil seine Politik in ein Bündnis mit der Sowjetunion mündete, jener Macht, deren Vernichtung er angekündigt hatte, und in einen Krieg mit England, für das in seiner Darstellung eigentlich die Rolle eines Bündnispartners vorgesehen war. Doch diese Argumentation verkennt den Unterschied zwischen Hitlers höchstem und letztem Ziel, der Eroberung von »Lebensraum« im Osten, und den Mitteln, mit denen er es zu erreichen suchte. Das Ziel nämlich blieb immer dasselbe, und Hitler verlor es bei all seiner bemerkenswerten taktischen Flexibilität nie aus den Augen, auch nicht beim Abschluß des Hitler-Stalin-Pakts. Noch am 11. August 1939, wenige Tage bevor Ribbentrop nach Moskau flog, erklärte Hitler dem Danziger Völkerbundskommissar Carl Jacob Burckhardt: »Alles, was ich unternehme, ist gegen Rußland gerichtet; wenn der Westen zu dumm und zu blind ist, um dies zu begreifen, werde ich gezwungen sein, mich mit den Russen zu verständigen, um den Westen zu schlagen, und dann nach seiner Niederlage mich mit meinen versammelten Kräften gegen die Sowjetunion zu wenden. Ich brauche die Ukraine, damit man uns nicht wieder wie im letzten Krieg aushungern kann.«[12]

Als Hitler sich aus der Abrüstungskonferenz und dem Völkerbund zurückzog, war dies nur der erste in einer langen Reihe von Erfolgen. Hitler wagte das Risiko und gewann; und der ausbleibende Widerstand ermutigte ihn, sich noch höhere Ziele zu setzen, größere Risiken einzugehen und in immer kürzeren Abständen zuzuschlagen. So stieg die Kurve seines Erfolges unablässig, von der Wiedereinführung der Wehrpflicht über die Rheinlandbesetzung, über Österreich, München und Prag bis zum Überfall auf Polen.

Es mag Übertreibung im Spiel gewesen sein, als Hitler im Februar 1939 vor höheren Wehrmachtsoffizieren erklärte, alle außenpolitischen Schritte seit 1933 seien Programmpunkte eines vorbedachten Planes gewesen. Dennoch hatte er nicht ganz unrecht, wenn er behauptete: »Das Jahr 1938 ist in seinem gesamten Handeln nur die konsequente Fortsetzung der Entschlüsse, die ihre Verwirklichung beginnend mit dem Jahr 1933 gefunden hatten.« Blickt man von 1939 aus zurück, läßt sich in der Tat erkennen, daß die verschiedenen Phasen seiner Außenpolitik eine unbestreitbare Folgerichtigkeit besaßen, auch wenn ihre genaue Abfolge von äußeren Gegebenheiten und von der Gunst der Umstände abhing.

Zweifellos hat Hitler dabei von der Schwäche und den Fehlern der anderen Mächte profitiert. Und doch war es allein Hitler, der diese Schwächen erkannte und Kapital aus ihnen schlug, obwohl schon seit der Rheinlandbesetzung die »Fachleute« im Auswärtigem Amt und in der Wehrmachtführung – und 1938/39 sogar Göring – ihn immer wieder zur Vorsicht mahnten. Sie konnten nicht glauben, was Hitler ihnen prophezeite: daß von Frankreich und England keinerlei Intervention zu erwarten sei, jedenfalls nicht mit der Entschlossenheit und dem Nachdruck, derer es bedurft hätte, um Deutschland zurückzuweisen. Einen Makel dieser Erfolgsbilanz sah Hitler lediglich in München, wo er fälschlicherweise denen Gehör geschenkt habe, die ihm zu Kompromißbereitschaft rieten. Später habe er das bitter bereut.

Hitler verfügte über eine untrügliche Intuition für die Verwundbarkeit der westlichen Demokratien. Ihre allgemeine Antikriegsstimmung, ihr Unbehagen hinsichtlich der Behandlung Deutschlands nach 1918, das vor allem in England stark war, nutzte er meisterhaft für seine Zwecke aus. Jedem Bruch des Versailler Vertrages ließ er pathetische Beteuerungen seines Friedenswillens folgen. In anderen Fällen berief er sich zur Rechtfertigung seines Handelns auf die im Versailler Vertrag selbst verankerten Grundsätze, etwa wenn er für die Österreicher und für die deutschen Minderheiten in der Tschechoslowakei und Polen das Recht auf Selbstbestimmung reklamierte, oder wenn er auf die Ungerechtigkeit der Tatsache hinwies, daß Deutschland Rüstungsbeschränkungen unterlag, während die anderen Mächte keine Anstalten zur Abrüstung machten.

Manches von dem, was Hitler erreichte – die Rückgewinnung militärischer Souveränität beispielsweise, auch eine gemäßigte Wiederbewaffnung

-, hätte in den dreißiger Jahren jede deutsche Regierung erreichen können, was sich auch daran zeigt, daß schon die Vorgänger Hitlers die Reparationslast abschütteln konnten. Doch seit Anfang des Jahres 1938 stiegen die Risiken beträchtlich, und es erscheint zweifelhaft, ob irgendeine denkbare andere Führung – unter Brüning, Schleicher, Göring, Strasser, Schacht oder Hugenberg – den Mut und das Geschick besessen hätte, den Anschluß Österreichs zu wagen, das Sudetenland und Böhmen-Mähren zu annektieren, die an Polen verlorenen Gebiete zurückzuholen und ein massives Wiederaufrüstungsprogramm durchzusetzen.

Schon Ende 1937 zeigte Hitler sich zunehmend ungeduldiger. Zugleich wuchs sein Selbstbewußtsein, seine Geringschätzung für die Widersacher, mit denen er es zu tun hatte. Er wußte, daß der Rüstungsvorsprung, den Deutschland sich erschlichen hatte, nicht von Dauer sein würde, wenn die anderen Mächte sich ebenfalls zur Aufrüstung entschlössen, und so gelangte er zu der Überzeugung, daß das große Werk vollbracht werden müsse, solange er selber sich auf der Höhe der Macht befände: Vielleicht werde nach ihm nie wieder einer kommen, der über die nötige Kombination von Willenskraft und Genialität verfügte.

Dies verweist auf einen weiteren Unterschied zu Stalin. Der russische Autokrat nämlich war zehn Jahre älter und hatte seine Revolution 1939 bereits abgeschlossen; Hitlers »zweite Revolution« hingegen, 1934 erneut vertagt, harrte noch der Durchführung. In den Jahren 1934 bis 1939 hatte er die Voraussetzungen für ihre Verwirklichung geschaffen, zwischen 1938 und 1939 hatte er das Tempo verschärft, jetzt, im August 1939, war er zum Losschlagen entschlossen.

Hitler hat nie einen Zweifel daran gehegt, daß das Reich im Osten, mit dem er seine »Revolution« zu krönen gedachte – wie Stalin die seine mit der Kollektivierung und Industrialisierung –, durch militärische Gewalt erobert werden müsse. Zugleich war er sich der Tatsache bewußt, daß es in der deutschen Bevölkerung breiten Widerstand gegen einen erneuten Krieg und die Gefahr einer erneuten Niederlage gab. Der Umstand, daß Hitler auch ohne einen Krieg außenpolitisch so viel erreicht hatte, verstärkte dieses Widerstreben noch; in zunehmendem Maße erwartete man von Hitler Siege ohne Blutvergießen, wie er sie in Österreich und der Tschechoslowakei errungen hatte.

Auch daraus erklärt sich Hitlers Unwillen, die polnische Streitfrage mittels einer Neuauflage der Münchner Konferenz beizulegen; diesmal wollte er den Polen ultimative Forderungen stellen und diese dann, falls sie abgelehnt würden, mit Waffengewalt durchsetzen.

Im November 1938 wies er die obersten NS-Propagandisten an, »dem deutschen Volk bestimmte außenpolitische Vorgänge so zu beleuchten, daß die innere Stimme des Volkes selbst langsam nach der Gewalt zu schreien« beginne. Der Kampfgeist der Deutschen müsse wieder entfacht, der Pazifismus endlich beseitigt werden.[13]

Der Polen-Krieg brachte Hitler in sein eigentliches Element, denn den Krieg hatte er immer als die Bewährungsprobe der Nation bezeichnet. Nun endlich zeigte sich auch, was mit der SS geplant war. Die Wehrmacht war nicht mehr der einzige »Waffenträger der Nation«, als zweite Formation trat die Waffen-SS immer deutlicher neben die eigentliche Armee. Hitler besuchte seine Truppen noch während der Kampfhandlungen; die Aufnahme zeigt ihn bei den Fahrern seiner Leibstandarte.

Durch nichts ließ sich dies so wirkungsvoll erreichen wie durch das Erlebnis des Krieges selber. Hitler wurde nie müde zu betonen, die Jahre an der Front seien die großartigste Erfahrung seines Lebens gewesen, hätten seinen Willen gestählt und einen Mann aus ihm gemacht. Wenn er das deutschen Volk überzeugen könne, daß es unter seiner Leitung siegreiche Kriege führen würde und daß bei richtigem Einsatz des Heeres und der Luftwaffe nicht wieder ein Graben- und Abnützungskrieg nach Art von Verdun zu erwarten sei, sondern »Blitzkriege« mit schnellem und sicherem Erfolg, dann würde er der materiellen Wiederbewaffnung Deutschlands auch eine »geistige« Wiederaufrüstung an die Seite stellen können. Die denkbar beste Gelegenheit, ein solches Exempel zu statuieren, war ein Krieg mit Polen, kein ernsthafter Gegner für die deutsche Militärmacht. Dafür nahm Hitler bereitwillig das Risiko in Kauf, daß England und Frankreich dem Deutschen Reich den Krieg erklären würden – daß sie sich auch zum Handeln entschließen würden, glaubte er nicht. So war der September 1939 gewissermaßen die Schwelle zwischen Frieden und Krieg, einem Krieg, den Hitler, ohne ein Datum dafür nennen zu können, bereits im Auge gehabt hatte, als er am 8. Februar 1933, nur neun Tage nach seiner

Machtergreifung, dem Kabinett erklärt hatte, die nächsten fünf Jahre müßten der Wiederwehrhaftmachung des deutschen Volkes gewidmet werden. Dies müsse der Leitgedanke sein, immer und überall.

Es gab zwischen den beiden Diktatoren aber auch Unterschiede im politischen Stil. Deren Ursache lag zum Teil einfach in den verschiedenen Persönlichkeiten. Stalin war eher gehemmt und zurückhaltend, Hitler leicht entflammbar und von Stimmungen abhängig; Stalin operierte gern unsichtbar im Hintergrund, Hitler war am besten, wenn er im Rampenlicht stand. Stalin erwies sich eher als kühler Rechner, Hitler eher als Glücksspieler. Der Georgier war ein fähiger und erfahrener Administrator, erzogen zu Disziplin und regelmäßiger Arbeit; der Österreicher blieb auch als Politiker stets eine Künstlernatur, haßte Routineabläufe und und entzog sich gern jeder Entscheidung, die wichtigsten ausgenommen. Außerdem aber gründeten die Unterschiede in objektiven Voraussetzungen. Hitler hatte zwar zu seinen Mitmenschen ebensowenig Vertrauen wie Stalin, aber er litt nicht an dessen wahnhaftem Mißtrauen, zumal er sich 1939 noch mit gutem Grund sicherer fühlen konnte als Stalin. Denn Hitlers schlimmste Verbrechen lagen noch in der Zukunft, während Stalin damals bereits 40 000 Menschen, darunter viele enge Vertraute und Mitarbeiter, in den Tod geschickt und Hunderttausende zu Arbeits- oder Straflagerhaft verdammt hatte. Im Kreml herrschte deshalb immer eine von Furcht und Verdächtigungen geschwängerte Atmosphäre, da Stalin unentwegt in Angst vor der Rache der anderen war, diese aber in Angst vor Stalin.

Obgleich also unterschiedlich im Stil, war doch die Macht, die sie ausübten, ihrer Natur nach dieselbe. Es war eine sozusagen persönliche Macht, nicht an das Amt, sondern an den Mann geknüpft. Fälschlicherweise leitet man hieraus häufig die Annahme ab, Hitler und Stalin hätten alle Entscheidungen persönlich getroffen, um dann hinzuzufügen, in einem großen, modernen Staatswesen sei das unmöglich. Letzteres trifft unbestreitbar zu. Aber persönliche Herrschaft meint hier keineswegs, daß Hitler und Stalin *alle* Entscheidungen trafen, sondern daß sie all die Entscheidungen treffen konnten, die sie zu treffen wünschten; es stand ihnen frei, ohne Rücksprache, ohne vorherige Abstimmung oder nachträgliche Rechenschaftslegung Beschlüsse zu fassen; sie brauchten keine Rücksicht auf rivalisierende Machtinstanzen zu nehmen oder sich gar vor einer Opposition zu fürchten; sie waren nicht an Recht und Gesetz gebunden, und Appelle an ihr Gewissen, ihr Gefühl oder ihr Mitleid blieben in aller Regel fruchtlos. Schließlich verfügten beide - in Gestalt des NKWD beziehungsweise der SS und Gestapo - über Machtmittel, die eigens für die Durchführung ihrer Beschlüsse geschaffen worden waren, nur ihnen persönlich unterstellt und befugt, alle Gewaltmittel bis hin zu Folter und Mord anzuwenden, ohne Rücksicht auf die Gesetze nehmen zu müssen.

Dies war eine beeindruckende, schreckliche Macht, deren bloße Exi-

Die französische Presse sah den Hitler-Stalin-Pakt auf außerordentlich realistische Weise. In der Pariser Zeitschrift »Marianne« wurde Stalin mit Hammer und Sichel abgebildet, aber in Form eines Hakenkreuzes: Die Gegner waren ununterscheidbar geworden.

stenz oft genug die eigentliche Anwendung überflüssig machte. Wer Anweisungen von oben erhielt, beeilte sich zumeist, sie auszuführen. Es gibt noch weitere Gesichtspunkte des Vergleichs. Da ihr das Korrektiv öffentlicher Kritik fehlt, ist jede autokratische Herrschaft auf einen zuverlässigen Nachrichtendienst angewiesen. Dies war die zweite unerläßliche Funktion des NKWD und der SS, wobei letztere den Umfang ihrer Informationen durch Zusammenarbeit mit anderen Geheimdiensten wie dem Göringschen Forschungsamt und den Nachrichtendiensten der Streitkräfte noch erweiterte.

Beim Jahreswechsel 1938/39 gab es zwei Dinge, durch die Hitler gegenüber Stalin im Vorteil war: Seine Stellung war sicherer als die des Georgiers, der gerade erst die große Säuberung abgeschlossen hatte; vor allem aber war er der anerkannte Führer seines Volks und hatte es nicht nötig, das Ausmaß seiner Macht zu verschleiern. Denn obschon Stalin in wachsendem Maße zu einem Führer von übermenschlicher Statur stilisiert wurde, mußte er, wenn er weiterhin nicht nur als Erbe der zaristischen, sondern auch der marxistisch-leninistischen Tradition anerkannt werden wollte, diesen Kult zu einer spontanen Ehrfurchtsbezeugung der sowjetischen Massen herunterspielen: als sei all dies fast peinlich für jemanden, der selber aus dem einfachen Volk stammte und den Massen und der Partei lediglich als Generalsekretär dienen wollte. Stalins Leistungen und Errungenschaften waren von fast legendärem Rang, in jeder Sparte der Propaganda und der Kunst wurden sie gefeiert, und doch mußte seine persönliche Macht verschämt umschrieben werden. Dem diente, ins Anonyme gewendet, der Appell an »die oberste sowjetische Führung«. Es war ein »Geheimnis« mit um so größerer Bannwirkung, als jeder, der ein Amt innehatte, die Wahrheit kannte, sie aber in der Öffentlichkeit nicht aussprechen durfte.

Hitler mußte noch zeigen, ob er mit seinen Machtmitteln ebenso tiefgreifende Umwälzungen zu bewirken vermochte wie Stalin, und erst der Krieg würde diese Frage ganz beantworten. Der Abschluß des Hitler-Stalin-Pakts machte jedoch schon im Sommer 1939 deutlich, daß sich auf beiden Seiten ähnliche Formen autokratischer Herrschaft entwickelt hatten.

Beide Männer konnten überzeugende Argumente für die Vorteile eines solchen Pakts anführen. Für Hitler lagen sie vor allem in der Möglichkeit, ohne Angst vor einer sowjetischen Intervention Polen und – wenn nötig – auch die Westmächte angreifen zu können. Für Stalin war die Überlegung entscheidend, daß man nun nicht mehr in einen Krieg gegen Deutschland hineingezogen werden könnte, für den Rußland schlecht gerüstet war; dazu kamen die Geheimklauseln, in denen Deutschland der Sowjetunion die östliche Hälfte Polens versprach, außerdem aber die Zugehörigkeit Lettlands, Estlands und Finnlands zur sowjetischen Einflußsphäre anerkannte.

Indessen fiel es beiden Regimen schwer, für ihre Verbindung einen anderen Grund als pure Staatsräson anzuführen, zumal das geheime Zusatzprotokoll ja nicht erwähnt werden durfte. Wie sollte man den Schulterschluß mit einem Partner rechtfertigen, dessen Weltanschauung der eigenen so gänzlich widersprach? Daß Hitler plötzlich seinen antibolschewistischen Kreuzzug zum Schutz Europas aufgab, Stalin das Bündnis aller fortschrittlichen Kräfte gegen den Faschismus verleugnete, daß er außerdem mit der Unterzeichnung des Nichtangriffspakts Deutschland gewissermaßen freie Hand für eine Aggression gegen Polen gewährte, das schockierte alle, die diese Beteuerungen ernst genommen hatten. Eine solche Kehrtwendung konnten nur Herrscher machen, die niemandem Rechenschaft schuldeten als sich selbst, die ihre Politik nicht zur Diskussion zu stellen und keine Opposition im eigenen Lager zu befürchten brauchten und die die volle Kontrolle darüber hatten, was ihr Volk und die Welt über ihr Vorgehen und ihre Motive erfuhr. Zweifellos erörterten beide Männer den Pakt und das Zusatzprotokoll mit zwei oder drei ihrer Mitarbeiter, aber erst ein Brief Hitlers an Stalin beseitigte die letzten Hindernisse, und erst ein persönliches Antwortschreiben Stalins machte das Geschäft perfekt. Noch eindeutiger tritt ihr Einfluß bei der Entscheidung über die territoriale Auftei-

Der Krieg in Polen begann mit dem Einmarsch von Verbänden, die noch an den Ersten Weltkrieg erinnerten. Über staubige Herbststraßen rückten Einheiten vor, die fast einen friedlichen Eindruck machten. Die Vernichtungsarbeit der Luftwaffe und der Artillerie war da bereits getan.
Auf dem Photo: Flankiert von Heinrich Himmler (links) und Wilhelm Keitel (rechts) beobachtet Hitler den Übergang deutscher Truppen über einen polnischen Fluß.

lung Polens zutage: Als Stalin einen anderen Grenzverlauf zwischen dem deutschen und dem sowjetischen Gebiet vorschlug, mußte Ribbentrop die Sitzung unterbrechen und telefonisch das Einverständnis Hitlers einholen. Erst dadurch wurde das Schicksal eines Landes besiegelt, mit dem sich beide noch im Frieden befanden.

Am Abend des 3. September reiste Hitler in seinem Sonderzug aus Berlin nach Pommern ab. Der Zug war erst im August gebaut worden, trug merkwürdigerweise den Decknamen *Amerika* und bestand aus zwei Lokomotiven und fünfzehn Waggons; er fungierte als mobiles Hauptquartier, von dem aus Hitler jeden Morgen per Automobil an die Front gelangen konnte. Wohin er auch ging, folgte ihm seine »Umgebung«, eine Schar von Höflingen, die darum wetteiferten, dem Führer möglichst nahe zu kommen oder mit ihm fotografiert zu werden. Der ehemalige Gefreite, der sich in seiner ersten Reichstagsrede als »der erste Soldat des Deutschen Reiches« bezeichnet hatte, war noch einmal in die feldgraue Uniform geschlüpft und erklärte, er werde sie nicht mehr ausziehen, ehe nicht »der Sieg errungen« sei; andernfalls werde er den Krieg nicht überleben.

Der Anblick des Schlachtfeldes, die Geräusche des Kampfes versetzten

Die polnische Armee kämpfte heldenhaft, aber gleichsam ritterlich-romantisch gegen die Übermacht der hochtechnisierten deutschen Verbände. Mehrmals kam es zu Angriffen polnischer Kavallerie auf deutsche Panzer. Die polnische Führung scheint der eigenen Propaganda erlegen zu sein, wonach Hitler mit Attrappen aus Holz und Pappe seine Stärke nur vortäuschte, und noch kurz nach Kriegsbeginn versprach der polnische Marschall Rydz-Smigly der Regierung, daß seine Truppen in wenigen Wochen unter dem Brandenburger Tor einziehen würden. »Romantische Kindsköpferei« soll voller Hochachtung der später von Hitler gehenkte General von Witzleben dazu bemerkt haben.

Hitler in Hochstimmung. Endlich war der Krieg da, auf den er seit seiner Machtergreifung hingearbeitet hatte. Vor seinen Augen eroberte die neue deutsche Wehrmacht die ehemals preußischen Provinzen Posen und Oberschlesien zurück, die letzten Gebiete, die zur Wiederherstellung des alten deutschen Ostens noch fehlten. Und während die Wehrmacht weiter nach Polen hinein vormarschierte, begann er bereits, mit Himmler erste Hand an die Planung seines östlichen Imperiums zu legen.

Hitler hatte das Risiko auf sich genommen, die Truppen an der Westgrenze im September ohne Panzer und Flugzeuge und mit einem eher geringen Vorrat an Munition zurückzulassen, damit alle Kräfte auf diesen ersten Blitzkrieg konzentriert werden konnten. Die polnische Armee kämpfte mit derselben Tapferkeit, durch die sich später die polnischen Piloten in der Luftschlacht über England auszeichneten, aber die Wucht des deutschen Angriffs überwältigte sie. Nach einer Woche war der Feldzug entschieden, nach drei Wochen beendet. Am 19. September zog Hitler triumphierend in Danzig ein, am 26. wurde Warschau in Schutt und Asche gebombt. Die polnische Regierung war bereits ins Ausland geflohen.

Genau wie Hitler es vorausgesagt hatte, machten Frankreich und Großbritannien, in deren Sicherheitsgarantien Polen so große Hoffnungen gesetzt hatte, keine Anstalten, diesem zu Hilfe zu kommen. Hitler hatte sein riskantes Spiel im Westen gewonnen, als er einer französischen Streitmacht, die über 85 Divisionen umfaßte, außerdem aber über 2 700 Panzer

Feldtruppen zogen in das eroberte Warschau ein, das deutliche Spuren des Bombardements und der tagelangen Beschießung aufwies. Während Hitler ihre improvisierte Siegesparade abnahm, leitete Himmler bereits die ersten Aktionen der »Einsatzgruppen« des Sicherheitsdienstes ein, die in den nächsten Wochen Tod und Schrecken verbreiteten. Die Bevölkerung wurde nach rassischen Gesichtspunkten gleichsam aufgeteilt und zu Teilen liquidiert; so sollte das Sklavenreich entstehen, das Hitler und Himmler in Polen errichten wollten.
Auf dem Photo: Hitler mit General Blaskowitz bei der Siegesparade der deutschen Truppen in Warschau. Es ist eine der wenigen Aufnahmen, auf denen Hitlers Platz nicht von der SS, sondern von Wehrmachtsoffizieren gesichert wird.

und die Luftherrschaft verfügte, nur 33 deutsche Divisionen (darunter 25 höchstens zweitklassige) gegenüberstellte. Aller Überlegenheit zum Trotz machten die Franzosen nicht den geringsten Versuch einer Intervention, und die britische Luftwaffe beschränkte sich auf den Abwurf von Flugblättern über deutschen Städten. Die Welt staunte über den Erfolg einer Kriegsstrategie, die den Deutschen um den vergleichsweise geringen Preis von 11 000 Toten und 30 000 Verwundeten den Besitz des halben polnischen Staates gebracht hatte: niedrige Verluste im Vergleich zu denen des Stellungs- und Zermürbungskrieges von 1914 bis 1918.

Nirgendwo war man beeindruckter als in Moskau, wo man nicht entfernt mit einem so schnellen Kriegsverlauf gerechnet hatte. Schon am 3. September drängte Ribbentrop die Russen in einer Note zur Besetzung jener Teile Polens, die ihnen im geheimen Zusatzprotokoll zugesprochen worden waren. Um das russische Volk auf die Aktion vorzubereiten, ließ Stalin daraufhin eilends eine Propagandakampagne anlaufen, ein Spiegelbild der Anklagen, die einige Zeit zuvor von deutscher Seite vorgebracht worden

waren; man beschuldigte die Polen wegen angeblicher Grenzverletzungen, Provokationen und Übergriffe auf Minderheiten, und anstelle der Volksdeutschen waren jetzt Weißrussen und Ukrainer die vorgeblichen Opfer. Am 17. September überschritt die Rote Armee die polnische Grenze; weniger als eine Woche später hielt sie die gesamte östliche Hälfte Polens besetzt. Es gab nicht mehr als 757 Tote und knapp 2 000 Verwundete.

Im Rahmen dieser fünften polnischen Teilung konnten die Sowjets sich die ehemals russischen Gebiete wiederholen, die Polen durch den Feldzug von 1920 und den Frieden von Riga gewonnen hatte. Zur Rechtfertigung eines Vorgehens, das alle Merkmale einer rechtswidrigen Aggression gegen ein besiegtes Land aufwies, hieß es in einem Moskauer Kommuniqué: »Der sowjetischen Regierung kann es nicht gleichgültig sein, daß ihre ukrainischen und weißrussischen Volksgenossen, die auf polnischem Territorium leben, schutzlos den Unbilden des Schicksals ausgesetzt worden sind.«

So gut hatten Hitler und seine Vertrauten das Geheimnis des Zusatzprotokolls gehütet – und so gering war Hitlers Vertrauen zu seinen Generälen –, daß selbst seine ranghöchsten militärischen Mitarbeiter, die Männer im OKW, von den Ereignissen überrascht wurden. Als General Jodl die Meldung erhielt, die Rote Armee habe mit dem Vormarsch begonnen, fragte er erstaunt: »Gegen wen?« Stellenweise waren deutsche Truppen schon zwei-

Bei Brest-Litowsk begegneten die deutschen Truppen jenen sowjetischen Verbänden, die gemäß dem Hitler-Stalin-Pakt am 17. September 1939 in Ostpolen einmarschiert waren. Man traf sich zu Verhandlungen über die Übergabe der Stadt, die entgegen der Vereinbarung von den vormarschierenden Deutschen besetzt worden war, und die deutsche Armee, die damals noch in der Disziplin der preußischen Tradition auftrat, lernte nun erstmals die eher wilden Einheiten der Roten Armee kennen, die nach den Berichten der deutschen Führung einen trostlosen Eindruck hinterließ. Neben dem russisch-finnischen Winterkrieg schienen solche Bilder den Angriff auf die Sowjetunion zu einem Spaziergang zu machen. Udo von Alvensleben berichtet in seinen Tagebüchern, daß er bereits im Sommer 1941 den Befehl erhielt, die Siegesparade in Moskau vorzubereiten.
Links: Ein Photo, das in Deutschland nicht veröffentlicht werden durfte: Die am 17. September in Ostpolen eingefallenen russischen Truppen erreichen die deutschen Stellungen und werden mit Blumen begrüßt.
Oben: Verhandlungen in Brest-Litowsk. Erster von rechts General der PzTr Guderian, zweiter von rechts Oberst Nehring.

hundert Kilometer über die vereinbarte Demarkationslinie hinaus vorgestoßen, ohne daß das OKH etwas davon wußte; sie mußten eilends zurückbeordert werden.

In dieser Situation war es für die beiden Besatzungsmächte höchste Zeit, sich präzise darüber zu verständigen, wie sie Polen unter sich aufteilen würden. Hitler, noch schwelgend im Gefühl des Triumphes, war bereit, dies Ribbentrop zu überlassen; Stalin, der die Teilungsabmachung vom August zugunsten Rußlands zu revidieren gedachte, lud daraufhin den deutschen Außenminister nach Moskau ein. Als Ribbentrop am 27. September dort eintraf, stellte er fest, daß sein Verhandlungspartner nicht Molotow war, sondern Stalin selber. Dieser ließ keinen Zweifel daran, worum es ihm ging: um Litauen, das die Deutschen als Bestandteil ihrer Einflußsphäre betrachteten. Ribbentrop hatte den Litauern bereits versprochen, ihnen Wilna zurückzugeben, ihre alte, von den Polen 1919/20 besetzte Hauptstadt; jetzt erfuhr er, daß die Stadt von sowjetischen Truppen besetzt war. Für Stalin bedeutete der Besitz Litauens die Möglichkeit, den nach Leningrad führenden »baltischen Korridor« zu sperren, ein Punkt, dem er entscheidende Wichtigkeit beimaß.

Stalin war sicher, daß Hitler nicht in den Pakt eingewilligt hätte, wenn die sowjetische Seite schon im August auf Litauen bestanden hätte. Damals hatte er es vorgezogen, zusätzlich zu weißrussischen und westukrainischen Gebieten einen großen Teil Ostpolens für sich zu beanspruchen. Diesen polnisch bevölkerten Teil wollte er nun im Tausch gegen Litauen an Deutschland abtreten, was die Grenze zwischen den beiden Besatzungszonen von der Weichsel zum weiter östlich verlaufenden Bug verschieben würde. Als Ribbentrop jedoch auch noch die Bezirke Drohobycz und Boryslaw mit ihren Ölvorkommen zu erhandeln suchte, erhob Stalin Einspruch: Dieses Gebiet sei Bestandteil der Ukraine, das ukrainische Volk betrachte es als heimatliche Erde, und er könne diese Menschen nicht enttäuschen. Statt dessen bot er den Deutschen Lieferverträge über die gesamte Ausbeute der Ölquellen (300 000 Tonnen jährlich) im Austausch gegen eine gleichwertige Menge Kohle und Stahlröhren, außerdem, als weitere territoriale Konzession, das sogenannte Suwalki-Dreieck, einen Gebietszipfel zwischen Ostpreußen und Litauen.

Die Gegenargumente Ribbentrops machten auf Stalin keinen Eindruck. Schließlich sah der Außenminister nur noch den Ausweg, um eine Gesprächspause zu bitten, damit er sich mit Hitler beraten könne. Während man auf die Antwort aus Berlin wartete, schmeichelte Stalin der Eitelkeit Ribbentrops, indem er ihm zu Ehren ein Bankett im Kreml veranstaltete, das in seiner Pracht an die glanzvollen Gastmähler der Zaren erinnerte. Nach dem Bankett, während man die deutsche Delegation zu einer Vorstellung des ›Schwanensee‹ ins Bolschoi-Theater brachte, empfing Molotow den estnischen Außenminister Karl Selter, der nach Moskau beordert worden war, um die estnische Antwort auf das sowjetische Anerbieten eines Militärbündnisses zu überbringen. Molotow hatte seinem Vorschlag die Drohung hinzugefügt, falls die Esten sich nicht entscheiden könnten, werde »die Sowjetunion ihre Sicherheit auf andere Weise, ohne Zustimmung Estlands, herstellen«. Als Selter erfuhr, daß die Sowjets die Stationierung einer 35 000 Mann starken Garnison in Estland planten, protestierte er dennoch; dies seien mehr Soldaten, als die gesamte estnische Armee besitze. Der Disput war noch im Gang, als Stalin ins Zimmer kam und sich erkundigte, worum es sich handelte. Als man ihm sagte, es gehe um die Stärke der Garnison, wandte Stalin sich tadelnd an seinen Außenminister: »Aber, aber, Molotow, Sie sind ja nicht sehr nett zu unseren Freunden.«[14] Stalin schlug eine Beschränkung auf höchstens 25 000 Mann vor und beeindruckte die estnische Delegation mit seiner verständnisvollen Art so, daß der Vertrag unterzeichnet war, noch ehe Ribbentrop und seine Begleiter aus dem Theater zurückkehrten.

Als sie dann die Gespräche mit ihren sowjetischen Partnern fortsetzten, kam der erwartete Rückruf von Hitler, den Ribbentrop am Schreibtisch Molotows entgegennahm. Hitler hatte ganz offensichtlich Bedenken, erklärte sich aber schließlich mit dem Tausch einverstanden, weil er, wie Ribbentrop berichtete, an der Herstellung »ziemlich fester und enger Beziehungen« interessiert war. Stalins lakonischer Kommentar lautete: »Hitler versteht sein Geschäft.«

In den Wochen nach dem deutschen Sieg zeichneten sich drei Entwicklungen ab, die den vierziger Jahren ihren Stempel aufdrücken sollten: die Ausweitung eines Feldzuges zu einem allgemeinen Krieg, die Grundsteinlegung der neuen Ordnung, die Hitler in Europa durchsetzen wollte, und ein Vorgeschmack ihrer stalinistischen Entsprechung.

Sobald die polnische Niederlage feststand, mußte Hitler über seinen nächsten Schritt entscheiden. Am 28. September, nach der Unterzeichnung der revidierten Vereinbarung über die Teilung Polens, gaben die deutsche und die sowjetische Seite in Moskau ein gemeinsames Kommuniqué heraus. Darin erklärten Ribbentrop und Molotow: »Nachdem die Deutsche Reichsregierung und die Regierung der UdSSR durch den heute unterzeichneten Vertrag die sich aus dem Zerfall des polnischen Staates ergebenden Fragen endgültig geregelt... haben, geben sie übereinstimmend der Auffassung Ausdruck, daß es den wahren Interessen aller Völker entsprechen würde, dem gegenwärtig zwischen Deutschland einerseits und England und Frankreich andererseits bestehenden Kriegszustand ein Ende zu machen.«[15]

In Deutschland wiederholten Presse und Rundfunk diese Sätze und fanden offene Ohren bei der deutschen Bevölkerung. Auch die Wehrmachtsführung, die immer dafür plädiert hatte, einen Krieg gegen die Westmächte nach Möglichkeit zu vermeiden, stimmte zu. Ebenso wollte Mussolini den Frieden, und sei es nur zu dem Zweck, sein Gesicht zu wahren.

Hitler machte sich in einer Rede, die er am 6. Oktober vor dem Reichstag hielt, zum Sprachrohr dieser Hoffnungen. Er schwelgte zunächst eine Weile in dem errungenen Triumph – »... wissen wir doch alle, daß es eine größere Leistung höchsten Soldatentums in der Kriegsgeschichte bisher kaum gegeben hat« –, verhöhnte die Polen und ihre Führer und feierte die Rückgewinnung der Gebiete im Osten als Höhepunkt und Abschluß seiner Politik, die immer gegen die Auflagen des Versailler Vertrages gerichtet gewesen sei. Auch diese letzte Revision hätte, wie die vorausgegangenen, auf friedliche Weise herbeigeführt werden können, wenn nicht die Kriegshetzer im Ausland gewesen wären; denn ein Konflikt mit Frankreich und England sei das letzte, was er sich wünsche: »Weshalb soll der Krieg im Westen stattfinden? Für die Wiederherstellung Polens? Das Polen des Versailler Vertrages wird niemals wieder erstehen! Dafür garantieren zwei der größten Staaten der Welt.«

Mit großer Geste widmete Hitler sich der Darstellung des neuen Verhältnisses zwischen Deutschland und Rußland und sprach von einem Wendepunkt der deutschen Außenpolitik. Unterstellungen, daß er in der Ukraine oder anderswo im Osten die Errichtung einer deutschen Vorherrschaft plane, wies er als »Phantastereien« zurück. Deutschland und Rußland hätten ihre Interessensphären klar abgegrenzt und es im Gegensatz zum Völkerbund geschafft, zumindest einige der Probleme aus dem Weg zu räumen, die in einen europäischen Konflikt hätten münden können. Er machte deutlich, daß er die Neuordnung Mitteleuropas als eine Aufgabe Deutschlands betrachtete und sich jeden Versuch verbat, »dieses mein Handeln vom Katheder einer internationalen Rechthaberei herab zu kritisieren, zu beurteilen oder abzulehnen«. Eines Tages freilich müsse eine internationale Konferenz die Voraussetzungen für die künftige Sicherheit und den Frieden Europas schaffen. »Wenn aber früher oder später dieses Problem doch gelöst werden muß«, erklärte Hitler, »dann wäre es vernünftiger, an diese Lösung heranzugehen, ehe noch erst Millionen an Menschen zwecklos verbluten... Die Aufrechterhaltung des jetzigen Zustandes im Westen ist undenkbar. Jeder Tag wird bald steigende Opfer erfordern... Eines Tages aber wird zwischen Deutschland und Frankreich doch wieder eine Grenze sein, nur werden sich an ihr dann statt der blühenden Städte Ruinenfelder und endlose Friedhöfe ausdehnen... Sollte aber die Auffassung des Herrn Churchill und seines Anhanges erfolgreich bleiben, dann wird eben diese Erklärung meine letzte gewesen sein. Wir werden dann kämpfen... Ein November 1918 wird sich in der deutschen Geschichte nicht mehr wiederholen.«[16]

Die deutsche Presse druckte sogleich entsprechende Schlagzeilen: »Hitlers Friedensangebot. Keine Kriegsziele gegen Frankreich und England. Rüstungsbeschränkungen. Vorschlag einer Konferenz.« Als propagandistische Leistung meisterlich, war Hitlers Rede jedoch als Friedensangebot in keiner Hinsicht ernst zu nehmen, da sie alle wichtigen Fragen unbeantwortet ließ. Sie beinhaltete keinen einzigen klar umrissenen Vorschlag, abgesehen von der gleichsam versteckt geforderten Anerkennung der deutschen Eroberungen; letzteres war erkennbar als Ausgangspunkt jeder weiteren Diskussion gedacht. Doch Franzosen und Briten ließen in ihrer Antwort keinen Zweifel daran, daß sie zu Bedingungen, deren erste nach den Worten Chamberlains »die Absolution für den Aggressor« war, an Frieden nicht einmal denken würden. Einen Tag später, am 13. Oktober, ließ die deutsche Regierung in einer öffentlichen Erklärung verlauten, Chamberlain habe das deutsche Friedensangebot zurückgewiesen und sich für den Krieg entschieden. Wieder einmal hatte Hitler sich ein Alibi verschafft.

Schon am 27. September hatte er Keitel und den anderen Befehlshabern der Wehrmacht eröffnet, daß er eine Offensive im Westen plane, sobald deutlich würde, daß keine Chance für einen Verständigung mit den Westmächten bestünde. Der italienische Außenminister Graf Ciano, der am 1. Oktober bei Hitler war und im Auftrag Mussolinis ein weiteres Mal herauszufinden suchte, was dieser vorhatte, vermerkte in seinem Tagebuch gewisse Unterschiede gegenüber seinem letzten Besuch. Während damals, Anfang August in Salzburg, »die Qual dieses Mannes zutage [getreten sei], der zur Tat entschlossen, aber seiner Mittel und Berechnungen noch nicht sicher war, schien er jetzt seiner selbst vollkommen sicher zu sein. Die überstandene Prüfung hat ihm neuen Mut für künftige Prüfungen gegeben.«[17] Ciano gelangte zu der Überzeugung, Hitler würde, falls er »seinem Volk einen soliden Frieden nach einem großen Sieg« anbieten könne, vielleicht versucht sein, zuzugreifen. »Wenn er aber für dieses Ziel auch nur den kleinsten Teil dessen opfern müßte, was er als die legitimen Früchte seines Sieges betrachtet, würde er tausendmal lieber in den Krieg ziehen.«[18]

Hitlers gewachsenes Selbstbewußtsein trat auch in der Art und Weise zutage, mit der er sich zur Fortsetzung des Krieges entschied. Er beriet sich mit niemandem, weder mit dem OKH, das die politische Führung gewöhnlich in Fragen der Strategie und in all jenen politischen Beschlüssen beriet, die von militärischer Bedeutung waren, noch mit dem ihm direkt unterstellten OKW, aus dem er ohnehin kein übergreifendes Oberkommando der Teilstreitkräfte zu machen gedachte. Er behandelte das OKW mit seinem kleinen, von Keitel und Jodl geleiteten Stab fast wie eine Art militärisches Sekretariat, während er das OKH mit seinem wesentlich größeren Mitarbeiterstab dazu benutzte, seine intuitiv gewonnenen Beschlüsse in konkrete militärische Befehle umzusetzen. Letzteres mußte er notgedrungen den eigentlichen Militärs überlassen; doch hielt er das OKH stets auf Distanz und ließ in bezeichnender Selbstherrlichkeit nicht zu, daß der Oberbefehlshaber des Heeres oder dessen Stabschef zu seinen Entscheidungen beitrugen, weder in politischen noch in militärischen Dingen. Keitel, der Chef des OKW, Brauchitsch, der Oberbefehlshaber des Heeres, und all die anderen hohen Offiziere konnten sich nie sicher sein, daß sie die Pläne ihres Führers kannten, und oft erfuhren sie nur auf indirekte Weise, was gerade vorging.

Warlimont, der dem Stab des OKW angehörte, hat darin ein weiteres Beispiel für Hitlers »untrüglichen Instinkt für die Aufsplitterung von Befugnissen« gesehen, und zweifellos war auch dies ein Mittel zur Sicherung seiner willkürlichen Entscheidungsfreiheit. Hitler zog damit freilich auch die Konsequenz aus der Einsicht, daß die Generäle seiner Führung nicht vertrauten, daß sie zweifelten, ob Deutschland einen Krieg gegen Frankreich und England gewinnen könne. Sie waren, wie er es formulierte, vom Geist des Defätismus angekränkelt.

In dem Bemühen, Brauchitsch und Halder zu seinem Kampfeswillen zu bekehren, diktierte Hitler am 9. Oktober, während er auf Reaktionen auf sein »Friedensangebot« wartete, eine längere Denkschrift. Wie das Memorandum von 1936 über den Vierjahresplan war sie ganz und gar sein eigenes Werk und versammelte eine Reihe von Argumenten, die für einen sofortigen Angriff im Westen sprachen. Früher oder später müsse das deutsche Volk, so argumentierte er, sich ohnehin dem Kampf gegen die Westmächte stellen, die wieder einmal entschlossen seien, eine Festigung der deutschen Position in Europa zu verhindern; und ein günstigerer Zeitpunkt als der jetzige werde so schnell nicht kommen. Der siegreiche Abschluß des Polen-Feldzugs und das Abkommen mit den Russen erlaubte es dem Reich, nahezu all seine Streitkräfte gegen die Westmächte ins Feld zu führen; die Gefahr eines Zweifrontenkrieges sei gebannt; nur einige wenige Einheiten müßten im Osten bleiben. Freilich gebe es kein Abkommen, das die Dauerhaftigkeit dieses Zustands, also die Dauerhaftigkeit der russischen Neutralität, gewährleiste.

Dasselbe gelte für den deutschen Rüstungsvorsprung; mit jedem Monat, der vergehe, werde deutlicher, daß dieser Vorsprung zu schrumpfen beginne. Je länger Deutschland warte, desto größer werde die Gefahr, daß England und Frankreich in die Offensive gingen, daß sie die Niederlande und Belgien besetzen und die Ruhr, das Herz der deutschen Wehrwirtschaft, bedrohen würden. Man müsse ihnen zuvorkommen. Der Sieg über Polen habe Deutschland psychologisch ins Vordertreffen gebracht. Der Schwung dürfe nicht verlorengehen. Es komme jetzt darauf an, »bis zum Äußersten« zu improvisieren. Notfalls müsse die Wehrmacht bereit sein, sofort weiterzukämpfen, auch im tiefsten Winter, und dies sei durchaus möglich, wenn man die gepanzerten Verbände nur richtig einsetze. Man dürfe sich nur nicht zwischen den endlosen Häuserreihen der belgischen Städte verlieren, sondern müsse zügig durch Holland, Belgien und Luxemburg marschieren und die gegnerischen Kräfte vernichten, bevor diese sich zu einer zusammenhängenden Abwehrfront formieren könnten. Was den Zeitpunkt des Angriffs betreffe, so könne er »nicht früh genug erfolgen«.[19]

Hitlers Argumente überzeugten die Generäle nicht, und der Widerstand gegen seine Pläne beschränkte sich auch nicht auf das OKH. Die Oberkommandierenden aller drei im Westen stehenden Heeresgruppen, Rundstedt, Bock und Leeb, denen die Leitung der Offensive obliegen sollte, sprachen sich dagegen aus, da sie die deutschen Truppen für zu schwach hielten. Sie erreichten damit nur, daß Hitler auf seinem Plan insistierte und am 19. Oktober die erste Weisung für den »Fall Gelb« erließ, einen mit 75 Divisionen vorgetragenen Angriff im Westen.

Die offenen Meinungsverschiedenheiten zwischen Hitler und der militärischen Führung stützten die Hoffnungen jener oppositionellen Gruppe deutscher Offiziere, die sich vor der Münchner Konferenz gebildet hatte. Vielleicht, so spekulierte man, ließen die Generäle sich bewegen, Hitler durch einen Staatsstreich abzusetzen. Beck, Goerdeler und Hassell suchten die Generäle zu überzeugen, daß sie ihre Autorität, außerdem die ihnen verbundenen Truppen in die Waagschale werfen müßten, um Hitler zu stürzen. Sie wurden von Oster und Dohnanyi vom Abwehrstab des OKW unterstützt. Noch einmal lebten die Pläne auf, die man 1938 für die Erstürmung der Reichskanzlei und die Verhaftung der führenden Nationalsozialisten geschmiedet hatte. Zossen bei Berlin, wo sich das Hauptquartier des Heeres befand, wurde zum Zentrum des Verschwörerkreises, und Brauchitsch und Halder, die eingeweiht worden waren, versprachen, sich bis zum 5. November endgültig zu entscheiden, da sie an diesem Tag von einem Inspektionsbesuch an der Westfront zurückkehren würden. Als jedoch am festgesetzten Tag Brauchitsch bei einer Unterredung mit Hitler noch einmal die Bedenken der Heeresführung vortrug, steigerte dieser sich in einen Wutanfall hinein, verbat sich jedes weitere Wort und befahl in einer Weisung ultimativ, die Angriffsvorbereitungen müßten weiterlaufen und der Angriff in Wochenfrist, am Morgen des 12. November, beginnen. Angesichts dieses Zornes gab Brauchitsch nach. Außerdem hatte Hitler mit dem Hinweis auf den »Geist von Zossen« bei Halder den Verdacht geweckt, er habe möglicherweise von der Verschwörung erfahren, worauf der Stabschef des Heeres Anweisung gab, alles Beweismaterial zu vernichten. Wenn es bislang noch eine Chance auf Erfolg gegeben hatte, war sie jetzt verloren.

Während die Generäle zögerten, wäre es einem einfachen Deutschen namens Georg Elser beinahe gelungen, Hitler auf eigene Faust zu töten. Elser, einem Handwerker, gelang es im Herbst 1939, in 30 bis 35 Nächten unbemerkt eine Sprengvorrichtung im Münchner Bürgerbräukeller zu installieren, wo Hitler alljährlich den Jahrestag des Putschversuchs feierte. Nachdem Elser einen Hohlraum in eine der gemauerten Säulen des Saals gemeißelt hatte, füllte er diesen mit einer mächtigen Sprengladung, deren Zünder er an ein Uhrwerk anschloß. Hitler begann mit seiner Rede gewöhnlich um halb neun und sprach bis gegen zehn Uhr. Um halb zehn, genau zu dem von Elser eingestellten Zeitpunkt, explodierte die Bombe; ein Teil des Saales stürzte ein, acht Menschen starben, sechzig wurden verletzt. Hitler freilich war, weil starker Nebel herrschte und er am nächsten Morgen unbedingt in Berlin sein wollte, schon früher aufgebrochen und hatte den Saal um zehn nach neun verlassen.

Elser wurde noch am selben Abend festgenommen, doch alle Versuche, ihn als Werkzeug einer Verschwörung oder eines ausländischen Geheimdiensts hinzustellen, scheiterten: Er war ein Einzelgänger, für den seit dem Herbst 1938 feststand, daß Hitler Deutschland in den Krieg führen werde. Nach endlosen Verhören wurde er in KZ-Haft genommen und 1945, in den letzten Kriegswochen, erschossen.

Hitler erhielt die Meldung von dem Bombenanschlag, dem er so knapp entgangen war, als sein Zug in Nürnberg hielt. In großer Erregung rief er aus: »Jetzt bin ich völlig ruhig! Daß ich den Bürgerbräu früher als sonst verlassen habe, ist mir eine Bestätigung, daß die Vorsehung mich mein Ziel erreichen lassen will.«[20]

Mehr als einmal im Lauf des Novembers wurde der Angriffstermin verschoben, unter anderem aufgrund der Wetterlage; im ganzen aber war die Kriegsfrage entschieden. Am 23. November versammelte Hitler die hundert ranghöchsten Offiziere der drei Waffengattungen in der Reichskanzlei und setzte ihnen in einer zweistündigen Rede noch einmal die Argumente auseinander, die er in seiner Denkschrift vom Oktober angeführt hatte. Auf seine Laufbahn seit 1919 zurückblickend, verwies er darauf, daß danach nur wenige an seinen Erfolg geglaubt hätten – »doch die Vorsehung hat das letzte Wort gehabt«. Um sein Argument zu unterstreichen, der Augenblick zum Losschlagen werde vielleicht nie wieder so günstig sein, bemerkte er, daß Deutschland erstmals seit Bismarcks Reichsgründung keine Angst vor einem Zweifrontenkrieg zu haben brauche: »Als letzten Faktor muß ich in aller Bescheidenheit meine eigene Person nennen: unersetzbar. Weder eine militärische noch eine politische Persönlichkeit könnte mich ersetzen. Die Attentatsversuche könnten sich wiederholen. Ich bin überzeugt von der Kraft meines Gehirns und meiner Entschlußkraft... Jetzt ist ein Kräfteverhältnis, das sich für uns nicht mehr verbessern, sondern nur verschlechtern kann.«

Bedenken wegen der Neutralität der Benelux-Länder wischte er mit der Bemerkung vom Tisch: »Kein Mensch fragt danach, wenn wir gesiegt haben«, und erklärte seinen Entschluß, Frankreich und England so früh wie möglich anzugreifen, für unumstößlich.

Hitler war immer ein Spieler, auch ein Spieler von Rollen, und diesmal hatte er seinen Auftritt mit der Absicht arrangiert, bei den Generälen den Eindruck begnadeter Führerschaft zu hinterlassen. Nachdem er seine Zuhörer ermahnt hatte, ein Beispiel »fanatischer Entschlossenheit« zu geben, endete er mit Sätzen triumphierender Verstiegenheit: »Ich werde vor nichts zurückschrecken und jeden vernichten, der gegen mich ist... Nur wer mit dem Schicksal kämpft, kann eine günstige Vorsehung haben. In den letzten Jahren habe ich viele Beispiele der Vorsehung erlebt. Auch in der jetzigen Entwicklung sehe ich die Vorsehung. Wenn wir den Kampf erfolgreich bestehen – und wir werden ihn bestehen –, wird unsere Zeit eingehen in die Geschichte unseres Volkes. Ich werde in diesem Kampf stehen oder fallen. Ich werde die Niederlage unseres Volkes nicht überleben. Nach außen keine Kapitulation, nach innen keine Revolution.«[21]

Die Ereignisse der folgenden Jahre sollten zeigen, daß dies keine leeren Worte waren; wie so oft bei Hitler, sollten auch diese scheinbar übertriebenen Sätze eines Tages eine höchst wörtliche Bedeutung erhalten. Zunächst jedoch nahm ihn die Offensive im Westen in Anspruch. Nach seiner Rede am 23. November übermittelte Brauchitsch Hitler sein Rücktrittsgesuch, doch dieser lehnte ab. Der Oberbefehlshaber müsse seine Pflicht tun wie jeder andere Soldat auch. Hitler fügte hinzu, er kenne sehr wohl den in der Heeresführung herrschenden »Geist von Zossen« und werde Mittel und Wege finden, ihn auszutreiben. Nach mehreren Aufschüben im Verlauf der Offensive eines ungewöhnlich kalten Winters – der letzte in den Akten erhaltene Befehl nennt den 20. Januar als Angriffstermin – vertagte Hitler den »Fall Gelb« auf Mai. In der verbleibenden Zeit lieferte er eine weitere Demonstration seiner Fähigkeit, den ganzen Einsatz auf eine Chance zu setzen. Es war dasselbe Spiel wie zuvor: Er geriet in Panik, als es verlorenzugehen drohte, und trug letzten Endes doch den Sieg davon.

Die Behandlung des besetzten Polen zwischen 1939 und 1941 zeigt nichts weniger als die praktische Konvergenz zweier Regime, die ideologisch in unversöhnlichem Gegensatz zu stehen behaupteten.

Hitler hatte ursprünglich mit dem Gedanken gespielt, einen polnischen

Rumpfstaat bestehen zu lassen, in der Hoffnung, England und Frankreich würden sich bereitfinden, unter dieser Voraussetzung von einem Krieg abzusehen. Nachdem sie sein »Friedensangebot« abgelehnt hatten, ließ er diesen Gedanken zugunsten einer anderen Lösung fallen.

Im Osten Polens annektierte Rußland eine Fläche von rund 200 000 Quadratkilometern. Ihre Bevölkerung umfaßte dreizehn Millionen, davon je ein rundes Drittel Ukrainer und Polen, während das restliche Drittel zu etwa gleichen Teilen in Juden, Weißrussen und eine Reihe weiterer kleiner Minderheiten zerfiel.

Weiter westlich hatten sich die Deutschen Danzig, Posen, Westpreußen und den Rest Oberschlesiens zurückgeholt, ehemalige Provinzen Preußens, später des Deutschen Reiches. Doch übertraf das annektierte Territorium mit einer Fläche von 95 000 Quadratkilometern um mehr als 20 000 Quadratkilometer das Gebiet, das Deutschland infolge des Versailler Vertrages verloren hatte, und so waren denn auch die zehn Millionen Einwohner, die nun zum Deutschen Reich kamen, mehrheitlich Polen.

Übrig blieb, im Zentrum Polens, ein drittes Gebiet, 94 000 Quadratkilometer groß, darin die Städte Warschau, Lublin und Krakau. Auch dieser Teil des besiegten Landes war von den Deutschen besetzt, aber nicht dem Reich einverleibt worden. In der deutschen Verwaltungssprache figurierte es mit seinen zwölf Millionen Bewohnern – überwiegend Polen, aber mit einer großen jüdischen Minderheit – zunächst als »die besetzten polnischen Gebiete«, seit Juli 1940 jedoch nur noch als »Generalgouvernement«. Hans Frank, Reichsminister ohne Geschäftsbereich, wurde zu seinem ersten deutschen Statthalter (»Generalgouverneur«) ernannt.

In Polen verfolgten Stalin und Hitler durch und durch gegensätzliche Ziele. Die Deutschen hatten nichts Geringeres vor als die Zerschlagung der polnischen Nation; nur ein »Vorrat« an Arbeitssklaven sollte übrigbleiben. Den Russen hingegen ging es, so behaupteten sie, um die Befreiung der unterdrückten Massen; de facto hingegen handelte es sich darum, dieselben Verhältnisse wie in den benachbarten sowjetischen Gebieten herzustellen. Identisch waren allein die unmittelbaren Absichten: Die gesellschaftlichen Strukturen des polnischen Staates, wie sie bis 1939 bestanden hatten, sollten zerstört werden. Beide Regime überließen diese Arbeit ähnlich gearteten Organisationen: der SS und dem NKWD sowie einigen ausgewählten nationalsozialistischen oder kommunistischen Parteifunktionären, die in die besetzten Gebiete geschickt wurden. Die Methoden indessen, die dabei zur Anwendung kamen, waren auf beiden Seiten dieselben.

Das Polen der Vorkriegszeit hatte unübersehbare Mängel besessen, aber es war eine geordnete Gesellschaft gewesen. Niederlage und Fremdbesatzung erschütterten diese Ordnung in den Grundlagen. Denn die Besatzungsmächte waren nicht an einer Konsolidierung interessiert, sondern förderten Anarchie, Unsicherheit und Desorientierung; die Welt, wie die dort lebenden Menschen sie gekannt hatten, geriet binnen kurzem ins

Generaloberst Johannes Blaskowitz war einer der populärsten deutschen Befehlshaber im polnischen Feldzug. Noch im alten preußischen Geist erzogen, widersetzte der Oberbefehlshaber Ost sich dem Vernichtungswerk der SS- und SD-Einheiten, die im Rücken der deutschen Truppen vorrückten, und protestierte in immer neuen Eingaben bei Brauchitsch, dem Oberbefehlshaber des Heeres, bis er im Mai 1940 abgesetzt wurde.
Auf dem Photo: Blaskowitz am 5. Oktober 1939 bei der Siegesparade der deutschen Truppen in Warschau; rechts General Maximilian v. Weichs.

Chaos. Vorsätzlich wurde ein Vakuum geschaffen, in dem alles Vertraute zerfiel, so daß Millionen von Menschen sich plötzlich existentiell bedroht, nackt und ohne Schutz durch Gesetze oder Behörden wiederfanden. Viele wurden von ihren Angehörigen getrennt und ihres Platzes in der Gesellschaft beraubt. Andere wieder profitierten von dieser Situation. In den deutsch besetzten Gebieten war es die ehemalige deutsche Minderheit, im sowjetischen Teil waren es die Ehrgeizigen, die sich zur Kollaboration mit den neuen Herren bereit zeigten, besonders wenn sie geltend machen konnten, einer benachteiligten Minderheit – Ukrainer etwa oder Juden – angehört oder gar im Gefängnis gesessen zu haben. Die Mehrzahl der Menschen in beiden Besatzungszonen war jedoch völlig verunsichert und mußte lernen, mit der Angst vor Gewalt, Vertreibung, Verhaftung und Deportation zu leben. Das war die notwendige Vorstufe zu der neuen Ordnung, die zu errichten beide Mächte sich vorgenommen hatten.

Wie das östliche Polen als erstes nichtsowjetisches Land jene soziale und politische Revolution aufgezwungen bekam, die Stalin später in ganz Osteuropa durchsetzte, so war das polnische »Generalgouvernement« das erste ausländische Experimentierfeld für Hitlers rassistische Prinzipien. Hier kam zur Anwendung, was einmal als Fundament jenes neuen Reiches dienen sollte, das sich seinen Visionen gemäß dereinst bis zum Ural erstrecken würde, und niemand war in Hitlers Augen besser zur praktischen Umsetzung dieser Prinzipien geeignet als Heinrich Himmler, den er denn auch am 7. Oktober zum Reichskommissar für die Festigung deutschen Volkstums ernannte – ein Titel ohne geographisch beschränkten Geltungsbereich.

Der Mann, der Hitlers Polizeichef war, der die SS aufgebaut hatte und einen Massenmord nie gekannter Größenordnung organisieren sollte, war die beispielhafteste Verkörperung jenes Eindrucks, den Hannah Arendt sechzehn Jahre nach Kriegsende anläßlich des Eichmann-Prozesses formulierte – des Eindruckes von der »Banalität des Bösen«. Weit davon entfernt, wie ein Ungeheuer in Menschengestalt zu wirken, war Heinrich Himmler ein Ausbund an Gewöhnlichkeit, von allen, die ihm begegneten, als ein farbloser, unsicherer Mensch mit Brille und fliehendem Kinn beschrieben – »halb Schullehrer, halb Spinner«, wie Speer ihn charakterisierte.

Himmler war von jeher empfänglich für unorthodoxe Theorien jeder Art gewesen, angefangen von Naturheilverfahren und Kräuterkunde (jedes KZ mußte einen Kräutergarten unterhalten) über die Entschlüsselung geheimnisvoller Runeninschriften bis hin zur Vermessung menschlicher Schädel auf der Suche nach dem »reinen arischen Typus«. Eine seiner zahlreichen fixen Ideen war der Kampf gegen die Jagd, die er geächtet sehen wollte – »jedes Tier hat ein Recht auf Leben«. Himmler war frühzeitig in den Bannkreis Hitlers geraten, in dem er einen genialen Lehrer und Anführer sah, vergleichbar den biblischen Propheten, und dessen pseudowissenschaftliche Rassentheorie er als höchste Offenbarung empfand. Himmler, ein Temperament von vollendeter Gefühlskälte, verband kritiklose Gefolgschaft gegenüber Hitler, die ihn jeglichen moralischen Konflikts enthob, mit organisatorischer Begabung, Ehrgeiz und einem übereifrigen Pflichtbewußtsein. Nichts deutet darauf hin, daß die organisierte Ausrottung von mehreren Millionen Menschen ihm je Gewissensbisse bereitet hätte oder daß ihm die Ungeheuerlichkeit dieser Aufgabe auch nur zu Bewußtsein gekommen wäre. Carl Jacob Burckhardt, der Völkerbundkommissar für Danzig, sah in Himmler ein noch größeres Ungeheuer als in Hitler, »wegen seiner hochgradig konzentrierten Unterwürfigkeit, einer gewissen engstir-

nigen Gewissenhaftigkeit, eines unmenschlichen Hangs zum Methodischen, die ihm etwas Automatenhaftes verliehen«.

In Polen, so erkannte Himmler, würde die SS endlich jene Rolle spielen können, die er seit langem für sie ins Auge gefaßt hatte. Denn nicht weniger als Pseudo-Wissenschaften faszinierten ihn Pseudo-Mystizismen, und so war die SS für ihn weitaus mehr als eine Geheimpolizei; er sah in ihr vielmehr eine Ordensbruderschaft, bestehend aus fanatischen und loyalen Kameraden, die sich der Verteidigung des Heiligen Grals der deutschen Rasse- und Blutreinheit verschrieben hatten. Ihr Ehrenkodex, durch bestimmte Initiationsriten, Prüfungen und Rituale festgelegt, verpflichtete sie zu bedingungslosem Gehorsam im Dienst des Ideals der Härte, »der Härte gegenüber uns selbst und anderen«, einer Härte, die die Bereitschaft einschloß, zu töten und sich töten zu lassen. SS-Männer waren stolz darauf, jedes menschliche Gefühl unterdrücken zu können, wann immer dies von ihnen gefordert wurde, sei es das Mitleid mit Frauen und Kindern, deren Erschießung irgendein Befehl verlangte, sei es die Todesangst bei selbstmörderischen Attacken in der Schlacht.

Als Vorbereitung auf die erweiterten Aufgaben, die für die SS nach Kriegsbeginn vorgesehen waren, leitete Himmler die Verschmelzung von Sicherheitspolizei (SIPO) und Sicherheitsdienst (SD) ein. Erstere, zu der neben der Kriminalpolizei die politische oder Geheimpolizei (Gestapo) gehörte, war ihrem Ursprung nach ein Staatsorgan, letzterer dagegen ein Organ der Partei. Am 27. September 1939 wurden beide einer einheitlichen

Seit jeher war Hitlers Herrschaft vom Kult des Todes begleitet worden. In nächtlichen Feiern gedachte man der Toten des Krieges oder der Bewegung; später sollten monumentale Totenburgen für alle Zeit vom Sieg des Reiches künden, und eine eigene Architekturabteilung war unter der Leitung von Wilhelm Kreis mit dem Entwurf solcher Monumente beschäftigt.
Links ein Ehrenmal, das bei Warschau errichtet werden sollte; oben eine für das Dnjepr-Gebiet entworfene Totenburg.

Behörde unterstellt, dem Reichssicherheitshauptamt (RSHA), dessen Leiter, Reinhard Heydrich, den Titel eines Chefs der Sicherheitspolizei und des SD erhielt.

Es gab weitere Unterorganisationen der SS, die in Himmlers Plänen für die nationalsozialistische Neuordnung des Ostens ihren Platz und ihre Aufgabe hatten, beispielsweise das Rasse- und Siedlungs-Hauptamt. Die Hauptrolle war dabei den sogenannten Einsatzgruppen zugedacht, die unmittelbar hinter den vordringenden Streitkräften in die besetzten Gebiete einrücken sollten. Mit ihrer Aufstellung aus Polizei- und SD-Kräften und mit der Leitung ihrer Einsätze wurde Heydrich betraut.

Heydrich, ein kalter und ehrgeiziger Rechner, seiner Natur nach skeptisch, zum Zynismus neigend, scheint an nichts geglaubt zu haben als an die Ausübung von Macht. Hitler selber charakterisierte ihn, in dem viele Nazis seinen potentiellen Nachfolger sahen, als »den Mann mit dem eisernen Herzen«, das rationale Gegenstück zu dem kleinbürgerlichen Romantiker Himmler.

Die sechs Einsatzgruppen des SD begannen mit ihrer Tätigkeit, während die Kampfhandlungen noch andauerten. Ihr Auftrag lautete, alle Polen in den zur Annektion bestimmten Gebieten zusammenzutreiben und mit Gewalt ins Generalgouvernement »umzusiedeln«, das zu einem riesigen Sammelplatz für unerwünschte Volksgruppen werden sollte. Die polnischen Juden, eine Volksgruppe von 1,9 Millionen Menschen, sollten in einigen wenigen Städten konzentriert werden, hauptsächlich in Warschau, wo sie in Gettos untergebracht werden sollten. Eine Sondereinsatzgruppe der SS wurde in den Raum Kattowitz nach Oberschlesien entsandt, um dort systematisch Juden zu liquidieren.

Was auf lange Sicht zu tun sei, faßte Hitler in einem Führererlaß zusammen, der Himmler als konkrete Handlungsanweisung diente. In verschleiernder Verwaltungssprache gehalten, vermitteln die Anweisungen kaum einen Eindruck von den ungeheuerlichen Konsequenzen, die aus ihnen erwachsen sollten:

»Dem Reichsführer-SS obliegt nach meinen Richtlinien:
1. die Zurückführung der für die endgültige Heimkehr in das Reich in Betracht kommenden Reichs- und Volksdeutschen im Ausland,
2. die Ausschaltung des schädigenden Einflusses von solchen volksfremden Bevölkerungsteilen, die eine Gefahr für das Reich und die deutsche Volksgemeinschaft bedeuten,
3. die Gestaltung neuer deutscher Siedlungsgebiete durch Umsiedlung, im besonderen durch Seßhaftmachung der aus dem Ausland heimkehrenden Reichs- und Volksdeutschen.«[22]

So bedeutete die »Germanisierung« Osteuropas nichts anderes, als daß die dort heimische slawische Bevölkerung vertrieben und durch deutsche Einwohner ersetzt werden sollte. Ursprünglich hatte Hitler gehofft, damit schon nach der Besetzung Böhmens und Mährens im März 1939 beginnen zu können. Damals hatte er von der Deportierung von sechs Millionen Tschechen gesprochen, und Himmler hatte vorgeschlagen, die deutschsprachigen Südtiroler als erste Neusiedler in die geräumten Gebiete zu bringen. Später hatte Hitler sich jedoch überzeugen lassen, daß der potentielle Beitrag der tschechischen Industrie zur deutschen Kriegsrüstung bedeutsam genug war, um eine Aufschiebung der Umsiedlungspläne zu rechtfertigen.

Jetzt bot sich Polen als Alternative an. Himmler hoffte, daß Neusiedler, angezogen durch die Aussicht auf ein neues Leben und großzügige Landzuteilungen, sich auch unter den verschiedenen volksdeutschen Minderheiten finden würden, die es in den baltischen Staaten, im sowjetisch besetzten Ostpolen, in Rumänien, Jugoslawien und in der Slowakei gab. Viele dieser deutschen Volksgruppen waren schon seit Hunderten von Jahren an Ort und Stelle ansässig; gleichwohl fühlte sich Himmler keineswegs gehindert, ohne Rücksicht auf ihre Wünsche die Umsiedlung zu planen. Sie sollten ihren Teil zur Stärkung der »Rassenreinheit« der Reichsbevölkerung beitragen, in der Hitler und Himmler die wichtigste Grundlage für die künftige Macht Deutschlands sahen.

Himmler stieß auf beträchtliche Gegenwehr – seitens der Gauleiter von West- und Ostpreußen, Forster und Koch, die entschlossen waren, ihre Domänen gegen SS-Kolonisten zu verteidigen; seitens Görings, der Wert darauf legte, daß die Vierjahresplanbehörde die Kontrolle über die industriellen Ressourcen Polens behielt; seitens Darrés, der ein Auge auf beschlagnahmte polnische Güter und Ländereien geworfen hatte; und von seiten Hans Franks, der gegen die massenhafte Abschiebung von Polen und Juden ins Generalgouvernement protestierte, da dies die Lebensmittelversorgung dort katastrophal verschlechtere. Nichtsdestoweniger siedelte das SS-Rasse- und Siedlungsamt bis Mitte 1941 200 000 repatriierte Deutsche in den annektierten Gebieten an, an die fast eine Million Hektar ehemals polnischen Ackerlandes (zehn Prozent der annektierten Gesamtfläche) und ein Fünftel der 60 000 konfiszierten polnischen Betriebe und Geschäfte verteilt wurden.

Parallel hierzu lief ein SS-Programm zur Aufbesserung »deutschen Blutes«, welches durch Mischheiraten mit Angehörigen minderwertiger Rassen nur allzu leicht verunreinigt werden konnte. Himmler war der Überzeugung, es gebe Mittel und Wege, um solchermaßen geschädigtes Blut doch noch »für das deutsche Volk zu retten«, auch wenn es in polnischen Adern floß. Spezialisten der SS, darunter der Reichsführer persönlich, verwendeten eine Menge Zeit auf die Auswahl von Kindern, die sie aufgrund angeblich untrüglicher rassischer Merkmale als »rassisch erstklassig« einstuften. Sie wurden einer weiteren Einrichtung der SS übergeben: dem »Lebensborn«. 1936 von Himmler ins Leben gerufen, hatte diese Organisation die Aufgabe, uneheliche deutsche Kinder von »gutem Rassewert« aufzuziehen, besonders solche, die von »SS-Hengsten« gezeugt worden waren, wie Göring sich gerne ausdrückte. Die Kinderheime des »Lebensborn« bekamen jetzt Tausende polnischer Kinder zugewiesen, die ihren Eltern weggenommen worden waren, um in Deutschland als Deutsche erzogen und »der Nation zurückgegeben« zu werden.

Weitere Planungen für den »Ostraum« stellte Himmler in einer geheimen Denkschrift vom Mai 1940 vor, mehr als ein Jahr vor dem Überfall auf die Sowjetunion. Mit Billigung Hitlers unterbreitete er darin den Vorschlag, den ehemaligen polnischen Staat und die auf seinem Boden lebenden Völkerschaften (Polen, Ukrainer, Weißrussen, Juden) in »möglichst viele Teile und Splitter zu zergliedern ... nur dadurch, daß wir diesen ganzen Völkerbrei des Generalgouvernements ... auflösen, wird es uns möglich sein, die rassische Siebung durchzuführen .., die rassisch Wertvollen aus diesem Brei herauszufischen ... Die Bevölkerung des Generalgouvernements setzt sich dann zwangsläufig ... im Laufe der nächsten zehn Jahre aus einer verbleibenden minderwertigen Bevölkerung ... zusammen. Diese Bevölkerung wird als führerloses Arbeitervolk zur Verfügung stehen und Deutschland jährlich Wanderarbeiter und Arbeiter für besondere Arbeitsvorkommen stellen.«

Auf lange Sicht hoffte Himmler, »den Begriff Juden ... durch die Möglichkeit einer großen Auswanderung sämtlicher Juden nach Afrika oder sonst in eine Kolonie völlig ausgelöscht zu sehen«, während die in Ostpolen dominierenden Volksgruppen (Russen, Ukrainer und Polen) weiter nach Osten abgeschoben und als eigenständige rassische Größen verschwinden würden. Man müsse nicht nur ihre gebildete Schicht eliminieren, sondern auch ihre Kinder sorgfältigen Tests unterziehen, damit die »rassisch wertvollen« unter ihnen ins Reich gebracht und eingedeutscht werden könnten, während der Rest keine Schulbildung erhalten, ja nicht einmal Lesen lernen sollte.[23]

Eine andere Spielart »biologisch begründeter« Politik nahm im Herbst 1939 Gestalt an und wurde zunächst unterschiedslos in Deutschland wie in Polen praktiziert: die Tötung von geistig oder körperlich behinderten Kindern und Erwachsenen. In Konzentrationslagern wurde so schon seit einiger Zeit verfahren, und es war etwas wie ein Wettbewerb um die organisatorische Verantwortung für dieses Programm ausgebrochen. Den Sieg trug Philipp Bouhler davon, der Leiter der Führerkanzlei, ein hochrangiger Parteimann, der begierig jede Gelegenheit ergriff, seinen Machtbereich zu vergrößern. Während eines Aufenthalts im Hotel Casino in Zoppot bei Danzig, noch in der Schlußphase des Polenfeldzugs, unterzeichnete Hitler einen Führerbefehl, der das bisherige Mandat Bouhlers erheblich ausweitete: »Reichsleiter Bouhler und Dr. med. Brandt sind unter Verantwortung beauftragt, die Befugnisse namentlich zu bestimmender Ärzte so zu erweitern, daß nach menschlichem Ermessen unheilbar Kranken bei kritischster Beurteilung ihres Krankheitszustandes der Gnadentod gewährt werden kann. [gezeichnet] Adolf Hitler«.[24]

Hitler datierte diesen Erlaß bewußt auf den ersten Kriegstag zurück, den 1. September 1939, als wolle er andeuten, daß nach diesem Datum viele Dinge möglich geworden seien, die zuvor, in Friedenszeiten, nicht opportun waren.

Die polnischen Befürchtungen hinsichtlich der deutsch-sowjetischen Aufteilung ihres Landes erwiesen sich als nur zu gerechtfertigt. Kein Land mußte größere Not, schwerere Verwüstungen und höhere Menschenopfer hinnehmen als Polen. Was die Zahl der Todesopfer betrifft, so ist immer wieder Verwirrung entstanden, weil die drei Millionen Juden polnischer Staatsangehörigkeit, die die Nationalsozialisten umbrachten, zwei unterschiedlichen Kategorien zugerechnet werden können: entweder den insgesamt sechs Millionen im Krieg umgekommenen Polen oder den sechs Millionen Juden, die dem Völkermord am europäischen Judentum zum Opfer fielen. Zählt man sie als Polen, dann verlor Polen im Zweiten Weltkrieg mit 17,2 Prozent einen größeren Teil seiner Bevölkerung als jedes andere Land. Ungefähr ein Drittel davon fand den Tod im Verlauf der einundzwanzig Monate, in denen das Land in eine deutsche und eine sowjetische Besatzungszone aufgeteilt war.

Im östlichen Polen schafften die Russen nach sowjetischem Vorbild das Privateigentum ab, verstaatlichten Industrie und Handel, begannen die Land-

ADOLF HITLER

BERLIN ⋈ 1.Sept.1939.

Reichsleiter B o u h l e r und

Dr. med. B r a n d t

sind unter Verantwortung beauftragt, die Befug -

nisse namentlich zu bestimmender Ärzte so zu er -

weitern, dass nach menschlichem Ermessen unheilbar

Kranken bei kritischster Beurteilung ihres Krank -

heitszustandes der Gnadentod gewährt werden kann.

Mit dem Kriegsbeginn ließ Hitler alle taktischen Hemmungen fallen. In einem Klein-stadthotel in der Nähe Danzigs unterzeichnete er die Weisung zur Gewährung des »Gna-dentodes«, den berüchtigten Euthanasie-Befehl zur Ermordung von Geistes- und Erb-kranken. Später hat er dergleichen strikt vermieden, und so gibt es von keinem weiteren Ausrottungsbefehl einen schriftlichen Beleg aus Hitlers Hand. Alle Weisungen dieser Art wurden im kleinsten Kreise mündlich erteilt.

wirtschaft zu kollektivieren und erlaubten nur noch eine einzige Partei. Nach einer Wahl, bei der eine einzige, von den Besatzungsbehörden dik-tierte Kandidatenliste zur Abstimmung gestanden hatte, ersuchten zuvor organisierte Versammlungen »unter großem Jubel und politischer Begei-sterung« um die Aufnahme in die ukrainische und die weißrussische sozia-listische Sowjetrepublik. Dem Ersuchen wurde entsprochen.

Politische Offiziere erschienen in Begleitung von Rotarmisten, um die Ukrainer und die ärmeren Bauern zu Übergriffen auf polnische Grundher-ren, Kulaken und Polizisten zu ermuntern, an denen sie auf diese Weise alle Erbitterung auslassen konnten, die sich in zwanzig Jahren polnischer Herrschaft angesammelt hatte. Auf einem Flugblatt hieß es: »Poliakam, panam, sobakam – sobachaya smert« (»Allen Polen, feinen Herren und Hunden – ein Hundetod«). »Pan« ist das polnische Wort für »Herr« oder »Grundherr«; »polskie pany«, polnische Herren, war ein seit dem sowjetisch-polnischen Krieg von 1920 gebräuchlicher Kampfbegriff, der in sich den Ruf nach sozialer Emanzipation und nationaler Befreiung vereinte.[25]

Die Ukrainer und Weißrussen ließen sich nicht lange bitten; sie zogen in Banden umher und ermordeten polnische Grundbesitzer und Bauern, nicht selten nach vorhergehender Folterung; und oft genug wurden sie zur Belohnung dafür von den Russen als Milizionäre anerkannt. Andere organisierten Pogrome gegen Juden. Appelle an die Rote Armee, diese Exzesse zu unterbinden, wurden entweder ignoriert oder mit der Feststellung beantwortet, es handle sich um unvermeidliche Begleiterscheinungen der »Revolution«, die zu fördern man gekommen sei.

Während das östliche Polen aus westeuropäischer Sicht zu den rückständigsten und ärmsten Landstrichen im ganzen östlichen Europa gehörte, erschien es den Russen als Land reinsten Überflusses. Erst kam die Rote Armee, dann kamen Tausende von sowjetischen Beamten und Funktionären mitsamt Familien und plünderten alles, was sie bei den Bauern und in den Geschäften fanden. Jedes Haus, jede Wohnung wurde auf den Kopf gestellt, in den Städten wie auf dem Land, und eine allgemeine Räuberei größten Ausmaßes fand statt. Auf diese Weise wurde Ostpolen in materieller Hinsicht sehr schnell dem primitiven wirtschaftlichen Niveau der Sowjetunion angeglichen.

Sieht man von den Juden ab, dann hatten sich die SS und das NKWD dieselben Zielgruppen zur vorrangigen »Eliminierung« ausgesucht. So unterschiedlich die Bezeichnungen auch sein mochten, die in den amtlichen Dokumenten auftauchten – die polnische Intelligenz, die polnische Elite, die ehemalige herrschende Klasse, die Kapitalisten, Grundeigentümer, Beamten, Richter und Offiziere, die Intellektuellen, Lehrer, Geistlichen und Adligen –, es war die gesamte politische Führungsschicht der polnischen Nation, deren Vernichtung nun in die Wege geleitet wurde. »Die Gesellschaft wurde geköpft«, sagte später der polnische General Anders aus, den die Sowjets 1941, nach dem deutschen Überfall auf Rußland, aus einem sibirischen Straflager holten und mit dem Aufbau einer polnischen Streitmacht beauftragten.

Das NKWD, das aus der Erfahrung der Säuberungen schöpfen konnte, hielt sich in Polen an eine entsprechende Prozedur: Verhaftung, Verhör, Folter, Gefängnis, Hinrichtung. Denunziantentum wurde nicht nur gefördert, sondern verlangt. Diejenigen, die verhaftet wurden – meist mitten in der Nacht –, wurden häufig aufgefordert, Verbrechen zu gestehen, die sie nicht begangen hatten, und Informationen zu liefern, über die sie nicht verfügten. Wenn sie »die Zusammenarbeit ablehnten«, wurden sie geschlagen und gefoltert. Die Gesamtzahl der Verhafteten bleibt unbekannt; aber

Das galizische Lemberg, einst zu Habsburg gehörend, nach der Eingliederung in die Sowjetunion offiziell nur noch Lwow genannt, war eine der größten Städte im östlichen Polen. Die einfache, noch im vorigen Jahrhundert verwurzelte Welt der polnischen Provinz war den einrückenden deutschen Truppen ein Beleg für die Rückständigkeit der polnischen Wirtschaft; die sowjetischen Truppen dagegen sahen darin ein Land von Überfluß und Luxus. Selber durch die Verheerungen der Kollektivierung hindurchgegangen, holten sie oft ihre ganzen Familien nach, um staunend und plündernd den Glanz des Landes in Augenschein zu nehmen.

sicher ist, daß sieben Großrazzien stattfanden, daß die Gefängnisse überfüllt waren und daß die Zustände in ihnen kaum erträglich waren. Es gab ein russisches Sprichwort, das in Polen entstand und die drei Kategorien definierte, in die sich die einheimische Bevölkerung einteilen ließ: »diejenigen, die im Gefängnis waren; diejenigen, die im Gefängnis sind; diejenigen, die ihren Gefängnisaufenthalt noch vor sich haben«.

Wer einmal Gefangener des NKWD war, kam nicht leicht wieder auf freien Fuß. Als die deutsche Wehrmacht im Juni 1941 in Rußland einfiel, wurden die in der Westukraine und im westlichen Weißrußland in Haft

gehaltenen Polen bis auf wenige Ausnahmen nach Osten verfrachtet oder ermordet, manchmal auch erst das eine, dann das andere. Man kennt nicht weniger als 25 Gefängnisse, deren Insassen vor der Ankunft der Deutschen einer nach dem anderen erschossen wurden.

Viele von denen, die zur Deportation ausersehen wurden, überstanden die Reise zu den sibirischen Lagern nicht. In überfüllte und ungeheizte Viehwaggons gepfercht, wurden sie, wie Jahre zuvor die Opfer der Kollektivierung, auf eine Fahrt von drei, vier Wochen oder noch länger geschickt. Nach Berechnungen von General Anders, der die Überlebenden 1941 in seiner polnischen Armee versammelte, fand fast die Hälfte der 1,5 Millionen deportierter Polen den Tod.

Der bekannteste, auch berüchtigste Fall betrifft das Schicksal jener 15 000 polnischen Offiziere, die im September 1939 auf drei Lager im westlichen Rußland aufgeteilt wurden. Bis zum Mai 1940 konnten sie noch mit ihren Familien korrespondieren, danach wurde nur ein einziger von ihnen jemals wieder lebend gesehen. Im April 1943 entdeckten die Deutschen in einem dieser Lager, in Katyn am Ufer des Dnjepr unweit von Smolensk, die vergrabenen Leichen von über 4 000 polnischen Soldaten und Offizieren. Die meisten waren mit auf den Rücken gebundenen Händen durch einen Schuß in den Hinterkopf getötet worden – von den Russen, wie die Nazis behaupteten, von den Nazis, wie die Russen behaupteten. Erst 1989 gestanden die sowjetischen Behörden ein, daß alle 15 000 von sowjetischer Hand getötet worden waren.

Auch im sowjetisch besetzten Ostpolen nahm das NKWD sogleich seine Arbeit auf. Angehörige des Adels, des Bürgertums, der Großbauern und des Offizierskorps wurden zu Zehntausenden liquidiert, verschleppt oder deportiert. Das Massengrab bei Katyn am oberen Dnjepr, wo über 4.000 polnische Offiziere erschossen wurden, ist zum Symbol für die russischen Vernichtungsmaßnahmen geworden.
Oben: Bei Kuropaty in der Nähe von Minsk exhuminierte Skelette.
Linke Seite: Die Leiche eines in Katyn ermordeten polnischen Offiziers.

Wenn Stalin Ostpolen besetzte und für sich beanspruchte, so verfolgte er damit das Ziel, diesen Gebietsstreifen zum Mittelstück eines breiten territorialen Schutzgürtels gegen westliche Angreifer zu machen, der von Finnland im Norden bis hinunter zum Schwarzen Meer reichen würde. Während die Rote Armee in Polen einmarschierte, zwang Stalin den drei baltischen Staaten Verträge auf, die der Sowjetunion die Einrichtung von Garnisonen auf lettischem, estnischem und litauischem Boden gestatteten. Doch nicht alles verlief nach Plan. Der türkische Außenminister ließ sich auch nach dreiwöchigen Verhandlungen mit Molotow in Moskau nicht zu einem Vertrag bewegen, der sämtlichen Kriegsschiffen dritter Mächte den Zugang zum Schwarzen Meer verwehrt hätte. Molotow hatte endlich einen Gesprächspartner gefunden, der ihm in seiner Hartnäckigkeit gewachsen war. Am Ende schlossen die Türken einen Beistandspakt mit Großbritannien und Frankreich, nicht mit der UdSSR.

Folgenschwerer wirkte sich das Scheitern der Verhandlungen mit den Finnen aus. Finnland, nach 1809 als Großherzogtum der russischen Krone untertan, hatte im Dezember 1917 seine Unabhängigkeit proklamiert und sich diese von Stalin selber beurkunden lassen, der damals als Vertreter der bolschewistischen Regierung fungierte. Während des russischen Bürgerkrieges brachten finnische Kommunisten mit bolschewistischer Unterstützung große Teile des südlichen Finnlands in ihre Gewalt, wurden dann aber von den mit deutscher Unterstützung kämpfenden Weißen vertrieben, und in einem Moment militärischer Schwäche sahen die Bolschewisten sich gezwungen, die dementsprechenden Bedingungen des Friedens von Tartu (Dorpat) zu akzeptieren. Die Finnen sicherten sich Petsamo mit seinen wertvollen Nickelvorkommen und den eisfreien Nordmeerhafen Petschenga, dazu eine Reihe von Inseln im Finnischen Meerbusen, die den Zugang zu Petrograd und zum russischen Flottenstützpunkt Kronstadt beherrschten. Nördlich davon wurde die russisch-finnische Grenze nach Osten verschoben, so daß der größere Teil der Karelischen Landenge in finnischen Besitz kam; die Grenze reichte dadurch bis auf 30 Kilometer an die zweitgrößte Stadt Rußlands, an Petrograd, das spätere Leningrad, heran. Die sowjetische Verhandlungsdelegation, der auch Stalin angehörte, protestierte wütend gegen die erzwungene Abtretung Kareliens. Doch man hatte keine andere Wahl.

Im April 1938 griff Stalin das karelische Problem erneut auf. Er fürchtete wohl schon damals einen deutschen Angriff, war sich außerdem aber der verwundbaren Lage Leningrads immer bewußt. Nachdem sich die Finnen vergeblich an Hitler gewandt hatten, der die Zugehörigkeit Finnlands, nicht anders als die der baltischen Staaten, zur sowjetischen Interessensphäre anerkannte, erklärten sie sich zu Verhandlungen bereit. Zu ihrem Delegationsführer bestimmten sie den neunundsechzigjährigen finnischen Botschafter in Stockholm, Paasikivi, der schon 1920 an der Spitze der finnischen Delegation den Frieden von Tartu ausgehandelt hatte.

Der Vorschlag, den Stalin den Finnen am 12. Oktober unterbreitete, enthielt eine westliche Verschiebung der sowjetisch-finnischen Grenze auf dem Karelischen Isthmus um vierzig Kilometer, weg von Leningrad; außerdem aber die Rückgabe aller Inseln im Finnischen Meerbusen und die pachtweise Überlassung des Hafens Hangö als Flottenstützpunkt. Dadurch sollte Leningrad vor Angriffen zur See geschützt werden. Im Norden forderte er die Abtretung der Halbinsel Rybatschi, die den Zugang zu Murmansk beherrschte, dem einzigen eisfreien Großhafen der Sowjetunion im

Nordwesten. Als Gegenleistung boten die Russen ein doppelt so großes Gebiet im mittleren Teil der sowjetisch-finnischen Grenze, wo der Flaschenhals zwischen der Grenze und dem Bottnischen Meerbusen einem Angreifer die Gelegenheit gab, das finnische Territorium gleichsam in zwei Hälften zu schneiden.

Im Verlauf der Verhandlungen, die bis zum 8. November dauerten, zeigte Stalin sich zu gewissen Abstrichen und Änderungen bereit, ohne jedoch die Substanz seiner Forderungen aufzugeben. Marschall Mannerheim, der Held des sowjetisch-finnischen Krieges von 1919, trat ebenso wie Paasikivi für eine gütliche Einigung mit den Russen ein;[26] doch die finnische Regierung lehnte ab, und dies mit voller Rückendeckung durch die öffentliche Meinung. Wenn die Russen erst einmal einen Fuß in der Tür hätten, würden sie bald ganz im Zimmer stehen – das war die vorherrschende Ansicht.

Stalin war überrascht über die finnische Unnachgiebigkeit. Allem Anschein nach zögerte er, ehe er sich der Auffassung des Leningrader Parteichefs Andrej Schdanow anschloß, man dürfe keine Zeit mehr verlieren, sondern müsse die Forderungen mit Gewalt durchsetzen. Schließlich stimmte er zu, allerdings unter der Bedingung, daß nur Truppen aus dem Leningrader Militärbezirk eingesetzt werden dürften.

Der Winterkrieg begann am 30. November. Am 1. Dezember proklamierte der finnische Altkommunist Otto Kuusinen in seinem Moskauer Exil eine »finnische Volksregierung«, die von der UdSSR sogleich anerkannt wurde. Woroschilow, Volkskommissar für Verteidigung, versicherte Stalin, binnen sechs Tagen würden sowjetische Panzer in Helsinki stehen.

Allein, die finnische Armee zeigte sich für die bittere Kälte weit besser gerüstet als die russische. Verschanzt in den Stellungen hinter der Mannerheim-Linie, schlug sie dank überlegener Waffen die sowjetische Siebente Armee unter Kirill Merezkow nicht nur zurück, sondern fügte ihr auch schwere Verluste zu. In der Mitte Finnlands wurde eine größere sowjetische Streitmacht von finnischen Eliteeinheiten eingekreist, die in Tarnuniformen gekleidet waren und sich auf Skiern bewegten; mit Blitzvorstößen aus den Wäldern fügten sie den Russen schwere Verluste zu. Ein sowjetischer General resümierte die Lage in dem Satz: »Wir haben gerade genug finnisches Territorium erobert, um unsere Toten begraben zu können.«

Auf Befehl Hitlers wurden Waffenverkäufe an die Finnen verboten und den Sowjets Versorgungslieferungen für ihre U-Boote zugesagt, die finnische Häfen blockierten. Auf der anderen Seite unterstützten Briten und Franzosen, die kurz zuvor die Polen im Stich gelassen hatten, begeistert den erfolgreichen Abwehrkampf der kleinen finnischen Nation. Es wurde Geld für die Aufstellung von Freiwilligenverbänden gesammelt, und sowohl die britische wie die französische Regierung erörterten Möglichkeiten einer militärischen Unterstützung, wobei die Briten den Hintergedanken hatten, bei dieser Gelegenheit die Deutschen von ihren schwedischen Eisenerzquellen abschneiden zu können. In Rußland blieb der Gesichtsverlust der

Armee nicht ohne Folgen. Als auch noch die hohen Verluste bekannt wurden, wandte sich die allgemeine Stimmung so entschieden gegen den finnischen Krieg, daß Stalin sich zum Eingreifen gezwungen sah und Semjon Timoschenko zum Befehlshaber der in Finnland stationierten Truppen ernannte. Timoschenko stammte aus der Schule derselben Ersten Reiterarmee in Zarizyn, aus der Woroschilow und Budjonny hervorgegangen waren, hatte den normalen Ausbildungsgang für höhere Befehlshaber durchlaufen und schon vor Beginn der Säuberungen den Generalsrang erreicht. Er sorgte dafür, daß die Kräfte der Roten Armee voll mobilisiert wurden. Am 15. Januar 1940 nahmen die Sowjets die Mannerheim-Linie unter massiven Artilleriebeschuß und hielten das Bombardement sechzehn Tage lang aufrecht. Auf einem engen Frontabschnitt warfen sie annähernd 1 000 Panzer und 140 000 Mann in die Schlacht. Trotzdem hielten die Finnen noch einige Wochen lang stand. Erst am 17. Februar gelang den Russen ein Durchbruch, als die finnische Heeresleitung nicht mehr über genügend Reservetruppen verfügte, um erschöpfte Verbände zu ersetzen. Am 22. Februar befahl Mannerheim den Rückzug auf eine neue Verteidigungslinie.

Meldungen über britische oder französische Interventionsabsichten bestärkten Stalin in der Befürchtung, der Waffengang, der als begrenzter Konflikt begonnen hatte, könne sich zu einem allgemeinen Krieg ausweiten. Gerade das aber wollte er auf jeden Fall vermeiden. Der sowjetische Durchbruch war nicht von entscheidender, aber doch von ausreichender Tragweite, um die Wiederaufnahme der Verhandlungen ohne Gesichtsverlust zu ermöglichen. Noch am Tag des finnischen Rückzugs übermittelte Stalin deshalb eine detaillierte Liste seiner Friedensbedingungen nach Helsinki. Die Finnen antworteten nicht sofort, da sie hofften, Schweden und Norwegen würden den Durchmarsch britischer und französischer Truppen gestatten. Erst am 6. März erklärten sie sich zur Entsendung einer Delegation nach Moskau bereit. Drei Tage später teilten England und Frankreich den Finnen in einer Botschaft mit, sie würden Truppen und Flugzeuge für den Kampf gegen die Rote Armee entsenden, falls Finnland darum bäte. Doch zu diesem Zeitpunkt waren die Finnen Stalin schon zu weit entgegengekommen, um noch umkehren zu können.

Es war keine Frage, daß die Sowjetunion den Finnen nicht nochmals das Angebot unterbreiten würde, das diese im Oktober abgelehnt hatten. Die neuen Bedingungen lauteten: Abtretung der gesamten Karelischen Landenge einschließlich der zweitgrößten finnischen Stadt, Viipuri (Wyborg) und des Nordostufers des Ladoga-Sees, außerdem Abtretung des Ostseehafens Hangö und der Halbinsel Rybatschi im Norden sowie eines Gebietsstreifens nahe der finnischen »Taille« – zusammengenommen ein Verlust von 56 000 Quadratkilometern. Es gab keinen Verhandlungsspielraum. Entweder die Finnen akzeptierten die Bedingungen, oder der Krieg würde weitergehen. In der Nacht vom 11. auf den 12. März wurde der Vertrag unterzeichnet. Am nächsten Tag war der Winterkrieg zu Ende.

Auf finnischer Seite gab es 25 000 Gefallene und 55 000 Verwundete, und dies bei einer Gesamtbevölkerung von nicht einmal fünf Millionen. Die sowjetischen Verluste wurden nie bekanntgegeben. Mit Sicherheit aber waren sie weit höher als die finnischen; Mannerheim schätzte die Zahl der sowjetischen Gefallenen auf 200 000. Doch Menschenverluste kümmerten Stalin weder damals noch später, wie sie auch ganz allgemein für russische Herrscher niemals eine Rolle gespielt haben. Viel schwerer wog der Prestigeverlust der Roten Armee. Der deutsche Generalstab zog aus einer sorgfältigen Analyse der sowjetischen Taktiken im Winterkrieg das Fazit: »Die sowjetische ›Masse‹ ist für eine Armee mit überlegener Führung kein Gegner.«

In diesem Punkt war Hitler einmal bereit, sich dem Urteil seines Generalstabs anzuschließen; nicht zuletzt deckte es sich mit seiner Überzeugung, keine slawische Streitmacht könne den rassisch überlegenen Deutschen standhalten. Nichts bestärkte ihn bis 1941 mehr in seiner Überzeugung, die Sowjets in einem einzigen Feldzug niederwerfen und alles gleichsam auf eine Karte setzen zu können, als der Eindruck, den die Rote Armee im finnischen Winterkrieg hinterlassen hatte.

Stalin mag sich falsche Vorstellungen über die Lebensdauer des Hitler-Stalin-Paktes gemacht haben, aber er dürfte sich immer darüber im klaren gewesen sein, daß Hitler die Sowjetunion früher oder später in einen Krieg verwickeln würde. Dennoch lag es zunächst im beiderseitigen Interesse, die Zusagen einzuhalten, die man einander gemacht hatte. Hitler hatte durch den Pakt die Möglichkeit erhalten, Polen niederzuwerfen und, gedeckt durch die sowjetische Neutralitätsgarantie, mit der Neuordnung Europas zu beginnen. Es sollte noch zwei weitere Feldzüge geben, die er unter dem Schutz des Paktes durchführen konnte: die Besetzung Norwegens und Dänemarks sowie die folgenschwere Offensive im Westen. Der Sowjetunion dagegen gestattete der Pakt, sich zunächst einmal aus dem Krieg herauszuhalten. Die Gefahr eines deutschen Angriffs trat zumindest vorübergehend in den Hintergrund, und die Sowjets nutzten die gewonnene Zeit zur Stärkung ihrer Streitkräfte und ihrer Wirtschaft. Außerdem aber konnte im osteuropäischen Vorfeld Rußlands ein Sicherheitsgürtel aufgebaut werden, der ein Jahr nach der Besetzung Ostpolens bereits von Finnland bis ans Schwarze Meer reichte und sich über eine Fläche von nicht weniger als 720 000 Quadratkilometer erstreckte, erheblich mehr als das Staatsgebiet Frankreichs.

Auch auf anderen Gebieten zogen beide Partner Nutzen aus der Zusammenarbeit. Von der deutschen Neutralität im finnischen Winterkrieg war schon die Rede. Doch bereits vorher, im Oktober 1939, gestatteten die Sowjets der deutschen Marine die Benutzung des eisfreien Hafens Teriberka östlich von Murmansk, der sich als Reparatur- und Nachschubstützpunkt für ihre im nördlichen Atlantik und im Nordmeer operierenden

Schiffe und U-Boote anbot. Zur symbolischen Besiegelung der Zusammenarbeit wählte das NKWD rund 500 deutsche Kommunisten oder Ex-Kommunisten aus, die als »sozialschädliche Elemente« in sowjetischen Arbeitslagern gelandet waren, ließ sie einige Wochen lang bei Vorzugskost und medizinischer Betreuung zu Kräften kommen, stattete sie mit neuen Kleidern aus und übergab sie dann der Gestapo. Sie wanderten allesamt in nationalsozialistische Gefängnisse oder Konzentrationslager. Eine der Betroffenen war Margarete Buber-Neumann, ehemalige Kommunistin und Witwe des deutschen Kommunisten Heinz Neumann, der einst das Vertrauen Stalins besessen hatte und 1937 Opfer der Säuberungen geworden war. Nach sechs Monaten Haft in einem Gestapogefängnis wurde sie in das Frauen-KZ Ravensbrück eingeliefert. Sie war wohl der einzige Mensch, der die Gefangenschaft in den Lagern Stalins *und* Hitlers überstand und noch das Kriegsende erlebte.[27]

Der bei weitem wichtigste Aspekt der russisch-deutschen Zusammenarbeit lag jedoch auf wirtschaftlichem Feld. Hitler erhielt die Möglichkeit, durch den Import von Lebensmitteln und Rohstoffen aus oder über die Sowjetunion die britische Blockade zu unterlaufen, während Stalin Maschinen, Waffen und Ausrüstungsgegenstände aus Deutschland beziehen konnte. Nicht zufällig war es schon vor dem eigentlichen Pakt zur Unterzeichnung eines Handels- und Kreditabkommens gekommen, das durch begleitende Vereinbarungen über die Erweiterung der gegenseitigen Wirtschaftsbeziehungen ergänzt wurde. Die Deutschen gingen als erste daran, die Abmachungen in die Tat umzusetzen: Karl Schnurre, Mitglied der Verhandlungsdelegation, legte eine Liste der Waren vor, die Deutschland zu beziehen beabsichtigte; aber während man anfangs an Lieferungen im Wert von siebzig Millionen Reichsmark gedacht hatte, erhöhte man alsbald auf das zwanzigfache Volumen (1,4 Milliarden Reichsmark). Bevor eine Einigung erzielt werden konnte, setzten die Russen sich mit der Forderung durch, eine sechzigköpfige Delegation nach Deutschland zu entsenden. Man war außerordentlich interessiert an den jüngsten rüstungstechnischen Entwicklungen der deutschen Industrie, ließ sie sich vorführen und verbrachte den ganzen November damit, Fabriken, Forschungsanstalten und Militärstützpunkte zu besuchen.

Die Deutschen waren fassungslos über dieses Vorgehen, das sie als eine Art hochoffizieller Industriespionage empfanden, und sie erschraken erst recht, als die Sowjets ihre Wunschliste vorlegten. Die ursprünglichen Vereinbarungen waren dahin gegangen, daß Deutschland im Austausch für sowjetische Rohstoffe Industrieprodukte liefern solle. Die von den Sowjets nun vorgelegte Liste hingegen umfaßte fast ausschließlich Rüstungsgüter, darunter nicht nur Flugzeuge, Schiffe und Artilleriegeschütze neuester Bauart, sondern auch Waffensysteme, die sich erst in der Entwicklung befanden, all dies in einem Gesamtwert von über einer Milliarde Reichsmark. Außerdem verlangten die Russen, daß sämtliche Lieferungen bis

Ende 1940 abgewickelt sein müßten, eine Vorgabe, die es Deutschland unmöglich gemacht hätte, in diesem Jahr einen Feldzug zu führen.[28]

Die Deutschen protestierten: Falls die sowjetische Regierung (beide Seiten benutzten diese Formel, wenn sie Stalin meinten) nicht zu Abstrichen an ihrer Liste bereit sei, werde man auf den gesamten Handel verzichten müssen. Mikojan übermittelte am 19. Dezember die folgende Antwort: »Nur in Lieferung gesamter Liste könne Sowjetregierung ein ausreichendes Äquivalent für Rohstofflieferungen sehen, die unter den heutigen Umständen auf dem Weltmarkt für Deutschland sonst nicht erhältlich seien.«[29]

In der Tat: Deutschland befand sich im Krieg und mußte, wie Stalin sehr wohl wußte, entweder einen Zermürbungskrieg und eine Blockade gewärtigen, wofür es nur schlecht gerüstet war, oder alles auf die Karte eines raschen Sieges im Westen setzen, also schon 1940 angreifen, bevor der durch die frühe Aufrüstung gewonnene Vorsprung verlorenging. In beiden Fällen befand Hitler sich gegenüber Stalin, der ruhig warten konnte, in der ungünstigeren Verhandlungsposition.

Alle Argumente und Appelle, die die deutsche Seite im weiteren Verlauf des Dezembers und Januars vorbrachte, führten zu nichts. Schließlich richtete Ribbentrop, der Verzweiflung nahe, am 3. Februar einen persönlichen Brief an Stalin, in dem er den Streit von der wirtschaftlichen auf die politische Ebene verlagerte: Die Sowjetunion habe zugesagt, Deutschland während der Dauer des ihm aufgezwungenen Krieges wirtschaftlich zu unterstützen. Zugleich erinnerte er daran, daß die Sowjetunion bereits »eine nicht unerhebliche Vorauszahlung« in Gestalt Ostpolens und der früheren baltischen Staaten erhalten habe, was nicht zuletzt dem Wirken der deutschen Wehrmacht zu verdanken gewesen sei. Nach dreitägigem Schweigen beorderte Stalin die deutschen Unterhändler am 7. Februar um ein Uhr nachts in den Kreml, um ihnen zu eröffnen, daß der Brief Ribbentrops alles geändert habe. Deutschland könne einen neuen Vertrag bekommen.

Als dieser schließlich am 11. Februar unterzeichnet wurde, umfaßte die sowjetische Wunschliste noch immer 42 eng beschriebene Schreibmaschinenseiten. Sie beinhaltete unter anderem Prototypen sämtlicher neuen deutschen Flugzeugmodelle, Kriegsschiffe, vollständige Werksanlagen für noch geheime chemische und metallurgische Produktionsverfahren sowie Kohlelieferungen. Die Sowjetunion verpflichtete sich ihrerseits, jährlich eine Million Tonnen Futtergetreide, 900 000 Tonnen Erdöl, eine halbe Million Tonnen Phosphat und ebensoviel Eisenerz, 100 000 Tonnen Chromerz und zahlreiche weitere Rohstoffe zu liefern. Außerdem garantierte man den Deutschen, daß sie alle Rohstoffe, die sie aus Rumänien, dem Iran, Afghanistan und aus dem Fernen Osten bezogen, über sowjetisches Territorium transportieren durften. Schnurre frohlockte: Dieses Abkommen bedeute »das weit geöffnete Tor im Osten«, was hieß: das Tor zur Umgehung der britischen Blockade.[30]

Dann jedoch gefror die sowjetische Haltung so plötzlich, wie sie aufgetaut war, wieder zu Eis. Im März stoppten die Russen ihre Getreide- und Erdöllieferungen, weil die Deutschen angeblich mit ihren Kohlelieferungen in Verzug geraten waren und auch noch keines der versprochenen Flugzeuge bereitgestellt hatten. Hitler, dem an einer Wiederherstellung des Vertrauens gelegen war, stellte in einer Verordnung ausdrücklich den Vorrang von Waffenlieferungen an die UdSSR fest, selbst wenn dies im Einzelfall auf Kosten der Wehrmacht ging.

Unerwarteterweise gab Molotow sich am 9. April ebenso zuvorkommend, wie Mikojan sich vorher unzugänglich gezeigt hatte: Die Aussetzung der Getreide- und Erdöllieferungen sei, so erklärte er, das Werk »übereifriger subalterner Instanzen« gewesen. Schulenburg hatte den Eindruck, Stalin sei über die britischen Vorbereitungen zur Besetzung Norwegens unterrichtet gewesen und habe die Zusammenarbeit mit Deutschland auf ein Minimum drosseln wollen, um den Westmächten keinen Vorwand für einen Angriff zu liefern. Am frühen Morgen des 9. April jedoch, des Tages, an dem Molotow Schulenburg zu sich bat, waren deutsche Truppen den Alliierten zuvorgekommen und in Norwegen gelandet; die Gefahr, die Stalin ins Auge gefaßt hatte, bestand mithin nicht mehr. Je tiefer Hitler sich in kriegerische Auseinandersetzungen mit Großbritannien und Frankreich verstrickte, je stärker das Geschehen in Skandinavien und Westeuropa ihn in Anspruch nahm, desto vorteilhafter beurteilte Stalin seine eigene Lage, und mit wachsender Bereitschaft gewährte er den Deutschen die für die Kriegsführung erforderlichen materiellen und wirtschaftlichen Hilfen.

Unter dem Eindruck des finnischen Krieges hatten sowohl Winston Churchill – damals der Erste Lord der britischen Admiralität – wie Admiral Raeder die Möglichkeit einer britischen Landung in Norwegen erwogen. Falls die Briten die norwegischen Häfen Narvik und Bergen in Besitz nähmen, könnte die Royal Navy die einzige eisfreie Route für den Transport der für Deutschland äußerst wichtigen schwedischen Eisenerze unterbrechen. Außerdem würde man deutschen U-Booten und Handelszerstörern den Aufenthalt in der 1000 Meilen langen norwegischen Küstenzone verwehren, möglicherweise auch noch eine sichere Route für Hilfslieferungen nach Finnland eröffnen. Während Churchill noch auf der Suche nach einer plausiblen Rechtfertigung für den Bruch der norwegischen Neutralität war – und Raeder auf der Suche nach Mitteln und Wegen, ihm zuvorzukommen –, warf der sogenannte *Altmark*-Zwischenfall ein Schlaglicht auf die Einsätze, um die es ging. Die *Altmark*, ein deutsches Versorgungsschiff, hatte 300 britische Gefangene an Bord, Überlebende der neun Schiffe, die das deutsche Schlachtschiff *Graf Spee* im Südatlantik versenkt hatte. Im Februar 1940 kreuzte die *Altmark* mit ihrer menschlichen Ladung vor Norwegen auf, um im Schutz der neutralen norwegischen Küstengewässer die Heimat anzusteuern. Mit dem Argument, die Norweger hätten diese Verletzung ihrer Neutralität nicht tatenlos hinnehmen dürfen, schickten die

Briten unter Führung des Zerstörers *Cossack* ein leichtes Geschwader los, das das deutsche Schiff aufbrachte und die Gefangenen befreite.

Raeder hatte Hitler zwei Monate zuvor die Bedeutung Norwegens so nachdrücklich vor Augen geführt, daß dieser das OKW beauftragt hatte, Entwürfe für eine deutsche Intervention auszuarbeiten. Letzte Bedenken, die er noch gehegt haben mochte, ließ er nach der Aufbringung der *Altmark* fallen; er verlangte nun die sofortige Ernennung eines Befehlshabers für die Operation »Weserübung«.

Die Art und Weise, wie Hitler die Planung und Durchführung dieser Expedition organisierte, zeigt mit bemerkenswerter Deutlichkeit seine »unordentlichen« Arbeitsmethoden, die ebensoviel kühle Berechnung wie Emotionalität enthielten. Hitler war entschlossen, in militärischen Dingen das letzte Wort zu behalten, nicht anders als in der Politik. Er lehnte es ab, sich eingespielten Verfahrensweisen zu unterwerfen, vielmehr durchkreuzte er diese immer wieder bewußt, um sein Gespür für das Unvorhersehbare zur Geltung zu bringen, das ihm in der Politik so gute Dienste geleistet hatte. Sein Ringen mit der Wehrmachtführung über den Angriff auf Polen, später auch der anhaltende Widerstand der Generäle gegen eine Offensive im Westen festigten seine Überzeugung, daß er es keinesfalls der militärischen Bürokratie überlassen dürfe, den Norwegen-Feldzug zu planen. Pedanterie und Sicherheitsstreben des tausendköpfigen Generalstabs des Heeres würden ja gerade jenes Moment der Überraschung zunichte machen, von dem seiner Überzeugung nach der Erfolg der Sache abhing.

Es war eine Operation, die ihren Befehlshaber vor die denkbar schwierigste Aufgabe stellte: Es galt, das reibungslose Zusammenspiel aller drei Waffengattungen zu organisieren. Der Generalstab besaß keine einschlägigen Studien oder Denkschriften, und sogar Kartenmaterial war nur unter Schwierigkeiten aufzutreiben. Hitler, von alldem unbeeindruckt, schloß das OKH von Anfang an von der Planung aus. Er befahl Keitel, Jodl und ihrem kleinen OKW-Stab, die notwendigen Vorkehrungen zu treffen und die Planungen über die Köpfe des Oberbefehlshabers und des Stabschefs des Heeres hinweg voranzutreiben: Bei der Auswahl der geeigneten Divisionen solle man direkt mit den Kommandeuren verhandeln. Erst verspätet und aus zweiter Hand erfuhr das OKH, daß ein zweiter Kriegsschauplatz eröffnet wurde.

General von Falkenhorst, dem schließlich das Oberkommando anvertraut wurde, erneut ohne Absprache mit dem OKH, befehligte zu diesem Zeitpunkt nicht einmal eine Heeresgruppe, sondern nur ein Armeekorps. Er legte jedoch binnen acht Tagen einen kühnen Plan vor, der nicht nur die Landung in Norwegen, sondern auch die Besetzung Dänemarks vorsah. Hitler billigte diesen Plan am 1. März.

Dank einer besseren Aufklärung wußten die Deutschen, daß auch die Briten eine Landung in Norwegen planten, während die Briten ihrerseits nicht erkannten, daß man im Begriff war, ihnen zuvorzukommen. Noch weniger rechneten sie damit, daß die Deutschen nicht zu Lande vorrücken würden. Es schien ausgeschlossen, daß Deutschland die Flottenüberlegenheit herausfordern und die norwegischen Häfen von See her besetzen würde, Narvik eingeschlossen, das so weit nördlich lag, daß die Briten bei den ersten Meldungen mit ungläubigem Staunen reagierten und meinten, es müsse sich um eine Verwechslung mit Larvik bei Oslo handeln. Tatsächlich aber waren schon eine volle Woche vor dem eigentlichen Beginn der Landung deutsche Kriegsschiffe und Truppentransporter in langgezogenem Konvoi die norwegische Küste hinauf nach Norden gefahren, ohne daß die Royal Navy sie bemerkt hatte. Der Höhepunkt dieser in der Tat völlig überraschenden Aktion war die Besetzung norwegischer Flugplätze durch Luftlandetruppen trotz orkanartiger Winde und Schneestürme – es war das erste Mal, daß dergleichen überhaupt gewagt wurde.

In der Nacht vom 6. zum 7. April stach so gut wie die gesamte deutsche Flotte in See, an Bord weitere Tausende Soldaten. Auch dies war ein Wagnis, das Nervenstärke und äußersten Mut verlangte; denn wenn auch nur eines der zahllosen Schiffe von den Norwegern oder den Briten entdeckt worden wäre, hätte das ganze Unternehmen scheitern können. Tatsächlich sank ein deutsches Schiff, und Soldaten in der unverwechselbaren feldgrauen Uniform wurden aus dem Wasser gefischt; doch weder Norweger noch Briten – die mit der Verminung norwegischer Gewässer beschäftigt waren – zählten eins und eins zusammen. Das Glück, das nach Hitlers Überzeugung dem Kühnen stets hold war, verließ ihn auch diesmal nicht. Im Morgengrauen des 9. April besetzten deutsche Truppen die Häfen Narvik, Trondheim und Bergen, und am frühen Abend konnte Falkenhorst melden, Norwegen und Dänemark seien »auftragsgemäß« in deutscher Hand.

Freilich kam die Norwegen-Expedition die deutsche Flotte noch teuer zu stehen: Bei einer Seeschlacht im Narvik-Fjord wurden neun deutsche Zerstörer versenkt, die Hälfte von Raeders gesamter Zerstörerflotte. Auch mehrere Kreuzer gingen verloren oder wurden beschädigt. Hitler erlitt daraufhin einen jener Nervenzusammenbrüche, welche die andere Seite seiner Risikobereitschaft und Neigung zum Glücksspiel waren. Gelungene Landungsunternehmen der Alliierten Mitte April erschütterten seine Zuversicht zutiefst. Eine Zeitlang war er überzeugt, die Briten würden Narvik bald erstürmen und die deutschen Besatzungstruppen unter General Dietl zur Kapitulation zwingen.

Es scheint, als sei Hitler damals in einen Zustand höchster nervlicher Anspannung geraten. Wutausbrüche wechselten mit Phasen brütender Niedergeschlagenheit, in denen er schweigend und zusammengekrümmt in einer Ecke saß und vor sich hinstarrte. Jodl schrieb am 14. April in sein Tagebuch: »Aufregung fürchterlich.« Und drei Tage später: »Jede ungünstige Meldung führt zu den schlimmsten Befürchtungen.«

Es dauerte bis zur letzten Aprilwoche, daß Hitler sich wieder in die Gewalt bekam. Ohne seinen Irrtum auch nur andeutungsweise einzugestehen, erkannte er, daß Jodl im Recht gewesen war: Man würde Narvik halten können; die Briten steckten in weit größeren Schwierigkeiten als die Deutschen. Schließlich konnte Jodl am 30. April seinem Führer mitteilen, daß die Verbindung zwischen Oslo und Trondheim hergestellt sei. »Führer ist außer sich vor Freude«, notierte Jodl in sein Tagebuch. »Ich muß mittags neben ihm sitzen.«[31]

Im Grunde vermochten die Briten den Vorsprung, den die Deutschen sich dank ihrer Überraschungstaktik gesichert hatten, nie mehr wettzumachen. Es gelang ihnen zwar an drei Stellen, französische, polnische und britische Einheiten an Land zu setzen, aber alle diese Truppen mußten im Verlauf des Mai wieder abgezogen werden. Am 28. Mai landete noch einmal eine britische Streitmacht bei Narvik. Die Briten besetzten die Stadt, doch nur für ein paar Tage: Am 9. Juni wurden sie wieder vertrieben. Ihrem Rückzug, der sie den Flugzeugträger *Glorious* kostete, folgte der norwegische König.

Im Juni war der Kampf um Norwegen beendet, und bis zum Kriegsende blieb das Land unter der Herrschaft eines deutschen Besatzungsregimes unter Reichskommissar Josef Terboven, eines ehemaligen Bankbeamten, der zum NS-Gauleiter von Essen avanciert war und in Oslo eine norwegische Marionettenregierung unter Ministerpräsident Vidkun Quisling beaufsichtigte. Die Transportroute für das schwedische Eisenerz war damit gesichert; die deutsche Marine konnte künftig von norwegischen Stützpunkten aus die nordatlantischen Schiffahrtswege der Alliierten bedrohen. Später operierte sie auch gegen britisch-amerikanische Transportkonvois, die sich auf dem Weg zum sowjetischen Arktishafen Murmansk befanden. Doch schon im Juni 1940 geriet der Kampf um Norwegen in Vergessenheit, überschattet von jenem weit bedeutungsvolleren Sieg, den Deutschland an der Westfront über die französischen und britischen Landstreitkräfte errang.

Auch hier spielte ein Element von Glück hinein. Es bestand darin, daß die West-Offensive, die nach Hitlers ursprünglichen Plänen schon im Herbst oder Winter starten sollte, noch einmal aufgeschoben werden mußte. Der Feldzugsplan, den das OKH im Oktober 1939 entworfen hatte, ließ die Heeresgruppe B unter Bock den Hauptstoß des Angriffs über den rechten Flügel vortragen und entlang einer über Lüttich und Namur führenden Linie in Richtung auf die Kanalküste vorstoßen; gleichzeitig sollte die Heeresgruppe A unter Rundstedt am Fuß der Ardennen die mittlere Stellung besetzen, während die Heeresgruppe C unter Leeb gegenüber der Maginot-Linie den linken Flügel halten würde. Das war, wie Hitler monierte, eine Neuauflage des Schlieffen-Plans von 1914, und seiner Überzeugung nach konnte man »mit einer solchen Operation nicht zweimal durchkommen«.

Es war überdies genau der Operationsplan, mit dem das französische Oberkommando rechnete und den es zu durchkreuzen gedachte, als es im Mai 1940 seine Truppen nach Belgien hinein vorstoßen ließ. Selbst wenn es den Deutschen gelingen sollte, die Alliierten zurückzudrängen, würden diese lediglich auf ihre eigenen befestigten Stellungen und Nachschubbasen geworfen werden.

Hitler, der im Ersten Weltkrieg in Flandern gekämpft hatte, kannte das Gelände, durch das Bocks Heeresgruppe B vorstoßen sollte. Er wußte, daß es von zahllosen Kanälen und kleinen Wasserläufen durchschnitten war und daß dies die gepanzerten Kräfte, von denen ein rascher Durchbruch abhing, bremsen würde. Um so mehr zog ihn der Gedanke an, den Hauptstoß weiter südlich zu führen, in nordwestlicher Richtung entlang der Somme vorzustoßen und den alliierten Truppen, wenn sie tatsächlich nach Belgien hinein vorrückten, in den Rücken zu fallen. Danach könnte man sie von hinten her bis zur Kanalküste aufrollen. Doch geleitet von dem Wunsch, die Offensive so bald wie möglich zu eröffnen, hatte Hitler die Idee im Herbst 1939 nicht weiterverfolgt.

Ende Januar 1940 kehrte Hitlers militärischer Adjutant, Oberst Schmundt, von einem Truppenbesuch an der Westfront mit der Nachricht zurück, General von Manstein, der Stabschef von Rundstedts Heeresgruppe A, habe denselben Gedanken gehabt wie Hitler. In Absprache mit General Guderian, dem führenden Experten für den Panzerkrieg, hatte Manstein sich davon überzeugt, daß die Ardennen mit ihren bewaldeten Hügeln für Panzer durchaus nicht unpassierbar waren. Wer einen solchen Plan vorlegte, widersprach freilich unmißverständlich der bisherigen Arbeit des Generalstabs und konnte kaum mit freundlichen Reaktionen rechnen. So kam es, daß Manstein sich unversehens auf einen Kommandoposten im rückwärtigen Frontgebiet versetzt sah.

An der Durchführung des Feldzugsplans hat von Manstein nur geringen Anteil gehabt. Dennoch war er es, der Hitler die Idee am 17. Februar in einer Unterredung darlegte. Er hatte Erfolg, weil dieser Vorschlag genau das Element der Überraschung enthielt, das in den Plänen des OKHs gefehlt hatte. Denn in den Reihen des französischen wie des deutschen Oberkommandos besagte eine allgemein verbreitete Auffassung, die Ardennen seien für Panzeroperationen ungeeignet, und so war damit zu rechnen, daß dieser Frontabschnitt nicht besonders stark gesichert sein würde. Hatten die deutschen Panzer erst einmal die Berge überwunden, könnten sie im vergleichsweise flachen Gelände Nordfrankreichs rasch weiter vorstoßen; sie würden ungehindert die Verbindungslinien durchtrennen, auf welche die durch Belgien vorrückenden alliierten Truppen angewiesen waren, und diese mit dem Rücken an die belgischen Kanalküste zu drängen. Das genügte, um Hitler zu überzeugen. Am darauffolgenden Tag ließ er Brauchitsch und Halder zu sich kommen und befahl ihnen, anstelle ihres eigenen Plans den von Manstein auszuarbeiten; Am 24. Februar wurde er als neue Weisung für den Angriff im Westen bestätigt.[32]

Anfang Mai 1940 hatten die Briten alle ihre Brückenköpfe in Norwegen geräumt, lediglich im weit nördlich gelegenen Narvik hielt eine 12 000 Mann starke Landungstruppe noch die Stellung. Der Unmut über diese Blamage, welche die britische Seeherrschaft schweren Zweifeln aussetzte, führte zum Sturz der Regierung Chamberlain, und am 10. Mai wurde Churchill zum neuen Premierminister ernannt. Am selben Tag traten Hitlers Heer und Luftwaffe zu der so oft verschobenen Offensive im Westen an.

Dank des Hitler-Stalin-Pakts mußten die Deutschen nicht fünfzig bis sechzig, sondern lediglich acht Divisionen im Osten belassen. An der Westfront führten sie 141 Divisionen gegen die Alliierten ins Feld, die dort insgesamt 144 Divisionen stehen hatten, wovon 104 auf die Franzosen, 10 auf die Briten und die übrigen auf Belgier und Holländer entfielen. Die Alliierten verfügten über mehr Panzer, die Deutschen über mehr Flugzeuge, aber nach bloßen Zahlen waren beide Seiten ungefähr gleich stark. Was den Deutschen indessen spürbar zum Vorteil gereichte, war zum einen ihr einheitlicher Oberbefehl, zum zweiten ihr überaus geschickter Einsatz der zehn gepanzerten Divisionen (von denen drei mit tschechischen Panzern ausgerüstet waren), zum dritten ihre rasch errungene Luftherrschaft, durch die sie auf neuartige Weise Luftlandetruppen einsetzen konnten, und schließlich ganz allgemein die Qualität ihrer Führung und die hohe Kampfmoral auf allen Ebenen.

Aus deutscher Sicht verlief alles nach Plan: Bocks Heeresgruppe B brauchte im Norden nur fünf Tage, um die Holländer zur Kapitulation zu zwingen. Die Verteidigungsbollwerke der Holländer und Belgier wurden überwunden mit Hilfe hochqualifizierter Luftlande- und Gleitseglertruppen, die hinter der Front ins Land fielen und wichtige Brücken über die Maas und den Albert-Kanal besetzten, ehe die Verteidiger sie sprengen konnten. Eine Idee von Hitler selber führte dabei zur Einnahme der berühmten belgischen Festung Eben Emael: Auf dem Dach der Festung landete ein Trupp von weniger als hundert Pionieren, ausgerüstet mit einem neu entwickelten, hochwirksamen Sprengstoff, den die deutsche Propaganda denn auch gebührend feierte – als eine der geheimnisumwitterten Hitlerschen Geheimwaffen.

Den Haupstoß führten die Deutschen jedoch über die Ardennen, und zwar zur völligen Überraschung der Alliierten. 44 Divisionen, darunter der Hauptteil der Panzerverbände, wurden zur Heeresgruppe A unter dem Oberbefehl Rundstedts zusammengefaßt. Schon am 12. Mai hatten die Panzerspitzen das Bergland überwunden und die französische Grenze passiert, am 13. setzten sie über die Maas, am 14. hatte ihr Vorstoß bereits eine achtzig Kilometer breite Schneise zwischen die beiden französischen Hauptarmeen gerissen, und nach einer Woche waren sie über dreihundert Kilometer weit vorgedrungen. Für den Erfolg entscheidend war zudem die Luftunterstützung, die sie erhielten. Die französische Luftwaffe war rasch überwältigt, die Royal Air Force verlor die Hälfte ihrer zweihundert in Frankreich eingesetzten Bomber – es waren die höchsten Verluste ihrer Geschichte –, und eine Million Flüchtlinge, die sich in den Straßen drängten, waren die denkbar leichteste Beute für die gefürchteten deutschen Sturzkampfbomber.

Am 20. Mai hatten die Deutschen ihren Stoßkeil von der Grenze bis zur Kanalküste vorgetrieben und damit die weiter nördlich stehenden britischen und französischen Truppen von ihren Stützpunkten und Nachschubbasen in Frankreich abgeschnitten. Die deutschen Generäle, von der Schnelligkeit ihres Vormarsches selber überrascht, waren sich über das weitere Vorgehen uneins. Sie konnten kaum glauben, daß das berühmte französische Heer mit seiner großen kriegerischen Tradition sich so leicht hatte besiegen lassen, und blickten mit Besorgnis auf die starken französischen Truppenteile an der südlichen Flanke des deutschen Stoßkeils. Nicht anders erging es Hitler selber, der bereits gewisse Anzeichen der Bestürzung über seinen eigenen Erfolg an den Tag legte und dem Oberkommando vorwarf, durch zu raschen Vormarsch den Erfolg des ganzen Feldzuges aufs Spiel zu setzen.[33] Dieses eine Mal waren es Brauchitsch und Halder, die einem vorsichtigen Hitler zu mehr Kühnheit rieten. Die gepanzerten Verbände müßten, so forderten sie, ohne Verzögerung weitermarschieren und die alliierten Truppen im Norden einkesseln; gleichzeitig könne man sich auf deutscher Seite überlegen, wie man im Süden künftig vorgehen wolle. Rundstedt ließ die Panzerverbände am 23. Mai haltmachen, er wollte ihnen eine Atempause gönnen und sie neu gruppieren. Gegen den Rat Brauchitschs und Halders bestätigte Hitler diesen Haltebefehl. Er gab dabei nicht zuletzt dem Drängen Görings nach, der beweisen wollte, daß die Luftwaffe die eingekreisten Truppen auch ohne Hilfe des Heeres ausschalten konnte.

Nach Kriegsende gab es ausgiebige Kontroversen über die Frage, wer für diese Entscheidung verantwortlich gewesen sei, wobei die Generäle versuchten, Hitler allein die Schuld zuzuschieben. Wie dem auch sei – der entscheidende Punkt scheint darin zu liegen, daß man auf deutscher Seite erst am 26. Mai die Absicht der Briten erkannte, Dünkirchen, den einzigen ihnen noch zugänglichen Hafen, für die Evakuierung ihrer Truppen auf dem Seeweg zu nutzen. Hitler setzte darauf die Panzer sofort wieder in Marsch; doch die Briten hatten die verstrichene Zeit genutzt, um sich einzugraben, und so konnten sie den Hafen und die Strände von Dünkirchen lange genug behaupten, um bis zum 4. Juni in einer bemerkenswerten, improvisierten Rettungsoperation, an der Schiffe und Boote jeder Art und Größe beteiligt waren, insgesamt 340 000 Mann (darunter 139 000 Franzosen) zu evakuieren.

Die militärische Bedeutung dieses Vorganges trat erst später zutage, als Hitler erkannte, daß die Briten den Krieg um jeden Preis fortsetzen wollten. Zum Zeitpunkt der Aktion von Dünkirchen jedoch hielten die Deutschen die britische Armee bereits für geschlagen und wandten ihr Augenmerk der bevorstehenden Schlacht um Frankreich zu.

Als diese am 5. Juni begann, waren Hitler und das OKH über Schwerpunkt und Stoßrichtung des Feldzugs erneut kontroverser Ansicht. Halder trat im Sinne klassischer und militärischer Lehren für die vorrangige Bekämpfung und Ausschaltung der gegnerischen Truppen ein, während Hitler zunächst das Lothringer Becken mit seinen für die französische Rüstungsindustrie so wichtigen Eisenerzgruben in deutschen Besitz bringen wollte. Im Grunde aber war es fast gleichgültig, welchen Weg man wählen würde. Auch wenn einzelne französische Verbände noch Widerstand leisteten, hatten sich Regierung und Oberkommando der Franzosen bereits auf die Niederlage eingestellt. Die Deutschen brauchten nur drei Tage, um an die Seine vorzudringen, und am 14. Juni marschierten sie in Paris ein, das von der französischen Regierung bereits geräumt worden war. Von hier aus stießen ihre Armeen fächerförmig weiter vor, indem sie schnelle Panzerverbände als Speerspitzen benutzten, die das Rhônetal hinab Richtung Mittelmeer und im Südwesten zur spanischen Grenze voranstürmten. Am 16. Juni löste der fünfundachtzigjährige Marschall Pétain Premierminister Reynaud ab; einen Tag später ersuchte er um Waffenstillstand. Da alle Versuche, den Krieg von überseeischen Bastionen aus weiterzuführen, keinen Erfolg hatten, wurde dieser am 22. unterzeichnet. Damit war der Krieg im Westen zunächst einmal beendet. Was die kaiserlichen deutschen Armeen vordem in einem langen, verheerenden Krieg vergeblich versucht und mit über 1,8 Millionen Gefallenen bezahlt hatten, war den Armeen Hitlers in nur sechs Wochen und mit 27000 Gefallenen gelungen.

Kaum hatte Hitler von dem französischen Waffenstillstandsersuchen erfahren, reiste er von der Front ab, um sich am 18./19. Juni in München mit Mussolini zu besprechen. Der vielbeschworene Stahlpakt, der in beiden Ländern gleichermaßen unpopulär war, hatte sich bis dahin als bloßes Stück Papier erwiesen. Am 20. November 1939 hatte Ciano seinem Tagebuch anvertraut: »Für Mussolini ist der Gedanke, daß Hitler Krieg führt, oder, noch schlimmer, ihn siegreich beendet, gänzlich unerträglich.«[34]
Es waren vor allem Hitlers Verständigung mit Stalin und die anschließende Aufteilung Polens, die den Duce bestürzt hatten. Kurz nach dem Jahreswechsel 1939/40 schrieb er seine Bedenken nieder und übermittelte sie Hitler in einem Brief, der das letzte Aufbegehren seines Selbstbehauptungswillens gegenüber dem übermächtigen Bündnispartner war. Er sei, so ließ er Hitler in diesem Schreiben wissen, »zutiefst überzeugt« davon, daß Deutschland auch mit Unterstützung Italiens Frankreich und Großbritannien niemals werde besiegen können – die USA würden dies auf keinen Fall zulassen. Mussolini drängte seinen Bundesgenossen, sich um einen Kompromiß zu bemühen, der die Bildung eines polnischen Staates einschließen müsse. Da er seine eigenen Gründe hatte, von einer Ausweitung des Krieges im Westen nichts Gutes zu erwarten, beschwor er Hitler, kehrtzumachen und allenfalls im Osten auf die Suche nach deutschem Lebensraum zu

gehen. »Rußland ist, ohne einen Schlag zu tun, in Polen und im Ostseegebiet der große Nutznießer des Krieges gewesen. Aber ich, der ich Revolutionär von Geburt bin und meine Anschauung nicht geändert habe, sage Ihnen, daß Sie nicht ständig die Grundsätze Ihrer Revolution zugunsten der taktischen Erfordernisse eines bestimmten politischen Augenblicks opfern können. Ich fühle, daß Sie nicht das Banner des Antibolschewismus und des Antisemitismus aufgeben dürfen, das Sie zwanzig Jahre hindurch hochgehalten haben.«[35]

Hitler ließ sich zwei Monate Zeit, ehe er eine Antwortnote schickte, die Ribbentrop schließlich am 10. März überbrachte. Ihr Text war ein geschickter Appell an den Wunsch Mussolinis, als bedeutender Staatsmann in die Geschichte einzugehen. »Darf ich Ihnen endlich versichern, daß ich trotz allem glaube, daß das Schicksal uns früher oder später doch zwingen wird, gemeinsam zu kämpfen.«

Mussolini fühlte sich geschmeichelt, und obwohl er sich beschwerte, als ihm Hitlers Terminvorschlag für ein Treffen am Brennerpaß überbracht wurde – »diese Deutschen sind unerträglich, sie lassen einem keine Zeit zum Atemholen oder Nachdenken« –, war er doch pünktlich an Ort und Stelle. Noch hoffte er, wie Ciano in seinem Tagebuch vermerkte, Hitler von einem Angriff im Westen abbringen zu können; Ciano indessen glaubte nicht daran. »Man darf sich auch nicht verbergen«, schrieb er ahnungsvoll, »daß der Duce von Hitler fasziniert ist. Und diese Faszination geht noch dazu in Richtung seiner eigenen Natur, die auf Handlung drängt. Der Führer wird vom Duce viel mehr erreichen als Ribbentrop.«[36]

Das Treffen, das am 18. März stattfand, nahm genau den von Ciano vorausgesehenen Verlauf. Mussolini kam kaum dazu, seinen Standpunkt vorzubringen, weil Hitler ihn mit Redeschwällen überschüttete, und in den wenigen Minuten, die ihm danach noch blieben, bekräftigte er seine Absicht, an der Seite Deutschlands in den Krieg einzutreten. Auf dem Rückweg nach Rom machte er seinem Ärger darüber Luft, daß Hitler ihn kaum hatte zu Wort kommen lassen. Aber in der persönlichen Konfrontation hatte der Duce einen gewissen ängstlichen Respekt ebensowenig zu überspielen vermocht wie seine Befürchtung, bei der Verteilung der Beute zu kurz zu kommen.

Hitler hatte Mussolini vorab nichts von seinen Plänen für die Besetzung Norwegens und für die Offensive im Westen verraten. Als der Feldzug dann im Gang war, fand er jedoch Zeit, dem Duce eine Reihe von Briefen zu schreiben, in denen er sich voller Hohn über die Schwächlichkeit der Franzosen und Briten äußerte und Mussolini so geschickt zu gewinnen verstand, daß dieser schließlich seinen ganzen Mut zusammennahm und den Alliierten den Krieg erklärte – allerdings erst am 10. Juni, als der deutsche Sieg so gut wie feststand. Als Hitler erfuhr, daß die Italiener erst einen Tag später Malta bombardiert hatten, rief er aus: »Ich hätte alles genau umgekehrt gemacht. Das muß die letzte Kriegserklärung der Geschichte gewesen sein.

Ich hätte den Duce nie für so primitiv gehalten. Niemals im Leben werde ich eine Kriegserklärung unterzeichnen. Ich werde immer zuerst zuschlagen.«[37]

Eine Woche nachdem Italien in den Krieg eingetreten war, ohne daß die italienischen Streitkräfte sich ausgezeichnet oder irgend etwas zur Niederlage Frankreichs beigetragen hätten, zeigte Mussolini sich bei der Festlegung der Waffenstillstandsbedingungen von seiner zupackenden Seite. Für Italien verlangte er die Abtretung Korsikas, Nizzas und der französischen Besitzungen in Nordafrika, dazu Malta, Ägypten und den Sudan aus der britischen Erbmasse. Der Zügelung dieser plötzlichen Forderungen Mussolinis diente das erwähnte Treffen in München am 18. und 19. Juni.

Bezeichnenderweise hatte Hitler weder das OKW noch das OKH um Empfehlungen für die Waffenstillstandsverhandlungen gebeten. Er legte sich selber ein Konzept zurecht und überraschte die Italiener nicht weniger als die deutschen Militärs. Obschon er sich große Mühe gab, die Szenerie vom 11. November 1918 wiederherzustellen – er ließ den alten hölzernen Salonwagen, in dem Foch damals die französischen Bedingungen diktiert hatte, zu derselben Stelle im Wald von Compiègne bringen und lud die Weltpresse zum Schauplatz der Revanche ein –, unterschieden sich seine Forderungen zutiefst von dem, was die Franzosen 1918 den Deutschen zugemutet hatten. Er verlangte nichts, was die Franzosen hätte bewegen können, den Krieg von Nordafrika aus fortzusetzen oder ihre beachtliche Kriegsflotte, die sich außerhalb deutscher Reichweite befand, den Briten zu überstellen. Was letztere betraf, so hoffte Hitler, sein Großmut werde sie so beeindrucken, daß sie ein deutsches Friedensangebot ernsthafter Prüfung unterziehen würden.

Die Nordhälfte Frankreichs, dazu ein Streifen entlang der Westküste sollte unter deutscher Besatzung bleiben. Den restlichen zwei Fünfteln des Landes, verwaltet von der Vichy-Regierung Pétains, billigte er eine begrenzte Selbständigkeit zu. Das französische Kolonialreich würde unangetastet bleiben; Mussolini sollte jegliche Gebietsansprüche bis zum Abschluß eines Friedensvertrags zurückstellen. Zur Enttäuschung des Duce verwehrten die Deutschen ihm außerdem jeden Zugriff auf die französische Flotte, die zu Teilen den Franzosen weiterhin zum Schutz ihrer Kolonien dienen sollte. Der Rest wurde außer Dienst gestellt.

Einen Tag nachdem er die Schmach von 1918 getilgt und die Einwilligung der Franzosen übermittelt bekommen hatte, erfüllte Hitler sich den langgehegten Traum, die Baudenkmäler von Paris zu sehen. Niemand vor ihm war je in der Doppelrolle des Eroberers und des Touristen nach Paris gekommen. Er traf frühmorgens ein, bestieg den Eiffelturm, stand barhäuptig und schweigend vor dem Grabmal Napoleons im Invalidendom und brillierte mit seinem Wissen über die genauen Maße der Pariser Oper. Um neun Uhr verließ er die Stadt wieder, und noch am gleichen Abend beauftragte er Speer, einen Erlaß zur baulichen Umgestaltung Berlins zu entwerfen. Die

Reichshauptstadt müsse künftig alle anderen Städte, einschließlich Paris, übertreffen. Bis 1950 sollten die Umbauten abgeschlossen sein.

Nach dem Sieg über Frankreich stand Hitler auf dem Scheitelpunkt seiner Karriere. Bei jedem Schritt, den er zwischen 1933 und 1939 getan hatte, hatte er unablässig die Warnung hören müssen, daß die Franzosen intervenieren könnten. Alle seine ranghöheren Befehlshaber hatten den Ersten Weltkrieg mitgemacht, und unter dem Eindruck der deutschen Niederlage, des Versailler Vertrages und des danach unter dem maßgeblichen Einfluß Frankreichs aufgebauten Bündnissystems hatte sich ihnen tief die Überzeugung eingeprägt, daß Frankreich die führende Militärmacht Europas sei und aus einer kriegerischen Tradition schöpfe, wie kein anderes Land sie vorweisen könne. Umsonst hatte Hitler immer wieder erklärt, Frankreich sei nur noch ein Schatten einstiger Größe; es habe keine Führer mehr und den Willen zum Kämpfen verloren. Die Generäle hatten ihm nicht geglaubt, nicht einmal nachdem die Franzosen die deutsche Wiederbesetzung des Rheinlands tatenlos hingenommen, gegen den Anschluß Österreichs (den sie 1934 noch zu Fall gebracht hatten) nur verbal protestiert und schließlich die Tschechen, ihre wichtigsten Verbündeten im Osten, im Stich gelassen hatten. Die deutschen Generalstäbler blieben der Überzeugung, im Falle eines Angriffs auf Polen werde das französische Heer die deutsche Festungslinie im Westen überrennen und erneut das Ruhrgebiet besetzen.

Nicht genug damit, daß Hitler in allen diesen Fällen gegen die Generäle recht behalten hatte: Anschließend, wiederum gegen den Rat der Berufsoffiziere, hatte er den deutschen Angriff auf Frankreich durchgesetzt. Und er hatte den Franzosen innerhalb von sechs Wochen die vernichtendste Niederlage ihrer langen Militärgeschichte zugefügt.

Es ist schwer zu beschreiben, welch überwältigenden Eindruck die französische Niederlage auf die Zeitgenossen machte. Nachträglich mutet es kaum verwunderlich an, daß der Triumph Hitler zu Kopf stieg. Er war von jetzt an überzeugt, auch auf militärischem Gebiet ein Genie zu sein, ebenbürtiger Nachfolger nicht nur Bismarcks, sondern auch Moltkes und Friedrichs des Großen. Dabei kommt letzterem die größte Bedeutung zu, denn unter allen geschichtlichen Gestalten identifizierte sich Hitler am stärksten mit Friedrich II. von Preußen wie Stalin sich mit Peter dem Großen. Gewiß war Hitler als Stratege nicht untalentiert. Da er nicht die Ausbildung eines Berufssoldaten durchlaufen hatte, war er eine Art militärischer Amateur; aber das galt in nicht geringerem Maß für Stalin und Churchill. Angetrieben von einem ungewöhnlichen Interesse an militärischen Dingen, hatte er ein weites Spektrum kriegsgeschichtlicher und kriegstheoretischer Schriften gelesen; dazu kam ein bemerkenswertes Detailgedächtnis. Feldmarschall Manstein, der die strategischen Fähigkeiten Hitlers sehr kritisch beurteilte, schrieb nach Kriegsende: »[Hitler] verfügte ... über ein erstaunliches Wissen und Gedächtnis, wie über schöpferische Phantasie in bezug auf technische Fragen und auf alle Probleme der Rüstung.«[38]

In den Notizen, die er diktierte, während er in Nürnberg auf sein Urteil wartete, nennt Generaloberst Jodl Beispiele für militärische Neuerungen, die auf Vorschlag Hitlers vorgenommen worden waren: die Ersetzung der 37 mm- und 50 mm-Panzerabwehrgeschütze durch wesentlich durchschlagskräftigere Kanonen vom Kaliber 75 mm, die Bestückung der deutschen Panzer mit langläufigen 75 mm- und 88 mm-Geschützen anstelle der herkömmlichen kürzeren, außerdem die Entwicklung der Panzertypen *Panther, Tiger* und *Tiger II.* All dies waren Anregungen, die maßgeblich zum Erfolg des deutschen Panzerkrieges beitrugen. Hitler unterbreitete freilich nicht nur technische Vorschläge im engeren Sinn, sondern erfaßte dank seiner ständigen Beschäftigung mit den Fortschritten der Waffentechnik die neuen taktischen Möglichkeiten, die sich dadurch gewinnen ließen, und dazu zählte auch der Einsatz jener selbständig operierenden Panzerverbände, die das Erfolgsgeheimnis des Blitzkrieges waren. Indem er dieser Innovation zum Durchbruch verhalf, leistete er einen entscheidenden Beitrag zu den Erfolgen der deutschen Armeen in den Jahren 1939 bis 1941. In dieser Beziehung war er allen anderen Staatsmännern, Stalin eingeschlossen, ebenso weit voraus wie den militärischen Fachleuten seiner Gegner.

Hitlers Leistungen als Feldherr litten hingegen unter der Tatsache, daß er niemals auch nur eine Kompanie befehligt hatte. Er neigte dazu, die Willenskraft als den alleinigen entscheidenden Faktor anzusehen, und dies behinderte immer wieder sein Verständnis für bestimmte organisatorische und zeitliche Notwendigkeiten, die bei der Bewegung großer Truppenverbände einfach in Rechnung gestellt werden müssen. Dies galt auch für die Beweglichkeit und den Handlungsspielraum, den erfahrene Militärs angesichts der Unwägbarkeiten eines Krieges zu berücksichtigen pflegen. General Warlimont, der Hitler 1939/40 aus nächster Nähe erlebte, führte es auf diesen Mangel an Erfahrung zurück, daß Hitler zu panischen Reaktionen neigte, wenn keine Meldungen über den Verlauf einer Operation eintrafen oder wenn irgend etwas schiefging. Zeigte er sich bei der Planung militärischer Operationen kühn und souverän, so blieb er bei ihrer Durchführung, von Ausnahmen abgesehen, fast immer nervös und zögernd.

Als Stratege ließ Hitler es nie an Phantasie fehlen, weder in der Politik noch im Krieg. Unablässig suchte er nach Mitteln und Wegen, den Gegner zu überraschen. Manstein bescheinigte ihm »ein Auge für operative Möglichkeiten«, was sich zum Beispiel in seiner beharrlichen Forderung zeigte, bei der Besetzung Norwegens auch das nördlich gelegene Narvik einzubeziehen, oder beim Plan des Frankreich-Feldzuges, wo er und Manstein im Mittelabschnitt der Front die Chance für einen unerwarteten Durchbruch entdeckten. Freilich blieb Hitler auch in diesen Dingen jede Zusammenarbeit zeitlebens fremd. Er war weit entfernt, Ratschläge anzunehmen oder gar zu suchen. Wenn er die Vor- und Nachteile verschiedener Optionen gegeneinander abwog, tat er dies immer nur im Gespräch mit sich selbst; seine Entschlüsse waren intuitiv und, einmal gefaßt, keiner rationalen Erörterung mehr zugänglich, und objektive Kritik oder Analysen verabscheute er, weil sie angeblich die Entschlußkraft hemmten.

Percy Ernst Schramm schrieb in einem Aufsatz, der 1945 kurz nach dem Kriege erschien, das Denken Hitlers sei von den Erfahrungen geprägt gewesen, die er im Verlauf seines Aufstiegs zur Macht gesammelt hatte. »Wäre er durch die generalstabsmäßige Denkschule gegangen, dann hätte er auf jeder Denkstufe berechnen müssen, daß das Erreichen der nächsten unmöglich sei. Dann hätte er den Versuch der Machtergreifung nicht unternommen, da er nach nüchterner Rechnung von vornherein aussichtslos war... Genauso, wie er es in seiner politischen Wirksamkeit getan hatte, sah der Führer es auch in seiner militärischen Führung als das Richtige an, von vornherein die Ziele so weit zu setzen, daß nüchterne Rechner erklärten, sie zu erreichen sei unmöglich. Denn er vertraute darauf, daß die weitere Entwicklung sofort die Geleise des Kalküls überspringen würde.«

Entsprechend hatte Hitler seine eigenen Vorstellungen von einem funktionierenden Stab. Er wollte seine Entscheidungen reibungslos in militärische Befehle umsetzen, ohne dabei Anspruch auf die Rolle zu machen, die der deutsche Generalstab bis dahin stets gespielt hatte: die eines Forums der strategischen Diskussion, der Ausarbeitung von Empfehlungen und Ratschlägen. Wer abweichende Meinungen zur Geltung bringen wollte, löste bei Hitler nur Wutausbrüche aus. Nach Einschätzung Jodls gelangte Hitler unter dem Eindruck seiner militärischen Anfangserfolge in den Feldzügen von 1939 und 1940 zu der Überzeugung, nicht der Generalstab, sondern er, Hitler, sei der wahre Realist und habe die Entwicklungen eben deshalb besser vorhergesehen, weil er das Unberechenbare einkalkuliert habe.

Von diesem Zeitpunkt an war Hitler von der Unfehlbarkeit seines Urteils in militärischen wie politischen Dingen überzeugt. Von seinem Stab verlangte er nur noch die sozusagen technische Unterstützung, die für die Verwirklichung seiner Entscheidungen und für die Arbeit des Apparates unabdingbar war. Das führte zu Spannungen und Enttäuschungen im Kreis seiner Mitarbeiter, funktionierte aber, solange der Krieg für Deutschland günstig verlief. Als jedoch Hitlers Glückssträhne riß, zog seine Weigerung, fachlichen Ratschlägen Gehör zu schenken – vor Stalingrad beispielsweise oder als es um einen strategischen Rückzug an der Ostfront ging – verhängnisvolle Konsequenzen nach sich.[39]

Zu einer ähnlichen Wahrnehmungsverzerrung ließ Hitler sich auch hinsichtlich der Rüstung und der Kriegswirtschaft verleiten. Seinem ursprünglichen Plan zufolge hätte die deutsche Wiederbewaffnung 1943 oder 1944 abgeschlossen sein sollen. Dem lag die Annahme zugrunde, ein allgemeiner Krieg unter Einschluß europäischer Großmächte wie Großbritannien und Frankreich – im Unterschied zu begrenzten Operationen wie der Besetzung der Tschechoslowakei, auch des geplanten Polen-Feldzuges – werde frühestens Mitte der vierziger Jahre ausbrechen. Als jedoch England und

Frankreich sich entgegen den Erwartungen Hitlers im September 1939 zur Kriegserklärung entschlossen, war die deutsche Wirtschaft gerade erst dabei, die Voraussetzungen für einen längeren Krieg zu schaffen.

Einer der ersten, die die Implikationen dieser Tatsache begriffen, war der Oberbefehlshaber der deutschen Marine, Admiral Raeder. In einem Schreiben vom 3. September 1939 erinnerte er Hitler an seine Versicherung, mit einem Krieg gegen Großbritannien und Frankreich müsse nicht vor 1944 gerechnet werden. Zu einem solchen Zeitpunkt werde Deutschland tatsächlich gute Chancen haben, die britische Flotte zu vernichten und die »Endlösung der Englandfrage« herbeizuführen, von der die deutsche Marine seit den Zeiten des Admirals Tirpitz geträumt habe. Ebendiese Zeitvorgabe sei auch die ausdrückliche Grundlage für Hitlers Beschluß gewesen, dem sogenannten Z-Plan der Marine Vorrang vor allen anderen Bereichen des deutschen Wiederaufrüstungsprogramms einzuräumen. Indessen sei der Beschluß, erst im Januar 1939 verabschiedet, mit dem Einmarsch in Polen am 1. September so gut wie wertlos geworden. Die deutsche Marine, so schloß Raeder, sei zum gegenwärtigen Zeitpunkt um so viel schwächer als die britische, »daß sie zeigen kann, daß sie mit Anstand zu sterben versteht«.[40] Bei der Besetzung Norwegens schien sich der Pessimismus Raeders zunächst als voreilig zu erweisen. Später, als die deutsche Marine nicht in der Lage war, einer deutschen Landung in Großbritannien die nötige Rückendeckung zu geben oder die Blockade der Britischen Inseln wirkungsvoll zu machen, bestätigte sich doch noch die Richtigkeit seines Urteils.

Ein ähnlicher Terminplan lag dem Programm zur Entwicklung und zum Bau eines schweren Bombers (Heinkel 177) zugrunde, das 1937 angelaufen war. Es sah die Indienststellung der ersten Maschinen ab 1941 vor und ging davon aus, daß die deutsche Luftwaffe von Anfang 1943 an über jene Flotte von Langstreckenbombern verfügen würde, die für eine erfolgreiche Luftoffensive gegen die britische oder auch sowjetische Rüstungsindustrie erforderlich wäre.

Wer immer mit Rüstungsdingen vertraut war – Göring eingeschlossen –, zeigte sich angesichts dieser Zeitvorgaben besorgt. Drohend empfand man die Möglichkeit, zu früh in einen Krieg mit Frankreich und England verwickelt zu werden, für den Deutschland noch nicht stark genug erschien. Als Ende 1939 genau dieser Fall eintrat, weil beide Länder die Friedensangebote ausschlugen, die Hitler ihnen unterbreitete, wäre fraglos nichts eher am Platz gewesen als eine Analyse der deutschen Situation und ihrer rüstungswirtschaftlichen Konsequenzen. Nichts dergleichen geschah. Im November 1939 etwa unterrichteten zwei führende Ruhr-Industrielle, Voegler und Poensgen, den Chef des Wehrwirtschafts- und Rüstungsamts im OKW, General Thomas, wie unsinnig der weitere Ausbau der Stahlkapazitäten der Reichswerke Hermann Göring in Salzgitter sei: Allein die Errichtung der Hochöfen würde mehr Stahl verbrauchen, als das Werk bis 1943 produzieren könne.[41] Thomas, der schon immer dafür plädiert hatte, die gesamte Wirtschaft der Rüstungsproduktion unterzuordnen, mußte nicht erst überzeugt werden. Er versuchte, den OKW-Chef Keitel und über ihn Hitler von der Notwendigkeit einer wirtschaftlichen Mobilisierung großen Stils zu überzeugen, nachdem der Krieg nun einmal begonnen habe; doch ohne Erfolg. Hitler sprach zwar von einer »Umstellung der gesamten Wirtschaft auf eine Kriegsgrundlage«, verband dies aber mit der widersinnigen Bedingung, die außermilitärischen Wirtschaftsbereiche dürften nach Möglichkeit nicht darunter leiden. Der Z-Plan der Marine wurde aufgegeben. Aber die neuen Prioritäten, zu deren Festlegung Hitler sich drängen ließ, waren viel zu weit gefaßt. Überdies wurden sie im Verlauf des Jahres 1940 mehrfach geändert, was langfristige Produktionsplanungen ad absurdum führte. Schon an anderer Stelle ist gesagt worden, das NS-Regime habe keine sinnvolle Gesamtplanung für die Mobilisierung der wirtschaftlichen Ressourcen entwickelt. So blieb es wenigstens bis zum Winter 1941/42.

Hitler reagierte in der Regel auf unmittelbare Notstände, etwa das kritische Schrumpfen der Munitionsbestände nach dem Polenfeldzug. Daraus erklären sich einige seiner sprunghaften Prioritätsverlagerungen in der zweiten Hälfte des Jahres 1940. Im Grunde aber zeigte er in wirtschaftlichen Dingen denselben instinktiven Widerwillen gegen Planung oder Kontrolle wie im politischen und strategischen Bereich, eine Abneigung gegen alles, was die Freiheit seiner Intuitionen zu beschneiden drohte oder seiner Auffassung widersprach, die Kombination aus Willenskraft und Wettkampf erbringe immer die besten Ergebnisse. Daß Göring mit der Durchführung des Vierjahresplans betraut wurde, stand damit nicht im Widerspruch. Hitler konnte sich darauf verlassen, daß Göring keine Initiative und keinen Bericht passieren ließ, der geeignet gewesen wäre, den Führer zu reizen oder zu verunsichern.

Auch in dieser Hinsicht waren die militärischen Erfolge Deutschlands von entscheidendem psychologischen Gewicht. Sie bestärkten Hitler in seiner Verblendung, da er die Kraft der Rüstung nun vor allem am Sieg über Frankreich maß. Die deutsche Armee hatte mit ihren Waffen den Franzosen eine Niederlage beigebracht, die nach dem Ersten Weltkrieg niemand für denkbar gehalten hätte; folglich konnte die Wirtschaft so schlecht nicht organisiert sein, die diese Waffen hergestellt hatte.

Erst als der Rußlandfeldzug im Dezember 1941 ins Stocken geriet, als der russische Winter den Truppen und der Luftwaffe katastrophal zusetzte und die Hoffnung verflogen war, die Sowjetunion in einem einzigen Streich niederzuwerfen, genehmigte Hitler die radikalen Umstrukturierungen der Rüstungswirtschaft, auf die Todt seit längerem drängte. Manches davon hat Todt noch selber verwirklichen können; wieviel indessen zu tun blieb, wurde deutlich, als nach seinem Unfalltod im Februar 1942 Speer sein Amt übernahm.

Zweieinhalb Jahre nach Kriegsbeginn fand er fünf »oberste Reichsbehörden« vor, von denen jede eigene Zuständigkeiten im Bereich der Rüstungsproduktion besaß: die Vierjahresplanbehörde (Göring), das Wehrwirtschafts- und Rüstungsamt des OKW (General Thomas), das Wirtschaftsministerium (Funk), das Arbeitsministerium (Robert Ley, zugleich Chef der Parteiorganisation Deutsche Arbeitsfront) und Speers eigenes, bis dahin von Todt geleitetes Ministerium für Bewaffnung und Munition. Eine Ebene tiefer angesiedelt waren die Beschaffungsämter des Heeres, der Marine und der Luftwaffe und die fünf Bevollmächtigten für den Vierjahresplan (Eisen und Stahl, Bauwesen, Chemie, Maschinenbau, Kraft und Wasser), die ebenfalls eigenständig und mit einem Minimum an Koordination arbeiteten. Auf den mittleren und unteren Ebenen der Verwaltung verfügten die fünf obersten Reichsbehörden zudem über eigene regionale und lokale Gliederungen. Hier mußten sich die Wirtschaftsplaner mit den Gauleitern der Partei (die oft zugleich Reichsverteidigungskommissare waren) und mit anderen Parteiorganisationen auseinandersetzen, die der wirtschaftlichen Mobilmachung Widerstand entgegensetzten und über Bormann und die Parteikanzlei mitunter in direkten Kontakt mit ihrem Führer standen. Und zuletzt war seit einiger Zeit auch noch Himmler mit dem Aufbau eines Wirtschaftsimperiums der SS beschäftigt. Er betrieb eine eigene, jeder äußeren Kontrolle entzogene Wirtschaftspolitik.

Doch der Rang einer Rüstungswirtschaft bestimmt sich nicht durch ihre Ordnung und Organisation, sondern durch ihre Produktivität. Solange Hitlers Blitzkriegs-Konzept aufging, vermochte die deutsche Wirtschaft selbst unter ungünstigen Voraussetzungen die Waffen zu liefern, die die Wehrmacht zur Fortsetzung ihrer Siegesserie brauchte, zumal man nun die Ressourcen der besetzten Länder und Gebiete ausschöpfen konnte. Dann aber zog Hitler gegen das britische Weltreich, die Sowjetunion und die Vereinigten Staaten zugleich in den Krieg, und in Deutschland fühlte man sich an die Lehren des Ersten Weltkriegs erinnert, als man an der überlegenen Wirtschaftskraft der Gegner gescheitert war. Todt, Milch und Speer hatten die deutsche Wirtschaft mit ihren Reformen zu einer bemerkenswerten Produktionssteigerung gebracht; doch die beiden verlorenen Jahre, in denen Hitler und Göring es unterlassen hatten, den Siegen die wirtschaftliche Mobilmachung folgen zu lassen, ließen sich nicht wieder aufholen.

Niemanden trafen die deutschen Siege im Westen unvorbereiteter als Stalin. Er hatte mit einem langwierigen Stellungskrieg wie 1914/18 gerechnet, mindestens jedoch mit einer Feldzugsdauer von ein bis zwei Jahren. Selbst wenn die Deutschen dann den Sieg davontrügen, würden sie geschwächt einem Rußland gegenüberstehen, das seine Verteidigungskraft in der Zwischenzeit gestärkt hatte. Von der Entwicklung überrascht, suchte Stalin nun den Gewinn zu sichern, der ihm durch den Pakt zugefallen war.

Im geheimen Zusatzprotokoll zum Hitler-Stalin-Pakt hatten die Sowjets ihr Interesse an der rumänischen Provinz Bessarabien bekundet, und in der zweiten Maihälfte ließ Stalin entlang der russischen Grenze zu Bessarabien Truppen aufziehen, worauf die Rumänen zur Verteidigung ihres Landes mobil machten. Aber auch wenn die Deutschen an Bessarabien selbst nicht interessiert waren, kam ihnen doch nichts ungelegener als die Aussicht auf einen Krieg. Man fürchtete um die beträchtlichen Lebensmittel- und Holzlieferungen, vor allem aber um die 1,2 Millionen Tonnen Erdöl, die Deutschland jährlich aus Rumänien bezog. Denn die deutschen Importe aus Rumänien waren erheblich größer als die Einfuhren aus der UdSSR und machten mehr als die Hälfte des gesamten deutschen Importvolumens aus, wobei noch hinzukam, daß die Vergütung nicht durch Geld, sondern durch in Polen erbeutete Waffen geleistet wurde. Die Rumänen baten daraufhin Deutschland um Beistand. Ribbentrop, der es sich mit Stalin nicht verderben wollte, antwortete am 1. Juni mit der Frage, wieweit Rumänien den Sowjets in der Bessarabienfrage entgegenkommen würde. Die Rumänen verstanden den Wink und erklärten sich zu Gesprächen mit Stalin bereit.

In den baltischen Staaten, wo bereits sowjetische Garnisonen stationiert waren, nahm Stalin weniger Rücksicht auf Äußerlichkeiten. Am 25. Mai bestellte Molotow den litauischen Botschafter zu sich und beschwerte sich in scharfer Form über »provokative Handlungen« gegen sowjetische Soldaten. Es folgte eine Pressekampagne, außerdem weitere inszenierte Zwischenfälle im Grenzgebiet der drei baltischen Staaten. Am 15. Juni mündeten diese Aktionen in den Einmarsch sowjetischer Truppen nach Litauen. Er wurde ohne Widerstand hingenommen. Die Invasoren brachten gleich eine Ministerliste für eine neue einzusetzende Regierung mit; in ihren Weisungen hieß es, falls die Arbeiter in den baltischen Staaten den Wunsch nach einer »sowjetischen« oder »sozialistischen« Regierung zum Ausdruck bringen sollten, habe »Genosse Stalin.. gegen solche Forderungen nichts einzuwenden«. Die neuen Regierungen wurden planmäßig eingeführt, es kam zu Wahlen auf der Grundlage der »Liste der arbeitenden Klassen«. Am 21. Juli erklärten die neu gewählten »Parlamente« aller drei Staaten ihre Länder zu sozialistischen Sowjetrepubliken und baten um die Aufnahme in die Sowjetunion; der Oberste Sowjet kam ihrem Ersuchen am 3. August nach. Die Rote Armee hatte freilich schon am 1. August begonnen, in die drei Staaten einzurücken, und am 6. war die Besetzung abgeschlossen.

Sämtliche Betriebe wurden verstaatlicht, ebenso der gesamte Grundbesitz mit Ausnahme von Kleinbauernhöfen. Eine erste Welle von Deportationen nach Sibirien setzte schon vor den Wahlen ein und hielt bis zur deutschen Invasion im Juni 1941 an. Eine Woche zuvor wurden in einer einzigen Nacht, vom 14. auf den 15. Juni, 60 000 Esten, 34 000 Letten und 38 000 Litauer abtransportiert und in möglichst großer Entfernung von ihrer Heimat abgeladen. Das Ziel war es, wie im besetzten Polen, alle potentiell oppositionellen Kräfte – Politiker, Gewerkschafter, Intellektuelle, Lehrer – zu eliminieren. Die hinterlassenen Lücken schlossen Russen, die die Wohnungen und Arbeitsplätze der Deportierten übernahmen. Nicht anders war es zuvor in den vier von Deutschland annektierten Provinzen Polens geschehen, wo zahlreiche Volksdeutsche, darunter auch Tausende aus den baltischen Staaten, den Platz der vertriebenen Polen eingenommen hatten.

Hitler unternahm nichts, um die traditionellen deutschen Interessen im Baltikum zu wahren, abgesehen davon, daß er für die Aussiedlung der Volksdeutschen sorgte. Hier wie anderswo sah Hitler in der sowjetischen Annexion ohnehin nur ein Provisorium, das nicht lange Bestand haben würde.

Im Fall Rumänien allerdings wäre es fast zu einem offenen deutschen Protest gekommen, als Stalin nicht nur Bessarabien, sondern auch die benachbarte Bukowina okkupieren wollte. Molotow war zu keiner Konzession bereit. Die Bukowina, so erklärte er Botschafter Schulenburg, sei »der letzte noch fehlende Baustein zu einer vereinigten Ukraine« und müsse deshalb zugleich mit Bessarabien zur Verhandlung kommen. Nachdem Hitler sich jedoch an Stalin gewandt hatte, erklärte dieser sich am folgenden Tag bereit, nicht mehr als die nördliche Hälfte der Bukowina zu besetzen. Hinter den Kulissen drängten die Deutschen die Rumänen und ihren König Carol, sich gegen den Verlust eines Drittels ihres Staatsgebiets nicht zu wehren. Ebenso suchten sie die Regierungen Ungarns und Bulgariens davon abzuhalten, eigene Gebietsansprüche an Rumänien geltend zu machen. Am 28. Juni rückte die Rote Armee in das Land ein, und damit hatte Stalin alles, was die Deutschen ihm im geheimen Zusatzprotokoll zugesichert hatten, in der Hand – insgesamt 720 000 Quadratkilometer mit über zwanzig Millionen Einwohnern. Es hatte ihn kaum ein Menschenleben gekostet.

Alle Berichte über die deutsche Öffentlichkeit im Sommer 1939 – die der verschiedenen NS-Nachrichtendienste wie die der Exil-SOPADE, deren Hauptquartier kurz zuvor in aller Eile nach Paris verlegt worden war – hatten in dem Befund übereingestimmt, daß allgemein Kriegsangst grassiere und daß es für die Popularität Hitlers entscheidend sein werde, ob er einen Krieg vermeiden könne. Zehn Monate später jedoch, nach drei Feldzügen in dichter Folge, hatte das Vertrauen zum Führer nach allgemeiner Übereinstimmung nie gekannte Höhen erreicht. Ganz anders stand es mit der Partei. Ihr Ansehen, schon immer gering, hatte durch den Kontrast zwischen den Frontsoldaten in ihrer feldgrauen Uniform (auch Hitler trug diese jetzt, als »erster Soldat des Reichs«) und den nationalsozialistischen Funktionären im braunen Parteihemd weiter gelitten. Sie galten als Drückeberger, die es sich zu Hause gutgehen ließen. Die Begeisterung und Unterstützung für Hitler selbst jedoch – und das heißt genauer: für die mythische Gestalt des Führers, zu der er sich stilisiert hatte – erreichte im Sommer 1940 ihren Höhepunkt.[42]

Drei Elemente verbanden sich in der nationalen Hochstimmung: patriotische Begeisterung über die Siege der deutschen Armeen, Erleichterung, daß es entgegen aller Befürchtungen zu keinem langen Krieg gekommen war, und Ärger über die Briten, die allein noch dem endgültigen Sieg und dem Friedensschluß im Weg standen. Hitlers Stimmungslage war komplizierter, wie die Unschlüssigkeiten und Enttäuschungen der folgenden sechs Monate zeigen sollten. Aber auch er wünschte sich ein Ende des Krieges im Westen und verstand nicht, warum die Briten weiterkämpften.

Welchen Gebrauch er vom Frieden machen würde, war eine andere Frage, zu der er sich mehrdeutig äußerte. In jedem Fall teilte er nicht den Wunsch vieler Deutschen, England zerstört zu sehen. Mehr als einmal betonte er gegenüber Keitel, Weizsäcker – damals Staatssekretär im Auswärtigen Amt – und vielen anderen, es liege nicht im Interesse Deutschlands, das britische Empire zu zerschlagen und damit den Russen, Japanern und Amerikanern eine leichte Beute zuzuspielen. Hitler hatte den Krieg mit den Westmächten nicht deshalb gesucht, weil er territoriale Forderungen an sie hatte, sondern weil sie sich geweigert hatten, Deutschland freie Hand in Mittel- und Osteuropa zu lassen. Darum war es in der Tschechoslowakei und in Polen gegangen, und darum ging es noch immer. Der Gedanke an eine Zusammenarbeit mit Großbritannien hatte ihn immer gereizt. Jetzt, nachdem Englands letzter Verbündeter auf dem Festland besiegt war, nachdem Deutschland die britische Armee vom Kontinent getrieben hatte, mußten die Briten doch einsehen, daß sie eine deutsche Vorherrschaft in Europa nicht mehr verhindern konnten: Sie würden die europäische Vorrangstellung des Reiches anerkennen und die ehemaligen deutschen Kolonien zurückerstatten müssen; das aber sollte alles sein. Hitler war bereit, mit England nicht nur Frieden, sondern auch das Bündnis zu schließen, das er sich stets erhofft hatte. Er würde auch den Fortbestand des britischen Empire garantieren.

Allein, das Signal aus London, auf das er seit Mitte Juni wartete, blieb aus. Sondierungen über neutrale Mittelsmänner erbrachten keine Reaktion. Am 18. Juni erklärte Churchill vor dem Unterhaus, seine Regierung sei trotz aller Rückschläge entschlossen weiterzukämpfen, »so daß, wenn das britische Empire und der Commonwealth tausend Jahre bestehen würden, man trotzdem sagen würde: ›Das war ihre größte Stunde‹.« Daß dies mehr war als Rhetorik, machte die britische Regierung am 3. Juli deutlich, als sie die Royal Navy anwies, die französischen Kriegsschiffe im Hafen der nordafrikanischen Stadt Oran durch Beschuß manövrierunfähig zu machen. Noch immer verschob Hitler die Rede, die er im Reichstag halten wollte, um den Briten Zeit zu lassen. Doch es gab keinerlei Anzeichen, daß sie zum Einlenken bereit waren.

Schließlich berief er den Reichstag für den 19. Juli ein. Es wurde eine prunkvolle Siegesfeier, gekrönt durch die Verleihung des Feldmarschallrangs an zwölf der siegreichen Generäle und durch die Verabschiedung eines feierlichen Neutralitätsprotokolls. Die Briten indessen hatten das

Nach dem »Blitzkrieg« im Westen besichtigte Hitler im Spätsommer 1940 die Kanalküste, wo der Blick hinüber auf das immer noch widerstehende Großbritannien ging. Hitler scheint den Krieg gegen England tatsächlich nicht gewollt zu haben, und einige Wochen lang glaubte er wohl, daß man in London auf seine Friedensangebote eingehen werde. Tatsächlich gab es nicht nur bei den Liberalen und in der Labour Party Männer, die für einen Ausgleich eintraten; auch in der Konservativen Partei mehrten sich die Stimmen, die eine Fortsetzung des ungleich gewordenen Kampfes für aussichtslos hielten. Aber Churchill dachte nicht an Einlenken. Nach dem gescheiterten »Blitz«, dem Luftkrieg über London, mußte Hitler einsehen, daß die Chance geschwunden war, das Inselreich durch eine Invasion in die Knie zu zwingen. Damit wandte er sich endgültig der Planung des Rußlandkrieges zu.

deutsche Angebot längst ausgeschlagen, das auf ein westliches Gegenstück zum Hitler-Stalin-Pakt hinauslief. Jetzt durchkreuzten sie Hitlers Strategie erneut: Sie suchten ihn in einen dauerhaften allgemeinen Krieg zu verwickeln, für den Deutschland nicht gerüstet war und den Hitler gerne vermieden oder doch mindestens verschoben hätte, bis er besser darauf vorbereitet sein würde.

Bis zum Sommer 1940 hatte Hitler nie ernsthaft darüber nachgedacht, wie er England angreifen könne. Der erste Plan, der ihm vorgelegt wurde, sah eine Landung auf breiter Front vor; sie würde unter dem Schutz von Marine und Luftwaffe stehen und von Ramsgate bis über die Isle of Wight hinaus reichen. Hitler befahl, die Vorbereitungen für die »Operation Seelöwe« bis Mitte August abzuschließen.

Die Heeresführung war begeistert. Hitler jedoch zeigte sich von den Schwierigkeiten der Operation ebenso beeindruckt wie Admiral Raeder. Die Schwächen der deutschen Marine waren unverkennbar. Raeder konnte nur für dreizehn der vierzig Divisionen, die nach England gebracht werden sollten, Transportkapazitäten anbieten, und die bei der Besetzung Norwegens erlittenen Verluste – drei Kreuzer und neun Zerstörer waren versenkt, zwei Kreuzer und ein Zerstörer beschädigt worden –, setzten ihn außerstande, den Invasionstruppen den Schutz zu bieten, den sie gegen die Royal Navy brauchen würden.

Im August akzeptierte Hitler die Argumente der Marineführung. Er verzichtete auf den Landungsversuch, statt dessen setzte er darauf, daß die Luftwaffe ihr britisches Gegenstück ausschalten und sich die Luftherrschaft sichern könne. Das würde eine Invasion von etwas kleineren Dimensionen erlauben. Der Ruhm, den die deutsche Luftwaffe sich im spanischen Bürgerkrieg, im Polenfeldzug und in der Schlacht um Frankreich erworben hatte, ließ es plausibel erscheinen, daß sie dieses Ziel erreichen könne, und am 13. August starteten im Rahmen des »Adlertags«, der die Schlacht um Großbritannien eröffnen sollte, 1500 deutsche Flugzeuge gen England.

Hier freilich traf die Luftwaffe erstmals auf einen Gegner, der unter gleichen Kampfbedingungen gegen sie antreten konnte. England besaß nicht nur die besten einmotorigen Jagdflugzeuge der Welt – die Hurricanes und Spitfires mit ihren jeweils acht Bordkanonen –, sondern auch ein revolutionäres Frühwarnsystem namens Radar, das sich auf ein Netz von tausend Beobachtungsposten stützte, die vom Observer Corps gestellt wurden. Das Jagdfliegerkommando der RAF kämpfte zeitweise unter widrigsten Bedingungen; einmal konnte seine 11. Gruppe, welcher der Schutz Londons und des englischen Südostens anvertraut war, von ihren sieben wichtigsten Rollbahnen nur noch eine benutzen. Aber an allen Tagen, von einer einzigen Ausnahme abgesehen, überstiegen die deutschen Verluste die der Briten, und gegen Ende der ersten Kampfphase näherten sie sich der Zahl 1000, während die Briten im selben Zeitraum nur 550 Maschinen verloren hatten.

Nachts setzten die deutschen Bomber ihre Angriffe auf London und andere Städte noch bis zum Winter fort. Bei Tageslicht dagegen besaß die RAF unbestritten die Luftherrschaft über England, wodurch die wichtigste Vorbedingung der geplanten Landung nicht erfüllt war. In Erkenntnis dieser Tatsache blies Hitler am 17. September die Operation ab und verschob sie auf unbestimmte Zeit.

Bisher hatte Hitler immer betont, daß ein Angriff auf Rußland unter besonderen Bedingungen stehe: Grundvoraussetzung sei, daß man das Eingreifen der Westmächte ausschließen könne. Diese These, zuerst in *Mein Kampf* formuliert, wurde von ihm in einer Rede vor ranghohen Offizieren am 22. November 1939 nochmals bestärkt: Man könne gegen Rußland nur vorgehen, so vermerkt das Protokoll, wenn man im Westen den Rücken frei habe.

Ein Jahr später jedoch schien er seine Ansicht geändert zu haben. Entnervt durch die Unbeirrbarkeit und die Ausdauer der Briten, zeigte er sich bereit, auf die Vorbedingung zu verzichten und so zu tun, als hätte England bereits kapituliert. Er behalf sich dabei mit dem Argument, die Engländer bewiesen vor allem deshalb so viel Entschlossenheit, weil sie auf die Sowjetunion zählten. Bei einer Besprechung mit den Chefs der Teilstreitkräfte, deren Verlauf Halder in seinem Tagebuch festgehalten hat, erklärte Hitler am 31. Juli 1940:

»Englands Hoffnung ist Rußland und Amerika. Wenn Hoffnung auf Rußland wegfällt, fällt auch Amerika weg, weil Wegfall Rußlands eine Aufwertung *Japans* in Ostasien in ungeheurem Maß folgt... *Rußland Faktor, auf den England am meisten setzt. Irgend etwas ist in London geschehen!* Die Engländer waren schon ganz down, nun sind sie wieder aufgerichtet... *Ist aber Rußland zerschlagen, dann ist Englands letzte Hoffnung getilgt.* Der Herr Europas und des Balkans ist dann Deutschland. *Entschluß: Im Zuge dieser Auseinandersetzung muß Rußland erledigt werden. Frühjahr 1941.*

Je schneller wir Rußland zerschlagen, um so besser. Operation hat nur Sinn, wenn wir Staat in einem Zug schwer zerschlagen. Gewisser Raumgewinn allein genügt nicht... Mai 41. 5 Monate Zeit zur Durchführung. Am liebsten noch in diesem Jahre. Geht aber nicht, um Operation einheitlich durchzuführen.«[43]

Am 31. Juli wurde kein endgültiger Beschluß gefaßt. Hitler wollte noch abwarten und prüfen, ob eine Invasion sich in England überhaupt durchführen ließe; und vielleicht würden die Briten angesichts der Bedrohung ja doch noch einlenken. Nichtsdestoweniger erhielten das OKW und der Generalstab des Heeres unter Halder Anweisung, Pläne für einen russischen Feldzug auszuarbeiten, und noch im Sommer 1940 begann die Wehrmacht mit der Verlegung von Truppen in den Osten. Die Verschiebung der englischen Invasion, am 12. Oktober beschlossen und von da an nie wieder ernsthaft erwogen, hatte keinerlei Einfluß auf die Kriegsvorbereitungen. Doch stellte sich nun die Frage, wie Hitler in der Zwischenzeit den Krieg gegen England weiterführen sollte.

Wenn er nichts anderes tat als die englischen Städte mit regelmäßigen Bombardements zu überziehen, würde die Dynamik des Angriffs ohne Zweifel verlorengehen. Überdies würde ein Teil jener Frist verstreichen, in der Deutschland noch von seinem Rüstungsvorsprung zehren konnte. Dagegen schien England im Mittelmeerraum verwundbar, und Hitler mag daran gedacht haben, die britischen Verkehrsverbindungen zu den Ölvorkommen des Nahen Ostens sowie nach Indien, Australien, Neuseeland und Fernost abzuschnüren. Nicht zuletzt verfügte Deutschland in diesem Raum über einige Verbündete: Spanien, Vichy-Frankreich und natürlich Italien.

Für eine Mittelmeerstrategie trat insbesondere Admiral Raeder ein. Für ihn wie für die deutsche Marine war nicht die Sowjetunion, sondern England Hauptgegner Deutschlands, und so unternahm er am 6. September einen Versuch, Hitler die Eroberung Gibraltars und des Suez-Kanals nahe-zulegen – jener beiden Punkte, an denen der britische Einfluß im Mittel-meer hing. Am 26. September legte Raeder sein Ansinnen erneut unter Hinweis darauf vor, daß der Verkehrsweg durch das Mittelmeer und die Machtposition im Nahen Osten die tragenden Säulen der britischen Welt-geltung seien.

Für Raeder war die Mittelmeer-Strategie nichts Geringeres als eine Alternative zur Strategie Hitlers. Anstelle der Sowjetunion sollte Großbri-tannien dabei die Rolle des Hauptgegners innehaben, während der Kriegs-schauplatz weniger in Europa als im Nahen Osten und im nordwestlichen Afrika liegen würde. Raeder gewann den Eindruck, Hitler schon weitge-hend überzeugt zu haben; man versprach ihm, daß die Vorschläge auch Mussolini vorgelegt würden. Und in der Tat widmete Hitler sich in den letz-ten vier Monaten des Jahres 1940 ausgiebig den besprochenen Operationen im Mittelmeerraum. Erst später wurde klar, daß er den Angriff auf die Sowjetunion längst beschlossen hatte. Sein Interesse am südlichen Kriegs-schauplatz beruhte auf ganz anderen Überlegungen als bei der deutschen Marine.

Hitler dachte nie ernsthaft daran, die Offensive im Osten zugunsten stra-tegischer Operationen im Mittelmeerraum und im Nahen Osten fallenzu-lassen. Dennoch erschien ihm dergleichen in begrenztem Rahmen sinn-voll, weil es, abgesehen von der Bombardierung britischer Städte und dem U-Boot-Krieg im Atlantik, weiteren Druck auf Großbritannien ausübte. Von Frankreich und Spanien erwartete er dabei die Bereitschaft, den Haupt-teil aller militärischen Aktionen im westlichen Mittelmeer zu übernehmen, ebenso wie er von Mussolini und den Italienern den maßgeblichen Beitrag zur Kriegsführung in Nordafrika und im östlichen Mittelmeer erwartete. Nicht sehr zuversichtlich beurteilte er die Bereitschaft Vichy-Frankreichs, für die französischen Interessen in Nordwestafrika einzustehen. Gleich-wohl sollte das deutsche Engagement in diesem Raum sich auf militärische Unterstützung beschränken – auf die Entsendung von Luftlandetruppen und Sturzkampfbombern für die Eroberung Gibraltars beispielsweise oder den Einsatz einiger Divisionen zur Verstärkung der italienischen und spani-schen Streitkräfte.

Auch Ribbentropp entwickelte Pläne. Die Idee einer antibritischen Koalition belebte erneut seinen alten Gedanken, Japan und Italien enger an Deutschland zu binden. Die Japaner, die auf den Hitler-Stalin-Pakt mit scharfer Kritik reagiert hatten, sahen nun die Gelegenheit gekommen, die französischen und niederländischen Kolonien im Fernen Osten zu über-nehmen, sie erwiesen sich als ebenso beutegierig wie zuvor schon Musso-lini. So wurde am 27. September 1940 der Dreimächtepakt unterzeichnet. Anders als der Anti-Komintern-Pakt war er nicht gegen die Sowjetunion gerichtet, sondern betraf lediglich die Abgrenzung und Anerkennung von Interessensphären: Deutschland und Italien würden in Europa, Japan im ostasiatischen und pazifischen Raum eine neue Ordnung errichten.[44]

Im Oktober reiste Hitler schließlich nach Spanien und Frankreich; er wollte versuchen, die Regierungen Francos und Pétains für seine Absichten zu gewinnen. Das Treffen mit Franco, das am 23. Oktober im Grenzort Hendaye stattfand, sollte ihn noch lange beschäftigen. Denn Franco war weit davon entfernt, Hitlers selbstsichere Behauptung, daß Deutschland siegen und England untergehen werde, bewundernd entgegenzunehmen. Der Caudillo stellte vielmehr unangenehme Fragen, und als Hitler ihm ein Abkommen unterbreitete, das den Kriegseintritt Spaniens im Januar 1941 sowie die Zusicherung deutscher Hilfe bei der Eroberung Gibraltars vorsah, vermied er jede verbindliche Zusage. Hitler mußte sich nach neunstündigen Verhandlungen eingestehen, sein Ziel nicht erreicht zu haben. Wie er später Mussolini anvertraute, würde er sich »lieber drei oder vier Zähne ziehen lassen«, als ein solches Gespräch mit Franco noch einmal zu führen.

Zufriedenstellender verlief allem Anschein nach Hitlers Besuch bei dem fünfundachtzigjährigen Pétain in Montoire. Der Marschall war im Grunde zur Zusammenarbeit bereit und bestätigte, daß es ein gemeinsames Interesse Frankreichs und der Achsenmächte an einer schnellen Niederlage Großbritanniens gebe. Hitler erkannte im Gegenzug das Recht Frankreichs an, sich für jedwede territorialen Verluste, die es in Afrika möglicherweise hinnehmen mußte, an den britischen Besitzungen schadlos zu halten. Viele Fragen blieben indes noch zu klären, und Marschall Pétain kommentierte das Ergebnis der Unterredung einem Freund gegenüber mit dem oft zitierten Satz: »Man wird sechs Monate brauchen, um dieses Programm durchzusprechen, und weitere sechs, um es zu vergessen.«

Welche Genugtuung Hitler auch immer über die französische Unterstützung empfunden haben mag, sie verflog sehr schnell, als er bei seiner Rückkehr nach Berlin erfuhr, daß Mussolini einen Angriff auf Griechenland plane. Vor der Abreise nach Spanien hatte Hitler am Brenner mit dem Duce konferiert, und der Italiener hatte sich angesichts der deutschen Bemühungen um französische Kollaboration höchst ungehalten gezeigt. Hitler erwartete nämlich von seinem Achsenpartner, daß er zugunsten Frankreichs auf seine ausgedehnten Gebietsansprüche verzichte, sei es in Europa, sei es im französischen Kolonialbereich. Nach Rom zurückgekehrt, verlieh Mussolini seinem Verdruß in einem Brief an Hitler Ausdruck, in dem er den Franzosen vorwarf, sie glaubten nicht besiegt worden zu sein, »weil sie nicht gekämpft haben«. Doch erst als die Deutschen ein weiteres Mal zuschlugen, diesmal auf dem Balkan, sah der Duce sich bemüßigt, vom Protest zur Revanche überzugehen.

Seitdem die Sowjetunion Bessarabien annektiert hatte, fürchtete Hitler den Zerfall Rumäniens und die Bedrohung der rumänischen Ölquellen, auf die Deutschland angewiesen war. Die größte Gefahr ging von den rumänischen Nachbarstaaten Bulgarien und Ungarn aus, die nun, durch das russische Beispiel wachgerüttelt, Gebietsforderungen stellten. Bulgarien forderte die südliche Dobrudscha an der Donau-Mündung, Ungarn die Abtretung Siebenbürgens. Mit Bulgarien wurde schnell eine Einigung erzielt; die ungarische Forderung indessen rührte an den rumänischen Nationalstolz, und beide Kontrahenten schienen bereit, es auf einen Krieg ankommen zu lassen. Um dem vorzubeugen, auch um den Russen keinen Vorwand für die Besetzung der rumänischen Ölfelder zu liefern, beorderte Ribbentrop beide Parteien nach Wien und diktierte ihnen am 30. August einen zweiten Wiener Schiedsspruch, der die Aufteilung Siebenbürgens zwischen Ungarn und Rumänien regelte.

Gleichwohl mußte es einen Ausgleich für die Gebietsverluste geben. Hitler bot den Rumänen eine Bestandsgarantie für ihre neuen Grenzen an und gab insgeheim Anweisung, zwölf Divisionen für den Fall bereitzustellen, daß militärisches Eingreifen notwendig würde. Da König Carol aus Protest gegen den Wiener Schiedsspruch abgedankt hatte, war der Weg frei für den ehrgeizigen General Antonescu, einen Bewunderer Hitlers. Er errichtete ein diktatorisches Regime, das sich am 23. September sogleich dem Achsenbündnis anschloß und zur Sicherung der Unabhängigkeit Rumäniens um die Entsendung deutscher Truppen »ersuchte«. Aber schon am 20. September war aus dem Hauptquartier Hitlers ein Geheimbefehl ergangen, der Heer und Luftwaffe anwies, Spezialkommandos für die Ausbildung und Organisation der rumänischen Streitkräfte nach Bukarest zu entsenden. Die wirkliche Aufgabe dieser Einheiten, »die weder für die Rumänen noch für unsere eigenen Truppen erkennbar werden darf«, bestand freilich darin, die Ölfelder zu schützen und Vorkehrungen für den Aufmarsch deutscher und rumänischer Truppen zu schaffen, »falls uns ein Krieg gegen Sowjetrußland aufgezwungen wird«. Den Spezialkommandos folgten reguläre deutsche Truppen, darunter die 13. Panzerdivision, und binnen kurzem verwandelte sich Rumänien in jenen deutschen Satellitenstaat, der es bis Kriegsende blieb.

Hitler kannte Mussolinis Bestrebungen, auf dem Balkan eine italienische Einflußsphäre zu errichten. Er wußte, daß Mussolini jeden Schritt, den Deutschland in dieser Region tat, eifersüchtig beobachten würde. Nicht ohne Absicht hatten die Deutschen deshalb die Italiener bei der Aushandlung des zweiten Wiener Schiedsspruchs hinzugezogen und das italienische Interesse an Jugoslawien und Griechenland anerkannt, während Ciano zugleich eindringliche Mahnungen erhielt, Italien dürfe in keinem dieser Länder vorpreschen: Es könnten sonst unabsehbare Verwicklungen auf dem Balkan entstehen.

Hitler hatte bei dieser Gelegenheit kein Wort darüber verloren, daß die deutsche Kontrolle über Rumänien gerade dabei war, feste Formen anzunehmen. Als Mussolini eine Woche später von der Verlegung deutscher Truppen nach Rumänien erfuhr, kam es im Beisein Cianos zu einem Wutausbruch: »Hitler stellt mich immer vor vollendete Tatsachen. Diesmal werde ich ihm in der gleichen Münze heimzahlen: Er wird aus den Zeitungen erfahren, daß ich in Griechenland einmarschiert bin.«[45]

Es war nicht der erste Fall dieser Art: Auf den Einmarsch deutscher Truppen in Prag hatte Mussolini mit der Besetzung Albaniens geantwortet. Doch dieses Mal ging es um mehr. Im Rahmen der Achsen-Strategie war den Italienern die Aufgabe zugewiesen worden, die Briten aus Ägypten zu vertreiben. Das italienische Expeditionsheer in Libyen hatte bei seinem Vormarsch über die ägyptische Grenze ein höchst bedächtiges Tempo vorgelegt, und Marschall Badoglio, der italienische Stabschef, sprach sich vehement gegen jedes weitere militärische Engagement aus. Doch Mussolini hörte nicht auf ihn; er wollte sich mit einem kühnen Streich für seinen gekränkten Stolz Genugtuung verschaffen und das Prestige Italiens wiederherstellen.

Hitler erhielt den Brief, in dem Mussolini ihn über sein Vorhaben unterrichtete, erst nach seiner Rückkehr aus Montoire am Abend des 24. Oktober. Ob dem Duce die Besetzung Griechenlands glücken würde oder nicht, sein Vorgehen barg auf jeden Fall die Gefahr, unberechenbare Kettenreaktionen auf der gesamten Balkan-Halbinsel in Gang zu setzen, und dies zu einem Zeitpunkt, da es Hitler soeben gelungen war, die Rumänienkrise beizulegen. Nicht genug, daß Bulgarien und Jugoslawien alte Gebietsansprüche an Griechenland hatten, auch die Sowjetunion würde vielleicht einen Vorwand für weitere Interventionen finden, und die Briten könnten die Gelegenheit nutzen, um sich mittels einer Landung Stützpunkte an der europäischen Mittelmeerküste zu sichern. Hitler beschloß, sofort nach Italien zu fahren, um Mussolini persönlich von seinem Vorhaben abzubringen.

Doch zwei Stunden vor seiner Ankunft in Florenz erfuhr er, daß der italienische Angriff bereits begonnen hatte. Schon auf dem Bahnhof berichtete der Italiener Hitler von den ersten Erfolgen der Operation.

So groß die Wut Hitlers gewesen sein mag, er ließ sich nichts anmerken. Vielmehr sagte er Mussolini volle Unterstützung zu und eröffnete ihm das Angebot, deutsche Fallschirmjäger für die Besetzung Kretas zur Verfügung zu stellen. Anschließend erstattete er ausführlich Bericht über seine Verhandlungen mit Franco und Pétain und gewährte dem Duce schließlich einen verspäteten, aber für die Italiener beruhigenden Einblick in die Hintergründe seiner Rumänienpolitik. Ciano vermerkte mit Erleichterung, die beiden Achsen-Partner hätten in sämtlichen Punkten »vollständige Einigung« erzielt. Die Fassade der Freundschaft war unversehrt geblieben; doch Hitlers Dolmetscher Paul Schmidt zeichnete in seinen Memoiren ein ganz anderes Bild: »Noch am gleichen Tag fuhr Hitler wieder nach Norden zurück.., mit Bitterkeit im Herzen, nachdem er nun zum dritten Male nach Hendaye und Montoire in Florenz unverrichteter Dinge das Feld räumen mußte. Die enttäuschenden Ergebnisse dieser langen und aufregenden Reise bildeten jedenfalls noch ›an den langen Winterabenden‹ der folgenden Jahre ein immer wiederkehrendes Thema bitterer Vorwürfe gegen undankbare und unzuverlässige Freunde, Achsenpartner und ›hinterhältige‹ Franzosen.«[46]

Vier Monate nach den Siegen im Westen, die Hitler scheinbar zum Herrn und Meister Europas gemacht hatten, glückte ihm plötzlich nichts mehr, und er lief Gefahr, die politische Übersicht zu verlieren. Das Oberkommando des Heeres bat ihn um Aufklärung, welchen militärischen Zielen die fortlaufende Mobilisierung der Streitkräfte in erster Linie dienen solle. Doch alles, wozu Hitler sich in seiner Weisung vom 12. November in der Lage sah, war die Aufzählung sämtlicher Optionen, ohne irgend einen Hinweis darauf, welche Prioritäten er setzte. Noch immer hoffte er auf eine französische Beteiligung am Krieg gegen Großbritannien und an der Verteidigung der französischen Afrika-Besitzungen; noch immer glaubte er sogar, die Spanier ließen sich dazu bewegen, Gibraltar zu erobern und den Briten den Zugang zum westlichen Mittelmeer zu versperren. Er gab Anweisung, eine Panzerdivision und Teile der Luftwaffe in Bereitschaft zu halten für den Fall, daß die Italiener in Nordafrika Hilfe bräuchten; er befahl dem Heer und der Luftwaffe, Vorkehrungen für die Besetzung des griechischen Festlands zu treffen, falls das italienische Unternehmen in Schwierigkeiten geraten sollte; er deutete an, die Pläne für eine Landung in England könnten im Frühjahr 1941 noch einmal aktuell werden, und alle drei Waffengattungen müßten sich Gedanken über mögliche Verbesserungen machen.

Die interessanteste Passage der Weisung betraf jedoch die Sowjetunion. Im Spätsommer und Herbst 1940 hatten sich die deutsch-sowjetischen Beziehungen merklich abgekühlt. Beide Seiten hatten ihre Gründe dafür. Hitler hatte sich zwar sorgfältig vor jeder Einmischung in den russisch-finnischen Krieg gehütet, aber Ende Juli hatte er die Waffenlieferungen an Finnland wiederaufgenommen, und im September war ein deutsch-finnisches Abkommen unterzeichnet worden, das Deutschland das Recht einräumte, über finnisches Territorium Truppen nach Norwegen zu verlegen und entlang der Transportroute auch zu stationieren. Die Russen deuteten dies als ein gegen sie gerichtetes Manöver und damit als einen Verstoß gegen den Hitler-Stalin-Pakt. Noch ungehaltener waren sie über Hitlers Intervention in Rumänien. Der zweite Wiener Schiedsspruch, der Ungarn die westliche Hälfte Siebenbürgens und Bulgarien die südliche Dobrudscha zusprach, war ohne Absprache mit der Sowjetunion zustande gekommen, und die Bestandsgarantie für das rumänische Rest-Territorium, die das Deutsche Reich anschließend gegeben hatte, konnte nach Lage der Dinge nur eine Garantie gegen Rußland sein.

Der von Ribbentrop vorbereitete Dreimächtepakt, den Deutschland, Italien und Japan am 27. September unterzeichnet hatten, mußte dem mißtrauischen Stalin, der darüber erst im letzten Moment unterrichtet wurde, als Neuauflage des Antikomintern-Pakts erscheinen. In Wirklichkeit betrachtete Ribbentrop den Hitler-Stalin-Pakt noch immer als sein diplomatisches Meisterstück und sah in Großbritannien, das ihn zurückgewiesen hatte, Deutschlands eigentlichen Gegner. Er war durchaus daran interessiert, auch die Sowjetunion in den Dreimächtepakt einzubinden, falls dies denn möglich sei, um auf diesem Weg eine globale Koalition zu schmieden, die sich den Untergang Großbritanniens und die Aufteilung seines Empires auf die Fahnen schreiben würde. Dies war eine vierte Option, die einer völligen außenpolitischen Umorientierung nahekam, und der Umstand, daß Hitler sich von Ribbentrop überreden ließ, Molotow zu Gesprächen nach Berlin einzuladen, ist ein Indiz dafür, wie groß seine Unschlüssigkeit zu diesem Zeitpunkt war.

Hitler schob in einem langen Brief, der von ihm diktiert, von Ribbentrop aber unterzeichnet wurde, die Verantwortung für alle Verwicklungen des verflossenen Jahres den Briten zu, einschließlich des deutschen Vorgehens in Finnland und Rumänien: Sie hätten es unbedingt darauf angelegt, Unfrieden zwischen Deutschland und der Sowjetunion zu stiften. Hitler charakterisierte den Dreimächtepakt daher als ein antibritisches, auch als antiamerikanisches Abkommen. Er forderte Stalin auf, sich dem anzuschließen und mit den drei Paktmächten ein Bündnis zur Aufteilung der Welt einzugehen.

Der trockene Ton der Antwort Stalins stach deutlich von der pathetischen Rhetorik Hitlers ab:

»Sehr geehrter Herr von Ribbentrop!

»Ihren Brief habe ich erhalten. Ich danke Ihnen aufrichtig für Ihr Vertrauen sowie für die lehrreiche Analyse der letzten Ereignisse, die in Ihrem Brief enthalten ist ... Herr Molotow gesteht, daß er Ihr Schuldner ist und die Pflicht hat, Ihnen einen Gegenbesuch in Berlin abzustatten. Somit nimmt Herr Molotow Ihre Einladung an.

Was die gemeinsame Beratung einiger Fragen unter Beteiligung von Japan und Italien betrifft, so bin ich, ohne dieser Idee grundsätzlich abgeneigt zu sein, der Meinung, daß diese Frage einer vorherigen Prüfung unterworfen werden müßte.

Mit ausgezeichneter Hochachtung
Ihr sehr ergebener J. Stalin.«[47]

Alles in allem erscheint es plausibler, daß Hitler Molotow einlud, um die aktuellen Auffassungen der Sowjets kennenzulernen, vielleicht auch um seine Angriffspläne gegen Rußland zu verschleiern. Sollte er ernstlich daran gedacht haben, sich mit der UDSSR zur Niederwerfung Großbritanniens zusammenzutun? Das hätte allerdings seinem Grundsatz entsprochen, einen Gegner nach dem anderen auszuschalten; doch dafür war es vielleicht schon zu spät. In einer Weisung, die das Datum des Tages trug, an dem Molotow in Berlin eintraf, war die Rede von Gesprächen zur »Klärung der russischen Haltung in der nächsten Zeit«. Gleich anschließend hieß es, die Vorbereitungen für einen Angriff im Osten müßten ohne Rücksicht darauf, welche Resultate dabei herauskommen würden, fortgesetzt werden, und weitere Anordnungen würden folgen, sobald die Operationspläne geprüft und genehmigt seien.

Bei seinen Unterredungen mit Molotow versuchte Hitler sofort, die Erörterung des deutsch-sowjetischen Verhältnisses gleichsam in luftige Höhen zu verlagern, »jenseits aller kleinlichen Augenblickserwägungen.«[48] Was die Zukunft betraf, so meinte Hitler, man müsse dem unverkennbaren Machtzuwachs der Vereinigten Staaten, die auf gesünderen Grundlagen ruhten als die andere angelsächsische Macht, England, unbedingt entgegentreten. Die europäischen Festlandsmächte müßten zu einem gemeinsamen Vorgehen gegen die Angelsachsen finden und so etwas wie eine Monroe-Doktrin für Europa und Afrika aufstellen, sie sollten außerdem ihre kolonialen Interessengebiete gegeneinander abgrenzen und Garantien für ihre jeweiligen Einflußsphären austauschen.

Molotow ignorierte diesen Versuch Hitlers, seine Aufmerksamkeit auf weltgeschichtliche Visionen zu lenken, und stellte eine Reihe nüchterner Fragen, die die aktuellen deutsch-russischen Beziehungen berührten. Was die Deutschen beispielsweise in Finnland täten, das doch der russischen Einflußsphäre zugesprochen worden sei? Was der Dreimächtepakt zu bedeuten habe? Wie weit Deutschland bereit sei, die sowjetischen Interessen in Bulgarien, Rumänien und der Türkei zu respektieren? Was Hitler mit der »Neuordnung in Europa und Asien« meine, von der er neuerdings spreche, und in welcher Weise die UdSSR »mit eingeschaltet« werden solle?

Hitler versicherte ihm, Deutschland werde Rußland keinesfalls vor vollendete Tatsachen stellen. Das eigentliche Problem sei für ihn die Zusammenarbeit zwischen Deutschland, Frankreich und Italien gewesen. Erst jetzt, da sich eine Übereinkunft zwischen diesen drei Ländern in Umrissen abzeichne, sei es ihm möglich gewesen, »mit Sowjetrußland ... in Fühlung zu treten«, und dies nicht nur im Hinblick auf die Probleme Westeuropas, die Deutschland, Italien und Frankreich gemeinsam lösen müßten, sondern auch im Hinblick auf die asiatische Sphäre, an der Rußland und Japan besonders interessiert seien. Deutschland sei bereit, als Vermittler zu fungieren: Die Vereinigten Staaten hätten weder in Europa noch in Afrika und Asien etwas zu suchen.

Am folgenden Tag suchte Hitler, Molotows Vorhaltungen zuvorzukommen, indem er einräumte, die Notwendigkeiten der Kriegführung – die Sicherung rüstungswichtiger Rohstoffe – hätten Deutschland veranlaßt, in Ländern, an denen es kein langfristiges Interesse habe, militärisch zu intervenieren; so etwa in Finnland, wo der Zugriff auf Nickel und Holz gesichert werden müsse, und in Rumänien, wo ein vitales Interesse an den Ölvorkommen bestehe. »Es würden sich ... viel größere Erfolge erzielen lassen unter der Voraussetzung, daß von Rußland nicht jetzt Erfolge in Gebieten gesucht würden, an denen Deutschland jetzt im Kriege interessiert sei.«

Aber Molotow war keineswegs bereit, diese Fragen einfach beiseitezuschieben. Er machte die Bemerkung, daß eben diese Probleme das deutsch-sowjetische Klima vergifteten, worauf ein erbitterter Streit über Finnland folgte. Hitler fragte, ob Rußland schon wieder Krieg gegen Finnland führen wolle – dies allerdings würde das deutsch-sowjetische Verhältnis stark belasten. Was Rußland denn in Finnland zusätzlich erlangen wolle? Eine Regelung »wie in Bessarabien«, entgegnete Molotow.

Hitler, der sich bemühte, das Gespräch auf »wichtigere Fragen« zurückzulenken, versicherte nochmals, daß nach beiderseitiger Auffassung Finnland zur russischen Einflußsphäre gehöre, dann fuhr er laut dem Protokoll der Sitzung fort: »Nach der Niederringung Englands würde das britische Weltreich als eine gigantische Weltkonkursmasse von vierzig Millionen Quadratkilometern zur Verteilung kommen. In dieser Konkursmasse läge für Rußland der Weg zum eisfreien und wirklich offenen Weltmeer. Eine Minderheit von 45 Millionen Engländern habe bisher 600 Millionen Einwohner des britischen Weltreichs regiert. Er stehe im Begriff, diese Minderheit zusammenzuschlagen... Unter diesen Umständen eröffneten sich weltweite Perspektiven. Im Laufe der nächsten Wochen müßten sie... mit Rußland geklärt und Rußlands Beteiligung an der Lösung dieser Probleme festgelegt werden. Alle Staaten, die etwa Interessenten an dieser Konkursmasse sein könnten, müßten sämtliche Konflikte untereinander abstoppen und sich lediglich mit der Verteilung des britischen Weltreichs befassen. Dies gelte für Deutschland, Frankreich, Italien, Rußland und Japan.«

Molotow antwortete, er sei der Argumentation Hitlers mit Interesse gefolgt und stimme mit den Dingen, die er verstanden habe, vollständig überein. Entscheidend sei jedoch, daß man zunächst Klarheit über die weitere deutsch-sowjetische Zusammenarbeit schaffen müsse; Italien und Japan könnten später einbezogen werden. Erneut folgte einer der Monologe Hitlers, halb Vision, halb Gedankenflucht. Molotow hörte teilnahmslos zu. Dann griff er das Gespräch dort wieder auf, wo er zuvor stehengeblieben war: Seine nächste Frage bezog sich auf den Balkan und die deutsche Bestandsgarantie für Rumänien. Falls Deutschland nicht bereit sei, diese Garantie zurückzunehmen, wie werde es dann auf eine sowjetische Garantie für Bulgarien reagieren? Hitler versetzte, er habe nichts davon gehört, daß die Bulgaren um eine solche Garantie gebeten hätten. Als Molotow ihm eindringliche Fragen zum Schwarzen Meer und zu den Dardanellen stellte, meinte Hitler: »Wenn [Deutschland]... Reibungsflächen mit Rußland sucht, so braucht es dazu nicht die Meerengen.«

Schmidt, der als Dolmetscher fungierte, schrieb später, er habe einen so scharfen Wortwechsel seit den Verhandlungen mit Chamberlain im Verlauf der Sudetenkrise nicht mehr erlebt. Franco habe Hitler lediglich durch seine ausweichende Art geärgert, Molotow jedoch habe Gegenfragen gestellt und sich auf Wortgefechte eingelassen. Das war ein Verhalten, das Hitler ihm nicht verzieh, und so zog er sich aus den weiteren Unterredungen zurück und blieb wider Erwarten auch dem Bankett fern, das Molotow am selben Abend in der Botschaft gab.

Als die Gesellschaft gerade beim Diner war, zwang ein britischer Luftangriff den Gastgeber und seine Gäste, im Keller der Botschaft Schutz zu suchen. Ribbentrop war ungeschickt genug, Molotow ausgerechnet in diesem Augenblick den Entwurf eines Abkommens zu präsentieren, das den Beitritt der Sowjetunion zum Dreimächtepakt bedeutet hätte. Es enthielt zwei geheime Zusatzprotokolle nach dem Vorbild des Hitler-Stalin-Pakts, in denen die Interessensphären der vier Mächte abgegrenzt wurden. Deutschland wollte sich diesem Protokoll zufolge, abgesehen von gewissen Grenzveränderungen in Europa, auf das mittlere Afrika, Italien auf Nord- und Ostafrika und Japan auf Südostasien konzentrieren. Der deutsche Vorschlag lautete, die UdSSR solle für sich eine Einflußsphäre im Süden ihres Staatsgebiets definieren, die bis an den Indischen Ozean reichen könne.

Dieser Vorschlag klang kühn und großzügig, war aber von der durchsichtigen Absicht bestimmt, die Sowjetunion von ihren traditionellen Expansionszielen in Osteuropa, auf dem Balkan und im Mittelmeerraum, wo sie mit Deutschland und Italien in Konflikt geraten müßte, in Richtung auf den Persischen Golf und den Indischen Ozean abzulenken, wo England ihr Gegner wäre. Um die Sache für die Russen interessanter zu machen, sagten Deutschland und Italien ihnen im zweiten Geheimprotokoll zu, sich gemeinsam um die Lösung der Türkei vom Westen und um einen anderen völkerrechtlichen Status für die Meerengen bemühen zu wollen. Außerdem winkte Ribbentrop mit der ebenso großartigen wie vagen Aussicht, Rußland zu einem Nichtangriffspakt mit Japan zu verhelfen, durch den die Japaner die Zugehörigkeit der Äußeren Mongolei und der chinesischen Provinz Sinkiang zur sowjetischen Einflußsphäre anerkennen könnten.

Molotow, nüchtern wie immer, antwortete darauf mit einer Liste von Fragen zu europäischen Schauplätzen, von denen die Sowjetunion nicht Abschied zu nehmen gewillt war: Wie es mit Rumänien, Ungarn, Bulgarien und der Türkei weitergehen solle, was die Achsenmächte im Hinblick auf Jugoslawien und Griechenland planten, wie die Zukunft Polens und der baltischen Staaten aussehen könne. Ribbentrop unternahm, genau wie zuvor Hitler, einen letzten Versuch, die Diskussion auf »die entscheidende Frage« zurückzulenken: ob die Sowjetunion bereit sei, bei der Zerschlagung des britischen Empires mit dem Deutschen Reich und seinen Partnern zusammenzuarbeiten? Als Ribbentrop Molotow nachdrücklich versicherte, die Engländer seien am Ende, konterte der mit seiner berühmten Antwort: »Wenn das so ist, warum sind wir dann in diesem Bunker, und wem gehören diese Bomben, die da draußen fallen?«[49]

Molotow beschloß die Unterredung mit der Feststellung, »alle diese großen Fragen des morgigen Tages« ließen sich nicht von den heutigen Fragen und von der Befolgung geltender Abkommen trennen. Er war an seinen Auftrag gebunden und gar nicht in der Lage, auf die Vorschläge einzugehen, mit denen die Deutschen ihn zu gewinnen versucht hatten. Stalin jedoch kam, nachdem er diese Vorschläge in Ruhe studiert hatte, zu der Überzeugung, daß ein Beitritt zum Viermächtepakt der Sowjetunion durchaus zum Vorteil gereichen könne. Mit dem Hitler-Stalin-Pakt war die sowjetische

Seite zu ausgesprochenen Vorteilen gelangt, und Stalin war bereit, eine Verlagerung des Zentrums der sowjetischen Einflußsphäre in die Region südlich des Kaukasus bis hin zum Persischen Golf zu erwägen. Am 26. November, keine zwei Wochen nach der Rückkehr Molotows, ging in Berlin ein sowjetisches Schreiben ein, das Zustimmung zum Vorschlag Ribbentrops andeutete. Voraussetzung dafür sei allerdings, daß Hitler bestimmte Bedingungen akzeptiere: den sofortigen Rückzug aller deutschen Truppen aus Finnland und ein sowjetisch-bulgarisches Abkommen, das – ergänzt um einen Stützpunkt am Bosporus, den die Türkei zur Verfügung stellen müsse – der Sowjetunion die Kontrolle der Meerengen, also des Schiffsverkehrs zum und vom Schwarzen Meer, einbringen würde.[50]

Trotz mehrfacher Rückfragen wartete die sowjetische Regierung vergeblich auf eine deutsche Antwort. Die Vorschläge Hitlers hatten darauf abgezielt, das russische Interesse auf außereuropäische Ziele zu lenken. Als klar wurde, daß Stalin nicht daran dachte, Finnland und den Balkan aus seiner Interessensphäre zu entlassen, verlor Hitler jegliches Interesse an weiteren Verhandlungen. Sie hätten sicherlich zu einem Kompromiß führen können, doch unter dem Eindruck der bohrenden Fragen Molotows und seines sturen Beharrens auf den sowjetischen Ansprüchen hatte Hitler schon vor der Abreise der russischen Delegation gegenüber Göring geäußert, sein Entschluß stehe nunmehr fest, die Sowjetunion im Frühjahr 1941 anzugreifen. Göring hatte ihn davon mit ähnlichen Argumenten wie Raeder abzubringen versucht: Das Reich solle zunächst versuchen, England aus dem Mittelmeer zu vertreiben, und sich erst dann der Sowjetunion zuwenden; er, Göring, habe es ohnehin immer für richtig gehalten, den Krieg im Osten erst 1943 oder 1944 zu beginnen. Hitler ließ sich davon nicht beeindrucken. Seiner Überzeugung nach waren die Briten nicht mehr in der Lage, Deutschland in den Rücken zu fallen, ihnen könne man sich zuwenden, wenn Rußland niedergeworfen sei. Letzte Zweifel beseitigte Stalins Antwort und die darin enthaltenen Bedingungen. Am 5. Dezember wies Hitler das Oberkommando des Heeres an, die Vorbereitungen für einen Angriff im Frühjahr zu beschleunigen: »Die Entscheidung über die europäische Hegemonie fällt im Kampf gegen *Rußland*.«[51]

Dieser Entschluß enthob Hitler indessen nicht der Notwendigkeit, sich an der Lösung akuter Probleme im Mittelmeerraum und auf dem Balkan zu beteiligen. Das dringlichste Problem ergab sich aus dem schlecht vorbereiteten Angriff Mussolinis auf Griechenland.

Am 7. Dezember waren die italienischen Truppen von den Griechen bis nach Albanien zurückgedrängt worden und liefen nun Gefahr, völlig aufgerieben zu werden, falls Deutschland ihnen nicht unverzüglich zu Hilfe käme. Als Hitler den Duce zu einer Besprechung bat, zog Mussolini es vor, ihm nicht unter die Augen zu treten. Nicht viel besser als in Griechenland standen seine Truppen in Nordafrika da: Die Schlacht von Sidi Barrani, die am 9. Dezember begann, endete damit, daß die Truppen Grazianis Hals

907

über Kopf nach Libyen zurückflüchteten, verfolgt von den Briten. Am westlichen Ende des Mittelmeers sah Hitler sich nach Francos endgültiger Absage gezwungen, den Plan einer gemeinsamen Eroberung Gibraltars fallenzulassen.

Konfrontiert mit dieser kritischen Situation, gewann Hitler die Entschluß- und Tatkraft zurück, die ihm in den fünf Monaten zuvor gefehlt hatte. Am 10. Dezember befahl er seiner Luftwaffe, von Süditalien aus Angriffe auf Alexandria, den Suezkanal und die Wasserstraße zwischen Sizilien und Afrika zu fliegen; außerdem solle man schleunigst Vorkehrungen treffen, um zur Unterstützung der Italiener eine Panzerdivision nach Libyen zu entsenden.

Am 13. Dezember erging Hitlers Weisung Nr. 20 für Operation Marita, den Einmarsch in Griechenland. Eine deutsche Eingreiftruppe in einer Stärke von höchstens 24 Divisionen sollte in Rumänien aufgestellt werden und sich für einen Vormarsch über Bulgarien nach Griechenland bereithalten, sobald die Witterung es zuließ. Den Engländern sollte so die Möglichkeit genommen werden, griechische Stützpunkte zu gewinnen, von denen aus ihre Bomber Italien und Rumänien hätten erreichen können.

Schließlich unterzeichnete Hitler am 18. Dezember die folgenschwerste aller seiner Weisungen. Sie trug die Nr. 21 und betraf die Operation Barbarossa: »Die deutsche Wehrmacht muß darauf vorbereitet sein, auch vor Beendigung des Krieges mit England *Sowjetrußland in einem schnellen Feldzug niederzuwerfen*... Vorbereitungen, die eine längere Anlaufzeit benötigen, sind – soweit noch nicht geschehen – schon jetzt in Angriff zu nehmen und bis zum 15.4.41 abzuschließen... Die im westlichen Rußland stehende Masse des russischen *Heeres* soll in kühnen Operationen unter weitem Vortreiben von Panzerkeilen vernichtet, der Abzug kampfkräftiger Teile in die Weite des russischen Raumes verhindert werden... Das Endziel der Operation ist die Abschirmung gegen das asiatische Rußland auf der allgemeinen Linie Wolga-Archangelsk. So kann erforderlichenfalls das letzte Rußland verbleibende Industriegebiet am Ural durch die Luftwaffe ausgeschaltet werden.«[52]

Die Barbarossa-Weisung lieferte die Antwort auf eine Frage, die in der November-Weisung offengeblieben war: Welche der möglichen Optionen sollte den Vorrang erhalten? Einige ließ Hitler fallen oder schob sie auf, andere versuchte er in die nunmehr festgelegte Strategie einzubauen. Und auch hier erwies er sich ganz als die Spielernatur, die er immer gewesen war. Er verließ sich einfach darauf, daß sämtliche Operationen, die zur Lösung der Balkankrise und zur Rettung der Italiener in Nordafrika noch erforderlich sein könnten, rechtzeitig beendet sein würden, um die Vorkehrungen für den Überfall auf Rußland bis zum 15. Mai nicht zu gefährden. Sein Entschluß sollte ein Geheimnis bleiben, die Weisung wurde nur in neun Exemplaren ausgegeben. Zugleich aber verfügte er, in den nächsten fünf Monaten müsse alles diesem überragenden Ziel untergeordnet werden.

16. Kapitel

Hitlers neue Ordnung

Hitler und Stalin 1939–1942

Für beide, Hitler wie Stalin, war der deutsch-sowjetische Krieg die große und entscheidende Prüfung, die sie als Staatsmänner zu bestehen hatten; indessen näherten sie sich dieser Prüfung auf ganz unterschiedliche Weise.

Hitler sprach zwar, seiner Stimmung gehorchend, gern von der künftigen Weltmacht Deutschlands, von einem Krieg zwischen den Kontinenten zur Beendigung der globalen Hegemonie der angelsächsischen Mächte; aber das in seinem außenpolitischen Denken am häufigsten wiederkehrende Ziel war doch die Eroberung von »Lebensraum« im Osten, worin er die einzig dauerhafte Lösung der wirtschaftlichen und gesellschaftlichen Probleme Deutschlands sah. »Wenn wir heute«, schrieb er bereits in *Mein Kampf*, »in Europa von neuem Grund und Boden reden, können wir in erster Linie nur an *Rußland* und die ihm untertanen Randstaaten denken. Das Schicksal selbst scheint uns hier einen Fingerzeig geben zu wollen.«[1] Und 1936 erklärte er öffentlich noch einmal: »Wenn der Ural mit seinen unermeßlichen Rohstoffschätzen, Sibirien mit seinen reichen Wäldern und die Ukraine mit ihren unermeßlichen Getreideflächen in Deutschland lägen, würde dies im Reichtum schwimmen.«[2]

Aus Rußland könnte Deutschland, so Hitlers Überzeugung, nicht nur alle Rohstoffe, sondern auch alle Arbeitskräfte beziehen, die es benötigte. »Der Slawe«, erklärte er einmal, »ist eine geborene Sklaven-Masse, die nach dem Herrn schreit.«[3] Diese rassistische Grundüberzeugung – die Kehrseite der »zivilisatorischen Mission« der Deutschen im Osten – war Hitlers besonderer Beitrag zum in der deutschen Politik seit langem leitmotivisch vorhandenen »Drang nach Osten«. Von sich aus nicht zur Bildung eines Staates fähig, verdankten die Slawen, so glaubte Hitler, Entstehung und Erhalt des russischen Staates dem »germanischen Kern seiner oberen leitenden Schichten«.[4] Diesen aber habe die bolschewistische Revolution vernichtet. An seine Stelle seien die Juden getreten, die Hitler kurzerhand mit der bolschewistischen Führung gleichsetzte; »der Jude« könne aber den russischen Staat ebensowenig zusammenhalten, wie die Russen imstande seien, sich der Juden zu entledigen. »Das Riesenreich im Osten ist reif zum Zusammenbruch. Und das Ende der Judenherrschaft in Rußland wird auch das Ende Rußlands als Staat sein.«[5]

Mit dem Entschluß, Rußland anzugreifen, kehrte Hitler gleichsam zu seinen Wurzeln in der nationalsozialistischen Bewegung der frühen zwanziger Jahre zurück. All die diplomatischen Verwicklungen, auf die er sich eingelassen hatte, zunächst um sich für die Zerschlagung Polens die Neutralität der Sowjets zu sichern, dann um die Gefahr eines Angriffs aus dem Westen vorbeugend auszuschalten, bevor er sich nach Osten wandte, gehörten jetzt der Vergangenheit an. An ihre Stelle trat der befreiende und radikale Entschluß, auf das höchste Ziel loszugehen, unter Anwendung des einzigen Mittels, an das Hitler wirklich glaubte, der Gewalt. In einem Brief, den er einen Tag vor Beginn der Operation an Mussolini schrieb, kam die Erleichterung zum Ausdruck, die er nach dieser Entscheidung verspürt haben mag: »Abschließend darf ich Ihnen nun noch eines sagen, Duce. Ich fühle mich, seit ich mich zu diesem Entschluß durchgerungen habe, innerlich wieder frei. Das Zusammengehen mit der Sowjet-Union hat mich bei aller Aufrichtigkeit des Bestrebens, eine endgültige Entspannung herbeizuführen, doch oft schwer belastet, denn irgendwie schien es mir doch ein Bruch mit meiner ganzen Herkunft, meinen Auffassungen und meinen früheren Verpflichtungen zu sein. Ich bin glücklich, daß ich diese Seelenqualen nun los bin.«[6]

Die Operation Barbarossa bündelte die ideologischen und strategischen Elemente des Hitlerschen Denkens zu einer praktischen »Lösung«. Seine rassistische Weltanschauung, sein Glaube an die Überlegenheit der arischen Deutschen über die »slawischen Untermenschen«, sein Antisemitismus und Antimarxismus, konvergierend in dem Vorsatz, Europa von der Geißel des jüdischen Bolschewismus zu befreien und zugleich dessen Befehlszentrale in Moskau zu vernichten; sein Drang nach Lebensraum, um die Zukunft des deutschen Herrenvolkes zu sichern – all dies verband sich ohne Schwierigkeit mit dem »profaneren« Ziel der Zerschlagung der militärischen Stärke Rußlands, jener strategischen Voraussetzung für eine europäische Vormachtstellung Deutschlands und für den Zugriff auf die Rohstoffe, Lebensmittel und Arbeitskräfte, die Deutschland im Endkampf um die Weltherrschaft gegen die angelsächsischen Mächte brauchen würde.

Warum hatte Hitler diesen Schritt nicht schon früher getan? Zunächst wollte er wohl die Bedingungen schaffen, die er bereits in *Mein Kampf* als notwendig für den Erfolg seiner Ostpläne bezeichnet hatte: Frankreich mußte als Militärmacht ausgeschaltet werden, und mit Italien und Großbritannien mußten Bündnisse geschlossen werden. Die beiden ersten Bedingungen waren erfüllt, die dritte bislang noch nicht, zu seinem Ärger. Anstelle eines Bündnisses war er inzwischen auch bereit, mit einer Zusage britischer Neutralität vorliebzunehmen und den Briten im Gegenzug den Bestand ihres Empires zu garantieren. Als England sich auch dafür unempfänglich gezeigt hatte, hatte er die Geduld verloren; er hatte die Briten zu Feinden Deutschlands erklärt und ihre Ausschaltung durch eine Invasion angeordnet. Als sich dies schließlich ebenfalls als undurchführbar erwies, entschied er sich für den Versuch, den Widerstandswillen der Briten durch nächtliche Bombenangriffe auf ihre Städte zu brechen.

Die Folgen des deutschen Scheiterns in der Luftschlacht um England wurden jetzt deutlich. Wie die Dinge lagen, stand Hitler vor der Wahl zwischen zwei höchst unterschiedlichen Strategien, deren eine die Konzentration aller Kräfte auf England als den Hauptfeind war. Dies wäre die von Raeder ausgearbeitete und von Göring favorisierte Mittelmeer-Strategie gewesen; der Überfall auf die Sowjetunion hätte dann verschoben werden müssen, bis Großbritannien endgültig zu Boden geworfen wäre. Die zweite Option war, die Briten »im Schwitzkasten« zu halten und alle Kraft auf die Niederwerfung Rußlands in einem einzigen Streich zu konzentrieren. Damit wäre nicht nur der letzte ernst zu nehmende Widersacher im Osten ausgeschaltet, sondern dem Deutschen Reich stünden auch Ressourcen zur Verfügung, die den Briten jede Hoffnung nehmen würden, die deutsche Vorherrschaft auf dem europäischen Festland noch erschüttern zu können. Doch war der rasche und vernichtende Schlag, der gegen Rußland zumindest möglich erschien, im Falle Englands nicht allein ein strategisches Problem. Denn Hitler betonte immer wieder, die Zerschlagung des britischen Empires sei, anders als die des Sowjetstaats, nie Bestandteil seines Programms gewesen und würde im Endeffekt auch nicht Deutschland, sondern eher anderen Mächten zugute kommen. Mit der Zeit fand er auch noch weitere Argumente, um seine ideologische und politische Präferenz für die Ost-Option zu begründen. So redete er sich ein, es sei vor allem die Hoffnung auf Rußland, die die britische Kampfentschlossenheit aufrecht erhalte, und keine zweite Alternative biete Deutschland eine solche Kombination wirtschaftlicher, politischer und strategischer Vorteile um den Preis eines einzigen Feldzugs. Schließlich behauptete er, wenn Deutschland nicht den ersten Schlag führe, bevor die Sowjets ihre Aufrüstung abgeschlossen hätten, liefe das Reich wie das übrige Europa Gefahr, von den Russen mit überlegenen Kräften angegriffen zu werden – ein Argument, von dem Hitler alsbald in der verschärften Form Gebrauch machte, die Russen massierten bereits Truppen im Grenzgebiet und träfen Vorkehrungen für einen Präventivschlag.

Eine wichtigere Rolle als alles andere spielte jedoch die Überzeugung Hitlers – in der der finnische Winterkrieg ihn bestärkt hatte –, die sowjetische Armeeführung sei durch die Säuberungen so geschwächt, daß die Rote Armee einem konzentriert vorgetragenen deutschen Angriff nicht standhalten und den Widerstand rasch aufgeben werde. Daß es sich hierbei um eine fatale Fehleinschätzung handelte, wurde nicht erst deutlich, als im Februar 1943 in Stalingrad die deutsche Sechste Armee kapitulierte, und vielen scheint aus heutiger Sicht ein solcher Irrtum unbegreiflich. 1940/41 stand Hitler jedoch mit seiner Ansicht keineswegs allein da.

Denn die deutschen Generäle, auch diejenigen, die später von sich behaupteten, Bedenken gehabt zu haben, erhoben keine Einwände, wie sie in den Jahren zuvor etwa gegen die Offensive im Westen geltend gemacht worden waren. Selbst der Beschluß Hitlers, in Abänderung des ursprünglichen Operationsplans des OKH den Hauptstoß des deutschen Angriffs in Richtung Moskau zu führen – die folgenschwerste seiner operativen Einmischungen –, wurde ohne Protest hingenommen.[7] Vom Sommer 1940 an stimmten Hitler, das OKW und das OKH überein, der Rußland-Feldzug werde rund drei Monate dauern. In London und Washington rechnete man sogar mit einer noch kürzeren Kriegsdauer. Kurz nach dem deutschen Überfall schärfte das Kriegsministerium den Nachrichtenredaktionen der BBC ein, sie sollten nicht die Erwartung schüren, der russische Widerstand werde länger als sechs Wochen dauern, und US-Marineminister Frank Knox schrieb am 23. Juni an Präsident Roosevelt: »Die fachkundigste Schätzung, die mir zugänglich ist, besagt, daß Hitler zwischen sechs Wochen und zwei Monaten brauchen wird, um mit Rußland fertig zu werden.«[8]

Anders als Hitler, dem die ersehnte Befreiung aus dem Korsett des Hitler-Stalin-Pakts neue Kraft einflößte, tat Stalin alles, was in seinen Kräften stand, um den Pakt zu retten; bis zuletzt weigerte er sich hartnäckig, die Hinweise zur Kenntnis zu nehmen, die auf deutsche Angriffsvorbereitungen gegen Rußland deuteten. Während Hitlers Selbstvertrauen 1941 einen neuen Höhepunkt erreichte, war Stalin nie in seiner Laufbahn unsicherer als in den Monaten vor und in den Tagen nach dem deutschen Überfall. Ab April 1941 versuchte er es mit einer konsequenten Appeasement-Politik gegenüber Hitler, und bis zum Augenblick des deutschen Angriffs am 22. Juni untersagte er den sowjetischen Militärs jede Maßnahme, die die Deutschen als Provokation hätten auslegen können.

Bevor wir uns jedoch der Deutung des Stalinschen Verhaltens und der Frage nach seinen Motiven zuwenden, erscheint es folgerichtig, einen Blick auf die deutschen Vorbereitungen zwischen dem Dezember 1940 und dem Juni 1941 zu werfen, auf welche die Entwicklungen in der Sowjetunion eine Reaktion, freilich eine höchst inadäquate, waren.

Im Lauf jener sechs Monate ließ der deutsche Generalstab entlang der Grenze zur Sowjetunion nach und nach eine Streitmacht von über drei Millionen Mann aufmarschieren, vielleicht die größte, die je für eine militärische Einzeloperation zusammengezogen wurde. In ihr vertreten waren siebzehn der einundzwanzig Panzerdivisionen der Wehrmacht und dreizehn ihrer motorisierten Divisionen; wichtig war auch der hohe Anteil kampferprobter Soldaten und Kommandeure, von Männern, die eine ununterbrochene Serie militärischer Erfolge verbucht hatten und deren Selbstvertrauen entsprechend groß war. Die Balkanfeldzüge des Frühjahrs 1941 erschwerten und verzögerten den Truppenaufmarsch, doch in Anbetracht der unterentwickelten Straßen- und Bahnverbindungen in Osteuropa und der mit der Versorgung einer so riesigen motorisierten Truppe verbundenen Probleme erscheint es keineswegs übertrieben, von einem organisatorischen Meisterstück der Wehrmacht zu sprechen.

Alle Aktionen ruhten indes auf der Prämisse, der Gegner könne in einem einzigen Feldzug von höchstens fünf Monaten Dauer niedergerungen werden, bevor der russische Winter einsetzen und alles zum Stillstand bringen werde. Der Rußlandfeldzug sollte nach den deutschen Plänen auf dieselbe Weise geführt werden wie die West-Offensive im Frühsommer 1940, als Blitzkrieg, und dies trotz der Tatsache, daß die Entfernungen ungleich größer waren – von der Front nach Moskau waren es 1 000 Kilometer, nach Rostow 1 400, zu den Ölfördergebieten des Kaukasus 2 000 Kilometer –, und die Straßen waren weitaus schlechter. Falls diese kühne Rechnung nicht aufging, konnten die deutschen Fronttruppen durch lange und problematische Nachschubwege in eine mißliche Lage geraten. Es fehlte an Winterbekleidung und Frostschutzmitteln bei zu erwartenden winterlichen Temperaturen von -25$_)$ bis -30$_)$. (Eine im August 1941 von Goebbels angeregte Sammlung warmer Winterbekleidung lehnte die Wehrmachtführung ab.) Und hinter der Wehrmacht stand eine Wirtschaft, die trotz der Ressourcen, die ihr aus den besetzten Ländern zuflossen, für die Anforderungen des »totalen Krieges« noch nicht gerüstet war.

Mit der Ernennung Fritz Todts zum Minister für Bewaffnung und Munition im März 1940 erfolgte schließlich die Weichenstellung für die vollständige Mobilmachung der deutschen Wirtschaftskraft, die zwei Jahre später dann auch erreicht wurde. Vorläufig allerdings, bis zum Herbst 1941, war das neue Ministerium nur eine weitere unter den vielen rivalisierenden Behörden, deren Konflikte das Zustandekommen eines langfristigen Gesamtplans verhinderten. Die Munitionserzeugung etwa konnte im zweiten und dritten Quartal des Jahres 1940, nach der Berufung Todts, auf sechzig bis neunzig Prozent gegenüber dem Vorjahr gesteigert werden, bis es im letzten Quartal erneut einen Rückgang gab, der auch das erste Halbjahr 1941 über anhielt, und im letzten Quartal 1941 sanken die Werte auf oder sogar unter das Niveau von 1939. Dies geschah trotz eines von Hitler am 28. September 1940 ausgegebenen Befehls, den Produktionsvorrang von Landungsfahrzeugen und Bombern für Marine und Luftwaffe auf Munition und Waffen zu verlagern. Nicht weniger verblüffend war der Rückgang im Bau von Jagdflugzeugen, trotz der dafür verordneten unbedingten Priorität.

Wie falsch Hitler die Verluste des Rußlandfeldzuges einschätzte, zeigt seine am Vorabend des Einmarsches, am 21. Juni 1941, ergangene Weisung, in der er die Entscheidungen des Vorjahres rückgängig machte und dem Bau von Flugzeugen, Panzern und U-Booten wieder Vorrang gegenüber der Produktion von Waffen und Munition für das Heer einräumte. Zwei Monate später, am 16. August, ordnete Hitler »angesichts des bevorstehenden Sieges über Rußland« eine Truppenreduzierung an und gab, ganz nach bewährtem Blitzkriegs-Muster, den Befehl, die Produktionskapazitäten, die Rohstoffbeschaffung und die Rekrutierung von Arbeitskräften für die Rüstungsindustrie nicht weiter zu steigern. Weder auf wirtschaftlichem noch auf militärischem Gebiet wurden Vorkehrungen für den doch immerhin denkbaren Fall getroffen, daß die bis dahin größte militärische Operation aller Zeiten hinter ihrem Zeitplan oder ihren Zielen zurückbleiben könnte.

Defizite sollten, sobald sie auftauchten, durch die rücksichtslose Ausbeutung der besetzten Gebiete wettgemacht werden – Getreide aus der
Ukraine, Erdöl aus dem Kaukasus. Die Strategen gingen davon aus, daß die
im Osten eingesetzten Truppen sich aus den eroberten Gebieten nähren
könnten, und rechneten darüber hinaus mit zusätzlichen Getreidelieferun-
gen in Höhe von sieben Millionen Tonnen pro Jahr für das Reich. In einer
Weisung vom 23. Mai 1941 wurden die Folgen einer solchen Kriegspolitik
ohne jeden Anflug von Schönfärberei beschrieben. In Zukunft müsse die
Ukraine, anstatt Kornkammer für die übrige Sowjetunion zu sein, ihr
Gesicht Europa zuwenden: »Die Bevölkerung dieser Gebiete, insbesondere die Bevölkerung der Städte, wird größter Hungersnot entgegensehen
müssen. Es wird darauf ankommen, die Bevölkerung in die sibirischen
Räume abzulenken... Versuche, die Bevölkerung dort vor dem Hunger-
tode dadurch zu retten, daß man aus der Schwarzerdezone Überschüsse
heranzieht, können nur auf Kosten der Versorgung Europas gehen. Sie
unterbinden die Durchhaltemöglichkeit Deutschlands im Kriege, sie unterbinden die Blockadefestigkeit Deutschlands und Europas. Darüber muß
absolute Klarheit herrschen... Daraus folgt zwangsläufig ein Absterben
sowohl der Industrie wie eines großen Teils der Menschen in den Zuschuß-
gebieten...«[9]

Abgesehen davon, daß die Deutschen in diesen Gebieten ihren unmittelbaren Kriegsbedarf zu decken gedachten, stellte sich freilich auch die Frage
nach der weiteren Zukunft einer Region, in der, wenn man eine von den
Deutschen angepeilte Linie von Archangelsk bis Astrachan zugrunde legte,
über hundert Millionen Menschen lebten. Hitler hatte nie an einen konventionellen Friedensvertrag als Ergebnis des Rußlandfeldzugs gedacht; es
würde ein Eroberungskrieg sein mit dem Ziel, nicht nur das bolschewistische Regime zu stürzen, sondern auch die Entstehung eines russischen
Nachfolgestaats zu verhindern. Doch was sollte an dessen Stelle treten?

Er würde es für ein Verbrechen halten, eröffnete Hitler seinen Vertrauten
nach einem Abendessen, wenn das Blut von einer Viertelmillion Gefallenen und von hunderttausend Kriegsversehrten allein für die Eroberung von
Bodenschätzen geopfert werde, die dann in kapitalistischer Weise ausgebeutet würden; das Ziel der Ostpolitik bestehe auf lange Sicht darin, in diesen Gebieten einen Siedlungsraum für hundert Millionen Deutsche zu
schaffen.[10] Was Hitler damit freilich konkret meinte, war alles andere als
klar. Einer der Vergleiche, die er in diesem Zusammenhang am liebsten
benutzte, war der mit Indien: »Was für England Indien war, wird für uns der
Ostraum sein. Wenn ich dem deutschen Volk nur eingeben könnte, was dieser Raum für die Zukunft bedeutet! Kolonien sind ein fraglicher Besitz;
diese Erde ist uns sicher.«[11]

Es war ein Vergleich, den er nie eingehender erläuterte und der keine
Antwort auf die wichtigsten Fragen enthielt: wie die Kolonisierung Rußlands durchgeführt werden sollte und von wem, was »auf lange Sicht«

bedeutete und wie sich die langfristige Nutzung dieser Gebiete zu ihrer kurzfristigen wirtschaftlichen Ausbeutung im Dienste der deutschen Kriegsbedürfnisse verhielt. Dies waren und blieben Fragen, auf die höchst unterschiedliche Antworten möglich waren. Und die Rivalität verschiedener Organisationen und Behörden, die hier ihr Interesse anmeldeten, war charakteristisch für die »autoritäre Anarchie« des Dritten Reichs und schuf eher noch größere Unklarheit.

Hitler erklärte Keitel und Jodl im März 1941, die deutschen Zukunftsaufgaben in Rußland würden sich so schwierig gestalten, daß man sie nicht dem Militär überlassen könne. Die unter Militärverwaltung stehende Operationszone müsse möglichst schmal gehalten und die Gebiete im Hinterland der Front einer politischen Verwaltung unterstellt werden, die dem Führer direkt verantwortlich sei. Hitler betraute Rosenberg mit dem Auftrag, Pläne für die drei »Protektorate« auszuarbeiten, die ihm vorschwebten: im Gebiet der baltischen Staaten, in Weißrußland und in der Ukraine. Im Sommer machte er Rosenberg zum Chef eines neugeschaffenen Ministeriums für die besetzten Ostgebiete, im allgemeinen Sprachgebrauch bald nur noch Ostministerium genannt.

Rosenberg war als Sohn eines deutschen Schusters im estnischen Reval (Tallinn) geboren worden, das zu jenem Zeitpunkt – wie auch wieder 1941 – dem russischen Reich angehört hatte. Er fühlte sich als Deutscher, war aber stark von der russischen Kultur geprägt, eine doppelte Erbschaft, die sich in seinem Verständnis der ihm übertragenen Aufgaben niederschlug. Nach der russischen Revolution nach München gekommen, war er früh zur NSDAP gestoßen und 1921 Hauptschriftleiter beim Parteiorgan *Völkischer Beobachter* geworden. Nach dem Putschversuch von 1923 hatte Hitler, während er seine Haftstrafe absitzen mußte, Rosenberg mit der »Führung der Partei« beauftragt – eine Ernennung, hinter der nach verbreiteter Ansicht die Absicht stand, den Parteimitgliedern die Unabkömmlichkeit Hitlers nur um so deutlicher zu machen. Auch danach war der seinem Führer stets loyal ergebene Rosenberg mit einer Reihe von Ämtern betraut worden, ohne jedoch dabei größere Erfolge zu erringen. Nachdem er als Autor des Werkes *Der Mythus des 20. Jahrhunderts* den Anspruch auf die Rolle des Chefideologen der Partei erhob, war Rosenberg Zielscheibe von Goebbels' Spott geworden. An seinen außenpolitischen Expertisen ließ das Auswärtige Amt kein gutes Haar; als Parteipolitiker entschied er sich im Konflikt zwischen SA und SS für die falsche Seite und schuf sich damit in Gestalt Himmlers einen gefährlichen Gegner.

Jetzt aber auf die fünfzig zugehend, sah Rosenberg sich auf dem besten Weg zu seinem Lebensziel und glaubte endlich in den Genuß des Einflusses zu kommen, der ihm als dem führenden Rußland-Experten der Partei gebührte. Tatsächlich erlebte er in seinem neuen Amt den Höhepunkt eines Lebens voller Mißerfolge. Vergeblich darauf pochend, daß alle den Osten betreffenden Verordnungen aus seinem Hause zu kommen hätten, mußte er erleben, wie die anderen ihn ignorierten, beiseite schoben, ihm das Wasser abgruben, ihn schlicht vergaßen. Man kann sich nur schwer dem Eindruck verschließen, daß Hitler in Rosenberg, wie schon 1923/24, so auch jetzt wieder einen Lückenbüßer sah, der ihm niemals gefährlich werden würde. Schon aus den frühen dreißiger Jahren hat Rauschning folgende Aussage Hitlers überliefert:»Haben Sie gemerkt, wie Deutsche, die lange in Rußland gewesen sind, nie mehr wieder Deutsche sein können? Der gewaltige Raum hat sie fasziniert. Der Rosenberg ist ja nur darum so gegen die Bolschewisten, weil sie es ihm unmöglich machen, ein Russe zu sein.«[12]

Eine andere Größe der Nationalsozialisten, außerdem ein echter Rivale Rosenbergs, hatte sein Revier bereits abgesteckt, noch ehe dieser zum Ostminister ernannt wurde – Himmler. Seine Macht wurde durch die Polizei- und Sicherheitsaufgaben der SS begründet, aber gemäß einer von Keitel für das OKW aufgesetzten Weisung vom 13. März 1941 fielen in die Zuständigkeit Himmlers auch jene »Sonderaufgaben im Auftrage des Führers, die sich aus dem endgültig auszutragenden Kampf zweier entgegengesetzter politischer Systeme ergeben. Im Rahmen dieser Aufgaben handelt der Reichsführer SS selbständig und in eigener Verantwortung.«[13]

Wie in Polen sollte die SS auch in Rußland besondere Verbände aufstellen, »Einsatzgruppen« genannt, die im Windschatten der Wehrmacht vorzurücken und systematisch und ohne auch nur den Anschein eines rechtlichen Verfahrens die ideologischen und rassischen Feinde des Dritten Reichs zu vernichten hatten: Juden, Zigeuner und andere »asoziale Elemente«. Ein weiterer Erlaß, der sogenannte Kommissarbefehl vom 13. Mai, erweiterte den Kreis der so zu Behandelnden auf sämtliche politischen Funktionäre und Kommissare des Sowjetregimes; sie sollten auf der Stelle erschossen werden. Die Wehrmacht erhielt in einer Weisung vom 6. Mai 1941 Befehl, alle Einheimischen zu erschießen, die sich an feindseligen Akten oder Widerstandsaktionen gegen die deutschen Besatzer beteiligten. Falls erforderlich, sollten »gegen Dörfer, aus denen heraus hinterhältige und bösartige Angriffe irgendwelcher Art erfolgt« seien, »kollektive Gewaltmaßnahmen« ergriffen werden. Zweifellos gab es in den Kreisen der Wehrmacht beträchtlichen Widerwillen gegen einen solchen Ausrottungskrieg, der den soldatischen Traditionen zutiefst widersprach, doch wo immer die Wehrmacht bei der Ausführung der Hitlerschen Befehle »versagte«, war Verlaß darauf, daß die SS das Versäumnis wettmachen und die führenden Köpfe der einheimischen Bevölkerung mit derselben Unbarmherzigkeit auslöschen würde, die sie in Polen an den Tag gelegt hatte.

Nach seiner Ernennung zum Reichskommissar für die Festigung des deutschen Volkstums im Jahr 1939 hatte Himmler bereits in Polen Gelegenheit gefunden, ein Germanisierungsprogramm im kleinen auszuprobieren. Im Mai 1940 hatte er seine Gedanken »über die Behandlung der Fremdvölkischen im Osten« zu Papier gebracht, und nun würde die Besetzung Rußlands der SS den Weg zur vollen Entfaltung ebnen.

Ein weiterer Rivale Rosenbergs war Göring. Ehemals hatte er Hitler abgeraten, die Sowjetunion schon 1941 anzugreifen, nachdem aber die Entscheidung gefallen war, beanspruchte er in seiner Funktion als Chef der Vierjahresplanbehörde die Kontrolle über die wirtschaftliche Ausbeutung der Gebiete. Um seine Position zu stärken, tat Göring sich mit General Thomas und dem Wehrwirtschafts- und Rüstungsamt des OKW zusammen; gemeinsam rief man eine neue Behörde ins Leben, den Wirtschaftsstab Ost, der nach den Vorgaben des Vierjahresplans arbeiten sollte.

Zu den NS-Größen, die sich Einfluß auf die deutsche Ostpolitik zu sichern versuchten, zählte auch Martin Bormann; er war der letzte, der sich innerhalb der NSDAP eine selbständige Hausmacht aufbaute. Jahrelang war er die rechte Hand von Heß gewesen und nach dessen Abgang zum Stellvertreter des Führers in Parteiangelegenheiten aufgerückt. Bormann verband eine beherrschende Stellung in der Parteiorganisation mit einem zunehmenden Einfluß auf Hitler, an dessen Seite er immer häufiger weilte, und avancierte so zu einem der Hauptakteure im Spiel um Macht und Einfluß auf der höchsten Ebene der nationalsozialistischen Hierarchie. Anders als Rosenberg und Himmler, war Bormann nicht so sehr am Osten als solchem interessiert als daran, seine eigene Macht zu mehren und keinen seiner Konkurrenten zu einflußreich werden zu lassen. Er hatte die Berufung Rosenbergs zum Chef des Ostministeriums eifrig befürwortet, weil er in diesem Amt lieber einen schwachen als einen starken Minister sah; ebenso zielbewußt wirkte er dagegen, daß Himmler zur bestimmenden Figur der Ostpolitik wurde und die Belange der SS gegen die der Partei durchsetzte.

Eines der Mittel, mit denen Bormann dies zu verhindern und auch die Wirksamkeit Rosenbergs zu beschneiden trachtete, bestand darin, daß er führende Gauleiter der Partei in leitende Stellungen der Zivilverwaltung brachte. Dabei lautete sein Argument, gegenüber Hitler, die NSDAP als »Trägerin des politischen Willens« des deutsches Volkes müsse bei der Verwaltung des künftigen deutschen »Ostraums« ein entscheidendes Wort mitsprechen. Die Tatsache, daß diese Strategie geeignet war, den Bestrebungen Himmlers und der SS einen Riegel vorzuschieben, genügte, um Rosenberg dafür zu gewinnen. Erst später merkte der arglose Ostminister, daß die von Bormann protegierten Statthalter, insbesondere der zum Reichskommissar für die Ukraine ernannte Gauleiter von Ostpreußen, Erich Koch, es mit großem Erfolg darauf anlegten, die Wirksamkeit der von Rosenberg erlassenen Verordnungen zu sabotieren.

In der zweiten Hälfte der achtziger Jahre kam es in der Sowjetunion im Zeichen der neuen Offenheit, des *glasnost*, zu einer erbittert geführten Debatte um die Frage, wessen Schuld es gewesen sei, daß die deutschen Angriffsabsichten 1941 nicht rechtzeitig erkannt und mit adäquaten Vorkehrungen beantwortet wurden. Im Zuge dieser Diskussion kamen auch die Maßnahmen zum Vorschein, die Stalin und seine Nachfolger ergriffen hatten, um die Wahrheit zu vertuschen, die Geschichtsschreibung zu fälschen und eine Erörterung des heiklen Themas mehr als vierzig Jahre lang zu verhindern.

Schon um die Mitte der dreißiger Jahre nämlich hatte man in der Sowjetunion die Kriegsgefahr erkannt und Maßnahmen zur Stärkung der Verteidigungskraft ergriffen. Dazu gehörten die Prioritätszuweisung für den Auf- und Ausbau von Rüstungskapazitäten in der revidierten Fassung des zweiten Fünfjahresplans, die Aufstockung des Verteidigungsbudgets, die Reorganisation der Roten Armee und die Revision der sowjetischen Militärdoktrinen, die sich mit den Namen Tuchatschewski, Jegorow, Blücher, Jakir und Uborewitsch verband. Abrupt unterbrochen wurde dieser Prozeß jedoch durch die Säuberungen, in deren Verlauf viele der verantwortlichen Männer, von Ordschonikidse und Pjatakow in der industriellen Leitung bis hin zu Tuchatschewski und großen Teilen des Generalstabs und der höheren Kommandeure der Roten Armee wie der Sowjetmarine, in der Versenkung verschwanden. Auch wenn die ins Stocken geratene Entwicklung in den Jahren 1939 bis 1941 wieder in Schwung kam, hatten sich die sowjetische Wirtschaft und die Streitkräfte zum Zeitpunkt des deutschen Angriffs noch nicht vom Schock und von den organisatorischen Verheerungen der Säuberung erholt. Die Lücken waren noch nicht wieder aufgefüllt, für die von Stalin vernichtete Kompetenz und Erfahrung war noch nichts Gleichwertiges nachgewachsen.

Nicht nur unter den Liquidierten, sondern auch unter denen, die in Arbeits- und Straflager verbannt wurden, waren zahlreiche hochqualifizierte Manager, Techniker und Offiziere. So überrascht es nicht, daß die Fortschritte, die im Zuge des dritten Fünfjahresplans erzielt wurden, ungleich verteilt waren. In den drei Jahren 1938 bis 1940 erreichte das Produktionsvolumen im Maschinenbau (wozu die Rüstungsindustrien zählten) angeblich ziemlich genau drei Fünftel der für den Planzeitraum vorgesehenen Gesamtmenge. Die Stahlindustrie brachte es im selben Zeitraum lediglich auf 5,8 Prozent der für die fünf Jahre geplanten Produktionszuwächse; noch niedriger waren die Planerfüllungsquoten in den Bereichen Walzmetall (hier wegen des Mangels an Eisenerz und Koks) mit 1,4 und Zement mit 3,6 Prozent. Beim Erdöl schließlich, einem der wichtigsten strategischen Rohstoffe, waren die erzielten Steigerungen so minimal, daß es zu einer Treibstoffversorgungskrise kam.[14]

Das Regime reagierte, wie immer, mit einer Verschärfung des Zwangs, sowohl in der Landwirtschaft als auch in den industriellen Sektoren. Das Zentralkomitee verordnete eine Reduzierung der privat genutzten Parzellen innerhalb der Kolchosen und Sowchosen, was einen Zuwachs von 2,5 Millionen Hektar kollektiv bewirtschafteter Fläche brachte. Diese Maßnahme war ebenso unpopulär wie die gleichzeitig verordnete Verringerung der Zahl der Rinder und Schweine, die die Bauern privat halten durften; sie mußten nun einen Teil ihrer Bestände entweder schlachten oder an die Kolchose verkaufen. Der Ruf nach schärferer Disziplin wurde laut, und jeder

Bauer mußte sich verpflichten, künftig an einer festgesetzten Mindestzahl von Werktagen für die Kolchose zu arbeiten. Zugleich wurden die Quoten für die Zwangsablieferungen an den Staat erhöht und auf bis dahin nicht erfaßte Feldfrüchte, wie beispielsweise Kartoffeln, ausgedehnt. Aus Artikeln, die im Sommer 1940 in der *Prawda* erschienen, ging deutlich genug hervor, daß diese und andere Maßnahmen – auch die Erhöhung der an die Traktorenstationen zu leistenden Zahlungen gehörte dazu – eine Rückkehr zur Politik der Produktionssteigerung durch Zwangsmaßnahmen und der Ausmerzung des »kleinbürgerlichen Drangs nach Privateigentum« markierten.

Die Bauern hatten gelernt, daß Widerstand nutzlos war, aber das änderte nichts daran, daß sie sich weiterhin ungerecht behandelt fühlten von einem Staat, der ihnen zunächst das ihnen zustehende Land vorenthalten hatte und sie jetzt durch die Manipulation von Preisen und Quoten betrog. Sie erhielten für ihre Arbeit die denkbar geringste Entlohnung, mußten jedoch für die Konsumgüter, die sie brauchten, die denkbar höchsten Preise bezahlen, mehr, als dieselben Dinge – Benzin, Seife, Kleidung oder Schuhe – in den Städten kosteten. Nicht verwunderlich, daß sie in den Kolchosen nicht viel mehr sahen als eine neue Form der Leibeigenschaft.

Die Folge war, daß in der gesamten Landwirtschaft mit Ausnahme der Baumwolle die bescheidenen Produktivitätsfortschritte von 1933 bis 1938 wieder aufs Spiel gesetzt wurden. Es war ein Glück für Stalin, daß Hitler es versäumte, ja es hochmütig ablehnte, an den aufgestauten Unmut der Bauern zu appellieren. Statt dessen erreichten es die Deutschen dank ihrer Brutalität, der russischen Bevölkerung einen Widerstandswillen und ein Einigkeitsgefühl einzupflanzen, wie Stalin es niemals vermocht hätte.

Die Senkung des bäuerlichen Lebensstandards ging Hand in Hand mit einer Verschärfung der Arbeitsdisziplin in Industrie und Bauwirtschaft, wobei die Initiative nach amtlicher Darstellung von den Gewerkschaften ausging. An jeden Beschäftigten wurde ein Arbeitsbuch ausgehändigt, was praktisch bedeutete, daß der oder die Betreffende nicht ohne Erlaubnis die Arbeitsstelle wechseln konnte. Der Arbeitstag wurde von sieben auf acht Stunden verlängert, die Arbeitswoche, die bis dahin aus fünf Werktagen und einem Ruhetag bestanden hatte, auf sechs Werktage und einen Ruhetag, ohne daß die Löhne erhöht worden wären. Sozialleistungen wurden beschnitten, das Fernbleiben vom Arbeitsplatz zur Straftat erklärt. Alle möglichen Spezialisten wurden mit allen möglichen Sonderaufgaben betraut, eine Million Schulabgänger wurde zwecks Schnellausbildung in sogenannten Arbeitsreserveschulen zusammengezogen, während für die oberen Klassen der weiterführenden Schulen und Hochschulen Gebühren eingeführt wurden. Ob diese Maßnahmen im industriellen Sektor mehr Produktivitätsfortschritt brachten als in der Landwirtschaft, wissen wir nicht. Fest steht, daß alles, was es bis 1938 an Fortschritten im Lebensstandard gegeben hatte, wieder verlorenging. Zur Begründung hätte man sagen können, die Bevölkerung müsse dieses Opfer bringen, damit das Land sich auf den Krieg vorbereiten könne; doch in den Jahren des Hitler-Stalin-Pakts wurde dieses Argument nur selten vorgebracht.

Stalin war sich der Möglichkeit eines Krieges gegen Deutschland offenkundig bewußt. Was er hingegen nicht begriff, war die ideologische – man könnte wohl auch sagen, die mythologische – Bedeutung, die Hitler diesem Krieg beilegte, indem er ihn bewußt der Sphäre des rational Kalkulierbaren entzog. Nach Abschluß des Pakts redete Stalin sich ein, Hitler werde mit dem restlichen Europa so viel zu tun haben, daß ihm der hohe Nutzen des Abkommens ebenso klar einleuchten werde wie seinen sowjetischen Partnern. Als Churchill Stalin Ende Juni 1940 eine Note zukommen ließ, die vor einer deutschen Hegemonie in Europa warnte, informierte Molotow deshalb den deutschen Botschafter (mit der Bitte um Weiterleitung an Hitler) über Stalins Antwortnote: »Jedoch sehe er – Stalin – keine Gefahr der Vorherrschaft irgendeines Landes in Europa und noch weniger die Gefahr, die europäischen Gebiete könnten von Deutschland verschlungen werden ... Stalin sei nicht der Meinung, daß die deutschen militärischen Erfolge die Sowjetunion und ihre freundschaftlichen Beziehungen zu Deutschland bedrohten. Diese Beziehungen beruhten nicht auf vorübergehenden Umständen, sondern auf den grundlegenden staatlichen Interessen beider Länder.«[15]

Zweifellos fühlte Stalin sich in seiner Haltung dadurch bestätigt, daß es ihm 1940, nach zehnjährigen Grenzscharmützeln im Fernen Osten, endlich gelungen war, zu einer Übereinkunft mit Japan zu kommen, der zweiten Macht, die eine potentielle Gefahr für die UdSSR darstellte. Im April 1941 wurde die Übereinkunft in einen Neutralitätspakt umgewandelt, der Bestand hatte, bis Stalin den Japanern 1945 den Krieg erklärte. Stalin zog nun den Schluß, daß ein Krieg gegen Deutschland, falls er sich als unabwendbar erweisen sollte, nicht vor 1942 oder 1943 ausbrechen würde, so daß ihm noch zwei bis drei Jahre blieben, um sein Land darauf vorzubereiten.

Diese Fehlkalkulation trug mehr als alles andere zum Fiasko des Jahres 1941 bei, zumal die Hartnäckigkeit, mit der Stalin an seiner Einschätzung festhielt, allen Indizien zum Trotz, die sich in den ersten sechs Monaten diesen Jahres anhäuften, die Lage noch weiter verschlimmerte.

Dennoch wurden auf sowjetischer Seite in erheblichem Maß Vorkehrungen getroffen. Seit über einem Jahrzehnt genoß der Aufbau der Schwerindustrie Vorrang vor den anderen Industriezweigen, und die Streitkräfte wurden bevorzugt bedient. Die Rote Armee wuchs zwischen 1939 und 1941 um das Zweieinhalbfache, die Rüstungsproduktion erhöhte sich, Truppen und Versorgungseinheiten wurden nach Westen verlegt, hunderttausend Mann zum Einsatz beim Festungsbau eingezogen. Zum Zeitpunkt des deutschen Angriffes waren diese Vorbereitungen jedoch in kaum einem Bereich abgeschlossen, so daß, wie General Schukow, Stabschef der Roten

Wenige Monate vor dem Beginn des Rußlandkrieges zeigen sich die Herrscher der Sowjetunion aus Anlaß von Lenins siebzehntem Todestag in der Loge des Moskauer »Großen Theaters«. Noch fühlt sich das Land als eine der beiden Mächte, unter denen Europa aufgeteilt ist; kurze Zeit später werden Hunderte von deutschen Divisionen die Grenze überschreiten.
Auf dem Photo von links nach rechts: Malenkow, Shdanow, Schtscherbakow, Berija, Andrejew, Dimitrow, Kaganowitsch, Mikojan, Schwernik, Woroschilow, Molotow, Stalin, Timoschenko, Kalinin und Barajeff.

Armee, später schrieb, das Land im Stadium der Reorganisation, Neuausrüstung und Neuausbildung seiner Streitkräfte überrascht wurde.

Die Säuberungen hatten jeder Form von Eigeninitiative den Garaus gemacht, das Bewußtsein, daß man sich beeilen mußte, war verlorengegangen und hätte nur von Stalin wiederbelebt werden können. Zu den Folgen dieser Mißstände gehörte auch, daß moderne, bereits ausgereifte und getestete Waffen nicht in die Serienproduktion gingen und daß bei Kriegsbeginn erst wenige Soldaten und Flieger im Umgang mit ihnen geschult waren. Dies galt für die Panzer vom Typ KV-1 und T-34, für das Jagdflugzeug Jak-1 (von dem 1940 nur 64 Stück hergestellt wurden), für die Jäger vom Typ MiG-3 und LaGG-3, den Kampfbomber Jak-*stormowik* und den leichten Bomber Per-2, durchweg Waffensysteme, die sich später ihren deutschen Pendants als durchaus ebenbürtig zeigten. Ähnlich verhielt es sich mit den neuen Industrieregionen im Ural, in Sibirien und Kasachstan, die sich nachher als entscheidend für die russische Kriegführungsfähigkeit erweisen sollten. Zwar hatte man mit ihrer Errichtung längst begonnen; aber erst, als der Krieg ausbrach und die südrussischen Industrieriere, in die noch 1940 der größere Teil der staatlichen Investitionen floß, vom Feind überrannt wurden, wurde die Entwicklung der Alternativstandorte im

Osten mit dem nötigen Nachdruck vorangetrieben. 1940 wurden im Donez-Becken vierundneunzig Millionen Tonnen Kohle gefördert, im Ural zwölf Millionen, in der Region Karaganda sechs Millionen Tonnen. 1940 flossen noch dreimal mehr Investitionsmittel in die europäischen Industrierevier der Sowjetunion als in die am Ural gelegenen, und der Anteil Sibiriens an den Investitionen war sogar noch geringer (weniger als ein Siebentel des für den europäischen Teil bereitgestellten Volumens).[16]

Stalin verschätzte und verrechnete sich nicht nur im Hinblick auf den Zeitpunkt des deutschen Angriffs. Er hielt lange an Marschall Woroschilow fest, der seit 1926 als Kriegskommissar an der Spitze der militärischen Führung stand, obwohl seine Qualifikation nur darin bestand, daß er seit dem Bürgerkrieg ein treuer Diener Stalins war. Seine Ignoranz war sprichwörtlich, und er hatte mehr als irgend ein anderer dazu beigetragen, daß die von Tuchatschewski und anderen in den frühen zwanziger Jahren begonnenen Experimente mit schnellen gepanzerten Verbänden eingestellt wurden. Selbst Stalin konnte die Verantwortung Woroschilows für das Debakel im finnischen Krieg nicht übersehen und ersetzte ihn im Mai 1940 durch Timoschenko.

Timoschenko und Schaposchnikow, der erfahrene Stabschef, der die Operationspläne für die Schlußphase des finnischen Krieges ausgearbeitet hatte, wurden zu Marschällen ernannt. Eine ihrer ersten Aufgaben bestand darin, rund viertausend in Haft sitzende oder in Ungnade gefallene sowjetische Offiziere zu rehabilitieren, damit die von den Säuberungen gerissenen Lücken schleunigst aufgefüllt werden konnten. In der Folge wurden rund tausend Offiziere auf höhere Kommandostellen versetzt, darunter viele, die in den Kriegsjahren von 1941 bis 1945 von sich reden machen sollten, die aber bei Kriegsbeginn bei weitem nicht über die Erfahrung ihrer Vorgänger verfügten. Von 225 im Herbst 1940 überprüften Regimentskommandeuren hatte nur einer ein Vollstudium an einer Militärakademie absolviert, nur fünfundzwanzig hatten eine Militärschule durchlaufen. In der Roten Armee herrschte demzufolge auf allen Ebenen dringender Nachholbedarf in Sachen Ausbildung.

Timoschenko und Schaposchnikow hatten als Überlebende der Säuberungen freilich gelernt, daß Stalin in militärischen Dingen so weitgehend Mitsprache beanspruchte, daß für selbständige Auffassungen kaum Platz blieb. Wenn es überhaupt Leute gab, auf deren Rat er zu hören bereit war, dann waren es am ehesten diejenigen, die ihre Karriere nicht ihren Fähigkeiten, sondern ganz allein seiner Gunst verdankten. Von den drei Männern, die sich in dieser Beziehung besonders hervortaten, waren zwei Mitglieder seines Sekretariats, Lew Mechlis, Stellvertretender Kommissar für Verteidigung und ranghöchster Polit-Kommissar der Roten Armee, und Tschtschawenko, ein ehemaliger Schneider, der zusammen mit Mechlis bei der Säuberung des Offizierskorps und bei der Reorganisation des politischen Kommissarwesens in der Roten Armee eine wichtige Rolle gespielt hatte. Hinzu kam G.I. Kulik, dessen wichtigste Qualifikation darin bestand, daß Stalin ihn 1918 im belagerten Zarizyn kennengelernt und ihn 1937 als völlig unbeschriebenes Blatt zum Chef der Hauptverwaltung für die Artillerie ernannt hatte; Kulik wurde ebenfalls Stellvertretender Verteidigungskommissar und 1940 zu einem der fünf Marschälle der Sowjetunion befördert. Diese drei Männer konnten in militärischen Dingen größeren Einfluß auf Stalin ausüben als irgend jemand sonst und hatten außerdem die Schlüsselpositionen im Bereich der Beschaffung inne, d.h. der Auswahl und Produktion von Waffen und Ausrüstung für die Rote Armee und die Luftwaffe. Sie verdienen einen Sonderplatz in der Geschichte der Roten Armee, in Würdigung ihrer Ignoranz in militärischen Dingen, der Zahl ihrer Fehlentscheidungen und der schlechten Ratschläge, die sie Stalin in den frühen vierziger Jahren erteilten.

Im April 1945, als die Rote Armee Berlin eingeschlossen hatte und die deutsche Niederlage feststand, erklärte Hitler im Rückblick auf 1941, er habe keine andere Wahl gehabt: »Der schwerste Entschluß dieses Krieges war für mich der Befehl zum Angriff auf Rußland. Immer hatte ich die Meinung vertreten, daß Deutschland keinen Zweifrontenkrieg führen darf, und niemand soll bezweifeln, daß ich mehr als irgend jemand die Erfahrungen Napoleons in Rußland studiert und durchdacht habe. Warum aber dann dieser Krieg gegen Rußland? Warum zu dem von mir bestimmten Zeitpunkt?«

Doch um die Briten zum Friedensschluß zu zwingen und damit die Gefahr eines langen Krieges mit amerikanischer Beteiligung zu bannen, habe es nur ein Mittel gegeben: die britische Hoffnung auf ein Eingreifen

Rußlands zunichte zu machen. »Es blieb uns keine andere Wahl, als den Faktor Rußland aus dem europäischen Kraftfeld auszulöschen.« Die bloße Existenz der Sowjetunion sei, so wiederholte Hitler, für Deutschland eine Bedrohung gewesen, und zwar eine potentiell tödliche. »Unsere einzige Chance, einen Sieg über Rußland zu erringen, lag darin, seinem Angriff zuvorzukommen. Auf beiden Fronten arbeitete also die Zeit gegen uns. Es war meine beständige Sorge während dieser letzten Wochen, Stalin könnte mir zuvorkommen.« Als Beweis dafür führte Hitler die angebliche stetige Reduzierung der russischen Rohstofflieferungen an, auf die Deutschland angewiesen war. »Was sie uns nicht gutwillig liefern wollten, mußten wir uns also an Ort und Stelle selbst holen!«[17]

Die amtlichen Unterlagen sowohl der deutschen als auch der russischen Seite weisen in die entgegengesetzte Richtung. Wie vor dem Polenfeldzug und vor allen seinen anderen aggressiven Akten behauptete Hitler – und war davon vielleicht auch selbst überzeugt –, Deutschland befinde sich in einer Notwehrsituation. In den ausführlichen deutschen Planunterlagen zur Operation Barbarossa findet sich freilich nicht der geringste Hinweis darauf, daß irgendwelche Vorkehrungen zur Abwehr eines sowjetischen Angriffes getroffen worden wären – ebensowenig wie zuvor im Fall Polens. Man war im deutschen Lager gerade deshalb voller Zuversicht, weil alle Berichte zeigten, daß die Russen für die Verteidigung – geschweige denn für einen Angriff – schlecht gerüstet waren, eine Einschätzung, die der Kriegsverlauf dann auch bestätigte.

Eines der eindeutigsten Indizien für diesen Umstand ist die Tatsache, daß Stalin weiterhin strategisch wichtige Rohstoffe in gesteigerter Menge an Deutschland lieferte – für die russische Eigenversorgung war dies durchaus bedenklich. Am 10. Januar 1941 wurden in Moskau sechs einander ergänzende deutsch-sowjetische Verträge unterzeichnet, sie waren das Resultat voraufgegangener Verhandlungen, die von deutscher Seite mit besonderer Härte geführt worden waren. Im Mittelpunkt der Gespräche stand ein Wirtschaftsabkommen, in dem die Sowjetunion sich verpflichtete, bis zum August 1942 eine lange Liste von Gütern im Gesamtwert von 620 bis 640 Millionen Reichsmark an Deutschland zu liefern. Stalin persönlich intervenierte im letzten Augenblick (»eine Entscheidung von höchster Stelle«) und erhöhte, dem deutschen Wunsch entsprechend, die Liefermengen für bestimmte, auch in der Sowjetunion knappe Rohstoffe: bei Kupfer auf 6 000 Tonnen, bei Nickel auf 1 500 Tonnen und bei Zinn, Wolfram und Molybdän auf je 500 Tonnen.[18]

Karl Julius Schnurre, der die deutsche Verhandlungsdelegation leitete, berichtete, sein Gegenüber, Mikojan, hätte entgegenkommender nicht sein können. In einem Rundschreiben des deutschen Auswärtigen Amts an die deutschen Auslandsvertretungen wurden diese angewiesen, den Abschluß mit Moskau als das größte Wirtschaftsabkommen, das je zwischen zwei Staaten geschlossen worden sei, zu präsentieren und hinzuzufügen, daß damit auch alle anderen offenen Fragen zwischen Deutschland und der Sowjetunion beigelegt seien. Das Rundschreiben schloß mit den Worten: »Die Sowjetunion hat alles geliefert, was sie zugesagt hat. Auf manchen Gebieten hat sie sogar noch mehr geliefert, als ursprünglich vereinbart war. Bei der Organisierung der riesigen Transporte hat die Sowjetunion eine wirklich bewundernswerte Leistung vollbracht. Jetzt haben sich die Handelswege und Transportwege eingespielt.«[19]

Es ist aufschlußreich, zu vergleichen, was Hitler und Stalin zu der Zeit, als dieses Wirtschaftsabkommen ausgehandelt und unterzeichnet wurde, hinter verschlossenen Türen sagten. Hitler traf sich am 9. Januar 1941 mit seinen ranghöchsten militärischen Befehlshabern und Ribbentrop zu einer Besprechung. Nachdem er einen Überblick über die Gesamtlage gegeben hatte, kam er auf Rußland zu sprechen: »Stalin, der Herr *Rußlands*, sei ein kluger Kopf; er werde nicht offen gegen Deutschland auftreten, man müsse aber damit rechnen, daß er in für Deutschland schwierigen Situationen in wachsendem Maße Schwierigkeiten machen werde. Er wolle das Erbe des verarmten Europa antreten, habe auch Erfolge nötig, und sei von dem Drange nach Westen beseelt ... Die Möglichkeit eines russischen Eingreifens in den Krieg halte die Engländer aufrecht ... Wenn sie sich aber halten und vierzig bis fünfzig Divisionen aufstellen könnten und die USA und Rußland ihnen helfen würden, dann würde für Deutschland eine sehr ernste Lage entstehen. Das dürfe nicht geschehen.«

Dies erwies sich als eine treffsichere Prognose der Lage, die Hitler noch im gleichen Jahr durch seinen Überfall auf Rußland und die Kriegserklärung an die USA selber heraufbeschwor. Daß Hitler gleichwohl keineswegs *a priori* von einer militärischen Bedrohung Deutschlands durch die Sowjetunion ausging, zeigt eine Passage seiner Ausführungen, in der er die russischen Streitkräfte einen »Koloß auf tönernen Beinen« nennt. Da Rußland in jedem Fall besiegt werden müsse, sei es besser, dies jetzt zu tun, wo die russischen Streitkräfte keine Führer hätten und schlecht ausgerüstet seien und die Russen große Schwierigkeiten in ihrer Rüstungsindustrie bewältigen müßten. Die Vernichtung der Roten Armee, die Besetzung der wichtigsten Industriereviere und die Zerstörung der übrigen werde das Ziel der Operation sein.

War Rußland erst einmal ausgeschaltet, würden die Briten vermutlich aufgeben; wenn aber nicht, könne Deutschland dann jedenfalls den Krieg unter Nutzung der Ressourcen des gesamten europäischen Festlands fortsetzen. Dazu komme, daß nach der Niederlage Rußlands Japan sich mit ganzer Kraft gegen die USA wenden und damit einen Kriegseintritt der Amerikaner verhindern könne. Die »unermeßlichen Reichtümer« Rußlands würden Deutschland die Mittel an die Hand geben, in fernerer Zukunft selbst gegen Kontinente Krieg zu führen, niemand werde dann noch in der Lage sein, (Deutschland) zu besiegen.[20]

In Moskau hatten sich in den letzten zehn Tagen des Dezembers 1940 die ranghöchsten Befehlshaber der Roten Armee zu einer Sondersitzung des Obersten Militärsowjets eingefunden, um die Lehren des finnischen Krieges und die erstaunlichen Erfolge der deutschen Blitzkriegs-Strategie zu erörtern. Der Bericht einer Sonderkommission, die das ZK der Partei eingesetzt hatte, ließ keinen Zweifel am unbefriedigenden Entwicklungsstand der Streitkräfte: »Es gibt keine einheitlichen Auffassungen über den Einsatz von Panzern, Flugzeugen und Luftlandetruppen... Bei der Entwicklung von Panzern und motorisierten Verbänden hinken wir hinter den Anforderungen der Gegenwart her... Der Anteil der motorisierten Verbände ist gering, die Qualität der Panzer der Roten Armee unbefriedigend.«[21]

Stalin und das Politbüro zeigten sich stark an diesen Darlegungen interessiert, und Schdanow wohnte als unmittelbarer Vertreter Stalins sämtlichen militärischen Diskussionen bei. Am Ende führte Timoschenko Regie in einem Kriegsspiel, bei dem die führenden sowjetischen Generäle, über große Karten gebeugt, zwei Angriffs-Verteidigungs-Operationen an der Westgrenze durchspielten. Im ersten Szenario, bei dem Schukow die »westlichen« Truppen befehligte, gelang es ihm, die meisten »Roten« Truppenkonzentrationen auszuschalten und weit nach Rußland hinein vorzustoßen; im zweiten, bei dem Schukow den Befehl über die »Rote« Seite übernahm, fiel das Ergebnis nicht so eindeutig aus. Am 13. Januar beorderte Stalin die Tagungsteilnehmer überraschend in den Kreml und unterzog sie in Gegenwart des Politbüros und weiterer Regierungsmitglieder einem »Kreuzverhör«. Welche Seite denn gesiegt habe, wollte er wissen, die westlichen Angreifer oder die sowjetischen Verteidiger?

Merezkow, der neuernannte Stabschef, war schlecht vorbereitet und verrannte sich in seinem Eifer, Stalin nur das zu sagen, was er vermutlich zu hören wünschte, in die Behauptung, die Roten hätten gesiegt, obgleich sie zahlenmäßig im Nachteil gewesen seien. Als die Rede auf das zweite Szenario kam, fragte Stalin sarkastisch: »Nun, wer hat am Ende gewonnen? Wieder die Roten?« Voller Panik versuchte Mereskow, sich um eine Antwort zu drücken, woraufhin Stalin ihn anherrschte: »Die Mitglieder des Politbüros wollen erfahren, welche Seite den Sieg davongetragen hat«, doch die Antwort blieb aus. Wenig später mußte Mereskow seinen Platz als Stabschef räumen, und Schukow wurde sein Nachfolger.

Das Thema jedoch, das am heftigsten diskutiert wurde, war der Einsatz selbständiger Panzerverbände nach deutschem Vorbild. Marschall Kulik sorgte für Zündstoff, indem er, getreu der orthodoxen Auffassung Woroschilows, erklärte, eine weitergehende Motorisierung sei unnötig. Kulik hatte 1939 in Spanien gekämpft und war überzeugt, eine kampfstarke Infanterie, von Pferdefuhrwerken als Transportmittel unterstützt, werde im Kampf gegen Hitler ebenso gute Dienste leisten wie in Spanien gegen Franco. Andere Diskussionsteilnehmer wandten sich gegen die Auffassungen Kuliks, woraufhin Stalin sich an Timoschenko wandte und ihm sagte, solange innerhalb der Armee so große Verwirrung herrsche, werde man »überhaupt keine Mechanisierung oder Motorisierung bekommen«. In der Armee herrsche keine Verwirrung, gab Timoschenko zurück, nur im Kopf von Marschall Kulik.

Auch wenn Kulik einer der Favoriten Stalins war, mußte er sich bei dieser Gelegenheit scharf kritisieren lassen: »Kulik hat gegen die Mechanisierung gesprochen, er ist gegen den Motor, den die Regierung der Armee zur Verfügung stellt. Das ist so ungefähr dasselbe, als hätte er gegen den Traktor und den Mähdrescher gesprochen und den Holzpflug und die wirtschaftliche Selbständigkeit des Dorfes verteidigt.«[22]

In seinem abschließenden Redebeitrag erklärte Stalin, der nächste Krieg werde ein Krieg der Motoren und der schnellen Bewegung sein, verriet jedoch nicht, für welchen Zeitpunkt er mit dem Ausbruch eines solchen Krieges rechnete. Viele der Anwesenden hatten nicht vergessen, daß es Stalin gewesen war, der ein Jahr zuvor, im November 1939, seine Zustimmung zur Auflösung aller Panzerarmeen gegeben, der Kulik gefördert hatte und ihm auch jetzt den Oberbefehl über die Artilleriestreitkräfte der Roten Armee beließ. Tatsächlich setzte im März die Neuformierung der gepanzerten Verbände der Roten Armee ein, und die sowjetische Industrie lieferte in den ersten sechs Monaten des Jahres 1941 immerhin über tausend Exemplare des hochmodernen Panzers T-34 aus. Es gab jedoch kein systematisches Konzept für den Einsatz dieser Panzer in selbständig operierenden Verbänden, wie die Deutschen es entwickelt hatten; die Fahrzeuge wurden statt dessen einzeln auf bestehende Einheiten aufgeteilt, wo sie sich in die Schar der älteren, dringend nachrüstungsbedürftigen Panzermodelle einreihten. Nur die wenigsten sowjetischen Panzerfahrer konnten auf mehr als eine Übungsstunde in ihrem Panzer, ob alt oder neu, zurückblicken, woran sich auch später nichts änderte, da den gepanzerten Einheiten in zunehmendem Ausmaß frisch eingezogene Wehrpflichtige und Nachwuchsoffiziere aus der Infanterie und Kavallerie zugewiesen wurden, die völlig unerfahren den schlachterprobten deutschen Panzertruppen entgegentreten mußten.[23]

Über die Operationspläne, die der sowjetische Generalstab schließlich im April und Mai 1941 vorlegte, ist später gesagt worden, sie seien für den falschen Krieg entwickelt worden, nämlich den von 1914. Sie beruhten auf der Annahme, die Rote Armee werde allenfalls mit begrenzten Kräften angegriffen werden, so daß genug Zeit für eine ordentliche Mobilmachung bleiben würde. Von Mechlis schlecht beraten, lehnte Stalin es ab, die von den Produktionsplanern und vom Generalstab unterbreitete Empfehlung zu prüfen, die strategischen Reserven an Treibstoff, Lebensmitteln und Rohstoffen hinter der Wolga zu deponieren, außer Reichweite eines Angreifers. Man beließ sie diesseits der Wolga oder verlagerte sie sogar in die westlichen Grenzbezirke, und es gab keine Pläne für den Fall, daß diese Gebiete überrannt würden.

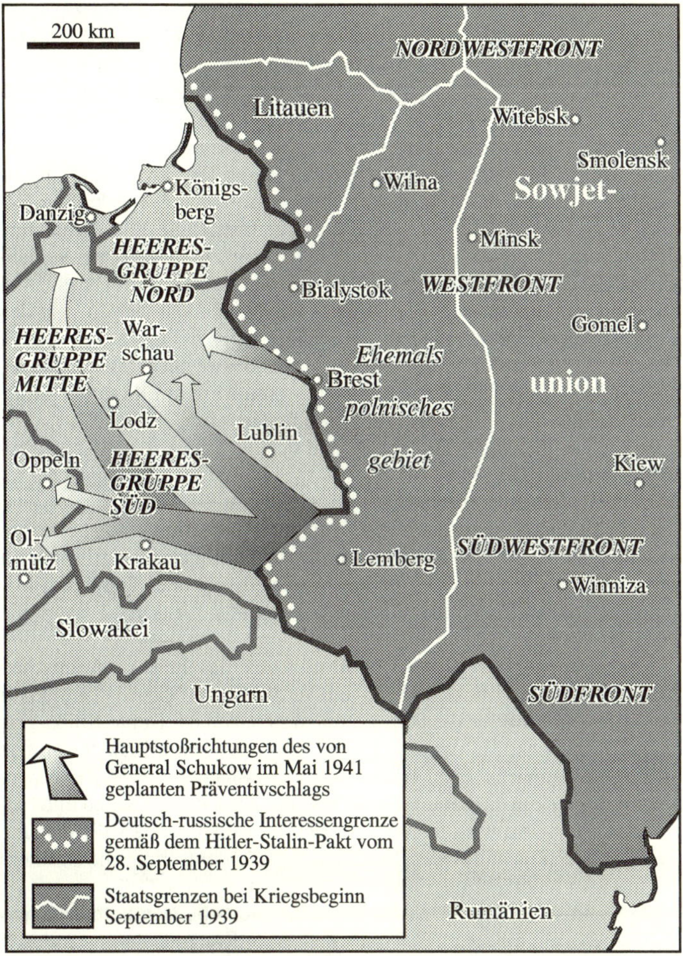
200 km
NORDWESTFRONT
Litauen
Witebsk
Smolensk
Wilna
Sowjet-
Königs-
berg
Danzig
HEERES-
GRUPPE
NORD
Minsk
Bialystok
WESTFRONT
HEERES-
GRUPPE
MITTE
War-
schau
Gomel
Ehemals
Brest
union
polnisches
Lodz
Lublin
gebiet
Oppeln
HEERES-
GRUPPE
SÜD
Kiew
Ol-
mütz
Krakau
Lemberg
SÜDWESTFRONT
Winniza
Slowakei
Ungarn
SÜDFRONT
Hauptstoßrichtungen des von General Schukow im Mai 1941 geplanten Präventivschlags
Deutsch-russische Interessengrenze gemäß dem Hitler-Stalin-Pakt vom 28. September 1939
Staatsgrenzen bei Kriegsbeginn September 1939
Rumänien

Der deutsche Aufmarsch an der sowjetischen Grenze forderte 1941 die Überlegungen des russischen Militärs heraus. Im Mai 1990 veröffentlichte die politische Hauptverwaltung der Sowjetarmee eine Denkschrift des sowjetischen Generalstabchefs Georgi Konstantinowitsch Schukow vom Mai 1941, in welcher dieser dem Rat der Volkskomissare »Überlegungen zum Plan eines strategischen Aufmarschs der bewaffneten Streitkräfte der Sowjetunion« vortrug. Der spätere Marschall empfiehlt, »die deutsche Armee in dem Moment anzugreifen, in dem sie sich im Stadium des Aufmarsches befindet« und das Territorium des ehemaligen Polen sowie Ostpreußen durch eine Präventivschlag in Besitz zu nehmen. Stalin aber verschloß sich der Wirklichkeit ebenso wie den Vorschlägen des Generals.

In den dreißiger Jahren hatten die Sowjets entlang ihrer damaligen Westgrenze eine Kette durchdachter und überlegt plazierter Festungsbauwerke errichtet, die sogenannte Stalin-Linie. Später entschied Stalin gegen die Überzeugung des Generalstabs, die Sowjetunion habe durch den Erwerb der neuen Territorien 1939/40 eine neue Westgrenze erhalten, und dies sei nunmehr die zu verteidigende Linie. Das bedeutete, daß man ein bestehendes, leistungsfähiges Verteidigungssystem zugunsten eines neuen, hastig errichteten aufgab, das trotz des Einsatzes von 100 000 Arbeitskräften 1941 noch nicht fertiggestellt war, zumal die neue Grenzlinie etliche Aus- und Einbuchtungen aufwies und daher erheblich länger war als die alte. So klafften, als die deutschen Armeen angriffen, in der sowjetischen Abwehrfront Lücken von zehn bis achtzig Kilometer Länge, und während man in den alten Festungswerken gegen den Rat Timoschenkos und Schukows die Geschütze abmontiert hatte, waren in der neuen, westlicheren Festungslinie erst 1 000 von 2 500 betonierten Festungsbunkern mit Kanonen ausgerüstet. In den übrigen gab es nur Maschinengewehre.

In ähnlich unfertigem Zustand befand sich die Infrastruktur der sowjetischen Luftwaffe. Ein Plan, der die Anlage von 190 neuen Flugplätzen im westlichen Grenzgebiet vorsah, wurde im Februar 1941 verabschiedet; zum selben Zeitpunkt begann das NKWD mit dem Ausbau der schon bestehenden Flugplätze, und da die Arbeiten fast überall gleichzeitig in Angriff genommen wurden, mußte die Rote Armee einen großen Teil ihrer Flugzeuge auf zivilen Flughäfen zwischenlagern, die in Grenznähe lagen und schlecht geschützt waren.

Ähnlich ungenügend war die Bestückung des neuen sowjetischen Abwehrgürtels mit Minenfeldern – ein Verdienst von Marschall Kulik, für den Minen »die Waffen der Schwachen« waren. Auf das Konto Kuliks ging auch die Tatsache, daß der militärische Wert des Mehrfachraketenwerfers »Katjuscha« zunächst nicht erkannt wurde, weshalb dieses Waffensystem erst im Juni 1941 in die Serienproduktion ging. Im Raum zwischen und hinter den Festungsbauwerken krankte der gesamte sowjetische Militärapparat am primitiven Zustand seiner Funk- und Nachrichtentechnik und an einem chronischen Kraftfahrzeugmangel.

Da Stalin selber seinem Stabschef und seinen obersten Befehlshabern gegenüber nicht eingestehen wollte, daß akute Kriegsgefahr bestand, gab die Armeeführung keine Operationspläne heraus, die Weisungen an einzelne Einheiten für den Kriegsfall enthalten hätten. Als Stalins Marinekommissar Kusnezow sich 1965 zu diesem Thema äußerte, schrieb er: »Stalin hatte Ideen über die Kriegführung, aber ob seines gewohnten pathologischen Mißtrauens hielt er sie vor denen geheim, die ihre Ausführung besorgen mußten. Von falschen Annahmen über den Zeitpunkt des Konflikts ausgehend, glaubte er, noch genug Zeit zu haben. Und als das Tempo der Geschichte anzog, konnten die Ideen über den Krieg der Zukunft nicht in klare strategische Konzepte und konkrete Pläne übersetzt werden. Dabei waren solche Pläne – ausgearbeitet bis ins letzte Detail – 1939 bis 1941 absolut unabdingbar.«[24]

Nichts zeigt deutlicher, welche Spielernatur Hitler war, als seine Bereitschaft, die Operation Barbarossa, die ohnehin das riskanteste Spiel seines Lebens war, noch mit den zusätzlichen Gefahren weiterer militärischer Engagements auf dem Balkan und in Nordafrika zu belasten, die sich zeitlich mit dem Aufmarsch im Osten überlappten. Die Besetzung Griechenlands und die Entscheidung, ein Panzerkorps für den Wüstenkrieg in Nordafrika abzukommandieren, waren kalkulierte Risiken; der Beschluß, Jugoslawien zu besetzen, entsprang einer momentanen Gefühlsregung, wurde ohne Abwägung der Konsequenzen gefaßt und diente lediglich zur Befriedigung der Hitlerschen Rachegelüste gegenüber einem Land, das es gewagt hatte, ihm zu trotzen.

Die erstgenannte Operation entsprang aus der Notwendigkeit, die Briten daran zu hindern, strategisches Kapital aus dem Debakel Mussolinis in Griechenland zu schlagen, wo die Engländer auf Einladung der griechischen Regierung im Februar 1941 eine Streitmacht gelandet hatten, und in Nordafrika wollten die Deutschen den italienischen Truppen aus ihren Schwierigkeiten helfen. Zwischen Deutschland und Griechenland lagen vier Länder – Ungarn, Rumänien, Bulgarien und Jugoslawien– , deren Zustimmung eingeholt werden mußte, ehe deutsche Truppen nach Griechenland einmarschieren konnten. Ungarn und Rumänien waren bereits deutsche Satelliten, und so entschieden sich die Deutschen im Winter 1940/41 dafür, die Truppen für den Griechenland-Feldzug, insgesamt 680 000 Mann, über Ungarn nach Rumänien zu führen und dort aufzustellen. In Bulgarien kam es zu einem erbitterten Tauziehen zwischen Deutschland und der Sowjetunion um den beherrschenden Einfluß. Deutschland siegte, und am 1. März trat Bulgarien, dem Beispiel Ungarns, Rumäniens und der Slowakei folgend, dem Dreimächtepakt bei. Unmittelbar danach überschritten die in Rumänien aufmarschierten deutschen Truppen die Donau und bewegten sich durch bulgarisches Territorium auf die griechische Grenze zu.

Ein ähnliches diplomatisches Tauziehen war in Jugoslawien im Gang, hier aber zwischen Deutschen und Briten. Der jugoslawische Prinzregent Paul war pro-britisch, aber die Niederlage Frankreichs hatte ihn ebenso beeindruckt wie Hitlers Angebot (unterbreitet bei einem Geheimtreffen Anfang März 1941 in Berchtesgaden), Saloniki könne jugoslawisch werden. Drei Wochen später unterzeichnete der jugoslawische Außenminister in Wien den Dreimächtepakt, wodurch der deutsche Aufmarsch gegen Griechenland wesentlich problemloser zu werden versprach. Allein, Hitlers Genugtuung schlug in Jähzorn um, als in der Nacht vom 26. auf den 27. März unter Führung von General Simovic eine Gruppe jugoslawischer Offiziere, die den Eintritt ihres Landes ins deutsche Lager mißbilligten, im Namen des minderjährigen Königs Peter einen Staatsstreich unternahm.

Kaum hatte Hitler die Neuigkeit vernommen, als er, ohne über die Folgen für den Zeitplan der Operation Barbarossa nachzudenken, den Befehl gab, unverzüglich alle Vorbereitungen für die »Zerschlagung des jugoslawischen Staates« zu treffen, wobei er ein Warten auf denkbare »Loyalitätsbekundungen der neuen Regierung« ausdrücklich ausschloß. Die Hoffnung Simovics, einen neutralen Kurs steuern zu können, zerstob. Hitler befahl, die Operation gegen Jugoslawien mit »gnadenloser Härte« durchzuführen.

Gewiß, Hitler sicherte sein Vorgehen auch diplomatisch ab, indem er bei den Nachbarstaaten Jugoslawiens, Italien eingeschlossen, Appetit auf Teile des jugoslawischen Territoriums weckte und, um den Vielvölkerstaat auch von innen zu sprengen, die Bestrebungen der Kroaten unterstützte, die seit langem schlecht auf die serbisch dominierte Regierung in Belgrad zu sprechen waren. Doch vor allem kam es ihm darauf an zu zeigen, was denen blühte, die seine Pläne durchkreuzten.

Am 6. April marschierten deutsche Truppen gleichzeitig in Jugoslawien und Griechenland ein. Doch mit einem Unterschied der militärischen Absicht: Griechenland sollte »besetzt«, Jugoslawien »vernichtet« werden. Daß Hitler es mit dieser Drohung ernst meinte, ging auch daraus hervor, daß er auf Jugoslawien nicht weniger als sieben Panzerdivisionen und 1000 Flugzeuge losließ. Nachdem deutsche Bomber die jugoslawische Luftwaffe in einem Überraschungsschlag am Boden zerstört hatten, wurde Belgrad zum Ziel erbarmungsloser Luftangriffe. Binnen drei Tagen flog die deutsche Bomberflotte, die keinerlei Widerstand zu fürchten hatte und im Tiefflug operieren konnte, mehr als 500 Einsätze, die mehr als 17000 Todesopfer forderten. Am 13. April wurde Belgrad besetzt, am 17. kapitulierten die jugoslawischen Streitkräfte. Nur drei Tage später sahen sich die Griechen, die zuvor den Italienern sechs Monate lang tapferen Widerstand geleistet hatten, ebenfalls zum Aufgeben gezwungen. Am 22. April begannen die 50000 britischen, australischen und neuseeländischen Soldaten, die zwei Monate zuvor auf dem griechischen Festland gelandet waren, mit dem Rückzug. Am 27. April rollten deutsche Panzer durch Athen. Auf der Akropolis wurde die Hakenkreuzfahne gehißt.

Hitler hatte sich für den jugoslawischen Teil der Operation erst am Nachmittag des 27. März entschieden und von OKW und OKH verlangt, sie sollten die Nacht durcharbeiten, um am nächsten Morgen einen Operationsplan fertig zu haben. Zehn Tage später standen die Invasionstruppen bereit, darunter Hunderte von Panzern und Flugzeugen; und der Angriff begann. Nach drei Wochen war das gesamte Unternehmen, die Besetzung Griechenlands und Jugoslawiens, trotz des schwierigen Geländes, beendet.

All dies verdankte Hitler, wie auch die erfolgreiche Durchführung seiner anderen Pläne, der deutschen Wehrmacht und ihren Offizieren, die zu kritisieren er nie müde wurde. Doch die jüngste Operation war selbst für die Wehrmacht ein bemerkenswertes Meisterstück, das ohne das professionelle Können der Soldaten nicht möglich gewesen wäre. Die Welt freilich schrieb das Verdienst Hitler zu, der als Führer die Möglichkeiten gesehen und den Nerv gehabt hatte, die Befehle zu erteilen. Für Hitler selbst war der Balkanfeldzug, rechtzeitig zu dem bevorstehenden Krieg im Osten, eine weitere Bestätigung seines genialen Feldherrntalents, von dem jeder, der sich ihm in den Weg zu stellen versuchte, vernichtet würde.

Das einzige Ereignis, das ihn einen Moment lang aus dem Gleichgewicht brachte und zu einem weiteren Wutanfall reizte, war der Flug des Rudolf Heß nach Schottland. Wie Paul Schmidt später schrieb, schlug diese Neuigkeit »wie eine Bombe auf dem Berghof ein«. Hitler sei wie ein Rasender durch das Haus gestürmt, habe Heß als Verräter beschimpft und zu wissen verlangt, wer sonst noch an dem Unternehmen beteiligt gewesen sei. Heß war schon seit einigen Jahren, und in verstärktem Maß seit Kriegsbeginn, in den Hintergrund getreten. Als Stellvertreter des Führers in Parteiangelegenheiten bekleidete er zwar Ministerrang, besaß aber keine Ressortzuständigkeit. Für Parteidinge interessierte Hitler sich nicht mehr, und so bekam Heß ihn immer seltener zu sehen; außerdem war seine ehemalige rechte Hand Martin Bormann mittlerweile Hitlers Sekretär geworden und hatte begonnen, ihm den Rang abzulaufen. Verbittert und enttäuscht hielt Heß nach einer Möglichkeit Ausschau, sich durch eine spektakuläre Bekennertat die Gunst seines Führers zurückzuerobern, an dem er nach wie vor mit hündischer Verehrung hing.

Heß, der Hitlers ambivalentes Verhältnis zum britischen Empire kannte, hatte schon im Sommer 1940 die Idee ausgebrütet, nach England zu fliegen und mit dem Friedensvertrag in der Hand zurückzukehren, den die Briten seinem Führer bislang vorenthielten. Hitler nahm die Heßsche »Mission« keine Sekunde lang ernst, ebensowenig wie die Briten selber. Was ihm Sorge bereitete, war die Frage, wieviel Heß von dem geplanten Überfall auf die Sowjetunion wußte und ausplaudern mochte, und wie die britische Propaganda die Tatsache ausschlachten würde, daß der stellvertretende Parteiführer, einer der ersten und treuesten Gefolgsleute Hitlers, sich ins Land des Feindes abgesetzt hatte. Tatsächlich erklärte Heß im Verhör die Gerüchte über die Rußlandpläne Hitlers für falsch, weshalb die Briten, denen die Heßsche Aktion ebenso peinlich war wie Hitler (konnte sie doch den Verdacht nähren, es seien heimliche Verhandlungen über einen Kompromißfrieden im Gang), gar nicht den Versuch machten, aus dem Zwischenfall politisches Kapital zu schlagen, sondern sich auf eine knappe amtliche Verlautbarung beschränkten, derzufolge Heß als Kriegsgefangener interniert worden war.

Hitler erklärte, Heß sei geistesgestört, enthob ihn aller seiner Ämter und beauftragte Bormann, künftig an seiner Stelle die Parteiangelegenheiten zu leiten; Heß sollte, nach Hitlers Befehl, erschossen werden, falls er je nach Deutschland zurückkehrte. Wie die Ermittlungen ergaben, hatte Heß seine Aktion auf eigene Faust durchgeführt, nicht als Teilnehmer oder Werkzeug einer Verschwörung. Als Weltsensation mit kurzer Lebensdauer und ohne nachhaltige Auswirkungen wurde die Heß-Affäre bald von den Meldungen über die dramatische deutsche Luftlandeoperation auf Kreta verdrängt, die am 20. Mai stattfand und mit der Eroberung Kretas durch die Wehrmacht endete, für die Briten eine weitere schmerzliche Demütigung angesichts ihrer Flottenüberlegenheit und ein spektakulärer Erfolg für Hitler trotz der schweren Verluste, die seine Truppen dabei erlitten.

Oft ist gesagt worden, der Balkanfeldzug habe Hitler letzten Endes die Chance geraubt, Moskau zu erobern, da er ihn zur Verschiebung der Operation Barbarossa vom 15. Mai auf den 22. Juni gezwungen habe. Aber zu einer gewissen Verschiebung wäre es in jedem Fall gekommen, weil das Tauwetter 1941 spät einsetzte und der Schlamm einen Feldzugsbeginn im Mai ausschloß. Der Einsatz von achthundert Panzern auf dem Balkan bedeutete, daß diese vor der Verlegung nach Norden überholt werden mußten, was die Deutschen freilich rechtzeitig genug schaffen konnten, um in ihrem Zeitplan zu bleiben. Dagegen waren die Luftlandetruppen, die Kreta eroberten, zum Einsatz in Rußland gar nicht vorgesehen. Hätte sich die Schlacht um Kreta in die Länge gezogen, so hätte sich daraus vielleicht wirklich eine größere Verzögerung ergeben; da dem aber nicht so war, scheint die Wahrscheinlichkeit weitgehend gegen das genannte Argument zu sprechen.

Zweifelsfrei klar ist hingegen, daß der Krieg auf dem Balkan, den Mussolini vor allem deshalb vom Zaun gebrochen hatte, um seine Eigenständigkeit zu demonstrieren, mit einem deutschen Triumph endete, der das Versagen der Italiener nur um so deutlicher hervortreten ließ. Das wahre Kräfteverhältnis zwischen Berlin und Rom zeigte sich deshalb bei der Aufteilung Jugoslawiens. Hitler strich, wie er es angekündigt hatte, den jugoslawischen Staat von der Landkarte und legte die künftige territoriale Gestaltung des Landes am 12. April in einer Weisung fest. Erst am 21. April wurde Ciano nach Wien beordert, wo er erfuhr, welchen Anteil an der Beute Italien erhalten sollte; ein Zeitpunkt, zu dem Hitler bereits einen selbständigen kroatischen Staat geschaffen hatte.

Noch deutlicher wurde die Abhängigkeit Italiens in Nordafrika. Die Briten, die hier nach Zurückschlagung des italienischen Angriffs die gesamte Cyrenaika besetzt hatten, wurden alsbald von General Rommel vertrieben, der mit einem Panzerkorps auf dem afrikanischen Kriegsschauplatz auftauchte und den Befehl über alle mechanisierten und motorisierten Verbände in der Wüste übernahm. Obwohl Rommels Auftrag lautete, er solle bis 20. April seine Operationspläne vorlegen, trat er bereits am 31. März zum Angriff an, und am 12. April hatte er alle vorherigen Bodenverluste wettgemacht und die Briten bis an die ägyptische Grenze zurückgeworfen.

Zu den britischen Rückschlägen in Griechenland, Nordafrika und auf Kreta gesellte sich ein von Raschid Ali angeführter Aufstand gegen die britische Garnison im Irak. Am 30. Mai erneuerte Raeder seinen Vorschlag, im Herbst 1941 eine durchschlagende Offensive gegen Ägypten und den Suez-

Kanal zu führen und damit der britischen Herrschaft im Nahen Osten womöglich einen tödlichen Schlag zu versetzen. Hitler indessen ließ sich nicht umstimmen. Er war zwar freigiebig mit Versprechungen – Angriff auf Ägypten von Libyen aus, Vormarsch nach Kleinasien von Bulgarien her, Einmarsch in den Iran von Stellungen im zu erobernden transkaukasischen Raum aus –, aber zuerst müsse die Sowjetunion niedergeworfen werden. Am 30. Mai bestätigte er dann auch den neuen Termin für den Beginn der Operation Barbarossa: den 22. Juni.

Die Schnelligkeit des deutschen Vormarsches auf dem Balkan kam für Stalin ebenso überraschend wie im Vorjahr Hitlers rascher Sieg im Westen. Als Anfang März deutsche Truppen in Bulgarien eingerückt waren, hatte Molotow dies als eine Verletzung der sowjetischen Sicherheitszone gebrandmarkt. Aber den Protesten waren keine Taten gefolgt, und die Sowjets unternahmen auch keinen Versuch, die im Wirtschaftsabkommen vom Januar vereinbarten Lieferungen an Deutschland einzuschränken. Im Gegenteil: Nachdem die Transporte zunächst eher schleppend angelaufen waren, brachte der März eine sprunghafte Zunahme, und dies obwohl die deutsche Seite mit ihren Lieferungen beträchtlich in Rückstand geraten war. Ein Hilfsappell der Regierung Simovic führte zur Anerkennung und zum Abschluß eines sowjetisch-jugoslawischen Freundschafts- und Nichtangriffspakts, doch als die Deutschen dann Jugoslawien angriffen, unternahm Stalin nichts, protestierte nicht einmal. Während immer noch Meldungen über die militärischen Erfolge der Deutschen eintrafen, führte der japanische Außenminister Matsuoka nach einem Berlin-Besuch Verhandlungen in Moskau mit dem Ziel, Stalin und Molotow zur Unterzeichnung eines Nichtangriffspakts zu überreden, der den Japanern freie Hand für den Kampf gegen Großbritannien und die USA lassen würde. Nach einer enttäuschenden Woche, in deren Verlauf die Russen immer wieder unerfüllbare Bedingungen gestellt hatten, schickte der Japaner sich zur Abreise an, als Stalin ihn am Abend des 12. April in den Kreml bestellte. Er tat so, als müsse er vor Matsuokas Haltung kapitulieren – »Sie drücken mir die Luft ab«, erklärte er und legte sich die Hände um die Kehle –, und schlug, die sowjetischen Forderungen zurückziehend, den Abschluß eines vollwertigen Neutralitätsabkommens vor. Als der japanische Botschafter fragte, welche Auswirkungen dies auf den Dreimächtepakt haben würde, versicherte ihm Stalin, er sei ein »überzeugter Freund der Achse und ein Gegner Englands und Amerikas«.
Der Pakt wurde am folgenden Tag unterzeichnet, und Matsuoka machte sich via Transsibirische Eisenbahn auf den Heimweg. Diplomaten und Pressevertreter erwarteten ihn am Bahnhof, um ihn zu verabschieden, als unverhofft Stalin und Molotow auf dem Bahnsteig auftauchten – ein noch nie dagewesenes Ereignis, zumindest was Stalin betraf. Er umarmte Matsuoka und wünschte ihm eine gute Reise. »Das europäische Problem«,

erklärte er so laut, daß alle es hören konnten, »läßt sich auf natürliche Weise lösen, wenn Japan und die Sowjetunion zusammenarbeiten.« Stalin blickte sich dann nach dem deutschen Botschafter Graf von der Schulenburg um, ging zu ihm hin, legte ihm den Arm um die Schulter und rief aus: »Wir müssen Freunde bleiben, und dafür müssen Sie jetzt alles tun!« Doch damit nicht genug. Als Stalin den deutschen Militärattaché, Oberst Krebs, entdeckte, packte er dessen rechte Hand mit beiden Händen und sagte laut: »Wir werden Freunde bleiben, auf jeden Fall!«[25]

Die Diplomaten erstatteten, wie Stalin es bezweckt hatte, ihren Regierungen Bericht über diese Szene. Die einzige Hauptstadt, in der man sich unbeeindruckt zeigte, war Berlin. Botschafter Schulenburg, der sich in seiner Überzeugung bestärkt sah, daß Stalin einen Krieg mit Deutschland zu vermeiden suche, faßte in einer mit Hilfe seiner Mitarbeiter an der deutschen Botschaft in Moskau ausgearbeiteten Denkschrift die Gründe zusammen, deretwegen Rußland in seinen Augen nicht das geringste Interesse daran habe, Deutschland anzugreifen. Kurz darauf reiste Schulenburg nach Berlin und ließ sich einen Gesprächstermin beim Führer geben. Obwohl Hitler die Denkschrift vor sich liegen hatte, deutete nichts in seinen Äußerungen darauf hin, daß er sie auch nur überflogen hätte, ebenso schien alles, was Schulenburg sagte, wirkungslos an ihm abzuprallen. Immer wieder ließ er durchblicken, wie sehr er den Russen mißtraute. Die Ereignisse in Serbien seien ihm Warnung genug, erklärte er. Was sich dort zugetragen habe, sei ein Beispiel für die »politische Unzuverlässigkeit eines Staates« gewesen.[26] Hitler brach die Unterredung nach einer Stunde ab; als Schulenburg schon an der Tür war, rief er ihm nach: »Und noch eins, Graf Schulenburg, einen Krieg gegen Rußland beabsichtige ich nicht!« Zurück in Moskau, erklärte der Botschafter seinen Mitarbeitern, die Würfel seien gefallen, ein Krieg gegen Rußland stehe bevor. Hitler habe ihn, so fügte er hinzu, vorsätzlich belogen.

Stalin sprach am 5. Mai bei einem Bankett für Absolventen der sowjetischen Militärakademien, an dem hochrangige Militärs teilnahmen. Es kursierten anschließend drei unterschiedliche Versionen seiner Rede, doch der Tenor dessen, was man sich in Moskau erzählte, lautete, ein Krieg gegen Deutschland stehe unmittelbar bevor. Einen Tag später gab die Regierung bekannt, Stalin habe sich, nachdem er sich in all den Jahren mit dem Amt des Generalsekretärs begnügt habe, nunmehr entschlossen, den Platz Molotows als Chef der Sowjetregierung (Vorsitzender des Rates der Volkskommissare) einzunehmen. Da Molotow weiterhin als Stellvertretender Vorsitzender und Außenminister amtierte, erklärte die Öffentlichkeit sich diesen Schritt als eine Reaktion auf die internationale Lage, die offenbar so gefährlich geworden war, daß Stalin auch nach außen volle Verantwortung für die sowjetische Politik übernehmen zu müssen glaubte. Als Schulenburg dies nach Berlin meldete, fügte er hinzu, daß Stalin dies nach seiner Überzeugung nur in der Absicht getan habe, die Sowjetunion vor einem Konflikt mit Deutschland zu bewahren.[27]

Es sind kaum Zweifel möglich, daß Schulenburg recht hatte. Im Verlauf der nachfolgenden sechs Wochen traf im Kreml eine wachsende Zahl von Berichten ein, die detaillierte Angaben über deutsche Truppenkonzentrationen entlang der russischen Westgrenze und über deutsche Angriffspläne auf die Sowjetunion enthielten, wobei diverse Termine im Mai und Juni 1941 genannt wurden. Diese Berichte kamen aus ganz unterschiedlichen Quellen. Der erste von ihnen war allem Anschein nach ein im März von Sumner Welles, Staatssekretär im US-Außenministerium, übermitteltes Schreiben, das Informationen weitergab, welche die Amerikaner in Berlin aufgeschnappt hatten. Dann schickte Churchill im April eine Botschaft nach Moskau, und der britische Außenminister Eden empfing den sowjetischen Botschafter in London, Maiski, zwischen Mitte April und Mitte Juni fünfmal. Der britische Nachrichtendienst hatte den in der Schweiz operierenden sowjetischen Agentenring »Lucy« unterwandert und spielte den Russen (natürlich ohne ihnen irgendwelche Hinweise auf die britische Mitwirkung zu geben) schon im April Informationen über einen für Mitte Juni geplanten deutschen Angriff zu, einschließlich genauer Angaben darüber, wie der deutsche Aufmarsch voraussichtlich ablaufen werde.

Der fähigste Spion des sowjetischen Geheimdienstes, der deutsche Journalist Richard Sorge, der 1928 rekrutiert worden und seit 1933 in Japan aktiv war, übermittelte seinen ersten Bericht über einen bevorstehenden deutschen Angriff am 5. März 1941. Im Mai meldete er, der Angriff werde um den 20. Juni herum erfolgen, und am 15. Juni sagte er den Angriff zutreffend für den 22. Juni voraus. Marschall Schukow zitierte später in seinen Memoiren aus einem sowjetischen Geheimdienstbericht vom Februar 1941, der Stalin am 20. März vorgelegt wurde und die drei deutschen Heeresgruppen, ihre Oberbefehlshaber und ihre Operationsziele korrekt benannte, außerdem aber den 20. Mai oder einen Termin Mitte Juni als wahrscheinliche Zeitpunkte für den Angriff angab. Natürlich streuten die Deutschen auch Informationen aus, in denen sie den deutschen Truppenaufmarsch im Osten als groß angelegte Täuschungsoperation darstellten, die von Hitlers wirklichem Vorhaben, einer Landung in England, ablenken solle. Wirkungsvoller als alle falschen Spuren war jedoch die tendenziöse Bewertung der eingehenden Berichte durch den Chef des russischen Heeresnachrichtendiensts (GRU), General Golikow. Er faßte die Berichte, die er an Stalin weiterleitete, zu zwei Rubriken zusammen: solche aus »verläßlicher« und solche aus »zweifelhafter Quelle«. Am 20. März instruierte Golikow die GRU-Agenten in einem Rundschreiben: »Alle Dokumente, in denen der Eindruck eines kurz bevorstehenden Krieges erweckt wird, müssen als Fälschungen aus britischen oder sogar deutschen Quellen betrachtet werden.«[28]

Golikow ließ zwar keine Berichte verschwinden oder zensieren, aber er wußte, daß Stalin begierig nach jedem Strohhalm griff, der ihn in seinem Glauben bestärken konnte, Hitler hege in Wirklichkeit keine ernsthaften

Angriffspläne für den Sommer 1941. So war es auch persönliches Interesse, das ihn dazu trieb, Berichte gegen deutsche Angriffsabsichten als zuverlässig, andere hingegen – wie etwa die von Sorge gelieferten – als zweifelhaft einzustufen.

Gneditsch, der Mann, der dafür verantwortlich war, daß alle diese Berichte auf Stalins Schreibtisch gelangten, sagte 1966, Stalin habe durchaus auch die Berichte gelesen, die mit seinen Vorstellungen von den Absichten Hitlers nicht übereinstimmten, habe sie aber bewußt ignoriert: »Stalin übernahm die Regierung nicht, um das Land auf die Selbstverteidigung vorzubereiten, sondern um ein Arrangement mit Hitler zu erreichen.«[29]

Wie Hitler war auch Stalin um Argumente zur Untermauerung seiner Position nicht verlegen. Er war überzeugt, Hitler könne nicht so töricht sein zu glauben, Rußland lasse sich in einem Blitzkrieg niederwerfen. Niemand, der bei Sinnen war, würde doch den Versuch unternehmen, die Weiten des russischen Raums zu erobern, wenigstens nicht ohne viele weitere Monate der Vorbereitung und der Anhäufung strategischer Rohstoffe und Rüstungsgüter. Vielleicht wollten die Deutschen mit ihrem Aufmarsch Druck ausüben, um eine nochmalige Erhöhung der sowjetischen Lieferungen zu erreichen, eine Vermutung, die Ende Mai auch das Joint Intelligence Committee der Briten äußerte. Stalin schloß nicht einmal aus, daß Briten und Amerikaner vorsätzlich versuchten, Deutschland und die Sowjetunion gegeneinander aufzuwiegeln, indem sie Moskau vor einem angeblichen deutschen Überfall warnten, in der Hoffnung, die UdSSR werde Vorkehrungen zu seiner Verteidigung ergreifen und damit Hitler erst zu einem Angriff provozieren. Alles, was als Provokation ausgelegt werden könne, müsse, so wies er die Rote Armee an, um jeden Preis vermieden werden.

Ähnlich argwöhnische Gedankengänge brachten Stalin zu der Überzeugung, Heß sei in offizieller Mission nach England geflogen, um einen deutsch-britischen Frieden auszuhandeln und britische Rückendeckung oder wenigstens Neutralität für den Fall eines deutschen Angriffs auf die Sowjetunion zu erwirken. Als Chruschtschow im Namen des gesamten Politbüros Stalin diese Deutung nahelegte, erhielt er zur Antwort: »Ja, so ist es. Sie haben es richtig verstanden.«[30]

Golikow arbeitete unmittelbar Stalin zu; es war ihm nicht gestattet, irgendwelche der von ihm gesammelten geheimdienstlichen Erkenntnisse über die deutschen Planungen dem Generalstabschef Schukow oder dem Verteidigungskommissar Timoschenko vorzulegen. Aber auch ohne den Zugang zu diesen Informationen erhielten die Militärs von den Befehlshabern der Grenztruppen zahlreiche Hinweise auf emsige deutsche Aktivitäten nahe der Grenze. Flugzeuge der deutschen Luftwaffe drangen häufig in den sowjetischen Luftraum ein, um Aufklärungsmaterial zu sammeln, etwa Fotografien aller sowjetischen Luftstützpunkte. Zwischen Januar und Juni fanden zweihundert solcher Flüge statt, teilweise tief in sowjetisches Gebiet hinein. Stalin hatte den russischen Bodentruppen und seiner Luftwaffe streng untersagt, irgend etwas gegen die Aufklärungsflüge zu unternehmen oder gar das Feuer zu eröffnen. Die Folge war, daß ein großer Teil der sowjetischen Luftwaffe in den ersten Kriegstagen am Boden zerstört wurde.

Ähnliche Befehle ergingen an die Kommandeure der Bodentruppen. Die Truppen zu voller Kriegsstärke aufzufüllen und auszurüsten, wäre einer Mobilmachung gleichgekommen und hätte die Gefahr in sich geborgen, just den Krieg zu provozieren, den Stalin um jeden Preis vermeiden wollte. Als Mitte Juni Befehlshaber im wichtigen Kiewer Militärbezirk einige Einheiten in unmittelbare Grenznähe verlegten, mußte Schukow ihnen im Auftrag Stalins ein heftiges Telegramm schicken: »Solche Schritte können die Deutschen jederzeit zu einem bewaffneten Konflikt provozieren. Widerrufen Sie den Befehl sofort und melden Sie, wer ihn gegeben hat.«[31] Und selbst die ranghöchsten Militärs wurden, wenn sie ihre Bedenken vortrugen, mit der Antwort abgespeist: »Keine Panik. ›Der Chef‹ weiß Bescheid.«

Von seinem Entschluß, Rußland zu überfallen, setzte Hitler weder Mussolini (den er am 2. Juni am Brenner traf) noch seine japanischen Bündnispartner in Kenntnis. Die einzigen Länder, deren Beteiligung er wünschte, waren Finnland und Rumänien. Beide hatten eine Rechnung mit der Sowjetunion zu begleichen und nahmen die Einladung dankend an. Auch in bezug auf diese beiden Länder hielt Hitler an der Fiktion eines Präventivkrieges fest, angeblich geführt, um einem Angriff der Roten Armee zuvorzukommen. Eine Vorstellung vom Ausmaß der deutschen Kriegsvorbereitungen erhält man, wenn man sich die Zahl der Sonderzüge vergegenwärtigt, die für die Verlegung von Truppen und Ausrüstung in den Osten benötigt wurden: 2 500 bis Mitte März und weitere 17 000 in den zehn Wochen danach.

Eine Truppenkonzentration von solchem Umfang konnte auf die Dauer schwerlich als Täuschungsmanöver abgetan werden, und der verschlüsselte deutsche Funkverkehr, den die Briten dechiffrierten, ließ keinen Zweifel daran, daß dies blutiger Ernst war und kein Pokerspiel. In einem letzten Versuch, Stalin davon zu überzeugen, bestellte der leitende Beamte im britischen Außenministerium, Cadogan, Botschafter Maiski für den 10. Juni zu sich und legte ihm eine ausführliche Liste mit Daten, Zahlen und Namen der deutschen Truppen vor, die entlang der sowjetischen Grenze in Stellung gegangen waren. Maiski übermittelte diese Informationen nach Moskau, doch die einzige Reaktion, die die Briten registrierten, war ein *Tass*-Kommuniqué, offenbar von Stalin persönlich abgefaßt, das Radio Moskau am 13. Juni ausstrahlte und das am Tag darauf in der Presse veröffentlicht wurde.

In der Verlautbarung hieß es, auf die in der Auslandspresse kursierenden

Gerüchte über einen bevorstehenden Krieg zwischen der Sowjetunion und Deutschland hin hätten »verantwortliche Kreise in Moskau« die sowjetische Nachrichtenagentur *Tass* zu der Erklärung autorisiert, es handle sich dabei um ein »durchsichtiges Propagandamanöver der gegen die Sowjetunion und Deutschland versammelten Mächte, die an einer Ausweitung und Verschärfung des Krieges interessiert sind«. Deutschland habe keine Forderungen an die Sowjetunion gestellt, und beide Länder kämen ihren Verpflichtungen aus dem Hitler-Stalin-Pakt buchstabengetreu nach. In der Sowjetunion halte man Gerüchte über eine Absicht Deutschlands, die Sowjetunion anzugreifen, für unbegründet; »falsch und provokativ« seien in jedem Fall die Gerüchte über sowjetische Angriffsvorbereitungen gegen Deutschland. Die Einberufung von Reservisten zur Roten Armee sei ein Routinevorgang, wie er Jahr für Jahr stattfinde; darin eine feindselige Handlung gegen Deutschland zu sehen, sei Unsinn. Molotow bestellte den deutschen Botschafter eigens zu sich, um ihm ein Exemplar der Verlautbarung auszuhändigen.[32]

Am selben Tag, an dem das *Tass*-Kommuniqué veröffentlicht wurde, hielt Hitler eine letzte Besprechung mit seinen wichtigsten Truppenkommandeuren ab, die ihm einzeln Bericht erstatteten. In Moskau suchten an diesem Tag Timoschenko und Schukow Stalin auf und drängten ihn, die Truppen in Alarmbereitschaft zu versetzen. Er wollte nichts davon wissen. »Was Sie vorschlagen, ist die Mobilmachung. Das bedeutet Krieg! Verstehen Sie das oder nicht?«

Kusnezow, Oberbefehlshaber der Marine, versuchte, Stalin mit jüngsten Meldungen über deutsche Schiffsbewegungen zu beeindrucken, stieß aber auf Desinteresse. »Ist das alles?« fragte Stalin. Kusnezow versuchte es noch einmal bei Molotow; er wies darauf hin, daß deutsche Schiffe, ohne den Abschluß ihrer Beladung abzuwarten, aus sowjetischen Häfen ausliefen und daß sie bis zum 21. Juni alle fort sein würden. Molotow tat dies als bedeutungslos ab. »Nur ein Narr würde uns angreifen.«[33]

In den wenigen noch verbleibenden Tagen zeigten sowohl Hitler als auch Stalin Anzeichen von Anspannung. Hitler konnte nicht schlafen und hielt sein Gefolge nachts bis drei oder vier Uhr wach. Seine Nervosität beruhte auf Ungeduld und Erregung; wenn er Angst hatte, dann lediglich davor, daß irgend etwas dazwischenkommen und seine Pläne über den Haufen werfen könnte. Alles war jetzt bis ins kleinste Detail ausgearbeitet. Den letzten russischen Güterzug mit Lieferungen für Deutschland wollte man um Mitternacht des 21. Juni die Grenze passieren lassen.

Auch Stalin stand offenkundig unter großem psychischen Druck. Er reagierte zunehmend gereizter, wenn jemand ihm neue Berichte über deutsche Truppenbewegungen vorlegte. Chruschtschow gewann den Eindruck, Stalin habe jedes Zutrauen zur Roten Armee verloren, habe keinerlei eigene Strategie und klammere sich einfach an die Hoffnung, der Krieg werde an ihm vorübergehen, wenn er selber nur jegliche Provokation unterlasse. Am 19. Juni wurde bekannt, daß Schdanow, in dem viele den Thronfolger Stalins sahen, zum Sommerurlaub ans Schwarze Meer abgereist war – ein weiteres Beruhigungsmanöver. Es paßte nicht nur zu der guten Wetterlage, sondern auch zur Atmosphäre in Moskau, wo keine sowjetische Zeitung ein Sterbenswörtchen über einen bevorstehenden Krieg verlor, obwohl inzwischen weltweit darüber spekuliert wurde.

Wie vor allen früheren Aggressionen faßte Hitler auch diesmal eine Erklärung ab, in der er Schuld allein dem Gegner zuschob, in diesem Fall angeblichen Angriffsplänen der Sowjetunion, die ihre Verträge gebrochen habe und sich nun anschicke, Deutschland in den Rücken zu fallen. Am Abend des 21. Juni unternahm er eine kurze Fahrt durch Berlin und ging anschließend den Text der Proklamation mit Goebbels durch, der in seinem Tagebuch festhielt: »Der Führer ist von einem Alpdruck befreit, je näher die Entscheidung kommt. Das ist immer so bei ihm. Er taut direkt auf. Alle Müdigkeit scheint von ihm gewichen.«[34]

Es war schon zum Ritual geworden, daß Hitler vor jedem Feldzug eine Siegesfanfare auswählte, die dazu bestimmt war, im Radioprogramm wichtige Siegesmeldungen anzukündigen. Anläßlich einer Besprechung mit Speer für die Errichtung eines großen neuen Flottenstützpunkts und einer Stadt für eine Viertelmillion Menschen bei Trondheim spielte Hitler seinem Architekten einige Takte aus Liszts *Les Préludes* vor. »Das werden Sie in der nächsten Zeit oft zu hören bekommen«, erklärte Hitler, »denn es wird unsere Siegesfanfare für den russischen Feldzug sein. Funk hat sie ausgesucht. Wie gefällt sie Ihnen?... Granit und Marmor werden wir uns dort holen, soviel wir wollen.«[35]

1 800 Kilometer weiter östlich, im Kreml, hatte am selben Abend Molotow den deutschen Botschafter zu sich gebeten. Zur Erleichterung Schulenburgs schien der Außenminister nicht zu ahnen, daß schon in wenigen Stunden die Waffen sprechen würden. Molotow übergab dem Botschafter eine Protestnote wegen der ständigen Verletzungen des sowjetischen Luftraums durch deutsche Flugzeuge. Gegenüber jedem anderen Land hätte man, so erklärte er, mit einem Ultimatum reagiert, doch sei er sicher, daß Deutschland diese Flüge künftig unterlassen werde. Dann kam er auf die Kriegsgerüchte zu sprechen und fragte Schulenburg nach den Gründen für die offenbare Verstimmung der Deutschen gegenüber der sowjetischen Regierung. Weshalb habe die deutsche Seite auf die *Tass*-Verlautbarung vom 13. Juni nicht reagiert? Er wäre dankbar, wenn der Botschafter ihm mitteilen könnte, was die Ursache für den gegenwärtigen Zustand der deutsch-sowjetischen Beziehungen sei. Schulenburg konnte nur antworten, er habe keine Informationen.

Während der Unterredung zwischen Molotow und Schulenburg suchten Timoschenko und Schukow ein weiteres Mal Stalin auf und drängten ihn, die Grenztruppen in Alarmbereitschaft zu versetzen. Was sich anschließend zutrug, hat Schukow in seinen Memoiren geschildert.[36] Deutsche Deserteure hatten berichtet, der Angriff werde am folgenden Morgen beginnen. Während die Diskussion darüber andauerte, trafen die Politbüro-Mitglieder zu einer Sitzung ein. Stalin fragte sie:»Was sollen wir tun?« Niemand wußte eine Antwort. Dann erneuerte Timoschenko seine Forderung, alle Truppen in den Grenzbezirken in Alarmbereitschaft zu versetzen. Schukow hatte einen Entwurf für einen entsprechenden Befehl in der Tasche, und Stalin forderte ihn auf, den Text vorzulesen. Stalin kritisierte die Formulierungen:»Es ist zu früh, eine solche Weisung auszugeben. Vielleicht können die Fragen noch friedlich geklärt werden. Die Truppen dürfen nicht durch eine Provokation in Aufregung versetzt werden.«

Erst nachdem Schukow den Wortlaut verwässert und Stalin eine zusätzliche Änderung vorgenommen hatte, durfte der Befehl hinausgehen. Zu diesem Zeitpunkt hatten jedoch deutsche Sabotageeinheiten bereits an zahlreichen Stellen sowjetische Kabel durchtrennt, und so kam die Warnung nur bei wenigen Einheiten an.

Stalin hatte den Kreml schon verlassen und sich zu seiner Datscha in Kunzewo fahren lassen, als Admiral Kusnezow ihn telefonisch zu erreichen versuchte, um ihm deutsche Luftangriffe auf den Hafen von Sewastopol zu melden. Um halb vier Uhr morgens erhielten Timoschenko und Schukow Meldungen über Bombenangriffe auf Minsk, auf Kiew und auf Ziele in den baltischen Staaten. Im Gegensatz zu Kusnezow kannte Schukow Stalins Privatnummer. Es dauerte lange, bis sich der diensthabende General meldete und erklärte:»Genosse Stalin schläft.« Doch Schukow ließ sich nicht abweisen, und als Stalin nach einiger Zeit ans Telefon kam, erstattete er ihm Bericht und ersuchte um die Genehmigung, den Truppen Befehl zum Kampf zu erteilen.

Stalin gab zunächst keinen Ton von sich. Schukow hörte nur seinen schweren Atem. »Haben Sie mich verstanden?« fragte Schukow nach. Noch immer keine Antwort. Schließlich wies Stalin ihn an, mit Timoschenko in den Kreml zu fahren und Poskrebyschew zu sagen, er solle alle Mitglieder des Politbüros zusammenrufen.

Um halb fünf Uhr fanden sich die beiden Generäle wieder in Stalins Arbeitszimmer ein. »Alle Politbüro-Mitglieder waren versammelt. Stalin saß mit kreideweißem Gesicht am Tisch und hielt eine gefüllte Tabakspfeife in der Hand.«

Nach wie vor nicht willens oder nicht fähig, den Ernst der Lage zu erfassen, erklärte er, wenn dies Krieg bedeute, hätte es sicherlich vorher eine förmliche Kriegserklärung gegeben oder doch Verhandlungen, Treffen der Außenminister. Er gab Weisungen, in der deutschen Botschaft anzurufen und herauszufinden, was vorginge. Die Antwort lautete, der deutsche Botschafter ersuche seinerseits um eine Unterredung mit Molotow.

Als Schulenburg bei Molotow eintraf, verlas er die Proklamation Hitlers und übergab sie dem Minister als diplomatische Note. Molotow stellte schließlich die Frage: »Ist das eine Kriegserklärung?«, verlor anschließend die Beherrschung und rief wütend, der deutsche Überfall sei ein Treuebruch, wie es ihn in der Geschichte noch nie gegeben habe. Es sei ein Unsinn, von sowjetischen Truppenkonzentrationen zu sprechen, die Deutschland bedrohten. Wenn der deutschen Regierung dies bedrohlich erschienen sei, hätte sie es der sowjetischen Seite nur zu sagen brauchen, und man hätte die Truppen zurückgezogen. »Das haben wir gewiß nicht verdient.«[37]

Stalin hatte damit gerechnet, Schulenburg werde eine Liste mit politischen, wirtschaftlichen und vielleicht auch territorialen Forderungen Hitlers übergeben. Als Molotow statt dessen berichtete, Deutschland habe der Sowjetunion den Krieg erklärt, »sackte Stalin in seinen Stuhl zurück und versank in tiefes Nachdenken. Ein langes, brütendes Schweigen folgte.« Stalin beugte sich nun zwar der Forderung der Generäle, den sowjetischen Truppen den Feuerbefehl zu erteilen, doch untersagte er ihnen ausdrücklich, bei der Verfolgung des Gegners die Grenze zu überschreiten, und nirgendwo in dem Befehl war ausdrücklich von einem Krieg zwischen Deutschland und Rußland die Rede. Stalin tat sich offenkundig schwer, den Tatsachen ins Auge zu sehen. Das Außenministerium wies er an, mit Berlin in Verbindung zu bleiben, und ersuchte die japanische Regierung um Vermittlung zwischen Deutschland und der Sowjetunion. Obwohl die deutschen Streitkräfte seit halb vier Uhr morgens entlang der ganzen sowjetischen Westgrenze, vom Baltikum bis zur Ukraine, zu Boden und in der Luft mit voller Kraft angriffen, erfuhren die Menschen in der Sowjetunion diese Neuigkeit erst am Nachmittag des 22. Juni, und es war nicht Stalin, der sie ihnen beibrachte, sondern Molotow, der im Namen des Generalsekretärs an sie appellierte, sich eng um die sowjetische Regierung zu schließen.

Unter den Vorwürfen, die in diesem Zusammenhang gegen Stalin erhoben wurden, lauteten die schwersten, er habe die Sowjetunion ohne Not fast ihrer gesamten militärischen Führung beraubt, und dies in einer Zeit drohender Kriegsgefahren; er habe ferner hartnäckig die Hinweise ignoriert, daß Deutschland einen Überfall auf die Sowjetunion vorbereite, und habe den Überraschungsangriff der Deutschen damit überhaupt erst ermöglicht; schließlich habe er um sich herum eine solche Atmosphäre des Terrors verbreitet, daß diejenigen, die das Ausmaß der Gefahr erkannten, sich weder imstande sahen, ihm die wirkliche Sachlage darzustellen, noch es wagten, der Gefahr in eigener Verantwortung zu begegnen.

Bei allen Unterschieden, die im Sommer 1941 zwischen Stalin und Hitler bestanden – der eine im Begriff, seine Souveränität zu verlieren, der andere auf der Höhe seines Selbstbewußtseins –, lassen sich ähnlich gewichtige Vorwürfe auch gegen den Deutschen erheben. Die Wehrmacht stieß tief nach Rußland hinein vor und fügte der Roten Armee immense Verluste zu, aber sie verfehlte das Ziel, vor Wintereinbruch einen entscheidenden Sieg zu erringen, und eben das war die Blitzkriegs-Karte, auf die Hitler alles gesetzt hatte. Als sich die Konsequenzen dieses Scheiterns einstellten, verschlimmert durch Hitlers hartnäckige Weigerung, auf den Rat seiner Offiziere zu hören – auch dies ein Punkt, in dem Stalin es ihm bis Juni 1941 und noch einmal 1942 nachtat –, wurde die Unbesonnenheit seines Vabanquespiels zunehmend offenkundiger, ebenso wie die absurde Vorstellung, er könne hundert Millionen Menschen ausrotten, umsiedeln oder versklaven. Im Falle Hitlers beruhte die Macht, Kritik und Zweifel auszuschalten, mehr auf der Bannkraft des Erfolges als auf der des Terrors. Aber in beiden Fällen lag derselbe Fehler im System vor: die Konzentration aller Macht in den Händen eines einzigen Mannes mit all seinen persönlichen Beschränkungen, der aufgrund seiner überragenden Autorität in der Lage war, ein ganzes Volk in ein wahnwitziges Abenteuer zu stürzen.

Hitler hätte sein großes Abenteuer nicht inszenieren können ohne die willfährige und in vielen Fällen begeisterte Mitwirkung von Millionen Deutschen, die einen mehr oder weniger hohen Grad an Verantwortung für die Verbrechen auf sich luden. Das beantwortet freilich nicht die Frage, ob Deutschland, wenn es keinen Hitler gegeben hätte, jemals einen solchen Krieg vom Zaun gebrochen hätte, dessen Ziel ja nicht nur die Niederwerfung der russischen Streitkräfte oder die Zerschlagung des sowjetischen Staates war, sondern die Versklavung des russischen Volkes. Nichts deutet darauf hin, daß irgendeine andere NS-Größe oder auch jemand aus dem Kreis der nationalistischen deutschen Politiker zugleich über jene kühne Eroberungsvision und über die verführerische Suggestivkraft verfügt hätte, die es Hitler ermöglichte, so viele Menschen, die ihm an soldatischer, geschäftlicher, industrieller und administrativer Erfahrung weit voraus waren, zur Verwirklichung dieser Vision zu bewegen. Wenn gesagt wird, Kriege seien nicht das Werk einzelner, sondern ein Produkt struktureller, sozialer und wirtschaftlicher Spannungen, dann ist dieser Auffassung die Frage entgegenzuhalten, welche Spannungen und Widersprüche 1941 in Deutschland bestanden, die nur durch einen Überfall auf Rußland gelöst oder abgebaut werden konnten, zu einem Zeitpunkt, da der europäische Kontinent bereits zum größeren Teil unter deutscher Herrschaft stand und den Deutschen aller Klassen ein nahezu unbegrenztes Tätigkeitsfeld für ihren Ehrgeiz, ihren Idealismus, ihr Organisationstalent und ihre Habgier bot.

Einen ungewöhnlichen Einblick in das Denken Hitlers in den Jahren 1941/42 liefern die Mitschriften seiner Tischgespräche, das heißt der Monologe, mit denen er nach den Mahlzeiten in seinem Hauptquartier – der »Wolfsschanze« beim ostpreußischen Rastenburg oder seinem provisorischen russischen Hauptquartier bei Winniza in der Ukraine, genannt »Werwolf« – seine Gäste und sein persönliches Gefolge unterhielt. Hitler gestattete keine Tonbandmitschnitte, erklärte sich aber mit dem Vorschlag Bormanns einverstanden, einen zuverlässigen Parteigenossen an den Mahlzeiten teilnehmen zu lassen, der etwas abseits in der Ecke saß und unauffällig mitschrieb. Später wurden die Protokolle dann von Bormann redigiert; sie sollten die Genialität des Führers dokumentieren.

Denn von seiner Genialität war Hitler in der zweiten Jahreshälfte 1941 überzeugter denn je. Er befand sich auf dem Höhepunkt einer unwahrscheinlichen Karriere und sah sich in einer Reihe mit Friedrich dem Großen, Napoleon und Bismarck, von denen er sprach wie von guten alten Bekannten und mit denen ihn, so glaubte er, das Wissen darum verband, welche »Zyklopenarbeit« es bedeutete, »als einzelner einen Staat neu zu bauen«.[38]

Die Frage, was für ein Reich dies sein würde, reizte seine Phantasie so sehr, daß er in seinen Monologen immer wieder darauf zurückkam. Am Abend des 27. Juli skizzierte er dessen künftige Ostgrenze, die zweihundert bis dreihundert Kilometer östlich des Uralgebirges verlaufen sollte; Deutschland müsse diese Grenze für alle Zeiten sichern und dürfe nicht zulassen, daß sich westlich davon je eine andere militärische Macht etablierte. »Es muß uns möglich sein, diesen Ostraum mit 250 000 Mann und dazu einigen guten Männern der Verwaltung zu beherrschen. Schauen wir uns nur die Engländer an, die mit 250 000 Menschen insgesamt – Wehrmacht davon etwa 50 000 Mann – 400 Millionen Inder regieren. Immer soll dieser Raum auf deutsche Herrscher angewiesen sein. Nichts wäre verkehrter, als die Masse etwa erziehen zu wollen... Den Süden der Ukraine, die Krim besonders, wollen wir ganz ausschließlich deutsch besiedeln. Es macht mir keine Mühe, die dortige Bevölkerung anderswohin zu schieben. Der deutsche Siedler wird der Wehrbauer sein, und dazu nehme ich die Kapitulanten, mögen sie bisher verwandt sein wie immer...«[39]

Hitler kam auf das Thema am Abend des 17. Oktober zurück, als er in Todt und Gauleiter Sauckel, der für die Aushebung von Fremdarbeitern verantwortlich war, zwei besonders aufmerksame Zuhörer hatte: »[Es] kommt uns der Ostraum heute wüst und leer vor. Aber:... Die Menschen? Die werden wir hineinbringen... Das Gebiet muß den Charakter der asiatischen Steppe verlieren, europäisiert werden! Dazu bauen wir jetzt die großen Verkehrsstränge an die Südspitze der Krim, zum Kaukasus; an diese Verkehrsstränge reihen sich, wie an eine Perlenschnur, die deutschen Städte, und um diese herum liegt die deutsche Siedlung. Die zwei, drei Millionen Menschen, die wir dazu brauchen, haben wir schneller, als wir denken; wir nehmen sie aus Deutschland, den skandinavischen Ländern, den Westländern und Amerika. Ich werde es ja wohl nicht mehr erleben, aber in zwanzig Jahren wird das Gebiet schon zwanzig Millionen Menschen umfassen... In die russischen Städte gehen wir nicht hinein, sie müssen vollständig ersterben. Wir brauchen uns da gar keine Gewissensbisse zu machen. Wir leben uns nicht in die Rolle des Kindermädchens hinein, wir haben überhaupt keine Verpflichtung den Leuten gegenüber. Das Wohnhaus reformieren, die Läuse fangen, deutsche Lehrer, Zeitungen? Nein!

Lieber richten wir einen Rundfunk ein, der von uns abhängig ist, und im übrigen sollen sie nur die Verkehrszeichen kennen, damit sie uns nicht in den Wagen laufen! Unter Freiheit verstehen diese Leute, daß sie sich nur alle Festtage zu waschen brauchen... Es gibt nur eine Aufgabe: Eine Germanisierung durch Hereinnahme der Deutschen vorzunehmen und die Ureinwohner als Indianer zu betrachten... Ich gehe an diese Sache eiskalt heran.«[40]

Zehn Tage später erklärte er: »Aus dem Osten bringt uns kein Mensch mehr heraus!... Wir kriegen jetzt ein Brot-Monopol, Kohle, Eisen, Holz. Zur Auswertung des europäischen Indiens, der Ukraine, brauche ich nur Frieden im Westen... Mir handelt es sich darum, die kontinentale Vorherrschaft auszukosten;... Sind wir die Herren in Europa, dann haben wir die dominierende Stellung in der Welt. 130 Millionen im Reich, 90 in der Ukraine, nehme ich die anderen Staaten des neuen Europa dazu, so kommen wir auf 400 Millionen, und damit nehmen wir es auf gegen die 130 Millionen Amerikaner.«[41]

Diese Äußerungen stammen aus der Zeit zwischen Juli 1941 und der Wannsee-Konferenz vom Januar 1942, auf der die »Endlösung der Judenfrage« in die Wege geleitet wurde. Aufschlußreicherweise war in dieser Zeit Himmler, der schließlich die Verantwortung für die praktische Durchführung der »Endlösung« übernahm, der häufigste Besucher im Hauptquartier Hitlers. Die Auswertung der Teilnehmerverzeichnisse der Hitlerschen Tischgespräche in diesen sieben Monaten ergibt, daß Himmler – entweder allein, als »besonderer Gast«, oder in Begleitung anderer – neunzehn Mal zugegen war. Keine andere Größe der Partei, abgesehen von dem ständig anwesenden Bormann, taucht auf den Listen mehr als dreimal auf (Goebbels und Rosenberg), Göring überhaupt nicht. Hitler vermied es stets sorgfältig, von der »Endlösung« – wie auch von der Euthanasie – zu sprechen, wenn Nichteingeweihte dabei waren. Die einzige Anspielung, die sich in den Tischgesprächen findet, ist von schneidender Zweideutigkeit. Am Abend des 25. Oktober erinnerte Hitler an seine Prophezeiung, daß »der Jude... aus Europa verschwinden [werde], wenn der Krieg nicht vermieden bleibt... Sage mir keiner: Wir können sie doch nicht in den Morast schikken!... Es ist gut, wenn uns der Schrecken vorangeht, daß wir das Judentum ausrotten.«[42]

Das Ominöse dieser Äußerung wird dadurch verstärkt, daß sie in Anwesenheit von nur zwei Tischgästen fiel: Himmlers und Heydrichs, denen die Ausrottung der Juden schließlich übertragen wurde. Es war das einzige Mal, daß beide gemeinsam das Hauptquartier Hitlers besuchten.

Die fast mythische Figur des »Juden« tritt in den Hitlerschen Tischgesprächen, wie in *Mein Kampf*, als »Rassenschädling« und als Verursacher gesellschaftlicher Zerfallserscheinungen in Erscheinung, welche die Vorherrschaft der arischen Rasse bedrohten. Aber auch die Wut, die Hitler 1941 empfand, als Proteste von christlicher Seite den Abbruch seines Euthanasieprogramms erzwungen hatten, projizierte er auf »den Juden«: »Der schwerste Schlag, der die Menschheit getroffen hat, ist das Christentum; der Bolschewismus ist der uneheliche Sohn des Christentums; beide sind eine Ausgeburt des Juden. Durch das Christentum ist in die Welt gekommen die bewußte Lüge in den Fragen der Religion; in gleicher Weise lügt der Bolschewismus, wenn er behauptet, die Freiheit zu bringen, während er nur Sklaven sehen will.«[43] »Die entscheidende Verfälschung der Lehre des Jesus kam durch Paulus.«[44] »Christus war ein Arier, aber Paulus hat seine Lehre benutzt, die Unterwelt zu mobilisieren und einen Vorbolschewismus zu organisieren.«[45] Mit Hilfe dieser Logik gelang es Hitler, den »Juden«, das Christentum und den Bolschewismus zu einem einzigen Haßobjekt zusammenzufassen.

Der Hitler der Tischmonologe in den Jahren 1941 bis 1945 ist erkennbar derselbe Mann, der zwanzig Jahre zuvor *Mein Kampf* geschrieben hatte. Wer sich der Lektüre dieser siebenhundert Seiten unterzieht, dem prägt sich für immer die Vulgarität des Hitlerschen Denkens ein, das auf eine durchaus scharfsinnige und originale Weise Heimtücke und Brutalität, Intoleranz und die Absage an alles menschliche Gefühl vereinigt und mit größter Dreistigkeit die eigene Ignoranz zum Maßstab aller Dinge macht. Nicht weniger erstaunlich ist die systematische Konsequenz, die in den Anschauungen Hitlers waltet, so grobschlächtig sie auch sein mögen: Der Kampf ums Dasein ist ein Naturgesetz; Härte ist die höchste Tugend; der Schlüssel zur Geschichte liegt im Kampf der Rassen; Macht ist das Vorrecht einer rassischen Elite; die Masse ist nur fähig, Befehle auszuführen; der einzelne ist nur für das Volk da; Gewalt ist das einzige Mittel, mit dem irgend etwas Bleibendes geschaffen werden kann; die »weltgeschichtliche Gestalt«, die als Werkzeug der Vorsehung fungiert, ist nicht an die für andere geltenden moralischen Maßstäbe gebunden und darf nicht daran gemessen werden.

Ersetzte man »Rasse« durch »Klasse«, die »rassische Elite« durch die Kommunistische Partei, die im Namen des Proletariats die Diktatur ausübt, die Unterordnung des einzelnen unter das »Volk« durch die unter den »Staat«, das »Werkzeug der Vorsehung« durch das »Werkzeug der Geschichte«, so erhielte man die Grundzüge einer Weltanschauung, an der Stalin kaum etwas auszusetzen gehabt hätte. Hitler und Stalin waren die schrecklichsten jener »schrecklichen Vereinfacher« des 20. Jahrhunderts, deren Auftreten Jacob Burckhardt, der Historiker des 19. Jahrhunderts, vorausgesagt hatte.

Das Heer, das in Rußland einmarschierte, war die größte jemals für einen einzigen Feldzug zusammengezogene Streitmacht: Knapp 3,2 Millionen Soldaten (von insgesamt 3,8 Millionen, über die die deutsche Wehrmacht verfügte), gruppiert in 148 Divisionen, darunter neunzehn gepanzerte und zwölf motorisierte mit 3 350 Panzern, 600 000 Lastwagen, 600 000 Pferden und mehr als 2 000 Flugzeugen. An der Seite des deutschen »Ostheers« kämpften Truppen der Verbündeten Finnland und Rumänien, und in der Folge beteiligten sich auch Italien, Ungarn, Spanien und die Slowakei mit beträchtlichen Kräften.

Der Krieg an der Ostfront dauerte fast vier Jahre und wurde damit zum längsten, erbittertsten und brutalsten Konflikt zwischen zwei Nationen in der Menschheitsgeschichte, ein Konflikt, der, zählt man allein die Gefallenen der Schlachtfelder, drei- bis viermal so viele Opfer forderte wie der Erste Weltkrieg an allen seinen Fronten; dazu kamen Millionen von Zivilisten, Flüchtlingen, Verfolgten und Gefangenen, die von der Katastrophe ereilt und verschlungen wurden.

Der Kriegsschauplatz war durch die unwegsamen und unbewohnten Pripjet-Sümpfe in zwei Teile gegliedert. Im Norden sollte die Heeresgruppe Nord die baltischen Staaten aufrollen und Leningrad erobern, die Heeresgruppe Mitte direkt bis zum ziemlich genau 1 000 Kilometer entfernten Moskau durchstoßen. Südlich der Pripjet-Sümpfe sollte die Heeresgruppe Süd die Ukraine überrennen, die wichtigen Industriezonen an Dnjepr und Don besetzen, Rostow und die Krim erobern und sich schließlich den Weg zu den Erdölvorkommen des Kaukasus bahnen.

Die Hauptwucht des deutschen Angriffs lag in der Mitte, wo der von Bock kommandierten Heeresgruppe zwei Panzergruppen zugeteilt waren, während den beiden seitlichen Heeresgruppen nur jeweils eine zur Verfügung stand. Die Panzerverbände preschten voraus und rissen Breschen in die russische Front, die es den in einer zweiten Welle nachrückenden deutschen Truppen ermöglichten, abgeschnittene sowjetische Truppenteile einzukreisen. In manchen dieser eingekesselten Frontabschnitte waren bis zu fünfzehn sowjetische Divisionen gefangen. Die Luftwaffe machte Straßen und Schienenwege unpassierbar und zerstörte zahlreiche russische Flugzeuge am Boden. Bis Ende August verloren die Russen nach amtlichen Schätzungen über fünftausend Flugzeuge, fast die Hälfte aller ihrer für den Fronteinsatz bestimmten Maschinen.

Da auf Befehl Stalins eine Vorwarnung unterblieben war, wurden die sowjetischen Befehlshaber von dem Angriff überrascht. Sie besaßen nicht einmal die Möglichkeit, ihre Truppen in Grenznähe zu massieren. In vielen Fällen waren Truppenteile zu Manövern unterwegs oder nur in halber Kriegsstärke präsent, und es dauerte mehrere Tage, sie aufzufüllen und auszurüsten. Der weitgehende Zusammenbruch der Nachrichtenverbindungen führte dazu, daß zahlreiche Kommandeure von ihren Stäben abgeschnitten wurden, keine Befehle mehr erhielten und lange im unklaren darüber blieben, was vorging. Keine geringere Verwirrung herrschte im Kreml. Man hatte es versäumt, eine Kommandoorganisation aufzubauen oder auch nur einen Oberbefehlshaber zu ernennen; als das Verteidigungskommissariat einen Verordnungsentwurf vorlegte, in dem Stalin zum Oberbefehlshaber erklärt würde, sprach dieser sich dafür aus, die Sache zunächst

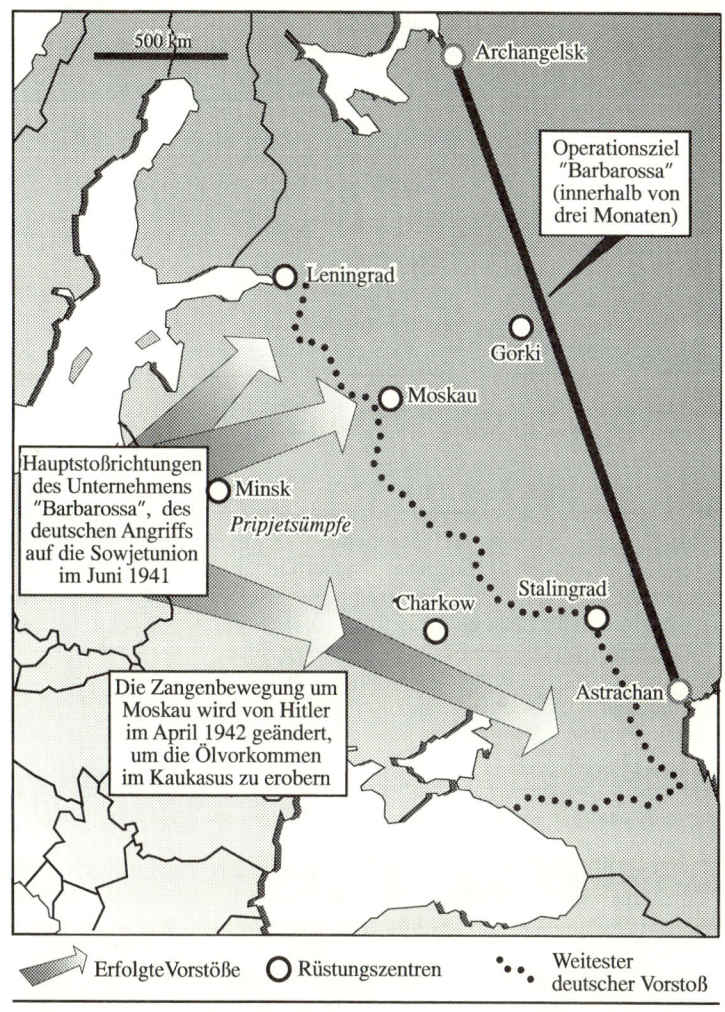

500 Km

Archangelsk

Operationsziel
"Barbarossa"
(innerhalb von
drei Monaten)

Leningrad

Gorki

Moskau

Hauptstoßrichtungen
des Unternehmens
"Barbarossa", des
deutschen Angriffs
auf die Sowjetunion
im Juni 1941

Minsk

Pripjetsümpfe

Charkow

Stalingrad

Die Zangenbewegung um
Moskau wird von Hitler
im April 1942 geändert,
um die Ölvorkommen
im Kaukasus zu erobern

Astrachan

Erfolgte Vorstöße   ⬤ Rüstungszentren   ••• Weitester
deutscher Vorstoß

Schon in Compiègne, bei der Kapitulation der französischen Armee, hatte Hitler zu Keitel
bemerkt, daß nach diesem Blitzsieg ein russischer Krieg ein Kinderspiel sein werde; ein
»Tritt in den Unterleib«, und der tönerne Koloß der Sowjetunion werde zusammenbrechen. So untersagte er der Wehrmachtsführung alle Vorbereitungen für einen Winterkrieg: Der Feldzug werde noch vor dem Herbst zu Ende sein. Dennoch scheint Hitler bisweilen mit zwiespältigen Gefühlen in die Zukunft gesehen zu haben. »Mir ist, als wenn ich
die Tür in einen dunklen Raum aufstoße, und niemand weiß, was dahinter ist«, äußerte er
in der Nacht vor dem Angriff.

949

im Politbüro zu beraten. Da die Kontaktaufnahme zur Front sich als sehr schwierig erwies, war es den Regierenden in Moskau unmöglich, sich ein Bild von der chaotischen Desorganisation ihrer Fronttruppen oder von Ausmaß und Wucht des deutschen Angriffs zu machen.

Wie irreal die Vorstellungen waren, die man sich im Kreml machte, geht aus der Weisung Nr. 3 hervor, die Timoschenko am Abend des 22. Juni um 21.15 Uhr ausgab; sie wies sämtliche sowjetischen Fronttruppen an, zur Offensive überzugehen und die deutschen Angreifer mit einem einzigen Streich über die Grenze zurückzutreiben. Für die Befehlshaber im Feld, die sich verzweifelt bemühten, ihre Truppen auch nur zusammen und kampffähig zu halten, klang das wie eine Botschaft aus einer anderen Welt. Was sie unternahmen, um dem Angriffsbefehl gerecht zu werden, hatte durchweg verheerende Folgen außer an der Südwestfront, wohin Schukow sich begeben hatte. Am 23. Juni vergrößerte sich die Kluft, die zwischen dem südwestlichen und dem nordwestlichen Frontabschnitt aufgerissen war auf fast hundertfünfzig Kilometer. Die sowjetischen Verteidiger hatten die Abwehrschlacht an der Grenze nicht verloren; sie hatten sie verschlafen.

General Woronow, Stellvertretender Kommissar für die Verteidigung, schrieb in seinen Erinnerungen, Stalin sei in den ersten Kriegstagen »niedergeschlagen, nervös und desorientiert [gewesen]. Wenn er Aufträge erteilte, forderte er ihre Erledigung in unerhört kurzer Zeit, ohne Rücksicht auf reale Möglichkeiten . . . Er verkannte die Proportionen des Krieges, den Umfang von Truppen und Ausrüstung, der nötig gewesen wäre, um den vordringenden Feind auf einer von Küste zu Küste reichenden Front zum Stehen zu bringen. Immer wieder brachte er seine Überzeugung zum Ausdruck, der Feind werde in sehr kurzer Zeit besiegt sein.«[46] General Wolkogonow äußert in seiner Stalin-Studie die Vermutung, der Generalsekretär habe Molotow als Redner vorgeschoben, weil er überzeugt gewesen sei, der deutsche Vormarsch werde nach einer Woche gestoppt sein, und er, Stalin, werde dann vor das sowjetische Volk treten und den Sieg verkünden können.

Doch dann erlitt Stalin im Lauf dieser Woche so etwas wie einen Zusammenbruch. General Tschakowski hat über einen Besuch Stalins im Verteidigungskommissariat in der Frunse-Straße berichtet. Bei seiner Ankunft habe der Generalsekretär ruhig und selbstsicher gewirkt, doch als die Militärs ihm über die Lage in Minsk die Augen öffneten, wo zwei deutsche Panzergruppen eine große sowjetische Streitmacht eingeschlossen hatten, habe er zum ersten Mal das wirkliche Ausmaß der Gefahr erkannt. Die Verbindung zu den eingeschlossenen Truppen war abgerissen, und es gab kein Mittel, ihre völlige Einkesselung zu verhindern. »Stalin, der sonst nach außen hin so ruhig wirkte und seine Worte und Bewegungen zu kontrollieren wußte, verlor die Beherrschung. Er stieß wütende Beleidigungen und Beschimpfungen hervor. Dann, ohne irgend jemanden eines Blickes zu würdigen, verließ er, gesenkten Kopfes und vornüber gebeugt, das

Gebäude, stieg in sein Auto und fuhr nach Hause.«[47] Die plötzliche Erkenntnis, wie schnell die deutschen Angreifer vorankamen, da sie wenige Tage nach Beginn ihres Vormarsches schon das 160 Kilometer entfernte Minsk erreicht hatten, traf Stalin wie ein Schock, zumal niemand wußte, wie und wo man sie aufhalten sollte. Aus der Zeit zwischen dem 23. und dem 30. Juni liegen keine von Stalin unterzeichneten Befehle oder andere Dokumente vor, und mindestens drei Tage lang tauchte er völlig unter, ließ nichts von sich hören oder sehen; offensichtlich von der Angst verzehrt, daß seine ganze Welt zusammenbrechen werde und er dabei rat- und hilflos zusehen müßte, verkroch er sich in seiner Datscha.

Vielleicht begriff seine Tochter Swetlana noch am ehesten, was damals in ihrem Vater vorging. »Er hatte nicht geahnt oder vorausgesehen«, schrieb sie, »daß der Pakt von 1939, den er als Frucht seiner eigenen großen Hinterlist betrachtete, von einem Gegner gebrochen würde, der noch hinterlistiger war als er selbst. Das war der wahre Grund für seine tiefe Niedergeschlagenheit in der Anfangsphase des Krieges: das ungeheure Ausmaß seiner politischen Fehleinschätzung. Selbst noch nach Kriegsende wiederholte er immer wieder: ›Ach, zusammen mit den Deutschen wären wir unbezwingbar gewesen.‹ Aber er gestand seine Fehler nie ein.«[48]

In einem System, in dem niemand es wagte, ohne Anweisung des allmächtigen Staatsoberhauptes Initiative zu ergreifen, mußte sich der temporäre Ausfall dieses Oberhauptes sehr schnell bemerkbar machen. Die Politbüro-Mitglieder, der Kommissar für Verteidigung und der Generalstab standen vor einer überwältigenden Fülle zu ergreifender Dringlichkeitsmaßnahmen; aber Stalin war verschwunden. Warum meldete er sich in einem solchen Augenblick ab? Äußerungen, die er bei einem Siegesbankett am 27. Mai 1945 tat, legen die Vermutung nahe, daß ihn die Furcht gepackt hatte – die bei ihm unbewußt vielleicht stets gegenwärtig war –, er könne gestürzt und zur Rechenschaft gezogen werden: »Ein anderes Volk hätte der Regierung vielleicht gesagt: ›Ihr habt die in euch gesetzten Erwartungen nicht erfüllt. Tretet ab. Wir werden eine andere Regierung einsetzen, die mit Deutschland Frieden schließen wird.‹«[49]

Als Molotow und die anderen Politbüro-Mitglieder am 30. Juni in Kunzewo vorfuhren, glaubte Stalin offenbar, sie seien gekommen, um ihn zu verhaften. Statt dessen ersuchte ihn Molotow, einen Staatlichen Verteidigungsrat (russische Abkürzung: GOKO) ins Leben zu rufen und selbst den Vorsitz zu übernehmen. Von diesem Augenblick an gewann Stalin sein Selbstvertrauen zurück. Man sah ihn jetzt wieder im Kreml. Nachdem er die Phase der Angst und Niedergeschlagenheit einmal überwunden hatte, fand er wieder in seine Rolle als unersetzlicher Führer seines Volkes zurück, und am 3. Juli wandte er sich über den Hörfunk mit ungewohnt vertraulicher Anrede an die Sowjetbürger: »Genossen! Bürger! Kämpfende Männer unseres Heers und unserer Marine! Brüder und Schwestern! Ich wende

Все наши силы—на поддержку нашей
героической Красной Армии, нашего славного
Красного Флота!
Все силы народа—на разгром врага!
Вперед, за нашу победу!

Выступление по радио
Председателя Государственного Комитета Обороны
И. В. СТАЛИНА.
3 июля 1941 года.

Stalin verschwand nach dem deutschen Angriff aus der Öffentlichkeit. Den Berichten seiner Umgebung zufolge war er in den ersten vierzehn Tagen nach dem Überfall wie gelähmt. Erst am 3. Juli trat er mit einer großen Rede, die durch Wochenschauen und Zeitungen verbreitet wurde, wieder hervor. Offen nahm er den kommenden Verlust großer Teile des Landes vorweg, sprach sogar von einer Bombardierung sowjetischer Großstädte, die nie stattfinden sollte, da sich Hitlers Kampfflugzeuge auf frontnahe Angriffe beschränkten. Dennoch verhieß er dem »Mütterchen Rußland« und seinen Menschen den endlichen Sieg. Der »Große Vaterländische Krieg« wurde zum ersten Mal proklamiert. Oben: Die »Prawda« vom 3. Juli 1941 mit dem Text der Stalin-Rede.

mich an euch, meine Freunde.« Zum ersten Mal erfuhren die Menschen in Rußland, daß Litauen, Lettland, das westliche Weißrußland und große Teile der westlichen Ukraine verlorengegangen waren. Patriotische Töne anschlagend, erklärte Stalin: »Unser Land ist in ernster Gefahr«, und rief das russische Volk auf, bei jedem vom Gegner erzwungenen Rückzug alles zu zerstören und den Deutschen einen erbarmungslosen Kampf zu liefern.

Es dauerte lange, die an der Staatsspitze herrschende Verwirrung zu beseitigen. Ein oberstes militärisches Hauptquartier (russische Abkürzung: Stawka) war gleich nach Kriegsausbruch am 23. Juni ins Leben gerufen und der Leitung des Verteidigungskommissars Timoschenko unterstellt worden. Auch Stalin war zunächst lediglich als Mitglied der Stawka aufgeführt worden. Erst am 19. Juli übernahm er persönlich das Amt des Verteidigungskommissars, und erst am 8. August wurde er zum obersten Befehlshaber ernannt und die Stawka zu seinem Generalstabs-Hauptquartier umfunktioniert.

Am 24. Juni wurde die Bildung einer Arbeitsgruppe für Industrieumsiedlung bekanntgegeben, am 30. Juni folgte, nach dem Besuch Molotows und der anderen Politbüro-Mitglieder bei Stalin, die Gründung des Staatlichen Verteidigungskomitees GOKO unter Stalins Vorsitz. Das Gremium wurde mit der Befugnis ausgestattet, allen Organisationen und Gliederungen des

Staates, der Partei und des Militärs bindende Weisungen zu erteilen. Da Stalin bereits Generalsekretär der Partei und Vorsitzender des Rates der Volkskommissare war und bald auch zum Oberbefehlshaber der Streitkräfte aufrücken sollte, war die Konzentration der wirtschaftlichen, politischen und militärischen Leitung in seinen Händen so gut wie vollkommen. Da er sich kaum einmal die Mühe machte zu sagen, in welcher seiner Eigenschaften er diesen oder jenen Befehl erteilte, war die Zuordnung für seine Mitarbeiter oft schwierig.

Vielen Einheiten war nach den Erfahrungen der ersten Kriegswochen der Mut gesunken. Es bedurfte harter Maßnahmen, um die Disziplin wiederherzustellen. Berija, der den Auftrag erhielt, sich dieser Aufgabe unter Einsatz verstärkter NKWD-Bataillone anzunehmen, sorgte dafür, daß dies mit aller Härte und ohne Ansehen der Person durchgeführt wurde, was die durchaus beabsichtigte Wirkung hatte, jene Atmosphäre der Angst zu verbreiten, in der Stalin das einzig zuverlässige Mittel der Herrschaftssicherung sah. Jeder Soldat, der sich nach Einkesselung hatte gefangennehmen lassen und der in der Folge wieder freikam, mußte damit rechnen, als Deserteur gebrandmarkt und erschossen zu werden, eine Politik, die auch noch nach Kriegsende praktiziert wurde, als Hunderttausende sowjetischer Kriegsgefangener, die zum Teil unter unmenschlichen Bedingungen überlebt hatten, nach ihrer Rückkehr in Straflagern landeten.

Zu den Kommandeuren, die jetzt die Rote Armee führten, hatte Stalin nicht mehr Vertrauen als zu ihren Vorgängern. Jedem Truppenführer, der einen Befehl, und sei die Durchführung noch so unrealistisch, nicht ausführte, drohte die Anklge wegen Hochverrats. Die Institution des politischen Armeekommissars, erst 1940 abgeschafft, wurde wieder eingeführt. Mechlis, bekannt für sein böswilliges Mißtrauen gegenüber dem Offizierskorps, wurde erneut zum Leiter der Politischen Verwaltung der Armee berufen. Die Sowjetregierung setzte nie, wie die US-Regierung nach Pearl Harbor, einen Untersuchungsausschuß ein, der feststellen sollte, wer die Verantwortung für die katastrophale Überrumpelung der russischen Streitkräfte zu tragen habe, weil jede derartige Untersuchung nur auf Stalin als den Hauptschuldigen hingeführt hätte. Dieser zog es vor, Sündenböcke zu suchen, und fand sie in Gestalt von General Pawlow und seiner Truppenführer an der Westfront, wo den Deutschen der Durchbruch nach Minsk gelungen war.[50] Zusammen mit anderen hochrangigen Offizieren wurden sie verhaftet und so lange geschlagen und gefoltert, bis sie »gestanden«, an einer Offiziersverschwörung gegen Stalin beteiligt gewesen zu sein.

Einer Darstellung zufolge, die auf Berija zurückging, erörterte Stalin mit ihm und Molotow irgendwann im Juli 1941 die Möglichkeit, mit Hitler Verbindung aufzunehmen und ihm für einen Waffenstillstand die Abtretung der baltischen Staaten, Moldawiens sowie eines großen Teils der Ukraine und Weißrußlands anzubieten. Berija erhielt den Auftrag, den bulgarischen Botschafter für die Übermittlung des Angebots zu gewinnen, doch der Bulgare, Iwan Stamenow, erklärte im Beisein Stalins, der sich jedoch mit keinem Wort einmischte, die Sowjetunion werde den Krieg, auch wenn sie sich bis an den Ural zurückziehen müsse, letzten Endes gewinnen, und weigerte sich, den Vermittler zu spielen. Mikojan und Chruschtschow haben diese Darstellung in ihre Memoiren aufgenommen, und auch Stamenow bestätigte sie gegenüber den sowjetischen Ermittlern, die nach dem Tod Stalins Belastungsmaterial gegen Berija sammelten. Doch dokumentarische Beweise für die Authentizität dieser Berichte sind bislang nicht aufgetaucht.[51]

Auch wenn Stalin die Funktion und den Titel des Oberbefehlshabers erst im August übernahm, war er von Anfang an der einzig denkbare Kandidat für den Posten. Trotz seiner Tätigkeit als Krisenmanager im russischen Bürgerkrieg – der freilich ein ganz anderer Krieg gewesen war als der jetzige – hatte Stalin mit der Führung von Truppen nicht mehr Erfahrung als Hitler und erwies sich dabei als ebenso eigensinnig und schwer beeinflußbar. Dieselben Gaben, die ihn zu einem erfolgreichen Politiker gemacht hatten, kamen ihm nun auch in militärischen Dingen zustatten: seine Geistesgegenwart, sein gutes Gedächtnis für Details, sein Selbstvertrauen (nachdem er es wiedergewonnen hatte) und seine unermüdliche Arbeitsfähigkeit. Dem standen jedoch ähnlich wie bei Hitler ebenso schwerwiegende Unzulänglichkeiten gegenüber: Halsstarrigkeit, fehlende Bereitschaft, eigene Fehler einzugestehen, und zwanghaftes Mißtrauen. Wie für Hitler wogen auch für Stalin politische Gesichtspunkte, besonders wenn sie seine Macht und sein Prestige berührten, schwerer als militärische Argumente. Eine Ausnahme bildeten nur Krisensituationen wie angesichts der drohenden Eroberung Leningrads oder Moskaus – in diesen beiden Fällen sprang Stalin über seinen Schatten und wandte sich ratsuchend an Schukow.

Im Lauf der Zeit verbesserte sich das Arbeitsklima zwischen Stalin und seinen Generalstäblern und Truppenbefehlshabern, während sich das Verhältnis zwischen Hitler und seinen Militärs stetig verschlechterte. Doch dauerte es auf sowjetischer Seite bis zur Schlacht von Stalingrad im Winter 1942/43, bis man sich zusammenraufte. In der Zeit davor, in der Stalin militärisch noch »lernte«, mußte die Rote Armee einen hohen Preis für seine Fehler bezahlen. Das hinderte Stalin nicht daran, wie Hitler zu der Überzeugung zu gelangen, daß er nicht nur ein politisches, sondern auch ein militärisches Genie war. Als die Rote Armee Siege zu erringen begann, zeigten die bis dahin unpersönlich gehaltenen Bulletins über den Kriegsverlauf plötzlich Spuren seiner persönlichen Handschrift.

Ende Juli mußten die deutsche Armeen eine Atempause einlegen, um sich neu zu ordnen und auszurüsten, und erstmals schöpfte Stalin die Hoffnung, die Front werde sich vielleicht stabilisieren lassen. Er erklärte dem Abgesandten Roosevelts, Harry Hopkins, im kommenden Winter werde die Front »vor Moskau, Kiew und Leningrad« verlaufen, »wahrscheinlich

Der russische Krieg begann mit einer Folge von Kesselschlachten, die Millionen von Gefangenen brachten. Aber die sowjetische Armee leistete harten Widerstand, und schon nach den ersten siegreichen Schlachten hatte man auf deutscher Seite höhere Verluste als in allen vorausgegangenen Feldzügen in Polen, Skandinavien, im Westen und dem Balkan zusammen. So machte im Herbst 1941 im Stab der deutschen Armeen das Wort von »Pyrrhussiegen« die Runde. Schon jetzt hieß es, die deutschen Heere siegten sich zu Tode, bevor mit dem Einbruch des Winters kurz darauf die Wende kam.
Auf dem Photo: Hitler bei einem Besuch an der Ostfront im Gespräch mit einem Soldaten. Links im Hintergrund Generalfeldmarschall von Reichenau.

höchstens 100 Kilometer östlich der jetzigen Linie«. Doch dann fällten im Verlauf der folgenden beiden Monate sowohl Stalin als auch Hitler Entscheidungen, – der eine zum Nachteil, der andere zum Vorteil seiner Truppen –, die sich für die russische Seite kurzfristig katastrophal auswirkten und auf lange Sicht sehr wohl die Entscheidung zugunsten Deutschlands hätten bringen können. In beiden Fällen wurden die Entscheidungen gegen den Rat der Militärs durchgesetzt.

Allen Anfangserfolgen zum Trotz hatten die Deutschen doch noch nicht sämtliche westlich der Dnjepr-Dwina-Linie stehenden sowjetischen Truppen aufgerieben und auch ihre drei wichtigsten Zielpunkte, Leningrad, Moskau und das Donez-Becken, noch nicht erreicht. Andererseits zeigte sich die Rote Armee trotz ihrer schweren Verluste noch nicht am Ende ihrer Kampfkraft. Deutsche Nachrichtenoffiziere stellten zu ihrem Erstaunen fest, daß viele sowjetische Verbände verbissen weiterkämpften, auch wenn ihre rückwärtigen Verbindungen durchtrennt waren, daß aus dem Hinterland laufend frische Divisionen in die Schlacht geworfen wurden und den Deutschen in die Flanke fielen. Die Führung der Wehrmacht stand vor einer Schlüsselentscheidung: Sollte Bocks Heeresgruppe Mitte weiter zügig auf Moskau vorstoßen, sobald die Panzer wieder bereit waren? Bock, das OKH und die Kommandeure der Panzergruppen sprachen sich hierfür aus, nicht, wie sie betonten, um der Eroberung Moskaus willen, sondern um die volle Wucht des Angriffs nach den traditionellen Regeln der Kriegskunst auf die Vernichtung der Hauptmacht der russischen Streitkräfte zu konzentrieren. Hitler hingegen war schon seit der Herausgabe seiner ersten Barbarossa-Weisung im Dezember 1940 für eine andere Strategie eingetreten: zunächst die baltischen Staaten zu besetzen, Leningrad zu erobern und zugleich im Süden Kiew und den Dnjepr zu erreichen, um die Sowjets ihrer dortigen landwirtschaftlichen und industriellen Ressourcen zu berauben und sich zugleich den Weg zum Kaukasus »freizuschießen.«

Hitler ging davon aus, daß die Entscheidung in seinem Sinn gefallen war. Dann aber erlitt er einen Ruhr-Anfall und mußte nach seiner Gesundung feststellen, daß das OKH seine Erkrankung genutzt hatte, um die Truppe hinzuhalten und mit einer weiteren Denkschrift die Debatte noch einmal zu eröffnen. Diese Widersetzlichkeit fachte das ganze Mißtrauen gegenüber dem Berufsmilitär, das Hitler schon im Westfeldzug an den Tag gelegt hatte, neu an, und er forderte die Generäle in einer wütenden Antwort auf, seinen Befehl endlich zu vollziehen, wobei er sich die Bemerkung nicht verkneifen konnte, nur Leute, die in alten Schablonen dächten, könnten die sich im Süden bietenden Möglichkeiten übersehen. Jodls privater Kommentar dazu lautete: »Im übrigen scheut er – Hitler – sich instinktiv, den gleichen Weg wie Napoleon zu gehen. Moskau hat etwas Unheimliches für ihn. Er befürchtet dort einen Kampf auf Leben und Tod mit dem Bolschewismus.«[52] Schließlich einigte man sich auf einen Kompromiß: baldmöglichste Wiederaufnahme des Vormarsches auf Moskau, doch erst, nachdem ein Durchbruch in der Ukraine erzielt war.

Die Atempause endete am 23. August. Die Deutschen schritten wieder zum Angriff, vor allem innerhalb der Heeresgruppe Süd, zu deren Verstärkung die Panzerarmee Guderians herangeführt worden war, um in der Ukraine den Grundstein für einen weiteren Triumph zu legen.

Beunruhigt ob des drohenden Verlusts der Ukraine, hatte Stalin schon einige Zeit zuvor zwei seiner alten Genossen aus der Ersten Reiterarmee, Woroschilow und Budjonny, mit dem Oberbefehl im Südwesten betraut. Beide waren Marschälle, aber keiner zeigte sich der Aufgabe gewachsen. Stalin setzte nach wie vor eher auf loyale kommunistische Veteranen als auf die Berufssoldaten. Am 29. Juli erstattete ihm Schukow als Chef des Generalstabs ausführlich Bericht über die Gesamtsituation; Stalin erteilte ihm allerdings erst das Wort, nachdem er Mechlis als Zuhörer hinzugeholt hatte. Schukow trug seine Argumente mit einer Selbstsicherheit vor, die Stalin ärgerte, die sich aber als wohlbegründet erwies, wie die späteren Ereignisse

Hitler führte den Polenfeldzug wie die ersten Feldzüge des Rußlandkrieges oft von einem Sonderzug aus, der den Decknamen »Amerika« trug. Mitunter hielt man auf offener Strecke, und Hitler gab improvisiert seine Befehle.
Das Photo zeigt ihn 1941 mit Ribbentrop während einer Fahrtpause auf dem Weg zur Ostfront.

zeigen sollten. Er bezeichnete den Grenzbereich zwischen dem mittleren, von der Heeresgruppe West gehaltenen Frontabschnitt und dem südlichen als neuralgische Stelle. Seine Vorschläge lauteten: Verstärkung der Westfront, die den Schutzschild für Moskau bildete; Heranführung von acht Divisionen aus dem Fernen Osten zur zusätzlichen Absicherung Moskaus, Zurücknahme der südwestlichen Front hinter den Dnjepr. Als Stalin feststellte, daß dies die Preisgabe Kiews bedeutete, explodierte er und herrschte Schukow an, er solle keinen Unsinn reden. Schukow, der ebenfalls in Rage geriet, erwiderte, wenn der Chef des Generalstabs Unsinn rede, verdiene er es, seines Postens enthoben zu werden.

»Werden Sie nicht hitzig‹, sagte Stalin zu ihm. ›Aber da Sie schon davon reden, wir werden ohne Sie auskommen.‹«[53] Nachdem Schukow seine bisherige Tätigkeit als Generalstabschef verteidigt hatte, erklärte Stalin die Unterredung für beendet. Vierzig Minuten später rief er ihn wieder zu sich und eröffnete ihm, er müsse seinen Posten für Schaposchnikow räumen – der war zwar betagt und kränklich, aber klug genug, sich nicht mit Stalin anzulegen. Schukow geriet über die Frage, welches neue Kommando ihm übertragen würde, erneut in Streit mit Stalin. »Immer mit der Ruhe, immer mit der Ruhe«, ermahnte ihn dieser und eröffnete ihm dann, daß er ihn zum Befehlshaber des Reserveheers ernennen werde. Er wollte Schukow nicht gehen lassen, ohne einen Tee mit ihm getrunken zu haben, aber das Gespräch am Teetisch erlahmte, und Stalins bester Truppenführer ging enttäuscht und verärgert von dannen.

Schukows Voraussage erwies sich als nur allzu richtig. Genau an dem von ihm benannten Punkt schaffte Guderian Ende August den Durchbruch, der den Deutschen den Weg zur Einkreisung von nicht weniger als fünf sowjetischen Armeen der Südwestfront ebnete. Ein Befehlshaber nach dem anderen – Budjonny eingeschlossen – ersuchte Stalin dringend um die Erlaubnis zum Rückzug, bevor es zu spät sein würde. Doch wie später Hitler, so lehnte auch Stalin es hartnäckig ab, nur einen Fußbreit Boden freiwillig preiszugeben. »»Kiew war und ist sowjetisch und wird es bleiben‹, war seine stereotype Antwort. ›Ich erlaube Ihnen nicht, sich zum Sula-Fluß zurückzuziehen. Ich befehle Ihnen, Kiew und den Dnjepr zu halten.‹«[54]

Am 18. September ging Kiew verloren, und die Deutschen meldeten die Gefangennahme von 655 000 sowjetischen Soldaten. Diese Zahl mag eine Übertreibung gewesen sein, gleichwohl konnte kein Zweifel daran bestehen, daß der Versuch, die Ukraine zu verteidigen, mißglückt war und ebenso gewaltige wie unnötige Verluste verursacht hatte.

Woroschilow und Schdanow, denen Stalin die Verteidigung Leningrads anvertraut hatte, konnten ein ähnliches Desaster nur mit knapper Not verhindern. Die deutsche Heeresgruppe Nord unter Leeb durchbrach den äußeren Verteidigungsring der Stadt am 8. September und schnitt deren letzte Landverbindung zur übrigen Sowjetunion ab, so daß für die Zuführung von Transporten nur noch der Weg über den Ladoga-See blieb. Angesichts des drohenden Verlusts der »zweiten Hauptstadt« schickte Stalin Schukow als Retter in der Not nach Leningrad. Als dieser am 13. September dort eintraf, hatte Hitler freilich bereits beschlossen, die Stadt nicht zu erstürmen, sondern auszuhungern. Schukow reorganisierte die Verteidigung, stabilisierte den Abwehrring um die äußeren Vororte und traf Vorkehrungen für eine Belagerung, die die längste der Geschichte werden sollte: 900 Tage oder zweieinhalb Jahre. Aber jetzt, da Kiew verloren war und Leningrad im Würgegriff lag, schienen die Chancen für Moskau schlecht zu stehen, falls die Deutschen erneut zum Angriff antreten würden.

Mittlerweile war Hitlers Interesse an einem solchen Angriff wiedererwacht. Seinem Gefolge erklärte er: »In einigen Wochen sind wir in Moskau, daran ist nicht zu zweifeln. Und dann werde ich Moskau dem Erdboden gleichmachen. Ich werde ein Staubecken dort anlegen. Der Name Moskau muß vollständig ausgelöscht werden.«[55]

Um einen deutschen Vormarsch auf die Hauptstadt abblocken zu können, hatte die Stawka westlich von Moskau 800 000 Mann, 770 Panzer und 364 Flugzeuge zusammengezogen, die Hälfte der gesamten Truppenstärke an der deutsch-sowjetischen Front und ein Drittel ihres Panzer- und Flugzeugbestandes. Die deutschen Pläne für die Operation Taifun sahen den Einsatz von drei Infanterie- und drei Panzerarmeen vor, letztere unter Hoth, Guderian (aus dem Süden zurückbeordert) und Hoeppner (von Leningrad herangeführt). Der Grundgedanke des Plans war, die russischen Verteidiger durch einen Zangenangriff zu umfassen, vorgetragen nördlich und südlich der nach Moskau führenden Autobahn, wobei die Zange im Raum Wjasma zuschnappen sollte. Als der Vormarsch begann, herrschte freilich kein sommerliches Wetter mehr. Man schrieb den 2. Oktober, es war Herbst, und seit der Eroberung von Smolensk am 16. Juli waren zweieinhalb Monate vergangen, eine Verzögerung, die der Operation Taifun zum Verhängnis werden sollte.

Wieder einmal wurden die sowjetischen Verteidiger von der Geschwindigkeit und Wucht der deutschen Panzerverbände weggefegt. Wieder einmal zerriß die russische Front, und wieder einmal gelang den Deutschen eine Einkreisungsoperation in der Größenordnung des ukrainischen Triumphs (mit der Gefangennahme von 500 000 bis 600 000 Mann), dieses Mal im Raum Wjasma-Brjansk; Moskau schien zu ihren Füßen zu liegen. Und wieder einmal rief Stalin im letzten Moment Schukow zu Hilfe, um ihm die Verteidigung der Hauptstadt zu übertragen. Als er sein Kommando am 10. Oktober antrat, waren von den 800 000 Mann, die Ende September vor Moskau gestanden hatten, nur noch 90 000 übrig. Sie sollten eine 250 Kilometer lange Front halten. Die Zahl der insgesamt in deutsche Gefangenschaft geratenen Sowjetsoldaten belief sich mittlerweile auf fast drei Millionen.

Hitler konnte es nicht erwarten, den Gegner für geschlagen zu erklären und den Sieg zu verkünden. Als am 8. Oktober Orel erobert war, meldete Jodl, der Krieg sei endgültig und ohne Übertreibung gewonnen, und einen Tag später erklärte Hitlers Pressechef Otto Dietrich vor Kriegsberichterstattern, daß die Sowjetunion militärisch in jeder Beziehung erledigt sei.

Mitte Oktober war der sowjetische Widerstand näher daran zusammenzubrechen als jemals zuvor oder danach. Schukow schildert in seinen Erinnerungen, wie Stalin ihn zu sich rief und sagte: »Sind Sie überzeugt, daß wir Moskau halten können? Ich stelle diese Frage mit blutendem Herzen. Sagen Sie mir die Wahrheit, als Kommunist, der Sie sind.«

Die Evakuierung der sowjetischen Regierung ins 1 000 Kilometer weiter östlich gelegene Kuibyschew begann am 15. Oktober und löste eine allgemeine Panik aus: Büros und Fabriken menschenleer, Gedränge auf den Bahnhöfen, auf den Straßen nach Osten mit Parteifunktionären besetzte Autos. Plünderer stürmten, da die Polizei nicht mehr kontrollierte, Läden und Lager, während Sprengkommandos auf Anweisung Schukows die Brücken und Eisenbahnknotenpunkte der Stadt verminten. Ob Stalin selber die Hauptstadt verließ, ist unklar; wenn ja, dann tat er es nur für kurze Zeit und stellte sich alsbald wieder an die Spitze jener, die entschlossen waren, Moskau bis zum Letzten zu verteidigen. Er stellte die Stadt unter

In den ersten fünf Monaten des Rußlandkrieges gerieten mehrere Millionen sowjetische Soldaten in deutsche Gefangenschaft, von denen die meisten als Zwangsarbeiter nach Deutschland gebracht wurden. Ausgesetzt den unvorstellbaren Zuständen in den Lagern, mit Hunger, Krankheit und Seuchen, kehrte nur etwas mehr als die Hälfte von ihnen nach dem Krieg nach Rußland zurück.
Auf dem Photo: Gefangene sowjetische Truppen nach den Kesselschlachten von Minsk und Smolensk.

Kriegsrecht und ernannte den NKWD-General Artemejew zum Stadtkommandanten.

Ein weiterer Schritt, den Stalin bereits eingeleitet hatte, war die Mobilisierung des Großteils der eine Million Mann starken, erfahrenen und gut ausgerüsteten sowjetischen Truppen in Fernost. Zuverlässig hatte Richard Sorge aus Tokio die Information geliefert, daß die Japaner, obwohl sie ihre Kwantung-Armee an der sowjetischen Grenze verstärkt hatten, nicht vor dem Frühjahr 1942 angreifen würden. Das ermöglichte es Stalin, im Lauf des Oktobers und Novembers acht bis zehn Divisionen (annähernd die Hälfte der Fernost-Truppen), einschließlich 1 000 Panzern und 1 000 Flugzeugen, in den Westen zu verlegen. Es war ein wichtiger Umstand, daß diese frischen Truppen, auch wenn sich die Lage Moskaus verzweifelt zuspitzte, nicht als Lückenbüßer in die Schlacht geschickt, sondern in ein intaktes Reserveheer eingegliedert wurden, das die Stawka östlich von Moskau bereitstellte.

Mitte Oktober begann sich zu zeigen, daß die Operation Taifun zu spät eingeleitet worden war. Regenfälle und Graupelschauer setzten ein und verwandelten den Boden in eine Schlammwüste. Die Temperaturen fielen nachts unter Null und ließen den Schlamm gefrieren, doch morgens taute er wieder auf und machte das Steuern der Fahrzeuge, selbst wenn es Kettenfahrzeuge waren, zu einem seifigen, glitschigen Alptraum. Zum Schlamm am Boden gesellte sich Bewölkung am Himmel, die den Einsatz der Luftwaffe erschwerte. Ende Oktober mußten die deutschen Truppen haltmachen, um sich neu zu formieren und aufgefüllt zu werden. Die Heeresgruppe Süd, die in trockenerem Klima operierte, hatte mittlerweile Charkow erobert und das »sowjetische Ruhrgebiet«, das Donez-Becken (Donbas), überrannt, während die Elfte Armee unter Manstein die Krim, mit Ausnahme des heroisch verteidigten Sewastopol, in Besitz genommen hatte.

Stalin nutzte die Atempause, um Schukow 100 000 Mann und 300 Panzer zur Verstärkung der Westfront zuzuführen, der letzten Abwehrlinie, nur noch achtzig Kilometer von der Hauptstadt entfernt, während er zugleich die Aufstellung des Reserveheers östlich von Moskau vorantrieb. In diesen letzten zwei Monaten des Jahres 1941 und in den ersten drei des Jahres 1942 traten die Parallelen zwischen der Rolle Stalins und der Hitlers am klarsten hervor, denn in dieser Zeit wurde die Führungskraft beider Männer auf die härteste Probe gestellt. Am 6. November drängten sich Vertreter der Partei, der Moskauer Stadtverwaltung und der Roten Armee im Marmorgewölbe der Moskauer U-Bahn-Station Majakowski, um Stalins Erwiderung auf die Hitlersche »Siegesansprache« vom 3. Oktober zu hören. Stalin schleuderte den Invasoren die trotzige Ankündigung entgegen: »Wenn sie einen Ausrottungskrieg wollen, werden sie ihn bekommen.« Einen Tag später, am Jahrestag der Revolution, ließ er dieser Rede eine kühne Geste folgen, indem er die traditionelle Militärparade auf dem Roten Platz abnahm, trotz der Tatsache, daß der Feind vor den Toren stand und die Hauptstadt sich im Operationsbereich der deutschen Luftwaffe befand. In seiner Rede erinnerte Stalin daran, daß die Rote Armee sich 1918 in einer noch ungünstigeren Lage befunden und schließlich doch den Sieg davongetragen habe – und er beschwor die Erinnerung an die »großen Gestalten unserer heldenhaften Vorfahren: Alexander Newski, Dmitri Donskoi, Suworow und Kutusow«.

Drei Tage später ging Schukow mit einem seiner Truppenkommandeure, General Below, zu Stalin, um mit ihm seine Pläne zu erörtern. Nachdem sie innerhalb des Kremls einen Bombenkrater passiert hatten, fanden sie Stalin in einem Zimmer am Ende eines unterirdischen Korridors. Er saß an einem Schreibtisch, auf dem mehrere Telefone standen. Below hatte Stalin seit

1933 nicht mehr gesehen. »Er hatte sich seither sehr verändert«, schrieb er in seinen Erinnerungen. »Vor mir stand ein kleiner Mann mit müde eingesunkenem Gesicht... In den acht Jahren schien er um zwanzig Jahre gealtert zu sein.« Schukows Auftreten überraschte Below: »Er sprach in brüskem Ton, auf eine sehr gebieterische Art. Es wirkte so, als ob Schukow der ranghöhere Offizier wäre. Und Stalin nahm das wie selbstverständlich hin. Zu keinem Zeitpunkt verriet sein Gesicht eine Spur von Ungehaltenheit.«[56]

Der Lernprozeß hatte eingesetzt, doch war es weiterhin Stalin, der als Oberbefehlshaber das Kriegsgeschehen bestimmte, die Truppenbewegungen koordinierte und telefonisch Befehle an die nördliche und südliche Front durchgab – und die Vorschläge Schukows guthieß.

Der Endkampf um Moskau begann am 15. November, und die Russen rangen verzweifelt darum, eine weitere deutsche Einkesselungsoperation abzuwenden. Rokossowski (der nach dreijähriger Lagerhaft zurückgeholt worden war und das Kommando über ein Armeekorps erhalten hatte) empfing, als die Deutschen ihn an den Moskwa-Wolga-Kanal zurückgedrängt hatten, das letzte bedeutsame topographische Hindernis vor der Hauptstadt, von Schukow den Befehl: »Krjukowo ist der letztmögliche Rückzugspunkt; ein weiteres Zurückweichen kann es nicht geben. Es gibt keinen Raum mehr, in den man zurückweichen könnte.«[57]

Das Schlachtfeld war jetzt in tiefen Schnee gehüllt, der Boden hartgefroren, der Wind beißend kalt, der Nebel eisig; die unzureichend bekleideten Deutschen und ihre Waffen und Fahrzeuge froren ein. In der Woche, die den Übergang vom November in den Dezember brachte, gingen die Soldaten auf beiden Seiten bis an die Grenzen menschlicher Leistungsfähigkeit. Schukow drängte auf einen Gegenstoß zur Entlastung seiner erschöpften Truppen, gegen den Stalin sich nach wie vor sperrte. Einige wenige deutsche Einheiten erreichten die äußeren Vororte der Hauptstadt. Sie konnten das Mündungsfeuer der den Kreml schützenden Artilleriegeschütze sehen. Am 2. Dezember schrieb Halder in sein Kriegstagebuch, die russischen Verteidigungsanstrengungen hätten ihren Höhepunkt erreicht, die Rote Armee verfüge nun über keine frischen Kräfte mehr, die sie in die Schlacht werfen könne. Er täuschte sich.

Am 5. Dezember erkannte Guderian, daß seine Truppen bei Temperaturen von –25° bis –35° nicht mehr die Kraft hatten, weiterzukämpfen, und auf eine kürzere Frontlinie zurückgenommen werden mußten, die sich besser halten ließ. Am selben Tag, an dem der deutsche Vormarsch zum Stehen kam, traten die Sowjets mit jenen 700 000 Mann, die die Stawka unbemerkt von den Deutschen östlich von Moskau zusammengezogen hatte, zur Gegenoffensive an. Diese Truppe, viel eher als die Deutschen an die Kälte gewöhnt, mit gut gefütterter Winterbekleidung ausgestattet und zu einem beträchtlichen Teil aus von Fernost herangeführten Verbänden bestehend, vermochte die Deutschen erstmals seit Beginn des Feldzugs ein Stück zurückzutreiben. Dies war der Augenblick, in dem die Führungskraft Hitlers auf dieselbe Probe gestellt wurde wie kurz zuvor diejenige Stalins: der Moment, in dem er zeigen mußte, ob er eine Demoralisierung verhindern und einem Rückzug Einhalt gebieten konnte. Die deutschen Ostarmeen hatten Verluste in Höhe von einer Dreiviertelmillion Mann erlitten, ein Viertel davon Gefallene. Die russischen Verluste waren weitaus größer, und am Frontabschnitt vor Moskau waren die Deutschen zu diesem Zeitpunkt zahlenmäßig noch überlegen. Doch in fast jeder anderen Beziehung standen die Invasoren eindeutig schlechter da. Zwischen tausend und dreitausend Kilometer von ihren Stützpunkten entfernt, mußten sie mit ständigen Unterbrechungen ihrer Nachschublinien durch Wetterunbilden oder Partisanenangriffe rechnen; dazu kamen die schwerwiegenden Auswirkungen der Kälte (100 000 Fälle von Erfrierungen bis Weihnachten), außerdem der psychologisch bedeutsame Umstand, nach so vielen Siegen an der allerletzten Hürde ins Straucheln geraten zu sein. »Nur wer die endlosen Weiten der russischen Schneeflächen in diesem Winter unseres Unheils gesehen hat, über welche der eisige Wind strich«, schrieb Guderian später, »kann die nun folgenden, ernsten Ereignisse richtig beurteilen.«[58] Und der General von Tippelskirch, Kommandeur einer Division, berichtete: »In diesem kritischen Zeitpunkt dachte die Truppe daran, was sie vom Rückzug Napoleons von Moskau gehört hatte, und lebte unter diesem Schatten. Wenn einmal ein Rückzug eingeleitet worden wäre, so hätte sich daraus eine panische Flucht entwickeln können.«[59]

Hitler stellte sich der Herausforderung, wie Stalin es getan hatte. In stundenlangen Telefonaten machte er den Generälen an der Front klar, daß er einen Rückzug auf keinen Fall dulden werde, so flehentlich die Kommandeure auch an ihn appellierten. Feldmarschall von Bock, Oberbefehlshaber der Heeresgruppe Mitte, wurde abgelöst; als sein Nachfolger Kluge telefonisch um die Genehmigung zur Begradigung der Front durch Teilrückzüge ersuchte, redete Hitler drei Stunden lang auf ihn ein, von halb zwölf Uhr bis halb drei Uhr morgens, unterbrochen lediglich von einer halbstündigen Unterredung mit Halder, dem Generalstabschef des Heeres. Hitler verweigerte auch Kluge die Genehmigung zum Rückzug und befahl, überall die Stellung zu halten. Als Guderian sich am 20. Dezember zu Hitlers Hauptquartier fliegen ließ, um ihm die verzweifelte Lage seiner Truppe klarzumachen, zeigte Hitler sich überhaupt nicht beeindruckt, sondern fragte nur, ob er glaube, die Grenadiere Friedrichs des Großen seien mit Freude für ihr Land gestorben. Als Guderian in der Folge verstohlene Rückzugsmanöver durchführte, zögerte Hitler nicht, ihn sofort seines Kommandos zu entheben. Hoeppner, der zweite herausragende deutsche Panzergeneral, wurde sogar unehrenhaft entlassen: Hitler erkannte ihm Dienstgrad und Auszeichnungen ab, untersagte ihm das weitere Tragen der Uniform und entzog ihm die Pensionsberechtigung und andere Ansprüche. Feldmarschall von Leeb mußte den Oberbefehl über die Heeresgruppe Nord niederlegen, und Feldmarschall von Rundstedt wurde entlassen, nachdem er Rostow zunächst erobert, dann aber wieder geräumt hatte.

Mehr als einmal erklärte Hitler in diesen Herbst- und Wintermonaten, daß er niemals in Rußland einmarschiert wäre, wenn er geahnt hätte, wieviel Widerstand die Rote Armee zu leisten imstande sein würde. Doch ebenso wie Stalin war er nicht bereit anzuerkennen, daß vor allem er selber Verantwortung für die Lage trug, in die seine Streitkräfte geraten waren, weil er geglaubt hatte, Rußland in einem einzigen kurzen Feldzug besiegen zu können. Er machte statt dessen die militärische Führung verantwortlich, angeblich habe sie ihn nicht rechtzeitig über den wahren Stand der Dinge informiert. Das Rücktrittsangebot Brauchitschs nahm er sogleich an und nutzte es, um den Generalfeldmarschall zum Sündenbock zu machen. Da er keinen General kenne, so erklärte er, der in die kämpfende Truppe den Geist des Nationalsozialismus hineinzutragen wisse, werde er selber an die Stelle von Brauchitschs treten und den Oberbefehl über Heer und Wehrmacht übernehmen. Halder blieb noch zehn Monate auf seinem Posten, aber nur weil Hitler einen Mann mit seiner Erfahrung als Stabschef benötigte. Beide, Hitler nicht anders als Stalin, vereinigten nun in ihrer Person die höchsten Ämter ihres Staats, ihrer Partei und ihrer Streitkräfte.

Hitlers Beharrlichkeit führte dazu, daß der Rückzug zum Stillstand kam und die Front sich tief im russischen Kernland stabilisierte. Hitler wertete dies als Beweis dafür, daß der Wille mehr vermochte, als zweifelnde Experten für möglich hielten. Das Argument schien auf kurze Sicht durchaus stichhaltig, brachten die Deutschen doch die Kraft auf, im Frühsommer 1942 noch einmal zur Offensive anzutreten und bis zum Kaukasus vorzudringen. Auf lange Sicht allerdings war die Folge dieses Erfolgs nur, daß Hitler ein Vabanquespiel, das er schon einmal verloren hatte, mit verdoppeltem Einsatz erneut riskierte. Die Erfolge, die die Wehrmacht im Rußlandfeldzug von 1941 erzielt hatte, konnten sich mit den im Westen errungenen Triumphen von 1940 durchaus messen, doch weder dort noch hier war ein entscheidender Sieg herausgekommen. Gewiß, Frankreich war geschlagen, aber aus der geplanten Landung in Großbritannien war nichts geworden; und die Luftschlacht um England hatte man verloren, so daß mit dem britischen Kriegsgegner nach wie vor gerechnet werden mußte. Die Ukraine war erobert, aber die Rote Armee war nicht besiegt, sondern hatte trotz enormer Verluste immer wieder neue Armeen ins Feld geschickt und neue Waffensysteme wie den Panzer T-34 zum Einsatz gebracht.

Aber der japanische Überfall auf Pearl Harbor, der den Krieg im Pazifik eröffnete, weckte in Hitler neue Hoffnung, und die Tatsache, daß es ihm gelang, die kritische Entwicklung an der Ostfront im Dezember in den Griff zu bekommen, bestärkte ihn in der Überzeugung, von der Vorsehung begünstigt zu sein. Anstatt in seinen Zielen zurückzustecken oder einen Waffenstillstand mit Rußland in Erwägung zu ziehen, erhöhte er die Einsätze noch einmal, indem er den Vereinigten Staaten der Krieg erklärte. Er war überzeugt, die Vernichtung des sowjetischen Staats, die ihm 1941 versagt geblieben war, spätestens 1942 nachholen zu können, lange bevor die Amerikaner in das Kriegsgeschehen in Europa eingreifen konnten.

Es stellte sich nunmehr die Frage, ob Stalin aus den Erfahrungen der zurückliegenden Monate realistischere Schlüsse zog als Hitler.

Ende 1941 beherrschte Deutschland in direkter oder indirekter Form den größten Teil des europäischen Kontinents. Wie dieses nationalsozialistische Großreich organisatorisch gestaltet werden sollte, war noch nicht entschieden. Im Mai 1940 hatte der Feldzug im Westen Diskussionen über eine »europäische Großraumwirtschaft« angeregt. Sie knüpften an die Forderung Hitlers an, die europäische Wirtschaft müsse so umgeformt werden, daß für die Zukunft die wirtschaftliche Selbstversorgung Deutschlands gesichert sei. »Die Dinge, die wir brauchen, aber nicht haben, müssen wir erobern«, hatte Hitler im Juni 1940 Todt eingeschärft, und Göring hatte Funk angewiesen, im Wirtschaftsministerium ein neues Dezernat einzurichten, das Pläne für eine »einheitliche europäische Großraumwirtschaft unter deutscher Führung« erarbeiten sollte.

Die äußeren Grenzen dieses deutsch beherrschten europäischen Großraums blieben fließend, doch als sein Kernstück galt von Anfang an das Deutsche Reich selber in seiner arrondierten Form, also mit Österreich, Böhmen-Mähren, Elsaß-Lothringen, Luxemburg, Teilen Belgiens und den von Polen »zurückgeholten« Provinzen Westpreußen, Posen und Oberschlesien. Ein großer Teil der europäischen Schwerindustrie würde auf diesem Territorium liegen, das damit für die gesamteuropäische Wirtschaft eine ähnliche Rolle spielen würde wie einst das Ruhrgebiet für Deutschland. Den umliegenden, von Deutschland wirtschaftlich abhängigen Satelliten würde man eine eigene Industrieproduktion nur im Konsumgüterbereich zugestehen. Davon abgesehen, sollten die eroberten Länder hauptsächlich Lebensmittel für den deutschen Markt liefern. Mit Hilfe einer zentralen Planung, die die Kontrolle über die Kreditvergabe und den Arbeitsmarkt einschlösse, würde eine auf die Bedürfnisse Deutschlands zugeschnittene, internationale Arbeitsteilung im Bereich der Wirtschaft entstehen.

Staatsrechtlich war der nationalsozialistische Machtbereich in Europa ein Flickenteppich. Außer 1938 bis 1940 »zurückgeholten« Provinzen hatte das Reich sich kaum eines der eroberten Gebiete regelrecht einverleibt. Drei größere Territorien freilich waren dem Großdeutschen Reich, obgleich nicht eigentlich seine Bestandteile, doch vollkommen unterworfen: das Reichsprotektorat Böhmen-Mähren, das polnische Generalgouvernement und die beiden »Reichskommissariate« Ostland und Ukraine. Das übrige besetzte Europa stand entweder unter deutscher Militärverwaltung (die Teile Rußlands, in denen noch Kampfhandlungen im Gang waren, Griechenland, Serbien, Belgien und das besetzte Frankreich) oder wurden von einem einheimischen Regime regiert, das einer zivilen deutschen Verwaltungsinstanz unterstellt war (Norwegen, Dänemark und Holland). Dazu kamen noch die diversen Verbündeten Deutschlands, die sich in gestufter Abhängigkeit vom Reich befanden, angefangen vom Achsen-partner Italien, der ein kleines Kolonialimperium sein eigen nannte, bis hin zu den Marionettenstaaten Slowakei und Kroatien. Vichy-Frankreich paßte in keine dieser Kategorien; es firmierte offiziell als unabhängiger, nicht kriegführender Staat, bis die Deutschen es im November 1942 besetzten.

In allen besetzten Gebieten erhoben die Deutschen Indemnitätsabga-ben, die weit über die tatsächlichen Besatzungskosten hinausgingen. Wie alle an Deutschland geleisteten Zahlungen mußten sie zu einem überhöh-ten Wechselkurs beglichen werden. Die Gold- und Devisenreserven der besetzten Länder wurden von der Reichsbank übernommen, ihr Bank- und Finanzwesen so manipuliert, daß die Deutschen den Geldumlauf und die Kreditvergabe kontrollierten.

Nacheinander wurden die eroberten Länder und Gebiete unter der Regie Görings wirtschaftlich in die »neue Ordnung« eingebunden: Polen 1939, Holland, Norwegen und Frankreich 1940, die Gebiete weiter östlich ab Juni 1941. Göring faßte seine Wirtschaftsphilosophie 1942 in wenigen prägnan-ten Sätzen zusammen: »Mir scheint, daß früher die Dinge einfacher waren. In früheren Zeiten hat man geplündert. Wer ein Land erobert hatte, ver-fügte nach Belieben über die Reichtümer dieses Landes. Heute wird alles menschlicher geregelt. Was mich angeht, ich denke noch ans Plündern, umfassend.«[60]

Neben der Plünderung – dem Abtransport von Lagerbeständen, Maschi-nen, Rohstoffen und anderen beweglichen Dingen nach Deutschland – mußten aber auch die Vorteile einer Politik bedacht werden, die in den eroberten Gebieten die Wirtschaft weiterproduzieren ließ und nur die Pro-dukte dem deutschen Markt zuführte. Gesteuert wurde die Industriepro-duktion in den besetzten Gebieten durch die Vergabe von Bezugsrechten für Rohstoffe und Energieträger. Die Kontrolle der Agrarproduktion lag in West- und Südosteuropa bei den einheimischen Landwirtschaftsministe-rien; sie mußten dafür sorgen, daß die Produktions- und Lieferquoten des Reichsernährungsamtes eingehalten wurden. Fünfundzwanzig Millio-nen Tonnen Lebensmittel wurden jährlich aus dem besetzten Europa ins Reich importiert; ein Großteil davon waren beschlagnahmte Vorräte. Dank dieser Importe erhöhten sich die Lebensmittelrationen für die deutsche Zivilbevölkerung in den Jahren 1941 bis 1943 um zwanzig bis fünfundzwan-zig Prozent, während in den besetzten Gebieten, namentlich in den Groß-städten, die Bevölkerung hungern mußte.

Allerorten mußten außerdem nicht nur die Lebensmittelproduktion, sondern auch die geförderten Rohstoffe in großen Mengen nach Deutsch-land geliefert werden. Deutschland bezahlte dafür nicht mit Reichsmark oder mit gleichwertigen Exportmengen, sondern mit Schuldverschreibun-gen, die bei Kriegsende abgelöst werden sollten. Allein die aus dieser Praxis erwachsene deutsche Verschuldung summierte sich nach Schätzungen im September 1944 auf 42 Milliarden Reichsmark, wovon auf Frankreich bei-spielsweise acht bis neun Milliarden entfielen.

Doch Göring begnügte sich nicht damit, eine umfassende Kontrolle über die Volkswirtschaften des besetzten Europas auszuüben. Er schickte sich an, durch zentrale Steuerung der gesamteuropäischen Produktion in den Bereichen Aluminium, Kohle und Erdöl das Fundament für eine künftige integrierte gesamteuropäische Wirtschaft zu legen. Auch für die Bereiche Textil, Eisen und Stahl sowie Chemie wurde an der Einführung gesamteuropäischer Produktionskontrollen gearbeitet. Göring strebte damit nicht nur eine an deutschen Interessen ausgerichtete und von Deutschland beherrschte europäische »Großraumwirtschaft« an, sondern es ging ihm auch um eine dominierende Rolle der Vierjahresplanbehörde innerhalb dieser Wirtschaftsordnung; denn bei allen Maßnahmen war er stets darauf bedacht, seinen eigenen wirtschaftlichen Vollmachten den Vorrang gegenüber konkurrierenden Interessengruppen zu sichern.

Auch wenn die Wende, die der Krieg 1943 nahm, dem Aufbau eines vom Reich beherrschten europäischen Wirtschaftsraums ein Ende setzte, kann kein Zweifel daran bestehen, daß die deutsche Rüstungsproduktion von der wirtschaftlichen Ausbeutung der besetzten Gebiete enorm profitierte. In den Jahren 1943 bis 1944, als die Lieferungen ihren höchsten Stand erreicht hatten, kamen aus diesen Gebieten, vor allem aus Oberschlesien, dreißig Prozent der »großdeutschen« Kohleförderung (98,5 Millionen Tonnen) und rund vierzig Prozent des erzeugten Rohstahls (34,6 Millionen Tonnen). Speer berichtete im Juli 1944, allein die besetzten Gebiete im Westen und Italien hätten zusammen fünfundzwanzig bis dreißig Prozent zur bisherigen Rüstungsproduktion beigetragen.[61]

Dem lassen sich freilich viele Zahlen gegenüberstellen, die zeigen, wie weit die Deutschen bei der wirtschaftlichen Ausbeutung der besetzten Gebiete hinter den objektiven Möglichkeiten zurückblieben, weil rivalisierende Behörden und Organisationen Verwirrung stifteten, weil die notorische nationalsozialistische Korruption die Effizienz einschränkte und weil die Deutschen als Besatzungsmacht alles taten, um die einheimische Bevölkerung gegen sich aufzubringen und das Gefühl gemeinsamer Interessen gar nicht erst aufkommen zu lassen. So versäumten sie es beispielsweise, das Potential der französischen Luftfahrtindustrie auch nur einigermaßen auszuschöpfen. Deren Produktionskapazität lag 1940 bei knapp fünftausend Flugzeugen pro Jahr. Die Zahl der in den vier Jahren der Besatzung (1940 bis 1944) fertiggestellten Maschinen belief sich auf lediglich 2 517, darunter viele Ausbildungsflugzeuge. Das Zehnfache wäre möglich gewesen.[62]

Nichts trug mehr dazu bei, Unzufriedenheit und Widerstand in den besetzten Ländern zu schüren, als die Zwangsrekrutierung von Männern und Frauen für den Arbeitseinsatz in deutschen Fabriken, Erz- und Kohlegruben, in der Landwirtschaft und beim Straßenbau. In Deutschland hatten schon vor dem Krieg Arbeitskräfte gefehlt, ein Mangel, der mit der Einberufung von Millionen junger Männer kritische Ausmaße annahm. Um die Lücken zu schließen, versuchte man zunächst, freiwillige Fremdarbeiter aus den Nachbarländern anzuwerben; die Zahl derer, die sich meldeten, ging jedoch sehr bald zurück, nachdem sich Details über die Arbeits- und Lebensbedingungen herumgesprochen hatten. So trat die Zwangsaushebung an die Stelle der Anwerbung. Die Zahlen steigerten sich von 300 000 im Jahr 1939 auf drei Millionen im Jahr 1941, sechseinhalb Millionen 1943 und schließlich mehr als sieben Millionen 1944. Zu diesem Zeitpunkt lag der Anteil von Fremdarbeitern in der deutschen Landwirtschaft bei zweiundzwanzig Prozent und in der deutschen Wirtschaft als Ganzes bei knapp zwanzig Prozent. Bei einem Teil der Fremdarbeiter handelte es sich um Kriegsgefangene, vor allem Franzosen, bei der Mehrzahl aber um Zwangsrekrutierte. Die Bedingungen, unter denen sie schlecht bezahlt und schlecht ernährt leben mußten, sanken noch weiter, als die Bombenangriffe auf deutsche Städte und Verkehrswege an Intensität zunahmen. In den besetzten Ländern verstärkte dieser Tribut in Form menschlicher Arbeitskräfte den ohnehin schon herrschenden Unmut über die zunehmend schlechter werdende Versorgung mit Lebensmitteln, Treib- und Brennstoffen, Bekleidung und anderen Dingen, die nach Deutschland geliefert werden mußten, damit dort der Lebensstandard der Bevölkerung einigermaßen erhalten blieb. Indem die deutschen Besatzer die Bevölkerung der besetzten Gebiete zunehmend dem Hunger und der Kälte aussetzten, halfen sie mit, jenen Haß gegen die Deutschen und ihre Kollaborateure zu schüren, der in der Endphase des Krieges zum Ausbruch kommen sollte. Doch so schwer die Menschen es überall in dem besetzten Europa haben mochten, nirgendwo wurde die Bevölkerung so brutal behandelt wie in den slawischen Ländern Polen, Jugoslawien und Rußland, den einzigen drei Ländern, die in den Kriegsjahren mehr als zehn Prozent ihrer Vorkriegs-Bevölkerungszahl verloren.

Ein Krieg in der Größenordnung und Intensität des deutsch-russischen mußte zwangsläufig zu grausamen Auswüchsen auf beiden Seiten führen; aber auch wenn man diese »normale« Verrohung berücksichtigt, bleibt auf deutscher Seite ein großer Rest an außergewöhnlicher Unmenschlichkeit übrig, der unmittelbar aus jenen rassistischen Grundüberzeugungen resultierte, denen Hitler sich in seinen Wiener Jahren verschrieben hatte. Slawen und Juden waren für ihn nicht Angehörige der menschlichen Gattung, sondern Lebewesen einer anderen Art – »Untermenschen« die Slawen, »Parasiten« die Juden, Parasiten, die sich in den Staatsgebilden höherwertiger Völker einnisteten und sie von innen heraus zerstörten.

Diese Anschauungen genossen in Deutschland seit 1933 wissenschaftliche Respektabilität und wurden unter der Fachbezeichnung »Rassenbiologie« an deutschen Schulen und Universitäten gelehrt. Nach ihrer erstmaligen praktischen Anwendung in Polen wurden sie nun, so wollte es Hitler, zu einer Art Generalanweisung für den Umgang der deutschen Truppen und Besatzungsbehörden mit der Bevölkerung der slawischen Länder erklärt.

Dies hatte zuallermindest die Folge, daß beim Umgang mit sowjetischen Kriegsgefangenen und mit der Zivilbevölkerung jegliche menschliche Rücksichtnahme fallengelassen wurde. Für die Ehrgeizigen und für alle diejenigen, welche die Ansichten Hitlers teilten (oder aus Gründen der Opportunität so taten), bot sich die Möglichkeit, sich durch besondere Härte und Konsequenz in der praktischen Umsetzung dieser »Erkenntnisse« Anerkennung zu erwerben.

Rosenberg, den Hitler nominell zum Verantwortlichen für die Besatzungspolitik im Osten ernannt hatte, teilte die Anschauungen Hitlers, soweit die Großrussen und die Juden betroffen waren, machte aber im Gegensatz zu den meisten anderen NS-Führern einen Unterschied zwischen diesen und den anderen Völkerschaften der Sowjetunion. Für Rosenberg war »Moskowien« der Inbegriff der »russisch-mongolischen Rückständigkeit«, verkörpert gleichermaßen durch das zaristische wie durch das sowjetische Regime, die beide die nationale Identität von Ukrainern und Esten, Georgiern und Tataren unterdrückt und die Zwangsrussifizierung durchgeführt hatten. Seiner Überzeugung nach konnten die Deutschen, wenn sie als Befreier von bolschewistischer Unterdrückung auftraten und den jeweiligen Völkerschaften die Möglichkeit zur Ausrufung selbständiger Staaten gaben – natürlich unter deutscher Schirmherrschaft –, die Chance, viele Millionen der jetzigen Sowjetbürger zu loyalen Gefolgsleuten des Dritten Reiches machen, den Sowjetstaat zerschlagen und einem Wiedererstehen »Moskowiens« und eines Großrussischen Reichs jede Grundlage rauben. Die Pläne, die Rosenberg für die Zerstückelung der Sowjetunion schmiedete, veränderten sich im Lauf der Zeit im Detail, aber als unveränderter Kern blieb in allen Versionen die Schaffung eines ukrainischen Staats und die Bildung einer baltischen und einer kaukasischen Föderation erhalten.

Hitler hatte zeitweise ähnliche Vorstellungen geäußert, doch zum Zeitpunkt des Überfalls auf Rußland den Gedanken an die Errichtung neuer Staaten zugunsten der Ausweitung des unmittelbaren deutschen Herrschaftsbereichs verworfen. »Der Weg der Selbstverwaltung führt zur Selbständigkeit«, erklärte er in einem seiner Monologe nach Tisch. »Mit demokratischen Einrichtungen kann man nicht halten, was man mit Gewalt einst genommen hat.«[63]

Daß derselbe Hitler, der es früher so geschickt verstanden hatte, die zwischen den Gegnern Deutschlands bestehenden Gegensätze auszunutzen, die Anwendung analoger Methoden der politischen Kriegführung im Osten verwarf, war eine Entscheidung, die viele Deutsche sehr bald bedauerten. Goebbels vertraute seinem Tagebuch schon im Februar 1942 an, daß man auf einen äußerst kurzen Feldzug eingestellt gewesen sei und den Sieg schon so nah vor Augen gesehen habe, daß man es nicht für nötig gehalten habe, sich um psychologische Fragen dieser Art zu kümmern. Jetzt müsse man das versäumte unter weit schwierigeren Bedingungen nachholen.[64]

Als sich nämlich herausstellte, daß der Krieg im Osten länger als nur ein paar Monate dauern würde, begannen nicht nur viele Militärs, sondern auch Goebbels und Himmler (wenn letzterer auch nur aus taktischen Gründen) darüber nachzudenken, wie man die nichtrussischen Nationalitäten, aber auch die russische Bevölkerung für die deutsche Herrschaft gewinnen könne. Ein auf einer Konferenz von Offizieren im Dezember 1942 gefaßter Beschluß brachte das Argument auf eine prägnante Formel: »Der Ernst der Lage macht eindeutig die positive Einbeziehung der Bevölkerung notwendig. Rußland kann nur von den Russen geschlagen werden.«[65]

Doch Hitler, von Bormann in seiner Haltung bestärkt, blieb stur. Während Stalin sich flexibel genug zeigte, die Reaktion der sowjetischen Bevölkerung auf das brutale Auftreten der Deutschen für sich zu nutzen, indem er das nationalistische Motiv hervorkehrte, das kommunistische dagegen herunterspielte, obsiegte bei Hitler der Stratege über den Politiker. Als längst kein anderer mehr daran glaubte, war Hitler noch immer überzeugt, mit Gewalt dem Schicksal noch den Sieg entreißen zu können.

Es gibt Hinweise darauf, daß die Deutschen mancherorts anfänglich als Befreier begrüßt wurden, was gewiß in den Teilen Polens und der Westukraine der Fall war, die 1939 von den Russen besetzt worden waren – wo sonst noch, läßt sich nicht mehr feststellen. Ob es den Deutschen hätte gelingen können, die ukrainische Bevölkerung für sich zu gewinnen, wenn sie, wie Rosenberg forderte, an deren unterdrückten Nationalismus appelliert, die Kolchosen aufgelöst und den Bauern wieder die Bewirtschaftung privater Parzellen erlaubt hätten, darüber kann man nur Spekulationen anstellen. Jedenfalls war das Stalinsche Regime an dieser Stelle am verwundbarsten. Aber Rosenberg drang nicht durch. Die deutschen Armeen führten vielmehr, auf Geheiß Hitlers, den Krieg nicht nur gegen das bolschewistische Regime und den Sowjetstaat, sondern auch gegen die russischen Völkerschaften – Großrussen, Ukrainer und andere.

Später unternommene Bemühungen nützten nichts mehr. Die Gelegenheit, einmal vertan, kehrte nicht wieder. Was die Eroberer in den ersten Wochen des Feldzugs angerichtet hatten, die Wehrmacht ebenso wie die Einsatzgruppen des SD, hatte einen unauslöschlichen Eindruck hinterlassen. Die Tatsache, daß so viele Russen sich ergaben – 3 355 000 gerieten bis Ende 1941 in deutsche Gefangenschaft –, deutet lediglich auf eine weit verbreitete Kampfesunlust und Unzufriedenheit in den sowjetischen Streitkräften hin.

Das NKWD erhielt Anweisung, jeden sowjetischen Soldaten, der aus der Gefangenschaft freikam, als Deserteur zu bestrafen. Allein, auch denen, die in deutscher Hand blieben, erging es schlimm. Man hatte mit einer so großen Zahl von Gefangenen nicht gerechnet und keine ausreichenden Vorkehrungen getroffen. Eine Lage, die durch die nationalsozialistische »Untermenschen«-Propaganda für die Opfer katastrophal wurde; die Deutschen glaubten, es hier nicht mit »Menschen« zu tun zu haben, sondern mit Exemplaren einer niedrigeren Spezies. In einer OKW-Weisung vom 8. September zur Behandlung der Kriegsgefangenen hieß es, die sowjetischen Soldaten hätten jeden Anspruch verwirkt, als ehrenhafte Kriegsgegner behandelt zu werden, jeder Deutsche sei berechtigt, ihnen gegenüber zu den rücksichtslosesten Maßnahmen zu greifen. Tausende wurden kurzerhand und ohne jede Begründung erschossen, weil die Wehrmacht sich auf diese Weise der Sorge um ihre Verpflegung und Bewachung entledigen konnte. Hunderttausende wurden zu Gewaltmärschen gezwungen, in deren Verlauf viele vor Erschöpfung liegen blieben, oder in riesige provisorische Lager gepfercht, in denen es weder Nahrung noch medizinische Betreuung, noch schützende Unterkünfte oder sanitäre Anlagen gab. Einem deutschen Bericht vom 19. Februar 1942 zufolge war von den vier Millionen in Gefangenschaft geratenen Sowjetsoldaten zum Berichtszeitpunkt nur noch eine Million am Leben. Die Genfer Konvention nützte den Gefangenen nichts, da die Sowjetunion sie nicht ratifiziert hatte und die Deutschen daraus das Recht ableiteten, ihre Bestimmungen zu ignorieren. Und auch Stalin war nicht gewillt, ihnen zu helfen, vertrat er doch die Ansicht, jeder Sowjetsoldat, der in deutsche Hände fiel, auch sein Sohn Jakow (von dem er sich lossagte), sei *ipso facto* ein Verräter und des Schutzes seiner Regierung unwürdig.

Weite Teile des westlichen Rußlands blieben, solange sie besetzt waren, unter militärischer Verwaltung. Aufgrund ihrer schieren Größe war es schwierig, diese Gebiete zu kontrollieren, woraus eine starke Anfälligkeit der deutschen Nachschub- und Verkehrsverbindungen sowie der rückwärtigen Stützpunkte für Partisanenanschläge resultierte. Die Brutalität, mit der die Deutschen sowohl ihre Kriegsgefangenen als auch die Zivilbevölkerung behandelten, trieb viele Russen – darunter auch junge Männer, die sich dem Dienst in der Roten Armee entzogen hatten – in die Wälder, in die Arme der Partisanen. Im Lauf der Zeit erhielten diese so viel Zulauf, daß sie 1943 so etwas wie eine unsichtbare zweite Front errichten und den deutschen Rückraum bedrohen konnten. Die Deutschen antworteten mit gnadenlosen Repressalien. Eine OKW-Weisung vom September 1941 empfahl, für jeden von Partisanen getöteten deutschen Soldaten fünfzig bis hundert Russen zu erschießen oder auf andere Weise hinzurichten; die »Art der Vollstreckung« müsse dabei »die abschreckende Wirkung noch erhöhen«.[66] Jedes Dorf, dessen Bewohner in den Verdacht gerieten, Partisanen Unterschlupf oder Unterstützung zu gewähren, sollte niedergebrannt, seine Bewohner massakriert werden. Hitler gewann der zunehmenden Partisanenplage deshalb auch eine positive Seite ab: Sie gäbe den Deutschen die Chance, alles zu vernichten, was sich ihnen in den Weg stelle.[67]

Die russischen Gebiete, die weiter hinter der Front lagen und nicht mehr unter Militärverwaltung standen, hatten die Deutschen in zwei sogenannte

УБЕЙ!

Вот отрывки из трех писем, найденных на убитых немцах:

Управляющий Рейнгардт пишет лейтенанту Отто фон Шираху:

«Франческо от нас забрали на завод. Я выбрал шесть русских из Минского округа. Они гораздо кописивей французов. Только один из них умер, остальные продолжают работать в поле и на ферме. Содержание их ничего не стоит и мы не должны страдать от того, что это звери, дети которых может быть убивают наших солдат. Ефрейтор этому хлеб. Вчера я подверг палкой экзекуции двух русских бестий, которые тайком пожрали снятое молоко, предназначавшееся для свиных маток...»

Матиас Цимлих пишет своему брату ефрейтору Генриху Цимлиху:

«В Лейдене имеется лагерь для русских, там можно их видеть. Оружия они не боятся, но мы с ними разговариваем хорошей плеткой...»

Некто Отто Эссман пишет лейтенанту Гельмуту Вейганду:

«У нас здесь есть пленные русские. Эти типы пожирают дождевых червей на площадке аэродрома; они кидаются на помойное ведро. Я видел, как они ели сорную траву. И подумать, что это—люди...»

«...Рабовладельцам; они хотят превратить наш народ в рабов. Они вывозят русских к себе, издеваются, гоняют их голодом до безумия, что, умирая, люди едят траву и червей, а погибший немец с тухлой сигарой в зубах философствует: "Разве это люди?".»

Мы знаем все. Мы помним все. Мы поняли: немцы не люди. Отныне слово „немец" для нас самое страшное проклятие. Отныне слово „немец" разряжает ружье. Не будем говорить. Не будем возмущаться. Будем убивать. ЕСЛИ ТЫ НЕ УБИЛ ЗА ДЕНЬ ХОТЯ БЫ ОДНОГО НЕМЦА, ТВОЙ ДЕНЬ ПРОПАЛ. Если ты думаешь, что за тебя немца убьет твой сосед, ты не понял угрозы. Если ты не убьешь немца, немец убьет тебя. Он возьмет твоих и будет мучить их в своей окаянной Германии. Если ты не можешь убить немца пулей, убей немца штыком. Если затишье на твоем участке боя, если ты ждешь боя, убей немца до боя. Если ты оставишь немца жить, немец повесит русского человека и опозорит русскую женщину. ЕСЛИ ТЫ УБИЛ ОДНОГО НЕМЦА, УБЕЙ ДРУГОГО — НЕТ ДЛЯ НАС НИЧЕГО ВЕСЕЛЕЕ НЕМЕЦКИХ ТРУПОВ. Не считай дней. Не считай верст. Считай одно: убитых тобою немцев. Убей немца! — это просит старуха-мать. Убей немца! — это молит тебя дитя. Убей немца! — это кричит родная земля. НЕ ПРОМАХНИСЬ. НЕ ПРОПУСТИ. УБЕЙ!

Илья ЭРЕНБУРГ.

Ilja Ehrenburg spielte in den zwanziger wie in den vierziger und sechziger Jahren immer wieder eine zwiespältige Rolle in den deutsch-russischen Beziehungen. Er liebte Berlin, in dessen intellektuellen Kreisen er in der Weimarer Zeit verkehrt hatte. Später ging er in die Sowjetunion zurück und trat 1942 mit einem Flugblatt unter der Überschrift »Töte!« hervor, worin er erklärte, daß die Deutschen keine Menschen seien, weshalb es für alle Russen »nichts Lustigeres« geben könne als deutsche Leichen. Gegen Ende des Krieges rief er die Rotarmisten auf, sich als Beute die blonden Weiber zu nehmen, ein Flugblatt, das selbst Stalin zu weit gegangen zu sein scheint. Zehn Jahre später schrieb er dann den Roman ›Das Tauwetter‹, mit dem nach Stalins Tod eine Wende in der sowjetischen Kulturpolitik begann. So ließ sich an Ehrenburgs Lebensweg immer wieder der Gang der Zeiten ablesen; dies war in der Tat eine sowjetische Karriere.
Oben das erwähnte Flugblatt, dessen Autorschaft Ehrenburg später bestritten hat.

Reichskommissariate aufgeteilt. Das nördliche umfaßte die drei baltischen Staaten und Weißrußland (im amtlichen Deutsch Weißruthenien), also jene Landstriche, die die Sowjetunion dank des Hitler-Stalin-Pakts dazugewonnen und jetzt wieder verloren hatte. Das andere war das Reichskommissariat Ukraine, das zum Zeitpunkt seiner größten Ausdehnung 230 000 Quadratkilometer umfaßte und rund fünfzig Millionen Einwohner zählte.

Für Rosenberg war die Ukraine der Ort, an dem die Entscheidung über Erfolg oder Mißerfolg seiner Rußlandpolitik fallen würde. Falls es den Deutschen gelang, das Vertrauen der Ukrainer zu gewinnen, die mehr als andere Völkerschaften unter der sowjetischen Herrschaft gelitten hatten, und so etwas wie einen ukrainischen Nationalstaat zu errichten, dann wäre damit, so seine feste Überzeugung, ein Wiedererstarken oder eine Wiedererstehung des russischen Reichs für immer verhindert. Für kompromißlose Rasseideologen wie Göring und Bormann war das ein Unsinn. Für sie stand fest, daß Ressourcen und Bevölkerung einer eroberten Ukraine künftig nur noch einem Zweck dienen würden: der Deckung der wirtschaftlichen Bedürfnisse Deutschlands, solange der Krieg andauerte, und danach der Aufnahme deutscher Siedler. Als Hitler Erich Koch, den Gauleiter von Ostpreußen, zum Reichskommissar für die Ukraine ernannte, verlor Rosenberg im Grunde jede Chance, seine politische Konzeption zu verwirklichen.

Man kann sagen, daß Koch beispielhaft den Typus des »Alten Kämpfers« der NSDAP verkörperte. Nach dem Ersten Weltkrieg ein kleiner Eisenbahnbeamter im Rheinland, trat er eigenen Angaben zufolge 1921 der NSDAP bei. Dem radikalen, antikapitalistischen Flügel der Partei zuneigend, wurde er zum Gefolgsmann Gregor Strassers und stieg 1928 zum Gauleiter in Ostpreußen auf. Dort erwarb er sich in diesem Parteiamt den Ruf, eine tatkräftige Führungspersönlichkeit und ein begabter Demagoge zu sein, mit einer Abneigung gegen Intellektuelle und gegen bürgerliche Snobs und von keinerlei Skrupeln geplagt, wenn es darum ging, ein Ziel auf möglichst effiziente Weise zu erreichen oder sich die eigenen Taschen zu füllen. Koch, der sich schon seit langem für Rußland und den Osten interessierte, konnte mit den Ideen Rosenbergs überhaupt nichts anfangen. Die Vorstellung einer ukrainischen Nation oder Kultur nötigte ihm allenfalls ein Naserümpfen ab, und er apostrophierte die dort heimische Bevölkerung nicht nur in seinen privaten Äußerungen, sondern auch in öffentlich gehaltenen Reden gern als Heloten, Sklaven oder Neger, die man am besten mit der Peitsche regiere und die dankbar sein sollten, daß die Deutschen sie überhaupt am Leben ließen.

Die Versuche Rosenbergs, dem ihm nominell unterstellten Koch Zügel anzulegen, blieben erfolglos. Koch erklärte, er fühle sich allein dem Führer verantwortlich, und er ging mit gutem Grund davon aus, daß er viel eher als Rosenberg auf die Unterstützung Hitlers und Bormanns für seine kompromißlose Rassenpolitik zählen konnte, an der er eisern festhielt, bis die Ukraine schließlich 1944 militärisch verlorenging.

Die Persönlichkeit Kochs ist weniger durch ihre Taten als durch das Bild deutscher Herrschaft aufschlußreich, das sie vermittelte und das die Realität der Besatzungszeit, wie die einheimische Bevölkerung in der Ukraine sie erlebte, in vieler Hinsicht treffend spiegelt. Als politische Kraft hingegen war Koch weit weniger wirkungsvoll; denn es waren ja nicht die Reichskommissare – weder Koch in der Ukraine noch Lohse im Reichskommissariat Ostland – mit ihren winzigen Verwaltungsstäben, die vor Ort für die Durchsetzung von Forderungen und Plänen verantwortlich waren, sondern die verschiedenen Organe der SS und ihrer Wirtschaftsverwaltung. Auch hier entstand bald jenes Wirrwarr der Kompetenzen und Pflichten, das geradezu zum Alltag nationalsozialistischer Politik gehörte. Am 4. September 1942 notierte der Reichsfinanzminister, daß niemand mehr wisse, wer weisungsbefugt und wer nicht, wer zu einer Behörde oder zu einer halbamtlichen Firma gehöre oder aber zu der großen Gruppe der in diesem Gebiet auf eigene Faust operierenden »Hyänen«.[68] Aber diese Probleme sind von drittrangigem Interesse verglichen mit den Auswirkungen der deutschen Herrschaft als Ganzes und der dahinterstehenden politischen Konzeption.

Im Grunde hatte Göring die Richtung dieser Politik festgelegt, indem er verfügte, das wirtschaftspolitische Ziel dürfe keinesfalls der Wiederaufbau der russischen Wirtschaft sein. Deutschland müsse sich darauf konzentrieren, den eroberten Gebieten die von der Wehrmacht und der Rüstungswirtschaft benötigten Lebensmittel und Rohstoffe zu entziehen, und zwar ohne Rücksicht auf die einheimische Bevölkerung, die notfalls dem Hungertod preisgegeben werden müsse. Als jedoch deutlich wurde, daß der Krieg sich in die Länge ziehen würde, führte dies auch in der Wirtschaftspolitik zu einer Akzentverschiebung. Zwar änderte sich nichts am unbedingten Vorrang militärischer Interessen, aber man sah jetzt ein, daß jenseits aller kurzfristigen Ausbeutung der besetzten Gebiete Pläne für einen längerfristigen wirtschaftlichen Wiederaufbau gerade auch im deutschen Interesse vonnöten waren. In diesem Sinne forderte eine Weisung, die im Mai 1942 erging, die Wiederherstellung einer größtmöglichen Produktionskapazität im Osten und die Wiedereinführung des privaten Unternehmertums. In Weißrußland führte daraufhin die Rückgabe von Grund und Boden an die Bauern zu einer bemerkenswerten Steigerung der Kooperationsbereitschaft wie auch der Ernteergebnisse, in der wirtschaftlich weit bedeutsameren Ukraine dagegen wurden alle Bemühungen um die Neuordnung der landwirtschaftlichen Produktionsverhältnisse von Koch und den deutschen Betriebsleitern der Kolchosen blockiert, von denen viele darauf spekulierten, die Kolchosen nach Kriegsende als private Großfarmen weiterbetreiben zu können.

Bei ihrem Rückzug hatten die Russen einen großen Teil der ukrainischen Schwerindustrie verlagert oder sogar zerstört. Nun übernahm Göring die Kontrolle über die Bergbau- und Metallindustrie der Bezirke Nikopol, Kriwoj Rog, Donbas und Dnjepropetrowsk, die den Reichswerken Hermann Göring zugeschlagen wurden. Alles indessen, was für den Wiederaufbau dieser Industrien erforderlich gewesen wäre – Investititionsgüter, Arbeitskräfte und Manager –, war auch im Reich Mangelware, und selbst als die großen Ruhrkonzerne den Auftrag erhielten, ihren Teil zum Aufbau der ukrainischen Wirtschaft beizutragen, blieben die Ergebnisse weiter hinter den Erwartungen zurück. Noch bevor es gelungen war, die Produktion wieder voll in Gang zu bringen, mußte man sich vor der Roten Armee zurückziehen, und die Fabrikanlagen wurden ein zweites Mal gesprengt.

In welche Widersprüche die deutsche Politik sich verstrickte, läßt sich auch daran ablesen, daß man zur selben Zeit, als es in der Ukraine um die wirtschaftliche Wiederbelebung ging, im Reich die Rekrutierung landwirtschaftlicher und industrieller Arbeitskräfte aus dem Osten forderte, da der Arbeitskräftemangel im Reich zunehmend schwerer ins Gewicht fiel. Hitlers Vertrauen zu Göring als oberstem Wirtschaftslenker hatte offenbar nachgelassen; schon die Ernennung Speers zum Nachfolger Todts war ein Indiz dafür. In dieselbe Richtung wies die Berufung Fritz Sauckels zum Generalbevollmächtigten für den Arbeitseinsatz. Um Göring einen Gesichtsverlust zu ersparen, wurden ihm Sauckel und Speer formal unter-

Martin Bormann, ursprünglich der Sekretär von Rudolf Hess, dann als Leiter der Partei-kanzlei die rechte Hand Hitlers, kontrollierte bis buchstäblich zum letzten Tag den Zugang zu Hitler. Selbst die Spitzen von Staat, Armee und Partei mußten sich mit ihm gutstellen, wenn sie eine Audienz beim »Führer« haben wollten. Auch Fritz Sauckel war im Kreis der alten Kämpfer immer ein Außenseiter gewesen. Der Sohn eines Postbeamten zeichnete sich durch Bedenkenlosigkeit und unbedingte Zuverlässigkeit aus. Deshalb fiel die Wahl Hitlers auf ihn, als er einen Generalbevollmächtigten für den Arbeitseinsatz der Millionenheere von Zwangsarbeitern suchte. Dieser »Karriere« verdankte Sauckel sein Todesurteil bei den Nürnberger Prozessen nach dem Krieg.
Links Martin Bormann, rechts Fritz Sauckel.

stellt. Tatsächlich aber konnten beide völlig selbständig agieren. Mit Sauckel kam ein weiterer Mann aus dem Parteiapparat zum Zug – er war seit 1927 Gauleiter von Thüringen gewesen –, worin erneut ein Beleg dafür zutage trat, daß Bormann es verstand, der Partei wieder größeren Einfluß zu verschaffen. Sauckel hatte nichts von dem Imponiergehabe Kochs an sich – Goebbels nannte ihn einmal »den Langweiligsten der Langweiligen« –, aber für seine Aufgabe bedurfte es ohnehin anderer Qualitäten. Mit zwangsweisen Aushebungen von Arbeitskräften im Osten wie in Westeuropa sorgte er dafür, daß Zehntausende sich lieber den Partisanen und dem Widerstand anschlossen, als sich als Sklaven ins Reich deportieren zu lassen.

Es kam vor, daß die deutschen Arbeitskräftebeschaffer Razzien veranstalteten, bei denen Männer und Frauen ohne jede Vorwarnung auf Marktplätzen, in Kirchen »eingefangen« oder aus ihren Wohnungen geholt wurden, ohne sich auch nur von der Familie verabschieden zu können. Häuser, ja ganze Dörfer wurden niedergebrannt, weil sie nicht die ihnen von den

Deutschen auferlegte Zahl von Arbeitskräften bereitgestellt hatten. In den letzten Monaten der deutschen Besatzungsherrschaft im Osten waren selbst zehnjährige Kinder nicht mehr vor der Aushebung sicher. Wenn man die Kriegsgefangenen mitrechnet, bestand die deutsche Fabrikarbeiterschaft im Herbst 1943 zu mehr als der Hälfte aus sowjetischen und polnischen Fremdarbeitern: 2,4 Millionen unter den Männern, ein Anteil von knapp 50 Prozent, und 1,4 Millionen unter den Frauen, ein Anteil von 83 Prozent. In der Art und Weise, wie sie in Deutschland behandelt wurden, zeigte sich dieselbe Abstufung wie bei den Kriegsgefangenen: Ernährung, Unterbringung und medizinische Betreuung waren für die Ostarbeiter noch dürftiger als für Zwangsarbeiter aus Frankreich und anderen westlichen Ländern. Untermenschen blieben eben Untermenschen, auch wenn sie für Deutschland arbeiteten.

Überlagert wurden die Aktivitäten der Reichskommissare und der vielen mit der Ausbeutung der besetzten Gebiete befaßten Stellen von der allgegenwärtigen SS, zu deren Anspruch es gehörte, jeder anderen Autorität übergeordnet zu sein. Sie berief sich dabei auf ihre Pflicht, das Regime vor inneren und äußeren Feinden zu schützen, eine Aufgabe, deren Erfüllung sie allein dem Führer schuldete, nicht der Verfassung oder dem Staat, und die Vorrang vor allem anderen haben mußte. Dabei war die SS alles andere als ein monolithisches Gebilde. Es gab nur wenige Bereiche, in denen Himmler nicht versucht hätte, sich Machtpositionen zu sichern. So errichtete die SS in den Kriegsjahren ein eigenes Wirtschaftsimperium und baute die Waffen-SS zu einer alternativen Armee aus. Doch je mehr die SS sich ausdehnte, desto häufiger kam es auch zu Konflikten ihrer einzelnen Teile, zwischen denen es nur noch eine verbindende Klammer gab: die gemeinsame Abhängigkeit von Himmler als Reichsführer SS.

Der Versuch, ein vollständiges Bild der SS mit allen ihren Gliederungen und Unterorganisationen zu zeichnen, würde allein ein Buch füllen.[69] Wichtiger ist es, sich auf die Aktivitäten der SS zu konzentrieren. Der Heydrich unterstellte Apparat von Sicherheitspolizei und Sicherheitsdienst (SD) hatte den Auftrag, politische Gegner des Regimes innerhalb des Großdeutschen Reichs ausfindig zu machen, zu beobachten und auszuschalten. Gleich nach Kriegsbeginn im Herbst 1939 wurden viele, die im Verdacht oppositioneller Gesinnung standen – darunter auch katholische und evangelische Geistliche – festgenommen und als »Schutzhäftlinge« in Konzentrationslager eingewiesen, die viele von ihnen schon aus früheren Haftzeiten kannten.

Hitler machte deutlich, daß es in solchen Fällen keines ordentlichen Ermittlungs- oder Gerichtsverfahrens bedurfte. Die Sicherheitspolizei durfte selber entscheiden, ob jemand hinreichend verdächtig oder schuldig war, und konnte daraufhin seine Verhaftung oder Hinrichtung vollziehen, ohne daß die Möglichkeit eines Einspruches bestand. Zwischen September

1939 und März 1942 stieg die Zahl der KZ-Häftlinge von 25 000 auf knapp 100 000. Unter diesen Häftlingen waren zahlreiche Bürger der besetzten Länder und unter ihnen wiederum viele, die im Vollzug des Hitlerschen »Nacht-und-Nebel-Erlasses« vom Dezember 1941 gefangengenommen worden waren. Anstatt sie an Ort und Stelle anzuklagen, schaffte man sie fort und steckte sie in ein deutsches Konzentrationslager, ohne daß in ihrer Heimat irgend jemand etwas über ihren Verbleib erfuhr.

Für all dies ließen sich entsprechende Fälle aus der Sowjetunion und aus der Praxis des NKWD anführen. Einzigartig dagegen blieb der Auftrag der SS, die »biologischen Feinde« des deutschen Volkes zu verfolgen, insbesondere die Juden, die der nationalsozialistischen Rassenideologie zufolge aktivsten und gefährlichsten unter allen »Rassenschädlingen«. Walter Buch, Vorsitzender des Obersten Parteigerichts der NSDAP, brachte diese Auffassung auf die prägnante Formel: »Der Jude ist kein Mensch. Er ist eine Fäulniserscheinung.« Bis 1939 favorisierte die SS gleichwohl die Auswanderung als Mittel zur Lösung der »Judenfrage«. Dieser Weg wurde erst aufgegeben, als der Krieg ihn illusorisch machte. Im letzten Friedensjahr, 1939, verließen 78 000 Juden Deutschland für immer.

In dieser Hinsicht brachte der Krieg vor allem zwei neue Entwicklungen. Hitler hatte im Wahn, die Blutreinheit des deutschen Volkes bewahren zu müssen, lange vor seinem Aufstieg zur Macht Gefallen an der Idee gefunden, die körperlich oder geistig Behinderten zu beseitigen. Ein erster Schritt in diese Richtung war die Zwangssterilisierung der sogenannten Erbkranken, die schon in einem Gesetz vom Juni 1933 geregelt wurde. Auch in den Nürnberger Rassegesetzen von 1935 tauchte die Sterilisierung als Mittel der »völkischen Hygiene« auf; ihre Autoren bekannten sich in der Präambel zu der Überzeugung, daß die Reinheit des deutschen Blutes eine wesentliche Voraussetzung für den Fortbestand des deutschen Volkes sei.[70]

Eine nächste Stufe war die »Tötung unwerten Lebens«, zunächst bei Kindern praktiziert und später, im Rahmen des bereits zitierten geheimen Führererlasses vom Oktober 1939, auch auf Erwachsene ausgedehnt. Die Tötung erfolgte entweder mittels Giftspritze oder, aufgrund einer späteren Entscheidung Hitlers, durch Vergiftung mit Kohlenmonoxid. Christian Wirth von der SS-Kriminalpolizei blieb es vorbehalten, die erste Gaskammer zu konstruieren; sie erhielt zu Täuschungszwecken das Aussehen eines Duschraums. Achtzehn bis zwanzig Patienten wurden nackt in diesem Raum eingeschlossen; die Vergasung dauerte fünf Minuten. Danach wurden die Leichen von SS-Leuten herausgeholt und in Krematoriumsöfen verbrannt. Ärzte stellten Totenscheine aus, die eine natürliche Todesursache vorspiegelten und zusammen mit einer Urne und einem Beileidsbrief an die Angehörigen geschickt wurden. Dieses Euthanasieprogramm, das den Decknamen T4 trug, wurde im August 1941 abgebrochen. Danach fanden Euthanasie-Aktionen nur noch bei individueller Initiative von Institutionen oder Ärzten statt. Entweder kamen tödliche Drogen zum Einsatz, oder man ließ die Patienten einfach verhungern. Diese »natürliche Methode« wurde vor allem bei Kindern angewendet, und die Ausführenden konnten sich auf die stillschweigende Zustimmung der Gesundheitsbürokratie verlassen, befreiten sie doch den Staat von der in Kriegszeiten besonders lästigen Verpflichtung, »nutzlose Esser« durchzufüttern, deren Betten man lieber für die Unterbringung verwundeter Soldaten nutzen wollte.

Nicht nur wegen der Erfindung der Gaskammer, sondern auch dank einiger anderer Methoden gingen vom T4-Programm Impulse für die später entwickelten Praktiken der »Endlösung der Judenfrage« aus, für die Massentötungen in Auschwitz und anderen Vernichtungslagern. Da war einmal die Geheimhaltung, unter der alles vonstatten ging. Da war zum zweiten die Einbeziehung von Ärzten und die gewissenhafte Beachtung medizinischer Prozeduren: Untersuchung, Auswahl der zu Tötenden unter ärztlicher Aufsicht, ärztliche Überwachung des Tötungsvorgangs selbst (zumindest in Auschwitz) und Ausstellung ärztlicher Totenscheine. Die Ärzte wirkten an der Perfektionierung des Verfahrens mit, betonten dessen therapeutischen Wert und waren stolz auf ihre »heilende Tätigkeit«, die in ihren Augen sowohl dem einzelnen als auch der Gemeinschaft zum Segen gereichte und »in völligem Einklang mit der ärztlichen Ethik« stand. Und da war zum dritten die Behandlung jüdischer Patienten, die keines der sonst für eine Tötung verlangten Kriterien zu erfüllen brauchten – unheilbare Krankheit, geistige Zurückgebliebenheit, Schizophrenie, lange Bettlägerigkeit. Von April 1940 an wurden alle in deutschen Nervenkliniken befindlichen Juden umgebracht, schlicht weil sie Juden waren und damit Träger einer Seuchengefahr, die ausgemerzt werden mußte.

Es mußte allerdings der Widerstand in Rechnung gestellt werden, der sich gegen das Euthanasie-Programm formierte, getragen von einer Reihe hochrangiger Kirchenmänner. Zu den unvergeßlichen Namen aus den Reihen dieses Widerstandes gehören die protestantischen Pastoren Paul-Gerhard Braune und Fritz von Bodelschwingh, die beide Nervenheilanstalten leiteten, und der katholische Bischof von Münster, August Graf von Galen, ein ehemaliger Offizier, der in seiner berühmt gewordenen Predigt im August 1941 den Zorn Gottes auf jene herabbeschwor, die sich an der Tötung Unschuldiger beteiligten. Die Proteste zeigten Wirkung: Noch vor Ende August ordnete Hitler die Aussetzung des T4-Programms an.

Hitler und die Seinen zogen daraus die Lehre, daß es ein zu großes Risiko war, Massentötungen auf dem Boden des Deutschen Reichs durchzuführen. Eine weitere Lehre wurde von Himmler auf den Begriff gebracht und von Hitler sogleich beherzigt: »Falls die Operation T4 der SS anvertraut worden wäre, würde sich die Lage anders entwickelt haben, denn wenn der Führer der SS eine Aufgabe erteile, wüßte diese, wie sie damit richtig umgehen müsse, ohne unnütze Aufregung im Volk zu erzeugen.«[71]

Mit dem Einmarsch in die Sowjetunion erschloß die deutsche Wehrmacht dem deutschen Volk ein riesiges neues Siedlungsgebiet, so jedenfalls hatte es Hitler stets vorgeschwebt. Heydrich stellte erneut vier SD-Einsatzgruppen zusammen, insgesamt dreitausend Offiziere und Mannschaften. Ihre Tätigkeit erfüllte keinerlei militärischen Zweck, sondern erschöpfte sich in kaltblütigen Massenmorden. Heydrich kümmerte sich persönlich um die Ausbildung und ideologische Indoktrinierung dieser uniformierten Mörderbanden, deren Offiziere in der Mehrzahl über eine höhere Schulbildung verfügten – unter ihnen befanden sich Inhaber akademischer Grade, Ministerialbeamte, Juristen.[72] Erst bei einer Schlußbesprechung nach Abschluß der Ausbildung machte Heydrich ihnen klar, wie radikal und weitreichend der ihnen vom Führer verliehene Auftrag war.

Die russischen Juden waren auf das, was in der Folge über sie hereinbrach, überhaupt nicht gefaßt. Getreu den Vereinbarungen des Hitler-Stalin-Pakts hatte die sowjetische Presse über antijüdische Maßnahmen und Ausschreitungen in Deutschland kaum berichtet, und die SD-Einsatzgruppen nutzten die verbreitete Ahnungslosigkeit rücksichtslos aus. Die in der Ukraine operierende Einsatzgruppe C meldete in einem ihrer Berichte: »Die sich bei der Durchführung einer solchen Großaktion ergebenden Schwierigkeiten, vor allem hinsichtlich der Erfassung, wurden in Kiew dadurch überwunden, daß durch Maueranschlag die jüdische Bevölkerung zur Umsiedlung aufgefordert worden war. Obwohl man zunächst nur mit einer Beteiligung von etwa fünftausend bis sechstausend Juden gerechnet hatte, fanden sich über dreißigtausend Juden ein, die infolge einer überaus geschickten Organisation bis unmittelbar vor der Exekution noch an ihre Umsiedlung glaubten.«[73]

In einer anderen Stadt meldeten sich auf Aufforderung vierunddreißigtausend Juden, darunter Frauen und Kinder, zur Einweisung in ein Lager. »Alle wurden, nachdem sie ihre Wertsachen und Kleidungsstücke hatten abgeben müssen, getötet, was mehrere Tage in Anspruch nahm.«

In der Regel wurden die Opfer zur Erschießung an eine Stelle außerhalb der betreffenden Stadt oder Ortschaft geführt, wo sie eigenhändig ein Massengrab ausschaufeln und sich anschließend nackt ausziehen mußten. Diejenigen, die noch nicht an der Reihe waren, mußten die Leichen der Erschossenen in die Grube werfen, eine Arbeit, die gelegentlich auch von örtlich rekrutierten Hilfskräften erledigt wurde; in manchen Fällen wurden die Leichen lediglich zu Haufen aufgeschichtet und liegen gelassen. Das größte Problem, das Himmler mit diesen Massenmorden hatte, war die nervliche Belastung der Mörder selbst. Als er einmal in Minsk persönlich der Erschießung von zweihundert Juden beiwohnte, erlitt er einen Schock und war einer Ohnmacht nahe. Der Zwischenfall trug zur Einführung fahrbarer Vergasungsanlagen bei, in denen die Opfer im geschlossenen Raum starben.

Auf die Einsatzgruppen folgte eine zweite Welle von SS-Formationen, verstärkt durch freiwillige Helfer aus den baltischen Staaten und aus der Ukraine und befehligt von ranghohen SS- und Polizeikommandeuren; sie hatten die Aufgabe, diejenigen zu ergreifen, die den Einsatzgruppen entkommen waren. Zusammen töteten alle diese staatlichen Mordkommandos in den letzten fünf Monaten des Jahres 1941 eine halbe Million Juden. Als die Verfolgung Anfang 1942 wiederaufgenommen wurde, nutzte man die Gunst der Umstände, um diesen Ausrottungsfeldzug gegen die Juden als militärisches Vorgehen gegen die russischen Partisanen hinzustellen, die pausenlos Anschläge auf die deutschen Verbindungslinien verübten. Erich von dem Bach-Zelewski, ranghoher SS-Führer, wurde 1943 zum »Chef der Bandenbekämpfung« an der gesamten Ostfront ernannt und befehligte eine buntgemischte Truppe aus 15 000 Deutschen und 238 000 litauischen, ukrainischen und anderen einheimischen Hilfskräften. Nicht weniger als fünf große Anti-Partisanen-Operationen wurden durchgeführt, während die noch am Leben gebliebenen Teile der jüdischen Bevölkerung in Gettos und Konzentrationslager in Weißrußland deportiert und ermordet wurden. Das führte zu energischen Protesten der beiden Gauleiter Lohse und Kube, die als Chefs der Zivilverwaltung und aus rein praktischen Gründen erkannten, daß die Ausrottung der Juden, der einzigen qualifizierten Handwerker in dieser Region, einer wirtschaftlichen Katastrophe gleichkam. Himmlers Antwort lautete, wirtschaftliche Erwägungen müßten hinter rassepolitischen Notwendigkeiten zurückstehen.

Die Gesamtzahl der bis zum Ende der Besatzungsherrschaft in der Sowjetunion, also bis 1944, ermordeten Juden ist ursprünglich auf 900 000 geschätzt worden, doch haben spätere Forschungen ergeben, daß diese Zahl viel zu niedrig war; heute geht man davon aus, daß die Deutschen und ihre Handlanger von den 4,7 Millionen russischen Juden ungefähr 2,2 Millionen ermordeten.[74] Der letzte Auftrag der SS lautete, die Spuren ihrer Untaten zu vernichten. Ein SS-Spezialtrupp, genannt Kommando 1005, erhielt Befehl, sich systematisch von Osten nach Westen vorzuarbeiten, die Massengräber zu öffnen, die Leichen herauszubaggern, auf große Gitterroste zu schichten und mit Hilfe von Benzin oder Petroleum zu verbrennen; was an Knochenresten übrigblieb, wurde mit Hilfe von Spezialmaschinen zu Knochenmehl zermahlen.

Die Ausrottung der Juden war als Vorspiel für die Germanisierung des Ostens gedacht, von der Himmler seinem finnischen Masseur Felix Kersten begeistert vorschwärmte: Es werde das größte Kolonisierungswerk sein, das die Welt je gesehen habe, verbunden mit einer »höchst edlen und wichtigen« Aufgabe, dem Schutz der westlichen Welt vor einem Einbruch aus Asien.[75]

Himmler gelang es, das Reichsernährungsministerium, das einen ähnlichen Plan vorgelegt hatte, auszustechen und bei Hitler durchzusetzen, daß er in seiner Eigenschaft als Reichskommissar für die Festigung des deutschen Volkstums mit der Planung des deutschen Kolonisationswerks im

Osten beauftragt wurde. Nach fünfmonatiger Arbeit legte er im Mai 1942 den »Generalplan Ost« vor. Darin hieß es, das gesamte Gebiet westlich der Linie, die von Leningrad über die Waldaihöhe und Brjansk bis zur großen Dnjepr-Schleife reichte, solle von Deutschen besiedelt werden. Vierzehn Millionen der dort Ansässigen sollten weiter nach Osten umgesiedelt werden, um für die deutschen Neusiedler Platz zu schaffen. Eine weitreichende Bevölkerungsverlagerung war auch für das Generalgouvernement und für die baltischen Staaten vorgesehen: 85 Prozent der dort lebenden 20 Millionen Polen sollten, um Raum für Einwanderer zu gewinnen, ins westliche Sibirien gebracht werden, desgleichen 65 Prozent der Bevölkerung der westlichen Ukraine. Die deutschen Kolonisten sollten in mehreren Wellen angesiedelt werden: 840 000 sofort, 1,1 Millionen in einer zweiten Welle. In den darauffolgenden zehn Jahren sollten dann jährlich weitere 200 000 und im Verlauf der nachfolgenden zwanzig Jahre noch einmal insgesamt 2,4 Millionen Deutsche nachrücken.

Besonders großen Gefallen fand Himmler an dem Gedanken, daß alle deutschen Ostgebiete seiner Kommandogewalt als Reichsführer SS unterstellt würden und daß er somit wie ein mittelalterlicher Lehnsherr diejenigen, die ihm treue Dienste geleistet hatten, mit »lebenslangen Lehen« oder »erblichen Lehen« belohnen könnte. Zum Schutz der Gebiete sollten drei »Ostmarken« geschaffen werden, deren deutscher Bevölkerungsanteil im Lauf der ersten fünfundzwanzig Jahre auf fünfzig Prozent gebracht werden sollte; daneben war die Errichtung von sechsundzwanzig deutschen Siedlungsschwerpunkten vorgesehen, Kleinstädten von rund 20 000 Einwohnern, jeweils mit einer Reihe von Dörfern im Umkreis. Die Bewohner, SS-geschulte Wehrbauern, würden die wichtigen Knotenpunkte der Verkehrswege bewachen. Im ganzen sollten die Siedler, die man für dieses ehrgeizige Programm benötigen würde, aus den Kolonien der Volksdeutschen im Ausland kommen, aus den »germanischen« Ländern Nordeuropas und teilweise auch aus der Bevölkerung der Region, soweit sich diese zur Germanisierung eignete.[76]

Hitler gab Anweisung, die erste Siedlungskolonie im Reichskommissariat Ostland aufzubauen und sich dabei besonders um die Germanisierung der Esten zu kümmern; die Letten und die Mehrzahl der Litauer seien unbrauchbar und müßten deportiert werden. Drei »Marken« wurden abgesteckt: die Region westlich von Leningrad, von Himmler auf den Namen Ingermanland getauft, das Gebiet Krim-Cherson, das künftig Gotenland heißen sollte, und die Region Memel-Narew.

In seinem Eifer und seiner Ungeduld hatte Himmler jedoch nicht erst auf die Weisung Hitlers gewartet, sondern schon vorher den Raum Lublin im Generalgouvernement zum ersten deutschen Siedlungsschwerpunkt im Osten bestimmt, mitsamt Wehrdörfern und darin ansässigen SS-Bauern. Im Bezirk Zamość wurden fünftausend Bauernhöfe zur Enteignung und Räumung vorgemerkt, sobald die ersten Siedler eintreffen würden, was, wie

Himmler hoffte, im Oktober 1942 der Fall sein würde. Eine Liste mit den Namen von 98 000 geeigneten Volksdeutschen wurde erstellt, die, teils von weit her – aus Bessarabien und Flandern, Leningrad und Kroatien – zu Sammellagern bei Lodz gebracht werden sollten. Als Hans Frank gegen diese drohende Überfüllung seines Herrschaftsgebiets protestierte, erhob die SS schwere Korruptionsvorwürfe, die seine Absetzung als Generalgouverneur zur Folge hatten. Dennoch ließ Hitler Frank weiterhin in seiner Krakauer Festung residieren, wo der abgesetzte Generalgouverneur weiterregierte, als ob nichts passiert sei, und in der Tat gelang es ihm, sich seiner Gegner und ihrer Kolonisationspläne zu erwehren.

Das war der Kontext, in dem die »Endlösung der Judenfrage« (wie die Nationalsozialisten es nannten), der Holocaust (wie es neuerdings heißt), die planmäßige Ausrottung aller europäischen Juden (auf die es hinauslief) Gestalt annahm.

Daß die Nationalsozialisten mindestens fünf bis sechs Millionen Juden ermordeten, ist unstrittig. Die Zahl der Opfer genauer zu bestimmen, ist aus leicht erklärlichen Gründen unmöglich. Neuere deutsche Forschungsergebnisse über die Zahl der in der Sowjetunion getöteten Juden lassen es möglich erscheinen, daß die Gesamtzahl der Opfer auf annährend sieben Millionen hinaufgesetzt werden muß. Doch wenn die genauen Zahlen auch unsicher blieben, so steht doch unumstößlich fest, daß mindestens fünf Millionen Juden planmäßig ermordet wurden. Es gibt allerdings keinen dokumentarischen Beleg – etwa in Gestalt eines schriftlichen Befehls oder eines Sitzungsprotokolls –, aus dem zweifelsfrei zu ersehen wäre, daß Hitler persönlich diesen Völkermord beschlossen und angeordnet hat; die indirekten Indizien, die dafür sprechen, haben schon sehr unterschiedliche Interpretationen erfahren.

Das Spektrum der unterschiedlichen Deutungen und Hypothesen in dieser Frage läßt sich in zwei Gruppen sondern: Auf der einen Seite stehen diejenigen, die einer »intentionalistischen« Deutung zuneigen, auf der anderen die Befürworter einer »funktionalen« oder »situativen« Erklärung. Die einen weisen Hitler und seiner rassistisch-imperialistischen Ideologie eine zentrale Bedeutung zu und betonen die Parallelen zwischen seinen in den zwanziger Jahren formulierten Ideen und der in den vierziger Jahren praktizierten Politik. Sie räumen ein, daß es zwar womöglich keinen »Feldzugsplan« für den Ausrottungskrieg gegen die Juden gab, gehen jedoch davon aus, daß Hitler genau wußte, was er wollte, und daß dazu auch die Vernichtung der Juden gehörte. Es war, wie Karl Dietrich Bracher es formuliert hat, »nur eine Frage der Zeit und der Gelegenheit«, wann und in welcher Form die »Endlösung der Judenfrage« in Angriff genommen würde.

Diejenigen, die dem zweitgenannten Erklärungstyp zuneigen, halten es für unwahrscheinlich, daß Hitler die »Endlösung« regelrecht beschlossen und angeordnet hat; sie sehen die Endlösung eher als letzte Stufe in einem

Prozeß fortschreitender Radikalisierung. Dieser Deutung zufolge begann alles mit einer Reihe unzusammenhängender Massaker und entwickelte sich in der Folge durch verschiedene Umstände und unter Mitwirkung zahlreicher Personen zu einem zunächst improvisierten, dann jedoch zunehmend organisierten und institutionalisierten Vorgehen. »Aus dieser Sicht war Hitler der Katalysator, aber nicht der Entscheider.«[77]

Der Autor dieser Zeilen vertritt die Auffassung, daß nur die Kombination von Elementen aus beiden Erklärungsansätzen ein Modell ergibt, in das sich das lückenhafte Beweismaterial auf zufriedenstellende Weise einbauen läßt. Zu große Bedeutung ist der Tatsache beigemessen worden, daß kein Dokument aufgetaucht ist, in dem Hitler eindeutig an einem bestimmten Tag den Beschluß oder Befehl verkündete, mit der »Endlösung der Judenfrage« zu beginnen. Es ist sehr unwahrscheinlich, daß eine solche Verfügung, für die es keinen Präzedenzfall in der Geschichte gab und deren Durchführung so heimlich wie möglich erfolgen mußte, formell niedergelegt wurde. Zum Vergleich läßt sich die Entscheidung über den Überfall auf die Sowjetunion heranziehen; Hitler eröffnete den Generälen seinen Entschluß, Rußland anzugreifen, erstmals am 31. Juli 1940, und sechs Tage später, am 5. August, lag ein erster, vom Generalstab erarbeiteter Feldzugsplan vor. Die erste operative Weisung für den Fall Barbarossa erging am 18. Dezember 1940, doch der konkrete Angriffstermin wurde erst am 1. Mai 1941 festgelegt und der endgültige Angriffsbefehl erst am 17. Juni erteilt.[78] Zwischen Entschluß und Ausführung verging also ein ganzes Jahr. Dabei war doch, gemessen an dem Unterfangen, das gesamte europäische Judentum auszulöschen, der Krieg gegen die Sowjetunion ein zwar aufwendiges, aber im Ablauf planbares Vorhaben, bei dessen Durchführung der deutsche Generalstab auf bewährte Methoden der Kriegskunst zurückgreifen konnte. Bei der »Endlösung« dagegen handelte es sich um einen Plan, der nicht nur ohne Beispiel, sondern auch mit erheblichen logistischen, technischen, moralischen und politischen Problemen behaftet war.

Was Hitler selbst betrifft, so wurde der Grundstein seines Antisemitismus zwar in den frühen zwanziger Jahren gelegt, doch gab es in dieser Zeit nur Willensbekundungen, aber noch keinen Plan. Auch in den folgenden zwanzig Jahren nahmen »die Juden« stets einen zentralen Platz in Hitlers Weltanschauung ein, als das böse, destruktive Element im Daseinskampf der Rassen; und Hitler verpflichtete sich selbst und die NSDAP unwiderruflich auf das Ziel, die Macht der Juden zu brechen und sie aus Deutschland zu verjagen. Wie dies geschehen sollte, blieb allerdings unklar. Man kann wohl davon ausgehen, daß in Tagträumen und Gedankenspielen sowie im Gedankenaustausch mit engen Vertrauten auch einmal die böse Vision auftauchte, man könne in einer radikalen Lösung des Problems sämtliche Vertreter der jüdischen Rasse, Männer, Frauen und Kinder, ausrotten und dadurch der Rassenreinheit einen unschätzbaren Dienst erweisen. Aber ob und wann und wie dies zur Ausführung kommen sollte, blieb immer undeutlich.

Denn als Politiker reagierte Hitler stets feinfühlig auf das Bild, das sich die öffentliche Meinung im Ausland, noch mehr aber im Inland von ihm machte. Blickt man auf die frühen Reden und Schriften Hitlers, so wird deutlich, was dies bedeutete. Während 1920 bis 1922 in kaum einem Zeugnis seines publizistischen Wirkens giftige Ausfälle gegen die Juden fehlen, wird vom Ende 1922 an das antisemitische Motiv von antimarxistischen Tiraden und Attacken auf das Weimarer »System« in den Hintergrund gedrängt. Das war nicht etwa Ausdruck eines Überzeugungswandels, sondern eine Reaktion auf die Erkenntnis, daß der Antisemitismus auf die Wähler nicht so anziehend wirkte wie der Antikommunismus. Demselben Phänomen begegnen wir in Wahlkampfauftritten der frühen dreißiger Jahre: »Je näher er der Macht kam, desto mehr mußte er in seiner Selbstdarstellung den Antisemitismus den anderen Komponenten des Hitlerbildes unterordnen.«[79] Und auch, nachdem er an die Macht gekommen war, zeigte sich Hitler nicht minder auf sein Image bedacht als zuvor. Gewaltsame Übergriffe gegen Juden, 1933 noch an der Tagesordnung, gehörten zu jenen radikalen Aktivitäten, von denen er sich aus Gründen politischer Zweckmäßigkeit zunächst distanzierte und die er schließlich offen verurteilte, nachdem er 1934 die SA »geköpft« hatte. Mit den Nürnberger Rassegesetzen, ein Jahr darauf verabschiedet, kam er jenen Parteigenossen, die sich über einen Mangel an antijüdischen »Taten« beschwerten, so weit entgegen, wie er es für möglich hielt. 1938 ließ Goebbels in der »Reichskristallnacht« mit seiner Einwilligung die Partei auf die Juden los und erprobte so die öffentliche Bereitschaft zur Tolerierung antijüdischer Maßnahmen. Als die öffentliche Meinung jedoch negativ reagierte, schwieg Hitler zu den Ereignissen und ermunterte die Pogromisten nicht.

Man muß, wenn man über Hitler und die Deutschen spricht, stets den Unterschied im Auge behalten zwischen der Minderheit der Partei-Aktivisten – alten Kämpfern, die sich Hitler schon in den zwanziger Jahren angeschlossen hatten – und dem breiteren Spektrum jener, deren Unterstützung Hitler sich in den dreißiger Jahren sicherte und die zu ihm hielten, bis seine Erfolgsserie zu Ende ging. In der letzteren Gruppe gab es nur wenige rabiate oder gewalttätige Antisemiten. Es waren Leute, die in eher allgemeiner Form die Diskriminierung der Juden als Fremdlinge und Feinde des Deutschtums, die man am besten abschob, akzeptierten. Doch deutete alles darauf hin, daß trotz alledem die »jüdische Frage« weder vor noch während des Krieges einen nachhaltigen Einfluß auf die öffentliche Meinung in Deutschland hatte. Die Suche nach Lösungen für das »Judenproblem« war ein Thema, das die Deutschen entweder nicht sonderlich beschäftigte oder über das sie nicht nachdenken wollten.[80]

Für den harten Kern der überzeugten Nationalsozialisten indessen war die Schlüsselstellung, die die Judenfrage in der Weltanschauung ihres Führers einnahm, eines der bindenden Elemente. Sie sogen jede diesbezügliche Anspielung in seinen Reden begierig auf, sahen sie darin doch eine

Bestätigung, daß Hitler in seiner Entschlossenheit, das Judenproblem ein für allemal zu lösen – was immer das bedeuten mochte –, nicht wankend geworden war. Aber sein »taktisches« Abwarten erfüllte sie zugleich mit Ungeduld. Da Hitler sich dessen bewußt war, gab er ihnen, keine drei Monate nachdem er ihnen in der »Kristallnacht« kurzzeitig die »Straße freigegeben« hatte, um sie hinterher mit der Rückkehr zum Gebot der Zurückhaltung zu enttäuschen und zu verwirren, in seiner Reichstagsrede vom 30. Januar 1939 wieder ein Signal der Hoffnung. Er sprach die »Prophezeiung« aus, ein neuerlicher Krieg werde mit der »Vernichtung der jüdischen Rasse in Europa« enden.

Es war das Heraufziehen des Krieges, das öffentlich den Beginn einer neuen Etappe in Hitlers Haltung zur Judenfrage einleitete. Dies fand – bewußt oder unbewußt – Niederschlag in dem eigenartigen, aber bezeichnenden Umstand, daß Hitler in späteren Verweisen auf jene »Prophezeiung« die betreffende Rede fälschlicherweise auf den Tag des Kriegsausbruchs, den 1. September, verlegte (ebenso wie er den geheimen Euthanasie-Erlaß, den er im Oktober unterzeichnete, auf den Tag des Kriegsbeginns zurückdatierte). Hitler sah im Krieg – und zwar nur im Ostkrieg, der sein eigentliches Programm war – nicht zuletzt einen rassischen Kampf gegen Slawen und Juden. Die in Polen durchgeführten Maßnahmen demonstrierten, daß er sich jetzt, da er diesen Konflikt außerhalb der Grenzen Deutschlands auszutragen vermochte, mehr erlauben zu können glaubte. Doch erst der Entschluß, die Sowjetunion anzugreifen, brachte hinsichtlich der »Endlösung der Judenfrage« die entscheidende Wende.

Es war das Zusammenwirken mehrerer Faktoren, das die Entwicklung begünstigte. Da war zum einen die Tatsache, daß die nationalsozialistische »Judenpolitik« 1941 in eine Sackgasse geraten war. Nach den Ausschreitungen der »Kristallnacht« war es zu einer neuen Eskalation des institutionellen Antisemitismus gekommen, zur systematischen Ausschaltung der Juden aus dem deutschen Wirtschaftsleben, zur forcierten »Arisierung« ihrer Vermögenswerte, zur Verschärfung des auf sie ausgeübten Auswanderungsdrucks, und Heydrich verkündete stolz, mit dieser Politik habe man seit 1933 360 000 Juden aus Deutschland und weitere 177 000 aus Österreich und der »Tschechei« vertrieben.[81] Als der Krieg die Auswanderung unterband, zogen die Deutschen zwei »Reservate« in Betracht, in die Juden deportiert oder umgesiedelt werden konnten. Das eine war ein größeres Gebiet südwestlich von Lublin im polnischen Generalgouvernement, um das Städtchen Nisko am San, inspiziert und für geeignet befunden von Adolf Eichmann, dem Leiter des Judenreferats im Reichssicherheitshauptamt. In der Folge wurden 100 000 Juden, in der Mehrzahl solche aus den ehemals polnischen Gebieten, dazu ein kleinerer Teil aus der »Tschechei« und aus Wien, in polizeilichen Großaktionen aus ihren Häusern und Wohnungen geholt und gewaltsam ins Generalgouvernement verfrachtet, bis Frank Ende März 1940 die weitere Zuführung von Juden verhinderte.

Daneben wurde von Eichmann der Plan vorangetrieben, nach Kriegsende sechs Millionen Juden aus Europa auf die Insel Madagaskar zu deportieren, zu deren Abtretung man Frankreich im Friedensvertrag zwingen würde. »Man könnte auf Madagaskar einen Staat Israel gründen«, ließ Hitler Mussolini im Juni 1940 wissen. Doch all dies löste sich angesichts praktischer Probleme in Luft auf, wodurch zugleich der Gedanke hinfällig wurde, das Judenproblem durch Auswanderung zu lösen.

Zum selben Zeitpunkt, da die Möglichkeiten der Auswanderung oder Umsiedlung sich erschöpften oder verflüchtigten, vermehrte sich durch die Eroberung Polens und den Überfall auf die Sowjetunion die Zahl der Juden im deutschen Herrschaftsbereich beträchtlich. Dies war ein zweiter Punkt auf dem Weg zur »Endlösung«. In Polen hatten die deutschen Besatzer zwei bis drei Millionen Juden in Gettos gepfercht, wo aufgrund der trostlosen hygienischen Zustände Typhus-Epidemien drohten. Eine Aktennotiz, die ein in Posen stationierter SS-Führer namens Höppner am 16. Juli 1941 an Eichmann schickte, beleuchtet die praktischen Probleme, mit denen die NS-Funktionäre sich vor Ort konfrontiert sahen. Höppner berichtet von einer Diskussion über die Verlegung von 300 000 Juden in ein Lager im Warthegau und fügt hinzu, daß in diesem Winter die Gefahr bestehe, daß nicht alle Juden ernährt werden könnten. Es müsse ernstlich überlegt werden, ob nicht die menschlichste Lösung darin bestände, diejenigen Juden, die nicht mehr arbeitsfähig seien, mit irgendeinem schnell wirkenden Präparat zu erledigen; das sei besser, als sie verhungern zu lassen. Weiterhin sei vorgeschlagen worden, all jene Jüdinnen zu sterilisieren, die noch fruchtbar seien, so daß das Judenproblem mit der jetzigen Generation seine endgültige Lösung fände.[82]

Hinzu kam eine dritte Entwicklung, die 1939 eingesetzt hatte und es den Verantwortlichen leichter machte, der Schwierigkeiten Herr zu werden: Für gewisse Elemente der NSDAP und der SS war die massenhafte Tötung von Juden und anderen Menschen, deren Leben nach nationalsozialistischer Überzeugung nicht erhaltenswert war, bereits zur Gewohnheit geworden. Hatten diese Massentötungen zunächst im Rahmen des Euthanasieprogramms in Deutschland und Polen begonnen, so hatten sie in der Folge im besetzten Polen weiter um sich gegriffen und waren schließlich von den mit »Sonderaufgaben« nach Rußland entsandten Einsatzgruppen in gesteigertem Umfang weitergeführt worden. Daß die zunehmende Barbarisierung des Krieges inzwischen nicht mehr nur von Partei und SS ausging, sondern auch auf die Wehrmacht übergegriffen hatte, zeigt sich in der von Anfang an unmenschlichen Behandlung russischer Kriegsgefangener.[83] Eine »Endlösung«, also die systematische Ermordung von Juden, war für Funktionäre wie Höppner, denen die Probleme vor Ort über den Kopf wuchsen, immerhin vorstellbar geworden, nicht nur als Antwort auf ihre unmittelbaren Schwierigkeiten, sondern als folgerichtige Fortsetzung eines Weges, auf dem sie die ersten Schritte bereits getan hatten.

Alle diese Entwicklungen fielen zeitlich zusammen mit einer erneuten Siegesstimmung Hitlers, der nach dem Sieg über Frankreich monatelang in Unschlüssigkeit verfallen war. Die Barbarossa-Weisung vom Dezember 1940 indessen leitete eine Serie kühner militärischer Entscheidungen ein – im Blick auf Jugoslawien, Griechenland und Nordafrika –, die in dem Überfall auf die Sowjetunion im Juni 1941 gipfelte. In diesen Monaten machte Hitler seinen Vertrauten klar, daß er den kommenden Krieg im Osten als ideologischen »Vernichtungskrieg« zu führen gedachte, als einen Krieg, in dem die üblichen Konventionen über die Behandlung von Kriegsgefangenen oder die Pflichten einer Besatzungsmacht nicht gelten würden, in dem Sowjetkommissare auf der Stelle erschossen würden und auch die Zivilbevölkerung jederzeit zu Strafmaßnahmen und Repressalien herangezogen werden konnte.

Mit dem Überfall auf die Sowjetunion verabschiedete Hitler sich endgültig von einer nationalen Machtpolitik mit begrenzten Zielen und verschrieb sich einer rassistisch-imperialistischen Eroberungspolitik, zu der die Ausrottung der Juden als integraler Bestandteil gehörte. Wenn man die Frage stellt, in welchem Monat dieses Vorhaben sich zu konkreten Entscheidungen und Beschlüssen kristallisierte, so spricht nach meiner Ansicht die größte Wahrscheinlichkeit für den Juli 1941, den Monat, in dem die Meldungen über die außerordentlichen militärischen Anfangserfolge in Rußland Hitler in eine Hochstimmung versetzten, in der er sich einreden mochte, jetzt sei alles möglich. Die Entscheidung könnte in einem Gespräch unter vier Augen zwischen Hitler und Himmler gefallen sein, bei einem der häufigen Besuche des Reichsführers-SS im Führerhauptquartier. Das erste schlüssige dokumentarische Indiz ist eine Weisung, die Göring als Vorsitzender des Reichsverteidigungsrats am letzten Tag des Juli 1941 an Heydrich übermittelte: »In Ergänzung der Ihnen bereits mit Erlaß vom 24.1.39 übertragenen Aufgabe, die Judenfrage in Form der Auswanderung oder Evakuierung einer den Zeitverhältnissen entsprechend möglichst günstigen Lösung zuzuführen, beauftrage ich Sie hiermit, alle erforderlichen Vorbereitungen in organisatorischer, sachlicher und materieller Hinsicht zu treffen für eine Gesamtlösung der Judenfrage im deutschen Einflußgebiet in Europa. Sofern hierbei die Zuständigkeiten anderer Zentralinstanzen berührt werden, sind diese zu beteiligen.«[84]

Die verschleiernde Sprache entsprach der nationalsozialistischen Routine, konkrete Methoden der »Endlösung« nicht beim Namen zu nennen. Wenn man bedenkt, daß Heydrich zu diesem Zeitpunkt bereits die Befugnis besaß, Mordkommandos – die sogenannten Einsatzgruppen – aufzustellen und in Polen und Rußland Judenmassaker zu organisieren, liegt die Vermutung nahe, daß die neue, ausdrückliche Ermächtigung sich auf etwas noch Weitergehendes bezog, den Übergang zu Methoden, mittels derer die »totale« und »endgültige« Lösung des Judenproblems ins Auge gefaßt wurde, nicht nur in Deutschland und den besetzten Ländern, sondern im gesamten »deutschen Einflußbereich in Europa«, eine Formulierung, die genau dem entspricht, was dann 1942 bis 1944 in die Tat umgesetzt wurde.

Es besteht auch die Möglichkeit, daß Heydrich die Weisung selber ausfertigte und sie sich von Göring unterschreiben ließ. Doch weder Göring noch irgendein anderer NS-Führer – Himmler beispielsweise oder Heydrich – hätte eine solche Weisung ohne Genehmigung Hitlers erteilen können, schon gar nicht im Juli 1941, als seine Autorität unangefochtener war denn je, wie der von ihm durchgesetzte Angriff auf die Sowjetunion zeigt. Daß Hitler darauf achtete, nicht namentlich und persönlich mit der »Endlösung der Judenfrage« in Verbindung gebracht zu werden, steht im Einklang mit seinem auch sonst stets erkennbaren Bemühen, sich nicht in Dinge hineinziehen zu lassen, die seinem Ansehen in den Augen des deutschen Volkes schaden konnten. Entsprechend handelte er auch einen Monat später, als er sich durch den offenen Protest des Bischofs von Münster, Graf von Galen, gegen die »Tötung unwerten Lebens« nicht etwa dazu hinreißen ließ, mit den Kirchen »abzurechnen«, wie Bormann und andere Radikale es gerne gesehen hätten, sondern Anweisung gab, das Euthanasie-Programm im Reich auf unbestimmte Zeit auszusetzen.

Die Endlösung der Judenfrage sollte nicht auf deutschem Boden stattfinden, sondern in Polen und Rußland. Hier nämlich war, besonders jetzt, da Krieg herrschte, eine weitgehend lückenlose Informationskontrolle gewährleistet: Zwar ließ sich nicht verhindern, daß Informationen und Gerüchte von Mund zu Mund gingen, aber als Ende Juli 1942 ein deutscher Geschäftsmann namens Eduard Schulte in der Schweiz einen vertraulichen Bericht über die bereits angelaufenen und noch geplanten Massenmorde ablieferte, wollte an ein so ungeheuerliches Verbrechen zunächst niemand glauben, und erst Mitte Dezember rangen sich die alliierten Regierungen – vor allem auf Drängen Churchills und der britischen Regierung – dazu durch, die Existenz von Berichten über deutsche »Kriegsverbrechen« zu bestätigen, sie scharf zu verurteilen und den Verantwortlichen mit Strafen zu drohen.[85]

Wer im Rahmen seines Tätigkeitsbereichs wissen mußte, daß die angeordneten Maßnahmen von Hitler gebilligt waren, erhielt die Bestätigung unter dem Siegel der Verschwiegenheit. Eichmann, dem eine maßgebliche Rolle zugedacht war, erzählte 1960 einem seiner israelischen Vernehmer, Heydrich habe ihn im Spätsommer 1941 zu sich bestellt und ihm erklärt: »›Der Führer hat die physische Vernichtung der Juden befohlen.‹ Diesen Satz sagte er mir. Und als ob er jetzt die Wirkung seiner Worte prüfen wollte, machte er, ganz gegen seine Gewohnheit, eine lange Pause. Ich weiß es heute noch. Ich hatte im ersten Augenblick gar nicht zu ermessen vermocht, die Tragweite, weil er seine Worte so sehr wählte. Doch dann wußte ich Bescheid und habe nichts darauf gesagt, weil ich dazu nichts mehr sagen konnte.«[86]

Als das ganze Ausmaß der Schinderstätten nach dem Krieg ans Licht trat, ergab sich, daß in Hunderten von Lagern überall in Europa gefoltert und gemordet worden war. Auschwitz, die kleine polnische Stadt, war eine der Zentralen des Schreckens. Es bleibt ein Rätsel, weshalb die alliierten Luftflotten keinen Versuch unternahmen, die Eisenbahngeleise zu zerstören, auf denen Tag und Nacht Transport-Züge anrollten, bis die vorrückende Front dem Morden schließlich ein Ende machte. Ebenso unbegreiflich, daß die deutsche Führung immer neuen Transportraum zur Verfügung stellte, der nicht Nachschub für die weichende Front, sondern Opfer für die Gaskammern und Krematorien brachte. Auf grauenerregende Weise triumphierte auch hier die Ideologie über die Rationalität des Krieges.

Rudolf Höß, Lagerkommandant von Auschwitz, berichtete in einer 1946 niedergelegten eidesstattlichen Erklärung, Himmler habe ihn im Sommer 1941 in seinen Berliner Amtssitz einbestellt und ihm erklärt: »Der Führer hat die Endlösung der Judenfrage befohlen, wir – die SS – haben diesen Befehl durchzuführen... Ich habe daher Auschwitz dafür bestimmt... Es ist eine harte und schwere Arbeit, die den Einsatz der ganzen Person erfordert, ohne Rücksicht auf etwa entstehende Schwierigkeiten... Sie haben über diesen Befehl strengstes Stillschweigen, selbst Ihren Vorgesetzten gegenüber, zu bewahren... Alle für uns erreichbaren Juden sind jetzt während des Krieges ohne Ausnahme zu vernichten. Gelingt es uns jetzt nicht, die biologischen Grundlagen des Judentums zu zerstören, so werden einst die Juden das deutsche Volk vernichten.«[87]

Hitler selbst fand Mittel und Wege, seinen Nimbus gegenüber der breiten deutschen Öffentlichkeit einerseits zu bewahren, andererseits aber seinen getreuen Gefolgsleuten unmißverständlich zu signalisieren, daß er die Judenvernichtung befürwortete. Er tat dies vor allem dadurch, daß er mehrmals die Erinnerung an seine Prophezeiung von 1939 auffrischte, der Krieg werde zur Vernichtung des Judentums in Europa führen. Am 16. November 1941 schrieb Goebbels in einem Leitartikel in der von ihm herausgegebenen Wochenzeitung *Das Reich*, Hitlers Vorhersage sei im Begriff, sich zu erfüllen. Hitler selbst erwähnte die Prophezeiung in nicht weniger als sechs größeren Reden, die er zwischen dem 30. Januar 1942 und dem 21. März 1943 hielt und die allesamt im Rundfunk übertragen wurden. Eine davon war seine Ansprache vor den »Alten Kämpfern« der Partei am 9. November 1942 in München; er fügte bei dieser Gelegenheit hinzu: »Man hat mich immer als Propheten ausgelacht. Von denen, die damals lachten, lachen heute Unzählige nicht mehr, und die jetzt noch lachen, werden es vielleicht in einiger Zeit auch nicht mehr tun.«[88]

Die Weisung Görings an Heydrich deutete darauf hin, daß der politische Entschluß, die »Endlösung« durchzuführen, gefallen war; nun blieb die Aufgabe, ihn in die Tat umzusetzen. Damit wurde Eichmann betraut, der zunächst einmal vor dem Problem stand, eine für die Ermordung von mehreren Millionen Menschen geeignete Methode zu finden. Doch schon ehe Eichmann zu Resultaten gelangt war, liefen an zahlreichen Stellen Vorbereitungen und individuelle Initiativen an, an denen Hitler zum Teil unmittelbar beteiligt war.

Im August 1941 ordnete er auf Empfehlung von Goebbels an, daß künftig alle deutschen Juden den gelben Davidsstern tragen müßten, »als Vorstufe zu weiteren Maßnahmen«. Der entsprechende Erlaß wurde von Heydrich herausgegeben. Als nächstes verlangte Hitler, alle deutschen Juden müßten aus dem Altreich, aus Österreich und der Tschechei in den Osten abgeschoben werden, ungeachtet der dadurch in Polen und im Reichskommissariat »Ostland« heraufbeschworenen Übervölkerungsprobleme. Die Behörden gaben sich alle Mühe, die Deportierung der Juden als Bestandteil ihrer geplanten »Umsiedlung« in den Osten darzustellen, wozu freilich die Tatsache, daß man ihnen vor der Abreise alle Vermögenswerte abnahm, nicht recht passen wollte. Tatsächlich war ihre Ermordung beschlossene Sache, die Deportierung sollte lediglich sicherstellen, daß die Tötung außer Sicht- und Hörweite des deutschen Volkes vonstatten ging.

Im Herbst 1941 ersuchte Artur Greiser, Gauleiter im Warthegau, Himmler und Heydrich um Unterstützung bei der Liquidierung der 100 000 jüdischen Bewohner seines Gaus, von denen das Gros dicht gedrängt im Getto von Lodz vegetierte – ein Problem, dessentwegen sich, wie bereits berichtet, Höppner im Juli an Eichmann gewandt hatte. Man schickte Greiser daraufhin einen SS-Mann namens Lange, der in Rußland einschlägige Erfahrungen gesammelt hatte und nun auf einem abgelegenen Anwesen bei Kulmhof (polnisch Chelmno) drei mobile Vergasungsanlagen in Betrieb nahm. Das verwendete Gift war Auspuffgas – Kohlenmonoxid –, und die ersten Opfer wurden im Dezember 1941 »verarbeitet«. Es war eine primitive Anlage, die oft ausfiel, bevor die Opfer tot waren. Als Eichmann die Anlage in Kulmhof besichtigte, zeigte er sich entsetzt über die grausige Roheit dessen, was dort geschah, und nahm sich vor, eine bessere Methode zu entwikkeln. Wenig später fragte Himmler bei Dr. Grawitz, einen führenden Mediziner der SS, an, wie man auf möglichst schnelle Weise eine Million polnische Juden liquidieren könne. Der Arzt verwies ihn an Christian Wirth, den Gasexperten, der seit der Aussetzung des Euthanasieprogramms »arbeitslos« war. Wirth entwarf, aus seiner T4-Erfahrung schöpfend, Pläne für den Bau von Gaskammern, die wie Duschräume gestaltet werden sollten; als Giftgas sah auch er Kohlenmonoxid vor. Die erste nach diesen Plänen gebaute Anlage nahm ihren Betrieb am 17. März 1942 in Belzec auf, einem Lager an der Eisenbahnstrecke Lublin-Lemberg. In sechs Gaskammern konnten hier täglich 15 000 Personen getötet werden. Weitere Vernichtungszentren ähnlicher, zum Teil noch umfangreicherer Art wurden in rascher Folge in Sobibor, Treblinka und schließlich in Majdanek errichtet. Wirth hätte damit zweifellos den Anspruch erheben können, die effizienteste Technik zur Tötung großer Massen entwickelt zu haben, wären da nicht die SS-eigenen Techniker im größten Konzentrationslager des deutsch besetzten Ostens gewesen, in Auschwitz, wo Rudolf Höß seinem in raschem Wachstum begriffenen Lagerkomplex ebenfalls eine leistungsfähige Vernichtungsanlage angliederte. Seine Spezialisten machten ein anderes Tötungsmittel ausfindig, das hochgiftige Blausäuregas, das unter der Handelsbezeichnung Zyklon B als Insektenvernichtungsmittel verkauft wurde. Durch den Einsatz dieses Gases konnte Auschwitz mit seinem Nebenlager Birkenau, dem eigentlichen Vernichtungszentrum, die »Kapazität« aller anderen Todeslager übertreffen. Die Verwendung dieses und anderer technischer Begriffe zeigt, daß diejenigen, die den Tötungsprozeß organisierten, ihr Geschäft – den Massenmord – wie einen industriellen Produktionsprozeß betrieben.

Nachdem Heydrich auf Anordnung Hitlers die Massendeportationen im Herbst 1941 in Gang gesetzt hatte, wurden organisatorische Probleme bald unübersehbar. Heydrich berief daraufhin eine Konferenz ein, auf der die Schwierigkeiten besprochen und Lösungsmöglichkeiten aufgezeigt werden sollten. Die Besprechung fand am 20. Januar 1942 in Berlin statt und ist als Wannsee-Konferenz in die Geschichte eingegangen. Auf der Tagesordnung standen Fragen der Definition (wer sollte als Jude gelten?) und denkbarer Ausnahmeregelungen (beispielsweise Freistellungen für in der Rüstungswirtschaft beschäftigte Juden, für jüdische Mischlinge ersten und zweiten Grades, für jüdische Weltkriegs-Veteranen usw.). Hinzu kamen noch heiklere Fragen: wie etwa der Abtransport Hunderttausender, die man aus ihrer gewohnten Umgebung herausreißen mußte, vonstatten gehen sollte, wie sie mitten im Krieg über Hunderte von Kilometern in den Osten gebracht und wie sie dort ausgeladen und behandelt werden sollten, bevor sie in den Tod geschickt würden.

Eichmann fertigte das Protokoll der Wannsee-Konferenz an. Er sagte bei

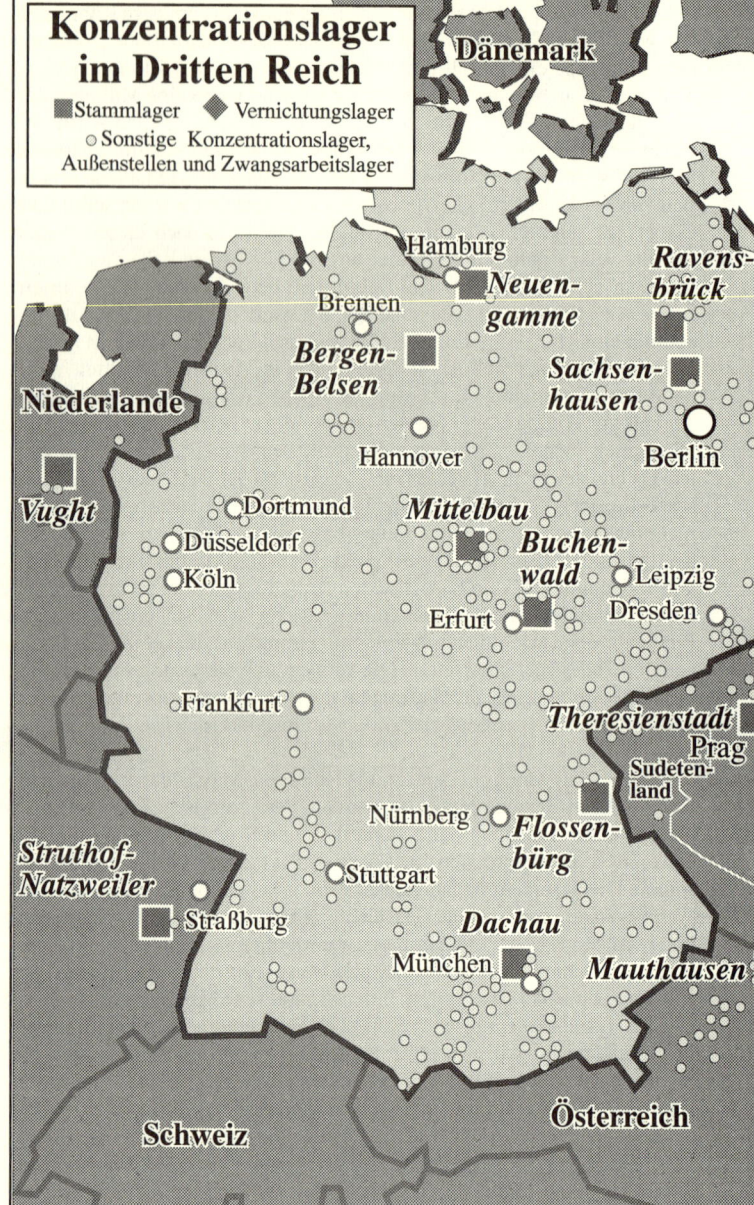

Konzentrationslager im Dritten Reich

Stammlager
Vernichtungslager
Sonstige Konzentrationslager, Außenstellen und Zwangsarbeitslager

Dänemark

Hamburg
Neuen-gamme
Ravens-brück

Bremen

Bergen-Belsen
Sachsen-hausen

Niederlande

Hannover
Berlin

Vught

Dortmund
Mittelbau
Düsseldorf
Buchen-wald
Köln
Leipzig
Erfurt
Dresden

Frankfurt

Theresienstadt
Prag
Sudeten-land

Nürnberg
Flossen-bürg

Struthof-Natzweiler
Stuttgart
Straßburg
Dachau
München
Mauthausen

Schweiz
Österreich

Litauen

Königsberg

Danzig
Sutthof

Treblinka

Chelmo

Warschau

Sobibor

P o l e n

Breslau
Großrosen

General-

Majdanek

Gouvernement

Belzec

Auschwitz

Protektorat
Böhmen und Mähren

Slowakei

Wien   Preßburg

Budapest

Ungarn

seinen späteren Vernehmungen aus, die Konferenzteilnehmer hätten sich »sehr offen« geäußert: »Es wurde von Töten und Eliminieren und Vernichten gesprochen.«[89] Das Entsetzliche an dem Protokoll ist dabei die geschäftsmäßige, rein sachliche Amtssprache, mit der ein Verbrechen von monströser Größenordnung umrissen wurde: »Im Zuge dieser Endlösung der europäischen Judenfrage kommen rund 11 Millionen Juden in Betracht, die sich wie folgt auf die einzelnen Ländern verteilen:... (in der Aufzählung fehlten selbst die 330 000 Juden in England und die 4 000 in Irland nicht) Im Zuge der praktischen Durchführung der Endlösung wird Europa von Westen nach Osten durchgekämmt.«[90]

Das waren keine Hirngespinste, sondern Überlegungen, die in der Folge systematisch in die Tat umgesetzt wurden, bis die Rote Armee 1944 die Vernichtungslager auf ihrem Vormarsch erreichte.

Es gab nur einen Menschen im nationalsozialistischen Deutschland, der ein so gigantisches Unternehmen in Auftrag geben konnte. Die Beamten, die an der Wannsee-Konferenz teilnahmen und sich um die Probleme der Durchführung sorgten, waren dazu nicht befugt, und die SS- und Parteioberen im Generalgouvernement, im Warthegau und im Ostland, die bestrebt waren, die drangvollen Zustände in den Gettos und Lagern in ihrem Verantwortungsbereich zu verändern – auch durch Massenmord, wenn es sein mußte –, konnten kein Interesse daran haben, daß aus dem Westen Juden in großer Zahl in ihr Gebiet gebracht würden.

Allein Hitler konnte einen solchen Plan entwickeln. Wie lange ihn der Gedanke beschäftigte, läßt sich nicht sagen, aber zweifelsfrei stand das Vorhaben in Einklang mit der großen Bedeutung, die er der »jüdischen Frage« stets beigemessen hatte, seit er nach dem Ersten Weltkrieg in die Politik eingetreten war. Und wenn es einen Moment gab, in dem er die reelle Chance sah, den Schritt zur Verwirklichung zu tun, dann war dieser Augenblick jetzt, 1941, gekommen.

Schließlich hatte er in diesem Jahr bereits bewiesen, mit welcher erschreckenden Konsequenz er ein weiteres Grundelement seiner »Weltanschauung« in die Tat umzusetzen vermochte: das Hirngespinst vom »Lebensraum im Osten«. Er hatte das mächtigste Heer der Menschheitsgeschichte aufmarschieren und in einem Akt unprovozierter Aggression über die Sowjetunion herfallen lassen. Wie im Fall der Operation Barbarossa galt auch für die »Endlösung«, daß Hitler weder in der Lage noch willens war, sich selbst an der organisatorischen und praktischen Durchführung zu beteiligen; er erteilte lediglich den Befehl und überließ alles weitere Himmler, Heydrich und ihren Helfershelfern wie Eichmann oder Höß, ebenso wie er Planung und Durchführung der Operation Barbarossa zunächst dem Generalstab des Heeres überlassen hatte. Dennoch wären beide Unternehmen ohne Hitler, der sie ersann und andere von ihrer Notwendigkeit überzeugte, kaum zustande gekommen. Ebendies machte Hitlers einzigartige

Begabung aus, eine Begabung, die er bereits unter Beweis gestellt hatte, als er die NSDAP aus obskuren Anfängen in schwindelnde Höhen der Macht geführt, ein besiegtes Deutschland zum mächtigsten Staat in Europa gemacht und Frankreich militärisch ausgeschaltet hatte.

Hitler gab nicht nur den Anstoß zur »Endlösung«, sondern er legitimierte sie auch. Diejenigen, die mit ihrer Durchführung betraut waren, wußten sehr genau, daß sie Träger eines Staatsgeheimnisses waren, über das nichts an die Öffentlichkeit dringen durfte. Sie verstanden, daß und warum es keinen schriftlichen Befehl des Führers gab. Hitlers Anspielungen auf die »Prophezeiung« der »Vernichtung der jüdischen Rasse« waren in ihren Augen Beweis genug, daß Himmler und Heydrich ihre Befehle tatsächlich auf Anordnung des Führers erteilten. Und Hitlers Autorität als Führer des Staates, der Partei und der Streitkräfte war gefestigt genug, um seine Gefolgsleute, so ungeheuerlich die ihnen anvertraute Aufgabe ihnen auch erscheinen mochte, in der Überzeugung zu wiegen, sie handelten im Interesse des deutschen Volkes. Das war es, was Himmler seinen SS-Kommandeuren erklärte: »Dies ist ein niemals geschriebenes und niemals zu schreibendes Ruhmesblatt unserer Geschichte ... Wir hatten das moralische Recht, wir hatten die Pflicht gegenüber unserem Volk, dieses Volk, das uns umbringen wollte, umzubringen.«[91] Der Garant dafür war Hitler.

Der dritte und letzte Beitrag Hitlers zur »Endlösung« bestand darin, daß er den Willen und die Bereitschaft schürte, dieses Unternehmen noch bis zum bitteren Ende des Krieges fortzuführen, lange nachdem allen Beteiligten klar geworden war, daß Deutschland den Krieg verlieren würde. In ganz Europa ging die Suche nach Juden weiter: in Frankreich, Holland, Italien, Griechenland. Die Reichsbahn beförderte sie pflichtschuldigst nach Polen, und dies noch zu einem Zeitpunkt, da die Bahnlinien beständig aus der Luft angegriffen und durch die Erfordernisse des Krieges stark in Anspruch genommen waren. Im Juli 1944 verfrachtete Eichmann noch einmal 50 000 ungarische Juden nach Auschwitz. Sie durchliefen nach ihrer Ankunft die routinemäßige Vergasungsprozedur: Ärzte in weißen Kitteln wählten mit einer Handbewegung diejenigen aus, die gesund genug wirkten, um sich noch zu Tode arbeiten zu können. Die übrigen mußten alle Kleider und Habseligkeiten abgeben und wurden dann in einen makabren Prozessionszug nackter Männer und Frauen eingereiht, die, mit ihren schockierten Kindern auf dem Arm oder an der Hand und bemüht, sie zu trösten, in die Gaskammern wanderten. Wenn die Schreie erstarben und die Türen geöffnet wurden, standen die Opfer noch immer aufrecht da, zu dicht gedrängt, als daß sie umfallen konnten. Die Leichen wurden zu den nur wenige Meter entfernten Krematorien geschleift und verbrannt. Dies war der alltägliche Ablauf der »Endlösung«, den Hitler sich wohlweislich nie vorführen ließ und der die Gedanken und die Vorstellungskraft all derer, die sich mit den dokumentarischen Zeugnissen beschäftigt haben, nicht mehr zur Ruhe kommen läßt.

Die Hoffnung der Todgeweihten, von der Roten Armee befreit zu werden, machte die SS zunichte, indem sie Todesmärsche Richtung Westen organisierte, die nur wenige überlebten. Viele von denen, die auch dies durchstanden, wurden schließlich in Konzentrationslagern auf deutschem Boden erschossen. Der letzte Todesmarsch des Zweiten Weltkriegs, der vom österreichischen Mauthausen nach Günskirchen führte, fand noch in der ersten Maiwoche 1945 statt, bereits nach dem Selbstmord Hitlers.

Kontinuitäten allein können die persönliche Verantwortung Hitlers für die »Endlösung« nicht schlüssig beweisen, aber ebensowenig darf man diese Kontinuitäten ignorieren. Noch in seinem Bunker unter der Reichskanzlei, tief unter den Ruinen seiner Hauptstadt und seiner Hoffnungen, fand der Mann, der fünfundzwanzig Jahre zuvor mit Haßtiraden gegen die Juden sein politisches Debüt gegeben hatte, Trost in dem Gedanken: »Die jüdische Eiterbeule habe ich aufgestochen wie die anderen. Die Zukunft wird uns ewigen Dank dafür wissen.«[92]

Während Heydrich und Eichmann sich darauf konzentrierten, Europa »judenrein« zu machen, verwandelte Hitler durch die Kriegserklärung an die Vereinigten Staaten einen europäischen Krieg in einen Weltkrieg. Der Gedanke an das Ausmaß von Zerstörung und Tod, das ein solcher Krieg mit sich bringen mußte, schien ihn eher zu erregen als zu bedrücken. Die Aussicht auf einen Weltkrieg, in dem Kontinente gegeneinander kämpfen würden, rührte an seinen Hang zu weltgeschichtlicher Dramatik, die von jeher seine Phantasie beflügelt hatte. In der Rede, die er anläßlich der Kriegserklärung an die Vereinigten Staaten hielt, rief er aus: »Wenn die Vorsehung es so gewollt hat, daß dem deutschen Volk dieser Kampf nicht erspart werden kann, dann will ich ihr dafür dankbar sein, daß sie mich mit der Führung eines historischen Ringens betraute, das für die nächsten fünfhundert oder auch tausend Jahre nicht nur unsere deutsche Geschichte, sondern die Geschichte Europas, ja der ganzen Welt, entscheidend gestalten wird ... Eine geschichtliche Revision einmaligen Ausmaßes wurde uns vom Schöpfer aufgetragen, die zu vollziehen wir nunmehr verpflichtet sind.«[93]

Hitler hatte sich von einem Kriegseintritt Japans schon immer viel versprochen. Ihm wäre es lieber gewesen, die Japaner hätten Rußland oder Singapur attackiert, aber als sie statt dessen gegen die USA losschlugen, zögerte er keinen Augenblick, sich anzuschließen. Während Roosevelt den Kongreß lediglich aufgefordert hatte, auf die Bombardierung von Pearl Harbor mit einer Kriegserklärung an Japan zu reagieren, schuf Hitler vollendete Tatsachen. Er verschwendete keinen Gedanken an die Erwägung, ob es für Deutschland nicht vorteilhafter wäre, den Bruch mit Amerika so lange wie möglich hinauszuzögern und zu hoffen, daß der Kampf im Pazifik den Amerikanern ein Eingreifen in den europäischen Krieg erschweren würde. Mit seiner Kriegserklärung vom 11. Dezember 1941, nur vier Tage nach Pearl Harbor, verwickelte er Deutschland, das schon gegen die Sowjetunion und gegen England kämpfte, auch noch in einen Krieg gegen die USA, obwohl weder England noch die UdSSR besiegt waren.

Ebensowenig wie Hindenburg und Ludendorff 1917 rechnete Hitler mit einem maßgeblichen Eingreifen der Amerikaner auf dem europäischen Kriegsschauplatz. Er ließ in seinen Äußerungen keinen Zweifel daran, daß er von den Vereinigten Staaten nicht mehr hielt als von anderen »degenerierten Demokratien«; die wirtschaftliche Macht Amerikas zog er überhaupt nicht in Betracht. Dabei hatte er mit zunehmender Verärgerung das Anwachsen der amerikanischen Unterstützung für Großbritannien registriert, von dem Transfer von fünfzig Zerstörern im Jahr 1940 und dem Pacht-Leih-Vertrag vom März 1941, der in der Folge auch auf die Sowjetunion ausgedehnt wurde, bis zu dem unausgesprochenen Kriegszustand zwischen der US-Marine und den deutschen U-Booten im Atlantik. Ohne auch nur die Möglichkeit zu erwägen, daß Amerika nun, da es auf der anderen Seite der Weltkugel Krieg gegen Japan führen mußte, seine Unterstützung für die Briten möglicherweise einschränken würde, beschloß Hitler, aus einem drohenden Krieg einen wirklichen zu machen.

Im Grunde zogen beide, Hitler wie Stalin, aus den Erfahrungen des Winters 1941/42 dieselben Schlüsse. Stalin, nach dem Scheitern des deutschen Ansturms auf Moskau wieder voller Selbstvertrauen, war überzeugt, der Roten Armee werde, wenn sie nur ihren Vormarsch mit aller Konsequenz und ohne Atempause fortsetzte, »1942 die völlige Vernichtung der Hitlerschen Streitmacht« gelingen – so nachzulesen in seiner Weisung vom 10. Januar 1942. Hitler seinerseits legte sich, nachdem er den deutschen Rückzug durch einen Willensakt gestoppt hatte, zu dem nach seinem Urteil Napoleon nicht fähig gewesen war, mit gleichfalls wiedererstarktem Selbstbewußtsein in einer Weisung vom 5. April 1942 auf das Ziel fest, »die den Russen noch verbliebene lebendige Kraft endgültig zu vernichten und ihnen die kriegswirtschaftlichen Kraftquellen soweit als möglich zu entziehen«, letzteres durch einen Durchbruch an der Südfront zum »Kaukasusraum« mit seinen Ölquellen. Sowohl die Ziele Stalins als auch die Hitlers sollten sich als unrealistisch erweisen, und der Versuch, sie zu verwirklichen, sollte einen fürchterlichen Tribut an Menschenleben fordern, mit der Schlacht um Stalingrad als schaurigem Höhepunkt. Stalin stellte unter Beweis, daß er imstande war, aus Fehlern, auch und gerade aus schwerwiegenden, zu lernen. Hitler war zu Lernprozessen weder fähig noch willens; die Fehler, die er 1942 beging – und aus denen zu lernen er sich weigerte –, besiegelten die deutsche Niederlage.

Vom Dezember 1941 an überließ Hitler die Leitung der Kriegsschauplätze im Westen und Süden – auf dem Balkan, in Nordafrika, auf dem Atlantik – dem OKW, dessen nomineller Chef er als Oberbefehlshaber der Wehrmacht blieb; die Ostfront dagegen machte er zur ausschließlichen Domäne des OKH, zu dessen Chef er sich nach der Entlassung von Brauchitschs aufschwang. Hieraus wird ersichtlich, welch große Bedeutung er dem Krieg im Osten beilegte, in dem sich Stalin und er nunmehr unmittelbar als Feldherren gegenüberstanden. Eine Äußerung Hitlers gegenüber Halder, dem Stabschef des Heeres, könnte unter anderem Vorzeichen auch von Stalin stammen: »Das bißchen Operationsführung kann jeder machen. Die Aufgabe des Ob. d. H. ist es, das Heer nationalsozialistisch zu erziehen. [Bei Stalin müßte es ›kommunistisch‹ heißen, und die Politischen Kommissare wären die ›Erzieher‹.] Ich kenne keinen General des Heeres, der diese Aufgabe in meinem Sinne erfüllen könnte. Darum habe ich mich entschlossen, den Oberbefehl über das Heer selbst zu übernehmen.«[94]

Das war nicht die einzige Parallele. Marschall Wassilewski, damals Stellvertreter des sowjetischen Generalstabschefs Schaposchnikow und bald darauf dessen Nachfolger, schreibt in seinen Memoiren: »Stalins militärische Leistungen litten zu jener Zeit unter Fehlkalkulationen, die manchmal ziemlich schwer wogen. Er hatte ein ungerechtfertigt starkes Selbstbewußtsein, war eigensinnig und nicht bereit, auf andere zu hören. Er überschätzte sein eigenes Wissen und seine Fähigkeit, direkt eine Armee zu führen. Er stützte sich sehr wenig auf den Generalstab und machte keinen angemessenen Gebrauch von den Fähigkeiten und der Erfahrung seines Personals. Oft nahm er aus keinerlei erkennbaren Gründen übereilte Veränderungen in der obersten militärischen Führung vor ... Stalin forderte von den Militärs völlig zu Recht die Abkehr von überholten strategischen Konzepten, aber er löste sich selbst von solchen Konzepten nicht so schnell, wie wir es gerne gesehen hätten.«[95] Ohne ein einziges Wort zu ändern, könnte man mit diesen Sätzen auch das Verhältnis zwischen Hitler und dem deutschen Generalstab beschreiben.

Austauschbar sind auch die Beschreibungen der Arbeitsmethoden Hitlers und Stalins. Hitler ließ sich immerhin ein vorgeschobenes Hauptquartier in der Nähe der ukrainischen Stadt Winniza errichten, das er zeitweise benutzte, auch wenn er sich an der Front nie blicken ließ. Stalin stattete nur im August 1943 dem Hauptquartier der westlichen und der Kalinin-Front je einen kurzen Besuch ab. Das war das einzige Mal, daß er in die Nähe der Truppen kam, die er befehligte. Weder Stalin noch Hitler hatten einen klaren Eindruck von dem Gelände und den Bedingungen, unter denen ihre Befehle von der Truppe ausgeführt werden mußten, und wahrscheinlich hatten sie keine Vorstellung von der Realität eines modernen Krieges. Ihre eigenen militärischen Erfahrungen stammten aus dem russischen Bürgerkrieg oder vom flandrischen Kriegsschauplatz im Ersten Weltkrieg. Den Krieg von 1941 bis 1945 führten sie aus der Abgeschiedenheit steriler Stabsräume im Kreml beziehungsweise im Hauptquartier »Wolfsschanze« bei Rastenburg, gebeugt über Kartentische und unbehelligt von Störungen – mit Ausnahme derer, die sie selbst heraufbeschworen, indem sie jeden ihrer Mitarbeiter zusammenstauchten, der eine abweichende Meinung auch nur andeutete oder ihre Befehle nicht zu ihrer Zufriedenheit ausführte.

Der sowjetische Diktator trat im Verlauf des Krieges immer weniger Erscheinung, in der Phase der Niederlagen und Rückzüge ebenso wie in der Periode immer neuer Rückeroberungen. Selbst nach Stalingrad gibt es nur wenige Photographien Stalins. Der Besuch Churchills im belagerten Moskau, die Konferenz von Teheran, die Zusammenkunft von Jalta sind fast die einzigen Gelegenheiten, an denen die Welt Stalin zu Gesicht bekam. Hitler dagegen ist in der »Kampfzeit«, in der Friedensepoche des Dritten Reiches und in der Ära der Siege fast täglich im Bild zu sehen, auf Reichsparteitagen, bei Autobahneröffnungen, auf dem Obersalzberg oder beim jährlichen Erntedankfest auf dem Bückeberg. Nach dem Sieg im Westen zeigt er sich im Dezember 1940 in der Montagehalle eines Berliner Rüstungswerkes, martialisch umgeben von Geschützrohren.

Weder Hitler noch Stalin begnügte sich mit der strategischen Gesamtleitung des Krieges; beide mischten sich immer wieder auch in operative Details ein. Beide nahmen sich das Recht heraus, Kommandeure von der Front zu sich zu beordern, oft ohne zuvor den Generalstab oder die direkten Vorgesetzten der Betreffenden zu konsultieren. Beide fanden nichts dabei, an der Front anzurufen, oft während eine Schlacht in vollem Gang war, um irgendeinen Truppenführer wegen der Vernachlässigung von Befehlen zu beschimpfen oder um neue Befehle zu erteilen. Beiden war die Verwirrung, die sie stifteten, gleichgültig, beide fanden, niemand außer ihnen könne den Offizieren den Kampfgeist oder die Angst einjagen, die sie in die Lage versetzten, ihre Männer bis an die Grenzen menschlicher Leistungsfähigkeit und darüber hinaus anzutreiben.

Mitte Dezember 1941, als die sowjetische Presse noch die Zurückschlagung des deutschen Angriffs auf Moskau feierte, plante Stalin schon höchstpersönlich die Gegenoffensive. Weit genug von den Wirren des

Frontgeschehens entfernt, erspähte er auf der Landkarte die sich bietenden Lücken und Chancen. Jetzt war es Stalin, in dessen Phantasie sich das Jahr 1812 festsetzte. Aus den Befehlen, die er den Truppenkommandeuren der Reihe nach erteilte, wurde das Ausmaß der Operationen deutlich, die er plante. Die Offensive würde sich vom belagerten Leningrad im Norden bis zum belagerten Sewastopol im Süden erstrecken. Nach der Entsetzung Leningrads sollten die beiden deutschen Heeresgruppen Nord und Mitte gleichzeitig in massiven Einkesselungsschlachten vernichtet werden, und parallel dazu sollte auch noch die Heeresgruppe Süd aus der Ukraine und von der Krim vertrieben werden.

Dem erfahrenen sowjetischen Stabschef, Marschall Schaposchnikow, bereitete allerdings die Frage Sorgen, ob die sowjetischen Streitkräfte den immensen Anforderungen genügen würden, die Stalin an sie zu stellen gedachte. In den Augen des Berufsmilitärs fehlte es ihnen nach den enormen Verlusten des Jahres 1941 noch an allen Fronten an der nötigen Überlegenheit, und wäre es auch nur eine zahlenmäßige, außerdem aber an Waffen, Ausrüstung und Schulung. Als General Batow von der Krim in den Kreml beordert wurde und sich zu seiner Verblüffung zum Kommandeur einer Armee an der Brjansker Front berufen sah, traf er auf einen in trübsinnige Gedanken versunkenen Schaposchnikow. »Wir müssen uns nach wie vor den Erfahrungen des modernen Krieges anpassen«, erklärte er Batow und fügte hinzu, auch wenn man die Deutschen zunächst einmal von Moskau abgedrängt habe, werde der Ausgang des Krieges »weder hier noch heute ... entschieden; der kritische Punkt ist noch längst nicht erreicht.«[96] Doch Schaposchnikow, alt und kränklich, hatte gelernt, daß es sinnlos war, mit Stalin zu streiten.

Am 5. Januar 1942 rief Stalin eine erweiterte Stawka-Runde zusammen, vor der Schaposchnikow kommentarlos den Plan des Oberbefehlshabers vortrug: In einer auf breiter Front vorgetragenen Offensive sollten alle drei deutschen Heeresgruppen zermalmt werden, obwohl Hitler Befehl erteilt hatte, um jeden Preis die Stellung zu halten und keinen Fußbreit Boden preiszugeben. Statt dessen trat Schukow dafür ein, alle Kräfte auf einen vernichtenden Schlag gegen die Heeresgruppe Mitte zu konzentrieren, die in den Kämpfen des Dezembers am ärgsten geschädigt worden war; das sei besser als die eigenen Kräfte zu zersplittern und Gefahr zu laufen, an keiner Stelle einen entscheidenden Durchbruch zu erzielen und hohe Verluste zu erleiden. In dieselbe Richtung argumentierte Wosnessenski, der Chef der für die Rüstungsproduktion zuständigen Gosplan-Behörde; er erklärte rundheraus, die für einen gleichzeitigen Angriff an allen Frontabschnitten erforderlichen Nachschubmengen könnten nicht geliefert werden. Stalin wischte alle diese Einwände vom Tisch. Was Schukow schon befürchtet hatte, bestätigte Schaposchnikow: Die Besprechung war nichts als vergeudete Zeit, weil die Weisungen an die Truppenkommandeure an der Front bereits hinausgegangen waren.

Seit 1942 kannte auch Rußland den Anblick deutscher Kriegsgefangener. Am 17. Juli 1944 ließ Stalin 57.000 deutsche Soldaten über den großen Gartenring (Bolschaja Sado-waja) führen, eine wichtige Moskauer Ringstraße.

So kam es, daß die Rote Armee in den folgenden Januarwochen zu einer umfassenden Offensive antrat, entlang einer 1 500 Kilometer langen Front, bei Temperaturen, die zeitweise auf dreißig oder gar vierzig Minusgrade fielen, und mit so knappen Ausrüstungsreserven, daß viele Verbände nicht in voller Stärke eingesetzt werden konnten und nur zu essen hatten, wenn ihnen deutsche Depots in die Hände fielen. Wie Hitler beachtete Stalin nur solche Meldungen, deren Inhalt seinen Erwartungen entsprach, wie Hitler war er überzeugt, daß nicht die materiellen Reserven, sondern der Durchhaltewille über den Ausgang der Schlacht entscheiden würde, und wie Hitler vertrat er die Ansicht, die professionelle Ausbildung der Militärs tauge lediglich dazu, sie zu pedantischen Bedenkenträgern zu machen. Um sie zur Arbeit anzutreiben, entsandte er seine persönlichen Vertrauten Mechlis, Bulganin und Malenkow an die Front, wo diese mit ihren durch keine militärische Erfahrung getrübten Weisungen und Ratschlägen allerdings eher Mißmut und Verwirrung als Siegeszuversicht verbreiteten.

Nach siebzig Tagen erbitterten Ringens, in dessen Verlauf Stalin ständig über Funk und Telefon die vermeintlichen Fehler der Frontbefehlshaber korrigierte, Offiziere entließ, beförderte oder versetzte und Verbände von einem Frontabschnitt zum anderen verlegte, waren die Truppen und die Reserven erschöpft. Die sowjetische Winteroffensive kam ins Stocken und schließlich, Ende März 1942, ganz zum Stillstand. Es war zwar gelungen,

Einbrüche in die deutschen Linien zu erzielen und dem Gegner schwere Verluste beizubringen (freilich um den Preis gleich schwererer Verluste auf der eigenen Seite), aber ihre Schlüsselpositionen hatten die Deutschen gehalten, Leningrad war nicht von seinen Belagerern befreit, und auch sonst war keines der von Stalin gesetzten Ziele erreicht.

Der wichtigste Umstand, den Stalin zu berücksichtigen versäumte, bestand darin, daß die sowjetischen Streitkräfte und die Wirtschaft Zeit brauchten, um sich von den unerhörten Verlusten von 1941 zu erholen. Es ging nicht nur um die Millionen gefallener, verwundeter oder in Gefangenschaft geratener Soldaten, die ersetzt werden mußten, sondern auch darum, daß ein großer Teil dessen, was die Sowjetunion in den dreißiger Jahren in den industriellen Aufbau investiert hatte, dem deutschen Angriff zum Opfer gefallen war. Ende November 1941 war das Gesamtvolumen der sowjetischen Industrieproduktion auf die Hälfte geschrumpft. Abgeschrieben werden mußten 63 Prozent der Kohleförderung des Landes, 68 Prozent der Roheisen-, 58 Prozent der Stahl- und 60 Prozent der Aluminiumerzeugung. Ebenso schwer betroffen war die Landwirtschaft: 38 Prozent der Anbaufläche für Feldfrüchte gingen bis Ende 1941 verloren, der Viehbestand halbierte sich zwischen Ende 1940 und Ende 1942, der Pferdebestand schrumpfte in derselben Zeit von einundzwanzig auf acht Millionen Tiere.

Wenn die Sowjetunion am Ende dennoch siegte, so war dies vor allem zwei Dingen zu verdanken: zum einen der Tatsache, daß die Rote Armee die Katastrophen der ersten sechs Kriegsmonate als organisierte, kampffähige Kraft überlebte; zum zweiten dem kaum weniger bedeutsamen Umstand, daß wichtige Industriebetriebe aus den bedrohten Gebieten im Westen nach Osten verlagert und die Industrieproduktion in den östlichen Landesteilen gesteigert und dadurch das Überleben der UdSSR als Industriemacht gesichert werden konnte. Die Verlegung von zehn bis zwölf Millionen Arbeitskräften in den Osten mitten in den Wirren der Kriegszeit und angesichts eines unzureichenden und mit dem Transport von Truppen und Nachschubgütern bereits überlasteten Eisenbahnnetzes war an sich schon eine unglaubliche Leistung. Nie zuvor hatte ein Land etwas Derartiges unternommen. Aber die Umsiedlung der Menschen war nur eine Hälfte der Geschichte, denn außer den Arbeitskräften mußten, wie Gosplan-Chef Wosnessenski berichtete, »Hunderte von Betrieben, Zehntausende Werkzeugmaschinen, Walzstraßen, Pressen, Hämmern, Turbinen und Motoren« verlagert werden. »1360 Großbetriebe – in der Mehrzahl Rüstungsbetriebe – wurden in die östlichen Regionen der UdSSR umgesiedelt.«[97]

Als die Verbindung nach Leningrad abgeschnürt wurde, ging der Sowjetunion die Produktion eines ihrer wichtigsten Industriezentren verloren; doch bevor der Belagerungsring sich ganz schloß, hatten die Sowjets nicht weniger als zwei Drittel aller in der Stadt vorhandenen Investitionsgüter (mit Ausnahme der Gebäude) abtransportiert. Zwei Beispiele vermitteln eine Vorstellung davon, in welcher Eile die industrielle Evakuierung durchgeführt werden mußte und welche Arbeitsleistungen dafür erbracht wurden. Im ersten Fall ging es um einen ukrainischen Betrieb:»In nur neunzehn Tagen, zwischen dem 19. August und dem 5. September 1941, wurden aus dem Stahlwerk von Saporoschje 16 000 Waggons mit wichtigen Anlageteilen abtransportiert, darunter außerordentlich wertvolle Stahlblech-Walzanlagen . . . Der Generator der großen Turbine des Kraftwerks Suewo wurde zerlegt und binnen acht Stunden verladen.« Beim zweiten Fall ging es um die Verlagerung einer Flugzeugfabrik in eine Stadt an der Wolga:»Der letzte Zug mit Ausrüstungsteilen traf am 26. November 1941 ein, und zwei Wochen später, um den 10. Dezember herum, wurde das erste MiG-Flugzeug montiert . . . Ende Dezember hatte die Fabrik bereits dreißig MiG-Maschinen und drei ›Stormowiks‹ IL-2 produziert.«[98]

Die neuen Fabrikhallen wurden, da die Zeit drängte, in Holzbauweise errichtet, und Unterkünfte waren so rar, daß die Arbeiter in vielen Fällen auf dem Boden neben ihren Maschinen schliefen. Die Lebensbedingungen waren selbst nach russischen Maßstäben armselig, die Ernährung kärglich, eine soziale Infrastruktur (Krankenhäuser, Schulen und ähnliches) nicht vorhanden. Die Arbeitskräfte für die Rüstungsindustrie wurden zwangsrekrutiert und unter militärisches Disziplinarrecht gestellt, doch zogen die Streitkräfte auch weiterhin so viele Männer zum Kriegsdienst ein, daß die Gesamtzahl der Industriearbeiter von achtundzwanzig Millionen auf weniger als zwanzig Millionen im Jahr 1943 zurückging. Zu diesem Zeitpunkt bestand bereits die Hälfte der gesamten Industriearbeiterschaft aus Frauen, denn Stalin teilte die Hemmungen Hitlers bezüglich des Einsatzes von Frauen im Rüstungsbereich ebensowenig wie Arbeitsminister Bevin in Großbritannien. In der Landwirtschaft lag der Frauenanteil sogar bei zwei Dritteln.

Trotz aller Verlagerungen bewirkte der deutsche Einbruch zunächst einen jähen Rückgang der industriellen Produktion; dreihundert rüstungswichtige Betriebe fielen aus. Gleichwohl produzierte die sowjetische Rüstungsindustrie 1942 nicht weniger als 25 436 Flugzeuge – sechzig Prozent mehr als 1941 – und 24 688 Panzer – fast viermal soviel wie 1941.[99] Im Jahr darauf erreichte die Sowjetunion in beiden Bereichen höhere Produktionsziffern als das Deutsche Reich.

Alle rüstungswichtigen Ressourcen unterstanden einer stark zentralisierten staatlichen Kontrolle. Die Gosplan-Behörde unter Wosnesenski arbeitete für den Zeitraum 1941/42 einen Kriegsnotstandsplan aus und entwickelte daraus in der Folge für jedes weitere Kriegsjahr detaillierte rüstungswirtschaftliche Pläne. Alle wichtigen Entscheidungen fielen in dem kleinen, aber allmächtigen Verteidigungskomitee GOKO, das fast täglich unter Vorsitz Stalins zusammentrat und mit seinen Beschlüssen dafür sorgte, daß der in Rüstungsausgaben fließende Teil des Volkseinkommens von fünfzehn Prozent im Jahr 1940 auf fünfundfünfzig Prozent 1942 emporschnellte, eine Quote, die möglicherweise einen weltgeschichtlichen Rekord darstellt.[100] Der entscheidende Zeitraum war die erste Hälfte des Jahres 1942. Um die Jahresmitte überschritt das Gesamtvolumen der Rüstungsproduktion erstmals das Vorkriegsniveau.

Es wurden viele Fehler begangen, hier wie in der Rüstungswirtschaft aller kriegführenden Länder; aber was die Bevölkerung wirtschaftlich unter den Bedingungen des sowjetischen Systems und unter Führung Stalins zustande brachte, war bemerkenswert und machte am Ende die Rückschläge mehr als wett, die die Rote Armee im gleichen Zeitraum infolge der Fehlleistungen des Generalsekretärs erlitt.

Der deutschen Führung war spätestens im Dezember 1941 klar, daß der Krieg gegen Rußland auch im darauffolgenden Jahr weitergehen würde und daß daher eine massive Ausweitung der Rüstungsproduktion geboten war. Ob die Führerweisung »Rüstung 1942« die Abkehr von der Blitzkriegs-Wirtschaft und den Übergang zu einer totalen Kriegswirtschaft markierte oder ob sie lediglich auf die »Verbesserung der Leistungsfähigkeit einer bereits auf den totalen Krieg ausgerichteten Wirtschaft« abzielte, das Ziel war in beiden Fällen dasselbe.[101] Zwei Fragen mußten geklärt werden: Wie sollte dieses Ziel erreicht werden und von wem – letztere in der politischen Welt des Dritten Reiches immer die entscheidende Frage. Göring plante bereits, Gefahr für sein Wirtschaftsimperium witternd, den prophylaktischen Griff nach den Kompetenzen Todts als Minister für Bewaffnung und Munition. Die Vierjahresplanbehörde sollte, so sein Kalkül, die Rationalisierung der Produktion, die Todt erfolgreich in die Wege geleitet und die Hitler mit seiner Weisung vom 3. Dezember 1941 verbindlich gemacht hatte, in die Hand nehmen und federführend vorantreiben. Es gab jedoch mächtige Gegner, die das Gefühl hatten, das größte Hindernis für die Steigerung der Produktivität sei Göring selber, der bereits bewiesen habe, daß er den vielfältigen Verantwortlichkeiten, die er im wirtschaftlichen Bereich an sich gerissen hatte, nicht gewachsen war.

Hitler erfuhr von den Intrigen Görings und seiner Gegenspieler genug, um zu dem Schluß zu gelangen, jede Ausweitung der Machtbefugnisse des Reichsmarschalls werde nur zu einer weiteren Aufblähung der rüstungswirtschaftlichen Bürokratie der Vierjahresplanbehörde führen, der Hitler ohnehin kritisch gegenüberstand. Als Todt am 7. Februar 1942 bei einem Flugzeugabsturz ums Leben kam und Göring daraufhin Hitler drängte, ihn zum Nachfolger des Verunglückten (und damit endgültig zum mächtigsten Wirtschaftslenker in Deutschland) zu machen, lautete die Antwort, das Amt sei bereits an Albert Speer vergeben – der in diesem Augenblick selber im Zimmer anwesend war und sich von seiner Verblüffung erholte. Speer gehörte seit längerem dem persönlichen Gefolge Hitlers an, dessen Architekt er war, und hatte seine organisatorischen Fähigkeiten als Stellvertreter Todts in der Bauwirtschaft bewiesen. Bei seiner Ernennung zum Rüstungsminister scheint die Überlegung eine Rolle gespielt zu haben, daß Speer über keine politische Hausmacht verfügte und daher ganz auf das Wohlwollen des Führers angewiesen sein würde. Dies wiederum würde Hitler die Möglichkeit eröffnen, die Wirtschaftsplanung mitzulenken, so wie er seinen Einfluß auf den strategischen und militärischen Entscheidungsprozeß stetig ausgeweitet hatte, angefangen bei der Ablösung des Kriegsministers von Blomberg 1938 und der Übernahme des Oberbefehls über die Wehrmacht. Einen Tag nach der öffentlichen Bekanntgabe seiner Berufung wurde Speer zum ersten jener Führergespräche bestellt, die bis Kriegsende regelmäßig stattfanden und bei denen er, später auch sein Stellvertreter Otto Saur, wichtige Fragen mit Hitler erörterte und die Entscheidungen zu Protokoll nahm.

Um einer Konfrontation mit Göring vorzubeugen, dessen allgemeiner wirtschaftspolitischer Einfluß noch ungebrochen war, machte Speer den – von Göring schließlich akzeptierten – Vorschlag, der Reichsmarschall möge ihn zum Generalbevollmächtigten für wehrwirtschaftliche Aufgaben »im Rahmen des Vierjahresplans« ernennen. Göring setzte durch, daß die Luftrüstung, die an ihrem Wert gemessen vierzig Prozent der Gesamtrüstung ausmachte, unter seiner Zuständigkeit verblieb; doch Speer gelang es bald, durch gute Arbeitsbeziehungen zu Görings Staatssekretär General Milch, dem eigentlich maßgeblichen Mann für den Flugzeugbau, Göring zu umgehen. Speer holte Milch in einen im April neu geschaffenen wirtschaftlichen Planungsausschuß, die sogenannte Zentrale Planung, die in allen Fragen der Zuteilung von Rohstoffen oberste Planungsinstanz war (mit Ausnahme von Kohle, synthetischem Treibstoff und Gummi).

Unter Vorsitz Speers dehnte die Zentrale Planung ihre Zuständigkeit auf weitere, nicht unmittelbar zur Rüstung gehörende Wirtschaftssektoren aus. Sie sollte, so erläuterte Speer dem Chef des Wehrwirtschafts- und Rüstungsamts, General Thomas, für die wirtschaftliche Planung dieselbe Rolle spielen wie der Generalstab für die militärischen Operationen. Der erste Schritt zur Erlangung einer wirklich zentralen Planungshoheit bestand darin, daß das von Thomas geleitete Amt aus dem Zuständigkeitsbereich des OKW aus- und in den der Zentralen Planung eingegliedert wurde. Ein wichtiger Bereich freilich, den Speer nicht unter seine Kontrolle zu bringen vermochte, war die Arbeitskräftebeschaffung. Hier ging Gauleiter Sauckel, im März 1942 zum Generalbevollmächtigten für den Arbeitseinsatz ernannt, eigene Wege; er fühlte sich nur Hitler verantwortlich und kümmerte sich weder um Speer noch um Göring.

Speer hatte Göring nicht aus seiner Position im Wirtschaftsbereich verdrängt, aber er hatte sich doch ein leistungsfähiges Instrument geschaffen, mit dessen Hilfe er – solange ihm Hitlers Gunst erhalten blieb – die von Todt eingeleitete Rationalisierung und die engere Zusammenarbeit mit der Industrie weitertreiben konnte. Er baute ein Netz von Produktions- und Entwicklungsstäben auf, gestützt auf Todts Konzept einer selbständig produzierenden Rüstungsindustrie, und ermöglichte dadurch Reformen wie den Übergang zur Massenproduktion durch Fließbänder, zur Vereinfachung und Standardisierung der Bauteile und zu Festpreisen anstelle kostenbezogener Verträge.

Wie immer man auch die Verdienste zwischen Speer und Todt verteilen mag, die Ergebnisse ihrer Tätigkeit konnten sich sehen lassen. Zwischen Februar und Juli 1942 stieg das Liefervolumen der gesamten Rüstungsindustrie um fünfundfünfzig Prozent. Im Oktober 1942 setzte ein weiterer Steigerungszyklus ein, der zu einem nochmaligen Wachstum um fünfzig Prozent bis Mai 1943 führte. Den dritten und letzten Sprung tat die deutsche Rüstungsproduktion in der Zeit von Dezember 1943 bis Juli 1944, also genau in der Phase, in der die alliierten Luftangriffe ihren Höhepunkt erreichten; gleichwohl konnte Speer eine Wachstumsrate von fünundvierzig Prozent vorweisen. Über den gesamten zweieinhalbjährigen Zeitraum gerechnet, kam es unter Speer zu einer Verdreifachung des Produktionsvolumens bei Waffen, Munition und Flugzeugen und nahezu zu einer Versechsfachung bei den Panzern.[102]

Es gab keinen Weg und kein Mittel, den Mangel Deutschlands an Rohstoffen, insbesondere am Erdöl, und seine Unterlegenheit gegenüber den vereinten Ressourcen der Alliierten – der UdSSR, der USA und des britischen Empire – wettzumachen. Daß man sich darüber in Berlin klar war, geht aus der Tatsache hervor, daß nach dem Kriegseintritt der Vereinigten Staaten jede öffentliche Diskussion über die Fähigkeit Deutschlands, auf lange Sicht mit der Rüstungsproduktion der Alliierten Schritt zu halten, per Führerbefehl untersagt wurde. Um das Verbot wirksam zu machen, wurde zusätzlich verfügt, daß Informationen über die alliierte Rüstungsproduktion grundsätzlich nicht auf dem Amtsweg weitergegeben werden durften, auch nicht an Behörden, die im Rahmen ihrer Aufgabenstellung an der Auswertung solcher Informationen interessiert waren. Ebensowenig vermochte Speer die beiden verlorenen Jahre aufzuholen, vor allem nicht im Bereich des Flugzeug- und Schiffsbaus, wo lange Vorlaufzeiten für die Modellentwicklung in Kauf zu nehmen waren. Doch immerhin konnte Hitler jetzt, da Aussicht auf die volle Mobilisierung des deutschen Wirtschaftspotentials bestand, im Feldzugsjahr 1942 einen zweiten Anlauf zum Sieg nehmen; und als dieser nicht zum Ziel führte, reichte die Kraft immerhin noch für weitere zweieinhalb Jahre Krieg.

Im Gegensatz zu Stalin mußte Hitler neben der russischen auch noch andere Fronten mit Truppen versorgen. Doch gerade die Tatsache, daß er sich persönlich fast ganz auf die Ostfront konzentrierte, offenbarte die grundlegende Schwäche seiner Strategie (und verstärkte sie zugleich): sein Unvermögen, den Krieg als Ganzes zu sehen und dem mediterranen und atlantischen Kriegsschauplatz gebührende Beachtung zu schenken; dazu kamen noch die Unterschätzung der britischen Widerstandskraft einerseits und der amerikanischen Stärke andererseits.

Vor dem Überfall auf die Sowjetunion hatte Hitler Admiral Raeder mit der Zusicherung vertröstet, er werde seine Vorschläge bezüglich einer Intensivierung des Mittelmeer-Krieges nach der Niederwerfung Rußlands aufgreifen. Die Kräfte, die er 1941 und im Winter 1941/42 dorthin entsandte, dienten deshalb lediglich defensiven Zielen, hauptsächlich der Verhinderung eines italienischen Zusammenbruchs. Im Frühjahr 1942 ging Raeder jedoch wieder zum Angriff über und weckte das Interesse Hitlers, indem er seine Ideen im einem sogenannten »großen Plan« zusammenfaßte. Seine Grundidee war, im Nahen Osten vorzudringen, sich am Kaukasus mit der Heeresgruppe Süd zu vereinigen und im Zusammenwirken mit den Japanern das britische Empire großräumig einzuschnüren.

Hitler billigte im Vorgriff zunächst einmal zwei Operationsziele, die ihm im Sommer 1942 erreichbar schienen: die Wiederaufnahme der Wüstenoffensive mit dem Ziel, Ägypten und den Suez-Kanal zu nehmen und anschließend im Nahen Osten Fuß zu fassen, bis hin zum Persischen Golf (Operation Aida); ferner aber Malta zu erobern, ein wichtiges Ziel im Hinblick auf die Nachschubrouten Rommels. Rommel startete denn auch verheißungsvoll mit der Eroberung Tobruks und dem Vormarsch über die ägyptische Grenze. Ende Juni erreichte er El Alamein und stand damit hundert Kilometer vor Alexandria. Dann fand Hitler jedoch Gründe, das zweite Operationsziel, die Eroberung Maltas, zu vertagen, mit der Folge, daß der Vorstoß Rommels wirkungslos verpuffte und die Briten Zeit gewannen, Reserven zu mobilisieren. Alle nichtrussischen Kriegsschauplätze interessierten Hitler nur sporadisch, und Nordafrika behandelte er, bis es verlorenzugehen drohte, als Nebenschauplatz. Zu keiner Zeit erfaßte er die Bedeutung dieses Schauplatzes für die militärische Gesamtlage, wie Churchill es selbst 1940 tat, als die britischen Kriegschancen am geringsten waren.

Ein weiterer, noch folgenschwererer Fehler Hitlers lag darin, daß er die Bedeutung der Seeherrschaft und des Seekriegs im Atlantik zu lange unterschätzte. Raeder versuchte ihm immer wieder klarzumachen, daß es ein sicheres Mittel gab, Großbritannien in die Knie zu zwingen: indem man seine Seehandelsrouten attackierte und seine Häfen blockierte. Hitler ließ nicht nur zu, daß Göring den Aufbau einer Marineluftwaffe hintertrieb und der Marine beim Angriff auf britische Schiffahrtswege und Häfen Luftunterstützung versagte, sondern verkannte auch die Chancen des U-Boot-Krieges, den er zugunsten des Baus von Kriegsschiffen vernachlässigte. Dabei hatte die U-Boot-Waffe den Briten im Ersten Weltkrieg mehr zu schaffen gemacht als alles andere, und auch jetzt hätten die U-Boote sehr wohl jene durchschlagende Wirkung erzielen können, die der Luftwaffe versagt geblieben war. Ihr konsequenter Einsatz hätte möglicherweise auch die Amerikaner daran gehindert, in Großbritannien die für eine Landung auf dem europäischen Festland erforderlichen Kräfte zusammenzuziehen.

Bei Kriegsbeginn verfügte Dönitz, der Befehlshaber der U-Boot-Flotte, über nur 57 U-Boote, erheblich weniger als die 300, die er für notwendig hielt; dazu kam, daß nur 23 dieser Boote hochseetüchtig waren. 1941 aber lag die Neuproduktion noch so weit über den Verlustzahlen, daß Dönitz zeigen konnte, wozu seine Waffe in der Lage war; in diesem Jahr versenkten die Deutschen über 4 Millionen Bruttoregistertonnen britischen (oder auf britische Rechnung laufenden) Schiffsraums – 1299 Schiffe und Boote. Verluste dieser Größenordnung wären auf Dauer nicht zu verkraften gewesen, zumal sie sich 1942 nochmals fast verdoppelten, nicht zuletzt deshalb, weil die Deutschen in diesem Jahr ein neues Funkverschlüsselungssystem anwandten, das die britischen Codespezialisten nicht zu entziffern vermochten.

Diese Erfolge waren so spektakulär, daß Hitler sich überzeugen ließ und mehrmals davon sprach, das U-Boot könne zur kriegsentscheidenden Waffe werden. Im März 1942 versenkten deutsche U-Boote 273 alliierte Schiffe mit insgesamt 834 164 Buttoregistertonnen. Im Mai wurde Dönitz erstmals zu einer Führerbesprechung eingeladen, und Hitler erklärte sich damit einverstanden, daß alle diejenigen, die mit dem Bau oder der Wartung von U-Booten zu tun hatten, vom Militärdienst freigestellt wurden. So konnten 1942 mehr als dreihundert deutsche U-Boote in Dienst gestellt werden, während die Briten im selben Jahr den Verlust von 1664 Schiffen mit 7,8 Millionen Tonnen Ladungskapazität hinnehmen mußten.

Zu keinem anderen Zeitpunkt seit 1941 war Deutschland einem Sieg im Westen so nahe. Niemand brauchte Churchill die Augen darüber zu öffnen, daß der Atlantik der eine und einzige Schauplatz war, auf dem Großbritannien den Krieg noch verlieren konnte. Tatsächlich wurde die britische und alliierte Schiffahrt durch die Verluste, die die deutsche U-Boot-Flotte ihr zufügte, bis weit ins Jahr 1943 hinein in einem Maße geschädigt, das wirtschaftlich kaum noch zu verkraften war. Die Beanspruchung der Schiffahrts-Ressourcen wurde dabei durch den Ausbruch des Krieges in Fernost nochmals gesteigert. Mit einem Krieg im Pazifik konfrontiert, sahen die USA sich nicht mehr in der Lage, ihre Unterstützung für die Briten im Atlantik in der alten Größenordnung aufrechtzuerhalten; die gleichzeitig einsetzende Serie demütigender britischer Verluste – Malaya, Singapur, Burma – und die Bedrohung Indiens durch Japan machten den »imperialen Nimbus« Großbritanniens zunichte und schienen das Ende des britischen Empires einzuläuten. Dazu kam, daß der militärische Wert der ruhmreichen britischen Flotte in Frage gestellt schien, nachdem die japanische Luftwaffe zwei der modernsten Kriegsschiffe der Royal Navy versenkt hatte, die *Prince of Wales* und die *Repulse*.

Die deutsche Marine hatte sechs Monate zuvor, im Mai 1941, ein nagelneues, als »unversenkbar« geltendes Schlachtschiff ebenfalls durch einen Fliegerangriff verloren, die *Bismarck*, was bei Hitler einen Ernüchterungsprozeß ausgelöst hatte. »Ich war bis dahin immer ein Befürworter großer Schiffe«, erklärte er seinem Marineadjutanten im Dezember 1941. »Ihre Zeit aber ist vorbei. Die Luftgefahr ist zu groß.«[103]

Auf keinen Fall durfte das Schwesterschiff der *Bismarck*, die *Tirpitz*, dem Risiko ausgesetzt werden, dasselbe Schicksal zu erleiden. Hitler redete Raeder auch den Plan aus, die verbliebenen deutschen Großkriegsschiffe im Atlantik alliierte Handelsschiffe jagen zu lassen; er beorderte sie stattdessen ins sichere Norwegen. Von dort aus sollten sie die alliierten Versorgungskonvois auf ihrem Weg zu den russischen Nordmeerhäfen angreifen und an der Verteidigung der norwegischen Küste mitwirken, an der die Briten und Amerikaner, davon war Hitler überzeugt, früher oder später zu landen versuchen würden.

Befürchtungen hinsichtlich einer alliierten Landungsoperation über den Ärmelkanal bewogen Hitler zur selben Zeit, im Sommer 1942, zur Aufstockung des deutschen Truppenbestandes in Frankreich und Belgien auf neunundzwanzig Divisionen, die er unter das Kommando des Generalfeldmarschalls von Rundstedt stellte. »Was nützen uns Siege in Rußland«, sagte er zu Halder, »wenn wir Westeuropa verlieren?« Um zu verhindern, daß die Briten – jetzt im Verein mit den Amerikanern – einen Fuß auf europäisches Festland zu setzen versuchten, ordnete er bis zum April 1943 die Errichtung eines »Atlantikwalls« an, bestehend aus einer Phalanx von 15 000 Betonbunkern für die Aufnahme von insgesamt einer halben Million Soldaten, für die weitere 150 000 Mann als Reserve bereitgestellt werden sollten.

Hitler verlor die Gefahr einer anglo-amerikanischen Invasion nie aus den Augen, zumal Stalin mit zunehmender Zeit immer stärker auf die Errichtung einer »zweiten Front« im Westen drängte. Doch Hitler rechnete nicht vor 1943 mit einem alliierten Landungsversuch; bis dahin hoffte er, den Krieg in Rußland gewonnen und den Atlantikwall fertiggestellt zu haben, so daß Deutschland den Westalliierten dann mit geballter Kraft entgegentreten könne. Im Verlauf des Jahres 1942 begann sich freilich eine »zweite Front« anderer Art bemerkbar zu machen: die alliierte Luftoffensive gegen das deutsche Kernland selbst. Bombenangriffe aus der Luft waren vorläufig das einzige Mittel, das den Alliierten zu Gebote stand, um den Krieg auf die deutsche Bevölkerung auszudehnen. Auch wenn die Hoffnung, mit dem strategischen Bombenkrieg den Sieg erzwingen zu können, sich als illusorisch erwies und die deutsche Industrie bis zum Sommer 1944 die Steigerung des Bombenkriegs mit einer Steigerung ihrer Produktion beantwortete, tat doch der Umstand, daß das NS-Regime die deutschen Städte vor Luftangriffen nicht zu schützen wußte, dem Prestige der Nationalsozialisten – und insbesondere Görings – gehörigen Abbruch. Die Royal Air Force flog ihren ersten Tausend-Bomber-Angriff Ende Mai 1942 auf Köln und verwüstete im folgenden Sommer Hamburg mit sieben schweren Angriffen innerhalb von neun Tagen. Brandbomben entfachten verheerende Feuersbrünste, denen die Hälfte aller Häuser des Hamburger Stadtzentrums zum Opfer fiel; von den übrigen Gebäuden wurde noch einmal mehr als die Hälfte beschädigt. 45 000 Menschen kamen um, eine Million suchten das Weite. Dennoch: Weder in Köln noch in Hamburg verloren die Menschen ihren Durchhaltewillen, ebensowenig wie die Londoner es getan hatten. Und 1943 begannen die deutschen Nachtjäger den alliierten Bombern Verluste in einer Größenordnung zuzufügen, die sowohl die britischen als auch die amerikanischen Luftkriegsstrategen zwang, ihre Taktik zu überdenken.

Als die sowjetische Winteroffensive zu Ende ging, begann Stalin mit den Angehörigen der Stawka Pläne für das weitere Vorgehen im Frühjahr 1942 zu entwickeln. Der Generalstab präsentierte Mitte März eine Konzeption, die vorsah, daß die Rote Armee Abwehrstellungen beziehen, die zu erwartenden Angriffe zurückschlagen und dem Gegner dabei schwere Verluste zufügen sollte; währenddessen sollte eine Reservearmee aufgestellt, ausgebildet und ausgerüstet werden, die im Spätsommer zu einem entscheidenden Gegenschlag ausholen könnte. Nach Ansicht Schaposchnikows und Wassilewskis war mit den heftigsten Kämpfen der defensiven Phase an den mittleren, Moskau vorgelagerten Frontabschnitten zu rechnen.

Stalin wandte sich nicht direkt gegen die Pläne des Generalstabs, versuchte jedoch, in das allgemeine Defensivkonzept »partielle Offensiven« einzubauen. Im Verlauf einer mitternächtlichen Besprechung im Kreml führte er aus: »Laßt uns nicht in Abwehrhaltung, mit gefalteten Händen, dasitzen und den Deutschen den Vortritt lassen. Wir müssen selbst eine Reihe von Schlägen austeilen, um sie auf breiter Front aus dem Konzept zu bringen und die feindlichen Vorbereitungen zu stören.«[104]

Stalin fand besonders großen Gefallen an dem Vorschlag Timoschenkos, im Mai zum Angriff gegen die deutsche Heeresgruppe Süd überzugehen und Charkow zurückzuerobern. Wo es ihm paßte, traf er persönliche »Abmachungen« mit einzelnen Frontkommandeuren, so etwa mit Generalleutnant Chosin, dem er den Auftrag erteilte, einen neuerlichen Versuch zur Sprengung des deutschen Belagerungsrings um Leningrad zu unternehmen. Ferner sicherte er sich die Zustimmung der Stawka zu drei weiteren »Teiloffensiven« im nördlichen und mittleren Frontbereich sowie zur Wiederaufnahme der Angriffsoperationen bei Kertsch, mit dem Ziel, die Deutschen von der Krim zu vertreiben. Letzteres setzte er gegen die Bedenken des Generalstabs durch, der befürchtete, daß dadurch die Bereitstellung ausreichender Reserven für spätere Offensiven beeinträchtigt würde.

Stalin war überzeugt, die Westalliierten würden im Lauf des Jahres 1942 eine zweite Front in Westeuropa eröffnen, und dies würde zum Abzug deutscher Kräfte von der Ostfront führen. Mit noch größerem Nachdruck lehnte er die Erwägung ab, daß Hitler den Hauptstoß im Süden führen könnte und nicht am mittleren Frontabschnitt, wo die Rote Armee nach seinem Willen jetzt ihre Kräfte massierte. Selbst als die beiden besten nachrichtendienstlichen Quellen der Sowjets, »Lucy« und »Werther«, originale deutsche Operationsbefehle für den »Fall Blau« übermittelten, einen Vorstoß Richtung Kaukasus, ließ Stalin sich nicht beirren. Er erklärte, es handle sich um eine weitere »Finte«, und beschimpfte seinen militärischen Nach-

Im ukrainischen Poltawa fand nach der erzwungenen Winterpause am 9. Mai 1942 die Besprechung statt, auf der in Abänderung des ursprünglichen Feldzugsplanes die Süd-schwenkung der deutschen Offensive beschlossen wurde. Jetzt wurden die Wolga und der Kaukasus Ziel des deutschen Angriffs. Hitler gab genaue Anweisungen an Generaloberst Paulus, den er später, kurz vor der Kapitulation in Stalingrad, zur Ermunterung des Durchhaltens zum Generalfeldmarschall beförderte. In Poltawa hatte 1709 Peter I. dem schwedischen Heer unter König Karl XII. eine vernichtende Niederlage beigebracht, so daß sich Karl nur durch die Flucht in die Türkei retten konnte.
Oben auf dem Photo: Hitler bei der Besprechung von Poltawa. Im Hintergrund: Keitel im Gespräch mit Generaloberst Paulus, dem Oberbefehlshaber der Sechsten Armee.

richtendienst, weil keine Indizien für die »wahren« Absichten der Deut-schen zutage gefördert worden seien. Zuversichtlich gestimmt durch die Leistungen der ins Uralgebiet verlagerten Industriebetriebe, die im zurück-liegenden Winter über 4500 Panzer, 3000 Flugzeuge und fast 14 000 Geschütze produziert hatten, war Stalin entschlossen, der Wehrmacht keine Wiederholung des Angriffs auf Moskau zu gestatten, der ihr 1941 bei-nahe gelungen wäre; er hoffte vielmehr, mit etwas Glück den Belagerungs-ring um Leningrad sprengen, Charkow zurückerobern und die Krim befreien zu können.

Auch der deutsche Nachrichtendienst hatte gute Arbeit geleistet und genügend Hinweise auf die sowjetischen Absichten zusammengetragen, um die auf Charkow gerichtete Offensive Timoschenkos voraussagen zu können, mit der Stalin im Mai die neue Feldzugsrunde eröffnete. Wieder einmal sahen sich sowjetische Armeen mit der Gefahr der Einkreisung kon-frontiert, dieses Mal südöstlich von Charkow. Im Verein mit Chru-schtschow, dem politischen Kommissar Timoschenkos, suchte der Stellvertretende Stabschef Wassilewski Stalin zu überzeugen, daß der Vorstoß Richtung Charkow abgebrochen werden müsse. Doch erst am 19. Mai gab Stalin nach und erlaubte Timoschenko und seinen Truppen, sich ganz auf den Ausbruch aus der zuschnappenden deutschen Falle zu konzentrieren. Es war zu spät: Tausende russischer Offiziere und Mannschaften verloren in verzweifelten Durchbruchsversuchen ihr Leben, mehr als 237 000 gerieten schließlich in Gefangenschaft. Dasselbe Schicksal erlitt die Zweite Armee unter Wlassow an der Leningrader Front.

Weiter im Süden bemühte sich Mechlis im Auftrag Stalins, die sowjetischen Krim-Truppen zum Angriff und zur Befreiung des belagerten Sewastopol anzutreiben. Doch das einzige, was der Politruk Mechlis bewerkstelligte, war die Verunsicherung der Kommandeure, so daß sie sich, als die Elfte Armee Mansteins im Mai auf der Landzunge von Kertsch einen Überraschungsangriff startete, gänzlich überrumpeln ließen. Einundzwanzig sowjetische Divisionen zerstoben in diesem Debakel, an dessen Ende die Rote Armee weitere 176 000 Mann sowie die meisten der an diesem Frontabschnitt eingesetzten 350 Panzer und 3 500 Geschütze verlor. Mechlis und alle vor Ort verantwortlichen Truppenführer wurden degradiert oder entlassen. Nach der Eroberung Kertschs konnte Manstein im Juni ungehindert eine der konzentriertesten Angriffsoperationen dieses Krieges durchführen: die Belagerung der Festung Sewastopol. Nach siebenundzwanzig Tagen ununterbrochener Beschießung mit schwerer Artillerie und Bombardierung aus der Luft waren die Festungsanlagen zertrümmert und die 106 000 Mann der Garnison bis auf wenige Reste aufgerieben.

Der Triumph Mansteins besiegelte das Scheitern des russischen Gegenangriffs und war zugleich der Prolog für Hitlers zweite Sommeroffensive. Weil die Zerschlagung der russischen Winteroffensive gegen den Rat der Generäle durchgesetzt worden war, fühlte sich Hitler in seinem Sendungsbewußtsein aufs neue bestärkt. Am 30. Januar 1942, auf dem Höhepunkt der Winterkrise, hielt er wie gewohnt eine Rede an das deutsche Volk; darin sprach er von seinem »unbändige[n] Vertrauen..., auch zu meiner eigenen Person, daß mich gar nichts, was immer es auch sei, jemals aus dem Sattel werfen kann, daß mich nichts mehr zu erschüttern vermag«.[105]

Goebbels hielt in seinem Tagebuch fest: »Die Versammlung ist so recht im Stile der Jahre 1930, 1931 und 1932 ... Er hat das ganze Volk wie einen Akkumulator aufgeladen ... Solange er lebt und gesund unter uns weilt, solange er die Kraft seines Geistes und die Kraft seiner Männlichkeit einzusetzen in der Lage ist, solange kann uns nichts Böses geschehen.«[106]

Als Goebbels jedoch seinen Führer im März in dessen Hauptquartier besuchte, registrierte er mit Bestürzung, welchen Tribut der Winterfeldzug von ihm gefordert hatte: »Ich bemerke ..., wie er schon sehr grau geworden ist und wie schon seine Erzählung über die Sorgen des Winters ihn stark gealtert erscheinen läßt.«[107]

Doch die Krise war vorüber. Hitler hatte sie bewältigt. »Ich glaube, daß ich unter dem Schutz der Vorsehung stehe«, erklärte er Mussolini, und getreu seiner verhängnisvollen Fähigkeit, sich selbst von der Wahrheit all dessen zu überzeugen, was er glauben wollte, verdrängte er jeden Gedanken an eine eigene Verantwortung für das, was geschehen war. Statt dessen suchte er die Schuld allein bei der Wehrmachtführung. Nach dem Winter 1941/42 war er weniger denn je bereit, Ratschläge zu beherzigen oder auch nur Informationen zur Kenntnis zu nehmen, die seinen Wünschen zuwiderliefen. Dies schloß am Ende jede Fähigkeit zur Selbstkritik und zum Dazulernen aus, und als die Realität sich immer mehr von seinen Wunschvorstellungen entfernte, verlor er gänzlich den Kontakt zu ihr.

Die Streitmacht, mit der Hitler in die zweite Sommeroffensive gegen die Sowjetunion ging, war nicht einmal mehr halb so groß wie die, mit der er 1941 in den Krieg gezogen war: 68 anstelle von 153 Divisionen, davon acht Panzerdivisionen anstelle von siebzehn und sieben motorisierte Divisionen anstelle von dreizehn. Hitler wollte diesen Mangel dadurch wettmachen, daß er den Angriff auf einen Frontabschnitt, den südlichen, konzentrierte. Auch die Verbündeten wurden aufgefordert, einen größeren Beitrag zu leisten, und in der Tat stellten Italien, Ungarn und Rumänien zusammen 52 Divisionen zur Verfügung, ein Viertel der Gesamtzahl der Soldaten, die jetzt gegen die Sowjetunion ins Feld zogen. Niemand wußte, wieviel diese verbündeten Truppen wert sein würden; die Deutschen trauten ihnen die halbe Kampfkraft ihrer eigenen Divisionen zu.

Obwohl Planunterlagen für die erste Phase der Operation »Blau« in sowjetische Hände gefallen waren, beharrte Stalin auf seiner Überzeugung, der deutsche Hauptstoß werde Moskau gelten; er zeigte sich aus diesem Grund schlecht vorbereitet, als die Deutschen im Süden losschlugen, sich am Don etablierten, den bedeutenden Verkehrsknotenpunkt Stalingrad belagerten und weiter südlich in Richtung der kaukasischen Ölfelder vorstießen. Während Stalin und die Stawka sich verzweifelt bemühten, ihre Fronten zu reorganisieren und zu verhindern, daß in der großen Don-Schleife ein weiteres Mal ein großes Sowjetheer eingekesselt wurde, verlegte Hitler sein vorgeschobenes Hauptquartier Mitte Juli nach Winniza in der Ukraine; er war siegessicher und wähnte die Russen »am Ende«. Die deutschen Pläne sahen vor, daß die Heeresgruppe B weiter den Don flußabwärts marschieren, sich mit Lists Heeresgruppe A vereinigen und daß beide gemeinsam Stalingrad besetzen würden. Die Spitzen beider Heeresgruppen, die schon weit nach Osten vorgedrungen waren, über den unteren Donez und den Don hinaus, hatten in der Tat bereits Kontakt miteinander, als Hitler es sich unvermittelt anders überlegte: Anstatt, wie geplant, weiterhin rasch in Richtung Stalingrad vorzustoßen, ließ er die Heeresgruppe A südwärts schwenken und Rostow einnehmen, das als Sprungbrett für den Marsch zum Kaukasus dienen sollte.

Dies erwies sich als schwerwiegender Fehler. Hitler rechnete mit einem

1942 besichtigte Mussolini die an der Ostfront kämpfenden italienischen Freiwilligenverbände, die unter General Zingaless dienten und keine große Rolle spielten. Der italienische Schriftsteller Curzio Malaparte, der nach dem Krieg mit den Romanen ›Die Haut‹ und ›Kaputt‹ zu Weltruhm kommen sollte, war in dieser Zeit Kriegsberichterstatter an der Ostfront.

Zusammenbruch der russischen Gegenwehr wie 1941 und glaubte daher, er könne zwei Operationen, die ursprünglich nacheinander vorgesehen waren – die Eroberung Stalingrads, gefolgt vom Vormarsch zum Kaukasus –, ruhig gleichzeitig durchführen. Ohne die Einnahme Stalingrads abzuwarten, begannen die deutschen Truppen, sich aufzufächern. Kaum war Rostow erobert (23. Juli), da erhielt Lists Heeresgruppe A Befehl, entlang der Nordostküste des Schwarzen Meers Richtung Batum vorzustoßen. Die Erste und die Vierte Panzerarmee wurden von der Heeresgruppe B abkommandiert und in Richtung der kaukasischen Ölfelder bei Maikop, Grosny und schließlich Baku in Marsch gesetzt.

Die Heeresgruppe B bestand daraufhin fast nur noch aus der Sechsten Armee unter Paulus sowie je einer italienischen, einer ungarischen und einer rumänischen Armee, verfügte jedoch nicht mehr über nennenswerte Panzerkräfte. Diese geschwächte Streitmacht sollte Stalingrad erobern und die für die Sowjetunion lebenswichtigen Straßen-, Schienen- und Schiffahrtsverbindungen zwischen dem Kaukasus und Zentralrußland unterbrechen. Die Elfte Armee, deren Befehlshaber Manstein sich am liebsten mit der Heeresgruppe A vereinigt hätte, wurde nach Norden verlegt, an die Leningrader Front.

Seit Anfang 1942 hatten die Sowjets eine Niederlage nach der anderen erlitten; sie hatten das Industrierevier des Donez-Beckens verloren und sahen jetzt ihre wichtigen Treibstoffressourcen im Kaukasus bedroht. Aus früheren Fehlern klug geworden, hatten sie bei Rostow den größten Teil der von der Einkesselung bedrohten Truppen zurückgezogen. Doch nach wie vor beherrschte die deutsche Luftwaffe den Luftraum; sie war in der Lage, täglich dreitausend Einsätze zu fliegen, zehnmal so viele wie die zahlenmäßig an sich stärkere sowjetische Luftwaffe. Im Zuge eines weiteren raschen Sinneswandels beorderte Hitler die Vierte Panzerarmee aus dem Kaukasus zurück, um Paulus und seine Sechste Armee bei der Zersprengung der sowjetischen Truppen, die sich noch in der Don-Schleife befanden, zu stärken; anschließend sollte Paulus den Don überschreiten und zur 55 Kilometer entfernten Wolga durchstoßen, und zwar in Höhe der nördlichen Vororte Stalingrads. Hier traf Paulus denn auch am 23. August ein.

Stalin hatte die nach ihm benannte Stadt, das einstige Zarizyn, im Bürgerkrieg gegen die Weißen verteidigt. Sein damaliges Amt, das des Politischen Kommissars, hatte jetzt in Stalingrad Nikita Chruschtschow inne, der nicht anders als der neu ernannte Generalstabschef Wassilewski und andere verantwortliche Frontkommandeure telephonisch die volle Wucht des Stalinschen Zorns zu spüren bekam, nachdem man in Moskau von dem erfolgreichen Vorstoß des Gegners erfahren hatte. Unter Hinweis auf die von der deutschen Luftwaffe angerichteten Schäden schlugen sie daraufhin die Evakuierung von Zivilisten und Industriebetrieben vor, worauf Stalin die kurz angebundene Antwort gab: »Ich lehne jede Erörterung dieser Frage ab. Es sollte bekannt sein, daß, wenn die Evakuierung der Industrie und die Verminung der Fabriken erst einmal beginnt, dies als ein Beschluß, Stalingrad aufzugeben, gewertet werden wird. Aus diesem Grund untersagt das staatliche Verteidigungskomitee alle Vorkehrungen für die Sprengung der Industrie oder für ihre Verlagerung.«

John Erickson schreibt dazu: »Mit diesen Worten hatte Stalin sich selbst, die Rote Armee und die Russen schlechthin auf eine der fürchterlichsten Schlachten in der Geschichte des Krieges festgelegt.«[108]

Hitler war ebenso fest entschlossen, Stalingrad zu erobern, wie Stalin entschlossen war, ihn daran zu hindern. Doch er hatte den günstigsten Zeitpunkt für das Unternehmen verstreichen lassen. Die Vierte Panzerarmee, die er von der Heeresgruppe B abgezweigt und in den Kaukasus abkommandiert hatte, hätte die Stadt im Juli wahrscheinlich ziemlich mühelos einnehmen können, doch zu der Zeit, da sie zurückkehrte, versteifte sich die russische Gegenwehr, und die Deutschen kamen nicht dagegen an, so sehr sie sich auch den ganzen September und Oktober über mühten.

Das vorgeschobene Führerhauptquartier bei Winniza, ein aus Holzhäuschen bestehendes Sommerlager, stand an einem schlecht gewählten Ort: Das Klima war hier im Sommer feuchtwarm, die Hitze brütend, und es wimmelte von Stechmücken. Hitler klagte über unausgesetzte Kopfschmerzen, die ihn keinen klaren Gedanken fassen ließen. Zum zweiten Mal mußte er erleben, wie ein sicher geglaubter Sieg ihm aus der Hand zu gleiten drohte, und wieder suchte er alle Schuld bei den Militärs. Halder, der Generalbstabschef, an dem Hitler meist zuerst seinen Zorn ausließ, schrieb später, die »Feldherrnentschlüsse« des Führers hätten »mit den durch Generationen anerkannten Grundsätzen von Strategie und Operation nichts mehr gemein« gehabt. »Sie sind Ausflüsse einer Augenblickseingebungen folgenden Gewaltnatur, die keine Grenzen des Möglichen anerkennt und ihre Wunschträume zum Gesetz des Handelns macht.«[109]

Dasselbe könnte über den Stalin der ersten Jahreshälfte 1942 gesagt werden, doch Stalin hatte alle Rückschläge überstanden, so gravierend sie auch gewesen sein mochten, und stand im Begriff, stabilere Arbeitsbeziehungen zu einer kleinen Gruppe herausragender Offiziere der Roten Armee zu entwickeln. Im Gegensatz dazu begann sich bei Hitler abzuzeichnen, daß er seine Fehler psychisch nicht mehr verkraftete; die Veränderungen, die in der Folge mit ihm vorgingen, führten zu einer heillosen Zerrüttung seiner Beziehung zum Heer und zum Generalstab.

Ähnlich wie auf der Gegenseite Stalin besaß Hitler starke Aversionen gegen nachrichtendienstliche Erkenntnisse, die nicht ins Bild seiner festgefügten Überzeugung paßten, wonach die Russen am Ende ihrer Kraft stünden. Halder beschrieb später aus der Erinnerung eine in dieser Beziehung bezeichnende Begebenheit: »Als ihm eine auf einwandfreien Unterlagen aufgebaute Zusammenstellung vorgelegt wurde, nach der Stalin noch im Jahre 1942 im Bereich nördlich Stalingrad westlich der Wolga über Neuaufstellungen von 1 bis 1,5 Millionen, im Bereich des östlichen Kaukasus und nördlich desselben von mindestens 500 000 Mann würde verfügen können, und schließlich der Beweis erbracht wurde, daß der Ausstoß der russischen Produktion an frontfähigen Panzern monatlich mindestens 1 200 Stück betrage, da ging Hitler mit Schaum in den Mundwinkeln und mit geballten Fäusten auf den Vortragenden los und verbat sich solches idiotisches Geschwätz.«[110]

Im September geriet der Vormarsch der Heeresgruppe A im Kaukasus ins Stocken, da die russische Gegenwehr auch hier stärker wurde, genau wie in Stalingrad. Hitler, außer sich vor Ungeduld, schickte General Jodl auf Inspektionstour an die Kaukasusfront. Als Jodl nach seiner Rückkehr List in Schutz nahm, bekam Hitler erneut einen Wutanfall. Was ihn mehr als alles andere aufbrachte, war die Tatsache, daß Jodl mit Zitaten aus seinen eigenen Weisungen bewies, daß List nur seine, Hitlers, Befehle ausgeführt hatte. Der Führer weigerte sich daraufhin für den Rest des Jahres, mit den Männern seines Generalstabs zu speisen, und eröffnete Jodl, er werde Paulus an seine Stelle setzen, sobald dieser Stalingrad endgültig erobert haben würde. Schließlich zwang er Feldmarschall List zum Rücktritt und erklärte sich selbst zum Oberbefehlshaber der im Kaukasus stehenden Heeresgruppe A. Um sich für den Fall, daß jemals wieder jemand wagen sollte, ihn mit Hilfe eigener Zitate ins Unrecht zu setzen, besser zu wappnen, wies er Bormann in Berlin an, eine Gruppe von Reichstags-Stenografen in die »Wolfsschanze« zu schicken, wo von da an jedes im Verlauf der militärischen Lagebesprechungen gesprochene Wort mitgeschrieben wurde – rund 500 Seiten pro Tag. Diese Besprechungen fanden nun auch nicht mehr in Jodls Kartenzimmer statt, sondern in eisiger Atmosphäre, in einem zu Hitlers Wohnquartier gehörenden Raum.

Am 13. September begannen die Deutschen einen groß angelegten Angriff auf Stalingrad, unter Einsatz aller ihrer verfügbaren Luft- und Bodenkräfte. Erbitterte Kämpfe Mann gegen Mann tobten in den Straßen und in den zerbombten Gebäuden der Stadt, wo die Deutschen einen ebenbürtigen Gegner in Gestalt der Zweiundsechzigsten Armee unter General Tschuikow fanden, der ein kämpfender General war und stets die Hitze des Gefechts suchte. Bei Nacht eroberten seine Soldaten das zurück, was sie tagsüber verloren hatten. Als Halder zum Abbruch des Kampfes riet, erklärte Hitler ihn für abgesetzt: »Verabschiedung durch den Führer (meine Nerven verbraucht, auch seine Nerven nicht mehr frisch. – Wir müssen uns trennen. – Notwendigkeit der Erziehung des Gen.Stabs im fanatischen Glauben an die Idee. – Entschlossenheit, auch im Heer seinen Willen restlos durchzusetzen).«[111]

Halders Nachfolger, der elf Jahre jüngere Zeitzler, erteilte denselben Rat, doch Hitler wollte von einem Abbruch des Angriffs nichts hören. Am 14. Oktober spitzte sich die Intensität des Kampfes noch weiter zu, als Tschuikow und seine Zweiundsechzigste Armee den Befehl erhielten, den verbliebenen Teil der Stadt – das Gelände dreier benachbarter großer Fabriken, von drei Seiten belagert, nur wenige Quadratkilometer groß und an der vierten Seite von der Wolga begrenzt – um jeden Preis zu halten, und das gegen 90 000 deutsche Angreifer (eine Überlegenheit von 2:1), die 2 000 Kanonen und Mörser, 300 Panzer und die 1 000 Flugzeuge ihrer Vierten Luftflotte in den Kampf warfen.

Auf diesem engen Raum bekämpften sich nun Angreifer und Verteidiger mit wilder Entschlossenheit; oft ging der Kampf Mann gegen Mann und von Haus zu Haus. Einen Eindruck von dem Geschehen vermittelt die Geschichte von »Pawlows Haus«, einem vierstöckigen Gebäude, das den Zugang zum Platz des 9. Januar beherrschte und zu einem Wahrzeichen der Schlacht von Stalingrad werden sollte. Als Feldwebel Pawlow von der Dreizehnten Garde-Division das Haus besetzt hatte, bestückte er es mit sechzig Mann, Mörsern, schweren Maschinengewehren und Panzerabwehrkanonen. Im 3. Stock plazierte er Scharfschützen, die alle Zugangswege im Visier hatten; durch die Verminung des Platzes hielt er sich feindliche Panzer vom Leib. Die Deutschen nahmen das Gebäude unter Artillerie- und Mörserbeschuß und bombardierten es aus der Luft; dennoch konnte Pawlow 58 Tage lang alle Angriffe abschlagen.

Der früh einsetzende Winter 1941 beendete die Operationen der deutschen Truppen, die mit leichter Sommerkleidung zu einem Feldzug aufgebrochen waren, der nur wenige Monate dauern sollte. Brauchitsch plädierte für die Rücknahme der vorgeschobenen Angriffskeile und für die Einnahme von Verteidigungsstellungen im Hinterland. Aber Hitler enthob ihn seiner Stellung, stellte andere Offiziere, die eigenmächtig Frontbegradigungen vorgenommen hatten, vor ein Kriegsgericht und erzwang tatsächlich die nicht mehr für möglich gehaltene Stabilisierung der Front. So überdauerte das deutsche Heer die nächsten fünf Monate, angeschlagen, aber ungebrochen. Im Mai 1942 konnte die Offensive wieder aufgenommen werden, die aber ihr ursprüngliches Ziel – Leningrad im

Den Deutschen gelang es zwar, die Streitmacht Tschuikows in zwei Teile zu spalten, sie auf einen weniger als tausend Meter breiten Uferstreifen zurückzudrängen und selber bis an die Wolga vorzudringen, aber nach fünfzehn Tagen und Nächten ununterbrochenen Kampfes hielten beide Seiten erschöpft inne, und noch immer hatten die Russen zwei kleine Brückenköpfe am westlichen Wolgaufer im Besitz.

Andere sowjetische Verbände hatten Gegenangriffe gestartet, um Tschuikow zu entlasten, doch mit geringem Erfolg. Stalins Augenmerk galt der Lage in Stalingrad selbst. Wassilewski und Schukow, der inzwischen zum Stellvertreter Stalins als Verteidigungskommissar aufgerückt war, planten jedoch seit Mitte September ein sehr viel ehrgeizigeres Manöver, mit dem sie, falls es gelang, nicht nur Stalingrad befreien, sondern auch die deutsche Sechste Armee einzuschließen hofften. Was sie vorhatten, war eine weit ausladende Zangenbewegung vom Norden und Süden Stalingrads her, entlang einer über dreihundert Kilometer langen Front. Sie wollten mit diesem Angriff erst beginnen, wenn eine Million Mann bereitstan-

Norden und Moskau in der Mitte – niemals erreichte. Statt dessen wurde die Operation nun in Richtung der Wolga vorgetragen, wo man im Herbst 1942 bis nach Stalingrad vordrang. Der monatelange Kampf um diesen in der Tat entscheidenden Verkehrsknotenpunkt sollte zum Wendepunkt des Krieges werden. Die deutschen Verluste hatten eine Höhe von 150.000 Mann erreicht, als die Sechste Armee unter Generalfeldmarschall Paulus am 31. Januar 1943 kapitulierte. 90.000 Mann gingen in Gefangenschaft; nur 6.000 kehrten nach Jahren in die Heimat zurück.
Oben: Erfrorene an der Front vor Moskau im Dezember 1941.
Rechte Seite: Kämpfe in der »Fabrik des Roten Oktober« 1942.

den und über den Operationsplan unterrichtet waren. Nachdem Stalin seine Einwilligung erteilt hatte, wurden Schukow und Wassilewski mit der Durchführung betraut. Kurz vor dem geplanten Operationsbeginn, dem 11. November, als Schukow gerade in Moskau war, um Stalin über die letzten Vorbereitungen Bericht zu erstatten, meldeten Tschuikow und seine Zweiundsechzigsten Armee einen erneuten deutschen Ansturm auf ihren Brückenkopf; mit der letzten ihnen noch verbliebenen Kraft, mit schwindenden Munitionsbeständen und wegen des einsetzenden Eisgangs auf der Wolga vom Nachschub an Männern und Material abgeschnitten, vermochten sie ihre Bastion nur noch für eine einzige, wenn auch entscheidende Woche zu halten.

Hitler hatte die Gefahr nie ernst nehmen wollen, die seiner Sechsten Armee von den Flanken her drohte. Er hatte sich damit begnügt, zur Sicherung der Flanken die rumänischen Armeen sowie einige aus Luftwaffen-Personal zusammengestellte Divisionen beizuziehen, die über wenig oder gar keine Ausbildung verfügten. Diese Verbände zerstoben unter dem

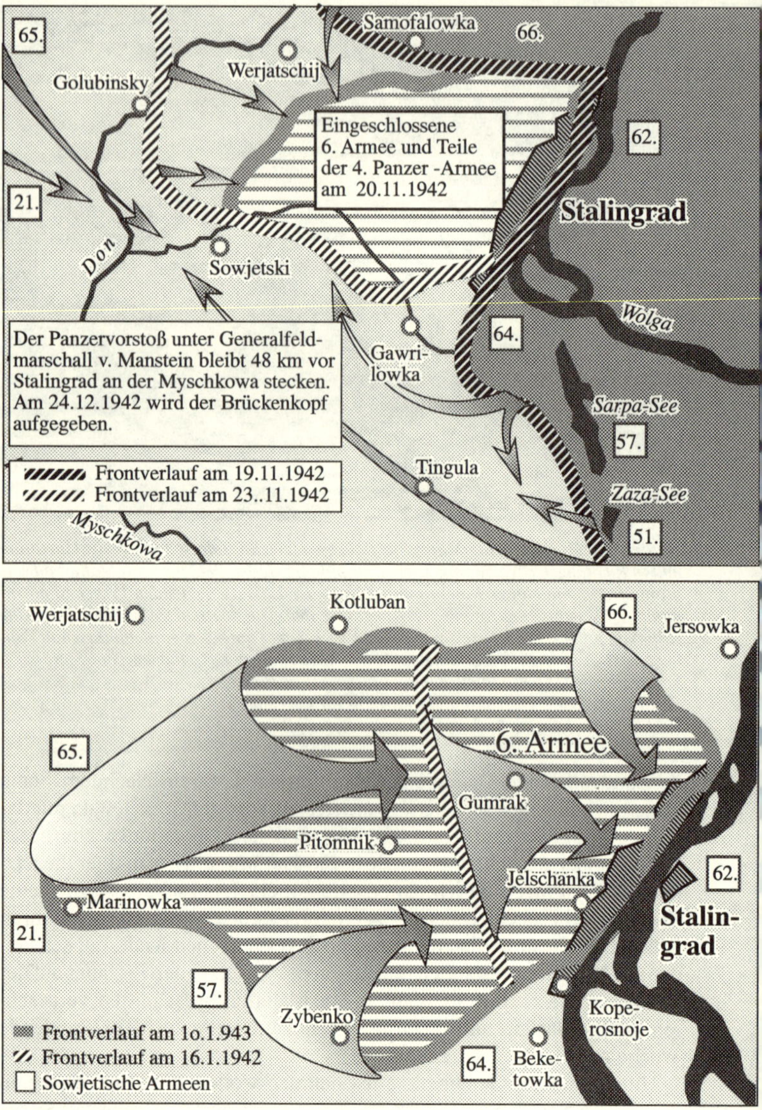
65.
Golubinsky
Werjatschij
Samofalowka
66.
Eingeschlossene
6. Armee und Teile
der 4. Panzer -Armee
am 20.11.1942
62.
21.
Stalingrad
Don
Sowjetski
Wolga
64.
Der Panzervorstoß unter Generalfeld-
marschall v. Manstein bleibt 48 km vor
Stalingrad an der Myschkowa stecken.
Am 24.12.1942 wird der Brückenkopf
aufgegeben.
Gawri-
lowka
Sarpa-See
57.
Tingula
Frontverlauf am 19.11.1942
Frontverlauf am 23..11.1942
Zaza-See
Myschkowa
51.
Werjatschij
Kotluban
66.
Jersowka
65.
6. Armee
Gumrak
Pitomnik
Jelschanka
62.
Marinowka
Stalin-
grad
21.
57.
Kope-
rosnoje
Zybenko
Frontverlauf am 1o.1.943
Frontverlauf am 16.1.1942
Sowjetische Armeen
64.
Beke-
towka

Frontverschiebungen vor Stalingrad im Winter 1942/43

Druck der drei Sowjetischen Heeresgruppen, die im Rücken der Sechsten Armee aufmarschierten und deren zweiundzwanzig Divisionen binnen fünf Tagen einkesselten.

Kein anderes Ereignis kann größeren Anspruch darauf erheben, als Wendepunkt des Krieges an der Ostfront betrachtet zu werden, als diese doppelte sowjetische Bravourtat: Stalingrad selbst gegen die nochmals mit aller Macht anstürmenden Deutschen zu halten, zugleich aber ein so großes Umfassungsmanöver erfolgreich abzuschließen. Bis dahin hatten die Vorteile mehrheitlich auf der Seite Hitlers gelegen. Seine Sommeroffensive hatte die im Winter vor Moskau erlittenen Rückschläge mehr als wettgemacht. Schukow und Wassilewski wußten, daß sie ihm in Stalingrad einen Rückschlag beigebracht hatten, konnten aber zu diesem Zeitpunkt nicht voraussehen, daß dies ein Sieg von weit mehr als lokaler Bedeutung war und daß das Gleichgewicht der militärischen Kräfte im Osten, das Ende 1942 noch so fein austariert gewesen war, sich 1943 durch dieses Ereignis zugunsten der sowjetischen Seite verschieben sollte, um sich nie wieder zur anderen Seite zu neigen.

17. Kapitel

Stalins Krieg

Hitler und Stalin 1943–1944

1943 entschied sich der Krieg. Als das Jahr zu Ende ging, stand die Niederlage Deutschlands fest – soweit in einem Krieg irgend etwas feststehen kann. Man hatte auf die Strategie des »Blitzkrieges« gesetzt, auf den Kampf gegen jeweils nur einen Gegner, aber die Rechnung war nicht aufgegangen. Die machtvolle Koalition, die Hitler gegen sich heraufbeschworen hatte, verfügte über eine so große Überlegenheit und war sich – wenigstens nach der Konferenz von Teheran Ende 1943 – über den Einsatz ihrer Mittel so weit einig, daß Hitlers Niederlage nur noch eine Frage der Zeit war.

All dies ist heute offenkundig und war es im Grunde auch schon Ende 1943, wenn man auch noch nicht wußte, was daraus folgen würde. Aber zu Beginn des Jahres und bis weit in den Sommer hinein war die Lage keineswegs so eindeutig. Seit dem Dezember 1941 hatte sich der Krieg zum Weltkrieg geweitet, doch in der Praxis der Kriegsführung blieb es im Grunde bei drei verschiedenen Kriegen an drei verschiedenen Schauplätzen: im sowjetischen Osten, in Fernost und im Pazifik sowie im Atlantik und in Westeuropa, wo Briten und Amerikaner die Deutschen aus der Luft angriffen. Dennoch war man dort von der Eröffnung einer zweiten Bodenfront noch immer weit entfernt. Churchill und Roosevelt standen in täglichem Kontakt, aber ein gemeinsames Treffen mit Stalin kam bis zur Konferenz von Teheran im November 1943 trotz mancher Bemühungen nicht zustande. Man hatte sich darauf verständigt, daß keiner der Alliierten einen Separatfrieden mit Hitler schließen würde, und seit Sommer 1941 flossen angloamerikanische Hilfslieferungen in die Sowjetunion. Doch noch immer hatte man die übergreifenden strategischen Ziele nicht aufeinander abgestimmt, hatte die divergierenden Interessen nicht in Einklang gebracht.

An den Noten der drei Staatsmänner lassen sich deutlich genug die beiden Ziele ablesen, die Stalin von Anfang an verfolgte und die sich, je länger die Allianz dauerte, als ein Grund beständiger Spannungen erweisen sollten. Schon in seiner Botschaft an Churchill vom 18. Juli 1941 hatte Stalin auf eine britisch-amerikanische Landung in Nordfrankreich gedrängt. Keiner der Vorschläge, die die Westalliierten im Verlauf der folgenden zwei Jahre machten, etwa die Landung in Nordafrika oder in Italien, wurde von den Russen akzeptiert. Erst nach der Invasion im Juni 1944 war Stalin bereit anzuerkennen, daß seine Verbündeten einen gleichwertigen Beitrag zum Kampf gegen Deutschland leisteten.

Darin lag sein erstes Ziel. Das zweite war die Sicherung der territorialen Gewinne in Osteuropa, welche die Sowjetunion durch den Hitler-Stalin-Pakt erhalten hatte, ein Punkt, der sich im Grunde erst später bei den Friedensverhandlungen klären ließ. Doch schon im Dezember 1941, als der britische Außenminister Anthony Eden nach Moskau kam, unternahm Stalin einen Versuch in dieser Richtung: Großbritannien sollte die baltischen Staaten als Bestandteil der Sowjetunion anerkennen. Dadurch wurde die Unterzeichnung eines englisch-sowjetischen Beistandsvertrags verhindert. Ein halbes Jahr später, am 26. Mai 1942, wurde der Vertrag dann doch unterschrieben; man hatte die Uneinigkeiten einfach dadurch ausgeräumt, daß man territoriale Fragen überhaupt nicht erwähnte. Doch war der Konflikt nur vertagt. Als er sich 1942/43 wieder erhob, nahm er die Gestalt der Frage an, wo nach Ende des Krieges die Grenze zwischen Polen und der Sowjetunion verlaufen sollte.

Die andere Frage dagegen ließ sich nicht einfach aufschieben: Wann und wo würden die britischen und amerikanischen Bodentruppen eine neue Front im Westen eröffnen? Briten und Amerikaner taten sich schwer, zu einer einvernehmlichen Antwort zu kommen. Man einigte sich schließlich auf einen Kompromiß, der kaum geeignet war, Stalin zufriedenzustellen: eine Landung in Französisch-Nordafrika. Schon bevor Stalin von diesem Beschluß erfuhr, hatte er Churchill eindringlich ermahnt: »Ich muß mit allem Nachdruck erklären, daß die sowjetische Regierung die Verschiebung der zweiten Front in Europa bis 1943 nicht hinnehmen kann.«[1] Churchill erwiderte, er sei bereit, nach Rußland zu kommen und Stalin persönlich mitzuteilen, was Roosevelt und er beschlossen hätten.

Es machte seine Mission nicht leichter, daß die Briten kurz zuvor entschieden hatten, vorläufig keine Schiffskonvois mehr auf der unsicheren Nordmeerroute nach Rußland zu schicken, da von den vierunddreißig mit Rüstungsgütern beladenen Frachtschiffen des Juni-Konvois PQ 17 nur elf Archangelsk erreicht hatten. Später schrieb Churchill: »Ich begann, über meine Mission in diesem trotzigen, finsteren Bolschewikenstaat nachzugrübeln. Einst hatte ich mich so bemüht, ihn schon bei seiner Geburt abzuwürgen . . . Mir war, als trüge ich einen großen Eisklumpen zum Nordpol. Trotzdem hielt ich es für meine Pflicht, die Russen persönlich über die Sachlage zu informieren, mich mit Stalin von Mann zu Mann auseinanderzusetzen.«[2]

Als Churchill am 12. August 1942 in Moskau ankam, konfrontierte er seine Gastgeber sogleich mit der schlechtesten Nachricht: Vor 1943 würde es keine alliierte Landung geben. Als er geendet hatte, trat »drückendes Schweigen« ein. Churchill versuchte, die Spannung durch die feste Zusage der Westalliierten zu mindern, man werde spätestens im Oktober 1942 in Nordafrika landen und von dort aus den Mittelmeerraum unter Kontrolle bringen. Nach einer Besinnungspause von einem Tag kam es zu einer zweiten Begegnung. Stalin behauptete nun, Großbritannien und die USA hätten versichert, die Invasion auf dem europäischen Festland noch 1942 anlaufen zu lassen; jetzt hätten sie ihr Wort gebrochen und seien zugleich noch mit den versprochenen Lieferungen in Verzug geraten. Er übergab Churchill ein Memorandum, in dem es hieß, die britische Absage werde

Im August des Jahres 1942 kam der englische Kriegspremier mit dem amerikanischen Sonderbotschafter Averell Harriman in die Kapitale des wankenden sowjetischen Imperiums. Der Besuch, mit dem Stalin anzeigen wollte, daß man trotz aller Rückschläge starke Bundesgenossen habe, stand unter düsteren Auspizien: Churchill erklärte Stalin, daß er in naher Zukunft mit keiner Entlastung durch eine zweite Front rechnen könne. Die britische Delegation stellte die Landung in Frankreich für das Jahr 1943 in Aussicht, wußte aber bereits ziemlich genau, daß man frühestens 1944 so weit sein werde, den Angriff auf die »Festung Europa« zu wagen.

»die öffentliche Meinung in der Sowjetunion, die mit der Errichtung der zweiten Front rechnet, tödlich [treffen]«. In der Diskussion erklärte er, wenn die britischen Streitkräfte so viel Erfahrung im Kampf gegen die Deutschen hätten wie die Rote Armee, würden sie nicht so viel Angst vor ihnen haben.[3] Churchill wies diese Vorwürfe so energisch zurück, daß Stalin sich, noch ehe ihm die Erwiderung übersetzt wurde, zu der Bemerkung veranlaßt sah, er wisse den aus Churchills Rede sprechenden Geist zu schätzen.

Vor seiner Abreise führte Churchill mit Stalin noch ein Gespräch unter vier Augen (wenn man von den Übersetzern absieht), das in ein improvisiertes Abendessen überging und die halbe Nacht dauerte. Stalin zeigte dem Gast seine Wohnung im Kreml und stellte ihm seine Tochter vor; dann sagte er wie in einer plötzlichen Eingebung: »Können wir nicht Molotow kommen lassen? Er macht sich Sorgen wegen des Kommuniqués. Wir könnten es jetzt gleich aufsetzen. Außerdem besitzt Molotow eine besondere Fähigkeit: Er versteht zu trinken.«

Churchill erinnerte sich später, das »Abendessen« habe von halb neun bis halb drei Uhr nachts gedauert. Die Stimmung war entspannt, obwohl Stalin einmal in Anspielung auf die Einstellung der Konvois fragte, weshalb die britische Marine »kein Gefühl für Ruhm« besitze. Seinen Ärger zurückhaltend, richtete Churchill daraufhin an Stalin die Frage, ob der Krieg für ihn persönlich ebenso schwere Belastungen gebracht habe wie die Kollektivierung der Landwirtschaft. Um halb zwei Uhr morgens, zu seiner gewohnten Abendessenszeit, zerlegte Stalin eigenhändig ein Spanferkel und ging dann in sein Arbeitszimmer, um die neuesten Berichte von allen Fronten entgegenzunehmen.[4]

Im sowjetischen Protokoll dieses »Arbeitsessens« heißt es, Stalin habe seinem Besucher versichert, daß »er und Churchill einander kennen- und verstehen gelernt« hätten; wenn zwischen ihnen noch Meinungsverschiedenheiten bestünden, so liege dies »in der Natur der Sache«. »Die Tatsache, daß er und Churchill zusammengekommen seien, sich kennengelernt und den Boden für zukünftige Vereinbarungen bereitet hätten, sei von großer Bedeutung. Er sei geneigt, die Dinge jetzt optimistischer zu sehen.«[5]

Doch die Frage des Invasionstermins blieb weiterhin ungelöst, und noch bevor das Jahr zu Ende war, richtete Stalin an Churchill mit allem Nachdruck die Frage, ob dieser hinter seine »Moskauer Zusage, im Frühjahr 1943 eine zweite Front in Westeuropa zu eröffnen«, zurückgehen wolle.[6]

Daß die Russen die berühmteste Schlacht ihres Großen Vaterländischen Krieges gewannen, hatte freilich andere Gründe: Es war der Starrsinn Hitlers, der ihnen half, nicht eine alliierte Landung in Westeuropa. Die russische Offensive vom November 1942, die der Sechsten Armee unter Paulus den Rückweg abschnitt, überraschte Hitler ebenso wie den deutschen Generalstab, vor allem durch ihren Umfang. Noch zehn Tage zuvor hatte Hitler bei seiner traditionellen Rede zum 9. November vor den »Alten Kämpfern« mit höhnischen Seitenhieben auf »Herrn Stalin und die nach ihm benannte Stadt« erklärt, die deutschen Truppen hätten Stalingrad bis auf wenige Widerstandsnester erobert. Ausführlich legte er seine Überzeugung dar, Stalin habe alle seine Reserven erschöpft und könne den Druck nicht länger aufrechterhalten, und nur beiläufig erwähnte er den Umstand, daß seine Sechste Armee sich in der Gefahr »einer zeitweiligen Einschließung« befände. Das war alles, was er an Eingeständnissen machte. Er wies das dringliche Ersuchen von Zeitzler und Paulus zurück, der Sechsten Armee den Ausbruch aus der Falle zu gestatten, solange noch Zeit dafür sei. »Ich gehe nicht von der Wolga fort!«, verfügte er kategorisch. Die Luftwaffe würde, so meinte er, die eingeschlossenen Truppen vorerst aus der Luft versorgen; währenddessen würde Manstein, der in aller Eile von der Front bei Leningrad zurückbeordert worden war und den Auftrag erhalten hatte, eine neue Heeresgruppe aufzustellen, den russischen Kessel von außen durchstoßen.

Doch fragte man sich skeptisch, ob die Luftwaffe in der Lage sein werde, all die Hunderte von Tonnen Treibstoff, Lebensmittel und Munition einzufliegen, die Paulus täglich für die 250 000 Mann seiner eingeschlossenen Streitmacht benötigte. Göring selber allerdings war weit davon entfernt,

Bedenken zuzugeben. Ohnehin stand seine Luftwaffe in der Kritik, weil es ihr nicht gelang, die alliierten Bombenangriffe auf deutsche Städte zu unterbinden. So beeilte er sich, Hitler seine »persönliche Zusicherung« zu geben, die Luftwaffe werde alles Erforderliche tun, ohne zu wissen, was eigentlich erforderlich sei. Ähnlich optimistische Zusagen machte Manstein; er erklärte am 9. Dezember, die von ihm zusammengezogene Entsatzarmee werde voraussichtlich um den 17. Dezember herum die Verbindung zur Sechsten Armee herstellen können. In dem hierauf bezogenen Eintrag im Tagebuch des OKW heißt es: »Führer sehr zuversichtlich, will alte Stellung am Don wiedergewinnen. Erste Phase der Winteroffensive als abgeschlossen anzusehen, ohne entscheidende Erfolge gebracht zu haben.«[7] Hitler plante, nach der Stabilisierung der Front im Frühjahr 1943 an mindestens einem Frontabschnitt wieder in die Offensive zu gehen.

Alle diese Hoffnungen erwiesen sich bald als illusorisch. Wie von Richthofen, der Kommandeur der Vierten Luftflotte, vorausgesehen hatte, besaß die Luftwaffe im Osten nicht genügend Transportflugzeuge, um die 300 Tonnen Versorgungsgüter zu liefern, die Paulus Tag für Tag benötigte. Außerdem kündigte sich mit Nebel und Eis nun wieder der russische Winter an und hielt auch die verfügbaren Flugzeuge oft genug am Boden fest. Manstein mußte seine Entsatzoperation auf halbem Weg nach Stalingrad abbrechen, nachdem ein weiterer sowjetischer Vorstoß die italienische Armee zersprengt hatte, die seine linke Flanke schützen sollte. Seine Truppen liefen nun Gefahr, eingeschlossen zu werden, und er mußte sich dieser Bedrohung erst einmal erwehren. Einstimmig drängten Zeitzler und Manstein deshalb auf einen Ausbruchsversuch der Sechsten Armee in letzter Minute – falls die Treibstoffreserven es zuließen. Hitler lehnte ab. »Die Sechste Armee muß dort bleiben ... Und wenn ich sie erst im Frühjahr mit einer Frühjahrsoffensive entsetzen würde.« Auf verhängnisvolle Weise wirkte darin sein Erfolg vom Vorjahr nach. Seines Erachtens mußte er nur denselben stählernen Willen zeigen wie zuvor und die Genehmigung zum Rückzug um jeden Preis verweigern, um auch diesmal die Krise zu bewältigen.

Nur der Hartnäckigkeit Zeitzlers war es zu verdanken, daß Hitler seine Zustimmung zum Rückzug der 700 000 Mann starken Heeresgruppe A unter Kleist aus dem Kaukasus erteilte, bevor sie abgeschnitten wurde. Sie hätte das Schicksal der Sechsten Armee geteilt. Als Hitler sich eines anderen besann und den Befehl zurückzuhalten versuchte, antwortete Zeitzler geistesgegenwärtig, daß es dazu zu spät und die Weisung bereits hinausgegangen sei. So konnte die Heeresgruppe A sich im Verlauf des Januars unter minimalen Blut- und Materialverlusten zurückziehen. Doch mit diesem Rückzug zerstob, wie Hitler es vorausgesehen hatte, jede Hoffnung, die Ölfelder zu besetzen, die Deutschland zur Weiterführung des Krieges brauchte.

Am 9. Januar forderte der sowjetische Befehlshaber Rokossowski Paulus zur Kapitulation auf. Als Paulus ablehnte, antwortete die sowjetische Artillerie mit schwerem Feuer aus 7 000 Kanonen und Mörsern gegen die hungernden, zerlumpten und alleingelassenen deutschen Truppen. Zwei Tage später führten die Russen weiter nördlich, an der Woronesch-Front, einen schweren Schlag gegen die dort eingesetzten ungarischen Verbände. Hitlers Hauptquartier war in Aufruhr: Die Generäle beklagten sich über die Luftwaffe, die bei der Versorgung der Sechsten Armee versagt habe; die Luftwaffen-Kommandeure wiederum warfen dem Heer vor, die Rollbahnen nicht gehalten zu haben. Hitler jedoch blieb unzugänglich. Als die Russen Paulus erneut aufforderten, den sinnlos gewordenen Widerstand einzustellen, beharrte Hitler darauf, daß eine Kapitulation nicht in Frage komme. Der Ruhm der deutschen Soldaten, die in Stalingrad bis zum letzten Blutstropfen gekämpft hätten, ohne sich zu ergeben, werde mehr wert sein als die Divisionen, die jetzt dort verlorengingen. Das war seine Antwort auf die Forderung nach der bedingungslosen Kapitulation Deutschlands, die Roosevelt auf der Konferenz von Casablanca erstmals erhoben hatte. (Siehe dazu weiter unten, S. 1040.) Gleichsam zur Ermutigung ernannte er Paulus zum Feldmarschall.

Hitler war außer sich, als er erfuhr, daß Paulus sich zusammen mit elf weiteren deutschen und fünf rumänischen Generälen den Russen ergeben hatte. Ohne auch nur einen Gedanken an die vielen tausend Soldaten zu verschwenden, denen er durch seine Befehle den Tod oder die Gefangenschaft gebracht hatte, sprach er allein von der Undankbarkeit und Illoyalität ihres Befehlshabers. Das Protokoll der Mittagsbesprechung vom 1. Februar gibt Hitlers Äußerungen wörtlich wieder: »Der Mann hat sich totzuschießen, so wie [sich früher die Feldherren] in das Schwert stürzten, wenn sie sahen, daß die Sache verloren war. Das ist eine Selbstverständlichkeit. Selbst ein Varus hat dem Sklaven befohlen: Töte mich jetzt! Sie müssen sich vorstellen: er kommt nach Moskau hinein…! Da unterschreibt er alles. Er wird Geständnisse machen, Aufrufe machen. Sie werden sehen, sie werden jetzt den Weg zur Charakterlosigkeit bis nach unten gehen, bis in die tiefste Niederung… Der einzelne muß ja sterben. Was über den einzelnen leben bleibt, ist ja das Volk. Aber wie einer davor Angst haben kann, vor dieser Sekunde, mit der er sich aus der Trübsal befreien kann, wenn ihn nicht die Pflicht in diesem Elendstal zurückhält! Na!… Mir persönlich tut am meisten weh, daß ich das noch getan habe, ihn zum Feldmarschall zu befördern. Ich wollte ihm die letzte [Freude] geben. Das ist der letzte Feldmarschall, den ich in [diesem Krieg mache]. Man darf erst den Tag nach dem Abend loben. Ich verstehe das überhaupt nicht… So viele Menschen müssen sterben, und dann geht ein solcher Mann her und besudelt in letzter Minute noch den Heroismus von so vielen anderen. [Er konnte sich von aller Trübsal] erlösen und in die Ewigkeit, in die nationale Unsterblichkeit eingehen, und er geht lieber nach Moskau. Wie kann es [da noch eine Wahl geben.] Das ist schon etwas Tolles.«[8]

Für die Russen war Stalingrad der wichtigste Sieg des Krieges. Danach hatte die Wehrmacht den Nimbus der Unbesiegbarkeit verloren, an den nach den Desastern von 1941 und den Rückschlägen von 1942 viele Russen ebenso geglaubt hatten wie die Deutschen selber. Die Sechste Armee hatte zu den schlagkräftigsten Aufgeboten der Wehrmacht gehört. Als die Schlacht um Stalingrad begann, war sie den russischen Verteidigern in jeder Beziehung überlegen gewesen, in der Luft ebenso wie am Boden. Doch sie fand ihren Meister in Tschuikows Zweiundsechzigster Armee, die auch nach dreimonatiger Belagerung noch ihre Stellungen am westlichen Wolgaufer hielt, bevor die sowjetische Gegenoffensive Entlastung brachte. Diese Offensive überraschte die Deutschen und zeigte, daß die Russen ihren Gegner nicht nur niederkämpfen, sondern auch austaktieren konnten. Nach der »Säuberung« der Roten Armee und nach den kläglichen Leistungen im Finnischen Winterkrieg hatte man nicht nur in Berlin, sondern auch in London, Paris und Washington die Sowjetunion kaum noch für eine ernst zu nehmende Militärmacht gehalten. Stalingrad zwang zu einer Revision dieses Urteils. Die schockhafte Ernüchterung des deutschen Volkes, das sich daran gewöhnt hatte, daß seine Streitkräfte aus jeder Schlacht und jedem Feldzug siegreich hervorgingen, war die eine, die befreiende Wirkung auf die Russen die andere, noch wichtigere psychologische Konsequenz aus der Schlacht von Stalingrad. Ein Bann war gebrochen, Hemmungen gelöst worden, die bis dahin das Selbstvertrauen und die Kampfkraft der sowjetischen Soldaten beeinträchtigt hatten, von den höchsten Befehlshabern bis zu den Panzerfahrern.

Aber es ging nicht allein um Selbstvertrauen. Als im Winter 1941 der deutsche Angriff auf Moskau abgeschlagen worden war, hatte Schaposchnikow kritisch bemerkt, man müsse sich den Erfahrungen des modernen Krieges erst anzupassen lernen. Eben das war inzwischen geschehen. Am 16. Oktober 1942 hatte Stalin den Befehl Nr. 325 ausgegeben, eine ausführliche Denkschrift, deren Lektüre sämtlichen Offizieren bis hinunter zu den Kompanieführern zur Pflicht gemacht wurde. Sie enthielt eine Analyse der bislang erlittenen Rückschläge und neue taktische Regeln für den selbständigen Einsatz gepanzerter und motorisierter Einheiten. In der Folge wurden ganze Panzerarmeen aufgestellt, und mindestens eine davon wirkte an der Gegenoffensive bei Stalingrad mit, wo gepanzerte und motorisierte Verbände den Auftrag erhielten, die gegnerischen Abwehrlinien zu durchbrechen und in der Tiefe zu zersprengen. Die Lektionen, die man von den Deutschen hatte lernen müssen, trugen bereits Früchte. Das organisatorische Geschick, mit dem eine Operation von mehr als einer Million Soldaten geplant, durchgeführt und vor dem Gegner geheimgehalten wurde; der gezielte Einsatz motorisierter Verbände; die Zusammenarbeit zwischen Luftwaffe und Bodentruppen; die Konzentration der Artillerie und die Verbesserung des Nachrichtenwesens – all dies zeigte, wieviel die Rote Armee gelernt hatte.

Keiner war von diesem Zuwachs an Kampfstärke und Selbstvertrauen mehr beeindruckt als Stalin selber. Noch 1941 hatte er das denkbar schlechteste Verhältnis zur Roten Armee besessen. Seine Weigerung, die Gefahr einer deutschen Invasion zur Kenntnis zu nehmen, seine mehrtägige Nervenkrise nach Beginn des deutschen Einmarschs, seine beschwörenden Appelle, die Stellung zu halten und zu »attackieren, attackieren, attackieren«; sein Rückgriff auf alte Weggefährten wie Woroschilow und Budjonny, auf militärisch unerfahrene Politiker wie Schdanow oder Handlanger wie Mechlis und Kulik, die er als Befehlsüberbringer an die Front schickte – all dies hatte deutlich gezeigt, wie wenig er der Kampfstärke einer Armee vertraute, deren Offizierskorps er zerschlagen hatte. Für ihn war es ein Beweis ihrer Unzuverlässigkeit, daß sie dem deutschen Ansturm nicht standgehalten und ein großer Teil ihrer Soldaten sich den Angreifern ergeben hatte, statt zu kämpfen.

So war der Erfolg der Stalingrader Gegenoffensive zugleich Ergebnis und Affirmation des neuen Verhältnisses zwischen Stalin und der Führung der Roten Armee, das sich während der schweren Prüfungen der Jahre 1941/42 entwickelt hatte. Damals waren Generalstabschef Schaposchnikow und Marschall Timoschenko die einzigen Berufsmilitärs gewesen, denen Stalin und die Armee Vertrauen entgegenbrachten, und ihnen allein oblag es, die Lücken zu schließen, welche die Säuberungen hinterlassen hatten – dabei konnte man Timoschenko kaum einen erfolgreichen Truppenführer nennen. Die beiden wichtigsten militärischen Personalentscheidungen des Sommers 1942 waren deshalb die Ernennung Schukows zum Stellvertreter Stalins (zunächst als Verteidigungskommissar, dann als Oberbefehlshaber) und die Beförderung Wassilewskis zum Chef des Generalstabs. An ihre Seite trat außerdem Woronow, der Befehlshaber der gefürchteten Artilleriestreitkräfte der Roten Armee.

Da Wassilewski und Schukow sich die meiste Zeit an den verschiedenen Fronten aufhielten, gehörten die täglichen Auseinandersetzungen mit Stalin zu den Aufgaben des in der Moskauer Zentrale wirkenden Operationschefs des Generalstabs. In den Jahren 1941/42 hatten die Inhaber dieser Schlüsselposition es immer nur auf zwei bis drei Dienstmonate gebracht, bevor sie von Stalin entlassen wurden. Im Dezember 1942 jedoch fand Wassilewski mit A.I. Antonow einen Stabsoffizier, an dem Stalin so wenig auszusetzen hatte, daß er ihn bis Kriegsende in seinem Amt beließ.

Stalin behielt Antonow bei sich in Moskau und schickte die anderen militärischen Führer immer häufiger auf Reisen. Wie Schukow und Wassilewski bei der Stalingrader Gegenoffensive, so sollten nun auch die anderen Befehlshaber vor Ort den Ablauf wichtiger Operationen überwachen und koordinieren. Das bedeutete jedoch keineswegs, daß Stalin die strenge Kontrolle, die er selber über den Ablauf der Aktionen ausübte, gelockert hätte. Die Stawka, als deren Beauftragte die Offiziere unterwegs waren, war nach wie vor der persönliche Stab des Obersten Befehlshabers, der Generalstab noch immer das Organ für militärische Detailplanung. Nicht nur dem Namen, sondern auch den Tatsachen nach blieb Stalin der Oberbefehlshaber der Roten Armee. So wurde Wassilewski auf allen seinen Reisen von einer Nachrichteneinheit des Generalstabs begleitet. Zweimal täglich erstattete er Stalin Bericht über die Lage: mittags um zwölf über die Ereignisse der zurückliegenden Nacht, abends zwischen neun und zehn Uhr über die Ereignisse des Tages. Wichtige Meldungen wurden sofort nach Moskau gefunkt. Nach Gesprächen mit Schukow und anderen in Moskau weilenden Mitgliedern der Stawka bestätigte Stalin dann Wassilewskis Vorschläge oder ordnete Änderungen an.

Dieser beständige Informationsaustausch zwischen Stalin, den Befehlshabern an der Front und den Vertretern der Stawka ging häufig bis in operative Details. Als beispielsweise Woronow im Dezember 1942 mit dem Auftrag unterwegs war, die Operationen an der Woronescher Front und den angrenzenden Fronten im Südwesten aufeinander abzustimmen, erhielt er am 28. Dezember folgende Weisung: »Der Hauptmangel des von Ihnen vorgelegten Plans besteht darin, daß der Hauptvorstoß und die flankierenden Angriffe voneinander abweichen. Nach Auffassung der Stawka muß Ihre Hauptaufgabe darin bestehen, die westlichen Teile der im Raum Krawzow-Baburkin-Marinowka-Karpowka eingeschlossenen feindlichen Truppen zu zersprengen und zu vernichten, um dann den Hauptstoß unserer Truppen vom Raum Dmitrowka-Baburkin aus südlich in Richtung des Bahnhofes von Karpowka zu führen und einen Flankenangriff der Siebenundfünfzigsten Armee aus dem Raum Krawzow-Skljarow heraus so mit dem Hauptstoß zu koordinieren, daß beide am Karpowker Bahnhof zusammentreffen. In Abstimmung damit sollte ein Vorstoß der Sechsundsechzigsten Armee durch Orlowka in Richtung *Krasnyi-Oktjabr* organisiert werden und flankierend hierzu ein Vorstoß der Zweiundsechzigsten Armee, so daß beide Vorstöße zusammentreffen und das Fabrikgelände [*Krasnyi-Oktjabr*] von der gegnerischen Hauptmacht abschneiden.«

Zur Durchführung dieses Planes wurden die beteiligten Armeen mit Einwilligung Stalins auf 47 Divisionen (218 000 Mann) aufgestockt, denen siebentausend Geschütze und dreihundert Flugzeuge zur Verfügung standen. Als Woronow sich vier bis fünf Tage erbat, um die Verstärkungen eingliedern zu können, erhielt er einen scharfen Verweis, der die unverwechselbare Handschrift Stalins trug: »Sie werden dort unten noch so lange herumsitzen, bis die Deutschen Sie und Rokossowski gefangennehmen. Sie machen sich nicht Gedanken über das, was möglich, sondern nur über das, was nicht möglich ist. Wir müssen dort so schnell wie möglich bereit sein, Sie aber halten die Dinge vorsätzlich auf.«[9]

Dennoch gewährte Stalin Woronow den Aufschub, um den er gebeten hatte. So begann der sowjetische Angriff schließlich am 10. Januar mit dem bereits erwähnten konzentrierten Artilleriefeuer gegen die eingeschlossenen deutschen Truppen.

Greorgij Schukow galt nach den Säuberungen der Roten Armee, der – mit Marschall Tuchatschewskij an der Spitze – mehr als 40.000 Offiziere zum Opfer gefallen waren, in militärischen Dingen bald als der führende Kopf des Landes. Da die anderen Generäle wie der legendäre Reitergeneral Budjonny in den Kesselschlachten des ersten Kriegssommers Niederlage auf Niederlage erlitten hatten, wurde er in der zweiten Hälfte des Krieges zur unbestrittenen Autorität innerhalb der Armee und führte als Gegenspieler General Schoerners den Stoß auf Berlin, das er am 3. Mai 1945 eroberte.
Auf dem Photo: Kriegskommissar Marschall Timoschenko (hinten) mit Schukow bei Manövern der Roten Armee.

Überdies setzte Stalin weiterhin ausgewählte Mitglieder des Politbüros und des Verteidigungsrats (GOKO) als seine persönlichen Abgesandten und Aufpasser ein – Chruschtschow an der Südfront, Schdanow im Norden, auch Malenkow. Aber schon kurz vor Beginn der Stalingrader Gegenoffensive errang die Armee einen vielbeachteten Sieg, der unübersehbar einen Wandel im Verhältnis Stalins zu seinen Truppenführern markierte. In dem am 9. Oktober erlassenen Befehl Nr. 307 erklärte Stalin deshalb die Kontrollbefugnisse der politischen Kommissare für aufgehoben – jenes

System der »dualen Kommandogewalt«, das im Juli 1941 in aller Eile wieder eingeführt worden war, um dem Zusammenbruch aller Fronten unter dem deutschen Ansturm entgegenzuwirken. Seither war es unter der Leitung des verhaßten Mechlis mit zweifelhaftem Erfolg praktiziert worden. Von nun an jedoch galt wieder das Prinzip der »einheitlichen Kommandogewalt«, ausgeübt durch die militärischen Befehlshaber.

Drei weitere Verfügungen des Jahres 1943 vervollständigten die Rehabilitierung der Roten Armee. Zunächst wurden die Befehlshaber, die den Triumph von Stalingrad ermöglicht hatten, zu Marschällen ernannt: Schukow, Woronow, Wassilewski und Nowikow, der die sowjetische Luftwaffe nach den Desastern des Jahres 1941 wieder schlagkräftig gemacht hatte, außerdem aber – allen voran – Stalin selber. Und indem er sich am 23. Januar 1943, dem ersten »Tag der Roten Armee«, zum Marschall der Sowjetunion machen ließ, demonstrierte er öffentlich den Schulterschluß mit der neuen militärischen Führung. Auch etliche Frontbefehlshaber wurden befördert, etwa Rokossowski, doch keiner von ihnen zum Marschall. Außerdem wurden zahlreiche Orden und Auszeichnungen geschaffen, zum Beispiel der Suworow-Orden, der die Erinnerung an einen der großen Feldherren der russischen Geschichte beschwor.

In noch höherem Grade traditionsorientiert war die Wiedereinführung der Rangabzeichen und Schulterstücke, jener *pogon*, die die Soldaten 1917 den Offizieren der zaristischen Armee von den Uniformen gerissen hatten. Stalin zögerte lange vor diesem Schritt, beugte sich aber schließlich dem Argument, die Rangabzeichen würden der Moral der Truppen zugute kommen und seien überdies eine Konsequenz aus der Abschaffung der »dualen Kommandogewalt«. Sechs Monate später, im Juli 1943, wurde wieder ein offizielles Dienstgradschema eingeführt, das vom Gefreiten bis zum Oberstleutnant reichte, und sogar die Bezeichnung »Offizier«, die die Revolutionäre von 1917 gleichsam gebrandmarkt und zum Tabu erklärt hatten, wurde wieder zulässig. Auch damit knüpfte man an die Tradition des zaristischen Offizierskorps an.

Da Stalin nie einer unter modernen Bedingungen ausgetragenen Schlacht beigewohnt hatte, war er kaum in der Lage, den Zeitaufwand für die Vorbereitung und Durchführung größerer Operationen abzuschätzen oder die taktischen Probleme zu erfassen, die die Truppenbefehlshaber vor Ort beschäftigten. Schukow sagte einmal, der Einsatz von Verbänden unterhalb der Größenordnung einer Armee sei für Stalin eine *terra incognita* gewesen. Nach dem Urteil von General Wolkogonow, der Zugang zu den Militärarchiven hatte, entwickelte Stalin eine Art der operativen Planung, durch die er Blößen vermeiden und sein Ansehen als Oberbefehlshaber bewahren konnte. Wie die Akten zeigen, bewegte er sich bei der Ausarbeitung seiner Ideen auf zwei Ebenen. Die eine Ebene umfaßte allgemeine strategische Direktiven, wie er sie beispielsweise bei einer Stawka-Sitzung im Januar 1942 ausgab: »Wir dürfen nicht zulassen, daß der Feind Atem schöpft; wir müssen ihm in westlicher Richtung nachsetzen.« Damit war ein Gebot formuliert, aber kein präzises strategisches Konzept. Die zweite Ebene war die der Berichtigung oder Modifizierung vorliegender Operations- oder Zeitpläne. Dabei gab Stalin seinen Anmerkungen meist die Form eines Resümees. Zwar war der Plan bis in alle Details vom Generalstab ausgearbeitet worden; aber indem Stalin die wesentlichen Elemente zusammenfassend darlegte, erweckte er den Eindruck, es handle sich um sein Konzept.[10]

Was die Berufsmilitärs indessen bestürzte, war Stalins völlige Gleichgültigkeit gegenüber den Opfern seiner Operationen – eine deutliche Parallele zu Hitler. Man schätzt heute, daß der Zweite Weltkrieg die Sowjetunion zwanzig Millionen Tote gekostet hat, zehn Prozent ihrer gesamten Bevölkerung – und es ist durchaus denkbar, daß diese Zahl noch nach oben korrigiert werden muß. Ein nicht unbeträchtlicher Teil der ungeheuren Verluste (bei denen die zehn Millionen Verwundeten nicht mitgerechnet sind) ist der Weigerung Stalins zuzuschreiben, dem deutschen Überfall durch adäquate Vorkehrungen zu begegnen, ein anderer Teil den verfehlten Weisungen, die er im Lauf der ersten achtzehn Kriegsmonate erteilte. Das heißt nicht, daß er nach Stalingrad keine Fehler mehr begangen hätte. Stalingrad war, wie Wassilewski festgestellt hat, auch in dieser Hinsicht ein Wendepunkt; doch erst bei der Schlacht von Kursk zeigte Stalin, daß er die Formen und Methoden moderner Kriegführung begriffen hatte.[11]

Blickt man auf Stalins Pläne für die Winteroffensive Anfang 1943, so bestätigt sich dieses Urteil. Durch den Triumph von Stalingrad in euphorische Stimmung versetzt, forderte Stalin erneut jene gleichzeitige Offensive gegen alle drei deutschen Heeresgruppen, die schon im Winter 1941/42 mißglückt war. Die strategische Initiative, so meinte er zuversichtlich, liege jetzt auf seiten der Sowjetunion, und so wollte er gleichsam mit einem Streich die feindlichen Truppen auf breiter Front vernichten und die Ukraine, vor allem das Donez-Becken mit seinen Ressourcen, befreien.

Die Offensive begann am 29. Januar an der Südfront. Ihr Ziel war die Erreichung des Dnjepr bis zum Beginn des Frühjahrstauwetters. In ihrem Verlauf wurden Rostow, Belgorod sowie – am 16. Februar – Charkow zurückgewonnen, die zweitgrößte Stadt der Ukraine. Doch zu diesem Zeitpunkt war bereits unverkennbar, daß Stalin und die Stawka denselben Fehler begangen hatten wie im Winter 1942. Erneut hatten sie dem Feind zuwenig, sich selbst zuviel zugetraut und die Fähigkeit der Roten Armee überschätzt, im Zuge einer einzigen, unmittelbar aus dem Sieg vor Stalingrad heraus entwickelten Operation einen entscheidenden Erfolg zu erzielen.

Der sechswöchige Todeskampf der Sechsten Armee hatte eine zermürbende Wirkung auf Hitler, der machtlos ihrem Untergang zusehen mußte. In der Öffentlichkeit ließ er sich zwar nichts anmerken, doch seine Mitarbeiter bekamen seine ständige Anspannung und Gereiztheit zu spüren. Immer häufiger hielt er sie bis in die frühen Morgenstunden mit ermüdenden Monologen wach, um sich nicht den Alpträumen aussetzen zu müssen, die ihn im Schlaf verfolgten. Auch Paulus' Kapitulation beendete die Krise nicht; jetzt bestand die Gefahr, daß die Rote Armee den Vorteil nützen und die deutsche Front aufrollen würde.

Zweifellos wußte Hitler, daß die Generäle seine ständigen Eingriffe in operative Entscheidungen nur noch widerwillig ertrugen. Richthofen gab ihm einmal zu verstehen, »daß die Armeeführer überall brave Leute wären... Sie müßten aber in ihrem Rahmen operative Freiheiten auf Grund ihrer Lagekenntnis haben. Ein Gängeln von oben her schade nur.« Ein unorthodoxer und mutiger Mann, wie Richthofen, der die Versorgung der Sechsten Armee durch eine Luftbrücke zunächst für undurchführbar erklärt, sich dann aber mit aller Kraft dieser Aufgabe gewidmet hatte, gehörte zu den ganz wenigen Menschen, von denen Hitler sich ein offenes Wort gefallen ließ – er ernannte ihn bald darauf zum Feldmarschall. Dennoch drang Richthofen mit seinem Vorschlag nicht durch. In seinem Tagebuch hielt er fest: »Führer meinte, daß, wenn er sie nicht gängelte, die Leute schon lange in Deutschland stünden.«[12]

Inzwischen war Hitler eher als in der Vergangenheit bereit, sich den Urteilen der Berufsmilitärs anzuschließen. So stimmte er begrenzten Rückzügen zu, die der Begradigung der Front dienten. Er mußte auch erkennen, daß 1943 für Deutschland ein Jahr der strategischen Defensive an allen Fronten sein werde, wenigstens bis Speer, Milch und Dönitz die Produktion von Panzern, Flugzeugen und U-Booten in Schwung gebracht haben würden. Doch nicht im entferntesten dachte er daran, den Oberbefehl über das Heer abzugeben oder Manstein zumindest zum Oberbefehlshaber an der Ostfront zu ernennen.

Alle Zeugnisse sprechen dafür, daß während des gesamten Zweiten Weltkriegs kein Ereignis in Deutschland einen größeren Schock auslöste als Stalingrad. »Der allgemeine Tenor war: die Stimmung habe ›einen bisher nicht gekannten Tiefstand‹ erreicht.«[13] Bis zuletzt hatte die deutsche Propaganda die Katastrophe zu verheimlichen versucht, auch als sie bereits feststand. Die sowjetische Gegenoffensive blieb unerwähnt, und als sie schließlich gemeldet wurde, war lediglich vom heldenhaften Kampf der deutschen Offiziere und Mannschaften die Rede, nicht aber davon, daß Paulus kapituliert hatte.

Zum ersten Mal gab es verdeckte Kritik nicht nur am Regime, sondern auch an Hitler selber. Sogar Goebbels soll, wenn man Speer glauben darf, im persönlichen Gespräch erklärt haben: »Wir haben nicht nur eine ›Führungskrise‹, sondern strenggenommen eine ›Führerkrise‹.«[14] Hitler, der dies offenbar merkte, bestellte am 7. Februar sämtliche Gauleiter in sein Hauptquartier, wo er den Aufzeichnungen eines Teilnehmers zufolge erklärte, daß sich hier vor aller Augen eine Katastrophe unerhörten Ausmaßes abzeichne. Wenn das deutsche Volk versage, verdiene es nicht, daß man für seine Zukunft kämpfe.[15]

An der Münchner Universität brachte eine kleine Gruppe junger Studenten, die sich die »Weiße Rose« nannte, den Mut auf, Flugblätter mit dem Text eines Manifests zu verteilen, in dem es hieß, in Stalingrad seien 330 000 Deutsche sinnlos geopfert worden: »Führer, wir danken dir! ... Studentinnen, Studenten! Auf uns sieht das deutsche Volk! Von uns erwartet es, wie 1813 die Brechung des napoleonischen, so 1943 die Brechung des nationalsozialistischen Terrors aus der Macht des Geistes ... Die Toten von Stalingrad beschwören uns!«[16] Die Verfasser mußten dieses Flugblatt mit dem Leben bezahlen. Doch allgemein herrschte in Deutschland, wie die Stimmungsberichte bezeugten, Ernüchterung; die Menschen waren »verzweifelt, verzagt und kriegsmüde – eher apathisch als rebellisch«.[17]

Dieser Stimmung wollte Goebbels mit seinem Aufruf zum »totalen Krieg« entgegenwirken. Hitler ließ sich von seinem Propagandaminister überzeugen, man müsse um jeden Preis im deutschen Volk noch einmal Kampfgeist wecken, und zwar durch die Konfrontation mit der Realität des totalen Krieges – bis hin zur »bedingungslosen Kapitulation« – und durch das Aufzeigen der notwendigen Opfer. Goebbels startete die Kampagne am 18. Februar mit einer Rede im Berliner Sportpalast, die großen Anklang fand. Doch als Hitler selber einen Monat später zum Heldengedenktag eine Rundfunkrede hielt, hinterließ er einen matten und uninspirierten Eindruck, und niemand schenkte seiner Aussage Glauben, der Krieg habe bislang auf deutscher Seite 542 000 Tote gefordert.

Was Hitler unter keinen Umständen in Erwägung ziehen wollte, war eine politische Lösung. Auch in dieser Hinsicht gab es eine Reihe von Vorschlägen, die er jedoch alle ablehnte. Ribbentrop trat dafür ein, Moskaus Friedensbereitschaft zu prüfen, Goebbels sprach sich für eine politische Proklamation an das russische Volk aus, welche die Aufforderung enthielte, »weiter mit uns gegen den verhaßten Bolschewismus, den blutrünstigen Stalin und seine jüdische Clique zu kämpfen«. Rosenberg schlug vor, den Russen die Wiederherstellung des Privateigentums und der Religionsfreiheit sowie den nationalen Minderheiten der Sowjetunion Autonomie zu versprechen, und Zeitzler befürwortete – neben einigen anderen – den Plan, eine von dem gefangenen russischen General Andrej Wlassow geführte Befreiungsbewegung zu unterstützen. Hitler erklärte kategorisch, dergleichen komme erst nach einem größeren militärischen Erfolg in Frage – wäre es dazu gekommen, dann hätte er solche politischen Unternehmungen sicherlich für unnötig erklärt.

Seine Hoffnungen richteten sich zu dieser Zeit auf Mansteins Heeresgruppe Süd, die nach ihrer Neuformierung zu einer Gegenoffensive bereitstand. Charkow und die östliche Ukraine sollten zurückgewonnen werden. Mansteins Hauptquartier befand sich in Saporoschje am Dnjepr, wo der deutsche AEG-Konzern das große Wasserkraftwerk aus der Zeit der Industrialisierung wieder aufgebaut hatte, so daß die benachbarten Kohlegruben und Munitionsfabriken mit Strom versorgt waren. Speer hoffte, die chemische Industrie des Donez-Beckens und insbesondere die Sprengmittelproduktion wieder auf ihre alte Höhe führen, ja sogar ausbauen zu können, was freilich nur möglich war, wenn dem sowjetischen Vorstoß zur Befreiung der Ukraine Einhalt geboten wurde. Hitler flog eigens nach Saporoschje, um Manstein am Beginn der Offensive sein Vertrauen auszusprechen. Als er wieder abflog, konnte man vom Rollfeld aus den Geschützdonner der russischen Panzer hören.

Erneut bewies das deutsche Heer ungewöhnliche Fähigkeiten: Panzervorstöße – neben Panzerdivisionen des Heeres waren nunmehr auch solche der Waffen-SS beteiligt – überraschten die Russen, brachten ihren Vormarsch zum Stehen und drohten ihre rückwärtigen Verbindungen zu kappen. Mitte März hatte Manstein Charkow und Belgorod zurückerobert, und die Hoffnung der Sowjets, das Donbas gewinnen und den Dnjepr erreichen zu können, war zerstoben. Als das Frühjahrstauwetter einsetzte und eine Kampfpause erzwang, waren die Russen froh, in ihrem Rückzug vorerst innehalten und die Front entlang der Flüsse Donez und Mius stabilisieren zu können. Weiter nördlich rückte die Rote Armee dank deutscher Absetzbewegungen, denen Hitler zum Zwecke der Frontbegradigung zustimmte, achtzig Kilometer nach Westen vor, doch die Absicht Stalins, Orel, Brjansk und Smolensk zu besetzen und Kleists Heeresgruppe Mitte einzukesseln, scheiterte am zähen Widerstand der Deutschen.

Alles in allem hatte die Rote Armee in den vergangenen Monaten eindrucksvolle Bodengewinne erzielt. Ihr Triumph bei Stalingrad und der deutsche Rückzug aus dem Kaukasus hatten den Frontverlauf im Süden erheblich verändert. Die Russen behaupteten, daß zwischen dem November 1942 und dem März 1943 eine Million feindlicher Soldaten gefallen oder in Gefangenschaft geraten seien, so daß die Deutschen an der gesamten Ostfront kaum noch eine halbe Million Mann unter Waffen hätten. Doch noch standen sie weit hinter der Grenze der Sowjetunion, und jetzt, da ihre Kampfmoral wiederhergestellt schien, billigte Hitler den vom Heer ausgearbeiteten Operationsplan für das Unternehmen »Zitadelle«, einen groß angelegten Angriff der Heeresgruppen Süd und Mitte auf die sowjetischen Stellungen um Kursk, das etwa auf halber Strecke zwischen Moskau und dem Asowschen Meer lag.

Wäre die Operation »Zitadelle«, wie ursprünglich beabsichtigt, im Mai 1943 angelaufen, so hätte sie vermutlich gute Aussichten auf Erfolg gehabt. Aber als der Mai kam, sah Hitler sich einer ernst zu nehmenden Bedrohung in Italien gegenüber. Er war genötigt, die Operation zu verschieben, und traf Vorkehrungen für den Fall, daß acht Panzer- und vier Infanteriedivisionen kurzfristig von der Ostfront nach Italien verlegt werden müßten. Als das Unternehmen »Zitadelle« schließlich am 5. Juli anlief, hatten die Russen die verstrichene Zeit genutzt, um ihre Truppen aufzufüllen, und waren für den deutschen Angriff bestens gerüstet.

Operation »Torch«, die amerikanische Landung in Französisch-Nordafrika am 8. und 9. November 1942, markierte das erste Eingreifen amerikanischer Bodentruppen in die Kämpfe. Es begann im südlichen Mittelmeerraum, erreichte aber bald auch den europäischen Kriegsschauplatz. Hitler hatte nicht völlig unrecht gehabt mit seiner Prognose, es werde ein Jahr dauern, bis der Kriegseintritt der USA sich in Europa bemerkbar machen werde; als falsch erwies sich lediglich seine Annahme, nach Ablauf dieses einen Jahres werde der Krieg in Europa bereits gewonnen sein.

Die französische Gegenwehr in Marokko und Algerien währte nur drei Tage lang. Anschließend aber gelang es den Amerikanern nicht, Tunesien einzunehmen, dem eine strategische Schlüsselrolle zukam, wenn die Alliierten Nordafrika gewinnen und die Herrschaft über das Mittelmeer erringen wollten. Obwohl Hitler von der amerikanischen Landung überrascht worden war, reagierte er unverzüglich. Sobald er von einer sich anbahnenden Verständigung zwischen den Amerikanern und Admiral Darlan (der sich zufällig in Algerien aufhielt) Nachricht erhalten hatte, befahl er innerhalb von 48 Stunden die Besetzung Vichy-Frankreichs. Den deutschen Truppen mißlang allerdings der Zugriff auf die vor Toulon ankernde französische Flotte, die den Befehl Darlans ignorierte, nach Nordafrika überzusetzen, und ihre Schiffe lieber versenkte, als sie in deutsche Hände fallen zu lassen. Aber schneller als die Alliierten erfaßte Hitler die Situation in Tunesien. Schon seit einiger Zeit beobachtete er die Schwächung der Position Mussolinis, und er war sich bewußt, daß die Italiener womöglich versuchen würden, aus dem Krieg herauszukommen. Wenn er den Alliierten in Tunesien zuvorkam, konnte er einen Angriff auf Italien hinauszögern und sich so einen größeren Spielraum und mehr Zeit verschaffen. Deshalb ließ er auf dem See- und Luftweg Truppen nach Nordafrika bringen. Im Dezember 1942 konnte General von Arnim, Befehlshaber der neu aufgestellten Fünften Panzerarmee, über 78 000 deutsche und 27 000 italienische Soldaten verfügen, die die ehemalige französische Kolonie Tunesien halten und verhindern sollten, daß Montgomerys von Osten her vordringende Achte Armee sich mit den weiter westlich stehenden amerikanischen Invasionstruppen vereinigte.

Daß die amerikanische Invasion zunächst steckenblieb, hatte politische wie militärische Gründe. Roosevelt weigerte sich, mit de Gaulle zusammenzuarbeiten, und die amerikanischen Verhandlungen mit dem Vichy-Mann Darlan lösten in England und Frankreich einen Sturm des Protests aus, dessen gravierende Konsequenzen den Amerikanern nur dadurch erspart blieben, daß Darlan einem Attentat zum Opfer fiel. In dem Bemühen, verlorenes Vertrauen wiederherzustellen, schlug Roosevelt Churchill und Stalin für den Januar eine Zusammenkunft der drei alliierten Führer vor. Stalin antwortete, er könne jetzt, da die Schlacht um Stalingrad in ihre entscheidende Phase trete, nicht für einen einzigen Tag seinen Kommandoposten verlassen. So trafen sich Churchill und Roosevelt ohne ihn in

Casablanca – zum dritten Mal innerhalb der letzten dreizehn Monate. Auch wenn dies keineswegs dem Willen der westlichen Partner entsprach, war es doch ein unglücklicher Zufall: Schließlich gab es noch immer Mißstimmungen innerhalb der Allianz, weil man Stalins Forderung nach der Eröffnung einer zweiten europäischen Front wieder nicht nachgekommen war. Eine Einladung zu einem Treffen im März schlug Stalin ebenfalls aus, doch eine Botschaft, die er am 17. Dezember 1942 an Roosevelt gerichtet hatte, ließ keinen Zweifel an seinen Empfindungen: Er verlasse sich, so erklärte er, fest auf die von den Führern der Westalliierten ursprünglich für 1942 und jetzt für das Frühjahr 1943 zugesagte Eröffnung einer zweiten Front. Als Roosevelt in Casablanca erklärte, die Alliierten würden auf keinen Fall in Friedensverhandlungen mit Deutschland eintreten, sondern dessen bedingungslose Kapitulation fordern, war er offenbar von dem Wunsch bestimmt, den Argwohn Stalins zu beschwichtigen.

Der zweite wichtige Beschluß, der in Casablanca gefaßt wurde, galt einer Landung in Sizilien. Dies war freilich nur geeignet, weitere Zweifel an der »zweiten Front« zu säen. Zwar erhielten die Pläne, die Stalin übermittelt wurden, auch vorbereitende Maßnahmen für die Eroberung eines Brückenkopfs auf der Halbinsel Cotentin in der Normandie im August 1943; aber als Stalin Näheres zu wissen begehrte, sagte man ihm voller Vorsicht, man habe mit »einschränkenden Faktoren« wie Mangel an Schiffen und Landungsfahrzeugen zu rechnen. Es könne daher sein, daß die Operation auf den September verschoben werden müsse. Außerdem werde das alliierte Vorgehen auch von der »Beschaffenheit der deutschen Verteidigungsmöglichkeiten jenseits des Kanals zu dem betreffenden Zeitpunkt« abhängen.[18]

Als man im März noch einmal Noten austauschte, erklärte Stalin, die Deutschen hätten sechsunddreißig Divisionen, darunter sechs gepanzerte, an die Ostfront verlegt, während der alliierte Vormarsch in Nordafrika zum Stillstand gekommen sei. Nachdrücklich vertrat er die Auffassung, eine vorgesehene Landung auf Sizilien könne kein Ersatz für eine zweite Front in Frankreich sein; jede weitere Verzögerung bedeute »eine ernste Gefahr«, und die unbestimmten Erklärungen über die englisch-amerikanische Offensive am Kanal erfüllten ihn mit tiefer Besorgnis.[19]

Aber der eigentliche Grund zur Sorge – ob Stalin dies nun erkannte oder nicht – lag in den Meinungsunterschieden der Briten und Amerikaner. Man kam zu keiner Übereinstimmung, wie es nach der Landung auf Sizilien weitergehen solle. Würde man danach auf das italienische Festland übersetzen – und angenommen man täte es –, würde dies dann bedeuten, daß erst im Sommer 1944 mit einer zweiten Front in Frankreich zu rechnen sei?

Im März 1943 war eine Vereinigung der von Westen her vordringenden englisch-amerikanischen Invasionskräfte mit der von Osten kommenden Achten Armee Montgomerys noch nicht in Sicht. Den Deutschen mangelte es nicht an Soldaten; ihre Schwierigkeiten lagen eher bei der Versorgung der Truppen, insbesondere bei der Versorgung mit Treibstoff, da die alliierten Angriffe zur See und aus der Luft nun zunehmend ihre Nachschubrouten blockierten. Im Februar trafen statt der 80 000 Tonnen Versorgungsgüter, die man benötigte, nur 25 000 Tonnen ein, wozu von Arnim gesagt haben soll: »Bei dieser Nachschublage ist es mit dem Bleistift nachzurechnen, wann das Ende kommen muß.«[20]

Angesichts dieser Lage sah Rommel kaum noch eine Möglichkeit, sich zu halten, und bat Hitler nachdrücklich um die Erlaubnis zum Rückzug. Hitler antwortete mit dem Befehl, Montgomery diesseits der Mareth-Linie anzugreifen, die die Franzosen einst errichtet hatten, um die Italiener abzuschrecken. Rommel befolgte den Befehl, wurde von den Briten austaktiert und zum Rückzug gezwungen, worauf Hitler ihn unverzüglich abberief. Er war zu dem Schluß gekommen, der »Wüstenfuchs« habe infolge seines langwierigen Rückzugs aus Ägypten den Biß verloren und habe einen Genesungsurlaub nötig; Rommel sollte nicht nach Afrika zurückkehren. Die Deutschen hielten seinen Weggang jedoch geheim; Rommels Ansehen war ein zu großer Vorteil, als daß man einfach hätte darauf verzichten können. Von Arnim blieb nichts anderes übrig, als zwei weitere Monate lang das Unvermeidliche hinauszuzögern, bis dem deutschen Afrikakorps die Munition ausging. 140 000 Mann von Hitlers besten Soldaten kamen in alliierte Gefangenschaft, dazu eine ähnlich große Zahl von Italienern.

Hitler war überzeugt, daß die sechs Monate, die er dadurch gewonnen hatte, den Verlust wert seien; es blieb freilich abzuwarten, welchen Nutzen er aus dem Zeitgewinn zu ziehen verstand. Noch immer drohte die Gefahr einer alliierten Landung in Europa und eines Abfalls der Italiener; außerdem lag die Initiative nun wieder bei Briten und Amerikanern. Hitler konnte nur warten, bis aus der Drohung Wirklichkeit wurde – was im Juli der Fall war –, und Vorkehrungen für die kurzfristige Verlegung seiner Truppen aus Rußland in den Mittelmeerraum treffen. Das aber hieß: Das Unternehmen »Zitadelle« mußte verschoben werden. Am 15. Mai eröffnete er seinen Generälen, daß man sich auf die eventuelle Notwendigkeit weiterer Rückzüge im Osten einzustellen habe.

Zur selben Zeit hatte Stalin überraschend die Auflösung der Komintern verkündet, der Organisation, die über zwanzig Jahre lang das Eintreten der Sowjetunion für die Weltrevolution symbolisiert hatte. Im Westen wurde der Schritt als ein weiteres Anzeichen dafür begrüßt, daß die sowjetischen Führer wieder mehr Wert auf die Verteidigung ihrer traditionellen nationalen Interessen legten als auf revolutionäre Bestrebungen zum Sturz kapitalistischer Regime oder zur Aufwiegelung der internationalen Arbeiterklasse. Auch Stalin äußerte sich in einem Interview in diesem Sinn; er hoffe, so erklärte er, nun werde endlich das »verleumderische Gerede« aufhören, die kommunistischen Parteien erhielten ihre Befehle von auswärts und verträten eher die Anliegen Moskaus als die ihrer eigenen Bevölkerung. Die zweite Begründung, die er nannte, kam dem wirklichen Motiv für seinen Schritt näher: Es sei jetzt für Kommunisten in anderen Ländern einfacher, in breite nationale Anti-Hitler-Koalitionen einzutreten.[21]

Wie Stalin später dem jugoslawischen Kommunisten Djilas anvertraute, war die Komintern für ihn damals zu einem Ärgernis geworden, noch dazu einem anachronistischen; Mitglieder aus der Emigrantenszene hätten versucht, einen von der sowjetischen Politik abweichenden Kurs zu steuern. Vor allem aber war etwas Anormales, Unnatürliches an der bloßen Existenz eines allgemeinen kommunistischen Traums zu einer Zeit, als die kommunistischen Parteien nach einer nationalen Sprache hätten suchen und unter den in ihren Ländern herrschenden Bedingungen hätten kämpfen sollen.

Den Blick nach vorn auf die Zeit nach dem Krieg richtend, zog Stalin es vor, einzeln (und im geheimen) mit den kommunistischen Parteien in den verschiedenen Ländern zu verhandeln; an breiten öffentlichen Diskussionen in der Komintern-Exekutive lag ihm nichts. Auf diese Weise gewann er Spielraum für die Anpassung seiner taktischen Marschroute an die Bedingungen in den einzelnen Ländern, die die Rote Armee im weiteren Kriegsverlauf möglicherweise besetzen würde.

Im Mai war Churchill in Washington und verständigte sich mit Roosevelt – Stalin war wieder nicht dabei – darauf, daß die Vorbereitungen für die Landung auf Sizilien weitergehen sollten. Die Folge davon war, daß die Stalin zugesagte Landung in Frankreich auf 1944 vertagt werden mußte. Wie nicht anders zu erwarten, protestierte Stalin in aller Schärfe gegen diesen Beschluß, »der schwerwiegende Konsequenzen für den weiteren Kriegsverlauf haben könnte«. Man tauschte Noten aus, und Stalin erklärte, es gehe um nichts Geringeres als den Fortbestand des sowjetischen Vertrauens zum Bündnis, eines Vertrauens, das »schweren Belastungen ausgesetzt wird«. Die außerordentlichen Opfer, die die sowjetischen Streitkräfte brächten und an denen gemessen die anglo-amerikanischen Verluste »unbedeutend« seien, müßten endlich verringert werden. Man kam überein, die Probleme in einer persönlichen Zusammenkunft zu bereinigen; doch das Treffen fand nicht statt, weil Hitler am 5. Juli schließlich doch noch die Operation »Zitadelle« startete.

Es war der dritte Versuch der Deutschen, den sowjetischen Widerstand endgültig zu brechen, und diesmal konnte sich niemand im unklaren darüber sein, auf welchen Abschnitt der Front die Wehrmacht sich konzentrieren würde. Der bedeutende Eisenbahnknotenpunkt Kursk, 250 Kilometer nördlich von Charkow gelegen, befand sich im Zentrum eines großen vorspringenden Bogens der russischen Front. Er schloß ein Gebiet von der halben Größe Englands ein und bot Angriffsflächen für die vom nördlich gelegenen Orel aus operierende Heeresgruppe Mitte unter Kluge und die von Belgorod und Charkow im Süden angreifende Heeresgruppe Süd unter Manstein. In den deutschen Reihen standen Ende März 1943 zwanzig Panzerdivisionen, darunter vier der Waffen-SS, von denen Hitler sich in besonderem Maße nationalsozialistischen Kampfgeist erhoffte. Zwischen Ende März und Anfang Juli stärkten beide Seiten ihre Kräfte. Die sowjetische Rüstungsproduktion hatte mittlerweile Größenordnungen erreicht, mit

Im Sommer 1943, sechs Monate nach der Katastrophe von Stalingrad, bot Hitler alle Mittel auf, um in einer gewaltigen Schlacht bei Kursk doch noch eine Wende des Krieges zu erzwingen. Es sollte weder vorher noch nachher in diesem Krieg eine Panzerschlacht solchen Ausmaßes geben, und zeitweise stand sie auf des Messers Schneide. Aber nach einigen Tagen mußte der Angriff mit ungeheuren Verlusten abgebrochen werden; nun gab es nur noch eine Reihe nicht endender Rückzüge.
Auf dem Photo: Tigerpanzer im Jahr 1943 im Gefecht bei Kursk.

denen die Deutschen nicht mehr Schritt halten konnten – monatlich 2 000 Panzer und Raketenwerfer und 2 500 Flugzeuge. Am 1. April 1943 standen 1 200 sowjetische Panzer innerhalb des Kursker Bogens; zwei Monate später waren es schon dreimal so viele. Die Russen nutzten die Zeit nicht nur für die Heranführung von Truppen und Ausrüstung, sondern errichteten auch eine Reihe befestigter Linien und trainierten ihre Truppen. Wieder waren es die drei Väter der Stalingrader Gegenoffensive, Schukow, Wassilewski und Woronow, die für die genaue Organisation an der Front verantwortlich waren und zweimal täglich Stalin und der Stawka in Moskau Bericht erstatteten.

Hitler, der damals vor allem mit der Lage in Italien und mit der alliierten Luftoffensive gegen die deutschen Städte befaßt war, überließ die Planung der Operation Zeitzler und den beiden Heeresgruppen-Kommandeuren Manstein und Kluge. Ihre Erwartungen waren hoch. Sie ruhten in erster Linie auf dem massiven Einsatz der Luftwaffe: 1 800 Flugzeuge standen bereit, mehr als je zuvor an der Ostfront, und alles in allem besaß man eine

Streitmacht von einer Million Soldaten mit 2 700 Panzern und schwerer Artillerie. Kurz nach Beginn des deutschen Angriffs am 5. Juli war die größte Panzerschlacht der Geschichte im Gang, eine Schlacht von unbeschreiblich wütender und schrecklicher Heftigkeit. Eine Woche später, am 12. Juli, gab Stalin das Signal zur Gegenoffensive, und im Raum Prochorowka stießen massierte Panzerverbände aufeinander, ein brüllendes, dröhnendes Durcheinander, das mehr als achtzehn Stunden anhielt. Das war der grausige Höhepunkt einer Schlacht, die zu den erbittertsten Kämpfen aller Zeiten gehört. Sie ging erst zu Ende, als beide Seiten ihre Kräfte erschöpft hatten. Die Panzerdivisionen der Waffen-SS – Division Totenkopf, Division Adolf Hitler und Division Das Reich –, die sich viel darauf zugute hielten, härtere Kämpfer zu sein als alle Verbände der regulären Wehrmacht und die mit Panzern der neuen Modelle Tiger und Panther wohlversorgt waren, fanden ihre ebenbürtigen Gegner und erlitten besonders schwere Verluste. Guderian, den Hitler zurückgerufen und zum Generalinspekteur der deutschen Panzertruppen gemacht hatte, bewertete den Ausgang der Schlacht von Kursk als eine klare Niederlage Deutschlands. Die Verluste an Menschen und Material auf beiden Seiten waren erschreckend hoch; doch waren es am Ende die sowjetischen Truppen, die die Stellung hielten und vorrücken konnten, während die deutschen den Rückzug antreten mußten.

Der Ausgang des Unternehmens »Zitadelle« war noch offen, als anglo-amerikanische Truppen auf Sizilien landeten. Abgesehen von der Bedrohung des italienischen Festlands, eröffnete die Einnahme der sizilianischen Flugplätze auch die Möglichkeit, den Seeweg durch das Mittelmeer wiederaufzunehmen. Man würde auf die bislang aus Sicherheitsgründen bevorzugte Route um das Kap der Guten Hoffnung verzichten können, eine außerordentliche Ersparnis an Schiffskapazität. Hitler wurde von dem Vorstoß überrascht, denn man hatte ihn durch gefälschte Informationen zu dem Glauben verleitet, die Alliierten planten eine Landung auf Sardinien. Die Italiener leisteten kaum ernsthaften Widerstand, ihre Flotte griff nicht ein; heftige Gegenwehr kam nur von den 40 000 auf der Insel stationierten deutschen Soldaten. Erst am 17. August erreichten die Amerikaner Messina, mußten dort aber feststellen, daß die Deutschen sich (zu ihrer eigenen Überraschung) auf das italienische Festland hatten absetzen können.

Zu diesem Zeitpunkt war bereits eingetreten, was Hitler seit längerem befürchtet hatte: Mussolini war seines Amtes enthoben worden. Der Duce war nicht imstande gewesen, den Bruch mit Hitler zu vollziehen, den zwei andere Verbündete Deutschlands, Rumänien und Ungarn, ihm insgeheim nahegelegt hatten und den auch seine eigenen faschistischen Kampfgefährten wünschten. Die Italiener hatten den Krieg nie wirklich mitgetragen, und die von italienischen Hilfstruppen in Rußland und Tunesien gebrachten Opfer hatten, ebenso wie die alliierten Luftangriffe auf italienische Städte,

*Hitler hatte sein Schicksal immer auf Überraschung und moderne Waffen gestellt; Sturz-
kampfbomber und die V1 und V2 genannten Raketen, Ein-Mann-Torpedos und »Kampf-
schwimmer« waren die spektakulärsten solcher Waffen, die am Ende des Krieges mehr
und mehr den Charakter von Notbehelfen annahmen. In der Schlacht von Kursk machte
Hitler das Geschick des Krieges von einem überschweren Panzer Ferdinand Porsches
abhängig, dem man den Namen »Maus« gegeben hatte. Woche um Woche wurde der
Beginn der Schlacht verschoben, da sich die Lieferung des Fahrzeugs verspätete. So
konnte die sowjetische Generalität ihre Truppen immer wieder verstärken und umgrup-
pieren. Als der Angriff endlich losbrach, traf er auf vorbereitete Stellungen.
Auf dem Photo: Hitler bei der Besichtigung des Panzers »Maus«.*

in der Öffentlichkeit des Landes den allgemeinen und dringenden Wunsch
nach Frieden um nahezu jeden Preis laut werden lassen – wenn nicht mit
Mussolini, dann ohne ihn. Am 24. Juli war der Großrat der italienischen
Faschisten erstmals seit Kriegsausbruch zusammengetreten. Nachdem
Grandi, einer der führenden Männer des faschistischen Regimes, eine
Stunde lang die Kriegführung Mussolinis kritisiert hatte, votierte der Großrat um zwei Uhr morgens dafür, den militärischen Oberbefehl wieder dem
König zu übertragen. Einen Tag später entließ Viktor Emanuel den Duce
aus dem Amt des Ministerpräsidenten, in das er ihn zwanzig Jahre zuvor
berufen hatte, und ein lethargisch gewordener Mussolini ließ sich widerstandslos in Haft nehmen.

Man brauchte Hitler nicht erst darauf hinzuweisen, daß ihm Ähnliches
widerfahren könnte. Wenn die Italiener sich Mussolinis entledigen konnten, würden die Deutschen vielleicht ihrem Beispiel folgen? Im Mai hatte

Dönitz nach dem Verlust von 38 U-Booten – im April waren es insgesamt 14 gewesen – den U-Boot-Krieg im Nordatlantik aufgegeben, ein weiterer entscheidender Rückschlag, wie sich herausstellen sollte. Doch der Verlust von U-Booten ließ sich immerhin geheimhalten, nicht aber die Bombenangriffe der Royal Air Force, die Nacht für Nacht mit Hunderten von Flugzeugen eine deutsche Stadt nach der anderen in Schutt und Asche legte. So beunruhigend die Meldungen von der Front auch klangen, der Bombenkrieg war die Waffe, mit der die Moral der deutschen Bevölkerung, nach nahezu vier Kriegsjahren ohnehin angeschlagen, am härtesten getroffen wurde.

In den vier Wintermonaten der Jahreswende 1942/43 war Berlin das Ziel von sechzehn schweren nächtlichen Bombenangriffen. Zu Hitlers Ärger gelang es den kleinen, aus Holz gebauten Mosquito-Bombern der RAF sogar bei Tag die Reichshauptstadt zu erreichen, die Menschen in die Luftschutzbunker zu treiben, ihre 4 000 Pfund schwere Bombenladung abzuwerfen und wieder nach Hause zurückzukehren, ohne von der deutschen Luftabwehr schwerwiegend getroffen zu werden. Zwischen dem März und dem Juli 1943 ließ das britische Bomberkommando 43 schwere Angriffe auf die Industriestädte des Ruhrgebietes fliegen, mit einem verheerenden Brandbombenangriff auf Wuppertal-Barmen als schreckenerregendem Höhepunkt. Darauf folgten vier Brandbombenangriffe auf Hamburg, die den Stadtkern fast zur Gänze zerstörten und 45 000 Einwohnern das Leben kosteten. 1942 hatten sich zur britischen Luftwaffe noch die Amerikaner mit ihren B 17-Bombern gesellt, den »Fliegenden Festungen«, die ihre Angriffe bei Tag starteten. Die Verluste der Amerikaner wie der Briten waren hoch: zunächst etwas über fünf Prozent, später bis zu zehn Prozent. Und bis Ende 1943 vermochte Speer trotz aller Bombenangriffe auf Fabriken und Verkehrswege den Umfang der industriellen Produktion zu steigern. Doch das machte auf die meisten Deutschen keinen Eindruck mehr. Was sie sahen, waren die Bombenschäden, und sie fragten sich: Warum unternimmt der Führer nichts dagegen?

Es war eine Frage, die sich auch Hitler stellte. Daß Göring entgegen seiner Zusage die eingeschlossene Sechste Armee bei Stalingrad nicht aus der Luft hatte versorgen können, hatte seine Stellung als Oberbefehlshaber der Luftwaffe stark ins Wanken gebracht. Da die Luftwaffe nun auch nicht in der Lage war, die Aktionen der alliierten Bomberflotten ernsthaft zu stören oder auch nur die angekündigten Vergeltungsangriffe auf Großbritannien durchzuführen, kam er endgültig in Mißkredit. Der Stabschef der Luftwaffe, Jeschonnek, drängte Hitler, den Oberbefehl über die Luftwaffe ebenso zu übernehmen wie 1942 den über das Heer. Hitler war indes nicht bereit, den Mann, der in den Augen der Deutschen als sein »Thronfolger« galt, öffentlich herabzusetzen – das hätte dem Regime als ganzem nur geschadet. Tatsächlich aber fällte er schon 1943 alle wichtigen Entscheidungen des Luftkrieges persönlich, darunter auch die über den taktischen Einsatz von Luftwaffeneinheiten an der Ostfront und im Mittelmeerraum.

Während die deutschen Armeen einen immer aussichtsloser werdenden Abwehrkampf im Osten führten, legte die amerikanische und die englische Luftwaffe Deutschlands Städte in Schutt und Asche. Oft griffen mehr als tausend viermotorige Bomber gleichzeitig an, gegen die die wenigen deutschen Jagdflugzeuge und Nachtjäger kaum etwas auszurichten wußten. Die Flak wurde nun mit sogenannten Luftwaffenhelfern bemannt, fünfzehn- und sechzehnjährigen Schülern, die unter der Anleitung von ein paar Feldwebeln und Offizieren Horch- und Funkmeßgeräte sowie Abwehrgeschütze bedienen mußten.

Gleichwohl vermochte er nicht, die Verfilzungen der Inkompetenz, der Rivalität und der Sonderinteressen zu beseitigen, welche Luftwaffe und Luftfahrtindustrie daran hinderten, eine neue Generation von Flugzeugen zu entwickeln, denen ebenbürtig, die Großbritannien, die Sowjetunion und die USA seit Kriegsbeginn in Dienst gestellt hatten. In seiner Verzweiflung nahm sich Jeschonnek das Leben.

Immerhin gelang es Milch, den zwischen 1940 und 1942 eingetretenen Rückgang der Flugzeugproduktion zu stoppen. 1943 wurden in Deutschland 43 000 Maschinen ausgeliefert, während es 1942 nur 26 000 gewesen waren. Doch die Alliierten steigerten ihre Produktion im gleichen Zeitraum von 100 000 auf 151 000 Flugzeuge[23], und die Deutschen brachten nie den Bau eines schweren Langstreckenbombers von der Größe der Lancaster-Bomber der RAF zustande, der es ihnen ermöglicht hätte, die britischen und sowjetischen Industriegebiete anzugreifen. Sie konnten sich nicht einmal auf ein strategisches Grundsatzkonzept einigen: sollten sie, wie Milch es forderte, eine defensive Luftwaffe mit Schwergewicht auf Jagd- und Kampfflugzeugen aufbauen oder vornehmlich auf Offensivkapazitäten setzen, d.h. auf Bomber und jene »Sonderwaffen«, die in zunehmendem Maß Hitlers Phantasie beflügelten?

Die sich zuspitzenden Probleme und wachsenden Enttäuschungen schlugen sich auf Hitlers gesundheitliche Verfassung nieder. Nach Stalingrad litt er an verschiedenen Erkrankungen, die sein Arzt Morell auf die anhaltenden psychischen Strapazen der letzten Zeit zurückführte. Die angemessene Therapie wäre eine mehrwöchige Ruhepause gewesen, die Hitler sich jedoch nicht leisten zu können glaubte. Die Folge waren lähmende Kopfschmerzen, Zitterkrämpfe in einem Arm (nach Morells Vermutung hysterisch bedingt, vielleicht aber auch das Symptom einer beginnenden Parkinsonschen Erkrankung) und eine leichte Lähmung, deretwegen er ein Bein nachzog. Hin und wieder verfiel Hitler in schwere Depressionen, die Morell mit Hormonspritzen zu lindern versuchte. Guderian, der Hitler zuletzt im Dezember 1941 gesehen hatte, traf im Februar 1943 auf einen völlig veränderten Menschen: »Die linke Hand zitterte, die Haltung war gebeugt, der Blick starr, die Augen quollen leicht hervor, sie waren glanzlos; die Wangen zeigten rote Flecken. Seine Erregbarkeit hatte zugenommen. Er verlor leicht jede Haltung in seinem Jähzorn und war dann unberechenbar in seinen Worten und Entschlüssen.«[24] Goebbels, der Hitler kurz darauf besuchte, bemerkte an ihm erstmals Zeichen der Vergreisung.

Ausschließlich mit der Analyse der militärischen Lage beschäftigt, begann Hitler an Magenkrämpfen und trotz der regelmäßigen Einnahme von Schlafmitteln zunehmend an Schlaflosigkeit zu leiden. Er machte es sich zur Gewohnheit, erst zu Bett zu gehen, wenn der letzte britische Bomber den deutschen Luftraum verlassen hatte.

Die inneren Spannungen, die im Sommer 1943 an Hitler zehrten, verstärkten sich in dem längeren Zeitraum erzwungener Untätigkeit, der nach dem Sturz Mussolinis verstrich, weil Hitler die Folgen einer übereilten Intervention scheute.

Zum Nachfolger Mussolinis als Ministerpräsident war Marschall Badoglio berufen worden, der in Lissabon und Madrid heimlich mit den Alliierten verhandelte und zugleich die Deutschen immer wieder seiner Loyalität versicherte. Obwohl Churchill und Roosevelt übereingekommen waren, daß Italien nach der Eroberung Siziliens aus dem Krieg herausgelöst werden müsse, hatten sie noch keine Überlegungen hinsichtlich der Frage angestellt, wie sie einem Versuch der Italiener begegnen würden, sich auf dem Wege politischer Verhandlungen gleichsam in Sicherheit zu bringen und die Besetzung des Landes mit deutschen Truppen zu verhüten. Es war eine Lösung, an der den Alliierten ebenso gelegen sein mußte wie den Italienern. Doch allem Anschein nach waren Churchill und Roosevelt sich nicht darüber im klaren, was sie riskierten, wenn sie auch im Fall Italiens an der Forderung einer »bedingungslosen Kapitulation« festhielten: nämlich einen langwierigen und opferreichen Feldzug gegen die Deutschen auf der gesamten Länge des italienischen Stiefels. Die negativen Auswirkungen, die dies für die von Stalin weiterhin als unersetzlich erachtete zweite Front in Frankreich hätte, kämen noch hinzu. In Algerien hatte man nur drei Tage gebraucht, um sich mit Darlan zu einigen; hinsichtlich Italiens ersuchte US-Oberbefehlshaber Eisenhower deshalb am 29. Juli um die Genehmigung, zu einem raschen Abschluß zu kommen. Er mußte jedoch drei Wochen – bis zum 17. August – warten, ehe seine Regierung ihm Instruktionen übermittelte, und erst am 3. September war eine Vereinbarung mit den Italienern erreicht.

Überzeugt, daß die Italiener insgeheim den Abfall planten, wartete Hitler ungeduldig auf die weiteren Entwicklungen. Solange er sich über die Lage nicht klarwerden konnte, zögerte er jede Entscheidung hinaus. Zur gleichen Zeit startete Stalin eine großangelegte Offensive mit dem Ziel, das Donbas zurückzuerobern und die Deutschen über den Dnjepr zu treiben. Hitler beugte sich am 11. August widerwillig dem Ersuchen Mansteins, seine Truppen an den Ostwall zurückzuziehen, dessen Errichtung Hitler nach Stalingrad angeordnet hatte. Doch der Bau des Walls war nicht recht vorangekommen; Hitler hatte Vorbehalte gegen die Planung geäußert, woraufhin es zu Streitigkeiten darüber gekommen war, auf welcher Linie das Bauwerk verlaufen und wer es errichten solle, die Wehrmacht oder Speer. Als die deutschen Truppen an den Dnjepr zurückgedrängt wurden, fanden sie deshalb halbfertige Stellungen vor.

Als Hitler vom Sturz Mussolinis erfahren hatte, forderte er zunächst nachdrücklich die Besetzung Roms, die Verhaftung der Regierung Badoglio und die Gefangennahme des Königs und des Kronprinzen. Als jedoch deutlich wurde – ein von den Deutschen abgehörtes transatlantisches Telefonat zwischen Churchill und Roosevelt sorgte für zusätzliche Klarheit –, daß die Alliierten es nicht eilig hatten, Nutzen aus der Situation zu ziehen, entschied er sich für die Verlegung deutscher Einheiten nach Italien. Die Italiener verfolgten weiterhin ihre bewährte Strategie: Während sie immer wieder ihre Treue zum Achsenbündnis beteuerten, taten sie alles, um die deutschen Truppenbewegungen zu behindern, und zogen in der Umgebung von Rom eigene Kontingente von beträchtlicher Stärke zusammen. Doch keine Seite ließ sich täuschen. Am 30. August, nach dem Abzug der letzten deutschen Soldaten aus Sizilien, erging an alle deutschen Einheiten in Italien die Anweisung, auf die Durchgabe des Deckworts »Achse« hin die Italiener zu entwaffnen, die Nordhälfte des Landes zu »befrieden« und sich im Süden kämpfend Richtung Rom zurückzuziehen.

Am 8. September meldete die BBC, Italien habe sich den Alliierten ergeben. Die Nachricht kam für die Italiener ebenso überraschend wie für die Deutschen. Aufgeschreckt von der Meldung, die Russen hätten zwischen den Heeresgruppen Manstein und Kluge die deutschen Linien durchbrochen und fluteten nun westwärts Richtung Kiew und Dnjepr, war Hitler an diesem Morgen nach Saporoschje in der Ukraine geflogen. Er war kaum gelandet, da entschloß er sich schon zur Rückkehr in sein Hauptquartier nach Ostpreußen, einer Vorahnung gehorchend, daß in Italien der Moment zum Handeln gekommen sei. Das Deckwort »Achse« wurde ausgegeben, und die Deutschen besetzten Rom und seine Flugplätze, noch bevor eine alliierte Luftflotte, die denselben Auftrag hatte, abflugbereit war. Die italienischen Streitkräfte wurden entwaffnet, und als die italienische Flotte sich nach Malta abzusetzen versuchte, schickten die Deutschen ihre Luftwaffe aus, die das Schlachtschiff *Roma* versenkte und ihr Schwesterschiff *Italia* beschädigte.

Die Deutschen hatten mit einer alliierten Landung in der Nähe von Rom gerechnet und Vorkehrungen für den Rückzug aller ihrer südlich der Hauptstadt stehenden Truppen getroffen. Der Urheber des Plans war Rommel, zu diesem Zeitpunkt Befehlshaber in Norditalien, der den Verlust Süd- und Mittelitaliens für unvermeidlich hielt. Als aber die Alliierten ihre Hauptmacht in Salerno südlich von Neapel an Land setzten, entschied Hitler sich für den Vorschlag Kesselrings, des Befehlshabers der deutschen Garnison in Rom, der den Aufbau einer Abwehrstellung entlang des Flusses Volturno zwischen Neapel und Rom vorsah. Es war eine folgenschwere Entscheidung. Sie verurteilte die alliierten Streitkräfte zu einem langwierigen und beschwerlichen Eroberungsfeldzug durch bergiges Gelände, und so erreichten sie Rom nicht im September 1943, sondern erst neun Monate später, im Juni 1944. Gleichzeitig gelang dem österreichischen SS-Offizier Otto Skorzeny ein spektakulärer Coup: In einer kühnen und bravourös durchgeführten Luftlande-Aktion befreite er Mussolini aus seinem Gefängnis im Gran-Sasso-Gebirge, und unversehens fand sich der Duce als Präsident einer deutschen Protektorats-Republik in Norditalien wieder.

Nach dem Sturz Mussolinis hatte Hitler am 25. August 1943 Himmler in der Nachfolge Fricks zum deutschen Innenminister ernannt. Die SS schien sicherzustellen, daß das, was in Italien geschehen war, in Deutschland keine Nachahmung finden würde.

Die Kampferfolge der Waffen-SS an der Ostfront hatten Hitler in seinem Zutrauen zu Himmler bestärkt. Die Wehrmacht hatte das Heranwachsen dieser Rivalin immer mit demselben feindseligen Argwohn beobachtet, den sie früher Röhm und seiner SA entgegengebracht hatte. Himmler hatte während der dreißiger Jahre in den militärischen Formationen der SS ein ausschließlich für innenpolitische Zwecke gedachtes Machtinstrument gesehen – etwa für die Niederschlagung von Putschversuchen der Wehrmacht. Erst der Krieg und der Befehl Hitlers, die Waffen-SS dem Oberbefehlshaber des Heers zu unterstellen, machten aus einer paramilitärischen Polizeitruppe eine reguläre militärische Formation. Ihren Leistungen standen die Wehrmachtsgeneräle freilich kritisch gegenüber; in ihren Augen war die Waffen-SS eine disziplinlose und schlecht ausgebildete Truppe, und so versuchten sie mittels der Kontrolle über die Einberufung, ein Anwachsen der Waffen-SS-Kontingente zu verhindern.

Gottlob Berger jedoch, im SS-Hauptamt für die Einberufungen zuständig, fand bald ein Nachwuchsreservoir, das dem Einfluß der Wehrmacht entzogen war: die »Volksdeutschen«, die deutschen Minderheiten in den osteuropäischen Ländern, die sich von der Großdeutschland-Propaganda der NSDAP ebenso bereitwillig blenden ließen wie von den Erfolgen des französischen und norwegischen Feldzuges, bei dem die Waffen-SS einen nicht unerheblichen Beitrag geleistet hatte. Berger begann mit seiner Rekrutierungskampagne in Rumänien und fand genügend Freiwillige, um die Truppenstärke der Waffen-SS noch vor dem Überfall auf die Sowjetunion auf 160 000 Mann zu steigern. Ihre Leistungen im Kampf gegen die Russen veranlaßten Hitler zu höchstem Lob für ihre nationalsozialistischen Tugenden. In der Tat zeigten diese Verbände eine Kampfweise, die eine schwer beschreibliche Mischung aus Fanatismus, Draufgängertum und Rücksichtslosigkeit war und der Tradition der Freikorps näherstand als der des preußischen Soldatentums. Dank ihrer todesverachtenden Unerschrockenheit beim Angriff und ihrer Zähigkeit bei der Verteidigung rückten sie 1942/43 zu einer Elitetruppe auf, die freilich auch wesentlich höhere Verluste in Kauf nehmen mußte als die regulären Wehrmachtseinheiten.

1944 überschritt die Truppenstärke der Waffen-SS die Halbmillionengrenze, 1945 zählte sie 910 000 Mann, mehr als ein Drittel davon Freiwillige aus allen Teilen Europas, darunter Volksdeutsche und Balten, Ukrainer, Russen und Moslems aus den Balkanländern. Zu diesem Zeitpunkt hatte sich freilich ihr Charakter verändert: Die wahllose Rekrutierungspolitik hatte zu einer Verwässerung ihres traditionellen Korps- und Kampfgeists geführt. Dennoch sah Hitler 1944 in der Waffen-SS noch immer seine Prätorianergarde.

Da Himmler unablässig bestrebt war, seine Machtbefugnisse auszuweiten, war es nur folgerichtig, daß er sich neben dem militärischen auch das wirtschaftliche Feld zu eigen machte. Wie Berger beim Aufbau der Waffen-SS, so half ihm nun Oswald Pohl beim Aufbau des Wirtschafts- und Verwaltungshauptamts (WVHA). Pohl, ehemals Zahlmeister bei der Reichsmarine, war zum Finanzverwalter der gesamten SS aufgestiegen. Später dehnte er seinen Zuständigkeitsbereich auch auf die Verwaltung und Versorgung der Waffen-SS aus, übernahm die wirtschaftliche Kontrolle über die 20 Konzentrations- und 165 Arbeitslager und ließ sämtliche Bauprojekte der SS und der Polizei sowie alle SS-eigenen Wirtschaftsunternehmen seiner Leitung unterstellen. Schon in den dreißiger Jahren hatte sich die SS erstmals unternehmerisch betätigt. Bis 1942 umfaßte ihr Wirtschaftsimperium zahlreiche Betriebe in allen möglichen Gewerbezweigen, wozu Steinbrüche und Ziegeleien ebenso gehörten wie Unternehmen der Lebensmittel- und Textilbranche.

Der Schlüssel zum Erfolg Pohls lag darin, daß er als oberster Leiter der Konzentrations- und Arbeitslager deren Insassen, darunter auch Kriegsgefangene, in SS-Betrieben einsetzen oder an andere Unternehmen, ob privat oder staatlich, ausleihen konnte: ein lukratives Geschäft in Zeiten zunehmenden Arbeitskräftemangels. Besonders das Ausleihen von Arbeitskräften an Betriebe der Rüstungsindustrie entwickelte sich bald zu einem höchst einträglichen Geschäft.

Diese Entwicklung veränderte den Charakter der Konzentrationslager. Am 30. April 1942, kurz nach seiner Ernennung, schrieb Pohl an Himmler: »Die Verwahrung von Häftlingen nur aus Sicherheits-, erzieherischen und vorbeugenden Gründen allein steht nicht mehr im Vordergrund. Das Schwergewicht hat sich nach der wirtschaftlichen Seite hin verlagert ... Die Mobilisierung aller Häftlingsarbeitskräfte zunächst für Kriegsaufgaben und später für Friedensbauaufgaben schiebt sich immer mehr in den Vordergrund.« Daraus ergäben sich, so Pohl, »notwendige Maßnahmen, welche eine allmähliche Überführung der KZ aus ihrer früheren einseitigen politischen Form in eine den wirtschaftlichen Aufgaben entsprechende Organisation erfordern.«[25] Auf vergleichbare Gedanken waren die Betreiber der Arbeitslager des sowjetischen Gulag schon viel früher gekommen.

Himmler griff den Vorschlag begeistert auf. Er sah die Möglichkeit, nach Kriegsende der SS eine breite wirtschaftliche Machtbasis zu schaffen, und bis es soweit war, konnte man die Zeit zum Aufbau einer SS-eigenen Rüstungsindustrie nutzen. So richtete man sich auf die wirtschaftliche Ausbeutung der Häftlingsarbeit ein, was sich auch in den rasch wachsenden Zahlen der KZ-Insassen niederschlug. Zwischen dem September 1939 und dem März 1942 war ihr Umfang allmählich von rund 25 000 auf knapp 100 000 angestiegen. Im August 1944 gab es im ganzen mehr als eine halbe Million Häftlinge, und im Januar 1945 schließlich über 700 000 – bewacht von 40 000 SS-Leuten. Das 1942 erbaute Lager Birkenau, das zum Auschwitz-Komplex gehörte, faßte über 100 000 Häftlinge, und man hatte sich für diesen Standort vor allem deshalb entschieden, weil er in der Nähe des oberschlesischen Industrie reviers lag, für das das KZ Arbeitskräfte bereitstellen sollte. Später allerdings entwickelte sich Birkenau, als es erst fertiggestellt war, auch zum größten Vernichtungslager.

Derselbe Gesichtspunkt, die Verfügbarkeit billiger Arbeitskräfte, bewog die I.G. Farben zum Bau eines Werks für synthetischen Gummi (Buna) in unmittelbarer Nähe von Auschwitz, wo der Konzern für die Zwangsarbeiter in Monowitz ein eigenes Barackenlager errichtete. Zu den sozialen Vergünstigungen, die die SS ihren Arbeitshäftlingen bot, gehörten nicht nur Weiterbildungskurse, sondern auch der Zugang zu Bordellen, in denen Prostituierte tätig waren, die anderswo wegen Ausübung eines »asozialen Gewerbes« verhaftet worden waren.

Offenbar hatten viele deutsche Firmen nicht die geringsten Bedenken,

KZ-Häftlinge für sich arbeiten zu lassen, und so wurden in den letzten Kriegsjahren immer größere Gruppen von Fremdarbeitern aus dem Osten in die Konzentrationslager gebracht und von der SS zum Arbeitseinsatz bestimmt. Die deutschen Häftlinge waren in den Lagern mittlerweile zu einer Minderheit geworden; ihr Anteil lag 1945 nur noch bei fünf bis zehn Prozent. Dafür waren Menschen aus allen Ländern und Regionen des besetzten Europa vertreten, von russischen Kriegsgefangenen bis zu Franzosen und Holländern, die aufgrund des »Nacht-und-Nebel-Erlasses« festgenommen worden waren. Die Arbeitsproduktivität war und blieb gleichwohl gering, genau wie in den Lagern des sowjetischen Gulag, und zwar aus demselben Grund: Die Zwangsarbeiter wurden so schlecht behandelt, mußten so viele Stunden arbeiten, erhielten eine so schlechte Verpflegung und lebten unter so primitiven Bedingungen, daß viele zugrunde gingen. Von all denen, die ermordet wurden, gar nicht zu reden.

Die Judendeportationen aus dem Altreich und aus der »Tschechei« in den Osten hatten im Herbst 1941 eingesetzt. Indessen wurde ein paar Monate später, auf der Wannsee-Konferenz im Januar 1942, der Beschluß gefaßt, daß zunächst die »Säuberung« des polnischen Generalgouvernements Vorrang habe. Goebbels schrieb am 27. März 1942 in sein Tagebuch: »Aus dem Generalgouvernement werden jetzt, bei Lublin beginnend, die Juden nach dem Osten abgeschoben. Es wird hier ein ziemlich barbarisches und nicht näher zu beschreibendes Verfahren angewandt, und von den Juden selbst bleibt nicht mehr viel übrig. Im großen kann man wohl feststellen, daß sechzig Prozent davon liquidiert werden müssen, während nur noch vierzig Prozent in die Arbeit eingesetzt werden können. Der ehemalige Gauleiter von Wien [Globocnik, nun in der SS], der diese Aktion durchführt, tut das mit ziemlicher Umsicht ... Auch hier ist der Führer der unentwegte Vorkämpfer und Wortführer einer radikalen Lösung.«[26]

Himmler forderte, die »Operation Reinhard«, wie die von Goebbels in seiner Tagebuchnotiz beschriebene »Säuberung« des Generalgouvernements genannt wurde, müsse bis Ende 1942 abgeschlossen sein. Der Namenspatron dieser Operation freilich, Reinhard Heydrich, konnte selber nicht mehr miterleben, wie die Beschlüsse der Wannsee-Konferenz in die Tat umgesetzt wurden. Er war wenige Monate nach seiner Ernennung zum Stellvertretenden Reichsprotektor für Böhmen und Mähren von zwei Attentätern getötet worden, einem Tschechen und einem Slowaken, die mit dem Fallschirm aus einem britischen Flugzeug abgesprungen waren. Zur Vergeltung wurden umgehend über 1 500 Tschechen erschossen; 3 000 tschechische Juden wurden nach Polen in den Tod geschickt, und das Dorf Lidice, willkürlich ausgewählt, wurde bis auf die Grundmauern niedergebrannt, nachdem die SS zuvor sämtliche männlichen Dorfbewohner erschossen und alle Frauen und Mädchen in Konzentrationslager deportiert hatte.

Himmler ließ die Mitglieder aller SS-Kommandos, die zu »Sondereinsätzen« ins polnische Generalgouvernement geschickt wurden, einen Verschwiegenheitseid ablegen, in dessen Formulierungen auch »übermenschliche Taten der Unmenschlichkeit« auftauchten, die der »Führer« von seinen Männern verlange[27]. In einer ersten Etappe der Operation Reinhard wurden alle Juden des Generalgouvernements in Gettos »konzentriert«. In Warschau hatte man in ein Stadtviertel, in dem damals schon 280 000 Juden wohnten, weitere 150 000 Juden deportiert; anschließend war um das dergestalt geschaffene Getto eine Mauer gebaut worden, die zu überklettern bei Todesstrafe verboten war. Weitere Gettos befanden sich in Lodz und im Bezirk Lublin. Die zweite Etappe bestand darin, daß man die Bewohner des Gettos in die Vernichtungslager brachte, die als Folge der Wannsee-Konferenz nach und nach fertiggestellt wurden. Als die unablässigen Deportationen (die offiziell stets unter dem Deckmantel der »Umsiedlung« liefen) die Bewohnerzahl des Warschauer Gettos auf 70 000 hatten schrumpfen lassen, entschlossen die Verbliebenen sich zum Widerstand. Eine 2 000 Mann starke Einheit der Waffen-SS, ausgerüstet mit Panzern, Flammenwerfern und Dynamit, erhielt daraufhin den Auftrag, das Getto niederzubrennen und zu sprengen. Zur Überraschung des kommandierenden Offiziers, General Stroop (der sich später, zur Feier seines »Sieges«, eigens ein Album mit Erinnerungsfotos zusammenstellen ließ), wehrten sich die Juden, Frauen wie Männer, mit solcher Zähigkeit, daß die wesentlich besser bewaffneten Deutschen vier Wochen benötigten, bis sie, einen Häuserblock nach dem anderen erobernd, den Aufstand niedergeschlagen hatten. Von den 56 000 Gettobewohnern, die ihnen schließlich noch in die Hände fielen, wurden 7 000 auf der Stelle erschossen und 22 000 in die Vernichtungslager transportiert; die übrigen kamen in Arbeitslager.

Im Verlauf des Jahres 1942 nahmen alle großen Vernichtungszentren ihren Betrieb auf; die wichtigsten waren Kulmhof (Chelmno), das als erstes fertig wurde, Belzec, Majdanek, Treblinka sowie Auschwitz-Birkenau, das von allen die traurigste Berühmtheit erlangt hat. In der Zeit, in der die Vernichtungsarbeit dort ihren Höhepunkt erreichte, trafen dort täglich mehrere Deportationszüge ein; und in den vier Gaskammern des Lagers wurden pro Tag im Durchschnitt 20 000 Menschen ermordet. Dieses »Produktivitätsniveau« konnte nur mit Hilfe einer sorgfältigen Organisation wie in einem Industriebetrieb aufrechterhalten werden.

Daß die SS, was die Konzentrationslager betraf, durchaus in betriebswirtschaftlichen Kategorien dachte, läßt sich aus der Mühe ersehen, die sie auf die Bilanzierung der Kosten und Erträge der Lager verwendete. Das von Pohl geleitete WVHA, verantwortlich für den Einsatz derjenigen Arbeitskräfte, denen die Gaskammer erspart blieb, weil die SS vorzog, sie durch Arbeit zu vernichten, machte folgende Rechnung auf: »Das Ausleihen von KZ-Häftlingen an Industriebetriebe bringt einen Durchschnittsertrag von sechs bis acht RM, wovon siebzig Pfennig für Verpflegung und Kleidung abgezogen werden müssen. Bei einer angenommenen Lebenserwartung eines Häftlings von neun Monaten müssen wir diesen Betrag mit 270 multiplizieren. Das ergibt 1431 RM. Dieser Gewinn läßt sich erhöhen durch zweckmäßige Verwertung der Leiche, d.h. durch goldene Zahnfüllungen, Haare, Kleider, Wertsachen usw., aber andererseits bedeutet jede Leiche einen Verlust von zwei RM, denn soviel kostet die Verbrennung.«[28]

Diejenigen, die zur sofortigen Tötung in den Vernichtungslagern bestimmt waren, erhielten acht bis zehn Minuten, um sich auszuziehen und zu einer der Gaskammern zu marschieren. Bei den Frauen betrug die Zeit für das Auskleiden fünfzehn Minuten, weil ihnen zunächst der Kopf kahlgeschoren wurde. Das gesammelte Haar wurde an Matratzenfabriken verkauft. Es ist diese »Rationalisierung« des Massenmords (zu der auch die genaue Abstimmung der Fahrpläne der Deportationszüge auf die Auslastung der Gaskammern gehörte), die dem Geschehen in den Vernichtungslagern einen besonders gespenstischen, historisch beispiellosen Zug verleiht, sofern innerhalb dieses bestürzenden Panoramas von Grausamkeit und Entmenschlichung Abstufungen überhaupt zulässig sind.

Von den insgesamt achtzehn Millionen Opfern des nationalsozialistischen Terrors in Europa – Rußland eingeschlossen – starben allein elf Millionen auf dem Boden der ehemaligen polnischen Republik. Etwa die Hälfte dieser elf Millionen waren Juden, darunter viele, die aus anderen Ländern deportiert worden waren. Die anderen fünfeinhalb Millionen gehörten zahlreichen Nationalitäten an, darunter vor allem nichtjüdische Polen, russische Kriegsgefangene und Zigeuner. Insbesondere der Ausrottung letzterer widmete sich die SS mit fast ebenso großem Eifer wie der Judenvernichtung.

Es ist wichtig, diese Zahlen festzuhalten. Weil es aber möglich ist, daß sie unsere Phantasie, die sich menschliches Leiden von solcher Größe nicht wirklich vorstellen kann, nur abstumpfen und betäuben, ist es ebenso wichtig zu betonen, daß jedes einzelne dieser vielen Millionen Opfer von unmenschlicher Grausamkeit, Gewalt und Erniedrigung ein Mensch war wie wir selber, ein Mann, eine Frau, ein Knabe, ein Mädchen oder sogar ein Kleinkind.

Im Juni 1943 besuchte Himmler Hitler auf dem Berghof und meldete ihm, die Säuberung des Generalgouvernements werde bald abgeschlossen sein. In einer Notiz hielt er fest, daß nach Anweisung des »Führers« die Deportationen ungeachtet aller Unruhe, die sie in den nächsten drei bis vier Monaten auslösen könnten, weitergehen müßten, und zwar in umfassender Weise.[29] Im Oktober sprach Himmler vor einer Gruppe von SS-Gruppenführern ein »ganz schweres Kapitel« an: »Unter uns soll es einmal ganz offen ausgesprochen sein, und trotzdem werden wir in der Öffentlichkeit nie darüber reden.. Ich meine jetzt .. die Ausrottung des jüdischen Volkes .. Von euch werden die meisten wissen, was es heißt, wenn hundert Leichen zusammenliegen, wenn fünfhundert daliegen oder wenn tausend daliegen. Dies durchgehalten zu haben und dabei, abgesehen von Ausnahmen menschlicher Schwächen, anständig geblieben zu sein, das hat uns hart gemacht. Dies ist ein niemals geschriebenes und niemals zu schreibendes Ruhmesblatt unserer Geschichte.«[30]

Zwei Tage später, am 6. Oktober 1943, erklärte Himmler vor Parteifunktionären:»Die Judenfrage in den von uns besetzten Ländern wird bis Ende dieses Jahres erledigt sein. Es werden nur Restbestände von einzelnen Juden übrigbleiben, die untergeschlüpft sind... Ich bitte Sie, das, was ich Ihnen in diesem Kreis sage, wirklich nur zu hören und nie darüber zu sprechen. Es trat an uns die Frage heran: Wie ist es mit den Frauen und Kindern? – Ich habe mich entschlossen, auch hier eine ganz klare Lösung zu finden. Ich hielt mich nämlich nicht für berechtigt, die Männer auszurotten – sprich also, umzubringen oder umbringen zu lassen – und die Rächer in Gestalt der Kinder für unsere Söhne und Enkel groß werden zu lassen. Es mußte der schwere Entschluß gefaßt werden, dieses Volk von der Erde verschwinden zu lassen.«[31]

In Auschwitz wurden nicht nur Juden aus Deutschland und Polen ermordet. Das Programm der »Endlösung«, das Eichmann von Berlin aus organisierte, erstreckte sich auf alle besetzten Teile Europas, und viele der Opfer endeten in Auschwitz.

Eine der gründlichsten Operationen wurde von Eichmanns Häschern in Holland geleistet, von dessen 140 000 jüdischen Bürgern 110 000 deportiert wurden. Nur 6 000 von ihnen überlebten. In Paris fuhr am 3. Februar 1944 der siebenundsechzigste Zug nach Auschwitz ab, beladen mit 1 214 Juden. Vierzehn von ihnen waren über achtzig Jahre alt, mehr als hundert unter sechzehn. Nur sechsundzwanzig erlebten das Kriegsende. Eine Woche später fuhr ein weiterer Zug mit 1 229 Menschen ab.[32]

Es gab Länder, in denen die Juden Hilfe und Schutz erfuhren: In Italien und im italienisch besetzten Teil Südfrankreichs intervenierte die italienische Armee zu ihren Gunsten; in Dänemark wurden von 7 200 Juden dank des Eingreifens der königlichen Familie und dank der stillschweigenden Duldung des deutschen Statthalters Werner Best nur 500 deportiert, während die übrigen nach Schweden in Sicherheit gebracht wurden; die 4 000 finnischen Juden konnten bis auf elf Opfer vor der Deportation bewahrt werden; die Slowakei und Bulgarien verweigerten die Kooperation. Andere Beispiele zeigen jedoch, wie weit der Einfluß der SS ging: Er reichte bis zu den 260 jüdischen Bürgern des Städtchens Chania auf Kreta, bis zu den 1 800 Juden von Korfu, bis nach Saloniki, wo es seit den Zeiten des Heiligen Paulus eine jüdische Gemeinde gab, von deren 56 000 Mitgliedern 43 000 abtransportiert wurden. Und es waren nicht nur die großen Städte, die von den deutschen Häschern durchkämmt wurden. Auch Kleinstädte und Dörfer, in denen vielleicht eine Handvoll Juden lebte, wurden durchsucht – vier willkürlich herausgegriffene Beispiele mögen genügen: Aus dem bessarabischen Colibasi am Pruth wurden zwei Juden deportiert, aus dem serbischen Duja Poljana neun, von der griechischen Insel Samothrake drei, aus der estnischen Stadt Johvi am Finnischen Meerbusen acht.[33]

Eichmanns letzter großer Auftrag war die Vernichtung des ungarischen Judentums. Als der ungarische Reichsverweser Admiral Horthy im März 1944 dem Einmarsch deutscher Truppen zustimmte, unterwarf er sich auch der Forderung Hitlers, die ungarischen Juden an die SS auszuliefern. Eichmann verlegte daraufhin seinen Sitz nach Budapest. Von den 50 000 ungarischen Juden, die die Deutschen schon vorher zu Zwangsarbeitsbataillonen an der Ostfront eingezogen hatten, waren zu diesem Zeitpunkt bereits mehr als 40 000 tot. Die Übriggebliebenen ließ Eichmann, wie man es schon in Polen praktiziert hatte, zunächst in Gettobezirken zusammenpferchen. Man sagte ihnen, sie würden in den Osten gebracht, um bei der Ernte zu helfen und in Ziegeleien und Sägewerken zu arbeiten. Mitte Mai begannen dann die Deportationen, die ersten aus Ruthenien und Siebenbürgen. Insgesamt wurden im Sommer 1944 437 000 ungarische Juden nach Auschwitz gebracht, bevor die ungarische Regierung im Juli unter dem Eindruck internationaler Proteste den Deportationen ein Ende machte. 300 000 Juden blieben dadurch im Land und vorläufig am Leben.[34]

Diesmal rechtfertigte Hitler selber vor den auf den Berghof zitierten Heereskommandeuren die Maßnahmen der SS. Auf die Frage, ob es nicht humanere Mittel gegeben hätte, den Juden ihre Privilegien zu beschneiden, antwortete er: »Meine Herren Offiziere, wir stehen in einem Kampf auf Leben und auf Tod. Wenn in diesem Kampf unsere Gegner siegen, würde das deutsche Volk ausgerottet werden...« Und indem er die Juden für den Krieg verantwortlich machte – »diese ganze Bestialität ist von Juden organisiert worden« –, fuhr er fort, daß in diesem Fall Milde und Freundlichkeit nichts als Grausamkeit gegen das eigene Volk wäre. Man möge einen Blick auf Ungarn werfen: das ganze Land zerstört und korrumpiert, und überall Juden. Auch hier habe er jetzt eine Lösung ins Auge gefaßt. Denn die Juden seien zur Auslöschung des Deutschen Reiches entschlossen; nun würden sie selber ausgelöscht.[35]

Wer von denen, die Anfang der zwanziger Jahre in München den antisemitischen Tiraden eines Straßenredners lauschten, hätte sich jemals vorstellen können, wohin dies einmal führen würde?

Was die Entwicklungen im Mittelmeer seit El Alamein und der alliierten Landung in Nordafrika betraf, konnte Hitler im Herbst 1943 eigentlich zufrieden sein, wie gut er sich mit Tatkraft, Entschlossenheit und Glück einer katastrophalen Lage entwunden hatte. Der größere Teil Italiens war in der Hand deutscher Truppen, die die Alliierten ein gutes Stück südlich von Rom zurückhielten. Auf dem Balkan hatten die Deutschen die vormals italienischen Besatzungsgebiete in Kroatien, Albanien und Griechenland übernommen, wo Hitler eine Zeitlang mit der Gefahr einer britischen Landung gerechnet hatte. Und die Befreiung Mussolinis und die Proklamation der Italienischen Sozialen Republik ließen sich, auch wenn es sich dabei im Grunde nur um leere Gesten handelte, als triumphale Bewältigung einer Krise darstellen, während noch im Sommer ein Einfall der Alliierten an der verwundbaren Südflanke des Großdeutschen Reichs in drohende Nähe gerückt war.

Tatsächlich aber war es alles andere als ein Jahr des Triumphes. Berücksichtigt man die deutschen Niederlagen bei Stalingrad und Kursk, so müßte man konstatieren, daß Hitler 1943 in diplomatischen und militärischen Dingen die Initiative aus der Hand geben mußte, die er zehn Jahre lang, im Grunde seit dem deutschen Auszug aus Genf im Oktober 1933, besessen hatte.

Die Russen hatten nach ihrem Sieg bei Kursk im August Orel und Charkow erobert und weiter südlich, in der Ukraine, in dichter Folge eine Reihe von Angriffsoperationen gestartet, bei denen mehr als zweieinhalb Millionen sowjetische Soldaten einer halb so starken deutschen Streitmacht gegenüberstanden. Die Unterlegenheit in Panzern und Flugzeugen allerdings war nicht ganz so groß. Dennoch konnte die Rote Armee ihren Gegner noch vor Ende September aus dem Donbas vertreiben und den Dnjepr erreichen. Der deutsche Rückzug entlang einer 650 Kilometer langen Front erfolgte umsichtig und klug, und nach der Preisgabe des östlichen Dnjepr-Ufers kämpften die Truppen Mansteins zäh gegen jeden sowjetischen Brückenkopf am Westufer. Gleichwohl eroberten die Russen am 6. November Kiew zurück und behaupteten sich auch gegen den Versuch eines deutschen Gegenschlages. Als das Winterwetter und die Schlammperiode einsetzten und eine Unterbrechung der Kämpfe erzwangen, war die deutsche Front im Bereich der Heeresgruppe Süd zwar noch lückenlos besetzt, doch hatten die sowjetischen Truppen sich inzwischen am Dnjepr festgesetzt, während nördlich der Pripjet-Sümpfe andere russische Armeen mit Angriffsoperationen gegen den weitgezogenen deutschen Frontbogen begannen, der als schützender Gürtel um Weißrußland und seine Hauptstadt Minsk lag. In der ersten Dezemberwoche vollendete die Stawka die Operationspläne für eine Winteroffensive. Sie sollte kurz vor dem Jahreswechsel beginnen, ohne Pause durchgeführt werden und die deutschen Invasoren hinter die Grenze zurückwerfen.

Angesichts des Vormarsches der Roten Armee, des Verlustes der »Achse« und des Frontenwechsels der Italiener erkannten nun auch die übrigen Verbündeten Deutschlands – Rumänien und Ungarn, deren Truppen an der Ostfront schwere Verluste erlitten hatten, außerdem die Slowakei, Bulgarien und Finnland – die Zeichen der Zeit und suchten nach Mitteln und Wegen, es den Italienern gleichzutun. Die deutschen Nachrichtendienste hielten Hitler über ihre diplomatischen Unternehmungen auf dem laufenden. Wie im Falle Italiens hielt er es jedoch für klüger, vorläufig keine praktischen Konsequenzen zu ziehen, die zum Zusammenbruch seines Satellitensystems hätten führen können.

Daß Deutschland selbst den Versuch machen könnte, sich durch Verhandlungen aus seiner schwierigen Lage zu befreien, schloß Hitler unter allen Umständen aus. Er wies Ribbentrop an, seine Sondierungen in Stockholm einzustellen: »Wissen Sie, Ribbentrop, wenn ich mich heute mit Rußland einige, packe ich es morgen wieder an – ich kann halt nicht anders.«[36] Als auch Goebbels die Ansicht vertrat, Deutschland müsse zu einer Verständigung mit der einen oder der anderen Seite kommen, um dem Zweifrontenkrieg zu entgehen, erklärte Hitler, Verhandlungen mit Churchill würden zu nichts führen, da dieser nicht von Vernunft, sondern von Haß geleitet werde. Eher noch würde er mit Stalin verhandeln, doch verspreche er sich im Grunde auch davon nichts, weil – so Goebbels in seinem Tagebuch – »das, was er im Osten verlangt, von Stalin nicht abgetreten werden kann«.[37]

Als sich am 9. November in München die »Alte Garde« der Partei versammelte, um den zwanzigsten Jahrestag des Putschversuchs von 1923 zu feiern, beeindruckte Hitler alle Anwesenden durch die Kraft und Zuversicht, die von seiner Rede ausging. Es war wieder »der alte Führer«, der dort sprach, ganz anders, als man ihn nach all den Gerüchten über seinen Gesundheitszustand erwartet hatte. Vielleicht nur aus Erleichterung hierüber jubelte man ihm frenetisch zu, besonders als er den Briten Vergeltung für ihre Bombenangriffe verhieß.

Hitler war ein vollendeter Schauspieler, doch wie konnte er in sich selbst eine so unerschütterliche Siegesgewißheit wecken, daß er damit auch andere, nicht zuletzt die Generäle, zu überzeugen vermochte?[38] Ein Teil der Antwort liegt zweifellos in seinem tief verwurzelten Glauben an die Macht des Willens. Dies war die Stunde der Wahrheit, und wieder und wieder betonte er, daß zuletzt derjenige die Oberhand behalten werde, dessen Willenskraft die stärkere, dessen Ausdauer die größere sei. Seine Hauptsorge in den ihm verbleibenden eineinhalb Lebensjahren war deshalb der Schutz seiner Willensstärke vor allen Einflüssen, die geeignet gewesen wären, sie zu beeinträchtigen.

Das zeigte sich auch in seiner wütenden Weigerung, die ihm vorgelegten Zahlen über die Stärke der sowjetischen Truppen und den Umfang der sowjetischen Rüstungsproduktion zur Kenntnis zu nehmen. Stalin sei, so beharrte Hitler, am Ende seiner Reserven; seine Armeen seien zu erschöpft, um weiter in der Offensive bleiben zu können; und es sei Unsinn, unmöglich – so belehrte er Manstein –, daß die Russen 57 neue Divisionen aufgestellt hätten: Es sei nichts als Defätismus, solchen Zahlen Glauben zu schenken. Das war der Tenor seiner Kritik an den Stabsoffizieren. Immer wieder warf er ihnen vor, sie belögen ihn und stellten den Gegner absichtlich stärker dar, als er sei, um ihren Mangel an Mut und Siegeswillen zu verbergen.

Einem ähnlichen Zweck diente seine Weigerung, die Front oder die bombardierten Städte zu besuchen und sich von den verheerenden Wirkungen der gegnerischen Angriffe persönlich zu überzeugen. Als einmal ein Lazarettzug direkt zu seinem Sonderzug aufschloß und er die Verwundeten in ihren Kojen liegen sah, ließ er in aller Eile die Vorhänge herunterziehen, weil er sich diesem Anblick nicht aussetzen wollte. Inzwischen lehnte er es – ein weiteres Beispiel – sogar ab, in der Öffentlichkeit aufzutreten, obwohl Goebbels ihn immer wieder dazu drängte. Instinktiv mit dem ihm eigenen Gespür für die Stimmung seiner Zuhörer fürchtete er, den Gefühlen des Zweifels und der Hoffnungslosigkeit nicht entgegentreten zu können, die er aller Voraussicht nach vorfinden würde. Sein Widerstreben gegen eine Rückkehr nach Berlin, sein Rückzug auf den Berghof oder in sein Hauptquartier und am Ende seine Selbstisolierung im unterirdischen Bunker, all das war Ausdruck derselben unbedingten Bemühung, sich jene ernüchternde Wirklichkeit vom Leib zu halten, die seinen Durchhaltewillen zu zerstören drohte.

Und wie er alles von sich wies, was ihn negativ hätte beeinflussen können, so griff er begierig alles auf, was ihn in dem Glauben bestärkte, er müsse nur fest bleiben, dann werde auch sein Glück zurückkehren, und er werde sich doch noch als der von der Vorsehung ausersehene Retter Deutschlands erweisen. Die Unterredung mit Goebbels, aus der bereits zitiert worden ist, bietet dafür ein Beispiel: Er hantierte mit Zahlen, um sich selbst weiszumachen, er könne eine Reserve von 34 Divisionen formieren; er prophezeite, daß in spätestens vier Monaten die deutschen U-Boote, ausgerüstet mit einem tödlichen neuen magnetischen Torpedo, in den Atlantik zurückkehren würden; er versicherte, Anfang 1944 werde Deutschland »die große Vergeltung mit der Raketenwaffe« üben. »Wenn der U-Boot-Krieg sich so entwickelt, wie wir hoffen«, schrieb Goebbels in sein Tagebuch, »und im Januar-Februar des kommenden Jahres unsere Vergeltungswaffe ansetzt, so platzen beide deutschen Erfolge in eine englische Kriegsmüdigkeit hinein, die sich jetzt schon in sichtbaren Zeichen anmeldet. Es wäre also möglich, daß dadurch eine wesentliche Wendung der englischen Einstellung zum Kriege hervorgerufen werden könnte.«

Auch im Hinblick auf die Ostfront zeigte sich Hitler weit optimistischer als der Generalstab: »Unsere gegenwärtigen Rückzugsbewegungen«, so notierte Goebbels, »bedeuten nichts anderes, als daß wir die Linie hinter dem Dnjepr einnehmen wollen ... Die Linie am Dnjepr aber hofft der Führer auch bestimmt den Winter durch halten zu können. Wir würden durch diese Operation etwa 350 Kilometer an Front einsparen. Das würde uns die Divisionen freimachen, die wir für eine neu aufzustellende zentrale operative Reserve nötig haben. Diese zentrale operative Reserve ist meiner Ansicht nach das A und O unserer gegenwärtigen Kriegführung.«[39]

Wieder und wieder kam Hitler auch auf seine alte Hoffnung zu sprechen, die Briten würden schließlich und endlich einsehen, wo ihre wirklichen Interessen lägen, und sich an dem deutschen Kreuzzug gegen den Bolschewismus beteiligen. Dies erschien ihm so folgerichtig und so natürlich, daß er es nur für eine Frage der Zeit hielt, bis die Briten ihre Auffassung ändern würden. Auch dies war ein Grund, um weiter auszuhalten: Es galt abzuwarten, bis Mißtrauen und Zwietracht zwischen den Russen und den Westalliierten heranreiften. Am Ende würde ihr Bündnis auseinanderbrechen.

Hitler hatte Goebbels von siebzehn Divisionen erzählt, die zur Abwehr einer Invasion in der Nähe der Kanalküste in Stellung bleiben sollten. Die Landungen der Alliierten auf Sizilien und in Italien hatten in allen besetzten Ländern dem Widerstand neue Hoffnung gegeben. In Norwegen drohte nicht nur eine alliierte Landung, sondern auch ein bewaffneter Aufstand durch die Milorg-Bewegung, und so sah Hitler sich genötigt, dreizehn Divisionen des Heeres dort zu belassen. Mit insgesamt 90 000 Mann Marinetruppen, 6 000 SS-Leuten und 12 000 Mann paramilitärischer Truppen kontrollierte man eine Bevölkerung von drei Millionen.

Dem Widerstand kam ein moralischer und, im Hinblick auf die Nachkriegszeit, auch ein politischer Wert zu. Sein unmittelbarer praktischer Beitrag zur Niederringung Deutschlands bestand jedoch in Westeuropa vornehmlich darin, daß er die Deutschen zu einer gewissen militärischen »Zerstreuung« zwang. Was immer vor der alliierten Landung im Sommer 1944 unternommen wurde, um die Besatzungsmacht militärisch herauszufordern, schlug fehl, und mit Ausnahme weniger Fälle stand der den Deutschen zugefügte Schaden in keinem Verhältnis zu den äußerst harten Vergeltungsmaßnahmen, da für jeden getöteten Deutschen fünfzig bis hundert Geiseln hingerichtet wurden.

Günstigere Bedingungen besaß der Widerstand auf dem Balkan, zum einen wegen der größtenteils gebirgigen Topographie und der Unwegsamkeit weiter Landstriche, zum anderen wegen der langgestreckten Küste und der Nähe zu alliierten Flotten- und Luftstützpunkten im Mittelmeerraum. Im Gespräch mit Goebbels äußerte Hitler, daß auch auf dem Balkan siebzehn deutsche Divisionen stationiert seien, und man habe alle Hände voll zu tun, um wenigstens den Anschein von Ruhe und Ordnung herzustellen.

Da Hitler eine britische Landung in Griechenland fürchtete, lag ihm viel daran, daß die vorgelagerten Inselgruppen, die vordem die Italiener innegehabt hatten, nicht in britische Hände fielen. Deshalb wurde die deutsche Garnison auf Kreta verstärkt, und im Verlauf des Oktober und November 1943 besetzten deutsche Truppen die Inseln des Dodekanes. Die griechische Nationale Befreiungsfront (EAM) kontrollierte große Teile des Landes außerhalb von Athen und Saloniki und kämpfte gegen die deutschen Besatzer; doch war sie nicht weniger damit beschäftigt, ihre Machtpositionen für die Zeit nach der Befreiung zu sichern und der Rückkehr der Monarchie vorzubeugen.

Die einzige nationale Widerstandsbewegung, die den Deutschen wirklich Schwierigkeiten bereitete, war die jugoslawische. Feldmarschall von Weichs, Oberbefehlshaber auf dem Balkan, notierte in seinem Tagebuch: »Die Bandenlage hat sich so entwickelt, daß von Banden eigentlich nicht mehr die Rede sein kann. Unter Tito ist eine bolschewistische starke Armee entstanden, die straff geführt wird, ... an Stärke immer mehr zunimmt und immer mehr eine ernste Gefahr bildet. Sie wird von den Engländern stark unterstützt... In diesem Zusammenhang bildet die Machtlosigkeit des kroatischen Staates [unter Pavelic] eine immer größer werdende Gefahr. Denn im Falle einer feindlichen Landung in Dalmatien und Albanien ist dort mit einem allgemeinen kommunistischen Aufstand zu rechnen.«[40]

In der Tat kommt Tito das einzigartige Verdienst zu, Hitler wie Stalin mit Erfolg widerstanden und auch Churchill, Roosevelt und Truman auf Distanz gehalten zu haben. Auf diese Weise sicherte er seinem Land einen unabhängigen Status unter einem einheimischen kommunistischen Regime. Gestützt auf dreihundert kommunistische Veteranen aus dem Spanischen Bürgerkrieg, organisierte er seit dem deutschen Überfall auf die Sowjetunion den jugoslawischen Widerstand. Zwischen 1941 und 1943 zogen die Deutschen viermal gegen die Partisanen zu Felde, die daraufhin in den Bergen Zuflucht suchten. Doch trotz der schweren Verluste, die sie erlitten, trotz der brutalen Vergeltungsmaßnahmen und der Unterdrückung der Zivilbevölkerung gaben sie den Kampf zu keinem Zeitpunkt auf.[41] Erst nach dem Zusammenbruch Italiens änderte sich ihre Lage: Sie kamen in den Besitz großer Mengen von Waffen, wodurch sie eine Streitmacht von 200 000 Mann rekrutieren und ausrüsten konnten und auch den fünften Feldzug der deutschen Besatzungsarmee überstanden. Nicht zuletzt dank der beträchtlichen Unterstützung, die sie von den Briten und Amerikanern erhielten, vermochten sie weite Teile Kroatiens und Dalmatiens unter ihre Herrschaft zu bringen und konnten schließlich, rechtzeitig vor Eintreffen der Roten Armee, ihr Land selbst befreien und eine kommunistisch dominierte Regierung etablieren.

Zwischen dem Herbst 1943 und dem Frühjahr 1944 lieferte Hitler weitere Beispiele für die Kopflosigkeit seiner militärischen Direktiven. Fast reflexartig griff er nach allem, was schnelle Erfolge versprach, und beschwor damit eine höchst merkwürdige Episode in der Geschichte des Niedergangs der deutschen Luftwaffe herauf.

Speer hatte 1943 seine rüstungswirtschaftlichen Befugnisse erheblich ausgebaut: Er hatte nicht nur die Verantwortung für den U-Boot-Bau übernommen, sondern auch für einige weitere bedeutsame Teilbereiche der zivilen Wirtschaft (die aus der Zuständigkeit des Wirtschaftsministers Funk herausgenommen wurden) und für einen beträchtlichen Teil der Göringschen Vierjahresplanbehörde. Dank einer weiträumig dezentralisierten Industrie und der guten Arbeit jener mobilen Baukommandos, die für die Reparatur und den Wiederaufbau bombardierter Fabrikanlagen ins Leben gerufen worden waren, gelang es dem Speerschen Ministerium, die seit Jahresanfang stark erhöhte Rüstungsproduktion auf ihrem Niveau zu halten. Ein Bereich des Rüstungssektors jedoch – und zwar der teuerste, komplexeste und damals für Deutschland wichtigste – blieb Speer auch weiterhin entzogen: die Flugzeugproduktion, die Göring um so eifersüchtiger hütete, als seine Macht und sein Einfluß allmählich schwanden.

Zu einem früheren Zeitpunkt – etwa 1940 oder 1941 – hätte man der deutschen Luftwaffe ihre anfängliche Überlegenheit noch durch bestimmte Entscheidungen sichern können. Dies aber war unterblieben, und so fiel sie hinter der Royal Air Force und der US-Luftwaffe mehr und mehr zurück. Milch war es immerhin gelungen, den Rückgang der Flugzeugproduktion umzukehren. Er hatte alle Kräfte auf die Herstellung von Jagdflugzeugen für die Verteidigung des deutschen Luftraums gerichtet, wodurch sich die Verluste der britischen und amerikanischen Bomberflotten auf über zehn Prozent erhöhten, eine Quote, die keine Luftwaffe auf die Dauer tragen konnte.

Dennoch mißfiel Hitler seine Vorgehensweise; hartnäckig vertrat er den Standpunkt, man müsse sich der alliierten Bomberverbände auch durch den Ausbau der Flak-Stellungen erwehren können, und das beste Mittel, den Briten und Amerikanern ihre Luftangriffe zu verleiden, seien Vergeltungsschläge gegen britische Städte. Im Herbst 1943 forderte er eine Wiederaufnahme der Bombenangriffe auf Großbritannien. Göring, verzweifelt um die Wiederherstellung seines Ansehens bemüht, versprach sogleich »eine neue Luftwaffe«. Man plante neuerliche Bombenangriffe auf London sowie auf strategisch wichtige Industrieziele in der Sowjetunion. Allein, man besaß keinen Langstreckenbomber, der mit den britischen Lancasters oder den »Fliegenden Festungen« der Amerikaner vergleichbar gewesen wäre, und die modifizierte Heinkel 177 konnte die Erwartungen ebensowenig erfüllen wie ihr Vorgängermodell. 1943 hatte die deutsche Bomberflotte schwere Verluste erlitten; im Spätsommer verfügte sie nicht einmal mehr über 600 einsatzfähige Maschinen. Hitler erteilte zwar den Befehl, die Luftoffensive am 1. Dezember mit einem Angriff auf London zu eröffnen, doch nicht vor dem 22. Januar 1944 hatte man eine aus 462 Maschinen bestehende Bomberflotte zusammengebracht. Ihre Operation endete mit einem Fiasko. Verbittert schimpfte Hitler über die Heinkel als »den miesesten Blindgänger, der je gebaut wurde«. Nach einigen weiteren entmutigenden Feindflügen wurde die Offensive aufgegeben; die geplanten Angriffe auf sowjetische Industrieziele wurden nie geflogen.

Je größer seine Enttäuschungen wurden, desto fester klammerte Hitler sich an die deutschen »Geheimwaffen«. In der Tat besaß Deutschland eine solche Geheimwaffe, und hätte sie etwa für einen Abwurf auf London zur Verfügung gestanden, hätte sie Hitlers kühnste Hoffnungen gewiß erfüllt: eine deutsche Atombombe. Doch man hatte diese Waffe nie ernst genug genommen, um den komplizierten Prozeß ihrer Entwicklung und ihres Baus wirklich voranzutreiben. Die Gründe dafür sind nicht leicht zu erklären. Die Kernspaltung war in Deutschland entdeckt worden, und die Kernphysiker, die im Land geblieben waren, setzten ihre Arbeit mit staatlicher

Unterstützung in ganz ähnlicher Richtung wie ihre amerikanischen und britischen Kollegen fort. Der entscheidende Unterschied bestand allem Anschein nach in etwas anderem: Als man in Deutschland im Winter 1941/42 über die Möglichkeiten der Kernkraft beriet, war man zu dem Ergebnis gelangt, eine Atombombe werde keinesfalls rechtzeitig fertig sein, um im laufenden Krieg zum Einsatz zu kommen, und zwar weder in Deutschland noch in Amerika. Ironischerweise entschlossen sich auf der anderen Seite Amerikaner und Briten vor allem deshalb dazu, das nukleare Projekt mit allen Mitteln voranzutreiben, weil sie die Fertigstellung einer Atombombe nicht nur für möglich hielten, sondern auch davon ausgingen, die Deutschen würden zu demselben Schluß gelangen; man müsse deshalb versuchen, ihnen zuvorzukommen.[42] Bedenkt man Hitlers großes Interesse an militärtechnischen Neuentwicklungen, so war es ein bemerkenswerter Glücksfall, daß er das Zerstörungspotential der Kernspaltung nicht erkannte.

Daß er die Entwicklung und Produktion solcher »Geheimwaffen« mit großem Aufwand zu fördern bereit war, steht gleichwohl außer Zweifel. Er mußte nur wirklich von ihnen überzeugt sein. Dabei erwies er sich allerdings als leichtgläubig, wenn es um den Termin der Einsatzbereitschaft ging. Seit langem waren mehr als hundert batteriegetriebene Hochgeschwindigkeits-U-Boote des Typs Mark XXI im Bau, doch erst im Januar 1945 konnte Dönitz Hitler die Zusage machen, die ersten Boote würden im März einsatzbereit sein. Doch zu diesem Zeitpunkt war die Schlacht auf dem Atlantik für Deutschland bereits verloren. Düsenflugzeuge, Flugbomben (V-1) und Langstreckenraketen (V-2) wurden erprobt, produziert und auch eingesetzt, aber immer zu spät, um den Kriegsverlauf noch entscheidend zu beeinflussen. Dasselbe galt für die unterirdischen Rüstungsfabriken, eine Antwort Hitlers auf die alliierten Bombenangriffe. Speer und die Privatwirtschaft lehnten dieses Rezept ab, da sie das von Speer und Milch ausgearbeitete Konzept der Dezentralisierung für wirksamer hielten. Doch Hitler bestand auf seiner Maßgabe und erhob die Frage zu einer Loyalitätsprüfung, die Göring und Himmler nur allzu gerne ablegten, nicht zuletzt in dem Bestreben, Speer zu stürzen. Als die unterirdischen Fabriken schließlich gebaut worden waren und die Produktion aufnahmen, zeigte sich, daß sie den rapiden Verfall der deutschen Wirtschaft, der im Herbst 1944 einsetzte, nicht verhindern konnten.

Zwischen den Westmächten und der Sowjetunion gab es 1943 genügend Gegensätze, um Hitlers Hoffnung zu nähren, die auseinanderstrebenden Interessen würden, wenn er nur lange genug aushielte, zum Bruch der Allianz führen. Als die Deutschen im April 1943 die im Wald von Katyn verscharrten Leichen von 4 000 polnischen Offizieren entdeckten, sah er deshalb die Möglichkeit, die Mißhelligkeiten unter den Alliierten noch zu steigern. Die Polen zogen den zutreffenden Schluß, daß es sich um einen Teil jener 15 000 polnischen Offiziere handelte, die in russische Gefangenschaft geraten und seitdem verschollen waren. Die Russen dagegen wiesen die deutschen Beschuldigungen empört zurück, und die meisten Menschen im Westen trauten die Ermordung der polnischen Offiziere eher den Deutschen zu. Als die polnische Exilregierung in London eine unabhängige Untersuchung durch das Schweizerische Rote Kreuz forderte, konterkarierte Stalin ihre Bemühungen sogleich mit der Beschuldigung, die »polnischen Reaktionäre« ließen sich in ihrem Haß auf die Sowjetunion zu Werkzeugen der NS-Propaganda machen. In Moskau hatte sich unterdessen ein »Bund Polnischer Patrioten« gebildet, der der Londoner Gruppe den Führungsanspruch streitig machte, und Stalin nutzte den Anlaß, um die Beziehungen zur polnischen Exilregierung abzubrechen. Churchill konnte den Polen keine Unterstützung geben; denn die militärische Niederwerfung Deutschlands hatte Vorrang vor allen anderen Bestrebungen, und dies wiederum setzte den Fortbestand der guten Beziehungen zum Kreml voraus.

Katyn markiert den Beginn eines neuen Kapitels in der tragischen Geschichte des polnischen Volkes. An seinem Ende stand die Nachkriegsordnung, die den Polen von Stalin aufgezwungen und von den Briten und Amerikanern geduldet wurde, wenn auch widerwillig.

Stalins Taktik im Fall von Katyn vermittelte einen Vorgeschmack auf die Methoden, mit denen er in der Folge die sowjetischen Ansprüche durchsetzte. Er hätte das Massaker rechtfertigen oder sich bedauernd davon distanzieren können, zumal ihm die Wahrheit mit Sicherheit bekannt war. Statt dessen zeigte er sich moralisch empört. Wer seine Stimme für die Opfer stalinistischer Unmenschlichkeit erhob und Stalins Zusammenarbeit mit den Nationalsozialisten von 1939 in Erinnerung rief, wurde von ihm beschuldigt, gemeinsame Sache mit den Deutschen zu machen.

Da in Frankreich noch immer keine zweite Front gebildet worden war – Stalin sah in der Landung in Italien keineswegs einen Ersatz – und die Nordmeer-Konvois mittlerweile aufgehoben worden waren, bestand Anlaß für weitere russische Klagen. Hinzu kam, daß die Sowjetunion an den Friedensverhandlungen mit der italienischen Regierung nicht beteiligt worden war, obwohl italienische Truppen auch an der Ostfront gekämpft hatten. Erneut protestierte Stalin: Es sei ihm »unmöglich, eine solche Situation noch länger hinzunehmen«. Er schlug deshalb die Bildung einer Drei-Mächte-Kommission vor, die Richtlinien für die Verhandlungen mit jenen Ländern ausarbeiten sollte, die sich von Deutschland lossagen würden.

Zu diesem Zeitpunkt gab es nicht einmal zwischen Roosevelt und Churchill eine verbindliche Absprache über die Operation »Overlord«, das heißt, die Landung in Frankreich. Das hatte seinen Grund vor allem in dem hartnäckigen, von den Amerikanern argwöhnisch verfolgten Bemühen Churchills, die Option einer Landung auf dem Balkan offenzuhalten. Als Roosevelt im Oktober 1943 forderte, es dürften keine anderweitigen Faktoren mehr geschaffen werden, die den Zeitplan für »Overlord« gefährden könnten, antwortete Churchill mit einer langen Liste von Einwänden gegen die bisherigen Pläne. »Mein lieber Freund«, schloß er seinen Brief, »das ist die bei weitem größte Sache, an die wir uns je herangewagt haben ... Ich wünsche mir eine baldige Konferenz.«[43]

Sein Wunsch erfüllte sich Ende November in Teheran. Zum ersten Mal trafen sich alle drei alliierten Führer an einem Tisch, und zugleich war es die erste von zwei persönlichen Begegnungen Roosevelts mit Stalin. Am Vorabend der Konferenz kam Stalin erneut auf das Thema der »zweiten Front« zu sprechen, indem er die Westalliierten wissen ließ, die Deutschen würden gegenwärtig Divisionen aus Italien, dem Balkan und Frankreich an die Ostfront verlegen. So habe man sich in Moskau die Entlastung der Roten Armee durch englisch-amerikanische Landungsoperationen nicht vorgestellt.

Die Konferenz von Teheran dauerte vom 28. November bis zum 1. Dezember. Abgesehen von einer Reihe bedeutender militärischer Beschlüsse tauschten die drei Staatschefs hier erstmals Gedanken über die Nachkriegsordnung aus. Am wichtigsten war dabei vielleicht, daß sie Gelegenheit hatten, in privaten Gesprächen – Stalin mit Roosevelt, Stalin mit Churchill – sowie am Konferenztisch und beim gemeinsamen Mittag- und Abendessen einen Eindruck voneinander zu gewinnen.

Für Stalin war der Umstand, daß das erste Treffen der alliierten Führer so spät stattfand, nämlich fast zweieinhalb Jahre nach dem deutschen Überfall auf Rußland, gleich in doppelter Hinsicht von Vorteil. Zum einen zog er Gewinn aus der veränderten militärischen Lage. Zum anderen wurde seine Position durch das Fehlen einer gemeinsamen strategischen Konzeption der Engländer und Amerikaner und durch den ausgeprägten Wunsch Roosevelts gestärkt, seinen Beziehungen zum sowjetischen Führer einen besonderen Charakater zu geben, ein Bestreben, das bis zu einem gewissen Grad unweigerlich auf Kosten der engen Beziehungen zwischen ihm und Churchill gehen mußte. Schon im März 1942, lange vor ihrer ersten Begegnung, hatte Roosevelt die Überzeugung gewonnen, er könne mit Stalin besser umgehen als jeder britische Staatsmann. »Er kann die Hartnäckigkeit aller Eurer hochgestellten Leute nicht leiden.«, schrieb er an Churchill. »Er hält mich für sympathischer, und ich hoffe, es wird dabei bleiben.« Man hat Roosevelt Naivität vorgehalten, weil er glaubte, mit Stalin ebenso erfolgreich »umgehen« zu können, wie er es mit vielen amerikanischen Politikern getan hatte. Man kann ihm jedoch schwerlich einen Vorwurf aus seiner früh gewonnenen Einsicht machen, daß die Stabilität jeder nur denkbaren Nachkriegsordnung von der Zusammenarbeit zwischen den USA und der UdSSR abhängen würde und daß es hierzu vertrauensvoller Beziehungen zwischen beiden Regierungen noch vor Ende des Krieges bedürfe.

Stalin seinerseits zeigte eine unerwartete geistige und politische Beweglichkeit. Mühelos paßte er sich einer Situation an, in der er keine willkürli-

Auf dem ersten Treffen der »Großen Drei« in Teheran vom 28. November bis zum 1. Dezember 1943 wurde schon die Nachkriegsordnung Europas besprochen. Es war sicher, daß der Krieg gewonnen war; jetzt ging es nur noch um die Aufteilung der Einfluß-sphären und die Ziehung der Grenzen.

che Machtpolitik betreiben konnte, in der seiner Stellung keinerlei Gefahr drohte und in der er von den beiden anderen Staatsmännern fraglos als Gleichrangiger akzeptiert wurde. »Was Stalingrad [für Stalin] auf militärischem Gebiet war, war Teheran auf diplomatischem Gebiet.«[44] Der Unterschied liegt freilich darin, daß der Triumph von Stalingrad das Ergebnis einer Gemeinschaftsleistung war, die zum größeren Teil auf die Rote Armee, ihre Kommandeure, Generalstäbler und Soldaten zurückging, während die Umsetzung militärischer Erfolge in diplomatische und politische Vorteile allein das Werk Stalins war. Denn so groß Stalins Nachholbedarf in militärischen Fragen auch gewesen sein mag, in der Kunst der Diplomatie konnte der Mann, der den für die Sowjetunion so vorteilhaften Hitler-Stalin-Pakt ausgehandelt hatte, schwerlich belehrt werden. Soweit die baltischen Staaten, Polen und Bessarabien betroffen waren, bewegte er sich auf demselben Boden wie damals und erzielte dieselben Ergebnisse.

Die diplomatischen Erfolge, die Stalin in Teheran, Jalta und Potsdam feierte, waren nicht geringer als die, die Hitler in den dreißiger Jahren errungen hatte, doch wurden sie mit gänzlich anderen Mitteln erreicht. Wie Hitler durchschaute auch Stalin bald die Absichten seiner Verhandlungspartner und verstand es, aus ihren Schwächen Gewinn zu ziehen; zugleich kaschierte er seine eigenen Schwächen und Pläne. Im Gegensatz zu Hitler machte er jedoch nie den Versuch, Temperamentsausbrüche als diplomatische Waffe einzusetzen. Die paranoiden und despotischen Aspekte seiner

Persönlichkeit blieben unsichtbar, während er die politischen und diplomatischen Fertigkeiten, die ihm in Rußland den Aufstieg ermöglicht hatten, in jeder Hinsicht ausspielte. Anstatt im Raum hin und her zu laufen, wie er es im Kreml gewöhnlich tat, saß er reglos da, lauschte aufmerksam und vermied jene weitschweifige Vertraulichkeit, die Churchill und Roosevelt hervorkehrten, wenn sie mit ihm unter vier Augen konferierten. Er stellte schneidende Fragen und gab pointierte Kommentare ab, tat dies jedoch stets in verbindlichem Ton und mit vernünftigen und wohldurchdachten Argumenten, zum Beispiel, als er Churchills Plädoyer für militärische Operationen auf dem Balkan und im östlichen Mittelmeer widerlegte, Operationen, die die Landung in Frankreich weiter hätten verzögern können.

Der britische Stabschef, General Brooke, der lange Jahre mit Churchill zusammengearbeitet hatte und für seine antirussische Einstellung beim Essen von Stalin gerügt wurde, zeigte sich vom Auftreten des Russen beeindruckt. Obwohl Stalin keine militärischen Ratgeber an seiner Seite hatte, unterlief ihm, wie Brooke konstatierte, »niemals, in keiner seiner Aussagen, ... ein strategischer Irrtum, und stets erfaßte er mit schnellem und unfehlbarem Blick sämtliche Implikationen einer Situation.«[45]

Stalin ließ deutlich erkennen, daß er einen Unterschied zwischen Roosevelt und Churchill machte: In ersterem sah er den Vertreter einer künftigen Weltmacht, in letzterem den eines niedergehenden Empires. Er entsprach dem Wunsch Roosevelts nach engerem Kontakt, indem er der amerikanischen Delegation eine besser gesicherte Unterkunft auf dem Gelände der sowjetischen Botschaft anbot – zweifellos wurde das Domizil rechtzeitig mit Abhöreinrichtungen versehen. Im ersten der von Roosevelt angeregten Zweiergespräche stimmte Stalin ausdrücklich der Überzeugung des amerikanischen Präsidenten zu, daß die Zeit der Kolonialreiche vorüber sei, und schloß sich dem abfälligen Urteil Roosevelts über Churchills Sicht der britischen Kolonien, insbesondere Indiens, und seinem Kampf gegen ihre Unabhängigkeit an. Wenn es auf der Konferenz zu Streitigkeiten kam – ob bei den Plenarsitzungen oder bei den persönlichen Unterredungen –, dann immer zwischen Stalin und Churchill, nie zwischen Stalin und Roosevelt. In einem frühen Stadium der Verhandlungen bekräftigte Stalin ein Versprechen, das für die Amerikaner von außerordentlicher Bedeutung war: Er werde, so sagte er, in den Krieg gegen Japan eintreten, sobald Deutschland besiegt sei. Und nach anfänglichen Bedenken akzeptierte er auch die Pläne für den Aufbau einer internationalen Organisation, der Vereinten Nationen, an der Roosevelt so viel lag.

Roosevelt eröffnete die erste Plenarsitzung der Konferenz[46], indem er den 1. Mai 1944 als Termin für den Beginn der Invasion an der Kanalküste (»Overlord«) bestätigte. Er fragte Stalin, was die alliierten Truppen im Mittelmeerraum bis dahin tun könnten, um den sowjetischen Armeen Entlastung zu bringen, und er nannte verschiedene Möglichkeiten: Operationen in Italien und in der Adria, Zusammenarbeit mit den Partisanen Titos und

Zu der Konferenz von Teheran brachte Churchill das Schwert von Stalingrad als Gastge-schenk. Stalin küßte es in altrussischer Manier. Alle Anwesenden zeigten sich von der romantischen Geste tief bewegt.

Landungen in der Ägäis, in Griechenland oder der Türkei. Einige dieser Optionen könnten, so fügte er hinzu, bedeuten, daß »Overlord« um zwei bis drei Monate hinausgeschoben werden müßte.

In dieser Frage zeigte sich ein schroffer Gegensatz zwischen Stalin und Churchill. Stalin vertrat seinen altbekannten Standpunkt, indem er sagte, das einzige, was jetzt wirklich zähle, sei die Eröffnung einer zweiten Front in Frankreich; es gehe nicht an, im Mittelmeer Zeit und Kräfte zu vergeuden. Churchill seinerseits beharrte darauf, daß man, ohne »Overlord« aus den Augen zu verlieren, die im östlichen Mittelmeer und im Balkanraum vorhandenen militärischen Möglichkeiten in Erwägung ziehen müsse. Um den Streit zu beenden, schlug Roosevelt vor, daß nichts getan werden dürfe, was zu einer Verschiebung von »Overlord« führe; man solle nicht auf das östliche Mittelmeer blicken, sondern die Möglichkeit einer Landung in Südfrankreich prüfen. Auf der zweiten Plenarsitzung verwarf Stalin alle bislang genannten Vorschläge, mit Ausnahme der von Roosevelt empfohlenen Operation, die seiner Ansicht nach unmittelbar zum Erfolg der großen Invasion beitragen konnte. Er forderte die Ernennung eines Oberbefehlshabers für »Overlord« und die verbindliche Festlegung eines Termins, so daß die Rote Armee sich gleichzeitig auf eine Offensive an der Ostfront vorbereiten könne. Als Churchill noch immer die Balkan-Option offenzuhalten suchte, fragte Stalin ihn rundheraus, ob die Briten eigentlich von »Overlord« überzeugt seien oder nur darüber redeten, um die Russen zu beschwichtigen. Durch Churchills Hartnäckigkeit wurde nur noch deutlicher, wie isoliert er den sowjetisch-amerikanischen Vereinbarungen gegenüberstand, die auf der dritten Sitzung schließlich ratifiziert wurden.

Einmal wurden die Verhandlungen für einen zeremoniellen Akt unterbrochen. Churchill präsentierte Stalin »auf Befehl des Königs« ein Ehrenschwert, das als Tribut des britischen Volkes an die sowjetischen Verteidiger Stalingrads gedacht und eigens für diesen Zweck entworfen und geschmiedet worden war. Wie wenige andere verfügte Churchill über die Fähigkeit, einen solchen Anlaß zu einem pathetischen Ereignis zu machen. Und Stalin? Er gehörte zu den kleinsten Männern im Saal, wo sich russische Offiziere und Soldaten drängten, und hinterließ doch einen ebenso tiefen Eindruck wie Churchill. Er nahm das Geschenk mit Würde und Bewegung entgegen, führte das große Schwert schweigend an seine Lippen und küßte es. Einen kurzen Augenblick lang fühlten sich alle Anwesenden vom Atem der Geschichte umweht, bevor das Schwert feierlich aus dem Saal getragen wurde, eskortiert von einer sowjetischen Ehrenwache. Gleichwohl unterlief Woroschilow – wie Churchill bemerkt – das Mißgeschick, das Geschenk fallenzulassen.

In der Diskussion über die Nachkriegsordnung zeichnete Stalin ein düsteres Bild von einem Deutschland, das fünfzehn bis zwanzig Jahre nach seiner Niederlage wieder erstarken würde, und bestand auf rigorosen Vorkehrungen für eine dauerhafte und kontrollierte Entwaffnung Deutschlands. Ohne Details zu nennen, gab er doch zu erkennen, daß er eine territoriale Beschneidung Deutschlands und die Verschiebung der polnischen Westgrenze bis an die Oder befürwortete.

Stalin gewann den Eindruck, daß Churchill auch in bezug auf Deutschland den Boden alliierter Gemeinsamkeit verlassen habe und für größere Nachsicht plädiere. Bei einem Essen in der sowjetischen Botschaft ließ er nach dem Bericht eines amerikanischen Teilnehmers, Chip Bohlen, »keine Gelegenheit aus, Churchill einen Seitenhieb zu verpassen, und war offensichtlich darauf erpicht, ihn in die Defensive zu drängen«. An diesem Abend äußerte Stalin seine berüchtigte Empfehlung, die 50 000 Offiziere, die den Kern der deutschen Militärmacht bildeten, zu liquidieren; dies sei das einzige Mittel, die militärische Stärke des Landes zu zerstören. Seine Gestik ließ keinen Zweifel daran, daß der Vorschlag an Churchill gerichtet war. Dieser erhob sich daraufhin und erklärte, weder er noch das britische Volk wollten etwas mit Massenhinrichtungen zu tun haben. Als Stalin auf seiner Bemerkung beharrte und noch einmal erklärte: »Fünfzigtausend müssen erschossen werden«, und als danach Elliott Roosevelt, der Sohn des Präsidenten, das Wort ergriff und enthusiastische Zustimmung äußerte, verließ Churchill den Raum. Stalin eilte ihm nach, legte ihm beide Hände auf die Schultern, versicherte ihm, er habe es nicht ernst gemeint, und überredete ihn, zurückzukommen. Churchill bemerkt dazu in seinen Erinnerungen: »Stalin hat eine sehr einnehmende Art, wenn er will, und nie habe ich ihn so liebenswürdig wie in diesem Moment gesehen. Obwohl ich bis heute nicht völlig überzeugt bin, daß keine ernsthafte Absicht dahinter steckte, ging ich ins Zimmer zurück, und der Rest des Abends verlief angenehm.«[47] Offenbar dachte Churchill damals nicht daran, daß Stalin mit seinem »Scherz« ziemlich genau die Methode beschrieb, mit der er selber die Rote Armee nahezu kampfunfähig gemacht hatte.

Indem Churchill und Roosevelt sich frühere Andeutungen Stalins über die Verschiebung der polnischen Westgrenze bis an die Oder zu eigen machten, brachten sie von sich aus den Vorschlag ins Spiel, Polen als Ganzes ein Stück nach Westen zu verschieben. Über den Verlauf der polnischen Ostgrenze sagten sie freilich nichts: Die ehemals deutschen Gebiete, die Polen im Westen dazugewänne, sollten eine Entschädigung sein für das, was das Land im Osten an Rußland abgeben müßte. Churchill schlug vor, sich auf einen Grenzverlauf zu einigen, worauf Stalin fragte, »ob dies ohne polnische Beteiligung geschehen solle, was ich bejahend beantwortete. Falls wir uns inoffiziell einigten, könnten wir später an die Polen herantreten.«[48]

Stalin antwortete unverbindlich. Am Tag darauf erklärte ihm Roosevelt – auch er offenbar in dem Bestreben, Stalin versöhnlich zu stimmen –, er würde eine Verschiebung des polnischen Staatsgebiets in westliche Richtung begrüßen, könne dergleichen allerdings aus innenpolitischen Rücksichten, das heißt wegen der sechs bis sieben Millionen Amerikaner polnischer Herkunft, in einem Wahljahr nicht öffentlich sagen. Außerdem legte er ein kleinlautes Bekenntnis zur Unabhängigkeit der baltischen Staaten ab, fügte aber in scherzendem Ton hinzu, dies bedeute nicht, daß er gegen die Sowjetunion in den Krieg ziehen würde, falls deren Truppen erneut das Baltikum besetzten.

Bei der Schlußsitzung fragte Roosevelt, ob die sowjetische Regierung sich bereit finden würde, die Beziehungen zur polnischen Exilregierung wiederaufzunehmen; diese könnte dann die Entscheidung der Alliierten in der Grenzfrage akzeptieren, wie immer sie auch ausfallen werde. Stalins Nein war vehement: Die polnische Regierung in London und ihre Anhänger in Polen ständen mit den Deutschen in Fühlung, sie töteten sogar polnische Partisanen. Er zeigte sich jetzt jedoch bereit, anhand einer Landkarte über Grenzverläufe zu reden. Dabei ließ er keinen Zweifel daran, daß die Sowjetunion auf den Grenzen von 1939 bestehen würde, durch die die westliche Ukraine und Weißrußland zu sowjetischen Provinzen geworden waren. Als Eden fragte, ob er damit die Ribbentrop-Molotow-Linie meine, erwiderte Stalin in gleichgültigem Ton: »Nennen Sie sie, wie Sie wollen.« Als Eden daraufhin den Vorschlag machte, die Russen möchten die Curzon-Linie von 1919 als Grenze nehmen, entstand ein Streit darüber, ob diese östlich oder westlich von Lemberg verlief. Nach Stalins Überzeugung lag Lemberg gemäß der »echten« Curzon-Linie auf sowjetischer Seite. In seinen Erinnerungen gibt Churchill seine Antwort darauf wieder: »Die Polen, sagte ich, täten gut daran, unseren Rat zu befolgen. Lembergs halber wollte ich keinen Streit heraufbeschwören.«[49]

Erfolgreicher waren die beiden westlichen Staatsmänner bei dem Versuch, Stalin zu einer gewissen Großzügigkeit gegenüber Finnland zu bewegen, vorausgesetzt, daß es sich von Deutschland lossage. Außerdem einigte man sich darauf, Tito und die jugoslawische Partisanenbewegung so nachhaltig wie nur möglich zu unterstützen. Roosevelt legte einen Plan für die territoriale Beschneidung Deutschlands vor, der Stalin zusagte, bei Churchill aber Bedenken hervorrief, worauf man das Projekt an die inzwischen von den Außenministerien der drei alliierten Staaten eingerichtete »European Advisory Commission« weiterleitete. Indessen beharrte Churchill auf einer Festlegung der polnischen Grenzen, die er der polnischen Exilregierung in London unterbreiten konnte. Daraufhin erklärte Stalin, falls die Sowjetunion die nördliche Hälfte Ostpreußens einschließlich Königsbergs erhielte, würde er die Curzon-Linie als Grenze zwischen der Sowjetunion und Polen akzeptieren. »Er sagte, der Erwerb dieses Teils von Ostpreußen würde der Sowjetunion nicht nur einen eisfreien Hafen bescheren, sondern Rußland auch einen kleinen Zipfel deutschen Territoriums, den man sich seiner Überzeugung nach verdient habe.«[50]

Am Ende war es die Besetzung Polens durch die Rote Armee, die über die Grenzen des polnischen Nachkriegsstaats entschied. Doch die Tatsache, daß Churchill und Roosevelt, die Verbündeten Polens, von sich aus und ohne Rücksprache eine Verschiebung des Staatsgebiets nach Westen vorgeschlagen und Stalin dafür ihre Unterstützung zugesagt hatten, war in den Augen der Polen ein Treuebruch. Und nicht anders wurden ihre Versuche, an dieser Vereinbarung nachträglich noch Änderungen im Interesse Polens vorzunehmen, von Stalin seinerseits als Wortbruch bezeichnet.

Von den drei Hauptakteuren der Konferenz von Teheran hatte Stalin am meisten Grund zur Genugtuung. In den enthusiastischen Reaktionen der sowjetischen Presse spiegelte sich seine Zufriedenheit mit den Verhandlungsergebnissen. Er hatte die Westalliierten endgültig auf die Eröffnung einer zweiten Front in Frankreich festgelegt: Das Schicksal Deutschlands war besiegelt, als es im Sommer 1944 von zwei Landfronten her eingeschlossen wurde. Er hatte ferner eine Gefahr abgewendet, die sich in den Vorschlägen Churchills andeutete: Eine anglo-amerikanische Landung auf dem Balkan hätte den Aufbau einer sowjetischen Einflußsphäre in dieser Region schwer beeinträchtigt. Und er hatte die durch den Hitler-Stalin-Pakt gewonnenen Gebiete für sein Land bewahren können, ja er war damit ebensowenig auf Widerspruch gestoßen wie mit seinem Plan, die Polen auf Kosten Deutschlands schadlos zu halten.

Am wenigsten Grund zur Zufriedenheit hatte Churchill. Die Konferenz hinterließ bei ihm ein Unbehagen, wenn er an die Zukunft dachte und sah, wie gering die britischen Mitsprachemöglichkeiten bei ihrer Gestaltung sein würden. Es fiel ihm nicht leicht, diese bittere Erkenntnis hinzunehmen. Was immer sich auch gegen die Politik des »Appeasement« zur Zeit des Münchner Abkommens sagen ließ, von den Alliierten hatte allein Großbritannien Hitler den Krieg erklärt, ohne zu warten, bis es selber angegriffen würde. Nur Großbritannien hatte nahezu zwei Jahre lang, während derer Stalin die Deutschen nach Maßgabe des Hitler-Stalin-Pakts in vielerlei Hinsicht unterstützt hatte, Widerstand geboten und einen deutschen Friedensschluß nach der Niederwerfung Frankreichs verhindert. Zwar war Großbritannien aufgrund seiner Bevölkerungszahl nicht annähernd in der Lage, so viele Bodentruppen wie Rußland oder Amerika ins Feld zu schikken, aber seine Bevölkerung, die Frauen eingeschlossen, war in höherem Grad für den Krieg mobilisiert worden als die Menschen in Deutschland, und abgesehen von der maßgeblichen Rolle, die die britischen Streitkräfte im Mittelmeerraum, im Luftkrieg und im Seekrieg auf dem Atlantik spielten, war England auch das unersetzliche Aufmarschgebiet und Sprungbrett für jene anglo-amerikanische Landung in Frankreich, von der nach Aussage Stalins so Entscheidendes abhing. Und es kam noch hinzu, daß britische Truppen natürlich auch maßgeblich an der Durchführung der Operation »Overlord« beteiligt sein würden. All das waren Tatsachen, die Churchill jene Einsicht schwer machten, die sich ihm erstmals in Teheran aufdrängte: daß die Stimme Großbritanniens in der Schlußphase des Krieges und bei der Gestaltung der Nachkriegsordnung weniger Gewicht haben würde als die der beiden anderen Mächte.

Roosevelt hingegen kehrte mehr oder weniger zufrieden nach Washington zurück. Er brachte einen verbindlichen Termin für den Beginn der Operation »Overlord« nach Hause; außerdem besaß er eine feste Zusage, daß zum gleichen Zeitpunkt eine sowjetische Offensive anlaufen würde. Nicht weniger wichtig war Stalins Versprechen, in den Krieg gegen Japan einzutreten, und seine Zustimmung zu der Errichtung jener internationalen Staatenorganisation, die Roosevelt vorgeschlagen hatte. Angesichts dieser Entwicklung war der Präsident zutiefst davon überzeugt, mit Stalin eine persönliche Beziehung angeknüpft zu haben, die das Kriegsende überdauern und zu einer langfristigen amerikanisch-sowjetischen Zusammenarbeit führen würde; und eben darin sah er die Voraussetzung für einen dauerhaften Frieden.

Bei der Rückkehr aus Teheran fand Stalin Pläne für einen großangelegten Winterfeldzug in den Anfangsmonaten des Jahres 1944 vor. Sie warteten nur noch auf seine Unterschrift. Die Rote Armee verfügte mittlerweile über eine Streitmacht von fünfeinhalb Millionen Mann; das sowjetische Oberkommando hatte gelernt, mit selbständig operierenden Verbänden zu kämpfen, und besaß zu diesem Zeitpunkt sechs Panzerarmeen mit über

5 000 Panzern moderner Bauart. Auch das von Woronow eingeführte Prinzip der konzentrierten Artillerie, das 1941 mehr als alles übrige dazu beigetragen hatte, die Rote Armee vor der Niederlage zu bewahren, war ein großes Stück vorangetrieben worden. Die Artilleriestreitkräfte, die noch immer von Woronow befehligt wurden, verfügten über eigene Artillerieregimenter, -divisionen und -korps und sollten in den Schlachten von 1944 und 1945 noch einmal eine entscheidende Rolle spielen.

Dank einer rigorosen Einberufungsaktion, die sich nicht noch einmal wiederholen lassen würde, konnte die Wehrmacht trotz der Truppenreserven, die in Italien, auf dem Balkan und im europäischen Westen stationiert werden mußten, den Russen eine zahlenmäßig fast gleichwertige Streitmacht entgegenstellen. In ihren 236 Divisionen standen nach sowjetischen Schätzungen fast fünf Millionen Mann unter Waffen, darunter nur 700 000 verbündete Truppen, alle übrigen waren Deutsche. Die Zahl der Panzer war annähernd dieselbe wie in der Roten Armee, die der Flugzeuge allerdings deutlich geringer. Die Qualität dieser Truppen und ihrer Führer zeigte sich in keiner Phase des Krieges so eindrucksvoll und war niemals wertvoller als in den Monaten des Rückzugs, als die Deutschen sich mit wachsenden Verlusten von der Ukraine bis an die Oder zurückzogen, ohne je auseinanderzufallen oder die Fähigkeit zu gelegentlichen kraftvollen Gegenschlägen einzubüßen.

Der Hauptstoß der sowjetischen Offensive zielte nach Südwesten, auf die Rückgewinnung der Ukraine mit ihren landwirtschaftlichen und industriellen Ressourcen und ihren Bodenschätzen; und im weiteren Verlauf sollte sie dann in Richtung der sowjetisch-rumänischen Grenze vorrücken. Am heiligen Abend startete sie an Vatutins Erster Ukrainischer Front. Am Silvestertag war Schitomir erobert. Mitte Januar 1944 setzten sich die Leningrader und die Wolchower Front in Bewegung, und am 26. Januar befand sich die Bahnstrecke Moskau-Leningrad erstmals wieder auf ganzer Länge in sowjetischer Hand. Die Belagerung Leningrads, die 900 Tage gedauert hatte, war zu Ende.

Die entschlossene Gegenwehr der deutschen Truppen, die den Frontbogen von Korsun am Dnjepr verteidigten, ließ den Vormarsch im Süden bis Mitte Februar stocken; als aber der Widerstand endlich gebrochen war, kommandierte die Stawka alle sechs sowjetischen Panzerarmeen dorthin, damit der Durchbruch bis zum äußersten vorangetrieben werde. Die strategisch wichtige Bahnverbindung zwischen Lemberg und Odessa konnte unterbrochen werden, und noch im Laufe des März überschritten die Truppen Konjews den Dnjestr und erreichten am Pruth die rumänische Grenze. Im folgenden Monat drang Konjew nach Bessarabien, in die Bukowina und nach Moldawien vor, während Malinowski Odessa eroberte und die Küste des Schwarzen Meers wieder in sowjetische Hand brachte.

Zwischen dem Dnjepr und Pruth lagen rund vierhundert Kilometer, ebensoviel wie zwischen Kiew und Odessa, Entfernungen, die einen Eindruck davon geben, wie weit der sowjetische Ansturm vorgedrungen war. Mitte April hatte man Mansteins gesamte Heeresgruppe Süd teils aufgerieben, teils gefangen genommen, teils auch in die Flucht geschlagen, und im Mai vernichtete man endgültig Kleists Heeresgruppe A, die auf der Krim eingekesselt war.

Der Verlust der Ukraine, auf den im Sommer noch der Verlust Weißrußlands folgen sollte, bedeutete das Ende des Hitlerschen Traums, im Osten ein neues Großdeutsches Reich begründen zu können. Mochte er selber sich auch einreden, er werde, sobald die englisch-amerikanischen Landungsversuche im Westen zurückgeschlagen seien, zum Gegenschlag ausholen und die verlorenen Gebiete zurückerobern – er konnte davon kaum noch jemanden überzeugen. Niemand, der die Rote Armee im Kampf erlebt hatte, glaubte ihm noch.

Dabei hatte Hitler seine Niederlage selber heraufbeschworen, hatte seine Pläne selber zunichte gemacht durch den rassistischen Zug, den er der Eroberungspolitik des »Lebensraumes« verlieh. Wer immer als Eroberer in die Sowjetunion kam, hätte fast mühelos politisches Kapital aus den wirtschaftlichen, sozialen und nationalen Problemen schlagen können, die die brutalen Methoden der stalinistischen Revolution hinterlassen hatten. Doch Hitler verwarf bewußt die politischen Möglichkeiten, die hieraus erwuchsen. Anstatt die Bauernschaft für sich zu gewinnen, zum Beispiel durch die Abschaffung der Kolchosen und die Rückkehr zum herkömmlichen Familienbetrieb, taten Gauleiter Koch und seine Handlanger alles, um die Bauern gegen sich aufzubringen, regierten gleichsam mit der Peitsche und lehnten jede Zusammenarbeit mit den slawischen »Untermenschen« kategorisch ab. Man mobilisierte die Bauern nicht, ließ sie nicht für sich arbeiten, sondern trieb sie den Partisanen in die Arme. Man hätte den Einmarsch zu einem Angriff auf das stalinistische Regime stilisieren können; tatsächlich führte man einen Krieg, der nicht nur auf die Versklavung des russischen, sondern auch des ukrainischen Volkes zielte. So erreichte Hitler nur, daß die Menschen sich wieder um das Regime scharten und bald keinen größeren Wunsch mehr kannten, als diesen Feind, den sie so schnell hassen gelernt hatten, zurückzuwerfen.

Eine Reihe von Offizieren sowie etliche Beamte in Rosenbergs Ostministerium und in Goebbels' Propagandaministerium begannen 1942 zu merken, daß hier Fehler begangen wurden. Sie fragten sich, ob sich nicht eine klügere Besatzungspolitik betreiben ließe. Da es der Wehrmacht an Arbeitskräften mangelte, rekrutierte man aus rein praktischen Überlegungen in großer Zahl einheimische »Hilfswillige«, kurz »Hiwis« genannt, für einfache nichtmilitärische Arbeiten. Im Frühjahr 1943 waren es nach Schätzungen bereits um die 500 000. Aus demselben Grund förderte man ohne offiziellen Auftrag die Aufstellung von Kampfeinheiten, die aus ehemaligen Rotarmisten bestanden und unter deutschem Befehl für Aufklärungsmissionen oder bei der Partisanenbekämpfung eingesetzt wurden. Offiziell aner-

Die russische Bevölkerung in der Ukraine und in Weißrußland hatte die deutschen Trup-
pen nicht selten als Befreier begrüßt. In manchen Dörfern kam man ihnen mit Brot und
Salz entgegen, da die dörfliche Welt die Kollektivierung mit Millionen Toten bezahlt hatte.
Die deutsche Armee, auch der Reichsminister für die besetzten Ostgebiete, Alfred Rosen-
berg, plädierte für die Unabhängigkeit der unterdrückten Völkerschaften, doch ohne
Erfolg. So kam es schon im Herbst 1941 zu Aufständen, später zu regelrechten Partisanen-
armeen im Rücken der deutschen Front, gegen die auch brutale Abschreckungsmaßnah-
men wenig ausrichteten.
Auf dem Photo: Erhängte Partisanen in Charkow 1943.

kannt waren nur zwei Kategorien militärischer Kollaborateure: die Kosaken, die Hitler mochte, weil sie in früheren Zeiten gegen die russische Vorherrschaft aufbegehrt hatten, und nichtslawische Völker im Kaukasus und
in Zentralasien wie Tataren oder Kalmücken. Claus von Stauffenberg, der
im Juli 1944 das Attentat auf Hitler verübte, war 1943 Leiter der Organisati-
onsabteilung beim Generalstab des Heeres und als solcher maßgeblich an
der Förderung einheimischer Freiwilligenverbände beteiligt. Sie wurden
als »Fremdenlegionen« organisiert und aus russischen Kriegsgefangenen
rekrutiert, und Stauffenberg glaubte, daß diese Verbände es mit der Zeit auf
eine Stärke von zehn bis fünfzehn Prozent der im Osten eingesetzten Truppen bringen könnten. Schätzungen zufolge lag die Zahl der in deutschem
Sold kämpfenden turkmenischen, kaukasischen und kosakischen Soldaten
im Frühjahr 1943 bei 153 000 Mann, während bei der Roten Armee nur rund
80 000 Mann in ethnisch »gemischten« Bataillonen dienten.[51]

Auch Henning von Tresckow, Offizier im Führungsstab der Heeresgruppe Mitte und wie Stauffenberg im Widerstand gegen Hitler aktiv, hielt
den Krieg im Osten nur dann noch für gewinnbar, wenn es gelang, ein
Bündnis mit der einheimischen Bevölkerung zu schließen. Die Voraussetzungen dafür sah er in einer besseren Behandlung der russischen Kriegsge-

fangenen, in der Anerkennung der nationalen Bestrebungen der sowjetischen Völkerschaften und in der Aufstellung weiterer einheimisch-russischer Einheiten, der sogenannten »Osttruppen«, die zusammen mit den Deutschen kämpfen würden. Unter den an der Ostfront dienenden Wehrmachtsoffizieren gewannen diese Auffassungen eine so breite Zustimmung, daß die Oberbefehlshaber zweier Heeresgruppen, Feldmarschall von Kleist und Feldmarschall von Manstein, im Februar 1943 Weisungen herausgaben, deren Hauptgedanke lautete: »Die Bevölkerung der besetzten Gebiete ... ist als Verbündeter zu betrachten.«[52]

Es wäre nur folgerichtig gewesen, wenn man nun im Zuge eines politischen Richtungswechsels ein Russisches Nationalkomitee und eine Befreiungsarmee gebildet hätte. Die Gelegenheit war günstig, nachdem im Juli 1942 der Generalleutnant A.A. Wlassow in deutsche Gefangenschaft geraten war, ein in der Sowjetunion wohlbekannter Offizier bäuerlicher Herkunft. Er richtete sich gegen das sowjetische Regime, da er überzeugt war, daß man die von ihm kommandierte Armee an der Wolchow-Front vorsätzlich geopfert habe, und bemühte sich um die Bildung einer russischen Gegenregierung und »Gegenarmee«, die im Bund mit den Deutschen das stalinistische Regime stürzen und ein neues, weder zaristisches noch kommunistisches Rußland errichten sollte. Von der Wehrmacht gestützt, konnte die Wlassow-Bewegung in den Reihen der russischen Kriegsgefangenen mehrere tausend Freiwillige anwerben. Doch Koch, Bormann und Himmler wandten sich protestierend an Hitler und forderten ihn auf, die Entwicklung zu unterbinden; die ursprünglichen Ziele des Rußland-Feldzugs würden durch solche Kompromisse verlorengehen.

Hitlers Entscheidung wurde am 8. Juni 1943 in einer Unterredung mit Zeitzler und Keitel bekanntgegeben. Sie war abschlägig. Wlassow mußte sich vorläufig damit begnügen, seinen Namen unter deutsche Propagandaaufrufe an die sowjetischen Fronttruppen zu setzen – ein Gegenstück jener Appelle, die über Radio Moskau im Namen des »Nationalkomitees Freies Deutschland« und des Bundes Deutscher Offiziere verlesen wurden, Organisationen, die unter sowjetischer Ägide von Offizieren getragen wurden, die bei Stalingrad oder an anderen Stellen der Ostfront in Gefangenschaft geraten waren. Wlassow dürfe, so verfügte Hitler, in den besetzten Gebieten nicht auftreten und keine Freiwilligen rekrutieren: »Keine deutsche Dienststelle darf die Lockmittel, die in den dreizehn Punkten des Wlassow-Programms enthalten sind, ernst nehmen.«[53] Und: »Es muß vermieden werden, daß bei uns auch nur im leisesten sich die Meinung vertieft, als könnten wir wirklich auf diesem Weg [durch Förderung Wlassows] sagen wir – eine Kompromißlösung finden, etwa wie es in Ostasien mit dem sogenannten freien oder nationalen China [Wang Tsching-Weis] der Fall ist.«[54]

Hitlers Wort war entscheidend. Wlassow und die Schimäre eines Russischen Nationalkomitees sollten lediglich zu Propagandazwecken genutzt werden: Zwischen den Zielen des Dritten Reichs und Rußland gab es auch ohne Stalin keinen gemeinsamen Nenner. Als innerhalb der »Osttruppen« immer mehr Soldaten zu den Partisanen desertierten, beschloß die deutsche Führung, alle »zuverlässigen« Einheiten nach Frankreich, Holland, Italien oder auf den Balkan zu verlegen und sie dort gegen lokale Widerstandsbewegungen einzusetzen; die »unzuverlässigen« Einheiten wurden kurzerhand aufgelöst.

In den Monaten zuvor, als man sich noch bemühte, russische Freiwilligenverbände zu rekrutieren, hatte auch Rosenbergs Ostministerium gesteigerte Anstrengungen unternommen, um das Wohlwollen der ukrainischen Bauern zu gewinnen: Man bot ihnen das von ihnen bebaute Land als Privateigentum an. Die Initiative, die von den wirtschaftlichen Behörden ebenso wie von der Wehrmacht gutgeheißen wurde, gedieh so weit, daß Hitler ihr im Mai 1943 seine Billigung erteilte, woraufhin Rosenberg eine Erklärung über die Einführung bäuerlichen Grundeigentums, den sogenannten »Agrar-Erlaß«, herausgab. Da die landwirtschaftliche Produktivität um jeden Preis gesteigert werden mußte, konnte der Widerstand Kochs diesmal wenig ausrichten. Doch der Erfolg seiner Gegensprecher blieb ohne Wirkung. Wie der Wirtschaftsstab Ost erkannte, kam die Maßnahme einfach zu spät. Bis zum Herbst 1943 verschlechterte sich Deutschlands militärische Lage so deutlich, daß Rosenbergs Erlaß in einem Fiasko enden mußte.

Als der deutsche Rückzug einsetzte, erhielten die Wirtschaftsverwaltungsstäbe Anweisung, Vieh, Getreidevorräte, landwirtschaftliches Gerät und Bauern Richtung Westen zu evakuieren und alles, was nicht mitgenommen werden könne, zu vernichten. Nichts als eine leblose Wüste sollte zurückbleiben.

Was die wirtschaftliche Ausbeutung der besetzten Gebiete betraf, die ja das unmittelbare Ziel der deutschen Besatzer war, so wurden achtzig Prozent der gesamten abgezogenen Getreidemenge (zwischen Juli 1941 und März 1944 rund zehn Millionen Tonnen) sowie knapp neunzig Prozent der requirierten Vieh- und Fleischbestände und neunzig Prozent der Butter von der Wehrmacht, dem Besatzungspersonal und den in deutschem Sold stehenden Kollaborateuren an Ort und Stelle verbraucht. Das deutsche Besatzungsgebiet umfaßte eine Fläche von etwa einer Million Quadratkilometern, darunter einige der fruchtbarsten und reichsten Gebiete der Sowjetunion. Sie waren die Heimat einer vorwiegend bäuerlichen Einwohnerschaft von ungefähr 65 Millionen. Selbst wenn man davon ausgeht, daß nur die Hälfte dieses Gebiets systematisch ausgebeutet werden konnte, weil die Zeitspanne der Besatzung zu kurz oder Teilgebiete zu stark verwüstet waren, bleibt der Ertrag ziemlich bescheiden. Wären die sowjetischen Lieferungen nach Maßgabe des Hitler-Stalin-Paktes weitergegangen, wäre der Nutzen für das deutsche Volk ohne jeden Zweifel erheblich größer gewesen, von der Opferung so vieler Soldatenleben und Ressourcen ganz abgesehen.

Was die Kolonisierung der Ostgebiete durch das deutsche »Herrenvolk« betrifft, so blieb man noch weiter hinter den selbstgesteckten Zielen zurück. Zwischen 1939 und 1945 wurden unter der Leitung der SS in den annektierten polnischen Gebieten 400 000 Volksdeutsche angesiedelt; alle übrigen jedoch, die mehr oder weniger mit Gewalt aus ihren angestammten Siedlungsgebieten in Ungarn, der Slowakei, Rumänien und Jugoslawien ausgesiedelt worden waren – insgesamt eine halbe Million Menschen –, blieben Heimatlose, die von einem Lager zum anderen verschoben wurden. Alle, die in der Ukraine oder in Weißrußland landeten, mußten 1943/44 beim Rückmarsch der deutschen Truppen wieder gen Westen ziehen; sie kamen zunächst in Lagern im Generalgouvernement und im Warthegau unter und gingen später im großen Strom der Flüchtlinge auf, die aus ganz Osteuropa ins Altreich mit seinen ausgebombten Städten fluteten. Mit ihnen kamen 350 000 Volksdeutsche, die seit Generationen in Rußland, entlang der Schwarzmeerküste, siedelten, sogenannte »Rußlanddeutsche«. Die Wehrmacht hatte sie »befreit«, und nun mußten sie sich vor der immer näher rückenden Roten Armee in Sicherheit bringen.

Selbstverständlich trifft es zu, daß die deutsche Ostkolonisation, die Besiedlung des im Osten zu errichtenden Reichs, ein für die Zeit nach dem Krieg geplantes Vorhaben war. Es lag an Hitlers und Himmlers Ungeduld, daß damit schon während des Krieges begonnen wurde; sie konnten es nicht erwarten, ihren Traum Gestalt annehmen zu sehen. Das einzige, tatsächlich begonnene Siedlungsprojekt in der Ukraine war »Hegewald«, eine Kolonie aus mehreren ukrainischen Dörfern; deren Bewohner wurden zwangsevakuiert, und man karrte aus dem benachbarten Wolhynien Deutsche herbei – ebenfalls zwangsweise. In den Kriegsjahren wurden keine Reichsdeutschen umgesiedelt, sondern ausschließlich Volksdeutsche – Gruppen, die oft seit Jahrhunderten außerhalb des Reichs siedelten und die man aus ihrer Heimat fortschaffte, um Himmlers Bedarf an Kolonisten zu erfüllen. In dem Maß, wie der Nachschub ins Stocken geriet, mußten – ähnlich wie bei der Waffen-SS – die rassischen Auswahlkriterien gelockert werden.

Die einzigen Reichsdeutschen, die während des Krieges in den Osten umsiedelten, waren jene 500 000, die sich in den von Polen annektierten Gebieten niederließen; freilich handelte es sich dabei nicht um die Wehrbauern aus der Phantasiewelt Darrés und Himmlers, zähe Kämpfer, die Hitlers Lebensraum bevölkern und die Uralgrenze gegen die asiatischen Horden verteidigen würden, sondern fast durchweg um Stadtbewohner, Beamte und Geschäftsleute auf der Suche nach einer günstigen Gelegenheit oder einem sicheren Arbeitsplatz. Auch sie mußten im Sommer 1944 fluchtartig aufbrechen, als die Rote Armee auf polnisches Gebiet vorrückte.

In den ersten fünf Monaten des Jahres 1944 wartete Hitler auf die britisch-amerikanische Landung im Westen. Der äußerst langsame Vormarsch der Alliierten in Italien, wo sie sich mühsam und verlustreich Richtung Norden vorkämpften und es versäumten, ihre Überlegenheit zur See und in der Luft zu »Zwischenlandungen« zu nutzen, erfüllte ihn mit neuer Zuversicht. Nach der Landung bei Anzio standen die anglo-amerikanischen Eroberer noch immer fünfzig Kilometer südlich von Rom, und Hitler wußte, daß sie die Stadt ursprünglich zum Ende des Monats erobert haben wollten. Er redete sich ein, daß sie überhaupt nur wegen des Verrats der Italiener und Franzosen in Afrika und Italien Fuß gefaßt hätten. Eine Landung an der Kanalküste dagegen, so hoffte er, würde man zu verhindern wissen. In zunehmendem Maß stützte Hitler sich nun auf Rommel, auch wenn nominell weiterhin Rundstedt Oberbefehlshaber der Westfront blieb. Anders als Rundstedt, doch in Übereinstimmung mit Hitler glaubte Rommel, der Feind könne noch unmittelbar auf den Stränden besiegt werden. Energisch trieb er den Ausbau von Verteidigungsbollwerken entlang der Küste voran, ließ Millionen von Minen verlegen und Unterwasserhindernisse errichten, in denen sich die alliierten Landungsfahrzeuge verfangen sollten.

Der große sowjetische Durchbruch an der Ostfront ließ bis zum März 1944 auf sich warten. Bis dahin hatten die Deutschen, wenn auch beständig im Rückzug begriffen, die Front in zähem Abwehrkampf gehalten. Als die Russen Mitte März im Süden losschlugen, ließ Hitler nach einem vorbereiteten Plan Ungarn besetzen und die in den Karpaten gelegene Ostgrenze des Landes befestigen. Er hatte guten Grund zu der Vermutung, daß der ungarische Reichsverweser Horthy sein Land nach italienischem Vorbild aus dem Krieg herauslösen wolle. Hitler lud Horthy deshalb zu einer Konferenz nach Schloß Kleßheim ein und eröffnete ihm, daß, während sie miteinander sprachen, vier deutsche Armeen in sein Land einmarschiert seien und eine neue, pro-deutsche Regierung installiert hätten. Als Horthy nach Budapest zurückkehrte, war der Staatsstreich schon beendet. Es war Hitlers letzter Coup und einer seiner erfolgreichsten: Kein Blutstropfen war vergossen worden; die ungarische Wirtschaft war in deutsche Hände übergegangen; die ungarischen Kontingente an der Ostfront wurden verdoppelt, und für die Rote Armee war die südliche Route nach Mitteleuropa hinein versperrt.

Doch all das hinderte die Russen nicht daran, sich Rumänien und seinen Ölfeldern zu nähern. Anfang März suchten Feldmarschall Manstein von der Heeresgruppe Süd und Feldmarschall Kleist von der Heeresgruppe A Hitler auf und baten um die Erlaubnis zum Rückzug. Hitlers Antwort bestand darin, beide ihres Kommandos zu entheben und durch Männer zu ersetzen, denen er offenbar eher zutraute, die Stellung halten und den Kampf fortsetzen zu können: Model, der nach dem russischen Durchbruch bei Leningrad den panischen deutschen Rückzug gestoppt hatte, und Schörner, der der Partei nahestand und die Empfehlung Himmlers besaß.

Hitler beharrte unbeweglich auf seinem Standpunkt, auch als die Russen wenige Tage später, am 8. April, eine Großoffensive zur Rückeroberung der Krim starteten. Die Krim mit ihrem herrlichen Klima sollte in Hitlers Träumen als eine der ersten Kolonien mit deutschen Siedlern ausgestattet werden, und auch jetzt noch sah er in ihr eine Durchgangsstation auf dem Weg zum Kaukasus mit seinen Ölquellen, sobald die Wehrmacht nach der Abwehr der West-Invasion wieder in den Osten zurückkehrte. Der Verlust der Krim war für Hitler schmerzlicher als alle anderen Rückschläge dieses Frühjahres, und als Zeitzler ihn um die Genehmigung bat, die 180 000 Soldaten von dort abziehen zu dürfen, solange es noch möglich sei, lehnte er mit entschiedener Geste ab. Doch nicht Hitler, sondern die Russen bestimmten diesmal den Gang der Dinge: Binnen fünf Tagen erstürmten sie Sewastopol. Der Sieg, den Manstein zwei Jahre zuvor errungen hatte, war ungeschehen gemacht, und Hitler war außer sich vor Wut, daß seine Befehle nicht befolgt worden waren. Er forderte einen Kriegsgerichtsprozeß gegen General Jaenecke, den Befehlshaber der Siebzehnten Armee, der seinen Truppen noch rechtzeitig die Räumung der Krim befohlen hatte, eine Ordre, die sofort von Hitler aufgehoben worden war.

Nach Sewastopol trat an der Ostfront eine Ruhepause ein. Hitler sah darin sogleich einen neuen Beweis, daß die Russen mit ihrer Kraft am Ende seien. Als Richthofen aus Italien kam und meldete, die Alliierten hätten nicht nur mit einer Offensive gegen Monte Cassino begonnen, auch die Amerikaner seien aus dem von deutschen Truppen umklammerten Brückenkopf bei Anzio ausgebrochen, nahm Hitler, augenscheinlich gealtert, beide Nachrichten mit Fassung auf. Nach der Unterredung schrieb Richthofen in sein Tagebuch: »Man hat immer wieder den Eindruck, daß er, blind von seiner Berufung gezogen, ganz sicher den ihm vorgeschriebenen Weg geht und nicht die geringsten Zweifel über Richtigkeit und schließlichen Erfolg hat.«[55]

Mit aller Kraft, die ihm noch zu Gebote stand, suchte Hiler dieses Bild von sich aufrechtzuerhalten, nicht nur gegenüber seinen Heerführern, sondern vor allem auch vor sich selbst. Er versicherte Richthofen, die Zeit arbeite für Deutschland; man müsse nur durchhalten, bis neue Waffen einsetzbar seien und die Allianz der Gegner zu bröckeln beginne. Seinen Mitarbeitern erklärte er, daß niemals jemand von ihm sagen können solle, er habe den Glauben an den Endsieg gerade in dem Moment verloren, da dieser zum Greifen nahe gewesen sei. Dieses nämlich sei, so meinte er, den Deutschen im November 1918 passiert.

Im Februar 1944 verließ Hitler sein ostpreußisches Hauptquartier und richtete sich für einige Wochen auf dem Berghof ein. Das Anwesen war mit Tarnnetzen überzogen, so daß von seinen berühmten Ausblicken nicht viel geblieben war; selbst um die Mittagszeit drang nur ein trübes Licht herein. Nachts überflogen RAF-Bomber auf ihrem Weg nach Österreich und Ungarn den Berghof und zwangen den Führer und seine Gefolgsleute, die in den Fels gesprengten Schutzbunker unter dem Anwesen aufzusuchen. Wenn München bombardiert wurde, war am Nachthimmel der rote Widerschein des Flammenmeers zu sehen. Bei Tag ließ die Sonne hoch am Himmel amerikanische Bomber erglänzen, die neuerdings von italienischen Stützpunkten aus ihre Ziele in Süddeutschland anflogen.

Speer und Milch hatten den Streit um die Flugzeugproduktion salomonisch beigelegt. Sie hatten ihre Behörden zu einem gemeinsamen Jägerstab vereinigt, den Otto Karl Saur leitete, Speers ehrgeiziger Stellvertreter. Hitler hatte dieser Maßnahme im März zugestimmt, und im Verein mit weiteren Maßnahmen – dem Einsatz mobiler Bautrupps zur raschen Wiederherstellung bombardierter Fabrikanlagen, der Drosselung der Bomberproduktion, der Auslagerung von Fabriken und der Verlängerung des Arbeitstags gegen höhere Essensrationen und bessere Bekleidung – hatte dies die Zahl der ausgelieferten Kampfflugzeuge von monatlich 1 300 am Jahresbeginn auf über 3 000 im Juli erhöht. Gestützt auf diesen Erfolg, konnten Speer und Milch Hitler im Juni endlich dazu bewegen, die Zuständigkeit für die gesamte Flugzeugproduktion dem Luftfahrtministerium zu entziehen und in Speers Ministerium für Bewaffnung und Munition zu überführen – was ironischerweise gerade zu einem Zeitpunkt geschah, als Speer die Gunst Hitlers zu verlieren begann. Ohnehin kamen die Produktionssteigerungen zu spät, um das Kräfteverhältnis in der Luft noch umkehren zu können, zumal die Alliierten zur selben Zeit mit technischen Neuerungen aufwarteten: Bombern mit erhöhter Nutzlast oder Jägern mit größerer Reichweite, die Bomberverbände eskortieren konnten. Damit sicherten sich Briten und Amerikaner auch weiterhin die Luftüberlegenheit; sie waren nun sogar in der Lage, rund um die Uhr Ziele in Deutschland zu bombardieren. Die nachhaltigste Wirkung besaßen Bombenangriffe auf Verkehrswege und auf Anlagen zur Herstellung synthetischen Treibstoffs. Darin wurde gewöhnlich nicht nur Flugbenzin erzeugt, sondern auch Vergaser- und Dieselkraftstoffe, so daß unter dem Ausfall solcher Werke das Heer, die U-Boote und die Luftwaffe gleichermaßen litten. Im Mai sank die Menge des erzeugten Flugbenzins unter den Bedarf der Luftwaffe, und im Juni machte Speer Hitler darauf aufmerksam, daß für den September mit einem akuten Treibstoffmangel bei den Streitkräften zu rechnen sei, wenn den alliierten Luftangriffen kein Ende gemacht werde.

Hitler interessierte sich indes mehr für den Angriff als für die Verteidigung seines Landes. Im März hatte Milch ihn mit der guten Nachricht beglückt, daß die Serienproduktion der »Fliegenden Bombe« V-1 angelaufen sei. Im April konnte Dönitz die ersten beiden U-Boote vom Typ Mark XXI vom Stapel lassen, sechs Monate früher als geplant, und noch im selben Monat führte Saur Hitler an dessen Geburtstag zwei neue Panzer vor, einen 38-Tonner und einen schnellen Panzer mit einer langen 75mm-Kanone. Mit diesen Waffen, so erklärte Hitler, werde Deutschland den Seekrieg im Atlantik gewinnen und die Ostfront wieder aufrollen. Als er im Mai erfuhr, daß Speer und Milch weitere Abstriche bei der Bomberproduktion machen wollten, damit noch mehr Jagdflugzeuge gebaut werden konnten, wies er das Ansinnen unverzüglich zurück und forderte eine Luftwaffe von 2 500 Bombern und 7 000 Jägern. Besonders viel versprach Hitler sich von einem Düsenbomber, der Messerschmitt 262, die durch überlegene Schnelligkeit die alliierten Jägerschwärme durchstoßen und die Invasoren bei der Landung an den französischen Stränden attackieren sollte. Erst am 23. Mai entdeckte er zu seinem Ärger, daß die Me-262 nur als Düsenjäger gebaut wurde; man hatte seine Anweisungen ignoriert. Er bestand darauf, das Flugzeug müsse zum Kampfbomber umgestaltet werden, selbst als man ihm sagte, dies werde fünf Monate in Anspruch nehmen.

Auch die Nachrichten von der Langstreckenrakete V-2 waren enttäuschend: Es hieß, sie werde frühestens im September einsatzbereit sein. Ähnliches galt für die Granaten, mit denen die Kruppschen »Gustav«-Kanonen der massiven unterirdischen Geschützbatterien bestückt werden sollten, um London zu bombardieren. Ursprünglich hatte Hitler ein »konzertierter« Angriff vorgeschwebt: fliegende Bomben, V-2-Raketen, weitreichende Artillerie und eine neue Bomberflotte, all dies als unverzügliche Antwort auf die erwartete alliierte Landung. Doch von all diesen Waffensystemen stand nur das erste zur Verfügung: Dennoch entschloß sich Hitler, die V-1 einzusetzen; er erwartete sich von ihr so durchschlagende Wirkung, daß Churchill gezwungen sein werde, die Landung im Westen vorzeitig anlaufen zu lassen. Dem slowakischen Ministerpräsident Tiso, der ihn auf dem Berghof besuchte, erklärte er, falls die Briten Friedensangebote machen sollten, werde er sich taub stellen, bis der alliierte Landungsversuch zurückgeschlagen sei. Dann werde England einlenken, und Deutschland könne sich wieder der Eroberung Rußlands zuwenden.

Zähe Gegenwehr der Deutschen ließ die alliierten Truppen südlich von Rom bis Mitte Mai kaum vorankommen. Hitler erklärte Rom zur offenen Stadt und verhinderte damit ihre Zerstörung; was er indessen nicht verhindern konnte, war der Einzug der Alliierten, die am 4. Juni nach Rom vorstießen. Militärisch war dadurch freilich wenig gewonnen. Die Deutschen hatten sich Ende Mai auf eine neue Abwehrlinie in Höhe des Trasimenischen Sees zurückgezogen und errichteten weiter nördlich, in der Toskana, die noch stärker befestigte »Gotenlinie«.

Die Alliierten mußten die Hoffnung aufgeben, von Italien aus Zugang nach Mitteleuropa oder zum Balkan zu gewinnen. Italien war als Kriegsschauplatz nur noch von zweitrangiger Bedeutung, und die Alliierten zogen nun sogar Divisionen ab, um sie beim Vormarsch entlang der Rhône einzusetzen. So konnte der deutsche Befehlshaber in Italien, Kesselring, aus einer überlegenen Position heraus operieren – allerdings nur am Boden; die Lufthoheit lag auch hier bei den Alliierten. Hitler hatte mit seinen energischen Maßnahmen vom September 1943 also zumindest in Italien die Pläne der Alliierten durchkreuzt. Ihnen blieb nichts anderes übrig, als den mühseligen Vormarsch wie bisher fortzusetzen. Im Herbst eroberten sie Florenz und Rimini; doch gelang es ihnen nicht, Bologna zu nehmen und vor Einbruch des Winters die Po-Ebene zu erreichen – tatsächlich gelangten sie dorthin erst Ende April 1945, also kurz vor Kriegsende.

Nicht in Italien, sondern in Frankreich sollte die entscheidende Schlacht geschlagen werden, wie Hitler es schon lange vorausgesehen hatte. Als die alliierte Landung jedoch am 6. Juni begann, zwei Tage nach der Besetzung Roms, war Hitler davon nicht weniger überrascht als Rommel. Man zeigte sich unschlüssig und zerspalten. Wie ungeheuerlich die Größenordnung dieser englisch-amerikanischen Operation war, wird auch daraus deutlich, daß allein für den Transport der eigentlichen Landungstruppen und ihrer Ausrüstung 4 000 Barkassen, Schlepper und Amphibienfahrzeuge benötigt wurden; dazu kamen weitere 1 200 Schiffe und Boote, darunter 7 Schlacht-schiffe, die Geleitschutz gaben, Minen räumten und die deutschen Küsten-stellungen beschossen. 7 500 Flugzeuge standen General Eisenhower unmittelbar für die Unterstützung der Landungsoperation zur Verfügung; im Notfall aber konnte er auf weitere 3 500 Bomber zurückgreifen, die unterdessen ihre Einsätze in Deutschland fortsetzten. Die Deutschen waren zwar mehr oder weniger überzeugt, daß die anglo-amerikanische Hauptmacht in der Normandie landen werde, doch ein erfolgreiches briti-sches Täuschungsmanöver, dessen Kernstück ein gefälschter Funkverkehr war, der die Anwesenheit einer großen alliierten Streitmacht im Südosten Englands vortäuschte, führte Hitler in die Irre. Er glaubte, die Alliierten planten eine zweite Landung – vielleicht als Ablenkungsmanöver, vielleicht aber auch als ihren eigentlichen Hauptangriff – an der engsten Stelle des Ärmelkanals, bei Calais, wo die Deutschen ihre stärksten Abwehrbollwerke errichtet hatten. In Wahrheit bestand diese Gefahr zu keiner Zeit. Doch die Luftwaffe war inzwischen nicht mehr in der Lage, die britische Täuschung mittels gründlicher Luftaufklärung zu durchschauen. So waren die deut-schen Truppen zum Zeitpunkt der Invasion über ein weites Gebiet ver-streut. Von ihren insgesamt sechzig Divisionen standen nur achtzehn in der Normandie, immerhin neunzehn in Nordostfrankreich und Belgien, wei-tere fünf in Holland und siebzehn südlich der Loire, während eine einzige auf den Kanalinseln stationiert war.

Wie gesagt, vertrat Rommel die Auffassung, man müsse die Invasoren noch auf den Stränden schlagen, um die Bildung von Brückenköpfen zu verhindern. Als Hitler sich am 17. Juni mit ihm und Rundstedt bei Soissons traf, stand jedoch bereits fest, daß dieses Ziel nicht zu erreichen war: Über 600 000 alliierte Soldaten waren gelandet, und bis zur ersten Juliwoche erhöhte sich ihre Zahl auf eine Million. Die RAF und die U.S. Air Force hat-ten die deutsche Luftwaffe buchstäblich vom Himmel gefegt und besaßen die absolute Lufthoheit, weshalb Truppenbewegungen bei Tag für die Deutschen nun nicht mehr möglich waren.

Die Besprechung von Soissons fand in einem Hauptquartier statt, das 1940 ursprünglich für die Landung in Großbritannien errichtet worden war.

Im Morgengrauen des 6. Juni 1944 brach der lang erwartete Angriff auf die »Festung Europa« los. Der deutsche Feldmarschall Rommel war gerade im Urlaub bei seiner Familie in Württemberg; die meisten anderen höheren Offiziere waren nach Paris gefahren, da die Wetteraufklärung eine Landung für diese Tage als unmöglich bezeichnet hatte. Auch Hitler war auf seinem Berghof zu Bett gegangen und hatte strikte Anweisung gegeben, ihn nicht zu wecken. Als ihm die Invasion in der Normandie gemeldet wurde, hielt er sie für ein Täuschungsmanöver und verbot den Einsatz der deutschen Reserven.

Einer der Teilnehmer, General Speidel, gewann dabei folgenden Eindruck von Hitler: »Er sah fahl und übernächtig aus. Nervös spielte er mit seiner Brille und mit Bleistiften aller Farben, die er zwischen den Fingern hielt. Er saß als einziger, gebeugt auf einem Hocker, während die Feldmarschälle standen.«[56]

Hitler übte scharfe Kritik an der deutschen Verteidigung und wollte sich von den Generälen einfach nicht vom Ernst der Lage überzeugen lassen. Er sprach von »Massen von Turbojägern«, die von der alliierten Luftüberlegenheit nichts übriglassen würden, bezeichnete die militärische Lage im Osten als stabil und verlor sich in wortreichen Prophezeiungen über den baldigen Zusammenbruch der Engländer unter dem Druck der V-Bomben. Als Rommel forderte, angesichts der aussichtslosen Lage Deutschlands dem Krieg ein Ende zu machen, erwiderte Hitler: »Kümmern Sie sich nicht um den Weitergang des Krieges, sondern um Ihre Invasionsfront.« Er reiste ab, ohne die Front aus der Nähe gesehen zu haben.

Auch als das Ausmaß der Invasion längst unverkennbar geworden war, lehnte Hitler es ab, die bei Calais stationierte Fünfzehnte Armee den deutschen Truppen zu Hilfe zu schicken, die die Alliierten am Ausbruch aus ihrem Brückenkopf zu hindern suchten; sogar am 29. Juni bekräftigte er nochmals seine Weigerung. Seine Enttäuschung hatte er unterdessen an

Rundstedt ausgelassen, den er als Oberbefehlshaber West abgelöst und durch Feldmarschall Kluge ersetzt hatte. Mit vereinten Kräften gelang es den Deutschen, Caen bis Ende Juli zu halten und den alliierten Panzerverbänden bis Mitte August den Weg nach Paris zu verlegen. Zu diesem Zeitpunkt stand fest, daß die V-1 den Engländern nicht den vernichtenden Schlag versetzen würde, den Hitler sich von ihr erhofft hatte. Überdies war am 22. Juni die Rote Armee an der Ostfront wieder zur Offensive übergegangen. Auf den Tag genau drei Jahre nachdem Hitler mit geringschätziger Leugnung des drohenden Zweifrontenkriegs die Sowjetunion überfallen hatte, im Rücken ein unbesiegtes Großbritannien, hatte die Wirklichkeit ihn eingeholt. Einen Tag zuvor, am 21. Juni, hatten 2 500 US-Bomber am hellen Tag Berlin bombardiert. Über die Stoßrichtung des gegnerischen Angriffs war sich Hitler im Osten ebensowenig wie im Westen im klaren. Einen Monat zuvor hatte Stalin seine Kommandeure zu einer Konferenz geladen, um mit ihnen und dem Generalstab die geplante Abschnürung des weißrussischen »Frontsacks« durch die Einkesselung und Vernichtung der deutschen Heeresgruppe Mitte östlich von Minsk zu erörtern. Bemerkenswert war an dieser Konferenz, daß Rokossowski es wagte, Stalin zu widersprechen. Er forderte beharrlich, seine Erste Weißrussische Front solle einen doppelten, auf beiden Seiten der Beresina vorgetragenen Angriff auf Bobruisk unternehmen, und ließ sich davon auch nicht durch die Kritik Stalins abbringen, der einen einzigen, konzentrierten Vorstoß befürwortete. Stalin schickte ihn zweimal aus dem Raum und forderte ihn auf, es sich zu »überlegen«. Beim zweiten Mal gingen Molotow und Malenkow hinterher und fragten ihn, ob ihm klar sei, wem er widerspreche. Doch Rokossowski, der schon einmal drei Jahre in einem Straflager verbracht hatte, blieb standfest und erklärte, er werde um Entbindung von seinem Kommando bitten, falls die Stawka auf dem Konzept Stalins beharrte. Nachdem er seinen Vorschlag zum dritten Mal begründet hatte, willigte Stalin ein; er möge Generäle, erklärte er, die ihr Metier beherrschten und wüßten, was sie wollten.[57]

Weiter im Süden, an der Ersten Ukrainischen Front, wollte Konjew mit einem ähnlichen Zangenangriff die deutsche Heeresgruppe Nordukraine einkesseln und vernichten und danach Lemberg besetzen. Auch gegen diesen Plan erhob Stalin zunächst Einwände, um ihn dann doch zu billigen. »Sie sind ein sehr eigensinniger Bursche«, sagte er Konjew am Telefon. »Nun gut, dann bleiben Sie bei Ihrem Plan und führen Sie ihn auf eigene Verantwortung durch.«[58]

Der sowjetische Plan enthielt eine strategische Täuschung, welche die Deutschen glauben machen sollte, der sowjetische Hauptstoß werde nicht nördlich, sondern südlich der Pripjet-Sümpfe erfolgen. Hitler und der deutsche Generalstab ließen sich in der Tat überzeugen, daß alle fünf sowjetischen Panzerarmeen an den südlichen Frontabschnitten stünden; sie hielten deshalb von ihren dreißig gepanzerten und motorisierten Divisionen vierundzwanzig südlich der Sümpfe in Bereitschaft. In Wirklichkeit aber begannen die Russen die Operation weit im Norden, mit einer kraftvollen Offensive gegen die Finnen, nachdem geheime Friedenssondierungen ergebnislos abgebrochen worden waren. Als sie dann zu ihrem Hauptstoß auf Weißrußland ansetzten, rückten sie mit gut 1,3 Millionen Soldaten vor, aufgeteilt in vier Frontgruppen, mit 4 000 Panzern und Selbstfahr-Geschützen, 24 000 Stück Artillerie und 6 000 Flugzeugen. An der Front dirigierten und koordinierten Schukow und Wassilewski die gesamte Operation. Als Hitler erkannte, was auf die deutschen Truppen zukam, legte er vier Schlüsselstellungen fest, die, so befahl er, um jeden Preis zu halten seien. Alle vier gingen noch in der ersten Kampfwoche verloren. Wie schon zuvor im Westen, ließ er die Befehlshaber austauschen: Busch wurde als Kommandeur der Heeresgruppe Mitte abgelöst und durch Model ersetzt, doch auch dieser konnte die Rote Armee nicht in ihrem Vormarsch aufhalten. Wo immer man Hitlers Befehlen Folge zu leisten und die Stellung zu halten versuchte, wurden nur noch mehr Wehrmachtssoldaten getötet oder eingekesselt. Am 3. Juli war Minsk in der Hand der Roten Armee. Die Russen hatten eine vierhundert Kilometer breite Bresche in die deutsche Front gerissen und kamen nun mit der Einschließung und Vernichtung der Heeresgruppe Mitte zu ihrem größten Einzelsieg an der Ostfront: fünfundzwanzig bis achtundzwanzig deutsche Divisionen mit insgesamt 350 000 Mann wurden aufgerieben. Am 17. Juli marschierte ein Zug von 57 000 deutschen Kriegsgefangenen, die Generäle an der Spitze, durch die Straßen der sowjetischen Hauptstadt, die von schweigenden Menschenmassen gesäumt waren. Die Wehrmacht hatte auf diese Weise Moskau doch noch erreicht.

Jetzt war auch der Weg nach Litauen und Polen offen. Am 13. Juli besetzte man Wilna, und am Monatsende waren auch Lublin, Brest-Litowsk und Bialystok im Besitz der Roten Armee. Die Truppen Rokossowskis befreiten auf ihrem Vormarsch das erste Vernichtungslager, Majdanek, rückten dann bis an die Weichsel vor und tauchten am 31. Juli vor Praga auf, der stark befestigten Warschauer Vorstadt am Ostufer der Weichsel.

Weiter südlich eroberte Marschall Konjews Erste Ukrainische Front Lemberg und spaltete die deutsche Heeresgruppe Nordukraine in zwei Teile, von denen sich der eine in Richtung Weichsel, der andere in die Karpaten zurückzog. Weit im Norden überrannten russische Truppen Estland und Lettland, erreichten die Bucht von Riga und drohten, die Heeresgruppe Nord von den übrigen deutschen Osttruppen und von Ostpreußen abzuschneiden. In Finnland trat am 1. August Präsident Ryti zurück und machte Marschall Mannerheim Platz, der sich sofort von Deutschland lossagte und Waffenstillstandsverhandlungen mit Moskau aufnahm. Alles in allem waren an den Kämpfen im Osten mehr als sechs Millionen Soldaten beteiligt.

Auch die Russen hatten, wie die Deutschen, schwere Verluste erlitten. Aber sie waren innerhalb von sechs Wochen mehr als 500 Kilometer vorangekommen, hatten das gesamte russische Territorium von den deutschen Eroberern befreit und waren nur noch 650 Kilometer von Berlin entfernt. Weiter war der Weg nach Berlin für die Westalliierten: über achthundert Kilometer von Amiens aus, das Montgomery am letzten Augusttag 1944 eroberte. Viele Deutsche stellten sich jetzt ängstlich die Frage, wer zuerst in Berlin einmarschieren würde?

Inmitten der sich überstürzenden militärischen Ereignisse stieß Hitler etwas zu, was Stalin für sich stets befürchtet hatte, das ihm jedoch, soweit wir wissen, erspart blieb: ein Mordanschlag.

Im Herbst 1938 hatte es einen Augenblick lang so ausgesehen, als würde eine Gruppe deutscher Offiziere sich um des Friedens willen zu einem Aufstand gegen Hitler entschließen. Aber nachdem Chamberlain das Münchner Abkommen unterzeichnet hatte, löste sich die Verschwörung ohne weitere Folgen auf. Und solange Hitler einen Erfolg nach dem anderen errang, blieben die Aussichten gering, daß jemand einen ernsthaften Versuch zu seiner Absetzung oder Beseitigung unternehmen würde.

Dennoch traf man sich in bestimmten Kreisen weiter, um über die Möglichkeiten eines Putsches zu sprechen. Zwei Männer von höheren Jahren galten allgemein als die Köpfe der Verschwörung: General Ludwig Beck, der frühere Generalstabschef des Heeres, und Dr. Carl Goerdeler, ehemals Oberbürgermeister von Leipzig. Neben ihnen stand Ulrich von Hassell, früher deutscher Botschafter in Rom, und seit 1938 spielte auch Hans Oster eine wichtige Rolle, die rechte Hand des geheimnisumwitterten Admirals Canaris, des Chefs der deutschen Abwehr, das heißt des Nachrichtendienstes der Wehrmacht. Die Tätigkeit innerhalb der Abwehr bot ideale Möglichkeiten, um Kontakte aufzunehmen. So sammelte Oster - »ein Mann nach dem Herzen Gottes«[59] -, eine kleine Gruppe ergebener Freunde um sich, darunter Hans von Dohnanyi, Klaus Bonhoeffer und dessen Bruder Dietrich, einen jungen evangelischen Pastor und Theologen, der in früheren Jahren Gesandter der Lutheranischen Kirche in London gewesen war.[60]

Die Verschwörer machten sich die Möglichkeiten der Abwehr in vielerlei Hinsicht zunutze. Unter anderem versuchten sie, Kontakt mit britischen und amerikanischen Stellen aufzunehmen. Sie hofften, von den Alliierten Zusicherungen maßvoller Friedensbedingungen für den Fall zu erhalten, daß sie Hitler stürzen sollten. Im Mai 1942 reiste Dietrich Bonhoeffer deshalb mit gefälschten Papieren nach Stockholm, um sich dort mit dem englischen Bischof Bell von Chichester zutreffen. Der Bischof gab alles, was er von Bonhoeffer über die Pläne der Verschwörer erfuhr, an die britische Regierung weiter; außerdem gab es Kontakte über Allen Dulles, den Stationschef des amerikanischen Geheimdienstes OSS in der Schweiz. Doch nichts davon führte zu einer positiven Reaktion. Die Alliierten blieben skeptisch gegenüber jeder deutschen Opposition, und so mußten sich die Verschwörer, insbesondere nachdem auf der Konferenz von Casablanca im

Januar 1943 Deutschlands bedingungslose Kapitulation gefordert worden war, damit abfinden, daß sie auf eigene Faust zu handeln hatten, ohne Unterstützung aus dem Ausland.

Die Verschwörer verwendeten viel Zeit und Energie auf die Überlegung, wie Deutschland und Europa nach Hitlers Sturz geordnet und regiert werden sollten.[61] Solche Erörterungen gehörten auch zu den Anliegen jenes Kreises, den der achtunddreißigjährige Helmuth Graf von Moltke, der als Rhodes-Stipendiat in Oxford studiert hatte und einen der berühmtesten Namen der deutschen Militärgeschichte trug, auf seinem Gut im schlesischen Kreisau versammelte. Im Kreisauer Kreis waren die unterschiedlichsten Gruppen der deutschen Gesellschaft vertreten; zu seinen Mitgliedern zählten zwei Jesuitenpriester, zwei evangelische Pfarrer, Konservative, Liberale und Sozialdemokraten, Gutsherren und ehemalige Gewerkschafter. Ihre Gespräche drehten sich kaum um konkrete Planungen für den Sturz Hitlers, sondern um die wirtschaftlichen, sozialen und geistigen Grundlagen der neuen Gesellschaft, die danach errichtet werden müßte.

Als sich das Kriegsglück Hitlers 1942/43 zum Schlechteren wendete, belebten sich die Hoffnungen all derjenigen, die eher an Handlung dachten. Nach wie vor allerdings standen sie vor der Schwierigkeit, die Unterstützung einer Institution gewinnen zu müssen; solange dies nicht gelang, blieb jede Opposition nicht mehr als ein Zusammenschluß einzelner Persönlichkeiten, deren geringe Kräfte gegen die organisierte Staatsmacht kaum etwas ausrichten würden.

Es gab in Deutschland zwei Institutionen, die noch immer über ein gewisses Maß an Unabhängigkeit verfügten. Eine davon waren die Kirchen. Zu den mutigsten Demonstrationen oppositioneller Gesinnung gehörten in den Kriegsjahren die Predigten des katholischen Bischofs von Münster, Graf Galen, und des evangelischen Pfarrers Niemöller. Nationalsozialistische Eiferer wie Bormann haßten die Kirchen daher aufs äußerste. Zahlreiche katholische und evangelische Pfarrer gehörten dem Widerstand an; gleichwohl sah sich weder die katholische noch die evangelische Kirche in der Lage, sich als Institution offen gegen das Regime zu stellen.

So war es nur folgerichtig, daß die wenigen Deutschen, die mit dem Gedanken an einen Putsch spielten, ihre Hoffnungen auf die Wehrmacht setzten, die zweite Institution, die noch über ein gewisses Maß an eigenständiger Autorität verfügte – die einzige zudem, die über die zum Sturz des Regimes erforderlichen Machtmittel verfügte.

Das Verhältnis Hitlers zur Wehrmacht hatte sich in den Jahren 1943/44 weiter verschlechtert. Immer wieder verhinderte er die Entscheidungen ihrer höchsten Befehlshaber, ignorierte ihre Ratschläge, beschimpfte sie als Feiglinge, zwang sie zur Ausgabe von Befehlen, die nach ihrer Überzeugung undurchführbar waren, und entließ sie, wenn die Durchführung dann tatsächlich scheiterte. Was Hitler zutiefst widerstrebte, war der Konservatismus des deutschen Offizierskorps und seine »negative« Einstellung zur nationalsozialistischen Revolution, wobei Hitler unter revolutionärem Geist die Bereitschaft verstand, seine Befehle bedenkenlos und ohne Rücksicht auf die Kosten auszuführen. Er bevorzugte militärische Draufgänger wie Model und Schörner, die Nachfolger Mansteins und Kleists, die an die Front gingen, das Letzte aus ihren Soldaten herausholten und sich dabei nicht den Kopf über die strategische Lage zerbrachen. Dennoch hatten sich die Generäle bislang stets den Befehlen Hitlers gefügt, hatten trotz seiner beständigen Eingriffe für ihn gekämpft und sich von ihm mit Titeln, Auszeichnungen und Geschenken belohnen lassen. Manstein etwa ließ sich noch im März 1944, als er von Model abgelöst wurde, ein großes Landgut schenken, und Feldmarschall von Kluge nahm im Oktober 1942 ein Geschenk Hitlers in Höhe von 250 000 Reichsmark an.

Unterhalb der obersten Kommandoebene gab es jedoch eine kleine Gruppe von Offizieren, die Deutschland von der nationalsozialistischen Diktatur befreien wollten. Unter ihnen ragte vor allem Henning von Treskow heraus, Offizier im Generalstab der Heeresgruppe Mitte an der Ostfront. Ähnlich wie Oster es innerhalb der Abwehr tat, nutzte er seine Position, um einen Kreis gleichgesinnter Offiziere um sich zu scharen. Treskow, Sproß einer pommerschen Gutsbesitzer-Dynastie mit langer Tradition im preußischen Militärdienst, war, wie auch andere Offiziere des Widerstandes, ursprünglich ein begeisterter Anhänger des nationalsozialistischen Regimes gewesen, von dem er sich die Befreiung von den Demütigungen des Versailler Vertrags und den Verworrenheiten des Weimarer Systems versprach. Später jedoch, als er den wahren Charakter der NS-Herrschaft erkannte, fand er zu einer entschieden oppositionellen Haltung, und schon im Sommer 1939 vertraute er sich seinem Adjutanten Fabian von Schlabrendorff an, der später berichtete: »Wir hatten ein langes und eingehendes Gespräch. Es endete mit der gemeinsam getroffenen Feststellung, daß Pflicht und Ehre von uns forderten, alles zu tun, um Hitler und den Nationalsozialismus zu Fall zu bringen und damit Deutschland und Europa vor der Gefahr der Barbarei zu retten.«[62] Sein späteres Verhalten zeigt, daß dies keine leeren Worte waren.

Nach Stalingrad hielt Tresckow einen Staatsstreich für durchführbar. Voraussetzung dafür sei freilich, daß man zunächst Hitler aus dem Weg räumen könne, und zwar mit dem Einverständnis der Wehrmacht. General Olbricht, der kurz zuvor zu den Verschwörern gestoßen war, erklärte sich bereit, seine Position als stellvertretender Befehlshaber des Ersatzheers zu nutzen, um die nach der Ermordung Hitlers notwendigen Maßnahmen zu organisieren.[63] Tresckow selber übernahm Hitlers Tötung.

Am 13. März 1943, als Hitler dem Hauptquartier Kluges in Smolensk einen Besuch abstattete, kam es zum ersten Versuch. Tresckow und Schlabrendorff versteckten eine Zeitbombe in dem Flugzeug, das Hitler zurück nach Ostpreußen bringen sollte; doch der Sprengsatz explodierte nicht. Mit

Immer wieder mißlangen Attentatsversuche. Der Zeitzünder einer Bombe, welche die Verschwörer der Heeresgruppe Mitte unter Generalstabsoffizier von Tresckow in die Führermaschine schmuggelten, funktionierte nicht, und junge Offiziere, die Hitler mit der Waffe erledigen wollten, wurden vorzeitig an die Front versetzt. Bei einer Heldengedenkfeier im Zeughaus am 21. März 1943 wollte Oberst von Gersdorff sich mit Hitler in die Luft sprengen, aber die Besichtigung erbeuteter russischer Waffen wurde ganz plötzlich abgebrochen. Zuletzt mißlang noch das scheinbar so sichere Attentat vom 20. Juli im Führerhauptquartier.
Auf dem Photo: Hitler im Zeughaus bei der Besichtigung russischer Waffen. Links neben ihm Himmler, rechts Göring, Dönitz und Keitel.

bemerkenswerter Kaltblütigkeit flog Schlabrendorff daraufhin sofort nach Rastenburg, nahm die in einem Geschenkpaket versteckte Bombe an sich, bevor sie entdeckt wurde, und schaffte sie im Zug nach Berlin. Nicht weniger als sechs Anschläge wurden im weiteren Verlauf des Jahres 1943 geplant, aber aus dem einen oder anderen Grund scheiterten alle. Inzwischen waren Himmlers Agenten, die in diesem Punkt gegen alle Gewohnheit zunächst erfolglos blieben, den Verrätern auf die Spur gekommen. Im April 1943 verhafteten sie Dietrich Bonhoeffer und Hans von Dohnanyi. Zahlreiche Hinweise deuteten auf die Abwehr, die der Sicherheitsdienst der SS ohnehin als lästige Konkurrenz betrachtete, und so mußte General Oster im Dezember 1943 zurücktreten.

Doch während die Verschwörung innerhalb der Abwehr zerfiel, fand ein Mann den Weg in die Reihen des Widerstands, der über jene Entschlußkraft und jenes Charisma verfügte, die den bisherigen Wortführern der Opposition gefehlt hatten: Claus Graf Schenk von Stauffenberg, geboren 1907, aus

einem alten katholischen Adelsgeschlecht, das in Süddeutschland behei-
matet war.

Wie Tresckow war auch Stauffenberg anfangs von dem Gedanken angezogen, man könne Nationalismus und Sozialismus in einer »völkischen
Gemeinschaft« versöhnen; später jedoch, nachdem er die Methoden der
Nationalsozialisten kennengelernt hatte, war er zum Gegner des Regimes
geworden. Doch als Berufssoldat tat er auch dann noch seine Pflicht, als er
längst davon überzeugt war, daß Hitler beseitigt werden müsse, und diente
mit herausragenden Leistungen als Stabsoffizier in Polen, Frankreich und
Rußland. In Rußland wandelten sich seine Bedenken gegen Hitler zu der
Überzeugung, daß man handeln müsse. Von diesem Entschluß ließ er sich
fortan auch durch eine schwere Verwundung nicht abbringen, die er sich in
Tunesien zuzog; er verlor ein Auge, die rechte Hand und zwei Finger der
linken. Kaum war er wiederhergestellt, ließ er sich zum Stabe Olbrichts
nach Berlin abkommandieren, wo er unverzüglich mit den Vorbereitungen
für einen Umsturzversuch begann. Das Ersatzheer diente nicht nur dem
Zweck, Lücken im Feldheer zu schließen. Es stellte überdies den organisatorischen Apparat bereit, durch den im Notfall – und dazu gehörte beispielsweise ein Aufstand der Millionen in Deutschland eingesetzten Fremdarbeiter – alle Rekruten, alle Trainingseinheiten, alle im Urlaub oder bei Fortbil-
dungskursen weilenden Soldaten in kürzester Frist mobilisiert werden
konnten. Die Aktion trug den Decknamen »Operation Walküre«, und die
dafür bereitliegenden Befehle sahen vor, daß alle einundzwanzig Heereskommandos im Reichsgebiet und in Paris binnen sechs Stunden Kampfgruppen aufstellen würden. Diesen organisatorischen Apparat gedachte
Stauffenberg sich zunutze zu machen. Er unterzog die bereitliegenden Ein-
satzbefehle einer gründlichen Revision und nahm bei möglichst vielen
Kommandostellen Kontakt mit Sympathisanten des Widerstands auf, um
sicherzustellen, daß die Anweisungen später rasch in die Tat umgesetzt
würden. Er vertraute dabei auf seine Verbündeten im Führerhauptquartier,
in Berlin und im Offizierskorps der Heeresgruppe West und hoffte, mit ihrer
Hilfe auch die schwerfälligen Wehrmachtsbefehlshaber zum Handeln
bewegen zu können, sobald Hitler aus dem Weg geräumt wäre.

Der Ausdruck »deutscher Widerstand« könnte den Eindruck nahelegen,
daß es sich dabei um eine organisierte Bewegung gehandelt habe. In Wirklichkeit gab es nur eine Anzahl kleiner, lose verbundener Gruppen mit fluk-
tuierender Mitgliedschaft, die weder über eine gemeinsame Organisation
noch über ein einheitliches Programm verfügten, abgesehen von der Gegnerschaft zum nationalsozialistischen Regime. Dahinter standen die unterschiedlichsten Motive: In einigen Fällen war es tiefer moralischer Abscheu
gegen das Dritte Reich als Ganzes, in anderen patriotische Gefühle und die
Überzeugung, Hitler werde den Untergang Deutschlands herbeiführen,
wenn man ihn nicht rechtzeitig daran hindere. Und zu der Vielfalt der
Beweggründe und Temperamente, die durch den unablässigen Druck,

unter dem alle Beteiligten standen, nur noch gesteigert wurde, gesellten sich beträchtliche Auffassungsunterschiede in praktischer Hinsicht: Welche Schritte gegen Hitler sollte man unternehmen, welche Art von Ordnung künftig in Deutschland und Europa herrschen? Im Sommer 1944 einigte man sich endlich darauf, daß in der Regierung, die an die Stelle der Nationalsozialisten treten würde, neben Konservativen wie Goerdeler auch Sozialdemokraten wie Julius Leber (als Innenminister) und Gewerkschafter wie Wilhelm Leuschner (als Vizekanzler) vertreten sein sollten.

Die Tatkraft Stauffenbergs hatte die Verschwörung zu neuem Leben erweckt; gleichwohl erregte die führende Rolle, die er spielte, auch Neid und Eifersucht. Nicht anders stand es mit seinen Ansichten. Stauffenberg neigte seinem Naturell nach zu einer gewissen Radikalität und betrachtete etwa den altmodischen Konservatismus Goerdelers äußerst kritisch, während er dem sozialdemokratischen Flügel des Widerstands um Leber und Leuschner wesentlich näher stand.

Zeitdruck verschärfte die daraus erwachsenden Differenzen. Anfang 1944 erfolgten weitere Festnahmen, darunter auch die von Moltkes. Im Februar wurde der Abwehr der größte Teil ihrer Aufgaben entzogen und einem vereinheitlichten Nachrichtendienst unter Leitung Himmlers (»Chef des SD und der Abwehr«) übertragen. Letzterer erklärte Admiral Canaris, der seines Postens als Abwehr-Chef inzwischen enthoben worden war, er wisse sehr genau, daß Wehrmachtskreise einen Aufstand planten, und werde zu gegebener Zeit zuschlagen.

Zu diesem Zeitpunkt kam die Meldung von der alliierten Landung in der Normandie. Stauffenberg hatte nicht damit gerechnet, daß die Invasion so früh stattfinden würde, und auch Beck und Goerdeler waren im ersten Augenblick so verunsichert, daß sie sich fragten, ob man jetzt überhaupt noch weitermachen solle. Gab es jetzt, da die deutschen Streitkräfte von Osten wie auch von Westen her angegriffen wurden, überhaupt noch eine Chance für einen Kompromißfrieden, selbst wenn man Hitler ausschaltete? Würde man nicht eine zweite Dolchstoß-Legende riskieren, ohne den Gang der Dinge noch aufhalten zu können? Es war Tresckow, der in dieser Situation mit deutlichen Worten Stauffenberg und die anderen an ihre moralische Verpflichtung erinnerte: »Das Attentat muß erfolgen, coute que coute. Sollte es nicht gelingen, so muß trotzdem in Berlin gehandelt werden. Denn es kommt nicht mehr auf den praktischen Zweck an, sondern darauf, daß die deutsche Widerstandsbewegung vor der Welt und vor der Geschichte den entscheidenden Wurf gewagt hat. Alles andere ist daneben gleichgültig.«[64]

Tresckows Mahnung wurde beherzigt, und durch einen glücklichen Zufall wurde Stauffenberg auf einen Posten versetzt, auf dem er seine Pläne leichter verwirklichen konnte: Ende Juni wurde er zum Oberst befördert und zum Stabschef des Befehlshabers des Ersatzheeres, Generaloberst Fromm, berufen. Als solcher konnte er nicht nur im Namen seines Vorgesetzten Befehle hinausgehen lassen, sondern hatte auch häufig persönlichen Umgang mit Hitler, der ständig auf der Suche nach Ersatz für die hohen Verluste in Rußland war. Inzwischen hatte Stauffenberg sich entschlossen, das Attentat trotz seiner Verwundung selber auszuführen. Nur so ließ sich sicherstellen, daß die Vorbedingung für alles Weitere, die Ermordung Hitlers, auch wirklich ausgeführt werde.

Die Zeit drängte mehr denn je. Zwischen dem 4. und 5. Juli wurde Julius Leber verhaftet, nachdem er versucht hatte, Verbindung mit einer kommunistischen Untergrundgruppe aufzunehmen. Am 17. Juli erging Haftbefehl gegen Goerdeler. Durch weitere Festnahmen hätte die Verschwörung innerhalb von Tagen, ja von Stunden auffliegen können. Schon zweimal hatte Stauffenberg den Anschlag auf Hitler vorbereitet, doch jedes Mal war etwas dazwischengekommen. Als er am 20. Juli zum Hauptquartier Hitlers in Ostpreußen flog, tat er es deshalb in der festen Absicht, den dritten Anschlag nicht scheitern zu lassen.

Da Hitler an diesem Tag den Besuch Mussolinis erwartete, war die tägliche Lagebesprechung auf 12.30 Uhr vorverlegt worden. Stauffenberg sollte dabei über die Aufstellung neuer Verbände Bericht erstatten. Er trug seine Unterlagen in einem Aktenkoffer bei sich, in dem ein Sprengsatz versteckt war, der mit einer Verzögerung von zehn Minuten explodieren würde. Die Besprechung war bereits im Gang, als Stauffenberg die Baracke betrat. Die Sitzungsteilnehmer saßen um einen großen, schweren Eichentisch, auf dem etliche Karten ausgebreitet lagen. Weder Himmler noch Göring waren zugegen. Hitler stand ungefähr in der Mitte einer der Längsseiten des Tisches, unablässig nach vorn gebeugt, um die Karten zu studieren. Stauffenberg, der den Zünder vor Betreten der Baracke betätigt hatte, stellte seinen Aktenkoffer unter den Tisch und ging unter dem unverfänglichen Vorwand, einen dringenden Anruf in Berlin erledigen zu müssen, noch einmal hinaus. Eine oder zwei Minuten später erschütterte eine laute Explosion die Baracke, brachte die Wände und das Dach zum Einsturz und setzte die Holztrümmer in Brand, die auf die Versammelten niedergingen.

Aus dem qualmenden Durcheinander der Baracke, in dem man die Hilfeschreie der Verletzten und die herbeieilenden Wachleute hörte, tauchte Hitler auf. Er war von Staub bedeckt, sein Haar war versengt, sein rechter Arm hing steif und reglos herab, er hatte Brandwunden an einem Bein und Prellungen auf dem Rücken von einem herabgefallenen Balken, und später stellte sich heraus, daß die Detonation seine Trommelfelle beschädigt hatte. Aber er lebte. Diejenigen, die an dem Tischende gesessen hatten, an dem Stauffenberg den Aktenkoffer deponiert hatte, waren entweder tot oder schwer verwundet. Hitler dagegen war nur leicht verletzt, zum einen wegen der schweren Tischplatte, über die er sich gebeugt hatte, zum anderen wegen eines dicken hölzernen Tischbeins, auf dem die Platte ruhte und an das jemand den Aktenkoffer Stauffenbergs geschoben hatte, bevor die Bombe explodierte.

Dem Zufall verdankte Hitler am 20. Juli 1944 sein Leben; der Bunker, in dem sonst die Lagebesprechung stattfand, mußte wegen dringender Bauarbeiten durch eine Baracke ersetzt werden, in der der Luftdruck der Explosion nicht die erwartete Wirkung entfaltete. Dennoch überlebten mehrere der Teilnehmer die Explosion nicht, und Hitlers Uniform, die er seinem engsten Kreis immer wieder zeigte, war regelrecht zerfetzt. Hitler sah darin einen Wink der Vorsehung, daß er sein Lebenswerk erfüllen müsse.

Trotz eines erlittenen schweren Schocks war Hitler eigenartig gefaßt. Am frühen Nachmittag kam er persönlich auf den Bahnsteig, um Mussolini in Empfang zu nehmen. Von einem steifen rechten Arm abgesehen, hatte das Attentat keine sichtbaren Spuren an ihm hinterlassen, und er erstattete Mussolini einen bemerkenswert sachlichen Bericht über das Ereignis.

Gleich nach der Ankunft im Hauptquartier zeigte Hitler Mussolini die zertrümmerte Besprechungsbaracke. Als er dann die Szene an Ort und Stelle nachstellte, klang aus seiner Stimme zunehmende Erregung. »Nach meiner heutigen Errettung aus der Todesgefahr«, so sagte er, »bin ich mehr denn je davon überzeugt, daß es mir bestimmt ist, nun auch unsere gemeinsame große Sache zu einem glücklichen Abschluß zu bringen.« Mussolini, der beeindruckt mit dem Kopf nickte, konnte nur zustimmen: »Nachdem ich das hier gesehen habe, bin ich absolut Ihrer Meinung. Das war ein Zeichen des Himmels!«[65]

In euphorischer Stimmung geleitete Hitler den Duce zu seiner Wohnung, wo sich eine aufgeregte Teegesellschaft versammelt hatte. Zu Keitel und Jodl waren Göring, Ribbentrop und Dönitz gestoßen, und es entspann sich eine mit heftigen Vorwürfen geführte Debatte, wer für den Krieg verantwortlich sei. Hitler und Mussolini saßen schweigsam inmitten der Streitenden, bis jemand den »Röhmputsch« von 1934 erwähnte. Da sprang Hitler unvermittelt auf und brüllte, er werde die Verräter noch härter bestrafen als damals; er sei von der Vorsehung auserwählt worden, um »Geschichte zu machen«, und werde alle vernichten, die sich ihm in den Weg stellten. Als seine Wut nach einer halben Stunde nachließ, versank er erneut in brütendes Schweigen, lutschte hin und wieder eine seiner Pastillen und ließ die zahlreichen Loyalitätsbekundungen ebenso über sich ergehen wie einen weiteren Streit zwischen Göring und Ribbentrop.[66]

In der Verwirrung, die nach der Explosion ausbrach, konnte Stauffenberg die Wachtposten an den drei Kontrollsperren ungehindert passieren, und vom Flughafen Rastenburg aus ließ er sich nach Berlin zurückfliegen. Es verging einige Zeit, bis man im Führerhauptquartier begriff, was passiert war: Zunächst hatte man geglaubt, die Bombe sei von einem Flugzeug abgeworfen worden. Noch länger dauerte es, ehe bekannt wurde, daß auf den Anschlag ein Putschversuch in Berlin gefolgt war.

Dort hatte sich eine kleine Verschwörergruppe im Arbeitszimmer von General Olbricht im Sitz des Generalstabs in der Bendlerstraße versammelt. Man beabsichtigte, den Tod Hitlers und die Bildung einer antinazistischen Regierung in Berlin bekanntzugeben. Im Namen dieser Regierung sollte dann der Ausnahmezustand verhängt und alle Befehlsgewalt der Wehrmacht übertragen werden, um eine Machtübernahme der SS zu verhindern. Die gesamte Staatsverwaltung, die SS, die Polizei und die Partei sollten den Wehrmachtsbefehlshabern in Deutschland und den besetzten Ländern sowie in den verschiedenen Kampfgebieten unterstellt, alle ranghohen Partei-, SS- und Polizeifunktionäre in Haft genommen werden. Die Pläne für Berlin sahen ferner vor, daß aus Kasernen außerhalb der Stadt Truppen herangeführt würden, die das Regierungsviertel umstellen, das Gestapo-Hauptquartier und das Rundfunkgebäude sichern und die SS entwaffnen sollten. Niemand wußte, ob diesen Befehlen Folge geleistet würde. Aber die Verschwörer hofften, daß nach Hitlers Ermordung auch diejenigen Offiziere, die sich bis dahin dem Widerstand verweigert hatten – sei es aus Vorsicht oder aus Gewissensskrupeln wegen ihres Treueeids –, ins Lager der neuen Regierung überlaufen würden.

Alles hing von zwei Voraussetzungen ab: der Ausschaltung Hitlers und

Eine Terminabsprache hatte Mussolinis Besuch im Führerhauptquartier für den 20. Juli 1944 angesagt. So traf er wenige Stunden nach dem Attentat ein, und Hitler führte ihn sogleich in die zerstörte Lagerbaracke, wo die Bombe des Obersten von Stauffenberg explodiert war. Nach seiner wunderbaren Errettung, so sagte Hitler, sei er mehr denn je davon überzeugt, daß man die »gemeinsame große Sache« zu einem siegreichen Abschluß bringen werde, worauf Mussolini, sichtlich beeindruckt, erwiderte: »Das war ein Zeichen des Himmels!«

einem raschen, entschlossenen Handeln in Berlin. Daß die erste Bedingung nicht mehr zutraf, wußte Stauffenberg nicht; er verließ das Führerhauptquartier in dem Glauben, niemand könne die Explosion überlebt haben. Als jedoch kurz nach ein Uhr mittags in der Bendlerstraße die ersten Meldungen über das Attentat eingingen, wurde sogleich klar, daß Hitler nicht tot war, woraufhin Olbricht beschloß, den Befehl für die »Operation Walküre« nicht hinausgehen zu lassen. Damit war auch die zweite Voraussetzung für den Erfolg nicht erfüllt. Erst als Stauffenberg nach einem dreistündigen Flug von Ostpreußen in Rangsdorf bei Berlin eintraf, konnte er telefonisch Kontakt zu Olbricht aufnehmen; nach wie vor überzeugt, Hitler getötet zu haben, überredete er Olbricht, die »Walküre«-Befehle auszugeben. Mittlerweile war es 15.45 Uhr, und Stauffenberg brauchte eine weitere Dreiviertelstunde, um ins Stadtzentrum von Berlin zu gelangen und den Putsch endlich in Gang zu bringen.

Doch inzwischen ließ sich nicht einmal mehr durch Stauffenbergs Tatkraft und Entschlossenheit wettmachen, was drei oder vier Stunden lang versäumt worden war. Man mußte ganz von vorn anfangen. Erst nach 16 Uhr erhielt Generalleutnant von Hase, der Stadtkommandant von Berlin, den Befehl, Truppen zur Besetzung des Regierungsviertels heranzuführen. Hase alarmierte das in Döberitz stationierte Wachbataillon Großdeutschland unter Major Remer. Remer, der in die Verschwörung nicht eingeweiht war, tat wie geheißen, doch ein nationalsozialistischer Führungsoffizier, Dr. Hans Hagen, ein ehrgeiziger junger Mann aus dem Propagandaministerium, der gerade einen Vortrag vor dem Bataillon hielt, schöpfte Verdacht. Er rief Goebbels an, der Remer ans Telefon zitierte und ihn mit dem Führerhauptquartier in Ostpreußen verband. Die unverkennbare Stimme am anderen Ende der Leitung überzeugte Remer, daß Hitler nicht tot sei, wie man es ihm gesagt hatte. Der Major wurde von Hitler auf der Stelle telefonisch zum Oberst befördert und erhielt den Befehl, mit seinen Truppen den Putschversuch niederzuschlagen.

Nach Stauffenbergs Rückkehr waren an die wichtigsten Heereskommandos in aller Eile Befehle ergangen, um die »Operation Walküre« anlaufen zu lassen. In Paris und Wien waren bereits Aktionen im Gang, als kurz nach 18.30 Uhr der deutsche Rundfunk sein Programm mit einer Sondermeldung unterbrach. Goebbels meldete sich über Telefonleitung und erklärte, auf Hitler sei ein Mordanschlag verübt worden, der jedoch fehlgeschlagen sei. Bei vielen Offizieren, die sich dem Putsch erst dann anschließen wollten, wenn das Attentat gelungen sei, und bis dahin unschlüssig abgewartet hatten, machte sich nun Angst vor Hitlers Rache breit; man versuchte, seine Haut zu retten.

Schon die Sondermeldung im Radio hatte die Vorsichtigen gewarnt. Kurz nach 20 Uhr erhielten dann alle Heereskommandos über Fernschreiber Befehle, die die Berliner Instruktionen vom Nachmittag widerriefen. Hitler hatte Himmler als Nachfolger von Generaloberst Fromm zum Befehlshaber des Ersatzheeres ernannt und ihm die Sicherheit des Reichs anvertraut. Eine Stunde später verbreitete der Rundfunk die Meldung, Hitler werde noch vor Mitternacht zum deutschen Volk sprechen.

Damit war für den kleinen Verschwörerzirkel in der Bendlerstraße die Lage hoffnungslos geworden. Noch im Verlauf des Abends konnte eine Gruppe hitlertreuer Offiziere, die im Verlauf des Tages verhaftet worden waren, aus ihrem Gewahrsam ausbrechen; sie befreiten Generaloberst Fromm und entwaffneten die Verschwörer. Fromm, der sich am Nachmittag unschlüssig verhalten hatte, war nun um so eifriger bemüht, seine Loyalität unter Beweis zu stellen und all diejenigen loszuwerden, die ihn vielleicht belasten konnten. Als Truppen anrückten, um die Verschwörer zu verhaften, befahl Fromm die Erschießung Stauffenbergs, Olbrichts und zweier weiterer Offiziere im Hof des Gebäudes in der Bendlerstraße. Im Scheinwerferlicht eines Panzerwagens wurden die Hinrichtungen vollzogen. Beck zog, vor die Wahl gestellt, den Selbstmord vor. Fromm hätte auch die übrigen Verschwörer erschießen lassen, wenn nicht der Chef des

Reichssicherheitshauptamtes, Ernst Kaltenbrunner, eingetroffen wäre und ihn daran gehindert hätte: Der SS war viel mehr daran gelegen, aus den Verschwörern Informationen herauszuholen, als sie umstandslos zu erschießen. Himmler, der im Verlauf des Abends von Ostpreußen nach Berlin kam, schlug sein Hauptquartier im Haus von Goebbels auf, wo die ersten Verhöre noch in derselben Nacht durchgeführt wurden. Die Jagd hatte begonnen.

Nur an einem Ort war die Verschwörung erfolgreich abgelaufen – in Paris. Dort hatte sie sich auf eine Anzahl überzeugter Gegner des Regimes stützen können, allen voran General Heinrich von Stülpnagel, den Militärbefehlshaber von Frankreich. Sobald das Losungswort aus Berlin eintraf, gab dieser Befehl zur Festnahme der 1 200 in Paris stationierten SS-Leute, und nach kurzer Zeit beherrschte die Wehrmacht in Paris uneingeschränkt die Lage. Doch auch hier verfolgte die Verschwörer das Pech, das an diesem Tag allen ihren Aktionen anhaftete.

Im Verlauf der ersten Jahreshälfte 1944 hatte die Gruppe um Beck und Goerdeler Kontakte zu Feldmarschall Rommel geknüpft, nachdem dieser sein neues Kommando an der Westfront übernommen hatte, und es gab Grund zu der Annahme, Rommel werde sich im Ernstfall auf die Seite der Verschwörer schlagen. Doch am 17. Juli war Rommels Auto auf der Rückfahrt von einem Frontbesuch von britischen Kampffliegern beschossen worden. Der Feldmarschall war schwer verletzt. Am 20. Juli lag er bewußtlos im Lazarett, und die Befehlsgewalt über seine Heeresgruppe B war, ebenso wie der Oberbefehl über die Westtruppen, in den Händen des Feldmarschalls von Kluge, mit dem kein Putsch zu machen war.

Kluge hatte alle Pläne genau gekannt. Aber sobald feststand, daß das Attentat fehlgeschlagen war, verwarf er jeden Gedanken an eine selbständige Initiative im Westen. Stülpnagel konnte ohne Rückendeckung des Oberbefehlshabers nichts unternehmen; er hatte eine Chance eröffnet, doch niemand war da, sie zu nützen. So kam es, daß der Putsch vom 20. Juli im Morgengrauen des 21. Juli in Paris ebenso zusammenbrach wie zuvor in Berlin. Stülpnagel wurde zur Berichterstattung nach Hause beordert. Jetzt war Hitler am Zug, und seine Rache war unerbittlich.

In der Nacht vom 20. auf den 21. Juli 1944, eine halbe Stunde nach Mitternacht, erklang aus den deutschen Radios die erschütterte, aber noch erkennbare Stimme Hitlers, der sich von Ostpreußen aus an sein Volk wandte: »Wenn ich heute zu Ihnen spreche, dann geschieht es aus zwei Gründen: 1. Damit Sie meine Stimme hören und wissen, daß ich selbst unverletzt und gesund bin. 2. Damit Sie aber auch das Nähere erfahren über ein Verbrechen, das in der deutschen Geschichte seinesgleichen sucht. Eine ganz kleine Clique ehrgeiziger, gewissenloser und zugleich verbrecherischer, dummer Offiziere hat ein Komplott geschmiedet, um mich zu beseitigen und zugleich mit mir den Stab praktisch der deutschen Wehrmachtführung auszurotten ... Ich bin der Überzeugung, daß wir mit dem Austreten dieser ganz kleinen Verräter- und Verschwörer-Clique nun endlich aber

Während die offiziellen Aufnahmen von der Besichtigung der zerstörten Baracke einen scheinbar beherrschten Hitler zeigen, erscheint er auf anderen derangiert, verstört und nervös. Noch wußte Hitler nicht, daß das Attentat Signal für einen Umsturzversuch in ganz Europa war, von der Reichshauptstadt über Wien bis zum besetzten Paris, wo der Militärbefehlshaber von Frankreich, General von Stülpnagel, die höhere SS-Führung gefangensetzte. Aber schon am Abend des 20. Juli brach der Aufstand in Berlin zusammen, und in den folgenden Wochen und Monaten kam es zu immer neuen Prozessen, bei denen Roland Freisler, der Präsident des Volksgerichtshofes, die Mitverschworenen und Mitwisser zum Tode verurteilte.
Oben: Hitler am Nachmittag des 20. Juli im Gespräch mit Göring und Mussolini.
Unten: Hitler am Abend desselben Tages während seiner Rundfunkansprache im Kreis seines Stabes.

auch im Rücken der Heimat die Atmosphäre schaffen, die die Kämpfer der Front brauchen . . . Diesmal wird nun so abgerechnet, wie wir das als Nationalsozialisten gewohnt sind.«[67]

Die Drohungen Hitlers waren selten leer. Die Gestapo leitete Ermittlungen und Hinrichtungen ein, die bis in die letzten Tage des Krieges anhielten. Monatelang fanden unter dem Vorsitz des berüchtigten Roland Freisler Schauprozesse vor dem Volksgerichtshof statt. Der erste dieser Prozesse war am 7. August und endete mit der raschen Verurteilung des Feldmarschalls von Witzleben, der Generäle Hoeppner, Hase und Stieff und vier weiterer Offiziere. Einen Tag später wurden die Verurteilten auf grausame Weise hingerichtet: An Schlingen aus Klavierdraht, die an einem Fleischerhaken aufgehängt waren, wurden sie stranguliert. Die Exekutionen sollen von Anfang bis Ende gefilmt worden sein, desgleichen die Verhandlung, damit Hitler sie sich abends in der Reichskanzlei ansehen konnte. Die Aufnahmen von den Hinrichtungen sind offenbar vernichtet worden, doch das bei den Verhandlungen gedrehte Material ist erhalten und vermittelt einen lebhaften Eindruck von den Erniedrigungen, denen die Angeklagten ausgesetzt wurden – und von ihrem Mut.

Von ganz wenigen Ausnahmen abgesehen, die dank glücklicher Umstände verschont blieben, wurden alle Beteiligten der Verschwörung, Zivilisten ebenso wie Offiziere, verhaftet, gefoltert und hingerichtet. Insgesamt waren es rund zweihundert Personen. Weitere fünftausend Menschen, darunter sämtliche unmittelbaren Verwandten der Hauptverschwörer wie Goerdeler, Stauffenberg, Tresckow oder Oster, wurden verhaftet und in Konzentrationslager eingewiesen. Auf dieselbe Weise verfuhr man mit namhaften Persönlichkeiten der Öffentlichkeit, denen zwar keine unmittelbare Beteiligung an der Verschwörung nachgewiesen werden konnte, die aber eine nicht-nazistische Vergangenheit hatten oder im Verdacht einer gewissen Unabhängigkeit standen: Männer wie Schacht, Halder oder Konrad Adenauer.

Unter den Hingerichteten waren zweifellos etliche, die sich der Verschwörung vor allem deshalb anschlossen, weil sie zu der Überzeugung gelangt waren, daß Hitler Deutschland in eine katastrophale Niederlage führte. Den Kern des Verschwörerkreises indessen bildeten Männer und Frauen, die schon zur Zeit der nationalsozialistischen Triumphe, in nicht wenigen Fällen sogar schon vor dem Krieg das wahre Wesen des Nationalsozialismus erkannt und den Sturz des Regimes zu ihrer Aufgabe gemacht hatten.

Zu dieser Gruppe gehörte auch Henning von Tresckow. Er konnte nur deshalb in den Ereignissen des 20. Juli keine zentrale Rolle spielen, weil er ein Frontkommando übertragen bekommen hatte. Als er jedoch erfuhr, daß Hitler überlebt hatte und die Verschwörung gescheitert war, beschloß er unverzüglich, sich das Leben zu nehmen: Er wollte der Möglichkeit vorbeugen, daß er unter der Folter seine Kenntnisse über den Widerstand, alle Namen und Informationen preisgäbe.

Roland Freisler wurde von Hitler selber mit Wyschinski verglichen und im engeren Kreis »Deutschlands Bolschewist« genannt. Tatsächlich war er ursprünglich Kommunist gewesen und erst spät zu den Nationalsozialisten gestoßen. Über den Posten des Staatsekretärs im Reichsjustizministerium stieg er 1942 zum Präsidenten des Volksgerichtshofes auf. Das Photo hält ihn beim Prozess gegen die Attentäter des 20. Juli fest, als er den Verteidigern der Angeklagten Bilder von der verwüsteten Baracke des Führerhauptquartiers zeigt.

Sein Freund Schlabrendorff konnte ihn nicht davon abbringen, und so fuhr Tresckow am frühen Morgen des 21. Juli ins Niemandsland zwischen den Fronten. Nachdem er zwei Pistolenschüsse abgegeben hatte, um vorzutäuschen, er sei im Kampf gefallen, zündete er eine Granate, die ihm den Kopf wegriß. Als Tresckow sich am Morgen von ihm verabschiedet hatte, hatte Schlabrendorff sich die letzten Worte seines Freundes notiert: »Jetzt wird die ganze Welt über uns herfallen und uns beschimpfen. Aber ich bin nach wie vor der felsenfesten Überzeugung, daß wir recht gehandelt haben. Ich halte Hitler nicht nur für den Erzfeind Deutschlands, sondern auch für den Erzfeind der Welt... Wenn einst Gott Abraham verheißen hat, er werde Sodom nicht verderben, wenn auch nur zehn Gerechte darin seien, so hoffe ich, daß Gott auch Deutschland um unsretwillen nicht vernichten wird. Niemand von uns kann über seinen Tod Klage führen. Wer in unseren Kreis getreten ist, hat damit das Nessushemd angezogen. Der sittliche Wert eines Menschen beginnt erst dort, wo er bereit ist, für seine Überzeugung sein Leben hinzugeben.«[68] Diese Sätze können als Nachruf auf all jene dienen, die zusammen mit Henning von Tresckow versuchten, Deutschland und die Welt von Hitler und seinem Regime zu befreien.

18. Kapitel

Hitlers Untergang

Hitler und Stalin 1944–1945

Auch wenn die Verletzungen, die Hitler bei dem Attentat davongetragen hatte, zum weiteren Verfall seiner Konstitution beitrugen, schöpfte er aus seiner Errettung doch neue Kraft. In seiner nächtlichen Rundfunkansprache erklärte er: »Ich fasse es als eine Bestätigung des Auftrages der Vorsehung auf, mein Lebensziel weiter zu verfolgen, so wie ich es bisher getan habe.«[1]

Doch er fand noch etwas anderes in den Ereignissen des 20. Juli: eine Erklärung für die erlittenen Niederlagen. Jetzt, da feststand, daß das Offizierskorps ihn verraten hatte, schien sich alles zusammenzufügen – die unbegreiflichen Kapitulationen, die gegen seine Anweisung erfolgten Rückzugsbefehle, der von den Generälen Seydlitz und Lattmann in Moskau gegründete Bund Deutscher Offiziere, der die deutschen Soldaten zur Fahnenflucht und zum Kampf gegen das nationalsozialistische Regime aufrief, die große Zahl von Offizieren, namentlich aus Familien mit militärischer Tradition, die sich an einem Komplott zur Ermordung ihres obersten Befehlshabers beteiligt hatten. Sie hatten die Chancen begrüßt, die er ihnen eröffnet hatte: die größten Feldzüge und Siege der Geschichte, Beförderungen und Auszeichnungen, Ländereien und andere Geschenke, die er ausgeteilt hatte; aber sie hatten ihm doch nie ihre Anerkennung gewährt. Sie waren von Anfang an illoyal gewesen, waren zu Defätisten geworden, als die Lage sich verschlechtert hatte, und zuletzt zu Verrätern.

In seinen Erinnerungen schildert Speer ein Gespräch mit Hitler am 22. Juli 1944 in dem dieser erklärte, er habe nunmehr begriffen, daß Stalin mit der Liquidierung Tuchatschewskis eine entscheidende Voraussetzung für seinen militärischen Erfolg geschaffen habe. Durch die Beseitigung des alten Generalstabs habe er Platz für neue, kraftvolle Männer geschaffen, die nicht durch die zaristische Schule gegangen waren. Er, Hitler, bezweifle jetzt, daß die in den Moskauer Schauprozessen von 1937 erhobenen Anklagen übertrieben oder einfach erdichtet gewesen seien; ja, er könne sogar die Möglichkeit einer verräterischen Zusammenarbeit zwischen dem russischen und dem deutschen Generalstab nicht mehr ausschließen. Und während er sich in einen seiner Erregungszustände hineinsteigerte, bei dem sich, wie Speer schreibt, »Genugtuung, Wut und Triumph in dem Bewußtsein vermischten, gerechtfertigt zu sein«, erklärte er: »Jetzt weiß ich, warum in den letzten Jahren alle meine großen Pläne in Rußland scheitern mußten. Alles war Verrat! Ohne die Verräter wären wir längst Sieger! Hier ist meine Rechtfertigung vor der Geschichte!«[2]

Hätte Hitler seinem Zorn freien Lauf lassen können, er hätte vermutlich jeden nur irgend greifbaren General verhaften oder erschießen lassen.

Doch die Lage seiner Armeen, die kritische militärische Situation des Landes erlaubten dergleichen nicht. Er brauchte, so ungern er es sich eingestand, das Offizierskorps, um den Krieg zu gewinnen, und wenn sein Ansehen keinen ernsthaften Schaden nehmen sollte, durfte in der Öffentlichkeit keinesfalls bekanntwerden, daß die Wehrmacht zu ihm kein unbedingtes Zutrauen mehr hatte. So wurde alles getan, um die Kluft, die sich zwischen der Wehrmacht und ihrem Oberbefehlshaber aufgetan hatte, nicht offenkundig werden zu lassen. In seiner Rundfunkrede in der Nacht nach dem Anschlag betonte Hitler, daß nur eine kleine Offiziersclique in die Verschwörung verwickelt gewesen sei, und Goebbels bezeichnete die Verschwörung gar als einen versuchten Dolchstoß in den Rücken der kämpfenden Front, den die Wehrmacht selber vereitelt habe.

Der neu ernannte Chef des Generalstabs des Heeres, Generaloberst Heinz Guderian, verfuhr in seinem Tagesbefehl vom 23. Juli ähnlich. Er sicherte dem Führer feierlich die Loyalität des Offizierskorps und des Heeres zu und sprach von den Verschwörern als von »ein paar teilweise schon pensionierten Offizieren, die den Mut verloren hatten und aus Feigheit und Schwäche von dem für einen ehrlichen Soldaten einzig möglichen Weg der Pflicht und Ehre abgewichen sind und den Weg der Schande vorgezogen haben«.

Solche Worte konnten nicht darüber hinwegtäuschen, daß die Demütigung der Militärs vollkommen war. Dieselben Generäle, die 1934 die Ausschaltung Röhms und der SA-Führung durchgesetzt hatten, mußten jetzt die Waffen-SS als gleichberechtigte Partnerin des Heeres, der Marine und der Luftwaffe akzeptieren. Überdies wurde Himmler als Nachfolger Fromms zum Oberbefehlshaber des Ersatzheers ernannt und erhielt kurze Zeit später sogar ein aktives Frontkommando: als Oberbefehlshaber einer Heeresgruppe an der Ostfront. In der gesamten Wehrmacht wurde der Hitlergruß obligatorisch, als »Zeichen der unerschütterlichen Treue ... zum Führer und der engsten Verbundenheit zwischen Wehrmacht und Partei«. Und in einer Weisung wurden alle Generalstabsoffiziere verpflichtet, bei der Erziehung der Soldaten zur nationalsozialistischen Weltanschauung mitzuwirken. Sämtlichen militärischen Hauptquartieren wurden nationalsozialistische Führungsoffiziere zugeteilt, auch dies ein Verfahren nach Stalins Vorbild, das Hitler mittlerweile schätzengelernt hatte und sich zu eigen machte.

In den letzten neun Monaten seines Lebens ließ Hitler nun niemanden mehr in seine Nähe kommen, von dessen unbedingter persönlicher Loyalität er nicht überzeugt war, niemanden, der auch nur die geringste Skepsis gegenüber seiner unerschütterlichen und wieder und wieder geäußerten Gewißheit zeigte, der Endsieg könne noch errungen werden, wenn man nur den Kampf nicht aufgebe. Am besten erfüllten diese Bedingungen die »Alten Kämpfer«. Sie hörten andächtig zu, wenn er sie daran erinnerte, welche Rückschläge die Partei in der »Kampfzeit« erlitten habe, um am Ende doch noch zu triumphieren, und ihre Geschicke waren so eng mit denen des Führers verknüpft, daß sie in der Tat hoffen mußten, er werde auch diesmal wieder das Unmögliche möglich machen.

Die Umschichtung der Machtverhältnisse, die nach dem fehlgeschlagenen Attentat vom 20. Juli eintrat, veränderte die politischen Gegebenheiten von Grund auf. Was nach dem »Röhmputsch« vom Sommer 1934 gleichsam als Geschäftsgrundlage des staatlichen Lebens gegolten hatte, wurde nun in sein Gegenteil verdreht, und zwar auf zwiefache Weise: Das damals geschlossene Bündnis mit der konservativen deutschen Elite, personifiziert durch das Offizierskorps, zerbrach endgültig, und die Partei, die zwischen 1934 und 1941 eher im Hintergrund gestanden hatte, erhielt ihre führende Rolle zurück. Die Vorgänge besaßen auch im Kreis der Hitlerschen Gefolgsleute ihre Entsprechung. Drei Männer verloren an Einfluß, die nacheinander die engsten Mitarbeiter und Vertrauten Hitlers gewesen waren, ohne je von der Partei akzeptiert worden zu sein: Göring, Ribbentrop und Speer. Dagegen nahm die Bedeutung von Goebbels, Himmler und Bormann in gleichem Maße zu.

Göring war nach wie vor Hitlers »Thronfolger«: Der Reichsmarschall und Oberbefehlshaber der Luftwaffe, Reichsluftfahrtminister, Generalbevollmächtigte für den Vierjahresplan und Inhaber eines Dutzends weiterer Ämter hatte seit Kriegsbeginn seine Autorität immer mehr eingebüßt. 1933 und 1934 war er unzweifelhaft der zweite Mann im Staate gewesen; zehn Jahre später hatten Trägheit, Eitelkeit und die Korrumpierungen des Luxus nicht nur seine politische Autorität, sondern auch seine persönliche Leistungsfähigkeit zerstört. Er führte auf Karinhall ein angenehmes Leben, veranstaltete Jagden und Feste, legte sich eine grandiose Sammlung von Gemälden, Juwelen und Kunstobjekten zu, für die er in ganz Europa Museen plünderte, und ließ sich, gleichsam zum Zeitvertreib, extravagante Kostüme für seine verschiedenen Ämter und seine wechselnden Stimmungen schneidern. Wenn er, umschwärmt von einem Troß von Adjutanten, in Rom oder im Führerhauptquartier mit seinem juwelenbesetzten Marschallstab und einer weißen oder himmelblauen Uniform erschien, dann führte er noch immer das große Wort und beanspruchte die allgemeine Aufmerksamkeit. Doch handelte es sich nur noch um leere Prahlerei. Ciano, der Göring 1942 in Rom kennenlernte, schildert ihn als »aufgeblasen und überheblich... Am Bahnhof trug er einen großen Zobelpelz, eine Mischung zwischen einem Automantel von 1906 und dem Abendaufzug einer Kokotte.«[3]

Hitler hatte viel Nachsicht mit den Schwächen Görings. Bei wichtigen Anlässen ließ er ihn nach wie vor zu sich kommen (wie am 20. Juli in Rastenburg), dennoch war er keineswegs blind für die Veränderung, die mit Göring vorgegangen war. Aber erst als die Luftwaffe die Bombenangriffe auf die deutschen Städte nicht zu verhindern und die von Hitler geforderten Vergeltungsangriffe nicht durchzuführen vermochte, geriet Göring auch in

Wenn die deutschen Soldaten 1943 oder 1944 auf Heimaturlaub kamen, fanden sie in ihren Städten zunehmend Zeichen der Zerstörung. Die »Berichte aus dem Reich«, die sich die Parteidienststellen von Spezialeinheiten vorlegen ließen, sprachen offen von der demoralisierenden Wirkung solcher Besuche. Hitler selber weigerte sich, die Zerstörungen zur Kenntnis zu nehmen; seine Begleiter berichten, daß er bei Reisen vom Führerhauptquartier nach Berlin oder München die Vorhänge in seinem Sonderzug zuziehen ließ und in abgedunkelten Waggons durch das Bild der Verwüstung fuhr.
Auf dem Photo: Die zerstörte Münchener Innenstadt um den Karlsplatz.

den Augen Hitlers endgültig in Mißkredit. Es kam zwischen den beiden Männern zu heftigen Wortgefechten: Hitler warf der Luftwaffe Feigheit und Unfähigkeit vor und drohte mit ihrer Auflösung. Ein Rest an gegenseitiger persönlicher Zuneigung blieb gleichwohl bis zum Ende bestehen, aber Hitler hatte alles Vertrauen zu Göring verloren, und in den letzten Monaten des Regimes mied dieser jede Begegnung mit seinem »Führer«. Erst im Nürnberger Prozeß zeigte sich noch einmal etwas von der Verschlagenheit und Energie, die er einmal besessen hatte.

Durch Görings Fall war Speer zum führenden Wirtschaftsmann Deutschlands aufgestiegen, und die Tatsache, daß er das Volumen der deutschen Rüstungsproduktion trotz der alliierten Bombenangriffe verdoppeln konnte, verschaffte ihm für eine gewisse Zeit Hitlers unumschränktes Wohlwollen. Der Höchststand der Produktion wurde übrigens ausgerechnet im Juli 1944 erreicht. Doch blieb Speer immer ein Außenseiter, und sein Einfluß stützte sich nie auf eine eigene politische Hausmacht, sondern ganz auf die Gunst Hitlers; dabei hatte er sowohl in der Partei als auch in der SS mächtige Rivalen und Gegner.

Das Attentat berührte die Stellung Speers insofern, als es die Position der beiden Männer stärkte, von denen er am meisten zu befürchten hatte: Bormann und Himmler. Daß beide jetzt eine bedeutendere Rolle zu spielen begannen, zeigte sich auch daran, daß sie immer öfter an den militärischen Lagebesprechungen im Führerhauptquartier teilnahmen.

Die Partei nützte die Gelegenheit des 20. Juli, um »Fehlentwicklungen« der letzten Zeit auf ihren allzu geringen Einfluß zurückzuführen. Die Gauleiter äußerten öffentlich ihr Bedauern darüber, daß Röhm und die SA 1934 der Wehrmacht geopfert worden waren. Hätte Röhm sich durchgesetzt, so hieß es, hätte er eine Armee aus dem Geist des Nationalsozialismus geschaffen; das Fehlen dieses Geistes habe zu den deutschen Niederlagen geführt. Nun müsse die Partei zumindest in allen zivilen Bereichen die Macht übernehmen und dafür sorgen, daß Minister wie Speer sich nach ihren Beschlüssen richteten.

Da Hitler von der Wehrmacht enttäuscht war, zeigte er sich für solche Einflüsterungen empfänglich. Davon profitierte Bormann als der eigentliche Kopf der Parteiorganisation, während Speer an Boden verlor. Im Zuge seiner Bemühungen, die zivile Verbrauchsgüterproduktion zu drosseln, hatte er einen langwierigen Kampf gegen die Gauleiter geführt, die sich als wirtschaftliche Sachwalter ihrer Klientel verstanden, einen Kampf, den er jetzt allem Anschein nach verlieren würde.

Speer wandte sich an Hitler, dem er in einem Brief vom 20. September 1944 erklärte, er fühle sich als Opfer der antikapitalistischen Ressentiments der Partei; seine Zusammenarbeit mit führenden Industriellen werde von Goebbels und Bormann neuerdings als reaktionär, dem Nationalsozialismus wesensfremd und parteifeindlich kritisiert. Er forderte eine Führerentscheidung darüber, ob die Industriellen und ihre Werksdirektoren weiterhin allein die Verantwortung für die Rüstungsproduktion tragen sollten, oder ob die Gauleiter und Parteifunktionäre sich nach Gutdünken einmischen dürften.[4]

Nachdem Hitler den von Speer eigenhändig übergebenen Brief gelesen hatte, antwortete er nur, daß Goebbels und Bormann entscheiden würden, was geschehen solle. Speer wurde zu den beiden bestellt, und man ließ keinen Zweifel daran, daß Goebbels ihm in Zukunft die Befehle erteilen werde. Bormann erklärte warnend, er werde nicht mehr zulassen, daß Speer direkten Einfluß auf Hitler zu nehmen versuche. Speer wurde nicht entlassen und behielt seinen Ministerposten, aber er hatte von da an keinen Zugang mehr zum innersten Kreis.

Es war indes weder Bormann noch Goebbels, sondern Himmler, der in den Jahren 1944/45 der mächtigste Mann des Landes zu werden schien. Der Chef der SS, der Waffen-SS und der Gestapo wurde 1943 auch noch zum Reichsinnenminister ernannt. Er spürte die Verschwörer des 20. Juli auf, und unter Einsatz von KZ-Häftlingen und Kriegsgefangenen brachte er auch einen wachsenden Teil des Rüstungs- und Bausektors unter seine Kontrolle.

Himmlers Machtimperium war weitläufig, doch herrschte darin jenes administrative Chaos, das Kennzeichen des Regimes im ganzen war. Wie vor ihm Göring, erweiterte auch Himmler unablässig seine Zuständigkeiten, ohne wirksame Mechanismen der Leitung und Kontrolle zu entwickeln: Die SS Himmlers war ebensowenig ein einheitliches Gebilde wie der »totalitäre« Staat Hitlers. Die verschiedenen Teilbereiche seines Imperiums rivalisierten beständig miteinander, und da Himmler nicht über die persönliche Autorität und das Charisma Hitlers verfügte, konnte er seine Gefolgsleute nur mit Mühe daran hindern, sich als unabhängige Machtinstanzen zu gebärden.

Ein Beispiel dafür ist die Waffen-SS, die 1944 schon knapp eine Million Mann zählte. Ihre Offiziere wollten mit den anderen Abteilungen der SS nichts zu tun haben; sie identifizierten sich weitgehend mit den Wehrmachtsoffizieren, an deren Seite sie kämpften, und benutzten lieber die Dienstgrade des Heeres als die der SS. Der ideologische Unterricht, den Himmler ihnen vorschrieb, fand nicht statt; die Männer, die ihn erteilen sollten, wurden einfach nicht ernst genommen.

Bormann sah in Himmler einen Widersacher, der ihm seine Vertrauensstellung bei Hitler streitig machen konnte. Wann immer ein SS-Führer glaubte, die Machtbefugnisse Himmlers ausnutzen und in den Dienstbereich eines Gauleiters eingreifen zu können, meldete Bormann, wie Speer später berichtete, »solche Fälle an Hitler und nutzte sie zur Stärkung seiner eigenen Position. Zu unserer Überraschung brauchte er nicht lange, um Himmler als Innenminister mattzusetzen.«[5]

Dennoch gewann Himmler weiter an Einfluß. Die Waffen-SS errang mit erfolgreichen Einsätzen in Warschau, der Slowakei und Ungarn das Lob des Führers, und Hitler erwies ihm als Zeichen seiner Wertschätzung die Ehre, daß er an seiner Statt am 8. November 1944 in München die traditionelle Rede vor den »Alten Kämpfern« der Partei halten durfte. Doch als Himmler glaubte, er habe Göring die Anwartschaft auf die Nachfolge Hitlers entrissen, verspielte er mit Bormanns Hilfe seinen Einfluß sogleich wieder.

In dem Augenblick, in welchem die sowjetischen Armeen die Grenzen ihres Landes nach Westen überquerten, begann ein neues Kapitel der europäischen Geschichte: Die Nachkriegsordnung war bereits im Entstehen. Wann und wo die Sowjettruppen die Grenzen passierten, darüber gingen die Meinungen bezeichnenderweise auseinander, weil der Verlauf dieser Grenzen selber strittig war. Die Polen zum Beispiel, die sich an die Vorkriegsgrenze hielten, datierten den sowjetischen Einmarsch auf den 4. Januar 1944, während die Russen die im Hitler-Stalin-Pakt von 1939 vereinbarte Grenze zugrunde legten, die sie erst am 19. Juni überschritten. Es war die russische Auffassung, die sich durchsetzen sollte.

Während die Deutschen sich zurückzogen, richtete Stalin seine Anstrengungen zunächst darauf, die Gebiete, die er sich durch das Abkommen mit

Hitler erst gesichert, dann aber wieder an diesen verloren hatte, dauerhaft für die Sowjetunion zu gewinnen. Seiner Auffassung nach hatten die Führer der beiden Westmächte in Teheran bereits anerkannt – ja sogar von sich aus vorgeschlagen –, daß die neue sowjetisch-polnische Grenze den im Hitler-Stalin-Pakt vereinbarten Verlauf nehmen sollte. Man hatte es allerdings vorgezogen, dies durch eine Art politischer Beschönigung als Rückgriff auf die Curzon-Linie darzustellen (wobei Stalin freilich Lemberg als Zugabe forderte) und Polen im Westen auf Kosten Deutschlands zu entschädigen. Darin lag das erste und zugleich schwierigste Problem bei der Festsetzung der Nachkriegsordnung.

Unter den osteuropäischen Ländern, an die Stalin Gebietsansprüche stellte, hat nur Polen gegen Deutschland gekämpft. Es hat teuer dafür bezahlt. Nur Polen hat nicht mit den Deutschen kollaboriert und keine Hilfstruppen für den russischen Feldzug zur Verfügung gestellt; darüber hinaus hatte Polen 1941, damals bereits als Bündnispartner Großbritanniens, ein Freundschafts- und Beistandsabkommen mit der Sowjetunion geschlossen. Nichts von alledem zählte bei Stalin. Er hatte Katyn zum Vorwand genommen, die Beziehungen zur polnischen Exilregierung in London abzubrechen, und er lehnte es ab, die Existenz der Polnischen Heimatarmee *(Armia Krajowa)* zur Kenntnis zu nehmen, die der Exilregierung unterstand und alle anderen europäischen Widerstandsbewegungen, mit Ausnahme der jugoslawischen, an militärischer Bedeutung übertraf.

Stalin verweigerte jedoch nicht nur jede Kooperation mit der polnischen Exilregierung. Er ließ auch sowjetische Partisanen in das Land einschleusen, die die Verbände der Heimatarmee zersetzen und den Aufbau polnischer Streitkräfte und Guerillaeinheiten unter kommunistischer Führung vorantreiben sollten. Bewaffnung, Versorgung und Kontrolle waren dabei Sache der Roten Armee. In jedem von den Russen »befreiten« Gebiet verhafteten sowjetische Sicherheitskräfte, häufig mit Hilfe des Vorwurfs der Kollaboration alle Einwohner, die die sowjetische Herrschaft nicht anerkannten. Am 22. Juli setzten sie in Lublin ein aus ausgewählten Kommunisten gebildetes Polnisches Komitee der Nationalen Befreiung ein, das in einer feierlichen Zeremonie, an der Stalin, Molotow und Schukow teilnahmen, ein Abkommen mit der sowjetischen Regierung unterzeichnete. Churchill gegenüber erklärte Stalin: »Wir wollen und werden keine eigene Administration auf polnischem Boden errichten«, und aus diesem Grund habe man mit dem Lubliner Komitee »Kontakt aufgenommen«; es könne zur »Keimzelle einer vorläufigen polnischen Regierung demokratischer Art« werden.[6] Stalin glaubte zweifellos die Wahrheit zu sagen, als er bemerkte, er wünsche sich ein starkes Polen zum Schutz gegen Feindseligkeiten von deutscher Seite und sehe in dem kleineren, aber wesentlich wertvolleren Gebietsteil, den Polen im Westen gewinnen sollte, eine angemessene Entschädigung für das, was es im Osten verlor. Stalin war sich aber auch der starken antirussischen Stimmung in Polen bewußt. Nach über einem Jahrhundert zaristischer Herrschaft und nach den brutalen Erfahrungen der Jahre 1939 bis 1941 hegte man doch gegen den östlichen Nachbarn ebenso heftige Ressentiments wie gegen die Deutschen. Nachdem Stalin während der fast zweijährigen sowjetischen Besatzungsherrschaft alles getan hatte, um die polnische Führungselite zu liquidieren, wollte er jetzt um jeden Preis verhindern, daß erneut Vertreter der alten Führungsschicht die Lenkung des Landes übernahmen. Er gedachte statt dessen eine überwiegend kommunistische Regierung zu installieren, die von der Sowjetunion abhängig sein würde – den Prototyp jener Satellitenstaaten, die nach dem Krieg in ganz Osteuropa entstanden.

Stalins Kurs brachte die Heimatarmee und die Londoner Exilregierung in eine unmögliche Lage. Churchill und Eden beschworen sie, realistisch zu sein und sich mit den Russen zu arrangieren, doch die Exilpolen hielten in Anbetracht der Tatsache, daß die Russen sie nicht anerkannten, eben dies für einen unrealistischen Rat. Sie sahen für sich nur zwei Optionen: Entweder nichts zu tun, und zuzulassen, daß Polen unter kommunistische Herrschaft geriet und die Heimatarmee ausgeschaltet würde, ohne einen Schuß abzugeben, oder aber einen Aufstand zu riskieren, um aus eigener Kraft die Deutschen aus Warschau zu vertreiben und sich noch vor der Ankunft der Roten Armee in der polnischen Hauptstadt zu etablieren. Sie überließen die Entscheidung über den richtigen Zeitpunkt den Befehlshabern vor Ort. Diese waren der Überzeugung, daß die Russen, die an einigen Punkten schon die Weichsel erreicht hatten, in den ersten Augusttagen Warschau erreichen würden, und so riefen sie die Kämpfer ihrer Heimatarmee – rund 150 000 Mann, von denen viele kaum eine militärische Ausbildung besaßen und deren Bewaffnung nur für den vierten Teil dieser Truppenzahl ausreichte – am 1. August 1944 auf, die deutschen Besatzungstruppen anzugreifen.

Da die Deutschen von dem Aufstand überrascht wurden, konnten die Polen innerhalb der ersten vier Tage den inneren Vorstadtgürtel Warschaus erobern. Es gelang ihnen jedoch nicht, den Flughafen, die Weichselbrücken oder gar den Vorort Praga am rechten Weichselufer in ihren Besitz zu bringen, von wo aus sie die Verbindung zu den russischen Truppen hätten herstellen können. Bald sahen sich die Polen in die Defensive gedrängt. Mit großer Tapferkeit hielten sie sich nicht weniger als neun Wochen lang gegen verheerendste deutsche Angriffe. Ihr Vabanquespiel fand ein tragisches Ende, zum einen weil sie nicht mit einer so entschlossenen Reaktion der Deutschen gerechnet hatten, die machtvolle Verstärkungen zur Niederschlagung des Aufstands heranführten, zum zweiten weil sie weder die westlichen Verbündeten noch die Russen von ihren Absichten unterrichteten, und zum dritten weil sie (teilweise infolge des letztgenannten Versäumnisses) praktisch keine Hilfe von außen erhielten.

Wirksame Unterstützung hätte nur von der Roten Armee kommen können. Sowohl Churchill als auch Stanislaw Mikolajczyk, der Premierminister der polnischen Exilregierung, der auf Drängen Churchills nach Moskau geflogen war, beschworen die Russen, Hilfe zu leisten. Stalin jedoch äußerte sich skeptisch über den Aufstand; er bezeichnete ihn als »ungewöhnlich« und die Berichte über die Kämpfe als »übertrieben und irreführend«. Noch größer war seine Skepsis, was die Erfolgschancen des Unternehmens betraf. Er deutete an, daß er ursprünglich mit der Besetzung Warschaus durch die Armee Rokossowskis am 6. August gerechnet habe, daß jedoch die deutschen Gegenangriffe stärker als erwartet gewesen seien und die Russen in die Defensive gezwungen hätten. Gleichwohl schloß er anfänglich den Abwurf dringend benötigter Waffen und Munitionsvorräte über Warschau nicht aus und erklärte Mikolajczyk am 10. August: »Wir werden alles Mögliche tun, um Warschau zu helfen.«[7]

Von der Mitte des Monats an verhärtete sich Stalins Haltung. Als Churchill und Roosevelt Stalin baten, britischen und amerikanischen Bombern, die von Brindisi und von England aus Waffen für die Aufständischen herbeifliegen sollten, Landeerlaubnis auf sowjetischen Flugplätzen zu erteilen, war die Antwort ein brüskes Nein. »Nach eingehender Prüfung des Problems«, so erklärte Stalin, sei er zu der Überzeugung gelangt, bei dem Aufstand handle es sich um »ein unverantwortliches Abenteuer, das sinnlose Opfer kostet... Das sowjetische Oberkommando hat sich entschlossen, öffentlich jede Verantwortung für das Warschauer Abenteuer abzulehnen.«[8]

Am 20. August übermittelten Churchill und Roosevelt ein gemeinsames Ersuchen an Stalin: »Wir denken an die Wirkung auf die Weltöffentlichkeit, falls die Nazifeinde in Warschau tatsächlich im Stich gelassen werden... Wir hoffen, daß Sie sofort Kriegsmaterial und Proviant für die Polen in Warschau abwerfen. Oder willigen Sie ein, unseren Flugzeugen dabei zu helfen, dies so schnell wie möglich zu tun?«[9] Stalin machte keine Anstalten, auf das Ersuchen einzugehen; der »Todeskampf Warschaus«, von dem Churchill gesprochen hatte, ließ ihn kalt. »Früher oder später«, schrieb er, »wird jedermann die Wahrheit über die Verbrecherbande erfahren, die das Warschauer Abenteuer angezettelt hat, um die Macht an sich zu reißen.«[10]

Während die Alliierten sich stritten, konnten die Deutschen ungehindert die Warschauer Aufständischen in ein stetig schrumpfendes Areal einschließen. Hitlers Befehl gemäß, machten sie die Stadt praktisch dem Erdboden gleich und deportierten ihre Bewohner. Mit der Leitung der Operation wurde SS-Obergruppenführer Erich von dem Bach-Zelewski betraut, ein Spezialist für die Partisanenbekämpfung. Die Methoden, die er anwandte, waren selbst nach den Maßstäben der SS außergewöhnlich brutal. Es kam vor, daß verwundete Aufständische mit Benzin übergossen und bei lebendigem Leib verbrannt, daß Frauen und Kinder an deutsche Panzer gekettet wurden, um Heckenschützen abzuschrecken, und daß Hunderte von Polen, die in der Kanalisation Zuflucht gesucht hatten, durch in das

Kanalnetz geleitetes Giftgas getötet wurden. Die Deutschen gingen gegen die Zivilbevölkerung nicht weniger brutal vor als gegen die Widerstandskämpfer. Nach dem Rückzug der Heimatarmee aus dem Vorort Wola exekutierten sie 8 000 Menschen; Krankenhäuser wurden mitsamt Patienten und Pflegepersonal in Brand gesteckt; die Eroberung eines weiteren Vororts am 11. August endete mit der Ermordung von 40 000 Menschen.

Stalin hatte seine westlichen Alliierten richtig eingeschätzt: Sie würden protestieren, aber um der Polen willen nicht die Allianz aufs Spiel setzen. Letzteres allerdings konnte sich auch Stalin nicht leisten, und er erkannte nur zu genau, daß er dabei war, einen guten Teil des hohen Ansehens zu verspielen, das die Sowjetunion sich mit ihrem unschätzbaren Beitrag zur Niederwerfung Hitlers in der westlichen Welt erworben hatte. Im September 1944 setzten sich die Truppen Rokossowskis, neu formiert und verstärkt, wieder gen Westen in Bewegung. Nach schweren Kämpfen, an denen sich auch polnische Hilfstruppen beteiligten, eroberten sie Praga, während sowjetische Flugzeuge Nachschub für die Warschauer Aufständischen abwarfen, der freilich zum allergrößten Teil in deutsche Hände fiel. Nachdem alliierte Flugzeuge einen kostspieligen Versuch unternommen hatten, dasselbe von Brindisi zu tun – ohne Zwischenlandung, ohne Pause zwischen Hin- und Rückflug, erlaubten die Russen schließlich, daß eine amerikanische Versorgungsstaffel auf sowjetischen Flugplätzen zwischenlandete: Man konnte es ihnen, wie Stalin sich ausdrückte, »schwerlich verbieten«. General Berling, der Kommandeur der Ersten Polnischen Armee, die unter Rokossowskis Oberbefehl mitkämpfte, versuchte auf eigene Faust über die Weichsel zu setzen und die Verbindung zu den Aufständischen herzustellen; er wurde jedoch von den Deutschen zurückgeworfen.

Keiner dieser in letzter Minute unternommenen Beistandsversuche verbesserte die hoffnungslose Lage der Widerstandskämpfer. Bis zu dem Tag, da die sowjetischen Archive sich öffnen, behält Churchills Einschätzung ihre Gültigkeit: »Es war ihr [der Russen] Wunsch, die nicht-kommunistischen Polen völlig vernichtet zu sehen, gleichzeitig aber wollten sie den Anschein erwecken, als kämen sie zu deren Rettung.«[11]

Am 2. Oktober, nach zwei Monaten gnadenlosen Kampfes, streckte General Bor-Komorowski, der Befehlshaber der Polnischen Heimatarmee, die Waffen. Während die Heimatarmee nicht mehr als 20 000 Mann verloren hatte, waren den Kämpfen zu diesem Zeitpunkt 225 000 Zivilisten zum Opfer gefallen; weiterzukämpfen hätte bedeutet, daß diese Zahl noch weiter gestiegen wäre. Ironischerweise taten die Deutschen das, was Stalin beharrlich abgelehnt hatte: Sie gewährten den Kämpfern der Polnischen Heimatarmee Kombattantenstatus, so daß sie Anspruch hatten, wie Kriegsgefangene behandelt zu werden. Andererseits deportierten die Deutschen über eine halbe Million Einwohner Warschaus in Konzentrationslager und schickten weitere 150 000 als Zwangsarbeiter nach Deutschland. Deutsche Sprengkommandos ebneten die stehen gebliebenen Gebäude ein. Als die

Rote Armee schließlich im Januar 1945 in das verwüstete Warschau einzog, wohnte kein einziger Mensch mehr in der Stadt, die 1939 noch weit mehr als eine Million Einwohner gezählt hatte.

Unter rein militärischen Gesichtspunkten war die Niederschlagung des Warschauer Aufstands, nach der die Deutschen die Rote Armee für weitere drei Monate an der Einnahme Warschaus zu hindern vermochten, einer der letzten Erfolge der Wehrmacht. In Hinblick auf den Hitler-Stalin-Pakt, der die Aufteilung Polens zwischen Deutschland und Rußland zum Ziel gehabt hatte, verkörperte dasselbe Geschehen den letzten Akt der von beiden Seiten beabsichtigten und betriebenen Vernichtung der Führungsschicht der polnischen Nation. Im Rahmen der sich herausbildenden Nachkriegsordnung markierte Warschau einen entscheidenden Sieg für Stalin.

Man kann die Verantwortung für die Ausrufung des Warschauer Aufstandes schwerlich Stalin zuschieben. Es war eine tragische, wenngleich verständliche Fehlentscheidung der Befehlshaber der Heimatarmee und der polnischen Exilregierung ohne Absprache mit irgendeinem der drei Hauptalliierten. Es scheint, daß der Aufstand Stalin überraschte und gleichzeitig ärgerte. Er erfolgte zu einer Zeit, als der russische Vormarsch im mittleren Frontabschnitt an Schwung eingebüßt hatte und die Vorbereitungen für die nächste Feldzugsphase noch nicht angelaufen waren. Tatsächlich setzte der sowjetische Vormarsch erst Mitte Januar 1945 wieder ein.

Angesichts des unerwartet konzentrierten deutschen Gegenangriffs an der Weichsel-Front wäre es für die Truppen Rokossowskis schwierig gewesen, den Durchbruch zu den Warschauer Aufständischen zu schaffen, selbst wenn Stalin dies gewollt hätte. Doch weshalb hätte er es wollen sollen? Er erkannte rasch, daß der Aufstand ihm in die Hände spielen würde. Die Deutschen würden ihm die unangenehme Aufgabe abnehmen, die Polnische Heimatarmee und den noch verbliebenen Rest der polnischen Führungsschicht zu liquidieren, wodurch es für ihn wesentlich leichter sein würde, das sowjetisch gelenkte Lubliner Komitee an deren Stelle als neue bestimmende Kraft in Polen zu etablieren. Als die Rote Armee schließlich die menschenleere polnische Hauptstadt besetzte, hielten Einheiten der Ersten Polnischen Armee, die an der Seite der Russen gekämpft hatte, eine symbolische Parade auf der Straße ab, die einst der Prachtboulevard Warschaus gewesen war. Zwei Wochen später übersiedelte das Lubliner Komitee, inzwischen zur Provisorischen Regierung der Polnischen Republik avanciert, von Lublin nach Warschau und ging daran, ein neues Polen aufzubauen, das wenig bis gar nichts mit dem geschichtlichen Polen gemein haben sollte.

Ende August 1944, während der Warschauer Aufstand noch im Gang war, brach in Osteuropa ein weiterer Aufstand aus, diesmal in der Slowakei. Er richtete sich gegen das unpopuläre Satellitenregime von Josef Tiso; unmittelbarer Anlaß war der Aufmarsch sowjetischer Truppen auf der anderen Seite der Karpaten. Der tschechoslowakische Exil-Präsident Beneš war schon im Dezember 1943 nach Moskau geflogen, um nicht in eine ähnliche Lage zu geraten wie die polnische Exilregierung. Die Sowjets hatten ihn dafür mit einem Freundschafts- und Beistandsabkommen belohnt sowie mit der Zusage, sich für die Wiederherstellung des tschechoslowakischen Staates einzusetzen.

Gleichwohl herrschte auch in der Slowakei eine Atmosphäre des Mißtrauens. Wer sich nach London orientierte, war denen verdächtig, die sich nach Moskau orientierten, und umgekehrt. Da der Aufstand von Partisanen in Szene gesetzt wurde, die in der Sowjetunion ausgebildet worden waren und kommunistisch geführt wurden, gab jede Seite der anderen die Schuld daran, daß zwischen den Partisanen und den Offizieren der slowakischen Armee, die sich der Londoner Exil-Regierung verbunden fühlten, keine wirkliche Zusammenarbeit zustande kam. Dies war einer der Hauptgründe für das Scheitern der Revolte. Der andere bestand darin, daß die Rote Armee nicht zu den Aufständischen durchzustoßen vermochte. Deutsche Truppen lieferten ihr einen erbitterten Kampf um die Karpatenpässe, der sich bis Ende November hinzog. Unterdessen marschierten starke deutsche Kräfte in die Slowakei ein und schlugen den Aufstand mit derselben brutalen Gründlichkeit wie in Polen nieder.

In Rumänien und Bulgarien hatte Stalin leichteres Spiel. Er kümmerte sich weder um die rumänischen Emissäre, die in geheimen Sondierungen ihr Land aus dem Krieg herauszumanövrieren versuchten, noch suchte er die Zusammenarbeit mit den im Exil oder im Untergrund tätigen rumänischen Kommunisten. Er verließ sich vielmehr auf die Armeen Malinowkis und Tolbuchins, die insgesamt eine Million Mann unter Waffen hatten. Diese Streitmacht zerschlug die deutschen Truppen in Rumänien, worauf der rumänische König (der nach einem Staatsstreich gegen den Diktator Antonescu auf den Thron zurückgekehrt war) kapitulierte. Am letzten Augusttag 1944 rückten sowjetische Truppen in Bukarest ein. Das war ein schwerer Schlag für Hitler, der gehofft hatte, den Balkan halten zu können. Deutschland hatte damit nicht nur seinen letzten bedeutenden Erdöllieferanten verloren, es mußte nun auch damit rechnen, daß der sowjetische Vormarsch über Ungarn bald nach Jugoslawien, in die Tschechoslowakei und nach Österreich vordringen werde. Während die Eroberung Rumäniens die Rote Armee fast 50 000 Tote kostete, fiel Bulgarien ihr zu, ohne daß ein Schuß abgefeuert wurde. Das Land war zwar mit Deutschland verbündet, aber entschlossen, nicht gegen die Russen zu kämpfen, mit denen es seit langem eine Freundschaft verband. Kaum hatten die sowjetischen Truppen die Grenze überschritten, führte eine »Vaterlandsfront« einen unblutigen Staatsstreich durch. Die Sowjets wurden danach wie Befreier begrüßt.

In einem am 4. Mai 1944 abgefaßten Aktenvermerk für Eden sprach Churchill die »brutalen Gegensätze« an, die zwischen den Westalliierten und den Sowjets allerorten bestünden – »in Italien, Rumänien, Bulgarien, Jugoslawien und vor allem in Griechenland. Das Problem ist, grob gesagt, sollen wir die Kommunisierung des Balkans und vielleicht auch Italiens hinnehmen?«[13]

Es verwundert, daß Churchill Polen nicht erwähnte. Doch auch das hätte nichts daran geändert, daß er hinsichtlich der Motive Stalins dazu neigte, Mittel mit Zwecken zu verwechseln. Denn zu diesem Zeitpunkt ging es Stalin noch nicht darum, in den Ländern, die von der Roten Armee besetzt wurden, eine bestimmte Regierungs- oder Wirtschaftsform durchzusetzen oder einen »kommunistischen Block« aufzubauen. Sein Hauptanliegen bestand darin, eine sowjetische Einflußsphäre in Ost- und möglicherweise auch in Mitteleuropa abzustecken. Wer immer innerhalb dieses Gebietes Politik machen wollte, mußte begreifen, daß Stalins Wünsche künftig Richtschnur seiner Entscheidungen sein würden, daß er angesichts der Verluste, die die Sowjetunion im Krieg erlitten hatte, dem sowjetischen Nachbarn außerdem die Ressourcen seines Landes zur Verfügung zu stellen hätte, und daß niemand, bei dem Stalin nur entfernt antisowjetische Neigungen witterte (und er hatte gerade dafür ein sehr feines Gespür), längere Zeit geduldet werden würde. Die Gebietsansprüche Stalins waren praktisch dieselben, die er schon 1939 mit beachtlichem Erfolg Hitler gegenüber geltend gemacht hatte. Diese Erfahrung, zu der noch die der von den Deutschen demonstrierten Verwundbarkeit Rußlands trat, bestärkte ihn in seiner Entschlossenheit, sich die 1939/40 angeeigneten Territorien zurückzuholen. Überdies wollte er sich den weiteren Vormarsch der Roten Armee – den seine Verbündeten als wesentlichen Beitrag zur endgültigen Niederringung Deutschlands begrüßten – zunutze machen, um durch Schaffung eines weit nach Westen reichenden Einflußgebiets einen dritten deutschen Eroberungszug für alle Zukunft zu verhindern. Wie weit sich die Sphäre seines Einflusses ausdehnen ließ – ob bis nach Deutschland hinein oder nicht –, mußte sich zeigen.

Da es einer gewissen Tradition entsprach, daß alle kommunistischen Parteien sich den Interessen des »Vaterlands der Arbeiter« rückhaltlos unterwarfen, waren die Kommunisten in den einzelnen Ländern Werkzeuge für die Verwirklichung einer solchen Politik. Stalin erkannte freilich, daß es unvorteilhaft sein würde, die Zusammenarbeit allzu offensichtlich zu betreiben und dadurch den Argwohn und Widerstand der Briten und Amerikaner zu wecken, die inzwischen mit starken Streitkräften auf dem europäischen Festland standen. Wo immer es möglich war, strebte er deshalb politische Koalitionen an, denen neben den Kommunisten auch Sozialdemokraten, Bauernparteien und Nationalisten angehörten: »demokratisch-antifaschistische Fronten«, wie das unverzüglich propagierte Schlagwort lautete. Bewährte kommunistische Taktiken wie die der Unterwanderung würden für die nötige innere Ruhe sorgen, während nach außen hin zur Beruhigung der West-Alliierten ein Mehrparteiensystem aufrechterhalten werden mußte. Kommunisten, die mit der stalinistischen »Dialektik« noch nicht vertraut waren und unter Berufung auf marxistische Grundsätze gegen solche Kompromisse aufbegehrten, würden streng zur Ordnung gerufen werden; diejenigen, die sich auch dann noch weigerten, würde man gleichsam exkommunizieren. So geschah es denn auch mit Tito und der kommunistischen Führung Jugoslawiens.

Stalin hatte 1941 bei seiner ersten Begegnung mit Eden die Bemerkung fallenlassen, Hitlers Schwäche sei, daß er nicht aufhören könne. Stalin wußte, wann es Zeit war, einzuhalten. Verglichen mit Hitlers utopischem Traum von einem Großreich der arischen Rasse, für das viele Millionen Menschen umgesiedelt oder versklavt werden sollten – einem modernen Sparta von gigantischen Dimensionen –, war Stalins »neue Ordnung«, wie sie ab Ende 1944 Gestalt annahm, eine vollkommen realistische und praktikable Konzeption. Das beweist auch die Tatsache, daß sie nach seinem Tod 1953 noch 35 Jahre lang Bestand hatte. Im Gegensatz zu Hitler war Stalin sich immer bewußt, daß es Grenzen gab, vor denen man Halt machen mußte, wenn man sein Glück nicht aufs Spiel setzen wollte. Ein bezeichnendes Beispiel für diese Haltung ist sein Rückzug in der Berlin-Krise von 1948/49. Zwei weitere, noch erstaunlichere Beispiele brachte das Jahr 1944; dabei ging es um Länder, die der Sowjetunion näher lagen als Berlin.

Der erste Fall betraf Finnland. Die Finnen hatten sich um Frieden bemüht. Sie bekamen ihn im September 1944, wenn auch nur unter schmerzlichen Bedingungen: Ihre 1940 erlittenen Gebietsverluste wurden auf Dauer festgeschrieben, sie mußten sich zu beträchtlichen Entschädigungsleistungen verpflichten und den Russen für fünfzig Jahre den Flottenstützpunkt Porkkala verpachten. Doch eingedenk der internationalen Reaktionen auf den russischen Überfall einige Jahre zuvor gestand Stalin den Finnen einen höheren Grad an Selbständigkeit zu als allen anderen Ländern Osteuropas; er nahm sogar hin, daß die finnische KP von der Regierungsbildung ausgeschlossen blieb.

Der zweite Fall war Griechenland. Churchill war seit längerem von der Aussicht beunruhigt, es könne auch in Griechenland zu einer kommunistischen Machtübernahme kommen. Der sowjetische Einfluß hätte sich dadurch bis ans Mittelmeer ausgedehnt. Im Mai 1944 erklärte Churchill dem sowjetischen Botschafter in London, England sei bereit, die Zugehörigkeit Rumäniens zur russischen Interessensphäre anzuerkennen, wenn die Sowjetunion im Gegenzug den Briten einen ähnlichen »Anspruch« auf Griechenland zugestehe. Obwohl die Amerikaner grundsätzlich nicht viel von Einflußsphären hielten, akzeptierte Stalin den britischen Vorschlag – sehr zum Ärger der griechischen Kommunisten – und stand auch während des Bürgerkriegs, der nach dem deutschen Rückzug und der britischen Landung Ende 1944 ausbrach, zu seinem Wort.

Statt Richtung Griechenland zu marschieren, drangen die russischen

Balkan-Armeen nun nach Ungarn und Jugoslawien vor. Die Ungarn wußten schon seit längerem, was auf sie zukommen würde. Ende August entließ Admiral Horthy den von den Deutschen gestützten Ministerpräsidenten Sztójay. Nur widerwillig erkannte er endlich, daß Waffenstillstandsverhandlungen wohl nicht mit den Westmächten, sondern mit den Russen zu führen sein würden. So flog eine ungarische Waffenstillstandsdelegation am 1. Oktober heimlich nach Moskau, zu einem Zeitpunkt, da die Truppen Malinowkis bereits an der Theiß standen, nachdem sie zuvor Siebenbürgen besetzt hatten.

Hitler war sich indes darüber im klaren, daß der Verlust Ungarns zugleich die Einbuße der österreich-ungarischen Erdölquellen bedeuten würde, aus denen die Wehrmacht inzwischen vier Fünftel ihres Treibstoffbedarfs schöpfte. Außerdem würde der Roten Armee von da an ein Einfallstor nach Süddeutschland offenstehen. Ein Coup, der von Otto Skorzeny, dem Befreier Mussolinis, organisiert wurde, führte zur Abdankung Horthys und brachte die ungarische Hauptstadt und Regierung noch einmal unter deutsche Kontrolle, und SS-Verstärkungen sollten sicherstellen, daß Budapest nicht kampflos an die Russen fiele. Malinowski, der ein Drittel des ungarischen Staatsgebiets bereits besetzt hielt und nur noch achtzig Kilometer von der Hauptstadt entfernt war, bereitete sich auf die Erstürmung Budapests vor, erbat sich aber fünf Tage Zeit, um seine Truppen vorher verstärken zu können. Stalin antwortete am 28. Oktober mit einem strikten Nein: »Es ist absolut notwendig, daß Sie in der kürzestmöglichen Zeit Budapest einnehmen. Das muß ohne Rücksicht auf die Kosten geschehen … »Die Stawka kann Ihnen deshalb keine fünf Tage geben. Sie werden verstehen, daß wir aus politischen Erwägungen Budapest so schnell wie möglich in Besitz nehmen müssen.«

Als Malinowski geltend machte, seine Sechsundvierzigste Armee könne diese Aufgabe nicht ohne die schon im Anmarsch befindlichen Verstärkungen lösen, sie werde zwangsläufig in schwere Kämpfe geraten und aufgehalten werden, fertigte Stalin ihn mit den Worten ab: »Ihre Einwendungen sind ganz sinnlos… Ich befehle Ihnen mit Nachdruck, morgen mit dem Angriff auf Budapest zu beginnen.«[13]

Malinowski gehorchte. Unverzüglich trat ein, was er vorhergesehen hatte: Die Deutschen leisteten heftige Gegenwehr, und aus der Eroberung Budapests wurde ein zäher Kampf um jede Straße, das erbittertste Ringen seit Stalingrad, mit schweren Verlusten auf beiden Seiten. Erst am 13. Februar 1945 war die Stadt in russischer Hand. Doch damit war der Kampf um das Land noch nicht zu Ende. Hitler verschloß sich der Erkenntnis, daß die größte Gefahr von der Weichsel-Oder-Front drohte: Mit derselben Hartnäckigkeit wie zuvor Stalin drang er auf die Rückeroberung der ungarischen Hauptstadt und verlegte zu diesem Zweck die von Sepp Dietrich kommandierte Sechste SS-Panzerarmee von der Westfront nach Ungarn. So dauerte es bis zur letzten Märzwoche, ehe die deutsche Gegenwehr endgültig zusammenbrach. Die Stawka gab bereits die Befehle für die Einnahme Wiens aus.

Als die Rote Armee in Jugoslawien einmarschierte, traf sie auf Verbündete, nicht auf Satelliten. Dasselbe hätte man auch von ihrem Einmarsch in Polen sagen können, doch bestand ein entscheidender Unterschied: Tito und die übrigen jugoslawischen Führer waren nicht nur Kommunisten, sondern kontrollierten nach schweren Kämpfen gegen die deutschen Besatzer auch noch große Teile des Landes. Diese Lage bereitete Stalin ungewohnterweise einige Probleme, vor denen er schließlich kapitulieren mußte: Die jugoslawischen Kommunisten waren 1948 die ersten, die sich mit Erfolg der Stalinschen Bevormundung widersetzten.

Milovan Djilas – später einer der schneidendsten Kritiker des Kommunismus, der sich von Tito lieber mehrere Jahre einsperren ließ, als von seinen Überzeugungen abzurücken – war Mitglied der jugoslawischen Militärdelegation bei ihrem ersten Moskau-Besuch im März 1944. In seinen Erinnerungen schreibt er, er habe die sowjetische Hauptstadt mit Empfindungen betreten, die an fromme Verehrung grenzten, zumal er der erste jugoslawische Kommunist höheren Ranges war, den Stalin empfing: »Was konnte erregender sein für einen Kommunisten, einen, der gerade aus Krieg und Revolution kam? Von Stalin empfangen zu werden – das war die höchstmögliche Anerkennung für das Heldentum und die Leiden unserer Partisanenkrieger und unseres Volkes. In Kerkerverliesen, inmitten der Massenmorde des Krieges und in den nicht weniger heftigen geistigen Krisen und Zusammenstößen mit den inneren und äußeren Feinden des Kommunismus war Stalin mehr als nur ein Führer im Kampf. Er verkörperte das Ideal; in der Vorstellung der Kommunisten war er die reine Idee, unfehlbar und sündenlos.«[14] Doch bei aller Ehrfurcht vor der imposanten Kulisse des Kreml bewahrte sich dieser unerfahrene junge Mann ein hinreichend scharfes Beobachtungsvermögen, um eines der plastischsten Stalin-Porträts zu hinterlassen, das je geschrieben worden ist:

»Das Zimmer war lang, aber nicht sehr groß und bar jeden Überflusses und Schmucks. Über einem nicht allzu großen Tisch in der Ecke hing eine Fotografie von Lenin, und an der Wand über dem Konferenztisch, in genau gleichen holzgeschnitzten Rahmen, waren Porträts von Suworow und Kutusow angebracht, die ziemlich wie die Drucke aussahen, welche man in der Provinz antrifft.

Der Gastgeber aber war der Schlichteste von allen. Stalin trug Marschallsuniform, weiche Stiefel und keinerlei Auszeichnungen außer einem goldenen Stern – dem Orden eines Helden der Sowjetunion – auf der linken Brustseite ... Das war nicht der majestätische Stalin der Fotografien und Wochenschauaufnahmen, der Stalin mit steifem, bedächtigem Gang und Gebaren. Er verhielt sich keinen Augenblick still. Er spielte mit seiner

Pfeife, die den weißen Punkt der englischen Firma Dunhill trug, oder zeichnete Kreise mit einem blauen Stift um Worte herum, die die Hauptthemen der Besprechung angaben und die er mit schrägen Strichen durchkreuzte, wenn ein Punkt erledigt war, und er wandte den Kopf hin und her, während er auf seinem Sitz herumrutschte.

Auch ein anderer Umstand überraschte mich: Er war von sehr kleiner und plumper Statur. Sein Oberkörper war kurz und schmal, während seine Beine und Arme zu lang waren. Der linke Arm und die linke Schulter wirkten etwas steif. Er hatte einen dicken Bauch und spärliches Kopfhaar, wenn auch noch keine vollständige Glatze. Sein Gesicht war weiß, mit rötlichen Wangen. Ich erfuhr später, daß diese Gesichtsfarbe, die für Menschen, die viel im Büro sitzen, so typisch ist, in hohen sowjetischen Kreisen ›Kremlteint‹ genannt wurde. Seine Zähne waren schwarz und unregelmäßig, nach innen gestellt. Nicht einmal sein Schnurrbart war dicht oder straff. Dennoch wirkte der Kopf nicht unangenehm; er hatte etwas Volkstümlich-Unverbildetes, Bäuerliches, Familienväterliches – mit den gelben Augen und einer Mischung von Strenge und Schalkhaftigkeit.

Sein Akzent überraschte mich ebenfalls. Man hörte, daß er kein Russe war. Er verfügte aber über einen reichen Wortschatz und würzte seine lebendige und plastische Ausdrucksweise mit russischen Sprichwörtern und Redensarten. Stalin war, wie ich mich später überzeugen konnte, mit der russischen Literatur sehr vertraut – allerdings auch nur mit der russischen ... Eines überraschte mich nicht: Stalin hatte Sinn für Humor – einen rauhen, selbstsicheren, aber doch nicht jeder Finesse und Tiefe entbehrenden Humor. Er reagierte schnell, scharfsinnig und schlüssig, was nicht hieß, daß er den Redner nicht ausreden ließ, aber es wurde deutlich, daß er kein Freund von langen Erklärungen war.«[15]

Die jugoslawische Führung war entschlossen, nicht nur die Deutschen aus ihrem Land zu vertreiben, sondern selber eine unabhängige Regierung zu bilden und in Jugoslawien eine eigenständige Revolution durchzuführen. Vor allem daraus resultierten ihre Differenzen mit Stalin. Die Alliierten hatten in Teheran nach langem Zögern beschlossen, Titos Nationale Befreiungsarmee und nicht Mihailovics Königlich-Jugoslawische Armee als die maßgebliche jugoslawische Widerstandsbewegung anzuerkennen; dagegen billigten sie nicht die vom Antifaschistischen Rat im Oktober 1943 in Jajce abgegebene Deklaration, welche die Anerkennung des Königs oder der Exilregierung verweigerte und den kommunistisch dominierten Nationalen Befreiungsrat zur einzigen legalen Regierung des jugoslawischen Volkes erklärte. Im Grunde erwarteten die Jugoslawen auch gar nicht, daß die Westmächte den Nationalen Befreiungsrat als provisorische Regierung anerkannten. Aber sie waren bestürzt, als sie erfuhren, daß Stalin »äußerst verstimmt« über sie sei. Der Grund dafür lag in Stalins Befürchtung, Briten und Amerikaner könnten sich durch das Verhalten der Jugoslawen in ihrem Verdacht bestärkt sehen, die Sowjetregierung wolle den Krieg zur Verbreitung eines revolutionären Kommunismus benutzen: Eben diesen Verdacht hatte Stalin ja mit der Auflösung der Komintern zu zerstreuen versucht.

Dies trat in einem zweiten Gespräch, das Djilas Anfang Juni 1944 mit Stalin führte, deutlich zutage. Nachdem Stalin darauf bestanden hatte, daß nichts geschähe, was die Briten beunruhigen könnte, fuhr er die Jugoslawen an: »Was tut ihr mit roten Sternen an euren Mützen? Die Form ist nicht wichtig, sondern das, was erreicht wird, und ihr – rote Sterne! Bei Gott, Sterne sind nicht nötig!«

Um nicht den Eindruck zu erwecken, er identifiziere sich mit den Briten, machte Stalin daraufhin eine Bemerkung über Churchill und Roosevelt, die seitdem oft zitiert worden ist: »Churchill ist der Typ, der einem eine Kopeke aus der Tasche zieht, wenn man nicht aufpaßt. Ja, eine Kopeke aus der Tasche! Bei Gott, eine Kopeke aus der Tasche! Und Roosevelt? Roosevelt ist nicht so. Er macht nur längere Finger, wenn es sich um größere Münzen handelt. Aber Churchill? Der tut das schon wegen einer Kopeke.«[16]

Doch Tito erkannte bald, daß der Mißmut der Russen tiefere Gründe hatte. Sie fanden es vermessen und lächerlich, daß die Führer eines kleinen Agrarlandes sich einbildeten, sie könnten eine kommunistische Revolution durchsetzen, und schienen zu glauben, daß Stalin und die Sowjetunion eine Art Monopol auf Revolutionen hätten. Als Führer einer Großmacht blickten sie verächtlich auf die Anmaßungen dieser provinziellen Balkanbauern herab, die weder über eine Tradition noch über eine Kultur noch über Weltkenntnis verfügten und dennoch aus eigener Kraft eine Regierung bilden wollten, anstatt dankbar den Befehlen der Roten Armee zu folgen und sich mit der Rolle eines Satelliten im sowjetischen Kraftfeld abzufinden. Als Tito Anfang Juli 1944 den Einmarsch der Roten Armee voraussah, bat er darum, mit Stalin bei einem Besuch über die künftige Zusammenarbeit sprechen zu dürfen. Im September wurde sein Wunsch erfüllt, und er flog nach Moskau. Tito beschrieb das Treffen später als sehr kühl. Stalin sprach seinen Gast, dem mittlerweile der Titel eines Marschalls von Jugoslawien verliehen worden war, hartnäckig als »Walther« an, dem Namen, unter dem er zur Zeit des Spanischen Bürgerkriegs als Komintern-Agent bekannt war. Aber Tito blieb standhaft, und in dem anschließend herausgegebenen Kommuniqué war davon die Rede, daß die Sowjetunion den Nationalen Befreiungsrat um den »vorübergehenden Einmarsch sowjetischer Truppen nach Jugoslawien gebeten« habe. Sie würden abziehen, sobald ihre »operative Aufgabe« erfüllt sei. In den sowjetisch besetzten Gebieten sollte die Zivilverwaltung in jugoslawischen Händen bleiben, und ebenso sollten die Partisanen unter dem Oberbefehl Titos stehen, nicht etwa unter dem eines russischen Kommandeurs.

Molotow, Schdanow und Berija blickten Tito entgeistert an, als er Stalin offen widersprach, besonders nachdem »der Boß« ihm vorgehalten hatte, die Jugoslawen müßten ihren König Peter wiedereinsetzen. »Das Blut schoß mir in den Kopf«, erinnerte Tito sich später, »daß er uns so etwas raten konnte. Ich nahm mich zusammen und sagte ihm, es sei unmöglich, das Volk würde rebellieren, in Jugoslawien verkörpere der König den Verrat ... Stalin hörte schweigend zu und sagte dann in knappem Ton: ›Sie brauchen ihn nicht für immer zurückzuholen. Setzen Sie ihn für einige Zeit ein, danach können Sie ihm im richtigen Augenblick ein Messer in den Rücken stoßen.‹«[17]

Wie vor ihm Djilas, wurde auch Tito zum Essen in Stalins Datscha eingeladen. Doch der kulinarische und alkoholische Exzeß des Abends erfüllte ihn mit Abscheu, und er mußte aus dem Zimmer gehen und sich übergeben. Djilas schrieb über diese abendlichen Gelage, bei denen es weder eine Tisch- noch eine Speisenordnung gab – die Anwesenden bedienten sich selber von schweren Silberschalen –, sie hätten von zehn Uhr abends bis vier oder fünf Uhr morgens gedauert, und es sei dabei alles mögliche zur Sprache gekommen, von Anekdoten bis zu ernsthaften politischen und sogar philosophischen Fragen. Solche Abende waren die einzige Abwechslung in Stalins monotonem Dasein, und nicht unbeträchtliche Teile der sowjetischen Politik wurden hier entschieden.

Djilas beobachtete, daß Stalin beim Essen Mengen vertilgte, »die selbst bei einem wesentlich größeren Menschen noch ungeheuer gewesen wären«. Getrunken habe er jedoch mäßiger als die anderen; er mischte Rotwein in seinen Wodka und machte nie einen betrunkenen Eindruck. Djilas hatte den Eindruck, daß Molotow, der als einziger von Stalin geduzt wurde, auch der einzige Gast war, der immer an den abendlichen Mahlzeiten in der Datscha teilnahm: Tatsächlich schien er Stalins Stellvertreter zu sein.[18] Djilas war fasziniert von den gegensätzlichen und doch auch komplementären Persönlichkeiten der beiden. Molotow wirkte auf ihn »versiegelt und unergründlich«. »Stalin dagegen war von einem lebhaften, fast ruhelosen Temperament. Er stellte immer Fragen – sich selbst und anderen; und er debattierte – mit sich und anderen. Ich gehe nicht so weit zu sagen, daß Molotow nicht so leicht in Erregung geriet oder daß Stalin sich nicht zu beherrschen und seine Gedanken zu verbergen wußte; ich sollte sie später beide in diesen Rollen kennenlernen. Stalin war kein weniger kühler Rechner als Molotow. Aber gerade weil er eine leidenschaftlichere und vielseitigere Natur besaß – obwohl alle Seiten gleich ausgeprägt waren und so überzeugend, daß es schien, als müßte er sich nie verstellen, sondern erlebe immer von innen heraus seine jeweilige Rolle –, ließ er sich leichter erfassen und bot größere Möglichkeiten.«[19]

Die Beschreibungen, die Djilas und Tito hinterließen, sind von dem späteren Zerwürfnis mit Stalin geprägt. 1944 versuchten jedoch beide Seiten, sich ihr Mißtrauen und ihre Ressentiments nicht anmerken zu lassen. Niemand konnte behaupten, die russischen Armeen seien nicht mit ganzem Herzen bei der Sache gewesen, als sie im Oktober Seite an Seite mit den Partisanen darangingen, die Deutschen aus Jugoslawien zu vertreiben. Als Belgrad erstürmt wurde, hielten sie ihr Versprechen, die Jugoslawen als erste in die Stadt einmarschieren zu lassen. Tito nahm die Siegesparade ab und salutierte dabei vor dem »Belgrader Bataillon«, das sich dreieinhalb Jahre zuvor in Belgrad formiert hatte und kämpfend durch halb Jugoslawien gezogen war. Von seinen ursprünglichen Mitgliedern waren jetzt, bei seiner Heimkehr, nur noch zwei am Leben.

Zum Zeitpunkt der Konferenz von Jalta im Februar 1945 standen keine sowjetischen Truppen mehr in Jugoslawien, wo die Nationale Befreiungsarmee 800 000 Mann für den Kampf gegen die Deutschen mobilisierte, der sich noch über die allgemeine Kapitulation am 8. Mai hinauszog.

Nach dem 20. Juli blieb Hitler noch vier Monate in seinem ostpreußischen Hauptquartier. Kurz nach dem Attentat verzog er sich wieder in den Bunker, der auf seinen Wunsch umgebaut und stärker befestigt worden war.

»Wenn etwas als Sinnbild einer Situation, ausgedrückt durch einen Bau, angesehen werden kann«, schrieb Speer, »dann dieser Bunker: Von außen einer altägyptischen Grabstelle ähnlich, war er eigentlich nur ein großer Betonklotz ohne Fenster, ohne direkte Luftzufuhr, im Querschnitt ein Bau, dessen Betonmassen den nutzbaren Raum um ein vielfaches überstiegen. In diesem Grabbau lebte, arbeitete und schlief er. Es schien als trennten ihn die fünf Meter dicken Betonwände, die ihn umgaben, auch im übertragenen Sinne von der Außenwelt und sperrten ihn ein in seinem Wahn.«[20] Während Stalins Horizont sich in dem Maß weitete, in dem er von der Welt als bedeutender Staatsmann anerkannt wurde und siegessicher damit beginnen konnte, die Fundamente für eine Nachkriegsordnung zu legen, in der sich der sowjetische Einfluß über ganz Ost-, vielleicht auch über Mitteleuropa erstrecken würde, zog Hitler sich in sich selbst zurück. Es war nicht nur ein Rückzug von seinem Volk, von den Menschenmassen, deren Resonanz ihm früher seinen Glauben an sich selbst und seine Sendung bestätigt hatte, sondern auch ein Rückzug von der Wirklichkeit. Er hielt sich kaum je in der Nähe der Front auf und besichtigte nie eine der bombardierten Städte. Jeder Panzerfahrer, jeder Infanterist oder Jagdpilot wußte mehr über die Realität dieses Krieges als dieser in seinem Bunker eingeschlossene Einsiedler, der über seinen Karten brütete und Armeen in die Schlacht schickte, die er nie gesehen hatte, und der all diejenigen als Verräter beschimpfte, die sich lieber zurückzogen, als in hoffnungsloser Lage die Stellung zu halten und zu sterben.

Diese vorsätzliche Isolation hatte nichts mit einem Mangel an Mut zu tun, sondern resultierte aus der Überzeugung Hitlers, nur er könne aus der drohenden Niederlage noch einen Sieg machen, und sein Leben sei daher die Überlebensgarantie für sein Volk. Er ahnte instinktiv, daß er dieses Wunder nur dann vollbringen konnte, wenn er jede Schwächung seiner Willenskraft durch Berührung mit der Realität verhinderte. Dazu gesellte sich nach dem 20. Juli eine generelle Angst vor Verrätern in den eigenen Reihen und vor einem erneuten Mordanschlag. Als er im Dezember 1944, kurz vor der Ardennen-Offensive, eine Besprechung mit den Frontbefehls-habern abhielt, mußten alle Teilnehmer vorher ihre Waffen und Aktenta-schen abgeben. Während seiner weitschweifigen Ansprache, die zwei Stun-den dauerte, standen bewaffnete SS-Wachtposten hinter jedem Stuhl und beobachteten mit gespannter Aufmerksamkeit jede Handbewegung der Anwesenden.

Die schwerste physische Beschädigung, die die Bombe bei ihm angerich-tet hatte, war die Beeinträchtigung des Gehörs. Allmählich besserte sich sein Zustand in diesem Punkt wieder, aber seine Gesundheit im ganzen ver-schlechterte sich in der Schlußphase seines Lebens merklich. Das lag am Zusammenwirken dreier Faktoren. Die Hauptursache war die unablässige monatelange Überanstrengung seiner Willenskraft, ohne daß je eine gute Nachricht Entspannung gebracht hätte, im Gegenteil: Die Hoffnungen, an die er sich klammerte, wurden zunichte gemacht, so daß er nun auch noch die sich häufenden Enttäuschungen unterdrücken mußte. Dazu kam das ungesunde Leben, das Hitler in seinem ostpreußischen Hauptquartier führte: eingemauert in seinen Bunker, ohne Bewegung, ohne Ablenkun-gen, ohne einen gelegentlichen Ortswechsel (auf den Berghof zog ihn nichts mehr), ohne Abwechslung, ohne Ansprache. Seine Schlafstörung verschlimmerte sich so sehr, daß er allenfalls noch am Morgen drei oder vier Stunden Schlaf fand, und auch dies nur mit Hilfe starker Beruhigungsmit-tel.

Die meisten Menschen wären unter dem Druck einer solchen Lebens-führung zusammengebrochen, doch das verhinderte ein dritter Faktor: die medikamentöse Behandlung Hitlers durch seinen Leibarzt Theodor Morell. Die Medikamente, die Morell ihm verabreichte, hielten ihn in einem künstlichen Wachzustand, überspielten seine Ermattung und innere Leere. Am Ende aber hatten sie die Konstitution des Patienten zerstört.

Im September 1944 begann Hitler wieder an Magenkrämpfen zu leiden und fühlte sich so krank, daß er im Bett blieb. Eine seiner Sekretärinnen, die ihm einen Besuch abstattete, verließ ihn in der Überzeugung, er sei am Ende seiner Kraft angelangt. Bekleidet mit einem Wehrmachts-Nachthemd und einem grauen Flanell-Morgenrock, lag er auf einem Feldbett zwischen nackten Bunkerwänden, und seine stumpfen und ausdruckslosen Augen erweckten den Eindruck, er habe jede Lust am Leben verloren.

Nach zwei Wochen hatte er sich so weit erholt, daß er wieder aufstehen konnte; doch im November begann sein Hals zu schmerzen, er verlor seine Stimme und konnte nur noch flüstern. Er ließ sich schließlich dazu bewe-gen, sich in Berlin einer Operation an den Stimmbändern zu unterziehen. Sie verlief erfolgreich – ein kleiner Polyp wurde entfernt. Allein, auch wenn er seinen gewohnten Tagesablauf wiederaufnahm und die Sorge, er könne an einer organischen Erkrankung leiden, sich als unbegründet erwiesen hatte, war Hitler nach übereinstimmenden Aussagen aller, die ihn Ende 1944 zu Gesicht bekamen, ein vorzeitig gealterter, vergreister Mann geworden, mit heiserer Stimme, aschfahlem Gesicht, schlurfendem Gang, zitternden Händen und einer leichten Lähmung, die sich im Nachziehen eines Beins äußerte.

Obwohl Hitler in diesen Monaten einen großen Teil seiner Aufmerksamkeit und seiner Zeit den Kämpfen auf dem Balkan und der Verteidigung Ungarns widmete, behielt er auch die Lage an der Westfront im Auge. Von Rastenburg aus, eineinhalbtausend Kilometer vom Operationsgebiet entfernt, erteilte er im August den Frontbefehlshabern in Frankreich detaillierte Befehle, die ihnen keinen Handlungsspielraum ließen und zudem die alliierte Luftüberlegenheit ignorierten. Hitlers Vorschriften bezogen sich nicht nur auf das, was die einzelnen Divisionen zu tun hatten, sondern gaben auch an, auf welchen Straßen und durch welche Dörfer sie vorrücken sollten. Als der gewünschte Erfolg sich dennoch nicht einstellte, erklärte er General Warlimont, dies liege nur daran, daß Feldmarschall Kluge nicht den nötigen Willen zum Erfolg gezeigt habe. Noch immer verweigerte er die Erlaubnis zum Rückzug hinter die Seine, was dazu führte, daß bei Falaise 60 000 deutsche Soldaten eingekesselt wurden; sie fielen oder gerieten in Gefangenschaft.

Kluge wurde ersetzt durch Generalfeldmarschall Walter Model, aber auch er konnte nur noch zu verhindern suchen, daß der überstürzte deutsche Rückzug über die Seine in eine kopflose Flucht ausartete. Am 25. August wurde Paris unzerstört befreit, trotz der Befehle Hitlers, es in Trümmer zu legen. Anfang September folgten Brüssel und Antwerpen. Die in Südfrankreich gelandeten anglo-amerikanischen Truppen rückten das Rhônetal hinauf vor und taten das Ihrige, um auch das restliche Frankreich von den deutschen Besatzern zu befreien. Am 11. September 1944 überschritt ein amerikanisches Vorauskommando die deutsche Grenze: Fünf Jahre nach dem Überfall auf Polen erreichte der Krieg damit deutschen Boden.

In einer Besprechung mit drei Generälen am Nachmittag des 31. August ließ Hitler keinen Zweifel daran, daß er, was immer auch passieren würde und welchen Preis auch immer Deutschland entrichten müßte, zur Fortführung des Kampfes entschlossen war: »Ich habe gleich gesagt: Für eine politische Entscheidung ist das noch nicht reif ... Aber im Moment schwerer militärischer Niederlagen auf einen günstigen politischen Moment zu hoffen, um irgend etwas zu machen, ist natürlich kindisch und naiv. Solche Momente können sich ergeben, wenn man Erfolge hat ... Aber es werden Momente kommen, in denen die Spannungen der Verbündeten so groß werden, daß dann trotzdem der Bruch eintritt. Koalitionen sind in der Weltgeschichte noch immer einmal zugrunde gegangen. Nur muß man den Augenblick abwarten, und wenn es noch so schwer geht ... Ich lebe nur der einzigen Aufgabe, diesen Kampf zu [führen], weil ich weiß: wenn nicht eine eiserne Willensnatur [dahinter]sitzt, kann der Kampf nicht gewonnen werden. Ich [mache dem] Generalstab den Vorwurf, daß er, anstatt immer [die-

*Einige Wochen gelang es, die gelandeten Verbände der Alliierten am Küstenstreifen fest-
zuhalten, bis am 31. Juli 1944 der Durchbruch nach Avranches gelang. Zwischen der
Invasionsfront und dem deutschen Reichsgebiet gab es nun keine vorbereiteten Stellungen mehr. Die Invasion war gelungen: Am 25. August fiel Paris, am 3. September Brüssel.
Die Beute des Westfeldzuges von 1940 war in wenigen Wochen fast vollständig verloren.*

sen] eisernen Willen auszustrahlen, Frontoffiziere schwach gemacht hat,
oder daß man, wenn [Generalstabsoffiziere] nach vorn gekommen sind,
vom Generalstab [aus Pessimismus] verbreitet hat... Wir werden uns
schlagen, wenn nötig sogar am Rhein. Das ist völlig gleichgültig. Wir werden unter allen Umständen diesen Kampf so lange führen, bis, wie Friedrich der Große gesagt hat, einer unserer verfluchten Gegner es müde
wird... Wenn mein [Leben beendet] worden wäre, wäre es für mich persönlich – das [darf ich sagen] – nur eine Befreiung von Sorgen, schlaflosen
[Nächten und einem] schweren Nervenleiden gewesen... Daß ich am
[Leben geblieben] bin, dafür bin ich trotzdem der [Vorsehung dankbar;
denn] ich glaube...«[21]

Die Alliierten hatten sich vorgenommen, noch vor Wintereinbruch in
Deutschland einzumarschieren und im Ruhrgebiet und im Rheinland das
Zentrum der deutschen Rüstungswirtschaft zu erobern. Schlechtes Wetter,
Nachschubprobleme, Meinungsverschiedenheiten innerhalb des alliierten
Oberkommandos und Pech sorgten dafür, daß der Plan mißlang, zumal sich
dazu noch ein letztes, unerwartetes Wiedererstarken der Wehrmacht
gesellte.

Ende August war die Wehrmacht ein geschlagenes Heer gewesen; Ende September hatte sie sich wieder erholt und entlang der deutschen Westgrenze, auf der westlichen Rheinseite, eine lückenlose Front gebildet. Die Alliierten konnten sie zwar schrittweise zurückdrängen, vermochten sie aber den ganzen Winter über nicht zu durchbrechen. Im Rücken der deutschen Front wurde derweil die Siegfried-Linie in aller Eile neu befestigt und bemannt. Ein Versuch der Briten, bei Arnheim einen Übergang über den Rhein zu erzwingen und die deutsche Verteidigungslinie von Norden her zu umgehen, wurde zurückgeschlagen, und an der Schelde-Mündung verwehrte die Fünfzehnte Armee mit hartnäckigen Rückzugsgefechten den Alliierten noch bis Ende November die Nutzung des für ihren Nachschub höchst bedeutsamen Hafens von Antwerpen.

Hitler nutzte diese Atempause zur Aufstellung neuer Verbände, die die Lücken füllen sollten, die durch die Kämpfe des Sommers gerissen worden waren. Die von Goebbels verkündete »totale Mobilmachung« versprach zum letzten Mal ein großes Aufgebot an Soldaten. Damit hoffte Hitler seine dezimierten Divisionen wieder einsatzfähig zu machen, außerdem aber zwanzig bis fünfundzwanzig neue Divisionen, je 8 000 bis 10 000 Mann stark, aus dem Boden stampfen zu können. Diese Divisionen verfügten nur über die Hälfte ihrer alten Stärke, aber man wollte den illusionären Eindruck aufrechterhalten, daß es noch immer Ersatz für die Verluste an Menschen und Material gab. Die besagten Einheiten sollten Volksgrenadier-Divisionen heißen, ein Name, der sie als die ersten Verbände einer ganz und gar vom Geist des Nationalsozialismus durchdrungenen Volksarmee kennzeichnen und von der alten Wehrmacht abheben sollte, die in Hitlers Augen nicht nur versagt, sondern ihn auch noch verraten hatte. In einem am 18. Oktober 1944 ergangenen Appell rief Hitler alle wehrtauglichen Männer zwischen sechzehn und sechzig Jahren auf, sich für die neuen Divisionen zu melden, die von Bormann und der Partei organisiert und dem Kommando Himmlers unterstellt werden sollten.

Trotz des alliierten Bombenkriegs lag das Gesamtvolumen der deutschen Rüstungsproduktion in den letzten vier Monaten des Jahres 1944 noch über dem der ersten vier Monate und um ein Vielfaches höher als in der Zeit der militärischen Erfolge. Das größte materielle Problem waren die gewaltigen Versorgungslücken bei Öl und Treibstoffen infolge des Ausfalls des rumänischen Erdöls und der systematischen alliierten Luftangriffe auf Hydrierwerke für synthetischen Treibstoff, Raffinerien und Verkehrswege. Im letzten Quartal 1944 kam es gleichwohl noch einmal zu einer bemerkenswerten Produktionsleistung, doch schöpfte Hitler dabei die letzten menschlichen, materiellen und moralischen Reserven aus, über die sein Volk verfügte.

Alles hing davon ab, welchen Gebrauch Hitler von seinen letzten militärischen Ressourcen machen würde. Anfang September 1944 unterhielt die

Wehrmacht – abgesehen von den Armeen, die im Westen und an der Hauptfront im Osten standen – noch zehn Divisionen in Jugoslawien, siebzehn in Skandinavien, dreißig im Baltikum (denen der Rückweg abgeschnitten war), vierundzwanzig in Italien und achtundzwanzig in Budapest und im restlichen Ungarn. Hitler weigerte sich jedoch, diese Truppen zurückzubeordern. Er hätte darin das Eingeständnis gesehen, daß der Krieg verloren war und nur noch ein Kriegsziel übrigblieb: das Reich selbst zu verteidigen. Deshalb schienen ihm die neuen Divisionen zu garantieren, daß Deutschland erneut zum Angriff übergehen werde, sobald die gegenwärtige Situation·überwunden sei.

Auch an der Ost- und an der Westfront wollte Hitler von einer Stärkung der Abwehrkraft nichts wissen, wie überhaupt sein Interesse seit jeher nicht der Verteidigung, sondern allein dem Angriff gegolten hatte. Immer hatte er es darauf angelegt, den Gegner zu überraschen, und noch im September 1944 erschien ihm ein Angriff als das beste Mittel zum Erfolg. Eine defensive Kampfweise würde die Entscheidung allenfalls hinauszögern, nicht aber eine Wende erzwingen. Ein Angriff dagegen würde die Alliierten überraschen, würde Deutschland die Initiative zurückgeben und außerdem einen beträchtlichen Zeitgewinn bedeuten, Zeit für die Entwicklung neuer Waffen, Zeit, in der vielleicht das erhoffte Zerwürfnis zwischen Rußland und den Westalliierten eintreten und die Wende bringen würde. Der Gedanke, alles auf eine Karte zu setzen, scheint Hitler erregt und fasziniert zu haben; doch es war nichts als eine Rückkehr zu seinen Erfolgsrezepten der Vergangenheit, als alles bereits längst verloren war.

Es gab schwerwiegende Gründe, die Operation im Westen, nicht im Osten einzuleiten. Hier waren die Entfernungen kürzer, man würde weniger Treibstoff verbrauchen, und überdies lagen entschieden mehr bedeutende strategische Ziele in Reichweite als im Osten, wo die Räume weit waren und wirkungsvolle Operationen eine andere Größenordnung haben mußten. Außerdem glaubte Hitler, die Gegenwehr der Amerikaner und Briten würde schwächer sein als die der Russen. Die Briten hätten, so redete er sich ein, ohnehin ihre Ressourcen so gut wie ausgeschöpft, und die Amerikaner würden wahrscheinlich den Mut verlieren, sobald es ernst würde.

Nach Prüfung mehrerer Möglichkeiten entschied Hitler sich für einen Vorstoß durch die Ardennen mit dem Ziel, die Maas zu überschreiten und Antwerpen, den wichtigsten Nachschubhafen der Alliierten, zurückzuerobern. Der Plan schien ausgezeichnet: Keiner der alliierten Befehlshaber rechnete mit einem deutschen Gegenangriff, und als er kam, traf er sie völlig unvorbereitet. Entlang der Ardennen verlief der schwächste Abschnitt der alliierten Front, gesichert lediglich durch eine Handvoll Divisionen, und ein Verlust Antwerpens wäre in der Tat verhängnisvoll für die Nachschuborganisation der anglo-amerikanischen Streitkräfte gewesen. Auf der anderen Seite stand Hitlers Idee in keinem Verhältnis zum gegenwärtigen Stadium des Krieges im Winter 1944/45. Auch wenn die Deutschen Antwerpen erobert hätten (und selbst dies hielt kein einziger der beteiligten Frontkommandeure für möglich), hätten sie es doch keinesfalls halten können. Hitler konnte deshalb nicht hoffen, den Alliierten eine Niederlage beizubringen; möglich war äußerstenfalls ein Rückschlag mit vorübergehender Wirkung, und schon dafür mußte er all jene Reserven aufs Spiel setzen, die bei der Verteidigung des Reichs wertvolle Dienste hätten leisten können.

Die Versuche der führenden Militärs, mäßigend auf Hitler einzuwirken, ihn auf begrenzte Ziele festzulegen, erwiesen sich als ebenso vergeblich wie alle früheren Bemühungen dieser Art. Hitler verweigerte jedes Zugeständnis, jedes Abrücken von seinen Plänen, als wäre schon dies das Eingeständnis der endgültigen Niederlage. Wie sehr er noch immer an sich und eine Siegeschance glaubte, zeigte sich, als General Guderian, der Stabschef des Heeres, ihm zu erklären versuchte, daß die Schwächung der Ostfront gefährliche Ausmaße angenommen hatte. Hitler erwiderte ihm: »Sie brauchen mich nicht zu belehren! Ich führe seit fünf Jahren die deutschen Heere im Felde und habe in dieser Zeit so viel praktische Erfahrungen gesammelt, wie die Herren vom Generalstabe sie nie sammeln können.«[22]

Die Vorbereitungen zur Offensive wurden unter strengster Geheimhaltung vorangetrieben. Anfang Dezember standen achtundzwanzig Divisionen (darunter zehn Panzerdivisionen) zum Angriff bereit, außerdem sechs weitere für den im Anschluß geplanten Vorstoß ins Elsaß. Als Rundstedt die im Führerhauptquartier erstellten endgültigen Operationspläne erhielt, fand er darin Vorschriften für alle Details der Offensive bis hin zu einem genauen Zeitplan für den Einsatz und die Dauer von Artillerie-Bombardements. »Änderungen nicht zulässig«, hatte Hitler eigenhändig dazugeschrieben. Um die Truppen genau kontrollieren zu können, verlegte er sein Hauptquartier aus Rastenburg – er sollte es nie wiedersehen – zunächst nach Berlin, dann aber, am 10. Dezember, nach Bad Nauheim, das im rückwärtigen Aufmarschgebiet der angriffsbereiten deutschen Divisionen lag.

Die Offensive begann am 16. Dezember und traf in der Tat auf einen vollkommen überraschten Gegner. Dazu kam nebliges Wetter, was in den ersten Tagen das Eingreifen der alliierten Luftwaffe verhinderte. In dieser Zeit erzielten die deutschen Truppen beträchtliche Geländegewinne, woraus die deutsche Presse- und Rundfunkpropaganda sogleich einen der größten Siege des Krieges machte. Doch der Übergang über die Maas gelang den Angreifern nicht, und Antwerpen bekamen sie nicht einmal von weitem zu sehen. Weihnachten stand fest, daß den Deutschen schwere Verluste drohten, wenn sie die Offensive nicht sofort abbrachen. Hitler wies jedes derartige Ansinnen jedoch wütend zurück.

Guderian, der für die Sicherung der Ostfront verantwortlich war, suchte Hitler zweimal auf, um Truppenverlegungen zu erbitten – nicht nach Ungarn, sondern nach Polen, wo alle Anzeichen darauf hindeuteten, daß die Russen Vorkehrungen für die Wiederaufnahme ihrer Offensive trafen.

Hitler wollte nichts davon hören. Die Russen bluffen nur, erklärte er: »Das ist der größte Bluff seit Dschingis Khan, wer hat diesen Blödsinn ausgegraben?«[23]

Er verlangte, Model müsse einen zweiten Vorstoß aus den Ardennen heraus unternehmen, und der geplante Anschlußangriff in den Vogesen müsse begonnen werden. Beides schlug fehl.

Am 8. Januar fand Hitler sich endlich mit einem Rückzug ab, nachdem seine Truppen 100 000 Mann, 600 Panzer und 1 600 Flugzeuge verloren hatten. Am 16. Januar lag die Front wieder genau da, wo sie auch vier Wochen zuvor verlaufen war. Die amerikanischen Verluste waren eher gering und ließen sich leicht ausgleichen; die deutschen Verluste dagegen waren nicht mehr wettzumachen: Das Vabanquespiel war gescheitert. Als Guderian Hitler erneut auf die gefährliche Lage im Osten aufmerksam machte, wurde er Zeuge eines hysterischen Ausbruchs. Hitler habe, so sagte Guderian später, »ein besonderes Bild von der Welt gehabt, und jede Tatsache mußte in diese Wunschwelt hineinpassen. So wie er sie sehen wollte, mußte die Welt sein; tatsächlich war es ein Bild von einer anderen Welt.«[24]

Die Befürchtungen Guderians waren berechtigt. Die Russen hatten den abschließenden Feldzug, bei dem ihre Armee bis ins Herz Deutschlands vorstoßen und Berlin erobern sollte, bereits im November geplant und beschlossen; seither bereiteten sie sich darauf vor, ihn Mitte Januar anlaufen zu lassen. Wie vormals die Deutschen, so standen jetzt die Russen vor dem Problem, daß zwischen der Front und ihren Nachschubbasen große Entfernungen lagen, Landschaften, von denen der Krieg oft nur noch Trümmer übriggelassen hatte, wo nahezu alle Häuser wieder aufgebaut, alle Bahnstrecken neu verlegt werden mußten. Trotz dieser Schwierigkeiten führten sie bis Mitte Januar genügend Vorräte an Treibstoff, Proviant und Munition heran, um jene gewaltige, fast sechs Millionen Mann starke Streitmacht zu versorgen, die nun, auf neun Frontabschnitte verteilt, entlang der deutschen Ostgrenzen aufmarschiert war.

Die Rolle des Stawka-Koordinators für die vier Hauptfronten übernahm diesmal Stalin persönlich, während Schukow und Wassilewski Frontkommandos leiteten. Die beiden Spitzen der Hauptoffensive, Rivalen im Wettlauf nach Berlin, waren die Erste Weißrussische Front unter dem Kommando von Marschall Schukow und, zu seiner Linken, die Erste Ukrainische Front unter Marschall Konjew. Beide zusammen verfügten über 2,25 Millionen Mann und fast 6 500 Panzer; sie waren den Deutschen demnach bei Soldaten und Panzern fünffach, bei der Artillerie sogar siebenfach überlegen. Das erste Ziel ihrer Offensive war die Überwindung der 500 Kilometer zwischen Weichsel und Oder, wobei Schukow den nördlicheren Anmarschweg über Lodz, Posen und Küstrin, Konjew dagegen eine südlichere Route über Breslau und Glogau nehmen wollte. Konjew würde auf seinem Weg Schlesien passieren, das Stalin, der bereits Reparationen ins

Im Januar 1945, wenige Wochen nach dem Scheitern der Ardennenoffensive, stattete Hitler dem Hauptquartier seiner Heeresgruppe Weichsel, das inzwischen in Prenzlau in der Mark lag, einen seiner letzten Frontbesuche ab. Einst hatten diese Hauptquartiere tief in Rußland gelegen, fast tausend Kilometer von der Reichshauptstadt entfernt; nun trennte nicht einmal eine Stunde die sowjetischen Truppen von Berlin. Aber noch immer glich die Szene dem alten Bild: Hitler gestikulierend, am Tisch sitzend, in respektvoller Runde um ihn die ordengeschmückten Offiziere. Bild und Wirklichkeit entsprachen einander immer weniger.

Auge faßte, möglichst unbeschädigt in die Hand bekommen wollte. Er umriß Schlesien mit dem Finger auf der Landkarte, warf Konjew einen Blick zu und sagte nur ein einzige Wort: »Gold«. Der Marschall benötigte keine weiteren Erklärungen.

Doch noch immer standen, über die gesamte Länge der Ostfront verstreut, drei Millionen deutsche Soldaten den russischen Angreifern gegenüber. Um zu verhindern, daß sie am mittleren Frontabschnitt zusammengezogen und den kürzesten Weg nach Berlin blockieren würden, starteten die Russen gleichzeitig Entlastungsoffensiven an den Flügeln: gegen Ostpreußen im Norden, in Richtung Budapest und Wien im Süden.

Konjew eröffnete die Offensive am 12. Januar, Schukow folgte am 14. In beiden Fällen gingen dem russischen Vormarsch massive Artillerie-Bombardements voraus, heftig genug, um die deutschen Truppen aufs äußerste zu verwirren. Warschau fiel am 17. Januar, Krakau und Lodz am 19. Am 20. Januar hatten die Russen bereits überall Durchbrüche erzielt, von Ostpreußen im Norden bis zu den Ausläufern der Karpaten, die 580 Kilometer weiter südlich gelegen waren. Ende Januar hatten einzelne Vorhutverbände Schukows wie Konjews die Oder überschritten, und von Küstrin, dem Brückenkopf Schukows, waren es nur noch achtzig Kilometer bis Berlin.

So war die militärische Lage, als die drei alliierten Führer zum zweiten Mal zusammentrafen, diesmal in Jalta auf der Krim, wo sie vom 4. bis 11. Februar 1945 tagten.

In den vierzehn Monaten seit der Konferenz von Teheran hatte sich die militärische Lage gründlich verändert. Die geglückte britisch-amerikanische Landung in Frankreich und die sowjetische Offensive vom Sommer 1944 hatten alle Zweifel am Ausgang des Krieges beseitigt, vorausgesetzt, daß die Allianz hielt. Ganz zu Recht sah Hitler hierin die entscheidende Frage.

Wie aber hätte sich die Allianz entwickelt, wenn das Attentat vom 20. Juli 1944 gelungen und Hitler umgekommen wäre? Nehmen wir an, der Krieg wäre in diesem Fall schon im Sommer 1944 beendet gewesen. Gewiß wären viele Menschen, die in diesen Monaten sterben mußten, am Leben geblieben, und die schlimmen Zerstörungen, die der Krieg am Ende zwischen Seine und Weichsel anrichtete, wären Europa erspart geblieben. Doch hätte die Allianz gehalten? Hätten die Westmächte einen Separatfrieden mit Deutschland geschlossen? Hätte Stalin den sowjetischen Vormarsch an der Weichsel gestoppt? Wie hätte die Landkarte Nachkriegs-Europas ausgesehen? Obwohl Antworten auf diese Fragen nur spekulativ sein können, haben sie dennoch insofern einen Sinn, als sie zu einer Frage überleiten, die sich sehr wohl beantworten läßt: Wer profitierte am meisten von der Verlängerung des Krieges um weitere neun Monate?

Die Antwort fällt nicht besonders schwer. Es waren keinesfalls die Deutschen, aber auch nicht die Briten oder die Amerikaner. Der Vorteil lag fast ausschließlich auf seiten Stalins und des sowjetischen Regimes. Denn da die russischen Armeen im Begriff waren, ins Herz Europas vorzustoßen und der Sowjetunion eine weit vorgeschobene Einflußsphäre zu sichern, konnte Stalin bei der Gestaltung der Nachkriegsordnung ein weitaus gewichtigeres Wort mitsprechen als die beiden anderen Alliierten. Dies zeichnete sich schon auf der Konferenz von Jalta im Februar 1945 ab.

Churchill machte sich mehr Gedanken um die Nachkriegsordnung als Roosevelt. Nicht grundlos hatte er sich im Streit mit Stalin über das Schicksal Polens und des Warschauer Aufstands exponiert. Im September 1944 unternahm er deshalb einen Versuch, die Differenzen durch eine persönliche Gesprächsrunde mit Stalin beizulegen, und fragte an, ob er in Moskau willkommen sei. Als die Bestätigung kam, traf Churchill sofort Vorkehrungen zur Abreise, kam eine Woche später (am 9. Oktober) in Moskau an und blieb zehn Tage.

Britische und amerikanische Truppen standen zu diesem Zeitpunkt schon auf deutschem Boden. Sie waren näher an Berlin herangekommen als die Russen, und diese Tatsache mag – unter anderen – eine Erklärung dafür sein, daß Stalin Churchill in diesen zehn Tagen zuvorkommender behandelte als bei jeder anderen ihrer Begegnungen. Zu Beginn der Gespräche präsentierte Churchill – in Abwesenheit der Amerikaner – einen Vorschlag, wie Briten und Russen sich über die Abgrenzung ihrer Einflußsphären auf dem Balkan einigen könnten: 90 Prozent russischer Einfluß in Rumänien, 90 Prozent britischer in Griechenland (wo britische Truppen Athen besetzten, während Churchill in Moskau weilte). 50 Prozent für beide in Jugoslawien und Ungarn, 75 Prozent russischer Einfluß in Bulgarien. Stalin sagte nichts, sondern setzte nur seine Häkchen auf das berühmte zusammengefaltete Blatt Papier und schob es zurück. »Die ganze Sache beanspruchte nicht mehr Zeit, als man benötigt, um sich hinzusetzen«, schrieb Churchill in seinen Erinnerungen. Als er Stalin fragte, ob es nicht besser wäre, den Zettel zu verbrennen, erwiderte dieser: »Nein, behalten Sie ihn.«[25] Ob Stalin das Gefühl hatte, sich verbindlich zu irgend etwas verpflichtet zu haben, ist zweifelhaft; doch als in Griechenland der Bürgerkrieg ausbrach und die Amerikaner heftige Vorwürfe gegen England richteten, ertönte aus Moskau kein Wort der Kritik an Churchill oder der Ermunterung für die griechischen Kommunisten.

Das Problem Polen ließ sich nicht so leicht lösen. Churchill konnte Stalin immerhin die Bereitschaft abringen, den Premier Mikolajczyk und zwei weitere Mitglieder der polnischen Exilregierung nach Moskau kommen zu lassen; in der Folge blieben seine Bemühungen um Ausgleich jedoch ohne Erfolg: Stalin bestand auf der Bestätigung der Curzon-Linie (mit Lemberg) als der künftigen russisch-polnischen Grenze und auf der Anerkennung der aus dem Lubliner Komitee hervorgegangenen Provisorischen Regierung. Mikolajczyk lehnte beides, trotz heftiger Vorwürfe Churchills, ab.

In den vier Monaten zwischen den Moskauer Gesprächen vom Oktober 1944 und der Konferenz von Jalta trug die Rote Armee den Krieg aus Polen nach Deutschland hinein. Jetzt, da das Kriegsende abzusehen war, hielten die beiden westlichen Führer ein Treffen mit Stalin für so dringend geboten, daß sie – trotz Roosevelts schwindender Lebenskraft – Stalins Abneigung gegen Auslandsreisen akzeptierten und sich auf die lange Reise zur Krim machten. Mit ihnen kamen, in fünfundzwanzig Flugzeugen, nicht weniger als 700 Militärs und Beamte.

Die drei Führer gingen mit unterschiedlichen Erwartungen und Zielen in die Konferenz. Roosevelt gedachte, bevor der Krieg in Europa zu Ende ging, Stalin auf den Eintritt in den Krieg gegen Japan festzulegen. Außerdem wollte er – und dies war sein zweites großes Ziel – sich Stalins Zustimmung zu dem Projekt einer Weltorganisation sichern; nur dadurch nämlich, so glaubte er, ließe sich die öffentliche Meinung in den USA mobilisieren und ein Rückfall in den amerikanischen Isolationismus verhindern. Harriman, der erst bei Churchill, dann bei Stalin als persönlicher Sendbote Roosevelts fungierte, schrieb später, Roosevelt habe ihm vor Jalta seine Absicht erklärt, eine Menge über die Neuordnung im Pazifik zu sagen, halte aber die europäischen Fragen für so undurchdringlich, daß er sich so weit wie möglich aus ihnen heraushalten wolle, mit Ausnahme der Deutschland betreffenden Probleme.[26] Die hochentwickelte Improvisationsgabe des Präsidenten, die ihm so oft geholfen hatte, Lösungen auch für die schwierigsten Probleme zu finden, erwies sich in außenpolitischer Hinsicht als weit weniger wirkungsvoll denn in der amerikanischen Innenpolitik. Offensichtlich fehlte ihm das intuitive Gespür, das ihn zu Hause nie im Stich ließ. Sowohl Harriman als auch Chip Bohlen, der sein Dolmetscher für das Russische war, gewannen den Eindruck, daß der Präsident keine Vorstellung davon hatte, wie unendlich weit seine politischen Erfahrungen – die Erfahrungen Amerikas – von denen Stalins entfernt waren. Er glaubte unbeirrt, mit Stalin mehr gemeinsam zu haben als mit einer Figur der Alten Welt wie Churchill, ein Glaube, in dem Stalin ihn natürlich bestärkte.

Auch Churchill kam mit zwei bedeutenden Zielen nach Jalta. Zum einen wollte er das »besondere Verhältnis« zwischen Großbritannien und den Vereinigten Staaten, das das Fundament seiner Politik in den Kriegsjahren gewesen war, in die Nachkriegszeit hinüberretten, zum anderen das europapolitische Engagement der USA zu bewahren suchen, da er sich davon die Wiederherstellung des europäischen Machtgleichgewichts versprach. Zu diesem Zweck war er entschlossen, sich jeder Ausweitung des sowjetischen Einflusses zu widersetzen, Frankreich wieder zum Status einer europäischen Großmacht zu verhelfen und zu verhindern, daß die Entmachtung Deutschlands so weit vorangetrieben werde, daß im Herzen Europas ein Vakuum entstünde.

Worauf es Stalin in erster Linie ankam, läßt sich in wenigen Worten zusammenfassen: Es ging ihm um Sicherheit nach der traumatischen Erfahrung des Krieges, d.h. um die Sicherung des territorialen Besitzstandes der Sowjetunion und um die Sicherheit des stalinistischen Systems vor jeder erneuten Bedrohung durch äußere Feinde. Das beste Mittel dazu sah er in einer Ausweitung des sowjetischen Staatsgebiets auf alle Gebiete, die jemals unter russischer Herrschaft gestanden hatten, außerdem aber in der Schaffung einer weitreichenden Einflußsphäre in Europa und in Asien. Wie weit genau diese Sphäre reichen würde, blieb vorläufig unbestimmt, doch stand fest, daß all jene Gebiete dazugehören würden, die die Rote Armee bei Kriegsende besetzt hielt. Ferner würde die Sowjetunion erhebliche Kriegsentschädigungen fordern, vor allem von Deutschland und den Ländern, die im Krieg auf seiner Seite gestanden hatten, als Ausgleich für die immensen Verluste, die die sowjetische Wirtschaft erlitten hatte.

Die Konferenz von Jalta[27] begann mit einem Überblick über die militärische Lage. Stalin nutzte dies sogleich, um der russischen Seite einen taktischen Vorteil zu sichern: Er hob den Gegensatz hervor zwischen den alliierten Armeen, die noch westlich des Rheins operierten und in Italien nicht vorankamen, und der Roten Armee, die den Durchbruch geschafft, in achtzehn Tagen 500 Kilometer zurückgelegt und die Oder erreicht hatte. Die Fragen, die Stalin den Vertretern der Westalliierten stellte, zeigten schon nach kurzer Zeit, daß die Operationen im Westen von kleinerem Umfang waren als im Osten; die Verbündeten konnten nicht einmal garantieren, daß die Verlegung weiterer deutscher Truppen an die Ostfront endgültig unmöglich gemacht worden war.

Anschließend wandte man sich der Frage des besiegten Deutschlands zu. Roosevelt schlug vor, den Bericht der in Teheran gegründeten European Advisory Commission über die Aufteilung Deutschlands in Besatzungszonen zu erörtern; doch Stalin setzte seine Forderung durch, gleich vollendete Tatsachen zu schaffen. Man habe sich ja grundsätzlich schon in Teheran verständigt, so erklärte er; jetzt müsse man entscheiden – und nicht mehr bloß erörtern –, wie die Dinge in der Praxis aussehen sollten. Wo solle man die Zukunft Deutschlands sehen, in einer einheitlichen deutschen Regierung oder in separaten Regierungen für jede der drei Zonen? Falls Hitler bedingungslos kapitulieren werde, sollte man sich bereit zeigen, mit seiner Regierung zu verhandeln? Wäre es nicht besser, wenn man einen »unverblümten« Hinweis auf die Aufteilung Deutschlands in die Kapitulationsbedingungen aufnähme?

Roosevelt neigte dazu, Stalin recht zu geben; anders Churchill, dessen Sorge jetzt dem künftigen Machtgleichgewicht in Europa galt. Nach seiner Auffassung war es fürs erste völlig ausreichend, sich grundsätzlich auf eine Aufteilung Deutschlands zu einigen; verbindliche Entscheidungen, wie dies im einzelnen aussehen solle, könnten erst nach eingehender Prüfung getroffen werden, und dazu werde man viel Zeit brauchen. Es scheint, daß Stalin damals selber noch keine bestimmte Lösung vor Augen hatte, und so konnte Churchill verhindern, daß die Frage der Aufteilung im Schlußkommuniqué angesprochen wurde. Auch in dem 1947 veröffentlichten Protokoll der Konferenz war lediglich von gewissen »Maßnahmen« die Rede, welche die Alliierten »zur Wahrung von Frieden und Sicherheit für erforderlich« hielten, »einschließlich der Entwaffnung, Entmilitarisierung und Aufteilung Deutschlands«.[28] Unter dem Vorsitz Edens wurde ein dreiköpfiger Ausschuß gebildet, der die Frage untersuchen sollte, wie die Aufteilung Deutschlands vor sich gehen und wie sie aussehen könnte – er trat jedoch nicht ein einziges Mal zusammen. Die deutsche Teilung wurde nie geplant, sondern vollzog sich infolge west-östlicher Differenzen.

Zugleich vermochte Churchill den widerstrebenden Stalin und den zögernden Roosevelt davon zu überzeugen, daß man auch den Franzosen eine Besatzungszone geben und die Mitgliedschaft im Alliierten Kontrollrat anbieten müsse. Wenn Großbritannien die Bewachung Deutschlands auf sich nehmen solle, so argumentierte er, dann brauche er an seiner Seite ein starkes Frankreich, und dies um so mehr, als Roosevelt Zweifel daran geäußert habe, daß amerikanische Truppen nach Kriegsende länger als zwei

Jahre in Europa bleiben würden – eine Erklärung, die Stalin sicherlich zur Kenntnis nahm, aber nicht kommentierte.

In der Frage der Reparationen stimmte Churchill der Einsetzung einer Kommission zu, die ihren Sitz in Moskau haben sollte, lehnte es jedoch ab, sich schon jetzt auf die von den Russen vorgeschlagene Summe festzulegen. Zwanzig Milliarden Dollar, von denen die Hälfte an die Sowjetunion gehen sollte. Er erinnerte an das Fiasko, das die Reparationsauflagen des Ersten Weltkriegs gebracht hatten, und ließ sich auch von dem sowjetischen Einwand nicht umstimmen, man könne die damaligen Schwierigkeiten vermeiden, wenn man anstelle finanzieller Reparationen Naturallieferungen vereinbare. Churchill äußerte Zweifel, ob Deutschland Reparationen im genannten Umfang überhaupt zu leisten vermöge, und stellte die Frage, wer eigentlich etwas davon haben würde, die Deutschen zu Bettlern zu machen. An einem bestimmten Punkt der Gespräche fragte Stalin verärgert, ob die Sowjetunion nach britischer Ansicht überhaupt Reparationen bekommen solle. Doch Churchill gab nicht nach, und so wurde im Schlußprotokoll festgehalten, daß die britischen Vertreter der von den Russen genannten Zahl ihre Zustimmung verweigert hätten, während Roosevelt sie als »Diskussionsgrundlage« für die Reparationskommission gebilligt habe.

Jetzt, da auch britisch-amerikanische Truppen auf deutschem Boden standen, konnte Stalin seine Deutschlandpläne – soweit sie bereits Gestalt angenommen hatten – nicht völlig kompromißlos vertreten. Anders verhielt es sich im Falle Polens. Die Rote Armee hielt nicht nur ganz Polen besetzt, sondern kontrollierte auch große Teile des deutschen Territoriums, das Polen nach dem Krieg erhalten sollte, und es sah nicht so aus, als würde noch eine andere Macht in diese Gebiete eindringen. Hier hatte Stalin das letzte Wort, und er war entschlossen, sich jedem Kompromiß zu versagen.

Großbritannien und die USA hatten die Grenzen des neuen polnischen Staates in Teheran bereits akzeptiert. Das schwächte ihre Position: Sie würden kaum in der Lage sein, die Frage noch einmal aufzurollen. Ohne große Diskussion einigte man sich, daß die Curzon-Linie unter Einschluß Lembergs künftig die sowjetisch-polnische Grenze bilden sollte. Churchill hatte indes Bedenken hinsichtlich des Vorschlags bekommen, den er selber in Teheran gemacht hatte, und war beunruhigt über die Größe der deutschen Gebiete, die Stalin den Polen als Entschädigung geben wollte. Er faßte seine Vorbehalte in dem vielzitierten Satz zusammen: »Ich möchte die polnische Gans nicht so mästen, daß sie die durch zuviel deutsches Futter Verstopfung bekommt.« Nach längeren Auseinandersetzungen erreichte er, daß in das Schlußkommuniqué lediglich die allgemeine Aussage aufgenommen wurde, Polen habe »Anspruch auf beträchtliche Gebietsabtretungen im Norden und Westen«. Über alles Weitere mußte später entschieden werden.

Doch die eigentliche Frage betraf, wie alle drei Alliierten erkannten, nicht den Grenzverlauf, sondern die Zusammensetzung der polnischen Regierung und den Grad ihrer Unabhängigkeit. Churchill nannte dies den »Eckstein« der Konferenz. Polen war nicht nur das größte Land Osteuropas, sondern neben der Tschechoslowakei auch das einzige, das nie ein Satellit Deutschlands gewesen war: ein alter Bundesgenosse der Allianz, für den die Westmächte schon 1939 Sicherheitsgarantien übernommen hatten. Der Beschluß über die Zukunft Polens würde deshalb zugleich eine Vorentscheidung über alle anderen Länder bringen, die bei Kriegsende in der Hand der Roten Armee sein würden. So ist es nicht verwunderlich, daß die Frage Polens bei sieben der acht Plenarsitzungen zur Sprache kam.

Es ist kaum nötig, die Argumente im einzelnen nachzuzeichnen. Ziel der Westmächte war es, die Voraussetzungen für die Bildung einer wahrhaft demokratischen und unabhängigen Regierung zu schaffen. Die sowjetische Diplomatie dagegen wollte Polen möglichst eng an die Sowjetunion binden, ohne einen offenen Bruch mit den Westalliierten zu riskieren, und Stalin legte auf außerordentlich plausible Weise seinen Standpunkt dar, Polen dürfe nie wieder als Ausgangspunkt für einen Angriff auf Rußland benutzt werden, wie dies nun schon zweimal innerhalb von dreißig Jahren geschehen sei – und davor bereits bei Napoleons Eroberungszug. Er bewies bei dieser Gelegenheit ungewöhnlich viel Verhandlungsgeschick, indem er die Differenzen in der Polenfrage mit einem Thema verband, bei dem Roosevelt größten Wert auf russische Zustimmung legte: den amerikanischen Plänen zum Aufbau einer Weltorganisation.

In einer der voraufgegangenen Sitzungen hatte Stalin sich sehr reserviert zu den amerikanischen Vorschlägen geäußert. Nun vollzog er eine Kehrtwendung. Was die Frage der polnischen Regierung und ihrer Zusammensetzung betraf, so führte auch dies nicht gleich zu einer Einigung, aber es ebnete doch den Weg zu diesem Ziel, insbesondere nachdem Stalin dem amerikanischen Präsidenten in einem vertraulichen Gespräch zugesichert hatte, die Sowjetunion werde nach der deutschen Kapitulation in den Krieg gegen Japan eintreten. Im Gegenzug fand auch Roosevelt sich zu Zugeständnissen bereit, ohne die Stalin nach eigenem Bekunden dem russischen Volk nicht hätte erklären können, weshalb es gegen ein Land in den Krieg ziehen sollte, mit dem die Sowjetunion keinen direkten Streit hatte: Die Südhälfte der Insel Sachalin und die Kurilen-Inseln sollten von Japan an die Sowjetunion fallen. Hinzu kamen fünf weitere Bedingungen, die China betrafen. Ohne erst mit seinem Verbündeten Tschiang Kai-schek zu sprechen, sicherte Roosevelt sie Stalin zu.

Es bedurfte dreier weiterer Tage, bis man nach langen Diskussionen, wieder und wieder umgeschriebenen Entwürfen und erneuten Diskussionen endlich eine gemeinsame Erklärung in der Frage der polnischen Regierung fand. Einmal, als Churchill und Roosevelt Stalin drängten, einen Termin für die Abhaltung freier Wahlen zuzusagen, gab der Russe die zugleich entwaff-

Auf der zweiten Konferenz der »Großen Drei« in Jalta auf der Krim setzte Stalin im Februar 1945 praktisch alle wesentlichen Kriegsziele der Sowjetunion durch. Roosevelt war bereits ein todkranker Mann; er glaubte, daß die Forderungen des Kreml-Herrschers nur auf die bekannten Sicherheitsbedürfnisse der Russen zurückgingen. Allein Churchill hielt die Position des Westens durch; doch Großbritannien, durch den jahrelangen Krieg gegen Japan im Osten und Deutschland im Westen geschwächt, war nur noch ein Junior-partner. Die Atmosphäre des Treffens hatte gelöste, ja joviale Züge, doch von nun an machte sich Churchill keine Illusionen mehr, daß es in Zukunft darum gehen werde, Ruß-lands Herrschaft über Europa zu verhindern.
Oben: Blick auf Jalta, 1935.
Unten: Churchill und Stalin.

nende und inhaltslose Antwort, es könne schon in einem Monat so weit sein. Das klang versöhnlich und verpflichtete zu nichts. Ein anderes Mal, als die allgemeine Anspannung besonders groß war, verfiel Stalin in seine alte Gewohnheit, bei der Debatte hinter seinem Stuhl hin und her zu gehen. Im endgültigen Text hieß es schließlich, die von der Sowjetunion anerkannte polnische Regierung solle durch die Beteiligung »demokratischer« Politiker aus Polen wie aus dem Exil »reorganisiert« werden. Sie sei verpflichtet, möglichst bald freie Wahlen abzuhalten. Molotow und dem amerikanischen und britischen Botschafter in Moskau blieb es überlassen, diese »Reorganisation« in Verhandlungen herbeizuführen, und in den folgenden Monaten sollte Molotow demonstrieren, wie man mit vage formulierten Instruktionen sicher zum Ziel gelangt.

In Jalta erlebte die Allianz ihren Höhepunkt. Im Abschlußkommuniqué hieß es auf eindrucksvolle Weise, man habe sich über »die bedingungslose Kapitulation« geeinigt, die man »Nazideutschland gemeinsam aufzwingen werde«; und ungeachtet aller späteren Enttäuschungen und Vorwürfe sollte dieser Satz daran erinnern, wieviel die Allianz geleistet hat. Es sagt sich allzu leicht, daß Hitler von Anfang an zur Niederlage verurteilt gewesen sei. Aber auch nach Jalta war Stalin sich nicht sicher, ob Großbritannien und die USA sich nicht doch noch zurückziehen würden: Hitler hätte dann alle seine Kräfte auf den Kampf gegen die Sowjetunion richten können. Wäre es so gekommen, und wäre das nationalsozialistische Deutschland tatsächlich zur beherrschenden Macht des Kontinents geworden, dann wäre das Schicksal Europas ohne Zweifel in anderen und weitaus schlimmeren Bahnen verlaufen – ungeachtet all dessen, was es auch so erleiden mußte.
   Von den drei Führern waren sich zumindest Churchill und Stalin völlig darüber im klaren, daß ihr Bündnis das Kriegsende kaum überdauern werde. Doch für einen kurzen Augenblick am Ende der Konferenz fühlten sie sich berechtigt, einander zu ihren Leistungen zu gratulieren, und Stalin sparte in seiner Dankadresse an Churchill und Roosevelt ebensowenig mit Lob wie die beiden anderen. Fraglos waren Churchill und Roosevelt von dem überzeugt, was sie über die Allianz und die Bedeutung der russischen Kriegstaten sagten. Und Stalin? War es mehr als eine bloße Formel, wenn er sagte, seine Verbündeten hätten zur Niederringung Hitlers Unersetzliches beigetragen? De Gaulle besaß *une certaine image de la France*. Stalin dagegen besaß wie Hitler ein bestimmtes Bild *seiner selbst*, eine aus Hybris und Willenskraft gespeiste Überzeugung, daß er in der Geschichte einen Rang einnehmen werde, der sich nur mit dem der bedeutendsten Zaren vergleichen ließe. Allein durch diese Identifizierung vermochte er die Widersprüche seines Lebens zu versöhnen und die verschiedenen Rollen in Einklang zu bringen, die zu spielen er sich berufen fühlte. Zu einem Zeitpunkt, da Hitler verzweifelte Anstrengungen unternahm, noch im Angesicht der Niederlage den Glauben an seine Mission aufrechtzuerhalten, markierte Jalta

in der Karriere Stalins den Punkt der größten Kongruenz zwischen Selbstverständnis und Realität, Innen- und Außenwelt.

Mehreres kam zusammen. Die Rote Armee stand im Begriff, den größten Sieg der russischen Geschichte zu erringen, einen Sieg, der sogar noch die Vertreibung Napoleons übertraf, und darüber hinaus hatte er die beiden mächtigsten Staatsmänner der Welt dazu bewegen können, eine lange und beschwerliche Reise auf sich zu nehmen, um auf seinem Terrain mit ihm über die Gestaltung der künftigen Welt zu reden. Sie kamen nicht als Bittsteller, aber beide hofierten ihn, Roosevelt mitunter in einer Weise, die auf Kosten Churchills ging. Bei den russischen Altbolschewisten, die Lenin noch erlebt hatten, hatte er stets das Gefühl, sie würden ihm nicht ihre volle Anerkennung entgegenbringen, ihn nicht so sehen, wie er selber sich sah, und sogar gegenüber seinen Bewunderern und Lobrednern blieb er zeitlebens mißtrauisch, als würden sie ihm nur schmeicheln, sei es aus Angst, sei es um ihres Vorteils willen. Jetzt aber hatten der Präsident der Vereinigten Staaten und der Premierminister von Großbritannien ihn als gleichrangigen Partner akzeptiert und ihm in Begleitung von Hunderten ihrer höchsten Beamten ihre Aufwartung gemacht, ein Zeichen der Anerkennung und des staatsmännischen Respekts, das selbst die mißtrauische Eitelkeit Stalins zufriedenstellte.

Zudem wurde Stalin keineswegs nur formell als gleichrangig bezeichnet. Er bewies seine Ebenbürtigkeit auch in der Praxis. Hitler verabscheute jede Art von Diskussionen und verlor seine Fassung, wenn ihm jemand mit Gegenargumenten zusetzte. Bei der einzigen internationalen Konferenz, auf die er sich einließ – der Münchner Konferenz von 1938 –, fühlte er sich in seiner Gastgeberrolle so unwohl, daß er die Gesprächsleitung Mussolini überlassen mußte. Hitler entwickelte seine Außenpolitik entweder in Reden vor einem Massenpublikum oder in Gesprächen zu zweit; nur hier nämlich war er sich seiner dominierenden Stellung sicher. Stalin hingegen – und das überraschte jene, die ihn von Sitzungen des Politbüros oder der Stawka als schroff und unduldsam kannten – paßte sich mühelos dem wechselvollen Gedankenaustausch und den Debatten einer internationalen Konferenz an, bei der er den Gang der Verhandlungen nicht einfach bestimmen konnte.

Im Gespräch mit zwei versierten und erfahrenen Politikern wie Churchill und Roosevelt beeindruckte Stalin alle Anwesenden durch die souveräne Beherrschung des diplomatischen Geschäfts, durch sein bemerkenswertes Gedächtnis – er machte sich keine Notizen und zog nie Unterlagen zu Rate –, durch seine Beredtheit und durch seine Fähigkeit, Grobheit und Charme auf höchst wirkungsvolle Weise zu verbinden.

So war Jalta zugleich der Höhepunkt der Anti-Hitler-Allianz und der persönlichen Laufbahn Stalins. Niemals zuvor hatte die Sowjetunion (die er zu personifizieren glaubte) sich weltweit eines so hohen Ansehens erfreut. Stalins Ehrgeiz war, wenigstens dieses eine Mal, erfüllt: Zusammen mit den beiden anderen Führern der siegreichen Allianz glaubte er, den ihm gebührenden Platz in der Geschichte des 20. Jahrhunderts gefunden zu haben. Wir haben daher keinen Grund, das Zeugnis derer zu bezweifeln, die ihn auf dem abschließenden Bankett erlebten: Als er seinen Toast auf die Allianz ausbrachte, schien es, daß der Geist dieser Stunde ihn ebenso tief bewegte wie Churchill und Roosevelt und daß er es ebenso ehrlich meinte wie sie, wenn er die Einigkeit der drei Alliierten als den Schlüssel zum Frieden bezeichnete und ihre Pflicht hervorhob, diesen zu bewahren. Doch die flüchtigen Gefühle, die ein geschichtsträchtiger Augenblick wachrief, hatten mit der künftigen Politik der Sowjetunion nur wenig zu tun; nicht Emotionen oder persönliches Vertrauen würden über den Fortbestand der Allianz entscheiden, sondern die Bereitschaft der Partner, im Ringen um die Nachkriegsordnung die Forderungen zu akzeptieren, die Stalin im Namen der Sowjetunion stellen würde.

Es läßt sich kaum ein größerer Kontrast denken als zwischen der Situation Stalins, als dieser Mitte Februar 1945 aus Jalta nach Moskau zurückkehrte, und der Hitlers, als er nach dem Scheitern seines letzten Vabanquespiels am 16. Januar vom westlichen Kriegsschauplatz nach Berlin zurückkehrte. In der Reichshauptstadt lag Schnee, wodurch die von den alliierten Bomben angerichteten Schäden stellenweise verdeckt wurden. In den Mauern der Reichskanzlei, die Speer für Hitler gebaut hatte, klafften riesige Löcher, doch durch eine Laune des Zufalls war der Flügel, in dem sich die Wohnräume Hitlers befanden, bislang verschont geblieben. Darin konnte er seine Besprechungen abhalten, und eine Zeitlang übernachtete er auch dort. Für den Fall eines Luftalarms stand unter der Reichskanzlei ein Betonbunker bereit.

Bei der Betrachtung der nachfolgenden Phase ist es wichtig, daß man sich durch das dramatische Detail der Ereignisse nicht von deren eigentlicher Bedeutung ablenken läßt. Den Hintergrund des Geschehens bildete der spektakuläre Schlußakt des Krieges: Von Westen stießen die alliierten Armeen immer weiter nach Deutschland vor, von Osten näherten sich sowjetische Truppen Berlin. In der Reichshauptstadt, auf die sich jetzt immer häufiger Luftangriffe richteten, bildeten die Reichskanzlei und ihr unterirdischer Bunker gewissermaßen eine Welt für sich, hermetisch abgeschlossen und nur wenig berührt von den letzten, ungeheuren Vorgängen des Krieges. Verbindung zur Außenwelt brachten allein die täglichen Lageberichte und Konferenzen, die in den letzten Wochen allerdings in wachsendem Maße phantastische und irreale Züge annahmen, bis das Geschehen in den Bunker selbst einzubrechen drohte.

Der Hauptakteur – man könnte auch sagen, der einzige Akteur – in diesem psychologischen Drama war Hitler, ein Mann, der sich auch jetzt noch verzweifelt bemühte, den selbstgeschaffenen Mythos seiner historischen Mission aufrechtzuerhalten: Noch immer sah er sich als der von der Vorse-

Die schlimmsten Gerüchte über die deutschen Konzentrationslager wurden übertroffen, als die vorrückenden Armeen im Osten wie im Westen die Stätten des Grauens erreichten. Mitunter trafen sie halbverkohlte Leichen an, neben denen die Glut noch schwelte. Die abrückende SS hatte Gebäude und Baracken angezündet, um die Spur ihrer Untaten zu verwischen.

hung bestimmte Retter Deutschlands. Doch der Kampf nahm jetzt die Form eines erbitterten Ringens um die Bewahrung seiner Willenskraft vor den Anfechtungen des Defätismus an, vor jenen Momenten, in denen er den Krieg bereits verloren gab.

Als Hitler im Januar zugetragen worden war, daß Guderian Ribbentrop erklärt habe, der Krieg sei entschieden, Deutschland besiegt, hatte er jegliche Diskussion über diese Frage bei den Lagebesprechungen durch ein explizites Verbot unterbunden: »Verallgemeinerungen und Schlußfolgerungen über die Gesamtlage verbitte ich mir auf das Entschiedenste! Das bleibt meine Angelegenheit! Wer in Zukunft einem anderen gegenüber behauptet, daß der Krieg verloren ist, wird als Landesverräter behandelt, mit allen Folgen für ihn und seine Familie. Ich werde ohne Rücksicht auf Rang und Ansehen durchgreifen!«[29] Ein andermal, im März, wandte er sich bei einer seiner Auseinandersetzungen mit Speer über die Politik der »verbrannten Erde« in einem »fast bittenden Ton« an diesen: »Wenn Sie glauben würden, daß der Krieg noch gewonnen werden kann, wenn Sie es wenigstens noch glauben könnten, dann wäre alles gut.«[30]

Noch immer tauchte in Hitlers Äußerungen wiederholt der rituelle Hinweis auf deutsche Geheimwaffen auf, die den Krieg noch einmal wenden würden und zu denen jetzt auch die Atombombe gehörte. Bei einer Fahrt in den Westen des Landes traf Speer im März zu seiner Überraschung Parteigenossen, die – wie der amtierende Minister Funk, der jetzt in Westfalen einen Hof bewirtschaftete – überzeugt waren, Hitler habe »noch etwas in Reserve, was er im letzten Augenblick ausspielen wird. Dann kommt die große Wende. Daß er die Gegner so weit zu uns hereinläßt, das ist doch nur eine Falle!«[31]

Hitlers eigene Hoffnungen indes richteten sich zu diesem Zeitpunkt schon auf ein politisches Wunder, eine Wiederholung jener schicksalhaften Fügung, die einst Friedrich den Großen gerettet hatte, und er legte seine ganze Kraft in den Vorsatz, so lange auszuhalten, bis dieses Wunder eintrat. 1918 hatte Deutschland durch einen Dolchstoß der Heimat den Krieg verloren. Hätte Deutschland damals nicht kapituliert, so hätte es, davon schien er auch jetzt noch überzeugt, einen ehrenvollen Frieden erlangen können, und die Wirren der Nachkriegszeit wären ihm erspart geblieben. »Dieses Mal dürfen wir nicht fünf Minuten vor zwölf kapitulieren.«[32]

Nur indem er den Verrat aller konstatierte, vermochte Hitler seinen Glauben an sich selbst aufrechtzuerhalten: Nicht eigene Fehler hatten ihn daran gehindert, seine Sendung zu erfüllen, sondern fremdes Versagen. General Halder schrieb später: »Für ihn gab es, als er an der Spitze der Macht stand, kein Deutschland, und wenn er es auch noch so oft im Munde führte; für ihn gab es keine deutsche Truppe, für deren Wohl und Wehe er sich verantwortlich fühlte; für ihn gab es – zu Beginn unbewußt, in den letzten Jahren auch völlig bewußt – nur eine Größe, die sein Leben beherrschte und der seine dämonische Kraft alles geopfert hat: sein eigenes Ich.«[33]

Ein junger Offizier, der im Februar 1945 an einer Lagebesprechung teilnahm, beschrieb seinen Eindruck von Hitler folgendermaßen: »Sein Kopf wackelt leicht ... Sein linker Arm hängt schlaff herunter, und die Hand zittert stark. In seinen Augen liegt ein unbeschreiblich flackernder Glanz, der geradezu erschreckend und völlig unnatürlich wirkt. Sein Gesicht und die Partie um die Augen machen einen verbrauchten, völlig abgespannten Eindruck. Alle seine Bewegungen sind die eines Greises.«[34] Nichtsdestoweniger gab Hitler militärische Befehle aus, als sei er unverändert Herr der Lage. Er sprach davon, daß die Luftwaffe sich wieder die Überlegenheit sichern müsse, ordnete an, dem Düsenjägerprogramm Vorrang einzuräumen, billigte den Plan Jodls, im Osten Sondertruppen in Stellung zu bringen, die die sowjetische Offensive zum Stillstand bringen sollten, und beschloß, die Sechste Panzerarmee Sepp Dietrichs in Ungarn zu einem Gegenangriff aufmarschieren zu lassen.

Im Dezember 1944 hatte Bormann einen Plan gefaßt, um Himmler aus dem Führerhauptquartier zu entfernen: Er hatte vorgeschlagen, den Reichsführer SS, der aus dem Menschenpotential seines Ersatzheers schöpfen könne, zum Oberbefehlshaber einer neuen, für die Verteidigung der Oberrhein-Grenze bereitgestellten Heeresgruppe zu machen. Dieser

Vorschlag schmeichelte den unerfüllten militärischen Ambitionen Himmlers; denn der Erste Weltkrieg war zu Ende gegangen, bevor der junge Himmler eingezogen wurde. Und obwohl er bei dem Versuch, einen Brückenkopf auf der französischen Rheinseite zu halten, keine besonders gute Figur machte, wies Hitler ihn – wieder auf Empfehlung Bormanns und gegen den Rat Guderians – zur Aufstellung einer weiteren Heeresgruppe an. Diesmal lautete der Auftrag, die Schneise zu schließen, die die Rote Armee zwischen Weichsel und Oder geschlagen hatte. Daß Himmler nun kaum mehr im Führerhauptquartier auftauchte und sich als Feldherr zudem alles andere als auszeichnete, untergrub mit der Zeit die Stellung des Reichsführers SS als zweiter Mann im Reich.

Göring dagegen trat kaum noch in Erscheinung, um sich nicht der Frage auszusetzen, weshalb er die alliierten Luftangriffe auf deutsche Städte nicht verhindern könne. Als er einmal doch zugegen war, wandte sich Hitler unvermittelt an ihn und fragte: »Glauben Sie, daß die Engländer innerlich über die russischen Fortschritte begeistert sein werden?« Worauf Göring antwortete: »Sie haben gewiß nicht damit gerechnet, daß wir sie im Westen aufhalten, während die Russen ganz Deutschland erobern. Wenn das so weitergeht, erhalten wir in wenigen Tagen ein Telegramm...«[35] Anstelle eines Telegramms erhielten sie nach Abschluß der Konferenz von Jalta ein Kommuniqué, in dem es hieß, die Alliierten hätten sich darauf geeinigt, Deutschland zu besiegen und zu besetzen und auf seiner bedingungslosen Kapitulation zu bestehen.

Hitler fand Trost in einem beleuchtbaren Modell des neuen Linz, das nach seinen Plänen von Grund auf umgestaltet werden sollte, um als schönste Stadt des Donauraums Wien und Budapest zu übertreffen. Der Architekt lieferte das Modell persönlich am 9. Februar in der Reichskanzlei ab, und Hitler betrachtete es in der Folge wiederholt. Seine Gedanken schweiften jetzt nicht mehr in die Frühzeit der Partei, sondern noch weiter zurück, nach Linz und Wien, wo er zuerst die Überzeugung gewonnen hatte, für eine große, wenn auch noch unbestimmte Aufgabe ausersehen zu sein. Und selbst jetzt schien er noch zu glauben, die Vorsehung werde ihn durch ein bedeutendes, wenn auch noch unbestimmtes Wunder retten, damit er seine Mission doch noch erfüllen konnte. Nachdem er das Modell des aus der Asche auferstandenen neuen Linz in Begleitung des aus Linz stammenden Chefs der Gestapo besichtigt hatte, wandte er sich zu diesem um, fixierte ihn mit seinem berühmten hypnotischen Blick und fragte: »Mein lieber Kaltenbrunner, glauben Sie, daß ich Ihnen so von diesen Plänen sprechen könnte, wenn ich nicht im tiefsten Herzen felsenfest überzeugt wäre, daß wir den Krieg gewinnen!«[36]

Aus der Zeit zwischen September 1942 und Anfang 1945 existieren nur einige wenige verstreute Aufzeichnungen über Hitlers Tischgespräche. Im Februar 1945 ließ Bormann jedoch Protokolle von mehreren Monologen

Hitlers ausfertigen, die zusammen eine Art Plädoyer in eigener Sache und ein politisches Testament darstellen. Hitler beharrte zu dieser Zeit noch auf der Möglichkeit eines Endsieges, wenn Deutschland nur lange genug aushalte, wie Friedrich der Große es getan hatte. Diesem sei 1762 von feindlichen Heeren der Rückweg nach Berlin abgeschnitten worden, und er habe sich in seiner Verzweiflung schon entschlossen, Hand an sich zu legen. Da sei ihm im letzten Augenblick die Vorsehung zu Hilfe gekommen. »Wie der große Friedrich, so stehen auch wir einer Koalition mächtiger Feinde gegenüber. Aber auch Koalitionen sind Menschenwerk, gehalten von dem Willen einzelner weniger. Ein Churchill kann verschwinden, und alles ändert sich.«[37]

Friedrich der Große war seit langem Hitlers Vorbild unter den Großen der deutschen Geschichte. Das einzige Dekorationsstück in seiner Wohnung im Berliner Bunker war Graffs Porträt des Preußenkönigs, und die Parallele zwischen der Situation Friedrichs im Jahr 1762 und seiner eigenen faszinierte ihn: Wie Friedrich hatte er beschlossen, bis zur letzten Minute zu warten und sich, wenn das erhoffte Wunder nicht geschähe, das Leben zu nehmen. Für diesen Fall wollte er sich allerdings nicht den unabhängigen und unvorhersehbaren Deutungen von Historikern aussetzen, weshalb er nun *seine* Version der Ereignisse diktierte und Bormann beauftragte, sie für die Nachwelt zu bewahren.

Anders als die früheren Tischmonologe kreisten seine letzten Gedanken nur um ein einziges Thema: den Krieg und die Fehler, die Deutschland in seine jetzige Lage gebracht hatten. War es ein Fehler gewesen, überhaupt in den Krieg zu ziehen? Nein, man hatte ihn in den Krieg hineingezwungen: »Der Krieg als solcher war unvermeidlich. In Wahrheit haben die Feinde des nationalsozialistischen Reiches schon seit 1933 dazu gedrängt.«[38]

Nicht anders sah er den Überfall auf die Sowjetunion: »Immer hatte ich die Meinung vertreten, daß Deutschland keinen Zweifrontenkrieg führen darf, und niemand soll bezweifeln, daß ich mehr als irgend jemand die Erfahrungen Napoleons in Rußland studiert und durchdacht habe. Warum aber dann dieser Krieg gegen Rußland? Warum zu dem von mir bestimmten Zeitpunkt?«[39]

Hitler gab auf diese Frage gleich mehrere Antworten. Es sei notwendig gewesen, den Briten die einzige Hoffnung zu nehmen, die sie noch zur Fortsetzung des Krieges ermutigt habe; die Russen hätten gewisse für Deutschland lebenswichtige Rohstoffe zurückgehalten; Stalin habe versucht, ihm Zugeständnisse in Osteuropa abzupressen. Auf einen Kriegsgrund kam er jedoch wiederholt zurück: »... Es war meine beständige Sorge während dieser letzten Wochen, Stalin könnte mir zuvorkommen... Was wir auch taten, so oder so, der Krieg gegen Rußland blieb unvermeidlich, und wir liefen höchstens Gefahr, ihn später unter wesentlich ungünstigeren Voraussetzungen führen zu müssen... Es ist unser Verhängnis in diesem Krieg, daß er für Deutschland zugleich zu früh und andererseits etwas zu spät ausgebrochen ist.«[40] Deutschland hätte, so erklärte Hitler, zwanzig Jahre gebraucht, um die neue nationalsozialistische Elite zur Reife zu führen. Insofern sei der Krieg zu früh gekommen.»In Ermangelung der Elite, wie sie uns vorschwebte, mußten wir uns mit dem vorhandenen Menschenmaterial begnügen... Dadurch, daß die geistige Konzeption mit der praktisch möglichen Verwirklichung nicht übereinstimmte, wurde aus der Kriegspolitik eines revolutionären Staates, wie das Dritte Reich, notwendigerweise eine Politik reaktionärer Spießbürger. Unsere Generäle und unsere Diplomaten sind mit wenigen Ausnahmen Männer von gestern, die den Krieg ebenso wie die Politik einer überlebten Zeit führen.«[41]

Andererseits aber sei der Krieg zu spät gekommen. Aus rein militärischer Sicht hätte es Vorteile gehabt, wenn man 1938, nicht erst 1939 in den Kampf gezogen wäre: Die Tschechoslowakei wäre ein besserer Anlaß gewesen als Polen. Für sie hätten Großbritannien und Frankreich nicht interveniert; Deutschland hätte zunächst seine Position in Osteuropa konsolidieren können und wäre einige Jahre später in der Lage gewesen, auch einen Weltkrieg zu bestehen.»In München verpaßten wir eine einzigartige Gelegenheit, leicht und schnell einen Krieg zu gewinnen, der sowieso unvermeidlich war.« Chamberlain war an allem schuld; er hatte sich bereits entschlossen, Deutschland anzugreifen, verzögerte die Ereignisse nur und entwand die Initiative, indem er in alle Forderungen einwilligte.

Die größten Fehler hatten in Hitlers Augen jedoch England und Amerika begangen. England hätte erkennen müssen, daß ein Bündnis mit Deutschland, der aufsteigenden Kontinentalmacht, in seinem Interesse lag, wenn es sein Imperium behalten wollte. Jetzt werde es mit Sicherheit verlorengehen:»Ein zweiter Pitt, wenn ihn die Vorsehung dem degenerierten England an Stelle des verjudeten halbamerikanischen Trunkenboldes [Churchill] beschieden hätte, hätte die Gelegenheit ergriffen, die traditionelle Politik des europäischen Gleichgewichtes auf Weltformat umzuschreiben. Statt ... Konkurrenzkämpfe zu verewigen, mußte London die Einigung Europas wenn schon nicht fördern und vorantreiben, so doch mindestens geschehen lassen. Mit einem geeinten Europa als Verbündetem konnte Großbritannien seine Rolle als Schiedsrichter in allen Welthändeln spielen... Ich selbst habe aber eines unterschätzt: das Ausmaß des jüdischen Einflusses auf die Engländer Churchills.«[42]

Während die Briten sich mit Deutschland hätten verbinden müssen, hätten die Amerikaner erkennen müssen, daß sie mit dem Dritten Reich eigentlich keinen Streit hatten und gut daran taten, bei ihrer Neutralität zu bleiben: Der»Krieg gegen Amerika ist eine Tragödie. Er ist widersinnig und entbehrt jeder realen Grundlage.« Auch hier sah er noch jetzt, wie schon Jahrzehnte zuvor, jene dunkle Verschwörung am Werk, die den Mittelpunkt seines Wahnsinns bildete:»Noch kein Krieg bisher war ein so ausgesprochen und so ausschließlich jüdischer Krieg wie dieser. Ich jedenfalls habe das Weltjudentum gezwungen, die Maske fallen zu lassen..., ich habe der

Welt die Augen geöffnet für die jüdische Gefahr... Die jüdische Eiterbeule habe ich aufgestochen, wie die anderen. Die Zukunft wird uns ewigen Dank dafür wissen.«[43]

Am 2. April 1945 ergänzte Hitler sein politisches Testament durch einen Nachtrag. Von Bormann angeregt, diktierte er einen Monolog, der etwas wie ein an das deutsche Volk gerichteter »Letzter Wille« war. Er sei Europas letzte Hoffnung gewesen, hatte er im Februar erklärt. Falls Deutschland nun doch unterliege, werde seine Niederlage eine vollständige sein, eine Tragödie für Europa und das deutsche Volk. Darauf – in einem letzten, angestrengten Versuch, noch einmal die Kraft seiner prophetischen Gesten zu finden – entwarf er das Bild der weiteren politischen Entwicklung: »Nach einer Niederlage des Reiches wird es bis zum Aufkommen nationalistischer Bestrebungen in Asien, in Afrika und vielleicht auch in Südamerika nur noch zwei Mächte in der Welt geben, die einander ebenbürtig gegenüber-treten können: die Vereinigten Staaten und Sowjetrußland. Durch die Gesetze der Geschichte und der geographischen Lage ist es diesen beiden Kolossen bestimmt, ihre Kräfte zu messen, sei es auf militärischem, sei es auch nur auf wirtschaftlichem und ideologischem Gebiet. Aus der gleichen Gesetzmäßigkeit müssen beide Feinde eines unabhängigen Europas sein. Amerika wie Sowjetrußland aber werden sich notwendigerweise über kurz oder lang den Beistand des einzigen großen Volkes, das in Europa diesen Krieg überdauern wird, sichern wollen – den Beistand des deutschen Volkes.«[44] Es sollte sich zeigen, daß Hitler mit seiner Voraussage der Wahrheit näher kam als die drei alliierten Führer mit ihrer Bekundung von Jalta.

Im März saß Christa Schröder, eine seiner Sekretärinnen, mit ihm beim Mittagessen, als es unvermittelt zu einem Verzweiflungsausbruch kam: »Von allen Seiten werde ich belogen... Ich kann mich wahrhaftig auf kei-nen Menschen verlassen, alle verraten mich. Das macht mich ganz krank... Wenn mir etwas passiert, ist Deutschland führerlos; denn einen Nachfolger habe ich nicht. Der erste ist wahnsinnig geworden (Heß), der zweite hat sich die Sympathien des Volkes verscherzt (Göring), und der dritte wird von den Parteikreisen abgelehnt (Himmler)... Himmler ist ein vollkommen amusi-scher Mensch!« Mehrere Minuten lang blieb er gedankenverloren stehen; dann wandte er sich mit den Worten zum Gehen: »Also gut, dann zerbre-chen Sie sich mal weiter den Kopf darüber, wer mein Nachfolger werden soll. Ich tue es schon die ganze Zeit über und komme zu keinem Ergeb-nis.«[45]

Doch die Befehle, die Hitler im Verlauf desselben Monats erteilte, ließen keinen Zweifel daran, daß er an die Zukunft seines Landes überhaupt nicht dachte. Die einzige Aufgabe, die er einem Nachfolger übriglassen würde, war der Vollzug der Kapitulation. Als der Krieg deutschen Boden erreichte, gab er erneut die Parole der »verbrannten Erde« aus, wie schon vor dem

Rückzug aus Rußland und den anderen besetzten Ländern im Osten: Alles, was dem deutschen Volk helfen könnte, nach dem Krieg mit dem Wiederaufbau zu beginnen, sollte zerstört werden. Speer, der Ende 1944 erkannt hatte, daß der Krieg verloren war, zeigte sich entsetzt über so viel Zerstörungswut. In der Hoffnung, Hitler doch noch umstimmen zu können, verfaßte er Mitte März eine Denkschrift über diesen Punkt. In vier bis acht Wochen werde, so hieß es darin, der endgültige Zusammenbruch Deutschlands kommen; deshalb sei es militärisch nutzlos, die dem Land verbliebenen Ressourcen zu vernichten, um sie nicht in die Hände des Feindes fallen zu lassen: Auch das nämlich werde nichts am Ausgang des Krieges ändern; und niemand habe das Recht zu behaupten, das Schicksal des deutschen Volkes sei an sein persönliches Schicksal gebunden. Die erste Pflicht der verantwortlichen Führer des deutschen Volkes bestehe deshalb darin, ohne Rücksicht auf ihr eigenes Schicksal »dem Volk alle Möglichkeiten zu lassen, die ihm in fernerer Zukunft wieder einen neuen Aufbau sichern könnten«.

Hitlers Antwort lautete nach Bekunden Speers: »Wenn der Krieg verlorengeht, wird auch das Volk verloren sein ... Es sei nicht notwendig, auf die Grundlagen, die das Volk zu seinem primitivsten Weiterleben braucht, Rücksicht zu nehmen. Im Gegenteil sei es besser, selbst diese Dinge zu zerstören. Denn das Volk hätte sich als das schwächere erwiesen, und dem stärkeren Ostvolk gehöre dann ausschließlich die Zukunft. Was nach dem Kampf übrigbleibe, seien ohnehin nur die Minderwertigen, denn die Guten seien gefallen.«[46] Gleichwohl gelang es Speer in zahlreichen Fällen, die von Hitler befohlenen Zerstörungsmaßnahmen – Flutung von Gruben, Sprengung von Kraftwerken und Brücken – zu verhindern, indem er sich die verfallende Autorität seines Führers zunutze machte.

Wenn Schukow und Konjew noch Ende Januar gehofft hatten, geradewegs nach Berlin marschieren zu können, so wurden sie bald enttäuscht. Die Schnelligkeit ihres Vormarsches hatte zu Nachschubschwierigkeiten bei Treibstoff und Munition geführt. Außerdem hatten sie schwere Verluste erlitten; ihre Divisionen waren auf eine Durchschnittsstärke von 4000 Mann geschrumpft, und die Soldaten waren kampfesmüde. Man brauchte Zeit, um Verstärkungen heranzuführen, die Ausrüstung wiederherzustellen – es war tiefster Winter – und sich neu zu gruppieren. Stalin war besorgt über einen deutschen Flankenangriff und befahl Schukow, als dieser am 1. März erneut zur Offensive antrat, sich nordwärts Richtung Ostsee zu wenden und Pommern zu erobern, anstatt westwärts auf Berlin vorzurücken. Auch Konjew machte eine Pause. Danach benötigte er einige Zeit, um Oberschlesien in seine Hand zu bringen.

Am 28. März teilte Eisenhower Stalin in einer persönlichen Botschaft mit, die Westalliierten würden den Hauptstoß ihrer Frühlingsoffensive nicht Richtung Berlin führen (wofür Montgomery eingetreten war), sondern entlang der Linie Erfurt-Leipzig-Dresden; den Oberbefehl werde Montgomerys amerikanischer Rivale innehaben, General Omar Bradley.

Goebbels war der einzige aus der Führung des »Dritten Reiches«, der immer und in allen Lagen die Verbindung zum Volk hielt. Die Gauleiter von Ostpreußen und Schlesien, Koch und Hancke, hatten zwar zur Verteidigung von Königsberg und Breslau bis zur letzten Patrone aufgerufen, waren dann jedoch geflohen und hatten ihre Städte ebenso wie die Bevölkerung ihrem Schicksal überlassen. Der Reichspropagandaminister dagegen wahrte auch jetzt noch den Schein von Entschlossenheit. Wie er nach Bombenangriffen stets in die getroffenen Stadtteile Berlins gefahren war, so machte er sich nun, in den letzten Wochen des Krieges, in die frontnahen Dörfer der Mark und Schlesiens auf und versprach der Bevölkerung die baldige Wende des Kampfes. Das Photo zeigt Goebbels am 2. März 1945 auf dem Marktplatz des zurückeroberten Lauban in Schlesien.

Stalin, kaum fähig, sein Glück zu fassen, ließ nichts unversucht, um aus dieser Wendung der Ereignisse einen Nutzen zu ziehen. In einer Antwort vom 1. April fand er lobende Worte für Eisenhowers Plan und erklärte beipflichtend, Berlin habe »seine frühere strategische Bedeutung verloren«, weshalb die sowjetische Seite auch nur Truppen aus dem zweiten Glied auf die Eroberung der Stadt ansetzen werde. Stalin schlug vor, ein Zusammentreffen der sowjetischen und amerikanischen Verbände im Raum Leipzig-Dresden anzustreben, da seine Truppen in der zweiten Maihälfte ihren Hauptstoß dorthin führen würden. Eisenhower hielt sich ohne Frage etwas darauf zugute, in seine operativen Planungen keine politischen Erwägungen eindringen zu lassen: Stalin dagegen, der immer politisch dachte, traf unverzüglich Anstalten, genau das Gegenteil dessen zu tun, was er angekündigt hatte. Er spürte deutlich den hohen symbolischen Wert des Vorgangs: Berlin sollte ohne Beteiligung der Westalliierten in die Hand der Roten Armee übergehen, als Zeichen für den Sieg der Sowjetunion über Deutschland. Auf seinen dringlichen Befehl eilten Schukow und Konjew nach Moskau, wo Stalin sie am 1. April bei einer Unterredung mit der Frage konfrontierte: »Also, wer wird jetzt Berlin besetzen, wir oder die Alliierten?« Die Frage beflügelte den Ehrgeiz der beiden Marschälle. Sie fühlten die Herausforderung dieser Aufgabe, auch wenn sie bedeutete, daß ihnen für die Vorbereitung nur zwölf bis vierzehn Tage bleiben würden. Um welche Größenordnungen es dabei ging, zeigt sich unter anderem auch daran, daß allein dem Frontabschnitt Schukows sieben Millionen Granaten auf dem Schienenweg zugeführt wurden. Die Russen hielten sich an ihre Zeitvorgaben und eröffneten den Angriff am frühen Morgen des 16. April.

Vier Jahre zuvor, im April 1941, hatte Hitler sich auf die »Operation Barbarossa« vorbereitet. Er hoffte zuversichtlich, die Wehrmacht werde Rußland vor Einbruch des Winters entscheidend besiegen und damit die Voraussetzung für den Aufbau eines nationalsozialistischen Großreichs im Osten schaffen. Selten in der Geschichte haben Hoffnungen sich auf so katastrophale Weise in ihr Gegenteil verkehrt. Von den westlichen Vororten Moskaus, die die deutschen Spitzen im November 1941 erreicht hatten, war der Krieg nach Deutschland zurückgeflutet und näherte sich nun Berlin. Die Soldaten der deutschen Wehrmacht, verstärkt durch Waffen-SS und improvisierte Volkssturmverbände, in denen ältere Männer und Hitlerjungen dienten, kämpften mit dem Mut der Verzweiflung. Millionen von Flüchtlingen aus den Ostgebieten wußten zu berichten, welche Rache die Soldaten der Roten Armee für die dem russischem Volk zugefügten Leiden nahmen. Schilder an den Straßen trugen Aufschriften wie »Nicht vergessen – nicht vergeben« und ermahnten die Rotarmisten, bei der Vergeltung keine Gnade walten zu lassen. Unschuldige wurden getötet, es kam zu Folterungen, Vergewaltigungen, Plünderungen und Bränden, und es stand zu erwarten, daß die Ereignisse erst dann ihren Höhepunkt erreichen würden, wenn die russischen Soldaten Berlin vor Augen hatten, »die Höhle des faschistischen Löwen«. Das ganze deutsche Volk würde jetzt für den Krieg zur Verantwortung gezogen, den Hitler so siegessicher eingeleitet hatte, und für die unvorstellbaren Verbrechen der Nationalsozialisten, an denen sich gewiß nicht alle, aber doch sehr viele Deutsche, die Soldaten der Wehrmacht nicht ausgenommen, beteiligt hatten.

Hitler hatte um diese Zeit, im April 1945, die Kontrolle über das Geschehen längst verloren: Nur unter größten Schwierigkeiten konnte er herausfinden, was draußen vor sich ging. Unfähig, die Situation zu erfassen, verfiel er

Ende März auf die Idee, der sowjetische Aufmarsch östlich von Berlin sei lediglich eine Täuschung, in Wahrheit würden die Russen ihren Hauptstoß weiter südlich führen, in die Tschechoslowakei hinein. So befahl er die Verlegung von SS-Panzerdivisionen von der Oderfront in die Slowakei – derselbe Fehler, den er Monate zuvor mit der Verlegung der Sechsten SS-Panzerarmee nach Ungarn begangen hatte. Seine Anordnungen wurden jetzt in zunehmendem Maße rücksichtsloser, seine Forderungen unerfüllbarer, seine Entscheidungen willkürlicher.

Die letzten Szenen seines Lebens spielten sich im Bunker unter der Reichskanzlei ab, in den Hitler sich nach eigener Aussage zurückzog, um trotz der Luftalarme etwas Schlaf zu finden. In Speers Augen hatte dies auch eine symbolische Bedeutung: »Die Isoliertheit dieser Bunkerwelt, allseits umgeben von Beton und Erde, besiegelte endgültig Hitlers Abgeschlossenheit von der Tragödie, die sich draußen unter freiem Himmel abspielte. Dazu hatte er nun keine Beziehung mehr. Wenn er vom Ende sprach, dann von dem seinen und nicht von dem des Volkes. Er hatte die letzte Station seiner Flucht vor der Wirklichkeit erreicht, einer Wirklichkeit, die er schon in seiner Jugend nicht anerkennen wollte. Damals nannte ich diese unwirkliche Welt ›Insel der Seligen‹.«[47]

An was für Hoffnungen Hitler und seine Getreuen sich um diese Zeit noch klammerten, zeigt sich beispielhaft in ihrer Reaktion auf den Tod Roosevelts am 12. April. Goebbels hatte einige Tage zuvor Hitler aus Carlyles Biographie *Friedrich der Große* jene Passage vorgelesen, die beschreibt, wie der Preußenkönig durch den plötzlichen Tod der Zarin Elisabeth zu einem Zeitpunkt gerettet wurde, da für ihn bereits alles verloren schien. Hitler war tief bewegt gewesen. Daraufhin hatte Goebbels von einem Astrologen, der den Kriegsverlauf erstaunlich genau vorausgesagt haben sollte, ein Horoskop für den »Führer« angefordert. Es verhieß einen großen Erfolg in der zweiten Aprilhälfte, gefolgt von einem Friedensschluß im August. Als Goebbels erfuhr, daß Roosevelt gestorben war, rief er Hitler an und sagte in großer Erregung: »Mein Führer! Ich beglückwünsche Sie! Roosevelt ist tot. In den Sternen steht es geschrieben, daß die zweite Aprilhälfte für uns eine Wendung bringen wird.«[48]

Hitler war nicht minder erregt; doch die Hoffnung währte nicht lange: Der Tod des Präsidenten änderte nicht das geringste an den militärischen Operationen der Alliierten. Die Amerikaner erreichten die Elbe und trafen dort die Russen. Am 16. April starteten Schukow und Konjew ihre Schlußoffensive auf Berlin.

Die deutschen Verteidiger leisteten, obwohl an Zahl und Ausrüstung hoffnungslos unterlegen, erbitterten Widerstand. Die Erste Weißrussische Front Schukows konnte trotz eines Sperrfeuers von 9 000 Geschützen die deutschen Abwehrstellungen nicht bezwingen. Stalin machte ihm heftige Vorwürfe, weil erst vier Tage nach Beginn des Angriffs ein Durchbruch gelang. Am 20. April jedoch standen sowohl Schukows als auch Konjews

In früheren Jahren hatte Hitler die Parade einer scheinbar unbezwinglichen Armee abgenommen, bei der Huldigung des Heeres zu seinem fünfzigsten Geburtstag 1939 ebenso wie nach der triumphalen Rückkehr aus dem eroberten Paris im Juli 1940, als den siegreichen Feldherrn auf der Fahrt vom Anhalter Bahnhof zur Neuen Reichskanzlei mehr als eine Million Menschen umjubelten. Jetzt, im April 1945, schritt er die Front seines letzten Aufgebots ab; halbwüchsige Hitlerjungen, denen er in einer Feuerpause im Hof der Reichskanzlei das Eiserne Kreuz verlieh, während der Reichsjugendführer ihm die Truppe meldete. Aus den Aktionen seiner furchterregenden Kriegsmaschinerie war ein blutiges Indianerspiel geworden.
Auf dem Photo: Hitler am 20. April 1945, rechts neben ihm Reichsjugendführer Arthur Axmann.

Truppen auf dem Boden Berlins und kämpften sich Straße um Straße in Richtung Stadtmitte voran.

An diesem Tag beging Hitler seinen sechsundfünfzigsten Geburtstag. Am Nachmittag empfing er eine Gruppe sechzehnjähriger Hitlerjungen, die sich am Kampf um Berlin beteiligen sollten, und bei der nachfolgenden Besprechung waren letztmals die ranghohen Führer der Partei und die Oberkommandierenden der drei Waffengattungen versammelt. Sie alle rieten Hitler, sich auf den Obersalzberg zurückzuziehen, solange noch Zeit dazu sei. Hitler, der Admiral Dönitz das Oberkommando über den nördlichen Kriegsschauplatz übertragen hatte, behielt sich seine Entscheidung vor.

Am 21. April, während russische Artillerie schon weit in die Hauptstadt hereinschoß, befahl er zur Entlastung der Stadt einen Gegenangriff einer SS-Division unter Obergruppenführer Felix Steiner, eine Operation, in die er überschwenglichste Hoffnungen setzte. Den ganzen 22. April über wartete er ungeduldig auf Nachrichten über Steiners Erfolge. Erst in den Nachmittagsstunden erfuhr er, daß noch kein Entlastungsangriff stattgefunden hatte: Die Aufstellung der Steinerschen Streitmacht sei noch im Gang. Diese Entdeckung führte zu seinem endgültigen Zusammenbruch.

Er vollzog sich in Gestalt eines wilden Wutausbruchs, der alle, die ihn miterlebten, erschütterte und bestürzte. Hitler beschimpfte seine Generäle und brüllte, er sei von Verrätern und Lügnern umgeben; sogar die SS hintergehe ihn. Niemand hatte je erlebt, daß er so vollkommen die Kontrolle über sich verlor. Das Ende sei da, erklärte er, der Krieg verloren; jetzt bleibe nichts als zu sterben. Einmal überkam ihn ein gewaltiger Zitterkrampf, der seinen Körper durchschüttelte, und er schien in Ohnmacht zu fallen. Als er sich wieder gefangen hatte, erklärte er, er werde in Berlin bleiben und sterben. Wer wolle, könne sich in den Süden absetzen; ihn werde man nicht dazu bewegen.

Nachdem Eva Braun erklärt hatte, daß auch sie bleiben wolle, und dafür mit einem Kuß auf den Mund belohnt worden war – eine bei Hitler nie zuvor beobachtete Geste –, ließ Hitler Goebbels kommen. Dieser sagte, er werde ausharren und sich später das Leben nehmen, und auch Frau Goebbels versprach, zu bleiben und ihre Kinder zu vergiften. Um die dafür nötigen Vorbereitungen zu treffen, begaben sich die Eheleute in den Bunker. Zur gleichen Zeit ließ Hitler sich seine Papiere bringen und suchte diejenigen heraus, die verbrannt werden sollten.

Es folgte eine letzte Unterredung mit Keitel und Jodl, die noch einmal versuchten, ihn zur Abreise nach Süddeutschland zu bewegen. Hitler wollte nichts davon hören. Er sei, so erklärte er, körperlich nicht mehr in der Lage zu kämpfen: Er werde in Berlin bleiben, bis alles verloren sei, und sich dann erschießen; weder lebend noch tot wolle er in die Hände des Feindes fallen. Die Generäle wiesen darauf hin, daß das Gros der deutschen Truppen im Süden stehe und daß Verhandlungen, sofern man sie aufnehmen wolle, nur noch von außerhalb Berlins geführt werden könnten. Auch wenn er selber die Hoffnung aufgegeben habe, sei er doch als Oberbefehlshaber der Truppen verantwortlich für alle, die nach seinen Befehlen kämpften. »Es ist einfach unmöglich, daß Sie, nachdem Sie uns so lange geleitet und geführt haben, plötzlich Ihren Stab wegschicken und erwarten, daß er sich selber führe.«

Hitler erwiderte, er habe keine Befehle mehr zu geben; wenn sie Befehle wollten, sollten sie sich an Göring wenden. Sie protestierten und sagten, kein einziger deutscher Soldat werde unter dem Befehl des Reichsmarschalls kämpfen. Hitler entgegnete: »Was heißt: kämpfen!, da ist nicht mehr viel zu kämpfen. Wenn es eine Frage von Verhandlungen ist, dann ist Göring besser als ich.«[49] Jodl immerhin blieb auch jetzt noch so weit der Offizierstradition verhaftet, daß Hitlers Verhalten ihn empörte: Es sei die Pflicht eines Soldaten, allen voran die Pflicht des Oberbefehlshabers, Befehle zu erteilen und Verantwortung zu übernehmen.

Die Atmosphäre im Bunker war in jeder Hinsicht bedrückend, physisch wie psychisch. Die immer rascher erfolgenden Bombenalarme, das Wissen darum, daß die Russen schon in der Stadt waren, die nervliche Erschöpfung, die allgemeine Angst und Verzweiflung: all dies bewirkte eine fast hysterische oder panische Spannung. Sie wurde noch gesteigert durch die Anwesenheit eines Mannes, dessen Stimmung weiterhin unberechenbar und schwankend, ja widersprüchlich blieb.

Seit dem Ausbruch vom 22. April schien Hitler ruhig, sogar leutselig: Er hatte seine Entscheidung getroffen. Er ließ Keitel vor dessen Abflug gen Süden eine Mahlzeit servieren und leistete ihm beim Essen Gesellschaft, kümmerte sich sogar noch darum, daß dem Feldmarschall belegte Brote und eine halbe Flasche Branntwein als Wegzehrung mitgegeben wurden. Am 23. kehrte Speer noch einmal nach Berlin zurück. Getrieben von einem merkwürdigen, ihm selber unerklärlichen Zwang, wollte er Hitler gestehen, daß er seinen Befehl zur rücksichtslosen Zerstörung nicht ausgeführt, ja nach besten Kräften hintertrieben habe – ein Geständnis, das ihn das Leben kosten konnte. Hitler, der jede Gefühlsregung augenscheinlich verloren hatte, hörte ihm unbewegt zu; als Speer geendet hatte, schien er für kurze Zeit von tiefer Bewegung erfaßt, verzichtete aber auf jede Äußerung. Speer schrieb später:»Ich hatte das Gefühl, mit einem bereits Leblosen zu sprechen... Oft habe ich mich seither gefragt, ob er nicht immer instinktiv gewußt habe, daß ich ihm in den letzten Wochen entgegengearbeitet... hatte; auch ob er nicht, indem er mich gegen seine Befehle gewähren ließ, einen neuen Beweis für die Vielschichtigkeit seiner rätselhaften Natur lieferte. Ich werde es nie wissen.«[50]

Speer hatte noch ein zweites Erlebnis, bevor er sich wieder auf den Weg machte. Göring, der sich nach Berchtesgaden zurückgezogen hatte, war in quälende Ungewißheit verfallen, nachdem ihm die Äußerung Hitlers hinterbracht worden war, daß Hitler ihm im Fall von Verhandlungen den Vorzug geben würde. Während seine Umgebung ihm riet, die Gelegenheit zu ergreifen und dem Krieg ein Ende zu machen, fürchtete Göring eine Falle, vor allem von Bormann. Er ließ den Chef der Reichskanzlei, Lammers, jenen Erlaß vom Juni 1941 aus dem Tresor holen, in dem Hitler ihn zu seinem Nachfolger bestimmt hatte. Dann beschloß er, von Hitler über Funk eine Bestätigung einzuholen:»Mein Führer! Sind Sie einverstanden, daß ich nach Ihrem Entschluß, im Gefechtsstand in der Festung Berlin zu verbleiben, gemäß Ihres Erlasses vom 29.6. 1941 als Ihr Stellvertreter sofort die Gesamtführung des Reiches übernehme mit voller Handlungsfreiheit nach innen und außen?«[51] Die Botschaft endete mit einem feierlichen Treuegelöbnis.

Göring bat um eine Antwort bis Mitternacht. Bormann, der seit Jahren auf eine Gelegenheit gewartet hatte, Göring auszuschalten, benutzte diese Formulierung, um Hitler einzureden, bei der Botschaft handele es sich um ein Ultimatum. Nach dem Bericht Speers geriet Hitler darüber in maßlose Erregung, beschimpfte Göring als korrupten Versager und Morphinisten, sagte aber wenig später, von ihm aus könne Göring »über die Übergabe verhandeln. Es spielt ja keine Rolle, wer es tut.«[52]

Die Bemerkung ist aufschlußreich. Offensichtlich war Hitler wütend über Görings Übereifer; denn die Gepflogenheiten einer Diktatur waren nicht einfach aufzugeben. Er stimmte dem Vorschlag Bormanns zu, Göring wegen Hochverrats verhaften zu lassen, ihm alle Ämter abzuerkennen und den Status des »Thronfolgers« zu nehmen; und doch war ihm alles »gleichgültig« geworden. Später, bei den Nürnberger Prozessen, betonte Speer, daß diese verächtliche und ganz beiläufige Bemerkung die volle Geringschätzung in sich trug, die Hitler für das deutsche Volk empfand.

Bedenkt man die außerordentlichen Umstände und die psychische Verfassung Hitlers, so erscheint es wenig sinnvoll, dem, was er im Verlauf jener letzten Tage sagte oder befahl, eine allzu tiefe Bedeutung beizumessen. Wer ihn erlebte, hatte den Eindruck, er sei jener unsichtbaren Grenze, welche die Welt des Gesunden von der der Geistesgestörten trennt, näher gewesen als je zuvor. All seine Äußerungen entsprangen ganz und gar dem Impuls des Augenblicks, und verhältnismäßig besonnene Stimmungen wie die, in der Speer ihn am 23. April antraf, wechselten mit Ausbrüchen wilder Beschuldigungen, mit absurden Hoffnungen und irrwitzig anmutenden Monologen.

Hitler fiel es jetzt schwerer denn je, die Situation außerhalb des Bunkers einzuschätzen. In der Nacht vom 26. zum 27. April schlugen die ersten russischen Granaten in der Reichskanzlei ein. Der Bunker erzitterte, als Teile des massiven Mauerwerks einstürzten. Die Russen waren nur noch etwas mehr als einen Kilometer entfernt, und lediglich eine Handvoll erschöpfter Kompanien, die nach erbitterten Kämpfen eine Straße nach der anderen räumen mußten, standen noch zwischen Hitler und den russischen Eroberern. Aber unverändert phantasierte Hitler von einer Armee unter dem Kommando des Generals Wenck, die von Westen her anmarschieren und Berlin retten sollte. Am 28. schickte er folgenden Funkspruch an Keitel: »Ich erwarte den Entsatz von Berlin. Was macht Heinricis Armee? Wo ist Wenck? Was ist mit der Neunten Armee los? Wann wird Wenck sich mit der Neunten Armee vereinigen?«[53] Die Antwort war leicht. Die Armeegruppe Wenck und die Neunte Armee waren zersprengt worden, und die Armee von Generaloberst Heinrici befand sich auf dem Rückzug gen Westen, um einer Kapitulation vor den Russen zu entgehen.

Am Abend des 28. erhielt Hitler eine Nachricht, die sein Ende vermutlich beschleunigt hat. Es war eine knappe Meldung der britischen Nachrichtenagentur Reuter, die besagte, Himmler habe mit dem schwedischen Grafen Bernadotte über Möglichkeiten einer Beendigung des Krieges auf dem Verhandlungsweg gesprochen.

Himmlers Karriere als Oberbefehlshaber der Heeresgruppe Weichsel war kurz und wenig ruhmreich gewesen. Er konnte die Initiative zu keinem Zeitpunkt zurückgewinnen und startete auch keinen Gegenangriff; statt dessen meldete er sich krank und verbrachte einen zunehmenden Teil seiner Zeit in der Klinik Hohenlychen bei dem SS-Reichsarzt Karl Gebhardt, der angeblich eine Grippe- und Anginainfektion behandeln sollte. Mitte März überredete Guderian ihn, »angesichts der Vielzahl seiner anderen Verantwortlichkeiten« das Kommando zurückzugeben. Zu diesem Zeitpunkt pflegten verschiedene SS-Funktionäre mit Billigung Himmlers bereits seit Monaten Auslandskontakte, über die - so hofften sie - vielleicht Verhandlungen mit den Westalliierten zustande kommen könnten.

So wurde Himmler von mehreren Seiten bedrängt, die Beendigung des Kriegs zu beschleunigen und dadurch die Zukunft der SS zu sichern. Der entschiedenste dieser Mahner war der junge Chef des SD-Auslandsdienstes, Walter Schellenberg. Gemeinsam mit seinem Kameraden Kersten arrangierte er die Zusammenkunft zwischen Himmler und dem Grafen Folke Bernadotte, ein Neffe des schwedischen Königs und Vizepräsident des schwedischen Roten Kreuzes, die am 19. Februar 1945 in Hohenlychen stattfand. Dabei machte Himmler auf seinen Gesprächspartner einen höchst nervösen und unschlüssigen Eindruck. Er habe Hitler den Treueeid geschworen, erklärte er, als Soldat und Deutscher sei er nicht in der Lage, diesen Eid zu brechen und Maßnahmen einzuleiten, die den Absichten seines »Führers« zuwiderlaufen würden.[54] Bernadotte suchte Himmler im Lauf des April ein zweites und drittes Mal auf. Doch beide Male wollte Himmler sich nicht verbindlich äußern.

Dann jedoch hörte er von den dramatischen Szenen des 20. April und von der Aussage, der Krieg sei verloren und er, Hitler, werde unter den Trümmern Berlins sterben. Er reagierte darauf mit ähnlichem Unverständnis wie Göring. »Alle sind verrückt in Berlin«, erklärte er. »Was soll ich machen?« Auch er kam zu dem Schluß, die Treue zu Hitler sei jetzt nicht mehr unvereinbar mit Bemühungen um eine Beendigung des Krieges, aber anders als Göring war Himmler klug genug, seine Schritte im geheimen einzuleiten.

In der Nacht vom 23. auf den 24. April, während Hitler in Berlin über den »Verrat« Görings wütete, reiste Himmler in Begleitung Schellenbergs nach Lübeck, um dort im schwedischen Konsulat nochmals mit Graf Bernadotte zusammenzutreffen. Dieses Mal war Himmler bereit, seine Ansichten offen darzulegen. Er halte es für möglich, erklärte er Bernadotte, daß Hitler bereits tot sei, und auch anderenfalls werde er wohl nur noch wenige Tage am Leben sein. »In der Lage, die nun entstanden ist«, fuhr er fort, »habe ich freie Hand. Um möglichst große Teile Deutschlands vor der russischen Invasion zu bewahren, bin ich bereit, an der Westfront zu kapitulieren, damit die Truppen der Westmächte so schnell wie möglich nach Osten vorrücken können. Dagegen bin ich nicht bereit, an der Ostfront zu kapitulieren.«[55]

Bernadotte zeigte sich schließlich bereit, diesen Vorschlag über das schwedische Außenministerium weiterzuleiten, während Himmler, der sich bereits als Nachfolger Hitlers sah, Überlegungen darüber anstellte, welche Männer er als Minister in seine neue Regierung berufen würde. Doch wie Bernadotte es vorausgesagt hatte, lehnten die Westalliierten jeden Gedanken an einen Separatfrieden ab und bestanden auf einer bedingungslosen Kapitulation. Unterdessen waren in der Londoner und New Yorker Presse Meldungen über die Himmlerschen Friedenssondierungen erschienen. Als Hitler davon erfuhr, war er außer sich. »Er wurde purpurrot, und sein Gesicht war fast unkenntlich. Nach einem längeren Wutausbruch versank er in dumpfes Schweigen, und eine Zeitlang war im Bunker kein Laut zu hören.«[56] Göring hatte wenigstens um eine Genehmigung gebeten, ehe er in Verhandlungen eintreten wollte; Himmler dagegen, der »treue Heinrich«, dessen Loyalität Hitler stets unbezweifelbar erschienen war, hatte nichts von seinen Absichten gesagt. Himmlers Verrat traf ihn über alle Maßen, und es war wohl diese Enttäuschung, die Hitler bewog, sich nun wirklich das Leben zu nehmen. Daß er dazu entschlossen sei, hatte er schon am 22. April verkündet, doch war damals unklar geblieben, wann er seinen Entschluß in die Tat umsetzen werde.

Zuerst allerdings sollte Himmler bestraft werden; Bormann, der zuvor bereits für die Verhaftung Görings gesorgt hatte, durfte zu seiner Genugtuung jetzt auch Himmler alle Ämter und »Erbansprüche« aberkennen. Himmlers Verbindungsoffizier in der Reichskanzlei, Fegelein, war schon vorher bei dem Versuch ertappt worden, heimlich und in zivilem Aufzug den Bunker zu verlassen – offensichtlich hatte er fliehen wollen, bevor das Ende kam. Es nützte ihm nichts, daß er mit Eva Brauns Schwester Gretel verheiratet war. Man verhörte ihn, um zu erfahren, was er über Himmlers verräterische Geheimverhandlungen wußte; anschließend wurde er im Hof der Reichskanzlei erschossen.

Es war nicht einfach, Himmler ausfindig zu machen. Hitler befahl Generaloberst Robert Ritter von Greim, den er nach Berlin beordert hatte, um ihn als Nachfolger Görings zum Oberbefehlshaber der Luftwaffe und zum Generalfeldmarschall zu ernennen, er solle um jeden Preis versuchen, aus Berlin herauszukommen und für die Verhaftung Himmlers zu sorgen. Mit bebender Stimme rief Hitler aus: »Ein Verräter darf nicht mein Nachfolger als Führer sein. Sorgt dafür, daß er es nicht sein wird!«[57]

Greim machte sich in den ersten Stunden des 29. April in tiefster Nacht auf den Weg. Kurz darauf, zwischen ein und drei Uhr morgens, heiratete Hitler Eva Braun. Nach der Trauungszeremonie trank man Champagner und unterhielt sich wehmütig über die alten Zeiten – zugegen waren noch einige persönliche Bedienstete Hitlers sowie seine beiden Trauzeugen Bormann und Goebbels –, bis Hitler sich mit einer Sekretärin zurückzog, um sein letztes politisches und persönliches Testament zu diktieren.

Anders als Mussolini, der sein Leben als gebrochener Mann beendete, als ein Flüchtling ohne erkennbare Ähnlichkeit mit jenem »Duce«, der sich in theatralischer Pose gebärdet hatte, setzte Hitler seinem Leben selber ein Ende, trotzig, ohne ein Wort des Bedauerns oder der Zerknirschung und noch ganz im Bewußtsein seiner Auserwähltheit und seiner schicksalhaften Mission. Auch jetzt noch scheint er in seinem Scheitern kein persönliches Versagen gesehen zu haben, sondern die Schuld all der anderen, die ihre Pflicht nicht erfüllt hatten. Noch im Angesicht des Todes und des Untergangs blieb er derselbe engstirnige und bis zum Wahnsinn von sich überzeugte Mann, der zwanzig Jahre zuvor *Mein Kampf* geschrieben hatte, ein Buch, das das meiste von dem enthält, was er in seinem politischen Testament zur allgemeinen Kenntnis gab.

Und wie immer war auch seine letzte Botschaft nicht frei von Lügen. Ungeachtet des Umstandes, daß er die Verantwortung für die kämpfenden und sterbenden Frontsoldaten und für das Volk, das zu lieben er beteuerte, in diesen Momenten aus den Händen gab, erklärte er seinen Selbstmord zu einem Akt nationalsozialistischen Kampfgeists:»Die Führer der Armeen, der Marine und der Luftwaffe bitte ich, mit äußersten Mitteln den Widerstandsgeist unserer Soldaten im nationalsozialistischen Sinne zu verstärken, unter dem besonderen Hinweis darauf, daß auch ich selbst, als der Gründer und Schöpfer dieser Bewegung, den Tod dem feigen Absetzen oder gar einer Kapitulation vorgezogen habe... Aus dem Opfer unserer Soldaten und aus meiner eigenen Verbundenheit mit ihnen bis in den Tod wird in der deutschen Geschichte so oder so einmal wieder der Samen aufgehen zur strahlenden Wiedergeburt der nationalsozialistischen Bewegung.«[58]

Im zweiten Teil des Testaments gab er seine personellen Beschlüsse bekannt: Er stieß Göring und Himmler aus der Partei und allen ihren Staatsämtern aus. Überraschenderweise sollte Großadmiral Karl Dönitz das Amt des Reichspräsidenten und Oberbefehlshabers der Wehrmacht übernehmen – eine letzte Herabsetzung des Heeres, und Hitler ließ es sich nicht nehmen, für Dönitz ein vollständiges Kabinett zusammenzustellen. Goebbels und Bormann ernteten den Lohn für ihre Treue: Ersterer wurde zum neuen Reichskanzler bestimmt, letzterer zum Parteiminister. Im Schlußabsatz des Testaments kehrte Hitler dann noch einmal zur frühesten seiner wahnwitzigen Obsessionen zurück:»Vor allem verpflichte ich die Führung der Nation und die Gefolgschaft zur peinlichen Einhaltung der Rassegesetze und zum unbarmherzigen Widerstand gegen den Weltvergifter aller Völker, das internationale Judentum.«[59]

Sein gleichzeitig aufgesetztes persönliches Testament war kürzer und unpathetischer. Während er in den Jahren des Kampfes die Verantwortung für eine Ehe nicht habe auf sich nehmen können, sei er nunmehr zu dem Entschluß gelangt, »jenes Mädchen zur Frau zu nehmen, das nach langen Jahren treuer Freundschaft aus freiem Willen in die schon fast belagerte Stadt hereinkam, um ihr Schicksal mit dem meinen zu teilen«. Was er besaß, sollte an die Partei fallen oder, falls diese nicht mehr existierte, an den Staat – mit Ausnahme seiner Gemäldesammlung, die den Grundstock für den

In Hitlers letzten Stunden im Bunker unter der Reichskanzlei breitete sich in seiner Umgebung sonderbar heitere Weltuntergangsstimmung aus. Vergeblich schickte Hitler seine Adjutanten nach oben und ließ um Ruhe bitten. Dort nämlich scheint in dieser Stunde des Untergangs eine Orgie stattgefunden zu haben; alkoholisierte SS-Männer tanzten mit den Sekretärinnen der Reichskanzlei zu englischen Shanties, während die Stoßtrupps der Roten Armee, nur wenige hundert Meter entfernt, sich voranarbeiteten.
Auf dem Photo: Hitler mit seinem Adjutanten, dem SS-Obergruppenführer Julius Schaub, vor den Trümmern der Reichskanzlei. Das Bild gilt als die letzte Aufnahme des Diktators.

Aufbau einer Galerie in seiner Heimatstadt Linz bilden sollte. Er bestimmte Bormann zu seinem Testamentsvollstrecker und ermächtigte ihn, die Erbmasse unter den verschiedenen Verwandten und Mitarbeitern aufzuteilen.

Während Hitler sich ins Schlafzimmer zurückzog, verfaßte Goebbels einen letzten Beitrag zur nationalsozialistischen Legende, einen »Zusatz zum Politischen Testament des Führers«. Seit Tagen hatte er überschwenglich davon gesprochen, daß der Nationalsozialismus sich einen Platz in der Geschichte erobert hätte. »Meine Herren«, hatte er am 17. April in einer Besprechung im Propagandaministerium erklärt, »in hundert Jahren wird man einen schönen Farbfilm zeigen über die schreckliche Zeit, die wir jetzt durchmachen. Wollen Sie nicht eine Rolle in diesem Film spielen? Halten Sie jetzt durch, damit das Publikum in hundert Jahren nicht buht und pfeift, wenn Sie auf der Leinwand erscheinen.«[60] Sein propagandistisches Talent, sein Sinn für Effekte verließ Goebbels nicht. Gegen den Befehl Hitlers bestand er darauf, an der Seite seines »Führers‹ zu bleiben, und schloß seinen »Nachruf« mit dem Versprechen, »ein Leben zu beenden, das für mich persönlich keinen Wert mehr besitzt, wenn ich es nicht im Dienst für den Führer und an seiner Seite zum Einsatz bringen kann«.

Bevor Kopien des Dokuments auf den Weg zu Dönitz' Hauptquartier gebracht wurden, fügte Hitler noch eine letzte Botschaft für die Wehrmacht an. Wenn es ihm trotz aller Opfer, so schrieb er, nicht vergönnt gewesen sei, die deutschen Armeen zum Sieg zu führen, dann weil »Treulosigkeit und Verrat ... die Widerstandskraft während des ganzen Krieges untergraben« hätten. Die Juden hatten den Krieg begonnen, der Generalstab ihn verloren. Hitler selber fühlte sich an beidem unschuldig, und doch bekräftigte er in seinem allerletzten Wort seine ursprünglichen Absichten: »Es muß weiter das Ziel sein, dem deutschen Volk Raum im Osten zu gewinnen.«[61]

Im Verlauf des 29. April trafen Berichte über das Ende Mussolinis ein. Auch er war an der Seite seiner Geliebten, Clara Petacci, gestorben. Italienische Partisanen hatten die beiden am Comer See aufgegriffen, sie erschossen und ihre Leichen in Mailand auf der Piazzale Loreto an den Füßen aufgehängt.

Hitler hatte nicht die Absicht, sich auf diese Weise zum Schauobjekt machen zu lassen, weder tot noch lebendig. Am 30. verabschiedete er sich von seinen Mitarbeitern und nahm mit seinen Sekretärinnen und seiner Köchin ein stilles Mahl ein. Danach wies er seinen Chauffeur an, zweihundert Liter Benzin zu besorgen und in den Garten über dem Bunker zu bringen. Im Beisein seiner Frau fanden einige weitere Verabschiedungen statt, woraufhin das Paar sich in die Wohnung des »Führers« zurückzog.

Die Wartenden hörten einen Schuß. Als sie das Zimmer betraten, fanden sie Hitler tot auf das Sofa hingesunken; er hatte sich in die Schläfe geschossen. Seine Frau lag neben ihm – sie hatte Gift genommen.

Hitlers Anweisungen für die Beseitigung der Leichen wurden aufs Wort befolgt. Man schaffte sie nach oben und legte sie nebeneinander in eine flache Vertiefung im Garten. Ungeachtet der russischen Granaten, die in die Reichskanzlei einschlugen, übergossen Hitlers SS-Adjutant, sein Kammerdiener und sein Chauffeur die Leichen mit Benzin und setzten sie in Brand. Während die Flammen aufloderten, nahm die kleine Trauergruppe im Bunkereingang Haltung an und hob die Arme zum Hitlergruß. Die verkohlten Reste wurden später auf ein Stück Zeltplane gescharrt; über das Ganze wurde eine Schicht Erde gedeckt und festgestampft. Es war auf den Tag genau zwölf Jahre und drei Monate her, daß Hitler sich, eben zum Kanzler des Deutschen Reichs gekürt, der jubelnden Menschenmenge gezeigt hatte.

Noch am Abend desselben Tages hißte ein Sowjetsoldat auf der Spitze des Reichstagsgebäudes die rote Fahne der Sieger.

Der Reichstag, im Februar 1933 abgebrannt, war für die Dauer des Dritten Reiches eine Ruine gewesen. Aber merkwürdigerweise war für die Russen nicht Hitlers Lieblingsbau, die von Speer 1938 erbaute Reichskanzlei, oder das jahrhundertealte Schloß der preußischen Könige und deutschen Kaiser das Symbol des besiegten Reiches. Stalin selber scheint Marschall Schukow den Befehl gegeben zu haben, die Fahne von Hammer und Sichel auf der Spitze des Reichstages aufzupflanzen.

Nachdem Hitler tot war, brach der Bann, den er bis zuletzt auf seine Umgebung ausgeübt hatte. In der Nacht vom 1. auf den 2. Mai unternahm eine größere Gruppe seiner Getreuen einen Ausbruchsversuch aus dem Bunker, und überraschend viele kamen tatsächlich durch. Einer davon war Bormann, von dem man lange Zeit angenommen hat, daß ihm die Flucht gelungen sei. Doch 1972 wurde in der Nähe des Bunkers ein Skelett ausgegraben, und 1974 ließ sich mit Hilfe von Schädel- und Gebißvergleichen beweisen, daß es tatsächlich von Bormann stammte.

Goebbels war nicht unter denen, die auszubrechen versuchten. Nachdem er seinen sechs Kindern Gift verabreicht hatte, stieg er mit seiner Frau die Treppe zum Bunkergarten hinauf, dort ließen sie sich von einem SS-Wachmann erschießen. Die Leichen wurden mit Benzin getränkt und angezündet, aber sie verbrannten nicht vollständig; die Russen entdeckten sie am nächsten Tag, nachdem General Tschuikow, der heroische Verteidiger Stalingrads, die Kapitulation Berlins entgegengenommen hatte.

Lange behaupteten die Russen, Hitlers sterbliche Überreste seien nie gefunden worden. Stalin selber äußerte gegenüber Harry Hopkins, die Berichte über das Ende erschienen ihm dubios. Bis 1968 hielt man offiziell daran fest, daß Hitler entkommen und zusammen mit Bormann untergetaucht sei, dann aber veröffentlichte ein sowjetischer Journalist namens Lew Besymenski ein Buch, in dem er belegte, daß man die Überreste der Leichen in der Tat dort gefunden hatte, wo sie am 30. April verscharrt worden waren, und daß eine Autopsie durchgeführt worden war. Die Darstellung wurde mit Skepsis aufgenommen, weil die verkohlten Leichenreste nach der Autopsie wiederum verbrannt worden waren und nur noch photographisches Beweismaterial existierte. Doch durch einen Zufall waren darunter auch Bilder von den Zahnreihen der Toten; sie wurden 1972 zu einem Vergleich mit 1943 angefertigten Röntgenbildern von Hitlers Kopf herangezogen. Er fiel positiv aus.

Weshalb die sowjetischen Behörden erst nach dreiundzwanzig Jahren bekanntgaben, daß Hitlers Leichnam gefunden worden war, konnte bislang nicht geklärt werden. Sollte Stalin befürchtet haben, Hitler könnte doch wieder auftauchen, oder jemand könnte durch ein deutsches Gegenstück zur Napoleon-Legende den Nationalsozialismus zu neuem Leben erwecken wollen? Jedenfalls zeigte sich bald, daß die Angst unbegründet war. Die Bemühungen von Dönitz, eine Kapitulation Deutschlands abzuwenden, waren vergeblich. Am 7. Mai unterzeichneten General Jodl und Admiral von Friedeburg die bedingungslose Kapitulation aller deutschen Streitkräfte.

Das Dritte Reich überlebte seinen Begründer gerade um eine Woche; der Hitler-Mythos starb mit ihm.

19. Kapitel

Stalins neue Ordnung

Stalin 1945–1953

Mit Deutschlands Niederlage und Hitlers Tod hatte die Große Allianz von 1941 bis 1945 ihr Ziel erreicht. Ihre Unvollkommenheiten sind inzwischen weithin bekannt; und doch hat sie so viel Gemeinsamkeit hervorgebracht und den entscheidenden Sieg im größten aller Kriege errungen, daß sie als eines der erfolgreichsten Bündnisse in die Geschichte einging. Denn die Geschichte der Bündnisse ist nicht sehr ermutigend; wenige haben mehr, die meisten viel weniger erreicht.

Mit Hitlers Selbstmord verschwand jedoch der wichtigste Faktor, der die Allianz zusammenhielt. Wie zerbrechlich das gegenseitige Vertrauen zwischen ihren Mitgliedern bereits vor Ende des Krieges war, zeigen die Vorwürfe, die Stalin weniger als einen Monat nach der Begegnung in Jalta gegen Churchill und Roosevelt vorbrachte und die diese vehement zurückwiesen. Die Konsultation zwischen Molotow und den beiden Botschaftern in Moskau über die Verbreiterung der Provisorischen Regierung Polens geriet zu einem quälend langen Streit über die Auslegung ihrer Richtlinien. Dieser wurde im März überschattet von einer viel größeren Auseinandersetzung um die Geheimkontakte zwischen dem SS-General Wolff und dem Kommando der Alliierten in Italien. Man hatte die Russen davon informiert, und sowjetische Offiziere waren zur Teilnahme aufgefordert worden. Als jedoch ein deutscher Bevollmächtigter im Hauptquartier der Alliierten auftauchte, forderte Molotow, die Gespräche in der Schweiz müßten sofort abgebrochen werden. Er behauptete, Verhandlungen hätten hinter dem Rücken der UdSSR stattgefunden. Dies war kein »Mißverständnis« mehr, sondern mußte als »etwas Schlimmeres« eingestuft werden. Zur gleichen Zeit wurden die Alliierten davon informiert, daß Molotow nicht an der Konferenz von San Francisco teilnehmen werde, wo die künftige Weltorganisation, die Vereinten Nationen, gegründet werden sollten. Stalin, der zunächst Eisenhowers Ansicht, Berlin sei nur von zweitrangiger Bedeutung, unterstützt und zugestimmt hatte, den Hauptstoß der Sowjetarmee in den Raum Leipzig-Dresden zu richten und sich dort mit den Alliierten zu vereinigen, hatte inzwischen insgeheim Schukow und Konjew angewiesen, die deutsche Hauptstadt um jeden Preis als erste einzunehmen.

Stalins Vorwürfe, seine Verbündeten verfolgten böse Absichten, erreichten einen Höhepunkt in seiner Botschaft vom 3. April an Präsident Roosevelt: »Sie halten daran fest, daß noch keine Verhandlungen stattgefunden haben. Das läßt fast vermuten, daß Sie noch nicht voll informiert worden sind... Was meine militärischen Kollegen anbelangt, bezweifeln sie aufgrund ihrer Unterlagen nicht im geringsten, daß die Verhandlungen zu einem Abkommen mit den Deutschen geführt haben, in dem der deutsche

Befehlshaber an der Westfront, Generalfeldmarschall Kesselring, sein Einverständnis erklärt hat, seine Front zu öffnen und den anglo-amerikanischen Truppen den Vormarsch nach Osten freizugeben, wofür ihm die Anglo-Amerikaner eine Erleichterung der Friedensbedingungen versprochen haben. Ich glaube, daß meine Kollegen der Wahrheit nahe sind ... Als Endergebnis haben die Deutschen im gegenwärtigen Moment an der Westfront den Krieg gegen England und die Vereinigten Staaten praktisch eingestellt. Gleichzeitig setzen die Deutschen den Krieg gegen Rußland, den Bundesgenossen Englands und der Vereinigten Staaten fort.« Roosevelt wies in seiner von General Marshall entworfenen Antwort die Anschuldigungen scharf zurück und schloß mit einem Absatz, der nach Churchills Meinung vom Präsidenten selbst angefügt worden war und den auch er unterstützte: »Offen gesagt, ich kann mich eines bitteren Gefühls gegen Ihre Gewährsleute, wer immer sie seien, nicht erwehren, haben sie doch die Handlungen der mein Vertrauen genießenden Untergebenen und meine eigene Haltung in niederträchtiger Weise verdreht.«[1]

Die Berichte erwiesen sich als haltlos, und Roosevelts scharfe Reaktion ließ Stalin offenbar erkennen, daß er zu weit gegangen war. Ohne die Vorwürfe zurückzunehmen, erwiderte er, er habe nicht die Absicht gehabt, mit seinen »offenen Worten« jemanden zu verletzen. Roosevelt akzeptierte das am 12. April, womit die Angelegenheit erledigt war.

Am selben Tag starb der amerikanische Präsident, und alles weist darauf hin, daß Stalin und Molotow darüber aufrichtig bestürzt waren. Mit seinem Tod verloren sie einen Politiker, der alles getan hatte, um ein vertrauensvolles Verhältnis zur sowjetischen Führung aufzubauen, und Stalin stimmte zu, daß Molotow nun doch – gleichsam als Geste der Anteilnahme – an der Konferenz von San Francisco teilnehmen sollte. Dies war eine Gelegenheit, um einen Eindruck von Roosevelts unbekanntem Nachfolger, Vizepräsident Truman, zu gewinnen. Zugleich wurden die sowjetischen Ansprüche unablässig weiter abgesteckt: Ohne Rücksicht auf Verluste stießen die sowjetischen Truppen so weit wie möglich nach Westen vor. Nach der Eroberung Wiens und der Kapitulation Berlins stellte Marschall Konjew auf Stalins ausdrücklichen Befehl sicher, daß am 8. Mai nicht amerikanische, sondern sowjetische Truppen Prag befreiten.

Als Churchill sah, wie die geschichtsträchtigen Hauptstädte Mitteleuropas eine nach der anderen fielen, schrieb er seinem Außenminister Eden (der sich damals in den USA aufhielt), daß die Aussicht wie ein Alptraum auf ihm laste, ganz Europa östlich einer Linie von Lübeck bis Triest könnte unter die Vorherrschaft Rußlands fallen – »ein Ereignis in der Geschichte Europas, für das es keine Parallele gibt«.[2]

Um dem Vorwurf einer kommunistischen Machtübernahme zu entgehen, achtete Stalin in diesem Stadium darauf, daß die mit sowjetischer Zustimmung neugebildeten Regierungen Koalitionen mit bürgerlichen und Bauernparteien waren, in denen die Kommunisten Schlüsselministerien innehatten, zum Beispiel das Ministerium des Inneren, das auch die Polizeigewalt ausübte. In der ungarischen Regierung waren zum Beispiel vier nichtkommunistische Parteien vertreten, und nur zwei Ministerien waren von den Kommunisten besetzt. In Bulgarien entstand eine ähnliche Koalition unter dem Dach der Vaterländischen Front.

Im März 1945 ging man in drei weiteren Ländern nach dem gleichen Schema vor. Auf Betreiben der Sowjetunion und auch Großbritanniens nahm Tito den Exil-Ministerpräsidenten Subasic und fünf weitere nichtkommunistische Minister aus der Emigration in die siebenundzwanzigköpfige Volksfrontregierung auf. Als sie feststellten, daß sie über keinerlei Macht verfügten, und deshalb im Sommer zurücktraten, beschuldigte sie Tito, sie hätten hinterhältig versucht, eine ausländische Intervention zu provozieren. In Rumänien sah sich König Michael nach kommunistischen Demonstrationen und einem Ultimatum Wyschinskis, nunmehr stellvertretender Außenminister der Sowjetunion, gezwungen, die Regierung Radescu zu entlassen und eine Regierung der Nationaldemokratischen Front unter Groza einzusetzen, in der die Kommunisten das Innenministerium und zwei weitere Ressorts erhielten. In der Tschechoslowakei mußte der aus London zurückkehrende Präsident Benes eine in Moskau gebildete Volksfrontregierung mit Fierlinger (dem prokommunistischen tschechischen Botschafter in der UdSSR) als Ministerpräsident sowie Vertretern von vier tschechischen und zwei slowakischen Parteien akzeptieren. Die Kommunisten erhielten das Innenministerium, wodurch sie Polizei und Armee kontrollierten, die in der Sowjetunion ausgebildet waren, und drei weitere Schlüsselministerien – für Landwirtschaft (Bodenreform), Information und Bildung.

Der Prüfstein war jedoch nach wie vor Polen. Das von der Sowjetunion eingesetzte Regime stieß auf mehr Widerstand, als die Russen erwartet hatten. So luden sie im März sechzehn Führer des polnischen Untergrundes ein, um zu beraten, wie die Beziehungen verbessert werden könnten. Nachdem sie Sicherheitsgarantien erhalten hatten, begaben sie sich ins Hauptquartier Marschall Schukows. Seitdem wurden sie nicht mehr gesehen, und Nachfragen nach ihrem Schicksal blieben unbeantwortet.

Ende April schrieb Churchill einen langen, leidenschaftlichen Brief an Stalin. Er erklärte, Großbritannien werde niemals eine polnische Regierung unterstützen, die der Sowjetunion feindlich gesinnt sei, andererseits seien die Briten 1939 schließlich wegen Polen in den Krieg gezogen. »Wir könnten uns nie mit einem Kriegsende abfinden, das Polen, unbeschadet einer echten Freundschaft mit Rußland, nicht volle Freiheit, Unabhängigkeit und Souveränität brächte. Und darauf, glaube ich, hätten wir uns in Jalta geeinigt.« Churchill schloß seinen Brief mit den Worten: »Eine Zukunft, in der Sie und alle von Ihnen beherrschten Länder und dazu die kommunistischen Parteien in vielen Staaten auf einer Seite stehen und auf der anderen Seite die Nationen, die sich um die Englisch sprechenden Völker und ihre

Dominien scharen, gewährt keinen sehr erfreulichen Ausblick. Es ist ganz offenbar, daß ein solcher Gegensatz die Welt in Stücke reißen würde... Ja sogar eine lange Periode des Argwohns, der Beschimpfungen und Gegenbeschimpfungen und politischer Gegensätze wäre eine Katastrophe für die Wohlfahrt der großen Massen in aller Welt.«[3]

Stalins Antwort war unnachgiebig und zeigte, wie tief die Kluft zwischen ihnen bereits war. Vor allem Polens einzigartige Position als Nachbar der Sowjetunion und Schlüssel zu ihrer Sicherheit müsse in Betracht gezogen werden. Es genüge nicht, bei den Konsultationen solche Personen als Mitglieder der polnischen Regierung vorzuschlagen, die »nicht grundsätzlich antisowjetisch« seien. »Wir bestehen darauf und werden daran festhalten, daß zu den Verhandlungen über die Bildung der künftigen polnischen Regierung nur Männer zugezogen werden, die ihre freundliche Einstellung zur Sowjetunion durch die Tat bewiesen haben und aufrichtig und ehrlich willens sind, mit dem Sowjetstaat zu kooperieren.« Stalin teilte Churchill mit, die vermißten sechzehn Polen seien festgenommen worden, weil sie versucht hätten, die Sicherheit der Roten Armee zu untergraben. Sie würden vor Gericht gestellt. Er schloß mit den Worten, da Großbritannien der Provisorischen Regierung als Grundlage einer künftigen polnischen Regierung nach dem Tito-Subasic-Modell in Jugoslawien nicht zustimme, müsse er »ganz offen sagen, daß eine solche Haltung die Möglichkeit einer gemeinsamen Lösung der polnischen Frage ausschließt«.[4]

Weitere Differenzen wegen Titos Versuch, Triest einzunehmen, und die Vorbereitungen auf die gemeinsame Besetzung Österreichs vergrößerten noch Churchills Sorge über die Zukunft Europas und veranlaßten ihn, darauf zu dringen, daß die britischen und amerikanischen Streitkräfte, die die mit der Sowjetunion vereinbarte Demarkationslinie in Deutschland überschritten hatten, nicht zurückgezogen würden, bis eine Begegnung und Auseinandersetzung mit Stalin stattgefunden hatte. Es ist zweifelhaft, ob ein solcher Vorschlag in Großbritannien viel Unterstützung gefunden hätte. Zu einer Zeit, da Japan noch nicht besiegt war, fand er in Washington kaum Anklang. Statt dessen setzte Truman große Hoffnungen in einen Besuch von Harry Hopkins, Roosevelts persönlichem Abgesandten, in Moskau, der die Beziehungen zu Stalin verbessern sollte. Churchill beugte sich widerwillig der Entscheidung des Präsidenten, die amerikanischen und britischen Truppen in die vereinbarten Besatzungszonen zurückzuziehen, bevor es zu dem Dreiertreffen kam.

Stalin gab sich die größte Mühe, seinen Besucher mit allen Ehren zu empfangen und Churchills Abwesenheit zu nutzen. Ab Ende Mai nahm er sich Zeit für sechs Gespräche im Kreml mit Hopkins und Botschafter Harriman, die bis zu vier Stunden dauerten. Die Diskussionen waren ungezwungen und entspannt, Stalin freundlich und einsichtig, aber unnachgiebig in Fragen, die er für wichtig hielt. Für die entstandenen Schwierigkeiten gab er Churchill die Schuld: »Großbritannien wollte das System eines *cordon sani-*

taire an den sowjetischen Grenzen wiederbeleben.« Wäre Churchill dabeigewesen, so hätte er erwidern können, Stalin selbst versuche eben dies zu
tun; aber Hopkins war gekommen, um die sowjetisch-amerikanischen
Beziehungen zu retten, und so ließ er die Beschuldigung unbeantwortet. Er
gab Stalin wiederholt zu verstehen, Polen »sei nicht wichtig als solches«,
sondern nur als Problem in den Beziehungen zwischen den beiden Großmächten. Dann könnte es ja leicht gelöst werden, erwiderte Stalin. Er bot
vier oder fünf Sitze im polnischen Kabinett von insgesamt zwanzig Ministern für Personen an, die keine Verbindungen zur gegenwärtigen Warschauer Gruppe hatten (erneut das jugoslawische Modell). Er versicherte
Hopkins, daß Redefreiheit und alle anderen demokratischen Freiheiten
gewährt würden, außer natürlich für faschistische Parteien. Hopkins war
über Polen nicht gründlich informiert. Wie Robert Sherwood, der Herausgeber seines Nachlasses, sagt, »kannte er Namen wie Mikolajczyk oder
Lange, aber als andere genannt wurden, wußte er nichts Näheres über deren
Hintergrund oder Verläßlichkeit«. Sie klangen gut. Als er versuchte, von
Stalin die Freilassung der sechzehn inhaftierten Politiker zu erwirken,
schüttelte dieser den Kopf. Er könne nicht in ein schwebendes Verfahren
eingreifen, hoffe aber, daß sie keine allzu langen Haftstrafen erhalten würden.

Während Hopkins über Stalins Vorschlag berichtete, wiederholte dieser
die Taktik, die sich bereits in Jalta als erfolgreich erwiesen hatte. Auf der
Konferenz von San Francisco hatte sich die sowjetische Delegation erneut
gegen den Abstimmungsmodus im Sicherheitsrat gewandt, den die Amerikaner in Jalta bereits geklärt zu haben glaubten. Auf Weisung aus Washington brachte Hopkins die Enttäuschung der USA zum Ausdruck und bat Stalin, seine Haltung noch einmal zu überdenken. Stalin sagte: »Molotow ist
kein Problem.« Falls eine erneute Prüfung der Dokumente seine Auffassung bestätigen sollte, werde er noch am selben Abend ein Telegramm
schicken. Das Telegramm wurde abgesandt, und nach Berichtigung der
sowjetischen Haltung konnte die UNO-Charta zur großen Erleichterung
der Amerikaner angenommen werden. Harriman bemerkte dazu, wenn
man mit den Sowjets Geschäfte mache, müsse man sich darauf einstellen,
dasselbe Pferd zweimal zu kaufen.

Hopkins' Gespräche endeten ohne greifbares Ergebnis, nachdem man
den ganzen Katalog der sowjetischen Beschwerden über die westlichen Verbündeten durchgegangen war – die abrupte Aussetzung des Lend-Lease-
Act (was eiligst wieder rückgängig gemacht wurde), China, Japan und
Deutschland – wozu Stalin bemerkte: »Nach meiner Meinung ist Hitler
nicht tot, sondern hält sich irgendwo versteckt«. Aber der Versuch war nicht
vergeblich: Ohne daß allzu viele Worte gemacht wurden, zeichnete sich
eine Übereinkunft ab. Stalin setzte sich hinsichtlich der Verfahrensweise im
Sicherheitsrat über Molotow hinweg, Truman und Churchill akzeptierten
das sowjetische Angebot, das auch für Mikolajczyk einen Kabinettsposten

als Vizepremier vorsah, als die beste erreichbare Lösung und erkannten die Warschauer Regierung an.[5] So hatte Stalin bereits vor der Begegnung der Führer der drei Großmächte in Potsdam im Juli 1945 mit Beharrlichkeit und diplomatischem Geschick die Gegenkräfte niedergerungen und erreicht, daß seine Verbündeten, die in Jalta bereits die Ostgrenze Polens akzeptiert hatten, nun auch seiner zweiten Forderung im Zusammenhang mit Polen zustimmten und die Art Regierung anerkannten, die er 1943 in Teheran erstmals erwähnt hatte. Es blieb ihm noch, eine Vereinbarung zum dritten Punkt, Polens Westgrenze, zu erreichen.

Das letzte Gipfeltreffen fand vom 16. Juli bis zum 2. August 1945 in Potsdam statt. An Roosevelts Stelle waren Truman und sein Außenminister Byrnes getreten. Als Ergebnis der britischen Unterhauswahlen wurden mitten in der Konferenz auch Churchill und Eden von Attlee und Bevin abgelöst, so daß Stalin von dem ursprünglichen Triumvirat als einziger übrigblieb. Im zerbombten Berlin fand sich kein Ort für die Durchführung der Konferenz, und der erste Besuch des besiegten Landes brachte den Siegern die schrecklichen Schäden zum Bewußtsein, die fünfeinhalb Jahre Krieg von der Wolga bis zu den französischen Atlantikhäfen und bis nach London angerichtet hatten. Wie solche in der Geschichte der Menschheit bisher unvorstellbaren Zerstörungen jemals wieder beseitigt werden könnten – diese Frage lastete schwer auf allen Anwesenden. Dazu kam die geschätzte Zahl von vierzig Millionen Menschenleben, die der Krieg in Europa gekostet hatte, und die gleiche Zahl von *displaced persons* und Flüchtlingen. Dies ist der Hintergrund, der bei allem Streit und der Suche nach Lösungen in den verbleibenden Lebensjahren Stalins nicht vergessen werden darf – die Frage nämlich, wie die Wirtschaft dieses verwundeten Kontinents wiederaufgebaut und seine Sicherheit gewährleistet werden konnte.

Es war die große verpaßte Gelegenheit der Nachkriegszeit, daß der Zustand Europas die Verbündeten des Krieges nicht zu gemeinsamem Bemühen um seine Überwindung vereinte, sondern gerade zum Gegenstand ihrer härtesten Auseinandersetzungen wurde. Die Routine von Vorwurf und Gegenvorwurf, die bei den Treffen der Außenminister zur bedrückenden Normalität werden sollte, nahm, ebenso wie der Propagandakrieg zwischen Ost und West, bereits in Potsdam erste Konturen an. Briten und Amerikaner trugen Berichte über Machtmißbrauch der sowjetischen Besatzungstruppen und der kommunistischen Parteien in Osteuropa vor, die sowjetische Seite wies die Vorwürfe zurück und verlangte Auskunft darüber, warum Großbritannien in Griechenland die Demokratie unterdrückte und »Faschisten« unterstützte.

In einem Brief unmittelbar vor der Konferenz von Jalta stellte George Kennan, damals Botschaftsrat in Moskau, die Frage, ob es nicht das Beste wäre, »Europa offen in Einflußsphären aufzuteilen – wobei wir uns aus der russischen Sphäre und die Russen sich aus unserer heraushalten« sollten. Ein solcher Kurs, so argumentierte Kennan, würde bedeuten, daß man Ost-

und Südosteuropa abschreiben, die endgültige Teilung Deutschlands akzeptieren und eine westeuropäische Föderation unter Einschluß der westlichen Hälfte Deutschlands bilden müsse.[6] Das war nicht sehr weit von dem Ergebnis entfernt, mit dem sich der Westen nach Jahren erbitterten Streits schließlich abfinden mußte. Ob man den späteren Zusammenbruch der Ost-West-Beziehungen hätte vermeiden können, wenn man auf eine ähnlich radikale Lösung bereits 1945 eingegangen wäre, sie vielleicht noch durch jenen Wiederaufbaukredit unterstützt hätte, nach dem die Russen vorsichtig fragten, kann heute niemand sagen. Aber es ist kaum zu bezweifeln, daß es die amerikanische und die britische Öffentlichkeit am Ende des Krieges ihren Regierungen keinesfalls gestattet hätten, einen solchen Plan auch nur in Betracht zu ziehen.

Ebensowenig ist anzunehmen, daß Stalin meinte, die Westmächte würden auf dergleichen ohne weiteres eingehen. Er hoffte dasselbe Ergebnis durch das Eingreifen der sowjetischen Besatzungsmacht und durch verbale Zusicherungen an den Westen zu erreichen, zum Beispiel durch das Versprechen, die »demokratischen, antifaschistischen Kräfte« zu konsultieren und die Deklaration über das befreite Europa einzuhalten (die von den drei Mächten in Jalta unterzeichnet wurde und »das Recht aller Völker auf Wahl der Regierungsform, unter der sie leben wollen«, garantierte). Diese Erklärung wurde durch Molotows Obstruktionsdiplomatie jeder Bedeutung entleert und niemals in der Praxis angewandt. Stalin rechnete damit, wenn dieser Prozeß allmählich und Stück für Stück voranschritt, würden die Westmächte zwar protestieren, sich letzten Endes aber mit den *vollendeten Tatsachen* abfinden.

Daß Stalin mit seiner Kalkulation recht behielt, zeigt die Beantwortung einer der beiden Fragen, die in Potsdam die längste Zeit beanspruchten und zu den schärfsten Auseinandersetzungen führten – das Problem der polnischen Westgrenze. In Jalta hatten die Briten und die Amerikaner zugestimmt, daß Polen für seine Gebietsverluste an die Sowjetunion im Osten den größeren Teil Ostpreußens erhalten und seine Westgrenze auf Deutschlands Kosten bis zur Oder vorschieben sollte. Keine Übereinkunft war jedoch darüber erreicht worden, wie die Grenze weiter südlich verlaufen und ob sie der östlichen (der schlesischen) oder der westlichen (der Görlitzer) Neiße folgen sollte. Das war ein wesentlicher Unterschied, denn zwischen den beiden Flüssen lagen die Stadt Breslau und das reiche schlesische Industriegebiet. Zu ihrem Ärger mußten die Westmächte feststellen, daß die Russen die Sache bereits entschieden hatten, indem sie, ohne sie zu konsultieren oder zu informieren, Schlesien dem Teil des ehemaligen Deutschen Reiches zugeschlagen hatten, der in polnische Verwaltung überging.

Diese *vollendete Tatsache* führte zu einer scharfen Auseinandersetzung zwischen Stalin und Churchill; aber die Rote Armee hielt alle diese Gebiete besetzt, und das gab schließlich den Ausschlag. Jetzt, da der Krieg in Europa

Es waren andere »Große Drei«, die sich zur Besiegelung der deutschen Niederlage und zur Neuordnung Europas im August 1945 in Potsdam trafen. Roosevelt war am 12. April 1945 gestorben, inzwischen war Harry Truman Präsident der Vereinigten Staaten. Und während der »Potsdamer Konferenz«, die vom 17. Juli bis zum 2. August in Schloß Cecilienhof, dem Wohnsitz des letzten preußischen Kronprinzen, stattfand, gab es in England Unterhauswahlen, die den Sieg der Labour Party über die Konservativen brachten: Auch Churchill sollte seinen Triumph nicht genießen können. Stalin war der einzige, der das Ringen der Weltmächte politisch überlebte.

vorüber war, wollten weder die Briten noch die Amerikaner versuchen, die Russen und Polen hinauszudrängen.

Die zweite Hauptfrage in Potsdam, die sowjetischen Reparationsforderungen, bewies jedoch, daß Stalins Kalkulation nicht aufging, wenn sie Gebiete betraf, die nicht von der Sowjetarmee, sondern von den Westmächten besetzt waren.

Die Russen hatten den Beginn der Konferenz nicht abgewartet, sondern sich bereits vorher alles genommen, was aus ihrer eigenen Besatzungszone abtransportiert werden konnte. Sie waren auch nicht bereit, auf ihre Reparationsforderungen gegenüber dem restlichen Deutschland, insbesondere dem von den Briten besetzten Ruhrgebiet zu verzichten, das Stalin erfolglos unter ein Vier-Mächte-Regime zu stellen versuchte.

Statt dessen wurde ihnen ein Kompromiß angeboten: die Kombination einer »russischen« Lösung jenes Problems, bei dem sie offensichtlich im Vorteil waren, nämlich der westlichen Neiße als polnisch-deutsche Grenze, mit einer »westlichen« Lösung der Frage der Reparationen, wo die Russen etwas forderten, was die Amerikaner und Briten ihnen verweigern konnten.

Die Sowjetunion sollte auf die von ihr geforderte Summe von zehn Milliarden Dollar verzichten und den Grundsatz anerkennen, daß jede Besatzungsmacht ihre Reparationsleistungen aus ihrer eigenen Besatzungszone entnahm, wozu im Falle der Sowjetunion ein zusätzlicher Prozentsatz der Industrieanlagen in den westlichen Zonen kommen sollte, die als nicht notwendig für die deutsche Friedenswirtschaft klassifiziert wurden. Dieser zusätzliche Anteil war heftig umstritten, und letzten Endes bekamen die

Sowjets wenig mehr als die Reparationen, die sie sich in der Ostzone nahmen.

Angesichts der Erfahrungen mit dem Versailler Vertrag kam man in Potsdam überein, eine Friedensregelung nicht zu hastig zu beschließen, sondern einem neuen Organ, dem Rat der Außenminister, die Aufgabe zu übertragen, zunächst Friedensverträge mit Italien und den früheren Satellitenstaaten Deutschlands auszuarbeiten. Erst wenn diese nach vier oder fünf Jahren unterzeichnet waren, sollten sich die Außenminister Deutschland zuwenden. Obwohl das Schlußkommuniqué schließlich nicht weniger als 37 Paragraphen zu Deutschland enthielt, in denen von Entmilitarisierung, Entnazifizierung usw. die Rede war, sagte es nichts darüber aus, wie seine politische Zukunft und seine Grenzen aussehen sollten, wenn die Besetzung zu Ende ging.

Die vier Mächte (inzwischen war noch Frankreich hinzugekommen) erkannten jedoch nicht die politischen Folgen ihrer Vereinbarung über die Reparationen. Während in den »wirtschaftlichen Grundsätzen« des Konferenzprotokolls erklärt wurde, daß Deutschland weiterhin als administrative und wirtschaftliche Einheit behandelt werden sollte, wirkten die praktischen Absprachen über die Reparationen in Richtung einer Teilung nach Besatzungszonen. Die Barriere, die die Sowjetische Militäradministration gegen jeden Austausch zwischen ihrer eigenen und den drei anderen Zonen errichtete, wurde zum Gegenstand endloser gegenseitiger Beschuldigungen zwischen den Besatzungsmächten.

Am Tage nach seiner Ankunft in Potsdam erhielt Truman die Nachricht, daß auf dem Testgelände in New Mexico eine Atombombe erfolgreich gezündet worden sei. Nach langer Debatte mit den Briten kam man überein, gegenüber Stalin beiläufig zu erwähnen, daß die Alliierten über eine »neue Waffe von ungewöhnlicher Zerstörungskraft« verfügten, ohne dazu Genaueres zu sagen. Stalin sagte, er sei erfreut, dies zu hören, zeigte jedoch kein besonderes Interesse. Churchill und andere, die die Szene gespannt beobachteten, kamen erleichtert zu dem Schluß, daß Stalin von den britisch-amerikanischen Forschungsarbeiten und den großen Anstrengungen der USA zur Produktion einer Atomwaffe nichts wußte. Darin irrten sie und ahnten solange nichts vom Vorankommen des Projekts einer sowjetischen Atomwaffe, bis zu ihrem Erstaunen im Jahre 1949 eine sowjetische Kernladung erfolgreich gezündet wurde.

Im Jahre 1942 hatte G. N. Flerow, ein junger sowjetischer Physiker, der an der Woronescher Front in der Luftwaffe diente, an Stalin persönlich geschrieben, er sei anhand des Studiums ausländischer wissenschaftlicher Zeitschriften in der Universitätsbibliothek von Woronesch zu der Überzeugung gelangt, das Schweigen über die Kernspaltung bedeute, daß die Amerikaner an einem entsprechenden Projekt arbeiteten. Flerow forderte die Einrichtung eines Laboratoriums für Kernforschung, um »die Uranbombe zu bauen«. Ende 1942 gründete das Staatliche Komitee für Verteidigung ein solches Laboratorium unter der Leitung von Igor Kurtschatow, der Flerows Lehrer war und als sowjetischer Gegenspieler zu Robert Oppenheimer gelten kann. Der Umfang der sowjetischen Forschungsarbeiten war bescheiden, aber als die erste amerikanische Bombe gezündet wurde, hatte Kurtschatow damit begonnen, einen industriellen Reaktor zur Produktion von Plutonium zu bauen.

Inzwischen wurde Stalin durch Geheimberichte des Physikers Klaus Fuchs, der in Los Alamos arbeitete, und des britischen Diplomaten Donald Maclean, der in der britischen Botschaft in Washington mit Nuklearfragen befaßt war, über die Fortschritte der Amerikaner informiert. Stalin ließ sich nicht anmerken, daß er die Bedeutung von Trumans Worten durchaus verstanden hatte. Nach Ende der Sitzung sagte er jedoch zu Molotow: »Wir müssen mit Kurtschatow über die Beschleunigung unserer Arbeiten sprechen.« Als er nach Moskau zurückkehrte, ließ er Kurtschatow kommen und sagte zu ihm: »Fordern Sie alles, was Sie brauchen. Es wird Ihnen nichts abgeschlagen werden.« Stalin nahm sehr genau zur Kenntnis, daß die Vereinigten Staaten nun eine Bombe besaßen, und ebenso, daß sie und die Briten ihm gegenüber niemals erwähnt hatten, wie angestrengt sie an deren Entwicklung arbeiteten und welche Hoffnungen sie darauf setzten.[7]

Dies war nicht nur für Stalin, sondern auch für die Labourführer Attlee und Bevin ein Geheimnis, die beide während des Krieges Churchills Koalitionskabinett angehört hatten und ihn während der Potsdamer Konferenz ablösten. Solange sie auf die Ergebnisse der britischen Parlamentswahlen warteten, waren sowohl Attlee als auch Churchill Mitglieder der britischen Delegation. Stalin kam es niemals in den Sinn, daß die britischen Wähler Churchill in der Stunde des Sieges aus dem Amt werfen könnten. Das Ergebnis überraschte und erschreckte ihn sogar. Er sah sich in seiner tiefverwurzelten Überzeugung bestätigt, daß Wahlen mit ungewissem Ausgang eine gefährliche Sache seien und deshalb nicht zugelassen werden sollten. Wie viele andere tat Stalin Attlee bei der ersten Begegnung mit der Bemerkung ab: »Er sieht nicht gerade wie ein ehrgeiziger Mann aus.«[8] Der neue Premierminister war aber ein scharfer Beobachter und zeichnete seinerseits ein Porträt Stalins, wie man es in einem Satz kaum besser zusammenfassen kann: »Erinnert mich an die Despoten der Renaissance – keine Prinzipien, alle Methoden erlaubt, aber keine blumenreiche Sprache, sagt immer nur ja oder nein, verläßlich ist aber nur das Nein.«[9]

Es sollte Jahre dauern, bis die politischen Führer erkannten, in welchem Maße und auf welche Weise die Gefahr eines Atomkrieges die internationalen Beziehungen beeinflussen würde. Stalin erhielt jedoch im Fernen Osten sehr rasch eine Demonstration, welche tiefgreifenden Veränderungen zu erwarten waren. In seinen Gesprächen mit Harry Hopkins hatte er betont, wie wichtig es ihm sei, daß die Sowjetunion am Krieg gegen Japan teilnehme. Die Japaner suchten ihn weiterhin zu überzeugen, als Vermittler zwischen ihnen und den westlichen Alliierten zu wirken, aber ohne Erfolg.

Stalin war weit mehr an erhofften Gewinnen interessiert und informierte die Amerikaner, daß die sowjetische Offensive am 8. August beginnen werde.

Marschall Wassilewski, dem das Oberkommando im Fernen Osten übertragen wurde, standen über eineinhalb Millionen Mann für den Angriff zur Verfügung, mit dem die Verbindung zu den chinesischen Kommunisten hergestellt und die Mandschurei besetzt werden sollte. Die sowjetische Seite wurde jedoch von den Amerikanern nicht über die Entscheidung informiert, am 6. August die Atombombe auf Hiroshima und danach auf Nagasaki abzuwerfen. Dadurch ging der Krieg im Fernen Osten in weniger als einer Woche zu Ende, und der Roten Armee blieb viel weniger Zeit als vorgesehen (was auch beabsichtigt war), um ihr Ziel zu erreichen. Stalin ignorierte jedoch die japanische Kapitulation und befahl den sowjetischen Streitkräften, ohne Rücksicht auf Verluste so schnell wie möglich vorzustoßen. Es gelang ihnen, den zentralen Teil der Mandschurei zu besetzen, Port Arthur und die Nordhälfte Koreas einzunehmen. Mit weiteren Operationen, die erst am 1. September abgeschlossen wurden, brachten sie ganz Sachalin und die Kurilen in ihre Hand.

Stalin drängte Truman, ihm eine sowjetische Besatzungszone in Japan zu überlassen, aber die Vereinigten Staaten betrachteten Japan ganz anders als Europa und waren entschlossen, hier ausschließlich ihre eigene Einflußsphäre zu errichten, wie es die Sowjetunion in Osteuropa getan hatte.

Als der zweite große Krieg innerhalb von dreißig Jahren schließlich zu Ende ging, hatte Stalin trotz allem jeden Grund zur Zufriedenheit. Er hatte nicht alles erreicht, was er in Jalta gefordert hatte – die Abmachung über die deutschen Reparationen, zum Beispiel, mußte noch ihre Prüfung in der Praxis bestehen –, aber er war seinen Zielen doch bemerkenswert nahe gekommen. Der sowjetische Sieg war vor allem den ungeheuren Anstrengungen des sowjetischen Volkes in den Streitkräften und im Hinterland zu verdanken, das sie versorgte. Daß jedoch dieser Sieg erfolgreich in politische Vorteile verwandelt werden konnte, ist dem diplomatischen Gewaltakt Stalins im Endstadium des Krieges zuzuschreiben, der nur mit dem Hitlers bei Kriegsbeginn verglichen werden kann.

Die beiden Diktatoren wandten offensichtlich verschiedene Methoden an und nutzten unterschiedliche Bedingungen, aber mindestens zwei Dinge hatten sie gemeinsam, die sie gegenüber ihren demokratischen Gegnern oder Verbündeten in Vorteil brachten. Zum einen beherrschten sie instinktiv das Verhältnis von Diplomatie und Gewalt, von Krieg und Politik. Im Falle Hitlers zeigte sich dies darin, wie er mit Gewaltanwendung drohte und die Kriegsfurcht der Demokratien ausnutzte. Stalin hingegen achtete darauf, bei militärischen Aktionen stets die politischen Ziele im Auge zu behalten; er hatte erkannt, daß eine Friedenslösung von der Art und Weise, wie die Kämpfe enden, beeinflußt oder sogar entscheidend bestimmt wird. Zum anderen verstanden beide es meisterhaft, politische Winkelzüge mit

Doppelzüngigkeit zu kaschieren. Hitler benutzte dafür die Sprache des Völkerbundes, rief zu nationaler Selbstbestimmung auf, forderte die Beseitigung von Ungerechtigkeit und gleiche Rechte. Stalin verwandte das Vokabular des demokratischen Sozialismus, sprach von Volksfronten, Antifaschismus, freien Wahlen, allgemeinem Stimmrecht und forderte, die nationale Souveränität der sozialistischen Verbündeten der Sowjetunion zu achten.

Im Prinzip waren alle drei Führer der Alliierten dafür, das Bündnis aufrechtzuerhalten. Aber Stalin hatte bereits in Jalta gesagt, daß ihnen Schwierigkeiten, die sie in der Kriegszeit nicht kannten, drohen würden, sobald der gemeinsame Feind verschwunden war, der sie einte. Selbst wenn das ursprüngliche Triumvirat zusammengeblieben wäre, hätten Roosevelt und Churchill bei der Rückkehr zu Friedensverhältnissen keine Möglichkeit mehr gehabt, ihre Staaten weiterhin auf diese Bündnispolitik zu verpflichten, ohne den normalen demokratischen Prozeß von »Empfehlung und Zustimmung« zu durchlaufen und auch andere Mächte zu konsultieren. Ihre Nachfolger Truman, Attlee und Bevin, die nicht die Erfahrung der Kriegszeit gemacht hatten, daß die Zusammenarbeit angesichts der gemeinsamen Notlage funktionieren mußte, waren weniger bereit, Stalins Rechtfertigung der sowjetischen Politik zu akzeptieren, um den Anschein der Einheit aufrechtzuerhalten. Für Stalin seinerseits konnte es durchaus von Vorteil sein, wieder zur traditionellen sowjetischen Position des führenden sozialistischen Landes, das von einer feindlichen kapitalistischen Welt permanent bedroht wird, zurückzukehren.

Der wirkliche Kalte Krieg begann erst 1947/48. Die Beziehungen verschlechterten sich allmählich und ungleichmäßig. Mit Italien und anderen ehemaligen Verbündeten Hitlers wurden bis Ende 1946 Friedensverträge abgeschlossen. Bevin und Marshall verbrachten im Frühjahr 1947 sieben Wochen in Moskau, um eine Einigung über die Lösung der Deutschlandfrage zu erreichen. Erst Ende 1947 wurde die Londoner Konferenz des Rates der Außenminister ohne ein Datum für die nächste Begegnung abgebrochen. Zu diesem Zeitpunkt war der Rat allerdings bereits zu einer Tribüne geworden, die jede Seite nutzte, um die Glaubwürdigkeit der anderen in Frage zu stellen. In den erbitterten Auseinandersetzungen war vom »Geist von Jalta« nichts mehr zu spüren.

Der Sieg der Sowjetunion in diesem größten aller Kriege war der Höhepunkt im Verhältnis Stalins zum Sowjetvolk, ebenso wie Jalta der Höhepunkt seines Ansehens als Führer der Sowjetunion in der internationalen Gemeinschaft war.

Stalin appellierte an den traditionellen russischen Patriotismus, was bei der Mobilisierung des Sowjetvolkes zur Unterstützung der Regierung gegen die Invasoren von großer Bedeutung war. Stalin, der Führer der Nation, der Erbe der Zaren, trat viel stärker in den Vordergrund als Stalin, der Führer der Revolution und Erbe Lenins, wie der Kult ihn pries. In seiner trotzigen Rede bei der Parade auf dem Roten Platz am 7. November 1941, als die deutschen Truppen bereits vor den Toren Moskaus standen, sprach er seine Zuhörer als »Brüder und Schwestern«, nicht als »Genossen« an. Er beschwor das Andenken an die sechs siegreichen Feldherren der russischen Geschichte herauf von Alexander Newski, der im Jahre 1242 die Deutschritter vertrieb, bis zu Kutusow, der 1812 Napoleon besiegte und zum Helden von Tolstois *Krieg und Frieden* wurde.

Der Krieg wurde in der Sowjetunion nicht Zweiter Weltkrieg, sondern *Großer Vaterländischer Krieg* genannt und als nationaler Befreiungskrieg betrachtet. Stalin identifizierte sich mit der Roten Armee – da sie erfolgreich war –, indem er sich selbst zum Marschall beförderte und stets in einer Marschallsuniform auftrat. Im Jahre 1944 übernahm er persönlich die Schirmherrschaft über die Ausarbeitung einer neuen Nationalhymne, die an die Stelle der *Internationale* treten sollte. Er wies die beiden führenden Komponisten des Landes, Dmitri Schostakowitsch und Aram Chatschaturjan, an, sich ebenfalls an der Ausschreibung zu beteiligen. Seine Wahl fiel jedoch auf die Hymne Alexander Alexandrows, Leiter des Ensembles der Roten Armee, in dessen Text sich die Zeile fand »Stalin hat uns erhoben«. (Schostakowitsch gibt in *Testimony* einen vergnüglichen Bericht von seiner Begegnung mit Stalin. Darin beschreibt er, wie Alexandrow, »vor Entzükken ganz atemlos und mit der Ehrfurcht eines treuen Gefolgsmannes« verkündete, daß Stalin seinen Beitrag ausgewählt hatte.)

Noch größere Bedeutung hatte die Versöhnung mit der russisch-orthodoxen Kirche, einer traditionellen Bastion des russischen Nationalismus und des Zarenregimes, die sich nun mit dem Stalinkult arrangierte und ihren Platz als Staatskirche wieder einnahm. Die Invasion und die schrecklichen Opfer lösten im Lande eine Flut religiöser Gefühle aus, und Metropolit Sergej appellierte an alle Gläubigen, ihr Vaterland zu verteidigen. Im September 1943, vier Monate nachdem Stalin in einer Geste gegenüber der westlichen Öffentlichkeit die Kommunistische Internationale aufgelöst hatte, empfing er die drei Metropoliten und schloß mit ihnen eine Art Konkordat. Erstmals seit der Revolution wurde ihnen gestattet, einen »Patriarchen von Moskau und ganz Rußland« und einen Heiligen Synod zu wählen sowie ein theologisches Institut zu eröffnen. Auch dies wirkte auf die westliche Öffentlichkeit. Der erste Akt der Bischofskonferenz bestand darin, eine »Verurteilung der Verräter des Glaubens und des Vaterlandes« zu beschließen, worin all denen die Exkommunikation angedroht wurde, die mit den Kräften des Antichristen kollaborierten.

Als die sowjetischen Armeen ihr Land von den deutschen Invasoren befreiten, konzentrierten sich die überschäumenden Emotionen des traditionellen russischen Patriotismus, die durch die Opfer und Leiden noch verstärkt wurden, auf die Heldengestalt Stalins. Auf der großen Siegesparade, die am vierten Jahrestag von Hitlers Überfall stattfand, grüßte die Rote Armee den Architekten des Sieges Stalin, der auf dem Lenin-Mausoleum

In einem symbolischen Akt wurden die Standarten und Fahnen der Wehrmacht auf dem Roten Platz in Moskau in den Schmutz geworfen: Der Krieg, der mit dem Einzug in Warschau begann, hatte sein definitives Ende gefunden, der Zweikampf zwischen Hitler und Stalin war entschieden.

stand. Sie warfen die Fahnen und Standarten der deutschen Truppen zu seinen Füßen nieder, wie Kutusows Soldaten die Banner der Armee Napoleons zu Füßen von Zar Alexander niedergeworfen hatten. Am nächsten Tag brachte Moskau ihm seinen Tribut für die Verteidigung der Stadt im Jahre 1941 dar. Einen Tag danach wurde er zum Helden der Sowjetunion erklärt und erhielt den einzigartigen Titel eines Generalissimus.

Auf einem Empfang für Kommandeure der Roten Armee, der einen Monat vorher stattfand, bekannte Stalin zum ersten und einzigen Mal: »Unsere Regierung hat nicht wenig Fehler gemacht, wir hatten in den Jahren 1941 bis 1942 Augenblicke einer verzweifelten Lage, als unsere Armee zurückwich und die uns lieben und teuren Dörfer und Städte... aufgab, weil kein anderer Ausweg vorhanden war. Ein anderes Volk hätte zu seiner Regierung sagen können: Ihr habt unsere Erwartungen nicht gerechtfertigt, macht, daß ihr fortkommt, wir werden eine andre Regierung einsetzen, die mit Deutschland Frieden schließt und uns Ruhe sichert. Doch das russische Volk hat nicht so gehandelt, denn es glaubte daran, daß die Politik seiner Regierung richtig war... Dem russischen Volk sei für dieses Vertrauen gedankt!«[10]

Aber die Siegeseuphorie und Stalins Dankbarkeit gegenüber dem sowjetischen Volk hielten nicht lange an. Mit dem Sieg verbanden die Völker der

Sowjetunion weithin die leidenschaftliche Hoffnung, daß es nun anders werde, daß sie eine hellere Zukunft erwarte, daß sie die Chance erhielten, nach all den Mühen und Opfern, die ihnen abverlangt worden waren, normal zu leben oder wenigstens freier zu atmen. Stalin reagierte darauf, wie er bereits auf eine ähnliche Stimmung in der KPdSU während des Parteitages der Sieger im Januar 1934 nach den Mühen und Opfern in den Kampagnen der Industrialisierung und Kollektivierung reagiert hatte. Seine Rede vom 9. Februar 1946 ließ aufhorchen, weil dort ein neuer Ton angeschlagen wurde. Die Anrede der Kriegszeit – »Brüder und Schwestern«, »meine Freunde, meine Landsleute« – wurde wieder fallengelassen und durch die in der Partei übliche Anrede »Genossen« ersetzt. Auch die bekannte Dialektik von Frage und Antwort tauchte wieder auf. Wer hatte den Krieg gewonnen? Das war nicht mehr das sowjetische Volk: »Unser Sieg bedeutet vor allem, daß unser gesellschaftliches System gesiegt hat . . . Unser politisches System hat gesiegt.«[11]

Stalin erinnerte seine Zuhörer – die »Wähler« des Obersten Sowjets – und darüber hinaus die ganze Nation daran, welche Kämpfe er zu führen hatte, um die Kollektivierung und schnelle Industrialisierung gegen den Widerstand der Trotzkisten und der Rechten durchzusetzen. Hatten sie nach den Opfern des Krieges mehr Konsumgüter erwartet? Aber im Sozialismus mußte der Schwerindustrie weiterhin Priorität eingeräumt werden. Hatten sie erwartet, das System der Kollektivwirtschaften würde verändert oder gar abgeschafft werden? Nein, die Kollektivierung blieb ein Eckpfeiler des sowjetischen Systems. Dachten sie, in der Welt sei Frieden eingezogen? Wie konnte es dauerhaften Frieden geben, solange Kapitalismus und Imperialismus noch stark waren?

Das Sowjetvolk mußte härter arbeiten als je zuvor, um den nächsten Fünfjahrplan zu erfüllen und eine Jahresproduktion von 60 Millionen Tonnen Stahl, 60 Millionen Tonnen Erdöl und 500 Millionen Tonnen Kohle zu erreichen. »Nur dann wird unser Land für alle Eventualitäten gerüstet sein.«

Wer sich an Stalins Reden aus den dreißiger Jahren erinnerte, mußte auch die Wut wiedererkannt haben, mit der er selbst nach der Niederschlagung Hitlers wieder gegen unsichtbare Feinde zu Felde zog, die behaupteten, das Sowjetsystem sei ein riskantes Experiment, nur die Geheimpolizei halte es zusammen, und ein Stoß von außen werde die ganze Sowjetunion wie ein Kartenhaus einstürzen lassen.

Auf internationaler Ebene gab es im Februar 1946 nichts, was einen solchen Umschwung von der Siegesstimmung zur Warnung vor den Gefahren gerechtfertigt hätte, die das Land angeblich immer noch umgaben. Das große Bündnis war noch nicht vom Kalten Krieg abgelöst worden. Churchill hatte seine Rede vom »Eisernen Vorhang« in Fulton noch nicht gehalten und wurde in Großbritannien und den Vereinigten Staaten heftig kritisiert, als er sie hielt. Es gab Differenzen zwischen den Alliierten des Krieges,

Vor dem Lenin-Mausoleum, auf dem sich, Stalin in der Mitte, die gesamte Staats- und Parteiführung der Sowjetunion versammelt hatte, fand im Juni 1945 eine »Friedensfeier« statt. Von dieser Kundgebung sind neben Photographien auch bildliche Darstellungen überliefert, darunter das Gemälde von Misen, welches das Zeremoniell in Szenen romantischer Volksfreude verwandelt.

aber nicht mehr, als es nach 1918 gegeben hatte. Die Außenminister waren gerade in Moskau zusammengetroffen und bereiteten die Friedenskonferenz in Paris vor.

Die Gefahr, vor der Stalin warnte, ging nicht von äußeren Feinden aus, sondern von einer Lockerung der Kombination aus Drohungen und Kampagnen, von der Aufhebung des ständigen Belagerungs- und Mobilisierungszustandes, von dem nicht nur der Erfolg des stalinistischen Systems in Aufbau- und in Kriegszeiten abhing, sondern seine weitere Existenz überhaupt. Churchill blickte tiefer, als er den Ausspruch tat: »Sie fürchten unsere Freundschaft mehr als unsere Feindschaft.« Stalin konnte sich die Zukunft der Sowjetunion nur als revolutionären Kampf vorstellen, der noch seiner Vollendung harrte, der es weiterhin notwendig machte, daß der Staat Forderungen an seine Untertanen stellte, der weiterhin die Wachsamkeit des NKWD und die Verewigung seiner persönlichen Macht rechtfertigte. Seine Rede vom Februar 1946 sollte dem sowjetischen Volk klarmachen, daß der Krieg zwar vorüber war, der Ausnahmezustand aber nicht. Wie Wassili Grossman in seinem Roman *Leben und Schicksal* schreibt, wurde »der stumme Streit zwischen dem siegreichen Volk und dem siegreichen Staat nach dem Kriege fortgesetzt«.[12]

Stalins Haltung zeigte sich darin, wie eine große Zahl Sowjetbürger behandelt wurde, die ohne eigenes Verschulden unter deutsche Herrschaft geraten waren oder außerhalb der Sowjetunion leben mußten. Über sechzig Millionen hatten unter der deutschen Okkupation gelebt und gelitten. Weitere Millionen gerieten in Gefangenschaft. Wer die Mißhandlungen überlebte, wurde nun von der Roten Armee befreit. Weitere Millionen waren als Zwangsarbeiter in deutschen Fabriken und Bauernhöfen eingesetzt. Hunderttausende kämpften als Partisanen gegen die Wehrmacht und Einsatzgruppen.

Stalin hatte für all diese Menschen kein Mitgefühl übrig, sondern begegnete ihnen mit Mißtrauen. In seinen Augen waren sie alle verdächtig, kollaboriert oder Verrat geübt zu haben; zumindest aber waren sie von ausländischen Vorstellungen und subversiven Ideen vergiftet. Viele hatten zweifellos mit den Okkupationstruppen kollaboriert, sich freiwillig für den Dienst in den von den Deutschen aufgestellten »Legionen« und Hilfstruppen anwerben lassen oder hatten eingewilligt, als Arbeitskräfte ins Reich zu gehen. Aber viele hatten dies nicht deshalb getan, weil sie nicht mehr zu ihrem Staat standen, sondern weil sie instinktiv zu überleben versuchten, als sie von den zurückweichenden sowjetischen Armeen ihrem Schicksal überlassen wurden. Die Umstände jedes einzelnen interessierten Stalin nicht. Sondereinheiten des NKWD rückten in die von den Deutschen okkupierten sowjetischen Gebiete ein, sobald sie von der Roten Armee zurückerobert wurden, verhafteten und deportierten dort jeden, gegen den ein Nachbar etwas vorzubringen hatte, häufig genug auch, ohne daß eine belastende Aussage vorlag.

Die Wolgadeutschen, die seit den Zeiten Katharinas der Großen im 18. Jahrhundert an der Wolga eine Heimat gefunden und dort die Autonome Republik der Wolgadeutschen gegründet hatten, wurden, noch bevor die deutschen Invasionstruppen anrückten, mit ihrer Habe nach Mittelasien und Sibirien deportiert. Als die kurze deutsche Besetzung des Kaukasus vorüber war, mußten ihnen in den Jahren 1943 und 1944 fünf der kleinen Bergvölker des Nordkaukasus und die Krimtataren folgen – insgesamt mehr als eine Million Menschen, ohne Vorwarnung und die Gelegenheit, ihre Habe mit sich zu nehmen. Natürlich hatte es unter diesen Völkern Kollaborateure gegeben, aber die meisten waren mit den Deutschen geflohen. Die Zurückgebliebenen waren in der Mehrheit alte Menschen, Frauen und Kinder. Ihre Männer kämpften an der Front, wo 36 Tschetschenen und Inguschen als Helden der Sowjetunion ausgezeichnet wurden. Über 100 000 Mann der Truppen des NKWD wurden eingesetzt, um diese Völker zu entwurzeln. Zu ähnlichen Deportationen kam es auch in den baltischen Staaten, als diese von den Deutschen geräumt wurden. Als Chruschtschow auf dem Zwanzigsten Parteitag 1956 seine berühmte Rede hielt, erntete er große Zustimmung mit der Bemerkung, Stalin hätte alle vierzig Millionen Ukrainer deportiert, wenn sich das hätte organisieren lassen und er einen Platz für sie gefunden hätte.

Stalins Mißtrauen beschränkte sich nicht auf diejenigen, die in den besetzten Gebieten gelebt hatten, sondern betraf auch die Offiziere und Soldaten der Armeen, die die Wucht der deutschen Offensive als erste auf sich genommen hatten. Die große Zahl sowjetischer Gefangener in den ersten achtzehn Kriegsmonaten brachte Stalin zu der Überzeugung, viele von ihnen mußten Verräter sein, die bei der ersten sich bietenden Gelegenheit desertiert waren. Folglich galt von nun an jeder Soldat als verdächtig, der in Gefangenschaft gewesen war, auch wenn er später fliehen konnte (was vielen gelang, die in Kessel gerieten, für die Stalins Befehle verantwortlich waren) und sich den Partisanen im besetzten Gebiet anschloß oder sich zu den sowjetischen Linien durchschlug. Sie alle, ob General, Offizier oder einfacher Soldat, wurden in besondere Konzentrationslager gesperrt, wo das NKWD sie verhörte. In einem Bericht an Stalin über die Arbeit des NKWD im Hinterland der Roten Armee nannte Berija die Zahl von 582 000 Armeeangehörigen und 350 000 Zivilisten, die allein im Jahre 1943, bevor der große Strom einsetzte, in solchen Lagern »durchleuchtet« worden waren. Im Mai 1945 befahl Stalin den Kommandeuren der sechs Fronten, die den Krieg nach Deutschland und Mitteleuropa getragen hatten, in ihrem Hinterland nicht weniger als hundert ähnliche Lager einzurichten, in denen jeweils 10 000 Kriegsgefangene und andere Sowjetbürger untergebracht werden sollten, die das NKWD vor ihrer Rückführung zunächst zu »bearbeiten« hatte.

Bei Kriegsende befanden sich fünfeinhalb Millionen Sowjetbürger in Deutschland und anderen von den westlichen Alliierten besetzten Ländern. Stalin war entschlossen, sie alle zurückzuführen, was ihm größtenteils auch gelang. Er sandte Kommandos des NKWD aus, um sie ausfindig zu machen. Wo notwendig, wurden sie durch Druck oder sogar mit Gewalt zur Rückkehr gezwungen. Was die 2,7 Millionen Kriegsgefangenen der Deutschen betraf, so arbeiteten die Militärbehörden Großbritanniens und der USA den sowjetischen Behörden in die Hände, weil sie sich um die sichere Rückkehr ihrer eigenen Kriegsgefangenen sorgten, die die Rote Armee aus deutschen Lagern befreit hatte. Viele Russen wollten nicht zurück und erklärten, sie würden bei ihrer Rückkehr ohne Gerichtsverfahren erschossen oder in Lager geschickt werden. Sie wurden dennoch mit Gewalt in die Sowjetunion zurückgebracht, wo ihre Befürchtungen nur allzu oft eintrafen. Zwanzig Prozent wurden zum Tode oder zu fünfundzwanzig Jahren Lagerhaft verurteilt. Nur fünfzehn bis zwanzig Prozent durften zu ihren Familien zurückkehren. Der Rest erhielt kürzere Strafen (fünf bis zehn Jahre), wurde nach Sibirien verbannt, zur Zwangsarbeit verurteilt, getötet oder starb auf dem Weg in die Heimat.[13]

Natürlich konnte niemand bestreiten, daß es schwierig war, unter den Kriegsgefangenen, Zwangsarbeitern, Partisanen oder der Bevölkerung in den besetzten Gebieten diejenigen, die ihr Land in dieser oder jener Weise verraten hatten, von denen zu unterscheiden, denen aus ihrer Situation keinerlei Vorwurf gemacht werden konnte. Typisch für das stalinistische Regime war die Bereitschaft, in jedem Falle automatisch von Schuld auszugehen (wie es bereits während der Kollektivierung und der Säuberungskampagnen geschehen war), selbst wenn dies bedeutete, Hunderttausenden schuldloser Menschen Unrecht anzutun.

Wen kümmerte das schon? Auf einem Empfang zur Feier des Sieges im Juni 1945 brachte Stalin mit großen Worten einen Trinkspruch auf»die Dutzenden Millionen einfacher Menschen« aus, »die keine Posten haben und deren Lage nicht zu beneiden ist, ohne die die Marschälle und Befehlshaber jedoch nichts hätten ausrichten können«. Wenn sie nicht weiter gearbeitet hätten, erklärte er, so hätte dies das Ende bedeutet. Stalins Kritiker vermerkten allerdings, daß er selbst in dieser Hochstimmung, als er einen Trinkspruch ausbrachte, den er nie wiederholte, die »Dutzende Millionen einfacher, ordentlicher und bescheidener Menschen« als *Schräubchen* bezeichnete, was als »Rädchen in der großen Maschine des Staates« übersetzt wurde. Er wiederholte diesen Satz und sprach von »den *Schräubchen*, die die große Maschine unseres Staates in Bewegung halten . . ., die uns tragen, wie der Berg den Gipfel trägt«.[14]

Aber auch die auf dem Gipfel konnten sich nicht in Sicherheit wiegen. Marschall Schukow, einer der wenigen Menschen, dem Stalin jemals gestattet hatte, ihm zu widersprechen, war am Ende des Krieges Stalins Stellvertreter als Oberkommandierender, Oberbefehlshaber der sowjetischen Streitkräfte in Deutschland und Mitglied des Alliierten Kontrollrates. Seine Popularität im sowjetischen Volk und auch bei den Alliierten erregte Stalins Eifersucht und Mißtrauen. 1946 ließ Stalin ihn in den Kreml rufen und sagte zu ihm: »Berija hat mir gerade einen Bericht über Ihre verdächtigen Kontakte mit den Amerikanern und den Briten geschrieben. Er meint, Sie könnten ihr Agent werden. Ich glaube diesen Unsinn nicht. Aber trotzdem wäre es besser für Sie, Moskau eine Zeitlang zu verlassen. Ich habe vorgeschlagen, daß Sie zum Kommandeur des Militärbezirkes Odessa ernannt werden.«[15]

Bis nach Stalins Tod mußte Schukow Moskau fernbleiben; er war zunächst in Odessa und dann im Militärbezirk Ural tätig. Die Presse schrieb nicht mehr über ihn, und am dritten Jahrestag der Einnahme Berlins brachte es die *Prawda* fertig, diese Schlacht zu beschreiben, ohne seinen Namen auch nur zu erwähnen: Die ganze Operation war angeblich von Stalin geplant worden, den man jetzt nur noch als »militärisches Genie« titulierte. Auch die Namen anderer berühmter Militärführer der Kriegszeit verschwanden aus der Presse, darunter Rokossowski, Tolbuchin, Konjew, Woronow und Malinowski. Stalin war nicht gewillt, seinen militärischen Ruhm mit einem von ihnen zu teilen.

Jedoch im Unterschied zu ihren Vorgängern wurden weder Schukow noch die anderen Marschälle verhaftet oder hingerichtet. Dies war der Unterschied zwischen den späten dreißiger und den späten vierziger Jahren, der sowohl die politische als auch die militärische Führung betraf. Das Politbüro blieb in seiner Zusammensetzung bemerkenswert stabil. Sechs der elf Mitglieder (einschließlich Stalins) waren bereits in den zwanziger Jahren in diese Funktion gelangt, zwei im Jahre 1939. Acht der elf waren auch bei Stalins Tod 1953 noch Mitglieder des Politbüros; nur einer (Wosnessenski) war verhaftet und hingerichtet worden.

Stalin war bei Kriegsende 65 Jahre alt. Kein Mensch konnte in diesem Alter durch eine solche Prüfung gehen, ohne etwas von seiner Lebenskraft einzubüßen. Obwohl er Vorsitzender des Ministerrates und Generalsekretär der Partei blieb, erwuchs seine Autorität nicht aus einer seiner Funktionen, sondern – wie bei Hitler – aus seiner Person selbst. Sie war in jeder Frage, für die er sich interessierte, unbestritten, aber er interessierte sich für weniger und wußte weniger, was vorging, als in den dreißiger Jahren.

Während des Krieges war Stalin völlig in militärischen und diplomatischen Angelegenheiten aufgegangen. Deshalb hatte er die Verantwortung für die Leitung der Wirtschaft und der Truppenversorgung im wesentlichen anderen Mitgliedern des Staatlichen Komitees für Verteidigung übertragen. In dieser Rolle wurden die jüngeren Mitglieder des Politbüros – Grigori Malenkow und Nikolai Wosnesenski – im Lande bekannt. Obwohl das Komitee mit dem Eintritt in die Friedenszeit aufgelöst wurde, behielten sie und andere Mitglieder des Politbüros weiterhin de facto die Oberaufsicht über die Bereiche, die sie im Kriege übernommen hatten – Malenkow über die Industrie, Berija über die Polizei, Wosnessenski über die Planung (er war Vorsitzender des Staatlichen Plankomitees), Molotow über die Außenpolitik, Mikojan über den Außenhandel, Kaganowitsch über Eisenbahnen und Bauwesen. Sie konnten diese Aufgabe erfüllen, weil sie nicht nur an der Diskussion über den politischen Kurs und die politische Praxis im Politbüro der Partei teilnahmen, sondern ihre Anordnungen über ihre hohen Funktionen im Staatsapparat – als Minister, stellvertretende Vorsitzende des Ministerrates (diese Funktion übten sie alle aus) und Vorsitzende der verschiedenen staatlichen Komitees, die dem Ministerrat unterstanden – durchsetzen konnten.

Die internationalen Beziehungen hielt Stalin nach wie vor unter fester Kontrolle. Es fanden keine Gipfeltreffen mehr statt; Molotow (bis 1949) und nach ihm Wyschinski vertraten die Sowjetunion im Rat der Außenminister. Aber keiner von beiden hatte auch nur die geringste Freiheit, von seinen Instruktionen abzuweichen, ohne zunächst Stalin zu fragen. Wenn er in der Innenpolitik seinen Vertretern mehr Spielraum ließ, so deshalb, weil er wußte, daß in ihrer Rivalität und ihrem Kampf um die knappen Ressourcen jedem die entscheidende Bedeutung der Fähigkeit, sich die Gunst »des Chefs« zu bewahren, durchaus bewußt war. Keiner traute dem anderen, Bündnisse waren zeitweiliger Natur, und Übereinstimmung in einer Frage schloß harte Gegnerschaft in einer anderen nicht aus. Stalin konnnte sie so gegeneinander ausspielen und austauschen. So übertrug er zum Beispiel die Landwirtschaft nacheinander Malenkow, Andrejew und Chruschtschow, ohne daß einer ihn zufriedenstellen konnte. Er hielt sich jedoch stets die Möglichkeit offen einzugreifen, wenn er es für notwendig hielt.

Ein Beispiel persönlichen Eingreifens wurde erst zwanzig Jahre nach Stalins Tod bekannt – es betraf die heikle Frage einer Währungsreform. Anfang 1943, als die Schlacht um Stalingrad ihrem Höhepunkt zustrebte, rief Stalin an einem Januarmorgen um fünf Uhr seinen Finanzminister Arseni Swerew an und sprach mit ihm vierzig Minuten lang über eine Währungsreform. Während des Krieges hatte die Differenz zwischen der Geldmenge in der Hand der Bürger und den vorhandenen Waren und Dienstleistungen stark zugenommen. Es war nicht gelungen, mit einer Serie von Staatsanleihen diesen Kaufkraftüberhang abzuschöpfen, der nach Stalins Meinung die ganze Wirtschaft bedrohte. Deshalb war ihm der Gedanke an eine Abwertung gekommen, die vom Volk als letztes Opfer für den Wiederaufbau der Sowjetunion nach Kriegsende gefordert werden sollte. Swerew wurde beauftragt, in diesem Sinne unter größter Geheimhaltung einen Plan auszuarbeiten. Ein Jahr später legte Stalin Swerews Entwurf dem Politbüro vor und lud ihn im Herbst 1945 in sein Ferienhaus auf der Krim ein, um den Plan weiter zu erörtern. Während er den richtigen Moment abwartete, ging er in allen Einzelheiten durch, wie die neue Währung gestaltet und das Vorhaben der Öffentlichkeit präsentiert werden sollte. Erst am 16. Dezember 1947, fast fünf Jahre, nachdem sich Swerew an die Arbeit gemacht hatte, war Stalin bereit, das Projekt zu realisieren. Sofort nach Bekanntgabe sollte alles Bargeld im Verhältnis eins zu zehn umgetauscht werden (dies war gegen die Spekulanten gerichtet, traf jedoch auch die Bauern, die Banken nur selten aufsuchten); bei Bankkonten sollten die ersten tausend Rubel eins zu eins, der Rest zwei zu eins umgetauscht werden.[16]

Stalin war sicherlich weitgehend davon abhängig, daß andere Mitglieder des Politbüros ihn informierten; sie wiederum waren auf die mittlere und untere Ebene der Bürokratie angewiesen, deren Vertreter langjährige Erfahrungen in der Verschleierung der Tatsachen hatten. Dies wurde dadurch ausgeglichen, daß jeder über den anderen informierte, eine Praxis, die Stalin nach Kräften förderte. Als er zum Beispiel Kaganowitsch in die Ukraine entsandte, um Chruschtschow zu »helfen«, sandte dieser (was Chruschtschow durchaus klar war) eine Flut kritischer Berichte nach Moskau. Ein noch ernsterer Nachteil war dagegen Stalins Widerwille, Fakten zu akzeptieren, die seinen eigenen Wunschvorstellungen zuwiderliefen – zum Beispiel über die Hungersnot in der Ukraine in den Jahren 1945/46, von der Chruschtschow berichtete, und über die Lage auf dem Lande insgesamt. Zu seinem Nachteil wirkte auch die Furcht der Menschen seiner Umgebung, in Ungnade zu fallen, wenn sie ihm die Wahrheit nahezubringen suchten.

Im magischen Kreis des Politbüros waren Ansehen und Einfluß in ständigem Steigen und Sinken begriffen. Wie oft es in voller Besetzung tagte, ist nicht bekannt. Nach Chruschtschow fanden solche Sitzungen nur gelegentlich statt. Stalin nahm mehr und mehr die Gewohnheit an, Kommissionen, sogenannte *Fünfer-* oder *Sechsergruppen*, einzusetzen, von denen die älteren Mitglieder des Politbüros wie Woroschilow und Andrejew, aber schließlich auch Molotow und Mikojan ausgeschlossen waren. Häufig wurden Entscheidungen im privaten Kreis bei abendlichen Zusammenkünften auf Stalins Datsche in Kunzewo getroffen, zu denen nur die Mitglieder des Politbüros eingeladen waren, die gerade in Stalins Gunst standen.

Eine Schlüsselposition war die Kontrolle des Sekretariats des Zentralkomitees der Partei, wodurch Stalin selbst einst zur Macht gelangt war. Stalin blieb Chef des Sekretariats, beteiligte sich jedoch längst nicht mehr so aktiv an der täglichen Leitungsarbeit, die in den Händen anderer Sekretäre lag. Einer von ihnen war neben Stalin, Kirow und Kaganowitsch bereits seit 1934 Andrej Schdanow. Er folgte Kirow als Leiter der Leningrader Parteiorganisation, wurde 1939 auch Mitglied des Politbüros und galt für viele als der kommende Mann. Sein Rivale war Georgi Malenkow, sechs Jahre jünger als er, der erst 1941 ins Politbüro kam, jedoch bereits 1939 auf Schdanows Vorschlag Leiter der Kader-Abteilung des ZK geworden war, eine Position, aus der Stalin so viel Vorteil gezogen hatte. Malenkow bewährte sich auch im Kriege als fähiger Verwaltungsfachmann, als er zusätzlich noch die Verantwortung für Industrie und Verkehrswesen übernahm.

Im Jahre 1943 wurde Malenkow zum Vorsitzenden des Komitees für den Wiederaufbau der befreiten Gebiete und 1944 zum Chef eines weiteren wichtigen Komitees ernannt, das für die Demontage der deutschen Industrie zu Reparationszwecken verantwortlich war. Jedoch die grobschlächtigen Methoden, die er anwandte, und die damit verbundene Verschwendung machten ihn für Kritik angreifbar, die Schdanow geschickt steuerte. Dies wiederum führte dazu, daß eine Kommission unter Leitung Mikojans eingesetzt wurde, die empfahl, anstatt der Demontage deutsche Betriebe in sowjetisches Eigentum zu überführen, damit sie an ihrem Standort Waren für die Sowjetunion herstellten. Diesmal hatte Malenkow verloren und bezahlte dafür 1946 mit seiner Entlassung aus dem Sekretariat.

Schdanow hatte inzwischen bereits seinen Platz eingenommen. Er hatte die Kriegszeit überwiegend in Leningrad verbracht, wo Stalin ihn mehrmals scharf kritisiert hatte. Anfang 1945, als Leningrad schon befreit war, rief ihn Stalin jedoch nach Moskau zurück. Dadurch sollte möglicherweise Malenkows Aufstieg gegengesteuert werden, wie es in der beschriebenen Weise dann auch geschah. Wichtiger ist jedoch der damit verbundene Wechsel des politischen Kurses, der dazu führte, daß die Jahre 1946 bis 1948 als *Schdanow-Ära* bekannt wurden, ein Name, der Assoziationen zu einer anderen verhaßten Periode in der sowjetischen Geschichte, der *Jeschow-Ära*, den Säuberungen von 1936 bis 1938, wecken sollte.

Die *Jeschow-Ära* und die *Schdanow-Ära* hatten eines gemeinsam: Die Verantwortung für die Politik, die Jeschow und Schdanow ausführten, lag nicht bei ihnen, sondern bei Stalin. Als Preis dafür, daß sie bei der Durchsetzung freie Hand hatten, mußten sie jedoch auch die Schuld auf sich nehmen. Angesichts der enormen Aufgaben des Wiederaufbaus glaubte Stalin, daß es keinerlei Entspannung geben durfte, sondern wieder Disziplin einziehen mußte. Es ging ihm darum, die ideologische Autorität und den anerkannten Patriotismus des Regimes wiederherzustellen, die Einzigartigkeit der Sowjetunion als marxistisch-leninistischer Staat – wie Stalin ihn verstand – zu behaupten, seine Überlegenheit und Abgrenzung vom Westen zu bekräftigen. Jeder Kontakt dorthin und jedes Nachahmen seines subversiven Individualismus mußte bei Androhung schwerer Strafen verboten werden. Es genügte nicht, Hexenjagden gegen die Millionen Menschen zu veranstalten, die während des Krieges dem verderblichen Einfluß des Westens ausgesetzt waren. Die Kommunistische Partei, die durch die Säuberungen demoralisiert war und im Schatten des Staatsapparates dahinvegetierte, mußte wiederbelebt werden und erneut die Führungsrolle übernehmen. Sie hatte eine Propagandakampagne zur Mobilisierung der Massen durchzuführen sowie die Arbeit der staatlichen Ministerien zu kontrollieren und zu koordinieren.

Schdanow bot sich als Kandidat für eine solche Politik geradezu an. Er war in seiner ganzen Laufbahn stets mehr mit der Partei als mit dem Staat oder dem NKWD verbunden gewesen. Im August 1946 wurde der Angriff auf das künstlerische und geistige Leben – das Herzstück der Schdanow-Ära – mit der Veröffentlichung eines Beschlusses des Zentralkomitees eingeleitet, in dem zwei Leningrader Literaturjournale, *Swesda* und *Leningrad*, kritisiert wurden. Man warf ihnen vor, sie hätten »apolitische« und »ideologisch schädliche« Arbeiten solcher Autoren wie des Satirikers Michail Soschtschenko und der Dichterin Anna Achmatowa veröffentlicht. Die eine Zeitschrift wurde »reorganisiert«, die andere geschlossen. Danach erschien Schdanow persönlich auf einer Versammlung Leningrader Schriftsteller und erläuterte die Kritik. Soschtschenko wurde wegen seiner *Abenteuer eines Affen* angeklagt, die »antisowjetisches Gift verspritzten« und suggerierten, in einem Affenhaus im Zoo ließe es sich besser leben als in Sowjetrußland. Anna Achmatowa, die Schdanow als eine Mischung von Nonne und Hure hinstellte, wurde vorgeworfen, sie verderbe die sowjetische Jugend mit ihren introvertierten Liebesgedichten, die nur eine Elite verstehe, und lenke sie von »positiven« Themen wie dem Ruhm der Arbeit und den Errungenschaften des Sowjetregimes unter der Führung der Partei ab. Weder Soschtschenko noch die Achmatowa wurden verhaftet, jedoch beide unverzüglich aus dem Schriftstellerverband ausgeschlossen, wodurch sie ihren Lebensunterhalt und jede Publikationsmöglichkeit verloren. Mehr noch litt Anna Achmatowa darunter, daß ihr Sohn verhaftet, freigelassen und erneut verhaftet wurde. Er verbrachte Jahre in Lagern. Diese Erlebnisse inspirierten sie zu einem ihrer größten Poeme, dem *Requiem*:

»Ich hab' erfahren,
Wie aus Gesichtern Knochenschädel werden,
Wie hinter Augenlidern Schrecken nistet,
Wie Leid in uns're Wangen
Die tiefen Zeichen seiner Keilschrift gräbt.«

Schdanows Angriff sollte als Signal dafür verstanden werden, daß die gesamte Literatur und Kunst der Sowjetunion die Werte des »sozialistischen Realismus« zu verbreiten hatte. Die Literaturschaffenden und Künstler sollten anerkennen, daß auch sie Diener der Partei und des Staates waren. Als solche wurde von ihnen erwartet, ihren Beitrag zum Wiederaufbau der Wirtschaft und zur Durchsetzung der orthodoxen Ideologie zu leisten. Die dekadenten Werte und fremden Einflüsse des Westens – bürgerlicher Individualismus, Kosmopolitismus und Formalismus – sollten ausgerottet und die kollektivistischen Ideale Sowjetrußlands wieder verbreitet werden.

Schdanow dehnte seine Kampagne bald auch auf die anderen Künste wie Film und Theater aus. Hier wurden die beiden führenden Filmkünstler Eisenstein und Pudowkin an den Pranger gestellt. Im Winter 1947/48 kamen die Komponisten an die Reihe, darunter Prokofjew und Schostakowitsch, die man kritisierte, weil sie den dreißigsten Jahrestag der Revolution nicht gebührend gepriesen hatten. Ein Beschluß vom Februar 1948 erklärte, sie hätten sich des »Formalismus« schuldig gemacht, avantgardistische Kompositionen für ein auserwähltes Publikum geschrieben, anstatt für die Massen klangvolle Melodien zum Lobe der Errungenschaften der Sowjetunion zu schaffen.

Der große Unterschied zwischen der Schdanow-Ära und Jeschows Schreckensherrschaft bestand darin, daß die Künstler, deren Werke Schdanow verurteilte, nicht Verhaftung oder Tod erleiden mußten. Mit einigen berühmten Ausnahmen – dem Theaterdirektor Meyerhold, der verhaftet und gefoltert wurde, sowie Ossip Mandelstam, den man zu Tode hetzte –, behandelte Stalin Schriftsteller und Künstler, selbst wenn sie ihn erzürnten, anders als Politiker und Militärs. Aber in einer so reglementierten Gesellschaft wie der Sowjetunion aus dem Schriftsteller- oder Komponistenverband ausgeschlossen, erniedrigt und ausgegrenzt zu werden, war eine schlimme Verfolgung für kreative Künstler, von denen einige zu den größten des 20. Jahrhunderts gehörten. Diese Unterdrückung der künstlerischen Freiheit blieb auch nach Stalins Tod noch lange bestehen, wie das Beispiel Solschenizyn zeigt. Die Tatsache, daß diese Politik die künstlerische Einmaligkeit beschädigte, das ästhetische Empfinden verdarb und das Leben in der Sowjetunion ärmer machte, ließ Stalin ungerührt, vorausgesetzt, er wäre in der Lage gewesen, dies zu erkennen. Die Isolierung Rußlands vom Westen war ein geringer Preis für die Abschottung des Regimes gegen Ideen, die dem System gefährlich werden konnten und wie so oft vom Westen ausgingen, wie das Beispiel der russischen Marxisten selbst gezeigt und wie die Slawophilen immer behauptet hatten.

Schdanows weiter gestecktes Ziel, die Partei wiederzubeleben und erneut zum Mittelpunkt des Lebens der Sowjetunion zu machen, war viel weniger erfolgreich als eine vergleichbare Kampagne in den letzten Jahren des Dritten Reichs. Bei ihrem Versuch, ihre Macht gegen die Ministerien und die SS durchzusetzen, erreichten Bormann und seine Gauleiter wesentlich mehr als Schdanow und die Sekretäre der regionalen Parteikomitees gegenüber den Volkskommissariaten und dem NKWD. Einer der Gründe dafür ist zweifellos darin zu sehen, daß Hitler die NSDAP niemals einer derartigen Säuberung unterzogen hatte wie Stalin und viele der ursprünglichen Führer nach wie vor auf ihren Posten waren.

Von 1939 bis 1952 fand kein Parteitag der KPdSU statt, und auch das Zentralkomitee traf sich von 1945 bis 1952 nur ein einziges Mal zu einer Plenartagung. Um die Überwachungsfunktion der Partei wieder durchzusetzen, die sie in der Industrialisierungskampagne ausgeübt hatte, standen dem Sekretariat des ZK 200 000 Parteifunktionäre zur Verfügung. Aber nur wenige von ihnen hatten die Ausbildung oder die Erfahrungen, die die Beamten der Ministerien und die Direktoren der Industriebetriebe im Kriege erworben hatten. Wenn die Parteisekretäre aller Ebenen eines gelernt hatten, dann war es die Zusammenarbeit mit den Fachleuten in Verwaltung und Produktion, ein Verhältnis von gleich zu gleich, das wesentlich bessere Ergebnisse für die Menschen in der eigenen Region oder im Heimatort brachte.

Zu dieser Übereinstimmung trug auch die Tatsache bei, daß im Januar 1947 900 000 der sechs Millionen Parteimitglieder, vor allem die fähigeren und besser ausgebildeten, in Ministerien oder Betrieben beschäftigt waren, die den Ministerien unterstanden.[17] In einem Interessenkonflikt war von ihnen mehr Loyalität zu ihrer Dienststelle als zur Partei zu erwarten, der viele von ihnen einfach beitreten mußten, wenn sie in ihrer Laufbahn vorankommen wollten.

Während die Welt von der militärischen Stärke beeindruckt war, die die Sowjetunion mobilisiert hatte, um Hitler zu schlagen, stand Stalin unter dem Eindruck der enormen Belastung, die diese Kraftanstrengung für die ohnehin unzureichende wirtschaftliche Basis bedeutet hatte, vor allem wenn er sie mit dem gewaltigen Anwachsen der ökonomischen Stärke Amerikas verglich, das die Mobilisierung mit sich gebracht hatte. Von höchster Priorität mußte es für die Sowjetunion deshalb sein, die gewaltigen Kosten ihres Sieges – die Verluste an Menschen und Industrieanlagen, wie sie keinen ihrer Verbündeten getroffen hatte – auszugleichen, die Wirtschaft wiederaufzubauen und an die ungeheure Aufgabe zu gehen, die Vereinigten Staaten einzuholen. Dies war das übergreifende Ziel der gesamten Innenpolitik, hatte aber auch wichtige Auswirkungen auf die Außenpolitik.

Stalin hielt es für notwendig, das Ausmaß der Zerstörungen im Lande, die Zeit, die für den Wiederaufbau gebraucht werden würde, und das niedrige Lebensniveau, mit dem sich das Sowjetvolk inzwischen begnügen mußte (eine Ahnung davon gab die weit verbreitete Hungersnot in den Jahren 1945/46), sorgfältig zu verbergen. Dies war ein gewichtiger zusätzlicher Grund, weshalb Stalin auf einer Isolierung des Landes von der Außenwelt bestand. Wie weit diese ging, zeigt die Tatsache, daß es den wenigen Amerikanern und Briten, die während des Krieges russische Frauen geheiratet hatten, fast in keinem Fall gelang, die Ausreise ihrer Ehefrauen zu erreichen, obwohl die Regierungen beider Staaten an Stalin appellierten. Die Geheimhaltung jeder präzisen Wirtschaftsinformation, die strengen Reisebeschränkungen für Diplomaten und Korrespondenten, die in der Sowjetunion tätig waren, und die harten Strafen, die Sowjetbürger erwarteten, wenn sie über die minimalen offiziellen Beziehungen zu Westlern hinausgingen, hinderten die Außenwelt sehr wirksam daran zu erkennen, daß die Sowjetunion kaum das Risiko eines Krieges gegen die Vereinigten Staaten auf sich nehmen würde, vor allem solange diese allein die Fähigkeit besaßen, Kernwaffen einzusetzen. (Obwohl die Sowjetunion die Welt damit erstaunte, daß sie 1949 eine erfolgreiche kontrollierte Kernexplosion durchführte, ist es unwahrscheinlich, daß sie bis zum Tode Stalins bereits die Fähigkeit erlangt hatte, sich mit den USA in einem Kernwaffenkrieg zu messen.)

Die Welt sah jedoch, daß die Rote Armee, die der stärksten Militärmacht der Neuzeit eine vernichtende Niederlage beigebracht hatte, auch weiterhin halb Europa besetzt hielt. Dies machte für sich genommen genügend Eindruck und gab der sowjetischen Diplomatie militärischen Rückhalt, ohne daß ausdrücklich erklärt werden mußte, wie sie diese Militärmacht im Ernstfall einsetzen würde.

In den ersten eineinhalb Jahren nach Potsdam war dafür wenig Neigung zu erkennen. Roosevelt war tot, Truman noch unsicher, und Außenminister Byrnes hielt nach Abmachungen Ausschau, die es den USA ermöglichen sollten, ihr Engagement in Europa zu verringern und schließlich zu beenden. Churchill war nicht mehr im Amt, und die Labour-Regierung in Großbritannien, die im Parlament über eine große Mehrheit verfügte und viel guten Willen gegenüber Sowjetrußland aufbrachte, war an inneren Reformen wesentlich mehr interessiert (und darin auch erfahren) als an der Außenpolitik. Das Nachlassen der Anstrengungen, das Stalin in der Sowjetunion entschlossen verhindern wollte, war in der Öffentlichkeit beider westlicher Demokratien bereits Realität. Ebenso groß war die Abneigung gegen erneute internationale Schwierigkeiten – jetzt, da der Krieg vorüber, Hitler besiegt war und die Vereinten Nationen gegründet waren, die sich um die Zukunft kümmern sollten. Bald stellte sich heraus, daß Großbritanniens Staatshaushalt bankrott war, wenn es nicht eine Anleihe von den Vereinigten Staaten erhielt. Selbst damit würde es schwierig werden, das Commonwealth und das Empire zusammenzuhalten und weiterhin eine führende Rolle in Europa zu spielen.

Ein Jahr nach dem Sieg über Deutschland hielt Stalin eine große Rede im Kreml. Er hatte die Liquidierung der alten Gefährten Lenins erlebt, Trotzkis, Sinowjews und Kamenjews. Dann hatte er die großen Säuberungen ins Werk gesetzt und die letzten Genossen Lenins beseitigt, die ihm hätten gefährlich werden können, Bucharin und Rykow. Auch den deutschen Angriff, der erst in Sichtweite der Kremltürme zum Stehen gekommen war, hatte er siegreich durchgestanden, und am Ende sogar seine Verbündeten physisch oder politisch überlebt: Roosevelt wie Churchill waren von der Bühne abgetreten. So sprach er denn Anfang 1946 als unangefochtener Sieger, und sein Auftreten hatte nun ganz die Züge eines Triumphators.
Auf dem Photo: Stalin am 9. Februar 1946 bei einer Rede in Moskau.

Dies war für die sowjetische Diplomatie eine vielversprechende Situation. Stalin hatte bereits ein Gespür für die Schwierigkeiten entwickelt, die die westlichen Demokratien mit einer konsequenten langfristigen Außenpolitik hatten, da sie doch auf eine Öffentlichkeit Rücksicht nehmen mußten, deren Stimmung kurzfristig umschlagen konnte. Er unterschied weiterhin zwischen Amerikanern und Briten. Diese Unterscheidung wurde geradezu ein Leitprinzip der sowjetischen Taktik. Die wirtschaftliche Stärke und das Militärpotential der USA behandelte er stets mit Respekt, war aber überzeugt, daß diese mit einer Veränderlichkeit der politischen Ziele einhergingen, die bald dazu führen würde, daß die Vereinigten Staaten das Interesse an den europäischen Problemen verlieren und ihre Truppen, wie Roosevelt vorausgedacht hatte, in höchstens zwei Jahren zurückziehen würden. Andererseits erkannte Stalin sehr schnell, daß die Briten aufgrund ihrer langjährigen Erfahrungen zwar ein realistischeres politisches Urteil hatten, aber nicht länger über die Ressourcen verfügten, um eine führende Rolle in Europa oder gar in der Welt aufrechtzuerhalten. Ihnen gegenüber konnten also Druck und das Hinausschieben von Vereinbarungen durchaus zu Ergebnissen führen, insbesondere wenn die USA Großbritannien nicht aus eigenem Interesse unterstützten.

In den nächsten fünf Jahren gestalteten sich die Beziehungen zwischen der Sowjetunion und ihren ehemaligen Verbündeten als endlose öffentliche Debatte, deren Höhepunkte zunehmend feindselige Noten waren, die ihre Vertreter im Rat der Außenminister, auf der Pariser Friedenskonferenz und in den Vereinten Nationen austauschten. Stalin erschien selten in der Öffentlichkeit, und seine Geschichte muß deshalb aus den glücklicherweise vollständigen und gut zugänglichen Berichten britischer und amerikanischer Vertreter, aus der diplomatischen Korrespondenz und offiziellen Gesprächen zwischen den Teilnehmern rekonstruiert werden. Diese Quellen sind offizieller Natur, zeigen jedoch, daß Stalins Meinung für die Beziehungen der Sowjetunion zu den Westmächten und zu den Staaten Osteuropas noch immer genauso entscheidend war wie zur Zeit des Paktes mit Hitler und während des Krieges.

Im ersten Teil dieser Periode bis zum Frühjahr 1947 gab es zwischen der Sowjetunion und den Westmächten hauptsächlich zwei Streitfragen. Die erste betraf die Friedensregelung in Osteuropa, bei der die Westmächte sich schließlich damit abfanden, daß sie von der Einflußsphäre ausgeschlossen waren, die die Sowjetunion sich dort errichtet hatte. Ende 1946 konnte Stalin mit den Ergebnissen seiner Beharrlichkeit durchaus zufrieden sein. Alle osteuropäischen Regierungen waren anerkannt, und die territorialen Regelungen der Friedenskonferenz folgten weitgehend denen, die die Russen in der Praxis bereits durchgesetzt hatten.

Das zweite Problem war von ganz anderer Art. Es ging um das sowjetische Interesse an den Staaten des Nahen und Mittleren Ostens von Griechenland und der Türkei bis zum Iran und dem Persischen Golf.

Im November 1940 hatte Hitler während Molotows Besuch in Berlin der Sowjetunion angeboten, sich Deutschland, Italien und Japan bei der Aufteilung des britischen Empire anzuschließen und für sich das Gebiet südlich von Batumi und Baku in Richtung des Persischen Golfs und des Indischen Ozeans in Anspruch zu nehmen. Stalin hatte Bereitschaft gezeigt, das Angebot zu überdenken, jedoch nur, wenn auch das sowjetische Interesse am Balkan und um den Bosporus berücksichtigt wurde, wovon Hitlers Offerte ihn gerade ablenken sollte. Hitler ließ daraufhin die Diskussion fallen, aber 1945/46 hatte Stalin die Position erreicht, daß er diesem Vorschlag nachgehen konnte. Nun, da der größte Teil des Balkans zur sowjetischen Einflußsphäre gehörte, konnte daran gedacht werden, diese auf die Türkei, den Bosporus und Griechenland auszudehnen. Der sowjetische Druck nahm sehr verschiedene Formen an. Sowjetische und britische Truppen hatten während des Krieges Iran besetzt, um den Hauptversorgungsweg der Sowjetunion offenzuhalten. Als der Krieg vorüber war, verzögerten die Russen den versprochenen Abzug, und mit ihrer Unterstützung wurden im

Norden des Iran nahe der sowjetischen Grenze autonome Republiken der Aserbaidschanis und der Kurden errichtet. In diesem Falle führte ein Appell des UN-Sicherheitsrates mit starker Unterstützung der USA schließlich dazu, daß der Abzug der sowjetischen Truppen im Mai 1946 fortgesetzt und die Souveränität des Iran wiederhergestellt wurde.

Die Türkei kannte die russische Expansion in Richtung des Mittelmeeres aus einer Geschichte von nicht weniger als dreizehn Kriegen, die bis zur Zeit Peters des Großen zurückreichten. Nunmehr forderte Molotow sowjetische Militärstützpunkte am Bosporus und die Abtretung der Grenzprovinzen Kars und Ardahan. Großbritannien lieferte auf der Grundlage des britisch-türkischen Beistandspaktes von 1939 Waffen und gab auch finanzielle Unterstützung. Solange diese anhielt, waren die Türken bereit, dem Nervenkrieg seitens der Sowjetunion standzuhalten.

Während die Türkei im Kriege ihre Neutralität bewahrt hatte, war Griechenland eine Zeitlang nach der Kapitulation Frankreichs Großbritanniens einziger Verbündeter gewesen. Die Landung der britischen Armee nach dem Abzug der Wehrmacht Ende 1944 machte Umsturzpläne der griechischen Kommunisten zunichte. Ihre Führer hatten jedoch die Hoffnung nicht aufgegeben, die Macht trotzdem ergreifen zu können, wenn es ihnen nur gelang, die Engländer aus dem Lande zu drängen. Stalin war hinsichtlich ihrer Chancen skeptisch und achtete darauf, nicht direkt einzugreifen. Dafür bestand auch keine Notwendigkeit, da Jugoslawien, Albanien und Bulgarien bereit waren, Waffen zu liefern und den kommunistischen Partisanen, wenn notwendig, Unterschlupf zu gewähren. Der sowjetische Beitrag war eine großangelegte Propagandakampagne gegen den Westen, die die Anwesenheit der britischen Truppen als Unterstützung einer »faschistischen« Regierung brandmarkte.

Solange Großbritannien Griechenland und der Türkei Unterstützung geben konnte, war es unwahrscheinlich, daß Stalin sich in beiden Fällen weiter vorwagen würde. Wenn jedoch wirtschaftliche Schwierigkeiten Großbritannien zwängen, die Führungsrolle aufzugeben, die es seit dem Ersten Weltkrieg im Nahen Osten gespielt hatte, konnte es durchaus geschehen, daß Griechenland in die sowjetische Einflußsphäre auf dem Balkan geriet und die Türkei gezwungen sein würde, in der Frage der Kontrolle des Bosporus Zugeständnisse zu machen.

Der kritische Punkt wurde im Februar 1947 erreicht. Die wirtschaftlichen Schwierigkeiten Großbritanniens seit dem Krieg zwangen die Regierung in London zur Anerkennung der Tatsache, daß das Land nicht länger die Weltmachtrolle spielen konnte, wie es dies seit dem 18. Jahrhundert gewohnt war. Innerhalb nur weniger Tage kündigte das Kabinett ein Datum für den endgültigen Abzug aus Indien an (der bald darauf auf Ceylon und Burma ausgedehnt wurde), übergab die Palästinafrage (wo eine jüdische Revolte im Gange war) den Vereinten Nationen und kam intern überein, daß die Hilfe für Griechenland und die Türkei nur noch bis zum 31. März gewährt werden konnte und die britischen Truppen danach abgezogen werden müßten. Es hatte den Anschein, daß das Empire in Auflösung begriffen war und es London entweder an den Ressourcen oder dem Willen fehlte, dies zu verhindern.

Wenn das britische Weltreich tatsächlich auseinanderfallen sollte, wie es Hitler im November 1940 Stalin vorausgesagt hatte, dann war es unwahrscheinlich, daß die Amerikaner bereit sein würden, in einem Teil der Welt, wo sie bislang keine eigenen Interessen hatten, in die Bresche zu springen. Somit würde für die Sowjetunion der Weg frei werden, ihre historischen Ambitionen im Nahen Osten zu verwirklichen.

Am 21. Februar stellten die Briten selbst dem amerikanischen Außenministerium die Frage: Wären die USA bereit, die Verpflichtungen gegenüber Griechenland und der Türkei zu übernehmen, von denen sich Großbritannien in fünf Wochen zurückziehen mußte?

Die Verantwortlichen in Washington waren sich bewußt, daß hier viel mehr auf dem Spiel stand als Hilfe für Griechenland und die Türkei. Wenn die Briten tatsächlich durch wirtschaftliche Not gezwungen waren, ihre Streitkräfte zurückzuziehen und die Wirtschaftshilfe einzustellen, die sie in der gesamten Periode der Instabilität seit dem Kriege gewährt hatten, dann würde an der gesamten Peripherie Asiens von der Ägäis bis nach Südostasien ein Vakuum entstehen, das zu füllen der Sowjetunion leichter möglich wäre als jeder anderen Macht. Wenn man die Territorialgewinne und die Erweiterung der Einflußsphäre berücksichtigte, die die UdSSR bereits in Europa und im Fernen Osten erreicht hatte, dann mußte dies eine Veränderung des Kräfteverhältnisses in der Welt bedeuten, die die Vereinigten Staaten nicht gleichgültig lassen konnte.

Wäre dieses Problem ein Jahr früher, nicht im März 1947, sondern im März 1946 aufgetaucht, als die Warnung Churchills vor einer sowjetischen Expansion in seiner vielbeachteten Rede in Fulton Missouri und sein Ruf nach britisch-amerikanischer Zusammenarbeit mehr Kritik als Zustimmung erfahren hatte, dann wäre die Reaktion höchstens zögernd, sehr wahrscheinlich aber ablehnend gewesen. Doch die Erfahrungen des vergangenen Jahres, die aggressive Haltung der sowjetischen Diplomatie, die Benutzung der UNO als Tribüne für Angriffe gegen die Westmächte hatten eine Veränderung in der amerikanischen Öffentlichkeit bewirkt, die es Präsident Truman gestattete, am 12. März eine andere Antwort zu geben.

Zwar wurde die Sowjetunion nicht erwähnt, und Truman gab seiner Positionsbestimmung die Form einer allgemeinen ideologischen Erklärung, ohne auf das internationale Kräfteverhältnis direkt einzugehen. Es gehe den Vereinigten Staaten darum, »freien Völkern zu helfen, ihre freien Institutionen und ihre nationale Integrität gegen aggressive Bewegungen aufrechtzuerhalten, die versuchten, ihnen totalitäre Regimes aufzuzwingen«. Der Präsident richtete jedoch eine spezifische Forderung an den Kongreß, um die Zustimmung zu erhalten, Griechenland und der Türkei finanzielle Unterstützung zu geben und »Personal dorthin zu entsenden«. Das schien zu jener Zeit den meisten Amerikanern nicht mehr als ein zeitweiliges Arrangement zu sein, um einer kurzfristigen Notlage zu begegnen. Erst gegen Ende des Jahres 1947 wurde klar, daß dies den Beginn einer Wende in der amerikanischen Außenpolitik, das Ende der Isolation, bedeutete.

Als die Konferenz des Rates der Außenminister in Moskau bereits in vollem Gange war, gab der amerikanische Präsident eine Erklärung ab, die als Truman-Doktrin bekannt geworden ist. Die sowjetische Seite nahm sie ohne Kommentar zur Kenntnis. Erst auf dieser Konferenz – zu einer Zeit, da Hitler schon fast zwei Jahre tot war –, befaßten sich die vier Mächte mit jenem »Vermächtnis«, das er ihnen durch das Hinauszögern des Kriegsendes beschert hatte: der Aussicht auf ein geteiltes Deutschland im Herzen eines geteilten Europas. Das Problem sollte die internationalen Beziehungen in den nächsten drei Jahren bis zum Koreakrieg überschatten.

Die Moskauer Konferenz des Rates der Außenminister dauerte volle sechs Wochen. Vom 10. März bis zum 25. April 1947 wurden insgesamt 43 Sitzungen abgehalten. In den vergangenen zwei Jahren hatten sich die Prioritäten der Politik der Besatzungsmächte von der Zerschlagung des NS-Regimes und der deutschen Militärmaschine auf Übereinkünfte zur wirtschaftlichen und politischen Zukunft Deutschlands verlagert. Inzwischen war klargeworden, daß dies das Herzstück jeder Friedensregelung sein mußte und daß ökonomische Gesundung und politische Stabilisierung der anderen europäischen Staaten in bedeutendem Maße davon abhingen, welche Entscheidung hier getroffen wurde.

Die Russen konzentrierten sich auf die Reparationen und bewiesen damit, daß es ihnen vor allem um den Wiederaufbau ihrer eigenen Wirtschaft nach den Zerstörungen ging, die die Deutschen angerichtet hatten. Das gleiche forderten auch die Franzosen: Kohlelieferungen aus dem Ruhrgebiet und Priorität für den Wiederaufbau der französischen Industrie vor der deutschen. Andererseits spiegelte die amerikanische und die britische Haltung die Lage in den Besatzungszonen wider, für die sie verantwortlich waren, insbesondere in der britischen Zone, wo sich der größte Teil der deutschen Industrie einschließlich des Ruhrgebietes befand. Die schwer zerbombten Städte Nordrhein-Westfalens, die seit je von Nahrungsmittellieferungen aus den Gebieten abhängig waren, die jetzt die Russen und Polen besetzt hielten, waren von Flüchtlingen aus dem Osten überfüllt. Man hatte mit Massenarbeitslosigkeit und Hunger zu kämpfen. Briten und Amerikaner mußten Nahrungsmittel liefern, um die Bevölkerung am Leben zu erhalten.

Die Briten, deren eigene Industrieproduktion nicht lange vor Eröffnung der Konferenz duch den harten Winter erheblich beeinträchtigt worden war, konnten dazu nur wenig beitragen. Deshalb drängten sie auf die Behandlung Deutschlands als ökonomische Einheit, die in Potsdam beschlossen worden war, auf die Beseitigung der Barrieren für den Interzonenhandel und einen gemeinsamen Plan für die Lösung der ökonomischen Probleme Deutschlands durch alle vier Besatzungsmächte. Sollte dies nicht gelingen, dann sahen sie keine andere Möglichkeit, als sich wie im Falle Griechenlands und der Türkei an die Vereinigten Staaten um Hilfe zu wenden, diesmal mit dem Vorschlag, beide Besatzungszonen zu vereinigen.

Auf der Moskauer Konferenz geschah wenig mehr, als daß die Differenzen zwischen den Teilnehmern in vollem Umfang hervortraten.[18] Für Briten und Sowjets bestand die Schlüsselfrage der Diskussionen darin, ob die Amerikaner, die allein über die Ressourcen verfügten, um jeden Plan zum Erfolg zu führen, noch die Absicht hatten, nach einer begrenzten Zeit, die Roosevelt auf zwei Jahre nach Kriegsende angesetzt hatte, aus Europa abzuziehen oder ob sie nun bleiben wollten, bis die Unabhängigkeit der außerhalb der sowjetischen Einflußsphäre verbliebenen Teile Deutschlands und Europas gesichert war und ihre Wirtschaft sich erholt hatte. Ganz im Geiste der Truman-Deklaration deuteten die Amerikaner in ihrer Antwort an, daß sie eine solche Verpflichtung übernehmen könnten. Im März erklärte George Marshall, der frühere Stabschef der amerikanischen Streitkräfte, der Byrnes als Außenminister abgelöst hatte, vor der Konferenz, er sei sich nicht sicher, ob die Konflikte zwischen den Besatzungsmächten noch beigelegt werden könnten. Die USA wollten Deutschland als eine wirtschaftliche Einheit behandelt sehen, aber sie suchten keine Übereinkunft um jeden Preis. »Die USA erkennen an«, fügte er hinzu, »daß ihre Verantwortung in Europa weiterbestehen wird; sie möchten eher solide als schnell bauen.«

Marshall zögerte seine Begegnung mit Stalin so lange wie möglich hinaus, um abzuwarten, ob es überhaupt einen Punkt gab, in dem die Außenminister übereinstimmen konnten. Als er schließlich am 15. April mit Stalin zusammentraf, sprach er ruhig, verbarg aber nicht, wie ernst er die Situation und die Verschlechterung der Beziehungen zwischen den beiden Staaten einschätzte. Der Außenminister ging über die Tagesprobleme hinaus und wiederholte die Hauptgedanken von Trumans Erklärung über die amerikanische Politik, die dieser einen Monat vorher abgegeben hatte. Die USA stellten nicht das Recht eines Landes in Frage, in dem politischen und wirtschaftlichen System zu leben, das es selbst wählte, waren aber entschlossen, den Ländern jede mögliche Unterstützung zu geben, denen wirtschaftlicher Zusammenbruch und damit auch der Zusammenbruch jeglicher Hoffnung auf die Erhaltung der Demokratie drohte.

Stalin saß schweigend und regungslos, rauchte und malte Männchen, bis Marshall geendet hatte. Dann wiederholte und verteidigte er in dem gleichen ruhigen Ton wie der Amerikaner die Hauptpositionen der Russen auf der Konferenz. Er bemerkte aber, es sei falsch, die gegenwärtigen Meinungsverschiedenheiten zu ernst zu nehmen: »Differenzen habe es auch früher in anderen Fragen gegeben, und nachdem man bis zur Erschöpfung gestritten habe, sei man in der Regel zu der Erkenntnis gekommen, daß ein

Kompromiß notwendig sei. Dies seien nur die ersten Scharmützel der Aufklärung. Möglicherweise werde bei dieser Begegnung noch nicht viel erreicht werden, aber er glaube, daß in allen Hauptfragen wie der Demilitarisierung, des politischen Aufbaus Deutschlands, der Reparationen und der wirtschaftlichen Einheit Kompromisse möglich seien. Man müsse Geduld haben und dürfe nicht in Pessimismus verfallen.«[19]

Wie schon so oft suchte Stalin mit sanften Worten den Eindruck von Molotows hartem Vorgehen am Konferenztisch abzuschwächen, ohne im Wesen etwas zu verändern. Es gibt keine Aussagen von sowjetischer Seite, die erkennen ließen, was Stalin mit diesen Bemerkungen bezweckte. Marshall zitierte sie in seinem veröffentlichten Bericht an die amerikanische Nation, warnte jedoch Stalin davor, einen offensichtlichen Fehler zu begehen: »Ich hoffe aufrichtig, daß der Generalissimus mit seiner Meinung recht behält. Aber wir können nicht ignorieren, daß hier der Zeitfaktor eine Rolle spielt. Europa erholt sich bisher viel langsamer als erwartet. Zerstörerische Kräfte treten hervor. Der Patient verfällt zusehends, während die Ärzte noch beraten. Ich glaube, daß Aktionen nicht warten können, bis durch Erschöpfung ein Kompromiß erreicht wurde. Was immer an Aktionen möglich ist, um diese dringlichen Probleme zu lösen, muß unverzüglich eingeleitet werden.«[20]

Als Marshall mit der amerikanischen Delegation aus Europa zurückkehrte, waren sie von zwei Dingen überzeugt: Erstens war die Gefahr eines wirtschaftlichen Zusammenbruchs und einer Hungersnot in den Westzonen so ernst, daß nicht länger gewartet werden durfte, die deutsche Industrie wieder in Gang zu setzen. Zweitens mußte jeder Plan für den Wiederaufbau Deutschlands den größeren Zusammenhang der europäischen Wirtschaft, einschließlich der britischen, berücksichtigen, die ebenfalls wiederaufgebaut werden mußte. Aus dieser Erkenntnis wurde die Idee des Marshallplans geboren. Im State Department bildete man eine politische Planungsgruppe unter Leitung George Kennans, die einen Plan zum Wiederaufbau Europas ausarbeiten sollte. Am 5. Juni war ihre Arbeit so weit fortgeschritten, daß der Außenminister in einer Rede in Harvard seinen berühmten Vorschlag darlegen konnte.

Wie die Amerikaner von Anfang an klarstellten, sei jede Hoffnung, daß der Kongreß große Geldsummen für Europa bewilligte, davon abhängig, daß zuerst die Europäer selber zusammenkämen und sich auf einen Gesamtplan des Wiederaufbaus einigten. Abkommen mit einem einzelnen Land hatten keine Aussicht auf Zustimmung. Auf Initiative der Briten und Franzosen fand in Paris am 27. Juni 1947 eine Sonderkonferenz statt, zu der alle europäischen Staaten einschließlich der Sowjetunion eingeladen waren. Hier wurde der Vorschlag unterbreitet, daß ein Führungsgremium aus Vertretern Frankreichs, Großbritanniens und der Sowjetunion mit sechs spezialisierten Unterkomitees unter Teilnahme anderer Staaten ein gemeinsames europäisches Programm der gegenseitigen Hilfe erarbeiten sollte. Es sollte möglichst bis zum 1. September den Amerikanern übermittelt werden.

Es gibt kaum eine Frage, bei der es wichtiger wäre, sowjetische Quellen über Diskussionen zwischen Stalin, Molotow und anderen Mitgliedern des Politbüros zu kennen, als bei der sowjetischen Antwort auf den Marshallplan und die britisch-französische Initiative. Wurde die Möglichkeit, daß die Sowjetunion an einem solchen Plan für den Wiederaufbau Europas teilnahm, überhaupt diskutiert? Gab es vielleicht sogar an dem bewußten Wochenende zwischen Molotows Eröffnungsrede und seiner Schlußerklärung einen Frontenwechsel, wie einige Historiker spekulieren?

Molotow hatte von Anfang an Einwände gegen die Idee eines Planes für *ganz* Europa. Statt dessen schlug er vor, jedes Land sollte eine Liste seiner eigenen Erfordernisse vorlegen, die dann zusammengefaßt und den Vereinigten Staaten mit der Frage übermittelt werden sollten, inwiefern sie bereit waren, diese zu erfüllen. Er forderte auch, die ehemaligen Feindstaaten davon auszuschließen, und bestand darauf, daß die Probleme Deutschlands im Rat der Außenminister erörtert werden müßten. Da der Gedanke eines Gesamtplans für ganz Europa unter Einschluß Deutschlands aber das Herzstück des amerikanischen Vorschlags war, versprach die sowjetische Haltung nichts Gutes für eine Einigung. Jedoch nach weiteren Diskussionen bat Molotow um mehr Zeit, um Moskau (das heißt Stalin) zu konsultieren, bevor er eine endgültige Antwort gab.

Von weiteren Diskussionen, die möglicherweise im Kreml stattgefunden haben, ist nichts bekannt. Zum Abschluß der Konferenz am 2. Juli hatte Molotow jedoch klare Instruktionen. Er warf den Briten und den Franzosen vor, das Marshall-Angebot (über das, wie er behauptete, nichts Genaues bekannt sei) zu nutzen, um eine Organisation aufzubauen, die von den anderen Staaten verlangte, für amerikanische Hilfe ihre nationale Unabhängigkeit aufzugeben. Die Sowjetunion lehnte deshalb den britisch-französischen Plan ab, der nicht nur die nationale Souveränität verletze, sondern auch die Ansprüche der Sowjetunion und anderer Staaten auf deutsche Reparationen ignoriere. Molotow schloß damit, daß er die britische und die französische Regierung vor den ernsten Folgen ihrer Aktion warnte, falls sie weiter daran festhielten.[21]

Molotows Antwort entsprach der Politik, die Stalin seit Jalta verfolgte. Er hatte den Rat der Außenminister als Fortsetzung des Kriegsbündnisses gut genutzt, vergaß jedoch keinen Augenblick, daß seine Partner, die USA und Großbritannien, zugleich auch seine wichtigsten potentiellen Gegner waren.

Wenn der Rat der Außenminister trotz allem bis zur Moskauer Konferenz von 1947 weiterhin zu Übereinkünften kam, dann deswegen, weil die anderen Mächte dem sowjetischen Vertreter ein Veto oder zumindest eine Verzögerung zugestanden und erst dann weiter voranschritten, wenn alle einverstanden waren. Wenn diese Regel nicht länger galt, hatte der Rat in

Stalins Augen seinen Nutzen verloren, ja konnte sich sogar als eine Art Falle erweisen, indem die Sowjetunion stets in der Minderheit blieb.

Die Ablehnung der Reparationen aus den Westzonen, der Rückgriff auf die weitaus größeren ökonomischen Ressourcen der USA und die Forderung, daß diejenigen, die an dem Programm zum Wiederaufbau Europas teilhaben wollten, wechselseitiger Überprüfung zustimmen sollten – all das traf die Sowjetunion an ihrer verwundbarsten Stelle, ihrer ökonomischen Schwäche nach dem Krieg, die zugleich der empfindlichste Punkt ihres Führers war. Andererseits war sich Stalin auch der ökonomischen Schwäche Westeuropas wohl bewußt und blieb skeptisch, ob die USA tatsächlich politisch gewillt seien, den Marshallplan zu realisieren, insbesondere, da sowjetische Ökonomen zu dieser Zeit voraussagten, daß Amerika in eine wirtschaftliche Depression geraten könnte.

Beide Seiten stellten sich auf Konfrontation ein. Allerdings dachte keine Regierung daran, deswegen eine militärische Auseinandersetzung zu beginnen. Die Furcht vor einem neuen Krieg war in Europa weit verbreitet, und sowohl die Sowjetunion als auch der Westen nutzten diese Stimmung in der Hoffnung, dadurch die eigene Entschlossenheit stärken und die der anderen Seite ins Wanken bringen zu können. Aber bis zum Ausbruch des Koreakrieges im Sommer 1950 weist nichts darauf hin, daß die Führung einer der Seiten ernsthaft daran dachte, in einem Konflikt Streitkräfte einzusetzen (obwohl damit gedroht wurde), mit Ausnahme einiger Wochen zu Beginn der Blockade Berlins im Jahre 1948, falls die Gegenseite dies tun sollte. Dasselbe schien auch für den Einsatz der Atombombe zu gelten. Der Versuch der Sowjetunion, die anderen Besatzungsmächte durch die Blockade aus Berlin hinauszudrängen, die Invasion Südkoreas seitens des kommunistischen Nordens und der darauf folgende Einmarsch regulärer chinesischer Truppen, der ohne sowjetische Zustimmung nicht denkbar war – all das geschah zu einer Zeit, da Stalin wußte, daß die USA das Monopol oder eine klare Überlegenheit bei Atomwaffen und Trägerraketen besaßen.

Da der Krieg ausgeschlossen war, konnte eine breite Skala politischer, ökonomischer, psychologischer und subversiver Mittel angewandt werden. Die sowjetische Seite verfolgte das Ziel, ihre Kontrolle über Osteuropa zu verstärken und den Westen zu bewegen, an den Konferenztisch zurückzukehren und den Verhandlungsprozeß wiederaufzunehmen. Die westliche Seite wollte jede weitere territoriale oder politische Expansion der Sowjetunion »eindämmen«, den Kommunisten die Möglichkeit nehmen, den Gesundungsprozeß aufzuhalten, die Wirtschaft retten und den europäischen Staaten außerhalb des Sowjetblocks ihr Selbstvertrauen zurückgeben. Jede Seite klagte die andere der Aggression an und behauptete, selbst nur defensiv zu handeln. So entstand das Verhaltensmuster des Kalten Krieges, das eine ganze Generation lang andauern sollte.

Im Jahre 1947 war jedoch noch offen, ob der anglo-amerikanische Plan, ohne Rücksicht auf die Sowjetunion weiter voranzuschreiten, realisiert werden konnte, insbesondere da Stalin entschlossen war, ihm jedes nur mögliche Hindernis in den Weg zu legen.

Die amerikanischen und europäischen Vertreter, die sich bemühten, amerikanische Wirtschaftshilfe nach Europa zu bringen, fürchteten, daß sie zu spät kommen könnte. Wer in jenem Sommer durch Europa reiste, spürte nicht nur bei den Regierungsvertretern, sondern auch unter der Bevölkerung die verbreitete Furcht, daß die Wirtschaft vor Jahresende zusammenbrechen und die Bevölkerung der Städte, die schon jetzt auf schmale Rationen gesetzt war, ohne Nahrung und Heizung bleiben würde. Am schlimmsten waren die Bedingungen in Deutschland, aber auch in Frankreich und Italien herrschte große Sorge. Selbst in Großbritannien arbeiteten die Industriebetriebe nur noch drei Tage in der Woche, und die Konvertibilität des Pfund Sterling mußte im August ausgesetzt werden. Wenn es dem auf der Pariser Konferenz eingesetzten Komitee (dem Vorläufer der Organisation für europäische ökonomische Zusammenarbeit – OEEC, der heutigen Organisation für ökonomische Zusammenarbeit und Entwicklung – OECD) nicht gelang, bis zum 1. September eine Übereinkunft zu erreichen und die Lieferungen aus Amerika in Gang zu setzen, würde Westeuropa mit Getreidevorräten für nur sechs Wochen in den Winter gehen. Selbst als die Übereinkunft erreicht war, konnte Präsident Truman nach harten Auseinandersetzungen im Kongreß erst im Dezember ein Gesetz über zeitweilige Hilfe unterzeichnen. Nach weiteren Debatten beschloß der Kongreß schließlich am 3. April 1948 die Bewilligung von siebzehn Milliarden Dollar für eine Zeit von vier Jahren.

In den Jahren 1947/48 fürchtete man in Europa jedoch nicht nur Hunger und Arbeitslosigkeit, sondern auch Versuche der Kommunisten in Frankreich und Italien, die Macht zu ergreifen, Bürgerkrieg, Krieg und Okkupation. Diese Furcht als übertrieben (was sie, wie sich später herausstellte, tatsächlich war) oder als Propaganda im Stile des Kalten Krieges abzutun, hieße, die Atmosphäre jener Zeit zu verkennen. Dasselbe betrifft übrigens auch die sowjetische Furcht vor dem Westen, insbesondere vor einem wiederhergestellten Deutschland. Seit dem Ende des Krieges, in dem zwanzig Millionen Sowjetbürger und zwanzig Millionen Bewohner des übrigen Europas ihr Leben gelassen hatten, waren kaum zwei Jahre vergangen. Seit Anfang 1938 hatten fast alle der damals unabhängigen europäischen Staaten auf ihrem Territorium Krieg, Okkupation und die – nicht weniger opferreiche – Befreiung erlebt. Diese Erfahrungen des schrecklichsten Jahrzehnts in der Geschichte Europas hatten die Menschen gelehrt, daß das Schlimmste, selbst das Unvorstellbare, geschehen konnte.

In den vergangenen drei Jahren waren die Kommunisten mit Unterstützung der Sowjetunion in Machtpositionen gelangt, die sie bald zu einem Monopol über einhundert Millionen Menschen in Ost- und Mitteleuropa ausbauen sollten. In Griechenland tobte ein Bürgerkrieg, der hunderttausend Griechen das Leben kostete, mehr als während der deutschen Besetzung. Im Lichte dessen, was Männer und Frauen bisher in ihren Städten und Dörfern erlebt hatten, kann es nicht überraschen, daß sie fürchteten, die Kommunisten könnten versuchen, ihre Macht auch auf andere Länder auszudehnen, oder die Rote Armee, die sich von der Wolga bis zur Elbe vorwärtsgekämpft hatte, könnte bis zum Rhein oder zur Seine weitermarschieren.

Um diese Furcht und die wirtschaftliche Schwäche Westeuropas auszunutzen, konnte Stalin sich auf die zwei stärksten kommunistischen Parteien außerhalb der Sowjetunion stützen. Die KPF war mit etwa 900 000 Mitgliedern die bei weitem stärkste Partei in Frankreich, sie beherrschte die Gewerkschaftsbewegung und übte zugleich große Anziehungskraft auf weite Teile der Intelligenz aus. Sie hätte in der chaotischen und potentiell revolutionären Situation der ersten Monate nach der Befreiung versuchen können, die Macht zu ergreifen, wurde jedoch von Stalin zurückgehalten, der in diesem Stadium keine Konfrontation mit den britischen und amerikanischen Streitkräften wollte und es vorzog, daß sich die KPF an einer Koalitionsregierung beteiligte. In Italien, wo die KPI unter Führung Togliattis wie in Frankreich eine Hauptrolle in der Widerstandsbewegung gespielt und ihre Mitgliedschaft auf zwei Millionen erhöht hatte, blieben die Kommunisten in der Nachkriegskoalition, bis De Gasperi sie aus der im Mai 1947 gebildeten neuen Regierung ausschloß. Beide Parteien verfolgten das Ziel, es den Regierungen unmöglich zu machen, ohne sie auszukommen, und ihre Rückkehr ins Kabinett zu erzwingen.

Die französischen Kommunisten unternahmen große Anstrengungen, um über die Gewerkschaften Streiks, Demonstrationen und öffentlichen Ungehorsam zu organisieren. Auf diese Weise zwangen sie die Regierung Ramadier am 19. November zum Rücktritt. Ihre Nachfolgerin unter Robert Schuman war jedoch entschlossen, den Kampf mit ihnen aufzunehmen. Als die Streiks anhielten, ohne daß ein entscheidendes Ergebnis erreicht wurde, machte der Parteivorsitzende Maurice Thorez einen Blitzbesuch bei Stalin und kehrte mit der Weisung zurück, alle Mittel, einschließlich Kommandotrupps von Kommunisten, außer Waffengewalt einzusetzen, um den Druck aufrechtzuerhalten. Diese Taktik wurde ohne Rücksicht auf die Folgen für die Partei angewandt. Es heißt, daß sich ihre Kader darauf vorbereiteten, bei einem Verbot in den Untergrund zu gehen. Im Dezember 1947 erlitt die KPF allerdings eine entscheidende Niederlage. Sie verlor die Unterstützung der Arbeiterklasse, die Streikfront brach zusammen, und es entstand eine unabhängige Gewerkschaftsorganisation, die Force Ouvrière.

In Italien fand die Kraftprobe bei der Wahl im April 1948 statt. Dies war ein offener Kampf zwischen denen, die sich nach den Vereinigten Staaten orientierten, und denen, die auf die Sowjetunion schauten. Der Anspruch der KPI wurde durch eine gemeinsame Liste mit den Mehrheitssozialisten unter Nenni noch verstärkt. Während sie 1946 40 Prozent der Stimmen

erhalten hatten, sank ihr Anteil nunmehr auf 31 Prozent; die Christdemo-
kraten De Gasperis dagegen gewannen mit über 48 Prozent die absolute
Mehrheit der Parlamentssitze. An beiden Niederlagen der Kommunisten
erstaunt vor allem der Umstand, daß sie eintraten, bevor die positiven Aus-
wirkungen des Marshallplanes sich zeigten, zu einer Zeit, als die schlechten
Lebensbedingungen der Arbeiterklasse in Frankreich und Italien den
Kommunisten unweigerlich einen Vorteil verschafften. Überdies fand im
Falle Italiens die Wahl unter dem Eindruck eines erfolgreichen Coups in
Prag statt, der Togliattis Behauptung zu bestätigten schien, dem Kommu-
nismus gehöre die Zukunft.

1948 war auch aus einem anderen Grunde ein entscheidendes Jahr. Im
November sollten in den USA Wahlen stattfinden, und alles deutete darauf
hin, daß Truman eine Niederlage erleiden würde. Bevor das Wahlergebnis
bekannt war, konnten bei dem noch geheimen Plan eines atlantischen
Sicherheitspakts, dem Ursprung der NATO, kaum Fortschritte erzielt werden. Die Briten hielten diesen jedoch für wesentlich, um das Vertrauen in
die Marshallplanhilfe dadurch zu untermauern, daß die Amerikaner sich
zugleich zur Verteidigung Westeuropas verpflichteten. Wenn Truman nicht
wiedergewählt wurde, was bei der Instabilität des amerikanischen Systems,
auf die Stalin setzte, nicht ausgeschlossen war, konnten Marshallplan und
Sicherheitspakt zu den Akten gelegt werden. Wenn er für eine zweite Amtszeit gewählt wurde, war für 1949 ein viel schnellerer Fortschritt zu erwarten.

In der Zwischenzeit verstärkte Stalin die sowjetische Kontrolle über Osteuropa. In den ersten beiden Nachkriegsjahren konnten nur Jugoslawien
und Albanien als kommunistische Einparteienstaaten bezeichnet werden,
obwohl auch hier dieser Name vermieden wurde und man von einer Volksfront bzw. einer demokratischen Front sprach. Die Regierungen der anderen fünf osteuropäischen Staaten – Polen, Tschechoslowakei, Ungarn,
Rumänien und Bulgarien – waren durchweg Koalitionen. Zumindest in der
Tschechoslowakei und in Ungarn regierten wirkliche Koalitionen, in denen
mehrere Parteien mit eigenen Organisationen und sehr unterschiedlichen
Auffassungen zusammenarbeiteten und ein radikales kurzfristiges Programm durchsetzten, das soziale Reformen wie die Neuverteilung von
Grund und Boden vorsah. Die Wahlen in der ČSR im Mai 1946 und in
Ungarn im November 1945 wurden weithin als fair betrachtet. In der Tschechoslowakei siegten die Kommunisten mit 38 Prozent, in Ungarn erlitten
sie eine Niederlage; dort erreichte die Partei der kleinen Landwirte 57 Prozent der Stimmen.

In Polen kam es dagegen von Anfang an zur Einmischung in die Aktionen anderer Parteien. Mikolajczyk war zwar stellvertretender Ministerpräsident, wurde aber von jeder wirklichen Regierungsarbeit ferngehalten und
ging im Sommer 1946 in die Opposition. Er gründete die polnische Volkspartei, die unter den Bauern starken Anklang fand. Man legte ihm jedoch
die verschiedensten Hindernisse in den Weg: Versammlungen wurden

abgebrochen, Delegierte verhaftet, Büros gestürmt und mindestens zwei Führer seiner Partei ermordet. Als es schließlich im Januar 1947 zu Wahlen kam, beklagte Mikolajczyk, daß über 100 000 Mitglieder der Volkspartei im Gefängnis saßen und 142 Kandidaten verhaftet waren. In zehn von 52 Wahlkreisen wurden die Listen der Volkspartei nicht zur Wahl zugelassen. Der Regierungsblock erhielt 394 von 444 Sitzen, die Volkspartei 28 Sitze. Die Fassade einer Koalitionsregierung wurde dadurch gewahrt, daß man die Sozialistische Partei in die Regierung aufnahm und ihren Generalsekretär, Jozef Cyrankiewicz, zum Ministerpräsidenten wählte. Auf die Wahlen folgte die Annahme einer Verfassung nach sowjetischem Vorbild, und nach gründlicher Säuberung der Sozialistischen Partei fand im Dezember 1948 ein Vereinigungsparteitag statt, aus dem nach dem Vorbild der KPdSU die Polnische Vereinigte Arbeiterpartei hervorging.

Um die politische Taktik und die Propagandakampagnen dieser Parteien mit der KPdSU zu koordinieren, rief Stalin die Führer der KPF und der KPI sowie die Vorsitzenden der osteuropäischen Parteien zu einer Konferenz in Polen im September 1947 zusammen, wo das Informationsbüro der kommunistischen und Arbeiterparteien (Kominform) gegründet wurde. Alle kommunistischen Parteien wurden aufgerufen, »im Kampf gegen die Expansions- und Aggressionspläne des amerikanischen Imperialismus in allen Bereichen die Führung zu übernehmen«. Die ideologische Grundlage dafür wurde mit der These von den »zwei Lagern« gelegt: »Das Hauptziel des imperialistischen und antidemokratischen Lagers besteht darin, die Weltherrschaft des amerikanischen Imperialismus zu errichten und die Demokratie zu zerschlagen, während das Hauptziel des antiimperialistischen und demokratischen Lagers darin besteht, den Imperialismus zu untergraben, die Demokratie zu festigen und die Überreste des Faschismus auszurotten.« In einer Sprache, die an die Politik erinnerte, die Stalin in den frühen dreißiger Jahren der Komintern aufgezwungen hatte, griff das Kominform die europäische Sozialdemokratie an: »Ein besonderer Platz im Arsenal taktischer Waffen der Imperialisten gebührt der verräterischen Politik der rechten Sozialdemokraten wie Blum in Frankreich, Attlee und Bevin in England oder Schumacher in Deutschland, die bestrebt sind, den Raubtiercharakter der Imperialisten zu verhüllen . . ., die als deren treue Helfershelfer agieren, in den Reihen der Arbeiterklasse Zwietracht säen und ihr Denken vergiften.«[22]

Mit der Anwesenheit Schdanows und Malenkows wurde demonstriert, daß dies nicht nur die Auffassungen einer wiederbelebten Kommunistischen Internationale waren (die Mitgliedschaft im Kominform war allerdings viel beschränkter), sondern daß die Sowjetregierung diese Linie unterstützte. Schdanows Grundsatzrede wurde in der ersten Nummer der neuen Zeitschrift der Organisation *Für dauerhaften Frieden, für Volksdemokratie* in vollem Wortlaut abgedruckt. (Nach Djilas hatte Stalin selbst diesen schwerfälligen Titel erdacht, um die westliche Presse dazu zu bewegen, diese Losung jedesmal zu wiederholen, wenn sie aus der Zeitschrift zitierte. Er setzte sich auch über die Entscheidung der Delegierten hinweg, das Kominform in Prag zu etablieren. Als Schdanow und Malenkow ihn telefonisch um seine Zustimmung baten, bestand er darauf – aus Gründen, die im weiteren noch deutlich werden –, daß es in der jugoslawischen Hauptstadt Belgrad seinen Sitz haben sollte.) Die kommunistischen Parteien Frankreichs, Italiens und Großbritanniens, so erklärte Schdanow, hätten die besondere Aufgabe, im Kampf gegen die ökonomische und politische Versklavung ihrer Länder die Führung zu übernehmen.

Als der Rat der Außenminister am 25. November in London zusammentrat, war die sowjetische Propagandalinie gegen den Marshallplan bereits vollständig ausgearbeitet. Die amerikanische Politik wurde mit Kapitalimus, Imperialismus, Faschismus und Krieg gleichgesetzt. Der sowjetische Widerstand dagegen bedeutete soziale Gerechtigkeit, nationale Unabhängigkeit, Demokratie und Frieden. Molotow forderte die sofortige Bildung einer zentralen Regierung für ein einheitliches Deutschland und behauptete, der Marshallplan ziele darauf ab, Deutschlands ökonomischen Wiederaufbau im Interesse der amerikanischen und britischen Konkurrenten zu verhindern. Es sollte als einheitlicher Staat zerstört und das Ruhrgebiet zu einem Zentrum der Rüstungsindustrie für die anglo-amerikanische Vorherrschaft in Europa umgewandelt werden. Obwohl bis zum 15. Dezember siebzehn Sitzungen stattfanden, gab es keinen ernsthaften Versuch, aus der Sackgasse herauszukommen. Die Russen waren offensichtlich der Meinung, daß sie noch genügend Widerstand gegen die Durchsetzung der westlichen Pläne mobilisieren konnten, und Molotow sah keine Notwendigkeit, Zugeständnisse zu machen, um die Verhandlungen in Gang zu halten.

Die achtzehn Monate, die nach der Londoner Konferenz der Außenminister im Dezember 1947 bis zu ihrer nächsten Begegnung in Paris im Mai 1949 vergingen, waren die entscheidende Etappe im Kräftemessen zwischen Stalin und seinen ehemaligen Verbündeten. Zu seiner Überraschung zeigten die Westmächte genügend politische Willensstärke, um ihre Differenzen zu überwinden und die Grundlage für erneuertes Selbstvertrauen und eine ausgedehnte Periode ökonomischen Wachstums im nichtkommunistischen Europa in den fünfziger und frühen sechziger Jahren zu legen.

Die bekanntgewordenen Tatsachen rechtfertigen nicht die Schlußfolgerung, daß Stalin nach Kriegsende eine abgeschlossene Konzeption oder einen Zeitplan verfolgte, nach dem die Koalitionsregierungen in Osteuropa hinter der Fassade der Einheitsfront durch das kommunistische Machtmonopol ersetzt werden sollten. Er strebte zunächst Regierungen an, die mit Sicherheit auf sowjetische Wünsche eingehen würden. Aber ebenso wie die Führer des Westens in ihrer Handlungsfreiheit durch den Druck des demokratischen Systems in ihren Ländern eingeschränkt waren, war Stalin dem Druck des Systems ausgesetzt, das er selbst in der Sowjetunion geschaffen hatte. Verdacht und Mißtrauen waren keine Nebenprodukte dieses Systems, sondern ihm wesenseigen, und die Tatsache, daß Stalin das System in der Sowjetunion nach Kriegsende nicht gelockert, sondern weiter verschärft hatte, ließ stark vermuten, daß seine Ausdehnung auf Osteuropa nur eine Frage der Zeit war.

Marshalls Angebot war jedoch offen für alle europäischen Länder einschließlich der Sowjetunion und der Staaten in der sowjetischen Einflußsphäre. Dies war von Stalins Standpunkt eine sehr besorgniserregende Perspektive. Das Versprechen, Zugang zu amerikanischer Hilfe zu erhalten, der die Sowjetunion nichts Gleichwertiges entgegenzusetzen hatte, konnte der sowjetischen Kontrolle über die Länder Ost- und Mitteleuropas viel gefährlicher werden als die Diplomatie der Alliierten oder die Drohung mit der Atombombe. Dies muß den Ausschlag für Stalins Entscheidung gegeben haben, das Angebot auszuschlagen. Selbst nach Molotows Ablehnung auf der Pariser Konferenz wurde eine Einladung (an zweiundzwanzig Länder) zur Folgekonferenz über den Wiederaufbau Europas von der Regierung der Tschechoslowakei (am 7. Juli) angenommen und wäre auch von anderen akzeptiert worden, wenn Stalin nicht unverzüglich ein Verbot ausgesprochen hätte.

Die darauf folgende Gründung des Kominform hatte das Ziel, eine gemeinsame Propagandaoffensive gegen den Marshallplan zu entfalten und die anderen osteuropäischen Führer durch fortgesetzten Druck bei der Stange zu halten. Zwei Ereignisse vom Anfang 1948 – ein kommunistischer Umsturz in Prag und der sich abzeichnende Bruch zwischen der Sowjetunion und Jugoslawien – zeigten deutlich, daß Stalin sich mit Koordinierung nicht mehr zufriedengab. Er war entschlossen, jede Spur von Unabhängigkeit auszumerzen und allen anderen Parteien neben den Kommunisten die Rolle von Marionetten zuzuweisen.

Bisher liegen keine Beweise dafür vor, daß die politische Krise in Prag im Februar 1948 um die Kontrolle über die Polizei von den Kommunisten auf Weisung Moskaus inszeniert wurde. Als jedoch die nichtkommunistischen Minister zurücktraten, kann die Entscheidung der Partei, sofort Aktionskomitees zu bilden und bei dieser Gelegenheit die volle Kontrolle an sich zu reißen, nicht ohne Konsultation mit Stalin getroffen worden sein. Die neue Regierung war der Form nach immer noch eine Koalition, aber keine der anderen Parteien konnte ihren einzigen »Vertreter« selbst bestimmen, und der Mitläufer Fierlinger führte die Sozialisten in die Vereinigung mit den Kommunisten. Eine neue Verfassung wurde angenommen, die sich an die der UdSSR anlehnte, und die Neuwahlen, bei denen keine Oppositionsparteien zugelassen waren, brachten 90 Prozent der Stimmen für die offizielle Liste in Böhmen und Mähren sowie 86 Prozent in der Slowakei.

Der Umsturz in der Tschechoslowakei hatte tiefgreifende Auswirkungen auf die westliche Öffentlichkeit. Es war kaum neun Jahre her, daß Hitlers Blitzfeldzug gegen die Tschechoslowakei, der in der Besetzung Prags seinen Höhepunkt erreichte, sich als Vorspiel zum Krieg erwiesen hatte. Diesmal hatten die Kommunisten gezeigt, daß sie auch ohne Eingreifen der Roten Armee und ohne Kriegsdrohung in der Lage waren, von innen heraus die Macht zu ergreifen. Deshalb lag die Schlußfolgerung nahe, Prag sei erneut der Präzedenzfall dafür, was in Paris oder Rom geschehen konnte und was noch vor Ende des Sommers in Berlin tatsächlich geschah.

Weder die Parallele noch der Präzedenzfall erwiesen sich als zutreffend, aber niemand konnte das damals wissen. Ende 1948 schwenkten Ungarn, Rumänien und Bulgarien mit gewissen lokalen Variationen auf diese Linie ein. Im Dezember faßte der betagte Führer der Komintern Dimitroff, der nun an der Spitze der bulgarischen Regierung stand, auf dem Kongreß seiner Partei die Umgestaltung der Volksdemokratien mit folgenden Worten zusammen: »Die Sowjetmacht und die Volksdemokratische Front sind Formen desselben Machtsystems, die beide auf der Diktatur des Proletariats beruhen. Die sowjetischen Erfahrungen sind das einzige und beste Vorbild für den Aufbau des Sozialismus in unserem Lande und in den anderen Ländern der Volksdemokratie.«[23] Diese Erfahrungen wurden mit der Gründung der Deutschen Demokratischen Republik bald auch in Ostdeutschland angewandt. Für die folgenden vierzig Jahre – lediglich unterbrochen durch die Revolte in Ungarn 1956 und den »Prager Frühling« 1968 – gerieten die Länder Mittel- und Osteuropas unter Satellitenregime der Sowjetunion, und an die Stelle des früher von Hitler aufgezwungenen Systems trat eine stalinistische Neue Ordnung.

Die Ausnahme war Jugoslawien. Das kommunistische Regime Titos, ein Ergebnis des Bürgerkrieges, der mit dem Partisanenkrieg gegen die Deutschen einhergegangen war, konnte noch am ehesten den Anspruch erheben, aus eigener Kraft und nicht infolge der Okkupation durch die Rote Armee zur Macht gelangt zu sein. Keine kommunistische Führung war schärfer gegenüber dem Westen (und brachte die Sowjetunion dadurch mehrmals in Verlegenheit), keine war bereitwilliger, Molotows Ablehnung des Marshallplans zu unterstützen. Aber das genügte nicht. Stalin entdeckte in ihrer Haltung immer noch einen Anflug von Unabhängigkeit: Bei aller Zustimmung zur sowjetischen Politik schien die jugoslawische Führung auch eigene Absichten zu verfolgen.

In diesem Fall liegen genügend Informationen vor (von jugoslawischer Seite zwar, aber ergänzt und bestätigt durch sowjetische Aussagen), um einen Blick hinter die undurchdringliche Mauer zu werfen, in deren Schatten die Beziehungen zwischen dem Kreml und den anderen osteuropäischen Staaten sich gewöhnlich vollzogen. Später wurde klar, daß es wegen der Beziehungen Jugoslawiens zu seinen Nachbarn, wegen der Aktionen des sowjetischen Geheimdienstes und der russischen Wirtschaftsbeziehungen zu Belgrad bereits seit längerem Reibungen gab. Gleichwohl verdrängte man diese zunächst, und erst im Dezember 1947 wurde eine jugoslawische Delegation nach Moskau gerufen, um Jugoslawiens Politik gegenüber Albanien zu erörtern.

Stalin rief vor allem nach Djilas und lud ihn noch am Tage seiner Ankunft allein, ohne seine Begleiter, zum Essen ein. Zuvor versuchte er ihn bereits im Kreml in Anwesenheit von Molotow und Schdanow zu ködern: »So, dann bringen sich also Mitglieder des Zentralkomitees in Albanien euretwegen um! Das kommt sehr ungelegen, sehr ungelegen.« Als Djilas eine Erklärung geben wollte, ließ Stalin ihn nicht ausreden und bemerkte: »Wir haben kein besonderes Interesse an Albanien. Wir sind damit einverstanden, daß Jugoslawien Albanien schluckt! Dabei hielt er die Finger der rechten Hand zusammen, führte sie zum Mund und tat so, als wollte er sie schlucken.« Djilas war schockiert und versuchte wieder zu erklären: »Es handelt sich nicht um Schlucken, sondern um Vereinigung!« Darauf machte Molotow den Einwurf: »Aber das ist doch Schlucken!« Und Stalin setzte, seine Geste mit den Fingern wiederholend, hinzu: »Ja, ja. Schlucken! Aber wir gehen da ja mit euch einig: Ihr sollt Albanien schlucken – je früher, desto besser.«

Später auf Stalins Datsche fühlte sich der alte Partisan in Djilas befremdet, weil sich die Tische unter den Schüsseln bogen, aber er erinnerte sich daran, daß auch Peter der Große solche Gelage mit seinen Gefolgsleuten gefeiert hatte, wo sie bis zum Umfallen fraßen und soffen und dabei über das Schicksal des russischen Volkes entschieden. Er fand Stalin in den drei Jahren seit ihrer letzten Begegnung gealtert. Er schlang die Speisen in sich hinein, als könnte er nicht genug bekommen, und sein Geist arbeitete nicht mehr so klar. »In einem jedoch war er noch immer der alte Stalin: Er war eigensinnig, heftig und argwöhnisch, wenn jemand eine andere Meinung vertrat als er.«[24]

In den sechs Stunden, die sie gemeinsam tafelten, hatte Djilas ständig das Gefühl, daß Schdanow und Berija ihn auszuhorchen versuchten, während Stalin abwartete und beobachtete, ob er der geeignete Mann sei, um die jugoslawische Führung zu spalten. Als er sich sperrte, wurden die Gesprächspausen länger und länger, nichts wurde jedoch offen ausgesprochen.

Die Enttäuschung der Russen wirkte sich bald auf die ökonomischen Beziehungen aus. Das Versprechen, rasch über sowjetische Militär- und Wirtschaftshilfe zu entscheiden, wurde nicht gehalten, und man ließ die Jugoslawen fast einen Monat lang vergeblich warten. Dann druckte die *Prawda* Ende Januar einen scharfen Angriff gegen Dimitroff, der es gewagt hatte, öffentlich von einer Balkan-Föderation Bulgariens und Jugoslawiens zu sprechen, ohne zu erwähnen, daß auch die Sowjetunion Mitglied sein sollte. Da die Jugoslawen gerade Freundschafts- und Beistandsverträge mit Bulgarien, Ungarn und Rumänien abgeschlossen hatten, wurden sie gemeinsam mit den Bulgaren nach Moskau beordert, um Erläuterungen zu geben. Die Russen erwarteten, daß Tito zusammen mit Dimitroff erscheine. Tito ahnte jedoch, was kommen würde, und sandte Edvard Kardelj, einen weiteren engen Mitkämpfer, zur Unterstützung für Djilas nach Moskau.

Bei der Begegnung im Kreml am Abend des 10. Februar begann Molotow mit einem ernsten Verweis, weil die beiden Länder einen Bündnisvertrag abgeschlossen hatten, von dem die Sowjetregierung erst aus den Zeitungen erfahren habe. Danach griff Stalin Dimitroff an, weil er von einer Föderation gesprochen hatte. Der Bulgare gab zu, einen Fehler gemacht zu haben, und versuchte sich zu rechtfertigen. Stalin wurde nur noch wütender und unterbrach ihn mehrmals: »Unsinn, Sie sind losgestürzt wie ein junger Komsomolze. Sie wollten die Welt in Erstaunen versetzen, als ob Sie noch der Sekretär der Komintern wären. Sie und die Jugoslawen lassen keinen Menschen wissen, was ihr vorhabt, und wir müssen uns alles erst aus zweiter Hand zusammenreimen.«

Kardelj wies darauf hin, daß der Vertragsentwurf der Sowjetregierung vorab übermittelt worden und auf keinen Widerspruch gestoßen war. Molotow bestätigte dies und wollte damit demonstrieren, daß keine Differenzen zwischen ihnen und Moskau bestünden. Aber Stalin brüllte: »Unsinn! Es bestehen Differenzen, und zwar schwerwiegende! . . . Sie konsultieren uns überhaupt nicht. Das ist nicht ein Fehler, der Ihnen passiert ist, sondern Ihre Politik – jawohl, Ihre Politik!«

Als eine Zollunion vorgeschlagen wurde, wies Stalin dies als unpraktikable Idee zurück. Kardelj nannte die Benelux-Staaten als Beispiel einer Zollunion, die gut funktionierte. Dadurch geriet er jedoch wieder in Streit mit Stalin über deren Mitglieder. Stalin behauptete stur, dazu gehörten nur Belgien und Luxemburg, nicht die Niederlande. Er wollte sich nicht korrigieren und erklärte ärgerlich: »Wenn ich sage *nein*, dann heißt das *nein*.«

Wieder fiel er über Dimitroff her, aber diesmal nicht wegen der vorgeschlagenen Föderation Bulgariens mit Jugoslawien, sondern mit Rumänien: »Sie wollten im Licht der Originalität glänzen! Das war vollkommen falsch, denn eine solche Föderation ist unvorstellbar. Welche historischen Bindungen bestehen denn zwischen Bulgarien und Rumänien? Keine!« Zur Verblüffung seiner Zuhörer sprach er sich gleich darauf für eine Föderation zwischen Bulgarien und Jugoslawien aus, wenn Albanien hinzukäme: »Da sind historische und andere Bindungen vorhanden. Das ist die Föderation, die geschaffen werden sollte, und je früher, desto besser – sofort, wenn möglich, morgen! Ja, morgen, wenn möglich! Werden Sie sich sofort darüber einig . . . Zuerst eine Föderation zwischen Bulgarien und Jugoslawien und dann diese beiden mit Albanien.«[25] Es ist nicht verwunderlich, daß die anwesenden Jugoslawen zu dem Schluß kamen, Stalins Drängen auf die sofortige Gründung einer Föderation verfolge das Ziel, die Einheit ihres Landes zu zerstören.

Auf das Treffen in Moskau folgte eine Reihe von Schritten, um Jugoslawien zu isolieren. Alle sowjetischen Berater und Fachleute wurden abgezogen. Stalin und Molotow begannen einen Briefwechsel, in dem sie Tito und dessen Anhänger in scharfem Ton zur Ordnung riefen, als ob es sich um Untergebene handelte. Titos Bemühungen, die Kritik ernsthaft zu beantworten, führten nur zu der Erwiderung: »Wir halten Ihre Antwort für unwahr und deshalb für absolut unbefriedigend.«

Einzelne Beschuldigungen steigerten sich bald zum Vorwurf der ideologischen Abweichung; Tito und seine Anhänger wurden des Trotzkismus, des Bucharinismus und des Menschewismus beschuldigt. Daß sie sich weigerten, ihre Schuld einzugestehen, daß sie darauf beharrten, sie hätten im Unterschied zu den anderen von der Roten Armee befreiten Ländern ihre eigene Revolution durchgeführt und seien deshalb in der Lage, selbständig eine sozialistische Gesellschaft aufzubauen, machte ihr Vergehen nur noch schlimmer.

Ende Juni wurde das Kominform einberufen, um die jugoslawische Partei auszuschließen. Man verurteilte Tito und die anderen Führer wegen nationalistischer Abweichung und rief »gesunde Elemente« in der jugoslawischen Partei auf, an ihre Stelle zu treten. Die Mitglieder des Kominform brachen hastig alle Beziehungen zu Jugoslawien ab. Wie Chruschtschow berichtet, war Stalin sicher, daß bereits sein Unwillen Tito zu Fall bringen werde: »Ich brauche nur meinen kleinen Finger zu rühren – und schon wird es keinen Tito mehr geben. Er wird fallen.«[26] Jedoch Tito war nicht umsonst in der Zeit der Säuberungen Mitglied des Exekutivkomitees der Komintern in Moskau gewesen. Die »gesunden Elemente«, auf die Stalin baute, darunter Zujovic und Hebrang, zwei Mitglieder der jugoslawischen Führungsgruppe, wurden verhaftet. Tito berief einen Parteitag ein, auf dem er massive Unterstützung erhielt. Einige sowjetische Erklärungen, in denen der Kampf der Partisanen während des Krieges herabgesetzt wurde, reichten aus, um eine heftige nationalistische Gegenreaktion auszulösen.

Die Jugoslawen waren nun bereit, einer militärischen Aktion Widerstand zu leisten. Obwohl die Russen mit bedrohlichen Truppenbewegungen und Grenzzwischenfällen den Nervenkrieg schürten, war Stalin vorsichtig genug, keinen Krieg zu riskieren. Bis zu seinem Tod im Jahre 1953 setzte die sowjetische Propaganda ihre zügellose Verleumdungskampagne fort. Sie bezeichnete Tito und »seine Bande« als Konterrevolutionäre, als Verräter an der Sache des Sozialismus und »Handlanger des amerikanischen Imperialismus«, aber nichts konnte die Tatsache verhüllen, daß zum ersten Mal eine kommunistische Partei Moskaus Bannfluch erfolgreich die Stirn bot.

Die Kommunistische Partei eines kleinen armen Balkanlandes konnte kaum eine wirkliche Gefahr für die Vorherrschaft Stalins und der KPdSU sein. Aber die Tatsache, daß Tito und seine Partei ungeachtet allen Drucks nicht nur rebelliert und überlebt hatten, sondern trotz Exkommunikation an ihrem Anspruch festhielten, ein wirkliches Alternativmodell des Sozialismus aufzubauen, war ein Schlag gegen das monolithische Bild vom Kommunismus, dessen Folgen noch lange Zeit nach Stalins Tod spürbar waren.

Während sich Stalin bei seinem Versuch, Tito zu Fall zu bringen, gründlich verrechnet hatte, zeigte er in der für die Sowjetunion und den Westen zentralen Frage, der Zukunft Deutschlands, eine wesentlich sicherere

Hand. Ende 1946 hatten die Briten und die Amerikaner sich entschieden, ihre beiden Besatzungszonen zu vereinigen – ursprünglich, um Großbritannien aus seinen finanziellen Schwierigkeiten zu helfen. Nachdem die Außenminister in Moskau keine Übereinkunft erreichen konnten, betrachtete man diese Bizone mehr und mehr als Rahmen für den Wiederaufbau der Wirtschaft, an dem man in ganz Deutschland gehindert wurde, und schließlich als Grundlage für einen westdeutschen Staat. In den Jahren 1947/48 kamen die USA und Großbritannien zu dem Schluß, daß es für den geplanten Wiederaufbau Europas und darüber hinaus für die europäische Sicherheit von wesentlicher Bedeutung war, die deutsche Wirtschaft wiederherzustellen und dem deutschen Volk eine Zukunft an der Seite des Westens zu gewährleisten.

Derartige Pläne, die das Gespenst eines wiedererstehenden starken Deutschlands im Bündnis mit dem Westen heraufbeschworen, mußten in Moskau Befürchtungen auslösen, ebenso wie die sowjetischen Aktionen in Osteuropa, die Hindernisse, die sie dem Wiederaufbau und der Vereinigung Deutschlands in den Weg legten, und die Zersetzungstaktik der französischen und italienischen Kommunisten im Westen Besorgnis hervorriefen. Jedes »Lager«, wie Schdanow es nannte, war in Sorge und überzeugt, daß das andere aggressive Pläne verfolgte.

Die britische und die amerikanische Regierung stießen jedoch bei der Verwirklichung ihrer Absichten auf ernste Schwierigkeiten. Die Franzosen, deren Mitarbeit dabei wesentlich war, taten sich schwer, die für Deutschland vorgesehene zentrale Stellung zu akzeptieren. Sie waren über die Kriegsgefahr stark beunruhigt. Die Amerikaner konnten in einem Wahljahr keineswegs sicher sein, daß die Öffentlichkeit und der Kongreß die Orientierung auf Europa auch weiterhin unterstützen würden, auf die sich die Truman-Regierung einließ. Die Briten, die mit eigenen wirtschaftlichen Schwierigkeiten zu kämpfen hatten, waren dadurch verunsichert, daß ihnen zum ersten Mal die Ressourcen zur Untermauerung ihrer Politik fehlten.

Dies war eine Situation, die ein geschickter Gegner durchaus nutzen konnte, um einen Plan zu Fall zu bringen, der noch weit von seiner Realisierung entfernt war. Daß Stalin Berlin wählte, um Druck auszuüben, war ein meisterhaftes Kalkül. Die vier Mächte teilten sich in die Besetzung der Stadt, aber nicht zu gleichen Bedingungen. Berlin lag mitten in der sowjetischen Besatzungszone, und die Westmächte waren auf die durch die sowjetische Besatzungszone führenden Transitwege angewiesen, um ihre in West-Berlin stationierten Truppen und die zweieinhalb Millionen Menschen in den drei Westsektoren der Stadt zu versorgen. Die Russen brauchten keine offene Kampfansage. Die ersten Schritte, die Berlin vom Westen abschneiden sollten, datieren vom März 1948 und wurden als zeitweilige Unterbrechungen wegen notwendiger Reparaturarbeiten an den Transitstrecken deklariert. Erst im August war die Blockade vollendet; und auf jeden Schritt folgte eine Pause, um zu sehen, wie der Westen reagierte, und die Gefahr eines Krieges abzuschätzen, den der Westen, wie die Sowjets richtig vermuteten, ebensowenig wünschte wie sie selbst.

Die militärische Lagebeurteilung der Westmächte war pessimistisch. Im Juni 1948 reichten die Lebensmittelbestände in den Westsektoren nur für 36 Tage und die Kohle für die Kraftwerke höchstens für 45 Tage aus. Beide Seiten kalkulierten, daß die Westmächte ihre Positionen in Berlin nur für einen begrenzten Zeitraum halten konnten, an dessen Ende sie schließlich zwischen drei Optionen zu wählen hätten: sie konnten die Blockade mit Gewalt zu durchbrechen versuchen; sie konnten sich für einen demütigenden Rückzug entscheiden, der ernste Auswirkungen auf die deutsche Öffentlichkeit und ihr Vertrauen in die Versprechen des Westens gehabt hätte; oder sie konnten sich das Recht zu bleiben damit erkaufen, daß sie die sowjetischen Bedingungen akzeptierten. Die Sowjetunion andererseits ging kein Risiko ein, das sie nicht durch Lockerung der Blockade sofort verringern konnte, wobei sie stets in der Lage blieb, diese später wieder zu verschärfen. Stalin achtete darauf, seine Bedingungen nicht genau zu definieren. Manchmal wurden Unterbrechungen des Verkehrs mit technischen Schwierigkeiten begründet, dann wieder nannten die sowjetischen Vertreter als Preis für das Bleiben der Westmächte in Berlin den Verzicht auf die Pläne zur Konsolidierung der Westzonen und die Rückkehr zum Potsdamer Abkommen, das ein sowjetisches Vetorecht bei der Lösung der Deutschlandfrage vorsah.

Zur Krise kam es Ende Juni 1948, als die Westmächte entschieden, in den drei Westzonen eine neue Währung einzuführen, ein Schritt, der entscheidend dazu beitrug, die Energien der Bevölkerung freizusetzen und die Wirtschaft wiederzubeleben. Die Russen reagierten darauf mit der Einführung einer eigenen Währung in der Ostzone und forderten ihre ausschließliche Geltung in allen Sektoren Berlins. In dieser Situation war die Reaktion der Berliner entscheidend.

Wochenlang hatten die Berliner Bevölkerung und ihre politischen Repräsentanten vergeblich auf Garantien der Westmächte gewartet, daß sie nicht aus Berlin abziehen würden, und den Nervenkrieg der Kommunisten über sich ergehen lassen. Man suggerierte ihnen, der Westen werde sie im Stich lassen, die ganze Stadt werde von den Russen übernommen, und wer auf der falschen Seite aktiv gewesen sei, werde dafür büßen müssen. Am 23. Juni stimmte das Berliner Abgeordnetenhaus (das im sowjetischen Sektor tagte und keinerlei Polizeischutz erhielt) trotz der Einschüchterungsversuche der Kommunisten und Aufruhr auf den Straßen dafür, daß die von der Sowjetunion eingeführte Währung nur im sowjetischen Sektor der Stadt gelten und die D-Mark in den Westsektoren gültig bleiben sollte, was die Beibehaltung des Vier-Mächte-Status der Stadt bedeutete. Das war eine mutige Entscheidung, der 80 000 Berliner auf einer Großkundgebung am nächsten Tag ihre Zustimmung gaben. Aber sie ließ die Frage offen, wie eine Stadt mit 900 000 Familien versorgt werden sollte, wenn die Russen die Herausforderung annahmen und jeglichen Zugang zu ihr versperrten.

Dafür bot sich nur eine Antwort an – eine Luftbrücke. Aber nur wenige glaubten, daß aller Luftfrachtraum zusammengenommen ausreichen würde, um mehr als 1 000 der täglich benötigten 4 000 Tonnen Kohle und Lebensmittel zu transportieren und dies länger als ein paar Wochen durchzuhalten. In Washington und London, wo diese Entscheidung fallen mußte, erkannte man jedoch, daß es keine andere Wahl gab, als Entschlossenheit zu zeigen. Aus dem Appeasement gegenüber Hitler in den dreißiger Jahren mußten die Lehren gezogen werden. Die Westmächte befanden sich aufgrund alliierter Abkommen in Berlin, und ein Zurückweichen vor sowjetischem Druck hätte ihre Glaubwürdigkeit zerstört. Wenn sie sich zurückzogen, würde niemand jemals wieder das Risiko der Berliner eingehen, die auf die Unterstützung der Amerikaner und Briten gesetzt hatten, um nun der Sowjetischen Militäradministration, ihrer Geheimpolizei und ihren Informanten ausgeliefert zu werden.

Die anglo-amerikanische Luftbrücke begann am 26. Juni ohne die Gewißheit, daß sie durchgehalten werden konnte. Als symbolische Unterstützung wurden drei Geschwader amerikanischer B-29-Bomber, die auch Atombomben transportieren konnten, nach Europa verlegt. Zugleich setzten die Westmächte ihre Gespräche mit den Vertretern der deutschen Politik über ein Grundgesetz und den Rahmen für einen westdeutschen Staat fort, während die Russen das Projekt eines ostdeutschen Staates mit Berlin als Hauptstadt parallel dazu vorantrieben. Im August trafen die Botschafter der drei Westmächte in Moskau zu zwei Begegnungen mit Stalin zusammen, bei denen dieser sich versöhnlich und einsichtig zeigte. Er wies jeden Gedanken weit von sich, die Sowjetunion wolle die Westmächte aus Berlin vertreiben: »Wir sind immer noch Verbündete.« Ursache der Probleme sei der Plan des Westens, einen deutschen Separatstaat zu errichten. Er deutete sogar an, daß man an eine Aufhebung der Blockade denken könne. Die von Stalin geweckten Hoffnungen wurden jedoch wieder zunichte gemacht, als Molotow in dem bereits bekannten Doppelspiel unnachgiebig die sowjetischen Minimalforderungen vortrug. Wenn der Westen diese akzeptierte, mußten die Berliner den Eindruck gewinnen, sie seien nichts anderes als ein Faustpfand im Handel zwischen den Besatzungsmächten, das man fallenließ, sobald man sich einig war.

Die Sowjets hatten keine Eile, denn die Blockade machte ihnen keine Probleme. In der Zwischenzeit zwangen von der SED organisierte Massendemonstrationen, die zu Krawallen und der Besetzung des Rathauses geführt hatten, die Mehrheit des Abgeordnetenhauses und dessen Exekutivorgan, den Magistrat, im Westteil der Stadt Zuflucht zu suchen. Hier forderten sie, ungeachtet eines sowjetischen Verbots Neuwahlen in Berlin durchzuführen.

Alles hing jedoch von der Luftbrücke ab. Wenn sie aufgrund des Winterwetters zusammengebrochen wäre (am letzten Tag des November 1948 konnten wegen Nebels nur noch zehn Flugzeuge in Berlin landen), wäre der Mut der Berliner Bevölkerung, die der Belagerung standhielten, vergeblich gewesen. Zur Überraschung selbst der unmittelbar Beteiligten gelang es durch gemeinsame Anstrengungen der US Air Force und der Royal Air Force sowie mit Unterstützung der Berliner, die rund um die Uhr bei der Entladung und Abfertigung der Flugzeuge arbeiteten, die Versorgung von zweieinhalb Millionen Menschen mit Lebensmitteln und Brennstoffen elf Monate lang zu sichern. Die Luftbrücke operierte von Juni 1948 bis Mai 1949, auch den ganzen Winter hindurch; schließlich wurden 8 000 Tonnen Fracht am Tag über sie befördert.

Zwei weitere ebenso überraschende Ereignisse führten zu einem entscheidenden Umschwung zugunsten des Westens: Im November 1948 wurde Präsident Truman wiedergewählt, was den Weg frei machte für die Fortsetzung der Gespräche über einen Nordatlantikpakt für gegenseitigen Beistand. Am 5. Dezember stimmte die Berliner Bevölkerung trotz der Einschüchterungsversuche bei den Wahlen zum Abgeordnetenhaus mit einer Mehrheit von über 83 Prozent für die drei demokratischen Parteien, die sich dem kommunistischen Druck widersetzt hatten.

Wiederum fehlt jede Quelle dafür, warum und wann Stalin zu der Einsicht kam, daß er das Spiel verloren hatte. Bemerkenswert ist, daß sich die Russen verdeckt zurückzogen. Als Stalin im Februar 1949 Fragen eines amerikanischen Journalisten nach den sowjetischen Bedingungen für die Aufhebung der Blockade beantwortete, erwähnte er die Währungsfrage nicht. Der amerikanische Diplomat Philip Jessup stellte dem sowjetischen UNO-Delegierten Jakow Malik inoffiziell die Frage, ob dieser Aussage besondere Bedeutung zukomme. Malik versprach, sich zu erkundigen, und einen Monat später, am 15. März, antwortete er, daß dies »kein Zufall« gewesen sei. Inzwischen war Molotow von Wyschinski als Außenminister abgelöst worden. Dieser gab bekannt, wenn ein Zeitpunkt für die nächste Tagung des Rates der Außenminister vereinbart werden könne, werde die Blockade aufgehoben.

Bevor dies geschah, trafen sich die Außenminister Großbritanniens, Frankreichs und der USA in Washington zur Unterzeichnung des NATO-Vertrages und einer Reihe Einzelabkommen, wodurch ein Rahmen geschaffen wurde, in dem die Entwicklung zu einem westdeutschen Staat weiter voranschreiten konnte.

Moskau antwortete mit einer massiven Kampagne gegen die NATO, die als ein aggressiver Pakt bezeichnet wurde, der in Verletzung der UNO-Charta gegen die UdSSR zielte. Das Hauptinstrument für die Mobilisierung von Widerstand war die »Weltfriedensbewegung«. Nach den Prinzipien einer »Front« aufgebaut, war diese Bewegung, an deren Spitze prominente Nichtkommunisten standen, während die Kommunisten die Organisation kontrollierten, ausschließlich gegen die »amerikanischen Kriegstreiber«

und deren europäische Verbündete ausgerichtet. Ein Internationales Komitee der Geistesschaffenden für den Frieden wurde gegründet, das die Unterstützung zahlreicher bekannter linksgerichteter Schriftsteller, Wissenschaftler und Künstler erhielt. Nach dem Weltkongreß der Friedenskämpfer in Paris im April 1949 wurde die Weltfriedensbewegung ein Hauptinstrument der sowjetischen Außenpolitik, ähnlich der Volksfrontbewegung der dreißiger Jahre. Ihr gelang es, die Unterschriften vieler Millionen Menschen, die keiner kommunistischen Organisation angehörten, unter den Stockholmer Friedensappell von 1950 zu sammeln. Zur gleichen Zeit startete die SED in Ostdeutschland eine parallele Kampagne für Einheit und gerechten Frieden, gründete den Volkskongreß für ein künftiges einheitliches, ungeteiltes Deutschland und warb mit großem Einsatz um die Unterstützung neutraler und nationalistischer Kräfte in West- und Ostdeutschland.

Vor diesem Hintergrund trat Ende Mai 1949 der Rat der Außenminister in Paris zusammen. Die Westmächte wie die Sowjetunion maßen ihren unterschiedlichen Versionen von einem einheitlichen Deutschland hohe Bedeutung bei; in der Praxis jedoch waren beide Seiten weit mehr darauf bedacht, daß die Fortschritte, die sie beim Aufbau zweier getrennter deutscher Staaten nach ihrem Bilde erreicht hatten, nicht zunichte gemacht wurden.

Djilas berichtet, daß Stalin gegenüber den Jugoslawen bereits fünfzehn Monate vorher zweimal seine Überzeugungen zum Ausdruck gebracht hatte, Deutschland werde geteilt bleiben: »Der Westen wird sich Westdeutschland zu eigen machen, und wir werden aus Ostdeutschland unseren eigenen Staat machen.«[27] Am Ende der Turbulenzen des darauffolgenden Jahres kam es tatsächlich zu diesem Ergebnis. Im August 1949 wurden in der künftigen Bundesrepublik Wahlen abgehalten, und am 15. September wählte der Bundestag Adenauer zum ersten Kanzler. Die Russen ließen die Führer der ostdeutschen Parteien nach Moskau kommen und gaben ihre Zustimmung für die Gründung einer Deutschen Demokratischen Republik – ein Prozeß, der im Oktober 1949 seinen Abschluß fand. Berlin verblieb unter der Besatzung aller vier Mächte.

In dem Maße, wie sich die beiden deutschen Staaten festigten, wurden auch Maßnahmen zur Konsolidierung der beiden Teile Europas getroffen. Da die sowjetische Niederlage in der Deutschlandpolitik zeitlich mit Titos erfolgreichem Widerstand gegen Moskau zusammenfiel, mußte die Konsolidierung in der östlichen Hälfte Europas zwangsläufig auf eine Verschärfung der Kontrolle seitens der Sowjetunion hinauslaufen. Im Januar 1949 wurde der Rat für Gegenseitige Wirtschaftshilfe (RGW) als Gegenstück zur OEEC und zum Marshallplan gegründet. Dem folgte eine Serie von Säuberungen, die bis zu Stalins Tod anhielten. Erneut wurden alle potentiellen Zentren von Opposition oder gar Unabhängigkeit vernichtet. Dabei kamen dieselben Methoden zur Anwendung, die die KPdSU und die Komintern in den dreißiger Jahren erschüttert hatten – Denunziationen, Verhaftungen,

Folter, Geständnisse, »Prozesse«, einschließlich Schauprozesse gegen die Führer, denen Gefängnishaft oder Hinrichtung folgten. Persönliche Rivalitäten und lokale Streitigkeiten bestimmten weitgehend, wer denunziert wurde, aber die Triebkraft ging vom Kreml, von Stalin und Berija, aus. Die Säuberungen erfaßten erneut auch die sowjetische Partei selbst bis hin zu Mitgliedern des Zentralkomitees.

Der erste dieser Prozesse fand im September 1949 in Ungarn statt. Dort wurde Innenminister Laszlo Rajk angeklagt, während seiner ganzen Laufbahn ein Informant und Spitzel der Polizei gewesen zu sein und sowohl für die Amerikaner als auch für den jugoslawischen Innenminister Rankovic gearbeitet zu haben. Nachdem er diese und andere unwahrscheinliche Verbrechen gestanden hatte, wurde er für schuldig befunden und erschossen. Gleichzeitig verurteilte man den stellvertretenden Ministerpräsidenten Ungarns, Matyas Rakosi, einen Veteranen der kommunistischen Bewegung, der schon in Bela Kuns Regierung im Jahre 1919 Volkskommissar gewesen war, als »imperialistischen Agenten« zu sechzehn Jahren Gefängnis. Der stellvertretende Ministerpräsident Bulgariens Traitscho Kostow stürzte sich aus einem Fenster des Polizeipräsidiums in Sofia, weil er fürchtete, er werde der Folter nicht länger standhalten und seine Genossen denunzieren. Er brach sich beide Beine, wurde trotzdem vor Gericht geschleppt und wegen Hochverrats verurteilt und gehängt, obwohl er in der öffentlichen Gerichtsverhandlung sein Geständnis widerrief. Der stellvertretende Ministerpräsident Albaniens, Xoxe, wurde wegen »Titoismus« verurteilt und ebenfalls hingerichtet. In der Tschechoslowakei fand der große Schauprozeß erst im November 1951 statt, dort wurden aufgrund eigener »Geständnisse« der ehemalige Sekretär der Partei, Rudolf Slansky, und der frühere Außenminister Clementis angeklagt.

Viele weitere Persönlichkeiten erhielten lange Haftstrafen, darunter Gomulka in Polen und Ana Pauker in Rumänien. Insgesamt sollen ein Viertel der 2,3 Millionen Parteimitglieder in der Tschechoslowakei, 300 000 in Polen und der DDR sowie 200 000 in Ungarn Opfer der Säuberungen geworden sein. Wie in der Sowjetunion in den dreißiger Jahren konnte sich niemand mehr sicher fühlen, und eben dies war beabsichtigt. Tito blieb der einzige Kommunist, der sowohl Hitler als auch Stalin widerstand.

In Stalins letzten Lebensjahren erzielten die Kommunisten nicht in Europa oder im Vorderen Orient weitere Gewinne, sondern im Fernen Osten. Kommunistische Kräfte in dieser Region erhielten von der Sowjetunion – zumindest bis 1950 – keine Unterstützung, im Gegenteil, Stalin betrachtete ihre Aktionen skeptisch, und sie wurden eher zurückgehalten als ermutigt. Eine Ausnahme bildete Korea, das 1910 von Japan annektiert worden war. In den letzten Tagen des Krieges im Pazifik begannen die Russen eine überstürzte, kostspielige Operation, mit der es ihnen gelang, die Nordhälfte des Landes bis zum 38. Breitengrad zu besetzen, während die Amerikaner in den südlichen Teil einrückten. Die kommunistische Regierung Kim Il Sungs konnte sich kaum auf Aktionen örtlicher Kommunisten stützen, sondern wurde von den sowjetischen Streitkräften eingesetzt, die bis Januar 1949 im Lande blieben. Ihre Führer, einige davon in Moskau ausgebildet, wurden von den Russen ausgewählt. Was andere Länder, zum Beispiel China, Indochina und Indonesien betraf, so fiel es Stalin wie bereits im Falle Jugoslawiens schwer, den Gedanken oder gar die Tatsache zu akzeptieren, daß dort einheimische kommunistische Parteien aus eigener Kraft die Macht eroberten und Anzeichen einer unabhängigen Politik erkennen ließen.

Die sowjetische Politik gegenüber China in den vierziger Jahren ging wie bereits in den zwanziger und dreißiger Jahren unverändert davon aus, daß die Kuomintang und Tschiang Kai-schek der Schlüsselfaktor der chinesischen Politik waren, dem die Kommunistische Partei Chinas (KPCh) ihre eigene Rolle anzupassen hatte. Die Übereinkunft der KPCh mit Tschiang Kai-schek im Jahre 1937, die ihn als nationalen Führer anerkannte, war ein bedeutender Erfolg der sowjetischen Politik zur Sicherung der Ostgrenzen der UdSSR, der die Interessen der KPCh untergeordnet werden mußten.

Stalin hatte allen Grund, dieselbe Politik auch nach der Niederlage Japans fortzuführen. Durch den Freundschafts- und Bündnisvertrag, der am 14. August 1945 mit Tschiang Kai-schek unterzeichnet wurde, sicherte er sich die Zustimmung Chinas zu den Versprechen, die Roosevelt in Jalta als Gegenleistung für den Eintritt der Sowjetunion in den Krieg gegen Japan gegeben hatte. Die Anerkennung der »Unabhängigkeit« der Äußeren Mongolei unter sowjetischem Schutz, eine sowjetische Beteiligung an der Mandschurischen Eisenbahn, Hafenanlagen in Dalian und eine Marinebasis in Port Arthur waren für jeden chinesischen Führer schwer zu akzeptieren, aber die kommunistische Disziplin verlangte, daß Moskaus Entscheidung nicht in Frage gestellt wurde.

Stalin drängte die KP Chinas, die Zusammenarbeit mit Tschiang Kai-schek und den Nationalisten aus der Zeit des Krieges wiederaufzunehmen, und wies jeden Gedanken daran zurück, in China oder einem Teil davon einen kommunistischen Staat zu errichten. Damit hoffte er das wachsende Mißtrauen der Amerikaner zu zerstreuen und deren Truppenabzug nicht zu verzögern. Mao Zedong, der die Schwächen des Regimes der Nationalisten und die wachsende Enttäuschung der Amerikaner wegen dessen korrupten Charakters weit besser kannte, war der Meinung, Stalin übertreibe das Engagement der USA, erkenne nicht die Stärke der kommunistischen Positionen und betrachte deren Chancen auf den Sieg in einem kommenden Bürgerkrieg nicht optimistisch genug.

Da man die Linie Moskaus nicht offen in Frage stellen konnte, führte Zhou Enlai, Maos wichtigster Kampfgefährte, die Verhandlungen mit Tschiang Kai-schek bis Januar 1947 weiter, ohne dabei Fortschritte zu erzielen. Stalin berichtete Djilas darüber im Februar 1948: »Als der Krieg mit Japan zu Ende war, haben wir die chinesischen Genossen aufgefordert, sich darüber zu einigen, wie ein *modus vivendi* mit Tschiang Kai-schek gefunden werden könnte. Sie haben uns mit Worten beigepflichtet, aber die Sache auf ihre eigene Weise in die Tat umgesetzt, als sie nach Hause kamen; sie haben ihre Kräfte gesammelt und zugeschlagen. Es hat sich gezeigt, daß sie recht hatten und wir unrecht.«[28]

Stalin hätte sicher seinen Fehler nicht so ungerührt eingestanden, wenn er vorausgesehen hätte, daß Mao Zedongs Armeen im Laufe des Jahres 1948 die ganze Mandschurei und Nordchina überrennen, neun Monate später das gesamte chinesische Festland erobern und in Peking die Bildung nicht einer Koalition, sondern einer kommunistischen Regierung der Volksrepublik China proklamieren würden. Er wäre noch überraschter gewesen, wenn er gewußt hätte, daß die Amerikaner, die offenbar bereit waren, wegen der Berlin-Blockade einen Krieg zu riskieren und Milliarden Dollar in den Wiederaufbau Europas zu stecken, diesem Umsturz ohne Einmischungsversuch in einem Teil der Welt zusehen würden, dem Stalin bisher in den Interessen der USA eine größere Bedeutung beigemessen hatte als Europa.

Die dramatische Geschichte der Ausdehnung kommunistischer Herrschaft auf das volkreichste Land der Erde wurde in der sowjetischen Presse bewußt heruntergespielt, die den Aktionen der griechischen Kommunisten (die damals am Rande der Niederlage standen) mehr Raum gewährte und sich noch weit stärker darauf konzentrierte, Tito und die »Verräter« anzuklagen, die mit ihm in anderen Ländern Osteuropas sympathisierten. Erst einen Tag nach Ausrufung der Volksrepublik in Peking gelangten die Nachrichten aus China zum ersten Mal auf die Titelseite der *Prawda*. Es war der Tag, an dem Zhou Enlai den sowjetischen Generalkonsul informierte und um Anerkennung durch die Sowjetunion nachsuchte. Diese außerordentliche Zurückhaltung kann kaum ein Zufall sein. Sie zeigt, daß Stalin nicht willens war, die Bedeutung der Vorgänge in China anzuerkennen, und eine instinktive Abneigung dagegen verspürte, im Jahr seines siebzigsten Geburtstages, als die Verehrung seiner Person einen neuen Höhepunkt erreichte, den Glanz mit einer anderen kommunistischen Bewegung und deren Führer zu teilen.

Anfang 1949 schien Mao Zedong mehr darauf zu achten, sich das Wohlwollen der Sowjetunion zu erhalten, als das Risiko einer Einmischung der USA in letzter Minute abzuwenden. Im April schlossen sich die Chinesen der Verurteilung des Nordatlantikpakts durch die europäischen Kommunisten an und bekundeten ihre Treue zur »Sowjetunion, unserem Verbündeten«. Im Juli erklärte Mao Zedong: »Wir müssen uns einer Seite anschließen... Nicht nur in China, sondern in der ganzen Welt muß man sich entweder dem Sozialismus oder dem Imperialismus anschließen.« Als die Jugoslawen, die in ihrem Verhältnis zur Sowjetunion eine Parallele zur Lage der chinesischen Kommunisten sahen, über deren Erfolge begeistert berichteten, antwortete die KPCh damit, daß sie sich den heftigen Angriffen gegen Tito anschloß, die nun im ganzen Sowjetblock zur Pflichtübung wurden.[29]

Mao sagte später, er habe damals geglaubt, Stalin fürchte, er könnte sich als neuer Tito entpuppen. Deshalb habe er alles getan, um Stalins Verdacht auszuräumen. Wie die Führer der anderen kommunistischen Parteien (mit Ausnahme Titos) nahm Mao eine lange Eisenbahnfahrt auf sich, um Stalin zu dessen Geburtstag zu ehren. Dort erklärte er, der Führer des Sowjetvolkes sei »der Lehrer und Freund der ganzen Welt, der Lehrer und Freund des chinesischen Volkes«. Stalin revanchierte sich auf dem Empfang, den das Politbüro am Tage von Maos Ankunft in Moskau gab, mit der Bemerkung: »Ich habe nicht erwartet, daß Sie so jung und so stark sind. Sie haben einen großen Sieg errungen, und Sie stehen außerhalb jeder Kritik.«[30]

Mao war jedoch nicht nur gekommen, um Höflichkeiten auszutauschen. Obwohl dringende Angelegenheiten so kurz nach seiner Machtergreifung seine Anwesenheit in Peking erfordert hätten, blieb er zwei volle Monate in Moskau. Er wollte ein Bündnis und Wirtschaftshilfe erreichen, im Grunde genommen eine Neuauflage des Vertrages, den Stalin 1945 mit Tschiang Kai-schek geschlossen hatte, und er ließ erkennen, daß er bleiben werde, bis er ihn unterzeichnet hatte.

Später behauptete Mao Zedong, Stalin habe nicht verhandeln wollen. Bisher ist kein sowjetischer Bericht über die Gespräche im Kreml veröffentlicht worden, aber welche Argumente auch immer ausgetauscht wurden, am 10. Januar hatte Stalin so weit nachgegeben, daß der chinesische Ministerpräsident Zhou Enlai mit einer Delegation zu Verhandlungen nach Moskau kommen konnte. Zhou Enlai und Wyschinski nahmen die Gespräche am 20. Januar auf, und bereits am 14. Februar 1950 wurde der Vertrag unterzeichnet. Die Präambel macht einen klaren Unterschied hinsichtlich der Zugeständnisse deutlich, die Tschiang Kai-schek noch hatte gewähren müssen: »Eine neue Volksregierung wurde gebildet, die ganz China vereinigt ... und bewiesen hat, daß sie in der Lage ist, die staatliche Unabhängigkeit und territoriale Integrität Chinas, die nationale Ehre und Würde des chinesischen Volkes zu schützen.«[31]

In dem Vertrag versprachen sich beide Seiten gegenseitigen Beistand im Falle einer Aggression Japans oder »jedes anderen Staates, der sich mit Japan direkt oder indirekt zu einem Aggressionsakt verbündet«. Diese Klausel sollte gegen eine von den Russen gefürchtete indirekte Aggression der USA Schutz gewähren, die Japan als Werkzeug benutzen konnten, war aber keine Garantie sowjetischer Hilfe für die Volksrepublik China im Falle eines Angriffs Tschiang Kai-scheks mit amerikanischer Unterstützung von Taiwan aus. Der wichtigste Gewinn für die Volksrepublik war die Zustimmung der Sowjetunion, die Mandschurische Eisenbahn (die die Japaner zum Rückgrat der industriellen Entwicklung dieser Region ausgebaut hatten) mit allem, was dazugehörte, an China zurückzugeben. Dies sollte entweder bei Abschluß eines Friedensvertrages mit Japan, spätestens aber bis

1952 geschehen. Eine gleiche Übereinkunft wurde auch über Port Arthur und Dalian getroffen (wo die UdSSR Landerechte behielt). Außerdem gewährte die Sowjetunion einen bescheidenen Kredit von 300 Millionen Dollar für fünf Jahre zu einem Zinssatz von einem Prozent. Es muß Stalin widerstrebt haben, Territorium und Rechte aufzugeben, die Rußland bereits vor der Revolution erworben und nach der Niederlage Japans zurückerobert hatte. Aber welche Vorbehalte er auch hatte – und Mao ebenfalls –, Stalin war Realist genug zu erkennen, daß er die Chinesen nicht wie die Jugoslawen behandeln konnte.

In einer Geste der Versöhnung bat Mao Stalin, ihm einen politischen Berater zu senden. Stalin nahm diese Bitte augenscheinlich reserviert auf; jedenfalls wurde niemand entsandt. Als jedoch die Politik der Russen in Europa auf immer härteren Widerstand traf, machten Maos Erfolge Stalin bewußt, daß die Schwächung der Kolonialmächte Großbritannien, Frankreich und Niederlande im Kriege für die Ausdehnung des Einflusses der Kommunisten eine günstige Situation geschaffen hatte, von der die sowjetische Führung nur zögernd Kenntnis nahm. Das rührte zum Teil daher, daß es ihnen schwerfiel, Bewegungen ernst zu nehmen, die sich kommunistisch nannten und auf den Marxismus beriefen, wenn es in dem betreffenden Land keine Industriearbeiterklasse, sondern nur eine Bauernschaft gab. Stalin betrachtete sie als Bewegungen für nationale Befreiung und Landreform und hatte Mühe, sich Lenins kühne Antwort an die Menschewisten in den Jahren 1917/18 zu eigen zu machen, daß nicht der ökonomische und soziale Entwicklungsstand eines Landes entscheidend sei, sondern sein revolutionäres Potential und seine revolutionären Gegner.

Andere Entwicklungen stützten die Erfolge der KP Chinas – der kommunistische Partisanenkrieg gegen die Briten in Malaya, der kommunistische Umsturzversuch in der früheren niederländischen Kolonie Indonesien und Ho Chi Minhs Krieg zur Vertreibung der Franzosen aus Indochina. All das führte unweigerlich zu dem Schluß, daß der westliche Imperialismus offenbar viel schwächer war, als marxistische Analytiker vorausgesagt hatten, und daß die USA entgegen aller Rhetorik über den amerikanischen Imperialismus wenig Neigung zeigten, bei der Wiedererrichtung des imperialistischen Erbes ihrer Verbündeten zu helfen oder dieses selbst zu übernehmen.

Es wäre faszinierend zu erfahren, ob der veränderte Blick des Kreml auf die Perspektiven der Kommunisten in Asien und die daraus folgende Taktik zwischen Stalin und Mao während dessen ausgedehntem Aufenthalt in Moskau erörtert wurden. Es kann kaum ein Zufall sein, daß die Regierung Ho Chi Minhs nach dessen Besuch anläßlich Stalins siebzigstem Geburtstag von der Volksrepublik China bereits am 18. Januar und von der UdSSR am 30. Januar 1950 anerkannt wurde, als Mao Zedong noch in der sowjetischen Hauptstadt weilte. Im Falle Chinas hatte Stalin die Anerkennung hinausgezögert, bis es keinen Zweifel mehr gab, daß die KPCh den Bürgerkrieg tat-

sächlich gewonnen hatte. Mit derselben Vorsicht hatte er auch die diplomatische Anerkennung der griechischen Kommunisten vermieden. Nun
zeigte er sich jedoch – was ganz untypisch für ihn war – bereit, auf den Sieg
Ho Chi Minhs im Indochinakrieg zu setzen, der dann erst nach seinem
Tode erreicht wurde, und anzuerkennen, daß zwischen den Ereignissen in
Asien und der Konfrontation mit dem Westen in Europa ein Zusammenhang bestand. Ein Beispiel dafür war Indochina: Je tiefer die französische
Armee in die Kämpfe in Südostasien verwickelt wurde, desto weniger
konnten die Franzosen zur NATO beitragen und desto mehr waren sie dar-
auf bedacht, jedes Risiko eines Krieges mit der Sowjetunion wegen
Deutschland zu vermeiden.

Ein dritter Gast der Geburtstagsfeierlichkeiten in Moskau war Kim Il
Sung, der die Gelegenheit nutzte, um Stalins Zustimmung zu einer Operation zu erhalten, die darauf abzielte, in Südkorea einen kommunistisch
geführten Aufstand auszulösen und die von den Amerikanern eingesetzte
Regierung Syngman Rhee (Li Syngman) zu stürzen. Chruschtschow
berichtet, Stalin habe vorsichtig reagiert; er habe Kim gebeten, das Risiko
einer amerikanischen Intervention zu bedenken und einen detaillierten
Plan auszuarbeiten. Kim fragte auch Mao Zedong um Rat. Der koreanische
Führer war sicher, die ganze Operation könne so schnell vonstatten gehen,
daß es zu keiner amerikanischen Intervention kommen werde. Mao unterstützte ihn mit dem Argument, die Amerikaner würden die Sache als eine
innerkoreanische Angelegenheit betrachten, in der die Koreaner selbst entscheiden müßten.[32]

Wenn die Vereinigten Staaten in dem viel wichtigeren Fall des chinesischen Bürgerkrieges nicht eingegriffen hatten, um Tschiang Kai-schek vor
der Niederlage zu bewahren, warum sollten sie dies in Südkorea tun, das der
amerikanische Außenminister Acheson erst kürzlich, am 12. Januar 1950, in
einer Rede aus der von Amerika zu verteidigenden Interessensphäre im
Pazifik ausgenommen hatte? Mit diesen Überlegungen stimmte Stalin zu,
und am 25. Juni starteten die nordkoreanischen Truppen, die von sowjetischen Militärs ausgerüstet und ausgebildet waren, einen erfolgreichen
Überraschungsangriff und nahmen in einem Handstreich die südkoreani-
sche Hauptstadt Seoul ein.

Eine zweifache Fehleinschätzung machte Kim Il Sungs Pläne jedoch
zunichte. Die erste war das Ausbleiben des kommunistischen Aufstandes
im Süden, mit dem er gerechnet hatte. Die zweite war die unverzügliche
und heftige Reaktion der Amerikaner. Binnen 48 Stunden verurteilte der
UN-Sicherheitsrat auf amerikanischen Antrag den Angriff als Aggressionsakt und öffnete so Präsident Truman den Weg, mit dem Auftrag der UNO
dem in die Enge getriebenen Syngman Rhee amerikanische Truppen zu
Hilfe zu senden. Wie ernst die Amerikaner die Sache nahmen, ist daran zu
erkennen, daß Truman sein Hilfeversprechen für Südkorea mit einem
Befehl an die 7. US-Flotte verband, jeden Versuch einer Eroberung Formo-

sas (Taiwans) durch die chinesischen Kommunisten zu verhindern. Zugleich sandte er eine Militärmission nach Indochina und ordnete verstärkte amerikanische Hilfe für die Philippinen an, wo eine kommunistische Partisanenbewegung aktiv war.

Kein anderes Ereignis des Nachkriegsjahrzehnts war ein solcher Schock für die westliche Öffentlichkeit wie der unerwartete Ausbruch des Krieges in Korea. Nach dem Umsturz in Prag, der Berlin-Blockade und Maos Sieg im chinesischen Bürgerkrieg wurde dieses Ereignis als weiterer Beweis dafür betrachtet, daß sich die nichtkommunistische Welt einer vorsätzlichen Aggression gegenübersah, die Hitlers Taktik der dreißiger Jahre nach dem Prinzip »eins nach dem anderen« ins Gedächtnis rief. Einerseits führte die Furcht vor einem ähnlichen Angriff über die Trennlinie des geteilten Deutschlands hinweg zur Haltung, die in dem oft gehörten Satz »ohne mich« zum Ausdruck kam; andererseits wurde angesichts der Lehren aus der Beschwichtigungspolitik der dreißiger Jahre weithin gefordert, unverzüglich Schritte einzuleiten, solange es noch Zeit war, um eine Eskalation in Richtung auf einen dritten Weltkrieg zu verhindern.

Aus allem, was bisher bekanntgeworden ist, geht hervor, daß Stalin von der amerikanischen Reaktion offenbar genauso überrascht war wie der Westen von dem Ereignis selbst. Er war auch weiterhin bereit (wie im Falle Berlins), die Entschlossenheit des Westens auf die Probe zu stellen und jede Schwäche auszunutzen, hatte jedoch Kim Il Sungs Vorschlag nur zugestimmt, weil er überzeugt war, die Vereinigten Staaten würden nicht eingreifen.

Die Sowjetunion rechnete offenbar nicht damit, daß der Sicherheitsrat eingeschaltet würde. Dies wäre die einfachste Erklärung dafür, warum der sowjetische Vertreter im Rat abwesend war, weshalb der amerikanische Antrag den Sicherheitsrat ohne sowjetisches Veto passieren konnte. (Der sowjetische Vertreter war seit Januar 1950 abwesend, nachdem die Sowjetunion als Geste gegenüber Rotchina angekündigt hatte, sie werde solange an der Arbeit der UNO nicht teilnehmen, wie Tschiang Kai-scheks Vertreter nicht ausgeschlossen und die Kommunisten als legitime Regierung Chinas anerkannt seien.) Noch vor Beginn des Angriffs hatte Stalin darauf bestanden, die sowjetischen Berater abzuberufen, die die nordkoreanische Armee aufgebaut hatten. Als Grund nannte Chruschtschow die Notwendigkeit, der Gegenseite kein Beweismaterial zu liefern, aufgrund dessen man die Sowjetunion der Einmischung anklagen konnte. Als der Norden in Schwierigkeiten geriet und Chruschtschow vorschlug, einen Strategen wie Marschall Malinowski zu entsenden, damit er Kim Il Sung helfe, die Situation in den Griff zu bekommen, »war Stalins Reaktion schroff und feindselig«.[33] Als die amerikanische Armee Seoul zurückeroberte und zur chinesischen Grenze am Yalu-Fluß vorrückte, griffen chinesische, nicht sowjetische »Freiwillige« im November 1950 ein und trieben die Amerikaner zurück. Wie es dazu kam, ist nicht klar. Wiederum nach dem Bericht Chruschtschows flog Zhou Enlai zu Stalin nach Sotschi, und beide waren sich zunächst darin einig, daß eine chinesische Intervention sinnlos sei. Dann aber, kurz vor der Heimreise Zhou Enlais wurde das Problem noch einmal aufgerollt – »entweder auf Anweisung von Mao Zedong ... oder von Stalin selbst«. Nun einigten sie sich darauf, daß China den Nordkoreanern aktiv beistehen sollte.[34]

Wie diese Entscheidung auch entstanden sein mag, ob Stalin die Chinesen überzeugte, unter Druck setzte oder einer chinesischen Initiative zustimmte, im Koreakrieg kam es infolgedessen zu einer erbitterten Auseinandersetzung der USA mit China und nicht mit der Sowjetunion, in der die Chinesen schwere Verluste von mindestens einer dreiviertel Million Soldaten hinnehmen mußten. Nach seiner anfänglichen Fehleinschätzung hatte Stalin nun die Möglichkeit, sich von dem Krieg zu distanzieren, an dem sowjetische Truppen niemals teilgenommen hatten, sowie als erster im Juni 1951 zu einem Waffenstillstand aufzurufen. Im Juli 1951 begannen Verhandlungen, die jedoch wieder abgebrochen wurden. Der Krieg zog sich weitere zwei Jahre hin, und erst im Juli 1953, nach Stalins Tod, wurde ein Waffenstillstand geschlossen.

Wie bereits bei der Blockade Berlins bewies Stalin, daß er wußte, wann er einhalten mußte. Er vergaß auch keinen Augenblick, daß er im Unterschied zu den Chinesen Diplomatie an zwei Fronten zu betreiben hatte, wobei (wie bereits im Zweiten Weltkrieg) der europäischen Front gegenüber der fernöstlichen stets Priorität zukam. Langfristig bedeutete der Koreakrieg einen schweren Rückschlag für die sowjetische Diplomatie im Fernen Osten, da er das enge Verhältnis zwischen den USA und Japan festigte. Statt eines amerikanischen Abzugs aus Japan, den Stalin erhofft hatte, folgte dem Friedensvertrag mit Japan, den die USA im September 1951 gegen sowjetischen Widerstand durchsetzten, ein amerikanisch-japanischer Sicherheitspakt, der den Vereinigten Staaten das Recht gab, Militärstützpunkte einzurichten und Streitkräfte zu stationieren.

In Europa wirkte sich der Koreakrieg jedoch zugunsten der Sowjetunion aus. Je mehr die Amerikaner in den Krieg hineingezogen wurden und die antikommunistische Stimmung in den USA sich verschärfte – die frühen fünfziger Jahre waren die Zeit von McCarthys Hexenjagden –, desto mehr schlug die bisherige Unterstützung der Verbündeten der USA für deren Kampf gegen die Aggression in Mißtrauen gegenüber der amerikanischen Führung und die Furcht um, sie könnte die Welt in einen dritten Weltkrieg stürzen. Den Millionen, die den Stockholmer Friedensappell für ein Verbot der Atomwaffen unterzeichneten, fiel es nicht schwer, im amerikanischen Imperialismus und nicht im Kommunismus den wirklichen Aggressor zu sehen. Die Amerikaner ihrerseits waren zunehmend verärgert über Verbündete, die zwar viel zu kritisieren, aber nur wenig Unterstützung in einem Krieg anzubieten hatten, den sie nach ihrer Meinung im Auftrage der freien Welt und der Vereinten Nationen führen.

In seiner letzten Rede auf dem Neunzehnten Parteitag der KPdSU im Oktober 1952 argumentierte Stalin – wie auch in seinen *Ökonomischen Problemen des Sozialismus*, die im selben Jahr veröffentlicht wurden –, die Widersprüche und Konflikte innerhalb des »imperialistischen Blocks« seien nach wie vor größer als diejenigen zwischen den »beiden Lagern« Kapitalismus und Sozialismus. Diese Differenzen wollte Stalin insbesondere in der Frage der Wiederbewaffnung Deutschlands ausnutzen. Der NATO-Vertrag war bereits im April 1949 unterzeichnet worden, aber die einzigen Truppen, die das Bündnis 1952 zur Verfügung hatte, waren einige amerikanische, britische und französische Divisionen sowie zwei oder drei symbolische Brigaden aus kleineren Ländern, die man zusammengenommen kaum als eine Streitmacht betrachten konnte, die in der Lage war, den in Mitteleuropa stationierten starken sowjetischen Verbänden Widerpart zu bieten (worauf Montgomery und Bradley während der Berlin-Blockade hingewiesen hatten). Erst 1955 hielten es die Russen für notwendig, als Reaktion auf die Einbeziehung der Bundesrepublik Deutschland in die NATO die militärischen Kräfte Osteuropas zu mobilisieren und im Warschauer Vertrag zusammenzuschließen.

Da die französische Armee in Indochina und die amerikanische in Korea Krieg führten, drängten die Vereinigten Staaten darauf, als Gegenreaktion eine NATO mit starker deutscher Beteiligung aufzubauen. Anderenfalls würde die Sowjetunion die NATO kaum ernst nehmen. Aus dem gleichen Grunde sahen jedoch die Russen unter allen möglichen Entwicklungen, die sie nach ihren Erfahrungen im Zweiten Weltkrieg zu verhindern suchten, im Wiedererstehen einer deutschen Militärmacht die größte Gefahr – größer noch als der amerikanische Vorsprung im nuklearen Wettrüsten. Die Franzosen, die es schon hatten hinnehmen müssen, daß dem Aufbau der deutschen Wirtschaft mehr Bedeutung als ihrer eigenen beigemessen wurde, wehrten sich ebenfalls dagegen, daß die Bundesrepublik ein gleichberechtigter militärischer Partner in der NATO werden sollte. Fünf Jahre lang – von 1949 bis 1954 – wurde nach einer praktikablen Formel für eine Europäische Verteidigungsgemeinschaft gesucht, die es Westdeutschland ermöglichen sollte, einen Beitrag zum Bündnis zu leisten, ohne wieder eine eigene Armee aufzubauen.

1949 hatte Stalin auf die Gründung der Bundesrepublik mit der Errichtung der Deutschen Demokratischen Republik geantwortet. Später jedoch bot er zweimal an, die DDR fallenzulassen, wenn dies die Remilitarisierung Deutschlands aufhalten würde. Zum ersten Mal geschah dies im November 1950, als von einem Treffen der Außenminister der UdSSR und ihrer Satelliten in Prag der Aufruf an die vier Besatzungsmächte erging, den Aufbau deutscher Streitkräfte zu verbieten, das Potsdamer Abkommen zu erfüllen und ein einheitliches, entmilitarisiertes Deutschland zu schaffen, aus dem alle Besatzungstruppen abgezogen werden sollten. Die zweite Gelegenheit ergab sich im März 1952, als in einer diplomatischen Note der

Sowjetunion erneut Viermächtegespräche vorgeschlagen wurden, die zu einem Friedensvertrag und zur Vereinigung Deutschlands führen sollten. Zusätzlich wurde die Bedingung gestellt, das vereinigte Deutschland dürfe wiederbewaffnet werden, vorausgesetzt, es verpflichte sich zu einer Politik der Neutralität.

Was diese Initiativen betrifft, so sind Historiker wie Zeitzeugen nach wie vor geteilter Meinung darüber, ob hier eine reale Chance für Verhandlungen verpaßt wurde. War die Sowjetunion wirklich bereit, ein kommunistisch kontrolliertes Ostdeutschland für den Preis der Neutralität des wiedervereinigten Landes aufzugeben? Oder war dies ein weiterer Versuch in der Serie ähnlicher Schritte seit der Tagung des Rates der Außenminister im Jahre 1947, den wirtschaftlichen und politischen Wiederaufbau der drei Westzonen zu verhindern und die deutsche Frage nach wie vor offenzuhalten? Es wäre charakteristisch für Stalin gewesen, nicht eher zu entscheiden, wie weit er gehen wollte, bis er nicht die Stärken und Schwächen der anderen Verhandlungsteilnehmer ausgelotet hatte. Aber die Westmächte waren nicht bereit, weitere Verzögerungen und neue Unsicherheiten in Kauf zu nehmen, um herauszufinden, wie ernst es ihm war.

So endete die Suche nach einer Antwort auf die Frage nach Deutschlands Platz in Europa und den deutsch-sowjetischen Beziehungen, die so viele Millionen Opfer gefordert hatte und die den in diesem Buch beschriebenen Geschichtsabschnitt beherrschte, ohne eindeutiges Ergebnis. Im Jahre 1952 war Hitler bereits sieben Jahre tot, aber seine Anwesenheit war bei allen in diesem Kapitel beschriebenen europäischen Treffen nach wie vor spürbar. Denn es war Hitler gewesen, der Mitte der zwanziger Jahre, als er noch eine unbedeutende Figur am Rande der deutschen Politik war, in *Mein Kampf* den Plan entworfen hatte, den Sowjetstaat zu zerstören und an seine Stelle ein neues Deutsches Reich zu setzen, das über Osteuropa und Westrußland herrschen und deren Einwohner zu Sklaven machen sollte. Es war Hitler gewesen, der die mächtigste Armee der Geschichte im Juni 1941 über die sowjetische Grenze marschieren ließ, um diesen Plan in die Tat umzusetzen. Es war Hitler, der auch nach dem Scheitern seines Planes darauf beharrte, den Krieg noch drei Jahre lang nach Stalingrad fortzusetzen, bis anstelle einer deutschen Armee an der Wolga eine sowjetische Armee an der Elbe stand. Da keine Friedensregelung zustande kam und auch keine in Aussicht war, lief die Auseinandersetzung zwischen Hitler und Stalin darauf hinaus, daß letzten Endes das halbe Europa und das halbe Deutschland in dieser oder jener Form unter sowjetische Herrschaft gerieten.

Hinter den unsichtbaren Mauern, die Stalin errichtet hatte, um die Sowjetunion von der Außenwelt abzuschirmen, vollzog sich in den ersten fünf Nachkriegsjahren ein bemerkenswerter wirtschaftlicher Aufbau.

Die Ökonomen können sich nicht darüber einigen, welches Gewicht dabei den Reparationen zukam. Große Mengen an Transport- und Industrieausrüstungen, darunter ganze Fabriken, wurden aus Ostdeutschland,

Österreich, Ungarn, Rumänien und – nicht zu vergessen – aus der Mandschurei abtransportiert. Aber es existiert keine vergleichbare Statistik auf sowjetischer Seite, aus der hervorgeht, welche Anlagen tatsächlich die Sowjetunion erreichten und effektiv in der Produktion eingesetzt wurden. Dasselbe gilt auch für die fünfzigprozentigen Anteile an gemeinsamen Unternehmen und für die Handelsverträge, die mit den von der Sowjetarmee besetzten oder in ihre Einflußsphäre geratenen Ländern ausgehandelt wurden. Es gibt allen Grund zu der Annahme, daß diese Abkommen den Russen auf Kosten ihrer Partner Vorteile brachten, aber diese können nicht quantifiziert werden. Auf jeden Fall können die Reparationen in jeglicher Form kaum mehr als eine Hilfe bei der Überwindung der Verluste und Zerstörungen gewesen sein, die der Sowjetunion von den Deutschen und ihren Verbündeten während des Krieges zugefügt wurden. Der Wiederaufbau in der Nachkriegszeit ist – wie die Evakuierung der Betriebe und Belegschaften sowie der bemerkenswerte Anstieg der Arbeitsproduktivität während des Krieges – vor allem auf die Anstrengungen des sowjetischen Volkes selbst zurückzuführen.

Das riesige Land war 1945 und 1946 noch so desorganisiert, daß die industrielle Bruttoproduktion trotz des Rückgangs der Rüstungsproduktion ebenfalls sank. Die Situation in der Lebensmittelversorgung war so schlecht, daß es in der Ukraine und anderen Gebieten erneut zu Hungersnöten kam. Aber nach 1946 wurden die Ziele des vierten Fünfjahrplanes in allen wichtigen Industriezweigen außer bei Textilien, Schuhen und natürlich in der Landwirtschaft übertroffen.[35] Die Ukraine, deren Industrie am schwersten zerstört war, konnte 1950 berichten, daß ihre gefluteten Bergwerke wieder funktionierten, der große Staudamm am Dnjepr wiederaufgebaut war und die Produktion von Kohle, die Erzeugung von Elektroenergie sowie von metallurgischen und Maschinenbauprodukten das Niveau des letzten Friedensjahres 1940 bereits überschritten hatte. Da im Ural und in Sibirien die Produktion nicht unterbrochen worden war und weiter wuchs, bedeutete dies, daß die Gesamtzahlen ebenfalls über denen von 1940 lagen.

Dieses Ergebnis wurde durch eine Konzentration von 88 Prozent der Investitionen auf die Schwerindustrie und die Herstellung von Ausrüstungsgütern erreicht. An Konsumgütern, besonders aber an Wohnungen und Lebensmitteln, bestand nach wie vor großer Mangel. Von 1947 bis 1952 stieg der Reallohn der Arbeiter (die Bauern jeweils ausgenommen) um 43 Prozent gegenüber dem Stand von 1940, was unerwartet kam und allgemein begrüßt wurde. Aber es gab noch zu wenig zu kaufen, das Verteilungssystem war schlecht organisiert, und das Schlangestehen wurde zu einer gewohnten Erscheinung im sowjetischen Alltag.

Stalin war sicher über die Diskussionen informiert und hatte den Entscheidungen zugestimmt, die diesem industriellen Wiederaufbau zugrunde lagen. Es gibt jedoch keine Beweise dafür, daß er daran immer noch so aktiv teilnahm wie in den dreißiger Jahren, als er die Triebkraft der sowjetischen Industrialisierung gewesen war. Es kann auch nicht gesagt werden, ob diese Probleme im Politbüro gründlich erörtert wurden, oder ob sich die wirklichen Auseinandersetzungen um Politik, Investitionen und Verteilung der Ressourcen in den Führungsgremien der Wirtschaftsministerien vollzogen und nur von einzelnen Mitgliedern des Politbüros politisch abgesichert wurden, die den verschiedenen Wirtschaftsbereichen vorstanden. Stalin konnte zwar noch in Einzelfällen willkürlich eingreifen, beherrschte jedoch nicht länger die Maschine, die er geschaffen hatte.

Er übte jedoch immer noch entscheidenden Einfluß auf den hochzentralisierten Prozeß bürokratischer Entscheidungen aus, die vor allem das Ziel verfolgten, ohne Rücksicht auf Qualität und Kosten so viel wie möglich zu produzieren. Diese Tradition wurde dadurch verstärkt, daß man keine Statistiken bekanntgab und die wenigen veröffentlichten Zahlen mit den verschiedensten Methoden in die Höhe trieb. Was zählte, Auszeichnungen und Beförderungen brachte, war die rein quantitative Erfüllung, besser noch die Übererfüllung des Planes. Dies konnte am einfachsten erreicht werden, indem man ständig dieselben Erzeugnisse produzierte, auch wenn sie längst überholt waren.

So wurde konservativer Geist gefördert und Innovation behindert, so entstand das Modell des wirtschaftlichen Wiederaufbaus der Sowjetunion nach dem Kriege, das sowjetische Ökonomen später kritisierten. Erschwerend wirkte außerdem, daß Stalin auf einer Reduzierung der Kontakte mit der Außenwelt auf ein Minimum bestand und die offizielle Linie vertrat, die Sowjetunion könne vom dekadenten Westen nichts lernen. Der Krieg hatte den Erfindergeist stark stimuliert, und sowjetische Ingenieure hatten von Freund und Feind gelernt. Aber als der Krieg vorüber war, ging der Wettbewerbsgeist verloren, und die Verbindungen zum Westen wurden abgebrochen. Das technologische Niveau der sowjetischen Industrie blieb zurück. Der militärische Druck des Kalten Krieges – im Jahre 1950 wurde die Aufrüstung der Roten Armee wiederaufgenommen – bewies bald, daß es der Sowjetunion nicht an wissenschaftlichen Talenten mangelte, um Kernwaffen zu entwickeln und den Weltraum zu erforschen. Der erfolgreiche Start des Sputnik-Satelliten im Jahre 1957 schockierte die selbstgefälligen Amerikaner ebensosehr wie die Explosion der ersten sowjetischen Atombombe im Jahre 1949. Aber die Fortschritte auf diesem speziellen Gebiet machten nur noch sichtbarer, daß die übrige sowjetische Industrie in der Ära von Fabrikschloten, Kohle und Stahl stehengeblieben war.

Fünfundzwanzig Jahre früher war Stalin selbst der Neuerer gewesen. Mit über siebzig Jahren war er nun nicht mehr in der Lage, die Entwicklung wie damals voranzutreiben. Aber mit zunehmendem Alter versteifte er sich mehr und mehr darauf, in der sowjetischen Geschichte einen einzigartigen Platz einzunehmen. Seine engste Umgebung wußte, er würde es nicht dulden, daß ein potentieller Nachfolger versuchte, die erstarrte Revolution zu erneuern und zu neuen Horizonten zu führen.

Was immer über die Industrie gesagt werden mag, Stalins Einfluß auf die Nachkriegsentwicklung in der sowjetischen Landwirtschaft wird von niemandem angezweifelt. Nach der Hungersnot von 1946, die Stalin damals nicht zur Kenntnis nehmen wollte, wurde Übereinstimmung erzielt, daß die Anstrengungen für eine höhere Agrarproduktion Vorrang genießen mußten. An Plänen und Fonds für die notwendigen Investitionen mangelte es nicht, und auf dem Parteitag im Jahre 1952 erklärte Malenkow (in Anwesenheit Stalins, der im Präsidium saß), daß die Frage der Getreideerzeugung ein für allemal gelöst sei. Solange Stalin am Leben war, wurde die offizielle Linie beibehalten, daß die unter seiner Ägide durchgeführten vielgerühmten Maßnahmen der Jahre 1948 bis 1952 die Situation grundlegend verändert hätten. Erst nach seinem Tod, als Chruschtschow sich frei genug fühlte, dem Obersten Sowjet zum ersten Mal die Wahrheit über die Lage in der Landwirtschaft zu sagen, stellte sich heraus, daß die Sowjetunion (außer bei Baumwolle) das Vorkriegsniveau noch nicht wieder erreicht hatte. Die Viehzucht befand sich noch nicht einmal auf dem Stand von 1928 oder gar 1916.

In späteren Veröffentlichungen bestätigten sowjetische Ökonomen das düstere Bild, das Chruschtschow gemalt hatte, und deuteten zwei Ursachen dafür an, daß alle Bemühungen zur Veränderung der Situation bisher gescheitert waren. Die erste war Stalins starrsinnige Ablehnung jeden Versuchs, die Kolchosbauern durch materielle Anreize zur Steigerung der Arbeitsproduktivität zu bewegen. Er sah in der Landbevölkerung wie bisher Feinde, denen man niemals trauen durfte und die gezwungen werden mußten, Befehle von oben auszuführen.

Stalin schien entschlossen, den Bauern einen unverhältnismäßig hohen Teil der Lasten des wirtschaftlichen Aufbaus aufzubürden, ohne sie an den Ergebnissen teilhaben zu lassen. Während die Maschinen-Traktoren-Stationen und die Kraftwerke, die Elektroenergie für die Staatsgüter (aber nicht für die Kolchosen) produzierten, zusätzliche Fonds erhielten, wurde den Kolchosbauern eine Reihe neuer Lasten auferlegt. Die Steuern auf den Grund und Boden der Kollektivwirtschaften und die Privatparzellen ihrer Mitglieder wurden erhöht, sie erhielten nicht länger Saatgut vom Staat, sondern mußten eigene Saatgutvorräte anlegen, und das Ablieferungssoll für Getreide und Vieh wurde um fünfzig Prozent erhöht.

Stalin weigerte sich hartnäckig, Berichten über die Verarmung des Dorfes Glauben zu schenken oder sich mit eigenen Augen ein Bild von der Situation zu machen. Zu Finanzminister Swerew sagte er, ein Bauer brauche nur ein Huhn mehr zu verkaufen, um den Steuereinnehmer bei Laune zu halten, und ignorierte die Antwort, manche Bauern könnten keine Steuern mehr zahlen, wenn sie ihre einzige Kuh verkauften.[36]

Eine zweite Ursache, die die Wirkung der ersten noch verstärkte, war Stalins Bereitschaft, den an Wunder grenzenden Projekten unorthodoxer Wissenschaftspropheten Glauben zu schenken, von denen Trofim Lyssenko der bekannteste, aber bei weitem nicht der einzige war. Die wissenschaftliche Lehre des »Mitschurinismus« wurde z. B. nach dem Obstzüchter Mitschurin, einem Autodidakten, benannt, der niemals wirklich eine neue Sorte hervorbrachte. Seine Behauptungen pries man jedoch als wichtigen sowjetischen proletarischen Beitrag zur Wissenschaft, der die Fähigkeit des Menschen beweise, »sogenannte Naturgesetze« zu überwinden und die Umwelt unter seine Kontrolle zu bringen.

Lyssenko hatte ursprünglich durch seine Behauptung Aufsehen erregt, den Getreideanbau durch »Jarowisierung« revolutionieren zu wollen, indem er Saatgut des Winterweizens anfeuchtete, mit Kälte behandelte und im Frühjahr aussäte. Die zweifelhaften Ergebnisse seiner Experimente und sein Anspruch, marxistische Prinzipien auf die Genetik anzuwenden, führten zu einem Konflikt mit der etablierten Wissenschaft. Jedoch Lyssenkos vollmundige Versprechungen, er könne einen Durchbruch in der Getreideproduktion erreichen, wenn man ihm freie Hand lasse, beeindruckten die Parteifunktionäre. Sein Angriff auf die »bürgerliche Genetik« als reaktionäre Wissenschaft, die sozialistische Versuche zur Umgestaltung der Natur behindere, paßten zu Stalins Ablehnung westlicher Einflüsse einschließlich der westlichen Wissenschaft und zu seiner Orientierung auf den russischen Neuerergeist.

Im Jahre 1948 gelang es Lyssenko, inzwischen Leiter des Lenin-Instituts für Landwirtschaftswissenschaften, Stalin an dem Plan zu interessieren, drei riesige Waldgürtel von über 5 000 Kilometer Länge anzulegen, die nach seiner Meinung die Bodenerosion aufhalten sowie extreme Kälte und Hitze mildern sollten. Noch wichtiger war Stalins Unterstützung für Lyssenko in dessen jahrelangem Streit mit anderen sowjetischen Biologen und Agrarökonomen in der Akademie der Wissenschaften, die ihn als Scharlatan bezeichneten.

Im April 1948 schrieb Lyssenko an Stalin einen Brief, in dem er behauptete, die Mitglieder der Akademie hinderten ihn daran, im gesamten Bereich der Landwirtschaftswissenschaften atemberaubende Entwicklungen einzuleiten, da sie sich gegen die »mitschurinsche« Philosophie zur Wehr setzten. Diese lehrte, die lebendige Natur könne verändert werden, und erworbene Eigenschaften würden vererbt. Vor allem beeindruckte Stalin Lyssenkos Bericht, in dem dieser anhand der Ergebnisse von Experimenten mit einer von Stalin veranlaßten Lieferung Saatgut versprach, er könne eine fünf- bis zehnfache Steigerung der Weizenerträge erreichen. Stalin erklärte, selbst wenn nur eine Steigerung um fünfzig Prozent erzielt würde, wäre dies mehr als genug.

Er ordnete daraufhin an, in der Lenin-Akademie eine Konferenz durchzuführen, auf der Lyssenko ein Referat über »die Situation in der biologischen Wissenschaft« hielt, an dessen Ausarbeitung Stalin angeblich beteiligt war. Darin wurde die gesamte etablierte Weismann-Mendel-Tradition hinweggefegt und durch Lyssenkos »mitschurinsche« Auffassungen ersetzt. Der Lyssenkoismus wurde zur neuen orthodoxen Lehre erklärt, die alle sowjetischen Wissenschaftler zu akzeptieren hatten. Lyssenko nutzte die Macht, die Stalins Schirmherrschaft ihm gab, um die Entlassung von über 3 000 Biologen zu veranlassen.[37]

Ein praktisches Ergebnis von Lyssenkos Sieg bestand darin, daß sein Projekt für die Anpflanzung eines Waldgürtels zum Herzstück des »Stalinschen Plans der Umgestaltung der Natur« wurde, den man im Oktober 1948 beschloß. Dieses grandiose Projekt, das die Bauern vor allem mit Mitteln der Kolchose zu realisieren hatten, sollte ab 1950 in fünfzehn Jahren verwirklicht werden. Ende 1951 berichtete Malenkow, 1,5 Millionen Hektar seien bereits gepflanzt. Man verschwieg jedoch, daß viele Setzlinge aufgrund des trockenen Klimas bald eingingen. Stalin unterzeichnete ungerührt vier weitere Dekrete, die eine Reihe »Stalinscher Großbauten« vorsahen. Durch den Bau von vier neuen Kanälen und vier Staudämmen sollten Bewässerung und Verkehrsverbindungen verbessert werden. An der Stelle, wo der neue Wolga-Don-Kanal in die Wolga mündete, sollte auf seine Anweisung ein riesiges Standbild seiner selbst errichtet werden, für welches 33 Tonnen Kupfer bereitgestellt wurden.

Keiner dieser Pläne mündete schließlich in einem alternativen Weg zur Anhebung des niedrigen Produktivitätsniveaus der Landwirtschaft. Sie alle lenkten lediglich Aufmerksamkeit, Anstrengungen und Fonds von der Lösung des offensichtlichen Problems ab, das Stalin nicht in Betracht ziehen wollte, nämlich der ärmsten und am meisten ausgebeuteten Klasse in der Sowjetunion, den Landarbeitern in den Kolchosen, einen gerechteren Anteil am Ertrag ihrer Arbeit zukommen zu lassen – ein bemerkenswertes Vorurteil für einen Mann, der für sich in Anspruch nahm, der Führer der ersten sozialistischen Gesellschaft der Welt zu sein.

Ende August 1948 starb Andrej Schdanow. Da man wußte, daß er bei schlechter Gesundheit und herzleidend war, kam sein Tod nicht überraschend. Erst als Stalin später die Kreml-Ärzte beschuldigte, ihn mittels falscher Behandlung ermordet zu haben, kamen Zweifel auf. Stalin hatte derartige Beschuldigungen bereits einmal erhoben, als Jagoda 1938 in Ungnade fiel und angeklagt wurde, die Ermordung Gorkis mit medizinischen Mitteln und den Mordanschlag auf Kirow arrangiert zu haben, was er schließlich auch »gestand«.

Wie immer Schdanow auch gestorben sein mag – und nach wie vor wird eher angenommen, daß es ohne äußere Einwirkung geschah – sein Stern war zu seinen Lebzeiten schon gesunken. Möglicherweise hatte Stalin den Eindruck gewonnen, er sei zu mächtig geworden, und das Kräfteverhältnis in Stalins Gefolgschaft müsse verändert oder die Politik müsse verändert werden, weil sie fehlgeschlagen war, oder beides. Ein eindeutiges Zeichen war Malenkows Rückkehr ins Sekretariat des Zentralkomitees etwas mehr als einen Monat vor Schdanows Tod (er war die ganze Zeit Mitglied des Politbüros geblieben).

Nachdem Malenkow seinen Posten im Sekretariat verloren hatte, war er nach Mittelasien versetzt worden. Es heißt, er habe seine Rückkehr nach Moskau Lawrentij Berija zu vedanken, und beide blieben bis zu Stalins Tod enge Verbündete. Sowohl Stalins Tochter Swetlana als auch Chruschtschow sprechen in ihren Erinnerungen von Berija mit Schrecken als dem bösen Geist in Stalins letzten Jahren. Die übrigen Mitglieder des Politbüros nahmen nach Stalins Tod ihren ganzen Mut zusammen und ließen Berija im Juni 1953 verhaften und erschießen. (Chruschtschow und Malenkow, die Berija nicht durch die Geheimpolizei verhaften lassen konnten, beorderten nicht weniger als elf der führenden Marschälle und Generale in voller Bewaffnung in einen Nebenraum, die auf ein verabredetes Zeichen die Verhaftung durchführen sollten. Als erster erschien Marschall Schukow, der Berija befahl, die Hände zu heben. Er wurde dann nicht in die Lubjanka, sondern in einen Bunker des Chefs der Luftverteidigung gebracht. Mit den Ermittlungen wurde Staatsanwalt Rudenko betraut, der beim Nürnberger Prozeß gegen die NS-Führer sowjetischer Hauptankläger gewesen war. Viktor Abakumow wurde zur gleichen Zeit verhaftet und später hingerichtet.)

Stalins Verhältnis zu Berija war sehr zwiespältig. Als Georgier konnte er mit ihm in ihrer Muttersprache sprechen. Berija kannte alle Geheimnisse der Zeit in Transkaukasien, woher beide stammten. Im Jahre 1938 folgte Berija Jeschow als Chef des NKWD, übernahm die Überwachung der Sicherheit des Regimes und hatte von nun an jederzeit Zugang zu Stalin. Stalin mißtraute jedoch auch ihm, begann ihn gegen Ende seines Lebens zu fürchten und bereitete Schritte vor, um ihn zu vernichten.

Als das NKWD (im Januar 1946) in das Ministerium für Innere Angelegenheiten (MWD) und das Ministerium für Staatssicherheit (MGB – die politische Polizei) aufgeteilt wurde, leitete Berija weder das eine noch das andere. Zugleich wurde er – möglicherweise als Kompensation – zum Vollmitglied des Politbüros befördert und hatte nun eine nicht klar umrissene Verantwortung für die Sicherheit, da sich die Geheimpolizei immer noch auf ihn orientierte. So war zum Beispiel Abakumow, den Stalin als Chef des MGB einsetzte, ein Mann Berijas und berichtete (nach Chruschtschow) stets diesem zuerst, bevor er Stalin informierte.

Über die politische Polizei mit ihren »Sonderabteilungen« in jeder sowjetischen Institution einschließlich der Ministerien erstreckte sich Berijas Reich auch auf das Innenministerium, das die Lager und die Arbeitssklaven des Archipel GULAG verwaltet und auf SMERSCH (Abkürzung für den russischen Ausdruck *smert schpionam* – Tod den Spionen), die Spionageabwehr mit ihrem Netz von Informanten und Agenten im In- und Ausland.

Ganz in der Tradition aller Tyrannen seit dem Altertum zog der Fall eines Günstlings die Ausschaltung seiner Gefolgschaft nach sich. Malenkow, der nun Schdanows Platz als eigentlicher Chef des Sekretariats des Zentralkomitees der Partei (unter Stalin) einnahm, entledigte sich der drei anderen Sekretäre, die Schdanow mitgebracht hatte – Kusnezow, Popow

und Patolitschew. Er wechselte 35 der 58 Ersten Sekretäre der Regionsparteikomitees in der Russischen Föderation aus. Manche Züge von Schdanows Politik wurden fortgeführt, etwa auf dem Gebiet der Kultur. Jedoch
der Versuch, die führende Rolle der Partei wiederzubeleben, wurde aufgegeben. Obwohl Malenkow über das Sekretariat aufgestiegen war, hatte er
seine Machtbasis nicht in der Partei, sondern im Ministerrat, dessen erster
stellvertretender Vorsitzender er war, und in der Staatsbürokratie, der Millionen Angestellte in den Branchenministerien und staatseigenen Industriebetrieben angehörten, wo Malenkow sich im Krieg den Ruf eines fähigen Administrators erworben hatte.

In der nun folgenden Periode tauchten, wenn auch in geringerem
Umfang, die Unsicherheiten und Ängste früherer Jahre wieder auf. Diese
Entwicklung erreichte in den sechs Monaten vor Stalins Tod im März 1953
ihren Höhepunkt. Auch vierzig Jahre danach ist unser Wissen über die
historischen Tatsachen trotz *Glasnost* immer noch bruchstückhaft und die
Interpretation umstritten.

Im März 1949 wurde bekanntgegeben, daß Molotow, Mikojan und Bulga-
nin, drei langjährige Mitglieder des Politbüros und des Ministerrates, ihre
Ministerposten abgegeben hatten: Molotow die Funktion des Außenmini-
sters an Andrej Wyschinski, Mikojan die des Ministers für Außenhandel an
Michail Menschikow und Bulganin die des Verteidigungsministers an
Marschall Wassilewski. Eine Begründung dafür wurde nicht gegeben, und
alle drei blieben weiterhin stellvertretende Vorsitzende des Ministerrates.
Aber dies war ein nur nomineller Titel, der den Verlust ihrer Machtbasis
und ihrer Führungsposition nicht ersetzen konnte. Wer die Zeichen der
Zeit richtig verstand, betrachtete dies als ersten Schritt zu ihrem endgültigen Rücktritt, was durch die Tatsache bestätigt wurde, daß alle drei unmittelbar nach Stalins Tod ihre früheren Ressorts rasch wieder übernahmen.

Da sie alle 1949 durch Männer von geringerem Rang – weder Mitglieder
des Politbüros noch des Ministerrates – ersetzt worden waren, kann man
annehmen, daß durch diesen Schritt die Position Malenkows und Berijas
gestärkt werden sollte. Insbesondere der Rücktritt Molotows, der bisher allgemein als Stalins Stellvertreter galt, verbesserte ihre Chancen als die jüngsten Anwärter auf Stalins Nachfolge, wenn die Zeit kommen sollte. Dieses
Thema war bislang tabu, aber da der Woschd in sein siebzigstes Jahr ging
und nicht bei guter Gesundheit war, dachten die ihm Nahestehenden
immer häufiger darüber nach. Welche Rolle Malenkow und Berija beim
Zustandekommen des Beschlusses gegen Molotow spielten, wenn sie überhaupt beteiligt waren, ist nicht bekannt. Die Entscheidung konnte nur Stalin gefällt haben, aber möglicherweise hatte ihn jemand dazu überredet.
Der Schlag muß für Molotow nach der Rolle, die er in den internationalen
Beziehungen seit 1939 gespielt hatte, sehr hart gewesen sein. Jedoch auch
andere Anzeichen, darunter die Verhaftung und Verbannung seiner Frau (s.
unten, S. 1234), zeugten davon, daß er Stalins Gunst verloren hatte und
nicht mehr wiedergewinnen sollte.

Im März 1949 begann auch die Leningrader Affäre. Diesmal ging es um die Absetzung von Kusnezow, Wosnessenski und Kossygin, jüngerer Leute als Malenkow und Berija. Sie gehörten einer Generation an, die Stalin alles verdankte. Sie waren die natürliche Ablösung der alten Garde, der Molotow, Mikojan und Woroschilow, die bereits vor der Revolution von 1917 in die Partei eingetreten waren. Außerdem hatten sie ihre Verbindung zu Leningrad und dessen früherem Parteichef Schdanow gemeinsam. Es ist nicht bekannt, was man ihnen im einzelnen zur Last legte, und auch Chruschtschow wußte dies nicht, obwohl er zugibt, den Befehl zu ihrer Verurteilung unterzeichnet zu haben, als dieser auf einer Politbürositzung herumgereicht wurde.[38]

Kein anderer war schneller zur Spitze aufgestiegen und schien sich größerer Gunst Stalins zu erfreuen als Nikolai Wosnessenski. Zunächst Leiter des Leningrader Plankomitees, war er 1938 im Alter von 34 Jahren zum Vorsitzenden des Staatlichen Plankomitees ernannt worden. 1941 wurde er stellvertretender Vorsitzender des Ministerrates und 1942 stellvertretender Vorsitzender des allmächtigen Staatlichen Komitees für Verteidigung, wo er bei der Erörterung von Wirtschaftsfragen häufig Stalin vertrat. Nach dem Krieg übernahm er erneut die Leitung von Gosplan und wurde 1947 zum Mitglied des Politbüros befördert. Nachdem Stalin sein Buch *Die Kriegswirtschaft der UdSSR* gelesen und gebilligt hatte, erhielt er dafür den Stalin-Preis.

Diese glänzende Karriere brach nun ab, und Wosnessenski wurde mit einem Schlag aller seiner Funktionen enthoben. Es wurde keinerlei Erklärung dafür gegeben, jedoch 1963 wurde bekannt, daß man ihm in einer geheimen Gerichtsverhandlung vorwarf, ihm seien wichtige Dokumente verlorengegangen oder entwendet worden. Während einige seiner Mitarbeiter wegen »mangelnder Wachsamkeit« Haftstrafen verbüßen mußten, wurde Wosnessenski selbst freigesprochen. Aber die Inspiratoren des Komplotts hatten ihr Ziel erreicht: Stalin war mißtrauisch geworden. Man fand keine neue Position für ihn; sein Buch wurde zurückgezogen, und seine wiederholten Versuche, Stalin zu sprechen, an dessen Ehrlichkeit und guten Willen er nach wie vor glaubte, wurden zurückgewiesen. Laut Chruschtschow fragte Stalin Malenkow und Berija mehrmals: »Ist es nicht reine Verschwendung, wenn wir Wosnessenski nichts zu tun geben, bis wir entschieden haben, was wir mit ihm machen?« Beide widersprachen nicht, unternahmen jedoch auch nichts. Stalin kam wieder darauf zu sprechen: »Vielleicht sollten wir Wosnesenski die Leitung der Staatsbank übertragen. Schließlich ist er Wirtschaftsfachmann, ein echtes Finanzgenie.«[39] Keiner widersprach, aber es geschah wieder nichts.

In der Zwischenzeit war die Geheimpolizei unter Leitung Abakumows emsig damit beschäftigt, eine Verschwörung zu fabrizieren, in die von Schdanow eingesetzte Leningrader Partei- und Staatsfunktionäre reihenweise einbezogen wurden. Nach Stalins Tod wurde in Leningrad ein Sonderprozeß gegen Abakumow und einige seiner Helfershelfer abgehalten, wo man sie für schuldig befand und zum Tode verurteilte, weil sie gefälschte Anklagen fabriziert hatten, auf denen die Säuberung von 1949/50 beruhte. Im Jahre 1962 wurden Malenkow und Berija in einer offiziellen Erklärung als die Verantwortlichen für die Leningrader Affäre genannt, die man als »Erfindung und Provokation von Anfang bis Ende« charakterisierte.

Zu jener Zeit führten jedoch die Ermittlungen zumindest mit Stalins Billigung, wenn nicht gar unter seiner Leitung, wie Chruschtschow berichtet, mit den üblichen »Geständnissen« und Denunziationen zur Verhaftung von tausend oder zweitausend Personen, wie andere Berichte besagen. Ihr Leben hing nach Chruschtschows Aussage an einem seidenen Faden. Unter ihnen waren Alexej Kossygin, ein weiterer Leningrader und unter Breschnew Vorsitzender des Ministerrates der UdSSR, sowie Nikolai Popow, der Erste Sekretär des Moskauer Stadtparteikomitees, zu dessen Ablösung Chruschtschow aus der Ukraine herbeigerufen wurde. In Leningrad sei ein Komplott aufgedeckt worden, sagte Stalin zu Chruschtschow, und »auch in Moskau wimmelt es von parteifeindlichen Elementen«.

Wosnesenski blieb sechs Monate lang ohne ein einziges Wort aus dem Kreml. Um nicht den Verstand zu verlieren, vollendete er in dieser Zeit ein 800 Seiten langes Werk über die Politökonomie des Kommunismus. Im November 1949 verhaftete die Polizei ihn schließlich. Nach dem Warten und Schweigen war dies geradezu eine Erleichterung und zugleich ein raffiniert berechneter Schritt, um den Häftling niederzuringen und sein Geständnis zu erlangen. Am 13. Januar 1950 wurde verkündet, daß »auf Forderung des Volkes« die 1947 abgeschaffte Todesstrafe für Hochverrat wieder eingeführt werde. Um das Geständnis zu erlangen, auf dem Stalin stets bestand, soll Wosnessenski zusammen mit Mitangeklagten gefoltert worden sein, bevor man ihn schließlich im September 1950 verurteilte und erschoß. Es wurde angeordnet, alle Exemplare seines Buches zu vernichten. Wie viele Personen mit ihm gemeinsam hingerichtet oder eingekerkert wurden, ist nicht bekannt.

Eine ganz andere Sicherheitsoperation in den Jahren 1948 bis 1950 markierte den Beginn einer antisemitischen Kampagne, die für Stalins letzte Lebensjahre kennzeichnend war. Antisemitismus hatte es in Rußland vor der Revolution immer gegeben (Pogrom ist ein russisches Wort), und er verschwand auch danach nicht aus dem russischen Alltag. Obwohl Stalin bislang kein aktiver Antisemit gewesen war, scheint er die üblichen Vorurteile gegen die Juden geteilt zu haben. Jedoch erst nach dem Kriege begann er deren systematische Verfolgung zu unterstützen.

Das war eine Zeit, in der solche sozialen und kulturellen Faktoren wie die Isolierung der Sowjetunion von der Außenwelt, zunehmender russischer Chauvinismus, die Kampagne Schdanows gegen ausländische Einflüsse in der sowjetischen Kultur in ihrer Wirkung durch politische Entwicklungen verstärkt wurden wie der Bruch mit den USA, der erzimperialistischen

Macht mit ihrer einflußreichen und lautstarken jüdischen Lobby und ihrer Unterstützung für den Zionismus, die Entstehung des Staates Israel, der von allen Juden in der Welt einschließlich der sowjetischen Treuepflicht forderte, und schließlich erneute Aufrufe zur Wachsamkeit gegenüber »Feinden des Volkes« und »Verrätern im eigenen Land«. All das schuf eine Situation, in der die Juden nur allzuleicht als Fremde, als »entwurzelte Kosmopoliten« und europäisierte Intellektuelle, die für die Verbreitung dekadenter moderner Kunst verantwortlich waren, und zugleich als »zionistische Agenten des amerikanischen Imperialismus« verteufelt werden konnten.

Stalin erlag derselben antisemitischen Obsession wie Hitler, nur daß es sich bei ihm nicht um die jüdische Weltverschwörung des Bolschewismus, sondern um die des Kapitalismus und Zionismus mit ihrem Hauptquartier in der Wallstreet handelte. Zu Stalins Ärger heiratete sein ältester Sohn Jakow eine Jüdin, und die größte Verfehlung seiner Tochter Swetlana bestand darin, daß sie sich in einen älteren jüdischen Mann verliebte, der wegen seiner unerschrockenen Äußerungen zehn Jahre im Lager verbracht hatte. Später heiratete sie einen anderen Mann jüdischer Herkunft. »Deinen jämmerlichen ersten Mann«, schrie Stalin sie an, »haben dir auch die Zionisten untergeschoben.«[40] Er verbot ihr, ihn jemals nach Hause mitzubringen.

Es war sehr einfach, der fortgesetzten Kampagne gegen die Einflüsse der »entwurzelten Kosmopoliten« in Kreisen der Intelligenz und der Kulturschaffenden eine antijüdische Stoßrichtung zu geben. Jüdische Kritiker durften nicht mehr in sowjetischen Zeitschriften schreiben. Jüdische Schulen, Theater und Publikationen wurden geschlossen. Für die Aufnahme von Juden an Universitäten und wissenschaftlichen Instituten, für ihre Tätigkeit im diplomatischen Dienst und in der Justiz wurden Beschränkungen eingeführt.

Eines der ersten Opfer der antisemitischen Kampagne wurde der große jüdische Schauspieler und Direktor des Jiddischen Theaters in Moskau, Solomon Michoels. Er war berühmt für seine Darstellung des alternden Tyrannen König Lear und hatte diese und andere Gestalten Shakespeares mehrmals vor Stalin im kleinen Kreise gespielt. Anfang 1948 hieß es, er sei bei einem Autounfall in der Nähe von Minsk ums Leben gekommen. Swetlana Allilujewa behauptet jedoch, sie habe mit angehört, wie ihr Vater am Telefon dies als Legende für einen von der Sicherheitspolizei inszenierten Mord vorschlug.

Die UdSSR erkannte die israelische Regierung im Jahre 1948 als einer der ersten Staaten an. Jedoch ein Besuch der israelischen Außenministerin Golda Meir in Moskau im Oktober 1948 löste eine scharfe Reaktion aus. Als sie eine Moskauer Synagoge besuchte, überzeugte der begeisterte Empfang, den die russischen Juden ihr bereiteten, Stalin davon, daß jeder, der mit den Zionisten sympathisierte, ein Verräter der Sowjetunion sein müsse.

Als Swetlana dieser argwöhnischen Äußerung Stalins widersprach, erklärte er: »Der Zionismus hat die ganze ältere Generation angesteckt, und die gibt ihn an die Jugend weiter.«[41]

Das Jüdische Antifaschistische Komitee, während des Krieges gegründet, um die Unterstützung der Juden im Ausland zu gewinnen, erschien nun als verkapptes zionistisches Zentrum, als Geheimgang unter dem Schutzwall, den Stalin gegen feindliche ausländische Einflüsse errichtet hatte. Das MGB fand bald die nötigen »Beweise«. Das Komitee wurde aufgelöst und sein Direktor Solomon Losowski, ein früherer stellvertretender Außenminister, verhaftet und schließlich 1952 hingerichtet.

Unter den zur gleichen Zeit verhafteten Mitgliedern des Komitees war auch Molotows jüdische Frau Polina Schemtschuschina, die sich mit Golda Meir lebhaft auf jiddisch unterhalten hatte. Stalin begegnete ihr schon seit langem mit Mißtrauen, da sie eine enge Freundin seiner Frau gewesen war und vor deren Selbstmord als letzte mit ihr gesprochen hatte. Es rettete sie auch nicht, daß ihr Mann Außenminister war. Sie wurde verurteilt und in ein Lager in Mittelasien gesperrt, aus dem sie erst nach Stalins Tod wieder freikam.

Mit der Wiedereinführung der Todesstrafe wurde auch die Behandlung der Lagerhäftlinge des GULAG und der nach Sibirien Verbannten verschärft. Während des Krieges hatte allein der Tod die Zahl der Gefangenen nach und nach dezimiert. Wer frühere Säuberungen überlebte, erhielt eine Verlängerung seiner Strafe um fünf, acht oder zehn Jahre; viele wurden aus allgemeinen in Sonderlager mit verschärftem Regime verlegt. Nach dem Kriege erhielten die Lager neue Insassen: Rückkehrer von der Front, zur Zwangsarbeit nach Deutschland Deportierte oder Personen, die in den von den Deutschen besetzten Gebieten gelebt hatten und nun wegen Hochverrats zu Zwangsarbeit verurteilt wurden. Die Gesamtzahl wird auf zwölf bis vierzehn Millionen geschätzt. Wer Ende 1940 seine Strafe abgesessen hatte, wurde gemeinsam mit dem Verbannten und im Kriege Deportierten dazu verurteilt, »für immer« in den abgelegenen und unwirtlichen Gegenden des Nordens zu bleiben ohne jede Hoffnung, zu seiner Familie oder in seine Heimatstadt zurückkehren zu können. Unsichtbar, nirgends ausgesprochen, aber niemals vergessen, blieb der Archipel GULAG auch weiterhin der dunkle Hintergrund des Lebens in der Sowjetunion.

Über die Leningrader Affäre und auch über die Judenverfolgungen wurde in der Öffentlichkeit nur wenig bekannt. Aber in den beiden Hauptstädten Moskau und Leningrad und in den höheren Kreisen der Partei- und Staatsbürokratie kursierte eine Vielzahl von Gerüchten, die angesichts des offiziellen Schweigens erneut eine bedrohliche Atmosphäre erzeugten. Im Vergleich zu 1937/38 waren bislang nur wenige direkt betroffen, aber niemand wußte, wie weit die Säuberung diesmal gehen und wer der nächste sein würde.

Als die Abgesandten der Völker der Sowjetunion und der kommunistischen Parteien aus aller Welt sich im Dezember 1949 versammelten, um Stalins siebzigsten Geburtstag zu feiern, konnten sie kaum neue Worte finden, um einem Manne zu huldigen, der inzwischen als »Universalgenie« gefeiert wurde. Aus dem Erben Lenins, später dessen gleichrangigem Partner war einer der »beiden Führer« geworden, die die Partei der Bolschewisten aufgebaut und die Oktoberrevolution gemeinsam durchgeführt hatten. Nunmehr war der Kult um Stalin jedoch an einem Punkt angelangt, da er den Kult um Lenin überschattete, der ihm ursprünglich als Vorbild gedient hatte. Die Geschichte wurde ständig umgeschrieben, um damit Schritt zu halten.

In seiner zweiten Rede auf dem Zwanzigsten Parteitag der KPdSU im Jahre 1956 zitierte Chruschtschow einige Passagen, die Stalin eigenhändig in die 1948 erschienene Ausgabe seiner *Kurzen Lebensbeschreibung* eingefügt hatte. Darunter ist die folgende Würdigung Stalins als Stratege: »Genosse Stalin entwickelte die Theorie der permanent wirkenden Faktoren, die über den Ausgang der Kriege entscheiden; der aktiven Verteidigung und der Gesetze von Gegenangriff und Angriff... der Rolle der großen Panzermassen und der Luftwaffe im modernen Krieg... In den verschiedenen Phasen des Krieges fand Stalins Genius die richtige Lösung, bei der alle Umstände der jeweiligen Lage in die Berechnungen einbezogen wurden... Stalins militärische Meisterschaft zeigte sich sowohl in der Defensive als auch in der Offensive. Sein Genie ermöglichte es ihm, die Pläne des Gegners vorauszusehen und zu durchkreuzen.« Hier fügte Stalin noch folgende Passage hinzu: »Obgleich er seine Aufgabe als Führer der Partei und des Volkes mit vollendeter Kunst meisterte und die uneingeschränkte Unterstützung des ganzen Sowjetvolkes genoß, ließ Stalin es niemals zu, daß seine Arbeit auch nur durch den leisesten Schatten von Eitelkeit, Hochmut oder Eigenlob beeinträchtigt wurde.«[42]

Nicht weniger als 75 führende Persönlichkeiten, darunter alle Mitglieder des Politbüros, Lyssenko und Schostakowitsch bildeten das Komitee zur Koordinierung der Geburtstagsfeierlichkeiten. Die Akademie der Wissenschaften der UdSSR hielt zu Ehren des »größten Genius der Menschheit« eine Sondersitzung ab und veröffentlichte einen umfangreichen Band, in dem Stalins Beitrag zu den verschiedenen Wissenschaftszweigen dargestellt wurde. Jedes Mitglied des Politbüros schrieb einen Artikel zu einer Sammlung, die in zahlreichen Zeitschriften erschien. Diese wurde mit einem »Werk« Malenkows unter dem Titel »Genosse Stalin – der Führer der fortschrittlichen Menschheit« eingeleitet, dessen erster Satz lautet: »Genosse Stalin ermahnt uns ständig, daß nicht Eitelkeit, sondern Bescheidenheit einen Bolschewiken ziert.«

Höhepunkt der Feierlichkeiten war eine Festveranstaltung im Bolschoi-Theater, wo Mao Zedong, Togliatti, Ulbricht und andere Gäste der rätselhaften Gestalt ihre Verehrung darbrachten, die abseits von allen der Zeremonie lächelnd, aber schweigend folgte. Alle Mitglieder des Politbüros waren anwesend, aber keiner sprach. Zwischen die Reden der ausländischen Gäste waren Beiträge sowjetischer Vertreter niederen Ranges eingestreut, wodurch die Distanz demonstriert wurde, die Stalin von den Führern aller anderen kommunistischen Parteien, einschließlich Mao Zedong, trennte.

Geschenke aus allen Teilen der Sowjetunion und darüber hinaus von den Kommunisten aus der ganzen Welt bezeugten die Liebe und Bewunderung der Massen. Solange noch kein ständiges Museum errichtet war, wurde eine Auswahl im Revolutionsmuseum gezeigt. Nachts bestrahlten Batterien von Scheinwerfern ein gigantisches Porträt des Führers, das an einem Ballon über der Hauptstadt schwebte – »am Himmel aufgehangen wie ein Held der Antike, der zum Sternbild geworden war«.[43]

Bei klarer Überlegung muß Stalin bewußt gewesen sein, daß bei einer solchen Demonstration von Begeisterung und Bewunderung der Zwang eine wichtige Rolle spielte. Da er die menschliche Natur zutiefst skeptisch betrachtete, dürfte ihn dies nicht sehr erschüttert haben. Seine Antwort auf die Frage, was ihm lieber sei: Treue seines Volkes aus Überzeugung oder aus Furcht, ist bereits zitiert worden:»Furcht. Überzeugungen können sich ändern, aber die Furcht bleibt.« Andererseits brauchte er auch eine gewisse Spontaneität, selbst wenn sie organisiert werden mußte, um die Skepsis wenigstens zu dämpfen, die er auch dann niemals völlig ausschalten konnte, wenn er mit ihm nahestehenden Menschen, insbesondere Parteimitgliedern, zu tun hatte. Als er auf der Bühne des Bolschoi saß und den Lobreden lauschte, bewegten ihn der Unglaube an deren Aufrichtigkeit, aber auch die gebieterische Forderung, daß die Elogen dennoch gehalten werden mußten. Zugleich behielt er ein wachsames Ohr für alles, was nicht nach totaler Überzeugung klang.

Zu Stalins Geburtstag war Chruschtschow nach Moskau zurückgekehrt. Er hatte die Zeit überlebt, als er bei Stalin in Ungnade gefallen war und man Kaganowitsch über ihn gesetzt hatte. Nun war er wieder willkommen, nicht nur als Verstärkung gegen drohende Verschwörungen, sondern auch als Gegengewicht zur übermächtigen Position Malenkows und Berijas im inneren Kreis. Als er jetzt wieder eng mit Stalin zusammenarbeitete, war er überrascht:»Stalin wurde, wenn möglich, noch launischer, reizbarer und brutaler; vor allem sein Mißtrauen wuchs. Sein Verfolgungswahn erreichte unglaubliche Ausmaße.«[44]

Berija, der Stalins Empfänglichkeit für jede Andeutung von Verrat, besonders in schriftlicher Form, kannte, nährte dieses Mißtrauen mit Brocken von Informationen, die, wenn es verlangt wurde, vom MGB jederzeit zu einem »Roman« (wie man das in eingeweihten Kreisen nannte) ausgebaut werden konnten. Mit erpreßten »Geständnissen« wurde daraus ein Fall konstruiert. Jedoch Stalin mißtraute und fürchtete Berija auch. Keiner der beiden vergaß jemals, wie Stalin Berijas Vorgänger Jagoda und Jeschow vernichtet hatte. Berija war auf der Hut, daß sich solches in seinem Falle nicht wiederholte, und Stalin rechnete jederzeit mit einem Versuch Berijas, dem zuvorzukommen, indem er ihn als ersten ins Jenseits beförderte.

Aus diesem Grunde hörte Stalin nicht immer auf die Einflüsterungen Berijas. Im Jahre 1988 wurden die Namen von drei Personen bekannt, an die er Berija nicht heranließ. Einer war Marschall Georgi Schukow. Mikojan erinnerte sich, daß Stalin zu Berija sagte: »Schukow gebe ich dir nicht. Ich kenne ihn, er ist kein Verräter.«[45] Der zweite war der führende sowjetische Physiker Pjotr Kapiza, der sich weigerte, unter Berijas Leitung an der Atombombe zu arbeiten. Der dritte war Marschall Nikolai Woronow, im Kriege Kommandeur der Artillerie der Roten Armee. Admiral Issakow erinnert sich, daß Woronow einmal nicht zu einer Beratung erschien und Stalin daraufhin Berija fragte:

>»Lawrentji, ist er bei Dir?‹
Berija ging durch den Raum und antwortete über die Schulter: ›Ja.‹
Stalin schaute ihn bedeutungsvoll an, und wir sahen, wie Berija in sich zusammenkroch.
›Kann er morgen zurück sein?‹ fragte Stalin.
›Morgen nicht‹, antwortete Berija und wußte nicht, was er mit seinen Händen und mit sich selbst anfangen sollte.
›Übermorgen?‹ fuhr Stalin fort und blickte Berija dabei fest an.
›Er wird übermorgen hier sein. Bestimmt.‹«

Die Beratung wurde verschoben, und an dem genannten Tag war Woronow zur Stelle. Niemand stellte ihm Fragen, und auch er selbst ließ nicht verlauten, wo er gewesen war.[46]

War Stalins Mißtrauen einmal geweckt, konnte man ihn jedoch nur schwer wieder davon abbringen. Als Chruschtschow aus der Ukraine nach Moskau zurückkehrte, konfrontierte ihn Stalin mit einer Denunziation gegen Nikolai Popow, seinen Vorgänger als Parteichef von Moskau. Chruschtschow behauptet, er habe Stalin überredet, nichts zu unternehmen, war aber sicher, daß dieser nicht ruhen würde, bis er Popow ausgeschaltet hatte. Deshalb wurde für ihn eine Stellung als Fabrikdirektor in Kuibyschew gefunden. Wenn Stalin von Zeit zu Zeit auf die Beschuldigungen gegen Popow zurückkam und fragte, wo er sich aufhalte, antwortete man »in Kuibyschew«, was Stalin zu beruhigen schien.

Stalin hatte nicht mehr die Konzentration und die Kraft, den Machtapparat im Griff zu behalten. Er verbrachte jetzt viel weniger Zeit in seinem Büro und hielt sich meist auf seiner Datsche in Kunzewo auf. Seinen Jahresurlaub am Schwarzen Meer dehnte er von Ende August bis Ende November oder sogar Anfang Dezember aus. Die Bürokratie funktionierte ohne ihn, und schließlich erhielt er anstelle von Dokumentenentwürfen nur noch Aufstellungen von vorgesehenen Entscheidungen, die er zu bestätigen hatte. Nur gelegentlich leitete er noch Sitzungen des Ministerrates. Wenn er unerwartet auftauchte, brachte er alle aus dem Konzept. Chruschtschow erinnert sich an eine Gelegenheit, als eine schwierige Debatte über die Verteilung der Ressourcen bevorstand. Ohne Vorankündigung erschien Stalin plötzlich und übernahm den Vorsitz. Er wies auf einen Stapel Dokumente vor ihm und sagte: »Das ist der Plan. Gibt es Einwände?« Da keiner der Minister als erster sprechen wollte, trat Schweigen ein. In diesem Falle, erklärte Stalin, sei die Beratung verschoben, und sie könnten alle einen Film anschauen, den er für den Nachmittag bestellt hatte. Beim Verlassen des Beratungsraumes hörte man ihn sagen: »Die haben wir schön an der Nase herumgeführt.«[47]

Mit Blick auf seinen Nachruhm war Stalin unablässig bemüht, sich als origineller Denker und Politiker zu profilieren. Seine *Gesammelten Werke* standen bereits neben denen Lenins. Nach seinem entscheidenden Eingreifen zugunsten »progressiver Tendenzen« auf dem Gebiet der Biologie im Sommer 1950 setzte er die sowjetische Geisteswelt dadurch in Erstaunen, daß er mitten in der Koreakrise Zeit fand, ebenso folgenschwer in das Gebiet der Sprachwissenschaft einzugreifen. Eine Gruppe militanter marxistischer Philologen hatte die Theorien von Nikolai Marr aufgegriffen, eines 1934 verstorbenen Linguisten, der die Auffassung vertreten hatte, die Sprache sei ein Teil des »Überbaus« der Gesellschaft, beruhe auf den Produktionsverhältnissen und sei von der Klassenzugehörigkeit abhängig. Mit dieser ideologisch geschärften Waffe führten die Marristen einen Feldzug gegen ihre orthodoxen Kollegen. Nach Lyssenkos Triumph faßte die Akademie der Wissenschaften der UdSSR im Juni 1949 den Beschluß, daß Marrs Lehren als »die *einzige* materialistische Sprachtheorie des Marxismus« betrachtet werden müßten.

Diesmal intervenierte Stalin gegen die »Progressiven«. Die antimarristische Philologin Tschibikowa wurde auf Stalins Datsche eingeladen, ausführlich über Marrs Auffassungen befragt und mit der Aufgabe betraut, einen Diskussionsbeitrag für die *Prawda* zu schreiben. Stalin redigierte nacheinander drei Entwürfe dieses Artikels und lud Tschibikowa erneut ein, um darüber zu diskutieren. »Im Gegensatz zur allgemeinen Auffassung«, berichtete sie, »konnte man mit ihm streiten, und manchmal stimmte er zu.« Als Tschibikowas Artikel erschien, fielen die Marristen heftig über ihn her. Man kann sich ihre Bestürzung vorstellen, als Stalin selbst in der *Prawda* nicht weniger als drei Artikel schrieb, in denen er darlegte, die Sprache gehöre nach marxistischer Auffassung weder zum »Überbau« noch zur »Basis«, und Marrs Auffassungen seien Unsinn. In derselben Ausgabe der Zeitung brachten nicht weniger als acht Linguistikprofessoren ihre grenzenlose Bewunderung für Stalins Erkenntnisse zum Ausdruck, die eine neue Ära in der Sprachwissenschaft einleiteten.

Obwohl an Stalins Auffassungen überhaupt nichts Originelles zu finden ist, hat die Zeit seinem Angriff auf die Marr-Anhänger nichts von seiner Pikanterie genommen. Er warf ihnen vor, ein »Araktschejew-Regime« errichten zu wollen wie die Tyrannei des Grafen Araktschejew unter Alexander I. Anfang des 19. Jahrhunderts: »Keine Wissenschaft kann sich entwickeln und entfalten ohne den Kampf der Meinungen, ohne Freiheit der Kritik. Diese Regel ist verletzt worden... Es wurde eine kleine Gruppe unfehlbarer Führer geschaffen, die sich selbst gegen jede Kritik abschirmte und zugleich willkürlich und anmaßend vorging.«[48]

Als Stalin die Siebzig überschritten hatte, wurde er sich seines Alters zunehmend bewußt. Mehr und mehr fürchtete er, körperlich und geistig nicht mehr in der Lage zu sein, seine Umgebung wie bisher uneingeschränkt zu beherrschen. Er fürchtete, daß Männer wie Molotow und Mikojan, die ihn aus seinen besten Jahren kannten, diesen Verfall bemerkten, daß Malenkow und Berija, die zwanzig Jahre jünger waren, zu der Auffassung kommen konnten, er sei nicht mehr, was er einmal war, und hinter seinem Rücken konspirierten. Man darf sich den inneren Kreis der Sowjetunion in der Stalinzeit wohl kaum als Regierung im üblichen Sinne des Wortes vorstellen; es war eher eine Mischung aus Verschwörung, Mafia und Hof. Nun waren sie alle eine Mafia mit einem alternden Führer, Bojaren, denen die Frage durch den Kopf ging, wie lange der Zar noch leben werde und wer sein Nachfolger sein sollte. Die Unsicherheit, das krankhafte Mißtrauen der letzten Jahre, die Unberechenbarkeit und selbstgewählte Isolierung – all das war Ausdruck seiner Furcht. Nicht umsonst war Boris Godunow Stalins Lieblingsoper.

Ungeachtet der völlig unterschiedlichen Lebensumstände – der eine war der Sieger, der andere der Besiegte – gibt es in der Schlußphase von Stalins und Hitlers Laufbahn durchaus Ähnlichkeiten. Keiner der beiden war daran interessiert, wer sein Nachfolger sein werde, keiner kam auch nur auf den Gedanken, zurückzutreten oder aufzugeben; beide mauerten sich in ihren Phantasien ein und schlossen die Wirklichkeit aus der engen privaten Welt aus, die sie unter Kontrolle hielten; beide waren entschlossen, ihre Macht bis zum letzten Atemzug zu verteidigen, und taten dies auch.

Wie Hitler in seiner letzten Zeit hielt Stalin – mit zwei Ausnahmen – zwischen 1945 und 1953 keine Reden mehr und gab auch keine Interviews. Einzelne Interviews, die noch erschienen, waren schriftliche Antworten auf eingereichte Fragen. Beide Führer ließen sich nicht mehr in der Öffentlichkeit sehen, um einerseits im Falle Hitlers die tiefen Spuren der Strapazen und im Falle Stalins die des Alters zu verbergen; zum anderen spürten beide instinktiv, daß das Bild des Führers und die Ikone Stalins stärker wirkten, wenn sie nicht mit normalen Sterblichen vergleichbar waren.

Die Wachmannschaften, die Stalin zu schützen hatten, wuchsen ständig an Zahl. Wo immer er die Nacht verbrachte, war er von Soldaten und Hunden umringt. Er nahm niemals ein Flugzeug. Wenn er mit der Eisenbahn in seinen Urlaubsort im Süden fuhr, ruhte der gesamte übrige Verkehr, und alle einhundert bis einhundertfünfzig Meter längs der Strecke waren Posten der Truppen des Innenministeriums aufgestellt. Getrennt voneinander fuhren zwei oder drei Züge ab, und Stalin entschied im letzten Augenblick, mit welchem er reisen wollte. In Moskau selbst wechselte er ständig den Weg von und nach seiner Datsche in Kunzewo.

In dieser selbstverordneten Isolierung fand Stalin Entspannung vor allem bei Filmen, die er sich in seinem Privatkino vorführen ließ, und bei den unvermeidlichen anschließenden Abendessen auf seiner Datsche. Das halbe Dutzend Männer, das er jetzt noch um sich duldete – Molotow, Mikojan und Woroschilow waren aus diesem Kreis endgültig ausgeschlossen –, mußte bereit sein, jederzeit alles stehen- und liegenzulassen und auf seinen Ruf zu ihm zu eilen. Obwohl alles in seiner eigenen Küche zubereitet wurde, rührte Stalin Speisen und Getränke nicht an, bevor nicht ein anderer davon gekostet hatte, weil er stets fürchtete, vergiftet zu werden. Wieder und wieder erzählte er dieselben Geschichten, aber alle mußten lachen oder applaudieren, als ob sie sie zum ersten Male hörten. Stalin machte sich einen Spaß daraus, andere solange zum Trinken zu nötigen, bis sie so benebelt waren, daß sie sich lächerlich machten.

»Aus irgendeinem Grunde«, schreibt Chruschtschow, »fand er die Erniedrigung anderer sehr amüsant. Ich erinnere mich, daß Stalin einmal darauf bestand, daß ich vor einigen Spitzenfunktionären der Partei den *Gopak* tanzte. Dazu mußte ich in die Hocke gehen und die Füße hochwerfen ... und versuchen, ein freundliches Gesicht zu machen. Später sagte ich zu Mikojan: ›Wenn Stalin sagt: Tanze, dann tanzt ein kluger Mann.‹ Die Hauptsache war, Stalins Zeit auszufüllen, damit er seine Einsamkeit vergaß. Er litt infolge dieser Einsamkeit an Depressionen und fürchtete sich davor.«[49] »Schlimmer noch, als gemeinsam mit Stalin zu essen, war es, mit ihm die Ferien verbringen zu müssen ... Es war eine gewaltige physische Anstrengung.«[50]

Stalins Tochter Swetlana, die nach dem Kriege voller Unbehagen erneut Kontakt mit ihm aufnahm, sagt das gleiche. Über einen Urlaub, den sie mit ihrem Vater im Süden verbrachte, schrieb sie: »Nach einigen Tagen erst kam ich wieder zu mir, atmete auf. An Vaters Seite zu leben war mühsam, man verbrauchte eine gewaltige Menge nervlicher Energie.«[51] Als sie 1951 nochmals zwei Wochen mit ihm in Georgien weilte, bemerkte sie, wie ärgerlich er wurde, als sich eine Menschenmenge spontan um ihn versammelte und ihn begeistert feierte. Sie meinte, daß er zu dieser Zeit »schon so gefühlsleer geworden (war), daß er an die guten und aufrichtigen Empfindungen der Menschen nicht mehr glaubte«.[52]

In der neuen Verhaftungswelle Ende 1948 wurden beide Tanten Swetlanas ins Gefängnis geworfen. Als sie nach dem Grund fragte, antwortete er verbittert: »›Sie haben viel geschwätzt; sie haben zuviel gewußt und dann zuviel geschwätzt. Und auf diese Weise Feinden in die Hände gearbeitet ...‹ Überall sah er Feinde. Das war bereits pathologisch, eine Art Verfolgungswahn, entstanden aus seiner Vereinsamung und inneren Leere.«[53]

Dieser Zustand konnte nicht endlos andauern, das spürte Stalin offenbar auch selbst. Während eines Urlaubs in Afon im Süden im Jahre 1951 rief er

Chruschtschow und Mikojan zu sich, damit sie ihm Gesellschaft leisteten. Chruschtschow berichtet: »Eines Tages – Mikojan und ich machten gerade einen Spaziergang auf dem Grundstück – trat Stalin auf die Veranda des Hauses. Er schien Mikojan und mich nicht zu bemerken. – ›Ich bin am Ende‹, sagte er vor sich hin sprechend. ›Ich traue niemandem, nicht einmal mir selbst.‹«[54]

Wer als erster vorschlug, einen Parteitag einzuberufen, den ersten seit 1939, ist nicht klar. Chruschtschow behauptete, es sei Stalin gewesen. Andere haben spekuliert, daß es einer seiner Mitarbeiter war, die darin den besten Weg sahen, die Zeit der Unsicherheit zu beenden, einen Wechsel zu vollziehen und wieder Vertrauen zu schaffen.

Wer auch immer den Parteitag vorschlug, als sich über 1 000 Delegierte im Oktober 1952 versammelten, war es Stalin, der für Überraschung sorgte. Er fühlte sich nicht mehr stark genug, um den Bericht des Zentralkomitees selbst vorzutragen und noch einmal die Rolle zu spielen, mit der er seine Herrschaft über die Partei errichtet und auf allen Parteitagen von 1924 bis 1939 bekräftigt hatte. Er übertrug diese Aufgabe Malenkow, beauftragte jedoch zugleich Chruschtschow, ein zweites Hauptreferat zu halten. Molotow leitete die Eröffnungs- und Woroschilow die Schlußsitzung.

Um sicherzustellen, daß Stalin erneut im Mittelpunkt stand, erschien unmittelbar vor dem Kongreß, der am 5. Oktober zusammentrat, in den zwei Ausgaben der *Prawda* vom 3. und 4. Oktober ein Vorabdruck seines neuen und unerwarteten Werkes *Ökonomische Probleme des Sozialismus in der UdSSR*. Alle Redner waren nun gezwungen, ohne Vorbereitung Lobeshymnen darauf zu singen. Malenkow gab das Beispiel mit den Worten, dies sei »ein neues Stadium in der Entwicklung des Marxismus ... von welthistorischer Bedeutung«. Davon war es zwar weit entfernt, aber Stalin hatte die Gelegenheit genutzt, 31 Seiten den »Irrtümern des Genossen Jaroschenko« zu widmen, eines Ökonomen, der unbesonnen genug gewesen war, ein Lehrbuch schreiben zu wollen, weswegen man ihn nun beschuldigte, in Bucharins Fußstapfen zu treten. Nachdem Stalin die Orthodoxie wiederhergestellt hatte, gaben die sowjetischen Ökonomen ähnliche Widerrufserklärungen ab, wie es die Sprachwissenschaftler und die Genetiker nach Stalins jeweiligen Verkündigungen vor ihnen getan hatten. Stalin legte auch fest, daß zwei Resolutionen beschlossen wurden. Die eine tilgte das Wort »Bolschewiki« aus dem Namen der Partei, die andere benannte das bisherige »Politbüro« in »Präsidium« um – beides Veränderungen, mit denen die Bindungen der Partei an ihre leninistische Vergangenheit weiter abgeschwächt wurden.

Stalin nahm nur an wenigen Sitzungen dieses Neunzehnten Parteitages teil, trat jedoch gegen Ende unerwartet ans Rednerpult und löste dadurch die einzige stehende Ovation der gesamten Tagung aus. In einer Erklärung von sechs Minuten Länge rief er die Kommunisten der Welt dazu auf, die Menschheit von Imperialismus und Krieg zu befreien. »Schaut euch das an«, sagte er zu seinem Gefolge, »das kann ich noch.« Sein originellster Einfall bestand darin, den Umfang des Zentralkomitees zu verdoppeln und über doppelt so viele Mitglieder des Sekretariats wählen zu lassen wie bisher. Als das erweiterte ZK dann zur ersten Plenartagung zusammentrat, schlug er vor, das neue Präsidium sollte dreimal so groß sein wie das alte Politbüro. Unvermittelt bot er dem Plenum seinen Rücktritt als Generalsekretär an, wobei er auf sein Alter und die Treulosigkeit Molotows, Mikojans und einiger anderer verwies. Ob dies nun ernst gemeint war oder nicht, das Plenum lehnte ab und bat ihn, auf seinem Posten zu bleiben. Nachdem er zugestimmt hatte, zog er ein Papier aus der Tasche und verlas die Namen der neuen Präsidiumsmitglieder, die ohne Kommentar akzeptiert wurden. Auf der Liste standen zehn der bisherigen elf Mitglieder des Politbüros, dazu die doppelte Zahl jüngerer und weniger bekannter Personen.

Diese Schritte wurden allgemein als Vorbereitung für eine neue Säuberung betrachtet. Die alte Garde sollte durch Neulinge ersetzt werden, die die Parteigeschichte nicht kannten und Stalins Wünschen stets nachkommen würden, ohne Fragen zu stellen. Eine Bestätigung dafür war Stalins Angriff gegen Molotow und Mikojan auf dem Plenum, denen er Feigheit und Kapitulation vorwarf, als er sich im Urlaub befand. Sie hätten gehandelt wie Agenten gewisser westlicher Regierungen, erklärte er. Konstantin Simonow, der als Kandidat des Zentralkomitees am Parteitag teilnahm, schrieb später, der Angriff sei so erbarmungslos gewesen, daß ihre Erwiderungen wie die letzten Worte der Angeklagten bei einem Prozeß klangen. Beide gelangten nicht ins Büro des Präsidiums, das Stalin ernannte (obwohl im abgeänderten Parteistatut ein solches Organ nicht vorgesehen war), um die Tagesgeschäfte erledigen und die Beschlüsse fassen zu können, die er für notwendig hielt.

Für Stalins Wankelmütigkeit im Alter war kennzeichnend, daß er diesen Coup zwar organisiert hatte, seinen Plan aber nicht konsequent zu Ende führte. Alles ging weiter wie bisher. Das Präsidium trat nicht zusammen, und das Büro umfaßte gewöhnlich denselben inneren Kreis, dem er selbst, Malenkow, Berija, Chruschtschow und Bulganin angehörten. Der Unterschied bestand höchstens darin, daß Molotow und Mikojan nun völlig ausgeschlossen waren, während Kaganowitsch und Woroschilow gelegentlich hinzugezogen wurden. Den neuen Präsidiumsmitgliedern ordnete man einige umfangreiche Ausschüsse zu, die jedoch ohne Aufgabe und Anleitung völlig wirkungslos blieben. »Die Regierung«, resümierte Chruschtschow, »hörte praktisch auf zu funktionieren ... Jeder im Orchester spielte sein eigenes Instrument, wann immer ihm danach zumute war, und der Dirigent gab keinen Takt an.«[55]

Daß Stalin so nachließ, war auch eine Folge seines sich verschlechternden Gesundheitszustandes. Die ungesunde sitzende Lebensweise über Jahrzehnte rächte sich nun; er litt an hohem Blutdruck, häufiger Angina und den Nebenwirkungen seines Versuchs, die lebenslange Gewohnheit des Rauchens aufzugeben. Nach dem Neunzehnten Parteitag nahm er zum ersten Mal nicht wie gewöhnlich seinen Urlaub im Süden.

Stalins psychische Labilität zeigte sich auch darin, daß er sich unvermittelt gegen seine langgedienten und ihm treu ergebenen Diener Wlassik und Poskrebyschew wandte. Ersterer war bereits 1919 als Leibwächter in seine Dienste getreten und hatte es bis zum Generalmajor gebracht, der für Stalins persönlichen Schutz, für seine Residenzen, seine Ernährung und sein Hauspersonal verantwortlich war. Er wurde nun ohne jegliche Erklärung entlassen, verhaftet und nicht wieder gesehen. Poskrebyschew war bald nach Stalins Wahl zum Generalsekretär dessen persönlicher Sekretär geworden. Er war in nahezu alle Geheimnisse Stalins eingeweiht, kontrollierte den Strom von Informationen für Stalin und alle Ernennungen. So erbarmungslos wie sein Gebieter, aber diesem grenzenlos ergeben, mußte er die gleiche Erniedrigung erleben wie Molotow: Auch seine Frau wurde verhaftet. Man beschuldigte ihn, Staatsgeheimnisse verraten zu haben, und entband ihn von allen seinen Funktionen. Bis Stalin starb, saß er zu Hause und wartete auf seine Verhaftung.

Stalin wurde nun vom Mißtrauen förmlich zerfressen, und wie stets forderte er »Geständnisse«, um zu beweisen, daß es gerechtfertigt war. Neben den beiden Männern, die ihm während seiner gesamten Laufbahn als Leibwächter und engste Vertraute gedient hatten, wandte er sich jetzt auch gegen seinen Leibarzt, Akademiemitglied Winogradow, »den einzigen, dem er vertraute«, wie Swetlana berichtet. Winogradow wurde im November 1952 gemeinsam mit anderen Fachkräften des Kremlkrankenhauses verhaftet, das die Elite der Sowjetunion behandelte. Grundlage der Festnahmen waren Beschuldigungen der jungen Röntgenärztin Lydia Timaschuk, auf die Stalin erstmals 1939 aufmerksam wurde, als sie, damals noch Medizinstudentin, einen Wettbewerb zur Entwicklung von Mitteln für die Verlängerung des Lebens des Genossen Stalin vorschlug, »der der UdSSR und der ganzen Menschheit so teuer ist«. Inzwischen war sie als Informantin der Geheimpolizei angeworben worden und beschuldigte die Ärzte, sie wollten Stalin und andere Führer durch falsche medizinische Behandlung ums Leben bringen.

Wer Lydia Timaschuk veranlaßte, den Brief zu schreiben, ist nicht bekannt. Allgemein wird angenommen, daß Stalin durchaus bewußt war, worauf dieser Plan zielte, wenn der »Fall der Ärzte« nicht sogar seine eigene Idee war, wie Chruschtschow behauptet. Es heißt, ihr Brief habe Berija mißfallen und bei den Vertretern des MGB zu der Befürchtung geführt, man könne ihnen mangelnde Wachsamkeit vorwerfen. Der Minister für Staatssicherheit, Viktor Abakumow, befahl dem Leiter der Ermittlungsabteilung des MGB, Rjumin, nichts zu unternehmen, und ließ diesen sogar verhaften. Jedoch griff Stalin zugunsten Rjumins ein, setzte ihn wieder auf freien Fuß, löste Abakumow, einen Mann Berijas, ab und ernannte S. D. Ignatjew, einen Kandidaten von außerhalb des Sicherheitsdienstes, an dessen Stelle zum Minister.[56] Diese Schritte können durchaus Teil der verdeckten Kampagne Stalins gegen Berija gewesen sein.

Stalin übernahm den »Fall der Ärzte« selbst, ordnete an, Winogradow in Ketten zu legen und die anderen Ärzte zu schlagen. In seiner Geheimrede auf dem Zwanzigsten Parteitag im Jahre 1956 wies Chruschtschow auf Ignatjew, der anwesend war, und zitierte, was Stalin diesem gesagt hatte: »Wenn Sie kein Geständnis von den Ärzten beibringen können, dann werden wir Sie einen Kopf kürzer machen. Als die Geständnisse vorgelegt wurden, verteilte sie Stalin an die Mitglieder des Büros des Präsidiums mit den Worten: »Ihr seid blind wie junge Katzen; was werdet ihr ohne mich machen? Unser Land wird zugrunde gehen, weil ihr es nicht versteht, Feinde zu erkennen.«[57]

Die »Ergebnisse« der Ermittlungen wurden am 13. Januar 1953 veröffentlicht. Darin wurden die Namen von insgesamt neun Ärzten, darunter sechs Juden, genannt. Man behauptete, sie hätten gestanden, Schdanow im Jahre 1948 und vorher den ehemaligen Parteichef von Moskau und Sekretär des Zentralkomitees Schtscherbakow ermordet zu haben. Ihre Geständnisse erinnerten an Jagodas »Aussage«, er habe die Ermordung Gorkis und Kuibyschews mit Mitteln der Medizin organisiert, aber auch an das nicht verstummte Gerücht, Stalin selbst sei 1925 am Tode des Kriegskommissars Frunse beteiligt gewesen.

Kaum einen Monat nach Stalins Tod wurden alle Ärzte freigelassen und vollständig rehabilitiert. Dagegen wurde der Hauptuntersuchungsführer Rjumin verhaftet und später erschossen. Jedoch im Januar 1953 scheute die sowjetische Propaganda kein Mittel, um die Ärzte zu verunglimpfen. Man teilte sie in zwei Gruppen ein. Die erste arbeitete angeblich für den amerikanischen Geheimdienst über die »internationale bürgerliche jüdisch-zionistische Organisation, die unter dem Namen Das Gemeinsame bekannt ist«. Dies war offenbar eine Anspielung auf eine philanthropische Organisation, Das Gemeinsame Amerikanische Verteilungskomitee, das vor 1917 gegründet worden war, um die Juden im russischen Reich zu unterstützen. Der jüdische Schauspieler Michoels wurde als dessen Vorsitzender genannt und so im nachhinein in die Verschwörung eingebunden. Die andere, kleinere Gruppe sollte für den britischen Geheimdienst gearbeitet haben. Nach diesem Szenarium konnte sich die Presse gleich über zwei Themen verbreiten – die Wachsamkeit gegen Spione und Verräter im Dienste ausländischer Mächte und gegen die Juden als der »Feind im eigenen Land«.

In Stalins letzter Propagandakampagne wurden noch einmal alle, die in den langen Jahren sein Mißtrauen geweckt hatten, zu Sündenböcken gestempelt – die ehemaligen Menschewisten und Trotzkisten, die nationalen Minderheiten, die Intelligenz von den Ärzten bis zu den Ökonomen, die Schriftsteller und Künstler, die sich an ausländische Modeerscheinungen verschwendeten, sowie diejenigen, die sich durch Kontakte mit Ausländern verderben ließen. Sie alle sollten vom Sowjetvolk verurteilt werden. Nachdem Lydia Timaschuk den Leninorden erhalten hatte, was bedeutete, daß solcherart Gemeinsinn sich lohnte, drängten sich alle Egoisten, ihrem Beispiel zu folgen. »Ähnliche Szenen«, schreibt Nadeschda Mandelstam, »waren überall zu erleben; alle phantasierten von Saboteuren und Killer-Ärzten.«

Die Kampagne sprach bewußt den latenten Antisemitismus in Rußland an, und aus vielen Landesteilen wurden Aktionen und Demonstrationen gegen die Juden gemeldet. In der Ukraine kam es sogar zu Pogromen. Am 31. Januar behauptete die *Prawda*, es seien Verbindungen zwischen den Ärzten und den in Polen und der Tschechoslowakei entlarvten Verschwörern entdeckt worden, insbesondere zu den Angeklagten im Slansky-Prozeß in Prag, wo elf der als westliche Agenten verurteilten Partei- und Staatsfunktionäre Juden waren, die »von den Zionisten rekrutiert« worden seien.

Aber nicht nur jüdische Bürger hatten die ständigen Aufrufe zu fürchten, »den Feind zu entlarven«. Frol Koslow, zweiter Sekretär des Leningrader Parteikomitees, berührte eine weitverbreitete Furcht, als er in einem Artikel im Januar-Heft des *Kommunist* eine weitere großangelegte Säuberung der Partei andeutete. Der stellvertretende Generalstaatsanwalt erinnerte an eine der berüchtigtsten Reden Stalins, die den großen Terror eingeleitet hatte, sein Referat auf dem Plenum des Zentralkomitees im Februar/März 1937. Damals hatte Stalin die gleiche Warnung ausgesprochen, die nun wiederholt wurde – gegen Feinde, die nicht offen gegen das Regime vorzugehen wagten, sondern versuchten, »die Wachsamkeit des sowjetischen Volkes einzuschläfern durch falsche Beteuerungen ... für unsere Sache.«[58]

Zeitgenossen hatten keinerlei Zweifel daran, welche Vorahnungen mit

Während der Aufbahrung Stalins hielten seine engsten Gefährten Ehrenwache. Aber sie sollten nicht lange Ehre und Macht teilen. Molotow blieb zwar bis 1956 Außenminister, wurde dann jedoch auf Betreiben Chruschtschows zusammen mit Kaganowitsch aller Parteiämter enthoben. Berija wurde noch 1953 im Verlauf eines Machtkampfes erschossen, Malenkow zwei Jahre darauf gestürzt; Bulganin, hier in Marschalluniform, hielt sich als Ministerpräsident ebenfalls nur drei Jahre. Auch Marschall Woroschilow wurde 1961 von Chruschtschow entmachtet, bis 1964 auch dieser selber durch eine Revolte der Parteiführung seines Amtes enthoben wurde.
Auf dem Photo von links nach rechts: Molotow, Woroschilow, Berija und Malenkow; Bulganin, Chruschtschow, Kaganowitsch und Mikojan bei der Totenwache an Stalins Sarg.

Immer wieder hat Hitler die Frage erwogen, wo er seine Ruhestätte finden sollte. Einigen Nachrichten zufolge wollte er in der geplanten »Soldatenhalle« inmitten seiner Feldmarschälle liegen. Speer berichtet, daß er nicht in der Reichshauptstadt, überhaupt nicht im alten Deutschland liegen wollte, sondern in der Stadt seiner Jugend, Linz, das er neben Budapest und Wien zu einer glanzvollen Residenz an der Donau ausbauen wollte. Er fand sein Ende in einem Granattrichter im Hof der Reichskanzlei, wo ihn einer seiner letzten Getreuen, der Führer der SS-Wachmannschaften, Rattenhuber, mit Hilfe mühselig herbeigeschafften Benzins verbrannte.
Russische und englische Soldaten an der Grube im Garten der Reichskanzlei, in der Hitler und Eva Braun verbrannt sein sollen.

dieser offensichtlich gelenkten Propaganda geweckt wurden und geweckt werden sollten.

Ich habe bereits darauf hingewiesen, daß es fruchtlos ist, herauszufinden, ob Stalin tatsächlich an die Verschwörungen glaubte, die er zu entdecken vorgab, oder ob er sie nur benutzte, um diejenigen zu isolieren und zu vernichten, die er als Gefahr für seine Position empfand – dies um so mehr, als er selbst diesen Unterschied nicht machte. Genauso vergeblich ist es, sich die Frage zu stellen, ob Hitler, wenn er sich wegen der jüdischen Weltverschwörung in Wutanfälle steigerte, selbst daran glaubte oder wie ein Schauspieler lediglich auf Wirkung aus war. In diese Periode am Ende von Stalins Leben fällt, wie der schon zitierte sowjetische Psychiater feststellte, sein letzter Anfall von Paranoia. Hatte Stalin wirklich die Absicht, eine neue Säuberung in den Ausmaßen der dreißiger Jahre zu beginnen, die diesmal, wie Chruschtschow behauptet, die alte Garde des Politbüros einschließen

Stalin dagegen wurde, als er 1953 starb, feierlich in der Säulenhalle des Moskauer Gewerkschaftshauses aufgebahrt und einige Tage später neben Lenin im Mausoleum auf dem Roten Platz beigesetzt. Aber auch seine Ruhe sollte nicht lange währen; nach der Demaskierung des Generalsekretärs durch Chruschtschow wurde seine einbalsamierte Leiche aus dem Mausoleum entfernt und neben anderen Sowjetführern an der Kremlmauer beerdigt. So endeten die beiden Diktatoren, deren Schatten über das Jahrhundert gefallen war.
Der aufgebahrte Leichnam Stalins im Moskauer Gewerkschaftshaus.

sollte, die ihm so gut gedient hatte, und war diesmal Berija das Schicksal seiner Vorgänger Jagoda und Jeschow bestimmt? Glaubte Stalin, ein kranker Mann von 73 Jahren habe noch die Kraft und Autorität, um dies durchzusetzen? Oder ist es wahr, daß Stalin selbst nicht wußte, wie weit er gehen wollte, und daß nur das Ereignis selbst ihm und uns gezeigt hätte, wie weit zu gehen er imstande war?

Bevor das Ereignis die Antwort geben konnte, war Stalin bereits tot. Am Abend des 28. Februar schaute der innere Kreis – Berija, Malenkow, Chruschtschow und Bulganin – mit ihm gemeinsam im Kreml Filme an. Stalin war in Hochstimmung, wahrscheinlich weil er getrunken hatte. Man ging erst gegen fünf oder sechs Uhr morgens auseinander. Irgendwann zwischen diesem Zeitpunkt und dem 2. März, drei Uhr morgens (also etwa 24 Stunden später) erlitt er einen Schlaganfall. Seine Wachen konnten sich bis drei Uhr morgens nicht entschließen, sein Zimmer zu betreten, und so kehrten Malenkow, Berija und die anderen erst 24 Stunden, nachdem sie ihn verlassen hatten, mit mehreren Ärzten zu ihm zurück. Diese stellten eine Lähmung fest. Jeweils zu zweit wachten sie dreieinhalb Tage lang an Stalins Bett, während er mit dem Tode rang. Er erlangte zwar noch mehrmals das Bewußtsein, konnte aber nicht sprechen.

Während Stalins Gefolgsleute warteten, waren ihre Gedanken mit der Frage beschäftigt, was geschehen sollte, wenn er starb. Chruschtschow und Swetlana, die ebenfalls an seinem Lager Wache hielten, stimmen darin überein, daß allein Berija seine widersprüchlichen Gefühle verriet: »Sobald Stalin Anzeichen von klarem Bewußtsein zu erkennen gab«, schreibt Chruschtschow, »warf sich Berija ... auf die Knie, ergriff Stalins Hand und küßte sie. Wenn Stalin wieder das Bewußtsein verlor und seine Augen schloß, stand Berija auf, spuckte aus ... und spie Gift und Galle.«[59]

Swetlana selbst wurde von ihren Gefühlen schmerzhaft hin und her gerissen. »In diesen drei Tagen aß ich nichts, ich vermochte auch nicht zu weinen, ausgepreßt von Schmerz, erstarrt.« Ihr verdanken wir die Beschreibung der letzten Stunden Stalins: »Das Sterben des Vaters war furchtbar und schwer ... Den Gerechten gibt Gott einen leichten Tod ... Die Agonie war entsetzlich, sie erwürgte ihn vor aller Augen. In einem dieser Augenblicke – ich weiß nicht, ob es wirklich so war, aber mir schien es jedenfalls so –, offenbar in der letzten Minute öffnete er plötzlich die Augen und ließ seinen Blick über alle Umstehenden schweifen. Es war ein furchtbarer Blick, halb wahnsinnig, halb zornig, voll Entsetzen vor dem Tode ..., und da – es war unfaßlich und entsetzlich, ich begreife es bis heute nicht, kann es aber nicht vergessen –, da hob er plötzlich die linke Hand ... und wies mit ihr nach oben, drohte uns allen. Die Geste war unverständlich, aber drohend ... Im nächsten Augenblick riß sich die Seele nach einer letzten Anstrengung vom Körper los.«[60]

Wie Hitler gelang es Stalin, das Bild seiner selbst bis zu seinem Ende zu bewahren, ohne etwas zu widerrufen oder zu bedauern. Beide Männer boten ihren Feinden die Stirn bis zum letzten Atemzug. Hitler gönnte den Alliierten nicht die Befriedigung, ihn lebend zu ergreifen und vor Gericht zu stellen. Stalin machte jede Hoffnung seiner Gefolgsleute zunichte, ihn beiseite zu schieben und seinen Platz einzunehmen.

Solange sie am Leben waren, wirkte der Zauber; Hitler war immer noch der Führer, Stalin der *Woschd*. Mit dem Augenblick ihres Todes war der Bann gebrochen. Wer noch im Bunker war, versuchte zu entkommen. Auf der Datsche »standen alle ringsum wie erstarrt – in tiefem Schweigen – einige Minuten lang; ich weiß nicht, wie viele, doch schien es mir sehr lang ... Dann drängten die Mitglieder der Regierung (Berija als erster) zum Ausgang.«[61] Die Schatten der Angst waren von ihnen gewichen, sie hatten überlebt und eine Zukunft vor sich, für die es zu kämpfen lohnte.

Als sich aber die Nachricht von Stalins Tod über die Sowjetunion verbreitete, schienen die Menschen bestürzt, fast ängstlich. Als er begraben wurde, weinten viele in den Straßen. Nach mehr als zwanzig Jahren konnten sie sich eine Zukunft ohne ihn nicht vorstellen.

20. Kapitel

Epilog und Ausblick:

Hitler und Stalin –
ihr Platz in der Geschichte
und ihre Hinterlassenschaft

Weder Stalin noch Hitler hatten einen Nachfolger. Doch sie hinterließen ein Vermächtnis, der eine ein Vermächtnis des Sieges, der andere eines der Niederlage: Beides lastete schwer auf dem Europa der Nachkriegsjahrzehnte. Erst die Entwicklungen der Jahre 1989 und 1990 haben manches aus dieser »Überlieferung« wieder aufgehoben, weshalb sich die durch Hitler und Stalin geprägte Ära der europäischen Geschichte heute in einem neuen Blickwinkel darstellt.

Dabei gibt es natürlich verschiedene Betrachtungsweisen. Eine besteht darin, die Epoche der beiden Diktatoren jenen Revisionen der europäischen Landkarte zuzuordnen, die in diesem Jahrhundert mehrfach in Angriff genommen worden sind. Den Anfang machten die Deutschen im Ersten Weltkrieg: Ihre territorialpolitischen Ziele manifestierten sich am deutlichsten im Vertrag von Brest-Litowsk vom März 1918. Dann folgte die den Ersten Weltkrieg abschließende Friedensregelung, die den Untergang von vier dynastischen Reichen besiegelte, der habsburgischen Doppelmonarchie, des Kaiserreichs der Hohenzollern, des Zarenhauses Romanow und des Osmanischen Reichs. Eine dritte Serie von Grenzverschiebungen leitete Hitler mit seiner Eroberungspolitik ein, angefangen beim Anschluß Österreichs von 1938 bis zum Höhepunkt der deutschen Macht im Sommer 1942, als ganz Osteuropa und große Teile des westlichen Rußlands unter deutscher Besatzung standen. Zu einem vierten Schub kam es schließlich, weil Hitler hartnäckig auf der Fortsetzung des Krieges bestand und es an seinem Ende versäumte, eine Friedensregelung zu treffen. So wurden Stalin und die Sowjetunion die eigentlichen Herren Osteuropas und eines beträchtlichen Teils des ehemaligen Deutschen Reichs.

Bei all diesen Entwicklungen waren jene Teile Europas, die östlich einer etwa zwischen Lübeck und Venedig verlaufenden Linie liegen, am häufigsten Gegenstand des Streits, und zweifellos wurden sie auch am stärksten in Mitleidenschaft gezogen. Dies bestätigt die Bedeutung der deutsch-russischen Achse, die in der Einleitung zur Sprache kam; nicht nur in dieser Periode, sondern auch in früheren Epochen stellt sie einen Grundzug der europäischen Geschichte dar. Daran wird sich gewiß auch in jener fünften Umbruchphase nichts ändern, die gegenwärtig mit dem Zusammenbruch der kommunistischen Regimes und der sowjetischen Vorherrschaft in Osteuropa in Gang gekommen ist. Wann jedoch wieder Stabilität einkehren wird und ob es der Sowjetunion gelingt, einen Rückfall in den Bürgerkrieg oder in die Diktatur zu vermeiden, das sind Fragen, die in die Epoche Hitlers und Stalins und ihr Vermächtnis zurückreichen und an denen sich gleichwohl die Zukunft Europas entscheidet.

Eine weitere Art, die Hitler-Stalin-Ära zu betrachten, rührt an deren ideologische Dimension. Seit der französischen Revolution hatte es nicht mehr zwei so aggressive Ideologien wie den Kommunismus und den Nationalsozialismus gegeben. Es ist viel über das Verhältnis von Nationalsozialismus und Faschismus gesagt und geschrieben worden, über die Frage, ob man im Nationalsozialismus eine deutsche Spielart des Faschismus sehen, oder ihn wegen seiner biologistischen, rassistischen und antisemitischen Elemente als ein eigenständiges Phänomen behandeln müsse. Blickt man auf das Vernichtungsprogramm, das Hitler und Himmler im besetzten Polen ins Werk setzten, so wird der Unterschied zwischen dem Nazismus und dem Faschismus augenfällig, und doch hat man in den dreißiger Jahren vor allem ihre Ähnlichkeit empfunden: Kaum einer jener Männer, die sich an antifaschistischen Volksfront-Kundgebungen beteiligten oder in Spanien für die republikanische Sache kämpften, machte zwischen beiden einen Unterschied und ebensowenig stellte man den guten Willen seiner kommunistischen Partner in Frage. Viele von denen, die zwischen den Weltkriegen heranwuchsen, hatten lediglich die Wahl zwischen einer undifferenzierten Linken und einer undifferenzierten Rechten, die beide für sich in Anspruch nahmen, Repräsentanten der Zukunft zu sein.

Nationalsozialismus und Faschismus glorifizierten die Willensstärke, die Unterordnung unter einen Führer, die Macht und den Krieg. Ihre *raison d'être* war der Erfolg; eine endgültige Niederlage, wie Hitler und Mussolini sie erlitten, konnten sie nicht überleben. Und wer sich mit ihnen eingelassen hatte, beeilte sich nachher, jede Mitschuld, ja jede Verbindung mit ihren Vertretern zu leugnen und alle Spuren zu verwischen.

Umgekehrt profitierte der Kommunismus außerordentlich von der Rolle, die die Sowjetunion im Krieg gespielt hatte. Nachdem Osteuropa kommunistisch geworden war und Mao 1949 in China seinen spektakulären Sieg errungen hatte, proklamierte eine ganze Generation linker Konvertiten und Mitläufer – in der Dritten Welt ebenso wie im Westen – die Unausweichlichkeit eines weltweiten kommunistischen Siegeszuges. Die Ernüchterung kam nur zögernd, selbst nachdem die Enthüllungen Chruschtschows über Stalin zu wirken begannen und die Rote Armee den ungarischen Aufstand gewaltsam unterdrückt hatte – beides Ereignisse aus dem Jahr 1956. Es sollte noch über dreißig Jahre dauern, ehe die Fernsehbilder vom Platz des Himmlischen Friedens in Peking und aus dem Bukarest Ceaucescus sowie der Zusammenbruch weiterer kommunistischer Regimes in Osteuropa offenkundig machten, daß der Kommunismus moralisch und politisch ebenso bankrott war wie Nationalsozialismus und Faschismus, mit denen er in den dreißiger und vierziger Jahren im Kampf gelegen hatte. Die gleichsam versteinerten bürokratischen Apparate mögen ihre Privilegien weiterhin erfolgreich mit Gewalt verteidigen; aber ihre Legitimation haben sie verloren.

Die Gelehrten streiten sich darüber, ob Lenin dieselben Vorwürfe treffen wie Stalin, ob die Kontinuität zwischen beiden so groß ist, daß man sagen kann, der Stalinismus sei »ein logisches und wahrscheinlich unvermeidliches Stadium in der organischen Entwicklung der Kommunistischen Partei« gewesen.[1]

Viele der für das stalinistische Herrschaftssystem charakteristischen Elemente finden sich schon bei Lenin. Man hat dem Ausdruck »Diktatur« damals die Worte »des Proletariats« folgen lassen; aber das änderte nichts daran, daß es sich um eine unumschränkte und rücksichtslose Diktatur handelte, die alle nur denkbaren Machtmittel einschließlich des Terrors und der Unterdrückung anderer Parteien anwendete. Trotzdem vertreten manche Historiker die Auffassung, daß keine »gerade Linie« von der Herrschaft Lenins zum stalinistischen Staat führe.[2] Der Bolschewismus sei, so argumentiert man, ein Sammelbecken ganz unterschiedlicher Überzeugungen gewesen, worunter etwa die Auffassungen der Arbeiteropposition durchaus den Keim zu einer völlig anderen Entwicklung enthalten haben könnten. Nach dem Kronstädter Aufstand habe Lenin selber einen plötzlichen Kurswechsel vollzogen, indem er zunächst die Neue Ökonomische Politik eingeführt und sich dann entschieden habe, in ihr nicht nur einen taktischen Notbehelf zu sehen, sondern die Basis für die behutsame Lösung der Probleme, mit denen die Partei sich konfrontiert sah. Den vielleicht wichtigsten Punkt dieser Auffassung hat Boris Souvarine formuliert: »Was unter Lenin existierte, wurde von Stalin auf so radikale Weise weiterentwickelt, daß es seinen Charakter veränderte.... Graduelle Unterschiede schlugen in unvereinbare Gegensätze um.«[3] Was Stalin von den anderen bolschewistischen Führern unterschied und diese immer wieder überraschte, war seine Rücksichtslosigkeit in der Wahl der Mittel. »Der Exzeß war das Wesen des geschichtlichen Stalinismus.«[4]

Einer anderen historischen Argumentation zufolge besteht ein Unterschied zwischen dem stark zentralistischen Einparteiensystem, das sich aus der bolschewistischen Revolution entwickelte, und dem ganz andersartigen politischen System, das aus der Verbindung dieser Tradition mit der Herrschaft Stalins entstand.[5] Lenin war persönlich kein Despot, und wenn in dem von ihm geschaffenen System die Möglichkeit einer persönlichen Diktatur schlummerte, so kam sie jedenfalls zeit seines Lebens nicht zur Entfaltung. Danach leitete eine Oligarchie von Parteiführern den Staat, und nach Lenins Tod brauchte Stalin lange, um dieses System gegen den Widerstand der Partei durch seine persönliche Herrschaft zu ersetzen. Nach Stalins Tod sei man deshalb gleichsam zum Normalzustand, nämlich zur oligarchischen Führung, zurückgekehrt.

Gleichwohl deutet nichts darauf hin, daß eine kollektive kommunistische Führung, die vom Makel persönlicher Diktatur befreit wäre – etwa die Nachfolger Stalins in Rußland oder die Nachfolger Maos in China –, das revolutionäre Dilemma eher als Lenin hätte lösen können. Die Frage war, ob es nach einer gewaltsam durchgeführten Revolution nicht nur zwei Wege gab: Rückzug und Preisgabe revolutionärer Errungenschaften einerseits, gewaltsame Konsolidierung im Sinne Stalins andererseits. Es gibt viele unabweisbare Einwände gegen die These vom Stalinismus als der *unvermeidlichen* Konsequenz der Leninschen Revolution. Dennoch ist daran festzuhalten, daß es sich jedenfalls um eine *logische* Konsequenz gehandelt habe; und wer immer den Glauben an eine leninistische Revolution von oben »im Namen der Armen und Ausgebeuteten« noch nicht verloren hat, muß sehen, wie er mit der moralischen Herausforderung der Stalin-Ära fertig wird.

Solange es auf der Welt Ungleichheiten und Ungerechtigkeiten gibt, wird man, so läßt sich erwarten, nach einer gerechteren Gesellschaft suchen, und alle Mythen – das Wort im Sinne Sorels gebraucht –, die die Hoffnung darauf stützen und bewahren, werden weiterhin ihre Anhänger finden. Außerdem dürfte der Zustrom der Einwanderung und die wachsenden Spannungen der multikulturellen Gesellschaft viele Vorurteile, Ressentimens und rassistische Vorstellungen am Leben erhalten. Ob dies zu einem Aufschwung kommunistischer oder nationalsozialistischer Heilslehren führen wird oder zu neuartigen Fundamentalismen, bleibt eine offene Frage. Nicht weniger unvorhersehbar ist die weitere Entwicklung des Nationalismus, jener noch älteren Ideologie, aus der Hitler wie Stalin gewaltige Energien bezogen. Das Bewußtsein nationaler Identität ist geschichtlich zweifellos in vielen Fällen von Nutzen gewesen; denn immer wieder haben europäische Völker dadurch Erfahrungen überstanden, von denen sie sonst zerstört worden wären. Trotzdem können tiefeingewurzelte nationale Konflikte die Zukunft eines Landes eben auch beeinträchtigen, möglicherweise sogar zerstören, wie jetzt das Beispiel Jugoslawiens zeigt.

Ein dritter Aspekt, unter dem sich die Hitler-Stalin-Ära betrachten läßt, ist der des menschlichen Leidens. Man schätzt, daß zwischen 1930 und 1950 nicht weniger als 40 bis 50 Millionen Männer, Frauen und Kinder eines vorzeitigen Todes starben, ganz abgesehen von den Millionen, die verwundet oder bleibend versehrt wurden. Das ist ein Ausmaß an Tod und Leiden, das jedes menschliche Vorstellungs- und Mitleidsvermögen sprengt. Und es war von Menschenhand geschaffen, nicht naturgegeben wie etwa die Schwarze Pest des 14. Jahrhunderts, die nach heutiger Kenntnis ungefähr ein Drittel der damaligen europäischen Bevölkerung dahinraffte.

Millionen starben auf den Schlachtfeldern als Soldaten oder Partisanen, darunter mindestens 13,5 Millionen Russen und 3,25 Millionen Deutsche; Hunderttausende starben als Zivilisten infolge von Luftangriffen oder Hungersnot. Das spezifische Merkmal der Epoche liegt jedoch in dem Umstand, daß ebensoviele oder sogar noch mehr Menschen im Gefolge »politischer« Maßnahmen starben, durch Deportation, Folter und brutale Mißhandlung in Gefängnissen und Lagern, durch Mord, Massaker und geplante Massenvernichtung: insgesamt mindestens die Hälfte der Gesamtzahl von 40 bis 50

Millionen. Nichts hat das Bewußtsein der Überlebenden und der nachfolgenden Generationen mehr belastet als Art und Ausmaß dieses Blutvergießens, und der Umstand, daß Hunderttausende sich bereit fanden, ihren Mitmenschen ohne Ansehen des Geschlechts oder des Alters solche barbarischen Dinge anzutun, kommt als quälende Erkenntnis noch hinzu. In der Geschichte hatte es schon viele ähnliche Grausamkeiten und Verbrechen gegeben, aber niemals zuvor in diesem ungeheuerlichen Umfang.

Die unter dem Namen »Historikerstreit« bekannt gewordene Kontroverse, die in den achtziger Jahren in Deutschland entbrannt ist, umfaßte mehrere Streitpunkte, politische wie historische.[6] Im Mittelpunkt stand indes die Frage, ob der Völkermord an den Juden als ein geschichtlich einzigartiges Verbrechen zu betrachten sei oder ob es noch andere Fälle von Völkermord oder vergleichbaren Verbrechen gegeben habe. Diejenigen, die an geschichtliche Präzedenzfälle glaubten, wollten Deutschland von einem in ihren Augen unberechtigten und schädlichen Stigma befreien: als seien nur die Deutschen fähig gewesen, einen Völkermord zu begehen. Ihre Kritiker wiesen nicht nur die Argumente selber zurück, sondern erhoben darüber hinaus den Vorwurf, man wolle die NS-Zeit »normalisieren« und das Verbrechen des Holocaust »trivialisieren«; der Streit spitzte sich auf die Frage zu, ob die sowjetischen Greuel sich qualitativ mit denen des Holocaust vergleichen ließen. Denn sieht man von den Opfern unmittelbarer Kriegseinwirkungen ab, hat das Regime Stalins tatsächlich weit mehr Tote gefordert als das Hitlers, manchen Berechnungen zufolge sogar fast doppelt so viele. In bezug auf die bloße Zahl der Verbrechen ist ein Vergleich daher durchaus statthaft.[7]

Es bestanden indes bedeutsame Unterschiede. Das stalinistische System benutzte den Terror, auch den Massenmord als Mittel zur Erreichung politischer und gesellschaftlicher, niemals jedoch rassistischer Ziele. Der Terror Stalins reichte von der gewaltsam erzwungenen Kollektivierung bis zur Liquidierung von Gegenspielern in der Partei, den Streitkräften oder der Bürokratie, Gegenspieler, deren Gefährlichkeit Stalin in seinem Verfolgungswahn gewöhnlich maßlos überschätzte. Doch nirgendwo findet sich eine Entsprechung zum Holocaust, dem Zentrum des nationalsozialistischen Terrors, der drei Viertel aller Opfer forderte: die systematische Auslöschung des gesamten europäischen Judentums. Hier war der Massenmord nicht Mittel zum Zweck, sondern Zweck an sich.

Der stalinistische Terror war in seiner Unmenschlichkeit und seinen Exzessen fraglos nicht weniger »einzigartig« als der nationalsozialistische; aber eine Einzigartigkeit hebt nicht die andere auf, und die Unvergleichlichkeit des Holocausts bleibt bestehen. Nichts von alledem, was in Rußland vor sich ging, kann dies relativieren. Treffend schreibt der deutsche Historiker Eberhard Jäckel, daß niemals zuvor in der Geschichte ein Staat sich entschlossen habe, eine spezifische Gruppe von Menschen einschließlich der Alten, der Frauen, der Kinder und Kleinkinder als ganze zu ermorden und diese Maßgabe dann so schnell wie möglich und unter vollem Einsatz der staatlichen Mittel in die Tat umzusetzen.[8]

Soviel also ist deutlich. Doch möchte ich hinzufügen, daß die Frage der »Einzigartigkeit« im Grunde unbefriedigend war. Viele der anderen Beteiligten haben es ebenso empfunden. Natürlich beschäftigt diese Frage die Deutschen, doch man betrachtet dabei den Terror und das Morden der Epoche allzu sehr vom Standpunkt derer aus, die man für die Schuldigen halten mag, und zuwenig vom Standpunkt der Opfer. Denn man darf die ungeheuerliche Gesamtzahl der Opfer nicht vergessen, welche die Jahre des Terrors gekostet haben. Ihr Leiden gerät allzu leicht aus dem Blick, wenn man sich in einen Streit darüber vertieft, welches Regime das schlimmere war.

Dennoch darf die Schuldfrage natürlich nicht beiseitegelassen werden. Ohne auf die Frage der Kollektivschuld eingehen zu wollen, deren Erörterung man besser den Philosophen und Theologen überläßt, muß doch die Tatsache festgehalten werden, daß an den Terrormaßnahmen sehr viele Menschen beteiligt waren, und daß sie alle einen Teil der Verantwortung tragen. Ich spreche nicht nur von den SS- und NKWD-Leuten, dem Bewachungspersonal der Lager und Gefängnisse, den Folterern, den Erschießungs- und Vergasungskommandos. Daneben gab es Verwaltungsstäbe, Polizisten, die die Verhaftungen vornahmen, Eisenbahner und Lastwagenfahrer, die die Transporte abwickelten, Baufachleute und Techniker, »Helfer«, die die Leichen wegräumten und die Habseligkeiten der Getöteten sortierten, außerdem all jene Leute, die die Verhöre durchführten, die Staatsanwälte und Richter, die die Urteile fällten, und das Schattenheer der Spitzel und Agenten.

Eine Gruppe, der besonderes Augenmerk zuteil geworden ist, sind die NS-Ärzte. Sie lieferten wissenschaftliche »Beweise« für Hitlers rassistische Anschauungen und waren auch in den Betrieb der Konzentrations- und Vernichtungslager integriert, wo sie an den Häftlingen Experimente durchführten, ohne Betäubung und ohne jede Rücksicht auf Schmerzen, Leiden und Tod. Eine Gruppe, die in fast allen Schilderungen der sowjetischen Straflager auftaucht, sind die Zuträger, die gegen besondere Vergünstigungen ihre Mithäftlinge bespitzelten und herumkommandierten. In der Regel gewöhnliche Kriminelle, fanden sie außerordentlichen Genuß darin, ihre »politischen« und gebildeteren Leidensgenossen zu demütigen und zu drangsalieren.

Die Motive reichten von Sadismus bis zu Geld und Vergünstigungen. In welchem Ausmaß durchschnittliche Menschen ohne besondere sadistische Neigungen jedes Mitgefühl für fremdes Leiden verloren, und welche Verdrängungs-, Rationalisierungs- und Abstumpfungsleistungen sie dabei vollbrachten, kann man in zahllosen Studien nachlesen. Diejenigen, die trotz allem Gefühle der Angst oder des Abscheus bedrängten, standen unter dem machtvollen Druck der Gruppe und des »Mitmachen-Müssens«, ein Mechanismus, den das System nur zu gut verstand. Es wob deshalb ein Spinnennetz aus Schuld und Angst, aus dem es kein Entkommen gab.

So erstreckten sich Verantwortung und Schuld von den untersten Helfern durch die ganze administrative Hierarchie bis zu den Verwaltern und Organisatoren, deren Prototyp Eichmann ist. Weiter oben hielten Männer wie Jagoda, Jeschow, Berija, Himmler und Heydrich die Fäden in der Hand. Soweit wir wissen, haben weder Hitler noch Stalin je mit eigenen Augen gesehen, wie das System des Terrors und der Repression, das ein zentrales Moment ihrer Machtausübung war, tatsächlich funktionierte.

Stalin legte Wert darauf, daß außer ihm auch andere Politbüro-Mitglieder die Todesurteile unterschrieben, und gegenüber der Öffentlichkeit übernahmen Jagoda und Jeschow die Verantwortung. Sie mußten später auch für jene »Auswüchse« büßen, die Stalin pflichtbewußt verurteilte. Hitler dagegen hinterließ keinen Führerbefehl, keine Aktennotiz oder Denkschrift, die seine unmittelbare Verantwortung für die »Endlösung« belegt.

Hitler und Stalin haben jenes weitverzweigte System der Deportation, der Internierung, der Folter und des Massenmords nicht nur geschaffen, sondern auch begründet und legitimiert, und ihre Verantwortung besitzt deshalb eine gänzlich andere Qualität als die aller anderen Beteiligten. In seinen *Aufzeichnungen aus einem Totenhaus* sagt Dostojewski: »Wer einmal die Macht und die Freiheit gehabt hat, ein anderes Wesen bis zur tiefsten Erniedrigung zu erniedrigen – der wird unwillkürlich gleichsam machtlos in seinen eigenen Gefühlen. Tyrannei ist Angewohnheit; sie ist mit Entwicklungsfähigkeit begabt und artet schließlich in Krankheit aus. Ich bin der Meinung, daß selbst der beste Mensch aus bloßer Gewohnheit bis zum Tierischen verrohen und abstumpfen kann. Blut und Macht berauschen. Der Mensch und Bürger erstirbt im Tyrannen auf ewig, und eine Rückkehr zur Menschenwürde, zur Reue, zur Wiedergeburt wird für ihn fast unmöglich.«[9] Diese Worte gelten ohne Zweifel für all jene, die in Deutschland oder Rußland am Getriebe des Terrors teilnahmen; doch auf niemanden passen sie so gut wie auf die beiden Männer, die die oberste Verantwortung dafür trugen.

Ist es denkbar, daß Hitler und Stalin eine zu mächtige Rolle zugeschrieben worden ist?

In den sechziger und siebziger Jahren wandte sich eine jüngere Historikergeneration gegen die Vorstellung vom monolithischen Staat totalitärer Prägung (die nach ihrer Ansicht ein Produkt der »Mentalität des Kalten Krieges« war) und gegen das verbreitete Klischee vom allmächtigen Diktator Hitler. Die Haltung paßte in die Zeit. Sie schöpfte Kraft aus den damaligen Veränderungen der historischen Forschung, dem Trend zu einer sozial- und wirtschaftswissenschaftlich orientierten Geschichtsschreibung und der Abkehr vom herkömmlichen Vorrang der politischen Geschichte.

Gesellschafts- und Wirtschaftshistoriker neigen wie alle Sozialwissenschaftler dazu, geschichtliche Vorgänge aus so unpersönlichen Faktoren wie Bevölkerungswachstum und Bevölkerungsbewegungen, wissenschaftlichen und technischen Neuerungen und ähnlichem zu erklären. Als Subjekte der Geschichte sehen sie Gruppen und Klassen an, deren Handeln das Produkt einer kollektiven Willensbildung ist, an welcher der Einzelne einen kaum noch bestimmbaren Anteil hat. Als Ansatz erscheint dies einer Epoche wie dem gegenwärtigen Jahrhundert durchaus angemessen. Denn der Grad wirtschaftlicher oder gesellschaftlicher Organisation und das Tempo des Wandels und des Bevölkerungswachstums haben seitdem eine Höhe erreicht, auf der es nachgerade fast unglaublich erscheint, der Einzelne könne Einfluß auf den Verlauf der Geschichte nehmen.

Niemand wird bestreiten, daß dies als Norm richtig und brauchbar ist. Doch wenn eine Gesellschaft durch Krieg, Revolution oder andere Erschütterungen in eine Krise gerät, in der jegliche Normalität und Kontinuität plötzlich in Frage gestellt sind, gelten andere Regeln. Die gesellschaftliche Kommunikation weist bestimmte Verzerrungen auf, Verhaltensweisen werden unberechenbar, extreme Verläufe möglich. In dieser Lage kann es durchaus vorkommen, daß ein einzelner starken, ja entscheidenden Einfluß auf den Gang der Dinge nimmt, wie Lenin nach seiner Rückkehr nach Rußland im April 1917.

Dergleichen ereignet sich nicht oft. Weitaus häufiger sind die Fälle, in denen in Ermangelung solcher Persönlichkeiten die Krise nicht beendet, die Chance der Entscheidung nicht genutzt wird. Die Zeit sucht ihren Meister, aber in der Mehrzahl der Fälle findet sie ihn nicht; denken wir nur an die russische Revolution von 1905. Wenn aber ein Führer hervortritt – wie beispielsweise Kemal Pascha in der Türkei oder Mao in China –, dann kann er sich mitunter eine Position verschaffen, in der seine Persönlichkeit, seine individuellen Fähigkeiten und Anschauungen eine Bedeutung erlangen, die den Rahmen jeder normalen Erfahrung sprengt. Später, wenn sich seine Rolle erst einmal etabliert hat, ist es sehr schwierig, ihn wieder zu verdrängen, und ebendieser Fall ist, wie ich glaube, bei Hitler und Stalin eingetreten.

Unter anderen Verhältnissen hätten Hitler und Stalin vielleicht nie von sich reden gemacht. Selbst unter den Verhältnissen, wie sie damals waren, kann man sich ohne weiteres eine Entwickung der deutschen und sowjetischen Geschichte vorstellen, in denen sie keine Rolle gespielt hätten: Weder die Karriere des einen noch die des anderen war unvermeidlich. In Deutschland hätte es zu einer Rechtskoalition kommen können (vielleicht sogar unter Beteiligung einer nationalsozialistischen Partei unter Gregor Strasser), die die parlamentarische Regierungsform dauerhaft durch eine präsidiale ersetzt und Deutschland zumindest von den Reparationsverpflichtungen und militärischen Sperrklauseln des Versailler Vertrags befreit hätte. In Rußland hätte Lenin, wäre er länger am Leben geblieben, vermutlich die Neue Ökonomische Politik in modifizierter Form fortgesetzt, wie er es in seinen späten Schriften angedeutet hatte. Bucharin propagierte diese Lösung.

Neben Hitler und Stalin standen immer zahlreiche Männer, die die Situation in die Hand zu bekommen suchten. Eigenes Glück und fremde Fehler spielten eine wichtige Rolle, und doch war es eben Hitler, der es besser als Papen oder Hugenberg, und Stalin, der es besser als Trotzki und Sinowjew verstand, die Gunst der Stunde zu nutzen.

Beiden kam der Umstand zustatten, daß ihre Rivalen sie unterschätzten. Erst im nachhinein wurde klar, in welche Richtung die Entwicklung ging, die ihr Sieg heraufführte. Doch aus eben diesem Grund kann man sich heute kaum noch vorstellen, daß irgendein anderer politischer Führer Deutschlands zuwege gebracht hätte, was Hitler zuwege brachte: den außerordentlichen Aufschwung der NSDAP zwischen 1930 und 1939, die außenpolitischen und militärischen Erfolge der Jahre 1936 bis 1941, den Überfall auf die Sowjetunion, den Versuch, im Osten ein Sklavenreich unter deutscher Herrschaft zu errichten, den rassistisch motivierten Massenmord, in den all dies mündete und der in dem Versuch kulminierte, die jüdische Bevölkerung Europas auszurotten. Nicht leicht fällt der Gedanke, daß unter irgendeinem anderen Sowjetführer als Stalin jener »große Sprung nach vorn« hätte stattfinden können: die blutig durchgesetzte Kollektivierung der Landwirtschaft, die Demontierung der Partei Lenins, die Säuberung der Roten Armee, die Errichtung des »Archipels Gulag« und die Verbindung der Ideologie des Marxismus-Leninismus mit der Praxis der zaristischen Autokratie.

So verhält es sich mit der Über- und mit der Unterschätzung Hitlers und Stalins. Doch die wachsende historische Distanz legt die These nahe, daß in beiden Fällen weder die Verhältnisse noch die individuelle Persönlichkeit für sich allein befriedigende Erklärungen der Geschichte bieten können.

Von »national gesinnten« Deutschen hörte man später oft das Argument, Hitlers Fehler sei gewesen, daß er zu weit gegangen sei. Hätte er sich mit dem zufriedengegeben, was er Ende 1938 erreicht hatte, das heißt mit dem Anschluß Österreichs, und hätte er keinen Krieg angefangen, oder hätte er wenigstens nach der Niederwerfung Polens aufgehört oder allerspätestens nach dem Sieg über Frankreich, dann wäre er in die Geschichte als einer der großen deutschen Politiker eingegangen, als der Mann, der das von Bismarck begonnene Werk vollendet habe, indem er den Traum von einem »Großdeutschen Reich« verwirklichte.

Doch diese Sichtweise zeigt nichts anderes, als daß man die Persönlichkeit und das Programm Hitlers nicht begriffen hat. Der Einmarsch in die Sowjetunion war eben keineswegs ein unnötiges und gefahrenreiches Kriegsabenteuer, zu dem Hitler sich nur deshalb verleiten ließ, weil seine Erfolge bis dahin so unvorstellbar groß und leicht errungen gewesen waren. Hitler war seinem Naturell nach ein Revolutionär, ein radikaler Rechter, dem nichts daran lag, die steife, klassenbewußte, rückwärtsgewandte Gesellschaft wiederherzustellen, der so viele Deutschnationale nachtrauerten. Hitler wollte seine Revolution; er wollte sie aber nicht im Sinne der Linken: als Kampf der einen Klasse gegen die andere. Sondern er gedachte die revolutionären Kräfte der gesamten Nation zu bündeln und nach außen zu wenden, um sie der Eroberung eines neuartigen Reiches im Osten zuzuführen, dessen Bewohner dem deutschen Volk künftig als Sklaven dienen sollten.

Unvorhergesehen und ungewollt war allein der Krieg im Westen, von dem Hitler ursprünglich gehofft hatte, ihn vermeiden zu können. Jahrelang zielte sein Bestreben ja darauf, Großbritannien als Bundesgenossen zu gewinnen, und wenn dies unmöglich war, dann sollten die Engländer wenigstens neutral bleiben und ruhig zusehen, wie er seine rassistischen Visionen in die Tat umsetzte – und zwar in jenen Ländern, wo er diese Zukunft immer hatte liegen sehen: im Osten. Hätte Hitler seine Ziele erreicht, wären die gesellschaftlichen Verhältnisse in Deutschland ebenso grundlegend umgewälzt worden wie im Fall einer sozialistischen Revolution; der Unterschied hätte allein in dem Umstand gelegen, daß den Preis dafür nicht die Deutschen selber, sondern andere Völker gezahlt hätten. Zum Glück kam es anders. Und paradoxerweise war es gerade die Weigerung Hitlers, sich sein Scheitern einzugestehen, war es die unbeirrte Fortsetzung des bereits verlorenen Krieges und schließlich die Besetzung, die das Innenleben des Landes so gründlich revolutionierten, daß auf den Trümmern des Krieges tatsächlich ein neues Deutschland entstehen konnte.

Die Niederlage kostete das deutsche Volk einen schrecklichen Preis. Dennoch ersparte sie ihm – und dem Rest der Welt – die Fortdauer des nationalsozialistischen Regimes. Das sowjetische Volk kostete der Sieg einen noch höheren Preis, ohne ihm jedoch die Freiheit zu bringen. Stalin gab sich nicht damit zufrieden, die deutschen Eroberer vertrieben und sich als Vater des Sieges die Dankbarkeit des Sowjetvolkes gesichert zu haben. Es genügte ihm nicht, daß die UdSSR aus dem Krieg neben den Vereinigten Staaten als die zweite Supermacht hervorging und daß er jetzt, da Roosevelt tot und Churchill nicht mehr im Amt war, in aller Welt als großer, vielleicht als der größte lebende Staatsmann geachtet wurde. So verschärfte er nochmals den Druck auf sein Volk; sein altes Mißtrauen kehrte wieder, noch gesteigert durch die Ahnung, daß Alter und Tod seiner Macht über kurz oder lang ein Ende setzen würden. Die Zahl der sowjetischen Lagerhäftlinge war 1952 höher als je zuvor, und am Schluß verloren sogar diejenigen, die dem alternden Tyrannen treu geblieben waren, Molotow etwa oder Poskrebyschew, seine Gunst.

Erst Stalins Tod beendete die Angst vor einer weiteren Säuberung. Doch ebensowenig wie der Krieg von 1945 bescherte er den sowjetischen Völkern die Freiheit; das stalinistische System lebte fort, wenn auch in der Form einer kollektiven Führung. Es fesselte die Energien und knebelte den Freiheitsdrang der Menschen in der Sowjetunion noch weitere 35 Jahre – 70 Jahre insgesamt seit der Revolution von 1917. Auf diese Weise kehrte sich die Lage des deutschen und des sowjetischen Volks nach dem Krieg gleichsam um. 45 Jahre nach der Niederlage und dem Zusammenbruch des Hitler-Regimes hat der westliche Teil Deutschlands ein bemerkenswertes Niveau des Wohlstands und der Stabilität erreicht, und 1990 hat es sogar die Teilung des Landes beenden können. Das sowjetische Volk hingegen steht 45 Jahre nach seinem Sieg vor einer derartigen wirtschaftlichen Katastrophe, daß es Deutschland und andere westliche Staaten um Hilfe bitten muß. Auch politisch ist es so zerrissen, daß die Stabilität des Regimes und die Zukunft der Union gefährdet scheinen.

Der Blickwinkel des Historikers beschränkt sich auf die Gegenwart und schließt die Zukunft aus, und schon jetzt ist deutlich geworden, daß die Hoffnungen, die von den Ereignissen der Jahre 1989 und 1990 geweckt worden waren, zu groß gewesen sind.

Es wird mindestens zehn Jahre dauern, vielleicht sogar eine ganze Generation, bis die Teilung Europas überwunden ist. Niemand weiß, ob es den Menschen in der Sowjetunion gelingen wird, sich von der Erbschaft des Stalinismus und seiner Folgezeit zu befreien. Gelingt es ihnen nicht, wären die Konsequenzen unabsehbar.

Doch Ungewißheit hinsichtlich der Zukunft heißt nicht Ungewißheit hinsichtlich der Vergangenheit. Das Zeitalter Hitlers und Stalins ist vorbei. Es war eine der düstersten Perioden aller europäischer Geschichte, und es gab und gibt nicht wenige, die in diesem Zeitabschnitt das Ende der europäischen Zivilisation erblicken. Am Ende meiner Betrachtung möchte ich deshalb drei Gesichtspunkte nennen, durch welche diese Haltung, so scheint mir, widerlegt worden ist.

Der erste Grund besteht darin, daß Hitler und der Nationalsozialismus am Ende doch besiegt und demaskiert wurden: Ausgerechnet der Krieg, den sie selber zum Maß aller Tüchtigkeit erklärt hatten, wurde ihnen zum Verhängnis. Inzwischen ist die Wahrheit über beide Diktaturen weitgehend an den Tag gekommen, über den Stalinismus wie über den Nationalsozialismus. Die stalinistischen Regimes in Osteuropa sind verschwunden, die Gefahr eines Krieges zwischen der Sowjetunion und dem Westen scheint gebannt. Irgend jemand hat diese Botschaft, auf prägnante fünf Worte gebracht, an die Berliner Mauer gesprüht, kurz bevor sie fiel: »Stalin ist tot. Europa lebt.«

Ich wünschte, ich könnte hinzufügen: »Auch in der Sowjetunion«. Aber obwohl die letzten Standbilder Stalins mittlerweile abgerissen worden sind, bleiben die Dinge dort vorerst in der Schwebe, und wir müssen uns mit dem Erreichten zufriedengeben und uns vergegenwärtigen, wie utopisch sich die jetzige Entwicklung in den vierziger Jahren ausgenommen hätte.

Der zweite Grund ist jene Vitalität und Kraft der Selbstheilung, die Europa nach den bestürzenden Verlusten der Hitler-Stalin-Jahre und des Kalten Krieges bewiesen hat. Auch das hätte niemand, der in den ersten Nachkriegsjahren Europa bereiste, je für möglich gehalten. Und wie die Ereignisse von 1989/90 zeigen, scheint auch der Osten Europas zu einem solchen Aufbruch fähig zu sein. Nach 50 Jahren der Zwangsherrschaft, erst der nationalsozialistischen, dann der sowjetischen, erweisen sich die Menschen in der Tschechoslowakei, in Polen, in Ungarn und Ostdeutschland aller Entmündigung und Überwachung zum Trotz nicht als gesichtslose Kollektive, sondern als Individuen und als Angehörige derselben europäischen Kultur wie wir. Nicht anders geschah es – im Westen Europas – mit Spanien, das das düstere Vermächtnis des Bürgerkriegs und des Franco-Regimes abgeschüttelt und sich ebenfalls Europa zugewandt hat.

Aber am erstaunlichsten bleibt doch die friedliche Wiedervereinigung Deutschlands und die allgemeine Zustimmung, die das übrige Europa ihr entgegenbrachte. Dies hat zugleich jene längst überfällige Friedensregelung ermöglicht, die die Anerkennung der Oder-Neiße-Linie als deutschpolnische Grenze beinhaltet. Dreimal ist es zwischen 1870 und 1940 zu französisch-deutschen Kriegen gekommen; heute dagegen wäre ein vierter ganz und gar undenkbar, nicht zuletzt dank der noblen Geste von Jean Monnet und Robert Schuman, die das besiegte Deutschland zur Mitarbeit am Aufbau der Europäischen Gemeinschaft einluden. So besteht erstmals die begründete Hoffnung, daß nach den Jahrhunderten der Selbstzerstörung ein europäischer Krieg – zwischen welchen seiner Völker auch immer – unmöglich geworden ist.

Mein dritter Grund ist von etwas anderer Art. Die Jahre, die ich geschildert habe, haben gezeigt, zu welch tiefer Bosheit und Verworfenheit menschliche Wesen im Umgang miteinander fähig sind. Doch das historische Material weist auch auf etwas anderes: Selbst unter den ungünstigsten Verhältnissen, sei es an der Front, sei es in den Gefängnissen und Lagern, sei es auch in der Verfolgung, unter der Folter oder im Angesicht des sicheren Todes, gab es auf allen Seiten Menschen, die bewiesen, zu welcher Größe der Einzelne sich zu erheben vermag.

Das jüdische Volk hat in Jerusalem die Gedenkstätte Yad Vashem errichtet, die es selbst ebenso wie die übrige Welt an die Schrecken des Holocaust erinnern soll. Niemand, der dieses Museum besucht und die darin zusammengetragenen Dokumente betrachtet, kann sich ihrer überwältigenden, niederschmetternden Wirkung entziehen. Sobald man Yad Vashem jedoch verläßt, betritt man eine von Bäumen gesäumte Straße, die die Allee der Gerechten genannt wird. Jeder Baum ist hier dem Gedenken an einen nichtjüdischen Menschen gewidmet, der damals sein Leben aufs Spiel setzte, um Juden in ihrer Not zu helfen.

Ich habe dieses Nebeneinander des Holocaust-Museums und der Gedenkbäume nie vergessen können. Es bleibt für mich das Symbol der zwei Gesichter jener Zeit, der unvorstellbaren Grausamkeit wie der Tapferkeit, der unmenschlichen Kälte wie des menschlichen Mitgefühls, des großen Potentials an menschlicher Bösartigkeit, dem doch die tröstliche Gewißheit entgegensteht, daß Menschen auch zu Gutem fähig sind. Das ist der Teil der europäischen Vergangenheit, der meine Hoffnung für die Zukunft dieses Kontinents begründet – was Europa durchlebt hat, ja was es überlebt hat, ohne zerstört zu werden.

Norwegen

Kriegshafen
Drontheim

Groß-
britannien

Schweden

Irland

Däne-
mark

Nieder-
lande

Germania

Belgien

Großgermanisches Reic

Lux.

Reichs-
protektorat
Böhmen und
Mähren

Slowak

Frankreich

Schweiz

Ungarr

Reichsfestung
Belgrad

Italien

Portugal

Kroatien

Monte-
negro

Spanien

Alb:
nie

Hitlers Nachkriegseuropa

Hitlers Planungen für das Nachkriegseuropa waren niemals eindeutig, oft sogar widersprüchlich; verschiedene Konzeptionen der SS, des Reichsministeriums für die besetzten Ostgebiete und des Außenministeriums lagen bis zuletzt im Widerstreit. Die nebenstehende Karte gibt lediglich die allgemeinen Vorstellungen für die Aufteilung Europas in unterschiedlichen Formen der Herrschaftsausübung wieder: die an das Großdeutsche Reich angegliederten Teile und die allmählich einzugliedernden Staaten Schweiz und Schweden, das Generalgouvernement und das Protektorat Böhmen-Mähren, Satellitenstaaten und abhängige Staaten.

Finnland

Moskowien

Estland

Deutsch

Lettland

beherrschtes

Litauen — Reichskommissariat Ostland

Ostland

enral-ouvernement

Reichskommissariat Ukraine

Reichskommissariat Kaukasus

Goten-land — Gotenburg (Simferopol)

Theoderichhafen (Sewastopol)

Rumänien

Serbien

Bulgarien

Türkei

Griechenland

Gebiet des "Großgermanischen Reichs"

Satellitenstaaten

Vom "Großgermanischen Reich" abhängige Staaten

Gebiete des zu gewinnenden "Lebensraums"

Einzugliedernde Staaten

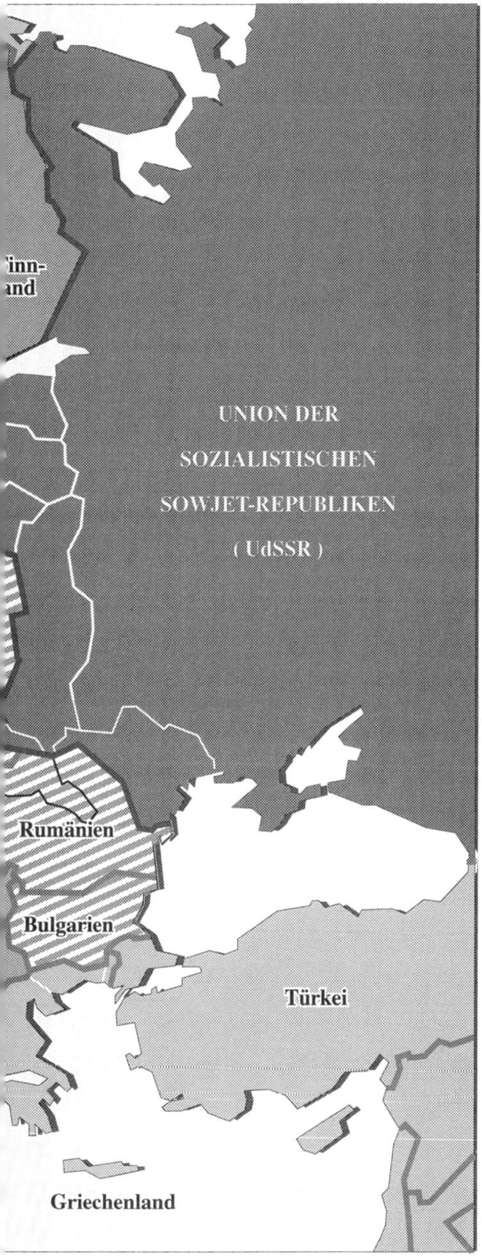

*Stalin scheint ursprünglich
keine Europa-Konzeption
für die Nachkriegszeit
gehabt zu haben.
Das Ribbentrop-Molotow-
Abkommen stellte im
wesentlichen nur die alten
Grenzen Rußlands wieder
her; lediglich das nördliche
Ostpreußen mit dem eis-
freien Hafen Königsberg
wurde dem alten
Zarenimperium hinzugefügt.
Nach 1945 wird der
Sowjetunion allerdings
ein Kranz von Satelliten-
staaten vorgelagert.*

inn-
and

UNION DER

SOZIALISTISCHEN

SOWJET-REPUBLIKEN

(UdSSR)

Rumänien

Bulgarien

Türkei

Griechenland

*Union der
Sozialistischen
Sowjet-Republiken
(UdSSR)*

*Satellitenstaaten
(Polen, DDR,
CSSR, Ungarn,
Rumänien,
Bulgarien)*

*Von den UdSSR
abhängige Staaten
(Finnland)*

*Kommunistische
Staaten
mit relativer
Selbständigkeit
(Albanien,
Jugoslawien)*

Anhang

Anmerkungen

Vorbemerkung

1 Alan Bullock, *Ernest Bevin: Foreign Secretary, 1945–51*, London 1983.
2 Siehe Carl J. Friedrich und Z. K. Brzezinski, *Totalitarian Dictatorship and Autocracy*, 2. Aufl. New York 1966; Carl J. Friedrich, M. R. Curtis und B. R. Barber, *Totalitarianism in Perspective: Three Views*, New York 1969.
3 Siehe Leonard Schapiro, *Totalitarianism*, London 1972.

1. Herkunft

1 Zitiert nach Robert Tucker, *Stalin as a Revolutionary*, New York 1973, S. 73. Iremaschwili veröffentlichte seine Erinnerungen schon 1932, nach seiner Auswanderung nach Deutschland. Joseph Iremaschwili, *Stalin und die Tragödie Georgiens*, Berlin 1932, S. 11–12. Die meisten Stalin-Biographen haben das Iremaschwili-Material benutzt, mit mehr oder weniger kritischer Skepsis bezüglich seiner Glaubwürdigkeit.
2 Zitiert nach Tucker, S. 80.
3 August Kubizek, *Adolf Hitler, mein Jugendfreund*, Graz/Stuttgart, 4. Aufl. 1975, S. 118. Siehe auch Bradley F. Smith, *Adolf Hitler, His Family Childhood and Youth*, Stanford 1967.
4 Adolf Hitler, *Mein Kampf*, 2 Bde. in 1 Bd., 66. Aufl. München 1933, S. 19.
5 *Mein Kampf*, S. 19.
6 Sigmund Freud, zitiert nach Tucker, S. 76.
7 Siehe beispielsweise J. Brosse, *Hitler avant Hitler. Essai d'interpretation psychoanalytique*, Paris 1972; R. G. L. Waite, *The Psychopathic God, Adolf Hitler*, New York 1977, und Rudolph Binion, *»... daß ihr mich gefunden habt«. Hitler unter den Deutschen. Eine Psychohistorie*, Stuttgart 1978.
8 Erik H. Erikson, *Kindheit und Gesellschaft*, Stuttgart 1961, S. 317.
9 Erich Fromm, *Anatomie der menschlichen Destruktivität*, Stuttgart 1974, S. 338f..
10 Ebd. S. 179–185.
11 Robert Tucker, *Stalin in Power*, New York 1990, S. 4; Karen Horney, *Neurosis and Human Growth*, New York 1950.
12 Alex de Jonge, *Stalin and the Shaping of the Soviet Union*, London 1986, S. 33. Vgl. auch Adam B. Ulam, *Stalin. The Man and His Era*, 2. Aufl., 1989, S. 24: »Mit am klarsten schimmert seine Ausbildung in dem für seine Redeweise typischen Schema wiederholter Fragen und Antworten durch. ›Kann man sagen, daß Nationalsozialisten Nationalisten sind? Nein!‹« Deutsche Ausgabe: *Stalin. Koloß der Macht*, Esslingen 1977. [Obiges Zitat war nur in der Originalausgabe auffindbar.]
13 Swetlana Allilujewa, *Das erste Jahr*, Wien, München, Zürich 1969, S. 318f. Sie irrt sich übrigens, wenn sie schreibt, Stalin habe zehn Jahre am Seminar studiert; es waren nur fünf.
14 Tucker, *Stalin as Revolutionary* S. 120.

15 Der Name *Messame Dassy* (Dritte Gruppe) wurde in bewußter Anknüpfung an
   Meori Dassy (Zweite Gruppe) gewählt, eine in den achtziger Jahren aktiv gewe-
   sene fortschrittlich-liberale Vereinigung, deren Vorgängerin *Pirvali Dassy* für die
   Abschaffung der Leibeigenschaft eingetreten war. Zur Geschichte des russischen
   Marxismus siehe Leopold H. Haimson, *The Russian Marxists and the Origins of
   Bolshevism*, Cambridge, Mass., 1955.
16 Iremaschwili, S. 24.

2. Frühe Erfahrungen

 1 Bradley F. Smith, *Adolf Hitler*, S. 145, unter Bezugnahme auf die Darstellung, die
   Honisch 1938 für das NSDAP-Hauptarchiv gab.
 2 *Mein Kampf*, S. 22.
 3 *Mein Kampf*, S. 30.
 4 *Mein Kampf*, S. 41f.
 5 *Mein Kampf*, S. 42.
 6 *Mein Kampf*, S. 64ff.
 7 *Mein Kampf*, S. 36.
 8 Als erster stellte dies Hugh Trevor-Roper in seinem Essay »The Mind of Adolf
   Hitler« fest, erstmals veröffentlicht als Einleitung zur englischen Ausgabe der
   Hitlerschen Tischgespräche, *Hitler's Table Talk 1941–44*, London 1953.
 9 *Mein Kampf*, S. 60f.
10 Siehe A. G. Whiteside, *Austrian National Socialism before 1918*, Den Haag 1962.
11 Siehe dazu die Erörterung in Alec Nove, *An Economic History of the USSR*,
   2. Aufl., London 1989, Kap. 1, »The Russian Empire in 1913«.
12 Zitiert nach de Jonge, *Stalin*, S. 55f., der es aus Arsenidze, *Novyi Zhurnal* übernommen und übersetzt hat.
13 *Chruschtschow erinnert sich*, hrsg. von Strobe Talbott, Hamburg 1971, S. 306f.
14 Josif W. Stalin, *Werke* Bd. 1. Berlin (Ost) 1952, S. 63–74.
15 Zur Frühgeschichte der revolutionären Bewegungen in Rußland siehe Franco
   Venturi, *Roots of Revolution*, London 1960, und Tibor Szamuely, *The Russian Tradition*, London 1974, Teil II.
16 Zitiert nach Bertram D. Wolfe, *Lenin, Trotzki, Stalin. Drei, die eine Revolution
   machten*, Frankfurt a. M. 1965, S. 259.
17 Stalin im Gespräch mit Emil Ludwig, zitiert nach Isaac Deutscher, *Stalin. Eine
   politische Biographie*, Berlin 1989, S. 41.
18 Deutscher, *Stalin*, S. 48f.
19 Tucker, *Stalin as Revolutionary*, S. 140.
20 Die Angaben beruhen auf den Nachforschungen von Robert McNeal, *Stalin,
   Man and Ruler*, London 1988, S. 339, Anm. 36 und 39.
21 Iremaschwili, zitiert nach Ronald Hingley, *Joseph Stalin, Man and Legend*, London 1974, S. 32.
22 Stalin, *Werke*, Bd. 6, S. 48. Siehe auch Tucker, S. 133f.
23 Zitiert nach Deutscher, *Stalin*, S. 139.
24 Ebd., S. 147f.
25 Es handelte sich um die Kontroverse mit Bogdanow, Lunatscharski und
   Manuilski, die Lenin veranlaßte, sich für einige Zeit aus der politischen Arbeit
   zurückzuziehen und seine Schrift *Materialismus und Empiriokritizismus* abzufas-
   sen, mit der er seine Widersacher zu vernichten hoffte.

26 Zitiert nach Deutscher, *Stalin*, S. 155.
27 Zitiert nach Ulam, *Stalin*, S. 117.
28 Zitiert nach Hingley, S. 76.
29 Zitiert nach unveröffentlichten Erinnerungen von Roy Medwedew in: *Die Wahrheit ist unsere Stärke*, Frankfurt a. M. 1973, S. 19.
30 Rede in Hamburg am 17. August 1934.
31 *Mein Kampf*, S. 138.
32 *Mein Kampf*, S. 177.
33 Aussage eines Hitler-Kameraden, zitiert nach Konrad Heiden, *Der Führer*, Boston 1944, S. 74. Heiden verfolgte die Aktivitäten Hitlers und der Nationalsozialisten von 1920 an und veröffentlichte sein erstes Buch über sie 1932.
34 Joachim C. Fest, *Hitler. Eine Biographie*, Frankfurt a. M./Berlin 1973, S. 104.
35 *Mein Kampf*, S. 178f.

3. Oktoberrevolution, Novemberputsch

1 Drei Veränderungen, die zwischen 1914 und 1924 in Rußland vorgenommen wurden, sind geeignet, Verwirrung zu stiften: der Übergang vom alten zum neuen Kalender, die Umtaufung von St. Petersburg und die Verlegung der Hauptstadt.
2 Merle Fainsod, *Wie Rußland regiert wird*, Köln/Berlin 1965, S. 102.
3 Überliefert von Raskolnikow, zitiert nach Robert M. Slusser, *Stalin in October*, Baltimore 1987, S. 49.
4 Lenins »Aprilthesen«, die er dem Parteitag am 3. April vorlegte, wurden unter der Überschrift »Die Aufgaben des Proletariats in der gegenwärtigen Revolution« in der *Prawda* abgedruckt. Deutsch in W. I. Lenin, *Ausgewählte Werke*, Berlin (Ost) 1955, Bd. 1, S. 8ff.
5 E. Jaroslawskij, *Landmarks in the Life of Stalin*, Moskau 1940, S. 94.
6 Lenins Rede zur Auflösung der Konstituierenden Versammlung, gehalten am 6. Januar 1918 bei einer Sitzung des zentralen Exekutivkomitees der Sowjets, findet sich abgedruckt in *Ausgewählte Werke*, Bd. 2, S. 282.
7 Zitiert nach George Leggett, *The Cheka, Lenin's Political Police*, Oxford 1981, S. 17,
8 Zitiert nach Leggett, S. XXXII.
9 Siehe Leggett, Anhang, S. 468. Leggett stützt sich dabei auf Schätzungen von Robert Conquest.
10 *The Bolsheviks and the October Revolution: Central Committee Minutes of the RSDLP (Bolsheviks), 1917–18*, London 1974, S. 173–178.
11 Leggett, *The Cheka*, S. 111.
12 Zitiert nach Karl Dietrich Bracher, *Die Deutsche Diktatur*, Köln/Berlin 1980, S. 31.
13 K. A. von Müller, *Im Wandel einer Welt: Erinnerungen 1919–32*, München 1966.
14 Der vollständige Text des Aufsatzes findet sich in: Deuerlein, Ernst (Hrsg.): »Hitlers Eintritt in die Politik und die Reichswehr. Dokumentation«, *VJHFZ* Nr. 7/1959, S. 177ff., hier S. 204.
15 »Hitlers Politisches Testament«, in Domarus, *Hitler: Reden*, Bd. II, S. 2239.
16 *Mein Kampf*, S. 390.
17 *Mein Kampf*, S. 44.
18 Zitiert nach J. P. Stern, *Hitler: Der Führer und das Volk*, München 1978, S. 34.
19 *Mein Kampf*, S. 531f.
20 *Mein Kampf*, S. 525, 527.
21 *Mein Kampf*, S. 544.

22 Zur Geschichte der »Protokolle« siehe Norman Cohn, *Warrant for Genocide*, London 1967.
23 Siehe Fest, *Hitler*, S. 190.
24 Hermann Rauschning, *Gespräche mit Hitler*, Zürich/Wien/New York 1973, S. 81.
25 Siehe Martin Broszat, *Der Staat Hitlers. Grundlegung und Entwicklung seiner inneren Verfassung*, München 1969, Kap. 2.
26 Die Gegenüberstellung dieser beiden Zitate findet sich bei Aryeh L. Unger, *The Totalitarian Party: Party und People in Nazi Germany und Soviet Russia*, Cambridge 1974, S. 8f.
27 Maurice Duverger, *Die politischen Parteien*, München 1959.
28 Siehe Michael Kater, *The Nazi Party*, Oxford 1983, Kap. 1 und 7.
29 Konrad Heiden, *Hitler. Eine Biographie*, Zürich 1936, S. 131.
30 Friedelind Wagner, *The Royal Family of Bayreuth*, London 1948, S. 8.
31 Adolf Hitler, *Monologe im Führerhauptquartier 1941–44. Die Aufzeichnungen Heinrich Heims*, hrsg. von Werner Jochmann, Hamburg 1980, S. 122.
32 Zitiert nach dem Prozeßprotokoll, *Der Hitler-Prozeß*, München 1924.
33 Für die Jahre 1919–1926 siehe dazu Henry Ashby Turner, *Die Großunternehmer und der Aufstieg Hitlers*, Berlin 1985, S. 111–123.
34 Ebd., S. 80.
35 *Adolf Hitlers Reden*, München 1934, S. 88ff.
36 Siehe Albrecht Tyrell, *Vom Trommler zum Führer*, München 1975.
37 Dietrich Orlow, *The History of the Nazi Party*, Bd. 1, Newton Abbot 1971, S. 45.

4. Der Generalsekretär

1 Zitiert nach Fainsod, S. 405.
2 Zitiert nach Tucker, *Stalin as Revolutionary*, S. 184–6.
3 Zitiert nach Deutscher, *Stalin*, S. 261, siehe auch Hingley, *Stalin*, S. 117.
4 Stalin, *Werke*, Bd. 4, S. 104f.
5 Leo Trotzki, *Mein Leben. Versuch einer Autobiographie*, Berlin 1930, S. 163.
6 Zitiert nach Tucker, S. 201.
7 Zitiert nach Roy Medwedew, *Let History Judge*, 2. engl. Aufl., Oxford 1989, S. 64, nach einer unveröffentlichten Notiz von Trotzki vom 4. Januar 1937. Diese revidierte englische Auflage enthält viel Material, das in der deutschen Ausgabe nicht enthalten ist.
8 Lenin, Rede vom 17. Oktober 1921, zitiert nach Leszek Kolakowski, *Die Hauptströmungen des Marxismus*, 2. Aufl. München, Zürich 1981, Bd. 2, S. 541.
9 Leo Trotzki, *Terrorismus und Kommunismus*, Hamburg 1920, S. 110–124.
10 Lenin, *Ausgewählte Werke*, Bd. 1, S. 211.
11 Zitiert nach Deutscher, *Stalin*, S. 291.
12 Zitiert nach Leonard Schapiro, *Die Geschichte der Kommunistischen Partei der Sowjetunion*, Frankfurt a. M. 1961, S. 227.
13 Zitiert nach Robert Vincent Daniels, *Das Gewissen der Revolution*, Berlin 1978, S. 188.
14 Lenin, *Ausgewählte Werke*, Bd. 2, S. 806.
15 Zitiert nach Schapiro, S. 232.
16 Lenin, *Ausgewählte Werke*, Bd. 2, S. 806ff.
17 Ebd., S. 974.
18 Lenin, *Werke*, Bd. 33, S. 301.

19 Leo Trotzki, *Stalin. Eine Biographie*, Hamburg 1971, Bd. 2, S. 207.
20 Zitiert nach de Jonge, *Stalin*, S. 157.
21 Zitiert nach Tucker, *Stalin*, S. 252–253.
22 Ebd.
23 Zitiert nach Ulam, S. 205.
24 Trotzki, *Stalin*, Bd. 2, S. 212.
25 Der vollständige Text von Lenins »Testament« findet sich bei Medwedew, S. 32–38.
26 Ebd. S. 37f.
27 Ebd. S. 38f.
28 Zitiert nach Deutscher, *Stalin*, S. 271.
29 Lenin, *Ausgewählte Werke*, Bd. 3, S. 876–896.
30 Lenin an Mdiwani, 6. März 1923, abgedruckt in Trotzki: *Die Fälschung der Geschichte der russischen Revolution*, ... o. O., o. J., S. 59.
31 Zitiert nach Ulam, S. 214f.
32 Zitiert nach R. W. Davies, *The Observer*, 22. April 1990.
33 Zitiert nach Deutscher, S. 336f.
34 Zitiert nach Daniels, S. 201.
35 Trotzki, *Mein Leben. Versuch einer Autobiographie*, Berlin 1930, S. 465.
36 Referat Stalins vor dem Vierzehnten Parteitag, 1927, Moskau 1928, S. 455.
37 Zitiert nach Daniels, S. 251.
38 Der Brief ist abgedruckt in Trotzki, *The New Course*, New York 1943, S. 153–6.
39 Zitiert nach Ulam, S. 220.
40 Zitiert nach Daniels, S. 262.
41 Der Brief ist abgedruckt in Trotzki, *Der neue Kurs* (Reprint), Berlin 1972, S. 105–116.
42 Stalin, *Werke*, Bd. 6, S. 5–46.
43 Zitiert nach Ulam, S. 223.
44 Baschanow arbeitete von August 1923 bis Ende 1925 in Stalins Sekretariat und für das Politbüro. Er kehrte der Sowjetunion 1928 den Rücken und veröffentlichte seine Erinnerungen: Boris Baschanow, *Ich war Stalins Sekretär*, Frankfurt a. M., Berlin, 1977. Das hier verwendete Zitat entstammt einem Rundfunkinterview, publiziert in G. R. Urban (Hrsg.), *Stalinism*, Aldershot 1985, S. 26.
45 Nadeschda Mandelstam, *Generation ohne Tränen*, Frankfurt a. M., 1975, S. 173.
46 Zitiert nach Walter Duranty, *I Write as I Please*, New York 1935, S. 225f.
47 Ronald Hingley, *Joseph Stalin. Man and Legend*, S. 155.
48 Stalin, *Werke*, Bd. 6, S. 41.
49 Diese These hat Robert Tucker, *Stalin as Revolutionary*, S. 279–288, entwickelt.

5. Der Führer

1 Alle Zitate aus der *Hitler-Prozeß*, S. 23–27.
2 Zitiert nach Fest, *Hitler*, S. 280.
3 Hitler, Rede am 8. November 1933 im Bürgerbräukeller; Max Domarus (Hrsg.) *Hitler: Reden und Proklamationen 1932–45*, Würzburg 1962, Bd. I, S. 327.
4 Rede im Bürgerbräukeller, November 1934; wenige Monate zuvor hatte Hitler das Gespenst einer »zweiten Revolution« durch die Liquidierung Röhms und anderer SA-Führer verscheucht. VB, 10. November 1934.
5 D. C. Watt, Einführung zur englischen Ausgabe von *Mein Kampf*, London 1969, S. XIII–XIV.

6 *Mein Kampf*, S. 231.

7 Rede in Chemnitz am 2. April 1938. Hier zitiert und rückübersetzt nach: Gordon W. Prange (Hrsg.) *Hitler's Words, Speeches 1922–43*, Washington 1944, S. 8f.

8 *Mein Kampf*, S. 317.

9 *Mein Kampf*, S. 318.

10 *Mein Kampf*, S. 316.

11 *Mein Kampf*, S. 739, 742.

12 *Mein Kampf*, S. 433f.

13 *Hitlers Zweites Buch*, S. 62.

14 *Hitlers Zweites Buch*, S. 64f.

15 Preiß, Heinz (Hrsg.), *Adolf Hitler in Franken. Reden aus der Kampfzeit*, Nürnberg 1939, S. 81.

16 Ebd., S. 81.

17 *Hitlers Zweites Buch. Ein Dokument aus dem Jahre 1928*, Stuttgart 1961, S. 221.

18 *Mein Kampf*, S. 69f.

19 Die Äußerung wurde in der Leipziger Zeitschrift *Der National-Sozialist* (17. August 1924) publiziert. Zitiert nach Eberhard Jäckel, *Hitlers Weltanschauung*, Tübingen 1969, S. 73.

20 *Mein Kampf*, S. 21.

21 Otto Strasser, *Hitler und ich*, Buenos Aires 1940, S. 66f.

22 *Mein Kampf*, S. 527f.

23 *Mein Kampf*, S. 200.

24 *Mein Kampf*, S. 201.

25 *Mein Kampf*, S. 595f.

26 *Mein Kampf*, S. 596f.

27 Kurt Lüdecke, *I Knew Hitler*, London 1938, S. 214.

28 *Völkischer Beobachter*, 17. März 1925.

29 Zitiert nach Orlow, Bd. 1, S. 70.

30 Orlow, Bd. 1, S. 69.

31 Wegen eines Verkehrsunfalls, bei dem er verletzt wurde, trat Strasser dieses Amt erst im September 1926 an; er übte es bis Ende 1927 aus.

32 Fest, *Hitler*, S. 341.

33 Zitiert nach Turner, *Großunternehmer*, S. 86.

34 Zitiert nach Orlow, Bd. 1, S. 87.

35 Siehe Kater, S. 34–8.

36 Siehe Turner, S. 86ff.

37 Siehe Turner, S. 106–23, dessen Darstellung sich auf nichtöffentliche Vorträge Hitlers vor Wirtschaftsvertretern stützt. In Essen sprach Hitler in den Jahren 1926–7 viermal vor einem Kreis geladener Zuhörer, in Hamburg trat er im Februar 1928 vor dem dortigen Nationalclub auf, und in Heidelberg hielt er im März 1928 eine Rede vor geladenen Wirtschaftsvertretern.

38 Vorsitzender dieses Ausschusses war zunächst ein pensionierter General namens Heinemann, dann, von 1928 an, ein jüngerer pensionierter Offizier namens Walter Buch, der der Partei seit 1921 angehörte.

39 Orlow, Bd. 1, S. 80.

40 Horst Gies, »NSDAP und landwirtschaftliche Organisationen in der Endphase der Weimarer Republik«, In: *VJHFZ* 15/1967, S. 341–76, hier S. 343.

41 Ebd., S. 347.

42 Siehe Turner, S. 139–53. Die Forschungsergebnisse von Professor Turner sind allgemein anerkannt worden, was die Finanzierungsbeiträge der deutschen Groß-

industrie (mit der Betonung auf »Groß«) vor der Machtergreifung Hitlers betrifft. Damit ist aber nicht automatisch auch eine Anerkennung der Aussage von Professor Turner verbunden, seine Resultate sprächen die Großindustrie von einer wesentlichen Mitschuld an der Unterminierung der Weimarer Republik frei. Sie zeigte sich 1933 immerhin bereit, sich mit Hitler als Kandidat für das Kanzleramt abzufinden und zu arrangieren.

43 Der einzige vorliegende Bericht über diese Unterredung stammt von Otto Strasser, doch besteht kaum Anlaß, an der Wahrhaftigkeit seiner Darstellung zu zweifeln. Er veröffentlichte sie kurz nach dem Ereignis, und Hitler hat sie nie korrigiert oder zurückgewiesen, obwohl sie ihm sicherlich an bestimmten Stellen schadete. Alle von Strasser angeführten Äußerungen Hitlers stimmen vollständig mit dessen bekannten Ansichten überein. Die hier folgende Darstellung stützt sich auf Otto Strassers 1930 veröffentlichte Streitschrift *Ministersessel oder Revolution?*

44 Fest, S. 388.

45 Zitiert nach Fest, S. 388f. (dort auch der Tucholsky-Ausspruch).

6. Lenins Nachfolger

1 Schapiro, *Geschichte*, S. 331.

2 Zitiert nach einem Rundfunkinterview aus dem Jahr 1979, bei Urban, *Stalinism*, S. 18. Vergleiche die Darstellung von Baschanow, *Ich war Stalins Sekretär*, S. 89f. Roy Medwedew, der im übrigen dem von Baschanow gezeichneten Stalin-Porträt plausible Züge bescheinigt, behauptet, das Testament Lenins sei nicht vor dem ZK-Plenum verlesen worden.

3 Deutscher, *Stalin.*, S. 295.

4 Ebd.

5 Ruth Fischer, *Stalin und der deutsche Kommunismus*, Frankfurt a. M. 1950, S. 446f.

6 Fischer, S. 450.

7 Fischer, S. 449f.

8 Baschanow, S. 127.

9 Stalin, *Werke*, Bd. 8, S. 340.

10 Aus den Erinnerungen Mikojans, Moskau 1970, zitiert nach Tucker, S. 298.

11 Zitiert nach Deutscher, S. 377.

12 Tucker, S. 313.

13 Siehe dazu die Erörterung Medwedews in Medvedev, *Let History Speak*, 2. erweiterte Ausg. von *Die Wahrheit ist unsere Stärke*, nur englisch, Oxford 1989, S. 821f., sowie Tucker, S. 324–9. Der hier genannte Mitarbeiter ist nicht zu verwechseln mit I. K. Yenofontow, der dem Sekretariat Stalins angehörte.

14 Bis 1953, dem Todesjahr Stalins, erschienen die *Grundlagen des Leninismus* in mehr als 17 Millionen Exemplaren und in ständig auf den neuesten Stand gebrachten und erweiterten Ausgaben. Die hier benützten Zitate sind entnommen aus: Josif W. Stalin, »Über die Grundlagen des Leninismus«, in: *Fragen des Leninismus*, Berlin (Ost) 1950, S. 89–93.

15 Dieser Satz fiel bei einer Unterredung zwischen Sinowjew und Trotzki im Hause Kamenews im Jahr 1926, nachdem die drei sich versöhnt und sich zur Vereinten Opposition zusammengeschlossen hatten. Die Protokollnotizen über diese Unterredung veröffentlichte Trotzki 1929 im Exil: *The Stalin School of Falsification*, New York 1962, S. 89–95.

16 Ebd.

17 J. Stalin, *Grundlagen*, S. 170.

18 Das erste veröffentlichte Bekenntnis Stalins zum »Sozialismus in einem Lande« findet sich in dem Aufsatz »Die Oktoberrevolution und die Taktik der russischen Kommunisten«, den er im Dezember 1924 als Vorwort für eine Artikelsammlung verfaßte, die Anfang 1925 unter dem Titel *Auf dem Weg zum Oktober* erschien.

19 Zitiert nach Tucker, S. 379.

20 Daniels, S. 295.

21 Stalin, *Werke*, Bd. 8, S. 330.

22 Fischer, S. 492. Einer der Delegierten, auf die Stalins Auge fiel, war Heinz Neumann, der russisch sprach und sich das Vertrauen Stalins erwarb. Dieser verwendete ihn nicht nur in Deutschland, sondern auch in China, bis Neumann schließlich Anfang der dreißiger Jahre gegen Stalins Deutschlandpolitik rebellierte. Stalin ließ ihn daraufhin fallen, und 1937 wurde Neumann verhaftet und fiel der großen Säuberung zum Opfer. (Siehe Fischer, S. 543f., Anm. 9.)

23 Bucharin, 17. April 1925, *Bolschewik*, Nr. 8, 1925.

24 Zur Kontroverse zwischen Bucharin und Preobraschenski siehe Stephen Cohen, *Bukharin and the Bolshevik Revolution*, New York 1974, Kap. VI: »Bukharin and the Road to Socialism«, sowie Daniels, S. 335–343.

25 Eine Erörterung dieser Episode findet sich bei Medvedev, *History*, S. 155–9. Die Zeitschrift *Novy Mir* veröffentlichte 1926 eine Kurzgeschichte von Boris Pilnjak, die in verschlüsselter Form den Tod Frunses rekonstruierte und den Schluß nahelegte, daß Stalin dafür verantwortlich war. Alle Exemplare der Zeitschrift wurden sofort nach Erscheinen beschlagnahmt.

26 Zitate teilweise aus dem stenographischen Protokoll des 14. Parteitages der KPdSU, einige aus Stalin, *Werke*, Bd. 8, S. 333. Siehe auch Ulam, S. 242–7 und Daniels, S. 312-314.

27 Stalin, *Leninismus*, S. 170f.

28 Daniels, S. 311.

29 Zitiert nach Daniels, S. 325.

30 Zitiert nach Deutscher, *Trotzki*, Bd. 2, Stuttgart 1962, S. 288.

31 Sämtliche auf dem Fünfzehnten Parteikongreß gehaltenen Reden wurden zwischen dem 5. und dem 12. November 1926 in der *Prawda* abgedruckt.

32 Zitiert nach Cohen, S. 240.

33 Zitiert nach Daniels, S. 365.

34 Stalin, *Werke*, Bd. 10, S. 153f., S. 166.

35 *Chruschtschow erinnert sich*, S. 47.

36 Zitiert nach Medvedev, *History*, S. 183.

37 Siehe Tucker, *Stalin in Power*, S. 407, unter Benutzung und Zitierung zweier 1988 veröffentlichter Artikel von Wladimir Tichonow von der Akademie für Agrarwissenschaft in Moskau.

38 Stalin, *Werke*, Bd. 10, S. 270.

39 Zitiert nach Tucker, *Stalin as Revolutionary*, S. 407.

40 Stalin, *Werke*, Bd. 11, S. 7. Über diese Rede Stalins wurde seinerzeit nicht berichtet, und sie erschien erst 25 Jahre später in gedruckter (und gekürzter) Form.

41 Zitiert nach Moshe Lewin, *Political Undercurrents in Soviet Economic Debate*, Princeton 1974, S. 74.

42 Zitiert nach Cohen, *Bukharin*, S. 190f.

43 Zitiert nach Leonard E. Hubbard, *The Economy of Soviet Agriculture*, London 1939, S. 100. Die in dieser Passage genannten Zahlen wurden Robert Tucker, *Stalin in*

Power, S. 72, entnommen. Siehe auch Moshe Lewin, »Who was the Soviet Kulak?«, in ders.: *The Making of the Soviet System*, London 1985.

44 Zitiert nach Daniels, S. 337.

45 Die Rede Stalins vom April 1928 findet sich in: *Werke*, Bd. 11, S. 165–211.

46 Protokollnotizen von Kamenew. Zitiert nach Daniels, S. 340.

47 Stalin, *Werke*, Bd. 10, S. 62.

48 Veröffentlicht am 30. September 1928 in der *Prawda*.

49 »Die Industrialisierung der UdSSR und die Epigonen des Populismus«, zitiert nach Daniels, S. 403.

50 Zitiert nach Stephen Cohen, S. 296.

51 Ebd., S. 305–7.

52 Stalin, *Werke*, Bd. 12, S. 15ff.

7. Hitler auf dem Weg zur Macht

1 Die hier gegebene Darstellung beruht auf der vergleichenden Durchsicht einer großen Zahl von Aufsätzen sowie vier umfassender Studien: H. A. Winkler, *Mittelstand, Demokratie und Nationalsozialismus*, Köln 1972; Richard F. Hamilton, *Who Voted For Hitler?*, Princeton 1982; Michael Kater, *The Nazi Party*, Oxford 1983; Thomas Childers, *The Nazi Voter*, Chapel Hill, N. C., 1984. Aus den akribischen Recherchen Professor Hamiltons habe ich eine Menge gelernt, ohne daß ich mich jedoch für seine allgemeinen Schlußfolgerungen erwärmen könnte, die meinem Empfinden nach zu sehr von seinem Vorsatz, die »Kleinbürgertums-These« zu widerlegen, geprägt sind. (Siehe die Besprechung der Bücher von Childers und Hamilton von Jeremy Noakes im *Times Literary Supplement* vom 21. September 1984). In den Büchern von Kater, Childers und Hamilton finden sich ausführliche bibliographische Hinweise auf die zum Thema erschienenen Zeitschriftenartikel und regionalgeschichtlichen Arbeiten in deutscher und englischer Sprache.

2 Broszat, *Staat Hitlers*, S. 50.

3 Carlo Mierendorff, »Was ist Nationalsozialismus?«, erstmals veröffentlicht in *Neue Blätter für Sozialismus*, Bd. 3, Nr. 4, hier zitiert nach Joachim Fest, *Das Gesicht des Dritten Reiches. Profile einer totalitären Herrschaft*, 7. Aufl., München 1964, S. 302.

4 Childers, S. 178.

5 Hamilton, S. 499.

6 Ebd., S. 37f.

7 William S. Allen, *»Das haben wir nicht gewollt!« Die nationalsozialistische Machtergreifung in einer Kleinstadt 1930 bis 1935*, Gütersloh 1966, S. 130.

8 Als wichtige Quelle kann hier eine von Theodore Abel angelegte Sammlung von rund 600 1934 entstandenen Aufsätzen dienen, in denen sich Menschen, die in den Jahren der Weimarer Republik der NSDAP beigetreten waren, über ihre Beweggründe dafür ausließen. Diese Sammlung liegt heute im Archiv der Hoover Institution. Siehe Peter H. Merkl, der in *Political Violence under the Swastika*, Princeton 1975, in der Abel-Sammmlung enthaltene Aufsätze ausgewertet hat.

9 Den Hinweis auf die Hitler-Biographie von Deuerlein verdanke ich Fred Weinstein, *The Dynamics of Nazism*, New York 1980, S. 81.

10 Fritz Stern hat diese These in zwei Aufsätzen entwickelt: »Germany 1933: Fifty Years Later« und »National Socialism as Temptation«, in *Dreams and Illusions*.

The Drama of German History, London 1988. Der zitierte Begriff stammt aus der erstgenannten Arbeit, S. 145.

11 Sigmund Freud, »Zeitgemäßes über Krieg und Tod«, in: *Studienausgabe*, Bd. 9, 3. Aufl., Frankfurt a. M. 1980, S. 47. Siehe auch Fritz Stern, S. 168f. Ein weiterer Autor, von dessen Interpretation des Nationalsozialismus ich profitiert habe, ist J. P. Stern, *Hitler*.

12 *Berliner Tageblatt*, 8. September 1932.

13 Gregor Strasser, zitiert nach Fest, *Hitler*, S. 404.

14 Childers, S. 325, Anm. 7.

15 Zitiert nach Robert W. E. Kempner, »Blue Print of the Nazi Underground«, *Research Studies of the State College of Washington*, Bd. 13, Nr. 2, S. 121.

16 Zitiert nach dem Prozeßbericht in der *Frankfurter Zeitung*, 26. September 1930.

17 Zitiert nach Karl Dietrich Bracher, *Die deutsche Diktatur*, Köln 1969, S. 207.

18 H. Brüning, *Memoiren 1878–1934*, Stuttgart 1970, S. 247ff.

19 Zitiert nach Francis L. Carsten, *Reichswehr und Politik 1918–1933*, Köln/Berlin 1964, S. 371.

20 Meinecke, *Die deutsche Katastrophe*, Wiesbaden 1947, S. 74.

21 J. Goebbels, *Die Tagebücher. Sämtliche Fragmente*. Hrsg. von Elke Fröhlich, München 1987, Bd. 2, S. 105.

22 Die genauen Mitgliederzahlen waren: 129 563 im September 1930 und 849 009 am 30. Januar 1933 (Kater, S. 365). Orlow, der für 1933 eine niedrigere Zahl angibt (719 446), betrachtet 450 000 als einen vernünftigen Schätzwert für die Mitgliederzahl Anfang 1932 (Bd. 1, S. 239).

23 Zitiert nach Fest, *Hitler*, S. 467.

24 Goebbels, *Tagebücher*, Bd. 2, 11. Juni 1932.

25 3. August 1932, *Documents on British Foreign Policy*, 2. Serie, Bd. 4, Nr. 8.

26 Goebbels, *Tagebücher*, Bd. 2, S. 218.

27 Hitler, Rede am 4. September 1932, in A. H. Preiß (Hrsg.), *Adolf Hitler in Franken. Reden aus der Kampfzeit*, Nürnberg 1939, S. 193f.

28 Hitler setzte alle Hebel in Bewegung, und die Todesstrafe der fünf Mörder wurde daraufhin in eine lebenslängliche Freiheitsstrafe umgewandelt; kurz nach Hitlers Machtergreifung kamen die Männer auf freien Fuß und wurden als Freiheitskämpfer gefeiert.

29 Goebbels, *Tagebücher*, Bd. 2, S. 255, 4. Oktober 1932.

30 Ebd., S. 261, 15. Oktober 1932.

31 Turner, *Großunternehmer*, S. 354–7.

32 Goebbels, *Tagebücher*, Bd. 2, S. 271, 5. November 1932.

33 Ebd., S. 296, 9. Dezember 1932.

34 Ebd., S. 314, 23. Dezember 1932.

35 Eine prägnante, den derzeitigen Wissensstand vermittelnde Darstellung bietet Broszat, *Staat Hitlers*, Kapitel 4.

36 Zitiert nach Bracher, *Deutsche Diktatur*, S. 211.

37 *Hitlers Auseinandersetzung mit Brüning*, München 1932, S. 49ff.

8. Stalins Revolution

1 Stalin, *Werke*, Bd. 10, S. 265.

2 Siehe Cohen, *Bukharin*, S. 327–329.

3 Zitiert ebd., S. 328.

4 Ebd., S. 295.

5 Robert Conquest, *Die Ernte des Todes*, München 1988, S. 94.

6 E. H. Carr, *Socialism in One Country*, Bd. I, London 1958, S. 99.

7 Siehe Robert Tucker, *Stalin in Power*, S. 131.

8 Rede Stalins auf der Tagung des Zentralkomitees am 9. Juli 1928. Stalin, *Werke*, Bd. 11, S. 152.

9 »Prawda«, 7. November 1929. Abgedruckt in Stalin, *Werke*, Bd. 12, S. 110, 117, 119.

10 Rede Stalins auf einer Konferenz marxistischer Agrarwissenschaftler, 27.12.1929, ebd., S. 125–152.

11 Siehe Tucker, S. 176.

12 Stalin, *Werke*, Bd. 12, S. 168–175.

13 Resolution des XVI. Parteitages der KPdSU (B) über die Kollektivwirtschaftsbewegung und den Aufschwung der Landwirtschaft. In: *Die KPdSU in Resolutionen und Beschlüssen der Parteitage, Konferenzen und Plenen des ZK*, Bd. 8, Berlin (Ost) 1957, S. 157.

14 Zitiert nach Moshe Lewin in »Society, State and Ideology«, einem Essay, in *The Making of the Soviet System*, London 1985, S. 219.

15 Zahlen aus sowjetischen Quellen, zitiert nach Nove, *Economic History*, 2. Aufl., 1989, S. 230–231.

16 Zitiert nach Conquest, S. 227.

17 Siehe R. W. Davies, *Soviet History in the Gorbachev Revolution*, London 1989, S. 184, 217, Anmerkung 18.

18 Conquest, S. 268.

19 Ebd.

20 Pjotr Grigorenko, *Erinnerungen*, München 1981, S. 94.

21 Conquest, S. 272.

22 Lew Kopelew, *Und schuf mir einen Götzen. Lehrjahre eines Kommunisten*, Hamburg 1979, S. 303f.

23 Terechows Bericht siehe »Prawda«, 26. Mai 1964, zitiert nach Roy Medwedew, *O Staline i stalinisme*, Moskau 1990, S. 212.

24 Zitiert nach Moshe Lewin, *Taking Grain*, S. 155.

25 Victor A. Kravchenko, *Ich wählte die Freiheit*, Hamburg 1946, S. 127.

26 »Prawda«, 24. Juni 1933, zitiert nach Conquest, S. 319.

27 Zitiert nach Conquest, S. 318.

28 Ebd., S. 322–23.

29 Ebd., S. 322.

30 *Testimony, The Memoirs of Shostakovitch*, Hrsg. Solomon Volkov, London 1979, S. 165.

31 Siehe Conquest, S. 323–330.

32 *Chruschtschow erinnert sich*, S. 87.

33 Zitiert nach Tucker, S. 180–181.

34 Wolfgang Leonhard, *Die Revolution entläßt ihre Kinder*, Köln/Berlin 1955, S. 99.

35 Siehe Conquest, Kap. 9 »Zentralasien und die Tragödie der Kasachen«. Kasachstan hatte Ende der zwanziger Jahre eine Bevölkerung von vier Millionen. Zwei Drittel davon waren Halbnomaden und ernährten sich vor allem von Viehzucht, daneben von Getreideanbau. Der Versuch, ihnen die Kollektivierung aufzuzwingen, führte dazu, daß die Kasachenfamilien von 1 233 000 im Jahre 1929 auf 565 000 im Jahre 1936 zurückgingen und ein Viertel der Bevölkerung ums Leben kam. Der Viehbestand sank noch katastrophaler – bei Rindern von 7,4 Millionen Stück im Jahre 1929 auf 1,6 Millionen im Jahre 1933, bei Schafen von 22 Millionen auf 1,7 Millionen.

36 Conquest, Kap. 16. Weitere westliche und sowjetische Schätzungen siehe Tucker, S. 639, Anmerkung 68, und Roy Medwedew, »Moscow News« 1988, Nr. 48, Medwedews Zahlen unterscheiden sich nicht stark von denen Conquests: 10 Millionen Deportierte gegenüber 10-12 Millionen bei Conquest, 2-3 Millionen davon verstorben gegenüber 3 Millionen, 6 Millionen Opfer der Hungersnot gegenüber 7 Millionen (oder gegenüber 8 Millionen, wenn man die Zahlen aus Kasachstan einbezieht). Andere sowjetische Schätzungen liegen höher als die Medwedews oder Conquests.

37 Hingley, *Stalin*, S. 210.

38 Medwedew, *Wahrheit*, S. 119.

39 John Scott, *Behind the Urals*, London 1942, S. 9.

40 Stalin, *Fragen des Leninismus*, Moskau 1947, S. 398.

41 Ulam, *Stalin*, S. 341.

42 Ebd., S. 292.

43 Dieser Prozeß wird u. a. beschrieben in: Lynne Viola, *The Best Sons of the Fatherland, Workers in the Vanguard of Soviet Collectivisation*, New York 1957; Sheila Fitzpatrick (Hrsg.), *Cultural Revolution in Russia 1928-1931*, Bloomington, Indiana 1978, und Hiroaki Kuromiya, *Stalin's Industrial Revolution, Politics and Workers 1928-1932*, Cambridge 1988.

44 Aus einem Bericht von K. Vorbei, der 1961 in Leningrad veröffentlicht wurde. Zitiert nach Kuromiya, S. 110.

45 Fitzpatrick, S. 368-387.

46 Stalin, *Werke*, Bd. 12, S. 13.

47 Stalin, *Leninismus*, S. 418.

48 Ebd., S. 406.

49 Ebd., S. 469.

50 Dieser Anspruch wurde auf dem XVII. Parteitag im Januar 1934 erhoben.

51 Winston Churchill, *Der Zweite Weltkrieg*, Bern, München, Wien 1948, Bd. 4, S. 456f.

52 Lewin, *Making*, S. 271.

53 Zahlen von Nove, *Stalinism*, S. 44.

54 Zum Beispiel von Lewin in Kap. 4, *The Background of Soviet Collectivisation*, sowie von Cohen und Medwedew.

55 Schapiro, S. 484.

56 Ebd., S. 406.

57 Medwedew, *History*, S. 253f., *O Staline*, S. 224f.

58 Stephen Cohen, *Rethinking the Soviet Experience*, Oxford 1985, Kap. 3.

59 Stalin, Rede auf dem XVII. Parteitag der KPdSU (B), *Leninismus*, S. 533 und 587.

60 »Prawda«, 27. Mai 1930.

61 Zitiert nach Cohen, *Bukharin*, S. 348.

62 Siehe Medwedew, *History*, S. 142, *O Staline*, S. 263, Conquest, S. 51, und Cohen, *Bukharin*, S. 342-343, sowie die entsprechenden Anmerkungen.

63 Barmine, *One Who Survived*, New York 1945, S. 101-102, zitiert nach Conquest, *Terror*, S. 60.

64 Beschluß des Zentralkomitees, zitiert nach Medwedew, *O Staline*, S. 264.

65 R. W. Davies, *Soviet History*, S. 83-85; Medwedew, *History*, S. 319.

66 Zitiert nach Medwedew, *Wahrheit*, S. 176.

67 Schapiro, S. 478-484.

68 Boris Nicolaevsky, *Power and the Soviet Elite: The Letter of an Old Bolshevik and Other Essays*, London 1966, S. 31-32 und S. 76.

69 Zitiert nach Tucker, S. 248.
70 Stalin, *Rede auf dem XVII. Parteitag der KPdSU (B)*, S. 533, 563f.
71 Istoria KPSS, Moskwa 1962, S. 486.
72 Medwedew, *History*, S. 331, *O Staline*, S. 285.
73 Siehe »Ogonjok«, Nr. 50, 9.-15. Juli 1987.
74 Ulam, S. 344.
75 Rede Nikolai Bucharins auf dem XVII. Parteitag der KPdSU (B), in: *XVII. sjesd WKP (B), stenografitscheski otschot*, Moskwa 1934, S. 129.
76 Rede Sergej Kirows, ebd. S. 252, 258.
77 Ebd., S. 259.
78 Stalin, *Leninismus*, S. 565f.
79 Siehe Medwedew, *History*, S. 331-333, *O Staline*, S. 297.
80 Tucker, S. 265.
81 Zitiert nach Tucker, S. 240.
82 Ebd., S. 212.

9. Hitlers Revolution

1 Hans-Adolf Jacobsen und Werner Jochmann (Hrsg.), *Ausgewählte Dokumente zur Geschichte des Nationalsozialismus 1933-45*, Bielefeld 1961, Bd. 2, S. 87.
2 Ebd.
3 Göring, Erlaß vom 17. Februar 1933 an die preußische Polizei. Siehe Broszat, *Staat Hitlers*, S. 93ff.
4 Die zitierte Wendung stammt von K. D. Bracher. Siehe seine Betrachtungen in *Die deutsche Diktatur*, Kap. IV, »Zwischenbetrachtung: Die llegale Revolutionı«, S. 209-17.
5 Walter Hofer, *Der Nationalsozialismus: Dokumente 1933-1945*, Frankfurt a. M. 1957, S. 55.
6 Rudolph Diels, *Lucifer ante Portas*, Stuttgart 1950, S. 194, S. 257.
7 Herrschte zunächst jahrzehntelang die Überzeugung vor, die Nationalsozialisten seien selbst für den Brand verantwortlich gewesen, so zeigte als erster Fritz Tobias in seinem Buch *Der Reichstagsbrand. Legende und Wirklichkeit*, Rastatt 1962, auf, wie dubios diese von der kommunistischen Propagandazentrale in Paris unter Willi Münzenberg geschickt lancierte Version ist. Die meisten Historiker akzeptieren heute die Auffassung von Tobias und Diels als die wahrscheinlichere. Die spekulative Beschäftigung mit der Frage, wer das Feuer gelegt hat, lenkt von der wichtigeren, nicht strittigen Frage ab, welchen Nutzen die Nazis aus dem Reichstagsbrand zogen.
8 Diels, *Lucifer*, S. 194.
9 *Reichsgesetzblatt 1933*, Teil 1, Nr. 17, S. 83.
10 Systematisch durchgearbeitet hat diese Berichte sowie das von der ins Prager Exil geflohenen Führung der SPD (SOPADE) gesammelte Material Ian Kershaw, *Popular Opinion and Political Dissent in the Third Reich*, Oxford 1983, sowie ders., *Der Hitler-Mythos. Volksmeinung und Propaganda im Dritten Reich*, Stuttgart 1980.
11 Deutsche Allgemeine Zeitung, 5. März 1933, zitiert nach Fest, *Hitler*. S. 549.
12 Broszat, *Staat Hitlers*, S. 111.
13 Zitiert nach Fest, *Hitler*, S. 569.
14 Zitiert nach Fest, *Hitler*, S. 556f.
15 Domarus, *Hitler. Reden*, Bd. 1, S. 237.

16 Ebd., S. 239–46.

17 Das Zitat entstammt einer der besten zusammenfassenden Darstellungen der Kontroverse: John Hiden und John Farquharson, *Explaining Hitler's Germany. Historians and the Third Reich,* London 1983, S. 59.

18 *Akten zur deutschen auswärtigen Politik 1918–1945* (ADAP), Serie C, Bd. 1, Nr. 16.

19 *Dokumente der deutschen Politik,* hrsg. von Axel Friedrichs, Berlin 1935, Bd. 1, S. 289ff.

20 Goebbels, Joseph, lRede bei der Verbrennung undeutschen Schrifttums am 10. Mai 1931, in: *Dokumente,* Bd. 1: S. 338f.

21 *Mein Kampf,* S. 506.

22 Fest, *Hitler,* S. 589.

23 Rolf Eilers, *Die nationalsozialistische Schulpolitik. Eine Studie zur Funktion der Erziehung im totalitären Staat,* Köln/Opladen 1963, S. 3.

24 Martin Heidegger, *Die Selbstbehauptung der deutschen Universität,* Breslau 1933, vgl. auch Victor Farias, *Heidegger und der Nationalsozialismus,* Frankfurt a. M. 1989, sowie Guido Schneeberger, *Nachtrag zu Heidegger,* Bern 1962.

25 K. J. Müller, *Das Heer und Hitler,* Stuttgart 1969, S. 621.

26 Ebd.

27 Harold James, *Deutschland in der Weltwirtschaftskrise 1924 bis 1936,* Stuttgart 1988, S. 382.

28 Jacobsen und Jochmann, *Dokumente,* Bd. 2, S. 99f.

29 *Die Deutsche Volkswirtschaft,* Nr. 8, 1933–4, zitiert nach James, S. 355.

30 Hildegard von Kotze und Helmut Krausnick (Hrsg.), *Es spricht der Führer. Sieben exemplarische Hitlerreden,* Gütersloh 1966, S. 200.

31 Thilo Vogelsang (Hrsg.), *Neue Dokumente zur Geschichte der Reichswehr,* in: *VjfZ* Nr. 2 (1954), S. 435.

32 Domarus, Bd. 1, S. 273.

33 *Daily Mail,* 6. August 1934.

34 Broszat, *Staat Hitlers,* S. 424.

35 Bracher, *Diktatur,* S. 252.

36 So Göring bei der Erörterung der Durchführungsbestimmungen zum Beamtengesetz am 25. April 1933. Siehe Hans Mommsen, *Beamtentum im Dritten Reich,* Stuttgart 1966, S. 160ff.

37 Zu den vier schon genannten kam 1935 Hans Kerrl als Reichskirchenminister.

38 Ernst Röhm, »S. A. und deutsche Revolution«, in: *Nationalsozialistische Monatshefte,* Nr. 4 (1933), Heft 39, S. 251ff.

39 Jacobsen und Jochmann, *Ausgewählte Dokumente,* Bd. 2.

40 Dieser Abschnitt basiert auf der Auswertung dieser Berichte (und der in dieselbe Richtung deutenden Erkenntnisse der Exil-SPD) durch Ian Kershaw, *Hitler-Mythos,* Kap. 2 und 3.

41 Die Nationalsozialisten machten aus dem Prozeß ein spektakuläres Medienereignis, aber es gelang der Anklage nicht, irgendeine Verbindung zwischen den kommunistischen Angeklagten und van der Lubbe zu beweisen, so daß das Reichsgericht in Leipzig ihre Freilassung verfügte.

42 Kershaw, S. 85.

43 Diels, *Lucifer,* S. 379f.

44 Edens Bericht über seinen Berlin-Besuch im Februar 1934 findet sich in seinen Memoiren, *Facing the Dictators,* London 1962, S. 69–75.

45 H. Bennecke, *Hitler und die SA,* München 1962, S. 82.

46 Domarus, Bd. 1, S. 421f.

47 Kershaw, *Hitler-Mythos,* S. 92, sowie Kap. 2 und 3.
48 Zitiert nach Bracher, *Diktatur,* S. 264.
49 *Nürnberger Dokumente,* PS-1919.
50 Broszat, *Staat Hitlers,* S. 424.
51 *Völkischer Beobachter,* Nr. 251, 8. Sept. 1934.
52 *Deutsche Verwaltung,* November 1934, S. 325.

10. Stalin und Hitler im Vergleich

1 G. W. F. Hegel, *Vorlesungen über Philosophie der Geschichte,* Leipzig o. J., S. 66f.
2 Ebd. S. 111.
3 Ebd. S. 70.
4 Zitiert nach G. E. Urban (Hrsg.), *Stalinism,* S. 133.
5 Stern, *Hitler,* S. 42.
6 Friedrich Nietzsche, *Zur Genealogie der Moral,* II. Abhandlung, Nr. 17, in *Werke,* hrsg. v. Karl Schlechta, München 1980, Bd. 4, S. 827. Stern, S. 44.
7 Das erste Zitat Mussolinis stammt aus einem Gespräch mit Emil Ludwig, das zweite aus seinen gesammelten *Werken,* Bd. 20, S. 93, zitiert nach Stern, ebd.
8 Zitiert nach K. D. Bracher, *Diktatur.* Köln 1969, S. 154.
9 Hermann Rauschning, *Gespräche mit Hitler,* Wien 1973, S. 278.
10 Picker (Hrsg.), *Hitlers Tischgespräche,* 21. Oktober 1941.
11 Theodore Abel, *Why Hitler came to Power,* New York 1938, S. 244.
12 Die Kontroversen und Unklarheiten, die sich um Webers Charisma-Begriff ranken, werden bei Ann Ruth Willner, *The Spellbinders. Charismatic Political Leadership,* New Haven 1984, übersichtlich erläutert und geklärt; siehe besonders Kap. 1, 2 und den Anhang. Die sechs Politiker, die sie als Beispiele heranzieht, sind Castro, Gandhi, Hitler, Mussolini, F. D. Roosevelt und Sukarno. Als weitere Kandidaten aus dem 20. Jahrhundert kämen in Betracht: Atatürk, Chomeini, Lenin, Mao, Nasser, Nkrumah, Peron.
13 Otto Strasser, *Hitler and I,* London 1940, S. 85.
14 Friedrich Nietzsche, *Menschliches, Allzumenschliches,* § 52, in *Werke,* Bd. 2, S. 487. Siehe auch Stern, S. 35.
15 Albert Speer, *Erinnerungen,* Berlin 1969, S. 79.
16 *Chruschtschow erinnert sich,* S. 64.
17 Harold Lasswell, *Psychopathology and Politics,* New York 1960, S. 173.
18 Zitiert nach R. W. Davies, »Soviet History in the Gorbachev Revolution«, S. 61.
19 Robert Tucker, *Stalin as Revolutionary,* Kap. 12, »The Decisive Trifle«.
20 Stalin, Rede vor dem Zentralkomitee, 23. Oktober 1927, abgedruckt in: *Werke,* Bd. 10, S. 150–179.
21 Swetlana Allilujewa, *Zwanzig Briefe an einen Freund,* Wien 1967, S. 120.
22 Lydia Dan, »Bukharin o Staline«, *Novy Zhurnal,* Nr. 75, 1964, zitiert nach Tucker, *Stalin as Revolutionary,* S. 424f.
23 Hjalmar Schacht, *Abrechnung mit Hitler,* Hamburg/Stuttgart 1948, S. 40.
24 Ebd., S. 41.
25 Die Quelle beider Zitate ist: K. Sontheimer, *Antidemokratisches Denken in der Weimarer Republik. Die politischen Ideen des deutschen Nationalismus zwischen 1918 und 1933,* München 1962, S. 272f.
26 Hitler, Rede am 14. März 1936 in München, Domarus, Bd. 1, S. 606.
27 Tucker, *Stalin as Revolutionary,* S. 470–3.

28 Zitiert nach Robert H. McNeal, *Stalin. Man and Ruler,* S. 151.

29 Zitiert nach Albrecht Tyrell (Hrsg.), *Führer befiehl... Selbstzeugnisse aus der »Kampfzeit« der NSDAP. Dokumentation und Analyse,* Düsseldorf 1969, S. 163f.

30 Siehe Kershaw, *Hitler-Mythos,* S. 94f.

31 P. E. Schramm, *Hitler. The Man and the Military Leader,* London 1972, Appendix II, S. 205.

32 Siehe Medwedew, *History,* S. 303.

33 Swetlana Allilujewa, *Zwanzig Briefe,* S. 188.

34 Ebd., S. 212.

35 Ebd., S. 221.

36 Speer, *Erinnerungen,* S. 144.

37 Heinrich Hoffmann, *Hitler wie ich ihn sah. Aufzeichnungen seines Leibfotografen,* München/Berlin 1974, S. 138.

38 Speer, *Erinnerungen,* S. 106.

39 Ernst Hanfstaengl, *15 Jahre mit Hitler,* München, Zürich 1980, S. 61.

40 Erich Fromm, *Anatomie der menschlichen Destruktivität,* Stuttgart 1974, S. 373.

41 Ignatius Phayre in *Current History,* Juli 1936, zitiert nach John Toland, *Adolf Hitler,* Bergisch Gladbach 1977, S. 527.

42 Speer, *Erinnerungen,* S. 133.

43 Ebd., S. 143.

44 Ebd., S. 103.

45 Ebd., S. 145.

46 Hermann Rauschning, *Gespräche mit Hitler,* Wien 1973, S. 209.

47 *Chruschtschow erinnert sich,* S. 141.

48 Dimitri Wolkogonow, *Stalin. Triumph und Tragödie,* Düsseldorf 1989, S. 187ff.

49 Siehe Hildegard Brenner, *Die Kunstpolitik des Nationalsozialismus,* Reinbek 1963.

50 Speer, *Erinnerungen,* S. 55.

51 Ebd., S. 44.

52 Ebd., S. 68.

53 Ebd., S. 69.

54 Rauschning, *Gespräche,* S. 55.

55 *Hitlers Tischgespräche,* S. 51.

56 Ebd., S. 149.

57 Degras, *Communist International,* Bd. 2, S. 525.

58 Stalin, »Rechenschaftsbericht vor dem XVII. Parteitag«, in: *Leninismus,* S. 528f.

59 Ebd., S. 531.

60 Hitler, Rede am Stahlhelm-Tag, 23. September 1933, zitiert nach dem Bericht in: *Völkischer Beobachter,* 25. September 1933.

61 *Hitlers Tischgespräche,* S. 366.

62 Fabian von Schlabrendorff, *Offiziere gegen Hitler,* Zürich 1946, S. 51f.

63 Nadeschda Mandelstam, *Hope against Hope,* Kap. 9, »Theory and Practice«. (In der deutschen Ausgabe, *Generation ohne Tränen,* nicht enthalten.)

64 *Der Parteitag zu Nürnberg, 5.–6. September 1934,* S. 134.

65 Hitler, Parteitag von 1935. Zitiert bei Arieh L. Unger, *The Totalitarian Party: Party and People in Nazi Germany and Soviet Russia,* Cambridge 1974, S. 170.

66 Nach Angaben Jewgeni Frelows, eines Freundes und Vertrauten von Jan Sten; siehe Medwedew, *History,* S. 438f.

67 Stalin, *Leninismus,* S. 434ff.

68 John Willetts, »Socialist Realism«, in: *The Fontana/Harper Dictionary of Modern Thought,* hrsg. von Alan Bullock und Stephen Trombley, überarb. Ausg., Cambridge 1984, S. 196.

69 Ebd.

70 Siehe Jeffrey Herf, *Reactionary Modernism. Technology, culture and politics in Weimar and the Third Reich,* Cambridge 1984, S. 196.

71 Otto Wagener, *Hitler aus nächster Nähe. Aufzeichnungen eines Vertrauten 1929–1932,* Frankfurt a. M./Berlin 1978, hrsg. v. H. A. Turner, S. 178.

72 Siehe Rauschning, *Gespräche,* Kap. 3.

73 Zitiert nach: Internationaler Militärgerichtshof Nürnberg, *Der Nürnberger Prozeß gegen die Hauptkriegsverbrecher,* München/Zürich 1948, Bd. 5, S. 161.

74 Arthur Schweitzer, *The Age of Charisma,* Chicago 1984, S. 106f.

75 Leszek Kolakowski, Gespräch mit G. R. Urban, in: G. R. Urban (Hrsg.), *Stalinism,* S. 264f.

76 Leszek Kolakowski, *Hauptströmungen des Marxismus,* Bd. 3, S. 38.

77 Die Parole »Sozialismus in einem Lande« stammte ursprünglich von Bucharin, aber es war Stalin, der sie aufgriff und zu einem Programm mit nationalistischen Untertönen ausbaute. Siehe Cohen, *Bukharin,* Kap. VI, insbes. S. 186ff.

78 Stalin, *Werke,* Bd. 12, S. 1ff. »Über die rechte Abweichung in der KPdSU«, April 1929.

79 *Mein Kampf,* S. 129.

80 Stalin, *Leninismus,* S. 406ff.

81 Zitiert nach Medwedew, *Wahrheit,* S. 374; Marx/Engels, *Werke,* Bd. 18, S. 425.

82 Tucker, »Stalinism as Revolution from Above«, in: ders. (Hrsg.), *Stalinism,* S. 95.

83 Stalin, *Werke.* Bd. 12, S. 323. Laut Kolakowski (Bd. 3, S. 101) stammte dieses Argument, das Stalin auf dem ZK-Plenum im Januar 1933 noch einmal bekräftigte, nicht von ihm, sondern war schon in der Zeit des Bürgerkriegs von Trotzki formuliert worden.

84 Stalin, *Leninismus,* S. 587f.

11. Der Führerstaat

1 Hitler-Zitat bei Broszat, *Staat Hitlers,* S. 153; Sauckel-Denkschrift im Bundesarchiv Koblenz, R 43 II/494.

2 Frick, undatierter Brief an Hitler, abgedruckt bei Broszat, *Staat Hitlers,* S. 324. Im ersten Drittel dieses Kapitels stütze ich mich stark auf das Buch von Broszat.

3 Broszat, S. 356–9.

4 Hans Frank, *Im Angesicht des Galgens,* Neuhaus am Schliersee, 1955, S. 122f.

5 Hans Buchheim, Martin Broszat, Hans-Adolf Jacobsen, Helmut Krausnick, *Anatomie des SS-Staates* (Freiburg 1965), Bd. 1: Hans Buchheim, *Die SS – das Herrschaftsinstrument. Befehl und Gehorsam,* S. 14.

6 Zahlen nach Broszat, *Staat Hitlers,* S. 407ff.

7 Domarus, *Hitler, Reden,* Bd. 1, S. 232f.

8 *Mein Kampf,* S. 434.

9 Die im folgenden genannten Daten und Zahlen habe ich aus dem zusammenfassenden Werk von Harold James, *Deutschland in der Weltwirtschaftskrise,* Stuttgart 1988 übernommen. Eine ausführliche Erörterung der Frage findet sich dort in Kap. 10. Zur Landwirtschafts- und Bodenpolitik vgl. David Schoenbaum, *Die braune Revolution. Eine Sozialgeschichte des Dritten Reichs,* München 1980, S. 196–225.

10 Die Schätzwerte differieren. In einem von Anfang 1938 stammenden Bericht des Reichsnährstands wird die Zahl derer, die seit 1933 vom Land in die Städte abge-

wandert waren, mit 350 000 beziffert. Die im Text erwähnte Arbeit (Josef Müller, *Deutsches Bauerntum*, Würzburg 1940) gibt für 1940 800 000 »Landflüchtlinge« an, bzw. 1 Million, wenn man die Familienangehörigen mitzählt.

11 Es waren 20 748 Höfe mit einer Gesamtfläche von 325 611 Hektar, gegenüber 38 771 Höfen mit einer Gesamtfläche von 429 934 Hektar zu Weimarer Zeiten.

12 Die Jahre 1933–9, die eine stetige Zunahme der Einwohnerzahl der Städte brachten – besonders in den Zentren der mitteldeutschen chemischen Industrie wie Magdeburg und Halle –, sahen einen Rückgang des Anteils der Landbewohner an der Gesamtbevölkerung von knapp 21 Prozent auf 18 Prozent und des Anteils der Land- und Forstarbeiter an der Gesamtarbeiterschaft von knapp 29 Prozent auf 26 Prozent.

13 Siehe R. J. Overy, *The Nazi Economic Recovery*, London 1982, Kap. 1 und 2.

14 James, *Deutschland in der Weltwirtschaftskrise*, S. 380–4.

15 Rauschning, *Gespräche mit Hitler*, S. 25.

16 Beide Zitate aus Richard J. Overy, *Hermann Göring*, München 1986, S. 53f.

17 Wilhelm Treue (Hrsg.), »Hitlers Denkschrift zum Vierjahresplan 1936«, *VJHFZG* 3/1955, S. 196.

18 Zitiert nach Overy, *Göring*, S. 58.

19 Ebd., S. 269, Anm. 19.

20 Wilhelm Treue (Hrsg.), »Hitlers Denkschrift zum Vierjahresplan 1936«, *VJHFZG* 3/1955, S. 4ff.

21 Ebd.

22 Siehe Overy, *Göring*, S. 60.

23 Hjalmar Schacht, *Abrechnung*, S. 58.

24 Ebd., S. 59.

25 Nürnberger Dokumente, PS-1301.

26 Peter Hayes, *Industry and Ideology. IG Farben in the Nazi Era*, Cambridge 1987, S. 161. Zu diesem Kreis gehörten die Leiter von drei der sieben Hauptabteilungen der Vierjahresplanbehörde: Keppler (Industriefette), Köhler (Rohstoffzuweisung), Josef Wagner (Preiskontrolle). Drei andere, die es im Göringschen Wirtschaftsreich weit bringen sollten, waren Paul Pleiger (geringwertige Erze und Hermann-Göring-Werke), Hans Kehrl (synthetische Fasern) und Paul Körner (Stellvertreter Görings in der Vierjahresplanbehörde).

27 John R. Gillingham, *Industry and Politics in the Third Reich*, London 1985, S. 5.

28 1929 entfielen von der Gesamt-Kohleförderung des Reichs von 163 441 000 Tonnen 123 603 000 Tonnen auf das Ruhrgebiet. 1937 betrugen die entsprechenden Zahlen 184 489 000 bzw. 127 752 000 Tonnen. Allein die Hydrierwerke, in denen aus verflüssigter Kohle synthetisches Petroleum gewonnen wurde, verbrauchten pro Jahr 6,5 Millionen Tonnen Kohle; die in Salzgitter errichteten Reichswerke Hermann Göring schlugen mit 5,7 Millionen Tonnen Kohleverbrauch für die Verhüttung ihrer minderwertigen Erze zu Buche.

29 Gillingham, *Industry*, S. 58f.

30 Overy, *Göring*, S. 75.

31 1914 hatte Deutschland noch Zugriff auf die reichen Eisenerzvorkommen Lothringens und Luxemburgs sowie auf die Steinkohle Oberschlesiens und des Saargebiets gehabt, Gebiete, die das Deutsche Reich nach der Niederlage von 1918 hatte abtreten müssen.

32 Zitiert nach Overy, *Göring*, S. 75.

33 Ebd., S. 76.

34 Hayes, *Industry*, S. 165f.

35 Reichsgesetzblatt, 1934, S. 45ff.

36 *Deutschlandberichte der Sozialdemokratischen Partei Deutschlands (SOPADE) 1934-1940,* Reprint, Salzhausen/Frankfurt 1980, hier: 1935, S. 1375.

37 Nach Artikel 3 des am 26. Juni 1935 verabschiedeten Reichsarbeitsdienstgesetzes.

38 Schoenbaum, *Braune Revolution,* S. 79. Die soziale Revolution, die das Gefüge der deutschen Gesellschaft zerrüttete, sollte der Krieg bringen, den Hitler anzettelte und verlor.

39 Siehe die Erörterung in Kershaw, *Hitler-Mythos,* Einleitung.

40 *Deutschlandberichte der SOPADE,* 1936, S. 683f.

41 Zitiert nach den Aufzeichnungen Bormanns, *Hitlers politisches Testament,* Hamburg 1981, S. 110.

42 Die Nürnberger Gesetze verboten Eheschließungen und Sexualbeziehungen zwischen Deutschen und Juden und untersagten Juden die Beschäftigung »arischer« Frauen. Das gleichzeitig verabschiedete Reichsbürgergesetz führte die Unterscheidung zwischen »Reichsbürgern« und »Staatsangehörigen« ein und bestimmte, daß für Juden nur der letztere Status galt. Sie waren damit zu Bürgern zweiter Klasse degradiert. 1933 lebten in Deutschland nach Angaben des Statistischen Reichsamts 503 000 Juden, was einem Anteil von weniger als 1 Prozent an der Gesamtbevölkerung entsprach.

43 Zitiert nach Hans Buchheim, *Die SS – Das Herrschaftsinstrument. Befehl und Gehorsam,* in: Krausnick u. a., *Anatomie,* Bd. 1, S. 108f.

44 *Der Prozeß gegen die Hauptkriegsverbrecher,* Bd. 16, S. 562.

45 Broszat, *Staat Hitlers,* S. 353.

46 Domarus, *Hitler, Reden,* Bd. 1, S. 974.

47 Ebd., S. 745.

48 Ebd., S. 759f.

12. Terror als revolutionäres Prinzip

1 Siehe Zbigniew Brzezinski, *The Permanent Purge: Politics in Soviet Totalitarianism,* Cambridge, Mass., 1956.

2 *Chruschtschow erinnert sich,* S. 553.

3 Diese Formulierung stammt von Merle Fainsod, *Wie Rußland regiert wird,* Kap. 13, »Terror als Machtsystem«.

4 Die neueste Analyse siehe Robert Conquest, *Stalin and the Kirov Murder,* London 1989, dem ich, wie auch seinem *Great Terror: A Re-Assessment,* London 1990, sehr verpflichtet bin.

5 »Prawda«, 5. Dezember 1934, zitiert nach Robert Tucker, *Stalin in Power,* New York 1990, S. 298.

6 Diese Einzelheiten berichtete Chruschtschow dem XXII. Parteitag der KPdSU 1961.

7 *Chruschtschow erinnert sich,* S. 544.

8 Nikita Chruschtschow, »Wospominania«, in: »Ogonjok«, Nr. 28, 9.–15. Juli 1989, S. 30.

9 Diese Bemerkung machte Stalin auf einer Konferenz von 3000 Stachanow-Arbeitern im Kreml am 17. November 1935. Stalin, *Leninismus,* S. 603f.

10 Bucharin hatte im Sommer 1936 in Paris eine Reihe von Gesprächen mit Boris Nicolaevsky, einem emigrierten menschewistischen Historiker. Diese bildeten die Grundlage von Nicolaevskys *Letter of an Old Bolshevik,* der 1936/1937

zunächst anonym veröffentlicht und später von ihm selbst in das Buch *Power and the Soviet Elite,* New York 1965, aufgenommen wurde. Siehe Anmerkung 143 in Cohen, *Bukharin,* S. 471–472.

11 Stalin, *Leninismus,* S. 624.

12 Ebd., S. 645.

13 Diese unschätzbaren Akten der Smolensker Parteiorganisation liefern Details für einen Distrikt. Im Ergebnis eines geheimen Rundschreibens vom 13. Mai 1935, das zu weiteren »Überprüfungen« von Parteimitgliedern aufrief, wurden nach 700 mündlichen und 200 schriftlichen Denunziationen 455 von 4100 Mitgliedern aus der Partei ausgeschlossen. In einem Bericht Jeschows und Malenkows vom 1. August wurde festgestellt, daß 23 Prozent der Parteidokumente in diesem Distrikt nicht umgetauscht oder zwecks weiterer Untersuchung zurückgehalten wurden.

14 Dies waren die Abteilung Geheimpolizei; die Abteilung Wirtschaft, die für die Sicherheit in Industrie und Landwirtschaft verantwortlich war; die Operative Abteilung, die unter anderem Stalin zu schützen hatte, wofür 3000 Offiziere eingesetzt wurden; die Sonderabteilung, die das Netz der Geheimpolizei leitete; die Auswärtige Abteilung, die sich mit Spionage und Terror im Ausland befaßte; die Abteilung Transport, die die Sicherheit bei der Eisenbahn, dem wichtigsten Kommunikationsmittel in der Sowjetunion, zu gewährleisten hatte.

15 Die Darstellung in diesem Kapitel folgt Conquest, *Terror,* Kap. 4.

16 *Chruschtschow erinnert sich,* S. 535.

17 Urban (Hrsg.), *Stalinism,* S. 218-219.

18 Robert Tucker, »Stalin, Bukharin and History as Conspiracy«, in *The Soviet Political Mind,* New York 1971, S. 70-71.

19 *Chruschtschow erinnert sich,* S. 535.

20 Alexander Orlov, *The Secret History of Stalin's Crimes,* London 1954, S. 129-130. Conquest verteidigt in Kap. 13 seines *Stalin and the Kirov Murder,* Orlov und Nicolaevsky nachdrücklich als zuverlässige Quellen.

21 Orlov, S. 131-132.

22 »Prawda«, 21. August 1936, zitiert nach Conquest, *Terror,* S. 99.

23 *Report of the Court Proceedings: The Case of the Trotskyite-Zinovievite Centre,* Moskau 1936, S. 119.

24 Ebd. S. 171.

25 Nicolaevsky, *Power and the Soviet Elite,* S. 63.

26 »Prawda«, 10. September 1936.

27 In einem Gespräch mit N. Walentinow, zitiert nach Schapiro, S. 403f.

28 Orlov, S. 190.

29 Ebd. S. 207.

30 *Report of the Court Proceedings in the Case of the Anti-Soviet Trotskyite Centre,* Moskau 1937, S. 127 und 135.

31 Ebd., S. 463-516.

32 Ebd., S. 541.

33 Zitiert nach Conquest, S. 266.

34 Ebd., S. 168.

35 Ebd., S. 169, zitiert nach »Iswestia«, 22. November 1963.

36 Ebd., S. 169, zitiert nach *Bolschaja sowjetskaja enziklopedia,* Bd. 43, Moskau 1939, S. 286, 299.

37 *Chruschtschow erinnert sich,* S. 573.

38 Medwedew, *Wahrheit,* S. 196, zitiert nach den Erinnerungen von Anna Larina, der Ehefrau Bucharins.

39 Ebd., S. 205.

40 Ebd.

41 Stalins Rede erschien in der »Prawda«, 29. März 1937.

42 Zitiert nach *The Moscow Trial,* herausgegeben von W. P. und Z. P. Coates, London 1937, S. 275-276.

43 Conquest, Kap. 7.

44 *Testimony, The Memoirs of Shostakovitch,* herausgegeben von Solomon Volkow, London 1979, S. 72-79.

45 Rede Stalins vor dem Militärrat, in: *Schauprozesse unter Stalin, 1932-1952,* Berlin 1990, S. 275-276.

46 Conquest, S. 450, zitiert »Ogonjok«, 1987, Nr. 28, und 1989, Nr. 25.

47 Medwedew, *History,* S. 238.

48 *Chruschtschow erinnert sich,* S. 5.

49 »Iwanowo 1937«, Erinnerungen von Michail Schreider, einem Mitarbeiter des NKWD in Iwanowo zu jener Zeit, veröffentlicht in »Moscow News«, 1988, Nr. 48.

50 Robert Conquest, *Am Anfang starb Genosse Kirow. Säuberungen unter Stalin,* Düsseldorf 1970, S. 313.

51 S. T. Serpyuk, Rede auf dem XXII. Parteitag der KPdSU, 30. Oktober 1961, zitiert nach Conquest, S. 315.

52 Veröffentlicht in »Ogonjok«, Nr. 16, April 1988, S. 13.

53 Conquest, S. 448.

54 Fitzroy Maclean, *Eastern Approaches,* London 1941, S. 86.

55 *Proceedings in the Case of the Anti-Soviet »Bloc of Rights and Trotskyites«,* Moskau 1938, S. 49-59.

56 Maclean, S. 87.

57 Conquest, S. 457.

58 Fitzroy Maclean, *Escape to Adventure,* London 1950, S. 61-83.

59 Stephen Cohen, *Bukharin,* S. 376.

60 Conquest, S. 473.

61 Ebd., S. 477.

62 Ebd., S. 481.

63 In einem Bericht aus Moskau an das Foreign Office, P. R. O., F. O. 371. N 1291/26/38.

64 Theo Pirker (Hrsg.), *Die Moskauer Schauprozesse,* München 1963, S. 213.

65 Zitiert nach Cohen, S. 380.

66 *Die Moskauer Schauprozesse,* S. 239.

67 Zitiert nach Medwedew, *History,* S. 375.

68 Ebd., S. 458-459. Siehe auch ders. *O Staline,* S. 408f.

69 Ebd., S. 460.

70 Siehe *Chruschtschow erinnert sich,* S. 542. Siehe Medwedew, *History,* S. 396.

71 Stalin, *Leninismus,* S. 713ff.

72 Conquest, *The Great Terror,* S. 485f.

73 Alexander Solschenizyn, *Der Archipel GULAG,* Reinbek bei Hamburg 1978, Bd. 1, S. 15f.

74 Ebd., S. 23.

75 Aristoteles, *Politik,* Buch 5, 2.

76 Kolakowski, Bd. 3, S. 96.

77 Zitiert nach Boris Souvarine, *Stalin. Anmerkungen zur Geschichte des Bolschewismus,* München 1980, S. 338.

78 Zitiert nach Conquest, *Am Anfang starb Genosse Kirow,* S. 159.

79 Ebd., S. 157.
80 *Die Moskauer Schauprozesse,* S. 239.
81 Zitiert nach Conquest, S. 174.
82 *Chruschtschow erinnert sich,* S. 554–555.
83 »Prawda«, 5. April 1988. Siehe R. W. Davies, *Soviet History in the Gorbachev Revolution,* besonders Kap. 5 und 10.

13. Die Zerstörung der Ordnung von 1918

1 Jane Degras (Hrsg.), *Soviet Documents on Foreign Policy,* London 1953, Bd. 3, S. 48–61.
2 *ADAP,* Serie C, Bd. 3/2, Nr. 373.
3 Domarus, *Hitler. Reden,* Bd. 1, S. 506.
4 Rauschning, *Gespräche mit Hitler,* S. 108.
5 Zitiert nach Geoffrey Roberts, *The Unholy Alliance,* London 1989, S. 70.
6 Gerhard L. Weinberg, *The Foreign Policy of Hitler's Germany. Diplomatic Revolution in Europe 1933–36,* Chicago 1970, S. 245.
7 Zitiert nach Paul Schmidt, *Statist auf diplomatischer Bühne 1923–1945. Erlebnisse des Chefdolmetschers im Auswärtigen Amt mit den Staatsmännern Europas,* Bonn 1949, S. 320.
8 Adolf Hitler, *Monologe im Führerhauptquartier 1941–1944. Die Aufzeichnungen Heinrich Heims,* hrsg. v. Werner Jochmann, Hamburg 1980, S. 240.
9 Domarus, *Hitler. Reden,* Bd. 1, S. 610.
10 Degras, *Soviet Documents,* Bd. 3, S. 179.
11 Ebd.
12 Zitiert nach Hugh Thomas, *Der spanische Bürgerkrieg,* Berlin/Frankfurt a. M./Wien 1961, S. 187.
13 Die folgenden Zahlen veröffentlichte im Januar 1988 die in Moskau erscheinende Zeitschrift *Istorija SSSR;* zitiert hier nach Roberts, *Unholy Alliance,* S. 78.
14 Raymond Carr, *Spain 1808–1975,* 2. Aufl., Oxford 1982, S. 683.
15 Degras, *Communist International,* Bd. 3, S. 398.
16 Ebd., S. 396.
17 Zitiert nach Thomas, *Bürgerkrieg,* S. 282f.
18 *ADAP,* Serie D, Bd. I, Nr. 19.
19 Malcom Muggeridge (Hrsg.), *Ciano's Diplomatic Papers,* London 1948, S. 58.
20 Ebd., S. 146.
21 Winston Churchill, *Der Zweite Weltkrieg,* S. 199.
22 Weinberg, *Foreign Policy,* S. 347.
23 *ADAP,* Serie D, Bd. 1, Nr. 93.
24 Zitiert nach John Erickson, *The Soviet High Command,* London 1962, S. 489.
25 Georg Thomas, 16. August 1945, zitiert nach Berenice Carol, *Design for Total War,* Den Haag 1968, S. 73.
26 Siehe Wilhelm Deist, *Die Aufrüstung der Wehrmacht* in: *Das Deutsche Reich und der zweite Weltkrieg,* Bd. 1, Stuttgart 1973, S. 371–532.
27 Zahlen nach Richard Overy, *Göring,* S. 162.
28 Zitiert nach Overy, *Göring,* S. 160f.
29 Hitlers Denkschrift zum Vierjahresplan 1936, hrsg. v. Wilhelm Treue. In: *VJHFZG* 3/1955, S. 204. (Hervorhebungen von Hitler.)
30 Domarus, *Hitler. Reden,* Bd. 1, S. 753 (»Hoßbach-Protokoll«).

31 Zitiert nach Deist, *Wehrmacht,* S. 402ff.

32 Siehe Domarus, *Hitler. Reden,* Bd. I, S. 748–754.

33 Walter Warlimont, *Im Hauptquartier der deutschen Wehrmacht 1939–1945. Grundlagen, Formen, Gestalten,* Frankfurt a. M. 1962, S. 29, Anmerkung 22.

34 Ebd., S. 30.

35 Ulrich von Hassell, *Vom anderen Deutschland. Aus den nachgelassenen Tagebüchern 1938–1944,* Zürich/Freiburg 1946, S. 39.

14. Der Hitler-Stalin-Pakt

1 Schuschniggs Bericht über den Besuch siehe Kurt von Schuschnigg, *Ein Requiem in Rot-Weiß-Rot,* Zürich 1949, S. 39f.

2 Abschrift der über Wien geführten Telefongespräche, angefertigt von Görings Forschungsamt, N. D. 2949-PS.

3 Grolmanns Bericht, zitiert nach Jürgen Gehl, *Austria, Germany and the Anschluss 1931–38,* Oxford 1963, S. 191.

4 Abschrift des Forschungsamtes, N. D. 2949-PS.

5 Zitiert nach Peter Gay, *Freud, A Life for Our Time,* London 1988, S. 620.

6 Ebd., S. 619.

7 Siehe Kershaw, *Hitler-Mythos,* S. 118ff.

8 Domarus, *Hitler. Reden,* Bd. 1, S. 849.

9 Zitiert nach Roberts, S. 85

10 Degras, *Soviet Documents,* Bd. 3, S. 277.

11 Zitiert nach Gerhard L. Weinberg, *Foreign Policy of Hitler's Germany; Starting World War II, 1937–1939,* Chicago 1980, S. 353-354.

12 *ADAP,* Serie D, Bd. 2, Nr. 175.

13 Domarus, Bd. 1, S. 861.

14 *ADAP,* Serie D, Bd. 2, Nr. 221.

15 *Der Prozeß gegen die Hauptkriegsverbrecher,* Bd. 28, S. 374 (Dokument 1780-PS).

16 Zitiert nach David Irving, *Hitlers Weg zum Krieg,* München/Berlin 1979, S. 240.

17 von Hassell, *Vom anderen Deutschland,* S. 22.

18 Zitiert nach Irving, S. 233.

19 Generaloberst Franz Halder, *Kriegstagebuch,* hrsg. v. Hans-Adolf Jacobsen, Bd. 1, Stuttgart 1962, S. 28.

20 Dies berichtete Spitzy, Ribbentrops Sekretär, der anwesend war. Zitiert nach Irving, S. 235.

21 *Der Prozeß gegen die Hauptkriegsverbrecher,* Bd. 28, S. 379 (Dokument 1780–PS).

22 Zitiert nach Irving, S. 257.

23 Deutsche Niederschrift der Gespräche Hitlers mit Chamberlain in Berchtesgaden, *ADAP,* Serie D, Bd. 2, Nr. 487.

24 *Die Weizsäcker-Papiere 1933-1950,* hrsg. v. Leonidas E. Hill, Frankfurt a. M./Berlin/Wien 1974, S. 143.

25 Degras, Bd. 3, S. 282–294.

26 Ich danke Dr. G. Jukes von der Australischen Nationaluniversität, der mich auf die Bücher *Europe 1939: Was War Inevitable?,* Moskau 1989 von Prof. Oleg Rscheschewski und *Generalny schtab w predwojennye gody,* Moskau 1989, von Marschall M. W. Sacharow aufmerksam machte. Dr. Jukes veröffentlichte einen Artikel im »Journal of Contemporary History« (1991), den er mir vorab zeigte und in dem die in den beiden genannten Büchern behandelten Probleme ausführlich erörtert werden.

27 Kirkpatricks Notizen von den Godesberger Gesprächen siehe *Documents on British Foreign Policy 1919–1939 (DBFP),* Serie 3, Bd. 2, Nr. 5, 1033 und 1073; die deutschen Notizen siehe *ADAP,* Serie D, Bd. 2, Nr. 583.
28 Kirkpatricks Notizen siehe *DBFP,* Serie 3, Bd. 2, Nr. 1118.
29 Domarus, Bd. 1, S. 927ff.
30 Shirer, *Berlin Diary,* S. 118–119.
31 *ADAP,* Serie D, Bd. 2, Nr. 635.
32 Ebd., Nr. 670.
33 *Hitlers politisches Testament,* S. 99–100.
34 Freiherr von Eberstein, Polizeipräsident von München, der beim Nürnberger Kriegsverbrecherprozeß aussagte.
35 *Der Prozeß gegen die Hauptkriegsverbrecher,* Bd. 32, S. 21 (Dokument 3063-PS).
36 Ebd., Bd. 28, S. 538 (Dokument 1816-PS).
37 Domarus, *Hitler. Reden,* Bd. 2/1, S. 1058.
38 *Hitlers politisches Testament,* S. 69–70.
39 *Der Prozeß gegen die Hauptkriegsverbrecher,* Bd. 27, S. 161 (Dokument 1301-PS).
40 Ebd., Bd. 32, S. 415 (Dokument 3575-PS).
41 Donald Watt, *How War Came,* London 1989, S. 40.
42 Zitiert nach ebd., S. 41.
43 Zitiert nach Jost Dülffer, *Weimar, Hitler und die Marine,* Düsseldorf 1973, S. 502.
44 Siehe David Kaiser, *Economic Diplomacy and the Origins of the Second World War,* Princeton 1980, S. 277–283.
45 Ebd., S. 282.
46 Domarus, Bd. 1, S. 974.
47 Zitiert nach Irving, S. 327.
48 Zitiert nach Weinberg, S. 505.
49 *ADAP,* Serie D, Bd. 4, Nr. 228.
50 Ebd., Nr. 229.
51 Albert Zoller (Hrsg.), *Hitler privat. Erlebnisbericht seiner Geheimsekretärin,* Düsseldorf 1949, S. 84.
52 Stalin, *Leninismus,* S. 687.
53 Molotows Erklärung siehe Degras, Bd. 3, S. 363–371; Ribbentrops Erklärung siehe *ADAP,* Serie D, Bd. 6, Nr. 441.
54 *Soviet Peace Efforts on the Eve of World War II,* Moskau 1976, Dokument 54.
55 Cabinet Conclusions 12 (39), 18. März 1939, in PRO, FO 371/22967-C3632/15/18.
56 Domarus, Bd. 2/1, S. 1125.
57 Walther Hubatsch, *Hitlers Weisungen für die Kriegführung 1939–1945. Dokumente des Oberkommandos der Wehrmacht,* Koblenz 1983, S. 17.
58 Sir Neville Henderson, *Failure of a Mission,* London 1940, S. 228.
59 Ciano, *Tagebücher 1939–1943,* Bern 1947, S. 44.
60 *Ciano's Diplomatic Papers,* S. 282–287.
61 Text in *Nürnberger Beweisurkunden* (N. B.), Rbb-187.
62 *Soviet Peace Efforts on the Eve of World War II,* Bd. 1, S. 203; *DBFP,* Serie 3, Bd. 4, Nr. 597.
63 Siehe den Artikel von Donald Watt »The Case of John Herbert King« in *Intelligence and National Security,* 1988, Nr. 3/4.
64 Siehe »The Moscow Negotiations, 1939«, in *Retreat from Power,* hrsg. von David Dilks, London 1981.
65 »Prawda«, 29. 6. 1939.
66 *ADAP,* Serie D, Bd. 6, Nr. 700.

67 Schnurres Bericht in *ADAP*, Serie D, Bd. 6, Nr. 729.
68 Schnurre in einem Interview mit Anthony Read und David Fisher, zitiert nach *The Deadly Embrace: Hitler, Stalin and the Nazi-Soviet Pact, 1939-1941*, London 1988, S. 126.
69 Schulenburgs Bericht in *ADAP*, Serie D, Bd. 7, Nr. 70.
70 Siehe *ADAP*, Serie D, Bd. 7, Nr. 105.
71 Ebd., Nr. 132.
72 Ebd., Nr. 142.
73 Ebd., Nr. 159.
74 Speer, *Erinnerungen*, S. 176.
75 *ADAP*, Bd. 7, Nr. 228 (Wortlaut des Paktes) und (Wortlaut des Protokolls).
76 *ADAP*, Serie D, Bd. 7, Nr. 192.
77 Ebd., Nr. 193.
78 Ernst von Weizsäcker, *Erinnerungen*, München/Leipzig/Freiburg i. Br. 1950, S. 252.
79 *ADAP*, Serie D, Bd. 7, Nr. 266.
80 Ebd., Nr. 265.
81 Ebd., Nr. 271.
82 Hitlers Briefe an Mussolini vom 26. August siehe Nr. 307 und Nr. 341.
83 Birger Dahlerus, *Der letzte Versuch, London–Berlin, Sommer 1939*, München 1948, S. 65f.
84 Halder, *Kriegstagebuch*, Bd. 1, S. 40.
85 *Weizsäcker-Papiere*, 29. 8. 1939.
86 Halder, S. 42.
87 *Weizsäcker-Papiere*, S. 162.
88 Schmidt, *Statist auf diplomatischer Bühne*, S. 464.
89 Hubatsch, S. 19f., Weisung Nr. 1 für die Kriegführung.
90 Dahlerus, S. 126.
91 Schmidt, S. 464.

15. Hitlers Krieg

1 Zitiert nach Robert Tucker, *The Soviet Political Mind*, New York 1971, S. 123.
2 Zitiert nach Tucker, *Stalin in Power. The Revolution from Above 1928-1941*, S. 115-8, nach den Memoiren A. Tolstois.
3 Zitiert nach Tucker, *Stalin in Power*, S. 117.
4 Zitiert nach Fainsod, S. 131.
5 Fainsod prägte in Kapitel 13 seines Werkes den Begriff »Terror als Machtsystem«.
6 Zitiert nach Conquest, *Am Anfang starb Genosse Kirow*, S. 22.
7 *Chruschtschow erinnert sich*, S. 262.
8 T. H. Rigby, »Was Stalin a Disloyal Patron?«, *Soviet Studies*, Bd. 38, Nr. 3, Juli 1986, S. 311-24.
9 Andrej Wyschinski, in *Soviet Legal Philosophy*, Cambridge, Mass., 1951, S. 339.
10 Schapiro, S. 488.
11 Kolakowski, *Hauptströmungen des Marxismus*, Bd. 3, S. 111.
12 Carl Burckhardt, *Meine Danziger Mission 1938-1939*, München 1960, S. 348.
13 Domarus, *Hitler. Reden*, Bd. 1, S. 975ff.
14 Charles E. Bohlen, *Witness to History 1929-69*, London 1973, S. 91. Bohlen war zu jener Zeit an der US-Botschaft in Moskau tätig.

15 *ADAP*, Serie D, Bd. 8, Nr. 161.

16 Domarus, *Hitler. Reden*, Bd. 1, S. 1378f.

17 Graf Galeazzo Ciano, *Tagebücher 1939-1943*, Bern 1947, S. 155.

18 *Ciano's Diplomatic Papers*, Hrsg. Malcolm Muggeridge, London 1948, S. 309–16.

19 Hans Adolf Jacobsen (Hrsg.), *Dokumente zur Vorgeschichte des Westfeldzuges 1939-1940*, Göttingen 1956, S. 5ff.

20 Albrecht E. Zoller (Hrsg.), *Hitler privat*, Düsseldorf 1949, S. 181. Es handelt sich um eine bearbeitete Version der Erinnerungen der Hitler-Sekretärin Christa Schröder.

21 Domarus, *Hitler. Reden*, Bd. 2, S. 1424f.

22 Erlaß vom 7. Oktober 1939, abgedruckt in: *Prozeß gegen die Hauptkriegsverbrecher*, Bd. 26, S. 255 (Dokument 686-PS).

23 Josef Ackermann, *Heinrich Himmler als Ideologe*, Göttingen/Zürich/Frankfurt a.M. 1970, S. 298ff.

24 *Prozeß gegen die Hauptkriegsverbrecher*, Bd. 26, S. 169 (Dokument 630-PS).

25 Jan Gross, *Und wehe, du hoffst. Die Sowjetisierung Ostpolens nach dem Hitler-Stalin-Pakt 1939-1941*, Freiburg i. Br. 1988, S. 44.

26 Man ist geneigt, der Empfehlung Paasakivis rückblickend höchste Bedeutung beizumessen, wenn man sich vergegenwärtigt, daß dieser Mann, der 1920 einen so harten Kurs verfochten hatte, es in den Jahren nach 1944 schaffte, die finnisch-sowjetischen Beziehungen so zu gestalten, daß den Finnen als einzigen unter allen westlichen Nachbarstaaten der Sowjetunion das Schicksal erspart blieb, von den Russen besetzt und kommunistischer Herrschaft unterworfen zu werden. Bezeichnend für sein Denken war die Antwort, die er einem Kollegen gab, der sich darüber beschwert hatte, daß die Sowjetunion den Finnen nach dem Zweiten Weltkrieg keine unabhängige Außenpolitik gestattete: »Wir sind ein Land mit 5 Millionen Menschen und leben Tür an Tür mit 200 Millionen. Wenn es umgekehrt wäre, wenn es 200 Millionen Finnen und nur 5 Millionen Russen gäbe, glauben Sie, daß wir denen eine unabhängige Außenpolitik zugestehen würden?«

27 Die 1901 geborene Margarete Buber-Neumann lebte nach Kriegsende noch 44 Jahre in Freiheit; sie starb im Herbst 1989. Sie erwarb sich mit ihrem unermüdlichen Einsatz für die Opfer totalitärer Herrschaft internationales Ansehen. Sie veröffentlichte drei autobiographische Bücher, von denen das dritte den Titel trägt: *Freiheit, du bist wieder mein.*

28 Diese Darstellung der deutsch-sowjetischen Verhandlungen von 1939/40 basiert auf den deutschen Akten in *ADAP*, D, Bd. 8. Siehe die dortige Liste, S. LXXIV–LXXIX.

29 *ADAP* 1918-1945, Serie D, Bd. 8, Nr. 474.

30 Bericht Schnurre vom 26. Februar 1940, *ADAP* 1918-1945, Serie D, Bd. 8, Nr. 636.

31 *Prozeß gegen die Hauptkriegsverbrecher*, Bd. 28, S. 420 (Dokument 1809-PS).

32 Die Kritik Mansteins am OKH-Plan und die darauf basierende neue Weisung finden sich in Jacobsen, *Dokumente zur Vorgeschichte*, S. 155–165.

33 Halder, *Kriegstagebuch*, 17./18. Mai 1940.

34 Ciano, *Tagebücher*, S. 168.

35 Mussolini an Hitler, 4. Januar 1940, *ADAP* , Serie D, Bd. 8, Nr. 504.

36 Ciano, *Tagebücher*, S. 208.

37 Zitiert nach David Irving, *Hitler's War*, London 1977, S. 128, gestützt auf Aussagen von Ohrenzeugen.

38 Percy E. Schramm, *Hitler als militärischer Führer. Erkenntnisse und Erfahrungen aus dem Kriegstagebuch des Oberkommandos der Wehrmacht,* Frankfurt a. M./Bonn 1962, S. 157.

39 Ebd., Anhang 2.

40 Gerhard Wagner (Hrsg.), *Lagevorträge des Oberbefehlshabers der Kriegsmarine vor Hitler 1939–1942,* München 1972, S. 20f.

41 Siehe Overy, *Göring,* S. 101.

42 Siehe Kershaw, S. 143-57.

43 Franz Halder, *Kriegstagebuch,* Stuttgart 1963, Bd. 2, S. 49. Hervorhebungen von Halder.

44 Wortlaut des Dreimächtepakts in: *ADAP,* Serie D, Bd. 11, Nr. 118.

45 Ciano, *Tagebücher,* S. 278.

46 Schmidt, *Statist,* S. 506.

47 *ADAP,* Serie D, Bd. 11, Nr. 211.

48 Ebd., Nr. 326 und 328.

49 Sämtliche Zitate aus: *ADAP,* Serie D, Bd. 11, S. 533-70.

50 Der Text der Denkschrift, die Ribbentrop Molotow während des Luftangriffs unterbreitete, findet sich in *ADAP,* Serie D, Bd. 11, Nr. 329; die sowjetische Antwort vom 26. November ebd. Nr. 404.

51 Halder, *Kriegstagebuch,* Bd. 2, S. 212.

52 Walter Hubatsch, *Hitlers Weisungen für die Kriegführung 1939–1945. Dokumente des Oberkommandos der Wehrmacht,* Koblenz 1983, S. 84.

16. Hitlers neue Ordnung

1 *Mein Kampf,* S. 742.

2 Domarus, *Hitler. Reden,* Bd. 1, S. 642.

3 Hitler, *Monologe.* S. 62.

4 *Mein Kampf,* S. 743.

5 Ebd.

6 *ADAP,* Serie D, Bd. 12, Nr. 660.

7 Hitler nahm diese Abänderung vor, als das OKH ihm den Entwurf für die »Barbarossa«-Weisung am 17. Dezember 1940 vorlegte. Nach Aussagen General Warlimonts akzeptierte das OKH die Änderung in der Überzeugung, die kriegerische Entwicklung werde Hitler zwingen, auf das ursprüngliche Konzept zurückzugehen.

8 Zitiert nach William L. Langer und S. Everett Gleason, *The Undeclared War,* New York 1953, S. 538.

9 *Prozeß gegen die Hauptkriegsverbrecher,* Bd. 4, S. 12f. (Dokument EC-126).

10 *Hitlers Tischgespräche,* 28./29. November 1942.

11 Ebd., 8.–11. August 1941.

12 Rauschning, *Gespräche mit Hitler,* S. 125.

13 *Prozeß gegen die Hauptkriegsverbrecher,* Bd. 26, S. 54 (Dokument 447–SS).

14 Zahlen nach Alec Nove, *An Economic History of the Soviet USSR,* 2. Aufl., London 1989, S. 247f.

15 Bericht Schulenburgs an Berlin vom 13. Juli 1940, *ADAP,* Serie D, Bd. 10, Nr. 164.

16 Nove, *Economic History,* S. 260.

17 *Hitlers politisches Testament,* S. 79f.

18 Siehe *ADAP,* Serie D, Bd. 11,2, Nr. 612.

19 *ADAP*, Serie D, Bd. 11,2, Nr. 640.
20 Domarus, *Hitler. Reden*, Bd. 2, S. 165f.
21 Zitiert nach Erickson, *The Road to Stalingrad*, S. 40.
22 Ebd., S. 52; Erickson zitiert hier aus einer 1965 veröffentlichten Schilderung von General Kasakow, der die Besprechung miterlebt hatte.
23 Siehe dazu Erickson, S. 62, gestützt auf Angaben von Marschall Rokossowski.
24 Zitiert nach Medwedew, *History*, S. 743, gestützt auf einen Artikel in *Oktjabr* (1963), Nr. 11.
25 *ADAP*, Serie D, Bd. 12/2, Nr. 333.
26 Ebd., Nr. 423.
27 Ebd., Nr. 505, Schulenburg an Berlin, 7. bzw. 12. Mai 1941.
28 Anthony Read und David Fisher, *The Deadly Embrace: Hitler, Stalin and the Nazi-Soviet Pact, 1939–41*, London 1988, S. 618, unter Berufung auf Alexander E. Nekritsch.
29 Ebd., S. 619.
30 *Chruschtschow erinnert sich*, S. 145.
31 Georgi K. Schukow, *Erinnerungen und Gedanken*, Stuttgart 1969, S. 228f.
32 *ADAP*, Serie D, Bd. 12, Nr. 628.
33 S. Biaker (Hrsg.), *Stalin and his Generals*, London 1969.
34 *Die Tagebücher von Joseph Goebbels. Sämtliche Fragmente*, hrsg. v. Elke Fröhlich. Teil 1: *Aufzeichnungen 1924–1941*, München/New York/London/Paris 1987, Bd. 4, S. 710.
35 Albert Speer, *Erinnerungen*, S. 195.
36 Schukow, *Erinnerungen*, S. 230.
37 *ADAP*, Serie D, Bd. 12.
38 Hitler, *Monologe*, S. 71.
39 Ebd., S. 49.
40 Ebd., S. 90.
41 Ebd., S. 110.
42 Ebd., S. 106.
43 Ebd., S. 41.
44 Ebd., S. 96f.
45 Ebd., S. 150.
46 N. N. Woronow, *No slushbe voennoi*, Moskau 1963, zitiert nach Medwedew, *History*, S. 756f.
47 Tschakowski, »Blokada«, in: *Snamja*, Moskau 1968, Nr. 11, S. 49, zitiert nach Medwedew, *History*, S. 754.
48 Allilujewa, *Das erste Jahr*, S. 297.
49 Stalin, 24. Mai 1945, zitiert nach de Jonge, *Stalin*, S. 460.
50 1988 kam heraus, daß Pawlow einer von drei Offizieren war, die Jahre zuvor ein Protestschreiben gegen die Verhaftung der Marschälle Blücher, Rokossowski und anderer Militärführer verfaßt hatten. Rokossowski wurde rehabilitiert und spielte im Zweiten Weltkrieg eine führende Rolle. Doch alle drei Unterzeichner des Protestschreibens wurden in den Jahren danach verhaftet und hingerichtet. Stalin hatte ein gutes Gedächtnis. Siehe R. W. Davies, *Soviet History in the Gorbachev Revolution*, London 1989, S. 103.
51 Siehe Wolkogonow, *Stalin*, S. 564ff. Wolkogonow erfuhr die Geschichte von Marschall Moskalenko, für den er in den 70er Jahren arbeitete und der seinerseits als Mitarbeiter des Generalstaatsanwalts Rudenko an den Ermittlungen gegen Berija in den 50er Jahren beteiligt war. Moskalenko war der Gewährsmann, von

dem Wolkogonow erfuhr, der ehemalige bulgarische Botschafter Stamenow habe den Sachverhalt im Gespräch mit Rudenko und ihm bestätigt.

52 Jodl im Gespräch mit General Heusinger, zitiert nach Warlimont, *Im Hauptquartier*, S. 203.
53 Zitiert nach Erickson, Bd. 1, S. 178f., fußend auf den Memoiren Schukows.
54 Zitiert nach Medwedew, *History*, S. 757, fußend auf den Bericht eines Nachrichtenoffiziers namens S. M. Jakomenko.
55 Zitiert nach Zoller, *Hitler privat*, S. 143.
56 P. A. Below, *Sa nami Moskwa*, Moskau 1963, zitiert nach John Erickson, Bd. 1, S. 253.
57 Ebd., S. 258.
58 Heinz Guderian, *Erinnerungen eines Soldaten*, Heidelberg 1951, S. 231.
59 Zitiert nach B. H. Liddell Hart, *The Other Side of the Hill*, 3. Aufl., London 1951, S. 289.
60 Zitiert nach Overy, *Göring*, S. 207.
61 *Survey of International Affairs, Hitler's Europe*, Hrsg. Arnold J. und Veronica M. Toynbee, Oxford 1954, S. 144.
62 Overy, *Göring*, S. 245.
63 Hitler, *Tischgespräche*, S. 189f.
64 *The Goebbels Diaries*, 24. Februar 1942, S. 61.
65 Zitiert nach Dallin, S. 497.
66 Nürnberger Dokumente, ND 389 PS.
67 *DGFP*, Serie D, Bd. 13, S. 149.
68 *Nürnberger Dokumente*, D-4900.
69 Vgl. Helmut Krausnick, Hans Buchheim, Martin Broszat und Hans-Adolf Jacobsen, *Anatomie des SS-Staats*, Olten/Freiburg i. Br. 1965.
70 Präambel zum Gesetz »zum Schutze des deutschen Blutes und der deutschen Ehre« vom 15. September 1935.
71 Robert Jay Lifton, Ärzte im Dritten Reich, Stuttgart 1988, S. 111.
72 Höhne, S. 328.
73 Robert W. Kempner, *SS im Kreuzverhör*, München 1964, S. 29.
74 Hans-Adolph Jacobsen, *Der Zweite Weltkrieg*, Frankfurt a. M. 1965, S. 186.
75 *The Kersten Memoirs 1940–45*, London 1956, S. 133.
76 Siehe Helmut Heiber, »Der Generalplan Ost«, *VJHfZ*, 1958 (3), S. 284ff.
77 Das Zitat stammt von Christopher Browning, der in seinem Buch *Fateful Months. Essays on the Emergence of the Final Solution*, New York 1985, S. 8–14, ein Fazit aus der Holocaust-Debatte gezogen hat.
78 Eberhard Jäckel, *Hitler in History*, London 1984, Kap. 3.
79 Jan Kershaw, *The Hitler Mythos: Image and Reality in the Third Reich*, Oxford 1987, S. 235.
Diese Aussage ist in der deutschen Version des Werkes von Kershaw, *Der Hitler-Mythos*, von 1981 nicht enthalten.
80 Kershaw, *Hitler-Mythos*, S. 132f.
81 Heydrich machte diese Angaben auf der Wannsee-Konferenz. Siehe Leon Poliakow und Joseph Wulf, *Das Dritte Reich und die Juden*. Frankfurt a. M./Berlin/Wien 1983, S. 103ff.
82 Zitiert nach *Verfolgung, Vertreibung, Vernichtung. Dokumente des faschistischen Antisemitismus*, Hrsg. Kurt Pätzold, Leipzig 1991, S. 295.
83 Siehe dazu Omar Bartov, *The Eastern Front, 1941–45. German Troops and the Barbarism of Warfare*, London 1985.

84 Zitiert nach Arno J. Mayer, *Der Krieg als Kreuzzug*, Reinbek 1989, S. 443.
85 Näheres über Eduard Schulte und die bemerkenswerte Geschichte seiner Enthüllungen in: Walter Laqueur und Richard Breitman, *Der Mann, der das Schweigen brach*, Frankfurt a. M./Berlin 1986.
86 Jochen von Lang, *Das Eichmann-Protokoll*, Berlin 1982, S. 69.
87 Rudolf Höß, *Kommandant in Auschwitz. Autobiographische Aufzeichnungen*,
   Stuttgart 1958, S. 153.
88 Domarus, *Hitler. Reden*, Bd. 2, S. 1937.
89 Gerald Fleming, *Hitler und die Endlösung*, Frankfurt a. M./Berlin 1987, S. 105.
90 Protokoll der Wannsee-Konferenz. Zitiert nach Poliakow und Wulf, *Das Dritte
   Reich und die Juden*, S. 119–126.
91 Himmler, Rede in Posen am 4. Oktober 1943, *Nürnberger Dokumente*, PS-1919.
92 *Hitlers politisches Testament*, S. 70.
93 Domarus, *Hitler. Reden*, Bd. 2, S. 1794.
94 Zitiert nach Warlimont, *Im Hauptquartier*, S. 227.
95 Zitiert nach Medwedew, *History*, S. 768f.
96 Batow, Memoiren und Interview, zitiert nach Erickson, S. 287.
97 Zitiert nach Peter Calvacoressi, Guy Wint und John Pritchard, *Total War*, 2. Aufl.,
   London 1989, S. 484.
98 Nove, S. 263, dort zitiert nach E. Lokshin, *Promyshlennost' SSSR 1940–63*, Moskau
   1964.
99 Nove, S. 268, unter Berufung auf Lokshin.
100 Nove, S. 265.
101 Die erstgenannte Auffassung vertritt Alan Milward, *Die deutsche Kriegswirtschaft
   1939–1945*, Stuttgart 1966, S. 64ff., die letztgenannte Overy, *Göring.*, S. 351f.
102 Milward, S. 91.
103 Zitiert nach David Irving, *Hitlers Krieg. Die Siege 1939–1942*, München/Berlin
   1983, S. 434.
104 Wassilewski, zitiert nach Erickson, S. 337f.
105 Domarus, *Hitler. Reden*, Bd. 2, S. 1826.
106 *The Goebbels Diaries*, S. 66f.
107 Ebd., S. 131.
108 Zitat und Kommentar bei Erickson, S. 370.
109 Halder, *Kriegstagebuch*, S. 55f.
110 Ebd., S. 57.
111 Ebd., Bd. 3, S. 528.

17. Stalins Krieg

1 *Stalin's Correspondence with Churchill, Attlee, Roosevelt and Truman, 1941–45*,
   Moskau 1957, Nr. 57, 23. Juli 1942.
2 Winston Churchill, *Der Zweite Weltkrieg*, Berlin 1951, Bd. 4/2, S. 77.
3 *Stalin's Correspondence*, Nr. 65; Churchill, *Der Zweite Weltkrieg*, Bd. 4/2.
4 Churchill, *Der Zweite Weltkrieg*, Bd. 4/2, S. 102ff.
5 Zitiert nach Robin Edmonds, *The Big Three*, London 1991.
6 *Stalin's Correspondence*, Nr. 89, 27. November 1942.
7 Zitiert nach David Irving, *Hitler und seine Feldherren*, Frankfurt a. M./Berlin 1975,
   S. 452.

8 *Hitlers Lagebesprechungen. Die Protokollfragmente seiner militärischen Konferenzen 1942-1945*, hrsg. v. Helmut Heiber, Stuttgart 1962, S. 134. Varus war der Befehlshaber der römischen Rheinarmee, der sich im Jahr 9 n. Chr., als seine Streitmacht in einen Hinterhalt geriet und vernichtet wurde, selbst tötete.

9 Zitiert nach Erickson, *The Road to Berlin*, London 1983, S. 26f.

10 Wolkogonow, *Stalin*, S. 643ff.

11 Medwedew, *History*, S. 768f., unter Berufung auf die Memoiren A. M. Wassilewskis, Moskau 1974.

12 Richthofen, unveröffentlichtes Tagebuch, zitiert nach Irving, *Hitler und seine Feldherren*, S. 470.

13 Kershaw, S. 168.

14 Speer, *Erinnerungen*, S. 271.

15 Aufzeichnungen von Herbert Backe, zitiert nach Irving, *Hitlers Krieg 1942–45*, S. 121.

16 Inge Scholl, *Die weiße Rose*, Frankfurt a. M. 1982, S. 121.

17 Kershaw, S. 172.

18 Churchill an Stalin, 9. Februar 1943.

19 Churchill, *Der Zweite Weltkrieg*, Bd. 4/2, S. 385.

20 Zitiert nach Irving, *Hitler und seine Feldherren*, S. 476.

21 Degras, *Communist International*, Bd. 3, S. 476f.

22 Milovan Djilas, *Gespräche mit Stalin*, Frankfurt a. M. 1962, S. 106.

23 Zahlen nach Richard Overy, *The Air War*, London 1980, S. 150.

24 Guderian, *Erinnerungen*, S. 402.

25 Krausnick, *Anatomie des SS-Staates*, Bd. 1: Hans Buchheim, *Die SS – Das Herrschaftsinstrument. Befehl und Gehorsam*, S. 215.

26 Goebbels, zitiert nach *Anatomie des SS-Staates*, Bd. 2, S. 343f.

27 *Anatomie des SS-Staates*, Bd. 1, S. 273.

28 Zitiert nach Norman Davies, *God's Playground. A History of Poland*, Oxford 1981, Bd. 1, S. 463.

29 Zitiert nach *Anatomie des SS-Staates*, Bd. 2, S. 123.

30 *Prozeß gegen die Hauptkriegsverbrecher*, ND PS – 1919.

31 Heinrich Himmler, *Geheimreden 1933-1945*, hrsg. v. Bradley F. Smith und Agnes F. Peterson, Frankfurt a. M./Berlin/Wien 1974, S. 169f.

32 Martin Gilbert, *Endlösung. Die Vertreibung und Vernichtung der Juden. Ein Atlas*, Reinbek 1982, S. 170ff.

33 Ebd.

34 Ebd., S. 196-9.

35 Zitiert nach Irving, *Hitlers Krieg 1942-1945*, S. 253.

36 Joachim von Ribbentrop, *Zwischen London und Moskau*, Leoni 1953, zitiert nach Fest, *Hitler*, S. 949.

37 *The Goebbels Diaries*, S. 443.

38 Irving, *Hitlers Krieg 1942-1945*, S. 254.

39 *The Goebbels Diaries*, S. 464.

40 Zitiert nach Irving, *Hitler und seine Feldherren*, S. 537.

41 Jugoslawien verlor im Zweiten Weltkrieg mit 10,9 Prozent einen größeren Teil seiner Bevölkerung als jedes andere Land mit Ausnahme Polens (unter Mitberücksichtigung der polnischen Juden). Sir William Deakin legte mit *The Embattled Mountain*, Oxford 1971, eine einzigartige Darstellung des jugoslawischen Partisanenkriegs vor, den er an der Seite der Partisanen miterlebte, nachdem Churchill ihn 1943 als Beobachter und Berichterstatter nach Jugoslawien geschickt hatte.

42 Mark Walker, *German National Socialism and the Quest for Nuclear Power 1939–1949*, Cambridge 1989, Kap. 5.

43 Warren F. Kimball, *Churchill and Roosevelt. The complete Correspondence*, 3 Bde., Princeton 1984, Bd. 2, S. 471.

44 Ulam, *Stalin*, S. 555.

45 Zitiert nach David Fraser, *Alanbrooke*, London 1983, S. 385.

46 Die hier gegebene Darstellung der Konferenz von Teheran stützt sich auf *Foreign Relations of the United States: The Teheran Conference; The Teheran, Yalta and Potsdam Conferences. Documents*, Moskau 1969. Siehe auch Churchill, *Der Zweite Weltkrieg*, Bd. 5, Kap. 20–22; Edmonds, *The Big Three*. Die britischen Dokumente zur Konferenz sind nicht veröffentlicht worden; die einschlägigen Akten finden sich im Public Record Office unter den Archivnummern CAB 80/77, CAB 120/113 und PREM 3/136/10.

47 Churchill, *Der Zweite Weltkrieg*, Bd. 5/2, S. 63f.

48 Ebd., S. 50.

49 Ebd., S. 90.

50 Zitiert nach Edmonds, *The Big Three*, S. 357.

51 Alexander Dallin, *Deutsche Herrschaft in Rußland 1941–1945. Eine Studie über die Besatzungspolitik*, Düsseldorf 1958, S. 564.

52 Ebd., S. 564.

53 Ebd., S. 590.

54 Ebd., S. 588.

55 Zitiert nach Irving, *Hitler und seine Feldherren*, S. 579f.

56 Hans Speidel, *Invasion 1944. Ein Beitrag zu Rommels und des Reiches Schicksal*, Tübingen und Stuttgart 1949, S. 113ff.

57 Erickson, *Road to Berlin*, S. 203, gestützt auf die Darstellung Rokossowskis.

58 Ebd., S. 207.

59 Fabian von Schlabrendorff, *Offiziere gegen Hitler*, Frankfurt a. M./Hamburg 1959, S. 34. Schlabrendorff, einer der Köpfe der Verschwörung von 20. Juli, überlebte die Affäre, obwohl er nach dem Attentat verhaftet wurde.

60 Siehe Peter Hoffmann, *Widerstand, Staatsstreich, Attentat. Der Kampf der Opposition gegen Hitler*, München 1969.

61 Siehe Gerhard Ritter, *Carl Goerdeler und die deutsche Widerstandsbewegung*, Stuttgart 1955.

62 Schlabrendorff, *Offiziere gegen Hitler*, S. 44.

63 Das Ersatzheer war die militärische Organisation für die Mobilmachung und Ausbildung der Wehrpflichtigen, die zum Einsatz an den verschiedenen Fronten vorgesehen waren; Olbricht hatte also kein Frontkommando inne.

64 Schlabrendorff, *Offiziere gegen Hitler*, S. 138.

65 Schmidt, *Statist*, S. 582.

66 Siehe Eugen Dollmann, *Roma Nazista*, Mailand 1951, S. 393–400. Dollmann, der SS-Begleitoffizier Mussolinis, beschreibt die Szene, deren Augenzeuge er war. Göring versuchte, die Aufmerksamkeit vom Versagen der Luftwaffe abzulenken, warf Ribbentrop vor, mit seiner Außenpolitik Schiffbruch erlitten zu haben, und drohte dem Außenminister Schläge mit seinem Marschallsstab an. »Sie schmutziger kleiner Champagnervertreter«, herrschte Göring Ribbentrop an, »halten Sie Ihr verdammtes Maul«. »Ich bin immer noch Außenminister«, schrie Ribbentrop zurück, »und ich heiße *von* Ribbentrop.«

67 Domarus, *Hitler. Reden*, Bd. 2, S. 2127–9.

68 Schlabrendorff, *Offiziere gegen Hitler*, S. 154.

18. Hitlers Untergang

1 Domarus, *Hitler. Reden*, Bd. 2, S. 2128.
2 Speer, *Erinnerungen*, S. 399f.
3 Graf Galeazzo Ciano, *Tagebücher 1939-1943*, Bern 1947, S. 400f.
4 Speer, *Erinnerungen*, S. 406.
5 Zitiert nach H. R. Trevor-Roper, *The Bormann Letters*, London 1954, S. 42.
6 Stalin an Churchill, 23. Juli 1944, *Stalin's Correspondence*, Nr. 301.
7 Zitiert nach Erickson, *Road to Berlin*, S. 280.
8 Ebd., S. 283.
9 Churchill, *Der Zweite Weltkrieg*, Bd. 6/1, S. 167f.
10 Ebd.
11 Ebd., S. 177.
12 Churchill, Bd. 5/2, S. 415f.
13 Erickson, *Road to Berlin*, S. 396.
14 Djilas, *Gespräche mit Stalin*, S. 77.
15 Ebd., S. 81f.
16 Ebd., S. 97.
17 Zitiert nach Vladimir Dedijer, *Tito*, Berlin 1953, S. 219–223.
18 Djilas, *Gespräche*, S. 102.
19 Ebd., S. 92f.
20 Speer, *Erinnerungen*, S. 400.
21 An dieser Stelle bricht die Niederschrift ab. Heiber (Hrsg.), *Lagebesprechungen*, S. 275ff.
22 Guderian, *Erinnerungen*, S. 342.
23 Ebd., S. 346.
24 Zitiert nach Chester Wilmot, *The Struggle for Europe*, S. 622, gestützt auf das Protokoll der Vernehmung Guderians durch die U.S. Army.
25 Churchill, *Der Zweite Weltkrieg*, Bd. 6/1, S. 269f.
26 W. Averell Harriman und Elie Abel, *Special Envoy to Churchill and Stalin, 1941-46*, New York 1975, S. 369.
27 Die folgende Darstellung der Konferenz von Jalta basiert auf: *Foreign Relations of the United States. Diplomatic Papers, 1945: The Conferences at Malta and Yalta*, Washington 1955; *The Teheran, Yalta and Potsdam Conferences: Documents*, Moskau 1969; die nicht veröffentlichten britischen Akten sind einsehbar im Public Record Office unter den Signaturen CAB 120/170 und PREM 4/78/1.
28 *British White Paper*, Cmd 7088 (1947).
29 Speer, *Erinnerungen*, S. 431.
30 Ebd., S. 458.
31 Ebd., S. 452.
32 Hitler am 30. Januar 1945, zitiert nach Guderian, *Erinnerungen*.
33 Franz Halder, *Hitler als Feldherr*, München 1949, S. 62.
34 Gerhard Boldt, *Die letzten Tage der Reichskanzlei*, Hamburg 1947, S. 15.
35 Felix Gilbert (Hrsg.), *Hitler Directs His War*, New York 1950, S. 117f.
36 Zitiert nach Irving, *Hitlers Krieg 1942-1945*, S. 407, S. 768.
37 *Hitlers politisches Testament. S. 52.*
38 *Ebd.*
39 *Ebd., S. 78.*
40 *Ebd., S. 72, S. 79f.*
41 *Ebd., S. 72.*

42 Ebd., S. 43f.
43 Ebd., S. 65ff.
44 Ebd., S. 124.
45 Zoller, Hitler privat, S. 204.
46 Prozeß gegen die Hauptkriegsverbrecher, Bd. 16, S. 547f.
47 Speer, Erinnerungen, S. 476.
48 Zitiert nach Hugh Trevor-Roper, Hitlers letzte Tage, Zürich 1948, S. 98.
49 Ebd., S. 116.
50 Speer, Erinnerungen, S. 483.
51 Zitiert nach Trevor-Roper, Hitlers letzte Tage, S. 124.
52 Ebd., S. 131.
53 Ebd., S. 152.
54 Graf Folke Bernadotte, Das Ende. Meine Verhandlungen in Deutschland im Frühjahr 1945 und ihre politischen Folgen, Zürich/New York 1945, S. 36.
55 Ebd., S. 82f.
56 Aussage von Hanna Reitsch, die die Szene im Bunker miterlebte, zitiert nach Trevor-Roper, Hitlers letzte Tage, S. 157.
57 Zitiert nach Fest, Hitler, S. 1015.
58 Zitiert nach Percy Ernst Schramm (Hrsg.), Kriegstagebuch des Oberkommandos der Wehrmacht, Herrsching 1982, Bd. 4/3, S. 1668.
59 Ebd., S. 1669.
60 Rudolf Semmler, Goebbels. The Man Next to Hitler, London 1947, S. 194.
61 Zitiert nach Fest, Hitler, S. 1018.

19. Stalins neue Ordnung

1 Winston Churchill, Der Zweite Weltkrieg, Bd. 6/2, S. 124, 126.
2 Brief Churchills an Eden, 4. Mai 1945, ebd., S. 182.
3 Brief Churchills an Stalin, 29. April 1945, ebd., S. 174ff.
4 Brief Stalins an Churchill, 5. Mai 1945, ebd., S. 179f.
5 Dieser Bericht basiert auf Harriman, S. 463–475, Charles E. Bohlen, Witness to History, 1929–1969, London 1973, S. 218–221 und Robert E. Sherwood, Roosevelt and Hopkins, New York 1950, S. 890–908.
6 Der Brief war an Bohlen gerichtet und wurde von ihm veröffentlicht in Witness, S. 175f.
7 Siehe den Bericht Robin Edmonds' auf der Grundlage sowjetischer Quellen in Setting the Mould, Oxford 1986, S. 6.
8 Zitiert nach Alan Bullock, Ernest Bevin, Foreign Secretary, London 1983, S. 25.
9 Zitiert nach Kenneth Harris, Attlee, London 1982, S. 267.
10 J. Stalin, Über den Großen Vaterländischen Krieg der Sowjetunion, Berlin (Ost) 1952, S. 226f.
11 Zitiert nach Ulam, Stalin, S. 595.
12 Wassili Grossmann wurde 1905 in Berditschew in der Ukraine geboren. Als Kriegsberichterstatter war er Augenzeuge der Schlacht um Stalingrad, der Befreiung des Todeslagers von Treblinka und der Einnahme Berlins. Sein Roman Leben und Schicksal, München/Hamburg 1984, der wegen seiner Beschreibung Rußlands im Krieg von 1941–1945 oft mit Tolstois Krieg und Frieden verglichen wird, wurde 1960 vollendet und sofort verboten. Die russische Ausgabe erschien erst 1980, sechzehn Jahre nach Grossmanns Tod, in Lausanne. In der Sowjet-

union erschien der Roman 1988.

13 Nikolai Tolstoy, *Die Verratenen von Jalta*, München/Wien 1977, S. 573.

14 R. W. Davies, *Soviet History in the Gorbachev Revolution*, London 1989, S. 80–81.

15 N. N. Kusnezow, *Nakanune*, Moskau 1966, S. 121, zitiert nach Roy Medwedew, *History*, S. 782.

16 Arseni Swerew, *Sapiski ministra*, Moskau 1973.

17 Siehe Jerry Hough, *The Soviet Prefects: the Local Party Organs in Industrial Decision-Making*, Cambridge, Mass., 1968.

18 Bericht der amerikanischen Seite über das Moskauer Treffen siehe F. R. U. S. 1947, Bd. 2.

19 Ebd.

20 Den Wortlaut der Rede Marshalls siehe B. R. von Oppen, *Documents on Germany under Occupation, 1945–1954*, London 1955, S. 219–227.

21 Das Protokoll der Pariser Konferenz wurde seinerzeit in Frankreich veröffentlicht. Siehe *Documents de la Conference à Paris 1947*, Paris 1947.

22 Royal Institute of International Affairs, *Documents on International Affairs 1947–1948*, London 1952, S. 122–146.

23 Zitiert nach Hugh Seton-Watson, *The East European Revolution*, London 1950, S. 167.

24 Djilas, *Gespräche mit Stalin*, S. 183–194.

25 Ebd., S. 223ff.

26 *Chruschtschow erinnert sich*, S. 569.

27 Djilas, S. 195.

28 Djilas, S. 230f.

29 Siehe Adam Ulam, *Expansion and Co-existence*, London 1968, S. 489–492.

30 Siehe die 1983 in Peking veröffentlichten Memoiren von Wu Xiuquan, zitiert nach R. H. McNeal, *Stalin, Man and Ruler*, S. 289.

31 *Documents on International Affairs 1949–1950*, London 1953, S. 543.

32 Siehe *Chruschtschow erinnert sich*, Kapitel 11: Der Koreakrieg.

33 Ebd., S. 375.

34 Ebd., S. 376.

35 Alec Nove, dessen Buch *An Economic History of the Soviet Union*, 2. Aufl. 1989, diese Angaben entstammen, berichtet, daß die offiziellen Zahlen für das Nationaleinkommen und die industrielle Bruttoproduktion zwar nutzlos sind, hingegen die Zahlen der angegebenen Produktionsmengen mit Ausnahme von Getreide »von fast allen Wissenschaftlern als verläßlich angesehen werden«. S. 280–286.

36 Swerews Memoiren, zitiert nach Roy Medwedew, S. 801.

37 Siehe Shores A. Medwedew, *Der Fall Lysenko*, Hamburg 1971.

38 *Chruschtschow erinnert sich*, S. 260.

39 Ebd., S. 255.

40 Allilujewa, *Zwanzig Briefe*, S. 276.

41 Ebd.

42 *Chruschtschow erinnert sich*, S. 574f.

43 De Jonge, *Stalin*, S. 486.

44 *Chruschtschow erinnert sich*, S. 566.

45 Aus Mikojans Tagebuch, siehe *Komsomolskaja Prawda*, 21. Februar 1988.

46 Issakow in *Swesda*, 1988, Nr. 3, zitiert nach Davies, S. 68.

47 Zitiert nach Ulam, *Stalin*, S. 658.

48 Zitiert nach Hingley, *Stalin*, S. 410.

49 *Chruschtschow erinnert sich*, S. 305f.
50 Ebd., S. 308.
51 Allilujewa, a. a. O., S. 275.
52 Ebd., S. 281.
53 Ebd., S. 276.
54 *Chruschtschow erinnert sich*, S. 312.
55 Ebd., S. 302.
56 Medwedew, *History*, S. 805.
57 *Chruschtschow erinnert sich*, S. 570.
58 Zitiert nach Ulam, S. 693.
59 *Chruschtschow erinnert sich*, S. 324.
60 Allilujewa, S. 24f.
61 Ebd.

20. Epilog und Ausblick

1 Harry Willets in *Survey*, April 1965, S. 9. Siehe auch Kolakowski, *Hauptströmungen*, Bd. 3, S. 11–15.
2 Siehe Stephen F. Cohen, *Re-thinking the Soviet Experience*, New York 1985, Kap. 2–3. Cohen verwirft die Kontinuitätsthese freilich entschieden und konstatiert zwischen Lenin und Stalin einen Kontinuitätsbruch.
3 Boris Souvarine, *Stalinism*, in M. M. Drachkovich (Hrsg.), *Marxism in the Modern World*, Stanford 1965, S. 102.
4 Cohen, S. 48f.
5 Siehe den Aufsatz des australischen Historikers T. H. Rigby, »Stalinism and the Mono-Organizational Society« in Robert C. Tucker (Hrsg.), *Stalinism: Essays in Historical Interpretation*, New York 1977.
6 Einen hervorragenden Überblick über den Historikerstreit gibt Richard J. Evans, *In Hitler's Shadow*, London 1989, mit einem Literaturverzeichnis, das auch die zum Thema erschienenen Zeitschriften- und Zeitungsartikel vollständig auflistet. Alle wichtigen Beiträge zu dieser Auseinandersetzung sind dokumentiert in *»Historikerstreit«*, München 1987.
7 Charles Maier stellt in *The Unmasterable Past*, Cambridge, Mass., 1988, den ca. 20 Millionen sowjetischen Opfern Stalins ca. 7–8 Millionen NS-Opfer gegenüber. Ich halte die letztere Zahl für wahrscheinlich zu niedrig.
8 Eberhard Jäckel in *Die Zeit*, 12. September 1986. Dokumentiert in *»Historikerstreit«*, S. 115–122.

Bibliographie

In der Danksagung weise ich darauf hin, wieviel ich all jenen Historikern verdanke, die im Bereich der modernen deutschen und sowjetischen Geschichte gearbeitet haben. Die Bibliographie enthält genaue Angaben über die Quellen, die ich benutzt, und die Bücher, die ich zu Rate gezogen habe. Es wird kaum nötig sein, weitere Seiten mit den zahlreichen Publikationen zu füllen, die ich gelesen und von denen ich während meiner fünfzigjährigen Studien profitiert habe. Statt dessen findet man hier eine kurze Auswahl von etwa 50 Büchern, die als Anregungen zu weiterem Lesen dienen können.

1. Einführung in die Geschichte des Dritten Reichs und der Sowjetunion

Cohen, Stephen: *Re-Thinking the Soviet Experience: Politics and History since 1917*, Oxford 1985
Hildebrand, Klaus: *Das Dritte Reich*, München 1979

2. Allgemeine Studien

Bracher, Karl Dietrich: *Die deutsche Diktatur. Entstehung – Struktur – Folgen des Nationalsozialismus*, Berlin 1976
Broszat, Martin: *Der Staat Hitlers. Grundlegung und Verfassung seiner inneren Entwicklung*, München 1969
Medwedew, Roy: *Die Wahrheit ist unsere Stärke*, Frankfurt a. M. 1973
Ulam, Adam B.: *Stalin, Koloß der Macht*, Esslingen 1977

3. Wirtschafts- und Sozialgeschichte

Hayes, Peter: *Industry and Ideology: IG Farben in the Nazi Era*, Cambridge 1987
James, Harold: *Deutschland in der Weltwirtschaftskrise 1924 bis 1936*, Stuttgart 1988
Lewin, Moshe: *The Making of the Soviet System. Essays in the Social History of Inter-War-Russia*, London 1985
Nove, Alec: *Das sowjetische Wirtschaftssystem*, Baden-Baden 1980
Overy, R. J.: *Hermann Göring*, München 1986
Turner jr., Henry Ashby: *Die Großunternehmer und der Aufstieg Hitlers*, Berlin 1985

4. Außenpolitik, Wiederaufrüstung und Krieg

Carr, William: *Arms, Autarky and Aggression. A Study in German Foreign Policy*, London 1972
Deist, Wilhelm: *Die Aufrüstung der Wehrmacht, in Deist u. a.: Ursachen und Voraussetzungen des Zweiten Weltkrieges*, Frankfurt a. M. 1989

Erickson, John: *Stalin's War with Germany; Vol. 1, The Road to Stalingrad*, London 1975; Vol. 2, *The Road to Berlin*, London 1983

Funke, M. (Hg.): *Hitler, Deutschland und die Mächte*, Düsseldorf 1977

Geyer, M.: *Aufrüstung oder Sicherheit, Die Reichswehr in der Krise der Machtpolitik*, 1924 bis 1939, Wiesbaden 1980

Ulam, Adam B.: *Expansion and Co-existence, Soviet Foreign Policy 1917–1967*, New York 1968

5. Repression

Conquest, Robert: *Ernte des Todes. Stalins Holocaust in der Ukraine*, München 1988

Conquest, Robert: *The Great Terror. A Re-assessment*, London 1990

Höhne, Heinz: *Der Orden unter dem Totenkopf*, München 1967

Lifton, Robert Jay: *Ärzte im Dritten Reich*, Stuttgart 1988

Marrus, Michael J.: *The Holocaust in History*, Hanover/New Hampshire 1987

Solschenizyn, Alexander: *Der Archipel Gulag*, Reinbek bei Hamburg 1988

6. Spezialstudien

Childers, Thomas: *The Nazi Voter. The Social Foundations of Fascism in Germany 1919–1933*, Chapel Hill/N.C. 1984

Cohen, Stephen F.: *Bukharin and the Russian Revolution*, New York 1973

Dallin, Alexander: *Deutsche Herrschaft in Rußland*, Düsseldorf 1958

Hoffmann, Peter: *Widerstand gegen Hitler. Probleme des Umsturzes*, München 1984

Kershaw, Ian: *Der Hitler-Mythos. Volksmeinung und Propaganda im Dritten Reich*, München 1980

7. Biographien

Fest, Joachim C.: *Hitler*, Berlin 1973

Tucker, Robert: *Stalin as Revolutionary*, New York 1977

Tucker, Robert: *Stalin in Power. The Revolution from Above 1928–1941*, New York 1990

Wolkogonow, Dimitri A.: *Stalin, Triumph und Tragödie*, Düsseldorf 1989

8. Memoiren

Allilujewa, Swetlana: *Zwanzig Briefe an einen Freund*, Wien 1967

Djilas, Milovan: *Gespräche mit Stalin*, Frankfurt a. M. 1962

Hilger, Gustav/Meyer, Alfred G.: *The Incompatible Allies. A Memoir-History of German-Soviet Relations 1918–1941*, New York 1988

Kopelew, Lew: *Und schuf mir einen Götzen. Lehrjahre eines Kommunisten*, Hamburg 1981

Mandelstam, Nadeschda: *Generation ohne Tränen. Erinnerungen.* Frankfurt a. M. 1975

Speer, Albert: *Erinnerungen*, Berlin 1974

Wagener, Otto: *Hitler aus nächster Nähe. Aufzeichnungen eines Vertrauten 1929 – 1932*, hrsg. v. Henry A. Turner, Frankfurt a. M., Berlin 1978

9. Historische Interpretationen

Evans, Richard J.: *In Hitler's Shadow: West German Historians and the Attempt to Escape from the Nazi Past*, London 1989
Friedrich, Carl J./Curtis, Michael R./Barber, B. R.: *Totalitarianism in Perspective. Three Views*, New York 1969
Jäckel, Eberhard: *Hitlers Herrschaft*, Stuttgart 1988
Kolakoski, Leszek: *Die Hauptströmungen des Marxismus. Entstehung – Entwicklung – Zerfall*, 3 Bände, München 1977 – 1979
Laqueur, Walter (Hrsg): *Fascism. A Reader's Guide*, London 1979
Maier, Charles S.: *The Unmasterable Past: History, Holocaust and German National Identity*, Cambridge/Mass. 1988
Stern, J. P.: *Hitler – Der Führer und das Volk*, München 1978
Szamuely, Tibor: *The Russian Tradition*, London 1974
Talmon, J. L.: *The Myth of the Nation and the Vision of Revolution*, London 1981
Tucker, Robert: *Stalinism. Essays in Historical Interpretation*, New York 1977

Register

Abakumow, Viktor Ssemjononowitsch (1894-1954), bolschewist. Politiker, 1946 Minister für Staatssicherheit 1229, 1231, 1243

Abel, Theodore (geb. 1896), amerikan. Soziologe 474

Acheson, Dean (1893-1971), amerikan. Politiker, 1949-1953 Außenminister 1219

Adam, Wilhelm (1877-1949), General 763f.

Adenauer, Konrad (1876-1967), 1949-1963 dt. Bundeskanzler 1101, 1213

Agranow, Jakow (1893-1939), Mitglied des Kollegiums der OGPU 406, 623, 631

Achmatowa, Anna (1889-1966), russische Dichterin 1186

Alexandrow, Alexander, sowjet. Komponist 1176

Alexander I. (1777-1825), russ. Zar 1177, 1238

Alexander II. (1818-1881), russ. Zar 31

Alexander der Große (356-323 v. Chr.), König von Mazedonien 464

Alexander, Newsky (1220-1263), Großherzog von Kiew und Nowgorod 961, 1176

Allilujewa, Anna (1896-1964), Schwägerin Stalins 499

Allilujewa, Nadeschda S. (1901-1932), zweite Ehefrau Stalins, Todesursache umstritten 250, 495f., 632

Allilujew, Sergej (1866-1945), bolschewist. Politiker, 2. Schwiegervater Stalins 82, 250

Allilujewa, Swetlana (geb. 1925), Stalins Tochter aus 2. Ehe 29, 250, 482, 495ff., 500, 633, 951, 1229, 1233f., 1240, 1243, 1248

Amann, Max (1891-1957), Präs. der Reichspressekammer, NS-Verleger 115, 123, 196, 209f., 238

Anders, Wladislaw (1892-1970), poln. General 866, 868

Andrejew, Andrej (1895-1971), bolschewist. Politiker 274, 658, 668, 834, 1184f.

Antonescu, Ion (1882-1946), rumän. Offizier und Politiker, 1940-1944 Staatschef 900, 1115

Antonow, Alexei (1896-1962), sowjet. Generalstabsoffizier, General 1031

Antonow-Owsejenko, Wladimir (1883-1939), bolschewist. Politiker, zuletzt Volkskommissar für Justiz, 1939 erschossen, 1956 rehabilitiert 714, 718

Araktschejew, Aleksei Graf (1769-1834), General, Reaktionär, hatte starken Einfluß auf Alexander I. 1238

Arco-Valley, Anton Graf von (1897-1945), Mörder Kurt Eisners 106

Arendt, Hannah (1906-1975), dt.-amerikan. Soziologin und Philosophin 859

Arnim, Hans-Jürgen von (1895-1962), Generaloberst, 1942 Befehlshaber der Fünften Panzerarmee 1039, 1041

Aristoteles (384-322 v. Chr.), griech. Philosoph 673

Arsenidse, georgischer Menschewist 55

Artemejew, NKWD-General, 1942 Stadtkommandant von Moskau 960

Astachow, Georgij A. (1897-1942), sowjet. Diplomat 807

Attlee, Clement (1883-1967), brit. Labour-Politiker, 1945-1951 Premierminister 1169, 1173, 1175, 1202

Augustus (63 v. Chr.-14 n. Chr.), röm. Kaiser 493

Axelrod, Pavel (1850-1928), menschewist. Politiker 55, 59, 60

Axmann, Arthur, Reichsjugendführer 1152

Bach-Zelewski, Erich von dem (1899–1972), SS-Obergruppenführer, Leiter der Partisanenbekämpfung in Rußland 980, 1112

Backe, Herbert (1896–1947), Staatssekretär im Landwirtschaftsministerium, später Reichsernährungsminister 596

Badoglio, Pietro (1871–1956), ital. Offizier und Politiker, 1943/44 Ministerpräsident 901, 1048f.

Bakajew, Iwan (1887–1936), bolschewist. Politiker, GPU-Funktionär (ermordet?) 636

Bakunin, Michail (1814–1876), russ. Anarchist 717

Baldwin, Stanley (1867–1947), kons. Parteiführer, mehrfach Premierminister 698, 721

Barbarin, Leiter der sowjet. Handelsvertretung 807

Barmin, Alexander, sowjet. Diplomat, später Emigrant, veröffentl. 1938 seine Memoiren im Ausland 397

Barth, Karl (1886–1968), schweiz. Theologe 432

Barthou, Louis (1862–1934), französ. Politiker 448, 691, 694

Baschanow, Boris (geb. 1900), Sekretär Stalins, 1928 Emigrant 164, 186, 247–250, 252

Batow, P., sowjet. General 1000

Bauer, Otto (1881–1938), österr. Sozialist 65

Bechstein, Hélène 121f., 126

Bechterew, Wladimir (1857–1927), sowjet. Wissenschaftler, Neuropathologe 479

Beck, Jozef (1894–1944), poln. Außenminister 791, 794, 798f.

Beck, Ludwig (1880–1944), Generaloberst, 1935–1938 Chef des Generalstabes, am 20. Juli 1944 Selbstmord nach dem Scheitern des Umsturzversuchs 762–765, 767, 848, 1088, 1093, 1098f.

Bedny, Demjan (1883–1945), sowjet. Schriftsteller 492

Bell, George (1883–1958), Bischof von Chichester 1088

Below, Ivan P. (1893–1938), sowjet. Offizier, hingerichtet 961f.

Beneš, Eduard (1884–1948), tschech. Politiker, 1935–1938 und 1945–1948 Staatspräsident 654, 703, 756, 766, 768, 771–774, 779, 1115, 1166

Berger, Gottlob (1896–1975), SS-Obergruppenführer 1051

Berija, Lawrenti P. (1899–1953), bolschewist. Politiker und Geheimdienstchef, nach Stalin im Juni 1953 erschossen 406, 632, 658, 660, 667, 669, 834f., 953f., 1121, 1181ff., 1206, 1214, 1229–1232, 1236f., 1239, 1242f., 1247f., 1256

Berling, Zygmunt (1897–1980), poln. General 1113

Berman-Jurin, Konron, Mitarbeiter der Komintern 637

Bernadotte, Folke Graf (1895–1948), 1943 Vizepräsident des Schwedischen Roten Kreuzes 1155f.

Bernhardt, Johannes (geb. 1897), NS-Funktionär mit Kontakten zu General Franco 712

Berzin, Yan (1880–1938), Befehlshaber des Kontingents der Roten Armee im span. Bürgerkrieg, erschossen 718

Best, Werner geb. 1903, NS-Jurist, 1942–1945 Reichsbevollmächtigter im besetzten Dänemark 1056

Besymenski, Lew, sowjet. Journalist und Bormann-Biograph 1162

Bevin, Ernest (1881–1951), brit. Labour-Politiker, 1945–1951 Außenminister 1003, 1169, 1173, 1175, 1202

Bismarck, Otto von (1815–1898), Politiker und Staatsmann 13, 232, 423, 426, 429, 506, 608, 753, 756, 767, 855, 886, 945, 1258

Blaskowitz, Johannes 858

Bloch, Marc (1886–1944), französ. Historiker 390

Blomberg, Werner von (1878–1946), Generalstabsoffizier, 1933–1935 Reichswehrminister, 1935–1938 Reichskriegsminister und Oberbefehlshaber der Wehrmacht, 1936 Generalfeldmarschall 346f., 444, 455,

459, 488, 589–595, 712, 736, 739, 742ff., 762, 1005

Blücher, Wassili (1890–1938), bolschewist. Militärführer, 1935 Marschall, 1938 verhaftet und nach Folterungen gestorben, 1956 rehabilitiert 654f., 687, 771, 919

Blum, Léon (1872–1950), franzòs. sozialist. Politiker 707, 714, 1202

Bock, Fedor von (1880–1945), Generalfeldmarschall 854, 879, 881, 956, 963

Bodelschwingh, Friedrich von (1902–1977), protestantischer Pastor 978

Bohle, Ernst Wilhelm (1903–1960), Gauleiter, Chef der Auslandsorg. der NSDAP 446, 531

Bohlen, Charles E. (1904–1974), amerik. Diplomat 1134

Bonhoeffer, Dietrich (1906–1945), Theologe, als Widerstandskämpfer hingerichtet 432, 1088, 1091

Bonhoeffer, Klaus (1901–1945), Jurist, Widerstandskämpfer, von der SS erschossen 1088

Bór-Komorowski, Tadeusz Graf (1895–1966), poln. General 1113

Bormann, Martin (1900–1945), Reichsleiter der NSDAP, 1941–1945 Leiter der Parteikanzlei, 1943–1945 Sekretär des Führers 165, 433, 451, 504, 506, 517, 543, 608, 891, 918, 933, 944ff., 970, 972f., 975, 988, 1017, 1077f., 1089, 1106, 1108f., 1127, 1143ff., 1147, 1154f., 1157ff., 1161f, 1188

Borissow, Leibwächter Kirows 623f.

Borsig, Ernst von (1869–1933), dt. Großindustrieller 126

Bouhler, Philipp (1899–1945), Chef der Kanzlei Hitlers, Reichsleiter, SS-Obergruppenführer 220f., 864

Bracher, Karl Dietrich (geb. 1922), dt. Politologe u. Historiker 425, 450, 982

Bradley, Omar (1893–1981), amerik. General 1148, 1222

Brandt, Karl (1904–1948), Dr. med., Hitlers Leibarzt, SS-Gruppenführer 864

Brauchitsch, Walther von (1881–1948), Generalfeldmarschall 744f., 762f., 766f., 820, 823, 826, 853–856, 882, 964, 997

Braun, Eva (1912–1945), am 30. 4. 1945 verheiratet mit Adolf Hitler 502f., 759, 1153, 1157

Braun, Otto (1872–1955), 1920–1933 preuß. Ministerpräsident, SPD 320f., 323

Braune, Paul-Gerhard (1887–1945), protestantischer Pastor 978

Bredow, Ferdinand E. von (1884–1934), Generalmajor, 30. 6. 1934 ermordet 457, 459

Breschnew, Leonid (1906–1982), sowjet. Partei- und Staatsführer 385, 659, 683

Brockdorff-Ahlefeld, Erich Graf von (1887–1945), General 767

Brockdorff-Rantzau, Ulrich Graf von (1869–1928), dt. Diplomat 689

Brooke, Francis Alan Viscount (1883–1963), brit. Feldmarschall 1068

Broszat, Martin (1926–1989), dt. Historiker 459, 571, 612

Bruckmann, Hugo (1863–1941), Verleger in München 122, 126, 222

Brüning, Heinrich (1885–1970), Zentrums-Politiker, 1930–1932 Reichskanzler 236, 239, 307f., 319–324, 326, 332ff., 342, 345, 347, 422, 442, 457, 488, 583, 586, 840

Buber-Neumann, Margarete (1901–1989), dt. Publizistin, als Kommunistin 1937 in der Sowjetunion verhaftet, 1940 an die Gestapo ausgeliefert 874

Bubnow, Andrej (1883–1940), bolschewist. Politiker, 1938 deportiert, 1940 erschossen, 1956 rehabilitiert 661

Buch, Walter (1883–1949), Reichsleiter und Oberster Parteirichter der NSDAP 977

Bucharin, Anna Larina (geb. 1914), 2. Ehefrau Nikolai Bucharins 649

Bucharin, Nikolai (1888–1938), führender bolschewist. Politiker, 1937 verhaftet, 1938 erschossen, 1956 rehabilitiert 52, 63, 65, 96f., 141, 143, 147, 157, 159, 170, 172, 174, 180f., 184, 248ff., 252, 254ff., 258f., 261, 267f., 270, 274, 276f., 281ff., 285–293, 351f., 386, 393f., 396ff., 400f., 403, 405f.,

468, 483, 495, 542, 558, 560, 618, 621, 628f., 640, 643ff., 648–652, 654, 661–666, 669, 676f., 682, 1241, 1257

Budjonny, Semjon M. (1883–1973), bolschewist. Militärführer, Marschall 145, 148, 653f., 872, 956, 958, 1031

Bulganin, Nikolaj (1895–1975), sowjet. Politiker und Militär, Marschall, 1955–1958 Ministerpräsident 835, 1001, 1230, 1242, 1246

Burckhardt, Carl Jakob (1891–1974), Schweizer Historiker, 1937–1939 Hoher Kommissar in Danzig 709, 838, 859

Burckhardt, Jakob (1818–1897), Schweizer Historiker 947

Busch, Ernst (1885–1945), dt. Generalfeldmarschall 762, 1087

Byrnes, James (1879–1972), amerikan. Staatsmann 1169, 1189

Cadogan, Alex Sir (1884–1968), 1938–1946 Staatssekretär im Foreign Office 939

Cäsar, Gaius Julius (100–44 v. Chr.), röm. Feldherr und Staatsmann 464

Canaris, Wilhelm (1887–1945), Admiral, 1935–1944 Chef des Amtes Ausl.-Abw. im OKW, im KZ Flossenbürg erhängt 712, 719, 1088, 1093

Carlyle, Thomas (1795–1881), schott. Historiker 1151

Carol II. (1893–1953), 1930–1940 König von Rumänien 788, 798, 893, 900

Carr, Edward Hallett (1892–1982), brit. Historiker 353

Carr, Raymond (geb. 1919), brit. Historiker 716

Ceaucescu, Nicolai (1918–1989), rumän. Diktator 1251

Chamberlain, Arthur Neville (1889–1940), 1937–1940 brit. Premierminister 278, 706, 721, 768ff., 772ff., 776ff., 780, 797ff., 802ff., 818, 823f., 852, 881, 905, 1088, 1146

Chaplin, Charles (1889–1977), Filmstar 487

Chatajewitsch, Mendel M. (1893–1937), bolschewist. Politiker, erschossen 371

Chatschaturjan, Aram (1903–1978), sowjet. Komponist 1176

Childers, Thomas (geb. 1940), amerikan. Historiker 300

Chruschtschow, Nikita S. (1894–1971), sowjet. Politiker, 1953–1964 Erster Sekretär des ZK der KPdSU, 1958–1964 Ministerpräsident 48, 166, 175, 280, 373, 385, 391, 402, 405ff., 477, 495, 497, 510, 515, 616f., 626, 630, 633ff., 640, 648, 651, 657ff., 669, 673, 678, 834f., 938, 940, 954, 1011, 1015, 1033, 1208, 1219ff., 1226, 1229, 1231f., 1235ff., 1240–1244, 1246, 1248, 1251

Chunjanis, F., Mitglied der Bolschewiki 47

Churchill, Winston Sir (1874– 1965), brit. Staatsmann, 1940–1945 und 1951–1955 Premierminister 65, 390, 721, 768, 771, 852, 876, 881, 886, 894, 921, 937, 988, 1007f., 1024–1027, 1039, 1042, 1048f., 1059, 1062, 1065f., 1068–1072, 1083, 1110–1113, 1115ff., 1121, 1132–1137, 1139ff., 1145f., 1164–1170, 1172f., 1175, 1178f., 1184f., 1189, 1193, 1259

Ciano, Galeazzo, Graf, Conte di Cortellazzo (1903–1944), ital. faschist. Politiker, 1936–1943 Außenminister 716, 719f., 777, 779, 801, 820f., 852, 883f., 900f., 934, 1106

Clemenceau, Georges (1841–1929), französ. Staatsmann, 1906–1909 und 1917–1920 Ministerpräsident 278

Clementis, Vladimir (1902–1952), 1948 tschechoslow. Außenminister 1214

Codreanu, Corneliu Z. (1903–1938), Führer der Eisernen Garde in Rumänien, ermordet 788

Comte, Auguste (1798–1857), französ. Soziologe 30

Conquest, Robert (geb. 1917), brit. Historiker 353, 374, 376, 670

Cuno, Wilhelm (1876–1933), Reichskanzler 1922/23 132

Curtius, Julius (1877–1948), dt. Politiker, 1926–1929 Reichswirtschaftsminister, 1929–1931 Reichsaußenminister 322

Cyrankiewicz, Jozef (geb. 1911), poln. Politiker 1202

Dahlerus, Birger, schwed. Geschäftsmann 822f., 827
Daladier, Edouard (1884-1970), französ. Politiker, 1933/34 und 1938-1940 Ministerpräsident 778, 780
Dan, Fjodor (1871-1947), menschewist. Politiker, 1922 des Landes verwiesen 55, 63, 484
Daniels, Robert V. (geb. 1926), amerikan. Historiker 263, 272
Darlan, François (1881-1942), französ. Admiral, 1940-1942 stellv. Ministerpräsident, schloß sich den Alliierten an, ermordet 1039, 1049
Darré, Walter (1895-1953), 1933-1942 Reichsminister für Ernährung und Landwirtschaft 204, 228f., 309, 344, 439f., 451, 553, 582, 588, 596, 863, 1079
Darwin, Charles (1809-1882), brit. Naturforscher 30
David, Fritz (1897-1936), dt. Kommunist, Mitarbeiter der Komintern, 1936 Opfer der Säuberung 637
Deborin, Abram M. (1881-1963), marxist. Theoretiker 542
De Gasperi, Alcide (1881-1954), ital. christ.-dem. Politiker, mehrfach Ministerpräsident 1200f.
De Gaulle, Charles (1890-1970), General, Führer des französischen Widerstands, 1944-1946 und 1959-1969 Staatspräsident 1039
Delmer, Sefton (1904-1979), brit. Journalist 415
Denikin, Anton J. (1872-1947), militär. Führer der Weißen im russ. Bürgerkrieg, 1920 Emigration 138, 147
Deterding, Sir Henry (1866-1939), Großindustrieller 383
Deuerlein, Ernst, dt. Historiker 303
Deutscher, Isaak (1907-1967), poln.-brit. Publizist und Historiker 54
Diels, Rudolf (1900-1957), 1933 Chef der Gestapo, 1944 in Haft 413f., 454
Dietl, Eduard (1890-1944), 1942 Generaloberst, Unfalltod 878

Dietrich, Otto (1897-1952), 1935-1945 Pressechef der Reichsregierung 781, 959
Dietrich, Sepp (1892-1966), SS-Obergruppenführer, 1933 Kommandeur der Leibstandarte »Adolf Hitler« 1118, 1143
Dimitroff, Georgij (1882-1949), bulgar. Kommunist, 1935-1943 Generalsekretär der Komintern 701, 1205ff.
Dirksen, Herbert von (1882-1955), dt. Diplomat, Botschafter in Moskau 1929-1933, Tokio 1933-1938, London 1938-1939 689
Djilas, Milovan (geb. 1911), jugoslaw. Kommunist, Politiker und Schriftsteller, Dissident 634, 1042, 1119, 1121f., 1206, 1213, 1215
Dohnanyi, Hans von (1902-1945), 1939-1943 Leiter d. Referats Politik im Stab der Abwehr des OKW, 1945 im KZ Flossenbürg gehängt 854, 1088, 1091
Dönitz, Karl (1891-1980), Großadmiral, Nachfolger Hitlers als dt. Staatsoberhaupt 1007f., 1036, 1046, 1064, 1082, 1096, 1152, 1158, 1160, 1162
Dollfuß, Engelbert (1892, 1934), seit 1932 österr. Ministerpräsident, ermordet 448, 530, 749
Donskoy, Dmitri D. (1881-1936), russ. sozialrevolut. Politiker, seit 1922 in Haft 961
Dostojewski, Fedor (1821-1881), russ. Romancier 476, 511, 1256
Drexler, Anton (1884-1942), Schlosser, Gründer der Deutschen Arbeiterpartei 108, 120
Dulles, Allen W. (1893-1969), amerikan. Politiker, 1939-1945 Chef des Nachrichtendienstes in Europa 1088
Dzierzynski, Felix E. (1877-1926) bolschewist. Politiker, seit 1917 Leiter der Tscheka 94f., 143, 148, 170, 173, 181, 478, 523, 554, 631, 635
Eastman, Max (1883-1969), amerikan. Publizist 264
Ebert, Friedrich (1871-1925), sozialdemokrat. Politiker, 1919-1925 Reichspräsident 133, 319

Eckart, Dietrich (1868–1923), völkischer Schriftsteller 121, 126, 504

Eden, Sir Anthony (1897–1977), 1935–1938 brit. Außenminister, 1940–1945, 1951–1955, 1955–1957 Premierminister 454, 694f., 697, 937, 1024, 1071, 1111, 1115, 1117, 1135, 1165, 1169

Ehrenburg, Ilya (1891–1967), sowjet. Schriftsteller 494

Eiche, Robert I. (1890–1940), lettischer Kommunist, 1934 ZK der KPdSU, 1937 Volkskommissar für Landwirtschaft, Opfer der Säuberungen, 1956 rehabilitiert 676

Eichmann, Adolf (1902–1960), Leiter des Judenreferats im Reichssicherheitshauptamt 611, 753, 859, 985f.,988, 990, 994ff., 1056f., 1256

Eicke, Theodor (1892–1943), SS-Obergruppenführer und General der Waffen-SS 611

Eisenhower, Dwight D. (1890–1969), amerikan. General und Politiker, 1942–1945 Oberbefehlshaber in Europa, 1953–1961 Präsident der USA 1049, 1084, 1148f., 1164

Eisenstein, Sergei M. (1898–1948), sowjet. Filmregisseur 1187

Eismont, Nikolai B. (1891–1935), bolschewist. Politiker 399

Eisner, Kurt (1867–1919), bayer. Ministerpräsident, USPD 106f.

Elsner, Georg (1903–1945), Tischler, Hitler-Attentäter 855

Engels, Friedrich (1820–1895), sozialist. Theoretiker 56, 277, 386, 492, 542, 560f.

Erikson, Erik (geb. 1902), dt.-amerikan. Psychoanalytiker 26

Erikson, John, brit. Historiker 735, 1015

Esser, Hermann (1900–1981), 1939–1945 Staatssekretär im Reichsministerium für Propaganda 124, 209, 211, 213

Fajfr, General, Befehlshaber der tschech. Luftwaffe 771

Falkenhorst, Nikolaus von (1885–1968), 1940–1945 Wehrmachtbefehlshaber in Norwegen 877

Faupel, Wilhelm General a. D. (1873–1945), 1936/37 Geschäftsträger in Spanien 713

Feder, Gottfried (1883–1941), NS-Programmatiker 121, 204, 439

Fegelein, Otto Hermann (1906–1945), SS-Gruppenführer und Generalleutnant der Waffen-SS, wegen Fahnenflucht erschossen 1157

Feldmann, J. G., bolschewist. Politiker 667

Fest, Joachim (geb. 1926), Publizist und Historiker, Hitler-Biograph 72, 431, 456

Fierlinger, Zdenek (1891–1976), tschechoslow. Politiker, zunächst Sozialdemokrat, später Kommunist 1166, 1204

Fiore, Joachim von (1130–1202), Mönch, Prophet des 1000jährigen Reiches 554

Fischer, Ruth (1895–1961), KPD-Führerin, später Dissidentin 249, 265

Fjodorow, Grigorij F. (1891–1936), bolschewist. Politiker 668

Flerow, G. N., sowjet. Physiker 1172f.

Foch, Ferdinand (1851–1929), französ. Marschall 885

Forster, Albert (1902–1948), 1930 Gauleiter von Danzig – Westpreußen, 1933 Reichsstatthalter 703, 708f., 818, 862

Fotjewa, Lydia A. (1881–1975), Sekretärin Lenins 172

Fraenkel, Ernst (geb. 1898), dt.-amerikan. Politologe 575

Franco y Bahamonde, Francisco (1892–1975), General, 1936 Staatsführer (Caudillo) von Spanien 592, 712f., 715f., 718f., 899, 901, 905, 908, 927, 1261

Frank, Hans (1900-1946), NS-Jurist, 1939 Generalgouverneur (in Polen) 571f., 574f., 857, 863, 982, 985

Frank, Karl-Hermann (1898–1945), sudetent. Politiker, 1939–1943 Staatssekretär beim Reichsprotektor in Böhmen und Mähren 766

Franz Ferdinand (1863–1914), Erzherzog von Österreich 71

Freisler, Roland (1892-1945), NS-Jurist, 1942 Präsident des Volksgerichtshofes 1101

Freud, Siegmund (1856-1939), Begründer der Psychoanalyse 22, 24, 26, 305

Frick, Wilhelm (1877-1946), 1933-1943 Reichsminister des Inneren, dann Reichsprotektor von Böhmen und Mähren 125f., 346, 418, 451f., 460, 487, 565-568, 571, 576, 1050

Friedeburg, Hans-Georg von (1895-1945), dt. Generaladmiral 1162

Friedrich (II.) der Große (1712-1786), König von Preußen 420f., 886, 945, 963, 1126, 1143, 1145

Frinowski, Michael P., sowjet. Volkskommissar für Kriegsmarine 668f.

Fritsch, Werner Freiherr von (1880-1939), Generaloberst, 1934/35 Chef der Heeresleitung 736, 739, 743-746, 762

Fromm, Erich (1900-1980), dt.-amerikan. Psychoanalytiker 26f., 503

Fromm, Friedrich (1888-1945), dt. Generaloberst, 1939-1944 Chef der Heeresrüstung und Befehlshaber des Ersatzheeres 1093, 1098, 1105

Frunse, Michail V. (1885-1925), bolschewist. Politiker und Militärführer, 1924/25 Volkskommissar für Heer und Flotte 270, 1244

Fuchs, Klaus (1911-1988), dt.-brit. Physiker, Sowjet-Spion 1173

Funk, Walter (1890-1960), 1938-1945 Reichswirtschaftsminister, 1939 Reichsbankpräsident 312, 742, 891, 941, 965, 1062, 1143

Galen, Clemens August Graf von (1878-1946), Bischof von Münster 978, 988, 1089

Gandhi, Mohandas K. (1869-1948), Führer der indisch. Unabhängigkeitsbewegung 475

Gansser, Emil (1874-1941), dt. völkischer Politiker und Schriftsteller 126

Garmanik, Jan B. (1894-1937), bolschewist. Politiker, 1929 Leiter der Polit.

Hauptverwaltung der Roten Armee, Selbstmord 652

Gaus, Friedrich (1881-1955), Vertragsexperte des Auswärt. Amtes 809

Gayl Wilhelm, Freiherr von (1879-1945), dt. kons. Politiker 334

Gebhardt, Karl, SS-Reichsarzt 1155

Geladse, Jekaterina, Stalins Mutter 15

George VI. (1895-1952), 1936 brit. König 653

Ginzburg, Jewgenia (1906-1977), sowj. Schriftstellerin 621

Glaise von Horstenau, Edmund (1882-1946), österr. General und Politiker, dann dt. General, 1943-1944 Bevollmächtigter General in Kroatien 749

Gobineau, Joseph-Arthur Comte de (1816-1882), franzöl. Rassentheoretiker 105

Goebbels, Joseph Paul (1897-1945), 1933 Reichsminister für Volksaufklärung und Propaganda 123, 209, 211, 214, 217, 220, 229, 239f., 309, 311, 314, 327-330, 332f., 337f., 340f., 344, 411, 415, 419f., 425, 429f., 437, 446, 451f., 459, 471, 486f., 489, 506, 535, 537f., 541, 544, 547, 568f., 571, 579, 596, 774, 781-784, 914, 916, 941, 946, 969f., 975, 984, 990, 1012, 1036f., 1048, 1053, 1059-1061, 1075, 1098f., 1105f., 1108, 1117, 1151, 1153, 1157ff., 1161

Goebbels, Magda (1901-1945) 1153

Goerdeler, Carl Dr. (1884-1945), 1930-1937 Oberbürgermeister von Leipzig, nach dem 20. Juli 1944 verhaftet, zum Tode verurteilt und hingerichtet 767, 854, 1088, 1093f., 1099, 1101

Göring, Hermann (1894-1946), 1933-1945 preuß. Ministerpräsident und Reichsminister der Luftfahrt, 1940 Reichsmarschall 121, 312, 315, 327, 340, 344-347, 412f., 425, 429, 437f., 440, 445f., 451f., 455ff., 482, 487, 506, 509, 521, 530, 532, 553, 568, 571, 576, 579, 588, 597, 599-612, 701, 710, 712, 719, 722, 727-731, 736, 739, 742ff., 750f., 757, 764f., 777f., 781-785, 787f., 792, 800, 816, 821-824, 839f., 862, 882,

889ff., 907, 912, 918, 946, 965ff., 972ff., 987f., 990, 1004f., 1007, 1009, 1027, 1046, 1062ff., 1094, 1096, 1106f., 1109f., 1144, 1147, 1153–1158

Gogol, Nikolai (1809–1852), russ. Schriftsteller 511

Golikow, Filipp I. (1900–1980), sowjet. Offizier und Militärpolitiker, 1961 Marschall 937f.

Gorki, Maxim (1868–1936), russ. Schriftsteller, den Bolschewisten nahestehend 66, 511, 543, 637f., 648, 661, 1228, 1244

Graf, Ulrich (1878–1945), Gründungsmitglied der NSDAP, 1943 SS-Brigadeführer 123

Grandi, Conte Dino (1895–1988), 1932–1939 ital. Botschafter in London, 1939–1943 Justizminister 1045

Grauert, Ludwig (1891–1964), Staatssekretär im preuß. Innenministerium, SS-Gruppenführer 312

Greim, Robert Ritter von (1892–1945), 1945 Oberbefehlshaber der Luftwaffe, Generalfeldmarschall 1157

Greiser, Artur (1897–1946), 1939 Gauleiter und Reichsstatthalter des Warthelandes, 1943 SS-Obergruppenführer 990

Grinko, Grigori F. (1890–1936), bolschewist. Politiker, 1936 zum Tode verurteilt, 1956 rehabilitiert 661

Groener, Wilhelm (1867–1939), General, Reichswehrminister 318f., 321f., 324ff., 332f., 345, 348

Grolmann, Wilhelm geb. 1894, Gen.-Major der Polizei 750

Grossmann, Wassili (1905–1964), sowjet. Schriftsteller 1179

Groza Petru 1884–1958), rumän. Politiker 1166

Grützner, Eduard geb. 1881, Geheimrat, Senatspräs. beim Oberverwaltungsgericht Berlin 512

Grynspan, Herschel (geb. 1921), verübte 1938 ein Attentat gegen einen dt. Diplomaten in Paris 781

Grzesinski, Albert (1879–1947), sozialdem. Politiker, 1926–1930 preuß. Innenminister 320f.

Guderian, Heinz (1888–1954), General, 1943 Generalinspekteur der Panzertruppen 728, 880, 956, 958f., 962f., 1044, 1048, 1105, 1129f., 1142, 1144, 1156

Gürtner, Franz (1881–1941), 1932 Reichsjustizminister 125f., 210

Guizot, François (1787–1874), französ. Politiker und Historiker 267

Hacha, Emil (1872–1945), 1930 tschechoslow. Staatspräsident 787, 792, 794

Hagen, Hans (geb. 1907), dt. Journalist, 1944 Leutnant d. Res. beim Wachregiment »Großdeutschland« 1098

Halder, Franz (1884–1972), Generaloberst, 1938–1942 Generalstabschef des Heeres 765ff., 803, 823f., 853ff., 882f., 897, 962ff., 998, 1009, 1016f., 1101, 1143

Halifax, Edward Earl of (1881–1959), 1938–1940 brit. Außenminister, 1940–1946 Botschafter in Washington 721, 768, 799, 804, 822f.

Hamilton, Richard, kanad. Historiker 300f.

Hammerstein-Equord, Kurt Freiherr von (1878–1943), Generaloberst, 1930–1934 Chef der Heeresleitung 322, 324

Hanfstaengl, Ernst (1887–1975), NS-Politiker, 1937 Flucht nach England 123, 126, 503

Hanisch, Reinhold, 1910 Gefährte Hitlers in Wien 36

Harrer, Karl, Journalist, Gründer der Deutschen Arbeiterpartei 108

Harriman, Averell (1891–1986), amerikan. Diplomat 1133f., 1167f.

Hase, Paul von (1885–1944), Generaloberst, Kommandant von Berlin, als Widerstandskämpfer hingerichtet 1098, 1101

Hassell, Ulrich von (1881–1944), 1932–1938 dt. Botschafter in Rom, als Widerstandskämpfer hingerichtet 746, 763, 854, 1088

Haussmann, Lois (geb. 1898), NS-Politiker 514

Hayes, Peter, Historiker 600
Hebrang, Andrija (1899-1951), kroat. kommunist. Parteiführer, 1945-1948 jugoslaw. Industrieminister, seit 1948 in Haft 1208
Hegel, Georg W. F. (1770-1831), dt. Philosoph 464
Heidegger, Martin (1889-1976), dt. Philosoph 435
Heiden, Konrad (1901-1966), dt. Publizist und Historiker, Hitler-Biograph 123
Heinrici, Gotthard (1886-1971), Generaloberst 1155
Heinz, Friedrich Wilhelm (geb. 1899), Stahlhelmführer, Oberstleutnant bei der Abwehr 767
Helldorf, Wolf Graf von (1896-1944), 1935 Polizeipräsident von Berlin, nach dem 20. Juli 1944 verhaftet und hingerichtet 767
Henderson, Sir Neville (1882-1942), 1937 brit. Botschafter in Berlin 768, 818f., 823-826, 828
Henlein, Konrad (1898-1945), sudetendt. Politiker, 1939-1945 Reichsstatthalter und Gauleiter des Sudetenlandes 703, 756f., 759, 766, 768
Herzen, Alexander (1812-1870), russ. radikaler Schriftsteller 31, 830f.
Heß, Rudolf (1894-1987), 1933 Stellvertreter des Führers, 10. Mai 1941 Flug nach England 121, 196, 211, 221ff., 228, 230, 238, 344, 433, 439, 451f., 460, 482, 516, 566, 572, 596, 712, 918, 933f., 938, 1147
Heydrich, Reinhard (1904-1942), 1939 Leiter des Reichssicherheitshauptamts, 1941 stellvertr. Reichsprotektor von Böhmen und Mähren 524, 553, 568f., 611, 654, 783f., 861, 976, 979, 985, 987f., 990f., 994ff., 1053, 1256
Himmler, Heinrich (1900-1945), Reichsführer SS 211, 230, 315, 332, 423, 429, 435, 455ff., 459, 482, 516, 524, 553f., 567ff., 571, 579, 589, 594, 596, 610f., 654, 743f., 782ff., 846, 859-863, 891, 916ff., 946, 970, 976, 978-982, 987-991, 994f., 1050-1056, 1064,

1077, 1079f., 1091, 1093f., 1098f., 1105f., 1108f., 1127, 1143f., 1147, 1155-1158, 1251, 1256
Hindenburg, Paul von Beneckendorf und (1847-1934), Generalfeldmarschall, 1925-1934 Reichspräsident 127, 236, 307, 316, 318f., 321, 323f., 326f., 329f., 333, 338ff., 342f., 345-348, 421, 454ff., 459f., 465, 472, 486, 505f., 520, 531, 570, 574, 576, 742, 997
Hindenburg, Oskar von (1883-1960), Sohn des Reichspräsidenten u. dessen persönl. Adjutant, Oberst 319
Hitler, Alois, Hitlers Vater 18f.
Hitler, Alois, Halbbruder Hitlers 501
Hitler, Clara, Hitlers Mutter 19, 22
Hitler, Paula, Hitlers Schwester 501
Hoare, Samuel Sir (1880-1959), brit. Politiker und Diplomat, 1940-1944 Botschafter in Madrid 699
Ho Chi-minh (1890-1969), vietnames. Revolutionsführer, 1954 Staatspräsident von Nordvietnam 1219
Hoeppner, Erich (1886-1944), Generaloberst, nach dem 20. Juli 1944 verhaftet, zum Tode verurteilt und hingerichtet 767, 959, 963, 1101
Höppner, Rolf Heinz (geb. 1910), Gruppenführer im Reichssicherheitshauptamt 986, 990
Höß, Rudolf (1900-1947), 1940-1943 Kommandant des KZ Auschwitz 611, 989, 991, 994
Hoffmann, Heinrich (1885-1957), Hitlers Leibphotograph 71, 111, 123, 502, 544, 815
Holtzmann, bolschewist. Politiker, Trotzkist 639
Holubowitsch, Vserolod, Ministerpräsident der unabhäng. Ukrain. Republik 366
Honisch, Karl, 1913 Gefährte Hitlers in Wien 37
Hopkins, Harry (1890-1946), amerikan. Politiker, 1941-1945 Sonderbeauftragter Roosevelts 954, 1161, 1167f., 1173
Horney, Karen (1885-1952), amerikan. Psychoanalytikerin 27
Horthy, Miklos (1868-1957), österr.-ungar. Admiral, 1920-1944 ungar.

Reichsverweser 761, 1057, 1080, 1118

Hoßbach, Friedrich (1894–1980), dt. General 736, 760

Hoth, Hermann (1885–1971), dt. Generaloberst 959

Hruschewski, Mykhailo S. (1866–1934), Historiker, Präsident der Ukrainischen Akad. der Wissenschaften 366

Huber, Ernst Rudolph (geb. 1903), dt. Staatsrechtslehrer 574

Hugenberg, Alfred (1895–1951), 1928–1933 Vorsitzender der Deutschnationalen Volkspartei, 1933 Reichsminister für Wirtschaft, Ernährung, Landwirtschaft, Gründer und Kopf eines Pressekonzerns 226ff., 238, 316, 320, 322ff., 334, 342, 345ff., 410ff., 425, 439, 486, 488, 840, 1258

Ignatjew, Semjon D. (geb. 1904), 1951 Chef der sowjet. Geheimpolizei 1243f.

Imredy, Bela (1891–1946), von 1938–1939 ungar. Ministerpräsident 761

Iremaschwili, Jugendfreund und Kommilitone Stalins 15, 18, 31ff., 56

Issakow, Iwan (1894–1967), sowjet. Admiral 1237

Iwan IV. (der Schreckliche) (1530–1584), russ. Zar 482, 493, 832

Iwanow, Boris I. (1887–1965), Arbeiter, Verbannungsgefährte Stalins 68

Jäckel, Eberhard (geb. 1929), dt. Historiker 1254

Jaenecke, Erwin (1890–1960), Generaloberst 1081

Jagoda, Genrich G. (1891–1938), bolschewist. Politiker, 1934 Leiter des NKWD, zum Tode verurteilt und erschossen 388, 399, 405, 482, 523, 624ff., 630f., 633, 641, 643, 652, 654, 661, 669, 1228, 1236, 1244, 1247, 1256

Jagorow, A. I., sowjet. Militärbefehlshaber im russ. Bürgerkrieg 148

Jakir, Jana E. (1896–1937), bolschewist. Militärführer, 1937 hingerichtet, 1956 rehabilitiert 646, 652, 919

James, Harold (geb. 1956), amerikan. Historiker 435f., 584

Jaroschenko, Ökonom 1241

Jegorow, Aleksandr I. (1883–1939), sowjet. Marschall 919

Jenukidse, Awel S. (1877–1937), bolschewist. Politiker, 1924–1934 ZK-Mitglied, 1937 erschossen, 1956 rehabilitiert 626, 632f., 654

Jeschonnek, Hans (1899–1943), Generaloberst, 1939–1943 Chef des Generalstabs der Luftwaffe, Selbstmord 1046f.

Jeschow, Nikolaj I. (1895–1940), bolschewist. Politiker, 1936 Chef des NKWD, 1938 Absetzung, 1939 verhaftet, 1940 erschossen 388, 406, 482, 617, 623, 630ff., 638, 643f., 648f., 651f., 657, 659f., 662f., 667ff., 680, 833, 1185, 1187, 1229, 1236, 1247, 1256

Jessup, Philip (1897–1986), amerikan. Diplomat 1212

Jewdokimow, Grigori J. (1884–1936), bolschewist. Politiker, 1927 Mitglied der Vereinigten Opposition, 1936 erschossen 636f.

Jodl, Alfred (1890–1946), Generaloberst, Chef des Wehrmachtführungsstabes 314, 705, 762f., 766, 848, 853, 877–887ff., 916, 956, 959, 1016f., 1096, 1143, 1153, 1162

Judenitsch, Nikolaj N. (1862–1933), weißruss. General, Emigration 138

Jung, Edgar J. (1894–1934), Publizist, Berater Papens, ermordet 457, 488

Kaas, Ludwig (1881–1952), führender Zentrums-Politiker, Prälat 488

Kaganowitsch, Lasar Moiseyewitsch (1893–1991), bolschewist. Politiker, Stalinist, ein Organisator der Säuberungen der 30er Jahre, 1957 aller Ämter enthoben 163ff., 179f., 255, 274, 289, 363, 367, 369, 395, 406, 477, 483, 509, 515, 543, 618, 646, 649, 658, 660, 667, 834, 1184f., 1236, 1242

Kaganowitsch, Michail (1899–1949), Minister für Flugzeugbau, Bruder von Lasar K. 164, 1183

Kahr, Gustav Ritter von (1862–1934),

1923 bayer. Generalstaatskommissar, ermordet 133ff., 190ff., 194, 457

Kaiser, David, Historiker 789

Kalinin, Michail Ivanowitsch (1875–1946), bolschewist. Politiker, 1926–1946 Mitglied des Politbüros 147, 272, 290, 359, 371

Kaltenbrunner, Ernst (1903–1946), SS-Obergruppenführer, 1943–1945 Chef des Reichssicherheitshauptamts, als Kriegsverbrecher hingerichtet 1099, 1144

Kamenew, Lev Borisovich (1883–1936) 63, 66, 68, 82f., 86, 89, 92, 140f., 147, 158, 162, 170, 172, 174f., 177, 183, 248f., 252f., 257f., 261, 264, 266, 269, 270ff., 274, 276, 279f., 286, 290, 398f., 401, 403, 467, 618, 621, 624, 626f., 630, 632f., 636ff., 640, 645f., 649

Kaminski, Grigori N. (1895–1938), bolschewist. Politiker, 1936/37 Volkskommissar für Gesundheitswesen 661

Kandelaki, David, in den 30er Jahren Leiter der sowjet. Handelsmission in Berlin 657, 701

Kapiza, Pjotr L. (1894–1984), sowjet. Physiker 1237

Kardelj, Edvard (1910–1979), jugoslaw. kommunist. Politiker 1206–1207

Kasbegi, Alexander (1847–1893) georg. Schriftsteller 17

Katharina II. (die Große) (1729–1796), russ. Zarin 1151, 1180

Kaufmann, Karl (1900–1969), Gauleiter und Reichsstatthalter von Hamburg 211

Keitel, Wilhelm (1882–1946), Generalfeldmarschall, 1935–1945 Chef des Oberkommandos der Wehrmacht, als Kriegsverbrecher hingerichtet 744f., 749, 758, 761f., 766f., 787, 819f., 852f., 877, 890, 894, 916f., 1077, 1096, 1153f.

Kemal, Pascha (1881–1938), (seit 1935 Kemal Atatürk), türk. Offizier und Politiker, 1923 Staatspräsident 1257

Kennan, George F. (geb. 1902), amerikan. Diplomat und Historiker, 1954–

1961 und 1963–1967 Botschafter in Moskau 1169, 1196

Kennedy, Paul, Historiker 735

Kenstler, A. G., Gründer und Verleger der Zeitschrift »Blut und Boden«, geistiger Anreger von Walter Darré 228

Keppler, Wilhelm (1882–1960), 1938 Reichskommissar in Wien 589, 750

Kerenskij, Alexander F. (1881–1970), russ. Politiker, 1917 Ministerpräsident 85, 87f.

Kershaw, Ian, brit. Historiker 453, 488f., 491, 494

Kersten, Felix (1896–1960), Himmlers Masseur 980, 1156

Kesselring, Albert (1885–1960), dt. Generalfeldmarschall 1050, 1083, 1165

Kezchoweli, Lado (1876–1903), russ. Revolutionär 32f.

Kezchoweli, Vano 32

Keynes, John Maynard (1883–1946), brit. Ökonom 598

Kim Il-sung (geb. 1912), nordkorean. kommunist. Politiker, Diktator 1215, 1219f.

King, John Herbert, brit. Sowjet-Spion, Mitarbeiter des Foreign Office 802

Kirdorf, Emil (1847–1938), dt. Großindustrieller 219

Kirow, Sergej Mironowitsch (1886–1934), bolschewist. Politiker, 1934 Sekretär des ZK, ermordet 250, 272, 274, 352, 398, 400, 402, 404, 406f., 493, 495, 497, 618f., 621–628, 630, 633, 636, 639, 642, 646f., 657, 664, 830, 832, 1185, 1228

Klagges, Dietrich (1891–1971), 1933–1945 Ministerpräsident von Braunschweig, SS-Obergruppenführer 600

Kleist, Ewald von (1881–1954), dt. Generalfeldmarschall 1028, 1038, 1075, 1077, 1080, 1090, 1125

Kleist-Schmenzin, Ewald von (1890–1945), Widerstandskämpfer, hingerichtet 768

Kljutschewski, Vasili O. (1841–1911), russ. Historiker 830

Kluge, Günther von (1882–1944), Ge-

neralfeldmarschall, Selbstmord
963, 1042f., 1049, 1086, 1090, 1099

Knox, Frank (1874-1944), US-Marineminister 913

Koch, Erich (1896-1986), 1928 Gauleiter
in Ostpreußen, 1941 Reichskommissar Ukraine 211, 553, 862, 918, 972-
975, 1075, 1077

Kolakowski, Leszek (geb. 1927), poln.
Philosoph u. Publizist 556f., 673, 838

Kollontai, Alexandra M. (1872-1952),
bolschewist. Politikerin und Diplo-
matin 154

Koltschak, Alexander W. (1874-1920),
weißer Admiral, von nichtbolsche-
wist. Gegnern erschossen 138, 636

Komarow, Wladimir L. (1869-1945), sowjet. Wissenschaftler 266

Kondratjew, Nikolai D. (geb. 1892), sowjet. Ökonom, Ende der 30er Jahre
verhaftet und verschollen 364

Konjew, Iwan S. (1897-1973), sowjet.
Marschall 1074, 1086f., 1130f., 1148,
1150f., 1164f., 1182

Kopelew, Lew (geb. 1912), sowjet. Literaturwissenschaftler, Dissident 368

Kork, August (1887-1937), Leiter der
Frunse-Militärakademie, bolschewist. Offizier, 1937 Todesurteil, 1956
rehabilitiert 652

Kornilow, Lavrentij G. (1870-1918),
weißruss. General 87

Kossior, Stanislaw W. (1889-1939), 1938
Sekretär der ukrain. KP 366, 372f.,
400, 666, 676

Koslow, Frol (1908-1965), bolschewist.
Politiker 1245

Kossygin, Alexej N. (1904-1980), sowjet. Staatsmann 385, 683, 1231f.

Kostow, Traitscho (1897-1949), bulgar.
kommunist. Politiker 1214

Krauch, Carl (1897-1968), dt. Chemiker, Generalbevollmächtigter für
Sonderfragen der chem. Erzeugung,
Chemiker der I. G. Farben 597,
730

Krasnow, Pjotr N. (1869-1947), weißruss. General, Emigrant 138

Krawtschenko, Victor, sowjet. Beamter, Emigrant 371

Krebs, Hans (1898-1945), Oberst, 1940/
41 Stellvertreter d. Militärattachés in
Moskau, später Generalleutnant
936

Krestinsky, Nikolaj N. (1883-1938), bolschewist. Politiker, 1921-1930 Botschafter in Berlin, 1938 erschossen,
1956 rehabilitiert 529, 661f.

Krupp von Bohlen und Halbach, Gustav (1870-1950), dt. Großindustrieller 438

Krupskaja, Nadeschda (1869-1936),
Ehefrau Lenins 171f., 174f., 185,
187, 247, 265, 269

Ksenovontow, Filipp A., bolschewist.
Politiker, eigentl. Verfasser von Stalins »Fragen des Leninismus« 256

Kube (1887-1943), Gauleiter, 1941-1943
Generalkommissar in Weißruthenien 980

Kubizek, August, Hitlers Jugendfreund 21-24, 514

Kuibyschew, Walerian W. (1888-1935),
bolschewist. Politiker, 1930-1934
Vorsitz der Plankommission, Todesursache ungeklärt 174, 179, 181,
287ff., 352, 398, 400, 630, 637, 646ff.,
654, 661, 1244

Kulik, Grigorij I. (1890-1950), sowjet.
Politoffizier, stellvertret. Volkskommissar für Verteidigung 924, 927f.,
930, 1031

Kun, Bela (1886-1939), ungar. Kommunist, Führer der Räterepublik 106,
1214

Kurtschatow, Igor, sowjet. Physiker
1173

Kusnezow, Wasili W. (geb. 1901), sowjet. Politiker und Diplomat 658,
930, 940, 942, 1229, 1231

Kutusow, Michail I. (1745-1813), russ.
Heerführer gegen Napoleon 833,
961, 1119, 1176f.

Kuusinen, Otto W. (1881-1964), finnischer Kommunist in der Sowjetunion 871

Lammers, Hans-Heinrich (1879-1962),
1933-1945 Chef der Reichskanzlei
506, 570f., 1154

Lange, Fritz (geb. 1908), SS-Sturm-
bannführer 990, 1168
Lanz von Liebenfels, Jörg (1874–1954),
österr. Mönch, Rassenideologe 41
Largo Caballero, Francisco (1869–
1946), span. republikan. Politiker,
1936/37 Ministerpräsident der Volksfront-Regierung 714, 717
Laschewitsch, Michail M. (1884–1926),
bolschewist. Politiker, militärpolit.
Funktionär, 1926 Verlust sämtl.
Funktionen, Selbstmord 181, 273
Lasswell, Harold (1902–1978), amerikan. Sozialwissenschaftler 479
Lattmann, Martin (geb. 1896), dt. Generalmajor 1104
Laval, Pierre (1883–1945), französ. Politiker, Regierungschef und Außenminister des Pétain-Regimes 694,
698ff., 708
Lawrence (von Arabien), T. A. (1888–
1935), brit. Forscher, Truppenführer
und Schriftsteller 383
Lebedew, Sergej V. (1874–1934), russ.
Chemiker 393
Leber, Julius (1891–1945), sozialdemokrat. Politiker, Widerstandskämpfer 1093f.
Le Corbusier (1887–1965), französ. Architekt 514
Leeb, Wilhelm Ritter von (1876–1956),
Generalfeldmarschall 854, 879,
958, 963
Lehár, Franz (1870–1948), ungar. Ope-
rettenkomponist 511
Lenin, Wladimir, Iljitsch (1870–1924),
russ. Revolutionär und Staatsmann 13f., 21, 27, 31, 34, 46, 48–52,
54–68, 80–100, 107, 118, 130, 138–150,
152–163, 166–169, 172–180, 184–187,
194f., 215, 217, 243–249, 253–258,
260–264, 266–270, 279f., 285, 292f.,
296, 306, 350f., 356, 394, 401f., 410,
426, 466–469, 471, 476ff., 480, 483,
486f., 492f., 498, 514, 518, 522, 525,
542, 547, 554–562, 564, 618f., 646,
662, 664, 667, 681f., 714, 831f., 834,
837, 1119, 1140, 1175, 1218, 1235, 1238,
1252, 1257
Leonhard, Wolfgang (geb. 1921), dt.

kommunist. Funktionär, 1949/50 in
Jugoslawien, dann im Westen Publi-
zist und Historiker 374
Lester, Sean, Hoher Kommissar des
Völkerbunds in Danzig 708f.
Leuschner, Wilhelm (1888–1944), SPD-
Politiker, Widerstandskämpfer
1093
Lewin, Mosche (geb. 1921), französ.
Wirtschaftshistoriker 390
Ley, Robert (1890–1945), 1933–1945
Reichsorganisationsleiter und Füh-
rer der Deutschen Arbeitsfront
344, 429, 432f., 436, 509, 568, 579,
606, 891
Liebmann, Curt (1881–1962), dt. Generalmajor, 1939 Oberbefehlshaber der
5. Armee 443
Lifschitz, Jakow A. (1886–1937), bolschewist. Politiker, stellvertret.
Volkskommissar für Eisenbahnwesen, erschossen 646
Lipski, Josef (1894–1958), 1933–1939
poln. Botschafter in Berlin 790
List, Wilhelm (1880–1971), Generalfeld-
scharschall 1013f., 1016
Litschko, E. A., sowjet. Psychiater
479
Litwinow, Maxim M. (1876–1951),
1930–1939 sowjet. Volkskommissar
für Äußeres, 1941–1943 Botschafter
in USA 529, 687, 690, 700, 710, 719,
723, 755f., 770f., 794, 796, 798, 801ff.,
806
Lloyd, George A., Lord (1879–1941),
brit. Politiker 768
Lohse, Hinrich (1896–1964), 1925–1945
Gauleiter von Schleswig-Holstein,
1941–1945 Reichskommissar für das
Ostland 973, 980
Lominadse, Wissarion W. (1897–1935),
KPdSU-Sekretär in Transkaukasien,
Selbstmord 397, 403
Losowski, Solomon (1878–1952), 1921–
1937 Sekretär der Roten Gewerk-
schaftsinternationale, starb im Gefängnis 1234
Lossow, Otto von (1893–1938), General, bayer. Reichswehrkomman-
deur 131, 134f., 190ff., 194

Lubbe, Marinus van der (1909–1934), als Reichstagsbrandstifter hingerichtet 414, 453, 576f.

Ludendorff, Erich (1865–1937), Generalquartiermeister 76, 123, 126, 132, 134f., 190, 193, 210, 318

Ludin, Hanns R. (1905–1947), Reichswehroffizier, 1930 in den Ulmer Reichswehrprozeß verwickelt, 1941–1945 Gesandter in Preßburg, hingerichtet 313

Lüdecke, Kurt, in den 20er Jahren Mitarbeiter Hitlers 209, 485

Lueger, Karl (1844–1910), 1895 Bürgermeister von Wien, Antisemit 43, 108

Luther, Martin (1483–1546), Reformator 476

Lutze, Viktor (1890–1943), 1934–1943 Stabschef der SA 455

Lyssenko, Trofim D. (1898–1976), sowjet. Agrarwissenschaftler 1226ff., 1235, 1238

Maclean, Fitzroy Sir (geb. 1911), brit. Oberst, Leiter der Militärmission in Titos Hauptquartier 662ff., 1173

Maiski, Iwan (1884–1975), sowjet. Gesandter in London 710, 716, 719, 771, 798, 937, 939

Makart, Hans (1840–1884), österr. Maler 512

Malenkow, Georgi M. (1902–1988), 1953 Erster Sekretär des Politbüros und Ministerpräsident, 1957 allen Ämtern enthoben 406, 630, 652, 658, 668, 832, 1001, 1033, 1086, 1183ff., 1202f., 1226, 1228–1232, 1235f., 1239, 1241f., 1246f.

Malik, Jakob A. (1906–1980), sowjet. Diplomat, 1948–1975 UN-Botschafter 1212

Malinowski, Rodion, J. (1898–1967), Befehlshaber verschiedener Frontabschnitte im Zweiten Weltkrieg, Marschall der Sowjetunion, Verteidigungsminister seit 1957 1074, 1115, 1118, 1182, 1220

Malinowsky, Roman J. (1876–1918), bolschewist. Duma-Abgeordneter,

Spitzel der zaristischen Geheimpolizei 66, 522

Malraux, André (1901–1977), französ. Schriftsteller und Politiker 484

Mandelstam, Nadeschda J. (1899–1980), sowjet. Autorin 186, 537, 1245

Mandelstam, Ossip E. (1891–1938), russ. Dichter 1187

Mannerheim, Karl Gustav Emil Freiherr von (1867–1951), finnischer Marschall u. Staatsmann 871ff., 1087

Manstein, Erich von (1887–1973), Generalfeldmarschall 880, 886f., 887, 961, 1012, 1014, 1027f., 1036f., 1042f., 1049, 1058f., 1075, 1077, 1080f.,1090

Manuilski, Dimitri S. (1883–1959), 1929–1934 Leiter der Komintern 373, 527, 701

Mao Zedong (1893–1976), Führer der chines. Kommunisten 355, 403f., 724, 1215–1221, 1235f., 1252, 1257

Marr, Nikolai (1865–1934), sowjet. Wissenschaftler 1238

Marshall, George C. (1880–1959), amerikan. Diplomat und Politiker, 1947–1949 Außenminister, 1950/51 Verteidigungsminister 1165, 1175, 1195f., 1204

Martow, Lew (1873–1923), menschewist. Politiker 48f., 55, 59f., 63, 143

Marx, Karl (1818–1883), dt. Geschichtsphilosoph 30f., 42, 49, 56, 92, 95, 147, 268, 288f., 386, 473, 484, 492, 542, 555f., 558–562, 601, 717, 837

Maslow, Arkadij (1891–1941), dt.-russ. Kommunist, KPD-Führer 249

Matsuoka, Yosuke (1880–1946), 1940/41 japan. Außenminister 935

Maurice, Emil (1897–1945), Mitglied der NSDAP seit 1920, zeitweise Hitlers Chauffeur, SS-Oberführer 196

May, Karl (1842–1912), dt. Schriftsteller 20

Mayr, Karl, 1919 Hauptmann der Reichswehr in München 107

McCarthy, Joseph (1908–1957), amerikan. Senator 1221

Mdivani, Budo (1877–1937), in den 20er Jahren führender bolschewist. Parteifunktionär im Kaukasus 174

Mechlis, Lew S. (1889-1953), stellv. Kommissar für Verteidigung, ranghöchster Polit.-Kommissar der Roten Armee 924, 928, 953, 956, 1001, 1012, 1031, 1034

Medwedew, Roy (geb. 1925), sowjet. Historiker, Dissident 377, 392, 656f., 667, 669

Meinberg, Wilhelm (1898-1973), NS-Agrarpolitiker 600

Meinecke, Friedrich (1862-1954), dt. Historiker 325f.

Meir, Golda (1898-1978), israel. Politikerin 1233f.

Meissner, Otto (1880-1953), 1920 Leiter des Büros des Reichspräsidenten, 1934-1945 Chef der Präsidialkanzlei 506

Menschikow, Michail, 1949 sowjet. Außenhandelsminister 1230

Menschinski, Wjatscheslaw R. (1874-1934), bolschewist. Politiker 662

Menzel, Adolf von (1815-1905), dt. Maler 512

Merezkow, Kirill A. (1897-1968), 1944 Marschall der Sowjetunion 871, 927

Meschlauk, Waleri I. (1893-1938), bolschewist. Politiker, 1937 Chef der Planungsbehörde, liquidiert 661

Meyerhold, Vsevolod E. (1874-1940), russ. Theaterdirektor 1187

Michael, König von Rumänien (geb. 1921), 1940-1947 König, seitdem Exil 1166

Michoels, Solomon (1890-1948), sowjet.-jüd. Schauspieler, ermordet 1233, 1244

Mierendorff, Carlo (1897-1943), sozialdemokrat. Politiker, Widerstandskämpfer 299

Mihailovic, Draza (1893-1946), jugoslaw. General, Organisator der Cetniks 1120

Miklas, Wilhelm (1872-1956), 1928-1938 österr. Bundespräsident 750f.

Mikojan, Anastas (1895-1978), bolschewist. Politiker, 1964/65 Staatsoberhaupt 164, 250, 270, 274, 372, 402, 630, 646, 650, 658, 834, 836, 875f., 925, 954, 1183, 1185, 1230f., 1237, 1239-1242

Mikolajczyk, Stanislaw (1901-1966), 1943/44 Ministerpräsident der poln. Exilregierung, 1945-1947 Landwirtschaftsminister und Führer der Bauernpartei 1112, 1133, 1168, 1201f.

Milch, Erhard (1892-1972), Generalfeldmarschall 445, 891, 1005, 1036, 1047, 1063f., 1082

Mirbach, Graf Wilhelm von (1871-1918), dt. Botschafter in Moskau, ermordet 97

Mironow, Iwan F. (1882-1964), sowjet. Geheimpolizist 637

Mitschurin, I. W., sowjet. Biologe 1227

Mnuchin, sowjet. Mediziner 479

Model, Walter (1891-1945), Generalfeldmarschall, Selbstmord 1080, 1087, 1090, 1125, 1130

Moeller van den Bruck, Arthur (1876-1925), dt. Publizist, »Das Dritte Reich« 1923 204

Molotow, Polina, Gattin von W. M. 164, 496, 1230, 1234

Molotow, Wjatscheslaw Michajlowitsch (1890-1986), bolschewist. Parteifunktionär und sowjet. Staatsmann, 1939-1949 und 1953-1956 Außenminister 163f., 246, 250, 271f., 282, 292, 356, 367, 374, 395, 483, 498, 509, 527, 529, 618, 622, 644, 649, 652, 659f., 668, 701, 711, 717, 796, 803, 806-810, 816, 834ff., 849ff., 870, 876, 892f., 903-907, 921, 935f., 940-943, 950-953, 1026, 1086, 1110, 1121f., 1139, 1164f., 1168, 1170, 1173, 1183, 1185, 1191f., 1196f., 1203-1207, 1211f., 1230f., 1239-1243, 1259

Moltke, Helmuth James Graf von (1907-1945), Kriegsverwaltungsrat, Widerstandskämpfer 762, 886, 1089, 1093

Moltschanow, sowjet. Geheimpolizist 633

Mommsen, Hans, dt. Historiker 429

Monnet, Jean (1888-1979), französ. Politiker 1261

Montgomery, Bernard Sir (1887-1976),

brit. Feldmarschall 1039ff., 1088, 1148, 1222

Morell, Theo Dr. (1886–1948), Leibarzt Hitlers 792, 1048, 1124

Mratschkowski, Sergej, bolschewist. Politiker, Trotzkist 637

Muchow, Reinhold (1905–1933), NS-Politiker 309

Müller, Hermann (1876–1931), SPD-Politiker, 1920 und 1928–1930 Reichskanzler 233, 236

Müller, Karl Alexander von (1882–1964), dt. Historiker 107

Müller, Ludwig (1883–1945?), »Reichsbischof« 346, 432

Muggeridge, Malcolm (geb. 1903), brit. Publizist 371

Muranow, Matwej K. (1873–1959), bolschewist. Politiker 82

Musil, Robert (1880–1942), österr. Schriftsteller 420

Mussolini, Benito (1883–1945), ital. Regierungschef und Duce des Faschismus 117, 127f., 135, 193, 221, 339, 445, 448, 469ff., 489, 547, 698f., 702, 704, 707, 713, 719–722, 738, 750f., 758f., 777f., 800f., 816ff., 828, 851f., 883ff., 898–901, 907, 911, 931, 934, 939, 986, 1013, 1039, 1044f., 1048ff., 1058, 1094ff., 1118, 1140, 1157, 1160, 1251

Nadolny, Rudolf (1873–1953), dt. Diplomat 689

Napoleon I. (1769–1821), Kaiser der Franzosen 12, 91, 464, 476, 516, 885, 924, 945, 956, 963, 997, 1137, 1140, 1145, 1176f.

Nenni, Pietro (1891–1980), ital. sozialist. Politiker 1201

Netschajew, Sergej G. (1847–1882), russ. anarchist. Revolutionär 559

Neurath, Konstantin Freiherr von (1873–1956), 1932–1938 Reichsaußenminister, 1939–1943 Reichsprotektor von Böhmen und Mähren 347, 446, 530, 736, 739, 741f., 745, 778, 793

Neumann, Heinz (1902–1937?), KPD-Führer, nach Verhaftung in der SU spurlos verschwunden 874

Nicolajewsky, Boris I. (1887–1966), russ. menschewist. Historiker im Exil 401, 484, 643, 676

Niemöller, Martin (1892–1984), Pfarrer der »Bekennenden Kirche« 432, 1089

Nietzsche, Friedrich (1844–1900), dt. Philosoph 111, 469f., 475, 505, 508, 578

Nikitschenko, sowjet. Jurist 639

Nikolajew, Leonid W. (1904–1934), Kirows Mörder 407, 622–625, 627

Nin, Andres (1892–1937), span. Sozialist, Führer der POUM 717

Nowikow, A. A., sowjet. Luftmarschall 1034

Olberg, Valentin, Agent der sowjet. Geheimpolizei 633, 637

Olbricht, Friedrich (1888–1944), General, Widerstandskämpfer 1090, 1092, 1096ff.

Oppenheimer, Robert (1904–1967), amerikan. Atomphysiker 1173

Ordschonikidse, Grigorij Konstantinowitsch (Sergo) (1886–1937), bolschewist. Politiker 13, 63, 145, 168ff., 173, 179, 250, 274, 398, 400, 402, 405, 495, 618f., 643f., 646–649, 657, 919

Orlow, Alexander, NKWD-Agent in Spanien, später in den USA untergetaucht 633, 637, 641, 644, 655, 714

Orlow, Dietrich, amerikan. Historiker 209

Oshima, Hiroshi (1886–1975), japan. Diplomat und General, 1938 Militärattaché, 1940 Botschafter in Berlin 722

Oster, Hans (1888–1945), Generalmajor, Widerstandskämpfer 767, 854, 1088, 1090f., 1101

Ott, Eugen (geb. 1889), Generalleutnant und Diplomat in Tokio 802

Paasikivi, Juho K. (1870–1956), finn. Politiker und Diplomat 870f.

Papen, Franz von (1879–1969), dt. Politiker und Diplomat 307, 324ff., 333f., 338–348, 410ff., 418, 422, 425,

442, 448, 455ff., 486, 488, 575, 586, 702, 707, 742, 748f., 1258

Pasternak, Boris L. (1890-1960), sowjet. Schriftsteller 371, 494

Patolitschew, sowjet. Politiker 1230

Pauker, Ana (1894-1960), rumän. kommunist. Politikerin 1214

Paul, Prinz von Jugoslawien (1893-1976), 1934-1941 Prinzregent 931

Paulus, Friedrich (1890-1957), dt. Generalfeldmarschall 1014ff., 1027ff., 1036

Pavelic, Ante (1889-1959), Führer der Ustascha in Kroatien 1062

Pawlow, Dmitri (1897-1941), sowjet. General 715, 953

Petacci, Clara (verst. 1945), Geliebte Mussolinis 1160

Pétain, Henry Philippe (1856-1951), französ. Marschall, 1940-1945 Staatschef 883, 885, 899, 901

Peter I., der Große (1672-1725), 1682 Zar von Rußland 379, 382, 482, 493, 831f., 886, 1192, 1206

Peter II., König von Jugoslawien (1923-1970), 1934-1941 unter Regentschaft, 1941 Exil 931, 1121f.

Peterson, Karl A. (1877-1926), bolschewist. Militärführer 632

Petrowski, Pjotr G. (1899-1941), sowjet. Politiker 400, 402

Petschek, Friedrich (geb. 1890), böhm. Großindustrieller und Bankier 787

Pfeffer von Salomon, Franz Felix (geb. 1888), SA-Führer, 1944 in Haft 219f., 315

Philipp, Prinz von Hessen (1896-1980), SA-Obergruppenführer, 1943 verhaftet 750f., 800

Pieck, Wilhelm (1876-1960), dt. kommunist. Politiker, 1949 Präsident der DDR 265

Pilsudski, Jozef (1867-1935), poln. Politiker und Offizier, 1926 Diktator 447

Pjatakow, Grigori (1890-1937), bolschewist. Politiker 172, 275, 396, 400, 403, 638, 643-647, 676, 919

Plechanow, Georgi Valentinowitsch (1856-1918), russ. marxist. Theoretiker, Menschewist 30, 52, 56, 59f., 538

Plehwe, Viacheslav K. (1846-1904), zarist. russ. Innenminister 58

Pleiger, Paul (1899-1985), Generaldirektor der Reichswerke »Hermann Göring« 600

Pletnjow, Dmitri D. (1872-1938), sowjet. Mediziner, Angeklagter im Prozeß gegen den »Block der Rechten und Trotzkisten« 661

Plutarch (46-120), griech. Historiker 9

Pöhner, Ernst (1870-1925), 1919-1924 Polizeipräs. von München, 1925 Oberlandesgerichtsrat, Mitglied der NSDAP 125

Poensgen, Ernst (1871-1949), dt. Großindustrieller 889

Pohl, Oswald (1892-1951), SS-Obergruppenführer, Leiter des SS-Wirtschafts- und Verwaltungshauptamts 1051f., 1054

Poincaré, Raymond (1860-1934), französ. Politiker, 1926-1929 Staatspräsident 383

Popkow, Pjotr S. (1903-1950), bolschewist. Politiker 658

Popow, Nikolai, sowjet. Politiker 1229, 1232, 1237

Poskrebyschew, Alexander Nikolajewitsch (1891-1965?), Stalins erster Sekretär, im 2. Weltkrieg Generalmajor 164f., 406, 631, 834, 942, 1243, 1259

Posse, Hans (1886-1965), 1933-1945 Staatssekretär im Reichswirtschaftsministerium 439, 513

Postyschew, Pawel P. (1887-1939), bolschewist. Politiker in der Ukraine 369, 373, 395

Potjomkin, Wladimir P. (1874-1946), sowjet. Diplomat und Politiker 772

Preobraschenski, Jewgenij A. (1886-1937), bolschewist. Politiker und Wirtschaftstheoretiker 141, 162f., 184, 268, 285, 392, 403

Price, George Ward (1886-1961), brit. Journalist 448

Prokofjew, Sergej (1891-1953), russ. Komponist 1187

Pudowkin, Vsevolod I. (1893-1953), sowjet. Filmregisseur 1187

Puschkin, Alexander (1799-1837), russ. Dichter 511

Putna, Wytolt K. (1893-1937), sowjet. Offizier 645

Quisling, Vikdun (1887-1945), norweg. Regierungschef während der dt. Besetzung 879

Radek, Karl (1885-1939), 1919-1923 wichtiger Komintern-Führer, 1923-1928 Linke Opposition, 1929 Wiederaufnahme in die Partei, Prawda-Redakteur, 1936 Ausschluß und Verhaftung 148, 152, 157, 181, 396, 403, 543, 628, 640, 643-646, 649

Radescu, Nicolae (1874-1953), 1944-1945 rumän. Regierungschef 1166

Raeder, Erich (1876-1960), 1939 dt. Groß-Admiral, 1935-1943 Oberbefehlshaber der Kriegsmarine 446, 697, 736, 739, 777, 785, 876ff., 889, 895, 897f., 907, 912, 934, 1007, 1009

Rajk, Laszlo (1909-1949), ungar. kommunist. Politiker, 1946-1948 Innen-, 1948/49 Außenminister 718, 1214

Rakosi, Matyas (1892-1971), ungar. kommunist. Politiker, 1921-1924 Sekretär der Komintern 1214

Rakowski, Christian G. (1873-1941), bolschewist. Politiker, 1924-1927 Botschafter in London und Paris, 1928-1934 Deportation, 1938 zu 20 Jahren Zwangsarbeit verurteilt, erschossen 401, 638

Ramadier, Paul (1888-1961), 1947 französ. Ministerpräsident 1200

Ramsin, Leonid K. (1887-1948), sowjet. Ingenieur 383, 634, 636

Rankovic, Alexander M. (geb. 1909), bis 1966 Chef der jugoslaw. Geheimpolizei 1214

Raschid, Ali (1892-1944?), irak. Politiker, 1941 Führer eines Aufstands gegen die Briten 934

Rath, Ernst vom (1909-1938), dt. Gesandtschaftsrat in Paris, Opfer eines Attentats 781, 783

Rathenau, Walther (1867-1922), dt. Großindustrieller und Politiker, 1922 Reichsaußenminister, ermordet 128

Rattenhuber 1246

Raubal, Angela (1883-1949), Halbschwester Hitlers 323, 501f.

Raubal, Geli (1908-1931), Tochter von Angela Raubal, Nichte und vermutl. Geliebte Hitlers, Selbstmord 323, 501f.

Rauschning, Hermann (1887-1982), 1933/34 Präsident des Danziger Senats, 1935 emigriert 114, 508, 586, 696, 917

Redens, Stanislaw F. (1892-1938), sowjet. Geheimpolizist, Opfer der Säuberungen 500

Reichenau, Walther von (1884-1942), dt. Generalfeldmarschall 346, 762

Reinhardt, Fritz (1895-1969), 1933-1945 Staatssekretär im Reichsfinanzministerium 229

Reisner, Michail A. (1868-1926), sowjet. Politiker, Sozialpsychologe und Publizist 143

Remer, Otto-Ernst (geb. 1912), Major, 1944 Kommandeur des Wachbataillons »Großdeutschland« 1098

Reynaud, Paul (1878-1966), 1940 französ. Ministerpräsident 883

Ribbentrop, Joachim von (1893-1946), 1936-1938 dt. Botschafter in London, 1938-1945 Reichsaußenminister 446, 530, 596-597, 707, 716, 719f., 722ff., 742, 745, 748, 765, 770, 778f., 790ff., 794, 796, 800, 803, 805, 807-811, 813-820, 825f., 828, 838, 845, 847, 849ff., 875, 884, 892, 898, 900, 902f., 906f., 926, 1037, 1059, 1096, 1106, 1142

Richthofen, Wolfram Freiherr von (1895-1945), Generalfeldmarschall, Luftwaffe 1028, 1036, 1081

Riefenstahl, Leni (geb. 1902), Filmregisseurin, NS-Propagandistin 432, 460

Rjasanow, David B. (1870-1938), marxist. Wissenschaftler, 1921-1931 Direktor des Marx-Engels-Instituts, 1931 verbannt, ermordet 156, 255, 397

Rjumin, M. D., sowjet. General der Staatssicherheit 1243f.

Rjutin, Martemjan (1890-1938/39), bolschewist. Politiker, Stalin-Gegner 397-401, 407, 618, 636

Robespierre, Maximilian François de (1758-1794), französ. Revolutionär 273

Röhm, Ernst (1887-1934), 1931 Stabschef der SA, ermordet 124, 127, 130f., 211, 315, 321f., 327, 331, 338f., 344, 407, 423, 443, 451-458, 460, 472, 488, 494, 509, 519f., 522f., 532, 744, 830, 1050, 1105, 1108

Rokossowski, Konstantin K. (1896-1968), 1944 Marschall der Sowjetunion, 1949 poln. Verteidigungsminister 962, 1028, 1032, 1034, 1086f., 1112ff., 1182

Rollin, französ. Journalist 186

Rommel, Erwin (1891-1944), Generalfeldmarschall 934, 1007, 1041, 1050, 1080, 1084f., 1099

Roosevelt, Elliott (geb. 1910), US-Brigadegeneral, Sohn des Präsidenten Franklin D. R. 1070

Roosevelt, Franklin D. (1882-1945), 1933-1945 Präsident der USA 65, 475, 777, 913, 954, 996, 1024f., 1029, 1039f., 1042, 1048f., 1062, 1065f., 1068f., 1071ff., 1112, 1121, 1132-1137, 1139ff., 1151, 1164f., 1167, 1169, 1175, 1189f., 1195, 1215, 1259

Rosenberg, Alfred (1893-1946), NS-Ideologe, 1941-1945 Reichsminister für die besetzten Ostgebiete 123, 209, 446, 530, 553, 718, 916ff., 946, 969, 972f., 1037, 1075, 1078

Rosenblum, bolschewist. Politiker, Opfer der Säuberung 657

Rosengolz, Arkadi (1889-1938), militär. Mitarbeiter Trotzkis, 1930-1937 Außenhandelsminister, erschossen 661

Rothschild, Louis (1882-1955), Bankier in Wien 787

Rscheschewski, sowjet. Historiker 771

Ruchimowitsch, Moissej (1889-1938), bolschewist. Politiker 661

Rudenko, Roman A. (1907-1981), sowjet. Staatsanwalt 1229

Rudsutak, Janis E. (1887-1938), bolschewist. Politiker 179, 274, 400, 655, 676

Runciman, Lord Walter (1870-1949), brit. Politiker und Diplomat 761, 765

Rundstedt, Gerd von (1875-1953), dt. Generalfeldmarschall 854, 879-882, 963, 1009, 1080, 1084, 1086, 1129

Rust, Bernhard (1883-1945), 1933-1945 Reichsminister für Wissenschaft, Erziehung und Volksbildung 433

Rykow, Aleksei Ivanovich (1881-1938), bolschewist. Politiker, 1928 ein Führer der rechten Opposition gegen Stalin 92, 141, 168f., 248, 259, 261, 269, 271, 276, 280ff., 285f., 289f., 351, 396ff., 403, 406, 618, 621, 638ff., 643f., 648-651, 654, 661, 663f., 682

Ryshowa, Sekretärin Jeschows 668

Ryti, Risto (1889-1956), 1940-1944 finn. Präsident 1087

Sacharow, Andrej D. (1921-1989), sowjet. Atomphysiker und Publizist, Dissident 679, 772, 776

Sakowski, Leonid M. (1894-1939), Volkskommissar des Inneren von Belorußland 657, 669

Saltykow-Schtschedrin, Michail E. (1826-1889), russ. Schriftsteller 511

Saporoschez, Iwan W., sowjet. Geheimpolizist 625f.

Sapronow, Timofei Wladimirowitsch (1887-1937), bolschewist. Politiker, 1919/20 Führer der oppositionellen Gruppe der Demokrat. Zentralisten 154, 254, 834

Sarraut, französ. Politiker, 1936 Ministerpräsident 704

Sasulitsch, Vera (1849-1919), russ. Anarchistin, Attentäterin des Polizeigenerals Trepow, später Marxistin, Gegnerin Lenins 51f., 55

Sauckel, Fritz (1894-1946), 1927 Gauleiter in Thüringen, 1942 Generalbevollmächtigter für den Arbeitseinsatz 566, 945, 974f., 1005

Saur, Karl (1902–1966), 1942–1945 Chef des techn. Amtes im Ministerium Speer 1005, 1082

Schacht, Hjalmar (1877–1970), 1923–1930 und 1933–1939 Reichsbankpräsident, 1935–1937 Reichswirtschaftsminister 121, 313, 323, 485, 552, 586–593, 595f., 598f., 601, 611ff., 701, 709f., 721, 730, 741f., 745, 767, 785, 840, 1101

Schapiro, Leonhard (1908–1983), brit. Historiker 245, 668, 837

Schaposchnikow, Boris M. (1882–1945), Marschall der Sowjetunion 735, 772, 923f., 957, 998, 1000, 1010, 1030f.

Scharangowitsch, W. F., bolschewist. Politiker 663

Schaub, Julius 1159

Schdanow, Andrej A. (1896–1948), bolschewist. Politiker, enger Vertrauter Stalins 272, 406f., 622, 630, 643, 657f., 804, 832, 871, 927, 941, 958, 1031, 1033, 1121, 1185–1188, 1202f., 1206, 1209, 1228–1232, 1244

Scheliha, Rudolf von (1897–1942), 1929–1939 an der dt. Botschaft in Warschau, dann Informationsabt. des Auswärt. Amtes 794, 802

Schellenberg, Walter (1910–1952), Leiter des Auslandsnachrichtendienstes des SD 1156

Scheringer (geb. 1904), Reichswehroffizier, Nationalsozialist, 1930 im Ulmer Reichswehrprozeß verurteilt, 1931 Kommunist 313f.

Scheubner-Richter, Max Erwin von (1884–1923), beim Hitlerputsch 1923 erschossen 123, 193, 195

Schirach, Baldur von (1907–1974), 1933–1940 Reichsjugendführer, 1940–1945 Gauleiter und Reichsstatthalter in Wien 309, 434, 539

Schkirjatow, Matwej F. (1883–1954), bolschewist. Politiker 632

Schlabrendorff, Fabian von (1907–1980), Oberleutnant, Widerstandskämpfer 1090f., 1102

Schleicher, Kurt von (1882–1934), dt. Generalstabsoffizier und Politiker, 1932/33 Reichskanzler, ermordet 307, 318f., 321f., 324ff., 332ff., 337ff., 342–348, 442, 457, 459, 486, 488, 586, 840

Schlieffen, Alfred Graf von (1833–1913), 1891–1905 dt. Generaloberst und Chef des Generalstabes 762, 879

Schljapnikow, Alexander (1885–1937), bolschewist. Politiker, 1920 Führer der Arbeiteropposition, 1931 Parteiausschluß, erschossen 154, 254

Schmidt, Dmitri (1896–1937), sowjet. Offizier, liquidiert, posthum rehabilitiert 653

Schmidt, Guido (1901–1957), 1933–1938 österr. Staatssekretär 749

Schmidt, Paul-Otto (1899–1970), Chefdolmetscher im Auswärt. Amt 825, 828, 901, 905, 933

Schmitt, Carl (1888–1985), dt. Staatsrechtslehrer 458

Schmitt, Kurt (1886–1950), 1933–1935 Reichswirtschaftsminister 438f.

Schmundt, Rudolf (1896–1944), General, Chefadjutant bei Hitler, beim Attentat vom 20. Juli 1944 tödl. verletzt 880

Schnurre, Karl Julius (geb. 1898), dt. Wirtschaftsfachmann und Diplomat 806f., 809, 874f., 925

Schoenbaum, David (geb. 1935), amerikan. Historiker 606

Schörner, Ferdinand (1892–1973), dt. Generalfeldmarschall 1080, 1090

Schopenhauer, Arthur (1788–1860), dt. Philosoph 470

Schostakowitsch, Dmitri (1906–1975), sowjet. Komponist 373, 544, 653, 1176, 1187, 1235

Schramm, Percy Ernst (1894–1970), dt. Historiker, führte 1943–1945 das Kriegstagebuch im Wehrmachtführungsstab 494, 888

Schröder, Christa, Sekretärin Hitlers 1147

Schröder, Kurt Baron von (1889–1966), dt. Bankier, Förderer des NS 345

Schtscherbakow, bolschewist. Politiker 1244

Schukow, Georgi K. (1896–1974), 1945 Marschall der Sowjetunion, 1945/46

Befehlshaber in der SBZ, 1955–1957
Verteidigungsminister 660, 816,
921, 927, 930, 937–942, 950, 954, 956–
959, 961f., 1000, 1018f., 1021, 1031,
1034, 1043, 1087, 1110, 1130ff., 1148,
1150f., 1164, 1166, 1229, 1237
Schulenburg, Friedrich Werner, Graf
von der (1875–1944), 1934–1941 dt.
Botschafter in Moskau, Widerstandskämpfer, hingerichtet 689, 807–810,
876, 893, 936, 941–943
Schulenburg, Fritz-Dietlof, Graf von
der (1902–1944), Verwaltungsbeam-
ter, Oberleutnant d. Res., Widerstandskämpfer, hingerichtet 767
Schulte, Eduard (1892–1966), dt. Industrieller 988
Schumacher, Kurt (1892–1952), 1946
Vorsitzender der SPD 1202
Schuman, Robert (1886–1963), französ.
Politiker 1200, 1261
Schuschnigg, Kurt von (1897–1977),
1934–1938 österr. Bundeskanzler
702, 707, 720, 748ff., 753, 760, 769
Schwarz, Franz Xaver (1875–1947), NS-
Politiker, 1923 Schatzmeister der
NSDAP, 1943 SS-Obergruppenführer 115, 209, 220, 222, 505, 574
Schweitzer, Arthur, amerikan. Histori-
ker 554
Schwerin von Krosigk, Lutz Graf
(1887–1977), 1932–1945 Reichsfinanz-
minister 575
Schwernik, Nikolaj M. (1888–1970), bol-
schewist. Politiker, 1941–1945 Organisator der Kriegswirtschaft 834
Scott, John (1912–1976), amerikan. Ingenieur und Publizist 378
Seeckt, Hans von (1866–1936), dt. Generaloberst, 1920–1926 Chef der Heeresleitung 133f., 313, 318, 323, 817
Seisser, Hans Ritter von (1874–1973),
1922 Oberst, Chef der bayer. Staatspolizei 134, 190f.
Seldte, Franz (1882–1947), 1918–1933
Stahlhelm-Führer, 1933–1945 Reichs-
arbeitsminister 323, 347, 430
Selter, Karl (1898–1958), 1938–1940 est-
nischer Außenminister 850
Serebrjakow, Leonid P. (1890–1937),

bolschewist. Politiker, 1923–1929 ein
Führer der Opposition, 1927 Partei-
ausschluß, 1939 erschossen 149,
466, 640, 644
Seydlitz-Kurzbach, Walter von (1888–
1976), General, 1943 bei Stalingrad in
Gefangenschaft, Nationalkomitee
Freies Deutschland 1104
Seyss-Inquart, Arthur (1892–1946),
1938/39 Reichsstatthalter in Wien,
1940 Reichskommissar in den
Niederlanden 748–751
Shaw, George Bernard (1856–1950),
brit. Schriftsteller 387
Sherwood, Robert, amerikan. Publi-
zist 1168
Shirer, William (geb. 1904), amerikan.
Journalist und Publizist 774
Simon, Sir John (1873–1954), brit. Politiker 694, 697
Simonow, Konstantin (1915–1979),
sowjet. Schriftsteller 1242
Simovic, Dusan (1882–1962), jugoslaw.
General, Putschist, 1941/42 Ministerpräsident 931f., 935
Sinowjew, Grigorij J. (1883–1936), bolschewist. Politiker, 1918–1926
Komintern-Führer 63, 82f., 86, 92,
94, 139ff., 158f., 162, 172, 174f., 177,
180f., 183, 187, 252, 254f., 257f., 261f.,
264ff., 268ff., 272, 274–277, 279ff.,
286, 289f., 386, 398f., 401, 403, 406,
467, 618, 621, 623f., 626f., 630, 633,
636–641, 646, 649, 682, 1258
Skoropadski, Pavel P. (1873–1945), zarist. Offizier, 1918 Hetman der
Ukraine, Emigrant in Deutschland
123
Skorzeny, Otto (1908–1975), SS-Ober-
sturmbannführer, »Kommando«-
Spezialist 1050, 1118
Skrypnyk, Nikolaj (1872–1933), bolschewist. Politiker, Selbstmord 373
Slansky, Rudolf (1901–1952), tschech.
kommunist. Politiker, 1945–1951 Generalsekretär der KP und stellv. Ministerpräsident 1214, 1245
Smilga, Iwan T. (1892–1938), bolschewist. Politiker 278
Smirnow, Alexander P. (1877–1938),

1923 Volkskommissar für Landwirtschaft, 1934 Parteiausschluß, Tod im Gefängnis 283, 399

Smirnow, Iwan (1881–1936), bolschewist. Politiker, angeblich Anführer der Trotzkisten, im August 1936 Angeklagter eines Schauprozesses 400, 636f., 639

Sokolnikow, Grigorij J. (1880–1939), bolschewist. Politiker und Diplomat 269, 640, 649

Solschenizyn, Alexander I. (geb. 1918), russ. Schriftsteller 389, 671ff., 679, 1187

Sorel, Georges (1847–1922), französ. Sozialtheoretiker 547, 1253

Sorge, Richard (1895–1944), dt. Journalist, Sowjet-Spion 802, 937f., 960

Soschtschenko, Michail M. (1895–1958), sowjet. Satiriker 1186

Sosnowski, Lew S. (1886–1937), bolschewist. Politiker, 1923 linke Opposition, 1927 Parteiausschluß, 1935 nach Selbstkritik Wiederaufnahme, 1936 erneuter Ausschluß, 1937 zum Tode verurteilt 401

Souvarine, Boris (1895–1984), russ.-französ. linkssozialist. Politiker und Publizist 1252

Speer, Albert (1905–1981), 1942 Reichsminister für Bewaffnung und Munition 432, 460, 476, 495, 505ff., 513f., 593, 611, 731f., 811, 859, 891, 941, 974, 1005ff., 1036f., 1046, 1049, 1062ff., 1082, 1104, 1106–1109, 1123, 1141ff., 1148, 1151, 1154f.

Speidel, Hans (1897–1984), Generalleutnant, 1944 verhaftet 1085

Spengler, Oswald (1880–1936), dt. Geschichtsphilosoph 105, 198

Spitzweg, Carl (1808–1895), dt. Maler 512

Stalin, Jakow, ältester Sohn Stalins aus der Ehe mit Jekaterina Swanidse 56, 498, 971, 1233

Stalin, Wassili (1921–1962), Stalins Sohn aus der Ehe mit Nadeschda Allilujewa, sowjet. Luftwaffenoffizier 497, 499

Stamenow, Iwan, bulgar. Diplomat, 1941 Gesandter in Moskau 954

Stauffenberg, Claus Schenk, Graf von (1907–1944), Oberst, Hitler-Attentäter 1076, 1091–1094, 1096ff., 1101

Steen, Jan E. (1899–1937), sowjet. Philosoph 542

Steiner, Felix (1896–1966), General, SS-Obergruppenführer 1152

Stennes, Walter (geb. 1895), SA-Führer, 1931 ausgeschlossen, 1933–1949 Militärberater Tschiang Kai-scheks 315, 322

Stern, Fritz (geb. 1926), amerikan. Historiker 304

Stern, Joseph Peter (geb. 1920), brit. Literaturwissenschaftler 469

Stieff, Hellmuth (1901–1944), Generalmajor, Widerstandskämpfer 1101

Stinnes, Hugo (1870–1924), dt. Großindustrieller 126

Stolypin, Pjotr I. (1862–1911), russ. Staatsmann, 1906–1911 Ministerpräsident 57

Strabo (63 v. Chr.–22 n. Chr.), griech. Geograph und Historiker 14

Strang, Sir William (1893–1978), brit. Diplomat 803

Strasser, Gregor (1892–1934), NS-Politiker, 1926–1932 Reichspropagandaleiter, 1934 ermordet 204, 211, 213ff., 217, 227f., 237f., 240, 299, 309f., 312, 327, 335, 337, 340, 342, 344, 425, 457, 472, 475, 486, 488, 493, 519, 840, 973, 1257

Strasser, Otto (1897–1974), 1925–1930 NSDAP, dann »Schwarze Front«, Exil 204f., 211, 237ff., 313, 315, 475, 552

Strauss, Richard (1864–1949), dt. Komponist 541

Streicher, Julius (1885–1946), 1925–1940 Gauleiter von Franken, Gründer des antisemitischen Hetzblatts »Der Stürmer« 119, 124, 135, 209, 211, 213f.

Stresemann, Gustav (1878–1929), dt. Staatsmann, 1923–1929 Reichsaußenminister 132, 225, 233, 691

Stroop, Jürgen (1895–1952), SS-Oberführer, schlug 1943 Aufstand im Warschauer Ghetto nieder, 1952 in Polen hingerichtet 1054

Strumilin, Stanislaw G. (1877–1974), sowjet. Ökonom 288

Stülpnagel, Karl Heinrich von (1886–1944), General, 1942–1944 Militärbefehlshaber in Frankreich, hingerichtet 1099

Subasic, Ivam (1892–1955), jugoslaw. Politiker 1166f.

Sun Yat-Sen (1866–1925), chines. Staatsmann, Begründer der Kuomintang 277f.

Suritzki, Jakow Z. (1882–1952), 1937–1940 sowjet. Botschafter in Paris, 1934 in Berlin 796

Suworow, Alexander W. (1730–1800), russ. Heerführer 833, 961, 1119

Swanidse, Alexander S. (1886–1942), bolschewist. Politiker und Historiker, Mitschüler und Schwager Stalins, als angeblicher NS-Agent erschossen 56, 500

Swanidse, Jekaterina, erste Ehefrau Stalins 56

Swanidse, Semjon, Bahnangestellter, Schwiegervater Stalins 56

Swerdlow, Jakow M. (1885–1919), bolschewist. Politiker 66, 69, 86, 140, 146, 161

Swerew, Arseni, sowjet. Finanzminister 1184, 1226

Syngman Rhee (1875–1965), 1948–1960 Präsident von (Süd-)Korea 1219

Syrzow, Sergej I. (1893–1938), bolschewist. Politiker, liquidiert 397

Sytin, P. P. (1870–1938), ehemals zarist. General, später im Dienste der Bolschewisten, starb in Gefangenschaft 146

Sztojay, Döme (1883–1946), 1935–1944 ungar. Gesandter in Berlin, 1944 Ministerpräsident 758, 1118

Taylor, Alan J. P. (geb. 1906), brit. Historiker 101

Terboven, Josef (1898–1945), 1928 Gauleiter von Essen, 1940 Reichskommissar in Norwegen 213, 879

Terechow, Roman I. (geb. 1890), bolschewist. Politiker 369

Thälmann, Ernst (1886–1944), 1925 Vorsitzender der KPD, 1933 Verhaftung, 1944 Tod im KZ Buchenwald 330f.

Thomas, Georg (1890–1946), dt. General, 1939–1942 Amtschef des Wehrwirtschafts- und Rüstungsamtes, nach dem 20. Juli 1944 verhaftet 726f., 730, 889ff., 918

Thorez, Maurice (1900–1964), 1930–1964 Generalsekretär der KP Frankreichs 277, 715, 1200

Thyssen, Fritz (1873–1951), dt. Großindustrieller 126, 312, 787

Tichonow, V. A., sowjet. Agrarökonom 374

Timashuk, Lydia F., sowjet. Röntgenologin 1243f.

Timoschenko, Semjon K. (1895–1970), sowjet. Marschall, 1940/41 Volkskommissar für Verteidigung 772, 816, 872, 923f., 927f., 930, 938, 940ff., 950, 952, 1010ff., 1031

Tippelskirch, Kurt von (1891–1957), dt. General 963

Tirpitz, Alfred von (1849–1930), dt. Großadmiral 445, 889

Tiso, Jozef (1887–1947), kath. Geistlicher, 1939–1945 Staatspräsident der Slowakei 791, 794, 1083, 1114

Tito (eigentl. Broz, Josip) (1892–1980), 1941–1944 kommunist. Partisanenführer in Jugoslawien, 1945–1953 Ministerpräsident, 1953–1980 Staatspräsident 716, 1062, 1072, 1117, 1119--1123, 1166f., 1205–1208, 1213f., 1216f.

Tocqueville, Alexis de (1805–1859), französ. Staatstheoretiker und Publizist 105

Todt, Fritz (1891–1942), 1934 Generalinspekteur für das Straßenbauwesen, 1940 Reichsminister für Bewaffnung und Munition 567, 597, 731, 764, 890f., 914, 945, 965, 974, 1004ff.

Togliatti, Palmiro (1893–1964), ital. kommunist. Politiker 714, 1200f., 1235

Tolbuchin, Fjodor I. (1894–1949), sowjet. Marschall 1115, 1182

Tolmatschow, Wladimir N. (geb. 1886), bolschewist. Politiker 399

Tolstoy, Alexej N. (1883-1945), sowjet. Schriftsteller 511, 831

Tomski, Michail P. (1880-1936), bolschewist. Politiker, 1917 Vorsitzender der sowjet. Gewerkschaften, 1936 Verhaftung, Selbstmord 140f., 248, 259, 269, 271, 281f., 285f., 289f., 292, 403, 406, 621, 640, 643f.

Towstucha, Iwan P. (1889-1935), sowjet. marxist. Wissenschaftler und bolschewist. Politiker 164

Tresckow, Henning von (1901-1944), dt. Generalmajor, Widerstandskämpfer 1076, 1090, 1092f., 1101f.

Trevor-Roper, Hugh (geb. 1914), brit. Historiker 198

Trotzki, Lew D. (1879-1940), russ. Kommunist, Politiker und Militärführer, Gegner Stalins, im Exil ermordet 52, 55, 57, 63, 65, 80, 82, 84ff., 88-92, 95f., 138-142, 144-149, 158f., 162f., 166, 170ff., 174-178, 180-187, 195, 248ff., 252-256, 258-265, 269-281, 286, 288, 290, 351, 373, 376, 386, 398, 406, 466f., 476, 478, 486, 522, 533, 543, 554ff., 562, 621, 628, 632f., 636-639, 642-645, 653f., 661f., 676, 682, 717, 1258

Truman, Harry S. (1884-1972), amerikan. Politiker, 1945-1953 Präsident 1062, 1165, 1168f., 1172-1175, 1189, 1193ff., 1199, 1201, 1209, 1212, 1219

Tschang Hsueh-ling (1898-1961), chines. General 724

Tscharkwiani, russ.-orthodox. Priester in Tiflis 15

Tschechow, Anton (1860-1904), russ. Schriftsteller 511

Tschernow, Michail, Volkskommissar für Landwirtschaft 661

Tschernyschewskij, Nikolaj G. (1828-1889), russ. revolut. Publizist 31

Tschiang Kai-schek (1887-1975), chines. General und Staatsmann 278, 687, 722, 724, 1137, 1215ff., 1219f.

Tschibikowa, sowjet. Philologin 1238

Tschitscherin, Georgij W. (1872-1936), 1918-1930 Volkskommissar für Äußeres 687

Tschtschawenko, Mitglied von Stalins Sekretariat 924

Tschubar, Wlas J. (1891-1939), bolschewist. Politiker, Opfer der Säuberungen 630, 666, 676

Tschuikow, Wassilij (1900-1982), sowjet. General, nach dem Kriege Oberkommandierender in Deutschland 1017-1019, 1030, 1161

Tuchatschewski, Michail N. (1893-1937), bolschewist. Militärführer, 1935 Marschall, 1937 zum Tode verurteilt, 1956 rehabilitiert 148, 155, 645, 652ff., 657, 661, 690, 733, 919, 923, 1104

Tucholsky, Kurt (1890-1935), dt. Schriftsteller und Publizist 239

Tucker, Robert (geb. 1929), amerikan. Historiker, Stalinbiograph 27, 31, 162, 256, 404, 480, 559, 635

Turgenjew, Iwan S. (1818-1883), russ. Romancier 51

Uborewitsch, Jeronim P. (1896-1937), bolschewist. Militärführer 652, 919

Uglanow, Nikolas A. (1886-1940), bolschewist. Politiker, 1932 Parteiausschluß, 1936 Verhaftung, kam im Lager um 266, 289, 396, 399, 640

Ulam, Adam B. (geb. 1922), poln.-amerikan. Politologe 379

Ulbricht, Walter (1893-1973), dt. kommunist. Politiker, 1960 Staatsratsvorsitzender der DDR 265, 1235

Uljanow, Alexander I. (1866-1887), ältester Bruder Lenins, als Verschwörer hingerichtet 46

Uljanowa, Maria (1878-1937), Schwester Lenins, bolschewist. Politikerin und Journalistin 171

Ulrich, Wassili, W. (1889-1951), sowjet. Militärjurist, wichtige Rolle bei Gerichtsverfahren während des Stalin-Terrors 624, 631, 654

Urban, George R., Historiker und Publizist 634

Urbsys, Juozas (geb. 1896), 1940 litauischer Außenminister 794

Urizki, Moissej S. (1873-1918), bolschewist. Politiker, 1918 Leiter der Petrograder Tscheka, ermordet 97

Vansittart, Lord Robert (1881-1957),
1930-1941 im Foreign Office 768
Vazetis, Joakim J. (1873-1938), 1918
Kommandant des bolschewist. letti-
schen Scharfschützenregiments 97
Viktor Emanuel III. (1869-1947), 1900-
1946 König von Italien 1045
Vögler, Albert (1877-1945), dt. Stahlin-
dustrieller 889

Wagener, Otto (1888-1971), 1929-1933
Berater Hitlers 435, 438f., 552
Wagner, Friedelinde (1918-1991), Enke-
lin Richard Wagners 123
Wagner, Richard (1813-1883), dt. Komponist 21, 511f.
Wagner, Winifred (1897-1980), Schwiegertochter des Komponisten 22,
123
Wang Ching-Wei (1884-1944), 1940-
1944 Staatspräsident des japan. besetzten China 1077
Warlimont, Walter (1894-1977), General, 1942 stellv. Chef des Wehrmachtführungsstabes 744, 853, 887,
1125
Wassilewski, Alexander (geb. 1895),
1943 Marschall der Sowjetunion,
1949-1953 Verteidigungsminister
998, 1010, 1012, 1015, 1018f., 1021,
1031f., 1034f., 1043, 1087, 1130, 1174,
1230
Watt, Donald Cameron (geb. 1928)
197, 785, 802
Webb, Sidney (1859-1947) und Beatrice
(1858-1943), Ehepaar, brit. Fabian
Society, Soziologen 387
Weber, Christian (1883-1945), SS-Brigadeführer 123
Weber, Max (1864-1920), dt. Soziologe 474, 554
Weichs, Maximilian, Freiherr von
(1881-1954), dt. General, 1943 Oberbefehlshaber Südost 1061
Weizsäcker, Ernst, Freiherr von (1882-
1951), 1938-1943 Staatssekretär im

Auswärt. Amt 446, 770, 774, 778,
806, 825, 894
Welles, Sumner (1862-1961), 1937-1943
Staatssekretär im US-Außenministe-
rium 937
Wells, Herbert George (1866-1946),
brit. Schriftsteller 387
Wels, Otto (1873-1939), 1912-1933 SPD-
MdR, 1931-1933 Vorsitzender der
SPD 422
Wenck, Walther (1900-1982), dt. Gene-
ral, 1945 Leiter der Verteidigung Ber-
lins 1155
Wendt, Hans Friedrich (geb. 1903),
Reichswehrleutnant, verwickelt in
den Ulmer Reichswehrprozeß, 1933
Emigration, verschollen 313
Wilhelm II. (1859-1941), 1888-1918 dt.
Kaiser und König von Preußen 513
Wilson, Thomas Woodrow (1856-1924),
1913-1921 Präsident der USA 696
Winogradow, Wladimir N. (1882-1964),
Leibarzt Stalins 1243f.
Wirth, Christian, dt. Polizeimajor, SS-
Angehöriger, an der Durchführung
der »Euthanasie« beteiligt, später
»Verantwortl. Inspekteur« von drei
Vernichtungslagern 977
Wirth, Joseph (1879-1956), Politiker
des Zentrums, Reichskanzler 1921/
22 322
Witzleben, Erwin von (1881-1944), 1940
Generalfeldmarschall, Widerstands-
kämpfer 767, 1101
Wlassik, Nikolai, Generalleutnant des
NKWD, ehemals Diener und Leib-
wächter Stalins 497, 1243
Wlassow, Andrej A. (1900-1946), so-
wjet. General, trat in Gefangenschaft
auf die dt. Seite über 1012, 1037,
1077
Wohltat, Helmuth (1893-1982), 1936-
1940 Ministerialdirektor im Reichswirtschaftsministerium 788
Wolff, Karl (1901-1984), SS-Oberstgrup-
penführer und Generaloberst der
Waffen-SS, 1943-1945 höherer SS-
und Polizeiführer in Italien 1164
Wolkogonow, Dmitri, sowjet. General
und Historiker 850, 1034

Woronow, Nikolai N. (1899–1968), sowjet. General 950, 1031f., 1034, 1043, 1074, 1182, 1237
Woroschilow, Kliment (1881–1969), bolschewist. Politiker und Militärführer, Marschall der Sowjetunion 145f., 181, 250, 270, 272, 496, 509, 622, 638, 649, 653f., 660, 663, 717, 811, 834f., 871f., 923, 927, 956, 958, 1031, 1185, 1231, 1242
Wosnessenski, Nikolaj A. (1903–1950), Organisator der sowjet. Wirtschaft im 2. Weltkrieg 658, 1000, 1002f., 1183, 1231f.
Wrangel, Pjotr N. (1878–1928), zarist. General und Führer der Weißen im russ. Bürgerkrieg 138, 148
Wyschinski, Andrej J. (1883–1954), sowjet. Jurist, Ankläger in den Moskauer Schauprozessen 287, 383, 406, 624, 630f., 636, 639f., 644ff., 652, 662–665, 836, 1166, 1183, 1212, 1217, 1230

Xoxe, Koci, Ministerpräsident Albaniens 1214

Young, Owen D. (1874–1962), amerikan. Jurist und Finanzmann, Vorsitzender des Sachverständigenkomitees zur Regelung der Reparationsfrage 226f., 316

Zeitzler, Kurt (1895–1963), dt. Generaloberst 1017, 1027f., 1037, 1043, 1077, 1081
Zelensky, I. A. (1890–1938), bolschewist. Politiker, 1924 Sekretär des Moskauer Parteikomitees, liquidiert 266
Zetkin, Clara (1857–1933), dt. kommunist. Politikerin 148
Zhou En-lai (1898–1976), chines. kommunist. Politiker und Staatsmann 724, 1215ff., 1221
Zuckmayer, Carl (1896–1977), dt. Dramatiker 753
Zujovic, Sreten (geb. 1899), serbischer Partisan auf seiten Titos, 1945–1948 Finanzminister Jugoslawiens, als »Stalinist« abgesetzt 1208

Bildverzeichnis

Ullstein Bilderdienst:
18, 24, 52(l), 52(r), 77(l), 117(l), 117(r), 137, 224(l), 224(r), 225(r), 310, 362, 463(r), 512, 573, 584, 585, 628, 635, 670(r), 671(l), 671(r), 731(l), 731(r), 747(l), 747(r), 793, 812, 835, 858, 860, 861, 868, 922, 923, 960, 975(l), 1045, 1047, 1067, 1085, 1091, 1100(u), 1102, 1126, 1138(o), 1149, 1246

Süddeutscher Verlag:
20, 25, 30, 35(l), 53(l), 53(r), 54(r), 69, 73, 77(l), 77(r), 79(l), 87, 103, 122, 125, 192, 195, 212, 225(l), 226(l), 226(r), 231, 241, 251, 291, 295, 298, 317, 329, 335, 337, 341, 349, 359, 375, 381, 387, 431, 490, 499, 507, 510, 526, 536, 545, 580, 615, 620, 641, 665(l), 670(l), 693, 695, 740, 745, 754, 775, 795, 814, 827, 829, 845, 846, 847, 848, 849, 895, 952, 955, 975(r), 999, 1001, 1011, 1014, 1023, 1026, 1033, 1043, 1095, 1100(o), 1103, 1107, 1138(u), 1152, 1159

Archiv für Kunst und Geschichte:
16, 71, 75, 93, 98, 109, 113, 131, 189, 197, 208, 305, 331, 427, 434, 441, 450, 563, 601, 604, 609, 689, 752, 769, 779, 819, 841, 843, 957, 972, 1097, 1131, 1163, 1171, 1177, 1179, 1190, 1245, 1247

Steidl:
259, 275

Zeitgeschichtliches Bildarchiv Heinrich Hoffmann:
11(r), 71, 190, 311, 504, 505

David King Collection:
17, 35(r), 67, 149, 354, 357, 370(o), 463(r), 498, 625, 734(o), 734(u), 815, 1018, 1019, 1069, 1076

Danksagung

In der Einleitung am Anfang dieses Buches habe ich erklärt, wie ich dazu kam, über Hitler und Stalin zu schreiben. Weil ich damit jedoch nie und nimmer fertig geworden wäre ohne die Unterstützung und den Zuspruch einer ganzen Reihe von Freunden und Helfern, ist es mir ein Anliegen, ihnen an dieser Stelle meinen Dank auszusprechen.

Ich widme diese Buch meiner Frau, unseren Kindern und Enkeln. Damit verbindet sich die größte Dankesschuld, die es geben kann: die Dankesschuld einer lebenslangen Gefährtin, deren unbestechliches Urteil und scharfsichtige Kritik – in Fragen der historischen Interpretation ebenso wie in Stilfragen – mir in vielfältiger Weise zugute gekommen sind.

Seit vielen Jahren profitiere ich von der fachlichen Beratung und Freundschaft meines Verlagsagenten Andrew Best. Von den ersten Gesprächen an, die wir über dieses Buch führten, hat er mich ermuntert, meinen Plan zu verwirklichen, und meine Bedenken vertrieben, es könnte zu umfangreich werden. Als ich mit dem Buch gerade erst zur Hälfte fertig war, arrangierte er mit sicherem Vertrauen auf seinen intellektuellen Instinkt die Veröffentlichung in Deutschland (mit Hilfe der verstorbenen Dagmar Henne von der Agence Hoffmann) und Großbritannien (bei HarperCollins), außerdem aber in den Vereinigten Staaten (bei Knopf) und mehreren anderen Ländern. Ohne sein Zureden und seine Erfahrung hätte ich mir dies nie zugetraut.

Mehr als einmal sagte man mir, im modernen Verlagswesen würde ich kaum noch einen Verleger finden, der sich für etwas anderes als die Marktchancen seines Buches interessiert – für seinen Inhalt beispielsweise –, und erst recht nicht einen Lektor, der genug Zeit und Interesse aufbringt, mit dem Autor das Manuskript durchzuarbeiten. Ich habe zumindest in diesem Fall die Erfahrung gemacht, daß die Zweifel nicht berechtigt waren. In Deutschland hatte ich das Glück, mit Wolf Jobst Siedler einen Verleger zu finden, der von Anfang an regen persönlichen Anteil an dem Buch genommen hat. Zu danken habe ich auch den beiden Lektoren des deutschen Verlags, deren Engagement ein Erscheinen des Buches trotz seiner »Überlänge« noch im Verlauf des Jahres möglich machte, in dem sich der Überfall Hitlers auf die Sowjetunion zum fünfzigsten Mal jährt, jenes Ereignis, das den Wendepunkt in der Beziehung der Protagonisten dieses Buchs markierte.

Der Master und die Fellows des St. Catherine's College in Oxford haben mir das ehrenvolle Vorrecht eingeräumt, weiterhin ihrer Gemeinschaft anzugehören und meine Arbeit im College fortsetzen zu können. Ich hoffe, sie mögen in diesem Buch und den beiden anderen, die ich seit meiner Emeritierung geschrieben habe, eine Art Gegenleistung für das mir gewährte Vertrauen sehen. Nicht weniger zu Dank verpflichtet bin ich meinen Freunden, dem verstorbenen Shepard Stone vom Aspen Institute in Berlin und Joe Slater; beide halfen mir, Zuschüsse für die Kosten der Recherchen und des Sekretariats zu erwirken. Mein besonderer Dank gilt dem Deutschen Stifterverband für das großzügige Stipendium, das er mir zu diesem Zweck gewährte. Viele haben mir geholfen, das historische Material ausfindig zu machen, das in der Sowjetunion neuerdings zugänglich wird. Insbesondere möchte ich hier meinen Freunden Robin Edmonds und Harry Shukman vom Oxforder St. Antony's College, Michael Shotton vom St. Catherine's College und Eric Olson danken. Dr. Shukman vergrößerte meine Dankesschuld noch, indem er sich erbot, die Kapitel über Stalin zu lesen und zu kommentieren. Ein weiterer Fellow des St. Antony's College, Anthony Nicholls, tat mir einen ähnlichen Gefallen, indem er die Entwürfe der Hitler-Kapitel kommentierte. Richard Ollard las das gesamte Manuskript; ich habe von seiner Erfahrung als Historiker und als Lektor viel profitiert. Allen dreien möchte ich meinen innigen Dank bekunden. Kaum nötig zu betonen, daß keiner von ihnen für die von mir vertretenen Auffassungen haftbar gemacht werden kann.

Ich hätte nie gewagt, eine Gesamtdarstellung von zwei der ereignisreichsten und umstrittensten Episoden der europäischen Geschichte zu schreiben, wenn ich mich nicht auf die Forschungen und Schriften vieler Kollegen hätte stützen können. Wieviel ich ihnen im Einzelfall verdanke, wird aus den Anmerkungen ersichtlich, doch ist es mir ein Bedürfnis, an dieser Stelle die Namen auch derjenigen festzuhalten, deren Arbeiten mich geistig am stärksten gefördert haben, auch wenn ich ihre Auffassungen nicht durchweg teilen mag.

Zu nennen sind hier für die deutsche Geschichte vor allem Karl Dietrich Bracher, Martin Broszat, Joachim Fest, Eberhard Jäckel, Ian Kershaw, Michael Marrus, T.W. Mason, Hans Mommsen und H.R. Trevor-Roper (Lord Dacre), für die sowjetische (für die Fachmann zu sein ich nicht beanspruchen kann) Stephen Cohen, Robert Conquest, R.V. Daniels, John Erickson, Merle Fainsod, Leszek Kolakowski, Roy Medwedew, Alec Nove, Leonard Schapiro, Robert Tucker, Adam B. Ulam und D.A. Wolkogonow.

Zuletzt möchte ich den verstorbenen Lehrmeistern Tribut zollen, durch deren Schule ich ging und von denen ich lernte, was es heißt, Geschichte zu studieren und zu schreiben: H.T. Wade-Gery, Fellow und Dozent am Wadham College und später Wykeham-Professor für Griechische Geschichte an der Universität Oxford, und Sir Ronald Syme O.M., Fellow und Dozent am Trinity College und später Camden-Professor für Römische Geschichte an der Universität Oxford.

Im Rückblick erkenne ich, daß es für jemanden, der über Hitler und Stalin schreiben will, kein besseres Rüstzeug geben kann als die aufmerksame Lektüre von Thukydides, Tacitus und der Teile der aristotelischen Politik, die von den Erfahrungen der Griechen mit der Tyrannei handeln.

St. Catherine's College   *Alan Bullock*

Klemens von Klemperer

Die verlassenen Verschwörer

Der deutsche Widerstand
auf der Suche nach Verbündeten
1938–1945

Distanz, Opposition, Widerstand, Staatsstreich – über alle Erfolge hinweg sah sich das Regime Hitlers von Anfang an solchem Widerspruch gegenüber. Und zwar in allen Bereichen: im Auswärtigen Amt, in beiden Kirchen, in den in die Illegalität gezwungenen Parteien und schließlich auch in der Armee.

Aber es waren »verlassene« Verschwörer, denen es von den dreißiger Jahren an bis zum 20. Juli 1944 nicht gelang, mit London und Paris auf der einen und Moskau auf der anderen Seite eine geheime Verbindung herzustellen.

Dieses Buch – Ergebnis jahrzehntelanger Forschungsarbeit – berichtet von der zum Teil sehr unorthodoxen Suche der Opposition nach Verbündeten. Doch Churchills Direktive des »absoluten Stillschweigens« gegenüber den Deutschen, das Bündnis der Westmächte mit der Sowjetunion und schließlich die alliierte Forderung nach bedingungsloser Kapitulation standen jedem Bündnis gegen Hitler im Wege.

Ca. 600 Seiten, Abbildungen, Leinen
ISBN 3-88680-152-7

S I E D L E R   V E R L A G

GOLDMANN

*Das Gesamtverzeichnis aller lieferbaren Titel erhalten Sie
im Buchhandel oder direkt beim Verlag.*

Taschenbuch-Bestseller zu Taschenbuchpreisen
– Monat für Monat interessante und fesselnde Titel –

✳

Literatur deutschsprachiger und internationaler Autoren

✳

Unterhaltung, Thriller, Historische Romane
und Anthologien

✳

Aktuelle Sachbücher, Ratgeber, Handbücher
und Nachschlagewerke

✳

Esoterik, Persönliches Wachstum und
Ganzheitliches Heilen

✳

Krimis, Science-Fiction und Fantasy-Literatur

✳

Klassiker mit Anmerkungen, Autoreneditionen
und Werkausgaben

✳

Kalender, Kriminalhörspielkassetten und
Popbiographien

Die ganze Welt des Taschenbuchs

Goldmann Verlag · Neumarkter Str. 18 · 81673 München

Bitte senden Sie mir das neue kostenlose Gesamtverzeichnis

Name: _____

Straße: _____

PLZ / Ort: _____